Vorwort

No risk, no fun! Dieses Sprichwort trifft auf den Stichwortkommentar Familienrecht wohl zu. Es war ein gewisses Risiko, als Novum einen Kommentar im Familienrecht zu schaffen, der sich nicht an herkömmlicher Gliederung nach Paragraphen orientiert, sondern einen Zugriff über Stichworte ermöglicht. Verlag, Autorinnen und Autoren und wir als Herausgeber sind sehr froh, dass das Experiment gut aufgenommen wurde und bereits nach einem Jahr eine zweite Auflage erforderlich wurde.

Wir freuen uns, dass alle Mitautorinnen und Mitautoren dem Team treu geblieben sind und engagiert die neue Auflage erarbeitet haben.

Wir haben Anregungen aus dem Kreis der Autoren, Leser und Rezensenten dankbar aufgegriffen. Es sind zusätzliche Stichworte aufgenommen worden. Herr Kollege *Dr. Conradis* hat das Stichwort „Betreuungsgeld" übernommen. Herr Kollege *Dr. Reetz* hat das Werk um die neuen Stichworte „Patientenverfügung" und „Vorsorgevollmacht" erweitert. Der zunehmenden praktischen Bedeutung der europäischen und internationalen Rechtsvorschriften im Familienrecht wurde durch Erweiterung dieses Bereichs Rechnung getragen. Die zusätzlichen Stichworte „Auslandsbezug bei Ehesachen", „Auslandsbezug bei Kindschaftssachen", „Auslandsbezug bei Unterhaltssachen" und „Auslandsbezug bei Güterrechtssachen", jeweils bearbeitet von Frau Kollegin *Dr. Vlassopoulou,* mögen dem Benutzer eine praktische Hilfestellung im Dickicht der Verordnungen und Übereinkommen bieten, wenn es um Fragen der internationalen Zuständigkeit und des anwendbaren Rechts geht.

Wir danken allen Mitautorinnen und Mitautoren, dass sie durch ihre tatkräftige Arbeit die zweite Auflage ermöglicht haben, durch die der Kommentar wieder auf dem aktuellen Stand von Rechtsprechung und Literatur ist. Besonderer Dank gilt Frau Falkenstein vom Nomos Verlag für ihre unermüdliche Unterstützung und Hilfe.

Wir hoffen, dass Sie als Leser im Sinne des eingangs zitierten Sprichworts Freude an der Benutzung des Kommentars haben, rasch Antworten auf Ihre Fragen finden und bereit sind, uns auch weiterhin durch Anregungen und Kritik zu unterstützen.

Augsburg/Würzburg im September 2013

Mathias Grandel   Roland Stockmann

Inhaltsverzeichnis

Vorwort 5

Bearbeiterverzeichnis 15

Abkürzungsverzeichnis 19

Literaturverzeichnis 27

1. Abänderungsverfahren im Versorgungsausgleich 31
2. ABC der Vermögenswerte 39
3. Abfindung im Versorgungsausgleich 65
4. Abstammungsgutachten 69
5. Abstammungsvermutungen 73
6. Abzweigung von Sozialleistungen 76
7. Altersunterhalt 78
8. Altersvorsorgeunterhalt 87
9. Änderung von Entscheidungen in Kindschaftssachen 93
10. Änderung/Wegfall der Geschäftsgrundlage 99
11. Anerkennung der Vaterschaft 105
12. Anfangsvermögen 112
13. Anfechtung der Vaterschaft 118
14. Anpassung des Versorgungsausgleichs bei Invalidität, besonderer Altersgrenze oder Tod 130
15. Anschlussunterhalt 132
16. Arbeitslosengeld 138
17. Aufenthaltsbestimmung bei Minderjährigen 140
18. Aufhebungsanspruch bei Gütergemeinschaft 144
19. Auflage 151
20. Aufrechnung 152
21. Aufstockungsunterhalt 154
22. Aufteilung der Steuerschuld 163
23. Aufteilung von Haushaltssachen bei Scheidung 171
24. Aufteilung von Haushaltssachen bei Trennung 177
25. Ausbildungsunterhalt 182
26. Auseinandersetzung der Gütergemeinschaft 186
27. Auseinandersetzungsplan 194
28. Ausgleichsreife 195
29. Ausgleichswert im Versorgungsausgleich 197
30. Auskunft über die persönlichen Verhältnisse des Kindes 200
31. Auskunftsanspruch im Unterhaltsrecht 204
32. Auskunftspflichten im Versorgungsausgleich 209
33. Ausländische Rentenanrechte 211
34. Ausländische Unterhaltstitel 213
35. Auslandsbezug bei Ehesachen 219
36. Auslandsbezug bei Güterrechtssachen 229
37. Auslandsbezug bei Kindschaftssachen 235
38. Auslandsbezug bei Unterhaltssachen 241

39. Auslandsscheidung 249

40. Ausschluss des Umgangsrechts 262

41. Außergewöhnliche Belastung 271

42. Aussteuer/Ausstattung 277

43. BAföG 278

44. Bedarfsermittlung 282

45. Bedarfsgemeinschaft 298

46. Bedürftigkeit 301

47. Begleiteter Umgang 311

48. Beistandschaft 317

49. Belegvorlage im Zugewinn 321

50. Berufsbedingte Aufwendungen 323

51. Beschwerdeverfahren 326

52. Betagte Verbindlichkeiten im Zugewinn 356

53. Beteiligte 357

54. Betreuungsgeld 362

55. Betreuungsunterhalt 363

56. Betriebliche Altersversorgung 374

57. Beweissicherung im Zugewinn 378

58. Bewerbungsbemühungen 380

59. Bewertungsmethoden im Zugewinn 383

60. Billigkeitsunterhalt 390

61. Bundesversorgungsgesetz 394

62. Darlegungs- und Beweislast beim Unterhalt 397

63. Darlegungs- und Beweislast im Zugewinn 405

64. Doppelehe 408

65. Doppelverwertungsverbot 410

66. Durchsetzung von Umgangsregelungen 413

67. Eheaufhebung 418

68. Ehefähigkeit 427

69. Ehegattenerbrecht 430

70. Ehegatteninnengesellschaft 438

71. Ehehindernisse und Eheverbote 441

72. Eheliche Lebensgemeinschaft (Ehewirkungen) 443

73. Eheliche Lebensverhältnisse 449

74. Ehename 459

75. Ehescheidung 464

76. Eheschließung im Ausland 468

77. Eheschließung im Inland 471

78. Eheschließung mit Ausländern (Ehefähigkeitszeugnis) 475

79. Ehestörer 480

80. Ehezeitanteil 483

81. Eidesstattliche Versicherung bei Auskunftsansprüchen 486

82. Eidesstattliche Versicherung in der Zwangsvollstreckung 487

83. Eingetragene Lebenspartnerschaft 495

84. Einkommensermittlung 505

85. Einstellung und Beschränkung der Vollstreckung 526

86. Einstweiliger Rechtsschutz 533

87. Elterliches Sorgerecht 546

88. Elterngeld 553

89. Elternunterhalt 557

90. Elternvereinbarungen 568

91. Endvermögen 571

92. Entzug des Sorgerechts 574

93. Erbenhaftung 578

94. Erbvertrag 580

95. Erbverzicht 583

96. Ersatzhaftung 585

97. Erwerbslosigkeitsunterhalt 588

98. Erwerbsobliegenheit 596

99. Erwerbstätigenbonus 601

100. Erziehung 604

101. Externe Teilung 607

102. Familiengerichtliches Verfahren 610

103. Familienrechtlicher Ausgleichsanspruch 639

104. Familienunterhalt 641

105. Feststellung der Vaterschaft 642

106. Feststellung des Bestehens oder Nichtbestehens einer Ehe 651

107. Fiktive Einkünfte 655

108. Fortgesetzte Gütergemeinschaft 658

109. Freiheitsentziehende Unterbringung Minderjähriger 660

110. Gemeinschaftliches Testament 664

111. Geringfügige Anrechte im Versorgungsausgleich 666

112. Gesamtgut/Verwaltung 668

113. Gesamtschuldnerausgleich und Unterhalt 676

114. Geschiedenentestament 678

115. Gesetzliche Vertretung Minderjähriger 680

116. Getrenntleben 685

117. Gewaltschutz 690

118. Gewöhnlicher Aufenthalt 702

119. Gläubigeranfechtung 707

120. Go-Order nach § 1666 a BGB 714

121. Grobe Unbilligkeit im Zugewinn 716

122. Grundsicherung für Arbeitsuchende 720

123. Grundsicherung im Alter und bei Erwerbsminderung 729

124. Gütergemeinschaft 732

125. Gütertrennung 737

126. Haftung der Ehegatten 739

127. Haftung der gesetzlichen Vertreter 741

128. Härtefallscheidung 744

129. Haushaltssachen 746

130. Illoyale Vermögensverfügung und Ansprüche gegen Dritte 756

131. Inhalts- und Ausübungskontrolle 762

132. Inobhutnahme (§ 42 SGB VIII) 770

133. Insolvenzverfahren bei natürlichen Personen 778

134. Internationales Familienrecht 783

135. Interne Teilung 785

136. Jugendamt 788

137. Kenntnis der Abstammung 790

138. Kindergeld 793

139. Kinderschutzübereinkommen 796

140. Kinderzuschlag 802

141. Kindesentführung 804

142. Kindesherausgabe 810

143. Kindesunterhalt Minderjähriger 813

144. Kindesunterhalt Volljähriger 818

145. Kindeswohlgefährdung 824

146. Körperliche Eingriffe bei Minderjährigen 830

147. Korrespondierender Kapitalwert 837

148. Kostenentscheidung in Familiensachen 839

149. Krankenversicherung 847

150. Krankenvorsorgeunterhalt 851

151. Krankheitsunterhalt 856

152. Leibgeding, Leibrente, Nießbrauch und Wohnrecht im Zugewinn 863

153. Leistungen der Jugendhilfe 867

154. Leistungsfähigkeit 875

155. Lohnsteuerklassen 891

156. Mangelfall und Selbstbehalt 895

157. Mehrbedarf/Sonderbedarf beim Ehegattenunterhalt 902

158. Mehrbedarf/Sonderbedarf beim Kindesunterhalt 906

159. Mehrere Bedürftige (Drittelmethode) 911

160. Meinungsverschiedenheiten der Sorgeberechtigten 919

161. Mindestbedarf 924

162. Mindestunterhalt 926

163. Mutterschaft 928

164. Nacheheliche Solidarität 931

165. Nachehelicher Unterhalt im Erbfall 936

166. Nachehelicher Unterhalt 942

167. Namensänderung 950

168. Namensbestimmung bei Minderjährigen 955

169. Nichteheliche Lebensgemeinschaft 959

170. Nutzungsentschädigung und Unterhalt 986

171. Obliegenheit zur Verbraucherinsolvenz 988

172. Patchworkfamilie im Erbrecht 991

173. Patientenverfügung 993

174. Personensorge 1000

175. Personenstandssachen 1004

176. Pfändungsschutzkonto (P-Konto) 1007

177. Pflegefamilie 1012

178. Pflegegeld 1018

179. Pflegeversicherung 1021

180. Pflegschaft 1024

181. Pflichtteilsrecht 1026

182. Pflichtteilsstrafklausel 1036

183. Pflichtteilsverzicht 1037

184. Pkw 1038

185. Private Altersvorsorge 1040

186. Prozessstandschaft 1042

187. Realsplitting/Nachteilsausgleich 1047

188. Rentenversicherung 1056

189. Risikoschutz im Versorgungsausgleich 1059

190. Rollenwechsel 1062

191. Rückforderung überzahlten Unterhalts 1066

192. Ruhen des Sorgerechts 1070

193. Sättigungsgrenze/konkrete Einzelbedarfsberechnung 1074

194. Scheidungskosten 1078

195. Scheidungsverbund 1081

196. Scheinehe 1097

197. Scheinvaterregress 1099

198. Schlüsselgewalt 1103

199. Schuldrechtlicher Versorgungsausgleich 1107

200. Sicherungsvollstreckung 1109

201. Sofortige Wirksamkeit 1111

202. Sonderausgabenabzug 1115

203. Sondergut 1122

204. Sorgeerklärung 1125

205. Sozialhilfe 1129

206. Steuerliche Freibeträge 1131

207. Steuern und Sozialabgaben im Versorgungsausgleich 1136

208. Steuernachzahlung/-erstattung 1139

209. Steuerveranlagung 1144

210. Stundungseinrede 1154

211. Teilungsanordnung und Vorausvermächtnis 1155

212. Teilungsversteigerung 1156

213. Transsexualität 1160

214. Trennungsunterhalt 1163

215. Übergang von Unterhaltsansprüchen 1169

216. Umgangskosten 1173

217. Umgangspflegschaft 1178

218. Umgangspflicht 1183

219. Umgangsrecht 1187

220. Unbenannte Zuwendungen 1209

221. Unbilligkeit (Verwirkung) 1212

222. Unfallversicherung 1217

223. Unterhaltsabänderung 1219

224. Unterhaltsabfindung 1235

225. Unterhaltsanspruch des nichtehelichen Elternteils 1237

226. Unterhaltsbegrenzung 1243

227. Unterhaltsberechnung 1252

228. Unterhaltsprivileg 1256

229. Unterhaltsrückstand 1258

230. Unterhaltsverzicht 1260

231. Unterhaltsvorschuss 1266

232. Unternehmensbewertung 1270

233. Verbindlichkeiten im Unterhalt 1274

234. Verbleibensanordnungen 1279

235. Verbraucherpreisindex 1283

236. Vereinbarungen mit Auslandsbezug 1285

237. Vereinbarungen zum elterlichen Sorge- und Umgangsrecht 1295

238. Vereinbarungen zum Güterstand 1303

239. Vereinbarungen zum Kindesunterhalt 1317

240. Vereinbarungen zum nachehelichen Unterhalt 1328

241. Vereinbarungen zum Versorgungsausgleich 1345

242. Vereinbarungen zur eheähnlichen Lebensgemeinschaft (Partnerschaftsvertrag) 1362

243. Vereinbarungen zur eingetragenen Lebenspartnerschaft 1375

244. Vereinbarungen zur Namensführung (Familienname oder Ehename) 1386

245. Vereitelung des Umgangsrechts 1390

246. Verfahrensbeistand 1397

247. Verfahrenskostenhilfe (VKH) 1404

248. Verfahrenskostenvorschuss 1407

249. Verfügungen von Todes wegen 1412

250. Verjährung des Zugewinns 1415

251. Verjährung von Unterhaltsansprüchen 1416

252. Verlöbnis 1418

253. Vermächtnis 1423

254. Vermögenssorge 1425

255. Versöhnung 1429

256. Versorgungsausgleich 1432

257. Verwandtenerbrecht 1440

258. Verwandtschaft 1447

259. Verzug mit Unterhaltszahlungen 1454

260. Vollstreckung in Familiensachen 1456

261. Vollstreckung von Unterhaltsansprüchen 1464

262. Vollstreckungstitel 1468

263. Vollstreckungsvoraussetzungen 1473

264. Vor- und Nacherbschaft 1482

265. Vorausempfang 1484

266. Vorbehaltsgut 1486

267. Vormundschaft 1490

268. Vorpfändung 1495

269. Vorsorgevollmacht (auch als Teil einer Generalvollmacht) 1498

270. Vorzeitiger Zugewinnausgleich 1507

271. Wechselmodell 1513

272. Wertermittlungsanspruch 1516

273. Wiederverheiratungsklauseln 1517

274. Wohngeld 1519

275. Wohnungszuweisung nach Scheidung 1523

276. Wohnungszuweisung nach Trennung 1534

277. Wohnwert 1547

278. Zins- und Tilgungsleistungen 1552

279. Zinsen im Versorgungsausgleich 1554

280. Zugewinngemeinschaft 1558

281. Zuwendungen Dritter im Zugewinn 1564

282. Zwangsheirat 1566

Stichwortverzeichnis 1569

Bearbeiterverzeichnis

Bernhard Böhm
Richter am Amtsgericht, Würzburg

Esther Caspary
Rechtsanwältin, Fachanwältin für Familienrecht, Berlin

Dr. Wolfgang Conradis
Rechtsanwalt, Fachanwalt für Sozialrecht, Duisburg

Fritz Finke
Vorsitzender Richter am Oberlandesgericht a.D., Gütersloh

Dr. Mathias Grandel
Rechtsanwalt, Fachanwalt für Familienrecht, Augsburg

Ralph Gurk
Rechtsanwalt, Fachanwalt für Familienrecht und Fachanwalt für Erbrecht, Würzburg

Monika Hamm
Rechtsanwältin, Fachanwältin für Familienrecht, München

Ute Hoenes
Aktuarin DAV, München

Prof. Dr. Birgit Hoffmann
Hochschule Mannheim, Fakultät für Sozialwesen

Tobias Knahn
Richter am Landgericht, Würzburg

Dr. Doris Kloster-Harz
Rechtsanwältin, Fachanwältin für Familienrecht, Mediatorin, München

Renate Perleberg-Kölbel
Rechtsanwältin, Fachanwältin für Familienrecht, Fachanwältin für Steuerrecht und Fachanwältin für Insolvenzrecht, Mediatorin, Hannover

Dr. Enno Poppen
Rechtsanwalt und Notar, Fachanwalt für Familienrecht und Fachanwalt für Versicherungsrecht, Celle

Ingeborg Rakete-Dombek
Rechtsanwältin und Notarin, Fachanwältin für Familienrecht, Berlin

Dr. Wolfgang Reetz
Notar, Köln

Jochem Schausten
Rechtsanwalt, Fachanwalt für Familienrecht, Krefeld

Dr. Eva Schönberger
Rechtsanwältin, Fachanwältin für Familienrecht, Weßling bei München

Dr. Ernst L. Schwarz
Rechtsanwalt, Fachanwalt für Familienrecht und Fachanwalt für Erbrecht, München

Thorsten Seebach
Richter am Amtsgericht, Würzburg

Roland Stockmann
Direktor des Amtsgerichts, Würzburg

Antje Treu
Richterin am Amtsgericht, Würzburg

Dr. Irene Vlassopoulou
Rechtsanwältin, Fachanwältin für Familienrecht, Bielefeld

Lothar Wegener
Rechtsanwalt, Fachanwalt für Erbrecht, Würzburg

Im Einzelnen haben bearbeitet:

Bernhard Böhm: Beschwerdeverfahren

Esther Caspary: ABC der Vermögenswerte; Aussteuer-/Ausstattung; Betagte Verbindlichkeiten im Zugewinn; Leibgeding, Leibrente, Nießbrauch und Wohnrecht im Zugewinn; Pkw; Stundungseinrede; Verbraucherpreisindex; Verjährung des Zugewinns; Vorausempfang; Wertermittlungsanspruch; Zugewinngemeinschaft

Dr. Wolfgang Conradis: Abzweigung von Sozialleistungen; Arbeitslosengeld; BAföG; Bedarfsgemeinschaft; Betreuungsgeld; Bundesversorgungsgesetz; Elterngeld; Grundsicherung für Arbeitsuchende; Grundsicherung im Alter und bei Erwerbsminderung; Kindergeld; Kinderzuschlag; Krankenversicherung; Pflegegeld; Pflegeversicherung; Rentenversicherung; Sozialhilfe; Übergang von Unterhaltsansprüchen; Unfallversicherung; Unterhaltsvorschuss; Wohngeld

Fritz Finke: Altersunterhalt; Altersvorsorgeunterhalt; Anschlussunterhalt; Aufstockungsunterhalt; Ausbildungsunterhalt; Betreuungsunterhalt; Billigkeitsunterhalt; Erwerbslosigkeitsunterhalt; Krankenvorsorgeunterhalt; Krankheitsunterhalt; Leistungsfähigkeit; Nachehelicher Unterhalt; Unterhaltsabänderung

Dr. Mathias Grandel: Ausländische Unterhaltstitel; Eidesstattliche Versicherung in der Zwangsvollstreckung; Einstellung und Beschränkung der Zwangsvollstreckung; Gläubigeranfechtung; Insolvenzverfahren bei natürlichen Personen; Pfändungsschutzkonto (P-Konto); Sicherungsvollstreckung; Sofortige Wirksamkeit; Vollstreckung von Unterhaltsansprüchen; Vollstreckungstitel; Vollstreckungsvoraussetzungen; Vorpfändung

Ralph Gurk: Eingetragene Lebenspartnerschaft; Feststellung des Bestehens oder Nichtbestehen einer Ehe; Nichteheliche Lebensgemeinschaft

Monika Hamm: Bedarfsermittlung; Bedürftigkeit; Darlegungs- und Beweislast bei Unterhalt; Eheliche Lebensverhältnisse; Erwerbstätigenbonus; Mangelfall und Selbstbehalt; Mehrbedarf/Sonderbedarf beim Ehegattenunterhalt; Mehrere Bedürftige (Drittelmethode); Mindestbedarf; Mindestunterhalt; Nacheheliche Solidarität; Sättigungsgrenze/konkrete Einzelbedarfsberechnung; Unterhaltsberechnung

Ute Hoenes: Abfindungen im Versorgungsausgleich; Anpassung bei Invalidität, besonderer Altersgrenze oder Tod; Ausgleichsreife; Ausgleichswert im Versorgungsausgleich; Auskunftspflichten im Versorgungsausgleich; Ausländische Rentenanrechte; Betriebliche Altersversorgung; Ehezeitanteil; Externe Teilung; Geringfügige Anrechte im Versorgungsausgleich; Interne Teilung; Korrespondierender Kapitalwert; Risikoschutz im Versorgungsausgleich; Schuldrechtlicher Versorgungsausgleich; Steuern und Sozialabgaben im Versorgungsausgleich; Unterhaltsprivileg; Versorgungsausgleich; Zinsen im Versorgungsausgleich

Prof. Dr. Birgit Hoffmann: Beistandschaft; Inobhutnahme; Jugendamt; Leistungen der Jugendhilfe; Namensänderung; Personenstandssachen; Pflegschaft; Transsexualität; Verwandtschaft; Vormundschaft

Tobias Knahn: Abstammungsgutachten; Abstammungsvermutungen; Anerkennung der Vaterschaft; Anfangsvermögen; Anfechtung der Vaterschaft; Belegvorlage im Zugewinn; Beweissicherung im Zugewinn; Bewertungsmethoden im Zugewinn; Darlegungs- und Beweislast im Zugewinn; Feststellung der Vaterschaft; Grobe Unbilligkeit im Zugewinn; Illoyale Vermögensverfügung und Ansprüche gegen Dritte; Kenntnis der Abstammung; Kinderschutzübereinkommen; Kindesentführung; Kindesherausgabe; Mutterschaft; Pflegefamilie; Scheinvaterregress; Unbenannte Zuwendungen; Verbleibensanordnungen; Vorzeitiger Zugewinnausgleich; Zuwendungen Dritter im Zugewinn; Zwangsheirat

Dr. Doris Kloster-Harz/Dr. Eva Schönberger: Aufteilung von Haushaltssachen bei Scheidung; Aufteilung von Haushaltssachen bei Trennung; Ehestörer; Gewaltschutz; Go-Order nach § 1666 a BGB; Haushaltssachen; Wohnungszuweisung nach Scheidung; Wohnungszuweisung nach Trennung

Renate Perleberg-Kölbel: Aufteilung der Steuerschuld; Außergewöhnliche Belastung; Lohnsteuerklassen; Realsplitting/Nachteilsausgleich; Scheidungskosten; Sonderausgabenabzug; Steuerliche Freibeträge; Steuernachzahlung/-erstattung; Steuerveranlagung; Versöhnung

Dr. Enno Poppen: Änderung/Wegfall der Geschäftsgrundlage; Aufrechnung; Auskunftsanspruch im Unterhaltsrecht; Berufsbedingte Aufwendungen; Doppelverwertungsverbot; Eidesstattliche Versicherung bei Auskunftsansprüchen; Einkommensermittlung; Ersatzhaftung; Erwerbsobliegenheit; Familienrechtlicher Ausgleichsanspruch; Fiktive Einkünfte; Gesamtschuldnerausgleich und Unterhalt; Nutzungsentschädigung und Unterhalt; Private Altersvorsorge; Rückforderung überzahlten Unterhalts; Verbindlichkeiten im Unterhalt; Wohnwert; Zins- und Tilgungsleistungen

Ingeborg Rakete-Dombek: Aufhebungsanspruch bei Gütergemeinschaft; Auseinandersetzung der Gütergemeinschaft; Auseinandersetzungsplan; Ehegatteninnengesellschaft; Endvermögen; Fortgesetzte Gütergemeinschaft; Gesamtgut/Verwaltung; Gütergemeinschaft; Gütertrennung; Sondergut; Teilungsversteigerung; Unternehmensbewertung; Vorbehaltsgut

Dr. Wolfgang Reetz: Inhalts-/Ausübungskontrolle; Patientenverfügung; Vereinbarungen mit Auslandsbezug; Vereinbarungen zum elterlichen Sorge- und Umgangsrecht; Vereinbarungen zum Güterstand; Vereinbarungen zum Kindesunterhalt; Vereinbarungen zum nachehelichen Unterhalt; Vereinbarungen zum Versorgungsausgleich; Vereinbarungen zur eheähnlichen Lebensgemeinschaft (Partnerschaftsvertrag); Vereinbarungen zur eingetragenen Lebenspartnerschaft; Vereinbarungen zur Namensführung (Familienname oder Ehename); Vorsorgevollmacht

Jochem Schausten: Bewerbungsbemühungen; Elternunterhalt; Familienunterhalt; Kindesunterhalt Minderjähriger; Kindesunterhalt Volljähriger; Mehrbedarf/Sonderbedarf beim Kindesunterhalt; Obliegenheit zur Verbraucherinsolvenz; Rollenwechsel; Trennungsunterhalt; Unbilligkeit (Verwirkung); Unterhaltsabfindung; Unterhaltsanspruch des nichtehelichen Elternteils; Unterhaltsbegrenzung; Unterhaltsrückstand; Unterhaltsverzicht; Verfahrenskostenvorschuss; Verjährung von Unterhaltsansprüchen; Verzug mit Unterhaltszahlungen

Dr. Ernst L. Schwarz: Auflage; Ehegattenerbrecht; Erbenhaftung; Erbvertrag; Erbverzicht; Gemeinschaftliches Testament; Geschiedenentestament; Nachehelicher Unterhalt im Erbfall; Patchworkfamilie im Erbrecht; Pflichtteilsrecht; Pflichtteilsstrafklausel; Pflichtteilsverzicht; Teilungsanordnung und Vorausvermächtnis; Verfügung von Todes wegen; Vermächtnis; Verwandtenerbrecht; Vor- und Nacherbschaft; Wiederverheiratungsklauseln

Thorsten Seebach: Aufenthaltsbestimmung bei Minderjährigen; Auskunft über die persönlichen Verhältnisse des Kindes; Elterliches Sorgerecht; Elternvereinbarungen; Entzug des Sorgerechts; Erziehung; Freiheitsentziehende Unterbringung von Minderjährigen; Gesetzliche Vertretung Minderjähriger; Haftung der gesetzlichen Vertreter; Kindeswohlgefährdung; Körperliche Eingriffe bei Minderjährigen; Meinungsverschiedenheit der Sorgeberechtigten; Namensbestimmung bei Minderjährigen; Personensorge; Ruhen des Sorgerechts; Sorgeerklärung; Vermögenssorge; Wechselmodell

Roland Stockmann: Beteiligte; Einstweiliger Rechtsschutz; Familiengerichtliches Verfahren; Gewöhnlicher Aufenthalt; Kostenentscheidung in Familiensachen; Prozessstandschaft; Verfahrensbeistand; Verfahrenskostenhilfe; Vollstreckung in Familiensachen

Antje Treu: Ausschluss des Umgangsrechts; Begleiteter Umgang; Durchsetzung von Umgangsregelungen; Umgangskosten; Umgangspflegschaft; Umgangspflicht; Umgangsrecht; Vereitelung des Umgangsrechts

Dr. Irene Vlassopoulou: Auslandsbezug bei Ehesachen; Auslandsbezug bei Güterrechtssachen; Auslandsbezug bei Kindschaftssachen; Auslandsbezug bei Unterhaltssachen; Doppelehe; Ehefähigkeit; Ehehindernisse und Eheverbote; Eheliche Lebensgemeinschaft (Ehewirkungen); Ehename; Eheschließung im Ausland; Eheschließung im Inland; Eheschließung mit Ausländern (Ehefähigkeitszeugnis); Haftung der Ehegatten; Internationales Familienrecht; Scheinehe; Schlüsselgewalt; Verlöbnis

Lothar Wegener: Abänderungsverfahren im Versorgungsausgleich; Änderung von Entscheidungen in Kindschaftssachen; Auslandsscheidung; Eheaufhebung; Ehescheidung; Getrenntleben; Härtefallscheidung; Scheidungsverbund

Abkürzungsverzeichnis

aA	anderer Ansicht
aaO	am angegebenen Ort
AAÜG	Anspruchs- und Anwartschaftsüberführungsgesetz
ABl.	Amtsblatt
abl.	ablehnend
ABl. EU	Amtsblatt der Europäischen Union
Abs.	Absatz
Abschn.	Abschnitt
Abt.	Abteilung
abzgl.	abzüglich
AdoptG	Adoptionsgesetz
AdVermiG	Adoptionsvermittlungsgesetz
AdWirkG	Adoptionswirkungsgesetz
aE	am Ende
AEAO	Anwendungserlass zur AO
aF	alte Fassung
AfA	Absetzung für Abnutzung
AG	Amtsgericht
AgrarR	Agrarrecht (Zeitschrift)
AGS	Anwaltsgebühren Spezial (Zeitschrift)
AK	Arbeitskreis
Alg II	Arbeitslosengeld II
Alg II-V	Arbeitslosengeld II/Sozialgeld-Verordnung
allg.	allgemein
allgM	allgemeine Meinung
Alt.	Alternative
AltEinkG	Alterseinkünftegesetz
AltZertG	Gesetz über die Zertifizierung von Altersvorsorgeverträgen
aM	anderer Meinung
amtl.	amtlich
ÄndG	Änderungsgesetz
AnfG	Anfechtungsgesetz
Anh.	Anhang
Anm.	Anmerkung
AO	Abgabenordnung
Art.	Artikel
ArVNG	Arbeiterrentenversicherungs-Neuregelungsgesetz
AsylbLG	Asylbewerberleistungsgesetz
AsylVfG	Asylverfahrensgesetz
AufenthG	Aufenthaltsgesetz
Aufl.	Auflage
AUG	Auslandsunterhaltsgesetz
ausf.	ausführlich
AuslG	Ausländergesetz
AV	Ausführungsverordnung
AVAG	Anerkennungs- und Vollstreckungsausführungsgesetz
Az	Aktenzeichen
BaFin	Bundesanstalt für Finanzdienstleistungsaufsicht
BAföG	Bundesausbildungsförderungsgesetz
BarwertVO	Barwert-Verordnung
BayObLG	Bayerisches Oberstes Landesgericht
BBesG	Bundesbesoldungsgesetz
BBG	Bundesbeamtengesetz
Bd.	Band
BeamtVG	Beamtenversorgungsgesetz
BEEG	Bundeselterngeld- und Elternzeitgesetz
Begr.	Begründung
BErzGG	Bundeserziehungsgeldgesetz
BetrAVG	Gesetz zur Verbesserung der betrieblichen Altersversorgung (Betriebsrentengesetz)

BetrKV	Verordnung über die Aufstellung von Betriebskosten
BeurkG	Beurkundungsgesetz
BewG	Bewertungsgesetz
BFH	Bundesfinanzhof
BFH/NV	Sammlung der Entscheidungen des Bundesfinanzhofs ab 1950 (Zeitschrift)
BFHE	Sammlung der Entscheidungen des Bundesfinanzhofs, hrsg. v. den Mitgliedern des BFH
BGB	Bürgerliches Gesetzbuch
BGBl.	Bundesgesetzblatt
BGH	Bundesgerichtshof
BGHZ	Entscheidungen des Bundesgerichtshofs in Zivilsachen
BilMoG	Bilanzrechtsmodernisierungsgesetz
BKGG	Bundeskindergeldgesetz
Bl.	Blatt
BMF	Bundesministerium der Finanzen
BNotO	Bundesnotarordnung
BPolG	Bundespolizeigesetz
BR	Bundesrat
BRAGO	Bundesgebührenordnung für Rechtsanwälte
BRAK-Mitt.	Bundesrechtsanwaltskammer-Mitteilungen
BRAO	Bundesrechtsanwaltsordnung
BR-Drucks.	Bundesratsdrucksache
Brüssel IIa-VO	VO (EG) Nr. 2201/2003 vom 27.11.2003 über die Zuständigkeit und die Anerkennung von Entscheidungen in Ehesachen und in Verfahren betreffend die elterliche Verantwortung; auch EuEheVO, EheGVVO, EheVO II
BSG	Bundessozialgericht
BSGE	Entscheidungen des Bundessozialgerichts
BSHG	Bundessozialhilfegesetz
Bsp.	Beispiel
bspw	beispielsweise
BStBl.	Bundessteuerblatt
BtBG	Betreuungsbehördengesetz
BT-Drucks.	Bundestagsdrucksache
Buchst.	Buchstabe
BVerfG	Bundesverfassungsgericht
BVerfGE	Entscheidungen des Bundesverfassungsgerichts
BVersTG	Bundesversorgungsteilungsgesetz
BVerwG	Bundesverwaltungsgericht
BVG	Bundesversorgungsgesetz
BWA	Betriebswirtschaftliche Auswertungen
BWNotZ	Zeitschrift für das Notariat in Baden- Württemberg
bzgl	bezüglich
bzw	beziehungsweise
ca.	circa
DA	Dienstanweisung für die Standesbeamten und ihre Aufsichtsbehörden
DAVorm	Der Amtsvormund (Zeitschrift)
DDR	Deutsche Demokratische Republik
DFGT	Deutscher Familiengerichtstag
DGVZ	Deutsche Gerichtsvollzieherzeitung
dh	das heißt
DIJuF	Deutsches Institut für Jugendhilfe und Familienrecht e.V.
DM	Deutsche Mark
DNotI	Deutsches Notarinstitut
DNotZ	Deutsche Notar-Zeitschrift
Drucks.	Drucksache
DRV	Deutsche Rentenversicherung
DStR	Deutsches Steuerrecht (Zeitschrift)
DStRE	DStR-Entscheidungsdienst (Zeitschrift)
DT	Düsseldorfer Tabelle
dt.	deutsch

20

DV	Durchführungsverordnung
E	Entwurf
e.V.	eingetragener Verein
EFG	Entscheidungen der FG
EG	Europäische Gemeinschaft; Vertrag zur Gründung der Europäischen Gemeinschaft
EGBGB	Einführungsgesetz zum Bürgerlichen Gesetzbuch
EGGVG	Einführungsgesetz zum Gerichtsverfassungsgesetz
EGMR	Europäischer Gerichtshof für Menschenrechte
EG-PKHVV	EG-Prozesskostenhilfevordruckverordnung
EGV	Vertrag zur Gründung der Europäischen Gemeinschaft
EheG	Ehegesetz
EheGVVO	EG-Verordnung Nr. 2201/2003 (Brüssel IIa-Verordnung)
EheRG	Erstes Gesetz zur Reform des Ehe- und Familienrechts
EheVO 2000	EG-Verordnung Nr. 1347/2000 (Brüssel II-Verordnung)
EheVO 2003	EG-Verordnung Nr. 2201/2003 (Brüssel IIa-Verordnung)
EheVO II	EG-Verordnung Nr. 2201/2003 (Brüssel IIa-Verordnung)
Einf.	Einführung
Einl.	Einleitung
einschl.	einschließlich
EKMR	Europäische Kommission für Menschenrechte
eLP	eingetragene Lebenspartnerschaft
ELStAM	Elektronische Lohnsteuer-Abzugsmerkmale
EMRK (G)	Europäische Menschenrechtskonvention (Gesetz)
entspr.	entsprechend
Entw.	Entwurf
EP	Entgeltpunkt/e
ErbGleichG	Erbrechtsgleichstellungsgesetz
ErbStG	Erbschaft- und Schenkungsteuergesetz
ErbStR	Erbschaftsteuerrichtlinien
ErbStRG	Gesetz zur Reform des Erbschaftsteuer- und Bewertungsrechts
Erl.	Erläuterung; Erlass
ESchG	Embryonenschutzgesetz
ESorgeÜ	s. ESÜ
EStDV	Einkommensteuer-Durchführungsverordnung
EStG	Einkommensteuergesetz
EStH	Einkommensteuerrichtlinien, Amtliche Hinweise
EStR	Einkommensteuerrichtlinien
etc.	et cetera
EU	Europäische Union
EuEheVO	EG-Verordnung Nr. 2201/2003 (Brüssel IIa-Verordnung)
EuGH	Gerichtshof der Europäischen Gemeinschaften
EuGHMR	Europäischer Gerichtshof für Menschenrechte
EuGVÜ	Übereinkommen über die gerichtliche Zuständigkeit und die Vollstreckung gerichtlicher Entscheidungen in Zivil- und Handelssachen
EuGVVO	Verordnung über die gerichtliche Zuständigkeit und die Vollstreckung gerichtlicher Entscheidungen in Zivil- und Handelssachen
EUR	Euro
EuUntVO	Europäische Unterhaltsverordnung
EuZustVO	Europäische Zustellungsverordnung
evtl	eventuell
EWG	Europäische Wirtschaftsgemeinschaft
EWGRL	EWG-Richtlinie
EzFamR	Entscheidungssammlung zum Familienrecht
f, ff	folgende, fortfolgende
FamFG	Gesetz über das Verfahren in Familiensachen und in den Angelegenheiten der freiwilligen Gerichtsbarkeit
FamG	Familiengericht
FamR	Familienrecht
FamRÄndG	Familienrechtänderungsgesetz
FamRB	Der Familienrechts-Berater (Zeitschrift)

FamRBint	Der Familienrechts-Berater international (Zeitschrift)
FamRZ	Zeitschrift für das gesamte Familienrecht
FEVS	Fürsorgerechtliche Entscheidungen der Verwaltungs- u. Sozialgerichte
FF	Forum Familienrecht (bis 2004 Forum Familien- und Erbrecht) (Zeitschrift)
FG	Freiwillige Gerichtsbarkeit
FGB	Familiengesetzbuch (DDR)
FGG	Gesetz über die Angelegenheiten der freiwilligen Gerichtsbarkeit
FGG-RG	Gesetz zur Reform des Verfahrens in Familiensachen und in den Angelegenheiten der freiwilligen Gerichtsbarkeit
FGPrax	Praxis der Freiwilligen Gerichtsbarkeit (Zeitschrift)
FPR	Familie, Partnerschaft, Recht (Zeitschrift)
FS	Festschrift
FuR	Familie und Recht (Zeitschrift)
GB	Grundbuch
GBl.	Gesetzesblatt
GBO	Grundbuchordnung
GbR	Gesellschaft des bürgerlichen Rechts
geänd.	geändert
gem.	gemäß
GenDG	Gendiagnostikgesetz
GewSchG	Gewaltschutzgesetz
GG	Grundgesetz
ggf	gegebenenfalls
GKG	Gerichtskostengesetz
GKG-KV	Kostenverzeichnis zum GKG
GmbH	Gesellschaft mit beschränkter Haftung
GmbHG	GmbH-Gesetz
grds.	grundsätzlich
GrEStG	Grunderwerbsteuergesetz
gRV	Gesetzliche Rentenversicherung
GVG	Gerichtsverfassungsgesetz
GVKostG	Gesetz über die Kosten der Gerichtsvollzieher
GWG	Geringwertige Wirtschaftsgüter
HAÜ	Haager Übereinkommen über den Schutz von Kindern und die Zusammenarbeit auf dem Gebiet der internationalen Adoption
HausratsV	Hausratsverordnung
HGB	Handelsgesetzbuch
HK	Handkommentar
HKÜ	Haager Übereinkommen über die zivilrechtlichen Aspekte internationaler Kindesentführung
hL	herrschende Lehre
hM	herrschende Meinung
HöfeO	Höfeordnung
Hrsg.	Herausgeber
Hs	Halbsatz
HUP 2007	Haager Protokoll über das auf Unterhaltspflichten anzuwendende Recht vom 23.11.2007
HVO	Hausratsverordnung
idF	in der Fassung
idR	in der Regel
idS	in diesem Sinne
IDW	Institut der Deutschen Wirtschaft
iE	im Ergebnis
ieS	im engeren Sinne
iHv	in Höhe von
ImmoWertV	Immobilienwertermittlungsverordnung
info also	Informationen zum Arbeitslosen- und Sozialhilferecht (Zeitschrift)
inkl.	inklusive
insb.	insbesondere

InsO	Insolvenzordnung
IntFamRVG	Internationales Familienrechtsverfahrensgesetz
IPR	Internationales Privatrecht
IPRax	Praxis des Internationalen Privat- und Verfahrensrecht (Zeitschrift)
iSd	im Sinne des/der
iSv	im Sinne von
iÜ	im Übrigen
iVm	in Verbindung mit
JA	Juristische Arbeitsblätter (Zeitschrift)
JAmt	Das Jugendamt (Zeitschrift)
JBeitrO	Justizbeitreibungsordnung
JGG	Jugendgerichtsgesetz
JKostG	Justizkostengesetz
JStG	Jahressteuergesetz
JurBüro	Juristisches Büro (Zeitschrift)
Juris-PRFamR	Juris Praxisreport Familienrecht
JVEG	Justizvergütungs- und -entschädigungsgesetz
JZ	Juristenzeitung
Kap.	Kapitel
KG	Kammergericht; Kapitalgesellschaft; Kommanditgesellschaft
KGReport	Rechtsprechungsreport des Kammergerichts Berlin
KindPrax	Kindschaftsrechtliche Praxis (Zeitschrift)
KindRG	Kindschaftsrechtsreformgesetz
KindVerbG	Kinderrechteverbesserungsgesetz
KJHG	Gesetz zur Neuordnung des Kinder- und Jugendhilferechts
KonsG	Gesetz über die Konsularbeamten, ihre Aufgaben und Befugnisse
KostO	Kostenordnung
krit.	kritisch
KSÜ	Haager Kinderschutzübereinkommen
Kto.	Konto
KV	Kostenverzeichnis
KWG	Kreditwesengesetz
LAG	Landesarbeitsgericht
LG	Landgericht
lit.	littera
LL	(Unterhalts-)Leitlinien
LPartG	Lebenspartnerschaftsgesetz
LPartGErgG	Lebenspartnerschaftsgesetzergänzungsgesetz
LPartÜG	Gesetz zur Überarbeitung des Lebenspartnerschaftsrechts
LS	Leitsatz
LSG	Landessozialgericht
LSt	Lohnsteuer
LuganoÜ	Lugano-Übereinkommen über die gerichtliche Zuständigkeit und die Vollstreckung gerichtlicher Entscheidungen in Zivil- und Handelssachen
LVA	Landesversicherungsanstalt
m. Anm.	mit Anmerkung
MDR	Monatsschrift für Deutsches Recht (Zeitschrift)
mE	meines Erachtens
mind.	mindestens
Mio.	Millionen
MittBayNot	Mitteilungen des Bayerischen Notarvereins, der Notarkasse und der Landesnotarkammer Bayern (Zeitschrift)
MittRhNotK	Mitteilungen der Rheinischen Notarkammer (Zeitschrift)
mN	mit Nachweisen
Mrd.	Milliarden
MSA	Übereinkommen über die Zuständigkeit der Behörden und das anzuwendende Recht auf dem Gebiet des Schutzes von Minderjährigen (Haager Minderjährigenschutzabkommen)
mtl.	monatlich

MuSchG	Mutterschutzgesetz
MV	Mitteilungsverordnung
mwN	mit weiteren Nachweisen
mWv	mit Wirkung vom
n.r.	nicht rechtskräftig
n.v.	nicht veröffentlicht
NamÄndG	Gesetz über die Änderung von Familiennamen und Vornamen
NamensänderungsDV	Erste Verordnung zur Durchführung des Gesetzes über die Änderung von Familiennamen und Vornamen
NDV	Nachrichtendienst des Deutschen Vereins für private und öffentliche Fürsorge
NDV-RD	Rechtsprechungsdienst des deutschen Vereins für öffentliche und private Fürsorge e.V.
NEheLG	Gesetz über die rechtliche Stellung der nichtehelichen Kinder
neL	nichteheliche Lebensgemeinschaft
nF	neue Fassung
NJ	Neue Justiz (Zeitschrift)
NJOZ	Neue Juristische Online-Zeitschrift
NJW	Neue Juristische Wochenschrift (Zeitschrift)
NJWE-FER	NJW-Entscheidungsdienst Familien- u. Erbrecht
NJW-RR	NJW-Rechtsprechungsreport
NotBZ	Zeitschrift für die notarielle Beratungs- und Beurkundungspraxis
Nov.	Novelle
Nr.	Nummer
NRW	Nordrhein-Westfalen
NVwZ	Neue Zeitschrift für Verwaltungsrecht (Zeitschrift)
NVwZ-RR	NVwZ-Rechtsprechungsreport
NZS	Neue Zeitschrift für Sozialrecht
o.a.	oben angegeben/angeführt
o.ä.	oder ähnlich
o.g.	oben genannt
OEG	Opferentschädigungsgesetz
OFD	Oberfinanzdirektion
OLG	Oberlandesgericht
OLGE	Entscheidungssammlung der Oberlandesgerichte
OLGReport	(nicht offizieller) Rechtsprechungsdienst einiger Oberlandesgerichte
OLGZ	Entscheidungen der OLG in Zivilsachen
OVG	Oberverwaltungsgericht
PAS	Parental Alienation Syndrome
PflegeVG	Pflege-Versicherungsgesetz
PflegeZG	Pflegezeitgesetz
PID	Präimplantationsdiagnostik
PKH	Prozesskostenhilfe
PKHG	Prozesskostenhilfegesetz
PKV	Prozesskostenvorschuss
Pkw	Personenkraftwagen
Prot.	Protokoll
PStG	Personenstandsgesetz
PSV	Pensionssicherungsverein
RBEG	Gesetz zur Ermittlung der Regelbedarfe
RBerG	Rechtsberatungsgesetz
rd.	rund
RdSchr.	Rundschreiben
RegelbedVO	Regelbedarfs-Verordnung
RegelbetrVO	Regelbetrags-Verordnung
RG	Reformgesetz
RGZ	Entscheidungen des Reichsgerichts in Zivilsachen
RKEG	Gesetz über die religiöse Kindererziehung
RL	Richtlinie
Rn	Randnummer

RNotZ	Rheinische Notar-Zeitschrift
Rom III-VO	VO (EU) Nr. 1259/2010 des Rates vom 20.12.2010 zur Durchführung einer verstärkten Zusammenarbeit im Bereich des auf die Ehescheidung und Trennung ohne Auflösung des Ehebandes anzuwendenden Rechts
Rpfleger	Der Deutsche Rechtspfleger (Zeitschrift)
RPflG	Rechtspflegergesetz
RR	Rechtsprechungs-Report
RRG	Rentenreformgesetz
Rspr	Rechtsprechung
RVG	Rechtsanwaltsvergütungsgesetz
RVO	Rechtsverordnung; Reichsversicherungsordnung
RW	Rentenwert
S.	Satz/Seite
s.	siehe
s.a.	siehe auch
s.o.	siehe oben
s.u.	siehe unten
SG	Sozialgericht
SGb	Die Sozialgerichtsbarkeit (Zeitschrift)
SGB	Sozialgesetzbuch
SGB I	Sozialgesetzbuch 1. Buch – Allgemeiner Teil
SGB IV	Sozialgesetzbuch 4. Buch – Gemeinsame Vorschriften für die Sozialversicherung
SGB IX	Sozialgesetzbuch 9. Buch – Rehabilitation und Teilhabe behinderter Menschen
SGB V	Sozialgesetzbuch 5. Buch – Ges. Krankenversicherung
SGB VI	Sozialgesetzbuch 6. Buch – Ges. Rentenversicherung
SGB VIII	Sozialgesetzbuch 8. Buch – Kinder- und Jugendhilfe
SGB X	Sozialgesetzbuch 10. Buch – Sozialverwaltungsverfahren
SGB XI	Sozialgesetzbuch 11. Buch – Soziale Pflegeversicherung
SGG	Sozialgerichtsgesetz
sog.	so genannte/r/s
SoldG	Soldatengesetz
staatl.	staatlich
StAG	Staatsangehörigkeitsgesetz
StAZ	Das Standesamt (Zeitschrift)
StGB	Strafgesetzbuch
Stkl.	Steuerklasse
StPO	Strafprozessordnung
StR	Steuerrecht
str.	streitig/strittig
SüdL	Unterhaltsrechtliche Leitlinien der Familiensenate in Süddeutschland
SVG	Soldatenversorgungsgesetz
tats.	tatsächlich
teilw.	teilweise
TSG	Transsexuellengesetz
u.	und
u.a.	unter anderem
u.Ä.	und Ähnliche(s)
u.E.	unseres Erachtens
u.v.a.	und vieles andere
UÄndG	Unterhaltsänderungsgesetz
UN	United Nations = Vereinte Nationen
UrhG	Urheberrechtsgesetz
Urt.	Urteil
USG	Unterhaltssicherungsgesetz
usw	und so weiter
uU	unter Umständen
UVG	Unterhaltsvorschussgesetz

v.	vom/von
v.H.	vom Hundert
VAHRG	Gesetz zur Regelung von Härten im Versorgungsausgleich
VAStrRefG	Gesetz zur Strukturreform des Versorgungsausgleichs
VAÜG	Versorgungsausgleichsüberleitungsgesetz
VBL	Versorgungsanstalt des Bundes und der Länder
VersAusglG	Gesetz über den Versorgungsausgleich
VG	Verwaltungsgericht
VGH	Verwaltungsgerichtshof
vgl	vergleiche
VO	Verordnung
Vor	Vorbemerkung
VV	Vergütungsverzeichnis
VVG	Versicherungsvertragsgesetz
VVG-InfoV	Verordnung über Informationspflichten bei Versicherungsverträgen
VwGO	Verwaltungsgerichtsordnung
VwVfG	Verwaltungsverfahrensgesetz
VwVG	Verwaltungsvollstreckungsgesetz
VZ	Veranlagungszeitraum
WEG	Wohnungseigentumsgesetz
WertErmVO	Wertermittlungsverordnung
WM	Wertpapiermitteilungen (Zeitschrift)
wN	weitere Nachweise
WoGG	Wohngeldgesetz
WoGVwV	Wohngeld-Verwaltungsvorschrift
WRV	Weimarer Reichsverfassung
WuM	Wohnungswirtschaft und Mietrecht (Zeitschrift)
zB	zum Beispiel
ZErb	Zeitschrift für die Steuer- und Erbrechtspraxis
ZEV	Zeitschrift für Erbrecht und Vermögensnachfolge
ZFE	Zeitschrift für Familien- und Erbrecht
ZfF	Zeitschrift für das Fürsorgewesen
Ziff.	Ziffer
ZInsO	Zeitschrift für das gesamte Insolvenzrecht
ZIP	Zeitschrift für Wirtschaftsrecht und Insolvenzpraxis
ZKJ	Zeitschrift für Kindschaftsrecht und Jugendhilfe (seit 2006 Gesamtblatt von Kind-Prax und ZfJ)
ZPO	Zivilprozessordnung
ZRP	Zeitschrift für Rechtspolitik
ZV	Zwangsvollstreckung
ZVG	Zwangsversteigerungsgesetz
zzgl	zuzüglich
zzt.	zurzeit

Literaturverzeichnis

Andrae, Internationales Familienrecht, 3. Aufl. 2013 — Andrae

Bamberger/Roth (Hrsg.), Beck'scher Online-Kommentar BGB — BeckOK/Bearbeiter

Bamberger/Roth (Hrsg.), Kommentar zum Bürgerlichen Gesetzbuch, 3. Aufl. 2012 — Bamberger/Roth/Bearbeiter

Baumbach/Lauterbach/Albers/Hartmann, Zivilprozessordnung mit Gerichtsverfassungsgesetz und anderen Nebengesetzen, Kommentar, 71. Aufl. 2013 — BLAH/Bearbeiter

Baumgärtel/Laumen/Prütting, Handbuch der Beweislast, 3. Aufl. 2011 — Baumgärtel/Laumen/Prütting

Bergschneider (Hrsg.), Beck'sches Formularbuch Familienrecht, 3. Aufl. 2010 — Bergschneider/Bearbeiter

Bork/Jacoby/Schwab (Hrsg.), FamFG, Kommentar, 2. Aufl. 2013 — Bork/Jacoby/Schwab/Bearbeiter

Braeuer, Der Zugewinnausgleich, Handbuch, 2011 — Braeuer, Der Zugewinnausgleich

Brambring, Ehevertrag und Vermögenszuordnung unter Ehegatten, 7. Aufl. 2012 — Brambring

Büte/Poppen/Menne, Unterhaltsrecht, Kommentar, 2. Aufl. 2009 — Bearbeiter in: Büte/Poppen/Menne

Büttner/Niepmann/Schwamb, Die Rechtsprechung zur Höhe des Unterhalts, 11. Aufl. 2011 — Büttner/Niepmann/Schwamb

Damrau, Praxiskommentar Erbrecht, 2. Aufl. 2010 — Damrau

Erman (Begr.), Handkommentar zum BGB, 13. Aufl. 2011 — Erman/Bearbeiter

Felix, Kindergeldrecht, 2005 — Felix

Finke/Ebert (Hrsg.), Bonner Fachanwaltshandbuch Familienrecht, 7. Aufl. 2010 — Finke/Ebert/Bearbeiter

Garbe/Ullrich (Hrsg.), Verfahren in Familiensachen, 3. Aufl. 2012 — Bearbeiter in: VerfFamR

Geimer/Schütze, Europäisches Zivilverfahrensrecht, 3. Aufl. 2010 — Geimer/Schütze

Gerhardt/von Heintschel-Heinegg/Klein (Hrsg.), Handbuch des Fachanwalts Familienrecht, 9. Aufl. 2013 — Gerhardt/von Heintschel-Heinegg/Klein/Bearbeiter

Gernhuber/Coester-Waltjen, Lehrbuch des Familienrechts, 6. Aufl. 2010 — Gernhuber/Coester-Waltjen

Göppinger/Wax, Unterhaltsrecht, Handbuch, 9. Aufl. 2008 — Bearbeiter in: Göppinger/Wax

Götsche/Rehbein/Breuers, Versorgungsausgleichsrecht, Handkommentar, 2012 — HK-VersAusglR/Bearbeiter

Grube, Unterhaltsvorschussgesetz, Kommentar, 2009 — Grube

Hartmann, Kostengesetze, 42. Aufl. 2012 — Hartmann/Bearbeiter

Hauß, Elternunterhalt – Grundlagen und anwaltliche Strategien, 4. Aufl. 2012 — Hauß

Haußleiter/Schulz, Vermögensauseinandersetzung bei Trennung und Scheidung, 5. Aufl. 2011 — Haußleiter/Schulz

Heiß/Born (Hrsg.), Unterhaltsrecht, Handbuch für die Praxis, Stand: September 2012 — Bearbeiter in: Heiß/Born

Heiß/Heiß, Das Mandat in Familiensachen, 2. Aufl. 2010 — MandatFamR

Helms/Kieninger/Rittner, Abstammungsrecht in der Praxis, 2010 — Helms/Kieninger/Rittner

Henrich, Internationales Familienrecht, 3. Aufl. 2012 — Henrich

Hoenes/Glockner/Weil, Versorgungsausgleich, Handbuch, 2009 — Bearbeiter in: Hoenes/Glockner/Weil

Johannsen/Henrich (Hrsg.), Familienrecht, Kommentar, 5. Aufl. 2010 — JH/Bearbeiter

Kaiser/Schnitzler/Friederici (Hrsg.), Anwaltkommentar BGB, Band 4: Familienrecht, 2. Aufl. 2010 — NK-BGB/Bearbeiter

Kalthoener/Büttner/Niepmann, Die Rechtsprechung zur Höhe des Unterhalts, 10. Aufl. 2008; 11. Aufl. *siehe* Büttner/Niepmann/Schwamb — Kalthoener/Büttner/Niepmann

Keidel, FamFG, Kommentar, 17. Aufl. 2011 — Keidel/Bearbeiter

Kemper, Versorgungsausgleich in der Praxis, 2011 — Kemper

Kemper/Schreiber (Hrsg.), Familienverfahrensrecht, Handkommentar, 2. Aufl. 2012 — HK-FamFG/Bearbeiter

Kindl/Meller-Hannich/Wolf (Hrsg.), Gesamtes Recht der Zwangsvollstreckung, Handkommentar, 2. Aufl. 2012 — HK-ZV/Bearbeiter

Knickrehm (Hrsg.), Gesamtes Soziales Entschädigungsrecht, Handkommentar, 2012 — HK-EntschR/Bearbeiter

Kogel, Strategien beim Zugewinnausgleich, 3. Aufl. 2009 — Kogel

Kübler/Prütting/Bork, InsO, Kommentar, Loseblatt, Stand Februar 2012 — Kübler/Prütting/Bork/Bearbeiter

Kunkel (Hrsg.), Sozialgesetzbuch VIII, Kinder- und Jugendhilfe, Lehr- und Praxiskommentar, 4. Aufl. 2011 — Bearbeiter in: LPK-SGB VIII

Langenfeld, Handbuch der Eheverträge und Scheidungsvereinbarungen, 6. Aufl. 2011 — Langenfeld

Meyer-Götz (Hrsg.), Formularbuch Familienrecht, 2. Aufl. 2011 — Bearbeiter in: FormFamR

Münchener Kommentar zum Bürgerlichen Gesetzbuch, 6. Aufl. 2012, Bd. 1: Allgemeiner Teil, Bd. 7: Familienrecht I, Bd. 8: Familienrecht II, Bd. 10: IPR, Rom I-VO, Rom II-VO, EGBGB — MüKo/Bearbeiter

Münchener Kommentar zur Zivilprozessordnung, 4. Aufl. 2012 — MüKo-ZPO/Bearbeiter

Münder/Meysen/Trenczek (Hrsg.), Frankfurter Kommentar zum SGB VIII, Kinder- und Jugendhilfe, 7. Aufl. 2013 — Bearbeiter in: FK-SGB VIII

Muscheler, Familienrecht, 2006 — Muscheler

Musielak/Borth, Familiengerichtliches Verfahren, Kommentar, 3. Aufl. 2012 — Musielak/Borth/Bearbeiter

Oberloskamp (Hrsg.), Vormundschaft, Pflegschaft und Beistandschaft für Minderjährige, 3. Aufl. 2010 — Oberloskamp/Bearbeiter

Palandt, Bürgerliches Gesetzbuch, 72. Aufl. 2013 — Palandt/Bearbeiter

Prütting/Helms (Hrsg.), FamFG, Kommentar, 2. Aufl. 2011 — Prütting/Helms/Bearbeiter

Prütting/Wegen/Weinreich (Hrsg.), BGB, Kommentar, 8. Aufl. 2013 — PWW/Bearbeiter

Rancke (Hrsg.), Mutterschutz, Elterngeld, Elternzeit, Handkommentar, 2. Aufl. 2009 — HK-MuSchG/BEEG/Bearbeiter

Saenger (Hrsg.), Zivilprozessordnung, Handkommentar, 5. Aufl. 2013 — HK-ZPO/Bearbeiter

Schneider/Wolf/Volpert (Hrsg.), Familiengerichtskostengesetz, Handkommentar, 2010 — HK-FamGKG/Bearbeiter

Schnitzler (Hrsg.), Münchener Anwalts-Handbuch Familienrecht, 3. Aufl. 2010 — Schnitzler/Bearbeiter

Scholz/Kleffmann/Motzer, Praxishandbuch Familienrecht, Loseblatt, Stand Januar 2013 — Scholz/Kleffmann/Motzer

Schotten/Schmellenkamp, Das internationale Privatrecht in der notariellen Praxis, 2. Aufl. 2007 — Schotten/Schmellenkamp

Schröder R., Bewertungen im Zugewinnausgleich, 5. Aufl. 2011 — Schröder

Schröder/Bergschneider (Hrsg.), Familienvermögensrecht, 2. Aufl. 2007 — Schröder/Bergschneider, FamVermR

Schulte-Bunert/Weinreich (Hrsg.), FamFG, Kommentar, 3. Aufl. 2012 — Schulte-Bunert/Weinreich/Bearbeiter

Schulz/Hauß (Hrsg.), Familienrecht, Handkommentar, 2. Aufl. 2012 — HK-FamR/Bearbeiter

Schulze u.a., Bürgerliches Gesetzbuch, Handkommentar, 7. Aufl. 2012 — HK-BGB/Bearbeiter

Schwab (Hrsg.), Handbuch des Scheidungsrechts, 6. Aufl. 2010 — Bearbeiter in: Schwab

Staudinger (Begr.), Kommentar zum Bürgerlichen Gesetzbuch, 14. Bearbeitung 2006 ff, Bd. IV: Familienrecht, Bearbeitung 2000 — Staudinger/Bearbeiter

Tanck (Hrsg.), Formularbuch Erbrecht, 2. Aufl. 2011 — Bearbeiter in: FormErbR

Thomas/Putzo, ZPO, Kommentar, 33. Aufl. 2012 — Thomas/Putzo/Bearbeiter

Tröndle/Fischer, Strafgesetzbuch, Kommentar, 59. Auflage 2012 — Tröndle/Fischer

Weinreich/Klein (Hrsg.), Fachanwaltskommentar Familienrecht, 5. Aufl. 2013 — FAKomm-FamR/Bearbeiter

Wendl/Dose (Hrsg.), Das Unterhaltsrecht in der familienrichterlichen Praxis, 8. Aufl. 2011 — Wendl/Dose/Bearbeiter

Wever, Vermögensauseinandersetzung der Ehegatten außerhalb des Güterrechts, 5. Aufl. 2009 — Wever

Wiesner (Hrsg.), SGB VIII – Kinder- und Jugendhilfe, Kommentar, 4. Aufl. 2011 — Wiesner/Bearbeiter

Zöller, Zivilprozessordnung, 29. Aufl. 2012 — Zöller/Bearbeiter

1. Abänderungsverfahren im Versorgungsausgleich

Wegener

I. Einführung 1
II. Abänderung gerichtlicher Entscheidungen nach
§ 225 FamFG 6
  1. Tatbestand 6
    a) Ausgangsentscheidung 6
    b) Abänderungsfähige Rechte 8
    c) Eintritt von Veränderungen 11
      aa) Rechtliche Änderungen 12
      bb) Tatsächliche Änderungen 14
      cc) Andere Änderungen 17
      dd) Maßgeblicher Zeitpunkt 18
    d) Wesentliche Änderung 19
      aa) Relative Wesentlichkeitsgrenze 20
      bb) Absolute Wesentlichkeitsgrenze 21
    e) Wartezeiterfüllung 22
    f) Vorteilhaftigkeit 24
  2. Härtefälle 27
III. Abänderungsverfahren nach § 226 FamFG 28
  1. Zuständigkeit 28
  2. Antragserfordernis 29
  3. Amtsermittlung 32
  4. Auskünfte 33

  5. Entscheidung 34
  6. Tod eines Beteiligten 35
  7. Kostenentscheidung 37
  8. Rechtsmittel 38
  9. Streitwert 40
  10. Gebühren und Vergütung 41
    a) Gerichtsgebühren 41
    b) Rechtsanwaltsvergütung 43
IV. Abänderung sonstiger Entscheidungen nach
§ 227 Abs. 1 FamFG 46
  1. Tatbestand 46
  2. Verfahren 48
  3. Zuständigkeit 49
  4. Rechtsmittel 50
  5. Kostenentscheidung 51
  6. Sonstiges 52
V. Abänderung von Vereinbarungen nach
§ 227 Abs. 2 FamFG 53
  1. Tatbestand 53
  2. Verfahren 55
  3. Besonderheiten 56

I. Einführung

Das Recht des Versorgungsausgleichs ist von der Vorstellung einer gleichen **Teilhaberschaft** beider Ehe- **1**
gatten an dem in der Ehezeit Erwirtschafteten geprägt. Hierauf verweist § 1 Abs. 1 VersAusglG, der damit
als gesetzgeberischer Leitfaden oder auch Grundprinzip verstanden werden kann (s. → *Versorgungsausgleich* Rn 2).

Dabei ist die gesetzestechnische Umsetzung im Ansatz sehr einfach. Es ist – ebenso wie beim Zugewinn- **2**
ausgleich – der in der Ehezeit erwirtschaftete **Mehrerwerb** auszugleichen. Anwartschaften, die vor der Ehe
oder danach erwirtschaftet wurden, bleiben außer Betracht. Anders als im Zugewinnausgleichsverfahren,
das vom Stichtagsprinzip geprägt ist, können sich während des Versorgungsausgleichsverfahrens, aber
auch nach dessen Abschluss, Änderungen ergeben, die sich auf den Versorgungsausgleich auswirken, so
zB im Falle des Todes eines Ehegatten oder im Falle der Wertänderung einer privaten Versorgungsanwartschaft.

Es ist zu unterscheiden zwischen der Anpassung nach **Rechtskraft** einer Entscheidung über den Versor- **3**
gungsausgleich nach §§ 32 ff VersAusglG und der Abänderung rechtskräftiger Entscheidungen nach
§§ 225–227 FamFG. Die Anpassung nach Rechtskraft lässt die ursprünglich getroffene Entscheidung über
den Versorgungsausgleich unberührt. Sie knüpft an besondere Veränderungen an, die sich auf den Bezug
von Versorgungsleistungen auswirken, so etwa die Unterhaltspflicht des Ausgleichspflichtigen (§ 33
VersAusglG; s. → *Unterhaltsprivileg* Rn 3), der Bezug einer Versorgung wegen Invalidität durch den Ausgleichspflichtigen (§ 35 VersAusglG) (s. → *Anpassung bei Invalidität, besonderer Altersgrenze oder Tod*
Rn 3 f) sowie der Tod der ausgleichsberechtigten Person (§ 37 VersAusglG; s. → *Anpassung bei Invalidität, besonderer Altersgrenze oder Tod* Rn 6).

Das Verfahren auf **Abänderung** gem. §§ 225–227 FamFG ändert dagegen die Ausgangsentscheidung oder **4**
eine spätere Änderung nach der jeweiligen Rechtskraft. Es handelt sich um Vorschriften materieller und
formeller Art über die Durchbrechung der Rechtskraft. Die Vorschriften ersetzen den nach der früheren
Rechtslage geltenden § 10 a VAHRG.

5   Eine Abänderung kommt bei Vorliegen gerichtlicher Entscheidungen nach dem geltenden Recht (Rn 6 ff, 28 ff), beim schuldrechtlichen Versorgungsausgleich (Rn 46 ff) und bei Vereinbarungen zum Versorgungsausgleich (Rn 53 ff) in Betracht.

II. Abänderung gerichtlicher Entscheidungen nach § 225 FamFG

1. Tatbestand

6   **a) Ausgangsentscheidung.** Jede rechtskräftige Entscheidung über den Versorgungsausgleich kann abgeändert werden. Es spielt keine Rolle, ob die Entscheidung im **Verbund** oder **isoliert** und in welcher Instanz sie getroffen wurde. Auch eine Abänderungsentscheidung nach diesem Verfahren kann wiederum abgeändert werden.

7   Der Gegenstand der Entscheidung muss sich nicht zwingend mit dem Wertausgleich von Versorgungsanwartschaften befasst haben. Auch wenn es sich um eine Entscheidung über die **Geringfügigkeit** nach § 18 VersAusglG handelt oder der Versorgungsausgleich nach § 27 VersAusglG wegen **Unbilligkeit** eingeschränkt oder ganz ausgeschlossen wurde, ist eine Abänderung grundsätzlich möglich.

8   **b) Abänderungsfähige Rechte.** Eine Abänderung kommt nur für bestimmte, **abschließend** aufgeführte besondere Versorgungsanwartschaften in Betracht. § 225 Abs. 1 FamFG knüpft dabei an die gem. § 32 VersAusglG festgelegten Anrechte an. Es sind dies:

–   Anrechte aus der gesetzlichen Versicherung einschließlich der Höherversicherung;
–   Anrechte aus der Beamtenversorgung oder einer anderen Versorgung, die zur Versicherungsfreiheit nach § 5 Abs. 1 SGB VI führt;
–   Anrechte einer berufsständischen oder anderen Versorgung, die nach § 6 Abs. 1 Nr. 1 oder Nr. 2 SGB VI zu einer Befreiung von der Sozialversicherungspflicht führen kann;
–   Anrechte der Alterssicherung der Landwirte;
–   Anrechte aus den Versorgungssystemen der Abgeordneten und der Regierungsmitglieder im Bund und in den Ländern.

9   Diese Aufzählung ist abschließend zu verstehen. Hinsichtlich aller anderen Versorgungsanrechte ist eine Abänderung (wie auch eine Anpassung) nach Rechtskraft ausgeschlossen (vgl NK-BGB/Rehbein Vor §§ 32 ff VersAusglG Rn 3).

10 Die Abänderung ist ausgeschlossen für Anrechte von Trägern der **betrieblichen Altersversorgung** oder der **privaten Lebensversicherung** (s. → *Betriebliche Altersversorgung* Rn 1). Vor dem Hintergrund der Rechtsprechung des Bundesverfassungsgerichts (28.2.1980 – 1 BvL 17/77, NJW 1980, 692) ist dies nur konsequent. Denn die Ausgestaltung dieser Versorgungssysteme basiert auf der Grundlage der Privatautonomie, weshalb ein Verfassungsverstoß wegen fehlender Abänderungsmöglichkeiten nach Rechtskraft ausgeschlossen ist.

11 **c) Eintritt von Veränderungen.** Nach § 225 Abs. 2 FamFG ist der Eintritt einer Veränderung Tatbestandsvoraussetzung. Dabei kommen sowohl rechtliche als auch tatsächliche Veränderungen in Betracht. In jedem Fall muss sich die Änderung auf den Ausgleichswert der zu ändernden Entscheidung auswirken. Dabei wird jedes einzelne Anrecht gesondert betrachtet. Eine Saldierung im Sinne einer Totalrevision findet im Gegensatz zur bisherigen Rechtslage nicht statt.

12 **aa) Rechtliche Änderungen.** Die Form der **Rechtsänderung** ist unerheblich. Jede Rechtsänderung, die sich auf den Rentenbezug auswirkt, eröffnet die Abänderungsmöglichkeit. Es kann sich also um gesetzliche Änderungen handeln, um Änderungen von Verordnungen oder auch von Satzungen. Einige **Beispiele** (vgl HK-FamFG/Götsche § 225 FamFG Rn 11) verdeutlichen dies:

–   Neubewertung von Kindererziehungszeiten;
–   Neubewertung von Anrechnungszeiten;
–   Umstrukturierung eines Bewertungssystems, zB bei der Zusatzversorgung des öffentlichen Dienstes zum 1.1.2001;

– Absenkung oder Erhöhung von Sonderzahlungen, zB für Versorgungsempfänger des Bundes.

Die Abänderung nach § 225 FamFG ist eine gesetzlich normierte Form der **Durchbrechung** der **Rechts-**   13
kraft. Insoweit ist die Vorschrift dem Verfahren bei Abänderung von Entscheidungen zum Unterhalt gem.
§ 240 FamFG und der allgemeinen Abänderungsvorschrift bei wiederkehrenden Leistungen des § 323 ZPO
nachgebildet. Deshalb wird eine rechtliche Änderung auch dann als ausreichend angesehen, wenn sich die
höchstrichterliche Rechtsprechung geändert hat (HK-FamFG/Götsche § 225 FamFG Rn 11). Das OLG
Hamm (27.1.1992 – 4 UF 170/91, NJW-RR 1993, 263) hat zu § 10 a VAHRG ausdrücklich die Änderung
der Rechtsprechung nach der Erstentscheidung als Änderungsgrund bejaht und sich dabei auf das OLG
Celle (25.5.1989 – 17 UF 136/88, FamRZ 1989, 985) bezogen.

bb) Tatsächliche Änderungen. Auf eine besondere Art der Änderung kommt es nicht an. Jede Änderung,   14
ob **tatsächlicher** oder **individueller** Art, die sich auf den Rentenbezug **auswirkt**, eröffnet ein Abänderungsverfahren.

Danach würde für den Fall einer erst nach der Entscheidung eintretenden **Unverfallbarkeit** einer Versor-   15
gungsanwartschaft auch die Abänderung nach § 225 FamFG möglich sein. In diesem Fall scheidet eine Abänderung aber aus, was in der Besonderheit des VersAusglG begründet ist. Nach § 19 Abs. 2 Nr. 1
VersAusglG sind verfallbare Anrechte nicht **ausgleichungsreif** (s. → *Ausgleichsreife*) und werden daher
nicht öffentlich-rechtlich ausgeglichen. Nach § 19 Abs. 4 VersAusglG sind diese Fälle dem schuldrechtlichen Versorgungsausgleich nach §§ 20–26 VersAusglG vorbehalten (s. → *Schuldrechtlicher Versorgungsausgleich* Rn 1). Für eine Abänderung ist daher im Gegensatz zur früheren Rechtslage kein Raum.

Dagegen stellt das **Ausscheiden** eines Ehegatten aus dem **Beamtenverhältnis** nach dem Ende der Ehezeit
eine tatsächliche Veränderung iSd § 225 Abs. 2 FamFG dar (OLG Oldenburg 11.6.2012 – 13 UF 56/12,
FamRZ 2012, 1945). In dem entschiedenen Fall war nach rechtskräftiger Ehescheidung der Ehemann wegen einer Straftat aus dem Beamtenverhältnis ausgeschieden, mit der Folge des Erlöschens der (im Scheidungsverfahren ausgeglichenen) Anwartschaften nach dem BeamtVG. Die im Wege der **Nachversiche-**
rung in der gesetzlichen Rente einhergehende Wertänderung stellt eine tatsächliche Veränderung mit der
Folge einer Abänderungsentscheidung nach § 226 FamFG (Rn 28 ff) dar.

Davon zu unterscheiden sind Anrechte, bei denen eine **Wartezeit** nicht erfüllt ist. Diese werden ausgegli-   16
chen, die Nichterfüllung der Wartezeit ist gem. § 2 Abs. 3 VersAusglG unbeachtlich. Stellt sich erst nach
der Entscheidung die **Aussichtslosigkeit** einer **Wartezeiterfüllung** heraus, kann die Entscheidung nach
§ 225 FamFG abgeändert werden (vgl NK-BGB/Götsche § 2 VersAusglG Rn 56).

cc) Andere Änderungen. Andere Änderungen können kein Abänderungsverfahren rechtfertigen. Alles   17
was zum Zeitpunkt der Erstentscheidung schon bekannt war, jedoch nicht geltend gemacht wurde, ist **prä-**
kludiert. Das Gleiche gilt, wenn das Erstgericht Umstände nicht berücksichtigt hat. Unrichtige Entscheidungen begründen keine Abänderung. Diese sind mit den ordentlichen **Rechtsbehelfen** anzugehen. Daher
ist beispielsweise eine Korrektur der Ehezeit nach Rechtskraft der Ausgangsentscheidung nicht möglich
(vgl HK-FamFG/Götsche § 225 FamFG Rn 15). Ein Versorgungsanrecht, das bei der Ausgangsentscheidung übersehen wurde, kann nicht in das Abänderungsverfahren einbezogen werden. Dies hat das OLG
München für Altentscheidungen nach § 51 VersAusglG, der auf § 225 FamFG verweist, ausdrücklich festgestellt (OLG München 28.10.2011 – 12 UF 1755/11, FamRZ 2012, 380). Ein im Ausgangsverfahren von
einem Ehegatten **verheimlichtes Anrecht** kann auch dann nicht im Wege der Abänderung berücksichtigt
werden, wenn der Versorgungsausgleich aus anderen Gründen abzuändern ist (KG Berlin 12.6.2012 – 13
UF 199/11, FamRZ 2012, 1945). Ebenso wenig kann in diesen Fällen ein **schuldrechtlicher Versorgungs-**
ausgleich (s. → *Schuldrechtlicher Versorgungsausgleich*) nachträglich durchgeführt werden (OLG Oldenburg 20.9.2012 – 14 UF 96/12, NJW 2012, 3795; aA Bergner NJW 2012, 3757). Der benachteiligte Ehegatte ist aber nicht schutzlos. Er könnte nach § 48 Abs. 2 FamFG ein **Wiederaufnahmeverfahren** betreiben oder **Schadenersatz** verlangen.

18 **dd) Maßgeblicher Zeitpunkt.** Nach § 5 Abs. 2 S. 2 VersAusglG hat der Erstrichter in seiner Entscheidung auch Veränderungen zu berücksichtigen, die nach dem **Ende** der **Ehezeit** iSd § 3 Abs. 1 VersAusglG eintreten und auf den Ehezeitanteil zurückwirken. Dennoch wird als maßgeblicher **Zeitpunkt** für das Entstehen des Änderungstatbestandes am Ende der Ehezeit festgehalten (HK-FamFG/Götsche § 225 FamFG Rn 18). Es ist demnach ausreichend, wenn der Änderungstatbestand nach dem Ehezeitende entstanden ist. Ist der **Änderungstatbestand** vor dem Schluss der mündlichen Verhandlung eingetreten, aber vom Gericht nicht berücksichtigt worden, kann die (fehlerhafte) Entscheidung des Gerichts in diesem Ausnahmefall mithilfe des Abänderungsverfahrens noch korrigiert werden.

19 **d) Wesentliche Änderung.** § 225 Abs. 3 FamFG dient der Vermeidung von **Bagatellfällen.** Ausgenommen hiervon sind die Fälle, in denen eine Abänderung wegen Erfüllung der Wartezeit begehrt wird, § 225 Abs. 4 FamFG. Diese sind auch im Bagatellbereich, also immer, abänderbar. Es wird unterschieden zwischen einer relativen und einer absoluten Wesentlichkeitsgrenze.

20 **aa) Relative Wesentlichkeitsgrenze.** Die Wertänderung muss mindestens 5 % des bisherigen Anrechtes betragen. Jedes **Anrecht** wird hierbei **gesondert** bewertet. Ist beispielsweise der Ausgleichswert (Ehezeitanteil) eines Anrechtes des Mannes in der gesetzlichen Rentenversicherung 200 EUR und durch die Veränderung nach dem Ehezeitende 209 EUR, ist eine Änderung ausgeschlossen, ab 210 EUR (5 % von 200 EUR) aber möglich. Auf Änderungsbeträge anderer Anrechte kommt es nicht an.

21 **bb) Absolute Wesentlichkeitsgrenze.** Die absolute Wesentlichkeitsgrenze ist inhaltsgleich mit der **Grenze der Geringfügigkeit** in § 18 Abs. 3 VersAusglG (s. → *Geringfügige Anrechte im Versorgungsausgleich* Rn 2). § 18 Abs. 1 SGB IV definiert als jeweilige Bezugsgröße das Durchschnittsentgelt der gesetzlichen Rentenversicherung im jeweilig vorausgegangenen Kalenderjahr. Die Höhe wird jährlich durch das Bundesministerium für Arbeit und Soziales durch Rechtsverordnung bestimmt (www.bmas.de). Es ist zu differenzieren, ob es sich um einen Renten- oder einen Kapitalbetrag handelt. Die Bezugsgröße für 2012 ergibt 26,25 EUR monatlich (West) und 22,40 EUR monatlich (Ost) und bei einem Kapitalbetrag 3.155 EUR (West) und 2.688 EUR (Ost).

22 **e) Wartezeiterfüllung.** Mit der Formulierung „auch dann" stellt der Gesetzgeber klar, dass wegen Erfüllung der Wartezeit immer eine Abänderung durchzuführen ist, auch wenn sie die Grenze der Wesentlichkeit nach Abs. 3 nicht überschreitet.

23 Die Wartezeiten für Versorgungsrechte, die aufgrund des Versorgungsausgleichs übertragen oder begründet werden, ergeben sich aus §§ 50–52, 243 b SGB IV. Die Wartezeiten in der **gesetzlichen Rentenversicherung** stellen sich folgendermaßen dar:

– 5 Jahre für die Regelaltersrente, für die Rente wegen Erwerbsminderung und für Rentenzahlungen im Todesfall. Bei der Berechnung der Wartezeit werden Beitragszeiten, Ersatzzeiten und zusätzliche Wartezeitmonate berücksichtigt.

– 15 Jahre für die Altersrente für Frauen und für die Altersrente wegen Arbeitslosigkeit oder nach Altersteilzeit. Bei der Berechnung der Wartezeit werden Beitragszeiten, Ersatzzeiten und zusätzliche Wartezeitmonate berücksichtigt.

– 35 Jahre bei der Altersrente für langjährig Versicherte und der Altersrente für Schwerbehinderte. Bei der Berechnung der Wartezeit werden Beitragszeiten, Ersatzzeiten, Anrechnungszeiten, Berücksichtigungszeiten und zusätzliche Wartezeitmonate berücksichtigt.

– 45 Jahre bei der Altersrente für besonders langjährig Versicherte. Bei der Berechnung der Wartezeit werden Beitragszeiten, Ersatzzeiten und zusätzliche Wartezeitmonate berücksichtigt.

24 **f) Vorteilhaftigkeit.** Grundsätzlich sind auch Versorgungsträger gem. § 226 Abs. 1 FamFG antragsberechtigt. Um Abänderungsverfahren von Versorgungsträgern auszuschließen, die sich ausschließlich zu deren Gunsten auswirken, sieht § 225 Abs. 5 FamFG vor, dass sich die Abänderung entweder **zugunsten eines Ehegatten oder seiner Hinterbliebenen** auswirken muss. Dass die Abänderung sich auch zugunsten des Versorgungsträgers auswirkt, ist unschädlich. Die Voraussetzung der Vorteilhaftigkeit gilt sowohl für Fälle

der wesentlichen Änderung gem. § 225 Abs. 2, Abs. 3 FamFG als auch für Fälle der Erfüllung der Wartezeit gem. § 225 Abs. 4 FamFG.

Die Vorteilhaftigkeit muss jeweils für **jedes einzelne Anrecht** vorliegen. Es wird nicht die Gesamtheit der   25
Anrechte zusammengefasst. Es kommt auf jeden rechnerischen Ausgleichswert der einzelnen Anrechte an.
Verglichen wird der durchgeführte Versorgungsausgleich mit dem abgeänderten.

Kann ein dem **schuldrechtlichen Versorgungsausgleich** vorbehaltenes Anrecht durch die Änderung in-   26
tern oder extern geteilt werden, stellt dieser Umstand in Abweichung von der rein rechnerischen Betrachtungsweise ebenfalls einen Vorteil dar (vgl HK-FamFG/Götsche § 225 FamFG Rn 34).

2. Härtefälle

§ 226 Abs. 3 FamFG verweist auf die **Härtefallregelung** in § 27 VersAusglG. Bezog sich § 10 a Abs. 3   27
VAHRG auf die wirtschaftlichen Verhältnisse, sollen nunmehr die gesamten Umstände des Falles betrachtet werden. Auch in diesem Zusammenhang ist auf das Ende der Ehezeit grundsätzlich abzustellen (vgl
HK-FamFG/Götsche § 226 Rn 13).

Auch ein persönliches **Fehlverhalten** wie das Ausscheiden aus dem **Beamtenverhältnis** wegen einer vorsätzlichen **Straftat** kann berücksichtigt werden. Voraussetzung ist aber, dass das Fehlverhalten noch einen
Bezug zur geschiedenen Ehe bzw Familie hat. Das Fehlverhalten müsste sich als **treuwidrige Einflussnahme** auf den Versorgungsausgleich darstellen (OLG Oldenburg 11.6.2012 – 13 UF 56/12, FamRZ 2012,
1945). **Darlegungs- und beweispflichtig** ist derjenige Ehegatte, zu dessen Gunsten sich die Härtefallregelung auswirken soll.

III. Abänderungsverfahren nach § 226 FamFG

1. Zuständigkeit

Sachlich zuständig sind die **Familiengerichte**, es handelt sich um eine Familiensache gem. § 111 Nr. 7   28
FamFG. Die örtliche Zuständigkeit ergibt sich aus § 218 Nr. 2–5 FamFG.

2. Antragserfordernis

Das Verfahren wird eingeleitet durch einen **Antrag**, der von einem Ehegatten, dessen Hinterbliebenen oder   29
einem betroffenen Versorgungsträger gestellt werden kann, § 226 Abs. 1 FamFG.

Da es sich beim isolierten Versorgungsausgleichsverfahren nicht um eine Familienstreitsache (§ 112   30
FamFG) handelt, besteht nach § 114 Abs. 1 FamFG **kein Anwaltszwang**.

Der Antrag ist frühestens **sechs Monate vor dem Leistungsbeginn** (Beginn des Rentenbezugs) gem. § 226   31
Abs. 2 FamFG zulässig. Damit ist der erstmalige Leistungsbezug gemeint. Alle bis dahin eingetretenen Änderungen können berücksichtigt werden.

3. Amtsermittlung

Es gilt § 26 FamFG. Es ist demnach iSd § 23 Abs. 1 FamFG ausreichend, wenn die Voraussetzungen der   32
§§ 225 ff FamFG schlüssig dargelegt werden. Insbesondere ist die Bezifferung des Antrags nicht erforderlich. Es ist ausreichend, wenn der Antrag auf Abänderung der Entscheidung über den Versorgungsausgleich formuliert wird.

4. Auskünfte

Die Beteiligten können die **Auskunftsansprüche** nach § 4 VersAusglG geltend machen. Das Gericht kann   33
von Amts wegen gem. § 220 FamFG Auskünfte einholen.

5. Entscheidung

34 Der **Beschluss** über die Abänderung wirkt nach § 226 Abs. 4 FamFG zurück auf den Monatsersten, der der Antragstellung folgt. Der Antrag gilt mit Eingang beim Gericht als gestellt. Die Entscheidung wird ebenso wie im Ausgangsverfahren erst mit **Rechtskraft** wirksam, § 224 Abs. 1 FamFG, denn auch der Abänderungsbeschluss hat rechtsgestaltende Wirkung.

6. Tod eines Beteiligten

35 Beim Tode des **antragstellenden Beteiligten** während des Verfahrens können die antragsberechtigten Hinterbliebenen nach § 226 Abs. 5 FamFG innerhalb einer Monatsfrist, auf die das Gericht zu verweisen hat, über die Fortsetzung des Verfahrens entscheiden. Erfolgt keine Entscheidung zur Fortsetzung, ist das Verfahren erledigt.

36 Beim Tode des **Antragsgegners** im laufenden Verfahren werden dessen Erben Prozessnachfolger, ohne dass es einer Mitwirkungshandlung der Erben bedarf. Der Antragsteller wird gegebenenfalls bei der Erbenermittlung mitwirken müssen, notfalls durch Beantragung eines Erbscheins.

7. Kostenentscheidung

37 Es ist nach § 81 FamFG über die **Kosten** zu entscheiden. Unter den dort genannten Voraussetzungen sind daher auch Kostenentscheidungen zulasten eines Beteiligten möglich.

8. Rechtsmittel

38 Der Beschluss unterliegt der **befristeten Beschwerde** nach §§ 58 ff FamFG. § 228 FamFG gilt auch im Abänderungsverfahren, weshalb es auf den Wert der Beschwer nicht ankommt, es sei denn, es wird lediglich die Kostenentscheidung angefochten. Eine Rechtsbeschwerde gegen die Entscheidung des Oberlandesgerichts als Beschwerdegericht kommt gegebenenfalls gem. §§ 70 ff FamFG in Betracht.

39 Für die Einlegung einer Beschwerde und die Durchführung des Beschwerdeverfahrens ist die Vertretung durch einen **Rechtsanwalt** nicht zwingend erforderlich, § 114 Abs. 1 FamFG. Die Rechtsbeschwerde kann nur durch einen beim Bundesgerichtshof zugelassenen Rechtsanwalt wirksam erhoben werden, § 114 Abs. 2 FamFG.

9. Streitwert

40 Dem Streitwert ist das (ungekürzte) in drei Monaten erzielte **Nettoeinkommen** beider Ehegatten zugrunde zu legen. Die Vermögensverhältnisse spielen keine Rolle. Maßgeblich ist gem. § 34 FamGKG der Zeitpunkt der Antragstellung. Der Streitwert bemisst sich gem. § 50 Abs. 1 S. 1 FamGKG in Höhe von 20 % dieses Quartalseinkommens für jedes Anrecht, welches abgeändert werden soll. Wird die Abänderung beispielsweise wegen Unterschreitung der Wesentlichkeitsgrenze versagt, hat dies keinen Einfluss auf den Streitwert. Die Anwendung des § 18 VersAusglG rechtfertigt es nicht, gem. § 50 Abs. 3 FamGKG einen niedrigeren Wert festzusetzen. Maßgeblich ist die sachliche Prüfung jedes Anrechtes im Rahmen der von den Versorgungsträgern erteilten Auskünfte (OLG Stuttgart 16.11.2010 – 11 WF 153/10, NJW 2011, 540).

10. Gebühren und Vergütung

41 **a) Gerichtsgebühren.** Für das Verfahren in erster Instanz entstehen nach KV 1320 FamGKG **2,0 Gebühren**. In der Beschwerdeinstanz **3,0 Gebühren** nach KV 1322 FamGKG, in der Rechtsbeschwerde **4,0 Gebühren** nach KV 1325 FamGKG.

42 Nach § 14 Abs. 3 iVm § 21 Abs. 1 FamGKG ist ein Kostenvorschuss in Höhe der 2,0 Gebühren vom Antragsteller zu erheben.

b) Rechtsanwaltsvergütung. In der ersten Instanz kommen die 1,3 Verfahrensgebühr nach VV 3100   **43**
RVG und die 1,2 Terminsgebühr nach VV 3104 RVG in Betracht. Im Falle einer Einigung entsteht die 1,0
Einigungsgebühr nach VV 1000, 1003 RVG.

In der zweiten Instanz sind die VV 3200 ff RVG anwendbar, was sich aus Vorbemerkung 3.2.1 Nr. 2 b)   **44**
RVG ergibt. Es kommen daher die 1,6 Verfahrensgebühr nach VV 3200 RVG und die 1,2 Terminsgebühr
nach VV 3202 RVG in Betracht. Im Falle einer Einigung entsteht die 1,3 Einigungsgebühr nach VV 1000,
1004 Abs. 1 RVG.

In der dritten Instanz sind entsprechend nach Vorbemerkung 3.2.2 Nr. 1 b) die VV 3206 ff RVG anwend-   **45**
bar. Es kommen daher die 1,6 Verfahrensgebühr nach VV 3206 RVG und die 1,5 Terminsgebühr nach VV
3210 RVG in Betracht. Im Falle einer Einigung entsteht die 1,3 Einigungsgebühr nach VV 1000, 1004
Abs. 1 RVG.

IV.   Abänderung sonstiger Entscheidungen nach § 227 Abs. 1 FamFG

1.   Tatbestand

Das Gericht hat eine Entscheidung nach §§ 20–26 VersAusglG getroffen, also über den schuldrechtlichen   **46**
Versorgungsausgleich (§ 20 VersAusglG), über die Abtretung von Versorgungsansprüchen (§ 21
VersAusglG) oder die Teilhabe an der Hinterbliebenenversorgung (§§ 25 f VersAusglG). Diese Entschei-
dungen sind nach § 227 FamFG nur nach den allgemeinen Regeln des **§ 48 Abs. 1 FamFG** abänderbar.
Damit wird klargestellt, dass § 225 FamFG auf diese Fälle nicht anwendbar ist.

Nach § 48 Abs. 1 FamFG muss eine **nachträgliche wesentliche Änderung der Sach- oder Rechtslage**   **47**
eingetreten sein. Nachträglich bedeutet, eine Änderung muss nach der letzten mündlichen Verhandlung
oder nach Ablauf von Anhörungsfristen, falls es keine mündliche Verhandlung gab, eingetreten sein. Eine
wesentliche Änderung ist umso eher anzunehmen, je stärker die Ausgangsentscheidung in geschützte
Rechtspositionen des Betroffenen eingreift (vgl HK-FamFG/Simon § 48 Rn 8).

2.   Verfahren

Das Verfahren wird auf Antrag eines Beteiligten des Ausgangsverfahrens eingeleitet, § 48 Abs. 1 S. 2   **48**
FamFG.

3.   Zuständigkeit

Es ist stets das **Ausgangsgericht** zuständig, also das Gericht des ersten Rechtszuges, auch wenn eine Ent-   **49**
scheidung eines höheren Instanzgerichts abgeändert werden soll.

4.   Rechtsmittel

Der Beschluss unterliegt der **befristeten Beschwerde** nach §§ 58 ff FamFG.   **50**

5.   Kostenentscheidung

Es ist nach § 81 FamFG über die Kosten zu entscheiden. Unter den dort genannten Voraussetzungen sind   **51**
daher auch Kostenentscheidungen zulasten eines Beteiligten möglich.

6.   Sonstiges

Hinsichtlich Streitwert, Gerichtsgebühren und Rechtsanwaltsvergütung gilt das unter Rn 40 ff Ausgeführte.   **52**

V. Abänderung von Vereinbarungen nach § 227 Abs. 2 FamFG

1. Tatbestand

53   Die Ehegatten haben eine **Vereinbarung** über den Versorgungsausgleich nach § 6 VersAusglG getroffen, also bevor eine Entscheidung über den Versorgungsausgleich rechtskräftig wurde (s. → *Vereinbarungen zum Versorgungsausgleich* Rn 4). Damit ist klargestellt, dass § 227 Abs. 2 FamFG nicht auf Vereinbarungen der Ehegatten anwendbar ist, die nach Rechtskraft der Entscheidung zum Versorgungsausgleich geschlossen worden sind.

54   Die Ehegatten können in einer Vereinbarung nach § 6 VersAusglG ausdrücklich die **Abänderbarkeit ausschließen**. Dies stellt § 227 Abs. 2 FamFG klar. In solchen Fällen scheidet jede Abänderbarkeit aus, solange der Vertrag wirksam ist und besteht. Der Umfang des Ausschlusses der Abänderbarkeit kann aber auch für jedes Anrecht gesondert vereinbart werden (s. → *Versorgungsausgleich* Rn 26).

2. Verfahren

55   Das Verfahren zur Abänderung erfolgt nach den Vorschriften der §§ 225–226 FamFG (Rn 28 ff).

3. Besonderheiten

56   Vereinbarungen der Eheleute zu § 6 VersAusglG erfolgen häufig im Zusammenhang mit einer ganzen Reihe weiterer Vereinbarungen, beispielsweise in einem umfassenden **Ehevertrag** oder in einer **Scheidungsfolgenvereinbarung**. In diesen Fällen wird § 139 BGB zu berücksichtigen sein. Die sonstigen Vereinbarungen müssen bei der Abänderungsentscheidung berücksichtigt werden. Die isolierte Abänderung kann dann daran scheitern, dass die Vereinbarung zum Versorgungsausgleich im engen Zusammenhang mit einer oder sogar einer Vielzahl weiterer Vereinbarungen steht (vgl HK-FamFG/Götsche § 227 FamFG Rn 7).

          Wegener

2. ABC der Vermögenswerte

Caspary

1.	Abfindung	1
2.	Abschreibungsgesellschaften	5
3.	Aktien/Wertpapiere	6
4.	Altersversorgung	10
5.	Antiquitäten	15
6.	Anwartschaftsrecht	18
7.	Arbeitseinkommen	19
8.	Ausstattung/Aussteuer	20
9.	Bankguthaben/Bankkonten	21
10.	Bargeld	22
11.	Bausparvertrag	23
12.	Bilder	24
13.	Bürgschaften	25
14.	Darlehen	26
15.	Dauerschuldverhältnisse	27
16.	Ehegatteninnengesellschaft	28
	a) Überblick	28
	b) Einzelheiten	30
	aa) Anfangsvermögen	31
	bb) Überschuldung	32
	cc) Voreheliche Innengesellschaft	33
	dd) Wertzuwachs nach Stichtag	34
17.	Eigentumswohnung	35
18.	Erbschaften	36
	a) Überblick	36
	b) Einzelheiten	37
	aa) Erberwartung	37
	bb) Erbvertrag	38
	cc) Erbverzicht	39
	dd) Vorerbschaft	40
	ee) Nacherbschaft	41
	ff) Pflichtteilsansprüche	42
19.	Forderungen	43
20.	Freiberuflerpraxis	44
	a) Überblick	44
	b) Bewertung	46
	aa) Sachwert	47
	bb) Goodwill	48
	cc) Latente Steuerlast	51
	dd) Kapitalisierung	52
	ee) Vereinbarungen	53
	c) Einzelfälle	54
	aa) Architekturbüro	54
	bb) Apotheke	55
	cc) Arztpraxis	56
	dd) Handwerksbetrieb	57
	ee) Rechtsanwaltskanzlei	58
	ff) Steuerberaterpraxis	59
	gg) Notariat	60
21.	Gegenseitige Ansprüche	61
22.	Gesamtschuldnerische Haftung	69
23.	Grundstücke	75
	a) Überblick	75
	b) Bewertung	78
	aa) Vergleichswert	81
	bb) Sachwert	82
	cc) Ertragswert	85
	c) Belastungen	87
	d) Rückfallklauseln	88
	e) Wertzuwachs durch Wiedervereinigung	91
24.	Handelsvertreter	93
25.	Haushaltsgegenstände	94
26.	Hochzeitsgeschenke	97
27.	Kaufvertrag	98
28.	Kaution	99
29.	Kunstgegenstände	100
30.	Land- und forstwirtschaftlicher Betrieb	102
31.	Leasingvertrag	107
32.	Lebensversicherung	110
	a) Überblick	110
	b) Einzelheiten	113
	aa) Wahlrecht	113
	bb) Bezugsrecht	115
	cc) Bewertung	117
	dd) Kreditsicherheit	118
	ee) Steuern	119
33.	Leibgeding	121
34.	Leibrente	122
35.	Lottogewinn	123
36.	Miteigentum	124
37.	Nießbrauch	127
38.	Optionsrechte, insbesondere Aktienoptionen	128
39.	Pkw	132
40.	Sammlungen	133
41.	Schenkungen	134
42.	Schmerzensgeld	135
43.	Schmuck, Pelze	136
44.	Steuern	137
	a) Überblick	137
	b) Einzelheiten	138
	aa) Doppelberücksichtigung	138
	bb) Einkommen- und Kirchensteuern	140
	cc) Umsatzsteuern	143
	dd) Spekulationssteuer	144
	ee) Latente Steuern	148
45.	Unsichere Rechte	150
46.	Unterhalt	156
47.	Unternehmen/Unternehmensbeteiligungen	160
	a) Überblick	160
	b) Einzelheiten	161
	aa) Ertragswert	162
	bb) Substanzwert	168
	cc) Liquidationswert	171
	dd) Kombination	173
	c) Unternehmensbeteiligung	175
	aa) Vorgehensweise	176
	bb) Abfindungsklauseln	177
48.	Urheberrecht	180
49.	Verbindlichkeiten	181
50.	Wohnrecht	183

1. Abfindung

Bei Abfindungen ist immer zu fragen, ob sie dem **Zugewinnausgleich** unterliegen oder als Einkommen anzusehen sind, dh über den **Unterhalt** auszugleichen sind. Da ein und dieselbe Vermögensposition nicht doppelt verwertet werden darf, kann die Frage nicht offen bleiben.   **1**

2   Während der Bundesgerichtshof früher der Ansicht war, dass Abfindungen grundsätzlich dem Zugewinnausgleich unterliegen (BGH 29.10.1981 – IX ZR 94/80, FamRZ 1982, 148), ist er nunmehr der Auffassung, dass auf den **Zweck** der Abfindung abzustellen ist. Sofern die Abfindung, wie im Regelfall, den mit dem Arbeitsplatzverlust einhergehenden Einkommensausfall kompensieren soll, ist sie unterhaltsrechtlich auszugleichen. Soll sie dagegen den Verlust des Arbeitsplatzes und des damit verbundenen sozialen Besitzstandes kompensieren, unterfällt sie dem Zugewinnausgleich (BGH 21.4.2004 – XII ZR 185/01, FamRZ 2004, 1352; vgl aber auch BGH 2.6.2010 – XII ZR 138/08, FamRZ 2010, 1311, Rn 28 f).

3   Sofern die Abfindung nicht in voller Höhe den zukünftigen Einkommensausfall kompensiert, stellt der verbleibende Betrag **Vermögen** dar, das über den Zugewinn auszugleichen ist. Gegebenenfalls muss bezogen auf den Tag der Rechtshängigkeit der Scheidung geschätzt werden, in welcher Höhe die Abfindung den Einkommensausfall kompensiert und zur Deckung des Unterhaltsbedarfs beider Eheleute benötigt wird (OLG München 15.12.2004 – 16 UF 1410/00, FamRZ 2005, 714; Haußleiter/Schulz Kap. 1 Rn 170).

4   Streitig ist, ob die Eheleute wählen können, wie die Abfindung ausgeglichen werden soll (vgl Haußleiter/ Schulz Kap. 1 Rn 169, Nachweise in Fn 207). Die Eheleute können hierüber aber eine Vereinbarung treffen, sofern die Form der §§ 1378 Abs. 3 S. 2, 1585 c S. 2 BGB gewahrt wird.

2. Abschreibungsgesellschaften

5   Abschreibungsgesellschaften werden in der Regel in der Form einer Kommanditgesellschaft betrieben und zwar mit dem Ziel, für die Dauer der Beteiligung durch die Ausnützung von Steuervergünstigungen Verluste zu generieren, die **die individuelle Steuerlast verringern**. Der Bundesgerichtshof hat sich nunmehr für den Fall einer Beteiligung an einem geschlossenen Immobilienfonds dem Vorschlag angeschlossen, dass der **Wert** einer Beteiligung an einer Abschreibungsgesellschaft ermittelt wird, indem zunächst der Veräußerungserlös im Falle der Beendigung der Beteiligung festgestellt wird. Hinzuzurechnen sind die bis dahin noch zu erwartenden Steuervorteile. Abzuziehen sind noch offene Zahlungsverpflichtungen und die im Falle einer Veräußerung anfallenden Steuern. Der Sache nach lehnt sich diese Vorgehensweise an das Liquidationswertverfahren an (BGH 17.11.2010 – XII ZR 170/09, FamRZ 2011, 183; BGH 23.10.1985 – IVb ZR 62/84, FamRZ 1986, 37; Schröder, Bewertungen im Zugewinnausgleich, 5. Aufl. 2011, Rn 162; Haußleiter/Schulz Kap. 1 Rn 171).

3. Aktien/Wertpapiere

6   Aktien und sonstige Wertpapiere sind nach hM mit dem am **Stichtag** gegebenen **Wert des amtlichen Kurses** der nächstgelegenen Börse in die Zugewinnausgleichsbilanz einzustellen (Palandt/Brudermüller § 1376 BGB Rn 24; Haußleiter/Schulz Kap. 1 Rn 172; Kogel, Strategien beim Zugewinnausgleich, Rn 376; vgl auch BGH 6.2.1991 – XII ZR 57/90, FamRZ 1991, 1166). Nach der Mindermeinung ist dagegen auch bei Aktien auf den Durchschnittswert der letzten Jahre abzustellen (Bergschneider in: Schröder/Bergschneider, Familienvermögensrecht, 2. Aufl. 2007, Rn 4.355; Hoppenz FamRZ 2010, 16).

7   Der Mindermeinung ist zuzugeben, dass ein **Börsencrash** kurz nach dem Stichtag für den verpflichteten Ehegatten äußerst misslich ist, nachdem es gemäß § 1384 BGB nunmehr auch für die Höhe der Zugewinnausgleichsforderung auf die Rechtshängigkeit und nicht mehr auf die Rechtskraft der Scheidung ankommt und der Einwand der groben Unbilligkeit nach § 1381 BGB oder § 242 BGB nach überwiegender Meinung in diesen Fällen ebenfalls nicht erhoben werden kann (Haußleiter/Schulz Kap. 1 Rn 563 ff). Das kann aber kein Grund sein, vom strengen Stichtagsprinzip des Zugewinnausgleichs abzuweichen. Jeder Stichtagsregelung sind derartige Ungerechtigkeiten immanent. Diese sind im Interesse der Rechtssicherheit und Rechtsklarheit in Kauf zu nehmen.

8   Das **Eigentum an Aktien und Wertpapieren** ist nicht immer leicht festzustellen. In der Regel handelt es sich um Inhaberpapiere, die in einem Wertpapierdepot einer Bank verwahrt werden. Die Verwahrung kann in Form der Sonderverwahrung oder, wie im Regelfall, in Form der Sammelverwahrung nach den §§ 5–8 DepG geschehen. Bei der Sammelverwahrung erwirbt der bisherige Eigentümer, der nicht mit dem Hinter-

leger identisch sein muss, nach § 6 DepG einen entsprechenden Miteigentumsanteil am Sammelbestand der Bank (Haußleiter/Schulz Kap. 1 Rn 408 ff).

Das Depot kann ferner von einem Ehegatten als Einzeldepot oder von beiden Ehegatten gemeinsam als Gemeinschaftsdepot, meist in Form eines Oder-Depots, geführt werden. In der Regel ist beim Einzeldepot der Kontoinhaber auch der Eigentümer. Dagegen ist es beim Gemeinschaftsdepot häufig schwierig, die Eigentumsverhältnisse festzustellen, da die Errichtung eines Oder-Depots nicht zwingend heißt, dass beide Ehegatten Inhaber der verwahrten Papiere werden sollten. Nach dem Bundesgerichtshof soll bei Gemeinschaftsdepots dem anderen Ehegatten oft nur ein **Verfügungsrecht** eingeräumt werden (BGH 25.2.1997 – 11 ZR 321/95, FamRZ 1997, 607). Es muss daher beim Gemeinschaftsdepot anhand der Umstände des Einzelfalls ermittelt werden, wie die Eigentumsverhältnisse sind (vgl im Einzelnen Haußleiter/Schulz Kap. 1 Rn 408 ff). 9

4. Altersversorgung

Sofern Ansprüche auf Altersversorgung dem **Versorgungsausgleich** unterliegen, scheidet gemäß § 2 Abs. 4 VersAusglG ein güterrechtlicher Ausgleich aus. Im Unterschied zum Verhältnis des Zugewinnausgleichs zum Unterhalt ist das **Verbot der Doppelverwertung** somit im Verhältnis des Zugewinnausgleichs zum Versorgungsausgleich gesetzlich geregelt. 10

Welche Ansprüche in den Versorgungsausgleich fallen, ergibt sich aus **§ 2 Abs. 1–3 VersAusglG**. Danach sind im Unterschied zum alten Recht Anrechte, die nicht auf die Zahlung einer Rente, sondern auf eine Kapitalleistung gerichtet sind, gemäß § 2 Abs. 3 Nr. 3 VersAusglG jedenfalls dann im Versorgungsausgleich auszugleichen, wenn es sich um Anrechte im Rahmen einer betrieblichen Altersversorgung oder Anrechte im Sinne des AltZertG handelt (Ruland, Versorgungsausgleich, 3. Aufl. 2011, Rn 38). 11

Zu den **betrieblichen Anrechten**, die nach neuem Recht nicht mehr über den Zugewinn, sondern über den Versorgungsausgleich ausgeglichen werden, zählen auch betriebliche Direktversicherungen, die der Arbeitgeber nach § 1 Abs. 2 BetrAVG mit einem Lebensversicherungsunternehmen abgeschlossen hat. 12

Für **sonstige Lebensversicherungen** bleibt es dabei, dass Lebensversicherungen, die auf eine Kapitalzahlung gerichtet sind, grundsätzlich dem Zugewinnausgleich unterfallen, wohingegen Lebensversicherungen auf Rentenbasis dem Versorgungsausgleich unterliegen (BGH 5.10.2011 – XII ZB 555/10, NSW VersAusglG § 2 (BGH-intern)) (s. Rn 110 ff, Lebensversicherungen). 13

Ebenso unterliegen Ansprüche auf Alterskapital gegen den Arbeitgeber in Form einer Einmalzahlung, die nicht dem BetrAVG oder AltZertG unterfallen, dem Zugewinnausgleich, wobei die Forderung abzuzinsen und ein weiterer Abschlag für das Erlebensrisiko zu machen ist (BGH 17.7.2002 – XII ZR 218/00, FamRZ 2003, 153) (s. Rn 150 ff, unsichere Rechte). 14

5. Antiquitäten

Soweit Antiquitäten im Miteigentum beider Eheleute stehen und als Haushaltsgegenstände zu qualifizieren sind, werden sie über § 1568 b BGB ausgeglichen. Maßgeblich für die Einordnung als **Haushaltsgegenstand** ist nicht der Wert der Antiquität, sondern ihr **Zweck**. Diente sie der Ausstattung des gemeinsamen Haushalts, liegt ein Haushaltsgegenstand vor, auch wenn die Antiquität sehr wertvoll sein sollte. Wurde die Antiquität dagegen ausschließlich als Kapitalanlage erworben, liegt kein Haushaltsgegenstand vor und die Antiquität ist über den Zugewinn auszugleichen (OLG Bamberg 1.7.1996 – 2 WF 48/96, FamRZ 1997, 378). 15

Gehören die Antiquitäten dagegen einem Ehegatten alleine, sind sie unabhängig davon, ob es sich um Haushaltsgegenstände handelt oder nicht, immer über den Zugewinn auszugleichen. 16

Für die Bestimmung des Werts ist wohl auf den **Veräußerungswert** abzustellen, wobei auch dieser Wert differieren kann, je nach dem, an wen verkauft wird: einen Privatmann, einen Liebhaber oder einen Händ- 17 ler (vgl OLG Oldenburg 23.6.1998 – 5 U 19/98, FamRZ 1999, 1099 für Bilder und Plastiken). Notfalls muss ein Sachverständiger mit der Wertermittlung beauftragt werden.

6. Anwartschaftsrecht

18 Anwartschaftsrechte gehören zu den unsicheren Rechten. Sie sind in die Zugewinnausgleichsbilanz einzustellen, sofern sich bereits ein **bestimmter Wert** feststellen lässt, was in jedem Einzelfall zu prüfen ist. Sofern es am Stichtag sicher ist, dass die Anwartschaft zum Vollrecht erstarkt, kann der Wert des Vollrechts in Ansatz gebracht werden (BGH 9.6.1983 – IX ZR 41/82, FamRZ 1983, 882) (s. Rn 150 ff, unsichere Rechte).

7. Arbeitseinkommen

19 Einkommen wird grundsätzlich über den **Unterhalt** ausgeglichen. Soweit allerdings am Stichtag fällige Ansprüche bestehen oder sich das Einkommen in Form eines Guthabens auf dem Konto befindet, wird es in den Zugewinnausgleich einbezogen, und zwar auch dann, wenn gleichzeitig von diesem Einkommen Unterhalt gezahlt wird. Zwar wird dadurch gegen das **Doppelberücksichtigungsverbot** verstoßen. Das ist aber nach dem Bundesgerichtshof angesichts der Geringfügigkeit der zeitlichen Überschneidung von regelmäßig nur einem Monat und des Umstandes, dass es sich um Massenfälle handelt, die sich anders nicht praxistauglich bewältigen lassen, hinzunehmen. Anders sieht es mit Vorschüssen oder noch nicht fälligen Gehaltsansprüchen aus. Diese sind nicht in die Zugewinnausgleichsbilanz einzustellen (BGH 27.8.2003 – XII ZR 300/01, FamRZ 2003, 1544).

8. Ausstattung/Aussteuer

20 S. → *Aussteuer/Ausstattung* Rn 1.

9. Bankguthaben/Bankkonten

21 Bankguthaben sind in voller Höhe in die **Zugewinnausgleichsbilanz** einzustellen, und zwar auch dann, wenn sich das Guthaben im Wesentlichen aus Einkommen oder Renteneinkünften speist, die bereits über den Unterhalt ausgeglichen werden (s. Rn 19, Arbeitseinkommen). Liegt ein **Negativsaldo** vor, ist der entsprechende Betrag bei den Passiva anzusetzen.

10. Bargeld

22 Bargeld ist mit dem Nennbetrag beim Zugewinnausgleich zu berücksichtigen. Insoweit wird es allerdings häufig Beweisprobleme geben.

11. Bausparvertrag

23 Bausparverträge sind mit dem am Stichtag bestehenden Guthaben als **Aktiva** in die Zugewinnausgleichsbilanz einzustellen. Entsprechend sind **Bauspardarlehen** bei den **Passiva** zu berücksichtigen.

12. Bilder

24 Bei Bildern ist wie bei sonstigem Hausrat zunächst zu klären, ob es sich um **Haushaltsgegenstände** oder über den Zugewinn auszugleichendes Vermögen handelt. Es kann insoweit als auch hinsichtlich der Bewertung von Bildern auf die Ausführungen zu Antiquitäten und Kunstgegenständen verwiesen werden (s. Rn 15 ff, Antiquitäten; Rn 100 ff, Kunstgegenstände).

13. Bürgschaften

25 Ob und in welchem Umfang ein Bürgschaftsversprechen bei den Passiva zu berücksichtigen ist, hängt maßgeblich davon ab, wie **wahrscheinlich** die Inanspruchnahme als Bürge ist. Das ist, wie bei anderen unsicheren Rechten auch, zu schätzen. Ist der Hauptschuldner liquide und lebt in gesicherten Einkommens- und Vermögensverhältnissen, soll der Wert mit Null angesetzt werden können. Im umgekehrten Fall kann es

dagegen gerechtfertigt sein, den vollen Wert der Bürgschaft in Ansatz zu bringen (Schröder, Bewertungen im Zugewinnausgleich, 5. Aufl. 2011, Rn 167; Haußleiter/Schulz Kap. 1 Rn 205; s. Rn 150 ff, unsichere Rechte).

14. Darlehen

Darlehen können sowohl als **Aktiva** wie auch als **Passiva** beim Zugewinn eine Rolle spielen, je nachdem,   26
ob der Ehegatte Gläubiger oder Schuldner des Darlehens ist. Zinsen, die bis zum Stichtag aufgelaufen sind, werden der Darlehensforderung hinzu gerechnet (BGH 27.8.2003 – XII ZR 300/01, FamRZ 2003, 1544). Unerheblich ist, ob das Darlehen bereits fällig ist. Sofern es sich um ein unverzinsliches Darlehen handelt, muss die Forderung allerdings abgezinst werden (BGH 17.7.2002 – XII ZR 218/00, FamRZ 2003, 153).

15. Dauerschuldverhältnisse

Der Grundsatz, dass auch noch nicht fällige Verbindlichkeiten oder Ansprüche beim Zugewinn zu berück-   27
sichtigen sind, gilt bei Dauerschuldverhältnissen nicht uneingeschränkt. Ansprüche oder Verpflichtungen aus Dauerschuldverhältnissen, wie sie der Zahlung von Einkommen, Renten, Mieten etc. zugrunde liegen, stellen keinen über den Zugewinn auszugleichenden Vermögenswert dar, sofern sie am Stichtag noch nicht fällig waren (BGH 27.8.2003 – XII ZR 300/01, FamRZ 2003, 1544). Anzusetzen sind daher immer nur die **am Stichtag bereits fälligen Ansprüche** oder Verbindlichkeiten. Das gilt auch für Unterhaltsansprüche bzw Unterhaltsverbindlichkeiten.

16. Ehegatteninnengesellschaft

a) Überblick. Eine Ehegatteninnengesellschaft kann vorliegen, wenn Eheleute abredegemäß durch beider-   28
seitige Leistungen einen über die Verwirklichung der ehelichen Lebensgemeinschaft hinaus gehenden Zweck verfolgt haben, indem sie durch den Einsatz von Vermögenswerten oder Arbeitsleistungen einen **gemeinsamen Vermögenswert geschaffen** haben (BGH 28.9.2005 – XII ZR 189/02, FamRZ 2006, 607). In Betracht kommt zB der Aufbau eines gemeinsamen Unternehmens oder die gemeinsame Ausübung ei- nes Gewerbes oder freien Berufs, insbesondere wenn nur ein Ehegatte nach außen in Erscheinung tritt oder kein Arbeitsvertrag oder ein unangemessen niedriges Entgelt vereinbart wird. Der Bau eines Hauses, in dem die Eheleute wohnen, stellt dagegen keinen über die Ehe hinausgehenden Zweck dar, sondern dient im Gegenteil der Verwirklichung der ehelichen Lebensgemeinschaft.

Eine Ehegatteninnengesellschaft kann sowohl bei **Gütertrennung** als auch im gesetzlichen Güterstand der   29
Zugewinngemeinschaft vorliegen (BGH 28.9.2005 – XII ZR 189/02, FamRZ 2006, 607). Die Rechtspre- chung hat sich vorwiegend mit Fällen beschäftigt, in denen die Ehegatten in Gütertrennung lebten, vermut- lich weil es beim Güterstand der Zugewinngemeinschaft ohnehin im Regelfall über den Zugewinnausgleich zu einer hälftigen Beteiligung am Wert der Ehegatteninnengesellschaft kommt. Man muss sich in derarti- gen Fällen daher genau überlegen, ob ein weiterer Prozess wegen etwaiger Ansprüche aus einer Innenge- sellschaft überhaupt lohnt, zumal die Rechtsprechung bei der Annahme derartiger Ansprüche eher restriktiv verfährt (Kogel Rn 459; Wever, Vermögensauseinandersetzung der Ehegatten außerhalb des Güterrechts, 5. Aufl. 2009, Rn 660).

b) Einzelheiten. Im Grunde ist es nur in den nachfolgenden **Sonderfällen** erforderlich, Ansprüche aus ei-   30
ner Ehegatteninnengesellschaft neben dem Zugewinn zu prüfen (vgl Kogel Rn 472 ff).

aa) Anfangsvermögen. Der berechtigte Ehegatte verfügt über Anfangsvermögen, das während der Ehe   31
verbraucht wurde. Hat die Ehefrau zB ein Anfangsvermögen von 200.000 EUR, das am Ende der Ehe nicht mehr da ist, während der Ehemann Inhaber des gemeinsam aufgebauten Unternehmens mit einem Wert von 800.000 EUR ist, bekäme die Ehefrau über den Zugewinnausgleich 400.000 EUR. Macht sie dagegen ihren Anspruch aus der Ehegatteninnengesellschaft geltend, würde sie hieraus ebenfalls 400.000 EUR und zu- sätzlich aus dem Zugewinnausgleich 100.000 EUR bekommen, da in diesem Fall ihr Zugewinn wegen ih- res Anfangsvermögens um 200.000 EUR niedriger ist als der Zugewinn des Ehemanns.

32 **bb) Überschuldung.** Weiterhin können Ansprüche aus einer Ehegatteninnengesellschaft nicht vernachlässigt werden, wenn die Ehegatteninnengesellschaft überschuldet ist. Wenn sonstiges Vermögen nicht vorhanden ist, also keine Verrechnung der Schulden mit positivem Vermögen im Rahmen des Zugewinns möglich ist, kann eine **Beteiligung des anderen Ehegatten an den Verbindlichkeiten** nur über die Rechtsfigur der Ehegatteninnengesellschaft erreicht werden (BGH 4.3.1990 – XII ZR 98/88, FamRZ 1990, 973).

33 **cc) Voreheliche Innengesellschaft.** Bestand die Ehegatteninnengesellschaft schon vor der Eheschließung, kann eine Beteiligung an dem in ihr verkörperten Wert ebenfalls nicht über den Zugewinn erreicht werden, weil dieser sowohl im Anfangs- als auch im Endvermögen anzusetzen ist. Auch in diesem Fall müssen etwaige Ansprüche aus einer Ehegatteninnengesellschaft also gesondert geltend gemacht werden.

34 **dd) Wertzuwachs nach Stichtag.** Schließlich ist an die Geltendmachung derartiger Ansprüche immer dann zu denken, wenn der in der Ehegatteninnengesellschaft verkörperte Wert nach dem Stichtag gestiegen ist oder steigen wird, insoweit also kein Ausgleich über den Zugewinn erfolgen kann.

17. Eigentumswohnung

35 Eigentumswohnungen werden wie Grundstücke bewertet. Es ist der volle wirkliche Wert maßgeblich. Vorübergehende Flauten auf dem Wohnungsmarkt bleiben außer Betracht (BGH 23.10.1985 – IVb ZR 62/84, FamRZ 1986, 37) (s. Rn 75 ff, Grundstücke).

18. Erbschaften

36 **a) Überblick.** Erbschaften gehören zu dem nach § 1374 Abs. 2 BGB **privilegierten Vermögen**, dh sie sind dem Anfangsvermögen hinzuzurechnen und bezogen auf den Tag des Erbanfalls zu indexieren. Entscheidend ist der Wert der Erbschaft an diesem Tag und nicht, was der Erbe später tatsächlich bekommen hat.

37 **b) Einzelheiten. aa) Erberwartung.** Auch wenn man mitunter in der Praxis der Erwartung begegnet, es bestünde schon zu Lebzeiten des Erblassers ein Anspruch auf ein bestimmtes Erbe, bleibt es dabei, dass rechtlich gesehen noch nicht einmal ein schützenswertes Anwartschaftsrecht vorliegt. Erberwartungen spielen daher beim Zugewinnausgleich keine Rolle (OLG Köln 7.5.1982 – 4 UF 290/81, FamRZ 1983, 71).

38 **bb) Erbvertrag.** Etwaige Ansprüche aus einem Erbvertrag gehören ebenfalls nicht zu den rechtlich geschützten Anwartschaften, da der künftige Erbanfall unsicher und unbestimmt ist (OLG Koblenz 3.10.1984 – 13 WF 596/84, FamRZ 1985, 286).

39 **cc) Erbverzicht.** Wird im Gegenzug zur Übertragung eines Grundstückes auf Erb- und Pflichtteilsansprüche verzichtet, stellt sich die Frage, ob sich der Verzicht auf die Bewertung des Grundstücks wertmindernd auswirkt. Nach der Rechtsprechung ist das nicht der Fall, da keine geldwerte Gegenleistung vorliegt (BVerfG 14.5.1991 – 1 BvR 502/91, NJW 1991, 2695; BGH 28.2.1991 – IX ZR 74/90, NJW 1991, 1610).

40 **dd) Vorerbschaft.** Dem Vorerben steht das Recht auf Nutzung der Vorerbschaft zu, wohingegen dem Nacherben die Substanz der Erbschaft erhalten bleiben soll. Die Nutzungsrechte des Vorerben stellen einen **Vermögenswert** dar, der in die Zugewinnausgleichsbilanz einzustellen ist. Der Wert der Nutzungsrechte muss geschätzt und kapitalisiert werden. Hierfür gelten im Prinzip die gleichen Regeln wie für die Bewertung eines Nießbrauchrechts (s. → *Leibgeding, Leibrente, Wohnrecht und Nießbrauch* Rn 13 f). Der Wert der Nutzungsrechte ist nach § 1374 Abs. 2 BGB beim Anfangsvermögen und, soweit der Nacherbfall bei Beendigung der Ehe noch nicht eingetreten ist, in entsprechend geringerer Höhe auch beim Endvermögen anzusetzen (Haußleiter/Schulz Kap. 1 Rn 406; Kogel, Strategien beim Zugewinnausgleich, 3. Aufl. 2009, Rn 795).

41 **ee) Nacherbschaft.** Im Unterschied zu bloßen Erberwartungen oder Ansprüchen aus einem Erbvertrag stellt die Nacherbenstellung eine **rechtlich geschützte Anwartschaft** dar, deren Wert für die Zwecke des Zugewinnausgleichs zu schätzen ist. Soweit der Nacherbfall bis zur Rechtshängigkeit der Scheidung nicht

eintritt, ist nach dem Bundesgerichtshof der durch Zeitablauf bewirkte Wertzuwachs des Nacherbenrechts zu berechnen und dem Anfangsvermögen hinzuzurechnen, allerdings ohne Hochrechnung, dh im Ergebnis ist das Nacherbenrecht im Anfangs- und Endvermögen in gleicher Höhe einzustellen (BGH 9.6.1983 – IX ZR 41/82, FamRZ 1983, 882). Im Regelfall kann das Nacherbenrecht also auch einfach weggelassen werden (Palandt/Brudermüller § 1374 BGB Rn 12; Haußleiter/Schulz Kap. 1 Rn 340). Tritt bis zur Rechtshängigkeit der Scheidung der Nacherbfall ein, ist der volle Wert der Nacherbschaft dem Anfangsvermögen hinzuzurechnen, und zwar indexiert bezogen auf den Tag des Nacherbfalls (BGH 9.6.1983 – IX ZR 41/82, FamRZ 1983, 882).

ff) Pflichtteilsansprüche. Pflichtteilsansprüche sind als privilegiertes Vermögen nach § 1374 Abs. 2 BGB **in voller Höhe** in die Zugewinnausgleichsbilanz einzustellen. Das gilt auch dann, wenn sie nicht geltend gemacht werden, zB weil ein Berliner Testament mit Strafklausel vorliegt und das pflichtteilsberechtigte Kind Schlusserbe werden möchte, und selbst dann, wenn sie am für die Ermittlung des Endvermögens maßgeblichen Stichtag nicht mehr durchgesetzt werden könnten (Kogel Rn 694).   42

19. Forderungen

Forderungen sind mit ihrem **Nennwert** in die Zugewinnausgleichsbilanz einzustellen, und zwar auch wenn sie noch nicht fällig sein sollten. Ist die Forderung unverzinslich, muss sie abgezinst werden (BGH 24.10.1990 – XII ZR 101/89, FamRZ 1991, 43). Wird die Forderung bestritten, kann vom Wert der Forderung ein Abschlag vorzunehmen sein (BGH 12.11.2008 – XII ZR 134/04, FamRZ 2009, 193).   43

20. Freiberuflerpraxis

a) Überblick. Eine freiberufliche Praxis stellt einen Vermögenswert dar, der in die Zugewinnausgleichsbilanz einzubeziehen ist. Unstreitig war und ist, dass die Sachwerte der Praxis zu bewerten sind, also der **Substanzwert** ermittelt werden muss. Dagegen war umstritten, ob und wie der ideelle Wert der Praxis, auch Geschäftswert oder **Goodwill** genannt, in Ansatz zu bringen ist. Da der ideelle Wert einer freiberuflichen Praxis anhand der Erträge der Praxis zu ermitteln ist, von denen auch der Unterhalt gezahlt werden muss, war das Oberlandesgericht Oldenburg der Auffassung, der ideelle Wert dürfe wegen des Verbots der Doppelberücksichtigung nicht berücksichtigt werden, jedenfalls wenn Unterhalt gezahlt wird (OLG Oldenburg 8.2.2006 – UF 92/05, FamRZ 2006, 1031).   44

Dieser Auffassung hat der Bundesgerichtshof eine Absage erteilt und wiederholt entschieden, dass auch der ideelle Wert einer freiberuflichen Praxis, also der Goodwill, zu bewerten ist. Ein Verstoß gegen das Verbot der Doppelberücksichtigung liegt aus seiner Sicht nicht vor, da der ideelle Geschäftswert zwar anhand der Erträge der Praxis bemessen wird, aber nicht mit ihnen identisch ist, und zwar weil von ihnen noch der individuell zu ermittelnde Unternehmerlohn in Abzug zu bringen ist. Damit wird der Anteil am Goodwill ausgeschieden, der auf dem persönlichen Arbeitseinsatz des Praxisinhabers beruht, also keine verkaufbare Nutzungsmöglichkeit darstellt. Der Goodwill hat somit keinen Einkommenscharakter, sondern entspricht dem Veräußerungserlös, der im Verkaufsfall für den inneren Wert der Praxis gezahlt wird. Er ist also Teil des Vermögensstamms, nicht aber der Vermögenserträge (BGH 9.2.2011 – XII ZR 40/09, FamRZ 2011, 25).   45

b) Bewertung. Nach der Rechtsprechung des Bundesgerichtshofs zur Bewertung einer freiberuflichen Praxis, die mittlerweile als gefestigt gelten darf, ist der Wert einer freiberuflichen Praxis grundsätzlich in mehreren Schritten zu ermitteln. Ermittelt werden muss der **Substanzwert** und der **Goodwill** unter Berücksichtigung des individuellen Unternehmerlohns und der latenten **Steuerlast** (BGH 9.2.2011 – XII ZR 40/09, FamRZ 2011, 25).   46

aa) Sachwert. Zum Substanzwert zählen alle zur Praxis gehörenden Wirtschaftsgüter, die mit ihrem **Wiederbeschaffungswert**, also nicht mit dem Neuwert, anzusetzen sind. Der Wiederbeschaffungswert bestimmt sich danach, was aufzuwenden ist, um einen gebrauchten Gegenstand gleicher Art und Güte zu beschaffen. Gibt es keinen Markt für gebrauchte Güter der in Rede stehenden Art, ist auf den Neupreis abzu-   47 stellen und dieser über die voraussichtliche Nutzungsdauer bezogen auf das konkrete Nutzungsalter abzuschreiben (Haußleiter/Schulz Kap. 1 Rn 151). Letztlich ist der Substanzwert nach dem Wert zu bemessen, der im Fall eines Verkaufs auf den Rechtsnachfolger übergeht (BGH 9.2.2011 – XII ZR 40/09, FamRZ 2011, 25).

48 **bb) Goodwill.** Der Goodwill wird nach dem **Ertragswertverfahren** bemessen, das allerdings zu modifizieren ist, insofern vom Ertrag noch der individuelle Unternehmerlohn in Abzug zu bringen ist. Abzustellen ist grundsätzlich auf den Umsatz, nicht den Gewinn, der letzten drei Jahre vor dem Stichtag. Gegebenenfalls sind Abschläge vorzunehmen, falls Anhaltspunkte dafür bestehen, dass diese Umsätze nicht nachhaltig realisierbar sind. Abzuziehen sind sämtliche Kosten, Ausgaben und Abschreibungen. Das Ergebnis stellt den Rohgewinn dar (BGH 9.2.2011 – XII ZR 40/09, FamRZ 2011, 25).

49 Von diesem **Rohgewinn** muss dann der individuell ermittelte Unternehmerlohn abgezogen werden. Er ist nicht identisch mit dem unterhaltsrechtlich ermittelten Einkommen, sondern soll dem Anteil am Ertrag entsprechen, der auf den persönlichen, nicht übertragbaren Einsatz des Praxisinhabers entfällt. Für den Erwerber wird es wesentlich darauf ankommen, mit welchem Arbeitseinsatz der Ertrag zu erzielen ist. Dementsprechend hat eine Praxis, die mit einem geringen persönlichen und zeitlichen Aufwand hohe Erträge abwirft, einen höheren Goodwill als eine Praxis, deren Erträge maßgeblich vom persönlichen Einsatz des Inhabers abhängen (BGH 9.2.2011 – XII ZR 40/09, FamRZ 2011, 25).

50 Zur Ermittlung des individuellen **Unternehmerlohns** kann man sich an die Tariflöhne der jeweiligen Berufsgruppe anlehnen, wobei allerdings Zu- oder Abschläge entsprechend den Besonderheiten des Einzelfalls vorzunehmen sind. Grundsätzlich muss der Unternehmerlohn umso höher ausfallen, je mehr der Ertrag der Praxis von der Person des Inhabers abhängt, zB weil dieser über einen besonders guten Ruf, Spezialkenntnisse, eine besonders gute Vernetzung oder dergleichen mehr verfügt (BGH 9.2.2011 – XII ZR 40/09, FamRZ 2011, 25). Ein besonders hoher individueller Unternehmerlohn reduziert also den Goodwill.

51 **cc) Latente Steuerlast.** In Abzug zu bringen ist ferner nach ständiger Rechtsprechung die latente Steuerlast, also die Steuern, die anfallen würden, wenn die Praxis veräußert werden würde. Die Bewertung der Praxis für die Zwecke des Zugewinnausgleichs setzt nämlich voraus, dass die Praxis auch verwertbar ist. Dann müssen aber auch unvermeidbare Veräußerungskosten wie die Steuern, die im Verkaufsfall zu zahlen wären, in Abzug gebracht werden können.

52 **dd) Kapitalisierung.** Der nach Abzug der Steuerlast und des individuellen Unternehmerlohns errechnete **Ertragswert** muss dann noch **kapitalisiert** werden. Grundlage dafür ist die Frage, welchen Betrag man einsetzen müsste, um die errechneten Erträge anderweitig dauerhaft zu realisieren. Die Höhe des einzusetzenden Betrags hängt maßgeblich von der Höhe des angesetzten Zinssatzes ab. Auszugehen ist vom Basiszins, der je nach Risiko des Unternehmens, der Nachhaltigkeit der erwarteten Gewinne usw im Einzelfall nach oben oder unten zu korrigieren ist. Man muss sich dabei klarmachen, dass der Ertragswert desto niedriger ist, je höher der Kapitalisierungszinssatz ist. Hierauf ist insbesondere bei der Überprüfung von Sachverständigengutachten zu achten. Gerechnet wird nach der Formel Ertragswert gleich Durchschnittsgewinn geteilt durch den Kapitalisierungszinssatz (Haußleiter/Schulz Kap. 1 Rn 130 ff; BGH 9.2.2011 – XII ZR 40/09, FamRZ 2011, 25).

53 **ee) Vereinbarungen.** Gesellschaftsvertraglich vereinbarte **Abfindungsklauseln**, nach denen im Veräußerungsfall kein oder zB nur ein auf den Substanzwert beschränkter Ausgleich zu zahlen ist, können nur dann Auswirkungen auf den Wert der Praxis haben, wenn sich die Klausel nach objektiven Kriterien im Falle eines Verkaufs wertmindernd auswirken würde. Das ist aber dann nicht der Fall, wenn sich bei Fortführung der Praxis die Vor- und Nachteile der eingeschränkten Veräußerungsmöglichkeit aufheben, etwa weil auch die Möglichkeit besteht, weitere Praxisanteile günstig zu erwerben (BGH 25.11.1998 – XII ZR 84/97, FamRZ 1999, 361). Eine Verminderung des Werts kommt aber zB dann in Betracht, wenn die Beteiligung am Stichtag bereits gekündigt worden ist (BGH 10.10.1979 – IV ZR 79/78, FamRZ 1980, 37) oder gekündigt werden muss, damit der Zugewinnausgleichsanspruch erfüllt werden kann (Kogel Rn 502).

Caspary

c) Einzelfälle. aa) Architekturbüro. Bei einem Architekturbüro stehen die persönlichen Leistungen des   54
Inhabers derart im Vordergrund, dass in der Regel kein Goodwill vorhanden ist. Maßgeblich dafür ist der
künstlerische Charakter der Architektenleistung. Lediglich wenn das Architekturbüro gar keine künstleri-
schen Leistungen erbringt, sondern sich zB auf die Leitung und Überwachung von Bauvorhaben beschränkt oder eine Vielzahl gleicher Objekte für einen Bauträger betreut, kann etwas anderes gelten. In der
Regel beschränkt sich der Wert eines Architekturbüros daher auf den **Substanzwert** (OLG München
13.3.1984 – 4 UF 195/83, FamRZ 1984, 1096).

bb) Apotheke. Apotheken können nach den Grundsätzen bewertet werden, die für **Freiberuflerpraxen**   55
gelten. In Betracht kommen aber auch andere Verfahren, zB das Umsatzverfahren, bei dem auf den durchschnittlichen Jahresumsatz abgestellt wird und Abschläge je nach Umfeld, Konkurrenzsituation, Lage etc.
gemacht werden (Schröder Rn 104; Haußleiter/Schulz Kap. 1 Rn 183).

cc) Arztpraxis. Arztpraxen werden grundsätzlich nach den eingangs genannten Grundsätzen bewertet,   56
wobei Ausgangspunkt auch die von den berufsständischen Organisationen herausgegebenen **Richtlinien
zur Bewertung** von Arztpraxen sein können. Für die Bemessung des Goodwills ist neben der Höhe des
individuell zu bestimmenden Unternehmerlohns auch die örtliche Lage der Praxis, die Anzahl der Privatpatienten, die Arztdichte, das Alter der Praxis oder das Belegarztrecht zu berücksichtigen. Besteht eine Praxis
noch nicht lange, mindert das ihren Wert. Das Gleiche gilt für viele Privatpatienten, da sich diese meist
mehr als Kassenpatienten an einen bestimmten Arzt binden. Dagegen soll eine hohe Arztdichte den Goodwill erhöhen (BGH 9.2.2011 – XII ZR 40/09, FamRZ 2011, 25; 24.10.1990 – XII ZR 101/89, FamRZ
1991, 43).

dd) Handwerksbetrieb. Bei Handwerksbetrieben ist die Situation ähnlich wie bei Architekturbüros. So-   57
weit der Erfolg des Betriebs an der **Person des Inhabers** hängt, liegt kein Goodwill vor und es ist ausschließlich auf den Substanzwert abzustellen (BGH 23.11.1977 – IV ZR 131/76, FamRZ 1978, 332). Das
wird in der Regel bei kleinen Betrieben der Fall sein. Handelt es sich dagegen um einen größeren, vielleicht
auch überörtlich tätigen Betrieb, kommt ein Goodwill in Betracht (BGH 23.11.1977 – IV ZR 131/76,
FamRZ 1978, 332). Außerdem soll in derartigen Fällen auch von einem Mittelwert zwischen Substanz- und
Ertragswert ausgegangen werden können (Haußleiter/Schulz Kap. 1 Rn 271).

ee) Rechtsanwaltskanzlei. Für die Bewertung einer Anwaltskanzlei können, wie auch bei Arztpraxen, die   58
Richtlinien der Standesorganisation, also der Bundesrechtsanwaltskammer, für die Bewertung von An-
waltspraxen (BRAK-Mitt. 2009, 268) herangezogen werden. Danach setzt sich auch der Wert einer Anwaltspraxis aus dem Sachwert und dem Geschäftswert, also dem Goodwill, zusammen (OLG Frankfurt/M.
18.11.1986 – 4 UF 296/85, FamRZ 1987, 485). Für die Bewertung des Geschäftswerts ist auf den Umsatz
der vergangenen drei Jahre abzustellen, wobei das letzte Jahr doppelt zu bewerten ist. Je nach den Umständen des Einzelfalls, wie Lage und Größe der Kanzlei, Art und Anzahl der Mandanten, Kostenquote, Ruf
und Alter des Inhabers und dergleichen mehr, ist der Betrag mit einem Faktor zwischen 0,3 und 1,0 zu multiplizieren. Nach den Richtlinien ist dabei der Unternehmerlohn bereits berücksichtigt. Die im Verkaufsfall
zu zahlenden Steuern sind abzusetzen (Haußleiter/Schulz Kap. 1 Rn 356 ff; Kogel Rn 497 ff).

ff) Steuerberaterpraxis. Für die Bewertung von Steuerberaterpraxen hat die Bundessteuerberaterkammer   59
Empfehlungen herausgegeben, nach denen vom Umsatz der letzten drei Jahre auszugehen ist. Der sich danach ergebende Durchschnittswert ist mit einem Faktor zwischen 110 und 150, wiederum je nach den Umständen des Einzelfalls, hochzurechnen. Nach den neuesten Empfehlungen ist außerdem bei der Auswahl
der Bewertungsmethode auch der Anlass der Bewertung zu berücksichtigen. In Abzug zu bringen ist in jedem Fall der individuelle Unternehmerlohn und die latente Steuerlast (BGH 2.2.2011 – XII ZR 185/08,
FamRZ 2011, 1367; 25.11.1998 – XII ZR 84/97, FamRZ 1999, 361; Haußleiter/Schulz Kap. 1 Rn 376; Kogel Rn 500).

gg) Notariat. Ein Notariat stellt keine freiberufliche Praxis dar. Ein Notar ist Träger eines öffentlichen   60
Amtes, das nicht verkauft werden kann. Notariate stellen daher **keine Vermögenswerte** dar, die im Rah-

men des Zugewinnausgleichs bewertet werden könnten (BGH 25.11.1998 – XII ZR 84/97, FamRZ 1999, 361).

21. Gegenseitige Ansprüche

61 Stehen Eheleuten gegeneinander Ansprüche zu, gleich aus welchem Rechtsgrund, sind diese beim Zugewinnausgleich zu **berücksichtigen**, indem der Anspruch bei den Aktiva und die Verpflichtung bei den Passiva eingestellt werden. Der Zugewinnausgleich verdrängt derartige Ansprüche nicht, sondern es gilt das Prinzip der Zweigleisigkeit, dh zwischen Eheleuten bestehende gegenseitige Ansprüche und der Zugewinnausgleich können nebeneinander geltend gemacht werden (BGH 12.11.2008 – XII ZR 134/04, FamRZ 2009, 193).

62 Eine ganz andere Frage ist, ob das sinnvoll ist. Grundsätzlich heben sich Anspruch und Verpflichtung nämlich gegenseitig auf, so dass es überflüssig ist, wegen der weiteren Ansprüche einen gesonderten Prozess zu führen (Haußleiter/Schulz Kap. 1 Rn 226 ff). Allerdings sollte klargestellt werden, dass mit dem Zugewinn auch die gegenseitigen Ansprüche **erledigt** sind, um die Gefahr einer doppelten Inanspruchnahme zu vermeiden.

63 **Beispiel:** Die Ehefrau hat gegen ihren Mann einen Anspruch auf Darlehensrückzahlung in Höhe von 20.000 EUR. Beide haben kein Anfangsvermögen. Das Endvermögen der Ehefrau beläuft sich auf 50.000 EUR und das Endvermögen des Ehemanns auf 100.000 EUR.

64 Rechnet man ohne Darlehen, ist der Zugewinn des Ehemanns um 50.000 EUR höher als der Zugewinn der Ehefrau. Der Ehemann muss also einen Zugewinnausgleich in Höhe von 25.000 EUR an die Ehefrau zahlen. Stellt man dagegen das Darlehen in die Berechnung ein, erhöht sich das Endvermögen der Ehefrau auf 70.000 EUR und das Endvermögen des Ehemanns verringert sich auf 80.000 EUR. Der Ehemann muss in diesem Fall also nur 5.000 EUR Zugewinnausgleich an die Ehefrau zahlen, zusätzlich allerdings das Darlehen in Höhe von 20.000 EUR zurückzahlen. Im Ergebnis erhält die Ehefrau also auch 25.000 EUR.

65 Es gibt allerdings Konstellationen, bei denen es sich auswirken würde, die sonstigen Ansprüche nicht geltend zu machen. Das ist vor allem immer dann der Fall, wenn der Gläubiger des sonstigen Anspruchs seinerseits keinen Zugewinn erzielt hat, selbst wenn man den sonstigen Anspruch berücksichtigt. Das soll an einer **Abwandlung** des vorstehenden Beispielsfalls verdeutlicht werden.

66 Würde man in dem vorstehenden Beispiel davon ausgehen, dass die Ehefrau am Ende der Ehe mit 20.000 EUR verschuldet ist, wäre ihr Zugewinn mit Null anzusetzen, und zwar unabhängig davon, ob man den Darlehensanspruch in Höhe von 20.000 EUR berücksichtigt oder nicht. Der Ehemann müsste, berücksichtigt man das Darlehen nicht, also einen Zugewinnausgleich in Höhe von 50.000 EUR an die Ehefrau zahlen. Dagegen wären nur 40.000 EUR geschuldet, wenn man das Darlehen beim Ehemann als Verpflichtung in sein Endvermögen einstellt. Hinzu käme aber das Darlehen, so dass der Ehemann insgesamt 60.000 EUR zahlen müsste. Soweit die Darlehensforderung nicht beim Zugewinnausgleich berücksichtigt worden ist, könnte die Ehefrau allerdings ebenfalls versuchen, den Darlehensanspruch geltend zu machen. Sie würde dann sogar insgesamt 70.000 EUR bekommen.

67 Der Bundesgerichtshof hat bezüglich dieser Problematik kürzlich entschieden, dass dem Schuldner einer nachträglich geltend gemachten Einzelforderung, die in dem durch Vergleich beendeten Zugewinnausgleichsverfahren nicht berücksichtigt worden ist, unter dem Gesichtspunkt der unzulässigen Rechtsausübung (§ 242 BGB) der **Einwand der doppelten Inanspruchnahme** zusteht. Die **Darlegungs- und Beweislast** liegt allerdings beim Schuldner, der somit in dem Verfahren über die nachträglich geltend gemachte Einzelforderung darlegen muss, dass der von ihm geschuldete Zugewinn niedriger bzw der ihm zustehende Zugewinn höher gewesen wäre, wenn die Einzelforderung berücksichtigt worden wäre (BGH 12.11.2008 – XII ZR 134/04, FamRZ 2009, 193). Da hierin ein erhebliches Prozessrisiko liegt, sollte in Vergleiche über den Zugewinn immer aufgenommen werden, ob damit auch etwaige sonstige gegenseitige Ansprüche abgegolten sind oder nicht.

Caspary

Im Übrigen kann auf die gesonderte Geltendmachung einzelner Ansprüche trotz Zugewinnausgleich auch 68 dann nicht verzichtet werden, wenn der Anspruch, zB wegen fraglicher Durchsetzbarkeit, nur mit einem Bruchteil seines vollen Werts in die Zugewinnausgleichsbilanz eingestellt wurde oder erst nach dem Stichtag entstanden ist oder wenn man einen Vollstreckungstitel benötigt (Kogel Rn 513).

22. Gesamtschuldnerische Haftung

Wie bei sonstigen gegenseitigen Forderungen werden auch gegenseitige Ansprüche von Eheleuten aus Ge- 69 samtschuldnerausgleich nach § 426 BGB durch den Zugewinnausgleich nicht verdrängt, sondern sind als Aktiva beim berechtigten und als Passiva beim verpflichteten Ehegatten in die Zugewinnausgleichsbilanz **einzustellen** (BGH 6.10.2010 – XII ZR 10/09, FamRZ 2011, 25).

Dabei ist zu unterscheiden, ob die Schuld **am Stichtag bereits getilgt** war oder nicht. Soweit noch keine 70 Tilgung vorliegt, ist die Gesamtschuld bei beiden Eheleuten in voller Höhe als Verbindlichkeit einzustellen. Der jedenfalls ab Trennung idR gegebene Ausgleichsanspruch im Innenverhältnis ist mit der jeweiligen Quote, also im Zweifel ½, auf der Aktivseite aufzuführen. Soweit dagegen die Gesamtschuld bereits getilgt ist, ist lediglich der etwaige Ausgleichsanspruch des zahlenden Ehegatten bei ihm als Aktivposition und die entsprechende Verbindlichkeit beim anderen Ehegatten als Passivposition einzustellen (BGH 6.10.2010 – XII ZR 10/09, FamRZ 2011, 25).

Problematisch an der Lösung des Bundesgerichtshofs erscheint, dass der Ausgleichsanspruch für den Fall, 71 dass die Schuld noch nicht getilgt worden ist, lediglich auf der Aktivseite berücksichtigt wird. Folgerichtigerweise müsste man die korrespondierende Verbindlichkeit aber auch jeweils bei den Passiva einstellen. Dann würde allerdings die Gesamtschuld letztlich zwei Mal in die Berechnung eingestellt (Braeuer FamRZ 2011, 453). Besser ist es daher, von vornherein die noch offene Schuld nur mit der **Quote**, mit der sie im Innenverhältnis von beiden Eheleuten zu tragen ist, in die Berechnung einzustellen. Letztlich will der Bundesgerichtshof mit seiner Berechnung auch dieses Ergebnis erreichen (BGH 6.10.2010 – XII ZR 10/09, FamRZ 2011, 25).

Im Zweifel haften nach § 426 BGB Eheleute im Innenverhältnis **jeweils hälftig** für die Gesamtschuld, so- 72 weit nichts anderes bestimmt ist. Eine andere Bestimmung kann sich insbesondere aus abweichenden Miteigentumsquoten ergeben (Kogel, Strategien beim Zugewinnausgleich, 3. Aufl. 2009, Rn 535) oder aus dem Zweck, dem die Gesamtschuld dient. Wurde die Verbindlichkeit zB allein für den Betrieb oder das Unternehmen eines Ehegatten aufgenommen, haftet dieser ab Trennung auch alleine für die Verbindlichkeit (OLG Karlsruhe 4.11.2004 – 2 UF 46/04, FamRZ 2005, 909). Das Gleiche gilt, wenn das Haus, für dessen Erwerb das Darlehen aufgenommen wurde, einem Ehegatten alleine gehört (Kogel Rn 535). Eine anderweitige Bestimmung kann sich aber auch daraus ergeben, dass ein Ehegatte die Gesamtschuld im Rahmen der Berechnung des Zugewinnausgleichs in voller Höhe in seine Passiva aufnimmt, weil er sie auch alleine bedient (OLG Hamm 19.12.2001 – 6 UF 60/01, FamRZ 2002, 1032). Ferner ist die Gesamtschuld in voller Höhe alleine bei einem Ehegatten einzustellen, wenn der andere Ehegatte nicht leistungsfähig ist. Insoweit hat der Bundesgerichtshof allerdings nunmehr entschieden, dass es ausreicht, wenn der Ehegatte erst durch den Zugewinnausgleich leistungsfähig wird (BGH 6.10.2010 – XII ZR 10/09, FamRZ 2011, 25).

Bevor wegen Ansprüchen auf Gesamtschuldnerausgleich ein **gesondertes Verfahren** geführt wird, sollte, 73 wie bei sonstigen gegenseitigen Ansprüchen, immer geprüft werden, ob sich das überhaupt lohnt. In der Regel muss der Gläubiger des Anspruchs nach § 426 BGB nämlich das, was er aus § 426 BGB erhält, über den Zugewinnausgleich wieder zurückgeben. Allerdings sollte dann klargestellt werden, dass mit dem Zugewinnausgleich auch die Ansprüche aus dem Gesamtschuldnerausgleich abgegolten sind, um eine doppelte Inanspruchnahme zu vermeiden. Außerdem müssen die Ansprüche aus dem Gesamtschuldnerausgleich auch immer dann geltend gemacht werden, wenn der Zugewinn des nach § 426 BGB verpflichteten Ehegatten geringer ist als seine Gesamtschuldverpflichtung (Haußleiter/Schulz Kap. 5 Rn 166 ff mit Beispielen; s. Rn 63 ff, gegenseitige Ansprüche).

74 Unabhängig davon muss beachtet werden, dass die Gesamtschuld häufig **schon beim Unterhalt berücksichtigt** worden ist, insofern das Einkommen um die auf die Gesamtschuld zu leistenden Zins- und Tilgungsraten bereinigt worden ist. Da nicht nur Aktivvermögen, sondern auch Verbindlichkeiten nicht doppelt berücksichtigt werden dürfen (OLG Saarbrücken 25.1.2006 – 9 UF 47/05, FamRZ 2006, 1038; OLG München 22.6.2004 – 16 UF 887/04, FamRZ 2005, 459; aA OLG Karlsruhe 4.11.2004 – 2 UF 46/04, FamRZ 2005, 909), kann die Gesamtschuld in derartigen Fällen beim Zugewinnausgleich nicht noch einmal in Ansatz gebracht werden. In der Regel können die Tilgungsanteile ab Rechtshängigkeit der Scheidung unter dem Gesichtspunkt der unzulässigen Vermögensbildung aber ohnehin nicht mehr vom Einkommen abgezogen werden. In diesen Fällen stellt sich das Problem der Doppelberücksichtigung also nicht (Haußleiter/Schulz Kap. 5 Rn 170 ff).

23. Grundstücke

75 **a) Überblick.** Grundstücke sind mit ihrem vollen wirklichen Wert in die Zugewinnausgleichsbilanz einzustellen, wobei es Sache des – sachverständig beratenen – Tatrichters ist, die geeignete Bewertungsmethode auszuwählen. Der **wahre Wert** muss nicht mit dem Veräußerungswert identisch sein. Auf den tatsächlich erzielbaren Verkaufserlös kommt es nur an, wenn das Grundstück tatsächlich verkauft werden soll oder in Folge des Zugewinnausgleichs verkauft werden muss. Vorübergehende Preisrückgänge, die am Stichtag sicher erkennbar sind, dürfen nicht berücksichtigt werden (BGH 17.11.2010 – XII ZR 170/09, FamRZ 2011, 183; 1.4.1992 – XII ZR 146/91, FamRZ 1992, 918).

76 Ob latente **Spekulationssteuern** nach § 23 Abs. 1 S. 1 Nr. 1 EStG in Abzug zu bringen sind, hängt davon ab, ob ein Steueranfall zu erwarten ist, das Grundstück also verkauft werden soll (Haußleiter/Schulz Kap. 1 Rn 256; Hoppenz FamRZ 2006, 449).

77 Ein Grundstück ist in der Regel auch dann mit dem vollen Wert in die Zugewinnberechnung einzustellen, wenn am Stichtag die Eintragung des erwerbenden Ehegatten ins Grundbuch noch nicht erfolgt war. Maßgeblicher Zeitpunkt ist der Tag der notariellen Beurkundung des Grundgeschäfts, da dadurch in der Regel ein Anwartschaftsrecht entstanden ist, das wertmäßig dem Vollrecht entspricht (BGH 17.6.1992 – XII ZR 145/91, FamRZ 1992, 1160; Haußleiter/Schulz Kap. 1 Rn 257).

78 **b) Bewertung.** Der volle wirkliche Wert wird meist Verkehrswert genannt. Können sich Eheleute, wie häufig, über den Wert eines Grundstückes nicht einigen, ist zunächst daran zu denken, sich mithilfe eines Maklers oder der einschlägigen Immobilienportale einen Überblick über die Preise zu verschaffen. Führt auch das nicht weiter, muss ein **Sachverständiger** beauftragt werden, dessen Ergebnis für ein nachfolgendes Verfahren über den Zugewinnausgleich aber nur dann bindend ist, wenn die Eheleute dies vereinbart haben. Eine derartige **Schiedsvereinbarung** (§§ 317–319 BGB) muss wegen § 1378 Abs. 3 S. 2 BGB zwingend notariell beurkundet werden, es sei denn, die Ehe ist schon rechtskräftig geschieden. Ist das geschehen, ist das Ergebnis des Sachverständigen bindend, falls nicht ausnahmsweise offenkundige Fehler vorliegen (BGH 9.6.1983 – IX ZR 41/82, FamRZ 1983, 882).

79 Empfohlen wird, die Auswahl des Sachverständigen nicht Dritten zu überlassen und zudem bei der Besichtigung des Grundstücks durch den Sachverständigen anwesend zu sein, um Einfluss nehmen zu können, indem auf besondere wertmindernde oder werterhöhende Merkmale hingewiesen wird (Kogel, Strategien beim Zugewinnausgleich, 3. Aufl. 2009, Rn 570 ff). Das gilt insbesondere dann, wenn der andere Ehegatte ebenfalls anwesend ist oder das Grundstück noch bewohnt.

80 Der Sachverständige muss seiner Bewertung die Verordnung über die Grundsätze für die Ermittlung des Verkehrswerts von Grundstücken, also die sogenannte **Wertermittlungsverordnung**, zugrunde legen. Nach § 8 ImmoWertV können zur Ermittlung des Verkehrswertes das Vergleichswertverfahren (§ 15 ImmoWertV) einschließlich der Bodenwertermittlung (§ 16 ImmoWertV), das Sachwertverfahren (§§ 21–23 ImmoWertV) oder das Ertragswertverfahren (§§ 17–20 ImmoWertV) oder mehrere dieser Verfahren herangezogen werden. In einem gerichtlichen Verfahren muss der Richter dem Sachverständigen die Methode vorgeben (BGH 17.11.2010 – XII ZR 170/09, FamRZ 2011, 183). In der Regel wird der Wert eines bebau-

ten Grundstücks nach dem **Sachwert- oder Ertragswertverfahren** bestimmt, wobei das Sachwertverfahren meist bei selbst genutzten Objekten zur Anwendung kommt, wohingegen bei Renditeobjekten auf das Ertragswertverfahren abgestellt wird (BGH 1.4.1992 – XII ZR 146/91, FamRZ 1992, 918).

aa) Vergleichswert. Der Vergleichswert wird nach § 15 ImmoWertV ermittelt, indem die Verkaufspreise 81 vergleichbarer Grundstücke in vergleichbarer Lage herangezogen werden. Bei bebauten Grundstücken ist das regelmäßig schwierig, weil die Bebauung sehr stark differieren kann.

bb) Sachwert. Der Sachwert setzt sich nach § 21 ImmoWertV aus dem Bodenwert, also dem Grund- 82 stückspreis, und dem Bauwert, also den Herstellungskosten des Gebäudes und der Außenanlagen zusammen, wobei im Einzelfall zusätzlich besondere werterhöhende oder wertmindernde Merkmale zu berücksichtigen sind.

Die **Bodenwerte** werden nach § 16 ImmoWertV im Wege des Vergleichswertverfahrens ermittelt, indem 83 die Kaufpreise vergleichbarer unbebauter Grundstücke in vergleichbarer Lage oder auch die Bodenrichtwerte festgestellt werden. Die hierfür erforderlichen Daten bzw die Bodenrichtwerte bekommt man von den zuständigen Gutachterausschüssen, die allerdings die Werte erfahrungsgemäß eher niedrig ansetzen sollen (Kogel Rn 562).

Der **Wert des Gebäudes** wird nach §§ 21 ff ImmoWertV pauschal mit den durchschnittlichen Baukosten 84 pro Kubikmeter umbauten Raums berechnet. Die tatsächlichen Herstellungskosten spielen keine Rolle. Der Wert der Außenanlagen wird mit ca. 5 % der Herstellungskosten geschätzt. Hinzu kommen die Baunebenkosten, also die Gebühren und Honorare für Architekten, Makler, Gerichte usw. Vom Herstellungswert ist dann noch ein Abschlag im Hinblick auf das Alter des Gebäudes im Verhältnis zur restlichen Nutzungsdauer vorzunehmen (Haußleiter/Schulz Kap. 1 Rn 249 ff).

cc) Ertragswert. Der Ertragswert wird nach § 17 ImmoWertV aus dem **Bodenwert** und dem nachhaltig 85 erzielbaren Reinertrag im Sinne von § 18 ImmoWertV ermittelt. Mit dem Reinertrag wird letztlich der Wert der baulichen Anlagen kapitalisiert. Maßgeblich ist, welche Verzinsung das investierte Kapital erbringt.

Der **Reinertrag** ermittelt sich nach § 18 ImmoWertV, indem vom jährlichen Rohertrag die Bewirtschaf- 86 tungskosten und die Verzinsung für den Bodenwert in Abzug gebracht werden. Der Reinertrag muss dann mit dem sich aus der Anlage zur ImmoWertV ergebenden Barwertfaktor kapitalisiert werden, wobei sich der Umrechnungsfaktor aus dem Liegenschaftszins und der Restnutzungsdauer der baulichen Anlage ergibt (§ 20 ImmoWertV). Je höher der Liegenschaftszins angesetzt wird, desto niedriger ist der Ertragswert. Maßgeblich für die Höhe des anzusetzenden Zinssatzes ist vor allem das Vermietungsrisiko (zu den Einzelheiten vgl Haußleiter/Schulz Kap. 1 Rn 249 ff).

c) Belastungen. Eingetragene Belastungen wie Grundschulden und Hypotheken sind in die Passiva einzu- 87 stellen, allerdings nur in der Höhe, wie sie noch valutieren. Eine nicht mehr valutierte Grundschuld ist nicht zu berücksichtigen. Letztlich werden also die gesicherten Verbindlichkeiten in Ansatz gebracht.

d) Rückfallklauseln. Ist ein Grundstück mit einer Rückfallklausel belastet, stellt sich die Frage, wie sich 88 diese Klausel auf die Bewertung des Grundstücks auswirkt. Zu unterscheiden sind zwei Fallgruppen: Zum einen wird mitunter vereinbart, dass das Grundstück zurück zu übertragen ist, wenn es zu Lebzeiten der Überlasser, also in der Regel der Eltern, verkauft oder belastet wird. Zum anderen findet sich häufig eine Klausel, nach der das Grundstück im Fall der Scheidung zurück zu übertragen ist.

Im ersten Fall liegt eine **auflösend bedingte Grundstücksübertragung** und somit ein unsicheres Recht 89 vor. Es muss also ein Abschlag vom Grundstückswert vorgenommen werden, wobei zu berücksichtigen ist, dass das Grundstück voll genutzt werden kann. Es darf nur nicht veräußert oder belastet werden. Ist damit zu rechnen, dass der Zugewinnausgleich nur geleistet werden kann, wenn das Grundstück verkauft oder belastet würde, muss der Abschlag daher entsprechend höher ausfallen. Die Situation ist vergleichbar mit der Beteiligung an einem Unternehmen. Ist dieses nach dem Gesellschaftsvertrag nicht oder nur unter Wert veräußerbar, soll nach dem Bundesgerichtshof gegebenenfalls sogar der volle Wert anzusetzen sein, wenn eine Veräußerung der Beteiligung nicht beabsichtigt ist (BGH 25.11.1998 – XII ZR 84/97, FamRZ 1999, 361; Kogel Rn 574; Haußleiter/Schulz Kap. 1 Rn 260 f).

90 Im zweiten Fall steht dem Wert des Grundstücks im Endvermögen ein entsprechender **Anspruch auf Rückübertragung** gegenüber. Sofern keine Wertsteigerung durch Investitionen oder Um- und Ausbaumaßnahmen vorliegt, die dem Zugewinnausgleich unterliegen würde, heben sich beide Positionen auf. Fraglich ist, wie das Grundstück im Anfangsvermögen zu bewerten ist. Ist der Rückübertragungsanspruch in voller Höhe zu berücksichtigen, weil die Rückfallklausel nur im Fall der Scheidung zum Tragen kommt? (Haußleiter/Schulz Kap. 1 Rn 264). Oder ist wegen der Ungewissheit, ob die Rückfallklausel überhaupt zur Anwendung kommt, ein Abschlag vorzunehmen? (Kogel Rn 578 ff). Im Hinblick auf die neue Rechtsprechung des Bundesgerichtshofs (BGH 20.7.2011 – XII ZR 149/09, FamRZ 2012, 273; BGH 3.2.2010 – XII ZR 189/06, FamRZ 2010, 958) zur Rückabwicklung von Schwiegerelternzuwendungen, nach der die Zuwendung von vornehrein in voller Höhe mit dem Rückforderungsanspruch der Schwiegereltern für den Fall des Scheiterns der Ehe belastet ist, ist der ersten Meinung zuzustimmen.

91 **e) Wertzuwachs durch Wiedervereinigung.** Verfügt ein Ehegatte über Grundstücke in der ehemaligen DDR oder hat solche Grundstücke geerbt, ist davon auszugehen, dass diese Grundstücke, bezogen auf den Tag der Hochzeit oder den Tag des Erwerbs, in der Regel keinen Wert haben, da vor der Wiedervereinigung niemand ein solches Grundstück gekauft hätte. Mit der Wiedervereinigung wurden derartige Grundstücke allerdings werthaltig. Es stellt sich daher die Frage, ob der allein durch die Wiedervereinigung entstandene Wertzuwachs im Zugewinn auszugleichen ist oder nicht. Die Frage wurde vom Bundesgerichtshof dahin gehend entschieden, dass der Wertzuwachs in vollem Umfang **dem Zugewinnausgleich unterliegt** (BGH 28.1.2004 – XII ZR 221/01, FamRZ 2004, 781; Kogel Rn 584 ff).

92 Zu überlegen ist, ob im Einzelfall der am **Stichtag** maßgebliche Wert, ähnlich wie bei einer vorübergehenden Flaute, im Hinblick darauf zu korrigieren ist, dass nach einer kurzen Euphorie die Werte für Ost-Grundstücke zum Teil drastisch gesunken sind. Ungeklärt ist ferner, mit welchem Index in solchen Fällen zu rechnen ist (vgl Kogel Rn 595 f).

24. Handelsvertreter

93 Eine Handelsvertretung ist grundsätzlich nach dem **Substanzwert** zu bewerten, der sich aus den Arbeitsmitteln wie Einrichtungsgegenständen, Pkw, Warenvorräten etc. zusammensetzt. Einen Goodwill gibt es nicht, da kein Markt für Handelsvertretungen existiert und der Erfolg des Handelsvertreters von seinen persönlichen, nicht übertragbaren Fähigkeiten abhängt. Der Handelsvertretungsvertrag als solcher ist nicht übertragbar. Der Ausgleichsanspruch nach § 89 b HGB für den Kundenstamm stellt nach dem Bundesgerichtshof nur eine Chance ohne aktuellen Wert dar (BGH 9.3.1977 – IV ZR 166/75, FamRZ 1977, 386; OLG Hamm 9.3.2011 – 8 UF 207/10, FamFR 2011, 297; AG Biedenkopf 10.2.2005 – 30 F 118/03 GÜ, FamRZ 2005, 1909).

25. Haushaltsgegenstände

94 Bei Haushaltsgegenständen sind die **Eigentumsverhältnisse** maßgeblich dafür, ob diese über den Zugewinn oder nach § 1568 b BGB ausgeglichen werden. Stehen die Haushaltsgegenstände im Miteigentum beider Ehegatten, findet der Ausgleich ausschließlich nach § 1568 b BGB statt. Gehören die Haushaltsgegenstände dagegen einem Ehegatten alleine, unterfallen sie, wie die Ausstattung bzw Aussteuer bzw der nach der Trennung angeschaffte Hausrat, dem Zugewinnausgleich (BGH 17.11.2010 – XII ZR 170/09, FamRZ 2011, 360).

95 Fraglich ist, wie Haushaltsgegenstände zu bewerten sind, die über den Zugewinn auszugleichen sind. Würde man auf den Veräußerungswert abstellen, ergäben sich wegen des rapiden Wertverfalls von Haushaltsgegenständen sehr niedrige Werte mit der Folge, dass Haushaltsgegenstände beim Zugewinn in der Regel vernachlässigt werden könnten. Nach hM ist auf den **Neupreis** abzustellen, wobei allerdings Abschläge für

die Abnutzung bezogen auf die voraussichtliche Lebensdauer des Haushaltsgegenstandes zu machen sind (Palandt/Brudermüller § 1376 BGB Rn 24).

Ansprüche auf Ausgleichszahlungen nach § 1568 b Abs. 3 BGB sind beim Zugewinnausgleich nicht zu be-   96
rücksichtigen, und zwar auch dann nicht, wenn die Anordnung einer Ausgleichszahlung versehentlich unterblieben ist (Palandt/Brudermüller § 1568 b BGB Rn 11).

26. Hochzeitsgeschenke

Sofern keine Aussteuer oder Ausstattung (s. → *Aussteuer/Ausstattung* Rn 1) vorliegt, werden Hochzeitsge-   97
schenke in der Regel beiden Eheleuten gemacht und sind dementsprechend bei beiden Eheleuten **je zur**
Hälfte in Ansatz zu bringen (OLG Köln 7.4.1986 – UF 64/86, FamRZ 1986, 703). Nach dem Bundesgerichtshof soll es allerdings eine Lebenserfahrung geben, nach der Eltern in erster Linie ihr eigenes Kind bedenken wollen (BGH 20.5.1987 – IVb ZR 62/86, FamRZ 1987, 791).

27. Kaufvertrag

Wurde der Kaufvertrag vor dem Stichtag abgeschlossen und ist er noch nicht erfüllt, ist der Anspruch aus   98
dem Kaufvertrag bei den Aktiva und die Verpflichtung bei den Passiva zu berücksichtigen. Soweit sich
Anspruch und Verpflichtung wertmäßig aufheben, wirkt sich ein noch nicht erfüllter Kaufvertrag auf den
Zugewinnausgleich also nicht aus. Anders kann es aber liegen, wenn besonders günstig oder ungünstig gekauft worden ist, jedenfalls soweit auf den wahren Wert und nicht auf den Veräußerungswert abzustellen
ist (Haußleiter/Schulz Kap. 1 Rn 281).

28. Kaution

Kautionsansprüche gehören zu den **unsicheren Rechten,** da am Stichtag nicht klar ist, ob und in welchem   99
Umfang der Anspruch auf Rückzahlung der Kaution bestehen wird. Der Wert der Forderung muss daher
geschätzt werden (OLG Karlsruhe 20.6.2002 – 2 UF 126/98, FamRZ 2003, 682). Sind beide Ehegatten
Gläubiger der Kaution, ist die Schätzung in der Regel entbehrlich, da der Anspruch dann hälftig bei beiden
Ehegatten in die Zugewinnausgleichsbilanz einzustellen ist, sich mithin im Regelfall auf die Höhe des geschuldeten Zugewinns nicht auswirkt.

29. Kunstgegenstände

Soweit Kunstgegenstände nicht über § 1586 b BGB auszugleichen sind, weil sie als Haushaltsgegenstände   100
zu qualifizieren sind, stellt sich die Frage, wie sie für die Zwecke des Zugewinnausgleichs zutreffend bewertet werden können. Die Bewertung ist schwierig. Der Anschaffungspreis kann ebenso wenig herangezogen werden wie ein in unmittelbarer zeitlicher Nähe zum Stichtag erzielter Veräußerungserlös, da nicht
sicher gesagt werden kann, dass bei einem Verkauf an einen Händler oder bei einer Versteigerung der gleiche Preis erzielt worden wäre, also nicht etwa nur ein Liebhaberpreis vorliegt. Auch die Preise für Kunstwerke des gleichen Künstlers helfen nicht weiter, da kein Kunstwerk mit dem anderen vergleichbar ist
(Haußleiter/Schulz Kap. 1 Rn 291).

In der Regel wird auf den **Marktpreis** abgestellt, sofern ein Markt existiert (OLG Oldenburg 23.6.1998 – 5   101
U 19/98, FamRZ 1999, 1099). Ist das nicht der Fall, können der Anschaffungswert oder der Veräußerungserlös als Schätzgrundlage genommen werden, wobei im Regelfall die Hälfte des indexierten Anschaffungswertes angesetzt werden können soll (Schröder Rn 186; Haußleiter/Schulz Kap. 1 Rn 291). Gegebenenfalls
muss ein Sachverständiger mit der Ermittlung des Wertes beauftragt werden (zur anzuwendenden Vergleichswertmethode vgl Schröder Rn 183 ff; Heuer NJW 2008, 689).

30. Land- und forstwirtschaftlicher Betrieb

Für land- und forstwirtschaftliche Betriebe gibt das Gesetz ausnahmsweise die Bewertungsmethode vor.   102
Nach § 1376 Abs. 4 BGB sind land- und forstwirtschaftliche Betriebe nach der **Ertragswertmethode** zu
bewerten. Da der Substanzwert meist um ein Vielfaches höher ist, ergibt sich daher häufig kein auszuglei-

chender Zugewinn. Zweck der Vorschrift ist, die Existenz von land- und forstwirtschaftlichen Betrieben nicht durch den Zugewinnausgleich zu gefährden (Haußleiter/Schulz Kap. 1 Rn 292 ff).

103 Die Ertragswertmethode ist nur anzuwenden, wenn drei **Voraussetzungen** gegeben sind: Der Betrieb muss zum Anfangs- und Endvermögen gehören, der Ausgleichsanspruch muss sich gegen den Inhaber richten und es muss zu erwarten sein, dass der Inhaber oder seine Abkömmlinge den Betrieb weiterführen oder zumindest wieder aufnehmen (Haußleiter/Schulz Kap. 1 Rn 292 ff).

104 Der Betrieb gehört zum Anfangsvermögen, wenn er zum Zeitpunkt der Hochzeit bereits vorhanden war oder einer der Tatbestände des § 1374 Abs. 2 BGB erfüllt ist. Werden während der Ehe Nutzflächen hinzuerworben, haben diese an der Privilegierung nicht teil, dh die Flächen sind mit dem Verkehrswert zu bewerten. Nur wenn ohne die Flächen der Betrieb nicht lebensfähig wäre, ist wiederum auf den Ertragswert abzustellen (BGH 6.2.1991 – XII ZR 57/90, FamRZ 1991, 1166). Werden Flächen während der Ehe verkauft, sind sie auch im Anfangsvermögen mit dem Verkehrswert anzusetzen (Palandt/Brudermüller § 1376 BGB Rn 21).

105 Richtet sich der Ausgleichsanspruch nicht gegen den Inhaber, sondern verlangt dieser Zugewinnausgleich, ist der volle wirkliche Wert, also der Verkehrswert, des Betriebs zu ermitteln.

106 Sind Flächen verpachtet, soll es darauf ankommen, ob der Inhaber oder ein Abkömmling den Betrieb in absehbarer Zeit wieder übernehmen wird (BGH 27.9.1989 – IVb ZR 75/88, FamRZ 1989, 1276). Ist das nicht der Fall, ist der volle wirkliche Wert, also der Verkehrswert, anzusetzen. Bei einer nur teilweisen Verpachtung ist der Ertragswert maßgebend, wenn der Betrieb im Wesentlichen vom Inhaber geführt wird (Haußleiter/Schulz Kap. 1 Rn 292 ff).

31. Leasingvertrag

107 Ein Leasingvertrag ist ein Dauerschuldverhältnis, das dem Leasingnehmer einen Anspruch auf die Nutzung einer Sache gibt. Im Gegenzug muss er die Leasingrate zahlen. Soweit beide Ansprüche gleichwertig sind, heben sie sich gegenseitig auf und wirken sich somit beim Zugewinn nicht aus.

108 Anders liegt es, wenn vorab eine **Sonderzahlung** zu leisten war. In der Regel erkauft sich der Leasingnehmer dadurch günstigere Leasingraten, die ihm als geldwerter Vorteil in der Folgezeit zur Verfügung stehen. Der am Stichtag noch nicht verbrauchte Teil der Sonderzahlung kann dadurch ermittelt werden, dass die Sonderzahlung durch die Laufzeit geteilt und der sich ergebende Betrag mit der noch offenen Laufzeit multipliziert wird (OLG Karlsruhe 19.12.2003 – 2 UF 95/03, FamRZ 2004, 1028; OLG Bamberg 7.8.1995 – 2 UF 64/95, FamRZ 1996, 549).

109 Zu prüfen ist ferner, ob die in der Regel am Ende der Laufzeit eingeräumte Kaufoption einen Wert hat, zB weil es sich um ein begehrtes Fahrzeug handelt, dessen Restwert nicht dem prognostizierten Wert entspricht, sondern deutlich darüber liegt (Kogel Rn 617).

32. Lebensversicherung

110 **a) Überblick.** Lebensversicherungen können sowohl dem Zugewinnausgleich als auch dem Versorgungsausgleich unterfallen. Abgegrenzt wird danach, ob die Lebensversicherung auf die Zahlung eines **Kapitalbetrages** oder auf **Rentenleistungen** gerichtet ist. Wird im Versicherungsfall ein Kapitalbetrag ausgezahlt, unterliegt die Lebensversicherung dem Zugewinnausgleich (BGH 12.7.1995 – XII ZR 109/94, FamRZ 1995, 1270). Dagegen werden Lebensversicherungen auf Rentenbasis im Versorgungsausgleich ausgeglichen (BGH 5.10.2011 – XII ZB 555/10, NSW VersAusglG § 2 (BGH-intern); Haußleiter/Schulz Kap. 1 Rn 300).

111 Allerdings unterfallen nach der **Reform des Versorgungsausgleichsrechts** gemäß § 2 Abs. 2 Nr. 3 VersAusglG auch Kapitallebensversicherungen dem Versorgungsausgleich, wenn es sich um ein Anrecht nach dem Betriebsrentengesetz oder um zertifizierte Anrechte nach dem Altersvorsorge-

Zertifizierungsgesetz handelt. Betroffen sind vor allem Direktversicherungen, die meist als Kapitallebensversicherung abgeschlossen werden (Haußleiter/Schulz Kap. 1 Rn 300).

An dieser grundsätzlichen Zuordnung von Lebensversicherungen zum Zugewinn- und Versorgungsausgleich ändert sich nichts dadurch, dass in Verkennung der richtigen Zuordnung der Versorgungsausgleich oder Zugewinnausgleich ausgeschlossen worden ist. Im Zweifel ist das Anrecht dann verloren (Haußleiter/Schulz Kap. 1 Rn 300). **112**

b) Einzelheiten. aa) Wahlrecht. Meistens enthalten Lebensversicherungsverträge hinsichtlich der Leistungsform ein Wahlrecht, wobei zu unterscheiden ist, ob es sich um eine Lebensversicherung auf **Kapitalbasis mit Rentenwahlrecht** oder um eine Lebensversicherung auf **Rentenbasis mit Kapitalwahlrecht** handelt. Macht der Versicherungsnehmer von seinem Wahlrecht bis zur letzten tatrichterlichen Entscheidung keinen Gebrauch, unterliegt die Kapitalversicherung mit Rentenwahlrecht dem Zugewinnausgleich und die Rentenversicherung mit Kapitalwahlrecht dem Versorgungsausgleich. Macht der Versicherungsnehmer von seinem Wahlrecht Gebrauch, ist es genau umgekehrt (BGH 5.10.2011 – XII ZB 555/10, NSW VersAusglG § 2 (BGH-intern); 5.2.2003 – XII ZB 53/98, FamRZ 2003, 664). **113**

Macht der Versicherungsnehmer von seinem Rentenwahlrecht zwischen dem Ehezeitende nach § 3 Abs. 1 VersAusglG, also dem Monatsletzten vor Rechtshängigkeit der Scheidung, und dem Stichtag für den Zugewinn, also der Rechtshängigkeit der Scheidung, Gebrauch, soll das Anrecht gleichwohl dem Versorgungsausgleich unterliegen (Haußleiter/Schulz Kap. 1 Rn 301; vgl auch Kogel Rn 631 ff). Gegen eine Umwandlung einer Rentenversicherung in eine Kapitalversicherung nach Rechtshängigkeit der Scheidung ist der Ausgleichsberechtigte durch § 29 VersAusglG geschützt. **114**

bb) Bezugsrecht. In der Regel kann der Versicherungsnehmer für den Fall, dass er vor Ablauf der Versicherung verstirbt, eine Person als Bezugsberechtigte benennen, die an seiner Stelle die Versicherungsleistung erhalten soll. Die Bezugsberechtigung kann widerruflich oder unwiderruflich ausgestaltet werden. Handelt es sich um eine widerrufliche Bezugsberechtigung, ist die Lebensversicherung beim Versicherungsnehmer in voller Höhe **als Aktivposition** einzustellen. Handelt es sich dagegen um eine unwiderrufliche Bezugsberechtigung, ist die Lebensversicherung dem Vermögen des Bezugsberechtigten zuzuordnen (BGH 20.5.1992 – XII ZR 255/90, FamRZ 1992, 1155). **115**

Es gibt allerdings auch Lebensversicherungen mit einem **gespaltenen Bezugsrecht**. Bei diesen Versicherungen erwirbt der Bezugsberechtigte einen Anspruch auf die Versicherungsleistung, allerdings auflösend bedingt für den Fall, dass der Versicherungsnehmer den Versicherungsfall erlebt. Ist das der Fall, erhält er die Versicherungssumme und nicht der Bezugsberechtigte. Bei dieser Konstellation gehört die Lebensversicherung sowohl zum Vermögen des Bezugsberechtigten als auch des Versicherungsnehmers. Ihr Wert ist aufzuteilen, wobei jeweils unsichere Rechte vorliegen, da nicht sicher ist, wer am Ende die Versicherungsleistung erhalten wird. Nach dem Bundesgerichtshof kann die Wahrscheinlichkeit, dass der Versicherungsnehmer den Versicherungsfall erlebt, anhand der allgemeinen Sterbetafel des Statistischen Bundesamts bestimmt werden (BGH 20.5.1992 – XII ZR 255/90, FamRZ 1992, 1155). Denkbar ist aber auch, an die fiktiven Kosten einer Risikolebensversicherung anzuknüpfen (BGH 17.7.2002 – XII ZR 218/00, FamRZ 2003, 153; Haußleiter/Schulz Kap. 1 Rn 305). **116**

cc) Bewertung. Für die Bewertung der Lebensversicherung ist nicht auf den Rückkaufswert, sondern auf den **Fortführungswert** abzustellen, jedenfalls dann, wenn, wie meist, die Lebensversicherung fortgeführt wird (BGH 12.7.1995 – XII ZR 109/94, FamRZ 1995, 1270). Die meisten Lebensversicherungsunternehmen weisen in ihren Auskünften beide Werte aus. Wird nur der Rückkaufswert angegeben, muss darauf bestanden werden, dass auch der in der Regel höhere Fortführungswert mitgeteilt wird. Die Berechnung des Fortführungswertes richtet sich nach den entsprechenden Empfehlungen der Deutschen Aktuarvereinigung und kann im Internet unter der Adresse www.aktuar.de abgefragt werden. Überschlägig kann mit der Faustformel Rückkaufswert zuzüglich 8 % gerechnet werden (Kogel Rn 646 f; Haußleiter/Schulz Kap. 1 Rn 306 f). **117**

118 **dd) Kreditsicherheit.** Häufig dienen Lebensversicherungen der Kreditfinanzierung, sei es, dass sie als Tilgungsersatz dienen, sei es, dass sie zur Sicherheit an die finanzierende Bank abgetreten werden. Bei einer bloßen Sicherungsabtretung bleibt es dabei, dass die Lebensversicherung zum Vermögen des Versicherungsnehmers zu zählen ist (OLG Zweibrücken 21.10.2003 – 5 UF 211/02 05, FamRZ 2004, 642). Ist die Lebensversicherung aber zugleich **Tilgungsersatz**, kann ihr Wert nach hM nicht mehr als Aktivposition im Vermögen des Versicherungsnehmers berücksichtigt werden. Dafür vermindert sich aber die Kreditbelastung um den Zeitwert der Versicherung (OLG Zweibrücken 5.10.2007 – 2 UF 220/06, OLGReport 2008, 547; Palandt/Brudermüller § 1376 BGB Rn 18; Haußleiter/Schulz Kap. 1 Rn 308; Kogel Rn 648 ff mit Hinweisen auf Problemfälle).

119 **ee) Steuern.** Lebensversicherungen, die vor dem 1.1.2005 abgeschlossen worden sind und vor Ablauf von zwölf Jahren aufgelöst werden, müssen **versteuert** werden. Es wird vertreten, dass auch diese latente Steuerlast als Abzugsposition zu berücksichtigen ist, sofern bei Rechtshängigkeit der Scheidung noch keine zwölf Jahre vergangen sind (Kogel Rn 660 f; Haußleiter/Schulz Kap. 1 Rn 307).

120 Für Verträge, die seit dem 1.1.2005 abgeschlossen worden sind, gilt, dass die Erträge voll zu versteuern sind, wenn die Versicherung keine zwölf Jahre läuft und vor Erreichen des 60. Lebensjahres (seit 2012 des 62. Lebensjahres) ausgezahlt wird. Anderenfalls muss immer noch die Hälfte versteuert werden. Die Problematik hat sich also noch verschärft (Kogel Rn 662 ff).

33. Leibgeding

121 S. → *Leibgeding, Leibrente, Nießbrauch und Wohnrecht im Zugewinn* Rn 1 ff.

34. Leibrente

122 S. → *Leibgeding, Leibrente, Nießbrauch und Wohnrecht im Zugewinn* Rn 15 ff.

35. Lottogewinn

123 Lottogewinne werden über den **Zugewinn** ausgeglichen, sofern sie am Stichtag noch vorhanden sind (BGH 22.12.1976 – IV ZR 11/76, FamRZ 1977, 124).

36. Miteigentum

124 Steht der Vermögenswert im hälftigen Miteigentum beider Eheleute, ist **er jeweils hälftig** in die Vermögensbilanz von Ehemann und Ehefrau einzustellen. Auf den Ausgleichsanspruch wirkt sich Miteigentum also nicht aus, jedenfalls solange kein Ehegatte überschuldet ist. In diesen Fällen kann folglich darauf verzichtet werden, den Wert des Vermögensgegenstandes zu ermitteln, es sei denn, wie häufig bei gemeinsamem Immobilienbesitz, ein Ehegatte will den Miteigentumsanteil des anderen Ehegatten übernehmen und es besteht Streit über die Höhe der Ausgleichszahlung.

125 Ist dagegen ein Ehegatte **überschuldet**, sollte er immer darauf bestehen, dass der Wert des Miteigentums ermittelt wird, weil dadurch sein Anspruch auf Zugewinnausgleich steigt (Haußleiter/Schulz Kap. 1 Rn 333 ff).

126 **Beispiel:** Den Eheleuten gehört ein Haus als Miteigentümer zu je ½. Die Ehefrau meint, es habe einen Wert von 400.000 EUR. Der Ehemann ist der Ansicht, der Wert beträgt 500.000 EUR. Weiteres Vermögen gibt es nicht. Der Ehemann hat aber Schulden in Höhe von 350.000 EUR. Beide Eheleute haben kein Anfangsvermögen.

Der Zugewinn der Ehefrau entspricht dem Wert ihres hälftigen Miteigentums und beträgt somit 200.000 EUR, wenn man von ihrem Wert ausgeht, und 250.000 EUR, wenn der Wert des Ehemanns richtig ist. Der Zugewinn des Ehemanns ist Null, da er überschuldet ist und es nach hM keinen negativen Zugewinn gibt. Der Ausgleichsanspruch des Ehemanns beträgt somit 100.000 EUR, wenn die Ehefrau Recht hat, und 125.000 EUR, wenn der Ehemann im Recht ist. Hätte der Ehemann dagegen keine Schulden, sondern weiteres Endvermögen in Höhe von 100.000 EUR, käme es auf den Wert nicht an. Der Ehemann müsste unabhängig davon, welchen Wert man für das Haus ansetzt, jeweils 50.000 EUR Zugewinnausgleich an die Ehefrau zahlen.

37. Nießbrauch

S. → *Leibgeding, Leibrente, Nießbrauch und Wohnrecht im Zugewinn* Rn 13 f.   127

38. Optionsrechte, insbesondere Aktienoptionen

Ein Optionsrecht räumt dem Inhaber die Möglichkeit ein, durch einseitige Erklärung einen Vertrag, zum   128
Beispiel einen Miet- oder Kaufvertrag, abzuschließen. Eine Rolle beim Zugewinn spielt das Optionsrecht vor allem im Hinblick auf Aktienoptionen, die leitenden Angestellten häufig zusätzlich zum Gehalt und als sonstige Gratifikation von ihrem Unternehmen angeboten werden.

Zu klären ist zunächst, ob derartige Aktienoptionen bzw der Erlös hieraus als **unterhaltsrechtlich** relevan-   129
tes Einkommen oder als dem **Zugewinnausgleich** unterliegende Vermögenswerte anzusehen sind. Die Frage ist streitig. Das Oberlandesgericht Oldenburg hat im Rahmen eines VKH-Beschlusses angedeutet, dass es sich um Einkommen handeln könnte, da der Erlös auch steuerrechtlich als geldwerter Vorteil behandelt, also wie ein Lohnbestandteil versteuert würde (OLG Oldenburg 13.7.2009 – 13 WF 148/09, FamRZ 2009, 1911). Demgegenüber wird in der Literatur vertreten, dass Aktienoptionen dem Zugewinnausgleich unterliegen müssten, schon weil in der Regel nur Bezieher höherer Einkommen, bei denen der Unterhalt nicht nach einer Quote, sondern konkret bemessen wird, derartige Optionsrechte erhielten. Dementsprechend sollen vertragliche Absprachen über Optionsrechte häufig auch der Vermögensmehrung oder Alterssicherung dienen (Kogel Rn 384 ff; Haußleiter/Schulz Kap. 1 Rn 177 f).

Sofern Aktienoptionen dem Zugewinnausgleich unterliegen und am Stichtag noch nicht ausgeübt sind,   130
müssen sie **bewertet** werden. Es handelt sich um unsichere Rechte, die mit einem Schätzwert in die Zugewinnausgleichsbilanz einzustellen sind. Es ist bezogen auf den Stichtag eine Prognose über die Wahrscheinlichkeit der Ausübung der Option abzugeben. Vorgeschlagen wird, den Wert des Optionsrechts mit dem Wert der Aktie am Stichtag abzüglich des zu zahlenden Preises anzusetzen. Je höher die Differenz desto wahrscheinlicher sei die Einlösung und entsprechend geringer soll der Risikoabschlag für die Nichteinlösung ausfallen (Kogel Rn 384 ff; Haußleiter/Schulz Kap. 1 Rn 178). Zum Teil sehen die Vereinbarungen allerdings vor, dass die Aktien einen bestimmten Mindestwert erreicht haben müssen, damit das Optionsrecht ausgeübt werden kann. Dem Risiko, dass der Mindestwert nicht erreicht wird, muss ebenfalls durch einen angemessenen Abschlag Rechnung getragen werden.

Die im Falle der Einlösung zu zahlenden Steuern sind wie latente Ertragssteuern in Abzug zu bringen. Die   131
Höhe der Steuern ist zu schätzen (Kogel Rn 391 f; Haußleiter/Schulz Kap. 1 Rn 178).

39. Pkw

S. → *Pkw*.   132

40. Sammlungen

Sammlungen stehen in der Regel im **Alleineigentum** des Ehegatten, der sammelt, und unterfallen schon   133
deswegen dem Zugewinnausgleich. Für die Bewertung von Sammlungen ist grundsätzlich auf den **Veräußerungswert** abzustellen. Gibt es Kataloge, ist ein Bruchteil der daraus ersichtlichen Werte anzusetzen, zB ein Drittel bis zur Hälfte (Haußleiter/Schulz Kap. 1 Rn 365).

41. Schenkungen

Schenkungen Dritter sind als **privilegiertes Vermögen** gemäß § 1374 Abs. 2 BGB dem Anfangsvermögen   134
hinzu zu rechnen und dadurch mit Ausnahme etwaiger Erträge dem Zugewinnausgleich entzogen. Zuwendungen unter Ehegatten fallen dagegen voll in den Zugewinnausgleich, sind aber unter Umständen über

§ 1380 BGB anzurechnen (s. → *Vorausempfang*). Zuwendungen von **Schwiegereltern** sind nach dem Bundesgerichtshof neuerdings nicht mehr als unbenannte Zuwendungen, sondern als echte Schenkungen anzusehen, dh sie unterfallen ebenfalls § 1374 Abs. 2 BGB (BGH 21.7.2010 – XII ZR 180/09 FamRZ 2010, 1626).

42. Schmerzensgeld

135 Schmerzensgeld ist grundsätzlich über den Zugewinn auszugleichen, sofern es am Stichtag noch vorhanden ist bzw ein entsprechender Anspruch besteht. Allerdings kann sich der Schuldner gegebenenfalls im Einzelfall ausnahmsweise auf die Einrede der groben Unbilligkeit nach § 1381 BGB berufen, um eine unbillige Härte zu vermeiden (BGH 27.5.1981 – IVb ZR 577/80, FamRZ 1981, 755; OLG Stuttgart 29.3.2001 – 11 UF 331/00, FamRZ 2002, 99; AG Hersbruck 23.1.2002 – 2 F 1082/01, FamRZ 2002, 1476). Hat der verpflichtete Ehegatte das Schmerzensgeld oder einen Teil hiervon dem anderen Ehegatten überlassen, soll ausnahmsweise ein Anspruch auf Rückabwicklung einer unbenannten Zuwendung wegen Wegfalls der Geschäftsgrundlage in Betracht kommen (OLG Stuttgart 30.12.1993 – 2 U 29/93, FamRZ 1994, 1326).

43. Schmuck, Pelze

136 Schmuck und Pelze gehören zu den Gegenständen des persönlichen Bedarfs, bei denen nach § 1362 Abs. 2 BGB vermutet wird, dass sie dem Ehegatten gehören, für dessen Gebrauch sie bestimmt sind. Sie unterfallen damit dem Zugewinnausgleich. Als Wert ist bei Schmuck der **Veräußerungspreis** anzusetzen, wobei Liebhaberwerte nicht zu berücksichtigen sind. Äußerste Grenze ist der Materialwert (Kogel Rn 716; Haußleiter/Schulz Kap. 1 Rn 369; aA Schröder Rn 213: Wiederbeschaffungswert). Pelzmäntel verlieren angeblich rasch an Wert. Vorgeschlagen wird, 30 % des ursprünglichen Kaufpreises anzusetzen (Haußleiter/Schulz Kap. 1 Rn 351).

44. Steuern

137 **a) Überblick.** Am Stichtag entstandene Steuerforderungen oder Ansprüche auf Steuererstattungen sind in die **Zugewinnausgleichsbilanz** einzustellen. Zu beachten ist dabei, dass es nicht zu einer doppelten Berücksichtigung beim Unterhalt und beim Zugewinnausgleich kommt. Soweit es sich um Forderungen der Ehegatten gegeneinander aus einem internen Steuerausgleich handelt, ist außerdem, wie bei sonstigen gegenseitigen Forderungen, zu prüfen, ob sich der Streit lohnt oder die Ansprüche nicht durch den Zugewinnausgleich neutralisiert werden (s. Rn 61 ff). Ferner ist bei der Bewertung von Vermögensgegenständen für den Fall des Verkaufs darauf zu achten, dass die latente Steuerlast berücksichtigt wird. Die Zugewinnausgleichsforderung als solche löst keine Steuerpflicht aus. Für Grundstücke, die zur Erfüllung einer Forderung auf Zugewinnausgleich auf den anderen Ehegatten übertragen werden, ist nach § 3 Nr. 4 GrEStG keine Grunderwerbsteuer zu zahlen (Arens FPR 2003, 426).

138 **b) Einzelheiten. aa) Doppelberücksichtigung.** Grundsätzlich können die laufenden Steuern sowie Steuernachzahlungen im Rahmen der **Unterhaltsberechnung** vom Einkommen abgesetzt werden. Ebenso sind Steuererstattungen dem Einkommen hinzu zu rechnen. Soweit dadurch bereits ein Ausgleich über den Unterhalt stattgefunden hat, weil sich der geschuldete Unterhalt entsprechend vermindert oder erhöht hat, kommt ein weiterer Ausgleich über den Zugewinn nicht in Betracht, da anderenfalls gegen das Verbot verstoßen würde, dieselbe Position zweimal zu berücksichtigen. Das Gleiche gilt für den umgekehrten Fall, wenn also die Ansprüche auf Steuernachzahlung oder Steuererstattung bereits beim Zugewinnausgleich in Ansatz gebracht worden sind (Haußleiter/Schulz Kap. 6 Rn 26 f; Kogel Rn 731 ff).

139 Die Problematik kann allerdings nur hinsichtlich solcher Ansprüche auf Steuernachzahlung oder Steuererstattung entstehen, die am Stichtag bereits entstanden waren. Hinsichtlich aller Ansprüche, die erst nach dem für die Berechnung des Endvermögens maßgeblichen Stichtag entstehen, kann der Ausgleich somit nur über den Unterhalt stattfinden (Haußleiter/Schulz Kap. 6 Rn 26 f; Kogel Rn 731 ff).

140 **bb) Einkommen- und Kirchensteuern.** Ob Ansprüche auf Nachzahlung oder Erstattung von Einkommen- und Kirchensteuern in die Vermögensbilanz aufzunehmen sind oder nicht, hängt davon ab, ob

diese Ansprüche am **Stichtag** bereits entstanden waren (BGH 24.10.1990 – XII ZR 101/89, FamRZ 1991, 43). Die Fälligkeit ist nicht entscheidend. Der Anspruch auf Zahlung oder Erstattung von Einkommen- und Kirchensteuern entsteht nach §§ 25, 36 Abs. 1, 51 a EStG mit Ablauf des Veranlagungszeitraums, also des Jahres, in dem die zu versteuernden Einkünfte bezogen wurden. Fällig werden die Ansprüche dagegen erst mit Bekanntgabe, also durch den Zugang des Steuerbescheides. Nachforderungen oder Erstattungsansprüche für das Jahr, in das der Stichtag fällt, sind daher nicht in die Vermögensbilanz aufzunehmen, da die diesbezüglichen Ansprüche mangels Ablaufs des Veranlagungszeitraums noch nicht entstanden sein können (BGH 24.10.1990 – XII ZR 101/89, FamRZ 1991, 43).

Soweit vierteljährlich Einkommensteuern im Voraus gezahlt werden müssen, ist zu berücksichtigen, dass **141** der Anspruch auf **Vorauszahlung** am Ersten des Quartals entsteht, für das vorauszuzahlen ist, also am 1.1., 1.4., 1.7. und 1.10 eines jeden Jahres. Auch diese Ansprüche gehören in die Zugewinnausgleichsbilanz, sofern nicht schon ein Ausgleich über den Unterhalt stattgefunden hat (BGH 24.10.1990 – XII ZR 101/89, FamRZ 1991, 43).

Ansprüche von Ehegatten aus einem internen Ausgleich von Steuernachforderungen oder Steuererstattun- **142** gen sind mit der **Quote**, mit der intern der Ausgleich zu leisten ist, in die Zugewinnausgleichsbilanz einzustellen, wobei immer zu prüfen ist, ob sich die Ansprüche durch die Zugewinnausgleichsberechnung neutralisieren. Ist das der Fall, lohnt sich ein gesonderter Streit nicht. Das Gleiche gilt für Verpflichtungen aus einem internen Steuerausgleich (BGH 31.5.2006 – XII ZR 111/03, FamRZ 2006, 1178; Kogel Rn 717 ff).

cc) Umsatzsteuern. Für Umsatzsteuern gilt das Gleiche wie für Einkommen- und Kirchensteuern. Anzu- **143** setzen sind alle Ansprüche oder Verbindlichkeiten, die am Stichtag bereits entstanden waren. Unzulässig wäre es, während des laufenden Jahres bei der Umsatzsteuervoranmeldung nicht den vollständigen Vorsteuerabzug in Anspruch zu nehmen, sondern diesen erst mit der Jahresumsatzsteuererklärung am Ende des Jahres anzumelden, um dadurch eine höhere Verbindlichkeit in die Vermögensbilanz einstellen zu können (Kogel Rn 730).

dd) Spekulationssteuer. Nach § 23 EStG ist grundsätzlich bei der Veräußerung eines Grundstücks der **144** Veräußerungsgewinn zu versteuern, wenn seit der Anschaffung noch keine **zehn Jahre** vergangen sind. Voraussetzung ist u.a., dass das Grundstück entgeltlich angeschafft und entgeltlich veräußert wird. Eine entgeltliche Veräußerung liegt auch vor, wenn das Grundstück oder ein Miteigentumsanteil zum Ausgleich einer Zugewinnforderung auf den anderen Ehegatten übertragen wird. Von einem Veräußerungsgewinn ist auszugehen, wenn der Kaufpreis, gegebenenfalls also die Zugewinnforderung, abzüglich Werbungskosten höher ist als der Anschaffungspreis zuzüglich der Herstellungskosten. Abschreibungen werden dem Veräußerungsgewinn hinzu gerechnet (Kogel Rn 734 f).

Keine Spekulationssteuer fällt nach § 23 Abs. 1 Nr. 1 S. 3 EStG an, wenn die Immobilie zwischen Anschaf- **145** fung und Veräußerung durchgehend oder im Jahr der Veräußerung und in den zwei vorausgegangenen Jahren ohne Unterbrechung **selbst genutzt** wurde, wobei die Kalenderjahre am Anfang und Ende des Dreijahreszeitraums jeweils nicht abgelaufen sein müssen. Zieht ein Ehegatte aus und veräußert sein Grundstück oder seinen Miteigentumsanteil nicht im Jahr des Auszugs, kann also Spekulationssteuer anfallen, wenn er später im Rahmen des Zugewinnausgleichs oder bei einer einvernehmlichen Veräußerung an Dritte das Grundstück oder seinen Miteigentumsanteil überträgt. Fraglich ist, ob jedenfalls dann eine Eigennutzung auch für den ausziehenden Ehegatten vorliegt, wenn ein gemeinsames Kind mit dem anderen Elternteil in der Immobilie bleibt (Haußleiter/Schulz Kap. 6 Rn 42 unter Verweis auf BFH BStBl II 1994, 544; Kogel Rn 754, jeweils mit weiteren Nachweisen und Beispielen).

Wie die Problematik der Spekulationssteuer bei einer Veräußerung anlässlich des Zugewinnausgleichs ge- **146** löst werden kann, ist **ungeklärt**. Es werden verschiedene Wege vorgeschlagen. Überwiegend wird auf die Möglichkeit verwiesen, die Forderung auf Zugewinnausgleich solange zu stunden, bis die Zehnjahresfrist abgelaufen ist. Denkbar wäre aber auch, die Übertragung des Grundstücks nach § 1383 BGB gerichtlich anordnen zu lassen. Es läge dann kein privates Veräußerungsgeschäft vor. Ferner wird vorgeschlagen, ein befristetes Rücktrittsrecht zu vereinbaren oder nur ein einseitig bindendes Angebot abzugeben, das erst nach Ablauf der Zehnjahresfrist angenommen werden kann. Schließlich könnte der ausgleichspflichtige Ehegatte das Grundstück auch unentgeltlich nach § 1380 BGB, also als Vorausempfang, auf den anderen Ehegatten übertragen (zu den Einzelheiten vgl Kogel Rn 753 ff; Haußleiter/Schulz Kap. 6 Rn 36 ff).

147 Bei der Bewertung des Grundstücks oder Miteigentumsanteils ist die Spekulationssteuer als Abzugsposition zu berücksichtigen, wenn abzusehen ist, dass das Grundstück oder der Miteigentumsanteil vor Ablauf der Zehnjahresfrist veräußert wird und keine Möglichkeit besteht, die Spekulationssteuer zu vermeiden. Die diesbezügliche Wahrscheinlichkeit ist wie bei sonstigen **unsicheren Rechten** auch zu schätzen (Palandt/Brudermüller § 1376 BGB Rn 11; Haußleiter/Schulz Kap. 6 Rn 43 ff; aA Kogel Rn 769 ff). Zu berücksichtigen ist bei Miteigentum, dass die Höhe der Spekulationssteuer für beide Ehegatten unterschiedlich hoch ausfallen kann, je nachdem wie die persönlichen Einkommensverhältnisse sind. Denkbar ist auch, dass einer der Ehegatten einen der Ausnahmetatbestände erfüllt und somit keine Spekulationssteuer zahlen muss, der andere Ehegatte dagegen nicht mit der Folge, dass bei ihm Spekulationssteuern anfallen (Kogel Rn 756).

148 **ee) Latente Steuern.** Wird ein Unternehmen verkauft, fallen wegen der damit in der Regel verbundenen Auflösung von stillen Reserven nach §§ 16, 18 Abs. 3, 34 Abs. 1 EStG Ertragssteuern an. **Stille Reserven** bestehen, wenn der Buchwert niedriger als der Veräußerungserlös ist.

149 Da bei der Bewertung eines Unternehmens auf den fiktiven Verkaufsfall abgestellt wird, sind die für den Verkaufsfall anfallenden Ertragssteuern als sogenannte latente Ertragssteuern vom Wert des Unternehmens **in Abzug zu bringen** (BGH 9.2.2011 – XII ZR 40/09, FamRZ 2011, 622; 2.2.2011 – XII ZR 185/08, FamRZ 2011, 1367; 24.10.1990 – XII ZR 101/89, FamRZ 1991, 43). Das gilt unabhängig davon, ob ein Verkauf überhaupt ansteht (BGH 9.2.2011 – XII ZR 40/09, FamRZ 2011, 622) oder wie hoch die Steuern im Falle eines nach dem Stichtag durchgeführten Verkaufs tatsächlich waren (OLG Dresden 17.1.2008 – 21 UF 447/07, FamRZ 2008, 1857). Die unterschiedliche Behandlung von latenten Ertragssteuern und latenten Spekulationssteuern rechtfertigt sich daraus, dass bei der Veräußerung eines Unternehmens immer Steuern anfallen, bei der Veräußerung eines Grundstücks dagegen nur dann, wenn die Zehnjahresfrist noch nicht abgelaufen ist (Haußleiter/Schulz Kap. 6 Rn 43). Wie hoch die latenten Ertragssteuern sind, muss gegebenenfalls von einem Sachverständigen oder einem Steuerberater ermittelt werden. In der Praxis wird oft ein pauschaler Satz von 35 % angenommen (Haußleiter/Schulz Kap. 6 Rn 32).

45. Unsichere Rechte

150 Auch unsichere Rechte sind in den Zugewinnausgleich einzubeziehen, mag es sich um noch nicht fällige, befristete, bedingte, schwer vollstreckbare oder aus anderen Gründen wertmäßig am Stichtag nicht sicher bestimmbare Rechte handeln. Notfalls ist der Wert derartiger Rechte nach § 287 ZPO zu **schätzen**, wobei der Tatrichter die ihm im Zeitpunkt seiner Entscheidung zugänglichen Erkenntnisquellen nutzen muss (BGH 17.11.2010 – XII ZR 170/09, FamRZ 2011).

151 Eine erst in Zukunft fällige Forderung hat einen geringeren Wert als eine bereits fällige Forderung. Die Forderung kann daher zu dem für die Ermittlung des Endvermögens maßgeblichen Stichtag abgezinst werden (BGH 17.11.2010 – XII ZR 170/09, FamRZ 2011, 183; s. → *Betagte Verbindlichkeiten* Rn 1 f.

152 Ebenso kann die Ungewissheit, ob der begünstigte Ehegatte den Anfall des im Anrecht verkörperten Vermögenswerts überhaupt erleben wird, berücksichtigt werden, und zwar indem die **Erlebenswahrscheinlichkeit** des Inhabers durch das Verhältnis der Erlebensquoten erfasst wird, die für den Inhaber bei Fälligkeit einerseits und zum Bewertungsstichtag andererseits gelten (BGH 17.11.2010 – XII ZR 170/09, FamRZ 2011, 183).

153 Bei bedingten Rechten muss die Wahrscheinlichkeit des Bedingungseintritts abgeschätzt werden (BGH 23.10.1985 – IVb ZR 62/84, FamRZ 1986, 37; 9.6.1983 – IX ZR 41/82, FamRZ 1983, 882).

154 Eine titulierte Forderung, die wegen Insolvenz oder Vermögenslosigkeit des Schuldners nicht zu vollstrecken ist, kann mit Null bewertet werden. Ist ungewiss, ob in Zukunft erfolgreich vollstreckt werden könnte,

ist nur ein Bruchteil der Forderung anzusetzen (OLG Hamm 30.3.1998 – 10 WF 355/97, FamRZ 1998, 1603; Haußleiter/Schulz Kap. 1 Rn 381).

Grundsätzlich sind nur **am Stichtag bereits entstandene Forderungen** in die Zugewinnbilanz einzustel- 155 len. Zumindest muss eine Anwartschaft in Form einer am Stichtag objektiv bewertbaren Position vorliegen. Vollkommen ungewisse Erwerbsaussichten stellen dagegen keine beim Zugewinn zu berücksichtigenden Vermögenspositionen dar (BGH 31.10.2001 – XII ZR 292/99, FamRZ 2002, 88; 15.11.2000 – XII ZR 197/98, FamRZ 2001, 278).

46. Unterhalt

Ansprüche auf Unterhalt sind, wie die entsprechenden Verpflichtungen, beim Zugewinnausgleich zu be- 156 rücksichtigen. Allerdings ist zu beachten, dass nur am Stichtag fällige Ansprüche und Verbindlichkeiten in die Zugewinnausgleichsbilanz eingestellt werden können. Zwar kommt es bei Forderungen grundsätzlich nicht auf die Fälligkeit, sondern nur darauf an, ob sie am Stichtag bereits entstanden sind. Eine Ausnahme hiervon macht die Rechtsprechung aber bei Dauerschuldverhältnissen (s. Rn 27, Dauerschuldverhältnisse).

Sind am Stichtag erhebliche **Unterhaltsrückstände** aufgelaufen, mindern diese also die Passiva des unter- 157 haltspflichtigen Ehegatten. Entsprechend ist die Forderung als Aktivposition in das Endvermögen des anderen Ehegatten einzustellen (BGH 6.10.2010 – XII ZR 10/09, FamRZ 2011, 25; 27.8.2003 – XII ZR 300/01, FamRZ 2003, 1544).

Auf den ersten Blick erscheint das ungerecht. Dem wird entgegengehalten, dass das Endvermögen des un- 158 terhaltspflichtigen Ehegatten entsprechend geringer gewesen wäre, wenn er den Unterhalt regelmäßig gezahlt hätte (BGH 6.10.2010 – XII ZR 10/09, FamRZ 2011, 25). Das ist aber nur in der Theorie richtig. Tatsächlich wäre das meist nicht der Fall gewesen, sondern der Unterhaltspflichtige hätte sich oft in seiner Lebensführung einfach mehr eingeschränkt. Umgekehrt hätte der Unterhaltsgläubiger den Unterhalt auch nicht angespart, sondern ausgegeben. Etwas entschärfen lässt sich die Situation für den Unterhaltsgläubiger dann, wenn Dritte ihm, wie nicht selten, zur Überbrückung ein **Darlehen** gewährt haben, das dann als Verbindlichkeit zu berücksichtigen ist (Kogel Rn 514 ff).

Soweit am Stichtag lediglich der Unterhalt für den laufenden Monat noch nicht bezahlt ist, mindert auch 159 diese Verbindlichkeit das Endvermögen des pflichtigen Ehegatten. Auf Seiten des berechtigten Ehegatten ist der Anspruch einzustellen. Obwohl das Einkommen des laufenden Monats regelmäßig bereits über den Unterhalt ausgeglichen wird, ist ferner auch ein Kontoguthaben, das lediglich aus dem Einkommen des laufenden Monats besteht, in die Zugewinnausgleichsbilanz einzustellen. Das Gleiche gilt, wenn das Konto wegen der Zahlung des Unterhalts überzogen ist. Zwar wird dadurch gegen das Verbot der Doppelberücksichtigung verstoßen. Nach dem Bundesgerichtshof ist das aber bei derart geringfügigen und zufälligen Überschneidungen im Hinblick darauf hinzunehmen, dass es sich um Massenfälle handelt, die anders nicht sinnvoll zu bewältigen wären (BGH 27.8.2003 – XII ZR 300/01, FamRZ 2003, 1544) (s. Rn 19, Arbeitseinkommen).

47. Unternehmen/Unternehmensbeteiligungen

a) Überblick. Ein Unternehmen ist als Gesamtheit zu bewerten, wobei grundsätzlich danach gefragt wird, 160 was ein Erwerber im Veräußerungsfall zu zahlen bereit wäre. Das Gesetz gibt keine Methode vor. Nach ständiger Rechtsprechung ist es Sache des – gegebenenfalls sachverständig beratenen – Tatrichters, die zutreffende Bewertungsmethode auszuwählen. In der Revision kann die Bewertung dann nur noch daraufhin überprüft werden, ob ein Verstoß gegen Denkgesetze oder andere Rechtsfehler vorliegt (BGH 9.2.2011 – XII ZR 40/09, FamRZ 2011, 622; BGH 2.2.2011 – XII ZR 185/08, FamRZ 2011, 1367; BGH 6.2.2008 – XII ZR 45/06, FamRZ 2008, 761; BGH 8.9.2004 – XII ZR 194/01, FamRZ 2005, 99).

b) Einzelheiten. Grundsätzlich stehen für die Bewertung von Unternehmen **drei verschiedene Methoden** 161 zur Verfügung, nämlich die Bewertung nach dem Ertragswert, dem Substanzwert oder dem Liquidationswert. Für die Bewertung sind mindestens die letzten fünf Jahresabschlüsse vor dem Stichtag vorzulegen.

Auf Geheimhaltungsinteressen kann sich der Inhaber des Unternehmens im Rahmen des Zugewinnausgleichsverfahrens nicht berufen (Kogel Rn 786).

162   **aa) Ertragswert.** Am häufigsten wird die Ertragswertmethode angewandt. Sie stellt darauf ab, was ein Erwerber für das Unternehmen im Hinblick auf die Rendite, die dieses abwirft, zahlen würde, wobei Vergleichsmaßstab die Renditen anderer Geldanlagen und der hierfür aufzuwendende Betrag ist (Haußleiter/Schulz Kap. 1 Rn 122).

163   Der Ertragswert wird definiert als
   – der kapitalisierte, in eine Geldsumme umgerechnete Wert der mit dem Unternehmen erzielbaren Nutzungen und Erträge,
   – Barwert der zukünftigen Überschüsse der Einnahmen über die Ausgaben („ewige Rente"),
   – Barwert aller künftigen entnahmefähigen Erträge,
   – Summe aller auf den Bewertungsstichtag abgezinster künftiger Erfolge (Barwerte), die mit dem Unternehmen im Laufe seiner Existenz noch erwirtschaftet werden können (Haußleiter/Schulz Kap. 1 Rn 122; Kogel Rn 777).

164   Abgestellt wird also auf die **Gewinne**, nicht auf die Sachwerte des Unternehmens. Ermittelt werden müssen die durchschnittlichen Gewinne der letzten Jahre, wobei meist auf einen Fünfjahresschnitt zurückgegriffen wird. Die jüngeren Jahre werden dabei in der Regel stärker als die weiter zurückliegenden Jahre gewichtet. Außerdem ist der Gewinn um einmalige oder perioden- bzw betriebsfremde Erträge zu bereinigen. In Abzug zu bringen ist ferner der Unternehmerlohn, wobei, wie bei den Freiberuflerpraxen, nicht mehr der kalkulatorische, sondern der individuell zu ermittelnde Unternehmerlohn in Ansatz zu bringen ist, um eine doppelte Berücksichtigung der Erträge des Unternehmens beim Unterhalt und beim Zugewinn zu vermeiden (Haußleiter/Schulz Kap. 1 Rn 122 ff; Schröder Rn 95 ff).

165   Der Gewinn muss dann noch kapitalisiert, also abgezinst, werden. Zugrunde gelegt wird der landesübliche Kapitalmarktzins (BGH 30.9.1981 – IVa ZR 127/80, FamRZ 1982, 54), wobei Zu- und Abschläge für die spezifischen Chancen und Risiken des Unternehmens und ein Abschlag für die Geldentwertung vorzunehmen sind (OLG Hamm 13.6.1997 – 12 UF 223/95, FamRZ 1998, 235). Die **Formel für die Kapitalisierung** lautet: Ertragswert gleich Durchschnittsgewinn geteilt durch Kapitalisierungszinssatz. Danach ist der Ertragswert also umso höher, je niedriger der Kapitalisierungszinssatz ist, weswegen diesem neben der Ermittlung der Gewinne und der Bestimmung des individuellen Unternehmerlohns besondere Aufmerksamkeit bei der Überprüfung eines Gutachtens gewidmet werden sollte (vgl zu den Einzelheiten Haußleiter/Schulz Kap. 1 Rn 122 ff; Schröder Rn 95 ff).

166   Ein Goodwill oder ideeller Geschäftswert ist neben dem Ertragswert nicht zusätzlich zu berücksichtigen, da der Goodwill im Ertragswert bereits enthalten ist (Haußleiter/Schulz Kap. 1 Rn 136).

167   Das Ertragswertverfahren ist das richtige Verfahren, wenn das Unternehmen nicht mit seinem Inhaber steht und fällt (OLG Hamm 13.6.1997 – 12 UF 223/95, FamRZ 1998, 235; OLG Frankfurt/M. 14.4.2009 – 2 UF 273/08, FamRZ 2009, 2006; Haußleiter/Schulz Kap. 1 Rn 24). Es wird daher überwiegend bei größeren Unternehmen zur Anwendung gebracht.

168   **bb) Substanzwert.** Beim Substanzwertverfahren wird ermittelt, welcher Preis gezahlt werden müsste, um sämtliche **Sachwerte** des Unternehmens wiederzubeschaffen. Die Bilanzwerte sind dafür nicht maßgeblich, weil in der Regel aufgrund der Abschreibungen stille Reserven bestehen werden, das heißt der Veräußerungserlös wäre höher als die Buchwerte. Es kommt stattdessen auf den Preis an, der am Markt gezahlt werden müsste, um Gegenstände vergleichbarer Art und Güte zu erhalten. Gibt es keinen Markt, ist der Anschaffungspreis abzuschreiben. Verbindlichkeiten sind in Abzug zu bringen (Haußleiter/Schulz Kap. 1 Rn 150).

169   Das Substanzwertverfahren kommt zur Anwendung, wenn das Unternehmen stark inhabergebunden ist oder für das Unternehmen kein Markt besteht (Palandt/Brudermüller § 1376 BGB Rn 6; Haußleiter/Schulz Kap. 1 Rn 390).

Zu prüfen ist immer, ob daneben, wie bei der Freiberuflerpraxis, noch ein Geschäftswert oder **Goodwill** zu 170 berücksichtigen ist. Das ist immer dann der Fall, wenn ein Erwerber bereit wäre, über den Sachwert hinaus auch etwas für den guten Ruf des Unternehmens zu zahlen. Davon wird nur auszugehen sein, wenn es einen übertragbaren Kundenstamm, eine eingespielte Geschäftsbeziehung, verkaufbare Markenwerte und dergleichen mehr gibt. Je jünger ein Unternehmen ist, umso niedriger wird der Goodwill sein. Steht und fällt das Unternehmen mit dem Inhaber, wird es keinen Goodwill geben (BGH 25.11.1998 – XII ZR 84/97, FamRZ 1999, 361; OLG Frankfurt/M. 14.4.2009 – 2 UF 273/08, FamRZ 2009, 2006; Haußleiter/Schulz Kap. 1 Rn 139 f).

cc) Liquidationswert. Der Liquidationswert entspricht dem, was bei einer Zerschlagung des Unterneh- 171 mens aus dem Verkauf der Sachwerte abzüglich der Verbindlichkeiten und Kosten der Liquidation zu erzielen ist. Die latenten Ertragssteuern sind auch in diesem Fall in Abzug zu bringen. Der Liquidationswert stellt regelmäßig die **unterste Grenze** bei der Unternehmensbewertung dar (BGH 8.9.2004 – XII ZR 194/01, FamRZ 2005, 99; Haußleiter/Schulz Kap. 1 Rn 144).

Auf den Liquidationswert kann nur abgestellt werden, wenn das Unternehmen verkauft werden muss, zB 172 um die Zugewinnausgleichsforderung befriedigen zu können (BGH 12.7.1995 – XII ZR 109/94, FamRZ 1995, 1270: Lebensversicherung; Haußleiter/Schulz Kap. 1 Rn 144).

dd) Kombination. Die verschiedenen Bewertungsmethoden führen häufig zu ganz unterschiedlichen Er- 173 gebnissen. Der Bundesgerichtshof hat es im Hinblick darauf gebilligt, auf den **Mittelwert** zwischen dem Wert, der sich nach der Ertragswertmethode und dem Wert, der sich nach der Substanzwertmethode ergibt, abzustellen (BGH 3.10.1985 – IVb ZR 62/84, FamRZ 1986, 37; vgl auch OLG Koblenz 13.7.2001 – 11 UF 248/00, FamRB 2002, 161; aufgehoben von BGH 8.9.2004 – XII ZR 194/01, FamRZ 2005, 99).

Nicht zulässig wäre es dagegen, bei einem überschuldeten Unternehmen, dessen Ertragswert Null ist, einen 174 werthaltigen Vermögensgegenstand, zB ein Betriebsgebäude, herauszunehmen und lediglich dessen Wert anzusetzen (OLG Koblenz 13.7.2001 – 11 UF 248/00, FamRB 2002, 161). Es ist immer das Unternehmen als Ganzes zu bewerten. Auszugehen ist in derartigen Fällen vom Liquidationswert (BGH 8.9.2004 – XII ZR 194/01, FamRZ 2005, 99). Eine getrennte Bewertung einzelner Vermögensbestandteile kommt allenfalls dann in Betracht, wenn der fragliche Vermögensbestandteil nicht betriebsnotwendig ist (BGH 8.9.2004 – XII ZR 194/01, FamRZ 2005, 99).

c) Unternehmensbeteiligung. Häufig ist ein Ehegatte nicht alleiniger Inhaber eines Unternehmens, son- 175 dern lediglich an einem oder mehreren Unternehmen beteiligt. Es sind dann die gesellschaftsrechtlichen Beteiligungen, sei es ein KG-Anteil (OLG Dresden 17.1.2008 – 21 UF 447/07, FamRZ 2008, 1857), ein GmbH-Anteil (BGH 2.2.2011 – XII ZR 185/08, FamRZ 2011, 1367; 1.10.1986 – IVb ZR 69/85, FamRZ 1986, 1196) oder ein GbR-Anteil zu bewerten.

aa) Vorgehensweise. Zunächst ist in diesen Fällen immer der Wert des gesamten Unternehmens zu ermit- 176 teln. Anschließend ist zu klären, welcher Anteil hiervon auf den Ehegatten entfällt. In der Regel wird der Wert seines Anteils seiner Beteiligung am Unternehmen entsprechen. Es müssen daher immer die Gesellschaftsverträge vorgelegt werden, aus denen sich die Beteiligungsverhältnisse ergeben (BGH 25.11.1998 – XII ZR 84/97, FamRZ 1999, 361; 10.10.1979 – IV ZR 79/78, FamRZ 1980, 37). Fraglich ist, ob das auch dann gilt, wenn die Quote, mit der der Ehegatte am Gewinn beteiligt wird, deutlich höher ist als sein Geschäftsanteil.

bb) Abfindungsklauseln. Problematisch können Abfindungsklauseln sein, wenn sich aus ihnen für den 177 Fall des Ausscheidens aus dem Unternehmen bestimmte Vorgaben für die Bemessung der Abfindung, also für die Bewertung des Gesellschaftsanteils, ergeben, zB der Goodwill ausgeklammert oder ein Abfindungsanspruch sogar ganz ausgeschlossen wird. Ebenso stellt sich die Frage nach der Bewertung, wenn vereinbart ist, dass der Gesellschaftsanteil nicht veräußerbar ist. Der Bundesgerichtshof hat entschieden, dass auch in diesen Fällen auf den vollen wirklichen Wert abzustellen ist und hat dies damit begründet, dass es für die Bewertung von Unternehmen und Unternehmensbeteiligungen im Wesentlichen auf die Nutzungsmöglichkeit ankommt, die dem Ehegatten trotz der Abfindungsklauseln erhalten bleibt, jedenfalls wenn keine Veräußerung im Raum steht bzw erforderlich ist (BGH 11.12.2002 – XII ZR 27/00, FamRZ 2003, 432; 1.10.1986 – IVb ZR 69/85, FamRZ 1986, 1196; OLG Hamm 13.6.1997 – 12 UF 223/95, FamRZ 2008, 235).

178   Eine Wertminderung aufgrund der Abfindungsklausel kommt nur dann in Betracht, wenn absehbar ist, dass die Beteiligung irgendwann veräußert werden wird, wobei der bis zur Veräußerung verbleibende Zeitraum zu schätzen ist (BGH 11.12.2002 – XII ZR 27/00, FamRZ 2003, 432; 1.10.1986 – IVb ZR 69/85, FamRZ 1986, 1196).

179   Auf den Abfindungsbetrag kommt es somit nur an, wenn die Beteiligung am Stichtag schon veräußert ist (BGH 10.10.1979 – IV ZR 79/78, FamRZ 1980, 37) oder gekündigt werden muss, um den Zugewinnausgleich zahlen zu können oder die laufenden Einkünfte aus der Gewinnbeteiligung bereits als unterhaltsrechtlich relevantes Einkommen zu berücksichtigen sind (BGH 11.12.2002 – XII ZR 27/00, FamRZ 2003, 432; Haußleiter/Schulz Kap. 1 Rn 395).

48. Urheberrecht

180   Urheberrechte werden nach der **Ertragswertmethode** bewertet. Vorzulegen sind alle Verlagsverträge und Verwertungsverträge sowie eine Liste der geschützten Werke und die letzten drei bis fünf Einnahme-Überschuss-Rechnungen (Haußleiter/Schulz Kap. 1 Rn 397).

49. Verbindlichkeiten

181   Verbindlichkeiten sind am Stichtag mit ihrem Nennwert in die Zugewinnausgleichsbilanz einzustellen. Maßgeblich ist, ob die Verbindlichkeit **bereits entstanden** ist – nicht, ob sie bereits fällig ist. Lediglich bei Dauerschuldverhältnissen ist auf die Fälligkeit abzustellen (s. Rn 27, Dauerschuldverhältnisse). Verbindlichkeiten eines Unternehmens bzw betriebliche Schulden werden regelmäßig schon bei der Bewertung des Unternehmens bzw des Betriebs berücksichtigt und können daher nicht noch einmal in Abzug gebracht werden (Haußleiter/Schulz Kap. 1 Rn 398 f).

182   Verbindlichkeiten, die **noch nicht fällig** sind und erst später unverzinst zurück zu zahlen sind, müssen abgezinst werden (BGH 15.1.1992 – XII ZR 247/90, FamRZ 1992, 411; OLG Hamm 9.9.1994 – 6 UF 229/93, FamRZ 1995, 611), und zwar indem man den Zinssatz bestimmt, mit dem abgezinst werden soll, und anschließend den geschuldeten Betrag mit dem Barwertfaktor multipliziert, der sich aus dem festgelegten Zinssatz ergibt. In der Regel wird der gesetzliche Zinssatz von 4 % genommen. Die Barwertfaktoren kann man der Anlage 2 zu § 20 der Immobilienwertverordnung (ImmoWertV) entnehmen (Haußleiter/Schulz Kap. 1 Rn 400).

50. Wohnrecht

183   S. → *Leibgeding, Leibrente, Nießbrauch und Wohnrecht im Zugewinn* Rn 5 ff.

3. Abfindung im Versorgungsausgleich

Hoenes

I. Einführung 1   III. Zielversorgung 9
II. Abfindungsbetrag 3

I. Einführung

Für ein Anrecht, das im Versorgungsausgleich nicht ausgeglichen, sondern dem **schuldrechtlichen Ausgleich** (s. → *Schuldrechtlicher Versorgungsausgleich*) vorbehalten wurde, kann der ausgleichsberechtigte Ehegatte nach § 23 VersAusglG vom Ausgleichspflichtigen eine **zweckgebundene Abfindung** verlangen. Ein **Zeitpunkt**, zu dem die Abfindung erfolgen muss, ist nicht vorgegeben. Möglich ist eine Abfindung daher bereits nach der Scheidung, also unter Umständen schon in jungen Jahren, oder auch erst dann, wenn der Ausgleichspflichtige seine Rente bereits bezieht. Die Abfindung ist nach § 23 Abs. 1 VersAusglG zweckgebunden. Der Ausgleichsberechtigte kann über den Abfindungsbetrag nicht frei verfügen, er hat vielmehr, wie bei einer externen Teilung, eine **Zielversorgung** (s. Rn 10) zu bestimmen, bei der mit dem Abfindungsbetrag ein bestehendes Anrecht ausgebaut oder ein neues Anrecht begründet werden soll. Für die möglichen Zielversorgungen wird in § 24 Abs. 2 VersAusglG auf § 15 VersAusglG verwiesen. Als Zielversorgung stehen also dieselben Versorgungssysteme zur Verfügung wie bei einer externen Teilung (s. → *Externe Teilung* Rn 3) (HK-VersAusglR/Götsche §§ 23, 24 VersAusglG). Anders als die schuldrechtliche Rente, kann die Abfindung vom Ausgleichspflichtigen steuerlich nicht geltend gemacht werden, vom Ausgleichsberechtigten ist die Zahlung nicht zu versteuern (BMF-Schreiben vom 9.4.2010, IV C 3 – S 2221/09/10024) (s. Rn 8). **1**

Anspruch auf eine Abfindung besteht nach § 23 Abs. 2 VersAusgG nur, wenn diese für den Ausgleichspflichtigen **zumutbar** ist (Ruhland, Versorgungsausgleich, 3. Aufl. 2011, Rn 694). Würde eine Einmalzahlung den Ausgleichspflichtigen unbillig belasten, kann er Ratenzahlung verlangen. Ratenzahlungen sollten für den Fall abgesichert werden, dass der Ausgleichspflichtige vor Zahlung der letzten Rate verstirbt (HK-VersAusglR/Götsche § 23 Rn 42). **2**

II. Abfindungsbetrag

Wie der Abfindungsbetrag zu **berechnen** ist, regelt § 24 VersAusglG. Danach ist für die Höhe der Abfindung der **Zeitwert des Ausgleichswertes** maßgeblich. Unter dem Begriff Ausgleichswert ist an dieser Stelle nicht der Ausgleichwert zu verstehen, der in der jeweiligen maßgeblichen Bezugsgröße bemessen ist. Es muss vielmehr in jedem Fall ein Kapitalbetrag sein, der den Wert des Anrechts zum Ende der Ehezeit darstellt. Ist die maßgebliche Bezugsgröße kein Kapitalbetrag, der diesem Kriterium genügt, ist für die Abfindung statt des Ausgleichswertes der **korrespondierende Kapitalwert** gem. § 47 VersAusglG maßgeblich (BT-Drucks. 16/10144, 65). (Anmerkung: Nicht jeder Ausgleichswert in Form eines Kapitalwertes stellt den Wert zum Ende der Ehezeit dar. Bei Direktzusagen der betrieblichen Altersversorgung, bei denen Leistungen in Form einer Kapitalzahlung erbracht werden, ist der Ausgleichswert zB häufig der Kapitalbetrag, der bei Erreichen der Altersgrenze fällig wird. In diesen Fällen ist für die Berechnung der Abfindung der korrespondierende Kapitalwert maßgeblich, der in der Regel deutlich niedriger ist.) Da für die Abfindung der **Zeitwert** heranzuziehen ist, muss aus dem auf das Ende der Ehezeit berechneten Ausgleichswert in geeigneter Weise der Wert zum Zeitpunkt der Abfindung berechnet werden. **3**

Zum Ende der Ehezeit entspricht der Ausgleichswert als Kapitalbetrag dem Zeitwert des hälftigen Anrechts zu diesem Stichtag. Zu einem späteren Zeitpunkt hat sich der Zeitwert allein durch Zeitablauf geändert, da sich der Zeitraum, über den künftige Zahlungen abgezinst werden müssen, verkürzt hat. Außerdem hat er sich aufgrund der Biometrie verändert. Diese Änderungen können erfasst werden, indem eine Berechnung des Ausgleichswertes auf den Zeitpunkt der Abfindung als Bewertungsstichtag vorgenommen wird.

4   Rechtliche und tatsächliche Veränderungen, die auf den Ehezeitanteil zurückwirken, sind nach § 5 Abs. 2 S. 2 VersAusglG ebenfalls zu berücksichtigen. Außerdem sind, wie auch bei der schuldrechtlichen Rente, die Veränderungen der Bemessungsgrundlagen zu berücksichtigen, also zB bei endgehaltsabhängigen Zusagen die zwischenzeitliche Gehaltsentwicklung. Darüber hinaus wird der Zeitwert zB beeinflusst durch **Gutschriften von Überschussanteilen**, Wertänderungen von Fondsanteilen, **eventuellen Wertminderungen aufgrund bereits erbrachter Leistungen** usw.

Wie bei der schuldrechtlichen Rente sind auch bei der Abfindung anteilige **Kranken und Pflegeversicherungskosten** in Abzug zu bringen und die steuerliche Behandlung in angemessener Weise zu berücksichtigen (s. Rn 8).

5   Befindet das Anrecht sich bereits in der **Leistungsphase** und wurde die schuldrechtliche Rente bereits berechnet, empfiehlt es sich, in den meisten Fällen, den Ehezeitanteil anhand der gezahlten Leistungen zu berechnen. In einem zweiten Schritt ist aus dem (korrigierten) Ehezeitanteil der Abfindungsbetrag zu ermitteln. Hierbei sollten die Berechnungsmethoden Anwendung finden, mit denen für das spezielle Anrecht im Versorgungsausgleich der Kapitalwert bzw der korrespondierende Kapitalwert ermittelt wird. Da es um die Berechnung eines Zeitwertes geht, sollten die Rechnungsgrundlagen zum Zeitpunkt der Abfindung, nicht zum Zeitpunkt des Ehezeitendes herangezogen werden. In vielen Fällen erfordert eine korrekte Berechnung des Abfindungsbetrages eine versicherungsmathematische Bewertung, die unbedingt durch einen Fachmann erfolgen sollte. Der so ermittelte Betrag ist ein Bruttobetrag. Kranken- und Pflegeversicherungsbeiträge sowie die Steuern sind hierbei noch nicht berücksichtigt.

6   Wurde der Versorgungsausgleich nach dem bis zum 31.8.2009 gültigen Recht durchgeführt, liegt **kein Ausgleichswert** bzw korrespondierender Kapitalwert vor. Wird die Abfindung verlangt, wenn bereits Leistungen erbracht werden, ist der Zeitwert der laufenden schuldrechtlichen Rente zum Abfindungsstichtag zu ermitteln. Vorsichtshalber empfiehlt sich eine Überprüfung dieser Rente, denn häufig wurde sie falsch berechnet. Oft wird fälschlicherweise vom dynamisierten Betrag der auszugleichenden Rente ausgegangen, statt vom Nominalbetrag, nachehezeitliche Änderungen werden häufig nicht vollständig erfasst, Verrechnungen mit anderen Anrechten nicht berücksichtigt und/oder die anteiligen Kranken- und Pflegeversicherungsbeiträge nicht in Abzug gebracht.

Wird die Abfindung verlangt, bevor eine schuldrechtliche Rente gezahlt wird, kann der Abfindungsbetrag nur ausgehend von der im Versorgungsausgleich ermittelten schuldrechtlichen Rente berechnet werden. Allerdings müssen die zwischenzeitlichen Änderungen berücksichtigt werden. Bei den Anrechten der betrieblichen Altersversorgung, die den Großteil der in den schuldrechtlichen Ausgleich verwiesenen Anrechte ausmachen, wurde unter altem Recht der Ehezeitanteil häufig gänzlich anders berechnet als unter neuem Recht. Unter altem Recht wurde in der Regel, ohne Berücksichtigung der Versorgungsregelungen, als Ehezeitanteil die im Verhältnis von ehezeitlicher Betriebszugehörigkeit zu insgesamt möglicher Betriebszugehörigkeit gekürzte Altersrente angesetzt. Nach neuem Recht wird der **Ehezeitanteil** aus der fiktiven unverfallbaren Anwartschaft berechnet. Da sich die unverfallbare Anwartschaft nur noch in seltenen Fällen durch zeitratierliche Kürzung der erreichbaren Rente errechnet, erhält man in der Regel einen gänzlich anderen Ehezeitanteil. Er kann ein Vielfaches oder aber nur einen Bruchteil des Ehezeitanteils ausmachen, der im Versorgungsausgleich nach altem Recht angesetzt wurde. Da die schuldrechtliche Rente auch bei Fällen, in denen der Versorgungsausgleich nach altem Recht erfolgte, nach den Vorschriften des neuen Rechts berechnet wird, sollten für betroffene Anrechte unbedingt Neuberechnungen der Ehezeitanteile vorgenommen oder bei den Versorgungsträgern angefordert werden. Zu berücksichtigen ist, dass nach altem Recht Anrechte teilweise verrechnet wurden, so dass teilweise auch Anrechte des insgesamt ausgleichsberechtigten Ehegatten in die Berechnung der schuldrechtlichen Rente einfließen. Auch ein ggf erfolgter Teilausgleich über die gesetzliche Rentenversicherung ist zu berücksichtigen. Der Zeitwert der schuldrechtlichen Rente ist in gleicher Weise zu berechnen wie bei Anrechten, bei denen der Versorgungsausgleich nach neuem Recht erfolgt war.

7   Mit der Abfindung erlischt der Anspruch des Ausgleichsberechtigten auf eine schuldrechtliche Rente. Unklar ist, was bei einer Abfindung in Bezug auf die **Teilhabe an der Hinterbliebenenversorgung** gemäß

§§ 25, 26 VersAusglG geschieht. Diesbezüglich ist bei einer Abfindung eine andere Situation gegeben als bei einer schuldrechtlichen Rente. Da der Abfindungsbetrag aus Ausgleichswert in Form eines Kapitalwertes bzw aus dem korrespondierenden Kapitalwert ermittelt wird oder seine Berechnung zumindest in analoger Weise erfolgt, schließt der Abfindungsbetrag den **Wert der Hinterbliebenenversorgung** bereits mit ein. Bleibt trotzdem noch ein Anspruch gegen den Versorgungsträger nach § 25 VersAusglG oder gegen die Witwe oder den Witwer nach § 26 VersAusglG bestehen, erhält der Ausgleichsberechtigte den Wert der Hinterbliebenenversorgung uU doppelt, der Ausgleichspflichtige und ein eventueller neuer Lebenspartner sind hingegen uU doppelt belastet. Dies ließe sich zB vermeiden, indem der Wert der Hinterbliebenenversorgung beim Abfindungsbetrag unberücksichtigt bleibt. Diese Möglichkeit sieht das Gesetz jedoch nicht vor.

Die Finanzverwaltung hat ihre Auffassung zur steuerlichen Behandlung einer schuldrechtlichen Rente und 8 zur Behandlung einer Abfindungszahlung in ihrem Schreiben vom 9.4.2010 (BMF-Schreiben vom 9.4.2010, IV C 3 – S 2221/09/10024) dargelegt. Danach ist bezüglich der **steuerlichen Behandlung** bei einer Abfindungszahlung eine andere Situation gegeben als bei einer schuldrechtlichen Rente. Bei einer schuldrechtlichen Rente kann der Ausgleichspflichtige die Zahlungen nach § 10 Abs. 1 Nr. 1 b EStG, soweit sie bei ihm der Besteuerung unterliegen, als Sonderausgaben geltend machen. Der Ausgleichsberechtigte hat die entsprechenden Leistungen nach § 22 Nr. 1 c EStG zu versteuern (BMF-Schreiben vom 9.4.2010, IV C 3 – S 2221/09/10024, 4 f). Das bedeutet, dass jeder der Ehegatten nur den Anteil der schuldrechtlichen Rente zu versteuern hat, der ihm wirtschaftlich auch zur Verfügung steht. Anders sieht die Situation bei einer Abfindung aus. Beim Ausgleichspflichtigen scheidet sowohl ein Sonderausgabenabzug nach § 10 Abs. 1 Nr. 1 b EStG als auch eine Steuerermäßigung wegen außergewöhnlicher Belastung nach § 33 EStG aus (BMF-Schreiben vom 9.4.2010, IV C 3 – S 2221/09/10024, 9 f). Da es sich nach Ansicht der Finanzverwaltung bei der Abfindung um einen Vorgang auf der privaten Vermögensebene handelt, ist der Abfindungsbetrag beim Ausgleichsberechtigten zum Zeitpunkt der Übertragung nicht zu versteuern. Zu versteuern sind jedoch die später zufließenden Versorgungsleistungen. Deren Besteuerung richtet sich nach der Rechtsnatur dieser Leistungen (s. Rn 9 f). Im Ergebnis bedeutet dies, dass der Ausgleichspflichtige bei einer Abfindungszahlung die Steuern für das gesamte Anrecht zu tragen hat, während der Ausgleichsberechtigte eine Besteuerung vermeiden kann. Bezüglich der Besteuerung ist somit bei einer Abfindungszahlung eine Situation gegeben, die der Situation bezüglich Kranken und Pflegeversicherungsbeiträgen bei einer schuldrechtlichen Ausgleichsrente vergleichbar ist. Es wäre daher konsequent, wenn auch die Steuerbelastung beim Abfindungsbetrag Berücksichtigung finden könnte. Eine entsprechende Regelung findet sich im VersAusglG allerdings nicht. Ein Ungleichgewicht kann ggf über § 27 VersAusglG vermieden werden (HK-VersAusglR/Götsche § 24 Rn 10).

III. Zielversorgung

Für die möglichen Zielversorgungen wird in § 24 Abs. 2 VersAusglG auf § 15 VersAusglG verwiesen. Als 9 Zielversorgung stehen also dieselben Versorgungssysteme zur Verfügung wie bei einer externen Teilung. So soll sichergestellt werden, dass die Zielversorgung eine **angemessene Versorgung** gewährleistet. Die Gefahr, dass die Abfindungszahlung beim Ausgleichspflichtigen zu steuerpflichtigen Einnahmen oder einer steuerschädlichen Verwendung führt, ist nicht gegeben, denn anders als bei einer externen Teilung erfolgt die Abfindungszahlung aus versteuertem Einkommen oder Vermögen (BMF-Schreiben vom 9.4.2010, IV C 3 – S 2221/09/10024, 9 f). In Bezug auf die Besteuerung empfiehlt es sich daher, bei einer Abfindung – anders als bei einer externen Teilung – eine Zielversorgung zu wählen, bei der die Leistungen nur mit dem Ertragsanteil besteuert werden.

Mögliche Zielversorgungen sind nach § 15 Abs. 4 VersAusglG die gesetzliche Rentenversicherung, die 10 Durchführungswege der betrieblichen Altersversorgung, Pensionsfonds, Pensionskasse und Direktversicherung, Verträge, die nach § 5 des Altersvorsorgeverträge-Zertifizierungsgesetzes zertifiziert sind, sowie die Versorgungsausgleichskasse. Teilweise werden die in § 15 Abs. 4 VersAusglG genannten Zielversorgungen **nachgelagert besteuert** bzw werden allmählich in die nachgelagerte Besteuerung überführt (s. → *Steuern und Sozialabgaben im Versorgungsausgleich*). Dies gilt für die gesetzliche Rentenversicherung und für zertifizierte Altersvorsorgeverträge. Wenn der Abfindungsbetrag für eine schuldrechtlichen Rente in eines dieser Versorgungssysteme eingezahlt wird, kommt es zu einer Doppelbesteuerung, da die Abfindung aus bereits versteuertem Einkommen erbracht werden muss. Inwieweit dies relevant ist, hängt von den persönlichen Verhältnissen ab. Will man eine Doppelbesteuerung vermeiden, muss eine Zielversorgung gewählt werden, bei der nur der Ertragsanteil der Rente der Besteuerung unterliegt, wie zB bei der klassischen privaten Rentenversicherung. Ob ein Durchführungsweg der betrieblichen Altersversorgung in Betracht kommt und wie ggf die Leistungen in diesem Durchführungsweg besteuert würden, muss im Einzelfall geklärt werden. In den meisten Fällen wird eine betriebliche Altersversorgung als Zielversorgung ausscheiden, weil kein Versorgungsträger bereit ist, den Abfindungsbetrag aufzunehmen. Wenn die Versorgungsausgleichskasse Zielversorgung sein soll, sollte die Frage der Besteuerung vorab geklärt werden.

4. Abstammungsgutachten

Knahn

I. Einführung 1
II. Durchführung der Begutachtung 2
  1. Vorgaben für den Sachverständigen 2
    a) Gendiagnostikgesetz 2
    b) Richtlinien für die Erstattung von Abstam-
       mungsgutachten 3
    c) Biostatistische Auswertung und Verbalisie-
       rung 4
  2. Gutachtenarten 5
III. Abstammungsgutachten im familiengerichtli-
   chen Verfahren 8

1. Förmliche Beweisaufnahme 8
2. Verwertung von Privatgutachten 9
3. Duldungspflicht von Untersuchungen 11
   a) Voraussetzungen 12
   b) Zwischenstreit gem. § 178 Abs. 2 FamFG,
     § 387 ZPO 13
   c) Rechtsfolgen bei unberechtigter Verweige-
     rung 14
   d) Beweissicherung bei drohendem Verlust der
     Untersuchungsperson 15

I. Einführung

Das Abstammungsgutachten soll als förmliches Beweismittel in Abstammungsverfahren (Feststellung der   **1** Vaterschaft gem. § 169 Nr. 1 FamFG sowie Anfechtung der Vaterschaft gem. § 169 Nr. 4 FamFG) unter Zugrundelegung des **Abstammungsprinzips** (s. NK-BGB/Gutzeit § 1589 BGB Rn 4) die Frage klären, ob der vermeintliche Erzeuger des Kindes der genetische Vater ist bzw ob der vermeintliche Scheinvater (gem. §§ 1592 Nr. 1 und 2, 1593 BGB) als Vater ausgeschlossen werden kann.

Für die **Durchführung der Begutachtung** gelten nachfolgend dargestellte gesetzliche Vorgaben und me- dizinische Richtlinien (s. Rn 2 ff). Im familiengerichtlichen Verfahren unterliegt die **Beweiserhebung und -verwertung** den Vorschriften der förmlichen Beweisaufnahme (s. Rn 8 f). Die Beteiligten des Abstam- mungsverfahrens sind verpflichtet die zur Erstellung des Gutachtens erforderlichen **Untersuchungen und Probeentnahmen zu dulden** (s. Rn 11 ff).

II. Durchführung der Begutachtung

1. Vorgaben für den Sachverständigen

a) Gendiagnostikgesetz. Seit seinem Inkrafttreten am 1.2.2010 enthält das Gendiagnostikgesetz (GenDG)   **2** vom 31.7.2009 (BGBl. I, 2529, 3672) gesetzliche Vorgaben zur Durchführung der Begutachtung zur Klä- rung der Abstammung (§ 17 GenDG). Hervorzuheben ist dabei insbesondere das Erfordernis der **schriftli- chen Einwilligung** des zu Untersuchenden nach vorangegangener Aufklärung durch den Gutachter (NK- BGB/Gutzeit Vor §§ 1591–1600 d BGB Rn 14). Gem. § 17 Abs. 7 S. 3 GenDG bleiben die Vorschriften zur Feststellung der Abstammung im gerichtlichen Verfahren unberührt, womit klargestellt ist, dass § 17 GenDG ausschließlich die Erstellung von Privatgutachten, evtl auch nach vorheriger Einwilligungsersetzung im Rahmen der statusunabhängigen Klärung der Abstammung gem. § 1598 a BGB, regelt.

b) Richtlinien für die Erstattung von Abstammungsgutachten. § 23 GenDG hat die Aufgabe, Richtlini-   **3** en für verschiedene Teilbereiche des GenDG zu erarbeiten, der am Robert-Koch-Institut eingerichteten Gendiagnostik-Kommission (GEKO) übertragen. Die GEKO hat die **Richtlinie für die Anforderungen an die Durchführung genetischer Analysen zur Klärung der Abstammung und an die Qualifikation von ärztlichen und nichtärztlichen Sachverständigen** gemäß § 23 Abs. 1 Nr. 4 und Nr. 2 b GenDG erstellt und dabei die frühere Richtlinie des wissenschaftlichen Beirats der Bundesärztekammer mit einbezogen. Die Richtlinie kann auf den Internetseiten des Robert-Koch-Instituts www.rki.de unter den Verweisungen Kommissionen → Gendiagnostik-Kommission → Richtlinien → Richtlinie Qualitätssicherung Qualifikati- on Abstammungsbegutachtung oder direkt unter http://www.rki.de/DE/Content/Kommissionen/Gendia- gnostikKommission/Richtlinien/Richtlinien_node.html (letzter Zugriff: 15.7.2013) abgerufen werden. Wer- den die Richtlinien nicht eingehalten, so obliegt es dem Gericht, die Abweichung im Rahmen des Grund- satzes der freien Beweiswürdigung (§ 286 ZPO) zu berücksichtigen (NK-BGB/Gutzeit Vor §§ 1591–1600 d Rn 13).

4   **c) Biostatistische Auswertung und Verbalisierung.** Nach den Richtlinien des wissenschaftlichen Beirats
(s. Rn 3) erlauben drei oder mehr Ausschlusskonstellationen auf verschiedenen Chromosomen die Aussage,
dass die Vaterschaft ausgeschlossen ist. Die Feststellung, ob der in Anspruch genommene Mann der genetische Vater des Kindes ist, erfolgt im Wege einer biostatistischen Auswertung anhand sogenannter Wahr-
scheinlichkeitswerte (W-Werte). Bei einem W-Wert $\geq$ 99,73% soll die „Vaterschaft praktisch erwiesen"
sein, von 99% bis zu einem W-Wert von < 99,73% gilt die Vaterschaft als „höchst wahrscheinlich". Bei
einem W-Wert $\leq$ 0,27% soll sie „praktisch ausgeschlossen" sein (NK-BGB/Gutzeit Vor §§ 1591–1600 d
Rn 22).

2. Gutachtenarten

5   Das **Blutgruppengutachten** vergleicht bestimmte Blutmerkmale miteinander, aus denen unter Berücksichtigung der Erkenntnisse der Vererbungsregeln der Blutgruppen verlässliche Rückschlüsse auf die Abstammung einer Person von einer anderen gezogen werden können. Dabei kann aber die Vaterschaft nur ausgeschlossen, nicht hingegen auch positiv festgestellt werden. Beim **HLA-Gutachten** werden ähnlich wie
beim Blutgruppengutachten bestimmte vererbbare Gewebsantigene (human leucocyte antigen, HLA) unter-
sucht und miteinander verglichen. Bei **DNA-Gutachten** werden die genetischen Merkmale der zu untersuchenden Personen miteinander verglichen. Sie gelten als sehr zuverlässig und werden die klassischen Gut-
achtenformen des HLA- und des Blutgruppengutachtens verdrängen (NK-BGB/Gutzeit Vor §§ 1591–
1600 d BGB Rn 19 ff).

6   Ohne große Bedeutung für die Abstammungsverfahren sind die nachfolgenden Gutachtenarten. Im Rahmen
des **andrologischen Gutachtens** wird die Zeugungsfähigkeit des Mannes überprüft. Es bietet aber dann
wenig Beweiswert, wenn der Nachweis auf den Zeitpunkt der Zeugung Schwierigkeiten bereitet. Das **an-
thropologische Gutachten**, bei denen äußere Körpermerkmale verglichen werden, ist zur Klärung der Abstammung ungeeignet. **Tragezeitgutachten** bestimmen die Empfängniszeit und lassen in Verbindung mit
Erkenntnissen zum Zeitpunkt des Geschlechtsverkehrs Schlüsse auf das Nichtbestehen der Vaterschaft zu
(NK-BGB/Gutzeit Vor §§ 1591–1600 d BGB Rn 17 ff).

7   Die Aufklärung der Abstammung im Rahmen der technisch-wissenschaftlichen Möglichkeiten ist begrenzt,
wenn sie nur unter einem deutlich unangemessenen Aufwand und geringer Aussicht auf einen weiteren Er-
kenntnisgewinn möglich wäre. Neue Verfahren der Abstammungsbegutachtung wie zB das „whole genome
sequencing" müssen aber dann eingesetzt werden, wenn die Kosten durch private Anbieter aufgrund deren
Interesses an der Erprobung der Methode übernommen werden (BVerfG 18.8.2010 – 1 BvR 811/09, NJW
2010, 3772). Die Aufklärung der Abstammung scheidet aber dann aus, wenn eine lediglich auf theoretische
Erwägungen zu stützende, in der Praxis bislang noch nicht erprobte und an wissenschaftlicher Erkenntnis-
gewinnung ausgerichtete Untersuchung für die Beteiligten unzumutbar iSd § 178 Abs. 1 FamFG ist (OLG
Celle 30.1.2013 – 15 UF 51/06, FuR 2013, 286).

III. Abstammungsgutachten im familiengerichtlichen Verfahren

1. Förmliche Beweisaufnahme

8   Gem. §§ 177 Abs. 2 S. 1, 30 Abs. 1, 2 FamFG hat in den Abstammungsverfahren der Vaterschaftsfeststellung (§ 169 Nr. 1 FamFG) und der Vaterschaftsanfechtung (§ 169 Nr. 4 FamFG) eine förmliche Beweisaufnahme nach den Vorschriften der ZPO stattzufinden. In Betracht kommt daher neben der **Beteiligten-**
(§§ 445 ff ZPO) und **Zeugeneinvernahme** (§§ 373 ff ZPO) insbesondere der **Sachverständigenbeweis**
(§§ 402 ff ZPO) in Form des Abstammungsgutachtens.

Vor Durchführung der Beweisaufnahme soll das Gericht die Abstammungssache mit den Beteiligten in einem Termin erörtern, § 175 FamFG. Vor der kostspieligen Einholung eines Abstammungsgutachten dient
der **Erörterungstermin** der von Amts wegen durchzuführenden Sachaufklärung, damit die Erforderlichkeit des Gutachtens (s. Rn 12) vorab und nicht erst in einem Zwischenstreit gem. § 178 Abs. 2 FamFG,
§ 387 ZPO (s. Rn 13) geklärt werden kann. Ebenfalls kann so die Einhaltung der Anfechtungsfrist überprüft

und die Beteiligten können angehalten werden, ihre Anträge zu konkretisieren und ihren Sachvortrag zu ergänzen (HK-FamFG/Fritsche § 177 FamFG Rn 1 ff).

Der Beschluss, der die Einholung eines Abstammungsgutachtens anordnet, ist unanfechtbar (HK-ZPO/ Eichele § 358 ZPO Rn 3). **Rechtsschutz** gegen einen unzulässigen Beweisbeschluss wird im Rahmen des Zwischenstreits über die Frage der berechtigten Weigerung an der Teilnahme der Begutachtung gem. § 178 Abs. 2 FamFG, § 387 ZPO gewährleistet (s. Rn 13).

2. Verwertung von Privatgutachten

Aus verfahrensökonomischen Gründen kann gem. § 177 Abs. 2 S. 2 FamFG ein privat eingeholtes Abstam-   9
mungsgutachten in Verfahren nach § 169 Nr. 1 und 4 FamFG verwertet werden. In Betracht kommen dabei insbesondere Gutachten, die im Rahmen des statusunabhängigen Klärungsverfahrens gem. § 1598 a BGB erstellt wurden. Voraussetzung für die Verwertung ist, dass **keine Zweifel** an der Richtigkeit und Vollstän- digkeit der im Gutachten getroffenen Feststellungen bestehen. Außerdem müssen alle Verfahrensbeteilig- ten gem. § 172 FamFG (s. → *Anfechtung der Vaterschaft* Rn 12 ff; s. → *Feststellung der Vaterschaft* Rn 5 ff) der Verwertung zustimmen.

Die Verwertung eines privaten Abstammungsgutachtens, das ohne Kenntnis der übrigen Beteiligten einge-   10
holt wurde (**heimlicher Vaterschaftstest**), ist unzulässig (BVerfG 13.2.2007 – 1 BvR 421/05, NJW 2007, 753), da die heimliche Verschaffung von Genmaterial des Kindes und damit der unerlaubte Zugriff auf sei- ne persönlichen Daten das informationelle Selbstbestimmungsrecht des Kindes in erheblicher Weise beein- trächtigt und die Verwertung der daraus gewonnenen Erkenntnisse im gerichtlichen Verfahren einen Ein- griff in das Persönlichkeitsrecht des Kindes darstellt. Das heimlich eingeholte Abstammungsgutachten ist auch für die Darlegung des Anfangsverdachts im Rahmen der Vaterschaftsanfechtung nicht verwertbar (s. → *Anfechtung der Vaterschaft* Rn 37).

3. Duldungspflicht von Untersuchungen

Gem. § 178 Abs. 1 FamFG hat jede Person Untersuchungen, die in Abstammungssachen gem. § 169 Nr. 1   11
und 4 FamFG für die Feststellung der Abstammung erforderlich sind, zu dulden, es sei denn die Untersu- chung ist unzumutbar. Der mit der Untersuchung verbundene Eingriff in das Recht auf informationelle Selbstbestimmung ist verfassungsgemäß (BVerfG 13.2.2007 – 1 BvR 421/05, NJW 2007, 753). Die Vor- schrift des § 178 FamFG gilt nur für Abstammungssachen gem. § 169 Nr. 1 und 4 FamFG, nicht hingegen für das statusunabhängige Klärungsverfahren nach § 169 Nr. 2 und 3 FamFG. Dort wird die Einwilligung in die Untersuchung durch gerichtliche Entscheidung ersetzt und die Duldung angeordnet, welche gem. § 95 Abs. 1 Nr. 4 FamFG iVm § 890 ZPO zu vollstrecken ist (s. → *Feststellung der Vaterschaft* Rn 33 f).

a) Voraussetzungen. Das Abstammungsgutachten muss **erforderlich**, also für das Abstammungsverfah-   12
ren entscheidungserheblich und beweisbedürftig sein. Dies ist nicht der Fall, wenn der Antrag in der Ab- stammungssache unzulässig oder unschlüssig ist (BGH 1.3.2006 – XII ZR 210/04, NJW 2006, 1657).

Die Untersuchung zur Erstellung des Gutachtens muss **geeignet** sein, dh sie muss anerkannten wissen- schaftlichen Methoden entsprechen. Blutgruppen, HLA- und DNA-Gutachten (s. Rn 5) erfüllen diese Vor- aussetzung. Die anerkannten Gutachtenarten erreichen dabei eine Genauigkeit, die im übrigen Beweis- recht unvorstellbar ist (Palandt/Brudermüller Vor § 1591 BGB Rn 11).

Die Durchführung der Untersuchung und deren Folgen müssen für den Beteiligten **zumutbar** sein. Proble- matisch sind insbesondere erhebliche Schmerzen oder Gesundheitsgefahren (HK-FamFG/Fritsche § 178 Rn 2). Die körperlichen Eingriffe zur Entnahme eines Mundschleimhautabstriches oder einer Blutprobe sind aber in der Regel für die Gesundheit ungefährlich und somit zumutbar. Die Exhumierung eines ver- storbenen Beteiligten ist für Angehörige zumutbar (OLG München 19.1.2000 – 26 UF 1453/99, NJW 2000, 1603).

13 **b) Zwischenstreit gem. § 178 Abs. 2 FamFG, § 387 ZPO. Verweigert** ein zur Duldung Verpflichteter die Probeentnahme unter dem Einwand der fehlenden Erforderlichkeit, Geeignetheit oder Zumutbarkeit ist gem. § 178 Abs. 2 S. 1 FamFG ein Zwischenstreit gem. §§ 386–390 ZPO durchzuführen. Die Verweigerungsgründe sind schriftlich oder zu Protokoll vorzutragen und glaubhaft zu machen (§ 386 Abs. 1 ZPO). Das Gericht hat daher nach Anhörung der Beteiligten (§ 387 Abs. 1 ZPO) über die Rechtmäßigkeit der Verweigerung durch einen Zwischenbeschluss mit Gründen (§ 38 Abs. 5 Nr. 2 FamFG) und Rechtsbehelfsbelehrung (§ 39 FamFG) zu entscheiden. Der Beschluss ist mit der sofortigen Beschwerde gem. § 178 Abs. 2 FamFG, § 387 Abs. 3 ZPO anfechtbar (HK-FamFG/Fritsche § 178 FamFG Rn 3). Wird die Probeentnahme **ohne Angabe von Gründen** verweigert, ist der Zwischenstreit entbehrlich und die Ordnungsmittel (s. Rn 14) können gem. § 390 Abs. 1 ZPO unmittelbar angeordnet werden.

14 **c) Rechtsfolgen bei unberechtigter Verweigerung.** Wurde im Zwischenstreit **rechtskräftig festgestellt**, dass die Weigerung unberechtigt ist, kann gegen denjenigen, bei dem eine Probeentnahme durchgeführt werden soll, Ordnungsgeld und Ordnungshaft gem. § 178 Abs. 2 S. 1 FamFG iVm § 390 Abs. 1 ZPO festgesetzt werden. Gleiches gilt, wenn die Entnahme **ohne Angaben von Gründen** verweigert wird, wenn der zu Untersuchende entgegen der Aufforderung des Sachverständigen zur Probeentnahme nicht erscheint. Die Verhängung von Ordnungsmitteln ist dann aber erst zulässig, wenn eine gerichtliche Ladung mit Zustellungsnachweis ergangen ist (HK-FamFG/Fritsche § 178 FamFG Rn 3). Bei wiederholter unberechtigter Verweigerung kann gem. § 178 Abs. 2 S. 2 FamFG **unmittelbarer Zwang** angewendet werden, insbesondere die zwangsweise Vorführung durch den Gerichtsvollzieher zur Untersuchung angeordnet werden.

15 **d) Beweissicherung bei drohendem Verlust der Untersuchungsperson.** In Abstammungsverfahren kann die Situation auftreten, dass ein Beweismittel (etwa in Form des festzustellenden Vaters) verloren geht und für eine Begutachtung im Hauptsacheverfahren nicht mehr zur Verfügung steht, da sich dieser beispielsweise nur vorübergehend im Inland aufhält oder gutachtensfähiges Erbmaterial durch eine bevorstehende Feuerbestattung nicht mehr erlangt werden kann. Ungeklärt ist, wie in solchen Fällen eine Beweissicherung erfolgen soll.

Die Durchführung eines selbstständigen Beweisverfahrens nach den §§ 485 ff ZPO soll zulässig sein, da § 30 Abs. 1 FamFG auf die Beweisvorschriften der ZPO verweist und diese Verweisung auch das selbstständige Beweisverfahren umfasse (Kieninger in: Helms/Kieninger/Rittner, Abstammungsrecht in der Praxis, Rn 223). Allerdings wäre dessen Durchführung nicht zeitsparend, insbesondere vor dem Hintergrund der Möglichkeit der Verweigerung der Probenentnahme (s. Rn 13 f).

Die im Abstammungsverfahren nach § 169 Nr. 1 und 4 FamFG antragsberechtigten Personen sollen den **Erlass einer einstweiligen Anordnung** bei dem nach § 170 FamFG zuständigen Gericht dergestalt beantragen können, dass der vermeintliche Vater zur **Duldung einer Probeentnahme** verpflichtet wird (Schulte-Bunert/Weinreich/Schwonberg § 49 FamFG Rn 41).

5. Abstammungsvermutungen

Knahn

I. Einführung	1	a) Beiwohnung	8
II. Abstammungsvermutungen	2	b) Keine schwerwiegenden Zweifel	9
1. Allgemeines	2	4. Vaterschaftsvermutung im einstweiligen Anord-	
a) Beweislast	2	nungsverfahren auf Unterhalt	10
b) Darlegungslast	4	a) Kindesunterhalt und Unterhalt nach	
2. Vaterschaftsvermutung im Anfechtungsverfah-		§ 1615 l Abs. 1 BGB vor Geburt des Kindes	10
ren, § 1600 c BGB	5	b) Kindesunterhalt und Unterhalt nach	
a) Ehemann	5	§ 1615 l Abs. 1 BGB während des Vater-	
b) Vater durch Anerkennung	6	schaftsfeststellungsverfahrens	11
3. Vaterschaftsvermutung im Feststellungsverfah-			
ren, § 1600 d Abs. 2 BGB	7		

I. Einführung

Die gesetzlichen Regelungen bezüglich der Abstammungsvermutung des Kindes vom Vater (Vaterschafts- **1**
vermutung) stellen **beweisrechtliche Grundsätze** (s. Rn 2 ff) dar, die in Verfahren auf **Anfechtung der
Vaterschaft** gem. § 169 Nr. 4 FamFG (s. Rn 5 ff), auf **Feststellung der Vaterschaft** gem. § 169 Nr. 1
FamFG (s. Rn 7 ff) und in Verfahren der **einstweiligen Anordnung auf Unterhalt** (s. Rn 10 f) Anwendung
finden.

II. Abstammungsvermutungen

1. Allgemeines

a) Beweislast. Die gem. § 292 ZPO stets widerlegbaren Vermutungen lösen in Abstammungsverfahren, in **2**
denen nach Ausschöpfen aller Beweismöglichkeiten ein beweisrechtlich ausreichendes Ergebnis nicht feststeht, die Frage der Vaterschaft dahin gehend, dass die Vaterschaft anhand der gesetzlichen Vermutung
festgelegt wird. Da in Abstammungsverfahren gem. § 177 Abs. 2 FamFG eine förmliche Beweisaufnahme
stattzufinden hat, sind die Vaterschaftsvermutungen nur nachrangig anzuwenden (**Nachrang der Vaterschaftsvermutung**; NK-BGB/Gutzeit § 1600 d BGB Rn 4). Durch die zuverlässige Beweisführung anhand
von Abstammungsgutachten kommt den Vaterschaftsvermutungen in Abstammungsverfahren in der Praxis
kaum Bedeutung zu. In einstweiligen Anordnungsverfahren auf Unterhalt hingegen regeln sie sofort und
unabhängig von einem Beweisergebnis im Hauptsacheverfahren (**Vorrang der Vaterschaftsvermutung**)
die Unterhaltspflicht desjenigen, der nach der Vermutung Vater des Kindes ist. Die Vermutungen stellen
somit eine Durchbrechung der Rechtsausübungssperre des § 1600 d Abs. 4 BGB dar (HK-ZPO/Kemper
§ 248 FamFG Rn 1).

Die Vaterschaftsvermutungen regeln somit die **materielle Beweislast**. Der **formellen Beweislast** kommt in **3**
Abstammungsverfahren wegen des Amtsermittlungsgrundsatzes (§§ 26, 29 FamFG) keine Bedeutung zu,
die notwendigen Beweise sind vom Amts wegen und ohne entsprechende Beweisangebote zu erheben. Das
Gericht verstößt gegen seine Aufklärungspflicht, wenn es ohne sämtliche Beweismittel auszuschöpfen auf
eine Abstammungsvermutung zurückgreift (Palandt/Brudermüller § 1600 d BGB Rn 11).

b) Darlegungslast. Der Grundsatz, dass in FamFG-Verfahren an das Vorbringen des Antragstellers ge- **4**
ringe Anforderungen zu stellen sind (HK-ZPO/Kemper § 23 FamFG Rn 4), wird durch § 177 Abs. 1
FamFG (**eingeschränkte Amtsermittlung**) modifiziert. Nicht vorgebrachte Tatsachen dürfen nur berücksichtigt werden, wenn sie (1) dem Fortbestand der Vaterschaft dienen, also nicht geeignet sind, dem Anfechtungsantrag zur Begründetheit zu verhelfen, oder (2) der Anfechtende der Berücksichtigung nicht widerspricht.

Die Einschränkung der Amtsermittlung überträgt im Zusammenspiel mit der materiellen Beweislast durch
die Vaterschaftsvermutung dem anfechtenden Beteiligten eine entsprechende Darlegungslast. Für ein Anfechtungsverfahren reicht das Vorbringen, der Antragsteller sei nicht der Vater des Kindes, seine Vater-

schaft könne durch Sachverständigengutachten ausgeschlossen werden, nicht aus. Vielmehr muss der Antragsteller Umstände vortragen, die bei objektiver Betrachtung geeignet sind, Zweifel an der Vaterschaft zu wecken und die Möglichkeit der Abstammung als nicht ganz fernliegend erscheinen zu lassen (BGH 22.4.1998 – XII ZR 229-96, NJW 1998, 2976).

2. Vaterschaftsvermutung im Anfechtungsverfahren, § 1600 c BGB

5 **a) Ehemann.** Es wird gem. § 1600 c Abs. 1 BGB widerlegbar vermutet, dass der Ehemann der Mutter (§ 1592 Nr. 1 BGB) und der verstorbene Ehemann der Mutter, deren Kind binnen 300 Tagen nach dem Tod geboren wurde (§ 1593 BGB), der biologische Vater des Kindes ist. Auf die Frage der Beiwohnung kommt es für die Vermutung nicht an. Kann im Anfechtungsverfahren durch die förmliche Beweisaufnahme das Gegenteil nicht bewiesen werden, also die Vaterschaft nicht ausgeschlossen werden, verbleibt es bei der gesetzlichen Vermutung (NK-BGB/Gutzeit § 1600 c BGB Rn 3). Die genetische Abstammung muss dabei **mit an Sicherheit grenzender Wahrscheinlichkeit** nicht bestehen. Solange das Gericht von der Nichtvaterschaft des Ehemannes nicht überzeugt ist, ist der Anfechtungsantrag abzuweisen und die Vaterschaft des Ehemannes bleibt bestehen.

6 **b) Vater durch Anerkennung.** § 1600 c Abs. 2 BGB stellt die ebenfalls widerlegbare Vermutung auf, dass derjenige, der die Vaterschaft wirksam gem. §§ 1594 ff BGB (s. → *Anerkennung der Vaterschaft* Rn 29) anerkannt hat, der biologische Vater des Kindes ist. Auch hier kommt es nicht auf die Frage der Beiwohnung an.

Die Vermutung ist aber gem. § 1600 c Abs. 2 BGB nicht anzuwenden, wenn der Vater bei Anerkennung einem Willensmangel gem. §§ 119 Abs. 1, 123 BGB unterlag. Der anfechtende Vater muss darlegen, inwieweit er bei der Erklärung einem **Inhaltsirrtum** (§ 119 Abs. 1 Alt. 1 BGB) unterlag, also substantiiert vortragen, warum er fälschlicherweise von seiner Vaterschaft ausging. Das Vorliegen eines **Erklärungsirrtums** (§ 119 Abs. 1 Alt. 2 BGB) dürfte aufgrund der Formbedürftigkeit der Anerkennung (§ 1597 Abs. 1 BGB) ausgeschlossen sein. Hinsichtlich des **Willensmangels aufgrund arglistiger Täuschung oder widerrechtlicher Drohung** gem. § 123 BGB gelten die allgemeinen Grundsätze, wobei es aber nicht darauf ankommt, wer getäuscht hat (NK-BGB/Gutzeit § 1600 c BGB Rn 10). Das bloße Verschweigen von Mehrverkehr durch die Mutter stellt im Gegensatz zu dem Bestreiten oder dem positiven Versichern keine arglistige Täuschung dar (Palandt/ Brudermüller § 1600 c BGB Rn 5).

Kommt das Gericht aufgrund der Beweisaufnahme diesbezüglich zu dem Ergebnis, dass der Anfechtende bei Anerkenntnis der Vaterschaft einem relevanten Irrtum unterlag, ist die Vaterschaftsvermutung gem. § 1600 c Abs. 1 BGB ausgeschlossen. Dann gelten die (schwächeren) Vermutungen des Feststellungsverfahrens entsprechend, § 1600 d Abs. 2, 3 BGB. Danach wird derjenige als Vater vermutet, der der Mutter während der Empfängniszeit beigewohnt hat, wenn **keine schwerwiegenden Zweifel** an dessen Vaterschaft bestehen (s. Rn 9). Die schwerwiegenden Zweifel an der Vaterschaft des Anerkennenden dürften aber in der Regel mit dem Willensmangel übereinstimmen, so dass im Ergebnis festzustellen sein wird, dass die Vaterschaft des Anerkennenden nicht festgestellt werden kann, wenn die Beweisaufnahme, insbesondere das Abstammungsgutachten, nicht den Beweis der Vaterschaft erbracht hat.

3. Vaterschaftsvermutung im Feststellungsverfahren, § 1600 d Abs. 2 BGB

7 Nach § 1600 d Abs. 2 BGB wird im Vaterschaftsfeststellungsverfahren derjenige als Vater vermutet, der der Mutter während der Empfängniszeit nach § 1600 d Abs. 3 BGB **beigewohnt** hat, wenn keine schwerwiegenden Zweifel an dessen Vaterschaft bestehen.

8 **a) Beiwohnung.** Unter Beiwohnung versteht man dabei jede **sexuelle Handlung**, durch die nach medizinischen Erkenntnissen befruchtungsfähige Spermien in das weibliche Geschlechtsteil gelangen und zu einer Befruchtung führen können (NK-BGB/Gutzeit § 1600 d BGB Rn 7). Auf den Nachweis des Samenergusses kommt es dabei nicht an. Soll das Kind durch eine **künstliche Insemination** (Übertragung des männlichen Samens in den Genitaltrakt der Frau) gezeugt worden sein, ist die Vaterschaftsvermutung in Richtung des

Samenspenders ebenfalls anzuwenden (NK-BGB/Gutzeit § 1600 d BGB Rn 7; MüKo/Seidel § 1600 d BGB Rn 31, 111; aA Staudinger/Rauscher § 1600 d BGB Rn 48, 50).

b) Keine schwerwiegenden Zweifel. Die Abstammungsvermutung des § 1600 d Abs. 2 BGB gilt nicht, **9** wenn schwerwiegende Zweifel an der Vaterschaft bestehen. Dies ist immer dann der Fall, wenn die Mutter in der gesetzlichen Empfängniszeit nachgewiesen **Mehrverkehr** hatte (Palandt/ Brudermüller § 1600 d BGB Rn 13) oder der ernsthafte Verdacht diesbezüglich besteht (NK-BGB/Gutzeit § 1600 d BGB Rn 10). Allein der allgemeine Verdacht des Mehrverkehrs reicht nicht aus. Die Abstammungsvermutung greift aber selbst bei nachgewiesenem Mehrverkehr, wenn die Vaterschaft aller in Betracht kommenden Männer durch ein Abstammungsgutachten ausgeschlossen ist und nur die Vaterschaft des festzustellenden Vaters nicht ausgeschlossen werden kann (NK-BGB/Gutzeit § 1600 d BGB Rn 10). Der Nachweis der Benutzung von Verhütungsmitteln begründet keine schwerwiegenden Zweifel.

4. Vaterschaftsvermutung im einstweiligen Anordnungsverfahren auf Unterhalt

a) Kindesunterhalt und Unterhalt nach § 1615 l Abs. 1 BGB vor Geburt des Kindes. Bereits vor der **10** Geburt kann das Kind (vertreten durch die Mutter oder einen Ergänzungspfleger) gem. **§ 247 Abs. 1 FamFG** im Verfahren der einstweiligen Anordnung Kindesunterhalt für die ersten drei Lebensmonate geltend machen. Ebenso kann der Anspruch der Mutter nach § 1615 l Abs. 1 BGB auf Unterhalt sechs Wochen vor bis acht Wochen nach der Geburt bereits vor Geburt des Kindes im Wege der einstweiligen Anordnung geregelt werden (s. → *Einstweiliger Rechtsschutz*).

Dabei ist gem. § 247 Abs. 2 S. 2 FamFG die Abstammungsvermutung des § 1600 d Abs. 2 BGB (s. Rn 7) anzuwenden. Das bedeutet, dass auch **ohne Feststellung der Vaterschaft** derjenige, der der Mutter in der gesetzlichen Empfängniszeit beigewohnt hat, zur Zahlung von Kindesunterhalt für die ersten drei Lebensmonate verpflichtet werden kann, wenn keine schwerwiegenden Zweifel an seiner Vaterschaft bestehen **(Vorrang der Vaterschaftsvermutung).** Zu beachten ist, dass im Verfahren der einstweiligen Anordnung die Anspruchsvoraussetzungen (Beiwohnen in der gesetzlichen Empfängniszeit) sowie die Einwendungen (schwerwiegende Zweifel an der Vaterschaft) glaubhaft zu machen sind (§ 51 Abs. 1 S. 2 FamFG). Als Mittel zur Glaubhaftmachung sind gem. § 31 Abs. 1 FamFG alle Beweismittel, auch die Versicherung an Eides statt, zulässig.

b) Kindesunterhalt und Unterhalt nach § 1615 l Abs. 1 BGB während des Vaterschaftsfeststellungs- 11 verfahrens. Nach der Geburt des Kindes kann im Wege der einstweiligen Anordnung Kindesunterhalt sowie Unterhalt gem. § 1615 l BGB (inklusive Betreuungsunterhalt nach § 1615 l Abs. 2 BGB) gem. **§ 248 Abs. 1 FamFG** von demjenigen gefordert werden, gegen den ein Verfahren auf Feststellung der Vaterschaft anhängig ist (s. → *Einstweiliger Rechtsschutz*). Dabei ist ebenfalls gem. § 248 Abs. 2 S. 2 FamFG die Abstammungsvermutung des § 1600 d Abs. 2 BGB (s. Rn 7 ff) anzuwenden. Es gelten die oben dargestellten Grundsätze (s. Rn 10 f).

6. Abzweigung von Sozialleistungen

Conradis

I. Einführung .... 1 III. Verfahrensfragen 6
II. Voraussetzungen .... 3 IV. Abzweigung des Kindergeldes (§ 74 EStG) 9

I. Einführung

1 **Laufende Sozialleistungen**, die der Sicherung des Lebensunterhalts zu dienen bestimmt sind, können nach § 48 Abs. 1 S. 1 SGB I abgezweigt werden, ohne dass über die Unterhaltsverpflichtung ein Titel vorliegen muss. Hierunter fallen vor allem Renten, Krankengeld, Verletztengeld, Arbeitslosengeld. Eine Abzweigung ist hingegen nicht möglich bei Leistungen, die bedarfsabhängig gewährt werden, um den notwendigen Lebensunterhalt des Empfängers sicherzustellen, wie zB Arbeitslosengeld II oder Sozialhilfe. Für die Abzweigung von Kindergeld nach dem EStG gilt die besondere Regelung des § 74 EStG (Rn 9 ff).

2 Antragsberechtigt sind der – getrennt lebende – Ehegatte oder die Kinder des Leistungsberechtigten, hingegen nicht der geschiedene Ehegatte. Der Antrag kann **formlos** gestellt werden. Auch minderjährige Kinder können einen solchen Antrag stellen, wenn sie das 15. Lebensjahr vollendet haben und damit nach § 36 SGB I handlungsfähig sind. In der Praxis wird ein Abzweigungsantrag häufig von Sozialleistungsträgern gestellt, die existenzsichernde Leistungen erbringen und auf die der Unterhaltsanspruch übergegangen ist (s. → *Übergang von Unterhaltsansprüchen*). Damit ist diese Möglichkeit der Durchsetzung von Unterhaltsansprüchen einfacher und kostengünstiger als die Erstellung eines Titels und die nachfolgende Zwangsvollstreckung.

II. Voraussetzungen

3 Voraussetzung für die Abzweigung ist, dass der Leistungsempfänger seiner **gesetzlichen Unterhaltspflicht nicht nachkommt**. Dies ist dem Sozialleistungsträger, dessen Leistungen abgezweigt werden sollen, darzulegen. Der entscheidende Unterschied zu einer Pfändung liegt darin, dass ein Unterhaltstitel nicht vorliegen und auch noch nicht einmal beantragt werden muss. Aber auch wenn ein Unterhaltstitel vorliegt, ist eine Abzweigung statt oder gleichzeitig mit einer Pfändung möglich.

4 Eine Abzweigung kann nur im Hinblick auf **laufenden Unterhalt** erfolgen, nicht hingegen bezüglich von Rückständen. Die Abzweigung erfolgt in angemessener Höhe an den Antragsteller. Der Verpflichtete muss vorher gehört werden, da es sich für ihn um einen belastenden Verwaltungsakt handelt. Es kann zunächst bis zur Entscheidung die Leistung in Höhe des möglicherweise abzuzweigenden Betrages einbehalten werden. Bei der Frage, welche Höhe angemessen ist, darf der Leistungsträger eine pauschalierende Betrachtungsweise vornehmen und die Selbstbehaltsätze der Düsseldorfer Tabelle zu Grunde legen (BSG 29.8.2002 – B 11 AC 95/01 R, SozR 1200 § 48 Nr. 8). Liegen die Wohnkosten höher als in den Tabellensätzen vorgesehen, ist der Selbstbehalt individuell zu bemessen (BSG 26.6.1986 – 7 RAr 44/84, FamRZ 1987, 274).

5 Eine Abzweigung ist auch zugunsten von Sozialleistungsträgern möglich (§ 48 Abs. 1 S. 4 SGB I). In der Praxis wird daher häufig durch Sozialhilfeträger, Leistungsträger nach dem SGB II oder die Unterhaltsvorschusskasse eine Abzweigung beantragt.

III. Verfahrensfragen

6 Die Entscheidung über die Abzweigung wird durch den Sozialleistungsträger mittels Verwaltungsakt getroffen. Rechtsbehelfe können der Antragsteller und der Antragsgegner einlegen. Der **Widerspruch** gegen die Abzweigung hat **aufschiebende Wirkung**, da laufende Leistungen weder herabgesetzt noch entzogen werden und somit § 86 a Abs. 2 SGG, der in derartigen Fällen das Entfallen der aufschiebenden Wirkung anordnet, nicht anzuwenden ist (LSG Niedersachsen-Bremen 4.9.2002 – L 7 AL 283/02 ER, FamRZ 2003, 1334; LSG Baden-Württemberg 8.10.2004 – 12 AL 4018/04 ER-B, ASR 2004, 123).

Der Rechtsstreit über die Frage der Rechtmäßigkeit einer Abzweigung findet vor dem Gericht statt, wel- 7
ches für die Geltendmachung der betreffenden Sozialleistung zuständig ist. Dies ist fast immer das **Sozialgericht**, da für die in Betracht kommenden Leistungen meistens der Weg zu den Sozialgerichten gegeben
ist. Es ist zu beachten, dass ggf die Rechtsschutzversicherung das Kostenrisiko abdeckt.

Das **Kostenrisiko** eines solchen Verfahrens ist höher als sonst beim Sozialgericht. Zwar besteht Gerichts- 8
kostenfreiheit, es ist jedoch zu bedenken, dass regelmäßig der andere Beteiligte beigeladen wird. Bei einem
Prozessverlust besteht die Möglichkeit, dass das Sozialgericht die Kosten des obsiegenden Beigeladenen
dem Unterlegenen auferlegt.

IV. Abzweigung des Kindergeldes (§ 74 EStG)

Durch § 74 EStG wird ermöglicht, das Kindergeld an die Person oder Stelle auszuzahlen, die für den Unter- 9
halt des Kindes aufkommt. Voraussetzung ist, dass der Kindergeldberechtigte seiner **gesetzlichen Unterhaltspflicht nicht nachkommt**. Dies gilt auch, wenn der Unterhaltspflichtige mangels Leistungsfähigkeit
nicht unterhaltspflichtig ist (§ 77 Abs. 1 S. 2 EStG).

Die Zahlung kann das **Kind an sich selbst** verlangen und hat damit einen schnellen und unbürokratischen 10
Weg, zumindest das Kindergeld zu erlangen. Da sich die sozialrechtliche Handlungsfähigkeit ab Vollendung des 15. Lebensjahres (§ 36 SGB I) nicht auf das Steuerrechtliche bezieht, kommt eine Zahlung an
das Kind in der Regel nur für volljährige Kinder und Zählkinder (vgl Felix § 74 EStG Rn 18) in Betracht.
Besondere Probleme bestehen bei der Abzweigung von Kindergeld, welches Eltern behinderter Kinder beziehen, durch einen Sozialleistungsträger. Denn hierbei ist entscheidend, in welchem Umfang die Eltern
Unterhaltsleistungen, ggf auch durch persönliche Betreuung, erbringen (Einzelheiten: Kruse NDV 2011,
525).

Berechtigte einer solchen Abzweigung können im Übrigen alle Personen sein, die dem Kind **tatsächlich** 11
Unterhalt gewähren (§ 74 Abs. 1 S. 3 EStG), also auch Verwandte, Freunde, Nachbarn (Felix, Kindergeldrecht, München 2005, § 74 EStG Rn 19) oder Institutionen, wie zB das Jugendamt oder der Sozialhilfeträger.

7. Altersunterhalt

Finke

I. Einführung	1	4. Berücksichtigung von Einkommen des Pflichti-		
II. Voraussetzungen des Anspruchs	3	gen	13	
1. Anschlussunterhalt, Anspruchskette	3	5. Berücksichtigung von Einkommen des Berech-		
2. Einsatzzeitpunkte	4	tigten	15	
3. Keine Erwerbsobliegenheit aufgrund Alters	5	6. Beschränkung des Anspruchs nach § 1578 b		
a) Rentenrechtliche Regelaltersgrenze als Ober-		BGB	18	
grenze der Erwerbsobliegenheit	5	III. Darlegungs- und Beweislast	23	
b) Wegfall der Erwerbsobliegenheit unterhalb				
der Regelaltersgrenze	7			

I. Einführung

1   Nach § 1571 BGB kann ein geschiedener Ehegatte von dem anderen Ehegatten Unterhalt verlangen, soweit von ihm zu bestimmten Zeitpunkten, den sog. Einsatzzeitpunkten, wegen seines Alters keine Erwerbstätigkeit mehr erwartet werden kann und er seinen Bedarf nach § 1578 BGB nicht aus eigenen Einkünften decken kann, die ihm tatsächlich zur Verfügung stehen bzw die ihm bei einer ordnungsgemäßen Altersvorsorge, dh insbesondere auf der Grundlage von Einkünften aus einer nach § 1574 BGB angemessenen Erwerbstätigkeit in der Vergangenheit, seit der Scheidung zur Verfügung stehen könnten. Die Bedürftigkeit kann dabei darauf beruhen, dass der andere Ehegatte über ein höheres Einkommen aus Erwerbstätigkeit oder ebenfalls bereits aus Alterseinkünften verfügt. In diesem Fall kommt dem Altersunterhalt die gleiche Funktion zu wie dem Aufstockungsunterhalt nach § 1573 Abs. 2 BGB, nämlich einen Ausgleich im Sinne des Halbteilungsgrundsatzes zu schaffen. Die Inanspruchnahme des Pflichtigen hat ihre Grundlage in diesem Fall in der **nachwirkenden ehelichen Solidarität**. Diese Begründung zur Durchbrechung des Grundsatzes der nachehelichen Selbstverantwortung in § 1569 S. 1 BGB, der durch das UÄndG vom 21.12.2007 gestärkt werden sollte, wird teilweise kritisch gesehen (Hohmann-Dennhardt, Brühler Schriften zum Familienrecht, 18. Dt. Familiengerichtstag 2009, S. 32) oder sogar für nicht tragfähig gehalten (Staudinger/Verschraegen § 1571 BGB Rn 1).

2   Soweit dagegen das geringere Alterseinkommen des Berechtigten gegenüber dem des Pflichtigen darauf beruht, dass er nach der Ehe aufgrund der Auswirkungen der Rollenverteilung in der Ehe oder der Kinderbetreuung in und nach der Ehe nicht oder nur eingeschränkt in der Lage war eine eigene Altersversorgung aufzubauen, liegt dem Anspruch der **Ausgleich ehebedingter Nachteile** zugrunde. Diese Unterscheidung der Grundlage des Anspruchs auf Altersunterhalt gegenüber dem zuvor angesprochenen Grundsatz der nachwirkenden ehelichen Solidarität ist von maßgeblicher Bedeutung für eine mögliche Begrenzung des Anspruchs nach § 1578 b BGB (vgl Rn 18 ff).

II. Voraussetzungen des Anspruchs

1. Anschlussunterhalt, Anspruchskette

3   Überwiegend kommt der Altersunterhalt als **Anschlussunterhalt** (s. → *Anschlussunterhalt* Rn 9) an einen vorhergehenden Unterhaltsanspruch auf der Grundlage eines anderen Unterhaltstatbestandes (Aufstockungs- oder Krankheitsunterhalt) in Betracht. Anders ist es ausnahmsweise dann, wenn bereits bei Rechtskraft der Scheidung die Voraussetzungen für den Altersunterhalt vorliegen (§ 1571 Nr. 1 BGB). Ansonsten bedarf es immer der Feststellung einer **lückenlosen Kette von vorangegangenen Ansprüchen aufgrund anderer Unterhaltstatbestände**. Ist diese Voraussetzung erfüllt, so kann dies zur Folge haben, dass der Altersunterhalt dem Umfang nach durch den Unterhaltstatbestand beschränkt wird, an den er anschließt. Bestand zB bis zum Erreichen des Rentenalters allein ein Anspruch wegen Krankheit nach § 1572 BGB, nicht aber ein Aufstockungsunterhaltsanspruch nach § 1573 Abs. 2 BGB, so kann der Anspruch auf Altersunterhalt nicht über den vorher bezogenen Krankheitsunterhalt hinausgehen, dh er kann maximal dessen Wegfall ersetzen, aber nicht zu einer weiter gehenden Teilhabe an der höheren Altersvorsorge des Unterhaltspflichtigen führen. Hat vorher kein Anspruch nach § 1573 Abs. 1 BGB bestanden, weil der Ehe-

gatte sich nicht hinreichend um eine mögliche und zumutbare Erwerbstätigkeit bemüht hat, so rechtfertigt die hierauf beruhende Beschränkung der Altersvorsorge keinen Unterhaltsanspruch zum Ausgleich dieser Versorgungslücke im Alter. Ein Altersunterhalt kommt neben anderen Unterhaltstatbeständen wie § 1573 Abs. 1 BGB oder § 1572 BGB nur in Betracht, soweit die Regelaltersgrenze der gesetzlichen Rentenversicherung bzw der Beamtenversorgung noch nicht erreicht ist (s. Rn 6) und aufgrund des Alters lediglich eine teilweise Erwerbsmöglichkeit besteht, wie beim Bezug einer Teilaltersrente (s. Rn 7). Auch vor dem Erreichen der Regelaltersgrenze richtet sich der Unterhaltsanspruch allein nach § 1571 BGB, wenn der Berechtigte altersbedingt nicht mehr erwerbstätig ist und auch nicht mehr sein kann (BGH 7.3.2012 – XII ZR 145/09, NJW 2012, 2028).

2. Einsatzzeitpunkte

Die vom Gesetz in § 1571 Nr. 1 bis 3 BGB genannten Einsatzzeitpunkte stellen klar, dass die Vorausset- 4
zungen des Altersunterhaltsanspruchs entweder **bei Scheidung** oder **im Anschluss an einen vorausgehenden Unterhaltstatbestand** vorliegen müssen, wobei es nicht darauf ankommt, ob dieser Unterhaltsanspruch in der Vergangenheit tatsächlich geltend gemacht worden ist. Ein Anschlussunterhalt nach § 1571 Nr. 2 und Nr. 3 BGB liegt selbst dann vor, wenn ein Unterhaltsanspruch nach §§ 1570, 1572, 1573 BGB in der Vergangenheit allein an der mangelnden Leistungsfähigkeit des Pflichtigen gescheitert ist, während sämtliche sonstigen Tatbestandsvoraussetzungen für einen solchen Anspruch gegeben waren (s. → *Anschlussunterhalt* Rn 2). § 1571 Nr. 2 BGB wird über seinen Wortlaut hinaus allgemein so verstanden, dass es nicht allein auf die Beendigung der Pflege und Erziehung eines gemeinsamen Kindes, sondern den Wegfall eines hierdurch begründeten Anspruchs auf Betreuungsunterhalt nach § 1570 BGB ankommt (BGH 31.1.1990 – XII ZR 36/89, NJW 1990, 2752 zu derselben Formulierung in § 1572 BGB). Bei fehlendem Einsatzzeitpunkt ist zu prüfen, ob nicht ein Unterhaltsanspruch nach § 1576 BGB (s. → *Billigkeitsunterhalt*) gegeben ist. Durch die Beschränkung des Betreuungsunterhalts aufgrund der höheren Anforderungen an die Erwerbsobliegenheit neben der Betreuung von Kindern durch das UÄndG sowie die erweiterte Möglichkeit der Befristung von nachehelichem Unterhalt aufgrund sonstiger Tatbestände nach § 1578 b Abs. 2 BGB werden die Voraussetzungen des Altersunterhalts nach § 1571 BGB als Anschlussunterhalt in Zukunft wesentlich seltener vorliegen als vor der Gesetzesänderung, was dem erklärten Ziel des Gesetzgebers entspricht.

3. Keine Erwerbsobliegenheit aufgrund Alters

a) Rentenrechtliche Regelaltersgrenze als Obergrenze der Erwerbsobliegenheit. Wie bei allen ande- 5
ren Tatbeständen des nachehelichen Unterhalts – ausgenommen der Aufstockungsunterhalt – ist der Anspruch daran geknüpft, dass von dem Berechtigten keine Erwerbstätigkeit erwartet werden kann und er deshalb nicht in der Lage ist, seinen Bedarf zu decken. Beim Altersunterhalt muss eine Erwerbsobliegenheit aufgrund Alters ausscheiden. Eine Altersgrenze, ab der dies der Fall ist, wird vom Gesetz nicht genannt. Nach der ständigen Rechtsprechung des BGH (BGH 3.2.1999 – XII ZR 146/97, FamRZ 1999, 708 und BGH 15.3.2006 – XII ZR 30/04, NJW 2006, 1654: jeweils für den Berechtigten; BGH 12.1.2011 – XII ZR 83/08, NJW 2011, 670: für den Pflichtigen) entfällt die Erwerbsobliegenheit **spätestens mit Erreichen der Regelaltersgrenze**, die für die gesetzliche Rentenversicherung bzw die Beamtenversorgung nach §§ 35, 236 SGB VI bzw § 51 BBG maßgeblich ist, dh für die Geburtsjahrgänge bis 1947 mit der Vollendung des 65. Lebensjahres und für die nachfolgenden Geburtsjahrgänge schrittweise bis zur Vollendung des 67. Lebensjahres (vgl RV-Altersgrenzenanpassungsgesetz vom 20.4.2007, BGBl. I, 554 – und das Dienstrechtsneuordnungsgesetz vom 5.2.2009, BGBl. I, 160). Dieser generellen Begrenzung der Erwerbsobliegenheit entsprechen auch sozialgesetzliche Regelungen, die ab der Regelaltersgrenze eine generelle Bedürftigkeit anerkennen (§ 41 SGB XII; §§ 7 Abs. 1 S. 1 Nr. 1, 7 a SGB II). Die Festlegung der Altersgrenze beruht vor allem auf der allgemeinen Lebenserfahrung, dass die meisten Menschen, die ein entsprechendes Alter erreicht haben, nicht mehr voll arbeitsfähig sind, weil ihre körperlichen und geistigen Kräfte nachlassen (vgl RGZ 104, 58, 62 f; Staudinger/Engler/Kaiser § 1603 BGB Rn 171). Soweit daneben auch volkswirtschaftliche Überlegungen, wie die Gewährleistung der Finanzierbarkeit der Altersversorgungssysteme im Hinblick auf den demographischen Wandel und die gestiegene Rentenbezugsdauer, für die Bestimmung der Regelal-

tersgrenze von Bedeutung gewesen sind, wie insbesondere bei der schrittweisen Erhöhung der Grenze bis zur Vollendung des 67. Lebensjahres (vgl BT-Drucks. 16/4583, 20 ff zum RV-Altersgrenzen-anpassungsgesetz und BR-Drucks. 720/07, 171, 180 f zum Dienstrechtsneuordnungsgesetz), so steht dies der Heranziehung der Regelaltersgrenze als **Obergrenze**, bis zu der längstens eine Erwerbsobliegenheit besteht, nicht entgegen (BGH 12.1.2011 – XII ZR 83/08, NJW 2011, 670).

6 Wird nach dem Erreichen der öffentlich-rechtlich festgesetzten Regelaltersgrenze eine Erwerbstätigkeit ausgeübt, ist diese immer **überobligationsmäßig**, so dass die hieraus erzielten Einkünfte nur im Rahmen der **Billigkeit nach § 1577 Abs. 2 S. 2 BGB** zu berücksichtigen und in diesem Umfang in die Unterhaltsberechnung nach der Differenzmethode einzustellen sind (BGH 15.3.2006 – XII ZR 30/04, NJW 2006, 1654). Dies gilt für Arbeitnehmer und für Selbstständige in gleicher Weise (BGH 12.1.2011 – XII ZR 83/08, NJW 2011, 670: für Einkünfte des Pflichtigen aus einer nach Vollendung des 65. Lebensjahres ausgeübten selbstständigen Erwerbstätigkeit). Danach kommen mit dem Erreichen der Regelaltersgrenze Ausnahmen von dem Entfallen der Erwerbsobliegenheit zB bei beengten wirtschaftlichen Verhältnissen (Borth in: Schwab IV Rn 238; offen gelassen in OLG Hamm 28.6.1996 – 5 UF 20 /96, FamRZ 1997, 883) oder wegen geringer Altersversorgung bei freiberuflicher Tätigkeit und entsprechender Lebensplanung der Partner während der Ehe (offen gelassen in OLG Düsseldorf 20.12.2006 – 8 UF 136/06, NJW-RR 2007, 1157) oder wegen der Üblichkeit einer weiteren selbstständigen Tätigkeit in bestimmten Berufszweigen (Borth in: Schwab IV Rn 238) nicht in Betracht. Allerdings sind diese Umstände im jeweiligen Einzelfall bei der Frage zu berücksichtigen, in welchem Umfang das tatsächlich erzielte Einkommen in die Unterhaltsberechnung eingestellt wird. Wird dagegen keine Erwerbstätigkeit ausgeübt oder die bisherige Tätigkeit aufgegeben, so können mangels Verstoßes gegen eine Erwerbsobliegenheit auch Absprachen der Eheleute hinsichtlich einer Fortsetzung der Erwerbstätigkeit über das 65. Lebensjahr hinaus nicht zu einer Zurechnung fiktiven Einkommens führen.

7 **b) Wegfall der Erwerbsobliegenheit unterhalb der Regelaltersgrenze.** Unterhalb der Regelaltersgrenze, ab der spätestens die Erwerbsobliegenheit entfällt und damit bei Vorliegen der sonstigen Voraussetzungen ein Anspruch auf Altersunterhalt in Betracht kommt, gibt es keine festen Grenzen für einen früheren Wegfall der unterhaltsrechtlichen Erwerbsobliegenheit. Soweit für **einzelne Berufe**, wie zB Soldaten (s. § 45 SoldG), Polizeibeamte (s. § 5 BPolG), Piloten, Bergleute (§ 40 SGB VI), aufgrund besonderer körperlicher Anforderungen **vorgezogene Altersgrenzen** für den Ruhestand bestehen (zB die gem. § 77 SGB VI mit Abschlägen bei der Leistung verbundene vorgezogene Altersrente für langjährig Versicherte nach § 36 SGB VI ab Vollendung des 62. Lebensjahres und Erfüllung einer Wartezeit von 35 Jahren), kann hierauf nicht abgestellt werden. Vielmehr ist unter Berücksichtigung der Umstände des Einzelfalles zu prüfen, ob dem Berechtigten noch eine nach § 1574 BGB angemessene Erwerbstätigkeit möglich ist. Für den Berechtigten dürfen hierbei keine strengeren Maßstäbe angesetzt werden als für den Pflichtigen. Die gleichen Maßstäbe gelten auch für die Berechtigung zur Reduzierung der Arbeitszeit und Inanspruchnahme einer **Teil-Altersrente** nach § 43 Abs. 2, 3 SGB VI. Ein Teilanspruch nach § 1573 Abs. 2 BGB neben dem Altersunterhalt setzt voraus, dass der Berechtigte noch erwerbstätig ist (BGH 7.3.2012 – XII ZR 145/09, NJW 2012, 2028).

8 Wird es dem Pflichtigen unterhaltsrechtlich gestattet, keine Erwerbstätigkeit mehr auszuüben, weil seine Renten- und/oder sonstigen Altersversorgungsbezüge trotz der Minderung des Einkommens gegenüber der Zeit der Erwerbstätigkeit für eine angemessene Lebensführung ausreichen (BGH 28.3.1984 – IVb ZR 64/82, NJW 1984, 2358: rd. 6.400 DM Versorgungsbezüge gegenüber 9.000 DM früherem Erwerbseinkommen), so muss dies unter vergleichbaren Umständen aus Gründen der Gleichbehandlung auch für den Berechtigten gelten. Je größer der zeitliche Abstand der berufsbezogenen besonderen Altersgrenze zur öffentlich-rechtlichen Regelaltersgrenze ist, um so eher wird in der Regel eine weitere **Erwerbspflicht** zu fordern sein. So ist bei einem mit 41 Jahren pensionierten Jetpiloten der Bundeswehr mit Versorgungsbezügen von monatlich rd. 3.400 DM netto (gegenüber 5.800 DM während der Dienstzeit) eine Erwerbsobliegenheit bejaht worden (BGH 15.10.2003 – XII ZR 65/01, NJW-RR 2004, 505). Im Einzelfall kann eine unterhaltsrechtliche Obliegenheit zur Wahrnehmung der Möglichkeit eines vorzeitigen Bezuges der Altersrente bestehen, wenn hierdurch die finanzielle Situation des Berechtigten wesentlich verbessert wird, zumal

Finke

dann auch die Anrechte aus dem Versorgungsausgleich sofort als Rentenleistung zur Verfügung stehen. Weitere Voraussetzung ist indes, dass die Nachteile kompensiert werden, die durch die Rentenabschläge aufgrund des vorzeitigen Bezuges entstehen. Zu beachten ist, dass bei Bestehen zumindest einer teilweisen Erwerbsfähigkeit auch bei Bewilligung der vorzeitigen Altersrente unterhaltsrechtlich eine Obliegenheit bestehen kann, im Rahmen der Hinzuverdienstgrenze nach § 34 Abs. 3 Nr. 1 SGB VI (zzt. monatlich 365 EUR, in den neuen Bundesländern 310 EUR) einer Erwerbstätigkeit nachzugehen.

Auch die Möglichkeit des Bezuges von **Altersruhegeld bei Frauen** zu einem vor der allgemeinen Regelal- 9
tersgrenze liegenden Zeitpunkt (§ 237 a SGB VI: bis Jahrgang 1951 ab Vollendung des 60. Lebensjahres, wobei unter bestimmten Voraussetzungen eine schrittweise Anhebung bis auf die Vollendung des 65. Lebensjahres erfolgt) hat unterhaltsrechtlich keine Bedeutung (BGH 3.2.1999 – XII ZR 146/97, NJW 1999, 1547). Im Ergebnis ist damit bereits heute eine weitgehende rentenrechtliche Gleichbehandlung von Frauen und Männern eingetreten, die unterhaltsrechtlich uneingeschränkt geboten ist (MüKo/Maurer § 1571 BGB Rn 2).

Soweit gesetzliche Regelungen wie **Vorruhestand** und **Altersteilzeit** ein teilweises oder vollständiges 10
Ausscheiden aus dem Erwerbsleben und den Anspruch auf ein vorgezogenes Altersruhegeld ermöglichen, liegen ihnen sozialpolitische Ziele zugrunde, die in der Regel die unterhaltsrechtliche Erwerbsobliegenheit unberührt lassen (BGH 3.2.1999 – XII ZR 146/97, NJW 1999, 1547). Der Berechtigte hat – wie im umgekehrten Fall der Pflichtige auch – bei seiner Entscheidung für eine solche Regelung die Belange des Pflichtigen zu berücksichtigen (OLG Hamm 3.11.1998 – 2 WF 418/98, NJW 1999, 2976: 56 Jahre alter Mann ohne gesundheitliche Beeinträchtigungen kann sich nicht auf Vorruhestandregelung mit der Folge, dass der Unterhaltsanspruch sich statt auf rd. 1.600 DM auf nur 1.360 DM belaufen würde, berufen). Bei gesundheitlichen Beeinträchtigungen und sonst drohendem Arbeitsplatzverlust kann dagegen eine Reduzierung der Erwerbstätigkeit im Rahmen einer Altersteilzeitregelung gerechtfertigt sein (OLG Hamm 12.4.2000 – 12 UF 149/99, NJW-RR 2001, 433: 61 Jahre alter Mann nach Einsetzung einer Kniegelenksprothese und Ankündigung des Arbeitgebers, die bisherige Niederlassung des Unternehmens zu schließen; OLG Koblenz 22.10.2003 – 9 UF 175/03, FamRZ 2004, 1573; OLG Hamm 15.10.2004 – 11 UF 22/04, NJW 2005, 161).

Unabhängig von allen Ruhestandsregelungen kommt Altersunterhalt auch dann in Betracht, wenn der Be- 11
rechtigte **altersbedingt keine nach § 1574 BGB angemessene Beschäftigung** mehr finden kann. Da § 1571 BGB an die teilweise oder vollständige Hinderung an einer Erwerbstätigkeit aufgrund Alters anknüpft, scheidet diese Anspruchsgrundlage aus, wenn die Beschränkungen bei der Erwerbstätigkeit auf anderen Umständen wie der allgemeinen Arbeitsmarktsituation (dann greift ggf § 1573 Abs. 1 BGB ein) oder gesundheitlichen Beeinträchtigungen (dann greift ggf § 1572 BGB ein) beruht. Die Abgrenzung ist im Einzelfall schwierig (NK-BGB/Fränken § 1571 BGB Rn 7 f mwN). Es kann auf eine Differenzierung verzichtet werden, wenn die Voraussetzungen eines anderen in Betracht kommenden Unterhaltstatbestandes ebenfalls vorliegen und sich aus der möglichen weiteren Differenzierung keine unterschiedlichen Kriterien für die Begrenzung des Unterhaltsanspruchs nach § 1578 b BGB ergeben. In der Rechtsprechung wird diese Abgrenzung vor allem unter dem Gesichtspunkt erörtert, ob – insbesondere bei dem Hinzutreten längerer Abwesenheit aus dem früher ausgeübten Beruf aufgrund der Rollenaufteilung in der Ehe bzw dem Fehlen jeglicher Erwerbstätigkeit über einen längeren Zeitraum aus diesem Grund – ab einem bestimmten Alter eine realistische Erwerbschance allgemein zu verneinen ist. Der Bundesgerichtshof hat eine Erwerbsobliegenheit einer 53 Jahre alten Frau nach mehr als 20 Jahren Hausfrauenehe bei guten Einkommensverhältnissen des geschiedenen Ehemannes grundsätzlich verneint und daher einen Anspruch nach § 1571 BGB bejaht (BGH 30.1.1985 – IVb ZR 67/83, NJW 1985, 1340). Diese in Rechtsprechung und Literatur vielfach zitierte Entscheidung, die mit ihrer kurzen Begründung keine klaren Beurteilungsmaßstäbe vorgibt, dürfte heute unter Berücksichtigung der weiteren Entwicklung der Rechtsprechung zu den Anforderungen an die Erwerbsobliegenheit des Berechtigten sowie insbesondere auch vor dem Hintergrund des seit dem 1.1.2008 geltenden UÄndG, das die Eigenverantwortlichkeit des Berechtigten besonders hervorhebt, keinen Bestand mehr haben. So hat der Bundesgerichtshof selbst bei einer 60 Jahre alten Ehefrau grundsätzlich eine Erwerbsobliegenheit in Betracht gezogen (BGH 3.2.1999 – XII ZR 146/97, NJW 1999, 1547).

12 Die Beispiele aus der Rechtsprechung zeigen, dass es hier vor allem um Sachverhalte geht, in denen von dem Berechtigten nach langer Unterbrechung der Wiedereinstieg in das Erwerbsleben verlangt wird. Dass dies generell altersbedingt nicht möglich ist, kann trotz der Schwierigkeiten, die hierbei bekanntermaßen teilweise bereits bei einem Alter ab 50 Jahren bestehen, nur angenommen werden, wenn einfache ungelernte Tätigkeiten nach den Lebensverhältnissen der Eheleute nicht zumutbar sind und der Zugang zu anderen Arbeitsplätzen, die nach § 1574 BGB angemessen sind, bereits aufgrund des Alters und nicht etwa auch durch die allgemeine Arbeitsmarktlage verschlossen ist. Das bedeutet, dass beim Bestehen auch einer nur geringfügigen Chance, einen entsprechenden Arbeitsplatz zu finden, der Berechtigte Unterhalt nur nach § 1573 Abs. 1 BGB verlangen kann, wozu er hinreichende Erwerbsbemühungen darzulegen hat, während im Falle einer altersbedingten Arbeitslosigkeit darzulegen ist, dass eine entsprechende Erwerbstätigkeit generell allen Bewerbern dieser Altersgruppe mit gleichen beruflichen Erfahrungen verschlossen ist. Kann dagegen aufgrund von gesundheitlichen Beschwerden, die auch durch das Alter bedingt sein mögen, eine Erwerbstätigkeit nicht oder nur eingeschränkt ausgeübt werden, so kann der Unterhaltsanspruch insoweit nur auf § 1572 BGB gestützt werden.

4. Berücksichtigung von Einkommen des Pflichtigen

13 Auf Seiten des Pflichtigen sind dessen Einkünfte wie auch bei sonstigen Unterhaltstatbeständen in dem Umfang in die Bedarfsberechnung einzusetzen, wie sie in der Ehe unter Berücksichtigung der wandelbaren Lebensverhältnisse angelegt waren, also regelmäßig sämtliche Erwerbseinkünfte, soweit sie nicht auf einem Karrieresprung beruhen, während Vermögenseinkünfte nur in dem Umfang von Bedeutung sind, in dem sie während der Ehe zur Deckung des Lebensbedarfs zur Verfügung gestanden haben. Dies ändert sich mit dem berechtigten Ausscheiden aus dem Erwerbsleben und dem Bezug von **Renten- und sonstigen Versorgungsleistungen**. Diese sind grundsätzlich uneingeschränkt bedarfsprägend heranzuziehen, soweit sie in der Vergangenheit dem Berechtigten einkommens- und unterhaltsmindernd entgegengehalten worden sind. Danach sind auch das im Rahmen der sekundären Altersvorsorge mit Aufwendungen bis zu 4% des Bruttoeinkommens gebildete Vermögen sowie die Einkünfte hieraus für den Bedarf des Pflichtigen und des Berechtigten zu berücksichtigen, also auch hierauf beruhende Lebensversicherungen oder Wohneigentum. Soweit die Aufwendungen für das Vermögen in der Vergangenheit dagegen unterhaltsrechtlich unberücksichtigt geblieben sind, sind dieses Vermögen und die Einkünfte hieraus auch für den Bedarf nach § 1571 BGB ohne Bedeutung.

14 Der uneingeschränkten Heranziehung der Renten- und Versorgungsansprüche des Pflichtigen für die Bedarfsbestimmung beim Altersunterhalt kann nicht entgegen gehalten werden, diese beruhten auf **nachehelichen Entwicklungen**. Richtig ist lediglich, dass die zugrunde liegenden Aufwendungen, soweit sie als Bemessungsgrundlage auf das vom Pflichtigen erzielte Bruttoeinkommen abstellten, über die Sicherung des eheangemessenen Lebensbedarfs von maximal der Hälfte des unterhaltsrechtlichen Gesamteinkommens der geschiedenen Eheleute hinausgingen. An dieser bezogen auf den Elementarunterhaltsbedarf des Pflichtigen „übermäßigen" Altersvorsorge war der Berechtigte durch Abzug der vollen Aufwendungen von seinem Einkommen immer mit einer entsprechenden Kürzung seines Unterhaltsbedarfs/-anspruchs beteiligt. Daher ist es gerechtfertigt, diese Einkünfte uneingeschränkt für den Altersunterhalt heranzuziehen. Eine Grenze findet diese Berücksichtigung in der Höhe des vor Eintritt des Pflichtigen in den Ruhestand bestehenden Unterhaltsanspruchs des Berechtigten, da der Altersunterhalt ihn allenfalls so, aber nicht besser stellen kann, als er vor dem Eintritt in den Ruhestand stand. Der Altersunterhalt soll gewährleisten, dass die vor dem Eintritt in den Ruhestand bestehenden Lebensverhältnisse in etwa aufrechterhalten werden können, wobei eine gewisse Minderung aufgrund der in der Regel geringeren Einkünfte gegenüber der Zeit, in der Erwerbseinkommen erzielt worden ist, hinzunehmen ist (s. BGH 28.3.1984 – IVb ZR 64/82, NJW 1984, 2358, wo Versorgungsbezüge von rd. 6.400 DM gegenüber früheren Erwerbseinkünften von 9.000 DM als ausreichend für eine angemessene Altersversorgung angesehen worden sind). Diese Beschränkung des Anspruchs ergibt sich meist auch aus der Funktion des Altersunterhalts als Anschlusstatbestand. War der vorhergehende Unterhaltsanspruch der Höhe nach beschränkt, so setzt sich dies beim Altersunterhalt fort (s. Rn 3). Eine weitere Begrenzungsmöglichkeit ergibt sich aus § 1578 b BGB (s. Rn 18).

5. Berücksichtigung von Einkommen des Berechtigten

Die gesamten Renteneinkünfte einschließlich des auf den Versorgungsausgleich entfallenden Anteils (BGH 15 31.10.2001 – XII ZR 292/99, NJW 2002, 436 unter Anwendung der Surrogatstheorie auf diese Einkünfte) und evtl daneben erzielte Einkünfte zB aus Kapitalvermögen, aus Vermietung und Verpachtung sowie aus dem mietfreien Wohnen sind zu berücksichtigen, und zwar grundsätzlich nach der **Differenz- oder Additionsmethode**. Dies gilt in gleicher Weise für Einkünfte aus einer Erwerbstätigkeit, die im Falle des Bezuges des vollen Altersruhegeldes im Rahmen der Hinzuverdienstgrenze (s. Rn 8) und bei einer Teilaltersrente in weiter gehendem Umfang ohne Minderung der Rente möglich ist. Ist der Berechtigte unterhaltsrechtlich verpflichtet, einen **Rentenantrag** zu stellen, so kann die Rente erst ab dem Zeitpunkt der Bewilligung bzw bei vorwerfbarer Nichtstellung oder Verzögerung des Antrags, ab dem Zeitpunkt berücksichtigt werden, ab dem bei rechtzeitigem Antrag eine Bewilligung erfolgt wäre. Für den Pflichtigen besteht die Möglichkeit, dem Berechtigten den Unterhalt für die Zeit bis zur Bewilligung als **zinsloses Darlehen** anzubieten, welches im Falle der rückwirkenden Rentenbewilligung zurückzuzahlen ist (BGH 19.12.1989 – IVb ZR 9/89, NJW 1990, 709; sowie zum familienrechtlichen Ausgleichsanspruch in einem solchen Fall BGH 15.2.1989 – IVb ZR 41/88, NJW 1989, 1990).

Ausnahmen gelten für Kapitalerträge aus Vermögen, welches die ehelichen Lebensverhältnisse nicht ge- 16 prägt hat (zB aus eigener Vermögensbildung nach der Ehe, die 4% des Bruttoeinkommens übersteigt, aus einer Erbschaft oder sonstigen Zuwendung). Hier ist die **Anrechnungsmethode** anzuwenden. Einkünfte aus dem Vermögen aus dem Zugewinnausgleich sind als bedarfsprägend zu berücksichtigen, da solches Vermögen nach den Vorstellungen der Ehegatten während der Ehe regelmäßig vorrangig der Alterssicherung dient. Soweit der Bundesgerichtshof der Auffassung ist, auch die Renteneinkünfte des Berechtigten, die auf dem von ihm erbrachten **Vorsorgeunterhal**t beruhen, seien im Wege der Anrechnungsmethode in die Unterhaltsberechnung einzustellen (BGH 5.2.2003 – XII ZR 29/00, NJW 2003, 1796), kann dem nicht gefolgt werden, da die angebliche Doppelbelastung des Pflichtigen bei Anwendung der Differenzmethode nicht nachvollziehbar ist (OLG Hamm 15.3.2011 – 13 UF 146/10; Borth in: Schwab IV Rn 1036; krit. auch Büttner/Niepmann NJW 2004, 2284, 2287). Eine weitere Ausnahme kommt in Betracht, wenn die auf dem Versorgungsausgleich beruhende Rente vom Berechtigten bezogen wird, während der Pflichtige noch keine Rente bezieht und Erwerbseinkommen erzielt. Wendet man hier die Additions- oder Differenzmethode an, so wird hierdurch der Bedarf auf eine Höhe angehoben, die er ohne die Scheidung nicht erreicht haben würde. In diesem Fall ist das aus dem Versorgungsausgleich herrührende Renteneinkommen in die Anrechnungsmethode einzustellen (OLG Karlsruhe 15.9.2011 – 7 UF 60/11; aA KG 3.1.2002 – 13 UF 249/02, FamRZ 2003, 1107; OLG Dresden 25.9.2010 – 24 UF 717/08, NJW-RR 2010, 437).

Die **zweckwidrige Verwendung des Altersvorsorgeunterhalts** (vgl näher Finke FamFR 2013, 1) durch 17 den Berechtigten führt nicht wegen der darin regelmäßig liegenden Obliegenheitsverletzung automatisch zur Zurechnung einer entsprechenden fiktiven Rente. Voraussetzung hierfür ist vielmehr die Feststellung, dass sich der Berechtigte hierdurch in vorwerfbarer Weise nach § 1579 Nr. 4 BGB bedürftig gemacht hat (BGH 5.2.2003 – XII ZR 29/00, NJW 2003, 1796). Die unterhaltsberechtigte Frau kann sich gegenüber diesem Einwand des Mannes damit verteidigen, dass sie in einer Notlage, zB bei einer von ihr nicht zu vertretenden Unterschreitung ihres Existenzminimums, den Altersvorsorgeunterhalt zur Deckung ihres Elementarunterhalts verwendet habe. Demgegenüber wird auch vertreten, dass allein die zweckwidrige Verwendung und der darin liegende Obliegenheitsverstoß die fiktive Zurechnung von Versorgungseinkünften bei zweckgerechter Verwendung des Altersvorsorgeunterhalts rechtfertigten (Borth in: Schwab, IV Rn 1072; NK-BGB/Schürmann § 1578 BGB Rn 131). Hat der Berechtigte in der Vergangenheit eine ihm zumutbare Erwerbstätigkeit unterlassen und damit gegen seine **Erwerbsobliegenheit** verstoßen, so muss er sich fiktive Renteneinkünfte zurechnen lassen, die er bei einem seiner Erwerbsobliegenheit genügenden Verhalten haben würde. Diese Einkünfte sind ebenfalls nach der Differenz- oder Additionsmethode zu berücksichtigen. Eine Ausnahme von der Einkommensfiktion kann in Betracht kommen, wenn der Pflichtige in dem Zeitraum, in dem der Berechtigte entsprechende Erwerbseinkünfte hätte erzielen müssen, die seinen Unterhaltsanspruch gemindert hätten, den ungekürzten Unterhalt gezahlt und hierdurch einen **Vertrauenstatbestand** geschaffen hat (BGH 31.1.1990 – XII ZR 36/89, NJW 1990, 2752; OLG Hamm 1.6.1995 – 4

UF 2/95, FamRZ 1995, 1580; OLG Köln 10.12.1998 – 14 WF 191/98, FamRZ 1999, 853 = NJW-FER 1999, 201).

6. Beschränkung des Anspruchs nach § 1578 b BGB

18 Für die Möglichkeit der Begrenzung des Altersunterhalts nach § 1578 b BGB kommt es maßgeblich darauf an, ob er auf **nachwirkender ehelicher Solidarität** beruht oder **ehebedingte Nachteile** ausgleicht (s. Rn 1 f). Können ehebedingte Nachteile festgestellt oder jedenfalls nicht ausgeschlossen werden, so kann eine Befristung nach § 1578 b Abs. 2 BGB nicht erfolgen, es sei denn, der Nachteil wird kompensiert, zB durch den Vermögenszuwachs aufgrund der Ehe. In Betracht kommt dagegen auch bei ehebedingten Nachteilen grundsätzlich eine Herabsetzung des Anspruchs nach § 1578 b Abs. 1 BGB durch Abstellen auf den angemessenen Bedarf des Berechtigten, das ist der Bedarf, der ohne die Eingehung der Ehe mit dem Pflichtigen bestehen würde, anstelle des eheangemessenen Bedarfs nach § 1578 BGB. Ob und in welchem Umfang dies gerechtfertigt ist, ist im Rahmen einer **umfassenden Billigkeitsabwägung** festzustellen. Diese hat auch zu erfolgen, soweit keine ehebedingten Nachteile beim Berechtigten vorliegen und daher neben der Herabsetzung auch eine Befristung des Anspruchs möglich, aber keinesfalls zwingend ist. Die – ggf stufenweise – Herabsetzung bis zur Höhe des ohne die Ehe angemessenen Bedarfs kann auch zu einem Wegfall des Anspruchs führen, wenn das tatsächliche oder zuzurechnende Eigeneinkommen diesen Bedarf deckt (BGH 29.6.2011 – ZR 157/09, NJW 2011, 3645), so dass sich in diesen Fällen die Frage der Befristung nicht mehr stellt. Bei der Billigkeitsabwägung sind sämtliche Umstände des Einzelfalles zu berücksichtigen. Zu den **Kriterien** der Billigkeitsabwägung s. → *Aufstockungsunterhalt* Rn 16.

19 Aufgrund der Vielzahl von Kriterien, die in jedem Einzelfall von unterschiedlichem Gewicht sein können, ist es **nicht möglich, pauschalisierende Lösungen vorzunehmen** (zB durch Befristung des Anspruchs in einem festen Verhältnis zur Ehedauer). Vielmehr ist davon auszugehen, dass wegen des Bewertungsspielraums bei der Billigkeitsabwägung unterschiedliche Ergebnisse möglich sind, was die Beratung erschwert und das Verfahrens- und Kostenrisiko erhöht. Die Überprüfung der Abwägung in der Rechtsbeschwerdeinstanz hat sich wegen des Beurteilungsspielraums in der Tatsacheninstanz darauf zu beschränken, ob wesentliche Umstände unberücksichtigt gelassen oder Beweisregeln verkannt worden sind, insbesondere ob der Tatrichter sich mit dem Tatsachenstoff des Verfahrens und den Beweisergebnissen umfassend und widerspruchsfrei auseinandergesetzt hat, seine Würdigung also vollständig und rechtlich möglich ist und nicht gegen Denkgesetze oder Erfahrungsgesetze verstößt (BGH 20.10.2010 – XII ZR 53/09, NJW 2010, 3653; 8.6.2011 – XII ZR 17/09, NJW 2011, 2512).

20 Beim Altersunterhalt ist hinsichtlich der **ehebedingten Nachteile** zwischen der Ehezeit (bis zur Rechtshängigkeit des Scheidungsantrags) und der Zeit danach zu unterscheiden. Nachteile beim Aufbau einer Altersversorgung in der Ehezeit infolge der Aufgabe oder Beschränkung der Erwerbstätigkeit wegen der ehelichen Rollenverteilung bei der Haushaltsführung und ggf Kinderbetreuung stellen in aller Regel keine Nachteile iSd § 1578 b BGB dar, da diese Nachteile durch den **Versorgungsausgleich** abschließend ausgeglichen werden, dh selbst bei einem Zurückbleiben der darauf beruhenden Altersversorgung hinter der tatsächlichen Einbuße auf Seiten des Berechtigten (BGH 16.4.2008 – XII ZR 107/06, FamRZ 2008, 1325). Dies beruht darauf, dass diese Nachteile von beiden Ehepartnern in gleichem Umfang getragen werden, wenn der Versorgungsausgleich durchgeführt wird, der auf Seiten des ausgleichspflichtigen Ehegatten zu einer Minderung seiner in der Ehezeit erworbenen Altersversorgung und damit zu einer gleichmäßigen Teilhabe der Ehepartner an der in dieser Zeit erworbenen gemeinsamen Altersversorgung führt. Eine Ausnahme gilt nur dann, wenn ein Versorgungsausgleich nicht oder nur für einen geringen Teil der Ehezeit (weil der Pflichtige nur teilweise rentenversicherungspflichtig erwerbstätig gewesen ist) durchgeführt worden ist (BGH 4.8.2010 – XII ZR 7/09, NJW 2010, 3097).

21 Liegt ein solcher Ausnahmefall nicht vor, so kann der ehebedingte Nachteil nur noch darin bestehen, dass es dem Berechtigten in der Zeit ab Rechtshängigkeit des Scheidungsantrags (diese Zeit wird nicht vom Versorgungsausgleich abgedeckt) ehebedingt, dh durch die Aufgabe oder Beschränkung der Erwerbstätigkeit wegen der Rollenverteilung unter den Eheleuten während des Zusammenlebens, nicht mehr gelungen

ist, eine Erwerbstätigkeit auszuüben mit Einkünften, wie er sie ohne die Ehe erzielen könnte (BGH 23.11.2011 – XII ZR 47/10, NJW 2012, 309). Es handelt sich in diesem Fall also um **nachwirkende eheliche Nachteile**. Steht fest, dass der Berechtigte einschließlich der übertragenen Anrechte aus dem Versorgungsausgleich über eine Altersversorgung verfügt, die er ohne die Ehe nicht erreicht hätte, so liegt kein ehebedingter Nachteil vor (OLG Schleswig 26.1.2009 – 15 UF 76/08, NJW 2009, 2223 mit der Berechnung der fiktiv ohne die Ehe erzielbaren Altersversorgung auf der Basis der bei Aufgabe der Erwerbstätigkeit anlässlich der Geburt des ersten Kindes in der gesetzlichen Rentenversicherung erzielten Entgeltpunkte; problematisch erscheint hierbei, dass über die Entgeltpunkte eine Anpassung nur an die allgemeine Lohnentwicklung aller versicherungspflichtigen Arbeitnehmer erfolgt, jedoch die individuellen Möglichkeiten der Einkommenssteigerung völlig unberücksichtigt bleiben). Verbleiben Zweifel, wie die Erwerbsbiographie ohne die Ehe verlaufen wäre, so ist zugunsten des Berechtigten – die Beweislast liegt beim Pflichtigen, s. Rn 23 ff – unter mehreren möglichen Alternativen die günstigste zu wählen bzw bei der Höhe der erzielbaren Einkünfte – insbesondere bei großem zeitlichen Abstand – ein Sicherheitszuschlag vorzunehmen. Das Fehlen ehebedingter Nachteile indiziert für sich allein keineswegs die Begrenzung des Anspruchs nach § 1578 b BGB (BGH 6.10.2010 – XII ZR 202/08, NJW 2011, 147). Allerdings wird dies häufig zu einer Befristung oder jedenfalls zu einer Herabsetzung führen, wenn nicht nach den sonstigen Abwägungskriterien gewichtige Argumente für die Unbilligkeit einer Begrenzung sprechen.

Eine bei der Abwägung zu berücksichtigende Versorgungslücke kann auch darauf beruhen, dass **kein Vorsorgeunterhalt gezahlt** worden ist (OLG Karlsruhe 8.4.2010 – 2 UF 147/09, FamRZ 2010, 1252). Dabei ist auch zu berücksichtigen, dass der Pflichtige seine eigene Altersvorsorge (bezogen auf sein volles Einkommen einschließlich des an den Berechtigten gezahlten Elementarunterhalts) bei der Berechnung des Unterhaltsbedarfs des Berechtigten in vollem Umfang abgezogen und damit den Unterhaltsanspruch entsprechend gemindert hat. Soweit dagegen die Einkommensdifferenz und der sich daraus ergebende Anspruch auf Altersunterhalt auf der unterschiedlichen Altersvorsorge der geschiedenen Eheleute vor und nach der Ehe, insbesondere auf dem **Einkommensgefälle** zwischen den Eheleuten auch ohne die Ehe beruht, kommt eine Begrenzung des Anspruchs nach § 1578 b BGB in Betracht, in aller Regel jedenfalls durch Herabsetzung nach § 1578 b Abs. 1 BGB. Wird ein Ehegatte erst aufgrund der Durchführung des Versorgungsausgleichs, durch den der andere Ehegatte zusammen mit seinen sonstigen Einkünften ein höheres Gesamteinkommen hat, bedürftig, so soll dieses Ergebnis nicht durch die Geltendmachung von Altersunterhalt korrigiert werden können, wenn ein teilweiser oder vollständiger Ausschluss nach der Härteklausel (§ 1587 c BGB bzw § 27 VersAusglG) die Bedürftigkeit hätte verhindern können (OLG Celle 24.1.2006 – 10 UF 190/05, NJW 2006, 922; NK-BGB/Fränken § 1571 BGB Rn 1). Die auf die Ausschließlichkeit der Härtefallregelung im Rahmen des Versorgungsausgleichs abstellende Begründung ist nicht überzeugend und nach der Gesetzeslage keineswegs zwingend.

III. Darlegungs- und Beweislast

Der Berechtigte hat sämtliche **Tatbestandsvoraussetzungen** des Altersunterhalts darzulegen und zu beweisen. Dies gilt nicht nur dann, wenn er diesen als Antragsteller verfolgt, sondern auch dann, wenn er sich als Antragsgegner im **Abänderungsverfahren** zur Verteidigung des bisher auf der Grundlage eines anderen Unterhaltstatbestandes bestehenden Titels auf den Tatbestand des § 1571 BGB beruft (BGH 31.1.1990 – XII ZR 36/89, NJW 1990, 2752). Soweit der Einsatzzeitpunkt § 1571 Nr. 1 BGB (bei Scheidung) nicht vorliegt und der nacheheliche Unterhaltsanspruch zuvor nicht tituliert war, hat der Berechtigte die ununterbrochene Unterhaltskette für den Anschlussunterhalt darzulegen und zu beweisen (NK-BGB/Fränken § 1571 BGB Rn 15).

Der Begrenzungseinwand nach **§ 1578 b BGB**, der nicht ausdrücklich erhoben werden muss, sondern bei entsprechendem Sachvortrag in dem Abweisungs- oder Abänderungsantrag enthalten ist, stellt eine rechtsvernichtende bzw rechtsbeschränkende Einwendung dar, deren Voraussetzungen vom Pflichtigen darzulegen und zu beweisen sind. Der Bundesgerichtshof hat seine frühere Rechtsprechung zu dieser Frage, die eine Beweislastumkehr vornehmen wollte, wenn der Pflichtige Umstände vorgetragen hatte, die das Vorliegen ehebedingter Nachteile nahe legten, ausdrücklich als nicht mit dem Gesetz vereinbar aufgegeben und die Beweislast uneingeschränkt beim Pflichtigen gesehen (BGH 24.3.2010 – XII ZR 175/08, FamRZ 2010, 875 m.Anm. Finke). Lediglich hinsichtlich der Darlegungslast hält er eine teilweise Entlastung des Pflichtigen durch den Berechtigten nach den Grundsätzen der **sekundären Darlegungslast** für erforderlich. Dies rechtfertige sich nach allgemeinen Beweisregeln im Hinblick auf den von dem Pflichtigen zu erbringenden Negativbeweis über Umstände aus der Sphäre des Berechtigten. Dieser müsse die Behauptung, es seien keine ehebedingten Nachteile entstanden, **substanziiert bestreiten** und seinerseits darlegen, welche konkreten ehebedingten Nachteile entstanden sein sollen. Erst wenn das Vorbringen des Unterhaltsberechtigten diesen Anforderungen genügt, müssen die vorgetragenen ehebedingten Nachteile vom Unterhaltspflichtigen widerlegt werden.

25 Dieses Verständnis der sekundären Darlegungslast erscheint problematisch, wenn – was die Formulierung nahe legen könnte – der Pflichtige regelmäßig seiner primären Darlegungslast genügen könnte mit der nicht näher begründeten Behauptung, ehebedingte Nachteile lägen nicht vor. Die sekundäre Darlegungslast des Berechtigten greift jedoch erst dann ein, wenn der Pflichtige aus eigener Kenntnis keine Angaben hierzu machen kann. Dies ist ihm jedoch hinsichtlich des in der Ehezeit liegenden Teils der Ausbildungs- und Erwerbsbiografie des Ehegatten regelmäßig ohne Weiteres möglich. Bei langjährigen Ehen sowie bei einem nicht selten nichtehelichen Zusammenleben vor der Heirat sind auch noch weiter gehende Kenntnisse vorhanden, so dass insoweit ein **substanziierter Vortrag des Pflichtigen** möglich und erforderlich ist (OLG Stuttgart 18.10.2011 – 17 UF 18/11, FamFR 2012, 59). Richtig ist lediglich, dass der Berechtigte sich gegenüber solchem Vortrag nicht auf schlichtes Bestreiten beschränken kann. Vielmehr muss er den Vortrag der Gegenseite substanziiert bestreiten, um die Geständnisfiktion nach § 113 Abs. 1 S. 2 FamFG iVm § 138 Abs. 3 ZPO zu vermeiden. Die Beweislastfrage ist von maßgeblicher Bedeutung dann, wenn ehebedingte Nachteile zwar möglich erscheinen, aber letztlich Zweifel verbleiben, insbesondere hinsichtlich des Umfangs. Das bedeutet, dass bei der Beurteilung der mutmaßlichen Entwicklung des Erwerbseinkommens des betreffenden Ehegatten ohne die Ehe (**retrospektive Prognose**) im Zweifel die günstigste der tatsächlich möglichen Entwicklungen zugrunde zu legen ist. Bei feststehenden Nachteilen ist eine exakte Feststellung zum hypothetisch erzielbaren Einkommen des Unterhaltsberechtigten nicht notwendig. Bei geeigneter Grundlage kann eine Schätzung nach § 287 ZPO erfolgen (BGH 20.10.2010 – XII ZR 53/09, NJW 2010, 3653).

26 Trägt der darlegungs- und beweisbelastete Pflichtige im Rahmen der ihm zur Verfügung stehenden Möglichkeiten hinreichend zum Nichtvorliegen eines ehebedingten Nachteils vor, so dürfen auf der anderen Seite keine überspannten Anforderungen an die sekundäre Darlegungslast des Berechtigten gestellt werden (BGH 20.10.2010 – XII ZR 53/09, NJW 2010, 3653). Den Gerichten steht bei der Einschätzung der möglichen und wahrscheinlichen beruflichen Entwicklungen des Berechtigten ohne die Eheschließung ein Beurteilungsspielraum zur Verfügung, der durch die Anwendung von **Erfahrungssätzen in dem jeweiligen Berufsfeld** wie auch die Berücksichtigung **tariflicher Regelungen** ausgefüllt werden kann (BGH 26.10.2011 – XII ZR 162/09, NJW 2012, 74). Dies entbindet allerdings nicht von der Darlegung konkreter beruflicher Entwicklungs- und Aufstiegsmöglichkeiten sowie der entsprechenden Bereitschaft und Eignung des Berechtigten (BGH 26.10.2011 – XII ZR 162/09, NJW 2012, 74). Der Vortrag beruflicher Wunschvorstellungen ohne eine auch nur ansatzweise konkrete Umsetzung (zB durch zumindest begonnene Qualifizierungsmaßnahmen während der früheren Erwerbstätigkeit) oder ohne die Darlegung des Verlaufs der beruflichen Entwicklung bei ehemaligen Arbeitskollegen oder anderen Personen mit einer ähnlichen beruflichen Ausgangssituation dürfte regelmäßig unzureichend sein.

Finke

8. Altersvorsorgeunterhalt

Finke

I. Einführung...................................... 1
II. Voraussetzungen des Anspruchs................ 4
  1. Anspruch auf Elementarunterhalt.............. 4

2. Nicht gedeckter Altersvorsorgebedarf........... 7
III. Höhe des Anspruchs............................ 14
IV. Durchsetzung des Anspruchs................... 16

I. Einführung

Der Altersvorsorgeunterhalt beim Ehegattenunterhalt soll dem Berechtigten die Möglichkeit geben, in der **1** Zeit ab Rechtshängigkeit der Scheidung bis zum Eintritt in den Ruhestand eine **unzureichende Altersvorsorge** und eine hierdurch bedingte **Bedürftigkeit im Alter** sowie bei verminderter Erwerbsfähigkeit zu vermeiden. Außerdem wird hierdurch eine Entlastung des Pflichtigen in der Zukunft erreicht, soweit er dann noch zur Zahlung von Unterhalt in Form des Altersunterhalts nach § 1571 BGB (s. → *Altersunterhalt*) oder – bei verminderter Erwerbsfähigkeit – des Krankheitsunterhalts nach § 1572 BGB (s. → *Krankheitsunterhalt*) verpflichtet sein sollte.

Da nur der deutlich geringere Teil der Unterhaltsansprüche bis ins Alter fortdauert, ist das Interesse des **2** Berechtigten an der Geltendmachung des Altersvorsorgeunterhalts wesentlich größer als das des Pflichtigen. Dennoch wird hiervon in der Praxis auch auf Seiten des Berechtigten relativ **wenig Gebrauch gemacht**, was nicht allein mit der beschränkten Leistungsfähigkeit der Unterhaltspflichtigen erklärt werden kann, sondern offensichtlich auch darauf beruht, dass dies als zu kompliziert angesehen wird und es dem Berechtigten häufig darum geht, so viel Elementarunterhalt wie möglich zu erhalten, so dass ihm eine Kürzung dieses Anspruchs für den Altersvorsorgeunterhalt bei Anwendung der zweistufigen Berechnungsmethode trotz eines höheren Gesamtunterhaltsanspruchs nur schwer zu vermitteln ist. Der anwaltlich vertretene Berechtigte ist über die Möglichkeit und Bedeutung des Altersvorsorgeunterhalts umfassend zu beraten (zur Anwaltshaftung vgl OLG Düsseldorf 9.6.2009 – 24 U 133/08, NJW-RR 2010, 8679).

Der Altersvorsorgeunterhalt findet seine Rechtfertigung darin, dass der Berechtigte aus bestimmten Grün- **3** den nicht oder nur eingeschränkt zu einer Erwerbstätigkeit in der Lage ist und ihm daher nicht nur das zur Deckung des Elementarunterhaltsbedarfs erforderliche Nettoeinkommen, sondern auch das für die Altersvorsorge aufzuwendende weitere Einkommen, das regelmäßig in der Differenz von Brutto- und Nettoeinkommen enthalten ist, fehlt. Wie beim Elementarunterhaltsanspruch kann dies seinen Grund darin haben, dass die Erwerbsmöglichkeiten sowohl ehebedingt (wie zB beim Betreuungsunterhalt) als auch aus sonstigen Gründen (wie zB der allgemeinen Arbeitsmarktlage oder einer schicksalhaften Erkrankung) beschränkt sind. Jedenfalls soweit der Altersvorsorgeunterhalt **ehebedingte Nachteile bei der Schaffung einer angemessenen Altersvorsorge** ausgleicht, erscheinen die grundsätzlichen Bedenken gegen die gesetzliche Regelung, die u.a. mit der Ungewissheit der späteren Bedürftigkeit begründet werden (NK-BGB/Schürmann § 1578 BGB Rn 126 mwN), nicht begründet.

II. Voraussetzungen des Anspruchs

1. Anspruch auf Elementarunterhalt

Beim Ehegattenunterhalt steht dem Berechtigten sowohl beim **Trennungsunterhalt** nach § 1361 Abs. 1 **4** S. 2 BGB (ab Rechtshängigkeit des Scheidungsantrags) als auch beim **nachehelichen Unterhalt** nach § 1578 Abs. 3 BGB (ab Rechtskraft der Scheidung) neben dem Elementarunterhalt ein Anspruch auf Altersvorsorgeunterhalt in Höhe der Kosten für eine angemessene Versicherung für den Fall des Alters sowie der verminderten Erwerbsfähigkeit zu.

Voraussetzung ist ein Anspruch auf Unterhalt nach den Tatbeständen der §§ 1570, 1571, 1572, 1573, 1576 BGB. Der Altersvorsorgeunterhalt ist **unselbstständiger Teil des Gesamtunterhaltsanspruchs**, der sich aus Elementar- und Altersvorsorgeunterhalt und ggf auch noch Krankenvorsorgeunterhalt (einschließlich Pflegevorsorge) zusammensetzt. Er kann nicht nur zusammen mit dem Elementarunterhalt, sondern auch

isoliert geltend gemacht werden, jedoch in aller Regel nur, wenn ein Anspruch auf Elementarunterhalt besteht. Eine Ausnahme ist denkbar für den Fall, dass der Elementarunterhaltsbedarf ganz oder teilweise durch Einkünfte gedeckt wird, die später endgültig wegfallen und nicht durch eine entsprechende Altersvorsorge ersetzt werden, zB bei bedarfsdeckendem Einsatz von Zinsen unter gleichzeitigem Verbrauch des Kapitals, aus dem die Zinsen erzielt werden (zum Verbrauch des Vermögensstamms vgl Rn 9), oder bei Einkünften, für die aus sonstigen Gründen keine gesetzliche Altersvorsorge betrieben wird, zB ein fiktives Versorgungsentgelt (s. Rn 12).

5   Das Gesetz nennt ausdrücklich den Altersunterhalt nach § 1571 BGB als mögliche Grundlage des Anspruchs auf Altersvorsorgeunterhalt. Da der Zweck des § 1578 Abs. 3 BGB die Verhinderung einer Versorgungslücke in der Zeit ab Rechtshängigkeit des Scheidungsantrags bis zum spätesten Zeitpunkt einer Erwerbsobliegenheit, dem Erreichen der **Regelaltersgrenze** (s. → *Altersunterhalt* Rn 5), ist, kann über das Ende dieses Zeitraums hinaus kein Altersvorsorgeunterhalt mehr beansprucht werden (Palandt/Brudermüller § 1578 BGB Rn 67). Einer Einschränkung dahin, dass dies in der Regel gilt, also Ausnahmen möglich sind, bedarf es nicht (so aber Palandt/Brudermüller § 1578 BGB Rn 67 sowie Borth in: Schwab IV Rn 1073), da der Altersvorsorgeunterhalt als Voraussetzung an den Elementarunterhalt anknüpft, der sich aufgrund der Hinderung an einer (weiter gehenden) Erwerbstätigkeit ergibt. Da tatsächlich keine Erwerbstätigkeit ausgeübt wird und mit Vollendung des 65. Lebensjahres eine Erwerbsobliegenheit nicht mehr besteht, erübrigt sich die Frage, wie bei einer überobligationsmäßig über diesen Zeitpunkt hinaus ausgeübten Tätigkeit zu verfahren wäre.

6   Die Nichterwähnung des **Ausbildungsunterhalts** nach § 1575 BGB als Grundlage von Altersvorsorgeunterhalt beruht auf der Überlegung, dass der Pflichtige den Berechtigten mit der Finanzierung der Ausbildung in die Lage versetzt, später Einkommen zu erzielen und seiner Eigenverantwortung gerecht zu werden. Unter diesen Umständen soll eine zusätzliche Inanspruchnahme auf Altersvorsorgeunterhalt nicht angemessen sein. Soweit dagegen Trennungsunterhalt wegen einer durch eine Ausbildung bedingten Bedürftigkeit geschuldet wird, besteht ab Rechtshängigkeit des Scheidungsantrags auch ein Anspruch auf Altersvorsorgeunterhalt, da das Gesetz eine dem § 1578 Abs. 3 BGB entsprechende Ausnahme nicht kennt (BGH 8.6.1988 – IVb ZR 68/87, FamRZ 1988, 1145).

2. Nicht gedeckter Altersvorsorgebedarf

7   Das Vorliegen eines durch eigene Einkünfte nicht gedeckten Altersvorsorgebedarfs als weitere Anspruchsvoraussetzung ist grundsätzlich entsprechend § 1578 Abs. 1 BGB nach den ehelichen Lebensverhältnissen zu beurteilen. Der Berechtigte kann danach eine Altersversorgung beanspruchen, die sich **an den Lebensverhältnissen orientiert**. Das bedeutet nicht, dass sie eine Versorgung im Alter gewährleisten muss, die eine uneingeschränkte Aufrechterhaltung der vor dem Eintritt in den Ruhestand gepflegten Aufwendungen für den Lebensbedarf erlaubt. Dies folgt daraus, dass der Bedarf im Alter, insbesondere nach dem Ausscheiden aus dem Erwerbsleben, regelmäßig geringer ist als vorher, was seinen Grund nicht allein in dem gegenüber dem Erwerbseinkommen geringeren Renteneinkommen, sondern auch in einer Änderung der Bedürfnisse hat. Daher reicht es aus, wenn der Elementarunterhaltsbedarf nach den ehelichen Lebensverhältnissen in dem Umfang für das Alter abgesichert wird, wie dies bei Erwerbseinkünften in der gesetzlichen Rentenversicherung geschieht (BGH 11.8.2010 – XII ZR 102/09, NJW 2010, 3372). Hierzu wird der Elementarunterhaltsanspruch wie ein Nettoarbeitsentgelt nach § 14 Abs. 2 SGB IV (Hochrechnung auf ein Bruttoarbeitsentgelt) behandelt.

8   Ob die Eheleute in der Ehe in einem weiter gehenden Umfang Altersvorsorge betrieben haben, ist unerheblich. Nicht die konkrete Altersvorsorge in der Ehe ist für den Altersvorsorgebedarf maßgeblich, sondern der in dem **Elementarunterhalt** zum Ausdruck kommende Lebensstandard soll für das Alter – mit den erwähnten altersbedingten Einschränkungen – gesichert werden. Ein Abstellen auf die voraussichtliche Gesamtversorgung (NK-BGB/Schürmann § 1578 BGB Rn 127) findet im Gesetz keine Stütze und ist deshalb abzulehnen, zumal es mit kaum lösbaren praktischen Schwierigkeiten verbunden wäre (BGH 11.8.2010 – XII ZR 102/09, NJW 2010, 3372). Soweit der Elementarunterhalt nach den ehelichen Lebensverhältnissen

durch eine unverhältnismäßig hohe Altersvorsorge/Vermögensbildung unangemessen eingeschränkt worden ist, besteht die Möglichkeit zur Korrektur nach dem Grundsatz, dass sich kein Ehegatte beim nachehelichen Unterhalt an Verhältnissen festhalten lassen muss, die gemessen an den Einkommensverhältnissen zu dürftig oder auch übertrieben hoch waren (BGH 4.7.2007 – XII ZR 141/05, NJW 2008, 57; 20.11.1996 – XII ZR 70/95, NJW 1997, 735). Die Nichtberücksichtigung der Altersvorsorge/Vermögensbildung während der Ehe gilt auch für den Unterhalt aufgrund konkreter Bedarfsermittlung, deren Zweck es gerade ist, den Berechtigten von einer Teilhabe an der Vermögensbildung über den Unterhalt auszuschließen (BGH 11.8.2010 – XII ZR 102/09, NJW 2010, 3372). Andererseits wird der Altersvorsorgeunterhalt bei solchen überdurchschnittlichen wirtschaftlichen Verhältnissen der Höhe nach nicht durch die **Beitragsbemessungsgrenze** in der gesetzlichen Rentenversicherung (§ 159 SGB VI) begrenzt, wenn der Elementarunterhalt diese übersteigt (BGH 11.8.2010 – XII ZR 102/09, NJW 2010, 3372; 25.11.1998 – XII ZR 33/97, FamRZ 1999, 372).

Soweit der Elementarunterhaltsanspruch nach **§ 1578 b Abs. 1 BGB** wegen Abstellens auf einen vom ehe- **9** angemessenen abweichenden geringeren Bedarf bis hin zum angemessenen Bedarf des Berechtigten als Untergrenze herabgesetzt worden ist, folgt dem auch der Vorsorgebedarf (OLG Celle 6.8.2009 – 17 UF 210/08, NJW 2010, 79). Ein Vorsorgebedarf kann trotz eines gegebenen Elementarunterhaltsanspruchs ausgeschlossen sein oder nur eingeschränkt bestehen, wenn eine sichere **Aussicht auf eine Erbschaft oder sonstige Zuwendung** besteht, aus der der an sich durch Altersvorsorgeunterhalt zu sichernde Bedarf im Alter ganz oder teilweise bestritten werden kann (BGH 8.6.1988 – IVb ZR 68/87, NJW-RR 1988, 1282). Die Obliegenheit zum **Einsatz des Stamms solchen Vermögens** zur Bedarfsdeckung und die hiervon abhängige Frage des Anspruchs auf Altersvorsorgeunterhalt richten sich nach Billigkeitsgrundsätzen (OLG Celle 6.8.2009 – 17 UF 210/08, NJW 2010, 79). Muss ein vorhandenes Kapital, aus dem Zinseinkünfte erzielt werden, nicht verbraucht werden oder steht der Vermögensgegenstand, aus dem Einkünfte erzielt (zB durch Vermietung oder Verpachtung) oder geldwerte Nutzungsvorteile (mietfreies Wohnen) gezogen werden, auch weiterhin ggf auch wertmäßig bei einer anderen Form der Nutzung bzw bei Veräußerung zur Verfügung, so bedarf es keiner Sicherung dieser Einkünfte durch einen Altersvorsorgeunterhalt. Werden Einkünfte des Berechtigten aus einer **überobligationsmäßigen Erwerbstätigkeit** nach § 1577 Abs. BGB nur teilweise beim Bedarf und der Bedarfsdeckung berücksichtigt, so soll dies auch für den Altersvorsorgeunterhalt gelten. Dieser wird auch in einem solchen Fall auf der Grundlage des Elementarunterhaltsanspruchs ermittelt, selbst wenn tatsächlich eine weiter gehende Altersvorsorge des Berechtigten aufgrund des unterhaltsrechtlich nicht berücksichtigten Teils des Einkommens vorhanden ist (BGH 4.11.1987 – IVb ZR 81/86, NJW-RR 1988, 514). Die zusätzliche Belastung des Pflichtigen soll bei der Billigkeitsabwägung nach § 1577 Abs. 2 BGB berücksichtigt werden.

Bei **Einkünften aus geringfügiger Erwerbstätigkeit** (Minijob) ist zu beachten, dass durch den vom Ar- **10** beitgeber pauschal an die gesetzliche Rentenversicherung zu zahlenden Rentenversicherungsbeitrag von 15% (bei Minijobs in Privathaushalten: 5%) des Bruttoeinkommens der Arbeitnehmer geminderte Rentenansprüche und Wartezeitmonate erwirbt (§ 76 b SBG VI). Für Rentner, die eine Vollrente wegen Alters beziehen, fällt der Pauschalbeitrag zwar auch an, allerdings wirkt sich dieser nicht mehr positiv auf die Rente aus. Durch die freiwillige Aufstockung dieses Betrages durch den Arbeitnehmer auf den vollen Rentenversicherungsbeitrag (zurzeit 19,9%) kann er ungekürzte Anwartschaften aus dem Minijob-Einkommen erreichen (§ 168 Abs. 1 Nr. 1 b SGB VI), was allerdings den für die Dauer des Arbeitsverhältnisses bindenden Verzicht auf die Rentenversicherungsfreiheit voraussetzt (§ 5 Abs. 2 S. 2 SGB VI).

Der einfachste Weg der unterhaltsrechtlichen Berücksichtigung dieser Belastung ist der Abzug des erfor- **11** derlichen Betrages vom Einkommen des Berechtigten, was zu einer **Erhöhung des Elementarunterhalts** führt. Macht er diese Belastung dagegen als Altersvorsorgeunterhalt gegen den Pflichtigen geltend, so ist dieser Betrag von dessen Einkommen abzuziehen mit der Folge der Minderung des Elementarunterhalts (OLG Celle 7.5.1999 – 18 UF 165/97, FuR 2000, 27, noch zur alten Rechtslage, die inzwischen mehrfach geändert worden ist). Im Ergebnis unterscheiden sich beide Wege nur geringfügig, so dass die erste Methode aus praktischen Gründen (keine gesonderte Geltendmachung von Vorsorgeunterhalt) vorzuziehen ist. Problematisch ist vor dem aufgezeigten rentenrechtlichen Hintergrund die häufige Praxis, den Altersvorsorgeunterhalt nicht nur auf den an die Rentenversicherung zu zahlenden Differenzbetrag zu beschränken, sondern auf den vollen Betrag der Einkünfte aus geringfügiger Erwerbstätigkeit zu gewähren, und zwar in der Regel unter Hochrechnung zusammen mit dem Betrag des Elementarunterhaltsanspruchs auf eine Bruttobemessungsgrundlage (vgl zB BGH 11.8.2010 – XII ZR 102/09, NJW 2010, 3372). Sie beruht offensichtlich auf der früheren Rechtslage, nach der durch eine Minijob-Tätigkeit keine Rentenanwartschaften erworben werden konnten.

12 Soweit der Berechtigte seinen Elementarunterhaltsbedarf durch Einkünfte decken kann, die nicht mit einer Altersvorsorge verbunden sind und ihm im Alter nicht weiter zur Verfügung stehen (wie zB bei der Zurechnung eines fiktiven Entgelts nach § 850 h ZPO für die einem **neuen Partner erbrachten Versorgungsleistungen**), kann in Höhe des hierdurch sichergestellten Elementarunterhalts Altersvorsorgeunterhalt verlangt werden (BGH 21.4.1982 – IVb ZR 687/80, NJW 1982, 1987). Wird dagegen ein **fiktives Arbeitsentgelt** wegen Verstoßes gegen die Erwerbsobliegenheit zugerechnet, so umfasst die Fiktion auch die bei Erzielung solcher Einkünfte bestehende Altersvorsorge und steht der Geltendmachung eines Anspruchs auf Altersvorsorge entgegen.

13 Bisher kaum behandelt wird im Rahmen des Altersvorsorgeunterhalts die sog. **sekundäre Altersvorsorge** („Riester-Rente"), und zwar beim Ehegattenunterhalt in Höhe von bis zu weiteren 4% des Bruttoeinkommens (über die Beiträge zur gesetzlichen Rentenversicherung oder einer vergleichbaren Versorgung hinaus). Wird sie dem Pflichtigen gestattet, weil sie einer angemessenen Altersvorsorge im Hinblick auf die wegen des demographischen Wandels der Altersstruktur der Bevölkerung und der gestiegenen Dauer des Rentenbezuges vorgenommenen Änderungen in den gesetzlichen Altersversorgungssystemen entspricht, so gibt es keine Gründe, sie dem Berechtigten zu versagen (Palandt/Brudermüller § 1578 BGB Rn 70; Kalthoener/Büttner/Niepmann Rn 419; offen gelassen in BGH 11.8.2010 – XII ZR 102/09, NJW 2010, 3372). Soweit Bedenken gegen eine Berücksichtigung der sekundären Altersvorsorge angemeldet werden mit dem Hinweis auf die ohnehin erhebliche Zusatzbelastung des Pflichtigen durch den Altersvorsorgeunterhalt (NK-BGBFamR/Schürmann § 1578 BGB Rn 127), vermag dies nicht zu überzeugen. Ob eine erhebliche Zusatzbelastung vorliegt, lässt sich nicht abstrakt, sondern allenfalls im Einzelfall aufgrund einer Gesamtschau des Ergebnisses beurteilen. Im Übrigen wird dabei übersehen, dass der Pflichtige, dem der Abzug der Kosten seiner eigenen sekundären Altersvorsorge gestattet wird, ohnehin eine seinen aktuellen Lebensbedarf übersteigende Altersvorsorge betreibt, wenn diese auf sein gesamtes Bruttoeinkommen (einschließlich des für den Unterhalt des Berechtigten zur Verfügung zu stellenden Teils) bezogen ist.

III. Höhe des Anspruchs

14 Die Höhe des Altersvorsorgebedarfs/-anspruchs wird in der Regel in einer **zweistufigen Berechnung** ermittelt und knüpft dabei, abgesehen von Ausnahmefällen, an den Elementarunterhaltsbedarf an. Mit dieser Berechnungsweise soll die Einhaltung des beim Ehegattenunterhalt geltenden **Halbteilungsgrundsatzes** (modifiziert durch die jeweilige Bedarfsquote) gewährleistet werden (BGH 8.6.1988 – IVb ZR 68/87, NJW-RR 1988, 1282). Damit soll verhindert werden, dass dem Berechtigten im Ergebnis mehr Mittel für seinen Lebensbedarf zur Verfügung stehen als dem Pflichtigen. Eine solche Situation könnte eintreten, wenn der Pflichtige den Altersvorsorgeunterhalt zusätzlich zum ungekürzten Elementarunterhalt und somit letztlich allein zulasten seines eigenen Elementarunterhaltsbedarfs bestreiten müsste. Daher wird in dem zweistufigen Berechnungsverfahren der zunächst auf die übliche Weise ermittelte – vorläufige – Elementarunterhalt des Berechtigten fiktiv in ein entsprechendes Bruttoeinkommen umgerechnet. Auf dieser Basis wird entsprechend dem jeweiligen Beitragssatz der gesetzlichen Rentenversicherung der Altersvorsorgeunterhaltsbedarf festgestellt und vom bereinigten Nettoeinkommen des Pflichtigen abgezogen. Schließlich wird unter Einstellung des auf die vorstehende Weise gekürzten Nettoeinkommens des Pflichtigen der – endgültige – Elementarunterhalt festgestellt.

Die fiktive Umrechnung des vorläufigen Elementarunterhalts in ein entsprechendes Bruttoeinkommen erfolgt in der Praxis nach der **Bremer Tabelle** (FamRZ 2013, 357), die wegen der mit ihr vorgenommenen Pauschalierung zu einer geringen Abweichung gegenüber dem Betrag führt, der sich bei einem Abstellen

Finke

auf die konkreten Steuer- und Sozialversicherungsabzüge/-beiträge ergeben würde. Diese Methode wird vom Bundesgerichtshof in ständiger Rechtsprechung gebilligt und praktiziert.

Beispiel:

1. Stufe:	Einkommen Pflichtiger:	3.500 EUR
	Einkommen Berechtigter:	1.400 EUR
	3/7 der Einkommensdifferenz von 2.100 EUR	**vorläufiger** Elementarunterhalt: 900 EUR
	Hochrechnung nach Bremer Tabelle: 900 EUR + 15 %	fiktives Bruttoeinkommen: 1.035 EUR
	Beitragssatz der gesetzlichen Rentenversicherung: 18,9 %	**Vorsorgeunterhalt**: 196 EUR
2. Stufe:	Einkommen des Pflichtigen abzüglich des errechneten	
	Vorsorgeunterhalts: 3.500 EUR ./. 196 EUR	3.304 EUR
	Einkommen des Berechtigten	1.400 EUR
	3/7 der Einkommensdifferenz von 1.904 EUR	**endgültiger** Elementarunterhalt: 816 EUR

Ergebnis: Der Unterhaltsanspruch erhöht sich durch die Geltendmachung des Altersvorsorgeunterhalts auf 1.012 EUR. Dies sind 112 EUR mehr als bei Geltendmachung lediglich des Elementarunterhalts. Die Mehrbelastung des Pflichtigen von 112 EUR entspricht 4/7 des Altersvorsorgeunterhalts von 196 EUR. Die restlichen 84 EUR, dh 3/7 von 196 EUR, trägt der Berechtigte durch Kürzung seines Elementarunterhaltsanspruchs um diesen Betrag.

Der Pflichtige behält für seinen Elementarbedarf: 3.500 EUR ./. 816 EUR ./. 196 EUR = 2.488 EUR;

der Berechtigte hat für seinen Elementarbedarf: 1.400 EUR + 816 EUR = 2.216 EUR;

der Halbteilungsgrundsatz ist nicht verletzt.

Zur Berechnung des Altersvorsorgeunterhalts bei einem **Wohnvorteil** auf Seiten des Berechtigten, für dessen Anteil am Elementarunterhalt kein Anspruch auf Altersvorsorgeunterhalt besteht, vgl BGH 20.10.1999 – XII ZR 297/97, NJW 2000, 284.

Aus dem Zweck der zweistufigen Berechnung, eine übermäßige Belastung des Pflichtigen und insbesonde- **15** re eine Verletzung des Halbteilungsgrundsatzes zu vermeiden, ergibt sich auch die Grenze ihrer Anwendung. Ist der Pflichtige aufgrund seiner günstigen wirtschaftlichen Verhältnisse in der Lage, den Altersvorsorgebedarf des Berechtigten ohne Beeinträchtigung seines angemessenen Unterhalts zu befriedigen, so bedarf es nicht der zweistufigen Berechnung. Eine **einstufige Berechnung** kommt demnach dann in Betracht, wenn der Pflichtige nur einen Teil seines Einkommens für den Unterhalt einsetzen muss, wie dies bei der konkreten Bedarfsbestimmung regelmäßig der Fall ist, da sie davon ausgeht, dass bei besonders guten wirtschaftlichen Verhältnissen die Eheleute nicht ihr gesamtes Einkommen für ihren Lebensbedarf ausgeben (BGH 11.8.2010 – XII ZR 102/09, NJW 2010, 3372). Der Einsatz nur eines Teils der Einkünfte des Pflichtigen für den Unterhalt ist indes nicht auf besonders günstige wirtschaftliche Verhältnisse beschränkt. Eine solche Situation kann auch dann gegeben sein, wenn der Berechtigte bedarfsdeckend Einkommen oder Vermögen einsetzen muss, welches bei der Bedarfsermittlung unberücksichtigt geblieben ist (zB bei einer Erbschaft oder sonstigem Vermögen, welches die ehelichen Lebensverhältnisse nicht geprägt hat). In diesen Fällen der Anrechnungsmethode wird der Pflichtige entsprechend entlastet, so dass eine höhere Leistungsfähigkeit besteht, die beim Vorsorgeunterhalt berücksichtigt werden kann (BGH 25.11.1998 – XII ZR 33/97, NJW-RR 1999, 297).

IV. Durchsetzung des Anspruchs

Der Altersvorsorgeunterhalt ist gegenüber dem Elementarunterhalt und auch dem Krankenvorsorgeunter- **16** halt **nachrangig**, da eine Altersvorsorge erst in Betracht kommt, wenn die Grundbedürfnisse des täglichen Lebens sichergestellt sind. Daher entfällt der Anspruch auf Altersvorsorgeunterhalt, soweit dem Berechtigten ansonsten keine ausreichenden Mittel zur Deckung seines Existenzminimums verbleiben (BGH 25.3.1987 – IVb ZR 32/86, NJW 1987, 2229). Für die Vergangenheit kann Altersvorsorgeunterhalt nicht erst von dem Zeitpunkt an verlangt werden, in dem er ausdrücklich geltend gemacht worden ist. Vielmehr kann der Berechtigte diesen Unterhalt **ab dem Verzugszeitpunkt**, ggf durch eine Stufenmahnung, beanspruchen (BGH 22.11.2006 – XII ZR 24/04, NJW 2007, 511). Der Berechtigte kann grundsätzlich **Zahlung** des Altersvorsorgeunterhalts **an sich selbst** verlangen. Er ist nicht verpflichtet, mit der Geltendmachung des Anspruchs eine bestimmte Verwendung darzulegen (BGH 26.5.1982 – IVb ZR 715/80, NJW 1982, 1983). Allerdings obliegt es ihm, den Altersvorsorgeunterhalt bestimmungsgemäß zu verwenden, dh zum Aufbau bzw zur Erweiterung einer Altersvorsorge, wobei die Form dieser Vorsorge in seinem Ermessen steht. Da der Versicherungsgedanke im Vordergrund steht, ist in erster Linie an freiwillige Beiträge zur gesetzlichen Rentenversicherung oder für eine Lebensversicherung bzw für eine sog. Riester-Rente zu denken. Ob die Bildung von Kapital auf einem normalen Sparkonto ausreicht, erscheint fraglich, da es eine deutlich niedrigere Rendite als die anderen Vorsorgemöglichkeiten bietet. Der Pflichtige kann die Zahlung an einen Dritten als Träger der Altersversorgung (zB Renten- oder Lebensversicherung) nur dann verlangen, wenn hinreichende Anhaltspunkte für eine zweckwidrige Verwendung des Altersvorsorgeunterhalts durch den Berechtigten vorliegen. Dies erfolgt ggf im Abänderungsverfahren (BGH 25.3.1987 – IVb ZR 32/86, NJW 1987, 2229). Zu den Folgen einer zweckwidrigen Verwendung s. → *Altersunterhalt* Rn 17.

17 Da der Altersvorsorgeunterhalt unselbstständiger Teil des Gesamtunterhaltsanspruchs ist, reicht es aus, wenn er zumindest in der Begründung des Antrags beziffert wird, da er nicht von Amts wegen zugesprochen wird (BGH 3.4.1985 – IVb ZR 19/84, NJW 1985, 1701). Für das Gericht besteht eine **Bindung an den Antrag** lediglich hinsichtlich des Gesamtbetrages, nicht aber hinsichtlich der Aufteilung durch den Antragsteller in Elementar- und Vorsorgeunterhalt (BGH 26.5.1982 – IVb ZR 715/80, NJW 1982, 1983). Das Gericht kann also zu einer anderen Aufteilung kommen und entsprechend entscheiden, ohne dass es hierzu einer Umstellung des Antrags bedarf. Es hat im **Tenor** der Entscheidung die Aufteilung anzugeben, da der Unterhaltsbetrag für den Berechtigten einer entsprechenden Zweckbindung unterliegt (BGH 6.10.1982 – IVb ZR 311/81, NJW 1983, 1547). Der Altersvorsorgeunterhalt kann isoliert mit einem **Teilantrag** (BGH 3.4.1985 – IVb ZR 19/84, NJW 1985, 1701) geltend gemacht werden, zB bei freiwilliger Zahlung des Elementarunterhalts und/oder bei Titulierung des Elementarunterhalts durch eine vollstreckbare Urkunde seitens des Pflichtigen.

18 Hat es der Berechtigte dagegen im Unterhaltsverfahren unterlassen, den Altersvorsorgeunterhalt geltend zu machen, ohne den Antrag als Teilantrag zu bezeichnen, so ist es ihm verwehrt, dies mit einem Nachforderungs-/Leistungsantrag nachzuholen, da ohne entsprechenden Vorbehalt des Antragstellers davon auszugehen ist, dass in dem Vorverfahren der gesamte Unterhalt und nicht nur ein Teilbetrag tituliert worden ist (BGH 3.4.1985 – IVb ZR 19/84, NJW 1985, 1701). Auch mit einem **Abänderungsantrag** nach § 238 FamFG kann die nachträgliche Titulierung des Altersvorsorgeunterhalts erst erreicht werden, wenn der Abänderungsantrag aufgrund der Änderung sonstiger Umstände zulässig ist, da die Abänderung aufgrund von Präklusion (§ 238 Abs. 2 FamFG) nicht darauf gestützt werden kann, dass die Titulierung des Altersvorsorgeunterhalts bisher unterblieben ist. Die Rechtskraft des früheren Titels steht einer Berücksichtigung des Altersvorsorgeunterhalts im Rahmen eines aus anderen Gründen zulässigen Abänderungsverfahrens nicht entgegen, da sich der frühere Titel nur darauf bezieht, ob und in welchem Umfang dem Berechtigten Elementarunterhalt zustand, und er einen möglichen weiter gehenden Anspruch auf der Basis des Altersvorsorgebedarfs überhaupt nicht behandelt hat. Als Antragsgegner im Abänderungsverfahren kann sich der Berechtigte zur Verteidigung des Titels immer auf den in dem Vorverfahren nicht geltend gemachten Altersvorsorgeunterhalt berufen, da auch in diesem Fall die Rechtskraft der früheren Entscheidung nicht berührt wird.

9. Änderung von Entscheidungen in Kindschaftssachen

Wegener

I. Einführung 1
II. Änderung von Entscheidungen nach
  § 1696 BGB 3
  1. Zeitpunkt der veränderten Umstände 3
  2. Änderbare Entscheidungen 7
  3. Abgrenzungen zu anderen Vorschriften 10
  4. Regelungsinhalt Kindeswohl 15
III. Änderungsverfahren 20
  1. Zuständigkeit 20
  2. Antragserfordernis 21
  3. Amtsermittlung 25

4. Verfahren 26
5. Entscheidung 27
  a) Hauptsacheentscheidung 28
  b) Einstweilige Anordnung 31
6. Kostenentscheidung 33
7. Rechtsmittel 34
8. Streitwert 36
9. Gebühren und Vergütung 38
  a) Gerichtsgebühren 38
  b) Rechtsanwaltsvergütung 39

I. Einführung

Um dem Kindeswohlprinzip zu jeder Zeit gerecht zu werden, bedarf es einer Möglichkeit, bereits abge- **1** schlossene Verfahren, die den Regelungsbereich des Sorgerechts und Umgangsrechts zum Gegenstand haben, ändern zu können. Dadurch wird das wesentliche Prinzip in allen Kindschaftssachen realisiert. Es wird dem **Kindeswohlprinzip** nach § 1697 a BGB Rechnung getragen (s. → *Elterliches Sorgerecht* Rn 8). Kinder entwickeln sich weiter, oftmals in einem erstaunlichen Tempo und Ausmaß. Jede gerichtliche Entscheidung oder gerichtlich gebilligte Einigung ist zu ändern, wenn die Kindesentwicklung dies erfordert.

Während § 1696 BGB die materielle Rechtsgrundlage für die Änderung von Entscheidungen darstellt, sind **2** in § 166 FamFG (Hauptsacheverfahren) und in § 54 FamFG (einstweilige Anordnungen) die verfahrensrechtlichen Änderungsmöglichkeiten geregelt.

II. Änderung von Entscheidungen nach § 1696 BGB

1. Zeitpunkt der veränderten Umstände

Jede gerichtliche Entscheidung zum Sorge- oder Umgangsrecht und jeder gerichtlich gebilligte Vergleich **3** kann Gegenstand eines **Änderungsverfahrens** sein. Voraussetzung ist, dass gegen die zu ändernde Entscheidung kein Rechtsmittel mehr möglich ist. Es muss also formelle **Bestandskraft** vorliegen. Ist ein Rechtsmittel (Beschwerde und Rechtsbeschwerde) noch möglich, muss dieses ergriffen werden. Die Abänderung nach § 1696 BGB ist nachrangig (vgl NK-BGB/Harms § 1696 BGB Rn 6).

Die Gründe, die eine Änderung rechtfertigen sollen, müssen nicht in jedem Falle erst nach der Bestands- **4** kraft entstanden sein. Eine Änderung kann auch mit einem Sachverhalt begründet werden, der zu diesem Zeitpunkt schon vorgelegen, den das mit der Entscheidung befasste Gericht aber übersehen hat. Dies liegt in der Besonderheit von Kindschaftssachen begründet. So hat der Bundesgerichtshof entschieden, in Sorgerechtssachen sei für den Einwand der rechtskräftig entschiedenen Sache kein Raum. Die Fürsorge gegenüber dem Minderjährigen hat stets Vorrang vor der Endgültigkeit einer einmal getroffenen Entscheidung. Sorgerechtsentscheidungen sind daher der **materiellen Rechtskraft** nicht fähig (BGH 28.5.1986 – IVb ZB 36/84, NJW-RR 1986, 1130). Dem schließt sich das OLG Rostock an und ändert eine bestandskräftige Sorgerechtsentscheidung ab, wenn sie „erkennbar fehlerhaft" ist (OLG Rostock 8.12.2005 – 11 UF 39/05, FamRZ 2007, 1352).

Soll dagegen nur eine neue Entscheidung herbeigeführt werden, obwohl sich die Umstände nicht geändert **5** haben, ist ein Änderungsverfahren unzulässig.

Oftmals ändert sich der Wille des Kindes. Ist der geänderte **Kindeswille** ernsthaft, nachhaltig und auch **6** nachvollziehbar, kann er ein Änderungsverfahren rechtfertigen. Das OLG Hamm hat dies selbst dann bejaht, wenn eine 13 ½-Jährige in der Vergangenheit ihren Willen bereits mehrfach geändert hatte (OLG Hamm 10.5.2004 – 8 UF 19/04, FamRZ 2005, 746).

2. Änderbare Entscheidungen

7   Jede bestandskräftige Entscheidung eines Gerichts kann abgeändert werden, soweit diese sich mit dem Umgangs- und Sorgerecht befasst. Die Neufassung des § 1696 Abs. 1 S. 2 BGB verweist aber für den Fall einer Änderung der (neu eingeführten) Übertragung des gemeinsamen Sorgerechts **nicht miteinander verheirateter Eltern** auf § 1671 Abs. 1 BGB. Begehrt also einer der beiden nicht miteinander verheirateten Eltern eine Sorgerechtsentscheidung und damit die Änderung der Ausgangsentscheidung nach § 1626 a Abs. 2 BGB, ist nicht § 1696 BGB anwendbar, sondern § 1671 Abs. 1 BGB. Damit soll für die zu treffende Sorgerechtsentscheidung der gleiche Maßstab Anwendung finden, wie im Falle getrennt lebender verheirateter Eltern. In diesen Fällen findet daher der strengere Maßstab des § 1696 Abs. 1 S. 1 BGB (Rn 16) keine Anwendung.

8   Nach § 1696 Abs. 1 S. 1 BGB können auch gerichtlich gebilligte **Vergleiche** abgeändert werden. Diese sind nach § 156 Abs. 2 FamFG nur in den Teilbereichen **Umgangsrecht** und **Herausgabe** des Kindes möglich. Ein solcher gerichtlich gebilligter Vergleich ist Vollstreckungstitel, § 86 Abs. 1 Nr. 2 FamFG.

9   Unklar ist die Situation, soweit es um eine **Sorgerechtsregelung** geht. Eltern können sich auch in allen Fragen des Sorgerechts einigen (s. → *Elternvereinbarungen* Rn 2 ff). So steht einer Einigung über das **Aufenthaltsbestimmungsrecht** nichts im Wege. Dies kann auch durchaus im Rahmen eines gerichtlichen Vergleichs erfolgen. Darin ist eine Gestaltung des Sorgerechts durch die Eltern zu sehen. Dennoch ist ein solcher Vergleich nicht von § 1696 Abs. 1 S. 1 BGB erfasst. Aus den §§ 1671, 1672, 1680 Abs. 2, 3 BGB folgt, dass die Übertragung des Sorgerechts auf einen Elternteil einer gerichtliche Entscheidung bedarf. Der Bundesgerichtshof hat in einem solchen Fall klargestellt, dass solche Vereinbarungen nicht unmittelbar unter § 1696 BGB fallen. Der in der Vereinbarung zum Ausdruck gekommene Wille der Eltern müsse aber vom Gericht in einer Sorgerechtsentscheidung nach § 1671 BGB berücksichtigt werden (BGH 16.3.2011 – XII ZB 407/10, NJW 2011, 2360).

3. Abgrenzungen zu anderen Vorschriften

10 Bevor das Gericht eine Entscheidung wegen Kindeswohlgefährdung (s. → *Entzug des Sorgerechts* Rn 9 f) nach § 1666 BGB in Erwägung zieht, ist vorrangig zu prüfen, ob eine Abänderung nach § 1696 BGB in Betracht kommt. Bevor also beispielsweise einem Elternteil aus Gründen der **Kindeswohlgefährdung** das Sorgerecht entzogen werden kann, ist vorrangig nach § 1696 Abs. 1 BGB zu prüfen, ob die Gefährdungslage durch Übertragung des Sorgerechts auf den anderen Elternteil beseitigt werden kann.

11 Wenn die elterliche Sorge wegen tatsächlicher **Verhinderung** ruht, geht das Sorgerecht gem. § 1678 Abs. 1 BGB nicht automatisch auf den anderen Elternteil über. Gleichwohl übt der andere Elternteil in dieser Zeit das Sorgerecht alleine aus (s. → *Ruhen des Sorgerechts* Rn 1). Dies gilt aber nicht, wenn bei nicht miteinander verheirateten Eltern es bei der alleinigen Sorge der Mutter verblieben ist, § 1678 Abs. 1 Hs 2 BGB, oder die elterliche Sorge einem Elternteil gem. § 1671 BGB übertragen worden ist. Ruht die elterliche Sorge der nach § 1626 a Abs. 3 BGB allein sorgeberechtigten Mutter oder des Elternteils, dem die alleinige Sorge nach § 1671 BGB übertragen worden war, kommt nach § 1678 Abs. 2 BGB eine Übertragung der elterlichen Sorge auf den Vater bzw den anderen Elternteil in Betracht. Wenn aber das alleinige Sorgerecht aufgrund einer gerichtlichen Entscheidung nach § 1671BGB ruht, kann eine Sorgerechtsübertragung nur im Rahmen des § 1696 Abs. 1 BGB in Form der Abänderung erfolgen. In diesen Fällen gibt es unterschiedliche **Prüfungsmaßstäbe**. Während in § 1696 Abs. 1 BGB das Wohl des Kindes nachhaltig berührende Gründe vorausgesetzt werden, ist der Prüfungsmaßstab in § 1678 Abs. 2 BGB geringer, indem nur an das Kindeswohl angeknüpft wird. Dies ist ein Widerspruch, weil in dem Fall, in dem eine Entscheidung nach § 1671 BGB vorausging, ursprünglich beide Eltern sorgeberechtigt gewesen waren, während dies bei der ursprünglich allein sorgeberechtigten Mutter gem. 1678 Abs. 2 BGB gerade nicht der Fall war. Dieser Widerspruch ist dahin aufzulösen, dass im Hinblick auf den anderen Elternteil entgegen dem Wortlaut des § 1696 Abs. 1 BGB nur eine **negative Kindeswohlprüfung** erfolgt (vgl NK-BGB/Harms § 1696 BGB Rn 9).

Stirbt der Elternteil, dem die alleinige Sorge zustand, stellt § 1696 Abs. 1 S. 3 BGB klar, dass die Regelungen in §§ 1680 Abs. 2, 1681 Abs. 1 und Abs. 2 BGB mit ihrem geringeren Prüfungsmaßstab als lex specialis vorrangig sind. In solchen Fällen ist das Sorgerecht dem überlebenden Elternteil zu übertragen, solange dies nicht dem **Kindeswohl widerspricht**. Es ist also nicht festzustellen, ob die Übertragung auf den anderen Elternteil durch triftige, das Wohl des Kindes nachhaltig berührende Gründe gerechtfertigt ist (s. → *Elterliches Sorgerecht* Rn 20 ff). 12

Wird einem **Elternteil** bei gemeinsamer elterlicher Sorge oder dem Elternteil, dem die alleinige Sorge zustand, das Sorgerecht entzogen, gilt das Entsprechende wie im Falle des Todes des allein sorgeberechtigten Elternteils (§ 1680 Abs. 3 BGB). Das Sorgerecht wird vom anderen Elternteil alleine ausgeübt oder dem bisher nicht sorgeberechtigten Elternteil übertragen, wenn dies dem Kindeswohl dient. War dem anderen Elternteil aber zuvor aufgrund gerichtlicher Entscheidung gem. § 1671 BGB das Sorgerecht entzogen worden, liegt kein Fall des § 1680 Abs. 3 BGB vor. In diesem Fall ist nach § 1696 Abs. 1 BGB vorzugehen. Die ursprüngliche Entscheidung über den Entzug des Sorgerechts muss aufgrund der geänderten Umstände einer Überprüfung unterzogen werden. Allerdings ist in diesem Fall der Prüfungsmaßstab wie beim Ruhen der elterlichen Sorge (Rn 11) gem. § 1678 Abs. 2 BGB dahin gehend anzupassen, dass nur eine negative Kindeswohlprüfung stattfindet (vgl NK-BGB/Harms § 1696 BGB Rn 11). 13

Das Gericht kann den Umgang oder den Vollzug früherer **Umgangsentscheidungen** nach § 1684 Abs. 4 BGB einschränken oder ausschließen. Dies gilt entsprechend beim Umgang mit anderen **Bezugspersonen**, § 1685 Abs. 3 S. 1 BGB. Diese Vorschriften sind lex specialis zu § 1696 Abs. 1 BGB und haben daher Vorrang. Hat das Gericht eine solche einschränkende oder ausschließende Entscheidung getroffen, handelt es sich um eine kindesschutzrechtliche Maßnahme. Die Aufhebung dieser Entscheidung richtet sich daher nach § 1696 Abs. 2 BGB. 14

4. Regelungsinhalt Kindeswohl

Auch im Abänderungsverfahren ist das **Kindeswohl** der die Entscheidung prägende Maßstab und damit erster Anknüpfungspunkt, § 1697 a BGB. Dies gilt gleichermaßen für Sorgerechts- wie auch für Umgangsrechtsverfahren. Es findet die gleiche Abwägung statt wie in allen Entscheidungen zum Umgangs- und Sorgerecht (s. → *Elterliches Sorgerecht* Rn 8 ff). 15

Als zweiter Anknüpfungspunkt müssen **triftige, das Kindeswohl nachhaltig berührende Gründe** vorliegen, um eine Abänderung zu rechtfertigen. Die Hürde für eine Abänderung liegt also höher als im Rahmen der Ausgangsentscheidung. So findet sich in § 1671 Abs. 1 S. 2 Nr. 2 BGB die Formulierung, „dem Wohl des Kindes am besten entspricht". Der gesetzliche Maßstab ist bei der Abänderung („triftige, das Kindeswohl nachhaltig berührende Gründe") also deutlich strenger. Es ist jeweils festzustellen, ob die Vorteile einer Neuregelung die mit der Änderung verbundenen Nachteile deutlich überwiegen (vgl NK-BGB/Harms § 1696 BGB Rn 23). Kinder haben ein besonderes Bedürfnis nach **Stabilität** der Lebens- und Erziehungsbedingungen. Deshalb soll eine einmal erfolgte Zuordnung der elterlichen Sorge nicht beliebig aufgerollt werden können (OLG Braunschweig 12.6.2001 – 1 UF 227/00, FamRZ 2002, 121). Damit wird der gewünschten **Kontinuität** einer einmal getroffenen Entscheidung Rechnung getragen. Dies führt auf der anderen Seite dazu, dass mit zunehmendem Zeitablauf eine abändernde Entscheidung unter dem Gesichtspunkt der Kontinuität immer unwahrscheinlicher wird (OLG Oldenburg 15.6.2012 – 3 UF 37/12, FamRZ 2013, 235). 16

Weder der **Wunsch** der **Eltern** noch der des **Kindes** kann alleinige Entscheidungsgrundlage sein, wohl aber in die Entscheidung mit einfließen. Wollen die Eltern übereinstimmend eine neue Sorgeregelung, muss das Gericht diesem Wunsch entsprechen, es sei denn, triftige Gründe des Kindeswohls sprechen dagegen (NK-BGB/Harms § 1696 BGB Rn 32). 17

Als dritter Anknüpfungspunkt muss die Änderung der Ausgangsentscheidung bzw des gerichtlich gebilligten Vergleichs angezeigt sein. Damit wird klargestellt, dass es bei Vorliegen der Voraussetzungen nicht im **Ermessen** des Gerichts steht, eine Abänderungsentscheidung zu erlassen. 18

Wegener

19   Auch die Veränderung der Rechtslage, sei es aufgrund von Gesetzesänderungen, sei es wegen Änderung der höchstrichterlichen Rechtsprechung, können ein Abänderungsverlangen begründen. Als alleinige Begründung eines Abänderungsverlangens wird dies aber nicht ausreichen (OLG Braunschweig 12.6.2001 – 1 UF 227/00, FamRZ 2002, 121).

III. Änderungsverfahren

1. Zuständigkeit

20   Sachlich zuständig sind die **Familiengerichte**. Es handelt sich jeweils um eine **Kindschaftssache** gem. § 111 Nr. 2 FamFG. Die örtliche Zuständigkeit ergibt sich aus § 152 FamFG. Grundsätzlich ist das Gericht zuständig, in dem das Kind seinen gewöhnlichen Aufenthalt hat, § 152 Abs. 2 FamFG. Während der Anhängigkeit einer Ehesache vor einem deutschen Gericht ist für gemeinsame Kinder der Eheleute das Gericht des ersten Rechtszuges der Ehesache zuständig, § 152 Abs. 1 FamFG. Lässt sich die Zuständigkeit eines deutschen Gerichtes danach nicht begründen, weil das Kind in Deutschland keinen gewöhnlichen Aufenthalt hat und eine Ehesache seiner Eltern nicht anhängig ist, ist das Gericht am Ort des Fürsorgebedürfnisses gem. § 152 Abs. 3 FamFG zuständig.

2. Antragserfordernis

21   § 166 FamFG sieht keine besonderen Antragserfordernisse vor. Die Vorschrift verweist auf § 1696 BGB. Daher gelten die **gleichen Voraussetzungen wie im Erstverfahren**. Dies gilt auch für die Antragsbegründung.

22   So bedarf es bei zu ändernden Entscheidungen eines Antrages des Elternteils, der eine Änderung begehrt. Insoweit gilt das Gleiche wie in den Fällen, in denen ein Elternteil gem. § 1671 BGB eine Sorgerechtsentscheidung begehrt.

23   Der **Antrag** ist schriftlich oder zu Protokoll der Geschäftsstelle zu stellen, § 25 Abs. 1 FamFG. Die Vertretung durch einen Rechtsanwalt ist nicht zwingend erforderlich, was aus § 114 Abs. 1 u. Abs. 2 FamFG folgt. Es handelt sich weder um eine Ehesache oder Folgesache (Verbundverfahren) noch um eine Familienstreitsache.

24   Wie in allen anderen Fällen, in denen das Gericht von Amts wegen tätig wird, zB in den Fällen der §§ 1666–1667 BGB, leitet das Gericht auch das Änderungsverfahren **von Amts wegen** ein, wenn entsprechende Tatsachen gerichtsbekannt werden. Dennoch sind auch in diesen Amtsverfahren Anträge der Beteiligten möglich, die gem. § 24 Abs. 1 FamFG als Anregung zur Einleitung eines Verfahrens zu behandeln sind.

3. Amtsermittlung

25   In allen Fällen gilt der Grundsatz der Amtsermittlung nach § 26 FamFG. Das Gericht hat unter Mitwirkung der Beteiligten (§ 27 FamFG) alle für die Entscheidung notwendigen Tatsachen selbst zu erforschen. Die **objektive Feststellungslast** nicht aufklärbarer Umstände, die eine Änderung nach § 1696 BGB rechtfertigen, trägt derjenige, der sich auf die Änderung beruft. Dies gilt beispielsweise dann, wenn der betreffende Antragsteller sich weigert, an einer Begutachtung mitzuwirken (OLG Frankfurt/M. 17.1.2013 – 4 UF 143/12, FamRZ 2013, 1238).

4. Verfahren

26   Es gelten alle einschlägigen Verfahrensgrundsätze des Verfahrens in Kindschaftssachen nach §§ 151 ff FamFG (s. → *Familiengerichtliches Verfahren* Rn 3).

5. Entscheidung

27   Die Rechtslage unterscheidet sich dahin gehend, ob in der Hauptsache entschieden wurde oder im Rahmen einer einstweiligen Anordnung.

a) Hauptsacheentscheidung. Erweisen sich die Voraussetzungen als gegeben, ändert das Gericht die ur- 28 sprüngliche Entscheidung ab, § 1696 Abs. 1 BGB. Handelt es sich bei der ursprünglichen Entscheidung um eine kindesschutzrechtliche Maßnahme der §§ 1666–1667 BGB, ist die Entscheidung aufzuheben, wenn die ursprünglichen Voraussetzungen nicht mehr vorliegen.

Das Gericht muss nach § 166 Abs. 2 FamFG in diesen Fällen regelmäßig von Amts wegen aktiv werden, 29 um zu überprüfen, ob die kinderschutzrechtliche Maßnahme noch erforderlich ist oder geändert werden muss. Welche **Überprüfungsintervalle** angemessen sind, ist am einzelnen Fall und der getroffenen Maßnahme auszurichten. Grundsätzlich wird ein Überprüfungsintervall von drei Monaten angemessen sein (Zöller/Lorenz § 166 FamFG Rn 4). In § 166 Abs. 3 FamFG hat der Gesetzgeber diesen Zeitabstand als Regel vorgegeben.

Hat das Gericht in Verfahren nach den §§ 1666–1667 BGB davon abgesehen, Maßnahmen anzuordnen, so 30 ist in Zeitabständen von in der Regel drei Monaten zu überprüfen, ob nicht doch noch Maßnahmen angeordnet werden müssen.

b) Einstweilige Anordnung. Für die **Änderung** einer Entscheidung, die im Rahmen einer einstweiligen 31 Anordnung erging, ist § 166 FamFG unanwendbar. In einem solchen Fall ist § 54 FamFG einschlägig und vorrangig. Ist ohne mündliche Verhandlung entschieden worden, kann die Durchführung einer mündlichen Verhandlung und Neuverbescheidung verlangt werden, § 54 Abs. 2 FamFG. Den Antrag kann jeder Beteiligte iSd § 7 FamFG stellen. Ist Inhalt der einstweiligen Anordnung eine Sorgerechtsentscheidung oder eine Entscheidung über die Herausgabe des Kindes, ist sie (ausnahmsweise) nach § 57 S. 2 Nr. 1, 2 FamFG **beschwerdefähig.** Dies gilt auch, wenn nur ein Teilbereich der elterlichen Sorge betroffen ist, beispielsweise das Aufenthaltsbestimmungsrecht (Zöller/Lorenz § 57 FamFG Rn 6). Eine Entscheidung zum Umgang ist nicht beschwerdefähig.

Nach § 52 FamFG kann (und sollte) in jedem Fall verlangt werden, dass ein **Hauptsacheverfahren** einge- 32 leitet wird. Den Antrag kann jeder Beteiligte stellen, § 52 Abs. 1 S. 1 FamFG. Der in diesem Verfahren zu erlassende Beschluss kann wiederum grundsätzlich nach § 166 FamFG geändert werden.

6. Kostenentscheidung

Da es sich um eine Familiensache handelt, ist im **Endbeschluss** (§ 82 FamFG) über die **Kosten** gem. § 81 33 Abs. 1 S. 3 FamFG zu entscheiden. Liegen die Voraussetzungen im Rahmen des § 81 Abs. 2 FamFG vor, können einem Beteiligten die Kosten ganz oder teilweise auferlegt werden, nicht jedoch dem – vertretenen – Kind, § 81 Abs. 3 FamFG. Das Gericht kann auch anordnen, dass Kosten nicht erhoben werden, § 81 Abs. 1 S. 2 FamFG. Damit sind nur **Gerichtskosten** nach dem FamGKG gemeint, nicht aber die Anwaltskosten.

7. Rechtsmittel

Der Beschluss unterliegt der befristeten **Beschwerde** nach §§ 58 ff FamFG. Da es sich nicht um vermö- 34 gensrechtliche Angelegenheiten handelt, ist gem. § 61 Abs. 1 FamFG jede Entscheidung **beschwerdefähig** (s. → *Beschwerdeverfahren* Rn 31). Ist ein betroffenes Kind bereits 14 Jahre alt, steht ihm ein eigenes Beschwerderecht zu, § 60 S. 3 FamFG. Eine **Rechtsbeschwerde** gegen die Entscheidung des Oberlandesgerichts als Beschwerdegericht kommt gegebenenfalls gem. §§ 70 ff FamFG in Betracht.

Für die Einlegung einer Beschwerde und die Durchführung des Beschwerdeverfahrens ist die Vertretung 35 durch einen Rechtsanwalt nicht zwingend erforderlich, § 114 Abs. 1 FamFG. Die Rechtsbeschwerde kann nur durch einen beim Bundesgerichtshof zugelassenen Rechtsanwalt wirksam erhoben werden, § 114 Abs. 2 FamFG.

8. Streitwert

Das Änderungsverfahren ist eine Kindschaftssache im Sinne des Kostenrechts. Es gilt deshalb der pauscha- 36 lierte **Verfahrenswert** von 3.000 EUR gem. § 45 Abs. 1 FamGKG, und zwar unabhängig davon, wie viele

Kinder betroffen sind, § 45 Abs. 2 FamGKG. Liegen besondere Umstände vor, die zur **Unbilligkeit** des Pauschalwertes führen, kann das Gericht den Streitwert anderweitig festsetzen. Eine Herabsetzung kommt nur in besonders unterdurchschnittlich gelagerten Fällen in Betracht. Ist im Rahmen der Bewilligung von Verfahrenskostenhilfe ein Rechtsanwalt beigeordnet worden, kann wegen § 78 Abs. 2 FamFG von vorneherein ein unterdurchschnittlicher Fall nicht angenommen werden (OLG Celle 24.1.2012 – 10 WF 11/12, FamFR 2012, 132). Eine **Erhöhung** ist angezeigt, wenn mehr als ein Verhandlungstermin erforderlich war und ein Sachverständigengutachten eingeholt wurde und durchgearbeitet werden musste (OLG Hamm 19.9.2011 – 6 WF 307/11, FamFR 2011, 574).

37 Im Rahmen einer einstweiligen Anordnung wird der Streitwert in der Regel auf 1.500 EUR halbiert, § 41 FamGKG.

9. Gebühren und Vergütung

38 **a) Gerichtsgebühren.** Ein Kostenvorschuss gem. § 9 Abs. 1 FamGKG ist nicht zu erheben, da es sich weder um eine Ehesache noch um eine Familienstreitsache handelt. Für das **Verfahren** in erster Instanz entsteht nach KV 1310 FamGKG eine 0,5 Verfahrensgebühr. In der **Beschwerdeinstanz** fällt eine 1,0 Gebühr nach KV 1314 FamGKG an, in der **Rechtsbeschwerde** eine 1,5 Gebühr nach KV 1316 FamGKG.

39 **b) Rechtsanwaltsvergütung.** In der ersten Instanz kommen die 1,3 Verfahrensgebühr nach VV 3100 RVG und die 1,2 Terminsgebühr nach VV 3104 RVG in Betracht. Im Falle einer Einigung entsteht die 1,0 Einigungsgebühr nach VV 1000, 1003 Abs. 2 RVG.

40 In der zweiten Instanz sind die VV 3200 ff RVG anwendbar, was sich aus der Vorbemerkung 3.2.1 Nr. 2 b) RVG ergibt. Es kommen daher die 1,6 Verfahrensgebühr nach VV 3200 RVG und die 1,2 Terminsgebühr nach VV 3202 RVG in Betracht. Im Falle einer Einigung entsteht die 1,3 Einigungsgebühr nach VV 1000, 1004 Abs. 1 iVm Abs. 2 RVG.

41 In der dritten Instanz sind entsprechend nach Vorbemerkung 3.2.2 Nr. 1 b) die VV 3206 ff RVG anwendbar. Es kommen daher die 1,6 Verfahrensgebühr nach VV 3206 RVG und die 1,5 Terminsgebühr nach VV 3210 RVG in Betracht. Im Falle einer Einigung entsteht die 1,3 Einigungsgebühr nach VV 1000, 1004 Abs. 1, 2 RVG.

10. Änderung/Wegfall der Geschäftsgrundlage

Poppen

I. Überblick	1
II. Antrag nach § 767 ZPO	4
III. Änderung der Verhältnisse	8
1. Überblick	8
2. § 238 FamFG	9
a) Gegenstand des Verfahrens	
(§ 238 Abs. 1 S. 1 FamFG)	9
b) Zulässigkeit (§ 238 Abs. 1 S. 2 FamFG)	10
c) Wesentlichkeitsschwelle	15
d) Präklusion (§ 238 Abs. 2 FamFG)	16
e) Zeitschranke für die Abänderung	
(§ 238 Abs. 3 FamFG)	18

f) Begründetheit des Abänderungsantrags	
(§ 238 Abs. 4 FamFG)	20
g) Darlegungs- und Beweislast	22
h) Verschärfte Haftung und Einstellung der	
Zwangsvollstreckung	23
3. § 239 FamFG	25
a) Gegenstand des Verfahrens	25
b) Abänderungsgrundsätze	26
c) Darlegungs- und Beweislast	29
4. § 240 FamFG	30

I. Überblick

In welcher Form **Änderungen** bzw ein **Wegfall der Geschäftsgrundlage** einer bestehenden Unterhaltsre- **1**
gelung geltend gemacht werden können, hängt davon ab, welcher Art die Einwendungen gegen den Titel
sind, in welcher Form der Unterhalt tituliert ist und wer gegen den bestehenden Unterhaltstitel vorgehen
will.

Mit dem **Vollstreckungsgegenantrag** nach § 767 ZPO soll die Vollstreckbarkeit eines titulierten An- **2**
spruchs beseitigt werden. Gegenstand des Antrags kann jede Art von Titel sein. Der Antrag kann nur vom
Unterhaltsverpflichteten gestellt werden. Geltend gemacht werden können sogenannte rechtsvernichtende
Einwendungen.

Geht es um die **Änderung der Verhältnisse**, die für die Unterhaltsbemessung maßgeblich waren, richtet **3**
sich die Abänderung nach § 238 FamFG, wenn der Unterhalt in einer in der Hauptsache ergangenen Endentscheidung eines Gerichts tituliert ist. Handelt es sich bei dem Titel um einen Vergleich oder eine vollstreckbare Urkunde, ist § 239 FamFG maßgeblich. Geht es um die Änderung eines im vereinfachten Verfahren gemäß §§ 237, 253 FamFG errichteten Titels, findet § 240 FamFG Anwendung. Antragsteller können in all diesen Fällen sowohl der Unterhaltsberechtigte als auch der Unterhaltsverpflichtete sein.

II. Antrag nach § 767 ZPO

Mit dem Antrag nach § 767 ZPO können vom Leistungsverpflichteten **rechtsvernichtende oder rechts-** **4**
hemmende Einwendungen geltend gemacht werden. Ziel ist die Beseitigung der Vollstreckbarkeit des den
Unterhalt festsetzenden Titels, wobei es sich um einen Beschluss, einen Vergleich oder eine vollstreckbare
Urkunde handeln kann.

Typische mit dem Antrag nach § 767 ZPO geltend zu machende Einwendungen sind der Einwand der **Er-** **5**
füllung (BGH 31.1.1990 – XII ZR 38/89, NJW 1990, 1419), der Verjährung oder des Wegfalls der gesetzlichen Vertretung ab Volljährigkeit des Kindes gegenüber dem aus dem Titel über Kindesunterhalt weiter
vollstreckenden Elternteil (OLG Köln 16.8.1994 – 25 WF 172/94, FamRZ 1995, 308). Geht das volljährige
Kind aus einem während seiner Minderjährigkeit errichteten Titel nach Eintritt der Volljährigkeit selbst
vor, ist dies kein Fall des § 767 ZPO. Möglich ist dann allein ein Änderungsantrag nach den §§ 238, 239
FamFG (OLG Köln 31.7.2012 – 4 UF 57/12, FamFR 2012, 438; für dynamische Titel: § 244 FamFG).

Kein Fall des § 767 ZPO ist die Geltendmachung von **Verwirkungsgründen nach § 1579 BGB**, die nach **6**
der erstmaligen Titulierung entstanden sind (BGH 12.3.1997 – XII ZR 153/95, NJW 1997, 1851). Materiell
verlangt der Einwand nach § 1579 BGB eine umfassende Abwägung der beiderseitigen Verhältnisse, wobei
es auch um eine Prognose der zukünftigen Entwicklung geht. Dies ist im Verfahren nach § 238 FamFG
geltend zu machen. Hat der Unterhaltsberechtigte sich den Titel durch einen **Prozessbetrug** erschlichen,

sind wahlweise das Verfahren nach § 767 ZPO oder ein Abänderungsverfahren nach § 238 FamFG zulässig (BGH 30.5.1990 – XII ZR 57/89, NJW-RR 1990, 1410).

7   Bei **Unsicherheiten in der Abgrenzung** empfiehlt es sich, die Anträge nach § 238 FamFG und § 767 ZPO kumulativ zu verbinden (BGH 29.11.2000 – XII ZR 165/98, NJW 2001, 828). Das ist allerdings nur möglich, wenn für beide Anträge die gleiche gerichtliche Zuständigkeit besteht. Bei Abänderungsanträgen gilt grundsätzlich der **allgemeine Gerichtsstand** (Ausnahmen: Anhängigkeit des Scheidungsverfahrens, § 232 Abs. 1 Nr. 1 FamFG oder Unterhalt minderjähriger Kinder, § 232 Abs. 1 Nr. 2 FamFG). Für Vollstreckungsabwehranträge ist nach §§ 767 Abs. 1, 802 ZPO die ausschließliche Zuständigkeit des Gerichts gegeben, welches die ursprüngliche Titulierung vorgenommen hat. Vollstreckungsgegenantrag und Abänderungsantrag können wechselseitig in den jeweils anderen Antrag umgedeutet werden (BGH 27.3.1991 – XII ZR 96/90, NJW-RR 1991, 899).

III. Änderung der Verhältnisse

1. Überblick

8   Haben sich die für eine Unterhaltsfestsetzung maßgeblichen tatsächlichen oder rechtlichen Verhältnisse geändert, ist für eine Abänderung nach der Art des Titels zu differenzieren. **Unterhaltsbeschlüsse in Hauptsacheverfahren** sind nach § 238 FamFG änderbar, **Vergleiche und vollstreckbare Urkunden** nach § 239 FamFG und **Titel im vereinfachten Verfahren** gemäß §§ 237, 253 FamFG nach § 240 FamFG. Antragsteller können jeweils Unterhaltsberechtigter und -verpflichteter sein. Soweit sich die Rechtskraft des zu ändernden Titels gemäß § 113 Abs. 1 S. 2 FamFG iVm § 325 ZPO auf Rechtsnachfolger erstreckt, sind diese anstelle der früheren Parteien Beteiligte des Verfahrens. **Rechtsnachfolger** sind zB der Erbe im Fall des § 1586 b BGB (BGH 28.1.2004 – XII ZR 259/01, NJW 2004, 1326) sowie beim gesetzlichen Forderungsübergang nach § 33 SGB II, § 94 SGB XII, § 37 Abs. 1 BAföG und § 7 UVG die jeweiligen Leistungsträger (s. → *Übergang/Überleitung von Unterhaltsansprüchen*).

2. § 238 FamFG

9   **a) Gegenstand des Verfahrens (§ 238 Abs. 1 S. 1 FamFG).** Gegenstand des Abänderungsverfahrens nach § 238 FamFG sind in **Hauptsacheverfahren** ergangene Endentscheidungen eines Gerichts. Beschlüsse im **einstweiligen Anordnungsverfahren** können nicht nach § 238 FamFG geändert werden. Maßgeblich für die Abänderung einstweiliger Anordnungen sind die §§ 54 Abs. 1 und 52 Abs. 2 FamFG. Ist im Hauptsacheverfahren für die Zukunft der Unterhaltsantrag abgewiesen worden, ist für einen neuen Unterhaltsantrag nicht § 238 FamFG maßgeblich, sondern ein allgemeiner Leistungsantrag zu stellen (BGH 2.6.2010 – XII ZR 138/08, NJW 2010, 2582). Ist ein Unterhaltstitel bereits abgeändert worden, ist Gegenstand des neuen Abänderungsverfahrens **der letzte abändernde Beschluss** oder Vergleich, nicht der Erstbeschluss (BGH 28.2.2007 – XII ZR 37/05, NJW 2007, 1961).

10 **b) Zulässigkeit (§ 238 Abs. 1 S. 2 FamFG).** Der Antrag ist nur zulässig, wenn sich gegenüber dem Ausgangsbeschluss die **tatsächlichen und/oder rechtlichen Verhältnisse** wesentlich geändert haben. Dies betrifft alle für die Bestimmung des Bedarfs und der Leistungsfähigkeit maßgeblichen Umstände, wie die Einkommens- und Vermögensverhältnisse, Neuaufnahme bzw Wegfall von Arbeitsverhältnissen, Hinzutreten oder Wegfall von anderen Unterhaltsberechtigten usw. Zulässig ist ein Abänderungsbegehren auch, wenn sich die rechtlichen Verhältnisse ändern, etwa **Änderungen in der Gesetzgebung** vorliegen oder sich die **Rechtsprechung** des Bundesgerichtshofs geändert hat (BGH 30.7.2008 – XII ZR 177/06, NJW 2008, 3213). Änderungen der Rechtsprechung der Instanzgerichte rechtfertigen keine Abänderung bestehender Titel.

11 Geht es um die **Begrenzung des nachehelichen Unterhalts nach § 1578 b BGB**, ist eine Abänderung zulässig, wenn der ursprüngliche Titel vor der die Gesetzesänderung zum 1.1.2008 vorwegnehmenden Rechtsprechung des Bundesgerichtshofes, dh vor Veröffentlichung der Entscheidung vom 12.4.2006 (BGH 12.4.2006 – XII ZR 240/03, NJW 2006, 2401) im Mai 2006 errichtet worden ist. Dem steht Art. 36 Nr. 1

EGZPO nicht grundsätzlich entgegen; die Vorschrift ermöglicht es, dem **Vertrauensschutz** durch eine zeitlich und/oder betragsmäßig gestaffelte Reduzierung des Unterhalts Rechnung zu tragen (OLG Düsseldorf 2.6.2008 – 4 WF 41/08, NJW 2008, 3005). In Verfahren, in denen die Endentscheidung vor dem 1.1.2008, allerdings nach Mai 2006, ergangen ist, scheidet eine **nachträgliche Befristung** nach § 1587 b BGB aus (BGH 29.9.2010 – XII ZR 205/08, NJW 2010, 3582). Nach Mai 2006 konnten nach der Rechtsprechung des Bundesgerichtshofs auch nach der damaligen gesetzlichen Regelung bereits die nach dem zum 1.1.2008 eingefügten § 1587 b BGB für eine Befristung sprechenden Umstände berücksichtigt werden. Beim **Krankenunterhalt** nach § 1572 BGB war allerdings nach der damaligen Rechtslage eine zeitliche Begrenzung ausgeschlossen; möglich war nur eine Begrenzung der Höhe nach (§ 1578 Abs. 1 S. 2 BGB; BGH 25.1.1995 – XII ZR 195/93, NJW-RR 1995, 449). Damit ist eine **nachträgliche Befristung des Krankenunterhalts** bei allen Unterhaltsfestsetzungen vor dem 31.12.2007 möglich.

Keine Veränderung der Verhältnisse liegt vor, wenn durch das Abänderungsbegehren eine **falsche tatsäch-** **12** **liche oder rechtliche Bewertung** durch das Gericht beseitigt werden soll (BGH 12.5.2010 – XII ZR 98/08, NJW 2010, 2437). Das Änderungsverfahren gibt auch keine Möglichkeit, einen als unschlüssig abgewiesenen Antrag nunmehr auf eine schlüssige Darstellung zu stützen (OLG Düsseldorf 3.2.1989 – 4 UF 193/88, FamRZ 1989, 1207).

Ist der abzuändernde Titel ein **Versäumnisbeschluss**, sind Ausgangspunkt die tatsächlichen Verhältnisse **13** zum Zeitpunkt des Ablaufs der Einspruchsfrist (BGH 2.6.2010 – XII ZR 160/08, NJW 2010, 2515). Der durch einen Versäumnisbeschluss Beschwerte ist gehalten, alle vor Ablauf der Einspruchsfrist eingetretenen Veränderungen mit einem Einspruch geltend zu machen (BGH 12.5.2010 – XII ZR 98/08, NJW 2010, 2437). Liegt der Entscheidung ein zu hohes Einkommen zugrunde, ist ein Abänderungsantrag erst zulässig, wenn sich das tatsächlich niedrigere Einkommen nachträglich vermindert hat. Gleiches gilt für **Anerkenntnisentscheidungen** (BGH 4.7.2007 – XII ZR 251/04, NJW 2007, 2921).

Beruht der abzuändernde Beschluss auf einer **Fiktion**, ist ein Abänderungsantrag nur zulässig, wenn der **14** Unterhaltsverpflichtete etwa geltend macht, er hätte aus von ihm nicht zu vertretenden Gründen seine (fingierte) Arbeitsstelle in der Zwischenzeit ohnehin verloren oder er könne dort das fingierte Einkommen nicht mehr erzielen (BGH 20.2.2008 – XII ZR 101/05, NJW 2008, 1525). Ist im Ausgangstitel nach dem **Verlust seines Arbeitsplatzes** festgestellt worden, der Unterhaltsschuldner habe sich nicht hinreichend um eine neue Arbeitsstelle bemüht, und ist ihm deshalb fiktiv ein Einkommen zugerechnet worden, ist eine Abänderung nur möglich, wenn der Unterhaltsschuldner darlegt, dass er trotz jetzt unternommener hinreichender Bemühungen um eine Erwerbstätigkeit keine oder nur eine Beschäftigung mit geringerem Einkommen, als es fingiert worden ist, hat finden können (BGH 3.12.2008 – XII ZR 182/06, NJW 2009, 1410).

c) Wesentlichkeitsschwelle. Die Änderung der Verhältnisse muss wesentlich sein. Maßgeblich ist eine **15** Gesamtschau aller Umstände. Der **Schwellenwert** wird bei ca. **10 %** des Unterhaltsanspruchs angesetzt, kann bei engen wirtschaftlichen Verhältnissen allerdings auch darunter liegen (BGH 29.1.1992 – XII ZR 239/90, NJW 1992, 1621; OLG Hamm 2.1.2004 – 10 WF 241/03, FamRZ 2004, 1051).

d) Präklusion (§ 238 Abs. 2 FamFG). Eine Abänderung ist nur insoweit möglich, als sich die Verhältnis- **16** se, auf denen die frühere Entscheidung beruht, **nachträglich** geändert haben. Maßgeblich ist die letzte mündliche Verhandlung des vorausgegangenen Verfahrens. Dabei gilt die Präklusion nur für den Antragsteller. Soweit der Antragsgegner sich auf eine Verteidigung gegen die Abänderung beschränkt, kann er auch auf Tatsachen zurückgreifen, die vor **Schluss der mündlichen Verhandlung** im Erstverfahren eingetreten waren, wenn sie bei der Unterhaltserstfestsetzung nicht berücksichtigt worden sind (BGH 12.5.2010 – XII ZR 98/08, NJW 2010, 2437). Auch dem Antragsgegner ist es allerdings verwehrt, sich erneut auf Umstände zu berufen, die schon im Erstverfahrens zu seinen Lasten entschieden worden sind (BGH 21.2.2001 – XII ZR 276/98, NJW-RR 2001, 937). Begehrt der Antragsgegner mit einem Widerantrag selbst eine Änderung des Titels, gilt auch für ihn die **Präklusion** uneingeschränkt (BGH 28.2.2007 – XII ZR 37/05, NJW 2007, 1961).

17 Ändern sich die Verhältnisse während eines **Beschwerdeverfahrens**, sind die Beteiligten des Beschwerdeverfahrens gehalten, im Beschwerdeverfahren alle Veränderungen geltend zu machen, die nach Schluss der
mündlichen Verhandlung erster Instanz eingetreten sind. Der Beschwerdeführer muss ggf seine **Beschwerde erweitern** (BGH 18.6.1986 – IVb ZB 105/84, NJW 1987, 1024). Dies ist nach dem Rechtsgedanken des
§ 238 FamFG aufgrund von Umständen möglich, die nach Ablauf der Beschwerdebegründungsfrist neu
eingetreten sind. Der Beschwerdegegner muss bei ihm günstigen Änderungen **Anschlussbeschwerde** einlegen (§ 66 FamFG; BGH 16.3.1988 – IVb ZR 36/87 – NJW 1988, 1734). Dabei ist die Anschlussbeschwerde auch nach Ablauf der Monatsfrist nach Zustellung der Beschwerdebegründungsschrift zulässig
(§ 113 FamFG, § 524 Abs. 2 S. 3 ZPO). Die Anschlussbeschwerde kann auch auf Umstände gestützt werden, die schon vor Schluss der letzten mündlichen Verhandlung erster Instanz eingetreten waren (BGH
28.1.2009 – XII ZR 119/07, NJW 2009, 1271).

18 **e) Zeitschranke für die Abänderung (§ 238 Abs. 3 FamFG).** Grundsätzlich kann die Abänderung erst ab
Rechtshängigkeit des Abänderungsantrags erfolgen, dh ab dem Tag der Zustellung an den Antragsgegner (§ 113 Abs. 1 S. 2 FamFG iVm § 253 Abs. 1 ZPO). Darüber hinaus ist nach Abs. 3 S. 2 bis 4 eine
rückwirkende Abänderung möglich. Die Voraussetzungen für diese rückwirkende Abänderung bestimmen sich nach dem materiellen Unterhaltsrecht. Beim Antrag auf Erhöhung des Unterhalts ist die Erhöhung
rückwirkend von dem Zeitpunkt an möglich, von dem materiell höherer Unterhalt verlangt werden kann.
Dies ist der Zeitpunkt, in dem **Verzug** nach § 1613 Abs. 1 BGB begründet ist, der direkt für den Verwandtenunterhalt und kraft Verweisung für den Trennungs- (§§ 1360 a Abs. 3, 1361 Abs. 4 S. 4 BGB) sowie den
nachehelichen Unterhalt (§ 1585 b Abs. 2 BGB) gilt. Nach § 1613 Abs. 1 S. 2 BGB kann Unterhalt rückwirkend auch ab dem sog. „Auskunftsverzug" verlangt werden. Auch in diesem Zusammenhang finden die
Grundsätze der Selbstmahnung oder endgültigen Leistungsverweigerung Anwendung (s. → *Verzug mit Unterhaltszahlungen* Rn 11 f).

19 Abs. 3 S. 2 überträgt diese Grundsätze auch auf Anträge auf **Herabsetzung des Unterhalts**. Maßgeblich ist
insoweit der Zeitpunkt der Aufforderung, einer Reduzierung bzw einem Wegfall des titulierten Unterhalts
zuzustimmen bzw der Zugang eines Auskunftsverlangens mit dem Ziel der Herabsetzung bzw des Wegfalls
der Unterhaltsverpflichtung (**negative Mahnung**). Abs. 3 Satz 4 begrenzt die Möglichkeit der Rückwirkung auf einen Zeitraum von einem Jahr vor Eintritt der Rechtshängigkeit und nimmt damit den Grundgedanken des § 1585 b Abs. 3 BGB auf.

20 **f) Begründetheit des Abänderungsantrags (§ 238 Abs. 4 FamFG).** Im Verfahren nach § 238 FamFG ist
eine Anpassung des bestehenden Unterhaltstitels an zwischenzeitlich eingetretene Veränderungen der Verhältnisse nur unter Wahrung der **Grundlagen der abzuändernden Entscheidung** möglich. Das Abänderungsverfahren erlaubt keine uneingeschränkte Neufestsetzung. Soweit Tatsachen unverändert sind, besteht
eine **Bindungswirkung**. Das gilt auch, wenn frühere Tatsachenfeststellungen falsch waren (BGH 5.7.2000
– XII ZR 104/98, FamRZ 2001, 905).

21 Die Bindungswirkung greift für die Nichtanrechnung von Einkommensarten, zB des Wohnwerts (BGH
28.2.2007 – XII ZR 37/05, NJW 2007, 1961), der Bewertung von Abzugspositionen, etwa der berufsbedingten Aufwendungen (BGH 14.3.2007 – XII ZR 158/04, NJW 2007, 1969) oder der Qualifizierung einer
Erwerbstätigkeit als angemessen (BGH 27.1.2010 – XII ZR 100/08, NJW 2010, 1595). Keine Bindungswirkung besteht hinsichtlich der Anwendung von **Unterhaltsleitlinien**, **Tabellen** oder **Rechenwegen**. Im
Änderungsverfahren ist daher eine Änderung der Unterhaltsquote zulässig (BGH 14.2.1990 – XII ZR
51/89, NJW-RR 1990, 580). Möglich ist es auch, erstmals im Änderungsverfahren Altersvorsorgeunterhalt
geltend zu machen (BGH 15.10.1986 – IVb ZR 78/85, NJW 1987, 1201; s. → *Altersvorsorgeunterhalt*
Rn 18), wenn das Abänderungsverfahren aus anderen Gründen zulässig ist.

22 **g) Darlegungs- und Beweislast.** Der Antragsteller des Abänderungsverfahrens trägt die Darlegungs- und
Beweislast dafür, dass sich die für die Unterhaltsbemessung maßgeblichen Verhältnisse gegenüber den im
Erstverfahren zugrunde gelegten Verhältnissen wesentlich geändert haben (BGH 15.10.1986 – IVb ZR
78/85, NJW 1987, 1201). Damit muss der Antragsteller zum einen die **Grundlagen des abzuändernden
Beschlusses** und zum anderen die sich in der Zwischenzeit ergeben habenden **Veränderungen** darlegen

Poppen

und beweisen (BGH 5.5.2004 – XII ZR 15/03, NJW-RR 2004, 1155). Soweit der Antragsteller nach diesen Grundsätzen Tatsachen darlegen muss, die die Sphäre des Antragsgegners betreffen, greifen die Grundsätze der **sekundären Darlegungslast** ein. Hinsichtlich derartiger Umstände muss der Antragsgegner im Wege eines substantiierten Bestreitens die in seiner Sphäre liegenden Umstände darlegen (BGH 15.10.1986 – IVb ZR 78/85, NJW 1987, 1201). Gleiches gilt für Tatsachen, die neu entstanden sind und die die **Aufrechterhaltung des alten Titels** rechtfertigen (BGH 31.1.1990 – XII ZR 36/89, NJW 1990, 2752).

h) Verschärfte Haftung und Einstellung der Zwangsvollstreckung. Mit Rechtshängigkeit eines auf 23 Herabsetzung gerichteten Abänderungsantrags greift die **verschärfte Haftung des Unterhaltsberechtigten** nach § 818 Abs. 4 BGB (§ 241 FamFG) ein. Es ist nicht mehr, wie vor Einführung des FamFG, erforderlich, einen Abänderungsantrag hilfsweise für den Fall des Erfolgs mit einem Antrag auf Rückzahlung des während der Dauer des Verfahrens zu viel gezahlten Unterhalts zu verbinden; mit Rechtshängigkeit des Änderungsverfahrens ist dem Unterhaltsgläubiger der **Entreicherungseinwand** (§ 818 Abs. 3 BGB) abgeschnitten. Damit ist ab Rechtshängigkeit die Rückforderung überzahlten Unterhalts möglich (s. → *Rückforderung überzahlten Unterhalts* Rn 12 ff). Soweit aufgrund einer negativen Mahnung (s. Rn 19) eine rückwirkende Abänderung verlangt wird, greift § 241 FamFG nicht für die vor Rechtshängigkeit liegenden Zeiträume ein. Der die Abänderung Beantragende hat aber die Möglichkeit, mit der negativen Mahnung den laufenden Unterhalt als **zins- und tilgungsfreies Darlehen** anzubieten (s. → *Rückforderung überzahlten Unterhalts* Rn 7, 13).

Nach § 242 FamFG ist, sobald ein auf Herabsetzung gerichteter Abänderungsantrag anhängig oder für ei- 24 nen derartigen Antrag **Verfahrenskostenhilfe** beantragt worden ist, eine **Einstellung der Zwangsvollstreckung** nach § 769 ZPO möglich. Ein Beschluss über diesen Antrag ist unanfechtbar (§ 769 Abs. 3 S. 2 ZPO). Die Einstellung der Zwangsvollstreckung wirkt bis zum Erlass der Endentscheidung in der Instanz, nicht bis zum rechtskräftigen Abschluss des gesamten Verfahrens. Das Beschwerdegericht entscheidet auf Antrag gesondert für die Beschwerdeinstanz (Musielak/Borth § 242 FamFG Rn 3).

3. § 239 FamFG

a) Gegenstand des Verfahrens. Gegenstand eines Abänderungsverfahrens nach § 239 FamFG sind **ge-** 25 **richtliche Vergleiche** oder **vollstreckbare Urkunden**. Ist ein gerichtlicher Vergleich oder eine Urkunde bereits durch einen Beschluss abgeändert worden, so richtet sich ein **erneutes Abänderungsverfahren** nach § 238 FamFG (BGH 27.1.1988 – IVb ZR 14/87, NJW 1988, 2473) gegen diesen Beschluss. Nicht höchstrichterlich geklärt ist die Frage, ob § 239 FamFG zur Anwendung kommt, wenn ein früherer Abänderungsantrag durch Beschluss **abgewiesen** wurde (offen gelassen in BGH 29.6.2011 – XII ZR 157/09, NJW 2011, 3645).

b) Abänderungsgrundsätze. Maßstab für die Abänderung sind allein die Grundsätze des materiellen 26 Rechts, mithin die Grundsätze über die Veränderung oder den **Wegfall der Geschäftsgrundlage** (§ 313 BGB). Ausgangspunkt sind die nach dem Willen der Vertragsschließenden in einem Vergleich oder einer Unterhaltsurkunde einvernehmlich zugrunde gelegten Umstände und deren Bewertung (BGH 15.3.1995 – XII ZR 257/93, NJW 1995, 1891).

Beruht eine vollstreckbare Urkunde nicht auf einer Vereinbarung, sondern handelt es sich um eine **einseiti-** 27 **ge Verpflichtungserklärung**, kann der **Unterhaltsgläubiger** eine vollständige Neuberechnung seines Unterhaltsanspruchs nach den gesetzlichen Vorschriften ohne Bezugnahme auf frühere Tatsachen vornehmen (BGH 29.10.2003 – XII ZR 115/01, NJW 2003, 3770). Der **Unterhaltsschuldner** ist dagegen auch bei einer einseitigen Verpflichtungserklärung gehalten, eine Veränderung der Umstände darzutun, die zum Zeitpunkt der Abgabe seiner Verpflichtungserklärung vorlagen (BGH 14.2.2007 – XII ZB 171/06, NJW-RR 2007, 779).

Lässt sich bei einer Vereinbarung **kein Wille der Beteiligten feststellen**, kann im Abänderungsverfahren 28 ohne Rücksicht auf frühere Verhältnisse wie bei einer Erstfestsetzung nach den gesetzlichen Vorschriften vorgegangen werden (BGH 6.2.2008 – XII ZR 14/06, NJW 2008, 1663).

29   **c) Darlegungs- und Beweislast.** Der Antragsteller trägt die Darlegungs- und Beweislast für alle die Störung und den Wegfall der Geschäftsgrundlage betreffenden Umstände. Er muss daher darlegen und beweisen, welche tatsächlichen Verhältnisse für die Errichtung des abzuändernden Titels maßgeblich waren. Er muss weiter darlegen und beweisen, in welcher Form sich eine Änderung ergeben hat (BGH 15.3.1995 – XII ZR 257/93, NJW 1995, 1891).

4. § 240 FamFG

30   Ist der Unterhalt nach § 237 Abs. 3 FamFG mit der **Feststellung der Vaterschaft** in Höhe des Mindestunterhalts oder im **vereinfachten Verfahren** nach § 253 FamFG festgesetzt worden, eröffnet § 240 FamFG dem Unterhaltspflichtigen die Möglichkeit, diese Unterhaltsfestsetzung überprüfen und korrigieren zu lassen. Statt der pauschalen Festsetzung erfolgt eine Festsetzung des Unterhalts nach vollständiger Sachaufklärung. Im Verfahren nach § 240 FamFG können daher ohne Beschränkung alle für die Unterhaltsfestsetzung maßgeblichen Umstände vorgetragen werden. Es gibt **keine Präklusion**. Es muss auch keine Änderung der Verhältnisse dargelegt werden. Soweit es um einen Titel im vereinfachten Verfahren nach § 253 FamFG geht, ist das Verfahren nach § 255 FamFG vorrangig.

31   Eine zeitliche Rückwirkung entfaltet der Beschluss nach § 240 FamFG nur, wenn der Herabsetzungsantrag innerhalb eines Monats nach Rechtskraft des Beschlusses gestellt worden ist. Eine **rückwirkende Erhöhung** ist möglich mit dem Zeitpunkt des Verzugseintritts nach § 1613 Abs. 1 BGB. Eine im Verfahren nach § 240 FamG ergangene Endentscheidung kann nur nach § 238 FamFG geändert werden.

32   Da für das Verfahren nach § 240 FamFG die Grundsätze des Erstverfahrens gelten, entspricht auch die **Darlegungs- und Beweislast** der in einem Erstverfahren. Verlangt ein minderjähriges Kind den Mindestunterhalt, braucht es weder seinen Bedarf noch die Leistungsfähigkeit des Unterhaltspflichtigen darzulegen (BGH 6.2.2002 – XII ZR 20/00, NJW 2002, 1269). Für eine eingeschränkte Leistungsfähigkeit ist der Unterhaltspflichtige darlegungs- und beweispflichtig. Verlangt das Kind höheren als den Mindestunterhalt, muss es das entsprechende Einkommen des Unterhaltspflichtigen und seinen gegebenenfalls höheren Bedarf darlegen und beweisen (BGH 11.4.2001 – XII ZR 152/99, FamRZ 2001, 1603).

11. Anerkennung der Vaterschaft

Knahn

I. Einführung	1	bb) Gesetzliche Vertretung bei Anerkennung
II. Materielles Recht	2	und Zustimmung der Mutter 13
1. Voraussetzungen der wirksamen Anerkennung ..	2	cc) Gesetzliche Vertretung bei Zustimmung
a) Keine sonstige Vaterschaft	2	des Kindes 17
b) Anerkennungserklärung	5	e) Form der Erklärungen 19
c) Zustimmungsbedürftigkeit der Anerkennung	6	aa) Öffentliche Beurkundung 19
aa) Zustimmungserklärung	7	bb) Übersendung der Erklärungen,
bb) Zustimmung der Mutter	8	§ 1597 Abs. 2 BGB 23
cc) Zustimmung des Kindes	9	2. Rechtsfolgen der Anerkennung 24
dd) Zustimmung des Ehemannes	11	3. Widerruf der Anerkennung 26
d) Vertretungsregeln bei Anerkennung und		4. Unwirksamkeit der Erklärungen 29
Zustimmung	12	III. Abstammungsverfahren gem.
aa) Höchstpersönliche Erklärung,		§ 169 Nr. 1 Hs 2 FamFG 32
§ 1596 Abs. 4 BGB	12	

I. Einführung

Ist die Mutter gem. § 1591 BGB eines Kindes bei der Geburt nicht verheiratet (keine Vaterschaft gem. **1**
§ 1592 Nr. 1 BGB) oder ist der Ehemann zum Zeitpunkt der Geburt bereits verstorben und das Kind wurde
nicht innerhalb von 300 Tagen nach dem Tod geboren (keine Vaterschaft gem. § 1593 S. 1 BGB), ist derjenige Vater des Kindes, der die **Vaterschaft anerkannt** hat, § 1592 Nr. 2 BGB.

Die **Voraussetzungen** für die Anerkennung der Vaterschaft sind in den §§ 1594–1598 BGB geregelt
(s. Rn 2 ff). Ihre **Rechtsfolgen** können erst ab der Wirksamkeit der Anerkennung geltend gemacht werden
(s. Rn 24 f). Der **Widerruf** der Anerkennung ist gem. § 1597 Abs. 3 BGB möglich (s. Rn 26 ff), die **Unwirksamkeit** einer Anerkennung ergibt sich aus § 1598 BGB (s. Rn 29 ff).

II. Materielles Recht

1. Voraussetzungen der wirksamen Anerkennung

a) Keine sonstige Vaterschaft. Gem. § 1594 Abs. 2 BGB ist die **Anerkennung solange nicht wirksam**, **2**
wie die Vaterschaft eines anderen Mannes gem. § 1592 Nr. 1, 2 oder 3 BGB besteht. Eine trotzdem erklärte
Anerkennung ist **schwebend unwirksam** (Palandt/Brudermüller § 1594 BGB Rn 6). Die Sperrwirkung der
bestehenden Vaterschaft muss zunächst durch Anfechtung beseitigt werden. Der Tod des bisherigen Vaters
führt nicht zum Wegfall der Sperrwirkung, sondern zum Eintritt des Erbfalles (Palandt/Brudermüller
§ 1594 BGB Rn 6).

Eine Ausnahme hierzu stellt der **scheidungsakzessorische Statuswechsel** gem. § 1599 Abs. 2 BGB dar. **3**
Danach entfaltet die Vaterschaft des Ehemannes keine Sperrwirkung, wenn das Kind nach Anhängigkeit
eines Scheidungsantrages geboren wird, und die Vaterschaft spätestens bis zum Ablauf eines Jahres nach
Rechtskraft des dem Scheidungsantrag stattgebenden Beschlusses anerkannt wird. Die Anerkennung bedarf
zusätzlich noch der (formbedürftigen) Zustimmung des geschiedenen Ehemannes, § 1599 Abs. 2 S. 2 BGB.
Voraussetzung ist, dass nicht nur die Anerkennungserklärung, sondern auch alle weiteren Wirksamkeitsvoraussetzungen binnen der Jahresfrist vorliegen (OLG Stuttgart 18.12.2003 – 16 UF 221/03, FamRZ
2004, 1054; aA OLG Köln 22.9.2010 – 16 Wx 32/10, FamRZ 2011, 651). Die Anerkennung der Vaterschaft wird ab Rechtskraft der Scheidung wirksam, ohne dass die Vaterschaft des Ehemannes angefochten
werden muss. Die Vorschrift soll der Erfahrung Rechnung tragen, dass Kinder, die während eines Scheidungsverfahrens geboren werden, meist nicht von dem Ehemann stammen (NK-BGB/Gutzeit § 1599 BGB
Rn 8). Auf die Aufhebung einer Ehe ist § 1599 Abs. 2 BGB nicht analog anzuwenden, da es an einer entsprechenden Zerrüttungsfeststellung fehlt (NK-BGB/Gutzeit § 1599 BGB Rn 9; aA Palandt/Brudermüller
§ 1599 BGB Rn 10). Aufgrund der Verweisung in § 1599 Abs. 2 S. 1 BGB auf § 1593 BGB ist die Anerkennung der Vaterschaft auch dann ohne Anfechtung möglich, wenn die Ehe nicht mehr geschieden wer-

den konnte, weil der Ehemann vor Rechtskraft des Scheidungsbeschlusses verstorben ist, zuvor aber der Anerkennung bereits zugestimmt hat (NK-BGB/Gutzeit § 1599 BGB Rn 13).

4 Liegen **Anerkennungserklärungen verschiedener Männer** vor, so tritt die Sperrwirkung des § 1594 Abs. 2 BGB zugunsten der Erklärung ein, die zuerst wirksam wird, bei der also zuerst alle Wirksamkeitsvoraussetzungen gegeben sind. Insbesondere wird es also darauf ankommen, welcher Anerkennungserklärung die Mutter gem. § 1595 Abs. 1 BGB formgerecht die Zustimmung erteilt (NK-BGB/Gutzeit § 1594 BGB Rn 11).

5 **b) Anerkennungserklärung.** Die Anerkennungserklärung ist **unwirksam**, wenn sie unter einer **Bedingung** (§ 158 BGB) oder einer **Zeitbestimmung** (§ 163 BGB) gestellt wurde, § 1594 Abs. 3 BGB. Eine Ausnahme stellt die Anerkennung unter einer Rechtsbedingung dar, die die Anerkennung vom Vorliegen der gesetzlichen Voraussetzungen abhängig macht (NK-BGB/Gutzeit § 1594 BGB Rn 13). Insbesondere ist daher die Anerkennung unter der Bedingung der wirksamen Anfechtung der Vaterschaft des rechtlichen Vaters möglich (Palandt/Brudermüller § 1594 BGB Rn 7).

Die Anerkennung kann schon **vor Geburt des Kindes** erklärt werden, § 1594 Abs. 4 BGB, entfaltet ihre Wirkung aber erst mit der Geburt des Kindes. Heiratet die Mutter noch vor der Geburt, hindert die Sperrwirkung der Vaterschaft des Ehemannes die Wirksamkeit der Anerkennung (NK-BGB/Gutzeit § 1594 BGB Rn 15).

Die Anerkennung der Vaterschaft ist auch noch **nach dem Tod** des Kindes möglich (BayObLG 17.7.2000 – 1 Z BR 57/00, NJW-RR 2000,1602), entfaltet aber mit Ausnahme der §§ 1615 l, 1615 m, 1615 n BGB keine Wirkung, wenn das Kind tot geboren wurde (NK-BGB/Gutzeit § 1594 BGB Rn 3).

6 **c) Zustimmungsbedürftigkeit der Anerkennung.** Die Anerkennung der Vaterschaft bedarf der Zustimmung der von der Vaterschaft betroffenen Personen, insbesondere der Mutter und gegebenenfalls auch des Kindes. Es soll sich niemand als Vater einseitig aufdrängen können (Palandt/Brudermüller § 1595 BGB Rn 1). Die Zustimmungsbedürftigkeit der Anerkennungserklärung dient vor allem dem Gedanken der Abstammungswahrheit, also der Übereinstimmung von rechtlichem und biologischem Vater (NK-BGB/Gutzeit § 1595 BGB Rn 1).

7 **aa) Zustimmungserklärung.** Die Zustimmung ist **weder widerruflich noch anfechtbar** (NK-BGB/Gutzeit § 1595 BGB Rn 1). Die Zustimmung kann bereits vor der Anerkennung erklärt werden und auch dann, wenn der Anerkennende nach der Abgabe der Erklärung gestorben ist (NK-BGB/Gutzeit § 1595 BGB Rn 4). Eine Frist zur Abgabe der Zustimmungserklärung sieht das Gesetz nicht vor, allerdings kann der Anerkennende seine Erklärung gem. § 1597 Abs. 3 S. 1 BGB widerrufen, wenn die Anerkennung ein Jahr nach Abgabe der Erklärung mangels Zustimmung noch nicht wirksam geworden ist (s. Rn 26 ff).

Die Zustimmung ist **bedingungsfeindlich** und darf nicht unter einer **Zeitbestimmung** abgegeben werden. Sie kann bereits vor der Geburt des Kindes abgegeben werden, § 1595 Abs. 3 bzw § 1599 Abs. 2 S. 2 iVm § 1594 Abs. 3, 4 BGB.

8 **bb) Zustimmung der Mutter.** Die Mutter entscheidet über ihre Zustimmung aus eigenem Recht und stets im eigenen Namen. Ihre Zustimmung ist auch erforderlich, wenn sie nicht sorgeberechtigt oder das Kind bereits volljährig ist. Ihre Zustimmung ist hingegen nicht mehr erforderlich, wenn sie tot ist (NK-BGB/Gutzeit § 1595 BGB Rn 5). Dann soll es allein auf die Zustimmung des Kindes ankommen (aA Palandt/Brudermüller § 1595 BGB Rn 3, der beim Tod der Mutter vor Anerkennung nur noch das gerichtliche Vaterschaftsfeststellungsverfahren für zulässig hält).

Die Zustimmung der Mutter kann nicht ersetzt werden (s. Rn 33). Es kommt aber eine Entziehung des Sorgerechts gem. § 1666 BGB in Betracht, um sodann ein Vaterschaftsfeststellungsverfahren im Namen des Kindes durchführen zu können (Palandt/Brudermüller § 1595 BGB Rn 3).

9 **cc) Zustimmung des Kindes.** Die Zustimmung des Kindes war **vor Inkrafttreten des Kindschaftsrechtsreformgesetzes** vom 16.12.1997 (BGBl. I 1997, 2942) gem. § 1600 c BGB aF stets erforderlich und

wurde im Rahmen der Amtspflegschaft durch das Jugendamt abgegeben. Zur Stärkung der Stellung der Mutter wurde die Amtspflegschaft aufgehoben und die nichteheliche Mutter vollumfänglich sorgeberechtigt (BT-Drucks. 13/4899, 54). Damit wäre die doppelte Zustimmung der Mutter (im eigenen und im Namen des Kindes) nur noch Formalismus gewesen (BT-Drucks. 13/4899, 84). Unberücksichtigt bleibt dabei aber das Selbstbestimmungsrecht des Kindes (NK-BGB/Gutzeit § 1595 BGB Rn 2).

Der Zustimmung des Kindes bedarf es nunmehr nur noch, wenn der Mutter insoweit die elterliche Sorge   10 nicht zusteht, § 1595 Abs. 2 BGB. Das ist immer dann der Fall, wenn der Mutter das **Sorgerecht entzogen** wurde, das **Kind volljährig** oder die **Mutter verstorben** ist (Palandt/Brudermüller § 1595 BGB Rn 4). Die Zustimmung des Kindes ist außerdem erforderlich, wenn die elterliche Sorge der Mutter gem. §§ 1673 Abs. 1, 1675 BGB ruht, weil sie geschäftsunfähig ist (HK-FamR/Pauling § 1595 BGB Rn 2).

Ist der Anerkennende der neue Ehemann der Mutter, ist die Mutter gem. §§ 1629 Abs. 2 S. 1, 1795 Abs. 1 Nr. 1 BGB analog von der Vertretungsmacht für die Zustimmungserklärung ausgeschlossen, so dass gem. § 1595 Abs. 2 BGB die Zustimmung des Kindes erforderlich ist. Ebenfalls kommt bei einem erheblichen Interessengegensatz zwischen Mutter und Kind eine Entziehung der Vertretungsmacht gem. §§ 1629 Abs. 2 S. 3, 1769 BGB in Betracht (NK-BGB/Gutzeit § 1595 BGB Rn 6).

dd) Zustimmung des Ehemannes. Die Anerkennung im Falle des **scheidungsakzessorischen Status-**   11 **wechsels** (s. Rn 3) bedarf zusätzlich noch der Zustimmung des geschiedenen Ehemannes, § 1599 Abs. 2 S. 2 BGB. Für die Zustimmung gelten aufgrund der umfassenden Verweisung des § 1599 Abs. 2 S. 2 BGB die gleichen Erfordernisse wie für die Anerkennung und Zustimmung der Mutter. Die Zustimmung des Ehemannes ist im Gegensatz zu der Anerkennungserklärung **nicht widerruflich**, da insoweit ein Verweis auf § 1597 Abs. 3 BGB fehlt.

d) Vertretungsregeln bei Anerkennung und Zustimmung. aa) Höchstpersönliche Erklärung,   12 **§ 1596 Abs. 4 BGB.** Anerkennung und Zustimmung sind höchstpersönliche Erklärungen, weshalb eine Stellvertretung durch rechtsgeschäftliche Vollmacht gem. §§ 164 ff BGB ausscheidet (§ 1596 Abs. 4 BGB). Die Erklärungen müssen daher immer selbst abgegeben werden, wenn sich nicht aus § 1596 Abs. 1 und 2 BGB etwas anderes ergibt, weil die Erklärenden in ihrer Geschäftsfähigkeit beschränkt oder gänzlich geschäftsunfähig sind. Die Erklärung zur Niederschrift des Gerichts gem. § 180 FamFG (s. Rn 22) kann daher auch nicht durch einen Verfahrensbevollmächtigten abgegeben werden (NK-BGB/Gutzeit § 1596 BGB Rn 3).

bb) Gesetzliche Vertretung bei Anerkennung und Zustimmung der Mutter. § 1596 Abs. 1 S. 1 bis 3   13 BGB regelt die gesetzliche Vertretung von beschränkt geschäftsfähigen und geschäftsunfähigen Männern bei Abgabe der Anerkennungserklärung. Da § 1596 Abs. 1 S. 4 BGB für die Zustimmungserklärung der Mutter auf die Sätze 1 bis 3 verweist, gelten die im Folgenden dargestellten Regelungen sowohl für die Anerkennung als auch für die Zustimmung der Mutter.

Sind die Erklärenden **minderjährig** und daher in ihrer **Geschäftsfähigkeit beschränkt** (§§ 106, 2 BGB),   14 müssen sie die Erklärung dennoch selbst abgeben, § 1596 Abs. 1 S. 1 BGB. Der gesetzliche Vertreter muss der Erklärung **zustimmen**, § 1596 Abs. 1 S. 2 BGB. Sind die Eltern des Erklärenden gemeinsam sorgeberechtigt (§ 1626 BGB), müssen beide zustimmen, § 1629 Abs. 1 S. 2 BGB. Besteht keine elterliche Sorge, muss der Ergänzungspfleger (§ 1909 BGB) oder der Vormund (§ 1793 BGB) zustimmen. Die Zustimmung kann dabei vorab als Einwilligung gem. § 183 BGB oder als Genehmigung gem. § 184 BGB erteilt werden (NK-BGB/Gutzeit § 1596 BGB Rn 6). Allerdings ist die Zustimmung entgegen § 182 Abs. 2 BGB **formbedürftig** (s. Rn 19 ff).

Sind die Erklärenden **geschäftsunfähig**, kann der gesetzliche Vertreter die Vaterschaft anerkennen oder die   15 Zustimmung für die Mutter erklären. Die sorgeberechtigten Eltern, der Ergänzungspfleger oder der Vormund eines gem. § 104 BGB geschäftsunfähigen Minderjährigen benötigen hierzu zusätzlich die Genehmigung des Familiengerichts. Ist der Geschäftsunfähige volljährig, kann der Betreuer als gesetzlicher Vertreter (§ 1902 BGB) die Erklärung abgeben; zusätzlich ist die Genehmigung des Betreuungsgerichts erforderlich, § 1596 Abs. 1 S. 3 BGB. Die Betreuung muss sich auf die Personen- und die Vermögenssorge erstrecken (MK/Wellenhofer § 1596 BGB Rn 14). Umstritten ist, ob die gerichtliche Genehmigung auch nachträglich eingeholt werden kann oder ob sie bereits vor der Anerkennungserklärung vorliegen muss. Da die Anerkennung der Vaterschaft eine personenstandsrechtliche Angelegenheit ist, die Schwebezustände verträgt, kann die gerichtliche Genehmigung auch noch nachträglich erteilt werden (NK-BGB/Gutzeit § 1596 BGB Rn 10; aA Palandt/Brudermüller § 1596 BGB Rn 4).

16 Ein **geschäftsfähiger Betreuter** kann die Erklärung nur selbst abgeben, § 1596 Abs. 3 BGB, wobei ein betreuungsgerichtlicher Einwilligungsvorbehalt gem. § 1903 BGB möglich ist (Palandt/Brudermüller § 1596 BGB Rn 7).

17 **cc) Gesetzliche Vertretung bei Zustimmung des Kindes.** Ein Kind, das **geschäftsunfähig** (§ 104 BGB) oder noch nicht 14 Jahre alt ist, kann der Anerkennung gem. § 1595 Abs. 2 BGB nicht selbst zustimmen. Die Zustimmung wird durch den gesetzlichen Vertreter (§ 1596 Abs. 2 S. 1 BGB) oder durch das Jugendamt als Beistand erklärt (Palandt/Brudermüller § 1596 BGB Rn 5).

Das **beschränkt geschäftsfähige Kind** (§§ 106, 2 BGB), das mindestens 14 Jahre alt ist, kann der Anerkennung nur selbst zustimmen, wozu es aber der Zustimmung des gesetzlichen Vertreters bedarf (§ 1596 Abs. 2 S. 2 Hs 2 BGB).

Gesetzlicher Vertreter des minderjährigen Kindes wird in diesen Fällen meist nur ein Ergänzungspfleger oder Vormund sein, da die Zustimmung des Kindes immer nur dann notwendig ist, wenn keine elterliche Sorge der Mutter besteht (s. Rn 10). Ist der bislang als rechtlicher Vater geltende Mann gesetzlicher Vertreter des Kindes, so kommt angesichts einer etwaigen Interessenkollision die Bestellung eines Ergänzungspflegers in Betracht (NK-BGB/Gutzeit § 1596 BGB Rn 13). Gesetzlicher Vertreter des volljährigen geschäftsunfähigen Kindes ist der Betreuer. Keinesfalls ist der Betreuer des rechtlichen Vaters insoweit gesetzlicher Vertreter, da die Betreuung grundsätzlich keine Auswirkungen auf die elterliche Sorge hat (Palandt/Brudermüller § 1596 BGB Rn 9).

18 Ein **geschäftsfähiger Betreuter** kann die Erklärung nur selbst abgeben, § 1596 Abs. 3 BGB, wobei ein betreuungsgerichtlicher Einwilligungsvorbehalt gem. § 1903 BGB möglich ist (Palandt/Brudermüller § 1596 BGB Rn 7).

19 **e) Form der Erklärungen. aa) Öffentliche Beurkundung.** Anerkennung und Zustimmung der Mutter und des Kindes (§ 1595 BGB) müssen gem. § 1597 Abs. 1 BGB **öffentlich beurkundet** werden. Die so erstellte öffentliche Urkunde beweist gem. § 415 ZPO im Gegensatz zur Privaturkunde nicht nur die Urheberschaft, sondern den gesamten beurkundeten Vorgang, also auch Ort und Zeit der protokollierten Erklärung (HK-ZPO/Eichele § 415 ZPO Rn 9). Da es sich bei § 415 ZPO um eine gesetzliche Beweislastregel handelt, ist das Gericht gem. § 286 Abs. 2 ZPO an die Beweiskraft gebunden, bis der volle Gegenbeweis geführt wird, § 415 Abs. 2 ZPO. Anerkennung und Zustimmung sind als Wirksamkeitsvoraussetzungen für die Begründung der Vaterschaft gem. § 1592 Nr. 2 BGB von so großer Bedeutung, dass der durch die öffentliche Beurkundung bewirkte Schutz unverzichtbar ist (BT-Drucks. 13/4899, 85). Geschützt wird dabei zum einen die Rechtssicherheit durch die Beweiskraft der öffentlichen Urkunde. Zum anderen sollen die Erklärenden durch die Beurkundung vor übereilten Erklärungen geschützt werden.

Die biologische Abstammung wird bei der Beurkundung nicht überprüft und ist daher auch nicht Inhalt der Urkunde (Palandt/Brudermüller § 1597 BGB Rn 1). Der Standesbeamte soll aber die Beurkundung ablehnen, wenn offenkundig ist, dass die Anerkennung der Vaterschaft nach § 1600 Abs. 1 Nr. 5 BGB anfechtbar wäre (§ 44 Abs. 1 S. 3 PStG).

20 **Zuständig** für die öffentliche Beurkundung sind
– **Notare** (§ 1 BeurkG, § 20 BNotO),
– **Amtsgerichte** (§ 62 Abs. 1 Nr. 1 BeurkG), bei denen entweder der Rechtspfleger die Beurkundung vornimmt (§ 3 Nr. 1 f RPflG) oder die Erklärungen in einem Erörterungstermin vor dem Familiengericht zur Niederschrift des Gerichts erklärt werden kann (§ 180 FamFG),

- jeder **Standesbeamte** (§ 44 PStG, § 58 BeurkG),
- **Jugendämter** (§ 59 Abs. 1 S. 1 Nr. 1 SGB VIII, § 59 BeurkG) sowie
- im Ausland **deutsche Konsularbeamte** (§§ 2, 10 Abs. 2 KonsG).

Die **Zustimmung des Ehemannes** im Falle des scheidungsakzessorischen Statuswechsels (s. Rn 11) ist **21** gem. § 1599 Abs. 2 S. 2 Hs 2 BGB ebenfalls öffentlich zu beurkunden.

Die **Anerkennung oder Zustimmung des gesetzlichen Vertreters** gem. § 1596 Abs. 1 S. 3 und Abs. 2 S. 1 BGB sind gem. § 1597 Abs. 1 BGB öffentlich zu beurkunden.

Die **Zustimmung des gesetzlichen Vertreters** gem. § 1596 Abs. 1 S. 2 und Abs. 2 S. 2 Hs 2 BGB muss ebenfalls öffentlich beurkundet werden (BT-Drucks. 13/4899, 85). Dies soll sich aus der Formulierung des § 1597 Abs. 2 BGB, der die Übersendung von beglaubigten Abschriften aller Erklärungen, die für die Wirksamkeit der Anerkennung bedeutsam sind, fordert, ergeben. Dazu gehört zweifelsohne auch die Zustimmung des gesetzlichen Vertreters (NK-BGB/Gutzeit § 1597 BGB Rn 3). Gegen die Formbedürftigkeit spricht aber § 1599 Abs. 2 S. 2 Hs 2 BGB, der für die Zustimmung des Ehemannes im Falle des scheidungsakzessorischen Statuswechsels eine ausdrückliche Verweisung auf die Formvorschrift des § 1597 Abs. 1 BGB enthält, welche § 1596 BGB fehlt.

Steht im Vaterschaftsanfechtungsverfahren des Kindes, der Mutter oder des bisher rechtlichen Vaters oder **22** im Scheidungsverfahren der Eltern, wenn das Kind nach der Anhängigkeit des Scheidungsantrages geboren wurde (§ 1599 Abs. 2 BGB; s. Rn 3), der anerkennungswillige Vater zur Verfügung, bietet sich die Protokollierung der Erklärung und der erforderlichen Zustimmungen gem. § 180 FamFG an.

bb) Übersendung der Erklärungen, § 1597 Abs. 2 BGB. Anerkennung und sämtliche Zustimmungen **23** (der Mutter, des Kindes, des Ehemannes, der gesetzlichen Vertreter) sind **nicht empfangsbedürftige Willenserklärungen** (Palandt/Brudermüller § 1597 BGB Rn 3). Das bedeutet, dass die Erklärung den Betroffenen nicht zugehen muss, um wirksam zu werden. Allerdings sind die Erklärungen in beglaubigter Abschrift an Vater, Mutter, Kind sowie an das gem. § 44 Abs. 3 PStG zuständige Standesamt zu übersenden (§ 1597 Abs. 2 BGB). Es handelt sich hierbei aber um eine reine Verfahrensvorschrift, die keine Auswirkungen auf die Wirksamkeit der Anerkennung gem. § 1598 Abs. 1 BGB hat. Die Übersendung hat die beurkundende Stelle vorzunehmen (NK-BGB/Gutzeit § 1597 BGB Rn 5). Dabei ist eine Abschrift auch an den Erklärenden zu übersenden, damit alle Betroffenen (nachweisbare) Kenntnis über die Anerkennung haben (BT-Drucks. 13/4899, 85).

2. Rechtsfolgen der Anerkennung

Durch die wirksame Anerkennung der Vaterschaft wird die gesetzliche Vaterschaft gem. § 1592 Nr. 2 BGB **24** begründet. Die Rechtsfolgen sind insbesondere die wechselseitigen Unterhaltsverpflichtungen zwischen Vater und Kind gem. §§ 1601 ff BGB und die beiderseitigen Erb- und Pflichtteilsrechte gem. §§ 1924 ff BGB (Palandt/Brudermüller § 1594 BGB Rn 3). Die Anerkennung wirkt dabei wie eine statusrechtliche gerichtliche Entscheidung für und gegen alle (Inter-omnes-Wirkung; s. → *Feststellung der Vaterschaft* Rn 19).

Gem. § 1594 Abs. 1 BGB können die Rechtswirkungen der Anerkennung aber erst ab dem **Zeitpunkt ih-** **25** **rer Wirksamkeit** geltend gemacht werden. Die Regelung entspricht der Sperrwirkung des § 1600 d Abs. 4 BGB bei der Vaterschaftsfeststellung (s. → *Feststellung der Vaterschaft* Rn 18). Erst mit Vorliegen aller Voraussetzungen entfaltet die Anerkennung die gesetzlichen Folgen der Vaterschaft. Es handelt sich hierbei um eine **Rechtsausübungssperre** (NK-BGB/Gutzeit § 1594 BGB Rn 4), dh die Vaterschaft besteht nach Anerkennung zwar ab der Geburt, Unterhaltsansprüche können aber erst nach Maßgabe des § 1594 Abs. 1 BGB ab der Wirksamkeit der Anerkennung geltend gemacht werden, wobei rückständiger Unterhalt bei Vorliegen der Voraussetzungen des § 1613 BGB nicht ausgeschlossen ist (NK-BGB/Gutzeit § 1594 BGB Rn 4). Ausnahmen von der Sperrwirkung gelten für das Eheverbot des § 1307 BGB sowie für das strafbewehrte Verbot des Beischlafs zwischen Verwandten (§ 173 StGB), da es nach den jeweiligen Normzwecken auf die biologische Abstammung ankommt (NK-BGB/Gutzeit § 1594 BGB Rn 7).

3. Widerruf der Anerkennung

26 Der Mann kann die Anerkennung widerrufen, wenn die Anerkennung ein Jahr nach der Beurkundung noch nicht wirksam geworden ist, § 1597 Abs. 3 BGB. Die Zustimmungserklärungen sind aufgrund des Kindschaftsrechtsreformgesetzes nicht mehr fristgebunden, da die Anerkennung unbefristet Bestand haben soll. Um dem Anerkennungswilligen aber die Möglichkeit zu schaffen, sich dennoch von seiner Erklärung zu lösen, wurde die Möglichkeit des Widerrufes eingeführt (BT-Drucks. 13/4899, 85).

27 Die Frist beginnt ab dem Zeitpunkt der Beurkundung zu laufen. Fristbeginn und -ende richten sich nach §§ 187 Abs. 1, 188 Abs. 2 BGB. Die Frist beginnt auch dann mit der Beurkundung der Anerkennung zu laufen, wenn die Wirksamkeit der Anerkennung wegen des Bestehens einer anderen Vaterschaft nicht eintreten kann, § 1594 Abs. 2 BGB (NK-BGB/Gutzeit § 1597 BGB Rn 8).

28 Für den Widerruf gelten die gleichen Voraussetzungen wie für die Anerkennung selbst. Der Widerruf muss **öffentlich beurkundet** werden, eine beglaubigte Abschrift ist an Vater, Mutter, Kind und Standesamt zu übersenden, der Widerruf ist **bedingungsfeindlich** und darf nicht an eine **Zeitbestimmung** gebunden sein (§ 1597 Abs. 3 S. 2 BGB). Der Widerruf ist eine **höchstpersönliche Erklärung** und kann daher nicht durch einen rechtsgeschäftlich bevollmächtigten Vertreter erklärt werden. Bzgl der **gesetzlichen Vertretung** bei fehlender oder beschränkter Geschäftsfähigkeit gelten die gleichen Bestimmungen wie für die Anerkennung selbst (s. Rn 12), § 1597 Abs. 3 S. 2 BGB iVm § 1596 Abs. 1, 3, 4 BGB.

4. Unwirksamkeit der Erklärungen

29 Die Erklärungen zur Vaterschaftsanerkennung (Anerkennung, Zustimmungen, Widerruf) sind **nur dann unwirksam**, wenn die Vorschriften der §§ 1594–1597 BGB nicht eingehalten sind. Durch die abschließende Aufzählung der genannten Vorschriften ergibt sich, dass die Erklärungen nicht anfechtbar gem. §§ 119 ff BGB sind. Ebenfalls gelten §§ 134, 138 BGB nicht (NK-BGB/Gutzeit § 1598 BGB Rn 2).

Eine Verletzung der Benachrichtigungspflicht gem. § 1597 Abs. 2 BGB führt hingegen nicht zur Unwirksamkeit, da es sich insoweit nur um eine Formvorschrift handelt und die Erklärungen nicht empfangsbedürftig sind. Die Sperrwirkung des § 1594 Abs. 2 BGB bewirkt ebenfalls nicht die Unwirksamkeit, sondern führt zur schwebenden Unwirksamkeit der Anerkennung.

30 Auch eine wissentlich falsche Anerkennung hat zur Folge, dass die Vaterschaft gem. § 1592 Nr. 2 BGB wirksam begründet wird (OLG Köln 25.10.2001 – 14 UF 106/01, NJW 2002, 901). Sie ist auch nicht gem. § 169 StGB (Personenstandsfälschung) strafbar, da gerade kein falscher (aber anfechtbarer) Personenstand begründet wird. Die Beurkundung durch den Standesbeamten soll aber gem. § 44 Abs. 1 S. 3 PStG unterbleiben, wenn offenkundig ist, dass die Anerkennung der Vaterschaft nach § 1600 Abs. 1 Nr. 5 BGB anfechtbar wäre. Wurde in einem Abstammungsverfahren rechtskräftig festgestellt, dass der Anerkennende nicht Vater des Kindes ist, so kann eine Anerkennung mit Blick auf die Rechtskraft nicht wirksam werden (NK-BGB/Gutzeit § 1594 BGB Rn 2).

31 Wurde eine unwirksame Anerkennung dennoch in das Personenstandsregister gem. §§ 21 Abs. 1 Nr. 4, 27 PStG eingetragen, kommt ein **Berichtigungsverfahren** nach den §§ 48 ff PStG in Betracht. Allerdings gilt hierfür die **Ausschlussfrist** des § 1598 Abs. 2 BGB von **fünf Jahren** ab dem Zeitpunkt der Eintragung. Nach Ablauf der Frist sind sämtliche Wirksamkeitsmängel ex nunc geheilt (NK-BGB/Gutzeit § 1598 BGB Rn 5). Die Heilung tritt auch ein, wenn ein geschäftsunfähiger Mann die Vaterschaft selbst anerkannt hat (BGH 19.12.1984 – IV b ZR 86/82, NJW 1985, 804). Durch den Antrag auf Einleitung eines Verfahrens auf Feststellung der Wirksamkeit oder Unwirksamkeit der Anerkennung nach § 169 Nr. 1 Hs 2 FamFG oder durch einen Antrag auf Anordnung der Berichtigung des Personenstandsregisters nach § 48 Abs. 2 PStG wird der Lauf der Fünfjahresfrist **unterbrochen** (NK-BGB/Gutzeit § 1598 BGB Rn 5).

Knahn

III. Abstammungsverfahren gem. § 169 Nr. 1 Hs 2 FamFG

Besteht Streit über die Wirksamkeit einer Anerkennungserklärung, weil Voraussetzungen der §§ 1594– **32** 1597 BGB nicht vorgelegen haben sollen, kann auf Antrag (§ 171 Abs. 1 FamFG) ein **Abstammungsverfahren** gem. § 169 Nr. 1 Hs 2 FamFG durchgeführt werden. Streitgegenstand des Verfahrens ist allein die Frage, ob die Vaterschaftsanerkennung wirksam ist, nicht dagegen die Vaterschaft selbst. Bei einer Abweisung des Antrags auf Feststellung der Unwirksamkeit der Vaterschaftsanerkennung kann daher noch ein Anfechtungsverfahren gem. § 169 Nr. 4 FamFG betrieben werden (HK-ZPO/Kemper § 169 FamFG Rn 4).

Verweigert die Mutter die Zustimmung zur Anerkennung, findet **keine Ersetzung der Erklärung** statt **33** (Palandt/Brudermüller § 1595 BGB Rn 3). Ein abstammungsrechtliches Verfahren ist hierfür nicht vorgesehen. Der vermeintliche Vater muss die Vaterschaft gem. § 1600 d BGB gerichtlich feststellen lassen (s. → *Feststellung der Vaterschaft*).

12. Anfangsvermögen

Knahn

I. Einführung.................................... 1
II. Zusammensetzung des Anfangsvermögens...... 2
  1. Stichtagprinzip............................. 3
  2. Vermögenswerte............................ 4
  3. Hinzurechnungen nach § 1374 Abs. 2 BGB..... 7
    a) Erwerb von Todes wegen.................. 11
    b) Erwerb mit Rücksicht auf ein künftiges Erb-
    recht..................................... 12

    c) Schenkung............................... 13
    d) Ausstattung............................. 16
  4. Gleitender Erwerbsvorgang.................. 17
  5. Nacherbschaft............................. 18
  6. Negatives Anfangsvermögen.................. 20
  7. Indexierung des Anfangsvermögens............ 22
  8. Vertragsfreiheit......................... 27
III. Darlegungs- und Beweislast.................... 28

I. Einführung

1   Der Zugewinn eines Ehegatten ist gem. § 1373 BGB der Betrag, um den das Endvermögen das Anfangsvermögen übersteigt. Das Anfangsvermögen besteht dabei gem. § 1374 Abs. 1 BGB aus dem Vermögen, das bei **Eintritt des Güterstandes** einem Ehegatten nach Abzug der Verbindlichkeiten gehört (s. Rn 2 ff). Diesem Betrag ist gem. § 1374 Abs. 2 BGB das Vermögen hinzuzurechnen, welches der Ehegatte nach Eintritt des Güterstands von Todes wegen oder mit Rücksicht auf ein künftiges Erbrecht, durch Schenkung oder als Ausstattung erwirbt, soweit es sich nicht um Einkommen handelt (**privilegiertes Anfangsvermögen**; s. Rn 7 ff). Besonderheiten ergeben sich bei einem **gleitenden Erwerbsvorgang** (s. Rn 17) sowie bei der **Nacherbschaft** (s. Rn 18 f). **Negatives Anfangsvermögen** besteht, wenn der Ehegatte höhere Verbindlichkeiten als positive Vermögenswerte hatte (s. Rn 20 f). Aufgrund der Geldentwertung ist eine **Indexierung des Anfangsvermögens** erforderlich (s. Rn 22 ff). Das Anfangsvermögen kann durch **vertragliche Regelungen** zwischen den Ehegatten abweichend von den gesetzlichen Bestimmungen festgelegt werden (s. Rn 27).

II. Zusammensetzung des Anfangsvermögens

2   Das Anfangsvermögen setzt sich aus der **Differenz aller aktiven und passiven Vermögenswerte** zum Zeitpunkt des Eintritts des Güterstandes zusammen. Dabei ist das Anfangsvermögen eine reine Rechengröße, die die Vermögenspositionen als Rechnungsposten in einem Geldbetrag zusammengefasst (HK-FamR/Häcker § 1374 BGB Rn 2).

1. Stichtagprinzip

3   Nach dem Stichtagprinzip ist dabei allein auf den Wert des Vermögens am Tag des Eintritts in den Güterstand abzustellen, § 1376 Abs. 1 BGB. Das ist üblicherweise der **Tag der Eheschließung** (§§ 1310 ff BGB), soweit die Ehegatten nicht durch einen Ehevertrag den gesetzlichen Güterstand der Zugewinngemeinschaft ausgeschlossen haben. Vereinbaren Ehegatten in diesem Fall später ebenfalls durch einen Ehevertrag, dass fortan der gesetzliche Güterstand der Zugewinngemeinschaft gelten soll, so ist der Tag des Vertragsschlusses der Stichtag für das Anfangsvermögen (NK-BGB/Heiß § 1374 BGB Rn 6). Die Ehegatten können den Stichtag in jedem Fall durch vertragliche Regelung abweichend festlegen (s. Rn 27). Das weitere Schicksal der Vermögenswerte nach dem Stichtag ist für die Berechnung des Anfangsvermögens ohne Bedeutung (Palandt/Brudermüller § 1374 BGB Rn 4).

2. Vermögenswerte

4   Als Aktiva versteht man **alle rechtlich geschützten Positionen von wirtschaftlichem Wert**, mithin neben allen Gegenständen alle ihm zustehenden objektiv bewertbaren Rechte, die am Stichtag bereits entstanden sind (BGH 28.1.2004 – XII ZR 221/01, FamRZ 2004, 781). Der Vermögensbegriff ist derselbe wie der des Endvermögens in § 1375 BGB. Hierzu zählen auch Anwartschaften und Forderungen, wobei es nicht auf deren Fälligkeit ankommt (HK-FamR/Häcker § 1374 BGB Rn 3). Reine Erwerbsaussichten zählen nicht zum Anfangsvermögen (Palandt/Brudermüller § 1375 BGB Rn 8).

Nicht zum Anfangsvermögen zählen solche Vermögenswerte, die durch spezielle gesetzliche Regelungen   5
einem Ausgleich zwischen den Ehegatten unterliegen (NK-BGB/Heiß § 1374 BGB Rn 12). Dazu gehört
insbesondere die Regelung des § 1568 b BGB für die im gemeinsamen Eigentum der Ehegatten stehenden
Haushaltsgegenstände und die Ausgleichsvorschriften des VersAusglG für erworbene **Rentenanwartschaften** (§ 2 Abs. 4 VersAusglG). Allerdings unterliegen Haushaltsgegenstände, die im Alleineigentum eines Ehegatten stehen, nicht dem Ausgleich nach § 1568 b BGB und sind daher im Anfangsvermögen zu
erfassen (NK-BGB/Heiß § 1374 BGB Rn 13). Gleiches gilt für Kapitallebensversicherungen, die allein der
Vermögensbildung und nicht der Altersvorsorge dienen (NK-BGB/Heiß § 1372 BGB Rn 16 ff).

Sämtliche **Verbindlichkeiten** eines Ehegatten sind als Passiva von den aktiven Vermögenswerten abzuzie-   6
hen. Die Verbindlichkeit muss zum Stichtag lediglich **entstanden, aber noch nicht fällig** sein (BGH
24.10.1990 – XII ZR 101/89, NJW 1991, 1547). Ausnahmsweise kommt es aber bei Dauerschuldverhältnissen wie Unterhalt und Miete auf die Fälligkeit an (NK-BGB/Heiß § 1374 BGB Rn 18). Eine verjährte
Verbindlichkeit ist nicht zu berücksichtigen, wenn zum Stichtag die Einrede der Verjährung bereits erhoben ist (Palandt/Brudermüller § 1375 BGB Rn 14).

Zu den einzelnen Vermögenspositionen: s. → *ABC der Vermögenswerte.*

3.   Hinzurechnungen nach § 1374 Abs. 2 BGB

Vermögenswerte, die ein Ehegatte nach Eintritt des Güterstandes **von Todes wegen** oder **mit Rücksicht**   7
auf ein künftiges Erbrecht, durch **Schenkung** oder als **Ausstattung** erwirbt **(privilegierter Erwerb),**
werden in Ausnahme zum Stichtagprinzip gem. § 1374 Abs. 2 BGB dem Anfangsvermögen hinzugerechnet. Zweck dieser Ausnahmeregelung ist es, dass Vermögenswerte, die in keinem Zusammenhang mit der
Ehe stehen und an denen der andere Ehegatte keinen Anteil hat, dem Zugewinnausgleich entzogen werden
sollen (Palandt/Brudermüller § 1374 BGB Rn 6). Solange sie zum Stichtag des Endvermögens noch im
Vermögen vorhanden sind, sind sie ebenfalls im Endvermögen aufzuführen, wodurch wiederum die Wertsteigerung der privilegiert erworbenen Vermögenspositionen durch den Zugewinnausgleich berücksichtigt
wird (NK-BGB/Heiß § 1374 BGB Rn 22). Verbindlichkeiten, die mit dem Vermögenswert erworben wurden (zB Grundstücksbelastungen, Erbschaftssteuer, Nachlassverbindlichkeiten und Beerdigungskosten),
sind abzuziehen, so dass nur der Nettowert im Anfangsvermögen einzustellen ist.

Übersteigen die Verbindlichkeiten den Vermögenswert (zB überschuldeter Nachlass), so ist ein negativer   8
Wert dem Anfangsvermögen hinzuzurechnen. Der **negative privilegierte Erwerb** verringert dann den Bestand des Anfangsvermögens (NK-BGB/Heiß § 1374 BGB Rn 22). Dies ergibt sich auch aus der systematischen Stellung des durch Gesetz zur Änderung des Zugewinnausgleichs- und Vormundschaftsrechts geschaffenen § 1374 Abs. 3 BGB (NK-BGB/Heiß § 1374 BGB Rn 5).

Die **Hinzurechnung zum Anfangsvermögen unterbleibt** jedoch, wenn das erworbene Vermögen den   9
Umständen nach zu den Einkünften zu rechnen ist (§ 1374 Abs. 2 BGB aE). Der Begriff der Einkünfte ist
dabei nicht näher definiert. Man versteht darunter **einmalige und laufende Zuwendungen,** wobei es im
Einzelfall auf den Anlass der Zuwendung, die Willensrichtung des Schenkers und die wirtschaftlichen Verhältnisse des Empfängers (Palandt/Brudermüller § 1374 BGB Rn 18) ankommt. Zu den Einkünften zu rechnen ist eine Zuwendung dann, wenn sie nach der Intention aller Beteiligten dazu dienen soll, den Unterhalt
des Erwerbers sicherzustellen oder zu verbessern (NK-BGB/Heiß § 1374 BGB Rn 47). Es kommt also darauf an, ob zur Deckung des laufenden Lebensbedarfs oder zur Vermögensbildung beigetragen werden soll.
Der Vermögensbildung dienen demnach Zuwendungen zum Zweck des Erwerbs oder des Aus- oder Umbaus eines Eigenheims. Als Einkünfte zählen beispielsweise Zuwendungen zum Erwerb eines Führer-
scheins, eines Pkw, der Wohnungseinrichtung oder zu einer Urlaubsreise (Palandt/Brudermüller § 1374
BGB Rn 18).

Die Tatbestände des § 1374 Abs. 2 BGB sind abschließend und **nicht analogiefähig** (NK-BGB/Heiß   10
§ 1374 BGB Rn 25). Eine analoge Anwendung der Privilegierung auf eheneutralen Vermögenserwerb, wie
zB Schmerzensgeld, Lottogewinne, reale Wertsteigerungen, Kriegsopferentschädigungen, Unfall- und Wit-

wenrentenabfindungen, scheidet daher aus (BGH 20.9.1995 – XII ZR 16/94, NJW 1995, 3113). Zulässig ist es aber, durch Auslegung der in § 1374 Abs. 2 BGB verwendeten Rechtsbegriffe auch solche Erwerbsvorgänge zu privilegieren, die nach ihrer Art und Herkunft als Anwendungsfälle der privilegierten Erwerbsvorgänge des Abs. 2 anzusehen sind. Eine **zulässige Auslegung** der Vorschrift ist insbesondere bei Lebensversicherungen möglich, die ein Ehegatte als Bezugsberechtigter eines ihm nahestehenden Dritten erhalten hat (BGH 20.9.1995 – XII ZR 16/94, NJW 1995, 3113).

11   **a) Erwerb von Todes wegen.** Unter Erwerb von Todes wegen versteht man den Erwerb im Rahmen der Gesamtrechtsnachfolge (§ 1922 BGB) der **gesetzlichen oder der gewillkürten Erbfolge**, aber auch den Erwerb aufgrund **Vermächtnisses oder Pflichtteils** (Palandt/Brudermüller § 1374 BGB Rn 10). Der Erwerb kann auch in der Befreiung einer Verbindlichkeit (Konfusion) bestehen, wenn der Ehegatte einen Gläubiger beerbt (BGH 20.9.1995 – XII ZR 16/94, NJW 1995, 3113). Einen Erwerb von Todes wegen stellen auch **Abfindungen** für den Verzicht auf ein angefallenes oder auch künftiges Erbrecht, für einen Pflichtteil, einen Erbersatzanspruch oder einen Anteil am Gesamtgut einer fortgesetzten Gütergemeinschaft dar, ebenso Abfindungen für die Ausschlagung eines Vermächtnisses und der vorzeitige Erbausgleich eines nichtehelichen Kindes. Wird aufgrund eines Vergleichs in einem Erbschaftsstreit eine Zahlung geleistet, zählt diese ebenso wie der Abfindungsanspruch des weichenden Erben gem. §§ 12 ff HöfeO zum Erwerb von Todes wegen (NK-BGB/Heiß § 1374 BGB Rn 29).

12   **b) Erwerb mit Rücksicht auf ein künftiges Erbrecht.** Unter dem Erwerb mit Rücksicht auf ein künftiges Erbrecht versteht man alle Erwerbsvorgänge im Wege der **vorweggenommenen Erbfolge**, wobei es nicht darauf ankommt, ob der Ehegatte gesetzlicher oder gewillkürter Erbe ist. Ein Erwerb mit Rücksicht auf ein künftiges Erbrecht liegt regelmäßig dann vor, wenn einem Ehegatten eine Immobilie, ein landwirtschaftliches Anwesen oder ein Unternehmen von seinen Eltern unter Lebenden übergeben wurde (Palandt/Brudermüller § 1374 BGB Rn 11). Für eine Zuwendung im Wege der vorweggenommenen Erbfolge kommt es hingegen aber nicht darauf an, dass der Erwerb unentgeltlich erfolgte. Vielmehr ist es für solche Geschäfte typisch, dass Gegenleistungen in Form eines Leibgedings oder der Auszahlung der anderen erbberechtigten Geschwister übernommen werden. In diesen Fällen bleibt der Erwerb privilegiert, selbst wenn die Gegenleistung überwiegt (BGH 27.6.1990 – XII ZR 95/89, NJW-RR 1990, 1283). Allerdings ist der Erwerb durch Kauf nur dann gem. § 1374 Abs. 2 BGB privilegiert, wenn der Ehegatte keine oder keine vollwertige Gegenleistung erbringt (BGH 22.11.2006 – XII ZR 8/05, NJW 2007, 2245).

13   **c) Schenkung.** Gem. § 516 Abs. 1 BGB ist eine Zuwendung, durch die jemand aus seinem Vermögen einen anderen bereichert, dann eine Schenkung, wenn beide Teile darüber einig sind, dass die Zuwendung unentgeltlich erfolgt. Keine Schenkungen sind freiwillige Leistungen des Arbeitgebers, da sie als Ausfluss der Treue- und Fürsorgepflichten des Arbeitgebers erfolgen und regelmäßig von den geleisteten oder noch zu leistenden Diensten des Arbeitnehmers abhängen (NK-BGB/Heiß § 1374 BGB Rn 48). Arbeitsleistungen und Gebrauchsüberlassungen selbst sind mangels Vermögenseinbuße keine Schenkungen, allerdings kann der Verzicht auf eine Vergütung eine Schenkung darstellen (Palandt/Brudermüller § 1374 BGB Rn 14). Soweit sich die Zuwendung in einen entgeltlichen und unentgeltlichen Teil aufspalten lässt (**gemischte Schenkung**), ist dem Anfangsvermögen nur die Differenz zwischen dem Verkehrswert und der Gegenleistung hinzuzurechnen (BGH 17.6.1992 – 12 ZR 145/91, NJW 1992, 2566).

14   Echte **Schenkungen unter Ehegatten** fallen nach der hM nicht unter die Privilegierung des § 1374 Abs. 2 BGB (BGH 20.5.1987 – IVb ZR 62/86, NJW 1987, 2814; **aA** MüKo/Koch § 1374 BGB Rn 23; Staudinger/Thiele § 1374 BGB Rn 35). Echte Schenkungen unter Ehegatten liegen vor, wenn die Zuwendungen gerade nach dem Willen der Ehegatten, insbesondere des Zuwendenden, unentgeltlich im Sinne einer echten Freigebigkeit und nicht in Erwartung des Fortbestands der Ehe geleistet wurden (NK-BGB/Heiß § 1372 BGB Rn 35 ff). Abzugrenzen ist die echte Schenkung unter Ehegatten von der **unbenannten (oder ehebedingten) Zuwendung**, die ebenfalls nicht unter die Privilegierung des § 1374 Abs. 2 BGB fällt. Die unbenannte Zuwendung wird in Erwartung des Bestandes der Ehe gemacht und wird grundsätzlich nur über das Güterrecht ausgeglichen (s. → *Unbenannte Zuwendungen*).

Schenkungen der Eltern (s. → *Zuwendungen Dritter im Zugewinn* Rn 4 ff) an das eigene Kind unterliegen   15
der Privilegierung des § 1374 Abs. 2 BGB und sind dem Anfangsvermögen hinzuzurechnen, es sei denn ein
echter Schenkungswille liegt nicht vor (NK-BGB/Heiß § 1374 BGB Rn 45). Soweit eine Zuwendung auch
oder alleine an das Schwiegerkind ohne echten Schenkungswillen, sondern um der Ehe und einer dauerhaften wirtschaftlichen Sicherung willen geleistet wird, ist sie einer unbenannten Zuwendung gleichzustellen
und nicht dem privilegierten Anfangsvermögen hinzuzurechnen (Palandt/Brudermüller § 1374 BGB
Rn 16).

d) Ausstattung. Eine Ausstattung wird als privilegierter Erwerb gem. § 1374 Abs. 2 BGB ebenfalls dem   16
Anfangsvermögen hinzugerechnet. Eine Ausstattung ist gem. § 1624 BGB, was einem Kind mit Rücksicht
auf seine Verheiratung oder auf die Erlangung einer selbstständigen Lebensstellung zur Begründung oder
zur Erhaltung der Wirtschaft oder der Lebensstellung von dem Vater oder der Mutter zugewendet wird.
Soweit die Ausstattung das den Vermögensverhältnissen des Vaters oder der Mutter entsprechende Maß
übersteigt, gilt der übersteigende Anteil als Schenkung (NK-BGB/Heiß § 1374 BGB Rn 46). Arbeitsleistungen stellen keine Ausstattung dar (BGH 1.7.1987 – IVb ZR 70/86, NJW 1987, 2816).

4. Gleitender Erwerbsvorgang

Hat ein Ehegatte bei einem Erwerb mit Rücksicht auf ein künftiges Erbrecht (s. Rn 12) im Zusammenhang   17
mit der Zuwendung einen lebenslangen Nießbrauch, ein Wohnrecht oder ein Leibgeding übernommen, so
ist dieses bei der Ermittlung des Anfangs- und, wenn das Wohnrecht fortbesteht, auch des Endvermögens
mit seinem jeweils aktuellen Wert wertmindernd zu berücksichtigen. Da der andere Ehegatte aber nicht an
der Wertsteigerung der Zuwendung aufgrund des reinen Zeitablaufs (gleitender Erwerbsvorgang) teilhaben
soll, ist der fortlaufende Wertzuwachs der Zuwendung aufgrund des abnehmenden Werts des Wohnrechts
auch für den dazwischen liegenden Zeitraum bzw die Zeit zwischen dem Erwerb und dem Erlöschen der
Belastung zu bewerten, und dieser dem Anfangsvermögen gem. § 1374 Abs. 2 BGB hinzuzurechnen (BGH
22.11.2006 – XII ZR 8/05, NJW 2007, 2245). Der Bundesgerichtshof hat dabei seine frühere Rechtsprechung aufgegeben, bei der die Belastung weder im Anfangs- noch im Endvermögen Berücksichtigung fand
(BGH 14.3.1990 – XII ZR 62/89, NJW 1990, 1793), da diese mit § 1376 BGB nicht im Einklang stand. Die
vom Bundesgerichtshof entwickelten Grundsätze müssen ebenso für den **Erwerb von Todes wegen**
(s. Rn 11) und **Schenkungen** (s. Rn 13 ff) sowie für **tatsächliches Anfangsvermögen** (§ 1375 Abs. 1 BGB)
gelten (NK-BGB/Heiß § 1374 BGB Rn 40).

5. Nacherbschaft

Ist ein Ehegatte zum Zeitpunkt des Eintritts des Güterstandes Nacherbe oder wird er es im Laufe der Ehe,   18
so ist die Anwartschaft im Anfangsvermögen zu erfassen bzw gem. § 1374 Abs. 2 BGB hinzuzurechnen.
Tritt der **Nacherbfall vor dem Stichtag** zum Endvermögen ein, so ist der volle Nachlasswert für das Anfangsvermögen maßgebend, unabhängig davon, ob ein Wertverlust zwischen Anwartschaft und Nachlass
stattfand (Palandt/Brudermüller § 1374 BGB Rn 12).

Tritt der **Nacherbfall nach dem Stichtag** zum Endvermögen ein, ist die Anwartschaft im Anfangs- und im   19
Endvermögen mit dem gleichen Wert einzustellen (Palandt/Brudermüller § 1374 BGB Rn 12). Eine etwaige Wertsteigerung wäre nämlich wiederum gem. § 1374 Abs. 2 BGB zu privilegieren. Im Hinblick auf
§ 1376 BGB erscheint es sachgerecht, die vom Bundesgerichtshof entwickelten Grundsätze zum gleitenden
Erwerbsvorgang (s. Rn 17) in diesen Fällen ebenfalls anzuwenden. Im Falle eines Wertverlustes ist die Anwartschaft ebenfalls im Anfangs- und im Endvermögen mit dem gleichen Wert einzustellen, da ein isolierter privilegierter Hinzuerwerb nicht möglich ist. Sind Wertsteigerungen dadurch entstanden, dass der Nacherbe Leistungen im Hinblick auf den zu erwartenden Nacherbfall erbracht hat, so ist der Wert des Anfangsvermögens um diesen Betrag zu kürzen (NK-BGB/Heiß § 1374 BGB Rn 32).

6. Negatives Anfangsvermögen

20 Mit dem **Gesetz zur Änderung des Zugewinnausgleichs- und Vormundschaftsrechts** vom 6.7.2009 (BGBl. I, 1696) wurde durch Streichung des § 1374 Abs. 1 Hs 2 BGB aF und Anfügung des Abs. 3 die Möglichkeit von negativem Anfangsvermögen geschaffen. Der andere Ehegatte hat nunmehr über den Zugewinnausgleich einen Anteil an der Schuldentilgung, was nach alter Rechtslage nicht möglich war.

21 Nach der Übergangsvorschrift des Art. 229 § 20 Abs. 2 EGBGB ist in **Verfahren, die vor dem 1.9.2009 anhängig** wurden, § 1374 BGB in der bis zu diesem Tag geltenden Fassung anzuwenden, dh es gibt **kein negatives Anfangsvermögen**. Dabei ist zu beachten, dass es für Zugewinnausgleichansprüche, die im Scheidungsverbund geltend gemacht werden, auf die Anhängigkeit der Folgesache ankommt (MK/Koch Art. 229 § 20 EGBGB Rn 5). Negatives Anfangsvermögen ist daher auch dann möglich, wenn der Scheidungsantrag bereits vor dem 1.9.2009 und die Folgesache Zugewinnausgleich aber erst nach dem 1.9.2009 anhängig wurde. Wurde die **Ehe vor dem 1.9.2009 rechtskräftig geschieden**, der Zugewinnausgleich aber erst nach dem 1.9.2009 anhängig gemacht, ist § 1374 BGB aF anzuwenden, dh es gibt kein negatives Anfangsvermögen (MüKo/Koch Art. 229 § 20 EGBGB Rn 1; aA Schwab FamRZ 2009, 1961).

7. Indexierung des Anfangsvermögens

22 Bei dem Vergleich von Anfangs- und Endvermögen tritt alleine durch die Geldentwertung (**Inflation**) eine nominale Wertsteigerung des Vermögens auf. Dieser unechte Zugewinn ist nicht auszugleichen (BGH 14.11.1973 – IV ZR 147/72, NJW 1985, 137). Der Zugewinn kann nur dann richtig berechnet werden, wenn Anfangs- und Endvermögen mit den gleichen Bewertungseinheiten bemessen werden. Dies erfolgt durch Indexierung des Anfangsvermögens, dh der Wert des Anfangsvermögens muss auf den Geldwert des Endvermögens hochgerechnet werden. Das Anfangsvermögen ist dabei in seiner Gesamtheit zu indizieren (NK-BGB/Heiß § 1376 BGB Rn 51). Das gem. § 1374 Abs. 2 BGB dem Anfangsvermögen hinzuzurechnende Vermögen muss gesondert und gegebenenfalls einzeln für den jeweiligen Zeitpunkt des Erwerbs indiziert werden.

23 Für die Umrechnung hat sich der seit 1962 durch das Statistische Bundesamt ermittelte Verbraucherpreisindex durchgesetzt (s. → *Verbraucherpreisindex*). Der **Verbraucherpreisindex für Deutschland** misst anhand eines monatlichen Vergleichs eines einheitlichen Warenkorbs die durchschnittliche Preisentwicklung aller Waren und Dienstleistungen, die von privaten Haushalten für Konsumzwecke gekauft werden. Er ist damit der zentrale Indikator zur Beurteilung der Geldwertentwicklung in Deutschland. Nähere Informationen können auf den Internetseiten des Statistischen Bundesamtes unter http://www.destatis.de (Startseite → Zahlen und Fakten → Preise → Verbraucherpreisindizes) abgerufen werden.

24 Die Umrechnung des Anfangsvermögens erfolgt dabei nach folgender Formel:

$$\frac{\text{Wert des Vermögens zum Beginn des Güterstandes x Index Anfangszeitpunkt}}{\text{Index Endzeitpunkt}}$$

25 Die Umrechnung des privilegierten Anfangsvermögens erfolgt nach folgender Formel:

$$\frac{\text{Wert des Vermögens zum Erwerbszeitpunkt x Index Endzeitpunkt}}{\text{Index Erwerbszeitpunkt}}$$

Knahn

Auf der Grundlage des Basisjahres 2005 (= 100%) ergibt sich für den Verbraucherpreisindex folgende Ta-   26
belle:

Verbraucherpreisindex 1962 bis 2012

1962	1963	1964	1965	1966	1967	1968	1969	1970	1971
28,7	29,6	30,3	31,2	32,4	32,9	33,4	34,1	35,2	37,1
1972	1973	1974	1975	1976	1977	1978	1979	1980	1981
39,1	41,9	44,8	47,4	49,5	51,3	52,7	54,8	57,8	61,5
1982	1983	1984	1985	1986	1987	1988	1989	1990	1991
64,7	66,8	68,4	69,9	69,8	70,0	70,8	72,8	74,8	75,9
1992	1993	1994	1995	1996	1997	1998	1999	2000	2001
79,8	83,3	85,6	87,1	88,3	90,0	90,9	91,4	92,7	94,5
2002	2003	2004	2005	2006	2007	2008	2009	2010	2011
95,9	96,9	98,5	100,0	101,6	103,9	106,6	107,0	108,2	110,7
2012									
112,9									

8. Vertragsfreiheit

Das eheliche Güterrecht wird durch den **Grundsatz der Vertragsfreiheit** beherrscht. Die Ehegatten kön-   27
nen daher gem. § 1408 BGB einzelne Vermögenswerte aus dem Anfangsvermögen herausnehmen oder
hinzufügen, Bewertungsabsprachen treffen oder einen anderen Zeitpunkt für Bestand und Bewertung des
Anfangsvermögens festlegen (Palandt/Brudermüller § 1408 BGB Rn 18).

III. Darlegungs- und Beweislast

Jeder Ehegatte trägt für den Bestand und den Wert seines Anfangsvermögens und für den privilegierten   28
Erwerb gem. § 1374 Abs. 2 BGB die Darlegungs- und Beweislast (s. → *Darlegungs- und Beweislast im*
Zugewinn Rn 3 ff). Haben die Ehegatten gemeinsam ein Verzeichnis über den Bestand und den Wert des
Anfangsvermögens erstellt, wird gem. § 1377 Abs. 1 BGB vermutet, dass dieses Verzeichnis richtig ist. Die
Unrichtigkeit ist dann durch den anderen Ehegatten zu beweisen. Wurde kein solches Verzeichnis aufge-
stellt, wird gem. § 1377 Abs. 3 BGB vermutet, dass das Endvermögen den Zugewinn darstellt, also der
Ehegatte kein Anfangsvermögen hatte. Jeder Ehegatte trägt daher die volle Darlegungs- und Beweislast für
sein Anfangsvermögen.

13. Anfechtung der Vaterschaft

Knahn

I. Einführung	1	dd) Das Kind 27
II. Begründetheit des Anfechtungsantrags 4		ee) Die zuständige Behörde 28
1. Anzuwendendes Recht 4		c) Form 29
2. Begründetheit nach deutschem Recht 5		aa) Persönliche Anfechtung der Mutter
a) Keine sozial-familiäre Beziehung 5		und des Vaters
b) Ausschluss der genetischen Vaterschaft 8		(§ 1600 Abs. 1 Nr. 1–3 BGB) 29
c) Vaterschaft des Anfechtenden nach		bb) Anfechtung des Kindes
§ 1600 Abs. 1 Nr. 2 BGB 9		(§ 1600 Abs. 1 Nr. 4 BGB) 32
III. Anfechtungsverfahren 10		d) Antrag gem. §§ 23, 171 FamFG 34
1. Abstammungssache gem. § 169 Nr. 4 FamFG . 10		aa) Inhalt 34
2. Beteiligte 12		bb) Anfangsverdacht, § 171 Abs. 2 FamFG 35
a) Beteiligte Personen 12		e) Frist 40
b) Verfahrensfähigkeit 14		aa) Allgemeines 40
c) Verfahrensbeistand 18		bb) Beginn der Frist 45
3. Formelle Verfahrensvoraussetzungen		cc) Hemmung des Fristablaufs 46
(Zulässigkeit) 19		dd) Neuer Fristbeginn 47
a) Zuständigkeit 19		4. Wirksamkeit und Wirkung des Beschlusses 48
aa) International 19		5. Inhalt des Beschlusstenors 50
bb) Sachlich 20		6. Beschwerdeverfahren 51
cc) Örtlich 22		7. Wiederaufnahme des Verfahrens 52
b) Anfechtungsberechtigte 23		8. Verfahrenswert 53
aa) Der vermeintliche Scheinvater 24		9. Kosten 54
bb) Der vermeintliche leibliche Vater 25		10. Verfahrenskostenhilfe 55
cc) Die Mutter 26		

I. Einführung

1 Grundsätzlich geht das Gesetz nach dem **Abstammungsprinzip** des § 1589 BGB davon aus, dass die **Verwandtschaft** (s. NK-BGB/Gutzeit § 1589 BGB Rn 4) zwischen Kind und Eltern auf der genetischen Herkunft beruht (BT-Drucks. 13/4899, 83). Da aber im Gegensatz zur Frau, die das Kind gebärt (Mutter gem. § 1591 BGB, s. → *Mutterschaft* Rn 3), sich die Feststellung der Vaterschaft wesentlich schwieriger gestaltet, hat das Gesetz in § 1592 BGB leicht feststellbare Tatbestandmerkmale definiert, nach denen ausschließlich (Palandt/Brudermüller § 1592 BGB Rn 1) die Vaterschaft im Rechtssinne begründet werden kann.

2 Vater eines Kindes ist zuerst der Mann, der mit der Mutter gem. § 1591 BGB zum Zeitpunkt der Geburt verheiratet ist, § 1592 Nr. 1 BGB. Ihm gleichgestellt ist der **Ehemann**, der zum Zeitpunkt der Geburt bereits verstorben war, wenn das Kind innerhalb von 300 Tagen nach dem Tod geboren wurde, § 1593 S. 1 BGB. Ist die Mutter nicht verheiratet, ist derjenige Vater des Kindes, der die **Vaterschaft anerkannt** hat, § 1592 Nr. 2 BGB (s. → *Anerkennung der Vaterschaft*). Im Übrigen ist derjenige der Vater, dessen Vaterschaft gerichtlich festgestellt wurde, § 1592 Nr. 3 BGB (s. → *Feststellung der Vaterschaft*).

3 In den beiden erstgenannten Fällen findet eine Überprüfung der genetischen Abstammung nicht statt, so dass der rechtliche Vater nicht unbedingt auch der genetische (biologische) Vater ist, auch wenn das Zustimmungserfordernis der Mutter zur Anerkennung der Vaterschaft der Abstammungswahrheit dienen soll (NK-BGB/Gutzeit § 1595 BGB Rn 1). Es kann daher zu einer **Scheinvaterschaft** kommen, dh dass der rechtliche Vater tatsächlich nicht der genetische Vater des Kindes ist. Das Gesetz hat daher mit den Anfechtungsmöglichkeiten gem. §§ 1600 ff BGB das notwendige Regelwerk geschaffen, um Scheinvaterschaften zu beseitigen und der Abstammungswahrheit Geltung zu verschaffen.

II. Begründetheit des Anfechtungsantrags

1. Anzuwendendes Recht

4 Nach Art. 20 S. 1 EGBGB unterliegt die Anfechtung der Vaterschaft derjenigen Rechtsordnung, die im Einzelfall die Vaterschaft begründet. Die Bestimmung knüpft damit an **Art. 19 EGBGB** an, der für die Ab-

stammung selbst neben dem **Recht des gewöhnlichen Aufenthaltsorts des Kindes** auch das **Recht des Heimatstaates** des jeweiligen Elternteils für anwendbar erklärt. Außerdem kann an das Ehewirkungsstatut im Zeitpunkt der Geburt angeknüpft werden. Kommen nach Art. 20 S. 1 EGBGB mehrere Rechtsordnungen in Betracht, kann der Anfechtende die Anwendung einer Rechtsordnung wählen (Palandt/Thorn Art. 20 EGBGB Rn 2).

Bei einer Anfechtung durch das Kind kann das Kind gem. Art. 20 S. 2 EGBG wahlweise die Vaterschaft nach dem Recht seines gewöhnlichen Aufenthaltsorts anfechten. Der gewöhnliche Aufenthalt bezeichnet den Ort eines nicht nur vorübergehenden Verweilens, an dem der Schwerpunkt der Bindungen des Kindes in familiärer oder beruflicher Hinsicht (Daseinsmittelpunkt) liegt (Palandt/Thorn Art. 5 EGBGB Rn 10).

Das Verbot der **Verwertung heimlich eingeholter Abstammungsgutachten** (BVerfG 13.2.2007 – 1 BvR 421/05, NJW 2007, 753) unterliegt immer der lex fori (Palandt/Thorn Art. 20 EGBGB Rn 3).

2. Begründetheit nach deutschem Recht

a) Keine sozial-familiäre Beziehung. Das Kriterium der sozial-familiären Beziehung zwischen Kind und   5
Vater ist in den Anfechtungsfällen des § 1600 Abs. 1 Nr. 1, 3 und 4 BGB nicht relevant. Die sozial-familiäre Beziehung schließt nur die Anfechtung durch den vermeintlich leiblichen Vater oder durch die Behörde aus.

Im Anfechtungsverfahren des vermeintlich leiblichen Vaters gem. § 1600 Abs. 1 Nr. 2 BGB muss im Rahmen der Begründetheit des Antrags (BGH 6.12.2006 – XII ZR 164/06, NJW 2007, 1677) festgestellt werden, dass zwischen Kind und vermeintlichem Scheinvater keine sozial-familiäre Beziehung besteht oder zum Zeitpunkt des Todes bestanden hat, § 1600 Abs. 2 BGB (aA OLG Celle 22.7.2011 – 15 UF 85/11, NJOZ 2012, 283, das § 1600 Abs. 2 BGB bei der Frage der Antragsberechtigung prüft). Der vermeintlich leibliche Vater trägt dafür die **Darlegungslast**, dh er muss objektive Umstände vortragen, die gegen eine sozial-familiäre Beziehung sprechen können (BGH 30.7.2008 – XII ZR 150/06, FamRZ 2008, 1821). Entscheidungen nach § 1600 Abs. 2 BGB, mit denen Anfechtungen der mutmaßlichen leiblichen Väter versagt werden, verstoßen weder gegen Art. 8 EMRK (Recht auf Achtung des Privat- und Familienlebens) noch gegen das Diskriminierungsverbot des Art. 8 iVm Art. 14 EMRK (EGMR 22.3.2012 – 45071/09, FamRZ 2012, 691).

Im Anfechtungsverfahren der Behörde § 1600 Abs. 1 Nr. 5 BGB muss festgestellt werden, dass zwischen   6
dem Kind und dem Vater durch Anerkennung keine sozial-familiäre Beziehung besteht oder zum Zeitpunkt der Anerkennung oder seines Todes bestanden hat, und durch die Anerkennung rechtliche Voraussetzungen für die **erlaubte Einreise** oder den erlaubten Aufenthalt des Kindes oder eines Elternteils geschaffen wurden, § 1600 Abs. 3 BGB.

Die Voraussetzungen für eine sozial-familiäre Beziehung sind in § 1600 Abs. 4 S. 1 BGB definiert. Danach   7
kommt es auf das **Tragen von tatsächlicher Verantwortung** für das Kind an. Eine widerlegliche (BGH 6.12.2006 – XII ZR 164/06, NJW 2007, 1677) Regelannahme für die **anfängliche Übernahme** dieser Verantwortung begründet gem. Abs. 4 S. 2 der Umstand, dass der rechtliche Vater mit der Mutter verheiratet ist oder mit dem Kind längere Zeit in häuslicher Gemeinschaft zusammengelebt hat (BGH 30.7.2008 – XII ZR 150/06, FamRZ 2008, 1821).

Maßgeblicher Zeitpunkt für das Vorliegen der sozial-familiären Beziehung ist die **letzte mündliche Verhandlung** (BGH 6.12.2006 – XII ZR 164/06, NJW 2007, 1677). Ausnahmsweise ist auf den Beginn des Anfechtungsverfahrens abzustellen, wenn erst durch die bewusste Verzögerung des Verfahrens um über ein Jahr die sozial-familiäre Beziehung zwischen dem Kind und dem rechtlichen Vater begründet und verfestigt worden ist, nachdem zuvor eine Vater-Kind-Beziehung zum biologischen Vater bestanden hat (OLG Karlsruhe 21.1.2010 – 2 UF 69/08, NJW-RR 2010, 794).

Die Frage der sozial-familiären Beziehung ist **vor der Einholung eines Abstammungsgutachtens zu prüfen**. Besteht diese, darf kein Abstammungsgutachten eingeholt werden, da die sozial-familiäre Beziehung

Knahn

sonst erheblich gestört oder gar zerstört werden könnte (BVerfG 28.2.2011 – 1 BvR 440/11, FamRZ 2011, 787).

8 **b) Ausschluss der genetischen Vaterschaft.** Der Antrag ist begründet, wenn die gem. § 177 Abs. 2 FamFG durchzuführende förmliche Beweisaufnahme (s. → *Abstammungsgutachten* Rn 8) ergibt, dass die Vaterschaft ausgeschlossen ist. Kann danach die Vaterschaft nicht ausgeschlossen werden, gelten die Beweislastregelungen der Vaterschaftsvermutungen gem. § 1600 c Abs. 1 BGB (s. → *Abstammungsvermutungen* Rn 5 ff).

9 **c) Vaterschaft des Anfechtenden nach § 1600 Abs. 1 Nr. 2 BGB.** Der Antrag desjenigen, der an Eides statt versichert hat, der Mutter im Empfängniszeitraum beigewohnt zu haben, ist nur dann begründet, wenn neben dem Ausschluss der Vaterschaft des bisherigen Vaters auch die Vaterschaft des Anfechtenden festgestellt wird (§ 1600 Abs. 2 BGB). Die Frage der Vaterschaft des Anfechtenden ist im Rahmen der Begründetheit und nicht der Zulässigkeit zu prüfen (NK-BGB/Gutzeit § 1600 BGB Rn 18; HK-FamR/Helbig § 1600 BGB Rn 7; aA HK-ZPO/Kemper § 182 ZPO Rn 2). Für die Zulässigkeit ist im Rahmen der Antragsberechtigung die eidesstattliche Versicherung gem. § 1600 Abs. 1 Nr. 2 BGB ausreichend. Wäre die erwiesene Vaterschaft des Anfechtenden Zulässigkeitsvoraussetzung, wäre die eidesstattliche Versicherung sinnlos. Ist der Anfechtende nicht der Vater des Kindes, so ist der Anfechtungsantrag unbegründet, auch wenn die Vaterschaft des bisherigen Vaters durch das Ergebnis der Beweisaufnahme ausgeschlossen werden kann (HK-FamFG/Fritsche § 182 FamFG Rn 2).

III. Anfechtungsverfahren

1. Abstammungssache gem. § 169 Nr. 4 FamFG

10 Das Verfahren auf Anfechtung der Vaterschaft ist eine **Abstammungssache** gem. § 169 Nr. 4 FamFG und somit **Familiensache** gem. § 111 Nr. 3 FamFG.

11 Vor Inkrafttreten des FamFG bestimmte § 1600 e BGB aF die Zuständigkeit der Familiengerichte, während §§ 640 ff ZPO aF das Verfahren regelten (HK-FamFG/Fritsche § 169 FamFG Rn 1 f).

Aufgrund der Übergangsvorschrift in Art. 111 Abs. 1 FGG-RG ist das neue Verfahrensrecht (FamFG) auf alle Verfahren, die ab Inkrafttreten des FGG-RG am 1.9.2010 anhängig wurden, anzuwenden. Für alle Verfahren, die bereits vor dem 1.9.2010 anhängig waren, sind weiterhin die zuvor geltenden Vorschriften anzuwenden. Wurden solche Verfahren nach dem 1.9.2010 ausgesetzt oder deren Ruhen angeordnet, oder waren solche Verfahren am 1.9.2010 bereits ausgesetzt oder deren Ruhen angeordnet, ist gem. § 111 Abs. 3 FGG-RG ebenfalls das neue Verfahrensrecht anzuwenden.

2. Beteiligte

12 **a) Beteiligte Personen.** Die Neuregelungen des FamFG zu den Beteiligten im Verfahren hat dazu geführt, dass die Nebenintervention gem. § 640 e Abs. 1 S. 2 ZPO aF und die Streitverkündung gem. § 640 e Abs. 2 ZPO aF überflüssig geworden sind (HK-ZPO/Kemper § 172 FamFG Rn 2). Es handelt sich bei allen Abstammungsverfahren nicht mehr um kontradiktorische Verfahren, sondern um **antragsgebundene FamFG-Verfahren**, bei denen es keine Antragsgegner, sondern nur noch Beteiligte gibt, die zum Verfahren hinzuzuziehen sind (BT-Drucks. 16/6308, 243).

13 Gem. §§ 7 Abs. 2 Nr. 2, 172 Abs. 1 FamFG sind das **Kind**, die **Mutter** und der **Vater** stets Beteiligte des Anfechtungsverfahrens.

Das **Jugendamt** ist in Abstammungssachen gem. § 1600 Abs. 1 Nr. 2 und 5 BGB sowie in einer Abstammungssache gem. § 1600 Abs. 1 Nr. 4 BGB, wenn die Anfechtung durch den gesetzlichen Vertreter des Kindes erfolgt, **auf Antrag** zu beteiligen, §§ 7 Abs. 2 Nr. 2, 172 Abs. 2 BGB.

Als **Antragsteller** ist nach § 7 Abs. 1 FamFG, § 1600 Abs. 1 Nr. 2 BGB der Mann, der an Eides statt versichert, der Mutter während der Empfängniszeit beigewohnt zu haben, Beteiligter. Ebenso die anfechtungsberechtigte Behörde gem. § 7 Abs. 1 FamFG, § 1600 Abs. 1 Nr. 5 BGB. In Anfechtungsverfahren der Mutter, des Kindes, des Ehemannes oder der Behörde werden Rechte des biologischen Vaters nicht unmittelbar beeinträchtigt, weshalb er nicht gem. § 7 Abs. 2 Nr. 1 FamFG am Verfahren zu beteiligen ist (OLG München 19.4.2012 – 16 UF 231/12, FamRZ 2012, 1825).

b) Verfahrensfähigkeit. Die Verfahrensfähigkeit der Beteiligten richtet sich nach den allgemeinen Vorschriften des § 9 FamFG und wird ergänzt durch die besonderen Formerfordernisse des § 1600 a BGB (s. Rn 29 ff). **14**

Ein Kind, das das 14. Lebensjahr noch nicht vollendet hat, ist gem. § 9 Abs. 1 Nr. 3 FamFG **nicht verfahrensfähig** und muss sich daher gem. § 9 Abs. 2 FamFG von seinen gesetzlichen Vertretern vertreten lassen. **15**

Das Gleiche gilt auch für Kinder, die das 14. Lebensjahr bereits vollendet haben, da sie sich **bezüglich ihrer eigenen Anfechtungserklärung** gem. § 1600 a Abs. 3 BGB ebenfalls vertreten lassen müssen (s. Rn 32). Dem beschränkt geschäftsfähigen Kind soll als Korrelat zu den materiellrechtlichen Widerspruchs- und Mitwirkungsrechten die eigenständige Gestaltung materieller Rechte ohne Mitwirkung seiner gesetzlichen Vertreter ermöglicht werden (BT-Drucks. 16/9733, 352). Auf der Grundlage dieses beabsichtigten Gleichlaufs von materiellem Recht und Verfahrensrecht ergibt sich aus § 1600 a BGB, dass dem Kind (im Anfechtungsverfahren) gerade kein Recht zusteht, das es geltend machen kann (Keidel/Engelhardt § 172 FamFG Rn 2, MüKo/Coester-Waltjen/Hilbig § 172 FamFG Rn 31; aA HK-FamFG/Fritsche § 172 FamFG Rn 4).

Da das (minderjährige) Kind selbst nicht verfahrensfähig ist, stellte sich bislang die Frage, ob dem Kind ein **Ergänzungspfleger** gem. § 1909 BGB bestellt werden muss, weil die Vertretung der gemeinsam sorgeberechtigten, verheirateten Eltern gem. §§ 1629 Abs. 2 S. 1, 1795 Abs. 1 Nr. 3 BGB ausgeschlossen sein könnte. Gegen eine Anwendung des § 1795 Abs. 1 Nr. 3 BGB spräche die neue Ausgestaltung der Abstammungsverfahren als FamFG-Verfahren (s. Rn 12) in Abkehr zum kontradiktorischen Verfahren der ZPO (BT-Drucks. 16/6308, 169, 243 f), nach der es sich bei Abstammungsverfahren gerade nicht mehr um einen Rechtsstreit handele (NK-BGB/Gutzeit § 1600 a BGB Rn 7; aA OLG Hamburg 4.6.2010 – 12 UF 224/09, NJW 2011, 235; OLG Düsseldorf 24.9.2010 – 7 UF 112/10, FamRZ 2011, 232; KG 21.9.2010 – 16 UF 60/10, FamRZ 2011, 739; HK-FamFG/Fritsche § 174 FamFG Rn 6; Palandt/Götz § 1795 BGB Rn 6). **16**

Sind die **Eltern nicht miteinander verheiratet**, käme ein Ausschluss der Vertretungsmacht gem. §§ 1629 Abs. 2 S. 1, 1795 Abs. 2, 181 BGB in Betracht. Der Ausschluss der Vertretungsmacht wird mit dem allgemeinen Grundsatz des Verbots des Selbstkontrahierens begründet, der auch für die Vertretung im Verfahren gelten soll. Eine Person dürfe in einem Verfahren nicht gleichzeitig Beteiligter und Vertreter eines anderen Beteiligten sein (Kieninger in: Helms/Kieninger/Rittner, Abstammungsrecht in der Praxis, Rn 228). Ein Ausschluss der Vertretungsmacht der Mutter in Anwendung der §§ 1795, 181 BGB scheitere aber daran, dass ein Interessenkonflikt auch abstrakt zwischen Mutter und Kind gerade nicht bestehe, weil die Klärung der Abstammung dem Kindeswohl diene (Schwonberg FuR 2010, 441, 447; Helms in: Helms/Kieninger/Rittner, Rn 77).

Das Familiengericht habe aber gem. § 1629 Abs. 2 S. 3 Hs 1 BGB die Möglichkeit, die Vertretungsmacht einem oder beiden Elternteilen gem. § 1796 BGB zu entziehen, wenn ein **erheblicher Interessenkonflikt** bestünde (NK-BGB/Gutzeit § 1600 a BGB Rn 7). Es wäre demnach in jedem Einzelfall zu prüfen, ob ein erheblicher Interessenkonflikt eines beteiligten Elternteils und damit eine konkrete Beeinträchtigung der Kindesinteressen besteht (NK-BGB/Kaiser § 1629 BGB Rn 82). Wird diesem Elternteil die Vertretungsmacht allein entzogen, erlangt der andere Elternteil gem. § 1680 Abs. 3, Abs. 1 BGB die alleinige Vertretungsmacht und vertritt das Kind im Verfahren alleine. Besteht der Konflikt zu beiden Elternteilen, ist beiden die gemeinsame Vertretung zu entziehen und insoweit Ergänzungspflegschaft anzuordnen (NK-BGB/Kaiser § 1629 BGB Rn 77 ff).

Außerdem bestünde die Möglichkeit, einen **Verfahrensbeistand gem. § 158 FamFG** für das Kind zu bestellen. Dieser ist zwar nicht gesetzlicher Vertreter. Er hat aber die Aufgabe, das Interesse des Kindes festzustellen und im gerichtlichen Verfahren zur Geltung zu bringen. Auch damit kann der Gefahr eines Interessenkonfliktes im Anfechtungsverfahren entgegengewirkt werden, was bei der Prüfung, ob ein Ergänzungspfleger zu bestellen ist, berücksichtigt werden kann. Die Vorschrift des § 158 Abs. 2 Nr. 1 FamFG (Bestellung eines Verfahrensbeistandes bei erheblichem Gegensatz der Interessen des Kindes und des gesetzlichen Vertreters) wäre überflüssig, wenn in allen Fällen die Bestellung eines Ergänzungspflegers notwendig wäre, die den Interessenkonflikt bereits ausräumen würde (OLG Koblenz 3.8.2010 – 7 UF 513/10, NJW 2011, 236). Der Bundesgerichtshof hat dies für **Kindschaftssachen** ausdrücklich bestätigt (s. → *Beteiligte* Rn 34). § 1796 BGB sei demnach in Kindschaftssachen dahin zu verstehen, dass eine Entziehung der elterlichen Vertretungsbefugnis dann nicht angeordnet werden darf, wenn durch die Bestellung eines Verfahrensbeistands bereits auf andere Weise für eine wirksame Interessenvertretung des Kindes Sorge getragen werden kann (BGH 7.9.2011 – XII ZB 12/11, NJW 2011, 3454).

Der Bundesgerichtshof hat **diese Argumentation nun ausdrücklich abgelehnt** (BGH 21.3.2012 – XII ZB 510/10, NJW 2012, 1731). Die Anfechtung der Vaterschaft sei unverändert durch einen abstrakten Interessengegensatz von Kind und rechtlichem Vater gekennzeichnet. Die Umgestaltung des Verfahrens von einem Klageverfahren in ein Verfahren der freiwilligen Gerichtsbarkeit und die Einführung des Verfahrensbeistandes zum 1.9.2009 hätten daran nichts geändert.

Nach dem Bundesgerichtshof gilt daher bei der Vertretung des Kindes im Anfechtungsverfahren: **Der rechtliche Vater** ist stets von der Vertretung des Kindes im Anfechtungsverfahren ausgeschlossen, § 1795 Abs. 2 BGB iVm § 181 BGB. **Die nicht mit dem Vater verheiratete Mutter** ist von der Vertretung nicht schon deswegen ausgeschlossen, weil sie nach § 172 Abs. 1 Nr. 2 FamFG Beteiligte des Verfahrens ist. Ein Ausschluss der Mutter von der gesetzlichen Vertretung widerspräche der bewussten gesetzlichen Wertung, dass die Mutter grundsätzlich in der Lage ist, das Kind seinen Interessen entsprechend im Verfahren zu vertreten. **Die mit dem Vater verheiratete Mutter** ist aber in entsprechender Anwendung des § 1795 Abs. 1 Nr. 3 BGB von der Vertretung ausgeschlossen. In diesem Fall ist dem Kind daher ein Ergänzungspfleger gem. § 1909 Abs. 2 BGB zu bestellen.

Von der formell-rechtlichen Frage der Vertretung des Kindes im laufenden Anfechtungsverfahren zu unterscheiden ist die **materiellrechtliche Grundentscheidung** der Sorgeberechtigten, ob die Vaterschaft im Namen des Kindes angefochten werden soll. Diese Entscheidung steht als Teil der Personensorge beiden sorgeberechtigten Eltern gemeinsam zu und verbleibt bei diesen, auch wenn sie nach dem oben Genannten von der Vertretung im Verfahren ausgeschlossen sind (BGH 18.2.2009 – XII ZR 156/07, NJW 2009, 1496). Sind sie sich darüber nicht einig, muss eine Übertragung der Entscheidungsbefugnis nach § 1628 BGB erfolgen.

17   Wird das Kind im Verfahren durch das **Jugendamt als Beistand** vertreten, ist die Vertretung durch die sorgeberechtigten Eltern ausgeschlossen, § 173 FamFG.

18   **c) Verfahrensbeistand.** Dem minderjährigen Beteiligten ist gem. § 174 FamFG in Abstammungsverfahren ein **Verfahrensbeistand** (s. → *Verfahrensbeistand*) zu bestellen, wenn dies zur Wahrnehmung seiner Interessen erforderlich ist. Das soll gem. § 158 Abs. 2 Nr. 1 FamFG in der Regel der Fall sein, wenn das Interesse des Kindes zu dem seiner gesetzlichen Vertreter in erheblichem Gegensatz steht. Der Verfahrensbeistand ist gem. § 158 Abs. 4 S. 6 FamFG nicht gesetzlicher Vertreter des Kindes, weshalb die Bestellung eines Ergänzungspflegers (s. Rn 16) gesondert zu beurteilen ist. Liegen die Voraussetzungen, die zum Ausschluss oder Entzug der Vertretungsmacht führen, vor, besteht auch immer ein Interessenkonflikt gem. § 158 Abs. 1 Nr. 1 FamFG (HK-FamFG/Fritsche § 174 FamFG Rn 6).

3. Formelle Verfahrensvoraussetzungen (Zulässigkeit)

19   **a) Zuständigkeit. aa) International.** Die deutschen Gerichte sind gem. § 100 FamFG international zuständig, wenn ein Verfahrensbeteiligter Deutscher ist (§ 100 Nr. 1 FamFG) oder seinen gewöhnlichen Aufenthalt im Inland hat (§ 100 Nr. 2 FamFG). Dabei kommt es nicht auf die Frage an, ob die deutsche Staatsangehörigkeit die effektive ist (HK-ZPO/Kemper § 100 FamFG Rn 4). Die internationale Zuständigkeit ist

nicht ausschließlich, § 106 FamFG. Deutschland hat keine gem. § 97 FamFG vorrangigen internationalen Verträge auf dem Gebiet der Abstammungssachen geschlossen, so dass sich die internationale Zuständigkeit ausschließlich nach § 100 FamFG richtet (HK-FamFG/Kemper § 100 FamFG Rn 2).

bb) Sachlich. Ausschließlich zuständig für die Abstammungssache als Familiensache (§ 111 Nr. 3   **20** FamFG) sind die **Amtsgerichte**, § 23 a Abs. 1 Nr. 1 GVG. Innerhalb der Amtsgerichte sind die Abteilungen für Familiensachen (§ 23 b GVG) zuständig. Es handelt sich hierbei um eine gesetzliche Regelung der Geschäftsverteilung und nicht um eine funktionale Zuständigkeit (HK-ZPO/Rathmann § 23 b GVG Rn 2; aA HK-FamFG/Fritsche § 169 FamFG Rn 3; BT-Drucks. 16/6308, 319).

Bei Zuständigkeitsfragen innerhalb des Amtsgerichts (zB zwischen Familiengericht und Zivilabteilung)   **21** sind die Vorschriften des § 17 a GVG entsprechend anzuwenden (17 a Abs. 6 GVG), dh das Familiengericht oder der Richter der Zivilabteilung, der sich für unzuständig erachtet, hat die Sache durch Beschluss an die jeweils andere Abteilung zu verweisen. Der Beschluss ist dann durch sofortige Beschwerde (§ 17 a Abs. 3 S. 3 GVG) anfechtbar.

cc) Örtlich. Gem. § 170 Abs. 1 FamFG ist das Amtsgericht, in dessen Bezirk das Kind seinen gewöhnli-   **22** chen Aufenthalt (s. → *Gewöhnlicher Aufenthalt*) hat, örtlich zuständig (**kindesnaher Gerichtsstand**). Dabei kommt es darauf an, dass sich das Kind dort nicht nur vorübergehend aufhält, sondern dort seinen tatsächlichen Lebensmittelpunkt hat (HK-FamFG/Fritsche § 170 FamFG Rn 4).

Ist danach die Zuständigkeit eines deutschen Gerichts nicht gegeben, ist gem. § 170 Abs. 2 FamFG der gewöhnliche Aufenthalt der Mutter maßgebend. Ist auch danach kein deutsches Gericht zuständig, richtet sich die örtliche Zuständigkeit nach dem gewöhnlichen Aufenthalt des Vaters. In allen übrigen Fällen ist das Amtsgericht Schöneberg in Berlin ausschließlich zuständig, § 170 Abs. 3 FamFG.

b) Anfechtungsberechtigte. § 1600 BGB zählt die Anfechtungsberechtigten abschließend auf.   **23**

aa) Der vermeintliche Scheinvater. Der **Ehemann**, dessen Vaterschaft nach § 1592 Nr. 1 BGB besteht,   **24** ist gem. § 1600 Abs. 1 Nr. 1 BGB anfechtungsberechtigt. Ebenso nach § 1600 Abs. 1 Nr. 1 BGB anfechtungsberechtigt ist der Mann, der die Vaterschaft gem. §§ 1592 Nr. 2, 1594 ff BGB wirksam **anerkannt** hat. Stirbt der Ehemann vor Geburt des Kindes (§ 1593 BGB) geht sein Anfechtungsrecht unter, da es aufgrund seiner Höchstpersönlichkeit unvererblich ist (Palandt/Brudermüller § 1600 BGB Rn 2).

Nicht anfechtungsberechtigt hingegen ist der Mann, dessen Vaterschaft gerichtlich gem. § 1600 d BGB festgestellt wurde. Diese Vaterschaft kann nur durch Wiederaufnahme des Verfahrens gem. § 48 Abs. 2 FamFG iVm §§ 578 ff ZPO, § 185 FamFG beseitigt werden.

Wurde das Kind mit Einverständnis des Mannes und der Mutter mittels Samenspende eines Dritten gezeugt, so ist die Anfechtung für den vermeintlichen Scheinvater ausgeschlossen, § 1600 Abs. 5 BGB. Dies gilt auch, wenn das Kind mittels Samenspende eines Dritten und mithilfe einer nicht von der Mutter stammenden Eizelle gezeugt wurde (OLG Hamburg 23.4.2012 – 12 UF 180/1, NJW-RR 2012, 1286).

bb) Der vermeintliche leibliche Vater. Gem. § 1600 Abs. 1 Nr. 2 BGB kann **derjenige, der sich für den**   **25** **leiblichen Vater des Kindes hält**, die Vaterschaft des vermeintlichen Scheinvaters (§§ 1592 Nr. 1 und 2, 1593 BGB) anfechten. Dieser war früher von jeglicher Anfechtungsmöglichkeit ausgeschlossen. Das Bundesverfassungsgericht hat mit Beschluss vom 9.4.2003 (BVerfG – 1 BvR 1493/96, NJW 2003, 2151) festgestellt, dass diese Rechtslage mit Art. 6 Abs. 1 S. 1 GG unvereinbar ist, weshalb die Anfechtungsmöglichkeit mit Gesetz zur Änderung der Vorschriften über die Anfechtung der Vaterschaft und das Umgangsrecht von Bezugspersonen vom 23.4.2004 (BGBl. I 2004, 598) eingeführt wurde.

Voraussetzung für die Anfechtungsberechtigung ist, dass der vermeintliche leibliche Vater **an Eides statt versichert**, der Mutter des Kindes in der gesetzlichen Empfängniszeit **beigewohnt** zu haben, § 1600 Abs. 1 Nr. 2 BGB. Beiwohnen bedeutet dabei Geschlechtsverkehr, also jede sexuelle Handlung, durch die nach medizinischen Erkenntnissen befruchtungsfähige Spermien in das weibliche Geschlechtsteil gelangen und zu einer Befruchtung führen können (NK-BGB/Gutzeit § 1600 d BGB Rn 7). Somit ist derjenige, der lediglich Samen zur künstlichen Befruchtung gespendet hat, von der Anfechtung der Vaterschaft ausgeschlossen. Seine Teilnahme an einer **Samenspende** ist als konkludenter Verzicht auf die rechtliche Vaterschaft zu deuten (BT-Drucks. 15/2492, 9). Ein Beiwohnen kann bei einer Samenspende aber dann angenommen werden, wenn der Zeugung des Kindes keine Vereinbarung gem. § 1600 Abs. 5 BGB vorausgegangen ist (BGH 15.5.2013 – XII ZR 49/11).

26 **cc) Die Mutter.** Der Mutter steht gem. § 1591 BGB (s. → *Mutterschaft* Rn 3) ein eigenes Anfechtungsrecht zu, § 1600 Abs. 1 Nr. 3 BGB. Dabei ist die Anfechtungsberechtigung, anders als bei der Anfechtung des Kindes vertreten durch die Mutter gem. § 1600 a Abs. 3, 4 BGB, nicht von einer Kindeswohlprüfung abhängig.

Wurde das Kind mit Einverständnis des Mannes und der Mutter mittels Samenspende eines Dritten gezeugt, so ist die Anfechtung durch die Mutter ausgeschlossen, § 1600 Abs. 5 BGB.

27 **dd) Das Kind.** Die Anfechtungsberechtigung des Kindes gem. § 1600 Abs. 1 Nr. 4 BGB ist unabhängig von seinem Alter und beruht auf seinem Recht auf Kenntnis der Abstammung (Palandt/Brudermüller § 1600 Rn 5). Allerdings kann die Anfechtung bei minderjährigen Kindern nur durch den gesetzlichen Vertreter erfolgen (s. Rn 32).

Wurde das Kind mit Einverständnis des Scheinvaters und der Mutter mittels Samenspende eines Dritten gezeugt, so bleibt die Anfechtung für das Kind zulässig, Umkehrschluss aus § 1600 Abs. 5 BGB.

28 **ee) Die zuständige Behörde.** Gem. § 1600 Abs. 1 Nr. 5 BGB ist in Fällen, in denen die Vaterschaft auf einer Anerkennung beruht (§§ 1592 Nr. 2, 1594 ff BGB) die durch Rechtsverordnung der Landesregierungen gem. § 1600 Abs. 6 BGB bestimmte Behörde anfechtungsberechtigt. Zweck der Regelung ist es, missbräuchlichen Anerkennungen entgegenzuwirken, mit denen Staatsbürgerschaft, Aufenthaltsrecht oder Sozialleistungen erschlichen werden sollen (BT-Drucks. 16/3291, 11).

29 **c) Form. aa) Persönliche Anfechtung der Mutter und des Vaters (§ 1600 Abs. 1 Nr. 1–3 BGB).** Die Anfechtung muss persönlich erfolgen, die Stellvertretung eines durch Rechtsgeschäft bevollmächtigten Vertreters ist ausgeschlossen, die Erklärung wäre unwirksam, § 1600 a BGB. Das bedeutet, dass der anfechtende Vater die Entscheidung, ob er die Vaterschaft anfechten will, **höchstpersönlich** treffen muss. Gleichwohl kann er sich im Anfechtungsverfahren durch einen Prozessbevollmächtigten vertreten lassen, der insoweit nur Bote des Anfechtenden ist (NK-BGB/Gutzeit § 1600 a BGB Rn 2).

30 Die gem. § 1600 Abs. 1 Nr. 1–3 BGB anfechtungsberechtigten Personen (vermeintlicher Scheinvater, Mutter, vermeintlich leiblicher Vater) können die Vaterschaft nur persönlich anfechten, auch wenn sie beschränkt geschäftsfähig sind, es sich also um **Minderjährige, die das siebte Lebensjahr vollendet** haben (§ 106 BGB), handelt. Im Anfechtungsverfahren sind sie gem. § 9 Abs. 1 Nr. 2 FamFG, § 1600 a Abs. 2 S. 2 BGB verfahrensfähig, wenn sie das 14. Lebensjahr vollendet haben. Eine Vertretung durch den gesetzlichen Vertreter für die Anfechtungserklärung ist in diesen Fällen ausgeschlossen. Bei einem **minderjährigen, geschäftsunfähigen** Beteiligten kann die Anfechtung nur durch den gesetzlichen Vertreter erfolgen, § 1600 a Abs. 2 S. 3 BGB.

31 Der **geschäftsfähige, aber unter Betreuung stehende** Anfechtungsberechtigte kann die Vaterschaft nur persönlich anfechten, § 1600 a Abs. 5 BGB. Die Erklärung durch den Betreuer ist ausgeschlossen, ein Einwilligungsvorbehalt kommt gem. § 1903 Abs. 2 BGB nicht in Betracht.

32 **bb) Anfechtung des Kindes (§ 1600 Abs. 1 Nr. 4 BGB).** Das gem. § 1600 Abs. 1 Nr. 4 BGB anfechtungsberechtigte, **minderjährige Kind** kann die Vaterschaft nicht selbst, sondern nur durch den gesetzlichen Vertreter anfechten, § 1600 a Abs. 3 BGB. Das Kind soll nicht selbst über die Beseitigung der verwandtschaftlichen Verhältnisse entscheiden können, wohingegen der gesetzliche Vertreter sogar gegen den erklärten Willen des Kindes die Anfechtung für das Kind erklären kann. Die Anfechtung des Kindes durch den gesetzlichen Vertreter ist aber nur im Rahmen des Kindeswohls zulässig, § 1600 a Abs. 4 BGB (NK-BGB/Gutzeit § 1600 a BGB Rn 10 ff).

Das **volljährige Kind** kann die Vaterschaft nur persönlich anfechten, § 1600 a Abs. 1 BGB. Dies gilt auch 33
für das **volljährige, geschäftsfähige, aber unter Betreuung stehende Kind**, § 1600 a Abs. 5 BGB.

d) Antrag gem. §§ 23, 171 FamFG. aa) Inhalt. Das Anfechtungsverfahren kann nur durch einen Antrag 34
eingeleitet werden, § 171 Abs. 1 FamFG (**Antragsprinzip**). Das Verfahrensziel und die betroffenen Personen sind anzugeben. Das Gericht hat bei Fehlen dieser Mindestanforderungen darauf hinzuweisen und auf
eine Ergänzung des Antrages hinzuwirken, § 28 FamFG, bevor es den Antrag als unzulässig zurückweist
(BT-Drucks. 16/6308, 244).

Der Antrag kann **schriftlich oder durch Niederschrift bei der Geschäftsstelle** des zuständigen Amtsgerichts abgegeben werden (§ 25 Abs. 1 FamFG), da eine Vertretung durch einen Rechtsanwalt in Abstammungsverfahren nicht vorgeschrieben ist (§ 114 Abs. 1 FamFG). Geht der Antrag bei einem unzuständigen
Amtsgericht ein, muss dieses den Antrag unverzüglich weiterleiten (§ 25 Abs. 3 FamFG). Der Antrag kann
bis zur Rechtskraft der Endentscheidung zurückgenommen werden. Ist die Endentscheidung bereits ergangen, so bedarf die Rücknahme des Antrags der Zustimmung der übrigen Beteiligten (§ 22 Abs. 1 FamFG).

bb) Anfangsverdacht, § 171 Abs. 2 FamFG. Die **Rechtslage vor dem Inkrafttreten des FGG-RG** stell- 35
te hohe Anforderungen an den im Rahmen der Klageschrift schlüssig darzulegenden Anfangsverdacht. Der
anfechtende Ehemann war gehalten, Umstände vorzutragen, „die bei objektiver Betrachtung geeignet sind,
Zweifel an der Abstammung des Kindes von dem als Vater geltenden Kläger zu wecken und die Möglichkeit der Abstammung des Kindes von einem anderen Mann als nicht ganz fern liegend erscheinen zu lassen" (BGH 22.4.1998 – XII ZR 229/96, NJW 1998, 2976). Dabei war es dem Anfechtenden verwehrt, sich
auf ein heimlich eingeholtes Vaterschaftsgutachten zu berufen (BVerfG 13.2.2007 – 1 BvR 421/05, NJW
2007, 753). Weitere Beispiele für unzureichenden Anfangsverdacht: HK-FamFG/Fritsche § 171 FamFG
Rn 1.

Das neue Recht knüpft an die durch die Rechtsprechung entwickelten Grundsätze zum Anfangsverdacht 36
an. Gem. § 171 Abs. 2 S. 2 FamFG sind die Umstände, die gegen das Bestehen der Vaterschaft sprechen
sowie der Zeitpunkt ihres Bekanntwerdens, vorzutragen. Dabei müssen die vorgetragenen Umstände bei
objektiver Betrachtungsweise geeignet sein, Zweifel an der Vaterschaft zu wecken. Die Nichtvaterschaft
muss nicht wahrscheinlich oder gar überwiegend wahrscheinlich erscheinen, es muss aber die Möglichkeit
einer anderen Abstammung des Kindes nicht ganz fernliegend sein. Die Gesetzesbegründung (BT-Drucks.
16/6308, 244) nimmt dabei ausdrücklich auf die bisherige Rechtsprechung des Bundesgerichtshofes (BGH
22.4.1998 – XII ZR 229/96, NJW 1998, 2976) Bezug, stellt aber gleichzeitig klar, dass keine allzu hohen
Anforderungen gestellt werden dürfen.

Weiterhin unverwertbar bleiben heimlich eingeholte Abstammungsgutachten (BVerfG 13.2.2007 – 1 BvR 37
421/05, NJW 2007, 753). Allerdings reichen Gutachten, die im Rahmen eines Klärungsverfahrens gem.
§ 1598 a BGB eingeholt wurden, zur Darlegung des Anfangsverdachts aus (HK-ZPO/Kemper § 171
FamFG Rn 6).

Der vermeintliche leibliche Vater trägt in Anfechtungsverfahren gem. § 1600 Abs. 1 Nr. 2 BGB dafür die 38
Darlegungslast für die Umstände, die gegen eine sozial-familiäre Beziehung sprechen können (BGH
30.7.2008 – XII ZR 150/06, FamRZ 2008, 1821).

Bei Anfechtungsverfahren gem. § 1600 Abs. 1 Nr. 5 BGB (Anfechtung durch die Behörde) sind die Um- 39
stände des § 1600 Abs. 3 BGB (keine sozial-familiäre Beziehung zwischen Anerkennendem und Kind) sowie der Zeitpunkt ihres Bekanntwerdens vorzutragen, § 171 Abs. 2 S. 3 FamFG. Nicht erforderlich ist hierbei der Vortrag zu den Zweifeln an der biologischen Abstammung des Anerkennenden (HK-ZPO/Kemper
§ 171 FamFG Rn 10).

e) Frist. aa) Allgemeines. Die Vaterschaft muss **in allen Fällen** gem. § 1600 b Abs. 1 BGB innerhalb von 40
zwei Jahren ab Kenntnis der Umstände, die gegen die Vaterschaft sprechen, angefochten werden.

Knahn

Eine **Ausnahme** besteht nur im Fall der Anfechtung durch die Behörde gem. § 1600 Abs. 1 Nr. 5 BGB. Hier beträgt die Frist nur **ein Jahr**. Die Anfechtung ist für die Behörde gem. § 1600 b Abs. 1 a S. 3 BGB spätestens nach Ablauf von fünf Jahren seit der Wirksamkeit der Anerkennung der Vaterschaft für ein im Bundesgebiet geborenes Kind, ansonsten spätestens fünf Jahre nach der Einreise des Kindes ausgeschlossen (**Ausschlussfrist**).

41 Es handelt sich um eine **Ausschlussfrist**, dh nach Ablauf der Frist erlischt das Anfechtungsrecht für den jeweiligen Anfechtungsberechtigten, selbst wenn die Nicht-Vaterschaft außergerichtlich feststeht (Palandt/ Brudermüller § 1600 b Rn 3).

42 Gem. § 1600 b Abs. 1 S. 2 Hs 2 BGB wird der Lauf der Frist für den vermeintlichen leiblichen Vater nicht dadurch gehindert, dass eine sozial-familiäre Beziehung zwischen Kind und Scheinvater besteht. Das Anfechtungsrecht des leiblichen Vaters kann also auch dann wegen Fristablaufs erlöschen, wenn er wegen einer sozial-familiären Beziehung zwischen Scheinvater und Kind die Vaterschaft nicht anfechten kann (BGH 6.12.2006 – XII ZR 164/04, NJW 2007, 1677).

43 Die **Berechnung der Frist** erfolgt nach §§ 187 Abs. 1, 188 Abs. 2 BGB (Palandt/Brudermüller § 1600 b BGB Rn 5).

44 Vor Inkrafttreten des FGG-RG waren Abstammungsverfahren als kontradiktorische Verfahren nach der ZPO ausgestaltet. Deshalb war der maßgebenden Zeitpunkt für die fristwahrende Anfechtungserklärung die Rechtshängigkeit der Klage (Zustellung der Klage, § 253 Abs. 1 ZPO), ausnahmsweise konnte auf die Anhängigkeit abgestellt werden, wenn die Zustellung demnächst erfolgte, § 167 ZPO (BGH 15.12.1994 – IX ZR 45/94, NJW 1995, 1419).

Durch die neue Ausgestaltung der Abstammungsverfahren als FamFG-Verfahren kommt es nicht mehr auf die Zustellung des Antrags, sondern auf die **Einreichung bei Gericht** an, um die materiellrechtliche Anfechtungsfrist des § 1600 b BGB zu wahren. Maßgebender Zeitpunkt für die fristwahrende Anfechtungserklärung ist aber nur der **Eingang beim sachlich und örtlich zuständigen Gericht**, § 25 Abs. 3 S. 2 FamFG (BT-Drucks. 16/6308, 244). Das unzuständige Gericht muss den Antrag unverzüglich (§ 121 BGB) an das zuständige Gericht weiterleiten. Erreicht der Antrag aufgrund einer Verzögerung durch das Gericht das zuständige Gericht nicht innerhalb der Frist, kommt regelmäßig eine **Wiedereinsetzung in den vorigen Stand** (§ 17 FamFG) in Betracht (HK-ZPO/Kemper § 25 FamFG Rn 3). Eine entsprechende Anwendung des § 167 ZPO mit der Wirkung der Fristwahrung, wenn der Antrag demnächst weitergeleitet wird, ist durch die Rechtsprechung noch ungeklärt (bejahend: HK-FamFG/Fritsche § 171 FamFG Rn 5).

45 **bb) Beginn der Frist.** Die Frist beginnt für den jeweiligen Anfechtungsberechtigten ab dem Zeitpunkt zu laufen, ab dem er Kenntnis der Umstände erlangt hat, die gegen die Vaterschaft sprechen. Dabei ist auf den Zeitpunkt abzustellen, in dem der Anfechtungsberechtigte **sichere Kenntnis von Tatsachen** erlangt, die aufgrund **objektiver Beurteilung** aus der Sicht eines verständigen Betrachters **ernsthafte Zweifel an der Vaterschaft** begründen und die Möglichkeit der Vaterschaft eines anderen Mannes als nicht ganz fern liegend erscheinen lassen (NK-BGB/Gutzeit § 1600 b BGB Rn 3 ff). Ein heimlich eingeholtes Vaterschaftsgutachten ist unzulässig und setzt den Lauf der Frist daher nicht in Gang (NK-BGB/Gutzeit § 1600 b BGB Rn 6).

Bei Anfechtung durch das minderjährige Kind sowie durch volljährige geschäftsunfähige Kinder kommt es auf die **Kenntnis des gesetzlichen Vertreters** an, § 166 Abs. 1 BGB (OLG Köln 20.4.2000 – 14 UF 275/99, NJW-RR 2000,1459). Soweit in Anfechtungsverfahren vor dem FGG-RG die Eltern regelmäßig gem. §§ 1629 Abs. 2 Nr. 1, 1795 BGB von der Vertretungsmacht ausgeschlossen waren (s. Rn 16), hat die Frist erst mit der Bestellung des Ergänzungspflegers begonnen. Nach der hier vertretenen Auffassung kommt es darauf nicht mehr an, da die Vertretungsmacht nur im Einzelfall gem. § 1796 BGB zu entziehen ist, mit der Folge, dass weiterhin auf die Kenntnis der Eltern abzustellen sein wird.

Für die anfechtungsberechtigte Behörde kommt es auf die Kenntnis von Umständen an, die ihr Anfechtungsrecht gem. § 1600 Abs. 1 Nr. 5 BGB begründen. Sie muss aufgrund von Tatsachen annehmen dürfen, dass zwischen Kind und Vater kraft Anerkennung keine sozial-familiäre Beziehung zu einem der in § 1600 Abs. 3 BGB genannten Zeitpunkte besteht bzw bestanden hat und dass durch die Anerkennung rechtliche Voraussetzungen für die erlaubte Einreise oder den erlaubten Aufenthalt des Kindes oder eines Elternteiles geschaffen wurden.

Die Frist beginnt **nicht vor der Geburt des Kindes** und nicht, bevor die **Anerkennung wirksam** geworden ist, § 1600 b Abs. 2 S. 1 BGB. Im Fall des § 1593 S. 4 BGB ist gem. Abs. 2 S. 2 der Fristbeginn auf den Zeitpunkt der Rechtskraft der Entscheidung hinausgeschoben, durch die festgestellt wird, dass der neue Ehemann der Mutter nicht der Vater des Kindes ist (NK-BGB/Gutzeit § 1600 b BGB Rn 16).

cc) Hemmung des Fristablaufs. Der Ablauf der Frist wird gem. § 1600 b Abs. 5 S. 1 BGB durch **Einlei-** **46** **tung eines Verfahrens nach § 1598 a Abs. 2 BGB** (s. → *Feststellung der Vaterschaft* Rn 28) gehemmt. Die Hemmung endet in entsprechender Anwendung des § 204 Abs. 2 BGB sechs Monate nach rechtskräftiger Entscheidung oder sonstigem Abschluss des Klärungsverfahrens. Der Ablauf der Frist wird ebenfalls gehemmt, solange der Anfechtungsberechtigte durch **Drohung** widerrechtlich von der Anfechtung abgehalten wird, § 1600 b Abs. 5 S. 2 BGB. Im Übrigen verweist § 1600 b Abs. 5 S. 3 BGB auf § 204 Abs. 1 Nr. 4, 8, 13, 14 und Abs. 2 BGB sowie die §§ 206, 210 BGB, die entsprechend anzuwenden sind. Die **gemeinsam vereinbarte außergerichtliche Einholung eines Abstammungsgutachtens** hemmt daher gem. § 204 Abs. 1 Nr. 8 BGB den Lauf der Anfechtungsfrist (NK-BGB/Gutzeit § 1600 b BGB Rn 20).

dd) Neuer Fristbeginn. Gem. § 1600 b Abs. 6 BGB beginnt die **Frist neu zu laufen**, wenn das Kind von **47** Umständen Kenntnis erlangt, aufgrund derer die Folgen einer Vaterschaft für das Kind **unzumutbar** werden. Anerkannt ist insbesondere ein ehrloser und unsittlicher Lebenswandel sowie Verfehlungen des Scheinvaters gegen das Kind aber auch der Tod des Scheinvaters, die Auflösung der Ehe der Eltern bzw Eheschluss der Mutter mit dem genetischen Vater (Palandt/Brudermüller § 1600 b BGB Rn 31).

4. Wirksamkeit und Wirkung des Beschlusses

In Abweichung zum Grundsatz der Wirksamkeit eines Beschlusses mit Bekanntgabe (§ 40 Abs. 1 FamFG) **48** wird die Endentscheidung in Abstammungssachen erst **mit Rechtskraft wirksam**, § 184 Abs. 1 S. 1 FamFG.

Die Endentscheidung im Anfechtungsverfahren wirkt gem. § 184 Abs. 2 FamFG nicht nur zwischen den Beteiligten (subjektive Rechtskraftwirkung, § 325 ZPO) sondern für und gegen jedermann (**inter omnes**), soweit über die Abstammung entschieden wurde. Das bedeutet, dass mit der Rechtskraft der Statusentscheidung deren Inhalt in Zukunft allen weiteren Entscheidungen zugrunde zu legen ist, in denen die Statusfrage eine Rolle spielt. Das gilt auch dann, wenn die Feststellung aufgrund gesetzlicher Beweislastregeln oder Vermutungen (s. → *Abstammungsvermutungen*) getroffen wurde (HK-FamFG/Fritsche § 184 FamFG Rn 5). Voraussetzung für die Inter-omnes-Wirkung ist allerdings, dass eine Sachentscheidung getroffen wurde. Wurde der Anfechtungsantrag als unzulässig abgewiesen, tritt die Rechtskrafterstreckung nicht ein. Auch wenn gar keine Entscheidung getroffen wird, sondern sich das Verfahren zB durch den Tod eines Beteiligten (§ 181 FamFG) erledigt, tritt die Wirkung des Beschlusses nicht ein (HK-ZPO/Kemper § 184 FamFG Rn 5). Der den Feststellungsantrag **abweisende Beschluss** ändert nichts am Status des Kindes, da die ursprünglichen verwandtschaftlichen Verhältnisse zum Vater bestehen bleiben. Der abweisende Beschluss hat daher keine Wirkung für und gegen alle (HK-FamFG/Fritsche § 184 FamFG Rn 6).

Ungeklärt ist, inwieweit der Beschluss auch **materielle Rechtskraftwirkung** entfaltet. Wird ein neuer An- **49** fechtungsantrag auf bereits verbrauchte Gründe oder auf Gründe, die zum Zeitpunkt der Entscheidung schon vorlagen, aber nicht vorgetragen wurden, gestützt, soll ein erneuter Anfechtungsantrag darauf nicht mehr gestützt werden können. Ob nach Abschluss der ersten Entscheidung entstandene Gründe berücksichtigt werden können, ist unklar. Aus der Formulierung in § 185 FamFG könnte geschlossen werden, dass die Entscheidung eines Abstammungsverfahrens nur dann geändert werden kann, wenn unter den Voraussetzungen Wiederaufnahme (s. Rn 52) neue gutachterlich bestätigte Tatsachen vorliegen (HK-FamFG/Fritsche § 184 FamFG Rn 5).

5. Inhalt des Beschlusstenors

50 Hat ein Anfechtungsantrag eines Dritten gem. § 1600 Abs. 1 Nr. 2 BGB Erfolg, so muss gem. § 182 Abs. 1 FamFG neben dem Nichtbestehen der angefochtenen Vaterschaft ebenfalls die Vaterschaft des Anfechtenden im Beschlusstenor ausgesprochen werden, damit verhindert wird, dass das Kind vaterlos wird (HK-FamFG/Fritsche § 182 FamFG Rn 2).

Die Regelung in § 182 Abs. 2 FamFG ist nur auf negative Feststellungsanträge iSv § 169 Nr. 1 FamFG anzuwenden, nicht hingegen auf die Vaterschaftsanfechtung nach § 1600 BGB (HK-FamFG/Fritsche § 182 FamFG Rn 3).

6. Beschwerdeverfahren

51 Gegen den Beschluss ist die **Beschwerde gem. § 58 Abs. 1 FamFG** (s. → *Beschwerdeverfahren*) statthaft. Beschwerdeberechtigt ist gem. § 59 Abs. 1 FamFG jeder, der durch die Entscheidung in seinen Rechten beeinträchtigt ist. Die allgemeinen Vorschriften gewährleisten nach ihrem Wortlaut nur eine Beschwerdeberechtigung für Vater und Kind. Deshalb erweitert § 184 Abs. 3 FamFG den Kreis der Beschwerdeberechtigten um alle, die am Verfahren beteiligt waren oder zu beteiligen gewesen wären, § 172 FamFG (s. Rn 12 ff).

Nicht beschwerdeberechtigt sind aber Personen, die nur mittelbar von dem Beschluss beeinträchtigt werden, zB Großeltern bezüglich eines Umgangsrechts oder Geschwisterkinder bezüglich der Höhe des Unterhaltsanspruchs (BT-Drucks. 16/9733, 368).

7. Wiederaufnahme des Verfahrens

52 Die Endentscheidung in Abstammungssachen ist **nicht gem. § 48 FamFG abänderbar** (§ 184 Abs. 1 S. 2 FamFG). Angreifbar sind rechtskräftige Entscheidungen nur mit der Wiederaufnahme gem. § 48 Abs. 2 iVm §§ 578 ff ZPO und § 185 FamFG.

§ 185 Abs. 1 FamFG erweitert die Wiederaufnahmegründe des Buches 4 der ZPO. Danach findet die Wiederaufnahme auch statt, wenn ein Beteiligter ein **neues Gutachten** über die Abstammung vorlegt, das allein oder in Verbindung mit den im früheren Verfahren erhobenen Beweisen eine andere Entscheidung herbeigeführt haben würde. Die Wiederaufnahme kann nur durch einen Beteiligten des Vorverfahrens betrieben werden, nicht durch dessen Erben (OLG Celle 13.3.2000 – 15 UFH 1/00, NJW-RR 2000,1100). Gutachten ist dabei jede schriftlich abgefasste Stellungnahme über die Vaterschaft, die von einer Person stammt, deren Fachwissen gerichtsbekannt ist oder leicht festgestellt werden kann. Neu ist das Gutachten, wenn es zu einem Zeitpunkt erstellt wurde, in dem es im Vorverfahren nicht mehr berücksichtigt werden konnte, jedenfalls wenn es nach der letzten mündlichen Verhandlung des Vorverfahrens ausgearbeitet wurde (HK-ZPO/Kemper § 185 FamFG Rn 5 f). Die **Vorlage** des Gutachtens ist Zulässigkeitsvoraussetzung, welche spätestens zum Schluss der letzten mündlichen Verhandlung erfüllt sein muss (HK-FamFG/Fritsche § 185 FamFG Rn 4). Aus dem Gutachten muss sich ergeben, dass im Vorverfahren eine andere Entscheidung getroffen worden wäre, wenn das Gutachten damals bereits bekannt gewesen wäre. Nicht ausreichend ist also, dass jetzt eine andere Entscheidung getroffen werden könnte, sondern dass bereits im Vorverfahren eine andere Entscheidung (**hypothetische Ausgangsentscheidung**) möglich gewesen wäre (HK-FamFG/Fritsche § 185 FamFG Rn 4).

8. Verfahrenswert

53 Der Verfahrenswert für Abstammungssachen nach § 169 Nr. 1 und 4 FamFG beträgt gem. § 47 Abs. 1 FamGKG 2.000 EUR.

9. Kosten

Gem. § 183 FamFG tragen bei einem **erfolgreichen Antrag** auf Anfechtung der Vaterschaft alle Verfah- 54
rensbeteiligten (§ 172 FamFG) mit Ausnahme des minderjährigen Kindes die Kosten zu gleichen Teilen.
Im Übrigen gelten die allgemeinen Vorschriften (§ 81 FamFG).

10. Verfahrenskostenhilfe

In Abstammungsverfahren erfolgt die **Beiordnung eines Rechtsanwaltes** im Rahmen der Verfahrenskos- 55
tenhilfe gem. § 78 Abs. 2 FamFG allein nach dem Kriterium der **Schwierigkeit der Sach- und Rechtslage**.
Abweichend von § 121 Abs. 2 Alt. 2 ZPO kommt es nicht auf das Argument der Waffengleichheit an, da
die Verfahren nicht mehr streng kontradiktorisch ausgestaltet sind. Der Grundsatz der Amtsaufklärung sowie die Vertretungsmöglichkeit des Jugendamtes als Beistand in den Abstammungsverfahren (§ 173
FamFG) wahren hinreichend die Rechte der Beteiligten (HK-FamFG/Harms § 78 FamFG Rn 4). Die
Schwierigkeit der Sach- und Rechtslage wird sich regelmäßig aus der schwierigen Auswertung des Abstammungsgutachtens, den besonderen Anforderungen an den Vortrag des Antragstellers sowie aus der
Prüfung, wer die beteiligten minderjährigen Kinder vertreten kann, ergeben. Das Anfechtungsverfahren ist
daher ein vom allgemeinen Zivilprozess stark abweichendes Verfahren eigener Art, das die Beiordnung eines Rechtsanwaltes als geboten erscheinen lässt (BGH 13.6.2012 – XII ZB 218/11, NJW 2012, 2586).

14. Anpassung des Versorgungsausgleichs bei Invalidität, besonderer Altersgrenze oder Tod

Hoenes

I. Einführung...................................... 1
II. Anpassungsfähige Anrechte..................... 2
III. Anpassung wegen Invalidität der ausgleichs-
   pflichtigen Person oder einer für sie geltenden
   besonderen Altersgrenze........................ 3
IV. Anpassung nach Tod............................ 6

I. Einführung

1 Da im Versorgungsausgleich im Regelfall die in der Ehezeit erworbenen Versorgungsanrechte geteilt werden, gehen mit der Teilung in Bezug auf das übertragene Teilanrecht auch die Risiken, die einem Anrecht typischerweise innewohnen, wie zum Beispiel das Invaliditätsrisiko und Todesfallrisiko, auf das Leben des Ausgleichsberechtigten über. Eine **Anpassung nach der Teilung** in der Form, dass Leistungen erbracht werden, die über das nach Teilung verbleibende Teilanrecht hinausgehen, ist für den Versorgungsträger nicht kostenneutral. Man hat daher diese Möglichkeiten bei einem Versorgungsausgleich nach dem ab dem 1.9.2009 geltenden Recht generell sehr eingeschränkt. Dort wo nach wie vor Anpassungsmöglichkeiten gegeben sind, sind sie auf die **Regelsicherungssysteme** (s. Rn 2) beschränkt. Neben der sehr eingeschränkten Möglichkeit einer Anpassung wegen Unterhalts (s. → *Unterhaltsprivileg*) ist auch eine **Anpassung bei Invalidität** (s. Rn 3 ff) der ausgleichspflichtigen Person möglich oder dann, wenn für diese eine **besondere Altersgrenze** (s. Rn 3 ff) gilt. Eine Anpassung ist weiter bei **Tod des Ausgleichsberechtigten** (s. Rn 6) möglich, wenn er die Leistungen aus einem Anrecht höchstens 36 Monate bezogen hat. Das **Rentnerprivileg** wurde durch Art. 4 Nr. 5 VAStrRefG ersatzlos abgeschafft und gilt nur noch für Übergangsfälle. Voraussetzung ist, dass der Rentenfall vor dem 1.9.2009 eingetreten ist und ein Verfahren zum Versorgungsausgleich eingeleitet ist. Die entsprechende Regelung der Beamtenversorgung, das **Pensionistenprivileg**, wurde für Bundesbeamte ebenfalls abgeschafft. Die Länder und Kommunen haben in ihren beamtenrechtlichen Regelungen teilweise noch keine entsprechende Änderung vorgenommen, so dass diese Regelung bei Landes- und Kommunalbeamten teilweise noch fortbesteht.

II. Anpassungsfähige Anrechte

2 Eine Anpassung nach Rechtskraft ist nur noch bei den **Regelsicherungssystemen** nach § 32 VersAusglG möglich. Es handelt sich hierbei um die gesetzliche Rentenversicherung einschließlich der Höherversicherung, die Beamtenversorgung oder eine andere Versorgung, die zur Versicherungsfreiheit nach § 5 Abs. 1 SGB VI führt, berufsständische oder andere Versorgungen, die nach § 6 Abs. 1 Nr. 1 oder Nr. 2 SGB VI zu einer Befreiung von der Sozialversicherungspflicht führen können, die Alterssicherung der Landwirte und die Versorgungssysteme der Abgeordneten und der Regierungsmitglieder im Bund und in den Ländern. Diese Aufzählung ist abschließend (BGH 6.3.2013 – XII ZB 271/11, FamFR 2013, 226). Bei allen Anrechten, die nicht unter die Reglung des § 32 VersAusglG fallen, ist eine Anpassung nach Rechtskraft nicht möglich. Hierzu gehören alle privatrechtlich organisierten betrieblichen und privaten Versorgungssysteme. Dazu gehört auch die Zusatzversorgung des öffentlichen Dienstes.

III. Anpassung wegen Invalidität der ausgleichspflichtigen Person oder einer für sie geltenden besonderen Altersgrenze

3 Bezieht eine ausgleichspflichtige Person eine **laufende Versorgung wegen Invalidität** oder wegen des **Erreichens einer besonderen Altersgrenze** und kann sie aus einem im Versorgungsausgleich erworbenen anpassungsfähigen Anrecht noch keine Leistung beziehen, wird gemäß den §§ 35, 36 VersAusglG auf Antrag die Kürzung des Anrechts aufgrund des Versorgungsausgleichs ausgesetzt. Die Aussetzung erfolgt nur befristet. Sie endet, sobald die Leistungen aus den erworbenen Anrechten einsetzen.

Voraussetzung ist nach § 35 Abs. 2 iVm § 33 Abs. 2 VersAusglG, dass die **Kürzung** zum Ende der Ehezeit 4 bei einer Rente als maßgebliche Bezugsgröße mindestens 2 %, in allen anderen Fällen als Kapitalwert mindestens 240 % der monatlichen Bezugsgröße nach § 18 Abs. 1 SGB IV betragen hat (bei einem Ende der Ehezeit in 2013 muss die Kürzung bei einer Monatsrente als maßgebliche Bezugsgröße danach mindestens 53,90 EUR, bei einem Kapitalwert mindestens 6.468 EUR betragen haben).

Die Kürzung ist nur auszusetzen, wenn der Ausgleichspflichtige im Versorgungsausgleich anpassungsfähi- 5 ge Anrechte iSd § 32 VersAusglG erworben hat, aber aus diesen noch keine Leistungen beziehen kann. Der Höhe nach ist die Aussetzung der Kürzung auf die Ausgleichswerte aus diesen Anrechten beschränkt. Fließen dem Ausgleichspflichtigen mehrere Versorgungen zu, so ist jede Versorgung nur insoweit nicht zu kürzen, als dies dem Verhältnis ihrer Ausgleichswerte entspricht. Über die Anpassung, deren Abänderung und Aufhebung entscheidet der Versorgungsträger des aufgrund des Versorgungsausgleichs gekürzten Anrechts. Antragsberechtigt ist der Ausgleichspflichtige, die Kürzung wird wirksam ab dem ersten Tag des Monats, der auf die Antragstellung folgt. Im Todesfall geht er auf die Erben über, wenn der Erblasser den Antrag gestellt hatte. In der Praxis ist die Anpassung wegen Invalidität zB dann von Bedeutung, wenn ein Anrecht bei einem berufsständischen Versorgungssystem erworben wurde, das nur eine Altersleistung gewährt, oder ein Anrecht der gesetzlichen Rentenversicherung und hier die Voraussetzungen für eine Erwerbsminderungsrente nicht erfüllt werden.

IV. Anpassung nach Tod

Stirbt der Ausgleichsberechtigte, bevor er aus einem im Versorgungsausgleich erworbenen Anrecht länger 6 als 36 Monate Leistungen bezogen hat, wird nach den §§ 37, 38 VersAusglG das Anrecht des Ausgleichspflichtigen auf Antrag nicht länger aufgrund des Versorgungsausgleichs gekürzt. Beiträge, die zur Abwendung der Kürzung oder zur Begründung von Anrechten zugunsten des Ausgleichsberechtigten gezahlt wurden, sind unter Anrechnung der gewährten Leistungen an den Ausgleichspflichtigen zurückzuzahlen. Hat der Ausgleichspflichtige im Versorgungsausgleich Anrechte iSd § 32 VersAusglG von der verstorbenen ausgleichsberechtigten Person erworben, so erlöschen diese, sobald die Anpassung wirksam wird. Die Anpassung erfolgt nur auf **Antrag**. Antragsberechtigt ist der **Ausgleichspflichtige**. Über die **Anpassung nach Tod des Ausgleichsberechtigten** entscheidet der **Versorgungträger**, bei dem das aufgrund eines Versorgungsausgleichs gekürzte Anrecht besteht. Eine Regelung bezüglich eines Mindestbetrages für das Anrecht gibt es bei dieser Regelung nicht.

15. Anschlussunterhalt

Finke

I. Bedeutung des Erfordernisses des Anschlussunterhalts... 1

II. Bestehen eines Unterhaltsanspruchs dem
  Grunde nach.................................... 2

III. Nachhaltige Sicherung des Unterhaltsbedarfs... 4

I. Bedeutung des Erfordernisses des Anschlussunterhalts

1 Der Begriff des Anschlussunterhalts ist dem Gesetz als solcher unbekannt. Er ergibt sich jedoch mittelbar aus der Systematik der Tatbestände des nachehelichen Unterhalts nach §§ 1569 ff BGB, die mit Ausnahme des Betreuungsunterhalts nach § 1570 BGB und des Billigkeitsunterhalts nach § 1576 BGB **Einsatzzeitpunkte** voraussetzen, die auf den Wegfall eines zuvor bestehenden Unterhaltsanspruchs aus einem anderen Tatbestand abstellen, soweit es sich nicht um die Rechtskraft der Scheidung als Einsatzzeitpunkt handelt. Das bedeutet, dass sich in allen Fällen, in denen die Voraussetzungen des Unterhaltstatbestandes nicht bereits im Zeitpunkt der Scheidung vorliegen, der neue Unterhaltstatbestand an einen vorher bestehenden Unterhaltstatbestand anschließen muss. Es muss demnach eine ununterbrochene **Kette von Unterhaltstatbeständen** vorliegen. Mit diesem Erfordernis wird dem Interesse des Pflichtigen an einer Beendigung seiner Unterhaltsverpflichtung entsprochen unter dem Gesichtspunkt, welche Risiken im Rahmen der Bedürftigkeit als allgemeines Lebensrisiko bzw als schicksalhafte Entwicklung vom Berechtigten oder im Rahmen der Nachwirkungen der Ehe bzw des daraus hergeleiteten Grundsatzes der nachehelichen Solidarität zu tragen sind. Der gesetzlichen Regelung kann insoweit als Grundsatz entnommen werden, dass der Unterhaltsanspruch in der Regel endgültig entfällt, wenn der durch ihn zeitweise gedeckte Bedarf vom Berechtigten nachhaltig gesichert werden kann. Ausgenommen von dem Erfordernis des Anschlussunterhalts ist der Billigkeitsunterhalt nach § 1576 BGB, der seinerseits aufgrund des Erfordernisses der groben Unbilligkeit erheblichen Beschränkungen unterliegt (s. → *Billigkeitsunterhalt*).

II. Bestehen eines Unterhaltsanspruchs dem Grunde nach

2 Für die Annahme einer ununterbrochenen Anspruchskette reicht es aus, dass die Voraussetzungen des jeweiligen Unterhaltstatbestandes zu dem in Betracht kommenden Einsatzzeitpunkt vorgelegen haben. Dagegen muss der Anspruch nicht geltend gemacht worden sein. Es wird auch als ausreichend angesehen, wenn bei Vorliegen der übrigen Voraussetzungen allein die **mangelnde Leistungsfähigkeit des Pflichtigen** der Durchsetzung des Anspruchs entgegenstand. Zum Teil wird dies selbst für den Fall angenommen, dass in der Vergangenheit – insbesondere zu den Einsatzzeitpunkten – **keine Bedürftigkeit** bestand (OLG München 28.9.1992 – 12 WF 991/92, FamRZ 1993, 564; OLG Schleswig 31.3.2006 – 15 UF 147/04, OLGR 2006, 487 = FuR 2006, 283; Gerhardt/Heintschel-Heinegg/Maier VI Rn 463; Wendl/Pauling § 4 Rn 48; Borth in: Schwab IV Rn 394; aA Büttner FamRZ 2005, 1817, 1899; Kalthoener/Büttner/Niepmann Rn 483; differenzierend NK-BGB/Schürmann § 1577 BGB Rn 5; Palandt/Brudermüller § 1577 BGB Rn 5). Dies wird damit begründet, dass die gesetzlichen Einsatzzeitpunkte allein an die Erwerbsobliegenheit des Berechtigten anknüpften und nicht an die Bedürftigkeit. Hierfür spreche der Wortlaut des § 1577 Abs. 1 BGB, nach dem Unterhalt nicht verlangt werden könne, „solange" und soweit sich der Berechtigte aus seinen Einkünften und seinem Vermögen unterhalten könne.

3 Ein Anschlussunterhalt kommt auch in Betracht, wenn lediglich der durch den Vorwegabzug des Kindesunterhalts geminderte Bedarf des Berechtigten durch dessen Einkommen gedeckt war und sich nach **Minderung oder Wegfall des Kindesunterhalts** ein weitergehender Bedarf ergibt, der nicht durch Eigeneinkommen gedeckt ist. Andernfalls wäre der Bestand eines nachehelichen Unterhaltsanspruchs von der jeweiligen Regelung der Kindesbetreuung und der Barunterhaltspflicht sowie dem Zeitpunkt der hierbei eintretenden Änderungen (Wechsel eines Kindes zum anderen Elternteil) abhängig, was zu nicht zu rechtfertigenden unterschiedlichen Ergebnissen führen würde. Willkürlich wären die Ergebnisse auch deshalb, weil bei Bestand eines auch nur geringen nachehelichen Unterhaltsanspruchs über den gesamten Zeitraum der Wegfall des Kindesunterhalts zu einer Anspruchserhöhung führen würde, während bei Annahme eines end-

gültigen Wegfalls des Anspruchs der absehbare Wegfall des Kindesunterhalts nur dem Pflichtigen zugute-
käme. Man kann die Anerkennung eines Unterhaltsanspruchs auch ohne unmittelbaren Anschluss an einen
vorhergehenden Unterhaltstatbestand damit begründen, dass die Sicherung des Bedarfs, dessen Änderung
aufgrund des Wegfalls des Kindesunterhalts als sicher vorhersehbar war, nicht nachhaltig war. Das Erfordernis der **Nachhaltigkeit der Bedarfssicherung** gilt nicht nur im Rahmen des § 1573 Abs. 4 BGB, sondern als allgemeiner Grundsatz darüber hinaus (zu der vorstehenden Problematik beim Aufstockungsunterhalt s. → *Aufstockungsunterhalt* Rn 8).

III. Nachhaltige Sicherung des Unterhaltsbedarfs

Dem generellen Verzicht auf das Erfordernis der Bedürftigkeit zum Einsatzzeitpunkt kann nicht zuge- 4
stimmt werden, da sich dies konsequenterweise auch auf den dadurch bedingten Wegfall des Bedarfs beziehen müsste, soweit der Unterhalt nach der Differenz- oder Additionsmethode ermittelt wird. Da – wie bereits aufgezeigt – auch die mangelnde Leistungsfähigkeit der Annahme einer ununterbrochenen Unterhaltskette nicht entgegensteht, wären damit alle wesentlichen Bestandteile eines Unterhaltsanspruchs hinsichtlich der Einsatzzeitpunkte zur Disposition gestellt, so dass die mit ihnen vom Gesetz gewollte Beschränkung der Dauer der Unterhaltsansprüche weitgehend relativiert oder sogar gegenstandslos würde. Die Regelungen des § 1577 Abs. 1, Abs. 4 S. 1 BGB geben für einen Verzicht auf das Erfordernis der Bedürftigkeit nichts her bzw legen eher einen gegenteiligen Schluss nahe. § 1577 Abs. 1 BGB verlangt entsprechend
dem Grundsatz der Eigenverantwortung der Ehegatten nach der Scheidung (§ 1569 S. 2 BGB) die vorrangige Bedarfsdeckung durch eigene Einkünfte und eigenes Vermögen des Unterhaltsgläubigers. Eine Einschränkung der speziellen Regelungen in den einzelnen Unterhaltstatbeständen, die darauf abzielen, das
Unterhaltsrechtsverhältnis zwischen geschiedenen Ehegatten zu beenden, wenn die Sicherung des Unterhaltsbedarfs nach den ehelichen Lebensverhältnissen eingetreten ist, ist hiermit offensichtlich nicht gewollt.
§ 1577 Abs. 4 S. 1 BGB kann lediglich entnommen werden, dass nicht jede – auch nur kurzfristige – Sicherung des Unterhaltsbedarfs (hier: aus dem Vermögen) den Anspruch dauerhaft entfallen lässt, sondern nur
eine vom Zeitpunkt der Scheidung aus gesehen **nachhaltige Sicherung**. Der Anspruch als solcher bleibt
also dem Grunde nach erhalten, wenn die Bedarfsdeckung erkennbar nur vorübergehend gewährleistet ist.

Der Grundsatz, dass nicht jede Bedarfsdeckung den Anspruch dauerhaft entfallen lässt, ist ebenfalls in 5
§ 1573 Abs. 4 BGB enthalten, der bei einer **Bedarfsdeckung durch Erwerbseinkommen** des Berechtigten
den Anspruch bestehen lässt, soweit und solange das Erwerbseinkommen und der hierdurch gedeckte Bedarf noch nicht nachhaltig gesichert sind. Ist an dem maßgeblichen Einsatzzeitpunkt eine solche nachhaltige Sicherung gegeben (zB bei langjähriger Beschäftigung des Berechtigten in einem Arbeitsverhältnis ohne
konkrete Anhaltspunkte für eine alsbaldige Beendigung), so erlischt der Anspruch endgültig. Ein späterer
Verlust des Arbeitsplatzes, möglicherweise nur kurze Zeit nach dem Einsatzzeitpunkt, kann keinen Unterhaltsanspruch mehr begründen. Damit hat das Gesetz deutlich gemacht, welche Risiken des Verlustes des
Erwerbseinkommens in die Sphäre des Berechtigten bzw des Pflichtigen fallen. Der in den genannten Regelungen zum Ausdruck kommende Grundsatz des Erfordernisses der Nachhaltigkeit der Bedarfssicherung
ist danach das wesentliche Kriterium für das vollständige oder teilweise Erlöschen eines Unterhaltsanspruchs. In diesem Fall wird die Unterhaltskette unterbrochen, mit der Folge, dass auch bei erneutem Vorliegen der Voraussetzungen des früheren Unterhaltstatbestandes bzw derjenigen eines Unterhaltstatbestandes kein Unterhaltsanspruch mehr besteht (vgl auch NK-BGB/Schürmann § 1577 BGB Rn 5, wo dieser
Grundsatz allerdings für den Fall der fehlerhaften Prognose eingeschränkt wird). Das Risiko, dass dennoch
später eine Bedürftigkeit eintritt, hat dann der Berechtigte zu tragen.

War der Unterhaltsbedarf aus der Sicht im Zeitpunkt der Scheidung ganz oder teilweise durch **Vermögen** 6
des Berechtigten gesichert, so entfällt nach § 1577 Abs. 4 S. 1 BGB der hierdurch berührte Unterhaltsanspruch endgültig, dh ohne die Möglichkeit eines Anschlussunterhalts, und zwar selbst dann, wenn sich die
Annahme der nachhaltigen Sicherung des Unterhaltsbedarfs nachträglich als unzutreffend erweist, da das
Vermögen zB schneller als angenommen oder für unvorhergesehene zusätzliche Belastungen verbraucht
worden ist. Die Risiken hinsichtlich der unzureichenden Bedarfsdeckung liegen in diesem Fall ebenso wie

das Risiko einer fehlerhaften Prognose hinsichtlich der Nachhaltigkeit der Bedarfsdeckung ausschließlich beim Berechtigten. Etwas anderes gilt nur dann, wenn die fehlende Nachhaltigkeit der Bedarfsdeckung durch den Einsatz von Vermögen und Vermögenseinkünften im Zeitpunkt der Scheidung bereits vorhersehbar war. In § 1577 Abs. 4 S. 2 BGB macht das Gesetz eine Ausnahme von der Tragung des Risikos des vorzeitigen Vermögensverbrauchs für den Fall, dass im Zeitpunkt des Vermögenswegfalls die Voraussetzungen für einen Unterhaltsanspruch wegen Kindesbetreuung nach § 1570 BGB bestand. Es ist also eine Privilegierung des Betreuungsunterhalts vorgesehen. Streitig ist, ob sich an einen auf diese Weise „wieder aufgelebten" Unterhaltsanspruch später ein Unterhaltsanspruch aufgrund eines anderen Tatbestandes anschließen kann (NK-BGB/Schürmann § 1577 BGB Rn 86; Palandt/Brudermüller § 1577 BGB Rn 33).

7   Als problematisch erweisen sich Sachverhalte, in denen auf der Grundlage früherer höchstrichterlicher Rechtsprechung kein Unterhaltsanspruch mehr bestand, während er nach der nunmehr **geänderten Rechtsprechung** durchgehend bestanden hätte (OLG Koblenz 11.3.2003 – 11 UF 319/02, NJW 2003, 1877, hinsichtlich der Änderung der Rechtsprechung des Bundesgerichtshofs zur Anrechnungsmethode). Sachgerecht erscheint es, die Frage des Bestehens eines Unterhaltsanspruchs zu einem früheren Zeitpunkt in diesen Fällen nach der geänderten Rechtsprechung zu beurteilen. Eine Ausnahme von dem Erfordernis eines Unterhaltsanspruchs im Einsatzzeitpunkt kommt dann in Betracht, wenn zwar kein Anspruch mehr bestand, der Pflichtige jedoch weiterhin freiwillig und ohne Vorbehalt den ungekürzten Unterhalt gezahlt hat in einem Zeitraum, in dem der Berechtigte entsprechende Erwerbseinkünfte hätte erzielen müssen, die seinen Unterhaltsanspruch gemindert hätten. Hier ist es angebracht, den Einsatzzeitpunkt auf den Zeitpunkt zu verschieben, an dem der Pflichtige seine Zahlungen eingestellt bzw reduziert oder nur noch unter Vorbehalt gezahlt hat.

8   **Vereinbarungen** der Ehegatten, dass mit Rücksicht auf die Tragung von Verbindlichkeiten durch einen Ehegatten (derzeit) kein Unterhaltsanspruch besteht oder nicht geltend gemacht werden soll, stehen der Annahme eines Anspruchs dem Grunde nach nicht entgegen, soweit nicht erkennbar endgültig auf Unterhalt verzichtet werden sollte, was im Zweifel nicht der Fall ist.

Beispiel: M hat ein Nettoeinkommen von monatlich 1.800 EUR. Er betreut die beiden acht und zehn Jahre alten Kinder nach der Scheidung allein. F hat ein Nettoeinkommen von monatlich 1.000 EUR. Da das Einkommen der F den angemessenen Bedarf nicht überschreitet, einigen sich die Eheleute anlässlich der Scheidung darauf, dass F keinen Unterhalt für die Kinder zahlt und ihrerseits keinen nachehelichen Unterhalt geltend macht. Nachdem der von M übernommene Kindesunterhalt sich später erheblich reduziert (oder nach Abschluss der Berufsausbildung vollständig entfällt), verlangt F Aufstockungsunterhalt. Der Geltendmachung des Anspruchs nach § 1573 Abs. 2 BGB steht nicht entgegen, dass F sich früher mit M darauf verständigt hatte, dass nachehelicher Unterhalt in der damaligen Situation nicht zu zahlen war. Dies folgt daraus, dass sie im Zeitpunkt der Scheidung einen Anspruch nach § 1573 Abs. 2 BGB gegen M hatte, diesen jedoch aufgrund der zwischen den Eheleuten vorgenommenen Verrechnung mit dem Kindesunterhalt nicht geltend gemacht hat.

Abwandlung: M und F haben keine Kinder. M, der ein Nettoeinkommen von monatlich 2.000 EUR erzielt, hat bei der Scheidung die weitere Zahlung auf einen gemeinsamen Kredit in Höhe von monatlich 400 EUR übernommen. F, die ein Nettoeinkommen von 1.600 EUR hat, verzichtet im Gegenzug auf die Geltendmachung von Unterhalt. Hier hätte F ohne die Vereinbarung, die eine Verrechnung von Unterhalt mit einem gesamtschuldnerischen Ausgleichsanspruch enthält, einen Unterhaltsanspruch gegen M gehabt. Die Verrechnungsvereinbarung rechtfertigt es nicht, die F so zu behandeln, als hätte sie endgültig auf Unterhalt verzichtet. Sie kann vielmehr den durchgehend bestehen gebliebenen Unterhaltsanspruch, der sich durch den Wegfall der Kreditbelastung weiter erhöht hat, geltend machen.

9   Wird durch einen Unterhaltsanspruch nur ein Teil des Unterhaltsbedarfs gedeckt, so kann sich der Anschlusstatbestand nur an diesem Teil fortsetzen – **Teilanschlussunterhalt** – und nicht etwa auf den Teil des Bedarfs erstrecken, der bisher durch eigene Einkünfte oder eigenes Vermögen gedeckt war. Diese Begrenzung des Anschlussunterhalts auf einen Teil des Bedarfs bedeutet aber nicht, dass er auch betragsmäßig festgeschrieben ist und keine Steigerung erfahren kann, wie dies bei Änderung der Einkommensverhältnis-

se – ohne Änderung des Umfangs der Erwerbstätigkeit – jederzeit möglich ist (dies verkennen Wendl/Dose § 4 Rn 114). Der Teilanschlussunterhalt bezieht sich vielmehr auf die Quote des nach dem bisherigen Unterhaltstatbestand gedeckten Teils des gesamten Unterhaltsbedarfs des Berechtigten (BGH FamRZ 2001, 1291).

Besteht aufgrund Kinderbetreuung oder Krankheit oder Alters keine Erwerbsobliegenheit, so bestimmt sich der gesamte Unterhaltsanspruch nach dem jeweiligen Tatbestand (§§ 1570 BGB, 1572 BGB oder § 1571 BGB), so dass in diesen Fällen der Unterhalt **nur auf einem Tatbestand beruht**, selbst wenn ein Teil des Bedarfs auf den unterschiedlich hohen Einkünften beruht, die beide Ehegatten bei uneingeschränkter Erwerbsmöglichkeit erzielen könnten, dh die eigentlich dem Aufstockungsunterhalt zuzuordnen wären (BGH 6.5.2009 – XII ZR 114/08, NJW 2009, 1956 für den Betreuungsunterhalt; 26.11.2008 – XII ZR 131/07, NJW 2009, 989 für den Krankheitsunterhalt). Für die Frage der Herabsetzung des Anspruchs nach § 1578 b BGB Abs. 1 BGB kann es dennoch von Bedeutung sein festzustellen, welches Einkommen der Berechtigte allein auf der Grundlage seiner uneingeschränkten Erwerbstätigkeit ohne Beeinträchtigung durch die eheliche Rollenverteilung erzielen würde, dh in welchem Umfang der Bedarf allein auf den unterschiedlichen Erwerbseinkünften der Eheleute ohne Beeinflussung durch die Ehe beruht (BGH 6.5.2009 – XII ZR 114/08, NJW 2009, 1956).

Beispiel (mit Übersicht über die Systematik der Einsatzzeitpunkte und Anschlussunterhaltstatbestände): M hat ein bereinigtes monatliches Einkommen (nach Abzug des Kindesunterhalts) von 2.300 EUR. F, die das gemeinsame sechsjährige Kind betreut, hat aus einer teilschichtigen Tätigkeit (27 Std./Woche) ein monatliches Einkommen von 750 EUR. Nach der Additions-/Differenzmethode beträgt der ungedeckte Bedarf der F nach der 3/7-Quote 665 EUR. Unterstellt man, dass F mit einer vollschichtigen Tätigkeit monatlich 1.050 EUR verdienen könnte, so würde sich ein Aufstockungsunterhaltsanspruch nach § 1573 Abs. 2 BGB von 536 EUR (2.300 – 1.050 = 1.250 x 3/7) ergeben. Hieraus folgt, dass ihr Unterhaltsanspruch von 665 EUR zu einem Teilbetrag von 129 EUR auf § 1570 BGB und zu einem weiteren Teilbetrag von 536 EUR auf § 1573 Abs. 2 BGB beruht. **10**

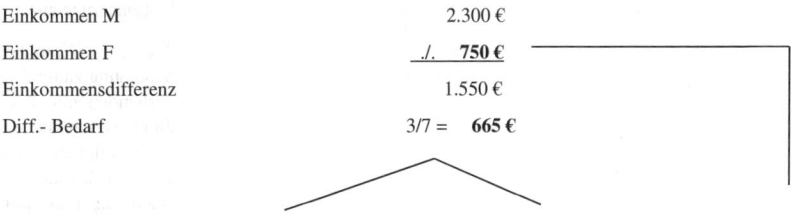

Einkommen M	2.300 €	
Einkommen F	./. 750 €	
Einkommensdifferenz	1.550 €	
Diff.- Bedarf	3/7 = 665 €	

§ 1570 BGB:	**§ 1573 Abs. 2 BGB:**	**750 EUR** Einkommen der F
129 EUR Betreuungsunterhalt	**536 EUR** Aufstockungsunterhalt	

a) Das von F betreute Kind ist inzwischen zwölf Jahre alt.

F kann trotz ausreichender Bemühungen keine weitergehende Beschäftigung finden.

b) F ist aus gesundheitlichen Gründen nicht zu einer weitergehenden Beschäftigung in der Lage.

a) Anspruch der F gem. **§ 1573 Abs. 1 BGB** – wegen nicht vorwerfbarer Erwerbslosigkeit – als **Anschlusstatbestand** nach Wegfall des Betreuungsunterhalts

b) Anspruch der F gem. **§ 1572 Nr. 2 BGB** – wegen Krankheit – als **Anschlusstatbestand** nach Wegfall des Betreuungsunterhalts

a), b), c) und d)
Der Anspruch auf Aufstockungsunterhalt gem. **§ 1573 Abs. 2 BGB** bleibt in dem Umfang bestehen, wie die F auch bei einer voll-

schichtigen Tätigkeit ihren Bedarf nicht decken könnte.

c) F verliert drei Jahre nach der Scheidung in nicht vorwerfbarer Weise durch Kündigung des Arbeitgebers ihren **bisherigen Arbeitsplatz** mit teilschichtiger Tätigkeit.

c) Kein Anschlusstatbestand nach **§ 1573 Abs. 1 BGB** hinsichtlich des bislang durch das eigene Einkommen von 750 EUR gedeckten „Sockelbetrages" des Unterhaltsbedarfs der F.

Ein insoweit „neuer" Unterhaltsanspruch kommt nur ausnahmsweise in Betracht unter den Voraussetzungen des § 1573 Abs. 4 BGB, dh soweit keine nachhaltige Sicherung dieser Einkünfte vorlag.

d) F verliert ihren bisherigen Arbeitsplatz nicht durch Kündigung, sondern krankheitsbedingt ein Jahr nach der Scheidung.

d) Kein Anschlusstatbestand nach **§ 1572 BGB** hinsichtlich des bislang durch das eigene Einkommen von 750 EUR gedeckten „Sockelbetrages" des Unterhaltsbedarfs der F.

Da Erkrankung nicht zum Einsatzzeitpunkt der Rechtskraft der Scheidung zum Arbeitsplatzverlust geführt hat, scheidet ein „neuer" Unterhaltsanspruch aus.

Ausnahme: Krankheit bei Scheidung zumindest latent vorhanden und hierdurch bedingte Beschränkung der Erwerbsfähigkeit zu einem späteren Zeitpunkt steht in einem engen Zusammenhang mit dem Einsatzzeitpunkt (Scheidung), und zwar bis max. zwei Jahre.

e) F ist 65 Jahre und bezieht Altersrente:

Sie hatte bis dahin Anspruch auf

– Aufstockungsunterhalt nach § 1573 Abs. 2 BGB (in allen Varianten möglich),
– Krankheitsunterhalt nach § 1572 BGB (in Variante b und evtl nach Varianten c u. d),
– Erwerbslosenunterhalt nach § 1573 Abs. 1 BGB (in Variante a).

Bestand zu den Einsatzzeitpunkten des **§ 1571 BGB** ein Unterhaltsanspruch nach § 1572 BGB und/oder § 1573 BGB, so kann sie Altersunterhalt als **Anschlussunterhalt** verlangen. War zu diesen Zeitpunkten nur noch ein Teilunterhaltsanspruch gegeben (zB bei nur teilweiser Erwerbstätigkeit aufgrund Krankheit, während ein Aufstockungsunterhalt bereits früher aufgrund Befristung nach § 1578 b BGB entfallen ist), so kann sich der Altersunterhalt nur an diesen Teilunterhalt anschließen mit der Folge, dass er in der Höhe durch diesen begrenzt wird und nicht mehr zum vollen Unterhaltsanspruch nach den ehelichen Lebensverhältnissen führen kann (s. Rn 8).

Die in dem vorstehenden Beispiel vorgenommene Aufteilung des ursprünglichen Gesamtunterhalts auf die   11
Tatbestände des Betreuungs- und Aufstockungsunterhalts entspricht dem Gesetzeswortlaut. Nach § 1573
Abs. 2 BGBGB kann ein Ehegatte Aufstockungsunterhalt in dem Umfang verlangen, in dem er nicht bereits einen Unterhaltsanspruch nach den §§ 1570–1572 BGB hat, und nicht etwa in dem Umfang, in dem er
Einkommensnachteile zB aufgrund der berechtigten Einschränkung seiner Erwerbstätigkeit wegen Kindesbetreuung hat; aA Wendl/Dose § 4 Rn 114, wo davon ausgegangen wird, dass auf die Differenz zwischen
dem tatsächlich neben der Kindesbetreuung erzielten Einkommen aus teilschichtiger Tätigkeit und dem fiktiven Einkommen ohne Kindesbetreuung aus einer vollschichtigen Tätigkeit abzustellen ist. Danach entfie-
len 500 EUR auf den Betreuungsunterhalt nach § 1570 BGB und 443 EUR auf den Aufstockungsunterhalt
nach § 1573 Abs. 2 BGB. Der Bundesgerichtshof hat bisher eine Berechnung der unterschiedlichen Teilansprüche noch nicht konkret vorgenommen. Seine nicht entscheidungserheblichen Ausführungen in BGH
26.11.2008 – XII ZR 131/07, FamRZ 2009, 406 könnten darauf hindeuten, dass er der Berechnungsweise
von Wendl/Dose zuneigt, die weder dem Wortlaut noch dem Sinn des Gesetzes entspricht. Zu demselben
Ergebnis wie hier kommen auf der Grundlage der Additionsmethode und der Quote nach den SüdL Ger-
hardt/v. Heintschel-Heinegg/Klein/Maier VI Rn 521.

16. Arbeitslosengeld

Conradis

I. Einführung... 1   III. Höhe des Arbeitslosengeldes.................... 6
II. Voraussetzungen............................... 2

I. Einführung

1 Arbeitslosengeld ist inzwischen ein Begriff für zwei verschiedene Leistungen: Arbeitslosengeld II wird die Leistung der Grundsicherung für Arbeitsuchende (→ *Grundsicherung für Arbeitsuchende*) genannt. Arbeitslosengeld – ohne Zusatz I – ist die Lohnersatzleistung nach dem SGB III, um die es vorliegend geht. Das SGB III ist durch Gesetz vom 20.12.2011 (BGBl. I, 2854) erheblich umgestaltet worden, die Paragrafenfolge hat sich teilweise geändert. Die Regelungen zum Arbeitslosengeld sind hierdurch nicht geändert worden.

II. Voraussetzungen

2 Ein Anspruch auf Arbeitslosengeld besteht nur, wenn die erforderliche Anwartschaftszeit erfüllt ist. Innerhalb einer **Rahmenfrist von zwei Jahren**, beginnend mit dem Tag vor der Arbeitslosmeldung, müssen **mindestens zwölf Monate** versicherungspflichtige Zeit enthalten sein (§§ 142, 143 Abs. 1 SGB III). Nach § 26 SGB III werden auch die dort genannten Zeiten als **versicherungspflichtige Zeiten** anerkannt, unter anderem nach § 26 Abs. 2 a SGB III Personen in der Zeit, in der sie ein Kind, welches das dritte Lebensjahr noch nicht vollendet hat, erziehen, jedoch nur, wenn sie unmittelbar davor versicherungspflichtig tätig waren oder eine laufende Entgeltersatzleistung nach dem SGB III bezogen haben. Diese Regelung gilt nur für die Erziehung von Kindern von Alleinerziehenden oder des nicht dauernd getrennt lebenden Ehegatten oder des Lebenspartners. Praktisch bedeutet dies: Ein Elternteil – meist die Mutter – mit einem Kind, welches noch nicht das vierte Lebensjahr vollendet hat, kann durch eine Arbeitslosmeldung einen Anspruch auf Arbeitslosengeld erwerben, wenn vor der Erziehungszeit eine Erwerbstätigkeit ausgeübt wurde. Die Möglichkeit endet spätestens mit der Vollendung des vierten Lebensjahres des Kindes, weil dann in die letzten zwei Jahre kein Jahr Erziehungszeit mehr fallen kann.

3 Grundsätzlich muss **Verfügbarkeit** bestehen, um Leistungen zu erhalten. Dabei reicht es aus, sich für 15 Stunden dem Arbeitsmarkt zur Verfügung zu stellen (§§ 138 Abs. 5, 139 Abs. 4 SGB III). Besondere Gründe für die zeitliche Einschränkung müssen nicht vorliegen. Wird von dieser Möglichkeit Gebrauch gemacht, verringert sich das Arbeitslosengeld entsprechend (§ 151 Abs. 5 S. 1 SGB III).

4 Meldet sich ein allein erziehender Elternteil arbeitslos, muss natürlich die **Versorgung der Kinder** für die Zeit gesichert sein, für die die Arbeitslosmeldung erfolgt. Ansonsten steht die Person dem Arbeitsmarkt nicht zur Verfügung. Voraussetzung ist also, dass die Betreuung für den Fall der Arbeitsaufnahme anderweitig sichergestellt ist, wobei es nicht erforderlich ist, die anderweitige Versorgung schon vor der Aufnahme der Arbeit tatsächlich durchzuführen. Es reicht aus, wenn die Bereitschaft einer anderen Person besteht, im Falle der Arbeitsaufnahme die Betreuung zu übernehmen bzw wenn ein Kindergartenplatz frei ist, den das Kind in Anspruch nehmen könnte. Soweit beide Ehegatten arbeitslos sind, sind sie verfügbar, solange jeder Ehegatte bereit ist, die Kinder bis zur Aufnahme einer eigenen Arbeit zu betreuen. Dies gilt auch im Falle des Getrenntlebens und nach der Scheidung.

5 Ebenso wie in der Krankenversicherung (→ *Krankenversicherung* Rn 26 f) besteht auch bei der Arbeitslosenversicherung für alleinerziehende Arbeitslose die Möglichkeit, das Arbeitslosengeld weiter zu erhalten, wenn ein **erkranktes Kind** beaufsichtigt oder betreut werden muss. Nach § 146 Abs. 2 SGB III besteht der Anspruch auf Kinderpflege-Arbeitslosengeld grundsätzlich für zehn Tage pro Kalenderjahr für jedes Kind des Arbeitslosen, bei allein erziehenden Arbeitslosen für 20 Tage je Kind, jedoch bei mehreren Kindern nicht für mehr als insgesamt 50 Tage pro Jahr. Weiterhin ist ebenso wie in der Krankenversicherung Vor-

aussetzung, dass das Kind das zwölfte Lebensjahr noch nicht vollendet hat und eine andere Person das Kind im Haushalt nicht betreuen kann.

III. Höhe des Arbeitslosengeldes

Der Leistungssatz beträgt **60 % des pauschalierten Nettoentgelts** (Leistungsentgelt) für sonstige Arbeits-   6
lose (§ 149 Nr. 2 SGB III). Er wird **auf 67 % erhöht**, wenn der Arbeitslose oder dessen Ehegatte mindestens ein Kind im Sinne des EStG hat, wobei die Erhöhung dann nicht mehr gilt, wenn die Ehegatten dauernd getrennt leben (§ 149 Nr. 1 SGB III). Die Trennung bei nicht gemeinschaftlichen Kindern führt mit
dem Tag der Trennung zu einer Senkung des Arbeitslosengeldes für den Arbeitslosen, der selbst nicht Elternteil ist.

Bedeutsam für die Höhe des Arbeitslosengeldes ist weiterhin die **Steuerklasse**. Grundsätzlich gilt die Steu-   7
erklasse, die zu Beginn des Kalenderjahres in der Lohnsteuerkarte eingetragen ist (§ 153 Abs. 2 S. 1
SGB III). Je weniger Steuern nach der Steuerklasse gezahlt werden müssen, umso höher ist das Arbeitslosengeld. Ehegatten haben die Möglichkeit, ihre Steuerklassenkombinationen zu wählen. Sie muss zweckmäßig und nach den objektiven Gegebenheiten geboten sein (BSG 28.12.2002 – B 7 AL 36/01 R, info also
2003, 77). Ein Wechsel der Steuerklasse während des Bezugs von Arbeitslosengeld bzw nach Beginn des
Kalenderjahres wird jedoch nur unter sehr eingeschränkten Bedingungen vom Arbeitsamt akzeptiert; Einzelheiten ergeben sich aus § 153 Abs. 2 SGB III. Es kann zweckmäßig sein, sich zu dieser Problematik von
der Bundesagentur für Arbeit beraten zu lassen (§ 14 SGB I).

Im Fall der **dauernden Trennung von Ehegatten** besteht die Verpflichtung, von der Steuerklasse III auf   8
die Steuerklasse I bzw II zu wechseln, allerdings erst für das Kalenderjahr, welches der Trennung folgt.
Damit ergibt sich für den Bezug von Arbeitslosengeld eine Verminderung der Leistungen. Es wird daher
oft während der Trennungszeit einverständlich von den Ehegatten die Änderung der Lohnsteuerkarte nicht
durchgeführt, so dass weiterhin die Lohnsteuerklasse III auf der Steuerkarte enthalten ist. An diesen Eintrag ist die Agentur für Arbeit gebunden, die Eintragung hat nämlich Tatbestandswirkung. Die Agentur für
Arbeit hat damit keine Möglichkeit, die steuerrechtliche Richtigkeit zu überprüfen (BSG 12.7.1989 – 7
RAr 58/88, SozR 4100 § 113 Nr. 9). Die Agentur für Arbeit könnte höchstens bei der zuständigen Behörde
auf eine Änderung der Steuerkarte hinwirken.

17. Aufenthaltsbestimmung bei Minderjährigen

Seebach

I. Allgemein	1	bb) Auswanderung/Umzug ins Ausland	12
II. Ausübung des Aufenthaltsbestimmungsrechts	6	cc) Wohnsitzmeldung/Ummeldung	13
1. Einvernehmliche Ausübung	6	dd) Umgangspflegschaft	14
2. Strittige Ausübung/Getrennt lebend	8	ee) Nichteheliche Väter	15
a) Allgemeines	8	III. Verfahren	16
b) Kriterien des Kindeswohls	9	1. Allgemeines	16
c) Einzelfälle	11	2. Vergleich/Vereinbarung	17
aa) Umzug	11	3. Wechselmodell	18

I. Allgemein

1   Das Recht der **Aufenthaltsbestimmung bei Minderjährigen** nach § 1626 BGB iVm § 1631 Abs. 1 BGB ist Teilbereich der elterlichen Personensorge (s. → *Personensorge*). Die Eltern haben das Recht die **Wohnung und den Wohnort** der minderjährigen Kinder zu bestimmen. Die Begrifflichkeiten sind zu unterscheiden vom Wohnsitz gem. § 11 BGB (NK-BGB/Rakete-Dombek § 1631 BGB Rn 9).

2   Ferner bezieht sich der Begriff der Aufenthaltsbestimmung auch auf den Kontakt und den **Umgang mit Dritten** (s. → *Umgangsrecht* Rn 79 ff NK-BGB/Fritsche § 1800 BGB Rn 7) sowie das Aufsuchen bestimmter Örtlichkeiten (Heiß in: MandatFamR Teil 6 Rn 16, 17, 18). Es finden diesbezüglich Überschneidungen statt mit dem Bereich der Erziehung der minderjährigen Kinder durch die Eltern (s. → *Erziehung*). Aus dem Recht der Eltern auf Aufenthaltsbestimmung ergibt sich ferner ein **Herausgabeanspruch** gegen Dritte gem. § 1632 BGB (s. → *Herausgabeanspruch*).

3   Die Ausübung der Aufenthaltsbestimmung erfährt **Grenzen**, wobei wiederum das Kindeswohl oberstes Kriterium ist. So kann eine Nichtausübung infolge fehlender Kontrollen durch die Eltern Maßnahmen nach § 1666 BGB wegen **Kindeswohlgefährdung** auslösen (s. → *Kindeswohlgefährdung* Rn 6 ff), ebenso aber auch gerade in der Ausübung der elterliche Aufenthaltsbestimmung eine Kindeswohlgefährdung liegen (NK-BGB/Rakete-Dombek § 1631 BGB Rn 9). Einen weiteren staatlichen Eingriff in das Elternrecht stellt die Möglichkeit der **Verbleibensanordnung** nach § 1682 BGB dar (s. → *Verbleibensanordnung*).

Darüber hinaus bilden der **staatliche Erziehungsauftrag** und die damit einhergehende Schulpflicht sowie das **Jugendstrafrecht** (s. → *Erziehung* Rn 7, 9) und die damit verbundenen erzieherischen Auflagen und Weisungen staatliche Eingriffsmöglichkeiten in das Recht der Aufenthaltsbestimmung (NK-BGB/Rakete-Dombek § 1631 BGB Rn 5).

4   Hinsichtlich der **Unterbringung in einer geschlossenen Einrichtung** erfährt das elterliche Recht insoweit eine Einschränkung, als aufgrund der Erheblichkeit des Eingriffs in die Rechte des Kindes eine familienrichterliche Genehmigung erforderlich ist gem. § 1631 b BGB (s. → *Freiheitsentziehende Unterbringung Minderjähriger*). Durch diese gesetzliche Regelung solle einer missbräuchlichen Ausübung des elterlichen Aufenthaltsbestimmungsrechts vorgebeugt werden (NK-BGB/Rakete-Dombek § 1631 b BGB Rn 1).

Bei getrennt lebenden Eltern erfährt das Recht des allein sorgeberechtigten Elternteils eine Einschränkung nach § 1687 a BGB iVm § 1687 Abs. 1 S. 4 BGB (s. → *Elterliches Sorgerecht* Rn 10).

5   Wird der **allein sorgeberechtigten Kindesmutter** das Sorgerecht entzogen, so kann der nicht sorgeberechtigte Kindesvater die Übertragung der elterlichen Sorge auf sich beantragen (BGH 16.6.2010 – XII ZB 35/10, FamRZ 2010, 1242).

II. Ausübung des Aufenthaltsbestimmungsrechts

1. Einvernehmliche Ausübung

6   Bei einer **einvernehmlichen, gemeinsamen Ausübung** der elterlichen Sorge gelten die allgemeinen Ausführungen im Bereich des elterlichen Sorgerechts (s. → *Elterliches Sorgerecht* Rn 6).

Gem. § 1630 Abs. 3 BGB haben die Eltern die Möglichkeit, mit ihrer Zustimmung auf Antrag einer **Pflege-person** bestimmte Rechte, eben auch das Aufenthaltsbestimmungsrecht, auf eine Person zu übertragen, bei der sich das Kind zur Familienpflege befindet (s. → *Pflegefamilie* Rn 12 ff). Alleine aus der Tatsache, dass sich das Kind mit Einvernehmen der Eltern in Familienpflege befindet, folgt noch keine Kindeswohlge-fährdung nach § 1666 BGB. Auch stellt diese Tatsache keinen Grund dar, den Eltern die elterliche Sorge oder einen Teilbereich zu entziehen.

In der Praxis werden nicht selten **Anträge von Pflegepersonen** auf Übertragung des Aufenthaltsbestim-mungsrechts oder auf Übertragung der elterlichen Sorge gestellt, insbesondere durch das minderjährige Kind betreuende Verwandte. Befindet sich das Kind jedoch mit Einverständnis der Eltern bei dieser betreu-enden Person, gilt § 1630 Abs. 3 BGB (HK-FamR/Schmid § 1630 BGB Rn 4).

Sind die Eltern nicht mehr mit der gegebenen Situation einverstanden und wollen das Kind aus der Pflege-   7
familie herausnehmen (BVerfG 31.3.2010 – 1 BvR 2910/09, NJW 2010, 2336), so kann unter den gegebe-nen Voraussetzungen des § 1682 BGB eine **Verbleibensanordnung** ergehen (s. → *Verbleibensanord-nung*). Des Weiteren ist an ein Verfahren wegen Kindeswohlgefährdung nach § 1666 BGB zu denken (NK-BGB/Rakete-Dombek § 1630 BGB Rn 16).

2. Strittige Ausübung/Getrennt lebend

a) Allgemeines. Leben gemeinsam sorgeberechtigte Eltern getrennt, unabhängig davon, ob verheiratet   8
oder nicht, so kann jeder Elternteil gem. § 1671 BGB das **Aufenthaltsbestimmungsrecht** beantragen. Die-se Konstellation bildet die in der gerichtlichen Praxis im Bereich der elterlichen Sorge häufigste Fallgestal-tung, da sich im Rahmen einer eintretenden Trennung die Eltern häufig über den **Lebensmittelpunkt der Kinder** nicht einigen können (Maier in: FormFamR § 6 Rn 112).

In der Regel kommt die Entziehung des gesamten Sorgerechts unter Berücksichtigung des verfassungs-rechtlich garantierten Elternrechts und unter Wahrung des Verhältnismäßigkeitsgrundsatzes nicht in Be-tracht (HK-FamR/Schmid § 1666 BGB Rn 23; NK-BGB/Rakete-Dombek § 1666 BGB Rn 21). Insoweit hat zudem eine Abgrenzung zu erfolgen zu einer Antragstellung oder gerichtlichen Entscheidung nach § 1628 BGB wegen Meinungsverschiedenheiten der Eltern (s. → *Meinungsverschiedenheiten*). Entscheidungen nach § 1628 BGB bilden die deutlich milderen Maßnahmen, da gerade nicht in das Sorgerecht eingegriffen wird (HK-FamR/Pauling § 1612 BGB Rn 7).

b) Kriterien des Kindeswohls. Im Gegensatz zu einer einvernehmlichen Übertragung der elterlichen Sor-   9
ge auf einen Elternteil gem. § 1671 Abs. 1, Abs. 2 Nr. 1 BGB (s. → *Elternvereinbarungen* Rn 8), hat nach § 1671 Abs. 2 Nr. 2 BGB dahingehend eine **gerichtliche Prüfung** zu erfolgen, ob die Aufhebung und die Übertragung dem Wohl des Kindes am besten entspricht. Es gilt ein sogenannter zweistufiger Prüfungsauf-bau (NK-BGB/Rakete-Dombek § 1671 BGB Rn 8).

Sowohl die Aufhebung der gemeinsamen elterlichen Sorge als auch die Übertragung des Aufenthaltsbe-stimmungsrechts auf einen Elternteil sind am **Kriterium des Kindeswohls** zu messen (s. → *Elterliches Sorgerecht* Rn 8). Entscheidend ist daher, ob die Übertragung auf den beantragenden Elternteil dem Kin-deswohl am besten entspricht (Palandt/Diederichsen § 1671 BGB Rn 20). Hierbei ist zu beachten, dass der andere Elternteil im Verfahren Beteiligter ist. Er kann ebenfalls einen Antrag stellen oder aber lediglich die Zurückweisung des Antrags des anderen Elternteils beantragen. Letztlich hat dies keinen bedeutsamen Ein-fluss auf den weiteren Gang des Verfahrens, da der **Amtsermittlungsgrundsatz** gilt und das Gericht von Amts wegen zu erforschen hat, welcher Aufenthaltsort des Kindes dem Kindeswohl am besten entspricht (Grabow in: VerfFamR § 6 Rn 55).

Von der Rechtsprechung wurden **folgende Kriterien** ermittelt (Stockmann jurisPR-FamR 20/2010   10
Anm. 4):
– Erziehungseignung der Eltern (Heiß in: MandatFamR Teil 4 Rn 51),
– Kontinuitätsgrundsatz (HK-FamR/Schmid BGB § 1671 Rn 15),

- Förderungsgrundsatz (NK-BGB/Rakete-Dombek § 1671 BGB Rn 19; OLG Hamm 14.3.2011 – 8 UF 181/10),
- Bindung des Kindes an die Eltern (Maier in: FormFamR § 6 Rn 137),
- Geschwisterbindung (Maier in: FormFamR § 6 Rn 139; OLG Brandenburg 6.9.2011 – 10 UF 74/10),
- Kindeswille (BVerfG 27.6.2008 – 1 BvR 311/08; BGH 16.3.2011 – XII ZB 407/12, FamRZ 2011, 796).

Den Kriterien kommt hierbei **grundsätzlich gleiche Gewichtung** zu, wobei insbesondere hinsichtlich des Kriteriums des Kindeswillens auszuführen ist, dass dieser geäußerte Wille mit zunehmendem Alter des Kindes an Bedeutung gewinnt und eine gerichtliche Entscheidung gegen den Kindeswillen ab Vollendung des 14. Lebensjahres des Kindes nur mehr schwer begründbar ist (Palandt/Diederichsen § 1671 BGB Rn 20 ff).

11 **c) Einzelfälle. aa) Umzug.** Ein **Umzug bzw Wohnortwechsel** der Eltern ist von den minderjährigen Kindern grundsätzlich hinzunehmen (HK-FamR/Schmid § 1666 BGB Rn 6). In Einzelfällen können häufige Umzüge eine Kindeswohlgefährdung nach § 1666 BGB darstellen (s. → *Kindeswohlgefährdung* Rn 11). In der Regel wird man bei einem Umzug des betreuenden Elternteils eine Angelegenheit von erheblicher Bedeutung für das Kind annehmen müssen, insbesondere wenn für das Kind mit dem Umzug ein Schul- oder Kindergartenwechsel einhergeht. Bei gemeinsamer elterlicher Sorge können die Eltern daher nur einvernehmlich hierüber entscheiden. Grundsätzlich werden **soziale Kontakte** des Kindes mit einem Umzug beendet, erfahren jedenfalls eine gravierende Veränderung. Bei Uneinigkeit ist ein Antrag nach § 1671 BGB oder § 1628 BGB (s. → *Meinungsverschiedenheiten* Rn 16 ff) erforderlich. In Einzelfällen, zB Wechsel der Wohnung im gleichen Mietobjekt, Umzug innerhalb einer Stadt, kann eine Entscheidung möglicherweise von § 1687 Abs. 1 S. 2 BGB als tägliche Angelegenheit gedeckt sein (Finger FamFR 2009, 134).

Werden **Umgangskontakte** mit dem umgangsberechtigten Elternteil erschwert oder vereitelt, so gilt es dies im Rahmen der allgemeinen Kriterien einzubeziehen (s. Rn 12).

12 **bb) Auswanderung/Umzug ins Ausland.** Alleine die Tatsache, dass der betreuende Elternteil mit dem minderjährigen Kind seinen **Aufenthalt ins Ausland** verlagern möchte, stellt keine Gefährdung des Kindeswohls dar (HK-FamR/Schmid § 1666 BGB Rn 6). Es gelten die allgemeinen Kriterien (BGH 16.3.2011 – XII ZB 407/10, FamFR 2011, 213). Ausnahmen gelten hinsichtlich eines Umzugs in ein **außereuropäisches Land** mit nicht gewährleisteter Sicherheit für Gesundheit und Leben des Kindes (s. → *Kindeswohlgefährdung* Rn 11). Der Bundesgerichtshof hat für diese Konstellation entschieden, dass einziges Kriterium für den Fall eines beabsichtigten Umzugs (hier Mexiko) hinsichtlich der Übertragung des Aufenthaltsbestimmungsrechts auf den betreuenden Elternteil das Kindeswohl sei (BGH 28.4.2010 – XII ZB 81/09, NJW 2010, 2805). Die zur Verfügung stehenden Möglichkeiten seien zu überprüfen. Ausdrücklich wird darauf hingewiesen, dass theoretische Alternativen in die Prüfung nicht einzubeziehen seien (HK-FamR/Schmid § 1671 BGB Rn 10). Insbesondere führt die bloße **Beeinträchtigung des Umgangs** mit dem anderen Elternteil nicht zu einer Vermutung der Kindeswohlschädlichkeit (NK-BGB/Rakete-Dombek § 1671 BGB Rn 28).

13 **cc) Wohnsitzmeldung/Ummeldung.** Der Bereich der **Ummeldung** hinsichtlich eines **Wohnsitzwechsels** unterfällt nicht dem Bereich des Aufenthaltsbestimmungsrechts. Der Begriff des Aufenthalts des Kindes bezieht sich auf den tatsächlichen Wohnort, unabhängig von behördlicher An- oder Ummeldung. Eine Regelung über § 1628 BGB ist ebenfalls nicht möglich (s. → *Meinungsverschiedenheit* Rn 20). Die Antragstellung vor Behörden ist **eigener Teilbereich der elterlichen Sorge** und unterfällt den allgemeinen Ausführungen (Finger FamFR 2009, 132).

14 **dd) Umgangspflegschaft.** Die Umgangspflegschaft ist gesetzlich geregelt in § 1684 Abs. 3 BGB und richtet sich nach den allgemeinen Regeln der **Ergänzungspflegschaft** (§§ 1626, 1794, 1909 BGB) und wird in problematischen und hochstreitigen Umgangsverfahren zur Anwendung kommen können (Grabow in: VerfFamR § 3 Rn 231 f). Faktisch regelt ein bestellter Umgangspfleger die Wahrnehmung von Umgangskontakten und bestimmt insoweit den Ablauf des Umgangs in zeitlicher und örtlicher Hinsicht (HK-FamR/

Schmid § 1666 BGB Rn 9). Bei der Bestellung des Umgangspflegers handelt es sich um einen **Eingriff in das elterliche Sorgerecht** – und insbesondere in das Aufenthaltsbestimmungsrecht – für die Zeit des Umgangs (s. → *Umgangspfleger*). Eine Umgangspflegschaft ist zu **befristen** (NK-BGB/Peschel-Gutzeit § 1684 BGB Rn 67).

ee) Nichteheliche Väter. Hinsichtlich der nichtehelichen Väter ist das Gesetz zur Reform der elterlichen 15 Sorge nicht miteinander verheirateter Eltern durch den Bundestag und zuletzt am 1.3.2013 auch durch den Bundesrat beschlossen worden. Das Gesetz ist noch nicht verkündet und tritt einen Monat nach Verkündung in Kraft (s. → *Elterliches Sorgerecht* Rn 15).

Wird einer allein sorgeberechtigten Mutter eines nichtehelichen Kindes das **Aufenthaltsbestimmungsrecht** entzogen, so kann der Vater bereits nach geltendem Gesetz die Übertragung auf sich beantragen (BVerfG 21.7.2010 – 1 BvR 420/09, FamRZ 2010, 1403). Dies gilt umso mehr aufgrund der Entscheidung des Bundesverfassungsgerichts vom 21.7.2010 (1 BvR 420/09, NJW 2010, 3008).

III. Verfahren

1. Allgemeines

Es gelten die allgemeinen Ausführungen im Bereich der Kindschaftssachen, insbesondere betreffend den 16 Bereich der elterlichen Sorge (s. → *Elterliches Sorgerecht* Rn 23 ff). Vor allem ist die Neuregelung nach § 154 FamFG zu beachten (NK-BGB/Peschel-Gutzeit § 1687 BGB Rn 20). **Pflegepersonen** sind gem. § 161 FamFG am Verfahren zu beteiligen (HK-FamR/Völker/Clausius § 161 FamFG Rn 1).

2. Vergleich/Vereinbarung

Vereinbarungen der Eltern über den Aufenthaltsort der Kinder sind gem. § 156 FamFG möglich (s. → 17 *Elternvereinbarungen* Rn 11). Treffen die Eltern eines minderjährigen Kindes außergerichtlich oder vor Gericht eine Vereinbarung hinsichtlich des Aufenthaltsorts des Kindes, so fehlt einem Antrag nach § 1671 BGB das **Rechtsschutzbedürfnis** (NK-BGB/Rakete-Dombek § 1671 BGB Rn 5).

3. Wechselmodell

Praktizieren die Eltern ein sogenanntes Wechselmodell, so hat das Kind seinen gewöhnlichen Aufenthalt, 18 der die örtliche Zuständigkeit des Gerichts begründet, bei beiden Elternteilen (s. → *Wechselmodell* Rn 1 ff). Dies hat zur Konsequenz, dass sich bei fehlender anderweitiger Zuständigkeit, zB durch Anhängigkeit eines Scheidungsverfahrens, eine **örtliche Doppelzuständigkeit** ergibt (s. → *Wechselmodell* Rn 21).

Wird das Wechselmodell trotz Sachverständigenempfehlung von einem Elternteil verweigert, kann dies zu einem Entzug des Aufenthaltsrechts (s. → *Entzug des Sorgerechts*) des sich weigernden Elternteils führen (Schmid FamFR 2010, 212).

18. Aufhebungsanspruch bei Gütergemeinschaft

Rakete-Dombek

I. Einführung	1	2. Wirkungen der Aufhebungsklage	30
II. Aufhebungsklage des nicht verwalteten Ehegatten (§ 1447 BGB)	3	3. Verfahrensfragen	31
		IV. Aufhebungsklage bei gemeinschaftlicher Verwaltung der Ehegatten (§ 1469 BGB)	32
1. Gründe für eine Aufhebungsklage	5	1. Überblick	32
a) § 1447 Nr. 1 BGB – Unfähigkeit des Verwalters oder Missbrauch des Verwaltungsrechts	5	2. Aufhebungsgründe	33
aa) § 1447 Nr. 1, 1. Alt. BGB – Unfähigkeit zur Verwaltung	6	a) § 1469 Nr. 1 BGB – eigenmächtige Verwaltungshandlungen	34
bb) § 1447 Nr. 1, 2. Alt. BGB – Missbrauch des Verwaltungsrechts	8	b) § 1469 Nr. 2 BGB – beharrliche Weigerung zur Mitwirkung an der Gesamtgutsverwaltung	35
cc) Erhebliche Gefährdung der Rechte des anderen Ehegatten	9	c) § 1469 Nr. 3 BGB – Gefährdung der Verletzung einer Unterhaltspflicht	36
b) § 1447 Nr. 2 BGB – Gefährdung des Unterhalts	11	d) § 1469 Nr. 4 BGB – Überschuldung des Gesamtguts	37
c) § 1447 Nr. 3 BGB – Überschuldung des Gesamtguts	14	e) § 1469 Nr. 5 BGB – Betreuung des anderen Ehegatten mit Gütergemeinschaftsbezug	38
d) § 1447 Nr. 4 BGB – Verwalter unter Betreuung	16	f) Verfahrensfragen	39
2. Verfahrensfragen	17	V. Wirkungen der richterlichen Aufhebungsentscheidung (§§ 1449, 1470 BGB)	40
3. Rechtsschutzbedürfnis	22	1. Überblick	40
4. Vorläufiger Rechtsschutz	23	2. Übergang zur Gütertrennung	41
5. Beweislast	24	3. Schutz gutgläubiger Dritter (§§ 1449 Abs. 2, 1470 Abs. 2 BGB)	44
6. Erledigung der Aufhebungsklage	25	4. Beweislast	46
7. Verfahrenswert	26		
III. Aufhebungsklage des Verwalters (§ 1448 BGB)	27		
1. Überblick	27		

I. Einführung

1 Die §§ 1447–1449 BGB geben den in Gütergemeinschaft lebenden Ehegatten die Möglichkeit, die Aufhebung des Güterstandes einseitig herbeizuführen. Im Übrigen kann die Gütergemeinschaft nur durch Ehevertrag, Auflösung der Ehe durch Scheidung oder Aufhebung nach § 1313 BGB, den Tod eines der Ehegatten (Ausnahme: fortgesetzte Gütergemeinschaft) oder durch den Eintritt einer auflösenden Bedingung oder Befristung beendet werden. Eine anderweitige Beendigung, wie zB mittels Kündigung, wegen Getrenntlebens der Ehegatten oder Insolvenz eines der Ehegatten führt nicht zur Aufhebung der Gütergemeinschaft (MüKo/Kanzleiter § 1447 BGB Rn 2).

2 Die **Aufhebungsklage** nach § 1447 BGB kann von dem nicht verwaltenden Ehegatten bzw diejenige nach § 1448 BGB von dem Gesamtgutsverwalter erhoben werden, wenn das für die Fortführung der Gütergemeinschaft erforderliche Vertrauen aus den in §§ 1447, 1448 BGB erwähnten Gründen nicht mehr gegeben ist (NK-BGB/Völker § 1447 BGB Rn 1). Hierdurch wird den Ehepartnern die Möglichkeit eingeräumt, ihr Vermögen zu schützen, wenn dieses durch das Fortbestehen der Gütergemeinschaft mit der damit verknüpften Haftung des Gesamtguts durch den jeweils anderen Ehegatten gefährdet wird.

II. Aufhebungsklage des nicht verwaltenden Ehegatten (§ 1447 BGB)

3 Aufgrund der weitreichenden Befugnisse des allein das Gesamtgut verwaltenden Ehegatten (§ 1422 BGB) besteht eine entsprechende **Missbrauchsgefahr** (NK-BGB/Völker § 1447 BGB Rn 1). Mangels Kündigungsmöglichkeit oder Befugnis der einseitigen Entziehung der Verwaltungsbefugnis durch den nicht verwaltenden Ehegatten, steht Letzterem zur Beendigung der Gütergemeinschaft nur das Rechtsmittel der Aufhebungsklage gemäß § 1447 BGB zu (MüKo/Kanzleiter § 1447 BGB Rn 3). Aufgrund ihres Charakters als zwingende Schutzvorschrift zugunsten des nicht verwaltenden Ehegatten kann die Vorschrift des § 1447 BGB nicht durch Ehevertrag eingeschränkt oder ausgeschlossen werden. Ebenso wenig kann auf das Recht zur Aufhebungsklage bei Vorliegen der zur Klage berechtigenden Voraussetzungen verzichtet werden (Erman/Gamillscheg § 1447 BGB Rn 7).

Die **Gründe**, die zur Aufhebungsklage des nicht verwaltenden Ehegatten berechtigen, sind in den Nr. 1–4   **4**
des § 1447 BGB abschließend aufgezählt. Es ist umstritten, ob der Katalog angesichts der gesetzlich fest
umschriebenen Aufhebungsgründe erweiterbar ist (MM: MüKo/Kanzleiter § 1447 BGB Rn 21), was jedoch
von der überwiegenden Meinung abgelehnt wird (hM: Palandt/Brudermüller § 1447 BGB Rn 2; Erman/
Gamillscheg § 1447 BGB Rn 7). Daher ist auch die Anwendung allgemeiner Rechtsgrundsätze als zusätzlicher Aufhebungsgrund nicht statthaft (zB § 313 BGB oder § 311 Abs. 2 BGB).

1. Gründe für eine Aufhebungsklage

a) § 1447 Nr. 1 BGB – Unfähigkeit des Verwalters oder Missbrauch des Verwaltungsrechts. Die Auf-   **5**
hebung der Gütergemeinschaft kann beantragt werden, wenn die Rechte des nicht verwaltenden Ehegatten
durch den unfähigen oder den die Verwaltungsbefugnis missbrauchenden Gesamtgutsverwalter gefährdet
werden.

aa) § 1447 Nr. 1, 1. Alt. BGB – Unfähigkeit zur Verwaltung. Der Verwalter ist zur Verwaltung unfähig,   **6**
wenn er objektiv seine **Verwaltungsbefugnisse** (§ 1435 BGB) tatsächlich nicht ordnungsgemäß ausüben
kann, wobei ein Verschulden nicht vorausgesetzt wird. Die Gründe der Verwaltungsunfähigkeit können auf
Krankheit, Geistes- oder Altersschwäche (im Falle der Betreuung ist auch § 1447 Nr. 4 BGB einschlägig),
Abwesenheit, Verschollenheit oder eindeutige geschäftliche Untüchtigkeit zurückzuführen sein (NK-BGB/
Völker § 1447 BGB Rn 4).

Dabei muss die Verwaltungsunfähigkeit nicht dauerhaft sein. Es dürfte vielmehr auf die **Zumutbarkeit**   **7**
der Fortführung der Gütergemeinschaft für den anderen Ehegatten ankommen, die sich nach der voraussichtlichen Dauer der Unfähigkeit des Gesamtgutsverwalters bestimmt (NK-BGB/Völker § 1447 BGB
Rn 4) und nach dem Gefährdungsgrad für die Rechte des nicht verwaltenden Ehegatten. Der nicht verwaltende Ehegatte ist nicht zur Verwaltungsübernahme verpflichtet, so dass er nicht längerfristig auf die Ausübung des Notverwaltungsrechts (§ 1429 BGB) verwiesen werden kann (NK-BGB/Völker § 1447 BGB
Rn 4).

bb) § 1447 Nr. 1, 2. Alt. BGB – Missbrauch des Verwaltungsrechts. § 1447 Nr. 1, 2. Alt. BGB ist ein-   **8**
schlägig, wenn der Gesamtgutsverwalter die ihm eingeräumten gesetzlichen Schranken der Verwalterstel-
lung (§§ 1423 ff BGB) oder die allgemeinen Grundsätze über die ordnungsgemäße Verwaltung (§ 1435 S. 1
BGB) fremden Vermögens nicht nur unerheblich überschreitet. Hierzu gehört zB eine ehevertragswidrige
Grundpfandrechtsbestellung. Eine Benachteiligungsabsicht des Verwalters ist insoweit nicht erforderlich (so
noch § 1468 Nr. 2 BGB aF). Die Terminologie „Missbrauch" impliziert jedoch das Wissen des Verwalters,
zumindest jedoch eine bewusste Fahrlässigkeit hinsichtlich der Überschreitung der gesetzlichen Grenzen
seiner Befugnisse (NK-BGB/Völker § 1447 BGB Rn 7).

cc) Erhebliche Gefährdung der Rechte des anderen Ehegatten. Beide Alternativen des § 1447 Nr. 1   **9**
BGB setzen eine erhebliche Gefährdung der Rechte des nicht verwaltenden Ehegatten voraus, soweit die
Gesamtgutsverwaltung durch den anderen Ehegatten fortgeführt wird. Hierunter fällt auch eine etwaige Ge-
fahr der **Minderung des Auseinandersetzungsanspruchs** (§ 1476 Abs. 1 BGB). Ansonsten ist der Begriff
„Rechte" mit der Begrifflichkeit „rechtliche Interessen" gleichzusetzen und daher sehr weitreichend.

Ausreichend ist die **abstrakte Gefahr** („können"). Die Gefahr muss andauern oder es muss eine Wiederho-   **10**
lungsgefahr dargelegt werden und aus der Verwaltungsunfähigkeit oder dem Missbrauch der Verwaltungsbefugnis folgen (MüKo/Kanzleiter § 1447 BGB Rn 10). Ob Erheblichkeit vorliegt, ist nach den Gesamtumständen des Einzelfalls zu bewerten. Für die Bejahung der Erheblichkeit der Gefährdung ist zum einen das
Maß der Gefahr und zum anderen der Umfang der zu besorgenden Beeinträchtigung entscheidend (NK-
BGB/Völker § 1447 BGB Rn 6).

b) § 1447 Nr. 2 BGB – Gefährdung des Unterhalts. Möglich ist die Erhebung der Aufhebungsklage auch   **11**
im Falle der verschuldensunabhängigen Pflichtverletzung des Gesamtgutsverwalters, zum Unterhalt der Familie (Ehegatte und Kinder) beizutragen, soweit auch künftig eine erhebliche Gefährdung des Unterhalts zu
befürchten ist (MüKo/Kanzleiter § 1447 BGB Rn 12 f).

Rakete-Dombek

12   Bei **andauernder Nichterfüllung des Unterhalts** eines geschiedenen Ehegatten oder der Verwandten gerader Linie eines der Ehegatten (einseitige Kinder, Eltern) durch den Gesamtgutsverwalter kann lediglich die Aufhebungsklage nach § 1447 Nr. 1 BGB erhoben werden, da das Gesamtgut für deren Unterhalt haftet (§§ 1583, 1604 BGB) und durch den Verwalter aus dem Gesamtgut zu erfüllen ist (NK-BGB/Völker § 1447 BGB Rn 7).

13   Wie bei § 1447 Nr. 1 BGB ist eine Gesamtabwägung hinsichtlich der erheblichen Gefährdung erforderlich. Die Erheblichkeit der Gefährdung kann bejaht werden, wenn nicht ausgeschlossen ist, dass eine Verletzung der Unterhaltspflicht in nicht nur geringfügigem Umfang erfolgt (MüKo/Kanzleiter § 1447 BGB Rn 13).

14   **c) § 1447 Nr. 3 BGB – Überschuldung des Gesamtguts.** Diese Vorschrift erfordert, dass die Überschuldung in der Person des Verwalters bereits eingetreten ist. Überschuldung liegt nach der Legaldefinition des § 19 Abs. 2 S. 1 InsO vor, wenn die Verbindlichkeiten höher sind als der Wert des Gesamtguts. Dabei müssen Verbindlichkeiten in einem solchen Maß entstanden sein, dass ein späterer Erwerb des nicht verwaltenden Ehegatten erheblich gefährdet ist. Zu den Gesamtgutsverbindlichkeiten der Ehegatten zählen auch die das Vorbehalts- und Sondergut betreffenden Schulden des Gesamtgutsverwalters (BeckOK/Mayer § 1447 BGB Rn 6).

15   Es reicht wiederum die **abstrakte Möglichkeit einer Gefährdung** aus (vgl „erheblich gefährdet wird"). Der verwaltende Ehegatte muss jedoch nicht unbedingt einen späteren Erwerb konkret erwarten (MüKo/Kanzleiter § 1447 BGB Rn 15; aA: BeckOK/Mayer § 1447 BGB Rn 6). Bestehen Kompensationsmöglichkeiten aus dem Vorbehaltsgut des Verwalters, kann eine Gefährdung verneint werden (BeckOK/Mayer § 1447 BGB Rn 6). Ein Verschulden des Verwalters an der objektiven Überschuldung ist nicht erforderlich (MüKo/Kanzleiter § 1447 BGB Rn 14).

16   **d) § 1447 Nr. 4 BGB – Verwalter unter Betreuung.** Ein Aufhebungsanspruch ist zudem gegeben, wenn der Gesamtgutsverwalter unter Betreuung steht, wobei der Aufgabenkreis des Betreuers (§ 1896 BGB) die Gesamtgutsverwaltung umfassen muss. Der Aufhebungsanspruch kann selbst dann noch geltend gemacht werden, wenn der nicht verwaltende Ehegatte zunächst die Verwaltung durch den Betreuer geduldet hat. Wird die Betreuung nach Erhebung der Aufhebungsklage aufgehoben, tritt **Erledigung** ein, wenn nicht ein anderer Aufhebungsgrund des § 1447 BGB greift. Wird die Betreuung erst nach rechtskräftiger Aufhebung der Gütergemeinschaft aufgehoben, ist dies wegen der konstitutiven Wirkung der rechtskräftigen Aufhebungsentscheidung ohne Einfluss (MüKo/Kanzleiter § 1447 BGB Rn 16).

2.   Verfahrensfragen

17   Trotz der im materiellen Recht – wohl versehentlich – nach wie vor verwendeten Terminologie der „Klage" handelt es sich verfahrensrechtlich nach § 113 Abs. 5 Nr. 2 FamFG um einen **Antrag**, für den das Familiengericht nach § 111 Nr. 9 FamFG iVm § 23 b Abs. 1 GVG zuständig ist. Die örtliche Zuständigkeit bestimmt sich nach § 262 FamFG. Es besteht gemäß § 113 Abs. 1 S. 2 FamFG iVm § 78 Abs. 2 ZPO Anwaltszwang.

18   Bei der **Aufhebungsklage** handelt es sich nicht um eine Scheidungsfolgesache, da sie das Fortbestehen der Ehe bei Gütertrennung voraussetzt, vgl §§ 1449 Abs. 1, 1470 Abs. 1 BGB. Dies folgt auch daraus, dass die Gütergemeinschaft mit Rechtskraft des Ehescheidungsbeschlusses ohnehin beendet werden würde, eine Aufhebungsentscheidung daher obsolet wäre.

19   Da mit der Aufhebungsklage ein vermögensrechtlicher Anspruch verfolgt wird, ist sie keine Ehesache, so dass Verzicht, Anerkenntnis, Vergleich nach § 127 a BGB und Versäumnisbeschluss möglich sind. Die Aufhebungsklage kann im Wege eines **Stufenantrages** anhängig gemacht werden, mit dem zunächst der Auskunftsanspruch nach § 1435 S. 2 BGB (s. → *Gesamtgut/Verwaltung* Rn 15) geltend gemacht werden kann. Ferner ist die Verbindung mit einem Antrag auf Auseinandersetzung der Gütergemeinschaft statthaft, obgleich die Auseinandersetzung nach § 1471 BGB erst nach Beendigung der Gütergemeinschaft möglich ist (NK-BGB/Völker § 1447 BGB Rn 10; s. → *Auseinandersetzung der Gütergemeinschaft* Rn 16).

Antragsgegner der Aufhebungsklage nach § 1448 BGB ist der Verwalter, selbst wenn über sein Vermögen   20
ein Insolvenzverfahren eröffnet wurde (NK-BGB/Völker § 1447 BGB Rn 11). Eine Klagefrist besteht
nicht, es ist nur Verwirkung möglich (§ 242 BGB).

Die Verbindung mit dem Antrag auf Zustimmung zum Auseinandersetzungsplan (§ 1474 BGB) ist zulässig   21
(Palandt/Brudermüller § 1447 BGB Rn 7). Statthaft ist auch ein Widerantrag des Verwalters nach § 1448
BGB.

3. Rechtschutzbedürfnis

Es ist umstritten, ob das Rechtschutzinteresse gegeben ist, wenn der Gesamtgutsverwalter vor Klageerhe-   22
bung die ehevertragliche Aufhebung der Gütergemeinschaft anbietet (BeckOK/Mayer § 1447 BGB Rn 3;
aA MüKo/Kanzleiter § 1447 BGB Rn 17). Um Rechtsnachteile zu vermeiden, sollte der nicht verwaltende
Ehegatte den Verwalter unter Fristsetzung zur freiwilligen Aufhebung der Gütergemeinschaft durch Ehevertrag auffordern. Dies ist unabhängig von dem vorgenannten Meinungsstreit schon deswegen ratsam, da
der Verwalter ansonsten den Aufhebungsanspruch mit der Kostenfolge des § 93 ZPO zulässigerweise sofort anerkennen könnte (NK-BGB/Völker § 1447 BGB Rn 15).

4. Vorläufiger Rechtsschutz

Der Erlass einer einstweiligen Anordnung auf vorläufige Aufhebung der Gütergemeinschaft ist aufgrund   23
der konstitutiven Wirkung des § 1449 BGB unzulässig. Sie hätte die Vorwegnahme der Hauptsache zur
Folge (BeckOK/Mayer § 1447 BGB Rn 3). Es ist jedoch im Wege der einstweiligen Anordnung gemäß
§ 49 FamFG iVm § 119 Abs. 1 S. 1 FamFG möglich, dem Verwalter vorläufig bestimmte **Befugnisse zu
entziehen** bzw diese einzuschränken (Palandt/Brudermüller § 1447 BGB Rn 7). Ebenso können dem Gesamtgutsverwalter gewisse Verwaltungshandlungen aufgegeben werden (NK-BGB/Völker § 1447 BGB
Rn 12). Zu beachten ist, dass ein gerichtliches Verfügungsverbot an den Gesamtgutsverwalter einen Erwerb
durch gutgläubige Dritte nicht ausschließt (§ 136 BGB iVm § 135 Abs. 2 BGB), so dass eine Sequestration
(§ 938 Abs. 2 ZPO) beantragt werden sollte.

5. Beweislast

Die Beweislast für das Vorliegen eines der Gründe iSd § 1447 Nr. 1–4 BGB trägt der das Gesamtgut nicht   24
verwaltende Ehegatte (Laumen in: Baumgärtel/Laumen/Prütting § 1447 BGB Rn 1). Für das Tatbestandsmerkmal in § 1447 Nr. 3 BGB muss er die Erheblichkeit der Gefährdung des späteren Erwerbs konkret darlegen und gegebenenfalls nachweisen (NK-BGB/Völker § 1447 BGB Rn 16).

6. Erledigung der Aufhebungsklage

Sofern während des Aufhebungsverfahrens der Tod eines der Ehegatten (Todeserklärung genügt nicht), die   25
rechtskräftige Ehescheidung, die Aufhebung der Ehe (§ 1313 BGB) durch Beschluss oder eine ehevertragliche Regelung die Voraussetzungen des § 1447 BGB entfallen lässt, tritt Hauptsacheerledigung ein.

7. Verfahrenswert

Der Verfahrenswert der Aufhebungsklagen nach den §§ 1447, 1448, 1469 BGB richtet sich nach dem Inter-   26
esse des Antragstellers an der Aufhebung der Gütergemeinschaft. Rechtsfolge der Aufhebung ist die Beendigung der Verwaltungsbefugnis des Verwalters und ermöglicht die Auseinandersetzung. Beides ist jeweils
mit ¼ des Anteils des Antragstellers zu bewerten. Aus diesem Grunde ist in der Regel der **hälftige Wert
des Gesamtgutsanteils des Antragstellers** anzusetzen (NK-BGB/Völker § 1447 BGB Rn 17).

III. Aufhebungsklage des Verwalters (§ 1448 BGB)

1. Überblick

27 § 1448 BGB ist das Pendant zu § 1447 Nr. 3 BGB. Die Vorschrift gewährt dem Gesamtgutsverwalter mithin das Recht zur Erhebung der Aufhebungsklage, wenn das Gesamtgut durch Verbindlichkeiten des nicht verwaltenden Ehegatten überschuldet ist. Das sind Verbindlichkeiten dieses Ehegatten, für die das Gesamtgut nach §§ 1437–1440 BGB zwar haftet, die er aber nach §§ 1441–1444 BGB im Innenverhältnis allein zu tragen hat (MüKo/Kanzleiter § 1448 BGB Rn 2) (zur Überschuldung s. Rn 14 f). Hier wie dort müssen die Überschuldung und die erhebliche Gefährdung eines späteren Erwerbs in einem Kausalitätsverhältnis stehen.

28 Im Gegensatz zu § 1447 Nr. 3 BGB ist die Vorschrift des § 1448 BGB jedoch insoweit weitergehender, als dass auch die **Gefährdung des künftigen Erwerbs** des verwaltenden Ehegatten in Bezug auf sein Sonder- und Vorbehaltsgut als Aufhebungsgrund ausreichend ist (BeckOK/Mayer § 1448 BGB Rn 1).

29 Dem Gesamtgutsverwalter stehen neben dem in § 1448 BGB genannten Klagegrund keine weiteren Aufhebungsgründe zur Verfügung. Grund hierfür ist, dass er eines weitergehenden Schutzes nicht bedarf, da die **Schlüsselgewalt nach § 1357 Abs. 2 BGB** ausgeschlossen oder eingeschränkt sowie die Einwilligung zum Betrieb eines Erwerbsgeschäfts widerrufen (§ 1431 Abs. 3 BGB) werden kann und § 1429 BGB (Notverwaltung) dem anderen Ehegatten kein Dauerverwaltungsrecht gibt.

2. Wirkungen der Aufhebungsklage

30 Die Aufhebungsklage bewirkt einerseits, dass die Gütergemeinschaft beendet wird, und andererseits, dass der Verwalter nach § 1437 Abs. 2 S. 2 BGB von seiner persönlichen gesamtschuldnerischen Haftung für die Gesamtgutsverbindlichkeiten, die im Innenverhältnis von dem nicht verwaltenden Ehegatten zu tragen sind, befreit wird (BeckOK/Mayer § 1448 BGB Rn 2).

3. Verfahrensfragen

31 Es sind dieselben verfahrensrechtlichen Grundsätze wie bei der Aufhebungsklage nach § 1447 BGB zu beachten (s. Rn 17 ff).

IV. Aufhebungsklage bei gemeinschaftlicher Verwaltung der Ehegatten (§ 1469 BGB)

1. Überblick

32 Mangels anderweitiger Beendigungsmöglichkeit (zB Kündigung) wird den das Gesamtgut gemeinschaftlich verwaltenden Ehegatten mit der Aufhebungsklage nach § 1469 BGB ein Rechtsmittel an die Hand gegeben, mit dem sie die Aufhebung der Gütergemeinschaft einseitig erreichen können. Da es sich um eine Schutzvorschrift handelt, kann sie durch Ehevertrag weder ausgeschlossen noch eingeschränkt werden (BeckOK/Mayer § 1469 BGB Rn 1). § 1469 BGB ist den §§ 1447, 1448 BGB nachgebildet. Im Gegensatz zu dort ist das Klagerecht der Ehegatten nach § 1469 BGB jedoch identisch ausgestaltet, was aus der gemeinschaftlichen Verwaltungsbefugnis resultiert.

2. Aufhebungsgründe

33 Ebenso wie die §§ 1447, 1448 BGB enthält § 1469 BGB eine enumerative Aufzählung der zur Klage berechtigenden Aufhebungsgründe. Die allgemeinen Vorschriften (zB § 313 BGB) sind auch im Rahmen des § 1469 BGB nicht anwendbar (s. Rn 5 ff).

34 **a) § 1469 Nr. 1 BGB – eigenmächtige Verwaltungshandlungen.** Im Vergleich zu § 1447 Nr. 1 BGB ist § 1469 Nr. 1 BGB konkreter gefasst, da er voraussetzt, dass der eine Ehegatte über seine Befugnisse durch eigenmächtiges Verwaltungshandeln (§ 1450 Abs. 1 BGB) ohne die erforderliche Zustimmung des anderen Ehegatten hinausgeht. Auch hier ist ein Verschulden nicht erforderlich (BeckOK/Mayer § 1469 BGB

Rn 4). Wegen der Erheblichkeit der Gefährdung wird auf die Ausführungen zu § 1447 Nr. 1 BGB verwiesen (s Rn 9 f).

b) § 1469 Nr. 2 BGB – beharrliche Weigerung zur Mitwirkung an der Gesamtgutsverwaltung. Die **35** Verweigerung der Mitwirkung an der Gesamtgutsverwaltung muss beharrlich sein. Beharrlich ist die Verweigerung, wenn der Ehegatte über einen längeren Zeitraum ohne ausreichenden Grund wiederholt und bei Geschäften mit einer gewissen Tragweite seine Mitwirkung ablehnt. Bloße Gleichgültigkeit genügt nicht (BeckOK/Mayer § 1469 BGB Rn 5). Hinsichtlich des Ausmaßes der Verweigerung sind dieselben Grundsätze wie bei den §§ 1447, 1448 BGB anzuwenden, dh die Verweigerungshaltung ist so stark, dass dem anderen Ehegatten eine Fortsetzung der Gütergemeinschaft nicht zugemutet werden kann. Zu beachten ist, dass die Möglichkeit der Rechtsgefährdung nicht Tatbestandsvoraussetzung des § 1469 Nr. 2 BGB ist. Dies mag daran liegen, dass eine Gefährdung der Rechte des einen Ehegatten in der Regel dann vorliegt, wenn durch die Verweigerungshaltung des anderen Ehegatten die Verwaltung nicht mehr ordnungsgemäß erfolgen kann.

c) § 1469 Nr. 3 BGB – Gefährdung der Verletzung einer Unterhaltspflicht. Dieser Aufhebungsgrund **36** ist deckungsgleich mit § 1447 Nr. 2 BGB (s. Rn 11 f). Bei § 1469 Nr. 3 BGB steht jedoch beiden Ehegatten das Klagerecht zu (MüKo/Kanzleiter § 1469 BGB Rn 8).

d) § 1469 Nr. 4 BGB – Überschuldung des Gesamtguts. Auch bei § 1469 Nr. 4 BGB steht beiden Ehe- **37** gatten das Klagerecht zu. Ansonsten ist § 1469 Nr. 4 BGB inhaltsgleich mit §§ 1447 Nr. 3, 1448 BGB (MüKo/Kanzleiter § 1469 BGB Rn 9; s. Rn 14 f).

e) § 1469 Nr. 5 BGB – Betreuung des anderen Ehegatten mit Gütergemeinschaftsbezug. Dieser Auf- **38** hebungsgrund ist deckungsgleich mit § 1447 Nr. 4 BGB (s. Rn 16).

f) Verfahrensfragen. Hinsichtlich des Verfahrens kann auf die Ausführungen zur Aufhebungsklage des **39** nicht verwaltenden Ehegatten verwiesen werden (s. Rn 17 ff).

V. Wirkungen der richterlichen Aufhebungsentscheidung (§§ 1449, 1470 BGB)

1. Überblick

§ 1449 BGB regelt die Rechtsfolgen der Aufhebung der Gütergemeinschaft **durch Richterspruch**. Nach **40** § 1449 Abs. 1 BGB gilt nach Ausspruch der Aufhebung der Gütergemeinschaft die Gütertrennung. § 1449 Abs. 2 BGB sieht vor, dass die Aufhebung der Gütergemeinschaft Dritten gegenüber nur wirksam ist, wenn sich dieser Umstand aus dem Güterrechtsregister (§ 1412 BGB) ergibt. § 1470 BGB regelt deckungsgleich zu § 1449 BGB die Rechtsfolgen im Falle einer erfolgreichen Aufhebungsklage eines der das Gesamtgut gemeinschaftlich verwaltenden Ehegatten. Die Ausführungen zu § 1449 BGB gelten für § 1470 BGB daher entsprechend.

2. Übergang zur Gütertrennung

Die rechtskräftige Aufhebung der Gütergemeinschaft bewirkt den **Eintritt der Gütertrennung** (§§ 1449 **41** Abs. 1, 1470 Abs. 1 Hs 2 BGB), nicht des gesetzlichen Güterstandes der Zugewinngemeinschaft. Da es im Falle der Aufhebungsklage regelmäßig zu Spannungen zwischen den Ehegatten kommt, ist die gesetzgeberische Entscheidung für die Gütertrennung sicherlich die sachgerechtere. Den Ehegatten bleibt es jedoch unbenommen, ehevertraglich den gesetzlichen Güterstand der Zugewinngemeinschaft zu vereinbaren. Da § 1449 Abs. 1 BGB abdingbar ist, kann der Übergang in den Güterstand der Zugewinngemeinschaft im Falle der Aufhebung der Gütergemeinschaft bereits in dem Ehevertrag erfolgen, mit dem Gütergemeinschaft vereinbart wurde (MüKo/Kanzleiter § 1449 BGB Rn 2). Gütertrennung tritt selbst dann ein, wenn der Aufhebungsbeschluss im Wiederaufnahmeverfahren aufgehoben wird, die Auseinandersetzung nach §§ 1471 ff BGB jedoch bereits voll erfolgt ist.

Die Folge der Aufhebung ist noch nicht die Verteilung des gesamthänderisch gebundenen Gesamtguts. **42** Dies wird erst durch die Auseinandersetzung gemäß §§ 1471 ff BGB erreicht. Der Ehegatte, der die rechtskräftige Aufhebung durchgesetzt hat, kann die Auseinandersetzung nach den im Innenverhältnis zwischen den Ehegatten bestehenden Verhältnissen zum Zeitpunkt der Klageerhebung verlangen, § 1479 BGB (s. → *Auseinandersetzung der Gütergemeinschaft* Rn 13 ff).

43 Wie bei jeder anderen Beendigung der Gütergemeinschaft endet auch im Falle der erfolgreichen Aufhebungsklage nach § 1449 BGB die persönliche **Haftung des Gesamtgutverwalters** für Verbindlichkeiten des nicht verwaltenden Ehegatten, die dieser im Innenverhältnis zu tragen hat (BeckOK/Mayer § 1449 BGB Rn 1).

3. Schutz gutgläubiger Dritter (§§ 1449 Abs. 2, 1470 Abs. 2 BGB)

44 Die Norm des § 1449 Abs. 2 BGB (und des § 1470 Abs. 2 BGB) bezweckt den Schutz gutgläubiger Dritter. Ihnen gegenüber kann die Aufhebung der Gütergemeinschaft daher nur entgegen gehalten werden, wenn sie in das Güterrechtsregister eingetragen worden ist oder dem Dritten bekannt war. Zu beachten ist, dass der Schutz des § 1412 BGB nur dann gilt, wenn die Gütergemeinschaft überhaupt in das Güterrechtsregister eingetragen war, vgl § 1412 Abs. 2 BGB. Die Eintragung der Aufhebung der Gütergemeinschaft erfolgt nur auf Antrag eines Ehegatten unter Vorlage des mit dem Rechtskraftvermerk versehenen Aufhebungsbeschlusses, § 1561 Abs. 2 Nr. 1 BGB. Hierfür ist die Mitwirkung des jeweils anderen Ehegatten nicht erforderlich.

45 Die zugunsten des verwaltenden Ehegatten eingreifende befreiende Wirkung des § 1437 Abs. 2 S. 2 BGB tritt indes von Gesetzes wegen ein, so dass insoweit § 1449 BGB Abs. 2 iVm § 1412 BGB nicht anwendbar ist. Grund hierfür ist, dass die künftigen Gläubiger keinen Anspruch darauf haben, dass ein einmal bestehender Güterstand und die damit verbundene Zugriffsmöglichkeit erhalten bleiben.

4. Beweislast

46 Derjenige Ehegatte, der dem Dritten gegenüber die Aufhebung der Gütergemeinschaft mit ihren Folgen entgegenhalten will, trägt die Darlegungs- und Beweislast für die Rechtskraft des Aufhebungsbeschlusses und dessen Eintragung in das Güterrechtsregister bzw die Kenntnis des Dritten von der Aufhebungsentscheidung (Laumen in: Baumgärtel/Laumen/Prütting § 1449 BGB Rn 1). Bezüglich des Beweises der Kenntnis des Dritten ist erforderlich, dass der Dritte von Tatsachen wusste, deren Kenntnis objektiv geeignet war, den Glauben an den unveränderten Bestand der Gütergemeinschaft zu zerstören (Laumen in: Baumgärtel/Laumen/Prütting § 1412 BGB Rn 1).

19. Auflage

Schwarz

Die Auflage (§§ 1940, 2192 ff BGB) ist neben der Erbeinsetzung und dem Vermächtnis (s. → *Vermächt-* 1 *nis*) ein besonderes Gestaltungsmittel mit einer möglichen erbrechtlichen Bindungswirkung (§§ 2270 Abs. 3, 2278 Abs. 2 BGB). Die Besonderheit einer Auflage besteht darin, dass der mit ihr beschwerte Erbe oder Vermächtnisnehmer zwar zu einer Leistung verpflichtet, dem Auflagenbegünstigten selbst jedoch **kein eigener materieller Erfüllungsanspruch** auf diese Leistung zugewendet wird (NK-BGB/J. Mayer § 1940 BGB Rn 2). Dem Verpflichteten steht kein Bedachter, sondern nur ein Begünstigter gegenüber. Allerdings kann der sog. Vollziehungsberechtigte die Erfüllung der Auflage gegen den Beschwerten zugunsten des Auflagenbegünstigten durchsetzen. Nach § 2194 BGB sind dies u.a. der Erbe im Verhältnis zum Vermächtnisnehmer, ein Miterbe gegen den beschwerten Miterben, die zuständige Behörde bei öffentlichem Interesse. Für den Vollzugsberechtigten besteht allerdings keine Verpflichtung, den Vollzug der Auflage zu verlangen. Bei Nichterfüllung macht er sich deshalb auch nicht schadensersatzpflichtig.

Da die Auflage für den Begünstigten keinen Anspruch begründet und damit auch keine rechtsfähige Person 2 als Begünstigungsobjekt vorhanden sein muss, werden mit der Auflage **häufig persönliche Wünsche des Erblassers** verfügt (zB Beerdigungsmodalitäten festgelegt, Anordnungen hinsichtlich der Versorgung von Tieren getroffen). Damit die Erfüllung der Auflage sichergestellt wird, erfolgt häufig die begleitende Einsetzung eines **Testamentsvollstreckers**, der den Auflagevollzug zu überwachen bzw selbst durchzusetzen hat. Ein weiteres Sicherungsmittel ist die Kopplung des Auflagenvollzugs als Bedingung der letztwilligen Zuwendung.

20. Aufrechnung

Poppen

I. Aufrechnung mit Unterhaltsansprüchen 1
II. Aufrechnung gegen Unterhaltsforderungen 2
  1. Gesetzliche Unterhaltsansprüche 2
  2. Vertragliche Unterhaltsansprüche 4

3. Voraussetzungen der Aufrechnung 5
4. Aufrechnungserklärung und -wirkung 6
5. Tragweite des Aufrechnungsverbotes 7

I. Aufrechnung mit Unterhaltsansprüchen

1   Mit seinen Unterhaltsansprüchen kann ein Unterhaltsgläubiger gegen jegliche Ansprüche des Unterhaltsschuldners aufrechnen. Das gilt auch, wenn es sich um Forderungen handelt, die nicht vor dem Familiengericht durchgesetzt werden können (BGH 15.5.1996 – XII ZR 21/95, FamRZ 1996, 1067). Ist der Unterhaltsanspruch bereits anderweitig rechtshängig, muss das gegen den Unterhaltsgläubiger gerichtete Verfahren ausgesetzt werden (BGH 29.5.2002 – XII ZR 263/00, NJW-RR 2002, 1513).

II. Aufrechnung gegen Unterhaltsforderungen

1. Gesetzliche Unterhaltsansprüche

2   Grundsätzlich scheidet eine Aufrechnung gegen Unterhaltsansprüche aus. Denn gegen Forderungen, die der Pfändung nicht unterworfen sind, ist eine Aufrechnung nicht möglich (§ 394 S. 1 BGB). Gesetzliche Unterhaltsrenten sind nach § 850 b Abs. 1 Nr. 2 ZPO grundsätzlich unpfändbar. Diese allgemeine Regel erfährt nach § 850 b Abs. 2 ZPO eine Ausnahme. Danach sind unter bestimmten Voraussetzungen gesetzliche Unterhaltsrenten **bedingt pfändbar** und damit einer Aufrechnung zugänglich.

3   Obwohl in § 850 b Abs. 1 Nr. 2 ZPO die Rede von „Unterhaltsrenten" ist, wendet die Rechtsprechung diese Grundsätze auf **alle Unterhaltsansprüche im weitesten Sinne** an, die sich aus dem Gesetz ergeben, nämlich auf Ansprüche auf

–   Volljährigenunterhalt (BGH 11.11.1959 – IV ZR 88/59, FamRZ 1960, 110),
–   Unterhaltsabfindungen (BGH 29.5.2002 – XII ZR 263/00, NJW-RR 2002, 1513),
–   Sonderbedarf (BGH 15.2.2006 – XII ZR 4/04, NJW 2006, 1509),
–   Prozesskostenvorschüsse (BGH 11.5.2005 – XII ZB 242/03, NJW-RR 2005, 1237),
–   Zinsen auf Unterhaltsansprüche (OLG Hamm 3.2.1988 – 6 UF 496/87, FamRZ 1988, 952),
–   Nachteilserstattung im Rahmen des steuerlichen begrenzten Realsplittings (BGH 28.2.2007 – XII ZR 37/05, NJW 2007, 1961).

2. Vertragliche Unterhaltsansprüche

4   Nicht erfasst sind rein **vertragliche Ansprüche**. Dabei ist zu differenzieren, ob eine vertragliche Regelung den gesetzlichen Unterhaltsanspruch allein ausgestaltet oder losgelöst vom gesetzlichen Unterhaltsanspruch einen eigenständigen, vertraglichen Anspruch schafft (BGH 29.5.2002 – XII ZR 263/00, NJW-RR 2002, 1513).

3. Voraussetzungen der Aufrechnung

5   Eine Aufrechnung ist nur zulässig, wenn die Voraussetzungen des § 850 b Abs. 2 ZPO erfüllt sind. Dies festzustellen, ist nach herrschender Meinung allein Sache des **Vollstreckungsgerichts**, nicht etwa des Familiengerichts, bei dem die Aufrechnung erklärt wird (BGH 31.10.1969 – V ZR 138/66, NJW 1970, 282; OLG Hamm 25.4.2012 – 8 UF 221/10, FamFR 2012, 345; aA Wendl/Dose/Dose § 6 Rn 304). Um eine Aufrechnung erklären zu können, benötigt der Unterhaltpflichtige daher zunächst einen Titel gegen den Unterhaltsgläubiger. Aufgrund dieses Titels muss er den gegen ihn gerichteten Unterhaltsanspruch des Unterhaltsgläubigers pfänden. Erst dann kann das Vollstreckungsgericht eine Entscheidung nach § 850 b Abs. 3 ZPO treffen (Wendl/Dose/Dose § 6 Rn 303). Dabei kann die Pfändung/Aufrechnung nur greifen, soweit der Unterhaltsanspruch über der **Pfändungsfreigrenze** des § 850 c ZPO liegt. Dem Unterhaltsgläu-

biger ist jedenfalls das **Existenzminimum** zu belassen (BGH 18.7.2003 – IXa ZB 151/03, NJW 2003, 2918), dh der notwendige Lebensunterhalt nach dem SGB XII (BGH 12.12.2007 – VII ZB 38/07, NJW-RR 2008, 733).

4. Aufrechnungserklärung und -wirkung

Ist der Unterhaltsanspruch – teilweise – pfändbar und die Aufrechnung daher zulässig, kann für die Zu-   6
kunft gegen Trennungs- und Verwandtenunterhalt für die Dauer von drei Monaten (§§ 614 Abs. 2, 1361 Abs. 4, 1360 a Abs. 3, 760 Abs. 2 BGB), gegen nacheheelichen Unterhalt für sechs Monate aufgerechnet werden (BGH 16.6.1993 – XII ZR 6 /92, NJW 1993, 2105). Nach Ablauf der Frist muss die Aufrechnungs-erklärung wiederholt werden (Wendl/Dose/Dose § 6 Rn 309). Für die Vergangenheit ist die Aufrechnung unbeschränkt möglich. Schon mangels Gegenseitigkeit (§ 387 BGB) scheidet die Aufrechnung aus, soweit Unterhaltsansprüche kraft Gesetzes auf Sozialleistungsträger im weitesten Sinne übergegangen sind (OLG Düsseldorf 18.1.2006 – 2 UF 180/05, FamRZ 2006, 1532).

5. Tragweite des Aufrechnungsverbotes

Jeglicher Versuch der Umgehung des vorstehend beschriebenen Verfahrens ist unzulässig. Hat der Unter-   7
haltsschuldner ein Konto des Elternteils wegen anderer Forderungen gepfändet, der als Prozessstandschaf-ter Kindesunterhalt geltend macht, kann er auf Kindesunterhaltsbeträge, die auf dieses Konto gezahlt wor-den sind, nicht zugreifen (BGH 29.3.2006 – VII ZB 31/05, NJW 2006, 2040). Zulässig ist allerdings die Aufrechnung mit Schadensersatzansprüchen aus einer vorsätzlichen unerlaubten Handlung bereits im ei-gentlichen Unterhaltsverfahren (BGH 16.6.1993 – XII ZR 6/92, NJW 1993, 2105). Auch in diesem Fall muss dem Unterhaltsgläubiger allerdings das Existenzminimum verbleiben.

Umstritten ist, ob die **Rückforderung überzahlten Unterhalts** unter das Aufrechnungsverbot fällt (dafür   8
OLG Karlsruhe 27.2.2002 – 18 UF 239/01, FamRZ 2003, 33; Wendl/Dose/Dose § 6 Rn 311 a; dagegen OLG Hamm 19.12.1997 – 5 UF 111/97, FamRZ 1999, 436; OLG Naumburg 15.7.1998 – 9 WF 81/97, FamRZ 1999, 437). Zulässig sein soll, auch wenn es sich der Sache nach um eine Aufrechnung handelt, die **Saldierung von Unterhaltsansprüchen** und Unterhaltszahlungen in einem laufenden Verfahren über ei-nen längeren Zeitraum, wenn in diesem Zeitraum teilweise zu viel und teilweise zu wenig Unterhalt gezahlt worden ist (Wendl/Dose/Dose § 6 Rn 311).

21. Aufstockungsunterhalt

Finke

I. Einführung 1
II. Voraussetzungen des Anspruchs 3
   1. Originärer Anspruch oder Anschlussunterhalt ... 3
   2. Einsatzzeitpunkte 6

III. Höhe des Anspruchs und seine Beschränkung
     nach § 1578 b BGB 13
IV. Darlegungs- und Beweislast 27

I. Einführung

1 Während es bei den anderen Unterhaltstatbeständen der §§ 1570 ff BGB darum geht, dass der Berechtigte aus unterschiedlichen Gründen einer Erwerbstätigkeit nicht oder nur eingeschränkt nachgehen kann und deshalb nicht in der Lage ist, seinen Bedarf nach § 1578 BGB ohne Unterstützung durch den Pflichtigen zu decken, regelt § 1573 Abs. 2 BGB den Fall, dass der Berechtigte zwar eine angemessene Erwerbstätigkeit ausübt, aber dennoch mit den Einkünften hieraus nicht seinen vollen Bedarf, dh den Bedarf nach § 1578 BGB, zu decken vermag. Dies kann darauf beruhen, dass die Einkünfte deshalb nicht ausreichen, weil er zwar eine angemessene Erwerbstätigkeit ausübt, jedoch bedingt durch die eheliche Rollenverteilung nur geringere Einkünfte erzielt, als er dies ohne solche **ehebedingten Nachteile** tun würde.

2 Es kann aber auch sein, dass der trotz eigener Einkünfte ungedeckte Bedarf des Berechtigten darauf beruht, dass der andere Pflichtige über ein höheres, die ehelichen Lebensverhältnisse prägendes Einkommen verfügt. Der Aufstockungsunterhalt hat in diesem Fall den Zweck, durch Teilhabe an dem höheren Einkommen des Pflichtigen den ehelichen Lebensstandard für den Berechtigten soweit wie möglich zu erhalten (**Lebensstandardgarantie**). Grundlage des Anspruchs ist insoweit die fortwirkende Verantwortung bzw **nachwirkende eheliche Solidarität** des Pflichtigen (s. → *Nacheheliche Solidarität*). Die sog. Lebensstandardgarantie wird im Wesentlichen über den Aufstockungsunterhalt erreicht. Lediglich dann, wenn von dem Pflichtigen unterhaltsrechtlich überhaupt keine Erwerbstätigkeit mehr erwartet wird (zB bei der Betreuung eines gemeinsamen Kindes unter drei Jahren bzw bei vollständiger krankheits- oder altersbedingter Erwerbsunfähigkeit), wird die zur Umsetzung der Lebensstandardgarantie erforderliche Teilhabe am höheren Einkommen des Pflichtigen nicht über den Aufstockungsunterhalt, sondern über die für die Ursache der Erwerbsunfähigkeit bzw fehlenden Erwerbsobliegenheit maßgeblichen Unterhaltstatbestände (§§ 1570 bis 1572, 1575 BGB) erreicht.

II. Voraussetzungen des Anspruchs

1. Originärer Anspruch oder Anschlussunterhalt

3 Aufstockungsunterhalt setzt immer eine **angemessene Erwerbstätigkeit** iSd § 1574 BGB voraus, welcher der Berechtigte nachgeht oder dies in vorwerfbarer Weise unterlässt (BGH 10.2.1988 – IVb ZR 16/87, NJW-RR 1988, 1218 bei Zurechnung fiktiver Erwerbseinkünfte). Dies kann eine vollschichtige und im Fall der Einschränkung der Erwerbsfähigkeit bzw -obliegenheit auch eine teilschichtige Tätigkeit sein (BGH 7.3.2012 – XII ZR 145/09, NJW 2012, 2028; NK-BGB/Fränken § 1573 BGB Rn 17). Soweit der Berechtigte hiermit seinen **vollen Bedarf**, dh den eheangemessenen Bedarf nach § 1578 BGB (s. → *Eheliche Lebensverhältnisse*), nicht zu decken vermag, kann er den Pflichtigen bei entsprechender Leistungsfähigkeit grundsätzlich auf Deckung dieser Bedarfslücke durch Leistung von Aufstockungsunterhalt in Anspruch nehmen.

4 Der Aufstockungsunterhalt greift als **originärer Unterhaltstatbestand** dann ein, wenn bei Rechtskraft der Scheidung (zu diesem Einsatzzeitpunkt s. Rn 6) seine Voraussetzungen bestehen, dh der Berechtigte einer angemessenen Erwerbstätigkeit nachgeht bzw dies in vorwerfbarer Weise nicht tut. Dies ist auch neben anderen Unterhaltstatbeständen möglich, die sich auf die mangelnde Möglichkeit der Bedarfsdeckung aufgrund einer Einschränkung der Erwerbsobliegenheit beziehen (zB Aufstockungsunterhalt neben Betreuungsunterhalt, soweit jedenfalls eine teilweise Erwerbsobliegenheit besteht). Der Aufstockungsunterhalt ist subsidiär insoweit, wenn er nur dann eingreift, als der durch ihn gedeckte Bedarf aus der Differenz der vom

Berechtigten erzielten bzw der ihm zugerechneten Einkünfte und dem vollen Bedarf nicht bereits durch einen Unterhaltsanspruch nach §§ 1570 bis 1572 BGB abgedeckt wird. Das ist immer dann der Fall, wenn wegen Betreuung, Alters oder Krankheit keinerlei Erwerbsobliegenheit besteht (s. → *Betreuungsunterhalt* Rn 1; s. → *Krankheitsunterhalt* Rn 1, 11; s. → *Altersunterhalt* Rn 5).

Ansonsten kommt Aufstockungsunterhalt nach § 1573 Abs. 2 BGB iVm § 1573 Abs. 3 BGB nur als **An-** **5** **schlussunterhalt** (s. → *Anschlussunterhalt*) an einen vorhergehenden Unterhaltsanspruch auf der Grundlage eines anderen Unterhaltstatbestandes (zB Betreuungs- oder Krankheitsunterhalt wegen vollständig fehlender Erwerbsobliegenheit) in Betracht. Es bedarf daher immer der Feststellung einer lückenlosen Kette von vorangegangenen Ansprüchen aufgrund anderer Unterhaltstatbestände. Außerdem führt der Anschlussunterhalt dazu, dass der Aufstockungsunterhalt dem Umfang nach durch den Unterhaltstatbestand beschränkt wird, an den er anschließt. Bestand vorher allein ein Anspruch wegen Krankheit nach § 1572 BGB, so kann der Anspruch auf Aufstockungsunterhalt nicht über den vorher bezogenen Krankheitsunterhalt hinausgehen. Praktisch auswirken wird sich dies allerdings nur dann, wenn der Krankheitsunterhalt nicht den vollen Bedarf nach § 1578 BGB umfasste, sondern nach § 1587 b Abs. 1 BGB der Höhe nach beschränkt war.

2. Einsatzzeitpunkte

Der Einsatzzeitpunkt der **Scheidung**, an dem die Voraussetzungen für den Aufstockungsunterhalt vorliegen müssen, ergibt sich mittelbar aus § 1573 Abs. 4 BGB. Dabei kann nicht immer exakt auf den Zeitpunkt der Rechtskraft der Scheidung abgestellt werden. Dies würde dem Sinn der vom Gesetz gewollten Lebensstandardgarantie widersprechen, da eine Momentaufnahme im Zeitpunkt der Scheidung nicht immer den Lebensstandard verlässlich widerspiegelt und somit zu zufälligen Ergebnissen führen könnte. Der in § 1573 Abs. 4 BGB zum Ausdruck kommende Gedanke der Nachhaltigkeit (dort bezogen auf die Sicherung des Eigeneinkommens des Berechtigten) muss auch für den vom Einkommen des Pflichtigen hergeleiteten Bedarf gelten.

Eine **vorübergehende Erwerbslosigkeit** oder **vorübergehend geringere Einkünfte**, zB wegen Kurzarbeit, die dazu führen, dass in dieser Zeit kein offener Bedarf mehr besteht, können danach nicht zu einem endgültigen Verlust des Anspruchs auf Aufstockungsunterhalt führen, wenn ein deutlicher Anstieg der Einkünfte des Pflichtigen und damit auch ein Entstehen eines durch Eigeneinkünfte nicht gedeckten Bedarfs des Berechtigten vorhersehbar bzw sehr wahrscheinlich ist. Eine andere Beurteilung würde dazu führen, dass für den Berechtigten uU keine Möglichkeit bestünde, vorhandene ehebedingte Nachteile über den Aufstockungsunterhalt auszugleichen. Soweit solche nicht eingetreten sind, besteht über § 1578 b BGB eine hinreichende Möglichkeit der Korrektur im Sinne einer Abkoppelung des Bedarfs von den ehelichen Lebensverhältnissen und des Verweises des Berechtigten auf seine Eigenverantwortung nach der Scheidung.

Eine noch weitere Entfernung von dem Zeitpunkt der Scheidung kann für das Entstehen des Anspruchs unschädlich sein, wenn der fehlende offene Bedarf des Berechtigten darauf beruht, dass das Einkommen des Pflichtigen durch den Kindesunterhalt gemindert wird. Auch hier war die zeitliche Befristung dieser Einschränkung von vornherein bekannt und somit die mit **dem späteren Wegfall des Kindesunterhalts** verbundene Erhöhung des Bedarfs latent vorhanden (Borth in: Schwab IV Rn 332). Bei Fortbestehen der Ehe hätten beide Ehegatten an dieser Verbesserung teilgehabt (nach BGH 20.7.1990 – XII ZR 73/89, NJW 1990, 2886 führt der Wegfall des Kindesunterhalts zu einem höheren Bedarf nach § 1578 Abs. 1 BGB). Der Sinn der Einsatzzeitpunkte, die Belastungen und Risiken (Arbeitsmarkt, Krankheit) für den Pflichtigen vorhersehbar zu machen und zu beschränken, steht dem nicht entgegen, da es sich beim Kindesunterhalt um relativ klar vorhersehbare Belastungen handelt.

Noch weniger gerechtfertigt ist der endgültige Verlust des Aufstockungsunterhaltsanspruchs allein aufgrund des Unterhalts für volljährige Kinder, der ausschließlich oder überwiegend vom Pflichtigen erbracht wird. Hätten die Eltern in diesem Fall den Ehegattenunterhalt ohne den nicht zwingend erforderlichen **Vorwegabzug des Kindesunterhalts** ermittelt und sodann in etwa gleich hohe bzw stark aneinander angeglichene Beiträge zum Kindesunterhalt geleistet (s. BGH 12.1.2011 – XII ZR 83/08, NJW 2011, 670, wo der

Finke

Vorwegabzug nicht beanstandet, aber auch die andere Methode unter Hinweis auf Gutdeutsch FamRZ 2009, 1022 nicht ausgeschlossen wird), so hätte der Ehegattenunterhaltsanspruch ohnehin durchgehend bestanden, so dass der Wegfall des Kindesunterhalts im Wege eines Abänderungsbegehrens hätte berücksichtigt werden können. Eine lediglich unterschiedliche Berechnungsmethode von Ehegattenunterhalt und der Haftungsanteile am Kindesunterhalt rechtfertigt keine unterschiedliche Behandlung des Ehegattenunterhalts bei Wegfall des Kindesunterhalts (s. → *Anschlussunterhalt* Rn 3).

10   Wird dagegen **Unterhalt für ein gemeinsames Kind auf Seiten des Berechtigten abgezogen** und kommt es hierdurch zur Bedürftigkeit des Berechtigten, so soll dies keinen Anspruch nach § 1573 Abs. 2 BGB begründen können (OLG Jena 29.1.2004 – 1 UF 366/03, FamRZ 2004, 1207; OLG Köln 20.2.2001 – 14 UF 101/00, NJW-RR 2001, 1371; NK-BGB/Fränken § 1573 BGB Rn 19). Die dafür gegebene Begründung, dass andernfalls der Pflichtige die Kindesunterhaltsverpflichtung des Berechtigten über den Ehegattenunterhalt mitfinanzieren müsse, überzeugt nicht, da im umgekehrten Fall, wenn der Pflichtige diese Verbindlichkeit gegenüber einem gemeinsamen Kind vorweg abzieht, der Berechtigte dies durch Kürzung seines Ehegattenunterhaltsanspruchs mitfinanziert, ohne dass dies als unangemessen angesehen wird. Sieht man in diesem Zusammenhang einmal von den Verschiebungen durch den Betreuungsbonus ab, so stehen den Ehegatten bei einer echten Halbteilung in beiden Fällen jeweils gleich hohe Mittel für ihren Unterhaltsbedarf zur Verfügung. Dieses Ergebnis macht deutlich, dass die Anspruchsbegründung durch den Abzug des Kindesunterhalts zutreffend ist (OLG Stuttgart 1.8.2012 – 11 WF 161/12, NJW Spezial 2012, 548; OLG Zweibrücken 30.4.2002 – 5 WF 30/02, FamRZ 2002, 1565).

11   Aus § 1573 Abs. 3 BGB ergibt sich als **weiterer Einsatzzeitpunkt** der Wegfall bis dahin bestehender Unterhaltsansprüche nach §§ 1570–1572, 1575 BGB. Es handelt sich hier um Anschlussunterhaltstatbestände (s. Rn 6). Der praktisch bedeutsamste Fall ist hier der **Wegfall des Betreuungsunterhalts**. Ein Anschlusstatbestand kommt hier nur dann in Betracht, wenn der Betreuungsunterhalt zuvor den gesamten Unterhaltsbedarf abdeckte, was nur beim Fehlen jeglicher Erwerbsobliegenheit möglich ist. Bestand dagegen eine Erwerbsobliegenheit, so war ein etwaiger Aufstockungsunterhaltsbedarf von vornherein durch § 1573 Abs. 2 BGB abgedeckt. Wird dieser ausnahmsweise erst später geltend gemacht (s. Rn 7 ff), so handelt es sich dennoch nicht um Anschlussunterhalt, sondern um den ursprünglichen Unterhaltsanspruch in Form des Aufstockungsunterhalts.

12   Bestand in der Vergangenheit ein Unterhaltsanspruch, so kommt es nicht darauf an, ob dieser früher tatsächlich geltend gemacht worden ist (NK-BGB/Fränken § 1573 BGB Rn 20 gegen die Bedenken von JH/Büttner § 1573 BGB Rn 23). Ein Anschlussunterhalt nach § 1573 Abs. 2 BGB liegt selbst dann vor, wenn ein Unterhaltsanspruch nach §§ 1570 bis 1572, 1575 BGB in der Vergangenheit allein an der **mangelnden Leistungsfähigkeit** des Pflichtigen gescheitert ist, während sämtliche sonstigen Tatbestandsvoraussetzungen für einen solchen Anspruch gegeben waren (s. → *Anschlussunterhalt*). Bei **fehlendem Einsatzzeitpunkt** ist zu prüfen, ob nicht ein Unterhaltsanspruch nach § 1576 BGB (s. → *Billigkeitsunterhalt*) gegeben ist.

III.   Höhe des Anspruchs und seine Beschränkung nach § 1578 b BGB

13   Die Höhe des Anspruchs richtet sich nach § 1578 BGB nach dem Bedarf entsprechend den ehelichen Lebensverhältnissen (s. → *Eheliche Lebensverhältnisse*) und dem hierauf nach § 1577 BGB anzurechnenden Einkommen und Vermögen. Bei der Ermittlung des Bedarfs (in aller Regel nach der Differenz- bzw Additionsmethode) ist besonders darauf zu achten, dass Einkünfte, die in der Ehe nicht für den Lebensunterhalt zur Verfügung gestanden haben, unberücksichtigt bleiben, mit Ausnahme des Falles, dass die während des ehelichen Zusammenlebens für den Lebensunterhalt verwendeten Mittel gemessen an dem zur Verfügung stehenden Einkommen bei objektiver Betrachtung zu gering waren und deshalb für den nachehelichen Bedarf eine Korrektur vorzunehmen ist (BGH 4.7.2007 – XII ZR 141/05, NJW 2008, 57). Auch fiktive Einkünfte sind auf beiden Seiten zu berücksichtigen (Rn 3).

14   Für die Möglichkeit der Begrenzung des Aufstockungsunterhalts nach § 1578 b BGB kommt es zunächst maßgeblich auf die Unterscheidung an, ob der Anspruch auf **nachwirkender ehelicher Solidarität** (s. →

Nacheheliche Solidarität) beruht oder **ehebedingte Nachteile** ausgleicht (s. Rn 1 f). Das Gesetz sieht § 1578 b BGB als Ausnahmetatbestand im Sinne einer rechtsvernichtenden bzw -beschränkenden Einwendung vor, die eingreifen kann, wenn das Nichtvorliegen ehebedingter Vorteile festgestellt wird. Ob und ggf in welchem zeitlichen Rahmen in diesem Fall eine **Befristung** zu erfolgen hat, kann nicht generell, sondern nur durch eine auf den Einzelfall bezogene, umfassende Billigkeitsabwägung festgestellt werden. Dabei ist zu beachten, dass eine Befristung in einem solchen Fall häufig in Betracht kommen dürfte, aber keinesfalls zwingend ist. Sind dagegen ehebedingte Nachteile nicht auszuschließen, so kann eine Befristung nach § 1578 b Abs. 2 BGB nicht erfolgen.

Selbst bei Vorliegen ehebedingter Nachteile und erst recht bei deren Fehlen ist dagegen grundsätzlich eine **15** **Herabsetzung** des Anspruchs nach § 1578 b Abs. 1 BGB möglich durch Abstellen **auf den angemessenen Bedarf** des Berechtigten; das ist der Bedarf, der ohne die Eingehung der Ehe mit dem Pflichtigen bestehen würde, anstelle des eheangemessenen (vollen) Bedarfs nach § 1578 BGB. Er umfasst auch den entsprechenden Altersvorsorgebedarf (BGH 7.11.2012 – XII ZB 229/11, NJW 2013, 161). Der angemessene Bedarf nach § 1578 b Abs. 1 BGB stellt lediglich die Untergrenze des bestehenden Rahmens dar (BGH 10.11.2010 – XII ZR 197/08, NJW 2011, 303), auf den keinesfalls ohne weitere Prüfung abzustellen ist. Billigkeitserwägungen können dazu führen, dass eine geringere Herabsetzung zu erfolgen hat. Die – ggf stufenweise – Herabsetzung bis zur Höhe des ohne die Ehe angemessenen Bedarfs kann auch zu einem Wegfall des Anspruchs führen, wenn das tatsächliche oder zuzurechnende Eigeneinkommen diesen Bedarf deckt (BGH 29.6.2011 – ZR 157/09, NJW 2011, 2645), so dass sich die Frage der Befristung nicht mehr stellt.

Bei der auf der Grundlage der festgestellten Tatsachen vorzunehmenden **umfassenden Billigkeitsabwä-** **16** **gung** sind sämtliche Umstände des Einzelfalles zu berücksichtigen. Dazu zählen zunächst die in § 1578 b BGB ausdrücklich genannten **Kriterien**:

– Umfang etwaiger **ehebedingter Nachteile** aufgrund der Nichtausübung oder Beschränkung einer Erwerbstätigkeit mit Rücksicht auf die Rollenverteilung in der Ehe; auch ein Arbeitsplatzwechsel in der Ehe kann zu einem solchen Nachteil führen (BGH 13.3.2013 – ZB 650/11, NJW 2013, 1738);
– **Kindesbelange**;
– Die **Ehedauer** ist in der seit dem 1.3.2013 geltenden Fassung des § 1578 b BGB ein selbstständiges Billigkeitskriterium. Bis zu dieser Änderung wurde die Ehedauer im Gesetz nur im Zusammenhang mit dem ehebedingten Nachteil genannt. Nach der Gesetzesbegründung (BT-Drucks. 17/11885, S. 6) hat dies lediglich eine klarstellende Funktion, da der BGH die Bedeutung der Ehedauer als Billigkeitskriterium bereits vorher in ständiger Rechtsprechung berücksichtigt habe. Dies ist vom BGH zumindest seit 2010 zunehmend betont worden (BGH 17.2.2010 – XII ZR 140/08, NJW 2010, 1598; 6.10.2010 – XII ZR 202/08, NJW 2011, 147). Das bedeutet indes nicht, dass wie vor 2006 allein eine bestimmte Ehedauer es rechtfertigt, eine Begrenzung des Anspruchs auszuschließen. Jedoch kann diesem Umstand bei der Gesamtabwägung im Einzelfall entscheidende Bedeutung zukommen, wenn – beim Fehlen ehebedingter Nachteile – die nacheheliche Solidarität das wesentliche Billigkeitskriterium darstellt und die lange Ehedauer im Zusammenhang mit der praktizierten Rollenverteilung in der Ehe (alleinige oder überwiegende Haushaltsführung durch einen Ehegatten bei eingeschränkter oder fehlender Erwerbstätigkeit) zu einer starken und andauernden wirtschaftlichen Verflechtung geführt hat (BGH 20.3.2013 – XII ZR 72/11, NJW 2013, 1530). War die Ehe durch solche Lebensverhältnisse geprägt und besteht für den Unterhaltsberechtigten keine Möglichkeit mehr, seine wirtschaftlichen Verhältnisse entscheidend zu verbessern, so kann es geboten sein, bei langer Ehedauer von einer Befristung und ggf auch von einer Herabsetzung des Anspruchs abzusehen.

Da die im Gesetz genannten Kriterien nicht abschließend sind, kommen **weitere Kriterien** hinzu, wobei die folgende Aufzählung lediglich beispielhaft und daher ebenfalls nicht abschließend ist:

– Alter des Berechtigten;
– Einschränkungen in der Lebensführung, um dem Unterhaltsschuldner eine Ausbildung zu ermöglichen;
– Verlust des Unterhaltsanspruchs aus einer früheren Ehe;

- wirtschaftliche Verhältnisse der Ehegatten, Auswirkung der Unterhaltsverpflichtung/-berechtigung hierauf;
- Umfang des bisher geleisteten Unterhalts einschließlich des Trennungsunterhalts (BGH 30.6.2010 – XII ZR 9/09, NJW 2010, 2953);
- zusätzliche Belastung des Pflichtigen durch Betreuungsleistungen gegenüber Kindern, zu denen der Berechtigte wegen seiner Erkrankung nicht in der Lage ist (BGH 28.4.2010 – XII ZR 141/08, NJW-RR 2010, 1009);
- bestehende und im Rahmen der weiteren Familienplanung des Pflichtigen mögliche Unterhaltsansprüche, die beim Bedarf noch keine Berücksichtigung gefunden haben (BGH 30.3.2011 – XII ZR 63/09, NJW 2011, 1807);
- Eheschließung erst im vorgerückten Alter (kurz vor dem Rentenalter);
- phasenverschobene Ehe (erheblicher Altersunterschied der Partner, einer bereits vor oder in der Ehe Rentner);
- Einkommen des Berechtigten unterschreitet den Ehegattenmindestbedarf (BGH 4.8.2010 – XII ZR 7/09, NJW 2010, 3097). Allein der Umstand, dass der Berechtigte trotz des Unterhaltsanspruchs auf Sozialleistungen angewiesen wäre, verlangt keine Befristung (BGH 2.3.2011 – XII ZR 44/09, NJW 2011, 1285), schließt sie aber auch andererseits nicht aus (BGH 30.3.2011 – XII ZR 63/09, NJW 2011, 1807);
- wirtschaftliche Entflechtung der Ehegatten und Zufluss von Werten aus der Vermögensauseinandersetzung an den Unterhaltsgläubiger, die seine wirtschaftliche Situation deutlich verbessert haben;
- Kapitalvermögen des Unterhaltsberechtigten aus Zugewinn bzw Erbfolge;
- allgemeines Lebensrisiko, schicksalhafte Entwicklung auf Seiten des Unterhaltsgläubigers;
- Vertrauensschutz aufgrund des Verhaltens des Unterhaltsschuldners (insbesondere aufgrund von vorbehaltlos geleisteten Unterhaltszahlungen), das den Unterhaltsberechtigten zu Vermögensdispositionen veranlasst hat bzw ihn davon abgehalten hat, für den Fall des Wegfalls oder der Beschränkung des Unterhalts vorzusorgen (BGH v. 21.9.2011 – XII ZR 173/09, NJW 2012, 1356).
- **Vertrauensschutz** aufgrund der Gesetzeslage, insbesondere im Hinblick auf Änderungen durch das Unterhaltsänderungsgesetz ab 1.1.2008 (§ 36 Nr. 1 EGZPO). Hier gelten die gleichen Voraussetzungen für den Vertrauensschutz wie vorstehend. Das Vertrauen allein auf den Fortbestand der gesetzlichen Voraussetzungen für den Unterhaltsanspruch wird dagegen nicht geschützt (BGH 20.10.2010 – XII ZR 53/09, NJW 2010, 3653). Nach BGH 21.9.2011 – XII ZR 173/09, NJW 2012, 1356 regelt § 36 Nr. 1 EGZPO lediglich die Abänderung solcher Unterhaltstitel und -vereinbarungen, deren Grundlagen sich durch das Unterhaltsrechtsänderungsgesetz vom 21.12.2007 geändert haben. Das gilt unabhängig davon, ob der Titel vor oder nach Inkrafttreten des Unterhaltsrechtsänderungsgesetzes 1986 zustande gekommen ist. Der Vertrauensschutz ist in jedem Fall, dh auch bei Vorliegen der Voraussetzungen des § 36 Nr. 1 EGZPO, als Billigkeitskriterium im Rahmen des § 1578 b BGB zu prüfen und nicht gesondert erst dann, wenn nach Abwägung der sonstigen Kriterien eine Begrenzungsmöglichkeit nach § 1578 b BGB bejaht wird (BGH 30.6.2010 – XII ZR 9/09, NJW 2010, 2953).

17 Beruht ein Anspruch neben dem Aufstockungsunterhalt noch auf einem anderen Unterhaltstatbestand, so sind die jeweiligen Anteile am Gesamtanspruch zu bestimmen, da für die **Begrenzung der einzelnen Unterhaltstatbestände unterschiedliche Billigkeitskriterien** maßgeblich sein können. So kann beim Aufstockungsunterhalt der ehebedingte Nachteil von entscheidender Bedeutung sein, während für den gleichzeitig bestehenden Teilanspruch wegen Krankheitsunterhalts die nachwirkende eheliche Solidarität im Mittelpunkt steht. Auch wenn die Billigkeitsabwägung für den Gesamtanspruch vorgenommen wird, können die für die unterschiedlichen Unterhaltstatbestände geltenden unterschiedlichen Kriterien zu einer anderen Gewichtung bei der Abwägung führen.

18 Aufgrund der Vielzahl von Kriterien, die in jedem Einzelfall von unterschiedlichem Gewicht sein können, ist es **nicht möglich, allgemeine Grundsätze aufzustellen**. Vielmehr ist davon auszugehen, dass wegen des Bewertungsspielraums bei der Billigkeitsabwägung unterschiedliche Ergebnisse möglich sind, was die Beratung erschwert und das Verfahrens- und Kostenrisiko erhöht. Die Überprüfung der Abwägung in der

Rechtsbeschwerdeinstanz hat sich wegen des Beurteilungsspielraums in der Tatsacheninstanz darauf zu beschränken, ob wesentliche Umstände unberücksichtigt gelassen oder Beweisregeln verkannt worden sind, insbesondere ob der Tatrichter sich mit dem Tatsachenstoff des Verfahrens und den Beweisergebnissen umfassend und widerspruchsfrei auseinandergesetzt hat, seine Würdigung also vollständig und rechtlich möglich ist und nicht gegen Denkgesetze oder Erfahrungsgesetze verstößt (BGH 20.10.2010 – XII ZR 53/09, NJW 2010, 3653).

Dem in der obigen Aufstellung genannten Kriterium des **ehebedingten Nachteils** kommt insbesondere beim Aufstockungsunterhalt zentrale Bedeutung zu, da es hier um die mögliche Abkoppelung des Berechtigten von den ehelichen Lebensverhältnissen, die wesentlich durch das (höhere) Einkommen des Pflichtigen geprägt waren, geht, während bei den sonstigen Unterhaltstatbeständen der vollständige oder teilweise Wegfall des eigenen Einkommens des Berechtigten zu einer Bedarfslücke führt, die nichts mit der Teilhabe am höheren Lebensstandard in der Ehe zu tun hat. Eine Begrenzung des aus diesem Grund als Aufstockungsunterhalt bezeichneten Anspruchs wird eher als billig angesehen als die Begrenzung von Ansprüchen, die häufig das zum Lebensunterhalt unbedingt notwendige Existenzminimum betreffen. Bei Vorliegen eines ehebedingten Nachteils ist die Teilhabe an dem höheren Einkommen des Pflichtigen und dem hiermit ermöglichten höheren Lebensstandard gerechtfertigt, weil nur auf diese Weise ein Nachteilsausgleich möglich ist, wie er dem Unterhaltsrecht neben dem Gedanken der nachwirkenden ehelichen Solidarität zugrunde liegt. **19**

Der ehebedingte Nachteil ist die Differenz zwischen dem Einkommen, das der Berechtigte tatsächlich erzielt bzw nach §§ 1574, 1577 BGB erzielen könnte, und dem Einkommen, das er ohne die Ehe erzielen würde (BGH 20.10.2010 – XII ZR 53/09, NJW 2010, 3653). Die Hauptschwierigkeit bei der Feststellung eines solchen Nachteils liegt darin, dass die hierzu erforderliche sog. **retrospektive Prognose** hinsichtlich der mutmaßlichen beruflichen Entwicklung des Berechtigten ohne die Eheschließung, dh ohne die hierdurch bedingten Einschränkungen bei der Berufsausbildung und der Ausübung eines bereits erlernten Berufs, mit großen Unsicherheiten und Ungenauigkeiten behaftet ist, je länger die maßgeblichen Entscheidungen und Entwicklungen zurückliegen. Vielfach wird sich die mutmaßliche Entwicklung ohne die Eheschließung nicht mit der erforderlichen Sicherheit aufklären lassen. Dies gilt jedenfalls für die Fälle, in denen die Berufsausbildung zugunsten der Rollenaufteilung in der Ehe endgültig aufgegeben oder über Jahrzehnte unterbrochen worden ist oder bei früher Heirat überhaupt keine Ausbildung stattgefunden hat. Hier kann der sekundären Darlegungslast des Berechtigten (Rn 32), aber auch der Beweislast des Pflichtigen eine entscheidende Bedeutung zukommen (s. Rn 27 f). Genügt der Berechtigte aktuell seiner Erwerbsobliegenheit und ist ihm in der Vergangenheit kein fiktives Einkommen zugerechnet worden, so kann ein ehebedingter Nachteil nicht damit kompensiert werden, dass bei einer anderen Erwerbstätigkeit zu einem früheren Zeitpunkt ein höheres Einkommen erzielt würde (BGH 5.12.2012 – XII ZB 670/10, NJW 2013, 528 bei Nichtberücksichtigung in früherer Vereinbarung; BGH 27.1.2010 – XII ZR 100/08, NJW 2010, 1595 bei Nichtberücksichtigung in früherer Entscheidung). **20**

Eine **Tätigkeit in dem erlernten Beruf** schließt **nach längerer Unterbrechung** nicht einen ehebedingten Nachteil aus, da dies vielfach mit geringeren Einkünften oder nicht gesicherten Arbeitsverhältnissen (Zeitverträge mit zwischenzeitlicher Arbeitslosigkeit) verbunden ist. Insbesondere die Aufgabe einer Anstellung im öffentlichen Dienst ohne Rückkehrmöglichkeit ist in aller Regel mit deutlichen Einkommenseinbußen verbunden. Während bei dem heutigen durchschnittlichen Heiratsalter von Frauen von knapp unter 30 Jahren die mögliche berufliche Weiterentwicklung zumindest im Ansatz relativ gut beurteilt werden kann, ist dies bei den in der gerichtlichen Praxis häufig zu beurteilenden Ehen der heute etwa 45- bis 60-jährigen Frauen deutlich schwieriger, weil dort bei Eheschließung eine Berufsausbildung vielfach noch nicht einmal begonnen worden war oder bei einer begonnenen Ausbildung noch nicht absehbar war, ob es sich hierbei um eine dauerhafte Entscheidung handelte. **21**

Schwierigkeiten bereitet auch die Beurteilung von Sachverhalten, bei denen der Berechtigte **vor der Ehe** über **keine qualifizierte Ausbildung** verfügte und eine angelernte Tätigkeit ausübte, die es in dieser Form heute nicht mehr gibt. Ist der Berechtigte in einem solchen Fall nach einer Ehe von langer Dauer allein **22** wegen fehlender beruflicher Erfahrung auf Tätigkeiten im Geringverdienerbereich angewiesen, so kann diese Minderung der Verdienstmöglichkeiten einen ehebedingten Nachteil darstellen (OLG Düsseldorf 16.6.2008 – 2 UF 5/08, FamRZ 2008, 1950 für eine Näherin).

23 Das frühere sozialversicherungspflichtige **Einkommen eines Ehegatten**, das dieser **vor der Ehe** oder zB bis zur Geburt des ersten Kindes erzielt hat, kann ein wichtiges Indiz dafür sein, was er heute verdienen könnte, wenn es nicht zu beruflichen Einschränkungen durch die Ehe gekommen wäre. Es lässt sich relativ einfach und genau feststellen anhand der Auskunft der Rentenversicherung zum Versorgungsausgleich. Dort ist das jeweilige versicherungspflichtige Jahresbruttoeinkommen angegeben. Die dem entsprechenden Entgeltpunkte in der gesetzlichen Rentenversicherung bieten einen Anhaltspunkt dafür, welches Einkommen in etwa bei der gleichen Beschäftigung aktuell erzielt werden könnte, wobei ein möglicher beruflicher Aufstieg in der Berufspause nicht erfasst wird.

24 Ehebedingte Nachteile können nicht mit den durch die Unterbrechung der Erwerbstätigkeit während der Ehe bedingten **geringeren Rentenanwartschaften** begründet werden, wenn für diese Zeit ein Versorgungsausgleich stattgefunden hat. Der Nachteil in der Versorgungsbilanz ist dann in gleichem Umfang von beiden Ehegatten zu tragen und damit vollständig ausgeglichen (BGH 16.4.2008 – XII ZR 107/06, NJW 2008, 2581).

25 **Fehlen ehebedingte Nachteile**, so indiziert dies nicht eine Befristung oder Herabsetzung. Vielmehr ist damit ein, wenn auch wesentliches, Kriterium im Rahmen der Billigkeitsabwägung erfüllt. Die Berücksichtigung weiterer Kriterien, die oben beispielhaft aufgeführt worden sind, kann dazu führen, dass dennoch eine Befristung oder Herabsetzung nicht oder nur in eingeschränkter Form (längere Frist, nur teilweise Herabsetzung) der Billigkeit entspricht. Hier kann insbesondere der Ehedauer eine besondere Bedeutung zukommen, jedoch nicht schematisch nach einer bestimmten Dauer, sondern ausschließlich nach den Umständen des Einzelfalles, und zwar auch nachdem die Ehedauer durch die Änderung des § 1578 b BGB als selbstständiges Billigkeitskriterium genannt wird (s. Rn 16 „Ehedauer").

26 Eine Befristung des nachehelichen Aufstockungsunterhalts kann nicht allein mit dem **Wegfall des Einsatzzeitpunktes** für einen späteren Anspruch auf Altersunterhalt nach § 1571 Nr. 3 BGB versagt werden (BGH 25.6.2008 – XII ZR 109/07, NJW 2008, 2644).

IV. Darlegungs- und Beweislast

27 Der Berechtigte hat sämtliche **Tatbestandsvoraussetzungen** des Aufstockungsunterhalts darzulegen und zu beweisen. Dies gilt nicht nur dann, wenn er diesen als Antragsteller verfolgt, sondern auch dann, wenn er sich als Antragsgegner im **Abänderungsverfahren** zur Verteidigung des bisher auf der Grundlage eines anderen Unterhaltstatbestandes bestehenden Titels auf den Tatbestand des § 1573 Abs. 2 BGB beruft (BGH 31.1.1990 – XII ZR 36/89, NJW 1990, 2752).

28 Der Begrenzungseinwand nach **§ 1578 b BGB**, der nicht ausdrücklich erhoben werden muss, sondern bei entsprechendem Sachvortrag in dem Abweisungs- oder Abänderungsantrag enthalten ist, stellt eine rechtsvernichtende bzw rechtsbeschränkende Einwendung dar, deren Voraussetzungen vom Pflichtigen darzulegen und zu beweisen sind. Im gerichtlichen Verfahren besteht ohne entsprechenden Sachvortrag des Pflichtigen keine Veranlassung, die Begrenzungsmöglichkeit nach § 1578 b BGB zu prüfen. Eine andere Verfahrensweise würde eine unzulässige Amtsermittlung darstellen (aA NK-BGB/Fränken § 1573 BGB Rn 1). Aufgabe des Pflichtigen ist es daher, so früh wie möglich hierzu vorzutragen, da er andernfalls mit seinem Einwand in einem späteren Abänderungsverfahren präkludiert wäre (s. → *Unterhaltsabänderung* Rn 20 ff).

29 Ob bereits bei der erstmaligen Titulierung tatsächlich der Begrenzungseinwand zu berücksichtigen ist, kann im Einzelfall zweifelhaft sein. Hinsichtlich des **Zeitpunktes der Geltendmachung des Begrenzungseinwandes** ist zu differenzieren zwischen Befristung und Herabsetzung:

Finke

– Eine **Befristung** scheidet aus, solange das dauerhafte Vorliegen eines ehebedingten Nachteils noch nicht sicher beurteilt werden kann, wie dies der Fall ist bei aktuell bestehenden Nachteilen beim erzielbaren Einkommen und Unsicherheit darüber, ob dieser Nachteil in der künftigen beruflichen Entwicklung des unterhaltsberechtigten Ehegatten behoben werden kann. Dies ist auch dann der Fall, wenn das Einkommen des Berechtigten aus der nach der Trennung oder Scheidung aufgenommenen oder erweiterten Erwerbstätigkeit noch nicht nachhaltig gesichert ist (OLG Koblenz 11.6.2008 – 9 UF 31/08, NJW 2008, 3720).

– Dagegen kommt eine **Herabsetzung** auf den – ohne die Ehe – angemessenen Unterhaltsbedarf nach § 1578 b Abs. 1 BGB auch bei Vorliegen ehebedingter Nachteile in Betracht, soweit der Bedarf nicht durch ehebedingte Nachteile, sondern das höhere Einkommen des Unterhaltspflichtigen bestimmt wird. Die Entscheidung kann nicht mit dem Hinweis auf eine nicht abgeschlossene wirtschaftliche Entflechtung der Verhältnisse zurückgestellt werden, sondern muss getroffen werden, soweit dies aufgrund der gegebenen Sachlage und der zuverlässig voraussehbaren Umstände möglich ist (BGH 12.1.2011 – XII ZR 83/08, NJW 2011, 670). Sollten sich später die bei der Billigkeitsabwägung zugrunde gelegten Tatsachen ändern bzw die dort angestellte Prognose der weiteren Entwicklung als unrichtig erweisen, so besteht die Möglichkeit der Anpassung im Abänderungsverfahren (BGH 12.1.2011 – XII ZR 83/08, NJW 2011, 670: die noch ausstehende Regelung güterrechtlicher Fragen zwischen den geschiedenen Eheleuten rechtfertigt nicht den Verzicht auf eine ansonsten bestehende Begrenzungsmöglichkeit).

Der Pflichtige ist demnach zur Vermeidung von Nachteilen gehalten, im Zweifelsfall oder noch besser immer den Begrenzungseinwand mit entsprechendem Sachvortrag geltend zu machen. Hält das Gericht in den Entscheidungsgründen die künftige Befristung etwa wegen einer noch nicht zuverlässig absehbaren Entwicklung der Verhältnisse ausdrücklich offen, so ist die Rechtskraft der Entscheidung entsprechend eingeschränkt. Sie steht einer späteren Geltendmachung des Beschränkungseinwands durch den Unterhaltspflichtigen selbst dann nicht entgegen, wenn über eine Befristung richtigerweise bereits im Ausgangsverfahren hätte entschieden werden müssen (BGH 29.9.2010 – ZR 205/08, NJW 2010, 3582). **30**

Weniger problematisch ist diese Frage bei einer Unterhaltstitulierung im Vergleichswege oder durch eine vollstreckbare Urkunde. Für die spätere Abänderung eines solchen Titels kommt es vorrangig darauf an, inwiefern darin eine bindende Regelung hinsichtlich einer Beschränkung nach § 1578 b BGB enthalten ist. Mangels einer entgegenstehenden ausdrücklichen oder konkludenten vertraglichen Regelung ist jedenfalls bei der erstmaligen Festsetzung des nachehelichen Unterhalts im Zweifel davon auszugehen, dass die Beteiligten die spätere Befristung des Unterhalts offen halten wollen. Eine Abänderung ist dann auch ohne Änderung der tatsächlichen Verhältnisse und ohne Bindung an eine in dem Titel enthaltene Grundlage möglich (BGH 26.5.2010 – XII ZR 143/08, NJW 2010, 2349). **31**

Der Bundesgerichtshof hat seine frühere Rechtsprechung zu dieser Frage, die eine Beweislastumkehr vornehmen wollte, wenn der Pflichtige Umstände vorgetragen hatte, die das Vorliegen ehebedingter Nachteile nahe legten, ausdrücklich als nicht mit dem Gesetz vereinbar aufgegeben und die Beweislast uneingeschränkt beim Pflichtigen gesehen (BGH 24.3.2010 – XII ZR 175/08, FamRZ 2010, 875 m. Anm. Finke). Lediglich hinsichtlich der Darlegungslast hält er eine teilweise Entlastung des Pflichtigen durch den Berechtigten nach den Grundsätzen der **sekundären Darlegungslast** für erforderlich. Dies rechtfertigt sich nach allgemeinen Beweisregeln im Hinblick auf den von dem Pflichtigen zu erbringenden Negativbeweis über Umstände aus der Sphäre des Berechtigten. Dieser muss die Behauptung, es seien keine ehebedingten Nachteile entstanden, **substanziiert bestreiten** und seinerseits darlegen, welche konkreten ehebedingten Nachteile entstanden sein sollen. Erst wenn das Vorbringen des Unterhaltsberechtigten diesen Anforderungen genügt, müssen die vorgetragenen ehebedingten Nachteile vom Unterhaltspflichtigen widerlegt werden. **32**

Dieses Verständnis der sekundären Darlegungslast erscheint problematisch, wenn – was die Formulierung nahe legen könnte – der Pflichtige regelmäßig seiner primären Darlegungslast mit der nicht näher begründeten Behauptung, ehebedingte Nachteile lägen nicht vor, genügen könnte. Die sekundäre Darlegungslast des Berechtigten greift jedoch erst dann ein, wenn der Pflichtige aus eigener Kenntnis keine Angaben hier- **33** zu machen kann. Dies ist ihm jedoch hinsichtlich des in der Ehezeit liegenden Teils der Ausbildungs- und Erwerbsbiografie des Ehegatten regelmäßig ohne Weiteres möglich. Bei langjährigen Ehen sowie bei einem nicht seltenen nichtehelichen Zusammenleben vor der Heirat sind auch noch weiter gehende Kenntnisse vorhanden, so dass insoweit **substanziierter Vortrag des Pflichtigen** möglich und erforderlich ist (OLG Stuttgart 18.10.2011 – 17 UF 18/11, FamFR 2012, 59). Richtig ist lediglich, dass der Berechtigte sich gegenüber solchem Vortrag nicht auf schlichtes Bestreiten beschränken kann. Vielmehr muss er den Vortrag der Gegenseite substanziiert bestreiten, um die Geständnisfiktion nach § 113 Abs. 1 S. 2 FamFG iVm § 138 Abs. 3 ZPO zu vermeiden. Die Beweislastfrage ist von maßgeblicher Bedeutung dann, wenn ehebedingte Nachteile zwar möglich erscheinen, aber letztlich Zweifel verbleiben, insbesondere hinsichtlich des Umfangs. Das bedeutet, dass bei der Beurteilung der mutmaßlichen Entwicklung des Erwerbseinkommens des betreffenden Ehegatten ohne die Ehe (**retrospektive Prognose**) im Zweifel die günstigste der tatsächlich möglichen Entwicklungen zugrunde zu legen ist. Bei feststehenden Nachteilen ist eine exakte Feststellung zum hypothetisch erzielbaren Einkommen des Unterhaltsberechtigten nicht notwendig. Bei geeigneter Grundlage kann eine Schätzung nach § 287 ZPO erfolgen (BGH 20.10.2010 – XII ZR 53/09, NJW 2010, 3653).

34   Trägt der darlegungs- und beweisbelastete Pflichtige im Rahmen der ihm zur Verfügung stehenden Möglichkeiten hinreichend zum Nichtvorliegen eines ehebedingten Nachteils vor, so dürfen auf der anderen Seite keine überspannten Anforderungen an die sekundäre Darlegungslast des Berechtigten gestellt werden (BGH 20.10.2010 – XII ZR 53/09, NJW 2010, 3653). Den Gerichten steht bei der Einschätzung der möglichen und wahrscheinlichen beruflichen Entwicklungen des Berechtigten ohne die Eheschließung ein Beurteilungsspielraum zur Verfügung, der durch die Anwendung von **Erfahrungssätzen** in dem jeweiligen Berufsfeld wie auch die **Berücksichtigung tariflicher Regelungen** ausgefüllt werden kann (BGH 26.10.2011 – XII ZR 162/09, NJW 2012, 74). Dies entbindet allerdings nicht von der **Darlegung konkreter beruflicher Entwicklungs- und Aufstiegsmöglichkeiten** sowie der entsprechenden Bereitschaft und Eignung des Berechtigten (BGH 26.10.2011 – XII ZR 162/09, NJW 2012, 74). Der Vortrag beruflicher Wunschvorstellungen ohne eine auch nur ansatzweise konkrete Umsetzung (zB durch zumindest begonnene Qualifizierungsmaßnahmen während der früheren Erwerbstätigkeit) oder ohne die Darlegung des Verlaufs der beruflichen Entwicklung bei ehemaligen Arbeitskollegen oder anderen Personen mit einer ähnlichen beruflichen Ausgangssituation dürfte regelmäßig unzureichend sein.

22. Aufteilung der Steuerschuld

Perleberg-Kölbel

I. Einführung	1		aa) Kirchensteuer	11
II. Steuerschuldverhältnis	2		bb) Solidaritätszuschlag	12
1. Einkommensteuer	2	3.	Antragserfordernisse	13
2. Ermittlung des zu versteuernden Einkommens	3		a) Formen und Inhalte des Aufteilungsantrags	13
3. Ermittlung der festzusetzenden Einkommensteuer	4		b) Fristen	16
4. Vorauszahlungen	5	4.	Zuständigkeit	17
5. Steuerbescheid	6	5.	Aufteilungsbescheid	18
6. Gesamtschuldnerschaft bei Zusammenveranlagung	7	6.	Aufteilungsmaßstab	19
			a) Allgemein	19
7. Aufteilung der Steuerschuld	8		b) Rückständige Vorauszahlungen	20
III. Steuerliche Voraussetzungen	9		c) Anrechnung von Steuerzahlungen	21
1. Steuerbescheide als vollstreckbare Verwaltungsakte	9		d) Steuernachforderungen	22
			e) Gemeinsamer Aufteilungsvorschlag	23
2. Grundsätze der Aufteilung	10	7.	Wirkungen der Aufteilung	24
a) Teilschuldverhältnisse	10	8.	Sonderfall Vermögensverschiebungen	26
b) Zuschlagsteuern	10	9.	Veranlagungswechsel	27
		10.	Rechtsbehelfe	28

I. Einführung

Nach Trennung oder Vermögensverfall kommt es zwischen Ehegatten häufig zum Streit darüber, wie und nach welchen Kriterien und Maßstäben Steuerschulden aufzuteilen sind. Das Problem stellt sich umso dringender, wenn die Finanzbehörde die Ehegatten gesamtschuldnerisch aus einem Zusammenveranlagungsbescheid in Anspruch nehmen möchte. **1**

Mit dem Aufteilungsantrag nach §§ 268–280 AO besitzen zusammenveranlagte Ehegatten ein **wirksames Instrumentarium**. Der Antrag bewirkt, dass Vollstreckungsmöglichkeiten der Finanzbehörde lediglich auf Vollstreckungsmaßnahmen beschränkt werden, die zur Sicherung des Steueranspruchs erforderlich sind. Zahlungen auf die Einkommensteuer nach Antragstellung werden dem Ehegatten zugerechnet, der sie geleistet hat oder für den sie geleistet worden sind.

Darüber hinaus wird der Aufteilungsstichtag und somit die Höhe des aufzuteilenden Betrages durch den Zeitpunkt der Antragstellung bestimmt. Bei einer Aufteilung von rückständigen Vorauszahlungen schließt der Antrag darüber hinaus kraft Gesetzes eine Aufteilung der weiteren im Veranlagungszeitraum fällig werdenden Vorauszahlungen und die Abschlusszahlung mit ein.

Unabhängig von der Frage, wer im Außenverhältnis gegenüber der Finanzbehörde für Steuerverbindlichkeiten aufzukommen hat, ist das Problem der internen Haftung bei Steuernachforderungen zu lösen (s. → *Steuernachzahlung/-erstattung* Rn 10).

Diese Fragestellungen gelten künftig auch für **eingetragene Lebenspartner,** nachdem das Bundesverfassungsgericht (BVerfG 7.5.2013 – 2 BvR 909/06, 2 BvR 1981/06, 2 BvR 288/07, FamRZ 2013, 1103) die Ungleichbehandlung mit Ehepaaren und einen Verstoß gegen den allgemeinen Gleichheitsgrundsatz festgestellt hat. Die Rechtslage ist durch den Gesetzgeber rückwirkend zum VZ 2001 geändert worden. Nach § 2 Abs. 8 EStG sind die Regelungen des Einkommensteuergesetzes zu Ehegatten und Ehen nun auch auf Lebenspartner und Lebenspartnerschaften anzuwenden. Die Änderungen im Einkommensteuergesetz sind am 19.7.2013 infolge des Gesetzes zur Änderung des Einkommensteuergesetzes in Umsetzung der Entscheidung des Bundesverfassungsgerichts in Kraft getreten (BGBl. I 2013, 2397). Die Rückwirkung bezieht sich auf alle Lebenspartner, deren Veranlagung noch nicht bestandskräftig durchgeführt ist.

II. Steuerschuldverhältnis

1. Einkommensteuer

2 Ansprüche aus einem Steuerschuldverhältnis entstehen nach § 38 AO, sobald der Tatbestand verwirklicht ist, an den das Gesetz die Leistungspflicht knüpft. Die Einkommensteuer entsteht grundsätzlich nach §§ 2 Abs. 7, 25, 36 Abs. 1 EStG mit Ablauf des Veranlagungszeitraums. Es handelt sich um eine **Jahressteuer**. Der Veranlagungszeitraum für die Einkommensteuer umfasst daher das Kalenderjahr (§ 25 Abs. 1 EStG). Die Einkommensteuer wird nach dem Einkommen veranlagt, das der Steuerpflichtige in diesem Veranlagungszeitraum bezogen hat.

2. Ermittlung des zu versteuernden Einkommens

3 Bemessungsgrundlage und Ermittlung der festzusetzenden Einkommensteuer folgen aus § 2 Abs. 1 a–5 EStG, R 2 Abs. 1 EStR 2009 und § 2 Abs. 6 EStG, R 2 Abs. 2 EStR 2009.

Das zu versteuernde Einkommen iSd § 2 Abs. 5 EStG wird im Wesentlichen so ermittelt, dass nach Feststellung der **Summe der Einkünfte** aus allen sieben Einkunftsarten unter Abzug von Entlastungs- und Freibeträgen, zB für Alleinerziehende (s. → *Steuerliche Freibeträge*), der **Gesamtbetrag der Einkünfte** festgestellt wird. Nach Abzug des Verlustabzugs nach § 10 d EStG, der Sonderausgaben (s. → *Sonderausgabenabzug*) und der außergewöhnlichen Belastungen (s. → *Außergewöhnliche Belastung*) ergibt sich das **Einkommen**. Das zu versteuernde Einkommen errechnet sich schließlich u.a. nach Abzug der Kinderfreibeträge (s. → *Steuerliche Freibeträge*).

3. Ermittlung der festzusetzenden Einkommensteuer

4 Die festzusetzende Einkommensteuer iSd § 2 Abs. 6 EStG zeigt sich nach der Ermittlung der tariflichen Einkommensteuer, § 32 a Abs. 1 (fünf Zonen, dh von der 0-Zone bis zur Proportionalzone II – Spitzensteuersatz von 45 %), Abs. 5 EStG (Splittingverfahren s. → *Steuerveranlagung* Rn 22), und nach Abzug von Steuerermäßigungen, zB bei Zuwendungen an Parteien zuzüglich des Anspruchs auf Zulage von Altersvorsorge nach § 10 a Abs. 2 EStG und des Anspruchs auf Kindergeld oder vergleichbarer Leistungen, soweit in den Fällen des § 31 EStG das Einkommen um Freibeträge für Kinder gemindert wurde (Familienleistungsausgleich).

4. Vorauszahlungen

5 Die Steuervorauszahlungen entstehen mit Beginn des Kalendervierteljahrs, in dem die Vorauszahlungen zu entrichten sind, § 37 Abs. 1 S. 2 EStG. § 37 Abs. 1 S. 1 EStG regelt, dass Steuerpflichtige Vorauszahlungen auf die voraussichtliche Steuerschuld zum 10.3., 10.6., 10.9. und 10.12. des laufenden Kalenderjahres zu entrichten haben. Wegen des im Zugewinnausgleichsverfahren herrschenden Stichtagsprinzips sollte auf die Einstellung der zu diesem Zeitpunkt bereits entstandenen Verbindlichkeiten in die Zugewinnausgleichsbilanz geachtet werden (Kuckenburg/Perleberg-Kölbel FPR 2012, 306).

Bei Einkünften aus nichtselbstständiger Arbeit wird die Einkommensteuer als **Quellensteuer** nach § 38 EStG monatlich durch das Lohnsteuererhebungsverfahren (s. → *Lohnsteuerklassen* Rn 1) erfasst.

5. Steuerbescheid

6 Gem. § 155 Abs. 1 S. 1 AO wird die Steuer von der Finanzbehörde durch einen Steuerbescheid festgesetzt. Der Steuerbescheid ist ein nach § 122 Abs. 1 AO bekanntzugebender Verwaltungsakt. Ein Steuerbescheid ist so lange nicht bestandskräftig, bis die Einspruchsfrist von einem Monat noch nicht verstrichen ist, er unter dem Vorbehalt der Nachprüfung gem. § 164 AO steht oder gem. § 165 AO vorläufig ist. Nur bis zum Ende der Festsetzungsfrist dürfen bestandskräftige Steuerbescheide geändert werden. Die Festsetzungsfrist, dh Verjährungsfrist, beträgt gem. § 169 AO generell vier Jahre, bei leichtfertiger Steuerverkürzung fünf und bei Steuerhinterziehung zehn Jahre. Sie beginnt mit Ablauf des Kalenderjahres, in dem die Steuererklärung eingereicht wird, § 170 Abs. 2 Nr. 1 AO. Bei dem Vorauszahlungsbescheid handelt es sich um eine

unter dem Vorbehalt der Nachprüfung stehende Steuerfestsetzung, § 164 Abs. 1 S. 2 AO. Der Vorauszahlungsbescheid kann gem. § 164 Abs. 2 AO jederzeit aufgehoben oder geändert werden.

6. Gesamtschuldnerschaft bei Zusammenveranlagung

Erfüllen Ehegatten die Voraussetzungen der §§ 26, 26 b EStG und wählen die Zusammenveranlagung, werden sie Gesamtschuldner der festgesetzten Steuerschuld iSd §§ 44 Abs. 1, 268 AO (einschließlich der Verspätungszuschläge: BFH 28.8.1987 – III R 230/83, BStBl. II 1978, 836). Der in § 44 AO verwendete **Begriff** der Gesamtschuldnerschaft entspricht dem in § 421 BGB normierten. Danach bedeutet Gesamtschuldnerschaft, dass der Gläubiger nur einmal die Leistung fordern kann, jeder Gesamtschuldner aber die gesamte Leistung aus dem Steuerschuldverhältnis erfüllen muss.

§ 44 AO regelt im Steuerrecht das **Nebeneinander mehrerer Haftungsschuldner**, wobei die Finanzbehörde wählen kann, welchen Ehegatten sie als Gesamtschuldner wegen der Einkommensteuerschuld in Anspruch nimmt. Hierbei muss sie ein **Auswahlermessen** ausüben und dies begründen, es sei denn, der Steueranspruch ist gegenüber dem anderen Ehegatten nicht mehr durchsetzbar (BFH 25.1.1989 – I R 17/85, BStBl. II 1989, 425).

7. Aufteilung der Steuerschuld

Die Einkommensteuerschuld zusammenveranlagter Ehegatten kann auf **Antrag** eines jeden Ehegatten aufgeteilt werden. Es wird hierfür fiktiv eine getrennte Veranlagung durchgeführt, wobei dem jeweiligen Ehegatten Steuerbeträge zugesprochen werden. Die §§ 268–280 AO regeln abschließend die **Aufteilung der Gesamtschuld** und somit die Beschränkung einer Vollstreckung.

III. Steuerliche Voraussetzungen

1. Steuerbescheide als vollstreckbare Verwaltungsakte

Einkommensteuerbescheide sind vollstreckbare Verwaltungsakte iSd § 251 AO und können vollstreckt werden, soweit ihre Vollziehung nicht ausgesetzt oder die Vollziehung durch Einlegung eines Rechtsbehelfs nach § 361 AO, § 69 FGO gehemmt wird. Nach § 249 AO sind die Finanzbehörden auch **Vollstreckungsbehörden**.

2. Grundsätze der Aufteilung

a) Teilschuldverhältnisse. Jeder Ehegatte kann beantragen, dass die Vollstreckung wegen der auf seine Einkünfte entfallenen Steuern beschränkt wird, § 269 AO. Der Antrag ist Ausfluss eines **konstitutiven Gestaltungsrechts** des einzelnen Ehegatten als Gesamtschuldner. Die Aufteilung der Steuergesamtschuld berührt in Bezug auf den aufgeteilten Gesamtbetrag die Gesamtschuldnerschaft nicht. Sie wird nicht in einzelne Teilschuldverhältnisse umgewandelt (BFH 12.1.1988 – VII R 66/87, BStBl. II 1988, 406). Durch den Aufteilungsbescheid wird die Gesamtschuld im Ergebnis nur in entsprechende Teilschulden aufgespalten (BFH 5.2.1971 – VI R 301/66, BStBl II 1971, 331; OFD Frankfurt/M. 4.4.2012 – S 0520 A – 4, St 25).

Unter Hinweis auf Art. 6 Abs. 1 GG verhindern die Vorschriften zur Aufteilung der Steuerschuld eine Benachteiligung von zusammenveranlagten Ehegatten. Das Grundgesetz schützt auf diese Weise den Ehegatten, der seinen Ausgleichsanspruch wegen **Insolvenz oder Vermögenslosigkeit** seines Ehepartners nicht realisieren kann (BFH 20.1.1995 – III R 31/93, BFH/NV 1989, 755; BVerfG 3.11.1982 – 1 BvR 1104/79, BStBl. II 1982, 717).

Nach Aufteilung der Steuerschuld ist jedwede Verwirklichung der Gesamtschuld über den auf den jeweiligen Ehegatten entfallenden Anspruch hinaus ausgeschlossen (Pump/Fitkau, Die Vermeidung der Haftung für Steuerschulden, 1. Aufl. 2009, S. 201). Auch ist gem. § 226 AO keine **Aufrechnung** der Finanzbehörde gegenüber einem Ehegatten zulässig, soweit auf ihn kein Rückstand entfällt. Solange über den Antrag auf Beschränkung der Vollstreckung nicht unanfechtbar entschieden worden ist, dürfen **Vollstreckungshandlungen nur zur Sicherung** des Anspruchs vorgenommen werden, § 277 AO.

11 **aa) Kirchensteuer.** Die Kirchensteuer besteuert die Zugehörigkeit zu einer kirchlichen Körperschaft. Steuerpflichtig sind alle Mitglieder in dem Kirchengebiet ihres Wohnsitzes. Die Kirchensteuerpflicht endet mit Austritt aus der Religionsgemeinschaft. Sind die zur Einkommensteuer zusammenveranlagten Ehegatten Mitglieder einer kirchensteuerberechtigten Religionsgemeinschaft und wird die Anwendung der Aufteilungsvorschriften auf die Kirchensteuer per Landesgesetz vorgeschrieben, hat eine Aufteilung der Kirchensteuer zu erfolgen. Auch ohne diesen Verweis ist deren Anwendung in verfassungskonformer Auslegung vorzunehmen (BVerfG 21.2.1961 – 1 BvL 29/57, BStBl. I 1961, 55; BVerfG 21.2.1961 – 1 BvL 20/60, BStBl. I 1961, 61).

Gehört ein zusammenveranlagter Ehegatte nicht zu einer steuerberechtigten Kirche, kann eine Aufteilung unterbleiben. Die Erhebung der Kirchensteuer beruht allein auf den Steuerbemessungsgrundlagen der kirchensteuerpflichtigen Ehegatten als Gesamtschuldner.

Bemessungsgrundlage für die Kirchensteuer ist grundsätzlich die nach § 51 a Abs. 2 EStG berechnete Einkommensteuer. Der **Steuersatz** schwankt je nach Bundesland zwischen **8 und 9 % der Einkommensteuer**. Die Kirchensteuer wird bereits bei der Veranlagung zur Einkommensteuer von den Finanzämtern festgesetzt und auch erhoben.

Bei **Lohnsteuerpflichtigen** (s. → *Lohnsteuerklassen* Rn 1) wird die Kirchensteuer von dem Arbeitgeber nach dem am Wohnsitz des Arbeitnehmers geltenden Steuersatz berechnet. Der Arbeitgeber führt diese dann zusammen mit der Lohnsteuer an das Finanzamt ab. Die Kirchensteuer wird nach **Pauschalsteuersätzen** von der Lohnsteuer berechnet, wenn auch der Arbeitslohn pauschal berechnet wird.

Bei **konfessionsverschiedener Ehe** und Zusammenveranlagung der Ehegatten gibt es zwei Berechnungsmethoden: Entweder wird die gemeinsame Einkommensteuer halbiert und dann die Kirchensteuer für jede Religionsgemeinschaft errechnet oder die Kirchensteuer wird zunächst so errechnet, als ob beide Ehegatten der gleichen Gemeinschaft angehörten und dann auf die beiden Religionsgemeinschaften aufgeteilt.

Bei **glaubensverschiedener Ehe** wird die Kirchensteuer für den kirchenangehörigen Ehegatten nach dem Teil der gemeinsamen Einkommen- oder Lohnsteuer berechnet, der auf diesen Ehegatten entfällt.

12 **bb) Solidaritätszuschlag.** Der Aufteilung zu unterwerfen ist neben der Kirchensteuer auch der als Ergänzungsabgabe zur Einkommensteuer ab 1.1.1995 erhobene Solidaritätszuschlag nach §§ 1, 6 Abs. 1 SolZG (letzte Fassung durch Beitreibungsrichtlinie-Umsetzungsgesetz v. 7.12.2011, BGBl. I, 2592).

Bemessungsgrundlage für den Solidaritätszuschlag ist die Einkommensteuer unter Berücksichtigung der Freibeträge nach § 32 Abs. 6 EStG (s. → *Steuerliche Freibeträge* Rn 15 ff), § 3 Abs. 1 Nr. 1 SolZG. Bei der Veranlagung der Einkommensteuer ist dies die festzusetzende Einkommensteuer, wenn der Steuerpflichtige keine Freibeträge nach § 32 Abs. 6 EStG erhält. Hier ist also die tarifliche Einkommensteuer Bemessungsgrundlage für den Solidaritätszuschlag. Der **Tarif** lautet **5,5 %** der Bemessungsgrundlage. Eine Erhebung erfolgt nur, wenn die Bemessungsgrundlage bei Anwendung der Grundtabelle mehr als 972 EUR und bei Anwendung der Splittingtabelle mehr als 1.944 EUR beträgt, § 3 Abs. 3 SolZG.

3. Antragserfordernisse

13 **a) Formen und Inhalte des Aufteilungsantrags.** Den Aufteilungsantrag nach § 268 AO kann jeder Ehegatte als Gesamtschuldner der Einkommensteuerschuld **schriftlich** stellen **oder zur Niederschrift** beim Finanzamt erklären, § 269 Abs. 1 AO.

Im **Insolvenzverfahren** steht dem Insolvenzverwalter des jeweiligen Ehegatten das Antragsrecht zu, wenn die Insolvenzmasse betroffen ist, es sich also nicht um insolvenzfreies Vermögen des Schuldners handelt. Zwar bleibt der Insolvenzschuldner als Steuerpflichtiger weiterhin steuerpflichtig; der **Insolvenzverwalter** vertritt ihn aber bei der Erfüllung seiner steuerlichen Pflichten, § 80 Abs. 1 InsO, § 34 Abs. 3 AO. Der Insolvenzverwalter wird damit Steuerpflichtiger kraft eigener steuerrechtlicher Pflichten, § 33 Abs. 1 AO.

Ergeben sich die für die Aufteilung erforderlichen Angaben nicht bereits aus der Steuererklärung, müssen 14
diese spätestens im Antrag nachgeholt werden, § 269 Abs. 2 S. 3 AO. Den Steuerpflichtigen trifft eine **gesteigerte Mitwirkungspflicht**. Kommt der Antragsteller dieser Pflicht nicht nach, kann die Finanzbehörde die **Aufteilungsgrundlagen schätzen**, § 162 AO. In diesem Rahmen hat die Finanzbehörde eine Ermittlungsbefugnis wie im Steuerermittlungsverfahren und Steuerfestsetzungsverfahren, §§ 249 Abs. 2, 88, 89 AO. Ist keine Schätzung möglich, kann die Finanzbehörde den Aufteilungsantrag zurückweisen.

Ein **unvollständiger Aufteilungsantrag** hindert nicht die Wirkung der Vollstreckungsbeschränkung. Das 15
Finanzamt muss darauf hinwirken, dass der Antragsteller seinen Antrag vervollständigt bzw richtig stellt, § 89 AO. Bei **rückständigen Vorauszahlungen** erstreckt sich der Antrag kraft Gesetzes auch auf die weiteren im gleichen Veranlagungszeitraum fällig werdenden Vorauszahlungen, Abschlagszahlungen und etwaigen Abschlusszahlungen, § 272 Abs. 1 S. 2 AO.

Bei dem Aufteilungsantrag handelt es sich um keine Steuererklärung. Daher ist eine Erklärung, dass sämtliche Angaben nach bestem Wissen und Gewissen erfolgt seien, nicht erforderlich.

b) Fristen. Der Aufteilungsantrag ist **frühestens nach Bekanntgabe des Leistungsgebotes** zulässig, 16
§§ 254, 269 Abs. 2 S. 1 AO. Er kann noch gestellt werden, wenn die Vollziehung des Einkommensteuerbescheides nach vollständiger Tilgung des geschuldeten Steuerbetrages gem. § 361 Abs. 2 S. 3 AO oder § 69 Abs. 2 S. 7 FGO ganz oder teilweise wieder aufgehoben wird. Voraussetzung ist hier die Befürchtung, dass das Finanzamt den aufgrund der Aufhebung der Vollziehung ausgezahlten Betrag erneut fordert (BFH 20.1.1995 – III R 31/93, BFH/NV 1989, 755). Vor Erteilung des fordernden Bescheides ist dem anderen Ehegatten rechtliches Gehör zu gewähren, § 91 AO.

Ein **Antrag vor Bekanntgabe des Leistungsgebotes** ist unzulässig und wird durch die spätere Bekanntgabe des Leistungsgebotes nicht nachträglich wirksam. Gegebenenfalls ist ein neuer Antrag zu stellen. Ebenso wenig erfolgreich ist ein **Antrag nach vollständiger Tilgung der rückständigen Steuern**, § 269 Abs. 2 S. 2 AO.

Die Fristen sind auch bei **Aufrechnung** des Finanzamts mit der Gesamtschuld gegen Steuererstattungsansprüche gem. § 226 AO (BFH 12.6.1990 – VII R 69/89, BStBl. II 1991, 493) oder bei **Erlöschen der Gesamtschuld** durch Eintritt der Zahlungsverjährung, §§ 47, 228–232 AO, zu beachten.

4. Zuständigkeit

Über den Aufteilungsantrag einer natürlichen Person entscheidet nach § 19 Abs. 1 S. 1 AO das Finanzamt, 17
in dessen Bezirk der Steuerpflichtige seinen Wohnsitz – oder in Ermangelung eines Wohnsitzes – seinen gewöhnlichen Aufenthalt hat, sog. „**Wohnsitz-Finanzamt**".

Für die Aufteilung einer Gesamtschuld ist auf den Wohnsitz bzw gewöhnlichen Aufenthalt **im Zeitpunkt der Antragstellung** abzustellen, § 269 Abs. 1 AO. Haben sich die Ehegatten zwischenzeitlich getrennt und sind zum Zeitpunkt der Antragstellung verschiedene Finanzämter für die Besteuerung zuständig, muss das mit der Sache zuerst befasste Finanzamt eine einheitliche Entscheidung gegenüber allen Beteiligten treffen, § 25 S. 1 AO. Erfolgt die Vollstreckung auf Ersuchen einer anderen Vollstreckungsbehörde, bleibt die ersuchende Behörde zuständig.

5. Aufteilungsbescheid

Nach Einleitung der Vollstreckung ist durch einen schriftlichen Aufteilungsbescheid gegenüber den Betei- 18
ligten **einheitlich** zu entscheiden, § 279 AO Abs. 1 S. 1 AO. Es bedarf keiner Entscheidung mehr, wenn keine Vollstreckungsmaßnahmen erfolgen oder wieder aufgehoben werden, § 279 Abs. 1 S. 2 AO.

Der Bescheid muss die Höhe der aufzuteilenden Steuer, den Berechnungszeitpunkt, die Höhe der bei getrennter Veranlagung gem. § 270 AO auf den jeweiligen Ehegatten entfallenen Steuer, die anzurechnenden Beträge und gegebenenfalls die Besteuerungsgrundlagen bei abweichenden Angaben der Ehegatten enthalten, § 279 Abs. 2 AO. Nach § 280 Abs. 2 AO ist nach Beendigung der Vollstreckung eine **Änderung oder Berichtigung** des Bescheides nicht mehr möglich.

6. Aufteilungsmaßstab

19 **a) Allgemein.** Bei einem wirksamen Aufteilungsantrag muss das Finanzamt ohne Ermessensspielraum iSd § 5 AO die veranlagte Einkommensteuerschuld fiktiv nach dem Verhältnis der Beträge berechnen und aufteilen, die sich bei getrennter Veranlagung nach Maßgabe des § 26 a EStG und der §§ 271–276 AO ergeben würden, § 270 Abs. 1 S. 1 AO. Nach § 276 Abs. 5 AO beginnt die Vollstreckung mit der Ausfertigung der Rückstandsanzeige.

Wird ein **Antrag vor Einleitung der Vollstreckung** gestellt, ist die im Zeitpunkt des Eingangs des Antrags geschuldete Steuer nach § 276 Abs. 1 AO aufzuteilen. Auf die Fälligkeit der Steuerschuld kommt es nicht an. Auch eine Aussetzung der Vollziehung hindert nicht den Aufteilungsantrag, § 361 AO, § 69 FGO.

Bei einem **Antrag nach Einleitung der Vollstreckung** ist die im Zeitpunkt der Einleitung der Vollstreckung geschuldete Steuer aufzuteilen, § 276 Abs. 2 AO.

Das **Berechnungsschema des Aufteilungsanteils** lautet: Steuer aus fiktiver getrennter Veranlagung multipliziert mit dem aufzuteilenden Teilbetrag aus der Zusammenveranlagung geteilt durch die Summe der Steuerbeträge beider Ehegatten aus den fiktiven getrennten Veranlagungen.

Bei der Berechnung werden die **Besteuerungsgrundlagen** jedem Ehegatten zugerechnet, die sich in seiner Person verwirklicht haben. Hierfür sind die tatsächlichen und rechtlichen Feststellungen maßgeblich, die der Steuerfestsetzung bei der Zusammenveranlagung zugrunde lagen. Eine **Neuberechnung** der im Rahmen der Zusammenveranlagung festgesetzten Steuer wird nicht vorgenommen. **Geschätzte Besteuerungsgrundlagen**, die auf der Zusammenveranlagung beruhen, sind nach § 162 AO selbst dann zu berücksichtigen, wenn sie sich zwischenzeitlich als falsch erwiesen haben.

20 **b) Rückständige Vorauszahlungen.** Nur Vorauszahlungen, die im Zeitpunkt der Antragstellung noch rückständig sind, können aufgeteilt werden. Grundsätzlich sind die Verhältnisse der letzten durchgeführten Veranlagung zugrunde zu legen. Kraft Gesetzes bezieht sich der Antrag auch auf die Aufteilung der weiteren im gleichen Veranlagungszeitraum fällig werdenden Vorauszahlungen und eine etwaige Abschlusszahlung, § 272 Abs. 1 S. 2 AO. **Aufteilungsmaßstab** ist auch hier das Verhältnis der Beträge, die sich fiktiv bei getrennter Festsetzung der Vorauszahlungen ergeben würden. Die Finanzbehörde muss für die Aufteilung zunächst den aufzuteilenden rückständigen Betrag nach §§ 88, 90 und 91 AO feststellen und danach eine abschließende Aufteilung nach Veranlagung vornehmen, § 272 Abs. 1 S. 3 AO. Die gesamte Steuer abzüglich der Beträge, die nicht in die Aufteilung der Vorauszahlungen einbezogen worden sind, ist aufzuteilen, § 272 Abs. 1 S. 4 AO. Es handelt sich dabei um die vor Antragstellung bereits geleisteten Vorauszahlungen und die nach Antragstellung freiwillig auf die später fällig werdenden Vorauszahlungen entrichteten Beträge.

21 **c) Anrechnung von Steuerzahlungen.** Einkommensteuerzahlungen nach Antragstellung werden dem Steuerschuldner angerechnet, der sie vorgenommen hat oder für den sie geleistet worden sind, § 276 Abs. 6 S. 1 AO. Bei der Ermittlung der rückständigen Steuer sind auch die **Steuerabzugsbeträge,** wie zB die einbehaltene Lohnsteuer, Kirchensteuer, Kapitalertragsteuer (soweit nicht die Veranlagungsoptionen nach § 32 d Abs. 4 und 6 EStG in Anspruch genommen werden), und getrennt festgesetzte Vorauszahlungen, wie zB Säumniszuschläge, Zinsen und Verspätungszuschläge, zu berücksichtigen, § 276 Abs. 4 AO. Nach § 272 Abs. 1 S. 5 AO müssen jedem Ehegatten auch die von ihm auf die aufgeteilten Einkommensteuervorauszahlungen geleisteten Zahlungen angerechnet werden (s. → *Steuernachzahlung/-erstattung* Rn 11).

22 **d) Steuernachforderungen.** Bei Steuernachforderungen aufgrund von **Änderungen oder Berichtigungen** der Steuerfestsetzung ist die rückständige Steuer im Verhältnis der Mehrbeträge aufzuteilen, die sich bei einem Vergleich der berichtigten getrennten Veranlagungen mit den früheren getrennten Veranlagun-

gen ergibt, § 273 Abs. 1 AO. Führt die Steuerfestsetzung zu einem **Erstattungsanspruch**, ist der Aufteilungsmaßstab des § 273 AO nicht anzuwenden.

Zur Bestimmung des Aufteilungsmaßstabes müssen für jeden Ehegatten **zwei fiktive getrennte Veranlagungen** durchgeführt werden. Zunächst ist die ursprüngliche, zu berichtigende Steuerfestsetzung nach Maßgabe des § 26 a EStG getrennt durchzuführen, und zwar ohne Berücksichtigung der Änderung oder Berichtigung. Danach wird fiktiv getrennt auf Grundlage der geänderten bzw berichtigten Steuerfestsetzung veranlagt. Die sich hieraus ergebenden Mehrbeträge werden zueinander ins Verhältnis gesetzt und ergeben so den Aufteilungsmaßstab für die Steuernachforderung.

Bereits geleistete oder erstattete Steuerabzugsbeträge bleiben hierbei unberücksichtigt (FG Münster 17.5.1989 – XII 1727/86 E, EFG 1989, 613). Führt die Berechnung zu einem **Mehrbetrag für lediglich einen der zusammenveranlagten Ehegatten**, zB weil die erhöhten Besteuerungsgrundlagen nur ihm zuzurechnen sind, muss der betreffende Ehegatte die Steuernachforderung in voller Höhe begleichen (Maßgeblichkeit des Verhältnisses der Mehrbeträge).

e) Gemeinsamer Aufteilungsvorschlag. Schlagen Ehegatten gem. § 274 AO gemeinschaftlich einen besonderen Aufteilungsmaßstab vor, muss die Finanzbehörde diesem Vorschlag folgen. Eine Tilgung der rückständigen Steuer muss allerdings sichergestellt sein. Bei fehlendem oder nicht zu akzeptierendem Vorschlag ist eine Ermittlung des Aufteilungsmaßstabes nach §§ 270–273 AO vorzunehmen. **23**

7. Wirkungen der Aufteilung

Die festgesetzte Einkommensteuer wird nur in dem Umfang **fällig**, in dem in der Anrechnungsverfügung eine Abschlusszahlung ausgewiesen wird (BFH 18.7.2000 – VII R 32-33/99, BStBl. II 2001, 133). Nach § 278 AO darf die **Vollstreckung** nur nach Maßgabe der auf die einzelnen Ehegatten entfallenen Beträge durchgeführt werden. Eine Vollstreckung des dem Aufteilungsantrag zugrunde liegenden Anspruchs aus dem Steuerschuldverhältnis ist daher nur noch beschränkt möglich. Weitere Vollstreckungsmaßnahmen dürfen nur bis zur unanfechtbaren Entscheidung vorgenommen werden und auch nur, soweit sie zur **Sicherung des Anspruchs** erforderlich sind, § 277 AO. **Ausnahmen:** (Forderungs-)Pfändungen nach § 309 AO oder Eintragungen von Zwangssicherungshypotheken nach § 322 AO iVm §§ 864–871 ZPO. **24**

Eine **Verwertung** gepfändeter beweglicher Sachen nach § 296 AO, die Einziehung einer gepfändeten Forderung nach § 314 AO und die Zwangsversteigerung eines Grundstücks nach § 322 AO iVm § 869 ZPO und §§ 15–145 a ZVG sind unzulässig. Der zu sichernde Anspruch bei der Zwangsversteigerung betrifft schließlich nicht allein den festzustellenden Aufteilungsanteil, sondern die Gesamtschuld. **Zahlungsverpflichtungen** werden nicht hinausgeschoben. **Säumniszuschläge** gem. § 240 AO und ggf auch **Vollstreckungskosten** – wie zB Gebühren und Auslagen nach §§ 337 ff AO – entstehen weiterhin. **25**

8. Sonderfall Vermögensverschiebungen

Eine Beschränkung der Vollstreckung entfällt bei Vermögensverschiebungen, also unentgeltlichen Zuwendungen, unter den zusammenveranlagten Ehegatten in oder nach dem Veranlagungszeitraum, für den noch Steuerrückstände bestehen. Bei aufgeteilter Gesamtschuld begründet § 278 Abs. 2 S. 1 AO eine dem Anfechtungsgrund des § 3 Abs. 1 Nr. 4 AnfG aF entsprechende **gesetzliche Duldungspflicht des Zuwendungsempfängers** für den auf den Zuwendenden entfallenden Anteil an der Steuerschuld. **26**

Der Bescheid nach § 278 Abs. 2 AO entspricht inhaltlich einem **Duldungsbescheid** im Sinne von § 191 AO, wobei in der Anfechtung der Vermögensübertragung und in der Bestimmung des Betrages, bis zu dessen Höhe der Zuwendungsempfänger die Vollstreckung dulden muss, die Regelung des Bescheides zu sehen ist (BFH 18.12.2001 – VII R 56/99, BStBl. II 2002, 214).

9. Veranlagungswechsel

Wechseln Ehegatten nach Aufteilung der Gesamtschuld und vor Einleitung der Vollstreckung nach § 278 Abs. 2 AO von der Zusammenveranlagung zur getrennten Veranlagung (ab 2013 Einzelveranlagung gem. **27**

§ 26 a EStG nF; s. → *Steuerveranlagung* Rn 41), wird der zu vollstreckende Steueranspruch nicht berührt. Der auf § 278 Abs. 2 AO gestützte Verwaltungsakt und die darauf begründeten Vollstreckungsmaßnahmen werden nicht aufgehoben (BFH 18.12.2001 – VII R 56/99, BStBl. II 2002, 214).

10. Rechtsbehelfe

28 Gegen den Aufteilungsbescheid nach § 279 AO, den Ergänzungsbescheid iSd § 278 Abs. 2 AO, die ablehnende Entscheidung der Finanzbehörde über den Erlass eines Aufteilungsbescheides, die ablehnende Entscheidung der Finanzbehörde über die Annahme des besonderen Aufteilungsmaßstabs iSd § 274 AO durch Aufteilungsbescheid und den Änderungsbescheid iSd § 280 AO kann von jedem Ehegatten (als Beschwerten nach § 350 AO) **Einspruch** gem. § 347 Abs. 1 Nr. 1 AO eingelegt werden.

Im Rechtsbehelfsverfahren sind lediglich Einwendungen gegen die Art und Berechnung des aufzuteilenden Steuerbetrages zulässig. Im Falle einer Inanspruchnahme infolge **Vermögensverschiebungen** nach § 278 Abs. 2 AO durch ergänzenden Bescheid kann gegen die Unentgeltlichkeit der Zuwendung, die Höhe des gemeinen Werts der Zuwendung sowie gegen den Veranlagungszeitraum der Zuwendung angegangen werden. Der Ehegatte, der keinen Einspruch einlegt, ist zum Einspruchsverfahren **notwendig hinzuzuziehen**, § 360 Abs. 3 AO.

Gegen den Ehegatten als Mittäter oder Teilnehmer einer **Steuerhinterziehung** kann ein Haftungsbescheid nach § 71 AO 1977 ergehen, wenn wegen Aufteilung der Steuerschuld nach §§ 268, 278 AO gegen diesen nicht als Steuerschuldner vollstreckt werden kann (BFH 7.3.2006 – X R 8/05, BStBl II 2007, 594).

23. Aufteilung von Haushaltssachen bei Scheidung

Kloster-Harz/Schönberger

I. Endgültige Regelung nach § 1568 b BGB	1	b) Halbteilungsprinzip	9
1. Normzweck des § 1568 b BGB	2	c) Ausgleichszahlung und Gesamtregelung	10
2. Überlassungs- und Übereignungsanspruch nach § 1568 b Abs. 1 BGB	3	6. Verweigerte Abholung	11
3. Gesamtbestand	5	II. Auskunftsanspruch nach § 1568 b BGB	12
4. Zuweisungsanspruch nach § 1568 b Abs. 1 BGB	6	III. Verwirkung	14
5. Ausgleichszahlung nach § 1568 b Abs. 3 BGB	7	IV. Verfahren nach § 1568 b BGB	15
a) Verkehrswert	8	1. Verfahren im Allgemeinen	15
		2. Gerichtsermittlungspflicht	16

I. Endgültige Regelung nach § 1568 b BGB

Nach § 1568 b Abs. 1 BGB kann jeder Ehegatte die **Überlassung und Übereignung** der im **gemeinsamen** 1 **Eigentum** stehenden Haushaltsgegenstände verlangen, wenn er auf die Nutzung unter Berücksichtigung des Wohls der im Haushalt lebenden Kinder und der Lebensverhältnisse der Ehegatten in **stärkerem Maße angewiesen** ist als der andere Ehegatte oder wenn dies aus anderen Gründen **billig** ist. Dies steht als Nachwirkung der ehelichen Lebensgemeinschaft mit der Eigentumsgarantie nach Art. 14 Abs. 1 S. 2 GG im Einklang. § 1568 b BGB regelt hingegen nicht eine Zuweisung von Haushaltsgegenständen im Alleineigentum. Diese Haushaltsgegenstände im Alleineigentum sollen ausschließlich im Rahmen einer güterrechtlichen Regelung Berücksichtigung finden (Palandt/Brudermüller § 1568 b BGB Rn 2; Vor § 1568 a BGB Rn 2). Die Miteigentumsvermutung des § 1568 b Abs. 2 BGB dient der vereinfachten bzw praktischen Abwicklung. § 1568 b Abs. 3 BGB schreibt eine Ausgleichszahlung fest, welche im Hinblick auf die Eigentumsgarantie nach Art. 14 Abs. 1 S. 2 GG und dem Entzug des Miteigentums erforderlich ist. Mit der Schaffung des § 1568 b BGB wurde somit die Regelung des § 8 HVO (Überlassung von im Miteigentum der Ehegatten stehender Haushaltsgegenstände) übernommen, hingegen wurden die Regelungen des § 9 HVO (Übertragung von Alleineigentum eines Ehegatten) und des § 10 HVO (Regelung hausratsbezogener Verbindlichkeiten im Innenverhältnis der Eheleute) nicht übernommen.

1. Normzweck des § 1568 b BGB

Gemeinschaftliche Haushaltsgegenstände sollen – entgegen den Regeln der Auseinandersetzung einer Ge- 2 meinschaft nach §§ 752 f BGB – für die Zeit nach Rechtskraft der Ehescheidung in einem **schnellen, zweckmäßigen und einfachen Verfahren** unter Berücksichtigung der Umstände des Einzelfalles aufgeteilt und **dinglich übertragen** werden. § 1568 b BGB vermeidet somit auch unwirtschaftliche Verkäufe nach § 753 BGB, welche zulasten der Ehegatten gehen würden. Das schnelle, zweckmäßige und einfache Verfahren wird durch die Miteigentumsvermutung des § 1568 b Abs. 2 BGB unterstützt und löst nicht aufklärbare Zweifel zur Eigentumslage an einzelnen Haushaltsgegenständen auf (Palandt/Brudermüller § 1568 b BGB Rn 1). Zudem ist § 1568 b BGB auch auf Rechte an Haushaltsgegenständen entsprechend anwendbar. Hierunter fallen beispielsweise der unter Eigentumsvorbehalt angeschaffte Pkw, geliehene, gemietete oder geleaste Pkw, sofern beide Eheleute Vertragspartner sind. § 1568 b BGB **begründet** damit mit Rechtskraft der Ehescheidung **Alleineigentum an den Haushaltsgegenständen** (BGH 15.1.1991 – XII ZR 197/90, BGHZ 117, 61; noch nach § 8 HVO: OLG Stuttgart 14.5.1992 – 17 UF 147/92, FamRZ 1992, 1446; 7.12.1992 – 17 UF 147/92, FamRZ 1993, 1461) bzw Übertragung des Anwartschaftsrechts eines Ehegatten, nicht eines Dritten. Mit Rechtskraft der Entscheidung bezüglich einer Ausgleichszahlung besteht zwischen den geschiedenen Eheleuten ein entsprechendes Schuldverhältnis. Rechte Dritter bleiben jedoch unberührt, ausgenommen das Vermieterpfandrecht (Gerhardt/von Heintschel-Heinegg/Klein/Klein 8. Kap. Rn 156).

2. Überlassungs- und Übereignungsanspruch nach § 1568 b Abs. 1 BGB

§ 1568 b Abs. 1 BGB ist eine **Anspruchsgrundlage**, wonach jeder Ehegatte anlässlich der Scheidung von 3 dem anderen Ehegatten die **Überlassung und Übereignung** der im gemeinsamen Eigentum befindlichen

Haushaltsgegenstände beanspruchen kann, sofern er auf deren Nutzung unter Berücksichtigung des Wohls der im Haushalt lebenden Kinder und der Lebensverhältnisse der Ehegatten in stärkerem Maße angewiesen ist als der andere Ehegatte oder dies aus anderen Gründen der Billigkeit entspricht. Dies hat zur Folge, dass der Haushaltsgegenstand nur an den Antragsteller zugewiesen werden kann, wenn sich der Antragsgegner auf die bloße Antragsabweisung beschränkt (Palandt/Brudermüller § 1568 b BGB Rn 3). Grundsätzlich sollen die **gesamten Haushaltsgegenstände** nach § 1568 b Abs. 1 BGB verteilt werden, sofern die Eheleute keine Einigung erzielt haben, so dass einem Antrag auf Überlassung und Übereignung nur einzelner Gegenstände Gründe der Prozessökonomie entgegenstehen (Palandt/Brudermüller § 1568 b BGB Rn 3). Die Bedürftigkeitsprüfung entspricht der bezüglich der Ehewohnung nach Rechtskraft der Ehescheidung. Zusätzlich werden aber ebenfalls andere Gründe der Billigkeit bei der Entscheidung zu berücksichtigen sein (Gerhardt/von Heintschel-Heinegg/Klein/Klein 8. Kap. Rn 158). Das Familiengericht hat daher im Streitfall nach § 26 FamFG in Verbindung mit § 206 FamFG vorab **von Amts wegen** drei Gesichtspunkte zu klären:

1. den **Gesamtbestand** aller zu verteilenden Haushaltsgegenstände zum Stichtag (Scheidungsverbundsache: Schluss der mündlichen Verhandlung oder isoliertes (späteres) Verfahren: Rechtskraft der Ehescheidung) sowie deren Wert (auch betreffend die bereits verteilten Haushaltsgegenstände bzw diejenigen, bei welchen eine Teileinigung gegeben ist),
2. die **Eigentumslage** an den jeweiligen Haushaltsgegenständen (OLG Bamberg 18.3.1996 – 7 UF 225/95, FamRZ 1996, 1293; OLG Zweibrücken 17.6.1998 – 5 UF 25/98, FamRZ 1999, 672; OLG Brandenburg 17.2.2000 – 9 UF 39/99, FamRZ 2000, 1102; zu weitgehend OLG Düsseldorf 29.10.2007 – II-7 UF 108/07, FF 2008, 169) und
3. die gegebene **Besitzlage** an den jeweiligen Haushaltsgegenständen, da die Zuweisungsentscheidung eine Herausgabeanordnung enthalten muss (OLG Düsseldorf 1.7.1986 – 9 UF 145/85, FamRZ 1986, 1134; OLG Brandenburg 17.2.2000 – 9 UF 39/99, FamRZ 2000, 1102; zur Zwangsvollstreckung Eckebrecht FPR 2008, 436 ff).

4 Somit kann das Familiengericht einen Antrag nicht mit der Begründung zurückweisen, dass die Haushaltsgegenstände nicht individualisierbar dargestellt wurden. In diesem Fall hat das Gericht von Amts wegen die offenen Punkte, wie beispielsweise Bestand der Haushaltsgegenstände, Eigentumslage, zu klären, Ersteres durch Einnahme eines Augenscheins (OLG Bamberg 18.3.1996 – 7 UF 225/95, FamRZ 1996, 1293; OLG Zweibrücken 17.6.1998 – 5 UF 25/98, FamRZ 1999, 672; OLG Naumburg 23.6.2006 – 3 UF 22/06, FamRZ 2007, 565). Insofern wurden die Mitwirkungspflichten der beteiligten Ehegatten jedoch verstärkt: Nach § 203 Abs. 2 FamFG sollen die gesamten Haushaltsgegenstände aufgelistet und hinreichend konkret bezeichnet werden (OLG Naumburg 23.6.2006 – 3 UF 22/06, FamRZ 2007, 565; nach altem Recht: OLG Köln 27.6.2000 – 14 UF 47/00, FamRZ 2001, 174). Zudem kann nach § 206 Abs. 1 Nr. 2 FamFG das Familiengericht von beiden Ehegatten die Vorlage oder Ergänzung einer Aufstellung sämtlicher Haushaltsgegenstände einschließlich deren genauer Bezeichnung verlangen. Sollte der gesamte Bestand der Haushaltsgegenstände nicht ermittelt werden können, muss das Familiengericht dennoch über die Haushaltsgegenstände im Übrigen entscheiden (OLG Zweibrücken 17.6.1998 – 5 UF 25/98, FamRZ 1999, 672). Allerdings genügt es bei der Antragstellung nach § 1568 b BGB nicht, nur die Gegenstände aufzulisten, die zugewiesen werden sollen. Vielmehr muss ergänzend vorgetragen werden, welche Haushaltsgegenstände – zu welchem Wert – bereits einvernehmlich aufgeteilt wurden. Andernfalls kann nicht entschieden werden, ob der Anspruchsteller die streitgegenständlichen Haushaltsgegenstände zu Recht begehrt oder bislang zu kurz gekommen ist (OLG Bamberg 1.12.2000 – 7 UF 212/00, FamRZ 2001, 1316).

3. Gesamtbestand

5 In dem Verfahren nach § 1568 b BGB können nur Haushaltsgegenstände verteilt werden, die zum Zeitpunkt der gerichtlichen Entscheidung noch **vorhanden** sind. Man spricht vom **Gesamtbestand der verteilungsfähigen Haushaltsgegenstände zum Stichtag**. Stichtag ist bei einer Haushaltsauseinandersetzung nach § 1568 b BGB als **Folgesache** bzw im Scheidungsverbund der **Schluss der mündlichen Verhandlung**. Wird die Hausratsauseinandersetzung hingegen isoliert bzw später geführt, ist Stichtag der Tag der

Rechtskraft der Ehescheidung (OLG Zweibrücken 12.3.1985 – 6 UF 103/84, FamRZ 1985, 819; OLG Düsseldorf 15.5.1986 – 9 UF 207/85, FamRZ 1986, 1132; OLG Karlsruhe 15.4.1987 – 2 UF 7/87, FamRZ 1987, 848; OLG Köln 20.2.1989 – 10 UF 186/88, NJW-RR 1989, 646; OLG Stuttgart 7.12.1992 – 17 UF 147/92, FamRZ 1993, 1461; OLG Bamberg 18.3.1996 – 7 UF 225/96, FamRZ 1996, 1293; aA OLG Hamm 16.2.1996 – 13 UF 124/95, FamRZ 1996, 1423). Ein Haushaltsgegenstand gilt als vorhanden, solange nicht das Gegenteil behauptet und erwiesen ist. Derjenige Ehegatte, der sich auf den Verlust eines Haushaltsgegenstands beruft, muss den Verlust beweisen, wenn es als gesichert angesehen werden kann, dass der „verlorene" Haushaltsgegenstand auch nicht im Besitz des anderen Ehegatten ist (OLG Köln 20.2.1989 – 10 UF 186/88, NJW-RR 1989, 646). Verfügt einer der Ehegatten vor dem Stichtag in rechtswidriger Weise über einen Haushaltsgegenstand oder ist ein Haushaltsgegenstand vor dem Stichtag untergegangen, wird dieser Haushaltsgegenstand vom Gericht nicht in die Entscheidung einbezogen (OLG Frankfurt 9.2.1981 – 5 UF 211/80, FamRZ 1981, 375). Eine Herausgabeanordnung kann über einen solchen Haushaltsgegenstand nicht mehr erlassen werden (OLG Düsseldorf 15.5.1986 – 9 UF 207/85, FamRZ 1986, 1132). Ein infolge kollusiven Handelns oder durch illoyale Verfügungen (BGH 2.3.1983 – Ivb ARZ 1/83, FamRZ 1983, 794; OLG Koblenz 18.3.1991 – 11 UF 204/91, FamRZ 1991, 1302) nicht mehr vorhandener Haushaltsgegenstand gilt hingegen als noch vorhanden und soll demjenigen Ehegatten zugewiesen werden, der ihn zuletzt im Besitz hatte (OLG Karlsruhe 15.4.1987 – 2 UF 7/87, FamRZ 1987, 848; aA OLG Hamm 16.2.1996 – 13 UF 124/95, FamRZ 1996, 1423). Hat hingegen ein Dritter den Verlust des Haushaltsgegenstandes zu verantworten, kann der Schadensersatzanspruch gegen den Dritten Gegenstand des Haushaltsverfahrens sein (OLG Frankfurt 9.2.1981 – 5 UF 211/80, FamRZ 1981, 375). Nur wenn noch spürbare Wertdifferenzen verbleiben würden, kann eine Ausgleichszahlung nach § 1568 b Abs. 3 BGB angeordnet werden (BGH 26.9.1979 – IV ARZ 23/79, FamRZ 1980, 45; OLG Karlsruhe 15.4.1987 – 2 UF 7/87, FamRZ 1987, 848; OLG Köln 20.2.1989 – 10 UF 186/88, NJW-RR 1989, 646). Verfügt hingegen ein Ehegatte über einen Haushaltsgegenstand nach Rechtskraft der Scheidung, ist dies grundsätzlich unbeachtlich (OLG Düsseldorf 15.5.1986 – 9 UF 207/85, FamRZ 1986, 1132; OLG Hamm 14.3.1990 – 10 WF 36/90, FamRZ 1990, 1126).

4. Zuweisungsanspruch nach § 1568 b Abs. 1 BGB

Ein Ehegatte kann anlässlich der Scheidung die Zuweisung eines gemeinsamen Haushaltsgegenstandes beanspruchen, wenn er auf dessen Nutzung unter Berücksichtigung des Wohls der im Haushalt lebenden Kinder und der Lebensverhältnisse der Ehegatten in stärkerem Maße angewiesen ist als der andere. Dies gilt auch dann, wenn dies aus anderen Gründen der Billigkeit entspricht. Der andere Ehegatte hat diesen Haushaltsgegenstand zu überlassen und zu übereignen. Primäre Entscheidungskriterien sind das **Wohl der im Haushalt lebenden Kinder** und die **Lebensverhältnisse der Eheleute**. Zugunsten der Kinder soll das räumliche und soziale Umfeld möglichst unverändert bleiben. Insofern sind die für die Betreuung und Pflege der Kinder erforderlichen Haushaltsgegenstände in der Regel dem betreuenden Ehegatten zuzuweisen. Bei den ehelichen Lebensverhältnissen sind nur **wesentliche Umstände** zu berücksichtigen (BGH 14.7.1955 – IV ZB 37/55, BGHZ 18, 143) wie die beiderseitigen Einkommens- und Vermögensverhältnisse, die Bedürfnisse und wirtschaftlichen Möglichkeiten der Ersatzbeschaffung, Alter und Gesundheit, die bisherige Nutzung vor der Trennung bzw Scheidung sowie die Beziehung des Ehegatten zum Haushaltsgegenstand, Bezug der Ehewohnung, sofern der Antragsteller auch die Ehewohnung bewohnt. Künftige Umstände können nur dann entscheidungserheblich sein, wenn diese auch hinreichend sicher eintreten werden (Gerhardt/von Heintschel-Heinegg/Klein/Klein 8. Kap. Rn 168). Sind beide Ehegatten auf den Haushaltsgegenstand im gleichen Maße angewiesen, muss nach Billigkeitsgrundsätzen entschieden werden. Dabei kann eine Rolle spielen, wer veranlasst hat, den Haushaltsgegenstand anzuschaffen (Gerhardt/von Heintschel-Heinegg/Klein/Klein 8. Kap. Rn 166). Ein grobes Fehlverhalten wie Prozessbetrug im Unterhaltsverfahren kann ebenfalls eine Rolle spielen (AG Weilburg 15.2.1991 – 2 F 351/86, FamRZ 1992, 191).

6

5. Ausgleichszahlung nach § 1568 b Abs. 3 BGB

7 Der Ehegatte, der sein Miteigentum an einem Haushaltsgegenstand auf den anderen Ehegatten überträgt bzw übertragen muss, kann nach § 1568 b Abs. 3 BGB eine angemessene Ausgleichszahlung verlangen. Dabei orientiert sich die Höhe der Ausgleichsgleichzahlung nicht nur an den Billigkeitsgrundsätzen. Wechselseitige Ausgleichszahlungsverpflichtungen können miteinander verrechnet werden. Es soll ein **gerechter wertmäßiger Ausgleich** im Sinne des **Halbteilungsgrundsatzes** stattfinden, wobei die jeweils zugeteilten Haushaltsgegenstände und deren Wert zu berücksichtigen sind (OLG Naumburg 18.9.2006 – 3 WF 154/06, FamRZ 2007, 920). Kleinlichkeit ist jedoch zu vermeiden (BGH 1.12.1983 – IX ZR 41/83, FamRZ 1984, 144). Mit der Festsetzung der Ausgleichszahlung ist die Fälligkeit festzuschreiben, wobei dies – sofern kein abweichendes Datum festgeschrieben wurde – in der Regel der Zeitpunkt der Rechtskraft der Ehescheidung ist. Das Familiengericht kann aber im Rahmen von § 209 FamFG auch Ratenzahlungen festlegen, Stundung (ohne oder mit Zinsen), beispielsweise bis zur Entscheidung im Zugewinnausgleichsverfahren, oder Leistung Zug um Zug anordnen. Der Anspruch auf Ausgleichszahlung ist ein selbstständiger Anspruch, jedoch nicht höchstpersönlicher Natur. Nach früher hM soll jedoch keine isolierte Ausgleichszahlung – ohne Zuweisung eines Haushaltsgegenstands – festgeschrieben werden können (OLG Naumburg 4.9.2003 – 8 UF 211/02, FamRZ 2004, 889; 18.9.2006 – 3 WF 154/06, FamRZ 2007, 920; OLG Karlsruhe 10.4.2003 – 2 WF 143/02, FamRZ 2004, 891). Erst mit Rechtskraft der Entscheidung kann gegen die Ausgleichszahlung aufgerechnet werden, im Verfahren hingegen nicht (OLG Hamm 13.1.1981 – 2 UF 408/80, FamRZ 81, 293; OLG Köln 14.1.1993 – 25 WF 192/92, NJW-RR 93, 1030). Die rechtsgestaltende Änderung der Eigentumslage muss gewährleisten, dass die Ausgleichszahlung auch tatsächlich geleistet wird (BGH 15.1.1992 – XII ZR 202/90, BGHZ 117, 35 = FamRZ 1992, 414).

8 **a) Verkehrswert.** Die Höhe der Ausgleichszahlung nach § 1568 b Abs. 3 BGB bestimmt sich nach dem **Verkehrswert** bzw **Zeitwert** des jeweiligen Haushaltsgegenstands zum Zeitpunkt der Verteilung bzw letzten mündlichen Verhandlung. Der Neuanschaffungswert ist nicht anzusetzen (OLG Zweibrücken 19.8.1992 – 5 UF 191/91, FamRZ 1993, 82; OLG Naumburg 4.9.2003 – 8 UF 211/02, FamRZ 2004, 889), da die Ausgleichszahlung lediglich die Wiederbeschaffung entsprechender gebrauchter – und keiner neuen – Haushaltsgegenstände ermöglichen soll (Palandt/Brudermüller § 1568 b BGB Rn 11). Andernfalls wäre der Ehegatte, der die Ausgleichszahlung beanspruchen kann, besser gestellt, was wiederum dem Halbteilungsprinzip widersprechen würde („Ausgleich des dadurch entstehenden Ungleichgewichts": OLG Naumburg 4.9.2003 – 8 UF 211/02, FamRZ 2004, 889). Billigkeitsentscheidungen und hierdurch bedingte Reduzierungen oder Erhöhungen der Ausgleichszahlung können im Einzelfall möglich sein (OLG Frankfurt 20.10.1999 – 13 UF 88/97, NJWE-FER 2000, 292). Dabei kann beispielsweise ein weitaus höherer Gebrauchswert des Haushaltsgegenstandes, ein individueller Erinnerungswert etc. berücksichtigt werden. Auch kann berücksichtigt werden, wenn der Ausgleichspflichtige nicht in der Lage ist, die Ausgleichszahlung in Höhe des Verkehrswertes zu leisten, oder wenn die bisherige Aufteilung wertmäßig ungerecht erfolgte (OLG Zweibrücken 11.4.1986 – 6 UF 42/86, FamRZ 1987, 166). Diese Billigkeitskorrektur ist nach neuem Recht jedoch nurmehr in engeren Grenzen möglich (Palandt/Brudermüller § 1568 b BGB Rn 11).

9 **b) Halbteilungsprinzip.** Das Familiengericht hat zeitgleich mit der Zuweisung der Haushaltsgegenstände über die Ausgleichszahlung zu entscheiden, wenn die Zuweisung der Haushaltsgegenstände dem Halbteilungsprinzip nicht entsprechen würde, da der eine Ehegatte empfindlich höhere Sachwerte zugewiesen erhält als der andere Ehegatte. Die vom Gericht festzusetzende Ausgleichszahlung bestimmt sich somit nach dem Halbteilungsprinzip und entspricht damit der Billigkeit (OLG Naumburg 18.9.2006 – 3 WF 154/06, FamRZ 2007, 920).

10 **c) Ausgleichszahlung und Gesamtregelung.** Aus Gründen der Billigkeit muss das zuständige Familiengericht darauf achten, dass sämtliche Rechtsfolgen, wie beispielsweise Hausrat, Unterhalt, Zugewinn etc. der Ehescheidung, sofern das Gericht dafür zuständig ist, ausgewogen und aufeinander abgestimmt geregelt werden. In diesem Zusammenhang kann eine Reduzierung der Unterhaltspflicht zulasten des Ehegatten angemessen sein, dem ein Haushaltsgegenstand zugewiesen wurde und dem zeitlich eine Ausgleichszahlung mangels „Leistungsfähigkeit" nicht möglich ist. Andererseits kann eine Ausgleichszahlung für einen

Haushaltsgegenstand, welcher überwiegend von einem Kind benutzt wird oder dessen Versorgung dient, nicht angemessen sein (Gerhardt/von Heintschel-Heinegg/Klein 8. Kap. Rn 173). Folgt die Entscheidung im Zugewinnausgleichsverfahren der Entscheidung der Hausratsverteilung, und ist der beim Hausratsverfahren begünstigte Ehegatte nicht in der Lage, eine Ausgleichszahlung bzw begrenzte Ausgleichszahlung zu leisten, empfiehlt es sich, nur eine vorläufige Benutzungsregelung festzuschreiben und die endgültige Zuweisung des Haushaltsgegenstands erst mit der Entscheidung im Zugewinn zu erlassen. Oder die Ausgleichszahlung ist nur vorläufig festzuschreiben und eine Erhöhung bleibt im Rahmen des Zugewinnausgleichs vorbehalten (Gerhardt/von Heintschel-Heinegg/Klein 8. Kap. Rn 174).

6. Verweigerte Abholung

Der Ehegatte, dem die Haushaltsgegenstände zugewiesen werden, die sich im Besitz des anderen Ehegatten 11 befinden, muss diese Haushaltsgegenstände **abholen**. Holt dieser Ehegatte jedoch die Haushaltsgegenstände nicht ab, muss der andere Ehegatte einen Termin zur Abholung bestimmen, sofern er die Haushaltsgegenstände loswerden möchte. Mit Verstreichen dieses Termins gerät der Ehegatte, dem die Haushaltsgegenstände zugewiesen wurden, in Annahmeverzug nach §§ 293, 295 BGB. Mit Eintritt des Verzugs können die wertvolleren Haushaltsgegenstände, wie beispielsweise Antiquitäten, Kunstgegenstände, nach §§ 372 ff BGB **hinterlegt** werden. Die Haushaltsgegenstände, die zur Hinterlegung nicht geeignet sind, können nach §§ 383 ff BGB **versteigert** und der Erlös kann hinterlegt werden. Wertlose Gegenstände dürfen nach entsprechender Benachrichtigung **vernichtet** oder **weggegeben** werden (Gerhardt/von Heintschel-Heinegg/ Klein 8. Kap. Rn 180).

II. Auskunftsanspruch nach § 1568 b BGB

Die Regelung des § 1568 b BGB – wie auch bei § 1361 a BGB – schreibt keinen gesetzlich normierten 12 Auskunftsanspruch über den Bestand der Haushaltsgegenstände fest (Brudermüller FamRZ 1999, 129). Dieser ist auch nicht analog herzuleiten, beispielsweise aus § 1379 BGB (BGH 1.12.1983 – IX ZR 41/83, FamRZ 1984, 144 = BGHZ 89, 137). In wenigen Einzelfällen wurde vor der Reform zum 1.9.2009 ein Auskunftsanspruch auf der Grundlage der ehelichen Solidarität und des Grundsatzes von Treu und Glauben nach §§ 1353, 242 BGB hergeleitet (OLG Düsseldorf 14.7.1986 – 4 UF 43/86, FamRZ 1987, 81; OLG Frankfurt/M. 1.2.1988 – 1 UF 324/87, FamRZ 1988, 645; Brudermüller FamRZ 1999, 129; kein Auskunftsanspruch: OLG Bamberg 22.5.1991 – 2 UF 105/91, FamRZ 1992, 332; Möller FPR 2000, 84 f). Da mit der Reform zum 1.9.2009 dem Familiengericht eingeräumt wurde, den Ehegatten aufzugeben, die Haushaltsgegenstände anzugeben, deren Zuteilung sie begehren (§ 206 Abs. 1 Nr. 1 FamFG), oder eine Aufstellung sämtlicher Haushaltsgegenstände einschließlich deren genauer Bezeichnung vorzulegen oder eine vorgelegte Aufstellung zu ergänzen (§ 206 Abs. 1 Nr. 2 FamFG), dürfte diese Herleitung des Auskunftsanspruch sich überholt haben bzw kein Regelungsbedürfnis bestehen, zumal jeder Ehegatte bei der Trennung auch Kenntnis über den Bestand der Haushaltsgegenstände hat bzw haben muss (OLG Düsseldorf 10.7.1985 – 5 UF 53/85, FamRZ 1985, 1152; OLG Celle 14.2.1986 – 12 UF 253/85, FamRZ 1986, 490; offen gelassen: OLG Zweibrücken 21.11.1994 – 5 UF 35/93, FamRZ 1995, 1211). Insofern besteht auch kein Rechtsschutzbedürfnis für einen Hilfsantrag auf Zutritt zur Ehewohnung zur Bestandsaufnahme (OLG Zweibrücken aaO). Dennoch soll ausnahmsweise auch nach der Reform zum 1.9.2009 ein Auskunftsanspruch nach §§ 1353, 242, 260 BGB unter zwei Voraussetzungen gegeben sein (Gerhardt/von Heintschel-Heinegg/Klein/Klein 8. Kap. Rn 184): Der die Auskunft beanspruchende Ehegatte ist

1. in **entschuldbarer** Weise über den Bestand der Haushaltsgegenstände in Ungewissheit (OLG Frankfurt/M. 1.2.1988 – 1 UF 324/87, FamRZ 1988, 645) **oder** er ist **verhindert**, sich selbst die erforderliche Kenntnis zu verschaffen **und**
2. der andere Ehegatte kann die erforderlichen Auskünfte zur Beseitigung der Ungewissheiten ohne Weiteres erteilen (KG Berlin 5.11.1981 – 15 WF 4935/81, FamRZ 1982, 68; OLG Bamberg 22.5.1991 – 2 UF 105/91, FamRZ 1992, 332; Möller FPR 2000, 84 ff).

13 Denn trotz der Amtsermittlungspflicht des Familiengerichtes müssen die Beteiligten nach § 206 FamFG **mitwirken**. Eine sachgerechte Mitwirkung setzt aber zwangsläufig auch Kenntnis über den Bestand der Haushaltsgegenstände voraus (OLG Düsseldorf 14.7.1986 – 4 UF 43/86, FamRZ 1987, 81).

III. Verwirkung

14 Der Anspruch auf Zuweisung eines Haushaltsgegenstands nach § 1568 b Abs. 1 BGB kann nach den allgemeinen Grundsätzen der Verwirkung verwirkt sein (Heiß/Heiß, Das Mandat im Familienrecht, 2009, Teil 15: Haushaltsauseinandersetzung, Rn 41). Voraussetzung hierfür ist das **Vorliegen des Zeit- und Umstandsmoments**. Hat der Ehegatte während der Trennung und jahrelang nach Rechtskraft der Scheidung nichts unternommen, um seine Ansprüche geltend zu machen, ist das Vorliegen des sog. **Zeitmoments** zu bejahen. Der andere Ehegatte darf davon ausgehen, sofern jahrelang kein Anspruch geltend gemacht wurde (sog. Funkstille) und auch nichts in dieser Hinsicht angedeutet wurde, dass der Zuweisungsanspruch nicht mehr geltend gemacht wird, sog. **Umstandsmoment** (OLG Bamberg 22.5.1991 – 2 UF 105/91, FamRZ 1992, 332; KG Berlin 13.6.1995 – 18 UF 4677/91, KGR Berlin 1996, 21; 24.1.2007 – 3 UF 25/07, FamRZ 2007, 1579; AG Weilburg 7.10.1997 – 20 F 1017/92 WH, FamRZ 1998, 963; OLG Naumburg 7.6.2001 – 3 UF 50/01, FamRZ 2002, 672; OLG Koblenz 28.1.2003 – 9 UF 593/02, EzFamR aktuell 2003, 137).

IV. Verfahren nach § 1568 b BGB

1. Verfahren im Allgemeinen

15 Im Verfahren muss zu einer angemessenen Teilung entsprechend dem **Halbteilungsprinzip** der Gesamtbestand aller Haushaltsgegenstände und ihr Wert aufgenommen werden. Dabei sind auch die Haushaltsgegenstände zu berücksichtigen, über die bereits eine (Teil-)Einigung gefunden wurde (OLG Bamberg 1.12.2000 – 7 UF 212/00, FamRZ 2001, 1316). Nach dem **Amtsermittlungsgrundsatz** hat das Gericht den Bestand, die Eigentumslage und die Werte der Haushaltsgegenstände zum Stichtag (letzte mündliche Verhandlung oder Rechtskraft der Ehescheidung) zu ermitteln (OLG Bamberg 18.3.1996 – 7 UF 225/95, FamRZ 1996, 1293; OLG Zweibrücken 17.6.1998 – 5 UF 25/98, FamRZ 1999, 672; OLG Brandenburg 17.2.2000 – 9 UF 39/99, FamRZ 2000, 1102; zu weitgehend: OLG Düsseldorf 29.10.2007 – II-7 UF 108/07, FF 2008, 169). Der Antragsteller hat jedoch nach § 203 Abs. 2 FamFG mit seinem Antrag den Bestand aufzulisten und konkret zu bezeichnen, andernfalls wäre eine eventuell erforderliche Vollstreckungsfähigkeit nicht gegeben (OLG Köln 27.6.2000 – 14 UF 47/00, FamRZ 2001, 174; OLG Naumburg 23.6.2006 – 3 UF 22/06, FamRZ 2007, 565; Erbarth FPR 2010, 548 ff; Holzwarth FPR 2010, 559 ff; zur Vollstreckung nach dem FamFG: Giers FPR 2010, 564 ff). Ergänzend kann die Erstellung oder Ergänzung von den Beteiligten vom Familiengericht nach § 206 Abs. 2 Nr. 2 FamFG angeordnet werden.

2. Gerichtsermittlungspflicht

16 Siehe zunächst → *Aufteilung von Haushaltssachen bei Trennung* Rn 14. Bei der endgültigen Verteilung wird die Bekanntgabe der gesamten Haushaltsgegenstände und deren Aufteilung vorausgesetzt (OLG Düsseldorf 27.4.1998 – 3 WF 82/89, FamRZ 1999, 1270). Bei der endgültigen Regelung wäre es verfassungsrechtlich nicht zulässig, dinglich zu gestalten und die Eigentumslage nicht vorab aufzuklären. Bei Gebrauchsgütern, deren Nutzungsdauer beschränkt ist und die einfach wieder beschafft werden können, soll Beweisanregungen nur in einem wirtschaftlich angemessenen Rahmen nachgegangen werden.

24. Aufteilung von Haushaltssachen bei Trennung

Kloster-Harz/Schönberger

I. Haushaltsgegenstände bei Getrenntleben
(§ 1361 a BGB) 1
  1. Normzweck des § 1361 a BGB 1
  2. Herausgabeanspruch nach
    § 1361 a Abs. 1 S. 1 BGB 2
  3. Gebrauchsüberlassungsanspruch nach
    § 1361 a Abs. 1 S. 2 BGB 3
    a) Abgesonderter Haushalt 4
    b) Benötigen iSv § 1361 a Abs. 1 S. 2 BGB 5
    c) Billigkeit iSv § 1361 a Abs. 1 S. 2 BGB 6

  4. Verteilung gemeinsamer Haushaltsgegenstände. 7
  5. Nutzungsvergütung 8
II. Verbotene Eigenmacht 9
III. Auskunftsanspruch nach § 1361 a BGB 10
IV. Verjährung 11
V. Verfahren nach § 1361 a BGB 12
  1. Zuständigkeit 12
  2. Streitwert 13
  3. Gerichtsermittlungspflicht 14

I. Haushaltsgegenstände bei Getrenntleben (§ 1361 a BGB)

1. Normzweck des § 1361 a BGB

§ 1361 a BGB soll einer **vorläufigen Regelung** der Nutzungsmöglichkeiten und Besitzverhältnisse an **ein-** 1
zelnen Haushaltsgegenständen dienen (Brudermüller FamRZ 2006, 1157 ff; Götz/Brudermüller FamRZ
2008, 1895 ff). Die Regelung ist bei nichtehelichen Lebenspartnern nicht anwendbar (OLG Düsseldorf
17.6.1998 – 11 U 80/97, MDR 1999, 233). Die Feststellung des gesamten Bestands der Haushaltsgegenstände ist nicht erforderlich (OLG Brandenburg 17.2.2000 – 9 UF 39/99, FamRZ 2000, 1102; OLG Düsseldorf 27.4.1998 – 3 WF 82/89, FamRZ 1999, 1270). Dies könnte aber im Einzelfall zweckmäßig sein (vergleiche § 206 Abs. 1 Nr. 2 FamFG). Da während der Trennungsphase grundsätzlich keine endgültige Zuteilung von Haushaltsgegenständen stattfindet, ist eine Einigung der Eheleute während der Trennungszeit im
Zweifel nur als Benutzungsregelung auszulegen. Zudem besteht keine Ermächtigung des Familiengerichts
zur Rechtsgestaltung mit Außenwirkung gegenüber Dritten, dies auch dann nicht, wenn der andere Ehegatte einverstanden ist. § 1361 a BGB dient nicht der Regelung vermögensrechtlicher Ansprüche und auch
nicht der Herausgabe von Bargeld, Sparbüchern, Wertpapieren, Unterlagen etc. (OLG Hamm 18.3.1980 – 2
UF (Sbd) 7/80, FamRZ 1980, 708; BGH 14.3.1984 – Ivb ARZ 59/83, FamRZ 1984, 575).

2. Herausgabeanspruch nach § 1361 a Abs. 1 S. 1 BGB

Mit der Trennung kann grundsätzlich jeder Ehegatte vom anderen die in seinem Alleineigentum stehenden 2
Haushaltsgegenstände **herausverlangen**, § 1361 a Abs. 1 S. 1 BGB (LG Traunstein 4.9.2007 – 5 S
2332/07, FamRZ 2008, 894; BGH 14.3.1984 – Ivb ARZ 59/83, FamRZ 1984, 575). Der Streit um den Bestand des Eigentums schließt den Herausgabeanspruch nicht aus (Palandt/Brudermüller § 1361 a BGB
Rn 12; aA OLG Celle 19.3.1996 – 18 UF 54/95, FamRZ 1997, 381). Das Recht auf Mitbesitz kann nicht
erfolgreich eingewandt werden (BGH 14.3.1984 – Ivb ARZ 59/83, FamRZ 1984, 575). § 1361 a Abs. 1 S. 1
BGB ist **lex specialis** gegenüber § 985 BGB (BGH 13.10.1976 – IV ZR 89/75, BGHZ 67, 217; 22.9.1982 –
IVb ARZ 32/82, FamRZ 1982, 1200; OLG Düsseldorf 4.2.1986 – 5 UF 257/85, FamRZ 1987, 483;
5.7.1993 – 3 WF 70/93, FamRZ 1994, 390; OLG Hamm 15.7.1988 – 5 WF 340/88, FamRZ 1988, 1303;
OLG Zweibrücken 30.1.1991 – 2 UF 87/90, FamRZ 1991, 848; Vogel FamRZ 1981, 839 ff; Luthin FamRZ
1984, 1095 ff; Holzwarth FPR 2010, 559 ff; aA OLG Bamberg 14.9.1992 – SA 11/92, FamRZ 1993, 335).
Anders ist es hingegen, wenn die Eheleute explizit die Eigentumslage klären wollen und keine Benutzungsregelung anstreben. Dann ist § 985 BGB anwendbar. Ein zu den Haushaltsgegenständen gehörender Pkw
kann nicht nach § 1361 a Abs. 1 S. 1 BGB herausverlangt werden, wenn Indizien für die Annahme sprechen, dass nach dem Willen der Parteien Miteigentum entstehen sollte. Auch scheitert der Herausgabeanspruch eines Ehegatten nach § 1361 a Abs. 1 S. 1 BGB, wenn der andere Ehegatte mit einem Gebrauchsüberlassungsanspruch nach § 1361 a Abs. 1 S. 2 BGB begegnen kann. Der Herausgabeanspruch des
§ 1361 a Abs. 1 S. 1 BGB ist nur dann pfändbar, wenn der Anspruch des anderen Ehegatten nach § 1361 a
Abs. 1 S. 2 BGB nicht besteht (Palandt/Brudermüller § 1361 a BGB Rn 12).

3. Gebrauchsüberlassungsanspruch nach § 1361 a Abs. 1 S. 2 BGB

3 Die Regelung schreibt ein eigenes, auf § 1353 BGB beruhendes **Besitzrecht** an den vorhandenen (OLG Frankfurt 13.10.2003 – WF 319/93, FamRZ 2004, 1105) Haushaltsgegenständen des Nichteigentümer-Ehegatten gegenüber dem Alleineigentümer-Ehegatten fest. Voraussetzung ist, dass der Nichteigentümer-Ehegatte diesen Haushaltsgegenstand dringend zur Führung eines abgesonderten Haushalts – nicht zur beruflichen Nutzung bzw zur Erzielung von Einkünften – **benötigt und** die Überlassung des Haushaltsgegenstands nach den Umständen des Einzelfalls **der Billigkeit entspricht** (OLG Karlsruhe 3.4.2000 – 2 WF 111/09, FamRZ 2001, 760; OLG Naumburg 12.9.2006, OLGR 2007, 231). Die Eigentumsvermutung des Besitzers nach § 1006 BGB gilt nicht. Der Gebrauchsüberlassungsanspruch nach § 1361 a Abs. 1 S. 2 BGB ist wegen seiner höchstpersönlichen Natur nicht pfändbar (Palandt/Brudermüller § 1361 a BGB Rn 15). Der Gebrauchsüberlassungsanspruch verpflichtet nur zur Gebrauchsüberlassung, so dass der Nichteigentümer-Ehegatte grundsätzlich den Transport zu regeln und diesbezügliche Kosten zu tragen hat (LG Aachen 6.6.1980 – 3 S 109/80, FamRZ 1980, 996; siehe auch mangelnde Mitnahmepflicht bei nicht zugeteilten Haushaltsgegenständen: LG Traunstein 4.9.2007 – 5 S 2332/07, FamRZ 2008, 894). Entsprechend hat der Nichteigentümer auch für eventuelle Kosten der Erhaltung und Pflege des Haushaltsgegenstands zu sorgen, beispielsweise des Kfz (OLG München 2.7.1997 – 12 UF 958/97, FamRZ 1998, 1230). Der Gebrauchsüberlassungsanspruch beinhaltet auch keinen Beschaffungsanspruch (Palandt/Brudermüller § 1361 a BGB Rn 15).

4 **a) Abgesonderter Haushalt.** Der Gebrauchsüberlassungsanspruch nach § 1361 a Abs. 1 S. 2 BGB setzt voraus, dass einer der Ehegatten einen **abgesonderten Haushalt führt.** Dies kann innerhalb der Ehewohnung sein oder außerhalb der Ehewohnung sowie mit Dritten der Fall sein. Bewohnt der Ehegatte hingegen eine sog. möblierte Ersatzunterkunft, wie beispielsweise bei den Eltern und/oder Freunden, ist der Gebrauchsüberlassungsanspruch nur begründet, wenn er sich mit den herausverlangten Haushaltsgegenständen einen eigenen Haushalt schaffen will.

5 **b) Benötigen iSv § 1361 a Abs. 1 S. 2 BGB.** Welche Haushaltsgegenstände zur Führung eines abgesonderten Haushalts benötigt werden, richtet sich nach den ehelichen Lebensverhältnissen (BayObLG 13.1.1972 – BReg 2 Z 90/70, FamRZ 1972, 139; OLG Köln 17.4.1986 – 4 UF 64/86, FamRZ 1986, 703). **Entscheidungskriterien** sind auch die Dauer des Zusammenlebens (hierzu empfehlenswert: OLG Köln 20.9.1979 – 14 UF 36/79, FamRZ 1980, 249; 17.4.1986 – 4 UF 64/86, FamRZ 1986, 703), das bisherige Maß der Nutzung und die eventuelle Möglichkeit der Ersatzbeschaffung. Es ist jedoch keine besondere Dringlichkeit erforderlich. Verfügt der Nichteigentümer-Ehegatte über ausreichende Mittel, so dass er den betreffenden Haushaltsgegenstand selbst erwerben kann, notfalls auch mittels Ratenkauf oder Ähnlichem, so ist der Überlassungsanspruch nach den Grundsätzen der Verhältnismäßigkeit sowie des Grundrechts nach Art. 14 GG nicht begründet. Der Eigentümer-Ehegatte hat im Zweifel Vorrang (Gerhardt/von Heintschel-Heinegg/Klein 8. Kap. Rn 142).

6 **c) Billigkeit iSv § 1361 a Abs. 1 S. 2 BGB.** Der Gebrauchsüberlassungsanspruch des Nichteigentümers ist nur begründet, soweit dies der Billigkeit entspricht. Entscheidend kommt es dabei auf die **Bedürfnisse der Kinder** an (KG 17.1.2003 – 13 UF 439/02, FamRZ 2003, 1927), aber auch auf die **Bedürfnisse der Ehegatten** entsprechend der **bisherigen Lebensführung** (BayObLG 13.1.1972 – BReg 2 Z 90/70, FamRZ 1972, 139; Vorrang des Ehegatten, der Pkw wegen beruflicher Nutzung dringender benötigt: OLG Köln 11.9.2009 – 4 WF 128/09, FamRZ 2010, 470) sowie die **beiderseitigen Vermögens- und Einkommensverhältnisse.** Auch die Dauer des Zusammenlebens kann eine Rolle spielen (OLG Köln 17.4.1986 – 4 UF 64/86, FamRZ 1986, 703). Die Umstände, die zur Trennung geführt haben, dürfen bei der Entscheidung grundsätzlich keine Rolle spielen (Gerhardt/von Heintschel-Heinegg/Klein/Klein 8. Kap. Rn 144; aA Palandt/Brudermüller § 1361 a BGB Rn 13). Allerdings soll schwerwiegendes Fehlverhalten im Sinne der §§ 1361 Abs. 3, 1579 BGB ausnahmsweise und im Einzelfall in die Gesamtabwägung der Billigkeitsentscheidung einfließen können (Gerhardt/von Heintschel-Heinegg/Klein/Klein 8. Kap. Rn 144; Palandt/Brudermüller § 1361 a BGB Rn 13). Unbillig wird die Gebrauchsüberlassung sein, wenn der Nichteigentümer-Ehegatte die Haushaltsgegenstände nicht pfleglich und ordnungsgemäß behandelt oder

wenn er sie mit dem neuen Lebensgefährten nutzen wird und das Benötigen nur durch das Zusammenleben mit dem neuen Lebensgefährten begründet ist.

4. Verteilung gemeinsamer Haushaltsgegenstände

Haushaltsgegenstände, die im Miteigentum beider Eheleute stehen, werden nach den **Grundsätzen der** **7** **Billigkeit** zwischen ihnen **verteilt** bzw **zur vorläufigen Nutzung zugewiesen**, § 1361 a Abs. 2 BGB. Zur Klärung der Eigentumsverhältnisse gilt die Regelung der Miteigentumsvermutung nach § 1568 b Abs. 2 BGB entsprechend. Bei der Verteilung nach § 1361 a Abs. 2 BGB ist nicht erheblich, wer den betreffenden Haushaltsgegenstand zur Führung eines abgesonderten Haushalts benötigt iSv § 1361 a Abs. 1 S. 2 BGB. Die Verteilung erfolgt vielmehr nach den Grundsätzen der Billigkeit, wobei die praktischen Bedürfnisse der Eheleute zu berücksichtigen sind (OLG Köln 11.9.2009 – 4 WF 128/09, NJW-RR 2010, 150 oder FamRZ 2010 470). Dabei kann es eine Rolle spielen, welcher der Ehegatten den Haushaltsgegenstand dringender benötigt (OLG Köln 11.9.2009 – 4 WF 128/09, NJW-RR 2010, 150 oder FamRZ 2010, 470). Insoweit kann auf die Entscheidungskriterien des § 1361 a Abs. 1 S. 2 BGB zurückgegriffen werden. Bei § 1361 a Abs. 2 BGB können alle – nicht nur einzelne – Haushaltsgegenstände verteilt werden (OLG Naumburg 12.9.2006 – 8 WF 115/06, FamRZ 2007, 1169). Da die Verteilungsregelung nur vorläufigen Charakter hat, darf sie **nur zu Gebrauchs- bzw Verbrauchszwecken** (bei Vorräten) erfolgen, eine Übereignung kann nicht angeordnet werden (§ 1361 a Abs. 4 BGB). Die Verteilung von Vorräten, die zum Verbrauch bestimmt sind, führt damit jedoch zwangsläufig zu einer endgültigen Regelung, was sachgerecht ist (Quambusch FamRZ 1989, 691 ff). Werden hingegen Vorräte nicht (hälftig) verteilt, sind hierdurch gegebene finanzielle Ungerechtigkeiten durch die Nutzungsvergütung nach § 1631 a Abs. 3 S. 2 BGB auszugleichen oder bei der Berechnung des Trennungsunterhalts nach § 1361 BGB zu berücksichtigen. Streiten die Eheleute über den Wert eines Haushaltsgegenstands, ist dieser entweder nach § 278 ZPO zu schätzen oder durch Sachverständigengutachten bewerten zu lassen. Erst dann kann nach billigem Ermessen entschieden werden.

5. Nutzungsvergütung

Nach § 1361 a Abs. 3 S. 2 BGB kann das Familiengericht für die Benutzung von Haushaltsgegenständen **8** eine **angemessene Vergütung** festsetzen (OLG Frankfurt 23.9.1987 – 1 UFH 18/87, NJW-RR 1988, 133). Die Regelung setzt voraus, dass eine Gebrauchsüberlassung nach § 1361 a Abs. 1 S. 2 BGB zugunsten des Nichteigentümer-Ehegatten oder eine alleinige oder überwiegende Nutzung des Miteigentümer-Ehegatten nach § 1361 Abs. 3 S. 1 BGB gegeben ist. Die Entscheidung über eine Nutzungsvergütung trifft das Gericht nach **Billigkeitsgesichtpunkten**. Dabei spielen die beiderseitigen Einkommens- und Vermögensverhältnisse bzw die unterhaltsrechtliche Situation der Beteiligten eine entscheidende Rolle (OLG München 2.7.1997 – 12 UF 958/97, FamRZ 1998, 1230). Ein Anspruch auf Nutzungsentschädigung ist daher ausgeschlossen, wenn die Zahlungsverpflichtung einer Nutzungsentschädigung den eigenen angemessenen Unterhalt und den Unterhalt Dritter gefährden würde. Insofern wird in Mangelfällen eine Nutzungsentschädigung immer unbillig sein. Die Höhe der Nutzungsvergütung ist ebenfalls nach billigem Ermessen festzusetzen. Grundsätzlich ist der fiktive Mietwert des betreffenden Haushaltsgegenstands anzusetzen. Dieser kann jedoch im Einzelfall an die persönlichen Verhältnisse der Eheleute angepasst bzw reduziert werden. Nach den Grundsätzen der ehelichen Solidarität wird dieser jedoch nicht höher angesetzt werden können. Sofern das Kfz zur vorläufigen Nutzung einem Ehegatten zugewiesen wird, kann sich die Höhe der Nutzungsvergütung an dem Gebrauchswert des Kfz zum Zeitpunkt der Überlassung bestimmen (OLG München 2.7.1997 – 12 UF 958/97, FamRZ 1998, 1230; OLG Stuttgart 7.12.1992 – 17 UF 147/92, FamRZ 1993, 1461). Die Zuständigkeit des Familiengerichts für die Festsetzung der Nutzungsentschädigung ist mit der Reform zum 1.9.2009 unstreitig (siehe hierzu vor der Reform: OLG Köln 30.3.2006 – 4 WF 10/06, FamRZ 2007, 234; Rechtsstreit bezüglich Nutzungsentschädigung bei Ehewohnung: OLG Brandenburg 7.6.2006 – 9 AR 3/06, FamRZ 2006, 1393; OLG Thüringen 22.11.2005 – 2 W 597/05, FamRZ 2006, 868; OLG München 17.4.2007 – 2 UF 1607/06, FamRZ 2007, 1655). Der Nutzungsvergütungsanspruch ist pfändbar (Palandt/ Brudermüller § 1361 a BGB Rn 17).

II. Verbotene Eigenmacht

9 Hat ein Ehegatte **eigenmächtig** Haushaltsgegenstände an sich genommen, so können diese von dem anderen Ehegatten auf der Grundlage des Herausgabeanspruches analog § 1361 a BGB herausverlangt werden. Eine Überlassung der entfernten Haushaltsgegenstände ist jedoch nicht begründet. Sofern die Voraussetzungen gegeben sind, ist dies auch im Wege der einstweiligen Anordnung zulässig, §§ 49 ff FamFG. Ein berechtigter Einwand gegen den Herausgabeanspruch wäre nur gegeben, wenn der Haushaltsgegenstand zur Deckung des Notbedarfs erforderlich ist (OLG Köln 27.6.2000 – 14 UF 47/00, FamRZ 2001, 174). Bei der Billigkeitsabwägung ist der Regelungsgehalt des § 861 BGB einzubeziehen (OLG Karlsruhe 17.5.2006 – 16 UF 220/05, FamRZ 2007, 59; OLG Köln 27.6.2000 – 14 UF 47/00, FamRZ 2001, 174; aA OLG Nürnberg 5.8.2005 – 7 UF 382/05, FamRZ 2006, 486; OLG Koblenz 26.4.2007 – 9 UF 82/07, FamRZ 2008, 63 = NJW 2007, 2337; Brudermüller FuR 1996, 229 ff). Zuständig ist das Familiengericht (OLG Frankfurt/M. 4.6.2002 – 2 UF 80/02, FamRZ 2007, 47), unabhängig davon, ob einzelne Gegenstände dem Haushalt zuzurechnen sind (BGH 22.9.1982 – IVb ARZ 32/82, NJW 1983, 47).

III. Auskunftsanspruch nach § 1361 a BGB

10 Die Regelung des § 1361 a BGB schreibt keinen gesetzlich normierten Auskunftsanspruch über den Bestand der Haushaltsgegenstände fest. Dieser ist auch nicht analog herzuleiten. In wenigen Einzelfällen wurde vor der Reform zum 1.9.2009 ein Auskunftsanspruch auf der Grundlage der ehelichen Solidarität und des Grundsatzes von Treu und Glauben nach §§ 1353, 242 BGB hergeleitet (OLG Düsseldorf 14.7.1986 – 4 UF 43/86, FamRZ 1987, 81; OLG Frankfurt/M. 1.2.1988 – 1 UF 324/87, FamRZ 1988, 645; kein Auskunftsanspruch: OLG Bamberg 22.5.1991 – 2 UF 105/91, FamRZ 1992, 332; Möller FPR 2000, 84 f). Da mit der Reform zum 1.9.2009 dem Familiengericht eingeräumt wurde, den Ehegatten aufzugeben, die Haushaltsgegenstände anzugeben, deren Zuteilung sie begehren (§ 206 Abs. 1 Nr. 1 FamFG), oder eine Aufstellung sämtlicher Haushaltsgegenstände einschließlich deren genauer Bezeichnung vorzulegen oder eine vorgelegte Aufstellung zu ergänzen (§ 206 Abs. 1 Nr. 2 FamFG), dürfte diese Herleitung des Auskunftsanspruchs überholt sein.

IV. Verjährung

11 Für die Ansprüche aus § 1361 a BGB gelten die allgemeinen Verjährungsregeln des BGB: Der Anspruch ist **nach drei Jahren** gemäß § 195 BGB verjährt. Die Verjährungsfrist beginnt mit dem Ende des Jahres, in welchem der Anspruch entstanden ist und der Berechtigte von den maßgebenden Umständen und der Person des Verpflichteten Kenntnis erlangt hat. Fahrlässige Unkenntnis lässt die Frist auch anlaufen, § 199 BGB (Holzwarth FPR 2010, 559 ff).

V. Verfahren nach § 1361 a BGB

1. Zuständigkeit

12 Zuständig ist das **Familiengericht** nach § 200 Abs. 2 Nr. 1 FamFG. Dies gilt auch im Falle der Herausgabe der persönlichen Gegenstände des Kindes, insbesondere Schulbedarf, Kleidung u.a. (Hoffmann FPR 1996, 69 ff), als Annex zum Unterhaltsrecht nach §§ 1601, 1610 Abs. 2 BGB (Palandt/Brudermüller § 1361 a BGB Rn 20). Die Zuständigkeit des Familiengerichts besteht auch bei der Herausgabe persönlicher Sachen des Ehegatten nach § 266 Abs. 1 FamFG. Dies gilt auch für den Rückforderungsanspruch aus Schenkungswiderruf oder Wegfall der Geschäftsgrundlage bezüglich ererbter Möbel. Das Verfahren richtet sich in diesen Fällen jedoch überwiegend nach den Regeln der ZPO, § 113 Abs. 1 FamFG (Palandt/Brudermüller § 1361 a BGB Rn 20).

2. Streitwert

13 Der Streitwert wird in der Regel mit **2.000 EUR** festgesetzt, § 48 Abs. 2 Fam GKG. Im Einzelfall ist nach Grundsätzen der Billigkeit jedoch eine Erhöhung oder Ermäßigung nach § 48 Abs. 3 FamGKG möglich.

Bei der einstweiligen Anordnung wird der Streitwert auf den halben Wert der Hauptsache reduziert, § 41 FamGKG.

3. Gerichtsermittlungspflicht

Da die einzelnen Anspruchsgrundlagen der §§ 1361 a, 1568 b BGB nach der Eigentumslage differenzieren, **14** muss das Gericht von Amts wegen **die Eigentumslage als Vorfrage** klären. In keinem Fall darf es diesbezüglich nach Ermessen entscheiden. Bei Miteigentum ist es jedoch unerheblich, ob es sich um Bruchteils- oder Gesamthandseigentum handelt. Im Rahmen des Amtsermittlungsgrundsatzes steht dem Familiengericht jedoch ein Ermessensspielraum zu, wie Art und Umfang der Ermittlungen vorgenommen werden. Dabei kommt es entscheidend darauf an, ob es sich um eine **vorläufige** Regelung nach § 1361 a BGB oder eine **endgültige Regelung** nach § 1568 b BGB handelt. Bei der vorläufigen Regelung kommt es nur auf die Eigentumsverhältnisse des jeweiligen (streitigen) Haushaltsgegenstands an. Im Einzelfall kann die Eigentumsfrage offen bleiben, wenn der betreffende Haushaltsgegenstand ohnehin dem anderen Ehegatten nach § 1361 a Abs. 1 S. 2 BGB wegen Bedarfs und Billigkeit zu überlassen ist. Bei der endgültigen Regelung hingegen muss für jeden Haushaltsgegenstand die Eigentumsfrage geklärt werden (OLG Brandenburg 17.2.2000 – 9 UF 39/99, FamRZ 2000, 1102). Hintergrund ist, dass eine mögliche Wiederaufnahme der Ehe während der Trennungszeit nicht erschwert werden soll. Bei der endgültigen Verteilung wird die Bekanntgabe der gesamten Haushaltsgegenstände und deren Aufteilung vorausgesetzt (OLG Düsseldorf 27.4.1998 – 3 WF 82/89, FamRZ 1999, 1270). Bei der endgültigen Regelung wäre es verfassungsrechtlich nicht zulässig, dinglich zu gestalten und die Eigentumslage nicht vorab aufzuklären. Bei Gebrauchsgütern, deren Nutzungsdauer beschränkt ist und die einfach wieder beschafft werden können, soll Beweisanregungen nur in einem wirtschaftlich angemessenen Rahmen nachgegangen werden.

25. Ausbildungsunterhalt

Finke

I. Einführung... 1
II. Voraussetzungen des Anspruchs................ 6

III. Höhe, Begrenzung und Befristung des
    Anspruchs...................................... 8
IV. Durchsetzung und Änderung des Anspruchs.... 13

I. Einführung

1   Der Ehegatte kann nach § 1575 BGB nachehelichen Unterhalt für die Dauer einer Ausbildung, Fortbildung oder Schulung verlangen, soweit er ehebedingt eine Schul- oder Berufsausbildung nicht aufgenommen oder abgebrochen hat. Die Regelung dient danach dem **Ausgleich ehebedingter Nachteile** durch Nachholung oder Fortsetzung einer Ausbildung. Für die Trennungszeit kann ein solcher Anspruch grundsätzlich nicht in Anlehnung an die Voraussetzungen des § 1575 BGB begründet werden (BGH 24.4.1985 – IVb ZR 9/84, NJW 1985, 1695). Eine Ausnahme gilt jedoch dann, wenn ein Ehegatte **nach dem endgültigen Scheitern der Ehe** eine Ausbildung, Fortbildung oder Schulung aufnimmt. Die Voraussetzungen des § 1575 BGB werden in diesem Fall als Maßstab bei der Anwendung des § 1361 BGB herangezogen, da ein getrennt lebender Ehegatte im Zweifel nicht schlechter gestellt werden darf als im Falle der Scheidung (BGH 29.11.2000 – XII ZR 212/98, NJW 2001, 973). Unabhängig hiervon besteht für die Fortführung einer während der Ehe aufgenommenen Ausbildung ein Unterhaltsanspruch nach § 1361 BGB jedenfalls dann, wenn diese Ausbildung der gemeinsamen Lebensplanung der Ehegatten entsprach und ihr Abschluss in absehbarer Zeit zu erwarten ist (BGH 25.2.1981 – IVb ZR 547/80, FamRZ 1981, 439).

2   Der Anspruch auf Ausbildungsunterhalt ist zu unterscheiden von dem **Anspruch nach § 1573 Abs. 1 BGB iVm § 1574 Abs. 3 BGB**, der ebenfalls Unterhalt während einer Ausbildung gewährt. Anders als § 1575 BGB ist ein ehebedingter Nachteil hinsichtlich der Berufsausbildung nicht erforderlich. Voraussetzung ist allein, dass der Berechtigte ohne eine Aus- oder Fortbildung bzw eine Umschulung eine **angemessene Erwerbstätigkeit nicht zu finden vermag** (BGH 24.4.1985 – IVb ZR 9/84, NJW 1985, 1695). In diesem Fall tritt an die Stelle der Erwerbsobliegenheit eine **Obliegenheit zur Ausbildung**, Fortbildung oder Umschulung, deren Verletzung zur Zurechnung eines fiktiven Einkommens aus einer nach Durchführung einer solchen Maßnahme möglichen Erwerbstätigkeit führt. In der Praxis werden die beiden unterschiedlichen Unterhaltstatbestände häufig nicht deutlich voneinander getrennt.

3   Der Anspruch nach § 1573 Abs. 1 BGB iVm § 1574 Abs. 3 BGB kann sich mit dem aus § 1575 BGB decken, muss dies jedoch nicht. Dies gilt auch umgekehrt. So kann trotz der Möglichkeit einer angemessenen Erwerbstätigkeit ein Anspruch auf Ausbildungsunterhalt bestehen, wenn ehebedingte Nachteile bestehen, die durch Aus- und Weiterbildung beseitigt werden können (BGH 1.4.1987 – IVb ZR 35/86, NJW 1987, 2233). Umgekehrt besteht ein Anspruch allein aus § 1573 Abs. 1 BGB, wenn **ehebedingte Nachteile nicht eingetreten** sind, eine Tätigkeit in dem erlernten Beruf jedoch nicht mehr angemessen iSd § 1574 Abs. 2 BGB ist. Während § 1575 BGB ausschließlich einen Anspruch begründet und somit keinerlei Konsequenzen für das Unterlassen einer Aus- oder Weiterbildung rechtfertigt, begründet § 1574 Abs. 3 BGB eine Verpflichtung zur Aus- und Weiterbildung mit der Möglichkeit der Sanktionierung eines Verstoßes hiergegen durch eine Einkommensfiktion. Bei der Beurteilung der Frage, welche Tätigkeit angemessen ist, ist die früher begonnene Ausbildung nur ein Aspekt, während außerdem das Lebensalter und der Gesundheitszustand des Ehegatten, die ehelichen Lebensverhältnisse, die Dauer der Ehe und der Kindesbetreuung zu berücksichtigen sind. Es hat also eine umfassende Abwägung stattzufinden.

4   Die Bejahung einer Berechtigung und gleichzeitig auch einer **Obliegenheit zur Aus- oder Weiterbildung gem. § 1574 Abs. 3 BGB** setzt zusätzlich voraus, dass Aussicht auf einen erfolgreichen Abschluss der Ausbildung und eine realistische Beschäftigungschance mit höheren Einkünften als bei einer Erwerbstätigkeit ohne die Ausbildung besteht. Führt die Abwägung zu der Feststellung, dass eine angemessene Erwerbstätigkeit keine Aus- oder Weiterbildung erfordert, so kommt dennoch eine vom Pflichtigen gem. § 1575 BGB zu finanzierende Ausbildung des Berechtigten in Betracht, ohne dass allerdings für diesen eine entspre-

chende Obliegenheit besteht. Hat der Berechtigte die Ausbildung ehebedingt abgebrochen, was bei einem Abbruch während der Ehe vermutet wird, kann er die Ausbildung fortsetzen, es sei denn, ein erfolgreicher Abschluss ist nicht zu erwarten bzw in dem angestrebten Beruf bestehen keine realistischen Erwerbschancen. Letzteres ist nicht bereits dann der Fall, wenn die Arbeitsmarktsituation aufgrund der Vielzahl von Mitbewerbern ungünstig ist.

Eine über den Ausbildungsunterhalt nach § 1575 BGB finanzierte Ausbildung kann dazu führen, dass hiermit ein **höheres Ausbildungsniveau** erreicht wird, **als nach den ehelichen Lebensverhältnissen angemessen** gewesen wäre (BGH 24.4.1985 – IVb ZR 9/84, NJW 1985, 1695). Im Rahmen des § 1574 Abs. 2 BGB, dh bei der Frage, welche Erwerbstätigkeit angemessen ist, bleiben die ehelichen Lebensverhältnisse und nicht ein durch die Ausbildung erreichtes höheres Niveau maßgeblich (HK-FamR/Streicher § 1575 BGB Rn 17). Findet er nach einer ihm einzuräumenden Übergangszeit (OLG Düsseldorf 19.3.1986 – 5 UF 172/85, FamRZ 1987, 708: drei Monate) keine Anstellung, die der durch die Ausbildung erreichten höheren Qualifikation entspricht, so muss er sich nach § 1575 Abs. 3 BGB iVm § 1574 Abs. 2 BGB um eine Erwerbstätigkeit bemühen, die nach den ehelichen Lebensverhältnissen angemessen ist und somit unterhalb des durch die Ausbildung erreichten Niveaus liegen kann (MüKo/Maurer § 1575 BGB Rn 24). 5

II. Voraussetzungen des Anspruchs

Der Tatbestand des Ausbildungsunterhalts nach § 1575 Abs. 1 BGB ist erfüllt, 6

– wenn **in Erwartung der Ehe** oder während der Ehe eine Schul- oder Berufsausbildung nicht aufgenommen oder abgebrochen worden ist. Wie weit die zunächst aufgegebenen Berufspläne konkretisiert sein mussten, kann nicht generell, sondern nur im jeweiligen Einzelfall beurteilt werden. So wird die vor der Ehe bestehende Absicht, nach der bereits erlangten Hochschulreife ein Studium aufzunehmen, auch ohne Konkretisierung der Studienrichtung ausreichend sein (Borth in: Schwab IV Rn 351; MüKo/Maurer § 1575 BGB Rn 6). Hatte dagegen der Ehegatte trotz vorhandener schulischer Voraussetzungen für eine qualifizierte Berufsausbildung vor der Ehe über einen Zeitraum, der über eine Orientierungsphase hinausgeht, keine entsprechende Ausbildung begonnen, so kann von einer unterlassenen Ausbildung nur dann die Rede sein, wenn diese ganz konkret geplant war und die Planung im Zusammenhang mit der Eheschließung aufgegeben worden ist. Es genügt insoweit der **zeitliche Zusammenhang mit der Ehe**. Das Gesetz unterstellt in diesem Fall eine Ursächlichkeit der Eheschließung für die Beeinträchtigung der Berufsausbildung des Berechtigten (Borth in: Schwab IV Rn 350; MüKo/Maurer § 1575 BGB Rn 6).

– wenn eine entsprechende Ausbildung nach der Scheidung **so bald wie möglich** aufgenommen oder fortgesetzt wird. Dabei sind unvermeidbare Verzögerungen zB durch Kindesbetreuung (OLG Köln 22.11.1995 – 27 UF 49/95, FamRZ 1996, 867) oder Krankheit (BGH 24.10.1979 – IVb ZR 171/78, NJW 1980, 393) hinzunehmen. Zur Ausbildung während der Trennungszeit s. Rn 1. Eine Zweitausbildung, die sich an die erste abgeschlossene Ausbildung anschließt, dürfte dann als **Fortsetzung der Ausbildung** zu betrachten sein, wenn sie auf der Erstausbildung aufbaut (wie beispielsweise ein Studium auf eine Banklehre) und bis zur Aufgabe der Tätigkeit in dem zunächst erlernten Beruf konkret geplant war. Die Entscheidung BGH 24.4.1985 – IVb ZR 9/84, NJW 1985, 1698 steht dem nicht entgegen, da diese an die spätere Rechtsprechung des Bundesgerichtshofs zum Ausbildungsunterhalt von Kindern (BGH 23.5.2001 – XII ZR 148/99, NJW-RR 2002, 1), bei der eine solche Weiter- bzw Zweitausbildung als einheitliche Ausbildung behandelt wird, anzupassen ist. Es sind keine Gründe ersichtlich, diesen Sachverhalt beim Ausbildungsunterhalt von geschiedenen Eheleuten anders zu bewerten (Borth in: Schwab IV Rn 351; aA MüKo/Maurer § 1575 BGB Rn 3). Abgesehen von diesen Ausnahmefällen ist eine neue Ausbildung keine entsprechende Ausbildung iSd § 1575 Abs. 1 BGB (OLG Frankfurt 18.10.1994 – 2 WF 124/94, FamRZ 1995, 879 für Medizinstudium nach Abbruch der Ausbildung zur Steuergehilfin vor der Ehe und Nachholung von Realschulabschluss und Abitur in der Ehe; OLG Koblenz 26.4.1999 – 13 UF 1221/98, OLGR 2000, 15 für Ausbildung zur Altenpflegerin nach Abbruch einer krankenhausinternen Ausbildung zur Diätbeiköchin).

– wenn der **erfolgreiche Abschluss der Ausbildung zu erwarten** ist. Dies richtet sich nach den individuellen Umständen wie Begabung und Vorbildung des Berechtigten sowie dessen möglicherweise auch durch sein Alter eingeschränkten Chancen auf eine Beschäftigung nach Beendigung der Ausbildung (OLG Düsseldorf 26.8.1990 – 6 UF 188/89, NJW-RR 1991, 1283 hinsichtlich der Ersteinstellung einer 50-jährigen Frau in einem akademischen Beruf). Auch die in der Ehe erkennbar gewordene Entwicklung von Eigenschaften, die der Ausbildung förderlich oder hinderlich sind, kann Bedeutung haben (MüKo/Maurer § 1575 BGB Rn 12).

7 Ein Anspruch auf Unterhalt für die Dauer einer **Fortbildung oder Umschulung** besteht nach § 1575 Abs. 2 BGB, wenn durch die Ehe **berufliche Nachteile** entstanden sind, die durch eine Fortbildung oder Umschulung ausgeglichen werden können, diese Maßnahmen sobald wie möglich durchgeführt werden und ein erfolgreicher Abschluss zu erwarten ist. Die Voraussetzung eines ehebedingten Nachteils wird hier im Gesetz ausdrücklich genannt, da im Gegensatz zu der Nichtaufnahme oder Unterbrechung einer Ausbildung im Fall des § 1575 Abs. 1 BGB ein ehebedingter Nachteil nicht immer nahe liegt, wenn eine Ausbildung bereits vor der Eheschließung vorhanden war oder sogar noch während der Ehe abgeschlossen worden ist, jedoch die ehebedingten Unterbrechungen bzw Beschränkungen der Berufstätigkeit möglicherweise, aber keineswegs immer zwingend zu beruflichen Nachteilen geführt haben. Diese sind vom Berechtigten darzulegen und ggf zu beweisen.

III. Höhe, Begrenzung und Befristung des Anspruchs

8 Die Höhe des Anspruchs bestimmt sich nach den **ehelichen Lebensverhältnissen** (§ 1578 BGB). Insoweit kommt zwar grundsätzlich eine Beschränkung oder sogar Befristung nach § 1578 b BGB in Betracht. Tatsächlich wird eine Befristung aus Billigkeitsgründen bereits deshalb ausscheiden, weil es bei dem Anspruch nach § 1575 BGB um den Ausgleich ehebedingter Nachteile geht. Solange sich deren Umfang, dh das Mindereinkommen aufgrund der ehebedingt fehlenden oder abgebrochenen Berufsausbildung, nicht hinreichend sicher feststellen lässt, ist auch eine Herabsetzung auf den angemessenen Bedarf nach § 1587 b Abs. 1 BGB nicht möglich. Ansonsten findet der Anspruch seine Grenze erst bei der mangelnden Leistungsfähigkeit des Pflichtigen, während für eine Begrenzung des Anspruchs unter Zumutbarkeitsgesichtspunkten kein Raum ist (NK-BGB/Fränken § 1575 BGB Rn 12).

9 Da Anspruch nur **für die Dauer der Ausbildung** besteht, die wegen der Rücksichtnahme auf das Interesse des Pflichtigen an einer Beschränkung seiner Inanspruchnahme auf das unbedingt Erforderliche möglichst zielstrebig zu betreiben ist, ist dieser von vornherein zeitlich auf die bei Beachtung dieser Grundsätze regelmäßige Dauer der Ausbildung **zu befristen** (BGH 23.10.1985 – IVb ZR 68/84, NJW 1986, 985; OLG Hamm 31.5.1994 – 2 UF 61/94, FamRZ 1995, 170: Regelstudiendauer). Soweit es zu nicht vorhersehbaren und insbesondere dem Berechtigten nicht anzulastenden Verzögerungen kommt, muss der Berechtigte einen Leistungsantrag auf Weiterzahlung des Unterhalts stellen. Dies kann auch dann in Betracht kommen, wenn die eingetretene Verzögerung der Ausbildung auf dem fortgeschrittenen Lebensalter des Berechtigten beruht und hinzunehmen ist (Borth in: Schwab IV Rn 363). Wird die Ausbildung dagegen nicht zielstrebig betrieben, so dass eine erfolgreiche Beendigung in angemessener Zeit nicht möglich erscheint, kann der Pflichtige im Wege der Abänderung nach §§ 238 ff FamFG den Wegfall der Unterhaltsverpflichtung verlangen (OLG Hamm 6.7.1988 – 10 UF 150/87, FamRZ 1988, 1280; NK-BGB/Fränken § 1575 BGB Rn 8).

10 Ein etwaiger **Ausbildungsmehrbedarf** nach § 1578 Abs. 2 BGB ist vorweg vom Einkommen des Pflichtigen abzuziehen. Die Kosten einer angemessenen **Krankenversicherung** zählen zum Bedarf (§ 1578 Abs. 2 BGB) und sind, wenn sie geltend gemacht werden, in der üblichen Weise in die Unterhaltsberechnung einzustellen und zu titulieren (s. → *Krankenvorsorgeunterhalt*). Dies gilt mangels Erwähnung des Ausbildungsunterhalts in § 1578 Abs. 3 BGB nicht für den Altersvorsorgeunterhalt. Wegen der vorübergehenden Natur des Ausbildungsunterhalts, der den Berechtigten in die Lage versetzen soll, seinen Bedarf möglichst durch eigene Erwerbseinkünfte zu decken, wird eine Altersvorsorge auf Kosten des Pflichtigen in dieser Zeit nicht für angemessen erachtet (Borth in: Schwab IV Rn 341).

Finke

Eigeneinkünfte des Berechtigten aus einer neben der Ausbildung ausgeübten Erwerbstätigkeit sind in der **11** Regel durch überobligationsmäßigen Einsatz erzielt und daher nach § 1577 Abs. 2 BGB nach Billigkeit beim Bedarf und dessen Deckung zu berücksichtigen (HK-FamR/Streicher § 1575 BGB Rn 15). Während eine Berufsausbildung regelmäßig die volle Arbeitskraft in Anspruch nimmt, kann dies bei einer Fortbildung oder Umschulung anders sein, so dass eine Nebentätigkeit denkbar ist und die Einkünfte hieraus uneingeschränkt beim Bedarf und dessen Deckung zu berücksichtigen sind (Borth in: Schwab IV Rn 371).

Als bedarfsdeckende Eigeneinkünfte kommen auch **Leistungen der staatlichen Ausbildungsförderung 12** wie zB nach dem BAföG, aber auch nach §§ 33 ff SGB III sowie § 54 SGB XII in Betracht. Diese Leistungen sind in der Regel nicht subsidiär gegenüber dem Unterhaltsanspruch. Eine Subsidiarität verbunden mit einem Übergang des Unterhaltsanspruchs auf den Träger der staatlichen Ausbildungshilfen sieht lediglich § 11 Abs. 2 BAföG für den Fall des nicht dauerhaften Getrenntlebens der Ehegatten vor. Leben sie dagegen dauerhaft getrennt oder sind sie geschieden, so sind die BAföG-Leistungen nach § 1577 Abs. 1 BGB auf den Unterhaltsbedarf des Berechtigten anzurechnen (BGH 24.10.1979 – IVb ZR 171/78, NJW 1980, 393). Dies gilt nicht für eine Ausbildungsförderung, die in Form von Darlehen gewährt wird (BGH 24.10.1979 – IVb ZR 171/78, NJW 1980, 393). Soweit in Anlehnung an die Rechtsprechung zur Anrechnung solcher Leistungen auf den Kindesunterhalt eine gegenteilige Auffassung vertreten wird (Borth in: Schwab IV Rn 348), kann dem im Hinblick auf die Funktion des Anspruchs auf Ausbildungsunterhalt nach § 1575 BGB als Ausgleich ehebedingter Nachteile nicht gefolgt werden, während dies bei einem Anspruch nach § 1573 Abs. 1 BGB iVm § 1574 Abs. 3 BGB durchaus in Erwägung zu ziehen ist.

IV. Durchsetzung und Änderung des Anspruchs

Der Berechtigte trägt die **Darlegungs- und Beweislast** für den von ihm verfolgten Anspruch, dh für das **13** Vorliegen der Tatbestandvoraussetzungen wie ehebedingter Ausbildungsnachteil, keine vorwerfbare Verzögerung der Aufnahme der Ausbildung und hinreichende Erfolgsaussicht der Ausbildung. Beantragt dagegen der Pflichtige eine vorzeitige Beendigung seiner titulierten Verpflichtung wegen mangelnder Zielstrebigkeit der Ausbildung oder der Berechtigte deren Verlängerung wegen nicht vorwerfbarer Verzögerung der Ausbildung, so liegen diese verfahrensrechtlichen Lasten beim jeweiligen Antragsteller. Damit für den Pflichtigen die Möglichkeit besteht, die Zielstrebigkeit des Ausbildungsverlaufs zu verfolgen, besteht ein kontinuierlicher **Auskunftsanspruch** (NK-BGB/Fränken § 1575 BGB Rn 14), der aus § 242 BGB herzuleiten ist. Zum Wegfall des befristeten Anspruchs s. Rn 9.

26. Auseinandersetzung der Gütergemeinschaft

Rakete-Dombek

I. Einführung	1	b) Schritt 1 – Vermögensverzeichnis	19
II. Bis zur Auseinandersetzung des Gesamtgutes ...	4	c) Schritt 2 – Berichtigung der Gesamtgutsverbindlichkeiten	22
1. Liquidationsgemeinschaft	4	d) Schritt 3 – Ausübung der Übernahmerechte ..	23
2. Gemeinsame Verwaltung	6	e) Schritt 4 – Feststellung und Bewertung der	
a) Grundsatz	6	Ersatzansprüche für das Eingebrachte,	
b) Alleinverfügungsbefugnisse, Notverwaltungsrecht	8	Ererbte und Geschenkte	29
c) Schadensersatzanspruch	9	f) Schritt 5 – Veräußerung der Gegenstände, für	
3. Surrogation	10	die kein Übernahmerecht besteht und die	
4. Konkurrenz der §§ 1471 ff BGB zu anderen		nicht teilbar sind	34
Vorschriften	12	g) Schritt 6 – Feststellung der Teilungsmasse,	
III. Auseinandersetzung des Gesamtgutes	13	Verteilung	35
1. Vorrang von Vereinbarungen	13	4. Praxishinweise	36
2. Gerichtliche Durchsetzung der Auseinandersetzung	16	a) Steuerrecht	36
3. Durchführung der Auseinandersetzung	18	b) Bei der Auseinandersetzung übersehene Vermögensgegenstände	37
a) Einzelne Schritte	18		

I. Einführung

1 Die Gütergemeinschaft endet bei:

1. Auflösung der Ehe, gleichgültig aus welchem Grund (Scheidung, Aufhebung, Tod eines Ehegatten); stirbt ein Ehegatte, endet die Gütergemeinschaft nur, wenn sie von dem überlebenden Ehegatten nicht mit den gemeinschaftlichen Abkömmlingen gemäß §§ 1483 ff BGB fortgesetzt wird (s. → *Fortgesetzte Gütergemeinschaft*); taucht ein für tot erklärter Ehegatte wieder auf, wird die Gütergemeinschaft fortgesetzt, es sei denn, der andere Ehegatte hat wieder geheiratet, vgl § 1319 Abs. 2 BGB.

2. Aufhebung der Gütergemeinschaft durch notariellen Ehevertrag gemäß §§ 1408 ff BGB;

3. rechtskräftiger richterlicher Aufhebungsentscheidung gemäß §§ 1449, 1470 BGB (s. → *Anspruch auf Aufhebung der Gütergemeinschaft*);

4. Eintritt einer auflösenden Bedingung oder Befristung (vgl § 1415 BGB).

2 Vorbehalts- und Sondergut bleiben alleiniges Vermögen des jeweiligen Ehegatten, für das unmittelbar mit Beendigung der Gütergemeinschaft jedoch keine Besonderheiten mehr gelten (s. → *Vorbehaltsgut*, s. → *Sondergut*). Das Ende der Gütergemeinschaft führt dagegen nicht automatisch zur Beendigung der Gesamthandsgemeinschaft über das Gesamtgut. Hierfür bedarf es der **Auseinandersetzung** nach § 1471 Abs. 1 BGB. Bis zur vollständigen Auseinandersetzung besteht die Gesamthandsgemeinschaft weiter (§ 1471 Abs. 2 BGB).

3 Dass die Gütergemeinschaft beendet ist, kann in das **Güterrechtsregister** eingetragen werden. Eine Eintragung in das Grundbuch eines zum Gesamtgut gehörenden Grundstücks ist dagegen nicht möglich, da sich die sachenrechtliche Zuordnung zum Gesamtgut bis zur Auseinandersetzung nicht ändert (MK/Kanzleiter § 1471 BGB Rn 10; aA Bamberger/Roth/Mayer § 1471 BGB Rn 4). Ist das Grundstück noch auf den Namen eines Ehegatten eingetragen, so ist auch noch nach Beendigung der Gütergemeinschaft die Grundbuchberichtigung durch Eintragung der Ehegatten als Eigentümer und die Zugehörigkeit des Grundstücks zum Gesamtgut möglich (MK/Kanzleiter § 1471 BGB Rn 10).

II. Bis zur Auseinandersetzung des Gesamtgutes

1. Liquidationsgemeinschaft

4 Bis zum vollständigen Abschluss der Auseinandersetzung (s. Rn 13) besteht die Gesamthandsgemeinschaft als **Liquidationsgemeinschaft** weiter. Diese ist nicht mehr auf Dauer, sondern auf Beendigung durch Auseinandersetzung angelegt. Der geänderte Zweck führt zu einer gelockerten gesamthänderischen Bindung (zB zur Pfändbarkeit des Gesamtgutsanteils) und zu verschiedenen Modifizierungen der für das Gesamtgut

vor Beendigung der Gütergemeinschaft geltenden Regelungen. Die Beschränkungen nach § 1419 BGB bleiben bestehen (§ 1471 Abs. 2 BGB). Ein Ehegatte kann also nicht über seinen Anteil am Gesamtgut oder über einzelne Gegenstände des Gesamtguts verfügen. Geht ein Ehegatte eine entsprechende Verpflichtung ein, ist diese nach § 306 BGB nichtig. Jeder Ehegatte kann Verpflichtungen über das eingehen, was er bei der Auseinandersetzung erlangt, sowohl hinsichtlich einzelner Gegenstände als auch hinsichtlich des Erlangten; auch entsprechende Verfügungen sind möglich (MK/Kanzleiter § 1471 BGB Rn 7). Die Ehegatten können gemäß § 1423 BGB Vereinbarungen über das Gesamtgut im Ganzen treffen. Abgesehen von der Surrogation nach § 1473 BGB werden nach der Beendigung der Gütergemeinschaft erworbene Vermögensgegenstände nicht mehr Gesamtgut. Neue Verbindlichkeiten werden nicht mehr Gesamtgutsverbindlichkeiten, sondern es gelten die allgemeinen Grundsätze.

Anteile eines Ehegatten an den Gegenständen des Gesamtgutes bleiben **unpfändbar** (§ 860 Abs. 1 S. 1   **5** ZPO). Dagegen ist der Anteil eines Ehegatten am Gesamtgut insgesamt nach Beendigung der Gütergemeinschaft pfändbar (§ 860 Abs. 2 ZPO) und fällt daher in die Insolvenzmasse, wenn über das Vermögen des Ehegatten das Insolvenzverfahren eröffnet wird. Die Auseinandersetzung der Ehegatten erfolgt außerhalb des Insolvenzverfahrens (§ 84 InsO). § 37 Abs. 2 InsO ist nach Beendigung der Gütergemeinschaft nicht – auch nicht entsprechend – anwendbar (MK/Kanzleiter § 1471 BGB Rn 8).

2. Gemeinsame Verwaltung

a) Grundsatz. Nach Beendigung der Gütergemeinschaft wird das Gesamtgut bis zur vollständigen Aus-   **6** einandersetzung gemeinschaftlich verwaltet (§ 1472 Abs. 1 BGB), und zwar auch dann, wenn die Verwaltung bisher einem Ehegatten allein zustand. Die Ehegatten sind (mit den Ausnahmen nach § 1472 BGB) nur gemeinschaftlich zu Verfügungen mit Wirkung für das Gesamtgut berechtigt. Verfügt ein Ehegatte allein über einen Gesamtgutsgegenstand oder handelt er bei einer Verpflichtung allein, gilt das Gleiche wie bei gemeinschaftlicher Verwaltung des Gesamtgutes vor Beendigung der Gütergemeinschaft (s. → *Gesamtgut/Verwaltung*). Empfangsbedürftige Willenserklärungen sind beiden Ehegatten gegenüber abzugeben; § 1450 Abs. 2 BGB ist nicht entsprechend anwendbar (MK/Kanzleiter § 1472 BGB Rn 3). Besteht für einen der Ehegatten Vormundschaft oder elterliche Sorge, gilt § 1458 BGB nicht. Der gesetzliche Vertreter dieses Ehegatten und der andere Ehegatte verwalten das Gesamtgut vielmehr gemeinschaftlich. § 2039 BGB ist entsprechend anwendbar, da die Interessenlage der bei der Erbengemeinschaft entspricht (vgl MK/Heldrich § 2039 BGB Rn 34 mwN; aA MK/Kanzleiter § 1450 BGB Rn 22).

Die Ehegatten sind gegenseitig zur Mitwirkung an der ordnungsgemäßen Verwaltung des Gesamtgutes ver-   **7** pflichtet (§ 1472 Abs. 3 BGB). Anders als bei der gemeinschaftlichen Verwaltung vor Beendigung der Gütergemeinschaft (vgl § 1452 BGB) ist eine Ersetzung fehlender Mitwirkung durch das Vormundschaftsgericht nicht vorgesehen. Zur Durchsetzung der Mitwirkungspflicht muss daher Klage auf Mitwirkung erhoben werden (BayObLG 30.7.2003 – 3Z BR 117/03, NJW-RR 2004, 2). Eine Ersetzung der Zustimmung ist dagegen ausgeschlossen, da eine Verweisung auf § 1452 BGB fehlt (NK-BGB/Völker § 1472 BGB Rn 8 mwN).

b) Alleinverfügungsbefugnisse, Notverwaltungsrecht. § 1472 BGB regelt die Voraussetzungen, unter   **8** denen ein Ehegatte allein für das Gesamtgut handeln kann, **abschließend** (MK/Kanzleiter § 1472 BGB Rn 6). Die §§ 1454–1456 BGB gelten nicht. Allerdings können die zu diesen Normen entwickelten Grundsätze entsprechend herangezogen werden, wenn und soweit aus § 1472 BGB oder aus den Besonderheiten der Liquidationsgemeinschaft nichts anderes folgt (NK-BGB/Völker § 1472 Rn 1). Eine Alleinverfügungsbefugnis besteht in folgenden Fällen:

1. Bis zu der Kenntnis von der Beendigung der Gütergemeinschaft kann jeder Ehegatte seine bisherigen Verwaltungsbefugnisse wahrnehmen (§ 1472 Abs. 2 BGB). Entscheidend ist die fehlende Kenntnis von der Beendigung der Gütergemeinschaft. Die Unkenntnis darf auch nicht auf Fahrlässigkeit beruhen. Wenn der Ehegatte die Beendigung der Gütergemeinschaft kannte oder nur aufgrund von Fahrlässigkeit nicht kannte und ihm bloß die damit verbundenen Rechtsfolgen unbekannt waren, ist § 1472 Abs. 2 BGB nicht anwendbar. Bereits leichte Fahrlässigkeit schließt deren Anwendung aus (MK/Kanzleiter

§ 1472 BGB Rn 7). Für die Verwaltungsbefugnis des bisherigen Gesamtgutsverwalters gelten die Einschränkungen der §§ 1423–1425 BGB (MK/Kanzleiter § 1472 BGB Rn 7).

2. Die zur Erhaltung des Gesamtgutes notwendigen Maßnahmen kann jeder allein treffen (§ 1473 Abs. 3 BGB). Dies entspricht der Regelung in § 1455 Nr. 10 (vgl → *Gesamtgut/Verwaltung* Rn 11 ff mit dem Unterschied, dass Gefahr im Verzug nicht erforderlich ist.

3. Endet die Gütergemeinschaft durch den Tod eines der Ehegatten, so hat der Überlebende – falls er bisher Alleinverwalter war oder das Gesamtgut gemeinschaftlich verwaltet wurde – die notwendigen Verwaltungsmaßnahmen zu treffen, wenn mit deren Aufschub Gefahr verbunden wäre (§ 1472 Abs. 4 BGB). Die Notverwaltungspflicht endet, sobald der Erbe des verstorbenen Ehegatten die Möglichkeit hat, anderweitig Fürsorge zu treffen.

9   **c) Schadensersatzanspruch.** Nimmt ein Ehegatte Verwaltungshandlungen allein vor, ohne berechtigt zu sein, oder unterlässt er pflichtwidrig Verwaltungshandlungen, kann er entsprechend § 1435 S. 3 BGB (vgl dazu → *Gesamtgut/Verwaltung* Rn 16) unter Beachtung des Sorgfaltsmaßstabes nach § 1359 BGB zur Zahlung von **Schadensersatz** verpflichtet sein (NK-BGB/Völker § 1472 BGB Rn 10).

3. Surrogation

10 Die Frage, welche Gegenstände nach Beendigung der Gütergemeinschaft gemäß § 1473 Abs. 1 BGB als Surrogat in das Gesamtgut fallen, ist entsprechend § 1418 Abs. 2 Nr. 3 BGB zu beantworten (vgl dazu → *Vorbehaltsgut* Rn 13).

11 Ist eine **Forderung nach § 1473 Abs. 1 BGB** durch Rechtsgeschäft Gesamtgut geworden, so braucht der Schuldner dies erst dann gegen sich gelten lassen, wenn er positiv davon weiß (§ 1473 Abs. 2 BGB). Maßgeblich ist die Kenntnis der tatsächlichen Umstände, die dazu führen, dass die Forderung Gesamtgut wird; die Kenntnis der sich aus § 1473 Abs. 1 BGB ergebenden Rechtsfolge ist nicht erforderlich. Nur positive Kenntnis schließt den Schutz aus, fahrlässige Unkenntnis genügt nicht (MK/Kanzleiter § 1473 BGB Rn 4 m. Verweis auf RGZ 135, 251). Solange der Schuldner die tatsächlichen Umstände, die dazu führen, dass die Forderung Gesamtgut wird, nicht kennt, kann er davon ausgehen, dass die allgemeinen Vorschriften gelten. Er kann also bei Mitwirkung beider Ehegatten bei dem betroffenen Rechtsgeschäft davon ausgehen, dass die §§ 420 ff BGB anzuwenden sind, und bei Handeln nur eines Ehegatten, dass die Forderung diesem allein zusteht. Zudem sind die §§ 406–408 BGB anzuwenden (MK/Kanzleiter § 1473 BGB Rn 5), zB kann der Schuldner nach § 407 Abs. 1 BGB gegenüber einem Ehegatten schuldbefreiend erfüllen, wenn dieser allein bei dem Rechtsgeschäft gehandelt hat, durch das die Forderung erworben oder begründet wurde, oder wenn nach den allgemeinen Vorschriften davon auszugehen ist, dass die Ehegatten Gesamtgläubiger sind.

4. Konkurrenz der §§ 1471 ff BGB zu anderen Vorschriften

12 Die Vorschriften über die **Verteilung von Haushaltsgegenständen** gehen, soweit sie einschlägig sind, den §§ 1471 ff BGB als speziellere Regelungen vor (Carlberg in: Scholz/Kleffmann/Motzer Rn 122; MK/Kanzleiter Vor § 1471 BGB Rn 2). Für die Zuordnung des Eigentums sind die §§ 1471 ff BGB dabei heranzuziehen. Werden Gegenstände bei der Verteilung der Haushaltsgegenstände einem Ehegatten zugewiesen und wird dabei deren Wert nicht ausgeglichen, so ist dieser Wert bei der Auseinandersetzung zu berücksichtigen (NK-BGB/Völker § 1474 BGB Rn 3). Die §§ 1471 ff BGB regeln die Auseinandersetzung des Gesamtgutes **abschließend**, so dass daneben keine gesamtgutsbezüglichen Rückforderungsansprüche nach den Grundsätzen der ehebedingten Zuwendung (§ 313 BGB, Wegfall der Geschäftsgrundlage) bestehen können (NK-BGB/Völker § 1474 BGB Rn 4). Ausnahmsweise ist eine Anpassung des Auseinandersetzungsergebnisses nach § 242 BGB möglich (BGH 1.10.1986 – IVb ZR 77/85, NJW-RR 1987, 69; NK-BGB/Völker § 1474 BGB Rn 9). Bei eheverträglichen Zuwendungen in das Vorbehaltsgut (s. → *Vorbehaltsgut*) eines Ehegatten (§ 1418 Abs. 2 Nr. 1 BGB) können Ansprüche neben dem Güterrecht jedoch bestehen; insoweit gelten die gleichen Maßstäbe wie bei der **Rückabwicklung von Zuwendungen** bei Gütertrennung (vgl NK-BGB/Völker § 1474 BGB Rn 4).

III. Auseinandersetzung des Gesamtgutes

1. Vorrang von Vereinbarungen

Das Gesetz geht davon aus, dass sich die Eheleute über die Auseinandersetzung des Gesamtgutes vertrag- 13
lich einigen (vgl § 1474 BGB). Kann eine Einigung nicht gefunden werden, gelten die §§ 1475–1481 BGB.
Ist eine Einigung möglich, können die Eheleute die Vereinbarung unabhängig von den Regelungen der
§§ 1475–1481 BGB treffen. Diese Regelungen sind – mit Ausnahme des § 1480 BGB, der als Gläubiger-
schutzbestimmung zwingend ist – dispositiv (Haußleiter/Schulz Kap. 2 Rn 69). Unter Beachtung der Form
des § 1410 BGB können die Ehegatten bereits vor der Beendigung der Gütergemeinschaft Regelungen für
den Fall der Beendigung der Gütergemeinschaft ehevertraglich treffen, die von den §§ 1475 ff BGB (mit
Ausnahme des § 1480 BGB) abweichen oder diese modifizieren.

Die **Vereinbarung über die Auseinandersetzung des Gesamtguts** als solche hat rein schuldrechtlichen 14
Charakter und kann formlos getroffen werden. Einer Form bedarf sie immer dann, wenn sie Rechtsgeschäfte enthält, die einer Formvorschrift unterliegen (vgl zB §§ 311 b, 925, 1153 BGB oder § 15 GmbHG) oder
wenn neue güterrechtliche Vereinbarungen getroffen werden (§ 1410 BGB). Der Auseinandersetzungsvertrag führt nicht zur Auseinandersetzung der Gesamthandsgemeinschaft. Dazu bedarf es der dinglichen
Übertragungsakte für jeden einzelnen gesamthänderisch gebundenen Vermögensgegenstand, und zwar
auch dann, wenn der Vermögensgegenstand gemeinsames Bruchteilseigentum werden soll (BeckOK/
Meyer § 1474 BGB Rn 3 m. Verweis auf RGZ 57, 432, 434; MK/Kanzleiter § 1474 BGB Rn 5; NK-BGB/
Völker § 1474 BGB Rn 3). Bei der Übertragung von Grundstücken sind Auflassung und Grundbucheintra-
gung erforderlich.

Auf Antrag eines Ehegatten kann ein förmliches **Verfahren zur Vermittlung der Auseinandersetzung** 15
über das Gesamtgut eingeleitet werden (§§ 373, 363 ff FamFG). In diesem Verfahren kann nur die Einigung der Ehegatten (bzw ihrer Erben) angestrebt, nicht jedoch der Auseinandersetzungsanspruch geregelt
werden.

2. Gerichtliche Durchsetzung der Auseinandersetzung

Kann eine Einigung nicht erfolgen, muss der Anspruch auf Auseinandersetzung gerichtlich durchgesetzt 16
werden. Der Anspruch auf Auseinandersetzung ergibt sich aus § 1471 Abs. 1 BGB. Die Auseinandersetzung erfolgt nach den Regelungen der §§ 1475–1481 BGB. Der **Antrag** ist – gerichtet auf Zustimmung
zum Abschluss eines Auseinandersetzungsvertrages nach einem von dem Antragsteller vorzulegenden
Auseinandersetzungsplan (s. → *Auseinandersetzungsplan*) – beim Familiengericht einzureichen. Der Antrag kann auf Klärung einzelner Streitpunkte beschränkt werden. Er kann – bei Übergang eines Anteils auf
Miterben – nur gegen einzelne Beteiligte gerichtet werden, wenn die Übrigen der gewünschten Auseinandersetzung bereits zugestimmt haben. Der Antrag ist beim Familiengericht einzureichen. Es besteht Anwaltszwang (§ 114 Abs. 1 FamFG). Der Antrag kann im Verbund mit dem Ehescheidungsverfahren gestellt
werden, führt aber in der Regel zu einer erheblichen Verzögerung des Verbundverfahrens. Der Antrag setzt
voraus, dass der vorgelegte Auseinandersetzungsplan sämtliche Aktiva und Passiva des Gesamtgutes erfasst und den gesetzlichen Teilungsregeln der §§ 1475 ff BGB entspricht, soweit sich die Ehegatten nicht
bereits über Einzelpunkte geeinigt haben, Teilungsreife besteht, also die Berichtigung der Gesamtgutsverbindlichkeiten nach § 1475 BGB geregelt ist, bei Grundstücken mangels anderweitiger Vereinbarung die
Zwangsversteigerung durchgeführt wurde, die Übernahmerechte nach § 1477 Abs. 2 BGB ausgeübt sind
(NK-BGB/Völker § 1474 BGB Rn 10).

Mit der Rechtskraft der Entscheidung kommt der **Auseinandersetzungsvertrag** gemäß § 894 ZPO zustan- 17
de. Der Auseinandersetzungsvertrag muss – wie auch der durch Vereinbarung zustande gekommene Auseinandersetzungsvertrag – anschließend erfüllt werden. Daher ist es sinnvoll, mit dem Antrag auf Zustimmung zum Auseinandersetzungsvertrag die entsprechenden Anträge auf Zustimmung zu den einzelnen
dinglichen Übertragungsakten zu verbinden (MK/Kanzleiter § 1474 BGB Rn 9).

3. Durchführung der Auseinandersetzung

18 **a) Einzelne Schritte.** Für die Auseinandersetzung durch Vereinbarung nach den §§ 1474–1481 BGB oder bei der Auseinandersetzungsklage sind folgende Schritte erforderlich:

1. Erstellung eines Vermögensverzeichnisses mit Bewertungen zu einem bestimmten Stichtag;
2. Feststellung und Tilgung aller Gesamtgutsverbindlichkeiten;
3. Ausübung der Übernahmerechte;
4. Feststellung und Bewertung der Ersatzansprüche für das Eingebrachte, Ererbte und Geschenkte;
5. Herstellung der Teilungsreife durch Veräußerung aller Gegenstände, für die kein Übernahmerecht besteht und die nicht in Natur teilbar sind;
6. Feststellung der Teilungsmasse und ihre Verteilung.

19 **b) Schritt 1 – Vermögensverzeichnis.** Spätestens bei Beendigung des Güterstandes, also zum Zeitpunkt der Rechtskraft der Scheidung, soll ein Vermögensverzeichnis erstellt werden, das alle Aktiva und Passiva aufführt. Sofern nicht alle Vermögensgegenstände bekannt sind, kann es erforderlich sein, dass ein Ehegatte zunächst Auskunftsklage gegen den anderen Ehegatten erhebt. Der Auskunftsantrag kann auch im Verbund mit der Scheidung gestellt werden (Scholz/Kleffmann/Motzer Rn 246 ff). Bei Bestandsveränderungen muss das Verzeichnis jeweils fortgeschrieben werden.

20 Die Eheleute müssen sich über einen geeigneten **Stichtag** einigen. Anders als bei der Zugewinngemeinschaft (vgl § 1384 BGB) sieht das Gesetz keinen bestimmten Stichtag vor. Teilweise wird empfohlen, den Tag der Rechtskraft der Ehescheidung als Stichtag festzulegen und nur ausnahmsweise, zB wenn erst Jahre nach der Scheidung mit der Auseinandersetzung begonnen wird, auf einen späteren Zeitpunkt abzustellen (vgl Haußleiter/Schulz Kap. 2 Rn 75). Können sich die Ehegatten nicht über einen Stichtag einigen, ist der Tag maßgeblich, an dem die Auseinandersetzung beendet wird (vgl Haußleiter/Schulz Kap. 2 Rn 75). Dabei wird auf den dinglichen Vollzug aller Übertragungsakte abgestellt, also bei Grundstücken zB auf den Tag der Grundbuchumschreibung (vgl Haußleiter/Schulz Kap. 2 Rn 75, BGH 7.5.1986 – IVb ZR 42/85, NJW-RR 1986, 1066).

21 Die Vermögensgegenstände müssen bewertet werden. Maßgeblich ist der **Verkehrswert** (BGH 7.5.1986 – IVb ZR 42/85, NJW-RR 1986, 1066). Es gelten die gleichen Grundsätze wie bei der Zugewinngemeinschaft (s. → *ABC der Vermögensbewertung*). Eine Privilegierung landwirtschaftlicher Betriebe wie in § 1376 Abs. 4 BGB besteht nicht. Landwirtschaftliche Betriebe werden also ebenfalls nach ihrem Verkehrswert, ausgehend von der Fortsetzung des Betriebes, bewertet. Wird vom Veräußerungswert ausgegangen, müssen die latenten Ertragsteuern abgezogen werden (BGH 9.2.2011 – XII ZR 40/09, NJW 2011, 999). Zu den Passiva gehören auch die am Stichtag bestehenden Steuerschulden. Steuererstattungsansprüche sind bei den Aktiva anzusetzen.

22 **c) Schritt 2 – Berichtigung der Gesamtgutsverbindlichkeiten.** Nach der Erstellung des Vermögensverzeichnisses müssen die Ehegatten die Gesamtgutsverbindlichkeiten (s. → *Gesamtgut/Verwaltung* Rn 24 ff) gemäß § 1475 Abs. 1 S. 1 BGB berichtigen. Dass die Schuldentilgung vorrangig vorzunehmen ist, liegt im Interesse beider Ehegatten. Erfolgt die Teilung, bevor die Gesamtgutsverbindlichkeiten berichtigt sind, haften beide Ehegatten gemäß § 1480 BGB für die Schulden, und zwar auch für die Schulden des anderen Ehegatten, für die bisher keine Haftung bestand. Daher ist es dringend geboten, alle Verbindlichkeiten der Ehepartner gegenüber Dritten und gegenüber dem Gesamtgut sorgfältig zu ermitteln und vor der Tilgung nichts aus der Hand zu geben (Haußleiter/Schulz Kap. 2 Rn 77). Es kommt auf die bei Rechtskraft der Ehescheidung vorhandenen Schulden an. Neue Verbindlichkeiten können nur hinzukommen, wenn die Eheleute dies so vereinbart haben. Für die im Übrigen neu eingegangenen Schulden haftet jeder Ehegatte allein mit seinem sonstigen Vermögen. Gläubiger einer Gesamtgutsverbindlichkeit kann auch einer der Ehegatten sein. Zu den Gesamtgutsverbindlichkeiten gehört auch der Anspruch eines Ehegatten auf Wertersatz nach § 1478 Abs. 1 BGB. Haftet ein Ehegatte im Innenverhältnis allein für eine Schuld, kann er nicht verlangen, dass diese aus dem Gesamtgut berichtigt wird (vgl § 1474 Abs. 2 BGB). Da die Ehegatten nach § 1480 BGB jedoch nach außen gemeinsam haften, wird der andere Ehegatte auf die Tilgung der Verbindlichkeit

aus dem Gesamtgut und eine anschließende Verrechnung mit dem Erlösanteil bestehen müssen (Haußleiter/Schulz Kap. 2 Rn 78).

d) Schritt 3 – Ausübung der Übernahmerechte. Nach der vorrangig durchzuführenden Schuldentilgung **23** kann jeder Ehegatte gegen Wertersatz aus dem Gesamtgut das entnehmen, was ausschließlich zu seinem persönlichen Gebrauch bestimmt ist oder was er während der Gütergemeinschaft eingebracht, geerbt oder durch Schenkung oder Ausstattung erhalten hat (§ 1477 Abs. 2 BGB). Die Wertanteile am Gesamtgut werden wegen des Wertausgleichs nicht verändert (Haußleiter/Schulz Kap. 2 Rn 83). Für Surrogate besteht kein Übernahmerecht. Dieses besteht also zB nicht für Gegenstände, die mit eingebrachtem Geld angeschafft wurden. Eine Verpflichtung zur Übernahme besteht nicht.

Das Übernahmerecht besteht für **Gegenstände des persönlichen Bedarfs**, zB Kleider, Schmuck und Arbeitsgeräte (vgl § 1477 Abs. 2 S. 1 BGB). Gegenstände des persönlichen Bedarfs sind auch die von einem Ehegatten allein genutzten Fahrzeuge (Kraftfahrzeug, Fahrrad, Motorrad) oder Hobbygeräte; für die Frage, ob ein Gegenstand des persönlichen Bedarfs vorliegt, kommt es in erster Linie auf die objektive Zweckbestimmung an, weniger auf den tatsächlichen Gebrauch (Haußleiter/Schulz Kap. 2 Rn 84).

Jeder Ehegatte kann das herausverlangen, was er in die Gütergemeinschaft eingebracht hat, also was bei **25** Beginn der Gütergemeinschaft bereits in seinem Eigentum vorhanden war. Unschädlich ist es, wenn sich durch die Flurbereinigung Zuschnitt, Größe und Lage der einzelnen **Grundstücke** geändert haben (vgl BGH 25.3.1998 – XII ZR 139/96, NJW-RR 1998, 1009). Grundstücke sind auch dann eingebracht, wenn bei Beginn der Gütergemeinschaft nur der – später erfüllte – Anspruch auf Übereignung als Anwartschaftsrecht bestand (Haußleiter/Schulz Kap. 2 Rn 84).

Jeder Ehegatte kann das herausverlangen, was er während der Gütergemeinschaft durch **Erbfolge, Vermächtnis**, mit Rücksicht auf ein künftiges Erbrecht, durch Schenkung oder als Ausstattung erworben hat (§ 1477 Abs. 2 S. 2 BGB). Zu dem Erwerb mit „Rücksicht auf ein künftiges Erbrecht" gehört im landwirtschaftlichen Bereich die Hofübergabe mit Altenteilsvertrag (Haußleiter/Schulz Kap. 2 Rn 85). Eine teilweise Entgeltlichkeit steht dem Übernahmerecht nach § 1477 Abs. 2 BGB nicht entgegen (OLG Köln 31.1.1990 – 10 WF 302/90, FamRZ 1991, 572). Der Begriff „Erbfolge" ist weit zu verstehen. Durch Erbfolge erworben iSd § 1477 Abs. 2 BGB sind auch solche Gegenstände, die zunächst in einen Nachlass gefallen und erst im Zuge der späteren Erbauseinandersetzung einem Ehegatten als Miterben zugefallen sind (BGH 25.3.1998 – XII ZR 139/96, NJW-RR 1998, 1009).

Das Übernahmerecht ist ein **Gestaltungsrecht**. Es wird durch formlose empfangsbedürftige Willenserklärung gegenüber dem anderen Ehegatten ausgeübt. Die Erklärung kann unter der Bedingung abgegeben werden, dass ein bestimmter Betrag als Wertersatz akzeptiert wird. Die Übernahmeerklärung kann nicht widerrufen werden. Eine Ausschlussfrist gibt es nicht. Das Übernahmerecht besteht so lange, wie sich der betreffende Gegenstand im Gesamtgut befindet. Mit der Übernahmeerklärung wird der Berechtigte zum Wertersatz verpflichtet. Die Erklärung hat keine dingliche Wirkung, sondern verpflichtet den anderen Ehegatten nur, den Gegenstand aus dem Gesamtgut in das Alleineigentum des Berechtigten zu übertragen. Bei Grundstücken muss § 311 b BGB beachtet werden. Die durch die Übernahmeerklärung entstehenden Rechte werden erst nach vollständiger Berichtigung aller Verbindlichkeiten fällig (OLG Köln 31.1.1990 – 10 WF 302/90, FamRZ 1991, 571). Betreibt ein Ehegatte die Teilungsversteigerung (s. → *Teilungsversteigerung*) des durch die Übernahmeerklärung von dem anderen Ehegatten beanspruchten Grundstücks, muss dieser sein Übernahmerecht im Wege der Drittwiderspruchsklage nach § 771 ZPO geltend machen (Haußleiter/Schulz Kap. 2 Rn 87).

Für die **Höhe des Wertersatzes** ist der Verkehrswert der eingebrachten oder übernommenen Gegenstände **28** maßgeblich. Problematisch ist, auf welchen Zeitpunkt für die Bewertung abzustellen ist. Haben die Parteien hierüber keine Vereinbarung getroffen, ist der Zeitpunkt der Übernahme, bei Grundstücken der Tag der Grundbuchumschreibung maßgeblich (BGH 10.7.1985 – IVb ZR 37/84). Bei gerichtlichen Auseinandersetzungen kommt es auf den Wert bei Schluss der mündlichen Verhandlung in der letzten Tatsacheninstanz an (BGH 15.1.1992 – XII ZR 197/90, DtZ 1992, 120). Der Wert ist notfalls durch einen Sachverständigen zu ermitteln, zudem empfiehlt es sich, den Sachverständigen zur ergänzenden Begutachtung zur mündlichen Verhandlung hinzuzuziehen (Haußleiter/Schulz Kap. 2 Rn 90).

29 **e) Schritt 4 – Feststellung und Bewertung der Ersatzansprüche für das Eingebrachte, Ererbte und Geschenkte.** Ist die Ehe geschieden, kann jeder Ehegatte Wertersatz für das verlangen, was er in die Gütergemeinschaft eingebracht hat (§ 1478 Abs. 1 BGB). Der Anspruch gehört zu den Gesamtgutsverbindlichkeiten (s. → *Gesamtgut/Verwaltung* Rn 24 ff), die vorab zu befriedigen sind. Der dingliche Schutz des eingebrachten Vermögens erfolgt über das Übernahmerecht gemäß § 1477 Abs. 2 BGB. Das Recht auf Wertersatz für das Eingebrachte nach § 1478 Abs. 1 BGB und das Recht auf Übernahme nach § 1477 Abs. 2 BGB können nebeneinander geltend gemacht werden. Hierdurch wird erreicht, dass der Berechtigte seine Einlagen zurückerhält, jedoch die während der Gütergemeinschaft eingetretenen Wertsteigerungen beiden Ehegatten zugute kommen. Denn der Berechtigte bekommt nur den Wert zurück, den der eingebrachte Vermögensgegenstand zum Zeitpunkt der Einbringung hatte.

30 Mit dem Verlangen von Wertersatz wird ein **Gestaltungsrecht** ausgeübt. Hierzu genügt die formlose und unwiderrufliche Erklärung gegenüber dem anderen Ehegatten. Das Gestaltungsrecht kann solange ausgeübt werden, wie sich der betreffende Gegenstand im Gesamtgut befindet. Ansprüche auf Wertersatz können nicht mit einer Feststellungsklage durchgesetzt werden. Ist nach der Schuldentilgung noch genügend Bargeld vorhanden, kann verlangt werden, dass Ansprüche auf Wertersatz nach § 1478 Abs. 1 BGB vorab befriedigt werden.

31 **Wertersatz** kann verlangt werden für Vermögenswerte, die einem Ehegatten zu Beginn der Gütergemeinschaft gehört haben (§ 1478 Abs. 2 Nr. 1 BGB). Es kommt nicht darauf an, ob die Gegenstände bei der Auseinandersetzung noch vorhanden sind. Verbindlichkeiten sind abzuziehen. Zu den eingebrachten Vermögenswerten gehören auch Anwartschaftsrechte, zB beim Vorbehaltskauf. Der noch offene Kaufpreisanteil ist als Verbindlichkeit von dem Wert abzuziehen. Auch Verbindlichkeiten zwischen den Ehegatten sind zu beachten, zB aus Darlehensverträgen oder aus Zugewinnausgleich. Haben die Ehegatten vor der Gütergemeinschaft etwa in Zugewinngemeinschaft gelebt, gehört der Anspruch auf Zugewinnausgleich zu den in die Gütergemeinschaft eingebrachten Vermögenswerten. Aufseiten des zum Zugewinnausgleich verpflichteten Ehegatten ist die Zugewinnausgleichsverbindlichkeit dagegen von dem eingebrachten Vermögen in Abzug zu bringen.

32 Wertersatz kann für die Gegenstände verlangt werden, die ein Ehegatte von Todes wegen oder mit Rücksicht auf ein künftiges Erbrecht, durch Schenkung oder als Ausstattung erworben hat (§ 1478 Abs. 2 Nr. 2 BGB). Entsteht hieraus nach § 1418 Abs. 2 Nr. 2 BGB Vorbehaltsgut, kann keine Zurechnung zum Eingebrachten erfolgen. Zum Erwerb mit „Rücksicht auf ein künftiges Erbrecht" gehört im landwirtschaftlichen Bereich die Hofübergabe mit Altenteilvertrag (Haußleiter/Schulz Kap. 2 Rn 96). Vermögensgegenstände, die beiden Ehegatten gemeinschaftlich zugewendet wurden, zB Hochzeitsgeschenke, sind bei der Berechnung des Erstattungsanspruchs anteilig zu berücksichtigen. Waren die Zuwendungen nicht zur Vermögensbildung, sondern zum Verbrauch bestimmt, sind sie den Einkünften zuzurechnen, zB kleinere Beträge von den Eltern für die Haushaltsführung, übliche Geburtstagsgeschenke – dafür gibt es keinen Ersatz. Erstattungsansprüche kommen auch bei Rechten in Betracht, die mit dem Tod eines Ehegatten erlöschen oder deren Erwerb durch den Tod eines Ehegatten bedingt ist (§ 1478 Abs. 2 Nr. 3 BGB), also in erster Linie Leibrenten und Lebensversicherungen (Palandt/Brudermüller § 1478 BGB Rn 4), nicht dagegen ein Nießbrauch, der wegen seiner Unübertragbarkeit immer zum Sondergut zählt (§§ 1059, 1417 Abs. 2 BGB) (Haußleiter/Schulz Kap. 2 Rn 96).

33 Der **maßgebliche Zeitpunkt für die Bewertung** nach § 1478 Abs. 3 BGB ist der Tag der Einbringung. Die eingebrachten Gegenstände sind zum Ausgleich des Kaufkraftschwundes zu indexieren. Für den Index gelten die gleichen Regeln wie bei der Zugewinngemeinschaft. Für den Endstichtag für die Hochrechnung kommt es auf den in der Zukunft liegenden Tag der Erstattung an (Haußleiter/Schulz Kap. 2 Rn 99). Für die genaue Berechnung werden daher der Index für die Zeit der Einbringung und der Index für die Zeit der Erstattung benötigt. Wenn sich die Ehegatten nicht über einen Stichtag geeinigt haben, ist bei gerichtlicher Auseinandersetzung der Tag der letzten mündlichen Verhandlung maßgeblich (vgl BGH 15.1.1992 – XII

ZR 197/90, DtZ 1992, 120). Belastungen sind abzuziehen, etwa Grundstücksbelastungen oder bei einer Hofübergabe mit Altenteilsvertrag die Ausgleichszahlungen an Geschwister oder auch latente Ertragsteuern, wenn auf einen Veräußerungserlös bei der Bewertung abgestellt wird.

f) Schritt 5 – Veräußerung der Gegenstände, für die kein Übernahmerecht besteht und die nicht teilbar sind. Was nach der Ausübung von Übernahmerechten, nach der Berichtigung der Gesamtgutsverbindlichkeiten und nach geleistetem Wertersatz übrig geblieben ist, muss geteilt werden. Die Teilung erfolgt nach den Vorschriften des Gemeinschaftsrechts (§ 1477 Abs. 1 BGB). Anzuwenden sind die §§ 752–754, 755 Abs. 2 und 3, 756, 757 BGB. § 755 Abs. 1 BGB ist durch § 1475 BGB ersetzt. Die Aufteilung erfolgt gemäß § 752 BGB durch Teilung in Natur. Wenn dies nicht möglich ist, erfolgt sie gemäß § 753 BGB durch Verkauf und Aufteilung des Erlöses, jedoch ist die Teilung in Natur (**Realteilung**) vorrangig. **34**

g) Schritt 6 – Feststellung der Teilungsmasse, Verteilung. Teilungsmasse ist der Überschuss, der nach der Berichtigung der Gesamtgutsverbindlichkeiten (s. → *Gesamtgut/Verwaltung* Rn 24 ff) verbleibt (§ 1476 Abs. 1 BGB). Ist die **Teilungsreife** erreicht, besteht der Überschuss nur noch aus: **35**

- Geld;
- in Natur teilbaren Sachen und
- den Gegenständen, auf die sich ein Übernahmerecht bezieht.

Zur Teilungsmasse gehört auch das, was ein Ehegatte dem Gesamtgut schuldet. Der Ehegatte zahlt diese Beträge in der Regel nicht bar ein, sondern sie werden mit seinem Anteil bei der Aufteilung verrechnet. Als Verbindlichkeiten gegenüber dem Gesamtgut kommen in Betracht:

- Schadensersatzansprüche für schuldhafte Minderungen des Gesamtguts gemäß § 1453 S. 3 BGB;
- Schadensersatzansprüche wegen unerlaubter Handlungen nach §§ 1441 Nr. 1, 1463 Nr. 1 BGB;
- die aus dem Gesamtgut bezahlten Verbindlichkeiten, die sich auf das Vorbehalts- oder Sondergut gemäß §§ 1441 Nr. 2, 1463 Nr. 2 BGB bezogen haben;
- Kosten aus bestimmten Rechtsstreitigkeiten gemäß §§ 1441 Nr. 3, 1443, 1463 Nr. 3, 1465 BGB;
- Kosten aus Ausstattungen gemäß §§ 1444, 1466 BGB;
- Ausgleichsansprüche für Verwendungen von Gesamtgut in Vorbehalts- oder Sondergut gemäß §§ 1445 Abs. 1, 1467 Abs. 1 BGB.

Die Aufteilung kann erfolgen, wenn nur noch Geld und in Natur teilbare Gegenstände vorhanden sind. Zuerst sind die Ansprüche der Ehegatten auf Wertersatz zu befriedigen. Von dem Geld, das übrig bleibt, bekommt jeder die Hälfte (§ 1476 Abs. 1 BGB). Schuldet ein Ehegatte etwas zum Gesamtgut, wird sein Anteil entsprechend gekürzt (§ 1476 Abs. 2 BGB).

4. Praxishinweise

a) Steuerrecht. Der Erwerb von Eigentum im Rahmen der Teilung des Gesamtguts ist **steuerfrei** (BFH 29.7.1981 – II R 48/78, NJW 1982, 128; Palandt/Brudermüller § 1474 BGB Rn 1). Daher kann die Realteilung steuerfrei erfolgen, etwa wenn ein Ehegatte den Betrieb samt Schulden, der andere das gemeinsame Haus samt Verbindlichkeiten übernimmt und sich die Ehegatten im Innenverhältnis jeweils von den übernommenen Schulden freistellen, sofern keine Abfindung gezahlt wird (vgl NK-BGB/Völker § 1474 BGB Rn 20). **36**

b) Bei der Auseinandersetzung übersehene Vermögensgegenstände. Wird ein Vermögensgegenstand in der Auseinandersetzungsvereinbarung übersehen, so ist diese zwar anfechtbar bzw es besteht ein Anpassungsanspruch. Jedoch kann hierdurch die Vereinbarung insgesamt unwirksam werden. Für einen solchen Fall empfiehlt es sich, eine Klausel in die Auseinandersetzungsvereinbarung darüber aufzunehmen, dass eine Nachtragsauseinandersetzung über übersehene Gegenstände durchgeführt werden kann, die bereits erfolgte Auseinandersetzung aber Bestand haben soll (vgl NK-BGB/Völker § 1474 BGB Rn 14). **37**

27. Auseinandersetzungsplan

Rakete-Dombek

I. Einleitung.. 1   II. Form und Inhalt des Auseinandersetzungsplans   2

I. Einleitung

1 Können sich die Ehegatten über die Auseinandersetzung des Gesamtgutes nicht einigen, ist mit der Auseinandersetzungsklage ein Auseinandersetzungsplan einzureichen. Hierbei handelt es sich um ein detailliertes **Vermögensverzeichnis** sowie die Angabe, wie das Gesamtgut unter den Eheleuten verteilt werden soll. Ein Auseinandersetzungsplan kann im Rahmen eines Vermittlungsverfahrens nach §§ 373, 363 ff FamFG erstellt werden, dessen Rechtsnatur unklar ist, da es sich um keinen Beschluss iSv § 38 FamFG, auch nicht um eine Art Gutachten (wie der Erbschein), sondern um eine Art Einigungsvorschlag handelt, den die Beteiligten annehmen oder ablehnen können (vgl Keidel/Zimmermann § 368 FamFG Rn 7).

II. Form und Inhalt des Auseinandersetzungsplans

2 Ein Auseinandersetzungsplan, der bei der Auseinandersetzungsklage einzureichen ist, erfordert die **Schriftform**. Ein Auseinandersetzungsplan, der im Rahmen eines Vermittlungsverfahrens nach §§ 373, 363 ff FamFG erstellt wird, kann zu Protokoll oder in einem besonderen Schriftstück aufgestellt werden (vgl Keidel/Zimmermann § 368 FamFG Rn 11).

3 Der Auseinandersetzungsplan muss die begehrte **Aufteilung** konkret beschreiben und die Höhe der **Erstattungsbeträge** angeben. Die Klage auf Zustimmung zu einem Auseinandersetzungsplan ist nur begründet, wenn der Auseinandersetzungsplan ganz genau den gesetzlichen Teilungsregelungen der §§ 1471 ff BGB entspricht. Es ist zulässig, dass die Parteien über Einzelpunkte nach § 1474 BGB abweichende Vereinbarungen treffen (BGH 13.4.1988 – IV b ZR 48/87, NJW-RR 1988, 1156). Das Gericht ist an den mit der Klage eingereichten Auseinandersetzungsplan gebunden und hat keinerlei Gestaltungsfreiheit; es kann dem Klageantrag nur stattgeben oder die Klage abweisen (BGH 13.4.1988 – IV b ZR 48/87, NJW-RR 1988, 1156). Der Antragsgegner darf nicht zu einer Auseinandersetzung verurteilt werden, die inhaltlich von dem mit der Klage eingereichten Auseinandersetzungsplan abweicht. Dem Antragsteller kann aber weniger als beantragt zugesprochen werden (BGH 13.4.1988 – IV b ZR 48/87, NJW-RR 1988, 1156). Die Abgrenzung zwischen einem „erlaubten Weniger" und einem „verbotenen Aliud" kann schwierig sein. Eine Auseinandersetzungsklage ist unbegründet, wenn der Aufteilungsplan nicht alle Aktiva umfasst (BGH 13.4.1988 – IV b ZR 48/87, NJW-RR 1988, 1156). Es ist daher darauf zu achten, dass alle Aktiva angegeben werden. Da Voraussetzung für die Auseinandersetzungsklage ist, dass die Gesamtschuldverbindlichkeiten bereits getilgt sind, werden Verbindlichkeiten in der Regel keine Rolle spielen. Ansprüche, die ein Ehegatte gegen die Gesamtschuld hat, können im Rahmen der Aufteilung mit berücksichtigt werden.

28. Ausgleichsreife

Hoenes

I. Einführung...................................... 1
II. Fehlende Ausgleichsreife....................... 2
  1. Anrechte der betrieblichen Altersversorgung.... 2
  2. Abzuschmelzende Leistungen.................. 6

3. Unwirtschaftlichkeit........................... 7
4. Anrechte bei ausländischen, zwischenstaatlichen
   oder überstaatlichen Versorgungsträgern........ 8
III. Folgen fehlender Ausgleichsreife................ 9

I. Einführung

Damit für ein Anrecht ein Wertausgleich bei Scheidung stattfinden kann, muss es **ausgleichsreif** iSv § 19   1
VersAusglG sein. Wenn es die unter § 19 Abs. 2 Ziffer 1. bis 4. VersAusglG genannten Voraussetzungen
nicht erfüllt, findet für dieses Anrecht ein Wertausgleich bei Scheidung nach § 19 Abs. 1 VersAusglG nicht
statt. Die Regelung verweist auf § 5 Abs. 2 VersAusglG, dh maßgeblicher Zeitpunkt für die Beurteilung ist
das Ende der Ehezeit, wobei rechtliche und tatsächliche Veränderungen nach der Ehezeit, soweit sie auf die
Ehezeit zurückwirken, zu berücksichtigen sind.

II. Fehlende Ausgleichsreife

1. Anrechte der betrieblichen Altersversorgung

Ein Anrecht ist nicht ausgleichsreif, wenn es dem Grunde oder der Höhe nach nicht hinreichend verfestigt   2
ist. Dies gilt insbesondere für Anrechte der **betrieblichen Altersversorgung**, die noch **nicht unverfallbar**
sind (§ 19 Abs. 2 Nr. 1. VersAusglG).

Die Unverfallbarkeit eines Anrechts der betrieblichen Altersversorgung kann auf den gesetzlichen Mindest-
vorschriften in § 1 BetrAVG beruhen oder auf einer vertraglichen Vereinbarung. Für die Ausgleichsreife ist
dies unerheblich. Wann die gesetzliche Unverfallbarkeit eintritt, hängt davon ab, wer das Anrecht finanziert
hat. Ist für ein Anrecht das Betriebsrentengesetz maßgeblich und wird es vom Arbeitgeber finanziert, ist es
unverfallbar, sobald der Berechtigte das 25. Lebensjahr vollendet hat und die Zusage fünf Jahre bestanden
hat. Kürzere Fristen aufgrund vertraglicher Regelungen sind möglich. Vom Arbeitnehmer finanzierte Anrechte der betrieblichen Altersversorgung sind sofort unverfallbar. Liegt dem Anrecht eine tarifvertragliche
Regelung zugrunde, ist die tarifvertragliche Regelung zur Unverfallbarkeit maßgeblich (§ 17 Abs. 3
BetrAVG).

Bei Anrechten der **betrieblichen Altersversorgung** kann eine **fehlende Ausgleichsreife** auch dann gege-   3
ben sein, wenn die künftige Leistung sich zum Ende der Ehezeit noch nicht ermitteln lässt. Dies kann zum
Beispiel bei **Gesamtversorgungssystemen** der Fall sein, wenn zum Ende der Ehezeit die Höhe der anzurechnenden Leistungen noch nicht ermittelt werden kann, oder aber wenn die Höhe der Leistung von einer
stark schwankenden Bemessungsgrundlage abhängt (s. Rn 5).

Häufig gibt es bei Anrechten der **betrieblichen Altersversorgung** Anteile, die zwar der Ehezeit zuzurech-   4
nen sind, die jedoch nur zu Leistungen führen, wenn das Beschäftigungsverhältnis nach Ende der Ehezeit
fortgesetzt wird. Hierunter fallen zum Beispiel Anspruchserhöhungen bei **endgehaltsabhängigen Versor-
gungszusagen** aufgrund von Gehaltserhöhungen nach der Ehe. Auch **Besitzstände**, die bei der Umstellung
eines Versorgungssystems entstanden sind, enthalten oft Anteile, die nur bei einer Fortsetzung des Beschäftigungsverhältnisses zum Tragen kommen. Diese Anteile sind nicht ausgleichsreif, weil sie bei einer Beendigung des Beschäftigungsverhältnisses entfallen.

Die Frage der Ausgleichsreife stellt sich ebenso bei Zusagen mit stark **schwankenden Bemessungs-**   5
größen. So gibt es zum Beispiel Anrechte, bei denen der Ausgleichswert vom Wert von Fondsanteilen abhängt. Vereinzelt gibt es auch Zusagen, bei denen die maßgeblichen Bemessungsgrößen Tantiemen oder
Gewinnanteile beinhalten, also Größen, die einen nennenswerten Anteil der Bezüge ausmachen können
und damit den Ausgleichswert maßgeblich bestimmen können, die aber von Jahr zu Jahr stark schwanken
können. Bei diesen Anrechten könnte eine Halbteilung bei einem Wertausgleich bei Scheidung nur erreicht

werden, wenn die Wertschwankungen zwischen dem Ende der Ehezeit und dem Zeitpunkt der Umsetzung berücksichtigt würden (Gutdeutsch/Hoenes/Norpoth FamRZ 2012, 597). Mit Beschluss vom 29.2.2012 (XII ZB 609/10, FamFR 2012, 206) hat der Bundesgerichtshof dies jedoch für eine private fondsgebundene Rentenversicherung abgelehnt. Dennoch hat er das Anrecht als ausgleichsreif eingestuft und es geteilt. Da es sich nicht um ein anpassungsfähiges Anrecht iSv § 32 VersAugsG handelt, ist eine spätere Korrektur über eine Abänderung nicht möglich. In der Praxis ist bei solchen Anrechten also Vorsicht geboten. Dies gilt umso mehr, da der Bundesgerichtshof eine festgestellte Wertminderung des Ausgleichswertes seit dem Ende der Ehezeit berücksichtigt, eine Werterhöhung aber nicht.

2. Abzuschmelzende Leistungen

6 Ein Anrecht, das auf eine abschmelzende Leistung gerichtet ist, ist nicht ausgleichsreif (§ 19 Abs. 2 Nr. 2. VersAusglG). Die Anrechte, die bei der gesetzlichen Rentenversicherung unter diese Vorschrift fallen, sind in § 120 h SGB VI ausdrücklich benannt.

3. Unwirtschaftlichkeit

7 Wenn der Ausgleich eines Anrechts für die ausgleichsberechtigte Person unwirtschaftlich wäre, ist es ebenfalls nicht ausgleichsreif (§ 19 Abs. 2 Nr. 3. VersAusglG). Dieser Fall kann dann gegeben sein, wenn der Ausgleichsberechtigte die Wartezeit oder sonstige Anspruchsvoraussetzungen nicht mehr erfüllen kann.

4. Anrechte bei ausländischen, zwischenstaatlichen oder überstaatlichen Versorgungsträgern

8 Anrechte bei einem ausländischen, zwischenstaatlichen oder überstaatlichen Versorgungsträger sind nicht ausgleichsreif (§ 19 Abs. 2 Nr. 4 VersAusglG).

III. Folgen fehlender Ausgleichsreife

9 Hat ein Ehepartner in der Ehezeit nicht ausgleichsreife Anrechte bei einem **ausländischen, zwischenstaatlichen oder überstaatlichen Versorgungsträger** erworben, so findet ein Wertausgleich bei der Scheidung auch in Bezug auf die **sonstigen Anrechte** der Ehegatten nicht statt, soweit dies für den anderen Ehegatten **unbillig** wäre. Um dies beurteilen zu können, ist es jedoch erforderlich, die Höhe dieser Anrechte zumindest näherungsweise zu kennen (s. →*Ausländische Rentenanrechte* Rn 5).

10 Wird ein Anrecht wegen fehlender Ausgleichsreife im Versorgungsausgleich nicht ausgeglichen, bleiben die Ausgleichsansprüche nach §§ 20–26 VersAusglG unberührt. Das bedeutet, dass diese Anrechte ggf später im Wege des **schuldrechtlichen Ausgleichs** ausgeglichen werden können. Eine spätere Teilung der Anrechte ist nicht möglich.

Hoenes

29. Ausgleichswert im Versorgungsausgleich

Hoenes

I. Einführung 1   III. Berücksichtigung von Wertänderungen bei
II. Ausgleichswert in besonderen Fällen 3   einer externen Teilung 5

I. Einführung

Der Ausgleichswert ist der Teil eines Anrechts, der beim Versorgungsausgleich auf den anderen Ehegatten 1
übertragen wird. Nach § 1 Abs. 2 VersAusglG hat er die Hälfte vom Wert des Ehezeitanteils zu betragen,
ggf nach Abzug der hälftigen Teilungskosten gemäß § 13 VersAusglG. Maßeinheit für den Ausgleichswert
ist die **maßgebliche Bezugsgröße** (s. → *Ehezeitanteil* Rn 1) des Anrechts (§ 5 Abs. 1 VersAusglG). Hierbei kann es sich um einen Rentenbetrag, einen Kapitalbetrag oder eine andere für das jeweilige Versorgungssystem geeignete Größe handeln. Bei einigen Versorgungssystemen ist die maßgebliche Bezugsgröße
durch das Versorgungsausgleichsgesetz vorgegeben, wie zB Entgeltpunkte bei der gesetzlichen Rentenversicherung, bei anderen hat der Versorgungsträger die Möglichkeit, die maßgebliche Bezugsgröße selbst
festzulegen.

Bei einer **internen Teilung** kann die Übertragung bzw Begründung des Anrechts für den Ausgleichsbe- 2
rechtigten immer auf Basis des Ausgleichswertes (als Vielfaches der maßgeblichen Bezugsgröße) erfolgen.
Bei einer **externen Teilung** ist dies nicht immer möglich, denn hier wird der Betrag benötigt, den der Versorgungsträger nach § 14 Abs. 4 VersAusglG an die Zielversorgung zu zahlen hat, also ein **Kapitalbetrag**.
Der Versorgungsträger muss daher nach § 5 Abs. 3 VersAusglG bei Ausgleichswerten, die nicht in Form
eines Kapitalbetrags ermittelt werden, zusätzlich zum Ausgleichswert einen Kapitalbetrag ermitteln und
dem Gericht mitteilen, den sogenannten **korrespondierenden Kapitalwert** (s. → *Korrespondierender Kapitalwert*). Wie dieser zu berechnen ist, regelt § 47 VersAusglG. Da der korrespondierende Kapitalwert auf
das Ende der Ehezeit berechnet wird, die Umsetzung der Teilung aber erst zu einem späteren Zeitpunkt
erfolgt, stellt sich insbesondere bei externen Teilungen die Frage, wie mit zwischenzeitlichen Wertänderungen des Anrechts umzugehen ist. Hierzu hat der Bundesgerichtshof entschieden, dass der Ausgleichswert als Kapitalbetrag nach § 14 Abs. 4 VersAusglG nicht unbedingt mit dem auf das Ende der Ehezeit
ermittelten Ausgleichswert nach § 14 Abs. 1 iVm § 47 VersAusglG übereinstimmen muss. Um dem Prinzip
der Halbteilung der Halbteilung gerecht zu werden, kann ggf eine Anpassung des Ausgleichswertes geboten sein (s. Rn 5).

II. Ausgleichswert in besonderen Fällen

Gelegentlich wird, entgegen dem Wortlaut des Gesetzes, auch bei einem Ausgleichswert in Form eines 3
Kapitalbetrages zusätzlich ein korrespondierender Kapitalwert angegeben, der in der Regel niedriger ist.
Dies ist zB häufig bei Anrechten der betrieblichen Altersversorgung über den Durchführungsweg Direktzusage der Fall, wenn als Leistung im Alter ein Kapitalbetrag zugesagt ist. In diesen Fällen bietet es sich an,
den künftigen Kapitalbetrag als maßgebliche Bezugsgröße zu wählen. Dieser Wert ist weder als Ausgleichswert für eine externe Teilung noch zur Verrechnung von Anrechten geeignet, denn er stellt eine spätere Leistung dar, keinen Wert zum Ende der Ehezeit. Er kann daher uU ein Vielfaches des nach den Vorschriften des § 47 VersAusglG ermittelten korrespondierenden Kapitalwertes betragen. Bei eventuellen
Vereinbarungen ist dies zu beachten (s. → *Betriebliche Altersversorgung* Rn 7).

Betragsmäßig entspricht der Ausgleichswert meist der Hälfte des Ehezeitanteils nach Abzug der Teilungs- 4
kosten. Es gibt jedoch Versorgungssysteme, bei denen dies nicht der Fall ist. Der Grund ist, dass bei manchen Versorgungssystemen tatsächlich die Teilung nicht auf Basis der maßgeblichen Bezugsgröße erfolgt.
Dies ist zB dann der Fall, wenn die maßgebliche Bezugsgröße Punktwerte sind, die Zahl der Punktwerte,
die mit einem bestimmten Beitrag erworben werden können, aber vom Alter und/oder Geschlecht des Versorgungsberechtigten abhängen. In diesen Fällen erreicht der Versorgungsträger eine für ihn kostenneutrale
Teilung dadurch, dass zwar das Anrecht des Ausgleichspflichtigen um die Hälfte der in der Ehezeit erwor-

benen Punktwerte gekürzt wird, dem Ausgleichsberechtigten jedoch nicht unbedingt diese Anzahl an Punktwerten gutgeschrieben wird. Es erfolgt vielmehr eine Umrechnung des hälftigen Ehezeitanteils mit den Rechnungsgrundlagen des Versorgungssystems, um das andere Geschlecht und ggf auch andere Alter des Ausgleichsberechtigten zu berücksichtigen. Diese Vorgehensweise ist zB bei Zusatzversorgungen des öffentlichen Dienstes oder berufsständischen Versorgungen anzutreffen.

III. Berücksichtigung von Wertänderungen bei einer externen Teilung

5   Der Ausgleichswert und der korrespondierende Kapitalwert sind Beträge, die auf das Ehezeitende berechnet sind. Zu einem späteren Zeitpunkt stellen diese Beträge uU nicht mehr die Hälfte des Ehezeitanteils dar. In diesen Fällen kann der Grundsatz der Halbteilung verfehlt werden, wenn bei einer externen Teilung der auf das Ende der Ehezeit berechnete Ausgleichswert oder korrespondierende Kapitalwert übertragen wird, ohne dass Wertänderungen nach dem Ende der Ehezeit berücksichtigt werden. Das Gesetz sieht die Berücksichtigung dieser Wertänderungen nicht ausdrücklich vor. Der Bundesgerichtshof hat jedoch in mehreren Entscheidungen zu dieser Frage Stellung genommen. In der ersten Entscheidung ging es um ein Anrecht, bei dem der Ausgleichswert durch Abzinsung künftiger Leistungen ermittelt wurde. In diesem Fall hat der Bundesgerichtshof entschieden (7.9.2011 – XII ZB 546/10, FamFR 2011, 514), dass der Ausgleichsberechtigte ab Ende der Ehezeit an der Wertentwicklung des Anrechts teilhaben muss und dies nur gewährleistet ist, wenn die Zielversorgung ein entsprechendes Kapital erhält. § 14 Abs. 4 VersAusglG iVm § 222 Abs. 3 FamFG sei daher verfassungskonform dahin gehend auszulegen, dass der vom Versorgungsträger der ausgleichspflichtigen Person zu zahlende Kapitalbetrag für die Zeit zwischen dem Ende der Ehezeit und der Rechtskraft der Entscheidung grundsätzlich mit dem Rechnungszins zu **verzinsen** ist. Eine Verzinsung über den Zeitpunkt der Rechtskraft hinaus bis zum Zeitpunkt der Zahlung es Ausgleichswertes lehnt der Bundesgerichtshof ab (6.2.2013 – XII ZB 204/11, FamFR 2013, 178; 13.2.2013 – XII ZB 631/12, FamFR 2013, 227). Sind aus dem Anrecht bereits Leistungen erbracht worden, ist die Rente bis zur rechtskräftigen Entscheidung vollständig verbraucht. Während die Verzinsung zu einer Erhöhung des Ausgleichswertes führt, haben erbrachte Leistungen eine Reduzierung zur Folge. Inwieweit sich beide Effekte ausgleichen, hängt hauptsächlich vom Rechnungszins, dem Zeitraum der Verzinsung und der Höhe der bereits erbrachten Leistungen ab (Gutdeutsch/Hoenes/Norpoth FamRZ 2012, 73).

Beispiel: Ausgleichswert, bezogen auf das Ende der Ehezeit: 10.000, Rechnungszins: 5,0 %, Rechtskraft: fünf Jahre nach Ende der Ehezeit, Monatsrente: 120 EUR, Ehezeitanteil: davon 100 %; Ausgleichswert verzinst: 12.763 EUR; Ausgleichswert nach Berücksichtigung von Verzinsung und auf den Ausgleichswert entfallenden erbrachten Leistungen: Fall 1: Erbrachte Leistungen: vier Jahresrenten; Reduzierung des Ausgleichswertes: 4 x 12 x 120/2 = 2.880; Ausgleichswert: 12.763 – 2.880 = 9.883 EUR (Verzinsung und Berücksichtigung erbrachter Leistungen gleichen sich nahezu aus); Fall 2: Erbrachte Leistungen: eine Jahresrente; Reduzierung des Ausgleichswertes: 1 x 12 x 120/2 = 720; Ausgleichswert: 12.763 – 720 = 12.043 EUR (Verzinsung und Berücksichtigung erbrachter Leistungen unterscheiden sich deutlich).

6   Diese Berechnungsweise stellt nur eine Näherung dar, da Wertänderungen aufgrund der Biometrie unberücksichtigt bleiben. Die Abweichung von einem exakt ermittelten Wert nimmt mit der Länge des betrachteten Zeitraums zu. Bei einem langen Zeitraum seit Ende der Ehezeit, wie er zB bei einer Abänderung nach § 51 VersAusglG oft gegeben ist, empfiehlt sich daher unbedingt eine Neubewertung zu einem Stichtag, zeitnah zur Rechtskraft der Entscheidung. Veränderungen zwischen der Rechtskraft und diesem Stichtag können ggf durch Verzinsung und Berücksichtigung von Rentenzahlungen in diesem Zeitraum zusätzlich berücksichtigt werden.

7   Bei Anrechten, deren Ausgleichswert vom Wert von Fondsanteilen abhängt, hat der Bundesgerichtshof hingegen anders entschieden (29.2.2012 – XII ZB 609/10, FamFR 2012, 206). Hier sind Wertänderungen nur zu berücksichtigen, wenn der Wert der Fondsanteile sich verringert hat und der Tatrichter dies konkret festgestellt hat. Eventuelle Erhöhungen der Fondsanteile kommen dem Ausgleichsberechtigten nicht zugute. Zu der Frage, wie Wertänderungen nach dem Zeitpunkt, zu dem der Tatrichter die Wertänderung kon-

kret festgestellt hat, und dem Zeitpunkt der Umsetzung zu berücksichtigen sind, nimmt der Beschluss nicht Stellung.

Offen bleibt die Frage, um welchen Anteil das Anrecht des Ausgleichspflichtigen gekürzt werden darf. **8** Fraglich ist hier, ob eventuelle Werterhöhungen, die beim Ausgleichswert nicht berücksichtigt werden, dem Ausgleichspflichtigen verbleiben, oder ob hiervon der Versorgungsträger profitiert. Umgekehrt stellt sich natürlich auch die Frage, ob das Anrecht des Ausgleichspflichtigen ggf um mehr als die Hälfte des Ehezeitanteils gekürzt werden darf.

30. Auskunft über die persönlichen Verhältnisse des Kindes

Seebach

I. Allgemeines.................................... 1
II. Regelungsgehalt............................ 3
  1. Elternteil................................... 3
  2. Berechtigtes Interesse..................... 6

3. Inhalt der Auskunft......................... 10
4. Wohl des Kindes............................ 13
5. Häufigkeit der Auskunftserteilung.............. 14
III. Verfahren.................................... 15

I. Allgemeines

1 Verfahren nach § 1686 BGB, wonach jeder Elternteil von dem anderen Elternteil bei berechtigtem Interesse **Auskunft über die persönlichen Verhältnisse des Kindes** verlangen kann, soweit dies dem Kindeswohl nicht widerspricht, spielen in der Praxis eine untergeordnete Rolle. Dieses Recht auf Auskunftserteilung steht als **selbstständiges Recht** bzw **selbstständiger Anspruch** neben dem Recht auf Umgang dem nicht betreuenden Elternteil, aber auch dem betreuenden Elternteil gegen den anderen Elternteil, zu (NK-BGB/ Peschel-Gutzeit § 1687 BGB Rn 7). Bei entsprechender Antragstellung wird ein Verfahren vor dem Familiengericht geführt.

2 Das Recht steht hierbei **jedem Elternteil** – unabhängig von der bestehenden Sorgerechtslage – ohne Zurückbehaltungsrecht nach § 273 BGB zu (HK-FamR/Schmid § 1686 BGB Rn 1 f). Es ist gleichgültig, ob die Eltern verheiratet sind oder waren, es sich um ein eheliches oder nichteheliches Kind handelt. Die Rechtsauffassung, welche § 1686 BGB bei bestehender gemeinsamer Sorge nicht anwenden möchte (HK-BGB/Kemper § 1686 BGB Rn 1), da die Regelung nach § 1627 BGB insoweit ausreiche, verkennt den eindeutigen Wortlaut der Norm. Zudem bildet § 1627 BGB im Gegensatz zu § 1686 BGB keine eigene Anspruchsgrundlage. Teilweise wird die Ansicht vertreten, dass es sich hinsichtlich des Anspruchs aus § 1686 BGB um einen **Ersatz** (Surrogat) für fehlenden Umgang eines Elternteils mit dem Kind handelt. Teilweise wird in § 1686 BGB eine **Ergänzung zum Umgangsrecht** gesehen (NK-BGB/Peschel-Gutzeit § 1686 BGB Rn 3). Letztlich kommen § 1686 BGB beide Funktionen zu (Maier in: FormFamR § 7 Rn 172). Auch bei bestehender gemeinsamer Sorge und bestehenden Umgangskontakten kann ein Anspruch auf Information und Auskunft bestehen (Grabow in: VerfFamR § 3 Rn 212; Palandt/Götz § 1686 BGB Rn 1).

II. Regelungsgehalt

1. Elternteil

3 Das Auskunftsbegehren richtet sich nach dem Wortlaut der Norm **gegen den anderen Elternteil** und gerade nicht gegen dritte Personen (NK-BGB/Peschel-Gutzeit § 1686 BGB Rn 4). Es handelt sich um einen Auskunftsanspruch der Eltern untereinander (Grabow in: VerfFamR § 3 Rn 212). Etwas anderes gilt hinsichtlich der Auskunftserteilung an sich, die durchaus von Dritten für den anderen Elternteil vorgenommen werden kann, beispielsweise durch die Schule oder den Kindergarten (NK-BGB/Peschel-Gutzeit § 1686 BGB Rn 5). Die Auskunft selber muss demnach nicht persönlich erteilt werden (Palandt/Götz § 1686 BGB Rn 3).

4 Der Anspruch auf Auskunftserteilung ist **höchstpersönlicher Natur** und auf die Eigenschaft als Elternteil beschränkt. Eine Ausweitung sowie Analogie ist abzulehnen (Maier in: FormFamR § 7 Rn 173). Der Rechtsgrund für den Anspruch liegt in der Elterneigenschaft begründet. Teilweise jedoch wird eine analoge Anwendung von § 1686 BGB auf **Obhutspersonen** bejaht, beispielsweise gegen Pflegeeltern oder gegen die Heimleitung einer Jugendhilfeeinrichtung (NK-BGB/Peschel-Gutzeit § 1686 BGB Rn 5).

5 Da das Auskunftsrecht des § 1686 BGB die rechtliche Elternschaft voraussetzt, hat der Gesetzgeber durch das am 13.7.2013 in Kraft getretene **Gesetz zur Stärkung der Rechte des leiblichen, nicht rechtlichen Vaters** mit der Einführung des § 1686 a BGB eine Sonderregelung für den biologischen Vater getroffen, dessen rechtliche Vaterschaft noch nicht festgestellt wurde. Auch dieser hat einen Auskunftsanspruch über die persönlichen Verhältnisse des Kindes. Der Anspruch richtet sich gegen jeden (rechtlichen) Elternteil. Er steht unter den gegenüber § 1686 BGB zusätzlichen Voraussetzungen, dass der leibliche Vater ein ernst-

haftes Interesse an dem Kind gezeigt hat und dass der Auskunftsanspruch dem Wohl des Kindes nicht widerspricht.

§ 1686 a BGB setzt ferner voraus, dass bereits ein **rechtlicher Vater vorhanden** ist. Fehlt ein rechtlicher Vater, bleibt dem „(putativ-)biologischen" Vater die Möglichkeit, die Vaterschaft klären zu lassen und damit das Recht nach § 1686 BGB zu erlangen.

Weitere Voraussetzung des Auskunftsrechts nach § 1686 a BGB ist, dass der Anspruchsteller auch wirklich der **biologische Vater** ist. Die Klärung der Vaterschaft erfolgt inzident im Rahmen des Umgangsverfahrens. Dabei wird die leibliche Vaterschaft nur als Vorfrage geprüft. Dies kann nach dem ebenfalls neu geschaffenen § 167 a Abs. 2, 3 FamFG im Wege förmlicher Beweisaufnahme durch Einholung eines Abstammungsgutachtens geschehen oder durch Verwertung eines vom Beteiligten selbst erholten Gutachtens erfolgen. Erfolgt eine inzidente Vaterschaftsfeststellung im Verfahren nach § 167 a Abs. 2 FamFG, so erwächst diese Entscheidung nicht in materielle Rechtskraft. Das Gutachten, auf das sich die Entscheidung stützt, kann aber in einem gesonderten Abstammungsverfahren verwertet werden (vgl Hoffmann, FamRZ 2013, 1077, 1079).

Das Erfordernis des **ernsthaften Interesses** soll den Gerichten in den Fällen, in denen sich bislang keine sozial-familiäre Beziehung entwickelt hat, ohne dass dies dem leiblichen Vater zuzurechnen ist, den erforderlichen Ermessensspielraum geben. Dafür wird zu prüfen sein, woran sich das behauptete Interesse am Kind im konkreten Einzelfall festmacht und ob ein ausreichendes Interesse manifest geworden ist. Als Kriterien führt der Gesetzentwurf in der Begründung zu § 1686 a BGB beispielhaft an, ob der biologische Vater sich vor und nach der Geburt zu dem Kind bekannt hat, ob er die Bereitschaft geäußert hat, Verantwortung für das Kind – gegebenenfalls auch finanziell – zu übernehmen etc., wobei im Einzelfall angemessen zu würdigen ist, wenn der leibliche Vater aus Rücksicht auf das Kind und die soziale Familie sein Interesse nur zurückhaltend bekundet hat.

2. Berechtigtes Interesse

Der Auskunftsantrag muss die **persönlichen Verhältnisse** des Kindes betreffen und darf nicht missbräuchlich gestellt sein (HK-FamR/Schmid § 1686 BGB Rn 2). Eine Überwachung des anderen Elternteils soll gerade nicht stattfinden. **6**

Ein Anspruch eines Elternteils kann entfallen, wenn ein Umgang mit den Kindern von eben jenem Auskunft begehrenden Elternteil abgelehnt wird. Dieser Ansicht ist jedenfalls beizutreten, wenn ein Umgang mit den Kindern strikt verweigert wird. Es liegt dann ein widersprüchliches Verhalten dieses Elternteils vor. Sollte das grundsätzlich bestehende Umgangsrecht eines Elternteils durch gerichtliche Entscheidung ausgesetzt worden sein, so kann ein Recht auf Auskunft hiervon erfasst sein, wenn die beantragten Informationen der Herstellung eines Kontaktes dienen sollen (HK-BGB/Kemper § 1686 BGB Rn 4).

Findet ein **regelmäßiger Umgang** mit dem Kind statt, so ist ein Antrag nach § 1686 BGB nur gerechtfertigt, wenn der persönliche Umgang nicht ausreicht, um die entsprechende Auskunft zu erlangen. Dies kann der Fall sein, wenn das Kind die gewünschte Information nicht erteilen kann, zB aufgrund des Alters des Kindes, oder auch, wenn das Kind die Auskunft nicht erteilen möchte (Palandt/Götz § 1686 BGB Rn 5). **7**

Grundsätzlich gilt, dass ein berechtigtes Interesse dann entfällt, wenn es dem Elternteil unschwer möglich ist, sich die gewünschte Auskunft **anderweitig zu verschaffen**. Ferner soll der Anspruch entfallen, wenn es sich um Informationen handelt, die bei einem persönlichen Kontakt mit dem Kind auch nicht hätten erlangt werden können. Diese Rechtsauffassung erscheint allenfalls bei älteren Kindern vertretbar (NK-BGB/Peschel-Gutzeit § 1686 BGB Rn 3).

So kann ein Elternteil sich in **schulischen Angelegenheiten** über die jeweilige Klassen- oder Schulleitung informieren (NK-BGB/Peschel-Gutzeit § 1686 BGB Rn 5). Sollte die alleinige elterliche Sorge beim anderen Elternteil liegen, so genügt dieser insoweit seiner Auskunftspflicht, als er die Schule ermächtigt, entsprechende Auskünfte zu erteilen. **8**

9   In der Regel wird bei **nicht bestehenden Umgangskontakten** zumindest ein Auskunftsanspruch gegeben sein, da ein sonstiger Kontakt zu dem Kind nicht besteht und das Elternrecht des vom Umgang ausgeschlossenen Elternteils beachtet werden muss. Ein Anspruch entfällt nicht alleine, weil sich der nunmehr Auskunft und Informationen begehrende Elternteil in der Vergangenheit nicht um das Kind und dessen Belange gekümmert hat (OLG Brandenburg 26.7.2007 – 9 UF 87/07, NJW-RR 2008, 226).

3. Inhalt der Auskunft

10 Der Inhalt der Auskunft erstreckt sich auf die persönlichen Verhältnisse des Kindes (Kemper FamFR 2011, 70). Die geschuldete Auskunft ist formlos zu erteilen (NK-BGB/Peschel-Gutzeit § 1686 BGB Rn 8). Grundsätzlich kann die Auskunft in jeder **beliebigen Form**, sei es durch Bilder, Zeugnisse, Atteste u.a. erteilt werden (HK-FamR/Schmid § 1686 BGB Rn 2; OLG Frankfurt/M. 12.9.2011 – 6 UF 193/11, LSK 2012, 250215). Nicht sämtliche Lebensstationen des Kindes sind dem auskunftsbegehrenden Elternteil mitzuteilen. Typische Beispiele, die von § 1686 BGB erfasst sind, sind Erkrankungen oder Unfälle des Kindes, bestehende Allergien oder Unverträglichkeiten sowie besondere Vorfälle in der Schule, aber auch der aktuelle Gesundheitszustand des Kindes (NK-BGB/Peschel-Gutzeit § 1686 BGB Rn 9).

Persönliche Verhältnisse sind Umstände, die für das Befinden und die Entwicklung des Kindes wesentlich sind und die der Elternteil, der gerade nicht die dauernde Betreuung des Kindes ausübt, erfahren soll (Maier in: FormFamR § 7 Rn 176).

11 **Auskunft über das Kindesvermögen** ist von § 1686 BGB nicht erfasst. Insoweit greift die Norm des § 1605 BGB bzw ist ein entsprechender Antrag nach § 242 BGB zu prüfen (NK-BGB/Peschel-Gutzeit § 1686 BGB Rn 10).

12 Die Verhältnisse des jeweils anderen Elternteils sind von dem Auskunftsbegehren nicht erfasst, können aber hiervon natürlich berührt sein. Dies ist beispielsweise bei der Mitteilung der **Wohnanschrift** oder der Wohnverhältnisse des Kindes der Fall (HK-FamR/Schmid § 1686 BGB Rn 2).

4. Wohl des Kindes

13 Die Auskunftserteilung darf dem Wohl des Kindes nicht widersprechen (Grabow in: VerfFamR § 3 Rn 212). Dies kann gerade dann der Fall sein, wenn ein Umgang mit dem Elternteil ausgesetzt wurde und ein Auskunftsverfahren der Kontaktherstellung dienen soll (s. → *Ausschluss des Umgangsrechts*). Die Auskunft ist ausgeschlossen, wenn das Kindeswohl gefährdet ist (Kemper FamFR 2010, 46). Das Kindeswohl ist hierbei nicht Maßstab, sondern Grenze des Auskunftsanspruchs (NK-BGB/Peschel-Gutzeit § 1686 BGB Rn 12; Palandt/Götz § 1686 BGB Rn 5).

5. Häufigkeit der Auskunftserteilung

14 Die Auskunft kann von dem anderen Elternteil nicht „tagebuchartig" und in kürzesten Abständen verlangt werden (Heiß in: MandatFamR Teil 5 Rn 67). Eine regelmäßige Auskunft in **angemessenen Abständen** ist jedoch geschuldet. Hierbei verbietet sich ein starres Schema, vielmehr ist immer der konkrete Einzelfall zu sehen. Grundsätzlich wird man annehmen können, dass bei gemeinsamer elterlicher Sorge die Auskunft häufiger erteilt werden wird und auch erteilt werden muss. Ein **regelmäßiger Austausch** über das Kind ist erforderlich und angezeigt. Bei plötzlicher Erkrankung des Kindes oder in Notfällen ist eine **sofortige Auskunft** geschuldet (NK-BGB/Peschel-Gutzeit § 1686 BGB Rn 11). Handelt es sich um ein hochstreitiges Elternpaar, so kann es – um dem Kindeswohl nicht zu widersprechen – angezeigt sein, Auskunft in **längeren Zeitabschnitten** zu erteilen.

III. Verfahren

15 Verfahren nach § 1686 BGB spielen in der familienrechtlichen Praxis eine **untergeordnete Rolle**. Es macht verfahrenstechnisch und auch unter Berücksichtigung von Kostengesichtspunkten Sinn, in anhängi-

gen **Umgangsverfahren** Fragen der Auskunft mit zu regeln (NK-BGB/Peschel-Gutzeit § 1686 BGB Rn 13 f).

Insbesondere in Vereinbarungen der Beteiligten sollten diesbezügliche Unklarheiten beseitigt und Regelungen aufgenommen werden. Vor Antragstellung sollte eine Abwägung dahin gehend vorgenommen werden, ob ein Antrag auf Umgangsregelung bereits zu diesem Zeitpunkt sinnvoll erscheint, oder ob möglicherweise ein Verfahren nach § 1686 BGB vorgelagert werden sollte, um auf diese Weise **erste Kontakte** zu dem anderen Elternteil und Kind zu knüpfen oder einen **abgebrochenen Umgangskontakt** wieder anzubahnen (Heiß in: MandatFamR Teil 5 Rn 67).

Bei nicht erteilter Auskunft kann dem Kind ein Ergänzungspfleger bestellt werden (Heiß in: MandatFamR 16
Teil 5 Rn 68). Das Jugendamt ist gem. § 162 FamFG anzuhören (Maier in: FormFamR § 7 Rn 179 f).

Bei Verfahren betreffend die Auskunft über die persönlichen Verhältnisse des Kindes nach § 1686 BGB handelt es sich um eine Kindschaftssache. Da die §§ 45, 46 FamGKG nicht einschlägig sind, richtet sich der Verfahrenswert nach der Auffangvorschrift des § 42 FamGKG. Gem. § 42 Abs. 3 FamGKG ist der Verfahrenswert grundsätzlich auf 5.000 EUR festzusetzen.

31. Auskunftsanspruch im Unterhaltsrecht

Poppen

I. Anspruchsgrundlagen	1		b) Selbstständige	9
1. § 1605 Abs. 1 BGB	1		2. Auskunft zum Vermögen	10
2. § 242 BGB	2	**IV.**	**Form der Auskunft**	11
II. Entbehrlichkeit der Auskunft	3	**V.**	**Erneute Auskunft**	12
1. Konkrete Bedarfsermittlung/Karrieresprung	3	**VI.**	**Vorlage von Belegen**	14
2. Unterhaltsverzicht	4		1. Grundsätze	14
3. Mindestunterhalt	6		2. Unselbstständig Tätige	15
4. Verwirkung	7		3. Selbstständig Tätige	17
III. Inhalt der Auskunft	8	**VII.**	**Nachfragen**	18
1. Systematische Zusammenstellung der Einkünfte	8	**VIII.**	**Pflicht zur ungefragten Auskunft**	19
a) Abhängig Beschäftigter	8	**IX.**	**§§ 235, 236 FamFG**	22

I. Anspruchsgrundlagen

1. § 1605 Abs. 1 BGB

1   Die Beteiligten eines Unterhaltsrechtsverhältnisses sind einander, soweit dies zur Ermittlung der **Höhe eines Unterhaltsanspruchs** erforderlich ist, zur Auskunft über ihre Einkommens- und Vermögensverhältnisse verpflichtet. Zentrale Anspruchsgrundlage ist **§ 1605 Abs. 1 BGB**, der die Auskunftspflicht für den Verwandtenunterhalt regelt. Hierauf verweisen für den Trennungsunterhalt § 1361 Abs. 4 S. 4 BGB, für den nachehelichen Unterhalt § 1580 BGB und für Unterhaltsansprüche nach § 1615 l BGB die Vorschrift des § 1615 l Abs. 3 BGB. Der Auskunftsanspruch umfasst auch, wenn dies zur Ermittlung des Unterhaltsanspruchs erforderlich ist, die Einkommensverhältnisse des neuen Ehegatten des Unterhaltsschuldners (BGH 2.6.2010 – XII ZR 124/08, NJW 2011, 226).

2. § 242 BGB

2   Soweit es um die **Bestimmung von Haftungsanteilen** geht, resultiert der Auskunftsanspruch aus **§ 242 BGB**. So kann ein Elternteil von dem anderen zur Bestimmung seines Haftungsanteils am Unterhalt eines volljährigen Kindes Auskunft verlangen (BGH 9.12.1987 – IVb ZR 5/87, NJW 1988, 1906). Gleiches gilt für Geschwister untereinander, die von ihren Eltern in Anspruch genommen werden (BGH 7.5.2003 – XII ZR 229/00, NJW 2003, 3624). Der von seiner Ehefrau, die ein nichteheliches Kind von einem anderen Mann betreut, auf Unterhalt in Anspruch genommene Ehegatte hat dagegen gegen den Vater des nichtehelichen Kindes keinen Auskunftsanspruch **zur Ermittlung der anteiligen Haftung**. Die Einkommens- und Vermögensverhältnisse des nichtehelichen Vaters muss die Kindesmutter darlegen (BGH 21.1.1998 – XII ZR 85/96, NJW 1998, 1309).

II. Entbehrlichkeit der Auskunft

1. Konkrete Bedarfsermittlung/Karrieresprung

3   Keine Auskunft muss erteilt werden, wenn der **Inhalt der Auskunft** für die Bemessung des Unterhaltsanspruchs **nicht erheblich** ist. Das ist zB der Fall, wenn der Unterhaltspflichtige bei einer konkreten Bedarfsermittlung erklärt, er sei in Höhe dieses Bedarfs leistungsfähig (BGH 22.6.1994 – XII ZR 100/93, NJW 1994, 2618). Gleiches gilt, wenn beim Unterhaltspflichtigen ein **Karrieresprung** vorliegt und der Unterhaltsanspruch fiktiv auf der Basis des früheren Einkommens ermittelt wird (Wendl/Dose/Dose § 1 Rn 1154).

2. Unterhaltsverzicht

4   Liegt ein wirksamer Unterhaltsverzicht vor, entfallen ebenfalls Auskunftsansprüche. Ist die **Wirksamkeit des Unterhaltsverzichts** umstritten, sollte der auf Auskunft in Anspruch Genommene im gerichtlichen Verfahren einen Feststellungswiderantrag stellen, mit dem er die Feststellung der Wirksamkeit der Unterhaltsverzichtsvereinbarung begehrt. Das Feststellungsbegehren ist zulässig, weil der Beschluss, der zur

Auskunftserteilung verpflichtet, hinsichtlich dieser Frage keine Rechtskraftwirkung entfaltet (BGH 14.11.1984 – VIII ZR 228/83, NJW 1985, 862). Denn ansonsten ist eine negative Entscheidung im Auskunftsstadium für ihn in der Regel nicht in der Beschwerdeinstanz überprüfbar, weil die notwendige **Rechtsmittelbeschwer** nicht erreicht wird.

Die **Rechtsmittelbeschwer** für den, der zur Auskunft verurteilt worden ist, beläuft sich auf einen Betrag in   5 Höhe der Aufwendungen, die zur Erteilung der Auskunft getätigt werden müssen, in aller Regel allein Kopierkosten (BGH 19.10.1993 – XI ZR 73/93, NJW-RR 1994, 174; 11.7.2001 – XII ZR 14/00, NJW-RR 2002, 145). Damit lässt sich üblicherweise die Zulässigkeit eines Rechtsmittels nicht darstellen (§ 113 FamFG, § 511 Abs. 2 Nr. 1 ZPO = Mindestbeschwer 600 EUR), so dass die Auskunft erteilt werden muss und die **Überprüfung der Wirksamkeit der Unterhaltsverzichtsvereinbarung** durch das Rechtsmittelgericht erst im Betragsverfahren stattfinden kann. Dabei kann, gerade bei nicht selbstständig Tätigen, die Aufklärung der Einkommensverhältnisse mit einem erheblichen zeitlichen und finanziellen Aufwand, etwa wegen der Einholung von Sachverständigengutachten, verbunden sein. Wird der Feststellungswiderantrag abgewiesen, beläuft sich die Rechtsmittelbeschwer auf ca. 80 % des Jahresbetrages des von der anderen Seite begehrten Unterhalts (Zöller/Greger § 256 Rn 30).

3. Mindestunterhalt

Verlangt ein minderjähriges Kind allein den Mindestunterhalt, bedarf es ebenfalls keiner Auskunft, weil für   6 seine eingeschränkte Leistungsfähigkeit gegenüber dem Mindestunterhalt der Unterhaltsverpflichtete darlegungs- und beweispflichtig ist (BGH 27.12.2002 – XII ZR 295/00, FamRZ 2003, 444). Verfügt der barunterhaltspflichtige Elternteil selbst über keine hinreichenden Einkünfte, ist aber wiederverheiratet, kann das minderjährige Kind nach § 1605 BGB auch Auskunft über die Einkünfte des neuen Ehegatten verlangen. Diese Auskunft muss ausdrücklich tenoriert werden (OLG Hamm 15.12.2010 – 5 WF 157/10, FamRZ 2011, 1302).

4. Verwirkung

Erhebt der Unterhaltsverpflichtete den Einwand der Verwirkung, ist Auskunft zu erteilen. Denn im Rah-   7 men der vorzunehmenden Abwägung zB nach § 1579 BGB oder § 1611 BGB spielt die Höhe der Einkünfte ebenfalls eine Rolle (BGH 29.6.1983 – IVb ZR 391/81, NJW 1983, 2243).

III. Inhalt der Auskunft

1. Systematische Zusammenstellung der Einkünfte

a) Abhängig Beschäftigter. Die Auskunft muss eine systematische Zusammenstellung aller Positionen   8 enthalten, die es dem anderen ermöglicht, eine Einkommensberechnung vorzunehmen. Ein **abhängig Beschäftigter** muss alle Einkünfte aufführen, Weihnachts- und Urlaubsgeld, sonstige Sonderzahlungen wie Jubiläumszuwendungen, Tantiemen oder Ähnliches, Spesen und Steuererstattungen (BGH 29.6.1983 – IVb ZR 391/81, NJW 1983, 2243). Auskunft muss weiter darüber erteilt werden, ob Einkünfte aus anderen Quellen erzielt werden, wie Krankengeld, Kapitalvermögen, Vermietung oder Verpachtung. Dabei muss der Pflichtige **alle Einkommensbestandteile** nennen, auch wenn er der Auffassung ist, dass sie **für die Unterhaltsbemessung ohne Bedeutung** sind. Regelmäßig ist die Auskunft für ein Jahr zu erteilen (Büte in: Büte/Poppen/Menne, Unterhaltsrecht, § 1605 BGB Rn 10).

b) Selbstständige. Selbstständige müssen ihre Einkünfte für einen Zeitraum von **drei Jahren** darlegen   9 (BGH 4.11.1981 – IVb ZR 624/80, NJW 1982, 1645). Sie müssen Zusammenstellungen über alle **Einnahmen und abgesetzte Betriebskosten** sowie persönliche Vorsorgeaufwendungen und Steuern erstellen. Die Aufstellung muss es dem Unterhaltsbegehrenden ermöglichen, beruflich von privaten Aufwendungen zu trennen (KG 25.1.1996 – 16 UF 6806/95, FamRZ 1997, 360). Der Gesellschafter einer Personen- oder Kapitalgesellschaft kann die Auskunft nicht mit der Begründung verweigern, seine **Mitgesellschafter** würden einer Offenbarung auch ihrer Verhältnisse widersprechen. Insoweit besteht eine **gesellschaftsrechtliche**

Treuepflicht, dem jeweiligen Mitgesellschafter die Erfüllung seiner familienrechtlichen Verpflichtungen zu ermöglichen (BGH 7.4.1982 – IVb ZR 678/80, NJW 1982, 1642).

2. Auskunft zum Vermögen

10 Die Auskunft zum Vermögen muss den Bestand des Vermögens zu einem bestimmten Stichtag auflisten. Es besteht keine **Rechenschaftspflicht,** weshalb über den Verbleib früher vorhandenen Vermögens nichts gesagt werden muss (OLG Hamburg 30.10.1984 – 12 UF 109/84, FamRZ 1985, 394). Das Vermögen ist durch ein nachvollziehbares Bestandsverzeichnis darzustellen.

IV. Form der Auskunft

11 Die Aufstellung, die die Auskunft beinhaltet, muss **nicht persönlich** durch den Auskunftspflichtigen **unterzeichnet werden.** Der Auskunftspflichtige kann sich zur Erfüllung seiner Verpflichtung der Hilfe Dritter, zB seines Verfahrensbevollmächtigten, bedienen (BGH 28.11.2007 – XII ZB 225/05, NJW 2008, 917). Nicht ausreichend ist der Verweis auf **Angaben in mehreren Schriftstücken** (OLG Köln 7.5.2002 – 4 WF 59/02, FamRZ 2003, 235; unrichtig hinsichtlich der Annahme der Pflicht zur persönlichen Unterzeichnung).

V. Erneute Auskunft

12 Falls sich keine grundlegenden Veränderungen ergeben haben, kann erneute Auskunft nach § 1605 Abs. 2 BGB erst **nach Ablauf von zwei Jahren** verlangt werden. Die Frist beginnt mit der letzten mündlichen Verhandlung in einem gerichtlichen Verfahren oder dem Tag des Abschlusses eines Vergleichs (OLG Düsseldorf 16.10.1992 – 3 WF 179/92, NJW 1993, 1079). Wegen der Nichtidentität von Trennungs- und nachehelichem Unterhalt gilt die **Sperrfrist** nicht, wenn trotz vorheriger Auskunft innerhalb des Zweijahreszeitraums im Trennungsunterhaltsverfahren nunmehr zur Bezifferung des nachehelichen Unterhalts Auskunft verlangt wird (OLG Hamm 19.5.2003 – 4 WF 51/03, FamRZ 2004, 377; anders OLG Jena 10.10.1996 – WF 119/96, NJW-RR 1997, 516).

13 Vor Ablauf der Zweijahresfrist kann Auskunft nur verlangt werden, wenn der Unterhaltsberechtigte glaubhaft macht, dass sich auf Seiten des Unterhaltspflichtigen **wesentliche Veränderungen** ergeben haben, wie zB der Wechsel des Arbeitgebers oder eine Beförderung (OLG Köln 5.2.2003 – 26 UF 15/02, NJW-RR 2004, 6).

VI. Vorlage von Belegen

1. Grundsätze

14 Von dem Anspruch auf Auskunft zu unterscheiden ist der Anspruch auf Vorlage von Belegen (§ 1605 Abs. 1 S. 2 BGB). Da es sich bei dem Auskunftsanspruch und dem Beleganspruch um zwei getrennte Ansprüche handelt, sind die Belege gesondert einzufordern und bei gerichtlicher Geltendmachung zu titulieren (OLG München 11.8.1995 – 12 WF 918/95, FamRZ 1996, 307). Die Belege müssen, damit ein Beschluss **vollstreckungsfähig** ist, genau bezeichnet werden (BGH 26.1.1983 – IVb ZR 355/81, NJW 1983, 1056).

2. Unselbstständig Tätige

15 Bei Arbeitnehmern sind grundsätzlich die **Verdienstabrechnungen der letzten zwölf Monate** vorzulegen. In der Praxis wird das Einkommen häufig auf der Basis der Dezemberverdienstabrechnung berechnet, wenn diese die Jahressummen auflistet. Dabei ist zu prüfen, ob die **Dezemberverdienstabrechnung** wirklich ein gesamtes Kalenderjahr erfasst oder etwa wegen eines Arbeitgeberwechsels oder eines Wechsels des Lohnabrechnungsprogramms nur ein Rumpfjahr. Weiter ist zu überprüfen, ob die Dezemberverdienstabrechnung alle Einkünfte auflistet, wie zB **steuerfreie Bezüge.** Die Verdienstabrechnung für Dezember gibt für sich genommen auch keinen Aufschluss darüber, ob weitere Einkünfte, wie zB **Kranken- oder Arbeitslosengeld,** erzielt worden sind.

Vorzulegen ist weiter der **Einkommensteuerbescheid** und zu Einkünften aus Vermietung und Verpach- 16
tung die Einkommensteuererklärung (BGH 7.4.1982 – IVb ZR 678/80, NJW 1982, 1642). Enthält der Steuerbescheid auch **Angaben zum Einkommen des neuen Ehegatten**, können die Angaben unkenntlich gemacht werden, die ausschließlich den neuen Ehegatten betreffen (BGH 9.11.2011 – XII ZB 212/11, NJW-
RR 2012, 129), wenn es für das Unterhaltsrechtsverhältnis auf dessen Einkünfte nicht ankommt.

3. Selbstständig Tätige

Ein selbstständig Tätiger muss auf Verlangen die **Einkommensteuererklärung** und den darauf ergangenen 17
Einkommensteuerbescheid vorlegen (BGH 7.4.1982 – IVb ZR 678/80, NJW 1982, 1642). Weiter zu
überreichen sind die Bilanzen mit den dazugehörigen **Gewinn- und Verlustrechnungen** für die Jahre, für
die Auskunft verlangt wird (BGH 7.4.1982 – IVb ZR 678/80, NJW 1982, 1642).

VII. Nachfragen

Geben die erteilten Auskünfte und überreichten Belege Anlass zu weiteren Nachfragen, ist die Auskunft 18
ggf zu erweitern und es sind auch weitere Belege vorzulegen. Bei nicht Selbstständigen kann zB die Vorlage des **Dienst- oder Arbeitsvertrages** verlangt werden (BGH 6.10.1993 – XII ZR 116/92, NJW 1993,
3262). Bei selbstständig Tätigen können ggf auch Teile der Buchhaltungsunterlagen, etwa **Buchungsjour-
nale** für bestimmte Sachkonten, verlangt werden, wenn zweifelhaft ist, ob die dort gebuchten Kosten nicht
dem privaten Bereich zuzurechnen sind. Kleinlichkeiten sind allerdings im Auskunfts- und Belegvorlage-
verfahren zu vermeiden (KG 9.2.2012 – 17 WF 18/12, FamRZ 2012, 1243).

VIII. Pflicht zur ungefragten Auskunft

Ungeachtet eines Auskunftsverlangens der anderen Seite hat in einem **Unterhaltsverfahren** der Unter- 19
haltsbegehrende alle Umstände zu offenbaren, die für die Unterhaltsbedürftigkeit von Bedeutung sein können. Das gilt für nicht ausdrücklich angesprochene Einkommensarten ebenso wie einen Anstieg des eigenen Einkommens (BGH 19.5.1999 – XII ZR 210/97, NJW 1999, 2804). Dies ist Ausfluss der in jedem gerichtlichen Verfahren bestehenden **Verpflichtung zum vollständigen und wahrheitsgemäßen Vortrag**
(§ 113 FamFG, § 138 ZPO).

Ist der Unterhalt durch einen Vergleich **tituliert**, kann die Verpflichtung bestehen, **wesentliche Verände-** 20
rungen auch nach Abschluss eines Verfahrens **unaufgefordert mitzuteilen**, wie die Wiederaufnahme einer Erwerbstätigkeit oder den Abbruch einer Ausbildung (BGH 16.4.2008 – XII ZR 107/06, NJW 2008,
2581). Dabei spielt es keine Rolle, ob der Unterhaltsberechtigte meint, dass die Veränderungen eine Änderung der Unterhaltszahlung nicht rechtfertigen; dies zu entscheiden ist im Streitfall Sache des angerufenen
Gerichts. Die Auskunft ist unabhängig davon zu erteilen (BGH 19.5.1999 – XII ZR 210/97, NJW 1999,
2804).

Wird entgegen einer entsprechenden Pflicht eine für die Unterhaltsbemessung relevante Veränderung oder 21
Tatsache nicht mitgeteilt, kann dies **Schadenersatzansprüche** nach § 826 BGB begründen (BGH
25.11.1987 – IVb ZR 96/86, NJW 1988, 1965). Zukünftige Unterhaltsansprüche können durch einen Verstoß gegen die Pflicht **verwirkt** werden (BGH 29.1.1997 – XII ZR 257/95, NJW 1997, 1439).

IX. §§ 235, 236 FamFG

In **Unterhaltsstreitverfahren** nach § 231 Abs. 1 FamFG kann das **Familiengericht anordnen**, dass so- 22
wohl die Beteiligten selbst als auch, wenn diese ihren Verpflichtungen nicht nachkommen, Dritte die für
die Unterhaltsbemessung notwendigen Informationen erteilen und Belege vorlegen. Inhaltlich entsprechen
die Auskunfts- und Belegpflichten den oben dargestellten Pflichten. Das Gericht ist zu einem derartigen
Vorgehen verpflichtet, wenn ein Beteiligter dies beantragt und der andere Beteiligte vor Beginn des Verfahrens seiner Auskunftsverpflichtung nicht nachgekommen ist. Entsprechende Anordnungen des Familiengerichts sind nicht im Wege der Vollstreckung durchsetzbar. Eine Verweigerung kann nur über die

Grundsätze der Darlegungs- und Beweislast und Substantiierung sanktioniert werden. So kann ein Gericht bei substantiierter Schätzung des Einkommens des Unterhaltspflichtigen durch den Unterhaltsberechtigten diesen Betrag einer Entscheidung zugrunde legen (BGH 15.10.1986 – IVb ZR 78/85, NJW 1987, 1201).

32. Auskunftspflichten im Versorgungsausgleich

Hoenes

I. Einführung.. 1
II. Auskunftspflichten gegenüber dem Gericht
(§ 220 FamFG)................................. 2

III. Auskunftsansprüche (§ 4 VersAusglG)......... 9

I. Einführung

Die Auskunftspflichten gegenüber dem Gericht sind umfassend in § 220 FamFG geregelt. Die Auskunfts- 1 ansprüche der Ehegatten, ihrer Hinterbliebenen und Erben sowie die der Versorgungträger sind in § 4 VersAusglG geregelt.

II. Auskunftspflichten gegenüber dem Gericht (§ 220 FamFG)

Das Gericht kann bei allen **Verfahrensbeteiligten** und bei sonstigen Stellen, die Auskünfte geben können, 2 Auskunft über Grund und Höhe bestehender Anrechte einholen (§ 220 FamFG). Am Verfahren zu beteiligen sind nach § 219 FamFG die Ehegatten, ihre Hinterbliebenen und Erben und die Versorgungsträger, bei denen ein auszugleichendes Anrecht besteht oder begründet werden soll.

Grundsätzlich sind die vom Gericht übersandten **Formulare** für die Auskunft zu verwenden. Versorgungs- 3 träger dürfen jedoch auch selbst erstellte, **automatisierte Auskünfte** verwenden (§ 220 Abs. 2 FamFG). Das Gericht kann anordnen, dass die Ehegatten oder ihre Hinterbliebenen oder Erben gegenüber dem Versorgungsträger **Mitwirkungshandlungen** zu erbringen haben, die für die Feststellung der in den Versorgungsausgleich einzubeziehenden Anrechte erforderlich sind (§ 220 Abs. 3 FamFG).

Der Mitwirkungspflicht kann insbesondere bei der Berechnung des **Ehezeitanteils** große Bedeutung zu- 4 kommen, denn für eine **unmittelbare Bewertung** werden oft Daten benötigt, die der Versorgungsträger nicht gespeichert hat. Entgegen der landläufigen Meinung haben die Versorgungsträger Daten für den Beginn der Ehezeit häufig nicht mehr gespeichert, weil sie nicht damit rechnen konnten, diese Daten jemals zu benötigen (s. → *Ehezeitanteil* Rn 3). Eine unmittelbare Bewertung, die nach § 39 VersAusglG vorrangig ist, kann in diesen Fällen nur vorgenommen werden, wenn die Versorgungträger diese Daten von den Eheleuten bzw ihren Hinterbliebenen erhalten. Andernfalls kann der Ehezeitanteil wegen fehlender Daten nur durch eine **zeitratierliche Bewertung** ermittelt werden. Diese kann unter Umständen zu einem gänzlich anderen Ergebnis führen als eine unmittelbare Bewertung und damit einen der Ehegatten massiv benachteiligen.

Nach § 220 Abs. 4 FamFG ist der Versorgungsträger verpflichtet, die nach § 5 VersAusglG benötigten 5 Werte einschließlich einer übersichtlichen und **nachvollziehbaren Berechnung** sowie die für die Teilung **maßgeblichen Regelungen** mitzuteilen. Das Gericht kann den Versorgungsträger von Amts wegen oder auf Antrag eines Beteiligten auffordern, die Einzelheiten der Wertermittlung zu erläutern.

Die **Nachvollziehbarkeit der Berechnungen** hängt von der Art des Anrechts und der Wahl der maßgebli- 6 chen Bezugsgröße ab. Anrechte der Deutschen Rentenversicherung Bund oder der Beamtenversorgung lassen sich ohne Kenntnisse der Versicherungsmathematik überprüfen. Das Gleiche gilt für die Versorgungswerke, die die maßgeblichen Rechengrößen in ihr Regelwerk aufgenommen haben, wie zB viele Berufsständische Versorgungswerke.

Ist der Ausgleichswert oder der korrespondierende Kapitalwert ein (versicherungsmathematischer) **Bar-** 7 **wert** oder ein **Deckungskapital**, erfordert die Überprüfung umfassende Kenntnisse der Versicherungsmathematik und entsprechende Bewertungsprogramme. In der Praxis werden Auskünfte häufig moniert, weil sie keinen Barwertfaktor oder keine Formel für die Barwertermittlung enthalten. Hierzu ist anzumerken, dass eine exakte Barwertberechnung, wie sie der Versorgungsträger vornehmen muss, meist sehr komplex ist und weder durch Anwendung eines einzelnen Barwertfaktors noch mittels einer (übersichtlichen) Formel erfolgt. Zudem müsste eine Überprüfung eine Beurteilung des Formelansatzes bzw des Barwertfaktors umfassen. Die Überprüfung eines versicherungsmathematischen Barwerts durch einen Anwalt oder Richter ist daher in aller Regel nicht möglich. Hier muss ggf ein Aktuar beauftragt werden. Wichtig ist jedoch, dass die Auskünfte alle Angaben enthalten, die ein Aktuar für eine Überprüfung benötigt.

8 Zur **Überprüfung** eines **versicherungsmathematischen Barwerts** benötigt ein Aktuar die vollständigen vertraglichen Grundlagen, zB Versorgungszusage oder Betriebsvereinbarung, die Teilungsordnung, die maßgeblichen persönlichen Daten und Bemessungsgrößen, die vollständigen Rechnungsgrundlagen, dh die biometrischen Rechnungsgrundlagen, den Rechnungszins, ggf den Anwartschaftstrend, den Rententrend und alle sonstigen Faktoren, die für die jeweilige Zusage maßgeblich sind. Hängen die Leistungen bei Invalidität und Tod vom Alter bei Eintritt des Versorgungsfalles ab, sollte die Auskunft zusätzlich die Leistungsmatrix enthalten, die der Bewertung zu Grunde liegt, dh die Höhe der Leistungen für jeden möglichen Versorgungsfall und jedes Alter.

Ein Rückkaufswert oder ein Deckungskapital lassen sich in aller Regel überhaupt nicht überprüfen, denn diese Werte werden meist mit Rechnungsgrundlagen ermittelt, die nicht offengelegt werden. Außerdem spielen zusätzliche Faktoren eine Rolle, die sich einer Überprüfung entziehen, wie zB die für die Risikoabsicherung und die Abschluss- und Verwaltungskosten benötigten Beitragsanteile, die in der Ehezeit erzielten Überschüsse, Sterblichkeitsgewinne oder Verluste, Verwaltungskostengewinne oder Verluste usw. Bei einem Deckungskapital oder Rückkaufswert kann daher in der Regel allenfalls geprüft werden, ob der Betrag plausibel ist.

III. Auskunftsansprüche (§ 4 VersAusglG)

9 Nach § 4 VersAusglG sind die **Ehegatten**, ihre **Hinterbliebenen** und **Erben** verpflichtet, einander die für den Versorgungsausgleich erforderlichen Auskünfte zu erteilen. Sofern ein Ehegatte, seine Hinterbliebenen oder Erben die erforderlichen Auskünfte von dem anderen Ehegatten, dessen Hinterbliebenen oder Erben nicht erhalten können, haben sie einen entsprechenden **Auskunftsanspruch** gegen die betroffenen **Versorgungsträger**. Versorgungsträger können die erforderlichen Auskünfte von den Ehegatten, deren Hinterbliebenen und Erben sowie von den anderen Versorgungsträgern verlangen. Für die Erteilung der Auskunft gilt § 1605 Abs. 1 S. 2 und 3 BGB entsprechend.

33. Ausländische Rentenanrechte

Hoenes

I. Einführung...................................... 1
II. Auskünfte...................................... 2

III. Ausgleich bei Scheidung........................ 3

I. Einführung

Zu den Versorgungsanrechten, die gemäß § 2 Abs. 1 VersAusglG im Versorgungsausgleich zu berücksich- 1
tigen sind, gehören auch **ausländische, zwischenstaatliche und überstaatliche Anrechte**. Wegen der zunehmenden Mobilität von Arbeitnehmern spielen sie eine immer wichtigere Rolle bei der Versorgung. Damit kommt einer sorgfältigen Ermittlung und angemessenen Berücksichtigung im Fall der Scheidung eine immer größere Bedeutung zu. In der Praxis ist dies nicht leicht umzusetzen. Finanzierungs- und Gestaltungsformen unterscheiden sich zum Teil deutlich von deutschen Versorgungssystemen. Manche Anrechte, wie zB die steuerfinanzierten Volks- oder Grundrentensysteme, erfüllen die Vorraussetzungen des § 2 Abs. 2 VersAusglG nicht und sind daher im Versorgungsausgleich nicht zu berücksichtigen (Ruland, Versorgungsausgleich, 3. Aufl. 2011, Kap. 2 Rn 100 ff). Andere Anrechte sind auf Kapitalzahlungen gerichtet und fallen damit unter den Zugewinnausgleich. In manchen Systemen haben auch geschiedene Ehegatten einen eigenen Anspruch auf Versorgung, dessen Berücksichtigung im VersAusglG nicht vorgesehen ist. Teilweise ist es nicht möglich, die Ehezeitanteile der Anrechte auch nur halbwegs zuverlässig zu ermitteln. Eine Teilung der Anrechte im Versorgungsausgleich ist nicht möglich, da den Anrechten nach § 19 Abs. 2 Nr. 4 VersAusglG die Ausgleichsreife fehlt (s. → *Ausgleichsreife*). In Abhängigkeit von der Bedeutung der Anrechte für die spätere Versorgung der Eheleute und den Gegebenheiten im Einzelfall empfiehlt sich daher in vielen Fällen eine Vereinbarung nach §§ 6–8 VersAusglG.

II. Auskünfte

Da **ausländische, zwischenstaatliche oder überstaatliche Versorgungträger** nicht deutschem Recht un- 2
terliegen, kann von ihnen weder die Berechnung des Ehezeitanteils noch die Teilung der Anrechte gemäß den Regelungen des VersAusglG noch die Abtretung einer schuldrechtlichen Rente verlangt werden. Dennoch sind die Anrechte gem. § 26 FamFG von Amts wegen zu ermitteln und nach § 224 Abs. 4 FamFG in den Gründen zur Entscheidung zu dokumentieren (Borth, Versorgungsausgleich, 6. Aufl. 2011, Rn 651). Lässt die Dauer des Auslandsaufenthaltes oder die Dauer einer Tätigkeit für eine zwischenstaatliche oder überstaatliche Organisation vermuten, dass die in dieser Zeit erworbenen Anrechte einen nennenswerten Teil der ehezeitbezogenen Versorgung ausmachen könnten, ist unbedingt darauf zu achten, dass dies in einer Form geschieht, die den späteren Wertausgleich möglich macht. Es sollte unbedingt bereits im Rahmen des Versorgungsausgleichs eine Berechnung des Ehezeitanteils für diese Anrechte vorgenommen werden, denn bei Eintritt des Versorgungsfalles wird dies in vielen Fällen de facto nicht mehr möglich sein, da die nötigen Unterlagen zwischenzeitlich vernichtet wurden. Dies kann, wenn die Versorgungsträger die Berechnung nicht vornehmen, durch die Eheleute oder einen Aktuar geschehen.

Obwohl sie hierzu nicht verpflichtet sind, sind viele Versorgungsträger bereit, eine **Berechnung des Ehezeitanteils** vorzunehmen. Andernfalls können die benötigten Werte häufig anhand der Informationen, die die Versorgungseinrichtungen jährlich ihren Mitgliedern zukommen lassen (Kontoauszüge), mit sehr guter Näherung ermittelt werden. Zu beachten ist, dass man es uU auch bei einem Beschäftigungsverhältnis im Inland mit einem ausländischen Versorgungsträger zu tun haben kann. Dies ist zB dann der Fall, wenn der Versorgungsträger eine nicht selbständige Niederlassung einer ausländischen Firma oder Versicherung ist (Borth, Versorgungsausgleich, 6. Aufl. 2011, Rn 656).

III. Ausgleich bei Scheidung

Eine Teilung von Anrechten bei einem ausländischen, zwischenstaatlichen oder überstaatlichen Versor- 3
gungträger kann im Versorgungsausgleich nicht vorgenommen werden, denn gemäß § 19 Abs. 2 Nr. 4

VersAusglG sind diese Anrechte **nicht ausgleichsreif**. Dennoch sind sie gem. § 26 FamFG von Amts wegen zu ermitteln und nach § 224 Abs. 4 FamFG in den Gründen zur Entscheidung zu dokumentieren (Borth, Versorgungsausgleich, 6. Aufl. 2011, Rn 651). Eine Teilung kann auch zu einem späteren Zeitpunkt nicht erfolgen.

4   Hat ein Ehegatte Anrechte erworben, die gemäß § 19 Abs. 2 Nr. 4 VersAusglG nicht ausgleichsreif sind, findet nach § 19 Abs. 3 VersAusglG auch für andere Anrechte kein Wertausgleich statt, soweit dies für den anderen Ehegatten unbillig wäre. Besteht Klarheit über Art und Höhe der ausländischen Anrechte, kann ggf. ein teilweiser Ausgleich vorgenommen werden, andernfalls unterbleibt der Wertausgleich bei Scheidung vollständig (Borth Rn 652 ff). Anrechte, für die der Wertausgleich bei Scheidung unterbleibt, können nicht später im Rahmen eines Abänderungsverfahrens geteilt werden. Der Ausgleich erfolgt vielmehr später nach § 19 Abs. 4 VersAusglG iVm §§ 20–26 VersAusglG.

5   Für den Ehegatten, der eventuell später eigene Ansprüche gegenüber einem ausländischen, zwischenstaatlichen oder überstaatlichen Versorgungsträger geltend machen kann, empfiehlt es sich dringend, dass er sich rechtzeitig, dh möglichst bereits während des Versorgungsausgleichsverfahrens, Klarheit darüber verschafft, welche Ansprüche er hat und an welche Voraussetzungen diese geknüpft sind. Hierzu benötigt er den vollständigen Wortlaut der **Versorgungsregelung**. Um die Ansprüche später geltend machen zu können, benötigt er ferner die genaue **Bezeichnung und Adresse des Versorgungsträgers** sowie die **Versicherungsnummer**, Vertragsnummer oder Ähnliches.

6   Viele ausländische, zwischenstaatliche oder überstaatliche Anrechte der zweiten Säule (betriebliche Altersversorgung) sind auf eine **Kapitalzahlung** gerichtet. Obwohl sie der betrieblichen Altersversorgung zugerechnet werden, handelt es sich nicht um Anrechte im Sinne des Betriebsrentengesetzes, denn das Betriebsrentengesetz gilt nur für Anrechte aus Beschäftigungsverhältnissen, die deutschem Arbeitsrecht unterliegen. Ausländische, zwischenstaatliche oder überstaatliche Anrechte, die auf eine Kapitalzahlung gerichtet sind, unterliegen daher nach geltender Rechtslage nicht dem Versorgungsausgleich, sondern dem Zugewinnausgleich. Hierbei sind dieselben Sachverhalte zu beachten wie bei anderen Versorgungsrechten, die aufgrund einer Vereinbarung mit Vermögenswerten verrechnet werden. Da die Anrechte der Altersversorgung dienen sollen, ist ein Zugriff auf diese Anrechte zum Ende der Ehezeit in aller Regel nicht möglich oder mit hohen Kosten verbunden (zB massive steuerliche Nachteile). Bei dem Kapital handelt es sich meist um Fondsanteile oder Aktiendepots, der Wert kann daher auch kurzfristig großen Schwankungen unterliegen. Bei der Verrechnung mit Vermögenswerten ist zu beachten, dass der Ausgleichspflichtige in aller Regel massiv benachteiligt wird, wenn der Verrechnung der Bruttowert eines Anrechts zu Grunde gelegt wird. Als ein unter wirtschaftlichen Gesichtspunkten angemessener Betrag ist der (geschätzte) Nettowert anzusetzen, dh der Betrag, der dem Ausgleichspflichtigen voraussichtlich nach Abzug von Steuern und Abgaben (zB Krankenversicherungsbeiträgen) auf der Vermögensebene zur Verfügung stehen wird.

7   Soweit ausländische, zwischenstaatliche oder überstaatliche Anrechte auf eine **Rentenzahlung** gerichtet sind, sind sie zwar im Versorgungsausgleich zu berücksichtigen, ein Ausgleich kann jedoch nur im Wege des schuldrechtlichen Ausgleichs stattfinden. Dies ist bei Eheleuten, die bereits international tätig waren, besonders problematisch, denn aufgrund ihrer Erfahrungen, Sprachkenntnisse und Kontakte ist es für diese Personengruppe oft attraktiv, ihren Ruhestand im Ausland zu verbringen. Das macht es für sie auch besonders leicht, sich ihren Zahlungsverpflichtungen aus einer schuldrechtlichen Rente zu entziehen. Da die Versorgungsträger nicht deutschem Recht unterliegen, kann die Abtretung einer schuldrechtlichen Rente von ihnen nicht verlangt werden. Der Sicherung der Ansprüche des Ausgleichsberechtigten, zB durch eine geeignete Vereinbarung oder eine Abfindung nach § 23 VersAusglG, kommt daher eine große Bedeutung zu.

34. Ausländische Unterhaltstitel

Grandel

I. Einführung 1
II. Anerkennung und Vollstreckbarerklärung ausländischer gerichtlicher Entscheidungen nach
den Regelungen des FamFG 9
III. Europäisches Unionsrecht und Internationales
Konventionsrecht 16
  1. Vorrangig anzuwendendes EU-Recht 18
    a) EuUntVO v. 18.12.2008 18
      aa) Titel aus Mitgliedstaat, der durch das
         Haager Protokoll von 2007 gebunden ist 24
      bb) Titel aus Mitgliedstaat, der nicht durch
         das Haager Protokoll von 2007 gebun-
         den ist 26

    b) EuGVVO v. 22.12.2000 (Brüssel I-VO) 27
    c) EuVTVO v. 21.4.2004 29
    d) EuMVVO v. 12.12.2006 30
  2. Staatsverträge 31
    a) Luganer Übereinkommen v. 16.9.1988, revi-
      diert v. 30.10.2007 31
    b) Haager Übereinkommen über die Anerken-
      nung und Vollstreckung von Unterhaltsent-
      scheidungen v. 2.10.1973 33
    c) Haager Übereinkommen über die Anerken-
      nung und Vollstreckung von Entscheidungen
      auf dem Gebiet der Unterhaltspflicht für Kin-
      der v. 15.4.1958 35

I. Einführung

Für Verfahren mit Auslandsbezug stellt § 97 FamFG nun klar, was sich ohnehin als vollstreckungsrechtli- 1
ches Konventionsrecht ergibt, nämlich den Vorrang der Regelungen der Europäischen Union und internationaler Übereinkommen gegenüber dem nationalen Recht.

Neben dem Recht der EU sind vor allem die internationalen Übereinkommen von Bedeutung, die im Rah- 2
men der Haager Konferenz für Internationales Privatrecht erarbeitet worden sind. Relevant sind darüber hinaus noch einige bilaterale Abkommen zwischen Deutschland und den jeweiligen Vertragsstaaten (s. die
Zusammenstellung bei Prütting/Helms/Hau § 97 FamFG Rn 17 ff).

Insoweit hat § 97 FamFG in erster Linie eine „Hinweis- und Warnfunktion" (BT-Drucks. 16/6308, 220). 3

Der Vorrang des Konventionsrechts gegenüber nationalem deutschen Recht gilt gemäß § 97 Abs. 1 S. 1 4
FamFG nur für völkerrechtliche Vereinbarungen, die unmittelbar anwendbares innerstaatliches Recht geworden sind, die also in Form eines Bundesgesetzes in innerstaatliches Recht transformiert worden sind.
Die Vorrangregelung des § 97 FamFG erfasst dabei auch die deutschen Ausführungsbestimmungen zum
jeweiligen Konventionsrecht (s. → *Internationales Familienrecht* Rn 5 ff).

Der Anwendungsvorrang von Rechtsnormen der Europäischen Gemeinschaft ergibt sich aus dessen unmit- 5
telbarer Geltung. Vom Vorrang umfasst sind vor allem die EG-Verordnungen (Art. 249 Abs. 1 EG) und
deren deutsche Ausführungsbestimmungen. Für das internationale Zivilverfahrensrecht folgt die Rechtsset-
zungskompetenz der EU aus Art. 61, 65 EG. § 97 Abs. 1 S. 2 FamFG hat nur klarstellende Bedeutung.

Sowohl für das Konventionsrecht als auch für das europarechtliche Anerkennungsrecht schließt § 97 6
FamFG das sogenannte Günstigkeitsprinzip nicht aus. Danach gilt weiterhin nationales Recht, wenn es an-
erkennungsfreundlicher als das internationale oder europäische Recht ist (Prütting/Helms/Hau § 97 FamFG
Rn 6, 9).

Von Bedeutung sind daneben auch spezielle gesetzliche Regelungen des deutschen Rechts außerhalb des 7
FamFG. Im Bereich des Unterhaltsrechts ist vor allem das Gesetz zur Geltendmachung von Unterhaltsansprüchen im Verkehr mit ausländischen Staaten v. 19.12.1986 (AUG, BGBl. I, 2563) zu nennen.

Nicht selten kommt es zu einer Normenkollision zwischen den Anwendungsbereichen verschiedener euro- 8
parechtlicher oder internationaler Vereinbarungen. § 97 FamFG löst diese Konflikte nicht. Die Lösung ist
in Vorrangregelungen innerhalb des Internationalen Zivilverfahrensrechts zu suchen. Das Gemeinschaftsrecht enthält häufig eine verbindliche Regelung von Vorrangfragen (s. Prütting/Helms/Hau § 97 FamFG
Rn 15).

II. Anerkennung und Vollstreckbarerklärung ausländischer gerichtlicher Entscheidungen nach den Regelungen des FamFG

9 § 110 Abs. 1 FamFG enthält für das nationale Recht den **Grundsatz**, dass eine ausländische Unterhaltsentscheidung nicht vollstreckbar ist, wenn sie nicht anzuerkennen ist. Erfasst werden davon Entscheidungen eines ausländischen staatlichen Gerichts, aber auch Entscheidungen ausländischer Behörden, wenn diese mit staatlicher Autorität ausgestattet sind und funktional deutschen Gerichten entsprechen (Prütting/Helms/Hau § 108 FamFG Rn 5).

10 **Nicht erfasst** sind vollstreckbare Unterhaltsverpflichtungen in ausländischen öffentlichen Urkunden oder ausländischen Prozessvergleichen.

11 Problematisch ist, ob Unterhaltsentscheidungen, die im Ausland gemeinsam mit einer Statusentscheidung ergangen sind (zB Ehescheidung und nachehelicher Unterhalt), der förmlichen Anerkennung gemäß § 108 Abs. 1 FamFG durch die Landesjustizverwaltung (§ 107 Abs. 1 FamFG) bedürfen oder deren Vollstreckbarerklärung von der Anerkennung der Ehescheidung abhängt. In vielen Fällen stellt sich das Problem mit der Praxis nicht, nämlich in den Fällen, in denen auch die Ehescheidung nicht der Anerkennung bedarf. Das sind die Fälle des § 107 Abs. 1 S. 2 FamFG (gemeinsame ausländische Staatsangehörigkeit zur Zeit der Scheidung) und alle Fälle des Gemeinschafts- und Konventionsrechts, in denen die Vollstreckbarerklärung einer Unterhaltsentscheidung gerade nicht von der Statusfrage abhängig ist. Dazu gehören die Anwendungsbereiche der Brüssel I-VO, des HUntVÜ 1973 und das HUntVÜ 1958 (Prütting/Helms/Hau Anh. § 110 FamFG Rn 29). In den übrigen Fällen wird danach zu differenzieren sein, ob die Unterhaltsentscheidung auf der Ehescheidung beruht (nachehelicher Unterhalt) oder nicht (Kindesunterhalt). Für letzteren Fall hat der Bundesgerichtshof klargestellt, dass die Unterhaltsentscheidung nicht dem Anerkennungsmonopol der Landesjustizverwaltung unterliegt (BGH 14.2.2007 – XII ZR 163/05, NJW-RR 2007, 722). Im erstgenannten Fall dürfte eine Vollstreckbarerklärung ohne Anerkennung der Ehescheidung nicht möglich sein (Martiny FamRZ 2008, 1681, 1687; Prütting/Helms/Hau Anh. § 110 FamFG Rn 30).

12 Die **Anerkennungshindernisse** regelt § 109 FamFG. In den Fällen des § 109 Abs. 4 FamFG hängt die Anerkennungsfähigkeit zudem davon ab, dass die Gegenseitigkeit verbürgt ist. Ein gesondertes Anerkennungsverfahren für eine ausländische gerichtliche Entscheidung in Unterhaltssachen sieht das FamFG nicht vor (§ 108 Abs. 1 FamFG).

13 Das ausländische Unterhaltsurteil steht somit einer inländischen Unterhaltsentscheidung gleich. Die Rechtskraft der ausländischen Entscheidung ist nicht erforderlich (Klinck FamRZ 2009, 741, 744). Die Anerkennungsfähigkeit wird **inzidenter** im Verfahren auf Vollstreckbarerklärung geprüft. In Familienstreitsachen erfolgt die Prüfung der Anerkennungshindernisse nicht von Amts wegen. Die Beweislast trägt derjenige Beteiligte, der sich gegen die Vollstreckbarerklärung wendet (BGH 6.10.2005 – IX ZB 360/02, NJW 2006, 701).

14 Die Vollstreckbarkeit der ausländischen Entscheidung erfolgt durch **Beschluss**. Der Beschluss ist zu begründen (§ 110 Abs. 2 FamFG). Dies gilt auch in Unterhaltssachen, obwohl diese gerade nicht nach § 95 FamFG, sondern nach der ZPO vollstreckt werden (HK-FamFG/Kemper § 110 FamFG Rn 6; Prütting/Helms/Hau § 110 FamFG Rn 26).

15 **Zuständig** für das Verfahren ist das Amtsgericht, bei dem der Schuldner seinen allgemeinen Gerichtsstand hat, im Übrigen das nach § 23 ZPO zuständige Gericht (§ 110 Abs. 3 S. 1 FamFG). Nach der gesetzlichen Geschäftsverteilung sind die Familiengerichte zuständig, wenn die zu vollstreckende Entscheidung eine Familiensache ist (HK-FamFG/Kemper § 110 FamFG Rn 7; Prütting/Helms/Hau § 110 FamFG Rn 19). Der Beschluss darf erst ergehen, wenn die ausländische Unterhaltsentscheidung nach dortigem Recht rechtskräftig geworden ist (§ 110 Abs. 3 S. 2 FamFG).

III. Europäisches Unionsrecht und Internationales Konventionsrecht

Im europäischen Unionsrecht sowie in multilateralen oder bilateralen Übereinkommen finden sich vielfälti- **16**
ge, vom nationalen Recht abweichende Regelungen zur Anerkennung und Vollstreckbarerklärung ausländischer Unterhaltstitel. Daher gilt für das Verhältnis des nationalen zum internationalen Verfahrensrecht
nicht das Vorrang-, sondern im Grundsatz das **Günstigkeitsprinzip**. Da Gemeinschafts- und Konventionsrecht die Hürden für eine Anerkennung und Vollstreckung nicht erhöhen, sondern herabsetzen wollen, sollen die Anerkennungs- und Vollstreckungsvoraussetzungen den rechtlichen Regelungen entnommen werden, die dem Antragsteller am günstigsten sind. Streitig ist, ob dies **von Amts wegen zu prüfen** ist (OLG
Hamm 8.7.2003 – 29 W 34/02, IPRax 2004, 437 f; Linke in: Göppinger/Wax, Unterhaltsrecht, Rn 3266)
oder ob die Wahl dem Antragsteller überlassen bleibt (BGH 25.2.2009 – XII ZB 224/06, FamRZ 2009,
858).

Die Voraussetzungen können aber nur Regelungen entnommen werden, die anwendbar sind, also nicht aus **17**
Verordnungen und Übereinkommen, die durch andere in ihrem Anwendungsbereich verdrängt werden.
Einschränkungen erfährt das Günstigkeitsprinzip auch im Verhältnis von nationalem Recht zu **europäi-
schem Gemeinschaftsrecht**, da in der Regel die Verordnungen in ihrem Anwendungsbereich das nationale
Recht verdrängen. Auch eine Kombination aus nebeneinander anwendbaren Verordnungen oder Überein-
kommen ist grundsätzlich nicht zulässig („**Vermischungsverbot**", s. zu den Ausnahmen Prütting/
Helms/Hau Anh. § 110 FamFG Rn 24).

1. Vorrangig anzuwendendes EU-Recht

a) EuUntVO v. 18.12.2008. Die **europäische Unterhaltsverordnung** (Verordnung Nr. 4/2009; ABl. 2009 **18**
L Nr. 7 S. 1) ist am 30.1.2009 in Kraft getreten und seit 18.6.2011 anwendbar. Sie ist unmittelbar anwendbares Recht (s. hierzu insgesamt Schmidt, Internationale Unterhaltsrealisierung, 2011), s. → *Auslandsbezug
bei Unterhaltssachen Rn 2 ff.*

Sie **verdrängt** bei Unterhaltstiteln die **EuGVVO** (s. unten Rn 27 f), die aber für Altfälle noch gilt (Art. 75 **19**
EuUntVO). Das sind Anerkennungs- und Vollstreckungsverfahren, die vor dem 18.6.2011 eingeleitet wurden.

Sie gilt in den Mitgliedstaaten **unmittelbar**. Sie gilt auch für Irland und das Vereinigte Königreich. Für **20**
diese beiden Länder gilt die Verordnung zwar aufgrund der Sonderregelung in Art. 1 des Protokolls vom
2.10.1997 zum Vertrag über die Gründung der Europäischen Union und der Europäischen Gemeinschaft
nicht unmittelbar. Beide Länder haben aber bindend erklärt, dass sie die Verordnung annehmen und aus-
führen. Dänemark gehört nicht zu den Mitgliedstaaten der Verordnung. Die EuUntVO findet jedoch mit
Ausnahme der Kap. III (anwendbares Recht) und VII (Zusammenarbeit der Zentralen Behörden) dennoch
Anwendung. Zwischen der EG und Dänemark besteht seit dem 1.7.2007 ein Abkommen über die Anwendbarkeit der EuGVVO (ABl. 94, S. 70). Da die EuUntVO die unterhaltsrechtlichen Vorschriften der
EuGVVO ersetzt, hat Dänemark ebenfalls erklärt, dass es an diesen Änderungen teilhaben will mit Aus-
nahme der Bestimmungen über das anwendbare Recht (Kap. III EuUntVO und die Zusammenarbeit der
Zentralen Behörden (Kap. VII EuUntVO) (Thomas/Putzo/Hüßtege EuUntVO Vorbem. Rn 3; HK-ZPO/
Dörner Vor Art. 1, 2 EuUntVO Rn 9).

Die EuUntVO lässt die Anwendung von Übereinkommen und bi- sowie multilateralen Vereinbarungen un- **21**
berührt. Die EuUntVO geht aber im Verhältnis der Mitgliedstaaten untereinander allen Übereinkommen
und Vereinbarungen, die den Unterhalt regeln, vor (Art. 69 Abs. 2 EuUntVO, s. auch Thomas/Putzo/Hüßte-
ge EuUntVO Vorbem. Rn 9 a). Die EuUntVO ist grundsätzlich auch vorrangig zur Verordnung zur Einführung eines europäischen Vollstreckungstitels für unbestrittene Forderungen Nr. 805/2004 (Art. 68 Abs. 2
EuUntVO).

Die EuUntVO regelt: **22**

– die internationale und örtliche **Zuständigkeit**, Art. 3 ff EuUntVO (Anknüpfung an den gewöhnlichen
Aufenthalt, nicht mehr an den Wohnsitz);

- die **Anerkennung und Vollstreckung** von Entscheidungen in Unterhaltssachen, Art. 16 ff EuUntVO;
- die **Verfahrenskostenhilfe**, Art. 44 ff EuUntVO;
- das anwendbare **Unterhaltsrecht**, Art. 15 EuUntVO.

Sachlich gilt sie für alle aus einer familienrechtlichen Beziehung abzuleitenden Unterhaltspflichten (Kamm in: Koch, Handbuch des Unterhaltsrechts, Kap. 8 Rn 8051, 8026).

23 Die Regelungen zur Anerkennung und Vollstreckung von Unterhaltsentscheidungen differenzieren danach, ob der Titel in einem Mitgliedstaat ergangen ist, der durch das **Haager Protokoll von 2007** gebunden ist (Art. 17 ff EuUntVO) oder nicht (Art. 23 ff EuUntVO), s. → *Auslandsbezug bei Unterhaltssachen* Rn 23 ff:

24 **aa) Titel aus Mitgliedstaat, der durch das Haager Protokoll von 2007 gebunden ist.** Mit Ausnahme Dänemarks und des Vereinigten Königreiches sind alle Mitgliedstaaten an das Haager Protokoll gebunden, so dass im Regelfall die Art. 17 ff anwendbar sind (Thomas/Putzo/Hüßtege EuUntVO Vorbem. Rn 28; Gruber IPRax 2010, 128, 137).

25 Unterhaltstitel aus diesen Mitgliedstaaten (gerichtliche Entscheidungen, vollstreckbare Vergleiche, öffentliche Urkunden) sind ohne weitere Voraussetzungen anzuerkennen und bedürfen **keiner Vollstreckbarerklärung** (Art. 17 EuUntVO), wenn die in Art. 20 Abs. 1 EuUntVO aufgeführten Unterlagen vorgelegt werden. Die Vollstreckung kann aus den in Art. 21 EuUntVO aufgeführten Gründen verweigert oder ausgesetzt werden. Das innerstaatliche Verfahren ist in § 30 ff AUG (BGBl. I 2011, 898) geregelt.

Die Vollstreckung aus dem ausländischen Unterhaltstitel findet in Deutschland statt, ohne dass es einer Vollstreckungsklausel bedarf (§ 30 Abs. 1 AUG). Das gilt für gerichtliche Entscheidungen (Art. 17 Abs. 2 EuUntVO) sowie für gerichtliche Vergleiche und öffentliche Urkunden (Art. 48 Abs. 1 EuUntVO).

Den zuständigen Vollstreckungsbehörden in Deutschland müssen gem. Art. 20 EuUntVO folgende **Unterlagen** vorgelegt werden:

- eine Ausfertigung des zu vollstreckenden Unterhaltstitels (Original); eine Übersetzung in die deutsche Sprache muss nicht vorgelegt werden; sie kann verlangt werden, wenn die Vollstreckung der Entscheidung angefochten wird, Art. 20 Abs. 2 EuUntVO.
- das vom Ursprungsmitgliedstaat erstellte Formblatt gem. Anlage I zur EuUntVO. Zuständig dafür ist die nach den Ausführungsbestimmungen des Ursprungsstaates zuständige Behörde. Diese hat dabei zu prüfen, ob der Anwendungsbereich der Vollstreckung gem. Art. 17 ff EuUntVO eröffnet ist.
- bei der Vollstreckung von Zahlungsrückständen ein Schriftstück, aus dem sich die Höhe der Rückstände und das Datum der Berechnung ergeben. Eine bestimmte Form ist dafür nicht vorgesehen, so dass nach hM auch eine vom Gläubiger selbst erstellte Aufstellung genügt (HK-ZV/Garber Art. 20 EuUntVO Rn 18).

Eine **Anfechtung** der durch Art. 17 Abs. 1 EuUntVO qua Verordnung ausgesprochenen automatischen Anerkennung der Unterhaltsentscheidung des Mitgliedstaates ist nicht möglich (Art. 17 Abs. 1 EuUntVO). Art. 19 EuUntVO gewährt dem Unterhaltsschuldner allerdings einen außerordentlichen Rechtsbehelf, der ihm die Nachprüfung der Entscheidung aus dem Ursprungsstaat ermöglicht. Er beschränkt sich jedoch auf bestimmte in Art. 19 EuUntVO aufgelisteten Verletzungen des rechtlichen Gehörs bei Versäumnisentscheidungen (HK-ZV/Garber Art. 19 EuUntVO Rn 2; Hohloch FPR 2012, 495, 498). Der Rechtsbehelf ist unzulässig, wenn der Schuldner gegen die Unterhaltsentscheidung einen Rechtsbehelf hätte einlegen können, dies aber unterlassen hat.

Der Antrag nach Art. 19 EuUntVO ist **fristgebunden** innerhalb von 45 Tagen einzulegen. Zum Fristbeginn s. Art. 19 Abs. 2 EuUntVO. Das Verfahren ist nicht im Vollstreckungsstaat zu führen, sondern im Ursprungsmitgliedstaat, in dem die Entscheidung ergangen ist. Im Vollstreckungsstaat kann dann ein Antrag auf Aussetzung der Vollstreckung gestellt werden gem. § 21 Abs. 3 EuUntVO . Das deutsche Gericht entscheidet durch unanfechtbare einstweilige Anordnung (§ 31 Abs. 3 AUG).

Nach deutschem Recht kommt daneben gegen die Vollstreckung des ausländischen Titels vor allem der **Vollstreckungsgegenantrag** gem. §§ 767 ZPO, 111 Nr. 8, 116, 113 Abs. 1 S. 2 FamFG in Betracht. Wegen der Einschränkung aus Art. 42 EuUntVO, der die Überprüfung der Entscheidung des Mitgliedstaates in der Sache selbst im Vollstreckungsstaat verbietet, kann der Vollstreckungsgegenantrag nur auf Einwendungen gestützt werden, die nach Erlass des Titels entstanden sind (Art. 66 AUG). Für die Einrede der Verjährung ist darüber hinaus Art. 21 Abs. 2 EuUntVO als vorrangige Sonderregelung zu berücksichtigen. Für den Einwand der Titelverjährung ist das Amtsgericht als Vollstreckungsgericht sachlich zuständig (§ 31 Abs. 1 AUG). Örtlich zuständig ist das Gericht des Vollstreckungsortes (§ 31 Abs. 1 S. 2 AUG, § 764 Abs. 2 ZPO).

Über Art. 21 EuUntVO sind für den Schuldner im Inland folgende **weitere Anträge** eröffnet:

- Vollstreckungsschutzanträge gem. § 765 a ZPO
- Einstellungsanträge gem. §§ 775, 776 ZPO, auch in den Fällen, in denen die Vollstreckung im Ursprungsstaat eingestellt oder beschränkt worden ist (§ 32 AUG)
- Erinnerung gem. § 766 ZPO
- Sofortige Beschwerde gem. § 793 ZPO

bb) Titel aus Mitgliedstaat, der nicht durch das Haager Protokoll von 2007 gebunden ist. In den Fäl-   26
len der Art. 23 ff EuUntVO (praktisch relevant für Großbritannien und Dänemark) bedarf es einer Vollstreckbarerklärung im Vollstreckungsstaat (Art. 26 EuUntVO). Die örtliche Zuständigkeit hierfür ergibt sich aus Art. 27 EuUntVO. Die innerstaatlichen Ausführungsbestimmungen sind in §§ 36 ff AUG (BGBl. I 2011, 898) geregelt.

b) EuGVVO v. 22.12.2000 (Brüssel I-VO). Ausländische Unterhaltstitel aus EG-Staaten konnten vor In-   27
krafttreten der EuUntVO auf der Grundlage der Verordnung Nr. 44/2001 (ABl. 2001 Nr. L 12/1) über die gerichtliche Zuständigkeit und die Anerkennung und Vollstreckung von Entscheidungen in Zivil- und Handelssachen (EuGVVO) für vollstreckbar erklärt werden (Art. 38 EuGVVO). Die EuGVVO ist noch anwendbar für Alttitel über Unterhalt, wenn das Vollstreckbarerklärungsverfahren bereits am 18.6.2011 eingeleitet worden war (Art. 75 Abs. 2 S. 2 EuUntVO). Ausschließlich zuständig ist entweder das Landgericht am Wohnsitz des Unterhaltsschuldners oder am Ort der Vollstreckungsmaßnahme (Art. 39 EuGVVO iVm Anh. II). Die Zuständigkeitsregelung geht § 23 b GVG vor (Cirullies, Vollstreckung in Familiensachen, 2009, Rn 412). Es darf der Vollstreckbarerklärung kein Versagungsgrund gemäß Art. 34 EuGVVO entgegenstehen.

Dem Schuldner steht die sofortige Beschwerde gemäß Art. 43 EuGVVO gegen die Vollstreckbarerklärung   28
offen.

c) EuVTVO v. 21.4.2004. Die Verordnung zur Einführung eines europäischen Vollstreckungstitels für un-   29
bestrittene Forderungen Nr. 805/2004 v. 21.4.2004 (ABl. 2004 Nr. L 143S. 15) iVm §§ 1079 ff ZPO ist seit 21.10.2005 in Kraft. Sie wird in ihrem Anwendungsbereich von der EuUntVO verdrängt, dh, dass Unterhaltsforderungen allein nach der EuUntVO vollstreckt werden (HK-ZV/Stürner Vor. EuVTVO Rn 10). Lediglich für Mitgliedstaaten, die nicht an das Haager Protokoll von 2007 gebunden sind, bleibt die EuVTVO anwendbar. Das trifft auf das Vereinigte Königreich zu, für das die EuVTVO weiterhin anwendbar ist. Es besteht insoweit ein Wahlrecht, ob die Vollstreckung nach der EuUntVO oder die EuVTVO erfolgt, (Art. 68 Abs. 2 EuUntVO; s. Heger/Selg FamRZ 2011, 1101; HK-ZV/Garber Vor. EuUntVO Rn 10). Art. 5 EuVTVO bestimmt, dass gerichtliche Entscheidungen, gerichtliche Vergleiche und öffentliche Urkunden über unbestrittene Forderungen iSd Art. 3 EuVTVO in den anderen Mitgliedstaaten anerkannt und vollstreckt werden, ohne dass es eines Verfahrens zur Anerkennung oder Vollstreckbarerklärung bedarf.

d) EuMVVO v. 12.12.2006. Die Verordnung zur Einführung eines europäischen Mahnverfahrens   30
v. 12.12.2006 Nr. 1896/2006 (ABl. 2006 Nr. L 399, 1) ist nicht auf gesetzliche Unterhaltsansprüche anwendbar, soweit sie nicht Gegenstand einer vertraglichen Vereinbarung sind (Thomas/Putzo/Hüßtege EuMVVO Art. 2 Rn 2). Im Übrigen ist die EuUntVO vorrangig anzuwenden (Art. 69 Abs. 2 EuUntVO). Soweit sie anwendbar ist, richtet sich die Vollstreckung nach den Regelungen der Art. 18 ff EuMVVO.

2. Staatsverträge

31 **a) Luganer Übereinkommen v. 16.9.1988, revidiert v. 30.10.2007.** Die EuUntVO ersetzt in ihrem Anwendungsbereich alle unter den EU-Mitgliedstaaten geschlossenen bilateralen Anerkennungs- und Vollstreckungsabkommen und geht ihnen vor (Art. 69 Abs. 2 EuUntVO).

32 Die Vorschriften zur gerichtlichen Zuständigkeit und Vollstreckung gerichtlicher Entscheidungen in Zivil- und Handelssachen (LugÜ) sind noch von Bedeutung, wenn Entscheidungen aus der Schweiz, Norwegen und Island in Deutschland anerkannt und vollstreckt werden sollen (HK-ZV/Mäsch Vor Art. 32 EuGVVO Rn 36). Für Unterhaltssachen ist das AUG das maßgebliche Ausführungsgesetz (§ 1 Abs. 1 Nr. 1 c AUG).

33 **b) Haager Übereinkommen über die Anerkennung und Vollstreckung von Unterhaltsentscheidungen v. 2.10.1973 (BGBl. II 1986, 826).** Es gilt für alle Unterhaltsansprüche. Die innerstaatlichen Ausführungsbestimmungen ergeben sich aus dem AUG (§ 1 Abs. 1 Nr. 2 a AUG). Sachlich ausschließlich zuständig ist das Landgericht (§ 3 Abs. 1 AVAG), zur örtlichen Zuständigkeit s. § 3 Abs. 2 AVAG.

34 Die EuUntVO geht zwischen den Mitgliedstaaten dem Haager Übereinkommen vor (Art. 69 Abs. 2 EuUntVO). Soweit die EuGVVO noch anwendbar ist, ersetzt sie eigentlich im Rahmen ihres Anwendungsbereichs alle unter den EU-Mitgliedstaaten abgeschlossenen bi- und multilateralen Anerkennungs- und Vollstreckungsabkommen. Nach Art. 71 Abs. 1, Abs. 2 b EuGVVO bleiben aber Übereinkommen unberührt, denen Mitgliedstaaten angehören und die für besondere Rechtsgebiete die gerichtliche Anerkennung und Vollstreckung regeln. Das Konkurrenzverhältnis der Vorschriften ist kompliziert. Das Haager Übereinkommen enthält Regelungen zur Anerkennung und Vollstreckung von Entscheidungen, das EuGVVO ebenfalls. In diesen Fällen soll gelten, dass der Gläubiger das ihm günstigste Verfahren auswählen kann (BGH 12.8.2009 – XII ZB 12/05, NJW-RR 2010, 1; 25.2.2009 – XII ZB 224/06, NJW-RR 2009, 1000; Thomas/Putzo/Hüßtege EuGVVO Art. 71 Rn 5; Heiderhoff IPRax 2011, 156).

35 **c) Haager Übereinkommen über die Anerkennung und Vollstreckung von Entscheidungen auf dem Gebiet der Unterhaltspflicht für Kinder v. 15.4.1958 (BGBl. II 1961, 1006).** Es ist nachrangig zum Haager Übereinkommen v. 2.10.1973. Es findet noch Anwendung im Verhältnis zu Belgien, Lichtenstein, Österreich, Suriname und Ungarn (vgl Thomas/Putzo/Hüßtege § 97 FamFG Rn 11) und betrifft nur Entscheidungen über den Unterhalt unverheirateter Eltern bis zum 21. Lebensjahr. Zum Konkurrenzverhältnis zur EuUntVO und EuGVVO gelten die vorstehenden Ausführungen.

35. Auslandsbezug bei Ehesachen

Vlassopoulou

I. Einführung	1		cc) Sachlich	32
II. Verfahrensrecht	2		dd) Universelle Anwendung	33
1. Internationale Zuständigkeit	2		b) Rechtswahl	34
a) Brüssel II a-VO	2		aa) Wählbare Rechte	35
b) Nationales Zuständigkeitsrecht			bb) Form	37
(§ 98 FamFG)	17		c) Objektive Anknüpfung	39
2. Rechtshängigkeit im Ausland	20		d) Einzelfragen; ordre public	47
a) Rechtshängigkeit bei EU-Mitgliedstaaten	21		e) Besonderheiten	52
b) Rechtshängigkeit bei Drittstaaten	23		aa) Mehrfache Staatsangehörigkeit	52
3. Anerkennung ausländischer Entscheidungen	25		bb) Keine Rück- und Weiterverweisung	54
4. Geltung des deutschen Verfahrensrechts	26		cc) Mehrrechtsstaaten	56
III. Kollisionsrecht; Rom III-VO	28		f) Vorfrage des Bestehens der Ehe	59
1. Rom III-VO	28		g) Geltungsbereich	62
a) Anwendungsbereich	29		2. Vollzug der Scheidung	67
aa) Räumlich	29		3. Privatscheidungen	69
bb) Zeitlich	31		4. Haftung des Anwalts	71

I. Einführung

Folgt man dem Grundprinzip zur Lösung eines internationalen Familienfalles (s. → *Internationales Famili-* 1
enrecht Rn 1 ff), ist vor Beginn eines Scheidungsverfahrens als Erstes die Frage zu prüfen, ob die deutschen Gerichte für die Scheidung **international zuständig** sind. Sodann ist zu prüfen, welche Rechtsordnung für die Entscheidung der Sache maßgeblich ist.

II. Verfahrensrecht

1. Internationale Zuständigkeit

a) Brüssel II a-VO. Vorrang hat in Deutschland das Europarecht. Im FamFG ist der **Vorrang der Rechts-** 2
akte der Europäischen Gemeinschaft klar geregelt (§ 97 FamFG). Im europäischen Raum, mit Ausnahme von Dänemark, gilt seit dem 1.3.2005 die VO (EG) Nr. 2201/2003 vom 27.11.2003 über die Zuständigkeit und die Anerkennung von Entscheidungen in Ehesachen und in Verfahren betr. die elterliche Verantwortung (Brüssel II a-VO, auch EuEheVO, EheGVVO, EheVO II). Der Anwendungsbereich der Verordnung erstreckt sich auf alle Zivilsachen, die die Ehescheidung, die Trennung ohne Auflösung des Ehebandes und die Ungültigkeitserklärung einer Ehe betreffen (Art. 1 a VO (EG) Nr. 2201/2203), jedoch nicht auf Verfahren auf Feststellung des Bestehens oder Nichtbestehens der Ehe.

Die Verordnung gilt auch für Staatsangehörige eines Nichtmitgliedstaates oder Staatenlose (**Drittstaaten-** 3
bezug s. EuGH 29.11.2007 – C-68/07, NJW 2008, 207). Sie gilt indessen nicht für die Auflösung von Ehen zwischen gleichgeschlechtlichen Partnern.

Die Verordnung regelt (mit Ausnahme von Art. 4 und 5) nur die **internationale Zuständigkeit**, nicht die 4
örtliche oder sachliche Zuständigkeit. Für die Prüfung dieser Zuständigkeiten ist das in jedem Mitgliedstaat geltende nationale Recht maßgeblich (für die örtliche Zuständigkeit in Deutschland § 122 FamFG). Die internationale Zuständigkeit ist – trotz §§ 65 Abs. 4, 72 Abs. 2 FamFG – von Amts wegen in jedem Stadium des Verfahrens zu prüfen (s. → *Internationales Familienrecht* Rn 9). Der Rüge einer Partei bedarf es nicht. Eine Gerichtsstandsvereinbarung ist nicht möglich und kann auch nicht dadurch geschaffen werden, dass der eine Ehegatte den Scheidungsantrag bei einem international zuständigen Gericht stellt und sich der andere ohne Rüge darauf einlässt.

Entscheidungen in **Neben- und Folgesachen**, mit Ausnahme der Verfahren bzgl der elterlichen Verantwor- 5
tung (s. → *Auslandsbezug bei Kindschaftssachen* Rn 7), fallen auch dann nicht in den Anwendungsbereich der VO (EG) Nr. 2201/2003, wenn die Verfahren im Zusammenhang mit einer Ehesache im Sinne des

Art. 1 a der VO (EG) Nr. 2201/2003 anhängig gemacht werden (s. HK-ZPO/Dörner Art. 1 EheGVVO Rn 9).

6 Als Erstes ist **Art. 3 VO (EG) Nr. 2201/2003** heranzuziehen. Die internationale Zuständigkeit eines deutschen Gerichts liegt vor, wenn eine der in Art. 3 VO (EG) Nr. 2201/2003 aufgeführten sieben Zuständigkeitsanknüpfungen gegeben ist. Der Zuständigkeitskatalog ist abschließend.

7 Die Anknüpfungsmerkmale müssen grundsätzlich im Zeitpunkt der Anhängigkeit vorliegen. Es gilt der Grundsatz der **perpetuatio fori**. Die einmal begründete Zuständigkeit wird nicht berührt, wenn die sie begründenden Umstände sich später verändern, zB eine Partei ins Ausland zieht (Grundsatz der perpetuatio fori).

8 An erster Stelle knüpft Art. 3 VO (EG) Nr. 2201/2003 an den **gewöhnlichen Aufenthalt** in einem Mitgliedstaat an, an zweiter Stelle wird die internationale Zuständigkeit an die **Staatsangehörigkeit**, im Falle des Vereinigten Königreichs und Irlands an das Domizil angeknüpft. Maßgeblich für die Zuständigkeitsanknüpfungen ist grundsätzlich der Zeitpunkt der Antragstellung.

9 Den **Common Law-Ländern** ist eine Zuständigkeitsanknüpfung an die Staatsangehörigkeit fremd. Dort wird an „**domicile**" angeknüpft. Domicile ist weder Wohnsitz noch gewöhnlicher Aufenthalt. Domicile kennzeichnet nur die Rechtsbeziehung zwischen einem Menschen und einem bestimmten Territorium und damit zu einer bestimmten Rechtsordnung. Es ist der Ort im Sinne des Rechtsgebiets, den der Betroffene als ständigen und gewöhnlichen Mittelpunkt seiner Lebensinteressen in der Absicht gewählt hat, ihm Dauerhaftigkeit zu verleihen (s. Andrae § 2 Rn 34 ff).

10 Gemäß Art. 3 VO (EG) Nr. 2201/2203 sind die deutschen Gerichte international zuständig, wenn

- **beide Ehegatten** ihren **gewöhnlichen Aufenthalt** im Inland haben (wobei der gewöhnliche Aufenthalt nicht am selben Ort sein muss),
- nur **ein Ehegatte** seinen gewöhnlichen Aufenthalt im Inland hat, und **zusätzlich** eine der nachstehenden Voraussetzungen vorliegen:
  - beide Ehegatten hatten ursprünglich ihren gewöhnlichen Aufenthalt im Inland,
  - ein Ehegatte hat diesen gewöhnlichen Aufenthalt beibehalten,
  - der Ehegatte mit dem gewöhnlichen Aufenthalt im Inland ist der Antragsgegner,
  - beide Ehegatten haben gemeinsam die Scheidung beantragt,
  - der Antragsteller hat sich mindestens ein Jahr unmittelbar vor der Antragstellung in Deutschland aufgehalten,
  - der Antragsteller hat sich mindestens sechs Monate unmittelbar vor der Antragstellung im Inland aufgehalten und ist deutscher Staatsangehöriger, wenn beide Ehegatten deutsche Staatsangehörige sind,
- beide **Ehegatten deutsche Staatsangehörige sind**. In diesem Fall sind die deutschen Gerichte auch dann international zuständig, wenn keiner der Ehegatten seinen gewöhnlichen Aufenthalt in Deutschland hat (ebenso Henrich Rn 4 ff).

Beispiele zur Anwendung des Art. 3 VO (EG) Nr. 2201/2003 finden sich in HK-ZPO/Dörner Art. 3 EheGVVO Rn 10 f und 19 f). Zwischen den unterschiedlichen Zuständigkeiten besteht kein Rangverhältnis.

11 Die VO (EG) Nr. 2201/2203 enthält keine Definition des Begriffs des gewöhnlichen Aufenthalts. Der Begriff ist für alle Mitgliedstaaten einheitlich nicht nach dem nationalen Recht des Gerichtsstaates zu bestimmen. Hilfe leisten können dabei die verschiedenen Haager Übereinkommen, in denen der Begriff gewöhnlicher Aufenthalt ebenfalls autonom verwendet wird. Dort bezeichnet der gewöhnliche Aufenthalt den **Mittelpunkt der Lebensverhältnisse** einer Person, dh den Ort, an dem sich der Schwerpunkt ihrer familiären, beruflichen und gesellschaftlichen Beziehungen befindet. Ein rechtsgeschäftlicher Wille, den Aufenthaltsort zum Mittelpunkt oder Schwerpunkt der Lebensverhältnisse zu machen, ist nicht erforderlich. Eine Mindestdauer für den gewöhnlichen Aufenthalt wird von der VO (EG) Nr. 2201/2203 nicht verlangt (s. HK-ZPO/Dörner Art. 3 EheGVVO Rn 12). Der gewöhnliche Aufenthalt ist vom schlichten Aufenthalt zu unter-

scheiden. Sind die Ehegatten nur zu Besuch in Deutschland, haben sie hier keinen gewöhnlichen Aufenthalt. Sie können aber ihren gewöhnlichen Aufenthalt im Inland begründen, wenn sie sich entscheiden, nicht mehr zurückzukehren.

Bei **Flüchtlingen und Staatenlosen** gilt allein die Anknüpfung an den gewöhnlichen Aufenthalt.   12

Ist ein Gericht gem. Art. 3 VO (EG) Nr. 2201/2003 zuständig, ist gem. Art. 4 VO (EG) Nr. 2201/2003 auto-   13 matisch **eine erweiterte internationale Zuständigkeit** gegeben, auch für einen in den Anwendungsbereich der VO (Art. 1 VO (EG) Nr. 2201/2003) fallenden Gegenantrag. Gem. Art. 5 VO (EG) Nr. 2201/2003 ist das Gericht, das eine Entscheidung über die Trennung von Tisch und Bett erlassen hat, auch für die Umwandlung dieser Entscheidung in eine Ehescheidung international zuständig.

Die internationale Zuständigkeit nach den Art. 3, 4, 5 VO (EG) Nr. 2201/2003 hat **ausschließlichen Cha-**   14 **rakter**. Das bedeutet, dass gegen einen Ehegatten, der seinen gewöhnlichen Aufenthalt im Hoheitsgebiet eines Mitgliedstaates hat, ein Verfahren nur nach Maßgabe der Art. 3, 4, 5 VO (EG) Nr. 2201/2003 geführt werden kann (Art. 7 VO (EG) Nr. 2201/2003). Ein im Ausland lebender Deutscher kann allein aufgrund seiner deutschen Staatsangehörigkeit vor einem deutschen Gericht die Scheidung von seinem Ehegatten nicht beantragen, wenn dieser seinen gewöhnlichen Aufenthalt in einem Mitgliedstaat der EU hat. Dasselbe gilt, wenn der Antragsgegner zwar nicht seinen gewöhnlichen Aufenthalt im Hoheitsgebiet eines Mitgliedstaates hat, aber einem Mitgliedstaat angehört oder sein domicile im Vereinigten Königreich oder Irland hat.

Die Zwischenentscheidung, mit der sich ein deutsches Gericht zuständig erklärt, ist gem. § 113 Abs. 1 S. 2   15 FamFG, § 280 Abs. 2 ZPO selbstständig anfechtbar (OLG Oldenburg 26.7.2012 – 4 WF 82/12, FamRZ 2013, 481).

Wird ein Verfahren bei einem Familiengericht anhängig gemacht, für das es keine internationale Zustän-   16 digkeit gibt, ist gem. Art. 17 VO (EG) Nr. 2201/2003 der Antrag als unzulässig zurückzuweisen.

b) Nationales Zuständigkeitsrecht (§ 98 FamFG). Ist die Zuständigkeit eines deutschen Gerichts nach   17 Art. 3–5 VO (EG) Nr. 2201/2203 nicht gegeben, hat aber der Antragsgegner seinen gewöhnlichen Aufenthalt in einem Mitgliedstaat oder ist er Angehöriger eines Mitgliedstaates oder hat er sein domicile in Irland oder in Großbritannien, ist die internationale Zuständigkeit nach Art. 3 ff VO (EG) Nr. 2201/2203 zu ermitteln.

Erst dann, wenn eine Zuständigkeit der deutschen Gerichte oder eines anderen Mitgliedstaates gem. Art. 3–   18 5 VO (EG) Nr. 2201/2003 nicht gegeben ist, namentlich wenn der Antragsgegner nicht seinen gewöhnlichen Aufenthalt in einem Mitgliedstaat hat und auch nicht Staatsangehöriger eines EU-Mitgliedstaates ist, wird das nationale Recht herangezogen (Art. 7 Abs. 1 VO (EG) Nr. 2201/2203). In Deutschland kommt dann insbesondere **§ 98 Abs. 1 Nr. 1 FamFG** zum Zuge (ein Ehegatte ist Deutscher oder er war bei der Eheschließung Deutscher). Gem. Art. 7 Abs. 2 VO (EG) Nr. 2201/2003 können auch EU-Staatsangehörige mit gewöhnlichem Aufenthalt in Deutschland Gleichstellung mit Deutschen und damit die Anwendung des § 98 Abs. 1 Nr. 1 FamFG beanspruchen. Zu Beispielen zu der Anwendung des Art. 7 VO (EG) Nr. 2201/2203 s. HK-ZPO/Dörner Art. 7 EheGVVO Rn 2 ff.

Anders als nach der VO (EG) 2201/2203 (s. Rn 5) erstreckt sich diese internationale Zuständigkeit im Fall   19 des **Verbundes** von Scheidungs- und Folgesachen auch auf die Folgesachen (§ 98 Abs. 2 FamFG).

2. Rechtshängigkeit im Ausland

Für die Entscheidung derselben Sache können die Gerichte mehrerer Staaten international zuständig sein.   20 Es ist sogar **Pflicht des Anwalts**, das für den Prozesssieg seines Auftraggebers günstigste Forum (s. → *Internationales Familienrecht* Rn 4) zu wählen (Zöller/Geimer IZPR Rn 58).

a) Rechtshängigkeit bei EU-Mitgliedstaaten. Sind mehrere Gerichte gem. Art. 3 der VO (EG)   21 Nr. 2201/2203 für dieselbe Sache international zuständig (s. Rn 8 ff), setzt das später angerufene Gericht von Amts wegen das Verfahren aus, bis die Zuständigkeit des zuerst angerufenen Gerichts geklärt ist (Art. 19 Abs. 1 VO (EG) Nr. 2201/2003). Es gilt das **Prioritätsprinzip**. Das Gericht, das zuerst angerufen wurde, hat Vorrang. Darauf, ob die Entscheidung des zuerst angerufenen Gerichts im Inland anzuerkennen ist, kommt es nicht an. Es besteht eine **Anerkennungspflicht** (Art. 21 VO (EG) 2201/2203). Die Anrufung eines Gerichts regelt Art. 16 VO (EG) Nr. 2201/2003 einheitlich für alle Mitgliedstaaten. Danach reicht die Einreichung des Scheidungsantrags, die Anhängigkeit der Scheidung, aus, vorausgesetzt, dass der Antragsteller es in der Folgezeit nicht versäumt hat, alle ihm obliegenden Maßnahmen (zB Angabe der richtigen Zustellungsanschrift, Einzahlung des Gerichtskostenvorschusses) für die alsbaldige Zustellung des Antrags an den Antragsgegner zu treffen. Die Stellung eines VKH/PKH-Antrags genügt, wenn der Antrag alle Angaben enthält, die dem Gericht ermöglichen, über den VKH-Antrag zu entscheiden (Zöller/Geimer Anh. II EG-VO Art. 16 Rn 3). Mit Anrufung eines Gerichts tritt folglich eine Rechtshängigkeit ein, die alle Mitgliedstaaten betrifft (**europäische Rechtshängigkeit**). Das setzt Identität der Parteien voraus. Nicht erforderlich ist jedoch, dass in beiden Verfahren der gleiche Antrag gestellt wurde.

22   In Ehesachen führen alle Verfahren (einschl. eines Versöhnungsverfahrens als Bestandteil eines Eheverfahrens), die die Ehescheidung, die Trennung ohne Auflösung des Ehebandes und die Ungültigkeitserklärung einer Ehe betreffen, zu einer **Sperre für ähnliche Verfahren** in einem anderen Mitgliedstaat. Ein zB in Italien anhängiges Verfahren wegen Trennung von Tisch und Bett hindert ein deutsches Gericht, das zeitlich später angerufen wird, über die Scheidung der Eheleute zu entscheiden (Zöller/Geimer Anh. II EG-VO Art. 19 Rn 6).

23   **b) Rechtshängigkeit bei Drittstaaten.** Ist das Eheverfahren in einem Nicht-EU-Staat rechtshängig, gilt für Deutschland § 261 Abs. 3 ZPO analog. Die frühere Rechtshängigkeit im Ausland schließt bei Identität der Parteien und des Streitgegenstandes ein inländisches Verfahren aus, wenn das ausländische Urteil anzuerkennen wäre. Das Gericht muss folglich anders als bei der europäischen Rechtshängigkeit (s. Rn 21) eine **Anerkennungsprognose** stellen (ständige BGH-Rechtsprechung, s. BGH 28.5.2008 – XII ZR 61/06, NJW-RR 2008, 1169).

24   Liegt eine ausländische Rechtshängigkeit vor, wird der im Inland gestellte Scheidungsantrag als unzulässig abgewiesen. Ist die Anerkennung der ausländischen Entscheidung unsicher, kann das Verfahren gem. § 148 ZPO analog ausgesetzt werden. Die anderweitige Rechtshängigkeit stellt ein **Prozesshindernis** dar, das von Amts wegen auch in der Revisionsinstanz zu beachten ist (BGH 10.10.1985 – I ZR 1/83, NJW 1986, 2195). Das bedeutet aber keine Amtsermittlung. Es ist daher im Interesse des Beklagten bzw des Antragsgegners darzulegen, dass ein ein solches Hindernis begründender Sachverhalt vorliegt. Das Gericht kann gegebenenfalls gem. § 139 Abs. 2 ZPO darauf hinweisen.

3. Anerkennung ausländischer Entscheidungen

25   Ein Scheidungsverfahren im Inland setzt voraus, dass die Ehe nicht bereits im Ausland aufgelöst ist. Das setzt wiederum voraus, dass die ausländische Entscheidung in Deutschland anzuerkennen ist (s. → *Auslandsscheidung* Rn 5 ff). Nicht übersehen werden sollte daneben, dass nicht jede ausländische Entscheidung über die Eheauflösung im Inland wirksam ist.

4. Geltung des deutschen Verfahrensrechts

26   Das Gericht wendet, wenn es international zuständig ist, bei der Scheidung das eigene Verfahrensrecht (**lex fori**) an. Das gilt auch dann, wenn sich die Scheidung materiellrechtlich nach einem ausländischen Recht richtet.

27   Bestandteil des deutschen Verfahrensrechts ist der **Verbund**, der als lex fori anzuwenden ist. Bei einer Scheidung nach ausländischem Recht können die nach diesem Recht vorgesehenen Scheidungsfolgen im Verbund geltend gemacht werden, soweit sie sich unter § 137 Abs. 2 und 3 FamFG subsumieren lassen. Ob das maßgebliche ausländische Recht eine Entscheidung im Verbund vorsieht, ist unerheblich (HK-ZPO/ Kemper § 137 FamFG Rn 4).

III. Kollisionsrecht; Rom III-VO

1. Rom III-VO

Im europäischen Raum gelten für die Zeit ab dem 21.6.2012 zwischen 14 EU-Mitgliedstaaten, zu denen **28** auch Deutschland gehört, **einheitliche Kollisionsregeln.** Bei einem Scheidungsverfahren in Deutschland richtet sich das auf die Scheidung anwendbare Recht nach der VO (EG) Nr. 1259/2010 des Rates vom 20.12.2010 zur Durchführung einer verstärkten Zusammenarbeit im Bereich des auf die Ehescheidung und Trennung ohne Auflösung des Ehebandes anzuwendenden Rechts (**Rom III-VO**).

a) Anwendungsbereich. aa) Räumlich. Die Rom III-VO gilt in Belgien, Bulgarien, Deutschland, Frank- **29** reich, Italien, Lettland, Luxemburg, Malta, Österreich, Portugal, Rumänien, Slowenien, Spanien und Ungarn. Diesen EU-Staaten hat sich inzwischen auch Litauen angeschlossen. Gleichgültig in welchem dieser Staaten der Scheidungsantrag gestellt wird, das anzuwendende Recht wird von dem zuständigen Gericht nach denselben Grundsätzen ermittelt. Dadurch wird die Gefahr des „forum shopping" (s. → *Internationales Familienrecht* Rn 4) reduziert.

Gem. Art. 19 Abs. 1 der VO bleiben **internationale Übereinkommen** unberührt, denen ein Mitgliedstaat **30** zum Zeitpunkt der Annahme angehört. Aus deutscher Sicht betrifft dies Art. 8 Abs. 3 des deutschiranischen Niederlassungsabkommens vom 17.2.1929, welches für die Scheidung iranischer Staatsangehöriger gilt.

bb) Zeitlich. Die Rom III-VO gilt für gerichtliche Verfahren und Rechtswahlvereinbarungen, die ab dem **31** **21.6.2012** eingeleitet bzw geschlossen wurden. Als Verfahrenseinleitung ist die Anrufung des Gerichts gem. Art. 16 EuEheVO (s. Rn 21) zu verstehen.

cc) Sachlich. Die Anwendung der Rom III-VO setzt einen Auslandsbezug voraus. Die Verordnung gilt nur **32** für die **Ehescheidung** und die **Trennung ohne Auflösung des Ehebandes**, wie etwa die Trennung von Tisch und Bett nach italienischem Recht. Anders als die Brüssel IIa-VO (s. Rn 2) ist die Verordnung auf die Ungültigkeitserklärung einer Ehe nicht anwendbar, was nach hM auch die Anwendung auf Eheaufhebung ausschließt. Von der Anwendung werden ferner Verfahren ausgeklammert, die das Bestehen, die Gültigkeit oder die Anerkennung der Ehe sowie das Trennungs- und Scheidungsfolgenrecht betreffen, wie dies der Negativkatalog des Art. 1 Abs. 2 Rom III-VO im Einzelnen klarstellt.

dd) Universelle Anwendung. Das nach der Verordnung berufene Recht ist auch dann anzuwenden, wenn **33** es das Recht eines EU-Staates ist, der an der verstärkten Zusammenarbeit nicht teilnimmt oder wenn es das Recht eines Nicht-EU-Staates (Drittstaates), wie zB der Türkei, ist (OLG Hamm 3.12.2012 – II-7 WF 239/12, FamRZ 2013, 217). Die Verordnung hat **universelle Anwendung** (Art. 4 der Rom III-VO).

b) Rechtswahl. Vorrang hat nach der Verordnung das von den Ehegatten gewählte Recht (§ 5 Rom III- **34** VO). Die Ehegatten können durch Rechtswahl das auf die Ehescheidung oder die Trennung ohne Auflösung des Ehebandes anzuwendende Recht bestimmen. Damit will die VO die **Privatautonomie** stärken.

aa) Wählbare Rechte. Es gibt vier Wahlmöglichkeiten. Wählbar sind: das Recht des Staates, in dem die **35** Ehegatten zum Zeitpunkt der Rechtswahl ihren **gewöhnlichen Aufenthalt** haben; das Recht des Staates, in dem sie zuletzt ihren gewöhnlichen Aufenthalt hatten, sofern einer von ihnen ihn beibehalten hat; das Recht des Staates, dessen Staatsangehörigkeit einer der Ehegatten zum Zeitpunkt der Rechtswahl besitzt und schließlich das Recht des Staates des angerufenen Gerichts (lex fori) (Art. 5 Abs. 1 Rom III-VO).

Die Rechtswahl kann jederzeit, spätestens jedoch bis zum Zeitpunkt der Anrufung des Gerichts getroffen **36** oder abgeändert werden (Art. 5 Abs. 2 Rom III-VO). Wenn das Recht des angerufenen Gerichts dies vorsieht, kann die **Rechtswahl** auch **im Laufe des Verfahrens** getroffen werden, und zwar bis zum Schluss der mündlichen Verhandlung im ersten Rechtszug (Art. 5 Abs. 1 Rom III-VO). Von dieser Möglichkeit hat der deutsche Gesetzgeber Gebrauch gemacht (Art. 46 d Abs. 2 EGBGB).

bb) Form. Die Rechtswahl bedarf zur Formgültigkeit der **Schriftform** mit Datierung und Unterzeichnung **37** durch beide Ehegatten; auch elektronische Übermittlungen, die eine dauerhafte Aufzeichnung der Vereinbarung ermöglichen, genügen (Art. 7 Abs. 1 Rom III-VO). Strengere Formvorschriften nach dem Recht des teilnehmenden Mitgliedstaates, in dem die Ehegatten oder einer von ihnen ihren gewöhnlichen Aufenthalt haben, sind zu beachten (Art. 7 Abs. 2–4 Rom III-VO).

38 Eine in Deutschland getroffene Rechtswahl bedarf daher zur Formgültigkeit der notariellen Beurkundung (Art. 46 d Abs. 1 EGBGB). Wird die Rechtswahl im Laufe des Verfahrens in Deutschland getroffen, ersetzt die **gerichtliche Protokollierung** die notarielle Beurkundung (Art. 46 d Abs. 2 S. 2 EGBGB iVm § 127 a BGB).

39 **c) Objektive Anknüpfung.** In der Praxis wird die Rechtswahl voraussichtlich kaum, allenfalls durch Vereinbarung vor dem Gericht oder nicht in rechtsverbindlicher Weise (OLG Stuttgart 1.8.2012 – 17 WF 156/12, NJW 2013, 398) getroffen werden. Umso mehr ist von Bedeutung, dass dann jenes Recht zur Anwendung kommt, zu dem die Ehegatten einen engen Bezug haben. Die **Anknüpfungsleiter** hat vier Stufen:

40 Angeknüpft wird an erster Stelle an das Recht des Staates, in dem die Ehegatten zum Zeitpunkt der Anrufung des Gerichts ihren **gemeinsamen gewöhnlichen Aufenthalt** haben, an zweiter Stelle an das Recht des Staates des letzten gemeinsamen gewöhnlichen Aufenthalts, soweit dieser nicht länger als ein Jahr vor der Anrufung des Gerichts endete und einer der Ehegatten diesen gewöhnlichen Aufenthalt beibehalten hat. Erst an dritter Stelle wird das Recht des Staates angeknüpft, dessen Staatsangehörigkeit beide Ehegatten zum Zeitpunkt der Anrufung des Gerichts besitzen. Fehlt auch ein gemeinsames Heimatrecht, kommt an letzter Stelle das Recht des Staates des angerufenen Gerichts (lex fori) zur Anwendung (Art. 8 Rom III-VO).

41 Damit ist bei einem Scheidungsverfahren in Deutschland in der **Regel deutsches Recht** anzuwenden.

42 Die vorrangige Anknüpfung an den gewöhnlichen Aufenthalt entspricht der Regelung der internationalen Zuständigkeit nach der Brüssel IIa-VO. Die Ehegatten sollen primär von den Gerichten des Staates geschieden werden können, in dem sie ihre Ehe geführt haben, wenn einer von ihnen noch dort lebt. Die Hauptanknüpfung an den gewöhnlichen Aufenthalt der Ehegatten und nicht an die gemeinsame Staatsangehörigkeit entspricht der allgemeinen **Tendenz** im **europäischen Raum**, den Ehegatten zu ermöglichen, sich dort, wo sie leben, problemlos und wirksam für jeden anderen Mitgliedstaat scheiden zu lassen.

43 Maßgeblicher Zeitpunkt für die Anknüpfung ist der Zeitpunkt der Anrufung des Gerichts. Die Anrufung des Gerichts ist im Sinne der Brüssel IIa-VO zu verstehen (s. Rn 21). Damit wird das **Scheidungsstatut unwandelbar** festgelegt. Eine nachträgliche Änderung des anwendbaren Rechts kann nur dann erfolgen, wenn die Ehegatten gem. Art. 5 Abs. 3 Rom III-VO im Laufe des Verfahrens eine Rechtswahl treffen (s. Rn 37).

44 In der VO wird, wie in der Brüssel IIa-VO (s. Rn 8), in der EuUntVO und in den Haager Abkommen, wie zB in dem HUntProt (s. → *Auslandsbezug bei Unterhaltssachen* Rn 6 ff und 29), der **Begriff** des gewöhnlichen Aufenthalts verwendet, aber nicht definiert. Er ist **autonom** und nicht nach den Vorschriften des Rechts der teilnehmenden Staaten auszulegen. Gemeint ist der Ort, an dem eine Person erkennbarerweise integriert ist, was nach allen Umständen des Falles von dem nationalen Richter zu entscheiden ist (EuGH 22.12.2010 – C-497/10 PPU, FamRZ 2011, 617). Auch nach der Rechtsprechung des Bundesgerichtshofs ist gewöhnlicher Aufenthalt der Ort, wo eine Person sozial integriert ist und ihren Lebensmittelpunkt, den Schwerpunkt ihrer Bindungen in familiärer oder beruflicher Hinsicht hat (BGH 13.12.2000 – XII ZR 278/98, NJWE-FER 2001, 115) (s. → *Gewöhnlicher Aufenthalt* Rn 11 ff).

45 Bei **Staatenlosen, Flüchtigen und Asylberechtigten** ist maßgeblich ihr Wohnsitz iS ihres gewöhnlichen oder einfachen Aufenthalts (Art. 12 Übereinkommen über die Rechtsstellung der Staatenlosen; Art. 12 Genfer Flüchtlingskonvention; Art. 3 Asylverfahrensgesetz).

46 Die Rom III-VO hat zur Folge, dass bei einem Scheidungsverfahren in Deutschland die Anwendung ausländischen Rechts die **Ausnahme** ist. Ausländisches Recht kommt nur dann zur Anwendung, wenn

- beide Ehegatten ihren gewöhnlichen Aufenthalt im Ausland haben;
- nur ein Ehegatte seinen gewöhnlichen Aufenthalt in Deutschland hat, seit der Aufenthaltsbegründung ist aber noch kein Jahr vergangen, der andere Ehegatte den früheren gemeinsamen Aufenthalt im Ausland beibehalten hat;
- nur ein Ehegatte seinen gewöhnlichen Aufenthalt im Inland hat, seine Aufenthaltsbegründung in Deutschland liegt länger als ein Jahr zurück, der andere Ehegatte hat den früheren gemeinsamen Aufenthalt im Ausland beibehalten, die Ehegatten haben aber dieselbe ausländische Staatsangehörigkeit;
- beide Ehegatten haben den früheren gemeinsamen Aufenthalt im Ausland aufgegeben, der eine Ehegatte hat seinen gewöhnlichen Aufenthalt in Deutschland begründet, der andere in einem Drittstaat, beide Ehegatten haben aber dieselbe ausländische Staatsangehörigkeit;
- die Ehegatten haben nach Art. 5 Rom III-VO durch Rechtswahl ein ausländisches Recht als Scheidungsstatut gewählt;
- das Scheidungsverfahren ist vor dem 21.6.2012 eingeleitet worden und unterliegt nach dem bisher maßgeblichen Recht einem ausländischen Recht, zB weil beide Ehegatten die ausländische Staatsangehörigkeit haben (ebenso Henrich Rn 92).

Lebt beispielsweise ein griechisches Ehepaar in Deutschland, richtet sich seine vor dem 21.6.2012 eingeleitete Scheidung nach dem bis dahin geltenden internationalen Privatrecht (Art. 17 EGBGB) nach griechischem Recht. Ist die Scheidung noch nicht anhängig und will sich das Ehepaar erst jetzt im Inland scheiden lassen, richtet sich seine Scheidung nach deutschem Recht.

d) Einzelfragen; ordre public. Bei **Umwandlung** einer Trennung ohne Auflösung des Ehebandes in eine 47 Ehescheidung ist für die Ehescheidung vorbehaltlich einer Rechtswahl durch die Ehegatten das Recht maßgeblich, welches auf die Trennung angewendet wurde. Sieht dieses keine Umwandlung in eine Ehescheidung vor, ist das für die Umwandlung maßgebliche Recht (Umwandlungsstatut) vorbehaltlich einer Rechtswahl nach der Anknüpfungsleiter des Art. 8 zu bestimmen (s. Rn 39 ff).

Grundrechte und Grundsätze, die mit der **Charta der Grundrechte** der Europäischen Union anerkannt 48 wurden, namentlich Art. 21, die jede Form der Diskriminierung untersagt (Erwägungsgrund 25), sollen gewährleistet werden. Das durch Rechtswahl gewählte Recht oder das in Ermangelung einer Rechtswahl durch objektive Anknüpfung maßgebliche Recht (Art. 5 und 8 Rom III-VO) unterliegt daher einer Inhaltskontrolle. Es ist nicht anzuwenden, wenn es die Ehescheidung nicht vorsieht oder einem der Ehegatten keinen gleichberechtigten Zugang zur Ehescheidung oder Trennung gewährt. In einem solchen Fall findet das Recht des Staates des angerufenen Gerichts (lex fori) Anwendung (Art. 10 Rom III-VO). Ein solcher Fall würde vorliegen, wenn zB bei einem deutsch-philippinischen Ehepaar, welches als maßgebliches Scheidungsrecht durch Rechtswahl das philippinische Recht gewählt hat, die Ehescheidung in Deutschland nicht möglich wäre, weil das philippinische Recht keine Scheidung zulässt. Dies würde gegen die in Deutschland durch das Grundgesetz garantierte Eheschließungsfreiheit verstoßen, die durch das Recht auf Scheidung der Ehe abgesichert wird.

Art. 10 Rom III-VO ist eng auszulegen. Art. 10 Rom III-VO ist eine **besondere Vorbehaltsklausel**, zu deren 49 Anwendung beispielsweise nicht ausreicht, dass die Scheidung nach dem ausländischen Recht derzeit noch nicht möglich ist, weil das ausländische Recht im Vergleich zum deutschen Recht eine längere Trennungszeit vorsieht (BGH 11.10.2006 – XII ZR 79/04, NJW-RR 2007, 145). Ebenso wenig ist ausreichend, dass die Scheidung nach dem ausländischen Recht schwieriger als nach deutschem Recht durchzuführen ist, weil es zB ein förmliches Trennungsverfahren voraussetzt (BGH 25.10.2006 – XII ZR 5/04, NJW 2007, 220).

Ebenso wird das nach der VO maßgebliche Recht nicht angewandt, wenn seine Anwendung mit der öffent- 50 lichen Ordnung (ordre public) des Staates des angerufenen Gerichts offensichtlich unvereinbar ist (Art. 12 Rom III-VO). Diese **allgemeine Vorbehaltsklausel** kommt auch in Betracht, wenn die Scheidung einer hinkenden Ehe (s. Rn 62) mangels Wirksamkeit der Ehe nicht möglich ist (Palandt/Thorn Rom III Art. 1 Rn 8).

51 Die Verordnung ändert nichts an dem materiellen Scheidungs- und Trennungsrecht der teilnehmenden Mitgliedstaaten. Unterschiede beim nationalen Recht, die die Scheidung oder die Ehe betreffen, erlauben dem angerufenen Gericht, die Scheidung nicht auszusprechen (Art. 13 Rom III-VO). Daraus ergibt sich, dass nach wie vor **kein einheitlicher Ehebegriff** besteht. Demzufolge kann eine wirksam in den Niederlanden geschlossene, gleichgeschlechtliche Ehe in Deutschland nicht geschieden werden. Vielmehr erfolgt die Auflösung dieser Ehe gem. Art. 17 b EGB.

52 **e) Besonderheiten. aa) Mehrfache Staatsangehörigkeit.** Gehört eine Person mehreren Staaten an, ist die effektive Staatsangehörigkeit, dh die Angehörigkeit des Staates, mit dem die Person am engsten verbunden ist, entscheidend. Ist eine Person auch Deutscher, hat nach Art. 5 Abs. 1 EGBGB diese Rechtsstellung Vorrang. Diese Regel gilt bei Bestimmung des anwendbaren Rechts durch Rechtswahl nicht. Bei mehrfacher Staatsangehörigkeit können die Ehegatten auch eine **nicht-effektive Staatsangehörigkeit** wählen. Anderenfalls könnte die Ausübung der Grundfreiheiten, die aus der Bevorzugung der deutschen Staatsangehörigkeit resultierte, in diskriminierender Weise beeinträchtigt werden.

53 Dagegen kommt es bei der Bestimmung des maßgeblichen Rechts durch objektive Anknüpfung (Art. 8 Rom III-VO) auf die effektive Staatsangehörigkeit an.

54 **bb) Keine Rück- und Weiterverweisung.** Nach dem deutschen Kollisionsrecht ist die Verweisung auf ein fremdes Recht eine sog. Gesamtverweisung. Verwiesen wird auf das fremde Recht insgesamt, dh einschließlich dessen Internationalen Privatrechts (Art. 4 Abs. 1 EGBGB). Bei einer Rechtswahl kann dagegen nur auf die Sachvorschriften einer Rechtsordnung verwiesen werden (Art. 4 Abs. 2 EGBGB). Aus diesem Grund war bis zum Inkrafttreten der Rom III-VO in Scheidungsfällen immer die Rückverweisung (renvoi) zu beachten. Es musste geprüft werden, ob das ausländische Recht die Verweisung annimmt oder ob es auf das deutsche Recht zurückverweist bzw auf ein anderes Recht weiterverweist (Rück- und Weiterverweisung). Das ist nach Rom III jetzt obsolet.

55 Bei der Rom III-VO gilt immer die **Sachnormverweisung**. Wird nach der Rom III-VO auf ein ausländisches Recht verwiesen, werden nur die Sachnormen des ausländischen Rechts angewendet, nicht dagegen diejenigen des internationalen Privatrechts (Art. 11 Rom III-VO).

56 **cc) Mehrrechtsstaaten.** In Scheidungsfällen ist zu beachten, dass eine Reihe von Staaten, wie Großbritannien, die USA, Australien und Kanada, sog. Mehrrechtsstaaten sind. Es sind Staaten mit territorialer Rechtsspaltung oder Teilrechtsordnungen. In England gelten andere Gesetze als in Schottland, und in den USA ist die Gesetzeslage in den verschiedenen Einzelstaaten unterschiedlich. Es gibt auch Staaten, in denen unterschiedliches Recht für bestimmte Personengruppen oder Religionsgemeinschaften gilt (personale Rechtsspaltung), zB Jordanien. Wird auf das Recht eines Mehrrechtsstaates verwiesen, so bestimmt das interlokale oder interreligiöse Recht dieses Mehrrechtsstaates das im Einzelfall anzuwendende Recht. Fehlt eine Regelung, so ist diejenige Teilrechtsordnung anzuwenden, mit welcher der Sachverhalt am engsten verbunden ist (Art. 4 Abs. 3 EGBGB).

57 Nach der Rom III-VO gilt bei Verweisung auf einen Mehrrechtsstaat mit territorialer Rechtsspaltung grundsätzlich nicht das interlokale Recht des Mehrrechtsstaates. Vielmehr beziehen sich die Verweisungen der Rom III-VO **unmittelbar** auf die betreffende Teilrechtsordnung (Art. 14 Rom III-VO). Verweist die Verordnung dagegen auf einen Mehrrechtsstaat mit personaler Rechtsspaltung, bestimmt dessen interpersonales Privatrecht die maßgebliche Rechtsordnung (Art. 15 Rom III-VO).

58 Ehegatten, die eine Rechtswahl für die Scheidung ihrer Ehe treffen wollen, können sich über die Webseite des **Europäischen Justiziellen Netzes für Zivil- und Handelssachen** (http://ec.europa.eu/civiljustice/index_de.htm) über die Einzelheiten des Rechts informieren, das sie als maßgebliches Recht bestimmen wollen.

59 **f) Vorfrage des Bestehens der Ehe.** Die Scheidung setzt voraus, dass eine wirksame Ehe besteht. Das Bestehen der Ehe ist eine sog. Vorfrage. Von einer Vorfrage spricht man, wenn die Antwort auf die gestellte **(Haupt-)Frage** (zB Kann die Ehe geschieden werden?) die vorherige Klärung eines Rechtsverhältnisses

(hier: das Bestehen oder Nichtbestehen einer Ehe) voraussetzt. Nach hM im deutschen IPR richten sich Vorfragen nicht nach dem für die Hauptfrage maßgeblichen Recht, sondern sind selbstständig an das IPR, die lex fori, dh an die deutschen Kollisionsnormen anzuknüpfen (Palandt/Thorn Vor Art. 3 EGBGB Rn 29). Entscheidend ist daher die Sicht des deutschen Rechts.

Das bedeutet, dass das Zustandekommen der Eheschließung nach Art. 13 EGBGB, die Form der Eheschlie- **60** ßung im Ausland nach Art. 11 EGBGB, im Inland nach Art. 13 Abs. 3 EGBGB zu beurteilen ist. Die materielle Rechtskraft eines deutschen Scheidungsurteils erfasst nicht die Wirksamkeit der Eheschließung nach Art. 11, 13 EGBGB (BGH 13.3.2003 – IX ZR 181/99, NJW-RR 2003, 850).

Ist die Ehe im Ausland geschieden worden, hängt die Wirksamkeit des ausländischen Scheidungsurteils **61** von dessen **Anerkennung** im Inland ab (s. → *Auslandsscheidungen* Rn 9 ff). Das inländische Scheidungsverfahren ist auf Antrag zur Klärung der Anerkennung des ausländischen rechtskräftigen Scheidungsausspruchs auszusetzen (BGH 6.10.1982 – IVb ZR 729/80, NJW 1983, 514).

g) Geltungsbereich. Das nach der Rom III-VO berufene Recht bestimmt auch die Scheidbarkeit einer **62** Ehe, die Scheidungsvoraussetzungen, die Wirkungen der Scheidung. Sieht das ausländische Recht die **Unscheidbarkeit der Ehe** vor oder behandelt es Mann und Frau ungleich, verstößt dies gegen den ordre public (Art. 10 Rom III-VO). Auch eine nach dem Heimatrecht der Eheleute unwirksame, nach deutschem Recht jedoch wirksame Ehe (**hinkende Ehe**) unterliegt dem nach der Rom III-VO maßgeblichen Recht.

Das Scheidungsstatut regelte bisher mittelbar über Art. 18 Abs. 4 EGBGB auch den **Scheidungsunterhalt**. **63** Nach dessen Ablösung durch das Haager Protokoll über das auf Unterhaltspflichten anzuwendende Recht vom 23.11.2007, in Kraft getreten am 18.6.2011, unterliegt der Ehegattenunterhaltsanspruch sowohl vor als auch nach der Scheidung nunmehr grundsätzlich dem Aufenthaltsstatut des Berechtigten (Art. 3 HUntProt) (s. → *Auslandsbezug bei Unterhaltssachen* Rn 29). Das dürfte künftig auch für den Anspruch auf eine noch nicht geleistete Morgengabe (Brautgabe, Heiratsgeld im islamischen Recht) im Zusammenhang mit der Scheidung der Ehe gelten, für den bisher Art. 17 EGBGB galt.

Das Scheidungsstatut ist grundsätzlich auch für den Versorgungsausgleich maßgeblich (Art. 17 Abs. 3 **64** EGBGB). Der **Versorgungsausgleich** ist akzessorisch an das Scheidungsstatut angeknüpft. Er unterliegt dem nach der Rom III-VO auf die Scheidung anzuwendenden Recht (Art. 17 Abs. 2 S. 1 EGBGB).

Der **Ehename** nach der Scheidung richtet sich nach dem jeweiligen Personalstatut der Ehegatten (s. → **65** *Ehename* Rn 27), der Güterstand nach Art. 15 EGBGB (s. → *Auslandsbezug bei Güterrechtssachen* Rn 7 ff), die Zuweisung von **Hausrat und Ehewohnung** nach Art. 17 EGBGB (bei Ehewohnung und Hausrat im Inland gilt gem. Art. 17 a EGBGB deutsches Recht). Für die Regelung des **Sorgerechts** für die gemeinsamen Kinder gilt das Haager Kinderschutzübereinkommen vom 19.10.1996 bzw Art. 21 EGBGB (s. → *Auslandsbezug bei Kindschaftssachen* Rn 23 ff). Demnach unterliegt das Eltern-Kind-Verhältnis dem Recht des Staates, in dem das Kind seinen gewöhnlichen Aufenthalt hat.

Nach Art. 17 Abs. 1 nF EGBGB (entsprechend der durch das Gesetz zur Anpassung der Vorschriften des **66** Internationalen Privatrechts an die Verordnung (EU) Nr. 1259/2010 und zur Änderung anderer Vorschriften des Internationalen Privatrechts vom 23.1.2013, BGBl. 2013 I 101 herbeigeführten Änderung) ist die Rom III-VO auf solche vermögensrechtlichen Folgen anwendbar, für die keine besonderen Anknüpfungsregeln bestehen. Als Anwendungsbeispiele werden im Regierungsentwurf Entschädigungs- oder Schadensersatzansprüche nach ausländischem Eherecht angeführt.

2. Vollzug der Scheidung

Eine **Scheidung im Inland** ist nur durch ein Gericht möglich (Art. 17 Abs. 2 EGBGB). Die Vorschriften **67** des ausländischen Scheidungsrechts gelten nicht, soweit Art. 17 Abs. 2 EGBGB greift. Daraus folgt, dass eine Scheidung im Inland nach deutschem Verfahrensrecht erfolgen muss. Sie kann nur durch Gestaltungsbeschluss und nicht durch Feststellungsbeschluss ausgesprochen werden. Die Ehe wird im Inland auch dann durch das Familiengericht gem. § 116 FamFG geschieden, wenn die Scheidung nach dem Heimatrecht der Ehegatten durch Ausspruch des Standesbeamten, wie zB in Japan, erfolgen kann. Die lex fori gilt auch für die gerichtliche Zuständigkeit, wie zB wenn das ausländische Recht die Scheidung der Ehe durch den geistlichen „Sharia-Richter" vorsieht (BGH 6.10.2004 – XII ZR 225/01, NJW-RR 2005, 81).

68   Bei der Anwendung einer **ausländischen Scheidungsvorschrift** kommt es darauf an, ob sie als materiell-rechtliche oder verfahrensrechtliche Bestimmung zu qualifizieren ist. Geht es bei der ausländischen Vorschrift eher um eine bloße verfahrensrechtliche Vorschrift, braucht sie grundsätzlich nicht beachtet zu werden. Sie ist aber zu beachten, wenn zB die Anerkennungsfähigkeit der deutschen Entscheidung im Ausland von der Einhaltung dieser Vorschrift abhängt. Hat die Bestimmung eine Doppelfunktion, dh ist sie sowohl materielle Scheidungsvoraussetzung als auch Teil des Scheidungsvollzugs, muss sie im inländischen Verfahren für die Sachurteilsvoraussetzungen beachtet werden, soweit dies die inländischen Verfahrensvorschriften zulassen (s. Andrae § 4 Rn 59). Das ausländische Scheidungsrecht kann unter Umständen auch eine Anpassung des inländischen Verfahrensrechts erfordern. Es stellt keinen Verstoß gegen das deutsche Verfahrensrecht dar, wenn im Tenor auf Antrag ein Schuldausspruch vorgenommen wird, wenn die Schuldfeststellung nach dem maßgebenden Recht Auswirkungen auf den Unterhaltsanspruch hat. Ziel des Verfahrensrechts ist, der Verwirklichung des sachlichen Rechts zu dienen (BGH 1.4.1987 – IVb ZR 40/86, NJW 1988, 636). Aus denselben Überlegungen ist im inländischen Verfahren dem Erfordernis eines förmlichen Aussöhnungsversuches gem. dem ausländischen Scheidungsstatut Rechnung zu tragen.

3. Privatscheidungen

69   Da im Inland eine Ehe nur durch ein Gericht geschieden werden kann, ist eine Privatscheidung in Deutschland auch dann unwirksam, wenn eine fremde Behörde, zB eine ausländische Botschaft, mitgewirkt hat. Eine im Inland vorgenommene Privatscheidung ist **stets unwirksam** und **nicht anerkennungsfähig**. Das gilt auch dann, wenn an der Privatscheidung nur Ausländer beteiligt sind (BGH 14.10.1981 – IVb ZR 718/80, NJW 1982, 517). Die Unwirksamkeit einer im Inland zum Teil oder ganz vollzogenen Privatscheidung mit Mitwirkung einer ausländischen Behörde ist gem. § 107 FamFG festzustellen. Auch eine im Ausland durchgeführte Privatscheidung ist in Deutschland nicht anerkennungsfähig, wenn für die Scheidung selbst deutsches Recht maßgebend war. Insoweit stellt das im Ausland begonnene Verfahren der Privatscheidung keine Rechtshängigkeitssperre gegenüber dem inländischen Scheidungsverfahren dar (BGH 28.5.2008 – XII ZR 61/06, NJW-RR 2008, 1169).

70   Fraglich ist, ob die Rom III-VO auch auf Privatscheidungen anwendbar ist. Die Rom III-VO ist zwar auf eine gerichtliche oder behördliche Scheidung zugeschnitten (Art. 3 Nr. 2 Rom III-VO), entscheidend dürfte aber sein, dass der Anwendungsbereich in Art. 1 Abs. 1 Rom III-VO auf „Ehescheidungen" festgelegt wird. Dadurch würde sich zwar in Deutschland an dem Scheidungsmonopol der Gerichte (Art. 17 Abs. 2 EGBGB) nichts ändern, **im Ausland erfolgte Privatscheidungen** wären gleichwohl kollisionsrechtlich anzuerkennen.

4. Haftung des Anwalts

71   Betreibt ein Anwalt eine Ehescheidung, muss er die Vorfrage des Bestehens einer wirksamen Ehe prüfen. Er haftet für Schäden infolge der Scheidung einer Nichtehe (BGH 13.3.2003 – IX ZR 181/99, NJW-RR 2003, 850).

36. Auslandsbezug bei Güterrechtssachen

Vlassopoulou

I. Internationale Zuständigkeit	1	bb) Unmittelbare Rechtswahl	18
1. Vorrangiges Recht	1	cc) Form	19
2. Nationales Recht	2	dd) Praxishinweise	20
II. Kollisionsrecht	4	3. Altehen	23
1. Vorrangiges Recht	4	4. Neue Bundesländer	24
2. Nationales Recht	7	5. Vertriebene und Flüchtlinge	25
a) Gesetzliche Anknüpfung: Güterrechtsstatut		6. Anwendungsbereich	26
folgt Ehewirkungsstatut	7	7. Schutz Dritter	33
b) Anknüpfung durch Rechtswahl	16	8. Anerkennung und Vollstreckung	34
aa) Mittelbare Rechtswahl	17		

I. Internationale Zuständigkeit

1. Vorrangiges Recht

Eine europäische Regelung greift nicht ein, ebenso wenig internationale Abkommen. Die Verordnung (EG) **1**
Nr. 44/2001 des Rates über die gerichtliche Zuständigkeit und die Anerkennung und Vollstreckung von
Entscheidungen in Zivil- und Handelssachen ist auf die ehelichen Güterstände nicht anwendbar (Art. 1
Abs. 2 a EuGVVO), ebenso nicht das Luganer Übereinkommen über die gerichtliche Zuständigkeit und die
Vollstreckung gerichtlicher Entscheidungen in Zivil- und Handelssachen (Art. 1 Abs. 2 Nr. 1 LugÜ) und
die VO(EG) Nr. 2201/2003 über die Zuständigkeit und die Anerkennung von Entscheidungen in Ehesachen
und im Verfahren betr. die elterliche Verantwortung (Entscheidungsgrund 8 EuEheVO). Zu der VO (EG)
Nr. 2201/2203 (Brüssel IIa-VO) s. → *Auslandsbezug bei Ehesachen* Rn 2 ff. Eine vorrangige europäische
bzw. internationale Regelung gibt es somit derzeit nicht. Daher findet das nationale Recht auf internationale Zuständigkeitsfragen Anwendung.

2. Nationales Recht

Ist ein Scheidungsverfahren im Inland anhängig, ergibt sich die internationale Zuständigkeit aus § 98 **2**
Abs. 2 FamFG (**Verbundzuständigkeit**). Darüber hinaus sind gem. Art. 105 FamFG die deutschen Gerichte international zuständig, wenn ein deutsches Gericht örtlich zuständig ist.

Für Güterrechtsverfahren vor oder nach Abschluss eines Eheverfahrens folgt die örtliche und damit die in- **3**
ternationale Zuständigkeit der deutschen Gerichte aus § 262 Abs. 2 FamFG.

Beispiel: Trennt sich ein deutsch-griechisches Ehepaar, welches in Deutschland lebt, und lebt der deutsche Ehemann nunmehr in Griechenland, wo das Ehepaar ein Landhaus besitzt, sind für den Antrag auf
vorzeitigen Zugewinnausgleich, den die griechische Ehefrau in Deutschland stellt, die deutschen Gerichte
international zuständig, wenn sich der Ehemann gem. § 39 ZPO auf das anhängige Verfahren einlässt.

II. Kollisionsrecht

1. Vorrangiges Recht

Die Verordnung (EG) Nr. 593/2008 des Europäischen Parlaments und des Rates über das auf vertragliche **4**
Schuldverhältnisse anzuwendende Recht (Rom I-VO) ist auf das Güterrecht nicht anwendbar, weil sie nach
Art. 1 Abs. 2 lit. c für güterrechtliche Verhältnisse nicht gilt. Auf europäischer Ebene ist eine Vereinheitlichung der Regelungen des Güterrechts geplant. Hierzu ist ein Verordnungsentwurf über die Zuständigkeit,
das anzuwendende Recht, die Anerkennung und Vollstreckung von Entscheidungen im Bereich des Ehegü-
terrechts (Rom IVa, KOM [2011] 126) von der EU-Kommission am 21.3.2011 vorgelegt worden. Dem
Entwurf müssen noch das Europäische Parlament und der Ministerrat zustimmen. Nach dem Entwurf sollen internationale Ehepaare wählen können, welches Recht bei Tod eines Ehepartners oder bei der Scheidung auf ihr gemeinsames Vermögen anzuwenden ist, ferner sollen – wie im deutschen Scheidungsverbund

– die Vermögensansprüche europaweit in Scheidungs- und Trennungsverfahren mitgeregelt werden können.

5 Zwischen Deutschland und Frankreich ist am 4.2.2010 das deutsch-französische Abkommen **über den Güterstand der Wahlzugewinngemeinschaft** unterzeichnet worden. Es ist am 1.5.2013 in Kraft getreten. Dieser Güterstand hat viele Ähnlichkeiten mit der deutschen Zugewinngemeinschaft, wird aber um Elemente der französischen Errungenschaftsgemeinschaft ergänzt.

6 Das **deutsch-iranische Niederlassungsabkommen** vom 17.2.1929 gilt nur im Verhältnis zum Iran. Im Übrigen gilt daher mangels eines vorrangigen europäischen bzw. internationalen Kollisionsrechts (s. → *Internationales Familienrecht* Rn 2) das deutsche internationale Privatrecht. Maßgebliche Kollisionsnorm ist Art. 15 EGBGB.

2. Nationales Recht

7 **a) Gesetzliche Anknüpfung: Güterrechtsstatut folgt Ehewirkungsstatut.** Gem. Art. 15 Abs. 1 EGBGB richten sich die güterrechtlichen Wirkungen der Ehe (= Güterrechtsstatut) nach dem Recht, welches für die allgemeinen Wirkungen der Ehe maßgeblich ist (s. → *Eheliche Lebensgemeinschaft* Rn 28 ff). Das Güterrechtsstatut folgt dem Ehewirkungsstatut zum **Zeitpunkt der Eheschließung**, woraus sich folgende Anknüpfungsleiter ergibt.

8 In erster Linie ist für das Güterrecht das **gemeinsame Heimatrecht** der Ehegatten bei der Eheschließung maßgeblich. Gehört eine Person mehreren Staaten an, ist die effektive Staatsangehörigkeit, dh die Angehörigkeit des Staates entscheidend, mit dem die Person am engsten verbunden ist. Ist eine Person auch Deutscher, hat die deutsche Staatsangehörigkeit Vorrang (Art. 5 Abs. 1 EGBGB).

Beispiel: Heiratet eine Deutsch-Französin einen Deutschen, haben die Ehegatten eine gemeinsame Staatsangehörigkeit, die deutsche; heiratet sie dagegen einen Franzosen, so ist die Anknüpfung an die gemeinsame (französische) Staatsangehörigkeit ausgeschlossen (s. Henrich, Rn 220). Bei Staatenlosen oder Flüchtlingen bestimmt sich das Personalstatut anstelle der Staatsangehörigkeit nach dem gewöhnlichen oder einfachen Aufenthalt der Person (Art. 5 Abs. 2 EGBGB). Haben daher diese Personen ihren Aufenthalt in Deutschland, gilt für ihre güterrechtlichen Verhältnisse deutsches Recht.

9 In zweiter Linie ist für das Güterrecht das Recht des Staates maßgeblich, in dem der **gemeinsame gewöhnliche Aufenthalt** der Ehegatten zum Zeitpunkt der Eheschließung gelegen hat oder liegt. Die Ehegatten müssen ihren gewöhnlichen Aufenthalt nicht am gleichen Ort im selben Staat haben.

10 Im Regelfall setzt der gewöhnliche Aufenthalt einen Aufenthalt von längerer Dauer voraus. Eine Definition des Begriffs „Gewöhnlicher Aufenthalt" enthält das EGBGB nicht. Nach der deutschen Rechtsprechung ist gewöhnlicher Aufenthaltsort einer Person der Ort, an dem sie sozial integriert ist und ihren **Lebensmittelpunkt**, den Schwerpunkt ihrer Bindungen in familiärer oder beruflicher Hinsicht, hat (s. → *Gewöhnlicher Aufenthalt* Rn 11 f).

11 Ist eine Anknüpfung an den gewöhnlichen Aufenthalt nicht möglich, richtet sich das Güterrecht in dritter Linie nach dem Recht des Staates, mit dem die Ehegatten bei der Eheschließung **gemeinsam am engsten verbunden** sind. Gesichtspunkte, die bei der Einzelfallprüfung einzubeziehen sind, können die gemeinsame soziale Bindung an einen Staat durch gemeinsame Herkunft, Sprache, berufliche Tätigkeit, der Ort der Eheschließung, die beabsichtigte Begründung eines gemeinsamen Aufenthalts sein (s. Andrae § 3 Rn 58 f). Auch gemeinsame, objektiv feststellbare Zukunftspläne der Ehepartner, insbesondere der erste geplante gemeinsame gewöhnliche Aufenthalt, können in die Beurteilung einbezogen werden.

12 Verändern sich nach der Eheschließung die Umstände, die für die Anknüpfung des Güterrechtsstatuts maßgeblich sind, lebt zB ein deutsch-griechisches Ehepaar bei der Eheschließung in Griechenland und übersiedelt zehn Jahre später nach Deutschland, ist dies für das Güterrechtsstatut ohne Bedeutung. Es bleibt bei der Anwendung des griechischen Rechts als Recht des gemeinsamen gewöhnlichen Aufenthalts bei der

Eheschließung. Das Güterrechtsstatut ist **unwandelbar**. Dies wird durch die Anknüpfung auf den Zeitpunkt der Eheschließung erreicht. Veränderungen während der Ehe sind unbeachtlich.

Das Güterrechtsstatut erfasst grundsätzlich alle Vermögensgegenstände der Ehegatten, unabhängig davon, **13** wo sich die einzelnen Vermögensgegenstände befinden und ob es um bewegliches oder unbewegliches Vermögen geht (**Grundsatz der Einheitlichkeit des Güterrechtsstatuts**). Im Eingangsbeispiel (s. Rn 12) unterliegt das gesamte Ehevermögen der Eheleute gem. Art. 15 Abs. 1 EGBGB iVm Art. 14 Abs. 1 Nr. 2 EGBGB dem griechischen Güterrecht, auch soweit es sich teilweise in Deutschland befindet.

Das Güterrechtsstatut erfasst nicht Gegenstände, die sich nicht im Inland befinden und die nach dem Recht **14** des Staates, in dem sie sich befinden, besonderen Vorschriften unterliegen (Art. 3 a Abs. 2 EGBGB) (**Güterrechtsspaltung**). Dies ist insbesondere bei **ausländischem Immobilienvermögen** der Fall. Hat beispielsweise die Ehefrau eines deutschen Ehepaars ein Landhaus in Südengland zum Alleineigentum erworben, unterliegt ihr gesamtes Vermögen bis auf dieses Landhaus deutschem Recht, dh dem Güterstand der Zugewinngemeinschaft. Für das Landhaus gilt englisches Recht, weil das englische Recht Immobilien güterrechtlich der lex rei sitae unterstellt (s. Schotten/Schnellenkamp § 6 Rn 146). Hier hat das **Einzelstatut Vorrang** vor dem Güterrechtsstatut. Dies führt zu einer Spaltung des anwendbaren Güterrechts.

Die deutsche Kollisionsnorm verweist auf ein fremdes Recht einschließlich dessen Internationalen Privat- **15** rechts (Gesamtverweisung). Aus diesem Grund ist die **Rückverweisung** (renvoi) zu beachten. Die Rückverweisung ist insbesondere im Verhältnis zu den **Common Law-Staaten**, namentlich zu Großbritannien und den USA von Bedeutung, weil hier meist eine sog. „versteckte Rückverweisung" angenommen wird. Für diese Rechtsordnungen ist charakteristisch, dass keine Kollisionsnormen existieren. Die Gerichte in diesen Staaten prüfen, ob sie „jurisdiction" zur Entscheidung besitzen. Bejahen sie ihre jurisdiction, dh halten sie sich für international zuständig, wenden sie ihr eigenes Recht an (Andrae § 3 Rn 135 ff). Wenn daher die deutschen Gerichte aus der Sicht dieser Staaten die „jurisdiction" haben, kann es zu einem Ausgleich nach den Regeln der deutschen Zugewinngemeinschaft kommen (KG 5.3.2007 – 16 UF 166/06, FamRZ 2007, 1564).

b) Anknüpfung durch Rechtswahl. Die Ehegatten können das auf ihre güterrechtlichen Bestimmungen **16** anwendbare Recht durch Rechtswahl bestimmen.

aa) Mittelbare Rechtswahl. Die Rechtswahl kann mittelbar dadurch erfolgen, dass die Eheleute vor oder **17** bei der Eheschließung eine Rechtswahl bezüglich des **Ehewirkungsstatus** vornehmen (s. → *Eheliche Lebensgemeinschaft* Rn 34 ff).

bb) Unmittelbare Rechtswahl. Die Ehegatten können gem. Art. 15 Abs. 2 EGBGB unabhängig vom **18** Ehewirkungsstatut für die Regelung ihrer güterrechtlichen Verhältnisse eine Rechtswahl treffen. **Wählbar** sind das Heimatrecht eines von ihnen, das Recht des gewöhnlichen Aufenthalts, zumindest eines von ihnen, und hinsichtlich des unbeweglichen Vermögens das Recht des Lageorts (lex rei sitae). Die Vereinbarung eines ausländischen Rechts für unbewegliches Vermögen führt zu einer Spaltung des Güterrechts.

cc) Form. Zur Wirksamkeit der Rechtswahl bedarf es in Deutschland der **notariellen Form**. Wird sie im **19** Ausland vorgenommen, reicht es für deren Wirksamkeit im Inland, wenn sie den Formerfordernissen für einen Ehevertrag nach dem gewählten Recht oder am Ort der Rechtskraft entspricht (Art. 15 Abs. 3 iVm Art. 14 Abs. 4 EGBGB).

dd) Praxishinweise. Die Wahl eines Güterrechtsstatuts hat in der Praxis große Bedeutung. In notariellen **20** Verträgen, die gemischt-nationale Brautleute oder Ehepaare betreffen und in denen eine Rechtswahl getroffen wird, fehlt es immer wieder an klarstellenden Feststellungen, aus denen sich ergibt, dass auf kollisionsrechtlicher Ebene überhaupt das deutsche Recht maßgeblich ist. Die Umstände, aus denen ersichtlich ist, dass der ausländische Ehegatte seinen gewöhnlichen Aufenthalt im Inland hat, werden vielfach nicht einmal angedeutet. Ist ein Ehegatte erst kurz vor der Eheschließung ins Inland gekommen, wird dadurch das deutsche Recht noch nicht als Recht der engsten Verbindung berufen.

21 In notariellen Verträgen wird ferner oft übersehen, dass die **Formulierung** wie zB im Ehevertrag eines deutsch-ausländischen Ehepaares „Wir wählen für unsere güterrechtlichen Beziehungen den Güterstand der Gütertrennung" nicht ausreicht. Hier wird nicht klar zwischen der kollisionsrechtlichen und sachrechtlichen Ebene unterschieden (s. → *Internationales Familienrecht* Rn 1). Richtig wäre beispielsweise bei einer Rechtswahl nach Art. 15 Abs. 2 Nr. 1 EGBGB die Formulierung:

▶ Wir wählen für die gesamten güterrechtlichen Wirkungen unserer Ehe das deutsche Recht ... Wir sind vom Notar über den Inhalt des deutschen gesetzlichen Güterstands und die Möglichkeit seiner Aufhebung belehrt worden. Wir vereinbaren für unsere Ehe den Güterstand der Gütertrennung. ◀

22 Darüber hinaus wird übersehen, dass die Rechtswahl im **Heimatrecht** des ausländischen Ehegatten möglicherweise nicht wirksam ist. Auch hierauf muss der Notar die Beteiligten hinweisen und dies in der Niederschrift vermerken (s. Schotten/Schnellenkamp § 6 Rn 227 ff).

3. Altehen

23 Nach dem früheren Art. 15 Abs. 2 EGBGB richtete sich das eheliche Güterrecht nach dem Heimatrecht des Ehemanns zum Zeitpunkt der Eheschließung. Diese Regelung hat das BVerfG durch Beschluss vom 22.2.1983 – 1 BvL 17/81, NJW 1983, 1986 – im Bundesgesetzblatt am 8.4.1983 veröffentlicht – für verfassungswidrig und nichtig erklärt. Art. 15 EGBGB in seiner jetzigen Fassung ist mit dem IPR Neuregelungsgesetz eingeführt worden, das am 1.9.1986 in Kraft getreten ist. Da Art. 15 EGBGB auf den Zeitpunkt der Eheschließung abstellt, stellt sich die Frage, nach welchem Recht sich die güterrechtlichen Wirkungen jener Ehen richten, die vor dem 1.9.1986 geschlossen worden sind. Diese Frage beantwortet die **Übergangsvorschrift** des **Art. 220 Abs. 3 EGBGB**. Sie bestimmt das Güterrechtsstatut danach, innerhalb welcher Periode die Ehe geschlossen wurde (Periode vor dem 31.3.1953, Periode zwischen dem 1.4.1953 und dem 8.4.1983 und Periode nach dem 8.4.1983) (Andrae § 3 Rn 107 ff).

4. Neue Bundesländer

24 Gem. Art. 236 § 3 EGBGB unterliegen seit dem **3.10.1990** die güterrechtlichen Wirkungen von Ehen, die vor diesem Zeitpunkt geschlossen wurden, Art. 15 EGBGB (**kollisionsrechtliche Überleitung**). Zum gleichen Zeitpunkt erfolgt gem. Art. 234 §§ 4, 4 a eine materiellrechtliche Überleitung (Andrae § 3 Rn 122). Ehen, die vor dem 3.10.1990 im Bereich der DDR geschlossen wurden, unterliegen bis einschließlich dem 2.10.1990 den Vorschriften des gesetzlichen Güterstands der DDR, dh der Eigentums- und Vermögensgemeinschaft nach § 13 FGB. Dieser Güterstand wird zum 3.10.1990 in den gesetzlichen Güterstand der Zugewinngemeinschaft nach § 1373 BGB übergeleitet. Die sich aus den §§ 39 ff FGB ergebenden Ansprüche stellen die Positionen des Anfangsvermögens nach § 1374 BGB dar.

5. Vertriebene und Flüchtlinge

25 Art. 15 Abs. 4 EGBGB verweist für die Regelung der güterrechtlichen Verhältnisse von **deutschen** Vertriebenen und Flüchtlingen auf das Gesetz über den ehelichen Güterstand von Vertriebenen und Flüchtlingen vom 4.8.1969, BGBl. I 1969, 1067, deren Güterstand damit, soweit sie gem. der allgemeinen kollisionsrechtlichen Regelung in einem ausländischen Güterstand leben würden, in den Güterstand der Zugewinngemeinschaft übergeleitet wird. Dieses Gesetz gilt nicht für Spätaussiedler, die ihre Heimat nach dem 31.12.1992 verlassen haben (Palandt/Thorn Anh. EGBGB 15 Rn 1).

6. Anwendungsbereich

26 Art. 15 EGBGB setzt das Bestehen einer **wirksamen Ehe** voraus. Das Bestehen der Ehe ist eine sog. **Vorfrage**. Nach hM im deutschen IPR sind Vorfragen selbstständig anzuknüpfen. Das bedeutet, dass das Zustandekommen der Eheschließung nach Art. 13 EGBGB, die Form der Eheschließung im Ausland nach Art. 11 EGBGB und im Inland nach Art. 13 Abs. 3 EGBGB zu beurteilen ist.

27 Wie der Begriff der güterrechtlichen Wirkungen der Ehe auszulegen ist, ist eine Frage der **Qualifikation**. Für die Qualifikation ist grundsätzlich die lex fori maßgeblich. Im Kern erfasst das Güterrechtsstatut alle

Rechtssätze des in- oder ausländischen Rechts, die eine Sonderordnung für das Vermögen der Ehe während der Ehe schaffen, von ihr absehen (Gütertrennung) oder nach Auflösung der Ehe für ihre Absicherung sorgen (BT-Drucks. 10/504, 57).

Unter Art. 15 EGBGB fällt sowohl das **gesetzliche** als auch das **vertragliche** Güterrecht. Das gem. Art. 15 **28** maßgebliche Güterrechtsstatut bestimmt insbesondere, in welchem von mehreren Güterständen einer Rechtsordnung die Eheleute leben, ob und welche Erwerbs- und Veräußerungsbeschränkungen infolge des Güterstandes bestehen, die auch im inländischen Grundbuchverkehr zu beachten sind, ob ein Ehegatte infolge des Güterstands für Verbindlichkeiten des anderen haftet (BGH 18.3.1998 – XII ZR 251/96, NJW-RR 1998, 1377), ob eine Auskunftspflicht eines Ehegatten besteht (BGH 17.9.1986 – IV b ZR 52/85, NJW 1987, 583), ob ein **Ehevertrag zulässig** ist und welchen Inhalt er haben kann. Die **Formerfordernisse** für einen Ehevertrag im Ausland richten sich dagegen nach Art. 11 Abs. 1 EGBGB. Aus diesem Grund ist beispielsweise die Vereinbarung der Gütertrennung durch eine bei Eheschließung auf Mauritius gegenüber dem Standesbeamten abgegebene Erklärung im Inland wirksam, weil diese Form nach dem maßgeblichen Ortsrecht (dem mauritianischen) genügt (BGH 13.7.2011 – XII ZR 48/09, NJW-RR 2011, 1225).

Ebenso bestimmt das Güterrechtsstatut das Verbot oder die Beschränkung von **Gesellschaften** zwischen **29** Ehegatten. Dagegen richten sich Gesellschaftsverträge zwischen Ehegatten nach dem **Gesellschaftsstatut**. Sachrechtliche Rechtsgeschäfte, wie zB der Erwerb von Alleineigentum oder Miteigentum durch Ehegatten, richten sich nach der lex rei sitae (Palandt/Thorn Art. 15 EGBGB Rn 25). Arbeitsverträge zwischen Ehegatten und andere schulrechtliche Rechtsgeschäfte, wie zB Ausgleichsansprüche für ehebedingte Zuwendungen, richten sich grundsätzlich nach ihrem Schuldstatut (BGH 21.10.1992 – XII ZR 182/90, NJW 1993, 385).

Nach dem Güterrechtsstatut bestimmt sich die Verjährung des Zugewinnausgleichsanspruchs (BGH **30** 17.4.2002 – XII ZR 182/00, NJW-RR 2002, 937) und die Art der güterrechtlichen Auseinandersetzung infolge der Scheidung oder durch den Tod eines Ehegatten. Das Güterrechtsstatut ist auch maßgeblich, wenn der Ausgleichsanspruch im Fall des Todes eines Ehegatten gem. § 1371 Abs. 2 BGB berechnet wird. Streitig ist dagegen, ob der Anspruch nach **§ 1371 Abs. 1 BGB** erbrechtlich oder güterrechtlich zu qualifizieren ist. Diese Frage ist in der Praxis von großer Bedeutung. Denn wenn beispielsweise der ausländische Ehegatte einer gemischt-nationalen Ehe stirbt und die Eheleute im gesetzlichen Güterstand der Zugewinngemeinschaft des deutschen Rechts lebten, stellt sich die Frage, ob der Erbteil des überlebenden Ehegatten gem. dem Erbrecht des Erblassers gem. § 1371 Abs. 1 BGB zu erhöhen ist oder nicht. Nach hM ist § 1371 Abs. 1 BGB güterrechtlich zu qualifizieren (OLG München 16.4.2012 – 31 Wx 45/12, NJW-RR 2012, 1096). Dem ist zuzustimmen, weil sich das erbrechtliche Viertel nach § 1371 Abs. 1 als Folge der Beendigung des gesetzlichen Güterstands der Zugewinngemeinschaft durch den Tod eines Ehegatten darstellt.

Die Erhöhung des gesetzlichen Erbteils nach **§ 1931 Abs. 4 BGB** bei Gütertrennung ist dagegen nach herr- **31** schender Meinung erbrechtlich zu qualifizieren, weil es nicht um die güterrechtlich vorgegebene Sonderordnung des Vermögens, sondern um die Beteiligung des Ehegatten am Nachlass geht (s. Andrae § 3 Rn 255).

Art. 15 EGBGB gilt nicht für die vermögensrechtlichen Folgen einer eheähnlichen Lebensgemeinschaft, **32** auch nicht für die güterrechtlichen Wirkungen einer eingetragenen **gleichgeschlechtlichen Lebenspartnerschaft**. Für diese gilt **Art. 17 b EGBGB**.

7. Schutz Dritter

Unterliegen die güterrechtlichen Wirkungen einer Ehe einem **fremden Recht**, schafft dies Gefahren für **33** den inländischen Rechtsverkehr. Art. 16 Abs. 1 EGBGB regelt, unter welchen Voraussetzungen ein Dritter darauf vertrauen kann, dass ein verheirateter Vertragspartner im gesetzlichen Güterstand der Zugewinngemeinschaft lebt (Art. 16 Abs. 1 EGBGB iVm § 1412 BGB analog) (s. Andrae § 3 Rn 163 ff).

8. Anerkennung und Vollstreckung

34 Es gibt derzeit kein vorrangiges Recht betreffend das Güterrecht. Für die Anerkennung und Vollstreckung ausländischer Entscheidungen in Deutschland sind daher **§§ 108 ff FamFG** heranzuziehen. Für die Anerkennung und Vollstreckung eines deutschen Titels im Ausland ist das nationale Recht des Vollstreckungsstaates maßgeblich.

37. Auslandsbezug bei Kindschaftssachen

Vlassopoulou

I. Einführung	1	1. Anerkennung und Vollstreckung von Entscheidungen eines EU-Mitgliedstaates	30
II. Internationale Zuständigkeit	2	a) Anerkennung	30
1. Brüssel IIa-VO	2	b) Vollstreckung	34
a) Verhältnis zu anderen Übereinkommen	2	2. Anerkennung und Vollstreckung von Entscheidungen eines Vertragsstaates des KSÜ oder	
b) Geltungsbereich	7	MSA	41
c) Zuständigkeitsregelungen	8	3. Anerkennung und Vollstreckung von Entscheidungen eines Vertragsstaates des Europäischen	
aa) Grundzuständigkeit	8	Sorgerechtsübereinkommens	42
bb) Zuständigkeitsvereinbarungen	13	4. Anerkennung und Vollstreckung von sonstigen	
cc) Weitere Zuständigkeiten	15	ausländischen Entscheidungen	43
2. Nationales Recht	20	5. Abänderung	44
3. Rechtshängigkeit im Ausland	21	6. Ausblick	46
III. Kollisionsrecht	23	V. Informationsmittel	47
1. KSÜ	23		
2. Art. 21 EGBGB	28		
IV. Anerkennung, Vollstreckung und Abänderung	30		

I. Einführung

Die angezeigte Vorgehensweise illustriert folgender **Beispielsfall**: Ein deutsch-italienisches Ehepaar, das 1 mit seinen gemeinsamen Kindern in Deutschland lebt, trennt sich. Die italienische Ehefrau kehrt mit den Kindern nach Italien zurück, wo die Familie bis vor zwei Jahren lebte. Die Eltern streiten über das Sorge- und Umgangsrecht. Der deutsche Vater will die Sache in Deutschland klären.

Wie bei allen Sachen mit Auslandsberührung ist als Erstes zu prüfen, ob die deutschen Gerichte international zuständig sind, ferner ist zu klären, nach dem Recht welchen Staates in der Sache selbst zu entscheiden ist und schließlich ist der Frage nachzugehen, ob die Entscheidung der deutschen Gerichte auch im Ausland anerkannt und vollstreckt werden kann (s. → *Internationales Familienrecht* Rn 1 ff). Hat ein Elternteil eine Entscheidung seiner Heimatbehörde über das Sorge- oder das Umgangsrecht erwirkt, muss umgekehrt geprüft werden, ob die ausländische Entscheidung in Deutschland wirksam ist (s. Rn 30 ff). Nicht behandelt wird hier die Herausgabe des Kindes (s. → *Kindesentführung* Rn 1 ff).

II. Internationale Zuständigkeit

1. Brüssel IIa-VO

a) Verhältnis zu anderen Übereinkommen. Im europäischen Raum – mit Ausnahme Dänemarks – regelt 2 die internationale Zuständigkeit die VO (EG) Nr. 2201/2203 vom 27.11.2003 über die Zuständigkeit und die Anerkennung und Vollstreckung von Entscheidungen in Ehesachen und in Verfahren betreffend die **elterliche Verantwortung** (Brüssel IIa-VO, auch EuEheVO, EheGVVO, EheVO II) (s. → *Auslandsbezug bei Ehesachen* Rn 2).

Die internationale Zuständigkeit eines Gerichts ist auch in multinationalen Übereinkommen, insbesondere 3 im Haager Übereinkommen über die Zuständigkeit, das anzuwendende Recht, die Anerkennung, Vollstreckung und Zusammenarbeit auf dem Gebiet der elterlichen Verantwortung und der Maßnahmen zum Schutz von Kindern vom 19.10.1996 (**Haager Kinderschutzübereinkommen KSÜ**) geregelt. Letzteres hat das Haager Übereinkommen über die Zuständigkeit der Behörden und das anzuwendende Recht auf dem Gebiet des Schutzes von Minderjährigen vom 5.10.1961 (**Haager Minderjährigenschutzabkommen MSA**) ersetzt.

Die Türkei hat als MSA-Vertragsstaat das KSÜ nicht übernommen. Die EU-Verordnung geht dem MSA 4 vor, soweit ein Mitgliedstaat auch Vertragspartner dieses Übereinkommens ist (Art. 60 EuEheVO). Da die Türkei kein EU-Mitgliedstaat ist, richtet sich die internationale Zuständigkeit im Verhältnis zu der Türkei nach dem MSA.

5   Die EuEheVO geht dem KSÜ vor, wenn das Kind seinen gewöhnlichen Aufenthalt im Hoheitsgebiet eines EU-Mitgliedstaates hat, der auch Vertragsstaat des KSÜ ist (Art. 61 EuEheVO). Das KSÜ ist daher von Bedeutung, wenn das Kind sich in einem Vertragsstaat – wie in der Schweiz – aufhält, welcher nicht EU-Mitgliedstaat ist (s. → *Kinderschutzübereinkommen* Rn 5).

6   Ist kein anderweitiges multinationales Übereinkommen zu beachten, findet die EuEheVO in allen Mitgliedstaaten auch für Staatsangehörige eines Drittstaates wie Indien Anwendung (**loi uniforme**).

7   **b) Geltungsbereich.** Der Anwendungsbereich umfasst alle Sachen, die als Gegenstand die Zuweisung, Ausübung, Übertragung sowie die vollständige oder teilweise Entziehung der elterlichen Verantwortung haben (Art. 1 Abs. 1 b EuEheVO). Gemäß Art. 1 Abs. 2 EuEheVO zählen zu diesen Sachen insbesondere das **Sorge- und Umgangsrecht**, die Vormundschaft und Pflegschaft, die gesetzliche Vertretung und Unterbringung des Kindes sowie Schutzmaßnahmen für das Kind, gem. Art. 11 EuEheVO auch die Rückführung des Kindes. Dagegen gilt die Verordnung nicht für die Feststellung des Eltern-Kind-Verhältnisses, Adoptionsentscheidungen, Namen und Vornamen des Kindes, Unterhaltspflichten und Straftaten, die von Kindern begangen wurden (Art. 1 Abs. 3 EuEheVO). Soweit ein Begriff, wie zB der des Sorgerechts, in der Verordnung definiert wird (Art. 2 Nr. 9 EuEheVO), ist er in der gesamten Union autonom und einheitlich ohne Rückgriff auf das nationale Recht eines Mitgliedstaates auszulegen (EuGH 5.10.2010 – C-400/10 PPU, NJW-Spezial 2011, 101).

8   **c) Zuständigkeitsregelungen. aa) Grundzuständigkeit.** Als erstes ist Art. 8 EuEheVO heranzuziehen. Die internationale Zuständigkeit eines Gerichts wird grundsätzlich an den **gewöhnlichen Aufenthalt** des **Kindes** angeknüpft. Hat das Kind seinen gewöhnlichen Aufenthalt in Deutschland, sind die deutschen Gerichte international zuständig. Die Staatsangehörigkeit des Kindes oder der Eltern spielt keine Rolle.

9   Maßgeblich ist der gewöhnliche Aufenthalt des Kindes im Zeitpunkt der **Antragstellung**.

Beispiel: Ein indisches Ehepaar lebt mit seinem Kind in Stuttgart, wo der Ehemann als IT-Ingenieur arbeitet. Nach der Trennung will die Ehefrau mit dem Kind nach London. Der Ehemann bittet das Familiengericht Stuttgart um Hilfe. Während des Verfahrens zieht die Ehefrau mit dem Kind nach Holland. Die Veränderung des gewöhnlichen Aufenthalts des Kindes nach Antragstellung beendet die internationale Zuständigkeit des FamFG Stuttgart nicht (**perpetuatio fori**). Der Grundsatz der perpetuatio fori gilt jedoch nicht, wenn die internationale Zuständigkeit eines deutschen Gerichts nur aus dem KSÜ oder dem MSA resultiert, wie dies im Verhältnis zu der Türkei der Fall ist (OLG Stuttgart 12.4.2012 – 17 UF 22/12, FamRZ 2013, 49).

10   Der Begriff „gewöhnlicher Aufenthalt" des Kindes iSv Art. 8 und 10 der EuEheVO ist als der Ort auszulegen, an dem eine gewisse **Integration** des Kindes in ein soziales und familiäres Umfeld erkennbar ist. Dabei sind insbesondere die Dauer, die Regelmäßigkeit und die Umstände des Aufenthalts in einem Mitgliedstaat sowie die Gründe für diesen Aufenthalt und den Umzug der Familie in diesen Staat, die Staatsangehörigkeit des Kindes, Ort und Umstände der Einschulung, die Sprachkenntnisse sowie die familiären und sozialen Bindungen des Kindes in den betreffenden Staat zu berücksichtigen. Ein **Säugling** teilt zwangsläufig das soziale und familiäre Umfeld des Personenkreises, auf den er angewiesen ist. Es ist Sache des nationalen Gerichts, unter Berücksichtigung aller tatsächlichen Umstände des Einzelfalls den gewöhnlichen Aufenthalt des Kindes festzustellen (EuGH 22.12.2010 – C-497/10 PPU, FamRZ 2011, 617).

11   Unter den Voraussetzungen der Artt. 9 und 10 EuEheVO bleiben die deutschen Gerichte für einen gewissen Zeitraum auch dann international zuständig, wenn der gewöhnliche Aufenthalt des Kindes unabhängig von der Anhängigkeit eines inländischen Verfahrens von Deutschland in einen anderen Mitgliedstaat verlegt worden ist. Art. 9 EuEheVO betrifft den **rechtmäßigen Umzug**.

Beispiel: Die Ehefrau verlässt nach der Trennung mit dem Kind Deutschland und erlangt in Frankreich einen neuen gewöhnlichen Aufenthalt. Ist der Umzug des Kindes nach Frankreich rechtmäßig und war eine Entscheidung der deutschen Gerichte über den Umgang ergangen, bleiben die deutschen Gerichte für eine Änderung dieser Entscheidung für die Dauer von drei Monaten nach dem Umzug zuständig, wenn der umgangsberechtigte Ehemann sich nach wie vor in Deutschland aufhält, wo der frühere gewöhnliche Aufenthalt des Kindes war. Das gilt nicht, wenn er sich an einem von der Ehefrau eingeleiteten Verfahren in Frankreich beteiligt, ohne die Zuständigkeit des französischen Gerichts anzufechten (Art. 9 EuEheVO).

Art. 10 EuEheVO betrifft die **Kindesentführung** von dem **einen** in einen **anderen Mitgliedstaat**. Wird 12 das Kind während oder unabhängig von einem Scheidungsverfahren widerrechtlich in einen anderen Mitgliedstaat verbracht, bleiben die deutschen Gerichte als Gerichte des Staates, in dem das Kind vor der Entscheidung seinen gewöhnlichen Aufenthalt hatte, so lange international zuständig, bis das Kind einen gewöhnlichen Aufenthalt in dem anderen Mitgliedstaat begründet hat und die sorgeberechtigte Person oder Stelle ihre Zustimmung erklärt oder diese ein Verfahren zur Rückgabe des Kindes nicht oder ohne erfolgreichen Abschluss einleitet (Art. 10 EuEheVO) (s. HK-ZPO/Dörner Art. 10 EheGVVO Rn 2). Wird umgekehrt ein Kind aus dem Mitgliedstaat, in dem es bisher seinen gewöhnlichen Aufenthalt hatte, nach Deutschland entführt, wird die Zuständigkeit des Herkunftstaates unter denselben Bedingungen aufrechterhalten. Deutschland kann nur einstweilige Maßnahmen gem. Art. 20 EuEheVO treffen (s. Rn 17).

bb) Zuständigkeitsvereinbarungen. Zur Förderung einer am Kindeswohl orientierten einvernehmlichen 13 Regelung zwischen den Parteien ermöglicht Art. 12 EuEheVO eine Zuständigkeitsvereinbarung zugunsten der Gerichte eines Mitgliedstaates, in dem das Kind nicht seinen gewöhnlichen Aufenthalt hat. Eine solche Zuständigkeitsvereinbarung ist zugunsten der Gerichte des Mitgliedstaates zulässig, in dem das **Eheverfahren** anhängig ist (Annexzuständigkeit), zB zugunsten Deutschlands, wenn das Scheidungsverfahren im Inland anhängig ist, das Kind aber mit einem Elternteil im Ausland lebt.

Eine Zuständigkeitsvereinbarung kann auch getroffen werden, wenn kein Scheidungsverfahren anhängig 14 ist. Für ein **isoliertes Sorgerechtsverfahren** ist eine Zuständigkeitsvereinbarung zugunsten der Gerichte des Staates zulässig, zu dem das Kind eine wesentliche Bindung hat.

Beispiel: Ein deutsches Ehepaar lebt mit seinem minderjährigen Kind in Simbabwe. Die Eheleute sind uneinig über die Frage, wie das Vermögen des Kindes am besten anzulegen ist. Sie können wirksam vereinbaren, da sie den Justizbehörden von Simbabwe nicht vertrauen, dass ein deutsches Gericht über ihren Streit entscheidet.

cc) Weitere Zuständigkeiten. Art. 13 EuEheVO knüpft an den **schlichten Aufenthalt** des Kindes an, 15 wenn sein gewöhnlicher Aufenthalt nicht festgestellt werden kann.

Art. 14 EuEheVO verweist auf das nationale Recht der EU-Staaten, wenn eine Zuständigkeit aus Art. 3–14 16 EuEheVO nicht zu entnehmen ist (**Restzuständigkeit**).

Gem. Art. 15 EuEheVO kann das an sich international zuständige Gericht das Verfahren an das Gericht 17 eines anderen Mitgliedstaates verweisen, wenn es der Auffassung ist, dass das ausländische Gericht die Sache besser beurteilen kann (**forum conveniens**), weil das Kind seinen gewöhnlichen Aufenthalt früher in diesem Staat hatte. Im Eingangsbeispiel (s. Rn 1) kann das deutsche Gericht, bei dem der Vater Antrag auf Regelung des Sorgerechts gestellt hat, die Sache an das italienische Gericht verweisen. Die Verweisung geschieht nur unter den in Art. 15 EuEheVO erwähnten Voraussetzungen und ist nur ausnahmsweise zulässig. Sie ist nur dann gerechtfertigt, wenn die Abgabe dem **Kindeswohl** entspricht (s. KG 10.7.2006 – 16 UF 90/06, NJW 2006, 3503).

Für **einstweilige Maßnahmen** liegt die Zuständigkeit bei den Gerichten des Staates, in dem sich die zu 18 schützende Person oder eines ihrer Vermögensgegenstände befindet, auch wenn für die Hauptsache das Gericht eines anderen Mitgliedstaates zuständig ist (Art. 20 EuEheVO).

Die Zuständigkeitsbestimmungen nach der EuEheVO gelten auch dann, wenn es um **staatliche Eingriffe** 19 in den Bereich der elterlichen Verantwortung, wie die Inobhutnahme und Unterbringung des Kindes geht (EuGH 2.4.2009 – C-523/07, NJW 2009, 1868).

2. Nationales Recht

20 Wenn die Zuständigkeit weder aus der EuEheVO noch aus dem KSÜ oder dem MSA hervorgeht, zB weil sich das Kind in Serbien aufhält, gilt das nationale Recht. Nach deutschem Recht kann dann die internationale Zuständigkeit der deutschen Gerichte nach § 98 Abs. 2 Abs. 1 S. 1 FamFG oder nach § 99 Abs. 2 S. 1. Nr. 1 FamFG gegeben sein.

3. Rechtshängigkeit im Ausland

21 Es gelten die gleichen Vorschriften wie für die Ehesachen (s. → *Auslandsbezug bei Ehesachen* Rn 21 f).

22 Ein für **einstweilige Maßnahmen** in einem Mitgliedstaat anhängiges Verfahren (Art. 20 EuEheVO) begründet im Verhältnis zu dem späteren Hauptsacheverfahren in einem anderen Mitgliedstaat keine vorherige Rechtshängigkeit iSd Art. 19 Abs. 2 EuEheVO (EuGH 9.11.2010 – C-296/10, NJW 2011, 363).

III. Kollisionsrecht

1. KSÜ

23 Maßgebliche Kollisionsnorm im deutschen Internationalen Privatrecht ist Art. 21 EGBGB. Vorrang haben aber das EU-Recht und die multilateralen Übereinkommen (Art. 3 EGBGB).

Die EuEheVO enthält keine Kollisionsregeln. Das auf Fragen des Eltern-Kind-Verhältnisses anwendbare Recht (**Kindschaftsstatut**) ergibt sich aus dem Haager Kinderschutzübereinkommen (KSÜ) (s. Rn 3).

24 Nach dem KSÜ wenden die Gerichte bei der Ausübung ihrer Zuständigkeit für Maßnahmen zum Schutz der Person des Kindes (zB Einschränkung oder Entziehung des Aufenthaltsbestimmungsrechts) oder des Kindesvermögens grundsätzlich ihr eigenes Recht (**lex fori**) an (Art. 15 KSÜ).

25 Die Zuweisung oder das Erlöschen der **elterlichen Verantwortung** kraft Gesetzes bestimmt sich grundsätzlich nach dem Recht des **gewöhnlichen Aufenthalts** des Kindes. Dieses gilt auch nach einem Aufenthaltswechsel des Kindes (Art. 16 KSÜ). Hat beispielsweise ein Vater, der mit der Mutter nicht verheiratet ist, nach dem Recht des bisherigen gewöhnlichen Aufenthalts die elterliche Sorge kraft Gesetzes mit inne, verliert er sie nicht, wenn nur die Mutter nach dem Recht des neuen gewöhnlichen Aufenthalts des Kindes kraft Gesetzes das Sorgerecht hat (s. Andrae § 6 Rn 134).

26 Hat das Kind seinen gewöhnlichen Aufenthalt in der **Türkei**, richtet sich das anwendbare Recht, da die Türkei nicht KSÜ-Vertragsstaat ist, nach dem Haager Minderjährigenschutzabkommen MSA (s. Rn 3). Einzelheiten zu dem anwendbaren Recht nach dem KSÜ und MSA s. → *Kinderschutzübereinkommen* Rn 13–16 und Rn 26.

27 Diese Regeln gelten nicht, wenn die Eltern und das Kind **iranische Staatsangehörige** sind. Vorrang hat dann das deutsch-iranische Niederlassungsabkommen vom 17.2.1929, nach dessen Art. 8 Abs. 3 iranisches Recht anzuwenden ist.

2. Art. 21 EGBGB

28 Art. 21 EGBGB stellt auf das Recht am Ort des gewöhnlichen Aufenthalts des Kindes ab. Bei einem **Wechsel** des gewöhnlichen Aufenthalts des Kindes ändert sich das Kindschaftsstatut.

29 Art. 21 EGBGB hat aufgrund des **Vorrangs der KSÜ und MSA** kaum noch Bedeutung. Nur dann, wenn sich eine internationale Zuständigkeit der deutschen Gerichte nur aus der EuEheVO, dagegen nicht aus dem KSÜ oder MSA, ergibt, kommt Art. 21 EGBGB zur Anwendung. Ebenso, wenn das Kind in einem Drittstaat lebt.

IV. Anerkennung, Vollstreckung und Abänderung

1. Anerkennung und Vollstreckung von Entscheidungen eines EU-Mitgliedstaates

a) Anerkennung. Wenn es um eine Entscheidung aus einem EU-Mitgliedstaat geht, ist die Anerkennung   30
grundsätzlich gesichert (**Titelfreizügigkeit**) (s. HK-ZPO/Dörner Art. 21 EheGVVO Rn 1 ff). Die in einem
EU-Mitgliedstaat ergangenen Entscheidungen werden in den anderen EU-Mitgliedstaaten anerkannt, ohne
dass es hierfür eines besonderen Verfahrens bedarf (Art. 21 EuEheVO ff).

Die Anerkennung kann nur aus den Gründen des Art. 23 EuEheVO verweigert werden. Ein wichtiger   31
Grund der **Nichtanerkennung** ist die **Verletzung** des **rechtlichen Gehörs** des Kindes (Art. 23 lit. b
EuEheVO).

Auch die gem. Art. 20 der Verordnung ergangenen **einstweiligen Maßnahmen** hinsichtlich des Sorge-   32
rechts, die ein nach Art. 8 ff EuEheVO für die Hauptsache zuständiges Gericht erlassen hat, sind nach den
Art. 21 ff EuEheVO anzuerkennen. Einstweilige Maßnahmen dagegen, die ein für die Hauptsache unzuständiges Gericht gem. Art. 20 EuEheVO erlassen hat, können in Anwendung gegenüber der Brüssel IIa-
VO nachrangiger Übereinkommen bzw des nationalen Rechts in einem anderen Mitgliedstaat anerkannt
und vollstreckt werden (EuGH 15.7.2010 – C-256/09, NJW 2010, 2861; BGH 9.2.2011 – XII ZB 182/08,
NJW 2011, 855).

Eine Prüfung der internationalen Zuständigkeit des Ursprungsmitgliedstaates ist **verboten** (Art. 24   33
EuEheVO), die Nachprüfung in der Sache selbst ausgeschlossen (Art. 26 EuEheVO). Ist das inländische
Gericht der Überzeugung, dass eine andere Entscheidung geboten ist, besteht die Möglichkeit der Abände-
rung (s. Rn 44 f).

b) Vollstreckung. Die in einem Mitgliedstaat ergangenen Entscheidungen über die elterliche Verantwor-   34
tung für ein Kind, die in diesem Mitgliedstaat vollstreckbar sind und die zugestellt worden sind, werden in
jedem anderen Mitgliedstaat vollstreckt, wenn sie dort auf **Antrag** für **vollstreckbar erklärt** wurden
(Art. 28 EuEheVO).

Für **Entscheidungen zum Umgang und zur Kindesherausgabe** bestehen zusätzliche Vorschriften, um ei-   35
ne grenzüberschreitende Durchsetzung zu erleichtern (Art. 40–45 EuEheVO). Demnach bedarf es einer
Vollstreckbarkeitserklärung nicht, wenn das Ursprungsland eine **Bescheinigung** unter Verwendung des
Formblatts im Anhang III bzw IV EuEheVO ausgestellt hat. Die Bescheinigung im Herkunftsland tritt an
die Stelle der Vollstreckbarkeitserklärung im Vollstreckungsstaat (Andrae § 6 Rn 183).

Für das **Vollstreckungsverfahren** ist das Recht des Vollstreckungsmitgliedstaates maßgebend (Art. 47   36
EuEheVO).

In einem Mitgliedstaat aufgenommene und vollstreckbare öffentliche Urkunden sowie **private Vereinba-**   37
rungen, wie zB öffentlich beurkundete Sorgerechtsvereinbarungen, werden unter denselben Bedingungen
wie Entscheidungen anerkannt und für vollstreckbar erklärt (Art. 46 EuEheVO).

Gem. Art. 48 EuEheVO können die Gerichte des Vollstreckungsstaates **praktische Modalitäten** des Um-   38
gangs regeln, ohne den Wesensgehalt der Entscheidung des Ursprungslands zu ändern.

Die EuEheVO verpflichtet die Mitgliedstaaten, eine oder mehrere **Zentrale Behörden** zwecks Informati-   39
onsaustausch und Erleichterung der Verständigung und gütlichen Einigung zwischen den Trägern der elterlichen Verantwortung, einzurichten. Hierzu wird auch das **Europäische Justizielle Netz** für Zivil- und
Handelssachen genutzt (Art. 53 f EuEheVO). Maßgeblich für die erforderliche innerstaatliche Durchsetzung ist in Deutschland das Gesetz zur Aus- und Durchführung bestimmter Rechtsinstrumente auf dem Gebiet des internationalen Familienrechts vom 26.1.2005 (Internationales Familienverfahrensgesetz –
IntFamRVG). Zentrale Behörde ist in Deutschland das **Bundesamt für Justiz** (§ 3 IntFamRVG).

Im Vollstreckbarkeitserklärungsverfahren kann das Gericht auf Antrag oder von Amts wegen vor Wirk-   40
samkeit der Entscheidung **einstweilige Maßnahmen** treffen, insbesondere um den Aufenthaltsort des Kin-

des zu sichern oder die Erschwerung der Rückgabe zu verhindern (§ 15 IntFamRVG). Die Vollstreckung erfolgt nach § 44 IntFamRVG durch Anordnung von **Ordnungs**mitteln.

2. Anerkennung und Vollstreckung von Entscheidungen eines Vertragsstaates des KSÜ oder MSA

41 Hierzu s. → *Kinderschutzübereinkommen* Rn 17 und 27. Für das innerstaatliche Verfahren ist das IntFamRVG maßgeblich.

3. Anerkennung und Vollstreckung von Entscheidungen eines Vertragsstaates des Europäischen Sorgerechtsübereinkommens

42 Das Luxemburger Europäische Übereinkommen über die Anerkennung und Vollstreckung von Entscheidungen über das Sorgerecht für Kinder und die Wiederherstellung des Sorgeverhältnisses vom 20.5.1980 (**SorgeRÜ**) kommt aufgrund des Vorrangs der EuEheVO nur zur Anwendung im Verhältnis zu Teilnehmerstaaten, die nicht EU- und auch nicht Vertragspartner der KSÜ sind (zB Norwegen, Serbien, die Türkei) sowie im Verhältnis zu Dänemark (s. → *Kindesentführung* Rn 13).

4. Anerkennung und Vollstreckung von sonstigen ausländischen Entscheidungen

43 Ausländische Entscheidungen werden anerkannt, ohne dass es hierfür eines besonderen Verfahrens bedarf (§ 108 FamFG), die Vollstreckung erfolgt nach § 110 FamFG.

Das nationale Recht kommt zur Anwendung im Verhältnis zu Staaten wie den USA, die weder EU-Mitgliedstaat noch Vertragsstaat eines der internationalen Abkommen sind.

5. Abänderung

44 Die Abänderung einer ausländischen Entscheidung setzt voraus, dass die abzuändernde Entscheidung im Inland anzuerkennen ist. Ist sie anerkennungsfähig, ist die internationale Zuständigkeit des Gerichts zu prüfen (s. Rn 2 ff).

45 Liegt die internationale Zuständigkeit der deutschen Gerichte vor, kann die anerkennungsfähige ausländische Entscheidung, wenn das Kind seinen gewöhnlichen Aufenthalt im Inland hat, nach deutschem Recht gem. § 1696 BGB abgeändert werden. Die Maßgeblichkeit deutschen Rechts folgt aus Art. 16 KSÜ oder Art. 21 EGBGB (s. Rn 23 ff). Hat ein deutsches Kind seinen gewöhnlichen Aufenthalt in der Türkei, können die deutschen Gerichte als Heimatbehörde gem. Art. 4 MSA eingreifen und eine frühere Entscheidung nach § 1696 BGB abändern (s. Henrich Rn 334).

6. Ausblick

46 Es existiert ein **Übereinkommen des Europarates über den Umgang mit Kindern vom 15.5.2003** („Europäisches Umgangsübereinkommen" – EuUÜ). Dieses hat Deutschland noch nicht ratifiziert. Zu dem Stand dieses Übereinkommens s. http://conventions.coe.int/Treaty/GER/Treaties/Html/92.htm (letzter Zugriff: 13.8.2013).

V. Informationsmittel

47 Zu nützlichen Mitteln der Information in der Praxis s. → *Internationales Familienrecht* Rn 11 f, von den dortigen Internetadressen insb. Europäisches Justizportal – Elterliche Verantwortung: http://ec.europa.eu/civiljustice/parental_resp/parental_resp_gen_de.htm (letzter Zugriff: 13.8.2013).

38. Auslandsbezug bei Unterhaltssachen

Vlassopoulou

I. Einführung	1	3. Geltungsbereich	27
II. Internationale Zuständigkeit	2	4. Universelle Anwendung	28
1. EuUntVO	2	5. Maßgebliches Recht	29
a) Zeitlicher und sachlicher Anwendungsbereich	4	a) Grundsatzanknüpfung	29
b) Zuständigkeitsregelungen	5	b) Rechtswahl	33
aa) Aufenthaltszuständigkeiten	6	aa) Rechtswahl für die Zwecke eines einzelnen Verfahrens	34
bb) Annexzuständigkeiten	11	bb) Rechtswahl für das Unterhaltsverfahren insgesamt	36
cc) Gerichtsstandsvereinbarungen	14	c) Privilegierung bestimmter Unterhaltsberechtigter	41
dd) Restliche Zuständigkeiten	16		
c) Verhältnis zu anderen Übereinkommen	18	d) Sonderregelung für Ehegattenunterhaltsansprüche	45
2. Luganer Übereinkommen	19	6. Unterhaltsbemessung	46
3. Nationales Recht	20	IV. Abänderung	50
4. Rechtshängigkeit im Ausland	21	V. Geltendmachung von Unterhaltsansprüchen im Ausland	52
III. Kollisionsrecht; Haager Unterhaltsprotokoll (HUntProt)	23	VI. Praktische Internetadressen	54
1. Zeitlicher und räumlicher Anwendungsbereich	23		
2. Verhältnis zu anderen Übereinkommen	25		

I. Einführung

Wie bei allen internationalen Fällen ist bei einer Unterhaltssache mit Auslandsberührung vor/zu Beginn eines Verfahrens als Erstes zu prüfen, ob die deutschen Gerichte international zuständig sind (s. → *Internationales Familienrecht* Rn 4). In der Praxis empfiehlt es sich, noch vor dieser Frage zu prüfen, ob der Pflichtige im Inland Vermögen hat und ob er in dem Staat, in dem die deutsche Entscheidung vollstreckt werden soll, über pfändbares Vermögen verfügt. **1**

Zur Anerkennung und Vollstreckung ausländischer Unterhaltsentscheidungen s. → *Ausländische Unterhaltstitel* Rn 1 ff.

II. Internationale Zuständigkeit

1. EuUntVO

Vorrang hat das Europarecht. Die internationale Zuständigkeit in Unterhaltssachen regelt die VO (EG) Nr. 4/2009 des Rates vom 18.2.2008 über die Zuständigkeit, das anwendbare Recht, die Anerkennung und Vollstreckung von Entscheidungen und die Zusammenarbeit in Unterhaltssachen (EuUntVO). Die EuUntVO gilt unmittelbar in den Mitgliedstaaten (einschließlich Dänemark) und **ersetzt** die VO (EG) Nr. 44/2001 vom 22.12.2000 über die gerichtliche Zuständigkeit und die Anerkennung und Vollstreckung von Entscheidungen in Zivil- und Handelssachen (EuGVVO), soweit diese auf Unterhaltssachen Anwendung findet (Art. 5 Nr. 2 EuGVVO). **2**

Ziel der Verordnung ist der Schutz und die kompetenzrechtliche **Privilegierung des Unterhaltsgläubigers** (Erwägungsgrund Nr. 9). **3**

a) Zeitlicher und sachlicher Anwendungsbereich. Die EuUntVO findet zeitlich Anwendung auf Verfahren, die nach dem **18.6.2011** eingeleitet worden sind (Art. 76 EuUntVO). Sie erstreckt sich auf **alle Unterhaltspflichten**, die auf einem familien-, verwandtschafts- oder eherechtlichen Verhältnis oder auf Schwägerschaft beruhen einschließlich der damit im Zusammenhang stehenden Auskunftsansprüche (Art. 1 Abs. 1 EuUntVO). Auch Unterhaltsansprüche aus einer (normativ verfestigten) eheähnlichen, nichtehelichen oder gleichgeschlechtlichen Partnerschaft fallen unter den Anwendungsbereich der EuUntVO (HK-ZPO/Dörner Art. 1 EuUntVO Rn 1). Der Anwendungsbereich umfasst auch Regressklagen öffentlicher Einrichtungen gegen den Unterhaltsschuldner. Vertraglich begründete Unterhaltsansprüche fallen jedoch nicht unter die EuUntVO. Auch eine unterhaltsrechtliche Stufenklage fällt in den sachlichen Anwendungsbereich der EuUntVO (BGH 17.4.2013 – XII ZR 23/12, FamRZ 2013, 1113 zu Art. 5 Nr. 2 EuGVVO). **4**

5 **b) Zuständigkeitsregelungen.** Art. 3 EuUntVO sieht vier Anknüpfungen für die internationale Zuständigkeit vor, durch die zugleich die örtliche Zuständigkeit durchgehend geregelt wird (Zöller/Geimer, Anm. II EG-VO, Zuständigkeit Unterhaltssachen, Art. 3 Rn 3).

6 **aa) Aufenthaltszuständigkeiten.** Hat der **Beklagte** seinen gewöhnlichen Aufenthalt in einem der Mitgliedstaaten der EU, kann er vor den Gerichten dieses Staates verklagt werden (Art. 3 lit. a EuUntVO), unabhängig davon, ob er Angehöriger eines Mitgliedstaates oder eines Drittstaates, zB Russe, ist. Wo der Kläger seinen gewöhnlichen Aufenthalt hat, spielt keine Rolle.

7 Die **unterhaltsberechtigte** Person kann den Schuldner nicht nur an dessen gewöhnlichem Aufenthalt verklagen, sondern auch an dem Ort, an dem sie selbst ihren gewöhnlichen Aufenthalt hat (Art. 3 lit. b EuUntVO). Dieses **Wahlrecht** hat nur der Kläger, der sich auf einen in seiner eigenen Person entstandenen Anspruch stützt, nicht dagegen eine öffentliche Einrichtung, die im Regressweg Unterhaltsansprüche gegen den Pflichtigen geltend macht. Diese kann den Schuldner nur an seinem gewöhnlichen Aufenthalt verklagen (EuGH 15.1.2004 – C-433/01, NJW 2004, 1439).

8 Streitig ist, ob auch der Unterhaltsschuldner diese Wahlmöglichkeit hat. Richtig ist die Auffassung, dass, wenn der Beklagte zur Abwehr der Unterhaltsklage Klage, **Widerklage** oder Abänderungsklage erheben will, den Unterhaltsgläubiger an dessen gewöhnlichem Aufenthalt verklagen muss. Art. 3 b EuUntVO will nur die „berechtigte Person" privilegieren. Er bezweckt den Schutz des Unterhaltsbedürftigen, dem als schwächere Partei eine alternative Zuständigkeit gewährt wird (HK-ZPO/Dörner Art. 3 EuUntVO Rn 5).

9 In der Praxis nutzt dem Unterhaltsgläubiger das Privileg, dass er dort, wo er seinen gewöhnlichen Aufenthalt hat, den Schuldner verklagen kann, nichts, wenn dieser kein **pfändbares Vermögen** im Inland hat oder er in einem Drittstaat lebt, in dem das Unterhaltsurteil nicht ohne Weiteres vollstreckt werden kann. Umso sinnvoller ist es, dass er sich im Vorfeld des Unterhaltsverfahrens über die Erfolgsaussichten der Anerkennung und Vollstreckung des Unterhaltsurteils am Aufenthaltsort des Schuldners informiert (ebenso Henrich Rn 107).

10 Der gewöhnliche Aufenthalt ist wie in der EuEheVO **autonom** auszulegen (s. *Auslandsbezug bei Ehesachen* Rn 11; zum Kindesaufenthalt s. → *Auslandsbezug bei Kindschaftssachen* Rn 10).

11 **bb) Annexzuständigkeiten.** Ein für ein **Verfahren** in Bezug auf den **Personenstand**, zB über die Ehescheidung, international zuständiges Gericht, ist auch für den Unterhalt international zuständig, wenn es nach seinem nationalen Recht befugt ist, über den Unterhalt als Nebensache, zB im Verbund (§ 137 Abs. 1, Abs. 2 Nr. 2), zu entscheiden (Art. 3 lit. c EuUntVO). Diese Annexzuständigkeit gilt auch für Verfahren auf Auflösung gleichgeschlechtlicher Partnerschaften (zu der internationalen Zuständigkeit der Gerichte in Ehesachen s. → *Auslandsbezug bei Ehesachen* Rn 2 ff). Das Scheidungsgericht kann ebenso über Klagen auf **Trennungsunterhalt** entscheiden (HK-ZPO/Dörner Art. 3 EuUntVO Rn 9).

12 Entsprechendes gilt, wenn ein in einem **Verfahren in Bezug auf die Elternverantwortung** international zuständiges Gericht nach seinem nationalen Recht befugt ist, auch bzgl des Unterhalts als Nebensache zu entscheiden (Art. 3 lit. d EuUntVO) (zur internationalen Zuständigkeit der Gerichte in Verfahren über die Elternverantwortung s. → *Auslandsbezug bei Kindschaftssachen* Rn 2 ff). Gründet sich dagegen die internationale Zuständigkeit des für die Ehescheidung oder die elterliche Verantwortung zuständigen Gerichts ausschließlich auf die Staatsangehörigkeit einer der Parteien (zB gem. § 98 Abs. 1 Nr. 1 FamFG), scheidet die Annexzuständigkeit aus.

13 Die vier internationalen Zuständigkeiten des Art. 3 EuUntVO sind gleichrangig. Dies berechtigt zum **forum shopping** (s. → *Internationales Privatrecht* Rn 4).

14 **cc) Gerichtsstandsvereinbarungen.** Gemäß Art. 4 EuUntVO können die Parteien eine Gerichtsstandsvereinbarung treffen. Sie können aber nur die Gerichte eines **Mitgliedstaates** prorogieren, zu dem der Sachverhalt aufgrund eines objektiven Faktors eine Verknüpfung aufweist. Sie können beispielsweise vereinbaren, dass das Gericht der Ehesache auch für ihre Unterhaltsstreitigkeiten zuständig sein soll.

Vlassopoulou

Die Gerichtsstandsvereinbarung bedarf der **Schriftform**, der auch elektronische Übermittlungen genügen 15
(Art. 4 Abs. 2 EuUntVO). Gerichtsstandsvereinbarungen sind ausgeschlossen, soweit der Streit den Unterhaltsanspruch eines Minderjährigen betrifft (Art. 4 Abs. 3 EuUntVO).

dd) Restliche Zuständigkeiten. Ein unzuständiges Gericht wird durch die **rügelose Einlassung** des Be- 16
klagten international zuständig (Art. 5 EuUntVO). Art. 6 EuUntVO begründet eine **Auffangzuständigkeit**,
bei dem Gericht des Staates, dessen Staatsangehörigkeit beide Parteien haben, Art. 7 EuUntVO ermöglicht
in Ausnahmefällen beim Fehlen einer anderen Zuständigkeit und bei ausreichendem Bezug zu den Gerichten eines Mitgliedstaates eine **Notzuständigkeit**.

Einstweilige Maßnahmen einschließlich Sicherungsmaßnahmen, die das nationale Recht eines Mitglied- 17
staates vorsieht, können bei den Gerichten dieses Staates auch dann beantragt werden, wenn nach der VO
für die Entscheidung in der Hauptsache das Gericht eines anderen Mitgliedstaates aufgrund der Verordnung zuständig ist.

c) Verhältnis zu anderen Übereinkommen. Die Verordnung lässt die Anwendung der Übereinkommen, 18
denen ein Mitgliedstaat angehört, unberührt. Das betrifft jedoch nur die Anwendung multi- oder bilateraler
Staatsverträge im Verhältnis zu Drittstaaten. Im Verhältnis der EU-Mitgliedstaaten untereinander geht die
Unterhaltsverordnung den staatsverträglichen Regelungen vor (Art. 69 EuUntVO) (s. HK-ZPO/Dörner Vor
EuUntVO Rn 8 und 10).

2. Luganer Übereinkommen

Im Verhältnis zwischen der EU und den Staaten Schweiz, Island und Norwegen gilt das der EuGVVO 19
weitgehend angeglichene Luganer Übereinkommen vom 30.10.2007 über die gerichtliche Zuständigkeit
und die Anerkennung und Vollstreckung gerichtlicher Entscheidungen in Zivil- und Handelssachen
(LugÜ).

3. Nationales Recht

Die EuUntVO verdrängt in vollem Umfang das nationale Zuständigkeitsrecht (Erwägungsgrund 15). § 105 20
FamFG hat daher keine Bedeutung mehr.

4. Rechtshängigkeit im Ausland

Bei Rechtshängigkeit eines ausländischen Unterhaltsverfahrens ist – wie in einem Ehesachenverfahren (s. 21
→ *Auslandsbezug bei Ehesachen* Rn 21 ff) – zu unterscheiden, ob das Verfahren in einem anderen EU-
Mitgliedstaat oder in einem sonstigen Staat rechtshängig ist. Im ersten Fall muss das später angerufene Ge-
richt das Verfahren von Amts wegen aussetzen (Art. 12 Abs. 1 EuUntVO), im zweiten Fall nur dann, wenn
mit der Anerkennung der ausländischen Entscheidung in Deutschland zu rechnen ist. Die ausländische
Rechtshängigkeit ist nur bei einer **Identität** des Streitgegenstandes und der Parteien erheblich (Art. 12
Abs. 1 EuUntVO). Das ist beispielsweise nicht der Fall, wenn im Inland Trennungsunterhalt verlangt wird,
während im Ausland im Rahmen des Scheidungsverfahrens Unterhalt für die Dauer des anhängigen Scheidungsverfahrens geltend gemacht worden ist. Auch führt eine anderweitige ausländische Anhängigkeit des
geltend gemachten Anspruchs nicht zur internationalen Unzuständigkeit der deutschen Gerichte. In Betracht kommt nur die Unzulässigkeit der Klage gem. § 261 Abs. 3 Nr. 1 ZPO (OLG Köln 17.10.2002 – 14
UF 78/02, FamRZ 2003, 544).

Die Rechtshängigkeit eines Verfahrens im Ausland wegen Trennungs- und Scheidungsunterhalt stellt kein 22
Hindernis für den Erlass einer **einstweiligen Verfügung** auf Unterhalt dar (OLG Köln 19.8.1991 – 27 UF
47/91, FamRZ 1992, 75).

III. Kollisionsrecht; Haager Unterhaltsprotokoll (HUntProt)

1. Zeitlicher und räumlicher Anwendungsbereich

23 Alle EU-Mitgliedstaaten – bis auf Dänemark und das Vereinigte Königreich – haben das Haager Protokoll vom 23.11.2007 über das auf Unterhaltspflichten anzuwendende Recht (HUntProt) ratifiziert. Dadurch, dass die EuUntVO in Art. 15 auf das Haager Protokoll verweist, ist dieses, obwohl es selbst völkerrechtlich noch nicht in Kraft getreten ist, zum **18.6.2011** EU-Recht geworden. Damit unterliegen Unterhaltsansprüche, die nach dem 18.6.2011 entstanden sind, dem HUntProt (Art. 22 HUntProt).

24 Gem. Art. 5 EU-Ratsbeschluss vom 30.11.2009 (ABl. EU 2009 L 331, S. 17) findet das HUntProt auch Anwendung auf Verfahren für Ansprüche, die vor diesem Datum entstanden sind, sofern die **Einleitung** des Verfahrens oder der Titel am oder nach dem 18.6.2011 erfolgt ist (OLG Bremen 24.4.2012 – 4 WF 207/11, FamRZ 2013, 224).

2. Verhältnis zu anderen Übereinkommen

25 Mit Wirkung zum 18.6.2011 hat das HUntProt das Haager Übereinkommen über das auf Unterhaltsansprüche anzuwendende Recht vom 2.10.1973 abgelöst. Damit ist Art. 18 EGBGB, der diesem Übereinkommen zugrunde lag, weggefallen. Nur in Verfahren, die vor diesem Datum eingeleitet wurden, ist das Haager Übereinkommen von 1973 bzw Art. 18 EGBGB maßgeblich. Das **Haager Übereinkommen von 1973** gilt räumlich noch im Verhältnis zu Japan, der Schweiz und der Türkei.

26 Vom Haager Unterhaltsprotokoll unberührt bleibt das **deutsch-iranische Niederlassungsabkommen** vom 17.2.1929 (Art. 19 HUntProt). Unterhaltsansprüche zwischen iranischen Staatsangehörigen, die im Inland leben, richten sich gem. Art. 8 Abs. 3 dieses Abkommens nach iranischem Sachrecht (OLG Koblenz 26.11.2008 – 9 UF 653/06, NJW-RR 2009, 1014).

3. Geltungsbereich

27 Das HUntProt ist auf solche **Unterhaltspflichten** anzuwenden, die sich aus Beziehungen der **Familie**, Verwandtschaft, Ehe oder Schwangerschaft ergeben. Bei Unterhaltspflichten gegenüber einem Kind spielt für die Anwendung des HUntProt der Zivilstand seiner Eltern keine Rolle (Art. 1 HUntProt). Gleichgeschlechtliche Gemeinschaften werden nicht genannt, können aber im Wege der Qualifikation als Familienbeziehungen ausgelegt werden.

4. Universelle Anwendung

28 Das HUntProt ist unabhängig davon anwendbar, ob das darin bezeichnete Recht das Recht eines Nicht-Vertrags- oder **Drittstaates** ist (Art. 2 HUP). Dies gilt auch im Verhältnis zu Dänemark und zum Vereinigten Königreich.

5. Maßgebliches Recht

29 **a) Grundsatzanknüpfung.** Gemäß Art. 3 Abs. 1 HUntProt wird, soweit im Protokoll nichts anderes bestimmt ist, an das Recht des Staates angeknüpft, in dem die berechtigte Person ihren **gewöhnlichen Aufenthalt** hat. Diese Anknüpfung führt zu einem Gleichlauf mit der internationalen Zuständigkeit. Damit ist der vormals bestehende Unterschied beseitigt, wonach bei Trennungsunterhaltsansprüchen das Recht des gewöhnlichen Aufenthalts des Berechtigten, bei Scheidungsunterhaltsansprüchen das Scheidungsstatut, maßgeblich war (Art. 8 Abs. 1 Haager Übereinkommen 1973, den Art. 18 Abs. 4 EGBGB kopierte). Ausländische Ehegatten, die im Inland leben, können folglich Unterhalt nach deutschem Recht verlangen, unabhängig davon, was ihr Heimatrecht oder das Heimatrecht des Pflichtigen vorsieht, wo dieser lebt und nach welchem ausländischen Recht die Ehegatten geschieden wurden. Demnach kann zB eine in Deutschland lebende und nach polnischem Recht geschiedene Ehefrau für Unterhaltsansprüche, die nach dem 18.6.2011 entstanden sind, Unterhalt nach deutschem Recht verlangen (OLG Köln 11.1.2012 – II-27 wF 194/11, 27 wF 194/11, FamRZ 2012, 1509).

Der gewöhnliche Aufenthalt liegt dort, wo sich der Schwerpunkt der familiären, beruflichen und sozialen   30
Beziehungen einer Person (**Daseinsmittelpunkt**) befindet (zum Kindesaufenthalt s. → *Auslandsbezug bei*
Kindschaftssachen Rn 10).

Der Grundsatz der Regelanknüpfung an das Recht des Staates, in dem die bedürftige Person ihren gewöhn-   31
lichen Aufenthalt hat, erfährt **Ausnahmen** (s. Rn 34–45).

Das Unterhaltsstatut ist **wandelbar**. Wechselt die berechtigte Person ihren gewöhnlichen Aufenthalt, so ist   32
vom Zeitpunkt des Aufenthaltswechsels das Recht des Staates des neuen gewöhnlichen Aufenthalts anzuwenden (Art. 3 Abs. 2 HUntProt). Damit hat es eine unterhaltsberechtigte Person in der Hand, ihre wirtschaftliche Situation zu verbessern, aber auch zu verschlechtern. Wurde beispielsweise einer geschiedenen
Ehefrau nach dem Recht des Staates, in dem sie ihren gewöhnlichen Aufenthalt hatte, trotz Betreuung eines
einjährigen Kindes, Betreuungsunterhalt nur für ein Jahr zugesprochen, kann sie nach Übersiedlung nach
Deutschland Betreuungsunterhalt zumindest bis zum dritten Lebensjahr des Kindes verlangen (s. Henrich,
Internationales Scheidungsrecht Rn 128).

b) Rechtswahl. Die Parteien können durch Rechtswahl das anwendbare Recht bestimmen. Das HUntProt   33
sieht **zwei Arten der Rechtswahl** vor:

aa) Rechtswahl für die Zwecke eines einzelnen Verfahrens. Die Rechtswahl kann für die Zwecke eines   34
einzelnen Verfahrens getroffen werden. Sie erfordert eine explizite Vereinbarung. Wählbar ist nur die Bestimmung der **lex fori** (Art. 7 Abs. 1 HUntProt).

Beispiel: Der in Griechenland lebende Unterhaltsberechtigte verlangt Unterhalt von dem in Deutschland
lebenden Pflichtigen. Hier könnten die Parteien durch Rechtswahl für das Unterhaltsverfahren in Deutschland die Anwendung deutschen Rechts vereinbaren, so dass sich das Gericht nicht mit dem griechischen
Recht befassen muss, welches sonst als Recht des gewöhnlichen Aufenthalts des Berechtigten maßgeblich
wäre.

Erfolgt die Rechtswahl vor Einleitung des Verfahrens, ist sie **schriftlich** zu erstellen und von beiden Partei-   35
en zu unterschreiben (Art. 7 Abs. 2 HUntProt). Erfolgt sie im Verfahren, bedarf sie keiner besonderen
Form, so dass sie während des Verfahrens auch durch mündliche Erklärung zu **Protokoll** abgegeben werden kann.

bb) Rechtswahl für das Unterhaltsverfahren insgesamt. Möglich ist eine beschränkte Rechtswahl für   36
das Unterhaltsverfahren insgesamt. Es bestehen **vier Wahlmöglichkeiten**. Wählbar sind das Heimatrecht
oder das Recht des gewöhnlichen Aufenthalts einer der Parteien zum Zeitpunkt der Rechtswahl, ferner das
von den Parteien für ihren Güterstand bestimmte bzw das tatsächlich darauf angewandte Recht oder das für
ihre Scheidung gewählte bzw das tatsächlich darauf angewandte Recht (Art. 8 Abs. 1 HUntProt).

Beispiel: Ein deutsch-italienisches Ehepaar, das in Deutschland lebt und nach Amerika übersiedeln will,
vereinbart in einem Ehevertrag für den Fall der Scheidung deutsches Recht als Unterhaltsstatut.

Die Rechtswahl kann jederzeit getroffen werden. Sie ist **schriftlich** abzufassen und von beiden Parteien zu   37
unterschreiben (Art. 8 Abs. 2 HUntProt). Ausgenommen von einer Rechtswahl sind Unterhaltsansprüche
gegenüber Minderjährigen (Art. 8 Abs. 3 HUntProt).

Art. 8 Abs. 4 HUntProt sieht im Fall eines **Unterhaltsverzichts** eine Inhaltskontrolle durch das Recht des   38
Staates, in dem die berechtigte Person im Zeitpunkt der Rechtswahl ihren gewöhnlichen Aufenthalt hat,
vor.

Gemäß Art. 8 Abs. 5 HUntProt ist das gewählte Recht nicht anwendbar, wenn seine Anwendung für eine   39
der Parteien offensichtlich unbillige oder unangemessene Folgen hätte (**besondere ordre public Klausel**)
(Palandt/Thorn Art. 8 (IPR) HUntProt Rn 33). Darüber hinaus findet die Rechtswahl in Extremfällen ihre
Grenze an dem ordre public (Art. 13 UntProt).

40 Dass eine Rechtswahl getroffen wurde, stellt nicht sicher, dass die Rechtswahl von dem Gericht eines Drittstaates, in dem die Eheleute später leben werden, anerkannt wird. Sinnvoll ist daher, mit der Rechtswahl eine **Gerichtsstandsvereinbarung** zu verbinden (Art. 4 EuUntVO), damit die Unterhaltsklage vor den Gerichten eines Vertragsstaats des Haager Unterhaltsprotokolls erhoben werden kann (ebenso Henrich, Rn 133).

41 **c) Privilegierung bestimmter Unterhaltsberechtigter.** Bestimmte Unterhaltsgruppen werden privilegiert. Das sind

(1) **Kinder** – unabhängig von ihrem Alter – gegenüber ihren Eltern, (2) Personen, die das 21. Lebensjahr noch nicht erreicht haben, gegenüber anderen Personen als den Eltern, aber nicht gegenüber Ehegatten und früheren Ehegatten sowie (3) Eltern gegenüber Kindern.

42 Können diese Personen nach dem Recht an ihrem gewöhnlichen Aufenthalt keinen Unterhalt erhalten, so ist hilfsweise die **lex fori** anzuwenden (Art. 4 Abs. 1, 2 HUntProt). Kann folglich ein im Ausland lebendes Kind nach dem Recht des Staates seines Aufenthaltsorts keinen Unterhalt erhalten, ist die Unterhaltspflicht subsidiär nach dem Recht des Staates des angerufenen Gerichts zu beurteilen.

43 Die genannten Unterhaltsberechtigten werden aber auch in anderer Hinsicht privilegiert. Verklagt die berechtigte Person den Pflichtigen von vornherein am Ort seines gewöhnlichen Aufenthalts, ist ihr Anspruch nach der lex fori des angerufenen Gerichts zu beurteilen. Das angerufene Gericht, zB das deutsche, braucht mithin das ausländische Recht nicht zu prüfen. Nur dann, wenn der berechtigten Person nach der lex fori kein Unterhalt zusteht, ist das Recht an ihrem gewöhnlichen Aufenthalt anzuwenden (Art. 4 Abs. 3 HUntProt). Dieser **Rückgriff** ist von Bedeutung, wenn das Kind beispielsweise nach dem Recht seines gewöhnlichen Aufenthalts – anders als zB nach deutschem Recht – einen Unterhaltsanspruch gegen einen Stiefelternteil hat (s. Henrich, Rn 160).

44 Besteht eine Unterhaltspflicht weder nach dem Aufenthaltsstatut der berichtigten Person noch nach der lex fori, beurteilt sich das anwendbare Recht nach dem gemeinsamen **Heimatrecht** der Unterhaltsparteien (Art. 4 Abs. 4 HUntProt).

Beispiel: Zwei griechische Schwestern leben in Deutschland, die eine ist bedürftig. Anders als nach deutschem Recht besteht nach griechischem Recht zwischen Geschwistern eine Unterhaltspflicht.

45 **d) Sonderregelung für Ehegattenunterhaltsansprüche.** Auf Unterhaltspflichten zwischen Ehegatten und früheren Ehegatten sowie Personen, deren Ehe für ungültig erklärt wurde, findet das Recht des Staates Anwendung, zu dem die Ehe eine **engere Verbindung** aufweist (Art. 5 HUntProt), zB das Recht des Staates, in dem die Ehegatten ihren letzten gemeinsamen gewöhnlichen Aufenthalt hatten. Die Anwendung erfolgt nur auf **Einrede** einer der Parteien (Palandt/Thorn, HUntProt, Art. 5 Rn 21).

6. Unterhaltsbemessung

46 Existenz, Dauer, Ausmaß und Umfang des Unterhaltsanspruchs richten sich nach dem gemäß HUntProt anzuwendenden Recht, ebenso die Voraussetzungen und der Umfang des rückständigen Unterhalts, die Grundlage für die Berechnung des Unterhaltsbetrags und die Frage der Indexierung (Art. 11 lit. a–c HUntProt). Lebt beispielsweise eine geschiedene litauische Ehefrau in Deutschland, erhält sie den Quotenunterhalt. Dabei müssen aber auch die Lebensumstände des Landes, in dem der Pflichtige seinen gewöhnlichen Aufenthalt hat, berücksichtigt werden (Art. 14 HUntProt). Das ist insbesondere dann von praktischer Bedeutung, wenn Unterhaltsberechtigter und Pflichtiger in Ländern mit unterschiedlichem Lebensstandard leben. Lebt der Berechtigte im Ausland, kann anhand der vergleichenden **Länderangaben**, die im Bundessteuerblatt (Stichwort: „Ländergruppeneinteilung") veröffentlicht werden, und welche die steuerliche Absetzbarkeit von Unterhaltszahlungen ins Ausland regeln, festgestellt werden, inwieweit in etwa der ausländische Unterhaltsbedarf dem inländischen entspricht. Lebt die berechtigte geschiedene Ehefrau eines deutschen Staatsangehörigen bspw in Polen, ist sie nicht nur so zu stellen wie die geschiedene Ehefrau eines polnischen Beamten in einer mit dem Pflichtigen vergleichbaren Position, sondern sie hat so viel Kaufkraft

zu beanspruchen, dass sie sich in Polen die dem ehelichen Lebensstandard im Inland entsprechenden Bedarfsgüter beschaffen kann (BGH 1.4.1987 – IVb ZR 41/86, NJW-RR 1987, 1474). Auch dann, wenn ausländisches Recht anzuwenden ist, können die deutschen Unterhaltstabellen berücksichtigt werden (OLG Düsseldorf 22.3.1996 – UF 55/94, NJW-RR 1997, 387).

Inwiefern der Bedarf des im Ausland lebenden Unterhaltsberechtigten dem inländischen entspricht, lässt **47** sich nur durch einen **Warenkorbvergleich** ermitteln. Hierzu verwendet man die Angaben, die monatlich vom Statistischen Bundesamt in „Preise, Fachserie 17, Reihe 10" veröffentlicht werden (**Verbrauchergeldparität**). **Währungs- und Transferprobleme** sind, soweit noch vorhanden, zu beachten.

Die Prozessfähigkeit, Vertretung, Fristen für die Einleitung und **Verjährung** des Anspruchs richten sich **48** ebenso wie der Umfang der Erstattungspflicht des Pflichtigen nach dem maßgeblichen **Unterhaltsstatut** (Art. 11 lit. d–f HUntProt).

Das Unterhaltsstatut bestimmt auch, ob ein **Auskunftsanspruch** besteht (BGH 9.2.1994 – XII ZR 220/92, **49** NJW-RR 1994, 644). Ähnliches gilt für die Prozesskostenvorschusspflicht als Ausfluss der Unterhaltspflicht (OLG Köln 17.5.1994 – 25 WF 98/94, FamRZ 1995, 680) und für einen Verfahrenskostenvorschussanspruch, der vor Anhängigkeit einer Ehesache geltend gemacht wird. Fehlt ein Auskunftsanspruch nach dem für den Hauptanspruch maßgeblichen Recht, kann ein Anspruch im Wege der **Angleichung** gewährt werden (OLG Hamm 3.7.1992 – 5 UF 1/92, NJW-RR 1993,1155).

IV. Abänderung

Für einen abzuändernden ausländischen Titel gelten dieselben Vorschriften wie für eine erstmalige Geltend- **50** machung eines Unterhaltsanspruchs, dh zuerst ist die internationale Zuständigkeit zu klären. Das Gericht, das eine Unterhaltsentscheidung erlassen hat oder vor dem ein Vergleich geschlossen wurde, hat **keine Annexzuständigkeit** für einen auf Abänderung des Titels gerichteten Antrag (OLG Düsseldorf 25.4.2012 – II-8 UF 59/12, FamRZ 2013, 55).

Unstreitig ist, dass ein ausländischer Unterhaltstitel im Inland abgeändert werden kann. Geht es um Ent- **51** scheidungen aus einem EU-Mitgliedstaat, ergibt sich die Abänderbarkeit aus Art. 56 EuUntVO. Streitig ist, nach welchem Recht sich die sachrechtlichen Voraussetzungen der Abänderung des Unterhaltstitels richten. Richtig ist, dass für die Frage der Abänderbarkeit nicht das dem abzuändernden Titel zugrunde liegende Sachrecht, sondern das **aktuelle Unterhaltsstatut** maßgeblich ist. Verfahrensrechtliche Regelungen für den Zeitpunkt der Abänderung oder der Rechtshängigkeit des Antrags, zB § 238 FamFG, sind zu beachten. Eine unabhängige Neufestsetzung scheidet aus. Möglich ist nur eine **Anpassung** des ursprünglichen Titels entsprechend den veränderten Verhältnissen (OLG Köln 20.7.2004 – 25 UF 24/04, NJW-RR 2005, 876).

V. Geltendmachung von Unterhaltsansprüchen im Ausland

Soweit die Anerkennung und Vollstreckung eines deutschen Titels im Ausland nicht vertraglich abgesi- **52** chert ist, war bisher für die Durchsetzung von Ansprüchen im Ausland das New Yorker UN-Übereinkommen über die Geltendmachung von Unterhaltsansprüchen im Ausland vom 20.6.1956 sowie das Haager Übereinkommen vom 2.10.1973 über die Anerkennung und Vollstreckung von Unterhaltsentscheidungen hilfreich. Beides ist im Verhältnis zwischen den Vertragsstaaten durch das **Haager Übereinkommen vom 23.11.2007** über die internationale Geltendmachung der Unterhaltsansprüche von Kindern und anderen Familienangehörigen ersetzt worden (Art. 48 und 49 des Übereinkommens), s. Gesetz zur Durchführung des Haager Übereinkommens vom 23.11.2007 über die internationale Geltendmachung der Unterhaltsansprüche von Kindern und anderen Familienangehörigen sowie zur Änderung von Vorschriften auf dem Gebiet des internationalen Unterhaltsverfahrens und des materiellen Unterhaltsrechts (AUGuaÄndG, BGBl. I, 729).

53 Der Verfolgung von Unterhaltsansprüchen im Ausland, insbesondere im Verhältnis zu den USA, Kanada und Südafrika, dient das **Auslandsunterhaltsgesetz** (AUG), dessen Neufassung am 18.6.2011 in Kraft getreten ist.

VI. Praktische Internetadressen

54 Nützliche Internetadressen für Unterhaltssachen sind:

- Bundesamt für Justiz: www.bundesjustizamt.de
- Deutsches Institut für Jugendhilfe und Familienrecht (DIJuF) e.V.: www.dijuf.de
- EUR-Lex: http://www.eur-lex.europa.eu/de/index.htm
- Europäisches Justizielles Netz für Zivil- und Handelssachen: http://ec.europa.eu/civiljustice/index_de.htm
- Europäisches Justizportal (elektronisches Justizportal der EU-Kommission): http://e-justice.europa.eu/home.do
- Haager Konferenz für Internationales Privatrecht: www.hcch.net
- Rechtshilfeordnung in Zivilsachen (ZRHO): www.datenbanken-justiz.nrw.de; unter diesem Link sind auch Länderinformationen eingestellt (s. Schmidt, Internationale Unterhaltsrealisierung, S. 298, und Länderberichte, S. 168 f).

39. Auslandsscheidung

Wegener

I. Einführung	1	j) Gebühren und Vergütung ... 45
II. Scheidung in einem EU-Staat	5	aa) Gerichtsgebühren ... 45
1. Allgemeines	5	bb) Rechtsanwaltsvergütung ... 46
2. Anerkennungsverfahren als fakultatives Feststellungsverfahren	16	III. Scheidung in einem Staat außerhalb der EU ... 48
a) Verfahrensbedürfnis	16	1. Allgemeines ... 48
b) Zuständigkeit	18	2. Anerkennungsverfahren ... 50
c) Antrag	19	a) Verfahrensbedürfnis ... 50
d) Prüfungsmaßstab der Entscheidung	20	b) Zuständigkeit ... 57
aa) Überprüfung der zur Anerkennung anstehenden erststaatlichen Entscheidung auf ihre Vereinbarkeit mit dem zweitstaatlichen ordre public (a)	24	c) Antrag ... 62
		d) Prüfungsmaßstab der Entscheidung ... 65
		aa) Fehlende internationale Zuständigkeit ... 66
bb) Schutz des Antragsgegners, der sich auf das Verfahren nicht eingelassen hat (b)	25	bb) Verletzung des rechtlichen Gehörs ... 68
cc) Unvereinbarkeit mit einer zweitstaatlichen Entscheidung (c)	31	cc) Unvereinbarkeit mit einer früheren Entscheidung oder Verfahren ... 73
dd) Konkurrenz von Entscheidungen aus mehreren ausländischen Staaten (d)	33	dd) Verstoß gegen den ordre public ... 78
e) Verfahren	34	e) Verfahren ... 83
f) Bindungswirkung	36	f) Bindungswirkung ... 86
g) Beschwerde	37	g) Rechtsmittel ... 87
h) Rechtsbeschwerde	41	h) Rechtsbeschwerde ... 91
i) Streitwert	42	i) Streitwert ... 92
		j) Gebühren und Vergütung ... 95
		aa) Verwaltungsgebühren ... 95
		bb) Gerichtsgebühren ... 96
		cc) Anwaltsvergütung ... 97

I. Einführung

Unter dem Begriff der Auslandsscheidung versteht man die Klärung derjenigen Rechtsfragen, die sich daraus ergeben, ob und unter welchen Voraussetzungen eine im Ausland vollzogene Ehescheidung im (deutschen) Inland **Anerkennung** findet. Abzugrenzen ist der Begriff daher von den Fragen, die im Rahmen des internationalen Privatrechts zu klären sind, also insbesondere die Fragen des anwendbaren materiellen Rechts bei Ehescheidungen mit Auslandsbezug oder Fragen der internationalen Zuständigkeit.   1

Wie in allen Fällen mit Auslandsbezug ist das innerstaatliche Recht stets nur dann anwendbar, wenn es keine **internationalen Regelungen** gibt. Es gilt der allgemeine Grundsatz, wonach völker- und europarechtliche Regelungen lex specialis sind und dem innerstaatlichen Recht vorgehen. Der Gesetzgeber des FamFG hielt es für sinnvoll, diesen Grundsatz in § 97 FamFG den Vorschriften über die Verfahren mit **Auslandsbezug** voranzustellen. Diese Vorschrift hat daher klarstellende Funktion, ohne eigenen Regelungsgehalt.   2

Zur Beantwortung der Rechtsfragen einer Auslandsscheidung finden sich die maßgeblichen Rechtsgrundlagen durch Anknüpfung an das **Territorialprinzip**. Für Ehescheidungsverfahren in den Staaten des EU-Bereichs (mit Ausnahme Dänemarks) ist die Verordnung (EG) Nr. 2201/2003 des Rates über die Zuständigkeit und die Anerkennung und Vollstreckung von Entscheidungen in Ehesachen und in Verfahren betreffend die elterliche Verantwortung und zur Aufhebung der Verordnung (EG) Nr. 1347/2000 (sog. Brüssel IIa-Verordnung, nachfolgend EuEheVO) einschlägig. Diese Verordnung ist in Deutschland (vollständig) am 1.3.2005 in Kraft getreten (BGBl. I, 162).   3

Für Ehescheidungsverfahren außerhalb des EU-Bereichs und in Dänemark gibt es kein einschlägiges internationales Abkommen. Deshalb richtet sich die Anerkennung solcher Ehescheidungsverfahren nach §§ 107 ff FamFG.   4

II. Scheidung in einem EU-Staat

1. Allgemeines

5 Wurde das Scheidungsverfahren in einem EU-Staat durchgeführt, ist die EuEheVO einschlägig. In ihrem Anwendungsbereich verdrängt die Verordnung das nationale Recht, auch wenn es inhaltlich mit dem europäischen Gemeinschaftsrecht übereinstimmt. Dies gilt beispielsweise für §§ 98 ff FamFG (Geimer/Schütze/Geimer A. 2 Art. 1 EuEheVO Rn 2). Der örtliche Anwendungsbereich umfasst alle gegenwärtigen EU-Mitgliedstaaten. Ausgenommen hiervon ist Dänemark. Dies ergibt sich direkt aus Art. 2 Nr. 3 EuEheVO und aus Abs. 31 der Erwägungsgründe, in denen es heißt: „Gemäß den Artikeln 1 und 2 des dem Vertrag über die europäische Union und dem Vertrag zur Gründung der Europäischen Gemeinschaft beigefügten Protokolls über die Position Dänemarks beteiligt sich Dänemark nicht an der Annahme dieser Verordnung, die für Dänemark nicht bindend oder anwendbar ist."

6 Dies bedeutet, dass **Dänemark** als Nichtmitgliedstaat zu behandeln ist. Die Anerkennung von Ehescheidungen in Dänemark richtet sich daher nach den für das sonstige Ausland einschlägigen Rechtsvorschriften (s. Rn 52).

7 Der zeitliche **Anwendungsbereich** der EuEheVO ergibt sich aus Art. 72 EuEheVO. Die Verordnung ist mit Wirkung ab 1.3.2005 in nationales deutsches Recht transferiert worden. Zu diesem Zeitpunkt ist das am 31.1.2005 verkündete Gesetz im internationalen Familienrecht vom 26.1.2005 (BGBl. I, 162) in Kraft getreten.

8 Damit findet die EuEheVO für Verfahren Anwendung, die nach dem 1.3.2005 eingeleitet wurden. Für Verfahren, die vor diesem Stichtag eingeleitet worden sind, ist die Ende Februar 2005 außer Kraft getretene EU-Verordnung Nr. 1347/2000 des Rates über die Zuständigkeit und die Anerkennung und Vollstreckung von Entscheidungen in Ehesachen und in Verfahren betreffend die elterliche Verantwortung für die gemeinsamen Kinder der Ehegatten vom 29.5.2000 (sog. Brüssel II-Verordnung) weiterhin anwendbar.

9 Art. 21 Abs. 1 EuEheVO stellt den in der europäischen Gemeinschaft herrschenden Grundsatz auf, dass jede in einem Mitgliedstaat ergangene Entscheidung von allen anderen Mitgliedstaaten anerkannt wird, ohne die Notwendigkeit eines besonderen **Anerkennungsverfahrens**. Der Begriff „Entscheidungen" erfasst alle positiven **Entscheidungen**, die letztendlich die Auflösung der Ehe zum Gegenstand haben, also die eigentliche Ehescheidung, Trennung ohne Auflösung der Ehe, Ungültigkeitserklärung und Aufhebung einer Ehe. Auch werden die in solchen Verfahren erlassenen Entscheidungen über die **Kosten** und **Kostenfestsetzungsbeschlüsse** erfasst, was sich aus Art. 49 EuEheVO ergibt. Voraussetzung ist, dass die jeweilige Entscheidung entweder von einem Gericht oder einer Behörde des Mitgliedstaates stammt. Nicht erfasst werden Entscheidungen, die einen Antrag ablehnen, Art. 2 Nr. 4 EuEheVO. Wird demnach einem Antrag auf Scheidung der Ehe im Ausland nicht entsprochen, ist es – unter Beachtung der Zuständigkeitsvorschriften – zulässig, im Inland einen weiteren neuen Antrag rechtshängig zu machen (Zöller/Geimer Art. 2 EuEheVO Rn 5).

10 Sonstige Entscheidungen sind nach anderen einschlägigen Normen anzuerkennen, wie zB die Verurteilung zu **Unterhalt** nach der EuGVVO und seit dem 18.6.2011 nach der an diesem Tag in Kraft getretenen EuUntVO (Verordnung Nr. 4/2009 über die Zuständigkeit, das anwendbare Recht, die Anerkennung und Vollstreckung von Entscheidungen und die Zusammenarbeit in Unterhaltssachen, BGBl. I 2011, 898) (s. → *Ausländische Unterhaltstitel* Rn 18).

11 Zwar ist grundsätzlich die **formelle Rechtskraft** nicht Voraussetzung dafür, dass eine Entscheidung anerkannt wird. Art. 21 Abs. 1 EuEheVO erfasst jede Entscheidung, auch diejenigen, die noch nicht rechtskräftig sind. Allerdings bedarf es der Rechtskraft nach Art. 21 Abs. 2 EuEheVO, um die erforderlichen Beschreibungen der entsprechenden Entscheidung in den **Personenstandsbüchern** durchführen zu können. Daher kann das **Standesamt** den Nachweis der formellen Rechtskraft zur Änderung in den Personenstandsbüchern verlangen.

Jede Entscheidung ist demnach ohne zwingendes Anerkennungsverfahren in jedem der EU-Staaten (mit   12
Ausnahme Dänemarks) wirksam. § 107 FamFG ist auf die Entscheidungen nicht anwendbar.

Ist in einem gerichtlichen Verfahren als **Vorfrage** zu klären, ob die Ehe aufgelöst ist oder nicht, kann das   13
jeweilige Gericht darüber selbst entscheiden. Dies ergibt sich direkt aus Art. 21 Abs. 4 EuEheVO. Entscheidungen, die die Ehe erhalten, wie die Zurückweisung eines Antrags auf Scheidung der Ehe, sind gem.
Art. 2 Nr. 4 EuEheVO von der Verordnung nicht umfasst (Geimer/Schütze A. 2 Art. 21 EuEheVO Rn 7).

Die EuEheVO normiert den **Grundsatz der Wirksamkeit** der jeweiligen Entscheidung. Von diesem   14
Grundsatz sind in Art. 22, 23 EuEheVO Ausnahmen abschließend festgelegt. Zwar sind die in Art. 22, 23
EuEheVO genannten Gründe von Amts wegen zu berücksichtigen. Jedoch trägt jede Partei, die sich auf
solche Gründe in einem gerichtlichen Verfahren beruft, jeweils die **Feststellungslast** insoweit (Andrae in:
VerfFamR § 11 Rn 413).

Art. 37 EuEheVO legt fest, welche **Urkunden** für die jeweiligen Verfahren vorzulegen sind. Art. 38   15
EuEheVO beschreibt, was beim Fehlen von Urkunden zu beachten ist. Die erforderliche Bescheinigung
über die Entscheidung in der Ehesache stellt auf Antrag das Gericht des ersten Rechtszuges oder das
Rechtsmittelgericht aus, Art. 39 EuEheVO iVm § 48 Abs. 1 IntFamRVG.

2. Anerkennungsverfahren als fakultatives Feststellungsverfahren

a) Verfahrensbedürfnis. Obwohl jede Entscheidung, die in einem Mitgliedstaat getroffen wurde, gem.   16
Art. 21 Abs. 1 EuEheVO anerkannt wird, räumt Art. 21 Abs. 3 EuEheVO die Möglichkeit eines Anerkennungsverfahrens ein. Auf den ersten Blick mag dies erstaunlich sein. Jedoch gibt es verschiedene Konstellationen, die ein Bedürfnis für ein solches Verfahren hervorrufen. So kann ein Beteiligter nur durch ein (negatives) Feststellungsverfahren sein Ziel erreichen, die automatische **Anerkennung** nach Art. 21 Abs. 1
EuEheVO zu beseitigen. Auch können Erben eines Beteiligten oder ein zukünftiger Ehegatte ein Interesse
an einer Feststellung haben.

Falls die Frage der Anerkennung in einem Rechtsstreit eine entscheidungserhebliche Vorfrage darstellt, be-   17
darf es dagegen keines vorgeschalteten Anerkennungsverfahrens. Das mit der Entscheidung jeweils befasste Gericht entscheidet gem. Art. 21 Abs. 4 EuEheVO diese Vorfrage selbst (s. Rn 13).

b) Zuständigkeit. Art. 21 Abs. 3 S. 2 EuEheVO verweist zur Bestimmung der Zuständigkeit auf eine Lis-   18
te, die die Kommission auf der Grundlage der Mitteilungen der einzelnen Länder veröffentlicht, ABl. (EG)
17.2.2005, C 40 S. 2. Dadurch wird die sachliche Zuständigkeit bestimmt. Im deutschen innerstaatlichen
Recht ist das Gesetz zur Aus- und Durchführung bestimmter Rechtsinstrumente auf dem Gebiet des internationalen Familienrechts (IntFamRVG) vom 26.1.2005 einschlägig. Nach § 12 IntFamRVG sind die Verfahren bei den **Familiengerichten** konzentriert, deren Sitz sich im Bezirk eines Oberlandesgerichts befindet. Örtlich zuständig ist gem. § 10 IntFamRVG jeweils das **Gericht des gewöhnlichen Aufenthalts** des
Antragsgegners. Es handelt sich dabei um eine ausschließliche Zuständigkeit.

c) Antrag. Das Verfahren wird nur auf Antrag eingeleitet. Der Antrag kann schriftlich oder zu Protokoll   19
der Geschäftsstelle erklärt werden. Gem. § 18 Abs. 2 IntFamRVG ist in der ersten Instanz eine anwaltliche
Vertretung nicht erforderlich. Der Antrag kann inhaltlich sowohl positiv auf die Feststellung der Anerkennung als auch negativ auf die Feststellung der Nichtanerkennung gerichtet sein.

d) Prüfungsmaßstab der Entscheidung. Im Verfahren auf Anerkennung oder Nichtanerkennung wird die   20
Entscheidung, die die Behörde oder das Gericht in einem anderen Mitgliedstaat erlassen hat, nicht auf deren Richtigkeit überprüft. Art. 26 EuEheVO stellt klar, dass das Verfahren keine neue Entscheidung in der
Sache zum Gegenstand haben darf. In Ehesachen gilt dies selbst dann, wenn die Ehe nach deutschem innerstaatlichen Recht nicht hätte aufgelöst werden dürfen, Art. 25 EuEheVO.

Als **Prüfungsmaßstab** kommen ausschließlich die in Art. 22 EuEheVO aufgeführten Anerkennungs- und   21
Versagungsgründe in Betracht. Dabei handelt es sich um eine abschließende Auflistung. Die Vorschriften

sind Art. 34 EuGVVO nachgebildet, wenn auch nicht identisch. Unterschiede gibt es in den Regelungen in Art. 22 lit. b und lit. c EuEheVO (s. nachfolgend).

22 Nach Art. 24 EuEheVO wird die **internationale Zuständigkeit** des Erststaates im Anerkennungsverfahren nicht geprüft, auch nicht am Maßstab des ordre public, Art. 24 S. 2 EuEheVO. Obwohl die internationale Zuständigkeit nach Art. 17 EuEheVO von Amts wegen zu prüfen ist, muss sich der Betroffene daher mit den ordentlichen Rechtsbehelfen zur Wehr setzen, wenn er der Auffassung ist, die internationale Zuständigkeit sei fehlerhaft angenommen worden.

23 Nach Art. 22 EuEheVO kommen die vier folgenden Anerkennungs- und Versagungsgründe in Betracht:

24 **aa) Überprüfung der zur Anerkennung anstehenden erststaatlichen Entscheidung auf ihre Vereinbarkeit mit dem zweitstaatlichen ordre public (a).** Ein Verstoß gegen den **ordre public** liegt dann vor, wenn die ausländische Entscheidung aufgrund eines Verfahrens ergangen ist, das von den Grundprinzipien des deutschen Verfahrensrechts in einem solchen Maße abweicht, dass es nicht als in einem geordneten, rechtsstaatlichen Verfahren ergangen angesehen werden kann (BGH 21.3.1990 – XII ZB 71/89, NJW 1990, 2201). Diese Vorschrift entspricht derjenigen in Art. 34 Nr. 1 EuGVVO. Auf die einschlägigen Kommentierungen hierzu kann daher verwiesen werden (Geimer/Schütze A. 1 Art. 34 EuGVVO Rn 14–67).

25 **bb) Schutz des Antragsgegners, der sich auf das Verfahren nicht eingelassen hat (b).** Die Wahrung der Rechte des Antragsgegners, sich auf ein Verfahren einlassen zu können, spielt im internationalen Recht der Anerkennung eine herausragende Rolle. Es ist daher stets die Aufgabe des erkennenden Gerichts sich im Ausgangsverfahren des Erststaates davon zu überzeugen, dass die Klage bzw die **Antragsschrift** oder das sonstige Schriftstück, welches das Verfahren einleitet, dem Antragsgegner ordnungsgemäß und rechtzeitig **zugestellt** worden ist. Liegen insoweit Mängel vor und hat sich der Antragsgegner nicht auf das Verfahren eingelassen, ist dessen Anerkennung zu versagen. Diese Vorschrift dient demnach ausschließlich dem Schutz des Antragsgegners.

26 Entscheidend ist die rechtzeitige Verschaffung der Möglichkeit, sich auf das Verfahren einzulassen. Auf die Ordnungsgemäßheit der Zustellung nach den Vorschriften des Erststaates kommt es nicht an. Denn auch bei ordnungsgemäßer Zustellung kann es vorkommen, dass keine rechtzeitige Kenntnis vorliegt, zB bei Ersatzzustellungen oder fiktiver Zustellung (Geimer/Schütze A. 1 Art. 34 EuGVVO Rn 71). Erhält der Antragsgegner rechtzeitig **Kenntnis**, obwohl (unwesentliche) Zustellungsmängel vorliegen, reicht dies aus, da sich der Antragsgegner zur Wahrung seiner Interessen hätte am Verfahren beteiligen können. Es ist auch unerheblich, wie das entsprechende Schriftstück übermittelt worden ist. Auch wenn von „Zustellung" gesprochen wird, ist damit keine besondere Förmlichkeit gemeint. Entscheidend ist die **Übermittlung an den Adressaten**, wie auch immer, selbst per E-Mail wäre ausreichend (Geimer/Schütze A. 1 Art. 34 EuGVVO Rn 137).

27 Die **Rechtsbehelfe** im Verfahren des Erststaates müssen **ausgeschöpft** werden. Selbst wenn der Antragsgegner keine rechtzeitige Kenntnis vom verfahrenseinleitenden Schriftstück hatte, ist die Entscheidung anzuerkennen, wenn der Antragsgegner die Möglichkeit, einen Rechtsbehelf einzulegen, nicht wahrgenommen hat (OLG Zweibrücken 15.12.2004 – 3 W 207/04, IPRax 2006, 49). Zwar sieht Art. 22 lit. b) EuEheVO dies im Gegensatz zu Art. 34 Nr. 2 EuGVVO nicht ausdrücklich vor. Durch das Tatbestandsmerkmal des Einverständnisses mit der Entscheidung wird der Fall des unterlassenen Rechtsbehelfs mit umfasst, da diese Vorschrift insoweit weitergehend ist.

28 Der Begriff des **„Einlassens"** ist weit zu fassen. Es muss gesichert sein, dass der Antragsgegner seinen Anspruch auf rechtliches Gehör wahrnehmen kann. Deshalb liegt ein „Einlassen" auch dann vor, wenn der Antragsgegner überhaupt gegenüber dem Gericht aktiv wird. Denn damit ist der Zweck erreicht. Der Antragsgegner ist über das gegen ihn eingeleitete Verfahren unterrichtet.

29 Der Versagungsgrund gem. Art. 22 lit. b) EuEheVO unterscheidet sich von Art. 34 Nr. 2 EuGVVO durch das zusätzliche Tatbestandsmerkmal des **Einverständnisses** mit der Entscheidung. Ein Verhalten, das im Widerspruch dazu steht, sich auf die noch bestehende Ehe zu berufen, ist als Einverständnis in diesem Sin-

ne auszulegen. Deshalb ist es als Einverständnis zu verstehen, wenn der Betroffene wegen der Scheidung (nachehelichen) Unterhalt verlangt oder eine neue Eheschließung anstrebt. Hätte der Betroffene die Gelegenheit gehabt, einen Rechtsbehelf gegen die Entscheidung des Erststaates einzulegen, ist mit dem Unterlassen des Rechtsbehelfs das Einverständnis mit der Entscheidung zu sehen. Das Gleiche gilt, wenn ein eingelegter Rechtsbehelf wieder zurück genommen wird.

Rechtzeitigkeit liegt dann vor, wenn der Antragsgegner ausreichend Zeit hatte, sich für seine Einlassung **30** vorzubereiten und sich zu überlegen, ob er sich auf das Verfahren einlassen will. Die erforderliche Zeit dafür, gegebenenfalls die Schriftstücke übersetzen zu lassen, ist zu berücksichtigen. Eine konkrete **Mindestfrist** ist nicht vorgesehen. Es gibt daher keine einheitliche Regelung. Vielmehr können sich zwischen den Mitgliedstaaten Unterschiede ergeben. In der Regel wird als Beurteilungsmaßstab auf die geltenden Einlassungsfristen im Zweitstaat abgestellt. Der Bundesgerichtshof hält daher eine Zustellung von weniger als zwei Wochen vor dem Verhandlungstermin für nicht ausreichend (BGH 23.1.1986 – IX ZB 38/85, NJW 1986, 2197).

cc) Unvereinbarkeit mit einer zweitstaatlichen Entscheidung (c). Art. 22 lit. c) EuEheVO ähnelt der **31** Regelung in Art. 34 Nr. 3 EuGVVO. Der Unterschied besteht darin, dass es nicht auf die zeitliche **Reihenfolge** der Entscheidungen ankommt. Die Anerkennung ist auch dann zu versagen, wenn die Entscheidung in dem Mitgliedstaat, in dem die Anerkennung beantragt wird, später ergangen ist. Aus Art. 2 Nr. 4 EuEheVO wird nach herrschender Meinung gefolgert, dass unter Entscheidung nicht antragsabweisende Entscheidungen fallen, weil diese nicht anerkannt werden müssen (Geimer/Schütze A. 1 Art. 22 EuEheVO Rn 13). Voraussetzung ist die **Identität der Parteien**.

Art. 2 lit. c) EuEheVO stellt den Grundsatz auf, dass stets die Entscheidung des Zweitstaates Vorrang hat. **32** Die eigene inländische Entscheidung ist daher privilegiert. Die Frage der **Unvereinbarkeit** ist stets **von Amts wegen** zu prüfen, es bedarf keiner ausdrücklichen Rüge durch einen Beteiligten. Der Begriff der Unvereinbarkeit ist so auszulegen, dass es auf die Wirkungen der gerichtlichen Entscheidungen ankommt. Es ist also keineswegs vollständige Identität der Streitgegenstände erforderlich.

dd) Konkurrenz von Entscheidungen aus mehreren ausländischen Staaten (d). Art. 22 lit. d) **33** EuEheVO entspricht Art. 34 Nr. 4 EuGVVO und verkörpert die Durchsetzung des **Prioritätsprinzips** im Anerkennungsrecht. Anknüpfungspunkt ist der Eintritt der Wirkungen der Entscheidung und nicht der Beginn der Rechtshängigkeit iSd Art. 16 EuEheVO. Dadurch verwirklicht sich das Prinzip der automatischen Anerkennung gem. Art. 21 Abs. 1 EuEheVO. In dem Augenblick, in dem eine Entscheidung in einem Mitgliedstaat Wirkung entfaltet, gilt sie automatisch in allen Mitgliedstaaten. Der Begriff der Unvereinbarkeit ist identisch mit demjenigen in lit. c).

e) Verfahren. Die Verfahrensvorschriften der §§ 121 ff FamFG gelten gem. § 14 Nr. 1 IntFamRVG ergän- **34** zend. Nach §§ 32, 18 Abs. 1 IntFamRVG handelt es sich in erster Instanz um ein **einseitiges schriftliches Verfahren.** Der Antragsgegner wird nicht gehört, es findet grundsätzlich keine mündliche Verhandlung statt. §§ 32, 18 Abs. 1 S. 3 IntFamRVG sehen aber eine mündliche Erörterung im Einverständnis mit dem Antragsteller vor, wenn dies der Beschleunigung dient.

Hinsichtlich der **Kostenentscheidung** verweist § 20 Abs. 2 IntFamRVG auf § 788 ZPO. Damit wird klar- **35** gestellt, dass der Grundsatz der Kostenaufhebung gem. § 150 FamFG nicht gilt. Die Kosten sind bei Begründetheit des Antrags dem Antragsgegner und bei Abweisung des Antrags dem Antragsteller gem. § 20 Abs. 3 S. 2 IntFamRVG aufzuerlegen.

f) Bindungswirkung. Die Entscheidung entfaltet grundsätzlich nur zwischen den Beteiligten Wirkung. Ei- **36** ne allgemeine internationale Rechtskraft sieht das Gemeinschaftsrecht nicht vor. Dennoch hätte der nationale Gesetzgeber der Entscheidung innerstaatlich eine solche Wirkung anordnen können, wie dies vormals § 638 S. 1 ZPO aF vorgesehen hatte. Dies ist aber nicht erfolgt. Eine Vorschrift wie § 107 Abs. 9 FamFG fehlt für Verfahren nach dem EuEheVO, so dass durchaus die Gefahr widersprechender Entscheidungen besteht. Nach Ablauf der Rechtsmittelfrist erlangt die Entscheidung formelle und materielle **Rechtskraft**, allerdings nur zwischen den **Beteiligten**.

37 **g) Beschwerde.** Die Entscheidung ist gem. § 24 Abs. 1 IntFamRVG mit der Beschwerde zum **Oberlandesgericht** anfechtbar. Die Beschwerdefrist ist eine **Notfrist** und beträgt einen Monat, wenn die beschwerdeberechtigte Person ihren gewöhnlichen Aufenthalt in Deutschland hat, sonst zwei Monate, §§ 32, 24 Abs. 3 IntFamRVG.

38 Die Beschwerdeschrift wird dem Antragsgegner zugestellt, dieser erhält rechtliches Gehör. Eine **mündliche Verhandlung** kann durch das Oberlandesgericht anberaumt werden, § 26 IntFamRVG. Die Beschwerdeentscheidung kann gem. § 27 Abs. 2 IntFamRVG für sofort wirksam erklärt werden.

39 Die Beschwerde kann schriftlich oder zu Protokoll der Geschäftsstelle erhoben werden. Eine **anwaltliche Vertretung** ist nur dann gem. § 26 Abs. 2 IntFamRVG erforderlich, wenn eine mündliche Verhandlung stattfindet. Der anwaltlich nicht vertretene Beteiligte ist in der Ladung darüber zu belehren, § 26 Abs. 2 S. 2 IntFamRVG iVm § 215 Abs. 2 ZPO.

40 Die Kostenentscheidung erfolgt wie im ersten Rechtszug, § 26 Abs. 4 IntFamRVG.

41 **h) Rechtsbeschwerde.** Die Rechtsbeschwerde zum **Bundesgerichtshof** ist gem. § 28 IntFamRVG grundsätzlich möglich. Einer Zulassung der Beschwerde durch das Oberlandesgericht bedarf es nicht, da § 28 IntFamRVG nicht auf § 574 Abs. 1 Nr. 2 ZPO verweist. Aufgrund des Verweises auf § 574 Abs. 2 ZPO ist Zulässigkeitsvoraussetzung die grundsätzliche Bedeutung der Rechtssache, die Fortbildung des Rechts oder die Sicherstellung einer einheitlichen Rechtsprechung. Der Rechtsbeschwerdeführer hat diese Zulässigkeitsvoraussetzungen darzulegen, BGH 25.7.2012 – 12 ZB 170/12, NJW-RR 2012, 1155.

Die Rechtsbeschwerde kann gem. § 114 Abs. 2 FamFG nur durch einen beim Bundesgerichtshof zugelassenen Rechtsanwalt erhoben werden.

42 **i) Streitwert.** In § 1 S. 1 FamGKG hat der Gesetzgeber das gerichtliche Verfahren vor dem Oberlandesgericht nach § 107 FamFG ausdrücklich erwähnt, Verfahren nach der EuEheVO jedoch nicht. Dennoch ist das FamGKG anwendbar. Dies folgt aus der gesetzlichen Definition in § 14 IntFamRVG. Dort sind die Verfahren ausdrücklich als **Ehesache** (Ziff. 1) bzw als **Familiensache** (Ziff. 2) den Familiengerichten als familienrechtliche Verfahren zugewiesen worden.

43 Eine konkrete Streitwertbestimmung findet sich im FamGKG nicht. Nach KV 1710–1723 FamGKG werden nur **Festgebühren** erhoben.

44 Der für die Berechnung der Rechtsanwaltsvergütung maßgebliche Streitwert ist in diesem Fall gem. § 23 Abs. 1 S. 2 RVG dennoch dem FamGKG (entsprechend) zu entnehmen, da für das gerichtliche Verfahren Festgebühren gelten. Das Anerkennungsverfahren ist nach der Definition in § 121 FamFG keine Ehesache. Insbesondere liegt kein Fall des § 121 Nr. 3 FamFG vor, da es um die Anerkennung einer bereits ergangenen (ausländischen) Scheidung geht und nicht um ein Feststellungsverfahren. Der Gesetzgeber hat jedoch ausdrücklich das Anerkennungsverfahren in § 14 Nr. 1 IntFamRVG iVm § 10 IntFamRVG als Ehesache definiert. Deshalb ist der Streitwert für das Anerkennungsverfahren gem. § 43 FamGKG unter Berücksichtigung der Umstände des Einzelfalles, insbesondere auch nach den Vermögens- und Einkommensverhältnissen der Beteiligten, zu bestimmen. Maßgeblich sind also das dreifache **Nettoeinkommen** der Eheleute sowie deren **Vermögen**. Nach § 33 Abs. 1 RVG setzt das jeweilige Instanzgericht auf Antrag des Rechtsanwalts den Streitwert durch Beschluss fest.

45 **j) Gebühren und Vergütung. aa) Gerichtsgebühren.** Gem. KV 1710 Nr. 3 FamGKG entsteht eine streitwertunabhängige **Pauschalgebühr** von 200 EUR in der ersten Instanz. In der Beschwerdeinstanz beträgt die Gebühr gem. KV 1720 FamGKG 300 EUR. Für die Rechtsbeschwerde fällt die gleiche Gebühr an.

bb) Rechtsanwaltsvergütung. In der ersten Instanz gelten die VV 3100 ff RVG. Es kommt also die 1,3   **46** Verfahrensgebühr nach V 3100 RVG in Betracht; die 1,2 Terminsgebühr nach VV 3204 RVG nur, falls ausnahmsweise eine mündliche Verhandlung oder eine Erörterung nach § 18 Abs. 1 S. 3 IntFamRVG stattfindet (Vorbem. 3 Abs. 3 VV RVG).

In der **Beschwerdeinstanz** ist maßgeblich, dass es sich gem. § 14 IntFamRVG um eine Familiensache im   **47** Sinne der Vorbemerkung 3.2.1 Nr. 2 b) RVG handelt. Es kommen daher die 1,6 Verfahrensgebühr nach VV 3200 RVG und die 1,2 Terminsgebühr nach VV 3202 RVG in Betracht. In der **Rechtsbeschwerde** entsteht eine 2,3 Verfahrensgebühr nach VV 3208 RVG und gegebenenfalls eine 1,5 Terminsgebühr nach VV 3210 RVG.

III. Scheidung in einem Staat außerhalb der EU

1. Allgemeines

Während die Scheidung in einem Mitgliedstaat der EU grundsätzlich ohne besonderes Verfahren in allen   **48** Mitgliedstaaten gem. § 21 Abs. 1 EuEheVO anerkannt wird, verhält es sich bei Scheidungen außerhalb der EU anders. Grundsätzlich bedarf es eines besonderen **Anerkennungsverfahrens.** Das innerstaatliche Recht hat hierzu in §§ 107–109 FamFG ein besonderes Anerkennungsverfahren zur Verfügung gestellt.

Es soll durch ein besonderes Verfahren Klarheit darüber hergestellt werden, ob eine ausländische Entschei-   **49** dung über den Status einer Ehe innerstaatlich gilt oder nicht. Das Anerkennungsverfahren ist dabei nicht als Gerichtsverfahren ausgestaltet, sondern als **Verwaltungsverfahren** der Landesjustizverwaltung.

2. Anerkennungsverfahren

a) Verfahrensbedürfnis. Jede Entscheidung, die in einem Staat außerhalb der EU über den Bestand einer   **50** Ehe getroffen worden ist, bedarf gem. § 107 Abs. 1 FamFG grundsätzlich der **Anerkennung durch die Landesjustizverwaltung.** Voraussetzung ist also, dass eine Ehesache iSd § 121 FamFG vorliegt oder eine Trennung unter Beibehaltung des Ehebandes (zB nach philippinischem Recht), was nach deutschem Recht unbekannt ist. Solche Verfahren werden aber entsprechend § 121 FamFG als Ehesachen behandelt (HK-FamFG/Kemper § 121 FamFG Rn 2).

Entscheidungen über eine eingetragene Lebenspartnerschaft fallen nicht unter § 107 FamFG. Es fehlt am   **51** Merkmal der Ehe.

Der Anwendungsbereich des § 107 FamFG ist nur eröffnet, wenn die die Verordnung (EG) Nr. 2201/2003   **52** des Rates über die Zuständigkeit und die Anerkennung und Vollstreckung von Entscheidungen in Ehesachen und in Verfahren betreffend die elterliche Verantwortung und zu Aufhebung der Verordnung (EG) Nr. 1347/2000 (sog. Brüssel IIa-Verordnung, nachfolgend EuEheVO) nicht anwendbar ist (s. Rn 6). Für Dänemark ist daher § 107 FamFG anwendbar, weil Dänemark von der Geltung der EuEheVO ausgenommen worden ist und daher insoweit wie ein Nichtmitgliedstaat zu behandeln ist (s. Rn 5 f).

Sind beide Beteiligte ausschließlich Staatsangehörige desjenigen Staates, dessen Gericht oder Behörde die   **53** Entscheidung getroffen hat, entfällt gem. § 107 Abs. 1 S. 2 FamFG die Notwendigkeit des Anerkennungsverfahrens. Kommt es in einem Gerichtsverfahren oder in einem behördlichen Verfahren auf die Wirksamkeit der Entscheidung an, prüft das jeweilige Gericht bzw die jeweilige Behörde eigenständig, ob die ausländische Entscheidung wirksam ist.

Sind die Beteiligten oder einer von ihnen zugleich **deutsche Staatsangehörige,** ist Art. 5 Abs. 1 S. 2   **54** EGBGB zu beachten. Die deutsche Staatsangehörigkeit geht vor, weshalb in jedem Fall ein Anerkennungsverfahren erforderlich ist, wenn ein Beteiligter auch die deutsche Staatsangehörigkeit besitzt (BayObLG 29.3.1990 – BReg 3 Z 31/89, NJW-RR 1990, 842; 7.4.1998 – 1Z BR 16/98, NJW-RR 1998, 1538).

Sind die Beteiligten oder einer von ihnen **Mehrstaater** ohne die deutsche Staatsangehörigkeit zu besitzen,   **55** kommt es gem. Art. 5 Abs. 1 S. 1 EGBGB auf die gemeinsame effektivere Staatsagehörigkeit an (so Palandt/Thorn Art. 17 EGBGB Rn 33). Nach anderer Auffassung reicht es aus, wenn die Staatsangehörigkeit beider Beteiligter deckungsgleich mit dem Staat ist, um dessen Entscheidung es geht (HK-FamFG/Kemper § 107 FamFG Rn 12). Nach dritter Auffassung ist die Vorschrift auf Mehrstaater grundsätzlich nicht anwendbar (Andrae in: VerfFamR § 11 Rn 422; Zöller/Geimer § 107 FamFG Rn 42). Der Auffassung von Kemper ist der Vorzug zu geben, da dem Grundgedanken des § 107 Abs. 1 S. 2 FamFG dadurch Rechnung getragen wird (s. Rn 53).

56 Liegt ein Fall des § 107 Abs. 1 S. 2 FamFG vor (beide Beteiligte besitzen ausschließlich die Staatsangehörigkeit desjenigen Staates, dessen Gericht oder Behörde die Entscheidung getroffen hat, sogenannte „Heimatstaatenscheidung"), ist anerkannt, dass ein Anerkennungsverfahren dennoch durchgeführt werden kann. Der Bundesgerichtshof hat es für ausreichend erachtet, wenn bei einer Heimatstaatenscheidung ein Beteiligter ein **rechtliches Interesse** dahin gehend geltend macht, Klarheit über die Geltung der Scheidung in Deutschland erlangen zu wollen (BGH 11.7.1990 – XII ZB 113/87, NJW 1990, 3081). Das Anerkennungsverfahren kann daher in diesen Fällen als **dispositiv** bezeichnet werden (HK-FamFG/Kemper § 107 FamFG Rn 13).

57 **b) Zuständigkeit.** Das Anerkennungsverfahren ist im Gegensatz zum Verfahren nach der EuEheVO als **Verwaltungsverfahren**, nicht als gerichtliches Verfahren ausgestaltet. Nach § 107 Abs. 1 S. 1 FamFG ist die jeweilige **Landesjustizverwaltung** sachlich zuständig. § 107 Abs. 3 S. 1 FamFG eröffnet den einzelnen Landesregierungen die Kompetenz, die Zuständigkeit durch Rechtsverordnung auf einen oder mehrere Präsidenten der Oberlandesgerichte zu verlagern. Die Ermächtigung zur Übertragung der Zuständigkeit kann wiederum von der Landesregierung durch Rechtsverordnung auf die Landesjustizverwaltung übertragen werden, § 107 Abs. 3 S. 2 FamFG. Soweit die Oberlandesgerichte zuständig sind, handeln sie dennoch als Verwaltungsbehörde, nicht als Gericht.

58 So hat der Freistaat Bayern beispielsweise hiervon in § 4 der Verordnung über gerichtliche Zuständigkeiten im Bereich des Staatsministeriums der Justiz und für Verbraucherschutz Gebrauch gemacht und die Zuständigkeit des Präsidenten des OLG München für alle Entscheidungen in Bayern begründet.

59 Die sachlichen Zuständigkeiten in den Bundesländern im Einzelnen (Stand März 2013):
   – Baden-Württemberg: OLG Karlsruhe, OLG Stuttgart
   – Bayern: OLG München
   – Brandenburg: Brandenburgisches Oberlandesgericht
   – Bremen: Hanseatisches Oberlandesgericht
   – Hessen: OLG Frankfurt/M.
   – Niedersachsen: OLG Braunschweig, OLG Celle, OLG Oldenburg
   – Nordrhein-Westfalen: OLG Düsseldorf
   – Rheinland-Pfalz: OLG Koblenz
   – Saarland: Saarländisches Oberlandesgericht
   – Sachsen: OLG Dresden
   – Sachsen-Anhalt: OLG Naumburg
   – Thüringen: Thüringer Oberlandesgericht Jena

In den Bundesländern Berlin, Hamburg, Mecklenburg-Vorpommern und Schleswig-Holstein sind die Landesjustizbehörden sachlich zuständig.

60 Die **örtliche Zuständigkeit** ist in § 107 Abs. 2 FamFG geregelt und knüpft an den **gewöhnlichen Aufenthalt** des Ehegatten an. Örtlich zuständig ist demnach diejenige Landesjustizverwaltung bzw jeweils dasjenige Oberlandesgericht, in dem ein Ehegatte seinen gewöhnlichen Aufenthalt hat. Der gewöhnliche Aufenthalt ist wie in vergleichbaren Zuständigkeitsregelungen, wie zB bei Ehesachen gem. § 122 FamFG, als der verfestigte Lebensmittelpunkt zu verstehen. Es ist also möglich, dass zwei unterschiedliche Behörden örtlich zuständig sind, wenn beide Ehegatten sich in Deutschland in unterschiedlichen Zuständigkeitsbereichen aufhalten. Haben beide Ehegatten vor unterschiedlichen Behörden einen Antrag gestellt, ist zu entscheiden, welche Behörde zur Entscheidung berufen ist. Eine solche Regelung findet sich nicht im FamFG.

Man könnte entsprechend § 123 S. 2 FamFG verfahren und die zuerst befasste Behörde als zuständig ansehen. Da es sich nicht um ein gerichtliches Verfahren handelt und auch keine Ehesache vorliegt, scheitert eine entsprechende Anwendung dieser Vorschrift.

Man kommt aber zum gleichen Ergebnis in entsprechender Anwendung von § 3 Abs. 2 S. 1 VwVfG. Sind **61** mehrere Behörden zuständig und mit derselben Sache befasst, entscheidet die Behörde, die zuerst befasst worden ist. Die andere Behörde gibt das Verfahren an diese Behörde ab.

c) Antrag. Es bedarf eines Antrags, um das Verfahren einzuleiten, § 107 Abs. 4 S. 1 FamFG. **Antragsbe- 62 rechtigt** ist jeder, der ein eigenes rechtliches Interesse glaubhaft macht. Dies wird in der Regel dann der Fall sein, wenn der Status der Ehe zu klären ist. Daher kommen sowohl Personen als auch Behörden in Betracht, also beispielsweise Ehegatten, Kinder, Erben, Ehepartner oder Lebenspartner der nachfolgenden Beziehung oder auch Verlobte. Es können **Sozialämter** oder diejenigen Behörden antragsbefugt sein, die nach § 1316 BGB die Aufhebung einer Ehe beantragen können (s. → *Eheaufhebung* Rn 51). Ob auch der **Standesbeamte** antragsbefugt ist, der im Zusammenhang mit einer beabsichtigten neuen Eheschließung die Wirksamkeit der Auslandsscheidung zu prüfen hat, ist fraglich. Da er kein eigenes Interesse hat, ist die Antragsbefugnis zu verneinen (so auch HK-FamFG/Kemper § 107 FamFG Rn 23). Der Standesbeamte wird den Betroffenen auf das Erfordernis einer entsprechenden Entscheidung hinweisen.

Der Antrag kann inhaltlich sowohl positiv auf die Feststellung der Anerkennung als auch negativ auf die **63** Feststellung der Nichtanerkennung gerichtet sein, § 107 Abs. 8 FamFG.

Eine anwaltliche Vertretung ist nicht notwendig. Der Antrag ist an keine Frist gebunden. **64**

d) Prüfungsmaßstab der Entscheidung. Die Vorschriften in § 109 FamFG entsprechen denjenigen für **65** die Anerkennung von Entscheidungen in EU-Mitgliedstaaten in Art. 22–26 EuEheVO. Die ausländische Entscheidung wird nicht daraufhin überprüft, ob sie gesetzmäßig ergangen, also richtig ist, § 109 Abs. 5 FamFG. Ausgangspunkt ist, dass § 108 Abs. 1 FamFG nur in **Ehesachen** das Anerkennungsverfahren zur Voraussetzung macht, alle anderen ausländischen Entscheidungen werden anerkannt. Es ist deshalb am Maßstab des § 109 Abs. 1 FamFG zu prüfen, ob die dort genannten Hindernisse einer Anerkennung entgegenstehen. Insoweit entspricht dies § 328 ZPO.

aa) Fehlende internationale Zuständigkeit. Einer **Anerkennung** steht es nach § 109 Abs. 1 Nr. 1 FamFG **66** entgegen, wenn das erkennende ausländische Gericht nach deutschem internationalem Verfahrensrecht nicht zuständig war. Ob die Zuständigkeit des ausländischen Gerichts nach den innerstaatlichen Vorschriften gegeben war, ist dagegen unerheblich. Es kommt also auf eine gem. §§ 97 ff. FamFG nach **deutschen internationalen Vorschriften** zu begründende Zuständigkeit an. Anders ausgedrückt ist zu fragen, ob das ausländische Gericht seine internationale Zuständigkeit aus deutscher Sicht zu Recht annehmen durfte (BGH 29.4.1999 – IX ZR 263/97, NJW 1999, 3198). Gem. § 109 Abs. 2 FamFG kommt es auf die internationale Zuständigkeit aber nicht mehr an, wenn die **Heimatstaaten** beider Ehegatten die ausländische Entscheidung anerkennen.

Hatte ein Ehegatte seinen gewöhnlichen Aufenthalt in dem Staat, dessen Gericht entschieden hat, steht es **67** der Anerkennung nicht entgegen, wenn die Entscheidung nach keinem der Heimatrechte der Ehegatten anerkannt wird, § 109 Abs. 2 S. 1 FamFG. Diese Ausnahme stellt das entsprechende Gegenstück zu § 98 Abs. 1 Nr. 4 FamFG dar. Es kommt auf die Sach- und Rechtslage zum Zeitpunkt der anzuerkennenden Entscheidung an (BayObLG 12.7.1990 – BReg 3 Z 46/90, FamRZ 1990, 1265).

bb) Verletzung des rechtlichen Gehörs. Einer Anerkennung steht es gem. § 109 Abs. 1 Nr. 2 FamFG ent- **68** gegen, wenn eine ordnungsgemäße **Beteiligung** am ausländischen Verfahren nicht erfolgte. Letztendlich liegt in dieser Vorschrift eine spezielle Ausformulierung des Gedankens des ordre public und des Rechtsstaatsprinzips. Die Vorschrift entspricht Art. 22 lit. b) EuEheVO.

Nur wenn der Beteiligte sich im Auslandsverfahren nicht zur Hauptsache geäußert hat, kommt eine Verlet- **69** zung des rechtlichen Gehörs in Betracht. In der Regel dürften daher **Versäumnisentscheidungen** oder Entscheidungen nach **Aktenlage** unter diese Vorschrift fallen. Sobald der Beteiligte durch eine Verfahrenshandlung zu erkennen gibt, er wolle sich am Verfahren beteiligen, scheidet eine Gehörsverletzung aus (HK-FamFG/Kemper § 109 Rn 10). Denn dadurch hat er zu erkennen gegeben, vom Verfahren Kenntnis erlangt zu haben.

70 Das Schriftstück, welches das Verfahren eingeleitet hat, darf dem Beteiligten nicht rechtzeitig mitgeteilt oder nicht ordnungsgemäß zugestellt worden sein, um eine Gehörsverletzung zu begründen. Aus Gründen des **Rechtsstaatsprinzips** sind davon auch alle weiteren Schriftstücke umfasst, aus denen der Beteiligte den Verfahrensumfang oder die Verfahrensbeteiligten entnehmen kann, da ansonsten eine sachgerechte Einlassung auf das Verfahren nicht gewährleistet ist. Eine Ersatzzustellung als fiktive Zustellung ist in der Regel nicht ausreichend, weil der Adressat der Zustellung keine Möglichkeit der Kenntnisnahme erhält und damit nicht in die Lage versetzt wird, seine Recht effektiv im Verfahren wahrzunehmen, BGH 28.11.2007 – 12 ZB 217/05, NJW 2008, 1531. Dies gilt dann nicht, wenn sich der Adressat im Ursprungsland durch einen unbekannten Aufenthalt der Zustellung entzieht (Hans. OLG Bremen 15.10.2012 – 4 VA 2/12, FamRZ 2013, 808).

71 Zusätzlich muss aufgrund des **Zustellungsfehlers** der Beteiligte außer Stande gewesen sein, seine Rechte wahrzunehmen. In Anlehnung an § 328 ZPO wird hierbei die **Zweiwochenfrist** gem. § 274 Abs. 3 ZPO die Untergrenze darstellen (so HK-FamFG/Kemper § 109 FamFG Rn 12). Letztlich kommt es aber darauf an, ob dem Beteiligten im Sinne eines fairen rechtsstaatlichen Verfahrens so viel Zeit bleibt, rechtzeitig zu reagieren, um eine Versäumnisentscheidung oder Entscheidung nach Aktenlage zu verhindern. Es muss also ausreichend Zeit sein, um beispielsweise einen **Rechtsanwalt** zu beauftragen, der wiederum einen ausländischen Kollegen beauftragt, eine Fristverlängerung zur Stellungnahme zu beantragen.

72 Der Betroffene muss sich im Anerkennungsverfahren darauf **berufen**, er habe seine Rechte im Auslandsverfahren nicht wahrnehmen können. Der Betroffene kann sich also auch entscheiden, sich nicht darauf zu berufen und dadurch die ausländische fehlerhafte Entscheidung dennoch zur Grundlage der Anerkennungsentscheidung zu machen. Beruft sich der Betroffene nicht auf diese Fehlerhaftigkeit, ist die Behörde hieran gebunden.

73 **cc) Unvereinbarkeit mit einer früheren Entscheidung oder Verfahren.** In § 109 Abs. 1 Nr. 3 FamFG werden **drei Fallgruppen** behandelt, bei denen eine Anerkennung der ausländischen Entscheidung nicht in Betracht kommt.

74 Die **erste Fallgruppe** betrifft den grundsätzlichen **Vorrang** deutscher Entscheidungen. Diese Fallgruppe hat ihre Entsprechung für Entscheidungen in EU-Mitgliedstaaten in Art. 22 lit. c) EuEheVO. Eine Entscheidung eines deutschen Gerichts kann für den **innerdeutschen Rechtskreis** nicht durch eine ausländische Entscheidung aufgehoben oder abgeändert werden. Deshalb kommt es auch nicht darauf an, ob die ausländische Entscheidung zeitlich vor oder nach der Entscheidung des deutschen Gerichts erging. Auch ist unerheblich, ob die deutsche Entscheidung unter Missachtung einer anderweitigen ausländischen Rechtshängigkeit oder gar trotz einer bereits eingetretenen Rechtskraft der ausländischen Entscheidung erging.

75 Die **zweite Fallgruppe** betrifft diejenigen Fälle, in denen eine Anerkennung hinsichtlich einer ausländischen Entscheidung begehrt wird, die einer früheren anzuerkennenden ausländischen Entscheidung widerspricht. In diesen Fällen entscheidet wie in Art. 22 lit. d) EuEheVO die **Priorität der früheren Entscheidung**. Dies gilt auch dann, wenn die frühere Entscheidung in Deutschland noch nicht anerkannt war. Es ist ausreichend, wenn sie anerkennungsfähig ist. Diese Frage ist als entscheidungsrelevante Vorfrage im Anerkennungsverfahren durch die Behörde zu prüfen.

76 Die **dritte Fallgruppe** betrifft Fälle, die **in Deutschland** zunächst **rechtshängig** geworden waren und in denen eine ausländische Entscheidung getroffen wurde. Die vorherige deutsche Rechtshängigkeit hindert die Anerkennung der ausländischen Entscheidung, sie geht grundsätzlich vor. Eine vergleichbare Regelung sieht das EuEheVO für Verfahren in EU-Mitgliedstaaten nicht vor.

Durch Zurücknahme des Antrags im Verfahren vor dem deutschen Gericht wird die ausländische Entschei- **77** dung **anerkennungsfähig**, da die vorherige Rechtshängigkeit gem. § 113 Abs. 1 S. 2 FamFG iVm § 269 Abs. 3 S. 1 ZPO mit Rückwirkung beseitigt wird. Das Gleiche gilt, wenn das inländische Verfahren ohne Sachurteil endet, zB durch Antragsabweisung wegen fehlender (internationaler) Zuständigkeit.

dd) Verstoß gegen den ordre public. Verstößt eine ausländische Entscheidung gegen die **Grundrechte** **78** oder offensichtlich gegen wesentliche **Grundsätze** des deutschen Rechts, kann sie nach § 109 Abs. 1 Nr. 4 FamFG nicht anerkannt werden. Durch das Tatbestandsmerkmal der **Wesentlichkeit** ist klargestellt, dass der Verstoß eine ähnliche Gewichtung wie ein Verstoß gegen Grundrechte haben muss, zumal dieser Verstoß als Regelbeispiel („insbesondere") genannt ist.

Zu den Grundrechten gehören auch die **Verfahrensgrundrechte**, also die Gewährung des **rechtlichen Ge-** **79** **hörs** gem. Art. 103 Abs. 1 GG. Dieser Aspekt des ordre public hat seine konkrete Ausgestaltung bereits in § 109 Abs. 1 Nr. 2 FamFG erfahren (s. Rn 68).

Aus § 109 Abs. 5 FamFG lässt sich andererseits erkennen, dass nicht jede Abweichung vom deutschen Ver- **80** fahrensrecht einen Verstoß gegen den ordre public rechtfertigen kann.

So hat der Bundesgerichtshof (22.1.1997 – XII ZR 207/95, NJW 1997, 2051) in einem Verstoß gegen den **81** **Amtsermittlungsgrundsatz** der ausländischen Entscheidung keinen Grund gesehen, der Entscheidung die Anerkennung zu versagen. In einer jüngeren Entscheidung hat der Bundesgerichtshof (26.8.2009 – XII ZB 169/07, NJW 2009, 3306) einer ausländischen Entscheidung die Anerkennung versagt, wenn sie nur auf-grund von Aussagen vom **Hörensagen** ergangen ist, obwohl im Rahmen der Amtsermittlung weitere Be-weise hätten erhoben werden können.

Auch im Bereich des materiellen Rechts kommen Verstöße gegen den ordre public in Betracht. Auch hier **82** gilt es aber gem. § 109 Abs. 5 FamFG eine ausgewogene **Abwägung** vorzunehmen, weshalb nicht jede Ab-weichung von Grundgedanken des deutschen Rechts zur Versagung der Anerkennung führen darf. So kann nach Auffassung der Präsidentin des OLG Frankfurt/M. (22.3.2004 – 346/3 – I/4 – 153/03, StAZ 2004, 367) selbst eine Scheidung durch Verstoßung nach islamischem Recht, die nach den Regeln des marokka-nischen Rechts durchgeführt wurde, nur dann gegen den ordre public verstoßen, wenn dies ohne jede Kenntnis der Ehefrau erfolgte und diese sich nicht einverstanden erklärt. Einer Entscheidung des BayObLG (11.6.1992 – 3 Z BR 18/92, NJW-RR 1992, 1478) lag eine in Rumänien ausgesprochene Ehescheidung zu-grunde, die aufgrund politischen und staatlichen Drucks. auf einen Ehegatten zustande kam. In einem sol-chen Fall liegt ein Verstoß gegen den ordre public vor, da der Einfluss staatlicher Organe auf die Entschei-dung zur Ehescheidung mit deutschen Grundrechten unvereinbar ist.

e) Verfahren. Es handelt sich nach § 107 Abs. 1 S. 1 FamFG um ein **Verwaltungsverfahren**, in dem die **83** Behörde (Landesjustizverwaltung oder Präsident des Oberlandesgerichts) von Amts wegen ermittelt. Da es sich nicht um ein gerichtliches Verfahren handelt, ist eine Vertretung durch Rechtsanwälte nicht erforder-lich. Verfahrenskostenhilfe kann nicht gewährt werden, da diese gem. § 76 Abs. 1 FamFG iVm § 114 Abs. 1 ZPO ein gerichtliches Verfahren voraussetzt (OLG Stuttgart 4.10.2010 – 17 VA 1/10, FamRZ 2010, 384). Bei Vorliegen der Voraussetzungen kann aber gem. § 2 Abs. 2 Nr. 2 BerHG Beratungshilfe für dieses Verwaltungsverfahren in Anspruch genommen werden.

Das Verfahren wird durch einen **Antrag** eingeleitet (s. Rn 62). Es ist grundsätzlich als schriftliches Verfah- **84** ren angelegt. Der Antragsgegner ist zu hören.

Die Entscheidung der Behörde wird mit **Bekanntgabe** an den Antragsteller oder zu einem späteren von der **85** Behörde festzulegenden Zeitpunkt wirksam, § 107 Abs. 6 S. 2 FamFG. Insoweit gelten daher die §§ 40, 41 FamFG nicht. Die Beantragung der gerichtlichen Entscheidung hat keine aufschiebende Wirkung, § 107 Abs. 7 S. 2 FamFG. Die Entscheidung kann dahin gehend ergehen, dass auf entsprechenden Antrag hin die ausländische Ehescheidung anerkannt wird oder festgestellt wird, dass die Voraussetzungen zur Anerken-nung nicht vorliegen, § 107 Abs. 8 FamFG.

86 **f) Bindungswirkung.** Die Entscheidung hat im Gegensatz zu den Verfahren nach der EuEheVO eine umfassende **Bindungswirkung**, § 107 Abs. 9 FamFG. Diese entsteht mit **Wirksamwerden** der Entscheidung (s. Rn 85) nach § 107 Abs. 6 S. 2 FamFG.

87 **g) Rechtsmittel.** Nach § 107 Abs. 5 FamFG kann der unterlegene Antragsteller, nach § 107 Abs. 6 S. 1 FamFG der andere Ehegatte, der keinen Antrag gestellt hat, im Falle der Stattgabe des Antrags die Entscheidung des **Oberlandesgerichts** beantragen. Im Rahmen dieser Entscheidung handelt das Oberlandesgericht nicht mehr als Verwaltungsbehörde, sondern als **Gericht**.

88 Der Antrag hat keine aufschiebende Wirkung, § 107 Abs. 7 S. 2 FamFG. Das Oberlandesgericht kann aber eine einstweilige Anordnung erlassen, § 107 Abs. 7 S. 3 FamFG iVm § 49 FamFG. Auch kommt gerade in **Statusangelegenheiten** gem. §§ 107 Abs. 7 S. 3, 64 Abs. 3 FamFG die Aussetzung der Vollziehung in Betracht.

89 Der Antrag auf gerichtliche Entscheidung kann nur innerhalb einer **Frist** von einem Monat gem. § 107 Abs. 7 S. 3 FamFG iVm § 63 Abs. 1 FamFG erhoben werden. Es besteht hierzu kein Anwaltszwang. Dies ergibt sich aus § 64 Abs. 2 FamFG, da es sich beim Verfahren auf Anerkennung weder um eine Ehesache noch um ein Familienstreitverfahren handelt.

90 Die Durchführung einer **mündlichen Verhandlung** vor dem Oberlandesgericht als Beschwerdegericht ist zwingend, wenn das behördliche Verfahren nur schriftlich durchgeführt worden ist, § 68 Abs. 3 S. 2 FamFG. Das Oberlandesgericht entscheidet selbst in der Sache, § 69 Abs. 1 FamFG. Es hat in der Regel dem unterlegenen Rechtsmittelführer gem. §§ 69 Abs. 3, 84 FamFG die Verfahrenskosten aufzuerlegen.

91 **h) Rechtsbeschwerde.** Die Statthaftigkeit der Rechtsbeschwerde zum Bundesgerichtshof richtet sich nach § 70 FamFG. Sie kann gem. § 114 Abs. 2 FamFG nur durch einen beim Bundesgerichtshof zugelassenen Rechtsanwalt erhoben werden (s. → *Beschwerdeverfahren* Rn 109 ff).

92 **i) Streitwert.** Eine konkrete Streitwertbestimmung findet sich im FamGKG nicht, obwohl es ausdrücklich gem. § 1 FamGKG für die Verfahren vor dem Oberlandesgericht nach § 107 FamFG anwendbar ist. Nach KV 1714–1723 FamGKG werden nur **Festgebühren** erhoben.

93 Der für die Berechnung der **Rechtsanwaltsvergütung** maßgebliche **Streitwert** ist in diesem Fall gem. § 23 Abs. 1 S. 2 RVG dennoch dem FamGKG (entsprechend) zu entnehmen, da für das gerichtliche Verfahren Festgebühren gelten. Da das Anerkennungsverfahren keine Ehesache iSd § 121 FamFG ist, scheidet § 43 FamGKG als direkte Anknüpfungsnorm aus. Anwendbar wäre § 42 Abs. 2 FamGKG, da es sich um eine nichtvermögensrechtliche Angelegenheit handelt. Andererseits sind die Anerkennungsverfahren nach der EuEheVO kraft gesetzlicher Definition in § 14 IntFamRVG als Ehesachen zu behandeln, mit der Folge der Anwendbarkeit des § 43 FamGKG (s. Rn 44). Da der Regelungsinhalt und die Bedeutung der Angelegenheit in beiden Verfahren nach der EuEheVO bzw nach § 107 FamFG inhaltsgleich sind, ist § 43 FamGKG entsprechend anwendbar. Es wäre nicht nachvollziehbar, dass Anerkennungsverfahren über Ehescheidungen außerhalb der EU mit anderen Streitwerten bewertet werden als Anerkennungsverfahren innerhalb der EU.

94 Ansonsten wäre zu überlegen, gem. § 42 Abs. 2 FamGKG das billige Ermessen dahin gehend auszuüben, dass im Rahmen der Einkommensverhältnisse der Beteiligten das dreifache Nettoeinkommen wie in § 43 Abs. 2 FamGKG angesetzt wird. Für das gerichtliche Verfahren setzt das Oberlandesgericht auf Antrag gem. § 33 Abs. 1 RVG den Wert fest. Der Streitwert ist gem. § 23 Abs. 1 S. 3 RVG auch für die Vertretung eines Beteiligten im außergerichtlichen Verwaltungsverfahren nach § 107 Abs. 1 FamGKG maßgeblich.

95 **j) Gebühren und Vergütung. aa) Verwaltungsgebühren.** Im **Verwaltungsverfahren** ist das FamGKG nicht anwendbar, da es sich nicht um ein Gerichtsverfahren handelt. § 1 FamGKG verweist im Zusammenhang mit § 107 FamFG ausdrücklich auf Verfahren vor dem Oberlandesgericht, also auf das gerichtliche Verfahren nach § 107 Abs. 6 und 7 FamFG. Es überrascht, dass Verfahren vor dem Bundesgerichtshof als Rechtsbeschwerdegericht hier nicht genannt wurden. Das FamGKG ist für diese Verfahren (selbstständ-

lich) dennoch anwendbar. Der Gesetzgeber hat in KV 1720 iVm KV 1714 FamGKG ausdrücklich eine Festgebühr für diese Verfahren vorgesehen. Die Formulierung in § 1 S. 1 FamGKG dient daher ausdrücklich der Klarstellung, dass das FamGKG nicht für das Verfahren der **Landesjustizverwaltung** anwendbar ist. Inwieweit Verwaltungsgebühren erhoben werden, entscheidet das jeweilige Landesrecht.

bb) Gerichtsgebühren. War die beantragte Entscheidung des Oberlandesgerichts gegen die Ausgangsentscheidung der Behörde erfolgreich, wird keine Gebühr erhoben. Wird der Antrag zurückgewiesen, wird nach KV 1714 FamGKG eine **Festgebühr** von 240 EUR erhoben. Im Falle der Rechtsbeschwerde erhöht sich der Betrag auf 360 EUR nach KV 1720 FamGKG.   **96**

cc) Anwaltsvergütung. Das Ausgangsverfahren gem. § 107 Abs. 1 FamFG ist ein **außergerichtliches Verfahren**, so dass die Geschäftsgebühr nach VV 2300 RVG anfällt. Da es sich um ein eher seltenes Verfahren handelt und die Anwendung und Prüfung ausländischer Vorschriften erforderlich ist, wird die Einordnung der Tätigkeit als schwierig und die Mittelgebühr von 1,5 (und damit die Überschreitung der 1,3-Grenze gem. VV 2300 RVG) die Regel sein.   **97**

Wird die Entscheidung des Oberlandesgerichts nach § 107 Abs. 5, Abs. 6 FamFG beantragt, handelt es sich um ein **erstinstanzliches Verfahren** nach vorgeschaltetem Verwaltungsverfahren. Es handelt sich nicht um ein Beschwerdeverfahren, was gerade aus der Notwendigkeit folgt, die entsprechende Anwendbarkeit des Abschn. 5 gem. § 107 Abs. 7 S. 3 FamFG anzuordnen.   **98**

Für den Rechtsanwalt entstehen daher die **Gebühren** für den **ersten Rechtszug**, also in der Regel die 1,3 Verfahrensgebühr nach VV 3100 RVG und im Falle der mündlichen Verhandlung die 1,2 Terminsgebühr nach VV 3104 RVG. In der Rechtsbeschwerde entsteht eine 2,3 Verfahrensgebühr nach VV 3208 RVG und gegebenenfalls eine 1,5 Terminsgebühr nach VV 3210 RVG.   **99**

40. Ausschluss des Umgangsrechts

Treu

I. Einführung	1		c) Sexueller Missbrauch	32
II. Gesetzliche Regelung	4		d) Entführungsgefahr	39
1. Voraussetzungen	5		e) Obhutswechsel	40
2. Verhältnismäßigkeitsgrundsatz	8		f) Loyalitätskonflikt und Entfremdung	47
3. Einzelfälle	10		g) Krankheit	50
a) Wille des Kindes	14		h) Inhaftierung	55
b) Körperverletzung	22		III. Verfahrenshinweise	56

I. Einführung

1 Der weitestgehende Eingriff in das Umgangsrecht ist dessen völliger Ausschluss. Angesichts der großen Bedeutung des Umgangs für das Kind sowie den Umgangsberechtigten bedarf es hierfür besonderer Umstände. So ist es gesetzliche Folge der Einwilligung eines Elternteils in die **Adoption** des Kindes, dass die Befugnis zum persönlichen Umgang mit dem Kind nicht mehr ausgeübt werden darf (§ 1751 Abs. 1 S. 1 BGB). Im Übrigen kann das Umgangsrecht oder der Vollzug früherer Entscheidungen über das Umgangsrecht nur vom Familiengericht unter den Voraussetzungen des § 1684 Abs. 4 BGB eingeschränkt oder ausgeschlossen werden.

2 Im Unterschied zum früheren § 1634 Abs. 2 S. 2 BGB enthält die Neuregelung in § 1684 Abs. 4 S. 1 und 2 BGB die **Möglichkeit, lediglich die Vollstreckung von Entscheidungen über das Umgangsrecht** und nicht das Umgangsrecht als solches **einzuschränken** oder auszuschließen. Damit sollte ein falsches Signal in den Fällen vermieden werden, in denen es in erster Linie am Verhalten des Obhutselternteiles liegt, dass der Umgang dem Kind schadet. Denn dieser würde für sein Verhalten mit dem Wegfall des Umgangsrechts „belohnt" werden. Wird dagegen lediglich die Vollstreckung ausgesetzt, so wäre auch ihm klar, dass er ausschließlich im Interesse des Kindes „geschont" wird und das Umgangsrecht des anderen Elternteils nicht weggefallen ist (BT-Drucks. 13/4899 vom 13.6.1996).

3 Grundsätzlich gilt dabei die **Vermutung des § 1626 Abs. 3 S. 1 BGB**, wonach der Umgang mit dem anderen Elternteil in aller Regel zum Wohl des Kindes gehört. Vom Ausmaß des Eingriffs in das Umgangsrecht hängt schließlich die zu überwindende Eingriffsschwelle ab.

II. Gesetzliche Regelung

4 Das Umgangsrecht und der Vollzug früherer Entscheidungen über das Umgangsrecht können vom Familiengericht (für einen kürzeren Zeitraum) eingeschränkt oder ausgeschlossen werden, wenn dies zum Wohl des Kindes erforderlich ist (§ 1684 Abs. 4 S. 1 BGB). Einschränkung oder Ausschluss für längere Zeit oder auf Dauer erfordern, dass andernfalls das Wohl des Kindes gefährdet wäre (§ 1684 Abs. 4 S. 2 BGB).

1. Voraussetzungen

5 Eine Einschränkung des Umgangs bis hin zum (vorübergehenden) Ausschluss ist dann erforderlich, wenn triftige, das Kindeswohl nachhaltig berührende Gründe vorliegen (NK-BGB/Peschel-Gutzeit § 1684 BGB Rn 47). Dies entspricht dem **Maßstab des § 1696 BGB** (Gerhardt/von Heintschel-Heinegg/Klein/Büte 4. Kapitel Rn 505; s. → *Änderung von Entscheidungen in Kindschaftssachen* Rn 16).

6 Sollen Einschränkung oder Ausschluss für eine längere Zeit andauern oder dauerhaft gelten, setzt dies eine nicht anders abzuwendende Gefährdung des Kindeswohls voraus (§ 1684 Abs. 4 S. 1, 2 BGB). Hier gilt der **Maßstab des § 1666 BGB** (Gerhardt/von Heintschel-Heinegg/Klein/Büte 4. Kapitel Rn 511). Der Schutz des Kindes muss eine so weitgehende Maßnahme nach den Umständen des Einzelfalls erfordern, um eine Gefährdung seiner seelischen oder körperlichen Entwicklung abzuwehren (BVerfG 5.12.2008 – 1 BvR 746/08, FamRZ 2009, 399).

Was „**längere Zeit**" im Sinne des § 1684 Abs. 4 S. 1 BGB bedeutet, lässt sich nicht einheitlich beantworten 7 und hängt vom Alter des Kindes, das wiederum für sein Zeitempfinden bestimmend ist, von der bisherigen Umgangsregelung sowie der Schwere des Eingriffs ab (Gerhardt/von Heintschel-Heinegg/Klein/Büte 4. Kapitel Rn 512). Ob bei einem regelmäßigen vierzehntägigen Umgang mit Kindern im Vorschulalter schon eine Unterbrechung von einem Monat als lang iSv § 1684 Abs. 4 S. 2 BGB anzusehen ist (MandatFamR Teil 5 Rn 49), erscheint fraglich, denn faktisch fällt lediglich ein Kontakt aus. Ein halbes Jahr kann dagegen bei kleineren Kindern schon als länger zu definieren sein (OLG Karlsruhe 5.5.2008 – 16 UF 3/08, FamRZ 2009, 130).

2. Verhältnismäßigkeitsgrundsatz

Weil jede Beschränkung des umgangsberechtigten Elternteils im Kontakt zu seinem Kind in das Eltern- 8 recht nach Art. 6 Abs. 2 GG eingreift, gilt der Grundsatz der Verhältnismäßigkeit (NK-BGB/Peschel-Gutzeit § 1684 BGB Rn 48). **Schwere und Dauer** der Einschränkung sind abhängig vom Grad der Beeinträchtigung des Kindes im Falle des durchgeführten Umgangs und davon, welche in Betracht zu ziehenden milderen Mittel ausreichen.

Vorrangig sind Einschränkungen des Umgangs, wie etwa begleiteter Umgang oder die Errichtung einer 9 Umgangspflegschaft, vor seinem völligen Ausschluss zu prüfen (BVerfG 5.12.2008 – 1 BvR 746/08, FamRZ 2009, 399). Nur im **Ausnahmefall** darf der **Umgang völlig ausgeschlossen** werden (Gerhardt/von Heintschel-Heinegg/Klein/Büte 4. Kapitel Rn 501, 502), nämlich dann, wenn der Gefährdung des Kindes durch eine bloße – auch zeitliche oder räumliche – Einschränkung des Umgangsrechts oder dessen sachgerechte Ausgestaltung nicht ausreichend vorgebeugt werden kann (BGH 27.10.1993 – XII ZB 88/92, FamRZ 1994, 158), was stets konkret nachzuweisen ist (OLG Hamm 4.4.2011 – 8 UF 161/10).

3. Einzelfälle

Gründe für eine Einschränkung des Umgangs bis hin zum völligen Ausschluss können in einem **Konflikt** 10 **der Eltern** liegen, der – zumindest mittelbar – das Wohl des Kindes tangiert bis gefährdet. Hierzu werden häufig Umstände in der Beziehung der Eltern, der Person des anderen Elternteils oder seinem Verhalten und den entsprechenden Auswirkungen auf das Kind vorgebracht, die aber für sich allein genommen regelmäßig nicht geeignet sind, das Umgangsrecht auszuschließen.

So heißt es beispielsweise, der betreuende Elternteil wolle dem anderen nicht mehr begegnen, es sei eine 11 Ersatzmutter/ein Ersatzvater gefunden worden oder – umgekehrt – der andere habe einen Freund/eine Freundin, den/die das Kind nicht möge (evtl wechselseitig), das Kind wolle nicht zum anderen, das Kind habe Angst, nach jedem Besuch sei das Kind verhaltensauffällig; seitdem das Kind den anderen Elternteil nicht mehr gesehen habe, gehe es besser, das Kind solle zur Ruhe kommen, das Kind sei zu klein; der andere Elternteil sei mit der Betreuung eines Kindes überfordert, anlässlich der Besuche unternehme der andere nichts Vernünftiges mit dem Kind; er habe auch früher kein Interesse an dem Kind gezeigt, der andere zahle keinen Unterhalt, er wolle den Umgang nicht für sich, sondern für die Großeltern.

Erst bei **Hinzutreten weiterer Umstände** können Einwände dieser Art im Einzelfall einen Ausschluss des 12 Umgangs oder zumindest eine Beschränkung begründen. Denn sie sind Ausdruck eines Elternkonfliktes, der sich auch – und gerade – auf die Befindlichkeit des Kindes auswirken kann und dann seinen Ausdruck im klassischen Loyalitätskonflikt mit klar geäußerter Ablehnung des Umgangs seitens des Kindes findet. Wenn es sich nicht lediglich um einen typischen Standardkonflikt zwischen den Eltern handelt, kann dies zu Einschränkungen des Umgangsrechts führen (OLG Rostock 7.5.2009 – 10 UF 33/09, FamRZ 2010, 997).

Greifbarer wird der Umgangsausschluss dagegen in Fällen, in denen vom Umgangsberechtigten eine **di-** 13 **rekte Gefährdung des Kindes** ausgeht oder dies nicht mit der nötigen Sicherheit ausgeschlossen werden kann. Der Vortrag geht dann häufig dahin, der andere Elternteil sei Alkoholiker oder drogenabhängig, er sei Ausländer (drohende Kindesentführung), gewalttätig oder psychisch krank oder er habe das Kind sexuell missbraucht. Von der Gefahrenlage gleich gelagert sind die Fälle, in denen Kinder wegen **Misshandlung, Missbrauch oder Vernachlässigung** aus der Obhut ihrer Eltern herausgenommen worden und fremd untergebracht worden sind.

14 **a) Wille des Kindes.** Allein der (geäußerte) Wille des betroffenen Kindes, seine strikte Weigerung zum Kontakt, ohne dass Gründe im Verhalten oder der Person des Umgangsberechtigten die Ablehnung nachvollziehbar erscheinen lassen, genügt – jedenfalls bei jüngeren Kindern – im Regelfall nicht, um einen Umgangsausschluss zu begründen (Brandenburgisches OLG 29.6.2009 – 9 UF 102/08, FamRZ 2009, 1688). Der Kindeswille hat **keinen absoluten Vorrang**. Es ist grundsätzlich davon auszugehen, dass die Pflege der Familienbande dem Wohl des Kindes dient, auch wenn dies für das Kind (noch) nicht nachvollziehbar ist. Die gesetzliche (und aus psychologischer Sicht auch die tatsächliche) Vermutung spricht dafür.

15 Der Wille des Kindes ist deshalb zu hinterfragen und darauf zu prüfen, inwiefern er autonom und auf eigenem Erleben beruhend oder durch Beeinflussung des betreuenden Elternteils entstanden ist und ob er dem Wohl des Kindes auch entspricht (BVerfG 5.12.2008 – 1 BvR 746/08, FamRZ 2009, 399). Es kommt darauf an, ob die Entwicklung der kindlichen Persönlichkeit schon die **Bildung einer begründeten Selbstentscheidung** ermöglicht (Röttgen, Anm. zu OLG Koblenz, FamRZ 2004, 289).

16 Ferner muss geprüft werden, ob bei entsprechend fortgeschrittener Entwicklung der Persönlichkeit des Kindes eine seinem Willen zuwiderlaufende Ausübung des Umgangsrechts eine Gefährdung seiner Entwicklung bedeuten könnte. Es stellt sich dann die Frage, ob aus Gründen des Kindeswohls ein Umgangsausschluss angeordnet werden muss, weil das Kind andernfalls seelischen Schaden nehmen würde. Auch dem **Recht des Kindes auf Selbstbestimmung**, das in dem geäußerten und auf eigener Meinung beruhenden Willen zum Ausdruck kommt, ist Rechnung zu tragen (Saarländisches OLG 24.1.2011 – 6 UF 116/10, FamRZ 2011, 1409).

17 Schließlich sind die Gründe zu prüfen, die das Kind zu seiner Haltung veranlassen. Dass das Kind gebetsmühlenartig wiederholt, den Umgangsberechtigten nicht sehen zu wollen, genügt für einen Umgangsausschluss ebenso wenig wie sein hartnäckiger Widerstand gegen Umgang, weil es längere Zeit keinen Kontakt gegeben hat (OLG Hamm 4.4.2011 – 8 UF 161/10). **Die Gründe müssen aus Sicht des Kindes berechtigt sein**, so wenn der Vater beim Umgang mehrfach abwertende Äußerungen über die Mutter gemacht hat (Brandenburgisches OLG 21.11.2001 – 9 UF 219/01, FamRZ 2002, 975 bei einem elfjährigen Kind) oder wenn die (zwölf und 14 Jahre alten) Kinder fürchten müssen, durch den persönlichen Kontakt mit dem Vater, der gleichzeitig ihr „Stiefgroßvater" ist, in die Auseinandersetzungen zwischen den Erwachsenen hineingezogen und an deren Ursachen – die als unnormal empfundenen innerfamiliären sexuellen Kontakte – erinnert zu werden (KG 14.11.2012 – 13 UF 141/12, FamRZ 2013, 709 f).

18 Bei kleineren Kindern wird aus der Wohlverhaltensklausel des § 1684 Abs. 2 BGB die Verpflichtung des betreuenden Elternteils zur aktiven Förderung der Umgangskontakte hergeleitet im Sinne einer Einwirkung auf das Kind mit dem Ziel, psychische Widerstände gegen den Umgang abzubauen (OLG Karlsruhe 26.10.2004 – 2 WF 176/04, FamRZ 2005, 295).

19 Bei Jugendlichen gilt dies nicht ohne Weiteres. So kann etwa in dem entsprechend geäußerten Willen eine eindeutige und nachhaltige Ablehnung des Umgangskontaktes zum Ausdruck kommen, die aus Sicht des Kindes nicht grundlos ist (Brandenburgisches OLG 21.11.2001 – 9 UF 219/01, FamRZ 2002, 975). Gleichwohl gilt auch hier das Wohlverhaltensgebot (Saarländisches OLG 24.1.2011 – 6 UF 116/10, FamRZ 2011, 1409, in Bezug auf einen knapp 13-jährigen Jungen). Selbst bei älteren Kindern sind Eltern im Allgemeinen nicht gänzlich ohne Einfluss. Jedenfalls wenn der betreuende Elternteil durch sein Verhalten die **Weigerungshaltung des Kindes** begründet oder gefördert hat, kann ein Sinneswandel bei ihm auch bei älteren Kindern **Vorbildfunktion** haben (Stockmann jurisPR-FamR 11/2005 Anm. 2). Die Altersgrenze wird bei etwa neun bis elf Jahren gezogen (OLG Karlsruhe 26.10.2004 – 2 WF 176/04, FamRZ 2005, 294; OLG Hamm 12.12.2007 – 10 WF 196/07, FamRZ 2008, 1371; OLG Koblenz 21.5.2003 – 13 UF 230/03, FamRZ 2004, 289).

Wird der dem Umgang entgegenstehende Wille des Kindes für beachtlich angesehen und der Umgang aus- 20
geschlossen, so ist diese **Maßnahme zu befristen** und gleichzeitig darauf hinzuwirken, dass der Wille des
Kindes sich nicht weiter verfestigt, sondern dahin ändert, dass Kontakte zu dem anderen Elternteil nicht
mehr generell abgelehnt werden. Dafür kann der betreuende Elternteil zu einem bestimmten Verhalten angehalten werden.

Dem an sich Umgangsberechtigten kann es ermöglicht werden, in geringem Umfang (Weihnachten und 21
Geburtstag) **brieflichen Kontakt** zu halten und Geschenke zu schicken (OLG Köln 16.3.2009 – 4 UF
160/08, FamRZ 2009, 1422 im Fall eines knapp zehnjährigen Kindes, dessen ablehnende Haltung nicht unwesentlich durch die Haltung der Mutter bedingt ist).

b) Körperverletzung. Hat das Kind den Umgangsberechtigten – sei es gegenüber ihm selbst, sei es ge- 22
genüber dem anderen Elternteil – als gewalttätig erlebt, so kann dies Einschränkungen des Umgangsrechts
bis hin zum völligen Ausschluss rechtfertigen.

Erwiesene Kindesmisshandlung in der Vergangenheit lässt den Schluss zu, dass die Gefahr weiterer 23
Misshandlungen besteht, so dass unbeschränkter Umgang das Kindeswohl gefährden würde. In der Regel
dürfte es aber ausreichen, zur Sicherheit des Kindes nur den unbegleiteten Umgang zu versagen. Ein völliger Ausschluss wäre dann nicht erforderlich, wenn ein beschützter Umgang oder ein Umgang an einem
neutralen Ort die Gefahr auf ein vertretbares Maß reduziert (MandatFamR Teil 5 Rn 50).

Misshandlungen des anderen Elternteils durch den Umgangsberechtigten in der Vergangenheit sollten, 24
was diskutiert worden war, nach dem Willen des Gesetzgebers nicht automatisch zum Ausschluss des Umgangs führen (BT-Drucks. 14/8131, 9). Sie würden auch die Sicherheit des Kindes, bezogen auf dessen eigene körperliche Integrität, nicht gefährden.

Erlittene oder (mit-)erlebte Gewalt kann das Kind jedoch in einer Weise psychisch belasten, dass Begeg- 25
nungen mit dem gewalttätigen Elternteil sein seelisches Wohl gefährden würden, so wenn es **traumatisiert**
ist (OLG Köln 6.12.2010 – 4 UF 183/10). Allerdings nimmt der Umgang mit dem Thema Gewalt ebenso
wie die „Diagnose" Trauma ein mitunter inflationäres Ausmaß mit der Folge reflexartig geforderter Um-
gangsausschlüsse an. Es bedarf in diesen Fällen besonders sorgfältiger Ermittlungen, um eine zuverlässige
Entscheidungsgrundlage zu erhalten. Nicht jeder körperliche Übergriff und nicht jede Irritation des Kindes
bedeutet seine Traumatisierung mit der Folge einer Kindeswohlgefährdung im Falle erzwungenen Umgangs.
Wenn allerdings feststeht, dass eine Traumatisierung im Sinne einer (krankheitswertigen) posttraumati-
schen Belastungsstörung nach ICD-10 vorliegt, die sicherlich nicht der Betreuungselternteil oder sein Anwalt diagnostizieren können, muss sorgfältig geprüft werden, ob ein Umgang schädliche Folgen für das
Kind haben wird, die als Kindeswohlgefährdung eingeordnet werden können.

Eine Kindeswohlgefährdung kann sich auch mittelbar daraus ergeben, dass eine (konkrete) Gefahrenlage für 26
den mit neuer Identität versehenen Obhutselternteil durch mögliche Übergriffe in Form von erheblich er-
höhtem körperlichen und seelischen Druck besteht (hier: aus der rechtsextremen Szene), denn Kinder sind
von der körperlichen Unversehrtheit des Elternteiles, bei dem sie aufwachsen, abhängig (BVerfG
13.12.2012 – 1 BvR 1766/12, FamRZ 2013, 433 ff). In dem vom Bundesverfassungsgericht entschiedenen
Fall würde die aus der rechtsextremen Szene ausgestiegene Mutter einer strukturell und dauerhaft konkreten Gefährdung ausgesetzt sein, wenn ihre Identität aufgedeckt und ihr Aufenthaltsort bekannt würde und
deshalb Übergriffe aus der rechtsextremen Szene nicht ausgeschlossen werden können. Dass in einem solchen Fall ein begleiteter Umgang als milderes Mittel dies nicht verhindern kann, da die Kinder trotz der
Anwesenheit einer dritten Person Hinweise auf ihren Wohnort geben können, liegt auf der Hand. Hinzu
käme – und dies wäre für sich allein bereits ausreichend – die hohe psychische Belastung der Kinder durch
derartige Umgangsarrangements (Salgo, Anm. zu BVerfG 13.12.201 – 1 BvR 1766/12, FamRZ 2013,
531 f).

Die Entscheidung des Bundesverfassungsgerichts auf eine Beschäftigung mit der politischen Gesinnung 27
der wegen Umgangs streitenden Eltern zu reduzieren, greift allerdings zu kurz. Die hier aufgestellten

Grundsätze lassen sich vielmehr auf alle Fälle übertragen, in denen dem betreuenden Elternteil Schutzmaßnahmen wie Namensänderung, Wechsel des Wohnortes und verdeckte Identität zugutekommen. Dies gilt etwa im Zeugenschutzprogramm, aber auch wenn beispielsweise der Ehefrau Gefahr aufgrund der Trennung von ihrem aus einem die Gleichberechtigung nicht respektierenden Kulturraum stammenden Ehemann droht (vgl hierzu AG Würzburg 7.5.2008 – 2 F 814/07). Wenn in einer solchen Fallgestaltung der vom Umgang ausgeschlossene Elternteil einen Antrag bei Gericht stellt (zB auf Auskunft über das Wohlergehen des Kindes gem. § 1668 BGB) und ihm der gewöhnliche Aufenthalt des Kindes und des gefährdeten Elternteils (aus gutem Grund) unbekannt ist, kann eine örtliche Zuständigkeit des Familiengerichts am gewöhnlichen Aufenthalt des Antragstellers gem. § 152 Abs. 3 FamFG angenommen werden (OLG Karlsruhe 28.7.2011 – 18 UF 117/11, FamRZ 2011, 1888 f). Dieses Familiengericht kann es unter den dargelegten Umständen zwar ablehnen, den gewöhnlichen Aufenthalt des Kindes zu ermitteln, aber den Antrag zB durch die Polizeidienststelle übermitteln lassen, die in das Zeugenschutzprogramm involviert ist (AG Würzburg 31.5.2010 – 1 F 485/10).

28 Ein Sonderfall ist die **drohende Beschneidung des Kindes**, vorrangig die weibliche Genitalverstümmlung, die von den Verantwortlichen religiös begründet und nicht als Körperverletzung gesehen wird. Gleichwohl verletzt die Beschneidung – auch die eines Jungen (LG Köln 7.5.2012 – 151 Ns 169/11, FamRZ 2012, 1421) – die körperliche Unversehrtheit des betroffenen Kindes und wirft die Frage der Kindswohlgefährdung auf (OLG Karlsruhe 5.5.2008 – 16 UF 3/08, FamRZ 2009, 130). Ob der durch das Gesetz über den Umfang der Personensorge bei einer Beschneidung des männlichen Kindes vom 20.12.2012 (BGBl. I, 2749) mWv 28.12.2012 in das BGB eingefügte § 1631 d BGB im Streit der Eltern um Umgang weiterhilft, darf in Frage gestellt werden.

29 Wie bei allen anzustellenden Prognosen bereitet auch hier die **Feststellung des Gefahrengrades** die eigentlichen Schwierigkeiten. Es bedarf konkreter Anhaltspunkte, um die Annahme begründen zu können, dass dem Kind die Gefahr einer Beschneidung droht oder diese Gefahr zumindest nicht ausgeschlossen werden kann. Entsprechende Ankündigungen des Umgangsberechtigten gegenüber dem anderen Elternteil werden sich ohne Zeugen nicht nachweisen lassen.

30 Andererseits reicht es nicht aus, wenn der Umgangsberechtigte sich verbal von der Beschneidungspraxis seiner Herkunftskultur distanziert. Letztlich werden die **Verhältnisse in seiner Herkunftsfamilie und deren Haltung zu diesem Thema** zu ermitteln sein, da die Beschneidung traditionell Sache der Großfamilie ist (BGH 15.12.2004 – XII ZB 166/03, FamRZ 2005, 344).

31 Wird die Gefahr der Beschneidung bejaht, ist aber in der Regel der vollständige Ausschluss des Umgangsrechts nicht erforderlich, da die Sicherheit des Kindes durch **Umgangsbegleitung** ausreichend gewährleistet ist.

32 **c) Sexueller Missbrauch.** Der erwiesenermaßen am eigenen oder einem fremden Kind begangene sexuelle Missbrauch, definiert als die „erotische oder sexuelle Inanspruchnahme von abhängigen, entwicklungsmäßig unreifen Kindern für sexuelle Handlungen" (Gerhardt/vonHeintschel-Heinegg/Klein/Büte 4. Kapitel Rn 525), rechtfertigt den völligen Ausschluss des Umgangs nur dann, wenn eine Gefährdung des Kindes nicht durch die bloße Einschränkung des Umgangs verhindert werden kann (s. → *Begleiteter Umgang* Rn 11 ff).

33 In der Praxis bereiten die nicht eindeutig feststehenden Fälle die größten Schwierigkeiten. Es ist die Frage zu entscheiden, **welche Intensität des Tatverdachts und welcher Grad an Überzeugung zu verlangen sind**, um das Umgangsrecht einzuschränken. Der vage Verdacht allein reicht auch dann noch nicht aus, wenn ein staatsanwaltliches Ermittlungsverfahren anhängig ist, denn sonst wäre es für den Obhutselternteil ein leichtes, den anderen aus dem Leben des Kindes zu drängen (OLG Frankfurt/M. 30.6.1995 – 6 UF 60/96, FamRZ 1995, 1432).

Andererseits ist der **volle Tatnachweis entbehrlich**, wenn es aufgrund der im Verfahren gewonnenen Er-   34
kenntnisse durchaus möglich erscheint, dass ein sexueller Missbrauch begangen worden ist, so dass die
Staatsanwaltschaft Anklage erhoben hat (OLG Oldenburg 3.2.2006 – 2 WF 25/06, FamRZ 2006, 882).

Pädophile Neigungen allein, dh dass ein (auch körperlicher) Kontakt mit Kindern bei dem Erwachsenen   35
einen Erregungszustand auszulösen vermag, bedeuten für sich genommen noch keine Gefährdung der Kinder, da Personen mit pädophilen Neigungen nicht zwangsläufig pädophil agieren (BVerfG 13.7.2005 – 1
BvR 215/05, FamRZ 2005, 1816). Beides – die pädophilen Neigungen sowie die daraus resultierende Gefährdung des Kindes – ist vom Gericht in tragfähiger Weise festzustellen, wenn es eine Einschränkung oder
den Ausschluss des Umgangs darauf stützen will. Außerdem hat es die **Hemmschwelle pädophiler Väter
vor einem sexuellen Missbrauch des eigenen Kindes zu klären** (BVerfG 29.11.2007 – 1 BvR 1635/07,
FamRZ 2008, 494).

Eine Gefahr für das Wohl des Kindes liegt schon in der **Nutzung kinderpornographischen Materials**, die   36
in der Regel mit dem Vorliegen einer pädophilen Orientierung einhergeht. Dies gilt auch ohne pädophile
Handlungen, weil die Gefahr besteht, dass die Hemmschwelle herabgesetzt wird und ein Steigerungseffekt
eintritt, so dass die Neigungen konkret mit Kindern ausgelebt werden können. Ob dies im Einzelfall zutrifft, ist auf die Gesamtpersönlichkeit des pädophilen Vaters abgestellt festzustellen, insbesondere wie sein
Verantwortungsbewusstsein, Empathievermögen, seine Triebstärke und Impulskontrolle sowie psychische
Stabilität ausgestaltet sind (OLG Düsseldorf 28.5.2009 – II-6 UF 188/07, FamRZ 2009, 1685). Fehlt dem
Vater die Einsicht in die Problematik und damit auch die Therapiebereitschaft, kommt nur der Ausschluss
des Umgangs in Betracht, da begleiteter Umgang einen Beziehungsaufbau zwischen Vater und Kind zum
Ziel hat, wodurch ein Vertrauensverhältnis aufgebaut wird. Bei dem Kind kann der Wunsch entstehen, den
Vater auch außerhalb des geschützten Rahmens – heimlich – zu sehen.

Beim Vater vorgefundene **Nacktaufnahmen eines etwa fünfjährigen Kindes**, die er gegen dessen Willen   37
angefertigt hat, können den Verdacht pädophiler Neigungen begründen und rechtfertigten im konkreten
Fall den Umgangsausschluss schon deshalb, weil das Kind durch die gegen seinen Willen gemachten Fotos
derart verunsichert war, dass es mit Panik auf von der Gutachterin beabsichtigte Fotoaufnahmen reagiert
hat (OLG Oldenburg 4.5.2007 – 11 UF 27/07).

Schließlich kann auch ein **objektiv sexuell übergriffiges Verhalten** gegenüber dem Kind, das für den Um-   38
gangsberechtigten **keinen sexuellen Hintergrund** hat, sondern in seinem Herkunftsland üblich ist – der
aus dem arabischen Raum stammende Vater hat seinem damals achtjährigen Sohn während eines vom
Sachverständigen begleiteten Umgangs mehrfach in den Genitalbereich gefasst, um zu prüfen „ob er schon
ein Mann geworden" sei –, zu einem Umgangsausschluss führen, wenn das Kind durch das übergriffige
Verhalten traumatisiert ist und mit Alpträumen und Ängsten zu kämpfen hat (OLG Hamm 4.4.2011 – 8 UF
161/10). Grund für den Umgangsausschluss ist damit letztlich nicht ein sexueller Missbrauch oder die se-
xualbezogene Handlung, sondern die daraus resultierende Weigerungshaltung des Kindes, die aus seiner
Sicht berechtigt erscheint, so dass es sich um einen Fall des beachtlichen entgegenstehenden Kindeswillens
handelt.

d) Entführungsgefahr. Die konkrete Gefahr einer Entführung, insbesondere wenn in der Vergangenheit   39
bereits eine Entführung stattgefunden hat, kann Grund zum Ausschluss des Umgangs sein. Dass der **Umgangsberechtigte Ausländer** ist, rechtfertigt für sich allein genommen eine Einschränkung des Umgangs
auch dann nicht, wenn er enge Beziehungen zu seinem Heimatland unterhält (MandatFamR Teil 5 Rn 51).
Die in der Praxis häufig gehörte diffuse Angst des Sorgeberechtigten reicht deshalb noch nicht aus. Es bedarf **konkreter Hinweise auf eine tatsächlich geplante Entführung**. Selbst dann reicht in der Regel eine
Beschränkung des Umgangs aus (s. → *Begleiteter Umgang* Rn 14 ff).

e) Obhutswechsel. Werden Kinder aus der Obhut ihrer Eltern herausgenommen und anderweitig unterge-   40
bracht, zB bei Pflegeeltern, wird oftmals eine mehrwöchige Kontaktsperre empfohlen. Es ist jedoch unzulässig, generell einen solchen Kontaktabbruch anzuordnen (OLG Hamm 10.11.2003 – 8 WF 300/03,

FamRZ 2004, 1310). Vielmehr ist eine Einzelfallprüfung erforderlich, ob die **Aufrechterhaltung des Umgangskontaktes während der Integrationsphase** und auch später das Wohl des Kindes gefährdet.

41 Die gesetzliche Vermutung des § 1626 Abs. 3 S. 1 BGB gilt grundsätzlich auch in den Fällen, in denen Eltern die elterliche Sorge oder Teile davon entzogen worden ist, denn in der Regel entspricht es dem Kindeswohl, die familiären Beziehungen aufrechtzuerhalten (BVerfG 29.11.2012 – 1 BvR 335/12, juris, Rn 19). Auf den ersten Blick überrascht dies angesichts der hohen Hürde, die es zu überwinden gilt, bevor ein Kind aus seiner Herkunftsfamilie herausgenommen werden darf. Denn es muss entweder ein Versagen der Erziehungsberechtigten oder drohende Verwahrlosung der Kinder aus anderen Gründen festgestellt werden, was in tatsächlicher Hinsicht oftmals eine gewisse Dramatik in sich birgt. Unjuristisch ausgedrückt muss also einiges, den Kindern nicht Bekömmliches passiert sein. Naheliegend wäre es deshalb, den Umgang in solchen Fällen an strenge Voraussetzungen zu knüpfen. Im Gegensatz dazu gilt jedoch nach den hier zugrunde zu legenden Wertungen des Art. 6 Abs. 3 GG, der den Maßstab für die Inpflegenahme von Kindern gegen den Willen der Eltern bildet, auch für einen Umgangsausschluss ein strenger Maßstab. Denn die Entscheidung über den Umgang von Eltern mit ihrem in einer Pflegefamilie lebenden Kind hängt mit der Aufrechterhaltung der Trennung des Kindes von seinen Eltern aufs Engste zusammen (BVerfG 29.11.2012 – 1 BvR 335/12, juris, Rn 22).

42 **Die Inpflegenahme von Kindern darf nicht schematisch zu einem Umgangsausschluss führen**, da die Maßnahme grundsätzlich als eine vorübergehende angelegt ist, bei der schon von Beginn der Maßnahme an zu prüfen ist, ob eine Familienzusammenführung möglich ist und wie diese erleichtert und gefördert werden kann (OLG Hamm 17.1.2011 – II-8 UF 133/10, FamRZ 2011, 826). So besteht die Verpflichtung, die Zusammenführung des leiblichen Elternteils mit seinem Kind herbeizuführen. Hier kollidieren allerdings die juristische und die pädagogische Sichtweise, da Letztere ein über sechs Monate andauerndes Pflegeverhältnis als auf Dauer angelegt versteht mit dem Ziel, das Kind in die Pflegefamilie zu integrieren.

43 Die Aufrechterhaltung der Familienbande erfolgt zum Wohle des Kindes. Eine Trennung dieses Bandes käme einer **Abschneidung seiner Familienwurzeln** gleich und ist nur unter besonderen Umständen gerechtfertigt (EuGHMR 26.2.2004 – Individualbeschwerde Nr. 74969/01, FamRZ 2004, 1456; BVerfG 14.7.2010 – 1 BvR 3189/09, FamRZ 2010, 1622).

44 Wenn eine Rückführung des Kindes in den Haushalt seiner Eltern oder eines Elternteils nicht in Betracht kommen mag, weil sie erziehungsungeeignet sind, hat der Umgang zumindest das Ziel, einer **wachsenden Entfremdung** vorzubeugen oder – wenn zwischen Eltern(teil) und Kind noch gar keine emotionale Beziehung bestanden hat – eine **Annäherung** herbeizuführen. Ein Umgang dergestalt, dass dem Vater viermal im Jahr Umgangskontakt sowie die Möglichkeit eingeräumt wird, brieflichen Kontakt über den Vormund des vierjährigen Kindes aufzunehmen, käme einem unzulässigen Umgangsausschluss gleich (OLG Hamm 28.2.2011 – II-8 UF 227/10, FamRZ 2011, 1668).

45 Für die Frage, ob Umgang stattfinden kann, in welchem Umfang und unter welchen Bedingungen, kommt es auf das Alter des Kindes, die Dauer seines Aufenthaltes in der Pflegefamilie und die Gründe und Umstände der Inpflegenahme an. Für Kinder, die seit ihrer Geburt in einer Pflegefamilie leben, ist der Umgang anders zu regeln als für Kinder, die vor der Herausnahme in ihrer Herkunftsfamilie aufgewachsen sind und eine Bindung an ihre Eltern haben. Bei vorangegangener Vernachlässigung gilt anderes als bei Kindesmisshandlung oder sexuellem Missbrauch. Der Schutz des Kindes muss eine Beschränkung oder den Ausschluss des elterlichen Umgangsrechtes zur Abwehr einer konkreten Gefährdung seiner seelischen oder körperlichen Entwicklung nach den konkreten Umständen des Einzelfalls erfordern, wobei auch der dem Umgang entgegenstehende Wille des Kindes und die Folgen eines gegen diesen Willen angeordneten Umgangs nicht außer Betracht bleiben dürfen (BVerfG 29.11.2012 – 1 BvR 335/12, juris, Rn 25).

46 Bevor **Umgang bei einer festgestellten Kindeswohlgefährdung ausgeschlossen** werden darf, ist auch hier zu prüfen, ob die Gefahr nicht durch zeitliche Beschränkungen sowie die Anwesenheit einer geschulten Begleitperson gebannt werden kann (BVerfG 28.12.2004 – 1 BvR 2790/04, FamRZ 2005, 173).

f) Loyalitätskonflikt und Entfremdung. Bringen Eltern ihr Kind durch ihr Verhalten in einen Loyalitäts- 47
konflikt, indem sie es **in den Elternkonflikt einbeziehen**, führt dies zu seelischen Belastungen mit der
möglichen Folge einer Gefährdung des seelischen Wohls des Kindes und womöglich einer Weigerungshaltung (s. Rn 14 ff).

Ob es die dem Kindeswohl zuträgliche Lösung ist, den Umgang auszuschließen, darf in Frage gestellt wer- 48
den. Dies ist kaum zu vermitteln, wenn der Betreuungselternteil den Konflikt zu verantworten hat (Brandenburgisches OLG 29.6.2009 – 9 UF 102/08, FamRZ 2009, 1688) oder ein Fall von PAS vorliegt. Eine
Unterbrechung des Kontaktes durch befristeten Umgangsausschluss kann aber zu einer **Stabilisierung des
Kindes** beitragen und die Chance zu einem weniger belasteten Kontakt nach Ablauf der Ausschlussfrist
geben, wenn die Zeit gut genutzt wird, um den Konflikt der Eltern zu bearbeiten.

In Fällen, in denen (auch oder wesentlich) der Umgangsberechtigte den Loyalitätskonflikt verursacht, weil 49
er beispielsweise den Aufenthalt des Kindes bei dem anderen Elternteil nicht akzeptiert, dürfte es keine Alternative geben, um das Kind effektiv zu schützen (OLG Nürnberg 9.8.2007 – 11 UF 305/07, FamRZ 2008,
715; Saarländisches OLG 4.4.2006 – 9 UF 8/06, FamRZ 2007, 495; OLG Hamburg 29.9.2009 – 12 UF
163/08, FamRZ 2011, 822).

g) Krankheit. Ist der Umgangsberechtigte **psychisch oder physisch krank, drogen- oder alkoholabhän-** 50
gig, so besteht die Gefahr, dass er das Kind während des Umgangs nicht ausreichend betreuen und beaufsichtigen kann, oder das Kind aufgrund seiner Verfassung oder seiner Verhaltensweisen ängstigt. Soweit
hierdurch die Erziehungsfähigkeit eingeschränkt oder ausgeschlossen ist, ist zu prüfen, inwieweit durch unbeschränkten Umgang das körperliche oder seelische Wohl des Kindes gefährdet würde.

Wenn der Umgangsberechtigte an einer **ansteckenden Krankheit** leidet und das Kind vor Ansteckung 51
nicht durch weniger einschneidende Maßnahmen ausreichend geschützt werden kann, oder der Umgangsberechtigte nicht bereit oder in der Lage ist, zum Ausschluss der Ansteckungsgefahr die erforderlichen Hy-
gienestandards zu gewährleisten, ist der persönliche Umgang notfalls auszuschließen.

Bei Alkohol- oder Drogenabhängigkeit ist mit **rauschspezifischen Ausfällen** zu rechnen. Auch kann der 52
Umgangsberechtigte das Kind bei der Beschaffung von Drogen in gefährliche Situationen bringen. Und
selbst der nur „kleine Handel am Küchentisch" ist dem Kindeswohl jedenfalls nicht förderlich. Im Ergebnis
Ähnliches gilt bei **feststehender Spielsucht**, wenn die Gefahr besteht, dass der Umgangsberechtigte sich
nicht nur nicht mit dem Kind beschäftigen, sondern auch seine Aufsichtspflicht verletzen wird.

Problematischer und schwieriger einzuschätzen sind die Fälle, in denen der Umgangsberechtigte psychisch 53
krank ist. Psychische Krankheit der Eltern bedeutet für Kinder nicht nur eine erhebliche Belastung und ein
Risiko für ihre Entwicklung (Lau/Lau FamRZ 2011, 862), sondern mitunter eine Gefahr für Leib oder Leben, für die es aber konkrete Anhaltspunkte geben muss. Sind bei dem Kind bereits **Persönlichkeits- oder
Verhaltensstörungen** aufgetreten, als deren Ursache die Krankheit des Umgangsberechtigten mit ausreichender Sicherheit feststeht, oder ist der Umgangsberechtigte infolge seiner Erkrankung nicht in der Lage,
mit den Störungen des Kindes adäquat umzugehen und reicht begleiteter Umgang nicht aus, so ist der persönliche Umgang gänzlich auszuschließen (Brandenburgisches OLG 26.9.2007 – 9 UF 117/07, FamRZ
2008, 716, Schizophrenie).

Regelmäßig wird es in all diesen Fällen aber ausreichen, den Umgang zu beschränken, etwa durch kürzere 54
Umgänge, den Ausschluss von Übernachtungen oder die Anordnung begleiteten Umgangs.

h) Inhaftierung. Inhaftierung des Umgangsberechtigten steht dem Umgang nicht grundsätzlich entgegen, 55
es sei denn, das Kindeswohl wäre gefährdet, weil das **Kind dem Besuch im Gefängnis nicht gewachsen**
ist (AG Pankow-Weißensee 11.8.2004 – 18 F 3766/03). Der betreuende Elternteil hat das Kind auf die Verhältnisse in der JVA und den Kontakt mit dem anderen vorzubereiten (OLG Hamm 6.1.2003 – 8 WF
288/02, FamRZ 2003, 951).

III. Verfahrenshinweise

56 Dem betroffenen Kind ist gem. § 158 Abs. 2 Nr. 5 FamFG ein **Verfahrensbeistand** zu bestellen, wenn der Ausschluss des Umgangs in Betracht kommt.

57 Die Eltern – und auch das Kind – haben **Anspruch auf eine gerichtliche Regelung**. Unzulässig ist daher die bloße Nichtregelung des Umgangs (BGH 27.10.1993 – XII ZB 88/92, FamRZ 1994, 158). Dagegen bedarf es des gerichtlichen Umgangsausschlusses nicht, wenn der Berechtigte von seinem ursprünglichen Begehren Abstand nimmt und seinen Antrag zurücknimmt. Einem gleichwohl gestellten Antrag des betreuenden Elternteils fehlt das Rechtsschutzbedürfnis. Allerdings enthält ein solcher Antrag im Falle eines bereits bestehenden vollstreckbaren Umgangstitels als ein Minus auch das Begehren, dem anderen Elternteil ein Vorgehen hieraus zu verwehren, so dass ein etwaiger Beschluss, der das Umgangsrecht regelt oder eine Vereinbarung der Eltern gerichtlich bestätigt, aufzuheben ist (BGH 11.5.2005 – XII ZB 120/04, FamRZ 2005, 1471).

58 In der Beschlussformel ist festzulegen, dass der **Ausschluss (nur) für eine bestimmte Zeit** gilt (OLG Köln 16.3.2009 – 4 UF 160/08, FamRZ 2009, 1422). Davon kann dann abgesehen werden, wenn das Kind bereits so alt ist, dass eine Änderung der Sachlage vor Eintritt der Volljährigkeit nicht zu erwarten ist.

59 Die Dauer der Aussetzung ist im Übrigen dazu zu nutzen, dass nach Ablauf der Zeit der Umgang möglichst konfliktfrei stattfinden kann (OLG Köln 16.3.2009 – 4 UF 160/08, FamRZ 2009, 1422). Das Gericht sollte also entsprechende **Hinweise auf durchzuführende Maßnahmen** geben.

60 Das Gericht hat die sich aus Art. 8 EMRK ergebende Pflicht, den Ausschluss des Umgangsrechts mindestens **einmal jährlich zu überprüfen**, es sei denn das Kindeswohl wäre schon allein durch die Überprüfung des Umgangs gefährdet. Dies würde längere Überprüfungsfristen rechtfertigen (EuGHMR 21.6.2011 – Beschwerde Nr. 46185/08, FamRZ 2011, 1484).

61 Als Ersatz für persönlichen Umgang (zB bei Gefängnisaufenthalt) kann angeordnet werden, dass Auskunft über die persönlichen Verhältnisse des Kindes erteilt wird, wenn ein berechtigtes Interesse vorliegt (das man wohl grundsätzlich nicht absprechen kann) und die Auskunft dem Kindeswohl nicht widerspricht (Auskunftsrecht nach § 1686 BGB; s. → *Auskunft über die persönlichen Verhältnisse des Kindes* Rn 6, 13). Der betreuende Elternteil kann verpflichtet werden, dem Umgangsberechtigten regelmäßig einen Entwicklungsbericht und aktuelle Fotos zu übersenden (Saarländisches OLG 24.1.2011 – 06 UF 116/10, FamRZ 2011, 1409).

41. Außergewöhnliche Belastung

Perleberg-Kölbel

I. Einführung...................................... 1
II. Außergewöhnliche Belastungen allgemeiner Art 3
  1. Außergewöhnlichkeit......................... 3
  2. Aufwendungen.............................. 4
  3. Zwangsläufigkeit............................ 6
  4. Wirtschaftliche Belastung..................... 7
III. Außergewöhnliche Belastungen in besonderen
  Fällen.. 8
  1. Unterhaltsaufwendungen..................... 9
    a) Gesetzlich unterhaltsberechtigte Personen... 10
    b) Bedürftigkeit............................. 12

    c) Abzugsbetrag............................. 15
    d) Alternative zum Realsplitting............... 21
    e) Versteuerung der Unterhaltszahlungen beim
      Unterhaltsgläubiger........................ 22
    f) Unterhalt von Angehörigen im Ausland...... 23
  2. Freibetrag................................. 29
IV. Pauschbeträge für behinderte Menschen, Hinterbliebene und Pflegepersonen................. 30
  1. Behinderten-Pauschbetrag.................... 31
  2. Hinterbliebenen-Pauschbetrag................ 33
  3. Pflege-Pauschbetrag......................... 34

I. Einführung

Generell dürfen bei der Ermittlung des steuerlichen Einkommens **Aufwendungen für die private Lebens-** 1 **führung** nicht abgezogen werden, § 12 EStG. Dieser Grundsatz wird durch die Möglichkeit des Abzuges von außergewöhnlichen Belastungen nach § 33 EStG unterbrochen. Außergewöhnliche Belastungen können danach vom Gesamtbetrag der Einkünfte abgezogen werden, soweit sie die zumutbare Eigenbelastung des Steuerpflichtigen übersteigen. Keine außergewöhnlichen Belastungen stellen **Betriebsausgaben, Werbungskosten** oder **Sonderausgaben** dar, § 33 Abs. 2 S. 2 EStG. Es ist unerheblich, ob sich diese steuerlich auswirken oder nicht (BFH 23.2.1968 – VI R 131/67, BStBl. II 1968, 406).

Von den außergewöhnlichen Belastungen allgemeiner Art gem. § 33 EStG zu unterscheiden sind die außer- 2 gewöhnlichen Belastungen in besonderen Fällen gem. § 33 a EStG und die Pauschbeträge für behinderte Menschen, Hinterbliebene und Pflegepersonen, § 33 b EStG.

II. Außergewöhnliche Belastungen allgemeiner Art

1. Außergewöhnlichkeit

Wenn einem Steuerpflichtigen zwangsläufig größere Aufwendungen als der überwiegenden Mehrzahl der 3 Steuerpflichtigen gleicher Einkommensverhältnisse, gleicher Vermögensverhältnisse und gleichen Familienstandes entstehen, kann auf Antrag der Teil der Aufwendungen, der die zumutbare Belastung übersteigt, vom Gesamtbetrag der Einkünfte in Abzug gebracht werden, § 33 Abs. 1 EStG. Außergewöhnliche Belastungen sind folglich steuerlich abzugsfähig, wenn Aufwendungen vorliegen, die den Steuerpflichtigen wirtschaftlich belasten. Diese müssen auf einem **außergewöhnlichen Ereignis** basieren, wobei die Beseitigung der Folgen für den Steuerpflichtigen zwangsläufig sein muss. Belastete werden so mit Unbelasteten verglichen. Wenn nahezu alle Steuerpflichtigen betroffen sind (zB bei einer Weltwirtschaftskrise, Ozonloch oder Reaktorunfall) mangelt es an der Außergewöhnlichkeit (Schmidt/Loschelder § 33 EStG Rn 14). Für die steuerliche Behandlung als außergewöhnliche Belastung ist der Zeitpunkt des Abzugs maßgebend.

2. Aufwendungen

Aufwendungen sind zB **Krankheitskosten** (R 33.4 Abs. 1 EStR 2012), also Aufwendungen für ärztliche 4 Behandlungen (zB OP) und Krankenhauskosten. § 64 EStDV regelt den Nachweis der Krankheitskosten. Diese Nachweispflicht ist verfassungskonform (BFH 19.4.2012 – VI R 74/10, NJW 2012, 3261). Aufwendungen für eine künstliche Befruchtung sind ebenfalls als außergewöhnliche Belastungen steuerlich berücksichtigungsfähig (FG Nds. 20.10.2009 – 15 K 495/08, DStRE 2010, 724; BFH 16.12.2010 – VI R 43/10, FamRZ 2011, 562); Gleiches gilt für eine Krebsabwehrtherapie (BFH 2.9.2010 – VI R 11/09, DB 2010, 2650; Hillmer ZFE 2011, 140); ebenso für die Reparatur oder den Umbau des Kfz eines Körperbehinderten (FG Köln 28.4.2009 – K 4748/06, DStR 47/2010, VI; Hillmer ZFE 2011, 140). Auch Kosten für die behinderungsbedingte Heimunterbringung können eine außergewöhnliche Belastung darstellen (BFH 9.12.2010 – VI 14/09, FamRZ 2011, 812; 30.6.2011 – VI R 14/10, DStR 2011, 1755). Hier ist die Haushaltsersparnis zu beachten (FG München 5.11.2008 – 15 K 2814/07, DStRE 2010, 229). Kurkosten sind Aufwendungen iSd § 33 EStG (H 33.1 bis 33.4 EStH), wenn ein Nachweis erbracht wird. Auch die **Zivilprozesskosten** können nach dem durch das Amtshilferichtlinie-Umsetzungsgesetz (BGBl. I 2013, 1809) geänderten § 33 EStG außergewöhnliche Belastung sein. Dem § 33 Abs. 2 EStG wurde der Satz angefügt, dass Aufwendungen für die Führung eines Rechtsstreits (Prozesskosten) vom Abzug ausgeschlossen sind, es sei denn, es handelt sich um Aufwendungen, ohne die der Steuerpflichtige Gefahr liefe, seine Existenzgrundlage zu verlieren und seine lebensnotwendigen Bedürfnisse in dem üblichen Rahmen nicht mehr befriedigen zu können, §§ 33 Abs. 3 a, 52 Abs. 45 EStG neu. Ebenso können Aufwendungen von Eltern für den **Schulbesuch** ihres hochbegabten Kindes medizinisch angezeigt und daher als außergewöhnliche Belastungen abzugsfähig sein (BFH 12.5.2011 – VI R 37/10, NJW 2011, 3183). **Pflegeaufwendungen** (R 33.3 EStR 2012) können sich ebenfalls als außergewöhnliche Belastungen zeigen (BFH 14.4.2011 – VI R 8/10, DStRE 2011, 889). Aufwendungen wegen der Pflegebedürftigkeit sind zB Kosten für eine ambulante Pflegekraft. **Bestattungskosten** sind nur berücksichtigungsfähig, wenn sie den Nachlass übersteigen (H 33.1 bis 33.4 EStH).

5   **Keine außergewöhnliche Belastung** sind die **trennungsbedingten Umgangskosten** (BFH 11.1.2011 – VI B 60/10, FamRZ 2011, 641). Gleiches gilt für **Aufwendungen für Altschulden des Ehegatten** (FG Nds. Becklink 88255) und **Adoptionskosten** (FG Rheinland-Pfalz 15.9.2009 – 3 K 1841/06, DStRE 2010, 469 rkr.; aA FG Baden-Württemberg 10.10.2011 – 6 K 1880/10; aufgrund der Revision steht aber eine Anerkennung der Adoptionskosten – und damit eine Änderung der Rechtsprechung – durch den BFH im Raume; die Frage wurde wegen beabsichtigter Abweichung von der Entscheidung eines anderen BFH-Senats dem Großen Senat vorgelegt: BFH 18.4.2013 – VI R 60/11, DStR 2013, 1779).

3. Zwangsläufigkeit

6   Zur steuerlichen Anerkennung muss eine Zwangsläufigkeit der Aufwendungen hinzutreten, § 33 Abs. 2 EStG. Zu unterscheiden sind hierbei **rechtliche** (gesetzliche Unterhaltspflicht), **tatsächliche** (Krankheit, Unfall und Tod) oder **sittliche Aufwendungen** (Unterstützung bedürftiger Angehöriger). Die Aufwendungen müssen notwendig sein und dürfen einen angemessenen Betrag nicht übersteigen. Aufwendungen des nichtpflegebedürftigen Steuerpflichtigen sind zB nicht zwangsläufig, wenn dieser mit seinem pflegebedürftigen Ehegatten in ein Altenheim zieht und der gemeinsame Haushalt aufgegeben wird (BFH 15.4.2010 – VI R 51/09, DStRE 2010, 865).

4. Wirtschaftliche Belastung

7   Der Steuerpflichtige muss wirtschaftlich belastet sein. Aus dem **Zumutbarkeitsgedanken** ergibt sich für den Steuerpflichtigen, dass er einen bestimmten Teil der Kosten selbst trägt. Eine **Berechnung** erfolgt gem. § 33 Abs. 3 S. 1 EStG. Durch das Steuervereinfachungsgesetz 2011 (BGBl. I 2011, 2131) entfällt die Einbeziehung der der Abgeltung unterliegenden Einkünfte in die Ermittlung infolge des Wegfalls von § 2 Abs. 5 b S. 2 Nr. 2 EStG. Maßgebend sind neben dem Einkommensteuertarif die Kinderzahl und die Höhe der Bemessungsgrundlage. Kinder sind nur berücksichtigungsfähig, wenn der Steuerpflichtige für diese einen Anspruch auf einen Freibetrag nach § 32 Abs. 6 EStG oder einen Kindergeldanspruch nach § 33 Abs. 3 S. 2 EStG hat (s. → *Steuerliche Freibeträge* Rn 15 ff).

III.   Außergewöhnliche Belastungen in besonderen Fällen

8   Fälle von außerordentlichen Belastungen sind **Unterhaltsaufwendungen** nach § 33 a Abs. 1 EStG und der **Freibetrag als Abgeltung des Sonderbedarfs** für ein volljähriges, sich in der Berufsausbildung befindlichen Kindes, das auswärts untergebracht ist, § 33 a Abs. 2 EStG.

1. Unterhaltsaufwendungen

9   Unterhaltsaufwendungen werden nach § 33 a Abs. 1 EStG als außergewöhnliche Belastungen unter den Voraussetzungen anerkannt, dass die unterstützte Person **gesetzlich unterhaltsberechtigt** und **bedürftig**

ist und **kein Anspruch auf einen Freibetrag nach § 32 Abs. 6 EStG oder auf Kindergeld** besteht. Insofern wird ein Ausbildungsbedarf von Kindern abschließend geregelt. Studiengebühren für den Besuch von (privaten) Hochschulen sind weder nach § 33 EStG noch nach § 33 a EStG außergewöhnliche Belastungen (BFH 17.12.2009 – VI R 63/08, FamRZ 2010, 560). Allgemeine Hinweise zur Berücksichtigung von Unterhaltsaufwendungen nach § 33 a Abs. 1 EStG als außergewöhnliche Belastung finden sich im BMF-Schreiben vom 7.6.2010 (IV C 4 – S 2285/07/0006: 001 DOK 2010/04/0415733, BStBl. I 2010, 582). Bei **Selbstständigen** ist die Berechnung der nach § 33 a EStG abziehbaren Unterhaltsleistungen auf der Grundlage eines Dreijahreszeitraums unter Anwendung des In-Prinzips vorzunehmen (BFH 28.3.2012 – VI R 31/11, NJW 2012, 2608).

a) Gesetzlich unterhaltsberechtigte Personen. Eine gesetzliche Unterhaltsberechtigung ergibt sich aus 10 dem BGB. Die Partner einer **eingetragenen Lebenspartnerschaft** sind ebenso gleichgestellt wie Partner einer gleichgeschlechtlichen Lebensgemeinschaft (lebenspartnerschaftsähnliche Gemeinschaft – steuerrechtlich gleichgestellt seit 1.8.2006, vgl BMF-Schreiben v. 7.6.2010 – IV C 4 – S 2285/07/0006 :001/ Dok. 2010/0415733), nicht jedoch Geschwister.

Die Abfindung der Unterhaltsansprüche des geschiedenen oder getrennt lebenden Ehegatten fällt dann un- 11 ter § 33 a Abs. 1 EStG, wenn der Steuerpflichtige dazu verpflichtet ist (BFH 19.6 2008 – III R 57/05, BStBl. II 2009, 365). Auch können Unterhaltszahlungen der getrennt lebenden Ehefrau an die **Schwiegereltern** während des Bestehens der Ehe außergewöhnliche Belastungen sein (BFH 27.7.2011 – VI R 13/10, NJW 2012, 176).

b) Bedürftigkeit. Bedürftig sein bedeutet, über nur geringe eigene Einkünfte und kein oder nur **geringes** 12 **Vermögen** iSd § 33 a Abs. 1 S. 4 EStG (unter 15.500 EUR gem. R 33 a.1 Abs. 2 S. 4 Nr. 1 EStR 2012, Hinweis 33 a.1 EStH 2010) zu verfügen. Durch das Amtshilferichtlinie-Umsetzungsgesetz (BGBl. I 2013, 1809) ist § 33 a Abs. 1 S. 4 EStG dahingehend ergänzt worden, dass ein angemessenes Hausgrundstück iSv § 90 Abs. 2 Nr. 8 SGB XII unberücksichtigt bleibt. Die Angemessenheit bestimmt sich nach der Zahl der Bewohner, dem Wohnbedarf (zum Beispiel behinderter, blinder oder pflegebedürftiger Menschen), der Grundstücksgröße, der Hausgröße, dem Zuschnitt und der Ausstattung des Wohngebäudes sowie dem Wert des Grundstücks einschließlich des Wohngebäudes. Vermögensgegenstände, deren Veräußerung offensichtlich eine Verschleuderung bedeuten würde, und Vermögensgegenstände von besonderem persönlichen Wert (Erinnerungswert) bleiben außer Betracht (R 33 a.1 Abs. 2 S. 4 Nr. 1 und 2 EStR 2012).

Einkünfte iSd § 33 a Abs. 1 S. 5 EStG sind Teile von Leibrenten, die den Besteuerungsanteil nach § 22 13 Nr. 1 S. 3 Buchstabe a Doppelbuchstabe aa EStG übersteigen, der sogenannte Rentenfreibetrag, die Renten aus der gesetzlichen Unfallversicherung, der Wehrsold nach § 3 Nr. 5 EStG, der Versorgungsfreibetrag inkl. Zuschlag nach § 19 Abs. 2 EStG, der Sparerfreibetrag nach § 20 Abs. 4 EStG, die Zuschüsse eines Trägers der gesetzlichen Rentenversicherung zu den Aufwendungen eines Rentners für seine Krankenversicherung, das Wohngeld nach dem Wohngeldgesetz, § 3 Nr. 58 EStG, die pauschal besteuerten Bezüge nach § 40 a EStG und die nach § 3 Nr. 40 und Nr. 40 a EStG steuerfrei bleibenden Beträge.

Keine außergewöhnlichen Belastungen sind wegen geltend gemachter Unterhaltsaufwendungen anzuneh- 14 men, wenn der Unterhaltsempfänger über ein **Kapitalvermögen** in Höhe von mehr als **50.000 EUR** verfügt (BFH 30.5.2008 – III B 55/08, BFH/NV 2008, 1481). Ein angemessenes Hausgrundstück ist **Schonvermögen** (§ 90 Abs. 2 Nr. 8 SGB XII, R 33 a.1 Abs. 2 Nr. 2 EStR 2012, H 33 a. 1 EStH 2010). Das gilt auch für eine angemessene selbstgenutzte Eigentumswohnung (BFH 13. 12.2005 – XI R 5/02, BFH/NV 2006, 1069). Bei der Ermittlung des schädlichen Vermögens nach § 33 a Abs. 1 S. 4 EStG ist das Nettovermögen zu ermitteln, dh das Vermögen, das um Verbindlichkeiten und etwaig bestehende Verwertungshindernisse zu bereinigen ist (BFH 11.2.2010 – VI R 65/08, DStRE 2010, 611). Hier ist der **Verkehrswert** der aktiven Vermögensgegenstände nach dem gemeinen Wert nach dem BewG zu ermitteln. Die **Veräußerung eines Grundstücks** ist zB nicht zumutbar, wenn das schwerbehinderte volljährige Kind für seine Altersvorsorge und zur Abdeckung des Weiteren lebenslangen behinderungsbedingten Mehrbedarfs auf die Nutzung des Grundstücks angewiesen ist. Eine grundsätzlich bestehende vorrangige Vermögensverwertung vor der Inanspruchnahme der Eltern besteht nicht (BFH 11.2.2010 – VI R 61/08, DStRE 2010, 794).

Im Hinblick auf den vorrangigen Einsatz und die Verwertung der eigenen **Arbeitskraft** des Hilfsbedürftigen ist § 33 a Abs. 1 S. 5EStG entsprechend anzuwenden. Eine Bedürftigkeit entfällt danach, wenn der angeblich Unterhaltsberechtigte nicht arbeitet, obwohl er dazu in der Lage ist (R 33 a. 1 Abs. 2 S. 2 EStR). Insofern ist stets auch zu prüfen, ob eine Erwerbsobliegenheit (s. → *Erwerbsobliegenheit*) besteht.

Nach neuerer Rechtsprechung des Bundesfinanzhofes ist eine Bedürftigkeit allerdings nicht mehr typisierend zu unterstellen, sondern **konkret für Sachverhalte im In- oder Ausland zu bestimmen** (BFH 4.8.2011 – III R 48/08, DStR 2011, 1806).

15 **c) Abzugsbetrag.** Ab VZ 2010 beträgt der Abzugsbetrag nach § 33 a Abs. 1 S. 1 EStG höchstens **8.004 EUR** (bis 2009: 7.680 EUR).

16 Übersteigen **eigene Einkünfte des Unterhaltsgläubigers** den Höchstbetrag, mindert sich dieser um den Betrag, der **624 EUR** übersteigt. BaföG-Leistungen (keine Darlehen!) werden in voller Höhe abgezogen. Anzurechnen sind nur eigene Einkünfte und Bezüge der unterhaltsberechtigten Person, soweit sie auf den **Unterhaltszeitraum** fallen, § 33 a Abs. 1 S. 5 EStG. Unterhaltsleistungen, die eine Lebensgefährtin für ein gemeinsames Kind erbringt, sind bei der Ermittlung der anrechenbaren Einkünfte nicht anzusetzen (Hess. FG 12.11.2009 – 3 K 3701/06, EFG 2010, 722 rkr.; Abgrenzung zu BFH 19.6.2002 – III R 28/99, BStBl. II 220, 753).

Durch das Steuervereinfachungsgesetz 2011 (BGBl. I 2011, 2131) entfällt die Einbeziehung der der Abgeltung unterliegenden Einkünfte in die Ermittlung der eigenen Einkünfte und Bezüge infolge des Wegfalls von § 2 Abs. 5 b S. 2 Nr. 2 EStG.

17 Der Höchstbetrag erhöht sich gem. § 33 a S. 2 EStG um die **Kranken- und Pflegeversicherungsbeiträge**, die nicht bereits nach § 10 Abs. 1 Nr. 3 S. 1 EStG berücksichtigt werden (Bürgerentlastungsgesetz Krankenversicherung v. 16.7.2009, BGBl. I, 1959; zu den Auswirkungen auf den Unterhalt: Perleberg-Kölbel FuR 2010, 18).

18 Aus Vereinfachungsgründen werden bei der Feststellung der anrechenbaren Bezüge als **Kostenpauschale insgesamt 180 EUR** im Kalenderjahr abgezogen, wenn nicht höhere Aufwendungen, die im Zusammenhang mit dem Zufluss der entsprechenden Einnahmen stehen, nachgewiesen oder glaubhaft gemacht werden (vgl R 33 a.1 Abs. 3 S. 5 EStR 2012).

19 Bei **mehreren Unterhaltsberechtigten** werden der gem. § 33 a Abs. 1 S. 6 EStG abzugsfähige Betrag und die jeweiligen Einkünfte der unterhaltsberechtigten Personen getrennt ermittelt, wenn mehrere unterhaltsberechtigte Personen in einem gemeinsamen Haushalt leben. Halten sich Kinder in der Haushaltsgemeinschaft auf, können Unterhaltszahlungen für andere Personen der Haushaltsgemeinschaft nur einkommensteuerrechtlich anerkannt werden, wenn die Unterhaltsleistungen den Kindergeldbetrag übersteigen. Sämtliche Unterhaltsleistungen sind **nach Köpfen aufzuteilen**. Für diese Aufteilung sind auch unterhaltene Personen zu berücksichtigen, die nicht unterhaltsberechtigt sind (BMF-Schreiben vom 9.2.2006, BStBl. I 2006, 217 Rn 19).

20 Tragen mehrere Steuerpflichtige zum **Unterhalt derselben Person** bei und haben einen Freibetrag nach § 33 a Abs. 1 EStG, wird bei jedem Steuerpflichtigen der Teil des sich ergebenen Betrags abgezogen, der seinem **Anteil am Gesamtbetrag der Leistungen** entspricht, § 33 a Abs. 1 S. 6 EStG.

21 **d) Alternative zum Realsplitting.** Die steuerliche Abzugsmöglichkeit von Unterhaltszahlungen nach § 33 a Abs. 1 EStG besteht alternativ zum Realsplitting (s. → *Realsplitting/Nachteilsausgleich*). Bei der **Günstigerprüfung** müssen eine hohe Progression des Unterhaltsgläubigers, die Bedeutung des Nachteilausgleichs für den Unterhaltsschuldner, ein voraussichtlich streitiges Verfahren wegen der Zustimmung zum begrenzten Realsplitting und ein Wohnsitz des Unterhaltsgläubigers im (nicht begünstigten) Ausland berücksichtigt werden.

22 **e) Versteuerung der Unterhaltszahlungen beim Unterhaltsgläubiger.** Unterhaltsleistungen, die als außergewöhnliche Belastungen nach § 33 a Abs. 1 EStG behandelt werden, sind keine sonstigen Einkünfte

iSd § 22 Nr. 1 EStG. Eine Versteuerung der Unterhaltsleistungen beim Unterhaltsgläubiger findet nicht statt, weil es am Korrespondenzprinzip fehlt. Demzufolge ist **keine Zustimmung** des Unterhaltsberechtigten erforderlich. Es ist **kein Nachteilsausgleich** anzubieten. (Siehe im Gegensatz hierzu Unterhaltsleistungen als Sonderausgaben nach § 10 Abs. 1 Nr. 1 EStG → *Realsplitting/Nachteilsausgleich* Rn 15).

f) Unterhalt von Angehörigen im Ausland. Unterhaltsleistungen an Angehörige im Ausland haben bestimmte Voraussetzungen zu erfüllen, um als abzugsfähige Aufwendungen anerkannt zu werden. So müssen die Unterhaltsempfänger gegenüber dem Steuerpflichtigen oder seinem Ehegatten nach inländischem Recht unterhaltsberechtigt sein, § 33 a Abs. 1 S. 1 u. 5 Hs 2 EStG (BFH 4.7.2002 – III R 8/01, BStBl. II 2002, 760). Die zivilrechtlichen Voraussetzungen eines Unterhaltsanspruchs, wie **Anspruchsgrundlage**, **Bedürftigkeit** und **Leistungsfähigkeit** (§§ 1601–1603 BGB), müssen vorliegen und beachtet werden. Es ist nach inländischen Maßstäben zu beurteilen, ob der Steuerpflichtige gesetzlich zum Unterhalt verpflichtet ist (BFH 5.5.2010 – VI R 40/09, DB 2010, 2026; zur Ermittlung der Angemessenheit und Notwendigkeit von Unterhaltsleistungen an Unterhaltsempfänger anhand des Pro-Kopf-Einkommens BFH 25.11.2010 – VI R 28/10, BFHE 2011, 571; BFH 16.12.2010 – VI 43/10, FamRZ 2011, 562). Die Bedürftigkeit darf nach der sog. **konkreten Betrachtungsweise** nicht typisierend unterstellt werden, was dazu führt, dass neben den zivilrechtlichen Voraussetzungen auch die **Unterhaltskonkurrenzen** zu prüfen sind (Änderung der Rspr BFH 5.5.2010 – VI R 29/09, DB 2010, 1916; zur Prüfung der Erwerbsobliegenheit der Ehefrau bei Unterhaltszahlungen im Ausland BFH 5.5.2010 – VI R 5/09, NJW 2011, 414). **23**

Keine Unterhaltsempfänger sind Kinder, für die Ansprüche auf Freibeträge für Kinder nach § 32 Abs. 6 EStG oder Kindergeld bestehen, § 33 a Abs. 1 S. 4 EStG, oder nicht dauernd getrennt lebende und nicht unbeschränkt einkommensteuerpflichtige Ehegatten/eingetragene Lebenspartner, mit denen kein Veranlagungswahlrecht nach § 26 Abs. 1 S. 1 iVm § 1 a Abs. 1 Nr. 2 EStG besteht. Ferner darf der geschiedene oder getrennt lebende Ehegatte/eingetragene Lebenspartner des Steuerpflichtigen keinen Sonderausgabenabzug nach § 10 Abs. 1 Nr. 1 iVm § 1 a Abs. 1 Nr. 1 EStG vornehmen (*s.* → *Realsplitting/Nachteilsausgleich*). **24**

Die **Feststellungslast** trägt der Steuerpflichtige, wobei er sich im Hinblick auf die Tatbestände im Ausland in besonderem Maße um eine Aufklärung und Beschaffung geeigneter, in besonderen Fällen auch zusätzlicher Beweismittel gem. § 90 Abs. 2 AO, bemühen muss. Für die Unterhaltsbedürftigkeit der unterhaltenen Personen im Ausland muss **Nachweis** geführt werden, wobei das Verwandtschaftsverhältnis, der Name, der Geburtsort, die berufliche Tätigkeit, die Anschrift, der Familienstand, weitere im Haushalt lebende Personen, Art und Umfang der eigenen Einnahmen einschließlich der Unterhaltsleistungen von dritter Seite und das Vermögen im Kalenderjahr der Unterhaltsleistung anzugeben sind. **25**

Bei **erstmaliger Antragstellung** sind detaillierte Angaben darüber zu machen, wie der Unterhalt bisher bestritten worden ist, welche jährlichen Einnahmen vor der Unterstützung bezogen worden sind, ob eigenes Vermögen vorhanden war und welcher Wert hiervon auf Grundeigentum entfällt. Es müssen **geeignete Unterlagen** vorgelegt werden, zB Steuerbescheide, Rentenbescheide, Verdienstbescheinigungen oder Bescheide der ausländischen Arbeits- oder Sozialverwaltung. Auch sind **Dritte zu benennen**, die zum Unterhalt beitragen, und es sind Angaben zu machen, welche Unterhaltsleistungen diese geleistet haben und ab wann und aus welchen Gründen die unterhaltene Person selbst für ihren Lebensunterhalt aufkommen konnte. Überweisungsbelege dienen als Nachweis (vgl hierzu näher auch BMF-Schreiben v. 7.6.2010 – IV C 4 – S 2285/07/006:001, DOK 2010, 0415753, DStR 2010, 1232). **26**

Unterhaltszahlungen können nicht auf Monate vor der eigentlichen Zahlung zurückbezogen werden (BFH 5.5.2010 – VI R 40/09, BFHE 2010, 123). **27**

Eine Unterhaltsbedürftigkeit von Eltern im Ausland ist **glaubhaft zu machen** (BFH 11.11.2010 – VI R 16/19, FamRZ 2011, 372). **28**

2. Freibetrag

29   Nach § 33 a Abs. 2 EStG wird zur Abgeltung eines Sonderbedarfs eines sich in der Berufsausbildung befindlichen, auswärtig untergebrachten volljährigen Kindes ein Freibetrag gewährt (s. → *Steuerliche Freibeträge* Rn 23 ff).

IV. Pauschbeträge für behinderte Menschen, Hinterbliebene und Pflegepersonen

30   Zu unterscheiden sind der Behinderten-Pauschbetrag nach § 33 b Abs. 3 EStG, der Hinterbliebenen-Pauschbetrag nach § 33 b Abs. 4 EStG und der Pflege-Pauschbetrag nach § 33 b Abs. 6 EStG.

1. Behinderten-Pauschbetrag

31   Behinderte Menschen können anstelle einer Ermäßigung als außergewöhnliche Belastung gem. § 33 EStG einen Behinderten-Pauschbetrag nach § 33 b Abs. 3 EStG geltend machen, wobei sich die Höhe des Pauschbetrags an dem dauernden Grad der Behinderung (GdB) orientiert, § 33 b Abs. 2 EStG. Die genauen Pauschbeträge ergeben sich aus § 33 b Abs. 3 EStG in Höhe von **310–1.420 EUR jährlich**.

32   Für **hilflos behinderte Menschen und für Blinde** erhöht sich der Pauschbetrag nach § 33 b Abs. 3 S. 3 EStG auf **3.700 EUR**. Ein Mensch ist hilflos im Sinne dieser Vorschrift, wenn er für eine Reihe von häufig und regelmäßig wiederkehrenden Sachverhalten zur Sicherung seiner persönlichen Existenz im Ablauf eines jeden Tages fremder Hilfe dauernd bedarf, § 33 b Abs. 6 S. 3 EStG.

2. Hinterbliebenen-Pauschbetrag

33   Wenn an Personen Hinterbliebenenbezüge gezahlt werden, erhalten sie auf Antrag einen Hinterbliebenen-Pauschbetrag in Höhe von **370 EUR**, § 33 b Abs. 4 EStG. Als Nachweis für die Voraussetzungen sind gem. § 65 EStDV der Rentenbescheid eines Versorgungsamtes und nicht der eines Trägers der gesetzlichen Rentenversicherung vorzulegen.

3. Pflege-Pauschbetrag

34   Für den Fall, dass der Steuerpflichtige eine andere Person pflegt, die **nicht nur vorübergehend hilflos** ist, kann er anstelle einer Steuerermäßigung nach § 33 EStG einen Pflege-Pauschbetrag nach § 33 b Abs. 6 S. 1 EStG in Höhe von **924 EUR** jährlich geltend machen.

35   Der Pflege-Pauschbetrag wird nur bei **unentgeltlicher Pflege** gewährt, § 33 b Abs. 6 S. 1 EStG. Ferner muss der Steuerpflichtige seine Pflegeleistungen im Inland entweder in seiner Wohnung oder in der Wohnung des Pflegebedürftigen **persönlich** erbringen. Durch das Amtshilferichtlinie-Umsetzungsgesetz (BGBl. I 2013, 1809) ist § 33 a Abs. 6 S. 5 EStG dahingehend ergänzt worden, dass die Wohnung in einem Staat gelegen sein muss, auf den das Abkommen über den Europäischen Wirtschaftsraum anzuwenden ist.

Eine zeitweise Unterstützung durch eine ambulante Pflegekraft ist unschädlich, R 33 b Abs. 4 EStR 2012.

36   Steuerbegünstigungen des Pflegebedürftigen werden durch die Berücksichtigung des Pflege-Pauschbetrags nicht berührt.

42. Aussteuer/Ausstattung

Caspary

Der Begriff Aussteuer entspricht dem Begriff Ausstattung in § 1374 Abs. 2 BGB. Er ist in § 1624 Abs. 1 1
BGB legaldefiniert. Überwiegend handelt es sich um Hausrat, der einem Kind von seinen Eltern, meist
anlässlich der Verheiratung, zur Führung eines eigenen Haushalts zugewendet wird. Eine Aussteuer oder
Ausstattung **unterliegt dem Zugewinnausgleich** (OLG Celle 29.12.1998 – 19 UF 178/95, FamRZ 2000,
226). Erfolgt die Zuwendung nach der Hochzeit, liegt privilegiertes Vermögen im Sinne von § 1374 Abs. 2
BGB vor (s. → *Zuwendungen Dritter im Zugewinn*), dh die Aussteuer wird dem Anfangsvermögen hinzugerechnet und ist bezogen auf den Tag der Zuwendung zu indexieren (BGH 11.5.2011 – XII ZR 33/09,
FamRZ 2011, 1039) (s. → *Verbraucherpreisindex*). In der Praxis kommt das Problem der Aussteuer eher
selten vor, da es nicht mehr üblich ist, dass Eltern ihre Kinder mit einer Aussteuer oder Ausstattung versehen.

43. BAföG

Conradis

I. Einführung...................................... 1
II. Berücksichtigung des Einkommens des Ehegat-
ten beim BAföG............................... 7
III. Berücksichtigung des Einkommens der Eltern.. 9

1. Berechnung.................................... 9
2. Vorausleistung................................ 12
IV. Berücksichtigung der BAföG-Leistungen beim
Unterhalt..................................... 16

I. Einführung

1   Die Ausbildungsförderung ist vor allem im BAföG geregelt. Die Leistungen der **Berufsausbildungsförde-rung** (BAB) im SGB III sind im Hinblick auf die Berechnung weitgehend dem BAföG angeglichen, so dass eine gesonderte Erörterung der BAB nicht erforderlich ist. Die geförderten Ausbildungsgänge sind im Einzelnen in den §§ 2 ff BAföG geregelt. Schülerförderung ist reduziert auf die Schüler, die nicht bei den Eltern wohnen und von der Wohnung der Eltern aus eine entsprechende zumutbare Ausbildungsstätte nicht erreichen können oder einen eigenen Haushalt führen und verheiratet waren oder sind oder mit einem Kind zusammen wohnen (§ 2 Abs. 1 a BAföG). Die einschränkenden Voraussetzungen sind bei der BAB ähnlich ausgestaltet. Auch im Übrigen gibt es Ausbildungen, die nach keinem Gesetz gefördert werden, zB Ausbildungen im dualen System.

2   Die **Höhe des Förderungsbetrages** richtet sich danach, welche Ausbildung durchgeführt wird und ob der Auszubildende bei seinen Eltern wohnt (§§ 12, 13 BAföG). Für nicht bei ihren Eltern wohnende Studieren-de beträgt der Bedarf seit dem 23. BAföGÄndG vom 24.10.2010 (BGBl. I, 1422):

Grundbedarf	373 EUR
Wohnbedarf	224 EUR
Kranken- und Pflegeversicherung	73 EUR
Summe	670 EUR

Für andere Bildungsgänge sind die Beträge niedriger. So beträgt das sog. Schüler-BAföG für Schüler von Berufsfachschulen monatlich derzeit 216 EUR. In § 14 b BAföG wurde eine **Zusatzleistung** für Auszubil-dende mit einem Kind unter zehn Jahren eingeführt, und zwar: 113 EUR für das erste und je 85 EUR für die weiteren Kinder (unter zehn Jahren). Der Zuschlag wird nur einem Elternteil gewährt (§ 14 b Abs. 1 S. 2 BAföG).

3   Das **Einkommen des Auszubildenden** wird nach § 22 BAföG angerechnet; dabei wird auf die Einkom-mensverhältnisse **im Bewilligungszeitraum** abgestellt. Für den Auszubildenden beträgt der Freibetrag 255 EUR (§ 23 Abs. 1 Nr. 2 BAföG); für Ehegatten werden 535 EUR und für jedes Kind des Auszubilden-den 485 EUR als zusätzlicher Freibetrag berücksichtigt.

4   Das **Vermögen des Auszubildenden** ist bei der Berechnung des Anspruchs zu berücksichtigen. Als Ver-mögen gelten nach § 27 Abs. 1 Nr. 2 BAföG auch Forderungen. Für den Wert des Vermögens wird auf den Zeitpunkt der Antragstellung abgestellt (§ 28 Abs. 2 BAföG), wobei Veränderungen bis zum Ende des Be-willigungszeitraums nicht berücksichtigt werden (§ 28 Abs. 4 BAföG). Ein Vermögenszuwachs nach An-tragstellung hat mithin nur Bedeutung, wenn bei der nachfolgenden Antragstellung für einen weiteren Be-willigungszeitraum das Vermögen noch vorhanden ist.

5   Nach § 29 BAföG haben Auszubildende einen **Freibetrag von 5.200 EUR**; für den Ehegatten und jedes Kind wird ein weiterer Freibetrag von 1.800 EUR eingeräumt. Zur Vermeidung unbilliger Härten kann ein weiterer Teil des Vermögens anrechnungsfrei bleiben (§ 29 Abs. 3 BAföG). Eine unbillige Härte würde es bedeuten, wenn ein kleines selbstbewohntes Eigenheim oder eine entsprechende Eigentumswohnung ver-wertet werden müsste, da ein solches Eigenheim sogar bei Bezug von Arbeitslosengeld II oder Sozialhilfe geschützt ist. Ein weiterer Härtefall kann vorliegen, wenn sich das Vermögen während des Bewilligungs-zeitraums so sehr verringert, dass nun ein Leistungsanspruch gegeben wäre (Ramsauer/Stallbaum/Sternal,

BAföG, 4. Aufl. 2005, § 29 Rn 12). Das den Freibetrag übersteigende Vermögen ist auf den Bewilligungszeitraum zu verteilen und mit dem Anteil für jeden Monat anzurechnen.

Durch den nach § 41 Abs. 4 BAföG zulässigen **Datenabgleich** mit dem Bundesamt für Finanzen erfahren   6
die Ämter, ob sich Vermögensbeträge auf einem Konto des Auszubildenden befinden. Hierbei wird oft eingewandt, dass es sich um ein **Treuhandvermögen** – zumeist der Eltern – handele, welches sich aus steuerlichen Gründen auf dem Konto des Auszubildenden befinde. Es ist in solchen Fällen jedoch nur sehr schwer möglich, darzulegen, dass es sich tatsächlich um Vermögen der Eltern handelt. Wird dieses Vermögen nachträglich dem Leistungsträger bekannt, werden die Leistungen ggf für mehrere Jahre zurückgefordert.

II. Berücksichtigung des Einkommens des Ehegatten beim BAföG

Das Einkommen des **zusammenlebenden Ehegatten** wird bei der Berechnung angerechnet ohne Rück   7
sicht darauf, ob bürgerlich-rechtlich ein Unterhaltsanspruch besteht. Es wird lediglich der Freibetrag in Höhe von 535 EUR (Rn 3) berücksichtigt. Zahlt der zusammenlebende Ehegatte keinen Familienunterhalt bzw den Betrag, der angerechnet wird, besteht keine Möglichkeit der Vorausleistung nach § 36 BAföG, die bei Nichtzahlung des Unterhalts durch Eltern hingegen möglich ist (s. Rn 12).

Das Einkommen des **getrennt lebenden oder geschiedenen Ehegatten** ist nur insoweit von Bedeutung,   8
als dessen tatsächliche Unterhaltsleistung angerechnet wird (§ 23 Abs. 4 Nr. 4 BAföG). Nicht realisierte Unterhaltsansprüche können hingegen nicht angerechnet werden. Die frühere anderweitige Regelung für getrennt lebende Ehegatten hatte das BVerfG 1995 (10.1.1995 – 1 BvL 20/87 und 20/88, FamRZ 1995, 661) für verfassungswidrig erklärt.

III. Berücksichtigung des Einkommens der Eltern

1. Berechnung

Die Anrechnung des Einkommens der Eltern ist von zentraler Bedeutung. Nur in den Fällen des § 11 Abs. 3   9
BAföG – zB bei Besuch eines Abendgymnasiums – bleibt es außer Betracht. Die Freibeträge (§ 25 BAföG) betragen seit der letzten Änderung für:

verheiratete, zusammenlebende Eltern	1.605 EUR
jedes Elternteil in sonstigen Fällen	1.070 EUR

Es wird das Einkommen zugrunde gelegt aus dem **vorletzten Kalenderjahr** vor Beginn des Bewilligungszeitraums (§ 24 Abs. 1 BAföG). Bestimmte Einnahmen gelten nicht als Einkommen (§ 21 Abs. 4 BAföG). Ein Verlustausgleich zwischen verschiedenen Einkommensarten ist nicht möglich (§ 21 Abs. 1 S. 2 BAföG). Wesentliche Einkommenssteigerungen bis zum Bewilligungszeitraum sind unbeachtlich.

Ist das Einkommen im Bewilligungszeitraum voraussichtlich wesentlich geringer, so ist auf Antrag des   10
Auszubildenden – **Aktualisierungsantrag** – von diesem Einkommen auszugehen (§ 24 Abs. 3 BAföG). Als „wesentlich geringer" wurden schon Abweichungen angesehen, die zu einer Änderung des Anrechnungsbetrages von lediglich 15 EUR pro Monat führten.

Für **Geschwister** oder sonstige Personen, gegenüber denen die Eltern zum Unterhalt verpflichtet sind, wer   11
den Freibeträge gewährt. Hierbei kommt es auf die Unterhaltspflicht während des Bewilligungszeitraums an. Einkommen der Unterhaltsberechtigten mindern den Freibetrag. Hier gilt ebenfalls der Bewilligungszeitraum als maßgebende Bezugsgröße.

2. Vorausleistung

Die Vorausleistung ist eine zentrale Nahtstelle zwischen BAföG-Leistungen und Unterhalt. Entgegen dem   12
Wortlaut des § 36 Abs. 1 BAföG wird nach den Vorschriften des Gesetzes kein Unterhaltsbetrag angerechnet. Angerechnet werden vielmehr die „Beträge vom Einkommen der Eltern" (so korrekt in § 50 Abs. 2

Nr. 5 BAföG). Die Vorausleistung ist zu bewilligen, wenn der Auszubildende glaubhaft macht, dass seine Eltern nicht ihrer Unterhaltspflicht nachkommen und daher die **Ausbildung gefährdet** wäre (§ 36 BAföG). Die Vorausleistung soll nicht nur dazu dienen, die zahlungsunwilligen Eltern belangen zu können, sondern es soll auch die Lücke zwischen dem bürgerlichen Unterhaltsrecht und dem Ausbildungsförderungsrecht geschlossen werden. Ergibt sich, dass ein Unterhaltsanspruch nicht (oder nur in geringerem Maße) besteht, erfolgt die Zahlung nur scheinbar als Vorausleistung.

13 Aufgrund der anderweitigen Berechnungsmethoden ergeben sich häufig ganz **erhebliche Unterschiede** zwischen den Berechnungen nach dem BGB und dem BAföG. Einige wichtige Punkte:

– nach § 24 Abs. 1 BAföG wird für die Berechnung das Einkommen des vorletzten Jahres zugrunde gelegt, im BGB hingegen das aktuelle Einkommen;

– im BAföG findet keine Verrechnung mit Verlusten statt, im Unterhaltsrecht hingegen ist dies möglich;

– im BAföG werden Freibeträge berücksichtigt, die unterschiedlich hoch sind; vom übersteigenden Rest muss nur ein Teil eingesetzt werden. Im BGB gibt es einen feststehenden Selbstbehalt, sodann muss das gesamte übersteigende Einkommen für Unterhaltszwecke eingesetzt werden;

– bestimmte Einkünfte werden im BAföG nicht berücksichtigt; im Unterhaltsrecht muss grundsätzlich jedes Einkommen eingesetzt werden;

– die Freibeträge vom Einkommen der Auszubildenden sind im BAföG höher als diejenigen nach der Rechtsprechung im Unterhaltsrecht;

– der Bedarf ist im Unterhaltsrecht in der Regel höher als die Leistungsbeträge nach dem BAföG;

– nach dem BAföG wird eine Einzelberechnung bei getrennt lebenden Eltern vorgenommen; nach § 1606 Abs. 3 S. 1 BGB haften hingegen Eltern anteilig nach ihren Erwerbs- und Vermögensverhältnissen;

– nach § 29 BAföG hat der Auszubildende einen Vermögensfreibetrag von 5 200 EUR. Im Unterhaltsrecht wird zumeist nur ein „Notgroschen" in Höhe des Schonvermögens nach dem SGB XII – zurzeit 1.600 EUR – anerkannt;

– die Berücksichtigung des Vermögens der Eltern ist nunmehr auch bei der Vorausleistung entfallen; im Unterhaltsrecht kann jedoch Unterhalt auch aus Vermögen der Eltern verlangt werden.

14 Der **angerechnete Betrag** stellt also **nicht** den **Unterhaltsanspruch** dar. Dem Auszubildenden kann daher durchaus ein höherer Betrag unterhaltsrechtlich zustehen; die Unterhaltspflicht der Eltern ist mithin nicht auf den Anrechnungsbetrag beschränkt. Macht der Leistungsträger den Unterhalt in Höhe des vorgeleisteten Anrechnungsbetrages geltend, so muss dargelegt und geprüft werden, ob ein Unterhaltsanspruch in dieser Höhe besteht. Bei einem solchen Prozess kann im Übrigen vom Unterhaltspflichtigen eingewandt werden, dass eine unzutreffende Berechnung vorgenommen wurde, der Betrag also falsch berechnet wurde (vgl § 37 BAföG). Dies ist – da auch im BAföG der gesetzliche Übergang die Überleitung abgelöst hat – vom Familiengericht zu überprüfen.

15 Eine Besonderheit besteht, wenn vom Leistungsträger (auch) die Rückforderung von Teilen des Unterhaltsanspruchs verlangt wird, die als Vorausleistung gezahlt wurden. Denn es kann eingewandt werden, dass sich das Amt nicht ausreichend um die Durchsetzung und ggf Vollstreckung des Unterhaltsanspruchs gegen die Eltern bemüht hat; der Rückzahlungsbescheid ist dann insoweit rechtswidrig (OVG Münster 22.1.1997 – 16 A 3619/94, FamRZ 1997, 1183).

IV. Berücksichtigung der BAföG-Leistungen beim Unterhalt

16 Tatsächlich gezahlte BAföG-Leistungen mindern den Unterhaltsanspruch. Der zivilrechtliche Unterhaltsanspruch ist also subsidiär (BGH 19.6.1985 – Ivb ZR 30/84, FamRZ 1985, 916). Die Inanspruchnahme von BAföG-Leistungen ist unterhaltsrechtlich auch zumutbar, soweit es sich um ein Darlehen handelt. Zumutbarkeit nur im Hinblick auf unverzinsliche Darlehen nimmt lediglich die Leitlinie des Kammergerichts (Ziff. 2.4) an, während in allen anderen Leitlinien eine solche Einschränkung nicht vorgenommen wird (jeweils Ziff. 2.4). Folgerichtig ist dem Unterhaltsberechtigten bei Unterlassung einer Antragstellung in Höhe der BAföG-Leistungen ein fiktives Einkommen zuzurechnen (BGH 25.1.1989 – Ivb ZR 31/88, FamRZ

1989, 499). Ändert sich die finanzielle Situation der Eltern, kann das Kind auch verpflichtet sein, die Abänderung eines Bescheides zu beantragen (OLG Karlsruhe 10.2.2009 – 2 WF 6/09, FamRB 2009, 139).

Es besteht hingegen nicht die Obliegenheit, ein **Bildungsdarlehen** nach § 17 Abs. 3 BAföG aufzunehmen, da dieses in vollem Umfang als verzinsliches Darlehen (§ 18 c BAföG) bewilligt wird. Die Rechtsprechung zu den sonstigen Leistungen nach dem BAföG kann daher nicht übertragen werden (OLG Bremen 10.9.2012 – 4 UF 94/12, FamRB 2013, 5).

44. Bedarfsermittlung

Hamm

I. Allgemeines 1
II. Ehegattenunterhalt 2
   1. Eheliche Lebensverhältnisse 2
   2. Umfang des Unterhalts 3
      a) Elementarunterhalt 3
      b) Krankenvorsorgeunterhalt 4
      c) Altersvorsorgeunterhalt 6
      d) Trennungsbedingter Mehrbedarf 9
      e) Sonderbedarf/Verfahrenskostenvorschuss 10
   3. Geldwerte Vorteile 11
      a) Wohnvorteil 11
         aa) Objektive Marktmiete 12
         bb) Angemessene Miete 13
         cc) Nebenkosten 14
         dd) Zins- und Tilgungsleistungen 15
         ee) Veräußerungserlös 16
      b) Sachbezüge des Arbeitgebers 17
      c) Sonstige geldwerte Vorteile/freiwillige
         Zuwendungen Dritter 18
      d) Karrieresprung 19
      e) Renteneinkünfte 20
      f) Zinserträge aus dem gezahlten Zugewinnaus-
         gleich 21
      g) Haushaltstätigkeit für einen neuen Partner . . . 22
      h) Einkünfte aus Schwarzarbeit 24
      i) Berücksichtigungswürdige Schulden 25
   4. Bedarfsermittlung nach Quote oder konkretem
      Bedarf 31
   5. Mindestbedarf 32
   6. Angemessener Lebensbedarf gemäß
      § 1578 b BGB 33

III. Kindesunterhalt 34
   1. Allgemeines 34
      a) Minderjährige Kinder 35
      b) Abgeleiteter Unterhaltsanspruch 36
      c) Mindestunterhalt 39
      d) Mehrbedarf 40
         aa) Überblick 40
         bb) Krankenversicherung 41
         cc) Kinderbetreuungskosten 42
         dd) Sonstiger Mehrbedarf 43
         ee) Anteilige Haftung 44
      e) Sonderbedarf 45
      f) Wechselmodell 47
   2. Volljährige Kinder 48
      a) Allgemeines 48
      b) Abgeleiteter Unterhaltsanspruch 49
      c) Eigene Lebensstellung 50
      d) Mehr- und Sonderbedarf 51
IV. Betreuungsunterhalt nach § 1615 l BGB 52
   1. Allgemeines 52
   2. Lebensstellung des Bedürftigen 53
   3. Eigenes Erwerbseinkommen der Mutter vor
      Geburt des Kindes 54
      a) Unterhaltsanspruch aus früherer Ehe 56
      b) Mindestbedarf 57
      c) Kranken- und Pflegeversicherung/Altersvor-
         sorge 58

I. Allgemeines

1   Die Ermittlung des Bedarfs, somit das **Maß des Unterhalts**, bestimmt sich nach der Art des Unterhaltsanspruchs (Trennungsunterhalt, nachehelicher Unterhalt oder Verwandtenunterhalt). Beim Trennungsunterhalt bestimmt sich der Bedarf gemäß § 1351 Abs. 1 BGB nach den Lebensverhältnissen und Erwerbs- und Vermögensverhältnissen, beim nachehelichen Unterhalt gemäß § 1578 Abs. 1 BGB nach den ehelichen Lebensverhältnissen und beim Verwandtenunterhalt – somit sowohl beim Kindesunterhalt als auch beim Unterhalt gemäß § 1615 l BGB wegen Betreuung eines nichtehelichen Kindes – gemäß § 1610 Abs. 1 BGB nach der **Lebensstellung des Bedürftigen**. Die Lebensverhältnisse und die Lebensstellung bemessen sich dabei nach den wirtschaftlichen Lebensverhältnissen, dh nach den Einkommens- und Vermögensverhältnissen des Bedürftigen und des Berechtigten. Beim Kindesunterhalt ist zwischen abgeleiteter und selbstständiger Lebensstellung des Kindes zu unterscheiden. Wenn das Kind noch keine selbstständige Lebensstellung hat, sind die Lebensstellungen des Verpflichteten und Bedürftigen identisch.

II. Ehegattenunterhalt

1. Eheliche Lebensverhältnisse

2   Der sog. **volle Unterhalt** bestimmt sich nach den ehelichen Lebensverhältnissen und umfasst grundsätzlich den gesamten Lebensbedarf des Unterhaltsberechtigten (s. → *Eheliche Lebensverhältnisse*). Die Anknüpfung an den unbestimmten Rechtsbegriff der „ehelichen Lebensverhältnisse" sollte nach der neueren Rechtsprechung des Bundesgerichtshofs für den unterhaltsberechtigten Ehegatten **keine bleibende Lebensstandardgarantie** begründen, die nur bedingt im Rahmen der Leistungsfähigkeitsprüfung verändert werden könnte (BGH 17.12.2008 – XII ZR 9/07, FamRZ 2009, 411; 17.11.2004 – XII ZR 183/02, FamRZ 2005,

347). Dies ergibt sich aus dem Ziel der Unterhaltsrechtsreform zum 1.1.2008. Die neue Rechtsprechung hat auf die Wandelbarkeit der ehelichen Lebensverhältnisse abgestellt mit der Folge, dass Einkommensänderungen, sowohl nach oben als auch nach unten, bei der Bemessung des Unterhalts grundsätzlich zu berücksichtigen sind. Dies unabhängig davon, ob sie vor Rechtskraft der Ehescheidung oder erst später eingetreten sind. Bei Einkommensentwicklungen nach unten stellt ein unterhaltsbezogenes vorwerfbares Verhalten die Grenze dar (s. → *Eheliche Lebensverhältnisse* Rn 4). Bei Einkommenserhöhungen zieht die Rechtsprechung seit jeher die Grenze bei Einkommensverbesserungen aufgrund eines Karrieresprungs (s. → *Eheliche Lebensverhältnisse* Rn 9). Die Rechtsprechung des Bundesgerichtshofs zu den wandelbaren Lebensverhältnissen führte insbesondere dazu, dass nachträglich hinzugetretene Unterhaltsverpflichtungen bei der Bedarfsbemessung zu berücksichtigen sind (s. → *Eheliche Lebensverhältnisse*). War der Verpflichtete gegenüber zwei Ehegatten bzw. einem Ehegatten und einem Unterhaltsberechtigten nach § 1615 l BGB zum Unterhalt verpflichtet, hat der Bundesgerichtshof für die Bedarfsbemessung die Dreiteilung entwickelt (s. → *Mehrere Bedürftige (Drittelmethode)*). Das Bundesverfassungsgericht hat in seinem Beschluss vom 25.1.2011 entschieden, dass diese Rechtsprechung des Bundesgerichtshofs zur Berechnung des nachehelichen Unterhalts unter Anwendung der sog. Dreiteilungsmethode verfassungswidrig ist (BVerfG 25.1.2011 – 1 BvR 918/10, NJW 2011, 836; s. → *Eheliche Lebensverhältnisse* Rn 6). Damit will das Bundesverfassungsgericht ganz offensichtlich die ehelichen Lebensverhältnisse wieder zu einem im Gesetz nicht vorgeschriebenen Stichtag enden lassen und die Problematik neu hinzugekommener unterhaltsberechtigter Ehegatten in die Leistungsfähigkeit verlagern; darüber hinaus bestünde die Möglichkeit der Absenkung auf den angemessenen Bedarf bzw. der Befristung gemäß § 1578 b BGB, so das Bundesverfassungsgericht.

Mit seiner Entscheidung vom 7.12.2011 hat der Bundesgerichtshof (BGH 7.12.2011 – XII ZR 151/09, FamRZ 2012, 281) deshalb seine **Rechtsprechung** zur Berücksichtigung von nach der Scheidung entstandenen Unterhaltslasten **geändert**. Die neue Rechtsprechung des Bundesgerichtshofs führt zu einer Berücksichtigung neuer Unterhaltsverpflichtungen in zwei Stufen. Zunächst sind die Voraussetzungen zur Bestimmung des Bedarfs mehrerer Ehegatten zu definieren und danach in einer zweiten Stufe die Voraussetzungen zur Leistungsfähigkeit anhand des § 1581 S. 1 BGB zu prüfen. Insbesondere im Hinblick auf die durch das Unterhaltsänderungsgesetz eingeführte neue Rangfolge des § 1609 Nr. 2, 3 BGB ergeben sich systematische Schwierigkeiten (s. → *Eheliche Lebensverhältnisse* Rn 6; s. → *Mehrere Bedürftige (Drittelmethode)*).

2. Umfang des Unterhalts

a) Elementarunterhalt. Der Elementarunterhalt umfasst den **allgemeinen Lebensbedarf** des Unterhaltsbedürftigen, somit alle Lebensbedürfnisse wie Ernährung, Wohnung, Gesundheitspflege und auch geistige sowie kulturelle Bedürfnisse. In seinem konkreten Umfang errechnet er sich entweder aus der jeweiligen Unterhaltsquote (s. → *Unterhaltsberechnung* Rn 1), aus der der allgemeine Lebensbedarf zu bestreiten ist, oder nach der konkreten Bedarfsbemessung (s. → *Sättigungsgrenze/konkrete Einzelbedarfsberechnung*), bei der vom Unterhaltsberechtigten die einzelnen Bedarfspositionen und die dafür anfallenden Kosten darzulegen sind (s. → *Unterhaltsberechnung* Rn 2). Nicht zum Lebensbedarf gehören Aufwendungen für die Vermögensbildung, es sei denn, sie bewegen sich innerhalb der von der Rechtsprechung zugelassenen Altersvorsorge (insgesamt 24 % des Bruttoeinkommens) (s. Rn 6). **3**

b) Krankenvorsorgeunterhalt. Zum Bedarf gehört auch ein **angemessener Krankenversicherungsschutz**, der dem während der Ehe bestehenden entspricht. In der gesetzlichen Krankenversicherung endet die Mitversicherung des unterhaltsberechtigten Ehegatten mit Rechtskraft der Scheidung (§ 9 SGB V). Ein nicht selbstständig versicherter Ehegatte kann innerhalb einer Frist von drei Monaten der gesetzlichen Krankenversicherung als freiwilliges Mitglied beitreten (§§ 9 Abs. 1 Nr. 2 Alt. 1, 185, 188 SGB V). Die Höhe der Beiträge richtet sich nach der jeweiligen Krankenkasse, wobei der Elementarunterhalt die Berechnungsbasis ist. Es ist deshalb, wie auch beim Altersvorsorgeunterhalt, eine zweistufige Berechnung erforderlich, es sei denn, der Elementarunterhalt berechnet sich nach dem konkreten Bedarf (s. → *Unterhaltsberechnung* Rn 4; s. → *Mehrbedarf/Sonderbedarf beim Ehegattenunterhalt* Rn 2). In der privaten **4**

Krankenversicherung kann die Versicherung nach der Scheidung vom Berechtigten selbstständig fortgeführt werden, die Höhe der Beiträge bleibt gleich. In Höhe dieser Prämie des Beitrags besteht ein Krankenvorsorgeunterhaltsanspruch nach den ehelichen Lebensverhältnissen. Beihilfeansprüche im öffentlichen Dienst für Aufwendungen des Ehegatten entfallen mit der Rechtskraft der Scheidung mit der Folge, dass die private Krankenversicherung entsprechend aufgestockt werden muss. Beiträge zur gesetzlichen oder privaten Pflegeversicherung sind wie die Krankenversicherungsbeiträge zu behandeln.

5 Die Bedeutung des Krankenvorsorgeunterhalts wird oftmals unterschätzt. Nach der Scheidung können erhebliche zusätzliche Versicherungskosten entstehen. Der Krankenvorsorgeunterhalt ist ein **selbstständiger Anspruch**. Selbst dann, wenn ein Elementarunterhaltsanspruch aufgrund der Tatsache, dass der allgemeine Lebensbedarf durch eigene Einkünfte gedeckt ist, nicht besteht, kann trotzdem ein Anspruch auf Krankenvorsorgeunterhalt geschuldet sein, wenn sich beispielsweise durch Wegfall der Beihilfeberechtigung die nach der Scheidung auftretenden Krankenversicherungskosten als nachhaltiger ehebedingter Nachteil darstellen (OLG Hamm 18.6.2009 – 2 UF 6/09, NJW-RR 2010, 577). Der Anspruch auf Krankenvorsorgeunterhalt kann gemäß § 1587 b BGB sowohl der Höhe nach **begrenzt** werden, wenn ein den ehelichen Lebensverhältnissen entsprechender Versicherungsschutz in der privaten Krankenversicherung nur mit einem unverhältnismäßig hohen Beitrag zu erreichen ist, als auch zeitlich **befristet** werden, wenn der hieraus sich ergebende erhöhte Bedarf in keinem Zusammenhang mit der gemeinsamen Lebensführung der Ehegatten stand.

6 **c) Altersvorsorgeunterhalt.** Die Kosten einer **angemessenen Altersvorsorge** gehören gemäß §§ 1361 Abs. 1 S. 2, 1578 Abs. 3 BGB ebenfalls zum Unterhaltsbedarf. Dieser ist zusätzlich zu dem Elementarunterhalt zu bezahlen. Altersvorsorgeunterhalt wird grundsätzlich ab Rechtshängigkeit des Scheidungsverfahrens geschuldet, da der Unterhaltsberechtigte ab diesem Zeitpunkt nicht mehr über den Versorgungsausgleich von den bezahlten Beiträgen für die Altersvorsorge profitiert (BGH 22.11.2006 – XII ZR 24/04, FamRZ 2007, 193). In dieser Entscheidung hat der Bundesgerichtshof auch klargestellt, dass der Altersvorsorgeunterhalt für die Vergangenheit nicht erst von dem Zeitpunkt an verlangt werden kann, in dem er ausdrücklich geltend gemacht worden ist. Vielmehr reicht für die Inanspruchnahme des Unterhaltspflichtigen aus, dass von diesem Auskunft mit dem Ziel der Geltendmachung eines Unterhaltsanspruchs als solchem begehrt worden ist. Grundsätzlich ist der Altersvorsorgeunterhalt bis zum Rentenbezugsalter geschuldet. Er entfällt trotz sonstiger Bedürftigkeit schon vorher, wenn der Berechtigte eine die des Verpflichteten übersteigende gesicherte Altersversorgung zu erwarten hat (BGH 20.10.1999 – XII ZR 297/97, FamRZ 2000, 351).

7 Die **Höhe des Altersvorsorgeunterhaltes** richtet sich nach der Höhe des Elementarunterhalts und wird in einer **zweistufigen Berechnung** mittels der **Bremer Tabelle** ermittelt. Hierbei ist zunächst der Elementarunterhalt zu berechnen, der anhand der Bremer Tabelle auf ein fiktives Bruttoeinkommen hochzurechnen ist, aus dem der Beitrag für die gesetzliche Rentenversicherung errechnet wird. In einer zweiten Stufe wird der so ermittelte fiktive Beitrag zur gesetzlichen Rentenversicherung (Altersvorsorgeunterhalt) vor Ermittlung des Elementarunterhalts vom unterhaltsrechtlichen Einkommen in Abzug gebracht und anschließend erneut eine Unterhaltsberechnung vorgenommen (s. → *Unterhaltsberechnung* Rn 4; s. → *Altersvorsorgeunterhalt*). Im Ergebnis teilen sich somit Unterhaltsverpflichteter und Unterhaltsberechtigter die Aufwendungen für den Altersvorsorgeunterhalt. Ermittelt sich der Elementarunterhalt nach dem konkreten Bedarf oder sind zusätzliche Mittel auf Seiten des Unterhaltspflichtigen vorhanden, entfällt die zweistufige Berechnung des Altersvorsorgeunterhalts, der dann zusätzlich zum Elementarunterhalt zu bezahlen ist (BGH 25.10.2006 – XII ZR 141/04, FamRZ 2007, 117). Wird der Altersvorsorgeunterhalt bei einer Unterhaltsberechnung nach konkretem Bedarf geltend gemacht, so ist dessen Höhe nicht durch die Beitragsbemessungsgrenze zur gesetzlichen Rentenversicherung begrenzt (BGH 25.10.2006 – XII ZR 141/04, FamRZ 2007, 117). Außerdem ist zu beachten, dass dem Berechtigten wie auch dem Verpflichteten ein zusätzlicher Altersvorsorgeaufwand von 4 % des Bruttoeinkommens neben der gesetzlichen Altersvorsorge zuzubilligen ist, also über den Betrag der Bremer Tabelle hinaus (BGH 11.5.2005 – XII ZR 211/02, FamRZ 2005, 1899).

Altersvorsorgeunterhalt ist zweckgebunden für die Altersvorsorge zu verwenden. In der **Wahl der Al-** **8** **tersvorsorge** ist der Berechtigte frei. Ein Verstoß gegen die zweckgebundene Verwendung kann im Rentenalter die Rechtsfolge des § 1579 Nr. 4 BGB nach sich ziehen, weil der Unterhaltsberechtigte durch anderweitige Verwendung seines Altersvorsorgeunterhalts seine Bedürftigkeit insoweit mutwillig herbeigeführt hat.

d) Trennungsbedingter Mehrbedarf. Hierbei handelt es sich um erhöhte Kosten, die auf Seiten des Un- **9** terhaltsberechtigten durch die Trennung, insbesondere durch die **doppelte Haushaltsführung**, entstehen können (s. → *Mehrbedarf/Sonderbedarf beim Ehegatten* Rn 5). Er kann damit begrifflich schon für die Bemessung der ehelichen Lebensverhältnisse und somit für die Bedarfsbemessung keine Rolle spielen. In der Praxis ist mit der Geltendmachung von trennungsbedingtem Mehrbedarf deshalb auch zurückhaltend umzugehen. Er ist allenfalls dann geschuldet, wenn zusätzliche nicht prägende Einkünfte, die nicht im Wege der Additions- bzw Differenzmethode verteilt werden, oder Vermögen vorhanden sind (Graba FamRZ 2002, 857). In aller Regel verstößt deshalb die Berücksichtigung von trennungsbedingtem Mehrbedarf gegen den Halbteilungsgrundsatz (BGH 9.6.2004 – XII ZR 308/01, FamRZ 2004, 1357).

e) Sonderbedarf/Verfahrenskostenvorschuss. Hauptfall des Sonderbedarfs bei Unterhaltsansprüchen **10** von Ehegatten ist der Verfahrenskostenvorschuss, der die **Kosten für die Rechtsverfolgung** des Unterhaltsberechtigten, somit seine Anwalts- und Gerichtskosten, umfasst (s. → *Mehrbedarf/Sonderbedarf beim Ehegatten* Rn 8 ff; s. → *Unterhaltsberechnung* Rn 5). Voraussetzung für einen Anspruch auf Verfahrenskostenvorschuss ist neben der Unterhaltsberechtigung als solche, dass der Rechtsstreit eine persönliche Angelegenheit betrifft (OLG Karlsruhe 8.10.2004 – 16 WF 118/04, FamRZ 2005, 1744). Für gerichtliche Auseinandersetzungen im Rahmen von Trennung und Scheidung ist dies regelmäßig der Fall, allerdings nur, solange die Ehe besteht. Bei durchschnittlichen Einkünften des Pflichtigen besteht beim Trennungsunterhalt in der Regel keine Leistungsfähigkeit für einen Verfahrenskostenvorschuss, da die gemeinsamen Einkünfte der Eheleute über den Quotenunterhalt hälftig verteilt werden. Die Zubilligung eines Verfahrenskostenvorschusses neben der Unterhaltsquote führt somit zur Verletzung des Halbteilungsgrundsatzes (OLG München 13.9.2005 – 16 WF 1542/05, FamRZ 2006, 791). Grundsätzlich muss der Halbteilungsgrundsatz gewahrt sein, weshalb es anders als in der Entscheidung des OLG München nicht darauf ankommt, ob es sich um durchschnittliche oder überdurchschnittliche Einkünfte auf Seiten des Pflichtigen handelt. Ein Anspruch auf Verfahrenskostenvorschuss scheidet deshalb immer dann aus, wenn der Unterhalt nach einer Quote bemessen wird und weder nicht prägendes Einkommen noch Vermögen vorhanden ist (OLG Hamm 19.3.2012 – 5 WF 58/12, FamFR 2012, 392). Ein Anspruch auf Verfahrenskostenvorschuss besteht als Teil des Trennungsunterhalts nur, solange die Ehe besteht, somit bis zur Rechtskraft der Scheidung.

3. Geldwerte Vorteile

a) Wohnvorteil. Die ehelichen Lebensverhältnisse werden auch durch die Einkünfte aus vorhandenem **11** Vermögen beeinflusst. Daher ist der geldwerte Vorteil des mietfreien Wohnens bei der Bedarfsermittlung zu berücksichtigen. Bei der **Bemessung des Wohnwerts** (s. → *Wohnwert*) ist danach zu differenzieren, ob noch eine Wiederherstellung der ehelichen Lebensgemeinschaft erwartet werden kann oder eine endgültige Trennung der Eheleute vorliegt, was in aller Regel ab Rechtshängigkeit eines Scheidungsantrags der Fall ist.

aa) Objektive Marktmiete. Ist nicht mehr mit der Wiederherstellung der ehelichen Lebensgemeinschaft **12** zu rechnen, etwa ab Rechtshängigkeit des Scheidungsantrags oder ab einem nach Trennung abgeschlossenen Ehevertrag, bemisst sich der Wohnvorteil nach der objektiven Marktmiete. Ab diesem Zeitpunkt ist dem in der Wohnung verbliebenen Ehegatten die **wirtschaftliche Verwertung des Wohneigentums zuzumuten**; er kann die Wohnung entweder verkaufen oder zur objektiven Marktmiete vermieten. Entscheidet er sich für eine weitere Eigennutzung, muss er sich den objektiven Wohnwert zurechnen lassen (BGH 5.3.2008 – XII ZR 22/06, FamRZ 2008, 963).

Hamm

13 **bb) Angemessene Miete.** Bis zur **Rechtshängigkeit des Scheidungsantrags** oder bis zum Abschluss einer abschließenden Trennungs- und Scheidungsvereinbarung kann noch nicht von einer Pflicht zur Verwertung des Wohneigentums ausgegangen werden, weshalb nicht der volle Wohnwert einer möglicherweise viel zu großen Wohnung berücksichtigt werden kann (BGH 22.4.1998 – XII ZR 161/96, FamRZ 1998, 899). Für diese Zeit des Trennungsunterhalts geht die Rechtsprechung deswegen von einem Mietzins aus, den der Eigentümer sonst auf dem Wohnungsmarkt für eine seinen persönlichen Lebensverhältnissen entsprechende kleinere Wohnung zahlen müsste (BGH 5.3.2008 – XII ZR 22/06, FamRZ 2008, 963). Zur Ermittlung dieses angemessenen Wohnwerts hat der Bundesgerichtshof klargestellt, dass bei der Bemessung des ersparten Mietzinses für eine den ehelichen Lebensverhältnissen entsprechende angemessene Wohnung eine strikte Anknüpfung an durchschnittliche Mietkosten, sog. Drittelobergrenze, nicht zulässig ist. Vielmehr sind die **ersparten angemessenen Mietkosten** nach den individuellen Verhältnissen der Eheleute in dem zu entscheidenden Einzelfall zu ermitteln (BGH 28.3.2007 – XII ZR 21/05, FamRZ 2007, 879).

14 **cc) Nebenkosten.** Da sich die Bemessung des Wohnvorteils danach richtet, inwieweit der Eigentümer wegen der ersparten Miete billiger lebt als ein Mieter, können diejenigen Nebenkosten vom Wohnvorteil in Abzug gebracht werden, die mit dem Eigentum verbunden sind, wenn nicht auch ein Mieter solche Kosten zahlen müsste. Von dem Wohnvorteil dürfen deshalb all diejenigen Kosten abgezogen werden, die nicht nach der 2. Berechnungsverordnung auf einen Mieter umgelegt werden können und deswegen allein einen Eigentümer treffen (BGH 27.5.2009 – XII ZR 78/08, FamRZ 2009, 1300).

15 **dd) Zins- und Tilgungsleistungen.** Der Wohnwert ist grundsätzlich um die Zins- und Tilgungsleistungen für die Finanzierung des Wohnungseigentums zu kürzen (s. → *Zins- und Tilgungsleistungen*). Insoweit ist zu differenzieren, ob es sich bei der Tilgung um eine **unzulässige einseitige Vermögensbildung** handelt, die nur noch dem Eigentümer zu Gute kommt (BGH 28.3.2007 – XII ZR 21/05, FamRZ 2007, 879). Leben die Ehegatten im gesetzlichen Güterstand, so sind auch bei Alleineigentum der Immobilie die Tilgungsleistungen bis zur **Rechtshängigkeit des Scheidungsantrags** abzugsfähig, da der andere Ehegatte an der dadurch betriebenen Vermögensbildung durch den Zugewinnausgleich teilhat. Nach Rechtshängigkeit des Scheidungsantrags sind in der Regel nur noch die Zinsen abzugsfähig (BGH 5.3.2008 – XII ZR 22/06, FamRZ 2008, 963), es sei denn, die Immobilie steht im Miteigentum der Ehegatten. Ist der Zugewinnausgleich vertraglich ausgeschlossen, kommt bei Alleineigentum eines Ehegatten ebenfalls in der Regel nur der Abzug der Zinszahlungen in Betracht. In allen Fällen ist jedoch zu prüfen, ob nicht zum einen die Tilgungsleistung als **weitere zulässige Altersvorsorge** in Höhe von 4 % des Bruttoeinkommens abzugsfähig ist, oder aber die Vermögensbildung bei gehobenen Einkommensverhältnissen im zulässigen Rahmen liegt (BGH 14.1.2004 – XII ZR 149/01, FamRZ 2004, 792; 27.5.2009 – XII ZR 78/08, FamRZ 2009, 1300).

16 **ee) Veräußerungserlös.** Nach der Rechtsprechung des Bundesgerichtshofs sind die aus dem Veräußerungserlös erzielbaren Zinsen oder der Wohnwert eines aus dem Erlös angeschafften neuen Eigentums als **Surrogat** des bisherigen höheren Wohnwerts im Rahmen der Bedarfsermittlung zu berücksichtigen (BGH 1.10.2008 – XII ZR 62/07, FamRZ 2009, 23). Dies gilt auch, wenn die Zinsen aus dem Erlös den früheren Wohnwert übersteigen (BGH 31.10.2001 – XII ZR 292/99, FamRZ 2002, 88). Anders ist zu verfahren, wenn ein Ehegatte den Eigentumsanteil des anderen erwirbt (BGH 1.12.2004 – XII ZR 75/02, FamRZ 2005, 1159). Der hälftige Wohnvorteil, den dieser hinzuerlangt, ist nicht stets mit dem Zinsvorteil identisch, den der andere Ehegatte aus dem Verkaufserlös erzielt. In diesem Fall ist auf die tatsächlichen Verhältnisse abzustellen, dh einerseits sind der Wohnwert und andererseits das an dessen Stelle tretende Surrogat, also die Zinsen, in die Bedarfsberechnung einzubeziehen (BGH 5.3.2008 – XII ZR 22/06, FamRZ 2008, 963).

17 **b) Sachbezüge des Arbeitgebers.** Bei der Ermittlung des Bedarfs ist zu prüfen, ob sich Sachzuwendungen des Arbeitgebers bedarfserhöhend auswirken. Die praktisch bedeutsamste, weil häufigste Sachzuwendung, ist die **Überlassung eines Firmenfahrzeugs zur privaten Nutzung.** Der unterhaltsrechtliche Wert dieser Nutzung ist nach § 287 Abs. 1 ZPO zu schätzen. Er ist nicht identisch mit dem steuerlichen Gehaltsanteil (1 % des Anschaffungspreises zuzüglich Fahrtkostenpauschale) (OLG Bamberg 4.1.2007 – 2 UF 162/06, FamRZ 2007, 1818) und wird durch die mit ihm verbundene Steuermehrbelastung nicht erschöpft (OLG

München 19.2.1999 – 12 UF 1545/98, FamRZ 1999, 1350). Er entspricht vielmehr dem Betrag, den der Unterhaltspflichtige an Kosten für Anschaffung und Unterhaltung eines eigenen Fahrzeugs spart (OLG Karlsruhe 2.8.2006 – 16 WF 80/06, FamRZ 2006, 1759). Der Wert kann **pauschaliert** werden. Je nach Größe und Umfang der Nutzungsmöglichkeit setzt die Rechtsprechung hier einen Nettowert zwischen 150 EUR und 300 EUR an, wobei die Steuermehrbelastung bereits berücksichtigt ist. Nach einer Entscheidung des OLG Hamm soll die steuerliche Pauschalierung von **1 % des Bruttoanschaffungspreises** doch eine geeignete Schätzgrundlage für die unterhaltsrechtliche Bewertung des Gebrauchsvorteils darstellen, da sie in angemessener Weise auf Größe, Komfort und Ausstattung des Pkw abstellt (OLG Hamm 6.8.2007 – 6 UF 42/07, FamRZ 2008, 281). Dies gilt jedoch nicht ausnahmslos, da Sachbezüge des Arbeitnehmers nur in dem Umfang in Geld umzurechnen sind, wie ein sonst aus dem Einkommen zu zahlender Aufwand erspart wird. Die Berechnung eines Vorteils für die Pkw-Nutzung entfällt daher, soweit das dem Unterhaltspflichtigen verbleibende Einkommen eine Pkw-Nutzung nicht zulässt. Übersteigt ein Pkw, den der Unterhaltspflichtige von seinem Arbeitgeber zur Verfügung gestellt bekommt, deutlich das Niveau seiner tatsächlichen Einkommens- und Lebensverhältnisse, ist ein Nutzwert zu schätzen, der in einem **angemessenen Verhältnis zum Einkommen** und der Lebensverhältnisse steht. In dem vom OLG Hamm zu entscheidenden Fall war der Firmen-Pkw deshalb erforderlich, weil der Unterhaltspflichtige im Außendienst tätig war, wo ein repräsentativer Wagen üblich ist, da dadurch auch das Erscheinungsbild des Arbeitgebers geprägt wird. Der Nutzungswert eines solchen Pkw ist hinsichtlich der Größe und Ausstattung somit **aufgedrängt** (OLG Hamm 17.1.2013 – 2 UF 53/12).

c) Sonstige geldwerte Vorteile/freiwillige Zuwendungen Dritter. Freiwillige Zuwendungen Dritter wirken sich nur dann bedarfserhöhend aus, wenn dies ausnahmsweise der **Willensrichtung des Dritten** entspricht, dh wenn der Dritte durch seine Zuwendung den Unterhaltspflichtigen entlasten will. Der Bundesgerichtshof hält seit seiner Grundsatzentscheidung an dieser Rechtsprechung fest (BGH 29.9.1979 – IV ZR 87/79, FamRZ 1980, 40). Begründet wird dies damit, dass freiwillige Leistungen Dritter, die nach dem erkennbaren Willen des Dritten nur den Beschenkten selbst unterstützen, die Bedürftigkeit (s. → *Bedürftigkeit* Rn 15) im Allgemeinen nicht einschränken (BGH 22.2.1995 – XII ZR 80/94, FamRZ 1995, 537). Im Übrigen hat der Leistungsempfänger gegen den Dritten keinen Rechtsanspruch auf Leistung, so dass dieser die Leistung jederzeit wieder einstellen kann. Beispiele für solche freiwilligen Zuwendungen können freies Wohnen (OLG München 4.9.1995 – 12 WF 915/95, FamRZ 1996, 169), die Zurverfügungstellung eines Pkw, die Schenkung eines Urlaubs, aber auch laufende finanzielle Zuwendungen sein. **18**

d) Karrieresprung. Grundsätzlich sind zwar alle vorhandenen Einkünfte in die Bedarfsermittlung mit einzubeziehen, **nacheheliche Einkommenssteigerungen** wirken sich jedoch nur dann bedarfssteigernd aus, wenn ihnen eine Entwicklung zugrunde liegt, die schon aus der Sicht zum Zeitpunkt der Trennung/Scheidung mit hoher Wahrscheinlichkeit zu erwarten war. Ist diese Entwicklung unerwartet und liegt sie außerhalb des Normalverlaufs, ist das Einkommen nur in der Höhe eheprägend und damit bedarfsbestimmend, wie es sich im Zeitpunkt der Trennung/Scheidung dargestellt hat. Eine unerwartete, vom Normalfall erheblich abweichende Entwicklung, sog. Karrieresprung, hat für die Bedarfsbestimmung außer Betracht zu bleiben (ständige Rechtsprechung des Bundesgerichtshofs, BGH 6.2.2008 – XII ZR 14/06, FamRZ 2008, 968; s. → *Eheliche Lebensverhältnisse* Rn 9 ff). **19**

e) Renteneinkünfte. In die Bedarfsermittlung sind auch Renteneinkünfte, gleich ob **vor der Ehe, während der Ehe oder durch den Versorgungsausgleich erworben**, einzubeziehen (BGH 31.10.2001 – XII ZR 292/99, FamRZ 2002, 88). Dies gilt nicht für Renten, die erst nach der Scheidung erworben wurden, zB aus Altersvorsorgeunterhalt. Eine nach Scheidung aufgrund eines Arbeitsunfalls erhaltene Unfallrente soll dann in die Bedarfsermittlung miteinbezogen werden, wenn der Unterhaltsschuldner deswegen seine Berufstätigkeit reduzieren muss (OLG Koblenz 21.10.2002 – 13 UF 130/02, FamRZ 2003, 1106). Interessant, allerdings umstritten, ist in diesem Zusammenhang auch eine Entscheidung des OLG Hamm (12.9.1997 – 5 UF 35/97, FamRZ 1998, 1520). Wenn der Unterhaltsberechtigte die Prämien für eine Lebensversicherung über den Vorwegabzug bei der Unterhaltsberechnung mitfinanziert hat, soll nicht nur der Zinsertrag, sondern auch das Kapital für den Unterhalt einzusetzen sein, und zwar verteilt nach der statistischen Lebenserwartung. Anders muss jedoch vorgegangen werden, wenn im Rahmen des Zugewinnausgleichs auch be- **20**

reits ein Teil dieser Lebensversicherungen ausgeglichen worden ist. Dieser Teil muss auf jeden Fall anrechnungsfrei verbleiben. In die Bedarfsberechnung miteinzubeziehen sind dabei regelmäßig an den Unterhaltsberechtigten erbrachte Leistungen der Krankentagegeldversicherung, die auf während bestehender ehelicher Lebensgemeinschaft erbrachten Betragsleistungen beruhen (BGH 31.10.2012 – XII ZR 30/10, NJW 2013, 461).

21 **f) Zinserträge aus dem gezahlten Zugewinnausgleich.** Zinseinkünfte aus dem Zugewinnausgleich entstehen erst **ab Rechtskraft der Scheidung,** da erst dann ein Zugewinnausgleich fällig ist. Nach der Rechtsprechung des Bundesgerichtshofs sind sie dennoch bei der Bedarfsermittlung zu berücksichtigen, da es keinen Unterschied macht, ob sie nach wie vor von einem Ehegatten erzielt werden oder nach Durchführung des Zugewinnausgleichs auf beide Ehegatte verteilt sind (BGH 4.7.2007 – XII ZR 141/05, FamRZ 2007, 1532).

22 **g) Haushaltstätigkeit für einen neuen Partner.** Weiterhin streitig ist die Behandlung von **fiktiven Einkünften,** die aufgrund der Haushaltstätigkeit für einen neuen Partner als Einkommen angesetzt werden. Der Bundesgerichtshof geht seit seiner Grundsatzentscheidung davon aus, dass ein Einkommen aus späterer Erwerbstätigkeit eines während der Ehe nicht berufstätigen Ehegatten als „Surrogat der Hausarbeit" als prägendes Einkommen zu berücksichtigen ist (BGH 13.6.2001 – XII ZR 343/99, FamRZ 2001, 986). Das spätere Arbeitseinkommen tritt also an die Stelle der Hausarbeit. Diese Rechtsprechung soll auch auf Versorgungsleistungen anwendbar sein, die ein geschiedener Unterhaltsberechtigter für einen neuen Partner erbringt (BGH 5.5.2004 – XII ZR 132/02, FamRZ 2004, 1173). Auch diese Versorgungsleistungen, also die Hausarbeit für den neuen Partner, sollen ein Surrogat der während der Ehe erbrachten Versorgungsleistungen und damit eheprägend sein.

23 Gerhardt hat darauf hingewiesen, dass diese Rechtsprechung in sich nicht konsequent ist und insbesondere der Ansatz der Versorgungsleistungen als eheprägend in der Praxis auf Unverständnis stößt (Gerhardt FamRZ 2004, 1545). Auch das OLG München geht davon aus, dass das Zusammenleben mit einem neuen Partner unterhaltsrechtlich nur in Form eines Ansatzes für **ersparte Aufwendungen** Berücksichtigung finden kann, die als **nichtprägend** anzusetzen sind (OLG München 26.11.2004 – 16 UF 1631/04, FamRZ 2005, 713). Diesem Einwand ist der Bundesgerichtshof unter dem Hinweis auf den Surrogatsgedanken jedoch mit dem überzeugenden Argument begegnet, dass nicht die neue Haushaltsführung, sondern die Haushaltstätigkeit und Kindererziehung während der Ehe eheprägend sind und die spätere Tätigkeit in der neuen Lebensgemeinschaft lediglich der Bemessung dieser ehelichen Lebensverhältnisse dient (BGH 5.5.2004 – XII ZR 132/02, FamRZ 2004, 1173).

24 **h) Einkünfte aus Schwarzarbeit.** Einkünfte aus Schwarzarbeit stellen **prägendes Einkommen** dar und sind somit in die Bedarfsermittlung miteinzubeziehen (OLG Zweibrücken OLGReport 2002, 106; Kleffmann FuR 2003, 161). Da die gesetzeswidrige Tätigkeit unterhaltsrechtlich jederzeit folgenlos beendet werden darf, ist das Einkommen aus Schwarzarbeit für die Unterhaltsberechnung zu bereinigen um den Betrag, der bei ordnungsgemäßer Versteuerung in Abzug zu bringen wäre, so dass das dann verbleibende Nettoeinkommen das maßgebliche unterhaltsrechtlich relevante Einkommen darstellt (OLG Brandenburg 26.7.2012 – 9 UF 292/11, NJW 2012, 3186).

25 **i) Berücksichtigungswürdige Schulden.** Schulden mindern das Einkommen und damit den Bedarf, soweit sie berücksichtigungswürdig sind (BGH 6.2.2002 – XII ZR 20/00, FamRZ 2002, 536; Gerhardt FamRZ 2007, 945). In erster Linie stellt sich die Frage der Anrechenbarkeit beim Unterhaltspflichtigen, da nur er aus seinem laufenden Einkommen vorhandene Kredite bezahlen wird. Soweit der Berechtigte eigenes Einkommen hat, gelten für ihn die gleichen Grundsätze. Zu differenzieren ist zunächst, ob es sich um nicht vermögensbildende Schulden handelt, somit um **Konsumkredite,** in die Ehe mitgebrachte Schulden, Schulden aus Überziehungskrediten etc. oder um **Verbindlichkeiten zur Vermögensbildung.** Weiter ist zu unterscheiden, ob es sich um Schulden **aus der Ehezeit** handelt, oder ob sie erst **nach der Trennung bzw Scheidung** neu entstanden sind. Außerdem ist bei einseitig vermögensbildenden Schulden zwischen Zins und Tilgung zu differenzieren (s. Rn 15).

Hamm

Bei der **Bedarfsermittlung** sind zunächst alle **bis zur Trennung entstandenen Verbindlichkeiten** be- 26
rücksichtigungswürdig, da sie die in der Ehe vorhandenen Mittel eingeschränkt haben (OLG Hamm
23.8.1993 – 4 UF 418/92, FamRZ 1994, 446). Dies gilt generell für die nicht vermögensbildenden Kredite,
ebenso für Abzahlungen, die der gemeinsamen Vermögensbildung dienen, zB Hausschulden (BGH
22.4.1998 – XII ZR 161/96, FamRZ 1998, 899). Maßgebend ist, ob die Verbindlichkeit mit ausdrücklicher
oder stillschweigender Billigung des Ehepartners begründet bzw in die Ehe mitgebracht wurde.

Alle **bis zur Trennung aufgenommenen Konsumkredite** sind grundsätzlich berücksichtigungswürdig, 27
wobei es nicht darauf ankommt, wer einen mit dem Konsumkredit angeschafften Gegenstand, zB einen
Pkw, nach der Trennung behalten hat (OLG München 24.6.1994 – 12 UF 895/94, FamRZ 1995, 233). Derartige Kredite sind auch dann berücksichtigungswürdig, wenn sie nur von einem Ehegatten eingegangen
wurden. Des weiteren sind Kredite wegen Überziehung des Girokontos bis zur Trennung, Steuerschulden
aus dem Veranlagungszeitraum bis zur Trennung, Kredite für Schadenersatzleistungen und voreheliche
Verbindlichkeiten, die in der Ehe weiter abbezahlt wurden, berücksichtigungsfähig. Zu berücksichtigen
sind nach der Rechtsprechung des Bundesgerichtshofs bei der Bedarfsermittlung auch alle **erst nach Trennung und Scheidung einseitig entstandenen Schulden**, soweit sie **nicht leichtfertig** eingegangen worden
sind (BGH 15.3.2006 – XII ZR 30/04, FamRZ 2006). Maßgebend für diese Verbindlichkeiten ist nicht, ob
sie einen Bezug zur Ehe haben, somit eheprägend sind, sondern nach der Rechtsprechung des Bundesgerichtshofs allein ihre Berücksichtigungswürdigkeit. Nach der Trennung/Scheidung nicht vorwerfbar entstandene Verbindlichkeiten führen deshalb zu einer **Korrektur des Bedarfs** und sind nicht erst bei der
Leistungsfähigkeit zu prüfen (BGH 9.6.2004 – XII ZR 308/01, FamRZ 2004, 1357). Der Bedürftige muss
somit ein durch **nicht vorwerfbare neue Schulden** geringeres Einkommen bereits bei der Bedarfsbemessung anerkennen. Aus Gleichheitsgründen gilt dies nicht nur beim Pflichtigen, sondern auch beim Bedürftigen. Eine Ausnahme besteht nur, wenn der Pflichtige über nicht prägende Einkünfte verfügt, zB durch einen Karrieresprung (s. → *Eheliche Lebensverhältnisse* Rn 9 ff). Die höheren Ausgaben sind dann aus diesen nicht prägenden Einkünften zu bezahlen, weil dadurch der Halbteilungsgrundsatz nicht verletzt wird
(BGH 17.12.2008 – XII ZR 9/07, FamRZ 2009, 411). Bei den nicht leichtfertig eingegangenen Schulden
ist ein **strenger Maßstab** anzulegen. Es dürfen auch keine anderweitigen Mittel zur Deckung dieser notwendigen Ausgaben vorhanden sein. Die Kreditaufnahme muss zudem auch der Höhe nach notwendig
sein. Dies ist zu bejahen bei trennungsbedingten Krediten zur Finanzierung des Umzugs, des notwendigen
Mobiliars oder für den Kauf eines gebrauchten Pkw bei einem mit öffentlichen Verkehrsmitteln nicht erreichbaren Arbeitsplatz (s. → *Mehrbedarf/Sonderbedarf beim Ehegattenunterhalt* Rn 5).

Sonstige Schulden, die nach der Trennung/Scheidung entstanden und nicht berücksichtigungswürdig sind, 28
können dagegen weder beim Bedarf noch bei der Bedürftigkeit oder Leistungsfähigkeit als Abzugsposten
anerkannt werden. Nicht berücksichtigungswürdig trotz Aufnahme in der Ehezeit sind einseitige Verbindlichkeiten aus der Ehezeit, die **leichtfertig und für luxuriöse Zwecke** oder **ohne verständlichen Grund**
eingegangen wurden (BGH 25.10.1995 – XII ZR 247/94, FamRZ 1996, 160). Hierunter fallen zB Kredite
für Spielschulden, Spekulationen, einseitig teure Hobbys oder Reisen. Bei den den Bedarf bestimmenden
ehelichen Lebensverhältnissen ist auf einen objektiven Maßstab abzustellen (BGH 4.7.2007 – XII ZR
141/05, FamRZ 2007, 1532). Dies hat auch für Ausgaben zu gelten.

Verbindlichkeiten aus der Ehezeit, die allein der einseitigen Vermögensbildung dienen, sind bei der Be- 29
darfsermittlung beim gesetzlichen Güterstand ab **Rechtshängigkeit des Scheidungsverfahrens**, bei **Gütertrennung** ab der Trennung nur noch mit den Zinsen, dagegen nicht mehr mit der Tilgung zu berücksichtigen, es sei denn, die Höhe der Tilgungsleistungen bewegt sich im Rahmen der von der Rechtsprechung
für zulässig befundenen sekundären Altersvorsorge in Höhe von insgesamt 24 % des Bruttoeinkommens
(BGH 28.3.2007 – XII ZR 21/05, FamRZ 2007, 879). **Unterhalt geht der Vermögensbildung vor.** Ein
Ehegatte muss sich ab dem Zeitpunkt, an dem er an der Vermögensbildung nicht mehr partizipiert, nicht
über einen reduzierten Unterhalt an der Vermögensbildung des anderen Ehegatten beteiligen (BGH
5.3.2008 – XII ZR 22/06, FamRZ 2008, 963). Es kommt somit nicht darauf an, dass die Mittel für die Tilgung in der Ehe zur Lebensführung nicht zur Verfügung standen, sondern alleine darauf, ob der andere
Ehegatte noch an der einseitigen Vermögensbildung partizipiert (BGH 5.3.2008 – XII ZR 22/06, FamRZ

2008, 963). Dadurch kann es auch zu keiner **Doppelverwertung** der Tilgung im Zugewinn und Unterhalt kommen (eingehend Gerhardt/Schulz FamRZ 2005, 317). Bei Abzahlungen zur gemeinsamen Vermögensbildung gilt dies nicht. Sie sind stets als Abzugsposten zu berücksichtigen, da sie beiden Ehegatten zu Gute kommen. Einseitig vermögensbildende Kredite, die erst nach Trennung/Scheidung aufgenommen werden, sind nie unumgänglich. Abzugsposten sind damit nur die Zinsen, nicht die Tilgung (BGH 11.5.2005 – XII ZR 211/02, FamRZ 2005, 1817).

30 Sind die Schulden getilgt, entfallen sie als Abzugsposten, wodurch sich der Bedarf erhöht. Dies gilt auch bei **vorzeitiger Tilgung** eines Darlehens (BGH 22.4.1998 – XII ZR 161/96, FamRZ 1998, 899), ebenso bei vorzeitiger Rückzahlung oder Reduzierung von vermögensbildenden Verbindlichkeiten, zB Hausschulden (BGH 28.3.2007 – XII ZR 21/05, FamRZ 2007, 879).

4. Bedarfsermittlung nach Quote oder konkretem Bedarf

31 Maßstab für die Unterhaltsberechnung (s. → *Unterhaltsberechnung*) aus den bedarfsbestimmenden Einkünften ist der **Halbteilungsgrundsatz**, denn beide Ehegatten haben am ehelichen Lebensstandard in gleicher Weise Anteil (BGH 15.3.2006 – XII ZR 30/04, FamRZ 2006, 683; BVerfG 25.1.2011 – 1 BvR 918/10, FamRZ 2011, 537). Bei Einkünften aus Erwerbstätigkeit werden zudem die berufsbedingten Aufwendungen in Abzug gebracht sowie ein Erwerbstätigenbonus von 1/10 in Süddeutschland bzw 1/7 in einigen norddeutschen OLG-Bezirken (s. → *Erwerbstätigenbonus*). Bei der **konkreten Bedarfsberechnung** muss der Unterhaltsberechtigte seinen konkreten eheangemessenen Unterhaltsbedarf im Einzelnen derart darstellen, dass er nach § 287 ZPO geschätzt werden kann (s. → *Sättigungsgrenze/konkrete Einzelbedarfsberechnung*; s. → *Unterhaltsberechnung* Rn 2). Bei der konkreten Bedarfsermittlung kommt es nicht nur darauf an, wie die Ehegatten ihr Konsumverhalten tatsächlich gestaltet haben, vielmehr ist nach ständiger Rechtsprechung des Bundesgerichtshofs ein **objektiver Maßstab** anzulegen und derjenige Lebensstandard entscheidend, der vom Standpunkt eines vernünftigen Betrachters bei Berücksichtigung der konkreten Einkommens- und Vermögensverhältnisse angemessen erscheint. Demnach ist eine übertrieben sparsame Lebensführung innerhalb der Ehe genauso außer Betracht zu lassen wie ein verschwenderischer übertriebener Aufwand (ständige Rechtsprechung des Bundesgerichtshofs, zB BGH 4.7.2007 – XII ZR 141/05, FamRZ 2007, 1532). Grund für die konkrete Bedarfsermittlung bei besonders günstigen Einkommensverhältnissen ist die Tatsache, dass ein Teil des Einkommens auch während des Zusammenlebens der Vermögensbildung diente und damit für den Unterhaltsbedarf nie zur Verfügung stand (BGH 11.8.2010 – XII ZR 102/09, NJW 2010, 3372).

5. Mindestbedarf

32 In seiner neueren Rechtsprechung hat der Bundesgerichtshof für den Unterhaltsanspruch nach § 1615 l BGB einen Mindestbedarf (s. → *Mindestbedarf*) in Höhe des **nach sozialrechtlichen Maßstäben zu bemessenden Existenzminimums** akzeptiert (BGH 16.7.2008 – XII ZR 109/05, FamRZ 2008, 1739). Mit seinem Urteil vom 16.12.2009 hat der Bundesgerichtshof den Mindestbedarf auch für den Ehegattenunterhalt bejaht (BGH 16.12.2009 – XII ZR 50/08, FamRZ 2010, 357). Während auf Seiten des Unterhaltspflichtigen der Selbstbehalt den jeweils notwendigen Bedarf sichert, ist spiegelverkehrt auch beim Unterhaltsberechtigten ein notwendiger Mindestbedarf als unterste Grenze anzusetzen. Selbst bei einem unzureichenden Einkommen ist über die Aufstockung der Sozialhilfe ein das Existenzminimum sicherndes Einkommen zu erreichen, so dass der notwendige Bedarf nicht geringer sein kann. Zugleich sichert der dem Unterhaltspflichtigen zu belassende Selbstbehalt einen den Mindestbedarf übersteigenden Anteil am Einkommen, da der Mindestbedarf nicht mit dem Selbstbehalt eines Unterhaltsschuldners beim Ehegattenunterhalt gleichzusetzen ist. In der Regel wird er bei einem alleinerziehenden Elternteil mit dem Betrag pauschaliert, der für den nicht erwerbstätigen Unterhaltsschuldner gilt, zurzeit 800 EUR (Süddeutsche Leitlinien Ziffer 15, Stand 1.1.2013). Bei einem alleinstehenden Berechtigten kann er auch unterhalb dieses Betrags liegen, bei unvermeidbar hohen Wohnkosten auch darüber. Die Pauschalierung des Mindestbedarfs schließt den Nachweis eines geringeren oder höheren Bedarfs nicht aus.

6. Angemessener Lebensbedarf gemäß § 1578 b BGB

Der Maßstab des angemessenen Lebensbedarfs, der nach § 1578 b Abs. 1 BGB die **Grenze für die Herab-**   33
setzung des nachehelichen Unterhalts (s. → *Unterhaltsbegrenzung*) bildet, bemisst sich dabei nach dem
Lebensstandard, welchen der unterhaltsberechtigte Ehegatte **ohne die Ehe und Kindererziehung** aus eigenen Einkünften zur Verfügung hätte (BGH 20.10.2010 – XII ZR 53/09, FamRZ 2010, 2059). Die besseren Verhältnisse des anderen Ehegatten sind für den sich nach der eigenen Lebensstellung des Unterhaltsberechtigten zu bemessenden Bedarf ohne Bedeutung (BGH 10.11.2010 – XII ZR 197/08, FamRZ 2011,
192). Durch die Regelung des § 1578 b BGB wird dafür gesorgt, dass nach Ablauf einer Übergangsphase
keine fortgesetzte Teilhabe am ehelichen Lebensstandard stattfindet. Der Berechtigte soll allerdings auch
nicht schlechter stehen, als er ohne die Ehe stehen würde. Deshalb muss die voraussichtliche weitere Entwicklung seines Lebensstandards ohne die Ehe berücksichtigt werden. Erzielt der Unterhaltsberechtigte eigene Einkünfte, die seinen angemessenen Unterhaltsbedarf erreichen, oder könnte er solche Einkünfte erzielen, kann dies im Rahmen der Billigkeitsabwägung nach einer Übergangszeit, in der er sich nach gescheiterter Ehe von den ehelichen Lebensverhältnissen auf den Lebensbedarf nach den eigenen Einkünften
umstellen kann, zum vollständigen Wegfall des nachehelichen Unterhalts in Form einer Befristung führen
(BGH 14.10.2009 – XII ZR 146/08, FamRZ 2009, 1990). Erzielt er hingegen lediglich Einkünfte, die den
angemessenen Unterhaltsbedarf nach § 1578 b BGB nicht erreichen, scheidet eine Befristung des Unterhaltsanspruchs regelmäßig aus. Auch dann kann der Unterhalt nach einer Übergangszeit jedoch bis auf den
angemessenen Bedarf herabgesetzt werden, der sich aus der Differenz des angemessenen Unterhaltsbedarfs
mit dem erzielten oder erzielbaren eigenen Einkommen ergibt, was freilich voraussetzt, dass der eheangemessene Bedarf den angemessenen Bedarf übersteigt (BGH 14.10.2009 – XII ZR 146/08, FamRZ 2009,
1990). Die Untergrenze der Herabsetzung nach § 1578 b Abs. 1 BGB stellt das zu bemessende Existenzminimum (BGH 28.4.2010 – XII ZR 141/08, FamRZ 2010, 1057). Dies leitet der Bundesgerichtshof aus dem
Begriff der Angemessenheit ab. Dieses entspricht nach der neueren Rechtsprechung des Bundesgerichtshofs dem notwendigen Selbstbehalt eines nichterwerbstätigen Unterhaltpflichtigen von derzeit 800 EUR
monatlich (BGH 17.2.2010 – XII ZR 140/08, FamRZ 2010, 629). Soweit die Begrenzung oder Befristung
mangels eines ehebedingten Nachteils ausscheidet, ist das Kriterium der „Nachehelichen Solidarität" als
ein weiteres Billigkeitskriterium zu prüfen (s. → *Nacheheliche Solidarität*).

III. Kindesunterhalt

1. Allgemeines

Das **Maß** des Kindesunterhalts richtet sich als Verwandtenunterhalt gemäß § 1610 Abs. 1 BGB nach der   34
Lebensstellung des Bedürftigen. Dabei ist grundsätzlich zwischen minderjährigen und volljährigen Kindern zu unterscheiden.

a) Minderjährige Kinder. Der Unterhaltsbedarf minderjähriger Kinder richtet sich aufgrund der fehlen-   35
den eigenen Lebensstellung nach der **Lebensstellung ihrer Eltern.** Dabei ist für die Zeit ab 1.1.2008 allerdings der in § 1612 a BGB neu geregelte Mindestunterhalt zu beachten (s. → *Mindestunterhalt*).

b) Abgeleiteter Unterhaltsanspruch. Minderjährige Kinder leiten ihren Unterhaltsanspruch von ihren El-   36
tern ab, weil sie sich noch in der Ausbildung befinden, die ihnen regelmäßig **keine eigene Lebensstellung**
gewährt (BGH 6.2.2002 – XII ZR 20/00, FamRZ 2002, 536). Dabei ist grundsätzlich auf beide Elternteile
abzustellen. Aufgrund der **Gleichwertigkeit von Betreuungs- und Barunterhalt** erfüllt der betreuende
Elternteil seine Unterhaltpflicht durch Pflege und Erziehung des Kindes (§ 1606 Abs. 3 S. 2 BGB). Das
bedeutet, dass sich der Barunterhalt in der Regel nur nach den wirtschaftlichen Verhältnissen des barunterhaltspflichtigen Elternteils bemisst (Wendl/Klinkhammer in: Wendl/Dose § 2 Rn 206). Die Ausnahmebe-
stimmung des § 1603 Abs. 2 S. 3 BGB trifft dann ein, wenn die Einkommensunterschiede des betreuenden
bzw des nicht betreuenden Elternteils so erheblich sind, dass der nicht betreuende vom Barunterhalt freizustellen ist; Erheblichkeit meint hier nach ständiger Rechtsprechung ein dreifach höheres Einkommen des
betreuenden Elternteils (OLG Naumburg 2.8.2012 – 8 UF 102/12, FamRZ 2013, 796). Zusätzlich bemisst

sich die abgeleitete Lebensstellung des minderjährigen Kindes auch nach dem erreichten Lebensalter des Kindes.

37 Nach ständiger Rechtsprechung ist der Barunterhaltsbedarf eines minderjährigen Kindes deswegen der **Düsseldorfer Tabelle** zu entnehmen, die in ihren Einkommensgruppen auf das Einkommen des barunterhaltspflichtigen Elternteils und zusätzlich pauschalierend auf drei verschiedene Altersstufen des unterhaltsberechtigten Kindes abstellt. Bei diesen Unterhaltssätzen handelt es sich um richterliche Erfahrungswerte, die mit zunehmenden Einkünften des Pflichtigen auch einen gehobenen Unterhaltsbedarf des berechtigten Kindes abdecken, jedenfalls soweit das Grundbedürfnisse wie Nahrung, Kleidung, Wohnbedarf, Schulbedarf, Aufwendungen für Freizeit, Urlaub etc. betrifft (OLG Hamm 27.5.2010 – 3 UF 234/09, FamRZ 2010, 2080).

38 Liegt das Einkommen des barunterhaltspflichtigen Elternteils **erheblich über der höchsten Einkommensstufe der Düsseldorfer Tabelle**, kommt eine (maßvolle) Erhöhung der Tabellensätze bzw eine **konkrete Bedarfsberechnung** in Betracht. Insoweit ist Zurückhaltung geboten, da die Lebensstellung eines Kindes in erster Linie durch sein Kindsein geprägt wird. Für die Ermittlung des Bedarfs eines minderjährigen Kindes ist aber auch dessen Lebensalter zu berücksichtigen, wie aus § 1612 a BGB ersichtlich ist. Das bedeutet, dass Unterhaltsgewährung von Kindern stets die Befriedigung ihres gesamten, auch eines gehobenen Lebensbedarfs, nicht aber Teilhabe am Luxus der Eltern bedeutet. Auch in besten Verhältnissen lebende Eltern schulden dem Kind nicht, was es wünscht, sondern, was es nach seinem Lebensstandard braucht. Der Lebensstandard soll dem Kind nach der Trennung der Eltern grundsätzlich erhalten bleiben, die Unterhaltsbemessung darf jedoch auch nicht dazu führen, die Lebensstellung des Elternteils anzuheben, bei dem das Kind lebt. Dementsprechend ist mit einer Erhöhung des Unterhalts minderjähriger Kinder über die Höchstsätze der Düsseldorfer Tabelle hinaus vorsichtig vorzugehen und der Unterhaltsbedarf auch bei Einkünften deutlich über dem Einkommensbereich der Düsseldorfer Tabelle nur maßvoll anzuheben.

39 **c) Mindestunterhalt.** Das Unterhaltsreformgesetz hat zum 1.1.2008 in § 1612 a BGB erneut einen Mindestunterhalt (s. → *Mindestunterhalt*) für alle minderjährigen Kinder eingeführt. Die Höhe des Mindestunterhalts folgt aus dem **doppelten Freibetrag des sächlichen Existenzminimums** eines Kindes (Kinderfreibetrag, § 32 Abs. 6 S. 1 EStG). Nach § 1612 a Abs. 1 Nr. 2 BGB ergibt 1/12 dieses doppelten Jahresbetrags den monatlichen Mindestunterhalt der minderjährigen Kinder in der 2. Altersstufe. Für die 1. Altersstufe beläuft sich der Mindestunterhalt auf 87 % davon, während er für die 3. Altersstufe 117 % davon beträgt. Mit Einführung des Mindestunterhalts ist die frühere Regelbetragsverordnung abgelöst worden.

40 **d) Mehrbedarf. aa) Überblick.** Unter Mehrbedarf fallen all diejenigen Bedarfspositionen, die während **eines längeren Zeitraums** anfallen, die **üblichen Kosten übersteigen** und deshalb nicht von den Regelsätzen der Düsseldorfer Tabelle erfasst werden (BGH 14.3.2007 – XII ZR 158/04, FamRZ 2007, 882). Ähnlich wie bei der restriktiv durchzuführenden pauschalen Erhöhung des Tabellenunterhalts ist auch bei der Gewährung der Kosten für einen Mehrbedarf vorzugehen. Dies schon deshalb, weil davon ausgegangen wird, dass der angemessene Tabellenunterhalt Spielraum zur **Bildung von Rücklagen** lässt. Mehrbedarf ist zusätzlich zum Tabellenunterhalt zu bezahlen, wenn dieser berechtigt ist, dh wenn für die den Mehrbedarf verursachende Maßnahme so gewichtige Gründe im Interesse des Berechtigten sprechen, dass die zusätzliche finanzielle Belastung vom Barunterhaltspflichtigen hingenommen werden muss (BGH 3.11.1982 – IV b ZR 324/81, NJW 1983, 393). Bei der Abwägung sind die wirtschaftlichen Verhältnisse des Unterhaltspflichtigen zu berücksichtigen. War der barunterhaltspflichtige Elternteil mit der den Mehrkosten auslösenden Maßnahme einverstanden, ist in der Regel von einem berechtigten Mehrbedarf auszugehen.

41 **bb) Krankenversicherung.** Der häufigste Fall des Unterhaltsmehrbedarfs sind die **Kosten für die private Krankenversicherung** eines Kindes. Diese sind in den Tabellenunterhaltsbeträgen nicht enthalten. Sie sind dann als angemessener Unterhalt im Sinne des § 1610 Abs. 1 BGB anzusehen, wenn das Kind mit den Eltern während des ehelichen Zusammenlebens privat versichert war und der in guten Einkommensverhältnissen lebende Unterhaltspflichtige diese Versicherung auch nach der Trennung beibehält. Das Kind kann nur dann auf eine gesetzliche Krankenversicherung mit einer privaten Zusatzversicherung verwiesen werden, wenn dadurch Versicherungsleistungen im selben Umfang erbracht werden, also in der Krankenversi-

cherung des Kindes keine Nachteile entstehen (OLG Frankfurt/M. 18.4.2012 – 3 UF 279/11, FamRZ 2013, 138). Im Gegensatz zum sonstigen Mehrbedarf sind die Kosten für die private Krankenversicherung **nicht anteilig** von den Eltern gemäß § 1606 Abs. 3 S. 1 BGB zu bezahlen, sondern **allein vom Barunterhaltspflichtigen**, da die Krankenversicherungskosten zum angemessenen Unterhalt im Sinne von § 1610 Abs. 1 BGB gehören.

cc) Kinderbetreuungskosten. Bei Kinderbetreuungskosten wie beispielsweise den Kosten für eine Kin-   42 derkrippe, einen Kindergarten, einen Hort oder eine Tagesmutter wurde nach früherer Rechtsprechung unterschieden, ob es sich um eine pädagogische Maßnahme handelt, dann sollte es sich um Mehrbedarf des Kindes handeln, oder aber um eine Betreuung zur Ermöglichung der Erwerbstätigkeit des kinderbetreuenden Elternteils. In diesem Fall sollten diese Kosten als berufsbedingte Aufwendungen beim Erwerbseinkommen des kinderbetreuenden Elternteils in Abzug gebracht werden. Bezüglich der **Beiträge für einen Kindergarten** hat der Bundesgerichtshof entschieden, dass insoweit wegen der Übernahme von erzieherischen und bildungsmäßigen Aufgaben durch solche Einrichtungen grundsätzlich ein Mehrbedarf des Kindes vorliegt und zwar unabhängig davon, ob es sich um einen Halbtags- oder einen Ganztagsplatz handelt (BGH 26.11.2008 – XII ZR 65/07, FamRZ 2009, 962). Hiermit ist der Bundesgerichtshof von seiner früheren Entscheidung abgerückt, wonach Kindergartenkosten nur insoweit Mehrbedarf des Kindes darstellten, soweit die Kosten für einen Halbtagskindergartenplatz einen Betrag von monatlich 50 EUR überstiegen (BGH 5.3.2008 – XII ZR 150/05, FamRZ 2008, 1152). Der Betrag von 50 EUR sollte im laufenden Tabellenunterhalt enthalten sein mit der Folge, dass nur die mit einer Ganztagsbetreuung verbundenen Zusatzkosten als Mehrbedarf des Kindes angesehen wurden. Diese Annahme findet nirgendwo eine Grundlage, insbesondere wird in der Altersstufe 1 der Düsseldorfer Tabelle nicht zwischen der Zeit vor und ab dem Kindergartenbesuch differenziert. In seiner Entscheidung vom 26.11.2008 hat der Bundesgerichtshof diese Rechtsauffassung aufgegeben, und zwar ausdrücklich auch für die Zeit vor dem 31.12.2007 (BGH 26.11.2008 – XII ZR 65/07, FamRZ 2009, 962). Kindergartenbeiträge sind nunmehr mit Ausnahme des Verpflegungskostenanteils stets als Mehrbedarf des Kindes zu behandeln. Offen ist, ob diese Entscheidung auch auf **andere Kinderbetreuungskosten** ausgeweitet werden kann, was im Hinblick auf die durch die Unterhaltsrechtsreform früher einsetzende Erwerbsverpflichtung des kinderbetreuenden Elternteils und der weiter reichenden Begrenzung und Befristungsvorschriften sinnvoll und auch notwendig ist. Entfällt der Unterhaltsanspruch des betreuenden Elternteils, träfen diesen die Betreuungskosten allein, wenn sie als berufsbedingte Aufwendungen und nicht als Mehrbedarf des Kindes eingeordnet würden.

dd) Sonstiger Mehrbedarf. Ansonsten gehören zum Mehrbedarf minderjähriger Kinder nicht erstattungs-   43 fähige Medikamente, besondere Nahrungsmittel für Allergiker, Kosten für notwendigen Nachhilfeunterricht (OLG Hamm 22.5.2006 – 6 WF 302/06, FamRZ 2007, 77; OLG Düsseldorf 8.7.2005 – 3 UF 21/05, FamRZ 2006, 223), für aufwendige musikalische oder sportliche Hobbys des Kindes, wenn beide Elternteile dies auch während des Zusammenlebens gefördert haben (OLG Karlsruhe 3.8.2004 – 18 UF 248/02, FamRZ 2005, 233). Bezüglich der Kosten für den Besuch einer Privatschule oder Internatsunterbringung ist dann ein berechtigter Mehrbedarf gegeben, wenn gewichtige Gründe in der Person des Kindes für die Wahl einer privaten Schule im Vergleich zu einer staatlichen Schule sprechen (BGH 3.11.1982 – IV b ZR 324/81, NJW 1983, 393; OLG Naumburg 9.9.2008 – 3 UF 31/08, FamRZ 2009, 1074).

ee) Anteilige Haftung. Das Vorliegen berechtigten Mehrbedarfs führt zu einer anteiligen Haftung beider   44 Elternteile gemäß **§ 1606 Abs. 3 S. 1 BGB.** Die **Haftungsquote** der Elternteile bestimmt sich nach ihren Einkommens- und Vermögensverhältnissen. Die Haftungsformel ergibt sich aus den unterhaltsrechtlichen Leitlinien, für Süddeutschland Ziffer 13.3 der Süddeutschen Leitlinien, Stand 1.1.2013.

e) Sonderbedarf. Gemäß § 1613 Abs. 2 S. 1 BGB liegt ein Sonderbedarf bei einem **unregelmäßigen, au-   45 ßergewöhnlich hohen Bedarf** vor. Unregelmäßig ist ein Bedarf, wenn er plötzlich auftritt und nicht mit Wahrscheinlichkeit vorauszusehen war und deshalb weder bei der Bemessung des laufenden Unterhalts berücksichtigt werden konnte, noch die Bildung von Rücklagen aus dem laufenden Unterhalt möglich war (BGH 15.2.2006 – XII ZR 4/04, FamRZ 2006, 612). Darüber hinaus müssen die den Sonderbedarf begründenden Kosten außergewöhnlich hoch sein. Beispiele aus der Rechtsprechung sind unvorhergesehene

Krankheitskosten, kieferorthopädische Behandlungen oder Erstausstattung eines Säuglings sowie auch der Verfahrenskostenvorschuss (s. → *Mehrbedarf/Sonderbedarf beim Ehegatten* Rn 8 ff). Schwierig und zum Teil streitig sind Fälle wie Klassenfahrten und Konfirmationskosten. Insoweit wird teilweise vertreten, dass diese Kosten vorhersehbar waren und deshalb vom Tabellenunterhalt Rücklagen gebildet werden konnten (OLG Zweibrücken 21.9.1999 – 5 UF 16/99, FamRZ 2001, 444; OLG Hamm 22.5.2006 – 6 WF 302/06, FamRZ 2007, 77; anderer Auffassung bei Auslandsklassenfahrt OLG Hamm 18.1.2011 – 10 UF 161/10, FamRZ 2011, 1067; KG 15.10.2002 – 16 WF 259/02, FamRZ 2003, 1584). Bezüglich der lang umstrittenen Frage, ob **Konfirmations- oder Kommunionskosten** Sonderbedarf darstellen, hat der Bundesgerichtshof im Jahr 2006 entschieden, dass die Kosten für eine Konfirmation spätestens mit Beginn des Konfirmationsunterrichts absehbar und deshalb nicht überraschend im Sinne von § 1613 Abs. 2 Nr. 1 BGB sind (BGH 15.2.2006 – XII ZR 4/04, FamRZ 2006, 612). Entscheidend ist auch, seit wann die Eltern getrennt leben. Während bestehender Ehe wird man meistens keine Rücklagen für derartige Auslagen bilden. Wenige Monate nach der Trennung können dann ebenfalls noch keine solchen Rücklagen gebildet worden sein. Die Eltern haften für berechtigten Sonderbedarf grundsätzlich **anteilig** gemäß **§ 1606 Abs. 3 S. 1 BGB** entsprechend ihrer Einkommens- und Vermögensverhältnisse (BGH 19.11.1997 – XII ZR 1/96, FamRZ 1998, 286). Die Berechnung der Haftungsquoten erfolgt nach den in den unterhaltsrechtlichen Leitlinien aufgenommenen Formel, für Süddeutschland Ziffer 13.3 (s. → *Unterhaltsberechnung*).

46 Sonderbedarf kann gemäß § 1613 Abs. 2 BGB noch **bis zu einem Jahr** nach seiner Entstehung geltend gemacht werden.

47 **f) Wechselmodell.** Betreuen beide Elternteile das Kind, schulden auch beide Barunterhalt. Wird ein hälftiges Wechselmodell praktiziert, richtet sich die Höhe des Unterhaltsbedarfs des Kindes nach den **beiderseitigen, zusammengerechneten Einkünften** der Eltern. Wechselmodell heißt, dass sich das Kind annähernd gleich viel bei dem einen und dem anderen Elternteil aufhält. Zum Unterhaltsbedarf hinzuzurechnen sind **Mehrkosten** wie etwa Wohn- und Fahrtkosten, die dadurch entstehen, dass das Kind nicht nur in einer Wohnung, sondern in getrennten Haushalten versorgt wird. Für den Gesamtbedarf des Kindes **haften die Eltern anteilig** nach ihren Einkommens- und Vermögensverhältnissen entsprechend § 1606 Abs. 3 S. 1 BGB und unter Berücksichtigung der erbrachten Naturalleistungen (BGH 21.12.2005 – XII ZR 126/03, FamRZ 2006, 1015). Dies gilt nur bei einem echten Wechselmodell. Für eine Betreuung, die etwa zu 1/3 von dem einen und zu 2/3 von dem anderen Elternteil übernommen wird, hat der Bundesgerichtshof entschieden, dass der Elternteil, der mehr betreut, seiner Unterhaltpflicht gemäß § 1606 Abs. 3 S. 2 BGB durch die Betreuung des Kindes nachkommt und nur der andere Elternteil barunterhaltspflichtig ist. Der Bedarf des Kindes bestimmt sich dann allein auf der Grundlage des Einkommens des barunterhaltspflichtigen Elternteils. Zu einer Reduzierung der Höhe des Barunterhalts kann es allerdings kommen, wenn der Unterhaltsbedarf des Kindes teilweise, etwa durch Gewährung von Kleidung und Verpflegung, gedeckt wird. In einer weiteren Entscheidung hat der Bundesgerichtshof hierzu ergänzend klargestellt, dass die Aufteilung von Bar- und Betreuungsunterhalt solange nicht infrage zu stellen ist, wie das deutliche Schwergewicht der Betreuung bei einem Elternteil liegt, dieser mithin die Hauptverantwortung für das Kind trägt (BGH 28.2.2007 – XII ZR 161/04, FamRZ 2007, 707). Das ist grundsätzlich auch dann der Fall, wenn sich ein Kind im Rahmen eines über das übliche Maß hinaus wahrgenommenen Umgangsrechts bei einem Elternteil aufhält und sich die Ausgestaltung des Umgangsrechts einer Mitbetreuung annähert. Der Bundesgerichtshof macht in dieser Entscheidung deutlich, dass eine Barunterhaltsverpflichtung des hauptsächlich betreuenden Elternteils entfällt, solange kein Wechselmodell mit im Wesentlichen gleichen Betreuungszeiten praktiziert wird.

2. Volljährige Kinder

48 **a) Allgemeines.** Die Lebensstellung und damit der Bedarf eines volljährigen Kindes leitet sich im Gegensatz zum minderjährigen Kind nicht stets von den Eltern ab. Ein volljähriges Kind kann nach den Umständen des Einzelfalls bereits eine eigene Lebensstellung begründet haben.

b) Abgeleiteter Unterhaltsanspruch. Ein volljähriges Kind leitet seinen Unterhaltsanspruch weiterhin **49**
von beiden Eltern ab, solange es sich **noch in Ausbildung befindet** und **im Haushalt eines Elternteils**
lebt. Der Unterhaltsbedarf ermittelt sich dann aus der 4. Altersstufe der Düsseldorfer Tabelle (BGH
31.10.2007 – XII ZR 112/05, FamRZ 2008, 137). Da mit der Volljährigkeit der Betreuungsbedarf des Kindes entfällt, sind nunmehr **beide Elternteile barunterhaltspflichtig** (BGH 17.1.2007 – XII ZR 166/04,
FamRZ 2007, 542). Der Bedarf des Kindes und somit die Einordnung in die Einkommensgruppe der Düsseldorfer Tabelle bemisst sich aus dem zusammengerechneten Einkommen beider Elternteile. Gemäß
§ 1606 Abs. 3 S. 1 BGB haften die Eltern für den Barunterhalt anteilig nach ihren Erwerbs- und Vermögensverhältnissen. Die Berechnung der Haftungsquoten erfolgt nach den in den unterhaltsrechtlichen Leitlinien aufgenommenen Formeln, für Süddeutschland Ziffer 13.3 (s. → *Unterhaltsberechnung*). Nur wenn
ein Elternteil nicht leistungsfähig ist, richtet sich der Unterhaltsbedarf allein nach den wirtschaftlichen Verhältnissen des leistungsfähigen und damit allein barunterhaltspflichtigen Elternteils. Jeder Elternteil muss
also maximal den Unterhaltsbetrag der 4. Altersstufe leisten, der sich nach seinem eigenen Einkommen errechnet (BGH 26.10.2005 – XII ZR 34/03, FamRZ 2006, 99).

c) Eigene Lebensstellung. Hat das volljährige Kind, zB als Student, bereits einen **eigenen Hausstand** **50**
begründet, leitet es seine Lebensstellung nicht mehr von den Eltern ab, sondern hat eine eigene Lebensstellung erlangt, nach der sich dann auch sein Unterhaltsanspruch gegen beide Elternteile richtet (BGH
23.5.2007 – XII ZR 245/04, FamRZ 2007, 1232). Zur Bestimmung des Unterhaltsbedarfs bei volljährigen
Kindern in Ausbildung oder im Studium sind die jeweiligen **Leitlinien der Oberlandesgerichte** heranzuziehen (vgl Ziffer 13.12 Süddeutsche Leitlinien). Diese gehen von einem **festen Unterhaltsbedarf** aus, der
zurzeit 670 EUR monatlich zuzüglich Kranken- und Pflegeversicherungsbeiträge und eventuell Studiengebühren beträgt. Das **Kindergeld** ist auf den Unterhaltsbedarf in voller Höhe gemäß § 1612 b BGB bedarfsdeckend anzurechnen. Der verbleibende Restbedarf ist wiederum von beiden Elternteilen gemäß § 1606
Abs. 3 S. 1 BGB anteilig entsprechend ihren Einkommens- und Vermögensverhältnissen zu bezahlen. Die
Berechnung der Haftungsquoten erfolgt nach den in den unterhaltsrechtlichen Leitlinien aufgenommenen
Formel, für Süddeutschland Ziffer 13.3. (s. → *Unterhaltsberechnung*). Eigenes Einkommen des Volljährigen, zB eine Ausbildungsvergütung, ist nach Abzug einer Ausbildungspauschale von derzeit 90 EUR (Zif-
fer 10.2.3 SüdL, Stand 1.1.2013) auf den Bedarf anzurechnen.

d) Mehr- und Sonderbedarf. Die Geltendmachung von Mehrbedarf oder Sonderbedarf richtet sich nach **51**
denselben Maßstäben wie bei minderjährigen Kindern (Rn 40–46).

IV. Betreuungsunterhalt nach § 1615 l BGB

1. Allgemeines

Wenngleich der Gesetzgeber durch das zum 1.1.2008 in Kraft getretene Unterhaltsrechtsänderungsgesetz **52**
die Betreuungsunterhaltsansprüche aus § 1570 BGB und aus § 1615 l BGB weitgehend aneinander angeglichen hat, bestimmt sich das **Maß dieser Ansprüche** und somit der Unterhaltsbedarf nach völlig verschiedenen Vorschriften. Auf den Betreuungsunterhalt gemäß § 1615 l Abs. 3 S. 1 BGB sind die **Vorschriften
über den Verwandtenunterhalt** und somit § 1610 Abs. 1 BGB anzuwenden. Der Maßstab ist somit allein
die **Lebensstellung der Unterhaltsberechtigten.** Vom Sinn und Zweck des § 1615 l BGB sollen durch
diesen Unterhaltstatbestand nur die durch die Kinderbetreuung entstandenen Nachteile ersetzt werden. Andere Gegebenheiten, die unter geschiedenen Ehegatten einen Unterhaltstatbestand begründen können, spielen hierbei keine Rolle (BGH 16.12.2009 – XII ZR 50/08, FamRZ 2010, 357).

2. Lebensstellung des Bedürftigen

Da nach § 1615 l Abs. 3 S. 1 BGB auf diesen Unterhaltsanspruch die Vorschriften über die Unterhalts- **53**
pflicht zwischen Verwandten entsprechend anzuwenden sind, richtet sich der Unterhaltsbedarf gemäß
§ 1610 Abs. 1 BGB nach der Lebensstellung. Anders als bei Trennungsunterhaltsansprüchen oder Ansprüchen wegen nachehelichen Unterhalts, bei denen sich der Bedarf gemäß §§ 1361 Abs. 1, 1578 Abs. 1 BGB
bemisst, sind daher die wirtschaftlichen Verhältnisse des unterhaltspflichtigen Elternteils für die Bedarfsbe-

messung grundsätzlich nicht maßgebend. Eine Teilhabe an der Lebensstellung des Kindesvaters besteht somit nicht (BGH 15.12.2004 – XII ZR 121/03, FamRZ 2005, 357). Ausschlaggebend ist vielmehr, wie sich die **wirtschaftlichen Verhältnisse des unterhaltsberechtigten Elternteils** bis zur Geburt des gemeinsamen Kindes entwickelt haben (BGH 16.12.2009 – XII ZR 50/08, FamRZ 2010, 357). Dies gilt auch, wenn die nicht verheiratete Mutter mit dem Kindesvater über längere Zeit zusammengelebt hat. Bezüglich der Bedarfsbemessung der nichtverheirateten Mutter hat der Bundesgerichtshof mit einem richtungsweisenden Urteil vom 16.7.2008 Überlegungen, auch bei längerem Zusammenleben der Eltern den Bedarf auch aus der Lebensstellung des Unterhaltspflichtigen zu bemessen, eine klare Absage erteilt (BGH 16.7.2008 – XII ZR 109/05, FamRZ 2008, 1739). Der Bundesgerichtshof begründet dies damit, dass es einer nachhaltig gesicherten Position bedürfe, an der der Bedarf zu bemessen sei. Diese gesicherte Position könne sich nicht aus dem nichtehelichen Zusammenleben vor der Geburt des ersten Kindes ergeben, da das Unterhaltsrecht für diese Zeit keinen Anspruch kennt, vielmehr seien alle Leistungen freiwillig. Danach kann sich der Bedarf der Unterhaltsberechtigten nach § 1615 l BGB nur aus drei möglichen Quellen bemessen, nämlich aus dem eigenen Erwerbseinkommen, Ansprüchen gegenüber anderen Unterhaltspflichtigen, meist gegenüber dem Ex-Ehemann, oder dem Mindestbedarf, den der Bundesgerichtshof in seinem Urteil vom 16.12.2009 in Höhe des Existenzminimums ausdrücklich bestätigt hat (BGH 16.12.2009 – XII ZR 50/08, FamRZ 2010, 357).

3. Eigenes Erwerbseinkommen der Mutter vor Geburt des Kindes

54 War der betreuende Elternteil bis zur Geburt des Kindes erwerbstätig, bemisst sich sein Bedarf nach seinem bis dahin **nachhaltig erzielten Einkommen**, wobei die Bedarfsbemessung nicht dazu führen darf, dass der Mutter mehr zur Verfügung steht, als dem Vater verbleibt (BGH 15.12.2004 – XII ZR 121/03, FamRZ 2005, 442). **Obergrenze** bei der Bedarfsbemessung ist somit der **Grundsatz der Halbteilung**. Es stellt sich die Frage, wie Entwicklungen zu behandeln sind, die die Unterhaltsberechtigte ohne die Geburt des Kindes und Kindererbetreuung erreicht hätte. Maßgeblich ist das Einkommen, welches der kinderbetreuende Elternteil ohne die Geburt des Kindes zur Verfügung hätte, weshalb auch mögliche Entwicklungen auf der Basis der vorgeburtlichen Position der Mutter bedarfsbestimmend sein können (BGH 16.7.2008 – XII ZR 109/05, FamRZ 2008, 1739). Dies wird beispielhaft in einer Entscheidung des OLG Bremen dargelegt (OLG Bremen 20.2.2008 – 4 WF 175/07, FamRZ 2008, 1281). In dem zu entscheidenden Fall war die Mutter vor Geburt des Kindes Rechtsreferendarin und erzielte ein Referendareinkommen. Sie legte das 2. ebenso wie das 1. Staatsexamen mit Prädikat ab und nahm eine Bedarfsbemessung vor, der ein Richtergehalt zugrunde lag. Das Oberlandesgericht hat die Frage, wie diese Entwicklung zu werten ist, nicht abschließend beantwortet, da es nach seiner Auffassung darauf nicht ankam. Das OLG Bremen ging in seiner Entscheidung noch davon aus, dass sich der Bedarf aus den wirtschaftlichen Verhältnissen bestimmt, in denen die Kindesmutter während des gemeinsamen Zusammenwohnens mit dem Kindesvater gelebt hat. Deshalb hat das Gericht lediglich in den Entscheidungsgründen dargelegt, dass der Senat zu der Auffassung neigt, dass ein Einkommen, welches die Mutter vor der Geburt des Kindes zu keinem Zeitpunkt gehabt hat, nicht ihre Lebensstellung bestimmen kann, selbst wenn mit ihm mehr oder weniger sicher zu rechnen war. Die Auffassung erscheint jedoch problematisch, da stets zu fragen ist, wo der kindesbetreuende Elternteil beruflich und damit wirtschaftlich ohne Geburt des Kindes stehen würde.

55 Bei der Bedarfsbemessung nach dem **dritten Geburtstag** des Kindes, wenn tatsächlich oder fiktiv Teilzeiteinkünfte erzielt werden oder erzielt werden müssen, ist für die Bedarfsberechnung regelmäßig ein solches Einkommen heranzuziehen und dann in ein Vollzeiteinkommen umzurechnen. Grundlage für das fiktive Einkommen ist die berufliche Qualifikation, das vor der Geburt des Kindes erzielte Einkommen und dessen durch Datenbanken nachvollziehbare Entwicklung bis zum aktuellen Datum. Die Differenz von Teilzeit- und Vollzeitgehalt bestimmt dann die Bedürftigkeit. Nur diese Betrachtung lässt sich mit der Rechtsprechung des Bundesgerichtshofs in Einklang bringen, wonach die Lebensstellung der Mutter und damit ihr Unterhaltsbedarf davon abhängt, welches Einkommen sie ohne die Geburt ihres Kindes zur Verfügung hätte (BGH 15.12.2004 – XII ZR 121/03, FamRZ 2005, 442).

a) Unterhaltsanspruch aus früherer Ehe. Falls zum Zeitpunkt der Anspruchsentstehung aus § 1615 l **56** BGB der Unterhaltsberechtigte bereits einen Unterhaltsanspruch gegen den früheren Ehegatten hatte, ermittelt sich seine Lebensstellung aus diesen Unterhaltszahlungen, wenn dieser Anspruch zur Sicherung des Lebensbedarfs ausreicht. Auch bei diesem Anspruch auf Quotenunterhalt aus früherer Ehe muss der Halbteilungsgrundsatz angewendet werden (BGH 15.12.2004 – XII ZR 121/03, FamRZ 2005, 442). Wenn der Anspruch gegen den früheren Ehegatten fortbesteht, haftet der neue Unterhaltsverpflichtete anteilig neben diesen nach § 1606 Abs. 3 S. 1 BGB (BGH 17.1.2007 – XII ZR 104/03, FamRZ 2007, 1303).

b) Mindestbedarf. Nach der neuesten Rechtsprechung des Bundesgerichtshofs muss durch den Unterhalt **57** **das Existenzminimum** des Unterhaltsberechtigten sichergestellt werden, derzeit pauschal 770 EUR (BGH 17.3.2010 – XII ZR 204/08, FamRZ 2010, 802). War der betreuende Elternteil vor der Geburt des Kindes nicht erwerbstätig oder hat er nur geringfügige Einkünfte erzielt, so ist sein Unterhaltsbedarf jedenfalls mit einem Mindestbedarf (s. → *Mindestbedarf*) in Höhe des Existenzminimums zu bemessen, der mit dem **notwendigen Selbstbehalt** eines nicht Erwerbstätigen pauschaliert werden kann (BGH 16.12.2009 – XII ZR 50/08, FamRZ 2010, 357; s. → *Selbstbehalt und Mangelfall*). Gerade in den ersten Jahren nach der Geburt des Kindes ist der betreuende Elternteil auf eine **gesicherte Position** angewiesen, um sich der Kinderbetreuung widmen zu können (BGH 13.1.2010 – XII ZR 123/08, FamRZ 2010, 444). Eine vorherige Inanspruchnahme der Sozialhilfe durch den Unterhaltsberechtigten spielt insoweit auch keine Rolle, weil ansonsten § 1615 l BGB generell nicht zum Zuge käme. Die Lebensstellung ergäbe sich aus dem gemäß der §§ 8 ff SGB XII als nachhaltiges Einkommen anzusehenden Sozialhilfesatz. Für den Mindestbedarf spricht auch der Schutzzweck der Vorschrift, denn Betreuungsunterhalt dient dem Kind. Damit stellt diese Rechtsprechung eine Parallele zu dem neu eingeführten Mindestunterhalt nach § 1612 a BGB dar (s. → *Mindestunterhalt*). Auch der **Grundsatz der Halbteilung** spricht nicht gegen einen Mindestbedarf. Dem Unterhaltsverpflichteten verbleibt über den Selbstbehalt stets ein Einkommensanteil, der den Mindestunterhalt übersteigt. In seinen Grundsatzentscheidungen hat der Bundesgerichtshof auch klargestellt, dass dieser Mindestunterhalt entsprechend auf andere Betreuungstatbestände anzuwenden ist (BGH 13.1.2010 – XII ZR 123/08, FamRZ 2010, 444).

c) Kranken- und Pflegeversicherung/Altersvorsorge. Die Kosten der Kranken- und Pflegeversicherung **58** sind im Gesetz nicht ausdrücklich erwähnt. Sie gehören aber zum **allgemeinen Lebensbedarf** und stehen daher der Mutter in ihrer Lebensstellung angemessener Höhe zu (OLG Bremen 11.6.1999 – 4 UF 9/99, FamRZ 2000, 636). Nicht umfasst sind die **Kosten der Altersvorsorge**. Eine Altersvorsorge wird bereits deshalb für die ersten drei Jahre nicht geschuldet, weil die Mutter des Kindes in dieser Zeit Rentenbeiträge wegen Kinderbetreuungszeiten erhält (OLG München 12.1.2006 – 16 UF 1643/05, FamRZ 2006, 812). Dies ist allerdings nicht unstreitig. Zum Teil wird vertreten, dass es sich beim Altersvorsorgeunterhalt um ein Spezifikum des nachehelichen Unterhalts handele (Wendl/Bömelburg in: Wendl/Dose § 7 Rn 111). Borth argumentiert, dass nach § 1610 Abs. 2 BGB der gesamte Lebensbedarf umfasst werde und damit nach dem dritten Geburtstag des Kindes eine Bedürftigkeit insoweit entstehe (Borth FPR 2008, 87).

45. Bedarfsgemeinschaft

Conradis

I. Einführung 1
II. Mitglieder der Bedarfsgemeinschaft 2
III. Einsatz des Einkommens und Vermögens 6
IV. Zeitweise Bedarfsgemeinschaft beim Umgangs-
recht 10

I. Einführung

1 Eine Bedarfsgemeinschaft ist im SGB II eingeführt worden; im SGB XII gibt es eine solche Konstruktion nicht. Die Bedarfsgemeinschaft ist in zweifacher Weise für das Familienrecht von Bedeutung: Zum einen ergibt sich aus der Zusammensetzung der Personen der Bedarfsgemeinschaft, in welcher Höhe Leistungen nach dem SGB II den einzelnen Personen bewilligt werden. Dies hat Folgen für die **Geltendmachung von Unterhalt** durch den einzelnen Leistungsberechtigten und den Umfang des Übergangs von Unterhaltsansprüchen (s. → *Übergang von Unterhaltsansprüchen*). Zum anderen kann ein Mitglied Ansprüche für andere Personen der Bedarfsgemeinschaft geltend machen. Dies ist vor allem für die Kosten von Bedeutung, die für ein Kind während der Durchführung des **Umgangsrechts** (Rn 10) entstehen.

II. Mitglieder der Bedarfsgemeinschaft

2 In den Bescheiden nach dem SGB II werden alle Personen, die der Bedarfsgemeinschaft angehören, zusammengefasst. Die Bedarfsgemeinschaft ist in § 7 Abs. 3 SGB II definiert. Zu ihr gehören neben dem nicht getrennt lebenden Ehegatten auch die Partner im Sinne des § 7 Abs. 3 Nr. 3 c SGB II und die nicht getrennt lebenden Lebenspartner. Außerdem sind Mitglieder der Bedarfsgemeinschaft unverheiratete Kinder, sofern die nachstehenden Voraussetzungen vorliegen.

3 Durch das Fortentwicklungsgesetz vom 24.3.2006 (BGBl. I 2006, 558) wurden in die Bedarfsgemeinschaft zum einen **Kinder bis zur Vollendung des 25. Lebensjahres** einbezogen, zum anderen **Stiefeltern** den leiblichen Eltern gleichgestellt. Ob die Einbeziehung von Stiefkindern verfassungsrechtlich haltbar ist, scheint fraglich. Zwar hat das Bundessozialgericht keine verfassungsrechtlichen Bedenken geäußert, die hiergegen eingelegte Verfassungsbeschwerde wurde als unzulässig zurückgewiesen (BVerfG 29.5.2013 – 1 BvR 1083/09, FamRZ 2013, 1198).

4 Nach § 7 Abs. 3 Nr. 4 SGB II gehören **Kinder** nur dann zur Bedarfsgemeinschaft, wenn sie die Leistungen zur Sicherung ihres Lebensunterhalts nicht aus eigenem Einkommen und Vermögen gewährleisten können. Da das Kindergeld den Kindern zugerechnet wird (s. → *Grundsicherung für Arbeitsuchende* Rn 38), kann der Bedarf des Kindes nach dem SGB II durchaus gedeckt sein, falls ausreichend Unterhalt gezahlt wird. In diesen Fällen wird das Kind entweder im Bescheid nicht erwähnt oder mit 0 EUR aufgenommen. Ist das Kind schwanger oder betreut es ein Kind bis zur Vollendung des sechsten Lebensjahres, ist das Einkommen und Vermögen der Eltern jedoch nicht zu berücksichtigen (§ 9 Abs. 3 SGB II).

5 Ein **Partner** ist nach § 7 Abs. 3 Nr. 3 c SGB II dann Mitglied der Bedarfsgemeinschaft, wenn er mit einer anderen leistungsberechtigten Person in einem Haushalt so zusammenlebt, dass nach verständiger Würdigung der wechselseitige Wille anzunehmen ist, Verantwortung füreinander zu tragen und füreinander einzustehen. Dies wird nach § 7 Abs. 3 a SGB II vermutet, wenn eine von vier Alternativen vorliegt. Von Bedeutung ist vor allem, dass eine solche Partnerschaft vermutet wird, wenn die Personen **länger als ein Jahr zusammenleben**. Ob aus dieser Regelung für das Unterhaltsrecht geschlossen werden kann, dass eine verfestigte Lebensgemeinschaft (s. → *Nacheheliche Solidarität*) schon nach einem Jahr des Zusammenlebens anzunehmen ist (AG Ludwigslust 8.10.2010 – 5 F 243/10, FamRF 2011, 275), erscheint jedoch zweifelhaft.

III. Einsatz des Einkommens und Vermögens

Nur die Personen der Bedarfsgemeinschaft werden im Hinblick auf ihr Einkommen und Vermögen gemeinsam betrachtet, indem Einkommen und Vermögen allen zugerechnet werden, für die dies in § 9 Abs. 2 SGB II vorgesehet ist. Nach § 9 Abs. 2 S. 1 SGB II gilt dieser gegenseitige Einsatz bei Partnern (ehelichen, eheähnlichen und Lebenspartnern); nach § 9 Abs. 2 S. 2 SGB II bei Eltern gegenüber ihren unverheirateten Kindern bis zur Vollendung des 25. Lebensjahres. Nicht hingegen müssen Kinder ihr Einkommen und Vermögen für die Eltern oder die Geschwister einsetzen. Denn sofern der Bedarf des Kindes durch eigenes Einkommen gedeckt wird, gehört es nicht mehr zur Bedarfsgemeinschaft. Sofern das Einkommen des Kindes zusammen mit dem ihm zugerechneten Kindergeld seinen Bedarf – einschließlich der anteiligen Unterkunftskosten (s. Rn 7) – übersteigt, wird das übersteigende Kindergeld bei dem Elternteil angerechnet, der das Kindergeld bezieht.

6

Bei der Berechnung des Bedarfs nach dem SGB II sind die angemessenen **Unterkunftskosten** (s. → *Grundsicherung für Arbeitsuchende* Rn 12 f) zu berücksichtigen. Diese werden zu gleichen Anteilen, also nach der Kopfzahl, aufgeteilt. Damit wird den Kindern auch ein recht hoher Anteil an den Unterkunftskosten zugerechnet. Lebt eine Mutter allein mit einem Kind, wird mithin jeweils die Hälfte der Unterkunftskosten dem Kind und der Mutter zugerechnet.

7

Nach § 9 Abs. 2 S. 3 SGB II gilt jede Person der Bedarfsgemeinschaft im Verhältnis des eigenen Bedarfs zum Gesamtbedarf als bedürftig, wenn der gesamte Bedarf nicht gedeckt werden kann. Dies kann dazu führen, dass eine Person der Bedarfsgemeinschaft, die ihren Bedarf durch eigenes Einkommen decken kann, Leistungen nach dem SGB II erhält und damit den Anforderungen des SGB II unterliegt (s. → *Grundsicherung für Arbeitsuchende* Rn 45 ff). Es ist sehr problematisch, dass auf diese Weise Personen zu Leistungsberechtigten werden, ohne dass sie dies verhindern können. Das Bundessozialgericht hält die Vorschrift für verfassungsmäßig, weist jedoch darauf hin, dass bei den Konsequenzen gegebenenfalls eine verfassungskonforme Auslegung erfolgen muss (BSG 7.11.2006 – B 7 b AS 8/06 R, NDV-RD 2007, 3). Dies ist vor allem denkbar bei dem Übergang von Unterhaltsansprüchen (s. → *Übergang von Unterhaltsansprüchen* Rn 13). Die Problematik dieser Vorschrift wird erörtert von Spellbrink NZS 2007, 121.

8

Die Wirkung der Vorschrift soll an folgendem **Beispiel** deutlich gemacht werden: Lebt eine geschiedene Ehefrau mit ihren Kindern zusammen und erhält Unterhalt in einer Höhe, der für sie und die Kinder zum Lebensunterhalt ausreicht, und führt das Zusammenziehen mit einem erwerbsfähigem Arbeitsuchenden dazu, dass nunmehr der Gesamtbedarf aller Personen dieser Bedarfsgemeinschaft durch den Unterhalt nicht mehr gedeckt ist, erfolgt die verhältnismäßige Zurechnung des Einkommens der geschiedenen Ehefrau. Sie und ihr Partner werden in gleichem Maße hilfebedürftig. Zwar hat dies den günstigen Effekt, dass damit die geschiedene Ehefrau kostenlos krankenversichert ist. Andererseits hat dies die Folge, dass die geschiedene Ehefrau als Leistungsberechtigte nach dem SGB II nun den Obliegenheiten des SGB II unterliegt, insbesondere sich um Arbeit bemühen muss.

9

IV. Zeitweise Bedarfsgemeinschaft beim Umgangsrecht

Das Bundessozialgericht hat sich in einer der ersten Entscheidungen zum SGB II ausführlich mit den **Kosten des Umgangsrechts** befasst (BSG 7.11.2006 – B 76 AS 14/06 R, FEVS 58, 289). Neben den Fahrtkosten zur Ausübung des Umgangsrechts (→ *Grundsicherung für Arbeitsuchende* Rn 23) ist vor allem der Bedarf der Kinder während des Aufenthalts beim Umgangsberechtigten von Bedeutung. Insoweit soll nach Auffassung des Bundessozialgerichts eine **zeitweise Bedarfsgemeinschaft** bestehen. Damit kann der Umgangsberechtigte diese Kosten beantragen. Durch die ab 1.4.2011 geltende Neuregelung des § 38 Abs. 2 SGB II kann der umgangsberechtigte Elternteil die Kosten beantragen, ohne dass er die elterliche Sorge haben muss. Für jeden Tag, an dem das Kind sich mehr als zwölf Stunden bei dem Elternteil aufhält, besteht ein Anspruch in Höhe von 1/30 des Regelbedarfs für das Kind (BSG 2.7.2009 – B 14 AS 75/09 R, FEVS 61, 345). Inzwischen ist geklärt, dass auch dann ein Leistungsanspruch besteht, wenn das Kind Mitglied einer Bedarfsgemeinschaft mit dem Elternteil ist, bei dem es lebt (BSG 12.6.2013 – B 14 AS 50/12 R). Weiterhin nicht geklärt ist jedoch das Problem, ob für die Dauer dieser zeitweisen Bedarfsgemeinschaft

10

diejenige zum anderen Elternteil aufgehoben ist, so dass dieser Elternteil – für das Kind – für den Zeitraum des Umgangs mit dem anderen Elternteil keinen Anspruch hätte.

11   Bei den Kosten des Umgangsrechts wird die Frage aufgeworfen, ob eine Inanspruchnahme des anderen Elternteils an den Kosten, die während des Umgangs anfallen, möglich und zumutbar ist. Dabei kann nach dem Bundessozialgericht ein gegenseitiger Wille der Eltern, füreinander einzustehen, vorausgesetzt werden, der über bestehende Unterhaltspflichten hinausgeht. Im Anschluss hieran vertritt das LSG Nordrhein-Westfalen (10.5.2007 – L 20 B 24/07 SO ER, FEVS 58, 555) die Auffassung, dass sich der **betreuende Elternteil am Aufwand für den Besuch des Kindes zu beteiligen** hat, wenn der besuchsberechtigte Elternteil nur über bescheidene Einkünfte – hier: Leistungen nach dem SGB II – verfügt. Als familienrechtliche Anspruchsgrundlage für diesen Anspruch wird auf § 1684 Abs. 2 BGB verwiesen. Einzelheiten hierzu vgl Licenci-Kierstein FamRB 2012, 147.

46. Bedürftigkeit

Hamm

I. Allgemeines...................................... 1
II. Ehegattenunterhalt............................. 2
  1. Anrechnung von Einkünften.................. 3
  2. Vermögenserträge........................... 4
    a) Wohnvorteil............................... 5
    b) Einkünfte aus Vermietung und Verpachtung. 6
    c) Auswirkungen der Vermögensauseinander-
      setzung und des Zugewinnausgleichs........ 7
    d) Obliegenheit zur Vermögensumschichtung.. 8
    e) Vermögensverwertung..................... 10
    f) Vermögensverlust......................... 12
  3. Fiktive Einkünfte........................... 13
  4. Versorgungsleistungen, insbesondere Haushalts-
    tätigkeit für einen neuen Partner............... 14
  5. Freiwillige Zuwendungen Dritter.............. 15
  6. Einkünfte aus überobligatorischer Tätigkeit..... 16
  7. Mutwilliges Herbeiführen der Bedürftigkeit,
    § 1579 Nr. 4 BGB............................ 18
    a) Allgemeines.............................. 18
    b) Fallkonstellationen....................... 19
      aa) Selbstverschuldeter Arbeitsplatzverlust,
        freiwillige Aufgabe eines sicheren

        Arbeitsplatzes, Auswanderung ohne
        Erwerbsaussicht oder Unterlassen einer
        rechtzeitigen Ausbildung.............. 19
      bb) Bedürftigkeit infolge von Alkohol-,
        Tabletten- oder Drogensucht............ 20
      cc) Vermögensverschwendung............ 23
III. § 1615 l Abs. 3 S. 1 iVm § 1602 BGB.............. 26
  1. Anrechnung eigener Einkünfte.................. 27
    a) Sozialhilfe................................ 28
    b) Leistungen, die die Bedürftigkeit mindern... 29
    c) Weitere Einkünfte........................ 30
    d) Erwerbseinkünfte/Einkünfte aus überobliga-
      torischer Tätigkeit (§ 1577 Abs. 2 BGB ana-
      log)....................................... 31
  2. Vermögensverwertung........................ 32
IV. Kindesunterhalt, § 1602 BGB.................... 33
  1. Minderjähriger.............................. 33
  2. Volljähriger................................ 34
  3. Vermögensverwertung........................ 35

I. Allgemeines

Das Vorliegen einer Bedürftigkeit ist sowohl für den Trennungsunterhaltsanspruch, den nachehelichen Anspruch sowie für alle Unterhaltsansprüche aus dem Bereich des Verwandtenunterhalts Anspruchsvoraussetzung, §§ 1361, 1577, 1602 BGB. Bedürftigkeit liegt vor, soweit der Unterhaltsberechtigte **außerstande ist**, **seinen Unterhaltsbedarf aus eigenen Einkünften und/oder eigenem Vermögen zu decken**. Von der Bedürftigkeit zu unterscheiden ist der Unterhaltsbedarf (s. → *Bedarfsermittlung*). Für die Beurteilung der Bedürftigkeit im unterhaltsrechtlichen Sinne gelten andere Maßstäbe als bei der Sozialhilfe. Allerdings sind die **Wertentscheidungen des Sozialrechts** bei der Anwendung der familienrechtlichen Vorschriften zu beachten. Wird Sozialhilfe oder ALG II gewährt, können die Hilfeträger über die Vorschriften von § 33 SGB II und § 94 SGB XII den Unterhaltsverpflichteten heranziehen. Durch die Leistung von Sozialhilfe oder ALG II wird der Unterhaltspflichtige nicht von seiner Leistungspflicht frei. Die Sozialleistungen sind subsidiär und lassen die Bedürftigkeit unberührt (BGH 19.11.2008 – XII ZR 129/06, FamRZ 2009, 307). **1**

II. Ehegattenunterhalt

Gemäß § 1577 Abs. 1 BGB ist die Bedürftigkeit **Voraussetzung für die Unterhaltstatbestände** der §§ 1570–1573, 1575, 1576 BGB. Für den Ehegattentrennungsunterhalt sieht § 1361 Abs. 1 S. 1, Abs. 2 BGB die Bedürftigkeit als Tatbestandsvoraussetzung vor. **2**

1. Anrechnung von Einkünften

Aufgrund des in § 1569 S. 1 BGB normierten **Grundsatzes der Eigenverantwortung** obliegt es dem Unterhaltsberechtigten, grundsätzlich selbst für sein Auskommen zu sorgen und die Unterhaltslast für den Pflichtigen möglichst gering zu halten. Es sind deshalb alle Einkünfte oder alle verfügbaren Sachwerte in Geldwert anzurechnen, soweit sie zur Deckung des Unterhaltsbedarfs zur Verfügung stehen und dafür eingesetzt werden bzw bei Anlegung eines objektiven Maßstabs eingesetzt werden können. **3**

2. Vermögenserträge

Einkünfte aus Vermögen mindern unabhängig von der Herkunft des Vermögens die Bedürftigkeit des Unterhaltsberechtigten, und zwar seit dem Zeitpunkt der Kapitalanlage, auch wenn die Zinsen hieraus erst im **4**

Nachhinein ausbezahlt werden (BGH 8.6.1988 – IV b ZR 68/87, NJW-RR 1988, 1282). Maßgebend sind die **Nettoerträge**, dh Werbungs- und Erhaltungskosten sind ebenso wie Steuern und Abgaben abzuziehen.

5 **a) Wohnvorteil.** Das mietfreie Wohnen im Eigenheim ist als **geldwerter Vorteil** nach Abzug der berücksichtigungsfähigen Nebenkosten und Zins- und Tilgungsleistungen sowohl beim Trennungsunterhalt als auch beim nachehelichen Unterhalt zum anrechenbaren Einkommen zu zählen. Beim nachehelichen Unterhalt ist als Wohnwert (s. → *Wohnwert, Bedarfsermittlung* Rn 11 ff) regelmäßig die **objektive Marktmiete** anzusetzen (s. → *Bedarfsermittlung* Rn 12; BGH 1.10.2008 – XII ZR 62/07, FamRZ 2009, 23). Für den Trennungsunterhalt ist bis zur Rechtshängigkeit des Scheidungsverfahrens grundsätzlich nur eine **angemessene Marktmiete** (s. → *Bedarfsermittlung* Rn 13) und nach Rechtshängigkeit die objektive Marktmiete in Ansatz zu bringen (BGH 5.3.2008 – XII ZR 22/06, FamRZ 2008, 963).

6 **b) Einkünfte aus Vermietung und Verpachtung.** Einkünfte aus Vermietung und Verpachtung sind als **Überschusseinkünfte** (§ 2 Abs. 2 Nr. 2 StGB) durch Abzug der Werbungs- und Erhaltungskosten ebenso wie Steuern und Abgaben zu ermitteln. Werterhöhende Maßnahmen können unterhaltsrechtlich ebenso wenig berücksichtigt werden wie die AfA (BGH 20.11.1996 – XII ZR 70/95, FamRZ 1987, 261). Abzugsfähig sind die verbrauchsunabhängigen Nebenkosten, soweit sie nicht auf den Mieter umgelegt werden können (BGH 20.10.1999 – XII ZR 297/97, FamRZ 2000, 351).

7 **c) Auswirkungen der Vermögensauseinandersetzung und des Zugewinnausgleichs.** Der Grundsatz, wonach sich die Bedürftigkeit um die erzielbaren Zinsen bereits zum Zeitpunkt der Kapitalanlage mindert, auch wenn die Zinsen erst im Nachhinein ausbezahlt werden, findet bei den **Einkünften aus dem Zugewinnausgleich** eine Ausnahme, da dem Unterhaltsberechtigten eine **angemessene Frist für die Überlegung** eingeräumt werden muss, auf welche Weise er das ihm aus dem Zugewinnausgleich oder aus der Vermögensauseinandersetzung zugeflossene Kapital anlegen will (BGH 9.2.1986 – IVb ZR 12/85, NJW-RR 1986, 682). Erwirbt ein Ehepartner im Zuge der Auseinandersetzung eines im Miteigentum stehenden Hauses dieses zu Alleineigentum, so kann der Wohnwert nicht mit dem Wohnvorteil in der Ehe gleichgesetzt werden (BGH 1.12.2004 – XII ZR 75/02, FamRZ 2005, 1159; s. → *Bedarfsermittlung* Rn 16). Gleiches gilt für die Wiederanlage des Erlösanteils in Grundeigentum. Maßgeblich ist dann der Wohnwert des neu erworbenen Grundeigentums. Verkaufserlöse können zur Schuldentilgung und für notwendige Anschaffungen verwendet werden (OLG Hamm 23.1.1998 – 10 UF 55/97, NJW-RR 1998, 724). Der Restbetrag ist verzinslich anzulegen.

8 **d) Obliegenheit zur Vermögensumschichtung.** Eine Umschichtung des Vermögens kann dann verlangt werden, wenn die bisherige Anlageform eindeutig **unwirtschaftlich** ist und **kein schutzwürdiges Interesse** an der gewählten Anlageform besteht (BGH 3.5.2001 – XII ZR 62/99, FamRZ 2001, 1140). Hierbei ist eine Gesamtabwägung vorzunehmen, die sich an folgenden Kriterien orientiert:

– Ungenutztes Vermögen muss genutzt werden, zB muss ein leerstehendes Haus vermietet oder selbst bewohnt werden.
– Ungenutztes Vermögen muss genutzt bzw angelegt werden, beispielsweise Bargeld, Kunstsammlungen, Goldbarren.
– Schlecht genutztes Vermögen, dh die erzielten Erträge liegen offensichtlich unter üblicherweise erzielbaren Erträgen, muss besser angelegt werden (BGH FamRZ 1992, 423).

9 Es können aber keine risikobehafteten Anlageformen und auch keine Spekulationsgeschäfte verlangt werden. Weiter ist eine Übergangsfrist zu gewähren. Eine Wohnungsveräußerung, weil mit dem Erlös höhere Zinsen erzielt werden können als der Wohnvorteil bringt, kann dann nicht verlangt werden, wenn das Wohnen im eigenen Haus den ehelichen Lebensverhältnissen entsprochen hat und auch der Unterhaltpflichtige im Eigentum wohnt oder andere vernünftige Gründe des Nichtauszugs bestehen (BGH 5.3.2008 – XII ZR 22/06, FamRZ 2008, 963).

10 **e) Vermögensverwertung.** Beim nachehelichen Unterhalt ist auch der **Vermögensstamm** grundsätzlich zu verbrauchen, bevor der Unterhaltpflichtige in Anspruch genommen werden kann (§ 1577 Abs. 3 BGB). In der Praxis wird hiervon selten Gebrauch gemacht. Eine Verwertung kann dann nicht verlangt werden,

wenn diese **unwirtschaftlich** oder unter Berücksichtigung der beiderseitigen wirtschaftlichen Verhältnisse **unbillig** wäre (BGH 4.7.2007 – XII ZR 141/05, FamRZ 2007, 1532). Die Unwirtschaftlichkeit wird dann bejaht, wenn der Unterhaltsberechtigte damit die Basis für eine langfristige teilweise Sicherung seines Unterhaltes aus eigenen Mitteln aufgeben müsste (BGH 6.11.1997 – XII ZR 20/96, FamRZ 1998, 367). Muss allerdings der Verpflichtete zur Unterhaltssicherung ebenfalls den Stamm seines Vermögens angreifen, geht die Vermögensverwertung des Berechtigten der des Verpflichteten vor. Unwirtschaftlichkeit ist weiter anzunehmen, wenn der zu erwartende Veräußerungserlös in keinem angemessenen Verhältnis zum Wert der Sache für den Berechtigten steht, oder wenn die Veräußerung wegen der gegebenen Marktlage nur mit Verlusten möglich wäre (OLG Frankfurt/M. 7.4.1987 – 3 UF 291/85, FamRZ 1987, 1179). Bloße Affektionsinteressen stehen der Vermögensverwertung allerdings nicht entgegen. Bis zur Verwertung kann nach zumutbaren Gesichtspunkten auf eine Kreditaufnahme verwiesen werden (BGH 9.12.1987 – IV b ZR 97/86, NJW 1988, 2376).

Bei der Frage der **Unbilligkeit** ist auch die Vermögenssituation des Unterhaltspflichtigen zu berücksichtigen. Hat allerdings der Berechtigte ein erhebliches Vermögen, während dem Unterhaltspflichtigen nur der Mindestselbstbehalt verbliebe, ist eine Vermögensverwertung nicht unbillig (OLG Hamm 3.3.2006 – 7 UF 154/05, FamRZ 2006, 1680). Dagegen ist dem Unterhaltsberechtigten ein „**Notgroschen**" zu belassen. Für den Elternunterhalt hat der Bundesgerichtshof die Höhe dieses sog. Notgroschens zumindest mit dem sozialhilferechtlichen Schonbetrag veranschlagt (BGH 23.11.2005 – XII ZR 155/03, NJW 2006, 2037). Auch bei der Verwertung von Wohnungseigentum, welches der Berechtigte insbesondere mit den gemeinsamen Kindern bewohnt, sind an die Billigkeit der Verwertungsverpflichtung hohe Anforderungen zu stellen. Dagegen spielt es keine Rolle, ob das Vermögen aus dem Zugewinnausgleich stammt (BGH 16.1.1985 – IV b ZR 59/83, NJW 1985, 909). Die Verpflichtung zur Verwertung des Vermögensstamms hat besondere Bedeutung beim **Altersunterhalt**. Der Bundesgerichtshof hat schon vor vielen Jahren entschieden, dass der alte Mensch nicht nur seine laufenden Einkünfte aus allen möglichen und zumutbaren Einkommensquellen für seinen Unterhalt verwenden muss, sondern grundsätzlich auch sein Vermögen zu verwerten hat. Beim Altersunterhalt ist insbesondere zu prüfen, ob das vorhandene Vermögen zur Deckung des Unterhaltsbedarfs des alten Menschen gerechnet auf seine mutmaßliche Lebensdauer ausreicht. Eine Absicherung im Alter, mit der sonst regelmäßig der Erhalt des Vermögensstamms begründet wird, scheidet aus.

f) Vermögensverlust. § 1577 Abs. 4 BGB normiert eine Sonderregelung für den **Wegfall von Vermögen** **12** **oder Vermögenseinkünften**, je nachdem, ob eine Verwertung des Vermögensstammes in Frage kommt, auf Seiten des Unterhaltsberechtigten. Der Vorschrift liegt der Gedanke zugrunde, dass der Unterhaltspflichtige darauf vertrauen konnte, dass der Unterhalt des Bedürftigen aufgrund eigenen Vermögens nachhaltig gesichert und damit eine Inanspruchnahme des Pflichtigen nicht zu erwarten ist. Für die Frage der **Nachhaltigkeit** gelten die Grundsätze des § 1574 Abs. 2 BGB. Sie ist dann zu verneinen, wenn bereits im Zeitpunkt der Scheidung Umstände **latent vorhanden** waren, die an einer Nachhaltigkeit zweifeln lassen. Strittig ist, ob § 1574 Abs. 4 BGB auch dann zum Tragen kommt, wenn zunächst ein Unterhaltstatbestand vorhanden war, dieser aber durch den Vermögenserwerb und den damit verbundenen Wegfall der Bedürftigkeit untergegangen ist. Vom Wortlaut der Vorschrift ist nicht davon auszugehen, dass dieser auf den Zeitpunkt der Scheidung abstellt. Allerdings könnte bei einem **engen zeitlichen Zusammenhang** von Scheidung und anschließendem Vermögenserwerb eine erweiterte Auslegung von Sinn und Zweck der Norm geboten sein. Außerdem dürfte ohnehin die Unterhaltskette abgerissen sein. Nach § 1577 Abs. 4 S. 2 BGB wird der Betreuungsunterhalt besonders privilegiert. Sofern der Unterhaltsberechtigte im Zeitpunkt des Vermögenswegfalls Kinder betreute und deshalb von ihm eine Erwerbstätigkeit nicht erwartet werden konnte, lebt der Betreuungsunterhaltsanspruch wieder auf, an den sich dann auch die Unterhaltstatbestände der §§ 1571 ff BGB anschließen können.

3. Fiktive Einkünfte

Der Bedürftige muss sich unter Einsatz aller zumutbaren und möglichen Mittel nachhaltig bemühen, eine **13** **angemessene Tätigkeit** zu finden, um seine Bedürftigkeit zu mindern. Zwar ist auch der bedürftig, der die Bedürftigkeit verschuldet hat. Eine Berufung darauf ist aber dann ausgeschlossen, wenn der Berechtigte bei zumutbarer Anstrengung Einkünfte erzielen könnte (s. → *Fiktive Einkünfte*). Er muss sich dann so behandeln lassen, als erziele er diese Einkünfte. Beim Trennungsunterhalt ist die Schutzvorschrift des § 1361 Abs. 2 BGB zu beachten, wonach der nicht erwerbstätige Ehegatte nur dann auf eine Erwerbstätigkeit verwiesen werden kann, wenn dies von ihm nach seinen persönlichen Verhältnissen, insbesondere wegen einer früheren Erwerbstätigkeit unter Berücksichtigung der Dauer der Ehe und nach den wirtschaftlichen Verhältnissen beider Ehegatten erwartet werden kann. **Im ersten Trennungsjahr** besteht jedenfalls bei nicht kurzer Ehedauer keine Obliegenheit zur Aufnahme einer Erwerbstätigkeit oder zu einer Ausweitung einer vorhandenen Erwerbstätigkeit. **Ab Ablauf des ersten Trennungsjahrs** und für den **nachehelichen Unterhalt** gelten insoweit strengere Maßstäbe. Für ernsthafte Erwerbsbemühungen reicht eine bloße Meldung bei der Arbeitsagentur nicht aus (s. → *Bewerbungsbemühungen*). Der Unterhaltsbedürftige trägt die uneingeschränkte Darlegungs- und Beweislast für seine Bemühungen und muss in nachprüfbarer Weise vortragen, welche Schritte und in welchem zeitlichen Abstand er diese im Einzelnen in diese Richtung unternommen hat (s. → *Darlegungs- und Beweislast* Rn 14, 28). Die mangelhafte Arbeitsuche muss auch ursächlich für die Arbeitslosigkeit sein. Eine **Kausalität** entfällt, wenn nach den Gegebenheiten des Arbeitsmarkts sowie den persönlichen Eigenschaften und Fähigkeiten des Bedürftigen keine reale **Arbeitsplatzchance** bestanden hat (BGH 30.7.2008 – XII ZR 126/06, FamRZ 2008, 2104). Regelmäßig indiziert das Fehlen ausreichender Erwerbsbemühungen die reale Beschäftigungschance. Allerdings führt dies nicht automatisch zu einer Anrechnung von fiktiven Einkünften. Vielmehr muss dann fiktiv geprüft werden, ob es dem Unterhaltsbedürftigen bei gehöriger Bemühung gelungen wäre, eine Erwerbstätigkeit zu finden, und welche Einkünfte er aus einer solchen Erwerbstätigkeit erzielen könnte. Für die Entscheidung, in welcher Höhe fiktive Einkünfte anzurechnen sind, ist vorab zu prüfen, in welchem Maße eine Erwerbsverpflichtung besteht. In der Praxis ist dies insbesondere beim Anspruch wegen Kinderbetreuung nach dem dritten Lebensjahr des zu betreuenden Kindes häufig streitig. Fiktives Einkommen ist im Wege der **Additions- bzw Differenzmethode** in die Berechnung des Ehegattenunterhalts einzubeziehen. Dies hat der Bundesgerichtshof insbesondere für den Fall entschieden, in dem das fiktive Einkommen an die Stelle einer früheren Haushaltstätigkeit und Kindererziehung treten soll (BGH 7.9.2005 – XII ZR 301/02, FamRZ 2005, 1979). Beim Ansatz von fiktiven Einkommen bei der Berechnung der Bedürftigkeit – aber auch der Leistungsfähigkeit –, wenn das Einkommen unter Berücksichtigung des Steuervorteils aufgrund des begrenzten Ehegattenrealsplittings berechnet wird, ist zu berücksichtigen, dass sich dieser Steuervorteil und damit auch der Nachteilsausgleich allein nach dem tatsächlichen Einkommen berücksichtigt. Das Einkommensteuergesetz stellt für die Einkommensteuer nämlich ausschließlich auf die tatsächlichen Verhältnisse ab (OLG München 23.1.2013 – 3 U 947/12, FamFR 2013, 131; s. → *Realsplitting/Nachteilsausgleich*).

4. Versorgungsleistungen, insbesondere Haushaltstätigkeit für einen neuen Partner

14 Aufgrund des Wandels in der höchstrichterlichen Rechtsprechung mindern Versorgungsleistungen für einen neuen Lebensgefährten nicht nur die Bedürftigkeit, sondern sind als **Surrogat** der früheren Haushaltstätigkeit auch in der Bedarfsstufe zu berücksichtigen (BGH 5.5.2004 – XII ZR 132/02, FamRZ 2004, 1173; → *Bedarfsermittlung* Rn 22 f). Die unentgeltliche Versorgung des neuen Partners wird gleichgestellt mit Haushaltsleistungen, die der Unterhaltsberechtigte einem Dritten gegen Entgelt erbringt. Die Höhe des einzustellenden Betrags ist zu schätzen. Die **unterhaltsrechtlichen Leitlinien** (vgl Ziffer 5 Süddeutsche Leitlinien, Stand 1.1.2013) gehen in der Regel von einem Betrag von 200 bis 550 EUR monatlich bei Haushaltsführung durch einen nicht Erwerbstätigen aus. Nach Kalthoener/Büttner sind die Beträge hinzuzurechnen, die der neue Partner ohne die Mithilfe des Unterhaltsberechtigten zusätzlich aufwenden müsste (Kalthoener/Büttner/Niebmann Rn 567). Zu beachten ist weiter, dass die **Haushaltsleistungen** auch **tatsächlich erbracht** werden müssen (BGH 21.12.1988 – IV b ZR 18/88, NJW 1989, 1083); folglich reicht eine bloße Wohngemeinschaft auch dann nicht aus, wenn der neue Partner die Miete für diese Wohnung allein trägt (BGH 11.1.1995 – XII ZR 236/93, FamRZ 1995, 343). In einem solchen Fall ist allerdings stets **§ 1579 Nr. 2 BGB** zu prüfen. Liegt eine **Wirtschaftsgemeinschaft** vor, ist, sofern der neue Partner leistungsfähig ist, für die erbrachten Leistungen eine angemessene Vergütung anzusetzen. Das bedeutet, dass bei einem Teilzeiterwerbstätigen ein entsprechend geringerer Betrag anzusetzen ist, während die Rechtsprechung dann keinen Raum mehr für den Ansatz eines Einkommens aus Haushaltsführung sieht, wenn der Berech-

tigte einer Ganztagestätigkeit nachgeht (BGH 13.4.2005 – XII ZR 273/02, FamRZ 2005, 1154). In diesem Fall wird vermutet, dass die Haushaltsführung geteilt wird. Etwas anderes kann nur dann gelten, wenn der neue Partner in gehobenen wirtschaftlichen Verhältnissen lebt und den Unterhaltsberechtigten daran teilhaben lässt, und insbesondere dann, wenn der Unterhaltspflichtige in engen wirtschaftlichen Verhältnissen lebt. Kommt es zum Ansatz eines Einkommens für die Haushaltsführungsleistungen, ist davon kein Erwerbstätigenbonus (s. → *Erwerbstätigenbonus*) abzuziehen (BGH 5.9.2001 – XII ZR 336/99, NJW 2001, 3779). Kommt ein Ansatz von Einkommen für Versorgungsleistungen nicht in Betracht, ist zu prüfen, ob zumindest **ersparte Aufwendungen** für Lebenshaltungskosten durch das gemeinsame Wirtschaften mit dem Partner gegeben sind, die sich der Unterhaltsberechtigte bedarfsmindernd anrechnen lassen muss (BGH 14.12.1994 – XII ZR 180/93, FamRZ 1995, 344; s. → *Bedarfsermittlung* Rn 23). Der Ansatz fiktiver Einkünfte für Haushaltsleistungen ist weiter abzugrenzen von den **freiwilligen Zuwendungen** des neuen Partners an die Unterhaltsberechtigte, die keine Gegenleistung für Versorgungsleistungen sind.

5. Freiwillige Zuwendungen Dritter

Freiwillige Leistungen Dritter mindern nur dann die Unterhaltsbedürftigkeit, wenn dies ausnahmsweise der 15
Willensrichtung des Dritten entspricht, dh wenn der Dritte durch seine Zuwendung den Unterhaltspflichtigen entlasten will (s. → *Bedarfsermittlung* Rn 18). Da solche Dritte in aller Regel im Zweifel auf Seiten des Unterhaltsberechtigten stehen, wird dies nur in den seltensten Konstellationen der Fall sein. Der Bundesgerichtshof hält seit seiner Grundsatzentscheidung an dieser Rechtsprechung fest (BGH 29.9.1979 – IV ZR 87/79, FamRZ 1980, 40). Begründet wird dies damit, dass freiwillige Leistungen Dritter, die nach dem erkennbaren Willen des Dritten nur den Beschenkten selbst unterstützen, die Bedürftigkeit im Allgemeinen nicht einschränken (BGH 22.2.1995 – XII ZR 80/94, FamRZ 1995, 537). Im Übrigen habe der Leistungsempfänger gegen den Dritten **keinen Rechtsanspruch auf Leistung**, die der Dritte jederzeit einstellen kann. Beispiele für solche freiwilligen Zuwendungen können freies Wohnen, die Zurverfügungstellung eines Pkw, die Schenkung eines Urlaubs, kostenlose Kinderbetreuung, aber auch laufende finanzielle Zuwendungen sein. Zweifel an dieser Rechtsprechung sind dann angebracht, wenn der Unterhaltsberechtigte aufgrund der freiwilligen Zuwendungen über höhere Einkünfte verfügt als der Verpflichtete. Insbesondere wenn es sich um regelmäßig wiederkehrende Einkünfte handelt, etwa weil eine Rentenversicherung oder Ähnliches zugewandt wurde, und diese Einkünfte die ehelichen Lebensverhältnisse „geprägt" haben, erscheint diese Privilegierung nicht angebracht. Eine solche Rentenversicherung kann auch nicht jederzeit wieder eingestellt werden, was ebenfalls gegen die Nichtanrechenbarkeit spricht. Ein Wohnwert kann auch dann nicht zugerechnet werden, wenn der Berechtigte in einem Eigenheim wohnt, an dem seine Eltern einen lebenslangen Nießbrauch haben (OLG Koblenz 18.9.2002 – 13 WF 465/02, FamRZ 2003, 534). Auch hier kann die Zuwendung des freien Wohnens jederzeit widerrufen werden und hat deshalb keinen Einkommenscharakter. Dies gilt sogar, wenn ein Unterhaltspflichtiger eine Wohnung, zu deren Erwerb ihm seine Eltern ein zinsloses Darlehen gewährt hatten, diese auf die Eltern zurück überträgt gegen Erlass des Darlehens und Einräumung eines lebenslangen Wohnrechts (BGH 13.4.2005 – XII ZR 48/02, FamRZ 2005, 967).

6. Einkünfte aus überobligatorischer Tätigkeit

Überobligatorisch und somit **unzumutbar** ist eine Tätigkeit dann, wenn sie der Unterhaltsberechtigte (dies 16
gilt im Übrigen auch für den Unterhaltspflichtigen) jederzeit wieder aufgeben kann, ohne dass es unterhaltsrechtliche Konsequenzen hat (BGH 29.11.2000 – XII ZR 212/98, NJW 2001, 973). Häufigster Fall in der Praxis ist die **Erwerbstätigkeit neben der Kinderbetreuung** (s. → *Betreuungsunterhalt*). Bis zum dritten Lebensjahr des zu betreuenden Kindes ist eine ausgeübte Erwerbstätigkeit immer überobligatorisch, ab dem dritten Lebensjahr kann sich eine Erwerbstätigkeit als teilweise überobligatorisch darstellen. Die Beurteilung hängt nach der Rechtsprechung des Bundesgerichtshofs maßgeblich davon ab, wie etwa die Kinderbetreuung mit den konkreten Arbeitszeiten unter Berücksichtigung erforderlicher Fahrzeiten zu vereinbaren ist und ob und gegebenenfalls zu welchen Zeiten die Kinder aufgrund einer Fremdbetreuung zeitweise der Betreuung durch den Elternteil ohnehin nicht bedürfen (BGH 13.4.2005 – XII ZR 273/02, FamRZ 2005, 1154). Weiter kann eine Tätigkeit überobligatorisch sein, wenn ein **behindertes Kind** be-

treut und daneben gearbeitet wird, selbst wenn für das Kind Pflegegeld nach § 13 Abs. 4 SGB XI bezahlt wird (BGH 1.3.2006 – XII ZR 157/03, FamRZ 2006, 846). Weiter wenn der Bedürftige **nach Verrentung** mit 65 Jahren weiterarbeitet oder einer Nebentätigkeit nachgeht (BGH 15.3.2006 – XII ZR 30/04, NJW 2006, 1654). Inwieweit solche Einkünfte zu berücksichtigen sind, hat im Wege einer Billigkeitsabwägung stattzufinden. Häufig wird mit einer hälftigen Berücksichtigung überobligatorischer Einkünfte gearbeitet (OLG Brandenburg 18.12.2012 – 10 UF 124/07, FUR 2013, 336).

17 Die Frage, ob und gegebenenfalls in welchem Umfang Einkommen aus einer überobligatorischen Tätigkeit des Unterhaltsberechtigten bei der Unterhaltsberechnung zu berücksichtigen ist, lässt sich nach der Rechtsprechung des Bundesgerichtshofs nicht pauschal beantworten, sondern hängt von den **besonderen Umständen des Einzelfalls** ab. Obligatorisch erzieltes Einkommen ist somit aufzuteilen in einen nichtunterhaltsrelevanten Anteil und in einen unterhaltsrelevanten Anteil. Der nichtunterhaltsrelevante Anteil überobligatorischer Einkünfte bleibt bei der Unterhaltsberechnung im Rahmen des Bedarfs und der Bedürftigkeit völlig unberücksichtigt. In der Vergangenheit hat es sich in der Gerichtspraxis eingespielt, derartige Einkünfte pauschal hälftig zu berücksichtigen. Der Bundesgerichtshof hat eine **pauschale Anrechnung zur Hälfte** nicht beanstandet (BGH 19.7.2000 – XII ZR 161/98, FamRZ 2000, 1492). Später gingen die Oberlandesgerichte dazu über, bei überobligatorischen Einkünften neben Kinderbetreuung einen sog. **Betreuungsbonus** abzuziehen. Dem ist der Bundesgerichtshof in dieser pauschalen Sichtweise nicht gefolgt, immer stellt er auf die Umstände des Einzelfalls ab und zieht von dem wegen der Kinderbetreuung überobligatorischen Einkommen des Berechtigten zunächst nur die **konkreten Betreuungskosten** ab (KG 5.7.2005 – 13 UF 9/05, FamRZ 2005, 452). Welcher Betrag darüber hinaus anrechnungsfrei bleibt, hängt davon ab, wie sich die Kinderbetreuung und die Berufstätigkeit im Einzelfall miteinander vereinbaren lassen. Hierzu ist ein konkreter Nachweis der tatsächlichen Betreuungsbedürftigkeit im Einzelfall erforderlich. Ebenso wie bei anderem Erwerbseinkommen ist das Einkommen aus überobligatorischer Tätigkeit um den Erwerbstätigenbonus (s. → *Erwerbstätigenbonus*) und berufsbedingte Aufwendungen (s. → *Berufsbedingte Aufwendungen*) zu bereinigen, ebenso um die Kinderbetreuungskosten. Eine mögliche Billigkeitsanrechnung erfolgt erst nach diesem Schritt. Berufsbedingt erforderlicher Betreuungsaufwand verbleibt immer anrechnungsfrei, sofern dieser nicht Mehrbedarf des Kindes darstellt wie bei den Kindergartenkosten (s. → *Bedarfsermittlung* Rn 42). Der sich ergebende unterhaltsrelevante Anteil ist gemäß § 1577 Abs. 2 S. 2 BGB nach Billigkeit anzurechnen. Eine Anrechnung entspricht insbesondere im Mangelfall der Billigkeit (s. → *Mangelfall und Selbstbehalt* Rn 12). Übersteigen die Einkünfte aus überobligatorischer Tätigkeit zusammen mit dem Unterhalt und den anzurechnenden Einkünften den vollen Unterhalt, sind sie ebenfalls gemäß § 1577 Abs. 2 S. 2 BGB anzurechnen (BGH 22.1.2003 – XII ZR 186/01, FamRZ 2003, 518). Bei der Billigkeitsprüfung stehen die beiderseitigen wirtschaftlichen Verhältnisse im Vordergrund. Weitere Kriterien sind das besondere Ausmaß der zusätzlichen Anstrengung, ein früheres oder jetziges Verhalten des Unterhaltspflichtigen, das seine Begünstigung unangemessen erscheinen lässt, oder auch eine besonders anerkennenswerte Zweckbestimmung der überobligatorischen Einkünfte. Dass der Berechtigte durch die überobligatorischen Einkünfte im Ergebnis mehr Geld zur Verfügung haben kann als der Pflichtige, ist das Ergebnis seiner besonderen Anstrengung, so dass dieses Ergebnis eine Billigkeitskorrektur als solche nicht rechtfertigt. Diese Grundsätze gelten für den Trennungs- und Verwandtenunterhalt entsprechend. Kommt es zur Anrechnung überobligatorischer Einkünfte, so sind diese im Wege der Additions- oder Differenzmethode einzubeziehen (BGH 5.9.2001 – XII ZR 108/00, FamRZ 2001, 1687).

7. Mutwilliges Herbeiführen der Bedürftigkeit, § 1579 Nr. 4 BGB

18 **a) Allgemeines.** Wurde die Bedürftigkeit mutwillig herbeigeführt, verstößt eine darauf beruhende Unterhaltsforderung gegen **Treu und Glauben** (venire contra factum proprium). Die Bedürftigkeit muss mutwillig herbeigeführt worden sein, was zwar kein vorsätzliches, jedoch ein **verantwortungsloses, mindestens leichtfertiges Verhalten** voraussetzt (s. → *Unbilligkeit/Verwirkung)*. Weiter muss die Mutwilligkeit **unterhaltsbezogen** sein, wozu sich Vorstellungen und Antriebe für das Verhalten auch auf die Bedürftigkeit als dessen Folge erstrecken müssen. Der Unterhaltsbedürftige muss sich somit darüber bewusst sein, dass sein Verhalten nachteilige Folgen für seine Bedürftigkeit nach sich zieht.

b) Fallkonstellationen. aa) Selbstverschuldeter Arbeitsplatzverlust, freiwillige Aufgabe eines siche- 19
ren Arbeitsplatzes, Auswanderung ohne Erwerbsaussicht oder Unterlassen einer rechtzeitigen Aus-
bildung. Bei einer solchen Fallkonstellation wird es oft schon am Unterhaltstatbestand des § 1573 Abs. 1
BGB fehlen (s. → *Erwerbslosigkeitsunterhalt*) mit der Folge, dass dem Bedürftigen ein fiktives Einkommen zugerechnet wird (s. → *Fiktive Einkünfte*). Problematisch in dieser Fallkonstellation ist häufig die Un-
terhaltsbezogenheit im Hinblick auf die Herbeiführung der Erwerbslosigkeit. Nur das mutwillige Herbeiführen der Erwerbslosigkeit kann den Tatbestand von § 1579 Nr. 4 BGB erfüllen, die bloße Verletzung der
Erwerbsobliegenheit führt zum Ansatz fiktiver Einkünfte.

bb) Bedürftigkeit infolge von Alkohol-, Tabletten- oder Drogensucht. Eine Bedürftigkeit ist als solche 20
wohl **kaum mutwillig** herbeigeführt, da selbst dann, wenn der Süchtige sich der gesundheitlichen Gefahren
des Konsums dieser Mittel bewusst war und sich solcher Einsicht leichtfertig verschlossen hat, keine unterhaltsbezogene Mutwilligkeit vorliegt (BGH 12.4.2000 – XII ZR 79/98, FamRZ 2000, 815). Es ist deshalb
darauf abzustellen, ob der Süchtige seine Krankheit erkennt, jedoch eine zumutbare und erfolgversprechende Suchtbehandlung unterlässt (OLG Naumburg 29.5.2006 – 14 WF 16/06, FamRZ 2007, 472). In einem
weiteren Schritt muss geprüft werden, ob aufgrund der Suchterkrankung die erforderliche Einsicht und
Steuerungsfähigkeit für eine notwendige Behandlung besteht.

Eine **Unterlassung der gebotenen Heilbehandlung** kann in Fällen, in denen die Einsichtsfähigkeit gege- 21
ben ist, eine mutwillige Herbeiführung der Bedürftigkeit darstellen. Der Kranke hat die Verpflichtung, sich
Heilbehandlungen und Therapien zu unterziehen, wenn die sichere Aussicht auf Heilung oder wenigstens
wesentliche Besserung besteht (OLG Hamm 27.9.2002 – 10 UF 317/01, NJW-RR 2003, 510).

Weiter ist der Erwerbsunfähige verpflichtet, eine **Erwerbsunfähigkeitsrente** zu beantragen. Tut er das 22
nicht, hat er jedenfalls in Höhe einer möglichen Erwerbsunfähigkeitsrente seine Bedürftigkeit mutwillig
herbeigeführt. Aus meiner Sicht ist in diesem Fall jedoch der Rückgriff auf § 1579 Nr. 4 BGB entbehrlich,
da insoweit mit dem Ansatz eines fiktiven Einkommens in Höhe einer zu erwartenden Erwerbsunfähigkeitsrente gearbeitet werden kann.

cc) Vermögensverschwendung. Eine Bedürftigkeit aufgrund der **Verschwendung** von vorhandenem 23
Vermögen, beispielsweise für Luxusausgaben, erfüllt ebenfalls den Tatbestand (OLG Karlsruhe 18.11.1982
– 2 UF 5/82, FamRZ 1983, 506). Keine Verschwendung liegt vor, wenn zunächst vorhandenes Vermögen
für **berechtigte Zwecke** ausgegeben worden ist, beispielsweise für Verfahrenskosten, Umzug oder notwendiges neues Mobiliar (BGH 11.4.1990 – XII ZR 42/89, NJW 1990, 3274). Nach dieser Entscheidung soll
ebenfalls keine Verschwendung vorliegen, wenn das **Vermögen für die Altersvorsorge** verwendet wurde.
Hier ist jedoch zu berücksichtigen, dass insgesamt nur 24 % eines Bruttoeinkommens für die Altersvorsorge verwendet werden dürfen (s. → *Private Altersvorsorge*). Wird darüber hinaus Vermögen für die Altersvorsorge verwendet, sind die Zinseinkünfte daraus fiktiv zu berücksichtigen. Trotzdem ist dies kein Fall
der mutwilligen Herbeiführung der Bedürftigkeit, sondern der Berücksichtigung fiktiver Einkünfte.

Ein weiterer Fall des § 1579 Nr. 4 BGB ist die **nichtbestimmungsgemäße Verwendung** des Altersvorsor- 24
geunterhalts (BGH 5.2.2003 – XII ZR 29/00, FamRZ 2003, 848). In einem solchen Fall ist zu ermitteln,
welches Einkommen der Bedürftige im Alter erzielen würde, wenn er den Altersvorsorgeunterhalt bestimmungsgemäß verwendet hätte. In dieser Höhe hat er seine Bedürftigkeit mutwillig herbeigeführt. Ob dies
insgesamt zu einer Verwirkung des dann möglicherweise noch bestehenden weiteren Aufstockungsunterhaltsanspruchs oder nur zu einer fiktiven Berücksichtigung des erzielbaren Einkommens führt, ist im Rahmen einer Abwägung zu prüfen.

Bei Vorliegen der Voraussetzungen des § 1579 Nr. 4 BGB ist somit stets eine **Abwägung** zwischen dem 25
Ansatz von fiktiven Einkünften und einer Verwirkung des Unterhaltsanspruchs als solchem zu differenzieren. Zunächst ist auch beim Vorliegen der Tatbestandsvoraussetzungen der Bedürftige stets so zu behandeln, als verfüge er über die finanziellen Mittel zur Bestreitung seines Bedarfs, die ihm durch sein vorwerfbares Verhalten verlorengegangen sind. Besteht unter Berücksichtigung dieser fiktiven Einkünfte dennoch

ein ungedeckter Bedarf, ist in einem zweiten Schritt zu prüfen, ob der Unterhaltsanspruch wegen grober Unbilligkeit entfällt, herabzusetzen oder zeitlich zu befristen ist.

III. § 1615 l Abs. 3 S. 1 iVm § 1602 BGB

26 Über die Verweisungsnorm des § 1615 l Abs. 3 S. 1 BGB findet die Vorschrift des § 1602 BGB auch auf den Betreuungsunterhaltsanspruch der nichtehelichen Mutter (bzw für den Vater nach § 1615 l Abs. 4 BGB) Anwendung. Gemäß § 1602 Abs. 1 BGB ist nur unterhaltsberechtigt, wer außerstande ist, sich selbst zu unterhalten. Die Mutter ist also nur insoweit unterhaltsberechtigt, als sie ihren Unterhaltsbedarf nicht durch eigene Einkünfte decken kann.

1. Anrechnung eigener Einkünfte

27 Eigenes Einkommen der Mutter mindert die Bedürftigkeit (§ 1602 Abs. 1 BGB). Vor einer Anrechnung eigener Einkünfte ist jedoch zu differenzieren, ob es sich überhaupt um Einkünfte handelt, die die Bedürftigkeit mindern.

28 **a) Sozialhilfe.** Sozialhilfe wird gemäß § 2 SGB XII nachrangig gewährt, weshalb Sozialhilfe die Bedürftigkeit nicht mindert. Gleiches gilt für das ALG II (§§ 5, 9, 33 SGB II). Gemäß § 11 des am 1.1.2007 in Kraft getretenen Gesetzes zum Elterngeld und zur Elternzeit (BEEG) ist im Rahmen des Unterhaltsrechts das Elterngeld bis zu einem Betrag von 300 EUR grundsätzlich nicht als Einkommen zu berücksichtigen. Darüber hinaus mindert es die Bedürftigkeit der Mutter. Zu beachten ist insoweit § 11 S. 4 BEEG. Im Falle einer Herabsetzung des Unterhalts aus Billigkeitsgründen nach § 1611 Abs. 1 BGB ist das Elterngeld in voller Höhe als Einkommen zu berücksichtigen.

29 **b) Leistungen, die die Bedürftigkeit mindern.** Sowohl das ausbezahlte Mutterschaftsgeld, welches in der Regel für die Dauer von sechs Wochen vor der Geburt und acht Wochen nach der Geburt bezahlt wird, als auch die Lohnfortzahlung durch den Arbeitgeber gemäß § 11 MuSchG sowie die von den Krankenkassen zu erbringenden Krankengeldzahlungen bzw Beihilfeleistungen sind vom Bedarf der Mutter in Abzug zu bringen (BGH 15.12.2004 – XII ZR 121/03, FamRZ 2005, 442). Gleiches gilt für das ALG I gemäß §§ 117 ff SGB III, dem Lohnersatzfunktion zukommt, und für BaföG-Leistungen, auch soweit sie als Darlehen gewährt werden (OLG Karlsruhe 4.9.2003 – 2 UF 6/03, FamRZ 2004, 974). Die unterhaltsberechtigte Mutter ist verpflichtet, die vorgenannten Leistungen auch in Anspruch zu nehmen, soweit sie einen Anspruch darauf hat. Macht sie die Arbeits-, Sozial- bzw versicherungsrechtlichen Ansprüche nicht geltend, kann sie bei der Beurteilung ihrer Bedürftigkeit fiktiv so gestellt werden, als habe sie die entsprechenden Zahlungen erhalten (OLG Karlsruhe 4.9.2003 – 2 UF 6/03, FamRZ 2004, 974).

30 **c) Weitere Einkünfte.** Einkünfte der Mutter aus Vermögen, wie Zinseinkünfte, Einnahmen aus Vermietung und Verpachtung oder ein etwaiger Wohnvorteil, mindern ihre Bedürftigkeit genauso wie etwa **Versorgungsleistungen für einen neuen Partner** (s. Rn 14; s. → *Bedarfsermittlung* Rn 22 f). Anders als beim Ehegattenunterhalt ist der Wohnvorteil für mietfreies Wohnen stets mit der objektiven Marktmiete in Ansatz zu bringen. **Freiwillige Zuwendungen Dritter** mindern ebenfalls wie beim Ehegattenunterhalt nicht die Bedürftigkeit (s. Rn 15; s. → *Bedarfsermittlung* Rn 18).

31 **d) Erwerbseinkünfte/Einkünfte aus überobligatorischer Tätigkeit (§ 1577 Abs. 2 BGB analog).** Bei der Prüfung, ob und in welchem Umfang Einkünfte aus überobligatorischer Tätigkeit der Mutter anzusetzen sind, ist derselbe Maßstab wie beim Ehegattenunterhalt anzulegen. Danach sind diese Einkünfte in entsprechender Anwendung von § 1577 Abs. 2 BGB zu berücksichtigen; in welcher Höhe, ist im Einzelfall nach den Kriterien, wie die Kindesbetreuung mit den konkreten Arbeitszeiten unter Berücksichtigung erforderlicher Fahrzeiten zu vereinbaren ist und ob und gegebenenfalls zu welchen Zeiten das Kind anderweitig beaufsichtigt wird und deshalb teilweise nicht der Betreuung durch den Elternteil bedarf (BGH 15.12.2004 – XII ZR 121/03, FamRZ 2005, 442), zu beurteilen. Die eigenen Erwerbseinkünfte der kinderbetreuenden Mutter bleiben anrechnungsfrei, soweit der unterhaltspflichtige Vater wegen beschränkter Leistungsfähigkeit nicht den vollen Bedarf decken kann. Dabei ist der Halbteilungsgrundsatz zu beachten

mit der Folge, dass der Bedarf der Mutter auf den Betrag begrenzt sein wird, der dem unterhaltspflichtigen Vater selbst verbleibt. Das Einkommen der Mutter bleibt deshalb nach § 1577 Abs. 2 S. 1 BGB analog nur insoweit anrechnungsfrei, als der unterhaltspflichtige Vater nicht einmal in der Lage ist, einen Unterhaltsbetrag in Höhe des ihm zu belassenden Selbstbehalts zu bezahlen. Im Übrigen erfolgt eine Anrechnung wie beim Ehegattenunterhalt nach Billigkeit (s. Rn 16 f).

2. Vermögensverwertung

Grundsätzlich ist die Kindesmutter verpflichtet, zur Bestreitung ihres Lebensbedarfs vorhandenes Vermö- 32 gen einzusetzen (§§ 1615 Abs. 3 S. 1, 1602 BGB). Anders als § 1606 Abs. 2 BGB, der auf minderjährige unverheiratete Kinder Anwendung findet und die Verwertung des Vermögensstamms ausschließt, enthält § 1602 Abs. 1 BGB keine entsprechende Einschränkung. § 1577 BGB gilt schon aus systematischen Gründen nicht, eine analoge Anwendung kommt ebenfalls nicht in Betracht, da insoweit keine Regelungslücke im Gesetz besteht. Eine Pflicht zur **Verwertung des Vermögensstamms** besteht allerdings nicht, wenn dies für die Mutter unzumutbar ist. Bei der Prüfung der Frage der Unzumutbarkeit werden im Schrifttum teilweise die Maßstäbe wie im ehelichen Unterhaltsrecht, also des § 1577 Abs. 3 BGB, angewendet. Diese Sichtweise scheint sehr ergebnisorientiert zu sein und lässt sich dogmatisch nicht sauber herleiten, auch nicht vor dem Hintergrund, dass durch die zum 1.1.2008 in Kraft getretene Unterhaltsrechtsreform der Anspruch aus § 1615 l BGB dem des § 1570 BGB nicht nur angenähert, sondern nahezu gleichgestellt ist. Dies ist bezüglich der Tatbestandsvoraussetzungen und insbesondere der Dauer des Betreuungsunterhalts richtig, führt aber nicht zu einer Gleichstellung dahin gehend – und dies hat der Bundesgerichtshof in seiner Grundsatzentscheidung vom 16.7.2008 deutlich gemacht –, dass auch die Fragen des Bedarfs und der Bedürftigkeit gleichzustellen sind (BGH 16.7.2008 – XII ZR 109/05, FamRZ 2008, 1739). Dennoch ist ein Vermögensstamm für Unterhaltszwecke immer nur im Rahmen der Zumutbarkeit einzusetzen. Dem Unterhaltsberechtigten muss in jedem Fall ein „**Notgroschen**" verbleiben, insbesondere wenn sich die Vermögensverhältnisse des unterhaltspflichtigen Vaters besonders günstig gestalten (OLG Hamm 11.2.2000 – 11 UF 85/89, FF 2000, 137). Zu beachten ist ebenfalls die eigene Alterssicherung der Kindesmutter (BGH 5.7.2006 – XII ZR 11/04, FamRZ 2006, 1362).

IV. Kindesunterhalt, § 1602 BGB

1. Minderjähriger

Die Bedürftigkeit minderjähriger Kinder wird um das zur Deckung des Barbedarfs verwendete **hälftige** 33 **Kindergeld** nach § 1612 b Abs. 1 S. 1 u. 2 BGB gemindert (BGH 24.6.2009 – XII ZR 161/08, FamRZ 2009, 1477). Auf den Barbedarf des minderjährigen Kindes wird grundsätzlich wegen § 1606 Abs. 3 S. 2 BGB auch nur eine **hälftige Ausbildungsvergütung** nach Abzug von Ausbildungskosten (BGH 21.1.2009 – XII ZR 54/06, FamRZ 2009, 782) oder eine **hälftige Waisenrente** angerechnet (BGH 20.8.2006 – XII ZR 138/04, 1597). **Unterhaltsvorschussleistungen** sind nur dann ähnlich wie Sozialhilfe subsidiär und nicht bedarfsmindernd anzurechnen, wenn der Unterhaltsanspruch gegen einen Elternteil besteht. Im Verhältnis zu den unterhaltspflichtigen Großeltern mindern die Unterhaltsvorschussleistungen die Bedürftigkeit des Kindes nicht (OLG Dresden 18.9.2009 – 20 UF 331/09, FamRZ 2010, 736). Der Bedarf des minderjährigen Kindes richtet sich nach der von den Eltern abgeleiteten Lebensstellung. Sind beide Elternteile zur Zahlung von Barunterhalt nicht leistungsfähig, können die Kinder von ihren Großeltern lediglich den Mindestunterhalt nach § 1612 a Abs. 1 BGB verlangen.

2. Volljähriger

Die Bedürftigkeit volljähriger Kinder mindert sich um das staatliche **Kindergeld in voller Höhe**. Weiter 34 hat sich das volljährige Kind ebenfalls in voller Höhe seine eigenen Einkünfte, vermindert um berufs- bzw. ausbildungsbedingte Kosten, anrechnen zu lassen (BGH 26.10.2005 – XII ZR 34/03, FamRZ 2006, 99). Bezüglich des Restbedarfs des volljährigen Kindes haften gemäß § 1606 Abs. 3 S. 1 BGB die Eltern anteilig.

3. Vermögensverwertung

35   Vorhandenes Vermögen ist grundsätzlich zu verwerten. Dem Unterhaltsberechtigten ist aber ein „**Notgroschen**" zuzubilligen. Durch diesen Betrag soll ein plötzlich auftretender Sonderbedarf aufgefangen werden. § 1602 Abs. 2 BGB privilegiert insoweit minderjährige unverheiratete Kinder. Diese müssen ihren Vermögensstamm nicht zur Deckung ihres Lebensbedarfs verwenden. Einkünfte hieraus, zB Zinseinkünfte, sind hingegen einzusetzen. Reichen diese Einkünfte zur Bedarfsdeckung aus, besteht keine Bedürftigkeit.

47. Begleiteter Umgang

Treu

I. Einführung.. 1
II. Gesetzliche Regelung........................... 3
  1. Voraussetzungen............................ 4
  2. Fallgruppen................................. 6
  3. Einzelfälle.................................. 10
    a) Risiken, die vom Umgangsberechtigten ausgehen.................................... 10
    aa) Sexueller Missbrauch.................. 11

    bb) Entführung............................. 14
    cc) Körperverletzung...................... 16
    dd) Krankheit............................. 18
    b) Mittelbare Gefährdung des Kindeswohls durch Elternkonflikt........................ 22
    c) Umgangsanbahnung nach Kontaktabbruch... 27
  4. Modalitäten................................. 33
III. Verfahrenshinweise............................ 36

I. Einführung

Der Kontakt zwischen Eltern(teil) und Kind soll grundsätzlich ein natürliches und unbefangenes Zusammensein gewährleisten und deshalb ohne Anwesenheit einer Aufsichtsperson stattfinden (Palandt/Götz § 1684 BGB Rn 35). Neben dem am weitestgehenden Eingriff in das Umgangsrecht – dem völligen Ausschluss – sieht das Gesetz die Anordnung des begleiteten Umgangs vor, der nach dem Verhältnismäßigkeitsgrundsatz **als milderes Mittel geeignet und ausreichend** erscheinen muss, um das Wohl des Kindes zu gewährleisten. Das Umgangsrecht kann vom Familiengericht deshalb nur im Ausnahmefall und nur unter den Voraussetzungen des § 1684 Abs. 4 BGB durch Anordnung von begleitetem Umgang eingeschränkt werden. **1**

Umgesetzt wird die Anordnung begleiteten Umgangs als **Jugendhilfeleistung**. Sowohl der Umgangsberechtigte als auch das Kind haben gem. § 18 Abs. 3 SGB VIII einen Anspruch auf Unterstützung bei der Ausübung des Umgangsrechts, der sich gegen das Jugendamt richtet. **2**

II. Gesetzliche Regelung

Das Familiengericht kann das Umgangsrecht und den Vollzug früherer Entscheidungen über das Umgangsrecht einschränken. Es kann insbesondere anordnen, dass der Umgang nur stattfinden darf, wenn ein **mitwirkungsbereiter Dritter anwesend** ist (begleiteter oder betreuter Umgang – § 1696 Abs. 4 S. 3 BGB). Beschränkungen für einen kürzeren Zeitraum erfordern, dass sie zum Wohl des Kindes erforderlich sind (§ 1684 Abs. 4 S. 1 BGB), während Beschränkungen für längere Zeit (oder auf Dauer) voraussetzen, dass andernfalls das Wohl des Kindes gefährdet wäre (§ 1684 Abs. 4 S. 2 BGB). **3**

1. Voraussetzungen

Begleiteter Umgang wird angeordnet, wenn das Wohl des Kindes dem unbegleiteten Umgang entgegensteht und – auch hier gilt der Verhältnismäßigkeitsgrundsatz – mildere Mittel fehlen oder nicht ausreichen. Er kann zur **Gefahrminimierung oder Gefahrenabwehr**, aber auch zur **Anbahnung nach (längerer) Pause** erforderlich sein. Seinem Wesen nach ist der begleitete Umgang als vorübergehende Maßnahme angelegt (NK-BGB/Peschel-Gutzeit § 1684 BGB Rn 63). **4**

Erforderlich ist die Feststellung einer konkreten Gefährdung des Kindes, die nicht schon dann angenommen werden kann, wenn nur ein „Restrisiko" verbleibt. Der begleitete Umgang darf deshalb nicht angeordnet werden, „um jede mögliche Gefährdung auszuschließen". Denn sonst würde die Ausnahme der Umgangseinschränkung zur Regel (BVerfG 29.11.2007 – 1 BvR 1635/07, FamRZ 2008, 494). **5**

2. Fallgruppen

In allen **Fällen, in denen der Ausschluss des Umgangs in Betracht kommt**, ist als milderes Mittel nach dem Verhältnismäßigkeitsgrundsatz zu prüfen, ob der Kindeswohlgefährdung oder -beeinträchtigung durch die Anordnung begleiteten Umgangs begegnet werden kann (Saarländisches OLG 12.1.2005 – 9 UF 124/04; s. → *Ausschluss des Umgangsrechts* Rn 10 ff) **6**

7   Hierzu zählen zunächst die Fälle, in denen vom Umgangsberechtigten ein Risiko ausgeht, das zu einer Gefährdung des Kindes führt oder führen kann, wenn dies nicht mit der nötigen Sicherheit ausgeschlossen werden kann.

8   In den Fällen eines **elterlichen Konfliktes**, in denen eine massive Beeinflussung des Kindes durch den Umgangsberechtigten zu befürchten ist oder das Kind dem Umgangsberechtigten – aus welchen Gründen auch immer – nicht mehr unbelastet begegnen kann, ihn möglicherweise überhaupt nicht mehr sehen will, können durch die Begleitung Belastungen für das Kind abgefangen werden. Allerdings ist der begleitete Umgang kein Mittel zur Streitschlichtung im üblichen Umgangskonflikt (Staudinger/Rauscher § 1684 BGB Rn 308).

9   Schließlich kommt begleiteter Umgang in Betracht, wenn es eine mehr oder weniger lange Unterbrechung des Umgangs mit entsprechender **Entfremdung zwischen Kind und Umgangsberechtigtem** gegeben hat, so dass es gilt, erste vorsichtige Kontakte anzubahnen. Gleiches gilt, wenn der Kontakt aus anderen Gründen unterbrochen war, beispielsweise weil das Kind schon längere Zeit fremduntergebracht ist.

3. Einzelfälle

10 **a) Risiken, die vom Umgangsberechtigten ausgehen.** Es geht hier um den Fall, dass die Person des Umgangsberechtigten oder sein Verhalten Anlass geben zu der Einschätzung, dass der uneingeschränkte Umgang dem Kind schadet, gleichzeitig aber die Erwartung besteht, dass das Risiko, das von dem Umgangsberechtigten ausgeht, durch die Anwesenheit eines Dritten beherrscht werden kann (Staudinger/Rauscher § 1684 BGB Rn 309). Besteht diese Erwartung nicht, so wäre in derartigen Fällen der Umgang vollständig auszuschließen. Innerhalb dieser Fallgruppe wird der **begleitete Umgang eher von längerer Dauer sein**.

11 **aa) Sexueller Missbrauch.** Wenn ein sexueller Missbrauch des Kindes durch den Umgangsberechtigten zwar nicht bewiesen, aber auch nicht ohne Weiteres von der Hand zu weisen ist (wofür es aber begründeter Anhaltspunkte bedarf), wird durch den überwachten Umgang einerseits dem **Schutzbedürfnis des Kindes** Rechnung getragen und andererseits berücksichtigt, dass durch einen umfassenden Kontaktabbruch **Bindungsverluste und Entfremdungen** hervorgerufen werden können, die auch bei Nachweis der Unschuld des Umgangsberechtigten nach einem längeren Verfahren nicht mehr rückgängig zu machen sind. Dass ein staatsanwaltliches Ermittlungsverfahren gegen den Umgangsberechtigten anhängig ist, genügt alleine noch nicht (OLG Frankfurt 30.6.1995 – 6 UF 60/95, FamRZ 1995, 1432).

12 Bei erwiesenem sexuellen Missbrauch kommt die Anordnung des begleiteten Umgangs in Betracht, wenn dieser ausreicht, um einer Kindeswohlgefährdung zu begegnen, was jedenfalls dann nicht der Fall ist, wenn die Kindeswohlgefährdung nicht allein in der Wiederholungsgefahr, sondern (auch) in der **seelischen Belastung durch die Erinnerung an das Erlebte** liegt (Staudinger/Rauscher § 1684 BGB Rn 313).

13 Zugunsten des Umgangsausschlusses abgelehnt wurde ein begleiteter Umgang im Fall eines Vaters mit pädophiler Sexualpräferenz verbunden mit einer Persönlichkeitsstörung: Der Vater würde ansonsten in die Lage versetzt, ein Vertrauensverhältnis zu dem Kind aufzubauen, so dass die **Gefahr heimlicher unbegleiteter Treffen** bestehe (OLG Düsseldorf 28.5.2009 – II-6 UF 188/07, FamRZ 2009, 1685; s. → *Ausschluss des Umgangsrechts* Rn 33 ff).

14 **bb) Entführung.** Bei drohender Kindesentführung durch den Umgangsberechtigten, insbesondere ins Ausland, wo es oftmals unmöglich ist, das Kind wieder zum Sorgeberechtigten zurückzuführen, ist eine **konkrete Gefährdung** festzustellen; Befürchtungen oder Mutmaßungen genügen nicht. Die lediglich abstrakte Gefahr, dass ein Umgangsberechtigter das Kind nach einem unbegleiteten Umgangstermin nicht wieder herausgeben könnte, rechtfertigt eine Einschränkung des Umgangsrechts nicht (BVerfG 6.11.2009 – 1 BvR 14108, FamRZ 2010, 109). Diese ist jedenfalls dann immer gegeben, wenn ein Elternteil den Aufenthalt des Kindes bei dem anderen in Frage stellt (OLG Koblenz 17.7.2008 – 7 UF 238/08, FamRZ 2009, 133). Als geeignete mildere Maßnahme zur Verhinderung einer Entführung in das (Nicht-EU-)Ausland kommt das gerichtliche Verbot, das Kind ins Ausland zu verbringen, verbunden mit einer „Grenzsperre" in Frage.

Treu

Eine konkrete Gefahr kann sich aus der **Vorgeschichte und dem Verhalten des Umgangsberechtigten** 15 ergeben, so wenn er das Kind bereits einmal entführt hat und weiterhin in seinem Heimatland einen medial unterstützten Kampf um das Sorgerecht führt (Brandenburgisches OLG 15.10.2009 – 9 UF 69/09, NJW-RR 2010, 148).

cc) Körperverletzung. Wurde das Kind in der Vergangenheit misshandelt und besteht die Gefahr weiterer 16 Misshandlungen, würde unbeschränkter Umgang das Kindeswohl gefährden. Zur Sicherheit des Kindes ist ein begleiteter Umgang anzuordnen, wenn die Gefahr nicht durch eine **weniger einschneidende Beschränkung des Umgangs,** wie etwa eine **räumliche Beschränkung,** beseitigt werden kann.

Droht dem Kind eine Genitalverstümmelung auch in Deutschland, kann sein Schutz nicht durch mildere 17 Maßnahmen als die Anordnung begleiteten Umgangs gewährleistet werden (OLG Karlsruhe 5.5.2008 – 16 UF 3/08, FamRZ 2009, 130).

dd) Krankheit. Umgangsbegleitung kann auch dann erforderlich sein, wenn der unbeschränkte Umgang 18 aufgrund einer Krankheit des Umgangsberechtigten das **körperliche oder seelische Wohl** des Kindes gefährden würde. So kann der psychisch oder physisch kranke, drogen- oder alkoholabhängige Umgangsberechtigte das Kind möglicherweise nicht ausreichend betreuen und beaufsichtigen.

Leidet der Umgangsberechtigte an einer **ansteckenden Krankheit,** ist ein begleiteter Umgang nur dann er- 19 forderlich, wenn andernfalls nicht gewährleistet wäre, dass das Kind vor Ansteckung ausreichend geschützt werden kann, weil der mit dem Ansteckungsrisiko sorglos umgehende Umgangsberechtigte nicht bereit oder in der Lage ist, die erforderlichen Vorsichtsmaßregeln zu beachten. Eine HIV-Infektion begründet im Allgemeinen weder den Ausschluss noch die sonstige Beschränkung des Umgangsrechts (Staudinger/Rauscher § 1684 BGB Rn 316, 329).

Bei Alkohol- oder Drogenabhängigkeit mit rauschspezifischen Ausfällen mit der Folge, dass das Kind irri- 20 tiert oder geängstigt werden kann oder mit einer Verletzung der Aufsichtspflicht zu rechnen ist, wird regelmäßig begleiteter Umgang in Betracht kommen. Dagegen sind – neben etwa veranlasster **räumlicher/zeitlicher Beschränkung des Umgangs** – keine weiteren Einschränkungen erforderlich, wenn der Umgangsberechtigte (noch) in der Lage ist, sich für die Dauer des Umgangs abstinent zu halten. Der Obhutselternteil ist allerdings berechtigt, den Umgang zu verweigern, wenn der Umgangsberechtigte beim Abholen des Kindes unter Alkohol- oder Drogeneinfluss steht.

Eine **psychische Erkrankung des Umgangsberechtigten** kann dazu führen, dass das Kind im Rahmen ei- 21 nes normalen Umgangs mit dessen krankheitsbedingter Unberechenbarkeit oder eingeschränkten bis fehlenden emotionalen Erreichbarkeit konfrontiert ist (Lau/Lau FamRZ 2011, 862). Auch kann der Umgangsberechtigte infolge seiner Erkrankung außerstande sein, auf die kindlichen Signale adäquat zu reagieren. Sind bei dem Kind als Folge davon bereits Persönlichkeits- oder Verhaltensstörungen aufgetreten, ist das Kindeswohl gefährdet und zumindest eine Beschränkung des Umgangs durch dessen Begleitung zu fordern (Brandenburgisches OLG 26.9.2007 – 9 UF 117/07, FamRZ 2008, 716: Schizophrenie).

b) Mittelbare Gefährdung des Kindeswohls durch Elternkonflikt. Wird das Kind in den elterlichen 22 Konflikt hineingezogen, kann es Schaden nehmen. Kinder werden in solch einer Situation häufig von einem oder beiden Elternteilen manipuliert und instrumentalisiert. Sie stehen dann vor dem Problem, sich für einen von beiden entscheiden zu müssen und geraten so in einen **Loyalitätskonflikt,** in dessen Folge sie den Umgang irgendwann möglicherweise ablehnen werden. Oftmals ist genau das bezweckt.

Da die Entscheidung über den Umgang stets am Kindeswohl zu orientieren ist und es nicht um die **Sank-** 23 **tionierung eines elterlichen Fehlverhaltens** geht (BVerfG 18.5.2009 – 1 BvR 142/09, FamRZ 2009, 1389), kann es jedoch vorkommen, dass der Obhutselternteil, der durch sein unvernünftiges oder eigensüchtiges Verhalten die Beziehung des Kindes zu dem anderen belastet, durch eine Umgangsbeschränkung gestützt wird. Denn für die Beurteilung der Kindeswohlgefährdung kommt es nicht primär darauf an, wer sie verursacht oder gar verschuldet hat.

24 Die **Zerstrittenheit der Eltern** als solche darf kein Grund sein, den Umgang zu beschränken. Auch die strikt ablehnende Haltung des Obhutselternteils rechtfertigt Einschränkungen des Umgangsrechts bis hin zu dessen Ausschluss nur dann, wenn feststeht, dass die gegen den Willen des Elternteils angeordneten und durchgeführten Umgänge das Kind in einen so heftigen Loyalitätskonflikt stürzen, dass ihm schwere seelische Belastungen und damit eine Gefährdung seines seelischen Wohls drohen (OLG Düsseldorf 25.10.2010 – 4 UF 252/09, FamRZ 2011, 822). Ein derartiges Verhalten lässt allerdings **Zweifel an der Erziehungsfähigkeit des betreuenden Elternteils** zu. Hier sind als letztes Mittel sorgerechtliche Maßnahmen zu prüfen (OLG Hamm 13.7.2010 – 2 UF 277/09, NJW-RR 2011, 150).

25 Um **Manipulationen seitens des Umgangsberechtigten** (etwa durch psychische Einflussnahme oder Schüren von Angst) während des Umgangs zu verhindern oder abzufangen, kann die Anordnung des begleiteten Umgangs geboten sein (Staudinger/Rauscher § 1684 BGB Rn 309).

26 Dagegen erfordert der in der Praxis oft vorgetragene **Streit bei der Übergabe** des Kindes, der eine nicht zu unterschätzende Belastung für das Kind darstellt, in der Regel keine Einschränkung des Umgangsrechts. Wenn es nicht genügt, die Eltern durch Auflagen an ihre Wohlverhaltenspflicht zu erinnern, kann die Übergabe begleitet oder von hierzu bereiten Dritten übernommen werden, was zwar ein nicht unerheblicher Aufwand angesichts der mit einem Minimum an Disziplin leicht beherrschbaren Problematik ist, das Umgangsrecht als solches aber nicht beschränkt (Staudinger/Rauscher § 1684 BGB Rn 354).

27 **c) Umgangsanbahnung nach Kontaktabbruch.** Ist ein Kind bereits längere Zeit von seinen Eltern oder einem Elternteil getrennt, kann nicht ohne Weiteres mittels Umgangs an eine bestehende Beziehung angeknüpft werden. Je jünger das Kind ist und je länger die Trennung schon angedauert hat, umso eher wird der Umgang angebahnt werden müssen. Andernfalls würde das Kind gezwungen, übergangslos ein Wochenende oder seine Ferien mit ihm faktisch unbekannten Personen zu verbringen, was das Wohl des Kindes gefährden würde (OLG Köln 19.10.2004 – 4 UF 123/03,FamRZ 2005, 1276).

28 Die – in diesen Fällen naturgemäß vorübergehende – Begleitung des Umgangs ermöglicht es, die **Anbahnung von persönlichen Beziehungen** zwischen Eltern(teil) und Kind und den Aufbau einer Bindung mit fachlicher Hilfe zu unterstützen (Saarländisches OLG 12.1.2005 – 9 UF 124/04, juris, Rn 18). Gibt es neben einer Entfremdung keine weiteren Gründe, die gegen den Umgang – unbegleitet oder schlechthin – sprechen, kommt weder eine länger andauernde Begleitung noch ein Ausschluss des Umgangs in Betracht.

29 Anders und auch schwieriger gelagert sind die Fälle, in denen die Trennung Folge einer Inobhutnahme des Kindes ist. Der Umgang soll verhindern, dass das Kind vollständig von seinen Wurzeln getrennt wird. Er soll helfen, die familiären Beziehungen aufrecht zu erhalten (BVerfG 14.7.2010 – 1 BvR 3189/09, FamRZ 2010, 1622). Denn grundsätzlich ist die **Inpflegenahme als eine vorübergehende Maßnahme angelegt**, von deren Beginn an Zeitpunkt und Voraussetzungen einer Familienzusammenführung zu prüfen sind. Es ist deshalb einer wachsenden Entfremdung zwischen Eltern(teil) und Kind durch den Umgang vorzubeugen.

30 Wenn dagegen eine emotionale Beziehung überhaupt noch nicht bestanden hat, soll der Umgang dabei helfen, dass sie sich erst entwickeln kann (OLG Hamm 28.2.20211 – 8 UF 227/10, FamRZ 2011, 1668). Im Einzelfall ist hier zwischen der Gefährdung des Kindeswohls durch Umgang einerseits und dem rechtlich geschützten Interesse der Eltern an Umgang mit ihrem Kind andererseits abzuwägen, wobei der Gefährdung durch begleiteten Umgang und zeitliche Begrenzung ausreichend begegnet werden kann (OLG Hamm 17.1.2011 – 8 UF 133/10, FamRZ 2011, 826).

31 Eine Beschränkung des Umgangs auf vier Kontakte für jeweils zwei Stunden im Jahr kommt einem **Umgangsausschluss** sehr nahe und schreibt das schon bestehende Fremdsein zwischen Eltern(teil) und Kind für die Zukunft fest. Hierfür genügt es nicht, dass sich im Rahmen des Pflegeverhältnisses gerade bei einem Kleinkind eine gut funktionierende Eltern-Kind-Beziehung zu den Pflegeeltern entwickelt. Allerdings können zu intensive Umgangskontakte, bei denen der Umgangselternteil seine Elternrolle gegenüber dem Kind herausstellt und die Position des Kindes in der Pflegefamilie in Frage stellt, das Kindeswohl gefähr-

den, weshalb der Umgang auf längere Zeit zu begleiten und auf Kontakte zu beschränken ist, die monatlich (OLG Hamm 28.2.2011 – 8 UF 227/10, FamRZ 2011, 1668) oder alle zwei Monate stattfinden.

Dagegen erfordert das Wohl des Kindes eine Beschränkung des Umgangs auf nur einmal im Quartal statt- **32** findende Begegnungen, **wenn Eltern die Fremdunterbringung des Kindes nicht akzeptieren** und so das Kind in einen Loyalitätskonflikt stürzen und darüber hinaus durch ihre Unzuverlässigkeit die regelmäßige Durchführung des Umgangs nicht sicherstellen können, was das Kind, das über das Ausfallen der ohnehin nur seltenen Besuche enttäuscht ist, psychisch destabilisiert. Umgang hat hier nur die Funktion, einen völligen Kontaktabbruch zu verhindern (Brandenburgisches OLG 1.6.2010 – 9 UF 92/09, FamRZ 2010, 1925).

4. Modalitäten

Es ist gem. §§ 18 Abs. 3 S. 3, 4, 79 Abs. 2 SGB VIII Aufgabe der Jugendämter, begleiteten Umgang als **33** Leistung der Jugendhilfe rechtzeitig und ausreichend zur Verfügung zu stellen. Hieraus ergibt sich ein **Rechtsanspruch auf Mitwirkung des Jugendamtes** (Palandt/Diederichsen § 1684 BGB Rn 29). Dieses hat die personellen, organisatorischen und finanziellen Voraussetzungen für den begleiteten Umgang zu erbringen (s. → *Umgangskosten* Rn 20).

Begleitpersonen können Privatpersonen beispielsweise aus dem Umfeld der Eltern sein, das Jugendamt **34** selbst oder ein anderer Träger der Jugendhilfe und Vereine wie etwa der Kinderschutzbund, an die das Jugendamt die Aufgabe delegieren kann (§ 1684 Abs. 4 S. 4 BGB). Liegt ein entsprechender erzieherischer Bedarf vor, kann der Umgang professionell begleitet werden, was bedeutet, dass eine ausgebildete Fachkraft tätig wird und dass parallel zur Umgangsbegleitung auch Elternarbeit stattfindet. Im Auftrag des Bundesministeriums für Familie, Senioren, Frauen und Jugend wurden „**Vorläufige deutsche Standards zum begleiteten Umgang**" entwickelt, die dazu beitragen sollen, dass die Jugendämter und Vereine ihrer Arbeit in etwa gleiche Kriterien zugrunde legen.

Der Umgangsbegleiter muss zur Mitwirkung am Umgang bereit sein. Eine **Zwangsverpflichtung durch** **35** **das Gericht ist nicht möglich** und wäre auch nicht sinnvoll. Der Umgang wird – je nach Notwendigkeit und Anordnung – im privaten Wohnbereich des Umgangsberechtigten, denkbar auch des Umgangspflichtigen, oder auf neutralem Boden, Räumen des Jugendamtes oder Vereines, Spielplätzen oder anderen Freizeiteinrichtungen, durchgeführt.

III. Verfahrenshinweise

Das Familiengericht hat den Umgang nach Tagen, Uhrzeit, Ort und Abständen sowie ggf weiteren konkre- **36** ten Modalitäten zu regeln, denn das **Konkretheitsgebot** gilt auch für die Anordnung des begleiteten Umgangs. Die genaue Regelung darf nicht Dritten, wie etwa dem Jugendamt, überlassen werden (s. → *Durchsetzung von Umgangsregelungen* Rn 16). Sonst müsste es einen Umgangspfleger bestellen, der zumindest teilweise mit sorgerechtlichen Befugnissen ausgestattet ist (Saarländisches OLG 12.3.2010 – 6 UF 128/09, FamRZ 2010, 1922; s. → *Umgangspflegschaft* Rn 13 ff).

Auch der begleitete Umgang muss erschöpfend geregelt werden. Die Entscheidung über die Gewährung **37** des Umgangsrechts kann von dessen konkreter Ausgestaltung nicht getrennt werden, weshalb ein Beschluss, der den Umgang zweimal monatlich für jeweils bis zu drei Stunden nach Maßgabe einer Terminsbestimmung durch den Deutschen Kinderschutzbund regelt, eine **unzulässige Teilentscheidung** ist (Saarländisches OLG 12.3.2010 – 6 UF 128/09, FamRZ 2010, 1922).

Die Entscheidung muss nicht nur vollständig, sondern – wie stets – auch vollziehbar und vollstreckbar sein. **38** Bevor begleiteter Umgang angeordnet werden kann, hat das Familiengericht sich davon zu überzeugen, dass und ggf zu welchen Bedingungen ein zur Mitwirkung bereiter Dritter vorhanden ist (OLG Frankfurt 5.2.2008 – 3 UF 397/07, JA 2008, 276).

Treu

39 Nicht zu Unrecht wird hiergegen allerdings vorgebracht, dass das Konkretheitsgebot an den Erfordernissen der Praxis, die fallspezifische Umgangsproblematiken zu lösen hat, vorbeigeht (Spangenberg FamRZ 2011, 1704).

40 Die Eltern – und auch das Kind – haben **Anspruch auf eine gerichtliche Regelung**. Unzulässig ist daher die bloße Nichtregelung des Umgangs. Eine Entscheidung, die das Umgangsrecht weder versagt noch in irgendeiner Weise einschränkt, verweigert die gerichtliche Hilfe zu seiner Ausgestaltung. Der umgangsberechtigte Elternteil weiß nicht, in welcher Weise er das Recht wahrnehmen kann und wann er berechtigt ist, einen neuen Antrag auf gerichtliche Regelung des Umgangs zu stellen (BGH 27.10.1993 – XII ZB 88/92, FamRZ 1994, 158).

41 Fraglich erscheint es, ob es genügt, den Antrag auf Regelung des unbeschränkten Umgangs schlicht abzulehnen, wenn **nur begleiteter Umgang mit dem Kindeswohl vereinbar** ist, der umgangsberechtigte Elternteil einen solchen aber nachdrücklich ablehnt (OLG Karlsruhe 22.5.2006 – 16 UF 11/06, FamRZ 2006, 1867). Näherliegend wäre es, den Ausschluss des Umgangsrechts einer (erneuten) Prüfung zu unterziehen (Brandenburgisches OLG 26.9.2007 – 9 UF 117/07, FamRZ 2008, 716).

42 Der angeordnete begleitete Umgang ist **nicht zu befristen**. Sollten Anpassungen erforderlich werden, sind diese in einem Abänderungsverfahren nach § 166 FamFG iVm § 1696 BGB vorzunehmen (Saarländisches OLG 10.1.2011 – 6 UF 126/10, FamRZ 2011, 93; s. → *Änderung von Entscheidungen in Kindschaftssachen* Rn 3 ff).

43 Dem Kind ist regelmäßig gem. § 158 Abs. 2 Nr. 5 FamFG ein **Verfahrensbeistand** zu bestellen, wenn die Anordnung von lediglich begleitetem Umgang in Betracht kommt. Denn dies beschränkt nicht nur das Umgangsrecht des Elternteils, sondern greift auch in das Recht des Kindes ein, den Umgang grundsätzlich ohne Beobachtung durch Dritte zu pflegen (Saarländisches OLG 25.3.2010 – 6 UF 136/09, NJW-RR 2010, 1446).

44 Streitigkeiten über die Durchführung des begleiteten Umgangs mithilfe des Jugendamtes sind vor dem Verwaltungsgericht auszutragen (OLG Hamburg 1.7.2011 – 1 U 34/10, juris Rn 44 f).

48. Beistandschaft

Hoffmann

I. Einführung.................................... 1
II. Entstehen und Voraussetzungen einer Beistand-
schaft... 2
III. Rechtsfolgen einer Beistandschaft.............. 6
IV. Aufgaben eines Beistands...................... 12
V. Ende einer Beistandschaft..................... 14

I. Einführung

Das SGB VIII kennt zahlreiche **Unterstützungs- und Beratungsangebote** für alleinerziehende Elternteile 1
bzw für Mütter zur Feststellung der Vaterschaft eines Mannes. Die Beistandschaft ist eines dieser Angebote
(vgl zur Entwicklung Hoffmann JAmt 2007, 61). Als Beistand kann das Jugendamt (s. → *Jugendamt*) als
gesetzlicher Vertreter des Kindes die **Vaterschaftsfeststellung** (s. → *Feststellung der Abstammung*) bzw
das Geltendmachen von **Kindesunterhalt** (s. → *Kindesunterhalt Minderjähriger*) betreiben. Anders als bei
anderen Beratungs- und Unterstützungsangeboten ist das Jugendamt demnach auch zur gerichtlichen Vertretung des Kindes oder Jugendlichen befugt. Die Tätigkeit des Jugendamts als Beistand ist dem Zivilrecht
zuzuordnen. Für den Antragsteller bzw das Kind oder den Jugendlichen ist die Beistandschaft **kostenfrei**.
Ein Antrag auf Verfahrenskostenhilfe und Beiordnung eines Rechtsanwalts kann nicht allein wegen der
Möglichkeit, eine Beistandschaft zu beantragen, abgelehnt werden (bezogen auf eine Vaterschaftsfeststellung: OLG Celle 17.11.2011 – 15 WF 230/11, FamRZ 2011, 467; bezogen auf das Geltendmachen von
Kindesunterhalt: BGH 18.5.2011 – XII ZB 265/10, FamRZ 2011, 1138).

II. Entstehen und Voraussetzungen einer Beistandschaft

Die Beistandschaft eines Jugendamts tritt durch **schriftlichen Antrag** eines Antragsberechtigten beim ört- 2
lich zuständigen Jugendamt ein (§ 1712 BGB, ausführlich zu Beginn und Ende einer Beistandschaft
Meysen JAmt 2008, 120). Wird der Antrag bei einem örtlich nicht zuständigen Jugendamt gestellt, entsteht
die Beistandschaft nach Weiterleitung des Antrags mit dessen Eingang beim zuständigen Jugendamt. Im
Jugendamt wird die Führung der Beistandschaft einer bestimmten Fachkraft übertragen (§ 55 Abs. 2
SGB VIII). Lehnt ein Jugendamt es ab, die Aufgaben einer Beistandschaft wahrzunehmen, ist dies ein fest-
stellender Verwaltungsakt, gegen den Widerspruch eingelegt und/oder Klage beim Verwaltungsgericht erhoben werden kann.

Nach § 1713 BGB sind folgende Personen – auch bereits vor der Geburt eines Kindes – **antragsbefugt**: 3
– ein allein zur elterlichen Sorge für den Aufgabenkreis der beantragten Beistandschaft berechtigter Elternteil (§ 1713 Abs. 1 S. 1 BGB),
– der gemeinsam zur elterlichen Sorge berechtigte Elternteil, in dessen Obhut sich das Kind befindet
   (§ 1713 Abs. 1 S. 2 BGB). Es ist zu beachten, dass – soweit für das Kind nach § 1629 Abs. 3 S. 1 BGB
   der obhutsausübende Elternteil als Prozessstandschafter tätig sein muss – strittig ist, ob eine Beistandschaft möglich ist (vgl einerseits OLG Celle 8.5.2012 – 10 UF 65/12, NJW-RR 2012, 1409; OLG Celle
   10.4.2012 – 10 UF 65/12, FamRZ 2013, 53; andererseits OLG Stuttgart 9.10.2006 – 17 UF 182/06,
   JAmt 2007, 40; insgesamt Mix JAmt 2013, 122 sowie NK-BGB/Zempel § 1712 BGB Rn 19 mwN),
– ein von den Eltern benannter Vormund (§ 1713 Abs. 1 S. 3 BGB),
– die beschränkt geschäftsfähige werdende Mutter (§ 1713 Abs. 2 S. 2 BGB),
– der gesetzliche Vertreter einer geschäftsunfähigen werdenden Mutter (§ 1713 Abs. 2 S. 3 BGB).

Nach § 1713 Abs. 1 S. 4 BGB kann im Übrigen ein Antrag nicht durch einen Vertreter gestellt werden. Das 4
Antragsrecht wird daher überwiegend als **höchstpersönliches** Recht bewertet. Nach hier vertretener Ansicht kann ein **Betreuer** mit einem entsprechenden Aufgabenkreis einen Antrag stellen, da die gegenüber
der Antragstellung durch Vertreter geltend gemachten Bedenken, wie Unklarheiten über die Wirksamkeit
der Vollmacht gegenüber einem gerichtlich bestellten Vertreter, anders als bei gewillkürter Vertretung
nicht zum Tragen kommen.

5 Gegen die Beschränkung des Antragsrechts auf durch die Eltern benannte **Vormünder** ist einzuwenden, dass Ehrenamtliche und mit dem Mündel verwandte Personen, die Vormund sind, wie ein benannter Vormund Unterstützungsbedarf haben können. De lege lata kann ihrem Bedarf nicht durch eine Beistandschaft entsprochen werden, so dass bereits ihre Bestellung zum Vormund mangels Eignung ausscheidet, sofern Beratung und Unterstützung nach § 53 Abs. 2 SGB VIII nicht ausreichen, um eine qualifizierte Vertretung des Kinds sicherzustellen.

III. Rechtsfolgen einer Beistandschaft

6 Der Beistand ist Beistand des Kindes und gleichberechtigter **gesetzlicher Vertreter** des Kindes neben dem antragstellenden Elternteil. Dessen elterliche Sorge wird nicht eingeschränkt, so dass im Aufgabenbereich der Beistandschaft grundsätzlich eine **Doppelkompetenz** zur Vertretung des Kindes besteht (§ 1716 BGB). Dies gilt nicht im gerichtlichen Verfahren, da nach §§ 173, 234 FamFG eine Vertretung durch den sorgeberechtigten Elternteil ausgeschlossen ist, wenn das Kind in einem gerichtlichen Verfahren durch einen Beistand vertreten wird. Durch diese Regelung sind einander widersprechende Verfahrenshandlungen ausgeschlossen.

7 Dem antragstellenden Elternteil steht gegenüber der Fachkraft, die die Beistandschaft führt, **kein Weisungsrecht** zu. Auch eine Beschränkung der Beistandschaft auf eine bestimmte Art und Weise der Vaterschaftsfeststellung, die Geltendmachung von Kindesunterhalt nur gegenüber bestimmten Personen etc. scheidet daher aus (NK-BGB/Zempel § 1712 BGB Rn 7). Der Antragsteller kann die Beistandschaft jedoch durch schriftliches Verlangen jederzeit beenden (§ 1715 Abs. 1 S. 1 BGB) oder trotz Beistandschaft einen Rechtsanwalt beauftragen.

8 Der Beistand ist verpflichtet, dem Antragsteller in angemessenen Zeitabständen **Zwischennachrichten** über seine Tätigkeit zu geben. Eine Verpflichtung, jederzeit Anfragen des Antragstellers in schriftlicher oder mündlicher Form zu beantworten, besteht nicht.

9 Während einer Beistandschaft hat das **Kind** in bestimmte Teile der **Akte** ein **Einsichtsrecht** nach § 810 BGB: Nach dieser Regelung kann derjenige, der ein rechtliches Interesse an Einsicht in eine in fremden Besitz befindliche Urkunde hat, von dem Besitzer die Gestattung der Einsicht unter anderem dann verlangen, wenn die Urkunde in seinem Interesse errichtet worden ist oder wenn die Urkunde Verhandlungen über ein Rechtsgeschäft enthält, die zwischen ihm und einem anderen gepflogen worden sind.

10 Jede Unterlage, die der Unterhaltsverpflichtete der die Beistandschaft führenden Fachkraft in Erfüllung seiner Auskunftspflicht nach § 1605 Abs. 1 BGB übersandte, lässt sich als Urkunde ansehen, die „im Interesse des Kindes" errichtet wurde bzw „Verhandlungen über ein Rechtsgeschäft" im Sinne des § 810 BGB dokumentiert, da die Unterlagen regelmäßig der Vorbereitung einer Titelerrichtung über den Unterhalt dienen. Es ist insoweit nicht zu prüfen, ob einer Einsicht Interessen des Unterhaltspflichtigen entgegenstehen. Da ein Akteneinsichtsrecht besteht, ist das Übermitteln der Daten auch im Sinne des § 68 Abs. 1 SGB VIII erforderlich.

11 Der **Elternteil**, der eine Beistandschaft beantragt hat, kann als gesetzlicher Vertreter seines Kindes das Akteneinsichtsrecht des Kindes stellvertretend wahrnehmen. Er hat zudem ein eigenes rechtliches Interesse im Sinne des § 810 BGB, die im Besitz des Beistands befindlichen Urkunden einzusehen, und daher auch ein vom Anspruch des Kindes unabhängiges eigenständiges Akteneinsichtsrecht.

IV. Aufgaben eines Beistands

12 Aufgabe einer Beistandschaft kann – abhängig vom Antrag – das Feststellen der Vaterschaft und/oder die Sicherung des Kindesunterhalts sein. Die Aufgabe **Feststellen der Vaterschaft** (§§ 1592 ff BGB; s. → *Feststellung der Abstammung*) umfasst alle Erklärungen und sonstigen Handlungen, die zu einer gerichtlichen Feststellung (§ 1600 d BGB) bzw einer Anerkennung (§§ 1594 ff BGB) der Vaterschaft erforderlich

sind. Das Anfechten einer bestehenden Vaterschaft ist keine Aufgabe des Beistands (OLG Nürnberg 20.11.2000 – 11 WF 3908/00, JAmt 2001, 51).

Unterhaltssicherung (s. → *Kindesunterhalt Minderjähriger*) schließt das außergerichtliche und gerichtli- 13
che Einfordern von Unterhalt bis zur Zwangsvollstreckung ebenso wie Vollstreckungsgegen-, Drittwiderspruchs-, Abänderungsklage etc. in der Passivrolle ein, dagegen nicht das Geltendmachen von Ansprüchen mit Unterhaltsersatzfunktion wie Leistungen nach dem OEG, UVG, SGB XII etc., auf die jedoch hinzuweisen ist (§ 14 SGB I). Ein Beistand ist auch zu Verfügungen über den Kindesunterhalt wie den Erlass von Rückständen oder zur Stundung berechtigt. Für das Jugendamt als Beistand besteht bei einer gerichtlichen Geltendmachung des Unterhalts kein Anwaltszwang (§ 114 Abs. 4 Nr. 2 FamFG). Gegenüber dem öffentlichen Träger der Jugendhilfe bestehen Amtshaftungsansprüche, wenn die die Aufgaben des Jugendamts als Beistand wahrnehmende Fachkraft des Jugendamts Pflichten schuldhaft verletzt. Eine Pflichtverletzung ist etwa anzunehmen, wenn gegenüber einem Unterhaltpflichtigen kein seinem Einkommen entsprechender Unterhalt durchgesetzt und entsprechende Ermittlungen durchgeführt werden. Das Jugendamt verstößt nicht gegen die sich aus § 1712 Abs. 1 BGB ergebende Pflicht, die Unterhaltsansprüche des Kindes gegen den Unterhaltsschuldner geltend zu machen, wenn es die Beitreibung bestehender Unterhaltsrückstände unterlässt, um den Arbeitsplatz des Unterhaltsschuldners nicht zu gefährden und letztlich damit seine Leistungsfähigkeit zu erhalten (OLG Hamm 27.4.2011 – I -13 W 10/11, FamRZ 2011, 1828). Der Schadenersatzanspruch des Unterhaltsberechtigten beginnt erst mit dem Ende der Beistandschaft zu verjähren (OLG Saarbrücken 13.12.2011 – 4 U 456/10, FamRZ 2012, 801; Knittel JAmt 2012, 192).

V. Ende einer Beistandschaft

Die Beistandschaft endet zum einen, wenn der Antragsteller dies höchstpersönlich, also nicht durch einen 14
gewillkürten Vertreter (Rn 4), **schriftlich verlangt**, eine der Voraussetzungen für einen Antrag nicht mehr vorliegt (§ 1715 BGB) oder wenn das Kind seinen gewöhnlichen Aufenthalt vom Inland in einen anderen Staat verlegt (§ 1717 S. 1 BGB). Das Jugendamt kann die Beistandschaft nicht wegen fehlender Mitwirkung oder Desinteresses des Antragstellers von sich aus beenden. Zum anderen endet die Beistandschaft mit der Erledigung der Aufgabe (§§ 1716 S. 2, 1918 Abs. 3 BGB). Die Aufgabe „Feststellung der Vaterschaft" ist mit der wirksamen Anerkennung der Vaterschaft bzw der Rechtskraft des die Vaterschaft feststellenden Urteils beendet. In Unterhaltssachen endet die Beistandschaft hingegen nicht mit dem rechtskräftigen Abschluss des Unterhaltsverfahrens, da die Beistandschaft auch die Zwangsvollstreckung, eine spätere Anpassung des Unterhaltstitels etc. umfasst. Auch für ein Abänderungsverfahren ist keine neue Beistandschaft einzurichten (NK-BGB/Zempel § 1715 BGB Rn 12, § 1716 BGB Rn 9 mwN; aA OLG Hamm 11.9.2012 – II-6 WF 113/12, FamRZ 2013, 799).

In der Regel wird das Beenden der Beistandschaft das Kindeswohl nicht gefährden, so dass beispielsweise 15
das Bestellen eines Pflegers mit dem Aufgabenkreis Vaterschaftsfeststellung nach teilweisem Sorgerechtsentzug nicht in Betracht kommt. Insoweit besteht keine Hinweispflicht des Jugendamts gegenüber dem Familiengericht.

Nach § 68 Abs. 3 SGB VIII hat, wer unter einer Beistandschaft gestanden hat, nach Vollendung des 18. 16
Lebensjahres ein Recht auf Kenntnis der zu seiner Person gespeicherten **Informationen**, soweit nicht berechtigte Interessen Dritter entgegenstehen. Vor Vollendung des 18. Lebensjahres können ihm die gespeicherten Informationen bekannt gegeben werden, soweit er die erforderliche Einsichts- und Urteilsfähigkeit besitzt und keine berechtigten Interessen Dritter entgegenstehen. Entgegenstehende Interessen Dritter sind bezogen auf die Akten eines Beistands regelmäßig nicht denkbar, da der (vormals) Minderjährige bereits während der Beistandschaft einen Rechtsanspruch auf das Übermitteln der Mehrzahl der in der Akte vorhandenen Daten besaß, § 810 BGB.

Ein **vormals Minderjähriger** besitzt demnach einen Rechtsanspruch auf Information. Hingegen steht die 17
Information eines **noch Minderjährigen** im Ermessen der Fachkraft, die die Beistandschaft geführt hat. Da gegen diese einfachgesetzlichen Beschränkungen im Vergleich zu vormals Minderjährigen vor dem Hintergrund des Grundrechts auf informationelle Selbstbestimmung auch verfassungsrechtliche Bedenken beste-

hen, wird das Ermessen in der Regel nur bei einer Information auch des noch Minderjährigen ermessensfehlerfrei ausgeübt. Die Information kann nach Ermessen auch durch das Gestatten einer Akteneinsicht erfüllt werden.

18   § 68 Abs. 3 S. 3 SGB VIII begründet ein **eigenständiges Recht** des **Elternteils**, der die Beistandschaft beantragt hat, auf Kenntnis der gespeicherten Daten nach Beendigung der Beistandschaft, solange der junge
Mensch noch minderjährig und der Elternteil noch antragsberechtigt ist. Anders als bei der Information
(ehemals) Minderjähriger wird nicht ausdrücklich festgehalten, dass eine Information nicht möglich ist, soweit berechtigte Interessen Dritter entgegenstehen. Die Unterscheidung wird verständlich, wenn berücksichtigt wird, dass das Informationsrecht (ehemaliger) Minderjähriger Akten aus den Bereichen Vormundschaft, Pflegschaft und Beistandschaft umfasst, das eines Elternteils hingegen nur Akten aus dem Bereich
der Beistandschaft.

Hoffmann

49. Belegvorlage im Zugewinn

Knahn

I. Einführung 1
II. Anspruch auf Belegvorlage 2
  1. Übergangsvorschrift 2

  2. Voraussetzungen 3
  3. Inhalt des Anspruchs 6
III. Prozessuales 10

I. Einführung

Durch das Gesetz zur Änderung des Zugewinnausgleichs- und Vormundschaftsrechts vom 6.7.2009   **1**
(BGBl. I, 1696) wurde § 1379 BGB grundlegend umgestaltet. Die Neufassung erweitert insbesondere die
Auskunftspflichten der Ehegatten untereinander. Sie schulden ab der Trennung Auskunft über ihr Vermögen zum Trennungszeitpunkt (§ 1379 Abs. 2 BGB) und im Übrigen Auskunft über ihr Anfangs-,
Trennungs- und Endvermögen (§ 1379 Abs. 1 BGB). Neben dem Wertermittlungsanspruch (s. → *Wertermittlungsanspruch*) wurde mit § 1379 Abs. 1 S. 2 BGB auf Empfehlung des 14. Deutschen Familiengerichtstag die **Pflicht zur Vorlage von Belegen** eingeführt, um im Gleichlauf mit dem Unterhaltsrecht
(§ 1605 Abs. 1 S. 2 iVm § 1580 BGB) die Auskunftsrechte der Ehegatten zu stärken (BT-Drucks.
16/10798, 12). Die Überprüfbarkeit der Auskunft mittels entsprechender Belege soll die Rechtsverfolgung
erleichtern und dazu beitragen, den Rechtsstreit ganz zu vermeiden (MüKo/Koch § 1379 BGB Rn 20).

II. Anspruch auf Belegvorlage

1. Übergangsvorschrift

Nach der alten Rechtslage sah § 1379 BGB aF keine Pflicht zur Vorlage von Belegen vor. Eine Vorlage-   **2**
pflicht bestand nur ausnahmsweise dann, wenn die ungefähre Berechnung des Ausgleichsanspruchs durch
die Auskunft alleine nicht möglich war (Palandt/Brudermüller § 1379 BGB aF Rn 12). Die Übergangsvorschrift des Art. 229 § 20 Abs. 2 EGBGB gilt nur für die Vorschrift des § 1374 BGB (s. → *Anfangsvermögen* Rn 21). Die Pflicht zur Vorlage von Belegen gem. § 1379 BGB nF gilt daher seit 1.9.2009 ausnahmslos
für alle Zugewinnausgleichsverfahren unabhängig von dem Zeitpunkt ihrer Anhängigkeit.

2. Voraussetzungen

Ist der   **3**

- Güterstand beendet (durch Scheidung, Aufhebung der Ehe, Abschluss eines Ehevertrags oder vorzeitige Aufhebung der Zugewinngemeinschaft nach § 1386 BGB) oder ist ein
- Antrag auf Scheidung,
- Antrag auf Aufhebung der Ehe,
- Antrag auf vorzeitigen Ausgleich des Zugewinns bei vorzeitiger Aufhebung der Zugewinngemeinschaft (§ 1385 BGB) oder ein
- Antrag auf vorzeitige Aufhebung der Zugewinngemeinschaft (§ 1386 BGB) rechtshängig,

kann jeder Ehegatte die Auskunft über das Vermögen zum Zeitpunkt der Trennung (§ 1379 Abs. 1 S. 1
Nr. 1 BGB) sowie über das Anfangs- und Endvermögen (§ 1379 Abs. 1 S. 1 Nr. 2 BGB) verlangen und
gleichzeitig die Vorlage von Belegen gem. § 1379 Abs. 1 S. 2 BGB fordern.

Leben die **Ehegatten in Trennung**, kann jeder Ehegatte die Auskunft über das Vermögen zum Zeitpunkt   **4**
der Trennung (§ 1379 Abs. 2 BGB) verlangen und gleichzeitig die Vorlage von Belegen gem. § 1379
Abs. 2 S. 2 iVm Abs. 1 S. 2 BGB fordern.

Der Auskunftsanspruch und somit auch der Anspruch auf Belegvorlage besteht unabhängig von der Einre-   **5**
de des § 1381 BGB (s. → *Grobe Unbilligkeit im Zugewinn* Rn 20). Ausnahmsweise besteht ein Auskunftsanspruch aber dann nicht, wenn unzweifelhaft ist, dass aufgrund der Einrede des § 1381 BGB eine Ausgleichsforderung nicht besteht oder wenn klar erkennbar ist, dass ein Zugewinn nicht erzielt wurde (Pa-

landt/Brudermüller § 1379 BGB Rn 5; OLG Hamburg 29.4.2011 – 12 UF 32/10, FamRZ 2012, 550). In diesen Fällen entfällt folglich auch der Anspruch auf Vorlage von Belegen.

3. Inhalt des Anspruchs

6 Der Begriff „Beleg" ist durch das Gesetz und auch durch die Rechtsprechung nicht näher definiert. Sinn und Zweck der Belegvorlage ist es, die Auskunft für den anderen Ehegatten überprüfbar zu machen und so die Rechtsverfolgung zu erleichtern und somit dazu beitragen, den Rechtsstreit ganz zu vermeiden (MüKo/ Koch § 1379 BGB Rn 20). Daher sind unter dem Begriff „Beleg" **Dokumente oder sonstige Unterlagen** zu verstehen, die dem Ehegatten eine Überprüfung der in der Auskunft angegebenen Vermögenspositionen und -werte ermöglichen. Es wird sich somit meist um Urkunden, also verkörperte Gedankenäußerungen, die zum Beweis im Rechtsverkehr geeignet und bestimmt sind und einen Aussteller erkennen lassen, handeln, die im streitigen Verfahren zu Beweiszwecken vorgelegt werden können.

7 Die Ehegatten können daher die Vorlage sämtlicher Unterlagen fordern, die die in den Auskünften dargelegten Vermögenspositionen belegen, auch wenn dies nur Kontrollzwecken dienen soll. Die Vorlagepflicht besteht daher insbesondere für **Kontoauszüge, Kauf- und Kreditverträge** (Palandt/Brudermüller § 1379 BGB Rn 12).

8 Die **Rechtsprechung zu § 1379 BGB aF** sah einen Anspruch auf Belegvorlage nur in Fällen vor, in denen die Vorlage erforderlich war, um den Auskunftsberechtigten überhaupt erst die geschuldete Information über die Zusammensetzung des Vermögens und seine Wertfestsetzung zu verschaffen (BGH 10.10.1979 – IV ZR 79/78, NJW 1980, 229). Die Vorlagepflicht besteht somit erst recht nach § 1379 Abs. 1 S. 2 BGB nF für folgende Belege:

– bei Beteiligungen an Unternehmen die **Bilanzen mit Gewinn- und Verlustrechnung** oder die **Einnahme-/Überschussrechnung nach § 4 Abs. 3 EStG** der letzten fünf Jahre vor dem Stichtag (BGH 10.10.1979 – IV ZR 79/78, NJW 1980, 229);

– bei **Freiberuflern** ebenfalls die Einnahme-/Überschussrechnung der letzten fünf Jahre (OLG Koblenz 14.12.1981 – 13 UF 584/81, FamRZ 1982, 280), bei Rechtsanwälten nur für die letzten zwei Jahre (OLG Hamm 2.2.1983 – 6 UF 524/82, NJW 1983, 1914);

– bei landwirtschaftlichen Betrieben die **Jahresabschlüsse** der letzten zwei Wirtschaftsjahre (OLG Düsseldorf 27.9.1985 – 7 UF 12/85, FamRZ 1986, 168);

– Unterlagen zum Wert einer **Lebensversicherung**, aus denen der Rückkaufswert und die Überschussanteile hervorgehen (OLG Köln 18.1.2002 – 27 WF 2/02, FamRZ 2002, 1406);

– Unterlagen über ein **Hausgrundstück** (OLG Karlsruhe 6.6.1997 – 2 WF 42/97, MDR 1998, 53);

– **Gesellschaftsvertrag** (OLH Hamm 2.2.1983 – 6 UF 524/82, FamRZ 1983, 812).

9 Der Anspruchsschuldner muss grundsätzlich den Beleg **im Original** vorlegen, von dem der Gläubiger sich eine Kopie anfertigen kann (Palandt/Brudermüller § 1379 BGB Rn 12). Urkunden in fremder Sprache müssen auf Kosten des Anspruchsschuldners **übersetzt** werden (OLG Koblenz 14.9.1989 – 11 WF 1008/89, FamRZ 1990, 79). Der Anspruch beinhaltet nur die Vorlage bereits **vorhandener Belege**, nicht deren Erstellung (Palandt/Brudermüller § 1379 BGB Rn 12). Der Anspruch besteht auch nur in dem Umfang, in dem solche Belege noch vorhanden sind (BT-Drucks. 16/10798, 18), da ansonsten die Leistung unmöglich ist (§ 275 Abs. 1 BGB). Die Belegvorlage ist nicht geschuldet, wenn die geforderten Unterlagen zur Überprüfung der Vermögensangaben nicht erforderlich sind (MüKo/Koch § 1379 BGB Rn 20).

III. Prozessuales

10 Der Anspruch auf Belegvorlage muss **gesondert geltend gemacht** werden (BeckOK/Mayer § 1379 BGB Rn 15). Die Belege müssen so **konkret bezeichnet** werden, dass eine Zwangsvollstreckung möglich ist (OLG Zweibrücken 18.8.2000 – 2 UF 43/00, FamRZ 2001, 763). Die Vollstreckung richtet sich nach § 888 ZPO (Palandt/Brudermüller § 1379 BGB Rn 19).

Knahn

50. Berufsbedingte Aufwendungen

Poppen

I. Grundsätze.................................... 1
1. Abgrenzung zu privaten Lebenshaltungskosten.. 1
2. Pauschalierung.............................. 3
3. Konkrete Darlegung......................... 4
4. Erwerbstätigenbonus......................... 5

II. Beispiele berufsbedingter Aufwendungen....... 6
1. Fahrtkosten................................. 6
2. Kinderbetreuungs- und Kindergartenkosten..... 11
3. Weitere berufsbedingte Aufwendungen......... 13

I. Grundsätze

1. Abgrenzung zu privaten Lebenshaltungskosten

Zur Ermittlung des bei der Unterhaltsberechnung zugrunde zu legenden **bereinigten Nettoeinkommens** sind die für die Einkommenserzielung notwendigen berufsbedingten Aufwendungen abzusetzen. Die Einzelheiten sind gemäß der bundeseinheitlichen Leitlinienstruktur in den **unterhaltsrechtlichen Leitlinien** unter Ziffer 10.2 geregelt. Voraussetzung für die Abzugsfähigkeit ist eine nach objektiven Merkmalen eindeutige Abgrenzung zu den privaten Lebenshaltungskosten. **1**

Berufsbedingte Aufwendungen können nur von **Erwerbseinkünften** abgesetzt werden. Bei Renteneinkünften ist ein derartiger Abzug nicht möglich. Zinseinnahmen und Einkünften nach dem SGB I bzw SGB II können nur konkret bezifferte zwangsläufige Kosten gegengerechnet werden, etwa Bank- und Depotgebühren oder Bewerbungskosten. Bei Einnahmen aus **selbstständiger Tätigkeit** sind die berufsbedingten Aufwendungen in der Einnahme-Überschuss-Rechnung erfasst, so dass ein weiterer Abzug nicht möglich ist. **2**

2. Pauschalierung

Berufsbedingte Aufwendungen können nach überwiegender Ansicht pauschaliert berücksichtigt werden (BGH 6.2.2002 – XII ZR 20/00, NJW 2002, 1269; Schürmann in: NK-BGBFamR Vor §§ 1577, 1578 BGB Rn 78). Voraussetzung für einen **Pauschalabzug** ist allerdings, dass dargelegt wird, dass überhaupt berufsbedingte Aufwendungen anfallen (BGH 16.7.2008 – XII ZR 109/05, NJW 2008, 3125). Die Unterhaltsleitlinien sehen zum Teil bei der Pauschalierung Unter- und Obergrenzen von 50 EUR bzw 150 EUR vor (Überblick über die verschiedenen Regelungen bei Wendl/Dose/Dose § 1 Rn 89). Bemessungsgrundlage für die Pauschale ist das um Steuern und Vorsorgeaufwendungen bereinigte Bruttoeinkommen (Wendl/Dose/Dose § 1 Rn 93). Wird der berufsbedingte Aufwand pauschaliert abgesetzt, ist neben diesem Abzug die Berücksichtigung weiterer berufsbedingter Aufwendungen, die konkret berechnet werden, nicht möglich. **3**

3. Konkrete Darlegung

Bei einem über die Pauschalen hinausgehenden berufsbedingten Aufwand ist eine konkrete Darlegung des berufsbedingten Aufwands zulässig. Die Aufwendungen müssen nach Grund und Höhe dargelegt und nachgewiesen werden (OLG Dresden 9.2.2000 – 20 UF 608/99, FamRZ 2001, 47). Ist der Aufwand dem Grunde nach nachgewiesen, kann die Höhe nach § 113 FamFG, § 287 ZPO geschätzt werden (BGH 17.12.2008 – XII ZR 63/07, NJW-RR 2009, 649). Bei unsubstantiiertem Bestreiten kann der Aufwand in der behaupteten Höhe berücksichtigt werden (BGH 26.4.1989 – IVb ZR 64/88, NJW-RR 1989, 900). **4**

4. Erwerbstätigenbonus

Neben dem berufsbedingten Aufwand kann ein **Erwerbstätigenbonus** (s. → *Erwerbstätigenbonus* Rn 6) berücksichtigt werden. Der Erwerbstätigenbonus hat nach der Rechtsprechung des Bundesgerichtshofs eine **Doppelfunktion**, er soll den mit einer Erwerbstätigkeit verbundenen Aufwand abgelten und zugleich einen Anreiz für eine Fortführung der Tätigkeit darstellen (BGH 10.11.2010 – XII ZR 197/08, NJW 2011, 303). Ist der berufsbedingte Aufwand bereits bei der Einkommensermittlung in voller Höhe berücksichtigt worden, muss der Erwerbstätigenbonus nicht in der sonst üblichen Höhe angesetzt werden. Denn eine Funktion **5** des Erwerbstätigenbonus ist durch die konkrete Berücksichtigung des berufsbedingten Aufwandes bereits erfüllt. Der Bundesgerichtshof hat in diesen Fällen eine **Kürzung des Erwerbstätigenbonus** auf 1/9 für möglich gehalten (BGH 16.4.1997 – XII ZR 233/95, NJW 1997, 1919). Diese Kürzung kann sowohl bei konkreter als auch bei pauschaler Berücksichtigung des berufsbedingten Aufwands vorgenommen werden (Wendl/Dose/Dose § 1 Rn 94 a).

II. Beispiele berufsbedingter Aufwendungen

1. Fahrtkosten

6 Typische berufsbedingte Aufwendungen sind die Fahrtkosten zwischen der Wohnung und der Arbeitsstätte. In jedem Fall anzuerkennen sind die Kosten für die **Benutzung öffentlicher Verkehrsmittel** (BGH 21.1.1998 – XII ZR 117/96, NJW-RR 1998, 721). Ist der Arbeitsplatz nicht in zumutbarer Weise mit öffentlichen Verkehrsmitteln erreichbar, können auch die Kosten für die Benutzung eines eigenen Kfz berücksichtigt werden. Das ist etwa der Fall bei wechselnden oder ungünstigen Arbeitszeiten, sehr langen Fahrzeiten oder wegen der Notwendigkeit des Wechsels der Verkehrsmittel (auch bei sehr hohen Fahrtkosten: OLG Hamm 23.1.1998 – 10 UF 55/97, NJW-RR 1998, 724).

7 Sind die Kosten der **Benutzung des eigenen Pkw** berücksichtigungsfähig, werden nach Ziffer 10.2.2 der bundeseinheitlichen Leitlinienstruktur üblicherweise pauschal 0,30 EUR pro gefahrenem Kilometer berücksichtigt. Die Leitlinien orientieren sich überwiegend an den Regelungen des § 5 Abs. 2 Nr. 1 (0,25 EUR) oder Nr. 2 (0,30 EUR) JVEG. Zum Teil wird der Kilometersatz bei längeren Fahrtstrecken (ab 30 km einfache Fahrtstrecke) auf 0,20 EUR pro Kilometer gesenkt, weil der mit dem Kilometersatz abzugeltende Teil der Fixkosten bei längeren Fahrten geringer wird (OLG Celle 14.2.2013 – 10 WF 46/13, FamFR 2013, 201; anders OLG Koblenz 11.6.2008 – 9 UF 31/08, NJW 2008, 3720).

8 Die Pauschalen gelten die gesamten berufsbedingten Pkw-Kosten ab, dh die Betriebskosten und Anschaffungskosten bzw Rücklagen für eine Neuanschaffung (BGH 20.10.1993 – XII ZR 89/92, NJW 1994, 190). Raten für einen **Anschaffungskredit** für den Pkw können daher neben der Kilometerpauschale nicht berücksichtigt werden (BGH 1.3.2006 – XII ZR 157/03, NJW 2006, 2182). Wird bei einer konkreten Berechnung der Pkw-Kosten die Kreditrate berücksichtigt, kann daneben noch eine Pauschale für die reinen Betriebskosten angesetzt werden, die allerdings deutlich unter den oben dargestellten Sätzen liegt (OLG Hamm 19.7.1996 – 12 UF 439/95, FamRZ 1997, 835).

9 Konkret darzulegen ist die **Entfernung** zwischen Wohnung und Arbeitsstätte und die Zahl der jährlichen Arbeitstage. In Normalfällen werden 220 Arbeitstage im Jahr abzüglich etwaiger Krankheitstage berücksichtigt (Wendl/Dose/Dose § 1 Rn 100).

10 Das so gewonnene Ergebnis ist einer **Angemessenheitskontrolle** zu unterziehen. Sind die Kfz-Kosten im Verhältnis zum berücksichtigungsfähigen Einkommen sehr hoch, verstärkt sich die Obliegenheit zur Nutzung öffentlicher Verkehrsmittel oder gar zu einem Umzug (BGH 21.1.2009 – XII ZR 54/06, NJW 2009, 1742). Dies gilt insbesondere, wenn es um den **Mindestunterhalt** eines minderjährigen Kindes geht (BGH 6.2.2002 – XII ZR 20/00, NJW 2002, 1269).

2. Kinderbetreuungs- und Kindergartenkosten

11 Kosten, die dadurch entstehen, dass Kinder betreut werden, damit eine Erwerbstätigkeit überhaupt ausgeübt werden kann, sind als **berufsbedingter Aufwand** zu berücksichtigen. Abgesetzt werden können etwa Kosten einer Ganztagsschule oder das Entgelt für Pflege- und Aufsichtspersonen (BGH 29.11.2000 – XII ZR 212/98, NJW 2001, 973). Gegenzurechnen sind die steuerlichen Vergünstigungen für Kinderbetreuungskosten. Ab dem Steuerjahr 2012 sind als Sonderausgaben nach § 10 Abs. 1 Nr. 5 EStG jährlich 2/3 der Aufwendungen, höchsten 4.000 EUR je Kind, welches das 14. Lebensjahr noch nicht vollendet hat, absetzbar.

12 Keine berufsbedingten Aufwendungen sind die Kosten für den Besuch eines Kindergartens. **Kindergartenkosten** stellen Mehrbedarf des Kindes dar (BGH 26.11.2008 – XII ZR 65/07, NJW 2009, 1816). Dieser

Mehrbedarf ist nicht in den Tabellensätzen nach der Düsseldorfer Tabelle enthalten. Für diesen **Mehrbedarf** haften die Eltern anteilig nach ihren Einkommensverhältnissen. Die mit dem Kindergartenbeitrag häufig aufzubringenden Verpflegungskostenpauschalen sind dabei nicht berücksichtigungsfähig; die Kosten der Verpflegung sind durch den Tabellenbetrag nach der Düsseldorfer Tabelle abgedeckt.

3. Weitere berufsbedingte Aufwendungen

Aufwendungen für ein **Arbeitszimmer** sind nur ausnahmsweise abziehbar, wenn der Arbeitgeber seinem   13
Arbeitnehmer kein Arbeitszimmer zur Verfügung stellt, obwohl der Arbeitnehmer darauf angewiesen ist
(OLG Düsseldorf 3.3.2010 – 8 UF 165/09, FamFR 2010, 227). Ist der Arbeitnehmer nur gelegentlich in der
eigenen Wohnung tätig, sind Aufwendungen für diese Mitbenutzung der eigenen Wohnung nicht abzugsfähig (OLG Karlsruhe 30.6.2008 – 5 UF 36/06, Anm. Born FamFR 2009, 429).

Beiträge zu Berufsverbänden wie Gewerkschaft (OLG Hamm 22.5.2007 – 3 UF 338/06, NJW-RR 2008,   14
158), Beamtenbund, Richterbund, Ärztekammer und Ähnlichem sind abzuziehen.

Berücksichtigungsfähig sind die Kosten für **Fachliteratur** (OLG München 4.6.2008 – 12 UF 1125/07,   15
FamRZ 2008, 1945). Abzugsfähig sind weiter **Fortbildungskosten** (Lehrgangskosten, Tagungsgebühr,
Fahrtkosten, Verpflegungs- und Übernachtungskosten) abzüglich etwaiger Erstattungen des Arbeitgebers
und einer häuslichen Ersparnis (Wendl/Dose/Dose § 1 Rn 106; OLG Celle 7.11.2007 – 15 UF 56/07,
FamRZ 2008, 1853).

Zu berücksichtigen sind weiter **Steuerberatungskosten** (Wendl/Dose/Dose § 1 Rn 108; OLG Karlsruhe   16
18.8.2000 – 18 UF 179/99, FamRZ 2002, 1566; aA OLG Hamm 24.1.1992 – 12 UF 240/91, FamRZ 1992,
1177).

51. Beschwerdeverfahren

Böhm

I. Allgemeines 1
  1. Rechtsmittelsystem 1
    a) Allgemeines 1
    b) Besonderheiten 12
  2. Beschränkte Anfechtbarkeit von Entscheidungen in Verfahren der einstweiligen Anordnung ... 15
II. Beschwerde 18
  1. Statthaftigkeit der Beschwerde (§ 58 FamFG) .. 18
  2. Statthaftigkeit nach Erledigung der Hauptsache (§ 62 FamFG) 21
  3. Endentscheidungen der Amts- und Landgerichte (§ 58 FamFG) 22
  4. Beschwerdeberechtigte (§ 59 FamFG) 23
    a) Materielle Beschwer 25
    b) Formelle Beschwer 26
    c) Beschwerdeberechtigung von Behörden 28
  5. Beschwerderecht Minderjähriger (§ 60 FamFG) 29
  6. Beschwerdewert (§ 61 FamFG) 30
    a) Nichtvermögensrechtliche Angelegenheiten 31
    b) Vermögensrechtliche Angelegenheiten 32
  7. Zulassungsbeschwerde (§ 61 FamFG) 35
  8. Beschwerdefrist (§ 63 FamFG) 37
    a) Generelle Frist 37
    b) Verkürzte Frist 38
    c) Verlängerte Frist 39
    d) Fristbeginn 40
      aa) Bekanntgabe der Erstentscheidung 40
      bb) Unterbliebene Rechtsbehelfsbelehrung ... 41
      cc) Fünfmonatige Auffangfrist 43
      dd) Unterbliebene Beteiligung 44
  9. Einlegung der Beschwerde (§ 64 FamFG) 45
    a) Allgemeines 45
    b) Verfahrensfähigkeit 47
    c) Verfahrenskostenhilfe im Beschwerdeverfahren 50
    d) Form der Beschwerdeeinlegung 52
  10. Beschwerdebegründung (§ 65 FamFG) 55
    a) Ehe- und Familienstreitsachen 55
    b) Weitere sonstige Familiensachen 56
    c) Sonderfall des § 40 Abs. 2 S. 2 IntFamRVG 57
  11. Anschlussbeschwerde (§ 66 FamFG) 58
    a) Allgemeines zur unselbstständigen Anschlussbeschwerde 58
    b) Zweck 60
    c) Beschwer 61
    d) Rechtsschutzbedürfnis 62
    e) Beschwerdeberechtigung 63
    f) Form 64
    g) Fristen 65
    h) Bedingt eingelegte unselbstständige Anschlussbeschwerde 67
    i) Verzicht auf die unselbstständige Anschlussbeschwerde 68
    j) Abhängigkeit vom Hauptrechtsmittel 69
  12. Untätigkeitsbeschwerde 70
  13. Verzicht auf Beschwerde (§ 67 FamFG) 73
  14. Rücknahme der Beschwerde (§ 67 FamFG) 75
  15. Beschwerdeverfahren (§ 68 FamFG) 76
    a) Allgemeines 76
    b) Abhilfebefugnis (§ 68 Abs. 1 FamFG) 77

      aa) Bei Endentscheidungen in Familiensachen 77
      bb) Sonstige Regelungsbereiche im FamFG 78
    c) Beim einstweiligen Rechtsschutz 80
    d) Verfahrensbeginn beim Beschwerdegericht 81
    e) Verfahrenseffektivität 82
    f) Einstweilige Anordnung im Beschwerdeverfahren 83
      aa) Unselbstständige einstweilige Anordnung 83
      bb) Selbstständige einstweilige Anordnung 84
      cc) Einstweilige Einstellung der Vollstreckung nach § 93 FamFG 85
      dd) Einstweilige Einstellung der Vollstreckung nach § 120 FamFG 86
  16. Beschwerdeentscheidung (§ 69 FamFG) 87
    a) Zuständigkeit 87
    b) Zulässigkeitsprüfung 88
    c) Begründetheitsprüfung 89
    d) Entscheidungsmöglichkeiten des Beschwerdegerichts 90
    e) Begründung der Beschwerdeentscheidung .. 91
    f) Zulassung der Rechtsbeschwerde 94
  17. Besonderheiten zur Beschwerde im Verbundverfahren 95
    a) Allgemeines 95
    b) Abweisung des Scheidungsantrags 96
    c) Versäumnisentscheidungen 98
      aa) Scheidungsantrag des Antragstellers ... 98
    d) (Teil-)Versäumnisbeschluss im Rahmen des Scheidungsverbundes 99
    e) Besonderheiten 100
    f) Sachentscheidungen des Erstgerichts im Scheidungsverbund 101
      aa) Bei Scheidungsausspruch durch das Familiengericht 101
      bb) Bei Abweisung des Scheidungsantrags in erster Instanz 102
    g) Anschlussbeschwerde an eine Beschwerde gegen einen anderen Teil der Verbundentscheidung 105
      aa) Allgemeines 105
      bb) Frist 106
      cc) Verfahrensgang 107
    h) Rücknahme des Scheidungsantrags 108
III. Rechtsbeschwerde 109
  1. Statthaftigkeit der Rechtsbeschwerde (§ 70 FamFG) 109
    a) Entscheidungen 110
    b) Endentscheidungen des Beschwerdegerichts oder Oberlandesgerichts 111
      aa) Beschwerdegericht in Verfahren nach dem FamFG 112
      bb) Endentscheidungen der Oberlandesgerichte 113
    c) Zulassung der Rechtsbeschwerde (§ 70 Abs. 2 FamFG) 114
    d) Zulassung durch das Beschwerdegericht 118
  2. Rechtsbeschwerdefrist (§ 71 Abs. 1, Abs. 2 FamFG) 119
  3. Form (§ 71 Abs. 1–3 FamFG) 122

4. Rechtsbeschwerdeverfahren 126
   a) Bekanntgabe der Verfahrenseinleitung 126
   b) Verfahrensablauf 129
   c) Rücknahme der Rechtsbeschwerde 133
5. Gründe der Rechtsbeschwerde (§ 72 FamFG) .. 134
6. Anschlussrechtsbeschwerde (§ 73 FamFG) 135
7. Entscheidung über die Rechtsbeschwerde
   (§ 74 FamFG) 139
   a) Zulässigkeitsprüfung 139
   b) Begründetheitsprüfung 143
      aa) Bindung an die Anträge
          (§ 74 Abs. 3 S. 1 FamFG) 144
      bb) Bindung an die Rechtsbeschwerde-
          gründe (§ 74 Abs. 3 S. 1 FamFG) 145
      cc) Verfahrensmängel 146
      dd) Bindung an die Tatsachenfeststellun-
          gen 147
      ee) Entscheidung in der Sache 148
      ff) Aufhebung des Beschlusses
          (§ 74 Abs. 5 FamFG) 150

gg) Begründung der Entscheidung 151
hh) Begründung der Rechtsbeschwerdeent-
    scheidung 152
c) Kostenentscheidung 153
d) Erweiterte Aufhebung (§ 147FamFG) 154
8. Zurückweisungsbeschluss (§ 74 aFamFG) 157
IV. Sprungsrechtsbeschwerde 158
1. Allgemeines 158
2. Wirkungen der Zulassung 160
3. Verfahren 161
   a) Vorschriften der ZPO 161
   b) Einwilligungserklärung 162
   c) Zulassungsantrag 163
   d) Inhalt des Antrags 164
   e) Wirkungen 165
V. Rechtsbehelfe gegen Zwischen- und Nebenentscheidungen 166

I. Allgemeines

1. Rechtsmittelsystem

a) Allgemeines. Das System der Rechtsmittel hat zum 1.9.2009 eine wesentliche Vereinfachung und Strukturverbesserung durch den Gesetzgeber erfahren. **1**

Diese Regelungen führen dazu, dass in einzelnen Teilbereichen (insbesondere Kindschaftssachen) ein bundeseinheitlicher Entscheid durch das höchste Gericht, nämlich den Bundesgerichtshof, möglich ist. **2**

Mit dem Gesetz zur Reform des Verfahrens in Familiensachen und in den Angelegenheiten der freiwilligen Gerichtsbarkeit (**FGG-Reformgesetz** – FGG-RG) wurden das Gesetz über die Freiwillige Gerichtsbarkeit (FGG) und das 6. Buch der ZPO beseitigt und durch die neuen Regelungen im Gesetz über das Verfahren in Familiensachen und in den Angelegenheiten der freiwilligen Gerichtsbarkeit (**FamFG**) ersetzt. **3**

Maßgebliches Kriterium, ob das alte Recht oder das FamFG zur Anwendung kommt, ist dabei, ob ein Verfahren vor dem 1.9.2009 oder mit diesem Tag **eingeleitet** wurde (Art. 111 S. 1 FGG-RG). Darunter ist zu verstehen, ob das Verfahren bis zum 31.8.2009 anhängig gemacht wurde. Der Eingang des Antrages oder der Klage bei Gericht bestimmt daher, ob altes oder neues Recht zur Anwendung kommt. **4**

Art. 111 S. 2 FGG-RG bestimmt, dass die Übergangsregelung auch für Verfahren auf **Abänderung, Verlängerung oder Aufhebung** von bisherigen Titeln oder Entscheidungen gilt. Soweit solches mit dem 1.9.2009 oder danach begehrt wurde, kommt hierauf das neue Verfahrensrecht nach dem FamFG zur Anwendung. Wurde eine Abänderung eines Unterhaltstitels erst am 1.9.2009 begehrt und der Antrag an diesem Tag oder danach bei Gericht eingereicht, so sind hierauf die Vorschriften nach dem FamFG (§§ 238 ff) anzuwenden und nicht mehr die Regelungen in §§ 323 ff ZPO. **5**

Wurde das Verfahren bereits vor dem 1.9.2009 eingeleitet, so kommt – **für alle Instanzen** das alte Verfahrensrecht zur Anwendung. **6**

Nach neuem Recht (FamFG) ist das **Amtsgericht** generell das Eingangsgericht; das **Oberlandesgericht** bildet die zweite Instanz als Beschwerdegericht; der **Bundesgerichtshof** ist das Rechtsbeschwerdegericht (früher: „Revisionsgericht"). Die im Interesse der Vereinheitlichung der Rechtsprechung auf die Oberlandesgerichte übergegangene Zuständigkeit in Familiensachen für die zweite Instanz hat sich bewährt und wird nunmehr vom Gesetzgeber nahezu in allen weiteren Verfahren angewandt, die bisher keine Familiensachen waren, jetzt aber entweder dem „großen Familiengericht" übertragen wurden oder von anderen Abteilungen zu entscheiden sind. **7**

8   § 23 a GVG benennt die Amtsgerichte als sachlich zuständig für die Familiensachen und die Angelegenheiten der freiwilligen Gerichtsbarkeit. § 119 GVG bestimmt für die Oberlandesgerichte insoweit die sachliche Zuständigkeit für die zweite Instanz und § 133 GVG diejenige des Bundesgerichtshofs für die dritte Instanz. Davon ausgenommen sind die Beschwerden gegen Entscheidungen der Betreuungsgerichte (§ 23 c GVG; die Vormundschaftsgerichte wurden abgeschafft; an deren Stelle treten die Abteilungen für Betreuungssachen, die auch über die Unterbringungen bei Erwachsenen zu entscheiden haben).

9   In Freiheitsentziehungssachen nach § 415 FamFG ist in der zweiten Instanz nicht das Oberlandesgericht zuständig, sondern das Landgericht (§§ 72 Abs. 1 S. 2, 119 Abs. 1 Nr. 1 b GVG), um dem Anspruch auf rechtliches Gehör im Rahmen der vom Gesetzgeber angeordneten Anhörungen der Beteiligten auch durch das Beschwerdegericht praktischer gestalten zu können.

10   Die Gerichte entscheiden nach dem FamFG nur noch durch **Beschluss** (§ 38 Abs. 1 S. 1 FamFG; Urteile der Familiengerichte gibt es nicht mehr), soweit durch die Entscheidung der Verfahrensgegenstand ganz oder teilweise erledigt wird (Endentscheidung). Der Beschluss enthält gemäß § 38 Abs. 2 FamFG die Bezeichnung der **Beteiligten** (nicht mehr Parteien), ihrer gesetzlichen Vertreter und der Bevollmächtigten (Nr. 1), die Bezeichnung des Gerichts und die Namen der Gerichtspersonen, die bei der Entscheidung mitgewirkt haben (Nr. 2), und die Beschlussformel (Nr. 3). Der Beschluss ist generell zu begründen (§ 38 Abs. 3 S. 1 FamFG; Ausnahmen sind in § 38 Abs. 4 unter Einbeziehung des § 38 Abs. 5 FamFG zu berücksichtigen). Er ist zu unterschreiben (§ 38 Abs. 3 S. 2 FamFG). Das Datum der Übergabe des Beschlusses an die Geschäftsstelle oder der Bekanntgabe durch Verlesen der Beschlussformel (Erlass) ist auf dem Beschluss zu vermerken (§ 38 Abs. 3 S. 3 FamFG).

11   Nach § 39 FamFG hat jeder Beschluss eine Belehrung über das statthafte Rechtsmittel, den Einspruch, den Widerspruch oder die Erinnerung sowie das Gericht, bei dem diese Rechtsbehelfe einzulegen sind, dessen Sitz und die einzuhaltende Form und Frist zu enthalten. Damit wurde der Rechtsprechung des Bundesverfassungsgerichts (20.6.1995 – 1 BvR 166/93, NJW 1995, 3173 ff, insb. abweichende Meinung des Richters Kühling S. 3176 ff) Rechnung getragen. Das Bundesverfassungsgericht hat eine Verpflichtung der Gerichte angemahnt, die Beteiligten über das Rechtsmittel und die Fristen zu belehren – zumindest dann, wenn erkennbar Unklarheiten und Bedarf auf Seiten eines Verfahrensbeteiligten besteht.

12   **b) Besonderheiten.** Mit dem **Gesetz zur Strukturreform des Versorgungsausgleichs** (VAStrRefG) wurde der Art. 111 FGG-RG ergänzt. Der Gesetzgeber hat darin festgelegt, dass in vielen Teilbereichen, in denen nach Abschluss eines Verfahrens eine **Überprüfung oder Abänderung** zu erwarten ist, neues Recht zur Anwendung kommen soll.

13   In **Betreuungssachen** kommt es zu Verlängerungen oder zur Aufhebung der angeordneten Betreuung. Der Gesetzgeber hat bestimmt, dass bei gleichbleibendem Verfahrensgegenstand jede weitere nach dem 1.9.2009 vorzunehmende Endentscheidung ein neues selbstständiges Verfahren begründet, mit der Folge, dass darauf neues Recht zur Anwendung kommen muss. Art. 111 Abs. 3 FGG-RG bestimmt, dass das FamFG auf Familiensachen zur Anwendung kommt, die durch eine gerichtliche Entscheidung vor dem 1.9.2009 ausgesetzt wurden oder bei denen das Ruhen des Verfahrens angeordnet wurde, soweit das Verfahren mit dem 1.9.2009 oder danach wieder fortzusetzen ist.

14   Für die Folgesachen **Versorgungsausgleich** hat der Gesetzgeber darüber hinaus die Besonderheit geschaffen, dass die materiell_rechtliche Neuerung durch das Versorgungsausgleichgesetz (VersAusglG) eine Umstellung aller Verfahren auf das neue Recht (FamFG) zur Folge haben muss. Nach dem VersAusglG werden alle ausgleichpflichtigen Anrechte bei allen Versorgungsträgern je hälftig geteilt („Splitting"). Nach Art. 111 Abs. 4 und. 5 wird die Umstellung von Altverfahren auf das neue Verfahrensrecht angeordnet, damit der Gleichlauf zu der in § 48 VersAusglG enthaltenen Übergangsregelung hergestellt wird. Nach Abs. 4 S. 1 findet das neue Verfahrensrecht Anwendung auf Verfahren über den Versorgungsausgleich, welche am 1.9.2009 abgetrennt waren oder danach abgetrennt wurden. S. 2 bestimmt, dass dies auch gelte, soweit daneben zusätzlich noch andere Folgesachen abgetrennt waren oder wurden. Alle abgetrennten Folgesachen werden grundsätzlich als isolierte selbstständige Verfahren behandelt und stehen zueinander nicht mehr im

Restverbund. Nach Abs. 5 werden alle Verfahren über den Versorgungsausgleich, die nicht innerhalb eines Jahres ab Inkrafttreten des FamFG mit einer Endentscheidung abgeschlossen sind, auf das neue Verfahrensrecht umgestellt. Dies gilt auch für Scheidungssachen und alle Scheidungsverbundfolgesachen, soweit sie mit dem Versorgungsausgleich im Verbund stehen (BGH 12.10.2011 – XII ZB 127/11, NJW-RR 2012, 130).

2. Beschränkte Anfechtbarkeit von Entscheidungen in Verfahren der einstweiligen Anordnung

Nach § 57 FamFG sind Entscheidungen in Verfahren der einstweiligen Anordnung in Familiensachen nicht **15** anfechtbar. Den Beteiligten bleibt dann nur die Möglichkeit, eine Entscheidung im Hauptsacheverfahren nach § 52 FamFG herbeizuführen, die als Hauptsacheentscheidung den Rechtsmitteln nach den nachbenannten Voraussetzungen zugänglich ist. Damit würde gemäß § 56 Abs. 1 S. 1 FamFG eine anderweitige Regelung greifen und die einstweilige Anordnung außer Kraft treten. Daneben gibt es die Möglichkeit, das Erstgericht im einstweiligen Anordnungsverfahren zu einer Aufhebung oder Änderung der Entscheidung zu bewegen (§ 54 Abs. 1 S. 1 FamFG). Dieser Ausschluss der Anfechtbarkeit gilt aber nach § 57 S. 2 FamFG nicht, wenn das Gericht des ersten Rechtszugs **aufgrund mündlicher Erörterung** über die elterliche Sorge (Nr. 1), über die Herausgabe des Kindes an den anderen Elternteil (Nr. 2), über den Antrag auf Verbleib eines Kindes bei einer Pflege- oder Bezugsperson (Nr. 3), über einen Antrag nach den §§ 1, 2 Gewaltschutzgesetz (Nr. 4) oder in einer Ehewohnungssache über einen Antrag auf Zuweisung der Wohnung (Nr. 5) entschieden hat (OLG Naumburg 11.7.2012 – 8 UF 144/12).

Darüber hinaus wird man das Beschwerderecht zugestehen müssen, obwohl dies im § 57 Abs. 2 FamFG **16** nicht ausdrücklich geregelt ist, soweit die Genehmigung einer freiheitsentziehenden Unterbringung vorläufig im Wege der einstweiligen Anordnung ergeht, da insoweit der § 167 Abs. 1 FamFG betreffend die Verfahren nach § 151 Nr. 6 FamFG auf die für Unterbringungssachen bei Erwachsenen geltende Regelung in § 312 Nr. 3 FamFG Bezug nimmt. Dort sehen die §§ 335 ff FamFG ausdrücklich das Recht zur Beschwerde gegen freiheitsentziehende Maßnahmen der Erstgerichte vor. Da § 167 Abs. 1 FamFG insoweit gegenüber § 57 FamFG die speziellere Norm ist, hat diese Verweisungsvorschrift Vorrang.

Der Gesetzgeber hat in diesen Angelegenheiten die Beschwerdemöglichkeit geschaffen, da hier bereits im **17** Wege des einstweiligen Rechtsschutzes ganz massiv in die Lebensbereiche Einzelner eingegriffen wird und dies mitunter gravierende Auswirkungen für die Beteiligten zur Folge haben kann. Soweit eine mündliche Erörterung der Angelegenheit der Entscheidung nicht vorausgegangen war (§ 57 S. 2 Hs 2 FamFG), fehlt es an der Beschwerdemöglichkeit. Die Beteiligten – jeder für sich – haben dann die Möglichkeit, nach § 54 Abs. 2 FamFG aufgrund mündlicher Verhandlung eine erneute Entscheidung des Gerichts zu beantragen. Die isolierte Anfechtbarkeit einer Kostenentscheidung, die im Rahmen einer einstweiligen Anordnung ergangen ist, steht und fällt mit der oben angegebenen Möglichkeit der Anfechtung.

II. Beschwerde

1. Statthaftigkeit der Beschwerde (§ 58 FamFG)

Gegen im ersten Rechtszug ergangene Entscheidungen der Amtsgerichte und Landgerichte in Angelegen- **18** heiten nach dem FamFG findet Beschwerde statt – vorbehaltlich einer anderen Regelung durch Gesetz. Endentscheidungen sind Entscheidungen der Gerichte, durch welche der Verfahrensgegenstand ganz oder teilweise erledigt wird (§ 38 Abs. 1 S. 1 FamFG). Innerhalb eines Verfahrens können teilbare Verfahrensgegenstände gegeben sein, welche jeweils durch Endentscheidung per Beschluss abgehandelt werden und dann jede für sich gesondert anfechtbar sind. Bei **isolierten Kostenentscheidungen**, die ergehen, wenn sich das Verfahren auf andere Art und Weise erledigt hat (zB: Erledigterklärung, Vergleich oder Antragsrücknahme), stellt sich die Frage, ob das FamFG eine einheitliche Regelung anstrebt:

- In **Ehe- und Familienstreitverfahren** nach § 111 Nr. 1 und § 112 FamFG kommt § 113 FamFG zur Anwendung, der auf die Regelungen in den allgemeinen Vorschriften der ZPO und die Vorschriften der ZPO über das Verfahren vor den Landgerichten verweist, soweit ausdrücklich benannte Vorschriften im FamFG (§§ 2–37, 40–45, 46 S. 1 und 2, 47, 48, 76–96) nicht zur Anwendung kommen. Soweit die

Bestimmungen der ZPO angewandt werden (hM; HK-ZPO/Kemper § 61 FamFG Rn 2), kann eine Kostenentscheidung wegen der Regelung in § 99 Abs. 1 ZPO nur im Rahmen spezieller Vorschriften (§§ 91 a Abs. 2, 99 Abs. 2, 269 Abs. 5 ZPO) mit der sofortigen Beschwerde nach §§ 567 ff ZPO angefochten werden, was dann innerhalb von zwei Wochen statthaft ist, wenn der Beschwerdewert von 200 EUR überschritten ist (§ 567 Abs. 2 ZPO). Nach anderer Ansicht (HK-FamFG/Viefhues § 243 FamFG Rn 35) kommen die Regelungen des FamFG ausschließlich zur Anwendung und eine Kostenentscheidung kann innerhalb der Beschwerdefrist von einem Monat (§ 63 Abs. 1 FamFG) immer isoliert angefochten werden bei Überschreiten des Beschwerdewertes von 600 EUR oder Zulassung der Beschwerde durch das Ausgangsgericht.

– In allen **anderen Familiensachen** nach § 111 Nr. 2–7 und § 11 FamFG ist die isolierte Kostenbeschwerde nach §§ 58 ff FamFG statthaft. Eine Beschränkung entsprechend der Regelung in § 99 ZPO gibt es hier nicht.

– Soweit ein Rechtsmittel gegen die jeweilige Endentscheidung des Gerichts nicht zulässig ist (vgl einstweilige Anordnungsverfahren nach § 57 S. 1 FamFG – mit Ausnahme der Verfahrensgegenstände nach § 57 S. 2 FamFG), kann aber auch die **Kostenentscheidung** nicht isoliert angefochten werden.

– **Zwischen- und Nebenentscheidungen** sind mit der Beschwerde nach § 58 FamFG nicht anfechtbar, weil sie keine Endentscheidungen sind. Sie können aber zusammen mit der Beschwerde gegen die Hauptentscheidung angegriffen werden.

19 Davon gibt es aber **Ausnahmen.** Statthaft ist:

– die sofortige Beschwerde entsprechend §§ 567–572 ZPO bei Ablehnung eines Befangenheitsantrages nach § 6 Abs. 2 FamFG, bei Ablehnung einer beantragten Beteiligung am Verfahren nach § 7 Abs. 5 S. 2 FamFG, bei Aussetzung des Verfahrens nach § 21 Abs. 2 FamFG, bei Verhängung von Ordnungsmittel nach § 33 Abs. 3 S. 5 FamFG, bei Anordnung von Zwangsmaßnahmen nach § 35 Abs. 5 FamFG oder etwa bei Berichtigungsbeschlüssen, soweit die Berichtigung nach § 42 Abs. 3 S. 2 FamFG vorgenommen wird.

– die befristete Erinnerung nach § 11 Abs. 2 RPflG; wegen der Regelung in § 85 FamFG kommen die Vorschriften der §§ 103–107 ZPO im FamFG-Verfahren bei Kostenfestsetzungen zur Anwendung.

20 Der Beurteilung des Beschwerdegerichts unterliegen auch die nicht selbstständig anfechtbaren Entscheidungen, die der Endentscheidung vorausgegangen sind (§ 58 Abs. 2 FamFG). Soweit das Gericht im Rahmen der Beweiserhebung oder förmlichen Beweisaufnahme Entscheidungen trifft, können die Beteiligten hiergegen nach § 58 Abs. 2 FamFG vorgehen. Dies gilt aber nicht für Maßnahmen gegen die die oben angegebenen Rechtsmittel der sofortigen Beschwerde oder Erinnerung gesetzlich eröffnet sind.

2. Statthaftigkeit nach Erledigung der Hauptsache (§ 62 FamFG)

21 Die Beschwerde ist auch statthaft in Verfahrensgestaltungen, bei denen sich die Hauptsache in der zweiten Instanz erledigt hat. Soweit der Beschwerdeführer ein berechtigtes Interesse an der Feststellung hat, dass die Entscheidung in erster Instanz den Beschwerdeführer in seinen Rechten verletzt hat, kann dies auf seinen Antrag hin in der Beschwerdeinstanz ausgesprochen werden (BGH 11.10.2012 – V ZB 238/11, FGPrax 2013, 39; BGH 24.10.2012 – XII ZB 404/12, NJW-RR 2013, 195).

3. Endentscheidungen der Amts- und Landgerichte (§ 58 FamFG)

22 Bedeutsam nach der Regelung im FamFG sind insoweit vor allem die Entscheidungen der Amtsgerichte, welche die sachliche Zuständigkeit in allen Familiensachen, Betreuungs- und Unterbringungssachen, Nachlass- und Teilungssachen, Registersachen etc. bedingt. Alleine in den in § 71 Abs. 2 Nr. 4 GVG aufgeführten Handelssachen ist die erstinstanzliche Zuständigkeit der Landgerichte in FamFG-Verfahren begründet. Dagegen gilt dies nach dem Wortlaut des § 58 FamFG nicht für Entscheidungen der Oberlandesgerichte.

4. Beschwerdeberechtigte (§ 59 FamFG)

Die Beschwerde steht demjenigen zu, der durch den Beschluss **in seinen Rechten verletzt** ist (**materielle** **23** **Beschwer**, § 59 Abs. 1 FamFG). Der Beschwerdeführer muss also eine Verletzung seiner materiellen Rechte geltend machen. Diese Berechtigung ist nicht an die Frage geknüpft, ob die gerichtliche Entscheidung mit den konkret gestellten Anträgen des Beschwerdeführers deckungsgleich ist oder davon abweicht. Wenn ein Beschluss nur auf Antrag erlassen werden kann (sog. Antragsverfahren) und der Antrag zurückgewiesen wird, steht die Beschwerde nur dem Antragsteller zu (**formelle Beschwer**, § 59 Abs. 2 FamFG).

Demnach reicht für den Antragsteller des Ausgangsverfahrens die Verletzung seiner Rechte (materielle Be- **24** schwer) nicht aus und er muss auch formell dadurch beschwert sein, dass das Gericht seinem Antrag nicht vollständig gefolgt ist, insbesondere, wenn der Betroffene sich im ersten Rechtszug an dem Verfahren nicht beteiligt hat (BGH 8.3.2012 – V ZB 205/11). Soweit durch eine gerichtliche Entscheidung eine Beschwer für einen Beteiligten nicht gegeben ist, fehlt das Rechtsschutzbedürfnis für eine Beschwerde. Die Beschwerdeberechtigung wird vom Beschwerdegericht von Amts wegen geprüft.

a) Materielle Beschwer. Diese bezieht sich auf die Verletzung materieller Rechte. Alleine die Verletzung **25** von Verfahrensvorschriften reicht generell nicht aus, da die Ausgestaltung des Verfahrens kein Selbstzweck ist. Soweit der Beschwerdeführer aber dartut, dass die **Verletzung von Verfahrensrechten** auch die materiellrechtliche Entscheidung beeinträchtigt hat, wird die Beschwerdeberechtigung nicht verneint werden können. Das ist insbesondere der Fall, wenn ein nach § 7 Abs. 2 FamFG zwingend zu Beteiligender nicht beteiligt wurde und er in der Beschwerde geltend macht, dass er bei ordnungsgemäßer Einbeziehung ins Verfahren weitere, bisher unberücksichtigte Gesichtspunkte und Umstände hätte mitteilen können, die eine andere Entscheidung des Gerichts begründet hätten. Bei der Verletzung von Verfahrensvorschriften muss ein Kausalzusammenhang zwischen der Verletzung und dem Inhalt der angegriffenen Entscheidung bestehen. Würde es bei Beachtung der Verfahrensregeln zu keinem anderen Ergebnis kommen, fehlt die Beschwerdebefugnis.

b) Formelle Beschwer. Während in von Amts wegen betriebenen Verfahren die materielle Beschwer aus- **26** reicht, muss der Antragsteller zusätzlich formell dadurch beschwert sein, dass das erkennende Gericht in seiner Entscheidung **dem Antrag des Antragstellers nicht vollinhaltlich gefolgt**, sondern hinter diesem zurückgeblieben ist. Die Regelung in § 59 Abs. 2 FamFG ist bindend und kommt nach seinem Wortlaut nicht zur Anwendung auf die **Antragsgegner**seite, was zur Konsequenz hat, dass die materielle Beschwer für die Antragsgegnerseite auch im Antragsverfahren ausreicht, um Beschwerde führen zu können. Es fehlt an der formellen Beschwer, wenn das Gericht dem Antrag des Antragstellers vollständig nachgekommen ist, aber in der Begründung nicht den Argumenten des Antragstellers gefolgt ist. Dann hat der Antragsteller durch die Entscheidung keinen formellen Nachteil.

Eine **andere Bewertung** ist wegen Art. 6 Abs. 2 GG **in Ehesachen** vorzunehmen. Dort kann der Antrag- **27** steller im Scheidungsausspruch Beschwerde führen, obwohl das Gericht seinem Antrag gefolgt ist und die Scheidung ausgesprochen hat, wenn er dartut, dass nach Beendigung des Scheidungstermins innerhalb der Beschwerdefrist eine Versöhnung der Eheleute stattgefunden hat und die Ehe fortgesetzt werden soll. Die Beschwerde ist dann zulässig und kann mit dem Ziel eingelegt werden, die Folgen der ausgesprochenen Scheidung durch Antragsrücknahme in der zweiten Instanz zu beseitigen, um die Ehe weiter bestehen zu lassen. Gleiches gilt, soweit sich ein Antragsteller in einer Ehesache mit anhängigen Folgesachen trotz Scheidungsausspruches gegen die nach § 140 FamFG erfolgte Abtrennung einer Folgesache wendet mit der Begründung, dass die Ehe ohne gleichzeitige (vom Gesetzgeber gewollte) Entscheidung über die Folgesachen geschieden wurde. Die Rechtsprechung sieht darin eine Beschwer des Antragstellers und hält eine Beschwerde für zulässig, da die Abtrennung nach § 140 Abs. 6 FamFG nicht für selbstständig anfechtbar erklärt wurde.

c) Beschwerdeberechtigung von Behörden. Die Beschwerdeberechtigung von Behörden bestimmt sich **28** nach den besonderen Vorschriften dieses oder eines anderen Gesetzes (§ 59 Abs. 3 FamFG; BGH 18.4.2012 – XII ZB 624/11). Für Behörden kommt es somit nicht darauf an, dass sie in ihren Rechten beeinträchtigt oder Beteiligte nach § 7 FamFG sind. In den Verfahren nach dem FamFG im Bereich des Familienrechts und des Betreuungsrechts handelt es sich dabei um:

– das **Jugendamt**: in Kindschaftssachen nach §§ 151 ff (BGH 23.11.2011 – XII ZB 293/11; in Abgrenzung dazu OLG Celle 14.9.2012 – 10 UF 56/12 nach Bestellung zum Vormund; KG 4.3.2010 – 17 UF 5/10 Beschwerdeberechtigung gegen die Bestellung zum Ergänzungspfleger), 162 Abs. 3 S. 2 FamFG, in Abstammungssachen nach §§ 169 ff, 176 Abs. 2 S. 2 FamFG, in Adoptionssachen nach §§ 186 ff, 194 Abs. 2 S. 2 FamFG und in Ehewohnungssachen nach §§ 200 ff, 205 Abs. 2 S. 2 FamFG.

– die **Betreuungsbehörde**: in den Verfahren zur Bestellung eines Betreuers oder dieAnordnung eines Einwilligungsvorbehalts (Nr. 1) sowie den Umfang, Inhalt oder Bestand dieser Maßnahmen (Nr. 2) nach §§ 271 ff, 303 Abs. 1 FamFG sowie im Rahmen der Unterbringung nach §§ 312 ff, 335 Abs. 4 FamFG.

– Weitere Behörden sind die Organe des Handelsstandes in § 380 Abs. 5 FamFG sowie die Aufsichtsbehörde in Personenstandssachen nach § 53 Abs. 2 Personenstandsgesetz.

5. Beschwerderecht Minderjähriger (§ 60 FamFG)

29 Ein Kind, für das die elterliche Sorge besteht, oder ein unter Vormundschaft stehender Mündel kann in allen seine Person betreffenden Angelegenheiten ohne Mitwirkung seines gesetzlichen Vertreters das Beschwerderecht ausüben (§ 60 S. 1 FamFG). Das Gleiche gilt in sonstigen Angelegenheiten, in denen das Kind oder der Mündel vor einer Entscheidung gehört werden soll (§ 60 S. 2 FamFG; vgl § 159 Abs. 1 S. 1 FamFG). Dies gilt nicht für Personen, die geschäftsunfähig sind oder bei Erlass der Entscheidung das 14. Lebensjahr nicht vollendet haben.

6. Beschwerdewert (§ 61 FamFG)

30 In vermögensrechtlichen Angelegenheiten ist die Beschwerde nur zulässig, wenn der Wert des Beschwerdegegenstandes **600 EUR** übersteigt (§ 61 Abs. 1 FamFG).

31 **a) Nichtvermögensrechtliche Angelegenheiten.** Somit ist die Beschwerde stets zulässig in Verfahren betreffend nichtvermögensrechtliche Angelegenheiten (vgl Ehesachen §§ 111 Nr. 1, 121 ff FamFG, Kindschaftssachen §§ 111 Nr. 2, 151 ff FamFG, Abstammungssachen §§ 111 Nr. 3, 169 ff FamFG, Adoptionssachen §§ 111 Nr. 4, 186 FamFG, Gewaltschutzsachen §§ 111 Nr. 6, 210 ff FamFG usw). Hier kommt es auf den Wert des Beschwerdegegenstandes nicht an.

32 **b) Vermögensrechtliche Angelegenheiten.** Eine Definition dieses Begriffes ist im Gesetz nicht zu finden. Darunter wird man aber eine Angelegenheit verstehen, die auf einer vermögensrechtlichen Beziehung beruht oder im Wesentlichen wirtschaftlichen Interessen dienen soll. Zweifelsfrei fallen Versorgungsausgleichssachen (§§ 111 Nr. 7, 217 ff FamFG), Unterhaltssachen (§§ 111 Nr. 8, 231 ff FamFG), Güterrechtssachen (§§ 111 Nr. 9, 261 ff FamFG; beim Auskunftsanspruch ist 1/10 bis 1/4 des Leistungsanspruches, der sich nach den Vorstellungen des Anspruchstellers bemisst, zugrunde zu legen, BGH 12.10.2011 – XII ZB 127/11) und sonstige Familiensachen (§§ 111 Nr. 9, 266 ff FamFG) darunter. Nachdem auch bei selbstständigen Kostenentscheidungen die vermögensrechtliche Leistung im Mittelpunkt steht, wird hier auf den Beschwerdewert zu achten sein. Der Beschwerdewert wird entsprechend §§ 3 ff ZPO ermittelt, da es sich um den **Zuständigkeitsstreitwert** handelt; somit erfolgt keine Bestimmung nach den Regelungen des FamGKG. In Haushaltssachen ist der Verkehrswert der strittigen Gegenstände in Ansatz zu bringen.

33 Für die **Versorgungsausgleichssachen** enthält § 228 FamFG eine Sonderregelung. Die Wertgrenze des § 61 FamFG gilt nur hinsichtlich der Anfechtung der Kostenentscheidung. Damit wird die Anfechtung der Hauptsacheentscheidung den nichtvermögensrechtlichen Angelegenheiten gleichgestellt und die Beschwerde ist stets zulässig. Ein zu beteiligender Versorgungsträger wird bereits dann in seinen Rechten beeinträchtigt, wenn diese Entscheidung mit einem als unrichtig gerügten Eingriff in seine Rechtsstellung verbunden ist, ohne dass es auf eine wirtschaftliche Mehrbelastung ankäme; durch die Regelung in § 228 FamFG wollte der Gesetzgeber die Einlegung von Rechtsmitteln der Versorgungsträger erleichtern (BGH

9.1.2013 – XVII ZB 550/11; 23.1.2013 – XII ZB 491/11; vgl aber OLG Bamberg 26.2.2013 – 2 UF 280/12: nur soweit Versorgungsanwartschaften dieses Versorgungsträgers betroffen sein können).

Die isolierte Anfechtbarkeit einer Kostenentscheidung, die im Rahmen einer einstweiligen Anordnung er- **34** gangen ist, steht und fällt mit der oben angegebenen Möglichkeit der Anfechtung.

7. Zulassungsbeschwerde (§ 61 FamFG)

Übersteigt der Beschwerdegegenstand nicht den Betrag von 600 EUR (§ 61 Abs. 1 FamFG), ist die Be- **35** schwerde zulässig, wenn das Gericht des ersten Rechtszugs die Beschwerde zugelassen hat (§ 61 Abs. 2 FamFG). Das Gericht des ersten Rechtszugs lässt die Beschwerde nach § 61 Abs. 3 FamFG zu, wenn die Rechtssache **grundsätzliche Bedeutung** hat oder die Fortbildung des Rechts oder die Sicherung einer einheitlichen Rechtsprechung eine Entscheidung des Beschwerdegerichts erfordert und der Beteiligte durch den Beschluss mit nicht mehr als 600 EUR beschwert ist. Die hier benannten Kriterien entsprechen denen der Berufungszulassung (§ 511 Abs. 4 Nr. 1 ZPO) und der Zulassung der Revision (§ 543 Abs. 2 ZPO), so dass die hierzu entwickelten Grundsätze darauf übertragen werden können. Das Beschwerdegericht ist an die Zulassung gebunden (§ 61 Abs. 2 S. 2 FamFG; HK-FamFG/Klußmann § 61 FamFG Rn 14). Dem Beschwerdegericht ist es somit verwehrt, eine vom Erstgericht nicht zugelassene Beschwerde selbstständig zuzulassen. Gleichermaßen ist es dem Beschwerdegericht nicht gestattet, eine zugelassene Beschwerde abzulehnen mit der Begründung, das Erstgericht habe die Beschwerde zu Unrecht zugelassen (anders im Rechtsbeschwerdeverfahren; vgl dort § 74 a FamFG). Eine Nichtzulassungsbeschwerde ist nicht vorgesehen. Wenn allerdings der Rechtspfleger über die Nichtzulassung entschieden hat, ist die Rechtspflegererinnerung nach § 11 Abs. 2 RPflG zulässig.

Das erstinstanzliche Gericht hat somit von Amts wegen über die Zulassung in der Endentscheidung zu ent- **36** scheiden. Eine Nachholung der insoweit unterbliebenen Entscheidung ist generell nicht möglich. Etwas anderes wird man nur annehmen können, wenn eine Ergänzung oder Berichtigung des Beschlusses nach § 42 Abs. 1 FamFG veranlasst ist, weil die Zulassung der Beschwerde in den Gründen zwar beschlossen, aber versehentlich nicht tenoriert worden ist (BGH 28.3.2012 – XII ZB 323/11; HK-FamFG/Klußmann § 61 FamFG Rn 14). Das Erstgericht kann die Zulassung auf einzelne abtrennbare Teile seiner Endentscheidung beschränken, also auf einen von mehreren Verfahrensgegenständen. Dies gilt aber nicht in Bezug auf einzelne Anspruchsgrundlagen oder Rechtsfragen (HK-ZPO/Kayser § 543 ZPO Rn 60 und 59).

8. Beschwerdefrist (§ 63 FamFG)

a) Generelle Frist. Die Beschwerde ist binnen einer Frist von **einem Monat** einzulegen (§ 61 Abs. 1 **37** FamFG), soweit hierzu keine Ausnahme im Gesetz bestimmt ist.

b) Verkürzte Frist. Die Beschwerde ist nach § 63 Abs. 2 FamFG binnen einer Frist von **zwei Wochen** **38** einzulegen, wenn sie sich gegen eine einstweilige Anordnung (Nr. 1) oder einen Beschluss, der die Genehmigung eines Rechtsgeschäfts zum Gegenstand hat (Nr. 2), richtet. Das Motiv des Gesetzgebers für diese verkürzte Frist war das besondere Bedürfnis der Beteiligten nach einer rasch eintretenden Bestandskraft. Daher wird diskutiert, ob die Ablehnung des Erlasses einer einstweiligen Anordnung durch das Erstgericht diese Fristverkürzung zur Folge hat. Begründet wird die verneinende Ansicht damit, dass es sich nicht um eine einstweilige Anordnung iSd § 49 FamFG handelt, da ja keine Regelung getroffen wurde (Keidel/Sternal, § 63 FamFG Rn 14–14 b). Dem ist in Anlehnung an die frühere Reglung in § 620 c ZPO und der dazu vertretenen Ansicht nicht zu folgen, da eine Differenzierung der Eilbedürftigkeit bei Erlass oder Ablehnung weder sachlich gerechtfertigt noch vom Gesetzgeber in den Materialien erwähnt wurde (BT-Drucks. 16/6308, S. 203; KG 18.4.2001 – 16 UF 52/11 und 16 UF 78/11, NJW-RR 2011, 1228, m.Anm. Pfeil FamRZ 2011, 375). In § 40 Abs. 2 S. 2 IntFamRVG ist ebenfalls die verkürzte Zweiwochenfrist bei Beschwerden gegen eine Entscheidung auf Rückgabe eines Kindes ins Ausland nach dem HKÜ festgeschrieben. Bei der sofortigen Beschwerde gegen Zwischen- oder Nebenentscheidungen, die nur ausnahmsweise zulässig ist, gilt ebenfalls die Zweiwochenfrist nach §§ 567 ff ZPO (vgl zB § 7 Abs. 5 FamFG).

39   **c) Verlängerte Frist.** Soweit das Erstgericht eine Entscheidung nach §§ 16 ff IntFamRVG erlässt, ist hiergegen die Beschwerde innerhalb der Frist von **zwei Monaten** für beschwerdeberechtigte Personen, die ihren gewöhnlichen **Aufenthalt im Ausland** haben, zulässig (§ 24 Abs. 3 Nr. 2 IntFamRVG).

40   **d) Fristbeginn. aa) Bekanntgabe der Erstentscheidung.** Die Frist beginnt jeweils mit der **schriftlichen Bekanntgabe des Beschlusses** an die Beteiligten (§ 63 Abs. 3 S. 1 FamFG). Demnach ist die Entscheidung den Beteiligten zuzustellen, was sich für Ehesachen und Familienstreitverfahren aus § 113 Abs. 1 FamFG iVm §§ 329, 517 ZPO ergibt und in den sonstigen, weiteren Familiensachen wegen der Regelung in § 41 Abs. 1 S. 2 FamFG notwendig ist, wo es heißt, dass ein anfechtbarer Beschluss demjenigen zuzustellen ist, dessen erklärtem Willen er nicht entspricht (BGH 4.5.2011 – XII ZB 632/10: auch dann, wenn der Betroffene unter Betreuung steht und der Betreuer den Aufgabenkreis „Entgegennahme, Anhalten und Öffnen der Post" hat). Der anderen Ansicht, wonach die Aufgabe zur Post nach §§ 41 Abs. 1, 15 Abs. 2, S. 1 2. Alternative FamFG ausreichend sein soll, kann wegen der ausdrücklichen Regelung in § 41 Abs. 1 S. 2 FamFG nicht gefolgt werden.

41   **bb) Unterbliebene Rechtsbehelfsbelehrung.** Nach § 39 FamFG hat jeder Beschluss eine **Belehrung** über das statthafte Rechtsmittel sowie das Gericht, bei dem es einzulegen ist, dessen Sitz und die einzuhaltende Form und Frist zu enthalten. Der Fall des Unterbleibens der Belehrung oder einer fehlerhaften Belehrung ist gesetzlich nur in § 17 Abs. 2 FamFG angesprochen. Nach Abs. 1 ist jemandem, der ohne sein Verschulden verhindert war, eine gesetzliche Frist einzuhalten, auf seinen Antrag hin **Wiedereinsetzung in den vorigen Stand** zu gewähren, wobei das Fehlen seines Verschuldens vermutet wird, wenn eine Rechtsbehelfsbelehrung **unterblieben** oder **fehlerhaft** ist. Nach herrschender Meinung soll dies nur für die anwaltlich nicht vertretenen Beteiligten gelten.

42   Bei **anwaltlicher Vertretung** ist der Lauf der Rechtsmittelfrist vom Rechtsanwalt zu überprüfen. Unabhängig von einer gerichtlichen Belehrung beginnt die Rechtsmittelfrist zu laufen und ein unverschuldetes Versäumen wird hier nicht anzunehmen sein (BGH 23.6.2010 – XII ZB 82/10, FPR 2011, 47 ff, 48, 49). Damit kommt bei anwaltlicher Vertretung eine Wiedereinsetzung in den vorigen Stand nicht in Betracht.

43   **cc) Fünfmonatige Auffangfrist.** Die Frist beginnt spätestens mit Ablauf von fünf Monaten nach Erlass des Beschlusses, wenn die schriftliche Bekanntgabe an einen Beteiligten nicht bewirkt werden kann. Das Erstgericht hat alle erforderlichen Anstrengungen zu unternehmen, um den Aufenthaltsort des Beteiligten zu eruieren. Erst wenn die Bekanntgabe objektiv unmöglich ist, kommt diese Regelung in § 63 Abs. 3 S. 2 FamFG zur Anwendung. Diese Vorschrift dient nicht dazu, Versäumnisse des Gerichts bei der Bekanntgabe des Beschlusses zu heilen. Der Anwendungsbereich dieser Vorschrift dürfte angesichts der nach § 15 Abs. 2 FamFG iVm §§ 185 ff ZPO eröffneten Möglichkeit der öffentlichen Zustellung des Beschlusses eher theoretischer Art sein.

44   **dd) Unterbliebene Beteiligung.** Der Begriff des Beteiligten in § 63 Abs. 3 FamFG bezieht sich auf den **formell** (also den am Verfahren tatsächlich) **Beteiligten** nach § 7 Abs. 2 FamFG. Das Gericht hat diejenigen als Beteiligte hinzuzuziehen, deren Recht durch das Verfahren unmittelbar betroffen wird (Nr. 1) oder die aufgrund dieses oder eines anderen Gesetzes **von Amts wegen** oder **auf Antrag** zu beteiligen sind (Nr. 2). Soweit das Erstgericht dieser Verpflichtung fehlerhaft nicht nachkommt, stellt sich die Frage, welche Konsequenzen dies für die Bestandskraft der Entscheidung hat oder haben kann. Der materiell zu beteiligende Beschwerdeführer, der tatsächlich nicht beteiligt wurde, soll hier keine eigene Beschwerdefrist haben, sondern er soll nur solange Beschwerde einlegen, wie die formell (tatsächlich) Beteiligten die Beschwerdemöglichkeit haben (OLG Hamm 7.9.2010 – 15 W 111/10, FamRZ 2011, 396). Diese Regelung ist jeder anderen angedachten Lösung (komplett fehlende Bestandskraft oder erst fünf Monate nach Erlass eintretende Rechtskraft) vorzuziehen, da die Grundsätze der Rechtssicherheit und Rechtsklarheit eine Bestandskraft der Entscheidung in absehbarer Zeit erforderlich machen. Die Wirksamkeit einer gerichtlichen Entscheidung darf nicht dauerhaft oder für einen nicht unerheblichen Zeitraum offen und ungeklärt bleiben.

9. Einlegung der Beschwerde (§ 64 FamFG)

a) Allgemeines. Die Beschwerde ist bei dem **Gericht einzulegen, dessen Beschluss angefochten** wird 45 (**§ 64 Abs. 1 FamFG**; BGH 17.8.2011 – XII 50/11: eine beim Beschwerdegericht eingelegte Beschwerde ist im ordentlichen Geschäftsgang an das Amtsgericht weiterzuleiten); anders als noch vor der Reform zum FGG, als die Beschwerde beim Beschwerdegericht anzubringen war (§ 621 e Abs. 3 S. 1 FamFG; § 519 Abs. 1 ZPO; BGH 6.7.2011 – XII ZB 100/11: Meistbegünstigung bei Beschwerdeeinlegung aufgrund fehlerhaften Anwendung neuen Rechts – FamFG, obwohl gem. Art. 111 FGG-RG fortgeltendes früheres Recht anzuwenden gewesen wäre). Nach **§ 24 Abs. 1 S. 2 IntFamRVG** ist die Beschwerde in Verfahren betreffend die Zulassung der Zwangsvollstreckung, Anerkennungsfeststellung und Wiederherstellung des Sorgeverhältnisses im Zusammenhang mit einer diese Bereiche betreffenden ausländischen Entscheidung ausnahmsweise auch **beim Beschwerdegericht** einzulegen; die Einlegung beim Erstgericht, welches dann zur Vorlage an das Oberlandesgericht von Amts wegen gehalten ist, schadet nach § 24 Abs. 2 IntFamRVG nicht.

Die Beschwerde ist von einem Anwalt einzulegen, da nach § 114 FamFG **Anwaltszwang** in den Ehe- und 46 Folgesachen sowie in den Familienstreitverfahren – mit Ausnahme der einstweiligen Anordnungen wegen § 114 Abs. 4 FamFG – besteht. Aus dem Umkehrschluss zu § 114 FamFG lässt sich erkennen, dass in allen anderen, weiteren Familiensachen, die keine Folgesachen sind, **kein Anwaltszwang** besteht und damit die Beschwerde von den Beteiligten selbst eingelegt werden kann.

b) Verfahrensfähigkeit. Die wirksame Einlegung der Beschwerde setzt Verfahrensfähigkeit des Be- 47 schwerdeführers (§ 9 FamFG) voraus.

Verfahrensfähig sind: 48

– die nach bürgerlichem Recht **Geschäftsfähigen** (Nr. 1),
– **die beschränkt Geschäftsfähigen**,
– soweit sie für den Gegenstand des Verfahrens nach bürgerlichem Recht als geschäftsfähig anerkannt sind (Nr. 2) oder
– das **14. Lebensjahr** vollendet haben – wobei hier auf den Zeitpunkt der Einlegung abzustellen ist und ein späteres Erreichen dieses Lebensalters keine heilende Wirkung hat – und sie in einem Verfahren, das ihre Person betrifft, ein ihnen nach bürgerlichem Recht zustehendes Recht (einschließlich **Unterhalt** und **Vermögen**) geltend machen (Nr. 3; § 60 FamFG),
– diejenigen, die aufgrund dieses oder eines anderen Gesetzes dazu bestimmt werden.

Ein demnach Verfahrensfähiger – auch ein Minderjähriger – kann alle Handlungen vornehmen, die mit der 49 Beschwerdeeinlegung zu tun haben, also auch einen Rechtsanwalt mandatieren. Für nicht verfahrensfähige Personen handeln an deren Stelle ihre gesetzlichen Vertreter.

c) Verfahrenskostenhilfe im Beschwerdeverfahren. Der Gesetzgeber hat mit einer Änderung im Sinne 50 einer Erweiterung des § 64 Abs. 1 FamFG eine wesentliche Erleichterung für die Praxis geschaffen, um in Beschwerdeverfahren nicht den Verlust von Rechten zu erleiden, wenn innerhalb der gesetzlichen Beschwerdefrist noch nicht über einen gleichzeitig gestellten Verfahrenskostenhilfeantrag durch das Oberlandesgericht entschieden ist, während die Beschwerde beim Amtsgericht innerhalb der Frist einzulegen ist (§ 64 Abs. 1 FamFG aF). Mit dem neu geschaffenen und hinzugefügten Satz 2 im § 64 Abs. 1 FamFG hat der Gesetzgeber zum 1.1.2013 festgelegt, dass Anträge auf Bewilligung von Verfahrenskostenhilfe für eine beabsichtigte Beschwerde bei dem Gericht einzulegen sind, dessen Beschluss angefochten werden soll. Mithin sind nach § 64 Abs. 1 S. 1 und S. 2 FamFG nF sowohl die Beschwerde als auch ein Antrag auf Bewilligung von Verfahrenskostenhilfe beim Erstgericht einzureichen.

Nach der Bewilligung von Verfahrenskostenhilfe (das OLG wird innerhalb der Beschwerdefrist wohl kaum 51 über die VKH entschieden und dies dem Beschwerdeführer mitgeteilt haben) hat der Beschwerdeführer dann spätestens innerhalb von zwei Wochen (wegen der Regelung in §§ 113 Abs. 1, 117 Abs. 5 FamFG iVm § 234 Abs. 1 S. 2 ZPO in Ehe- und Familienstreitverfahren bzw in § 18 Abs. 1 FamFG in allen anderen, weiteren Familiensachen) **Beschwerde** gegen die Entscheidung des Erstgerichts und gleichzeitig **Wiedereinsetzung in den vorigen Stand** wegen unverschuldeter Fristversäumnis beim Erstgericht zu beantragen. Über die Wiedereinsetzung entscheidet dann das Beschwerdegericht (§ 19 Abs. 1 FamFG bzw § 237 ZPO), da das Beschwerdegericht über die nachgeholte Beschwerde zu entscheiden hat (BGH 12.12.2012 – XII ZB 190/12; Heiß in: MandatFamR Rn 297).

52 **d) Form der Beschwerdeeinlegung.** Die Beschwerde wird durch Einreichung einer Beschwerdeschrift oder zur Niederschrift der Geschäftsstelle eingelegt, wobei Letzteres in Ehesachen und in Familienstreitsachen ausgeschlossen ist (§ 64 Abs. 2 S. 1 und 2 FamFG). Die Beschwerde muss die Bezeichnung des angefochtenen Beschlusses sowie die Erklärung enthalten, dass Beschwerde gegen den Beschluss eingelegt wird (§ 64 Abs. 2 S. 3 FamFG), und sie ist vom Beschwerdeführer oder seinem Bevollmächtigten zu unterzeichnen (§ 64 Abs. 2 S. 4 FamFG; OLG Bamberg 6.8.2012 – 2 UF 175/12: eine maschinengeschriebene Formulierung reicht nicht; die Nachholung der Unterschrift nach Ablauf der Frist heilt den Mangel nicht). Die Beschwerdeschrift ist von einem Rechtsanwalt zu fertigen, weil nach § 114 FamFG **Anwaltszwang** in den Ehe- und Folgesachen sowie den Familienstreitverfahren – mit Ausnahme der einstweiligen Anordnungen wegen § 114 Abs. 4 FamFG – besteht.

53 Aus dem Umkehrschluss zu § 114 FamFG lässt sich erkennen, dass in allen anderen, weiteren Familiensachen, die keine Folgesachen und keine Familienstreitverfahren sind, **kein Anwaltszwang** besteht und damit die Beschwerdeschrift von den Beteiligten selbst gefertigt und unterschrieben werden kann oder aber die oben bereits bezeichnete Form der Einlegung durch Niederschrift zur Geschäftsstelle zu wählen ist (§ 64 Abs. 2 S. 2 FamFG; Klees-Wambach in: VerfFamR § 12 Rn 69).

54 Die Beschwerde nach § 24 Abs. 1 IntFamRVG kann zu Protokoll der Geschäftsstelle des Oberlandesgerichts erklärt werden, wobei die Erklärung zu Protokoll der Geschäftsstelle des Erstgerichts unschädlich ist, weil diese unverzüglich an das Beschwerdegericht (OLG) weiterzuleiten ist (§ 24 Abs. 2 IntFamRVG).

10. Beschwerdebegründung (§ 65 FamFG)

55 **a) Ehe- und Familienstreitsachen.** Der Beschwerdeführer hat in diesen Angelegenheiten zur Begründung der Beschwerde einen bestimmten Sachantrag zu stellen und diesen zu begründen (§ 117 Abs. 1 S. 1 FamFG). Die Begründung ist beim Beschwerdegericht einzureichen (§ 117 Abs. 1 S. 2 FamFG). Die Frist zur Begründung der Beschwerde beträgt **zwei Monate** und beginnt mit der schriftlichen Bekanntgabe des Beschlusses, spätestens mit Ablauf von fünf Monaten nach Erlass des Beschlusses (§ 117 Abs. 1 S. 3 FamFG). Kraft der Verweisung über § 117 Abs. 1 S. 4 FamFG kommt auch die Verlängerung dieser Frist durch den Vorsitzenden des Beschwerdegerichts in Betracht (§ 520 ZPO). Nachdem die Begründung der Beschwerde bereits mit der Beschwerdeeinlegung erfolgen kann, wird anzunehmen sein, dass damit die Frist gewahrt ist, nachdem das Erstgericht verpflichtet ist, die Akte unverzüglich dem Beschwerdegericht zuzuleiten. Es ist dann anzunehmen, dass die Begründung fristgerecht beim Beschwerdegericht eingeht. Mangelt es an der gesetzlichen Form oder Frist, so ist die Beschwerde vom Beschwerdegericht als unzulässig zu verwerfen (§ 68 Abs. 2 FamFG). Wird aber in einer Familienstreitsache die nach § 117 Abs. 1 S. 1 FamFG erforderliche Beschwerdebegründung mit der Einlegung der Beschwerde beim Erstgericht verbunden und geht die Beschwerdebegründung erst nach Ablauf der Begründungsfrist des § 117 Abs. 1 S. 3 FamFG beim Beschwerdegericht ein, weil das **Erstgericht die Beschwerde nicht unverzüglich dem Beschwerdegericht vorgelegt** hat, so ist dem Beschwerdeführer von Amts wegen Wiedereinsetzung in den vorigen Stand gegen die Versäumung der Beschwerdebegründungsfrist zu gewähren (BGH 23.5.2012 – XII ZB 375/11). Sollte die Fristversäumnis durch eine fehlerhafte Belehrung bedingt sein, so wird dies nicht zu einer Wiedereinsetzung in den vorigen Stand führen können, da in diesen Verfahren Anwaltszwang besteht (§ 114 FamFG) und ein anwaltliches Verschulden anzunehmen ist, wenn der Rechtsanwalt als Bevollmächtigter des Beschwerdeführers die Rechtsbehelfsbelehrung nicht auf ihre Richtigkeit überprüft und die Frist versäumt hat (BVerfG 20.6.1995 – 1 BvR 166/93, NJW 1995, 3173 ff; BGH 24.2.2010 – XII ZB 168/08, NJW-RR 2010, 1075).

b) Weitere sonstige Familiensachen. Nach § 65 Abs. 1 FamFG soll die Beschwerde begründet werden. **56** Damit ist eine Begründung in diesen Angelegenheiten nicht zwingend vorgeschrieben. Gleichzeitig ist auch kein Sachantrag vonnöten. Diese Erleichterungen gelten auch, soweit diese Angelegenheiten Folgesachen im Verbund mit Ehesachen sind, da § 117 Abs. 1 FamFG Folgesachen nicht erwähnt. Das Beschwerdegericht kann dem Beschwerdeführer eine Frist für die Begründung der Beschwerde einräumen (§ 65 Abs. 2 FamFG). Soweit der Beschwerdeführer dem nicht folgt, führt dies nicht zur Abweisung der Beschwerde nach § 68 Abs. 2 FamFG als unzulässig. Auch eine Präklusion kann nicht angenommen werden, soweit der Beschwerdeführer erst nach Ablauf der Frist dem Beschwerdegericht neue Tatsachen mitteilt. Dies ist zu schlussfolgern aus der Regelung in § 26 FamFG und dem für diese Angelegenheiten bestehenden Amtsermittlungsgrundsatz. Das Beschwerdegericht hat von Amts wegen die zur Feststellung der entscheidungserheblichen Tatsachen erforderlichen Ermittlungen durchzuführen.

c) Sonderfall des § 40 Abs. 2 S. 2 IntFamRVG. Die Beschwerde in Verfahren nach dem Haager Kindes- **57** entführungsübereinkommen ist innerhalb einer Frist von zwei Wochen einzulegen und zu begründen.

11. Anschlussbeschwerde (§ 66 FamFG)

a) Allgemeines zur unselbstständigen Anschlussbeschwerde. Ein Beteiligter kann sich der Beschwerde **58** anschließen (unselbstständige Anschlussbeschwerde), selbst wenn er auf die Beschwerde verzichtet hat oder die Beschwerdefrist verstrichen ist; die Anschließung erfolgt durch Einreichung der Anschlussbeschwerdeschrift.

Davon unterscheidet sich die während der laufenden Beschwerdefrist eingelegte **selbstständige An-** **59** **schlussbeschwerde** im Sinne der „eigentlichen Beschwerde", welche unabhängig von einer Beschwerde anderer Beteiligter eingelegt wurde. Diese unterliegt allen Formalien der Beschwerde.

b) Zweck. Diese unselbstständige Anschlussbeschwerde gibt dem Beteiligten die Möglichkeit, sich der **60** Beschwerde eines anderen Beteiligten anzuschließen, um damit eine Überprüfung der Entscheidung des Erstgerichts auch zu seinen Gunsten zu ermöglichen, denn sie hebt das für den Beschwerdeführer geltende Verschlechterungsverbot auf (HK-FamFG/Klußmann § 69 FamFG Rn 13). Das Beschwerdegericht kann somit auch eine Entscheidung im Beschwerdeverfahren zum Nachteil des Hauptrechtsmittel- und Beschwerdeführers treffen.

c) Beschwer. Da weitere Voraussetzungen in § 66 FamFG nicht genannt sind, kommt auch die Mindestbe- **61** schwer nach § 61 Abs. 1 FamFG nicht zur Anwendung. Der Beschwerdewert muss auf Seiten des Anschlussbeschwerdeführers nicht erreicht sein. Allerdings bedarf es einer generellen Beschwer durch die Entscheidung der Erstinstanz. Ohne Beschwer kann der Beteiligte sich nicht anschließen (KG 25.3.2011 – 13 UF 229/10). Der Anschlussbeschwerdeführer muss jetzt mehr begehren als im Ausgangsverfahren. Er kann jedoch keinen neuen Verfahrensgegenstand in das Beschwerdeverfahren einführen.

d) Rechtsschutzbedürfnis. Gleichzeitig muss der Anschlussbeschwerdeführer ein Rechtsschutzbedürfnis **62** haben. Dieses fehlt, wenn ihr Normzweck – Überwindung des Verschlechterungsverbotes des Hauptrechtsmittelführers – nicht erreicht werden kann (OLG Bremen 11.3.2011 – 4 UF 1/11, FamRZ 2011, 1296). Gleiches gilt, wenn das Beschwerdegericht unabhängig von der Anschlussbeschwerde die angegriffene Entscheidung des Erstgerichts zum Nachteil des Beschwerdeführers abändern kann, weil es nach den gesetzlichen Vorschriften dazu verpflichtet ist, wie in Kindschaftssachen nach §§ 1666, 1666 a BGB oder § 1697 a BGB (OLG Brandenburg 25.4.2012 – 9 UF 183/11; HK-FamFG/Klußmann § 69 FamFG Rn 15). Idealiter wird eine sog. **Gegnerschaft** zwischen Beschwerdeführer und Anschlussbeschwerdeführer als Zulässigkeitsvoraussetzung verlangt (OLG Zweibrücken 24.1.2011 – 2 UF 43/10, m.Anm. Schwalm FamFR 2011, 128). Dort hatte ein Versorgungsträger, der von der „fehlerhaften Entscheidung" nicht betroffen war und dessen Anrecht beim Versorgungsausgleich korrekt geteilt wurde, sich der Beschwerde eines betroffenen und beschwerten Versorgungsträgers angeschlossen. Mangels **Rechtsschutzbedürfnis** wurde seine Anschlussbeschwerde zurückgewiesen.

63 **e) Beschwerdeberechtigung.** Im Übrigen bedarf es der Beschwerdeberechtigung nach § 59 FamFG auch für den Anschlussbeschwerdeführer.

64 **f) Form.** Der Beschwerdeführer hat die Formvorschriften für die Beschwerde einzuhalten (§§ 64 Abs. 2 S. 3, 64 Abs. 2 S. 1 FamFG). Es ist eine Beschwerdeschrift zu fertigen, welche den angegangenen Beschluss bezeichnen sowie die Erklärung beinhalten muss, dass hiermit Anschlussbeschwerde eingelegt wird. Die Schrift ist zu unterschreiben und beim Beschwerdegericht einzureichen.

65 **g) Fristen.** § 117 Abs. 2 S. 1 FamFG verweist in Ehesachen und Familienstreitsachen für das Beschwerdeverfahren auf § 524 Abs. 2 S. 2 ZPO, wonach die Anschlussbeschwerde nach Ablauf der Frist zur Beschwerdebegründung – wenn diese verlängert wird, gilt die verlängerte Frist – unzulässig ist. Dies gilt angesichts der Spezialregelung in § 524 Abs. 2 S. 3 ZPO nicht in Verfahren betreffend eine Verurteilung zu zukünftigen fällig werdenden, wiederkehrenden Leistungen beim Unterhalt. Damit sollen Abänderungsverfahren nach § 238 FamFG verhindert werden, da eine bis zum Schluss der mündlichen Verhandlung zulässige Anschließung an eine Beschwerde auch mit neuen Tatsachen verbunden werden kann, welche dann in der Entscheidung des Beschwerdegerichts zu berücksichtigen sind. Auf diese Weise wird sichergestellt, dass die zum Zeitpunkt des Erlasses der Beschwerdeentscheidung aktuellen Verhältnisse in dieser Entscheidung eingearbeitet sind. In den anderen weiteren Familiensachen nach § 111 FamFG gibt es keine Frist zu beachten, da das Gesetz in diesen Fällen keine Frist für die Anschlussbeschwerde vorsieht. Diese kann bis zum Schluss der mündlichen Verhandlung des Beschwerdegerichts eingelegt werden. Dagegen bedarf es nicht der Überprüfung der Motivation des Anschlussbeschwerdeführers, der sich jetzt unselbstständig dem Beschwerdeverfahren anschließt und es unterlassen hat, zuvor eine selbstständige Beschwerde einzureichen. Darauf kommt es unter keinen Umständen an.

66 Der Gesetzgeber hat jedem Beteiligten diese Möglichkeit des Anschlusses eröffnet, um auch in der Beschwerdeinstanz jeweils seine Interessen wiederum hinreichend vertreten zu können. Dies gilt, um Chancengleichheit wie im erstinstanzlichen Verfahren und damit Waffengleichheit zu schaffen, auch im Beschwerdeverfahren. Letztlich dient diese Möglichkeit des Anschlusses auch der Verfahrensökonomie, denn der „eigentlich zufriedene Beteiligte" nach der Entscheidung der Erstinstanz muss nicht vorsorglich Beschwerde einlegen, sondern kann abwarten, ob auch die anderen Beteiligten das Ergebnis des Erstgerichts akzeptieren, mit dem er sich – zwar nicht vollkommen erfolgreich entsprechend seinem ursprünglichem Begehren – dennoch „abfinden kann".

67 **h) Bedingt eingelegte unselbstständige Anschlussbeschwerde.** Danach ist es auch konsequent, bei der Anschlussbeschwerde die bedingte Einlegung zuzulassen. Nachdem die Anschlussbeschwerde kein Rechtsmittel im eigentlichen Sinn ist, sondern lediglich ein Antrag innerhalb des vom Hauptrechtsmittelführer in Gang gesetzten Beschwerdeverfahrens, kann diese auch hilfsweise eingelegt werden, für den Fall, dass der Antrag des Hauptrechtsmittelführers ohne Erfolg ist oder eine sonstige innerprozessuale Bedingung eintritt (BGH 10.11.1983 – VII ZR 72/83, NJW 1984, 1240 ff).

68 **i) Verzicht auf die unselbstständige Anschlussbeschwerde.** Nach § 67 Abs. 2 FamFG ist die Anschlussbeschwerde unzulässig, wenn der Anschlussberechtigte hierauf nach Einlegung des Hauptrechtsmittelführers durch Erklärung gegenüber dem Gericht verzichtet hat. Vor diesem Zeitpunkt ist ein wirksamer Verzicht – mit Ausnahme der Regelung in § 144 FamFG für den Scheidungsverbund – nicht möglich.

69 **j) Abhängigkeit vom Hauptrechtsmittel.** Die Anschließung verliert ihre Wirkung, wenn die Beschwerde zurückgenommen oder als unzulässig verworfen wird (§ 66 S. 2 FamFG).

12. Untätigkeitsbeschwerde

70 Eine besondere Art der Beschwerde war das Rechtsmittel der Untätigkeitsbeschwerde, welches gesetzlich nicht geregelt wurde, aber nach der Rechtsprechung des Europäischen Gerichtshofs für Menschenrechte und des Bundesverfassungsgerichts bei überlanger Verfahrensdauer richterrechtlich allgemein anerkannt war (EGMR 26.11.2009 – 54215/08, www.bmj.de/SharedDocs/EGMR/DE/20091126_54215-08.html; BVerfG 25.11.2003 – BvR834/03, NJW 2004, 835; BVerfG 11.12.2000 – 1 BvR 661/00, NJW 2001, 961;

OLG Frankfurt/M. 12.8.2009 – 5 WF 154/09, FGPrax 2010, 136), und zwar unter Berufung auf **Art. 6 EMRK und Art. 2 Abs. 1 iVm Art. 20 Abs. 3 GG.**

Der Beschwerdeführer musste sich auf die Verletzung seiner Rechte berufen, weil das Erstgericht nicht tätig wurde und eine verlangte Entscheidung nicht zeitnah traf oder unterließ.

Der Gesetzgeber hat im Bereich der **Kindschaftssachen**, die den Aufenthalt des Kindes, das Umgangsrecht oder die Herausgabe des Kindes betreffen, sowie bei Verfahren wegen Gefährdung des Kindeswohls eine zeitnahe Entscheidung von den Erstgerichten verlangt und eine vorrangige und beschleunigte Durchführung dieser Verfahren verpflichtend ins Gesetz geschrieben (§ 155 Abs. 1 FamFG). Das Gericht erörtert in diesen Verfahrensbereichen die Angelegenheit in einem Termin, welcher spätestens einen Monat nach Beginn des Verfahrens stattfinden soll. Die Anhörung des Jugendamts in diesem Termin ist verpflichtend und eine Terminsverlegung ist nur aus zwingenden Gründen zulässig, wobei der Verlegungsgrund mit dem Verlegungsgesuch glaubhaft zu machen ist (§ 155 Abs. 2 S. 1–5 FamFG).

Daher überraschte es bisher nicht, dass sowohl der Europäische Gerichtshof für Menschenrechte als auch das Bundesverfassungsgericht ihre Entscheidungen gerade in den Kindschaftssachen bei überlanger Verfahrensdauer erlassen hatten. Die Untätigkeit des Erstgerichts bedeutete gerade in **Umgangsrechtssachen** faktisch einen Ausschluss des gesetzlich vorgesehenen Umgangsrechts und war zudem ohne diese Beschwerdemöglichkeit auch nicht durch die nächst höhere Instanz einer Überprüfung zugänglich. **71**

Jedenfalls seit Inkrafttreten des Gesetzes über den Rechtsschutz bei überlangen Gerichtsverfahren und strafrechtlichen Ermittlungsverfahren vom 24.11.2011 (BGBl. I, 2302) am 3.12.2011 – mit Wirkung für alle zu dieser Zeit bereits anhängigen Verfahren – ist eine Untätigkeitsbeschwerde nicht mehr statthaft. Der deutsche Gesetzgeber hat sich mit § 198 Abs. 1 GVG bewusst für die Kompensationslösung entschieden, um den Anforderungen der Art. 13, 6 MRK gerecht zu werden, ohne eine Rechtsmittelmöglichkeit zu gestatten (BGH 20.11.2012 – VIII ZB 49/12). **72**

13. Verzicht auf Beschwerde (§ 67 FamFG)

Die Beschwerde ist unzulässig, wenn der Beschwerdeführer hierauf nach Bekanntgabe des Beschlusses durch Erklärung gegenüber dem Gericht verzichtet hat (§ 67 Abs. 1 FamFG). **73**

Bekanntgabe bedeutet, dass die Entscheidung den Beteiligten zuzustellen ist, was sich für Ehesachen und Familienstreitverfahren aus § 113 Abs. 1 FamFG iVm §§ 329, 517 ZPO ergibt und in den sonstigen, weiteren Familiensachen wegen der Regelung in § 41 Abs. 1 S. 2 FamFG notwendig ist. Nachdem die Beschwerde beim Erstgericht anzubringen ist, kann der Verzicht auch ihm gegenüber erklärt werden. Da § 67 Abs. 1 FamFG aber keine Beschränkung durch die Wortwahl vornimmt, kommt die Rücknahme gegenüber dem Beschwerdegericht in Betracht. Zudem gelten der Antrag auf Zulassung der Sprungrechtsbeschwerde und die Erklärung der Einwilligung der Beteiligten auf die Übergehung der Beschwerdeinstanz als Verzicht auf das Rechtsmittel der Beschwerde (§ 75 Abs. 1 S. 2 FamFG). **74**

14. Rücknahme der Beschwerde (§ 67 FamFG)

Der Beschwerdeführer kann die Beschwerde bis zum Erlass der Beschwerdeentscheidung durch Erklärung gegenüber dem Gericht zurücknehmen (§ 67 Abs. 4 FamFG). Der Verzicht kann – entsprechend der bisherigen Praxis vor der Reform – **gegenüber beiden Gerichten** zurückgenommen werden. Die Beschwerde wird mit Zugang beim Erst- oder Beschwerdegericht wirksam, ohne dass andere Beteiligte oder die Gegenseite – ähnlich der Klagerücknahme nach § 269 ZPO – zustimmen müssen. Die Rücknahme ist schriftlich oder mündlich möglich, da eine Formvorschrift im FamFG hierzu nicht geschaffen wurde. In Verfahren mit Anwaltszwang nach § 114 FamFG ist die Erklärung durch einen Rechtsanwalt Wirksamkeitsvoraussetzung. Sie kann weder mit einer Bedingung versehen werden, noch ist sie als Verfahrenshandlung anfechtbar oder widerruflich. Über die Kosten einer zurückgenommenen Beschwerde hat das Beschwerdegericht von Amts wegen (wegen § 516 Abs. 3 ZPO bzw § 81 Abs. 1 S. 3 FamFG) auf der Grundlage von § 117 Abs. 2 FamFG iVm § 516 Abs. 3 ZPO in Ehe- und Familienstreitsachen, ansonsten nach § 84 FamFG zu **75** entscheiden, wobei die Kosten – auch einer Anschlussbeschwerde – der zurücknehmende Beschwerdeführer zu tragen haben wird (BGH 26.1.2005 – XII ZB 163/04, NJW-RR 2005, 727).

15. Beschwerdeverfahren (§ 68 FamFG)

76 **a) Allgemeines.** Der Gang des Beschwerdeverfahrens ist in § 68 FamFG geregelt, wobei insbesondere die Vorschriften über das Verfahren im ersten Rechtszug – mit den in § 68 Abs. 2 und Abs. 3 FamFG benannten Ausnahmen – prägend sind (§ 68 Abs. 3 S. 1 FamFG). Für die Ehe- und Familiensachen bedeutet dies wegen der Verweisungsnorm des § 113 FamFG, dass die Vorschriften der ZPO unter Berücksichtigung der Besonderheiten des FamFG zur Anwendung kommen.

77 **b) Abhilfebefugnis (§ 68 Abs. 1 FamFG). aa) Bei Endentscheidungen in Familiensachen.** Hält das Gericht, dessen Beschluss angefochten wird, die Beschwerde für begründet, hat es ihr abzuhelfen; andernfalls ist die Akte unverzüglich dem Beschwerdegericht vorzulegen (§ 68 Abs. 1 S. 1 FamFG). Das Gericht ist zu einer Abhilfe nicht befugt, wenn die Beschwerde sich gegen eine Endentscheidung in einer **Familiensache** richtet (§ 68 Abs. 1 S. 2 FamFG). Demnach ist eine Abhilfemöglichkeit für das Ausgangsgericht nur dann eröffnet, wenn es sich nicht um eine Familiensache handelt, während in allen Familiensachen eine Abhilfeentscheidung nicht zulässig ist. Damit unterliegen alle Entscheidungen in Verfahren in Familiensachen, geregelt im 2. Buch des FamFG, nicht einer erneuten Überprüfung durch das Ausgangsgericht, nachdem dieses Gericht seine Endentscheidung getroffen hat (HK-FamFG/Klußmann § 68 FamFG Rn 6). Der Gesetzgeber hat es damit bei der früheren Regelung belassen (nach §§ 621 e Abs. 3, 318, 519 ZPO war ebenfalls keine Abhilfe zulässig).

78 **bb) Sonstige Regelungsbereiche im FamFG.** Außerhalb des Familienrechts (**Nachlass-, Betreuungs-, Registersachen** und den weiteren Büchern des FamFG) hat das Ausgangsgericht nach § 68 Abs. 1 FamFG generell der Beschwerde abzuhelfen. Dabei muss eine ausdrückliche Entscheidung getroffen werden und eine Bezugnahme auf die bisherige Endentscheidung und Verweisung auf die dortigen Gründe genügt nur den Anforderungen, wenn die Beschwerde keine neuen, nicht bereits in den Gründen diskutierten Aspekte und Gesichtspunkte mitteilt (OLG Schleswig 25.10.2010 – 3 Wx 115/10; HK-FamFG/Klußmann § 68 FamFG Rn 2, 3). Ein bloßer Aktenvermerk ist nicht ausreichend.

79 Leidet die Abhilfeentscheidung an einem wesentlichen Mangel, so kann das Beschwerdegericht die Sache an das Gericht des ersten Rechtszugs zurückverweisen (§ 69 Abs. 1 S. 3 FamFG).

80 **c) Beim einstweiligen Rechtsschutz.** Beim einstweiligen Rechtsschutz wird entgegen der gesetzlichen Regelung in § 68 Abs. 1 S. 2 FamFG eine Abhilfemöglichkeit für eröffnet erachtet. Demnach hat das Erstgericht in den Fällen einer zulässigen Beschwerde auch eine Abhilfeentscheidung zu treffen (OLG Hamm 30.7.2010 – 10 WF 121/10, NJW 2010, 3246), da sich aus dem Gesetzgebungsverfahren ersehen lässt, dass der Gesetzgeber an der früheren Regelung festhalten wollte, welche nach den §§ 620 c, 567 Abs. 1 S. 1 ZPO auch **in einstweiligen Anordnungsverfahren** eine Abhilfemöglichkeit vorsah. Dies gilt nicht für einstweilige Anordnungen, welche vom Beschwerdegericht als erstinstanzliches Gericht erlassen wurden, da die Beschwerde nach § 58 Abs. 1 FamFG nur gegen Endentscheidungen der Amts- und Landgerichte statthaft ist. Angesichts dieses ausdrücklichen gesetzgeberischen Willens kann hier eine Auslegung nicht vorgenommen werden. Nachdem die Rechtsbeschwerde bei einstweiligen Anordnungen ausdrücklich nicht statthaft ist (§ 70 Abs. 4 FamFG), kann es auch nicht zu einer Abhilfe in diesem Bereich kommen (HK-FamFG/Klußmann § 68 FamFG Rn 7).

81 **d) Verfahrensbeginn beim Beschwerdegericht.** Das Beschwerdegericht hat nach dem Grundsatz des **rechtlichen Gehörs** und wegen der Zulassung einer Anschlussbeschwerde die Beschwerdeschrift den anderen Beteiligten zur Kenntnis zu geben. In Ehe- und Familienstreitverfahren muss die Beschwerdeschrift nach § 521 ZPO (iVm § 113 Abs. 1 FamFG) den gegnerischen Beteiligten zugestellt werden, während in allen anderen, weiteren Familiensachen nach §§ 23 Abs. 2, 15 Abs. 2 S. 1 FamFG die formlose Übermittlung ausreicht. Für die Scheidungsverbundverfahren beinhaltet § 145 FamFG eine Sonderregelung, da dort eine nach § 142 FamFG ergangene einheitliche Entscheidung auch teilweise durch Rechtsmittel in Folgesa-

chen anfechtbar ist, mit der Maßgabe, dass dies nur noch bis zum Ablauf eines Monats nach Zustellung der Rechtsmittelbegründung zulässig ist. Damit sind Verbundentscheidungen immer den Beteiligten zuzustellen.

e) Verfahrenseffektivität. Das Beschwerdegericht kann von der Durchführung eines Termins, einer **82** mündlichen Verhandlung oder einzelner **Verfahrenshandlungen absehen**, wenn diese bereits im ersten Rechtszug vorgenommen wurden und von einer erneuten Vornahme keine zusätzlichen Erkenntnisse zu erwarten sind (§ 68 Abs. 3 S. 2 FamFG). Dabei darf das Beschwerdegericht von einer Anhörung nur absehen, wenn eine ordnungsgemäße, keine zwingenden Verfahrensvorschriften verletzende, persönliche Anhörung in erster Instanz stattgefunden hat und zusätzliche Erkenntnisse durch eine erneute Anhörung nicht zu erwarten sind (BGH 2.5.2012 – V ZB 79/12; BGH 18.7.2012 – XII ZB 661/11; BGH 21.11.2012 – XII ZB 384/12). Das Beschwerdegericht kann die Beschwerde durch Beschluss einem seiner Mitglieder zur Entscheidung durch den **Einzelrichter übertragen** (§ 68 Abs. 4 S. 1 FamFG), wobei § 526 ZPO entsprechend für anwendbar erklärt wird, mit der Einschränkung, dass eine Übertragung auf einen Richter auf Probe – hier während der ganzen Probezeit – ausgeschlossen ist. Der Anwendungsbereich dieser Regelung erstreckt sich in der Praxis eher auf die Betreuungssachen, deren Beschwerden vom Landgericht bearbeitet werden. Dort sind vornehmlich Proberichter eingesetzt, was im Senat eines Oberlandesgerichts kaum vorstellbar ist. Im Übrigen entspricht dies den Regelungen in §§ 23 a Abs. 3 S. 3, 23 b Abs. 2 S. 3 GVG.

f) Einstweilige Anordnung im Beschwerdeverfahren. aa) Unselbstständige einstweilige Anord- **83** **nung.** Das Beschwerdegericht wird angesichts der fehlenden aufschiebenden Wirkung einer Beschwerde und der Vollstreckbarkeit der Entscheidung des Erstgerichts gehalten sein, die nach § 64 Abs. 3 FamFG geschaffene Möglichkeit des Erlasses einer **einstweiligen Anordnung** vor der Entscheidung über die Beschwerde zu prüfen. Die **Aussetzung der Vollziehung** nach § 64 Abs. 3 Hs 2 FamFG im Wege der einstweiligen Anordnung ist ein probates Korrektiv zu den gesetzlichen Regelungen in § 40 Abs. 1 FamFG – Wirksamwerden des Beschlusses mit Bekanntgabe – und § 116 Abs. 3 FamFG – Anordnung der sofortigen Wirksamkeit. Sie kann von Amts wegen ergehen. Dabei wird die Ansicht vertreten, dass es sich bei der einstweiligen Anordnung im Beschwerdeverfahren nicht um eine selbstständige einstweilige Anordnung nach §§ 49 ff FamFG handelt, sondern sie Teil des Beschwerdeverfahrens sei. Dafür spricht, dass sie mit einem **Rechtsmittel** (hier: nur Rechtsbeschwerde) nicht angegriffen werden kann (§ 70 Abs. 4 FamFG). Sie kann aber jederzeit **abgeändert oder aufgehoben** werden.

bb) Selbstständige einstweilige Anordnung. Darüber hinaus kann das Beschwerdegericht im Beschwer- **84** deverfahren nach § 50 Abs. 1 S. 2 Hs 2 FamFG auch selbstständige einstweilige Anordnungen erlassen – außerhalb des Regelungsgegenstandes der Aussetzung der Vollstreckung der Erstentscheidung nach § 64 Abs. 3 FamFG.

cc) Einstweilige Einstellung der Vollstreckung nach § 93 FamFG. Die Vollstreckungsvorschriften des **85** FamFG sind unterteilt in allgemeine Vorschriften (§§ 86, 87) sowie einen Unterabschnitt betreffend die Vollstreckung von Entscheidungen über die Herausgabe von Personen und die Regelung des Umganges (§§ 88–94). Die Einstellung oder Beschränkung der Vollstreckung kann nach § 93 Abs. 1 Nr. 3 FamFG, also nur im letztgenannten Regelungsbereich, vorgenommen werden. Die Regelung in § 93 Abs. 1 S. 2 FamFG lässt dabei Interpretationen hinsichtlich der Frage zu, welches Gericht darüber zu entscheiden hat. Nach einer restriktiven Ansicht kann dies nur das Beschwerdegericht als sachnäheres Gericht sein. Andererseits soll es nur das Ausgangsgericht sein, da in § 93 Abs. 1 S. 2 FamFG ausdrücklich bestimmt ist, dass vorab zu entscheiden ist. Soweit die Vorschrift einer wörtlichen Auslegung zugeführt wird, kann „in der Beschwerdeinstanz" vorab entschieden werden, was sowohl das Ausgangsgericht (insbesondere im Wege der Abhilfe – s. Rn 77; HK-FamFG/Völker/Clausius § 93 FamFG Rn 7) als auch das Beschwerdegericht sein kann. Hilfreiches Kriterium wird der Umstand sein, bei welchem der beiden Gerichte – Amtsgericht oder Oberlandesgericht – sich die **Akte** zur Zeit der Antragstellung (Einstellung der Zwangsvollstreckung) befindet (HK-FamFG/Völker/Clausius § 93 FamFG Rn 3, 4). Liegt die Akte noch dem Erstgericht vor, kann dieses über die Einstellung der Zwangsvollstreckung bei Herausgabe von Personen oder beim Umgangsrecht entscheiden. Ist die Akte bereits dem Beschwerdegericht vorgelegt, wird dieses als das jetzt mit der Sache betraute Gericht zu entscheiden haben. Der Beschluss ist unanfechtbar (§ 93 Abs. 1 S. 3 FamFG).

86 **dd) Einstweilige Einstellung der Vollstreckung nach § 120 FamFG.** In den **Ehe- und Familienstreitverfahren** kann sowohl das Erstgericht als auch das Beschwerdegericht nach § 120 Abs. 1 FamFG iVm §§ 704 ff ZPO die vorläufige Einstellung der Vollstreckung beschließen. Nach § 120 Abs. 2 S. 2 FamFG hat das erstinstanzliche Gericht, soweit der Verpflichtete im Ausgangsverfahren glaubhaft macht, dass die Vollstreckung ihm einen nicht zu ersetzenden Nachteil bringen würde, (auf seinen Antrag hin) die Vollstreckung vor Eintritt der Rechtskraft der Endentscheidung einzustellen oder zu beschränken. Nach § 120 Abs. 2 S. 3 FamFG iVm §§ 707 Abs. 1, 719 Abs. 1 ZPO wird das Beschwerdegericht unter der Voraussetzung, dass die Vollstreckung für den Verpflichteten einen nicht zu ersetzenden Nachteil haben wird, die Einstellung oder Beschränkung der Vollstreckung der Ausgangsentscheidung vornehmen.

16. Beschwerdeentscheidung (§ 69 FamFG)

87 **a) Zuständigkeit.** Das Beschwerdegericht hat in der Sache selbst zu entscheiden (§ 69 Abs. 1 S. 1 FamFG). Beschwerdegericht in Familiensachen ist nach § 119 Abs. 1 Nr. 1 a GVG das Oberlandesgericht. Anders ist es **in Freiheitsentziehungssachen und in Betreuungssachen,** in denen das Landgericht und nicht das Oberlandesgericht über die Beschwerde gegen eine erstinstanzliche Entscheidung als Beschwerdegericht entscheidet (§ 119 Abs. 1 Nr. 2 GVG). Das Gesetz knüpft bei der Einordnung an den Umstand an, dass das Amtsgericht als Gericht des ersten Rechtszugs in Familiensachen seine Zuständigkeit – ob zu Recht oder zu Unrecht – angenommen und die Entscheidung getroffen hat. Eine Abgabe oder Verweisung innerhalb des Oberlandesgerichts an einen anderen Senat sieht das Gesetz nicht vor und die Beschwerde kann auch nicht darauf gestützt werden, dass das Gericht des ersten Rechtszugs seine Zuständigkeit zu Unrecht angenommen hat (§ 65 Abs. 4 FamFG). Das Beschwerdegericht ist damit an die Entscheidung des Erstgerichts insoweit gebunden und kann die Beschwerdeentscheidung durch Beschluss einem seiner Mitglieder zur alleinigen Entscheidung durch den **Einzelrichter übertragen** (§ 68 Abs. 4 S. 1 FamFG).

88 **b) Zulässigkeitsprüfung.** Das Beschwerdegericht hat nach § 68 Abs. 2 S. 1 FamFG zu prüfen, ob die Beschwerde an sich statthaft und ob sie in der gesetzlichen Form und Frist eingelegt ist. Damit hat das Beschwerdegericht alle wesentlichen Zulässigkeitsfragen von Amts wegen selbstständig zu überprüfen, wobei insbesondere auch die **Beschwerdeberechtigung** (im Gesetzestext nicht expressis verbis benannt) ein wesentlicher Gesichtspunkt ist. Soweit der Beschwerdeführer durch die erstinstanzliche Entscheidung formell beschwert ist und er darüber hinaus behauptet, auch materiell in seinen Rechten beeinträchtigt zu sein, ist eine Entscheidung über die Begründetheit veranlasst. Erweist sich dagegen die Beschwerde als nicht zulässig, weil einer der vorgenannten Punkte jedenfalls nicht erfüllt ist, dann ist die Beschwerde durch Beschluss des Beschwerdegerichts als unzulässig zu verwerfen (§ 68 Abs. 2 S. 2 FamFG), was ohne mündliche Verhandlung erfolgen kann (HK-FamFG/Klußmann § 68 FamFG Rn 9). Wird aber in einer Familienstreitsache die nach § 117 Abs. 1 S. 1 FamFG erforderliche Beschwerdebegründung mit der Einlegung der Beschwerde beim Erstgericht verbunden und geht die Beschwerdebegründung erst nach Ablauf der Begründungsfrist des § 117 Abs. 1 S. 3 FamFG beim Beschwerdegericht ein, weil das Erstgericht die Beschwerde nicht unverzüglich dem Beschwerdegericht vorgelegt hat, so ist dem Beschwerdeführer **von Amts wegen Wiedereinsetzung in den vorigen Stand** gegen die Versäumung der Beschwerdebegründungsfrist zu gewähren (BGH 23.5.2012 – XII ZB 375/11).

89 **c) Begründetheitsprüfung.** Das Beschwerdegericht hat in der Sache selbst zu entscheiden (§ 69 Abs. 1 S. 1 FamFG). Damit hat das Beschwerdegericht den Sachverhalt umfänglich neu zu prüfen und eine eigene, von der Vorinstanz unabhängige Entscheidung zu treffen (OLG Zweibrücken 24.1.2011 – 2 UF 43/10, FamRZ 2011, 1226; HK-FamFG/Klußmann § 68 FamFG Rn 11, 14). Die Beschwerde kann auf neue Tatsachen und Beweismittel gestützt werden (§ 65 Abs. 3 FamFG), welche das Beschwerdegericht bis zum Schluss der mündlichen Verhandlung zu berücksichtigen hat. Dagegen bestimmen die Anträge der Beteiligten aus der ersten Instanz auch den Verfahrensgegenstand der Beschwerdeinstanz. Neue Anträge werden von der Regelung in § 65 Abs. 3 FamFG nicht gedeckt, sind daher vom Beschwerdegericht nicht zu beach-

ten, auch wenn bei Familiensachen im Sinne von FGG-Sachen der Amtsermittlungsgrundsatz gilt. In Ehe-
und Familienstreitsachen kommt über § 117 Abs. 2 FamFG die Vorschrift des § 528 ZPO zur Anwendung;
das Beschwerdegericht ist an die gestellten Anträge gebunden.

d) Entscheidungsmöglichkeiten des Beschwerdegerichts. Bei einer zulässigen Beschwerde hat das Be-   90
schwerdegericht in der Sache zu entscheiden (§ 69 Abs. 1 S. 1 FamFG).

- Die Beschwerde ist **zurückzuweisen**, soweit sie unbegründet ist.
- Ist die Beschwerde begründet, dann ist die angefochtene Entscheidung **abzuändern** oder **aufzuheben**.
  Die Sachentscheidung des Beschwerdegerichts tritt an die Stelle der erstinstanzlichen Entscheidung.
- Das Beschwerdegericht darf die Sache in sonstigen, weiteren Familiensachen **unter Aufhebung des
  angefochtenen Beschlusses** und des Verfahrens auch an das Gericht des ersten Rechtszuges **zurückverweisen**,
  - wenn dieses in der Sache noch nicht entschieden hat (§ 69 Abs. 1 S. 2 FamFG; zB: der Antrag wur-
    de als unzulässig verworfen vom Erstgericht) oder
  - soweit das Verfahren an einem wesentlichen Mangel leidet und zur Entscheidung eine umfangrei-
    che oder aufwändige Beweiserhebung notwendig wäre und ein Beteiligter die **Zurückverweisung**
    beantragt (§ 69 Abs. 1 S. 3 FamFG).

In **Scheidungsverbundverfahren** wird eine Entscheidung des Erstgerichts aufgehoben, durch die der
Scheidungsantrag abgewiesen wurde, und die Sache an das Erstgericht zurückverwiesen, wenn in erster
Instanz in einer Folgesache noch eine Entscheidung ansteht (§ 146 Abs. 1 S. 1 FamFG).

e) Begründung der Beschwerdeentscheidung. Der Beschluss des Beschwerdegerichts ist zu begründen   91
(§ 69 Abs. 2 FamFG). Unverzichtbar ist die Wiedergabe des für die Entscheidung maßgeblichen Sachverhalts. Fehlt es daran, ist das Rechtsbeschwerdegericht zu einer rechtlichen Überprüfung nicht in der Lage,
was zur Zurückverweisung zu führen hat (BGH 8.11.2012 – V ZB 112/12).

Einer **Begründung bedarf es nicht**, soweit (nach § 38 Abs. 4 FamFG)   92
- die Entscheidung aufgrund eines Anerkenntnisses oder Verzichts oder als Versäumnisentscheidung ergeht und entsprechend bezeichnet wird (Nr. 1),
- gleichgerichteten Anträgen der Beteiligten stattgegeben wird oder der Beschluss nicht dem erklärten
  Willen eines Beteiligten widerspricht (Nr. 2) oder
- der Beschluss in Gegenwart aller Beteiligter mündlich bekannt gegeben wurde und alle Beteiligten auf
  Rechtsmittel verzichtet haben (Nr. 3).

Nach § 38 Abs. 4 FamFG ist § 38 Abs. 4 FamFG nicht anzuwenden, in Ehesachen (Nr. 1), in Abstam-   93
mungssachen (Nr. 2), in Betreuungssachen (Nr. 3) oder wenn zu erwarten ist, dass der Beschluss im Ausland geltend gemacht werden wird (Nr. 4).

f) Zulassung der Rechtsbeschwerde. Die Rechtsbeschwerde ist zuzulassen, wenn die Rechtssache   94
grundsätzliche Bedeutung hat (Nr. 1), oder die Fortbildung des Rechts oder die Sicherung einer einheitlichen Rechtsprechung eine Entscheidung des Rechtsbeschwerdegerichts erfordert (Nr. 2). Dies entspricht
der vom Gesetzgeber auch in anderen Bereichen getroffenen Regelung, wie bei der Revisionszulassung
(§ 543 Abs. 2 ZPO), Zulassung der Berufung (§ 511 Abs. 4 Nr. 1 ZPO) oder Zulassung der Beschwerde
nach § 61 Abs. 3 FamFG. Diese Entscheidung hat das Beschwerdegericht von Amts wegen in seiner Beschwerdeentscheidung zu treffen, wobei gesetzlich nicht festgeschrieben ist, ob dies im Tenor oder in der
Begründung zu erfolgen hat. Soweit im Beschluss keine Aussage dazu getroffen ist, ist die Rechtsbeschwerde nicht statthaft.

17. Besonderheiten zur Beschwerde im Verbundverfahren

a) Allgemeines. Die Besonderheiten für Familiensachen im Verbund ergeben sich aus der gesetzlichen   95
Regelung in den §§ 137 Abs. 1, 142 Abs. 1 FamFG. Im Fall der Scheidung ist über sämtliche im **Verbund**
stehenden Familiensachen zusammen zu verhandeln und durch **einheitlichen Beschluss** zu entscheiden,

was auch für die Entscheidung durch (Teil-)**Versäumnisbeschluss** gilt (§ 142 Abs. 1 S. 2 FamFG). **Folgesachen** sind nach § 142 Abs. 2 FamFG Versorgungsausgleichssachen (Nr. 1), Unterhaltssachen, sofern sie die Unterhaltspflicht gegenüber einem gemeinschaftlichen Kind oder die durch die Ehe begründete gesetzliche Unterhaltspflicht betreffen (mit Ausnahme des vereinfachten Verfahrens über den Unterhalt Minderjähriger, Nr. 2), Ehewohnungs- und Haushaltssachen (Nr. 3) und Güterrechtssachen (Nr. 4), wenn eine Entscheidung **für den Fall der Scheidung** zu treffen ist und die Familiensache spätestens zwei Wochen vor der mündlichen Verhandlung im ersten Rechtszug in der Scheidungssache von einem Ehegatten anhängig gemacht wird (§ 137 Abs. 2 FamFG). Folgesachen sind auch Kindschaftssachen, die die Übertragung oder Entziehung der elterlichen Sorge, das Umgangsrecht oder die Herausgabe eines gemeinschaftlichen Kindes der Ehegatten oder das Umgangsrecht eines Ehegatten mit dem Kind des anderen Ehegatten betreffen, wenn ein Ehegatte vor Schluss der mündlichen Verhandlung im ersten Rechtszug in der Scheidungssache eine Einbeziehung in den Verbund beantragt, es sei denn, das Gericht hält die Einbeziehung aus Gründen des Kindeswohls nicht für sachgerecht (§ 137 Abs. 3 FamFG).

96 **b) Abweisung des Scheidungsantrags.** Wird der Scheidungsantrag abgewiesen, so haben sich damit auch die Folgesachen erledigt (§ 142 Abs. 2 S. 1 FamFG). Dies gilt nicht für Folgesachen nach § 137 Abs. 3 FamFG (Kindschaftssachen) sowie für Folgesachen, hinsichtlich derer ein Beteiligter vor der Entscheidung ausdrücklich erklärt hat, sie fortführen zu wollen (§ 142 Abs. 2 S. 2 FamFG). Diese werden als selbstständige Familiensachen fortgeführt (§ 142 Abs. 2 S. 3 FamFG).

97 Diese Regelungen im zweiten Unterabschnitt für das Verfahren in Ehesachen betreffend Scheidungssachen und Folgesachen gelten mangels anderweitiger gesetzlicher Regelung auch für die Abweisung des Scheidungsantrags im Rahmen des Beschwerdeverfahrens, da die zwingenden Vorschriften für den Scheidungsverbund auch in der zweiten Instanz bindend sind.

98 **c) Versäumnisentscheidungen. aa) Scheidungsantrag des Antragstellers.** Über den Scheidungsantrag des Antragstellers kann nicht durch Versäumnisbeschluss – weder im Ausgangsverfahren noch in der Beschwerdeinstanz – entschieden werden, da in Ehesachen eine **Versäumnisentscheidung gegen den Antragsgegner** sowie eine Entscheidung nach Aktenlage unzulässig ist (§ 130 Abs. 2 FamFG). Eine Versäumnisentscheidung gegen den Antragsteller ist dahin zu erlassen, dass der Antrag **als zurückgenommen gilt**, wodurch sich das Verfahren erledigt hat, was auch in der zweiten Instanz gilt.

99 **d) (Teil-)Versäumnisbeschluss im Rahmen des Scheidungsverbundes.** Ein (Teil-)Versäumnisbeschluss im Rahmen des Scheidungsverbundes kann demnach in den einzelnen Folgesachen ergehen, auf welche die Regeln der Säumnis nach **§§ 330 ff ZPO** zur Anwendung kommen. Es handelt sich dabei also um die Folgesachen, bei denen die Verweisung nach § 113 Abs. 1 FamFG greift, als da sind die sogenannten Familienstreitverfahren nach § 112 FamFG. Im Verbund werden **sonstige Familiensachen** nach § 266 Abs. 1 FamFG und Lebenspartnerschaftssachen nach § 269 Abs. 2 FamFG nicht zu finden sein, da für den Fall der Scheidung hierüber im Regelfall nicht zu entscheiden ist (§ 137 Abs. 2 S. 1 Hs 2 FamFG). In der Praxis werden das daher in **Unterhaltssachen** nach § 231 Abs. 1 FamFG und Lebenspartnerschaftssachen nach § 269 Abs. 1 Nr. 8 und 9 FamFG sowie in **Güterrechtssachen** nach § 261 Abs. 1 FamFG und Lebenspartnerschaftssachen nach § 269 Abs. 2 FamFG Teilversäumnisentscheidungen sein.

100 **e) Besonderheiten.** Die Besonderheit bei den sogenannten **End- und Teilversäumnisentscheidungen** besteht in den unterschiedlichen Rechtsbehelfen, welche den Beteiligten zur Verfügung stehen. Gegen die **Endentscheidung in Ehesachen und den sonstigen Familienverbundsachen**, in denen eine Sachentscheidung ergeht, ist die **Beschwerde** nach §§ 58 ff FamFG zulässig. Wenn damit einhergehend in einer Folgesache eine Teilversäumnisentscheidung ergangen ist, dann besteht hinsichtlich der Säumnisentscheidung der Rechtsbehelf des Einspruchs. Über den **Einspruch gegen die Säumnisentscheidung** entscheidet das Gericht, welches diesen Beschluss erlassen hat. Die **Einspruchsfrist** beträgt zwei Wochen. Damit bleibt die Akte zunächst beim Ausgangsgericht. Über die (gleichzeitig) eingelegte Beschwerde bezüglich der ergangenen Endentscheidungen ist im Rahmen des Beschwerdeverfahrens keine Abhilfemöglichkeit für das Ausgangsgericht eröffnet und die Akte ist von diesem unverzüglich dem Oberlandesgericht zur Entscheidung über die Beschwerde vorzulegen. Die **Beschwerdefrist** beträgt einen Monat. In der Praxis gilt es

Böhm

zu beachten, dass der Einspruch **keine hemmende Wirkung** bezüglich der Beschwerdefrist hat. Es gilt daher ab dem Lauf der Fristen, diese zu notieren und nicht zu verabsäumen, bei nachteiligen Entscheidungen für den Mandanten, in beiden Bereichen innerhalb der laufenden Fristen (Einspruch und Beschwerde) den jeweiligen Rechtsbehelf einzulegen. Soweit dem **Einspruch durch das Erstgericht stattgegeben** wird, ist wegen der Wirkungen des Verbundes, das Verfahren insgesamt wieder in erster Instanz anhängig und eine Vorlage an das Beschwerdegericht kann daher insoweit innerhalb der Zeit, bis in allen Angelegenheiten eine Sachentscheidung getroffen wurde, nicht ergehen. Das Erstgericht trifft in der noch bei ihm anhängigen Folgesache eine Sachentscheidung und legt die Akten dann dem Oberlandesgericht zur Entscheidung über die Beschwerde vor, welches erst dann im Rahmen des Beschwerdeverfahrens tätig werden kann. Diese Sachentscheidung kann dann wiederum mit dem Rechtsmittel der Beschwerde von den Beteiligten angegriffen werden, oder aber rechtskräftig geworden sein.

f) Sachentscheidungen des Erstgerichts im Scheidungsverbund. aa) Bei Scheidungsausspruch durch das Familiengericht. Das Beschwerdegericht hat bei Beschwerden gegen den Endbeschluss des Erstgerichts in den jeweilig anhängigen Verfahrensgegenständen, in welchen das Erstgericht Sachentscheidungen getroffen hat, zu verhandeln und gegebenenfalls eine selbstständige Beschwerdeentscheidung zu treffen. Diesbezüglich gilt das unter Rn 95 Ausgeführte. Soweit das Erstgericht **Folgesachen** vom Verbund **abgetrennt hat**, ist alleine gegen die ausgesprochene Abtrennung ein Rechtsbehelf irgendeiner Art nicht eröffnet. Die Beteiligten haben nur die Möglichkeit, den Scheidungsverbundbeschluss des Erstgerichts mit der **Beschwerde** anzugreifen und beim Beschwerdegericht zu erreichen, dass dieser Beschluss – weil ohne eine Entscheidung über die anhängige Folgesache ergangen – an das Ausgangsgericht zurückverwiesen wird. Nur durch die Zurückverweisung wird das gesetzgeberische Ziel, über die Ehesache und die Verbundsachen einheitlich und gleichzeitig eine Entscheidung zu treffen, erreicht werden können. Die Begründung hierfür liegt darin, dass die zwingenden Regeln über den Verbund zu beachten sind und die Beteiligten immer auch ein Interesse daran haben, dass mit dem Ausspruch der Scheidung alle (anhängigen) Folgesachen mit entschieden werden, um Rechtssicherheit und Rechtsklarheit für die Zeit ab Rechtskraft der Scheidung für das weitere Leben zu haben.

bb) Bei Abweisung des Scheidungsantrags in erster Instanz. Im Beschwerdeverfahren kann der – in erster Instanz ursprünglich noch – nicht begründete Scheidungsantrag wegen des fehlenden Trennungsjahres jetzt zum Schluss der mündlichen Verhandlung vor dem Beschwerdegericht begründet sein, da die Voraussetzungen für die Scheidung durch weiteren Zeitablauf im Sinne des § 1567 BGB erfüllt sind. Nach § 69 FamFG hat das Beschwerdegericht in der Sache **selbst zu entscheiden**. In den Scheidungsverbundverfahren kommt es aber mit Abweisung des Scheidungsantrags nicht zu einer Entscheidung über die anhängigen **Folgeverbundsachen**. Bei Abänderung der Entscheidung des Erstgerichts mit der Folge des Scheidungsausspruches käme es dann dazu, dass das Beschwerdegericht – ohne dass in der Sache eine Entscheidung des Erstgerichts vorliegt – dann sozusagen „erstinstanzlich" darüber zu befinden hätte. Damit würde den Beteiligten aber eine Instanz genommen, so dass dies nicht gewollt sein kann. Wird eine Entscheidung aufgehoben, durch die der Scheidungsantrag abgewiesen wurde, soll das Rechtsmittelgericht an das Gericht zurückverweisen, das die Abweisung ausgesprochen hat, wenn dort eine Folgesache zur Entscheidung ansteht (§ 146 Abs. 1 FamFG). Damit bleibt dann für das Beschwerdegericht die Möglichkeit, die **Zurückverweisung der Sache an das Erstgericht** unter Aufhebung des von diesem erlassenen und mit dem Rechtsmittel der Beschwerde angegriffenen Beschlusses vorzunehmen. Dies ist eine Soll-Vorschrift, so dass das Beschwerdegericht hierzu nicht unumwunden verpflichtet ist. Angesichts des Wortlautes dieser Vorschrift ist es dem Beschwerdegericht auch möglich, wie in § 69 FamFG angeordnet, selbst zu entscheiden.

Soweit die **Beteiligten einverstanden** sind, muss daher das Beschwerdegericht nach dem Wortlaut des § 146 Abs. 1 FamFG auch in der Lage sein, die Folgesachen, die in erster Instanz anhängig sind, an sich zu ziehen und darüber mit zu entscheiden. Dies kann aber nur im Einvernehmen mit allen Beteiligten geschehen. Der Verlust einer Instanz würde so dem Willen der Beteiligten entsprechen und dürfte daher als zulässige Folge angenommen werden.

101

102

103

104 Wird gegen den Zurückverweisungsbeschluss des Beschwerdegerichts Rechtsbeschwerde von einem Beteiligten eingelegt, dann kann das Erstgericht, an das die Sache zurückverwiesen wurde, **auf Antrag** anordnen, dass über die Folgesachen verhandelt wird (§ 146 Abs. 2 FamFG). Eine Entscheidung in diesen Folgesachen kann jedoch erst ergehen, wenn die Zurückverweisung durch das Beschwerdegericht rechtskräftig geworden ist und dann auch über die Ehesache mit entschieden wird. Wird der Antrag auf Weiterverhandlung abgelehnt, so wird in entsprechender Anwendung der Vorschriften über die sofortige Beschwerde nach §§ 567 ff ZPO – mangels einer Regelung im FamFG – hiergegen ein Rechtsmittel als statthaft anzusehen sein.

105 **g) Anschlussbeschwerde an eine Beschwerde gegen einen anderen Teil der Verbundentscheidung. aa) Allgemeines.** Ist eine nach § 142 Abs. 1 FamFG einheitlich ergangene Entscheidung teilweise durch Beschwerde oder Rechtsbeschwerde angefochten worden, können Teile der einheitlichen Entscheidung, die **eine andere Familiensache** betreffen, durch Erweiterung des Rechtsmittels oder **im Wege der Anschließung** an das Rechtsmittel nur noch bis zum Ablauf eines Monats nach Zustellung der Rechtsmittelbegründung abgefochten werden (§ 145 Abs. 1 Hs 1 FamFG). Die Anschlussbeschwerde an ein Hauptrechtsmittel eines anderen Verfahrensbeteiligten gegen einen anderen Teil der vom Erstgericht erlassenen Verbundentscheidung, die insoweit bisher durch das Rechtsmittel nicht angegriffen worden war, ist nach der Regelung in § 145 Abs. 1 FamFG nur zeitlich begrenzt möglich.

106 **bb) Frist.** Die Frist beträgt **einen Monat** und sie beginnt zu laufen mit der **Zustellung der Beschwerdebegründung des Hauptrechtsmittels.** Dabei gilt aber nach § 145 Abs. 1 Hs 2 FamFG, dass bei mehreren Zustellungen die letzte maßgeblich ist. Ist also die Beschwerdeschrift eines Beteiligten an mehrere Beteiligte zuzustellen, dann ist die zeitlich am spätesten erfolgte Zustellung maßgeblich für die Anschlussbeschwerdefrist in Verbundverfahren. Unterbleibt die notwendige Zustellung an einen der Beteiligten, dann beginnt die Anschlussbeschwerdefrist nicht zu laufen. Nach § 145 Abs. 2 S. 1 FamFG verlängert sich diese Frist, wenn innerhalb der ordnungsgemäß in Gang gesetzten Frist eine Anschließung an das Rechtsmittel erfolgt. Dann beginnt für weitere Anschlussrechtsmittel erneut eine neue Frist von einem Monat zu laufen. Fristbeginn hierfür ist der Ablauf der vorhergehenden Frist. Dieser Fortlauf der Fristen endet erst, wenn kein Anschlussrechtsmittel mehr eingelegt wurde, nach Ablauf der letzten Frist. Erst dann tritt Rechtskraft bezüglich der nicht angefochtenen Teile der Verbundentscheidung ein (BGH 27.10.2010 – XII ZB 136/09, NJW-RR 2011, 148).

107 **cc) Verfahrensgang.** Die Anschlussbeschwerde erfolgt durch fristgerechte Einreichung der Beschwerdeanschlussschrift beim Beschwerdegericht (§ 66 S. 1 FamFG). Soweit die Erstentscheidung allumfassend, also die Ehesache und alle Verbundsachen, durch Beschwerde angegriffen wurden, bleibt für die Anwendung des § 145 FamFG mit dem dargestellten Fristenlaufsystem kein Anwendungsbereich, wie sich aus dem Wortlaut des § 145 Abs. 1 FamFG ergibt, wo von der teilweisen Anfechtung durch die Beschwerde die Rede ist. Dann bleibt für die anderen Verfahrensbeteiligten nur die Möglichkeit Anschlussrechtsmittel nach §§ 66, 73 FamFG einzulegen. § 145 FamFG kommt nicht zur Anwendung, da der hierfür gegebene Zweck, eine vorzeitige Wirksamkeit der nicht angefochtenen Teilbereiche der Verbundentscheidung zu erreichen, durch die insgesamt mit dem Rechtsmittel der Beschwerde angegriffenen Verbundentscheidung nicht mehr erfüllt werden kann. Der Beschwerdewert muss nicht erreicht sein (§ 66 FamFG, der nicht auf den § 61 FamFG verweist). Im Übrigen gibt es in Verbundverfahren keine Abweichungen zu den oben bereits dargestellten Voraussetzungen der Anschlussbeschwerde nach § 66 FamFG (s. Rn 58–69).

108 **h) Rücknahme des Scheidungsantrags.** Wird der Scheidungsantrag zurückgenommen, erstrecken sich die Wirkungen der Rücknahme auch auf die Folgesachen (§ 141 S. 1 FamFG); demnach erledigen sich die Folgesachen mit der Rücknahme durch den Antragsteller im Ausgangsverfahren. Dies gilt nicht für Folgesachen, die die Übertragung der elterlichen Sorge oder eines Teils der elterlichen Sorge wegen Gefährdung des Kindeswohls auf einen Elternteil, einen Vormund oder Pfleger betreffen, sowie für Folgesachen, hinsichtlich derer ein Beteiligter vor Wirksamwerden der Rücknahme ausdrücklich erklärt hat, sie fortführen zu wollen (§ 141 S. 2 FamFG). Diese werden als selbstständige Familiensachen fortgeführt (§ 141 S. 3 FamFG).

Böhm

III. Rechtsbeschwerde

1. Statthaftigkeit der Rechtsbeschwerde (§ 70 FamFG)

Die Rechtsbeschwerde eines Beteiligten ist statthaft, wenn sie das Beschwerdegericht oder das Oberlandes-gericht im ersten Rechtszug in dem Beschluss zugelassen hat (§ 70 Abs. 1 FamFG). **109**

a) Entscheidungen. In § 70 Abs. 1 FamFG ist im Gegensatz zur Regelung in § 58 FamFG – dort für die Beschwerde – nicht der Begriff der Endentscheidung vom Gesetzgeber verwendet worden (HK-FamFG/ Klußmann § 70 FamFG Rn 3). Dies führt zu unterschiedlichen Interpretationen und es drängt sich auf, dass damit neben den sog. Endentscheidungen auch das Rechtsmittel der Rechtsbeschwerde gegen Neben- und Zwischenentscheidungen statthaft ist (so HK-FamFG/Klußmann § 70 FamFG Rn 3; BGH 5.1.2011 – XII ZB 152/10, FamRZ 2011, 368). Nach anderer Ansicht und der vom Rechtsmittelsystem her gebotenen Sys-tematik soll aber lediglich eine Überprüfung im Rahmen der Rechtsbeschwerde der zuvor erfolgten End-entscheidung gelten. Es ist insoweit auf die Regelung in § 58 FamFG Bezug zu nehmen. Demnach kann bei (zugelassener) Rechtsbeschwerde nur eine Überprüfung der Endentscheidung nach einem durchgeführten Beschwerdeverfahren gewollt sein. Damit können Gegenstand des Rechtsbeschwerdeverfahrens nur End-entscheidungen des Ausgangsgerichts sein (aA HK-FamFG/Klußmann § 70 FamFG Rn 3). **110**

b) Endentscheidungen des Beschwerdegerichts oder Oberlandesgerichts. Gegenstand der Rechtsbe-schwerde sind nur Endentscheidungen des Beschwerdegerichts in zweiter Instanz oder Endentscheidungen des Oberlandesgerichts im ersten Rechtszug (§ 70 Abs. 1 FamFG; aA HK-FamFG/Klußmann § 70 FamFG Rn 3; s.a. Rn 110). **111**

aa) Beschwerdegericht in Verfahren nach dem FamFG. Beschwerdegericht in Verfahren nach dem FamFG ist generell das Oberlandesgericht (§ 119 Abs. 1 GVG), mit Ausnahme der Beschwerdeverfahren betreffend die Freiheitsentziehungssachen (§§ 415 ff FamFG) und die Betreuungssachen (§§ 271 ff FamFG), die von den Landgerichten entschieden werden (§ 72 Abs. 1 S. 2 GVG). In diesen vom Landge-richt entschiedenen Beschwerdeverfahren kommt dann die Rechtsbeschwerde in Betracht. **112**

bb) Endentscheidungen der Oberlandesgerichte. Endentscheidungen der Oberlandesgerichte im ersten Rechtszug betreffen spezielle Fallgestaltungen, wie etwa die Anerkennung ausländischer Entscheidungen in Ehesachen (§ 105 Abs. 5 und Abs. 6 FamFG). **113**

c) Zulassung der Rechtsbeschwerde (§ 70 Abs. 2 FamFG). Die Rechtsbeschwerde ist zuzulassen, wenn die Rechtssache **grundsätzliche Bedeutung** hat (Nr. 1), oder die **Fortbildung des Rechts** oder **die Siche-rung einer einheitlichen Rechtsprechung** eine Entscheidung des Rechtsbeschwerdegerichts erfordert (Nr. 2). Dies entspricht den vom Gesetzgeber auch in anderen Bereichen getroffenen Regelungen, wie bei der Revisionszulassung (§ 543 Abs. 2 ZPO), Zulassung der Berufung (§ 511 Abs. 4 Nr. 1 ZPO) oder Zulas-sung der Beschwerde nach § 61 Abs. 3 FamFG. **114**

Die Rechtsbeschwerde ist **ohne Zulassung** statthaft in **115**

– Betreuungssachen zur Bestellung eines Betreuers, zur Aufhebung einer Betreuung, zur Anordnung oder Aufhebung eines Einwilligungsvorbehalts (Nr. 1),
– Unterbringungssachen und Verfahren nach § 151 Nr. 6 und Nr. 7 FamFG zur Genehmigung der frei-heitsentziehenden Unterbringung eines Minderjährigen (§§ 1631 b, 1800 und 1915 BGB) sowie nach Landesgesetzen über die Unterbringung psychisch Kranker (Nr. 2) oder
– Freiheitsentziehungssachen (Nr. 3) (§§ 415 ff FamFG).

In den Fällen der Nr. 2 und Nr. 3 gilt dies aber nur, wenn sich die Rechtsbeschwerde gegen den Beschluss richtet, der die Unterbringung oder die freiheitsentziehende Maßnahme anordnet (§ 70 Abs. 3 S. 2 FamFG; HK-FamFG/Klußmann § 70 FamFG Rn 18). Damit sind sonstige Entscheidungen in diesen Verfahren nicht mit der Rechtsbeschwerde anfechtbar. Das gilt zB für die Ablehnung der Unterbringung, Kostenentschei-dungen oder sonstige Nebenentscheidungen. **116**

Böhm

117 Eine **zulassungsfreie Rechtsbeschwerde** ist außerdem nach § 117 Abs. 1 S. 4 FamFG iVm § 522 Abs. 1 S. 4 ZPO gegeben, wenn das Beschwerdegericht in einer Ehe- oder Familienstreitsache die Beschwerde als unzulässig verworfen hat. Hier kommen wegen der Verweisung aber nicht die Regelungen der §§ 70 ff FamFG, sondern die der §§ 574 ff ZPO zur Anwendung. Das gilt mangels Verweisungsvorschrift nicht für die anderen, weiteren Familiensachen nach § 111 FamFG, bei denen eine Rechtsbeschwerde dann durch das Beschwerdegericht zugelassen werden muss. Weiterhin zulassungsfrei ist auch die Rechtsbeschwerde bei der Vollstreckung ausländischer Entscheidungen gem. § 28 IntFamRVG.

118 **d) Zulassung durch das Beschwerdegericht.** Das Rechtsbeschwerdegericht ist an die Zulassung gebunden (§ 70 Abs. 2 S. 2 FamFG). Es ist damit nicht befugt, die Entscheidung des Beschwerdegerichts zu überprüfen. Das Beschwerdegericht hat von Amts wegen die Prüfung der Zulassung vorzunehmen und das Ergebnis in die Beschwerdeentscheidung aufzunehmen. Eine Beschwerde gegen die Nichtzulassung – wie nach früherem Recht im Rahmen des § 620 e Abs. 2 S. 1 Nr. 2 ZPO aF – sieht das FamFG nicht mehr vor (HK-FamFG/Klußmann § 70 FamFG Rn 17). Kommt das Rechtsbeschwerdegericht zu der Auffassung, dass die Voraussetzungen für die Zulassung der Rechtsbeschwerde nach § 70 Abs. 2 FamFG tatsächlich nicht vorgelegen haben, so verwirft das Rechtsbeschwerdegericht die Rechtsbeschwerde als unzulässig.

2. Rechtsbeschwerdefrist (§ 71 Abs. 1, Abs. 2 FamFG)

119 Die Rechtsbeschwerde ist binnen einer Frist von **einem Monat** nach der schriftlichen Bekanntgabe des Beschlusses durch Einreichung einer Beschwerdeschrift beim Rechtsbeschwerdegericht einzulegen (§ 71 Abs. 1 S. 1 FamFG). Das gilt ausnahmslos in allen Bereichen, in denen nach dem FamFG Rechtsbeschwerde zulässig ist. Die Frist beginnt jeweils mit der schriftlichen Bekanntgabe des Beschlusses an die Beteiligten. Dies richtet sich – mangels gesonderter Regelung in diesem Abschnitt – nach den allgemeinen Vorschriften (§ 63 Abs. 3 S. 1 FamFG). Der Vorsitzende des Rechtsbeschwerdegerichts kann die Rechtsbeschwerdefrist verlängern (§ 71 Abs. 2 S. 3 FamFG iVm § 551 Abs. 2 S. 5 und 6 ZPO). Dies gilt jedoch dann nicht, wenn die Frist bereits abgelaufen ist (BGH 8.3.2012 – V ZB 35/12). Demnach ist die Entscheidung des Beschwerdegerichts den Beteiligten zuzustellen, was sich für Ehesachen und Familienstreitverfahren aus § 113 Abs. 1 FamFG iVm §§ 329, 517 ZPO ergibt und in den sonstigen, weiteren Familiensachen wegen der Regelung in § 41 Abs. 1 S. 2 FamFG notwendig ist, wo es heißt, dass ein anfechtbarer Beschluss demjenigen zuzustellen ist, dessen erklärtem Willen er nicht entspricht. Der anderen Ansicht, wonach die Aufgabe zur Post nach §§ 41 Abs. 1, 15 Abs. 2, S. 1 Alt. 2 FamFG ausreichend sein soll, kann nicht gefolgt werden wegen der ausdrücklichen Regelung in § 41 Abs. 1 S. 2 FamFG. Im Rechtsbeschwerdeverfahren kommt aber die Ausnahme des § 63 Abs. 3 S. 2 FamFG nicht zur Anwendung, da in vergleichbaren Fällen der Revision nach § 517 ZPO eine solche Frist ebenfalls nicht existiert und vorliegend kein Bedürfnis dafür erkennbar ist. Demnach beginnt die Rechtsbeschwerdefrist nicht zu laufen, wenn der Beschluss den Beteiligten nicht wirksam bekannt gegeben werden konnte. Allerdings kann dieser Mangel beseitigt werden durch die Verweisung in § 15 Abs. 2 FamFG nach den Regeln der §§ 186 ff ZPO, insbesondere § 189 ZPO.

120 Bei **Versäumung der Rechtsbeschwerdefrist** kann der Rechtsbeschwerdeführer wegen der Regelung in § 17 Abs. 1 FamFG bzw über § 117 Abs. 1 FamFG nach §§ 230 ff ZPO einen Antrag auf **Wiedereinsetzung in den vorigen Stand** einreichen, der positiv verbeschieden werden wird, soweit die Fristversäumnis unverschuldet war.

121 Das Rechtsbeschwerdegericht ist nach § 113 GVG stets der **Bundesgerichtshof**. Beim Bundesgerichtshof besteht immer **Anwaltszwang** (§§ 10 Abs. 4, 114 Abs. 2 FamFG).

3. Form (§ 71 Abs. 1–3 FamFG)

122 Die Rechtsbeschwerdeschrift muss die **Bezeichnung des Beschlusses**, gegen den die Rechtsbeschwerde gerichtet wird (§ 71 Abs. 1 S. 2 Nr. 1 FamFG), und die Erklärung, dass **gegen diesen Beschluss Rechtsbeschwerde** eingelegt werde (§ 71 Abs. 1 S. 2 Nr. 2 FamFG), beinhalten. Die Schrift ist zu **unterschreiben** (§ 71 Abs. 2 S. 3 FamFG).

Mit der Rechtsbeschwerdeschrift soll eine **Ausfertigung** oder **beglaubigte Abschrift** des angefochtenen 123
Beschlusses vorgelegt werden (§ 71 Abs. 1 S. 4 FamFG). Dies ist aber nicht zwingend. Da im Verfahren
der Rechtsbeschwerde ausnahmslos in allen Bereichen **Anwaltszwang** herrscht, ist dies von einem beim
Bundesgerichtshof zugelassenen Rechtsanwalt vorzunehmen (§§ 10 Abs. 4 S. 1, 114 Abs. 2 FamFG; HK-
FamFG/Klußmann § 70 FamFG Rn 22). Die insoweit missverständlich formulierte Regelung in § 10 Abs. 4
S. 1 FamFG gilt nicht für Rechtsbeschwerdeverfahren, die sich gegen die verweigerte oder nur eingeschränkt bewilligte **Verfahrenkostenhilfe** wenden (BGH 23.6.2010 – XII ZB 82/10, NJW-RR 2010, 1297;
HK-FamFG/Klußmann § 70 FamFG Rn 22). Damit soll nur gesichert sein, dass der einzelne Beteiligte für
die in der Rechtsbeschwerde von ihm begehrte Verfahrenskostenhilfe zur Antragstellung keinen Rechtsanwalt benötigt (BGH 11.5.2005 – XII ZB 242/03, NJW-RR 2005, 1237). Der besondere Anwaltszwang
beim Bundesgerichtshof gilt nach § 10 Abs. 4 S. 2 FamFG auch für Behörden und juristische Personen des
öffentlichen Rechts, wie den Ländern. Die Rechtsbeschwerde ist, soweit die Beschwerdeschrift keine **Begründung** enthält, binnen einer Frist von einem Monat zu begründen (§ 71 Abs. 3 S. 1 FamFG). Auch diese Frist beginnt mit der **schriftlichen Bekanntgabe** der Beschwerdeentscheidung (s. Rn 119).

Die **Begründung** muss gemäß § 71 Abs. 3 FamFG enthalten: 124

– die Erklärung, inwieweit der Beschluss angefochten und dessen Aufhebung beantragt werde (Rechtsbe-
 schwerdeanträge, Nr. 1);
– die Angabe der Rechtsbeschwerdegründe und zwar die bestimmte Bezeichnung der Umstände, aus denen sich die Rechtsverletzung ergibt (Nr. 2 a);
– soweit die Rechtsbeschwerde darauf gestützt wird, dass das Gesetz in Bezug auf das Verfahren verletzt
 sei, die Bezeichnung der Tatsachen, die den Mangel ergeben (Nr. 2 b).

Die Rechtsbeschwerde kann nicht darauf gestützt werden, dass das Gericht des ersten Rechtszugs seine 125
Zuständigkeit zu Unrecht abgenommen hat (§ 72 Abs. 2 FamFG). Dies gilt aber nicht für die Zuständig-
keit des Beschwerdegerichts, welche von Amts wegen im Rechtsbeschwerdeverfahren zu beachten ist
(BGH 20.12.2011 – StB 16/11).

4. Rechtsbeschwerdeverfahren

a) Bekanntgabe der Verfahrenseinleitung. Das Rechtsbeschwerdegericht hat die **Rechtsbeschwerde-** 126
und die Begründungsschrift allen anderen Beteiligten bekannt zu geben (§ 71 Abs. 4 FamFG). Demnach
kann das Rechtsbeschwerdegericht auch bei offenkundiger Unzulässigkeit oder Unbegründetheit die
Rechtsbeschwerde nicht sofort verwerfen. Das Rechtsbeschwerdegericht hat nach dem **Grundsatz des
rechtlichen Gehörs** und wegen der Zulassung einer Anschlussbeschwerde die Rechtsbeschwerdeschrift
den anderen Beteiligten – und zwar allen in der Vorinstanz Beteiligten – zur Kenntnis zu geben.

In **Ehe- und Familienstreitverfahren** muss die Rechtsbeschwerdeschrift nach § 521 ZPO (iVm § 113 127
Abs. 1 FamFG) zugestellt werden, während in allen anderen, weiteren Familiensachen nach §§ 23 Abs. 2,
15 Abs. 2 S. 1 FamFG die formlose Übermittlung ausreicht.

Für die Scheidungsverbundverfahren beinhaltet § 145 FamFG eine Sonderregelung, da dort eine nach § 142 128
FamFG ergangene einheitliche Entscheidung auch teilweise durch Rechtsmittel der Rechtsbeschwerde in
Folgesachen anfechtbar ist, mit der Maßgabe, dass dies nur noch bis zum Ablauf eines Monats nach Zustellung der Rechtsmittelbegründung zulässig ist. Damit sind Verbundentscheidungen immer den Beteiligten
zuzustellen.

b) Verfahrensablauf. Das Rechtsbeschwerdegericht hat zu prüfen, ob die Rechtsbeschwerde an sich statt- 129
haft ist und ob sie in der gesetzlichen Form und Frist eingelegt wurde und begründet ist (§ 74 Abs. 1 S. 1
FamFG). Nach § 74 Abs. 4 FamFG kommen auch im Rechtsbeschwerdeverfahren die **Vorschriften für
den ersten Rechtszug** zur Anwendung, soweit sich nicht Abweichungen aus den Vorschriften des dortigen
Abschnittes ergeben. Dies führt damit auch im Rechtsbeschwerdeverfahren zur allgemeinen Differenzierung zwischen Ehe- und Familienstreitsachen einerseits und den anderen, weiteren Familiensachen nach
§ 111 FamFG andererseits.

130   In **Ehesachen und Familienstreitsachen** wird in § 113 FamFG auf die ZPO-Verfahrensvorschriften ver-
       wiesen. Kommt also eine Verweisung als unzulässig oder eine Zurückweisung nach § 74 a FamFG nicht in
       Betracht, ist grundsätzlich mündlich zu verhandeln (§ 128 Abs. 1 ZPO), wovon ausnahmsweise abgesehen
       werden kann (§ 128 Abs. 4 ZPO).

131   In den **anderen**, weiterhin **in § 111 FamFG benannten Familiensachen** ist ein Verhandlungstermin nicht
       zwingend vorgeschrieben (§ 32 Abs. 1 FamFG). Es steht damit im pflichtgemäßen Ermessen des Bundes-
       gerichtshofs, in diesen Angelegenheiten einen Termin zu bestimmen und durchzuführen oder nicht.

132   Keine mündliche Verhandlung ist erforderlich in **Verfahren nach §§ 16 ff IntFamRVG**.

133   **c) Rücknahme der Rechtsbeschwerde.** Die Rechtsbeschwerde kann – trotz fehlender gesetzlicher Grund-
       lage – auch zurückgenommen werden (analog zu § 565 ZPO für die Revision, der auf § 516 ZPO verweist).

5. Gründe der Rechtsbeschwerde (§ 72 FamFG)

134   Die Rechtsbeschwerde kann nur darauf gestützt werden, dass die angefochtene Entscheidung auf einer Ver-
       letzung des Rechts beruht (§ 72 Abs. 1 S. 1 FamFG). Das Recht ist verletzt, wenn eine Rechtsnorm nicht
       oder nicht richtig angewendet worden ist (§ 72 Abs. 1 S. 2 FamFG; HK-FamFG/Klußmann § 72 FamFG
       Rn 3, 4, 5). Die Rechtsbeschwerde kann nicht darauf gestützt werden, dass das Gericht des ersten Rechts-
       zugs seine **Zuständigkeit** zu Unrecht angenommen hat (§ 72 Abs. 2 FamFG).

6. Anschlussrechtsbeschwerde (§ 73 FamFG)

135   Ein Beteiligter kann sich bis zum Ablauf einer Frist von einem Monat nach der Bekanntgabe der Begrün-
       dungsschrift der Rechtsbeschwerde durch Einreichen einer Anschlussschrift beim Rechtsbeschwerdege-
       richt anschließen, auch wenn er auf die Rechtsbeschwerde verzichtet hat, die Rechtsbeschwerdefrist verstri-
       chen oder die Rechtsbeschwerde nicht zugelassen worden ist (§ 73 S. 1 FamFG).

136   Diese **unselbstständige Anschlussrechtsbeschwerde** nach § 73 FamFG gibt dem Anschlussrechtsbe-
       schwerdeführer die Möglichkeit, bei Einlegung der Rechtsbeschwerde durch einen anderen Beteiligten eine
       Überprüfung der Entscheidung auch zu seinen Gunsten zu ermöglichen.

137   Davon zu unterscheiden ist die „**selbstständige Anschlussrechtsbeschwerde**", bei der der Rechtsmittel-
       führer selbstständig innerhalb der Rechtsbeschwerdefrist gegen die Entscheidung des Beschwerdegerichts
       vorgeht; dies aber zeitlich nach Einlegung der Rechtsbeschwerde durch einen anderen Beteiligten. Sie un-
       terliegt vollständig den Vorschriften für das Rechtsbeschwerdeverfahren. Die Anschlussrechtsbeschwerde
       ist in der Anschlussschrift zu begründen und zu unterschreiben (§ 73 S. 2 FamFG). Nachdem eine Differen-
       zierung im Gesetz nicht vorgesehen ist (§ 113 FamFG beinhaltet keine spezielle, abweichende Regelung),
       ist die Anschlussrechtsbeschwerde bei allen Familiensachen nach § 111 FamFG statthaft. Daneben müssen
       auch bei der Anschlussrechtsbeschwerde die sonstigen, für die Rechtsbeschwerde geltenden Zulässigkeits-
       voraussetzungen vorliegen, so dass insbesondere die **Beschwerdeberechtigung** und eine **Beschwer** des
       sich Anschließenden gegeben sein muss (HK-FamFG/Klußmann § 73 FamFG Rn 3). Dazu gehört es auch,
       dass mit Einlegung der Anschlussrechtsbeschwerde durch einen entsprechenden (von einem beim Bundes-
       gerichtshof zugelassenen Rechtsanwalt unterschriebenen) Antrag gleichzeitig die Begründung zu erfolgen
       hat. Ein Nachreichen der Begründung – auch innerhalb der Anschlussbeschwerdeschrift – wird nicht für
       ausreichend erachtet. Dies ist nicht unumstritten. Nach anderer Ansicht sollte die Nachreichung innerhalb
       der Anschlussrechtsbeschwerdefrist zulässig sein (HK-FamFG/Klußmann § 73 FamFG Rn 4). Die Frist für
       die Anschlussrechtsbeschwerde beträgt einen Monat und sie beginnt mit der Bekanntgabe der Rechtsbe-
       schwerdebegründungsschrift des Hauptrechtsmittelführers an den jeweiligen Beteiligten (§ 73 S. 1
       FamFG). Eine Fristverlängerung ist nicht zulässig; allerdings kann bei unverschuldeter Fristversäumnis
       Wiedereinsetzung in den vorigen Stand gewährt werden.

138   Die Anschließung verliert ihre Wirkung, wenn die Rechtsbeschwerde zurückgenommen, als unzulässig
       verworfen oder nach § 74 a Abs. 1 FamFG zurückgewiesen wird (§ 73 S. 3 FamFG), da es sich nicht um ein

selbstständiges Rechtsmittel handelt, sondern nur an das Hauptrechtsmittelverfahren angehängt ist und damit von diesem abhängig ist.

7. Entscheidung über die Rechtsbeschwerde (§ 74 FamFG)

a) Zulässigkeitsprüfung. Das Rechtsbeschwerdegericht hat zu prüfen, ob die Rechtsbeschwerde an sich   **139**
statthaft ist und ob sie in der gesetzlichen **Form** und **Frist** eingelegt und begründet ist (§ 74 Abs. 1 S. 1 FamFG), sowie, ob die weiteren Voraussetzungen im Sinne der Zulässigkeit des Rechtsbeschwerdeverfahrens gegeben sind.

Die **Rechtsbeschwerdeberechtigung** im Sinne der formellen und der materiellen Beschwer ist zu überprü-   **140**
fen. Der Rechtsmittelführer muss durch die angefochtene Entscheidung der Vorinstanz beschwert und gleichzeitig materiellrechtlich in einem seiner Rechte verletzt sein (§ 59 Abs. 1 FamFG).

Zum Zeitpunkt der Entscheidung des Rechtsbeschwerdegerichts hat ein **Rechtsschutzbedürfnis** des   **141**
Rechtsmittelführers vorzuliegen. Soweit sich die Angelegenheit erledigt hat, würde ein solches fehlen, es sei denn, der Rechtsbeschwerdeführer hat ein berechtigtes Interesse an der Feststellung, dass er durch die Ausgangsentscheidung in seinen Rechten verletzt ist, was in Analogie zu der Regelung in **§ 62 Abs. 2 FamFG** dann anzunehmen sein wird, wenn ein schwerwiegender Grundrechtseingriff vorliegt oder eine konkrete Wiederholung des Eingriff zu erwarten ist.

Mangelt es an einem dieser Erfordernisse, dann ist die Rechtsbeschwerde als unzulässig zu verwerfen (§ 74   **142**
Abs. 1 S. 2 FamFG). Diese Entscheidung kann analog der Regelung in § 552 Abs. 2 ZPO auch ohne mündliche Verhandlung durch das Rechtsbeschwerdegericht durch Beschluss getroffen werden (HK-FamFG/Klußmann § 74 FamFG Rn 13). Dieser Beschluss ist nicht anfechtbar und abänderbar.

b) Begründetheitsprüfung. Ergibt die Begründung des angefochtenen Beschlusses zwar eine Rechtsver-   **143**
letzung, stellt sich die Entscheidung aber aus anderen Gründen als richtig dar, ist die Rechtsbeschwerde zurückzuweisen (§ 74 Abs. 2 FamFG).

aa) Bindung an die Anträge (§ 74 Abs. 3 S. 1 FamFG). Der Prüfung des Rechtsbeschwerdegerichts un-   **144**
terliegen nur die von den Beteiligten gestellten Anträge (§ 74 Abs. 3 S. 1 FamFG). Der Bundesgerichtshof ist damit an die gestellten Anträge – nach der fehlenden Differenzierung in der gesetzlichen Regelung unabhängig vom Verfahrensgegenstand in allen Familiensachen nach § 111 FamFG – gebunden und hat das **Verbot einer Schlechterstellung** des Rechtsmittelführers zu beachten (HK-FamFG/Klußmann § 74 FamFG Rn 5).

bb) Bindung an die Rechtsbeschwerdegründe (§ 74 Abs. 3 S. 1 FamFG). Dagegen ist das Rechtsbe-   **145**
schwerdegericht nicht an die geltend gemachten Rechtsbeschwerdegründe gebunden (§ 74 Abs. 3 S. 1 FamFG). Der Bundesgerichtshof hat demnach von Amts wegen die angefochtene Entscheidung auf ihre materielle Richtigkeit zu überprüfen und ist an die Sachrügen des Rechtsmittelführers nicht gebunden (HK-FamFG/Klußmann § 74 FamFG Rn 8). Anders ist dies angesichts der Regelung in § 30 IntFamRVG hinsichtlich der Rechtsbeschwerde in Verfahren nach §§ 16 ff IntFamRVG.

cc) Verfahrensmängel. Auf Verfahrensmängel, die nicht von Amts wegen zu berücksichtigen sind, darf   **146**
die angefochtene Entscheidung nur geprüft werden, wenn die Mängel nach § 71 Abs. 3 FamFG und § 73 S. 2 FamFG gerügt worden sind (§ 74 Abs. 3 S. 3 FamFG).

dd) Bindung an die Tatsachenfeststellungen. Durch die Verweisung in § 74 Abs. 3 S. 4 FamFG auf die   **147**
Vorschriften der §§ 559, 564 ZPO, welche entsprechend im Rechtsbeschwerdeverfahren nach dem FamFG gelten, besteht eine **Bindung** des Rechtsbeschwerdegerichts **an die Tatsachenfeststellungen** der Vorinstanz, sofern die Tatsachen von dieser verfahrensfehlerfrei festgestellt wurden (HK-FamFG/Klußmann § 74 FamFG Rn 9).

ee) Entscheidung in der Sache. Der Bundesgerichtshof verweist, soweit die Rechtsbeschwerde begründet   **148**
ist, die Sache unter Aufhebung des angefochtenen Beschlusses und des Verfahrens zur anderweitigen Be-

handlung und Entscheidung **an das Beschwerdegericht oder**, wenn dies aus besonderen Gründen geboten erscheint, **an das Gericht des ersten Rechtszugs zurück** (§ 74 Abs. 6 S. 2 FamFG, § 74 a Abs. 1 FamFG; s. Rn 157). Dies ist insbesondere dann der Fall, wenn Entscheidungsreife nicht gegeben ist, weil noch Tatsachenfeststellungen erforderlich sind. Soweit Verfahrensfehler festgestellt werden, die absolute Revisionsgründe darstellen, wird eine Zurückverweisung unumgänglich sein (vgl § 72 Abs. 3 FamFG iVm § 547 ZPO).

149 Die **Zurückverweisung** erfolgt generell an das Gericht der Vorinstanz, also das Beschwerdegericht. Nach § 74 Abs. 6 S. 2 FamFG kann dies aber auch an das Gericht des ersten Rechtszuges erfolgen. Insoweit ist die Regelung in § 146 FamFG beachtlich. Wird im Rechtsbeschwerdeverfahren ein Scheidungsausspruch aufgehoben und ist noch eine Folgesache, welche abgetrennt wurde beim Erstgericht anhängig und steht zur Entscheidung an, so hat das Rechtsbeschwerdegericht die Sache an das Gericht erster Instanz zurückzuverweisen (HK-FamFG/Klußmann § 74 FamFG Rn 13, 14). Die Zurückverweisung kann an einen anderen Spruchkörper des Gerichts erfolgen, das die angefochtene Entscheidung erlassen hat (§ 74 Abs. 6 S. 3 FamFG). Das Gericht, an das die Sache zurückverwiesen ist, hat die rechtliche Beurteilung, die der Aufhebung zugrunde liegt, auch seiner Entscheidung zugrunde zu legen (§ 74 Abs. 6 S. 4 FamFG).

150 **ff) Aufhebung des Beschlusses (§ 74 Abs. 5 FamFG).** Soweit die **Rechtsbeschwerde begründet** ist, hat der Bundesgerichtshof den angefochtenen Beschluss aufzuheben. Das Rechtsbeschwerdegericht entscheidet in der Sache selbst, wenn diese zur Entscheidung reif ist (§ 74 Abs. 6 S. 1 FamFG).

151 **gg) Begründung der Entscheidung.** Eine **unbegründete Rechtsbeschwerde** hat der Bundesgerichtshof zurückzuweisen. Ergibt die Begründung des angefochtenen Beschlusses zwar eine Rechtsverletzung, stellt sich die Entscheidung aber aus anderen Gründen als richtig dar, ist die Rechtsbeschwerde zurückzuweisen (§ 74 Abs. 2 FamFG). Diese Regelung wird auch auf Verfahrensfehler anzuwenden sein. Dies gilt nicht beim Vorliegen absoluter Revisionsgründe nach § 72 Abs. 3 FamFG über § 547 Nr. 1–6 ZPO. Dann ist die angefochtene Entscheidung in jedem Fall aufzuheben.

152 **hh) Begründung der Rechtsbeschwerdeentscheidung.** Der Bundesgerichtshof hat seine Entscheidung über die Rechtsbeschwerde wegen der Regelung in § 74 Abs. 4 iVm § 38 Abs. 3 S. 1 FamFG zu begründen, sofern nicht eine der Ausnahmen in § 38 Abs. 4 FamFG vorliegt. Von einer **Begründung** der Entscheidung kann **abgesehen** werden, wenn sie nicht geeignet wäre, zur Klärung von Rechtsfragen grundsätzlicher Bedeutung, zur Fortbildung des Rechts oder zur Sicherung einer einheitlichen Rechtsprechung beizutragen (§ 74 Abs. 7 FamFG) oder wenn Rügen von Verfahrensfehlern nicht als durchgreifend erachtet werden (§ 74 Abs. 3 S. 4 FamFG iVm § 564 ZPO; HK-FamFG/Klußmann § 74 FamFG Rn 22).

153 **c) Kostenentscheidung.** Soweit das Rechtsbeschwerdegericht in einer Sache selbst eine eigenständige, das Verfahren abschließende Entscheidung trifft (§ 74 Abs. 6 S. 1 FamFG), hat es auch eine Entscheidung über die Kosten zu treffen.

154 **d) Erweiterte Aufhebung (§ 147 FamFG).** Wird eine Entscheidung auf Rechtsbeschwerde teilweise aufgehoben, kann das Rechtsbeschwerdegericht **auf Antrag eines Beteiligten** die Entscheidung auch insoweit aufheben und die Sache zur anderweitigen Verhandlung und Entscheidung an das Beschwerdegericht zurückverweisen, als dies **wegen des Zusammenhangs** mit der aufgehobenen Entscheidung geboten erscheint (§ 147 S. 1 FamFG). Damit hat der Gesetzgeber den Eintritt der Rechtskraft von nicht angegriffenen Folgesachenentscheidungen bei Scheidungsverbundentscheidungen des Beschwerdegerichts verhindert, soweit gegen einen anderen Teil der Scheidungsverbundentscheidung Rechtsbeschwerde zum Bundesgerichtshof eingelegt wird. Hebt nämlich der Bundesgerichtshof auf die Rechtsbeschwerde hin einen Teil der Scheidungsverbundentscheidungen auf, kann einer der beteiligten Ehegatten die Aufhebung und Zurückverweisung einer Sache verlangen, die mit der vom Bundesgerichtshof entschiedenen Sache im Zusammenhang steht. Solange der Antrag nach § 147 FamFG von einem der Beteiligten gestellt werden kann, wird die nicht angefochtene Teilentscheidung aus dem Scheidungsverbund auch nicht rechtskräftig. Die Rechtskraft der nicht angefochtenen Entscheidungen tritt, soweit ein Antrag nach § 147 FamFG gestellt

Böhm

wurde, erst ein, wenn der Bundesgerichtshof die Rechtsbeschwerde zurückweist oder der Rechtsbeschwerde unter Zurückweisung des Antrags nach § 147 FamFG stattgibt.

Eine **Aufhebung des Scheidungsausspruchs** kann nur innerhalb eines Monats nach Zustellung der **155** Rechtsmittelbegründung oder des Beschlusses über die Zulassung der Rechtsbeschwerde, bei mehreren Zustellungen bis zum Ablauf eines Monats nach der letzten Zustellung, beantragt werden (§ 147 S. 2 FamFG). Soweit die Aufhebung einer anderen Folgesache begehrt wird, greift demnach diese Frist nicht, und der jeweilige Beteiligte kann den Antrag, soweit aufgrund mündlicher Verhandlung entschieden wird, bis zum Schluss der mündlichen Verhandlung stellen. Der Zusammenhang zwischen dem Verfahrensgegenstand der Rechtsbeschwerde und der anderen Teilentscheidung muss erkennbar sein, was sich aus tatsächlichen Gründen oder aber aus Rechtsgründen ergeben kann (zB: Qualifizierung Haushaltsgegenstand oder Vermögensgegenstand; Rentenanwartschaft oder Vermögensposition beim Zugewinnausgleich; elterliche Sorge und Umgangsrecht bzw Unterhalt).

Der Antrag muss durch einen Beteiligten beim Bundesgerichtshof gestellt werden, wobei dies wegen des **156** Anwaltszwangs von einem beim Bundesgerichtshof zugelassen Rechtsanwalt zu geschehen hat (§§ 10 Abs. 4 S. 1, 114 Abs. 2 FamFG). Soweit der Bundesgerichtshof dem Antrag nach § 147 FamFG bei dessen Begründetheit stattgibt, werden auf die Rechtsbeschwerde hin alle miteinander im Verbund stehenden Sachen an das Beschwerdegericht zurückverwiesen, bei denen ein Zusammenhang mit der getroffenen Entscheidung gegeben ist.

8. Zurückweisungsbeschluss (§ 74 aFamFG)

Das Rechtsbeschwerdegericht weist die vom Beschwerdegericht zugelassene Rechtsbeschwerde durch ein- **157** stimmigen Beschluss ohne mündliche Verhandlung oder Erörterung im Termin zurück, wenn es davon überzeugt ist, dass die Voraussetzungen für die Zulassung der Rechtsbeschwerde nicht vorliegen und die Rechtsbeschwerde keine Aussicht auf Erfolg hat (§ 74 a Abs. 1 FamFG). Diese gesetzliche Regelung dient der Entlastung des Bundesgerichtshofs und ist durch das Bundesverfassungsgericht bereits bestätigt worden (BVerfG 1.10.2004 – 1 BvR 173/04, NJW 2005, 659). Das Rechtsbeschwerdegericht oder der Vorsitzende hat zuvor die Beteiligten auf die beabsichtigte Zurückweisung der Rechtsbeschwerde und die Gründe hierfür hinzuweisen und dem Rechtsbeschwerdeführer binnen einer zu bestimmenden Frist Gelegenheit zur Stellungnahme zu geben (§ 74 a Abs. 2 FamFG), um dem Anspruch auf rechtliches Gehör angesichts des oben vorgegebenen Weges zu genügen. Der Beschluss nach § 74 a Abs. 1 FamFG ist zu begründen, soweit die Gründe für die Zurückweisung nicht bereits in dem Hinweis auf § 74 a Abs. 2 FamFG enthalten sind (§ 74 Abs. 3 FamFG).

IV. Sprungsrechtsbeschwerde

1. Allgemeines

Gegen die im ersten Rechtszug erlassenen Beschlüsse, die ohne Zulassung der Beschwerde unterliegen (bei **158** Endentscheidungen bei nichtvermögensrechtlichen Angelegenheiten; ansonsten wenn der Beschwerdewert 600 EUR übersteigt), findet auf Antrag unter Übergehung der Beschwerdeinstanz unmittelbar die Rechtsbeschwerde (Sprungrechtsbeschwerde) statt, wenn:

1. die **Beteiligten** in die Übergehung der Beschwerdeinstanz **einwilligen** und
2. das **Rechtsbeschwerdegericht** die Sprungrechtsbeschwerde **zulässt**.

Der Gesetzgeber eröffnet damit den Beteiligten die Möglichkeit, Rechtsfragen möglichst rasch höchstrich- **159** terlich entscheiden und klären zu lassen, wenn die Tatsachenfeststellungen getroffen sind und der zugrundeliegende Sachverhalt geklärt ist.

2. Wirkungen der Zulassung

Der Antrag auf Zulassung der Sprungrechtsbeschwerde und die Erklärung der Einwilligung der Beteiligten **160** auf die Übergehung der Beschwerdeinstanz **gelten als Verzicht** auf das Rechtsmittel der Beschwerde (§ 75

Abs. 1 S. 2 FamFG), was sich insoweit nachteilig auswirken könnte, als der Bundesgerichtshof die Sprungrechtsbeschwerde nicht zulässt und dann angesichts der oben beschriebenen Verzichtswirkung auch keine
Beschwerde mehr möglich ist.

3. Verfahren

161 **a) Vorschriften der ZPO.** Für das weitere Verfahren gilt § 566 Abs. 2–8 ZPO entsprechend (§ 75 Abs. 2
FamFG).

162 **b) Einwilligungserklärung.** Danach hat die in § 75 Abs. 1 S. 1 Nr. 1 FamFG vorliegende Einwilligung in
die Sprungrechtsbeschwerde schriftlich zu erfolgen und ist im Rahmen der Sprungrechtsbeschwerdeschrift
beim Rechtsbeschwerdegericht einzureichen (§ 75 Abs. 2 iVm § 566 Abs. 2 S. 4 ZPO). Diese Erklärung
kann vom Verfahrensbevollmächtigten erster Instanz oder zu Protokoll der Geschäftsstelle eines jeden
Amtsgerichts abgegeben werden (§ 25 Abs. 2 FamFG).

163 **c) Zulassungsantrag.** Die Zulassung der Sprungrechtsbeschwerde ist beim Rechtsbeschwerdegericht von
einem beim Bundesgerichtshof zugelassenen **Rechtsanwalt** zu beantragen und zwar innerhalb der **Notfrist**
von einem Monat, welche mit der schriftlichen Bekanntgabe der in vollständiger Form abgefassten Endentscheidung des Erstgerichts, spätestens fünf Monate nach Verkündung, beginnt.

164 **d) Inhalt des Antrags.** Der Antrag hat die angegriffene Entscheidung zu bezeichnen, sowie zu benennen,
dass Sprungsrechtsbeschwerde eingelegt wird; außerdem ist dem Antrag eine Ausfertigung der angegriffenen Entscheidung beizugeben (§ 75 Abs. 2 FamFG iVm §§ 566 Abs. 2, 549 Abs. 1 S. 2, 550 Abs. 1 ZPO).
Der Zulassungsantrag ist zu begründen und es ist darzulegen, warum die Rechtssache grundsätzliche Bedeutung hat oder die Entscheidung des Rechtsbeschwerdegerichts zur Fortbildung des Rechts oder zur Sicherung einer einheitlichen Rechtsprechung erforderlich ist. Ein Verfahrensmangel kann nicht als Grundlage für die Sprungsrechtsbeschwerde herangezogen werden (§ 75 Abs. 2 FamFG iVm § 566 Abs. 4 S. 2
ZPO; HK-FamFG/Klußmann § 75 FamFG Rn 5). Die oben erwähnten Einwilligungserklärungen der weiteren Beteiligten sind dem Antrag im Original beizugeben, wobei es für zulässig erachtet wird, diese innerhalb der Monatsfrist des § 566 Abs. 2 S. 1 ZPO nachzureichen.

165 **e) Wirkungen.** Durch den Antrag auf Zulassung der Sprungrechtsbeschwerde wird der Eintritt der Rechtskraft der Ausgangsentscheidung gehemmt (§ 75 Abs. 2 FamFG iVm § 566 Abs. 3 S. 1 ZPO).

V. Rechtsbehelfe gegen Zwischen- und Nebenentscheidungen

166 Der Beurteilung des Beschwerdegerichts unterliegen auch die nicht selbstständig anfechtbaren Entscheidungen, die der Endentscheidung vorausgegangen sind (§ 58 Abs. 2 FamFG). Soweit das Gericht im Rahmen der Beweiserhebung oder der förmlichen Beweisaufnahme Entscheidungen trifft, können die Beteiligten hiergegen nach § 58 Abs. 2 FamFG vorgehen. Zwischen- und Nebenentscheidungen des Ausgangsgerichts sind demnach mit der Beschwerde nach § 58 Abs. 1 FamFG nicht anfechtbar, da es sich nicht um
Endentscheidungen im Sinne dieser Vorschrift handelt. Diese Zwischen- und Nebenentscheidungen des
Gerichts sind **aber zusammen mit der Beschwerde gegen die Hauptsacheentscheidung** angreifbar. Dies
gilt nicht für Maßnahmen gegen die die oben angegebenen Rechtsmittel der sofortigen Beschwerde oder
Erinnerung gesetzlich eröffnet sind.

167 Somit sind Zwischen- und Nebenentscheidungen in folgenden Fällen **selbstständig anfechtbar:**

1. mit der sofortigen Beschwerde entsprechend §§ 567–572 ZPO
   - bei Ablehnung eines Befangenheitsantrags nach § 6 Abs. 2 FamFG,
   - bei Ablehnung einer beantragten Beteiligung am Verfahren nach § 7 Abs. 5 S. 2 FamFG,
   - bei Aussetzung des Verfahrens nach § 21 Abs. 2 FamFG,
   - bei Verhängung von Ordnungsmittel nach § 33 Abs. 3 S. 5 FamFG,
   - bei Anordnung von Zwangsmaßnahmen nach § 35 Abs. 5 FamFG oder

–   bei Berichtigungsbeschlüssen, soweit die Berichtigung vorgenommen wird nach § 42 Abs. 3 S. 2 FamFG

2. mit einer befristeten Erinnerung nach § 11 Abs. 2 RPflG;

3. bei Kostenfestsetzungen.

Wegen der Regelung in § 85 FamFG kommen die Vorschriften der §§ 103–107 ZPO zur Anwendung im FamFG-Verfahren.

52. Betagte Verbindlichkeiten im Zugewinn

Caspary

1 Betagte Verbindlichkeiten sind Forderungen, die zwar entstanden, aber **noch nicht fällig** sind. Sie sind wie bedingte, unsichere oder ungewisse Rechte (s. → *ABC der Vermögenswerte* Rn 150 ff) bei der Berechnung des Zugewinnausgleichs zu berücksichtigen. Betagte Verbindlichkeiten kommen vor allen Dingen im Zusammenhang mit Übertragungsverträgen zwischen Eltern und Kindern vor, zB in Form der Übernahme der Grabpflegekosten im Falle des Ablebens der Eltern (BGH 22.9.2010 – XII ZR 69/09, FamRZ 2010, 2057).

Da eine am Stichtag noch nicht fällige Schuld weniger belastend ist als eine sofort zu erfüllende Schuld, müssen betagte Verbindlichkeiten abgezinst werden (BGH 30.5.1990 – XII ZR 75/89, FamRZ 1990, 1217; OLG Hamm 9.9.1994 – 6 UF 229/93, FamRZ 1995, 611). Liegt eine privilegierte Zuwendung im Sinne von § 1374 Abs. 2 BGB vor, ist bezogen auf den Zeitpunkt der Zuwendung abzuzinsen (BGH 30.5.1990 – XII ZR 75/89, FamRZ 1990, 1217). Handelt es sich dagegen um eine Zuwendung unter Ehegatten, ist wohl auf den für die Ermittlung des Endvermögens maßgeblichen Stichtag, also die Rechtshängigkeit abzustellen (BGH 22.9.2010 – XII ZR 69/09, FamRZ 2010, 2057; Anm. Kogel FF 2011, 31 ff).

2 Die Abzinsung ist in zwei Schritten durchzuführen: Zunächst muss der Zinssatz festgelegt werden, mit dem abgezinst werden soll. Dann ist der geschuldete Betrag mit dem Barwertfaktor zu multiplizieren, der sich aus dem gewählten Zinssatz ergibt. Den Barwertfaktor findet man in der Anlage 2 zu § 20 der Immobilienwertermittlungsverordnung (Haußleiter/Schulz, 5. Aufl., Kap. 1 Rn 400). Dabei gilt: Je höher der gewählte Zinssatz ist, desto höher fällt die Abzinsung aus, dh desto mehr verringert sich die Verbindlichkeit und umgekehrt.

Ist zum Beispiel eine Forderung in Höhe von 100.000 EUR erst in zehn Jahren fällig und wählt man einen Zinssatz von 4 %, verringert sich die Forderung durch die Abzinsung auf 67.560 EUR: 100.000 EUR x Barwertfaktor von 0,6756. Wählt man dagegen einen Zinssatz von 2 %, verringert sich die Schuld lediglich auf 82.030 EUR: 100.000 EUR x Barwertfaktor von 0,8203.

Geht es um eine Verbindlichkeit, die, wie bei den hier in Rede stehenden Fällen oft, mit dem Tod des Übertragenden fällig wird, ist der Fälligkeitszeitpunkt anhand der durchschnittlichen Lebenserwartung des Übertragenden zu bestimmen. Wie hoch die Lebenserwartung noch ist, kann man anhand der im Internet zugänglichen Sterbetafeln des Statistischen Bundesamtes ermitteln (www.destatis.de).

53. Beteiligte

Stockmann

I. Einführung...................................... 1
II. Beteiligtenbegriff............................... 3
  1. Ehe- und Familienstreitsachen................. 4
  2. Nichtstreitverfahren........................... 5
III. Beteiligtenfähigkeit............................ 14
IV. Verfahrensfähigkeit............................ 17

1. Ehe- und Familienstreitsachen................. 18
  a) Allgemein.................................. 18
  b) Verfahrensfähigkeit in Ehesachen........... 20
  c) Prozessführung in Unterhaltssachen für Minderjährige.................................. 22
2. Nichtstreitverfahren........................... 24

I. Einführung

Im FamFG hat der Begriff des Beteiligten eine zentrale **Bedeutung**. An die Beteiligteneigenschaft werden 1 – insbesondere in Nichtstreitverfahren – entscheidende Rechtswirkungen geknüpft. So stehen (nur) den Beteiligten Rechte im Verfahren zu (zB deren Anhörung vor Verweisung bzw Abgabe nach §§ 3, 5 FamFG oder die generelle Anhörung vor einer Sachentscheidung, § 34 FamFG), die gerichtliche Entscheidung wird mit Bekanntgabe an die Beteiligten wirksam (§ 40 Abs. 1 FamFG), hierzu ist sie den Beteiligten zuzustellen, §§ 41, 15 FamFG), nur den Beteiligten können die Kosten des Verfahrens auferlegt werden (§ 81 Abs. 1 FamFG).

Entsprechend den gesetzlichen Vorgaben sind dabei zu **unterscheiden**: der Begriff der Beteiligten (§ 7 2 FamFG), die Beteiligtenfähigkeit (§ 8 FamFG) und die Verfahrensfähigkeit (§ 9 FamFG).

II. Beteiligtenbegriff

Das FamFG verwendet den **Begriff des Beteiligten**, um damit aus der Vielzahl von Personen, die am Verfahren teilnehmen könnten, diejenigen zu benennen, die Mitwirkungsfunktionen haben sollen. Dabei ist 3 wegen der in § 113 Abs. 1 FamFG erfolgten Verweisung in Ehe- und Familienstreitsachen auf die ZPO zu differenzieren:

1. Ehe- und Familienstreitsachen

Hier ergibt sich die Stellung der Beteiligten aus den allgemeinen Regeln der ZPO. Danach folgt die **Parteistellung** aus dem Antrag des Antragstellers, der um Rechtsschutz gegenüber dem Antragsgegner nachsucht 4 (HK-ZPO/Bendtsen § 50 ZPO Rn 1).

2. Nichtstreitverfahren

Beteiligter ist in **Antragsverfahren**, dh solchen Verfahren, die nicht von Amts wegen, sondern durch Anrufung des Gerichts eingeleitet wurden, stets der Antragsteller, § 7 Abs. 1 FamFG. 5

Beteiligte sind ferner die Personen, die **durch Hinzuziehung vom Gericht** formell am Verfahren beteiligt 6 werden, § 7 Abs. 2 und 3 FamFG. Zu dieser Beteiligung ist das Gericht – sowohl in Antrags- als auch in Amtsverfahren – in den Fällen des Abs. 2 verpflichtet:

– Wenn die Person durch das Verfahren **in ihrem Recht unmittelbar betroffen** wird (Abs. 2 Nr. 1). Dies 7 ist in Kindschaftssachen zB der Elternteil, dessen Sorge- oder Umgangsrecht eingeschränkt werden soll. Auch ist das Kind in Kindschaftssachen generell vom Ausgang des Verfahrens in seinen Rechten unmittelbar betroffen und daher zu beteiligen (Keuter NJW 2010, 1851).

Das Erfordernis der unmittelbaren Betroffenheit zeigt folgendes **Beispiel** (Jacoby FamRZ 2007, 1703): Ist über eine familiengerichtliche Genehmigung eines Rechtsgeschäfts (§§ 1643, 1821 f BGB) zu entscheiden, so ist der Vertragspartner des Minderjährigen von der Entscheidung über die Genehmigung betroffen, aber nur mittelbar. Er muss daher nicht beteiligt werden.

8   – Wenn die betreffende Person **aufgrund einer gesetzlichen Bestimmung von Amts wegen zu beteiligen** ist (Abs. 2 Nr. 2). So bestimmt zB § 172 FamFG, dass in allen Abstammungsverfahren das Kind, die Mutter und der Vater zu beteiligen sind. § 188 FamFG benennt die Beteiligten in Adoptionsverfahren, § 204 FamFG diejenigen in Ehewohnungssachen, § 219 FamFG benennt die Beteiligten in Versorgungsausgleichssachen. Nach § 158 Abs. 3 S. 2 FamFG wird der Verfahrensbeistand durch seine Bestellung kraft Gesetzes Beteiligter.

9   Darüber hinaus kann das Gericht weitere Personen **als Beteiligte hinzuziehen**, wenn dies gesetzlich vorgesehen ist (Abs. 3). Relevante Fallgestaltungen betreffen jedoch nicht die Familiensachen, sondern andere Verfahren der freiwilligen Gerichtsbarkeit (zB § 274 Abs. 4 FamFG in Betreuungs- und Unterbringungssachen).

10   Aus den aufgeführten Normen folgt, dass die in § 7 FamFG grundsätzlich umschriebene Beteiligtenrolle durch besondere Normen bei den Abschnitten über die einzelnen Verfahren spezieller definiert wurde. Somit ergibt sich insgesamt eine differenzierende Regelung für die Verfahren des FamFG.

11   Die **Stellung des Jugendamts** ist in Kindschaftssachen in § 162 FamFG angesprochen. Es ist gem. Abs. 2 der am 1.1.2013 in Kraft getretenen Neufassung in allen Verfahren nach §§ 1666, 1666 a BGB zu beteiligen. In den übrigen Kindschaftssachen kann es auf seinen Antrag die Rolle eines Beteiligten übernehmen. Damit es diese Rolle – gegebenenfalls erst im Laufe des Verfahrens – einnehmen kann, sind ihm gem. Abs. 3 S. 1 in allen die Person des Kindes betreffenden Sachen die Gerichtstermine mitzuteilen. In Abstammungssachen regelt § 172 Abs. 2 FamFG, dass das Jugendamt in bestimmten Verfahren ebenfalls auf Antrag zu beteiligen ist, Gleiches gilt nach § 212 FamFG in Gewaltschutzsachen, nach § 188 Abs. 2 FamFG in Adoptionssachen und nach § 204 Abs. 2 in Ehewohnungssachen.

12   Damit wird auch ersichtlich, dass aus dem Umstand, dass eine Person oder Behörde im Verfahren angehört wird, noch nicht dessen/deren Beteiligtenstellung folgt. § 7 Abs. 6 FamFG stellt dies noch einmal klar.

13   Die **Entscheidung des Gerichts über die Hinzuziehung eines Beteiligten** ergeht formlos durch die faktische Beteiligung, zB durch die Ladung zum Termin oder die Übermittlung gerichtlicher Schriftstücke. Das Gericht hat die Beteiligten ferner über ihr Antragsrecht zu belehren, § 7 Abs. 5 S. 2 FamFG.

III. Beteiligtenfähigkeit

14   Sie besagt, wer Subjekt eines FamFG-Verfahrens sein kann (HK-FamFG/Schreiber § 8 Rn 1). Sie ist **Verfahrensvoraussetzung** und von Amts wegen zu prüfen, § 56 ZPO bzw § 9 Abs. 5 FamFG. Im Übrigen ist auch hier hinsichtlich der konkreten Regelung zu differenzieren:

15   **1. Ehe- und Familienstreitsachen:** Es gilt § 50 ZPO, der die Verfahrensfähigkeit an die Rechtsfähigkeit knüpft (HK-ZPO/Bendtsen § 50 ZPO Rn 12 ff). Bei einer ausländischen Person kommt wegen Art. 7 Abs. 1 EGBGB die Anwendung ausländischen Rechts in Frage.

16   **2. Nichtstreitverfahren:** Die Beteiligtenfähigkeit ergibt sich hier aus § 8 FamFG.

IV. Verfahrensfähigkeit

17   Die Verfahrensfähigkeit betrifft die Fähigkeit eines Beteiligten, seine Rechte im Verfahren selbst wahrnehmen zu können.

1. Ehe- und Familienstreitsachen

18   **a) Allgemein.** Hier werden durch die Verweisung des § 113 Abs. 1 FamFG die Regelungen der §§ 51 ff ZPO angewendet. Durch die Bezugnahme des § 52 ZPO auf die Vorschriften der Geschäftsfähigkeit des BGB bedeutet dies:

Grundsätzlich ist nur der voll Geschäftsfähige verfahrensfähig. Gleiches gilt für die Person, für die eine 19 Betreuung mit einem Aufgabenkreis besteht, der den Streitgegenstand des Verfahrens erfasst, § 53 ZPO (vgl HK-ZPO/Bendtsen § 53 ZPO Rn 1 f). Der beschränkt Geschäftsfähige ist nur dann verfahrensfähig, sofern er im Rahmen der §§ 112, 113 BGB wirksame Verträge schließen kann. Ist der Beteiligte nach diesen Normen nicht geschäftsfähig und damit nicht verfahrensfähig, bedarf er zur Wahrnehmung seiner Rechte im Verfahren der Vertretung durch einen gesetzlichen Vertreter.

b) Verfahrensfähigkeit in Ehesachen. Speziell für Ehesachen regelt § 125 FamFG, dass **ein beschränkt** 20 **geschäftsfähiger Ehegatte** verfahrensfähig ist (vgl HK-FamFG/Kemper § 125 FamFG Rn 2). Der **geschäftsunfähige Ehegatte** sowie derjenige, für den **eine Betreuung mit dem Aufgabenkreis der Vertretung in der Ehesache** besteht (vgl § 53 ZPO), ist nicht verfahrensfähig. Für ihn handelt im Verfahren sein gesetzlicher Vertreter (vgl HK-FamFG/Kemper § 125 FamFG Rn 3).

Für die **Stellung eines Scheidungsantrages** benötigt der gesetzliche Vertreter zusätzlich die Genehmigung 21 des Familiengerichts (sofern der geschäftsunfähige Ehegatte minderjährig ist) bzw des Betreuungsgerichts (sofern der geschäftsunfähige Ehegatte volljährig ist).

c) Prozessführung in Unterhaltssachen für Minderjährige. Grundsätzlich steht die Prozessführungsbe- 22 fugnis dem Inhaber des streitbefangenen Rechts zu (vgl HK-ZPO/Bendtsen § 51 ZPO Rn 10). Demnach ist dann, wenn dem Kind zustehende Ansprüche geltend gemacht werden, das Kind selbst Verfahrensbeteiligter. Die Eltern als gesetzliche Vertreter sind nicht Partei, sie können aber gleichwohl in diesen Verfahren nicht als Zeugen auftreten. Dem gesetzlichen Vertreter steht die Zeugeneigenschaft dann nicht zu, wenn er für das Kind einen Prozess führt, dessen Streitgegenstand in seinen Vertretungsbereich fällt (HK-ZPO/ Eichele § 51 Rn ZPO 10).

Von diesem Grundsatz macht § 1629 Abs. 3 BGB durch die dort vorgeschriebene Notwendigkeit einer **ge-** 23 **setzlichen Prozessstandschaft** eine bedeutsame Ausnahme. Nach dieser Norm muss der Elternteil, der das Kind in Obhut hat und dem daher gem. § 1629 Abs. 2 BGB die Alleinvertretungsbefugnis für die Unterhaltsansprüche des Kindes gegen den anderen Elternteil zusteht, diese im eigenen Namen geltend machen, wenn die Eltern verheiratet sind, aber getrennt leben oder eine Ehesache zwischen ihnen anhängig ist (s. → *Prozessstandschaft*). Fehlt dem Antragsteller die Prozessführungsbefugnis, weil die Regeln der Prozessstandschaft nicht beachtet wurden, so ist sein Begehren als unzulässig abzuweisen. Fehlt dem Antragsgegner die Prozessführungsbefugnis, so ist der falsche Beteiligte in Anspruch genommen. Das Begehren erweist sich als unbegründet (HK-ZPO/Bendtsen § 51 ZPO Rn 11).

2. Nichtstreitverfahren

Hier enthält § 9 Abs. 1 FamFG ausdrückliche Regelungen zur Verfahrensfähigkeit, die ihrerseits wiederum 24 auf die Normen des BGB betreffend die Geschäftsfähigkeit Bezug nehmen, aber zu einem anderen Kreis der Verfahrensunfähigen führen als bei Ehe- und Familienstreitverfahren:

Der voll Geschäftsfähige ist auf jeden Fall verfahrensfähig, Nr. 1. 25

Der beschränkt Geschäftsfähige ist verfahrensfähig, sofern er im Rahmen der §§ 112, 113 BGB wirksame 26 Verträge schließen kann, Nr. 2.

Der **beschränkt Geschäftsfähige** ist ferner dann verfahrensfähig, sofern er das 14. Lebensjahr vollendet 27 hat, um in einem seine Person betreffenden Verfahren ein ihm zustehendes Recht geltend zu machen, Nr. 3.

Beispiele: Dies betrifft den 16-Jährigen, der die familiengerichtliche Zustimmung zur Eheschließung nach § 1303 Abs. 2 BGB begehrt, den 14-Jährigen, der im Sorgerechtsverfahren der Auflösung des gemeinsamen Sorgerechts gem. § 1671 Abs. 2 Nr. 1 BGB widerspricht, oder den Minderjährigen, der sein Recht auf Umgang mit einem Elternteil (§ 1684 Abs. 1 BGB) geregelt haben will.

Die Verfahrensfähigkeit des Minderjährigen nach § 9 Abs. 1 Nr. 3 FamFG besteht wegen des Ausnahme- 28 charakters der Norm **nur dann, wenn er ein ihm zustehendes Recht eigenständig geltend macht,** er also entweder als Antragsteller auftritt oder ein ihm zustehendes Mitwirkungs- oder Beteiligungsrecht ausübt (HK-FamFG/Schreiber § 9 FamFG Rn 9, 12; Heiter FamRZ 2009, 85 ff). Ferner kann diese Aussage aus dem Vergleich mit § 167 Abs. 3 FamFG (s. Rn 29) hergeleitet werden. Letztere Norm wäre überflüssig, wenn der Minderjährige bereits aus § 9 Abs. 1 Nr. 3 FamFG eine nicht an seine Rolle im Verfahren gebundene Verfahrensfähigkeit hätte.

Schürmann (FamFR 2009, 153) vertritt die Ansicht, der beschränkt geschäftsfähige Minderjährige sei nur in einem bereits eingeleiteten Verfahren verfahrensfähig, er sei aber nicht befugt, selbst einen Antrag auf Einleitung eines ihn betreffenden Kindschaftsverfahrens zu stellen. Diese enge Auslegung (die wohl auch von Keidel/Zimmermann § 9 FamFG Rn 15 vertreten wird) ist mE weder sinnvoll, noch vom Gesetzestext gefordert. Sie würde auch einen Systembruch darstellen: Das Kind wäre nach § 60 FamFG zwar beschwerdeberechtigt, aber nicht in der Lage, das Ausgangsverfahren einzuleiten.

29 Der nicht voll Geschäftsfähige ist verfahrensfähig, sofern er durch eine ausdrückliche gesetzliche Regelung diese Fähigkeit zuerkannt bekommen hat, Nr. 4. Dies betrifft vor allem **Betreuungs- und Unterbringungsverfahren**, in denen § 275 FamFG bzw § 316 FamFG auch dem geschäftsunfähigen Betroffenen die Verfahrensfähigkeit verleiht. In Familiensachen führt § 167 Abs. 3 FamFG dazu, dass in **Verfahren betreffend die Unterbringung Minderjähriger** (gem. § 151 Nr. 7 FamFG) der betroffene Minderjährige ohne Rücksicht auf seine Geschäftsfähigkeit verfahrensfähig ist, wenn er das 14. Lebensjahr vollendet hat.

30 Ist der Beteiligte nach diesen Normen verfahrensfähig, hat er alle verfahrensrechtlichen Befugnisse.

31 Ist der Beteiligte nach diesen Normen nicht geschäftsfähig und damit nicht verfahrensfähig, bedarf er zur Wahrnehmung seiner Rechte im Verfahren der Vertretung durch einen gesetzlichen Vertreter (§ 9 Abs. 2 FamFG).

32 **Generelle Probleme bei der Vertretung durch den gesetzlichen Vertreter:** Soweit infolge Verfahrensunfähigkeit eine Vertretung eines nicht Geschäftsfähigen durch seinen gesetzlichen Vertreter infrage kommt, kann eine **Konfliktsituation** dann eintreten, wenn die Interessen des Nichtgeschäftsfähigen und die seines gesetzlichen Vertreters möglicherweise nicht deckungsgleich sind, so insbesondere dann, wenn der gesetzliche Vertreter selbst schon Beteiligter des Verfahrens ist. Dies kann zB in Kindschaftsverfahren und Abstammungsverfahren (s. → *Anfechtung der Vaterschaft* Rn 16) der Fall sein.

33 Zur Lösung dieser Problematik wurde nach Inkrafttreten des FamFG von Teilen der Rechtsprechung und der Literatur (zB OLG Oldenburg 26.11.2009 – 14 UF 149/00, NJW 2010, 1888; KG 4.3.2010 – 17 UF 5/10, NJW-RR 2010, 1087) die Ansicht vertreten, für das Kind müsse in jedem Fall ein **Ergänzungspfleger** bestellt werden. Hierfür wäre aber ein gesondertes Verfahren erforderlich, in dem das Kind wiederum zu beteiligen ist. Konsequenterweise müsste dann auch in diesem Verfahren ein Ergänzungspfleger („Ergänzungspfleger des Kindes in dem Verfahren auf Bestellung eines Ergänzungspflegers") zu bestellen sein (so auch Keuter NJW 2010, 1851 und Mahlmann FPR 2011, 271). Dies wurde von den Vertretern dieser dogmatischen Auffassung überhaupt nicht thematisiert (Zorn RPfleger 2010, 425 behauptete, das Verfahren betreffend die Bestellung eines Ergänzungspflegers sei nur ein Zwischenverfahren; dies ist mE mit § 151 FamFG nicht vereinbar).

34 Diesen dogmatischen Lösungsweg hat der Bundesgerichtshof (7.9.2011 – XII ZB 12/11, NJW 2011, 3454) für Kindschaftssachen nicht nur abgelehnt, sondern als rechtswidrig beanstandet. Ein derart gravierender Eingriff in das Elternrecht wie der teilweise Entzug der Vertretungsbefugnis sei nicht verhältnismäßig. Der Interessengegensatz könne problemlos durch die **Heranziehung eines Verfahrensbeistandes** gelöst werden: Der Verfahrensbeistand ist zwar kein gesetzlicher Vertreter, § 158 Abs. 4 S. 5 FamFG, die gesetzliche Vertretungsbefugnis der Eltern bleibt bestehen. Aufgabe des Verfahrensbeistands ist es aber, das Interesse des Kindes festzustellen und im gerichtlichen Verfahren zur Geltung zu bringen, § 158 Abs. 4 S. 1 FamFG. Damit kann durch die Bestellung des Verfahrensbeistands das Problem des **Interessengegensatzes** zwischen dem Minderjährigen und seinem gesetzlichen Vertreter **gelöst** werden: Die Interessen des Kindes

werden im Verfahren nicht mehr durch den nicht unbefangenen gesetzlichen Vertreter, sondern durch den Verfahrensbeistand wahrgenommen.

Die an sich nahe liegende Übertragung dieser Überlegungen auf Abstammungsverfahren hat der Bundesgerichtshof (21.3.2012 – XII ZB 510/10, FamRZ 2012, 859) jedoch abgelehnt. Demnach wird in Abstammungssachen für das Kind die Bestellung eines Ergänzungspflegers erforderlich (s. → *Anfechtung der Vaterschaft* Rn 16).

Wird für einen verfahrensfähigen Minderjährigen ein Verfahrensbeistand bestellt, so wird dadurch die Verfahrensfähigkeit des Kindes nicht beeinträchtigt. § 9 Abs. 5 FamFG verweist zwar auf § 53 ZPO, die dortige Regelung setzt aber die Vertretung durch einen Pfleger voraus. Dies ist der Verfahrensbeistand nicht (vgl auch Heiter FamRZ 2009, 85). 35

54. Betreuungsgeld

Conradis

1   Durch das Betreuungsgeldgesetz vom 14.2.2013 wurde nach langer kontroverser Diskussion das Betreuungsgeld als weitere Sozialleistung geschaffen. Es werden erhebliche verfassungsrechtliche Bedenken geltend gemacht (Brosius-Gersdorf NJW 2013, 2316). Das Betreuungsgeld wird Eltern bewilligt, die **keine öffentlich geförderte Kinderbetreuung in Anspruch nehmen**. Es ist als Abschnitt 2 (§§ 4 a bis 4 d BEEG) in das BEEG eingefügt worden. Der Anspruch besteht für Kinder, die seit dem 1.8.2012 geboren wurden. Die Höhe beträgt 150 EUR pro Monat, § 4 b BEEG, im Jahr 2013 lediglich 100 EUR pro Monat, § 27 Abs. 3 BEEG. Die Zahlung erfolgt für 24 Monate vom 13. bis 36. Lebensmonat. Voraussetzung für den Bezug ist, dass keine öffentlich geförderte Kinderbetreuung in Anspruch genommen wird, § 4 a Abs. 1 Nr. 2 BEEG. In bestimmten Fällen des § 4 a Abs. 2 BEEG kann auch dann ein Anspruch bestehen, wenn das Kind nicht mehr als zehn Wochenstunden im Monatsdurchschnitt öffentlich gefördert betreut wird.

2   Durch die Einfügung des Betreuungsgeldes in § 11 BEEG wird es beim Unterhalt grundsätzlich genauso behandelt wie das Elterngeld (s. → *Elterngeld*), indem es wegen der geringen Höhe (unter 300 EUR) nur in den dort genannten Fällen beim Unterhalt berücksichtigt wird. Allerdings beträgt der Höchstbetrag des grundsätzlich beim Unterhalt nicht zu berücksichtigenden Betrages für beide Leistungen insgesamt 300 EUR, so dass bei Zahlung von 300 EUR Elterngeld und 100 EUR bzw 150 EUR in dem 13. und 14. Lebensmonat der Betrag, der 300 EUR übersteigt, in vollem Umfang beim Unterhalt als Einkommen angerechnet wird – eine etwas eigentümliche Regelung, die allerdings gegebenenfalls dadurch vermieden werden kann, dass der eine Elternteil Elterngeld bezieht und der andere Elternteil das Betreuungsgeld beantragt. Bei angenommenen Kindern kann es hingegen zu länger dauernden Überschneidungen kommen, da das Elterngeld nach § 4 Abs. 1 S. 2 BEEG bis zur Vollendung des achten Lebensjahres in Betracht kommt.

55. Betreuungsunterhalt

Finke

I. Einführung...................................... 1
II. Voraussetzungen des Anspruchs................ 6
  1. Einsatzzeitpunkte 6
  2. Teilweiser bzw vollständiger Wegfall der
    Erwerbsobliegenheit aufgrund Kindesbetreuung 7
    a) Betreuung eines gemeinsamen ehelichen
      Kindes.................................... 7
    b) Einschränkung der Erwerbsobliegenheit
      wegen der Kindesbetreuung................. 8
      aa) Allgemeines........................... 8
      bb) Keine Erwerbsobliegenheit bis zur Voll-
        endung des dritten Lebensjahres des
        Kindes................................ 10

      cc) Einschränkung der Erwerbsobliegenheit
        ab Vollendung des dritten Lebensjahres
        des Kindes aus kindbezogenen Gründen 11
      dd) Einschränkung der Erwerbsobliegenheit
        ab Vollendung des dritten Lebensjahres
        des Kindes aus elternbezogenen Grün-
        den................................... 26
    c) Beschränkung der Erwerbsobliegenheit auf
      eine angemessene Erwerbstätigkeit.......... 32
  3. Berücksichtigung des Betreuungsaufwands 33
III. Beschränkung des Anspruchs nach
    § 1578 b BGB.................................... 37
IV. Darlegungs- und Beweislast..................... 40

I. Einführung

Nach § 1570 BGB kann ein geschiedener Ehegatte von dem anderen Ehegatten Unterhalt verlangen, soweit **1** er wegen der Betreuung eines gemeinsamen Kindes ganz oder teilweise nicht zu einer Erwerbstätigkeit verpflichtet ist und er deshalb seinen Bedarf nach § 1578 BGB nicht aus eigenen Einkünften zu decken vermag. Dabei können Bedarf und Bedürftigkeit neben der Nichterzielung eigener Erwerbseinkünfte auch darauf beruhen, dass der andere Ehegatte selbst dann über ein höheres Einkommen verfügen würde, wenn der betreuende Ehegatte ohne die Kindesbetreuung uneingeschränkt einer Erwerbstätigkeit nachgehen könnte. Der Unterhaltsanspruch hat auch in diesem Fall seine Grundlage ausschließlich in § 1570 BGB, wenn **keinerlei Erwerbsobliegenheit** besteht (BGH 6.5.2009 – XII ZR 114/08, NJW 2009, 1956; s. weiter → *Anschlussunterhalt* Rn 9). Hat die Kindesbetreuung dagegen nur einen **teilweisen Wegfall der Erwerbsobliegenheit** zur Folge, so beschränkt sich der Anspruch nach § 1570 BGB darauf, die unterhaltsrechtlichen Auswirkungen des durch die Erwerbsbeschränkung verursachten Einkommensverlustes auszugleichen, während der durch das unabhängig hiervon unterschiedliche Einkommen der Eheleute bedingte Unterhaltsanspruch als Aufstockungsunterhalt auf § 1573 Abs. 2 BGB beruht. Zum Betreuungsunterhalt von Eltern eines nichtehelichen Kindes s. → *Unterhaltsanspruch des nichtehelichen Elternteils* Rn 5 ff.

Im Gegensatz zu den anderen Tatbeständen des nachehelichen Unterhalts handelt es sich bei den finanziel- **2** len Einbußen aufgrund der Einschränkung der Erwerbsmöglichkeiten, die durch den Betreuungsunterhalt ausgeglichen werden sollen, immer um Auswirkungen der Ehe. Es geht also immer um den Ausgleich **ehebedingter Nachteile**. Daneben kommt der Grundsatz der nachehelichen Solidarität (s. → *Nacheheliche Solidarität*) nur bei dem Sachverhalt zum Tragen, dass den betreuenden Ehegatten keinerlei Erwerbsobliegenheit trifft und der Bedarf zum Teil nicht durch die Einkommenseinbußen aufgrund der Betreuung, sondern auf dem ohnehin höheren Einkommen des anderen Ehegatten beruht.

Das UÄndG 2007 hat für den Betreuungsunterhalt tief greifende Veränderungen gebracht, indem es eine **3** Erwerbsobliegenheit neben der Betreuung minderjähriger Kinder nur noch bis zur Vollendung des dritten Lebensjahres eines Kindes ausschließt, während für die Folgezeit grundsätzlich eine solche Obliegenheit besteht, die nur im Einzelfall aus Billigkeitsgründen eingeschränkt werden kann. Die hiermit vollzogene **Abkehr vom** früheren Rechtszustand, der durch die gefestigte Rechtsprechung zum sog. **Altersphasenmodell** geprägt war, stellt eines der Kernstücke der Reform des Ehegattenunterhalts durch das UÄndG dar. Dass diese Umstellung in der Praxis erhebliche Schwierigkeiten bereitet, wird daran deutlich, dass mehr als drei Jahre nach dem Inkrafttreten der Reform der Bundesgerichtshof immer wieder beanstandet, dass von den Instanzgerichten das Erfordernis einer Einzelfallprüfung ohne Anlehnung an abstrakte Grundsätze im Sinne eines abgewandelten Altersphasenmodells bei der Beurteilung der Vereinbarkeit einer Erwerbstätigkeit mit einer Kindesbetreuung nicht hinreichend beachtet wird (BGH 1.6.2011 – XII ZR 45/09, NJW-Spezial 2011, 453; 30.3.2011 – XII ZR 3/09, NJW 2011, 1582).

4   Offensichtlich ist die Umstellung auf die neue Rechtslage auch beim Bundesgerichtshof nicht so konsequent und selbstverständlich erfolgt. Darauf deutet jedenfalls hin, dass es noch in der ersten Grundsatzentscheidung zu § 1570 BGB (BGH 16.7.2008 – XII ZR 109/05, NJW 2008, 3125) ausdrücklich als sachdienlich angesehen worden ist, wenn die Instanzgerichte bei der Bestimmung des Umfangs der Erwerbsobliegenheit Fallgruppen bilden, bei denen das Alter des betreuten Kindes ein wesentliches Kriterium darstellt. In den folgenden Entscheidungen des Bundesgerichtshofs, die sich auf die Vorentscheidung berufen, ohne sich auch nur teilweise hiervon abzugrenzen, wird dieser Ansatz nicht weiter verfolgt. Die vom Bundesgerichtshof nunmehr vertretene **Absage an jede Art von Pauschalierungen bei der Beurteilung der Betreuungsbedürftigkeit** von Kindern in verschiedenen Altersstufen und der Vereinbarkeit einer Erwerbstätigkeit hiermit neben einer möglichen Fremdbetreuung lässt sich weder aus dem Gesetz noch aus dessen Begründung und insbesondere nicht aus dem Willen des Gesetzgebers, das frühere Altersphasenmodell als nicht mehr den tatsächlichen gesellschaftlichen Verhältnissen entsprechend aufzugeben (BT-Drucks. 16/1830, 17: „… anstelle der bisherigen, häufig sehr schematisierenden Betrachtungsweise anhand des tradierten Altersphasenmodells ist stärker auf den konkreten Einzelfall … abzustellen"), herleiten (Norpoth FamRZ 2011, 873).

5   Der nacheheliche Betreuungsunterhalt, der mittelbar auch den **Anspruch des Kindes auf Betreuung sicherstellt**, wird in § 1570 Abs. 1 BGB hinsichtlich der wesentlichen Voraussetzungen identisch mit dem Unterhaltsanspruch nach § 1615l Abs. 2 BGB bei Betreuung eines gemeinsamen nichtehelichen Kindes behandelt. Dies entspricht der Vorgabe des Bundesverfassungsgerichts (BVerfG 28.2.2007 – 1 BvL 9/04, NJW 2007, 1735). Eine allein für den Ehegattenunterhalt geltende Sonderregelung enthält § 1570 Abs. 2 BGB. Diese **teilweise Ungleichbehandlung gegenüber der Betreuung eines nichtehelichen Kindes** wird darauf gestützt, dass sog. elternbezogene Gründe nach dem Grundsatz der nachwirkenden ehelichen Solidarität (s. → *Nacheheliche Solidarität*) eine Fortdauer des Unterhaltsanspruchs im Einzelfall auch dann rechtfertigen könnten, wenn eine Betreuung durch einen Elternteil unter Kindeswohlgesichtspunkten nicht mehr erforderlich sei (zur teilweisen Berücksichtigung elternbezogener Gründe beim Betreuungsunterhalt nach § 1615l Abs. 2 BGB s. Rn 45). Der Schutz, den die eheliche Verbindung durch Art. 6 Abs. 1 GG erfahre, erlaube es, den betreuenden Elternteil unterhaltsrechtlich besser zu stellen als einen nicht verheirateten Elternteil (BT-Drucks. 16/1830, 17).

II. Voraussetzungen des Anspruchs

1. Einsatzzeitpunkte

6   Das Gesetz sieht beim Betreuungsunterhalt – anders als bei den anderen Tatbeständen des nachehelichen Unterhalts – **keine Einsatzzeitpunkte** vor. Dies ist folgerichtig, weil sich der Betreuungsbedarf zwar regelmäßig im Zeitpunkt der Scheidung ergibt, aber auch später entstehen kann, und zwar bei Pflegebedürftigkeit selbst bei einem volljährigen Kind (BGH 16.1.1985 – IVb ZR 59/83, NJW 1985, 909). Wurde das Kind zunächst von dem anderen Ehegatten oder durch Dritte betreut, so entsteht der Anspruch nach § 1570 BGB mit der Übernahme der Betreuung, also auch einem nach der Scheidung liegenden Zeitpunkt, ohne dass dies an Einsatzzeitpunkte oder vorher bestehende nacheheliche Unterhaltsansprüche im Sinne eines Anschlusstatbestandes im Rahmen einer ununterbrochenen Unterhaltskette geknüpft wäre. Leitet sich der Unterhaltsanspruch dagegen neben § 1570 BGB auch aus einem anderen Unterhaltstatbestand her (zur Aufteilung des Anspruchs nach den verschiedenen Tatbeständen s. → *Anschlussunterhalt* Rn 10), so gelten insoweit (dh zB hinsichtlich des im Gesamtanspruch enthaltenen Aufstockungsunterhalts) die gesetzlichen Einsatzzeitpunkte sowie die Grundsätze des Anschlussunterhalts (s. → *Anschlussunterhalt*).

2. Teilweiser bzw vollständiger Wegfall der Erwerbsobliegenheit aufgrund Kindesbetreuung

7   **a) Betreuung eines gemeinsamen ehelichen Kindes.** § 1570 BGB setzt die Betreuung eines gemeinsamen Kindes der Eheleute, und zwar eines ehelichen Kindes voraus. Das Merkmal der Ehelichkeit ist zwar nicht vom Gesetzeswortlaut her erfasst, wird aber überwiegend daraus hergeleitet, dass die Regelung dem Ausgleich einer ehebedingten Bedürfnislage dient (BGH 17.12.1997 – XII ZR 38/96, NJW 1998, 1065 mwN zur Gegenmeinung). Außerdem ist der Betreuungsunterhalt für ein nichteheliches Kind in § 1615l

BGB besonders geregelt. Nachdem die beiden Betreuungsunterhaltsregelungen in § 1570 BGB und § 1615 l BGB weitgehend einander angenähert sind, kommt dieser früheren Streitfrage keine besondere Bedeutung mehr zu.

Danach sind als gemeinsame Kinder iSd § 1570 BGB zu behandeln:

– alle in der Ehe geborenen Kinder (§ 1592 Nr. 1 BGB), solange nicht rechtskräftig festgestellt worden ist, dass der Ehemann nicht der Kindesvater ist (§ 1599 Abs. 1 BGB), oder das Kind zwar in der Ehe, aber nach Anhängigkeit des Scheidungsantrags geboren ist und die Voraussetzungen des § 1599 Abs. 2 u. 3 BGB vorliegen; aA NK-BGB/Fränken § 1570 Rn 6, der darauf abstellen will, ob das Kind in der Ehe gezeugt worden ist.

– vor der Ehe geborene gemeinsame Kinder, bei denen der Ehemann die Vaterschaft wirksam anerkannt hat, so dass diese automatisch zu ehelichen Kindern werden;

– von den Eheleuten adoptierte Kinder, die nach § 1754 Abs. 1 BGB als eheliche Kinder gelten.

Nicht als gemeinsame Kinder iSd § 1570 BGB sind zu behandeln:

– voreheliche Kinder eines Ehegatten;

– vor der Ehe geborene gemeinsame Kinder, bei denen der Ehemann die Vaterschaft nicht anerkannt hat;

– nachehelich geborene Kinder, die als nichteheliche Kinder behandelt werden, so dass sich ein möglicher Betreuungsunterhalt nach § 1615 l BGB richtet (BGH 17.12.1997 – XII ZR 38/96, NJW 1998, 1065);

– Pflegekinder; hier kommt bei berechtigter Einschränkung der Erwerbstätigkeit aufgrund der Kindesbetreuung lediglich ein Billigkeitsunterhalt in Betracht (s. → *Billigkeitsunterhalt* Rn 3).

b) Einschränkung der Erwerbsobliegenheit wegen der Kindesbetreuung. aa) Allgemeines. Im Gegensatz zur früheren Regelung in § 1570 BGB aF, die mit der Formulierung „solange und soweit von ihm … keine Erwerbstätigkeit erwartet werden kann" keinerlei Vorgaben zur Bestimmung des Umfangs der Erwerbsobliegenheit im konkreten Fall machte, was die Praxis dazu veranlasste, im Laufe der Zeit das sog. Altersphasenmodell zu entwickeln, sieht die jetzige Fassung des § 1570 BGB eine gestufte Regelung vor. Für die Zeit bis zur Vollendung des dritten Lebensjahres des betreuten Kindes besteht ohne jede Erwerbsobliegenheit ein Betreuungsunterhaltsanspruch (§ 1570 Abs. 1 S. 1 BGB), der in der Gesetzesbegründung als **Basisunterhalt** bezeichnet wird. Wird dennoch eine Erwerbstätigkeit ausgeübt, so ist sie unabhängig von der Betreuungssituation überobligationsmäßig mit der Folge, dass die neben der Betreuung erzielten Einkünfte nur nach Billigkeit berücksichtigt werden können. Eine Befristung des Anspruchs von vornherein auf die Dauer von drei Jahren scheidet aus, da die Billigkeit der Fortdauer des vollen bzw eingeschränkten Betreuungsunterhaltsanspruchs erst dann abschließend beurteilt werden kann, wenn die tatsächlichen Voraussetzungen hierfür vorliegen und die Billigkeitsabwägung nicht allein auf einer Prognose beruht (BGH 18.3.2009 – XII ZR 74/08, NJW 2009, 1876). **8**

Für die Folgezeit kommt die Fortdauer des Anspruchs unter Billigkeitsgesichtspunkten in Betracht, soweit im Einzelfall Kindesbelange, dh **kindbezogene Gründe** einer Erwerbstätigkeit entgegenstehen. Wesentliches Billigkeitskriterium sind dabei die bestehenden Möglichkeiten der Kindesbetreuung (§ 1570 Abs. 1 S. 2 BGB). Sind solche Gründe nicht (mehr) gegeben, so kommt die Fortdauer des Basisunterhalts oder des Billigkeitsunterhalts aus kindbezogenen Gründen in Betracht, wenn dies im Hinblick auf die Gestaltung der Kindesbetreuung und Erwerbstätigkeit in der Ehe sowie die Ehedauer, dh aus **elternbezogenen Gründen** der Billigkeit entspricht (§ 1570 Abs. 2 BGB). Mit Ausnahme des Basisunterhalts gibt das Gesetz auch nach dem UÄndG keine konkreten Vorgaben für die Beurteilung der Erwerbsobliegenheit des betreuenden Ehegatten, sondern eröffnet mit den Billigkeitsregelungen ein weites Feld, welches allein der Ausgestaltung durch die Rechtsprechung überlassen ist. **9**

bb) Keine Erwerbsobliegenheit bis zur Vollendung des dritten Lebensjahres des Kindes. Unabhängig von der tatsächlichen oder möglichen Betreuung des Kindes und unabhängig von der tatsächlich ausgeübten oder zumutbaren und möglichen Erwerbstätigkeit kann der ein gemeinsames Kind betreuende Ehegatte nach § 1570 Abs. 1 S. 1 BGB Betreuungsunterhalt verlangen, solange das Kind noch nicht drei Jahre alt ist. **10**

Dieser **Basisunterhalt** umfasst den gesamten Bedarf nach § 1578 BGB, dh einschließlich des Teils, der auf dem ohnehin (also ohne den Einkommensverlust aufgrund der Einschränkung der Erwerbstätigkeit des Berechtigten) höheren des unterhaltspflichtigen Ehegatten beruht (s. → Rn 1). Dennoch erzielte Einkünfte des Berechtigten werden nach den für die Behandlung von Einkünften aus **überobligationsmäßiger Erwerbstätigkeit** geltenden Grundsätzen berücksichtigt (§ 1577 Abs. 2 BGB), dh nur mit dem nach Billigkeit berücksichtigungsfähigen Anteil in die Bedarfsermittlung eingestellt und zur Bedarfsdeckung herangezogen (BGH 18.3.2009 – XII ZR 74/08, NJW 2009, 1876; NK-BGB/Fränken § 1570 BGB Rn 24).

11 **cc) Einschränkung der Erwerbsobliegenheit ab Vollendung des dritten Lebensjahres des Kindes aus kindbezogenen Gründen.** Der Betreuungsunterhalt verlängert sich über den Basisunterhalt hinaus ab der Vollendung des dritten Lebensjahres des Kindes, soweit und solange die **Fortdauer des Anspruchs der Billigkeit entspricht**. Es handelt sich nicht um einen neuen Anspruch, sondern um die Fortdauer des bisherigen Anspruchs (BGH 18.3.2009 – XII ZR 74/08, NJW 2009, 1876). Dies folgt aus dem Gesetzeswortlaut, nach dem der Anspruch „mindestens drei Jahre" besteht und „sich verlängert". Weil die Fortdauer des Anspruchs über die Vollendung des dritten Lebensjahres des Kindes einerseits nicht von vornherein ausgeschlossen ist, aber andererseits auch nicht feststeht, ist eine Befristung bis zu diesem Zeitpunkt nicht möglich. Der Pflichtige ist vielmehr gehalten, die Minderung oder den Verlust des Anspruchs auf Betreuungsunterhalt bei Eintritt dieser Voraussetzungen geltend zu machen und im Streitfall mit einem Abänderungsantrag durchzusetzen.

12 Die maßgebliche Frage bei der hinsichtlich der Fortdauer des Betreuungsunterhalts zu treffenden **Billigkeitsabwägung** ist, in welchem Umfang eine Erwerbsobliegenheit neben der Betreuung besteht. Das Gesetz gibt hierzu ebenso wie die frühere Fassung des § 1570 BGB keine konkreten Vorgaben, sondern verweist darauf, dass die Kindesbelange und die bestehenden Möglichkeiten der Kindesbetreuung zu berücksichtigen sind (§ 1570 Abs. 1 S. 2 BGB). Es handelt sich bei diesen Kriterien um die sog. **kindbezogenen Gründe**. Die Konkretisierung dieser Variante des Betreuungsunterhalts ist der Rechtsprechung überlassen worden. Der Gesetzesbegründung kann lediglich entnommen werden, dass das nach früherem Recht von der Rechtsprechung entwickelte **Altersphasenmodell** nicht angewendet werden soll, da es mit seinen Anforderungen nicht mehr der gesellschaftlichen Entwicklung entspreche. Außerdem wird darauf hingewiesen, dass mit der neuen Regelung **kein abrupter, übergangsloser Wechsel** von der elterlichen Betreuung zur Vollerwerbstätigkeit beabsichtigt sei. Vielmehr sei im Interesse des Kindeswohls auch künftig ein an den Kriterien des § 1570 Abs. 1 BGB orientierter **gestufter Übergang** möglich (BT-Drucks. 16/1830 – Anlage „Formulierungshilfe" S. 5 = FamRZ 2007, 1947).

13 Im Rahmen der Billigkeitsentscheidung ist zunächst zu prüfen, ob und **in welchem Umfang die Kinderbetreuung** unter Inanspruchnahme kindgerechter Betreuungseinrichtungen **gesichert ist bzw gesichert werden könnte**. Das bedeutet, dass der betreuende Elternteil grundsätzlich gehalten ist, bestehende Möglichkeiten der Fremdbetreuung in Anspruch zu nehmen (BGH 18.3.2009 – XII ZR 74/08, NJW 2009, 1876). Eine freie Entscheidungsmöglichkeit zwischen Selbst- und Fremdbetreuung besteht nicht. In allen bisherigen Entscheidungen geht der Bundesgerichtshof davon aus, dass öffentliche Einrichtungen wie Kindergärten und Tagesstätten, aber auch eine Über-Mittag-Betreuung in der Schule (krit. zur Qualität dieser Art der Betreuung zu Recht Norpoth FamRZ 2011, 873) eine kindgerechte Betreuung bieten. Dies erscheint jedenfalls dann problematisch, wenn die Beaufsichtigung aufgrund des Verhältnisses von Betreuungspersonen zur Anzahl der betreuten Kinder eher einer Verwahrung als einer Betreuung gleicht. Nach einer Erklärung des Bundesverbandes der Kinder- und Jugendärzte vom 15.9.2009 ist ein Personalschlüssel von 13 bis 15 Kindern je Erzieher in Kindertagesstätten und von acht bis zehn Kindern je Erzieher in Kinderkrippen, wie er im Durchschnitt der Bundesländer praktiziert wird, viel zu gering, um eine angemessene Förderung zu gewährleisten. Die mangelnde Qualität der möglichen Betreuung hat der Berechtigte darzulegen und zu beweisen. Weicht der Personalschlüssel im konkreten Fall sogar noch von den vorstehenden Zahlen nach oben hin ab, so ist eine angemessene Betreuung zu verneinen.

14 Ob die **tatsächliche Betreuung durch Verwandte oder andere Personen** als Betreuung iSd § 1570 BGB anzusehen ist, ist umstritten. Teilweise wird dies bejaht, da sich aus dem Gesetz keine Einschränkung auf

öffentliche Einrichtungen herleiten lasse (Peschel-Gutzeit, Das neue Unterhaltsrecht 2008, Rn 52; Borth FamRZ 2008, 2, 7; Kalthoener/Büttner/Niepmann Rn 471; differenzierend Erman/Graba § 1570 BGB Rn 8: jedenfalls dann, wenn das Kind während dieser Zeit auch in einer Einrichtung betreut werden kann; aA Gerhardt FuR 2008, 9; einschränkend auch DIJuF-Stellungnahme in FuR 2008, 275).

Der Bundesgerichtshof hat die unentgeltliche Betreuungsleistung von Großeltern in einer Zeit, in der eine **15** Kindesbetreuung in öffentlichen Einrichtungen nicht sichergestellt werden konnte, bei der Beurteilung der Erwerbsobliegenheit des betreuenden Elternteils als diesem sowie dem Enkelkind zugedachte **freiwillige Leistung Dritter** vollständig unberücksichtigt gelassen (BGH 19.6.2009 – XII ZR 102/08). Die dennoch in dieser Zeit erzielten Einkünfte der Mutter sind als Einkünfte aus einer überobligationsmäßigen Erwerbstätigkeit beim Unterhalt unberücksichtigt geblieben. Dem Umstand, dass in solchen Fällen die unentgeltliche Leistung im Zweifel allein dem eigenen Kind und dem Enkelkind und nicht dem Schwiegerkind als unterhaltsrechtliche Entlastung zugute kommen soll (Erman/Graba § 1570 BGB Rn 7; Borth, Unterhaltsrechtsänderungsgesetz 2008, Rn 78), könnte auch dadurch Rechnung getragen werden, dass die Betreuungsleistung monetarisiert und fiktiv wie tatsächlich angefallener Aufwand für eine Fremdbetreuung behandelt wird (OLG Hamm 7.2.2007 – 5 UF 111/06, FuR 2007, 177). Diese Lösung erscheint jedenfalls dann sachgerecht, wenn die Betreuung durch Dritte anstelle einer an sich möglichen Betreuung in einer öffentlichen Einrichtung erfolgt (Erman/Graba § 1570 BGB Rn 8).

Andererseits kann ein betreuender Elternteil nicht auf die **Inanspruchnahme Dritter** (wie zB die Großel- **16** tern, den Lebensgefährten) verwiesen werden, da er hierauf keinen Anspruch hat. Für ein entsprechendes Betreuungsangebot Dritter gilt dies ebenfalls, soweit nicht ausnahmsweise – etwa aufgrund vorangegangener Betreuung durch diese Person – eine solche Fremdbetreuung zumutbar (wohl nicht bei Streitigkeiten mit der bisher teilweise betreuenden Schwiegermutter) und insbesondere mit dem Kindeswohl vereinbar erscheint (NK-BGB/Fränken § 1570 BGB Rn 29). Ob das **Betreuungsangebot des anderen Elternteils** angenommen werden muss, erscheint zweifelhaft. Der Bundesgerichtshof hält dies dann für unterhaltsrechtlich zumutbar und damit geboten, wenn das Angebot **ernsthaft und verlässlich** ist und **Kindesbelange nicht entgegenstehen** (BGH 1.6.2011 – XII ZR 45/09, NJW 2011, 2430: durch die Verlegung des bisherigen Umgangsrechts des Vaters als Frührentner auf die Randzeiten einer vollschichtigen Erwerbstätigkeit der Mutter, in denen eine Betreuung des dreijährigen Kindes in einer öffentlichen Einrichtung nicht möglich ist; BGH 30.3.2011 – XII ZR 3/09, NJW 2011, 1582). Dies erscheint bedenklich, soweit die Eltern eine solche Regelung nicht einvernehmlich treffen können, da die Gefahr besteht, dass der Streit der Eltern den Umgang negativ beeinflusst. Ein alleinerziehender Elternteil kann beanspruchen, dass ihm eine möglichst einheitliche Erziehung und Betreuung ermöglicht wird, was nicht gewährleistet ist, wenn neben seiner eigenen Betreuung sowie einer evtl Betreuung in einer öffentlichen Einrichtung zusätzlich noch Dritte mit eigenen Vorstellungen in die Erziehung und Betreuung einbezogen werden. Unabhängig hiervon ist eine solche Betreuung bei gespannten Verhältnissen der Eheleute, zB ohne ausreichende Kommunikationsbasis, von vornherein wegen der möglichen nachteiligen Auswirkungen auf das Kindeswohl ausgeschlossen (OLG Celle 12.8.2008 – 10 UF 77/08, NJW 2008, 3441).

Einer Fremdbetreuung kann im Einzelfall eine **besondere Betreuungsbedürftigkeit** eines Kindes ganz **17** oder teilweise entgegenstehen, soweit ihr nur durch eine Selbstbetreuung durch den Elternteil angemessen entsprochen werden kann. Hierzu ist der besondere Betreuungsbedarf konkret darzulegen. Allein der Hinweis auf eine ADS- bzw ADHS-Erkrankung (Aufmerksamkeitsdefizit-/Hyperaktivitätsstörung) des Kindes reicht insoweit nicht aus (BGH 6.5.2009 – XII ZR 114/08, NJW 2009, 1956; NK-BGB/Fränken § 1570 BGB Rn 31 weist darauf hin, dass in diesen Fällen eine Fremdbetreuung sogar bessere Chancen hat). Einen Überblick über mögliche Entwicklungsstörungen und die Diagnostik gibt die Leitlinie ADS – ADHS – HKS der Deutschen Gesellschaft für Jugendpädiatrie und Jugendmedizin e.V. (http://www.dgspj.de). Der Unterhalt verlangende Ehegatte hat darzulegen, ob und in welchem Umfang die Erkrankung oder Entwicklungsstörung eine Selbstbetreuung erforderlich macht und eine Fremdbetreuung ausschließt. Ein Anhaltspunkt hierfür kann sein, in welcher Weise bislang auf die Erkrankung im Rahmen der Betreuung reagiert worden ist. Auch andere Belange des Kindes können zu einer besonderen Betreuungsbedürftigkeit und damit Einschränkung der Erwerbsobliegenheit führen. Die Gesetzesbegründung nennt hier als Beispiel den

Fall, dass das Kind besonders unter der Trennung leidet (BT-Drucks. 16/1830 – Anlage „Formulierungshilfe" S. 5 = FamRZ 2007, 1947). Die Darlegungs- und Beweislast des Unterhalt beanspruchenden Ehegatten führt dazu, dass verbleibende Zweifel zu seinen Lasten gehen. Andererseits sollen an die Darlegung der Betreuungsbedürftigkeit keine überzogenen Anforderungen gestellt werden (BGH 18.4.2012 – XII ZR 65/10, NJW 2012, 1868 bei Fahrdiensten für drei 12, 15 und 17 Jahre alte Kinder im ländlichen Bereich).

18   In vielen Fällen ist trotz bestehender Fremdbetreuungsmöglichkeiten zu den üblichen Zeiten in Kindergärten, Kindertagesstätten und im schulischen Bereich („Über-Mittag-Betreuung", Ganztagsschule) eine uneingeschränkte Erwerbstätigkeit, dh im Umfang einer Vollzeittätigkeit, nicht möglich, da die **Arbeitszeit sich nur teilweise mit den Zeiten der Fremdbetreuung deckt**. Kommt zB für eine erwerbspflichtige Frau nur eine Tätigkeit als Verkäuferin in Betracht, so liegen die Kernarbeitszeiten teilweise oder sogar weitgehend außerhalb der möglichen Fremdbetreuungszeiten. Dies wird noch verstärkt bei wechselnden Arbeitszeiten oder Arbeitszeiten, die im Rahmen einer zeitlich wesentlich umfangreicheren Bereitschaftspflicht nach Bedarf kurzfristig festgesetzt werden. Auch bei Arbeiten in der Produktion deckt sich – abgesehen davon, dass hier häufig in Wechselschicht gearbeitet wird – die Arbeitszeit in der Regel nicht mit den Betreuungszeiten in öffentlichen Einrichtungen. Anders dürfte dies lediglich bei Bürotätigkeiten mit festen Arbeitszeiten sein, die sich besser mit den üblichen Betreuungszeiten abstimmen lassen. Dies ist im konkreten Fall zu prüfen und auch im Fall einer Fiktion bei fehlenden oder unzureichenden Darlegungen des Berechtigten zu beachten. Wird eine Erwerbstätigkeit fiktiv unterstellt, muss also geprüft werden, ob die in Betracht kommenden Erwerbstätigkeiten bei Annahme einer ganztägigen Fremdbetreuung uneingeschränkt möglich sind.

19   Neben dem Zeitfenster, welches die Fremdbetreuung für eine Erwerbstätigkeit eröffnet, ist die Sicherstellung der Betreuung in den **Ferien- und Krankheitszeiten** zu beachten. Bekanntermaßen erkranken Kinder gerade im Kindergartenalter aufgrund der Ansteckung mit diversen Kinderkrankheiten, aber auch mit allgemeinen Erkrankungen wie zB Erkältungen relativ häufiger als in ihrer späteren Entwicklung. Letztlich geht es sowohl bei einer möglichen Erkrankung als auch in Ferienzeiten darum, ob und in welchem Umfang ein **Kind zumindest zeitweise sich selbst überlassen** werden kann. Dies dürfte bei Kindern im Kindergartenalter und in den ersten beiden Schuljahren vollständig auszuschließen sein. Hierdurch ist in vielen Fällen der zeitliche Rahmen einer möglichen Erwerbstätigkeit von vornherein beschränkt.

20   Der Bundesgerichtshof sieht dies offensichtlich anders und geht von einer **Vollerwerbsobliegenheit ab der Vollendung des dritten Lebensjahres des betreuten Kindes** aus, wenn eine Fremdbetreuung des Kindes während der Arbeitszeit des betreuenden Elternteils möglich ist. In dieser Deutlichkeit ist dies allerdings erst in den jüngsten Entscheidungen erkennbar geworden (BGH 1.6.2011 – XII ZR 45/09, NJW 2011, 2430: bei Betreuung eines dreijährigen Kindes; 30.3.2011 – XII ZR 3/09, NJW 2011, 1582: bei Betreuung eines sechsjährigen Schulkindes). Dies war den früheren Entscheidungen nicht zu entnehmen, da dort der Umfang der Erwerbstätigkeit regelmäßig offen gelassen und die Bestimmung dem Berufungs-/ Beschwerdegericht auf der Grundlage der nachzuholenden Sachverhaltsaufklärung zu dieser Frage überlassen wurde. Darüber hinaus hat der Bundesgerichtshof zB auch für den vergleichbaren Fall von einer betreuenden Mutter eines nichtehelichen Kindes, die nichts zu eingeschränkten Betreuungsmöglichkeiten vorgetragen hatte, so dass optimale Bedingungen zu unterstellen waren, in einem obiter dictum eine deutlich über halbschichtig liegende Teilerwerbstätigkeit, nicht jedoch eine Vollerwerbstätigkeit verlangt (BGH 16.12.2009 – XII ZR 50/08, NJW 2010, 937). Zuvor war die Bildung von Fallgruppen im Rahmen der Billigkeitsabwägung als sachdienlich angeregt worden, wobei ausdrücklich das Kindesalter als ein wesentliches Kriterium hervorgehoben wurde (BGH 16.7.2008 – XII ZR 109/05, NJW 2008, 3125).

21   Eine Einschränkung des Grundsatzes der Vollerwerbsobliegenheit im Sinne des in der Gesetzesbegründung angesprochenen **gestuften Übergangs von der Selbstbetreuung ohne Erwerbsobliegenheit zu einer vollschichtigen Erwerbsobliegenheit** sieht der Bundesgerichtshof nur dann, wenn die Billigkeitskriterien des § 1570 BGB dies erlauben. Das bedeutet dann eben doch für den Regelfall einen abrupten, übergangslosen Wechsel, den der Gesetzgeber vermeiden wollte (BT-Drucks. 16/1830 – Anlage „Formulierungshilfe" S. 5 = FamRZ 2007, 1947). Es ist nicht ersichtlich, wo bei dieser Sichtweise überhaupt noch Raum für

eine Billigkeitsregelung verbleiben soll, die das Gesetz ausdrücklich vorsieht. Der Bundesgerichtshof geht offensichtlich davon aus, dass eine vollschichtige Erwerbsobliegenheit immer besteht, wenn die Kinderbetreuung in dem erforderlichen Umfang während der Erwerbstätigkeit des betreuenden Elternteils gewährleistet ist. Soweit wegen der Kindesbelange im Einzelfall Ausnahmen von der grundsätzlich zu akzeptierenden Fremdbetreuung zugelassen werden, hat dies nichts mit Billigkeit zu tun, sondern ist eine zwingende Konsequenz der nicht ausreichenden Fremdbetreuung.

Wegen dieses Ergebnisses vermag die Rechtsprechung des Bundesgerichtshofs nicht zu überzeugen. Eine **22** solche Auslegung und Anwendung des Gesetzes ist weder durch dessen Inhalt noch durch dessen Begründung geboten. Der Verzicht auf das früher praktizierte Altersphasenmodell ist vom Gesetzgeber damit begründet worden, dass dessen Ergebnisse nicht mit den **tatsächlichen gesellschaftlichen Verhältnissen** übereinstimmten. Eine Vollzeiterwerbstätigkeit im Regelfall bei Betreuung eines Kindes ab drei Jahren, auf die das Gesetzesverständnis des Bundesgerichtshofs hinausläuft, entspricht dem ebenso wenig. Statistische Erhebungen zeigen, dass 2009 – mit einem erheblichen West-Ost-Gefälle – neben der Betreuung eines Kindes im Alter von drei bis fünf Jahren rd. 55 % der allein erziehenden Mütter und rd. 60 % der Mütter in Paarfamilien erwerbstätig waren. Ohne Differenzierung nach dem Alter des betreuten minderjährigen Kindes gingen von den Erwerbstätigen 42 % der allein erziehenden Mütter und 27 % der Mütter in Paarfamilien einer Vollzeiterwerbstätigkeit nach (Statistisches Bundesamt – DESTATIS – Alleinerziehende in Deutschland, Mikrozensus 2009 S. 18; zur Organisation von Erwerbstätigkeit und Kinderbetreuung unter Auswertung statistischer Daten vgl auch Krone/Stöbe-Blossey FPR 2010, 137).

Auch die vom Gesetzgeber aufgezeigte **Parallele zwischen der Regelung der Erwerbsobliegenheit** in **23** § 1570 BGB und derjenigen beim ALG II in **§ 10 Abs. 1 Nr. 3 SGB II** führt zu einer anderen Lebenswirklichkeit und keineswegs zu dem angeblichen Gleichklang mit der Regelung des Betreuungsunterhalts, wenn man der Auslegung des Bundesgerichtshofs folgt. Die Anforderungen an die Erwerbsobliegenheit im Rahmen des § 10 Abs. 1 Nr. 3 SGB II, die der Gesetzgeber auch dort nur insoweit bestimmt hat, dass sie mit Vollendung des dritten Lebensjahres des Kindes beginnt, ohne jedoch ihren Umfang festzulegen, sind in der Praxis deutlich geringer als diejenigen des Unterhaltsrechts in der Ausprägung durch die Rechtsprechung des Bundesgerichtshofs. Dies zeigen die Erfahrungen aus zahlreichen Unterhaltsverfahren nach § 1570 BGB, in denen der betreuende Ehegatte Leistungen nach dem SGB II bezog, ohne dass die bei einem Verstoß gegen die Erwerbsobliegenheit möglichen Sanktionen nach § 31 SGB II angeordnet oder angekündigt waren. Hierbei handelt es sich nicht nur um eine individuelle Wahrnehmung, wie ein Blick auf die zu dieser Frage veröffentlichte sozialgerichtliche Rechtsprechung zeigt.

Insgesamt ist die Tendenz zu erkennen, dass der Bundesgerichtshof die Anforderungen an die Erwerbsob- **24** liegenheit zunehmend strikter beurteilt. Betrachtet man demgegenüber die **Rechtsprechung der Instanzgerichte**, so wird deutlich, dass sie überwiegend dieser Linie zumindest im Ergebnis nicht folgt. In der Praxis ist diese Frage übrigens viel seltener streitig zu entscheiden, als dies nach den zahlreichen Stellungnahmen insbesondere in den Medien den Anschein hat. Vielfach wird hierüber Einvernehmen zwischen den Beteiligten erzielt, wobei das Ergebnis in der Regel von den Grundsätzen des Bundesgerichtshofs abweicht. Die Bundesregierung spricht in ihrer Antwort vom 14.2.2011 auf eine parlamentarische Anfrage von der mit der Vollendung des dritten Lebensjahres des betreuten Kindes grundsätzlich eintretenden (Teil-)Erwerbsobliegenheit (BT-Drucks. 17/5627 = FF 2011, 267). Dies steht im Widerspruch zu dem vom Bundesgerichtshof vertretenen Grundsatz der Vollerwerbspflicht, von dem nur im Einzelfall abgewichen werden kann, wenn die Fremdbetreuung während der Arbeitszeit nicht gewährleistet ist.

Der Bundesgerichtshof verschließt sich mit der von ihm geforderten **Einzelfallbeurteilung unter Verzicht** **25** **auf jegliche Pauschalierung bzw Typisierung** (die vom Gesetzgeber in dieser Form ausdrücklich nicht verlangt worden ist; s. Rn 4) der Erkenntnis, dass jüngere Kinder neben einer möglichen Fremdbetreuung einer deutlich intensiveren Eigenbetreuung als ältere Kinder bedürfen und nicht einmal für kurze Zeit sich selbst überlassen werden können, was zu einer erheblichen Mehrbelastung bei der Doppelbelastung durch Betreuung und Erwerbstätigkeit führt (NK-BGB/Fränken § 1570 BGB Rn 41). Deshalb wird in zahlreichen Entscheidungen der Instanzgerichte, aber auch in der Literatur eine nach dem Kindesalter gestufte Erwerbsobliegenheit befürwortet (Born FF 2011, 431, 443; Borth FamRZ 2008, 2; Wellenhofer FamRZ 2007, 1282; Büttner FPR 2009, 92; HK-FamR/Streicher § 1570 BGB Rn 24; aA Schilling FF 2008, 279; Schnitzler FF 2008, 278; NK-BGB/Fränken § 1570 BGB Rn 28).

26 **dd) Einschränkung der Erwerbsobliegenheit ab Vollendung des dritten Lebensjahres des Kindes aus elternbezogenen Gründen.** Ist bei einem mindestens drei Jahre alten Kind eine Einschränkung der Erwerbsobliegenheit des betreuenden Elternteils nicht aus kindbezogenen Gründen gegeben, so können **elternbezogene Gründe** eine solche Einschränkung verlangen. Das Gesetz gewährt einen Betreuungsunterhaltsanspruch, wenn dies nach der Gestaltung der Kindesbetreuung und Erwerbstätigkeit in der Ehe sowie der Dauer der Ehe der **Billigkeit** entspricht (§ 1570 Abs. 2 BGB). Grundlage dieses Anspruchs ist nach der Vorstellung des Gesetzgebers die nachwirkende eheliche Solidarität (BT-Drucks. 16/1830 – Anlage „Formulierungshilfe" S. 6 = FamRZ 2007, 1947). Es erscheint zweifelhaft, ob hiermit die Besserstellung des ehelichen Betreuungsunterhaltsanspruchs gegenüber dem Anspruch des betreuenden Elternteils eines nichtehelichen Kindes nach § 1615 l Abs. 2 BGB hinreichend begründet wird im Hinblick auf die verfassungsgerichtliche Vorgabe (BVerfG 28.2.2007 – 1 BvL 9/04, NJW 2007, 1735), nach der eine unterschiedliche Behandlung der Unterhaltstatbestände nicht zulässig ist, soweit sie an die Kinderbetreuung anknüpfen. § 1570 Abs. 2 BGB sieht indes einen Unterhaltsanspruch allein wegen der Kinderbetreuung und nicht aus einem anderen Grund vor (vgl auch die Kritik von Hoppenz/Hülsmann, Der reformierte Unterhalt, § 1570 BGB Rn 11; Strohal/Viefhues/Hollinger, Das neue Unterhaltsrecht, § 1570 BGB Rn 94). Zur Berücksichtigung elternbezogener Gründe beim Betreuungsunterhalt nach § 1615 l Abs. 2 BGB vgl Rn 42 ff.

27 Als ein elternbezogener Grund kommt in Betracht, dass sich der betreuende Elternteil entsprechend der **vereinbarten und praktizierten Rollenverteilung in der Ehe** darauf eingerichtet hat, das Kind weiterhin persönlich zu betreuen, und die eigene Erwerbstätigkeit aufgegeben, eingeschränkt oder zurückgestellt hat. Es geht also um den Gedanken des **Vertrauensschutzes** (BT-Drucks. 16/6980, 9; BGH 18.3.2009 – XII 74/08, NJW 2009, 1876). Dabei kommt es entscheidend darauf an, für welchen Zeitraum eine solche Abrede erfolgt ist. Wird eine persönliche Betreuung während der ersten drei Lebensjahre des Kindes verabredet, kann ohne weitere Anhaltspunkte nicht davon ausgegangen werden, dass dies auch für die Folgezeit gelten soll. Im Zweifelsfall ist nicht von einer zeitlich unbegrenzten Fortdauer auszugehen (BGH 15.9.2010 – XII ZR 20/09, NJW 3369). Erforderlich ist, dass das Kind auch entsprechend dieser Absprache tatsächlich von dem Elternteil betreut wird. Zudem ist erheblich, für welchen Zeitraum eine entsprechende Abrede getroffen wurde (BGH 21.4.2010 – XII ZR 134/08, NJW 2010, 2277).

28 An die **Absprache der Eltern** hinsichtlich des Umfangs der Kinderbetreuung dürfen keine zu hohen Anforderungen gestellt werden, da solche Vereinbarungen in aller Regel nicht ausdrücklich, sondern konkludent erfolgen. So kann der Umstand, dass wenige Monate vor Vollendung des dritten Lebensjahres des Kindes noch keine konkreten Planungen für die Wiederaufnahme einer Erwerbstätigkeit erfolgt sind, ein Indiz für eine von den Eltern beabsichtigte Selbstbetreuung in einem weiteren Umfang sein, als dies nach § 1570 BGB sonst hinzunehmen wäre. Die Gesetzesbegründung geht davon aus, dass einem Ehegatten, der im Interesse der Kindeserziehung seine **Erwerbstätigkeit dauerhaft aufgegeben oder zurückgestellt** hat, ein längerer Betreuungsunterhalt eingeräumt werden kann, als demjenigen, der von vornherein alsbald wieder in den Beruf zurückkehren wollte (BT-Drucks. 16/1830 – Anlage „Formulierungshilfe" S. 6 = FamRZ 2007, 1947; vgl auch OLG Hamm 20.12.2011 – 11 UF 159/11, FamRZ 2012, 1571, wobei die Anforderungen mit Rücksicht auf die Planung der Eltern mit „nur" 30 Std./Woche bei zwei vier und sechs Jahre alten Kindern überzogen erscheinen). Auch wenn sich mit der Trennung und Scheidung eine wesentliche Grundlage der früheren Praxis bzw Planung verändert hat, kann eine Aufrechterhaltung der bisherigen Betreuungssituation aus dem Gesichtspunkt des Vertrauensschutzes geboten sein. Dies gilt jedenfalls dann, wenn die wirtschaftlichen Verhältnisse trotz der mit der Trennung verbundenen zusätzlichen Belastungen durch die Führung von zwei Haushalten nicht so knapp geworden sind, dass zusätzliche Einkünfte unbedingt erforderlich sind.

29 Der Bundesgerichtshof sieht auch in einer möglichen **überproportionalen Belastung** des betreuenden Ehegatten durch Betreuung und Erwerbstätigkeit einen elternbezogenen Grund, der im Einzelfall die Fort-

dauer des Betreuungsunterhalts nach § 1570 Abs. 2 BGB rechtfertigen kann (BGH 18.4.2012 – XII ZR 65/10, NJW 2012, 1868; 18.3.2009 – XII ZR 74/08, NJW 2009, 1876; NK-BGB/Fränken § 1570 BGB Rn 41). Diese Einordnung erscheint problematisch, da es bei der Frage, ob eine Doppelbelastung zumutbar ist, letztlich auch darum geht, ob die Belange des Kindes gewahrt werden, wenn der betreuende Elternteil aufgrund der besonderen Belastung die Betreuungsaufgaben nur eingeschränkt wahrnehmen kann (ebenso Borth FamRZ 2009, 1129, der die Doppelbelastung in die Billigkeitsprüfung des § 1570 Abs. 1 S. 2 u. 3 BGB einbeziehen will). Es ist auch nicht mit der Gesetzesbegründung vereinbar, die Doppelbelastung nur als elternbezogenes Billigkeitskriterium im Rahmen des § 1570 Abs. 2 BGB zu berücksichtigen, was konsequenterweise bedeuten würde, dass es bei der Betreuung eines nichtehelichen Kindes nicht berücksichtigt werden könnte, da elternbezogene Gründe in § 1615 l Abs. 2 BGB nicht vorgesehen sind.

Zur Feststellung einer möglichen überproportionalen Belastung des Betreuenden soll im Einzelfall geprüft werden, wie groß dieser zusätzliche Aufwand konkret ist und ob bzw in welchem Umfang er es rechtfertigt, die Erwerbsobliegenheit als teilweise unzumutbar (überobligationsmäßig) einzuschränken (BGH 18.4.2012 – XII ZR 65/10, NJW 2012, 1868; 18.3.2009 – XII ZR 74/08, NJW 2009, 1876). Als weitere Belastung ist hier nicht nur die Betreuung der Kinder im engeren Sinn (wie zB Fahrten zur Schule, zu Sport- und Freizeitveranstaltungen, Schulaufgabenkontrolle einschließlich Übungen) zu sehen, sondern auch der größere zeitliche Aufwand für die Haushaltführung des Betreuenden nicht nur für sich selbst, sondern auch für das Kind bzw die Kinder. **30**

Die teilweise Überobligationsmäßigkeit einer neben der Betreuung ausgeübten Erwerbstätigkeit kann sich daraus ergeben, dass die **zeitliche Gesamtbelastung deutlich diejenige einer vollschichtigen Erwerbstätigkeit übersteigt.** Wenn der unterhaltspflichtige Ehegatte demgegenüber lediglich eine vollschichtige Erwerbstätigkeit ohne eine zusätzliche Belastung ausübt, ist ein Ausgleich zugunsten des überobligationsmäßig belasteten betreuenden Elternteils erforderlich. Diese kann erfolgen entweder durch Minderung der Anforderungen an den Umfang der auszuübenden Erwerbstätigkeit oder – falls die überobligationsmäßige Erwerbstätigkeit tatsächlich ausgeübt wird – durch anrechnungsfreie Belassung eines Teils des Einkommens. Dem kann nicht die Belastung des unterhaltspflichtigen Ehegatten durch den geleisteten Kindesbarunterhalt entgegengehalten werden, weil diese Belastung bei Feststellung des Unterhaltsbedarfs des Ehegatten einkommensmindernd berücksichtigt wird, so dass dieser durch Minderung seines Unterhaltsanspruchs an dieser Last beteiligt wird, während die Belastung durch die Betreuung neben einer vollschichtigen Tätigkeit allein von dem betreuenden Ehegatten getragen wird. **31**

c) Beschränkung der Erwerbsobliegenheit auf eine angemessene Erwerbstätigkeit. Wie bei den anderen nachehelichen Unterhaltsansprüchen ist auch beim Betreuungsunterhalt die Erwerbsobliegenheit nach § 1574 BGB auf die Ausübung einer angemessenen Erwerbstätigkeit beschränkt. Es wird insoweit auf die Darstellung dieser Problematik beim Unterhalt wegen Erwerbslosigkeitsunterhalt verwiesen (s. → *Erwerbslosigkeitsunterhalt* Rn 3 ff). **32**

3. Berücksichtigung des Betreuungsaufwands

Die Kosten, die dem betreuenden Elternteil durch die von ihm erwartete Inanspruchnahme einer Fremdbetreuung des Kindes während seiner Erwerbstätigkeit entstehen, sind **Unterhaltsmehrbedarf des Kindes**, wenn der pädagogische Aspekt bei der Betreuung im Vordergrund steht und die Ermöglichung der Erwerbstätigkeit für den Elternteil ein Nebeneffekt dieser Betreuung ist. Soweit dies nicht der Fall ist, handelt es sich um **berufsbedingten Aufwand**, der von dem erzielten Einkommen abzuziehen ist. **33**

Danach werden **Kindergartenbeiträge** bzw vergleichbare Aufwendungen für die Betreuung eines Kindes (zB in privaten Kindergruppen) – nach Abzug der darin enthaltenen Verpflegungskosten – als Mehrbedarf des Kindes behandelt, und zwar unabhängig davon, ob diese Betreuung nur bis mittags oder ganztags stattfindet. Diesen Mehrbedarf haben beide Eltern entsprechend ihrer Leistungsfähigkeit zu decken (BGH 26.11.2008 – XII ZR 65/07, NJW 2009, 1816). **34**

35   Demgegenüber handelt es sich bei den **Kosten einer betreuenden Ganztagsgrundschule**, die nur dann anfallen, wenn eine Nachmittagsbetreuung beansprucht wird, um berufsbedingte Aufwendungen des betreuenden Elternteils, weil ein neben der reinen Beaufsichtigung etwa vorhandener pädagogischer Aspekt zurücktritt und die dadurch eröffnete Möglichkeit zur Erwerbstätigkeit nicht mehr als Nebeneffekt angesehen werden kann (OLG Hamm 26.8.2009 – 5 UF 25/09, NJW 2010, 947; OLG Saarbrücken 17.8.2005 – 9 UF 187/04, NJW-RR 2006, 869). Auch hier ist der in diesen Kosten enthaltene Verpflegungsanteil herauszurechnen, bevor der Betrag vom Einkommen des betreuenden Elternteils abgesetzt wird. In gleicher Weise sind **sonstige Betreuungskosten** (zB für eine Tagesmutter, für die Übermittagsbetreuung in der Schule, für zusätzliche Betreuung durch Dritte neben Kindergarten oder Schule) zu behandeln. Werden **Dritte unentgeltlich** tätig und soll diese freiwillige Leistung allein dem betreuenden Elternteil zugute kommen, so kann diese Betreuungsleistung in der Weise monetarisiert werden, dass von dem Einkommen des betreuenden Elternteils ein fiktives Betreuungsentgelt in Höhe einer üblichen Vergütung abgezogen werden (OLG Hamm 26.8.2009 – 5 UF 25/09, NJW 2010, 947; s. weiter Rn 15).

36   Die Betreuungskosten sind immer konkret darzulegen. Ein **pauschaler Betreuungsaufwand** kann nicht abgesetzt werden. Der Bundesgerichtshof hat seine frühere Rechtsprechung, nach der in bestimmten Fällen ein Betreuungsbonus vom Einkommen abgezogen werden konnte, um damit im Einzelnen nicht exakt belegbare Mehraufwendungen des erwerbstätigen Alleinerziehenden zu berücksichtigen, aufgegeben. Die besonderen Belastungen aus der Doppelbelastung durch Betreuung und Erwerbstätigkeit sollen nur nach § 1577 Abs. 2 BGB nach Billigkeitsgrundsätzen berücksichtigt werden, wenn die Erwerbstätigkeit **überobligationsmäßig** ist (BGH 21.4.2010 – XII ZR 134/08, NJW 2010, 2277). Folgt man den hohen Anforderungen des Bundesgerichtshofs an die Erwerbsobliegenheit, so wird dies nur noch in wenigen Ausnahmefällen in Betracht kommen.

III.   Beschränkung des Anspruchs nach § 1578 b BGB

37   Bei der Frage der Herabsetzung und/oder Befristung des Betreuungsunterhalts nach § 1578 b BGB gelten andere Grundsätze als bei den sonstigen Tatbeständen des nachehelichen Unterhalts. Daher ist eine Differenzierung der neben dem Betreuungsunterhalt in Betracht kommenden sonstigen Unterhaltstatbestände des im Ergebnis einheitlichen Unterhaltsanspruchs unbedingt geboten (BGH 10.11.2010 – XII ZR 197/08, NJW 2011, 303; s. weiter Rn 1 sowie → Anschlussunterhalt Rn 10). Im Regelfall besteht hinsichtlich des Betreuungsunterhalts keine Einschränkungsmöglichkeit, da der Ausgleich ehebedingter Nachteile des Unterhaltsgläubigers anspruchsimmanent, dh Grundlage des Anspruchs ist. Dies gilt uneingeschränkt, soweit der Anspruch neben dem Betreuungsunterhalt auch auf einem anderen Tatbestand, wie insbesondere dem Aufstockungsunterhalt nach § 1573 Abs. 2 BGB beruht. In diesem Fall ist nicht einmal nach § 1578 b Abs. 1 BGB eine Herabsetzung des Teils des Anspruchs, der auf dem Betreuungsunterhalt beruht, auf den angemessenen Bedarf, den der Berechtigte ohne die Ehe hätte, möglich.

38   Lediglich der **Teil des Anspruchs, der auf dem Aufstockungsunterhalt beruht**, der den Bedarfsanteil betrifft, der sich aus der Differenz der beiderseitigen Einkommen, unabhängig von etwaigen Einschränkungen der Erwerbstätigkeit des Berechtigten aufgrund der Kinderbetreuung ergibt, kann nach den Billigkeitsgrundsätzen des § 1578 b Abs. 1 BGB herabgesetzt werden. Dies gilt indes nur soweit, als die Differenz zwischen einem fiktiv vollschichtigen Einkommen des Berechtigten und dem Einkommen des Pflichtigen nicht auf ehebedingten Nachteilen beruht. Häufig wird sich dies nicht genau feststellen lassen, solange die Betreuung noch andauert und die hierdurch bedingten Nachteile möglicherweise nicht nur andauern, sondern sich noch verstärken. Soweit die Nachteile bzw ihr Nichtvorliegen hinreichend sicher beurteilt werden können, kann der Anteil des Aufstockungsunterhalts am Gesamtanspruch herabgesetzt werden (im Ergebnis ebenso BGH 6.5.2009 – XII ZR 114/08, NJW 2009, 1956).

39   Besteht aufgrund Kinderbetreuung keine Erwerbsobliegenheit und ist daher § 1570 BGB alleinige Grundlage des Unterhaltsanspruchs (s. Rn 1), so kann im Ergebnis nichts anderes gelten. Eine Befristung scheidet auch hier von vornherein aus, da sich bei andauernder Betreuung nicht feststellen lässt, wann und in welchem Umfang der dadurch gegebene ehebedingte Nachteil andauert. Kann dagegen festgestellt werden,

dass auch ohne die durch die Betreuung bedingten Nachteile hinsichtlich der Ausübung einer Erwerbstätigkeit eine **Einkommensdifferenz** bestehen würde, so kommt insoweit eine Herabsetzung des Anspruchs nach § 1578 b Abs. 1 BGB in Betracht, wenn die notwendige Erziehung und Betreuung gemeinsamer Kinder trotz des abgesenkten Unterhaltsbedarfs sichergestellt und das Kindeswohl auch sonst nicht beeinträchtigt ist, andererseits eine fortdauernde Teilhabe des betreuenden Elternteils an den abgeleiteten Lebensverhältnissen während der Ehe unbillig erscheint (BGH 6.5.2009 – XII ZR 114/08, NJW 2009, 1956). Zur Billigkeitsabwägung und den hierzu zu beachtenden Kriterien s. → *Aufstockungsunterhalt* Rn 13 ff.

IV. Darlegungs- und Beweislast

Der Berechtigte trägt im Unterhaltsverfahren grundsätzlich die Darlegungs- und Beweislast für die Tatbestandsvoraussetzungen des § 1570 BGB. Dies gilt auch für die Umstände, nach denen ein Fortbestand des Betreuungsunterhalts über die Vollendung des dritten Lebensjahres des Kindes hinaus der Billigkeit entspricht (BGH 18.3.2009 – XII ZR 74/08, NJW 2009, 1876). Eine Ausnahme besteht lediglich für das Abänderungsverfahren (s. → *Unterhaltsabänderung* Rn 32). Soweit höchstrichterlich oder obergerichtlich **anerkannte Erfahrungsregeln** zu berücksichtigen sind, hat dies zur Folge, dass ein Unterhaltspflichtiger, der eine Ausnahme von solchen Regeln für sich in Anspruch nimmt, die konkreten Umstände, die im Einzelfall eine von der Regel abweichende Beurteilung rechtfertigen, darzulegen und zu beweisen hat. Da der Bundesgerichtshof, wie vorstehend dargelegt, Erfahrungsgrundsätze hinsichtlich der Betreuungsbedürftigkeit von Kindern und des Umfangs der daneben ohne Beeinträchtigung des Kindeswohls möglichen Erwerbstätigkeit nicht mehr gelten lässt und ausnahmslos Einzelfallentscheidungen verlangt, ist für einen Anscheinsbeweis durch Anwendung von Erfahrungsgrundsätzen kein Raum. **40**

Der Umstand, dass dem betreuenden Elternteil die Beweislast für das Vorliegen von Billigkeitsgründen nach § 1570 Abs. 1 S. 2 u. 3 BGB bzw § 1570 Abs. 2 BGB obliegt, führt indes nicht dazu, dass **ohne ausreichenden Vortrag** immer von einer Vollerwerbsobliegenheit auszugehen ist. Dies gilt insbesondere für den Fall der **Zurechnung eines fiktiven Erwerbseinkommens**, wenn ein konkreter Vortrag zur Vereinbarkeit von Fremdbetreuung und Arbeitszeit fehlt. Auch dann ist zu prüfen, ob und in welchem Umfang eine in Betracht kommende (fiktive) Beschäftigung unter Berücksichtigung der – ohne entsprechenden Vortrag in dem üblichen Rahmen als möglich zu unterstellenden – Kindesbetreuung zumutbar ist. Das kann dazu führen, dass nur von einer Teilzeitbeschäftigung ausgegangen werden kann, wenn wegen bei der (fiktiven) Tätigkeit üblichen Arbeitszeiten einerseits und der gewöhnlichen Fremdbetreuungszeiten andererseits eine Kindesbetreuung während einer Vollzeittätigkeit nicht hinreichend gewährleistet wäre (s. Rn 18). Zusätzlich ist bei dieser Beurteilung auch die mögliche Doppelbelastung zu berücksichtigen (s. Rn 28), die zu einer weiteren Herabsetzung der Anforderungen an den Umfang der Erwerbsobliegenheit führen kann (aA OLG Köln 27.5.2008 – 4 UF 159/07, NJW 2008, 2659, wo ohne jede konkrete Prüfung bei der Betreuung von zwei Kindern im Alter von acht und elf Jahren ein Einkommen aus einer Vollerwerbstätigkeit zugrunde gelegt worden ist). **41**

56. Betriebliche Altersversorgung

Hoenes

1 Die betriebliche Altersversorgung in Deutschland wird über **fünf verschiedene Durchführungswege** durchgeführt: in Form von Direktzusagen, über Unterstützungskassen, über Direktversicherungen, über Pensionskassen und über Pensionsfonds. Sie kann arbeitgeberfinanziert sein oder vom Arbeitnehmer durch Gehaltsumwandlung (auch Deferred Compensation genannt). Die einzelnen Durchführungswege unterscheiden sich erheblich in Bezug auf die Gestaltung und Finanzierung der Leistungen, die Berechnung einer unverfallbaren Anwartschaft usw. Diese Unterschiede spiegeln sich auch bei den Berechnungen und Teilungsverfahren im Versorgungsausgleich wider. Ob ein Anrecht durch den Arbeitgeber oder über eine Gehaltsumwandlung finanziert wird, spielt hingegen für den Versorgungsausgleich in den meisten Fällen keine Rolle.

2 In der Praxis ist es nicht ungewöhnlich, dass ein Arbeitnehmer bei einem Arbeitgeber mehrere Anrechte der betrieblichen Altersversorgung besitzt. Häufig gibt es **arbeitgeberfinanzierte Anrechte** aus verschiedenen Durchführungswegen und zusätzlich **arbeitnehmerfinanzierte Zusagen**, oft ebenfalls über verschiedene Durchführungswege. Innerhalb eines Durchführungswegs und einer Finanzierungsform bestehen die Anrechte häufig aus mehreren Teilanrechten. Die Teilanrechte ergeben sich aus der Notwendigkeit, Versorgungsregelungen regelmäßig an veränderte gesetzliche und sonstige Rahmenbedingungen anzupassen. Neuregelungen gelten jeweils nur für die Zukunft, es muss daher zusätzlich geregelt werden, wie die unter den alten Bestimmungen erworbenen Anrechte in das jeweils neue System integriert werden sollen. Dies geschieht in sogenannten **Besitzstandsregelungen**. Besitzstandsregelungen sind sehr unterschiedlich gestaltet und oft sehr komplex, da zahlreiche arbeitsrechtliche Vorgaben zu beachten sind. Der Ehezeitanteil eines Besitzstandes und der Wert zum Ende der Ehezeit kann daher nicht ermittelt werden, ohne dass man die vertraglichen Regelungen im Detail verstanden hat. Die auf den jährlichen Kontoauszügen ausgewiesenen Kapitalbeträge haben, isoliert betrachtet, keinerlei Aussagekraft, denn es kann sich bei ihnen um sehr unterschiedliche Größen handeln. Häufig sind es künftige Leistungen, zB der im Alter 60 erreichbare Kapitalbetrag. In diesem Fall ist zB die Verzinsung bis zu diesem Zeitpunkt bereits in dem Betrag berücksichtigt. In anderen Fällen ist es die am Stichtag erworbene Anwartschaft ohne Berücksichtigung künftiger Zinsen. In manchen Fällen sind die ausgewiesenen Beträge in der Vergangenheit voll erdient, in anderen Fällen erfolgt bei einer Beendigung des Arbeitsverhältnisses eine Kürzung. Welche Größe der auf dem Kontoauszug ausgewiesene Betrag darstellt, lässt sich nur dem Wortlaut der Versorgungsregelung (zB Betriebsvereinbarung, Tarifvertrag, Einzelzusage usw.) entnehmen (Hoenes/Glockner/Weil § 6 Rn 54 ff).

3 Im Versorgungsausgleich werden häufig für ein einziges Beschäftigungsverhältnis mehrere Auskünfte zur betrieblichen Altersversorgung von **verschiedenen Versorgungsträgern** erteilt. Hierbei muss man sich der Tatsache bewusst sein, dass zu den in den verschiedenen Durchführungswegen bestehenden Teilanrechten nur die jeweiligen Träger dieser Teilanrechte (dh die Unterstützungskasse, die Pensionskasse, der Pensionsfonds, bei der Direktversicherung das Versicherungsunternehmen oder bei der Direktzusage der Arbeitgeber) Auskunft geben können. Einen Überblick über alle bestehenden Anrechte hat nur der Arbeitgeber. Er ist daher verpflichtet, in dem **Auskunftsformular V30** alle bestehenden Anrechte aufzulisten. Nur anhand dieses Formulars kann überprüft werden, ob alle bei einem Arbeitgeber bestehenden Anrechte auf betriebliche Altersversorgung im Versorgungsausgleich berücksichtigt sind. Zu beachten ist, dass die Berechnungen zum Versorgungsausgleich häufig nicht vom Versorgungsträger selbst vorgenommen werden, sondern von einem Beratungsunternehmen. Dieses erbringt lediglich eine Dienstleistung, es ist weder Versorgungsträger noch Verfahrensbeteiligter noch begründet es die Anrechte für den Ausgleichsberechtigten.

4 Für Anrechte der betrieblichen Altersversorgung gibt es je nach Durchführungsweg unterschiedliche Grenzwerte für den Ausgleichswert, bis zu dem eine externe Teilung ohne Zustimmung des Ausgleichsberechtigten zulässig ist. Für die Durchführungswege **Direktversicherung**, **Pensionskasse** und **Pensionsfonds** gilt die Wertgrenze des § 14 Abs. 2 Nr. 2 VersAusglG (2 % der monatlichen Bezugsgröße nach § 18

Abs. 1 SGB IV, in 2013: 53,90 EUR für Renten bzw 6.468 EUR für Kapitalbeträge). Bei **Direktzusagen** und **Unterstützungskassenzusagen** gilt hingegen die sehr viel höhere Wertgrenze des § 17 VersAusglG (2013: 69.600 EUR). Die **Prüfung**, ob ein Anrecht intern zu teilen oder ob eine externe Teilung zulässig ist, erfolgt in der Regel anhand des **einzelnen Teilanrechts**. Aus Sicht der Versorgungsträger ist dies verständlich, denn die meist aufwändigen Berechnungen des Ehezeitanteils, Ausgleichswerts und ggf des korrespondierenden Kapitalwerts müssen für jedes Anrecht gesondert durchgeführt werden und jedes nach einer internen Teilung begründete Anrecht muss gesondert verwaltet werden. Zudem fehlt es den einzelnen Versorgungsträgern an einer Gesamtübersicht über die bestehenden Anrechte, so dass es ihnen auch aus praktischen Gründen nicht ohne Weiteres möglich ist, anhand des Gesamtwertes über die Teilungsform zu entscheiden. In der bisherigen Praxis hat dies zur Folge, dass gerade bei den hohen Teilanrechten der betrieblichen Altersversorgung, die meist über die Durchführungswege Direktzusage oder Unterstützungskassenzusage gewährt werden, in aller Regel eine **externe Teilung** durchgeführt wird, denn nur selten übersteigt der Ausgleichswert die Wertgrenze des § 17 VersAusglG (s. → *Externe Teilung* Rn 6).

Für die **Wertermittlung** gelten für die betriebliche Altersversorgung die Sondervorschriften des § 45   5
VersAusglG. Nach § 45 Abs. 1 VersAusglG kann als Wert des Anrechts der Rentenbetrag nach **§ 2 BetrAVG** oder der **Kapitalwert nach § 4 Abs. 5 BetrAVG** angesetzt werden. In beiden Fällen bedeutet dies, dass zunächst die (fiktive) unverfallbare Anwartschaft nach § 2 BetrAVG zum Ende der Ehezeit berechnet werden muss. Es wird also zunächst der Anteil des Anrechts ermittelt, der bei einer Beendigung des Beschäftigungsverhältnisses aufrechterhalten würde, oder, wenn das Beschäftigungsverhältnis bereits beendet ist, aufrechterhalten wurde. Für die Berechnung der gesetzlich unverfallbaren Anwartschaft gibt es in § 2 BetrAVG in Abhängigkeit vom Durchführungsweg und teilweise auch von der Gestaltung des Leistungsplans unterschiedliche gesetzliche Vorschriften und eine umfangreiche Rechtsprechung der Arbeitsgerichte. Das Versorgungsausgleichsgesetz verweist nur auf die gesetzlichen Regelungen in § 2 BetrAVG. Die Höhe der unverfallbaren Anwartschaft kann jedoch auch vertraglich geregelt sein. Wie bezüglich einer vertraglichen Regelung zur Unverfallbarkeit zu verfahren ist, regelt das Gesetz nicht. Der § 2 BetrAVG legt den gesetzlichen Mindeststandard fest. Vertragliche Regelungen dienen häufig nur dem Zweck, den gesetzlichen Anspruch zu erläutern oder zu interpretieren. Sie geben somit wieder, wie der Versorgungsträger bei der Berechnung einer unverfallbaren Anwartschaft vorgeht. Da keine Besserstellung gegenüber der gesetzlichen Regelung beabsichtigt ist, gibt es keine Grundlage dafür, im Versorgungsausgleich eine andere Berechnungsweise anzuwenden. Durchaus gebräuchlich sind jedoch auch vertragliche Regelungen, die eine Besserstellung gegenüber dem gesetzlichen Anspruch nach § 2 BetrAVG darstellen. Damit die Teilung eines solchen Anrechts dem Halbteilungsgrundsatz genügt, müssen solche vertraglichen Regelungen ebenfalls berücksichtigt werden. Regelmäßig finden sich vertragliche Regelungen zur Unverfallbarkeit in Zusagen an Vorstände oder Gesellschafter-Geschäftsführer von Kapitalgesellschaften. Bei diesen Personengruppen gibt es häufig keine einschlägige gesetzliche Regelung, weil das Betriebsrentengesetz nicht maßgeblich ist. Dies gilt zB bei Gesellschafter-Geschäftsführern mit einer beherrschenden Stellung. Die vertraglichen Unverfallbarkeitsregelungen für diesen Personenkreis sind häufig deutlich großzügiger als die gesetzlichen Regelungen des § 2 BetrAVG. Es kann daher im Einzelfall von erheblicher wirtschaftlicher Bedeutung sein, dass die vertraglichen Regelungen beachtet werden. Die Berechnung einer unverfallbaren Anwartschaft kann im Einzelfall sehr kompliziert sein. Nennenswerte Ermessensspielräume bei der Berechnung gibt es selten. Ist die (fiktive) unverfallbare Anwartschaft ermittelt, ist in einem **zweiten Schritt** hieraus der **Ehezeitanteil** zu berechnen (s. → *Ehezeitanteil* Rn 2).

Anders als bei der Berechnung der unverfallbaren Anwartschaft gibt es bezüglich der Berechnung des **Ehe-**   6
zeitanteils oft einen großen Ermessensspielraum. Soweit es möglich ist, muss die Berechnung nach § 45 Abs. 2 VersAusglG nach den Grundsätzen der unmittelbaren Bewertung erfolgen. Die unmittelbare Bewertung kann an der Art der Zusage scheitern. Häufig ist sie aber auch nur deshalb nicht möglich, weil der Versorgungsträger hierfür nicht über die **nötigen Daten** verfügt. Ist eine unmittelbare Bewertung nicht möglich, ist eine zeitratierliche Berechnung vorzunehmen. Hierbei ist die unverfallbare Anwartschaft mit dem Quotienten zu multiplizieren, der aus der ehezeitlichen Betriebszugehörigkeit und der gesamten Be-

triebszugehörigkeit bis zum Ehezeitende zu bilden ist. Die Unterschiede beider Berechnungsverfahren können beträchtlich sein (s. → *Ehezeitanteil* Rn 9).

7 Die **maßgebliche Bezugsgröße** ist in der betrieblichen Altersversorgung meist ein Kapitalbetrag (Deckungskapital oder Barwert), selten eine Rente. Der Versorgungsträger kann die Teilung auf diese Weise mehr oder weniger kostenneutral durchführen. Bei einer Teilung auf Basis der Rentenhöhe ist dies wegen des unterschiedlichen Geschlechts und Alters der Eheleute meist nicht möglich. Für Verwirrung sorgen in der Praxis gelegentlich die Auskünfte zu Kapitalzusagen der betrieblichen Altersversorgung. Bei diesen ist häufig als Ehezeitanteil und Ausgleichswert die Höhe der Kapitalzahlung im Alter angegeben. Damit ist der Ausgleichswert zwar ein Kapitalbetrag, dieser entspricht jedoch nicht einem Kapitalwert nach § 4 Abs. 5 BetrAVG, sondern er ist vielmehr als Rentenbetrag nach § 2 BetrAVG zu interpretieren, denn es handelt sich um die spätere Leistung aus dem Anrecht. Entsprechend ist in diesen Fällen, entgegen dem Wortlaut des § 5 Abs. 3 VersAusglG, zusätzlich zum Kapitalbetrag ein korrespondierender Kapitalwert anzugeben.

Beispiel 1: Alter des ausgleichspflichtigen Ehemanns zum Ende der Ehezeit: 45 Jahre; zugesagte Versorgungsleistung: Alterskapital im Alter 60 = 150.000 EUR; Ehezeitanteil hiervon: 100.000 EUR; Ausgleichswert: hiervon die Hälfte = 50.000 EUR; der korrespondierende Kapitalwert ist durch eine versicherungsmathematische Bewertung zu ermitteln. Hierbei ist die künftige Zahlung auf das Ende der Ehezeit abzuzinsen und mit der Wahrscheinlichkeit zu gewichten, dass die Zahlung später fällig wird. Der so ermittelte Wert ist der Übertragungswert nach § 4 Abs. 5 BetrAVG, er entspricht dem versicherungsmathematischen Barwert zum Ende der Ehezeit. Bei einem Rechnungszins von 5,0 % beträgt der korrespondierende Kapitalwert etwa 22.000 EUR.

Beispiel 2: wie Beispiel 1, jedoch Alter des Ausgleichspflichtigen: 55 Jahre; alle Größen wie bei Beispiel 1, jedoch korrespondierender Kapitalwert etwa 38.000 EUR.

Die Beispiele zeigen die Abhängigkeit des korrespondierenden Kapitalwertes vom Alter zum Ende der Ehezeit, dh vom Bewertungsstichtag. Der Unterschied basiert maßgeblich auf dem Zinseffekt. Die Berechnungsvorschriften des § 45 VersAusglG gelten nicht für Anrechte, die bei einem Träger einer **Zusatzversorgung des öffentlichen oder kirchlichen Dienstes** bestehen.

8 Der **korrespondierende Kapitalwert** ist bei Anrechten der betrieblichen Altersversorgung entweder ein versicherungsmathematischer Barwert oder ein Deckungskapital. Ein versicherungsmathematischer Barwert kann von einem Fachmann (Aktuar) nachvollzogen werden, wenn die Auskunft die **vollständigen Rechtsgrundlagen** (persönliche Bemessungsgrößen, Versorgungsregelung und Teilungsordnung) und die vollständigen Rechnungsgrundlagen (biometrische Rechnungsgrundlagen, Rechnungszins, Rententrend, ggf Anwartschaftstrend) enthält. Bei den Rechnungsgrundlagen kommt insbesondere dem Rechnungszins eine große Bedeutung zu, da er das Ergebnis entscheidend beeinflusst (s. → *Zinsen im Versorgungsausgleich*). Bei Direktzusagen liefert nach herrschender Meinung eine Bewertung für die deutsche Handelsbilanz nach den Vorschriften des Bilanzrechtsmodernisierungsgesetzes (BilMoG) einen realistischen Wertansatz. Der hierfür maßgebliche Rechnungszins (Abzinsungssatz nach § 253 Abs. 2 HGB) wird monatlich von der Bundesbank veröffentlicht, erstmalig liegt der Wert für Dezember 2008 vor. Die meisten Unternehmen haben erstmalig zum 31.12.2010 nach diesen Bilanzierungsvorschriften bilanziert. Viele Versorgungsträger berechneten den korrespondierenden Kapitalwert auch dann mit den zum Ende der Ehezeit maßgeblichen Rechnungsgrundlagen für die Handelsbilanz, wenn die Bilanzierung zu diesem Zeitpunkt noch nicht nach dem BilMoG erfolgte. In diesen Fällen ist der korrespondierende Kapitalwert gelegentlich mit einem Rechnungszins von 6,0 % und ohne Berücksichtigung künftiger Rentenanpassungen berechnet. Er ist dann meist deutlich niedriger als ein nach heutigen Bilanzierungsvorschriften ermittelter Wert. Ob dieser Wertansatz zulässig ist, muss von den Gerichten entschieden werden. Gravierende Bedeutung für den ausgleichsberechtigten Ehegatten kann ein solcher Wertansatz dann haben, wenn nur wegen Anwen-

Hoenes

dung von veralteten Bilanzierungsvorschriften der Grenzwert des § 17 VersAusglG nicht erreicht wird und eine externe Teilung vorgenommen wird. In diesen Fällen ist der Ausgleichsberechtigte besonders benachteiligt, denn er muss nicht nur die üblichen Nachteile einer externen Teilung in Kauf nehmen, sondern erhält hierbei auch noch einen besonders niedrigen Ausgleichswert (s. → *Externe Teilung*).

57. Beweissicherung im Zugewinn

Knahn

I. Einführung 1	3. Drohender Verlust des Beweismittels,
II. Zulässigkeit des selbstständigen Beweisverfah-	§ 485 Abs. 1 ZPO 8
rens, § 485 ZPO 3	4. Rechtliches Interesse, § 485 Abs. 2 ZPO 9
1. Statthaftigkeit 3	5. Vorteile des selbstständigen Beweisverfahrens .. 10
2. Zuständigkeit 4	

I. Einführung

1 Die gesetzlichen Regelungen zur Zugewinngemeinschaft enthalten keine spezielle Form der Beweissicherung für das Zugewinnausgleichsverfahren. Da es sich bei Zugewinnausgleichsverfahren gem. § 261 Abs. 1 FamFG um Güterrechtssachen und somit Familienstreitsachen gem. § 112 Nr. 2 FamFG handelt, gelten gem. § 113 Abs. 1 S. 2 FamFG die allgemeinen Vorschriften der ZPO und die Vorschriften über das Verfahren vor den Landgerichten (§§ 1–494 a ZPO) entsprechend. Die **Vorschriften der ZPO zum selbstständigen Beweisverfahren** (§§ 485–494 a ZPO) finden daher auch im Zugewinnausgleichsverfahren Anwendung (s. Rn 3 ff).

2 Die Ehegatten haben daneben die Möglichkeit, durch eine Auskunft gem. § 1379 BGB und eine damit verbundene **Belegvorlage** (s. → *Belegvorlage im Zugewinn*) Beweise (insbesondere Urkunden) zu sichern. Ein **Verzeichnis über das Anfangsvermögen** gem. § 1377 BGB kann die Darlegungs- und Beweislast bzgl des eigenen Anfangsvermögens erleichtern (s. → *Anfangsvermögen* Rn 28). Besteht zwischen den Ehegatten vor einem streitigen Zugewinnausgleichsverfahren oder einem selbstständigen Beweissicherungsverfahren Einigkeit über die Notwendigkeit einer Begutachtung, kann im Rahmen eines **Schiedsgutachtenvertrages** ein Sachverständiger gemeinsam beauftragt werden (Haußleiter/Schulz Kap. 1 Rn 89). Es gelten die §§ 317 BGB ff (Palandt/Grüneberg § 317 BGB Rn 3 ff). Die Ehegatten vereinbaren, dass das Ergebnis des Gutachtens für beide verbindlich ist, woran sie nur bei offenbaren Unrichtigkeiten nicht gebunden wären.

II. Zulässigkeit des selbstständigen Beweisverfahrens, § 485 ZPO

1. Statthaftigkeit

3 Da es sich bei Zugewinnausgleichsverfahren gem. § 261 Abs. 1 FamFG um Güterrechtssachen und somit Familienstreitsachen gem. § 112 Nr. 2 FamFG handelt, gelten gem. § 113 Abs. 1 S. 2 FamFG die allgemeinen Vorschriften der ZPO und die Vorschriften über das Verfahren vor den Landgerichten (§§ 1–494 a ZPO) entsprechend. Die **Vorschriften der ZPO zum selbstständigen Beweisverfahren** (§§ 485–494 a ZPO) finden daher auch im Zugewinnausgleichsverfahren Anwendung (OLG Naumburg 13.4.2011 – 8 WF 74/11, FamRZ 2011, 1531; OLG Köln 25.2.2010 – 10 WF 216/09, FamRZ 2010, 1585).

2. Zuständigkeit

4 Für das selbstständige Beweisverfahren ist gem. § 486 Abs. 1 ZPO das Gericht örtlich und sachlich zuständig, bei dem das Hauptsacheverfahren anhängig ist. Bei fehlender Anhängigkeit der Hauptsache ist gem. § 486 Abs. 2 ZPO das Gericht örtlich und sachlich zuständig, das für die Entscheidung der Hauptsache zuständig wäre.

5 Für die Güterrechtssache „Zugewinnausgleichsverfahren" als Familiensache (§ 111 Nr. 9 FamFG) ist ausschließlich das **Amtsgericht sachlich zuständig**, § 23 a Abs. 1 Nr. 1 GVG Innerhalb der Amtsgerichte sind die Abteilungen für Familiensachen (§ 23 b GVG) zuständig.

6 Die **örtliche Zuständigkeit** richtet sich nach § 262 FamFG. Gem. § 262 Abs. 1 FamFG ist während der Anhängigkeit einer Ehesache, das Gericht ausschließlich zuständig, bei dem die Ehesache im ersten

Rechtszug anhängig ist oder war (Zuständigkeitskonzentration). In allen anderen Fällen gelten die örtlichen Zuständigkeitsbestimmungen der ZPO (§ 262 Abs. 2 FamFG).

Wird eine Ehesache zwischen den Beteiligten nach Anhängigkeit aber noch vor abschließender Entschei- 7 dung (BGH 7.3.2001 – XII ARZ 2/01, NJW 2001, 1499) eines Güterrechtsverfahrens im ersten Rechtszug rechtshängig, ist das Verfahren von Amts wegen an das Gericht der Ehesache abzugeben, § 263 FamFG. Das Prinzip der Zuständigkeitskonzentration des Gerichts der Ehesache dient der Bündelung aller Verfahren, die eine Familie betreffen. Da sich das selbstständige Beweisverfahren an dem zuständigen Gericht der Hauptsache orientiert, muss daher auch das **Überleitungsgebot des § 263 FamFG** gelten.

3. Drohender Verlust des Beweismittels, § 485 Abs. 1 ZPO

Liegt die Zustimmung des anderen Ehegatten zur Durchführung eines selbstständigen Beweisverfahrens 8 nicht vor, kann dieses **bei drohendem Verlust oder erschwerter Benutzbarkeit der Beweismittel** beantragt werden (sicherndes Beweisverfahren), wenn das Verfahren auf **Zugewinnausgleich bereits anhängig** ist, § 485 Abs. 1 ZPO (HK-ZPO/Pukall § 485 ZPO Rn 6). Zulässig ist die Einnahme des Augenscheins, die Vernehmung von Zeugen oder die Begutachtung durch einen Sachverständigen.

4. Rechtliches Interesse, § 485 Abs. 2 ZPO

Ist ein **Zugewinnausgleichsverfahren noch nicht anhängig**, richtet sich die Zulässigkeit des selbstständi- 9 gen Beweisverfahrens nach § 485 Abs. 2 ZPO. Demnach kann ausschließlich die schriftliche Begutachtung durch einen Sachverständigen beantragt werden. Der Antragssteller muss ein rechtliches Interesse an der Beweissicherung darlegen. Ein rechtliches Interesse ist gem. § 485 Abs. 2 S. 2 BGB anzunehmen, wenn die Feststellung der Vermeidung eines Rechtsstreits dienen kann. Streiten sich die Ehegatten vor Anhängigkeit des Zugewinnausgleichsverfahren über den Wert eines oder mehrerer Grundstücke und kann durch die verbindliche Bewertung der Grundstücke einer der wesentlichen Streitpunkte beseitigt werden, kann die Feststellung der Vermeidung des Zugewinnausgleichsverfahrens dienen (OLG Köln 25.2.2010 – 10 WF 216/09, FamRZ 2010, 1585). Es genügt eine Schlichtungsmöglichkeit im weitesten Sinne, das Hauptsacheverfahren muss nicht mit Sicherheit zu erwarten oder angedroht sein (OLG Naumburg 13.4.2011 – 8 WF 74/11, FamRZ 2011, 1531). Auf die Erheblichkeit der Beweisfragen oder die Erfolgsaussicht im späteren Verfahren kommt es nicht an (HK-ZPO/Pukall § 485 ZPO Rn 7).

5. Vorteile des selbstständigen Beweisverfahrens

Das selbstständige Beweisverfahren ist die **finanziell günstigere Alternative** gegenüber der Möglichkeit, 10 zunächst ein Privatgutachten einzuholen, welches im Verfahren durch ein gerichtliches Gutachten überprüft werden muss (Born FPR 2009, 305). Außerdem ist für den **Streitwert** auf die hälftige Differenz zwischen den unterschiedlichen Wertbehauptungen abzustellen (OLG Celle 12.2.2008 – 10 WF 46/08, FamRZ 2008, 1197).

Für den Rechtsanwalt ist das selbstständige Beweisverfahren deshalb interessant, weil er eine **1,5-** 11 **Einigungsgebühr** (Nr. 1000 VV RVG) erhält, wenn es in diesem Verfahren zu einer endgültigen Einigung über den Zugewinn kommt. Kommt es zu keiner Einigung, wird zwar die Verfahrensgebühr im Zugewinnverfahren angerechnet (Vorbem. 3 Abs. 5 VV RVG). Es fällt aber eine weitere 1,2-Terminsgebühr nach Nr. 3104 VV RVG an (Schneider FamRR 2011, 446).

58. Bewerbungsbemühungen

Schausten

I. Einleitung .... 1 2. Ausreichende Bewerbungsbemühungen 3
II. Materielle Rechtslage .... 2 3. Reale Beschäftigungschance 9
1. Überblick .... 2 **III. Verfahrensrechtliche Hinweise** 10

I. Einleitung

1 Die von dem Unterhaltsberechtigten oder dem Unterhaltsverpflichteten verlangten Bewerbungsbemühungen korrespondieren mit der jeweiligen Erwerbsobliegenheit (s. → *Erwerbsobliegenheit*), die den Betroffenen aufgrund des jeweils einschlägigen Unterhaltstatbestandes trifft. Kommt der jeweilige Betroffene seiner Erwerbsobliegenheit nicht nach, können ihm fiktive Einkünfte (s. → *Fiktive Einkünfte*) zugerechnet werden.

II. Materielle Rechtslage

1. Überblick

2 Voraussetzung für die Zurechnung fiktiver Einkünfte ist, dass dem Betroffenen **subjektiv** fehlende oder nicht ausreichende Bewerbungsbemühungen vorgeworfen werden können und **objektiv**, dass überhaupt eine **reale Beschäftigungschance** bestanden hat; Letztere hängt von den tatsächlichen Verhältnissen auf dem Arbeitsmarkt und den persönlichen Voraussetzungen des Bewerbers wie Alter, Ausbildung, Berufserfahrung und Gesundheitszustand ab (BGH 8.4.1987 – IVb ZR 39/86, NJW-RR 1987, 962). Diese Rechtsprechung ist verfassungsrechtlich nicht zu beanstanden, nur wenn dem Betroffenen die Erwirtschaftung eines Einkommens abverlangt wird, welches er objektiv nicht erzielen kann, liegt in der Regel ein unverhältnismäßiger Eingriff in seine wirtschaftliche Handlungsfreiheit vor (BVerfG 18.3.2008 – 1 BvR 125/06, NJW-RR 2008, 1025). Die unzureichende Arbeitsuche führt indessen noch nicht notwendig zur Zurechnung fiktiver Einkünfte. Die mangelhafte Arbeitsuche muss vielmehr für die Arbeitslosigkeit auch ursächlich sein. Eine Ursächlichkeit besteht nicht, wenn nach den tatsächlichen Gegebenheiten des Arbeitsmarkts sowie den persönlichen Eigenschaften und Fähigkeiten des Unterhalt begehrenden Ehegatten für ihn keine reale Beschäftigungschance bestanden hat (BGH 30.7.2008 – XII ZR 126/06, NJW 2008, 3635).

2. Ausreichende Bewerbungsbemühungen

3 Von daher ist in einem ersten Prüfungsschritt festzustellen, ob der Betroffene ausreichende Bewerbungsbemühungen unternommen hat. Die Anforderungen an die Intensität der Arbeitsuche sind einerseits abhängig von den objektiven Erwerbsmöglichkeiten, und andererseits von den persönlichen Voraussetzungen des Suchenden (OLG Köln 18.1.2005 – 4 UF 105/04, FamRZ 2005, 1912). Die Rechtsprechung geht dabei davon aus, dass von einem Arbeitslosen für die Arbeitsuche jedenfalls die Zeit aufzuwenden ist, die der **Arbeitszeit eines vollschichtig Erwerbstätigen** entspricht (OLG München 13.2.2008 – 30 WF 30/08, FamRB 2008, 137; OLG Saarbrücken 17.10.2008 – 9 WF 89/08, OLGR Saarbrücken 2009, 103 ff), wobei von den Gerichten in der Regel mindestens **20 bis 30 konkrete Bewerbungen** pro Monat verlangt werden (OLG Stuttgart 19.4.2006 – 17 UF 78/06, FamRZ 2006, 1757; OLG Koblenz 24.6.1999 – 15 UF 203/99, FamRZ 2000, 313; OLG Köln 18.1.2005 – 4 UF 105/04, FamRZ 2005, 1912). Reine Blindbewerbungen reichen nach Auffassung der Rechtsprechung zur Erfüllung der Bewerbungsbemühungen nicht aus (OLG Naumburg 17.2.2005 – 14 UF 182/04, OLG-NL 2005, 138). Die Bewerbungen müssen konkret auf die entsprechenden Stellenangebote zugeschnitten sein. Zu berücksichtigen ist jedoch, dass bei einer Arbeitgeberkündigung in der Regel nicht von einem nahtlosen Übergang in ein neues Beschäftigungsverhältnis ausgegangen werden kann; erst nach Beendigung des Arbeitsverhältnisses kann sich der Arbeitnehmer im Umfang einer vollschichtigen Tätigkeit um eine neue Stelle bemühen (OLG Karlsruhe 12.10.2009 – 16 WF 183/09, FamRZ 2010, 1342).

Grundsätzlich sind die Bewerbungen seitens des Betroffenen **bundesweit** vorzunehmen und nicht auf die 4 umliegende Region beschränkt. Ein gegenüber seinem minderjährigen Kind Unterhaltspflichtiger muss sich im gesamten deutschsprachlichen Bereich bewerben, also ggf auch bei Zeitarbeitsfirmen in Österreich (OLG Dresden 23.7.2007 – 20 UF 444/07, FamRZ 2008, 173). Auch wenn grundsätzlich eine Arbeitsuche im gesamten Bundesgebiet verlangt werden kann, ist im Einzelfall zu prüfen, ob eine bundesweite Arbeitsaufnahme dem jeweiligen Betroffenen unter **Berücksichtigung seiner persönlichen Bindungen** zumutbar ist (BVerfG 29.12.2005 – 1 BvR 2076/03, NJW 2006, 2317). Zu diesen persönlichen Bindungen zählt beispielsweise das Umgangsrecht mit den Kindern, die nach dem möglicherweise notwendigen Umzug entstehenden Kosten der Ausübung dieses Umgangsrecht, die Umzugskosten selbst. Entsprechend kann auch die Betreuung von minderjährigen oder privilegiert volljährigen Kindern einen Umzug und damit einer Obliegenheit zur bundesweiten Bewerbung entgegenstehen.

Zu den zumutbaren Bemühungen um eine Arbeitsstelle gehört neben der Verpflichtung, sich bei der Agen- 5 tur für Arbeit arbeitslos zu melden und dort allen Angeboten nachzugehen, dass sich der Verpflichtete **aus eigenem Antrieb** laufend über Zeitungsannoncen, Vermittlungsagenturen und Ähnliches um Arbeit bemüht; er muss Stellenangebote in Zeitungen und Anzeigenblättern, die am Wohnort und in der Region erscheinen, auf entsprechende Anzeigen sorgfältig überprüfen (OLG Hamm 28.10.2009 – 10 WF 53/09). Daneben muss er auch Inserate in **Jobbörsen im Internet** beobachten, unter Umständen kann ihm zumutbar sein, selbst Stellenanzeigen aufzugeben. Ist der Betroffene verpflichtet, sich überregional zu bewerben, dürfte darüber hinaus auch eine Verpflichtung bestehen, nicht nur die regional erscheinenden Zeitungen, sondern auch die überregionalen Blätter auf passende Stellenanzeigen hin zu überprüfen.

Die Gerichte gehen davon aus, dass den Betroffenen auch ohne Berufsausbildung eine Vielzahl von Tätig- 6 keiten offen steht, genannt werden beispielsweise Stellen als Verkäufer, Tankstellenmitarbeiter, Mitarbeiter in einem Callcenter, Aufsicht in einer Spielhalle oder in einem Parkhaus. Zugemutet werden die Übernahme von Nacht- oder Schichtdiensten, was nicht nur die Chancen auf dem Arbeitsmarkt für ungelernte Kräfte, sondern auch deren Verdienstmöglichkeiten erheblich erhöhen soll (OLG Köln 28.10.2009 – 27 WF 220/09, NJW-RR 2010, 1011).

Die **Kosten für die Bewerbungen** können bei der Beurteilung der Zumutbarkeit jedoch nicht mehr einge- 7 wandt werden, denn nach § 45 Abs. 3 SGB III können für die Kosten einer Bewerbung unterstützende Leistungen des Arbeitsamts in Anspruch genommen werden (OLG Karlsruhe 23.11.2007 – 5 UF 10/07, JAmt 2008, 170). Ob diese Rechtsprechung uneingeschränkt gelten kann, erscheint fraglich: Anspruchsgrundlage für die Übernahme von Bewerbungskosten ist § 16 Abs. 1 SGB II iVm § 45 S. 2 Nr. 1 SGB III. Nach § 16 Abs. 1 S. 2 SGB II kann die Agentur für Arbeit zur Eingliederung in Arbeit neben den Leistungen nach § 35 SGB III weitere im SGB III geregelte Leistungen erbringen. Dazu gehören nach § 45 S. 2 Nr. 1 SGB III auch Kosten für die Erstellung und Versendung von Bewerbungsunterlagen (Bewerbungskosten). Bei diesen Leistungen handelt es sich sowohl dem Grunde als auch der Höhe nach um Ermessensleistungen. Ein Rechtsanspruch auf die Leistungen besteht nach dem eindeutigen Wortlaut der § 16 Abs. 1 S. 2 SGB II, § 45 S. 2 SGB III nicht.

Zu den Bewerbungskosten zählen sämtliche Kosten, die in direktem Zusammenhang zu der Erstellung so- 8 wie der Versendung von Bewerbungsunterlagen stehen. Übernahmefähig sind beispielsweise Kosten für Papier, Bewerbungsfotos, Fotokopien oder Schreibkosten. Nicht in direktem Zusammenhang mit der Erstellung einer Bewerbung stehen Kosten für Hilfsmittel wie Schreibmaschine, Computer, Software oder Druckerpatronen. Diese Mittel werden auch unabhängig von der Erstellung einer konkreten Bewerbung eingesetzt. Sie stellen daher keine Bewerbungskosten im engeren Sinne dar (VG Bremen 24.9.2007 – S 8 K 2723/06).

3. Reale Beschäftigungschance

Von einer realen Chance in diesem Sinn ist auszugehen, wenn die **Aussichten** auf einen solchen Arbeits- 9 platz **nicht völlig irreal oder nur theoretischer Art** sind, wobei jeder ernsthafte Zweifel daran, ob bei sachgerechten Bemühungen eine nicht ganz von der Hand zu weisende Beschäftigungschance bestanden hätte und besteht, zulasten des Arbeitspflichtigen geht (Wendl/Dose § 1 Rn 784). Dabei existiert allerdings selbst in Zeiten hoher Arbeitslosigkeit **kein Erfahrungssatz** oder keine Vermutung, dass wie immer geartete Beschäftigungschancen nicht bestehen (KG Berlin 28.3.2007 – 13 WF 23/07, FamRZ 2007, 1469). Werden seitens des Betroffenen keine konkreten, vom Umfang und vom Inhalt her ausreichenden Bemühungen um einen vollschichtigen Arbeitsplatz dargelegt, so kann auch aufgrund von Tarifverträgen auf die Existenz solcher seinem Ausbildungsstand entsprechender vollschichtiger Arbeitsplätze – und deren regelmäßige Neubesetzung infolge der üblichen Fluktuation – geschlossen werden. Denn aus den Tarifverträgen ist zu folgern, dass es eine Mehrzahl solcher Arbeitsplätze in der jeweiligen Tarifgruppe gibt, anderenfalls sie dort nicht erwähnt worden wären. Dabei ist allerdings zugleich zu berücksichtigen, dass Arbeitsplätze mit entsprechenden Anforderungen auch in nicht tarifgebundenen Bereichen bestehen können, wenngleich deren Vergütung von den tariflichen Verhältnissen mitbestimmt werden können (OLG Hamm 17.12.2009 – II-3 UF 72/09, FamRZ 2010, 985).

III. Verfahrensrechtliche Hinweise

10 Der von der Erwerbsobliegenheit Betroffene trägt im Verfahren die uneingeschränkte **Darlegungs- und Beweislast** für seine Bemühungen und muss in nachprüfbarer Weise vortragen, welche Schritte und in welchem zeitlichen Abstand er was im Einzelnen unternommen hat; die Beweiserleichterung nach § 287 Abs. 2 ZPO kommt ihm nicht zugute (BGH 30.7.2008 – XII ZR 126/06, NJW 2008, 3635). Es gibt keinen allgemeinen Erfahrungssatz, dass wegen hoher Arbeitslosigkeit, mangelnder Ausbildung oder sonstiger ungünstiger Bedingungen von vornherein keine oder nur teilschichtige Beschäftigungsmöglichkeiten bestehen (OLG Hamm 17.12.2009 – II-3 UF 72/09, FamRZ 2010, 985). Nicht ausreichend sind allgemeine Hinweise auf die schlechte Arbeitsmarktlage.

11 Teilweise wird von der Rechtsprechung verlangt, dass die unternommenen Anstrengungen im Unterhaltsprozess detailliert und umfassend durch eine **chronologisch geordnete und durchnummerierte Aufstellung** der Bewerbungen nebst dazugehörigen Unterlagen dokumentiert werden (OLG Naumburg 17.2.2005 – 14 UF 182/04, OLG-NL 2005, 138). Es empfiehlt sich, Bewerbungsschreiben und schriftliche Absagen vorzulegen bzw den angesprochenen Arbeitgeber um eine schriftliche Bestätigung der Absage zu bitten (OLG Karlsruhe 23.11.2007 – 5 UF 10/07, JAmt 2008, 170). Der Vortrag, der Betroffene habe sich vielfach – allerdings unbelegbar – telefonisch und durch persönliche Vorsprache beworben und sei seiner öffentlich-rechtlichen Erwerbsobliegenheit gegenüber der Agentur für Arbeit in vollem Umfang nachgekommen, reicht für die Erfüllung der Darlegungs- und Beweislast nicht aus (OLG Stuttgart 19.4.2006 – 17 UF 78/06, FamRZ 2006, 1757; OLG Hamm 28.10.2009 – 10 WF 53/09).

12 Trägt der Betroffene unter Darlegung der bei ihm bestehenden objektiven Gegebenheiten (beispielsweise: fehlende Berufspraxis, Alter, äußere Erscheinung, Gesundheitszustand, Lage auf dem Arbeitsmarkt) vor, er sei nicht vermittelbar und hätte keine Anstellung erhalten, verlangt der Bundesgerichtshof, dass dem hierzu angebotenen Beweis durch Einholung einer **Auskunft der Agentur für Arbeit** nachgegangen werden muss; die amtliche Auskunft einer Behörde ersetzt insoweit die Zeugenvernehmung des infrage kommenden Sachbearbeiters (BGH 8.4.1987 – IVb ZR 39/86, NJW-RR 1987, 962).

13 Die Gewährung von **Verfahrenskostenhilfe** zur auf mangelnde Leistungsfähigkeit gestützten Rechtsverteidigung gegen Unterhaltsansprüche setzt voraus, dass hinreichende Erwerbsbemühungen glaubhaft gemacht sind. Diese Glaubhaftmachung hat durch Vorlage hinreichender Bewerbungsnachweise zu geschehen, Beweisantritte durch Zeugenbeweis genügen nicht (OLG Köln 15.1.1998 – 14 WF 7/98, NJWE-FER 1998, 160).

59. Bewertungsmethoden im Zugewinn

Knahn

I. Einführung	1	3. Freiberufliche Praxen	22
II. Bewertungsmethoden	2	4. Immobilien	24
1. Bewertungszeitpunkt	2	5. Lebensversicherungen	26
2. Ertragswert	5	6. Geldforderungen und -verbindlichkeiten	31
3. Sachwert	6	7. Sonstige Vermögensgegenstände	32
4. Geschäftswert	7	a) Anwartschaften	32
5. Verkehrswert	8	b) Beteiligung an einem geschlossenem Immo-	
6. Liquidationswert	9	bilienfonds	33
III. Bewertung einzelner Vermögensgegenstände	10	c) Kunst, Schmuck und Bibliotheken	34
1. Land- und forstwirtschaftliche Betriebe,		d) Leasingverträge	35
§ 1376 Abs. 4 BGB	10	e) Nießbrauch- und Wohnrecht	36
2. Unternehmen	16	f) Pkw	38
a) Betrieb eines Einzelunternehmers	16	g) Wertpapiere	39
b) Unternehmensbeteiligung an einer nicht bör-			
sennotierten Personen- oder Kapitalgesell-			
schaft	19		

I. Einführung

Die §§ 1374, 1375 BGB regeln, aus welchen Vermögenspositionen das Anfangs- bzw Endvermögen zu- **1** sammenzusetzen ist. Die Frage der Bewertung der einzelnen Positionen ist in § 1376 BGB geregelt. Dabei schreibt aber nur § 1376 Abs. 4 BGB das **Ertragswertverfahren für land- und forstwirtschaftliche Betriebe** fest (s. Rn 10 ff), während § 1376 Abs. 1–3 BGB lediglich die Frage nach dem **Bewertungszeitpunkt** klärt (s. Rn 2 ff). Die Anwendbarkeit der im Übrigen anerkannten Bewertungsmethoden des **Ertragswert-** (s. Rn 5), **Sachwert-** (s. Rn 6) und **Verkehrswertverfahrens** (s. Rn 8) ist im Einzelfall durch den Tatrichter sachverhaltsspezifisch zu prüfen (BGH 17.11.2010 – XII 170/09, NJW 2011, 601). Die Rechtsprechung hat dabei unten aufgeführte Grundsätze für die Bewertung einzelner Vermögensgegenstände entwickelt (s. Rn 16 ff).

II. Bewertungsmethoden

1. Bewertungszeitpunkt

Gem. § 1376 Abs. 1 BGB wird bei der Berechnung des Anfangsvermögens der Wert zugrundegelegt, den **2** der Vermögensgegenstand im **Zeitpunkt des Beginns des Güterstandes** hatte. Bei Hinzurechnungen nach § 1374 Abs. 2 BGB (s. → *Anfangsvermögen* Rn 7 ff) ist auf den Wert zum Zeitpunkt des privilegierten Erwerbs abzustellen. Bei dem Vergleich von Anfangs- und Endvermögen tritt alleine durch die Geldentwertung (**Inflation**) eine nominale Wertsteigerung des Vermögens auf. Dieser unechte Zugewinn ist nicht auszugleichen (BGH 14.11.1973 – IV ZR 147/72, NJW 1985, 137). Das Anfangsvermögen ist daher zu **indexieren** (s. → *Anfangsvermögen* Rn 22 ff).

Gem. § 1376 Abs. 2 BGB ist bei der Berechnung des Endvermögens auf den Wert abzustellen, den der Ver- **3** mögensgegenstand im **Zeitpunkt der Beendigung des Güterstandes** hatte. Endet der Güterstand durch Scheidung, ist der Zeitpunkt der **Rechtshängigkeit des Scheidungsantrags** maßgeblich (§ 1384 BGB). Bei Hinzurechnungen nach § 1375 Abs. 2 BGB (s. → *Illoyale Vermögensverfügung und Ansprüche gegen Dritte* Rn 3 ff) ist auf den Zeitpunkt des Verlustes der Vermögensposition abzustellen. Es kommt daher auf das Verpflichtungsgeschäft an, durch das eine vermögensmindernde Verbindlichkeit begründet wird (NK-BGB/Heiß § 1376 BGB Rn 5).

Die Bewertungsstichtage gelten sowohl für Aktiva als auch für Passiva (§ 1376 Abs. 3 BGB). Nach dem **4** strengen **Stichtagsprinzip** (s. → *Anfangsvermögen* Rn 3) ist dabei allein auf die Werte zu dem jeweiligen Zeitpunkt abzustellen. Das weitere Schicksal der Vermögenswerte nach dem Stichtag ist für die Berechnung des Anfangsvermögens ohne Bedeutung (Palandt/Brudermüller § 1374 BGB Rn 4).

2. Ertragswert

5 Bei Vermögensgegenständen, die geeignet sind, Erträge abzuwerfen (Mietshäuser, Hotels, Unternehmungen und freiberufliche Praxen) kommt das Ertragswertverfahren als Bewertungsmethode in Betracht. Bei diesem Verfahren ergibt sich der Wert aus der **Ertragskraft des Gegenstandes**. Erträge sind dabei die nachhaltig zu erwirtschaftenden zukünftigen Einnahmenüberschüsse (Gewinne; NK-BGB/Heiß § 1376 BGB Rn 8). Bei der Bewertung von Unternehmen ist der Ertragswert immer dann maßgebend, wenn das Unternehmen fortgeführt werden soll und dabei unabhängig von der Unternehmensführung Aussicht auf Ertrag in der Zukunft hat. Ist der Wert des Unternehmens insbesondere von der Person des Firmeninhabers abhängig (Personengesellschaften, kleine Handwerksbetriebe oder freiberufliche Praxen) ist das Ertragswertverfahren weniger geeignet (Palandt/Brudermüller § 1376 BGB Rn 9). Vielmehr ist das modifizierte Ertragswertverfahren (s. Rn 22) vorzugswürdig (BGH 2.2.2011 – XII ZR 185/08, NJW 2011, 2572).

3. Sachwert

6 Der Sach- oder **Substanzwert** (auch Reproduktionswert) beschreibt den finanziellen Aufwand, der notwendig ist, um einen vergleichbaren Vermögensgegenstand wieder zu beschaffen (BGH 9.3.1977 – IV ZR 166/75, NJW 1977, 949), wobei bei Sachgesamtheiten auf die Summe der einzelnen Wiederbeschaffungswerte abzustellen ist (NK-BGB/Heiß § 1376 BGB Rn 9).

4. Geschäftswert

7 Der Geschäftswert (**ideeller Wert, Firmenwert** oder **Goodwill**) ist der Betrag, den ein potenzieller Erwerber über den Sachwert eines Unternehmens hinaus im Hinblick auf künftige Gewinne zu zahlen bereit ist (BGH 25.11.1998 – XII ZR 84/97, NJW 1999, 784). Dabei spielen insbesondere immaterielle Faktoren wie Ruf, Ansehen, Standort, Art, Zusammensetzung und Verweildauer der Kunden sowie die Konkurrenzsituation, das Umsatzvolumen und die Umsatzstruktur, besondere Beziehungen sowie der Mitarbeiterstamm eine Rolle (NK-BGB/Heiß § 1376 BGB Rn 10). Bei der Ermittlung des Geschäftswerts ist zu beachten, dass **nur die übertragbaren Bestandteile** bewertet werden. Dazu gehört der auf die persönliche Leistung des Inhabers entfallende Teil, also immaterielle Faktoren wie Ruf und Ansehen des Inhabers, die unübertragbar mit seiner Person verknüpft sind (BGH 6.2.2008 – XII ZR 45/06, NJW 2008, 1221). Beim Freiberufler wird der übertragbare Teil des Geschäftswerts dann zutreffend ermittelt, wenn von dem durchschnittlichen Jahresüberschuss der individuelle Unternehmerlohn in Abzug gebracht wird (BGH 2.2.2011 – XII ZR 185/08, NJW 2011, 2572).

5. Verkehrswert

8 Der Erlös einer Sache bei Ausnutzung aller vorhandenen Möglichkeiten nach Abzug der auf dem Gegenstand lastenden Schulden einschließlich Veräußerungskosten und Steuern stellt den Verkehrs- oder Veräußerungswert dar (NK-BGB/Heiß § 1376 BGB Rn 11).

6. Liquidationswert

9 Der Liquidationswert ist im Gegensatz zum Verkehrswert der Wert, der bei einer sofortigen Veräußerung der einzelnen Vermögensgegenstände des Unternehmens nach Abzug der Verbindlichkeiten und der Liquidationskosten zu erzielen ist. Der Liquidations- oder **Zerschlagungswert** ist immer dann maßgebend, wenn das Unternehmen aufgelöst wird oder wenn der Ertragswert des Unternehmens niedriger als der Liquidationswert ist und in einem abschbaren Zeitraum liquidiert werden soll (HK-FamR/Häcker § 1376 BGB Rn 15). Dabei erfolgt die Bewertung aufgrund einer objektiven nachträglichen Prognose auf dem Kenntnisstand eines optimalen Betrachters, wobei spätere Entwicklungen des Unternehmens, die bereits ansatzweise erkennbar waren, berücksichtigt werden können (Palandt/Brudermüller § 1376 BGB Rn 8).

Knahn

III. Bewertung einzelner Vermögensgegenstände

1. Land- und forstwirtschaftliche Betriebe, § 1376 Abs. 4 BGB

§ 1376 Abs. 4 BGB schreibt die Anwendung des Ertragswertverfahrens für land- und forstwirtschaftliche 10
Betriebe vor,

- die sowohl im Anfangs- als auch im Endvermögen eines Ehegatten stehen,
- wenn der Ehegatte als Eigentümer des Betriebes ausgleichsverpflichtet ist und
- die Weiterführung oder Wiederaufnahme des Betriebes durch den Ehegatten oder einen Abkömmling
erwartet werden kann.

Der Begriff des land- oder forstwirtschaftlichen Betriebs bezeichnet Besitzungen, die eine zum selbstständigen Betrieb der Landwirtschaft einschließlich der Viehzucht oder der Forstwirtschaft geeignete und bestimmte Wirtschaftseinheit darstellen und mit den nötigen Wohn- und Wirtschaftsgebäuden versehen sind
(BGH 4.5.1964 – III ZR 159/63, NJW 1964, 1414). Dazu zählen auch verbundene Betriebe und Zubehör.
Der ausgleichsverpflichtete Ehegatte muss Eigentümer des Betriebes sein, nicht nur Pächter (NK-BGB/
Heiß § 1376 BGB Rn 43 ff).

Die **Weiterführung oder Wiederaufnahme des Betriebes** durch den Eigentümer selbst oder einen Ab- 11
kömmling (§ 1589 S. 1 BGB) muss zu erwarten sein. Es müssen bei realistischer Betrachtungsweise Anhaltspunkte dafür gegeben sein, dass der Betrieb in Zukunft wieder bewirtschaftet werden kann (BVerfG
16.10.1984 – 1 BvL 17/80, NJW 1985, 1329). Ein Indiz für eine mögliche Weiterführung oder Wiederaufnahme des Betriebes ist das Vorhandensein einer Hofstelle, die nach Art, Umfang, Inventar und Grundfläche nach wirtschaftlichen Gesichtspunkten den Betrieb ermöglicht (NK-BGB/Heiß § 1376 BGB Rn 46).

Da der Ertragswert in der Regel beträchtlich hinter dem vollen wirklichen Wert zurückbleibt (BGH 12
7.5.1986 – IVb ZR 42/85, NJW-RR 1986, 1066), führt die Anwendung des § 1376 Abs. 4 BGB zu einer
bedeutsamen Begünstigung des Betriebsinhabers und einer entsprechenden Benachteiligung des ausgleichsberechtigten Ehegatten. Die Rechtfertigung dieser Ungleichbehandlung ergibt sich nach der Rechtsprechung des Bundesverfassungsgerichts grundsätzlich aus dem Zweck der Regelung, durch die der Gesetzgeber die Zerschlagung land- und forstwirtschaftlicher Betriebe vermeiden will, jedoch nicht im privatwirtschaftlichen Interesse der Betriebsinhaber, sondern im öffentlichen Interesse an der Erhaltung leistungsfähiger Höfe in bäuerlichen Familien (BVerfG 16.10.1984 – 1 BvL 17/80, NJW 1985, 1329).

Durch die Verweisung auf § 2049 Abs. 2 BGB bestimmt sich der Ertragswert nach dem **Reinertrag**, den 13
das Landgut nach seiner bisherigen wirtschaftlichen Bestimmung bei ordnungsmäßiger Bewirtschaftung
nachhaltig gewähren kann. Gem. Art. 137 EGBGB sind für die Bestimmung die landesrechtlichen Vorschriften anzuwenden. In der Regel wird der 25fache Betrag des jährlichen Reinertrages zugrunde gelegt,
in Bayern der 18fache Betrag (NK-BGB/Heiß § 1376 BGB Rn 48). Zur Berechnung im Einzelnen ist der
Leitfaden für die Ermittlung des Ertragswertes landwirtschaftlicher Betriebe (Bendel/Köhne/Moser/
Niebuhr AgrarR 1994, 5) zu empfehlen.

Während der Ehe **hinzuerworbene Nutzflächen** eines landwirtschaftlichen Betriebes nehmen grundsätz- 14
lich an dessen privilegierter Bewertung zum Ertragswert nicht teil, sondern sind im Endvermögen mit dem
Verkehrswert anzusetzen. Ausnahmen kommen nur in Betracht, wenn und soweit der Hinzuerwerb zur Erhaltung der Lebensfähigkeit des Betriebes erforderlich war (BGH 6.2.1991 – XII ZR 57/90, NJW 1990,
1741).

Liegen die Voraussetzungen des § 1376 Abs. 4 BGB nicht vor, gelten die allgemeinen Bewertungsgrund- 15
sätze, die in der Regel zur Anwendung des Sach- oder Liquidationswerts führen (BGH 27.9.1989 – IV b
ZR 75/88, NJW-RR 1990, 68; s. → *ABC der Vermögenswerte* Rn 102 ff).

2. Unternehmen

a) Betrieb eines Einzelunternehmers. Für die Bewertung eines Betriebs eines Einzelunternehmers 16
kommt in erster Linie die Heranziehung des **Sachwertes** (s. Rn 6) zusammen mit dem **Geschäftswert**

(s. Rn 7) oder des **Ertragswertes** (s. Rn 5) in Betracht, wobei auch eine Mischform zwischen beiden ist möglich (NK-BGB/Heiß § 1376 BGB Rn 32).

17 Bei der Bewertung von Unternehmen ist der **Ertragswert** maßgebend, wenn das Unternehmen fortgeführt werden soll und dabei unabhängig von der Unternehmensführung Aussicht auf Ertrag in der Zukunft hat. Ist der Wert des Unternehmens insbesondere von der Person des Firmeninhabers abhängig (Personengesellschaften, kleine Handwerksbetriebe oder freiberufliche Praxen) ist das Ertragswertverfahren weniger geeignet (Palandt/Brudermüller § 1376 BGB Rn 9).

18 Der **Liquidationswert** (s. Rn 9) ist immer dann maßgebend, wenn das Unternehmen aufgelöst wird oder wenn der Ertragswert des Unternehmens niedriger als der Liquidationswert ist und in einem absehbaren Zeitrahmen liquidiert werden soll (HK-FamR/Häcker § 1376 BGB Rn 15). Dabei erfolgt die Bewertung aufgrund einer objektiven nachträglichen Prognose auf dem Kenntnisstand eines optimalen Betrachters, wobei spätere Entwicklungen des Unternehmens, die bereits ansatzweise erkennbar waren, berücksichtigt werden können (Palandt/Brudermüller § 1376 BGB Rn 8).

19 **b) Unternehmensbeteiligung an einer nicht börsennotierten Personen- oder Kapitalgesellschaft.** Grundsätzlich gelten die oben aufgeführten Bewertungsmethoden wie für den Betrieb eines Einzelunternehmers (s. Rn 16 ff). Umfang und Wert der Beteiligung sind dann anhand des Gesellschaftsvertrages zu ermitteln (MüKo/Koch § 1376 BGB Rn 28).

20 Sind die Gesellschaftsanteile an einer **Personengesellschaft** durch Vertrag oder Gesetz (§ 719 BGB) unveräußerlich, kann die **Unveräußerlichkeit** der Anteile zu einer Wertminderung führen (BGH 10.10.1979 – IV ZR 79/78, NJW 1980, 229). Dies entfällt, wenn die Wertminderung durch die Unveräußerlichkeit einer günstigen Erwerbsmöglichkeit anderer Gesellschaftsanteile gegenübersteht (BGH 25.11.1998 – XII ZR 84–97, NJW 1999, 784).

21 Ist in einem Gesellschaftsvertrag eine **Abfindungsklausel** vorgesehen, wonach im Falle des Ausscheidens eines Gesellschafters der Abfindungsanspruch durch Nichtberücksichtigung der stillen Reserven oder des Geschäftswerts (Goodwill) beschränkt oder ausgeschlossen wird (Palandt/Brudermüller § 1376 BGB Rn 10), schränkt die Abfindungsklausel die Verwertbarkeit des Anteils des Gesellschafters ein. Die Abfindungsklausel ist daher wertmindernd zu berücksichtigen (BGH 25.11.1998 – XII ZR 84–97, NJW 1999, 784; aA Staudinger/Thiele, § 1376 BGB Rn 35; Bamberger/Roth/Mayer § 1376 BGB Rn 23). Ist das Ausscheiden aus der Gesellschaft zum Stichtag bereits eingetreten, so ist lediglich der Abfindungswert anzusetzen (NK-BGB/Heiß § 1376 BGB Rn 39; s. → *ABC der Vermögenswerte* Rn 160 ff).

3. Freiberufliche Praxen

22 Auch freiberufliche Praxen sind mit ihrem vollen wirklichen Wert in den Zugewinn einzustellen (s. → *ABC der Vermögenswerte* Rn 44 ff). Es gelten daher die oben aufgeführten Bewertungsmethoden wie für den Betrieb eines Einzelunternehmers (s. Rn 16 ff). Der BGH hat das modifizierte Ertragswertverfahren für die Bewertung freiberuflicher Praxen im Zugewinnausgleich generell für vorzugswürdig erklärt. Der hierbei zu ermittelnde **übertragbare Teil des Goodwills** (s. Rn 7) ergibt sich aus dem Abzug des den individuellen Verhältnissen entsprechenden Unternehmerlohns von dem durchschnittlichen Jahresüberschuss. Von dem so ermittelten Wert der Praxis sind unabhängig von einer Veräußerungsabsicht latente Ertragsteuern in Abzug zu bringen (BGH 2.2.2011 – XII ZR 185/08, NJW 2011, 2572; s. → *ABC der Vermögenswerte* Rn 51, 148). Zur Wertermittlung bei Freiberuflern können die Richtlinien der jeweiligen Standesorganisationen herangezogen werden (NK-BGB/Heiß § 1376 BGB Rn 40).

23 Die Frage des **Geschäftswerts** von freiberuflichen Praxen und Unternehmen ist durch die Rechtsprechung in folgenden **Einzelfällen** geklärt worden:
- Architekturbüro (OLG München 13.3.1984 – 4 UF 195/83, FamRZ 1984, 1096);
- Arztpraxis (OLG Koblenz 11.1.1988 – 13 UF 1492/86, FamRZ 1988, 950; BGH 24.10.1990 – XII ZR 101/89, NJW 1991, 1547; OLG Hamm 10.10.1991 – 2 UF 5/90, NJW-RR 1992, 580);

- Bäckerei (BGH 23.11.1977 – IV ZR 131/76, NJW 1978, 844);
- Druckerei (OLG Düsseldorf 27.1.1984 – 3 UF 50/83, FamRZ 1984, 699);
- Handelsvertretung (BGH 9.3.1977 – IV ZR 166/75, NJW 1977, 949);
- Rechtsanwaltskanzlei (OLG Saarbrücken 28.6.1984 – 6 UF 181/82, FamRZ 1984, 794; OLG Frankfurt 18.11.1986 – 4 UF 298/85, FamRZ 1987, 485; OLG München 5.3.1987 – 4 WF 11/87, NJW-RR 1988, 262);
- Steuerberaterkanzlei (BGH 25.11.1998 – XII ZR 84/97, NJW 1999, 784; BGH 2.2.2011 – XII ZR 185/08, NJW 2011, 2572);
- Tierarztpraxis (BGH 6.2.2008 – XII ZR 45/06, NJW 2008, 1221);
- Vermessungsbüro (BGH 13.10.1976 – IV ZR 104/74, NJW 1977, 378);
- Versicherungsagentur (OLG Stuttgart 2.5.1995 – 18 UF 362/94, FamRZ 1955, 1586; OLG Hamm 9.3.2011 – II-8 UF 207/10, NJW-RR 2011, 1443);
- Zahnarztpraxis (OLG Koblenz 14.12.1981 – 13 UF 584/81, FamRZ 1982, 280);
- Zahntechnisches Labor (BGH 10.10.1979 – IV ZR 79/78, NJW 1980, 229).

4. Immobilien

Bei der Bewertung von Immobilien kommt das Sachwert- und das Ertragswertverfahren in Betracht (Palandt/Brudermüller § 1376 BGB Rn 12). Wird das Objekt durch die Ehegatten selbst genutzt, findet das **Sachwertverfahren** Anwendung (BGH 1.4.1992 – XII ZR 146/91, NJW-RR 1992, 899). Wird die Immobilie als Renditeobjekt vermietet oder verpachtet, ist der **Ertragswert** maßgebend (NK-BGB/Heiß § 1376 BGB Rn 22). Ist das Grundstück Teil eines Gewerbebetriebs, erfolgt die Bewertung in der Regel innerhalb der Unternehmensbewertung (Palandt/Brudermüller § 1376 BGB Rn 14). Ausnahmsweise kommt der möglicherweise geringere **Liquidationswert** in Betracht, wenn eine sofortige Verwertung der Immobilie zur Begleichung der Ausgleichsforderung notwendig ist (BGH 17.11.2010 – XII ZR 170/09, NJW 2011, 601) und eine Stundung der Ausgleichsforderung (§ 1382 BGB) nicht möglich ist (BGH 7.7.1993 – XII ZR 35/92, NJW 1993, 2804). **24**

Die Verordnung über die Grundsätze für die Ermittlung der Verkehrswerte von Grundstücken (BGBl. I 2010, 639) regelt allgemeine Grundsätze der Immobilienwertermittlung und hat die Wertermittlungsverordnung (BGBl. I 1988, 2209) abgelöst. Das Bundesministerium für Verkehr, Bau und Stadtentwicklung hat am 1.3.2006 eine Neufassung der Wertermittlungs-Richtlinien für die Ermittlung des Verkehrswertes von Grundstücken (WertR 2006) erlassen (Bundesanzeiger Nr. 108 a vom 10.6.2006; Berichtigung vom 1.7.2006 bekannt gemacht im Bundesanzeiger Nr. 121, S. 4798). Sie enthalten Hinweise zur Ermittlung des Verkehrswerts von Immobilien. Ihre Anwendung soll eine objektive Ermittlung des Verkehrswerts von Grundstücken nach einheitlichen und marktgerechten Grundsätzen und Verfahren sicherstellen. **25**

5. Lebensversicherungen

Zu prüfen ist vorab, ob die Lebensversicherung überhaupt in den Zugewinnausgleich fällt. Dies ist bei **Kapitallebensversicherungen**, die der Vermögensbildung dienen, der Fall (BGH 14.3.2007 – XII ZB 36/05, NJW-RR 2007, 865), auch wenn sie ein Rentenwahlrecht beinhalten, wenn dieses am Stichtag für die Bewertung des Endvermögens noch nicht ausgeübt wurde (NK-BGB/Heiß § 1372 BGB Rn 18). **26**

Eine vom Arbeitgeber als **Direktversicherung zur betrieblichen Altersvorsorge** abgeschlossene Kapitallebensversicherung ist insgesamt in den Zugewinn einzustellen, auch wenn der Ehegatte nur Bezugsberechtigter und der Arbeitgeber Versicherungsnehmer ist (BGH 20.5.1992 – XII ZR 255/90, NJW 1992, 2154). Die Unsicherheit, ob dem Arbeitnehmer der Versicherungswert tatsächlich zufällt, mindert den Wert der Lebensversicherung, es ist insoweit ein Abschlag vorzunehmen (BGH 15.1.1992 – XII ZR 247/90, NJW 1992, 1103). Lässt sich die Werthaltigkeit nicht hinreichend konkret bestimmen, hat der Tatrichter im Rahmen der gem. § 287 ZPO durchzuführenden Schätzung die ihm im Zeitpunkt seiner Entscheidung zugänglichen Erkenntnismöglichkeiten zu nutzen (BGH 17.11.2010 – XII ZR 170/09, NJW 2011, 601). **27**

28 Eine **gemischte Lebensversicherung**, die im Erlebensfall dem Ehegatten, der Versicherungsnehmer ist, im Todesfall dem anderen Ehegatten zufällt, ist in das Endvermögen beider Ehegatten einzustellen (BGH 20.5.1992 – XII ZR 255/90, NJW 1992, 2154).

29 Lebensversicherungen sind mit ihrem **Kapitalwert** (Zeitwert oder Fortführungswert) zum Stichtag zu bewerten, der sich aus den bis dahin eingezahlten Prämien und etwaigen Gewinnanteilen ergibt (NK-BGB/Heiß § 1376 BGB Rn 25). Der Wert umfasst dabei das geschäftsplanmäßige Deckungskapital einschließlich gutgeschriebener Gewinnanteile zuzüglich eines zum Bewertungsstichtag erreichten Anwartschaftsrechts auf Schlussgewinnanteile (HK-FamR § 1376 BGB Rn 48).

30 Der **Rückkaufswert** ist zugrundezulegen, wenn zum Stichtag bei objektiver Betrachtung die Fortführung des Versicherungsverhältnisses nicht zu erwarten ist oder eine Stundung der Ausgleichsforderung gemäß § 1382 BGB nicht möglich ist (BGH 12.7.1995 – XII ZR 109/94, NJW 1995, 2781; s. → *ABC der Vermögenswerte* Rn 110 ff).

6. Geldforderungen und -verbindlichkeiten

31 Geldforderungen und -verbindlichkeiten sind grundsätzlich mit dem **Nennwert** in die Vermögensbilanz einzustellen (BGH 24.10.1990 – XII ZR 101/89, NJW 1991, 1547; s. → *ABC der Vermögenswerte* Rn 43 ff). Bestehen Unsicherheiten, ob die Forderung in voller Höhe realisiert werden kann, ist ein Abschlag bis zur vollen Höhe gerechtfertigt. Eine noch nicht fällige, unverzinsliche Forderung oder Verbindlichkeit ist abzuzinsen (Palandt/Brudermüller § 1376 BGB Rn 20).

7. Sonstige Vermögensgegenstände

32 **a) Anwartschaften.** Bei Anwartschaftsrechten ist eine Prognose aufzustellen, mit welcher Sicherheit das Anwartschaftsrecht zum Vollrecht erstarkt. Soweit Unsicherheiten bestehen, ist eine **Abzinsung** vorzunehmen (BGH 3.5.1990 – XII ZR 75/89, NJW 1990, 3018). Die Ungewissheit, ob der im Anrecht verkörperte Vermögenswert dem Begünstigten oder seinen Rechtsnachfolgern zufallen wird (Erlebenswahrscheinlichkeit), kann durch das Verhältnis der Erlebensquoten erfasst werden, die für den Anrechtsinhaber einerseits bei Eintritt des Versorgungsfalls und andererseits zum Bewertungsstichtag gelten (BGH 20.5.1992 – XII ZR 255/90, NJW 1992, 2154). Bei Anrechten, deren Werthaltigkeit sich erst durch die am Stichtag nicht absehbare weitere Entwicklung bestimmter Faktoren konkretisiert, ist es dem Tatrichter wegen der Eigenart des zu bestimmenden Rechts und den damit einhergehenden Unwägbarkeiten erlaubt, die ihm zugänglichen Erkenntnismöglichkeiten zu nutzen und letztendlich den Wert des Anrechts gem. § 287 ZPO zu schätzen (BGH 17.11.2010 – XII ZR 170/09, NJW 2011, 601).

33 **b) Beteiligung an einem geschlossenem Immobilienfonds.** Die Beteiligung an geschlossenen Immobilienfonds beruht auf langfristigen Investitionen, die zwar schlecht veräußerbar, jedoch nicht wertlos sind. Der Wert bemisst sich dabei an dem zu erwartenden Veräußerungserlös bei Beendigung der Beteiligung zuzüglich noch zu erwartender Steuervorteile, abzüglich offener Zahlungsverpflichtungen sowie mit der Veräußerung ausgelösten Steuern (Haußleiter/Schulz Kap. 1 Rn 129). Diese Bewertungsmethode hat der Bundesgerichtshof nun jedenfalls für eine Kommanditeinlage an einem geschlossenen Immobilienfonds als zutreffend bewertet (BGH 17.11.2010 – XII ZR 170/09, NJW 2011, 601). Im Fall einer späteren Liquidation kann der Wert grundsätzlich unter Berücksichtigung des Veräußerungserlöses bestimmt werden (BGH 17.11.2010 – XII ZR 170/09, NJW 2011, 601).

34 **c) Kunst, Schmuck und Bibliotheken.** Bei Kunstgegenständen, Schmuck, Sammlungen, Bibliotheken ist auf den **Verkaufswert unter Privatpersonen** abzustellen, wenn ein solcher Markt vorhanden ist (NK-BGB/Heiß § 1376 BGB Rn 23). Auch wird die Auffassung vertreten, dass der **Wiederbeschaffungswert** maßgeblich ist (Schwab/Schwab VII Rn 63), jedoch nicht, wenn es sich um nicht wiederzubeschaffende Einzelstücke handelt (MüKo/Koch § 1376 BGB Rn 17). Schmuck ist grundsätzlich mit dem Veräußerungswert anzusetzen, wobei Liebhaberwerte nicht zu berücksichtigen sind. Die Wertuntergrenze liegt beim Materialwert (HK-FamR/Häcker § 1376 BGB Rn 66).

d) Leasingverträge. Besteht bei einem Leasingvertrag aufgrund von Sonderzahlungen zu Beginn der Lea- 35
singzeit ein Vermögensvorteil, ist der **Restwert** in der Vermögensbilanz einzustellen. Dieser ist aus der
Differenz der zu Beginn der Leasingzeit geleisteten Anzahlung und des zum Ende zu zahlenden Minder-
wertes zu ermitteln, der zum Stichtag noch nicht aufgezehrt war (OLG Karlsruhe 19.12.2003 – 2 UF 95/03,
FamRZ 2004, 1028; s. → *ABC der Vermögenswerte* Rn 107 ff).

e) Nießbrauch- und Wohnrecht. Nießbrauch und Wohnrechte sind mit dem **Nutzungswert** einzustellen 36
(Palandt/Brudermüller § 1376 BGB Rn 24). Dieser berechnet sich aus einem fiktiven Nettomietwert, der
mit der Lebenserwartung des Begünstigten und der Restnutzungsdauer des Gebäudes entsprechend zu kapitalisieren ist (BGH 15.1.2003 – XII ZR 23/01, NJW 2004, 1321; s. → *Leibgeding, Leibrente, Nießbrauch
und Wohnrecht im Zugewinn*).

Hat eine Ehegatte bei einem Erwerb mit Rücksicht auf ein künftiges Erbrecht (s. → *Anfangsvermögen* 37
Rn 12) im Zusammenhang mit der Zuwendung einen lebenslangen Nießbrauch, ein Wohnrecht oder ein
Leibgeding übernommen, so ist dieses bei der Ermittlung des Anfangs- und, wenn das Wohnrecht fortbesteht, auch des Endvermögens mit seinem jeweils aktuellen Wert wertmindernd zu berücksichtigen. Da der
andere Ehegatte aber nicht an der Wertsteigerung der Zuwendung aufgrund des reinen Zeitablaufs (**gleitender Erwerbsvorgang**) teilhaben soll, ist der fortlaufende Wertzuwachs der Zuwendung aufgrund des abnehmenden Werts des Wohnrechts auch für den dazwischen liegenden Zeitraum bzw die Zeit zwischen
dem Erwerb und dem Erlöschen der Belastung zu bewerten, und dieser dem Anfangsvermögen gem.
§ 1374 Abs. 2 BGB hinzuzurechnen (BGH 22.11.2006 – XII ZR 8/05, NJW 2007, 2245).

f) Pkw. Ein Pkw ist mit **Wiederbeschaffungswert** für ein gleichwertiges, gebrauchtes Fahrzeug einzustel- 38
len (HK-FamR/Häcker § 1376 BGB Rn 58; s. → *Pkw* Rn 1 ff).

g) Wertpapiere. Wertpapiere sind mit dem am Stichtag amtlichen Tageskurs (**Kurswert**) zuzüglich bis 39
zum Stichtag aufgelaufener Zinsen zu bewerten (Palandt/Brudermüller § 1376 BGB Rn 24). Ein Aktienop-
tionsrecht ist mit dem vollen Aktienwert einzustellen, wenn es unmittelbar nach Rechtshängigkeit des
Scheidungsantrags ausgeübt wird (HK-FamR/Häcker § 1376 BGB Rn 21).

60. Billigkeitsunterhalt

Finke

I. Einführung	1	2. Billigkeitsabwägung	4
II. Voraussetzungen des Anspruchs	3	3. Höhe und Dauer des Anspruchs	6
1. Sonstige schwerwiegende Gründe	3	III. Durchsetzung des Anspruchs	7

I. Einführung

1 Der Unterhaltstatbestand des § 1576 BGB stellt keinen unterhaltsrechtlichen Auffangtatbestand im Sinne einer Generalklausel dar, die immer eingreift, wenn die Voraussetzungen der anderen Unterhaltstatbestände nach §§ 1570, 1571, 1572, 1573, 1575 BGB nicht vorliegen. Es handelt sich vielmehr um eine Billigkeitsregelung, die im **Einzelfall** einen Anspruch eröffnet, wenn die Voraussetzungen der übrigen Tatbestände, nach denen eine Erwerbstätigkeit vom Berechtigten zur Deckung seines Unterhaltsbedarfs nicht erwartet werden kann oder nicht möglich ist, nicht erfüllt sind, jedoch sonstige **schwerwiegende Gründe einer Erwerbstätigkeit entgegenstehen**. Damit soll verhindert werden, dass durch eine Beschränkung auf das relativ strikte System der übrigen Unterhaltstatbestände – mit dem dort geltenden Grundsatz des Anschlussunterhalts sowie der Einsatzzeitpunkte – möglicherweise Sachverhalte, die in ihrer Vielgestaltigkeit und Komplexität durch die abstrakten Einzeltatbestände nicht erfasst werden können, vom nachehelichen Unterhalt ausgeschlossen werden, obwohl die Versagung eines Unterhaltsanspruchs in grober Weise der Billigkeit widerspricht.

2 Mit dem Erfordernis einer groben Unbilligkeit werden so hohe Anforderungen an die Zuerkennung eines Anspruchs gestellt, dass § 1576 BGB nur in besonderen Ausnahmefällen zu einer Ergänzung des Systems der Unterhaltsansprüche führt. Aus dem Vorrang der sonstigen Unterhaltstatbestände ergibt sich die **Subsidiarität** des Billigkeitsunterhalts (BGH 17.9.2003 – XII ZR 184/01, NJW 2003, 3481). Der Anspruch kann auch ergänzend neben einem Teilanspruch aufgrund eines anderen Unterhaltstatbestandes in Betracht kommen (BGH 25.1.1984 – IVb ZR 28/82, NJW 1984, 1538). Grundlage des Anspruchs nach der sog. positiven Billigkeitsklausel (gegenüber den negativen Billigkeitsregelungen in § 1578 b BGB und § 1579 BGB) kann neben nachwirkender **ehelicher Solidarität** ein durch das Verhalten des anderen Ehegatten begründetes **Vertrauen** in eine fortdauernde Unterstützung sein.

II. Voraussetzungen des Anspruchs

1. Sonstige schwerwiegende Gründe

3 Sonstige Gründe bedeutet, dass es sich **nicht** um Gründe handelt, die **durch die anderen Unterhaltstatbestände erfasst** werden. Es müssen außerdem **schwerwiegende** Gründe, dh solche von besonderer Bedeutung sein. Rechtsprechung und Literatur haben hierzu Fallgruppen entwickelt, welche die gebotene Einzelfallentscheidung nicht ersetzen, aber die Einordnung und Abgrenzung im konkreten Fall erleichtern können:

– **Betreuung eines nicht gemeinsamen Kindes** des Berechtigten. Dabei reicht der Umstand, dass der Pflichtige mit der Aufnahme des Kindes in den ehelichen Haushalt einverstanden gewesen ist, nicht aus. Erforderlich ist vielmehr zusätzlich ein Verhalten des Pflichtigen, welches einen Vertrauenstatbestand beim Berechtigten begründen konnte, dass sein Unterhalt auch in Zukunft trotz der Beschränkung der Möglichkeit, einer Erwerbstätigkeit nachzugehen, gesichert sei. Dies kommt etwa dann in Betracht, wenn der die Kinder betreuende Berechtigte durch die Eheschließung mit dem Pflichtigen einen eigenen Unterhaltsanspruch wegen Kindesbetreuung gegenüber dem Vater des Kindes verloren hat, wobei die Möglichkeit des Wiederauflebens dieses Anspruchs nach § 1586 a BGB zu beachten ist. Vergleichbar ist die Lage, wenn der Berechtigte nach der Eheschließung mit dem Pflichtigen im Einvernehmen mit diesem oder sogar auf dessen Wunsch eine Erwerbstätigkeit aufgegeben hatte und nunmehr nicht in der Lage ist, eine solche Beschäftigung zu erhalten (BGH 11.5.1983 – IVb ZR 382/81, FamRZ 1983, 800; einschränkend OLG Koblenz 16.3.2010 – 11 UF 532/09, NJW 2010, 1537). Unter besonderen

Umständen ist auch bei Betreuung eines während der Ehe geborenen Kindes ein Anspruch nach § 1576 BGB möglich (OLG Frankfurt 11.2.1981 – 2 UF 127/80, NJW 1981, 2069, das jedoch zu Unrecht die eigene eheliche Untreue des Pflichtigen ebenfalls im Rahmen der Billigkeitsabwägung berücksichtigt; NK-BGB/Fränken § 1576 BGB Rn 5). Beim Trennungsunterhalt ist dagegen die Betreuung eines nicht gemeinsamen Kindes in jedem Fall bei der Frage der Erwerbsobliegenheit und ihres Umfangs zu berücksichtigen, wenn die Betreuung bereits während des ehelichen Zusammenlebens einverständlich erfolgte und somit zu den persönlichen Verhältnissen nach § 1361 Abs. 2 BGB gehört (BGH 3.2.1982 – IVb ZR 654/80, NJW 1982, 1461).

- **Betreuung eines gemeinsam aufgenommenen Pflegekindes.** Der gemeinsamen Entscheidung für ein Pflegekind kann entscheidendes Gewicht für eine Berücksichtigung der weiteren Betreuungsbedürftigkeit des Kindes nach Trennung und Scheidung der Eheleute zukommen (BGH 25.1.1984 – IVb ZR 28/82, NJW 1984, 1538). Eine grobe Unbilligkeit kann dann angenommen werden, wenn das Pflegeverhältnis schon längere Zeit bestanden hat und eine Herausnahme des Pflegekindes und anderweitige Unterbringung schädlich für das Kindeswohl wäre (Kalthoener/Büttner/Niepmann Rn 530 betonen ebenfalls die besondere Bedeutung des Kindeswohls). Ansonsten kann von Bedeutung sein, ob das Kind mit dem Ziel der Adoption aufgenommen worden ist, dh von den Pflegeeltern ein dauerhafter Aufenthalt des Kindes bei ihnen beabsichtigt war. Der damit eingegangenen Verantwortung und dem Vertrauen des Berechtigten auf Unterstützung bei dieser Aufgabe kann sich der Pflichtige nicht mit dem Hinweis auf die aufgrund Trennung und Scheidung veränderten Verhältnisse entziehen. Bei einer relativ kurz vor der Trennung eingegangenen Pflegeverpflichtung kann dies anders zu beurteilen sein (BGH 25.1.1984 – IVb ZR 28/82, NJW 1984, 1538). Das kann auch dann der Fall sein, wenn der Pflichtige der Inpflegenahme des Kindes lediglich zugestimmt, es aber nicht als sein eigenes Pflegekind angesehen und behandelt hat (BGH 25.1.1984 – IVb ZR 28/82, NJW 1984, 1538; enger dagegen Borth in: Schwab IV Rn 382).
- **Betreuung eines gemeinsamen, jedoch nicht in der Ehe geborenen Kindes.** Hierauf ist § 1570 BGB nicht anwendbar, da diese Bestimmung nach ihrem Sinn und Zweck nur den Unterhalt im Falle der Betreuung eines gemeinsamen ehelichen Kindes regelt (BGH 17.12.1997 – XII ZR 38/96, NJW 1998, 1065). Anwendbar ist allein § 1615 l BGB, der der Mutter des nichtehelichen Kindes einen Unterhaltsanspruch aufgrund der Betreuung des Kindes gibt. Nachdem diese Bestimmung nach den inzwischen erfolgten Gesetzesänderungen weitgehend dem Tatbestand des § 1570 BGB entspricht, hat sich die früher bestehende Problematik eines weitergehenden Anspruchs erledigt, so dass ein Anwendungsbereich für § 1576 BGB nicht mehr besteht.
- **Pflege eines Angehörigen.** Soweit es sich um einen Angehörigen des Pflichtigen handelt, der im Einvernehmen der Eheleute während des ehelichen Zusammenlebens vom Berechtigten betreut worden ist, kann hierin ein sonstiger schwerwiegender Grund iSd § 1576 BGB gesehen werden (NK-BGB/Fränken § 1576 BGB Rn 8). Ist der Pflichtige aufgrund der veränderten Umstände nach Trennung und Scheidung hiermit nicht mehr einverstanden, so wird ein Unterhaltsanspruch zumindest noch so lange in Betracht kommen, bis eine anderweitige Betreuung geregelt ist. Auch die Betreuung eines Angehörigen des Berechtigten, der während der Ehe einvernehmlich gepflegt worden ist, kann einen Unterhaltsanspruch begründen. Dabei sind jedoch in noch stärkerem Maße die beiderseitigen Interessen der Eheleute abzuwägen (OLG Düsseldorf 26.10.1979 – 3 UF 94/79, FamRZ 1980, 56). Die Betreuung eines gemeinsamen Enkelkindes kann einen Billigkeitsunterhalt rechtfertigen (AG Herne-Wanne 16.1.1996 – 3 F 145/95, FamRZ 1996, 1016).
- Wegfall oder Beschränkung der Erwerbsobliegenheit wegen **Krankheit außerhalb der beim Krankheitsunterhalt maßgeblichen Einsatzzeitpunkte** (s. → *Krankheitsunterhalt* Rn 4 f). Scheitert ein Anspruch nach § 1572 BGB allein an dem erforderlichen Einsatzzeitpunkt oder ist ein solcher Anspruch der Höhe nach auf den Anspruch nach einem anderen Unterhaltstatbestand, an den er anschließt, beschränkt, so kommt in besonders gelagerten Fällen, insbesondere bei sehr langer Ehedauer, ein Anspruch nach § 1576 BGB in Betracht (BGH 31.1.1990 – XII ZR 36/89, NJW 1990, 2752; 23.3.1983 – IVb ZR 370/81). In seiner letzten Entscheidung zur subsidiären Anwendung dieser Vorschrift gegenüber § 1572 BGB hat der Bundesgerichtshof jedoch deutlich gemacht, dass bei dem unter engen Vor-

aussetzungen möglichen Rückgriff auf den Tatbestand des Billigkeitsunterhalts in diesen Fällen zu beachten ist, dass der Pflichtige mit zunehmender Zeitdauer immer weniger mit seiner Inanspruchnahme rechnen musste (BGH 17.9.2003 – XII ZR 184/01, NJW 2003, 3481). Hinzu kommt, dass der Gesetzgeber mit dem UnterhÄndG den bis dahin nicht beschränkbaren Unterhaltsanspruch nach § 1572 BGB der Möglichkeit der Herabsetzung und Befristung nach § 1578 b BGB unterworfen hat. Die darin zum Ausdruck kommende Einschränkung der nachwirkenden ehelichen Solidarität spricht dafür, dies auch beim Rückgriff auf den Billigkeitsunterhalt bei Nichtvorliegen der Voraussetzungen des § 1572 BGB zu beachten und die Anwendung des § 1576 BGB in diesen Fällen auf wirkliche Ausnahmen zu beschränken.

2. Billigkeitsabwägung

4   Das Vorliegen eines schwerwiegenden Grundes reicht allein nicht aus, um einen Anspruch nach § 1576 BGB zu bejahen. Es bedarf hierzu der zusätzlichen Feststellung, dass die Versagung eines Unterhaltsanspruchs grob unbillig wäre. Eine **grobe Unbilligkeit** setzt voraus, dass eine andere Regelung dem Gerechtigkeitsempfinden in unerträglicher Weise widersprechen würde (BGH 25.1.1984 – IVb ZR 28/82, NJW 1984, 1538), was **nur in besonderen Ausnahmefällen** in Betracht kommt. Im Mittelpunkt der Billigkeitsabwägung steht der schwerwiegende Grund, der wie vorstehend aufgezeigt (s. Rn 3) von unterschiedlichem Gewicht sein kann. Daneben sind die beiderseitigen Interessen der geschiedenen Eheleute zu berücksichtigen. Geht es um die Betreuung eines nicht gemeinsamen Kindes oder eines Enkelkindes (s. Rn 3), so können auch dessen Interessen von Bedeutung sein.

5   Bei der Abwägung der **Interessen der geschiedenen Eheleute** sind die beiderseitigen wirtschaftlichen Verhältnisse zu beachten, dh wie stark den Pflichtigen ein möglicher Unterhaltsanspruch belastet (BGH 11.5.1983 – IVb ZR 382/81, FamRZ 1983, 800) und wie dringend der Berechtigte auf den Unterhalt angewiesen ist. Eine eingeschränkte Leistungsfähigkeit des Pflichtigen ist bereits an dieser Stelle und nicht erst bei der Leistungsfähigkeit in die Abwägung einzubeziehen. Das Gleiche gilt für etwaige Verwirkungs- oder Beschränkungsgründe nach § 1579 BGB (BGH NJW 1984, 1538). Soweit der Anspruch seine Grundlage in der nachwirkenden ehelichen Solidarität und nicht in einem durch das Verhalten des Pflichtigen begründeten Vertrauenstatbestand findet, kommt der Ehedauer besonderes Gewicht zu. Hat der Berechtigte für die eheliche Lebensgemeinschaft oder den Pflichtigen besondere Opfer erbracht (Unterstützung bei der Berufsausbildung bzw beim Aufbau einer beruflichen Existenz oder während einer Erkrankung des Pflichtigen), so kann dies den Ausschlag für die Zuerkennung von Billigkeitsunterhalt geben.

3. Höhe und Dauer des Anspruchs

6   Da sich die Voraussetzungen des Anspruchs nach § 1576 BGB ausschließlich nach Billigkeitsgesichtspunkten richten, gilt dies auch für die Höhe und Dauer des Anspruchs. Ausgehend vom Bedarf nach den ehelichen Lebensverhältnissen (§ 1578 BGB) kann die vorstehend dargestellte Billigkeitsabwägung dazu führen, dass ein Unterhalt in geringerer Höhe ausreichend ist, um ein grob unbilliges Ergebnis zu vermeiden. Die bei anderen Unterhaltstatbeständen nach § 1578 b Abs. 1 BGB erst nach Feststellung der Anspruchshöhe im Rahmen einer zusätzlichen Billigkeitskontrolle vorzunehmende Beschränkung der Anspruchshöhe erfolgt hier im Rahmen der Billigkeitsabwägung, die für das Bestehen des Anspruchs maßgeblich ist. Einer weiteren Billigkeitskontrolle bedarf es daher nicht mehr. Dies gilt nicht nur für die Herabsetzung des Anspruchs auf einen Betrag unterhalb des Bedarfs nach den ehelichen Lebensverhältnissen, sondern auch für die Befristung des Anspruchs. Auch hier bedarf es keiner gesonderten Billigkeitsprüfung nach § 1578 b Abs. 2 BGB. Die Dauer des Anspruchs ist ohne Bindung an die dortigen Kriterien für die **Befristung** zu bestimmen. Der Billigkeitsunterhalt kann wegen seiner Subsidiarität im System der sonstigen Unterhaltstatbestände nicht Grundlage für einen Anschlussunterhalt nach einem anderen Tatbestand sein, dessen Voraussetzungen bei Beginn des Billigkeitsunterhalts nicht vorlagen, aber später eingetreten sind (Borth in: Schwab IV Rn 389).

III. Durchsetzung des Anspruchs

Es bedarf im gerichtlichen Verfahren keiner besonderen Geltendmachung des Billigkeitsunterhalts. Das 7
Gericht hat diese Anspruchsgrundlage von sich aus zu prüfen, wenn nachehelicher Unterhalt verlangt wird.
Wegen der Subsidiariät des Anspruchs setzt dies zuvor die Feststellung voraus, dass kein Anspruch bzw
nur ein Teilanspruch nach den sonstigen Unterhaltstatbeständen besteht (BGH 17.9.2003 – XII ZR 184/01,
NJW 2003, 3481). Eine nähere Prüfung der Voraussetzungen des § 1576 BGB wird das Gericht nur vornehmen, wenn der vorgetragene Sachverhalt Veranlassung gibt, diesem Ausnahmetatbestand weiter nachzugehen. Aus diesem Grund ist der Vortrag des Antragstellers, der die Darlegungs- und Beweislast trägt,
zu den Billigkeitskriterien des Unterhaltsanspruchs erforderlich.

61. Bundesversorgungsgesetz

Conradis

I. Einführung... 1
II. Verringerung der Ausgleichsrente in Folge der
    Trennung.. 8
III. Wiederaufleben einer Witwen- oder Witwer-
    rente... 11

I. Einführung

1 Leistungen der **sozialen Entschädigung** werden nach § 5 SGB I Menschen bewilligt, die einen Gesundheitsschaden erleiden, für dessen Folgen die staatliche Gemeinschaft in Abgeltung eines besonderen Opfers oder aus anderen Gründen einsteht. Es wird (nur) ein Ausgleich für **Personenschäden** gewährleistet, nicht hingegen für Vermögensschäden.

2 Die Rechtsgrundlagen der sozialen Entschädigung sind etwas unübersichtlich: Im **Bundesversorgungsgesetz** (BVG) wird die **Kriegsopferversorgung** vollständig erfasst, weil hierin sowohl die Tatbestände, die einen Anspruch begründen, als auch die Rechtsfolgen – also die Ansprüche im Einzelnen – enthalten sind. Die weiteren Gesetze der sozialen Entschädigung regeln hingegen nur die jeweiligen Anspruchsvoraussetzungen, während im Hinblick auf die Ausgestaltung der Leistungen auf das BVG verwiesen wird. Von besonderer Bedeutung ist hierbei das **Opferentschädigungsgesetz,** weiterhin sind zu nennen das Soldatenversorgungsgesetz (SVG), das Häftlingshilfegesetz (HHG) sowie das Infektionsschutzgesetz (IfSG).

3 Die **Beschädigtenrente** stellt eine Entschädigung für die Beeinträchtigung der körperlichen Unversehrtheit dar und soll die schädigungsbedingten Mehraufwendungen pauschal ersetzen. Sie wird als Grundrente und als Ausgleichsrente gewährt. Die Höhe der Rente richtet sich nach dem Grad der Schädigung (GdS). Eine Rente wird nach einem GdS von mindestens 30 gezahlt, § 31 Abs. 1 BVG; hierfür muss mindestens ein GdS von 25 vorliegen, der aufgrund der Rundungsvorschrift, § 30 Abs. 1 S. 2 BVG, auf 30 erhöht wird. Bis zum 30.6.2011 wurden die Renten für Berechtigte in den **neuen Bundesländern** – mit Ausnahme Grundrenten nach dem BVG, dem HHG und den Rehabilitierungsgesetzen – mit einem Teilbetrag der im BVG festgesetzten Leistungen erbracht. Dieser Anteil betrug zuletzt etwa 90 % der im Gesetz ausgewiesenen Beträge. Die Absenkung wurde zum 1.7.2011 aufgehoben (§ 84 a BVG), so dass seitdem alle Rentenleistungen im sozialen Entschädigungsrecht in gleicher Höhe gezahlt werden.

4 Ein Anspruch auf die **Grundrente** besteht unabhängig von vorhandenem Einkommen oder Vermögen. Die Höhe richtet sich allein nach dem GdS; sie ist in § 31 Abs. 1 BVG festgelegt und beträgt derzeit zwischen 127 EUR bis 668 EUR. Nach § 56 Abs. 2 BVG ändern sich die Beträge – sowie auch die Beträge für die Ausgleichsrente und die ergänzenden Leistungen – in dem Maße, wie sich die Renten der gesetzlichen Rentenversicherung ändern. Die konkrete Höhe wird jeweils aufgrund einer Rechtsverordnung nach § 56 Abs. 2 BVG zum 1.7. eines Jahres angepasst, zuletzt durch die 19. KOV-Anpassungsverordnung 2013 (v. 14.8.2013, BGBl. I, 3227). Die Grundrente erhöht sich für **Schwerbeschädigte**, die das 65. Lebensjahr vollendet haben. Weiterhin kann nach § 31 Abs. 4 BVG eine Schwerstbeschädigtenzulage bewilligt werden, deren Höhe derzeit zwischen 77 EUR und 476 EUR liegt.

5 Die Grundrente wird grundsätzlich **auf andere Sozialleistungen nicht angerechnet**, auch nicht bei den existenzsichernden Leistungen (vgl § 11 Abs. 1 S. 1 SGB II und § 82 Abs. 1 S. 1 SGB XII). Es handelt es sich um eine Leistung, bei der gemäß § 1610 a BGB vermutet wird, dass die Kosten der Aufwendungen nicht geringer sind als die Höhe der Sozialleistungen. Allerdings kann hierbei die Widerlegung der Vermutung manchmal einfach sein, da für den Bezug die Feststellung des GdS genügt und keine kostenverursachenden Schädigungsfolgen vorliegen müssen (vgl OLG Hamm 17.9.1991 – 1 UF 104/91, FamRZ 1992, 186). Auch die Zulage für Schwerbeschädigte ist dem Grunde nach anzurechnendes Einkommen, wobei ebenfalls § 1610 a BGB anzuwenden ist.

6 Zusätzlich zur Grundrente besteht ein Anspruch auf **Ausgleichrente für Schwerbeschädigte**, wenn sie infolge eines Gesundheitsschadens oder hohen Alters oder aus einem sonstigen Grund eine ihnen zumutbare

Erwerbstätigkeit nicht oder nur in beschränktem Umfang ausüben können, § 32 Abs. 1 BVG. Es soll ein Beitrag zum Lebensunterhalt geleistet werden. Die Höhe richtet sich nach dem GdS, die Beträge sind gestaffelt von derzeit 410 EUR bei einem GdS 50 oder 60 bis 668 EUR bei einem GdS 100. Auch bei dieser Rente ändert sich die Höhe in gleicher Weise wie bei der Grundrente und wird ebenfalls jährlich in einer Verordnung neu festgesetzt. Für einen Ehegatten oder Lebenspartner wird ein Zuschlag in Höhe von derzeit 74 EUR gewährt, § 33 a BVG. Es handelt sich hierbei um anrechenbares Einkommen.

Auf die Ausgleichsrente sind grundsätzlich alle Einkünfte anzurechnen. Ausgenommen sind lediglich die **7** Einkünfte, die in einem Katalog der Ausgleichsrentenverordnung genannt sind. Das Einkommen wird nach Abzug von **Freibeträgen** angerechnet. Einzelheiten ergeben sich aus § 33 Abs. 1 BVG. Danach werden vom Erwerbseinkommen derzeit 428 EUR nicht angerechnet, vom übrigen Einkommen 185 EUR. Vom Rest ist etwa die Hälfte nicht anzurechnen. Die genaue Höhe ergibt sich aus einer Verordnung, die aufgrund § 33 Abs. 6 BVG erlassen wurde und ebenfalls jährlich angepasst wird. Zurzeit gilt die 44. VO vom 2.7.2012 (BGBl. I, 1440).

II. Verringerung der Ausgleichsrente in Folge der Trennung

Nach § 4 Ausgleichs-VO werden Unterhaltsansprüche auf die Ausgleichsrente angerechnet. Bei getrennt **8** lebenden und geschiedenen Ehegatten ist der **Unterhaltsbetrag auf die Ausgleichsrente anzurechnen**, der gerichtlich festgesetzt ist. Andernfalls wird der Unterhaltsanspruch ermittelt, wobei die bürgerlich-rechtlichen Vorschriften zugrunde gelegt werden. Überschreitet das Einkommen des unterhaltspflichtigen Ehegatten nicht eine Freigrenze, die in der Anrechnungsverordnung bei Beschädigten der Stufenzahl 170 als Höchstbetrag der übrigen Einkünfte zugeordnet ist, kommt eine Anrechnung von Unterhaltsleistungen nicht in Betracht. Nach der 44. VO ist dies derzeit ein Betrag von 1.240 EUR.

Es erfolgt im Übrigen nicht die Anrechnung von tatsächlichen Unterhaltsleistungen, sondern von **Unter-** **9** **haltsansprüchen**. Wenn ein Anspruch auf Leistung besteht und dieser Anspruch zu verwirklichen ist, erfolgt bereits die Anrechnung, ohne dass es darauf ankommt, ob die Unterhaltsleistungen tatsächlich erbracht werden, § 1 Abs. 2 S. 1 Ausgleichs-VO.

Rentenberechtigte Beschädigte, deren Einkommen aus gegenwärtiger oder früherer Tätigkeit durch die **10** Schädigungsfolgen gemindert ist, haben Anspruch auf die **Berufsschadensausgleichsrente**, § 30 BVG, in Höhe von 42,5 % des Einkommensverlustes, § 30 Abs. 3 BVG. Dieser errechnet sich aus dem entgangenen Nettoeinkommen, wobei das gegenwärtig erzielte Nettoeinkommen und die Ausgleichrente zuvor abgezogen werden, § 30 Abs. 6 BVG. Der **Berufsschadensausgleich** soll den Lebensunterhalt des Betroffenen und seiner Familie sicherstellen und ist daher als Einkommen anzurechnen (Heiß/Heiß Kap. 3 Rn 86; OLG Hamm 17.9.1991 – 1 UF 104/91, NJW 1992, 515).

III. Wiederaufleben einer Witwen- oder Witwerrente

Witwen bzw Witwer eines Beschädigten nach dem BVG erhalten eine Grundrente nach § 40 BVG in Höhe **11** von derzeit 401 EUR sowie, soweit die Voraussetzungen hierfür vorliegen, eine Ausgleichsrente nach § 41 BVG in Höhe von 443 EUR. Diese Beträge werden ebenfalls durch Anpassungsverordnungen zum 1.7. eines Jahres erhöht. Auch diese Witwen-Grundrente wird nicht auf Leistungen nach dem SGB II oder SGB XII angerechnet. Da hier die Anwendung des § 1610 a BGB nicht passt und der Zweck der Rente auch nicht als eine Art Schmerzensgeldzahlung angesehen werden kann (Knickrehm/Vogt § 81 c BVG Rn 10 f), ist diese Leistung als Einkommen beim Unterhalt zu berücksichtigen. Praktisch ist dies von Bedeutung beim Elternunterhalt, da durch diese Rechtslage der sozialhilferechtliche Bedarf um diese 401 EUR höher sein kann als der unterhaltsrechtliche Bedarf.

Mit der Wiederverheiratung entfällt die Rente und anstatt dessen entsteht ein Anspruch auf Abfindung in **12** Höhe des Fünffachen der monatlichen Grundrente (§ 44 Abs. 1 BVG). Wird die **neue Ehe wieder aufgelöst**, lebt der durch die Wiederheirat verloren gegangene Anspruch wieder auf (§ 44 Abs. 2 BVG). Geschieht dies vor Ablauf von 50 Monaten nach der Wiederheirat, so ist bis zum Ablauf dieses Zeitraums für jeden Monat 1/50 der Abfindung auf die Witwenrente anzurechnen (§ 44 Abs. 3 BVG).

13 **Unterhaltsansprüche**, die sich aus der neuen Ehe herleiten, werden **auf die wieder aufgelebte Witwen- oder Witwerversorgung angerechnet**. Die Anrechnung von Unterhaltsansprüchen erfolgt jedoch nur, soweit diese zu verwirklichen sind (§ 44 Abs. 5 BVG). Die Verwaltung hat auch die Möglichkeit, in Vorleistung zu treten und durch schriftliche Anzeige den Unterhaltsanspruch auf sich überzuleiten (§ 81 c BVG). Eine solche Überleitung steht im Ermessen des Sozialleistungsträgers, dem jedoch im Hinblick auf Sinn und Zweck der Vorschrift kein großer Spielraum verbleibt. Die Witwen (und Witwer) sollen nicht gezwungen werden, die Unterhaltsansprüche mit dem damit verbundenen Prozessrisiko gerichtlich geltend zu machen. In der Praxis wird daher die **Überleitung** vorgenommen, wenn der Unterhaltspflichtige nicht freiwillig zahlt und die Witwe die Vorausleistung wünscht. Hervorzuheben ist hierbei die besondere Intention der Vorschrift, die sich von den anderen Übergangsregelungen (s. → *Übergang von Unterhaltsansprüchen*), insbesondere § 33 SGB II bzw § 94 SGB XII, unterscheidet. Vorrangiger Zweck ist hier nämlich, die Unterhaltsberechtigten von der Durchsetzung des Unterhaltsanspruches zu entlasten und Sicherheit durch die Gewährung der ungekürzten Sozialleistungen zu verschaffen (HK-EntschR/Vogel § 81 c BVG Rn 7).

14 Nach § 42 BVG kann auch dem früheren Ehegatten eines verstorbenen Beschädigten die Witwenversorgung zustehen, obwohl diese im Zeitpunkt des Todes bereits geschieden war (**Geschiedenenwitwenrente**). Dieser Anspruch besteht jedoch nur, wenn im Zeitpunkt des Todes Unterhalt zu leisten war oder im letzten Jahr vor dem Tod tatsächlich geleistet wurde. Ohne Rücksicht auf einen Unterhaltsanspruch besteht ein Anspruch nach § 42 Abs. 1 S. 4 BVG, wenn die Ehe im Zusammenhang mit einer schädigungsbedingten Gesundheitsstörung des Beschädigten geschieden wurde.

15 Die Voraussetzungen zur Erlangung dieser Rente sind im Wesentlichen die gleichen wie bei der Geschiedenenwitwenrente in der gesetzlichen Rentenversicherung nach altem Rentenrecht, so dass auf die Ausführungen dort (s. → *Rentenversicherung* Rn 9) verwiesen wird.

62. Darlegungs- und Beweislast beim Unterhalt

Hamm

I. Allgemeines/Grundregel 1
II. Ausnahmen 2
  1. Umkehr der Beweislast 2
  2. Darlegungs- und Beweislast bei negativen Tatsa-
    chen bzw bei Tatsachen, die im Wahrnehmungs-
    bereich des anderen Beteiligten liegen 3
  3. Sekundäre Beweislast 4
  4. Darlegungs- und Beweislast bei Abänderungs-
    verfahren 5
III. Bedarf 6
  1. Minderjähriges Kind 7
  2. Volljähriges Kind 9
  3. Ehegatte 10
  4. § 1615 l BGB 11
IV. Bedürftigkeit 12
  1. Behauptete Haushalts- und Versorgungsleistun-
    gen 13
  2. Behauptete bedarfsdeckende Einkünfte 14

3. Höhe und Anrechnung eigener Einkünfte 15
4. Eigenes Vermögen 16
V. Leistungsunfähigkeit 17
VI. § 1578 b BGB/sekundäre Beweislast 18
VII. § 1579 BGB 22
VIII. Unterhaltstatbestände 23
  1. Kindesbetreuungsunterhalt,
    § 1570 BGB/§ 1615 l BGB 23
  2. Altersunterhalt, § 1571 BGB 25
    a) Ruhestand vor der Regelaltersgrenze 25
    b) Ruhestand bei Erreichen der Regelalters-
      grenze 26
    c) Unterhalt wegen Krankheit, § 1572 BGB 27
    d) Unterhalt wegen Arbeitslosigkeit/angemes-
      sene Erwerbstätigkeit, §§ 1573, 1574 BGB . . 28
    e) Aufstockungsunterhalt 29
    f) Ausbildungsunterhalt, § 1575 BGB 30

I. Allgemeines/Grundregel

Grundsätzlich hat jeder Beteiligte die Voraussetzungen der für ihn günstigen Normen darzulegen und zu **1** beweisen, auf die er sich beruft, sofern nicht etwas anderes bestimmt ist. Daraus folgend trägt der **Unterhaltsberechtigte** die Darlegungs- und Beweislast für das Vorliegen der Tatbestandsvoraussetzungen des Unterhaltsanspruchs, auf den er sich beruft, weiter für die Höhe seines Unterhaltsbedarfs und somit für die maßgeblichen Lebensverhältnisse, für seine Bedürftigkeit und die Leistungsfähigkeit des Unterhaltspflichtigen. Der **Unterhaltspflichtige** dagegen trägt die Darlegungs- und Beweislast für die Beschränkung seiner Leistungsfähigkeit und für Einwendungen, die er gegen den Unterhaltsanspruch geltend macht, wie beispielsweise den Karrieresprung, die Verwirkung oder die Begrenzung und/oder Befristung des grundsätzlich gegebenen Unterhaltsanspruchs.

II. Ausnahmen

1. Umkehr der Beweislast

Eine echte Umkehr der Beweislast ist im Unterhaltsverfahren nur in Ausnahmefällen anzunehmen, etwa **2** wenn einem Beteiligten die Beweisführung durch den Gegner schuldhaft vereitelt oder erschwert wird, oder wenn der Unterhaltsberechtigte erstinstanzlich eine gewisse Höhe seines Einkommens eingeräumt hat. Behauptet er in zweiter Instanz ein reduziertes Einkommen, so ist er für die Einkommensreduzierung beweispflichtig (BGH 5.5.2004 – XII ZR 15/03, FPR 2004, 496). Ein gerichtliches Geständnis behält seine Wirkung in allen Instanzen und führt zur Umkehr der Beweislast.

2. Darlegungs- und Beweislast bei negativen Tatsachen bzw bei Tatsachen, die im Wahrnehmungsbereich des anderen Beteiligten liegen

Insoweit wird von der Rechtsprechung die Auffassung vertreten, dass es ausreicht, solche Tatsachen zu be- **3** haupten und gleichzeitig darauf hinzuweisen, dass nur der Verfahrensgegner eine genauere Kenntnis dieser Tatsachen hat und ihm deswegen entsprechende Angaben zuzumuten sind. Im Hinblick auf die nach § 242 BGB obliegende unterhaltsrechtliche Auskunftspflicht sei es zumutbar, dass der Verfahrensgegner sich zu diesen Behauptungen näher äußert. So hat das OLG Hamm in einem Beschluss vom 21.5.2005 entschieden, dass das volljährige Kind, das die Leistungsfähigkeit des Unterhaltspflichtigen nicht kennt, nicht auf eine Auskunftsklage zu verweisen sei (OLG Hamm 21.5.2005 – 11 WF 287/04, FamRZ 2005, 1924). Vielmehr könne das Kind sofort Leistungsklage erheben und genügt seiner Darlegungs- und Beweislast schon dann, wenn es das Einkommen des Unterhaltspflichtigen schätzt. Der Unterhaltspflichtige kann die geschätzte Höhe nur dann substanziiert bestreiten, wenn er sein Einkommen im Einzelnen darlegt. Ob der Unterhaltsberechtigte damit seiner Darlegungs- und Beweislast für die Leistungsfähigkeit des Unterhaltspflichtigen hinreichend nachkommt, halte ich für zweifelhaft, zumal das Instrument des Auskunftsverfahrens bzw Stufenverfahrens ausdrücklich zur Feststellung der Leistungsfähigkeit vorgesehen ist. In dem vom OLG Hamm entschiedenen Fall liegt die Besonderheit vor, dass aufgrund des Versterbens der ebenfalls grundsätzlich barunterhaltspflichtigen Mutter nur der Vater zum Unterhalt des volljährigen Kindes herangezogen werden kann und das volljährige Kind somit nur darlegen und beweisen muss, dass der Unterhaltspflichtige hinsichtlich seines Bedarfs entsprechend der Düsseldorfer Tabelle abzüglich seiner Ausbildungsvergütung leistungsfähig ist. Bei einer Verallgemeinerung dieser Entscheidung ist deshalb Vorsicht geboten. Allerdings muss der Unterhaltspflichtige einen solchen Vortrag substanziiert bestreiten, ein einfaches Bestreiten genügt nicht und kann zur Geständnisfiktion des § 138 Abs. 3 ZPO führen. Insbesondere bei einer schwierigen und undurchsichtigen Einkommenssituation auf Seiten des Unterhaltspflichtigen, zB wenn dieser selbstständig ist, bietet es sich an, das Einkommen etwa anhand seiner Privatentnahmen zu schätzen, und darzulegen, dass diese Privatentnahmen dem Einkommen entsprochen haben, welches während des Zusammenlebens für den Lebensunterhalt zur Verfügung stand. Ein ausreichendes substanziiertes Bestreiten auf Seiten des Unterhaltspflichtigen liegt nur dann vor, wenn er das geschätzte Einkommen durch Vorlage seiner Jahresabschlüsse widerlegt. In diesem Fall muss wiederum der Unterhaltsberechtigte konkrete Positionen bestreiten, etwa, dass geltend gemachte Betriebsausgaben tatsächlich gar nicht betriebsbedingt oder nicht betriebsnotwendig waren. Dann ist es wieder am Unterhaltspflichtigen, diese Punkte aufzuklären, da die näheren Umstände in seinem Wahrnehmungsbereich liegen. Ähnliches gilt bei sog. Negativtatsachen (BGH 14.12.1983 – IV b ZR 38/82, FamRZ 1984, 364).

3. Sekundäre Beweislast

4 Im Rahmen der **Begrenzungs- und Befristungsvorschrift des § 1578 b BGB** hat der Bundesgerichtshof seine Rechtsprechung zur sekundären Darlegungs- und Beweislast (s. Rn 18 ff) entwickelt (BGH 24.3.2010 – XII ZR 175/08, FamRZ 2010, 875). Grundsätzlich trägt der Unterhaltspflichtige die Darlegungs- und Beweislast hinsichtlich der für eine Begrenzung oder Befristung sprechenden Tatsachen und somit für das Fehlen von ehebedingten Nachteilen. Der Bundesgerichtshof hat dem Unterhaltspflichtigen hier eine Beweiserleichterung zugebilligt, da seine Darlegungslast den persönlichen Bereich des Unterhaltsberechtigten trifft (s. → *Unterhaltsbegrenzung*).

4. Darlegungs- und Beweislast bei Abänderungsverfahren

5 In Abänderungsverfahren (s. → *Änderung/Wegfall der Geschäftsgrundlage*) trägt der Antragsteller die Darlegungs- und Beweislast für eine **wesentliche Veränderung der tatsächlichen und rechtlichen Verhältnisse**, auf der die abzuändernde Unterhaltsfestsetzung beruht. Der Antragsteller im Abänderungsverfahren muss somit die wesentliche Änderung der für die Festlegung des Unterhalts maßgeblichen tatsächlichen und rechtlichen Umstände und deren wesentliche Auswirkung auf die Unterhaltspflicht insgesamt darlegen. Fehlt es bereits an diesem Vortrag, ist der Abänderungsantrag **unzulässig**. Kann die behauptete wesentliche Änderung nicht bewiesen werden, ist der Antrag unbegründet. Haben die Beteiligten die Voraussetzungen der Abänderung eines Unterhaltstitels vereinbart, hat der Abänderungsantragsteller diese vorzutragen – und ebenso, dass die Voraussetzungen eingetreten sind. Steht fest, dass der vereinbarte Unterhaltstatbestand wegen veränderter Umstände weggefallen ist, trägt der Abänderungsgegner die Darlegungs- und Beweislast für die Tatsachen, die aufgrund anderer Unterhaltstatbestände rechtfertigen, den Titel aufrecht zu erhalten. In diesem Fall, wenn der ursprüngliche Unterhaltsanspruch weggefallen ist und der Abänderungsgegner das Vorliegen eines neuen Unterhaltsanspruchs begründet, treten die allgemeinen Beweisregeln ein, wonach der Abänderungsgegner darlegungs- und beweispflichtig für die Tatbestandsvoraussetzungen des neu behaupteten Unterhaltsanspruchs sowie hinsichtlich des Bedarfs und der Bedürftigkeit insoweit ist. Beruht ein Abänderungsverfahren bezüglich des Kindesunterhalts auf einer inzwischen eingetretenen Volljährigkeit des unterhaltsberechtigten Kindes, ändert sich zwar nichts am Grund der Unterhaltsverpflichtung, nämlich der Verwandtschaft in gerader Linie (§ 1601 BGB). Im Hinblick auf die seit Volljährigkeit erhöhte Erwerbsobliegenheit des Kindes und die seither bestehende anteilige Barunterhalts-

verpflichtung des anderen Elternteils ist das volljährig gewordene Kind in diesem Abänderungsverfahren sowohl darlegungs- und beweispflichtig dafür, dass der Unterhaltsanspruch fortbesteht, als auch für den Umfang der Barunterhaltsverpflichtung des anderen Elternteils (OLG Köln 31.7.2012 – 4 UF 57/12, FamRZ 2013, 793).

III. Bedarf

Wenn keine der unter Rn 2 ff dargelegten Ausnahmen bzw Beweiserleichterungen gegeben ist, trägt der   6
Unterhaltsberechtigte die Darlegungs- und Beweislast für die Höhe seines Unterhaltsbedarfs, somit für die Einkommens- und Vermögensverhältnisse des Pflichtigen, seiner Bedürftigkeit (s. Rn 12–16 ff) und für alle Umstände, die zur Bedarfsbemessung heranzuziehen sind.

1. Minderjähriges Kind

Aus der Formulierung des § 1612 a Abs. 1 S. 1 BGB lässt sich die allgemeine Beweislastregel entnehmen,   7
dass das minderjährige Kind für die Höhe des dort bestimmten Mindestunterhalts keine Darlegungs- und Beweislast trifft. Soweit ein minderjähriges Kind nach § 1610 BGB einen **höheren Unterhalt als den Mindestunterhalt** verlangt, verbleibt es bei dem allgemeinen Grundsatz, dass diesen der Unterhaltsberechtigte darzulegen und zu beweisen hat. Es ist ein substanziierter Vortrag zu den Einkommensverhältnissen des barunterhaltspflichtigen Elternteils erforderlich, da sich der Bedarf von dessen Lebensstellung ableitet. Insoweit beschränkt sich die Darlegungs- und Beweislast jedoch auf die Leistungsfähigkeit des Unterhaltspflichtigen, solange das minderjährige Kind seinen Bedarf aus den Sätzen der Düsseldorfer Tabelle herleitet. Es obliegt dem minderjährigen Kind nicht, darzulegen und zu beweisen, dass es den sich entsprechend des Einkommens des Barunterhaltsverpflichteten, also der entsprechenden Einkommensgruppe und Altersstufe der Düsseldorfer Tabelle, ergebenden Unterhaltsbedarf auch zur Bedarfsdeckung in vollem Umfang benötigt.

Bei einem **höheren Lebensstandard** eines minderjährigen Kindes über den Höchstbetrag der Düsseldorfer   8
Tabelle hinaus ist dieser vom Unterhaltsberechtigten im Einzelnen darzulegen und gegebenenfalls zu beweisen (OLG Hamm 27.5.2010 – 3 UF 234/09, FamRZ 2010, 2080; s. → *Bedarfsermittlung* Rn 37 f; s. → *Sättigungsgrenze/konkrete Einzelbedarfsberechnung* Rn 10). Die Gesamtumstände und Bedürfnisse müssen deshalb vom Unterhaltsberechtigten näher dargelegt werden, wobei an die Darlegungslast keine übertriebenen Anforderungen gestellt werden dürfen. Vielmehr reicht es regelmäßig aus, besondere oder besonders kostenintensive Bedürfnisse zu belegen und darzutun, welche Mittel zu dieser Deckung notwendig sind.

2. Volljähriges Kind

Auch das volljährige Kind ist für seinen Unterhaltsbedarf darlegungs- und beweispflichtig. In aller Regel   9
bemisst sich der Bedarf ebenfalls wie beim minderjährigen Kind entweder nach der 4. Altersstufe der Düsseldorfer Tabelle (**privilegiertes volljähriges Kind**) oder aber bei **volljährigen Kindern mit eigenem Hausstand** nach festen Bedarfssätzen entsprechend der jeweiligen unterhaltsrechtlichen Leitlinien bzw nach Anmerkung 7 der Düsseldorfer Tabelle. Leitet das volljährige Kind seinen Unterhaltsbedarf aus diesen festen Bedarfssätzen ab, so beschränkt sich beim privilegierten volljährigen Kind die Darlegungs- und Beweislast auf die Einkommensverhältnisse der barunterhaltspflichtigen Elternteile. Das volljährige Kind muss nicht darlegen und beweisen, dass es den sich entsprechend der Einkünfte der barunterhaltspflichtigen Elternteile ergebenden Unterhaltsbedarfs bzw beim Kind mit eigenem Hausstand den festen Bedarfssatz auch zur Bedarfsdeckung in vollem Umfang benötigt. Darlegen und beweisen muss das volljährige Kind jedoch die Voraussetzungen des Unterhaltsanspruchs, somit, dass es wegen einer Ausbildung, eines Studiums oder aus sonstigen unterhaltsrechtlich relevanten Gründen nicht in der Lage ist, seinen Unterhaltsbedarf selbst zu verdienen. Aufgrund der Barunterhaltsverpflichtung beider Elternteile ist das volljährige Kind auch für die Haftungsverteilung unter den Elternteilen darlegungs- und beweispflichtig.

3. Ehegatte

10 Der Unterhaltsberechtigte hat den **Bedarf nach den ehelichen Lebensverhältnissen** (s. → *Eheliche Lebensverhältnisse*) darzulegen und gegebenenfalls zu beweisen. Dieser Darlegungs- und Beweislast genügt er, wenn er die gegenwärtigen beiderseitigen Einkommens- und Vermögensverhältnisse darlegt und nachweist. Der Berechtigte hat also nicht nur die Einkünfte des Verpflichteten darzulegen und nachzuweisen, sondern auch seine eigenen berücksichtigungsfähigen Einkünfte (BGH 5.5.2004 – XII ZR 10/03, FamRZ 2004, 1170). Beruft sich der Unterhaltsverpflichtete, nachdem der Berechtigte seiner Darlegungs- und Beweislast hinsichtlich der gegenwärtigen beiderseitigen Einkommens- und Vermögensverhältnisse nachgekommen ist, darauf, sein Einkommen bzw ein Teil seines Einkommens beruhe auf einer außergewöhnlichen, vom Normalfall abweichenden Entwicklung nach Trennung der Beteiligten (Karrieresprung) (s. → *Eheliche Lebensverhältnisse* Rn 9 ff), ist für diesen Ausnahmefall der Unterhaltsverpflichtete darlegungs- und beweispflichtig, da der Unterhaltspflichtige grundsätzlich die Beweislast für Einwendungen und Einreden trägt. Zur Darlegung eines konkreten Bedarfs s. → *Sättigungsgrenze/konkrete Einzelbedarfsberechnung* Rn 4.

4. § 1615 l BGB

11 Der ein nichteheliches Kind betreuende Elternteil ist für seinen Bedarf darlegungs- und beweispflichtig, somit für seine **Lebensstellung vor Geburt des Kindes**.

IV. Bedürftigkeit

12 Die Darlegungs- und Beweislast für seine uneingeschränkte Bedürftigkeit trägt der Unterhaltsberechtigte. So muss der Unterhaltsberechtigte folgende Positionen darlegen und beweisen:

1. Behauptete Haushalts- und Versorgungsleistungen

13 Das **Nichtvorliegen von der Gegenseite behaupteter Einkünfte**, insbesondere das Nichtvorliegen von Versorgungsleistungen gegenüber einem anderen Partner muss der Unterhaltsberechtigte darlegen und beweisen. Wird vom Unterhaltsverpflichteten die Anrechnung eines Entgelts für Haushalts- und Versorgungsleistungen dargelegt, so muss der Unterhaltsberechtigte dies im Rahmen seiner Darlegungs- und Beweislast für seine Bedürftigkeit widerlegen (BGH 30.11.1994 – XII ZR 226/93, FamRZ 1995, 291; 5.5.2004 – XII ZR 10/03, FamRZ 2004, 1170). Da solche anrechenbaren Leistungen die Bedürftigkeit unmittelbar vermindern, genügt es nicht, dass der Unterhaltsbedürftige den substanziierten Vortrag des Verpflichteten lediglich bestreitet. Er hat ihn vielmehr zu widerlegen. Dazu ist zunächst vor der Einholung eines Beweises ein substanziierter Gegenvortrag erforderlich.

2. Behauptete bedarfsdeckende Einkünfte

14 Der Unterhaltsbedürftige muss darlegen und beweisen, dass er behauptete **bedarfsdeckende Einkünfte** nicht hat, und nicht in zumutbarer Weise erzielen kann. Können vom Unterhaltspflichtigen behauptete Einkünfte nicht festgestellt werden, ist der Unterhaltsbedürftige jedoch verpflichtet und in der Lage, derartige Einkünfte zu erzielen, sind ihm solche Einkünfte fiktiv bedarfsdeckend anzurechnen (s. → *Fiktive Einkünfte*). Dies gilt insbesondere, wenn der Unterhaltsberechtigte behauptet, er könne wegen seines Alters keine zumutbare Tätigkeit mehr finden. Solange er das Rentenalter noch nicht erreicht hat, hat er darzulegen und zu beweisen, was er im Einzelnen unternommen hat, um eine Arbeitsstelle zu finden, mit der er bedarfsdeckende Einkünfte erzielen könnte. Dasselbe gilt, wenn der Bedürftige Unterhalt wegen Arbeitslosigkeit verlangt. Auch insoweit hat er in nachprüfbarer Weise vorzutragen, welche Anstrengungen er unternommen hat, um einen zumutbaren Arbeitsplatz zu finden. Trifft ihn insoweit eine Obliegenheitsverletzung, sind ihm wiederum fiktiv bedarfsdeckende Einkünfte anzurechnen (s. → *Bewerbungsbemühungen und fiktive Einkünfte*).

3. Höhe und Anrechnung eigener Einkünfte

Hat der Unterhaltsberechtigte eigene Einkünfte, muss er nicht nur die Höhe seiner Einkünfte, sondern auch 15 den Umfang und die Berechtigung der von ihm geltend gemachten Abzugsposten darlegen und beweisen. Weiter muss er bei Vorliegen eigener Einkünfte darlegen und beweisen, warum diese ausnahmsweise nach § 1577 Abs. 2 BGB nicht oder nicht vollständig zur Anrechnung kommen sollen.

4. Eigenes Vermögen

Hat der Unterhaltsberechtigte Vermögen, muss er im Rahmen seiner Darlegungs- und Beweislast auch 16 nachweisen, dass der **Einsatz des Vermögensstamms** für ihn nicht zumutbar ist. Diesem Aspekt der Darlegungs- und Beweislast wird in der Praxis kaum Rechnung getragen, da in aller Regel nur die Einkünfte aus Vermögen für die Unterhaltsberechnung herangezogen werden. Insoweit hat der Bedürftige darzulegen, auf welche Weise er sein Kapital verzinslich angelegt hat und warum ihm möglicherweise eine günstigere Anlage nicht zuzumuten ist, was bei jeder Form von risikobehafteten Anlagen bejaht werden kann.

V. Leistungsunfähigkeit

Der Unterhaltspflichtige muss seine Leistungsunfähigkeit einwenden und trägt damit die volle Darlegungs- 17 und Beweislast. Die Anforderungen hieran sind dann besonders streng, wenn ein minderjähriges Kind lediglich den Mindestunterhalt verlangt. Diesbezüglich ist der Unterhaltspflichtige zumindest als fiktiv leistungsfähig anzusehen. Im Rahmen seiner Darlegungs- und Beweislast für die Leistungsunfähigkeit hat der Unterhaltspflichtige die **Gefährdung seines eigenen angemessenen Unterhalts**, das Bestehen, den Umfang und die Erheblichkeit sonstiger Verpflichtungen sowie die Dauer seiner voraussichtlichen Leistungsunfähigkeit darzulegen und zu beweisen (BGH 5.11.1989 – IV b ZR 3/89, NJW-RR 1990, 323). Der Unterhaltspflichtige hat auch die unterhaltsrelevanten Schmälerungen seines Einkommens darzulegen und zu beweisen (OLG Schleswig 10.12.2004 – 10 UF 251/04, FamRZ 2005, 1109). Dabei müssen die Einnahmen und Aufwendungen so dargestellt werden, dass die steuerrechtlich beachtlichen von den unterhaltsrechtlich beachtlichen abgegrenzt werden können. Hierfür reicht eine ziffernmäßige Aneinanderreihung nicht aus (BGH 22.10.1997 – XII ZR 278/95, FamRZ 1998, 357). Insbesondere hat der Unterhaltsverpflichtete folgende Punkte **darzulegen und zu beweisen**:

- alle Tatsachen, die seine eigene Lebensstellung begründen, wie etwa sein Alter, die Vermögenshöhe, einkommensmindernde Umstände etc. (BGH 27.4.1988 – IV b ZR 58/87, FamRZ 1988, 930);
- eventuelle Erwerbsminderung oder Erwerbsunfähigkeit;
- hinreichende Bemühungen um eine Arbeitsstelle im Falle der Arbeitslosigkeit oder warum keine reale Beschäftigungschance mehr besteht (s. → *Bewerbungsbemühungen*);
- Tatsachen, die zu seinen Gunsten im Rahmen der Billigkeitsprüfung nach § 1581 BGB zu berücksichtigen sind;
- die Notwendigkeit und die Höhe berufsbedingter Aufwendungen (s. → *Berufsbedingte Aufwendungen*);
- die Höhe der durchschnittlichen Aufwendungen für die Vermögensbildung.

VI. § 1578 b BGB/sekundäre Beweislast

Beruft sich der Pflichtige auf eine **Begrenzung oder Befristung** des Unterhaltsanspruchs, so trägt dieser 18 die Darlegungs- und Beweislast (s. Rn 4) hinsichtlich der für eine Begrenzung oder Befristung sprechenden Tatsachen. Der Umstand, dass der Unterhaltsberechtigte eine vollschichtige Tätigkeit in seinem erlernten Beruf ausübt, ist ein Indiz gegen fortdauernde ehebedingte Nachteile (BGH 16.4.2008 – XII ZR 107/06, FamRZ 2008, 1325). Hat der Unterhaltspflichtige, der die Darlegungs- und Beweislast hinsichtlich der für eine Begrenzung sprechenden Tatsachen trägt, eine solche Beschäftigung behauptet, trifft daher den Unterhaltsberechtigten die sog. sekundäre Darlegungslast. Er muss die Behauptung, es seien keine ehebedingten Nachteile entstanden, substanziiert bestreiten und seinerseits darlegen, welche konkreten ehebedingten Nachteile entstanden sein sollen. Erst wenn das Vorbringen des Unterhaltsberechtigten diesen Anforderungen genügt, müssen die vorgetragenen ehebedingten Nachteile vom Unterhaltspflichtigen widerlegt werden

(BGH 24.3.2010 – XII ZR 175/08, FamRZ 2010, 875; 20.10.2010 – XII ZR 53/09, FamRZ 2010, 2059; 26.10.2011 – XII ZR 162/09, FamRZ 2012, 93).

19   In der Praxis führt dies nicht nur zu einem **besonderen Darlegungsaufwand**, sondern auch zu Schwierigkeiten in der Beweisführung, da der Nachweis des in der Erwerbsbiographie eines Ehegatten eingetretenen Nachteils die **Darlegung eines hypothetischen beruflichen Werdegangs** erfordert.

20   Der Bundesgerichtshof sieht die Anforderungen an die sekundäre Behauptungslast als erfüllt an, wenn der Unterhaltsberechtigte in einem erlernten und ausgeübten Beruf Einkommensverbesserungen aufgrund eines üblichen Aufstiegs in dieser Berufsgruppe dargelegt hat. Der Bundesgerichtshof verlangt keine exakte Feststellung des erzielbaren Einkommens, sondern lässt eine Schätzung zu (§ 287 ZPO). Gefordert wird aber die Feststellung der Grundlagen der beruflichen Entwicklungsmöglichkeiten. Das bedeutet, dass anhand der jeweiligen beruflichen Tätigkeit ein normal verlaufender Werdegang dargelegt werden muss. In Bezug auf einen behaupteten beruflichen Aufstieg soll es ausreichend sein, aufgrund einer früher vorhandenen Fortbildungsbereitschaft, von Neigungen oder Talenten eine Prognose zu erstellen. Dies wird zu erheblichen Schwierigkeiten in der Praxis führen. Für die anzustellende Prognose kann es hilfreich sein, wenn Unterlagen über einen erfolgreichen Schul- und Berufsabschluss, Beurteilungen sowie Arbeitsplatzbeschreibungen vorgelegt werden können, die gegebenenfalls den Schluss auf eine besondere persönliche und fachliche Qualifikation zulassen (BGH 24.3.2010 – XII ZR 175/08, FamRZ 2010, 875).

21   Erst wenn das Vorbringen des Unterhaltsberechtigten diesen Anforderungen genügt, müssen die vorgetragenen ehebedingten Nachteile vom Unterhaltspflichtigen widerlegt werden. Dadurch soll eine **unbillige Belastung der beweispflichtigen Partei** vermieden werden. Die Darlegungen müssen jeweils so konkret sein, dass dem beweisbelasteten Beteiligten eine Widerlegung möglich ist. Im Falle des § 1578 b BGB müsste bei einer unbeschränkten Darlegungs- und Beweislast der Pflichtige sämtliche auch nur theoretisch denkbaren und nicht näher bestimmten Nachteile widerlegen, die aufgrund der Rollenverteilung innerhalb der Ehe möglicherweise entstanden sind. Das würde in Anbetracht dessen, dass die Tatsachen zur hypothetischen beruflichen Entwicklung den persönlichen Bereich des Unterhaltsberechtigten betreffen, zu einer unbilligen Belastung des Pflichtigen führen. Für eine mit noch weitreichenderen Folgen verbundene Beweislastumkehr fehlt es nach dem Urteil des Bundesgerichtshofs nach der geltenden Rechtslage und dem Regelausnahmeverhältnis von Unterhaltspflicht und Unterhaltsbegrenzung, welches auch durch das Unterhaltsrechtsänderungsgesetz nicht verändert worden ist, an einer hinreichenden Rechtfertigung, zumal den Beweisschwierigkeiten des Unterhaltspflichtigen bereits durch die sekundäre Darlegungslast des Unterhaltsberechtigten wirksam zu begegnen ist (BGH 24.3.2010 – XII ZR 175/08, FamRZ 2010, 875).

VII. § 1579 BGB

22   Für das Vorliegen eines Verwirkungsgrundes nach § 1579 BGB ist der Unterhaltspflichtige, der den Einwand erhebt, darlegungs- und beweispflichtig. Dabei muss er die **tatsächlichen Voraussetzungen des Härtegrundes** sowie alle Umstände, die seine Inanspruchnahme als **grob unbillig** erscheinen lassen, darlegen und beweisen. Aufgrund der naturgemäß diesbezüglich schwierigen Lage des Unterhaltspflichtigen gilt auch hier, wie bei § 1578 b BGB, die **sekundäre Beweislast**. Damit ist ein einfaches Bestreiten des Unterhaltsberechtigten auf das Vorbringen des Unterhaltspflichtigen – beispielsweise zum Vorliegen einer neuen verfestigten Lebensgemeinschaft – unzureichend. Bei der Beweisaufnahme wird häufig der neue Lebenspartner als Zeuge aussagen müssen, dessen Befragung seitens des Pflichtigen gut vorbereitet sein sollte (vgl insbesondere zum Fragenkatalog Hamm, Strategien im Unterhaltsrecht, 2. Aufl. 2009, § 3 Rn 246 ff).

VIII. Unterhaltstatbestände

1. Kindesbetreuungsunterhalt, § 1570 BGB/§ 1615 l BGB

23   In seiner Entscheidung vom 16.12.2009 stellt der Bundesgerichtshof nochmals klar, dass für eine **Verlängerung des Betreuungsunterhalts** (s. → *Betreuungsunterhalt*) **über das dritte Lebensjahr hinaus** der betreuende Elternteil sowohl nach § 1615 l BGB als auch nach § 1570 BGB die Darlegungs- und Beweis-

last trägt, weil er sich auf für ihn günstige Umstände beruft (BGH 16.12.2009 – XII ZR 50/08, FamRZ 2010, 357). Mit diesem klaren Bekenntnis wendet sich der Bundesgerichtshof erneut gegen das **Altersphasenmodell**, welches bislang im Ergebnis zu einer Umkehr der Beweislast führte. Einschränkungen lässt der Bundesgerichtshof nur zu, soweit Umstände „auf der Hand liegen". Solch ein Umstand kann im elternbezogenen Vertrauen begründet sein, nicht unverzüglich nach der Trennung eine vollschichtige Tätigkeit aufnehmen zu müssen. Eine Übergangszeit von einem Jahr sah der Bundesgerichtshof als angemessen an. Dies führt zu einer gegenüber betreuenden Ehegatten angeglichenen Wertung, weil auch der Vertrauensschutz des Ehegatten nach Ablauf des Trennungsjahres verschwindet (BGH 5.3.2008 – XII ZR 22/06, FamRZ 2008, 963).

Für die ersten drei Lebensjahre des Kindes bleibt es dabei, dass der betreuende Elternteil frei und ohne weitere Darlegungen entscheiden kann, ob er die Betreuung und Erziehung des Kindes in dieser Zeit selbst vornehmen möchte. Nach der Vollendung des dritten Lebensjahrs trägt der unterhaltsberechtigte Elternteil die Darlegungs- und Beweislast für die individuellen Voraussetzungen einer Verlängerung des Betreuungsunterhalts über die Dauer von drei Jahren hinaus (BGH 16.7.2008 – XII ZR 109/05, FamRZ 2008, 1739). Im Unterhaltsverfahren ist somit hinreichender **Sachvortrag zu den Betreuungsmöglichkeiten und Betreuungszeiten**, der Vereinbarkeit der Fremdbetreuungszeiten mit den Arbeitszeiten sowie zur Entwicklung und Verfassung des Kindes darzulegen. Es obliegt dem Unterhaltsberechtigten, der die Tatbestandsvoraussetzungen der §§ 1570 BGB, 1615 l BGB darzulegen und zu beweisen hat, nach Vollendung des dritten Lebensjahrs des Kindes auch darzulegen und zu beweisen, dass es an Möglichkeiten einer Kinderbetreuung fehlt oder das Kind besonders betreuungsbedürftig ist. Nur dies ist ein schlüssiger Sachvortrag, der einen Anspruch auf verlängerten Betreuungsunterhalt rechtfertigen kann. **24**

2. Altersunterhalt, § 1571 BGB

a) Ruhestand vor der Regelaltersgrenze. Grundsätzlich gilt auch hier, dass der Unterhaltsbedürftige die Tatbestandsvoraussetzungen darlegen und beweisen muss (s. → *Altersunterhalt*). Bei Antritt des Ruhestands vor der Altersgrenze muss der Berechtigte nachweisen, dass typischerweise in den für ihn in Betracht kommenden Berufssparten keine angemessene Arbeit mehr gefunden werden kann. Dies ist anhand des Einzelfalls zu beurteilen. Bei Zweifeln darüber, ob altersbedingte Arbeitsunfähigkeit oder arbeitsmarktbedingte Arbeitslosigkeit vorliegt, hat der Unterhaltsberechtigte die Beweislast dafür zu tragen, dass ihm eine Erwerbsfähigkeit wegen seines Alters nicht mehr zuzumuten ist. **25**

b) Ruhestand bei Erreichen der Regelaltersgrenze. Mit Erreichen der Regelaltersgrenze ist eine gewisse Beweislastumkehr verbunden. Ab diesem Zeitpunkt besteht keine Erwerbsobliegenheit mehr. Eine ausnahmsweise vorliegende Obliegenheit über diese Grenze hinaus, muss der Unterhaltspflichtige darlegen. **26**

c) Unterhalt wegen Krankheit, § 1572 BGB. Der unterhaltsberechtigte Ehegatte hat zunächst die Darlegungs- und Beweislast für eine **krankheitsbedingte Erwerbsunfähigkeit zum Einsatzzeitpunkt**, dh er hat die Erkrankung als solche und ihre Auswirkungen auf die Erwerbsfähigkeit substanziiert darzulegen. Weiter hat er darzulegen, dass diese Krankheit zum Einsatzzeitpunkt bestanden hat. Die bloße Behauptung, der Unterhaltsberechtigte sei krankheitsbedingt nicht arbeitsfähig, reicht nicht. Es empfiehlt sich für den Unterhaltsberechtigten, ein detailliertes ärztliches Attest vorzulegen mit der Angabe von Diagnose, Art der Behandlung, Dauer der Erkrankung und Prognose. Dies gilt insbesondere für psychische Erkrankungen. Das Gericht ist nicht gehalten, einem Beweisangebot auf Einholung eines Sachverständigengutachtens, bei einem Vortrag mit einer generellen Berufung auf die Erwerbsunfähigkeit, zu entsprechen (BGH 25.10.2006 – XII ZR 190/03, FamRZ 2007, 200). Dagegen ist der unterhaltspflichtige Ehegatte aber darlegungs- und beweislastpflichtig hinsichtlich einer behaupteten Genesung des Berechtigten von einer schweren Erkrankung (BGH 6.7.2005 – XII ZR 145/03, FamRZ 2005, 1897). Insoweit reicht es gemäß Bundesgerichtshof nicht aus, wenn der Verpflichtete die Krankheit einfach nur bestreitet, wenn seitens des Berechtigten substanziiert zur Fortdauer der Erkrankung vorgetragen wurde. Der Bundesgerichtshof hat in diesem Urteil auch dargelegt, dass eine festgestellte Schwerbehinderung und die Bewilligung einer dauerhaften Erwerbs- **27**

unfähigkeitsrente als entscheidendes Indiz für die Fortdauer der Erkrankung angesehen werden kann (s. → *Krankheitsunterhalt*).

28 **d) Unterhalt wegen Arbeitslosigkeit/angemessene Erwerbstätigkeit, §§ 1573, 1574 BGB.** Das Bestehen einer Erwerbsobliegenheit muss der Pflichtige darlegen und beweisen (s. → *Erwerbslosigkeitsunterhalt*). Steht sie fest, muss der Berechtigte ihre Erfüllung beweisen. Im Falle der Arbeitslosigkeit hat der Unterhaltsberechtigte vor allem seine hinreichenden Bemühungen um eine Arbeitsstelle darzulegen und zu beweisen (BGH 15.11.1995 – XII ZR 231/94, FamRZ 1996, 345). Das Bemühen, einen angemessenen Arbeitsplatz zu finden, muss nachprüfbar sein (s. → *Bewerbungsbemühungen*). Allerdings reicht hier der Nachweis einer fehlenden Obliegenheitsverletzung aus (s. → *Fiktive Einkünfte*). Die tatsächlichen Voraussetzungen der Angemessenheit oder Unangemessenheit einer Erwerbstätigkeit muss derjenige darlegen und beweisen, der sich darauf beruft. Langjährige Ausübung einer Erwerbstätigkeit begründet eine tatsächliche Vermutung für die Angemessenheit.

29 **e) Aufstockungsunterhalt.** Die Höhe des vollen Unterhalts hat der Unterhaltsberechtigte zu beweisen, ebenso dass seine eigenen Einkünfte für den vollen Unterhalt nicht ausreichen. Zur Frage des ehebedingten Nachteils und der hierzu entwickelten Rechtsprechung des Bundesgerichtshofs zur **sekundären Beweislast** s. Rn 18; s. → *Aufstockungsunterhalt*.

30 **f) Ausbildungsunterhalt, § 1575 BGB.** Die **Notwendigkeit der Ausbildung** für die darauffolgende Ausübung einer angemessenen Erwerbstätigkeit muss der Unterhaltsberechtigte darlegen und beweisen (BGH 23.10.1985 – IV b ZR 68/84, FamRZ 1986, 533). Ist die Ausbildung bereits vor der Ehe abgebrochen worden, muss der Berechtigte die Ehebedingtheit des Abbruchs darlegen und beweisen. Wird die Ausbildung dagegen erst während der Ehe abgebrochen, muss der Abbruch nicht wegen der Ehe erfolgt sein (BGH 24.10.1979 – IV ZR 171/78, FamRZ 1980, 126). Weiter muss der Berechtigte darlegen, dass mit der angestrebten Ausbildung eine echte Arbeitsplatzchance erreicht wird. Der Anspruch entfällt daher, wenn die Ausbildung wegen des Alters des Bedürftigen nicht mehr sinnvoll ist (BGH 1.4.1987 – IV b 35/86, NJW 1987, 2233; s. → *Ausbildungsunterhalt*).

63. Darlegungs- und Beweislast im Zugewinn

Knahn

I. Einführung	1	a) Grundsatz	6
II. Verteilung der Darlegungs- und Beweislast	3	b) Hinzurechnungen gem. § 1375 Abs. 2 BGB..	7
1. Anfangsvermögen	3	3. Anrechnung von Vorausempfängen	11
a) Positives Anfangsvermögen	3	4. Grobe Unbilligkeit	12
b) Negatives Anfangsvermögen	4	5. Vorzeitiger Zugewinnausgleich	13
c) Beweislastumkehr	5	6. Land- und forstwirtschaftliche Betriebe	14
2. Endvermögen	6	7. Unbenannte Zuwendung	15

I. Einführung

Da es sich bei Zugewinnausgleichsverfahren um Güterrechtssachen gem. § 261 Abs. 1 FamFG und somit **1** um Familienstreitsachen gem. § 112 Nr. 2 FamFG handelt, gilt der **Beibringungsgrundsatz**. Das Gericht hat gem. § 113 Abs. 1 FamFG, § 286 Abs. 1 ZPO unter Berücksichtigung des gesamten Inhalts der Verhandlungen und des Ergebnisses einer etwaigen Beweisaufnahme nach freier Überzeugung zu entscheiden, ob eine tatsächliche Behauptung für wahr oder für nicht wahr zu erachten sei. Deshalb ist es zu klären, welcher Beteiligte eine Tatsache zum Inhalt der Verhandlung machen (**Darlegungs- oder Behauptungslast**) und für sie Beweis antreten (subjektive Beweislast) muss und wer das Risiko ihrer Nichterweislichkeit trägt (objektive Beweislast).

Die **objektive Beweislast** (auch materielle Beweislast oder Feststellungslast) weist einem Beteiligten das Risiko zu, dass eine beweisbedürftige Behauptung – trotz Ausschöpfung aller zulässigen Beweismittel – bis zum Ende der mündlichen Verhandlung unerweislich bleibt (non liquet). Die objektive Beweislast führt in diesen Fällen dazu, dass die Behauptung zum Nachteil dieses Beteiligten als unwahr behandelt wird (HK-ZPO/Saenger § 286 ZPO Rn 53).

Die **subjektive Beweislast** (auch formelle Beweislast oder abstrakte Beweisführungslast) bestimmt, welcher Beteiligte einen Beweis antreten darf und muss, wenn er einen prozessualen Nachteil vermeiden will (HK-ZPO/Saenger § 286 ZPO Rn 54). Grundsätzlich korrespondiert die subjektive mit der objektiven Beweislast. Sie können aber u.a. auseinander fallen, wenn ausnahmsweise der Beweislastgegner im Rahmen der sekundären Beweislast zur Aufklärung verpflichtet ist (HK-ZPO/Saenger § 286 ZPO Rn 92 ff).

Im Zugewinnausgleichsverfahren ergibt sich für das **Anfangsvermögen** (s. Rn 3 ff) und für das **Endver- 2 mögen** (s. Rn 6 ff) eine unterschiedliche Verteilung der Darlegungs- und Beweislast, ebenso wie bei der **Anrechnung von Vorausempfängen** (s. Rn 11), der **groben Unbilligkeit** (s. Rn 12), beim **vorzeitigen Zugewinnausgleich** (s. Rn 13), bei der Bewertung **land- und forstwirtschaftlicher Betriebe** (s. Rn 14) und bei **unbenannten Zuwendungen** (s. Rn 15).

II. Verteilung der Darlegungs- und Beweislast

1. Anfangsvermögen

a) Positives Anfangsvermögen. Ein positives Anfangsvermögen vermindert den Zugewinn und stellt da- **3** her für den jeweiligen Ehegatten eine ihm günstige Tatsache dar. Nach dem ungeschriebenen Grundprinzip der Beweislastverteilung (HK-ZPO/Saenger § 286 ZPO Rn 58) trägt daher jeder Ehegatte für den Bestand und den Wert seines Anfangsvermögens und für seinen privilegierten Erwerb gem. § 1374 Abs. 2 BGB die Darlegungs- und Beweislast (BGH 20.7.2005 – XII ZR 301/02, NJW-RR 2005, 1460). Im Rahmen des privilegierten Anfangsvermögen trägt der Ehegatte auch die Darlegungs- und Beweislast, dass die Zuwendung nicht zu den Einkünften (s. → *Anfangsvermögen* Rn 9) zu rechnen ist (Palandt/Brudermüller § 1374 BGB Rn 20).

b) Negatives Anfangsvermögen. Negatives Anfangsvermögen (s. → *Anfangsvermögen* Rn 20 f) erhöht **4** den Zugewinn eines Ehegatten und stellt daher für den jeweils anderen Ehegatten eine ihm günstige Tatsache dar. Nach dem ungeschriebenen Grundprinzip der Beweislastverteilung (HK-ZPO/Saenger § 286 ZPO

Rn 58) trägt daher der jeweils andere Ehegatte für den Bestand und den Wert des negativen Anfangsvermögens und für einen negativen privilegierten Erwerb gem. § 1374 Abs. 2 BGB die Darlegungs- und Beweislast (Heiß in: MandatFamR Teil 10 Rn 135). Da es für den anderen Ehegatten häufig schwierig ist, konkret negatives Anfangsvermögen zu beweisen, wird es kontrovers diskutiert, ob es ausreicht, wenn der andere Ehegatte substantiiert Tatsachen vorträgt, die ein belastetes Anfangsvermögen dartun, und es dann dem anderen Ehegatten aufzuerlegen, sich zu entlasten (NK-BGB/Heiß § 1377 BGB Rn 12). Dabei sollen die Grundsätze der sekundären Beweislast zu sachgerechten Ergebnissen führen (BeckOK/Mayer § 1377 BGB Rn 10).

5   **c) Beweislastumkehr.** Haben die Ehegatten gemeinsam ein **Verzeichnis** über den Bestand und die Werte des Anfangsvermögens erstellt, wird gem. § 1377 Abs. 1 BGB widerlegbar (§ 292 ZPO) vermutet, dass dieses Verzeichnis richtig ist. Die Unrichtigkeit ist dann durch den anderen Ehegatten zu beweisen. Wurde kein Verzeichnis aufgestellt, wird gem. § 1377 Abs. 3 BGB vermutet, dass das Endvermögen den Zugewinn darstellt, also der Ehegatte kein Anfangsvermögen hatte (negative Vermutung). Es bleibt daher bei dem Grundsatz, dass jeder Ehegatte die volle Darlegungs- und Beweislast für sein (positives) Anfangsvermögen trägt.

2. Endvermögen

6   **a) Grundsatz.** Nach dem ungeschriebenen Grundprinzip der Beweislastverteilung (Saenger in: HK-ZPO § 286 Rn 58) muss der Ehegatte, der den Zugewinnausgleich begehrt, die Voraussetzungen des Anspruchs darlegen und beweisen, somit neben dem eigenen Endvermögen auch Bestand und Wert des Endvermögens des anderen Ehegatten (BGH 26.4.1989 – IV b ZR 48/88, NJW 1989, 2821). Der Ausgleichsberechtigte muss dabei beim Endvermögen des anderen Ehegatten nicht nur das Vorhandensein der Aktiva, sondern auch das Fehlen von Passiva darlegen und beweisen. Die Darlegungs- und Beweislast des Klägers gilt auch für Negativtatsachen (HK-FamR/Häcker § 1375 BGB Rn 24).

7   **b) Hinzurechnungen gem. § 1375 Abs. 2 BGB.** Die **allgemeine Beweislast** gilt auch für die Hinzurechnungstatbestände des § 1375 Abs. 2 BGB (s. → *Illoyale Vermögensverfügung und Ansprüche gegen Dritte* Rn 1 ff), so dass der Ehegatte, der sich auf illoyale Vermögensverfügungen beruft, diese darzulegen und zu beweisen hat (NK-BGB/Heiß § 1375 BGB Rn 36). Nach § 1379 BGB in der seit 1.9.2009 geltenden Fassung steht ihm hierfür ein **Auskunftsanspruch** gegenüber dem anderen Ehegatten auch bezüglich illoyaler Vermögensverfügungen zu, wenn er konkrete Tatsachen vorträgt, die ein unter § 1375 Abs. 2 S. 1 BGB fallendes Handeln nahelegen (BGH 15.8.2012 – XII ZR 80/11, NJW 2012, 3635).

8   Dabei gilt für das Tatbestandsmerkmal der Benachteiligungsabsicht des § 1375 Abs. 2 Nr. 3 BGB eine abgestufte Darlegungslast. Der andere Ehegatte muss sich zu dem Vortrag, eine Handlung sei in Benachteiligungsabsicht erfolgt, substantiiert erklären (BGH 23.4.1986 – IVb ZR 2/85, NJW-RR 1986, 1325).

9   Ist das Endvermögen eines Ehegatten geringer als das Vermögen, das er in der Auskunft zum Trennungszeitpunkt angegeben hat, so hat dieser Ehegatte gem. § 1375 Abs. 2 S. 2 BGB darzulegen und zu beweisen, dass die Vermögensminderung nicht auf Handlungen im Sinne des § 1375 Abs. 2 Nr. 1–3 BGB zurückzuführen ist (**Beweislastumkehr**). Die Vorschrift wurde mit dem Gesetz zur Änderung des Zugewinnausgleichs- und Vormundschaftsrechts vom 6.7.2009 (BGBl. I, 1696) eingeführt und knüpft an den in § 1379 Abs. 1 Nr. 1 BGB neu normierten Auskunftsanspruch zum Trennungsvermögen an.

10 Die Beweislastregel soll nach der Beschlussempfehlung des Rechtsausschusses des Deutschen Bundestages nicht jene Fallkonstellationen erfassen, bei denen die Auskunft über das Vermögen zum Zeitpunkt der Trennung unvollständig oder unwahr ist. Die substantiierte Behauptung des Anspruchsgläubigers, dass die Auskunft über das Vermögen zum Zeitpunkt der Trennung unrichtig sei, wird regelmäßig mit der Behauptung verbunden sein, dass eine illoyale Vermögensminderung des Ausgleichschuldners vorliegt. Hierzu muss sich der Ausgleichschuldner nach allgemeinen Darlegungs- und Beweislastregeln erklären (BT-Drucks. 16/13027, 7). Die Darlegungs- und Beweislast verbleibt daher bei demjenigen, der sich auf die Illoyalität beruft.

Knahn

3. Anrechnung von Vorausempfängen

Die Darlegungs- und Beweislast für die Voraussetzungen des § 1380 Abs. 1 S. 1 BGB (s. → *Vorempfänge* 11 Rn 1 ff) trägt der Zuwender (HK-FamR/Häcker § 1380 BGB Rn 14). Dasselbe gilt für die Voraussetzungen des Abs. 1 S. 2 BGB, gelingt dem Zuwender der Beweis, muss der Empfänger die Behauptung, dass eine Anrechnung dennoch nicht erfolgen sollte, beweisen (Palandt/Brudermüller § 1380 BGB Rn 20).

4. Grobe Unbilligkeit

Der Zugewinnausgleichsschuldner trägt die Darlegungs- und Beweislast für die Tatsachen, aus denen sich 12 ein Leistungsverweigerungsrecht wegen grober Unbilligkeit gem. § 1381 BGB (s. → *Grobe Unbilligkeit im Zugewinn* Rn 1 ff) ergibt (BGH 27.1.1988 – IV b ZR 13/87, FamRZ 1988, 593).

5. Vorzeitiger Zugewinnausgleich

Der Ehegatte, der die vorzeitige Aufhebung des Güterstandes beantragt (s. → *Vorzeitiger Zugewinnaus-* 13 *gleich* Rn 1 ff), trägt die Darlegungs- und Beweislast für die Tatbestandsmerkmale des § 1385 Nr. 1–4 BGB. Eine Ausnahme besteht nur für das Merkmal „ohne ausreichenden Grund" in § 1385 Nr. 4 BGB, für das der Antragsgegner darlegungs- und beweispflichtig ist (NK-BGB/Fischinger § 1386 BGB Rn 31; aA Palandt/Brudermüller § 1386 BGB Rn 13).

6. Land- und forstwirtschaftliche Betriebe

Dem Eigentümer eines landwirtschaftlichen Anwesens, das beim Zugewinnausgleich nach dem Ertragswert 14 bewertet werden soll (s. → *Bewertungsmethoden im Zugewinn* Rn 10 ff; s. → *ABC der Vermögenswerte* Rn 102 ff), obliegt die Darlegungs- und Beweislast für die künftige Fortführung der landwirtschaftlichen Bewirtschaftung (BGH 27.9.1989 – IV b ZR 75/88, NJW-RR 1990, 68).

7. Unbenannte Zuwendung

Der Ehegatte, der eine unbenannte Zuwendung zurückfordert (s. → *Unbenannte Zuwendungen* Rn 13 ff), 15 muss darlegen und beweisen, dass der Zuwendung die Vorstellung und Erwartung zugrunde lag, die eheliche Lebensgemeinschaft werde Bestand haben (BGH 8.11.2002 – V ZR 398/01, NJW 2003, 510), und dass das Ergebnis des Zugewinnausgleichs unter Berücksichtigung der Zuwendung schlechthin unangemessen und unzumutbar ist (BGH 21.10.1992 – XII ZR 182/90, NJW 1993, 385).

64. Doppelehe

Vlassopoulou

I. Einführung...................................... 1
II. Materielles Recht............................... 2
  1. Grundsatz der Einehe/Verbot der Doppelehe
    (§ 1306 BGB).............................. 2
  2. Rechtsfolgen............................... 5

3. Grundsätzlich keine Heilung, Bestätigung der
   Doppelehe.................................. 6
4. Guter Glaube................................ 7
III. Auflösung der Doppelehe....................... 8
IV. Ausländerrecht................................ 10
V. Internationales Privatrecht..................... 11

I. Einführung

1 Es kommt zu einer Doppelehe oder Mehrehe, wenn eine verheiratete Person eine zweite, dritte usw. Person heiratet. Die Person, die gleichzeitig mit zwei oder mehreren Personen verheiratet ist, ist der Bigame oder Polygame. Bei einer Doppel- oder Mehrehe liegen zwei oder mehrere nebeneinander bestehende Ehen vor.

II. Materielles Recht

1. Grundsatz der Einehe/Verbot der Doppelehe (§ 1306 BGB)

2 In Deutschland gilt der Grundsatz der **Einehe**. Beim Bestehen einer Ehe darf ein Ehegatte nicht eine weitere Person heiraten. Das Eheverbot gilt auch im Fall des Bestehens einer Lebenspartnerschaft (s. → *Einge-tragene Lebenspartnerschaft* Rn 7). Das Verbot der Doppelehe ist zweiseitig. Es richtet sich gegen beide Eheschließenden, dh auch gegen den Eheschließenden, der noch nicht verheiratet ist. Das gilt auch strafrechtlich (§ 172 StGB).

3 Die zuerst geschlossene Ehe hat **Vorrang**, solange sie besteht. Entscheidender Zeitpunkt ist der Zeitpunkt der Eheschließung der neuen (zweiten) Ehe. Die frühere Ehe besteht nicht, wenn sie zu diesem Zeitpunkt rechtskräftig geschieden oder aufgehoben oder durch den Tod eines Ehegatten aufgelöst ist.

4 Die frühere Ehe muss eine **wirksame Ehe** sein. Nur der wirksam zustande gekommenen Erstehe kommt der Schutz des Art. 6 GG zu (BGH 17.1.2001 – XII ZR 266/98, NJW 2001, 2394). In Deutschland kann eine Ehe grundsätzlich nur standesamtlich wirksam geschlossen werden (s. → *Eheschließung im Inland* Rn 2 ff). Keine Doppelehe liegt vor, wenn die erste Ehe im Ausland geschlossen wurde (s. → *Eheschließung im Ausland* Rn 4 ff) und diese im Inland nicht anerkannt wird. Eine Doppelehe liegt aber auch dann vor, wenn die erste Ehe eine Scheinehe (s. → *Scheinehe* Rn 2 ff) ist.

2. Rechtsfolgen

5 Die trotz des Verbots der Doppelehe geschlossene Ehe ist keine Nichtehe. Vielmehr ist die bigamisch geschlossene Ehe aufhebbar (§ 1314 Abs. 1 BGB). Bis zu ihrer **Aufhebung** ist sie wirksam, berechtigt aber den einen oder beide Ehegatten, die eheliche Lebensgemeinschaft zu verweigern (BGH 17.1.2001 – XII ZR 266/98, NJW 2001, 2394).

3. Grundsätzlich keine Heilung, Bestätigung der Doppelehe

6 Eine Heilung der Doppelehe ist grundsätzlich nicht möglich, auch nicht durch Zeitablauf. Sie bleibt auch dann aufhebbar, wenn die frühere Ehe später aufgehoben worden ist. Wird die erste Ehe aufgelöst, können die Ehegatten der bigamischen Ehe diese mit Wirkung ex nunc bestätigen durch Wiederholung der Eheschließung. Nur unter den Voraussetzungen des § 1315 Abs. 2 Nr. 1 BGB ist eine Heilung kraft Gesetzes möglich.

4. Guter Glaube

7 Es kommt vor, dass ein Ehegatte von dem Bestehen einer ersten Ehe nichts weiß oder annimmt, dass diese rechtskräftig geschieden worden sei. Guter Glaube an die Auflösung der ersten Ehe wird nicht geschützt. Die Zweitehe bleibt für immer aufhebbar. Allerdings differenziert das Gesetz bei der Regelung der Folgen

der Aufhebung zwischen einem gutgläubigen und bösgläubigen Ehegatten. Der gutgläubige Ehegatte hat beispielsweise bei Aufhebung der Ehe einen Ehegattenunterhaltsanspruch, der bösgläubige dagegen nicht, es sei denn, der andere wäre auch bösgläubig (§ 1318 Abs. 2 BGB). Zu den Folgen der Aufhebung s. NK-BGB/Finger § 1318 BGB Rn 3 f.

III. Auflösung der Doppelehe

Aufhebungsberechtigt ist jeder Ehegatte und auch die Verwaltungsbehörde (§ 1316 Abs. 1 Nr. 1 BGB). Zum Verfahren s. HK-FamFG/Kemper § 129 FamFG Rn 2 ff. **8**

Im **Aufhebungsverfahren** hat nicht der Verheiratete die Auflösung seiner ersten Ehe zu beweisen. Vielmehr hat der die Aufhebung Betreibende die **Darlegungs- und Beweislast** für den Bestand einer Vorehe (OLG Nürnberg 31.3.2011 – 10 UF 1743/10, FamRZ 2011, 1508). **9**

Die Doppelehe kann auch wie jede andere wirksam geschieden werden (zu der Verbindung des Aufhebungsantrags mit dem Scheidungsantrag sowie zum Wechsel zum Scheidungsantrag und umgekehrt s. NK-BGB/Finger § 1313 BGB Rn 16 und 17).

IV. Ausländerrecht

Eine Doppelehe entfaltet zugunsten eines Ausländers grundsätzlich keine ausländerrechtlichen Auswirkungen, weil sie nicht unter dem Schutz des Art. 6 Abs. 1 GG steht (OVG Nordrhein-Westfalen 6.1.2009 – 18 B 1914/08, NJWZ-RR 2009, 539). **10**

V. Internationales Privatrecht

In der Praxis ist immer die Frage der **Doppelehe** zu stellen und zu prüfen, wenn einer der Eheschließenden Ausländer ist oder die Vorehe eines der Eheschließenden (auch eines Deutschen) im Ausland geschlossen oder geschieden wurde. **11**

Die Frage, nach dem Recht welchen Staates sich entscheidet, ob das Verbot der Doppelehe vorliegt, lässt sich nicht mit dem einfachen Verweis auf Art. 13 EGBGB beantworten. Gem. Art. 13 Abs. 1 EGBGB richten sich die sachlichen Voraussetzungen der Eheschließung für jeden Verlobten nach seinem Heimatrecht. Demnach wäre die Eheschließung einer deutschen ledigen Frau mit einem Marokkaner, der bereits verheiratet ist, nach marokkanischem Recht wirksam, weil dieses Recht eine Mehrehe zulässt. Das Eheverbot der Doppelehe ist nach deutschem Recht zweiseitig. Es darf in keiner Person der Eheschließenden vorliegen. Die Frage, ob das Verbot der Doppelehe der bevorstehenden Eheschließung entgegensteht, entscheidet sich daher nach dem **Heimatrecht** beider Verlobten. **12**

Auch die Vorfrage, ob die Vorehe eines der Verlobten wirksam ist oder noch besteht, richtet sich nach Art. 13 Abs. 1 EGBGB. Maßgeblich ist das seinerzeit bei der (Vor-)Eheschließung gem. Art. 13 Abs. 1 EGBGB berufene Heimatrecht der Verlobten (s. Andrae § 1 Rn 38 ff). **13**

Ist diese (Vor-)Ehe wirksam geschlossen, hängt die Frage, ob sie später aufgelöst wurde, davon ab, ob die Auflösung, insbesondere die Scheidung, wirksam ist. Handelt es sich um ein ausländisches Urteil, hängt seine Gültigkeit im Inland davon ab, ob es hier anerkannt wird. Im europäischen Raum gilt die Anerkennung gem. Art. 21 ff der Brüssel IIa-VO (s. → *Auslandsscheidung* Rn 5 ff). Ansonsten sind die Anerkennungsvoraussetzungen nach §§ 107, 109 FamFG festzustellen (s. → *Auslandsscheidung* Rn 48 ff). **14**

Handelt es sich um ein deutsches Scheidungsurteil, das in der Heimat eines der Verlobten nicht anerkannt wird, kann die Ehe gleichwohl im Inland unter den Voraussetzungen des Art. 13 Abs. 3 EGBGB wirksam geschlossen werden (s. → *Eheschließung mit Ausländern* Rn 10 ff).

Sind die beiden Verlobten Ausländer und gestattet ihr Heimatrecht die Mehrehe, scheitert eine Eheschließung im Inland, wenn einer der Verlobten verheiratet ist, an Art. 6 EGBGB (ordre public). **15**

65. Doppelverwertungsverbot

Poppen

I. Grundsätze	1	3. Verbindlichkeiten		6
II. Einzelprobleme	3	4. Steuererstattungsansprüche und -schulden		10
1. Arbeitsrechtliche Abfindungen	3	5. Zinseinnahmen		12
2. Freiberufliche Praxen	5			

I. Grundsätze

1 Familienrechtlich darf jede Vermögensposition nur einmal berücksichtigt werden. Als **Ausfluss dieses allgemeinen Grundsatzes** ist dies für das Verhältnis von Versorgungsausgleich und Zugewinnausgleich in § 2 Abs. 4 VersAusglG gesetzlich normiert. Von daher darf eine Vermögensposition auch nicht sowohl beim Unterhalt als auch beim Zugewinnausgleich angesetzt werden (BGH 11.12.2002 – XII ZR 27/00, NJW 2003, 1396). Die Abgrenzung bereitet Probleme, weil der Zugewinnausgleich durch eine starre **Stichtagsregelung** und die Unterhaltsbemessung durch eine **Prognoseentscheidung** geprägt sind (Gerhardt/von Heintschel-Heinegg/Klein/Gerhardt 6. Kapitel Rn 20).

2 Keine Abgrenzungsprobleme bestehen, soweit bei der Unterhaltsbemessung allein **Vermögensnutzungen** und beim Zugewinnausgleich der **Vermögensstamm** berücksichtigt werden. Die Berücksichtigung des Wohnwertes beim Unterhalt und der Ansatz des Verkehrswertes der Immobilie im Zugewinn stellen deshalb keine Doppelverwertung dar. Gleiches gilt für die auf alleinige oder gemeinschaftliche Verbindlichkeiten zu zahlenden Zinsen im Verhältnis zur Darlehensschuld (Büte in: Büte/Poppen/Menne, Unterhaltsrecht, Vor § 1360 BGB Rn 35). Problematisch sind Vermögenspositionen, die sowohl in einer Summe beim Zugewinnausgleich als auch ratierlich beim Unterhalt berücksichtigt werden können.

II. Einzelprobleme

1. Arbeitsrechtliche Abfindungen

3 Nach jetzt gefestigter Rechtsprechung des Bundesgerichtshofs stellen **Abfindungen**, die für den Verlust eines Arbeitsplatzes gezahlt werden, sei es im Rahmen von Sozialplänen, bei Vorruhestandsregelungen oder bei Kündigungen in erster Linie **unterhaltsrechtliches Einkommen** dar. Die Abfindung ist grundsätzlich als Einkommensersatz auf einen längeren Zeitraum ratierlich zu verteilen (BGH 28.3.2007 – XII ZR 163/04, NJW 2007, 2249). Die Abfindung ist auch zur Aufstockung eines niedrigeren Einkommens aus einer Anschlussbeschäftigung oder aus Lohnersatzleistungen heranzuziehen. Die Verringerung der verfügbaren laufenden Einkünfte muss der Unterhaltsberechtigte nicht als Fortentwicklung der ehelichen Lebensverhältnisse mittragen (so jetzt BGH 18.4.2012 – XII ZR 65/10, NJW 2012, 1868). Gleiches gilt für den Kindesunterhalt (BGH 18.4.2012 – XII ZR 66/10, NJW 2012, 1873).

4 Nur soweit eine Abfindung nicht zur Aufrechterhaltung des Lebensstandards des Unterhaltpflichtigen und zur Finanzierung des Unterhalts des Bedürftigen in Anspruch genommen werden muss, kann sie eine im Zugewinnausgleich berücksichtigungsfähige Vermögensposition sein. Ist die Abfindung in einer formlos getroffenen **Unterhaltsvereinbarung** berücksichtigt worden, geht der Bundesgerichtshof trotz grundsätzlichen Formzwanges nach § 1378 Abs. 3 S. 2 BGB von einem nach § 242 BGB wirksamen Ausschluss der Abfindung aus der Zugewinnausgleichsberechnung aus (BGH 21.4.2004 – XII ZR 185/01, NJW 2004, 2675).

2. Freiberufliche Praxen

5 Bei freiberuflichen Praxen hat der Bundesgerichtshof das Doppelverwertungsverbot dadurch umgesetzt, dass bei der Bewertung der Praxis nicht ein abstrakter, an den Marktüblichkeiten orientierter **Unternehmerlohn** berücksichtigt wird, sondern im Rahmen der modifizierten Ertragswertmethode ein Unternehmerlohn anzusetzen ist, der sich an den individuellen Verhältnissen des Inhabers orientiert (BGH 9.2.2011 –

XII ZR 40/09, NJW 2011, 999). Damit wird bei der Bewertung der Praxis das Einkommen des freiberuflich Tätigen berücksichtigt, welches auch der Unterhaltsberechnung zugrunde liegt.

3. Verbindlichkeiten

Verbindlichkeiten sind grundsätzlich in der Höhe, in der sie zum Stichtag bestehen, in die Zugewinnausgleichsbilanz einzustellen. Die unterhaltsrechtliche Berücksichtigung ändert daran nichts. Die Berücksichtigung der auf eine Verbindlichkeit zu zahlenden **Zinsen** beim Unterhalt führt schon begrifflich zu keiner Doppelverwertung, weil im Rahmen des Zugewinnausgleichs die zum Stichtag offene Schuld, nicht aber die voraussichtlich zu zahlenden Zinsen zu berücksichtigen sind.   **6**

Hinsichtlich der **Tilgungsleistungen** gilt, dass diese grundsätzlich nach der Zustellung des Scheidungsantrags bei Alleinschulden nicht mehr berücksichtigt werden dürfen, so dass auch insoweit bei richtiger unterhaltsrechtlicher Bewertung eine Doppelverwertung ausscheidet (s. → *Zins- und Tilgungsleistungen* Rn 5). Der Bundesgerichtshof hält im Einzelfall eine **Korrektur des Ergebnisses** des Zugewinnausgleichsverfahrens nach § 242 BGB für möglich, wenn sich der zugewinnausgleichsberechtigte Ehegatte in der Zeit zwischen Zustellung des Scheidungsantrags (§ 1384 BGB) und der Entscheidung über den Zugewinnausgleich über eine Unterhaltsreduzierung an einer Verringerung der Verbindlichkeiten des anderen Ehegatten beteiligt hat, weil bei der Unterhaltsbemessung Tilgungsleistungen nach der Zustellung des Scheidungsantrages berücksichtigt worden sind (BGH 6.2.2008 – XII ZR 45/06, NJW 2008, 1221).   **7**

Soweit Tilgungsleistungen eine zulässige **private Altersvorsorge** darstellen, führt deren Berücksichtigung nicht zu einer unzulässigen Doppelverwertung, weil der unterhaltsberechtigte Ehegatte diese Tilgung nach unterhaltsrechtlichen Kriterien hinnehmen muss. Die Tilgungsleistungen stellen keine Doppelverwertung bei Unterhalt und Zugewinn dar, weil die private Altersvorsorge auch in anderer Form hätte erfolgen können und der unterhaltsverpflichtete Ehegatte die Wahl hat, wie er seine private Altersvorsorge vornimmt (s. → *Private Altersvorsorge* Rn 6). Diese Wertung kann nicht über das Güterrecht korrigiert werden (BGH 5.3.2008 – XII ZR 22/06, NJW 2008, 1946). Gleiches gilt, wenn der Unterhaltsverpflichtete gemeinschaftliche Verbindlichkeiten tilgt (s. → *Zins- und Tilgungsleistungen* Rn 3).   **8**

Zu den in der Zugewinnausgleichsbilanz zu berücksichtigenden Vermögenspositionen gehören bis zum Stichtag **fällige Unterhaltsforderungen**, und zwar beim Unterhaltsberechtigten als Aktivvermögen und beim Unterhaltsverpflichteten als Passivvermögen (BGH 6.10.2010 – XII ZR 10/09, NJW-RR 2011, 73). Darin liegt keine Doppelverwertung, weil bei zeitnaher Erfüllung seiner Verpflichtungen der Unterhaltsverpflichtete ein um den rückständigen Unterhalt niedrigeres Vermögen hätte und der Unterhaltsberechtigte nach dem Stichtag die Nachzahlung zur Kompensation früherer Einschränkungen in der Lebensführung verwenden kann. Das kann dazu führen, dass wirtschaftlich gesehen die Verfolgung von Ehegattenunterhaltsansprüchen für die Zeit vor dem für den Zugewinnausgleich maßgeblichen Stichtag keinen Sinn macht, weil das Ergebnis des Unterhaltsverfahrens über den güterrechtlichen Ausgleich wieder aufgehoben wird. Beim Unterhaltspflichtigen ist an eine Zurechnung nach § 1375 Abs. 2 BGB zu denken (Kogel FamRZ 2011, 779).   **9**

4. Steuererstattungsansprüche und -schulden

Steuererstattungsansprüche und -nachforderungen werden üblicherweise, weil die Steuern in der tatsächlichen Höhe bei der Bemessung des Einkommens zu berücksichtigen sind, beim Unterhalt verrechnet. Dabei können sie je nach den Umständen des Einzelfalls in dem Jahr berücksichtigt werden, in dem sie angefallen sind („In-Prinzip") oder für das eine Korrektur der ursprünglichen steuerlichen Festsetzung erfolgt ist („Für-Prinzip") (BGH 21.9.2011 – XII ZR 121/09, NJW 2011, 3577).   **10**

Soweit eine Verrechnung bei der Unterhaltsfestsetzung nicht erfolgt ist, sind Steuererstattungsansprüche und Steuerschulden, die an dem für die Berechnung des Zugewinnausgleichs maßgeblichen Stichtag bestanden, in die Zugewinnausgleichsbilanz einzubeziehen (OLG Dresden 25.6.2010 – 24 UF 800/09, FamRZ 2011, 113). Dabei ist grundsätzlich für jeden Ehegatten der ihm nach dem **internen Steueraus-**   **11**

gleich zustehende Erstattungsanspruch bzw die ihn betreffende Steuerschuld zu berücksichtigen. Die Aufteilung erfolgt nach den Grundsätzen einer steuerlichen getrennten Veranlagung analog § 270 AO (BGH 31.5.2006 – XII ZR 111/03, NJW 2006, 2623).

5. Zinseinnahmen

12 Hat ein Ehegatte sein Vermögen in einem **thesaurierenden Fonds** angelegt, sind die Erträge, obwohl sie nicht ausgezahlt werden, als Einkommen für die Unterhaltsbemessung zu berücksichtigen (BGH 4.7.2007 – XII ZR 141/05, NJW 2008, 57). Sind diese thesaurierten Einnahmen bei der Unterhaltsberechnung berücksichtigt, können sie bei der Vermögensbilanz im Zugewinnausgleich nicht noch einmal angesetzt werden. Der Wert des Fonds zum Stichtag ist um den schon bei der Unterhaltsberechnung berücksichtigten thesaurierten Ertragsanteil zu kürzen.

13 Ungeklärt ist die Einordnung von **Aktienoptionen** (Kogel FamRZ 2007, 950). Steuer- und sozialrechtlich wird der Erlös aus Aktienoptionen als geldwerte Zuwendung des Arbeitgebers behandelt und wie ein Lohnbestandteil versteuert. Möglich ist auch die Einordnung als Beitrag des Arbeitgebers zur Vermögensmehrung (OLG Oldenburg 13.7.2009 – 13 WF 148/09, NJW-RR 2009, 1657) und damit die Zuordnung zum Zugewinnausgleich. Auch insoweit gilt allerdings das Verbot der Doppelberücksichtigung.

66. Durchsetzung von Umgangsregelungen

Treu

I. Einführung...................................... 1
II. Gesetzliche Regelung.......................... 4
  1. Maßnahmen im Ausgangsverfahren............ 5

2. Vollstreckung............................... 14
3. Vermittlungsverfahren........................ 25

I. Einführung

Die Notwendigkeit, Umgangsregelungen durchzusetzen, ergibt sich aus **rechtsbrüchigem Verhalten eines** 1 **Elternteiles**, das oftmals in der vollständigen Weigerung, Umgangskontakte zuzulassen, gipfelt. Diese Weigerungshaltung setzt sich mitunter in allen auf Durchsetzung der Umgangsregelungen gerichteten Verfahren fort. Es muss unter Umständen in einem frühen Verfahrensstadium eine Prognose getroffen werden, ob ein solcher Fall der **Totalverweigerung** droht, und die dementsprechend geeignet erscheinende Maßnahme ergriffen werden. Neben den Rechten des Umgangsberechtigten werden auch die des Kindes auf Umgang und damit das Kindeswohl ignoriert. Auch dies gilt es bei der Wahl der Mittel zur Durchsetzung der Umgangsregelung im Auge zu behalten.

Wegen der irreversiblen Schäden, die durch den Kontaktabbruch nach Trennung der Eltern und die damit 2 einhergehende Entfremdung zum Umgangselternteil beim Kind entstehen, hat das Gericht **umgehend die geeigneten Maßnahmen zu ergreifen**, um dies zu verhindern (EuGHMR 20.7.2006 – Beschwerde Nr. 1633/05, FamRZ 2008, 1059).

Das deutsche Recht steht nicht im Ruf, das Umgangsrecht sonderlich effektiv zu schützen und für seine 3 Durchsetzung besonders nachhaltig zu sorgen. Das am 1.9.2009 in Kraft getretene FGG-Reformgesetz sollte dies ändern. Es hatte mit dem FamFG (Art. 1 FGG-Reformgesetz) deshalb u.a. eine **schnellere und effektivere Vollstreckung** zum Ziel, fördert aber ebenso schon im Erkenntnisverfahren die Streitschlichtung (Rixe FamRZ 2008, 1061). Denn im Idealfall bedarf es keiner Vollstreckung.

II. Gesetzliche Regelung

Das Gesetz – sowohl BGB als auch FamFG – bietet eine Reihe von Möglichkeiten zur Durchsetzung von 4 Umgangsregelungen. Diese gilt es zu nutzen und effektiv zum Einsatz zu bringen. Die Angemessenheit einer Maßnahme ist nach der Zügigkeit ihrer Ergreifung zu beurteilen. Der Staat hat grundsätzlich so zu handeln, dass in Fällen, in denen eine familiäre Beziehung iSv Art. 8 EMRK besteht, eine Fortentwicklung der Beziehung erfolgen kann, und **geeignete Schutzmaßnahmen** zu ergreifen, um Elternteil und Kind zusammenzuführen (EuGHMR 20.7.2006 – Beschwerde Nr. 1633/05, FamRZ 2008, 1059).

1. Maßnahmen im Ausgangsverfahren

Die Durchsetzung von Umgangsregelungen setzt denklogisch eine bereits bestehende Regelung voraus, die 5 nicht zwingend eine gerichtliche sein muss. Es genügt jede Vereinbarung der Eltern über den Umgang. Bei auftretenden Schwierigkeiten – etwa dass der betreuende Elternteil entgegen dem Besprochenen den Umgang erschwert oder unterbindet – ist es der erste Schritt, eine **vollstreckungsfähige Regelung in einem gerichtlichen Verfahren** zu erwirken. Das Verfahren kann durch Gerichtsbeschluss oder durch gerichtlich gebilligten Vergleich beendet werden.

Auf Antrag oder von Amts wegen in einem selbstständigen Verfahren gem. §§ 49 ff FamFG wird **einstwei-** 6 **liger Rechtsschutz** gewährt, wenn ein dringendes Bedürfnis für ein sofortiges Tätigwerden besteht. § 156 FamFG regelt Fälle für ein Tätigwerden von Amts wegen, nämlich u.a. das Fehlschlagen der Bemühungen um Einvernehmen (Abs. 3 S. 1). Da der Beschluss nicht anfechtbar ist (§ 57 S. 1 FamFG), ist damit schnell ein Vollstreckungstitel geschaffen (s. → *Einstweiliger Rechtsschutz* Rn 55 ff).

Ein Vergleich setzt die Zustimmung aller am Verfahren formell Beteiligten voraus, also neben der der El- 7 tern auch die des Kindes (§ 7 Abs. 1 Nr. 1 FamFG), des Verfahrensbeistandes (§§ 7 Abs. 1 Nr. 2, 158 Abs. 3

S. 2 FamFG) und des Jugendamtes (§§ 7 Abs. 1 Nr. 2, 162 Abs. 2 FamFG; Büte FuR 2011, 596). Das Gericht billigt die in dem Vergleich niedergelegte Umgangsregelung in einem Beschluss, wenn sie dem Kindeswohl nicht widerspricht (§ 156 Abs. 2 S. 2 FamFG). Erst **der Beschluss, der die Billigung ausspricht**, beendet das Verfahren (Borth FamRZ 2011, 958).

8   Bei Anlass kann das Gericht bereits in dem Ausgangsbeschluss, der den Umgang regelt oder einen Vergleich der Eltern billigt, **Anordnungen zur Erfüllung der Wohlverhaltenspflicht** gem. § 1684 Abs. 3 S. 2 BGB treffen, in letzterem Fall als Ergänzung des Vereinbarten, wenn nicht der Vergleich entsprechende Verpflichtungen enthält. Solche Anordnungen richten sich an den betreuenden Elternteil. Denn im Ernstfall ist es der betreuende Elternteil, der den Umgang vereitelt.

9   Im Grunde würde es in den meisten Fällen ausreichen, dass der Umgangsstörer seine ablehnende Haltung dem anderen gegenüber aufgibt. Ein solcher innerer Prozess kann aber schlecht auferlegt werden. Das Gericht kann auch **keine Psychotherapie zur Überwindung der Schwierigkeiten** anordnen (BVerfG 1.12.2010 – 1 BvR 1752/10, FamRZ 2011, 179), wohl aber die Teilnahme der Eltern an einer Beratung durch die Beratungsstellen und -dienste der Träger der Kinder- und Jugendhilfe nach § 156 Abs. 1 S. 2, 4 FamFG.

10   Darüber hinaus kann das Gericht dem betreuenden Elternteil **Verhaltensauflagen** erteilen. Das können Gebote sein, um die Bereitschaft des Kindes zu fördern, den anderen Elternteil zu sehen, wie zum Beispiel die klare Aussage, dass der Betreuende den Umgang gutheißt (was allerdings von Kindern leicht als Lüge durchschaut wird, wenn es im Widerspruch zur inneren Haltung steht), oder dem Kind die Trennung durch einen kurzen und klaren Abschied zu erleichtern.

11   Um einen reibungslosen Umgang zu gewährleisten, kann dem Betreuenden auferlegt werden, das Kind pünktlich zur Abholung bereit zu halten und ihm die notwendige Kleidung und ggf auch Medikamente oder Schulsachen mitzugeben (HK-FamR/Hüßtege § 1684 BGB Rn 3). Inhalt einer Auflage kann ferner die **Verpflichtung zu Mitwirkungshandlungen** sein, wenn ohne Mitwirkung des anderen Elternteils der Umgang wesentlich erschwert oder vereitelt würde. Der betreuende Elternteil kann deshalb zur anteiligen Übernahme des zeitlichen und organisatorischen Aufwandes, der zur Ausübung des Umgangs durch das Holen und Bringen des Kindes erforderlich wird, verpflichtet sein (BVerfG 5.2.2002 – 1 BvR 2029/00, FamRZ 2002, 809; s. → *Umgangsrecht* Rn 53, 54 ff).

12   Häufiger noch dürften **Unterlassungsverfügungen** veranlasst sein, die konkreter gefasst werden können. Denn sie ergeben sich aus vorangegangenem, gegen die Wohlverhaltenspflicht verstoßendes Verhalten. So kann dem Betreuungselternteil etwa untersagt werden, Gespräche über den anderen Elternteil, insbesondere solche mit negativem Inhalt, im Beisein des Kindes zu führen oder auch mit dem Kind über die elterlichen Auseinandersetzungen zu sprechen und ihm die Schriftsätze der Anwälte oder die gerichtlichen Protokolle zu zeigen (s. → *Umgangsrecht* Rn 60 ff).

13   Während bei Anordnungen zur Erfüllung der Wohlverhaltenspflicht darauf gesetzt werden kann, dass Eltern sich an ein herkömmlich als normal zu bezeichnendes Verhalten in Bezug auf den anderen gewöhnen, um schließlich einen ungestörten Umgang zuzulassen, was in Fällen nur geringen Widerstandes gegen den Umgangsberechtigten und dessen Umgangsrecht realistisch erscheinen mag, sind in schwereren Fällen weiter gehende Maßnahmen erforderlich, wie die **Anordnung einer Umgangspflegschaft** oder – im Ausnahmefall, da das Recht des Umgangsberechtigten eingeschränkt wird – des **begleiteten Umgangs**. Beides kann schon im Ausgangsbeschluss bestimmt und mit Verhaltensanordnungen kombiniert werden.

2. Vollstreckung

14   Vollstreckungstitel beim Umgang sind gerichtliche Beschlüsse (§ 86 Abs. 1 Nr. 1 FamFG) oder gerichtlich gebilligte Vergleiche (§§ 86 Abs. 1 Nr. 2, 156 Abs. 2 FamFG). Beide müssen eine **Belehrung gemäß § 89 Abs. 2 FamFG** enthalten, mit der auf die Folgen einer Zuwiderhandlung gegen den Vollstreckungstitel hingewiesen wird. Die Belehrung ist Vollstreckungsvoraussetzung und kann in einem gesonderten Beschluss nachgeholt werden. Das **Vollstreckungsverfahren soll dadurch beschleunigt werden**, dass nicht

mehr, wie nach dem bis 31.8.2009 geltenden § 33 FGG erforderlich, das Ordnungsmittel (bzw früher Zwangsmittel) in einem eigenständigen Verfahrensschritt anzudrohen ist (BVerfG 9.3.2011 – 1 BvR 752/10, FamRZ 2011, 957).

Dies ist vor allem bei Titeln aus der Zeit vor dem 1.9.2009 von Bedeutung, für die neues Recht anwendbar 15 ist, wenn die Vollstreckung nach dem 31.8.2009 eingeleitet wird. Zwar ist die Belehrung nach § 89 Abs. 2 FamFG an die Stelle der nach altem Recht (§ 33 Abs. 6 S. 3 FGG) notwendigen Androhung eines Zwangsgeldes getreten und ersetzt diese. Doch unterscheiden sich die Ordnungsmittel des FamFG von den Zwangsmitteln des FGG, indem sie nicht unerheblich über diese hinausgehen. Sie dienen nicht nur der Einwirkung auf den Willen des Pflichtigen, sondern haben darüber hinaus **Sanktionscharakter**. Dem würde eine Gleichstellung der Androhung eines Zwangsmittels und des Hinweises nach § 89 Abs. 2 FamFG nicht ausreichend Rechnung tragen (BGH 17.8.2011 – XII ZB 621/10, FamRZ 2011, 1729). Es muss deshalb selbst dann die Belehrung nach § 89 Abs. 2 FamFG nachgeholt werden, wenn bereits nach altem Recht ein Zwangsmittel angedroht worden ist (s. → *Vollstreckung in Familiensachen* Rn 15).

Das **Konkretheitsgebot** verlangt, dass das Familiengericht den Umgang vollständig, vollziehbar und voll- 16 streckbar regelt. Letzteres setzt lediglich eine hinreichend bestimmte und konkrete Regelung des Umgangsrechts voraus, dh eine genaue und erschöpfende Bestimmung über Art, Ort und Zeit des Umgangs, dagegen keine detailliert bezeichneten Verpflichtungen des betreuenden Elternteils, etwa zum Bereithalten und Abholen des Kindes (BGH 1.2.2012 – XII ZB 188/11, FamRZ 2012, 533). Eine Ferienregelung, die „14 Tage in den Ferien" oder „die Hälfte der jeweiligen Schulferien" festlegt, ist zu unbestimmt und nicht vollziehungsfähig. Der festgelegte Umgangszeitraum muss zumindest bestimmbar sein (Brandenburgisches OLG 14.3.2006 – 9 WF 27/06, FamRZ 2006, 1620). Die genaue Regelung darf auch nicht Dritten, wie etwa dem Jugendamt, überlassen werden, die hierfür keine Entscheidungskompetenz vom Gesetz zugewiesen erhalten haben (OLG Köln 18.1.2011 – 21 UF 190/10, FamRZ 2011, 827). Das Familiengericht muss zumindest die **wesentliche Ausgestaltung des Umgangs** selbst vornehmen und dabei eine konkrete und vollständige Regelung treffen (BVerfG 17.6.2009 – 1 BvR 467/09, FamRZ 2009, 1472). Gleiches gilt für den Inhalt eines Vergleiches nach § 156 FamFG. Dass dies sich von der Vorstellung des Gesetzgebers entfernt, der auf Verständigung der Eltern setzt, denen mit konkreten Regelungen die möglicherweise gewünschte Flexibilität genommen wird, ist nicht von der Hand zu weisen (Spangenberg/Spangenberg FamRZ 2011, 1704; s. → *Vollstreckung in Familiensachen* Rn 18 ff).

Das Vollstreckungsverfahren nach dem FamFG ist ein selbstständiges Verfahren (s. → *Vollstreckung in* 17 *Familiensachen* Rn 11). Örtlich zuständig ist das Gericht am Ort des gewöhnlichen Aufenthalts des Kindes (§ 88 Abs. 1 FamFG). Das Gericht kann die Vollstreckung auch von Amts wegen einleiten, da es auch das Umgangsverfahren selbst von Amts wegen einleiten kann (§ 87 Abs. 1 FamFG).

Die vorstehenden Umgangstitel werden nach § 89 FamFG mittels Ordnungsgeld und Ordnungshaft voll- 18 streckt. Ordnungshaft kann ersatzweise, wenn das Ordnungsgeld nicht beigetrieben werden kann, oder anstelle von Ordnungsgeld, wenn dieses keinen Erfolg verspricht, angeordnet werden.

Demgegenüber nachrangig ist die **Anordnung unmittelbaren Zwangs**, die allerdings nicht gegen ein Kind 19 erfolgen darf, um dessen Herausgabe zur Ausübung des Umgangsrechts zu erwirken (§ 90 Abs. 2 S. 1 FamFG). Die Durchführung eines Vermittlungsverfahrens nach § 165 FamFG ist weder Voraussetzung der Vollstreckung (§ 92 Abs. 3 S. 1 FamFG), noch steht sie ihr entgegen (§ 92 Abs. 3 S. 2 FamFG).

Die Festsetzung von Ordnungsmitteln setzt eine **schuldhafte Zuwiderhandlung des Verpflichteten gegen den Umgangstitel** voraus. Das Verschuldenserfordernis ergibt sich aus § 89 Abs. 4 FamFG, wobei Fahrlässigkeit genügt. Dabei wird im Fall der Zuwiderhandlung das Verschulden grundsätzlich vermutet (OLG Karlsruhe 5.5.2011 – 5 WF 51/11, FamRZ 2011, 1669). Der Verpflichtete kann sich aber entlasten, indem er Gründe vorträgt, aus denen sich ergibt, dass er die Zuwiderhandlung nicht zu vertreten hat, so dass die Vollstreckung unterbleibt oder – bei nachträglichem Vortrag – die Festsetzung aufgehoben wird (§ 89 Abs. 4 FamFG). Er trägt hierfür die Darlegungs- und Feststellungslast und muss die Umstände, die den Grund für das Scheitern des Umgangs darstellen, im Einzelnen substantiiert darlegen. Beruft er sich auf den entgegenstehenden Willen des Kindes, muss er darlegen, wie er auf das Kind eingewirkt hat, um es zum Umgang zu bewegen (OLG Saarbrücken 8.10.2012 – 6 WF 381/12, ZKJ 2013, 79 f).

20 Im Unterschied zur Vollstreckung nach dem FGG **steht die Festsetzung von Ordnungsmitteln** im pflichtgemäßen **Ermessen des Gerichts** und unter dem Vorbehalt der **Kindeswohldienlichkeit** (OLG Celle 12.8.2011 – 10 WF 246/11, ZKJ 2011, 433 f). Hintergrund der Umwandlung der Sollvorschrift nach früherem Recht in eine Kannvorschrift ist die Entscheidung des Bundesverfassungsgerichts vom 1.4.2008 (1 BvR 1620/04, FamRZ 2008, 845) zur zwangsweisen Durchsetzung der Umgangspflicht eines umgangsverweigernden Elternteils, die zu unterbleiben hat, wenn nicht im konkreten Einzelfall hinreichende Anhaltspunkte dafür vorliegen, dass der erzwungene Umgang dem Kindeswohl dient. Die Formulierung der Norm als Kann-Vorschrift **soll den Gerichten eine flexible Handhabung ermöglichen** (BT-Drucks. 16/6308, 290). Allerdings geht auch der Gesetzgeber davon aus, dass das Ermessen sich in den meisten Fällen verdichten wird.

21 Vor der Festsetzung von Ordnungsmitteln ist dem Verpflichteten **rechtliches Gehör** zu gewähren. Ob eine persönliche Anhörung erfolgen muss (Gerhardt/von Heintschel-Heinegg/Klein/Büte, 4. Kapitel Rn 666) oder die schriftliche Anhörung genügt, weil das FamFG an anderer Stelle von „persönlicher Anhörung" spricht, wenn es eine solche meint, nicht aber in § 92 Abs. 1 FamFG (OLG Karlsruhe 5.5.2011 – 5 WF 51/11, FamRZ 2011, 1669), ist streitig.

22 Es muss im Hinblick auf die mit der Neuregelung im FamFG bezweckte Beschleunigung der Durchsetzung des Umgangsrechts die schriftliche Anhörung genügen. Andernfalls würde im Vollstreckungsverfahren das Erkenntnisverfahren neu aufgerollt. Der Gesetzgeber geht aber davon aus, dass das Gericht im **Vollstreckungsverfahren** auf die Erkenntnisse aus dem Erkenntnisverfahren zurückgreift. Denn „es wird sich (bei Ausübung des Ermessens) davon leiten lassen, dass das Vollstreckungsverfahren der effektiven Durchsetzung einer gerichtlichen Entscheidung dient, die im Erkenntnisverfahren unter umfassender Beachtung der Vorgaben des materiellen Rechts und mithin auch des Kindeswohls getroffen wurde" (BT-Drucks. 16/6308, 291). Das rechtliche Gehör soll damit primär dem Verpflichteten die Möglichkeit geben, sich zu entlasten, nicht aber die zu vollstreckende Entscheidung grundsätzlich in Frage zu stellen.

23 Für Letzteres ist das Abänderungsverfahren vorgesehen. Selbst dann kann aber noch vollstreckt werden. § 93 Abs. 1 Nr. 4 FamFG gibt zwar die **Möglichkeit, die Vollstreckung einzustellen,** wenn die Abänderung einer Entscheidung beantragt wird, schreibt dies aber nicht zwingend vor. Erst wenn feststeht, dass eine Abänderung der zu vollstreckenden Umgangsregelung wegen zwischenzeitlich eingetretener Veränderungen iSd § 1696 BGB veranlasst wäre (OLG Celle 12.8.2011 – 10 WF 246/11, Zeitschriftenfundstelle ZKJ 2011, 433 f), wird die Vollstreckung einzustellen sein. Die Anforderungen an die Überzeugung von der feststehenden Abänderbarkeit sollten nicht zu niedrig gesetzt werden.

24 Es besteht die Gefahr, dass die Waffe Vollstreckung (wieder) stumpf wird, lässt man – gern unter dem Deckmantel des Kindeswohls – zu viele Einwände gegen den Umgang als solchen zu. Der (Total-)Verweigerung wird damit trefflich Vorschub geleistet. Erst bei einem größeren zeitlichen Abstand zwischen Ausgangsbeschluss und Vollstreckung und ausreichendem Vortrag zu den zwischenzeitlichen Änderungen wird man sich damit näher zu befassen haben.

3. Vermittlungsverfahren

25 **Alternativ oder neben der Vollstreckung** wird auf Antrag eines Elternteiles das Vermittlungsverfahren (§ 165 FamFG) durchgeführt. Es kommt nur Eltern zugute. Hat bereits ein Vermittlungsverfahren stattgefunden, das erfolglos geblieben ist, kann das Gericht die Vermittlung ablehnen (§ 165 Abs. 1 S. 2 FamFG).

26 Voraussetzung für die Durchführung des Vermittlungsverfahrens ist, dass ein Elternteil geltend macht, der andere vereitele oder erschwere den gerichtlich geregelten oder gebilligten Umgang. Es kommt damit nur in Betracht, wenn bereits ein Umgangstitel vorliegt.

Das Gericht bestimmt unverzüglich einen Vermittlungstermin (§ 165 Abs. 2 FamFG) und weist mit der La- 27
dung auf **die rechtlichen Folgen** eines Scheiterns des Verfahrens oder des Ausbleibens der Eltern hin. Die
Ladung des Jugendamts zu dem Termin, die das Gesetz in „geeigneten Fällen" vorsieht, sollte der Regelfall
sein. Im Termin werden die Folgen des Unterbleibens des Umgangs für das Kindeswohl erörtert und auf
die Rechtsfolgen, wenn der Umgang vereitelt oder erschwert wird, sowie auf die Beratungsangebote (§ 165
Abs. 3 FamFG) hingewiesen. Kommt eine Einigung nicht zustande, hat das Gericht Ordnungsmittel zu prüfen, eine Änderung der Umgangsregelung oder Maßnahmen in Bezug auf die Sorge. Es kann ein entsprechendes Verfahren einleiten (§ 165 Abs. 5 FamFG) und sollte dies auch tun, damit der Verstoß gegen den
Umgangstitel nicht folgenlos bleibt.

Das Vermittlungsverfahren zielt auf ein **Einvernehmen der Eltern** über die Ausübung des Umgangs ab, 28
das mit einem (erneuten) gerichtlich gebilligten (OLG Celle 12.8.22011 – 10 WF 246/11) Vergleich enden
kann. Ein gerichtlich gebilligter Vergleich tritt an die Stelle der bisherigen Regelung (§ 165 Abs. 4
FamFG). Ob der Umgang darauf hin eher zugelassen wird, erscheint fraglich.

67. Eheaufhebung

Wegener

I. Einführung....................................	1
II. Aufhebungsgründe...........................	2
1. Ehemündigkeit gem. §§ 1314 Abs. 1,	
1303 BGB.................................	3
2. Geschäftsunfähigkeit gem.	
§§ 1314 Abs. 1, 1304 BGB..................	7
3. Bigamische Ehe gem.	
§§ 1314 Abs. 1, 1306 BGB..................	10
4. Verwandtenehe gem. §§ 1314 Abs. 1,	
1307 BGB.................................	14
5. Formfehler gem. §§ 1314 Abs. 1, 1311 BGB...	17
6. Bewusstlosigkeit; vorübergehende Geistesstörung gem. § 1314 Abs. 2 Nr. 1 BGB...........	20
7. Irrtum gem. § 1314 Abs. 2 Nr. 2 BGB........	23
8. Arglistige Täuschung gem.	
§ 1314 Abs. 2 Nr. 3 BGB.....................	25
9. Widerrechtliche Drohung gem.	
§ 1314 Abs. 2 Nr. 4 BGB.....................	30
10. Gemeinsame Willensvorbehalte – Scheinehe gem. § 1314 Abs. 2 Nr. 5 BGB...............	33

III. Rechtsfolgen der Aufhebung....................	37
1. Unterhalt...................................	38
2. Zugewinn- und Versorgungsausgleich........	41
3. Ehewohnung und Haushaltsgegenstände.......	43
4. Verlust des gesetzlichen Erbrechts............	44
IV. Aufhebung einer Lebenspartnerschaft..........	47
V. Aufhebungsverfahren...........................	49
1. Ehesache...................................	49
2. Zuständigkeit...............................	50
3. Antragsberechtigung........................	51
4. Antrag.....................................	53
5. Antragsfrist................................	55
6. Entscheidung...............................	56
7. Kosten.....................................	57
8. Rechtsmittel...............................	59
9. Streitwert..................................	61
10. Gebühren und Vergütung....................	63
a) Gerichtsgebühren.....................	63
b) Rechtsanwaltsvergütung..................	68

I. Einführung

1 Das Verfahren der Eheaufhebung stellt die einzige Möglichkeit dar, auf bestimmte **Mängel oder Fehler bei der Eheschließung** zu reagieren. Als Aufhebungsgründe sind die Nichtbeachtung von Eheverboten, die fehlende Ehefähigkeit, die Mängel der Willenserklärung und Formfehler zu nennen. Diese speziellen Gründe schließen die Anwendung der allgemeinen Bestimmungen über Willensmängel aus. Bis zur rechtskräftigen Aufhebung (s. Rn 56) ist die Ehe voll gültig (Palandt/Brudermüller Einf. v. § 1313 BGB Rn 3). Seit der Reform durch das Eheschließungsrechtsgesetz, welches am 1.7.1998 in Kraft trat, ist die Unterscheidung zwischen fehlerhafter und nichtiger Ehe aufgehoben worden. In allen Fällen kann daher die fehlerhafte Ehe nur noch für die Zukunft aufgehoben werden. Zunächst ist demnach in allen Fällen eine Ehe entstanden. Die einzige seltene Ausnahme stellt der Fall der sogenannten Nichtehe dar. Zur Klärung solcher Fragen kommt das Feststellungsverfahren nach § 121 Nr. 3 FamFG in Betracht (s. → *Feststellung des Bestehens oder Nichtbestehens einer Ehe* Rn 8).

II. Aufhebungsgründe

2 Ebenso wie die Scheidung stellt die Aufhebung der Ehe die Ausübung eines Gestaltungsrechts dar und kann gem. § 1313 S. 1 BGB nur durch richterliche Entscheidung erfolgen. Gem. § 1313 S. 3 BGB sind die Aufhebungsgründe in § 1314 BGB abschließend aufgeführt.

1. Ehemündigkeit gem. §§ 1314 Abs. 1, 1303 BGB

3 Grundsätzlich ist die Eheschließung unter **Minderjährigen** verboten (s. → *Ehefähigkeit* Rn 2 ff). In § 1303 Abs. 2 BGB ist eine Ausnahme für den Fall vorgesehen, dass ein Ehegatte minderjährig ist, das 16. Lebensjahr aber vollendet hat. Widerspricht der gesetzliche Vertreter nicht, entscheidet das Familiengericht unter Berücksichtigung des **Kindeswohls**. Die Befreiung wird nur konkret für die Eingehung mit einem bestimmten Partner erteilt.

4 Widerspricht der gesetzliche Vertreter, darf gem. § 1303 Abs. 3 BGB die Befreiung nur erteilt werden, wenn keine triftigen Gründe durch den gesetzlichen Vertreter vorgebracht werden. Ob es sich um triftige Gründe handelt, entscheidet das Familiengericht. Ein triftiger Grund kann darin gesehen werden, dass die charakterliche Reife für eine Ehe fehlt oder dass die Ehe voraussichtlich scheitern wird, weil der Partner

straffällig geworden ist, wobei es auf die jeweilige Vorstrafe im Einzelfall ankommt (OLG Hamm 28.12.2009 – 6 WF 439/09, FamRZ 2010, 1801).

Antragsberechtigt ist jeder Ehegatte und die Verwaltungsbehörde, § 1316 Abs. 1 Nr. 1 BGB. Ein Minder- **5** jähriger kann den Antrag nur selbst stellen und bedarf hierzu nicht der Zustimmung seines gesetzlichen Vertreters, § 1316 Abs. 2 S. 2 BGB.

Nach § 1315 Abs. 1 S. 1 Nr. 1 BGB scheidet eine Aufhebung aus, wenn das Familiengericht noch während **6** der Minderjährigkeit die Eheschließung **genehmigt** oder wenn der inzwischen volljährig gewordene Partner die Eheschließung **bestätigt**. Die Bestätigung ist eine Rechtshandlung und setzt die Willensbildung voraus, die Ehe fortsetzen zu wollen. Die Voraussetzungen zur Abgabe einer wirksamen Willenserklärung, wie beispielsweise das Vorliegen der Geschäftsfähigkeit, müssen gegeben sein.

2. Geschäftsunfähigkeit gem. §§ 1314 Abs. 1, 1304 BGB

§ 1304 BGB gilt nur für Geschäftsunfähige. Wer geschäftsunfähig ist, kann nicht heiraten. Für **beschränkt** **7** **Geschäftsfähige** gilt § 1303 BGB. Wer also das 16. Lebensjahr noch nicht vollendet hat, kann ebenso wenig heiraten. Im Übrigen bestimmt sich die Frage der Geschäftsfähigkeit nach § 104 BGB. Im Rahmen der entwickelten Rechtsprechung zur partiellen Geschäftsfähigkeit ist es auch denkbar, dass ein Betroffener partiell geschäftsfähig zur Eingehung einer Ehe ist, wenn die Willensbildung in diesem Lebensbereich unbeeinflusst von Krankheit erfolgen kann (BVerfG 18.12.2002 – 1 BvL 14/02, NJW 2003, 1382). Insoweit kann man durchaus von **Ehegeschäftsfähigkeit** sprechen (BayObLG 14.11.2002 – 1Z BR 118/02, FamRZ 2003, 373). Voraussetzung ist die Einsichtsfähigkeit in die Bedeutung der Ehe und die Freiheit des Willensentschlusses trotz der vorliegenden Geistesstörung (Brandenburgisches OLG 7.7.2010 – 13 UF 55/09, FamRZ 2011, 216). War die Störung der Geistestätigkeit nur vorübergehend, könnte ein Aufhebungsgrund nach § 1314 Abs. 2 Nr. 1 BGB vorliegen.

Antragsberechtigt ist jeder Ehegatte und die Verwaltungsbehörde, § 1316 Abs. 1 Nr. 1 BGB. Ein Minder- **8** jähriger kann den Antrag nur selbst stellen und bedarf hierzu nicht der Zustimmung seines gesetzlichen Vertreters, § 1316 Abs. 2 S. 2 BGB.

Nach Wegfall der Geschäftsunfähigkeit kann der Ehegatte die **Fortsetzung der Ehe** bestätigen, wodurch **9** der Aufhebungsgrund gem. § 1315 Abs. 1 S. 1 Nr. 2 BGB entfällt. Die Bestätigung eines Geschäftsunfähigen ist unwirksam, § 1315 Abs. 1 S. 2 BGB. Ein Minderjähriger kann nicht ohne Zustimmung des gesetzlichen Vertreters bestätigen, die Bestätigung kann aber gegebenenfalls durch das Familiengericht ersetzt werden, wenn die Zustimmung ohne triftige Gründe verweigert wird, § 1315 Abs. 1 S. 3 BGB. Eine solche Fallkonstellation wäre denkbar, wenn der Minderjährige nach der Eheschließung das 16. Lebensjahr vollendet hat.

3. Bigamische Ehe gem. §§ 1314 Abs. 1, 1306 BGB

Jede bigamische Ehe fällt unter ein unheilbares **Eheverbot** nach § 1306 BGB (s. → *Doppelehe* Rn 2 ff). Es **10** handelt sich um ein zweiseitiges Verbot. Es kommt nur auf die **objektive** Situation an, nicht auf die Kenntnis der Beteiligten. Es gilt auch für denjenigen, der nicht verheiratet ist, selbst wenn die ausländische Rechtsordnung des anderen verheirateten Partners die **Doppelehe** zulässt (OLG Zweibrücken 21.11.2003 – 2 UF 51/03, FamRZ 2004, 950).

Entscheidend ist, ob die Erstehe zum Zeitpunkt der Eheschließung bestand. Ein Verstoß gegen § 1306 BGB **11** liegt mithin auch dann vor, wenn die frühere Ehe aufgehoben wird oder eine geschiedene oder aufgehobene frühere Ehe durch ein **Wiedereinsetzungsverfahren** wieder entsteht (Palandt/Brudermüller § 1306 BGB Rn 3).

Antragsberechtigt ist jeder Ehegatte und die Verwaltungsbehörde sowie der andere Ehegatte der Erstehe, **12** § 1316 Abs. 1 Nr. 1 BGB. Ein Minderjähriger kann den Antrag nur selbst stellen und bedarf hierzu nicht der Zustimmung seines gesetzlichen Vertreters, § 1316 Abs. 2 S. 2 BGB.

13 § 1315 Abs. 2 Nr. 1 BGB sieht eine **Ausnahme** nur dann vor, wenn lediglich die Rechtskraft einer Entscheidung über die Aufhebung der früheren Ehe nach Schließung der neuen Ehe eintritt, die Entscheidung selbst aber zu diesem Zeitpunkt schon verkündet war.

4. Verwandtenehe gem. §§ 1314 Abs. 1, 1307 BGB

14 Jede **inzestuöse Ehe** zwischen Verwandten gerader Linie oder vollbürtigen oder halbbürtigen Geschwistern verstößt gegen ein unheilbares **Eheverbot.** Es kommt im Rahmen des § 1307 BGB auf die **Blutsverwandtschaft** und die **rechtliche Verwandtschaft** an (NK-BGB/Kleist § 1307 BGB Rn 2–3) (s. → *Ehehindernisse und Eheverbote* Rn 6). Deshalb bleibt das Eheverbot bestehen, wenn die rechtliche Verwandtschaft durch Adoption erloschen ist, § 1307 S. 2 BGB. Das Eheverbot gilt auch bei nur rechtlicher Verwandtschaft, wenn beispielsweise die Tochter nach § 1592 Nr. 1, Nr. 2 BGB als Kind des Ehemannes oder des Partners der Mutter gilt. Die rechtliche Verwandtschaft nach § 1592 Nr. 1, Nr. 2 BGB ist der Blutsverwandtschaft gleichgestellt. Wer danach als Vater des Kindes gilt, darf dieses nicht heiraten, selbst wenn eine biologische Verwandtschaft ausgeschlossen ist. Umgekehrt gilt das Gleiche hinsichtlich derjenigen, die gem. § 1591 BGB als Mutter gilt. Ebenso wenig dürfen rechtlich verwandte Geschwister heiraten, auch wenn sie blutsmäßig nicht verwandt sind.

15 Antragsberechtigt ist jeder Ehegatte und die Verwaltungsbehörde, § 1316 Abs. 1 Nr. 1 BGB. Ein Minderjähriger kann den Antrag nur selbst stellen und bedarf hierzu nicht der Zustimmung seines gesetzlichen Vertreters, § 1316 Abs. 2 S. 2 BGB.

16 Nach § 1308 BGB sind Ausnahmen im Rahmen der Annahme als Kind möglich. Ehen zwischen Personen, die durch die **Adoption** in gerader Linie verwandt sind, sind verboten, es sei denn, das Annahmeverhältnis ist aufgehoben (s. → *Ehehindernisse und Eheverbote* Rn 9 ff). Adoptionsgeschwister können gem. § 1308 Abs. 2 BGB die Befreiung durch das Familiengericht beantragen. Bei der Volljährigenadoption bezieht sich das Eheverbot nur auf die Abkömmlinge des **Angenommenen**, nicht aber auf die Verwandten des **Annehmenden.** Denn zu diesen wird gem. § 1770 Abs. 1 BGB kein Verwandtschaftsverhältnis begründet. Die als Volljährige Angenommene kann daher ohne familiengerichtliche Befreiung den leiblichen Sohn des Adoptivvaters heiraten (AG Bad Hersfeld 3.11.2006 – 60 F 778/06, StAZ 2007, 275).

5. Formfehler gem. §§ 1314 Abs. 1, 1311 BGB

17 Die gleichzeitige persönliche Anwesenheit sowie die Bedingungsfeindlichkeit der Erklärung gehört zu den zwingenden Voraussetzungen für eine wirksame Eheschließung (s. → *Eheschließung im Inland* Rn 2). Eine Stellvertretung ist nicht zulässig.

18 Antragsberechtigt ist jeder Ehegatte und die Verwaltungsbehörde, § 1316 Abs. 1 Nr. 1 BGB. Ein Minderjähriger kann den Antrag nur selbst stellen und bedarf hierzu nicht der Zustimmung seines gesetzlichen Vertreters, § 1316 Abs. 2 S. 2 BGB.

19 Liegen die Voraussetzungen des § 1310 BGB nicht vor, kommt eine Ehe nicht zustande. Deshalb ist die Vorschrift in § 1314 BGB nicht aufgeführt. Allerdings können **Formmängel** nach § 1310 Abs. 3 BGB **geheilt** werden. Haben die Eheleute im Falle eines Verstoßes gegen § 1311 BGB fünf Jahre nach der Eheschließung miteinander gelebt, ohne dass es zu einem Aufhebungsantrag gekommen ist, ist die Aufhebung gem. § 1315 Abs. 2 Nr. 2 BGB ausgeschlossen. Ist ein Ehegatte zuvor verstorben, tritt die gleiche Wirkung ein, wenn die Ehegatten drei Jahre miteinander gelebt haben.

6. Bewusstlosigkeit; vorübergehende Geistesstörung gem. § 1314 Abs. 2 Nr. 1 BGB

20 Es liegt ein Aufhebungsgrund vor, wenn bei der Eheschließung einer oder beide Ehegatten in einem Zustand waren, der die freie **Willensbildung** ausgeschlossen hat. Der Tatbestand ist inhaltsgleich mit demjenigen, der zur Nichtigkeit der Willenserklärung in § 105 Abs. 2 BGB führt.

21 Antragsberechtigt ist jeder Ehegatte und die Verwaltungsbehörde, § 1316 Abs. 1 Nr. 1 BGB. Solange der Betroffene noch geschäftsunfähig ist, kann der Antrag nur durch den gesetzlichen Vertreter gestellt werden,

§ 1316 Abs. 2 S. 1 BGB. Ein Minderjähriger kann den Antrag nur selbst stellen und bedarf hierzu nicht der Zustimmung seines gesetzlichen Vertreters, § 1316 Abs. 2 S. 2 BGB.

Ist die freie Willensbildung wieder möglich, kann der Betroffene die Fortsetzung der Ehe **bestätigen** und   22
den Mangel dadurch **heilen**, § 1315 Abs. 1 S. 1 Nr. 3 BGB. Die Bestätigung eines Geschäftsunfähigen ist
unwirksam, § 1315 Abs. 1 S. 2 BGB. Ein **Minderjähriger** kann nicht ohne Zustimmung des gesetzlichen
Vertreters bestätigen, die Bestätigung kann aber gegebenenfalls durch das Familiengericht ersetzt werden,
wenn die Zustimmung ohne triftige Gründe verweigert wird, § 1315 Abs. 1 S. 3 BGB.

7. Irrtum gem. § 1314 Abs. 2 Nr. 2 BGB

Der Irrtum über die Eheschließung kann ein **tatsächlicher** oder ein **rechtlicher** sein. Es kommt auch ein   23
Irrtum darüber in Betracht, dass eine im Ausland geschlossene Ehe in Deutschland wirksam ist. Auch sind
Irrtümer aufgrund fehlender **Sprachkenntnisse** denkbar. Bloße Zweifel genügen aber nicht, wenn der Wille zur Eheschließung grundsätzlich vorhanden ist (Palandt/Brudermüller § 1314 BGB Rn 8). Nach Entdeckung des Irrtums kann der betreffende Ehegatte die Fortsetzung der Ehe bestätigen und den Mangel dadurch heilen, § 1315 Abs. 1 S. 1 Nr. 4 BGB.

Antragsberechtigt ist nur der irrende Ehegatte gem. § 1316 Abs. 1 Nr. 2 BGB, auch wenn er noch minder-   24
jährig ist, § 1316 Abs. 2 S. 2 BGB. Der Antrag eines Minderjährigen bedarf nicht der Zustimmung seines
gesetzlichen Vertreters.

8. Arglistige Täuschung gem. § 1314 Abs. 2 Nr. 3 BGB

Ist ein Ehegatte zur Eingehung der Ehe arglistig getäuscht worden, kann eine Aufhebung erfolgen. Der   25
Täuschungsbegriff ist identisch mit demjenigen in § 123 BGB. Von vornherein ausgenommen ist die
Täuschung über **Vermögensverhältnisse**. Solche Täuschungen rechtfertigen keine Eheaufhebung. Ansonsten kann jeder denkbare Umstand grundsätzlich Gegenstand einer Täuschungshandlung sein, der den Getäuschten bei Kenntnis und richtiger Würdigung des Wesens der Ehe von der Eingehung der Ehe abgehalten hätte.

Die **Täuschungshandlung** kann in einem aktiven Handeln oder in einem passiven Unterlassen bestehen.   26
Allerdings bedarf es beim Unterlassen einer **Offenbarungspflicht**. Bloßes Verschweigen genügt nicht. In
der Regel führt konkretes Nachfragen zur Pflicht des Offenbarens (Palandt/Brudermüller § 1314 BGB
Rn 11). So kann beispielsweise das Verschweigen einer Erbkrankheit in der Familie eine arglistige Täuschung darstellen (OLG München 1.4.2008 – 4 UF 374/07, FamRZ 2008, 1536), ebenso das Täuschen
nach konkreter Nachfrage des anderen Eheschließenden über das Bestehen eines ehewidrigen Verhältnisses
zum Zeitpunkt der Eheschließung. Eine Pflicht zum ungefragten Offenbaren wird dann angenommen,
wenn der Betroffene zB wegen einer Sterilisation zeugungsunfähig ist und ein Kinderwunsch zumindest
naheliegend ist (OLG Stuttgart 2.6.2004 – 16 WF 110/04, NJW 2004, 2247).

Die Täuschung muss **kausal** geworden sein. Es muss sich feststellen lassen, dass der Getäuschte die Ehe   27
ohne die Täuschungshandlung nicht geschlossen hätte.

Auf der subjektiven Tatbestandsseite muss beim Täuschenden **Arglist** vorliegen. Dies bedeutet vorsätzli-   28
ches Handeln oder Unterlassen gerade in dem Bewusstsein, den Getäuschten dadurch zur Eingehung der
Ehe zu veranlassen oder ihn daran zu hindern, davon Abstand zu nehmen (Palandt/Brudermüller § 1314
BGB Rn 9).

Antragsberechtigt ist nur der getäuschte Ehegatte gem. § 1316 Abs. 1 Nr. 2 BGB. Ein Minderjähriger kann   29
den Antrag nur selbst stellen und bedarf hierzu nicht der Zustimmung seines gesetzlichen Vertreters,
§ 1316 Abs. 2 S. 2 BGB. Nach Entdeckung der Täuschung kann der betreffende Ehegatte die Fortsetzung
der Ehe bestätigen und den Mangel dadurch heilen, § 1315 Abs. 1 S. 1 Nr. 4 BGB.

9. Widerrechtliche Drohung gem. § 1314 Abs. 2 Nr. 4 BGB

30 Wird ein Ehegatte durch Drohung zur Eingehung der Ehe bewogen, kann diese aufgehoben werden. Der Begriff der Drohung deckt sich mit demjenigen in § 123 BGB. Mit jeder Art von Übel kann gedroht worden sein, zB Gewalt, Strafanzeige, Suizid. Die Drohung muss **für die Eingehung der Ehe kausal** geworden sein.

31 Antragsberechtigt ist nur der durch Drohung beeinflusste Ehegatte gem. § 1316 Abs. 1 Nr. 2 BGB. Ein Minderjähriger kann den Antrag nur selbst stellen und bedarf hierzu nicht der Zustimmung seines gesetzlichen Vertreters, § 1316 Abs. 2 S. 2 BGB.

32 Nach dem Wegfall der Zwangslage kann der betreffende Ehegatte die Fortsetzung der Ehe bestätigen und den Mangel dadurch heilen, § 1315 Abs. 1 S. 1 Nr. 4 BGB.

10. Gemeinsame Willensvorbehalte – Scheinehe gem. § 1314 Abs. 2 Nr. 5 BGB

33 Eine Scheinehe liegt dann vor, wenn beide Ehegatten bei der Erklärung nach § 1310 Abs. 1 S. 1 BGB, die Ehe eingehen zu wollen, sich insgeheim vorbehielten, eine Lebensgemeinschaft mit entsprechenden Pflichten nicht begründen zu wollen (s. → *Scheinehe* Rn 5). Die Ehe ist im Grunde zu einem anderen Zweck, zur Erlangung eines anderen Zieles, geschlossen worden. Hierunter fallen auch die Fälle, in denen die Eheschließung nur dazu diente, einem ausländischen Partner eine unbefristete **Aufenthaltserlaubnis** zu beschaffen (AG Pankow-Weißensee 13.1.2009 – 12 F 5111/07, FamRZ 2009, 1325).

34 Die Eheschließung kann auch rechtsmissbräuchlich sein, wenn sie nur aus steuerlichen Gründen oder Gründen der Versorgung (Erlangung von Renten- oder Pensionsansprüchen) geschlossen wurde (Palandt/ Brudermüller § 1314 BGB Rn 14). Nach Auffassung des Brandenburgischen Oberlandesgerichts (16.10.2007 – 10 UF 141/07, FamRZ 2008, 1534) ist die eheliche Lebensgestaltung ohne den Willen, eine häusliche Lebensgemeinschaft begründen zu wollen, kein ausreichender Hinweis auf eine rechtsmissbräuchliche Ehe.

35 Antragsberechtigt ist jeder Ehegatte und die Verwaltungsbehörde, § 1316 Abs. 1 Nr. 1 BGB. Ein Minderjähriger kann den Antrag nur selbst stellen und bedarf hierzu nicht der Zustimmung seines gesetzlichen Vertreters, § 1316 Abs. 2 S. 2 BGB.

36 Haben die Ehegatten nach Eingehung der Scheinehe **wie ein Ehepaar zusammengelebt**, ist die Scheinehe nicht mehr aufzuheben, § 1315 Abs. 1 S. 1 Nr. 5 BGB. Dieses Zusammenleben ist objektiv zu beurteilen. Auf die subjektive Seite wird im Gegensatz zur Heilung durch Bestätigung nicht abgestellt. Auf die tatsächliche Dauer dieses Zusammenlebens kommt es nicht an. Die Scheinehe wird dadurch zu einer gültigen Ehe, die nur noch durch Scheidung aufgehoben werden kann.

III. Rechtsfolgen der Aufhebung

37 Mit Rechtskraft der Entscheidung über die Aufhebung der Ehe ist diese **aufgelöst**, § 1313 S. 2 BGB. Welche Rechtsfolgen ein erfolgreiches Aufhebungsverfahren (s. Rn 49 ff) für die Eheleute hat, ergibt sich abschließend aus § 1318 BGB. Nach dem Wortlaut des § 1318 Abs. 1 BGB („nur") sind andere Vorschriften für die Scheidung, die in den nachfolgenden Ansätzen nicht genannt werden, nicht (analog) anwendbar. Dies gilt beispielsweise für das Recht des Ehenamens gem. § 1355 BGB. Aus § 1355 Abs. 5 S. 1 BGB lässt sich im Zusammenhang mit § 1318 Abs. 1 BGB daher schließen, dass bei Eheaufhebung der Ehegatte, der den Ehenamen des anderen angenommen hatte, wieder den Namen führen muss, den er vor der Eheschließung geführt hatte (so OLG Celle 6.2.2013 – 17 W 13/12, FamRZ 2013, 955). Nach anderer Auffassung soll entgegen des Wortlauts § 1355 Abs. 5 S. 1 BGB analog anwendbar sein (Palandt/Brudermüller § 1318 BGB Rn 16).

Nur in den folgenden Fällen beurteilen sich die Folgen der Eheaufhebung nach den Vorschriften über die Scheidung:

1. Unterhalt

Der in § 1318 Abs. 2 BGB aufgestellte Grundsatz lautet, dass nur der **gutgläubige** Ehegatte einen Unter- **38** haltanspruch hat. Auch ist unabhängig vom Grund der Eheaufhebung gem. § 1318 Abs. 1 S. 2 BGB der Unterhalt nach § 1570 BGB wegen Betreuung eines **gemeinschaftlichen Kindes** anwendbar, wenn dies ansonsten aus Gründen des Kindeswohls unbillig wäre. Das Interesse des Kindes an einer optimalen Betreuung wiegt stärker als das Bedürfnis einer Sanktion wegen des unwerten Verhaltens bei der Schließung der aufhebbaren Ehe durch den betreuenden Elternteil.

Die weiteren Vorschriften über den nachehelichen Unterhalt finden nur zugunsten desjenigen Ehegatten **39** Anwendung, der bei der Eheschließung die Aufhebbarkeit der Ehe nicht gekannt hat.

In den Fällen der bigamischen Ehe, der Verwandtenehe und beim Vorliegen von Formfehlern besteht dage- **40** gen auch ein **Unterhaltsanspruch**, wenn beide Ehegatten bei der Eheschließung die Kenntnis hatten, § 1318 Abs. 2 S. 1 Nr. 2 BGB. Bei der bigamischen Ehe allerdings mit der Einschränkung, dass der Unterhalt des Ehegatten der ersten Ehe dadurch nicht beeinträchtigt werden darf. § 1314 Abs. 2 Nr. 5 BGB wird in § 1318 Abs. 2 BGB nicht genannt. Daraus folgt, dass im Falle der **Scheinehe** keiner der Eheleute einen nachehelichen Unterhalt beanspruchen kann, es sei denn, wegen Betreuung eines gemeinschaftlichen Kindes, § 1318 Abs. 2 S. 2 BGB iVm § 1570 BGB.

2. Zugewinn- und Versorgungsausgleich

Die Vorschriften über den Zugewinn- und Versorgungsausgleich finden gem. § 1318 Abs. 3 BGB grund- **41** sätzlich Anwendung. Ausgenommen hiervon sind die Fälle, in denen es im Hinblick auf die Umstände bei der Eheschließung oder im Hinblick auf die Belange des ersten Ehegatten bei einer bigamischen Ehe **grob unbillig** wäre. Bei Aufhebung einer bigamischen Ehe muss daher der zweite Ehegatte hinter den ersten Ehegatten zurücktreten (Palandt/Brudermüller § 1318 BGB Rn 12).

Das OLG Karlsruhe hat den **Versorgungsausgleich** zugunsten des Ehegatten wegen grober Unbilligkeit **42** versagt, der vorsätzlich eine **bigamische Ehe** eingegangen war, ohne Kenntnis des anderen Ehegatten von der bestehenden Ehe. Dem getäuschten Ehegatten sei es nicht zuzumuten, dass zu seinen Lasten der Versorgungsausgleich durchgeführt werde (OLG Karlsruhe 28.4.2004 – 16 UF 213/03, NJW-RR 2004, 1514). Zum gleichen Ergebnis kommt man heute über § 27 VersAusglG.

3. Ehewohnung und Haushaltsgegenstände

Die Vorschriften zur Ehewohnung (§ 1568 a BGB) und zu den Haushaltsgegenständen (§ 1568 b BGB) **43** sind gem. § 1318 Abs. 4 BGB grundsätzlich anwendbar. Im Rahmen einer Ermessensentscheidung sind die Umstände bei der Eheschließung zu berücksichtigen. Eine grobe Unbilligkeit muss dabei nicht festgestellt werden. Die Belange des ersten Ehegatten sollen im Falle einer bigamischen Ehe berücksichtigt werden.

4. Verlust des gesetzlichen Erbrechts

Das gesetzliche Erbrecht des überlebenden Ehegatten gem. § 1931 BGB hat zur Voraussetzung, dass die **44** Ehe zum Zeitpunkt des Erbfalles bestand. Hat der Erblasser berechtigterweise die Aufhebung beantragt, so entfällt bereits zu diesem Zeitpunkt gem. § 1933 S. 2 BGB das gesetzliche Erbrecht, wenn es vor der Rechtskraft der gerichtlichen Entscheidung (§ 1313 S. 2 BGB) zum Versterben des Antragstellers kommt (s. → *Ehegattenerbrecht* Rn 10). Nach § 1933 S. 3 BGB entstehen dann gegebenenfalls Unterhaltsansprüche gegen den oder die Erben, mit der Begrenzung der Höhe nach auf den Pflichtteil, § 1586 b BGB, soweit diese nicht nach § 1318 Abs. 2 BGB entfallen (Rn 38 ff).

45   Nach § 1318 Abs. 5 BGB entfällt darüber hinaus auch das gesetzliche Erbrecht des bösgläubigen Ehegatten, der die Aufhebbarkeit wegen Geschäftsunfähigkeit, Bigamie, Verwandtschaft, Formverstoßes oder Geistesstörung bei der Eheschließung kannte.

46   Den Anspruch auf den tatsächlichen **Zugewinnausgleich** nach § 1318 Abs. 3 BGB iVm § 1371 Abs. 2 BGB steht dem Ehegatten dennoch zu. Dieser Anspruch ist gerade nicht an das gesetzliche Erbrecht gekoppelt, sondern stellt die güterrechtliche Lösung dar, wenn der Ehegatte weder Erbe noch Vermächtnisnehmer wird.

IV. Aufhebung einer Lebenspartnerschaft

47   In § 15 Abs. 2 S. 2 LPartG sind die Fälle der **Willensmängel** bei der Begründung der Lebenspartnerschaft durch Verweisung auf § 1314 Abs. 2 Nr. 1–4 BGB ausdrücklich als Aufhebungsgrund normiert (s. → *Eingetragene Lebenspartnerschaft* Rn 45). Weitere Verweisungen auf die Aufhebungsgründe einer Ehe sieht das Gesetz nicht vor.

48   Der jeweils betroffene Lebenspartner ist nach § 15 Abs. 2 S. 2 LPartG antragsberechtigt durch Verweisung auf § 1316 Abs. 1 Nr. 2 BGB. Die Antragsfrist des § 1317 BGB und die Möglichkeit der Bestätigung der Lebenspartnerschaft durch den Betroffenen gelten entsprechend, § 15 Abs. 4 LPartG. Das Aufhebungsverfahren einer Lebenspartnerschaft ist gem. §§ 269, 270 FamFG dem Scheidungsverfahren nachgebildet (s. → *Eingetragene Lebenspartnerschaft* Rn 47).

V. Aufhebungsverfahren

1. Ehesache

49   Das Aufhebungsverfahren ist nach § 121 Nr. 2 FamFG eine Ehesache. Es gelten deshalb die Verfahrensvorschriften des Scheidungsverfahrens entsprechend. Allerdings findet ein Verbund nicht statt (s. → *Scheidungsverbund* Rn 3). § 137 FamFG beschränkt das Verbundverfahren auf die Scheidung. Die Folgen der Aufhebung nach § 1318 BGB sind selbstständige Verfahren (BGH 31.3.1982 – IVb ZB 743/81, NJW 1982, 2386).

2. Zuständigkeit

50   Sachlich zuständig sind die **Amtsgerichte**, § 23 a Abs. 1 Nr. 1 GVG, mit der Abteilung Familiensache, § 23 b Abs. 1 GVG. Die örtliche Zuständigkeit ergibt sich aus § 122 FamFG und ist daher identisch wie beim Scheidungsverfahren. Die Zuständigkeit ist eine ausschließliche und gilt auch dann, wenn der Antrag durch eine Verwaltungsbehörde oder den ersten Ehegatten bei einer bigamischen Ehe gestellt wird.

3. Antragsberechtigung

51   Grundsätzlich sind gem. § 1316 Abs. 1 Nr. 1 BGB die **Ehegatten** antragsberechtigt. Daneben kann auch die zuständige Verwaltungsbehörde Anträge stellen. Werden mehrere Anträge gestellt, sind diese nach § 126 FamFG zu verbinden. Wird der Antrag nicht durch die Verwaltungsbehörde gestellt, ist sie gem. § 129 Abs. 2 FamFG zu unterrichten. Ausgenommen hiervon sind die Fälle des Irrtums, der arglistigen Täuschung und der widerrechtlichen Drohung. In diesen Fällen kann nur der jeweils betroffene Ehegatte den Antrag stellen, nicht aber der andere Ehegatte oder die Verwaltungsbehörde, § 1316 Abs. 1 Nr. 2 BGB.

52   Ist ein Ehegatte geschäftsunfähig, ist der gesetzliche Vertreter antragsbefugt. Er bedarf gem. § 125 Abs. 2 FamFG der Genehmigung des Familiengerichts, um den Antrag zu stellen. Der beschränkt geschäftsfähige Ehegatte ist uneingeschränkt verfahrensfähig, § 125 Abs. 1 FamFG. Ein Minderjähriger kann den Antrag nur selbst stellen und bedarf hierzu nicht der Zustimmung seines gesetzlichen Vertreters, § 1316 Abs. 2 S. 2 BGB.

4. Antrag

Das Verfahren wird gem. § 124 FamFG durch den Antrag eingeleitet. Es besteht gem. § 114 Abs. 1 FamFG 53
Anwaltszwang, da es sich beim Aufhebungsverfahren um eine Ehesache handelt. Leitet die Verwaltungsbehörde ein Verfahren ein, kann sie dies ohne anwaltliche Beteiligung, § 114 Abs. 3 FamFG. Kein Anwaltszwang besteht in den isoliert geltend zu machenden Verfahren über Ehewohnung, Haushaltssachen
und Versorgungsausgleich (s. Rn 49). Es handelt sich um selbstständige Familiensachen, die keine Familienstreitsachen sind, § 112 FamFG.

Nach § 126 Abs. 3 FamFG kann ausdrücklich ein Antrag auf Aufhebung mit einem Scheidungsantrag **ver-** 54
bunden werden. Die Anträge können auch als **Haupt- und Hilfsanträge** gestellt werden. Getrennte Anträge sind in einem Verfahren zu verbinden. Ist sowohl der Antrag auf Aufhebung als auch auf Scheidung der
Ehe begründet, wird nicht die Scheidung, sondern nur die Aufhebung durch Beschluss ausgesprochen. Ist
eine Scheidung bereits rechtskräftig, ist ein Eheaufhebungsantrag gem. § 1317 Abs. 3 BGB unzulässig.

5. Antragsfrist

Grundsätzlich sind Anträge auf Aufhebung der Ehe nicht fristgebunden. Bei Aufhebungsanträgen wegen 55
Irrtums und arglistiger Täuschung ist der Antrag aber innerhalb einer Frist von einem Jahr, im Falle der
Drohung innerhalb von drei Jahren, gem. § 1317 Abs. 1 BGB zu stellen. Ansonsten ist er unzulässig. Die
Frist beginnt mit der Entdeckung des Irrtums oder der Täuschung bzw dem Ende der Zwangslage. Bei einem geschäftsunfähigen Ehegatten kommt es auf die Kenntnis des gesetzlichen Vertreters an. Ist der Antrag versäumt worden, kann er innerhalb von sechs Monaten nach Wegfall der Geschäftsunfähigkeit nachgeholt werden, § 1317 Abs. 2 BGB. Für den minderjährigen Ehegatten beginnt die Frist mit seiner Kenntnis, nicht jedoch vor Eintritt der Volljährigkeit.

6. Entscheidung

Das Familiengericht entscheidet durch **Beschluss** gem. § 1313 S. 1 BGB iVm § 38 Abs. 1 FamFG. Erst mit 56
Rechtskraft des Beschlusses ist die Ehe aufgelöst, § 1313 S. 2 BGB. Niemand kann sich bis zur rechtskräf-
tigen Aufhebung der Ehe auf deren Aufhebbarkeit berufen (Palandt/Brudermüller Einf. v. § 1313 BGB
Rn 3).

7. Kosten

Die Kosten werden grundsätzlich **gegeneinander aufgehoben**, § 132 Abs. 1 S. 1 FamFG, wenn das Ver- 57
fahren durch einen oder beide Ehegatten betrieben wird (§ 132 Abs. 2 FamFG). Nach § 132 Abs. 1 S. 2
FamFG kann das Gericht aus Gründen der Billigkeit dem bei der Eheschließung alleine bösgläubigen Ehegatten die Kosten ganz oder überwiegend auferlegen.

Für den Fall der Zurückweisung des Antrags sieht § 132 FamFG keine besondere Regelung vor. Deshalb ist 58
in diesem Fall § 113 Abs. 1 S. 2 FamFG anwendbar. Die Kostenfolge ergibt sich aus § 91 Abs. 1 S. 1 ZPO.
Wird der Antrag nicht von einem der beiden Ehegatten, sondern im Falle der bigamischen Ehe von der dritten Person oder der Verwaltungsbehörde gestellt, ist die Kostenentscheidung stets nach §§ 132 Abs. 2, 113
Abs. 1 S. 2 FamFG iVm §§ 91 ff ZPO nach dem Maß des Obsiegens und Unterliegens zu treffen.

8. Rechtsmittel

Der Beschluss unterliegt der **befristeten Beschwerde** nach §§ 58 ff FamFG. Da es sich nicht um vermö- 59
gensrechtliche Angelegenheiten handelt, ist gem. § 61 Abs. 1 FamFG jede Entscheidung beschwerdefähig
(s. → *Beschwerdeverfahren* Rn 31). Eine Rechtsbeschwerde gegen die Entscheidung des Oberlandesgerichts als Beschwerdegericht kommt gegebenenfalls gem. §§ 70 ff FamFG in Betracht.

Für die Einlegung einer Beschwerde und die Durchführung des Beschwerdeverfahrens ist die Vertretung 60
durch einen Rechtsanwalt zwingend erforderlich, § 114 Abs. 1 FamFG, es sei denn in den selbstständigen
Verfahren über Ehewohnung, Haushaltssachen und Versorgungsausgleich. Die Rechtsbeschwerde kann nur

durch einen beim Bundesgerichtshof zugelassenen Rechtsanwalt wirksam erhoben werden, § 114 Abs. 2 FamFG (s. → *Beschwerdeverfahren* Rn 109 ff).

9. Streitwert

61 Das Aufhebungsverfahren und das Verfahren über die Folgen der Aufhebung können nicht im Verbund geltend gemacht werden, sondern nur isoliert, § 137 Abs. 1 FamFG. Deshalb ist § 44 FamGKG nicht anwendbar. Der Streitwert bemisst sich für jedes Verfahren gesondert nach der einschlägigen Vorschrift.

62 Für das Aufhebungsverfahren kommt es auf die Einkommens- und Vermögensverhältnisse der Ehegatten gem. § 43 FamFG an. Für die Verfahren über Folgen der Aufhebung gelten die §§ 48, 50, 51, 52 FamGKG (s. → *Scheidungsverbund* Rn 88 ff).

10. Gebühren und Vergütung

63 **a) Gerichtsgebühren.** Ein Kostenvorschuss ist gem. §§ 9 Abs. 1, 14 FamGKG für das Aufhebungsverfahren, für Unterhaltsverfahren und für Güterrechtsverfahren zu erheben, da es sich um eine Ehesache gem. § 121 Nr. 2 FamFG bzw selbstständige Familienstreitsache nach § 112 FamFG handelt. Die Verfahren über Ehewohnung, Haushaltssachen und Versorgungsausgleich sind nicht Kostenvorschusspflichtig.

64 Leitet die Verwaltungsbehörde ein Aufhebungsverfahren ein, ist kein Kostenvorschuss zu erheben, § 15 Nr. 2 iVm § 2 Abs. 1 FamGKG.

65 Für das Verfahren in erster Instanz entsteht nach KV 1110 FamGKG eine 2,0 Verfahrensgebühr für das Aufhebungsverfahren, in der Beschwerdeinstanz erhöht sich die Gebühr auf 3,0 (KV 1120) und in der Rechtsbeschwerdeinstanz auf 4,0 (KV 1130).

66 Für die Familienstreitsachen Unterhalt und Güterrecht entsteht nach KV 1220 FamGKG eine 3,0 Gebühr, in der Beschwerdeinstanz erhöht sich die Gebühr auf 4,0 (KV 1222) und in der Rechtsbeschwerdeinstanz auf 5,0 (KV 1225).

67 Für die Verfahren Ehewohnung, Haushaltssachen und Versorgungsausgleich entsteht gem. KV 1320 FamGKG eine 2,0 Gebühr, in der Beschwerdeinstanz erhöht sich die Gebühr auf 3,0 (KV 1322) und in der Rechtsbeschwerdeinstanz auf 4,0 (KV 1325).

68 **b) Rechtsanwaltsvergütung.** In der ersten Instanz kommen die 1,3 Verfahrensgebühr nach VV 3100 RVG und die 1,2 Terminsgebühr nach VV 3104 RVG in Betracht. Im Falle einer Einigung entsteht die 1,0 Einigungsgebühr nach VV 1000, 1003 RVG.

69 In der Beschwerdeinstanz sind die VV 3200 ff RVG anwendbar, was sich aus Vorbemerkung 3.2.1 Nr. 2 b) RVG ergibt. Es kommen daher die 1,6 Verfahrensgebühr nach VV 3200 RVG und die 1,2 Terminsgebühr nach VV 3202 RVG in Betracht. Im Falle einer Einigung entsteht die 1,3 Einigungsgebühr nach VV 1000, 1004 Abs. 1 RVG.

70 In der Rechtsbeschwerdeinstanz sind die VV 3206 ff RVG anwendbar, was sich aus Vorbemerkung 3.2.2 Nr. 1 b) RVG ergibt. Es kommen daher die 2,3 Verfahrensgebühr nach VV 3208 RVG und die 1,5 Terminsgebühr nach VV 3210 RVG in Betracht. Im Falle einer Einigung entsteht die 1,3 Einigungsgebühr nach VV 1000, 1004 Abs. 1 RVG.

68. Ehefähigkeit

Vlassopoulou

I. Einführung 1
II. Materielles Recht 2
  1. Ehemündigkeit (§ 1303 Abs. 1 BGB) 2
  2. Minderjährige/Befreiung (§ 1303 Abs. 2 BGB) .. 3
  3. Widerspruch des gesetzlichen Vertreters 6
4. Folgen der Befreiung 9
5. Geschäftsfähigkeit 10
6. Rechtsfolgen beim Fehlen der Ehefähigkeit 13
III. Internationales Privatrecht 14

I. Einführung

Ehefähigkeit ist die Fähigkeit, eine Ehe wirksam schließen zu können. Nach deutschem Recht setzt Ehefä- 1
higkeit **Ehemündigkeit** und Geschäftsfähigkeit voraus.

II. Materielles Recht

1. Ehemündigkeit (§ 1303 Abs. 1 BGB)

Ehemündigkeit tritt mit **Volljährigkeit** (§ 2 BGB) ein. Das gilt sowohl für den Mann als auch für die Frau. 2
Die Volljährigkeit muss zum Zeitpunkt der Eheschließung vorliegen. Bei fehlender Volljährigkeit muss der
Standesbeamte die Eheschließung ablehnen (s. → *Eheschließung im Inland* Rn 4 f).

2. Minderjährige/Befreiung (§ 1303 Abs. 2 BGB)

Nach deutschem Recht wird eine Person durch die Eheschließung nicht mündig. Einem Minderjährigen 3
fehlt die Ehefähigkeit. Will ein Minderjähriger gleichwohl heiraten, kann er Befreiung von dem Alterserfordernis beim Familiengericht beantragen, wenn er das **16. Lebensjahr** vollendet hat und sein künftiger
Ehegatte volljährig ist. Durch diese Regelung ist sichergestellt, dass zumindest ein Ehegatte rechtsgeschäftlich handlungsfähig ist und für gemeinsame Kinder ein vertretungsbefugter Elternteil vorhanden ist (NK-
BGB/Kleist § 1303 BGB Rn 3). Folglich sind in Deutschland Eheschließungen unter Minderjährigen – Kinderehen – ausgeschlossen.

Der Minderjährige muss den **Antrag** selbst stellen. Er bedarf hierfür nicht der Zustimmung seines gesetzli- 4
chen Vertreters (§ 1316 Abs. 2 BGB). Die Entscheidung des Gerichts ist keine Ermessensentscheidung.
Das Gericht erteilt die Befreiung nur für die konkret beabsichtigte Eheschließung. Ausschlaggebend für die
Entscheidung des Gerichts ist ausschließlich das Wohl des Minderjährigen.

Die fehlende Einwilligung des gesetzlichen Vertreters ist demzufolge kein Aufhebungsgrund mehr (JH/ 5
Henrich § 1314 BGB Rn 7).

3. Widerspruch des gesetzlichen Vertreters

Der gesetzliche Vertreter des Minderjährigen kann gleichwohl dem Befreiungsantrag widersprechen. Der 6
Widerspruch setzt voraus, dass der gesetzliche Vertreter die Vertretung des Minderjährigen in dessen **persönlichen Angelegenheiten** hat (§ 1629 BGB). Wenn dem gesetzlichen Vertreter die Personensorge für
den Minderjährigen fehlt, ist der Widerspruch unbeachtlich.

Der Widerspruch ist gegenüber dem Familiengericht zu erklären.

Das Gericht kann trotz des Widerspruchs Befreiung von dem Antragserfordernis erteilen, wenn der Wider- 7
spruch nicht auf **triftigen Gründen** beruht. Wie der unbestimmte Rechtsbegriff „triftige Gründe" auszufüllen ist, entscheidet das Gericht ausschließlich nach dem Wohl des Minderjährigen. Kriterien können zB
schlechte finanzielle Verhältnisse, schlechter Ruf des Verlobten, mangelnde Reife des oder der Verlobten
sein. Kein Versagungsgrund ist aber die Tatsache, dass die minderjährige Verlobte ein Kind erwartet (zu
den triftigen Gründen wie auch zu dem Verfahren s. NK-BGB/Kleist § 1303 BGB Rn 10 ff).

8 Hat das Gericht trotz des Widerspruchs des gesetzlichen Vertreters Befreiung von dem Erfordernis der Volljährigkeit erteilt, bedarf der Minderjährige zur Eingehung der Ehe nicht mehr der Einwilligung des gesetzlichen Vertreters oder des sonstigen Inhabers der Personensorge (§ 1303 Abs. 4 BGB).

4. Folgen der Befreiung

9 Wird der Antrag vor der Eheschließung gestellt und erteilt das Gericht die Genehmigung, ist die Ehe wirksam.

Die Befreiung führt nicht zur Volljährigkeit. Die **Personensorge** für den Minderjährigen beschränkt sich aber dann auf die Vertretung in persönlichen Angelegenheiten (§ 1633 BGB; s. → *Personensorge* Rn 20). Durch die Eheschließung erlöschen das Recht der Eltern zur Erziehung, das Aufenthaltsbestimmungsrecht und der Herausgabeanspruch. Auch Maßnahmen nach § 1666 BGB scheiden aus. Der Minderjährige, der verheiratet ist oder war, kann selbstständig einen Wohnsitz begründen oder aufheben (§ 8 Abs. 2 BGB).

5. Geschäftsfähigkeit

10 Wer geschäftsunfähig ist, kann eine Ehe nicht eingehen (§ 1304 BGB). Geschäftsunfähig iSv § 1304 BGB ist nur, wer sich in einem die freie Willensbestimmung ausschließenden Zustand **krankhafter Störung** der Geistestätigkeit befindet, soweit nicht der Zustand seiner Natur nach ein vorübergehender ist (§ 104 Nr. 2 BGB). Eine solche liegt vor, wenn der Handelnde infolge der krankhaften Störung der Geistestätigkeit nicht in der Lage ist, die Bedeutung der von ihm abgegebenen Willenserklärung einzusehen und nach dieser Einsicht zu handeln.

11 Psychisch Kranke oder geistig **Behinderte** können grundsätzlich heiraten, wenn sie sich nicht in einem die freie Willensbestimmung ausschließenden Zustand krankhafter Störung der Geistestätigkeit befinden und in der Lage sind, bezogen auf die Eheschließung ihren Willen frei und unbeeinflusst von der vorliegenden Störung zu bilden. Es reicht dann die partielle (Ehe-)Geschäftsfähigkeit aus (BVerfG 18.12.2002 – 1 BvL 14/02, NJW 2003, 1382). Das gilt auch für Personen, die unter Betreuung stehen. Der Betreute bedarf nicht der Zustimmung des Betreuers. Ein entsprechender Einwilligungsvorbehalt in der Betreuungsbestellung ist unzulässig (§ 1903 Abs. 2 BGB).

12 Ob Geschäftsfähigkeit vorliegt, muss der Standesbeamte eigenverantwortlich prüfen. In Zweifelsfällen kann er eine Entscheidung des Gerichts herbeiführen (§ 49 Abs. 2 PStG).

6. Rechtsfolgen beim Fehlen der Ehefähigkeit

13 Die entgegen §§ 1303, 1304 BGB geschlossene Ehe ist voll **wirksam**, jedoch aufhebbar (§ 1314 Abs. 1 BGB). Die Aufhebung ist unter den Voraussetzungen des § 1315 Abs. 1 Nr. 1, 2 BGB ausgeschlossen, wenn die Eheschließung genehmigt wird oder der minderjährige Ehegatte nach Eintritt der Volljährigkeit die Ehe bestätigt hat (§ 1315 Abs. 1 Hs 1 Nr. 1, 2, Hs 2 BGB; s. → *Eheaufhebung* Rn 6). Die Aufhebung der Ehe kann jeder Ehegatte sowie die zuständige Verwaltungsbehörde beantragen. Bei einem geschäftsunfähigen Ehegatten kann der Antrag nur von seinem gesetzlichen Vertreter gestellt werden (§ 1316 Abs. 1 und 2 BGB; s. → *Eheaufhebung* Rn 52). Beantragt die Verwaltungsbehörde die Aufhebung, ist ein bestehendes öffentliches Interesse gegen gravierende Eheerhaltungsinteressen der Ehegatten abzuwägen (BGH 11.4.2012 – XII ZR 99/10, NJW-RR 2012, 897).

III. Internationales Privatrecht

14 Bei Eheschließungen mit Ausländern oder zwischen Ausländern beurteilt sich die Ehefähigkeit, insbesondere die Ehemündigkeit für jeden Verlobten nach seinem **Heimatrecht** (Art. 13 Abs. 1 EGBGB; s. → *Eheschließung mit Ausländern* Rn 3). Beginnt die Ehemündigkeit nach dem so ermittelten Recht mit 14 Jahren,

kann seine Anwendung bei starkem Inlandsbezug gegen den deutschen ordre public (Art. 6 EGBGB) verstoßen (KG 21.11.2011 – 1 WF 79/11, FamRZ 2012, 1495). Soweit das ermittelte Recht zusätzlich zu der Ehemündigkeit Geschäftsfähigkeit für die Eheschließung verlangt, beurteilt sich diese gem. Art. 7 Abs. 1 EGBGB, grundsätzlich also nach dem Heimatrecht der Person.

69. Ehegattenerbrecht

Schwarz

I. Grundlagen des Ehegattenerbrechts............ 1
II. Besonderheiten beim gesetzlichen Güterstand... 5
   1. Erbrechtliche Lösung........................ 5
   2. Güterrechtliche Lösung...................... 6
III. Scheidungsverfahren und Ehegattenerbrecht... 10
   1. Formelle Voraussetzungen.................. 11
   2. Materiellrechtliche Voraussetzungen........... 14
   3. Rechtsfolgen............................ 16
   4. Letztwillige Verfügung...................... 18
IV. Steuerprivileg des gesetzlichen Güterstandes
   (§ 5 ErbStG)................................ 19

1. § 5 Abs. 1 ErbStG............................ 19
2. § 5 Abs. 2 ErbStG............................ 21
3. Gestaltung durch „Güterstandsschaukel"........ 24
   a) Steuerliche Aspekte der Schaukelmodelle.... 24
   b) Zivilrechtliche Aspekte der Schaukelmodelle 27
     aa) Zugewinngemeinschaft-
       Gütergemeinschaft-
       Zugewinngemeinschaft................ 27
     bb) Zugewinngemeinschaft-Gütertrennung-
       Zugewinngemeinschaft................ 28

I. Grundlagen des Ehegattenerbrechts

1   In der gesetzlichen Erbfolge kommt neben den Verwandten des Erblassers auch dem überlebenden Ehegatten ein Erbrecht zu. Der Ehegatte steht dabei außerhalb des für die Verwandtenerbfolge geltenden Ordnungssystems (s. → *Verwandtenerbrecht*). Bei gleichzeitigem Versterben beerbt keiner der Ehegatten den anderen als gesetzlicher Erbe.

2   Ausgangsnorm für das Ehegattenerbrecht ist § 1931 BGB; eine analoge Anwendung dieser Vorschrift auf **nichteheliche Lebensgemeinschaften** kommt nicht in Betracht. Für die Höhe des gesetzlichen Erbteils des überlebenden Ehegatten ist ausschlaggebend:

– Zu **welcher Ordnung** gehören die erbenden Verwandten: Neben Verwandten erster Ordnung beträgt die Erbquote des überlebenden Ehegatten 1/4, neben Verwandten der zweiten Ordnung und neben Großeltern beträgt die Erbquote 1/2.

   Hinweis: Ist ein Großelternteil vorverstorben und sind Abkömmlinge vorhanden, so schließt der Ehegatte diese Abkömmlinge aus. Er erhält dann mindestens die Hälfte der Erbschaft und für jeden weggefallenen Großelternteil noch ein weiteres Achtel (§ 1931 Abs. 1 S. 2 BGB). Das Gesetz weicht hier von der Grundregel des § 1926 Abs. 3 S. 1 BGB ab. Sind auch die Großeltern verstorben, so erhält der überlebende Ehegatte die ganze Erbschaft (§ 1931 Abs. 2 BGB).

– In **welchem Güterstand** haben die Eheleute im Todeszeitpunkt gelebt: bei fehlender vertraglicher Regelung der Eheleute gilt die Zugewinngemeinschaft (§§ 1363 ff BGB, s. → *Zugewinngemeinschaft*), da für den Güterstand der Gütertrennung (§ 1414 BGB, s. → *Gütertrennung*) oder Gütergemeinschaft (§§ 1415 ff BGB, s. → *Gütergemeinschaft*) eine besondere Vereinbarung erforderlich ist.

   Die gesetzlichen Güterstände in den **alten Bundesländern**:

   1.1.1900–31.3.1953:   Nutzverwaltung des Ehemannes
   1.4.1953–30.6.1958:   nicht kodifizierte Gütertrennung
   seit 1.7.1958:   Zugewinngemeinschaft

   Hinweis: Auch über den 1.7.1958 hinaus war eine Weitergeltung der nicht kodifizierten Gütertrennung bei einseitiger notarieller Erklärung bis zum 30.6.1958 gegenüber dem Amtsgericht, dass die Gütertrennung weiterhin gesetzlicher Güterstand sein soll, möglich. Eheleute, die vor dem 1.7.1958 geheiratet hatten, konnten also durch rechtzeitige Erklärung eines von ihnen die Gütertrennung beibehalten, ohne einen notariellen Ehevertrag schließen zu müssen. Wenn nicht sicher ist, ob einer der Eheleute seinerzeit von der Möglichkeit Gebrauch gemacht hat, durch eine solche einseitige Erklärung gegenüber dem Amtsgericht die Fortgeltung der Gütertrennung zu wählen, so kann beim Amtsgericht des damaligen Wohnsitzes oder beim jeweiligen Geburtsstandesamt (Geburtsregister) angefragt werden, ob dort eine Erklärung vermerkt ist. Liegt der Geburtsort außerhalb Deutschlands, so ist die Anfrage an das Amtsgericht Schöneberg in Berlin – Hauptkartei für Testamente zu richten.

Die gesetzlichen Güterstände in den **neuen Bundesländern:**

1.1.1900–30.9.1949:	Nutzverwaltung des Ehemannes
1.10.1949–31.3.1966:	Gütertrennung (Inkrafttreten des Familiengesetzbuchs der DDR)
1.4.1966–2.10.1990:	Eigentums- und Vermögensgemeinschaft nach FGB-DDR
seit 3.10.1990:	Zugewinngemeinschaft

Bis zum 2.10.1992 konnte jeder Ehegatte in einseitiger notarieller Erklärung gegenüber dem Kreisgericht erklären, dass für die Ehe weiterhin der bisherige gesetzliche Güterstand der Eigentums- und Vermögensgemeinschaft nach FGB-DDR gelten soll (Art. 234 § 4 Abs. 2 EGBGB). Falls unklar ist, ob bis zum 2.10.1992 eine solche Fortgeltung der Eigentums- und Vermögensgemeinschaft gewählt wurde, sollte bei dem für den damaligen Wohnort zuständigen Amtsgericht (früher Kreisgericht) vorsorglich angefragt werden, ob die Abgabe einer entsprechenden Erklärung vermerkt ist.

Besonderheit bei Gütertrennung (§ 1931 Abs. 4 BGB): Wird der Erblasser neben seinem Ehegatten von 3 einem oder zwei Kindern beerbt, so erben der Ehegatte sowie die Kinder des Erblassers zu jeweils gleichen Teilen.

Beispiel: F ist mit M verheiratet. Aus der Ehe gingen die beiden Kinder S 1 und S 2 hervor. Beim Tode 4 des M beträgt die Erbquote der F 1/3. Hätte M nur ein Kind hinterlassen, würde die Erbquote bei 1/2 liegen. Hätte M mehr als zwei Kinder hinterlassen, so wäre F wiederum nur mit 1/4 am Nachlass beteiligt.

II. Besonderheiten beim gesetzlichen Güterstand

1. Erbrechtliche Lösung

Gemäß §§ 1931 Abs. 3, 1371 Abs. 1 BGB erhöht sich beim gesetzlichen Güterstand der **Zugewinngemein-** 5 **schaft** der Ehegattenerbteil um ein weiteres **Viertel.** Dies bedeutet, dass der Ehegatte neben Erben der ersten Ordnung zu einer Quote von 1/2, neben Verwandten der zweiten und dritten Ordnung zu einer Quote von 3/4 als Erbe berufen ist. Bei dieser sog. „erbrechtlichen Lösung" der Beteiligung des Ehegatten am Nachlass des Erblassers ist es unerheblich, ob die Ehegatten während des Bestehens der Ehe einen Zugewinn erzielt hatten oder nicht. Die Erhöhung des gesetzlichen Erbteiles um 1/4 stellt eine pauschale, nicht am tatsächlichen Zugewinn orientierte Abgeltung des Zugewinnausgleichs dar.

Hinweis: Eine Besonderheit im Ehegattenerbrecht gilt – wie oben unter Rn 2 ausgeführt – neben Verwandten der dritten Ordnung. Nach § 1931 Abs. 1 S. 2 BGB verdrängt der überlebende Ehegatte die nach § 1926 Abs. 3 und 4 BGB an die Stelle der vorverstorbenen Großeltern tretenden Abkömmlinge (und zieht deren Anteile zu sich). Wie wird hier bei der Zugewinngemeinschaft der Erbteil des Ehegatten gerechnet? Ist der gesetzliche Erbteil die hälftige Erbquote (§ 1931 Abs. 1 BGB) erhöht um 1/4 (§ 1371 Abs. 1 BGB), so käme man auf 3/4. Anschließend kämen die Anteile der Abkömmlinge, die an sich an die Großeltern fielen, hinzu. Einem noch lebenden Großelternteil verbliebe so seine Erbquote (Soergel/Stein § 1931 BGB Rn 23). Nach aA wird der überlebende Ehegatte durch das Heranziehen der Anteile der Abkömmlinge und die Erhöhung um 1/4 Alleinerbe (Erman/Schlüter § 1931 BGB Rn 25).

2. Güterrechtliche Lösung

Insbesondere bei kurzer Ehedauer oder hohem Anfangsvermögen (s. → *Anfangsvermögen*) des Erblassers 6 fährt der überlebende Ehegatte mit der „erbrechtlichen Lösung" besser als bei der sog. „güterrechtlichen Lösung". Bei der güterrechtlichen Lösung wird der Ehegatte nicht Erbe. Er kann gemäß den Vorschriften der §§ 1373–1383, 1390 BGB den Ausgleich des – konkret entstandenen – Zugewinns verlangen (§ 1371 Abs. 2 BGB). Neben dem Anspruch auf Ausgleich des Zugewinns erhält der Ehegatte ferner den Pflichtteil (§ 2303 Abs. 2 BGB). Der Pflichtteil bestimmt sich in diesem Fall aber nicht nach dem erhöhten, gesetzlichen Erbteil des § 1371 Abs. 1 BGB. Für die Berechnung des Pflichtteils verbleibt es vielmehr bei der Grundregel des § 1931 Abs. 1 und 2 BGB (sog. **kleiner Pflichtteil**).

7   Zur **güterrechtlichen Lösung** kommt es in zwei Fällen:
–   Fall 1: Der Ehegatte ist enterbt und erhält auch kein Vermächtnis (§ 1371 Abs. 2 BGB).
–   Fall 2: Der Ehegatte ist (gesetzlicher oder testamentarischer) Erbe oder Vermächtnisnehmer, er schlägt die Erbschaft bzw das Vermächtnis jedoch aus (sog. taktische Ausschlagung). Die Ausschlagung muss sich dabei sowohl auf das Erbe als auch auf das Vermächtnis beziehen. Dem ausschlagenden Ehegatten verbleibt dann neben dem Ausgleich des Zugewinns auch der Pflichtteil, obgleich ein Pflichtteilsanspruch bei einer Ausschlagung nach den erbrechtlichen Bestimmungen an sich nicht gegeben ist. Die Regelung des § 1371 Abs. 3 BGB konstituiert diesbezüglich einen Ausnahmetatbestand.

8   Aufgrund des in § 1371 Abs. 3 BGB geregelten Ausschlagungsrechts des überlebenden Ehegatten hat dieser die Wahl, ob er das ihm hinterlassene Erbe oder Vermächtnis annimmt oder den Ausgleich des Zugewinns (zusammen mit dem sog. kleinen Pflichtteil) verlangt. Ein weiteres Wahlrecht des überlebenden Ehegatten dahingehend, dass er anstelle des Zugewinns den sog. großen Pflichtteil (Berechnung des Pflichtteils unter Berücksichtigung der Erhöhung um ein Viertel gemäß § 1371 Abs. 1 BGB) erhält, besteht aber nicht.

Hinweise für die Beratungspraxis: Bei der Frage, ob der überlebende Ehegatte den ihm hinterlassenen Erbteil bzw das ihm hinterlassene Vermächtnis annehmen soll, dürften auch folgende Überlegungen mit von Bedeutung sein: Die güterrechtliche Lösung ist zunächst rein rechnerisch regelmäßig nur dann vorteilhaft, wenn der Ehegatte neben Verwandten der ersten Ordnung erbt, der Erblasser einen Zugewinn erzielt hat und dieser Zugewinn über 85,71 % (oder 6/7) des Nachlasses beträgt (Nieder/Kössinger § 1 Rn 30). Hat auch der überlebende Ehegatte einen Zugewinn erzielt, so erhöht sich dieser Schwellenwert entsprechend dem Ausgleich nach § 1378 BGB (Damrau/Tanck § 1931 Rn 8). Ferner ist zu überlegen:
–   Hat sich der Ehegatte auf die Zugewinnausgleichsforderung etwaige Vorempfänge gemäß § 1380 BGB anrechnen zu lassen?
–   Ist damit zu rechnen, dass die Erben ein Leistungsverweigerungsrecht iSd § 1381 BGB geltend machen?
–   Ist damit zu rechnen, dass das Familiengericht die Zugewinnausgleichsforderung gemäß § 1382 BGB stundet?
–   Besteht die Möglichkeit, dass der den Zugewinnausgleich fordernde Ehegatte gemäß § 1383 BGB Vermögensgegenstände des Erblassers anstatt Geld erhält?
–   Besteht die Möglichkeit, das Endvermögen (s. → *Endvermögen*) gemäß § 1375 Abs. 2 BGB fiktiv zu erhöhen?

Ferner zu beachten:
–   Die Ausschlagung hat nach § 1944 Abs. 1 BGB innerhalb von sechs Wochen zu erfolgen. Verlässliche Werte zu Anfangs- und Endvermögen können in dieser knappen Frist jedoch regelmäßig nicht ermittelt werden.
–   Prozessual bestehen bei der Geltendmachung von Pflichtteil und Zugewinnausgleich unterschiedliche Zuständigkeiten: für den Zugewinnausgleich ist nach §§ 261 ff FamFG das Familiengericht zuständig. Für den Pflichtteilsanspruch ist der besondere Gerichtsstand der Erbschaft nach § 27 Abs. 1 ZPO oder der allgemeine Gerichtsstand nach §§ 12, 13 ZPO gegeben.

9   **Beispiel:** M hat seiner Frau F ein Vermächtnis hinterlassen, welches geringer ist als der Pflichtteil. Hier kann F gemäß § 2305 BGB den Restpflichtteil verlangen, der sich jetzt allerdings nach dem erhöhten Ehegattenerbrecht bemisst (großer Pflichtteil). Ein Anspruch auf Zugewinnausgleich ergibt sich hier nicht. Schlägt die Ehefrau aus, dann hat sie Anspruch auf Zugewinnausgleich und den kleinen Pflichtteil.

III.   Scheidungsverfahren und Ehegattenerbrecht

10   Grundsätzlich wird das Erbrecht des Ehegatten erst nach Auflösung der Ehe durch rechtskräftigen Beschluss beendet. § 1933 S. 1 BGB verlagert diesen Zeitpunkt jedoch nach vorne. Der Ehegatte verliert sein gesetzliches Erbrecht bereits dann, wenn zur Zeit des Todes des Erblassers die Voraussetzungen für die

Scheidung der Ehe gegeben waren und der Erblasser die Scheidung (s. → *Scheidung*) beantragt oder ihr zugestimmt hatte (nach § 1933 S. 2 BGB gilt im Übrigen die gleiche Folge, wenn der Erblasser zum Antrag auf Eheaufhebung nach § 1314 BGB berechtigt war und den Antrag gestellt hatte). Wollen beide Ehegatten nicht mehr an der Ehe festhalten, so entfällt im Ergebnis auch die Rechtfertigung ihrer Erbberechtigung, weil damit die Scheidung sicher voraussehbar ist (Palandt/Weidlich § 1933 BGB Rn 1; NK-BGB § 1933 BGB Rn 1).

1. Formelle Voraussetzungen

Formelle Voraussetzung für den Verlust des Ehegattenerbrechtes ist die **Rechtshängigkeit des Schei-** **11** **dungsantrags** gemäß § 124 S. 2 FamFG, §§ 261 Abs. 1, 253 ZPO (BGH 6.6.1990 – IV ZR88/89, BGHZ 111, 329; Palandt/Weidlich § 1933 BGB Rn 3). Der Scheidungsantrag des Erblassers muss damit vor dem Erbfall dem Antragsgegner zugestellt sein (NK-BGB/Kroiß § 1933 BGB Rn 2). Die bloße Einreichung des Scheidungsantrags (Anhängigkeit) oder eines VKH-Antrags bei Gericht genügt nicht. Eine erst nach dem Tod erfolgte Zustellung des Scheidungsantrags entfaltet keine Rückwirkung. Die rückwirkende Zustellungsfiktion des § 270 Abs. 3 ZPO aF bzw § 167 ZPO nF ist nach der Rechtsprechung (BGH 6.6.1990 – IV ZR 88/89, BGHZ 111, 329; OLG Saarbrücken 16.9.1983 – 5 W 145/83, FamRZ 1983, 1274) nicht analog anwendbar. Es geht hier weder um eine Fristwahrung zur Erhaltung eines Rechts noch um eine Hemmung der Verjährung.

Hinweis: Ist absehbar, dass die familiengerichtliche Zustellung (Rechtshängigkeit) nicht mehr rechtzeitig vor dem Erbfall erfolgen würde, könnte versucht werden, den Scheidungsantrag beim – unzuständigen – Verwaltungsgericht einzureichen. Denn anders als im Zivilprozess tritt beim Verwaltungsprozess Rechtshängigkeit bereits mit Antragseinreichung ein (§§ 81 Abs. 1, 90 VwGO). Die Unzulässigkeit des eingeschlagenen Rechtswegs hindert den Eintritt der Rechtshängigkeit des Scheidungsantrags nicht (Staudinger/Werner § 1933 BGB Rn 5). Die Rechtshängigkeit bleibt auch nach anschließender Verweisung an das Familiengericht erhalten. Zur Frage einer etwaigen Rechtsmissbräuchlichkeit derartigen Vorgehens gibt es – soweit ersichtlich – noch keine Entscheidungen.

Der Scheidungsantrag muss den inhaltlichen Voraussetzungen der §§ 124, 133 Abs. 1 FamFG entsprechen. **12** Eine Nichtbeifügung der nach § 133 Abs. 2 FamFG geforderten Heiratsurkunde sowie Geburtsurkunden gemeinschaftlicher Kinder ist jedoch unschädlich, weil es sich insoweit nur um eine Soll-Vorschrift handelt. Fehlen hingegen die Angaben nach § 133 Abs. 1 FamFG (insbesondere Angaben dazu, ob die Ehegatten eine Regelung zur elterlichen Sorge (s. → *Elterliches Sorgerecht*), Umgang (s. → *Umgangsrecht*) und Unterhaltspflicht (s. → *Nachehelicher Unterhalt*), Rechtsverhältnissen an der Ehewohnung (s. → *Haushaltssachen;* s. → *Wohnungszuweisung nach Scheidung*) und Haushaltsgegenständen getroffen haben), so ist der Antrag unvollständig (Hinweispflicht des Gerichts nach § 139 Abs. 1 ZPO, § 113 Abs. 1 S. 2 FamFG zur Mängelbehebung). Ohne Korrektur ist der Antrag als unzulässig abzuweisen. Das OLG Stuttgart vertritt demgegenüber die Auffassung, dass mit dem Inkrafttreten des FamFG zum 1.9.2009 und der Abschaffung des § 630 ZPO aF die nunmehr nach § 133 Abs. 1 Nr. 2 FamFG erforderlichen Erklärungen nicht zu den Voraussetzungen der Scheidung iSv § 1933 BGB gehören (4.10.2011 – 8 W 321/11, FamRZ 2012/480).

Hat der überlebende Ehegatte (und nicht der Erblasser) die Scheidung beantragt, so bleibt das gesetzliche **13** Erbrecht des überlebenden Ehegatten erhalten, wenn nicht der Erblasser vor seinem Ableben dem Antrag zumindest zugestimmt hat. Die Zustimmung muss rechtshängig geworden sein. Sie kann entweder durch Schriftsatz des Anwalts oder in der mündlichen Verhandlung erklärt werden (§§ 14 Abs. 4 Nr. 3, 134 FamFG). Bis zum Schluss der mündlichen Verhandlung ist sie widerrufbar (§ 134 Abs. 2 S. 1 FamFG). Da die Zustimmung Prozesshandlung ist, genügt eine außerhalb des Scheidungsverfahrens gegenüber dem Ehegatten abgegebene Erklärung nicht (OLG Düsseldorf 12.9.2011 – I-3 Wx 179/11, FamRZ 2012, 152). Die bloße Zustimmung zum Scheidungsantrag reicht dann nicht, wenn der die Scheidung betreibende überlebende Ehegatte vor dem Tod des Erblassers den Scheidungsantrag wieder zurückgenommen hatte. Um das gesetzliche Erbrecht des überlebenden Ehegatten im Rahmen des Scheidungsverfahrens sicher auszuschließen, ist deshalb vom Erblasserehegatten vorsorglich ebenfalls Scheidungsantrag zu stellen.

2. Materiellrechtliche Voraussetzungen

14 Zur Zeit des Erbfalls müssen die materiellrechtlichen Scheidungsvoraussetzungen, dh das **Scheitern der Ehe**, erfüllt sein (NK-BGB/Kroiß § 1933 BGB Rn 6). Die Beweislast (im nachlassgerichtlichen Erbscheinsverfahren bzw bei der zivilprozessualen Erbenfeststellungsklage) dafür, dass diese vorlagen, trägt derjenige, der sich darauf beruft. Dies sind regelmäßig die Verwandten des Erblassers, denen der Wegfall des überlebenden Ehegatten im Rahmen der gesetzlichen Erbfolge zugute käme (Palandt/Weidlich § 1933 BGB Rn 9). Nach Ablauf des Trennungsjahres und Zustimmung des anderen Ehegatten bzw nach dreijährigem Getrenntleben auch ohne Zustimmung wird das Scheitern der Ehe unwiderlegbar vermutet (§ 1566 BGB). Liegen diese Vermutungsvoraussetzungen nicht vor, so ist eine positive Feststellung des Scheiterns der Ehe erforderlich (§ 1565 Abs. 1 BGB). Notwendig ist ein entsprechender Sachvortrag zum Nichtbestehen der ehelichen Lebensgemeinschaft und deren nicht zu erwartender Wiederherstellung. Das Gericht muss dann im Rahmen des § 1933 BGB diese Analyse bzw Prognose des § 1565 Abs. 1 S. 2 BGB vornehmen.

15 Bei Einreichen der Scheidung vor Ablauf des Trennungsjahres (s. → *Ehescheidung* Rn 4) müssen die in der Person des Antragsgegners liegenden Härtegründe im Bestreitensfall (seitens des überlebenden Ehegatten) von der beweisbelasteten Partei nachgewiesen werden.

3. Rechtsfolgen

16 Gelingt der Nachweis, sind also die Voraussetzungen des § 1933 BGB gegeben, verliert der überlebende Ehegatte nicht nur sämtliche erbrechtlichen Ansprüche (wie sein gesetzliches Erbrecht nach § 1931 BGB oder den Voraus gemäß § 1932 BGB), es steht ihm auch **kein Pflichtteilsrecht** (s. → *Pflichtteilsrecht*) nach § 2303 Abs. 2 S. 1 BGB mehr zu (NK-BGB/Kroiß § 1933 BGB Rn 8). Dieses Ergebnis wird im Übrigen auch bei der gewillkürten Erbfolge nachgezeichnet in den §§ 2077, 2268 Abs. 2, 2279 Abs. 2 BGB.

Der Zugewinnausgleich kann aber vom überlebenden Ehegatten weiterhin beansprucht werden (BGH 14.1.1987 – IV b ZR 46/85, BGHZ 99, 304). Ferner verbleibt es beim Unterhaltsanspruch gem. § 1933 S. 3 BGB unter Verweis auf die Vorschriften der §§ 1569–1586 b BGB. Wegen § 1586 b Abs. 1 S. 3 BGB ist dieser Unterhaltsanspruch aber auf den fiktiven güterstandsunabhängigen Pflichtteil begrenzt (s. → *Nachehelicher Unterhalt im Erbfall* Rn 10, 11). Da die Ehe beim Erbfall bestand, verbleibt es auch bei Versorgungsansprüchen (Palandt/Weidlich § 1933 Rn 10). Das Scheidungsverfahren ist nach § 131 FamFG erledigt, so dass ein Versorgungsausgleich nicht mehr durchgeführt wird. Dem überlebenden Ehegatten steht die Hinterbliebenenrente aus den Anrechten des verstorbenen Ehegatten zu (§ 46 SGB IV). Eine solche hat dann auch Auswirkungen bei der Prüfung der Bedürftigkeit im Rahmen eines etwaigen Unterhaltsanspruchs nach § 1586 b BGB.

17 Umgekehrt haben die Erben des Erblassers **keine Zugewinnausgleichsansprüche** gegen den überlebenden Ehegatten. Nach dem Bundesgerichtshof kommt eine Zugewinnausgleichsforderung bei Versterben vor Auflösung der Ehe nicht zur Entstehung, selbst wenn der Erblasser sie in einem Scheidungsverfahren bereits rechtshängig gemacht hätte (BGH 8.3.1995 – XII ZR 54/94, FamRZ 1995, 597). Denn nach § 1378 Abs. 3 S. 1 BGB geht ein Anspruch auf Zugewinnausgleich nur dann auf die Erben des verstorbenen Ehegatten über, wenn dieser ihn noch zu Lebzeiten erworben hat. Der Anspruch entsteht aber erst mit Beendigung des Güterstandes. Diese tritt erst mit Rechtskraft der Scheidung, nicht bereits mit Rechtshängigkeit des Scheidungsantrags ein.

4. Letztwillige Verfügung

18 Will der mögliche Erblasser der Scheidung nicht zustimmen oder macht er zB von der Härteklausel des § 1568 BGB Gebrauch (Scheidung zur „Unzeit"), so ist ihm anzuraten, vorsorglich zumindest eine Verfü-

gung von Todes wegen (s. → *Verfügung von Todes wegen*) zu treffen. Die Härteklausel (s. → *Eheschei-dung* Rn 15 ff) könnte zB insbesondere in den Fällen in Betracht kommen, in denen eine besondere psychische Belastung für den todkranken Ehegatten besteht oder bei objektivierbarer und konkretisierbarer Selbstmordabsicht des Erblassers sowie bei einer Spätphase einer Multiplen Sklerose mit der Gefahr einer wesentlichen Gesundheitsverschlechterung (BGH 5.6.1985 – IV b ZR 13/84, FamRZ 1985, 905 ff).

Achtung: Da sich eine Trennung allein auf das gesetzliche Erbrecht nicht auswirkt, ist zur Verhinderung einer Beerbung auf Ehegattenebene eine entsprechende Testierung bzw beim gemeinsamen Testament ein formgerechter Rücktritt (§§ 2271 Abs. 1 S. 1, 2296 BGB) erforderlich. Bei einem Erbvertrag (s. → *Erbver-trag*) ist ein Rücktritt nur bei Vorbehalt möglich. Ggf kommt hier eine Selbstanfechtung wegen Irrtums über die erfolgte Trennung in Betracht (§§ 2281, 2078 Abs. 2 BGB).

IV. Steuerprivileg des gesetzlichen Güterstandes (§ 5 ErbStG)

1. § 5 Abs. 1 ErbStG

§ 5 Abs. 1 ErbStG stellt im Todesfall, wenn der Zugewinn über das erbrechtliche Viertel des § 1371 Abs. 1 **19** BGB ausgeglichen wird, eine **fiktive Zugewinnausgleichsforderung** in dem Umfang **steuerfrei**, wie sie sich nach § 1371 Abs. 2 BGB errechnen würde. Aber nur dann, wenn es zur erbrechtlichen Lösung nach § 1371 Abs. 1 BGB kommt, greift die Vorschrift des § 5 Abs. 1 ErbStG. Es ist dann eine fiktive Zugewinn-ausgleichsforderung zu ermitteln, wie sie sich bei Durchführung der güterrechtlichen Lösung ergäbe.

Hinweis: Eine „rückwirkende Vereinbarung" der Zugewinngemeinschaft wirkt bei § 5 Abs. 1 erbschaft- **20** steuerlich jedoch nicht. Auch bleiben zivilrechtlich wirksame, von den §§ 1373–1383 und 1390 BGB abweichende güterrechtliche Vereinbarungen erbschaftsteuerlich bei § 5 Abs. 1 unberücksichtigt. So kann zB die ehevertragliche Herausnahme des Betriebsvermögens aus dem Zugewinn dazu führen, dass zivilrechtlich nur noch ein geringer Zugewinn ausgleichungspflichtig bleibt. Erbschaftsteuerlich würde aber nach § 5 Abs. 1 ErbStG der Zugewinn unter Einbeziehung der herausgenommenen Vermögensgegenstände berechnet. Auch die Vermutung des § 1377 Abs. 3 BGB, wonach das Endvermögen dem Zugewinn entspricht, gilt bei § 5 Abs. 1 nicht. Das bedeutet, dass gegenüber dem Finanzamt zur Geltendmachung der Erbschaft-steuerfreistellung des fiktiven Zugewinnausgleichsbetrages der Zugewinn konkret nachgewiesen werden muss.

2. § 5 Abs. 2 ErbStG

In all den Fällen, in denen die Zugewinngemeinschaft nicht durch Tod eines Ehepartners aufgelöst wird, **21** oder zwar durch Tod aufgelöst wird, es aber dann zur sog. güterrechtlichen Lösung kommt, findet § 5 Abs. 2 ErbStG Anwendung. Unter § 5 Abs. 2 ErbStG fällt zB der klassische Fall des Zugewinnausgleichs im Rahmen der Ehescheidung. Oder der Fall, dass die Eheleute während ihrer Ehe vertraglich vom gesetz-lichen Güterstand in die Gütertrennung überwechseln. Anders gesagt: Immer wenn es zu einem tatsächli-chen Zugewinnausgleich nach einer Güterstandsbeendigung kommt, ist § 5 Abs. 2 ErbStG und nicht § 5 Abs. 1 ErbStG einschlägig.

Im Rahmen des § 5 Abs. 2 ErbStG gelten die Einschränkungen des § 5 Abs. 1 nicht. Das heißt: **22**
– Die Vermutungswirkung des § 1377 Abs. 3 BGB findet Anwendung.
– Vor allem aber: vom Gesetz abweichende ehevertragliche Vereinbarungen sind hier steuerlich anzuer-kennen.

Die Finanzverwaltung versuchte zwar, dies über ihre Erbschaftsteuerrichtlinien wiederum zu korrigieren, **23** indem sie die Verschaffung einer erhöhten güterrechtlichen Ausgleichsforderung durch solche ehevertragli-chen Vereinbarungen als eine eigenständige steuerpflichtige Schenkung einstufte. Der Bundesfinanzhof stellte in seinem Urteil vom 18.1.2006 (BFH/NV 2006, 1447) jedoch ausdrücklich fest, dass in einer rück-wirkenden Vereinbarung der Zugewinngemeinschaft innerhalb des § 5 Abs. 2 ErbStG keine steuerlich rele-vante Schenkung gesehen werden kann. Auch die Finanzverwaltung akzeptiert dies mittlerweile.

3. Gestaltung durch „Güterstandsschaukel"

24 **a) Steuerliche Aspekte der Schaukelmodelle.** Die Ehegatten können den gesetzlichen Güterstand durch **Übergang auf den Güterstand der Gütertrennung** ehevertraglich beenden und damit die gesetzlichen Zugewinnausgleichsansprüche nach § 1378 Abs. 3 S. 1 BGB auslösen. Nach § 1408 BGB ist dies jederzeit möglich. Damit würden die Ehegatten die Voraussetzung des § 5 Abs. 2 ErbStG schaffen, so dass die Erfüllung der Zugewinnausgleichsforderung schenkungsteuerfrei möglich ist. Dies ist eine anerkannte Möglichkeit, um Vermögen schenkungsteuerfrei auf den anderen Ehegatten zu verlagern.

25 Können die Ehegatten sofort anschließend wieder in den Güterstand der Zugewinngemeinschaft zurückkehren, indem sie entweder in einer zweiten Urkunde erneut eine Zugewinngemeinschaft vereinbaren oder in der gleichen Urkunde bereits festlegen, zu einem bestimmten Termin die Gütertrennung wieder aufzuheben und zum gesetzlichen Güterstand zurückzukehren? Der Bundesfinanzhof hat in der Revisionsentscheidung zum seinerzeitigen Urteil des Finanzgerichts Köln (BFH 12.5.2005 – II R 29/02, ZEV 2005, 490) diese sog. **Güterstandsschaukel gebilligt.** Sogar bei Aufnahme in einer Urkunde und für die Vereinbarung der Gütertrennung mit Zugewinnausgleich und anschließend in einer Urkunde vereinbarter Rückkehr zum gesetzlichen Güterstand besteht die Schenkungsteuerfreiheit nach § 5 Abs. 2 ErbStG. Die Gründe liegen nach dem Bundesfinanzhof darin, dass dem begünstigten Ehegatten die Ausgleichsforderung nicht vertraglich zugewendet wird, sondern kraft Gesetzes mit der Gütertrennung entsteht. Nach dem Bundesfinanzhof hat das Schenkungsteuerrecht die ehevertragliche Gestaltungsfreiheit insoweit anzuerkennen, als es tatsächlich zu einer güterrechtlichen Abwicklung, dh mindestens zur Ermittlung der Ausgleichsforderung, kommt. Damit kann die Güterstandsschaukel rechtssicher vereinbart werden. Allerdings sollte man gleichwohl vorsichtshalber die Gütertrennung für einen bestimmten Zeitraum eintreten lassen und die Rückkehr in den gesetzlichen Güterstand erst nach Ablauf dieser befristeten Gütertrennung vereinbaren. Auch die Vereinbarung in zwei Urkunden bleibt in jedem Fall sicherer als eine Gesamtvereinbarung in einer Urkunde.

26 Ganz anders beurteilte der Bundesfinanzhof hingegen den sog. **fliegenden Zugewinnausgleich** (BFH 24.8.2005 – II R 28/02, ZEV 2006, 41). Hier hatten die Eheleute lediglich vereinbart, den Zugewinn auszugleichen. Den gesetzlichen Güterstand selbst hatten sie nicht beendet, sondern fortgeführt. Darin sah der Bundesfinanzhof eine freigiebige schenkungsteuerpflichtige Zuwendung. Das Problem war: Weil die Zugewinngemeinschaft rechtlich nicht beendet wurde, stand dem anderen Ehegatten kein Rechtsanspruch auf die Ausgleichsforderung zu. Sie wurde ihm lediglich freiwillig zugewandt. Das löste die Steuerpflicht aus. Um also eine Steuerfreiheit des Zugewinnausgleichs sicherzustellen, ist zwingend zu beachten, dass die Zugewinngemeinschaft vertraglich wirksam beendet wird.

27 **b) Zivilrechtliche Aspekte der Schaukelmodelle. aa) Zugewinngemeinschaft-Gütergemeinschaft-Zugewinngemeinschaft.** Durch einen Wechsel von der Zugewinngemeinschaft zur Gütergemeinschaft und wieder zurück kann Vermögen pflichtteilsfest auf den anderen Ehegatten übertragen werden. Durch die Rückkehr zum gesetzlichen Güterstand wird wieder die günstigere Pflichtteilsquote hergestellt.

Schritt 1: Mit dem Wechsel von der Zugewinngemeinschaft zur Gütergemeinschaft erhält der weniger vermögende Ehegatte durch die Begründung von Gesamtgut Vermögen vom anderen Ehepartner (aber beachte: Schenkungsteuerrelevanz nach § 7 Abs. 1 Nr. 4 ErbStG). Im Erbfall ist dann nur noch ein hälftiger Gesamtgutsanteil im Vermögen eines jeden Ehegatten. Die andere Hälfte ist bei der Pflichtteilsberechnung außen vor. In der Begründung von Gütergemeinschaft liegt grds. auch keine die Pflichtteilsergänzung nach § 2325 BGB auslösende Schenkung (BGH 27.11.1991 – IV ZR 266/90, NJW 1992, 558/559). Etwas anderes gilt aber, wenn damit andere Zwecke als die Verwirklichung der Ehe verfolgt werden (BGH aaO).

Schritt 2: Die Ehegatten wechseln wieder zurück in die Zugewinngemeinschaft. Die durch die Begründung der Gütergemeinschaft zugunsten der Verwandten zwischenzeitlich erhöhte Pflichtteilsquote wird wieder reduziert.

Aber Achtung: Der Bundesgerichtshof stellt zur Vermeidung von Missbrauch hohe Anforderungen an dieses Gestaltungsmodell. Beruht diese Güterstandswahl auf einem einheitlichen Plan der Ehegatten, kann dies ein Indiz dafür sein, dass ehefremde Zwecke verfolgt wurden. Dann würde die Vermögensbegünstigung für den Ehegatten eine Schenkung iSv § 2325 BGB darstellen. Erfolgen die Güterstandswechsel nach einem längeren Zeitraum und dienen sie nicht dem Zweck, Pflichtteilsansprüche zu reduzieren, so fehlt der vom Bundesgerichtshof geforderte Plan. Darlegungs- und beweispflichtig für ehefremde Zwecke ist der Pflichtteilsberechtigte.

bb) Zugewinngemeinschaft-Gütertrennung-Zugewinngemeinschaft. Durch einen Wechsel von der Zu- **28** gewinngemeinschaft zur Gütertrennung wird der andere Ehegatte durch den Zugewinnausgleich am Vermögen des anderen Ehegatten beteiligt. Durch die Rückkehr zum gesetzlichen Güterstand wird wieder die günstigere Pflichtteilsquote hergestellt.

Schritt 1: Mit dem Wechsel von der Zugewinngemeinschaft zur Gütertrennung während bestehender Ehe wird die Zugewinngemeinschaft auf andere Weise als durch Tod beendet. Mit der Erfüllung der entstandenen Zugewinnausgleichsforderung wird so Vermögen nachlassreduzierend auf den anderen Ehegatten übertragen. Zur Abgeltung des Zugewinnausgleichsanspruchs können anstatt Geld auch sonstige Vermögenswerte zugewendet werden.

Schritt 2: Die Ehegatten wechseln wieder zurück in die Zugewinngemeinschaft. Die durch die Begründung der Gütertrennung zugunsten der Verwandten zwischenzeitlich ggf erhöhte Pflichtteilsquote wird wieder reduziert.

Aber Achtung: Auch hier ist die Motivation der Ehegatten von Relevanz (s. oben zur Gütergemeinschaftsschaukel).

70. Ehegatteninnengesellschaft

Rakete-Dombek

I. Einführung	1	IV. Beteiligung am Verlust	8
II. Begriff und Wesen	2	V. Güterstand – Einfluss	9
III. Ausgleichsanspruch	4	VI. Verfahrensrecht und Verjährung	10

I. Einführung

1   Ehegatten können selbstverständlich auch **Gesellschaftsverträge** miteinander abschließen oder bspw ein Grundstück in **GbR** erwerben. bei der Ehegatteninnengesellschaft geht es aber um die Frage, ob die durch geschäftliche oder berufliche Zusammenarbeit gekennzeichneten Beziehungen zwischen Ehegatten, wenn sie über den engeren Bereich der Ehe (§ 1353 Abs. 1 BGB) hinausgehen, als Innengesellschaft qualifiziert und dadurch bei Auflösung der Ehe einem angemessenen Vermögensausgleich zwischen ihnen zugeführt werden können. Die Rechtsprechung des BGH war in den 50er und 60er Jahren bestrebt, das Vorliegen einer derartigen Gesellschaft großzügig zu bejahen und den Willen der Ehegatten, ihre Beziehungen als gesellschaftsrechtliche zu qualifizieren, notfalls auch zu fingieren, um dadurch zur Anwendung der gesellschaftsrechtlichen Gewinnverteilungs- und Auseinandersetzungsgrundsätze zu kommen. Ab Mitte der 70er Jahre wurde von der Rechtsfigur kaum noch Gebrauch gemacht. Erst mit der Entscheidung vom 30.6.1999 nahm der Bundesgerichtshof die Ehegatteninnengesellschaft wieder auf (BGH 30.6.1999 – XII ZR 230/96, NJW 1999, 2962).

II. Begriff und Wesen

2   Die dabei vom Bundesgerichtshof genutzte **Formel** lautete: „Ein Gesellschaftsverhältnis zwischen Eheleuten ist unter Würdigung aller Umstände des Einzelfalles dann anzunehmen, wenn sich feststellen lässt, dass die Eheleute **abredegemäß** durch **beiderseitige Leistungen** einen über den typischen Rahmen der ehelichen Lebensgemeinschaft **hinausgehenden Zweck** verfolgten, indem sie etwa durch Einsatz von Vermögenswerten und Arbeitsleistungen **gemeinsam** ein Vermögen aufbauten oder eine berufliche oder gewerbliche Tätigkeit gemeinsam ausübten." (5.10.1988 – IVb ZR 52/87, NJW-RR 1989, 66; BGH 14.3.1990 – XII ZR 98/88, NJW-RR 1990, 736; 30.6.1999 – XII ZR 230/96, NJW 1999, 2962). Eine GbR zwischen Ehegatten kann damit seither auch **stillschweigend** und unabhängig vom jeweiligen Güterstand (vgl BGH 28.9.2005 – XII ZR 189/02, NJW 2006, 1268; Haußleiter/Schulz Kap. 5 Rn 266 ff) entstehen. Wenn die Ehegatten im gesetzlichen Güterstand (s. → *Zugewinngemeinschaft)* leben, ist dies ein Indiz gegen eine stillschweigend vereinbarte Innengesellschaft (BGH 28.9.2005 – XII ZR 189/02, NJW 2006, 1268), da hierdurch für einen angemessenen Ausgleich bereits Sorge getragen wird.

Es handelt sich um die – nachträgliche – **Konstruktion** einer Ehegatteninnengesellschaft, wenn bei der Scheidung nur ein Ehegatte Inhaber des Unternehmens oder des Geschäfts ist, in dem der andere mitgearbeitet hat, und eine **gesellschaftsrechtliche Auseinandersetzung** wie so häufig bei Gütertrennung der einzige Weg ist, dem mitarbeitenden Ehegatten zu einem Ausgleich zu verhelfen. Das Anliegen, in derartigen Fällen eine gesellschaftsrechtliche Auseinandersetzung zu erreichen, ist auch der Ansatzpunkt für die Kritik an der Konstruktion einer Ehegatteninnengesellschaft, da diese häufig nur auf Billigkeitsgesichtspunkte gestützt und somit fingiert wird.

3   Eine Ehegatteninnengesellschaft liegt typischerweise im Betrieb eines freiberuflichen oder gewerblichen Unternehmens, nach Auffassung des Bundesgerichtshofs (BGH 15.2.1989 – IVb ZR 105/87, NJW 1989, 1986; 25.6.2003 – XII ZR 161/01, NJW 2003, 2982) auch in der gemeinsamen Vermögensbildung. Voraussetzung ist die Feststellung eines Gesellschaftszwecks. Die einzelne Zuwendung muss, wie im Übrigen auch Arbeitsleistungen, zu dessen Erreichung erbracht werden. Haben die Ehegatten keinen ausdrücklichen Gesellschaftsvertrag geschlossen, wird die Zuwendung als **konkludenter Abschluss eines Gesellschaftsvertrags** ausgelegt. Hierfür hat die Rspr ein „erkennbares Interesse" genügen lassen, „der Zusammenarbeit über die bloßen Ehewirkungen hinaus einen dauerhaften, auch die Folgen umfassenden Rahmen zu geben",

was in Abreden über die Ergebnisverwendung zum Ausdruck kommen kann (BGH 30.6.1999 – XII ZR 230/96 NJW 1999, 2962). Mit dieser Entscheidung wurde das Tatbestandsmerkmal der Gleichberechtigung der beiderseitigen Leistung entbehrlich, solange der Gesellschafter nur einen wesentlichen Beitrag leiste. Auch müsse berücksichtigt werden, dass es sich in Wirklichkeit nicht um eine gelebte BGB-Gesellschaft handele, sondern nur um eine ehebezogene Zuwendung, die ohnehin erst in Betracht komme, wenn die eheliche Lebensgemeinschaft gescheitert ist und eine Zusammenarbeit nicht mehr in Frage käme. Damit gerät diese Rechtsprechung in Gefahr, um des gewünschten Ergebnisses willen die Grenze zur **Fiktion einer Willenserklärung** zu überschreiten (Hoppenz FamRZ 2011, 1697; Dauner-Lieb FuR 2009, 361: Der Rückgriff auf eine konkludente Ehegatteninnengesellschaft ist idR eine Fiktion; so auch Ulmer in: Müko/BGB Vor § 705 BGB Rn 76, Gernhuber/Coester-Waltjen § 20 Rn 27; Herr FamRB 2011, 258). Entsprechend der Eigenschaft als schuldrechtliches Rechtsgeschäft unterliegt die Ehegatteninnengesellschaft allgemeinen schuldrechtlichen Regeln, insbesondere denjenigen der §§ 730 ff BGB.

III. Ausgleichsanspruch

Wird das Vorliegen einer Innengesellschaft bejaht, besteht bei Beendigung der Ehe neben erbrechtlichen 4 oder güterrechtlichen Ansprüchen ein gesellschaftsrechtlicher **Ausgleichsanspruch**. Der gesellschaftsrechtliche Ausgleichsanspruch ist also **nicht subsidiär**. Er kommt nicht erst dann in Betracht, wenn etwa ein Zugewinnausgleich nicht zu einem angemessenen Ergebnis führt (BGH 28.9.2005 – XII ZR 189/02, NJW 2006, 1268; Haußleiter/Schulz Kap. 5 Rn 266 ff).

Eine eigene gesetzliche Regelungssystematik existiert nicht, da es sich um eine Analogie handelt (Ulmer 5 in: MünchKommBGB Vor § 705 Rn 79). Es sind die §§ 736 ff BGB analog heranzuziehen, also die Vorschriften des Gesellschaftsrechts.

Die Ausgleichsansprüche richten sich nach §§ 736 ff BGB. Da der ausscheidende, mitarbeitende Ehegatte 6 keinen Einfluss auf das Geschäftsvermögen in der Hand des anderen hat und kein Gesamthandsvermögen existiert, hat er einen Anspruch auf **Abrechnung** und ggf Auszahlung des **Auseinandersetzungsguthabens**. Der Anspruch kann im Wege einer Stufenklage durchgesetzt werden. Es kommt mangels Gesamthandsvermögens nicht zur Liquidation und Auseinandersetzung gem. §§ 730 – 735 BGB, da in der Innengesellschaft der Geschäftsbetrieb dem Inhaber verbleibt. Der Anspruch richtet sich darauf, so gestellt zu werden, als sei eine gesamthänderische Beteiligung an dem zum Gegenstand der Innengesellschaft gehörenden Vermögen des Partners gegeben. Der Anspruch entsteht mit dem Zeitpunkt der Beendigung der Zusammenarbeit, der häufig mit der Trennung zusammenfällt (Haußleiter/Schulz Kap. 5 Rn 286).

Zunächst ist der Bestand des erwirtschafteten Vermögens im Zeitpunkt der Auflösung der Gesellschaft 7 nach Abzug der Verbindlichkeiten zu ermitteln. Hierfür gelten die allgemeinen Grundsätze der Bewertung (s. → *Unternehmensbewertung*). Die **Beteiligungsquote** ergibt sich aus den Umständen des Einzelfalls. Im Zweifel gilt ergänzend der Grundsatz der hälftigen Beteiligung (§ 722 Abs. 1 BGB) ohne Rücksicht auf Art und Größe des Beitrags des Anspruchstellers (BGH 30.6.1999 – XII ZR 230/96, NJW 1999, 2962). Es handelt sich um einen schuldrechtlichen Anspruch auf eine Geldzahlung. Eine Kürzung oder eine Verwirkung des Anspruchs aus anderen Erwägungen scheidet aus (BGH 30.6.1999 – XII ZR 230/96, NJW 1999, 2962).

IV. Beteiligung am Verlust

Gem. § 722 BGB ist der anspruchstellende Ehegatte nicht nur am **Gewinn**, sondern auch an einem **Verlust** 8 der Gesellschaft zu beteiligen. Das Verlangen, einen Anteil an einer Ehegatteninnengesellschaft zu erhalten, kann demnach auch in ein **erhebliches Risiko** führen, wenn nicht geklärt ist, ob die Gesellschaft über positives, ausgleichungsfähiges Vermögen verfügt. Der erhobene Anspruch ginge nicht nur ins Leere, es würde vielmehr eine Beteiligung an den Verbindlichkeiten der Gesellschaft entstehen (Haußleiter/Schulz Kap. 5 Rn 296).

V. Güterstand – Einfluss

9 Da der Anspruch des Innengesellschafters **neben** güterrechtlichen Ansprüchen besteht und nicht etwa subsidiär ist, kann er in jedem Güterstand geltend gemacht werden. Wird er im Güterstand der **Zugewinngemeinschaft** neben einem Zugewinnausgleichsanspruch relevant, ist jedoch zu prüfen, welche Auswirkungen sich auf das Zugewinnausgleichsverfahren ergeben. Für Zumutbarkeitserwägungen wie etwa bei einer ehebedingten Zuwendung ist hier kein Raum. Ein Vorrang des güterrechtlichen Ausgleichs existiert nicht. Die Geldforderung (Auseinandersetzungsanspruch aus der Innengesellschaft) ist bei dem Schuldner in die Passiva und bei dem Gläubiger in die Aktiva einzustellen. Möglicherweise entsteht durch die Geltendmachung des Anspruchs kein geldwerter Vorteil, so dass im gesetzlichen Güterstand nur selten von der Konstruktion Gebrauch gemacht wird.

In der **Gütergemeinschaft** dürfte der Auseinandersetzungsanspruch selten sein, da er nur dann geltend gemacht werden kann, wenn die Innengesellschaft zum Vorbehaltsgut gehört.

Im Güterstand der **Gütertrennung** wird das Institut der Ehegatteninnengesellschaft am häufigsten in Anspruch genommen, um eine **angemessene Beteiligung** des Ehegatten an dem während der Ehe gemeinsam Erwirtschafteten zu erreichen. Es handelt sich damit um die Konstruktion, die unbillige Ergebnisse des vertraglichen Güterstandes korrigieren soll und damit bei Gütertrennung den Hauptanwendungsfall darstellt.

VI. Verfahrensrecht und Verjährung

10 Es handelt sich um eine sonstige Familiensache (§§ 111, 266 Abs. 1 Nr. 3 FamFG), für die das Familiengericht zuständig ist (§§ 23 a Abs. 1 Nr. 1, 23 b Abs. 1 GVG). Die dreijährige Verjährungsfrist, die mit dem Schluss des Kalenderjahres der Entstehung des Anspruchs (Beendigung der Zusammenarbeit) beginnt, ist gem. § 207 Abs. 1 BGB gehemmt.

71. Ehehindernisse und Eheverbote

Vlassopoulou

I. Einführung...................................... 1
II. Gesetzliche Regelung........................... 3
   1. Verbot der Doppelehe (§ 1306 BGB)............
   2. Verbot der Verwandtschaft (§ 1307 BGB)....... 4
3. Verbot der Adoptivverwandtschaft
   (§ 1308 BGB)................................ 9
III. Auflösung der eheverbotswidrigen Ehe.......... 12
IV. Internationales Privatrecht..................... 14

I. Einführung

Das deutsche Recht kennt nur noch drei **Eheverbote**: das Verbot der Doppelehe, das Verbot der Verwandt- 1
schaft und das Verbot der Adoptivverwandtschaft. Alle drei Eheverbote sind zweiseitig. Sie richten sich gegen beide Ehegatten. Der Verbotskatalog ist abschließend.

Das Gesetz nennt aber für die Eheschließung zusätzliche Erfordernisse, wie die Beschränkung der Ehe- 2
schließung auf Frau und Mann, die Vorlage eines Ehefähigkeitszeugnisses und den Willen der Ehe-schließenden, eine eheliche Lebensgemeinschaft zu begründen. Das Fehlen eines solchen Erfordernisses wirkt als Ehehindernis (Palandt/Brudermüller Vor §§ 1306, 1307 BGB Rn 3). Zu diesen Ehehindernissen s. → *Eheschließung im Inland* Rn 1; s. → *Eheschließung mit Ausländern* Rn 13 ff; s. → *Scheinehe* Rn 2 ff.

II. Gesetzliche Regelung

3

1. Verbot der Doppelehe (§ 1306 BGB)

S. → *Doppelehe* Rn 2 ff.

2. Verbot der Verwandtschaft (§ 1307 BGB)

§ 1307 BGB verbietet Eheschließungen zwischen Verwandten in gerader Linie sowie zwischen vollbürti- 4
gen und halbbürtigen Geschwistern (§ 1589 BGB; s. → *Verwandtschaft* Rn 1). Durch das **Inzestverbot** soll die Geschlechtskonkurrenz innerhalb der Kernfamilie verhindert und die Eingehung außerfamiliärer Beziehungen begründet werden (Palandt/Brudermüller § 1307 BGB Rn 1). Der Inzest ist außerdem strafbar (§ 173 StGB).

Maßgeblich für das Verbot ist vorrangig die Blutsverwandtschaft oder Blutsabstammung. Der genetische 5
Vater (auch Samenspender) darf seine Tochter nicht heiraten, ebenso wenig darf die Eispenderin ihren Sohn heiraten, obwohl sie rechtlich nicht als dessen Mutter gilt (§ 1591 BGB; s. → *Mutterschaft* Rn 3).

Der blutsmäßigen Verwandtschaft äquivalent ist die **rechtliche Verwandtschaft**. Der rechtliche Vater 6
(§ 1592 Nr. 1 oder 2 BGB) darf seine Tochter nicht heiraten, auch wenn sie nicht von ihm stammt. Ebenso dürfen Geschwister, die nur rechtlich miteinander verwandt sind, nicht heiraten. Beruht die rechtliche Verwandtschaft der Geschwister auf Adoption, kann Befreiung von dem Verbot erteilt werden (s. Rn 10).

Dagegen bleibt das Verbot der Ehe zwischen Verwandten in gerader Linie auch dann bestehen, wenn die 7
rechtliche Verwandtschaft durch Adoption (§ 1755 BGB) erloschen ist (§ 1307 S. 2 BGB).

Eine **Heilung** von dem Verbot der Verwandtschaft ist ausgeschlossen. Auch bei Zweifeln an dem Ver- 8
wandtschaftsverhältnis besteht das Eheverbot. Zweifel können gem. § 49 PStG geklärt werden (NK-BGB/Kleist § 1307 BGB Rn 4).

3. Verbot der Adoptivverwandtschaft (§ 1308 BGB)

Ähnlich wie bei dem Verbot der Verwandtschaft gilt das Verbot für **Adoptivverwandte** in gerader Linie 9
sowie in Seitenlinie. Das Verbot der Adoptivverwandtschaft entfällt aber für die Zukunft, wenn das Adoptionsverhältnis aufgelöst worden ist (§ 1759 BGB).

10 Bei Eheschließungen zwischen Adoptivgeschwistern kann das Familiengericht auf Antrag **Befreiung** von dem Verbot erteilen. Die Befreiung darf nur dann versagt werden, wenn wichtige Gründe der beabsichtigten Eheschließung entgegenstehen (§ 1308 Abs. 2 BGB). Die Ehegatten bleiben Geschwister.

11 Dagegen ist für Eheschließungen zwischen Adoptivverwandten in gerader Linie keine Befreiung möglich. Wird eine Ehe zwischen Adoptivverwandten in gerader Linie gleichwohl geschlossen, ist sie voll gültig, das Adoptionsverhältnis wird aber aufgehoben (§ 1766 BGB).

III. Auflösung der eheverbotswidrigen Ehe

12 Die gegen die Eheverbote der Doppelehe und der Verwandtschaft geschlossene Ehe ist aufhebbar. Sie kann sowohl durch Aufhebung als auch durch Scheidung aufgelöst werden. Dagegen ist eine Aufhebung der gegen das Verbot der Adoptivverwandtschaft geschlossenen Ehe ausgeschlossen.

13 Scheidung und **Aufhebung** können hilfsweise oder im Wege der Widerklage miteinander verbunden werden, § 126 Abs. 1 FamFG (s. NK-BGB/Finger § 1313 BGB Rn 16). Jeder Beteiligte kann im Verfahren vom Aufhebungs- zum Scheidungsantrag wechseln (und umgekehrt), selbst in der Rechtsmittelinstanz (BGH 12.10.1988 – IVb ZB 73/86, NJW-RR 1989, 72), § 113 Abs. 4 Nr. 2 FamFG. Aufhebungsanträge haben Vorrang, wenn nicht der Antragsteller ausdrücklich dem Scheidungsbegehren den Vorrang einräumt (BGH 10.7.1996 – XII ZR 49/95, NJW 1996, 2727). Wenn beide Anträge begründet sind, ist nur auf Aufhebung zu erkennen, § 126 Abs. 3 FamFG.

Die Rechtsfolgen der Eheaufhebung sind allerdings von denen der Ehescheidung verschieden (§ 1318 BGB; s. → *Eheaufhebung* Rn 37 ff).

IV. Internationales Privatrecht

14 In Fällen mit Auslandsberührung beurteilt sich das Vorliegen von Eheverboten und Ehehindernissen und deren Folgen gem. Art. 13 Abs. 1 EGBGB nach dem **Heimatrecht** jedes Verlobten. Nach dem für jeden Verlobten maßgeblichen Recht beurteilt sich auch, ob es sich um ein einseitiges oder zweiseitiges Ehehindernis handelt (Andrae § 1 Rn 35). Ist ein Ehehindernis zweiseitig, wie es nach deutschem Recht bei dem Verbot der Doppelehe, der Verwandtschaft und der Adoptivverwandtschaft der Fall ist, hilft es nicht, wenn das Verbot nach dem Heimatrecht des anderen Verlobten kein Ehehindernis ist oder nur ein einseitiges Ehehindernis darstellt. Die Ehe kann nicht wirksam geschlossen werden. Wird sie gleichwohl geschlossen, ist sie nach dem Heimatrecht des einen Verlobten unwirksam, nach dem Heimatrecht des anderen Verlobten wirksam (hinkende Ehe).

15 Liegt ein Ehehindernis nach dem Heimatrecht beider Verlobten vor und wird die Ehe gleichwohl geschlossen, entscheidet über die Rechtsfolgen dieser Eheschließung das **ärgere Recht** (BGH 4.10.1990 – XII ZB 200/87, NJW 3088). Das ärgere Recht entscheidet auch über die Voraussetzungen einer Heilung. Ist eine bigamische Ehe nach dem Heimatrecht beider Verlobten nichtig, bleibt sie nichtig, auch wenn sie nach dem Heimatrecht eines Ehegatten geheilt wird (OLG Nürnberg 30.6.1997 – 7 UF 1117/97, NJW-RR 1998, 2).

72. Eheliche Lebensgemeinschaft (Ehewirkungen)

Vlassopoulou

I. Einführung	1	III. Verfahrenshinweise	22
II. Materielles Recht	5	1. Antrag auf Herstellung des ehelichen Lebens	22
1. Grundsatz der Lebenszeitehe		2. Feststellungsantrag	22
(§ 1353 Abs. 1 S. 1 BGB)	5	3. Verjährung/Hemmung	23
2. Rechtspflicht zur ehelichen Lebensgemeinschaft		4. Beweis- und Darlegungslast	24
(§ 1353 Abs. 1 S. 2 BGB)	6	IV. Nebengebiete	25
3. Mindestinhalt	9	1. Zivil- und Strafprozessrecht	25
a) Häusliche Gemeinschaft	9	2. Strafrecht	26
b) Geschlechtsgemeinschaft/eheliche Treue/		3. Ausländerrecht	27
Fortpflanzung	12	V. Internationales Privatrecht	28
c) Haushaltsführung und Aufgabenteilung	13	1. Die Grundsatzregelung des Ehewirkungsstatuts	
d) Beistandspflicht und Rücksichtnahmepflicht	14	(Art. 14 Abs. 1 EGBGB)	30
e) Vermögensrechtliche Pflichten	17	2. Rechtswahl	34
f) Auskunftspflicht	20	3. Anwendungsbereich	37
4. Folgen aus der Pflichtverletzung	21	4. Praxishinweis	39

I. Einführung

Ehewirkungen sind die Rechte und Pflichten, die das Gesetz an die Eheschließung anknüpft. Im materiellen **1** Recht sind die **allgemeinen Ehewirkungen** (persönliche und vermögensrechtliche) in §§ 1353–1362 BGB geregelt. Dies sind namentlich die eheliche Lebensgemeinschaft (Rn 6 ff), der Ehename (s. → *Ehename* Rn 2 ff), die Schlüsselgewalt (s. → *Schlüsselgewalt* Rn 2 ff), die Verpflichtung zum Familienunterhalt (s. → *Familienunterhalt* Rn 1) und, beim Getrenntleben, zum Trennungsunterhalt (s. → *Trennungsunterhalt* Rn 2 ff) sowie das Recht zur Nutzung der Ehewohnung und des Hausrats (s. → *Haushaltssachen* Rn 1 ff). Diese Ehewirkungen gelten unabhängig vom Güterstand und sind grundsätzlich zwingendes Recht (BGH 18.12.1957 – IV ZR 226/57, NJW 1958, 546).

Zu sonstigen Wirkungen der Ehe im Güterrecht s. → *Zugewinngemeinschaft* Rn 3 ff; im Erbrecht s. → **2** *Ehegattenerbrecht* Rn 1 ff; im Sozialrecht s. → *Bedarfsgemeinschaft* Rn 2).

Die Eheschließung ändert nichts an der Geschäfts- und Verfahrensfähigkeit der Eheleute. Es gibt auch kein **3** allgemeines Vertretungsrecht.

Was die Ehe beinhaltet, steht nicht im Gesetz. Klar normiert ist aber, dass die Ehe eine Lebenszeitehe ist, **4** und dass zum Wesen der Ehe die Pflicht der Ehegatten zur ehelichen Lebensgemeinschaft und zur Verantwortung füreinander gehört (§ 1353 Abs. 1 BGB).

Die Ehe steht unter dem besonderen **Schutz des Staates** (Art. 6 Abs. 1 GG) und ist als Institut garantiert (BVerfG 14.11.1973 – 1 BvR 719/69, NJW 1974, 545). Zugunsten der Ehe besteht ein Benachteiligungs-verbot, das nicht zulässt, dass Ehen gegenüber anderen Lebens- und Erziehungsgemeinschaften schlechter gestellt werden (BVerfG 10.11.1998 – 2 BvR 1057/91, 1226/91 u. 980/91, NJW 1999, 557). Zu dem Grundsatz der Einehe s. → *Doppelehe* Rn 2; zu der Form der Eheschließung s. → *Eheschließung im Inland* Rn 2 ff; zu den steuerlichen Aspekten s. → *Steuerveranlagung* Rn 5 ff.

II. Materielles Recht

1. Grundsatz der Lebenszeitehe (§ 1353 Abs. 1 S. 1 BGB)

Die Ehe wird auf Lebenszeit geschlossen (§ 1353 Abs. 1 S. 1 BGB). Die Möglichkeit der Scheidung ändert **5** an dem Grundsatz der Langzeitehe nichts. Daraus ergibt sich, dass **Vereinbarungen** über Ehen auf Zeit oder auf Probe oder über erleichterte oder beschleunigte Scheidung oder über zusätzliche Scheidungsgrün-de unwirksam sind, genauso wie auflösende Bedingungen oder Rücktrittsrechte etc. (NK-BGB/Wellenho-fer § 1353 BGB Rn 4).

2. Rechtspflicht zur ehelichen Lebensgemeinschaft (§ 1353 Abs. 1 S. 2 BGB)

6   Die Ehegatten sind zur ehelichen Lebensgemeinschaft verpflichtet; sie tragen füreinander Verantwortung. § 1353 Abs. 1 S. 2 BGB ist die **Generalklausel** des Eherechts, ihre Bedeutung entspricht jener des § 242 BGB im Schuldrecht und dient gleichzeitig als Auslegungsrichtlinie.

7   Die Verpflichtung zur ehelichen Lebensgemeinschaft unterscheidet die Ehe von anderen Verbindungen, wie die nichteheliche Lebensgemeinschaft (s. → *Nichteheliche Lebensgemeinschaft* Rn 1 ff). Mit der Verpflichtung, Verantwortung für den anderen zu tragen, wird die Ehe gegenüber der Scheinehe abgegrenzt, bei der die Ehegatten ausschließlich ehefremde Zwecke verfolgen, wie dem ausländischen Ehegatten eine Aufenthaltserlaubnis zu verschaffen (s. → *Scheinehe* Rn 1).

Die eheliche Lebensgemeinschaft erstreckt sich auf sämtliche persönlichen und vermögensrechtlichen Verhältnisse der Ehegatten.

8   Der Gesetzgeber sieht davon ab, der ehelichen Lebensgemeinschaft einen konkreten Inhalt zu geben, weil die Ehegatten selbst ihr Eheleben konkretisieren sollen. Elemente, die für die Partner einer Ehe von Bedeutung sind, können für die Ehegatten einer anderen Ehe unerheblich sein. Entscheidend ist indessen für die Praxis, was nach der Rechtsprechung und Literatur zu den Grundelementen der ehelichen Lebensgemeinschaft zählt, deren Fehlen oder Verletzung Rechtsfolgen mit sich bringt.

3. Mindestinhalt

Zu dem Mindestinhalt der ehelichen Lebensgemeinschaft gehören:

9   **a) Häusliche Gemeinschaft.** Die Verpflichtung zur ehelichen Lebensgemeinschaft beinhaltet die Pflicht, eine häusliche Gemeinschaft zu begründen, soweit nicht die konkreten ehelichen Lebensverhältnisse dem entgegenstehen („Wanderzirkus"). Die grundlose Weigerung, eine häusliche Gemeinschaft zu begründen, kann zum Ausschluss des Scheidungsunterhalts führen (BGH 13.12.1989 – IVb ZR 79/89, NJW 1990, 1847). Die Bedeutung der häuslichen Gemeinschaft für das Wesen der Ehe ergibt sich schon daraus, dass ihre Aufhebung die Trennung der Eheleute indiziert (vgl § 1567 Abs. 1 BGB). Die häusliche Gemeinschaft reicht freilich zum Nachweis, dass die Ehe tatsächlich geführt wird, nicht aus, wenn sie nicht mit dem Willen erfolgt, die eheliche Lebensgemeinschaft fortzuführen. Dementsprechend führen die Aufhebung der häuslichen Gemeinschaft und die Ablehnung, die eheliche Lebensgemeinschaft fortzusetzen, zum Scheitern der Ehe (§ 1565 Abs. 1 BGB).

10   Aus der Pflicht zur häuslichen Gemeinschaft ergibt sich die Pflicht der Ehegatten, sich gegenseitig die **Ehewohnung und den Hausrat** zum Gebrauch zu überlassen (BGH 7.4.1978 – V ZR 154/75, NJW 1978, 1529). Die Ehegatten sind insoweit Mitbesitzer mit possessorischem Besitzschutz im Rahmen von § 866 BGB (s. NK-BGB/Wellenhofer § 1353 BGB Rn 7).

11   Streitig ist, ob und ab welchem Zeitpunkt ein Ehegatte einen Anspruch gegen den anderen hat, der Kündigung der gemeinsam gemieteten Ehewohnung zuzustimmen. Für die Zeit nach Rechtskraft der Scheidung besteht die Regelung des § 1568 a Abs. 3 Nr. 1 BGB (Palandt/Brudermüller § 1353 BGB Rn 6).

b) Geschlechtsgemeinschaft/eheliche Treue/Fortpflanzung. Streitig ist, ob mit der Eheschließung auch die Pflicht zum Geschlechtsverkehr verbunden ist, wie es nach früherem Eheverständnis der Fall war. Klar ist, dass Gewaltanwendung gem. § 177 StGB unter Strafe steht. Nach hM sind die Ehegatten, auch nach Abschaffung des Ehebruchs als Scheidungsgrund, zur ehelichen Treue verpflichtet.

12   Es besteht kein Recht des Ehegatten, von dem anderen die Zeugung oder den Empfang eines Kindes zu verlangen, unabhängig davon, ob ein Kind durch natürliche oder durch künstliche Befruchtung gezeugt werden soll. Vereinbarungen über **Familienplanung** haben keine Bindungswirkung. Eine Bindungswirkung würde dem Selbstbestimmungsrecht der Ehegatten widersprechen. So kann der Ehemann bis zur Durchführung der zur Schwangerschaft führenden Insemination seine Zustimmung frei widerrufen. Erst, wenn durch die Insemination unumkehrbare Fakten geschaffen worden sind, kommt ein Widerruf nicht

Vlassopoulou

mehr in Betracht (BGH 21.2.2001 – XII ZR 34/99, NJW 2001, 1789). Nach den Richtlinien der Bundesärztekammer zur Durchführung der assistierten Reproduktion darf der Arzt nur bei entsprechender Einwilligung des Ehegatten tätig werden (NK-BGB/Wellenhofer § 1353 BGB Rn 9).

c) Haushaltsführung und Aufgabenteilung. Die Ehegatten sind in allen mit der ehelichen Lebensgemeinschaft verbundenen Angelegenheiten gleichberechtigt. Alle Entscheidungen, insb. die Haushaltsführung, die Kinderbetreuung, die Wahl und Ausübung der Erwerbstätigkeit sind gemeinsam zu treffen unter Berücksichtigung der Belange des Partners und der Familie (§§ 1356 Abs. 1, 1627 BGB). Das betrifft auch die Verteilung von Erwerbstätigkeit und Haushaltsführung. **13**

d) Beistandspflicht und Rücksichtnahmepflicht. Zum Wesen der Ehe gehört die **Beistandsbereitschaft**, insb. im Fall der Krankheit des anderen. Daraus ergibt sich aber keine Verpflichtung, die Pflege des schwerstbehinderten Ehegatten zu übernehmen (BGH 22.2.1995 – XII ZR 80/94, NJW 1995, 1486). Aus der Beistandspflicht ergibt sich die Verpflichtung eines Ehegatten, dem anderen bei der Kindererziehung beizustehen, ihn in der Verfolgung berechtigter Interessen und in Rechtsangelegenheiten zu unterstützen, der unmittelbaren Korrespondenz mit dem Beihilfeträger und der privaten Krankenversicherung zuzustimmen (OLG Hamm 9.2.2007 – 5 WF 9/07, NJW-RR 2007, 1234). Aus der Beistandspflicht resultiert schließlich die strafrechtliche Garantenpflicht der Ehegatten, die aber mit der Trennung endet (BGH 24.7.2003 – 3 StR 153/03, NJW 2003, 3212), und auch die Verpflichtung, Straf- und Steueranzeigen gegen den anderen zu unterlassen, solange der Anzeigende keine schützenswerten (eigenen) Interessen verfolgt. **14**

Die Ehegatten sind verpflichtet, bei der Entscheidung über eigene Angelegenheiten auf die Belange und Interessen des anderen **Rücksicht** zu nehmen, auch nach einer Trennung. Daraus resultiert die Verpflichtung, die eigene Gesundheit wiederherzustellen, den Missbrauch von Alkohol, Drogen oder Medikamenten zu unterlassen bzw einzustellen. **15**

Aus der Verantwortungspflicht der Ehegatten füreinander resultiert ebenso der Grundsatz der ehelichen Solidarität, der auch nach der Scheidung wirkt und den Scheidungsunterhalt rechtfertigt (s. → *Nacheheliche Solidarität* Rn 1 ff). **16**

e) Vermögensrechtliche Pflichten. Aus der Pflicht zur gegenseitigen Rücksichtnahme resultiert nach dem BGH auch die Pflicht, mit der gerichtlichen Durchsetzung von Zahlungsansprüchen abzuwarten (BGH 13.1.1988 – IVb ZR 110/86, NJW 1988, 1208) und eine Teilungsversteigerung zurückzustellen (BGH 14.3.1962 – IV ZR 253/61, NJW 1962, 1244), ferner die Pflicht eines Ehegatten, den anderen nicht dazu zu drängen, sich für Verbindlichkeiten zu verbürgen, die nur aus persönlichen Interessen des Hauptschuldners eingegangen werden (BGH 5.1.1995 – IX ZR 85/94, NJW 1995, 592). Es besteht die Pflicht, den Schadensfreiheitsrabatt aus einer Kfz-Haftpflichtversicherung nach der Trennung auf den anderen zu übertragen, wenn er das Fahrzeug ausschließlich allein genutzt hat (OLG Hamm 13.4.2011 – II-8 WF 105/11, NJW-RR 2011, 1227). **17**

Aus dem Wesen der Ehe iVm Treu und Glauben folgt außerdem für beide Ehegatten die Pflicht, die finanziellen Lasten des anderen zu vermindern, soweit dies ohne Verletzung eigener Interessen möglich ist (BGH 8.2.1984 – IVb ZR 42/82, NJW 1984, 2040). Das gilt im Rahmen der **nachehelichen Solidarität** auch nach der Scheidung (BGH 3.11.2004 – XII ZR 128/02, NJW-RR 2005, 225). Im steuerrechtlichen Bereich folgt daraus die Verpflichtung, an einer gemeinsamen steuerlichen Veranlagung mitzuwirken, und zwar auch für das Jahr der Trennung (BGH 12.6.2002 – XII ZR 288/00, NJW 2002, 2319), des Weiteren die Pflicht, dem sog. begrenzten Realsplitting zuzustimmen (s. → *Realsplitting/Nachteilsausgleich* Rn 16). **18**

Wenn ein Ehegatte im **Innenverhältnis** die Wirtschaftsführung für die beiderseitigen Einkünfte übernimmt, entsteht daraus kein Auftragsverhältnis im Sinne von §§ 662 ff BGB, auch keine Herausgabepflicht (§ 667 BGB). Will ein Ehegatte sein Vermögen der Verwaltung des anderen überlassen, erfordert das einen Vertrag, der durch schlüssiges Verhalten zustande kommen kann und stets mit Rechtsbindungswillen beider Ehegatten erfolgt (BGH 5.7.2000 – XII ZR 26/98, NJW 2000, 3199; vgl § 1413 BGB). **19**

Die Ausgleichspflicht zwischen gesamtschuldnerisch haftenden Ehegatten wird bis zum Scheitern der Ehe durch die eheliche Lebensgemeinschaft überlagert (BGH 6.10.2010 – XII ZR 10/09, NJW-RR 2011, 73).

20 **f) Auskunftspflicht.** Aus der Verpflichtung zur ehelichen Lebensgemeinschaft ergibt sich der wechselseitige Anspruch, den Ehepartner über die für die Höhe des Familienunterhalts (§§ 1360, 1360 a BGB) maßgeblichen finanziellen Verhältnisse zu informieren. Die Auskunft wird in einer Weise geschuldet, wie sie zur Feststellung des Anspruchs erforderlich ist (vgl § 1605 Abs. 1 S. 1 BGB). Nicht geschuldet wird die Vorlage von Belegen (BGH 2.6.2010 – XII ZR 124/08, NJW 2011, 21).

4. Folgen aus der Pflichtverletzung

21 Die Verletzung von Pflichten aus § 1353 BGB führt generell nicht zu einem Schadenersatzanspruch. **Keine Schadenersatzpflicht** besteht insbesondere, wenn Pflichten verletzt werden, die zu dem eigentlichen höchstpersönlichen Bereich der Ehe gehören (Geschlechtsgemeinschaft, Treuepflicht, Familienplanung, Beistandspflicht). Bei einem ungewollten Kind oder einem Ehebruchskind hat der Mann keinen Schadenersatzanspruch gegen seine Frau (BGH 19.12.1989 – IVb ZR 56/88, NJW 1990, 706). Etwas anderes gilt bei Pflichtverletzungen im finanziellen Bereich. Hier können Schadenersatzansprüche entstehen, wie zB bei der unberechtigten Verweigerung, dem begrenzten Realsplitting zuzustimmen (BGH 4.11.1987 – IVb ZR 83/86, NJW 1988, 2032).

III. Verfahrenshinweise

1. Antrag auf Herstellung des ehelichen Lebens

22 Zur Geltendmachung der Ansprüche aus der ehelichen Lebensgemeinschaft kann Antrag auf Herstellung des ehelichen Lebens gestellt werden (**streitige Familiensache** iSv § 266 Abs. 1 Nr. 2 FamFG). Soweit es um höchstpersönliche Pflichten geht, steht aber einer Durchsetzung das Vollstreckungsverbot gem. § 120 Abs. 3 FamFG entgegen.

2. Feststellungsantrag

Zum Antrag auf Feststellung des Bestehens oder Nichtbestehens einer Ehe (§ 121 Nr. 3 FamFG) s. → *Feststellung des Bestehens oder Nichtbestehens einer Ehe* Rn 1.

3. Verjährung/Hemmung

23 Bei Ansprüchen zwischen Ehegatten ist immer § 207 Abs. 1 S. 1 BGB zu beachten, wonach die Verjährung von Ansprüchen zwischen Ehegatten gehemmt ist, solange die Ehe besteht. Es entstehen daher keine Rechtsverluste aus der nicht gerichtlichen Durchsetzung von Zahlungsansprüchen während der Ehe.

4. Beweis- und Darlegungslast

24 Die allgemeinen Darlegungs- und Beweisregeln werden durch die eheliche Lebensgemeinschaft nicht eingeschränkt.

IV. Nebengebiete

1. Zivil- und Strafprozessrecht

25 Der Ehegatte hat ein Zeugnis-, Gutachten- und Auskunftsverweigerungsrecht (§§ 383 Abs. 1 Nr. 2, 385 Abs. 1, 408 Abs. 1 ZPO; §§ 52 Abs. 1 Nr. 2, 55 StPO).

2. Strafrecht

26 Der Ehegatte ist Angehöriger mit allen darin enthaltenen Privilegien (§§ 11 Abs. 1 Nr. 1, 139 Abs. 3, 247, 258 StGB).

3. Ausländerrecht

Dem Ehegatten eines Ausländers ist gem. § 30 AufenthG eine Aufenthaltserlaubnis zu erteilen (**Ehegatten-** 27 **nachzug**). Ein Ausländer darf nicht abgeschoben werden, wenn seine Ehefrau pflegebedürftig erkrankt und daher auf seinen Beistand angewiesen ist (BVerfG 17.5.2011 – 2 BvR 1367/10, NVwZ-RR 2011, 585).

V. Internationales Privatrecht

Maßgebliche Kollisionsnorm für die **allgemeinen Wirkungen der Ehe** ist Art. 14 EGBGB, weil vorrangi- 28 ge EU- und völkerrechtliche Regelungen fehlen, ausgenommen das deutsch-iranische Niederlassungsabkommen vom 17.2.1929. Zum Vorrang des EU- und Völkerrechts s. → *Internationales Familienrecht* Rn 2.

Art. 14 EGBGB ist, auch wenn Fälle seines unmittelbaren Anwendungsbereichs in der Praxis selten auftre- 29 ten, im deutschen Internationalen Familienrecht eine Kollisionsnorm von allgemeiner Bedeutung. Über Art. 14 EGBGB werden mittelbar das Güterrechtsstatut (Art. 15 Abs. 1 EGBGB), das Abstammungsstatut (Art. 19 Abs. 1 S. 3 EGBGB) und das Adoptionsstatut (Art. 22 Abs. 1 S. 2 EGBGB) geregelt. Art. 14 EGBGB gilt nicht für eingetragene gleichgeschlechtliche Lebenspartnerschaften. Für sie gilt Art. 17 b Abs. 1 EGBGB. Art. 14 EGBGB setzt voraus, dass eine wirksame Ehe besteht. Die Vorfrage des Bestehens der Ehe wird selbstständig angeknüpft (s. → *Auslandsbezug bei Ehesachen* Rn 59 ff). Für die Wirksamkeit der Ehe gilt Art. 13 EGBGB (s. → *Eheschließung mit Ausländern* Rn 3 ff), für die Form der Eheschließung Art. 11 EGBGB (s. → *Eheschließung im Ausland* Rn 4 ff).

1. Die Grundsatzregelung des Ehewirkungsstatuts (Art. 14 Abs. 1 EGBGB)

Gem. Art. 14 Abs. 1 EGBGB richten sich die allgemeinen Wirkungen der Ehe (Ehewirkungsstatut) in Form 30 einer **Anknüpfungsleiter**, der sog. Kegelschen Leiter, in erster Linie nach dem gemeinsamen Heimatrecht der Ehegatten, hilfsweise nach dem letzten gemeinsamen Heimatrecht, wenn einer der Ehegatten die früher gemeinsame Staatsangehörigkeit beibehalten hat. In zweiter Linie wird angeknüpft an den gemeinsamen gewöhnlichen Aufenthalt der Ehegatten, hilfsweise an den letzten gemeinsamen gewöhnlichen Aufenthalt, vorausgesetzt, dass einer der Ehegatten diesen früheren gemeinsamen gewöhnlichen Aufenthalt beibehalten hat. In dritter Linie wird angeknüpft an das Recht des Staates, mit dem beide Ehegatten auf andere Weise am engsten verbunden sind.

Bei einem **Staatenlosen**, einem Flüchtigen im Sinne der Genfer Flüchtlingskonvention oder einem Asylbe- 31 rechtigten tritt an die Stelle der Staatsangehörigkeit als Anknüpfungspunkt der gewöhnliche Aufenthalt. Bei diesen Personen wird das Heimatrecht durch das Recht des Staates ersetzt, in dem sie ihren gewöhnlichen Aufenthalt oder ihren Aufenthalt haben, welches damit zum Personalstatut dieser Person wird (Art. 5 Abs. 2 EGBGB) (s. → *Eheschließung mit Ausländern* Rn 5). Gehört eine Person mehreren Staaten an, ist die effektivste Staatsangehörigkeit maßgeblich, dh die Angehörigkeit des Staates, mit dem die Person am engsten verbunden ist. Ist die Person auch Deutscher, hat diese Rechtsstellung Vorrang (Art. 5 Abs. 1 EGBGB). Zu dem Anknüpfungsgegenstand gewöhnlicher Aufenthalt s. → *Auslandsbezug bei Ehesachen* Rn 44. Zu dem Anknüpfungsgegenstand Staat, mit dem die Ehegatten gemeinsam am engsten verbunden sind, s. → *Auslandsbezug bei Güterrechtssachen* Rn 11.

Die Verweisung auf das Recht eines Staates gem. Art. 14 Abs. 1 EGBGB erfasst auch dessen Internationa- 32 les Privatrecht. Gesamtverweisung/Rückverweisung und Weiterverweisung sind daher zu beachten (Art. 4 Abs. 1 EGBGB).

Die Anknüpfungspunkte gem. Art. 14 Abs. 1 EGBGB sind zeitlich nicht fixiert. Es kommt immer auf das 33 jeweilige Heimat- bzw Aufenthaltsrecht an. Das Ehewirkungsstatut ist daher **wandelbar**, anders dagegen das Eheschließungsstatut (s. → *Eheschließung mit Ausländern* Rn 4) oder das Scheidungsstatut (s. → *Auslandsbezug bei Ehesachen* Rn 43).

2. Rechtswahl

34 Gem. Art. 14 Abs. 2 und 3 EGBGB können die Ehegatten unter bestimmten Voraussetzungen durch Rechtswahl bestimmen, welches Recht für die Regelung der allgemeinen Wirkungen ihrer Ehe maßgeblich sein soll. Diese Rechtswahl hat dann Auswirkungen auf die Regelung der güterrechtlichen Verhältnisse der Ehegatten. Das Güterrecht verweist im Interesse einer einheitlichen Regelung der Beziehungen der Ehegatten untereinander auf Art. 14 EGBGB.

Wenn die Ehegatten das Ehewirkungsstatut durch Rechtswahl bestimmen, verweisen sie nur auf die Sachvorschriften des fremden Rechts (**Sachnormverweisung**; Art. 4 Abs. 2 EGBGB).

35 Die Ehegatten können gem. Art. 14 Abs. 2 EGBGB als Ehewirkungsstatut ein gemeinsames Heimatrecht wählen, wenn dieses nicht schon gem. Abs. 1 Nr. 1 maßgeblich ist, weil ein Ehegatte neben der gemeinsamen Staatsangehörigkeit die deutsche oder eine andere (effektive) ausländische Staatsangehörigkeit besitzt (Rn 30).

Art. 14 Abs. 3 EGBGB betrifft den Fall, in dem die Ehegatten kein gemeinsames Heimatrecht haben und entweder keiner dem Staat angehört, in dem sie beide ihren gewöhnlichen Aufenthalt haben, oder ihr gewöhnlicher Aufenthalt nicht in demselben Staat ist. In diesem Fall können die Ehegatten als Ehewirkungsstatut eines ihrer Heimatrechte wählen (Henrich, Internationales Familienrecht, § 2 I 1). Die Wirkungen der Rechtswahl enden, wenn die Ehegatten eine gemeinsame Staatsangehörigkeit erwerben.

36 Die Rechtswahl muss notariell beurkundet werden. Wird die Rechtswahl im Ausland vorgenommen, reicht es für ihre Wirkung im Inland aus, wenn sie den Formerfordernissen entspricht, die nach dem gewählten Recht oder am Ort der Rechtswahl für einen Ehevertrag gelten (Art. 14 Abs. 4 EGBGB).

3. Anwendungsbereich

37 Der Begriff der **allgemeinen Wirkungen der Ehe** wird gesetzlich nicht definiert. Er ist nach deutschem Recht zu qualifizieren (s. → *Eheschließung mit Ausländern* Rn 7). Die wichtigsten Wirkungen der Ehe, über die in der Praxis gestritten wird, sind ohnehin aus der Vorschrift herausgenommen und selbstständig geregelt. Für den Ehenamen gilt Art. 10 EGBGB (s. → *Ehename* Rn 21 ff), für das Güterrecht Art. 15 EGBGB (s. → *Auslandsbezug bei Güterrechtssachen* Rn 7 ff, für den Unterhalt das HUntProt (s. → *Auslandsbezug bei Unterhaltssachen* Rn 27 ff).

38 Zu dem unmittelbaren Anwendungsbereich des Art. 14 EGBGB gehören das Recht auf Herstellung der ehelichen Lebensgemeinschaft, Auskunftspflichten, die aus § 1353 resultieren (s. Rn 20), Entscheidungs- und Eingriffsrechte eines Ehegatten, wie zB zur Bestimmung des Wohnsitzes, Streitigkeiten über Haushaltsführung und Erwerbstätigkeit, Schlüsselgewaltgeschäfte, der Haftungsmaßstab zwischen Ehegatten, die Zuweisung von Hausrat und Ehewohnung (für eine im Inland gelegene Ehewohnung und den im Inland befindlichen Hausrat gilt aber als Sonderregelung gem. Art. 17 a EGBGB deutsches Recht), Eigentumsvermutungen zwischen den Ehegatten, vorbehaltlich Art. 16 Abs. 2 EGBGB, die Zulässigkeit bestimmter Rechtsgeschäfte unter Ehegatten, wie Schenkung, Kauf (Andrae § 3 Rn 78), der Anspruch auf eine noch zu leistende Morgengabe während des Bestehens der Ehe (BGH 9.12.2009 – XII ZR 107/08, NJW 2010, 1528). Der Prozesskostenvorschussanspruch unterliegt nicht dem Ehewirkungsstatut, sondern als Ausschluss der Unterhaltspflicht dem Unterhaltsstatut (Palandt/Thorn Art. 14 EGBGB Rn 19).

4. Praxishinweis

39 In der Praxis wird leicht übersehen, dass durch die Rechtswahl des Ehewirkungsstatuts das Güterrechtsstatut beeinflusst werden kann (s. → *Auslandsbezug bei Güterrechtssachen* Rn 17). Es wird außerdem gerne übersehen, dass eine Rechtswahl im Ausland nicht oder nicht ohne Weiteres anerkannt wird. Der Notar muss daher die Beteiligten auf diese Gefahr hinweisen und durch die richtige Formulierung sicherstellen, dass die Rechtswahl im Inland wirksam ist (Schotten/Schmellenkamp § 6 Rn 130).

Vlassopoulou

73. Eheliche Lebensverhältnisse

Hamm

I. Begriff und Bedeutung	1	III. Bemessung	7
II. Maßgebender Zeitpunkt	2	1. Einkünfte	7
1. Alte Rechtsauffassung	2	2. Verbindlichkeiten	8
2. Entwicklung in Rechtsprechung und Gesetzgebung	3	IV. Karrieresprung	9
a) Surrogatsrechtsprechung	3	1. Grundsätzliches	9
b) Wandelbare eheliche Lebensverhältnisse vor der Entscheidung des Bundesverfassungsgerichts vom 25.1.2011	4	2. Beispiele aus der Rechtsprechung	10
		a) Kein Karrieresprung	10
		b) Karrieresprung	11
c) Unterhaltsrechtsreform vom 1.1.2008	5	3. Folgen	12
d) Entscheidung des Bundesverfassungsgerichts vom 25.1.2011 und die Reaktion des BGH vom 7.12.2011	6		

I. Begriff und Bedeutung

Die **Höhe des Unterhalts** bemisst sich nach den ehelichen Lebensverhältnissen, und zwar sowohl beim **1** Trennungsunterhalt als auch beim nachehelichen Unterhalt. Trotz seiner zentralen Bedeutung bei der Bestimmung der Höhe des Unterhaltsanspruchs enthält das Gesetz keine Definition, was unter den ehelichen Lebensverhältnissen zu verstehen ist und auf **welchen Zeitpunkt** es bei der Bestimmung der ehelichen Lebensverhältnisse ankommt. Dem Wortsinn nach sind eheliche Lebensverhältnisse die Verhältnisse während des Bestehens der ehelichen Lebensgemeinschaft. Diese bestehen weder zum Zeitpunkt der Scheidung, noch während der Trennung fort. Ab dem Zeitpunkt der Trennung kann somit von ehelichen Lebensverhältnissen im wörtlichen Sinn nicht mehr gesprochen werden. Dass die ehelichen Lebensverhältnisse im Sinne der §§ 1361 Abs. 1 S. 1, 1578 Abs. 1 S. 1 BGB nicht im Wortsinn verstanden werden dürfen, entspricht – wie noch näher dargelegt wird – der gefestigten Rechtsprechung des Bundesgerichtshofs sowie des Bundesverfassungsgerichts und ist auch vom Willen des Gesetzgebers gedeckt. Die ehelichen Lebensverhältnisse bestimmen sich nach den **gemeinsamen in der Ehe angelegten bereinigten Nettoeinkommen der Eheleute** (BGH 28.2.2007 – XII ZR 37/05, FamRZ 2007, 793). Beide Ehegatten nehmen dabei grundsätzlich in gleicher Weise, dh je zur Hälfte, am gemeinsamen Lebensstandard teil (BGH 13.6.2001 – XII ZR 343/99, FamRZ 2001, 986). Bei der Bewertung der ehelichen Lebensverhältnisse ist dabei auf einen **objektiven Maßstab** abzustellen (BGH 28.2.2007 – XII ZR 37/05, FamRZ 2007, 793). Entscheidend ist derjenige Lebensstandard, der nach den von den Einkommen geprägten ehelichen Lebensverhältnissen vom **Standpunkt eines vernünftigen Betrachters aus** als angemessen erscheint. Gemessen am verfügbaren Einkommen und dem tatsächlichen Konsumverhalten der Ehegatten während des Zusammenlebens hat sowohl eine **zu dürftige Lebensführung** als auch ein **übermäßiger Aufwand** außer Betracht zu bleiben.

Die Anknüpfung an die ehelichen Lebensverhältnisse ermöglicht es somit, dass der Unterhaltsberechtigte im Gegensatz zum Verwandtenunterhalt nach § 1610 BGB nicht auf die eigene Lebensstellung zu verweisen ist, sondern auch nach der Trennung/Scheidung grundsätzlich am besseren Lebensstandard des anderen Ehegatten teilhat. Allerdings sind die ehelichen Lebensverhältnisse durch das Unterhaltsrechtsreformgesetz in ihrer Bedeutung herabgesetzt worden. Durch die Einbeziehung der ehelichen Lebensverhältnisse im Rahmen eines Billigkeitskorrektivs bei § 1578 b BGB soll weiterhin in gewissen Grenzen ein **unangemessener sozialer Abstieg** des Unterhaltsberechtigten verhindert werden. Allerdings steht die Berücksichtigung der ehelichen Lebensverhältnisse auch unter dem vorrangig zu beachtenden **Gebot der wirtschaftlichen Eigenverantwortung.** Da sich unter der Geltung des Unterhaltsrechtsreformgesetzes eine dauerhafte und unbeschränkte **Lebensstandardgarantie** nicht mehr rechtfertigen lässt, verliert der Gedanke der Bewahrung einer durch die ehelichen Lebensverhältnisse vermittelten sozialen Stellung mit zunehmender Zeitdauer seit Rechtskraft der Scheidung an unterhaltsrechtlicher Bedeutung.

II. Maßgebender Zeitpunkt

1. Alte Rechtsauffassung

2 Nach früherer Rechtsprechung des Bundesgerichtshofs haben sich die ehelichen Lebensverhältnisse bis zur Rechtskraft der Scheidung fortgesetzt. Der Bundesgerichtshof hat entscheidend auf diesen Zeitpunkt abgestellt und die ehelichen Lebensverhältnisse von diesem Zeitpunkt an auch mit Wirkung für die Zukunft dauerhaft festgeschrieben. Bezüglich der Fortentwicklung der Einkünfte, die die ehelichen Lebensverhältnisse bestimmen sollten, kam es nach der Rechtsprechung auf die sog. **Prägung** an. Bei jeglichen Einkommensentwicklungen nach rechtskräftiger Scheidung war somit zu prüfen, ob diese Einkünfte die ehelichen Lebensverhältnisse noch geprägt haben.

Für die Berücksichtigung von **Verpflichtungen**, die im Gesetz nur in § 1581 BGB angeführt werden, nicht aber in den §§ 1361 Abs. 1, 1578 Abs. 1 BGB, kam es dagegen in der früheren Rechtsprechung zu keiner einheitlichen Bewertung. Zum Teil wurde auch bei Veränderungen nach der Scheidung nur auf die tatsächliche Höhe abgestellt (beispielsweise Steuer, Vorsorgeaufwendungen, berufsbedingte Aufwendungen etc.), zum Teil auf die Entstehung dieser Verbindlichkeiten in der Ehe (Schulden, Unterhaltslasten). Auch für die Verbindlichkeiten wurde der Begriff der Prägung übernommen.

2. Entwicklung in Rechtsprechung und Gesetzgebung

3 **a) Surrogatsrechtsprechung.** Eine erste grundlegende Änderung der früheren Rechtsprechung stellte die sog. **Surrogatslösung** des Bundesgerichtshofs dar (BGH 13.6.2001 – XII ZR 343/99, BGH FamRZ 2001, 986), wonach als Surrogat der Familienarbeit in der Ehe auch neue, erst nach der Scheidung entstandene Erwerbseinkünfte die ehelichen Lebensverhältnisse geprägt haben. Diese Entscheidung wurde vom Bundesverfassungsgericht nicht beanstandet, vielmehr geht das Bundesverfassungsgericht davon aus, dass die ehelichen Lebensverhältnisse nicht nur durch die Bareinkünfte des erwerbstätigen Ehegatten, sondern auch durch den wirtschaftlichen Wert der Leistungen des anderen Ehegatten im Haushalt mitgeprägt werden (BVerfG 5.2.2002 – 1 BvR 105/95, FamRZ 2002, 527).

4 **b) Wandelbare eheliche Lebensverhältnisse vor der Entscheidung des Bundesverfassungsgerichts vom 25.1.2011.** Eine weitere Änderung erfolgte mit der Entscheidung des Bundesgerichtshofs vom 29.1.2003 (BGH 29.1.2003 – XII ZR 92/01, FamRZ 2003, 590), wonach auch **unterhaltsbezogen nicht leichtfertige Einkommensminderungen** nach der Trennung/Scheidung bei der Bedarfsbemessung zu berücksichtigen sind, sowie mit der Entscheidung vom 15.3.2006 (BGH 15.3.2006 – XII ZR 30/04, FamRZ 2006, 683), wonach alle erst nach der Scheidung entstandenen **neuen vor- und gleichrangigen Unterhaltslasten** bereits bei der Bedarfsermittlung und nicht erst bei der Leistungsfähigkeit anzusetzen sind. Durch die Entwicklung der Rechtsprechung hin zu den wandelbaren ehelichen Lebensverhältnissen unterblieb die frühere starre Anknüpfung an die im Zeitpunkt der Scheidung bestehenden wirtschaftlichen Verhältnisse. Dieser zeitliche Stichtag findet im Gesetz auch keine Grundlage. Somit waren Einkommensänderungen bei der Bemessung des nachehelichen Unterhalts grundsätzlich zu berücksichtigen, unabhängig davon, ob sie vor der Rechtskraft der Ehescheidung oder erst später eingetreten sind, und grundsätzlich auch unabhängig davon, ob es sich um Einkommensminderungen oder Einkommensverbesserungen handelt. Nacheheliche Einkommensminderungen blieben nur dann unberücksichtigt, wenn sie auf einer **Verletzung der Erwerbsobliegenheit** des Unterhaltspflichtigen beruhen, ebenso wenn der Unterhaltspflichtige freiwillige berufliche oder wirtschaftliche Dispositionen getroffen hat, die er durch eine ihm zumutbare Vorsorge hätte auffangen können.

Die Grenzen der Berücksichtigung von Einkommenssteigerungen sind bei einem sog. **Karrieresprung** erreicht (BGH 17.3.2010 – XII ZR 204/08, FamRZ 2010, 802; s. Rn 9 ff). Übliche Entwicklungen des Einkommens sollten hingegen stets zu berücksichtigen sein (BGH 1.10.2008 – XII ZR 62/07, FamRZ 2009, 23; 30.7.2008 – XII ZR 177/06, FamRZ 2008, 1911). Nach der Scheidung hinzugekommene neue Unterhaltsverpflichtungen waren niemals unterhaltsbezogen leichtfertig eingegangen, da diesen eine gesetzliche Verpflichtung zugrunde liegt. Der Bundesgerichtshof hat deshalb am 15.3.2006 entschieden, dass alle erst nach der Scheidung entstandenen, neuen vor- und gleichrangigen Unterhaltslasten bereits bei der Bedarfsermittlung und nicht erst bei der Leistungsfähigkeit anzusetzen sind (BGH 15.3.2006 – XII ZR 30/04, FamRZ 2006, 683). Diese bisherige Rechtsprechung ist nun aufgrund der Entscheidung des Bundesgerichtshofs vom 7.12.2011 überholt (s. Rn 6).

c) Unterhaltsrechtsreform vom 1.1.2008. Der Gesetzgeber hat sich der oben aufgezeigten Entwicklung 5 in der Rechtsprechung im Unterhaltsrechtsreformgesetz angeschlossen. Auch wenn der Gesetzeswortlaut nicht geändert wurde, wurde der Inhalt des unbestimmten Rechtsbegriffs **den gesellschaftlichen Veränderungen angepasst** (Gerhardt FamRZ 2011, 8; Klinkhammer FamRZ 2010, 1777). In der Gesetzesbegründung ist dabei ausdrücklich dargelegt, dass bei gewandelten Familienstrukturen die Privilegierung des ersten Ehegatten nicht mehr zu rechtfertigen ist und bei beengten Verhältnissen zunächst der Unterhalt der minderjährigen Kinder gesichert werden muss (BT-Drucks. 16/1830, 12). Der geschiedene Ehegatte muss Belastungen durch weitere nach der Scheidung geborene Kinder und durch neue Ehegatten hinnehmen (BT-Drucks. 16/1830, 14). Dies entsprach auch der inzwischen geänderten Rechtsprechung des Bundesgerichtshofs. Dem wurde durch das Unterhaltsrechtsreformgesetz durch die neugeschaffenen Begrenzungsbestimmungen des § 1578 b BGB (s. → *Darlegungs- und Beweislast* Rn 18 ff) sowie durch die verstärkte **Eigenverantwortung** nach § 1569 BGB Rechnung getragen. Die **gleiche Teilhabe am gemeinsam Erwirtschafteten** wird zwar nach der Scheidung zunächst beibehalten, sie beinhaltet aber nach dem Willen des Gesetzgebers **keine Lebensstandardgarantie** mehr (BT-Drucks. 16/1830, 18). Auch wenn sich aufgrund des 2008 neu eingeführten § 1578 b BGB, der für alle Unterhaltstatbestände gilt, der Unterhaltsanspruch vermehrt hin zu einem reinen **Ausgleich für einen erlittenen ehebedingten Nachteil** entwickelt hat, darf nicht verkannt werden, dass sich das Maß des Ehegattenunterhalts nach wie vor nach den ehelichen Lebensverhältnissen richtet, also anders als beim Verwandtenunterhalt und insbesondere beim Unterhaltsanspruch nach § 1615 l BGB. Auch wenn eine **Befristung oder Begrenzung des Unterhalts gemäß § 1578 b BGB** in Betracht kommt, ist zunächst immer der volle Unterhaltsanspruch nach den ehelichen Lebensverhältnissen zu ermitteln. Erst in einem zweiten Schritt stellt sich die Frage, inwieweit der so ermittelte Unterhaltsanspruch auf einem ehebedingten Nachteil beruht und bei Fehlen eines solchen Nachteils zu begrenzen oder zu befristen ist. Teilweise wird die Auffassung vertreten, es käme seit Inkrafttreten des Unterhaltsrechtsreformgesetzes allein auf das Vorliegen eines ehebedingten Nachteils an mit der Folge, dass ausgehend von der Lebensstellung des Unterhaltsberechtigten vor der Ehe und/oder Geburt der Kinder die Prognose anzustellen sei, wie sich die Lebensstellung des Unterhaltsberechtigten zum Zeitpunkt des Unterhaltsanspruchs darstellen würde, wenn es nicht zur Ehe und/oder Geburt von Kindern gekommen wäre. Auf das Einkommen des Pflichtigen soll es danach wie bei § 1615 l BGB nur noch im Rahmen der Leistungsfähigkeit ankommen. Diese Auffassung findet im Gesetz keine Grundlage, im Gegenteil. Der Gesetzgeber hat bewusst das Maß des Unterhalts im Ehegattenunterhalt einerseits und Verwandtenunterhalt andererseits unterschiedlich ausgestaltet und hieran – trotz der Annäherung der Tatbestände von § 1570 BGB und § 1615 l BGB – nach der Unterhaltsrechtsreform festgehalten.

d) Entscheidung des Bundesverfassungsgerichts vom 25.1.2011 und die Reaktion des BGH vom 6 7.12.2011. Mit seiner Entscheidung vom 25.1.2011 hat das Bundesverfassungsgericht die zur Auslegung des § 1578 Abs. 1 S. 1 BGB entwickelte Rechtsprechung des Bundesgerichtshofs zu den **wandelbaren ehelichen Lebensverhältnissen** unter Anwendung der Berechnungsmethode der sog. **Dreiteilung** für verfassungswidrig erklärt (BVerfG 25.1.2011 – 1 BvR 918/10, FamRZ 2011, 437; s. → *Mehrere Bedürftige/Drittelmethode*). Der Entscheidung des Bundesverfassungsgerichts lag eine Unterhaltsabänderung eines **vorrangigen** geschiedenen Ehegatten nach Wiederverheiratung des Pflichtigen bei Anwendung der sog. **Drittelmethode** zugrunde. Das verteilungsfähige Einkommen des Unterhaltspflichtigen wurde zwischen dem Unterhaltspflichtigen und den beiden Unterhaltsberechtigten im Wege der Dreiteilung verteilt. Die Beteiligung mehrerer bedürftiger Ehegatten wurde bei der Unterhaltsberechnung bereits auf der Bedarfsebene berücksichtigt. Dies war gefestigte Rechtsprechung des Bundesgerichtshofs im Sinne der wandelbaren ehelichen Lebensverhältnisse, wonach auch nacheheliche neu aufgetretene Unterhaltsverpflichtungen zu den zu berücksichtigenden Belastungen bei der Ermittlung des Einkommens auf der Bedarfsebene zu berücksichtigen sind (s. Rn 4). Dies galt nach der Rechtsprechung des Bundesgerichtshofs für neue **vor- und gleich-**

rangige Unterhaltslasten, nicht aber bei nachrangigen neuen Ehegatten, somit die Fallkonstellation, die der Entscheidung des Bundesverfassungsgerichts zugrunde lag.

Unabhängig davon hat das Bundesverfassungsgericht die Anwendung der Dreiteilung für den nachehelichen Unterhalt im Falle der Wiederverheiratung des Unterhaltspflichtigen grundsätzlich für **verfassungswidrig** erklärt und das Problem der Beteiligung mehrerer bedürftiger Ehegatten bei der Unterhaltsberechnung von der Bedarfsstufe in die **Leistungsfähigkeit** verschoben. Im Falle der Kinderbetreuung des neu hinzugekommenen Ehegatten und Lebensgefährten weist diese Entscheidung einen Wertungswiderspruch zu einer Entscheidung des Bundesverfassungsgerichts während des Gesetzgebungsverfahrens zum Unterhaltsrechtsreformgesetz auf. Das Bundesverfassungsgericht hat nämlich mit einer Entscheidung vom 28.2.2007 in den Gesetzgebungsvorgang eingegriffen und entschieden, dass jedenfalls alle kinderbetreuenden Elternteile gleich zu behandeln seien, sowohl im Rang als auch bezüglich der Ausgestaltung des Anspruchs (BVerfG 28.2.2007 – 1 BvL 9/04, FamRZ 2007, 965). Mit dieser Entscheidung kippte das Bundesverfassungsgericht nicht nur die von den Konservativen geforderte, im Gesetzgebungsverfahren bereits einmal geänderte Rangfolge, wonach unverheiratete kinderbetreuende Elternteile stets hinter den geschiedenen Müttern im Betreuungsunterhalt stehen sollten, sondern forderte auch eine Angleichung der Tatbestände der §§ 1570, 1615 l BGB. In der Entscheidung vom 25.1.2011 räumt das Bundesverfassungsgericht offenbar den geschiedenen Unterhaltsberechtigten wieder die Priorität ein, allerdings nach dem Tenor dieser Entscheidung nur gegenüber neuen Ehegatten, nicht dagegen, wenn ein Unterhaltsanspruch nach § 1615 l BGB im Raum steht. Ob dies so gewollt war, ist offen.

Das Bundesverfassungsgericht beanstandet in seiner Entscheidung, dass der Bundesgerichtshof mit seiner Rechtsprechung zu den wandelbaren ehelichen Lebensverhältnissen und der daraus resultierenden Dreiteilungsmethode die gesetzliche Differenzierung zwischen Unterhaltsbedarf und Leistungsfähigkeit aufhebt und damit einen vom Gesetzgeber nicht gedeckten Systemwandel vorgenommen hat. Hinsichtlich anderer Verbindlichkeiten ist das Bundesverfassungsgericht jedoch auch bei nach der Ehe entstandenen Veränderungen dieser Rechtsprechung gefolgt, soweit es **unverschuldete Einkommenssenkungen** betrifft. Hinsichtlich **neu hinzugekommener Unterhaltsverpflichtungen** rügt das Bundesverfassungsgericht jedoch, dass der Bundesgerichtshof statt die Bestimmung des Unterhaltsbedarfs nach den ehelichen Lebensverhältnissen der aufgelösten Ehe vorzunehmen, diese mit dem Maßstab der wandelbaren ehelichen Lebensverhältnisse bestimme und damit unter Anwendung der Dreiteilungsmethode den Unterhaltsbedarf letztlich nach den tatsächlichen Lebensverhältnissen hinsichtlich Einkommen und Belastungen zum tatsächlichen Zeitpunkt der Geltendmachung des Unterhalts heranziehe. Insbesondere bei eigenem Einkommen des neuen Ehegatten des Unterhaltspflichtigen, welches der Bundesgerichtshof ebenfalls in die Bedarfsberechnung mit einbezieht, spiegelt dies nach der Entscheidung des Bundesverfassungsgerichts die ehelichen Lebensverhältnisse, für die der Gesetzgeber nach Auffassung des Bundesverfassungsgerichts nach wie vor den **Zeitpunkt der Scheidung** als maßgeblich betrachtet, nicht mehr wider. Die Rechtsprechung des Bundesgerichtshofs löse sich damit gänzlich von den gesetzlichen Vorgaben. Tatsache ist allerdings, dass ein solcher Zeitpunkt im Gesetz nicht geregelt ist. Die ehelichen Lebensverhältnisse haben als **unbestimmter Rechtsbegriff** eine sich im Laufe der Zeit wandelnde Auslegung erfahren, zuletzt durch die Unterhaltsrechtsreform vom 1.1.2008. Diese Auslegung wurde auch nicht etwa vom Bundesgerichtshof ohne Grundlage vorgenommen, sondern ist den Motiven des Gesetzgebers in der Gesetzesbegründung zu entnehmen (s. Rn 5). Bei der Nichtberücksichtigung neuer Unterhaltsverpflichtungen auf der Bedarfsebene ist das Bundesverfassungsgericht nicht konsequent. Wenn dem Unterhaltspflichtigen erlaubt ist, Einkommenssenkungen und neu hinzugekommene Verpflichtungen, die auf keiner Obliegenheitsverletzung beruhen, bedarfsmindernd in Ansatz zu bringen, fehlt es an einer Begründung, warum dies für neue Unterhaltsverpflichtungen nicht gelten soll. Auch solche neuen Verpflichtungen beruhen nicht auf vorwerfbarem Verhalten, ihnen liegt eine gesetzliche Verpflichtung zugrunde. Das Bundesverfassungsgericht rügt weiter, dass für den geschiedenen Ehegatten die Dreiteilung „häufig zu geringerem Unterhalt, selten zu gleichem Unterhalt und nie zu einem höheren Unterhalt" als nach der Halbteilung führe. Dass nachehelich kein erheblich höherer Unterhalt als während der Ehezeit geschuldet sein kann, ergibt sich schon aus der zu keinem Zeitpunkt beanstandeten **Karrieresprungsrechtsprechung** des Bundesgerichtshofs (s. Rn 9 ff). Wie sich der

Unterhaltsanspruch einer geschiedenen Ehefrau durch eine Neuheirat erhöhen soll, ist nicht nachvollziehbar und steht im Wertungswiderspruch zu der Rechtsprechung des Bundesverfassungsgerichts zum **Splittingvorteil** (BVerfG 7.10.2003 – 1 BvR 246/93, 1 BvR 2298/94, FamRZ 2003, 1821). In dieser Entscheidung hat das Bundesverfassungsgericht deutlich gemacht, dass ein Splittingvorteil aufgrund einer Neuverheiratung, der unstreitig zu einem höheren Einkommen des Unterhaltspflichtigen führt, nicht der geschiedenen Ehefrau zugute kommen soll, sondern in der neuen Ehe zu verbleiben hat. Dies hatte zur Folge, dass sich der Unterhaltsanspruch der ersten Ehefrau nach dem niedrigeren Einkommen ohne Splittingvorteil berechnet und sich deshalb der Unterhalt der geschiedenen Ehefrau nicht aufgrund der Neuheirat erhöhen kann.

Diese Rechtsprechung hatte freilich noch ihre Grundlage in der vor dem 1.1.2008 geltenden Rangordnung, wonach der erste Ehegatte immer vorrangig war. Das Bundesverfassungsgericht führt aber in seiner Entscheidung vom 25.1.2011 aus, dass der **Rang nur im Mangelfall zu beachten** sei. Der Splittingvorteil wurde allerdings bereits bei der Bedarfsermittlung herausgerechnet und nicht erst bei der Leistungsfähigkeit. Die Begründung hierfür lieferten nicht etwa die ehelichen Lebensverhältnisse der Erstehe, sondern die Wertung, dass der geschiedene Ehegatte aufgrund der neuen Eheschließung keinen höheren Unterhaltsanspruch beanspruchen sollte. Wie künftig beim Vorhandensein mehrerer Unterhaltsberechtigter zu verfahren ist, ließ die Entscheidung des Bundesverfassungsgerichts offen (s. → *Mehrere Bedürftige/Drittelmethode*).

Der Bundesgerichtshof gab als **Reaktion auf diese Bundesverfassungsgerichtsentscheidung** in der Entscheidung vom 7.12.2011 seine Rechtsprechung zur Bemessung des Unterhaltsbedarfs nach den ehelichen Lebensverhältnissen auf und kehrte für die Bedarfsbemessung nach den ehelichen Lebensverhältnissen zu dem seiner früheren Rechtsprechung zugrunde liegenden **Stichtagsprinzip** (s. Rn 2; → *Mehrere Bedürftige/Drittelmethode* Rn 2) zurück (BGH 7.12.2011 – XII ZR 151/09, FamRZ 2012, 281). Nach Gerhardt soll die grundsätzliche Rückkehr zur Stichtagsrechtsprechung jedoch nicht auch den Prüfungszeitpunkt für ein nicht in der Ehe angelegtes Einkommen auf den Zeitpunkt der Scheidung verlegen, sondern weiterhin durch den Zeitpunkt der Trennung bestimmt sein (Gerhardt FamRZ 2012, 589).

In der Entscheidung wird weiter ausgeführt, dass sich zwar nacheheliche Entwicklungen auf die Bedarfsbemessung nach den ehelichen Lebensverhältnissen auswirken können, jedoch nur, wenn sie auch bei fortbestehender Ehe eingetreten wären oder in anderer Weise **in der Ehe angelegt** und mit hoher Wahrscheinlichkeit zu erwarten waren. Daher sind Unterhaltspflichten für neue Ehegatten sowie für nachehelich geborene Kinder und dem dadurch bedingten Betreuungsunterhalt nach § 1615 l BGB nicht bei der Bemessung des Unterhaltsbedarfs eines geschiedenen Ehegatten nach § 1578 I S. 1 BGB zu berücksichtigen (s. BGH 25.1.2012 – XII ZR 139/09, FamRZ 2012, 525). Nunmehr solle bei gleichrangigen Unterhaltsberechtigten **im Rahmen der Leistungsfähigkeit** des Unterhaltverpflichteten nach § 1581 BGB eine **Billigkeitsabwägung** in Form einer Dreiteilung des gesamten unterhaltsrelevanten Einkommens durchzuführen sein. Bei dem gesamten unterhaltsrelevanten Einkommen sind daher auch die eigenen Einkünfte des neuen Unterhaltsberechtigten mit einzubeziehen. Allerdings müsse nunmehr im Rahmen der Leistungsfähigkeit auch wieder der Halbteilungsgrundsatz berücksichtigt werden, was zu einem relativen Mangelfall führen kann (s. → *Mangelfall und Selbstbehalt* Rn 12 ff).

III. Bemessung

1. Einkünfte

Die ehelichen Lebensverhältnisse werden in erster Linie bestimmt durch das **Einkommen der Eheleute**,   7
das zur **Deckung des Lebensbedarfs** eingesetzt worden ist und ihren Lebensstandard geprägt hat (BGH in ständiger Rechtsprechung, zB BGH 13.6.2001 – XII ZR 343/99, FamRZ 2001, 986). Darunter fallen alle Einkünfte, gleich welcher Art und gleich welchen Anlasses, also insbesondere alle Einkünfte aus den sieben Einkunftsarten nach § 2 EStG und **alle vermögenswerte Vorteile** (s. → *Einkommensermittlung und Bedarfsermittlung*). Auch Sozialleistungen können unter bestimmten Voraussetzungen prägendes Einkommen darstellen. Fiktive Einkünfte können die ehelichen Lebensverhältnisse nicht bestimmt haben, wenn sie während des Zusammenlebens objektiv nicht zur Verfügung gestanden haben, beispielsweise wenn ein

Ehegatte ein höheres Einkommen hätte erzielen können, dies aber unterlassen hat und sich die Eheleute daher mit einem geringeren Lebensstandard begnügen mussten (BGH 20.11.1996 – XII ZR 17/95, FamRZ 1997, 281; s. → *Fiktive Einkünfte*). Etwas anderes gilt natürlich, wenn der Ehegatte jahrelang ein eheprägendes Einkommen aus Erwerbstätigkeit bezogen hat und diese Tätigkeit ohne rechtfertigenden Grund aufgibt, dann ist ihm – und zwar auf der Bedarfsebene – fiktiv ein Einkommen zuzurechnen, das er bei gehörigem Bemühen erzielen könnte. Dies gilt auch für fiktive Einkünfte aus Versorgungsleistungen für den neuen Partner (BGH 5.5.2004 – XII ZR 10/03, FamRZ 2004, 1170; s. → *Bedürftigkeit* Rn 14). Bei überobligatorischem Einkommen hat der Bundesgerichtshof klargestellt, dass auf Seiten des Berechtigten nur der unterhaltsrelevante Teil, somit nicht der überobligatorische, als prägend bei der Bedarfsbemessung zu berücksichtigen ist (BGH 13.4.2005 – XII ZR 273/02, FamRZ 2005, 1154). Nur dieser Teil kann als Surrogat an die Stelle der eheprägenden früheren Haushaltstätigkeit oder Kinderbetreuung treten (s. → *Bedürftigkeit* Rn 13). Die ehelichen Lebensverhältnisse können auch durch Kapital und andere Vermögenseinkünfte sowie sonstige wirtschaftliche Nutzungen, wie beispielsweise den Wohnvorteil, geprägt werden, wobei es auf die Herkunft des Vermögens nicht ankommt (s. → *Bedarfsermittlung*; s. → *Einkommensermittlung*). Entscheidend ist vielmehr, ob und in welcher Höhe Vermögenseinkünfte erzielt wurden, und ob sie den Eheleuten während des Zusammenlebens zur Bestreitung des Lebensunterhalts der Familie zur Verfügung gestanden haben (BGH 23.11.2005 – XII ZR 51/03, FamRZ 2006, 387). In der Ehe angelegte Einkommenserhöhungen, soweit sie den Rahmen von üblichen Einkommenssteigerungen nicht überschreiten, sind als eheprägendes Einkommen zu berücksichtigen, ebenfalls die Aufnahme und/oder Ausweitung einer Erwerbstätigkeit als Surrogat der Familienarbeit (BGH 13.6.2001 – XII ZR 343/99, FamRZ 2001, 986, s. Rn 3). Nicht in der Ehe angelegt ist ein Erwerbseinkommen durch einen Karrieresprung (s. 9 ff); ebenso bei Vermögenseinkünften erst nach der Trennung neu hinzugekommene Einkommensquellen, zB aus einer Erbschaft oder einem Lottogewinn.

2. Verbindlichkeiten

8 Bei den Verbindlichkeiten ist zunächst zu prüfen, ob diese noch aus der **Zeit des Zusammenlebens** stammen. In diesem Fall sind sie stets zu berücksichtigen, unabhängig davon, ob sie von den Ehegatten gemeinsam oder nur von einem Ehegatten **mit oder ohne Einverständnis** des anderen aufgenommen wurden. Dies gilt ebenfalls für Verbindlichkeiten, die ein Ehegatte **mit in die Ehe eingebracht** und weiter bedient hat. Bei diesen Verbindlichkeiten kommt es nicht darauf an, wer von der Schuldentilgung profitiert. Derartige Belastungen standen auch während des Zusammenlebens nicht für den Lebensunterhalt zur Verfügung, weshalb sie bereits auf der Bedarfsebene in Abzug zu bringen sind. Eine Ausnahme hiervon bilden solche Verbindlichkeiten, die während der Ehe ohne Einverständnis des anderen Ehegatten **leichtfertig für luxuriöse Zwecke** und ohne verständlichen Grund eingegangen worden sind (BGH 25.1.1984 – IV b ZR 43/82, FamRZ 1984, 358). Bezüglich der Höhe der zu berücksichtigenden Verbindlichkeiten ist ebenfalls ein objektiver Maßstab anzusetzen. Sind die Raten unverhältnismäßig hoch oder niedrig, sind angemessene Raten im Rahmen eines **vernünftigen Tilgungsplans** in Ansatz zu bringen (BGH 7.4.1982 – IV b 681/80, FamRZ 1982, 678). Weiter ist bei in der Ehe eingegangenen Verbindlichkeiten nach Rechtshängigkeit des Scheidungsantrags oder bei einem ehevertraglichen Ausschluss des Zugewinnausgleichs ab Trennung zu prüfen, ob die Rückführung der Verbindlichkeiten nicht zu einer einseitigen, unterhaltsrechtlich nicht zu berücksichtigenden Vermögensbildung führt (s. → *Bedarfsermittlung* Rn 15, 25 ff). **Nach der Trennung eingegangene Verbindlichkeiten** waren auch schon nach der früheren Rechtsprechung des Bundesgerichtshofs dann zu berücksichtigen, wenn diese **unvermeidbar** waren, allerdings nicht bei der Bedarfsbemessung, sondern auf Seiten des Pflichtigen erst im Rahmen der Leistungsfähigkeit (BGH 21.1.1998 – XII ZR 117/96, FamRZ 1998, 1501). Nach der neueren Rechtsprechung des Bundesgerichtshofs zu den wandelbaren ehelichen Lebensverhältnissen sind solche unvermeidbaren Schulden dann bei der Bedarfsbemessung einkommensmindernd zu berücksichtigen, wenn die Eingehung der Schulden nicht auf einem vorwerfbaren Verhalten beruht (s. Rn 4). Etwas anderes muss nach Gerhardt wegen der Entscheidungen des Bundesverfassungsgerichts vom 25.1.2011 (BVerfG 25.1.2011 – 1 BvR 918/10, FamRZ 2011, 437; s. Rn 6) und des Bundesgerichtshofs vom 7.12.2011 (BGH 7.12.2011 – XII ZR 151/09, FamRZ 2012, 281; s. Rn 6) gelten, wenn diese Verbindlichkeiten wegen einer neuen Eheschließung aufgenommen werden, da

sie bei Fortbestehen der Ehe nicht entstanden wären. Diese Verbindlichkeiten werden dann, wenn sie unvermeidbar waren, wie bei der früheren Rechtsprechung des Bundesgerichtshofes bei der Leistungsfähigkeit berücksichtigt (Gerhardt, FamRZ 2012, 589, 591). Berücksichtigungswürdige höhere Aufwendungen
nach Trennung und Scheidung liegen beispielsweise vor bei einer höheren Steuerlast, bei höheren Vorsorgeaufwendungen im Rahmen der zulässigen Altersversorgung von insgesamt 24 % des Bruttoeinkommens
(BGH 27.5.2009 – XII ZR 111/08, FamRZ 2009, 1207). Bei neuen Unterhaltslasten gegenüber minderjährigen Kindern ist aufgrund der neuen Rechtsprechung des Bundesgerichtshofs (BGH 7.12.2011 – XII ZR
151/09, FamRZ 2012, 281) im Rahmen der Bedarfsermittlung des geschiedenen Ehegatten zu unterscheiden, ob diese Unterhaltslasten bereits vor Rechtskraft der Scheidung eintraten oder nicht. Wurde das Kind
aus einer neuen Verbindung vor Rechtskraft der Scheidung geboren, ist die daraus entstandene Unterhaltspflicht zu berücksichtigen. Bei einer Geburt nach Rechtskraft der Scheidung beeinflusst diese Unterhaltspflicht den Bedarf des geschiedenen Ehepartners nicht. Allerdings wird diese Unterhaltspflicht nun bei der
Leistungsfähigkeit berücksichtigt, wodurch sich durch die Rechtsprechungsänderung rein rechnerisch am
Gesamtergebnis nichts ändert. Bezüglich neuer Unterhaltsverpflichtungen für neue Ehegatten s. Rn 6; s. →
Mehrere Bedürftige/Drittelmethode).

IV. Karrieresprung

1. Grundsätzliches

Auch nach der neueren Rechtsprechung des Bundesgerichtshofs zu den wandelbaren ehelichen Lebensver-   9
hältnissen stellt ein durch einen Karrieresprung nach Trennung/Scheidung erzieltes Mehreinkommen **kein
bedarfsprägendes Einkommen** dar. Dem liegt die Erwägung zugrunde, dass die Teilhabe an einer erheblichen Einkommensverbesserung auch unter dem Gesichtspunkt der nachehelichen Solidarität nicht gerechtfertigt war, wenn sie vor der Trennung/Scheidung nicht zu erwarten war, mithin ein Karrieresprung vorliegt. Solche Einkommenssteigerungen haben ihre Grundlage nicht mehr in der Grundlage des während der
Ehe Geschaffenen, sondern beruhen nur noch auf eigenständigen Leistungen des Unterhaltspflichtigen
nach der Ehe. Eine **Ausnahme** hiervon gilt nach der Rechtsprechung des Bundesgerichtshofs dann, wenn
ein nachehelicher Karrieresprung lediglich einen neu hinzugetretenen Unterhaltsbedarf ausgleicht und nicht
zu einer Erhöhung des Unterhalts nach den während der Ehe absehbaren Verhältnissen führt. In diesem
Fall ist das aus dem Karrieresprung resultierende Einkommen in die Unterhaltsbemessung einzubeziehen
(BGH 17.12.2008 – XII ZR 9/07, DNotZ 2009, 550). S. hierzu auch → *Unterhaltsberechnung* Rn 7.

Die **Abgrenzung** prägender von nichtprägenden Einkommensentwicklungen ist in der Praxis häufig
schwierig. Insoweit stellt der Bundesgerichtshof auf die **Verhältnisse bei Trennung** und nicht bei Scheidung der Ehe ab (BGH 29.1.2003 – XII ZR 92/01, FamRZ 2003, 590). Es können nur solche Einkünfte
prägend sein, die ihre Wurzeln im gemeinsamen Zusammenleben haben. Leider gibt es in der Rechtsprechung keine in Zahlen kalkulierbare Richtschnur, ab welcher Einkommenserhöhung ein Karrieresprung
vorliegt. Da insbesondere der Bundesgerichtshof pauschalierende Regelungen auch in anderen Bereichen
des Unterhaltsrechts ablehnt (zB beim Wohnvorteil oder dem Betreuungsbonus), ist bei der Beurteilung, ob
ein Karrieresprung vorliegt, immer eine Einzelfallbetrachtung vorzunehmen. An einer prozentualen Größenordnung bezüglich der Einkommenserhöhung kann ein solcher Karrieresprung nicht festgemacht werden.

2. Beispiele aus der Rechtsprechung

a) Kein Karrieresprung

– Bei Aufnahme einer Auslandstätigkeit wenige Stunden nach der Trennung (OLG Karlsruhe 12.12.1996   10
  – 2 UF 35/95, FamRZ 1997, 1279). Die Tätigkeit war noch während des Zusammenlebens geplant und
  auch der Anstellungsvertrag wurde in dieser Zeit unterzeichnet.
– Einkommensverbesserungen eines Berufskraftfahrers, der nach der Trennung vom Nahverkehr in den
  Fernverkehr wechselt, da es nicht ungewöhnlich ist, dass ein Berufskraftfahrer im Laufe seines Arbeits-

lebens vom Nahverkehr in den Fernverkehr und umgekehrt wechselt (OLG Köln 16.3.2001 – 25 UF 222/00, FamRZ 2001, 1374).

–   Einkommensverbesserungen durch Aufnahme einer selbstständigen Tätigkeit (BGH 10.2.1988 – IV b ZR 16/87, FamRZ 1988, 927). Fallen Trennung und Selbstständigkeit zeitlich zusammen, so prägen die hieraus erzielten Einkünfte die ehelichen Lebensverhältnisse, da die Selbstständigkeit keine außergewöhnliche, während des Zusammenlebens der Beteiligten nicht geplante und unvorhergesehene Entwicklung darstellt.

–   Übernahme eines Elektroinstallationsunternehmens elf Jahre nach der Trennung, aber vor Rechtskraft der Scheidung (OLG Köln 7.12.1994 – 26 UF 141/94, FamRZ 1995, 876). Hier ist der besondere Sachverhalt zu berücksichtigen (der Unterhaltspflichtige hatte bereits während des Zusammenlebens seine Prüfung als Elektromeister abgelegt und sich bereits ein Jahr nach der Trennung um die Übernahme eines konkreten Betriebs gekümmert). Außerdem gab es einen ca. fünfmonatigen Versöhnungsversuch, in dem auch die Rede von einer Selbstständigkeit des Unterhaltspflichtigen war.

–   Berufsentwicklung vom Werkstattleiter zum Gewerbelehrer (OLG Hamm 3.5.1990 – 1 UF 384/89, FamRZ 1990, 1361).

–   Aufstieg vom Verwaltungsdirektor/stellvertretenden Intendanten zum Intendanten einer Rundfunkanstalt (OLG Saarbrücken 9.7.2003 – 9 UF 93/99). In diesem Fall war das Ausscheiden des früheren Intendanten bereits vor der räumlichen Trennung der Beteiligten bekannt, die erstrebte Kandidatur des Unterhaltsschuldners im engsten Freundes- und Familienkreis bekannt und von der Ehefrau mitgetragen und unterstützt worden.

–   Beförderung eines Beamten aus der Besoldungsgruppe A 12 in die Gruppe A 13 (OLG Zweibrücken 5.9.2000 – 5 UF 49/00). Der Unterhaltspflichtige hat sich bereits im Vorfeld um die neu zu besetzende Stelle der Gruppe A 13 beworben. Es ist keine vom Normalfall erheblich abweichende Entwicklung, zumal die Prägung für die Position bereits vorher vorhanden war.

–   Rentenbezüge eines vom Hauptmann (Besoldungsgruppe A 11) zum Oberstleutnant (Besoldungsgruppe A 15) beförderten Unterhaltspflichtigen (BGH 13.4.1982 – IV b ZR 741/80, FamRZ 1982, 684). Die Beförderung vom Hauptmann zum Oberstleutnant ist bei einem kriegsgedienten Offizier durchaus normal.

–   Aufstieg vom Maschinensteiger zum Reviersteiger (BGH 20.7.1990 – XII ZR 74/89, FamRZ 1990, 1090). Zum Zeitpunkt der Scheidung war der Pflichtige bereits im zehnten Jahr Maschinensteiger, so dass seine baldige Beförderung zum Reviersteiger mit hoher Wahrscheinlichkeit zu erwarten war und auch von den Beteiligten tatsächlich erwartet wurde.

–   Höherstufung um eine Vergütungsgruppe im Tarifvertrag und Gewährung einer monatlichen Zulage (OLG Hamm 28.2.1997 – 13 UF 370/96, FamRZ 1998, 291).

–   Beförderung vom Referatsleiter zum Ministerialrat (OLG Köln 21.1.1992 – 4 UF 170/91, FamRZ 1993, 711). Maßgeblich war bei dieser Entscheidung, dass die Beförderung zum Zeitpunkt der Scheidung bereits derart wahrscheinlich war, dass die Ehegatten ihren Lebenszuschnitt vernünftigerweise darauf einstellen konnten.

–   Beförderung vom Außendienstmitarbeiter zum Bezirksleiter (BGH 19.7.2000 – XII ZR 161/98, FamRZ 2000, 1492). Eine solche Entwicklung stellt für sich keinen außergewöhnlichen Karriereanstieg dar.

–   Aufstieg vom Schichtsteiger zum Leiter der Elektrowerkstatt (OLG Hamm 19.10.2005 – 11 UF 78/05, FamRZ 2006, 707). Die hierfür erforderlichen Fortbildungsmaßnahmen waren von geringer Intensität und fielen somit nicht aus dem üblichen Rahmen.

–   Einkommensanstieg in einem Zeitraum von rund sieben Jahren ab Scheidung von 3842,50 DM brutto auf 5203 DM beim gleichen Arbeitgeber (OLG Karlsruhe 26.11.1987 – 2 UF 162/85, FamRZ 1988, 507). Einkommenssteigerungen, die auf einer gleichmäßigen Verbesserung der Entlohnung durch denselben Arbeitgeber beruhen und nicht auf einem Wechsel in eine höher qualifizierte Stellung, sind kein außergewöhnlicher Karrieresprung.

–   Einkommenssteigerungen um etwa das Dreifache (OLG Celle 12.10.2005 – 12 UF 222/04, FamRZ 2006, 704). Hier entsprach es dem normalen beruflichen Werdegang. Es war keine neue oder zusätzliche Ausbildung erforderlich. Eine kontinuierliche Fortbildung und Anpassung an neue berufliche Anforderungen ist Voraussetzung für eine erfolgreiche Teilnahme am Erwerbsleben. Die nacheheliche Einkommensentwicklung hat ihre Ursachen in der Ehe, wie ein während der Ehe absolviertes Fachhochschulstudium, das zur späteren Einkommenssteigerung führt (OLG Celle 12.10.2005 – 12 UF 222/04, FamRZ 2006, 704).

– Beförderung vom Kraftfahrer zum Fernkraftfahrer, auch wenn das Einkommen in der neuen Einsatzart höher ist (OLG Köln 16.3.2001 – 25 UF 222/00, FamRZ 2001, 1374).

b) Karrieresprung

– Das 21 Jahre nach Scheidung der Ehe erfolgte Aufrücken des unterhaltspflichtigen Ehegatten aus dem **11** mittleren Management in die obere Führungsebene eines großen Chemieunternehmens entspricht nicht dem Normalverlauf der beruflichen Entwicklung eines promovierten Chemikers und prägt deshalb die ehelichen Lebensverhältnisse nicht mehr (OLG Zweibrücken 28.7.2006 – 2 UF 249/05).

– Beförderung eines Bankkaufmanns (OLG Schleswig 24.1.2003 – 10 UF 209/01, NJW-RR 2004, 147) zum Abteilungsleiter mit einem um mehr als ein Drittel erhöhten Einkommen.

– Beförderung vom Bankangestellten zum Abteilungsdirektor mit Prokura. Hierbei handelt es sich nicht nur um die Auswechslung des Titels, sondern um eine echte Funktionsänderung (OLG Köln 29.12.2003 – 14 WF 180/03, FamRZ 2004, 1114).

– Beförderung von einer Richterplanstelle R 2 in R 3 (OLG Celle 4.11.1998 – 21 UF 146/98, FamRZ 1999, 858).

– Einkommensverbesserungen durch Einsatz der nach der Trennung zur Verfügung stehenden Freizeit für die berufliche Fortbildung statt der bisherigen Verwendung für das eheliche Zusammenleben (OLG Koblenz 17.3.2003 – 13 UF 63/03, FamRZ 2003, 1109). Durch konsequente Fortbildung in der erst nach der Trennung freigewordenen Freizeit konnte erfolgreich eine Bewerbung initiiert werden. Die Gesamtentwicklung war zum Zeitpunkt der Trennung nicht absehbar.

– Beförderung eines Sonderschullehrers (A 13) zum Konrektor (A 14) (OLG Nürnberg 1.12.2003 – 7 WF 3447/03, FamRZ 2004, 1212). Es handelt sich nicht um eine Regelbeförderung, zumal es verhältnismäßig wenig Stellen als Konrektor gibt.

– Aufstieg eines Sportjournalisten zum Leiter einer übergeordneten Schwerpunktredaktion (OLG Koblenz 25.11.1996 – 13 UF 568/96, NJW-FER 1997/122).

– Berufs- und Einkommensentwicklung eines Unterhaltspflichtigen, der nach kaufmännischer Lehre zunächst als Sachbearbeiter der kaufmännischen Abteilung eingesetzt war und erst nach Trennung und Scheidung in einem anderen Unternehmen die Position eines Abteilungsleiters im Verkaufsbüro übernahm (OLG Hamm 16.6.1989 – 5 UF 501/88, FamRZ 1990, 65).

– Einkommenssteigerung des Pflichtigen, der sowohl zum Zeitpunkt der Trennung als auch zum Zeitpunkt der Scheidung als Verkaufsleiter beschäftigt war und erst rund drei Jahre nach der Scheidung zum Geschäftsführer des gleichen Unternehmens aufstieg (OLG München 10.1.1997 – 12 WF 1262/96, FamRZ 1997, 613). Diese berufliche Entwicklung beruhte allein auf dem Einsatz und den Leistungen des Unterhaltspflichtigen nach der Scheidung und nicht auf einem normal üblichen beruflichen Werdegang.

– Übermäßig gute wirtschaftliche Entwicklung einer selbstständigen Tätigkeit (BGH 31.3.1982 – IV b ZR 661/80, FamRZ 1982, 576). Im vorliegenden Fall basiert der geschäftliche Aufschwung erkennbar auf besonderen im Verlauf der Trennung der Beteiligten erbrachten unternehmerischen Leistungen des Unterhaltspflichtigen, die ihre Grundlage nicht in den früheren gemeinsamen Arbeits- und Lebensverhältnissen der Beteiligten hatten.

– Aufstieg vom Angestellten zum freien Handelsvertreter mit höherem Einkommen (OLG Stuttgart 19.11.1990 – 11 UF 119/90, FamRZ 1991, 952).

– Die Berufung eines Oberarztes zum Chefarzt eines Krankenhauses während der Trennungszeit, jedoch etwa fünf Jahre nach der Trennung der Eheleute kann eine unterhaltsrechtlich unerwartete, vom Normalverlauf erheblich abweichende Entwicklung darstellen, so dass aus der Chefarzttätigkeit erzielte Einkünfte die ehelichen Lebensverhältnisse nicht prägen (OLG Celle 7.11.2007 – 15 UF 56/07, BeckRS 2008, 16053).

3. Folgen

12 Beruht das aktuelle Einkommen auf einem Karrieresprung, kann für die Unterhaltsberechnung nicht etwa das Einkommen zum Zeitpunkt der Trennung zugrunde gelegt werden. Vielmehr ist das bedarfsbestimmende Einkommen **fiktiv** zu ermitteln, wie es sich bei einer normalen, während des Zusammenlebens erwarteten Entwicklung gesteigert hätte. Alternativ ist das Einkommen zum Zeitpunkt der Trennung anhand der Indizes der Statistischen Jahrbücher hochzurechnen, um Gehaltserhöhungen mit zu berücksichtigen.

74. Ehename

Vlassopoulou

I. Einführung............................... 1
II. Materielles Familienrecht................. 2
  1. Begrifflichkeit/Grundsätzliches............... 2
  2. Gestaltungsmöglichkeiten..................... 4
    a) Bestimmung eines Ehenamens
      (§ 1355 Abs. 2 BGB)...................... 7
    b) Kein gemeinsamer Ehename
      (§ 1355 Abs. 1 S. 3 BGB).................. 11
    c) Gemeinsamer Ehename und Begleitname,
      Doppelname eines Ehegatten
      (§ 1355 Abs. 4 BGB)...................... 12

  3. Namensführung bei Verwitwung und Scheidung 16
  4. Streit über die Führung des Ehenamens........ 18
  5. Maßgebliches Standesamt für die Namensfüh-
    rung.. 20
III. Internationales Privatrecht..................... 21
  1. Vorrang des Personalstatuts
    (Art. 10 Abs. 1 EGBGB)...................... 21
  2. Rechtswahl (Art. 10 Abs. 2 EGBGB)........... 24
  3. Namensführung nach der Scheidung........... 29

I. Einführung

Ehename kann nur der Name sein, den jemand infolge der Ehe hat. Das führt einmal zur Frage, auf welche 1 Weise eine verheiratete Person einen Ehenamen erhält, sei es automatisch durch die Eheschließung oder zwingend infolge der Eheschließung, ferner zu der Frage, ob die Ehegatten das **Wahlrecht** haben, zu bestimmen, ob sie einen Ehenamen führen wollen, und wenn ja, wann und wie die Bestimmung des Ehenamens erfolgt, sowie schließlich zu der Frage, welchen Namen die Eheleute zum Ehenamen bestimmen können. Das Gesetz anerkennt das Interesse eines oder beider Ehegatten, den bisherigen Namen weiter zu führen. Es verzichtet auf einen entsprechenden Zwang. Es überlässt den Ehegatten, einen Ehenamen zu bestimmen (s. Rn 7 ff).

II. Materielles Familienrecht

1. Begrifflichkeit/Grundsätzliches

Ehename ist der **gemeinsame Familienname** der Ehegatten (§ 1355 Abs. 1 S. 1 BGB). Jede Person hat ei- 2 nen Familiennamen. Aber nur Ehegatten können einen Ehenamen bilden. Nichtverheiratete erlangen keinen gemeinsamen Familiennamen. Für eingetragene Lebenspartnerschaften s. → *Eingetragene Lebenspartnerschaft* Rn 13 f.

Durch die Ehe ändert sich der Name der Ehegatten nicht. Die Vorschrift zur Bestimmung eines Ehenamens 3 ist eine **Sollvorschrift** (§ 1355 Abs. 1 S. 1 BGB).

2. Gestaltungsmöglichkeiten

Die Ehegatten haben drei Gestaltungsmöglichkeiten: Sie können einen Ehenamen bestimmen (§ 1355 4 Abs. 1 S. 1 BGB) oder ihren bisherigen Familiennamen beibehalten (§ 1355 Abs. 1 S. 3 BGB). Schließlich kann ein Ehegatte seinen Namen mit dem Ehenamen zu einem Doppelnamen verbinden (§ 1355 Abs. 4 BGB).

Gem. § 14 Abs. 1 PStG sind die Eheschließenden vor der Eheschließung zu befragen, ob sie einen Ehena- 5 men bestimmen wollen. Die **Erklärung** zum Ehenamen soll bei der Eheschließung erfolgen, und zwar gegenüber dem Standesbeamten. Sie kann aber auch nachgeholt werden. Wird sie später abgegeben, muss sie öffentlich beglaubigt werden (§ 1355 Abs. 3 BGB). Erklärungen unter Bedingung oder Befristung sind unwirksam.

Nach hM ist die **Namensbestimmung** ein Rechtsgeschäft, das jedoch aus Gründen der Rechtssicherheit 6 grundsätzlich nicht der Anfechtung unterliegt (OLG München 23.12.2008 – 31 Wx 105/08, StAZ 2009, 78). Folgt man dieser Auffassung, dürfte ein Ehegatte nur im Wege der Scheidung eine irrtümliche oder erzwungene Namenswahl revidieren können (NK-BGB/Wellenhofer § 1355 BGB Rn 9).

7   **a) Bestimmung eines Ehenamens (§ 1355 Abs. 2 BGB).** Als Ehename kann wahlweise der Geburtsname oder der zur Zeit der Erklärung über die Bestimmung des Ehenamens geführte Name eines Ehegatten geführt werden (§ 1355 Abs. 2 BGB).

8   Als **Geburtsname** ist hier der Name zu verstehen, der in die Geburtsurkunde eines Ehegatten zum Zeitpunkt der Eheschließung bzw der Namenserklärung gegenüber dem Standesbeamten einzutragen wäre (§ 1355 Abs. 6 BGB). Er ist zwangsläufig nicht identisch mit dem Namen, der bei der Geburt des Ehegatten eingetragen wurde (§§ 1616 f BGB). Der ursprüngliche Geburtsname kann sich nachträglich geändert haben (s. → *Namensänderung* Rn 8 ff).

9   Bei der Wahl des Namens zum Ehenamen, den ein Ehegatte zum Zeitpunkt der Bestimmung führt, ist unerheblich, ob dieser Name aus einer früheren Ehe dieses Ehegatten stammt. Auch ein „**erheirateter" Name** kann zum Ehenamen gemacht werden (Palandt/Brudermüller § 1355 BGB Rn 4). Unerheblich ist auch, ob es bei dem erheirateten Namen um einen adligen Namen geht. Auch ein ausländischer Namenszusatz oder ein nur tatsächlich geführter Name kann zum Ehenamen bestimmt werden, wenn er über einen nicht unbedeutenden Zeitraum die Person des Namensträgers mitbestimmt hat und ein Vertrauenstatbestand vorliegt (BVerfG 11.4.2001 – 1 BvR 1155/03, NJW-FER 2001, 193).

10   Als Ehename ausgeschlossen ist ein **gemeinsamer Doppelname**, bestehend aus den Namen, die die Ehegatten zum Zeitpunkt der Eheschließung führen. Dessen ungeachtet gibt es aber Konstellationen, unter denen ein Doppelname zum Ehenamen bestimmt werden kann (NK-BGB/Wellenhofer § 1355 BGB Rn 7). Auch wenn ein gemeinsamer Doppelname nicht zulässig ist, ist es möglich, dass ein aus Ehename und Begleitname zusammengesetzter Name eines Ehegatten aus der früheren Eheschließung zum Ehenamen der neuen Ehe wird. Damit wird ein Doppelname zum Ehenamen. Ähnliches gilt, wenn der Name des Ehegatten ein nach ausländischem Recht entstandener Doppelname ist. Unzulässig ist aber, nur einen Teil des Doppelnamens des Ehegatten zum Ehenamen zu bestimmen. Unbedenklich ist, wenn als Ehename der Name eines Ehegatten bestimmt wird, der als solcher bereits ein mehrgliedriger Name ist (Beispiel: „Auf der Heide").

11   **b) Kein gemeinsamer Ehename (§ 1355 Abs. 1 S. 3 BGB).** Bestimmen die Ehegatten keinen Ehenamen, führen sie ihren zur Zeit der Eheschließung geführten Namen weiter (§ 1355 Abs. 1 S. 2 BGB). Welchen Geburtsnamen gemeinsame Kinder erhalten, regeln §§ 1617 f BGB (s. → *Namensbestimmung bei Minderjährigen* Rn 5 ff).

12   **c) Gemeinsamer Ehename und Begleitname, Doppelname eines Ehegatten (§ 1355 Abs. 4 BGB).** Der Ehegatte, dessen Name nicht Ehename wird, kann dem Ehenamen seinen Geburtsnamen oder den Namen, den er zur Zeit der Erklärung über die Bestimmung des Ehenamens führt, voranstellen oder anfügen (§ 1355 Abs. 4 S. 1 BGB). Die Hinzufügung eines Begleitnamens ist ausgeschlossen, wenn der Ehename aus mehreren Namen besteht. Hintergrund ist, die Bildung von Doppel- und Mehrfachnamen zurückzudrängen, um dem Namen seine Identifikationskraft zu erhalten und auch in der Generationenfolge zu sichern (BVerfG 5.5.2009 – 1 BVR 1155/03, NJW 2009, 1660). Besteht der Geburtsname oder der zum maßgeblichen Zeitpunkt geführte Name eines Ehegatten aus mehreren Namen, kann nur einer dieser Namen als Begleitname dem Ehenamen hinzugefügt oder vorangestellt werden (§ 1355 Abs. 4 S. 2 und 3 BGB). Der Ehegatte, der einen Begleitnamen bestimmt, führt dann einen Doppelnamen.

Begleitname kann auch der Name sein, der aus einer vorangegangenen Eheschließung oder Lebenspartnerschaft erworben wurde. Der Begleitname muss eingliedrig sein (§ 1355 Abs. 4 S. 2 BGB).

13   Die **Erklärung zum Begleitnamen** kann bei der Eheschließung oder auch zu einem späteren Zeitpunkt erfolgen. Sie unterliegt keiner Frist und bedarf nicht der Zustimmung oder der Beteiligung des anderen Ehegatten.

14   Der als Folge einer späteren **Adoption** geänderte Geburtsname tritt als Beiname zum Ehenamen zwingend an die Stelle des früheren Geburtsnamens (BGH 17.8.2011 – XII ZB 656/10, NJW 2011, 394).

Der Ehegatte kann die Erklärung zum Beinamen widerrufen. Eine erneute Erklärung ist nicht zulässig **15** (§ 1355 Abs. 4 S. 4 BGB). Beim **Widerruf** kehrt der Ehegatte zu seinem zuvor geführten Namen zurück oder entscheidet sich ausschließlich für den gemeinsamen Ehenamen. Er kann nicht die Reihenfolge des gewählten Doppelnamens ändern oder einen neuen Begleitnamen dem Ehenamen anfügen oder voranstellen. Die Erklärung des Begleitnamens und deren Widerruf müssen öffentlich beglaubigt werden (§ 1355 Abs. 4 S. 5 BGB).

3. Namensführung bei Verwitwung und Scheidung

Durch die Ehescheidung ändert sich an dem Ehenamen nichts. Sowohl der geschiedene als auch verwitwete **16** Ehegatte behält den Ehenamen auch dann, wenn dieser Geburtsname oder erheirateter Name des anderen Ehegatten ist (Palandt/Brudermüller § 1355 BGB Rn 14). Der durch die Eheschließung erworbene Name kann auch an Kinder weitergegeben werden, die nicht aus dieser Ehe stammen.

Der geschiedene oder verwitwete Ehegatte kann aber durch Erklärung gegenüber dem Standesbeamten sei- **17** nen **Geburtsnamen** oder den Namen wieder annehmen, den er bis zur Bestimmung des Ehenamens führte. Die Wiederannahme des Geburtsnamens oder des früher geführten Namens ist unwiderruflich (OLG Frankfurt 28.8.2009 – 20 W 87/09, NJW-RR 2010, 73). Der geschiedene Ehegatte hat außerdem die Wahl, dem erworbenen Ehenamen nunmehr den Geburtsnamen oder den bei der Eheschließung geführten Namen als Begleitnamen voran- oder nachzustellen und damit einen Doppelnamen iSv § 1355 Abs. 4 zu bilden. Sämtliche Alternativen des § 1355 Abs. 5 BGB unterliegen keiner Frist.

Eine Zustimmung oder Einwilligung des anderen Ehegatten zur Führung des Ehenamens nach der Scheidung ist nicht erforderlich.

4. Streit über die Führung des Ehenamens

Ein Ehegatte, dessen Name zum Ehenamen bestimmt wurde, kann bei späteren Streitigkeiten dem anderen **18** die Führung des Ehenamens nicht verbieten.

Der geschiedene Ehegatte hat nach der Scheidung keinen Anspruch gegen den anderen auf Ablegung des **19** angenommenen Ehenamens. Die **Fortführung** des Ehenamens kann nur in Ausnahmefällen wegen Rechtsmissbrauchs untersagt werden (BGH 25.5.2005 – XII ZR 204/02, NJW-RR 2005, 1521). Eine ehevertragliche Abrede, in der sich der Ehegatte, dessen Name nicht zum Ehenamen bestimmt worden ist, verpflichtet, im Falle der Auflösung der Ehe seinen Geburtsnamen wieder anzunehmen, ist nicht generell sittenwidrig (BGH 6.2.2008 – XII ZR 185/05, NJW 2008, 1528).

5. Maßgebliches Standesamt für die Namensführung

Zuständig für die Erklärung zur Bestimmung des Ehenamens, des Begleitnamens und dessen Widerruf oder **20** bei Rechtswahl gem. Art. 10 EGBGB (s. Rn 22 ff) ist das Standesamt, das das **Eheregister** führt, in dem die Eheschließung beurkundet ist (§ 41 Abs. 2 PStG).

III. Internationales Privatrecht

1. Vorrang des Personalstatuts (Art. 10 Abs. 1 EGBGB)

Die Frage, nach welchem Recht sich die Führung des Ehenamens bei Ehen mit Auslandsberührung richtet, **21** regelt in Ermangelung vorrangiger EU-Vorschriften und völkerrechtlicher Vereinbarungen (s. → *Internationales Familienrecht* Rn 2) Art. 10 EGBGB.

Demnach unterliegt die Namensführung einer Person ihrem **Heimatrecht** (Art. 10 Abs. 1 EGBGB). Vor **22** der Anwendung des Heimatrechts ist zu prüfen, ob dieses Recht möglicherweise auf das deutsche Recht zurückverweist (Art. 4 Abs. 1 EGBGB; s. → *Auslandsbezug bei Ehesachen* Rn 54). Bei Mehrstaatern ist die effektive Staatsangehörigkeit maßgeblich. Ist eine Person auch Deutscher, hat diese Rechtsstellung immer Vorrang (Art. 5 Abs. 1 EGBGB). Das Heimatrecht ist für die Namensführung insgesamt (dh Familiennamen, Vornamen, Schreibweise) maßgeblich (BGH 17.2.1993 – XII ZB 134/92, NJW 1993, 2241). Das deutsche Recht als lex fori entscheidet grundsätzlich über die Transliteration des Namens bei der Eintragung in die Personenstandsbücher (Palandt/Thorn Art. 10 EGBGB Rn 7). Bei dem Vorrang des Personalstatuts (= Recht des Staates, dem eine Person angehört; s. Art. 5 EGBGB) bleibt es auch, wenn eine Person heiratet. Übertragen auf den Ehenamen bedeutet das, dass für den Namen jedes Ehegatten sein Personalstatut maßgeblich ist.

23 Haben die Ehegatten dieselbe **ausländische Nationalität** und kennt das gemeinsame Heimatrecht keinen Ehenamen, bleibt es auch nach der Eheschließung bei den getrennten Familiennamen. Entsprechendes gilt, wenn die Eheleute nicht dieselbe Nationalität haben und ihr jeweiliges Heimatrecht oder das Heimatrecht eines von ihnen einen Ehenamen nicht kennt. Ein Ehename kann gleichwohl gebildet werden, wenn sich die Heimatrechte inhaltlich nicht ausschließen, zB wenn der Ehemann nach seinem Heimatrecht seinen Namen behält, während die Ehefrau nach ihrem Heimatrecht infolge der Eheschließung den Namen ihres Mannes erwirbt. Die Ehegatten einer gemischt-nationalen Ehe können einen gemeinsamen Familiennamen wählen, wenn ihre Heimatrechte eine solche Option vorsehen und sich inhaltlich nicht ausschließen. Das gilt auch für gemischt-nationale Ehen, an denen ein Deutscher beteiligt ist. Der Name des deutschen Ehegatten richtet sich nach § 1355 BGB, der Name seines ausländischen Ehegatten nach dessen Heimatrecht. Nur dann, wenn auch das Heimatrecht des ausländischen Ehegatten die Wahlmöglichkeit eines Ehenamens kennt, kann ein Ehename nach § 1355 Abs. 2 BGB bestimmt werden (s. Rn 7 ff).

2. Rechtswahl (Art. 10 Abs. 2 EGBGB)

24 Kennt das Heimatrecht eines Ehegatten keinen Ehenamen, kann es gleichwohl zu einem Ehenamen kommen, wenn die Ehegatten eine Rechtswahl treffen. Gem. Art. 10 Abs. 2 EGBGB haben die Ehegatten die Möglichkeit, eine Rechtswahl für die Namensführung zu treffen, dh zu bestimmen, nach dem Recht welchen Staates sich ihr zukünftiger Name richten soll. Die Ehegatten können als maßgebendes Recht für die zukünftige Namensführung das Heimatrecht eines von ihnen oder das deutsche Recht wählen. Bei der Wahl des deutschen Rechts wird verlangt, dass einer von ihnen seinen gewöhnlichen Aufenthalt in Deutschland hat.

25 Die **Erklärung** über die Rechtswahl für die Namensführung kann bei oder nach der Eheschließung getroffen werden. Es spielt keine Rolle, ob die Ehe im Inland oder im Ausland geschlossen wurde. Auch Eheleute, die im Ausland geheiratet haben, können diese Erklärung im Inland nachholen. Die Erklärung ist gegenüber dem Standesbeamten abzugeben. Eine nach der Eheschließung abgegebene Erklärung muss öffentlich beglaubigt werden.

26 **Folge der Rechtswahl** nach Art. 10 Abs. 2 EGBGB ist, dass die Ehegatten den Familiennamen nach dem Recht des Staates führen, das sie gewählt haben. Wählen die Ehegatten das deutsche Recht, was voraussetzt, dass einer von ihnen seinen gewöhnlichen Aufenthalt (s. → *Gewöhnlicher Aufenthalt* Rn 8 ff) in Deutschland hat, können sie anschließend gem. § 1355 Abs. 2 BGB einen Ehenamen wählen. Allein die Erklärung über die Rechtswahl führt nicht zu einem gemeinsamen Namen nach § 1355 Abs. 2 BGB. Beide Erklärungen können miteinander verbunden werden. Die Rechtswahl über den Ehenamen erstreckt sich nicht automatisch auf die aus der Ehe hervorgegangenen Kinder (Art. 10 Abs. 2 S. 3 EGBGB).

27 Die nach Art. 10 Abs. 2 EGBGB im Inland wirksam getroffene Rechtswahl wird im Ausland nicht anerkannt, wenn das Heimatrecht eines Ehegatten eine Rechtswahl nicht zulässt. Der ausländische Ehegatte hat dann nach seinem Heimatrecht einen anderen Familiennamen als in Deutschland. Zur Vermeidung solcher **hinkenden Rechtsverhältnisse** sollten daher die Eheleute bei Abgabe der Erklärung darauf hingewiesen werden, dass die getroffene Wahl möglicherweise im Ausland nicht anerkannt wird.

28 Ehegatten, die unter dem für sie zuvor maßgebenden ausländischen Recht bereits einen Ehenamen bestimmt hatten, können, wenn für sie nach **Wechsel des Personalstatuts** deutsches Recht anwendbar ist, ihren Ehenamen für die Zukunft gem. § 1355 Abs. 1 S. 1, Abs. 2 BGB neu bestimmen (BGH 21.3.2011 –

XII ZB 83/99, NJW 2001, 2469). Die Ehegatten können in einem solchen Fall den Ehenamen gem. Art. 47 Abs. 1 S. 2 EGBGB angleichen, dh an die deutsche Namensführung anpassen.

3. Namensführung nach der Scheidung

Die namensrechtlichen Folgen der Ehescheidung richten sich nach der Scheidung, nicht nach dem Scheidungs- (s. → *Auslandsbezug bei Ehesachen* Rn 28 ff) oder dem Ehewirkungsstatut (s. → *Eheliche Lebensgemeinschaft* Rn 29 ff), sondern nach dem jeweiligen **Personalstatut** der Ehegatten (Palandt/Thorn Art. 10 EGBGB Rn 12). 29

Haben die Ehegatten eine **Rechtswahl** für die Namensführung getroffen, ist das (gewählte) Ehenamensstatut auch für die Namensführung der Ehegatten nach Scheidung der Ehe maßgeblich. Der geschiedene Ehegatte hat nach Art. 10 Abs. 2 EGBGB nicht das Recht, nach Scheidung der Ehe sich einseitig von der vereinbarten Rechtswahl zu lösen (OLG Hamm 12.8.1999 – 15 W 219/99, StAZ 1999, 370). 30

75. Ehescheidung

Wegener

I. Einführung...................................... 1
II. Scheidungstatbestände......................... 2
  1. Grundtatbestand des § 1565 Abs. 1 BGB....... 2
  2. Scheidung nach einem Jahr Trennung........... 7
    a) Im Einvernehmen der Eheleute............. 7
    b) Ohne Einvernehmen der Eheleute........... 11
  3. Scheidung nach mehr als drei Jahren Trennung.. 13
  4. Scheidung vor Ablauf des ersten Trennungsjah-
    res... 14
III. Härteklausel................................... 15
  1. Kinderschutzklausel.......................... 16
  2. Ehegattenschutzklausel...................... 19

I. Einführung

1 Das Scheidungsrecht ist vom Zerrüttungsprinzip geprägt. Dieses Prinzip wird vom Gedanken der gescheiterten Ehe als Scheidungsvoraussetzung getragen. Für das früher geltende Verschuldensprinzip ist daher
kein Raum mehr. Die Scheidung der Ehe ist die Ausübung eines Gestaltungsrechts, welches ausschließlich
durch richterliche Entscheidung gem. § 1564 S. 1 BGB erfolgen kann. Die **Scheidungsvoraussetzungen**
ergeben sich gem. § 1564 S. 3 BGB abschließend aus §§ 1565–1568 BGB. Darunter sind die sogenannten
vier Scheidungstatbestände zu verstehen. Die Scheidung nach einem Jahr Trennung im Einvernehmen der
Eheleute (Rn 7 ff), nach einem Jahr Trennung ohne Einvernehmen (Rn 11 f), nach drei Jahren Trennung
(Rn 13) und vor Ablauf des Trennungsjahres (Rn 14; s. → *Härtefallscheidung*). In allen Fällen ist die Erfüllung des Grundtatbestandes (Rn 2 ff), also das Scheitern der Ehe, die Voraussetzung zur Scheidung.

II. Scheidungstatbestände

1. Grundtatbestand des § 1565 Abs. 1 BGB

2 Die Zerrüttung der Ehe ist die maßgebliche Scheidungsvoraussetzung. In § 1565 Abs. 1 S. 1 BGB verwendet der Gesetzgeber den unbestimmten Rechtsbegriff des **Scheiterns der Ehe**. Dies stellt den Grundtatbestand für alle Scheidungstatbestände dar. Ohne das Scheitern der Ehe festgestellt zu haben, kann keine
Scheidung ausgesprochen werden.

3 Nach § 1565 Abs. 1 S. 2 BGB konkretisiert der Gesetzgeber den Rechtsbegriff des Scheiterns in den objektiven Bestandteil der **aufgehobenen Lebensgemeinschaft** und der Prognose, ob die Lebensgemeinschaft
durch die Ehegatten wieder hergestellt werden wird.

4 Es muss eine tiefgreifende **Zerrüttung** objektiv feststellbar sein. Davon ist auszugehen, wenn die eheliche
Lebensgemeinschaft aufgehoben ist. Zwar gehört zur ehelichen Lebensgemeinschaft typischerweise auch
die häusliche Gemeinschaft, was man aus § 1567 BGB folgern kann. Dies ist aber nicht zwingend. Die
Eheleute sind frei in der Gestaltung ihrer Ehe und damit auch in ihrer individuellen Definition, was unter
der ehelichen Lebensgemeinschaft zu verstehen ist. So wird man das Vorliegen einer Ehe nicht verneinen
können, nur weil die Eheleute von vorneherein nicht die Absicht hatten, eine **häusliche Gemeinschaft** zu
begründen, sondern in zwei getrennten Wohnungen zu leben. Entsprechendes ist anzunehmen, wenn eine
häusliche Gemeinschaft nicht begründet werden kann, etwa aus beruflichen Gründen oder weil ein Ehegatte sich in einem Pflegeheim oder in einer Haftanstalt befindet.

5 Es hängt daher von der Vorstellung der Eheleute ab, wann eine tiefgreifende Zerrüttung im Sinne der Aufhebung der ehelichen Lebensgemeinschaft vorliegt. Man wird dann davon sprechen können, wenn ein Festhalten an der Ehe von mindestens einem Partner endgültig abgelehnt wird und damit keine geistig-
emotionale Verbindung zum anderen Partner aufrechterhalten werden soll (NK-BGB/Bisping § 1565 BGB
Rn 7).

6 In einer Prognose (Rn 11) ist gem. § 1565 Abs. 1 S. 2 BGB festzustellen, ob die Zerrüttung unheilbar ist.
Das Getrenntleben an sich ist zwar ein starkes Indiz dafür. Dieser Umstand alleine reicht aber nicht aus, um
die Prognose zu rechtfertigen. Es muss mindestens ein Umstand hinzutreten, woraus mit an Sicherheit
grenzender Wahrscheinlichkeit davon ausgegangen werden kann, dass eine Versöhnung der Eheleute nicht

erfolgen wird. Ist daher eine **Versöhnungsbereitschaft** festzustellen, muss das Gericht nach § 136 Abs. 1 FamFG das Verfahren von Amts wegen aussetzen, es sei denn, die Ehegatten leben länger als ein Jahr getrennt und beide Ehegatten widersprechen. Durch den Widerspruch beider Ehegatten rechtfertigt sich die Prognose, dass eine Versöhnung mit an Sicherheit grenzender Wahrscheinlichkeit nicht zu erwarten ist.

2. Scheidung nach einem Jahr Trennung

a) Im Einvernehmen der Eheleute. Leben die Ehegatten mehr als ein Jahr getrennt (s. → *Getrenntleben)* und wünschen sie beide die Scheidung, wird gem. § 1566 Abs. 1 BGB **unwiderlegbar** das Scheitern der Ehe vermutet. Während dieser Zeit darf keine häusliche Gemeinschaft bestanden haben und mindestens einer der Ehegatten muss den Willen kundgetan haben, die häusliche Gemeinschaft zumindest bis auf Weiteres auch nicht wieder herstellen zu wollen.   7

Während die Beantragung der Scheidung gem. § 114 Abs. 1 FamFG nur durch einen Rechtsanwalt erfolgen   8 kann, kann die Zustimmung in der mündlichen Verhandlung oder zur Niederschrift der Geschäftsstelle auch durch den anwaltlich nicht vertretenen Beteiligten erklärt werden, § 134 Abs. 1 FamFG.

Liegen die Voraussetzungen vor, stimmt der Antragsgegner der Scheidung zu oder durch stellt er durch   9 seine anwaltliche Vertretung ebenfalls Scheidungsantrag, ist das Scheitern der Ehe durch den Richter nicht mehr zu überprüfen. Es ist kein Raum mehr für eine positive Prognose, das Scheitern der Ehe wird **unwiderlegbar** angenommen, § 1566 Abs. 1 BGB.

An die Antragstellung bzw die Zustimmung knüpft sich gleichzeitig der Verlust des **gesetzlichen Erb-**   10 **rechts** gem. § 1933 S. 1 BGB an und – allerdings widerlegbar bei anders gelagertem Erblasserwillen – der Verlust des gewillkürten Erbrechts gem. §§ 2077 Abs. 1 S. 2, 2268 Abs. 2, 2279 Abs. 2 BGB (s. → *Ehegattenerbrecht* Rn 10).

b) Ohne Einvernehmen der Eheleute. Leben die Ehegatten mehr als ein Jahr getrennt (s. → *Getrenntle-*   11 *ben)* und beantragt nur ein Ehegatte die Scheidung, während der andere weder einen eigenen Scheidungsantrag stellt, noch der Scheidung zustimmt, ist das Scheitern der Ehe ausdrücklich festzustellen. Es liegt eine streitige Scheidung vor. Der Ablauf eines Trennungsjahres an sich reicht noch nicht für die Vermutung des Scheiterns der Ehe. In diesen Fällen kommt der **Prognose** gem. § 1565 Abs. 1 S. 2 BGB darüber, ob noch eine Versöhnung der Eheleute zu erwarten ist, besondere Bedeutung zu (Rn 6). Stellt das Gericht fest, dass der die Scheidung begehrende Ehegatte sich endgültig von der Ehe abgewendet hat, spricht dies für ein Scheitern der Ehe. Dies ist vor allem dann anzunehmen, wenn es dem Ehegatten an jeder Bereitschaft fehlt, sich wieder auszusöhnen. Die einseitige **Aussöhnungsbereitschaft** des anderen Ehegatten oder der einseitige Wunsch, an der Ehe festzuhalten, reicht für eine positive Prognose nicht aus (Saarländisches OLG 8.6.2005 – 9 UF 131/04, FamRB 2006, 2) und steht deshalb der Annahme des Scheiterns der Ehe nicht entgegen (Saarländisches OLG 21.4.2011 – 6 UF 13/11).

Der Ehegatte, der die Scheidung nicht wünscht, kann eine abweisende Entscheidung nur erreichen, wenn   12 der Nachweis gelingt, das Trennungsjahr sei noch nicht abgelaufen oder mit einer **Wiederherstellung** der ehelichen Lebensgemeinschaft sei konkret in absehbarer Zeit zu rechnen (Brandenburgisches OLG 10.3.2011 – 9 UF 90/10).

3. Scheidung nach mehr als drei Jahren Trennung

Leben die Ehegatten mehr als drei Jahre dauernd voneinander getrennt (s. → *Getrenntleben)*, wird gem.   13 § 1566 Abs. 2 BGB das Scheitern der Ehe **unwiderlegbar** vermutet. Mithin wird auch bei streitiger Scheidung die Erfüllung des Scheidungsgrundtatbestandes angenommen. Es gibt keinen Raum zu prüfen, ob die Ehe tatsächlich gescheitert ist. Einwendungen, die Ehe sei in Wahrheit noch nicht gescheitert, sind unbeachtlich. Es kommt nicht darauf an, ob der andere Ehegatte der Scheidung zustimmt oder selbst Scheidungsantrag gestellt hat.

4. Scheidung vor Ablauf des ersten Trennungsjahres

14 Nach § 1565 Abs. 2 BGB kann die Ehe schon vor Ablauf des ersten Trennungsjahres geschieden werden, wenn der Ausnahmetatbestand der unzumutbaren Härte vorliegt. Dieser Tatbestand wird häufig auch Härtefallscheidung genannt (s. → *Härtefallscheidung*).

III. Härteklausel

15 Die Härteklausel des § 1568 BGB ist auf alle Scheidungstatbestände grundsätzlich anwendbar und sieht eine **Kinderschutzklausel** und eine **Ehegattenschutzklausel** vor. Ist die Ehe gem. § 1565 Abs. 1 BGB zerrüttet und liegen die Scheidungsvoraussetzungen vor, kann die Scheidung ausnahmsweise gem. § 1568 BGB verweigert werden, wenn dies im Sinne der minderjährigen Kinder oder des widersprechenden Ehegatten geboten erscheint. Ein endgültiges Scheidungsverbot stellt dies aber nicht dar. Die Scheidung kann unter Umständen zu einem späteren Zeitpunkt erneut beantragt werden.

1. Kinderschutzklausel

16 Erscheint die Aufrechterhaltung im Interesse der aus der Ehe hervorgegangenen minderjährigen Kinder aus besonderen Gründen ausnahmsweise notwendig, soll die Ehe nicht geschieden werden. § 1568 BGB ist eine **Ausnahmevorschrift** und daher eng auszulegen. Das Vorliegen des Ausnahmetatbestandes ist, anders als bei der Ehegattenschutzklausel, von Amts wegen zu prüfen (Garbe in: VerfFamR § 2 Rn 295). Selbst wenn beide Ehegatten scheidungswillig sind, kann ausnahmsweise der Schutz des Kindes ein Versagen der Scheidung rechtfertigen.

17 Die Anwendung muss auf außergewöhnliche Fallgestaltungen beschränkt bleiben. Es müssen schädliche Folgen für das Kind zu befürchten sein, die infolge der Scheidung zu den trennungsbedingten Nachteilen noch hinzutreten und die durch die Aufrechterhaltung der gescheiterten Ehe abgewendet oder abgemildert werden können (OLG Frankfurt/M. 9.1.2002 – 2 UF 62/01, NJW-RR 2002, 577). Die ernsthafte Gefahr des **Suizids** eines minderjährigen Kindes im Falle der Ehescheidung stellt beispielsweise einen besonderen Grund iSd § 1568 BGB dar (Hanseatisches OLG 17.12.1985 – 2 UF 209/83, FamRZ 1986, 469).

18 Lassen sich die Voraussetzungen des § 1568 BGB nicht feststellen, ist die Ehe zu scheiden. Liegen die Voraussetzungen vor, ist die Scheidung der Ehe nicht endgültig ausgeschlossen. Ein neuer Scheidungsantrag ist möglich, wenn die Härtegründe nicht mehr vorliegen, weil beispielsweise Volljährigkeit eingetreten ist oder im Falle der Suizidgefahr des minderjährigen Kindes eine Therapie erfolgreich war.

2. Ehegattenschutzklausel

19 Auf Seiten des widersprechenden Ehegatten müssen gem. § 1568 2. Alt. BGB außergewöhnliche Umstände vorliegen, die eine so **schwere Härte** darstellen würden, dass selbst unter Berücksichtigung der Belange des scheidungswilligen Ehepartners die Aufrechterhaltung der Ehe ausnahmsweise geboten erscheint.

20 Die Ehegattenschutzklausel kommt nur in Betracht, wenn der andere Ehegatte weder einen Scheidungsantrag eingereicht noch der Scheidung zugestimmt hat. Darüber hinaus muss er eine Erklärung dahin gehend abgeben, dass er die **Scheidung ablehnt**. Wird keine Erklärung abgegeben, darf das Gericht nicht von Amts wegen ermitteln. Der scheidungsunwillige Ehegatte muss die Umstände vortragen, die § 1568 BGB rechtfertigen sollen. Ihm obliegt der Beibringungsgrundsatz, § 127 Abs. 3 FamFG.

21 Die Umstände müssen **außergewöhnlich** und **atypisch** sein, also müssen Umstände durch die Scheidung eintreten, die nicht typischerweise bei einer Scheidung zu erwarten sind. Häufig liegen Fallkonstellationen im Zusammenhang mit einer schweren Erkrankung oder einer konkreten Suizidgefahr des Scheidungsunwilligen vor (Garbe in: VerfFamR § 2 Rn 300). Diese Umstände müssen jeweils in einem besonderen Zusammenhang mit der Auflösung der Ehe durch die Scheidung stehen. Eine schwere Erkrankung an sich wird nicht als Begründung ausreichen. Das OLG Stuttgart hat einen Härtefall bei einem schwer erkrankten pflegebedürftigen 85-jährigen Scheidungsunwilligen bejaht, weil nach 58-jähriger Ehe eine Scheidung in

den letzten Lebensjahren eine unzumutbare Härte darstelle (14.5.2002 – 18 UF 519/01, NJW-RR 2002, 1443).

Die Aufrechterhaltung der Ehe muss **geboten** sein. Solange andere Möglichkeiten zur Milderung oder Be- **22** seitigung der Härte bestehen, besteht kein Grund, die Ehescheidung auszuschließen.

76. Eheschließung im Ausland

Vlassopoulou

I. Einführung... 1
II. Maßgebliches Formstatut
(Art. 11 Abs. 1 EGBGB)......................... 4
  1. Geschäftsrecht oder Ortsrecht.................. 4
  2. Anwendungsbereich.......................... 11
  3. Trauungen auf Schiffen und in Flugzeugen...... 15

III. Verfahrenshinweise............................. 16
  1. Registrierung im Inland (§ 34 PStG)........... 16
  2. Ehefähigkeitszeugnis für Deutsche (§ 39 PStG). 17
  3. Nachweis der Eheschließung (§§ 54, 57 PStG).. 18
  4. Vorteile der Registrierung..................... 19
IV. Nebengebiete.................................... 21

I. Einführung

1   Bei einer Eheschließung im Ausland mit oder ohne Beteiligung eines Deutschen stellt sich die Frage, ob und ggf unter welchen Voraussetzungen diese Ehe im Inland Gültigkeit beanspruchen kann. Soll sie automatisch in Deutschland wirksam sein, auch dann, wenn sie im Ausland nur in kirchlicher Form oder privat geschlossen wurde? Soll die Ehe auch dann wirksam sein, wenn beispielsweise nach deutschem Recht der eine Verlobte nicht ehemündig ist, oder wenn die Eheschließung für einen Verlobten eine Zweit- oder Mehrehe ist? Nach dem Recht welchen Staates soll sich die Wirksamkeit der Ehe richten?

2   Die **sachlichen Voraussetzungen** der Eheschließung einschließlich der Folgen ihres Fehlens beurteilen sich nach dem Heimatrecht jedes Verlobten, ohne dass es eine Rolle spielt, in welchem Staat die Eheschließung stattfindet (Art. 13 Abs. 1 EGBGB). Die gegen das im Inland geltende Eheverbot der Doppelehe (s. → *Doppelehe* Rn 2 ff) geschlossene Zweitehe eines Deutschen im Ausland ist nach deutschem Recht auch dann unwirksam, wenn das Recht des Ortes der Eheschließung eine Zweitehe zulässt. Zu den Voraussetzungen der Ehe s. → *Eheschließung mit Ausländern* Rn 3 ff.

3   Von den Voraussetzungen der Eheschließung zu unterscheiden ist die Frage der **Formgültigkeit** einer im Ausland geschlossenen Ehe. Diese beurteilt sich grundsätzlich nach Art. 11 Abs. 1 EGBGB. Zu vorrangigen Staatsverträgen im Verhältnis zu einzelnen Staaten s. → *Eheschließung mit Ausländern* Rn 1.

II. Maßgebliches Formstatut (Art. 11 Abs. 1 EGBGB)

1. Geschäftsrecht oder Ortsrecht

4   Gemäß Art. 11 Abs. 1 EGBGB (Form von Rechtsgeschäften) richtet sich die Formgültigkeit der im Ausland geschlossenen Ehe **alternativ** nach dem Geschäftsrecht oder nach dem Ortsrecht.

5   Geschäftsrecht (Geschäftsstatut) ist das Recht, das für die Eheschließung (die Ehevoraussetzungen) selbst maßgeblich ist (Art. 13 Abs. 1 EGBGB), dh das Heimatrecht beider Ehegatten. Ortsstatut (Ortsrecht) ist das Recht des Ortes, an dem die Eheschließung stattfindet.

6   Bei der Bestimmung des Rechts, das für die Ehevoraussetzungen maßgeblich ist, ist die **Rückverweisung** (renvoi) zu beachten (s. → *Eheschließung mit Ausländern* Rn 6). Die Verweisung auf das Ortsrecht ist dagegen **Sachnormverweisung**. Das IPR des fremden Rechts ist daher nicht zu beachten (Andrae § 1 Rn 116).

7   Für Deutsche bestand bis zum 1.1.2009 die Möglichkeit, eine Ehe im Ausland formwirksam auch vor dem deutschen Konsularbeamten zu schließen (§ 8 Abs. 1 KonsG, außer Kraft getreten am 1.1.2009).

8   Ist daher die im Eheschließungsort vorgesehene **Form** (zB der Zivilehe) nicht eingehalten worden, sondern die Ehe ist kirchlich entsprechend dem Heimatrecht der Verlobten geschlossen worden, ist diese Ehe gleichwohl in Deutschland formwirksam. Es interessiert Deutschland nicht, ob die Ehe nach dem Ortsrecht formgültig geschlossen wurde. Umgekehrt reicht es für Deutschland aus, wenn bei der im Ausland geschlossenen Ehe die Ortsform, zB der kirchlichen Trauung, eingehalten wurde, auch wenn diese Form der Eheschließung dem Heimatrecht der Verlobten nicht entspricht. Deutsche können daher formwirksam eine Ehe im Ausland nach dortigem **religiösen Ritus** schließen, wenn diese Form der Eheschließung dem dorti-

gen Ortsrecht entspricht. Das wäre zB bei einer kirchlichen Eheschließung in Griechenland der Fall. Nach griechischem Recht ist eine rein kirchlich geschlossene Ehe genauso formwirksam wie eine standesamtliche Ehe.

Ist die im Ausland geschlossene Ehe aus deutscher Sicht unwirksam, stellt sie, weil sie nicht als bestehende 9 Ehe gilt, kein Ehehindernis für eine neue Eheschließung im Inland dar (s. → *Doppelehe* Rn 4).

Die Wirksamkeit einer im Ausland geschlossenen Ehe ist bei einer Scheidung in Deutschland immer als 10 Vorfrage zu prüfen (s. → *Auslandsbezug bei Ehesachen* Rn 59 f).

2. Anwendungsbereich

Zu den **Formerfordernissen**, die sich gem. Art. 11 Abs. 1 EGBGB beurteilen, gehören insbesondere das 11 Aufgebot, die Erforderlichkeit eines Ehefähigkeitszeugnisses oder einer Heiratslizenz, die Form der Eheschließung (standesamtlich oder religiös), die Form der Willenserklärung (zB formlos oder notariell beurkundet), der Trauungsakt, die Zuständigkeit des Trauungsorgans, ggf des Geistlichen, das Erfordernis von Zeugen, die Notwendigkeit einer Registrierung, die Zulässigkeit der Vertretung bei der Eheschließung (s. Andrae § 1 Rn 119).

Aus diesem Grund kann sich ein Deutscher im Ausland bei der Eheschließung auch vertreten lassen 12 (**Handschuhehe**; BGH 19.12.1958 – IV ZR 87/58, NJW 1959, 717), falls die Ortsform dies zulässt, wie das in Italien, Mexiko, Kolumbien, aber auch in den Niederlanden der Fall ist (MüKo/Coester Art. 13 EGBGB Rn 148).

Auch die Folgen der **Verletzung von Formvorschriften** und die Frage ihrer Heilung beurteilen sich wahl- 13 weise nach dem Heimatrecht beider Verlobten oder nach dem Ortsrecht. Ist die Form sowohl nach dem Ortsrecht als auch nach dem Wirkungsstatut verletzt, beurteilen sich die Folgen nach dem milderen Recht. Zweck der alternativen Anknüpfung gem. Art. 11 Abs. 1 EGBGB ist, das Rechtsgeschäft möglichst bestehen zu lassen (Palandt/Thorn Art. 11 EGBGB Rn 11).

Die Frage eines **Rechtsmissbrauchs**, dh der Umgehung der strengeren deutschen Vorschriften, liegt nahe, 14 wenn eine Eheschließung, die im Inland nicht wirksam geschlossen werden kann, im Ausland stattfindet. Gleichwohl greift der Vorwurf des Rechtsmissbrauchs nicht durch, weil Art. 11 Abs. 1 EGBGB die Ortsform ausdrücklich zulässt. Das gilt auch dann, wenn die Eheschließung zu dem Zweck erfolgt, ausländerrechtlichen Maßnahmen im Inland zu entgehen (VGH Baden-Württemberg 14.5.2007 – 11 S 1640/06, NJW 2007, 2506).

3. Trauungen auf Schiffen und in Flugzeugen

Auch eine Schiffstrauung kann formwirksam sein. Nach hM hängt die **Formwirksamkeit** von Trauungen 15 durch den Schiffskapitän auf hoher See vom Recht der Flagge ab (Recht des Flaggenstaates). Für Eheschließungen in Flugzeugen gilt entsprechend das Recht des Registrierungsstaates (MüKo/Coester Art. 13 EGBGB Rn 149).

III. Verfahrenshinweise

1. Registrierung im Inland (§ 34 PStG)

Die Eheschließung eines Deutschen im Ausland kann auf Antrag im **Eheregister** beurkundet werden. Das 16 Gleiche gilt für Staatenlose, heimatlose Ausländer und ausländische Flüchtlinge mit gewöhnlichem Aufenthalt im Inland (§ 34 PStG). Die Eintragung setzt voraus, dass die Auslandsehe wirksam ist. Die Wirksamkeit der Eheschließung und damit die standesamtliche Registrierbarkeit der Auslandsehe hängen nicht davon ab, ob alle Vornamen des deutschen Verlobten vollzählig in der Heiratsurkunde angegeben wurden (OLG Düsseldorf 12.12.2011 – I-3 Wx 199/11, FamRZ 2012, 1497).

Hat der Standesbeamte Zweifel oder lehnt er die Registrierung ab, kann die Entscheidung des Gerichts herbeigeführt werden (§ 49 f PStG).

2. Ehefähigkeitszeugnis für Deutsche (§ 39 PStG)

17 Die Ausstellung eines Ehefähigkeitszeugnisses, das ein Deutscher zur Eheschließung im Ausland braucht, regelt § 39 PStG. Gleiches gilt für Staatenlose, heimatlose Ausländer und Flüchtlinge mit Aufenthalt im Inland.

3. Nachweis der Eheschließung (§§ 54, 57 PStG)

18 Gem. § 54 PStG beweist die **Beurkundung im Eheregister** die Eheschließung sowie die sonstigen Angaben über den Personenstand der Personen, auf die sich der Eintrag bezieht. Was in die Eheurkunde aufgenommen wird, ergibt sich aus § 57 PStG.

4. Vorteile der Registrierung

19 Die Eintragung im Eheregister erleichtert den **Nachweis** der Eheschließung für das Finanzamt (Ehegattensplitting) und die Auslandsbehörden (Aufenthaltserlaubnis). Ferner spricht die Eintragung in das Eheregister für die Wirksamkeit der im Ausland geschlossenen Eheschließung, was wiederum wichtig bei einer eventuellen späteren Scheidung dieser Ehe im Inland ist. Denn die Ehe kann nach deutschem Recht nur geschieden werden, wenn sie formgültig zustande gekommen ist (s. → *Auslandsbezug bei Ehesachen* Rn 59 f). Auch hat die Eintragung im Eheregister den Vorteil, dass beim Tod eines der Ehegatten seine gesetzlichen Erben schneller festgestellt werden können.

20 In **Eilfällen** und wenn davon auszugehen ist, dass der deutsche Standesbeamte seine Mitwirkung für eine Eheschließung in Deutschland verweigern wird, empfiehlt sich die Eheschließung in einem Nachbarstaat wie zB Dänemark und die anschließende Aufnahme in das Eheregister in Deutschland. Davon wird in der Praxis häufig Gebrauch gemacht (vgl auch das „Informationsblatt zu Eheschließungen in Dänemark", das die Botschaft der Bundesrepublik Deutschland in Kopenhagen herausgibt). Streitig ist, ob eine solche Ehe ausländerrechtlich auch dann beachtlich ist, wenn ein Partner zur Zeit der Eheschließung am Trauungsort keinen rechtmäßigen Aufenthalt hatte. Allerdings sollte nicht übersehen werden, dass die im Ausland geschlossene wirksame Ehe auch dann beachtlich ist, wenn sich ein Partner dort nicht rechtmäßig aufgehalten hat. Denn Art. 11 Abs. 1 EGBGB lässt ausdrücklich die Ortsform zu (VGH Baden-Württemberg 14.5.2007 – 11 S 1640/06, NJW 2007, 2506).

IV. Nebengebiete

21 Die ausländerrechtlichen Rechte und Pflichten werden auch durch die dem Schutz des Art. 6 Abs. 1 GG unterliegende, im Ausland geschlossene Ehe beeinflusst (BVerfG 12.5.1987 – 2 BvR 1226/83, 2 BvR 101/84, 2 BvR 313/84, NJW 1988, 626).

77. Eheschließung im Inland

Vlassopoulou

I. Einführung	1	IV. Verfahrenshinweise	10
II. Grundsatz der obligatorischen Zivilehe	2	1. Anmeldung zur Eheschließung	10
1. Konsenserklärung	2	2. Kirchliche Trauung	11
2. Mitwirkung des Standesbeamten	4	3. Praktische Hinweise	12
3. Trauung	7	V. Internationales Privatrecht	14
4. Heilung einer formungültigen Ehe	8	1. Grundsatz: Inlandsehe – Inlandsform	14
III. Folgen beim Verstoß gegen die Formvorschriften	9	2. Ausnahme: Eheschließung vor ermächtigten Personen	16

I. Einführung

In Deutschland kann eine Ehe nur unter Mitwirkung eines **Standesbeamten** wirksam geschlossen werden. **1**
Die Nichtbeachtung dieser Formvorschrift führt grundsätzlich zu einer Nichtehe (s. → *Feststellung des Bestehens oder Nichtbestehens einer Ehe* Rn 1). Eine Ausnahme gilt für Eheschließungen zwischen Ausländern (Rn 16 f).

Ferner ist in Deutschland eine Eheschließung nur zwischen **Mann und Frau** zulässig. Personen gleichen Geschlechts können eine eingetragene Lebenspartnerschaft eingehen (s. → *Eingetragene Lebenspartnerschaft* Rn 6 ff).

II. Grundsatz der obligatorischen Zivilehe

1. Konsenserklärung

Die Verlobten erklären vor dem Standesbeamten, dass sie die Ehe miteinander eingehen wollen (§ 1310 **2**
Abs. 1 S. 1 BGB). Die Erklärung bedarf keiner besonderen Form. Erforderlich ist, dass die Verlobten die Erklärung **persönlich und bei gleichzeitiger Anwesenheit** abgeben. Eine Eheschließungserklärung durch einen Vertreter oder Boten (Handschuhehe) ist für eine Eheschließung im Inland nicht zulässig. Die Eheschließungserklärung kann auch nicht unter einer Bedingung oder Zeitbestimmung abgegeben werden (§ 1311 BGB). Willensmängel im Zusammenhang mit der Eheschließungserklärung können nur durch einen Antrag auf Aufhebung der Ehe (§ 1314 BGB) geltend gemacht werden; die Anwendung der allgemeinen Bestimmungen des BGB betreffend Willensmängel ist ausgeschlossen (Staudinger/Löhnig § 1310 BGB Rn 56).

Die wechselseitigen Erklärungen der Verlobten begründen eine Ehe nur dann, wenn sie vor einem zur Mit- **3**
wirkung bereiten Standesbeamten abgegeben worden sind. Trotz der erforderlichen Mitwirkung des Standesbeamten wird die Ehe nicht durch einen staatlichen Hoheitsakt, sondern durch den Konsens der Verlobten begründet. Die Eheschließung ist ein **familienrechtlicher Vertrag**, der einer besonderen Form bedarf (Palandt/Brudermüller Vor § 1310 BGB Rn 2).

2. Mitwirkung des Standesbeamten

Der Standesbeamte ist zur Mitwirkung verpflichtet, wenn die Voraussetzungen der Eheschließung vorlie- **4**
gen. Er muss seine Mitwirkung verweigern, wenn offenkundig ist, dass die Ehe nach § 1314 Abs. 2 BGB aufhebbar wäre (§ 1310 Abs. 1 S. 2 BGB). Dies ist insbesondere bei einer Scheinehe der Fall (s. → *Scheinehe* Rn 3 f).

Zu den **Voraussetzungen der Eheschließung** gehört insbesondere die Ehefähigkeit der Eheschließenden **5**
(s. → *Ehefähigkeit*), das Fehlen von Eheverboten und Ehehindernissen (s. → *Eheverbote und Ehehindernisse*). Der Standesbeamte hat die Ehevoraussetzungen anhand der Urkunden zu prüfen, die ihm die Eheschließenden bei der **Anmeldung** der Eheschließung (s. Rn 10) vorlegen müssen. Bestehen konkrete Anhaltspunkte dafür, dass die zu schließende Ehe aufhebbar wäre, kann der Standesbeamte die erforderlichen Ermittlungen anstellen. Hat er Zweifel, ob seine beabsichtigten Untersuchungsmaßnahmen verhältnismäßig

sind, darf er die Entscheidung des Amtsgerichts gem. § 49 Abs. 2 PStG herbeiführen (NK-BGB/Kleist § 1310 BGB Rn 9).

6   Standesbeamter ist, wer zur Beurkundung und Beglaubigung für Zwecke des Personenstandswesens bestellt ist (§ 2 Abs. 1 PStG). Um das Risiko fehlerhafter Bestellungen von Standesbeamten zulasten der Eheschließenden zu vermeiden, ist die Eheschließung auch dann gültig, wenn sie vor einer Person zustande kommt, die, ohne Standesbeamter zu sein, das Amt eines Standesbeamten öffentlich ausübt, wie zB der nicht oder nicht mehr bestellte Beamte oder der Standesbeamte, der außerhalb seines Bezirks tätig wird (**Scheinstandesbeamter**) und die Eheschließung anschließend in das Eheregister eingetragen hat (§ 1310 Abs. 2 BGB).

3. Trauung

7   Die Trauung soll in einer der Bedeutung der Ehe entsprechenden **würdigen Form** erfolgen (§ 14 Abs. 2 PStG). In der Regel findet die Eheschließung im Standesamt während der Dienstzeiten statt. Der Standesbeamte kann aber aus besonderen Gründen, wie zB lebensbedrohlicher Krankheit eines der Verlobten, verpflichtet sein, eine Trauung außerhalb des Amtsgebäudes und der Dienstzeit zu ermöglichen. Zeugen sind nicht zwingend vorgeschrieben. Der Standesbeamte befragt jeden Verlobten, ob er die Ehe mit dem anderen eingehen will, und nachdem beide diese Frage bejaht haben, spricht er aus, dass sie nunmehr kraft Gesetzes rechtmäßig verbundene Eheleute sind (§ 1312 BGB). Der Ausspruch des Standesbeamten ist nur deklaratorischer Natur. Die Eheschließung wird im **Eheregister** (früher: Heiratsbuch) beurkundet (§ 15 PStG). Die Eintragung im Eheregister ist aber keine Voraussetzung für die Gültigkeit der Ehe.

4. Heilung einer formungültigen Ehe

8   Eine Ehe, die im Inland unter Verstoß gegen die deutschen Formvorschriften geschlossen wurde, ist ungültig. § 1310 Abs. 3 BGB sieht die Heilung einer formungültigen Ehe unter **vier Voraussetzungen** vor. Die Verlobten müssen erklärt haben, die Ehe miteinander eingehen zu wollen, der Standesbeamte muss in Bezug auf die Nichtehe eine der in § 1310 Abs. 3 Nr. 1–3 BGB erwähnten urkundlichen Handlungen vorgenommen haben und hinzu müssen die Verlobten zehn Jahre oder bis zum Tod eines Partners mind. fünf Jahre wie Ehegatten miteinander gelebt haben. Die Heilung wirkt ex tunc, sie kann jedoch beschleunigt werden durch Wiederholung einer rechtsgültigen Eheschließung (HK-FamR/Ganz § 1310 BGB Rn 5).

III. Folgen beim Verstoß gegen die Formvorschriften

9   § 1311 BGB ist zwingendes Recht. Beim Verstoß gegen diese Vorschrift ist die Ehe **aufhebbar** (§ 1314 Abs. 1 BGB). Die Aufhebung der Ehe kann aber durch Zusammenleben und Zeitablauf ausgeschlossen sein (§ 1315 Abs. 2 Nr. 2 BGB).

IV. Verfahrenshinweise

1. Anmeldung zur Eheschließung

10   Zuständig für die Eheschließung ist jedes Standesamt (§ 11 PStG). Es gibt **kein Aufgebot** mehr. Stattdessen ist die Eheschließung anzumelden (§ 12 PStG). Das Standesamt, bei dem die Ehe angemeldet ist, hat die Ehevoraussetzungen zu prüfen (§ 13 PStG).

2. Kirchliche Trauung

11   Nach Abschaffung des Verbots der religiösen Voraustrauung kann die kirchliche Trauung seit dem 1.1.2009 vor und unabhängig von einer standesamtlichen Trauung erfolgen. Ein nur kirchlich getrautes Paar lebt rechtlich in nichtehelicher Lebensgemeinschaft (Palandt/Brudermüller Vor § 1310 BGB Rn 2).

Vlassopoulou

3. Praktische Hinweise

Der Erste des Monats der Eheschließung gilt als Beginn der Ehezeit für die Berechnung des **Versorgungs-** 12
ausgleichs (§ 3 Abs. 1 Hs 1 VersAusglG). Der Tag der Eheschließung ist idR der Anfangsstichtag für die
Berechnung des **Zugewinnausgleichs** (§ 1373 BGB). Der Tag der Eheschließung ist maßgeblich für die
spätere Beurteilung der Frage, ob einem Ehegatten infolge der Eheschließung ehebedingte Nachteile in seiner Erwerbsbiografie entstehen. Voreheliche Nachteile zählen nicht hierzu (BGH 7.3.2012 – XII ZR 25/10,
NJW 2012, 1506).

Der Aufenthalt eines ausländischen Verlobten zum Zeitpunkt der Eheschließung im Inland spricht für des- 13
sen Absicht, auch nach der Eheschließung in Deutschland zu leben. Das kann wiederum für die Wirksamkeit einer Rechtswahlvereinbarung (s. → *Eheliche Lebensgemeinschaft* Rn 39) von Bedeutung sein.

V. Internationales Privatrecht

1. Grundsatz: Inlandsehe – Inlandsform

Bei jeder Eheschließung im Inland (mit oder ohne Ausländerbeteiligung) richtet sich die Formgültigkeit 14
ausschließlich nach deutschem Recht. Eine Ehe im Inland muss den **Formerfordernissen** des deutschen
Rechts entsprechen (Art. 13 Abs. 3 S. 1 EGBGB), dh vor dem deutschen Standesbeamten gem. §§ 1310
Abs. 1, 1311 BGB geschlossen werden. Eine unter Verstoß gegen §§ 1310 Abs. 1, 1311 BGB geschlossene
Ehe (zB die nur kirchlich geschlossene Ehe) ist auch dann eine Nichtehe, wenn die Ehe nach dem Heimatrecht der Verlobten wirksam ist (hinkende Ehe). Eine Heilung ist nur gem. § 1310 Abs. 3 BGB möglich
(Rn 8). Die nach dem Heimatrecht der Verlobten formwirksame Ehe kann gleichwohl den Schutz des Art. 6
Abs. 1 GG genießen (BVerfG 30.11.1982 – 1 BvR 818/81, NJW 1983, 511), auch kann eine solche Ehe in
der Ausübung des ausländerbehördlichen Ermessens bei der Erteilung einer Aufenthaltsbefugnis Bedeutung gewinnen (BVerwG 30.4.1985 – 1 C 33/81, NJW 1985, 2097). Ein Anspruch auf Witwenrente nach
deutschem Recht besteht dagegen bei einer solchen hinkenden Ehe nicht (BSG 14.5.1981 – 4 RJ 105/78,
NJW 1981, 2655). Wird die im Inland **formungültig geschlossene Ehe** später im Ausland in der dort gültigen Form wiederholt oder bestätigt, wird die Ehe im Inland anerkannt (OLG Hamm 9.11.1999 – 15 W
240/99, NJWE-FER 2000, 170). Ebenso ist in Deutschland die Anerkennung einer ausländischen Entscheidung möglich, die das Bestehen einer Ehe feststellt, die formungültig im Inland geschlossen wurde. Erwerben die Verlobten, die in Deutschland formungültig geheiratet haben, die Staatsangehörigkeit eines Staates,
nach dessen Recht die Ehe gültig ist, wird der Formmangel nach deutschem IPR geheilt (Palandt/Thorn
Art. 13 EGBGB Rn 21, 25).

Eine **hinkende Ehe** liegt auch vor, wenn die Verlobten im Inland standesamtlich heiraten, obwohl nach 15
ihrem Heimatrecht als Voraussetzung für die Gültigkeit der Ehe die religiöse Eheschließung verlangt wird.
Eine solche Ehe ist im Inland wirksam, nach dem Heimatrecht eines oder beider Verlobten aber unwirksam. Da diese Ehe nach dem Heimatrecht der Verlobten nicht anerkannt wird, richtet sich ihre spätere Aufhebung oder Scheidung nach dem gemäß Rom III-VO maßgeblichen Scheidungsstatut (s. → *Auslandsbe-*
zug bei Ehesachen Rn 34 ff).

2. Ausnahme: Eheschließung vor ermächtigten Personen

Wenn beide Verlobte Ausländer sind, kann die Ehe wirksam vor einer von der Regierung des Staates, dem 16
einer der Verlobten angehört, ordnungsgemäß ermächtigten Trauungsperson nach den **Formerforderni-**
ssen des Rechts des ermächtigenden Staates geschlossen werden. Als ordnungsgemäß ermächtigte Personen
kommen in Betracht diplomatische oder konsularische Vertretungen des Heimatstaates, aber auch Truppen-
offiziere und Personen, die von der Botschaft des betreffenden Staates, dem Auswärtigen Amt benannt
wurden, wie zB Geistliche. Bei Zweifeln über die Ermächtigung kann beim Bundesverwaltungsamt in Köln
oder bei den diplomatischen Vertretungen angefragt werden.

17 Eine beglaubigte Abschrift der Eintragung der so geschlossenen Ehe in das **Standesregister**, das von der dazu ordnungsgemäß ermächtigten Person geführt wird, erbringt vollen Beweis der Eheschließung (Art. 13 Abs. 3 S. 2 Hs 2 EGBGB). Auch ohne Vorlage einer beglaubigten Abschrift der so erfolgten Eheschließung ist diese Ehe wirksam.

78. Eheschließung mit Ausländern (Ehefähigkeitszeugnis)

Vlassopoulou

I. Einführung 1
II. Voraussetzungen der Eheschließung 3
  1. Vorrang des Heimatrechts der Verlobten
    (Art. 13 Abs. 1 EGBGB) 3
  2. Anwendungsbereich 7
  3. Ausnahmsweise Anwendung deutschen Rechts
    (Art. 13 Abs. 2 EGBGB) 10
  4. Öffentliche Ordnung 12
III. Ehefähigkeitszeugnis für Ausländer
  (§ 1309 BGB) 13

  1. Zweck 13
  2. Betroffene Personen 15
  3. Inhalt und Wirkung des Ehefähigkeitszeugnisses 17
  4. Ausstellungsbehörde und Dauer des Ehefähigkeitszeugnisses 20
  5. Befreiung (§ 1309 Abs. 2 BGB) 22
IV. Verfahren 26
V. Nebengebiete 29

I. Einführung

Bei Eheschließungen mit Ausländern im Inland drängen sich Fragen auf wie die, nach dem Recht welchen **1** Staates sich die Ehefähigkeit des ausländischen Verlobten richtet, sodann, wie man zuverlässig sicherstellen kann, dass keine Eheverbote und Ehehindernisse auf Seiten des ausländischen Verlobten vorliegen, des Weiteren, wie man vermeiden kann, dass die Eheschließung in Deutschland in der Heimat des ausländischen Verlobten unwirksam ist, schließlich nach dem Recht, welchen Staates sich die Form der Eheschließung mit dem ausländischen Verlobten beurteilt. Wie bei jedem Fall mit Auslandsberührung sind für die Beantwortung solcher Fragen zwei Schritte auf verschiedenen Ebenen erforderlich. Im ersten Schritt muss auf der Ebene des Internationalen Privatrechts die Rechtsordnung bestimmt werden, die für die Beurteilung der Sache maßgeblich ist (kollisionsrechtliche Ebene). Ist die maßgebliche Rechtsordnung bestimmt, kommt der zweite Schritt auf der sachrechtlichen Ebene. Hier wird mithilfe der Normen der zuvor berufenen Rechtsordnung in der Sache selbst entschieden (s. → *Internationales Familienrecht* Rn 1). Auf der kollisionsrechtlichen Ebene fehlen vorrangige EU-Vorschriften. Was vorrangige völkerrechtliche Regelungen (§ 3 EGBGB) angeht, so bestehen solche jedoch nur im Verhältnis zu einigen Staaten, so namentlich das Haager Eheschließungsabkommen vom 12.6.1902, das CIEC-Übereinkommen zur Erleichterung der Eheschließung im Ausland vom 10.9.1964 und Konsularverträge (s. Palandt/Thorn Anhang zu EGBGB 13 Rn 1 f) und im Verhältnis zum Iran das deutsch-iranische Niederlassungsabkommen vom 17.2.1929 (Andrae § 1 Rn 3). Maßgeblich ist daher grundsätzlich das deutsche autonome Kollisionsrecht, namentlich **Art. 13 EGBGB.**

Art. 13 EGBGB regelt sowohl die **Voraussetzungen der Eheschließung** im Inland als auch die Form einer **2** Eheschließung im Inland. Zu der **Form** der Eheschließung im Inland mit oder ohne Beteiligung von Ausländern s. → *Eheschließung im Inland* Rn 2 ff.

II. Voraussetzungen der Eheschließung

1. Vorrang des Heimatrechts der Verlobten (Art. 13 Abs. 1 EGBGB)

Gem. Art. 13 Abs. 1 EGBGB beurteilen sich die Voraussetzungen der Eheschließung (Eheschließungsstatut) **3** für jeden Verlobten nach seinem Heimatrecht (bzw **Personalstatut**). Es ist für jeden Verlobten zu prüfen, ob nach seinem Heimatrecht alle Voraussetzungen für eine wirksame Eheschließung vorliegen. Maßgeblich für jeden Verlobten ist das Recht des Staates, dem er unmittelbar vor der Eheschließung angehört.

Das Eheschließungsstatut ist **unwandelbar.** Es ändert sich nicht, wenn die Ehegatten nach der Eheschließung **4** eine andere Staatsangehörigkeit erwerben. Die Ehe ist ein abgeschlossener Tatbestand.

Das Gesetz spricht zwar von „Verlobten", verlangt aber nicht das Vorliegen eines Verlöbnisses. Bei **5** **Doppel- oder Mehrstaatern** ist das Recht des Staates maßgeblich, mit dem der Verlobte am engsten verbunden ist (effektive Staatsangehörigkeit). Ist der Verlobte auch Deutscher, geht diese Rechtsstellung vor (Art. 5 Abs. 1 EBGB). Ist der Verlobte staatenlos, hat aber seinen gewöhnlichen oder seinen einfachen Aufenthalt in Deutschland, gilt für ihn deutsches Recht (Art. 5 Abs. 2 EGBGB). Dasselbe gilt für Flüchtlinge iSv § 12 Abs. 1 der Genfer Flüchtlingskonvention (GFK) oder Asylberechtigte (§ 2 Abs. 1 AsylVfG) mit Wohnsitz bzw Aufenthalt in Deutschland.

6   Die Verweisung auf das Heimatrecht des Verlobten ist eine **Gesamtverweisung**. Das bedeutet, dass auch auf das Internationale Privatrecht des Heimatrechts des Verlobten verwiesen wird (vgl Art. 4 Abs. 1 S. 1 EGBGB). Nimmt das Heimatrecht des Verlobten die Verweisung nicht an, weil es beispielsweise anders als das deutsche Recht für die Voraussetzungen der Eheschließung das Recht des gewöhnlichen Aufenthalts des Verlobten als maßgeblich erklärt, wird, wenn der Verlobte in Deutschland lebt, auf deutsches Recht zurückverwiesen. Deutschland nimmt die Rückverweisung (renvoi) an. Die Voraussetzungen der Eheschließung für den ausländischen Verlobten beurteilen sich dann ausschließlich nach den deutschen Sachvorschriften (vgl § 3 a Abs. 1 EGBGB), dh gem. §§ 1303 ff BGB.

2. Anwendungsbereich

7   Es stellt sich die Frage, wie die „Voraussetzungen der Eheschließung" auszulegen, zu qualifizieren sind. Denn die Auslegung des Begriffs entscheidet über die Reichweite und Abgrenzung der Anwendung. Dabei ist von der Rechtsordnung jenes Staates auszugehen, die die jeweilige Kollisionsnorm vorgibt. Für die **Qualifikation** ist grundsätzlich die lex fori maßgeblich.

8   Nach der **deutschen lex fori** fallen unter die „Voraussetzungen der Eheschließung" die Ehemündigkeit, das Erfordernis der Geschlechtsverschiedenheit der Eheschließungswilligen, die Notwendigkeit der Zustimmung anderer Personen (zB der Sorgerechtsberechtigten bei Minderjährigen), die Erklärung des Ehewillens und die Stellvertretung im Willen, die Zulässigkeit von Bedingungen und Befristungen, Ehehindernisse und Eheverbote, insbesondere der Doppelehe (s. → Doppelehe Rn 2 ff), die Befreiung von Ehehindernissen, die Morgen- und Brautgabe, die Stellvertretung bei der Eheschließung (s. Andrae § 1 Rn 43–47). Auch die Folgen des Fehlens der Voraussetzungen für die Eheschließung, die Aufhebbarkeit und Heilung einer Ehe, die Befreiung von einem Eheverbot und die Rechtsstellung der aus einer ungültigen Ehe hervorgegangenen Kinder richten sich nach Art. 13 Abs. 1 EGBGB (Palandt/Thorn Art. 13 EGBGB Rn 11–13). Ist eine Ehe fehlerhaft zustande gekommen, ist zu unterscheiden, ob nur ein Recht oder mehrere Rechte verletzt worden sind. Im Fall einer Doppelehe sind beispielsweise häufig die Heimatrechte beider Ehegatten verletzt.

9   Ist die Ehe nach dem Heimatrecht eines Verlobten nichtig, anfechtbar oder aufhebbar, nach dem Heimatrecht des anderen Verlobten dagegen wirksam (zB weil dieses eine Mehrehe zulässt), entscheidet über die Folgen des Fehlers das **ärgere Recht**. Die bigamische Ehe eines verheirateten Ghanaers mit einer Deutschen ist nicht nur aufhebbar im Sinne des deutschen Rechts, sondern absolut nichtig („null and void"). Anzuwenden ist das ghanaische Recht, weil es die strengeren Rechtsfolgen vorsieht. Die Ehe ist für nichtig zu erklären (BGH 4.10.1990 – XII ZB 200/87, NJW 1991, 3088; OLG Zweibrücken 21.11.2003 – 2 UF 51/03, FamRZ 2004, 950; Andrae § 1 Rn 108). Ähnliches gilt für die Voraussetzungen der Heilung. Eine bigamische Ehe, die nach dem Heimatrecht beider Verlobten nichtig ist, bleibt nichtig, wenn sie nur nach dem Heimatrecht des einen Verlobten geschlossen wird (OLG Nürnberg 30.6.1997 – 7 UF 1117/97, NJW-RR 1998, 2).

3. Ausnahmsweise Anwendung deutschen Rechts (Art. 13 Abs. 2 EGBGB)

10 Ist nach dem Heimatrecht eines ausländischen Verlobten eine Voraussetzung für eine wirksame Eheschließung nicht gegeben, kann gleichwohl die Ehe im Inland geschlossen werden. Das setzt voraus, dass a) ein Verlobter zum Zeitpunkt der Heirat seinen gewöhnlichen Aufenthalt im Inland hat, b) die Verlobten alles ihnen Zumutbare getan haben, um das Ehehindernis zu beseitigen (zB Antrag auf Befreiung von dem Ehehindernis gestellt) und c) es mit dem in Deutschland geltenden **Grundsatz der Eheschließungsfreiheit** unvereinbar wäre, die Eheschließung zu versagen.

Das Letztere kann der Fall sein, wenn beispielsweise das Heimatrecht die frühere Ehe des Verlobten als fortbestehend betrachtet, weil es die Auflösung der Ehe durch Scheidung nicht kennt oder weil es die

Scheidung der Ehe durch ein ausländisches Urteil nicht anerkennt. Ist die frühere Ehe des Verlobten durch eine in Deutschland erlassene oder anerkannte Entscheidung beseitigt oder der frühere Ehegatte des Verlobten in Deutschland für tot erklärt worden, wird ein Verstoß gegen den Grundsatz der Eheschließungsfreiheit immer bejaht.

Sind alle drei Voraussetzungen kumulativ erfüllt, wird das ausländische Recht, das zB die Eheschließung 11 wegen Religionsverschiedenheit verbietet, insoweit ausgeschlossen und deutsches Recht angewendet. Da nach deutschem Recht die **Religionsverschiedenheit** kein Ehehindernis darstellt, kann die Eheschließung wirksam stattfinden, vorausgesetzt, dass alle übrigen materiellen Voraussetzungen nach dem Heimatrecht des Verlobten erfüllt sind.

4. Öffentliche Ordnung

Erlaubt das Heimatrecht der Verlobten eine Eheschließung, die das deutsche Recht verbietet, weil zB einer 12 der ausländischen Verlobten verheiratet ist, scheitert die Anwendung ausländischen Rechts an der Vorbehaltsklausel des Art. 6 EGBGB (ordre public). Die Vorbehaltsklausel des Art. 6 EGBGB ist eine **Ausnahmevorschrift**. Sie wird angewendet, wenn das an sich maßgebliche ausländische Recht mit wesentlichen Wertvorstellungen des deutschen Rechts offensichtlich unvereinbar ist und insbesondere gegen die Grundrechte verstoßen würde (Palandt/Thorn Art. 6 EGBGB Rn 4). Das wäre bei einer Mehrehe im Inland der Fall (s. → *Doppelehe* Rn 2). Ebenso würden Vorschriften des ausländischen Rechts, nach denen eine Eheschließung auch gegen den Willen eines oder beider Ehegatten (**Zwangsheirat**) zulässig ist, gegen die öffentliche Ordnung verstoßen. Im deutschen Recht ist eine Zwangsehe auch strafbar (§ 234 b StGB). Dagegen liegt kein Verstoß gegen den ordre public vor, wenn die Altersgrenze für die Eheschließung nach ausländischem Recht bei 15 Jahren liegt (KG 7.6.1989 – 18 U 2625/88, FamRZ 1990, 45).

III. Ehefähigkeitszeugnis für Ausländer (§ 1309 BGB)

1. Zweck

Um dem Standesbeamten bei ausländischen Verlobten die **Prüfung** zu erleichtern, dass die Voraussetzun- 13 gen der Ehe für sie gem. dem nach Art. 13 Abs. 1 EGBGB maßgeblichen ausländischen Recht vorliegen, verlangt das Gesetz von ihnen die Beibringung eines sog. Ehefähigkeitszeugnisses. Damit soll gleichzeitig vermieden werden, dass es zu einer Ehe kommt, die in der einen Rechtsordnung wirksam ist, in der anderen aber nicht (hinkende Ehe). Das ist zB der Fall, wenn der ausländische Verlobte nach deutschem Recht ehefähig wäre, so dass die Ehe im Inland wirksam wäre, nach seinem Heimatrecht aber eheunfähig ist, mit der Folge, dass die Ehe in seiner Heimat nicht besteht.

§ 1309 BGB ist **zwingendes Recht**. Gleichwohl ist die gegen die Sollvorschrift des § 1309 BGB geschlos- 14 sene Ehe in Deutschland gültig. Das Erfordernis des Ehefähigkeitszeugnisses stellt ein aufschiebendes Ehehindernis dar (Palandt/Brudermüller § 1309 BGB Rn 3).

2. Betroffene Personen

§ 1309 BGB betrifft nicht alle Ausländer. Er bezieht sich nur auf **ausländische Verlobte**, für die die Vor- 15 aussetzungen der Ehe gem. Art. 13 Abs. 1 EGBGB ausländischem Recht unterliegen.

Kein Ehefähigkeitszeugnis müssen Personen beibringen, für die hinsichtlich der Ehevoraussetzungen 16 deutsches Recht gilt. Das sind die Doppel- oder Mehrstaater, die auch Deutsche sind (Art. 5 Abs. 1 S. 2 EGBGB), die Staatenlosen mit gewöhnlichem oder einfachem Aufenthalt in Deutschland (Art. 5 Abs. 2 EGBGB), die heimatlosen Ausländer, anerkannte Asylberechtigte und Flüchtlinge mit Wohnsitz oder gewöhnlichem Aufenthalt im Inland. Ausländer dagegen, für die deutsches Recht kraft Rückverweisung (s. Rn 6) anwendbar ist, müssen ein Ehefähigkeitszeugnis beibringen (§ 166 Abs. 3 DA).

Die meisten Staaten stellen kein Ehefähigkeitszeugnis aus. Eine Aufstellung der Staaten, die ein Ehefähigkeitszeugnis ausstellen, enthält § 166 Abs. 4 DA.

3. Inhalt und Wirkung des Ehefähigkeitszeugnisses

17 Das Zeugnis muss sich auf eine **bestimmte Ehe**, also auf die Eheschließung des Ausländers mit einer bestimmten Person beziehen und bestätigen, dass nach dem Heimatrecht kein rechtliches Hindernis für die Eheschließung besteht (BGH 12.2.1964 – IV AR (VZ) 39/63, NJW 1964, 97).

18 Das Ehefähigkeitszeugnis bindet den Standesbeamten nicht. Er hat zu prüfen, ob der Eheschließung ein Hindernis entgegensteht (§ 13 Abs. 1 PStG). Hat der Standesbeamte Zweifel an der Echtheit des Zeugnisses, kann er die **Legalisation** durch die jeweilige deutsche Botschaft verlangen (§ 109 DA), soweit dies nicht durch ein internationales Abkommen ausgeschlossen ist (s. Rn 20).

19 Kommt er zu dem Ergebnis, dass ein **Ehehindernis** besteht, muss er ablehnen. Die Verlobten können dann gem. § 49 PStG vorgehen. Auch können ausländisches und deutsches Recht die Frage unterschiedlich beurteilen, ob eine (Erst-)Ehe des einen Verlobten wirksam geschlossen oder wirksam geschieden worden ist, wenn der Heimatstaat die Mehrehe kennt (NK-BGB/Kleist § 1309 BGB Rn 17).

4. Ausstellungsbehörde und Dauer des Ehefähigkeitszeugnisses

20 Ob die materiellrechtlichen Voraussetzungen für die Eheschließung vorliegen, können an sich nur die Heimatbehörden des Verlobten beurteilen. Erforderlich ist deshalb ein Zeugnis der inneren Behörde des Heimatstaates. Damit scheiden diplomatische oder konsularische Vertretungen aus. Zuständig kann aber auch eine andere Stelle nach Maßgabe eines mit dem Heimatstaat des Betroffenen geschlossenen Vertrages (§ 1309 Abs. 1 S. 2 BGB) sein. Ein solches Abkommen ist das **Münchener CIEC-Übereinkommen** über die Ausstellung von Ehefähigkeitszeugnissen vom 5.9.1980 (BGBl. II 1997, 1087), gem. dessen Art. 8 die Vertragsstaaten die für die Ausstellung der Zeugnisse zuständigen Behörden genau angeben. Gem. Art. 10 des Übereinkommens benötigen die so ausgestellten Zeugnisse keine Legalisation.

21 Das Zeugnis gilt für sechs Monate seit der Ausstellung, es sei denn, es ist in ihm eine kürzere Geltungsdauer angegeben (§ 1309 Abs. 1 S. 3 BGB).

5. Befreiung (§ 1309 Abs. 2 BGB)

22 Von dem Erfordernis der Beibringung des Ehefähigkeitszeugnisses kann Befreiung erteilt werden. Zuständig für die Befreiung ist der **Präsident des OLG**, in dessen Bezirk der Standesbeamte, bei dem die Eheschließung angemeldet worden ist (§ 12 PStG), seinen Sitz hat.

Die Befreiung setzt voraus, dass keine Zweifel an der **Identität des Antragstellers** bestehen und dass seine Staatsangehörigkeit geklärt ist (OLG Rostock 16.10.2008 – 6 W 27/08, FamRZ 2009, 1324).

23 Die Befreiung soll nur folgenden Personen erteilt werden: **Staatenlosen** mit gewöhnlichem Aufenthalt im Ausland, **Ausländern**, die ein Ehefähigkeitszeugnis benötigen, wenn die ausländische Behörde kein Zeugnis ausstellt oder deren ausgestelltes Zeugnis den Anforderungen gem. § 1309 Abs. 1 BGB nicht genügt und in besonderen Fällen, wie zB Krieg, Naturkatastrophen oder Eilbedürftigkeit der Eheschließung, weil ein Verlobter in Lebensgefahr schwebt (NK-BGB/Kleist § 1309 BGB Rn 12).

24 Der Präsident des OLG prüft anstelle der ausländischen Behörde, ob nach dem **ausländischen Recht** materiellrechtliche Ehehindernisse bzgl der Eheschließung für den konkreten Verlobten entgegenstehen. Bei der Befreiung von der Beibringung eines Ehefähigkeitszeugnisses handelt es sich **nicht** um eine **Ermessensentscheidung** (BGH 11.7.2012 – IV AR (VZ) 1/12, FamRZ 2012, 497).

25 Wenn das ausländische Recht die Ehe verbietet, so muss gleichwohl Befreiung erteilt werden, wenn das Verbot dem **deutschen ordre public** widerspricht, insbesondere den Grundrechten (Art. 6 EGBGB). So ist mit dem Grundsatz der Eheschließungsfreiheit unvereinbar, wenn eine in Deutschland lebende, volljährige Ausländerin nur mit Zustimmung ihres Vaters heiraten darf (LG Kassel 26.2.1990 – 3 T 58/90, StAZ 1990, 169). Entsprechendes gilt nach Art. 13 Abs. 2 EGBGB, wenn das Heimatrecht die in Deutschland ausgesprochene Ehescheidung nicht anerkennt, weil es keine Ehescheidung zulässt (BGH 19.4.1972 – IV ARZ (Vz) 7 (72), NJW 1972, 1619).

IV. Verfahren

Die Befreiung von der Beibringung des Ehefähigkeitszeugnisses wird auf **Antrag des Verlobten** erteilt. **26** Der Antrag ist beim zuständigen Standesamt zu stellen. Die Zuständigkeit ist die gleiche wie die für die Anmeldung der Eheschließung gem. § 12 PStG. Sind beide Ausländer und kann keiner ein Ehefähigkeitszeugnis vorlegen, müssen beide Befreiung beantragen.

Die Eheschließenden haben die **Nachweise** zu erbringen, die für die Prüfung der Zulässigkeit der Ehe nach **27** dem anzuwendenden ausländischen Recht erforderlich sind (vgl § 12 Abs. 3 PStG). Der Antragsteller trägt die Feststellungslast nach Ausschöpfung aller Ermittlungsmöglichkeiten (§ 13 PStG).

Die Befreiung gilt nur für die Dauer von sechs Monaten (§ 1309 Abs. 2 S. 3 BGB). Sie hat **keine materiell-** **28** **rechtliche Wirkung**. Sie beseitigt das nach ausländischem Recht bestehende Eheverbot nicht. Die Befreiung ist für den Standesbeamten nicht bindend. Er kann, wenn er Kenntnis vom Bestehen eines Ehehindernisses hat, trotz der Befreiung die Mitwirkung an der Eheschließung ablehnen (BGH 14.7.1966 – IV ZB 243/66, BGHZ 46, 87).

Lehnt der OLG-Präsident die Befreiung ab, haben die Verlobten die Möglichkeit, einen Antrag auf gerichtliche Entscheidung gem. §§ 23 ff EGGVG beim OLG zu stellen. Die vom OLG getroffene Befreiungsentscheidung ist für den Standesbeamten bindend.

V. Nebengebiete

Eine **Abschiebung** kann wegen unmittelbar bevorstehender Eheschließung ausgesetzt werden (§ 60 a **29** Abs. 2 AufenthG), wenn ein Ehefähigkeitszeugnis erteilt worden ist (OVG Sachsen-Anhalt 18.2.2009 – 2 M 12/09), ebenso, wenn der Standesbeamte die Unterlagen über den Antrag auf Befreiung des Ehefähigkeitszeugnisses an den zuständigen OLG-Präsidenten weitergeleitet hat (VG Wiesbaden 15.6.2007 – 8 G 732/07 A).

79. Ehestörer

Kloster-Harz/Schönberger

I. Einleitung.. 1
II. Lebensgefährte..................................... 2
  1. Regelungen der §§ 1361 b, 1568 a BGB........ 2
    a) Anspruchsgegner........................... 3
    b) Verfahrensbeteiligung des Lebensgefährten
      bzw Dritten............................... 4
  2. Regelungen aus dem Mietrecht................ 5
  3. Regelungen aus dem Besitzrecht.............. 6
    a) Besitz des weichenden Ehegatten an der Ehe-
      wohnung................................... 6
    b) Verbotene Eigenmacht..................... 7
    c) Schadenersatz und Aufwendungsersatz...... 8

III. Verbliebener Ehegatte........................... 9
  1. Regelungen nach dem Eherecht................ 9
    a) §§ 1361 b, 1568 a BGB..................... 9
    b) Schutzanordnungen........................ 10
    c) Nutzungsvergütung........................ 11
    d) Verfahrensbeteiligung Dritter............. 12
  2. Regelungen des Mietrechts................... 13
  3. Regelungen des Besitzrechts................. 14
IV. Eigentümer bzw Vermieter....................... 15
  1. Regelungen der §§ 1361 b, 1568 a BGB........ 15
  2. Regelungen aus dem Mietrecht................ 16
  3. Regelungen aus dem Besitzrecht.............. 17

I. Einleitung

1 Die Problematik der Aufnahme eines neuen Lebensgefährten in die Ehewohnung durch den dort verbliebenen Ehegatten und die Möglichkeiten des freiwillig oder zwangsweise weichenden Ehegatten, dagegen vorzugehen, kommen in der Praxis immer wieder vor. Ausdrückliche Regelungen hat der Gesetzgeber im Zusammenhang der vorläufigen und endgültigen Regelungen der Ehewohnung bzw anderswo nicht geschaffen. Es ist daher zu prüfen, welche Regelungen, uU auch analog, herangezogen werden können. Dabei ist aber streng zu differenzieren, gegen wen und wie der weichende Ehegatte vorgehen möchte bzw kann: Lebensgefährte, verbliebener Ehegatte, Eigentümer bzw Vermieter.

II. Lebensgefährte

1. Regelungen der §§ 1361 b, 1568 a BGB

2 Die Vorschriften des § 1361 b BGB sowie des § 1568 a BGB regeln die vorläufige und endgültige Zuweisung der Ehewohnung an einen Ehegatten, so dass hierdurch auch unmittelbar oder mittelbar der Lebensgefährte aus der Ehewohnung verwiesen werden könnte.

3 **a) Anspruchsgegner.** Anspruchsgegner der §§ 1361 b, 1568 a BGB ist ausschließlich der **getrennt lebende Ehegatte**. Bereits aus der Systematik des Gesetzes sowie aus den Regelungsinhalten für die getrennt lebenden bzw geschiedenen Ehegatten ist weder eine Gesetzeslücke gegeben bzw erkennbar, so dass auch keine analoge Anwendung zulässig ist. Insofern kann der weichende Ehegatte weder die Zuweisung der Ehewohnung, noch Nutzungsentgelt etc. nach den Regelungen der §§ 1361 b, 1568 a BGB gegen den Lebensgefährten geltend machen.

4 **b) Verfahrensbeteiligung des Lebensgefährten bzw Dritten.** Dritte sind nach der Neuregelung der Rechtsverhältnisse an der Ehewohnung seit dem 1.9.2009 nur noch in bestimmten Ausnahmefällen an einem entsprechenden Verfahren zu beteiligen. Da es sich nach § 1361 b BGB nur um eine vorläufige Regelung handelt, sind Dritte nicht zu beteiligen, § 204 Abs. 1 FamFG. Bei den endgültigen Regelungen nach § 1568 a BGB sind hingegen die **Ausnahmefälle** in § 1568 a Abs. 2, 4, 5 BGB zu beachten. Der Lebensgefährte fällt aber nicht unter den jeweiligen Anwendungsbereich vorbenannter Regelungen, auch nicht mittelbar.

2. Regelungen aus dem Mietrecht

5 Da zwischen dem weichenden Ehegatten und dem Lebensgefährten kein Mietvertrag begründet wurde, können aus den Regelungen des Mietrechts auch keine Rechte hergeleitet werden. Eine analoge Anwendung der Regelungen ist ebenfalls nicht denkbar.

3. Regelungen aus dem Besitzrecht

a) Besitz des weichenden Ehegatten an der Ehewohnung. Spätestens mit Schlüsselübergabe durch den 6
Vermieter wurde der weichende Ehegatte zunächst rechtmäßiger Besitzer der Ehewohnung (Palandt/
Bassenge § 854 BGB Rn 5). Der Besitz endet, wenn der Besitzer die tatsächliche Gewalt über die Sache
aufgibt, § 756 Abs. 1 BGB. Dies wäre der Fall, wenn der weichende Ehegatte freiwillig ausgezogen wäre.
Der Verlust der tatsächlichen Gewalt bzw Ende des Besitzes könnte aber auch durch Besitzergreifen eines
Dritten, wie des Lebensgefährten, eingetreten sein (Palandt/Bassenge § 856 BGB Rn 3). Die vorübergehende Verhinderung der Gewaltausübung, wie die zeitweilige Abwesenheit aus der Wohnung (OLG Düsseldorf 28.11.1997 – 11 W 71/97, MDR 1998, 893), führt nicht zur Besitzbeendigung (Palandt/Bassenge
§ 856 BGB Rn 4).

b) Verbotene Eigenmacht. Wer dem Besitzer ohne dessen Willen den Besitz entzieht oder ihn im Besitz 7
stört, handelt grundsätzlich widerrechtlich, § 858 Abs. 1 BGB. Der durch verbotene Eigenmacht erlangte
Besitz ist fehlerhaft, § 858 Abs. 1 BGB. Hat somit der Lebensgefährte dem weichenden Ehegatten die Ehewohnung durch verbotene Eigenmacht entzogen, muss er die diesbezüglichen Rechte des weichenden Ehegatten gegen sich gelten lassen: Selbsthilfe des Besitzers nach § 859 BGB, dh der weichende Ehegatte darf
sich der verbotenen Eigenmacht mit Gewalt erwehren, somit die Ehewohnung wieder mit Gewalt in Besitz
nehmen, § 859 Abs. 3 BGB analog. Weiter kann der weichende Ehegatte die **Wiedereinräumung des Besitzes** gegen den Lebensgefährten verlangen, § 861 Abs. 1 BGB. Auch kann er die Beseitigung der eventuellen Störung gegen den Lebensgefährten beanspruchen.

c) Schadenersatz und Aufwendungsersatz. Der weichende Ehegatte kann uU nach § 823 Abs. 1, 2 BGB 8
Schadenersatz sowie nach §§ 683, 684, 812 ff BGB Aufwendungsersatz verlangen (Palandt/Bassenge § 861
BGB Rn 10, § 862 BGB Rn 10).

III. Verbliebener Ehegatte

1. Regelungen nach dem Eherecht

a) §§ 1361 b, 1568 a BGB. Die vorläufigen und endgültigen Regelungen der Ehewohnung nach §§ 1361 b, 9
1568 a BGB regeln grundsätzlich ausschließlich die Verhältnisse unter den Eheleuten. Muss der verbliebene Ehegatte jedoch hiernach aus der Ehewohnung weichen, trifft dies somit unmittelbar bzw mittelbar auch
den Lebensgefährten.

b) Schutzanordnungen. Im Zusammenhang mit den Schutzanordnungen nach § 1361 b Abs. 3 S. 1 BGB 10
kann ein **Wohlverhaltensgebot** festgeschrieben werden, so dass hierüber auch der Lebensgefährte unmittelbar oder mittelbar eingebunden werden kann.

c) Nutzungsvergütung. Nach § 1361 b Abs. 3 S. 2 BGB wird dem aus der Ehewohnung ausziehenden 11
Ehegatten ein Anspruch auf Nutzungsvergütung gegen den verbleibenden Ehegatten eingeräumt, soweit
dies der **Billigkeit** entspricht. Dabei könnte der Umstand, dass der Lebensgefährte in der Ehewohnung
wohnt, zugunsten des weichenden Ehegatten gewertet werden, mit dem Ergebnis, dass die Nutzungsvergütung zugesprochen wird. Entsprechend könnte ihm auch eine angemessene Miete nach § 1568 a Abs. 5 S. 3
BGB zugesprochen werden.

d) Verfahrensbeteiligung Dritter. Eine Verfahrensbeteiligung des Dritten ist nicht möglich (siehe Rn 4). 12

2. Regelungen des Mietrechts

Voraussetzung für die Anwendbarkeit der Regelungen des Mietrechts wäre das Vorhandensein eines aus- 13
drücklichen oder geschlossenen Mietvertrags. Im Übrigen dürften die §§ 1361 b, 1568 a BGB leges speciales sein.

3. Regelungen des Besitzrechts

14 Die §§ 1361 b, 1568 a BGB dürften leges speciales gegenüber den Besitzrechtsregeln sein. Im Übrigen wird auf die obigen Ausführungen unter Rn 6 f verwiesen.

IV. Eigentümer bzw Vermieter

1. Regelungen der §§ 1361 b, 1568 a BGB

15 Ist der verbliebene Ehegatte zugleich der Vermieter, sind die Regelungen der §§ 1361 b, 1568 a BGB leges speciales. Ist der Vermieter ein Dritter, ist er bereits kein richtiger Anspruchsgegner im Sinne der §§ 1361 b, 1568 a BGB. Bei der vorläufigen Regelung ist der fremde Vermieter auch nicht am Verfahren zu beteiligen. Bei der endgültigen Regelung kann der fremde Vermieter über die Ausnahmefälle in § 1568 a Abs. 4, 5 BGB beteiligt werden. Im Ergebnis hat der weichende Ehegatte Anspruch auf Abschluss eines Mietvertrags gegenüber dem Dienstherr bzw Vermieter. Hieraus kann der weichende Ehegatte wiederum die Rechte gegen den Lebensgefährten ableiten (s. → *Wohnungszuweisung nach Scheidung* Rn 15).

2. Regelungen aus dem Mietrecht

16 Ist der Mietvertrag mit einem Dritten abgeschlossen worden, so hat der weichende Ehegatte Anspruch auf **Gewährung der Mietsache** gegen den Vermieter, § 535 Abs. 1 S. 1 BGB. Dieser Anspruch wird jedoch nicht durch den Vermieter, sondern Mitmieter unterbunden, so dass fraglich ist, ob hierauf ein klagbarer Anspruch besteht. Da das Gebrauchsrecht auch die Aufnahme Dritter in die Wohnung, soweit sie nicht überbelegt wird, beinhaltet, kann wiederum der Vermieter nicht diesbezüglich gegen den verbliebenen Ehegatten vorgehen. Nach § 537 Abs. 1 S. 1 BGB wird der weichende Ehegatte gegenüber dem Vermieter auch nicht frei von der Mietzinspflicht. Insbesondere liegt in diesem Falle keine Gebrauchsüberlassung an einen Dritten durch den Vermieter iSv § 537 Abs. 3 BGB vor. Vielmehr kann wiederum der verbliebene Ehegatte grundsätzlich Anspruch auf Gestattung der Gebrauchsüberlassung der Mietsache gegenüber dem Lebensgefährten nach § 553 BGB haben.

3. Regelungen aus dem Besitzrecht

17 Diese Regelungen helfen gegenüber dem dritten Vermieter nicht weiter (s. Rn 6 f).

80. Ehezeitanteil

Hoenes

I. Einführung....................................... 1
II. Maßgebliche Bezugsgröße..................... 4
III. Mögliche Bewertungsarten.................... 9

1. Unmittelbare Bewertung....................... 9
2. Zeitratierliche Bewertung...................... 10
3. Bewertung nach Billigkeit.................... 11

I. Einführung

Der **Ehezeitanteil** ist der Anteil eines Anrechts, der in der Ehezeit erworben wurde. Um ihn zu berechnen, muss nach § 5 Abs. 1 VersAusglG zunächst die „Maßeinheit" festgelegt werden, die der Berechnung zu Grunde gelegt werden soll. Diese Maßeinheit wird als **maßgebliche Bezugsgröße** bezeichnet. Maßgebliche Bezugsgröße können zB Entgeltpunkte, ein Rentenbetrag oder ein Kapitalbetrag sein. Außerdem ist ein Berechnungsverfahren festzulegen, wie aus dem Gesamtanrecht der Ehezeitanteil zu ermitteln ist. Die entsprechenden Vorschriften finden sich in §§ 39–47 VersAusglG. Grundsätzlich sind zwei Bewertungsverfahren möglich: die **unmittelbare Bewertung** gemäß § 39 VersAusglG und die **zeitratierliche Bewertung** gemäß § 40 VersAusglG. Führt keines dieser Bewertungsverfahren zu einem Ergebnis, das dem Grundsatz der Halbteilung entspricht, ist der Ehezeitanteil nach § 42 VersAusglG **nach billigem Ermessen** zu ermitteln. 1

Für die gesetzliche Rentenversicherung (§ 43 VersAusglG), Anrechte aus öffentlich-rechtlichen Dienstverhältnissen (§ 44 VersAusglG), Anrechte nach dem Betriebsrentengesetz (§ 45 VersAusglG) und Anrechte aus Privatversicherungen (§ 46 VersAusglG) legt das Gesetz in den **Sondervorschriften** der §§ 43–46 VersAusglG Einzelheiten für die Wertermittlung fest. Für Anrechte, die hiervon nicht erfasst sind, sind die allgemeinen Wertermittlungsvorschriften der §§ 39–42 VersAusglG maßgeblich. 2

Die je nach Art des Anrechts unterschiedliche Berechnung der Ehezeitanteile ist in der Natur der Anrechte begründet und lässt sich nicht vermeiden. Es ist jedoch festzustellen, dass sie in der Praxis häufig zur Folge hat, dass das Prinzip der Halbteilung nicht erreicht wird, wenn man den Versorgungsausgleich als Ganzes betrachtet. Ein Grund hierfür ist zB die unterschiedliche Behandlung von Zinsen, die während der Ehe für das schon vor der Ehe erworbene Teilanrecht gutgeschrieben werden. Bei einigen Anrechten werden diese Zinsen dem Ehezeitanteil zugerechnet, bei anderen nicht (s. → *Zinsen im Versorgungsausgleich* Rn 4). Ein anderer Grund ist, dass es in der Praxis nicht immer möglich ist, eine unmittelbare Bewertung vorzunehmen, wenn es von der Art des Anrechts her möglich und geboten wäre. Die hierfür benötigten Informationen für den Beginn der Ehezeit stehen häufig nicht mehr zur Verfügung. Da die unmittelbare und die zeitratierliche Bewertung zu sehr unterschiedlichen Ergebnissen führen können, kann die Höhe des Ehezeitanteils sehr maßgeblich von den verfügbaren Daten abhängen (s. Rn 9). An dieser Stelle sei angemerkt, dass die Versorgungsträger daran interessiert sind, die Berechnungen im gesetzlich zulässigen Rahmen mit möglichst geringem Aufwand nach einem automatisierten Verfahren durchführen zu können. Eine sachgerechte Berechnung der Ehezeitanteile ist für sie von weitaus geringerem Interesse als für **die Eheleute**. Zumindest bei Anrechten, die wirtschaftlich von Bedeutung sind, sollte daher die Berechnung des Ehezeitanteils in Bezug auf das vorgenommene **Bewertungsverfahren überprüft** werden. Ist dies aufgrund fehlender Daten nicht der Fall, sollten die Eheleute oder ihre anwaltlichen Vertretungen die Initiative ergreifen und versuchen, die für eine sachgerechte Bewertung benötigten Daten selbst in Erfahrung zu bringen (s. → *Auskunftspflichten im Versorgungsaugleich* Rn 4). 3

II. Maßgebliche Bezugsgröße

Die maßgebliche Bezugsgröße ist die „Maßeinheit", in der der Wert eines Anrechts, der Ehezeitanteil und der Ausgleichswert bestimmt werden. Welche Größe als maßgebliche Bezugsgröße herangezogen wird, ist teilweise vom Gesetz vorgegeben, teilweise bleibt die Festlegung den Versorgungsträgern überlassen oder ergibt sich zwingend aus der Gestaltung des Versorgungssystems. 4

5 **Maßgebliche Bezugsgröße der gesetzlichen Rentenversicherung** sind nach § 43 iVm § 39 Abs. 2 Nr. 1 VersAusglG die Entgeltpunkte, und zwar die Art von Entgeltpunkten, die jeweils vom Ausgleichspflichtigen erworben wurden, also Entgeltpunkte West, Entgeltpunkte Ost oder knappschaftliche Entgeltpunkte. Für Anrechte aus einem öffentlich-rechtlichen Dienstverhältnis, also zB bei der **Beamtenversorgung**, ist die maßgebliche Bezugsgröße ein **Rentenbetrag**, und zwar die Höhe der Altersrente.

6 Für **Privatversicherungen** ist gemäß § 46 VersAusglG maßgebliche Bezugsgröße der Rückkaufswert ohne Abzug von Stornokosten. Nicht geregelt ist, wie mit den übrigen wertbestimmenden Faktoren einer privaten Versicherung umzugehen ist, denn uU stehen dem Versicherten zusätzlich Überschussanteile und Bewertungsreserven zu, die seinem Versicherungsvertrag noch nicht gutgeschrieben sind. Diesbezüglich ist die Vorschrift auszulegen (Hoffmann/Raul/Gerlach FamRZ 2011 333, 334).

7 Für **Anrechte nach dem Betriebsrentengesetz** kann nach § 45 Abs. 1 VersAusglG maßgebliche Bezugsgröße entweder der Rentenbetrag nach § 2 des Betriebsrentengesetzes oder der Kapitalwert nach § 4 Abs. 5 des Betriebsrentengesetzes sein, wobei zu unterstellen ist, dass das Beschäftigungsverhältnis des Ausgleichspflichtigen spätestens zum Ende der Ehezeit endet. Dies bedeutet, dass bei Anrechten der betrieblichen Altersversorgung auf die Regelungen zur Unverfallbarkeit abzustellen ist.

8 Soweit eine maßgebliche Bezugsgröße vom Gesetz nicht vorgegeben ist, kann sie vom Versorgungsträger in **geeigneter Weise** festgelegt werden. Bei einer unmittelbaren Bewertung kommen Rechengrößen wie zB Versorgungspunkte oder Leistungszahlen, die Höhe des Deckungskapitals, die Summe der Rentenbausteine, die Summe der entrichteten Beträge oder die Dauer der Zugehörigkeit zum Versorgungssystems in Betracht.

III. Mögliche Bewertungsarten

1. Unmittelbare Bewertung

9 Kann die maßgebliche Bezugsgröße unmittelbar bestimmten Zeitabschnitten zugeordnet werden, so entspricht der Wert des Ehezeitanteils dem Umfang der auf die Ehezeit entfallenden Bezugsgröße (§ 39 Abs. 1 VersAusglG) (**unmittelbare Bewertung**). Dies gilt sowohl für Anwartschaften als auch für laufende Leistungen (§ 41 Abs. 1 VersAusglG). Die unmittelbare Bewertung ist nach § 41 Abs. 2 VersAusglG insbesondere bei Anrechten anzuwenden, bei denen sich die laufende Versorgung aus Entgeltpunkten oder vergleichbaren Rechengrößen, der Höhe eines Deckungskapitals, der Summe von Rentenbausteinen, der Summe der entrichteten Beiträge oder der Dauer der Zugehörigkeit zum Versorgungssystem errechnet.

2. Zeitratierliche Bewertung

10 Ist eine unmittelbare Bewertung nicht möglich, so ist der Ehezeitanteil durch eine **zeitratierliche Bewertung** zu ermitteln (§§ 40, 41 VersAusglG). Der Wert des Ehezeitanteils ergibt sich, wenn das Verhältnis von der in die Ehezeit fallenden Zeitdauer zu der höchstens erreichbaren Zeitdauer mit der zu erwartenden Versorgung multipliziert wird. In der Praxis kann häufig nur eine zeitratierliche Bewertung durchgeführt werden, weil der Versorgungsträger für die Vergangenheit nicht alle Daten gespeichert hat, die für die unmittelbare Bewertung eines Ehezeitanteils erforderlich sind. Wird eine zeitratierliche Bewertung vorgenommen, weil auch die Eheleute diese Daten nicht zur Verfügung stellen können (s. → *Auskunftspflichten und Auskunftsansprüche* Rn 4), oder weil versäumt wird, die entsprechenden Auskünfte bei den Eheleuten einzuholen, ist das Prinzip der Halbteilung bei dem betreffenden Anrecht unter Umständen weit verfehlt.

Beispiel: Die Ehe wird geschlossen, nachdem Ehegatte A bereits 19 Jahre bei Firma X beschäftigt war. Ein Jahr nach Beginn der Ehezeit wechselt er zu Firma Y. Seine betriebliche Altersversorgung in Form einer Direktzusage, die er in den 20 Jahren seiner Beschäftigung in Firma X erworben hatte, lässt er auf Firma Y übertragen. Firma Y erteilt ihm eine Versorgungszusage, die wertgleich ist mit dem Übertragungswert. Während der Beschäftigung bei Firma Y erhöht sich das Anrecht nicht. Die Historie, dh die Zeit, in der dieser Übertragungswert erworben wurde, ist für die Firma Y ohne Bedeutung, maßgeblich für sie ist nur die Höhe des Übertragungswertes. Weitere Daten zu dem übertragenen Anrecht werden daher bei ihr uU nicht erfasst und gespeichert. Nach drei Jahren der Betriebszugehörigkeit bei Firma Y wird die Ehe geschieden. Der Versorgungsträger, dh die Firma Y, wird wahrscheinlich die Auskunft erteilen, dass der Ehezeitanteil 100 % beträgt, denn er hat den Übertragungswert in der Ehezeit erhalten. Tatsächlich wurde das Anrecht in den 20 Jahren der Beschäftigung bei Firma X erworben, davon fiel nur ein Jahr in die Ehezeit. Würde dies bei der Berechnung des Ehezeitanteils berücksichtigt, betrüge dieser nur 5 % statt 100 %).

3. Bewertung nach Billigkeit

Führt weder die unmittelbare Bewertung noch die zeitratierliche Bewertung zu einem Ergebnis, das dem Grundsatz der **Halbteilung** entspricht, so ist nach § 42 VersAusglG der Wert nach **billigem Ermessen** zu ermitteln. Diese Regelung erlaubt es den Versorgungsträgern, jeweils ein Berechnungsverfahren für den Ehezeitanteil anzuwenden, das ihrer Vorstellung von einer Halbteilung entspricht. In vielen Fällen machen Versorgungsträger hiervon Gebrauch, indem sie zB für Teile des Anrechts die unmittelbare Bewertung wählen, für andere Teile hingegen die zeitratierliche. 11

81. Eidesstattliche Versicherung bei Auskunftsansprüchen

Poppen

I. Anspruchsgrundlage 1   II. Verfahren 3

I. Anspruchsgrundlage

1   Der Anspruch auf Abgabe einer eidesstattlichen Versicherung ergibt sich aus **§ 1605 Abs. 1 S. 3 iVm § 260 Abs. 2 BGB**. Auf diese für den Verwandtenunterhalt geltende Vorschrift verweisen für den Trennungsunterhalt § 1361 Abs. 4 S. 4 BGB, für den nachehelichen Unterhalt § 1580 BGB und für Unterhaltsansprüche nach § 1615 l BGB die Vorschrift des § 1615 l Abs. 3 BGB.

2   Voraussetzungen für den Anspruch auf Abgabe der eidesstattlichen Versicherung sind zum einen, dass die Auskunft **unvollständig und unrichtig** ist, und zum anderen, dass dies auf **mangelnder Sorgfalt** des Auskunftspflichtigen beruht. Erfüllt sind diese Voraussetzungen bei unvollständigen bzw mehrfach berichtigten Angaben sowie dem Verschweigen wesentlicher Tatsachen (BGH 1.12.1983 – IX ZR 41/83, NJW 1984, 484). Gehen beide Parteien, auch der Auskunftspflichtige, davon aus, dass die erteilte Auskunft **noch nicht vollständig** ist, ist zunächst der Anspruch auf Auskunftserteilung durchzusetzen. Für einen Antrag auf Abgabe der eidesstattlichen Versicherung ist noch kein Raum (OLG Köln 4.10.2000 – 26 UF 71/00, FamRZ 2001, 423).

II. Verfahren

3   Der Anspruch auf Abgabe der eidesstattlichen Versicherung ist im gerichtlichen Verfahren als dritte Stufe geltend zu machen (Auskunft = erste Stufe; Belegvorlage = zweite Stufe; vgl § 113 FamFG iVm § 254 ZPO). Wird die eidesstattliche Versicherung verlangt, kann der Verpflichtete sie freiwillig bei dem **Gericht** abgeben, in dessen Bezirk die Verpflichtung zur Auskunft zu erfüllen ist (§§ 410, 411 FamFG). Die Abgabe bei einem **Notar reicht nicht** (Palandt/Grüneberg § 261 BGB Rn 4).

4   Ist der Anspruch durch Beschluss tituliert, erfolgt die **Vollstreckung** nach § 120 FamFG, §§ 888, 889 Abs. 2 ZPO. Voraussetzung ist ein Antrag bei dem Gericht der Hauptsache, dass der Schuldner durch **Zwangsgeld** und für den Fall, dass dieses nicht beigetrieben werden kann, durch Zwangshaft zur Abgabe der eidesstattlichen Versicherung anzuhalten ist. Das Zwangsgeld ist nach Festsetzung durch den Gläubiger beizutreiben, steht aber als **Ordnungsmittel** der Landeskasse zu (Zöller/Stöber § 888 ZPO Rn 13).

82. Eidesstattliche Versicherung in der Zwangsvollstreckung

Grandel

I. Einführung... 1
II. Eidesstattliche Versicherung bei Vollstreckungen nach der ZPO............................... 3
1. Eidesstattliche Vermögensauskunft zur Vollstreckung von Geldforderungen gemäß § 802 c ZPO
ohne Pfändungsversuch......................... 4
a) Voraussetzungen........................... 5
aa) Vollstreckungsauftrag................. 5
bb) Allgemeine und besondere Vollstreckungsvoraussetzungen................. 6
cc) Keine vollständige Begleichung der
Vollstreckungsforderung innerhalb der
Zahlungsfrist......................... 9
dd) Rechtsschutzbedürfnis des Gläubigers.. 10
b) Verfahren................................. 11
aa) Zahlungsaufforderung und Terminsbestimmung............................ 11
bb) Rechtsbehelfe......................... 13
c) Inhalt der eidesstattlichen Vermögensauskunft..................................... 14
d) Verweigerung der eidesstattlichen Vermögensauskunft.............................. 18

e) Ergänzung der eidesstatlichen Vermögensauskunft................................... 19
f) Versicherung an Eides statt................. 20
g) Wiederholte eidesstattliche Vermögensauskunft..................................... 21
2. Sofortige Abnahme der Vermögensauskunft
(Kombiauftrag)................................ 28
3. Besonderheiten der eidesstattlichen Versicherung im Rahmen erlassener Pfändungs- und
Überweisungsbeschlüsse, § 836 ZPO........... 29
4. Besonderheiten der eidesstattlichen Versicherung bei der Vollstreckung wegen der Herausgabe von Sachen, § 883 Abs. 2 ZPO............ 33
III. Eidesstattliche Versicherung bei Vollstreckungen nach FamFG............................... 35
1. Eidesstattliche Versicherung gemäß
§ 35 Abs. 4 FamFG............................ 36
2. Besonderheiten der Vollstreckung nach
§ 94 FamFG.................................. 40
IV. Haftanordnung................................. 44

I. Einführung

In familienrechtlichen Verfahren kann sich die Vollstreckung nach den Vorschriften der ZPO oder den **1** Normen des FamFG richten (zur Systematik s. → *Vollstreckungsvoraussetzungen*). In beiden Fällen gibt es Fallgestaltungen, bei denen ein Antrag auf Abgabe der eidesstattlichen Versicherung zur Richtigkeit einer Auskunft gegen den Schuldner möglich ist.

Das Gesetz zur Reform der Sachaufklärung in der Zwangsvollstreckung vom 29.7.2009 (BGBl. I, 2258) **2** führte mit Wirkung zum 1.1.2013 neue Regelungen vor allem zur eidesstattlichen Versicherung des Vermögensverzeichnisses ein, das nunmehr als Vermögensauskunft bezeichnet wird.

II. Eidesstattliche Versicherung bei Vollstreckungen nach der ZPO

Ist die **ZPO anwendbar**, kommt ein Antrag auf Abgabe der eidesstattlichen Versicherung in folgenden **3** Fällen in Betracht:

— im Rahmen der **Vollstreckung wegen Geldforderungen** unter den Voraussetzungen des § 802 c ZPO
  (Vermögensauskunft). Dabei gibt es zwei Wahlmöglichkeiten für den Gläubiger:
— - er kann die Vermögensauskunft beantragen, ohne zuvor oder gleichzeitig einen Pfändungsauftrag erteilt zu haben, § 802 c ZPO;
— - er kann einen sog. „Kombiauftrag" erteilen, dh einen Pfändungsauftrag bei gleichzeitigem Antrag auf
  Abgabe der Vermögensauskunft im Falle erfolgloser Pfändung, § 807 Abs. 1 ZPO
— bei der **Zwangsvollstreckung wegen Geldforderungen in Forderungen und andere Vermögens-
  rechte** durch Pfändungs- und Überweisungsbeschluss, wenn der Schuldner seiner gesetzlichen Verpflichtung, dem Gläubiger die zur Geltendmachung der gepfändeten Forderung oder des gepfändeten
  Rechts nötige Auskunft zu erteilen, nicht nachkommt, § 836 Abs. 3 S. 2 ZPO;
— bei der Zwangsvollstreckung zur **Herausgabe von Sachen** gemäß § 883 Abs. 2 ZPO, wenn der Gerichtsvollzieher die herauszugebende Sache nicht vorfindet.
—

1. **Eidesstattliche Vermögensauskunft zur Vollstreckung von Geldforderungen gemäß § 802 c ZPO ohne Pfändungsversuch**

4 Sie dient dem Zweck, dem Gläubiger Kenntnis von Vermögensgegenständen des Schuldners zu verschaffen, auf die im Rahmen weiterer Vollstreckungsmaßnahmen zugegriffen werden kann.

5 **a) Voraussetzungen. aa) Vollstreckungsauftrag.** Notwendig ist stets ein Antrag des Gläubigers, § 900 Abs. 1 S. 1 ZPO. Der Gläubiger hat ein Wahlrecht, ob er sofort einen Pfändungsauftrag erteilt oder zunächst die Erteilung der Vermögensauskunft beantragt. Daher muss der Gläubiger konkret bezeichnen, welche Vollstreckungsmaßnahme aus dem Katalog des § 802 a Abs. 2 ZPO er wünscht.

6 **bb) Allgemeine und besondere Vollstreckungsvoraussetzungen.** Die allgemeinen und besonderen Vollstreckungsvoraussetzungen müssen vorliegen (s. → *Vollstreckungsvoraussetzungen*).

7 Als Titel können dem Antrag auf eidesstattliche Vermögensauskunft auch dingliche Arreste (§ 916 ZPO) oder einstweilige Verfügungen als Leistungsverfügungen (§ 940 ZPO) zugrunde liegen.

8 Die Abgabe der eidesstattlichen Vermögensauskunft kann auch in den Fällen der Sicherungsvollstreckung (§ 720 a ZPO) beantragt werden, und zwar ohne Leistung von Sicherheit. In diesem Sinne hat der Bundesgerichtshof die vormals streitige Frage entschieden (BGH 26.10.2006 – 1 ZB 113/05, NJW-RR 2007, 416; 2.3.2006 – IX ZB 23/06, NJW-RR 2006, 996).

9 **cc) Keine vollständige Begleichung der Vollstreckungsforderung innerhalb der Zahlungsfrist.** § 802 c ZPO verlangt abweichend vom alten Recht nicht mehr, dass die Pfändung in das bewegliche Vermögen des Schuldners (teilweise) erfolglos oder aussichtslos ist oder der Schuldner der Durchsuchung der Wohnung widerspricht. Der Gerichtsvollzieher darf die Vermögensauskunft jedoch nur verlangen, wenn der Schuldner innerhalb der ihm vom Gerichtsvollzieher zu setzenden zweiwöchigen Zahlungsfrist die Vollstreckungsforderung nicht vollständig beglichen hat, § 802 f Abs. 1 S. 1, 2 ZPO.

10 **dd) Rechtsschutzbedürfnis des Gläubigers.** Der Antrag auf eidesstattliche Vermögensauskunft ist unzulässig, wenn die Forderung unstreitig bezahlt ist. Das Rechtsschutzbedürfnis ist gegeben, auch wenn nur noch ein geringer Restbetrag offen steht. Es fehlt jedoch, wenn dem Gläubiger das gesamte Vermögen des Schuldners bekannt ist oder er sicher weiß, dass der Schuldner keines hat (LG Köln 30.6.1987 – 10 T 87/87, NJW-RR 1987, 1407; Thomas/Putzo/Seiler § 807 ZPO Rn 6 a; Musielak/Becker § 807 ZPO Rn 5). Der Gläubiger ist nicht gehalten, in Sachen zu vollstrecken, die er dem Schuldner unter Eigentumsvorbehalt geliefert hat, weil spätestens durch die Verwertung die Fiktion des Rücktritts gemäß § 508 Abs. 2 S. 5 BGB ausgelöst würde (Palandt/Weidenkaff § 508 BGB Rn 10). Nach einer Ansicht muss eine Lohnpfändung in der Regel vorrangig veranlasst werden, wenn der Arbeitgeber des Schuldners bekannt ist (Musielak/Becker § 807 ZPO Rn 5; MK/Eickmann § 807 ZPO Rn 22). Das erscheint aber unangebracht, weil in der Praxis sehr häufig Lohnpfändungen an vorrangigen anderen Gläubigern oder den vom Gesetzgeber immer wieder erhöhten Pfändungsfreigrenzen scheitern. Das gilt umso mehr, als der Gesetzgeber mit der Neuregelung die Vermögensauskunft bewusst nicht mehr an die Voraussetzung vorheriger erfolgloser Vollstreckungsversuche geknüpft hat.

11 **b) Verfahren. aa) Zahlungsaufforderung und Terminsbestimmung.** Das Verfahren der Vermögensauskunft ist in § 802 f ZPO geregelt. Der Abnahme der Vermögensauskunft geht eine Zahlungsaufforderung mit Fristsetzung von zwei Wochen und den in § 802 f Abs. 3 ZPO vorgesehenen Belehrungen voraus. Die Zahlungsaufforderung mit Belehrung ist dem Schuldner vom Gerichtsvollzieher zuzustellen. Die Zustellung muss an den Schuldner selbst erfolgen, nicht an dessen Verfahrensbevollmächtigten, § 802 f Abs. 4 S. 1 ZPO.

12 Der Gerichtsvollzieher kann anordnen, dass die Abgabe der Vermögensauskunft in der Wohnung des Schuldners stattfindet, § 802 f. Abs. 2 S. 1 ZPO. Das ist sinnvoll in Fällen, in denen zu erwarten ist, dass der Schuldner keine geordneten Unterlagen mitbringen wird, wenn die Vermögensauskunft im Büro des Gerichtsvollziehers abgenommen würde.

Der Abgabe auf Vermögensauskunft in seiner Wohnung kann der Schuldner binnen einer Woche widersprechen. Widerspricht der Schuldner nicht und lässt der Schuldner den Gerichtsvollzieher nicht in seine Wohnung, gilt der Termin als pflichtwidrig versäumt, wenn der Schuldner dies zu vertreten hat, § 802 f Abs. 2 S. 3 ZPO.

bb) Rechtsbehelfe. Wie schon nach bisherigem Recht kann der Schuldner gegen die Anordnung der Ver- **13** mögensauskunft bzw der erneuten Vermögensauskunft Erinnerung gem. § 766 ZPO einlegen. Sie hat keine aufschiebende Wirkung. Der Schuldner sollte daher ergänzend einstweiligen Rechtsschutz beim Vollstreckungsgericht in Form einer einstweiligen Anordnung auf Einstellung der Vollstreckung gem. §§ 766 Abs. 1 S. 2, 732 Abs. 2 ZPO beantragen (Vollkommer NJW 2012, 3681, 3685). Über die Erinnerung entscheidet der Vollstreckungsrichter, § 20 Nr. 17 RPflG. Dagegen ist sofortige Beschwerde möglich, § 793 Abs. 1 ZPO.

Das Widerspruchsrecht des Schuldners gem. § 900 Abs. 4 ZPO aF ist weggefallen. Ein Widerspruch ist im Hinblick auf Art. 13 GG nur möglich gegen die Anordnung des Gerichtsvollziehers, dass als Ort der Abgabe der Vermögensauskunft die Wohnung des Schuldners bestimmt wird, nicht das Büro des Gerichtsvollziehers, § 802 f Abs. 2 S. 2 ZPO. Die Widerspruchsfrist beträgt eine Woche ab Zustellung der Ladung. Bei rechtzeitigem Widerspruch bestimmt der Gerichtsvollzieher einen neuen Termin in seinen Geschäftsräumen. Der zweite Termin kann zur Verfahrensbeschleunigung auch zeitgleich mit der ersten Ladung bereits hilfsweise für den Fall des Widerspruchs anberaumt werden (HK-ZV/Sternal § 802 f ZPO Rn 17).

c) Inhalt der eidesstattlichen Vermögensauskunft. Der Inhalt der Vermögensauskunft ergibt sich aus **14** § 802 c ZPO. Neben den Angaben zur Person einschließlich Geburtsdatum und Geburtsort sind alle dem Schuldner gehörenden Vermögensgegenstände anzugeben, auch wenn sie gepfändet oder sicherungsübereignet sind. Auch nicht werthaltige Forderungen muss der Schuldner angeben, ebenso künftige Forderungen (Musielak/Voit § 802 c ZPO Rn 2). Offensichtlich nach § 811 Abs. 1 Nr. 1, 2 ZPO unpfändbare Sachen müssen nicht aufgeführt werden, wohl aber Forderungen, deren Pfändbarkeit nicht völlig ausgeschlossen ist (BGH 20.11.2008 – I ZB 20/06, RPfleger 2009, 466). Angeben muss der Schuldner alle entgeltlichen Veräußerungen an nahestehende Personen, die er in den letzten zwei Jahren vor der Vermögensauskunft vorgenommen hat, ebenso die unentgeltlichen Leistungen des Schuldners, die dieser in den letzten vier Jahren vor der Vermögensauskunft vorgenommen hat mit Ausnahme gebräuchlicher Gelegenheitsgeschenke geringen Wertes (§ 802 c Abs. 2 ZPO). Dadurch soll die Möglichkeit geschaffen werden, Informationen über das Vorliegen von Anfechtungsrechten nach der InsO oder dem Anfechtungsgesetz zu erlangen (s. → *Gläubigeranfechtung*).

Zusätzliche Fragen kann der Gerichtsvollzieher stellen, soweit sie sich auf den Ist-Bestand des Vermögens beziehen (Musielak/Voit § 802 c ZPO Rn 7). Die Angaben im Verzeichnis müssen so präzise sein, dass sie dem Gläubiger eine Grundlage für weitere Vollstreckungen liefern, ohne dass dieser weitere Nachfragen stellen muss (Musielak/Voit § 802 c ZPO Rn 7; LG Augsburg 15.2.1995 – 5 T 5720/94, JurBüro 1995, 442). Dazu gehören Angaben über alle geldwerten Sachen und Rechte, Name und Anschrift des Drittschuldners nebst Forderungshöhen. Bei Sachen, die der Schuldner besitzt, ohne Eigentümer zu sein, muss er den Eigentümer benennen (Thomas/Putzo/Seiler § 807 ZOP Rn 21).

Forderungen sind genau zu bezeichnen, auch künftige und bedingte, unabhängig davon, ob sie einbring- **15** lich oder unpfändbar sind (BGH 20.11.2008 – I ZB 20/06, RPfleger 2009, 466). Bei **Einkünften** aus selbstständiger Tätigkeit müssen in der Regel die Einkünfte mit Art und Umfang der Tätigkeit nebst Nennung der Auftraggeber für die letzten zwölf Monate angegeben werden (Thomas/Putzo/Seiler § 807 ZPO Rn 26).

Neu ist, dass die Vermögensauskunft als **elektronisches Dokument** erstellt wird. Der Gerichtsvollzieher **16** überträgt die mündlichen Angaben des Schuldners in den PC. Es gibt deswegen keine Unterschrift des Schuldners unter das Vermögensverzeichnis mehr. Zur Vermögensauskunft gehört die eidesstattliche Versicherung gem. § 802 c Abs. 3 ZPO. Vor Abgabe der eidesstattlichen Versicherung wird dem Schuldner der im PC erfasste Inhalt vorgelesen oder ihm Einblick gewährt. Auf Verlangen erhält er einen Ausdruck, § 805 f Abs. 5 S. 2, 3.

17 Die Vermögensauskunft wird vom Gerichtsvollzieher als elektronisches Dokument beim zentralen Voll-streckungsgericht des jeweiligen Bundeslandes hinterlegt (§ 802 f Abs. 6 ZPO, zB in Bayern: Amtgericht Hof). Eine Auflistung der zentralen Vollstreckungsgerichte der einzelnen Bundesländer ist zu finden auf dem Justizportal des Bundes oder der Länder unter dem Link: www.justiz.de/onlinedienste/vollstreckung-sportal/index.php (letzter Zugriff: 21.8.2013). Die eidesstattliche Versicherung verbleibt mit dem Protokoll (§ 762 ZPO) beim Gerichtsvollzieher.

Der Gläubiger erhält die Vermögensauskunft vom Gerichtsvollziehers als Ausdruck oder als Datei mit qua-lifizierter elektronischer Signatur, § 802 d Abs. 2 ZPO. Bis alle dazu erforderlichen EDV-Einrichtungen funktionsfähig sind, wird es wohl noch dauern.

18 **d) Verweigerung der eidesstattlichen Vermögensauskunft.** Weigert sich der Schuldner, die Vermögens-auskunft zu erteilen, leistet er die eidesstattliche Versicherung nicht oder bleibt er unentschuldigt dem Ter-min fern, hat dies folgende Konsequenzen:

– Der Gläubiger kann – wie nach altem Recht – einen Haftbefehl zur Erzwingung der Vermögensaus-kunft beantragen, § 802 g ZPO.
– Der Gerichtsvollzieher ordnet von Amts wegen die Eintragung des Schuldners in das Schuldnerver-zeichnis an, § 882 c ZPO. Dies lässt die Möglichkeit, einen Haftbefehl zu beantragen, unberührt.
– Auf Antrag des Gerichtsvollziehers kann der Gläubiger Auskünfte im Rahmen des § 802 S. 1 ZPO nun-mehr bei bestimmten Behörden erholen.

19 **e) Ergänzung der eidesstattlichen Vermögensauskunft.** Eine unrichtige Vermögensauskunft ist von ei-ner unvollständigen zu unterscheiden. Eine Ergänzung kann nur bei einem unvollständigen oder ungenauen Verzeichnis verlangt werden (Thomas/Putzo/Seiler § 807 ZPO Rn 30; Musielak/Voit § 802 d ZPO Rn 13; einschränkend LG München 18.5.2009 – 20 T 7136/09, RPfleger 2009, 631). Das ist zB der Fall bei Aus-lassungen im Formblatt, fehlenden Angaben über den Arbeitgeber, ungenauer Bezeichnung von pfändbaren Gegenständen. Auch eine wiederholte Ergänzung ist möglich (LG Karlsruhe 26.6.1997 – 11 T 65/97, DGVZ 1999, 156). Für das Ergänzungsverlangen genügt ein konkreter Verdacht.

20 **f) Versicherung an Eides statt.** Der Schuldner hat zu Protokoll an Eides statt zu versichern, dass die von ihm gemachten Angaben **nach bestem Wissen und Gewissen** richtig und vollständig gemacht wurden. Es gelten die §§ 478–480, 483 ZPO entsprechend (§ 802 c Abs. 3 ZPO).

21 **g) Wiederholte eidesstattliche Vermögensauskunft.** Die eidesstattliche Vermögensauskunft wird von Amts wegen an das zentrale Vollstreckungsgericht des jeweiligen Bundeslandes übermittelt und dort zen-tral verwaltet, §§ 802 f Abs. 6, 802 k ZPO. Die Frist zur erneuten Abgabe er Vermögensauskunft wurde gegenüber dem alten Recht (drei Jahre) auf nunmehr zwei Jahre verkürzt, § 802 d Abs. 1 S. 1 ZPO. Die Frist berechnet sich gem. § 222 ZPO ab Abgabe der Vermögensauskunft mit eidesstattlicher Versicherung. Nach der Übergangsregelung in § 39 Nr. 4 EGZPO stehen die nach altem Recht abgelegten eidesstattlichen Versicherungen für die Bestimmung der Sperrfrist der Vermögensauskunft gleich. Vor Ablauf der Sperr-frist ist der Schuldner zur erneuten Vermögensauskunft nur verpflichtet, wenn der Gläubiger Tatsachen glaubhaft macht, die auf eine wesentliche Änderung der Vermögensverhältnisse des Schuldners schließen lassen. Diese Formulierung ist weitgehender als im enger gefassten § 903 Abs. 1 ZPO aF.

22 Eine Löschung erfolgt zwei Jahre nach Abgabe der Auskunft oder wenn ein neues Vermögensverzeichnis desselben Schuldners hinterlegt wird (§ 6 Abs. 1 VermVV). Da andere Gläubiger über den Gerichtsvollzie-her das Vermögensverzeichnis zwei Jahre lang nach Abgabe der Vermögensauskunft abrufen können (§ 802 k Abs. 2 S. 1 ZPO), wenn die Vollstreckungsvoraussetzungen des § 750 ZPO vorliegen, muss der Schuldner grundsätzlich keine erneute eidesstattliche Versicherung ablegen, wenn die letzte keine zwei Jahre zurückliegt (§ 802 d Abs. 1 ZPO). Eine Ausnahme besteht, wenn der Gläubiger Tatsachen glaubhaft machen kann, die auf eine wesentliche Veränderung der Vermögensverhältnisse des Schuldners schließen lassen, § 802 d Abs. 1 S. 1 ZPO. Diese Formulierung ist weitgehender als im enger gefassten § 903 Abs. 1 ZPO aF, so dass jedenfalls die bisherigen Fallgestaltungen fortgelten, in denen die Rspr die Voraussetzun-gen bejaht hatte:

Eine erneute Vermögensauskunft kann bejaht werden, wenn der Schuldner später **pfändbares Vermögen** 23
erwirbt (OLG Stuttgart 1.3.2001 – 8 W 352/00, RPfleger 2001, 441; Musielak/Voit § 802 d ZPO Rn 8; aA
Eickmann in: MüKo-ZPO § 903 ZPO Rn 6). Zur Glaubhaftmachung reichte es zum alten Recht nicht aus,
dass der Schuldner eine kurze selbstständige Tätigkeit aufgenommen hat (LG Baden-Baden 24.6.2010 – 2
T 12/10, DGVZ 2010, 197). Das kann jedoch nach Aufgabe einer längeren selbstständigen Tätigkeit (zB
sechs Monate) bejaht werden (LG Köln 27.9.2005 – 10 T 189/05, DGVZ 2005, 182; s. auch OLG Stuttgart
1.3.2001 – 8 W 352/00, DGVZ 2001, 116). Mit der Auflösung eines Bankkontos durch den Schuldner
konnte ein Vermögenserwerb nicht glaubhaft gemacht werden (BGH 16.11.2006 – I ZB 5/05, NJW-RR
2007, 1007).

Es reichte nach altem Recht aus, wenn der Gläubiger glaubhaft machen konnte, dass der Schuldner ein An- 24
teilsverhältnis, das zur Zeit der Abgabe des Vermögensverzeichnisses bestand, aufgelöst hatte. Diese Voraussetzung wurde auch auf den Fall erweitert, dass der Schuldner ein Gewerbe oder eine selbstständige Tätigkeit aufgibt (hM, Thomas/Putzo/Seiler § 904 ZPO Rn 5; OLG Frankfurt/M. 7.12.1989 – 20 W 403/89,
RPfleger 1990, 174; LG Augsburg 2.2.1998 – 5 T 5531/97, JurBüro 1998, 325; LG Freiburg 18.8.2005 –
13 T 70/05, DGVZ 2005, 166). Das gilt auch für die Aufgabe einer Nebentätigkeit, wenn sie einen größeren Umfang hatte (Musielak/Voit § 802 d ZPO Rn 10 mwN).

Erfasst wird auch der Fall, dass zum Zeitpunkt der Abgabe der letzten eidesstattlichen Versicherung kein 25
Arbeitsverhältnis bestand, nunmehr aber eine Beschäftigung aufgenommen wurde (LG Heilbronn
30.10.2000 – 1 b T 404/00, JurBüro 2001, 153).

Es ist ein **Antrag** des Gläubigers erforderlich. 26

Bei Vorliegen der Voraussetzungen muss der Schuldner eine vollständig neue Vermögensauskunft erstellen 27
und darf sich nicht auf die Ergänzung beschränken. Bezüglich einzelner Positionen sind Bezugnahmen auf
das frühere Verzeichnis zulässig (OLG Koblenz 21.6.1976 – 13 T 68/76, MDR 1977, 323). Darauf, ob der
Gläubiger den neuen Arbeitgeber des Schuldners schon kennt oder nicht, kommt es nicht an (LG Bonn
27.9.2002 – 4 T 506/02, NJW-RR 2003, 72; Musielak/Voit § 802 d ZPO Rn 10).

2. Sofortige Abnahme der Vermögensauskunft (Kombiauftrag)

Es besteht wie bisher die Möglichkeit, einen „Kombiauftrag" zu erteilen, mit dem die Pfändung beauftragt 28
wird, und die sofortige Abnahme der Vermögensauskunft bei erfolgloser Pfändung. In diesem Falle wird –
abweichend von § 802 f Abs. 1, Abs. 3 ZPO – keine Zahlungsfrist mehr gesetzt und es ergeht keine Terminsladung. Die Vermögensauskunft wird vor Ort nach der erfolglosen Pfändung abgenommen.

Voraussetzungen für die „sofortige" Abnahme der Vermögensauskunft sind:
– Pfändungsauftrag des Gläubigers, § 802 a Abs. 2 Nr. 4 ZPO;
– Verweigerung der Durchsuchung der Wohnung durch den Schuldner

   oder

– der Pfändungsversuch führte nicht zur vollständigen Befriedigung des Schuldners;
– ausdrücklicher Auftrag des Gläubigers, für diesen Fall die Vermögensauskunft beim Schuldner abzu-
   nehmen, § 807 Abs. 1 S. 1 ZPO (Kombiauftrag).

Die Regelung entspricht im Wesentlichen dem früheren § 900 Abs. 2 ZPO.

Zu beachten ist, dass der Schuldner einer sofortigen Abnahme ohne Begründung widersprechen kann, weil
ihn die Abnahme der Vermögensauskunft unvorbereitet trifft. Dann muss der Gerichtsvollzieher den
Schuldner zu einem separaten Termin zur Abgabe der Vermögensauskunft gem. § 802 f ZPO laden. Eine
Zahlungsfrist braucht in diesem Fall nicht eingeräumt zu werden, § 807 Abs. 2 S. 2 ZPO.

3. Besonderheiten der eidesstattlichen Versicherung im Rahmen erlassener Pfändungs- und Überweisungsbeschlüsse, § 836 ZPO

29 Neben der Obliegenheit des Drittschuldners zur Abgabe der sogenannten Drittschuldnererklärung gemäß § 840 ZPO ist auch der Schuldner verpflichtet, dem Gläubiger die zur Geltendmachung der gepfändeten Forderung nötige Auskunft zu erteilen (§ 836 Abs. 3 S. 1 ZPO). Voraussetzung ist ein wirksamer Pfändungs- und Überweisungsbeschluss. Ein Pfändungsbeschluss ohne Überweisung genügt nicht (Thomas/Putzo/Seiler § 836 ZPO Rn 17; HK-ZV/Bendtsen § 836 ZPO Rn 11).

30 Der **Auskunftsanspruch** umfasst alle Tatsachen, die der Gläubiger zur Geltendmachung der Forderung gegen den Drittschuldner benötigt (Angaben zum Anspruchsgrund, Anspruchshöhe, Beweismittel). Der Schuldner muss auch Angaben zu Einwendungen gegen die Forderung und zu Vollstreckungshindernissen machen (HK-ZV/Bendtsen § 836 ZPO Rn 12) und dazu, ob die Forderung anerkannt oder bereits rechtshängig ist (BGH 26.2.2009 – VII ZB 30/08, NJW-RR 2009, 997). Er erstreckt sich auf Tatsachen, die erst nach dem Erlass des Pfändungs- und Überweisungsbeschlusses eingetreten sind.

31 Uneinheitlich wird die Frage beurteilt, inwieweit sich die Auskunft auch auf Tatsachen erstreckt, die der Schweigepflicht unterliegen. Zum Teil wird vertreten, dass solche Tatsachen nicht der Auskunft unterliegen (Musielak/Becker § 836 ZPO Rn 6; OLG Stuttgart 11.5.1994 – 8 W 89/94, NJW 1994, 2838). Nach aA geht die Auskunftspflicht den Verschwiegenheitspflichten (Sozialgeheimnis, Verschwiegenheitspflicht des Anwalts) vor (HK-ZV/Bendtsen § 840 ZPO Rn 16), ebenso dem Bankgeheimnis (Stöber, Forderungspfändung, 15. Aufl. 2010, Rn 627).

32 Verweigert der Schuldner die Auskunftserteilung, kann der Gläubiger mittels seines Titels und des Pfändungs- und Überweisungsbeschlusses das Verfahren auf Abgabe der eidesstattlichen Versicherung gemäß §§ 899 ff ZPO gegen den Schuldner einleiten. Dabei muss der Gläubiger die geforderten Auskünfte präzisieren, ähnlich wie bei einer Auskunftsklage (Musielak/Becker § 836 ZPO Rn 6). Der Schuldner ist verpflichtet, die Auskünfte dem Gerichtsvollzieher zu erteilen und deren Richtigkeit an Eides statt zu versichern.

4. Besonderheiten der eidesstattlichen Versicherung bei der Vollstreckung wegen der Herausgabe von Sachen, § 883 Abs. 2 ZPO

33 Auf Antrag muss der Schuldner, der eine bewegliche Sache oder eine Menge bestimmter beweglicher Sachen herauszugeben hat, die eidesstattliche Versicherung abgeben, wenn der Gerichtsvollzieher die Sache beim Schuldner **nicht vorgefunden** hat. Der Antrag hierzu kann mit dem Wegnahmeauftrag verbunden werden. Zwangsmittel nach §§ 888, 890 ZPO sind nicht zulässig. Zur Abgabe der eidesstattlichen Versicherung sind der Schuldner bzw sein gesetzlicher Vertreter verpflichtet; Letzterer muss die Erklärung sowohl zu eigenen Kenntnissen über den Verbleib der Sache als auch zur Kenntnis des Schuldners abgeben (Zöller/Stöber § 883 ZPO Rn 13). § 883 Abs. 2 S. 3 ZPO verweist zum Verfahren auf wesentliche Vorschriften zur Abgabe der Vermögensauskunft.

34 Die eidesstattliche Versicherung hat den **Inhalt**, dass der Schuldner die Sache nicht besitzt und auch nicht weiß, wo sie sich befindet (§ 883 Abs. 2 ZPO).

Eine wiederholte eidesstattliche Versicherung kann verlangt werden, wenn der Gläubiger glaubhaft macht, der Schuldner habe nach Abgabe der ersten eidesstattlichen Versicherung den Besitz an der Sache oder Kenntnis von deren Verbleib erlangt (BGH 21.2.2008 – I ZB 66/07, NJW 2008, 1598).

III. Eidesstattliche Versicherung bei Vollstreckungen nach FamFG

35 Im Rahmen der Vollstreckung nach den **Vorschriften des FamFG** ist die eidesstattliche Versicherung in folgenden Fällen von Bedeutung:

- Gemäß § 35 Abs. 4 FamFG kann das Gericht bei der Vollstreckung von Anordnungen mit verfahrensleitendem Charakter auf **Herausgabe einer Sache** neben der Möglichkeit, Zwangsgeld festzusetzen, den Verpflichteten zur Abgabe einer eidesstattlichen Versicherung unter den Voraussetzungen des § 883 Abs. 2 ZPO verpflichten, wenn die Wegnahmeanordnung nicht vollzogen werden kann, weil die Sache beim Verpflichteten nicht auffindbar war.

Die Entscheidung liegt im pflichtgemäßen Ermessen des Gerichts. Der Verpflichtete muss dann gegebenenfalls die eidesstattliche Erklärung abgeben, dass er die Sache nicht in Besitz habe und nicht wisse, wo sie sich befindet (HK-ZV/Giers FamFG Rn 36).

-Bedeutung hat die eidesstattliche Versicherung auch bei der Vollstreckung von Entscheidungen über die **Herausgabe von Personen** gemäß §§ 88 ff FamFG. Das sind die Fälle der §§ 1632, 1666 und 1666 a BGB. Wird das herauszugebende Kind bei der Vollstreckung der Wegnahme nicht vorgefunden, kann vom Herausgabeverpflichteten die Abgabe der eidesstattliche Versicherung über den Verbleib des Kindes verlangt werden, § 94 S. 1 FamFG.

1. Eidesstattliche Versicherung gemäß § 35 Abs. 4 FamFG

§ 35 FamFG erfasst nur Anordnungen des Gerichts mit verfahrensleitendem Charakter, um **Mitwirkungs-** 36 **handlungen** Verpflichteter durchzusetzen. Verfahrensanordnungen, die einen Beteiligten zur Herausgabe einer Sache verpflichten (zB zur Vorlage eines Testaments oder einer Betreuungsverfügung, Vorsorgevollmacht), fallen darunter und werden über die Verweisung auf § 883 ZPO vollstreckt. Es ist ein Verfahren von Amts wegen. „Gläubiger" iSd § 883 Abs. 2 ZPO ist das Gericht.

Unter den Voraussetzungen des § 883 Abs. 2 ZPO muss der zur Herausgabe Verpflichtete die eidesstattliche 37 che Versicherung beim Gerichtsvollzieher ablegen.

Das Verfahren richtet sich nicht nach §§ 410 ff FamFG, sondern nach §§ 883 Abs. 2, 802 f Abs. 4 iVm 38 §§ 802 g ff ZPO (HK-ZV FamFG Rn 36).

Gehört die Angelegenheit, in der die Herausgabeanordnung getroffen wurde, zum Aufgabenbereich des 39 Rechtspflegers, ist dieser auch berechtigt, das Verfahren zur eidesstattlichen Versicherung einzuleiten. Zur Anordnung der Haft ist er aber nicht befugt (Keidel/Zimmermann § 35 FamFG Rn 56).

2. Besonderheiten der Vollstreckung nach § 94 FamFG

§ 94 FamFG betrifft den Fall, dass ein **Kind** einem Elternteil oder einer sonstigen Person zur Durchsetzung 40 eines Herausgabeanspruchs **weggenommen** werden soll, das Kind aber nicht vorgefunden wurde. Für die eidesstattliche Versicherung müssen die Voraussetzungen der Anwendbarkeit unmittelbaren Zwangs gemäß § 90 FamFG vorliegen. Eine **Vollstreckung einer Herausgabeverpflichtung mittels unmittelbaren Zwangs** ist zur Durchsetzung eines Umgangsrechts nicht zulässig, § 90 Abs. 2 S. 1 FamFG, im Übrigen nur, wenn die Voraussetzungen des § 90 Abs. 1 und des § 90 Abs. 2 S. 3 FamFG gegeben sind.

Die Abgabe der eidesstattlichen Versicherung wird durch das Gericht durch Beschluss angeordnet. Das 41 Verfahren richtet sich nach § 883 Abs. 2, Abs. 3 ZPO iVm den weitgehend kraft Verweisung anwendbaren Vorschriften zur Abnahme von Eiden und Bekräftigungen. Inhaltlich richtet sie sich auf die Abgabe der Erklärung, dass der Vollstreckungsschuldner keine Kenntnis über den Verbleib des Kindes hat.

Die zum alten Recht streitige Rechtsfrage, ob für die Durchführung der Abgabe der eidesstattlichen Versi- 42 cherung der Gerichtsvollzieher zuständig ist (so Keidel/Giers § 94 FamFG Rn 2; HK-FamFG/von Harbou § 94 FamFG Rn 3) oder das anordnende Gericht (Rechtspfleger, § 20 Nr. 17 RPflG), weil § 94 FamFG nicht auf § 899 Abs. 1 aF ZPO verwies (so Thomas/Putzo/Hüßtege § 94 FamFG Rn 6; Musielak/Borth § 94 FamFG Rn 2), dürfte gegenstandslos geworden sein. § 94 S. 2 FamFG verweist auf § 883 Abs. 2, der wiederum auf die Zuständigkeit des Gerichtsvollziehers gem. § 802 e ZPO Bezug nimmt.

Gegen die Anordnung zur Abgabe der eidesstattlichen Versicherung oder deren Ablehnung kann die sofor- 43 tige Beschwerde gemäß § 87 Abs. 4 iVm §§ 567 ff ZPO eingelegt werden (Thomas/Putzo/Hüßtege § 94

FamFG Rn 4; Musielak/Borth § 94 FamFG Rn 2; HK-ZV/Giers FamFG Rn 183; aA, Beschwerde nach §§ 58 ff. FamFG, HK-FamFG/von Harbou § 94 FamFG Rn 3).

IV. Haftanordnung

44 Auf Antrag des Gläubigers erlässt das Gericht einen **Haftbefehl** gegen den Schuldner zur Erzwingung der eidesstattlichen Versicherung, wenn der Schuldner den Termin zur Abgabe versäumt oder die eidesstattliche Versicherung verweigert. Zuständig für den Erlass ist der Richter des Vollstreckungsgerichts am Wohnsitz des Schuldners, wenn es um die Vollstreckung nach den Vorschriften der ZPO geht, also bei der Durchsetzung von Forderungen aus Familienstreitsachen (§ 120 Abs. 1 ZPO). Auch wenn es um die Vollstreckung verfahrensleitender Anordnungen auf Herausgabe von Sachen gemäß § 95 Abs. 4 FamFG, § 883 Abs. 2 S. 3 ZPO geht (Keidel/Zimmermann § 35 FamFG Rn 55), kann das Gericht unter den Voraussetzungen des § 802 g ZPO Haftbefehl erlassen. Zuständig ist das Familiengericht, das das zugrunde liegende Verfahren betreibt.

45 Das Gleiche gilt bei einer Vollstreckung zur Herausgabe einer Person gemäß § 94 S. 2 FamFG. Zuständig ist hier der Richter des gemäß § 88 FamFG mit der Vollstreckung befassten Familiengerichts (HK-ZV/Giers FamFG Rn 163).

83. Eingetragene Lebenspartnerschaft

Gurk

I. Einführung	1	5. Vermögensauseinandersetzung	29
II. Begründung der Lebenspartnerschaft	6	6. Kinder eines Lebenspartners/Sorgerecht	33
III. Wirkungen der Lebenspartnerschaft	11	7. Erbrecht	42
1. Allgemeine Grundsätze	12	8. Steuerrecht	48
2. Namensrecht	13	9. Gesetzliche Kranken-/Pflegeversicherung	51
3. Unterhalt	15	IV. Aufhebung der Lebenspartnerschaft	52
a) Unterhaltspflichten während bestehender		1. Aufhebungsvoraussetzungen/Verfahren	52
Partnerschaft	16	2. Verteilung der Haushaltsgegenstände/	
b) Unterhaltspflichten bei Getrenntleben	18	Wohnungszuweisung	59
c) Nachpartnerschaftlicher Unterhalt	22	3. Versorgungsausgleich	62
4. Güterstand	24		

I. Einführung

Zum 1.8.2001 ist das **Gesetz zur Beendigung der Diskriminierung gleichgeschlechtlicher Gemeinschaften: Lebenspartnerschaften** in Kraft getreten. Dem Inkrafttreten waren erhebliche und umfangreiche politische Diskussionen vorausgegangen, die letztlich in einer Entscheidung des Bundesverfassungsgerichtes über Normenkontrollanträge der Bundesländer Bayern, Thüringen und Sachsen mündeten. **1**

In materiellrechtlicher Hinsicht begehrten die drei Länder die Feststellung, dass das Gesetz dem **Art. 6 GG** und dem dort manifestierten **Schutz von Ehe und Familie entgegensteht.** Deren Auffassung nach drohten Ehe und Familie durch die Schaffung eines Instituts, welches auf gleichgeschlechtlicher Ebene eine Annäherung an die Ehe vorsieht, erhebliche Einbußen. Der verfassungsrechtlich geschützte Bereich der Ehe und der Familie sollte in rechtswidriger Art berührt sein.

In formellrechtlicher Hinsicht wurde gerügt, dass das Gesetz zunächst in zwei Teile aufgespalten wurde: **2** Zum einen als Gesetz zur Beendigung der Diskriminierung gleichgeschlechtlicher Gemeinschaften: Lebenspartnerschaften mit den Regelungen zur eingetragenen Lebenspartnerschaft und zu den wesentlichen damit verbundenen Rechtsfolgen (LPartDisBG), zum anderen als **Gesetz zur Ergänzung des Lebenspartnerschaftsgesetzes und anderer Gesetze** (Lebenspartnerschaftsgesetzergänzungsgesetz – LPartGErgG) mit insbesondere verfahrensrechtlichen Ausführungsregelungen. Hierdurch sei das Zustimmungsrecht des Bundesrates umgangen worden.

Hierzu wurde durch das Bundesverfassungsgericht mit Urteil vom 17.7.2002 (1 BvF 1/01, 1 BvF 2/01) festgestellt, dass das LPartG nicht verfassungswidrig und nicht nichtig ist. Das Gesetz wendet sich an Personen, die keine Ehe miteinander eingehen können, weshalb die befürchteten Einbußen nicht zu erwarten sind (BVerfG 17.7.2002 – 1 BvF 1/01, FamRZ 2002, 1169). Auch die Art und Weise des Gesetzgebungsverfahrens wurde nicht beanstandet.

In der vorgenannten Entscheidung hatte das Bundesverfassungsgericht auch über die Frage zu entscheiden, **3** ob nicht in Bezug auf nichteheliche Lebensgemeinschaften ein **Verstoß gegen Art. 3 Abs. 1 GG** dadurch gegeben ist, dass den letztgenannten, also verschiedengeschlechtlichen Paaren und sog. verwandtschaftlichen Einstandsgemeinschaften der Zugang zur Rechtsform der eingetragenen Lebensgemeinschaft verwehrt ist. Für Partner verschiedener Geschlechter und Verwandte bestand und besteht nach dem Wortlaut des Gesetzes gerade keine Möglichkeit, ihre Partnerschaft durch entsprechende Eintragung einer Ehe anzugleichen.

Einen Verstoß gegen das besondere Diskriminierungsverbot des Art. 3 Abs. 3 S. 1 GG oder gegen den allgemeinen Gleichheitssatz des Art. 3 Abs. 1 GG stellte das Bundesverfassungsgericht jedoch nicht fest. Das **4** Gesetz verbindet Rechte und Pflichten nicht mit dem Geschlecht einer Person, sondern knüpft an die Geschlechtskombination einer Personenverbindung an, der sie den Zugang zur Lebenspartnerschaft einräumt. Den Personen in dieser Verbindung weist sie dann Rechte und Pflichten zu. Ebenso wie die Ehe mit ihrer Beschränkung auf die Zweierbeziehung zwischen Mann und Frau gleichgeschlechtliche Paare wegen ihres

Geschlechts nicht diskriminiert, benachteiligt die Lebenspartnerschaft heterosexuelle Paare nicht wegen ihres Geschlechts. Männer und Frauen werden stets gleich behandelt. Sie können eine Ehe mit einer Person des anderen Geschlechts eingehen, nicht jedoch mit einer ihres eigenen Geschlechts. Sie können eine Lebenspartnerschaft mit einer Person ihres eigenen Geschlechts gründen, nicht aber mit einer des anderen (BVerfG 17.7.2002,, 1 BvF 1/01, 1 BvF 2/01, FamRZ 2002, 1169, 1173). Verschiedengeschlechtlichen Personen steht die Eingehung einer Ehe offen.

5   Zum 1.1.2005 trat schließlich das **Gesetz zur Überarbeitung des Lebenspartnerschaftsrechts** in Kraft, wodurch das Lebenspartnerschaftsgesetz und weitere Gesetze geändert und erweitert wurden. Es folgten Gesetze zur Überarbeitung des Lebenspartnernamensrechts, zur Änderung des Unterhaltsrechts und zur Reform des Personenstandsrechts, wodurch die Lebenspartnerschaft heute dem Institut der Ehe in vielen Bereichen angeglichen wurde.

Die genaue Zahl der eingetragenen Lebenspartnerschaften in Deutschland ist nicht bekannt, da nicht in allen Bundesländern die Standesämter für die Begründung der Lebenspartnerschaften zuständig sind (s. Rn 6). Außerdem besteht nicht in allen Bundesländern eine gesetzliche Grundlage für die Erhebung der Daten. Auf der Basis repräsentativer Umfragen ist davon auszugehen, dass im Jahr 2010 in Deutschland circa 19.000 Lebenspartnerschaften registriert waren. Die vorliegenden Zahlen zeigen, dass derzeit mehr männliche als weibliche Paare von der Möglichkeit der Registrierung ihrer Partnerschaft Gebrauch machen.

II. Begründung der Lebenspartnerschaft

6   Die gesetzliche Regelung zur Begründung einer Lebenspartnerschaft findet sich in § 1 LPartG. Demgemäß ist es erforderlich, dass zwei Personen gleichen Geschlechts persönlich und bei gleichzeitiger Anwesenheit vor dem Standesbeamten erklären, miteinander eine Partnerschaft auf Lebenszeit führen zu wollen.

Ausnahmsweise sind in **Bayern die Notare** zuständig, in **Baden Württemberg die Landratsämter bzw in den Stadtkreisen die Bürgermeister** (vgl Palandt/Brudermüller § 23 LPartG Rn 1).

7   Die Lebenspartner sollen gemäß § 1 Abs. 2 LPartG einzeln und nacheinander befragt werden. Die Anwesenheit von **bis zu zwei Zeugen** ist möglich.

Ein Vergleich mit den gesetzlichen Vorgaben zur Eheschließung lässt dabei schnell erkennen, dass die Form der Begründung einer Lebenspartnerschaft dem § 1310 BGB angeglichen ist, der die Eheschließung regelt. Im Unterschied zur Eheschließung kommt dem Standesbeamten im Rahmen der Begründung einer Lebenspartnerschaft aber lediglich die Funktion eines Zeugen zu. Das bedeutet, dass die Lebenspartnerschaft **erst mit ihrer Eintragung ins Partnerschaftsregister tatsächlich begründet** wird.

8   Außerdem ist, anders als in § 1310 Abs. 3 BGB, **keine Heilung durch Registrierung möglich**. Liegt also einer der in § 1 Abs. 3 LPartG aufgeführten Begründungshindernisse vor, so gilt die Lebenspartnerschaft **ex nunc als unwirksam**.

Gründe, die einer wirksamen Begründung entgegenstehen, sind:
–   Minderjährigkeit eines Partners
–   ein Partner ist bzw beide Partner sind bereits verheiratet
–   ein Partner gehört bzw beide Partner gehören bereits einer Lebenspartnerschaft an
–   die Partner sind in gerader Linie miteinander verwandt
–   die Partner sind Geschwister
–   fehlende Einigkeit im Hinblick auf die Pflichten des § 2 LPartG

9   Eine dem § 1310 Abs. 1 S. 2 Hs 2 BGB entsprechende Regelung, wonach der Standesbeamte seine Mitwirkung verweigern darf, sofern die Voraussetzungen für eine Aufhebbarkeit vorliegen, fehlt im LPartG.

10   § 1 Abs. 4 LPartG schließlich enthält eine **Verweisung ins Recht des Verlöbnisses** (s. → *Verlöbnis* Rn 7 f).

III. Wirkungen der Lebenspartnerschaft

Über das ganze Recht verstreut finden sich gesetzliche Regelungen, die die eingetragene Lebenspartner- **11** schaft betreffen und gestalten. Die wichtigsten Bereiche werden nachstehend dargestellt:

1. Allgemeine Grundsätze

Zunächst findet sich für die allgemeinen Grundsätze einer Lebenspartnerschaft in § 2 LPartG die **Ver-** **12** **pflichtung der Partner zur gegenseitigen Fürsorge, Unterstützung, der gemeinsamen Lebensgestal-** **tung und Verantwortung.** Auch hier erfolgte durch den Gesetzgeber eine Angleichung an das Eherecht, konkret an § 1353 BGB. Im Unterschied zu Ehegatten sind die Lebenspartner jedoch nicht zur häuslichen Gemeinschaft verpflichtet. Es besteht auch keine Verpflichtung zur Geschlechtsgemeinschaft. Nach der Gesetzesbegründung handelt es sich bei der eingetragenen Lebenspartnerschaft um eine **auf Lebenszeit ge-** **schlossene Einstehens- und Verantwortungsgemeinschaft.**

Durch § 11 LPartG wird darüber hinaus zwischen den Partnern ein Verwandtschaftsverhältnis begründet. Die Verwandten der Partner gelten als mit dem anderen Lebenspartner verschwägert (§ 11 Abs. 2 LPartG).

2. Namensrecht

Das Namensrecht der eingetragenen Lebensgemeinschaft regelt § 3 LPartG, der § 1355 BGB entspricht. Im **13** Einzelnen hierzu s. → *Ehename* Rn 2 ff. Demgemäß können die Lebenspartner **verschiedene Namensvari-** **anten** für ihre Lebenspartnerschaft wählen, für die der Gesetzgeber folgende Alternativen vorgesehen hat:

–   es wird einer der Geburtsnamen der Partner als gemeinsamer Name geführt,
–   die bisherigen (verschiedenen) Namen werden fortgeführt, oder
–   derjenige Partner, dessen Name nicht gemeinsamer Lebenspartnerschaftsname wird, kann seinen Namen dem gewählten Lebenspartnerschaftsnamen voranstellen oder anfügen.

Die letztgenannte Möglichkeit besteht jedoch gemäß § 3 Abs. 2 LPartG in den Fällen nicht, in denen mehr als zwei Namen zusammengesetzt würden. Die entsprechenden Erklärungen zur Wahl des Lebenspartnerschaftsnamens sind gegenüber dem Standesbeamten bei der Begründung der Lebenspartnerschaft abzugeben.

Wird die **Lebenspartnerschaft beendet**, bestehen im Hinblick auf die Namensführung gemäß § 3 Abs. 3 **14** LPartG folgende Alternativen:

–   jeder Partner führt seinen Lebenspartnerschaftsnamen weiter,
–   der Geburtsname bzw der Name, der bei der Begründung der Partnerschaft geführt wurde, wird wieder angenommen, oder
–   es wird dem gemeinsam gewählten Lebenspartnerschaftsnamen der Geburtsname bzw der bis zur Bestimmung des Lebenspartnerschaftsnamens geführte Name vorangestellt oder angefügt.

3. Unterhalt

Das LPartG regelt die zwischen den Lebenspartnern bestehenden Unterhaltspflichten in drei Normen, die **15** drei verschiedene Zeitabschnitte betreffen. § 5 LPartG betrifft die Unterhaltspflichten während des Zusammenlebens. § 12 LPartG betrifft den Zeitraum ab Trennung bis zur Aufhebung der Lebenspartnerschaft. § 16 LPartG schließlich regelt die Zeit ab Aufhebung der Partnerschaft.

a) Unterhaltspflichten während bestehender Partnerschaft. § 5 LPartG stellt bei der Verpflichtung **16** zum Unterhalt **nicht auf das Zusammenleben** der Partner ab. Die Lebenspartner sind gerade nicht zu häuslicher Gemeinschaft verpflichtet.

Gleichwohl sind die Lebenspartner – parallel zur gesetzlichen Regelung für Ehegatten gemäß § 1360 BGB – verpflichtet, die Lebensgemeinschaft angemessen zu unterhalten. Dieses sowohl durch ihre Arbeit, als auch durch ihr Vermögen.

§ 5 S. 2 LPartG verweist in diesem Zusammenhang ausdrücklich auf die §§ 1360 S. 2, 1360 a und 1360 b BGB, woraus folgt, dass sich der Unterhalt danach bemisst, was zur **Deckung der Haushaltskosten und zur Befriedigung der persönlichen Bedürfnisse der Lebenspartner** erforderlich ist (s. → *Eheliche Lebensgemeinschaft* Rn 17 ff).

17 Die gesetzliche Verweisung umfasst auch die Regelung in § 1360 a Abs. 4 BGB, also die Regelung des **Prozess- bzw Verfahrenskostenvorschusses** (s. → *Verfahrenskostenvorschuss* Rn 3 ff) sowie den Anspruch auf Gewährung eines **Taschengeldes**.

Zu den **persönlichen Bedürfnissen** zählen bspw Kosten für medizinische Behandlung, angemessene Ausgaben zur Pflege von Liebhabereien und die Kosten einer (bereits begonnenen) Ausbildung (vgl Palandt/Brudermüller § 1360 a BGB Rn 3 mwN).

18 **b) Unterhaltspflichten bei Getrenntleben.** § 12 LPartG regelt die Unterhaltspflichten während des Getrenntlebens der Lebenspartner. Dabei entspricht die **Definition des Getrenntlebens** im Sinne des LPartG derjenigen aus dem Eherecht, konkret also § 1567 Abs. 1 S. 1 BGB, und findet sich inhaltsgleich in § 15 Abs. 5 S. 1 LPartG. Mangels Verpflichtung zur häuslichen Gemeinschaft ist es in diesem Zusammenhang ausreichend, aber auch erforderlich, wenn bei tatsächlichem Getrenntleben einer der Partner äußert bzw unmissverständlich und eindeutig zum Ausdruck bringt, dass er die Partnerschaft nicht mehr fortsetzen will (vgl Büttner FamRZ 2001, 1105, 1107).

Der **Unterhaltsanspruch** wird in zeitlicher Hinsicht begrenzt bis zu dem Zeitpunkt, in dem die Partnerschaft aufgehoben wird und beginnt mit der Trennung. Als Maßstab für den zu gewährenden Unterhalt, der – wie auch unter Ehegatten – in einer Geldleistung besteht, gelten die Grundsätze des § 1361 Abs. 1 BGB entsprechend.

19 Vor Inkrafttreten des LPartÜG zum 1.1.2005 konnte der Unterhalt begehrende Lebenspartner bereits während der Trennungszeit darauf verwiesen werden, seinen Unterhaltsbedarf durch eigene Erwerbstätigkeit zu decken. Die Frage der Erwerbsobliegenheit unterlag damals einer Billigkeitsabwägung (vgl OLG Düsseldorf 8.7.2005 – 6 UF 180/04, FamRZ 2006, 335). Mit Inkrafttreten des LPartÜG erfolgte in diesem Bereich jedoch eine vollständige Angleichung an die für Ehegatten geltenden Maßstäbe.

20 Daraus folgt auch, dass der zum Unterhalt verpflichtete Lebenspartner während des Getrenntlebens (ebenso wie in der Zeit nach Aufhebung der Lebenspartnerschaft) nicht gehalten ist, zur Finanzierung des Unterhaltes sein Vermögen zu verwerten (vgl Palandt/Brudermüller § 12 LPartG Rn 7).

21 Während des Getrenntlebens kann nicht zuletzt aufgrund der Gleichstellung zum Trennungsunterhalt zwischen Ehegatten **auch Vorsorgeunterhalt wegen Krankheit und Alter** verlangt werden (s. → *Altersvorsorgeunterhalt* Rn 4 ff und s. → *Krankenvorsorgeunterhalt* Rn 2 ff).

Ein **Verzicht auf Unterhalt** während der Trennung ist – wie auch im Rahmen des § 1361 BGB – nur für die Vergangenheit, nicht jedoch für die Zukunft möglich (s. → *Unterhaltsverzicht* Rn 4).

22 **c) Nachpartnerschaftlicher Unterhalt.** Der Unterhalt für die Zeit nach Aufhebung der Partnerschaft ist in § 16 LPartG geregelt. Inhaltlich ist er dem nachehelichen Unterhalt zwischen Ehegatten angeglichen und kann **ab dem Zeitpunkt der Rechtskraft des Aufhebungsbeschlusses** verlangt werden.

23 Es gilt also auch zwischen Partnern einer ehemals eingetragenen Lebenspartnerschaft der **Grundsatz der Eigenverantwortung** des § 1569 BGB (s. → *Erwerbsobliegenheit* Rn 22), auf den in § 16 S. 2 LPartG zwar nicht ausdrücklich verwiesen wird. § 16 S. 1 LPartG entspricht von seinem Wortlaut her aber dem § 1569 S. 1 BGB. Im Übrigen verweist § 16 S. 2 LPartG auf die §§ 1570 bis 1586 b sowie § 1609 BGB.

4. Güterstand

24 In seiner vor dem 1.1.2005 geltenden Fassung war es gemäß § 6 Abs. 1 S. 1 LPartG aF erforderlich, dass die Lebenspartner im Zuge der Begründung ihrer Lebenspartnerschaft eine gemeinsame Erklärung über ihren Vermögensstand abgaben.

Es bestand ein Wahlrecht zwischen der sog. Ausgleichsgemeinschaft, die inhaltlich dem gesetzlichen Gü- 25
terstand der Zugewinngemeinschaft entsprach, oder einem (notariell zu beurkundenden) Partnerschaftsvertrag, der anderweitige Regelung beinhalten konnte. Ohne eine solche Erklärung war eine wirksame Begründung der Partnerschaft nicht möglich. Nach § 6 LPartG aF existierte insbesondere keine Regelung, die
einen gesetzlichen Güterstand begründete für den Fall, dass das Wahlrecht im Rahmen der Begründung der
Lebenspartnerschaft nicht ausgeübt worden war.

Nach dem zum 1.1.2005 in Kraft getretenen LPartÜG gilt ab der Begründung der Lebenspartnerschaft der 26
gesetzliche Güterstand der Zugewinngemeinschaft, es sei denn, die Partner haben in einem eigens abgeschlossenen **Partnerschaftsvertrag** iSd § 7 LPartG eine abweichende Regelung getroffen.

Gemäß § 21 Abs. 2 LPartG gilt für Lebenspartner, die vor dem 1.1.2005 unter dem § 6 LPartG aF ihre Le- 27
benspartnerschaft begründet haben, der (gesetzliche) **Güterstand der Zugewinngemeinschaft**, es sei
denn, die Lebenspartner haben vor dem 31.12.2005 eine gerichtliche Erklärung abgegeben, wonach sie zukünftig im Güterstand der Gütertrennung leben wollen.

§ 7 LPartG verweist hierzu auf die §§ 1409 bis 1563 BGB. Als **vertraglich vereinbare Güterstände** kom- 28
men folglich – entsprechend der Gestaltungsmöglichkeiten zwischen Ehegatten – die **Gütertrennung** und
die **Gütergemeinschaft** in Betracht. Durch die Verweisung auf die §§ 1558 bis 1563 BGB besteht auch für
Lebenspartner die Möglichkeit der Eintragung des Güterstandes in das **Güterrechtsregister**.

5. Vermögensauseinandersetzung

Darüber hinaus schützt § 8 LPartG die **Gläubiger** einer Partnerschaft ebenso wie die Gläubiger von Ehe- 29
gatten, dh es wird zugunsten des Gläubigers eines Partners vermutet, dass die im Besitz eines oder beider
Partner befindlichen Sachen dem Schuldner gehören. Dieses gilt gemäß § 8 S. 2 LPartG iVm § 1362 Abs. 1
S. 2 BGB aber nicht mehr ab dem Zeitpunkt der Trennung und gem. § 8 S. 2 LPartG iVm § 1362 Abs. 2
BGB auch nicht für Sachen, die zum persönlichen Gebrauch bestimmt sind (vgl Haußleiter/Schulz Kap. 8
Rn 8).

Über § 8 Abs. 2 LPartG findet schließlich auch die Vorschrift des § 1357 BGB unmittelbare Anwendung 30
auf eingetragene Lebenspartnerschaften. Die dort manifestierte sog. „**Schlüsselgewalt**" schützt den Rechtsverkehr dadurch, dass jedem Ehegatten bzw Lebenspartner das Recht eingeräumt wird, den anderen Ehegatten bzw Lebenspartner bei **Geschäften zur Deckung des Lebensbedarfes** der Familie bzw Partnerschaft mit zu verpflichten (§ 421 BGB) und zu berechtigen (§ 432 BGB). Über § 8 S. 2 LPartG iVm § 1357
Abs. 3 BGB endet dieses Recht mit der Trennung der Partner.

Die **güterrechtliche Auseinandersetzung** der Partner folgt den gleichen Regelungen wie bei Ehegatten. 31
Durch die gesetzliche Regelung in § 6 LPartG finden für den Güterstand der Zugewinngemeinschaft die
§§ 1362 Abs. 2, 1364 bis 1390 BGB Anwendung. § 7 LPartG verweist für die Güterstände der Gütertrennung und der Gütergemeinschaft auf die §§ 1409 bis 1563 BGB.

Soweit neben Auseinandersetzungen aus dem Bereich des Güterrechtes **andere vermögensrechtliche An-** 32
sprüche betroffen sind (bspw aus Gesamtschuldnerausgleich, Rückgewähr von Zuwendungen u.a.) gelten
im Vergleich zu Ehegatten keine Besonderheiten.

6. Kinder eines Lebenspartners/Sorgerecht

In den Fällen, in denen ein **sorgeberechtigter Elternteil** in einer eingetragenen Lebenspartnerschaft lebt, 33
werden die sorgerechtlichen Befugnisse des Lebenspartners durch § 9 LPartG bestimmt.

Hierfür sieht § 9 Abs. 1 S. 1 LPartG ein sog. **kleines Sorgerecht** vor: Der Lebenspartner erhält die Befug- 34
nis, in Angelegenheiten des täglichen Lebens mitzuentscheiden. Voraussetzung ist allerdings, dass der sorgeberechtigte Lebenspartner Inhaber der alleinigen elterlichen Sorge ist und Einvernehmen zwischen den
Lebenspartnern besteht. Die Regelung entspricht inhaltlich der gesetzlichen Regelung für Stiefeltern in
§ 1687 b Abs. 1 S. 1 BGB, die zeitgleich in Kraft getreten ist.

Gurk

35 Die Definition der Angelegenheiten des täglichen Lebens entspricht in Bezug auf den Wortlaut der gesetzlichen Regelung in § 1687 Abs. 1 S. 3 BGB. Die Einräumung dieser Befugnis für den Lebenspartner ist in der Literatur vielfach auf Kritik gestoßen. Immerhin stellt sie den neuen, gleichgeschlechtlichen Partner des sorgeberechtigten Elternteils **rechtlich besser als den nicht sorgeberechtigten Elternteil**, der – abgesehen von seinem Umgangsrecht – keinerlei sorgerechtliche Befugnisse hat.

36 Ausweislich der Gesetzesbegründung sollen aber die Aufgaben der Pflege und Erziehung, die der nicht sorgeberechtigte Lebenspartner im Rahmen der Lebensgemeinschaft übernimmt, rechtlich anerkannt und gesichert werden. Stellt sich nur die Frage, warum zur Erreichung dieses Zwecks das „kleine Sorgerecht" überhaupt notwendig ist. Durch die Gestattung der Beteiligung an der Erziehung durch den Sorgeberechtigten ist der Lebenspartner an sich ausreichend abgesichert (vgl Schwab FamRZ 2001, 385, 395). Ab dem Zeitpunkt des nicht nur vorübergehenden Getrenntlebens bestehen die Befugnisse gemäß § 9 Abs. 4 LPartG ohnehin nicht mehr.

37 Auch die Handhabung bzw der Begriff des Einvernehmens, der der gesetzlichen Regelung in § 1627 S. 1 BGB entspricht, bringt in der Praxis Probleme mit sich. Klar ist, dass das **Sorgerecht des leiblichen Elternteils durch die gesetzliche Regelung keine Einschränkung** erfährt und auch nicht erfahren soll. Daraus folgt insbesondere auch, dass der nicht sorgeberechtigte Lebenspartner keine das Kind betreffende Entscheidung gegen den Willen des Sorgeberechtigten zu treffen befugt ist.

Andererseits ist unklar, wie bzw wann das Einvernehmen iSd § 9 Abs. 1 S. 1 LPartG hergestellt sein muss. Ist die Herstellung des Einvernehmens stets neu bei jeder Entscheidungssituation erforderlich? Oder reicht es aus, wenn das Einvernehmen einmal erklärt wurde und danach eine Abänderung nur durch gerichtlichen Eingriff gemäß § 9 Abs. 3 LPartG erfolgt bzw möglich ist? Nach derzeitigem Sachstand ist davon auszugehen, dass das **Einvernehmen als bindende Vereinbarung zwischen den Lebenspartnern** zu betrachten ist, die nur durch das Familiengericht wieder nach Maßgabe des § 9 Abs. 3 LPartG aufgehoben werden kann (vgl Gerhardt/von Heintschel-Heinegg/Klein/Weinreich, 7. Aufl., Kap. 11 Rn 264; so wohl auch Schwab FamRZ 2001, 385, 394).

38 Lediglich im Rahmen der durch § 9 Abs. 2 LPartG gesetzlich eingeräumten **Notfallkompetenz** ist eine vorherige Erzielung eines Einvernehmens nicht notwendig. Da § 9 Abs. 4 LPartG lediglich eine Verweisung auf § 9 Abs. 1 LPartG, nicht aber auf § 9 Abs. 2 LPartG enthält, besteht die Notfallkompetenz des nicht sorgeberechtigten Lebenspartners nach dem Willen des Gesetzgebers auch nach erfolgter Trennung fort.

39 Der **Begriff der Mitentscheidung** ist problematisch in seiner Handhabung. Theoretisch denkbar wäre es, die Mitentscheidungsbefugnis dahin gehend auszulegen, dass in Angelegenheiten des täglichen Lebens ein gemeinsames Sorgerecht der Lebenspartner besteht (vgl Schwab FamRZ 2001, 385, 394). Tatsächlich geht man heute aber davon aus, dass die Mitentscheidungsbefugnis den nicht sorgeberechtigten Lebenspartner schlichtweg in die Lage versetzt, aus **vom Sorgeberechtigten abgeleitetem Recht** in Angelegenheiten des täglichen Lebens ähnlich der Rechtsstellung eines **Unterbevollmächtigten** mitzuentscheiden (so Gerhardt/von Heintschel-Heinegg/Klein/Weinreich, 7. Aufl., Kap. 11 Rn 265).

40 § 9 Abs. 5 LPartG beinhaltet die Möglichkeit der **Einbenennung des Kindes**. Das bedeutet, dem Kind kann unter den im Gesetz genannten Voraussetzungen der Name der Lebenspartner gegeben werden. Im Ergebnis kann das Kind auf diese Weise folglich auch den Namen des Lebenspartners erhalten, der nicht leiblicher Elternteil ist. Möglich ist es nach der gesetzlichen Regelung auch, dem bisherigen Namen des Kindes den Namen der Lebenspartner voranzustellen oder anzufügen. Besteht für das Kind das **gemeinsame Sorgerecht der Eltern**, so ist die Zustimmung des anderen Elternteiles für die Einbenennung erforderlich. Die Zustimmung des Kindes selbst ist dann erforderlich, wenn das Kind das fünfte Lebensjahr vollendet hat (§ 9 Abs. 5 LPartG iVm § 1618 S. 3 BGB).

41 Bis heute nicht möglich ist die **Adoption** des Kindes eines Dritten durch beide Partner einer eingetragenen Lebenspartnerschaft. Das Kind eines Dritten kann nur durch einen der Lebenspartner angenommen werden, der wiederum die Zustimmung des anderen benötigt. Diese kann gem. § 9 Abs. 6 S. 2 LPartG iVm § 1749

Abs. 1 S. 2 BGB familiengerichtlich ersetzt werden. Möglich ist aber die Adoption eines Kindes des Lebenspartners durch den anderen Lebenspartner (sog. **Stiefkindadoption**), es sei denn, der Lebenspartner, der das Kind mit in die Partnerschaft bringt, hat dieses seinerseits bereits adoptiert (Palandt/Brudermüller § 9 LPartG Rn 10; zu den Voraussetzungen einer Adoption vgl OLG Brandenburg 6.7.2012 – 9 UF 45/12).

Gemäß § 9 Abs. 7 LPartG war es, anders als bei Ehegatten, bislang für einen eingetragene Lebenspartner nicht möglich, ein vom anderen Lebenspartner adoptiertes Kind anzunehmen (**Sukzessivadoption**). Durch Urteil des Bundesverfassungsgerichts vom 19.2.2013 wurde § 9 Abs. 7 LPartG jedoch wegen Verstoßes gegen Art. 3 Abs. 1 GG **für verfassungswidrig erklärt** (BVerfG 19.2.2013 – 1 BvL 1/11 u. 1 BvR 3247/09, FPR 2013, 278; NJW 2013, 847). Dem Gesetzgeber wurde aufgegeben, bis zum 30.6.2014 eine verfassungskonforme Neuregelung zu schaffen. Bis dahin ist § 9 Abs. 7 LPartG mit der Maßgabe anzuwenden, **dass die Sukzessivadoption durch einen eingetragenen Lebenspartner möglich ist.**

7. Erbrecht

Das Erbrecht von Partnern einer eingetragenen Lebenspartnerschaft ist mit § 10 LPartG dem Erbrecht von   **42** Ehegatten weitestgehend angeglichen. Dabei enthalten § 10 Abs. 1 S. 1 und 2 LPartG und § 10 Abs. 2 S. 1 LPartG die Regelung der **gesetzlichen Erbfolge** entsprechend § 1933 Abs. 1 und Abs. 2 BGB. Demgemäß erbt der überlebende Lebenspartner neben gesetzlichen Erben der ersten Ordnung zu einem Viertel, neben gesetzlichen Erben der zweiten Ordnung zur Hälfte.

Über die Verweisung der in § 6 LPartG enthaltenen Güterstandregelung auf § 1371 Abs. 1 S. 1 BGB kann   **43** der Lebenspartner darüber hinaus den **pauschalen Zugewinnausgleich** durch Erhöhung des gesetzlichen Erbteils um ein weiteres Viertel verlangen.

Daneben gelten die Bestimmungen des § 1371 Abs. 2 BGB bzw § 1371 Abs. 3 BGB für die Fälle der **Enterbung bzw Ausschlagung.**   **44** Sofern die Lebenspartner statt des gesetzlichen Güterstandes die Gütertrennung vereinbart hatten, gilt für die überlebenden Lebenspartner die in § 10 Abs. 2 S. 2 LPartG enthaltene Regelung, wonach er neben bis zu zwei gesetzlichen Erben der ersten Ordnung mit diesen zu gleichen Teilen erbt. Sind mehr als zwei gesetzliche Erben der ersten Ordnung vorhanden, gilt § 10 Abs. 1 S. 1 LPartG.

Neben dem gesetzlichen Erbteil erhält der Lebenspartner gemäß § 10 Abs. 1 S. 3 bis 5 LPartG als gesetzliches Vermächtnis den **sog. Voraus.**   **45** Dieser umfasst die zum lebenspartnerschaftlichen Haushalt gehörenden Gegenstände und die Geschenke anlässlich der Begründung der Lebenspartnerschaft. Neben Verwandten der ersten Ordnung ist allerdings die in § 10 Abs. 1 S. 4 LPartG enthaltene Beschränkung auf diejenigen Gegenstände, die für die Führung eines angemessenen Haushaltes benötigt werden, zu berücksichtigen.

Zu beachten ist, dass – entsprechend der gesetzlichen Vorgaben für Ehegatten in § 1933 BGB – das gesetzliche Erbrecht des Lebenspartners dann entfällt, wenn zum Zeitpunkt des Erbfalls die **Voraussetzungen für die Aufhebung der Lebenspartnerschaft** gegeben waren und der Erblasser entweder selbst einen Antrag auf Aufhebung beim Familiengericht gestellt, oder aber der Aufhebung zugestimmt hatte. Dieses gilt gemäß § 10 Abs. 3 Nr. 2 LPartG auch für den in § 15 Abs. 2 Nr. 3 LPartG geregelten Aufhebungsantrag wegen unzumutbarer Härte.

In entsprechender Anwendung der §§ 2266 bis 2272 BGB sind die Lebenspartner über § 10 Abs. 4 LPartG   **46** berechtigt, **gemeinsam zu testieren.** Die Verweisung betrifft damit auch die Möglichkeiten, **wechselbezügliche Verfügungen** iSd § 2270 BGB zu treffen, die entsprechende Bindungswirkungen entfalten.

Schließlich enthält § 10 Abs. 6 LPartG eine umfassende Verweisung ins **Pflichtteilsrecht** zugunsten des   **47** Lebenspartners, der aufgrund wirksamer Verfügung von Todes wegen von seinem gesetzlichen Erbrecht ausgeschlossen wurde. Sowohl auf den Pflichtteil als auch auf das gesetzliche Erbrecht kann gemäß § 10 Abs. 7 LPartG iVm §§ 2346, 2348 BGB durch entsprechende notarielle Beurkundung verzichtet werden.

8. Steuerrecht

48 Eine **einkommensteuerrechtliche Gleichstellung** der Partner einer eingetragenen Lebenspartnerschaft zu Eheleuten ist zwischenzeitlich durch Beschluss des Bundesverfassungsgerichtes vom 7.5.2013 (2 BvR 909/06; 2 BvR 1981/06 und 2 BvR 288/07) erfolgt. Bislang fanden sich lediglich in einzelnen Entscheidungen des Bundesverfassungsgerichts Angleichungen an die Rechtslage bei Ehegatten. So stellte das Bundesverfassungsgericht bspw mit Beschluss vom 19.6.2012 fest, dass die gesetzliche Regelung des § 40 Abs. 1 Nr. 1 BbesG gegen den allgemeinen Gleichheitssatz des Art. 3 Abs. 1 GG verstößt (2 BvR 1397/09, FamRZ 2012, 1472 ff). Geklagt hatte ein in eingetragener Lebenspartnerschaft lebender Bundesbeamter auf Gewährung des gemäß § 40 Abs. 1 Nr. 1 BBesG **für verheiratete Beamte vorgesehenen Familienzuschlags**. Der Gesetzgeber wurde mit der genannten Entscheidung verpflichtet, rückwirkend eine verfassungskonforme Norm zu schaffen.

Mit Beschluss vom 18.7.2012 erklärte das Bundesverfassungsgericht die Unvereinbarkeit des § 3 GrEStG aF mit Art. 3 Abs. 1 GG, soweit darin Ehegatten, nicht aber **eingetragene Lebenspartner, von der Grunderwerbsteuer befreit werden** (1 BvL 16/11, FamRZ 2012, 1477 ff).

49 Nunmehr steht mit der Entscheidung des 2. Senates des Bundesverfassungsgerichts vom 7.5.2013 fest, dass die §§ 26, 26 b und 32 a Abs. 5 EStG mit Art. 3 Abs. 1 GG unvereinbar sind. Die Ungleichbehandlung von Verheirateten und eingetragenen Lebenspartnern stellt eine mittelbare Ungleichbehandlung wegen der sexuellen Orientierung dar, die im Hinblick auf Art. 3 Abs. 1 GG unangemessen ist. Der Gesetzgeber ist verpflichtet, rückwirkend zum Zeitpunkt der Einführung des Instituts der Lebenspartnerschaft zum 1.8.2001 den festgestellten Verfassungsverstoß zu beseitigen. Bis zum Inkrafttreten einer Neuregelung bleiben die §§ 26, 26 b, 32 a Abs. 5 EStG zwar anwendbar, allerdings mit der Maßgabe, dass auch eingetragene Lebenspartner mit Wirkung ab dem 1.8.2001 unter den auch für Ehegatten geltenden Voraussetzungen eine Zusammenveranlagung und die Anwendung des Splittingverfahrens beanspruchen können. Dieses wiederum gilt nur für die Veranlagungszeiträume, die noch nicht bestandskräftig abgeschlossen sind.

50 **Erbschaftsteuerrechtlich** war in Bezug auf die Steuerklassen und Freibeträge bereits eine **Gleichstellung mit Ehegatten erfolgt**. Nach der bis zum 13.12.2010 geltenden Fassung des § 15 ErbStG waren Lebenspartner noch der Steuerklasse III zugeordnet. Seit dem 14.12.2010 unterfallen sie nun, wie auch Ehegatten, der Steuerklasse I.

9. Gesetzliche Kranken-/Pflegeversicherung

51 In der gesetzlichen Krankenversicherung sind die eingetragenen Lebenspartner gemäß § 10 Abs. 1 SGB V in die **Familienversicherung einbezogen**. Gleiches gilt für die gesetzliche Pflegeversicherung (dort § 25 Abs. 1 SGB XI).

IV. Aufhebung der Lebenspartnerschaft

1. Aufhebungsvoraussetzungen/Verfahren

52 Der Aufhebung einer eingetragenen Lebensgemeinschaft hat ein **Antrag mindestens eines der Lebenspartner bei dem für die Aufhebung zuständigen Familiengericht** vorauszugehen.

53 Unter welchen **Voraussetzungen** die Partnerschaft aufzuheben ist, regelt § 15 Abs. 2 LPartG. Auch diese Vorschrift ist dem Eherecht angelehnt. So enthält § 15 Abs. 2 Nr. 1 LPartG die Bestimmung, dass – ähnlich der Regelung in § 1565 BGB – die Lebenspartnerschaft dann aufgehoben werden kann, wenn die Lebenspartner seit mehr als einem Jahr getrennt leben und beide die Aufhebung beantragen bzw in den Fällen, in denen nur einer der Partner die Aufhebung beantragt, nicht erwartet werden kann, dass die partnerschaftliche Lebensgemeinschaft wieder hergestellt werden kann.

54 § 15 Abs. 2 Nr. 2 LPartG enthält eine dem § 1566 Abs. 2 BGB angelehnte Regelung für den Fall der **Trennung über einen Zeitraum von mehr als drei Jahren**. Die ebenfalls dem Eherecht angelehnte **Härtefallregelung** findet sich in § 15 Abs. 2 Nr. 3 LPartG und stellt das Pendant zu der in § 1565 Abs. 2 BGB ent-

haltenen Regelung dar. Darüber hinaus erfolgt eine Aufhebung der Lebenspartnerschaft dann, wenn ein **Aufhebungsgrund nach § 1314 Abs. 2 Nr. 1 bis 4 BGB** (Gründe für die Aufhebung einer Ehe) gegeben ist und der in der jeweiligen Vorschrift genannte Lebenspartner einen entsprechenden Antrag stellt (§ 15 Abs. 2 S. 2 LPartG).

Die Regelung bezieht sich folglich auf die Fälle, in denen bei der Begründung der Lebenspartnerschaft ein **Willensmangel** vorlag.   **55**

Die Regelung umfasst also folgende Fälle: **56**

– ein Partner befand sich bei Begründung der Lebenspartnerschaft im **Zustand der Bewusstlosigkeit oder vorübergehenden Störung der Geistestätigkeit**;
– ein Lebenspartner hat bei der Begründung der Lebenspartnerschaft **nicht gewusst, dass es sich um eine Begründung handelt**;
– ein Partner wurde arglistig über **solche Umstände getäuscht**, die ihn zur Begründung der Lebenspartnerschaft bewegt haben, sofern er bei Kenntnis der wahren Umstände und der Würdigung des Wesens der Lebenspartnerschaft von einer Begründung abgesehen hätte (Ausnahme: Täuschung über Vermögensverhältnisse oder Täuschung durch Dritten bei Nichtkenntnis des Lebenspartners);
– ein Partner wurde durch **widerrechtliche Drohung** zur Begründung der Lebenspartnerschaft bewegt.

Zwar ist der in der Praxis häufigste Fall der Eheaufhebung wegen sog. **Scheinehe**, die in § 1314 Abs. 2   **57** Nr. 5 BGB ihre Regelung findet, mangels Verweisung von den in § 15 LPartG geregelten **Möglichkeit der Aufhebung der Lebenspartnerschaft nicht erfasst**. Das bedeutet aber nicht, dass eine nur zum Schein begründete Lebenspartnerschaft mit dieser Begründung nicht aufgehoben werden kann. Vielmehr sind in diesen Fällen die Vorschriften einer **Anfechtung nach den §§ 116 ff BGB** heranzuziehen (vgl Palandt/ Brudermüller § 15 LPartG Rn 7). Zu prüfen ist in diesen Fällen also, ob zwischen den Lebenspartnern im Zeitpunkt der Begründung der Lebenspartnerschaft Einigkeit darüber bestand, die in § 2 LPartG genannten Verpflichtungen nicht begründen zu wollen. Sind diese Voraussetzungen gegeben, liegt eine **Nichtigkeit ex nunc** vor.

§ 15 Abs. 3 LPartG enthält eine **Härtefallregelung** zugunsten des Lebenspartners, der sich der Aufhebung   **58** widersetzt. Die Vorschrift entspricht der **Ehegattenschutzklausel** des § 1568 BGB und sieht vor, dass eine Aufhebung der Lebenspartnerschaft trotz Vorliegen eines Aufhebungsgrundes in den Fällen unterbleibt, in denen sie für den die Aufhebung ablehnenden Lebenspartner eine **schwere Härte** darstellen würde. Auch hier hat – wie im Eherecht – eine **Abwägung der beiderseitigen Interessen** zu erfolgen.

Die Aufhebung der Lebenspartnerschaft erfolgt durch **gerichtlichen Beschluss**. Zuständig ist gemäß den §§ 269 Abs. 1 Nr. 1, 270 Abs. 1, 121 FamFG das **Familiengericht**. Die **örtliche Zuständigkeit** regelt über die in § 270 FamFG geregelte Verweisung ins Recht der Ehescheidung der § 122 FamFG. Gleiches gilt für das gesamte Verfahrensrecht.

Die Kostenregelung des § 150 FamFG gilt demgemäß ebenfalls entsprechend.

2. Verteilung der Haushaltsgegenstände/Wohnungszuweisung

Im LPartG finden sich die Regelungen für die Verteilung der Haushaltsgegenstände und die Wohnungszu-   **59** weisung in den §§ 13 und 14. § 13 LPartG, der die Verteilung der Haushaltsgegenstände regelt, entspricht nahezu vollständig dem **§ 1361 a BGB**. Bei einem Vergleich der Vorschriften fällt allerdings auf, dass die in § 1361 a Abs. 3 S. 1 BGB enthaltene Regelung, wonach das Familiengericht in den Fällen zu entscheiden hat, in denen sich die Ehegatten über die Aufteilung nicht einigen können, in § 13 LPartG fehlt. Schlussfolgerungen für eine unterschiedliche Sachbehandlung bei Lebenspartnern können hieraus jedoch nicht gezogen werden. Es handelt sich vielmehr schlichtweg um ein gesetzgeberisches Versehen. Insoweit kann an dieser Stelle also vollumfänglich auf die Kommentierung zu → *Haushaltssachen* und → *Wohnungszuweisung nach Trennung* verwiesen werden.

60 § 14 LPartG entspricht inhaltlich der gesetzlichen Regelung in § 1361 b BGB. Beide Vorschriften sind durch das Gesetz zur Verbesserung des zivilrechtlichen Schutzes bei Gewalttätigkeiten und Nachstellungen sowie zur Erleichterung der Überlassung der Ehewohnung bei Trennung zum 1.1.2002 geändert worden und ermöglichen seitdem eine Wohnungszuweisung nicht erst im Falle einer schweren Härte, sondern bereits bei **Vorliegen einer unbilligen Härte** (Gerhardt/von Heintschel-Heinegg/Klein/Weinreich, 7. Aufl., Kap. 11 Rn 246).

61 § 17 LPartG verweist für die **Zeit nach Aufhebung der Lebenspartnerschaft** auf § 1568 a BGB bzgl der Regelung der Rechtsverhältnisse an der Ehewohnung, auf § 1568 b BGB bzgl der Regelung der Rechtsverhältnisse an den Haushaltsgegenständen. An dieser Stelle wird daher auf die Kommentierung zu → *Wohnungszuweisung nach Scheidung* und → *Haushaltssachen* verwiesen.

3. Versorgungsausgleich

62 Auch bei der Aufhebung einer Lebenspartnerschaft findet ein Versorgungsausgleich statt. § 20 LPartG verweist vollumfänglich auf die Vorschriften der **Durchführung des Versorgungsausgleiches bei Ehescheidung**.

84. Einkommensermittlung

Poppen

I. Überblick	1	2. GmbH	58
1. Einkommensbegriff	1	a) Einpersonengesellschaft	58
a) Weiter Einkommensbegriff	1	b) Gewinne der Gesellschaft	62
b) Einkommen im steuerrechtlichen Sinne	2	c) Verluste der Gesellschaft	63
c) Einkünfte aus verbotener Tätigkeit (Schwarzeinnahmen)	3	3. Abschreibungen/Absetzungen für Abnutzung	64
d) Zweckbestimmungen	4	a) Grundlagen	64
e) Bewertungen	9	b) Stille Reserve	65
f) Fiktionen	14	c) Lineare Abschreibung	66
2. Einkommensfeststellung	18	d) Geringwertige Wirtschaftsgüter	67
a) Darlegungs- und Beweislast	18	e) Sonderabschreibungen	68
b) Auskunftsanspruch der Parteien	19	4. Steuerabzüge	69
c) Auskünfte im Verfahren	20	5. Kranken- und Altersvorsorge	71
d) Belege	21	a) Kranken- und Pflegeversicherung	71
II. Einkünfte aus nicht selbstständiger Tätigkeit	22	b) Altersvorsorge	72
1. Grundsätze	22	c) Sonstige Versicherungen	73
2. Regelmäßige Barbezüge	23	6. Berufsbedingte Aufwendungen/Erwerbstätigen-
3. Unregelmäßige oder einmalige Barbezüge	24	bonus	74
a) Abfindungen	25	IV. Einkünfte aus Land- und Forstwirtschaft	76
b) Weitere berücksichtigungsfähige einmalige Barbezüge	27	1. Steuerliche Veranlagung	76
		2. Probleme bei kleinen Betrieben	79
4. Sachbezüge	28	3. Einkommensfiktion	80
a) Beispiele	28	V. Einkünfte aus Kapitalvermögen	82
b) Firmenfahrzeug	29	1. Anrechenbare Erträge	82
5. Steuerabzüge und Steuererstattungen	30	2. Herkunft des Kapitals	84
a) Tatsächlich angefallene Steuer	30	3. Höhe der anrechenbaren Erträge	85
b) Erzielbare Steuervorteile	31	VI. Einkünfte aus Vermietung und Verpachtung
c) Steuerklassen	33	sowie Wohnvorteil	88
d) Fiktive Berechnung	34	1. Einkünfte aus Vermietung und Verpachtung	88
6. Vorsorgeaufwendungen	36	a) Allgemeines	88
a) Kranken- und Pflegeversicherung	36	b) Einnahmen und Ausgaben	89
b) Altersvorsorge	38	2. Wohnvorteil bei Wohnen im eigenen Heim	93
7. Berufsbedingte Aufwendungen	39	a) Allgemeine Grundsätze	93
a) Erwerbstätigenbonus	39	b) Objektiver und angemessener Mietwert	96
b) Pauschalierte berufsbedingte Aufwendungen	41	VII. Pensionen und Renten	97
III. Einkünfte aus selbstständiger Arbeit und		1. Die unterschiedlichen Renten und Pensionen	97
Gewerbebetrieb	42	2. Rentennachzahlungen	99
1. Jahresabschlussunterlagen bilanzpflichtiger		a) Beim Unterhaltsverpflichteten	99
Kaufleute und von Freiberuflern	43	b) Beim Unterhaltsberechtigten	100
a) Grundsätze	43	3. Mehrbedarf	101
b) Bilanz	44	4. Nebeneinkünfte	102
c) Anlageverzeichnis	47	VIII. Sozialstaatliche Zuwendungen	104
d) Gewinn- und Verlustrechnung	48	IX. Schulden und andere Belastungen	109
e) Einnahme-Überschuss-Rechnung	49	1. Verbindlichkeiten bei der Bedarfsermittlung	110
f) Betriebswirtschaftliche Auswertungen	50	a) Eheprägende Verbindlichkeiten	110
g) Mehrjahresschnitt	51	b) Verbindlichkeiten nach Trennung	111
h) Privatentnahmen	54	2. Berücksichtigung bei der Leistungsfähigkeit	114

I. Überblick

1. Einkommensbegriff

a) Weiter Einkommensbegriff. Im Unterhaltsrecht gilt ein weiter Einkommensbegriff. Das Einkommen **1** ist beim Unterhaltsberechtigten und beim Unterhaltsschuldner nach gleichen Maßstäben zu ermitteln. Berücksichtigt werden alle erzielten und erzielbaren Einkünfte, gleich welcher Art sie sind und aus welchem Anlass sie erzielt werden. Maßgeblich ist allein, dass sie geeignet sind, den **laufenden Lebensbedarf** des Pflichtigen oder des Berechtigten **zu decken** (Wendl/Dose/Dose § 1 Rn 22).

b) Einkommen im steuerrechtlichen Sinne. Zum unterhaltsrelevanten Einkommen zählen **alle in 2 § 2 EStG aufgezählten Einkunftsarten**, dh unter anderem Einkünfte aus nichtselbstständiger Tätigkeit, aus selbstständiger Tätigkeit, Gewerbebetrieb, Vermietung und Verpachtung, Kapital, Land- und Forstwirtschaft sowie sonstige Einkünfte nach § 22 EStG, dem weit gefassten „Auffangtatbestand" im Einkommensteuerrecht. Bei der Ermittlung der Höhe des Einkommens ist die **steuerrechtliche Betrachtungsweise** nicht bindend. Zur Ermittlung des zu versteuernden Einkommens bietet das Steuerrecht zulässige Gestaltungs- und Absetzungsmöglichkeiten, die im Unterhaltsrecht ohne Bedeutung sind. Das gilt vor allen Dingen für die **Pauschalierung von Aufwendungen** und über das Steuerrecht erfolgende Subventionen, zB **Sonderabschreibungen**. Andererseits begrenzt das Steuerrecht die Höhe von Abzugsposten für die Ermittlung des zu versteuernden Einkommens in anderer Weise als das Unterhaltsrecht, zB bei den Aufwendungen zur **Altersvorsorge**. Ein Verweis auf das zu versteuernde Einkommen reicht daher allein nicht (BGH 21.1.2009 – XII ZR 54/06, NJW 2009, 1742).

3   **c) Einkünfte aus verbotener Tätigkeit (Schwarzeinnahmen).** Auch derartige Einnahmen gehören grundsätzlich **zum unterhaltsrelevanten Einkommen** (OLG Zweibrücken 26.4.2001 – 6 UF 96/00, OLGR Zweibrücken 2002, 105). Zu differenzieren ist zwischen zum Beurteilungszeitpunkt in der Vergangenheit liegenden und zukünftigen Einnahmen. **In der Vergangenheit** – etwa unter Verstoß gegen berufs- oder gewerberechtliche Vorschriften oder aus Schwarzarbeit – **erzielte Einkünfte sind anzurechnen.** Für zukünftigen Unterhalt können derartige **Schwarzeinnahmen** nicht berücksichtigt werden, weil niemand faktisch verpflichtet werden darf, einer verbotenen Tätigkeit nachzugehen (JH/Büttner § 1361 BGB Rn 57).

4   **d) Zweckbestimmungen.** Die Zweckbestimmung von Mittelzuflüssen ist für die Unterhaltsberechnung häufig irrelevant. Ausnahmen von dem Prinzip, dass Zweckbestimmungen Dritter unterhaltsrechtlich nicht binden, sind die **freiwilligen Zuwendungen Dritter** (s. → *Bedarfsermittlung* Rn 18; s. → *Bedürftigkeit* Rn 15) und kraft gesetzlicher Regelung das **Erziehungsgeld** (s. Rn 106), das **Kindergeld** (s. Rn 107) und wegen der Deckungsvermutung des § 1610 a BGB **Sozialleistungen** für Aufwendungen infolge eines Körper- oder Gesundheitsschadens (s. Rn 108).

5   Wendet ein Dritter dem Unterhaltsgläubiger oder dem Unterhaltsschuldner **ohne rechtlichen Grund freiwillig etwas zu**, sind diese Zuwendungen in der Regel **kein unterhaltsrelevantes Einkommen.** Üblicherweise geht der Wille des Dritten dahin, den Zuwendungsempfänger zu unterstützen, ohne den Unterhaltsverpflichteten zu entlasten oder über eine Erhöhung seiner Unterhaltsansprüche dem Unterhaltsberechtigten etwas zukommen lassen zu wollen (BGH 13.4.2005 – XII ZR 48/02, NJW-RR 2005, 945).

6   Gibt es keine ausdrückliche Erklärung des Zuwendenden zum Zweck der Zuwendung, kommt es auf die **persönlichen Beziehungen der Beteiligten** zueinander an. Bei freiwilligen Zuwendungen eines nahen Angehörigen spricht eine Vermutung dafür, dass der Zuwendende nur den Empfänger und nicht mittelbar auch einen Dritten unterstützen will (BGH 22.2.1995 – XII ZR 80/94, NJW 1995, 1486).

7   Grundsätzlich sind auch freiwillige und ohne Rechtsgrund gewährte Leistungen zwischen Personen, die in **eheähnlicher Gemeinschaft** leben, für die unterhaltsrechtliche Einkommensbestimmung unbeachtlich (BGH 22.2.1995 – XII ZR 80/94, NJW 1995, 1486). Führt der Unterhaltsberechtigte oder der Unterhaltsverpflichtete seinem neuen Partner allerdings den **Haushalt**, so muss er sich analog § 850 h ZPO eine **angemessene Vergütung für die Versorgungsleistungen** anrechnen lassen. Derartige geldwerte Versorgungsleistungen sind Surrogat für die frühere Haushaltstätigkeit in der Familie. Sie sind ebenso zu beurteilen wie die Aufnahme einer bezahlten Tätigkeit in einem fremden Haushalt (BGH 5.9.2001 – XII ZR 336/99, NJW 2001, 3779).

8   Umgekehrt ist die **unentgeltliche Überlassung der Wohnung** an den haushaltsführenden Partner der nichtehelichen Lebensgemeinschaft vor diesem Hintergrund ebenfalls keine unbeachtliche freiwillige Zuwendung, sondern Entgelt für die Versorgungsleistungen (BGH 26.9.1979 – IV ZR 87/79, NJW 1980, 124).

9   **e) Bewertungen.** Aufgrund wertender Betrachtung können bei der Unterhaltsbemessung tatsächlich erzielte Einnahmen unberücksichtigt bleiben. Bei der Bestimmung des Unterhaltsbedarfs nach den ehelichen Lebensverhältnissen wird zwischen **prägenden und nicht prägenden Einkünften** unterschieden. Bei der

Feststellung von Bedürftigkeit oder Leistungsfähigkeit können Einnahmen aus **überobligatorischer oder unzumutbarer Tätigkeit** ganz oder teilweise unberücksichtigt bleiben. Bei der Bemessung von Kindesunterhalt oder der Prüfung der Leistungsfähigkeit im Ehegattenunterhalt sind dagegen wiederum grundsätzlich alle Einkünfte maßgebend.

Unzumutbar sind Tätigkeiten, die ausgeübt werden, obwohl **keine Erwerbsobliegenheit** besteht (s. → **10** *Erwerbsobliegenheit*). Derjenige, der sie ausübt, ist nicht gehindert, sie jederzeit aufzugeben. Für den Unterhaltsgläubiger bedeutet dies, dass sich dadurch seine Bedürftigkeit erhöht, für den Unterhaltsschuldner, dass sich seine Leistungsfähigkeit mindert (BGH 24.11.1982 – IV b ZR 310/81, NJW 1983, 933).

Einkünfte aus überobligationsmäßiger Tätigkeit **prägen nicht den Bedarf nach den ehelichen Lebens-** **11** **verhältnissen** im Sinne der §§ 1361, 1578 BGB (BGH 13.4.2005 – XII ZR 273/02, NJW 2005, 2145). Der Unterhaltsbedarf kann nur aus Einkünften abgeleitet werden, die die Gewähr der Stetigkeit in sich tragen (s. → *Eheliche Lebensverhältnisse* Rn 7).

Für den **nachehelichen Unterhalt** beinhaltet **§ 1577 Abs. 2 BGB eine Spezialregelung** für die Anrech- **12** nung von Einkünften aus unzumutbarer Erwerbstätigkeit **beim Unterhaltsberechtigten**. Die Bestimmung wird auf Trennungs- und Verwandtenunterhalt entsprechend angewandt (BGH 11.1.1995 – XII ZR 236/93, NJW 1995, 962). Beim **Unterhaltspflichtigen** bestimmt sich die Anrechnung nach Treu und Glauben (§ 242 BGB). Beim Ehegattenunterhalt ist beim Pflichtigen eine in der Ehe ausgeübte unzumutbare Tätigkeit nach Abzug der konkreten Betreuungskosten oder des Betreuungsbonus anzurechnen (BGH 29.11.2000 – XII ZR 212/98, NJW 2001, 973).

Einkünfte aus **Nebentätigkeiten**, die berufstypisch und mit den Arbeitszeiten des Hauptberufs vereinbar **13** sind, zB Nachhilfeunterricht eines Lehrers, Gutachtertätigkeit eines Chefarztes, Prüfungs- und Autorentätigkeit eines Freiberuflers, sind anrechenbar (OLG Köln 18.11.1997 – 4 UF 63/97, NJW-RR 1998, 1300). Anrechnungsfrei bleiben dagegen grundsätzlich Nebentätigkeiten von **Rentnern**, die die Regelaltersgrenze erreicht haben (BGH 12.1.2011 – XII ZR 83/08, NJW 2011, 670). Anders ist die Situation bei Arbeitnehmern, die in den **vorgezogenen Ruhestand** gegangen sind. Innerhalb der je nach Rentenhöhe variablen **Hinzuverdienstgrenzen** (§ 34 Abs. 3 SGB VI) sind Einkünfte aus Nebentätigkeit voll anzurechnen.

Neben der allgemeinen Schul- bzw Hochschulausbildung müssen Schüler und Studenten keiner Berufstätigkeit nachgehen (**Schüler- und Studentenjobs**; s. → *Erwerbsobliegenheit* Rn 3 ff). Sie sollen sich zielstrebig ihrer Ausbildung widmen. Das gilt auch für die Semesterferien. Bei einer gleichwohl ausgeübten Nebenbeschäftigung liegt eine **überobligationsmäßige Tätigkeit** vor. Daraus erzielte Einkünfte werden analog § 1577 Abs. 2 BGB auf den Unterhaltsbedarf angerechnet. In aller Regel hat dem Schüler bzw Studenten vorab ein **anrechnungsfreier Sockelbetrag** zu verbleiben (OLG Hamm 21.4.1997 – 4 UF 441/96, NJW-RR 1998, 726). Anrechnungsfrei sind die Einkünfte in jedem Fall bis zur Höhe des Unterhaltsbedarfs, wenn die Eltern diesen nicht vollständig decken können (BGH 25.1.1995 – XII ZR 240/93, NJW 1995, 1215).

f) Fiktionen. Bei der Unterhaltsbemessung kann ein Gericht mit **fiktiven Einkünften** arbeiten. Dem Un- **14** terhaltsberechtigten oder -verpflichteten können Einnahmen zugerechnet werden, die tatsächlich nicht erzielt werden, allerdings bei anderen Dispositionen hätten erzielt werden können, insbesondere fiktive Einkünfte aus **Erwerbstätigkeit oder Vermögenseinkünfte**. Die Möglichkeit derartiger Fiktionen findet ihre Rechtfertigung darin, dass es ansonsten den an einem Unterhaltsrechtsstreit Beteiligten möglich wäre, durch das Schaffen von Fakten den Rahmen der Unterhaltsfestsetzung selbst vorzugeben (s. → *Fiktive Einkünfte*).

Fingiert werden Erwerbseinkünfte immer dann, wenn der Unterhaltspflichtige oder -bedürftige **nicht im** **15** **möglichen und zumutbaren Maße einer Erwerbstätigkeit** nachgeht (BGH 6.2.2008 – XII ZR 14/06, NJW 2008, 1663; s. → *Erwerbsobliegenheit*). Wer freiwillig seinen Arbeitsplatz aufgibt, sei es durch **Eigenkündigung**, Aufhebungsvertrag oder Provozieren einer Arbeitgeberkündigung, muss sich an den früher erzielten Einkünften festhalten lassen. Gleiches gilt beim **Wechsel** von einer abhängigen Beschäftigung in

eine selbstständige Tätigkeit. Ein Unterhaltspflichtiger muss, wenn er diesen Schritt gehen will, durch Bildung von Rücklagen oder Kreditaufnahme für die voraussichtliche Dauer der Einkommensminderung den Unterhaltsbedarf der Unterhaltsgläubiger sicherstellen (BGH 4.11.1987 – IV b ZR 81/86, NJW-RR 1988, 514).

16 In den Fällen eines verschuldeten, aber unfreiwilligen **Arbeitsplatzverlustes** kann der Unterhaltsschuldner sich auf den Wegfall seiner Erwerbseinkünfte berufen. In derartigen Fällen fehlt es regelmäßig an einem **unterhaltsrechtlichen Bezug.** Nur dann, wenn der Arbeitsplatzverlust auf eine unterhaltsbezogene Mutwilligkeit zurückzuführen ist, muss der Unterhaltspflichtige sich an seinen früheren Einkünften festhalten lassen. In aller Regel können daher bei Verlust des Arbeitsplatzes wegen Alkoholproblemen, Straftaten am Arbeitsplatz oder auffälligem Verhalten keine Erwerbseinkünfte fingiert werden (BGH 12.4.2000 – XII ZR 79/98, NJW 2000, 2351; 20.2.2002 – XII ZR 104/00, NJW 2002, 1799; s. → *Fiktive Einkünfte* Rn 12).

17 Ein Unterhaltsverpflichteter muss grundsätzlich keine **Kündigungsschutzklage** erheben. Nur dann, wenn die Kündigung offensichtlich unwirksam ist, kann dies gefordert werden (BGH 15.12.1993 – XII ZR 172/92, NJW 1994, 1002).

2. Einkommensfeststellung

18 **a) Darlegungs- und Beweislast.** Erster Schritt bei der Unterhaltsbemessung ist die Feststellung, welche Einkünfte auf Seiten des Unterhaltsberechtigten und -pflichtigen tatsächlich vorhanden sind. Derjenige, der von einem anderen Unterhalt verlangt, muss die Voraussetzungen seines Anspruchs, dh seine **eigene Bedürftigkeit und die Leistungsfähigkeit des anderen**, darlegen und beweisen. Eine Ausnahme gilt allein bei dem Mindestunterhalt minderjähriger Kinder. Wird der Mindestunterhalt geltend gemacht, muss der Unterhaltsschuldner nachweisen, dass er leistungsunfähig ist (BGH 27.11.2002 – XII ZR 295/00, NJW 2003, 969).

19 **b) Auskunftsanspruch der Parteien.** Um seiner Darlegungs- und Beweispflicht genügen zu können, steht dem Unterhaltsberechtigten ein Auskunftsanspruch zur Seite (§ 1353 BGB für den Familienunterhalt, §§ 1361 Abs. 4 S. 4, 1605 BGB für den Trennungsunterhalt, §§ 1580, 1605 BGB für den nachehelichen Unterhalt, § 1605 BGB für den Verwandten- und Kindesunterhalt und § 242 BGB für gemeinschaftlich auf Unterhalt Haftende zur Bestimmung der Unterhaltsquote; s. → *Auskunftsanspruch im Unterhaltsrecht).*

20 **c) Auskünfte im Verfahren.** Im Unterhaltsverfahren hat das Gericht die Möglichkeit, nach § 235 FamFG den Beteiligten **von Amts wegen** aufzugeben, die beiderseitigen Einkünfte vollständig darzulegen und zu belegen. Nach § 236 FamFG kann das Gericht, wenn sich eine Partei weigert, dieser Auflage nachzukommen, die notwendigen **Auskünfte von Dritten**, etwa Arbeitgebern und sonstigen Zahlstellen, direkt einholen.

21 **d) Belege.** § 1605 Abs. 1 S. 2 BGB gibt dem jeweils anderen eines Unterhaltsverfahrens neben dem Auskunftsanspruch auch einen umfassenden Anspruch auf **Vorlage von Belegen** über das unterhaltsrechtlich relevante Einkommen, nicht über das Vermögen. Hierüber muss allein Auskunft erteilt werden (s. → *Auskunftsanspruch im Unterhaltsrecht* Rn 14 ff).

II. Einkünfte aus nicht selbstständiger Tätigkeit

1. Grundsätze

22 Die in der Praxis bedeutsamste Einkommensart sind die Einkünfte aus nicht selbstständiger Arbeit (§ 2 Abs. 1 S. 1 Nr. 4 EStG). Zu diesen Einkünften zählen **alle Vergütungen** für alle Leistungen aus einem **Dienst- oder Arbeitsverhältnis**, unabhängig davon, ob sie **laufend oder unregelmäßig erbracht** werden (BGH 23.12.1981 – IV b ZR 604/80, NJW 1982, 822), und unabhängig davon, ob es sich um **Barzuwendungen oder Sachbezüge** handelt. Bei der Unterhaltsbemessung wird bei abhängig Beschäftigten auf die Einkünfte der letzten **zwölf Monate** oder des letzten Kalenderjahres abgestellt (BGH 29.6.1983 – IV b ZR 391/81, NJW 1983, 2243). Liegt der Unterhaltszeitraum in der Vergangenheit, ist mithin das konkrete Ein-

kommen bekannt, ist dieses der Unterhaltsbemessung zugrunde zu legen. Für die Zukunft ist aus den Vergangenheitsdaten eine **Prognose** abzuleiten. Bei der Einkommensprognose dürfen nur solche Umstände berücksichtigt werden, die zum Zeitpunkt der Entscheidung sicher feststehen, wie zB eine arbeitsvertraglich geregelte Änderung der Bezüge (Wendl/Dose/Dose § 1 Rn 24). Bei behaupteten, unsicheren zukünftigen Entwicklungen sind die Betreffenden auf ein **Änderungsverfahren** nach §§ 238 ff FamFG zu verweisen.

2. Regelmäßige Barbezüge

Unter anderem zählen zu den unterhaltsrelevanten **berücksichtigungsfähigen regelmäßig wiederkehrenden Vergütungen** (nach Wendl/Dose/Dose § 1 Rn 74):   23

- **Auslandszulagen** (Auslandszuschlag, Kaufkraftausgleich, Krisenzulage, Aufwandsentschädigung, Sprachenzulage, Dienstwohnungsvergütung usw), gemindert um den jeweiligen **auslandsspezifischen Mehraufwand** (BGH 16.1.1980 – IV b ZR 115/78, BeckRS 1980, 31070520). Der Mehraufwand kann nach § 113 FamFG, § 287 ZPO aufgrund entsprechender vom Zulagenbezieher vorzutragender Umstände geschätzt werden (OLG Bamberg 10.10.1996 – 2 UF 46/96, FamRZ 1997, 1339). Bei **schwierigen Lebensbedingungen** kann ein Teil unter dem Gesichtspunkt der **Unzumutbarkeit** der Tätigkeit anrechnungsfrei bleiben (50–70 % bei Soldaten in Afghanistan: BGH 18.4.2012 – XII ZR 73/10, NJW 2012, 2190).
- **Auslösungen** sind unterhaltsrechtlich grundsätzlich Einkommen. Abzusetzen sind allerdings die tatsächlichen Aufwendungen für den beruflichen Anlass, aus dem sie gezahlt werden. Steht ihnen nach der Lebenserfahrung ein tatsächlich anfallender Mehraufwand entgegen, können sie gänzlich unberücksichtigt bleiben (OLG Köln 18.6.2002 – 4 UF 20/01, FamRZ 2003, 602). Teilweise führen die zweckbestimmten Zahlungen zu einer **häuslichen Ersparnis** bei den privaten Lebenshaltungskosten, in erster Linie bei den Aufwendungen für Essen. Auslösungen werden dann pauschal zu einem Drittel dem Einkommen hinzugerechnet (Leitlinien 1.4). Von vornherein unberücksichtigt zu bleiben haben **Kostenerstattungen** gegen Beleg.
- **Besoldung** von Beamten, Richtern, Soldaten einschließlich aller familienbezogenen Bestandteile. Wird ein **Familienzuschlag** nach § 40 Abs. 1 BBesG sowohl wegen der Unterhaltspflicht aus der ersten Ehe als auch wegen Wiederverheiratung gezahlt, ist er bei der Bemessung des Unterhaltsanspruchs des geschiedenen Ehegatten nur zur Hälfte zu berücksichtigen (BGH 28.2.2007 – XII ZR 37/05, NJW 2007, 1961). Bei der Bemessung des Kindesunterhalts ist der gesamte Familienzuschlag zu berücksichtigen, weil es hier nicht auf den Bedarf nach den ehelichen Lebensverhältnissen, sondern auf das tatsächlich verfügbare Einkommen ankommt (BGH 2.6.2010 – XII ZR 160/08, NJW 2010, 2515).
- **Fliegerzulage** und Fliegeraufwandsentschädigung (BGH 6.10.1993 – XI ZR 112/92, NJW 1994, 134);
- **Kostenpauschale Abgeordneter** nach Abzug ggf nach § 113 FamFG, § 287 ZPO zu schätzender tatsächlicher Aufwendungen (BGH 7.5.1986 – IV b ZR 55/85, NJW-RR 1986, 1002);
- **Krankenhaustagegeld** aus privater Versicherung (BGH 31.10.2012 – XII ZR 30/10, NJW 2013, 461);
- **Mehrarbeitsvergütungen** sind in voller Höhe anzurechnen, wenn sie berufstypisch sind (BGH 25.6.2003 – XII ZR 63/00, NJW-RR 2004, 217; Leitlinien 1.3). Darüber hinausgehende Mehrarbeit ist unzumutbar, so dass die daraus erzielte Vergütung beim Ehegattenunterhalt nach § 1577 Abs. 2 BGB und beim Verwandtenunterhalt nach § 242 BGB teilweise anrechnungsfrei bleibt (BGH 25.6.2003 – XII ZR 63/00, NJW-RR 2004, 217).
- **Nebentätigkeitsvergütungen:** Die Anrechnung von Einnahmen aus Nebentätigkeiten ist unter Zumutbarkeitsgesichtspunkten zu prüfen (BGH 24.11.1982 – IV b ZR 310/81, NJW 1983, 933). Grundsätzlich muss ein Unterhaltsverpflichteter/-berechtigter nur einer seine Arbeitskraft im üblichen Rahmen in Anspruch nehmenden Tätigkeit nachgehen. Bei bestimmten Berufen gehören **berufsverwandte Nebentätigkeiten** typischerweise zum Beruf, etwa die Gutachtertätigkeit eines Krankenhausarztes (OLG Köln 18.1.1997 – 4 UF 63/97, NJW-RR 1998, 1300; vgl auch Rn 13).
- **Prämien** für besondere Leistungen;
- **Spesen** (siehe Auslösungen);
- **Tantiemen;**

- **Trinkgelder** (Leitlinien 1.8): Die Höhe ist nach Branche zu schätzen (OLG Köln 23.2.1996 – 26 UF 179/95, FamRZ 1996, 1215).
- **Überstundenentgelte** (siehe Mehrarbeitsvergütung), Leitlinien 1.3;
- **Urlaubsgeld** ist Einkommen. Urlaubsabgeltungen als Ausgleich für nicht genommenen Urlaub können als Einkommen aus unzumutbarer Tätigkeit nur nach Billigkeitsgesichtspunkten berücksichtigt werden (BGH 8.7.1992 – XII ZR 127/91, NJW-RR 1992, 1282: hälftige Anrechnung).
- **Vermögenswirksame Leistungen**; der Arbeitgeberbeitrag ist zwar Einkommen, steht wegen der besonderen Zweckbestimmung der Zahlung jedoch für Unterhaltszwecke nicht zur Verfügung.
- **Weihnachtsgeld.**

3. Unregelmäßige oder einmalige Barbezüge

24 Unterhaltsrelevant sind auch unregelmäßig oder einmalig erzielte Einkünfte. Im Einzelnen:

25 **a) Abfindungen.** Abfindungen für den Verlust des Arbeitsplatzes aufgrund eines Sozialplanes oder aus Anlass der einvernehmlichen Auflösung bzw Entlassung aus einem Arbeits- oder Dienstverhältnis haben **Lohnersatzfunktion** (BGH 14.1.1987 – IV b ZR 89/85, NJW 1987, 1554). Der Abfindungsbetrag ist auf eine angemessene Zeit zu verteilen, wobei es eine allgemein gültige Regel nicht gibt. In der Regel soll durch die Verteilung zusammen mit anderen Einkünften, wie zB Arbeitslosengeld, das bisherige Einkommensniveau solange wie möglich erhalten bleiben (JH/Büttner § 1361 BGB Rn 46). Der Verbrauch der Abfindung ist von dem Abfindungsempfänger im Änderungsverfahren geltend zu machen (BGH 18.4.2012 – XII ZR 65/10, NJW 2012, 868).

26 Wird, weil der Abfindungsempfänger eine neue Arbeitsstelle mit dem früheren Einkommen findet, die Abfindung nicht vollständig verbraucht, zählt sie zum **Vermögen** (BGH 15.11.2000 – XII ZR 197/98, NJW 2001, 439). Als Einkommen berücksichtigt werden können dann nur Zinseinnahmen aus der Anlage der Abfindung. Verdient der Abfindungsempfänger bei seiner neuen Stelle weniger als bei der alten Arbeitsstelle, ist die Abfindung zur Auffüllung der Einkommensdifferenz zu verwenden (BGH 18.4.2012 – XII ZR 65/10, NJW 2012, 868).

27 **b) Weitere berücksichtigungsfähige einmalige Barbezüge.** Weitere berücksichtigungsfähige einmalige Barbezüge sind Jubiläumszuwendungen (OLG Hamm 22.12.1995 – 12 UF 153/95, FamRZ 1996, 1219), Entlassungsgeld von Zivildienstleistenden und Übergangsbeihilfen früherer Bundeswehrangehöriger (BGH 25.2.1987 – IV b ZR 28/86, NJW-RR 1987, 706) sowie Auszahlungen aus einer Ausbildungsversicherung eines Auszubildenden.

4. Sachbezüge

28 **a) Beispiele.** Zum unterhaltsrechtlich relevanten Einkommen zählen auch Sachbezüge. Der Wert ist nach § 113 FamFG, § 287 ZPO zu schätzen. Beispiele sind:

- **freie oder verbilligte Wohnung**, etwa Dienst- oder Werkswohnungen bzw Wohnungen der jeweiligen Landeskirche für Seelsorger;
- **Einkaufs- oder Sonderrabatte** (OLG Hamm 10.2.1998 – 1 UF 207/97, FamRZ 1999, 166) einschließlich der Verbilligung von Jahreswagen bei Beschäftigten großer Automobilhersteller, soweit sie ausgenutzt worden sind;
- freie **Kost und Logis**;
- verbilligte Überlassung von **Aktien**;
- **Freifahrten** oder -flüge („Bonus-Meilen"; Brandenburgisches OLG 10.5.2012 – 10 UF 227/10, FamRZ 2012, 320);
- **Deputate** in der Land- und Forstwirtschaft.

Derartige Sachbezüge zählen zum Einkommen in Höhe des **anderweitig ersparten eigenen Aufwandes**. Anhaltspunkt für die Bewertung ist die **Sozialversicherungsentgeltverordnung.** Danach wird im Jahr

2013 freie Verpflegung mit 224 EUR monatlich und freie Unterkunft mit 216 EUR monatlich angesetzt (OLG Koblenz 31.5.2007 – 7 UF 181/07, FamRZ 2008, 434).

b) Firmenfahrzeug. Der praktisch bedeutsamste Fall des Sachbezugs ist die Überlassung eines Firmen- 29 fahrzeugs zur privaten Nutzung. Üblicherweise wird dieser Vorteil durch die steuerliche Bewertung zutreffend erfasst. Nach §§ 8 Abs. 2, 6 Abs. 1 Nr. 4 EStG muss der Arbeitnehmer diese Sachzuwendung seines Arbeitgebers mit monatlich **1 % des Listenpreises** des Fahrzeugs zuzüglich 0,03 % für jeden Kilometer für Fahrten zwischen Wohnung und Arbeitsstätte versteuern. Geht man bei der Unterhaltsberechnung vom zu versteuernden Bruttoeinkommen aus, wird der Sachbezug der Pkw-Gewährung ausreichend mit dem Nettobetrag berücksichtigt (OLG Hamm 30.10.2008 – 2 UF 43/08, NJW-RR 2009, 294). **Korrekturen der steuerlichen Ansätze** können allerdings geboten sein, wenn der Empfänger keinen Einfluss auf die Art des ihm zur Verfügung gestellten Fahrzeugs hat, ihm möglicherweise ein Wagen mit einem hohen Anschaffungswert „aufgedrängt" wird.

5. Steuerabzüge und Steuererstattungen

a) Tatsächlich angefallene Steuer. Abzusetzen ist grundsätzlich die Lohn- und Einkommensteuer, die im 30 maßgeblichen Unterhaltszeitraum tatsächlich angefallen ist (**In-Prinzip**). Das gilt uneingeschränkt für die Bedarfsermittlung beim Ehegattenunterhalt infolge des zwangsläufigen Steuerklassenwechsels von Steuerklasse III zu Steuerklasse I (BGH 24.1.1990 – XII ZR 2/89, NJW 1990, 1477). Auch **Steuererstattungen** werden in dem Jahr als Einkommen berücksichtigt, in dem sie anfallen. Steuererstattungen, die auf Aufwendungen beruhen, die bei der Unterhaltsbemessung nicht berücksichtigt werden, können nicht dem Einkommen zugerechnet werden (BGH 1.10.1986 – IV b ZR 68/85, NJW-RR 1987, 194). Dem liegt der Gedanke zugrunde, dass der Unterhaltsberechtigte nicht an Steuererstattungen partizipieren darf, die der Unterhaltsverpflichtete sich mit bei der Unterhaltsberechnung nicht absetzbaren Aufwendungen erkauft, etwa bei **Steuersparmodellen.**

b) Erzielbare Steuervorteile. Zum unterhaltsrechtlich relevanten Einkommen gehören zumutbar sicher 31 erzielbare Steuervorteile. Daraus folgt, dass dann, wenn die steuerliche Entlastung nicht im Wege eines **Freibetrags** geltend gemacht worden ist, eine fiktive Steuerberechnung unter Berücksichtigung dieses Freibetrags vorzunehmen ist (s. → *Fiktive Einkünfte* Rn 3 ff). Hilfreich ist dabei der interaktive Steuerrechner des Bundesfinanzministeriums (www.bundesfinanzministerium.de). Angenommen worden ist in der Rechtsprechung die Verpflichtung zur Geltendmachung eines Freibetrags für die Durchführung des begrenzten **Realsplittings** (§ 10 Abs. 1 Nr. 1 EStG) in Höhe eines **unstreitigen Unterhaltssockelbetrags** (BGH 28.2.2007 – XII ZR 37/05, NJW 2007, 1961).

Im Wege des Freibetrags geltend zu machen sind auch den Arbeitnehmerpauschbetrag übersteigende **Wer-** 32 **bungskosten**, in erster Linie Fahrtkosten. Der Pauschbetrag für **Werbungskosten** eines Arbeitnehmers (§ 9 a Abs. 1 Nr. 1 EStG) beträgt 1.000 EUR. Fahrtkosten (**Pendlerpauschale:** § 9 Abs. 1 S. 3 Nr. 4 EStG) können maximal bis zur Höhe von 4.500 EUR jährlich als Werbungskosten geltend gemacht werden. Die Finanzverwaltung legt jeweils die einfache Wegstrecke zugrunde und berücksichtigt 0,30 EUR pro Kilometer.

c) Steuerklassen. Bei Nichtselbstständigen erfolgt der Steuerabzug durch den Arbeitgeber. Der **Arbeitge-** 33 **ber** behält die Lohnsteuer vom Bruttoarbeitslohn ein und führt sie an das zuständige Finanzamt ab (§§ 38 Abs. 3, 41 a EStG). Der **Einbehalt der Lohnsteuer** erfolgt für Rechnung des Arbeitnehmers als Steuerschuldner. Maßgeblich für die Berechnung der Lohnsteuer ist die Steuerklasse.

d) Fiktive Berechnung. Bei der Unterhaltsberechnung wird grundsätzlich die tatsächlich gewählte Steuer- 34 klasse zugrunde gelegt. Dabei gelten nach der Rechtsprechung folgende Ausnahmen:

Heiratet der Unterhaltspflichtige **wieder** und nimmt er in seiner neuen Ehe Steuerklasse III in Anspruch, ist bei der Berechnung des Ehegattenunterhalts des früheren Ehegatten der **Splittingvorteil aus der neuen Ehe** nicht zu berücksichtigen. Maßgeblich ist die fiktive steuerliche Veranlagung nach Steuerklasse I zuzüglich Realsplittingvorteil (BVerfG 7.10.2003 – 1 BvR 246/93, NJW 2003, 3466). Beim **Kindesunterhalt**

wird dagegen auch in diesen Fällen das tatsächlich vorhandene Einkommen mit allen steuerlichen Vorteilen (Steuerklasse III und Realsplitting) berücksichtigt (BGH 14.3.2007 – XII ZR 158/04, NJW 2007, 1169).

35 Wählt der **wieder verheiratete Unterhaltspflichtige**, obwohl sein neuer Ehepartner jedenfalls nicht wesentlich mehr verdient als er selbst, **Steuerklasse V**, wird diese Steuerklassenwahl als rechtsmissbräuchlich nicht akzeptiert und fiktiv Steuerklasse I unterstellt (BGH 25.6.1980 – IV b ZR 530/80, NJW 1980, 2251). Andererseits trifft den Unterhaltsschuldner, wenn sein neuer Ehegatte jedenfalls nicht vernachlässigenswerte Einkünfte erzielt, auch im Hinblick auf den Kindesunterhalt keine Obliegenheit, Steuerklasse III zu wählen (OLG Bamberg 26.9.1995 – 2 WF 79/95, NJW-RR 1996, 647).

6. Vorsorgeaufwendungen

36 a) **Kranken- und Pflegeversicherung.** Vorsorgeaufwendungen für Kranken-, Pflege-, Renten- und Arbeitslosenversicherung sind abzusetzen. Berücksichtigungsfähig sind jeweils die Arbeitnehmeranteile (§ 346 SGB III, § 249 SGB V; § 168 Abs. 1 Nr. 1 SGB VI und § 58 SGB XI). Bei der **privaten Kranken- und Pflegeversicherung** ist der gesamte Versicherungsbeitrag reduziert um die **Arbeitgeberzuschüsse** abzusetzen. Die Zuschüsse umfassen regelmäßig die Hälfte des tatsächlichen Aufwands. Begrenzt ist die Höhe des Zuschusses durch die Hälfte des Beitrages zur gesetzlichen Krankenversicherung (§ 257 Abs. 1 und 2 SGB V; § 3 Nr. 62 EStG). Unterhält ein privat Krankenversicherter neben seiner eigenen Krankenversicherung auch noch eine **private Krankenversicherung für seine Familie**, bekommt er für die auf seine Familie entfallenden Beiträge keine Arbeitgeberzuschüsse. Wenn der Vorsorgeaufwand für die Familie unterhaltsrechtlich relevant ist, sind auch diese Mehraufwendungen abzusetzen.

37 Bei privaten Krankenversicherungen wird häufig ein **Selbstbehalt** vereinbart. Werden Aufwendungen bis zur Höhe des Selbstbehalts tatsächlich erbracht, sind auch diese abzugsfähig, weil sich durch die Vereinbarung des Selbstbehalts der ansonsten zu zahlende laufende Beitrag verringert (OLG Brandenburg 23.8.2007 – 9 UF 115/05, FamRZ 2008, 789). Aufgrund der Einschränkungen der Leistungen der gesetzlichen Krankenversicherung sind auch **Zusatzversicherungen** für stationäre Krankenbehandlung, Zahnersatz und Ähnliches berücksichtigungsfähig, wenn sie für eine angemessene Vorsorge notwendig sind und in einem vernünftigen Verhältnis zum verfügbaren Einkommen stehen (BGH 31.10.2001 – XII ZR 292/99, NJW 2002, 436).

38 b) **Altersvorsorge.** Bei der Altersvorsorge werden die primäre und sekundäre Altersvorsorge unterschieden. Zur primären Altersvorsorge gehören die Beiträge zur **gesetzlichen Rentenversicherung** sowie zur **betrieblichen Zusatzversorgung** und Zusatzversorgung im öffentlichen Dienst. Daneben erkennt die Rechtsprechung eine ergänzende Altersvorsorge in Höhe von 4 % des Bruttoerwerbseinkommens an (s. → *Private Altersvorsorge*).

7. Berufsbedingte Aufwendungen

39 a) **Erwerbstätigenbonus.** Für die Einkommenserzielung notwendige berufsbedingte Aufwendungen sind zur Ermittlung des bereinigten Nettoeinkommens abzuziehen. Dabei sind berufsbedingt und privat veranlasste Aufwendungen zu trennen.

40 In den **Leitlinien** werden die berufsbedingten Aufwendungen unter 10.2 erfasst (Überblick über die verschiedenen Regelungen bei Wendl/Dose/Dose § 1 Rn 125). Danach werden berufsbedingte Aufwendungen regelmäßig vor dem Erwerbstätigenbonus abgesetzt, obwohl sich beide Abzüge in ihrer **Zielrichtung überschneiden**. Nach der Rechtsprechung des Bundesgerichtshofs ist bei der Bestimmung des Bedarfs eines unterhaltsberechtigten Ehegatten so vorzugehen, dass dem erwerbstätigen Ehegatten ein die Hälfte des verteilungsfähigen Einkommens maßvoll übersteigender Betrag verbleibt (BGH 20.7.1990 – XII ZR 74/89, NJW-RR 1990, 1346). Um das sicherzustellen, wird in der Praxis das Erwerbseinkommen um einen **Erwerbstätigenbonus** von überwiegend 1/7 bereinigt (BGH 26.4.1989 – IV b ZR 59/88, NJW 1989, 1992). Der Bonus hat nach der Rechtsprechung des Bundesgerichtshofs eine **Doppelfunktion:** Er soll Anreiz für

die weitere Erwerbstätigkeit sein und pauschal den mit der Erwerbstätigkeit verbundenen Aufwand abgelten (BGH 20.7.1990 – XII ZR 74/89, NJW-RR 1990, 1346). Der Bonus wird erst von dem um sämtliche Verbindlichkeiten und die Kindestabellenunterhaltsbeträge bereinigten Einkommen abgesetzt (Leitlinien 15.2; s. → *Erwerbstätigenbonus*).

b) Pauschalierte berufsbedingte Aufwendungen. Berufsbedingte Aufwendungen können pauschaliert 41
oder konkret berechnet berücksichtigt werden. Überwiegend gehen die Unterhaltsleitlinien von einer **Pauschalierung** aus, wenn Anhaltspunkte für das grundsätzliche Anfallen berufsbedingter Aufwendungen vorliegen (Leitlinien 10.2.1). Es entspricht der Erfahrung, dass die Ausübung einer Erwerbstätigkeit in der Regel mit nur **schwer fassbaren Mehrbelastungen** verbunden ist, wie Mehrkosten für aushäusige Verpflegung, besondere Kleideranschaffungen und Ähnlichem. All das spricht für die Pauschalierung. Allerdings müssen die berufsbedingten Aufwendungen nicht zwangsläufig, was bei einer Pauschalierung der Fall ist, mit der Höhe des Einkommens steigen. Deshalb sehen einige Unterhaltsleitlinien eine **höhenmäßige Begrenzung** oder auch Mindestbeträge des Pauschalabzuges vor (zB u.a. Düsseldorf und Frankfurt: 150 EUR Höchstbetrag und 50 EUR Mindestbetrag). Wegen weiterer Einzelheiten s. → *Berufsbedingte Aufwendungen*.

III. Einkünfte aus selbstständiger Arbeit und Gewerbebetrieb

Nach § 2 Abs. 2 Nr. 1 EStG wird bei Einkünften aus selbstständiger Arbeit und Gewerbebetrieb der **Gewinn** 42
winn versteuert. Bilanzpflichtige Kaufleute müssen ihren Gewinn nach § 4 Abs. 1 EStG durch einen **Betriebsvermögensausgleich** ermitteln. Nicht bilanzpflichtige Freiberufler und Gewerbetreibende erstellen zum Zweck der Gewinnermittlung nach § 4 Abs. 3 EStG eine **Einnahme-Überschuss-Rechnung**. Diese steuerlichen Abschlussunterlagen sind Ausgangspunkt für die Bestimmung des unterhaltsrelevanten Einkommens.

1. Jahresabschlussunterlagen bilanzpflichtiger Kaufleute und von Freiberuflern

a) Grundsätze. Ein bilanzpflichtiger Kaufmann muss jeweils bezogen auf den Beginn und den Schluss eines jeden Wirtschaftsjahres eine Bilanz aufstellen, aus der sich das **Verhältnis** seines **Vermögens zu seinen Schulden** darstellt. Er muss ferner zum Schluss eines jeden Geschäftsjahres eine Gegenüberstellung der im vergangenen Geschäftsjahr angefallenen Aufwendungen und Erträge fertigen (**Gewinn- und Verlustrechnung**). Zusammen bilden Bilanz und Gewinn- und Verlustrechnung den **Jahresabschluss** im Sinne des § 242 HGB. Abgeleitet werden die Jahresabschlussunterlagen aus den Buchführungsunterlagen (§ 238 Abs. 1 HGB, § 41 GmbHG). Dabei ist ein Kaufmann bei der Bestimmung des Wirtschaftsjahres nicht an Kalenderjahre gebunden. Es steht ihm frei, für seinen Betrieb das Wirtschaftsjahr zB für die Zeit vom 1.10. eines Jahres bis zum 30.9. des Folgejahres festzulegen.

b) Bilanz. Eine Bilanz ist eine **stichtagsbezogene, gegliederte Vermögensaufstellung**. Die **Handelsbi-** 44
lanz dient der Rechenschaftslegung gegenüber Anteilseignern und Gläubigern. In ihr werden Vermögensgegenstände und Schulden **vorsichtig bewertet**. Aktiva sind stets mit dem niedrigst möglichen Wert, Passiva mit dem höchstmöglichen Betrag im Rahmen einer Schätzung zu bewerten (§ 252 HGB). Gewinn und Vermögen sollen in der Handelsbilanz eher zu niedrig denn zu hoch dargestellt werden.

Daneben steht die **Steuerbilanz** (§§ 4 Abs. 1, 5 Abs. 1 EStG). Gegliedert ist die Steuerbilanz wie die Han- 45
delsbilanz. Die Bewertung erfolgt in der Steuerbilanz nach steuerrechtlichen Kriterien. Während bei den Bewertungsgrundsätzen im Rahmen der Handelsbilanz der Anlegerschutz und das Prinzip der Vorsicht im Vordergrund stehen, ist die Steuerbilanz auf eine **realistische Bewertung** ausgelegt, um eine am tatsächlichen Gewinn orientierte **Besteuerung** zu erreichen.

Bei kleinen und mittleren Unternehmen wird zur Vermeidung eines größeren Aufwands von vornherein nur 46
eine **Einheitsbilanz** erstellt, die beiden Bewertungskriterien Rechnung tragen soll.

47 **c) Anlageverzeichnis.** Neben der Bilanz ist ein Anlageverzeichnis nach § 268 Abs. 2 HGB zu erstellen. Beim Auskunftsverlangen zur Vorbereitung der Ermittlung eines Unterhaltsanspruchs ist dieser Anlagespiegel unbedingt mit zu fordern (§ 1605 Abs. 1 BGB). Aus ihm ergeben sich Anschaffungs- und Herstellungskosten, Zugangs- und Abgangsjahre sowie die **Abschreibungsdauer der Anlagegegenstände**. Nur anhand des Anlagespiegels lassen sich die vorgenommenen Abschreibungen nachvollziehen.

48 **d) Gewinn- und Verlustrechnung.** Zu den Jahresabschlussunterlagen gehört weiter die Gewinn- und Verlustrechnung (§ 275 HGB). Diese ist wie die Bilanz ein **Bestandsvergleich**. Neben den Umsatzerlösen werden daher auch Veränderungen im Bestand an fertigen und unfertigen Erzeugnissen erfasst. Berücksichtigt werden daher auch die Erzeugnisse, die schon produziert, aber noch nicht bezahlt sind.

49 **e) Einnahme-Überschuss-Rechnung.** In einer Einnahme-Überschuss-Rechnung nach § 4 Abs. 3 EStG werden demgegenüber als Erlös allein die tatsächlich eingenommenen Beträge berücksichtigt. In die Einnahme-Überschuss-Rechnung fließen erbrachte, aber noch nicht abgerechnete und von Kunden noch nicht bezahlte Leistungen nicht ein. Das ermöglicht es dem Kreis der „Einnahmen-Überschuss-Rechner" **Ausgaben- und Gewinnverlagerungen** vorzunehmen. So kann der Freiberufler die Inrechnungstellung von im Wirtschaftsjahr erbrachten Leistungen in das nächste Wirtschaftsjahr verschieben. Er kann ferner eigentlich erst im nächsten Wirtschaftsjahr fällige Betriebsausgaben vorziehen oder Abschlagszahlungen auf derartige Betriebsausgaben leisten (Wendl/Dose/Kemper § 1 Rn 257).

50 **f) Betriebswirtschaftliche Auswertungen.** Während des laufenden Kalenderjahrs bieten betriebswirtschaftliche Auswertungen (**BWA**) einen Überblick über die Kosten- und Erlössituation. Betriebswirtschaftliche Auswertungen basieren auf den laufenden Daten der Finanzbuchhaltung. Ein Vergleich der betriebswirtschaftlichen Auswertungen des gleichen Monats aus zwei Jahren kann Entwicklungen des Unternehmens verdeutlichen. In aller Regel enthalten die betriebswirtschaftlichen Auswertungen auch die aufgelaufenen Jahressummen, so dass die betriebswirtschaftlichen Auswertungen für den Monat Dezember eines jeden Kalenderjahrs je nach der Genauigkeit der laufenden Buchführung ziemlich exakt das **Jahresergebnis** wiedergeben. Sie können daher, falls Jahresabschlüsse noch nicht erstellt sind, auch zur Ermittlung des unterhaltsrelevanten Einkommens herangezogen werden.

51 **g) Mehrjahresschnitt.** Sowohl bei Gewinn- und Verlustrechnungen als auch bei Einnahme-Überschuss-Rechnungen ist für die Einkommensprognose bei der Ermittlung des unterhaltsrelevanten Einkommens ein Mehrjahresschnitt zu bilden. Damit sollen aus konjunkturellen oder sonstigen Gründen schwankende Einkommen ebenso wie steuerlich zulässige Einkommensverlagerungen ausgeglichen werden. In den Mehrjahresschnitt mit einzubeziehen sind die zeitnahesten Jahre. Die Rechtsprechung geht üblicherweise vom **Schnitt der letzten drei Jahre** aus (BGH 16.1.1985 – IV b ZR 59/83, NJW 1985, 909). Geht es um Unterhalt für die Vergangenheit, ist allerdings allein das jeweils in dem maßgeblichen Kalenderjahr erzielte Einkommen zugrunde zu legen (BGH 4.7.2007 – XII ZR 141/05, NJW 2008, 57).

52 Nicht in den Mehrjahresschnitt einzubeziehen sind Jahre, die **außergewöhnlichen**, nicht wieder auftretenden **Einflüssen** unterlagen. So bleibt die Anlaufphase eines Betriebs, wenn die Gewinne später kontinuierlich gestiegen sind, außer Betracht (OLG Köln 20.4.1994 – 27 UF 94/93, NJW-RR 1995, 1157). Korrekturen an dem durch den Mehrjahresschnitt gewonnenen Ergebnis sind auch angezeigt, wenn die Vergangenheitserlöse sich aufgrund **struktureller Veränderungen** in Zukunft mit Sicherheit nicht mehr erzielen lassen. Zu berücksichtigen sind allerdings auch **Kompensationsmöglichkeiten** für entfallende Einnahmen, die Erschließung neuer Einnahmequellen und Kostensenkungsmaßnahmen.

53 Geboten ist zudem ein Vergleich der **einzelnen Kostenpositionen** in den der Prüfung zugrunde liegenden Jahren. Zu hinterfragen sind sowohl auffällige **Erlösminderungen** als auch **Kostensteigerungen**. Soweit der Unterhaltsberechtigte zu einzelnen Positionen in der Einnahme-Überschuss-Rechnung/Gewinn- und Verlustrechnung Anmerkungen hat und sie in Zweifel zieht, muss auf **substantiierte Einwendungen** hin der Selbstständige Entwicklungen und Ansätze erläutern und nachweisen (BGH 22.10.1997 – XII ZR 278/95, FamRZ 1998, 357). Kommt er dieser Obliegenheit nicht nach, legt er zB zu bestimmten Sammel-

positionen nicht die Sachkontenauszüge vor, gilt das Vorbringen der anderen Prozesspartei als zugestanden.

h) Privatentnahmen. Privatentnahmen sind grundsätzlich kein Maßstab zur Ermittlung des unterhaltsrele- 54 vanten Einkommens. Sie gehören zur **Vermögensebene** des Unternehmens. Private und betriebsbedingte Vermögensänderungen müssen nach § 4 Abs. 1 EStG unterschieden werden. Sie werden daher auf gesonderten Konten – ebenso wie die gegenzurechnenden Privateinlagen – erfasst. Die Summe der Privatentnahmen und -einlagen eines Geschäftsjahrs wird daher in der Bilanz aufgeführt.

Aus dem Vorstehenden folgt, dass **Privatentnahmen** grundsätzlich **kein Einkommen** im unterhaltsrechtli- 55 chen Sinn darstellen. Entnahmen vermindern das Betriebsvermögen. Hat der Unternehmer seinen erwarteten Gewinn falsch prognostiziert, kann das dazu führen, dass er einen höheren Betrag entnommen hat, als er am Ende als Gewinn erzielt hat. Durch die **überhöhte Entnahme** hat der Unternehmer mithin nichts anderes gemacht, als für seinen Lebensunterhalt einen Kredit im Unternehmensbereich aufzunehmen. Da Unterhalt nur aus verfügbaren Mitteln gezahlt werden soll, ist der zu viel entnommene Betrag für die Unterhaltsbemessung irrelevant (OLG Frankfurt/M. 13.7.2004 – 2 UF 207/04, FamRZ 2005, 803). **Privatentnahmen auf Kosten der Betriebssubstanz** können nur dann Maßstab für die Bemessung des unterhaltsrelevanten Einkommens sein, wenn der Vermögensstamm einsatzpflichtig ist, etwa bei der Obliegenheit zur Aufgabe eines unrentablen Betriebs, oder wenn dadurch sichere zukünftige Gewinne vorfinanziert werden (Kofler in: VerfFamR Rn 465).

Entnimmt der Unternehmer weniger, als der Gewinn der Gesellschaft beträgt, bildet er Gesellschaftsvermö- 56 gen. Auch diese Vermögensbildung ist bei der Unterhaltsberechnung irrelevant. Deshalb können auch in diesem Fall die Entnahmen nicht Grundlage einer Unterhaltsberechnung sein.

In Ausnahmefällen können die Privatentnahmen bei ungeklärten wirtschaftlichen Verhältnissen als **Grund-** 57 **lage für eine Einkommensschätzung** dienen (OLG Düsseldorf 6.4.1982 – 6 UF 221/81, FamRZ 1983, 397; OLG Frankfurt/M. 9.3.2000 – 1 UF 337/99, FuR 2001, 370). Sind die steuerlichen Unterlagen ersichtlich manipuliert, unzureichend geführt oder werden zweifelhafte Positionen nicht erläutert, ermöglichen Privatentnahmen einen Rückschluss darauf, welche Ertragskraft der Selbstständige seinem Betrieb selbst zubilligt. Geht man von Entnahmen bei der Unterhaltsbemessung aus, müssen allerdings erbrachte **Einlagen gegengerechnet** werden. Zur Verfügung steht nur der Saldo (OLG Dresden 16.3.1998 – 20 WF 474/97, FamRZ 1999, 850).

2. GmbH

a) Einpersonengesellschaft. Der **Alleingesellschafter- und -geschäftsführer** einer GmbH erzielt aus sei- 58 nem Anstellungsverhältnis bei der GmbH Einkünfte aus unselbstständiger Tätigkeit. **Gewinnentnahmen** aus der GmbH sind Einkünfte aus Kapitalvermögen (§ 20 Abs. 1 Nr. 1 EStG). Wegen des Sachzusammenhangs zu den Einkünften selbstständig Tätiger werden die damit im Zusammenhang stehenden Fragen hier mit abgehandelt.

Das Anstellungsverhältnis des **Gesellschaftergeschäftsführers** mit der GmbH wird nicht als abhängige 59 Beschäftigung im Sinne des Sozialversicherungsrechts angesehen (Berchtold in: Kreikebohm u.a., Kommentar zum Sozialrecht, 2009, § 7 SGB IV Rn 47). Der Gesellschaftergeschäftsführer einer GmbH ist daher nicht gesetzlich kranken- und rentenversichert. Die Bezüge eines Gesellschaftergeschäftsführers einer GmbH werden ohne derartige Abzüge ausgezahlt. Er erhält einen **Arbeitgeberzuschuss** in Höhe des Beitrags in der gesetzlichen Kranken- und Pflegeversicherung zu seinen privaten Kranken- und Pflegevorsorgeaufwendungen. Die gesamte Kranken- und Altersvorsorge muss – wie beim Selbstständigen – von dem Gesellschaftergeschäftsführer aus seinem Bruttoeinkommen selbst finanziert werden.

Die Gesellschaft kann ihren Gesellschaftern eine **Altersvorsorge** zusagen und zu diesem Zweck **Rückla-** 60 **gen** bilden. Die Höhe dieser Rücklagen unterliegt einer Angemessenheitsprüfung durch die Finanzverwaltung. Bei der Ermittlung des unterhaltsrelevanten Einkommens ist zu prüfen, ob neben derartigen Rücklagen noch **private Altersvorsorgeaufwendungen** anerkannt werden können oder aber die Rücklagen nach den Kriterien des Unterhaltsrechts zu hoch sind. Bei Selbstständigen wird insgesamt eine Altersvorsorge in Höhe von 24% des verfügbaren Bruttoeinkommens akzeptiert (s. → *Private Altersvorsorge* Rn 5 ff).

61   Setzt der Gesellschaftergeschäftsführer sein Einkommen von Jahr zu Jahr entsprechend der Gewinnsituation neu fest, kann dies eine Berücksichtigung dieses Einkommens im Dreijahresschnitt rechtfertigen (OLG Köln 11.4.2006 – 4 UF 218/05, NJW-RR 2007, 941).

62   **b) Gewinne der Gesellschaft.** Gewinne und Verluste der GmbH sind für die Ermittlung des unterhaltsrelevanten Einkommens grundsätzlich ohne Bedeutung. Der Gewinn und Verlust fällt bei der Gesellschaft an. Die **Gesellschafterversammlung** (= der Alleingesellschafter) kann beschließen, den Gewinn/Verlust auf laufende Rechnung fortzuschreiben. Sie kann auch eine (Teil-)Ausschüttung von Gewinnen veranlassen. Bei der Gesellschaft unterfallen die Gewinne der **Körperschaftsteuer.** Für den Gesellschafter fällt auf den ausgeschütteten Gewinn **Kapitalertragsteuer** an. Da der Alleingesellschafter einer GmbH in seiner Ausschüttungspolitik frei ist, ist anhand der Jahresabschlussunterlagen der GmbH zu überprüfen, ob ohne sachlich gerechtfertigten Grund **Gewinne thesauriert,** dh nicht ausgeschüttet worden sind. Werden die Gewinne nicht zum Ausgleich von fortgeschriebenen Verlusten oder für in Kürze anstehende Investitionen benötigt, kann dies eine fiktive Zurechnung der nicht ausgeschütteten Gewinne rechtfertigen (OLG Celle 2.5.2001 – 10 UF 177/99, FuR 2001, 509). Der unterstellte Ausschüttungsbetrag ist allerdings fiktiv um die bei tatsächlicher Ausschüttung anfallenden **steuerlichen Belastungen** zu kürzen (Körperschaftssteuer bei der Gesellschaft und Kapitalertragsteuer beim Gesellschafter). Bei einem **Minderheitsgesellschafter** ist regelmäßig die unternehmerische Entscheidung, in welchem Umfang Gewinne ausgeschüttet werden, auch für die Unterhaltsberechnung zu akzeptieren.

63   **c) Verluste der Gesellschaft.** Aufgelaufene Verluste sind sonstigen Einnahmen des Gesellschaftergeschäftsführers solange nicht gegenzurechnen, bis er nicht privat zum **Ausgleich dieser Verluste herangezogen** wird und tatsächlich Leistungen erbringt. Zunächst betreffen die Verluste – wie die Gewinne – allein die Gesellschaft und das Gesellschaftsvermögen. In aller Regel wird der GmbH-Alleingesellschafter sich allerdings mit seinem Privatvermögen für geschäftliche Verbindlichkeiten verbürgt haben, weil er ansonsten für die Gesellschaft keine Darlehen bekommen hätte.

3.   Abschreibungen/Absetzungen für Abnutzung

64   **a) Grundlagen.** Bilanzpflichtige Kaufleute sowie Freiberufler und Kleingewerbetreibende dürfen **Investitionen,** die sie in einem Wirtschaftsjahr getätigt haben, **nicht in einer Summe** in dem Wirtschaftsjahr gewinnmindernd ansetzen, in dem sie die Investitionen getätigt haben. Sie sind vielmehr verpflichtet, die Kosten entsprechend dem Wertverfall des Wirtschaftsgutes auf die **Zeit der betriebsüblichen Nutzung** zu verteilen (§§ 253, 254 HGB; § 7 Abs. 1 EStG). Handelsrechtlich sind dies **Abschreibungen,** steuerrechtlich handelt es sich um **Absetzungen für Abnutzung (AfA).** Aus alledem folgt, dass einer Abschreibung immer ein tatsächlicher Aufwand in Höhe des Gesamtabschreibungsbetrags gegenübersteht und am Ende auch ein hundertprozentiger Wertverzehr eintritt. Diskutabel ist deshalb allein der Zeitraum der Abschreibung.

65   **b) Stille Reserve.** Ist ein Wirtschaftsobjekt in einem weiter gehenden Umfang abgeschrieben, als dies dem tatsächlichen Wertverzehr entspricht, entsteht damit eine stille Reserve. Dies ist zB der Fall, wenn ein Wirtschaftsgut über die Abschreibungsdauer hinaus genutzt wird. Wird ein Anlagegegenstand während des Abschreibungszeitraums zu einem über dem Buchwert liegenden Preis veräußert, ist die Differenz zum Buchwert als **sonstiger betrieblicher Ertrag** zu versteuern.

66   **c) Lineare Abschreibung.** In der Rechtsprechung hat sich deshalb die Auffassung durchgesetzt, die übliche lineare Abschreibung nach § 7 Abs. 1 S. 1 und 2 EStG auch für die Unterhaltsbemessung zu übernehmen (BGH 19.2.2003 – XII ZR 19/01, NJW 2003, 1734). Die lineare Abschreibung erfolgt nach vom Bundesministerium der Finanzen erstellten **AfA-Tabellen.** In diesen wird für die verschiedenen Wirtschaftsgüter ein steuerlich zugrunde zu legender Abschreibungszeitraum festgelegt. Neben der Abschreibung können

etwaige **Tilgungsbeträge für Betriebsmittelkredite** nicht berücksichtigt werden; die Abschreibung schafft die **Liquidität** für die Tilgung.

d) Geringwertige Wirtschaftsgüter. Ebenfalls unterhaltsrechtlich in vollem Umfang zu akzeptieren ist 67 die Möglichkeit der **Sofortabschreibung** geringwertiger Wirtschaftsgüter (**GWG**). Kostet die Anschaffung eines Wirtschaftsgutes bis zu 410 EUR netto, kann ein Wirtschaftsgut nach § 6 Abs. 2 EStG im Jahr der Anschaffung in vollem Umfang abgeschrieben werden. Üblicherweise differieren die jährlichen Anschaffungskosten von GWG von Jahr zu Jahr kaum. Da sie sich zudem schnell verbrauchen, werden keine **stillen Reserven** gebildet.

e) Sonderabschreibungen. Für die Ermittlung des unterhaltsrechtlich relevanten Nettoeinkommens korrekturbedürftig sind nur Sonderabschreibungen gemäß den §§ 7 a ff EStG. Derartige Sonderabschreibungen orientieren sich nicht am Wertverzehr von Wirtschaftsgütern. Es handelt sich um **verdeckte Subventionen**, die Investitionsanreize schaffen sollen (BGH 19.2.2003 – XII ZR 19/01, NJW 2003, 1734). 68

4. Steuerabzüge

Die Steuerbelastung ist bei Selbstständigen in aller Regel **fiktiv** zu ermitteln (FAKomm-FamR/Gerhardt 69 Kap. 6 Rn 141). Werden zB, um den Unterhaltsanspruch nach der Trennung zu berechnen, die Einkünfte der letzten drei Jahre des Zusammenlebens zugrunde gelegt, können die tatsächlich gezahlten Steuern schon deshalb nicht mehr maßgeblich sein, weil sie aufgrund gemeinsamer Veranlagung festgesetzt worden sind. Auch verändern sich häufig die **Steuersätze**. Ferner können Steuervorteile, die aus der steuerlichen Berücksichtigung bei der Unterhaltsbemessung nicht anerkannter Positionen resultieren, nicht übernommen und fortgeschrieben werden. Dabei sollen nach der Rechtsprechung des Bundesgerichtshofs Steuervorteile, die aus der Inanspruchnahme von **Sonderabschreibungen** resultieren, allerdings in die Unterhaltsberechnung einbezogen werden (BGH 19.2.2003 – XII ZR 19/01, NJW 2003, 1734).

Richtigerweise wird man die Steuerbelastung so ermitteln, dass aus dem **Betriebsergebnis im Mehrjah-** 70 **resschnitt** ein **Bruttoeinkommen** abgeleitet wird. Dieses wird um die für den Unterhaltszeitraum aktuellen **individuellen steuerlichen Freibeträge** zur Ermittlung des zu versteuernden Einkommens bereinigt. Anhaltspunkt sind dafür die letzten ergangenen Steuerbescheide. Zu berücksichtigen ist das steuerliche Realsplitting inklusive Nachteilsausgleich. Auf dieser Basis wird dann fiktiv die Steuerlast berechnet, etwa mithilfe des **interaktiven Steuerrechners** des Bundesfinanzministeriums (www.bundesfinanzministerium.de).

5. Kranken- und Altersvorsorge

a) Kranken- und Pflegeversicherung. Bei Selbstständigen sind Beiträge für die Kranken- und Pflegever- 71 sicherung sowie für die Altersvorsorge in angemessenem Umfang in Abzug zu bringen. Grundsätzlich zu berücksichtigen sind die Beiträge für eine **freiwillige** Kranken- und Pflegeversicherung in der gesetzlichen Krankenversicherung oder eine **private** Kranken- und Pflegeversicherung zur Erlangung eines dem der gesetzlichen Krankenversicherung entsprechenden Versicherungsschutzes (Wendl/Dose/Gerhardt § 1 Rn 1036). **Zusatzversicherungen** sind je nachdem absetzbar, ob sie bereits die ehelichen Lebensverhältnisse geprägt haben oder gehobene Einkommensverhältnisse vorliegen, so dass der Abzug dieser Beträge den angemessenen Unterhalt der Berechtigten nicht schmälert. Ist ein **Selbstbehalt** vereinbart, ist, wenn der Selbstbehalt in Anspruch genommen worden ist, dieser Betrag auf den Monat umgelegt zusätzlich abzuziehen (s. Rn 37).

b) Altersvorsorge. Altersvorsorgeleistungen können bis zu **24 % des Bruttoeinkommens** abgesetzt wer- 72 den (BGH 16.7.2008 – XII ZR 109/05, NJW 2008, 3125). Dabei ist der Unternehmer in der Gestaltung seiner Altersvorsorge frei. Neben Beiträgen zu berufsständischen Versorgungswerken und freiwilligen Beiträgen in die gesetzliche Rentenversicherung sind auch Altersvorsorgeleistungen in Form von **Vermögensbildung** zu berücksichtigen, etwa Kapitallebensversicherungen, Fonds-Sparpläne und Ähnliches (Wendl/Dose/Gerhardt § 1 Rn 1037). Zu berücksichtigen sind allerdings nur tatsächlich geleistete Beträge. **Fiktiv** kann ein Vorsorgeaufwand nicht abgesetzt werden (vgl im Einzelnen s. → *Private Altersvorsorge* Rn 5 ff).

73 **c) Sonstige Versicherungen.** Wie bei nicht selbstständig Tätigen sind bei selbstständig Tätigen uU auch sonstige Versicherungen abzuziehen, dh **private Unfallversicherungen**, freiwillige Beiträge zur **gesetzlichen Unfallversicherung** und **Haftpflichtversicherungen**, wobei es für die Abzugsfähigkeit darauf ankommt, dass die Beiträge in einem angemessenen Verhältnis zum Einkommen stehen.

6. Berufsbedingte Aufwendungen/Erwerbstätigenbonus

74 Ein gesonderter Abzug – wie bei nicht selbstständig Tätigen – für berufsbedingte Aufwendungen, etwa in Höhe **einer Pauschale von 5 %**, kommt bei selbstständig Tätigen nicht in Betracht. Sämtliche berufsbedingten Aufwendungen sind bereits als Betriebsausgabe erfasst.

75 Andererseits ist dem selbstständig Tätigen auf sein unterhaltsrelevantes bereinigtes Einkommen der **Erwerbstätigenbonus** zuzubilligen. Auch wenn angesichts der Doppelfunktion des Erwerbstätigenbonus eine pauschale Abgeltung berufsbedingter Aufwendungen wegen der vollständigen Erfassung bei den Betriebsausgaben ausscheidet, greift jedoch – und das angesichts des unternehmerischen Risikos und der ungeregelten Arbeitszeiten in besonderem Maße – der zweite vom Bundesgerichtshof hervorgehobene Gesichtspunkt, dem Erwerbstätigen einen **Anreiz für die Fortführung seiner Erwerbstätigkeit** zu geben, indem ihm ein die Hälfte des unterhaltsrelevanten bereinigten Nettoeinkommens maßvoll übersteigender Betrag verbleibt (s. → *Erwerbstätigenbonus*).

IV. Einkünfte aus Land- und Forstwirtschaft

1. Steuerliche Veranlagung

76 Einkünfte aus Land- und Forstwirtschaft werden entweder durch einen **Betriebsvermögensvergleich** nach § 4 Abs. 1 EStG oder nach **Durchschnittssätzen** gemäß § 13 a EStG ermittelt.

77 Buchführungspflichtig und damit zur Ermittlung der Einkünfte durch Betriebsvermögensvergleich verpflichtet sind Landwirte mit einem Umsatz von mehr als 500.000 EUR oder einem Gewinn von mehr als 50.000 EUR im zurückliegenden Wirtschaftsjahr (§ 141 AO). Bei der Ermittlung des unterhaltsrelevanten Einkommens eines buchführungspflichtigen Land- und Forstwirts gelten die **gleichen Grundsätze wie bei Gewerbetreibenden**. Insbesondere sind lineare Abschreibungen auch auf Kulturen und Anlagevermögen für die Ermittlung des unterhaltsrelevanten Einkommens zu übernehmen (BGH 19.2.2003 – XII ZR 19/01, NJW 2003, 1734). Der Wert steuerlich nicht erfassten **Eigenverbrauchs**, etwa an Lebensmitteln, ist anhand der Darstellung der Parteien über die ehelichen Lebensverhältnisse zu schätzen (BGH 9.6.2004 – XII ZR 277/02, NJW 2005, 433).

78 Ein Problem ergibt sich für die zeitnahe Feststellung der Einkünfte daraus, dass das **Wirtschaftsjahr** bei Land- und Forstwirten nach § 4 a Abs. 1 EStG die Zeit vom 1.7. bis zum 30.6. erfasst. Zur Ermittlung des im Kalenderjahr zu versteuernden Einkommens werden jeweils die Hälfte der Ergebnisse der in das jeweilige Kalenderjahr fallenden Wirtschaftsjahre zusammengerechnet. Da das für die Ermittlung des steuerlichen Einkommens maßgebliche letzte Wirtschaftsjahr erst zum 30.6. des Folgejahres endet, können Steuererklärungen und Steuerbescheide bei Landwirten nur mit noch größerer **Verzögerung** vorgelegt werden als bei sonstigen selbstständig Tätigen.

2. Probleme bei kleinen Betrieben

79 Schwierig ist die Ermittlung des unterhaltsrelevanten Einkommens bei kleinen Betrieben, die nicht buchführungspflichtig sind. Macht ein Landwirt von der Möglichkeit der Ermittlung des Gewinns nach **Durchschnittssätzen** gemäß § 13 a EStG Gebrauch, sind diese Daten für die Ermittlung des unterhaltsrelevanten Einkommens nicht verwertbar. Die Ansätze sind rein abstrakt und haben keinen Bezug zum konkreten Betrieb. Bezweckt wird mit dieser Möglichkeit der Ermittlung steuerlicher Einnahmen eine **Subventionierung kleiner landwirtschaftlicher Betriebe**. Der betreffende Landwirt ist nicht verpflichtet, Aufzeichnungen zu machen oder Belege aufzubewahren. Üblicherweise wird er deshalb auch keine Auskunft zu den tatsächlichen Umsätzen geben können (wollen). Lassen sich konkrete Feststellungen nicht treffen, hilft nur

die Einkommensermittlung im Wege der **Schätzung** anhand der Daten der tatsächlichen Lebensführung (FAKomm-FamR/Gerhardt Kap. 6 Rn 49).

3. Einkommensfiktion

Gerade bei kleinen, **unrentablen landwirtschaftlichen Betrieben** stellt sich die Frage nach einer 80 (Teil-)Verwertung des im landwirtschaftlichen Betrieb steckenden Vermögens. Häufig sind Maschinen, Viehbestand und vor allen Dingen Grundstücke des landwirtschaftlichen Betriebs von erheblichem Wert, ohne dass der Betrieb als solcher noch einen nennenswerten Gewinn abwirft. Für einen derartigen Fall hat der Bundesgerichtshof bereits für den Trennungsunterhalt eine **Vermögensverwertungsobliegenheit** des Landwirts angenommen (BGH 15.1.1986 – IV b ZR 22/85, NJW-RR 1986, 685). Die Obliegenheit zur Aufgabe des landwirtschaftlichen Betriebs besteht nicht, wenn dies unwirtschaftlich wäre oder der Landwirt aus einer anderen Beschäftigung kein höheres Einkommen erzielen könnte als aus seinem landwirtschaftlichen Betrieb (OLG Hamm 28.3.2003 – 6 UF 44/02).

Für den **Elternunterhalt** ist die Obliegenheit zum Verkauf eines ererbten und verpachteten landwirtschaft- 81 lichen Betriebs in einem Fall angenommen worden, in dem der Unterhaltsverpflichtete seinen eigenen angemessenen Unterhalt aus einer anderen selbstständigen Tätigkeit bestritt (OLG Karlsruhe 27.3.2003 – 2 UF 23/02, NJW 2004, 296).

V. Einkünfte aus Kapitalvermögen

1. Anrechenbare Erträge

Vorhandenes Kapital ist vom Unterhaltsberechtigten bzw -pflichtigen **ertragsgünstig, aber risikolos** anzu- 82 legen (BGH 19.2.1986 – IV b ZR 16/85, NJW-RR 1986, 683). Zu den Einnahmen zählen Zinsen jeder Art, Diskonterträge bei Wechselgeschäften, Ausschüttungen von Investmentgesellschaften, Stückzinsen, Dividenden und Einkünfte aus sonstigen Wertpapieren (Wendl/Dose/Dose § 1 Rn 605). Angerechnet werden auch **Spekulationsgewinne** nach Abzug der darauf entfallenden Steuern (OLG Stuttgart 20.9.2001 – 17 WF 232/01, FamRZ 2002, 635). Bei der Berechnung von Ehegattenunterhalt ist stets zu prüfen, ob die Kapitaleinnahmen die **ehelichen Lebensverhältnisse geprägt** haben, dh zum Lebensunterhalt (mit-)verbraucht worden sind. Sind sie regelmäßig wieder angelegt worden, handelt es sich nicht um prägende Einkünfte (BGH 4.7.2007 – XII ZR 141/05, NJW 2008, 57). Auch können Kapitalerträge aus einer nach der Trennung angefallenen Erbschaft den Bedarf nach den ehelichen Lebensverhältnissen nicht mehr erhöhen (BGH 11.7.2012 – XII ZR 72/10, NJW 2012, 3434), es sei denn die Erwartung des Erbfalls hat die ehelichen Lebensverhältnisse bereits geprägt (BGH 23.11.2005, XII ZR 51/03, NJW 2006, 1794).

Ist das Kapital in einer Weise angelegt, dass es Erträgnisse abwirft, die unter der Höhe der erzielbaren Er- 83 träge nach der Marktsituation im möglichen Anlagezeitpunkt liegen, besteht eine **Umschichtungsobliegenheit** (BGH 18.12.1991 – XII ZR 2/91, NJW 1992, 1044). Diskutiert wird diese Frage vor allen Dingen bei der Anlage von Kapital in einer Immobilie bei Teilfinanzierung des Restkaufpreises. Verbleibt zwischen dem anrechenbaren Mietwert und den abzusetzenden neu eingegangenen Schuldlasten keine gemessen am Ursprungskapital angemessene Rendite, besteht eine Umschichtungsobliegenheit und es werden Zinseinkünfte aus einer anderen Geldanlage fingiert (BGH 22.10.1997 – XII ZR 12/96, NJW 1998, 753; s. → *Fiktive Einkünfte* Rn 4 ff).

2. Herkunft des Kapitals

Auf die Herkunft des Kapitals kommt es nicht an. Angerechnet werden Kapitalerträge aus Erbteilen (BGH 84 8.6.1988 – IVb ZR 68/87, NJW-RR 1988, 1282), Sparguthaben, einem Versteigerungserlös, einem Lottogewinn (OLG Frankfurt/M. 11.8.1994 – 6 UF 59/94, NJW-RR 1995, 2) und Schmerzensgeldzahlungen (BGH 13.7.1988 – IV b ZR 39/87, NJW-RR 1988, 1093). Anzurechnen sind auch Einnahmen aus Kapitalerträgen, die aus dem Unterhalt erspart worden sind (BGH 16.1.1985 – IV b ZR 62/83, NJW 1985, 1343). Das anzulegende Kapital kann um Aufwendungen für persönliche Bedürfnisse im Rahmen einer sparsamen Lebensführung gekürzt werden (OLG Hamm 23.1.1998 – 10 UF 55/97, NJW-RR 1998, 724).

3. Höhe der anrechenbaren Erträge

85   Die Ermittlung der Höhe der Kapitaleinkünfte erfolgt durch **Überschussrechnung** unter Abzug der Werbungskosten von den Bruttoeinnahmen. Abziehbare Werbungskosten sind Depotgebühren, Bankspesen für die Verwaltung, Schließfachmiete, Kosten für die Teilnahme an Hauptversammlungen, Versicherungsbeiträge sowie anteilige Steuern. Die steuerlichen Pauschbeträge für Werbungskosten sind nicht maßgeblich. Es zählt nur der tatsächliche Aufwand. Nicht abziehbar ist ein Ausgleich für zukünftige **Kaufkraftverluste** des Kapitalstammes (BGH 19.2.1986 – IV b ZR 13/85, NJW-RR 1986, 682).

86   **Versteuert** werden Kapitalerträge unter Berücksichtigung eines **Sparer-Pauschbetrages** von 801 EUR bei getrennter Veranlagung und 1.602 EUR bei Zusammenveranlagung (§ 20 Abs. 9 EStG). Der **Abgeltungssteuersatz** beträgt nach § 43 a Abs. 1 EStG 25 % zuzüglich Solidaritätszuschlag (5,5 %) und ggf Kirchensteuer.

87   Als Einkommen anzurechnen sind die Zinseinnahmen vom **Zeitpunkt der Kapitalanlage** an. Auf den Zeitpunkt der Ertragsausschüttung kommt es nicht an. Die Zwischenzeit muss der Vermögensinhaber durch Konsumverzicht/Kreditaufnahme überbrücken (Palandt/Brudermüller § 1577 BGB Rn 8).

VI. Einkünfte aus Vermietung und Verpachtung sowie Wohnvorteil

1. Einkünfte aus Vermietung und Verpachtung

88   **a) Allgemeines.** Einkünfte aus Vermietung und Verpachtung gehören zum unterhaltsrelevanten Einkommen. Ausgangspunkt der Einkommensermittlung sind wiederum die **steuerlichen Unterlagen**. Nach § 2 Abs. 2 Nr. 2 EStG werden die Einkünfte aus Vermietung und Verpachtung als Überschuss der Einnahmen über die Werbungskosten ermittelt. Erfasst werden Einnahmen und abzusetzende Werbungskosten in der **Anlage V zur Einkommensteuererklärung.** Sind Mehrere gemeinsam Eigentümer einer Immobilie, wird der Gesamtüberschuss bzw -verlust durch gesonderte und einheitliche Feststellungen nach § 180 Abs. 1 Nr. 2 a AO auf die einzelnen Berechtigten verteilt. Für Einnahmen aus Vermietung und Verpachtung gilt – wie bei Freiberuflern, die ihre Einnahmen mit einer Einnahme-Überschuss-Rechnung erfassen (s. Rn 49) – das **Zuflussprinzip**, dh erfasst werden die in einem Kalenderjahr erzielten Einnahmen und getätigten Ausgaben.

89   **b) Einnahmen und Ausgaben.** Einnahmen sind Miet- oder Pachtzinsen, Mietvorauszahlungen und die Zahlungen des Mieters auf Nebenkosten (Wendl/Dose/Gerhardt § 1 Rn 453). **Werbungskosten** sind alle Hauskosten gemäß der BetrKV, das sind zB Grundsteuer, öffentliche Gebühren für Müllabfuhr, Abwasser, Straßenreinigung und Schornsteinfeger, Kosten für Wasser, Strom, Gas. Zu den Kosten gehören auch notwendige Reisekosten zum Objekt, etwaige Prozesskosten, Beiträge zu Interessenverbänden und Hausversicherungen.

90   Abgesetzt werden können ferner **notwendige Erhaltungsaufwendungen.** Nicht berücksichtigt werden können demgegenüber Ausbauten und wertsteigernde Verbesserungen. Der dafür getätigte Aufwand dient der Vermögensbildung (BGH 20.1.1996 – XII ZR 70/95, NJW 1997, 735). Bei größeren notwendigen Erhaltungsaufwendungen ist, wenn sie aus eigenen Mitteln finanziert werden, eine Aufteilung des Aufwands auf einen Zeitraum von zwei bis fünf Kalenderjahren vorzunehmen (Wendl/Dose/Gerhardt Rn 456). **Instandhaltungsrücklagen** werden abgesetzt, soweit sie für eine konkrete Instandhaltungsmaßnahme bestimmt sind und sich der Aufwand im Rahmen dessen hält, was angesichts der Einnahmen und Ausgaben des Objekts durch zumutbare Rücklagen finanziert werden kann (BGH 20.10.1999 – XII ZR 297/97, NJW 2000, 284).

91   **Abschreibungen** wurden nach bisheriger Rechtsprechung des Bundesgerichtshofs nicht berücksichtigt. Abgeschrieben werden können nach § 7 Abs. 4 S. 1 EStG üblicherweise 2 % der Anschaffungs- und Herstellungskosten für Gebäude und Gebäudeteile, nicht für den Grund und Boden. Das Steuerrecht sieht zudem erhöhte Abschreibungsmöglichkeiten für bestimmte Gebäude und Instandsetzungs- und Modernisierungsaufwendungen vor. Der Bundesgerichtshof ging bislang davon aus, dass Gebäude langfristig nicht an

Wert verlieren und der kurzfristige Wertverlust durch die **Instandhaltungsaufwendungen** aufgefangen wird (BGH 1.12.2004 – XII ZR 75/02, NJW 2005, 2077). Nunmehr hält der Bundesgerichtshof es in Einzelfällen auch für möglich, die Abschreibungsbeträge zu berücksichtigen, wenn ein Wertverlust konkret feststellbar ist (BGH 18.1.2012 – XII ZR 177/09, FamRZ 2012, 514).

Ist eine fremd genutzte Immobilie ganz oder teilweise durch **Kredit** finanziert worden, können die **Til-** **92** **gungsleistungen** abgesetzt werden, wenn die Immobilie Unterhaltsberechtigtem und- -pflichtigem gemeinsam gehört (s. → *Zins- und Tilgungsleistungen* Rn 2 ff). Der Tilgungsaufwand kommt beiden als Vermögensbildung zugute (Wendl/Dose/Gerhardt § 1 Rn 458). Liegt bei Alleineigentum eine einseitige Vermögensbildung vor, kann ein Abzug im Rahmen der Grenzen für die ergänzende Altersvorsorge erfolgen (s. → *Private Altersvorsorge* Rn 6).

2. Wohnvorteil bei Wohnen im eigenen Heim

a) Allgemeine Grundsätze. Jede **Vermögensnutzung** ist bei der Unterhaltsberechnung unterhaltsrecht- **93** lich sowohl beim Verpflichteten als auch beim Berechtigten **als Einkommen zu berücksichtigen**. Für Immobilien bedeutet dies, dass es nicht darauf ankommt, ob der Verpflichtete oder Berechtigte Allein- oder Miteigentümer der Immobilie, Nießbraucher oder Wohnrechtsberechtigter ist. Es kommt auch nicht darauf an, aus welchen Mitteln die Immobilie angeschafft worden ist, sei es aus einer Erbschaft, Schmerzensgeldzahlung oder nach der Scheidung aus dem Zugewinnausgleichsbetrag (BGH 22.10.1997 – XII ZR 12/96, NJW 1998, 753).

Eine Ausnahme gilt nur bei **freiwilligen Zuwendungen** Dritter (s. → *Wohnwert* Rn 2 f). Stellen Eltern ih- **94** rem Kind während der Ehe oder nach Trennung oder Scheidung kostenlos Wohnraum zur Verfügung, handelt es sich um eine freiwillige Leistung, die nicht als Einkommen zu bewerten ist. Die Zuwendung erfolgt ohne Verpflichtung und nicht mit dem Willen dem Schwiegerkind im Rahmen der Auseinandersetzung der gescheiterten Ehe einen Vermögensvorteil zukommen zu lassen. Diese Grundsätze gelten auch, wenn die Eltern ihrem Kind Geld zum Erwerb einer Immobilie schenken (OLG Saarbrücken 29.4.1998 – 9 UF 42/97, FamRZ 1999, 396).

Nicht als freiwillige Zuwendung Dritter wird die **Wohnungsgewährung durch einen Lebensgefährten** **95** bewertet (BGH 11.1.1995 – XII ZR 236/93, NJW 1995, 962). Nach der Rechtsprechung des Bundesgerichtshofs kommt es bei einer Lebensgemeinschaft nicht darauf an, ob der Partner den Unterhaltsverpflichteten entlasten will oder nicht.

b) Objektiver und angemessener Mietwert. Grundsätzlich ist als unterhaltsrechtliches Einkommen der **96** **objektive Marktmietwert** anzusetzen (BGH 1.10.2008 – XII ZR 62/07, NJW 2009, 145). Für eine Übergangszeit ist für die Unterhaltsbemessung allerdings nur ein nach Billigkeitserwägungen zu bestimmender **angemessener Betrag** als Wohnwert anzusetzen (BGH 5.3.2008 – XII ZR 22/06, NJW 2008, 1946). Maßstab für die Frage, welcher Mietwert anzusetzen ist, ist die Erfüllung oder Nichterfüllung der **Obliegenheit** **zur möglichst ertragreichen Nutzung oder Verwertung** des Vermögenswertes des Hauses (BGH 5.3.2008 – XII ZR 22/06, NJW 2008, 1946). Während des **Getrenntlebens** ist es den Ehegatten in der Regel nicht zumutbar, das frühere Familienheim anderweitig zu verwerten, sei es durch Verkauf oder Vermietung, um die Leistungsfähigkeit zu steigern, um nicht eine Wiederherstellung der ehelichen Lebensgemeinschaft zu verhindern (s. → *Wohnwert* Rn 4 ff).

VII. Pensionen und Renten

1. Die unterschiedlichen Renten und Pensionen

Pensionen und Renten aller Art nebst Zuschlägen und Zulagen sind **unterhaltsrelevantes Einkommen**. **97** Das gilt insbesondere für gesetzliche Altersrenten (§§ 35 ff SGB VI), Renten wegen Erwerbsminderung (§ 43 SGB VI) und Beamtenpensionen. Sie treten an die Stelle früherer Erwerbseinkünfte. Zu berücksichtigen sind ferner **Waisen- und Halbwaisenrenten**. Auch sie sollen den laufenden Lebensbedarf des Rentenbeziehers decken. Angerechnet wird der Nettobetrag nach Abzug der vom Rententräger einbehaltenen

Kranken- und Pflegeversicherungsbeiträge (§§ 255, 256 SGB V; § 60 SGB XI). **Berufsbedingte Aufwendungen** oder ein **Erwerbstätigenbonus sind nicht abzusetzen** (s. → *Berufsbedingte Aufwendungen* Rn 2; s. → *Erwerbstätigenbonus* Rn 2). Bei der Unterhaltsberechnung ist daher, wenn Berechtigter und Verpflichteter Rentenbezieher sind, uneingeschränkt mit der 50 %-Quote zu arbeiten; ist einer der Beteiligten Rentenbezieher, ist das Erwerbseinkommen des anderen vorab um etwaige berufsbedingte Aufwendungen und den Erwerbstätigenbonus zu vermindern und von der Differenz zur Rente des anderen dann der Unterhaltsanspruch auf der Basis der **50 %-Quote** zu ermitteln (OLG Düsseldorf 24.5.1996 – 6 UF 221/95, NJW-RR 1997, 385).

98 Unterhaltsrelevantes Einkommen sind ferner **Versichertenrenten aus der gesetzlichen Unfallversicherung** (§§ 56 ff SGB VII). Auch sie haben Lohnersatzfunktion und unterfallen daher nicht der Vermutung der §§ 1610 a, 1578 a und 1361 Abs. 1 S. 1 Hs 2 BGB (Wendl/Dose/Dose § 1 Rn 650).

2. Rentennachzahlungen

99 **a) Beim Unterhaltsverpflichteten.** Erhält der Unterhaltsverpflichtete eine Rentennachzahlung, erhöht diese seine Leistungsfähigkeit für die **Zukunft.** Der Nachzahlungsbetrag ist den laufenden Bezügen für einen angemessenen Zeitraum hinzuzurechnen (OLG Nürnberg 12.8.1996 – 8 UF 2277/96, FamRZ 1997, 961). Auch bei Fortbestand der Ehe hätte die Nachzahlung nur für zukünftige Unterhaltszwecke zur Verfügung gestanden. Etwas anderes gilt, wenn zum Zeitpunkt der Nachzahlung ein **Unterhaltsverfahren** noch nicht entschieden ist. Dann kann der rückständige Betrag auch für die Vergangenheit berücksichtigt werden (Wendl/Dose/Dose § 1 Rn 660). Zu berücksichtigen ist allerdings allein die tatsächlich dem Verpflichteten zufließende Nachzahlung; häufig wird die Nachzahlung mit zwischenzeitlich vorschussweise geleisteten Kranken- oder Arbeitslosengeldzahlungen verrechnet (BGH 19.12.1989 – IV b ZR 9/89, NJW 1990, 709).

100 **b) Beim Unterhaltsberechtigten.** Erhält der Unterhaltsberechtigte eine Rentennachzahlung, gilt nichts anderes, wenn durch die Verteilung der Rentennachzahlung auf einen **zukünftigen Zeitraum** als bedürftigkeitsmindernd eine **volle Kompensation** erfolgt, mithin die Unterhaltsschuld des Verpflichteten sich entsprechend der Höhe der Nachzahlung mindert. Ist das nicht der Fall, etwa weil sich das Einkommen des Pflichtigen verringert oder aber aus sonstigen Gründen nach der Rentengewährung eine Unterhaltsbedürftigkeit des Unterhaltsberechtigten entfällt, steht dem Unterhaltsverpflichteten hinsichtlich des in der Vergangenheit gezahlten Unterhalts, soweit er bei Berücksichtigung der Nachzahlung nicht geschuldet wäre, ein **Erstattungsanspruch nach § 242 BGB** zu; der Pflichtige kann in derartigen Fällen den für die Dauer des Rentenantragsverfahrens des Berechtigten geschuldeten Unterhalt als **zins- und tilgungsfreies Darlehen** mit der Maßgabe zahlen, dass er auf die Rückzahlung des Darlehens bei Nichtgewährung der Rentennachzahlung verzichtet. Zur Sicherung des Darlehens kann der Unterhaltsverpflichtete sich den **Rentennachzahlungsanspruch abtreten** lassen (BGH 19.12.1989 – IV b ZR 9/89, NJW 1990, 709; s. → *Rückforderung überzahlten Unterhalts* Rn 17 f).

3. Mehrbedarf

101 Gerade bei Rentnern stellt sich sowohl beim Unterhaltsberechtigten als auch beim -verpflichteten die Frage eines **alters- bzw krankheitsbedingten Mehrbedarfs.** Derjenige, der diesen Mehrbedarf geltend macht, muss ihn konkret und substantiiert darlegen und im Bestreitensfall nachweisen (BGH 16.6.1982 – IV b ZR 709/80, NJW 1982, 1999). In Betracht kommen beispielsweise von der Kranken- und Pflegeversicherung nicht erstattete notwendige Unterstützungsleistungen Dritter im Haushalt sowie die Kosten einer behinderungsbedingten Sonderausstattung von Pkw (BGH 7.4.1982 – IV b ZR 673/80, NJW 1982, 1594). Konkret bezifferte **Diätkosten** sind ebenso abzusetzen (OLG Karlsruhe 26.8.1997 – 18 UF 44/97, FamRZ 1998, 1435) wie Medikamentenzuzahlungen, die nach Nachweis für einen überschaubaren Zeitraum pauschaliert werden können (OLG Hamm 21.8.1998 – 7 UF 39/97, FamRZ 1999, 1349).

4. Nebeneinkünfte

Nebeneinkünfte von Rentnern und Pensionären sind, wenn diese die Regelaltersgrenze erreicht haben, grundsätzlich nicht anzurechnen. Mit Erreichen der **Regelaltersgrenze** entfällt die **Verpflichtung zu einer Erwerbstätigkeit**. Das gilt auch für selbstständig Tätige (BGH 12.1.2011 – XII ZR 83/08, NJW 2011, 670). Erwerbseinkünfte, die nach Überschreiten der Regelaltersgrenze erzielt werden, stammen damit aus **unzumutbarer Tätigkeit**. Die ausnahmsweise – ggf teilweise – Anrechenbarkeit bestimmt sich nach den Umständen des Einzelfalls (§§ 242, 1577 Abs. 2 BGB; BGH 13.4.2005 – XII ZR 273/02, NJW 2005, 2145). 102

Etwas anderes gilt bei Empfängern von Altersruhegeld, die die Regelaltersgrenze noch nicht erreicht haben (§§ 36 ff, 236 ff SGB VI). Besteht **kein anerkennenswerter Grund** für den **vorzeitigen Bezug von Altersruhegeld**, etwa eingeschränkte Gesundheit oder ansonsten drohender Verlust des Arbeitsplatzes (OLG Hamm 12.4.2000 – 12 UF 149/99, NJW-RR 2001, 433), besteht je nach den Umständen des Einzelfalls gar eine **Obliegenheit** zur Ausübung einer Nebentätigkeit (BGH 3.2.1999 – XII ZR 146/97, NJW 1999, 1547). Wird die Nebentätigkeit nicht ausgeübt, können entsprechende Einkünfte fingiert werden (BGH 15.10.2003 – XII ZR 65/01, NJW-RR 2004, 505). Das Einkommen aus Nebentätigkeit ist bereinigt um berufsbedingte Aufwendungen und Erwerbstätigenbonus in die Unterhaltsberechnung einzubeziehen. 103

VIII. Sozialstaatliche Zuwendungen

Sozialstaatliche Zuwendungen, dh Leistungen ohne Einkommensersatzfunktion, gelten ebenfalls grundsätzlich als unterhaltsrelevantes Einkommen, soweit sie geeignet sind, den allgemeinen Lebensunterhalt sicherzustellen. Demgegenüber nicht anrechenbar sind **subsidiäre Sozialleistungen** (BGH 31.5.2000 – XII ZR 119/98, NJW-RR 2000, 1385). Im Einzelnen: 104

Wohngeld ist grundsätzlich Einkommen (Leitlinien 2.3). Etwas anderes gilt, wenn es erhöhte Wohnkosten abdeckt. Insoweit spricht eine Vermutung dafür, dass der Bezug von Wohngeld dem **Ausgleich erhöhter Wohnkosten** dient (BGH 19.2.2003 – XII ZR 67/00, NJW 2003, 1690). Ausnahmen können eingreifen, wenn eine Wohnung von mehreren Personen mit jeweils eigenen Einkünften bewohnt wird (Wendl/Dose/ Dose § 1 Rn 667). 105

Anrechenbar sind **BAföG-Leistungen**, auch die darlehensweise Förderung (§ 17 Abs. 2 und 3 BAföG, Leitlinien 2.4; s. → *BAföG*). **Berufsausbildungsbeihilfen** nach den §§ 59 f, 72 ff SGB III sind ebenfalls Einkommen, soweit nicht nach § 72 Abs. 1 SGB III Vorausleistungen erbracht werden (OLG Oldenburg 30.6.1988 – 14 UF 195/87, FamRz 1989, 531). Leistungen zur **Grundsicherung im Alter und bei Erwerbsminderung** (§§ 41–43 SGB XII) sind im Rahmen des Verwandtenunterhalts Einkommen, beim Ehegattenunterhalt nicht (Leitlinien 2.9; s. → *Grundsicherung für Arbeitsuchende*). **Elterngeld** ist nur unter den Voraussetzungen des § 11 S. 4 BEEG anzurechnen, soweit es über den Sockelbetrag von 150 EUR bzw 300 EUR hinausgeht (Leitlinien 2.5; s. → *Elterngeld*). **Pflegegeld** ist beim Pflegebedürftigen kein Einkommen. Bei der Pflegeperson ist das nach § 37 Abs. 1 SGB XI gezahlte Pflegegeld (Pflegegeld für selbst beschaffte Pflegehilfen) nach § 13 Abs. 6 S. 1 SGB XI grundsätzlich nicht anzurechnen. Die Ausnahmefälle sind der Regelung des Bundeserziehungsgeldes nachgebildet (§ 13 Abs. 6 S. 2 SGB XI). Das gemäß § 64 SGB XII (Hilfe zur Pflege im Rahmen der Sozialhilfe) gezahlte Pflegegeld ist Einkommen (Leitlinien 2.8; zu allem s. → *Pflegegeld*). 106

Kein Einkommen der Eltern stellt das **Kindergeld** (§§ 62 ff EStG) dar (s. → *Kindergeld*). Es dient dem allgemeinen Familienlastenausgleich. Das gilt auch für den Zählkindervorteil bei Kindern aus verschiedenen Beziehungen (BGH 19.7.2000 – XII ZR 161/98, NJW 2000, 3140). Beim Kind ist das Kindergeld dagegen Einkommen (BGH 26.10.2005 – XII ZR 34/03, NJW 2006, 57). Kein Einkommen sind grundsätzlich subsidiäre Leistungen wie **Sozialhilfe** (SGB XII; Leitlinien 2.10 und 2.11; s. → *Sozialhilfe*) und **Arbeitslosengeld II** (§§ 7 ff SGB II; Leitlinien 2.2; s. → *Arbeitslosengeld*). Leistungen nach dem **UVG** sind ebenfalls kein Einkommen (Anspruchsübergang nach § 7 UVG; s. → *Unterhaltsvorschuss*). 107

108 Für bestimmte **Sozialleistungen** bewirken die §§ 1610 a, 1578 a, 1361 Abs. 1 S. 1 Hs 2 BGB eine **Umkehr der Darlegungs- und Beweislast.** Die Regelung gilt für Berechtigte und Verpflichtete und für alle Unterhaltsansprüche. Sozialleistungen, die wegen **Körper- und Gesundheitsschäden** gewährt werden, werden nur dann auch nur teilweise bei der Unterhaltsbemessung berücksichtigt, wenn der andere substantiiert darlegt und beweist, dass die Leistungen nicht vollständig für einen Mehrbedarf verbraucht werden (OLG Schleswig 9.12.1999 – 15 UF 183/98, FamRZ 2000, 1367). Dieser Beweis ist praktisch nicht möglich. Unter die Regelung fallen Leistungen aus der **Pflegeversicherung** (OLG Brandenburg 2.1.2007 – 9 UF 159/06, FamRZ 2008, 174; s. → *Pflegegeld* Rn 4), das nach landesrechtlichen Vorschriften gewährte **Blindengeld** (OLG Schleswig 24.10.1991 – 13 UF 135/90, NJW-RR 1992, 390), die Grundrente, die Schwerstbeschädigtenzulage und Leistungen für Hilfsmittel nach dem **BVG** (BGH 7.4.1982 – IV b ZR 673/80, NJW 1982, 1594).

IX. Schulden und andere Belastungen

109 Bei der Frage, welche Schulden berücksichtigungswürdig sind, sind die Bedarfsermittlung beim Ehegattenunterhalt und die Bestimmung der Bedürftigkeit/Leistungsfähigkeit des Unterhaltsberechtigten/-verpflichteten beim Verwandtenunterhalt differenziert nach den verschiedenen Unterhaltsansprüchen zu unterscheiden (Leitlinien 10.4; ausführlich s. → *Verbindlichkeiten im Unterhalt*).

1. Verbindlichkeiten bei der Bedarfsermittlung

110 a) **Eheprägende Verbindlichkeiten.** Im Rahmen der Bedarfsbemessung beim Ehegattenunterhalt können die sog. ehebedingten Verbindlichkeiten abgesetzt werden (BGH 22.4.1998 – XII ZR 161/96, NJW 1998, 2821). **Ehebedingt** sind Verbindlichkeiten, wenn sie vor der Trennung mit ausdrücklicher oder stillschweigender Zustimmung des anderen Ehegatten begründet wurden und damit die ehelichen Lebensverhältnisse geprägt haben. Typische ehebedingte Verbindlichkeiten sind auch Verbindlichkeiten, die einer der Ehegatten **vor der Ehe** aufgenommen hat. Die darauf zu leistenden Beträge standen während der Ehe zur Bestreitung des Lebensunterhalts nicht zur Verfügung.

111 b) **Verbindlichkeiten nach Trennung.** Schulden, die nach der Trennung von einem Ehegatten begründet werden, sind keine ehebedingten Verbindlichkeiten. Etwas anderes gilt nur, wenn die Eingehung der Verbindlichkeiten bereits in der Ehe geplant war (BGH 23.12.1987 – IV b ZR 108/86, NJW 1988, 2034). Ansonsten prägen sie den Bedarf grundsätzlich nicht mehr. Das gilt auch für trennungsbedingte Verbindlichkeiten, die zur Finanzierung von Umzugskosten, Mietvorauszahlungen, Aufwendungen für neuen Hausrat, Scheidungskosten usw eingegangen worden sind. Etwas anderes gilt für die Ablösung eines in der Ehe aufgelaufenen **Überziehungskredits.** Eine derartige Verbindlichkeit ist nichts anderes als die Umschuldung einer in der Ehe begründeten Verbindlichkeit im Rahmen eines vernünftigen Zins- und Tilgungsplanes.

112 Bei berücksichtigungsfähigen Verbindlichkeiten sind **Zins und Tilgung** bei der Bedarfsbemessung abzuziehen. Das gilt uneingeschränkt für Ratenzahlungs- und Kontokorrentkredite. Bei Darlehen im Zusammenhang mit Immobilien ist eine differenzierte Betrachtung geboten (s. → *Zins- und Tilgungsleistungen).*

113 Sind ehebedingte Darlehen zurückgeführt, wirkt es bedarfserhöhend, wenn die Kreditrate nach Rechtskraft der Ehescheidung wegfällt. Die sichere **Erwartung des Auslaufens der Kreditverbindlichkeit** hat die ehelichen Lebensverhältnisse geprägt. Werden bei der Bedarfsbestimmung Kreditlasten berücksichtigt, stellt diese Berücksichtigung zugleich eine **anderweitige Bestimmung** im Sinne des § 426 Abs. 1 BGB dar (s. → *Gesamtschuldnerausgleich und Unterhalt*). Neben der Berücksichtigung bei der Unterhaltsbemessung scheidet ein Gesamtschuldnerausgleich aus.

2. Berücksichtigung bei der Leistungsfähigkeit

114 Ob Verbindlichkeiten bei der Prüfung der Leistungsfähigkeit zu berücksichtigen sind, hängt von **Art, Anlass und Entstehungszeitpunkt** ab (BGH 6.2.2002 – XII ZR 20/00, NJW 2002, 1269). Weiter ist die **Art des Unterhaltsanspruchs** zu berücksichtigen (s. → *Verbindlichkeiten im Unterhalt*). Danach sind bei der

Prüfung der Leistungsfähigkeit auch beim Kindesunterhalt Verbindlichkeiten zu berücksichtigen, die während des Zusammenlebens der Eltern des Kindes einvernehmlich begründet worden sind. Im Übrigen ist eine umfassende **Abwägung aller konkreten Umstände** vorzunehmen (s. → *Verbindlichkeiten im Unterhalt* Rn 17 ff).

85. Einstellung und Beschränkung der Vollstreckung

Grandel

I. Einführung	1	c) § 242 FamFG iVm § 769 ZPO	15
II. Einstellung der Vollstreckung in Familienstreit-		2. Einstellung durch das Beschwerdegericht	23
sachen	4	III. Einstellung der Vollstreckung in	
1. Einstellung durch das Familiengericht	5	FG-Familiensachen	25
a) § 120 Abs. 2 S. 2 FamFG	5	1. § 93 Abs. 1 FamFG	26
aa) Allgemeines	5	2. § 95 Abs. 3 FamFG	29
bb) Nicht zu ersetzender Nachteil	7	3. Einstellung der Vollstreckung gemäß	
cc) Möglichkeiten der Einstellung und		§ 95 FamFG außerhalb von Geldforderungen	36
Beschränkung	10	4. Sonstige Einstellungsmöglichkeiten	37
dd) Rechtsbehelfe	12		
b) §§ 707 Abs. 1, 719 Abs. 1 S. 1, 1. alt. ZPO			
iVm § 120 Abs. 2 S. 3 FamFG	13		

I. Einführung

1 Wie bei den Vollstreckungsvoraussetzungen (s. → *Vollstreckungsvoraussetzungen*) und den Regelungen zur (sofortigen) Wirksamkeit der Entscheidung (s. → *Sofortige Wirksamkeit*) unterscheidet das FamFG auch bei der Möglichkeit der Einstellung und Beschränkung der Vollstreckung danach, ob ein Beschluss in einer **Familienstreitsache** oder in einer **FG-Familiensache** zu vollstrecken ist. Für Familienstreitsachen verweist § 120 Abs. 1 FamFG auf die Vorschriften der ZPO, regelt aber in § 120 Abs. 2 S. 2 FamFG spezielle Anforderungen an die Einstellung und Beschränkung der Vollstreckung vor Rechtskraft der Endentscheidung.

2 In **FG-Familiensachen** ist zu unterscheiden, ob die Vollstreckung nach §§ 95 ff FamFG erfolgt oder nach §§ 88 ff FamFG. Im ersten Fall enthält § 95 Abs. 3 für die Beschränkung der Vollstreckung einer Geldforderung eine Sondervorschrift. Im zweiten Fall ergeben sich die Voraussetzungen einer Einstellung der Vollstreckung aus § 93 FamFG.

3 Streitig ist, ob § 93 FamFG auch für die Vollstreckung nach den Vorschriften der **§§ 95 ff FamFG** anwendbar ist. Der Wortlaut spricht dafür, dass § 95 Abs. 1 FamFG vorrangig auf abweichende Regelungen in beiden voranstehenden Unterabschnitten abstellt (so Prütting/Helms/Stößer § 93 FamFG Rn 1). Nach anderer Ansicht spricht die systematische Einordnung des § 93 FamFG in die Vorschriften zur Herausgabe von Personen und zur Regelung des Umgangs gegen dessen erweiterte Anwendbarkeit (so HK-ZV/Giers FamFG Rn 165; Giers FPR 2008, 43; Bork/Jacoby/Schwab/Althammer § 93 FamFG Rn 1). Dieser Ansicht ist der Vorzug zu geben. Wäre eine allgemeine Anwendung in FG-Familiensachen gewollt, wäre die Vorschrift vom Gesetzgeber systematisch dem ersten Unterabschnitt (§§ 86, 87 FamFG) zugeordnet worden.

II. Einstellung der Vollstreckung in Familienstreitsachen

4 Zu unterscheiden sind die Einstellungsmöglichkeiten des Familiengerichts erster Instanz und des Beschwerdegerichts.

1. Einstellung durch das Familiengericht

5 **a) § 120 Abs. 2 S. 2 FamFG. aa) Allgemeines.** Das aus der ZPO bekannte Zusammenspiel zwischen der Anordnung der vorläufigen Vollstreckbarkeit mit oder ohne Sicherheitsleistung und der Abwendungsbefugnis des Schuldners (§§ 708 ff ZPO) wird in Familienstreitsachen durch die Regelung zur Anordnung der sofortigen Wirksamkeit und die Einstellungsmöglichkeiten gemäß § 120 Abs. 2 FamFG verdrängt. Die §§ 708–713 ZPO sind unanwendbar. Die §§ 714–720 ZPO finden über die Verweisungsvorschrift des § 120 Abs. 1 FamFG Anwendung, soweit sie mit den Sondervorschriften des § 120 Abs. 2 FamFG nicht in Widerspruch stehen (Musielak/Borth § 120 FamFG Rn 2).

Über die Einstellung und Beschränkung der Vollstreckung entscheidet das Gericht erster Instanz. Die Ent- **6** scheidung zu § 120 Abs. 2 FamFG ergeht nur auf **Antrag**. Der Antrag muss daher in erster Instanz vor Schluss der mündlichen Verhandlung (§ 714 Abs. 1 ZPO) gestellt werden. Eine Nachholung ist nicht möglich. Die Tatsachen, die für die Schutzanordnung sprechen, müssen unstreitig sein oder glaubhaft (§ 294 ZPO) gemacht werden (§ 120 Abs. 2 S. 2 FamFG). Das Gericht hat kein Ermessen bei der Entscheidung. Liegen die Voraussetzungen vor, muss eine Einstellung oder Beschränkung der Vollstreckung erfolgen. Die Entscheidung ist in den Tenor aufzunehmen.

bb) Nicht zu ersetzender Nachteil. Während die Entscheidung zur Anordnung der sofortigen Wirksam- **7** keit das Interesse des Berechtigten im Blick hat, orientiert sich die Entscheidung zu § 120 Abs. 2 FamFG allein am **Schutzinteresse des Verpflichteten**. Die Vollstreckung kann eingestellt oder beschränkt werden, wenn dem Verpflichteten ein nicht zu ersetzender Nachteil bei einer Vollstreckung vor Rechtskraft entstehen würde. Darunter versteht man einen Schaden, der durch die Vollstreckung mit großer Sicherheit eintreten wird und nicht wieder gutgemacht werden kann (Löhnig in: Bork/Jacoby/Schwab/Löhnig § 120 FamFG Rn 6; Musielak/Borth § 120 FamFG Rn 2). Die Nachteile, die regelmäßig mit der Durchführung von Zwangsvollstreckungsmaßnahmen verbunden sind, reichen in der Regel nicht aus, zB die Versteigerung der gepfändeten Sachen, der Verlust der Kreditwürdigkeit oder die Abgabe der eidesstattlichen Versicherung. Ein nicht zu ersetzender Nachteil kann entstehen, wenn die vorläufige Vollstreckung zum Verlust der beruflichen oder gewerblichen Existenzgrundlage führen würde (BGH 28.9.1955 – III ZR 171/55, BGHZ 18, 219; OLG Rostock 28.5.2003 – 10 UF 46/03, FamRZ 2004, 127; OLG Koblenz 29.7.2004 – 11 UF 387/04, FamRZ 2004, 127; OLG Hamm 10.3.1999 – 10 UF 239/98, FamRZ 2000, 363). Diese Fallgestaltung ist in einem Zugewinnverfahren denkbar, wenn nach rechtskräftiger Scheidung ein Beteiligter zur Zahlung von Zugewinn verpflichtet wird und die Vollstreckung des Anspruchs vor Rechtskraft zum Verlust seiner wirtschaftlichen Existenz führen würde (Musielak/Borth § 120 FamFG Rn 4).

Umstritten ist, ob auch der **dauerhafte Verlust einer nicht geschuldeten Geldsumme** ein unersetzbarer **8** Nachteil ist. Der Bundesgerichtshof hat das in Übereinstimmung mit der arbeitsgerichtlichen Rechtsprechung (§ 62 Abs. 1 S. 2 ArbGG) zu § 719 ZPO bejaht (BGH 30.1.2007 – X ZR 147/06, NJW-RR 2007, 1138; ebenso Musielak/Lackmann § 707 ZPO Rn 9; OLG Hamm 21.9.2010 – 4 UF 94/10, FamRZ 2011, 322). Dafür reicht es aber nicht aus, dass die Durchsetzung eines Rückforderungsanspruchs längere Zeit in Anspruch nehmen würde und mühsam ist (Prütting/Helms/Helms § 120 FamFG Rn 7).

In **Unterhaltssachen** sind viele Fälle denkbar, in denen bei Ausschluss des Entreicherungseinwandes zwar **9** materiellrechtlich ein Rückforderungsanspruch wegen zu Unrecht bezahltem Unterhalt besteht, dieser aber dauerhaft nicht beitreibbar ist, weil der Unterhaltsberechtigte das Geld verbraucht hat, mittellos ist und nur unterhalb der Pfändungsfreigrenzen verdient. In der Rechtsprechung wird überwiegend angenommen, dass dies als ein nicht zu ersetzender Nachteil bewertet werden und die Vollstreckung mit dieser Begründung beschränkt oder von der Anordnung der sofortigen Wirksamkeit abgesehen werden kann (so im Anschluss an BGH 30.1.2007 – X ZR 147/06, NJW-RR 2007, 1138 zB OLG Rostock 7.3.2011 – 10 UF 219/10, FamRZ 2011, 306; OLG Hamm 28.12.2011 – 8 UF 137/11, FamRB 2012, 160; OLG Hamm 1.3.2011 – II 8 UF 40/11, FamRZ 2011, 232; OLG Hamm 2.2.2011 – 8 UF 15/11, FamRZ 2011, 1317; OLG Bremen 21.9.2010 – 4 UF 94/10, FamRZ 2011, 322; OLG Frankfurt/M. 12.3.2010 – 2 UF 362/09, FamRZ 2010, 1370; HK-FamFG/Kemper § 120 FamFG Rn 9). Dagegen spricht, dass der Unterhaltsberechtigte seinerseits häufig zur Existenzsicherung auf die Unterhaltszahlung dringend angewiesen sein wird. Außerdem würde durch eine zu weitgehende Anwendung des § 120 Abs. 2 FamFG die Stellung des Gläubigers erheblich geschwächt, obwohl der Gesetzgeber durch die Neuregelung gerade eine Stärkung der Gläubigerrechte bezweckte (so OLG Hamm 30.9.2011 – 10 UF 196/11, FamRZ 2012, 730; OLG Rostock 30.11.2009 – 10 UF 162/09; Keidel/Weber § 120 FamFG Rn 17; s. zur Problematik auch Musielak/Borth § 120 FamFG Rn 4; HK-ZV/Giers FamFG Rn 77). Diese Unsicherheit hinsichtlich der Beschränkung der Vollstreckung macht es für die Gläubiger aber interessant, zusätzlich zum Hauptsacheverfahren eine einstweilige Anordnung in Unterhaltssachen zu beantragen. Für den Unterhaltsschuldner besteht die Möglichkeit, durch einen im Beschwerdeverfahren anhängig zu machenden hilfsweisen Rückforderungsantrag in Höhe der nach dem Titel zu zahlenden Unterhaltsbeträge analog § 258 ZPO den Entreicherungseinwand auszuschließen (s. § 818 Abs. 4 ZPO).

10 **cc) Möglichkeiten der Einstellung und Beschränkung.** § 120 Abs. 2 FamFG ermöglicht – entsprechend § 62 Abs. 1 S. 2 ArbGG – die Einstellung oder Beschränkung der Vollstreckung, wenn die sofortige Wirksamkeit der Entscheidung angeordnet wurde. Einstellung bedeutet, dass die Vollstreckung nicht begonnen bzw nicht mehr fortgesetzt werden darf. Beschränkung bedeutet, dass die Vollstreckung auf einen Teil des titulierten Anspruchs begrenzt wird (zB auf einen Teil des titulierten Unterhalts oder auf den laufenden Unterhalt ohne die titulierten Rückstände) und/oder bestimmte Vollstreckungsmaßnahmen ausgeschlossen werden (zB Ausschluss der Zwangsversteigerung eines bestimmten Grundstücks). Die Aufhebung von Vollstreckungsmaßnahmen sieht § 120 Abs. 2 FamFG nicht vor.

11 Streitig ist, ob eine Einstellung der Vollstreckung **gegen Sicherheitsleistung** des Verpflichteten zulässig ist, vergleichbar §§ 717, 707 ZPO, oder ob eine Beschränkung der Gestalt zulässig ist, dass der Berechtigte die Vollstreckung nur gegen Sicherheitsleistung durchführen darf bzw die sofortige Wirksamkeit nur gegen Sicherheitsleistung möglich ist. Dafür sprechen sich aus: OLG Frankfurt/M. 12.3.2010 – 2 UF 362/09, FamRZ 2010, 1370; Rasch FPR, 2010, 150, 152; Blank in: Bahrenfuss FamFG § 120 Rn 5; HK-ZV/Giers FamFG Rn 78; offen gelassen haben es Bork/Jacoby/Schwab/Althammer § 95 FamFG Rn 11; dagegen sprechen sich aus: Thomas/Putzo/Hüßtege § 120 FamFG Rn 6; Musielak/Borth § 95 FamFG Rn 9; Prütting/Helms/Helms § 120 FamFG Rn 8. Die Möglichkeit, die Vollstreckung gegen Sicherheitsleistung des Verpflichteten einzustellen, wäre eine vernünftige und praktikable Lösung, die schon bisher den gegensätzlichen Interessen gerecht geworden ist. Für sie spricht, dass § 120 Abs. 2 S. 3 FamFG für bestimmte Fallkonstellationen auf § 707 und § 719 ZPO verweist. Außerdem ist in § 120 FamFG – anders als in § 62 Abs. 1 S. 4 ArbGG – die Möglichkeit der Sicherheitsleistung nicht ausdrücklich ausgeschlossen (Giers FamRB 2009, 87, 88). Dem ist aber entgegenzuhalten, dass der Gesetzgeber bewusst eine Systemänderung in Abweichung zu den §§ 708 ff ZPO vorgenommen hat, die bindend ist, mit dem Ziel, die Gläubigerstellung zu stärken. Daher ist – was bedauerlich ist – die Möglichkeit der Beschränkung der Vollstreckung über die Anordnung einer Sicherheitsleistung nicht eröffnet (OLG Bremen 21.9.2010 – 4 UF 94/10, FamRZ 2011, 322; OLG Hamm 7.9.2010 – 11 UF 155/10, FamRZ 2011, 589).

12 **dd) Rechtsbehelfe.** Die Entscheidung zu § 120 Abs. 2 FamFG ist nicht gesondert anfechtbar (Griesche FamRB 2009, 258, 263). In der Vollstreckung selbst sind über die Verweisung in § 120 Abs. 1 FamFG die vollstreckungsrechtlichen Rechtsbehelfe anwendbar (§§ 732, 766, 793 ZPO).

13 **b) §§ 707 Abs. 1, 719 Abs. 1 S. 1, 1. alt. ZPO iVm § 120 Abs. 2 S. 3 FamFG.** Das Familiengericht kann auch in den in § 707 Abs. 1 ZPO und § 719 Abs. 1 S. 1 Alt. 1 ZPO genannten Verfahren (u.a. Wiedereinsetzung in den vorigen Stand, Wiederaufnahme des Verfahrens, Einspruch nach Versäumnisbeschluss, Rügeverfahren nach § 321 a ZPO) die Vollstreckung einstellen oder beschränken. Das ist aber nur unter denselben Voraussetzungen wie in § 120 Abs. 2 S. 1 FamFG zulässig. Das ist in zweierlei Richtung von Relevanz. Zum einen setzt auch die Anwendung der §§ 707, 719 ZPO voraus, dass dem Verpflichteten ein **nicht zu ersetzender Nachteil** entstehen muss (so auch OLG Hamm 2.2.2011 – 8 UF 15/11, FamRZ 2011, 1317). Zum anderen entspricht auch der Entscheidungsrahmen demjenigen aus § 120 Abs. 2 S. 2 FamFG (s. Rn 12), so dass auch in diesen Fällen bedauerlicherweise **keine Einstellung gegen Sicherheitsleistung** möglich ist (Prütting/Helms/Helms § 120 FamFG Rn 11; Büte FuR 2010, 124; aA OLG Hamm 2.2.2011 – 8 UF 15/11, FamRZ 2011, 1317; HK-FamFG/Kemper § 120 FamFG Rn 7; Thomas/Putzo/Hüßtege § 120 FamFG Rn 7; Keidel/Weber § 120 FamFG Rn 18. Im Übrigen wird auf die Ausführungen unter Rn 8 ff verwiesen.

14 Eine **Anfechtung** der Entscheidung über den Einstellungsantrag ist **nicht möglich**, § 707 Abs. 2 S. 2 ZPO iVm § 120 Abs. 1 FamFG.

15 **c) § 242 FamFG iVm § 769 ZPO.** Ist in einer Unterhaltssache ein **Abänderungsantrag** gemäß §§ 238–240 FamFG auf Herabsetzung des titulierten Unterhalts oder ein Verfahrenskostenhilfeantrag hierfür **anhängig**, kann die Vollstreckung gemäß § 769 ZPO einstweilig beschränkt werden (§ 242 FamFG). Nach

altem Recht wurde § 769 ZPO analog angewendet. § 769 ZPO ist über den Wortlaut des § 242 FamFG hinaus auch anwendbar auf einen negativen Feststellungsantrag, der sich gegen eine Unterhaltsverpflichtung aus einer einstweiligen Anordnung richtet. Denn die Zielrichtung ist identisch. Wie ein Abänderungsantrag zielt er auf Beseitigung oder Herabsetzung einer Unterhaltspflicht aus einer einstweiligen Anordnung (Musielak/Borth § 242 FamFG Rn 2). Dies entspricht auch der Rechtsprechung des Bundesgerichtshofs zum alten Recht (BGH 19.12.1984 – IVb ZR 51/83, NJW 1985, 1074).

Notwendig ist ein **Antrag** des Antragstellers. Er unterliegt nicht dem Anwaltszwang, sondern kann zB **16** durch einen Bedürftigen selbst in Verbindung mit einem Antrag auf Verfahrenskostenhilfe gestellt werden (§ 114 Abs. 4 Nr. 1; s. auch Musielak/Borth § 242 FamFG Rn 3).

Anders als im Fall für § 769 ZPO vertreten (zB HK-ZPO/Kindl § 769 ZPO Rn 4), ist für die Einstellung **17** gemäß § 242 FamFG nicht Voraussetzung, dass die Verfahrenskostenhilfe für den Abänderungsantrag bewilligt ist (HK-ZV/Schneiders § 769 ZPO Rn 16; Prütting/Helms/Bömelburg § 242 FamFG Rn 4).

Der Antrag setzt nicht voraus, dass konkret bereits **Vollstreckungsmaßnahmen** eingeleitet wurden. Sie **18** müssen aber im Einzelfall **drohen** (Musielak/Lackmann § 707 ZPO Rn 5; weitergehend Schneiders in: HK-ZV § 769 ZPO Rn 17: Antrag auch zulässig, ohne dass Vollstreckung konkret droht). Die Erteilung der vollstreckbaren Ausfertigung ist nicht zwingend notwendig. Ist sie aber erteilt, besteht das Rechtsschutzbedürfnis für den Einstellungsantrag. Das Rechtsschutzbedürfnis fehlt, wenn die Zwangsvollstreckung bereits endgültig beendet ist (also mit vollständiger Erfüllung der titulierten Forderung einschließlich der entstandenen Vollstreckungskosten; Musielak/Lackmann Vor § 704 ZPO Rn 29). Vollstreckt ein Gläubiger darüber hinaus in rechtswidriger Weise weiter, ist ein Vollstreckungsgegenantrag gemäß § 767 ZPO mit einer Einstellungsmöglichkeit aus § 769 ZPO zulässig.

Die Entscheidung über die Einstellung mit oder ohne Sicherheitsleistung liegt im pflichtgemäßen **Ermes- 19 sen** des Gerichts. Maßgebend sind die Erfolgsaussichten des Abänderungsantrages und die wirtschaftlichen Auswirkungen der Entscheidung über die einstweilige Einstellung auf die Beteiligten. Eine Einstellung ohne Sicherheitsleistung setzt voraus, dass der Verpflichtete dazu nicht in der Lage ist und sein Abänderungsantrag hinreichende Erfolgsaussicht hat. Es ist Glaubhaftmachung erforderlich, § 769 Abs. 1 S. 2, 3 ZPO.

Ein **Wertungswiderspruch** im System der Vollstreckungsschutzvorschriften des FamFG liegt darin, dass **20** im Rahmen des § 242 FamFG und des § 769 ZPO eine Einstellung gegen Sicherheitsleistung in Abänderungsverfahren zulässig sein soll (vgl Prütting/Helms/Bömelburg § 242 FamFG Rn 6, Musielak/Borth § 242 FamFG Rn 5), während dies für § 120 Abs. 2 S. 2, 3 FamFG in erster Instanz und im Beschwerdeverfahren, wenn es um den Leistungsantrag auf Unterhalt geht, nach denselben Kommentarmeinungen für nicht möglich gehalten wird. Ein sachlicher Grund für die unterschiedliche Behandlung eines Leistungsbzw Beschwerdeverfahrens in einer Unterhaltssache und des Abänderungsverfahrens nach §§ 238 ff FamFG ist nicht gegeben. Auch dies spricht dafür, § 120 FamFG dahin gehend zu korrigieren oder auszulegen, dass dort ebenfalls eine Einstellung gegen Sicherheitsleistung möglich ist.

Die Entscheidung ergeht durch **Beschluss** nach Anhörung des Antragsgegners. Eine mündliche Verhand- **21** lung ist nicht erforderlich. Das Gericht kann außer der Einstellung auch die einstweilige Aufhebung von Unterhaltsmaßnahmen anordnen. Das wird bei Verfahren auf Unterhaltsabänderung in der Praxis aber eine seltene Ausnahme sein. Eine Kostenentscheidung enthält der Beschluss nicht. Die Kosten dieses unselbstständigen Verfahrens sind Kosten des Hauptsacheverfahrens auf Unterhaltsabänderung.

Der Beschluss des Familiengerichts ist **nicht anfechtbar**, § 242 S. 2 FamFG. Möglich ist jederzeit ein An- **22** trag auf Abänderung des Beschlusses. Hat in dringenden Fällen der Rechtspfleger des Vollstreckungsgerichts (§ 769 Abs. 2 S. 1 ZPO) entschieden, ist die befristete Rechtspflegererinnerung gemäß § 11 Abs. 2 S. 2 RPflG möglich, über die der Richter des Vollstreckungsgerichts abschließend entscheidet.

2. Einstellung durch das Beschwerdegericht

23 Streitig ist, ob in Familienstreitsachen das Beschwerdegericht die Vollstreckung einstweilen gem. § 120 Abs. 2 FamFG einstellen darf, wenn in erster Instanz kein Antrag auf Beschränkung gestellt worden war. Das OLG Frankfurt/M. (22.2.2011 – 3 UF 460/10, NJW-RR 2011, 1303) vertritt die Auffassung, dass ein Antrag auf Einstellung der Vollstreckung im Beschwerdeverfahren unzulässig ist, wenn der Schuldner es versäumt hat, erstinstanzlich einen Antrag nach § 120 Abs. 2 S. 2 FamFG zu stellen. Es zieht die Parallele zur Rechtsprechung des Bundesgerichtshofs, dass eine Einstellung der Vollstreckung im Revisionsverfahren nicht zulässig ist, wenn in der Berufungsinstanz **kein Schutzantrag** gestellt worden war (BGH 6.4.2011 – XII ZR 111/10, FamRZ 2011, 884 und BGH 26.6.2013 – XII ZB 19/13, FamRZ 2013, 1299). Der Vollstreckungsschutz soll möglichst schon im erstinstanzlichen Erkenntnisverfahren geprüft werden. OLG Hamm (1.3.2011 – 8 UF 40/11, FamRZ 2011, 1678) und OLG Hamburg (26.4.2012 – 2 UF 48/12, FamRB 2012, 249) halten zwar einen Antrag aus § 120 Abs. 2 S. 2 FamFG ebenfalls für unzulässig, wollen aber einen Antrag aus § 120 Abs. 2 S. 3 FamFG, § 719 ZPO zulassen. Nach anderer Ansicht kommt es nicht darauf an, ob in erster Instanz ein Vollstreckungsschutzantrag gestellt worden war (OLG Rostock 7.3.2011 – 10 UF 219/10, FamRZ 2011, 306; OLG Bremen 21.9.2010 – 4 UF 94/10, FamRZ 2011, 322). Der letzteren Ansicht ist zuzustimmen. Die Entscheidung des Bundesgerichtshofs beruht auf den Besonderheiten des Rechtsbeschwerdeverfahrens (keine Tatsacheninstanz) und ist nicht auf das Beschwerdeverfahren übertragbar. Aus Wortlaut und Systematik des § 120 Abs. 2 FamFG lassen sich solche Zulässigkeitsschränkungen nicht ableiten. Die Erfolgsaussichten der Beschwerde können sinnvoll nur vom Beschwerdegericht in die Entscheidung zum Vollstreckungsschutz einbezogen werden. Wegen der rechtlichen Unsicherheit sollte aber vorsorglich stets bereits in erster Instanz ein Schutzantrag gestellt werden. Bislang kommt das in der Praxis nur selten vor.

Das Beschwerdegericht kann unter den gleichen Voraussetzungen wie das Familiengericht (§ 120 Abs. 2 S. 3 FamFG, § 719 ZPO) die Vollstreckung einstellen. Insoweit wird auf die Ausführungen unter Rn 13 Bezug genommen. Eingestellt werden kann nur, wenn die Vollstreckung dem Verpflichteten einen **nicht zu ersetzenden Nachteil** bringen würde.

24 Uneinheitlich wird bewertet, inwieweit bei der Beurteilung der Einstellungsvoraussetzungen auch die **Erfolgsaussichten eines Rechtsmittels** mit einzubeziehen sind. Nach OLG Hamm 2.2.2011 – 8 UF 15/11, FamRZ 2011, 1317; OLG Rostock 7.3.2011 – 10 UF 219/10, FamRZ 2011, 1679 und OLG Frankfurt/M. 12.3.2010 – 2 UF 362/09, FamRZ 2010, 1370 sind die Erfolgsaussichten der Beschwerde mit zu berücksichtigen. Nach anderer Ansicht soll dies nur relevant sein, wenn entweder ein Rechtsmittel von vornherein als aussichtslos zu beurteilen ist (Musielak/Borth § 120 FamFG Rn 4) oder umgekehrt die angefochtene Entscheidung greifbar gesetzwidrig war (OLG Hamm 7.9.2010 – 11 UF 155/10, FamRZ 2011, 589).

Die Einstellung setzt voraus, dass gegen die erstinstanzliche Entscheidung **Beschwerde** eingelegt wurde. Ein Verfahrenskostenhilfeantrag für eine beabsichtigte Beschwerde genügt nicht (HK-ZV/Giers § 719 ZPO Rn 4; OLG Frankfurt/M. 3.4.1998 – 8 W 13/98 = MDR 1999, 828; aA OLG Brandenburg 12.5.2005 – 1 U 4/05, MDR 2005, 1192). Eine Einstellung gegen Sicherheitsleistung ist nicht möglich (s. Rn 13).

§ 64 Abs. 3 FamFG ermöglicht es dem Beschwerdegericht, eine **einstweilige Anordnung** zu erlassen, in der die Vollziehung des angefochtenen Beschlusses ausgesetzt wird. Das Verhältnis der Vorschrift zu § 120 Abs. 2 FamFG ist problematisch. § 120 FamFG ist die speziellere Regelung für die dort genannten Fallgestaltungen und gibt damit den Maßstab vor, an dem sich die Entscheidung über eine Einstellung der Vollstreckung orientieren muss. Dieser Maßstab darf nicht über § 64 Abs. 3 FamFG unterlaufen werden (s. → *Vollstreckung in Familiensachen* Rn 39 f).

III. Einstellung der Vollstreckung in FG-Familiensachen

25 Für die Einstellung der Vollstreckung in FG-Familiensachen stellt das FamFG spezielle Normen zur Verfügung.

1. § 93 Abs. 1 FamFG

Das Familiengericht kann die Vollstreckung von Entscheidungen über die **Herausgabe von Personen** und **Umgangsregelungen** in den dort genannten Fällen einstweilen einstellen und beschränken sowie Vollstreckungsmaßnahmen aufheben. Es wird vertreten, dass § 93 FamFG über seine systematische Stellung hinaus wegen seiner allgemein gehaltenen Regelungen auch auf die Einstellung der Vollstreckung wegen anderer Verpflichtungen anwendbar ist (Prütting/Helms/Stößer § 93 FamFG Rn 1).   **26**

Eines Antrags bedarf es theoretisch nicht. Zuständig für die Einstellungsentscheidung ist das Gericht, das die Vollstreckung betreibt (§ 88 Abs. 1 FamFG). Die Entscheidung liegt im pflichtgemäßen Ermessen des Gerichts. Gemäß § 93 Abs. 2 FamFG muss die Vollstreckung in den Fällen des § 775 Nr. 1, 2 ZPO eingestellt und nach Maßgabe des § 776 ZPO aufgehoben werden. Das ist der Fall, wenn eine wirksame Entscheidung vorgelegt wird, aus der sich ergibt, dass der zu vollstreckende Beschluss nicht mehr vollstreckt werden darf oder die Vollstreckung einstweilen eingestellt wurde.   **27**

Das Beschwerdegericht kann in Fällen der Nr. 3 die Vollstreckung durch einstweilige Anordnung einstweilen einstellen gemäß § 64 Abs. 3 FamFG. Dies setzt eine zulässige Beschwerde voraus. Ein Antrag auf Verfahrenskostenhilfe genügt nicht. Der Beschluss ist nicht anfechtbar, § 93 Abs. 1 S. 3 FamFG.   **28**

2. § 95 Abs. 3 FamFG

§ 95 FamFG erfasst die Vollstreckung anderer Vollstreckungstitel in FG-Familiensachen, die nicht die Herausgabe von Personen oder Umgangsregelungen betreffen und die keine Familienstreitsachen sind (für diese gilt § 120 FamFG).   **29**

Für die Vollstreckung einer **Geldforderung** enthält § 95 Abs. 3 FamFG eine besondere Regelung, die es erlaubt, die Vollstreckung vor Rechtskraft der Entscheidung auszuschließen. Diese Regelung ist vor dem Hintergrund zu sehen, dass in FG-Familiensachen die Entscheidung grundsätzlich schon mit ihrer Bekanntgabe und nicht erst mit ihrer Rechtskraft wirksam (§ 40 Abs. 1 FamFG) und vollstreckbar wird (§ 86 Abs. 2 FamFG). Für die Hauptanwendungsfälle des § 95 Abs. 1 Nr. 1 FamFG (Zahlungspflichten in Versorgungsausgleichssachen oder in Ehewohnungs- und Haushaltssachen) wird die Vorschrift nicht relevant, weil die Beschlüsse erst mit Rechtskraft wirksam werden (§§ 224 Abs. 1, 209 Abs. 2 S. 1 FamFG), es sei denn, die sofortige Wirksamkeit ist angeordnet (§ 209 Abs. 2 S. 2 FamFG).   **30**

Der Ausschluss der Vollstreckung setzt einen entsprechenden **Antrag** voraus. Der Antrag muss, da das erkennende Gericht darüber zu entscheiden hat, vor Erlass der Hauptsacheentscheidung gestellt werden. Über den Antrag wird zusammen mit der Hauptsache durch Beschluss entschieden. Eine nachträgliche Entscheidung ist nicht möglich, wohl aber eine Abänderung gemäß § 48 FamFG (Musielak/Borth § 95 FamFG Rn 9).   **31**

Die Vollstreckung muss ausgesetzt werden, wenn sie dem Verpflichteten einen **nicht zu ersetzenden Nachteil** bringen würde (s. Rn 8 ff). Ein Ermessen des Gerichts besteht nicht. Aus dem Wortlaut der Vorschrift, der nur den Ausschluss der Vollstreckung zulässt, ist der Schluss zu ziehen, dass eine Einstellung der Zwangsvollstreckung gegen Sicherheitsleistung nicht möglich ist (Musielak/Borth § 95 FamFG Rn 9; offen Bork/Jacoby/Schwab/Althammer § 95 FamFG Rn 11).   **32**

Das Ausgangsgericht kann in den Fällen des § 707 ZPO (Wiedereinsetzung in den vorigen Stand, Wiederaufnahme des Verfahrens gemäß §§ 579 ff ZPO), das Beschwerdegericht gemäß § 719 ZPO die Vollstreckung im Rahmen seines Ermessens vorläufig einstellen, aber nur unter der Voraussetzung, dass ansonsten ein nicht zu ersetzender Nachteil für den Verpflichteten entstehen würde. Das ergibt sich aus § 95 Abs. 3 S. 2 FamFG (HK-ZV/Giers FamFG Rn 243; Keidel/Giers § 95 FamFG Rn 21; aA BLAH/Hartmann § 95 FamFG Rn 8). In diesen Fällen kann die Vollstreckung auch gegen Sicherheitsleistung eingestellt werden oder deren Fortsetzung von einer Sicherheitsleistung abhängig gemacht werden (HK-FamFG/von Harbou § 95 FamFG Rn 11; Keidel/Giers § 95 FamFG Rn 21; aA: nur ohne Sicherheitsleistung Prütting/Helms/Helms § 95 FamFG Rn 25; Musielak/Borth § 95 FamFG Rn 9).   **33**

34 Der Einstellungsantrag kann im Beschwerdeverfahren auch dann gestellt werden, wenn die Gründe in erster Instanz schon vorgetragen und kein Antrag in erster Instanz gestellt worden war (strittig, wie hier HK-ZV/Giers FamFG Rn 243 iVm Rn 87 mwN, s. auch Rn 23).

35 Streitig ist, ob ein Beschluss gemäß § 95 Abs. 3 S. 2 FamFG iVm § 707 ZPO mit der zweiwöchigen sofortigen Beschwerde aus § 87 Abs. 4 FamFG, §§ 567 ff ZPO **anfechtbar** ist. Dafür spricht, dass in § 95 Abs. 3 S. 2 FamFG nur auf § 707 Abs. 1 ZPO verwiesen wird, nicht auf dessen Abs. 2 (so Musielak/Borth § 95 FamFG Rn 9). Dagegen spricht, dass § 87 Abs. 4 FamFG nur Entscheidungen meint, die im Vollstreckungsverfahren ergehen, Entscheidungen des erstinstanzlichen Gerichts also nur erfasst, soweit es als Vollstreckungsgericht tätig wird (HK-FamFG/von Harbou § 95 FamFG Rn 16).

3. Einstellung der Vollstreckung gemäß § 95 FamFG außerhalb von Geldforderungen

36 In Fällen des § 95 Nr. 2–4 FamFG kann eine einstweilige Einstellung der Vollstreckung entsprechend §§ 707 Abs. 1, 719 Abs. 1 ZPO erfolgen. Das ergibt sich aus der Verweisung in die ZPO, § 95 Abs. 1 FamFG. Außerdem ist im Beschwerdeverfahren eine einstweilige Anordnung durch das Beschwerdegericht gemäß § 64 Abs. 3 FamFG möglich.

4. Sonstige Einstellungsmöglichkeiten

37 Aufgrund der Verweisung in die ZPO sind in den Fällen des § 95 FamFG u.a. noch folgende Einstellungsmöglichkeiten gegeben:

– einstweilige Einstellung durch das Vollstreckungsgericht in Verfahren der **Vollstreckungserinnerung** gemäß §§ 776 Abs. 1 S. 2, 732 Abs. 2 ZPO;

– Aussetzung der Vollziehung im Beschwerdeverfahren gegen Beschlüsse in Vollstreckungsverfahren gemäß § 87 Abs. 4 FamFG, § 570 Abs. 2 ZPO;

– einstweilige Einstellung im Rahmen von **Vollstreckungsgegenanträgen** (§ 767 ZPO) oder **Drittwiderspruchsanträgen** (§ 771 ZPO) gemäß § 769 ZPO;

– Vollstreckungsschutz gem. § 765 a ZPO, zB gegen die Entscheidung auf Räumung und Herausgabe der Ehewohnung; zuständig ist jedoch nicht das Familien-, sondern das Vollstreckungsgericht (OLG Frankfurt/M. 22.2.2013 – 4 WF 48/13, NJW-RR 2013, 776).

86. Einstweiliger Rechtsschutz

Stockmann

I. Einführung 1
II. Gesetzessystematik 2
III. Verhältnis zu anderen Möglichkeiten des einstweiligen Rechtsschutzes 5
  1. Allgemein 5
  2. Arrest 6
IV. Unabhängigkeit vom Hauptsacheverfahren 8
V. Zuständigkeit 12
  1. Allgemeines 12
  2. Bei Anhängigkeit der Hauptsache 13
    a) Begriff des Hauptsacheverfahrens 13
    b) Verfahren nach § 248 FamFG 14
    c) Anhängigkeit beim Beschwerdegericht 15
    d) Anhängigkeit beim Rechtsbeschwerdegericht 16
  3. Hauptsacheverfahren ist nicht anhängig 17
  4. Speziell zur Zuständigkeit bei einer einstweiligen Anordnung betreffend Verfahrenskostenvorschuss 18
  5. Eilzuständigkeit 23
    a) Allgemein 23
    b) Unterbringungssachen 24
    c) Bedürfnis für Tätigwerden 26
    d) Abgabe an das an sich zuständige Gericht 27
  6. Zuständigkeit ab Anhängigkeit der Ehesache 28
  7. Zuständigkeit für ein nach § 52 FamFG einzuleitendes Hauptsacheverfahren 29
VI. Vorschuss für die Gerichtskosten des Verfahrens der einstweiligen Anordnung 30
VII. Anordnungsanspruch und Anordnungsgrund . . . 34
  1. Allgemein 34
  2. Anordnungsanspruch 35
  3. Anordnungsgrund 36
VIII. Inhalt der einstweiligen Anordnung 38
IX. Aufhebung und Änderung der einstweiligen Anordnung 42
X. Rechtsbehelfe 55
  1. Grundsatz der Unanfechtbarkeit 55
  2. Ausnahmsweise: Statthaftigkeit der Beschwerde 59
    a) Allgemein 59
    b) Beschwerdefähige Regelungsbereiche 62
  3. Beschwerdefrist 68
  4. Abhilfebefugnis des Ausgangsgerichts 69
XI. Kosten und Gebühren 70
XII. Verhältnis zum Hauptsacheverfahren 77

I. Einführung

Die Regelungen des einstweiligen Rechtsschutzes der §§ 49 ff FamFG **gelten für alle im FamFG geregelten Verfahrensbereiche**, also nicht nur in den Familiensachen des § 111 FamFG, sondern auch in den anderen Bereichen der freiwilligen Gerichtsbarkeit, also in den Betreuungssachen (§ 271 FamFG), Unterbringungssachen (§ 312 FamFG), Nachlass- und Teilungssachen (§ 342 FamFG), Registersachen (§ 374 FamFG), unternehmensrechtlichen Verfahren (§ 375 FamFG), Verfahren in weiteren Angelegenheiten der freiwilligen Gerichtsbarkeit (§ 410 FamFG), Freiheitsentziehungssachen (§ 415 FamFG) und Aufgebotssachen (§ 433 FamFG). In einigen der genannten Verfahrensarten wird die einstweilige Anordnung jedoch naturgemäß selten zur Anwendung gelangen. Die folgende Betrachtung beschränkt sich auf die Familiensachen. **1**

II. Gesetzessystematik

Der Gesetzgeber des FamFG hat die im früheren Recht an verschiedenen Stellen verstreuten Regelungen des einstweiligen Rechtsschutzes, die zudem durch die vorhandenen Verweisungen nicht besonders übersichtlich waren, zusammengefasst. Die **§§ 49 ff** enthalten diese **allgemeinen Bestimmungen** über den einstweiligen Rechtsschutz. **2**

Darüber hinaus enthält das FamFG für bestimmte Verfahren zusätzliche **Sonderregelungen**: Durch § 119 Abs. 1 FamFG ist mit der Verweisung auf § 945 ZPO eine **Schadensersatzpflicht** eingeführt worden für den Beteiligten, der eine ungerechtfertigte einstweilige Anordnung erwirkt hat. Dieser hat dem Gegner den Schaden zu ersetzen, der ihm aus der Vollstreckung der einstweiligen Anordnung oder deren Abwendung oder Aufhebung entstanden ist. Diese Schadensersatzpflicht besteht (durch die Verweisung auf § 112 Nr. 2 und Nr. 3 FamFG) nur in **3**

– Güterrechtssachen nach § 261 Abs. 1 FamFG (bei Eheleuten) bzw nach § 269 Abs. 1 Nr. 10 FamFG (bei Lebenspartnern);
– sonstigen Familiensachen nach § 266 Abs. 1 FamFG;
– Lebenspartnerschaftssachen nach § 269 Abs. 2 FamFG;

– durch die ausdrückliche Erwähnung der Schadensersatzpflicht in § 248 Abs. 5 S. 2 FamFG bei einer einstweiligen Anordnung auf Unterhaltszahlung im Zusammenhang mit einem Verfahren auf Feststellung der Vaterschaft nach § 248 FamFG.

In den übrigen Fällen, in denen sich Maßnahmen des einstweiligen Rechtsschutzes als ungerechtfertigt erweisen, besteht keine Schadensersatzpflicht.

Zu weiteren Sonderbestimmungen für Gewaltschutzsachen (§ 214 Abs. 1 S. 2 FamFG) und Unterhaltssachen (§§ 246 ff FamFG) vgl HK-FamFG/Stockmann § 49 FamFG Rn 7 ff.

4 Keine besonderen Bestimmungen enthält das FamFG hinsichtlich **einstweiliger Anordnungen betreffend Verfahrenskostenvorschuss.** Im früheren Recht waren diese gesondert aufgeführt in § 127 a ZPO aF (für Unterhaltssachen), § 620 Nr. 10 ZPO aF (für Ehe- und Folgesachen) und § 621 f ZPO aF (für sonstige Familiensachen).

Da eine Verfahrenskostenvorschusspflicht das Unterhaltsrechtsverhältnis als Grundlage hat (§ 1360 a Abs. 4 BGB), betrifft eine auf Leistung von Verfahrenskostenvorschuss gerichtete einstweilige Anordnung die Unterhaltpflicht. Dementsprechend hat das FamFG in § 246 die einstweilige Anordnung auf Kostenvorschuss der einstweiligen Anordnung auf Zahlung von Unterhalt gleichgestellt. § 246 FamFG ist somit als verfahrensrechtliche Grundlage für alle einstweilige Anordnungen betreffend Verfahrenskostenvorschuss an die Stelle der aufgeführten Einzelnormen des früheren Rechts getreten (vgl im Einzelnen Rn 18 ff).

III. Verhältnis zu anderen Möglichkeiten des einstweiligen Rechtsschutzes

1. Allgemein

5 Vorläufigen Rechtsschutz stellt das FamFG generell **nur noch in Form der einstweiligen Anordnung** zur Verfügung. Das im früheren Recht vorhandene Nebeneinander von einstweiliger Verfügung und einstweiliger Anordnung ist beseitigt. Der Rückgriff auf einstweilige Verfügungen ist durch § 119 Abs. 1 S. 1 FamFG auch in den Familienstreitverfahren des § 112 FamFG ausgeschlossen.

2. Arrest

6 **Konkurrenz** besteht nur noch in den Familienstreitsachen des § 112 FamFG zum **Arrest** durch die ausdrückliche Erwähnung in § 119 Abs. 2 S. 1. Somit kann gegen den Schuldner ein persönlicher oder dinglicher Arrest ergehen. Für diesen Fall werden die Arrestvorschriften der §§ 916–934, 943–945 ZPO entsprechend angewendet. Die Kostenentscheidung erfolgt wegen der Verweisung des § 113 FamFG in Familienstreitsachen auf die Regelungen der ZPO nach §§ 91 ff ZPO. Nach der Meinung des OLG Stuttgart (26.8.2011 – 17 UF 167/11, NJW-RR 2012, 135) soll dann, wenn ein Arrest zur Sicherung eines Unterhaltsanspruches ergeht, die Kostennorm des § 243 FamFG nicht angewendet werden, da Verfahrensgegenstand des Arrestes nicht der Unterhaltsanspruch selbst, sondern dessen Sicherung sei. Über diese Ansicht kann man streiten, in den Alltagsfällen dürfte der Streit aber rein akademischen Charakter haben.

7 Aus der Gesetzesfassung lässt sich nicht eindeutig entnehmen, welches **Rechtsmittel gegen Arrestbeschlüsse** (in Familienstreitsachen) zur Verfügung steht. Diese Frage wird seit Inkrafttreten des FamFG ausführlich diskutiert, der Bundesgerichtshof hat hierzu noch nicht Stellung genommen.

Unstreitig sind folgende Fallgestaltungen:

– Beruht der Arrestbeschluss auf einer Säumnis (§§ 330, 331 ZPO), so steht der Einspruch nach § 338 ZPO zur Verfügung.
– Erging der Beschluss, mit dem der Arrest angeordnet wurde, aufgrund mündlicher Verhandlung, so ist die Beschwerde nach § 58 iVm § 119 Abs. 2 FamFG gegeben.
– Erging der Beschluss, mit dem der Arrest angeordnet wurde, ohne mündliche Verhandlung, so ist der Widerspruch nach § 113 Abs. 1 FamFG, § 924 Abs. 1 Nr. 2 ZPO gegeben.

- Wurde der Antrag auf Erlass eines Arrests nach mündlicher Verhandlung abgelehnt (evtl auch teilweise, zB nach § 921 S. 2 ZPO), so steht die Beschwerde gem. § 58 FamFG zur Verfügung.
- Bei veränderten Umständen iSv § 927 ZPO kann ein Antrag auf Aufhebung des Arrests gestellt werden, § 119 Abs. 2 FamFG, § 927 ZPO.
- Wurde der Arrestantrag ohne mündliche Verhandlung abgelehnt, so ist jedoch hoch umstritten, ob die Beschwerde nach § 58 iVm § 119 Abs. 2 FamFG oder die sofortige Beschwerde nach § 567 Abs. 1 Nr. 2 ZPO gegeben ist. Eine Meinung plädiert für die Anwendung der Beschwerde nach § 58 FamFG. Diese Auffassung, die auch in der Vorauflage vertreten wurde, wird im Wesentlichen damit begründet, dass § 119 Abs. 2 S. 2 FamFG lediglich auf die Anwendung der Arrestvorschriften der §§ 916 bis 934 ZPO und der §§ 943 bis 945 ZPO verweist, nicht aber auf die Beschwerderegelung der ZPO. Zudem sei die von der Gegenmeinung vorgenommene Differenzierung zwischen dem Arrestbeschluss, der dem Antrag stattgibt, und dem, der den Erlass des Arrests ablehnt – ausgehend vom Tatbestandsmerkmal der Endentscheidung in § 58 Abs. 1 FamFG –, nicht nachvollziehbar. Demgegenüber entnehmen das OLG Oldenburg (22.2.2012 – 13 UF 28/12= NJW-RR2012, 902) und das OLG Frankfurt (27.2.2012 – 5 UF 51/12 = NJW-RR 2012, 902) der Entscheidung des Bundesgerichtshofs zu der Frage, welcher Rechtsbehelf bei der Anfechtung isolierter Kostenentscheidungen in Familienstreitsachen zur Verfügung steht, dass das Rechtsschutzsystem in Familienstreitsachen und damit auch bezüglich des Arrestes weitgehend den Verfahrensvorschriften der ZPO zu unterstellen ist.

Letztere Meinung hat sich zwischenzeitlich durchgesetzt. Für sie sprechen auch die dogmatischen Überlegungen, die das OLG Koblenz (18.12.2012 – 13 UF 984/12 = NJW-Spezial 2013, 102) angestellt und der sich das KG (28.3.2013 – 18 UF 72/13 = FamFR 2013, 251) angeschlossen hat.

IV. Unabhängigkeit vom Hauptsacheverfahren

Mit dem FamFG wurde auch die einstweilige Anordnung **verfahrensselbstständig und hauptsacheverfahrensunabhängig**. Während nach dem zuvor geltenden Recht die Anhängigkeit eines Hauptsacheverfahrens erforderlich war und das Verfahren der einstweiligen Anordnung als Teil dieses Hauptsacheverfahrens geführt wurde, bringt § 51 Abs. 3 S. 1 FamFG diese Selbstständigkeit zum Ausdruck. Ein Hauptsacheverfahren ist nicht mehr Voraussetzung für ein Verfahren betreffend eine einstweilige Anordnung. Auch wenn ein Hauptsacheverfahren anhängig sein sollte, wird das Verfahren der einstweiligen Anordnung getrennt geführt. Eine Pflicht des Gerichts, nach dem Erlass einer einstweiligen Anordnung automatisch das Hauptsacheverfahren einzuleiten, besteht in keinem Fall (Prütting-Helms/Stößer § 51 FamFG Rn 1; Zöller/Feskorn § 52 FamFG Rn 1; verfehlt: Bumiller-Harders § 52 FamFG Rn 1). **8**

§ 52 FamFG macht das Hauptsacheverfahren grundsätzlich von einem **Antrag** abhängig. Allerdings ist das Familiengericht nicht gehindert, in **Amtsverfahren** (zB im Falle des § 1666 BGB) ohne Antrag eines Beteiligten das Hauptsacheverfahren einzuleiten (vgl HK-FamFG/Stockmann § 52 FamFG Rn 5). **9**

Aus § 52 FamFG folgt auch, dass das Hauptsacheverfahren noch nach Erlass der einstweiligen Anordnung eingeleitet werden kann. Örtlich **zuständig für das** nach § 52 FamFG einzuleitende **Hauptsacheverfahren** ist in jedem Fall dasjenige Gericht, das die einstweilige Anordnung erlassen hat, und zwar auch dann, wenn durch zwischenzeitliche Aufenthaltsveränderungen ein anderes Gericht zuständig wäre (OLG München 21.12.2010 – 33 WF 2159/10, FamFR 2011, 35; Bork/Jakoby/Schwab/Löhnig/Heiß § 52 FamFG Rn 8; Keidel/Giers § 52 FamFG Rn 5). Jedoch kommt sodann eine Abgabe nach § 4 FamFG oder eine Verweisung nach § 3 FamFG infrage, da § 52 FamFG die Zuständigkeit für das Hauptsacheverfahren nicht abweichend von den normalen Zuständigkeitsbestimmungen begründen kann. **10**

Infolge dieser Verfahrensselbstständigkeit und Hauptsacheunabhängigkeit hat die einstweilige Anordnung die gleiche Stellung wie die einstweilige Verfügung, § 926 ZPO, erlangt. Aus der neuen Stellung der einstweiligen Anordnung ergibt sich nicht nur, dass das Gesetz Regelungen zur Ermittlung des zuständigen Gerichts (§ 50 FamFG) aufstellen musste (vgl Rn 12), sondern auch, dass der Beschluss, in dem über den Antrag auf Erlass einer einstweiligen Anordnung entschieden wird, in Familiensachen einen Ausspruch über die Kosten zu enthalten hat, § 81 Abs. 1 S. 3 FamFG. **11**

V. Zuständigkeit

1. Allgemeines

12 Das FamFG musste eine ausdrückliche Regelung dahin gehend treffen, welches Gericht für das Verfahren der einstweiligen Anordnung zuständig ist. Im früheren Recht war wegen der Abhängigkeit vom Hauptsacheverfahren eine solche Bestimmung nicht erforderlich. § 50 FamFG stellt aber auch eine – sinnvolle – Verknüpfung zum Hauptsacheverfahren her, die Anhängigkeit der Ehesache ist entgegen früherem Recht für die Zuständigkeit im Verfahren der einstweiligen Anordnung in Familiensachen nicht mehr entscheidend.

2. Bei Anhängigkeit der Hauptsache

13 **a) Begriff des Hauptsacheverfahrens.** Ist eine Hauptsache bei einem erstinstanzlichen Gericht anhängig, dann ist dieses Gericht auch für das Verfahren der einstweiligen Anordnung zuständig, § 50 Abs. 1 S. 2 Alt. 1 FamFG. Zu beachten ist hierbei, dass mit „Hauptsacheverfahren" dasjenige Verfahren gemeint ist, in dem der gleiche Regelungsgegenstand wie in dem Verfahren der einstweiligen Anordnung abgebildet ist (vgl HK-FamFG/Stockmann § 50 FamFG Rn 4).

14 **b) Verfahren nach § 248 FamFG.** Für den Fall, dass in einer einstweiligen Anordnung nach § 248 FamFG der Unterhalt des Kindes bzw seiner Mutter im Zusammenhang mit einem Verfahren auf Feststellung der Vaterschaft geregelt werden soll, bringt § 248 Abs. 1 FamFG zum Ausdruck, dass das Hauptsacheverfahren für diese einstweilige Anordnung das **Abstammungsverfahren** des § 169 Nr. 1 FamFG ist. Zuständig für die genannte einstweilige Anordnung ist also das Gericht, bei dem das Verfahren auf Feststellung der Vaterschaft anhängig ist.

15 **c) Anhängigkeit beim Beschwerdegericht.** Das Beschwerdegericht ist für die einstweilige Anordnung während der Anhängigkeit des Hauptsacheverfahrens in der zweiten Instanz zuständig, § 50 Abs. 1 S. 2 Alt. 2 FamFG. Dies gilt auch im Fall des § 248 Abs. 2 FamFG. Ist der Vaterschaftsfeststellungsprozess beim Beschwerdegericht anhängig, so ist auch das Beschwerdegericht für den Erlass einer einstweiligen Anordnung auf Zahlung von Unterhalt zuständig.

16 **d) Anhängigkeit beim Rechtsbeschwerdegericht.** Für den Fall der Anhängigkeit des Hauptsacheverfahrens in der dritten Instanz brachte das neue Recht eine Änderung mit sich: Früher (§ 620 a Abs. 4 S. 2 ZPO) blieb das Oberlandesgericht zuständig, wenn das Hauptsacheverfahren beim Bundesgerichtshof anhängig war. Nunmehr geht infolge des Wortlauts des § 50 Abs. 1 S. 2 FamFG die Zuständigkeit für diesen Fall an das **erstinstanzliche Gericht** zurück.

3. Hauptsacheverfahren ist nicht anhängig

17 Ist ein Hauptsacheverfahren nicht anhängig, ermittelt sich die Zuständigkeit gem. § 50 Abs. 1 S. 1 FamFG anhand der **Zuständigkeit für das fiktive Hauptsacheverfahren.** Dies entspricht der Regelung des § 937 Abs. 1 ZPO für einstweilige Verfügungen.

4. Speziell zur Zuständigkeit bei einer einstweiligen Anordnung betreffend Verfahrenskostenvorschuss

18 Aufgrund ihrer Verfahrensselbstständigkeit ist nunmehr eine einstweilige Anordnung betreffend Verfahrenskostenvorschuss stets ein selbstständiges Verfahren. Dies gilt auch dann, wenn das Hauptsacheverfahren bereits in der Beschwerdeinstanz anhängig ist und nunmehr ein Titel betreffend Verfahrenskostenvorschuss (s. → *Verfahrenskostenvorschuss*) beantragt wird. Für das einzuleitende Verfahren der einstweiligen Anordnung ist stets das nach § 50 Abs. 1 S. 1 FamFG berufene Amtsgericht zuständig. § 50 Abs. 1 S. 2 FamFG greift nicht ein, da der Verfahrensgegenstand der einstweiligen Anordnung stets eigenständig von dem Verfahren der Hauptsache ist.

Ein Hauptsacheverfahren „Verfahrenskostenvorschuss" bzw „Prozesskostenvorschuss" ist zwar theoretisch 19 denkbar, kommt aber in der Praxis nicht vor, da es gerade beim Verfahrensgegenstand „Verfahrenskostenvorschuss" darum geht, rasch einen Titel und eine Leistung des Vorschusses zu erlangen, damit der Antragsteller das von ihm beabsichtigte eigentliche Verfahren rechtshängig machen kann.

Beispiel 1: Der Antragsteller berühmt sich eines Zugewinnausgleichanspruches. Er kann die finanziellen 20 Mittel für die Einleitung des Hauptsacheverfahrens „Zugewinnausgleichanspruch" nicht aufbringen, sieht sich aber als berechtigt an, vom Antragsgegner einen Verfahrenskostenvorschuss fordern zu können.

Er hat zunächst eine einstweilige Anordnung mit dem Begehren, Verfahrenskostenvorschuss zu erlangen, gegen den Antragsgegner anhängig zu machen. Das Hauptsacheverfahren „Zugewinnausgleich" ist sinnvollerweise erst nach Erlangung des Verfahrenskostenvorschusses aufgrund der einstweiligen Anordnung anhängig zu machen. (Dies ist eine Umkehrung des früheren Rechts. Dort war zunächst das Hauptsacheverfahren „Zugewinnausgleich" anhängig zu machen und innerhalb dieses Verfahrens ein Antrag auf einstweilige Anordnung zu stellen.)

Die Zuständigkeit für eine einstweilige Anordnung „Verfahrenskostenvorschuss" ermittelt sich anhand der 21 für alle einstweiligen Anordnungen geltenden Vorschrift des **§ 50 FamFG**: Örtlich zuständig ist nach S. 1 dieser Norm das Gericht, das für die Hauptsache im ersten Rechtszug zuständig wäre. Dabei ist zu beachten, dass „Hauptsache" nicht etwa das Verfahren ist, das mit dem Verfahrenskostenvorschuss eingeleitet werden soll. „Hauptsache" iSv § 50 FamFG wäre ein Hauptsacheverfahren „Verfahrenskostenvorschuss". Ein solches wird – wie in Rn 20 erwähnt – in der Praxis kaum eingeleitet werden, jedoch wäre es das korrespondierende Hauptsacheverfahren (vgl HK-FamFG/Stockmann § 50 FamFG Rn 5). Dieses Hauptsacheverfahren betrifft jedoch stets die Geltendmachung von Unterhalt, deshalb richtet sich die örtliche Zuständigkeit stets nach **§ 232 FamFG** (s.a. Rn 5).

Diese Grundsätze gelten ebenso für den Fall, dass Verfahrenskostenhilfe für ein Beschwerdeverfahren begehrt wird (vgl auch OLG Oldenburg 23.8.2011 – 14 UFH 2/11, FamRZ 2012, 390): 22

Beispiel 2: Der Antragsteller ist mit der Entscheidung des Familiengerichts über den von ihm begehrten Zugewinnausgleich nicht zufrieden und will Beschwerde einlegen. Für das Beschwerdeverfahren begehrt er eine einstweilige Anordnung „Verfahrenskostenvorschuss". Für das einzuleitende Verfahren der einstweiligen Anordnung ist stets das nach § 50 Abs. 1 S. 1 FamFG berufene Amtsgericht zuständig. § 50 Abs. 1 S. 2 FamFG greift nicht ein, weil nicht das zur einstweiligen Anordnung korrespondierende Hauptsacheverfahren beim Beschwerdegericht anhängig ist, sondern das Hauptsacheverfahren „Zugewinnausgleich".

5. Eilzuständigkeit

a) Allgemein. § 50 Abs. 2 S. 1 eröffnet in Anlehnung an § 942 Abs. 1 ZPO eine zusätzliche **Zuständigkeit** 23 **für besonders dringende Fälle** der einstweiligen Anordnung. Diese besondere Zuständigkeit ist, da einstweilige Anordnungen generell nur dann ergehen können, wenn ein dringendes Bedürfnis besteht, daher nur in besonders dringenden Fällen gegeben (vgl HK-FamFG/Stockmann § 50 FamFG Rn 13).

b) Unterbringungssachen. Eine **besondere Eilzuständigkeit** ergibt sich in Unterbringungssachen (§ 312 24 FamFG) aus der speziellen Regelung des § 313 Abs. 2 FamFG. Es ist neben der Zuständigkeit nach § 50 Abs. 1 FamFG auch das Gericht zuständig, in dessen Bezirk ein Bedürfnis für eine einstweilige Anordnung für Unterbringungsmaßnahmen bekannt wird. Diese Zuständigkeit wird auch in Familiensachen relevant, nämlich dann, wenn über die Genehmigung einer Unterbringung Minderjähriger gem. § 1631 b BGB zu befinden ist. Die für dieses Verfahren vorgesehene Norm des § 167 FamFG verweist nämlich auch auf § 313 FamFG. Zum praktischen Bedürfnis dieser Norm vgl HK-FamFG/Stockmann § 50 FamFG Rn 13.

Dem Gericht der Hauptsache nach § 313 Abs. 1 Nr. 1 und 2 FamFG ist über den Erlass der einstweiligen 25 Anordnung Mitteilung zu machen, § 313 Abs. 2 S. 2 FamFG. Darüber hinaus enthält § 314 FamFG die Möglichkeit, das Verfahren unter den dort genannten Umständen an ein anderes Gericht abzugeben.

26 **c) Bedürfnis für Tätigwerden.** Maßgeblich ist für die Eilzuständigkeit nach § 50 Abs. 2 S. 1 FamFG der Ort, an dem das Bedürfnis für ein gerichtliches Tätigwerden hervortritt. Dieser Begriff ist nach der Begründung des Regierungsentwurfes weit auszulegen. Im Allgemeinen wird darauf abzustellen sein, **wo sich die Person oder die Sache**, auf die sich die einstweilige Anordnung bezieht, **befindet.** Die besondere Eilzuständigkeit nach Abs. 2 besteht in allen Fällen sachlich immer beim Amtsgericht, da dort gem. § 22 c GVG flächendeckend ein Bereitschaftsdienst eingerichtet ist.

27 **d) Abgabe an das an sich zuständige Gericht.** § 50 Abs. 2 S. 2 FamFG ordnet die unverzügliche Abgabe des Verfahrens an das nach Abs. 1 zuständige Gericht an. Damit wird u.a. bewirkt, dass über die Abänderung bzw Aufhebung von einstweiligen Anordnungen grundsätzlich das nach Abs. 1 zuständige Gericht entscheidet.

6. Zuständigkeit ab Anhängigkeit der Ehesache

28 Die Anhängigkeit der Ehesache ist nach dem Wortlaut des § 50 FamFG für die Zuständigkeit im Verfahren der einstweiligen Anordnung in Familiensachen nicht entscheidend. Dennoch kann diese Einfluss auf die Zuständigkeit haben: § 50 Abs. 1 FamFG knüpft an die Zuständigkeit für das Hauptsacheverfahren an. Ist dieses eine Familiensache, so enthält in manchen Fällen die jeweilige Vorschrift über die örtliche Zuständigkeit für dieses Verfahren die Aussage, dass während der Anhängigkeit der Ehesache das **Gericht der Ehesache** zuständig ist. Damit ist das Gericht der anhängigen Ehesache auch für die Bearbeitung einer einstweiligen Anordnung zuständig, deren Regelungsbereich eine solche Familiensache betrifft. Bezüglich Einzelheiten und zu der gegebenenfalls vorzunehmenden Abgabe des Verfahrens der einstweiligen Anordnung an das Gericht der Ehesache vgl HK-FamFG/Stockmann § 50 FamFG Rn 18 ff.

7. Zuständigkeit für ein nach § 52 FamFG einzuleitendes Hauptsacheverfahren

29 Wenn nach Erlass einer einstweiligen Anordnung gem. § 52 FamFG ein Hauptsacheverfahren einzuleiten ist, ist hierfür stets das Gericht zuständig, das die einstweilige Anordnung erlassen hat (vgl Rn 10).

VI. Vorschuss für die Gerichtskosten des Verfahrens der einstweiligen Anordnung

30 **Ungeklärt** ist die Frage, ob aus der Verfahrensselbstständigkeit folgt, dass für bestimmte einstweilige Anordnungen ein Vorschuss auf die Gerichtskosten (Verfahrenskosten im Allgemeinen nach Nr. 1420 des Kostenverzeichnisses zum FamGKG – Anlage 1 zu § 3 Abs. 2 FamGKG) anzufordern ist. § 14 Abs. 1 FamGKG besagt, dass in „selbstständigen Familienstreitsachen" die Antragsschrift erst nach Zahlung der Gebühr für das Verfahren im Allgemeinen zugestellt werden soll. Gleiches gilt nach § 14 Abs. 3 FamGKG für die Antragssachen in Nichtstreitverfahren (die Vorschusspflicht ist nach § 21 Abs. 1 FamGKG jedoch ausgeschlossen bei Verfahren der einstweiligen Anordnung in den dort genannten Themenbereichen). Dem Wortlaut nach ist davon auch die Antragsschrift im Verfahren der einstweiligen Anordnung betroffen. Prütting/Helms-Klüsener § 14 FamGKG Rn 3 geht daher – ohne weitere Thematisierung – generell von einer **Vorschusspflicht** in diesen Fällen aus (so auch Volpert FPR 2010, 327).

31 Früher stellte sich die Problematik nicht: § 12 GKG stellte nur auf die „Klage" ab. Da einstweilige Anordnungen nicht selbstständig waren, bestand für sie keine Vorschusspflicht. Bei den vergleichbaren einstweiligen Verfügungen wurde eine Vorschusspflicht abgelehnt, weil das Verfahren mit einem „Gesuch" (§ 920 ZPO) und nicht mit einer „Klage" eingeleitet wurde.

32 Es ist aber zu bezweifeln, ob der Gesetzgeber **angesichts des Eilcharakters des Verfahrens** wirklich die einstweiligen Anordnungen von einem Kostenvorschuss abhängig machen wollte. Soweit ersichtlich, wurde eine solche Konsequenz im gesamten Gesetzgebungsverfahren nicht angesprochen (so auch HK-FamGKG/Fölsch Vor Hauptabschnitt 4 Rn 24).

33 Ein denkbarer Ausweg wäre es, einstweilige Anordnungen generell unter den Ausnahmetatbestand des § 15 Nr. 3 b FamGKG (identisch mit § 14 Nr. 3 b GKG) fallen zu lassen (so Schulte-Bunert/Weinreich-Keske §§ 12–17 FamGKG Rn 10).

VII. Anordnungsanspruch und Anordnungsgrund

1. Allgemein

Als Voraussetzungen für den Erlass der einstweiligen Anordnung müssen ein Anordnungsanspruch sowie 34
ein Anordnungsgrund bestehen. Diese Voraussetzungen hat der Antragsteller gem. § 51 Abs. 1 S. 2 FamFG
glaubhaft zu machen. Als Mittel der **Glaubhaftmachung** stehen gem. § 31 Abs. 1 FamFG alle Beweismittel, auch die Versicherung an Eides statt, zur Verfügung.

2. Anordnungsanspruch

Ob ein Anordnungsanspruch besteht, beurteilt sich nach dem **materiellen Recht**. Es ist selbstverständliche 35
Voraussetzung für den Erlass einer einstweiligen Anordnung, dass die angestrebte Regelung mit dem materiellen Recht in Einklang steht.

3. Anordnungsgrund

Ein Anordnungsgrund liegt vor, wenn ein **dringendes Bedürfnis** für das sofortige Tätigwerden des Ge- 36
richts besteht. Dieser Anordnungsgrund entspricht dem der §§ 935, 917 ZPO. Eines solches dringendes Bedürfnis ist beispielsweise für eine einstweilige Anordnung auf Regelung des Aufenthaltsbestimmungsrechts
dann nicht gegeben, wenn der Aufenthalt des Kindes bei dem einen Elternteil nicht streitig ist (vgl HK-
FamFG/Stockmann § 49 FamFG Rn 4).

In Unterhaltssachen besteht ein Regelungsbedürfnis nicht nur bezüglich eines „Notbedarfs". Vielmehr kann 37
im Wege der einstweiligen Anordnung der volle Unterhalt begehrt und zugesprochen werden, um ein zusätzliches Hauptsacheverfahren zu vermeiden (vgl HK-FamFG/Stockmann § 51 FamFG Rn 25; Borth
FamRZ 2011, 1612; Prütting/Helms/Stößer § 49 FamFG Rn 14).

VIII. Inhalt der einstweiligen Anordnung

Die in Betracht kommenden Maßnahmen der einstweiligen Anordnung werden in § 49 Abs. 2 FamFG an- 38
gesprochen. infrage kommen **Sicherungsanordnungen** oder **Regelungsanordnungen**, aber auch vorläufige Regelungen bei einem Feststellungsantrag oder einem Begehren auf Rückforderung zu viel erbrachter
Leistungen (vgl im Einzelnen HK-FamFG/Stockmann § 49 FamFG Rn 8 f).

Darüber hinaus sind in § 49 Abs. 2 S. 2 FamFG einige praktisch bedeutsame Fälle vorläufiger Maßnahmen, 39
wie zB der Erlass eines Verfügungsverbotes, in nicht abschließender Weise aufgeführt.

Möglich ist auch die Anordnung einer Sicherheitsleistung (vgl HK-FamFG/Stockmann § 49 FamFG 40
Rn 10 f). Auch ohne ausdrückliche gesetzliche Normierung ist eine einstweilige Anordnung ihrem Zweck
entsprechend sofort wirksam und vollstreckbar (s. → *Sofortige Wirksamkeit* Rn 6).

Ferner kann das Gericht nach § 49 Abs. 2 S. 3 FamFG Regelungen treffen, die die Vollstreckung oder sons- 41
tige Durchführung der Anordnung betreffen (vgl HK-FamFG/Stockmann § 49 FamFG Rn 11).

IX. Aufhebung und Änderung der einstweiligen Anordnung

Für die Aufhebung oder Änderung einer einstweiligen Anordnung enthält **§ 54 FamFG** spezielle Möglich- 42
keiten auf der Ebene des Ausgangsgerichts. Der Antrag hierzu ist jederzeit möglich, auch nach einer (negativen) Entscheidung nach Abs. 2, und auch, wenn die Möglichkeit der Einlegung eines Rechtsmittels nach
§ 57 S. 2 FamFG gegeben ist. Die Abänderungsmöglichkeit besteht ebenso, wenn das Gericht einen **Antrag auf Erlass einer einstweiligen Anordnung abgelehnt** hat (HK-FamFG/Stockmann § 54 FamFG
Rn 2; so auch Zöller/Feskorn § 54 FamFG Rn 3). Dann kann eine erneute Beschlussfassung über diesen
Antrag begehrt werden. Einem Antrag, in einem neuen gesonderten Verfahren die ursprünglich abgelehnte
einstweilige Anordnung zu erlassen, würde jedoch das Rechtsschutzbedürfnis fehlen: Der Antragsteller ist
darauf zu verweisen, die Abänderung des abweisenden Beschlusses gem. § 54 FamFG zu erreichen.

43 Praktische Bedeutung hat dies u.a. wegen der unterschiedlichen Zuständigkeit: Bei einem Antrag in einem neuen Verfahren wäre diese aus § 50 Abs. 1 FamFG zu entnehmen, für den Änderungsantrag folgt sie aus § 54 Abs. 3 FamFG. Auch eine bereits abgeänderte einstweilige Anordnung kann erneut abgeändert werden (Prütting/Helms/Stößer § 54 FamFG Rn 3). Im Gegensatz zum früheren Recht, wo eine Abänderung nur während der Anhängigkeit des Hauptsache- bzw Eheverfahrens in Frage kam, besteht die Abänderungsmöglichkeit des § 54 Abs. 1 wegen der Hauptsacheunabhängigkeit zeitlich unbeschränkt.

44 In Amtsverfahren (zB Verfahren nach § 1666 BGB oder auf Regelung des Umgangsrechts) und dann, wenn die Entscheidung über die beantragte einstweilige Anordnung ohne vorherige Durchführung einer gesetzlich vorgeschriebenen Anhörung ergangen ist, kann das Gericht auch ohne Antrag **von Amts wegen** die Änderung oder Aufhebung vornehmen (Abs. 1 S. 2 und 3). In den übrigen Fällen ist ein Antrag von einem Beteiligten erforderlich, der durch die einstweilige Anordnung beschwert ist.

45 Anlass für die Abänderung kann eine **Veränderung der tatsächlichen Verhältnisse oder der Rechtslage** sein. Nach einer Ansicht (Gießler/Soyka Rn 163; JH/Büte § 54 FamFG Rn 4; Zöller/Feskorn § 54 FamFG Rn 4) soll ein Rechtsschutzbedürfnis für einen Antrag jedoch nur bestehen, wenn neue tatsächliche oder rechtliche Gesichtspunkte geltend gemacht werden. Ansonsten würde ein nach § 57 FamFG nicht zulässiges Rechtsmittel eingeführt und gegen die formelle Rechtskraft der Ausgangsentscheidung verstoßen. Diese Auffassung berücksichtigt nicht ausreichend den summarischen Charakter des Verfahrens der einstweiligen Anordnung. Deshalb ist mE das Gericht nicht gehindert, auch unverändert gebliebene Verhältnisse (tatsächlicher oder rechtlicher Art) anders zu bewerten (HK-FamFG/Stockmann § 54 FamFG Rn 8; so auch Musielak/Borth § 54 FamFG Rn 6; Prütting/Helms/Stößer § 54 FamFG Rn 2).

46 Während Abs. 1 in allen Verfahren der einstweiligen Anordnung nach dem FamFG anzuwenden ist, betrifft Abs. 2 nur Entscheidungen (auch ablehnende) über einstweilige Anordnungen, die in einer Familiensache (§ 111 FamFG) ergangen sind.

47 In welchem Verhältnis die Anträge nach Abs. 1 und Abs. 2 stehen, ist streitig. Die eine Meinung (Zöller/Feskorn § 54 FamFG Rn 8; JH/Büte § 54 FamFG Rn 9; Prütting/Helms/Stößer § 54 FamFG Rn 9) vertritt die Ansicht, dass der Antrag nach Abs. 2 gewählt werden muss, wenn die Entscheidung ohne mündliche Verhandlung ergangen ist. Eine andere Ansicht (Gießler/Soyka Rn 175; Keidel/Giers § 54 FamFG Rn 14; Musielak/Borth § 54 FamFG Rn 9; MK-ZPO/Soyka § 54 FamFG Rn 6) gibt dem Antragsteller ein Wahlrecht. Die Streitfrage bestand bereits im früheren Recht. Der Gesetzgeber hat sie bei der Einführung des FamFG nicht durch eine Vorrangregelung beantwortet. Daher erscheint es vorzugswürdig, dem Antragsteller die Wahlmöglichkeit einzuräumen.

48 Die **Zuständigkeit für die in § 54 FamFG angesprochenen Änderungsbegehren** ergibt sich aus § 54 Abs. 3 FamFG. Es handelt sich dabei um eine eigenständige Zuständigkeitsregelung, die sich von der des § 50 FamFG für den Erlass der einstweiligen Anordnung unterscheidet. Zuständig ist nach S. 1 idR das Gericht, das die einstweilige Anordnung erlassen hat. Dies gilt auch, wenn diejenigen Umstände, die für die ursprüngliche Zuständigkeitsbegründung maßgeblich waren (zB gewöhnlicher Aufenthalt des Kindes gem. § 152 Abs. 2 FamFG in Kindschaftssachen), sich zwischenzeitlich verändert haben (Anwendung des Grundsatzes „perpetuatio fori" – vgl § 2 Abs. 2 FamFG, § 261 Abs. 3 Nr. 2 ZPO iVm § 113 Abs. 1 FamFG).

49 Wurde jedoch zwischenzeitlich das Verfahren der einstweiligen Anordnung an ein anderes Gericht verwiesen (zB nach § 154 FamFG) oder abgegeben (zB nach § 50 Abs. 2 FamFG oder nach § 153 FamFG), so hat dasjenige Gericht zu entscheiden, bei dem das Verfahren derzeit anhängig ist (S. 2).

50 Eine weitere Ausnahme von der gewöhnlichen Zuständigkeitsregelung des Abs. 3 S. 1 macht Abs. 4 für den Fall, dass das Verfahren der einstweiligen Anordnung in der Beschwerdeinstanz anhängig ist. Dann besteht eine größere Sachnähe des Beschwerdegerichts. Nur dieses entscheidet dann über Änderung oder Aufhebung einer einstweiligen Anordnung, die das erstinstanzliche Gericht erlassen hat. Der Umstand, dass das Hauptsacheverfahren in der Berufungsinstanz anhängig ist, hat jedoch keinen Einfluss auf die Zuständig-

keit betreffend die Änderung der einstweiligen Anordnung (OLG Brandenburg 29.4.2013 – 13 UFH 1/12,MDR 2013, 854). Hat das Beschwerdegericht die einstweilige Anordnung erlassen, so ist gem. § 54 Abs. 3 S. 1 FamFG dieses auch für das Abänderungsverfahren zuständig.

Ausgeschlossen ist die Abänderung begrifflich, nachdem die einstweilige Anordnung außer Kraft getre- 51 ten ist. Erforderlichenfalls ist dann ein neuer Antrag auf Erlass einer einstweiligen Anordnung zu stellen; diese ist dann in einem neuen Verfahren zu behandeln, dessen Zuständigkeit nach Art. 50 Abs. 1 FamFG zu ermitteln ist. Die **Aufhebung** der einstweiligen Anordnung ist nach dem Außerkrafttreten begrifflich aus-geschlossen, infrage kommt im Zweifelsfall die nach § 56 Abs. 3 S. 1 FamFG mögliche gerichtliche Fest-stellung des Außerkrafttretens. Die Entscheidung kann rückwirkend ab dem Zeitpunkt der Geltung der Ausgangsentscheidung erfolgen (Musielak/Borth § 54 FamFG Rn 4; JH/Büte § 54 FamFG Rn 5; differen-zierend: Zöller/Feskorn § 54 FamFG Rn 11; Prütting/Helms/Stößer § 54 FamFG Rn 16; Gießler/Soyka Rn 182).

Das **Gericht entscheidet** über den Abänderungsantrag in gleicher Weise wie über den ursprünglichen An- 52 trag, nämlich in Form des Beschlusses, § 38 Abs. 1 FamFG. Die Entscheidung kann auf (teilweise) Abän-derung, Aufhebung oder Aufrechterhaltung der einstweiligen Anordnung lauten.

Sofern das Gericht ohne mündliche Verhandlung über das Abänderungsbegehren entscheidet, ist in Famili- 53 ensachen durch § 54 Abs. 2 FamFG die Möglichkeit eröffnet, über den Abänderungsantrag erneut aufgrund mündlicher Verhandlung zu befinden.

Gebührenrechtlich gilt das Verfahren über Abänderung oder Aufhebung der ursprünglichen Entscheidung 54 zwar als besonderes Verfahren, § 31 Abs. 2 S. 1 FamGKG. Nach der Vorbemerkung 1.4 zum Gebührenver-zeichnis des FamGKG werden die Gebühren im Verfahren über den Erlass der einstweiligen Anordnung und über deren Aufhebung oder Änderung aber nur einmal erhoben. Gesonderte Gerichtsgebühren entste-hen daher nicht.

X. Rechtsbehelfe

1. Grundsatz der Unanfechtbarkeit

Grundsätzlich geht das Gesetz in § 57 S. 1 FamFG von der Unanfechtbarkeit von Entscheidungen über 55 einstweilige Anordnungen in Familiensachen aus. Den Beteiligten verbleibt dann die Möglichkeit, eine **Entscheidung im Hauptsacheverfahren** (gegebenenfalls durch Antragstellung nach § 52 FamFG) herbei-zuführen und diese notfalls durch das Rechtsmittelgericht überprüfen zu lassen.

Es besteht die Möglichkeit, über § 54 FamFG beim Ausgangsgericht eine **Aufhebung oder Änderung** zu 56 beantragen. Die infolge der Antragstellung erforderliche mündliche Verhandlung hat wegen des Charakters des Eilverfahrens möglichst zügig zu erfolgen. Das OLG München 20.5.2010 – 4 UF 254/10, NJW 2010, 2593) hält die Verfahrensweise, in einer Gewaltschutzsache den Verhandlungstermin erst sechs Wochen nach Eingang des Antrages durchzuführen, für rechtswidrig.

Strittig wird in der Literatur die Frage diskutiert, ob in Unterhaltssachen einem Abänderungsantrag nach 57 § 54 FamFG entsprechend dem § 241 FamFG auch die materiellrechtlichen Wirkungen der verschärften Haftung nach § 818 Abs. 4 BGB beikommen (vgl Schlünder FamRZ 2010, 2038; HK-FamFG/Stockmann § 54 FamFG Rn 17).

Hinsichtlich der Anwaltsgebühren stellt das Abänderungsverfahren – wie im alten Recht – nach § 16 Nr. 5 58 RVG im Verhältnis zum Ausgangsverfahren keine neue Angelegenheit dar (vgl auch Müller-Rabe NJW 2010, 2009).

2. Ausnahmsweise: Statthaftigkeit der Beschwerde

a) Allgemein. Erging die **einstweilige Anordnung aufgrund mündlicher Verhandlung** durch das erstin- 59 stanzliche Gericht, so ist ein Rechtsmittel nur in den in S. 2 genannten Fallgestaltungen gegeben, wenn nämlich das Gericht über einen der in den Rn 49 ff aufgeführten Regelungsbereiche entschieden hat. Im Gegensatz zu den Regelungen des früheren § 620 c ZPO, in denen teilweise unterschieden werden musste, ob die einstweilige Anordnung eine positive Regelung beinhaltet oder einen dementsprechenden Antrag abgewiesen hat, wird jetzt nämlich nur noch darauf abgestellt, dass das Gericht eine Entscheidung getroffen hat.

60 Die in § 57 S. 2 FamFG erwähnte „mündliche Erörterung" setzt einen Termin iSv §§ 32, 157 FamFG voraus, zu dem alle Beteiligten des Verfahrens geladen werden müssen. Nicht erforderlich ist, dass auch alle Beteiligten erschienen sind und zur Sache verhandeln (OLG Frankfurt 16.8.2012 – 5 UF 221/12, FamRZ 2013, 316). Die Durchführung der gesetzlichen Anhörungen (§§ 159, 160 FamFG) reicht für die Erfüllung der Voraussetzungen des § 57 S. 2 FamFG nicht aus (OLG Frankfurt 12.4.2011 – 3 UF 25/11, FamRZ 2012, 571).

61 War **keine mündliche Verhandlung** vorausgegangen, kann gem. § 54 Abs. 2 FamFG beantragt werden, aufgrund mündlicher Verhandlung erneut zu entscheiden. Gegen diese Entscheidung kann dann, wenn von ihr einer der in Rn 62 ff aufgeführten Regelungsbereiche betroffen ist, Beschwerde eingelegt werden. Ferner kann ein Antrag auf Einleitung des Hauptsacheverfahrens gestellt werden mit dem Ziel, eine die einstweilige Anordnung außer Kraft setzende anderweitige Regelung iSv § 56 t Abs. 1 S. 1 FamFG herbeizuführen (vgl HK-FamFG/Stockmann § 54 FamFG Rn 1, § 56 FamFG Rn 8). Bezüglich dieser Möglichkeiten steht den Beteiligten ein Wahlrecht zu (vgl HK-FamFG/Stockmann § 54 FamFG Rn 1; OLG Jena 29.7.2011 – 1 WF 157/11, FamRZ 2012, 54).

62 **b) Beschwerdefähige Regelungsbereiche.** Die einstweilige Anordnung muss betreffen:
– **Die elterliche Sorge für ein Kind**: Es ist ausreichend, wenn eine Teilregelung der elterlichen Sorge betroffen ist, zB die Regelung des Aufenthaltsbestimmungsrechts oder die Übertragung der Entscheidungsbefugnis nach § 1628 BGB. Nicht beschwerdefähig sind Entscheidungen über einstweilige Anordnungen betreffend das Umgangsrecht. Dies gilt auch für die Bestellung eines Umgangspflegers nach § 1684 Abs. 3 S. 3 BGB, weil dieser lediglich der Durchsetzung des Umgangsrechts dient und seine Bestellung entgegen § 1630 Abs. 1 BGB keinen Eingriff in das Sorgerecht mit sich bringt. Dies wird dann besonders deutlich, wenn beide um den Umgang streitenden Elternteile noch gemeinsam sorgeberechtigt sind (vgl OLG Celle 16.12.2010 – 10 UF 253/10, FamRZ 2011, 574).

63 – **Die Herausgabe des Kindes** an den anderen Elternteil: Nach dem OLG Oldenburg (9.11.2010 – 13 UF 90/10, FamRR 2011, 40) ist die Beschwerde in analoger Anwendung auch dann statthaft, wenn die Herausgabe an den Ergänzungspfleger angeordnet wurde. Entgegengesetzt entschied das OLG Saarbrücken (21.12.2012 – 6 UF 416/12, NJW-RR 2013, 711): Eine analoge Anwendung sei nicht gerechtfertigt, weil der Gesetzgeber am 5.12.2012 zwar § 57 FamFG geändert hat, aber keinen Anlass zur Umformulierung von Nr. 2 gesehen habe.

64 – **Einen Antrag auf Verbleib des Kindes bei einer Pflege- oder Bezugsperson**: Diese die §§ 1632 Abs. 4, 1684 BGB betreffende Fallgestaltung hat der Gesetzgeber mit dem FGG mit der Begründung eingefügt, dass Entscheidungen über Verbleibensanordnungen ebenso hart in die persönlichen Verhältnisse des Kindes eingreifen wie die in Rn 63 genannte Fallgestaltung.

65 – **Einen Antrag nach §§ 1, 2 GewSchG.**

66 – **Einen Antrag auf Zuweisung der Ehewohnung** in einer Ehewohnungssache: Ob es hier ausreicht, wenn der Antrag eine Teilzuweisung (zB einzelne Räume der Wohnung) betrifft, ist strittig (bejahend HK-FamFG/Stockmann § 57 FamFG Rn 10; Schulte/Bunert/Weinreich/Schwonberg § 57 FamFG Rn 14; JH/Büte § 57 FamFG Rn 10; verneinend: OLG Nürnberg 16.3.2010 – 7 WF 237/10, NJW-RR 2010, 1662; Thomas/Putzo/Reichold § 57 FamFG Rn 9; Zöller/Feskorn § 57 FamFG Rn 10; Musielak/Borth § 57 FamFG Rn 4).

– **Die Genehmigung der freiheitsentziehenden Unterbringung** gem. § 151 Nr. 6 oder Nr. 7 FamFG: 67
Diese bis dahin sich nicht direkt aus dem Gesetz ergebende Beschwerdemöglichkeit hat der Gesetzgeber seit 1.1.2013 ausdrücklich in § 57 S. 2 FamFG vor Beginn der Aufzählung normiert. Das OLG Naumburg (11.7.2012 – 8 UF 144/12, JAmt 2013, 48) weist darauf hin, dass es bei einer wörtlichen Auslegung der Norm für eine Beschwerde in derartigen Verfahren nicht einmal erforderlich ist, dass die Ausgangsentscheidung aufgrund mündlicher Verhandlung ergangen ist.

3. Beschwerdefrist

Bei einem Antrag auf Erlass einer einstweiligen Anordnung, über den das Amtsgericht entschieden hat, ist   68
– sofern der Regelungsgegenstand die in Rn 62–67 umschriebenen Bereiche betrifft – die Beschwerde nach §§ 58 ff zum Oberlandesgericht (§ 119 Abs. 1 Nr. 1 GVG) zulässig. Es gilt die **verkürzte Beschwerdefrist** nach § 63 Abs. 2 Nr. 1 von **zwei Wochen.**

Dies gilt auch für die Fälle, in denen das Gericht den **Antrag auf Erlass einer einstweiligen Anordnung zurückgewiesen** hat. Dies hat der Gesetzgeber zum 1.1.2013 dadurch klargestellt, dass er die kürzere Frist für alle „Endentscheidungen" im Verfahren der einstweiligen Anordnung vorgesehen hat. Anders ist die Rechtslage zu bewerten, wenn nicht die jeweilige Endentscheidung der einstweiligen Anordnung angegriffen wird, sondern zB der Kostenfestsetzungsbeschluss des Kostenbeamten. Dann besteht kein sachlicher Grund für die Anwendung der verkürzten Beschwerdefrist des § 63 Abs. 2 Nr. 1 FamFG. Gleiches gilt für die Frist des § 56 Abs. 3 S. 2 FamFG (Beschwerde gegen eine Entscheidung, die das Außerkrafttreten der einstweiligen Anordnung feststellt; vgl HK-FamFG/Stockmann § 56 FamFG Rn 17).

4. Abhilfebefugnis des Ausgangsgerichts

Entgegen dem Gesetzeswortlaut in § 68 Abs. 1 S. 2 FamFG besteht eine **Abhilfemöglichkeit** des Ausgangsgerichts (vgl HK-FamFG/Stockmann § 56 FamFG Rn 17; OLG Hamm 30.7.2010 – 10 WF 121/10, NJW 2010, 3246).   69

XI. Kosten und Gebühren

Für den **Gegenstandswert** sieht § 41 FamGKG vor, dass dieser bei der einstweiligen Anordnung in der   70
Regel unter Berücksichtigung der geringeren Bedeutung der Hauptsache zu ermäßigen ist; dies gilt auch für Unterhaltsverfahren (OLG Köln 17.11.2010 – 11 WF 133/10, FamRR 2011, 15). Generell ist wegen der geringeren Anforderungen an die Geltendmachung des Anspruchs sowie des Umstandes, dass eine einstweilige Anordnung keine in Rechtskraft erwachsende Entscheidung über den Unterhaltsanspruch schafft und somit eine Rückforderung gem. § 717 Abs. 2 ZPO in einem Hauptsacheverfahren möglich ist (OLG Celle 5.12.2011 – 10 WF 342/11, NJW 2012, 789), von der Hälfte des für die Hauptsache bestimmten Wertes auszugehen. Das Gericht kann den Gegenstandswert (nach § 55 FamGKG) somit auch höher als den hälftigen Hauptsachewert bemessen, insbesondere dann, wenn die im Verfahren der einstweiligen Anordnung getroffene Regelung das Hauptsacheverfahren überflüssig macht. Der Umstand allein, dass der Antragsteller den „vollen Unterhalt" geltend gemacht hat, rechtfertigt eine Festsetzung auf den Hauptsacheverfahrenswert nicht (OLG Stuttgart 17.11.2010 – 11 WF 133/10, FamRR 2011, 16; OLG Bamberg 7.11.2011 – 2 WF 300/11, das generell auf die Verhältnisse bei Antragstellung der einstweiligen Anordnung abstellt; zu diesem Zeitpunkt könne aber nicht prognostiziert werden, ob das Hauptsacheverfahren ersetzt werde oder nicht; aA OLG Düsseldorf 23.2.2010 – 3 WF 15/10, NJW 2010, 1385).

Das OLG Bamberg (13.5.2011 – 2 WF 102/11, FamRB 2011, 343) hat hingegen für eine einstweilige An-   71
ordnung auf **Verfahrenskostenvorschuss als Verfahrenswert** den verlangten Vorschuss in voller Höhe angesetzt. Das Verfahren der einstweiligen Anordnung mache das Hauptsacheverfahren insoweit regelmäßig obsolet.

Besondere Wertvorschriften enthält das FamGKG u.a. für Kindschaftssachen (§§ 45, 46 FamGKG),   72
Abstammungssachen (§ 47 FamGKG), Ehewohnungs- und Haushaltssachen(§ 48 FamGKG), Gewalt-

schutzsachen (§ 49 FamGKG), Unterhaltssachen (§ 51 FamGKG) und Güterrechtssachen (§ 52 FamGKG). Ansonsten kann auf die Vorschrift über den Auffangwert (§ 42 FamGKG) zurückgegriffen werden.

73 Die **Höhe der Gerichtsgebühren** ergibt sich ausgehend von dem festgesetzten Gegenstandswert in Anwendung der Anlage 2 zum FamGKG.

74 In welchem Umfang **Gebühren anfallen**, ergibt sich aus der Anlage 1 zum FamGKG. Das Gesetz differenziert zwischen einstweiligen Anordnungen in Kindschaftssachen (Nr. 1410 ff) und sonstigen einstweiligen Anordnungen (Nr. 1420 ff).

75 Die **anwaltlichen Gebühren** richten sich nach dem **RVG**. Die gerichtliche Wertfestsetzung nach dem FamGKG gilt nach § 23 Abs. 1 S. 1 RVG auch für die Ermittlung der anwaltlichen Gebühren. Hinsichtlich der anfallenden anwaltlichen Gebühren verbleibt es im gerichtlichen Verfahren bei den bisherigen Gebührentatbeständen Nr. 3100 ff RVG-VV (Anlage 1 zum RVG).

76 Mehrere Verfahren der einstweiligen Anordnung stellen nach der Änderung des § 18 RVG durch das FGG-RG jeweils verschiedene gebührenrechtliche Angelegenheiten dar, so dass der Anwalt für jedes Verfahren gesondert abrechnen kann (Witte FPR 2010, 316).

XII. Verhältnis zum Hauptsacheverfahren

77 Infolge der Verfahrensselbstständigkeit der einstweiligen Anordnung stellt sich jetzt verstärkt die Frage nach dem Verhältnis des Verfahrens der einstweiligen Anordnung zum Hauptsacheverfahren. Hierzu ist folgendermaßen zu differenzieren:

78 (1) Ist bereits ein **deckungsgleiches Hauptsacheverfahren anhängig**, so ist die Frage nach einem Regelungsbedürfnis für ein Verfahren der einstweiligen Anordnung daran festzumachen, ob noch ein Anordnungsgrund besteht (HK-FamFG/Stockmann § 48 FamFG Rn 7). Dieser kann entfallen, wenn die Sachentscheidung in der Hauptsache abgewartet werden kann. Dies kann unter Umständen dann der Fall sein, wenn in einer Kindschaftssache das Gericht nach § 155 Abs. 2 FamFG bereits einen kurzfristigen Termin anberaumt und zudem signalisiert hat, es werde für den Fall, dass in diesem Termin keine Einigung erzielt werden kann, gem. § 156 Abs. 3 S. 1 FamFG gegebenenfalls von Amts wegen selbst eine einstweilige Anordnung erlassen. Eine streitige Hauptsacheentscheidung in einer Sorgerechtssache wird jedoch wegen der Verpflichtung des Gerichts, den Sachverhalt umfassend aufzuklären und gegebenenfalls Sachverständigengutachten einzuholen, kaum innerhalb kurzer Zeit möglich sein (so auch Elden NJW-Spezial, 2011, 708).

79 (2) Ist ein **Hauptsacheverfahren noch nicht anhängig**, unterliegt es der freien Entscheidung des Antragstellers, ob er sein Begehren in einem Hauptsacheverfahren oder in einem Verfahren der einstweiligen Anordnung verfolgt.

80 (3) Ein bereits **anhängiges Verfahren der einstweiligen Anordnung** lässt gleichermaßen wie eine in einem solchen Verfahren ergangene Entscheidung das Rechtsschutzbedürfnis für ein Hauptsacheverfahren nicht entfallen (OLG München 4.10.2011 – 2 WF 1551/11, FamRZ 2012, 391; Vogel FF 2011, 196, 198; Bömelburg FF 2011, 355; restriktiver aber: Viefhues jurisPR-FamR Nr. 23/ 2011, Anm. 2). Die einstweilige Anordnung trifft nämlich aufgrund einer summarischen Prüfung nur eine vorläufige Regelung, die keine rechtskräftige Entscheidung über den Anspruch darstellt und einer nachträglichen Feststellung im Hauptsacheverfahren nicht im Wege steht. Sie schafft lediglich eine Vollstreckungsmöglichkeit, jedoch keinesfalls – in vermögensrechtlichen Angelegenheiten – einen Rechtsgrund zum Behaltendürfen der durch sie empfangenen Leistung (BGH 29.5.1991 – XII ZR 157/90, FamRZ 1991, 1175). Durch § 52 FamFG, der ein Recht auf nachträgliche Einleitung des Hauptsacheverfahrens gewährt, hat der Gesetzgeber dieses Verhältnis für das neue Recht nochmals herausgehoben. In Gewaltschutzverfahren, in denen sich die Frage nach der materiellen Rechtskraft nicht stellt, dürfte es jedoch als mutwillig anzusehen sein, wenn neben einem Antrag auf einstweilige Anordnung ein inhalts- und zeitgleicher Hauptsacheantrag gestellt wird (OLG Frankfurt 7.7.2011 – 3 WF 150/11, FamRZ 2012, 144).

Daher ist es nicht statthaft, das Rechtsschutzbedürfnis für ein deckungsgleiches Hauptsacheverfahren pauschal unter Hinweis auf die Regelung der einstweiligen Anordnung zu verneinen. Dies gilt – wegen der gebotenen Gleichstellung von Bemittelten und Unbemittelten – auch für Verfahren, für die VKH begehrt wird.

87. Elterliches Sorgerecht

Seebach

I. Allgemeines/Grundsätze	1
1. Rechtsnatur	1
2. Teilbereiche	2
3. Beginn und Ende	3
4. Wächteramt	4
II. Ausübung der elterlichen Sorge	5
1. Allgemeines	5
2. Kindeswohlprinzip	8
a) Allgemeines	8
b) Bedeutung	9
3. Getrennt lebende Eltern	10
a) Allgemeines	10
b) Sorgerechtsübertragungen	11

c) Angelegenheiten des täglichen Lebens	14
4. Nichteheliche Väter	15
5. Stiefelternteil – „kleines Sorgerecht"	19
6. Tod eines Elternteils	20
III. Verfahren	23
1. Hinwirken auf Einvernehmen	23
2. Vergleiche	25
3. Beschleunigungsgebot	26
4. Verbund	27
5. Stellung des Jugendamts	28
6. Kindesanhörung	29
7. Verfahrensbeistand	31
8. Sachverständiger	35

I. Allgemeines/Grundsätze

1. Rechtsnatur

1 Die **elterliche Sorge** meint die Gesamtheit der Rechtsbeziehungen zwischen Eltern und ihren minderjährigen Kindern. Sie wird materiellrechtlich geregelt in §§ 1626 ff BGB und ist **Ausfluss des verfassungsrechtlich garantierten und geschützten Elternrechts** (HK-FamR/Schmid § 1626 BGB Rn 1) gem. Art. 6 Abs. 2 S. 1 GG (NK-BGB/Rakete-Dombek § 1626 BGB Rn 1). Sie ist höchstpersönliches und unverzichtbares Recht, kann jedoch zur Ausübung in Teilbereichen auch auf dritte Personen übertragen werden (Maier in: FormFamR § 6 Rn 34). Die elterliche Sorge ist absolutes Recht sowie Pflichtrecht der Eltern, die diese zum **Schutz und Wohl des Kindes** auszuüben haben (NK-BGB/Rakete-Dombek § 1626 BGB Rn 2).

2. Teilbereiche

2 Die elterliche Sorge (NK-BGB/Rakete-Dombek § 1626 BGB Rn 10; HK-FamR/Schmid § 1626 BGB Rn 3) gliedert sich in die Bereiche der **Personensorge** (s. → *Personensorge*) sowie der **Vermögenssorge** (s. → *Vermögenssorge*; HK-FamR/Schmid § 1626 BGB Rn 1). Unter bestimmten rechtlichen (s. → *Ruhen der elterlichen Sorge* Rn 4) oder tatsächlichen (s. → *Ruhen der elterlichen Sorge* Rn 11) Voraussetzungen tritt das **Ruhen der elterlichen Sorge** ein (NK-BGB/Rakete-Dombek § 1626 BGB Rn 8 f).

Die Regelung des § 151 Nr. 1 FamFG betrifft die Verfahren der elterlichen Sorge (HK-FamGKG/Volpert Nr. 1310 KV Rn 10).

3. Beginn und Ende

3 Gem. § 1626 BGB haben die Eltern (NK-BGB/Rakete-Dombek § 1626 BGB Rn 4) die Pflicht und das Recht, für das minderjährige Kind zu sorgen (HK-FamR/Schmid § 1626 BGB Rn 3). Nach § 1626 a BGB steht bei nicht verheirateten Eltern die elterliche Sorge grundsätzlich der Mutter zu (s. → *Sorgeerklärungen* Rn 1 ff). Die elterliche Sorge beginnt mit der **Geburt des Kindes** (NK-BGB/Rakete-Dombek § 1626 BGB Rn 5) und endet mit dessen Volljährigkeit oder Tod (NK-BGB/Rakete-Dombek § 1626 BGB Rn 6). Ein weiterer Grund für ein **Ende der elterlichen Sorge** im Bereich des Kindes ist dessen Adoption gem. § 1755 BGB (HK-FamR/Schmid § 1626 BGB Rn 3). Durch Heirat eines minderjährigen Kindes endet die elterliche Sorge nicht (s. → *Personensorge* Rn 18).

Hinsichtlich der Eltern endet das Sorgerecht mit dem Tod des sorgeberechtigten Elternteils (s. → *Ruhen des Sorgerechts* Rn 7), einer Sorgerechtsübertragung gem. §§ 1671, 1672 BGB (s. → *Elternvereinbarungen* Rn 8), der Adoption des minderjährigen Kindes gem. § 1722 BGB oder dem Entzug der elterlichen Sorge gem. § 1666 BGB (NK-BGB/Rakete-Dombek § 1626 BGB Rn 7).

4. Wächteramt

Unter bestimmten strengen Voraussetzungen hat der **Staat** das Recht und die Pflicht, in das verfassungs- **4** rechtlich verankerte Recht der Eltern einzugreifen (HK-BGB/Kemper § 1626 BGB Rn 2). Insbesondere unter den Voraussetzungen der §§ 1666, 1666 a BGB wegen drohender oder bestehender Kindeswohlgefährdung kann den Eltern die elterliche Sorge unter Wahrnehmung des staatlichen **Wächteramtes** entzogen werden (s. → *Kindeswohlgefährdung* Rn 1). Grundsätzlich ist der Elternverantwortung jedoch Vorrang einzuräumen vor staatlichen Eingriffen (HK-FamR/Schmid § 1626 BGB Rn 2; § 1627 BGB Rn 1).

II. Ausübung der elterlichen Sorge

1. Allgemeines

Als natürliches Elternrecht steht die Pflege und Erziehung der Kinder unter dem besonderen Schutz des **5** Staates (HK-FamR/Schmid § 1626 BGB Rn 23). Den Eltern kommt ein **Abwehrrecht** gegenüber dem Staat zu. Der Staat wiederum hat sein sogenanntes **Wächteramt** wahrzunehmen zum Schutz und Wohl der minderjährigen Kinder (HK-FamR/Schmid § 1626 BGB Rn 2; s. → *Kindeswohlgefährdung* Rn 1). Das **Kindeswohl ist der zentrale Begriff** des Kindschaftsrechts und damit auch des Sorgerechts (NK-BGB/Rakete-Dombek § 1627 BGB Rn 6).

Die elterliche Sorge wird hierbei gem. § 1626 BGB den verheirateten Eltern zugewiesen, die gem. § 1627 **6** BGB gleichberechtigt nebeneinander stehen (HK-BGB/Kemper § 1627 BGB Rn 2). Die gesetzliche Vertretung regelt § 1629 BGB (s. → *Gesetzliche Vertretung Minderjähriger*). Der Gesetzgeber geht davon aus, dass die einverständliche Ausübung der gemeinschaftlichen elterlichen Sorge dem Kindeswohl am besten dient. In Notfällen und im Bereich der täglichen Angelegenheiten (§ 1687 BGB) kann ein Elternteil alleine die elterliche Sorge ausüben (s. Rn 14). Grundsätzlich haben die Eltern ein Einvernehmen untereinander herzustellen (NK-BGB/Rakete-Dombek § 1627 BGB Rn 1).

Bei Meinungsverschiedenheiten der Eltern kann gem. § 1628 BGB das Familiengericht auf Antrag tätig **7** werden, wobei § 1628 BGB nur bei Angelegenheiten von erheblicher Bedeutung (s. → *Meinungsverschiedenheiten der Sorgeberechtigten* Rn 3) eingreift, während bei Streitigkeiten betreffend alltägliche Angelegenheiten keine Regelung besteht (NK-BGB/Rakete-Dombek § 1627 BGB Rn 7).

2. Kindeswohlprinzip

a) Allgemeines. Die Norm des § 1697 a BGB bestimmt das **Kindeswohlprinzip** (NK-BGB/Rakete- **8** Dombek § 1666 BGB Rn 9, § 1627 BGB Rn 6) als allgemeinen und einzig entscheidenden Entscheidungsgesichtspunkt im Bereich der elterlichen Sorge, soweit nicht bereits in einzelnen Verfahrensvorschriften auf gerade dieses Kindeswohlprinzip abgestellt wurde (NK-BGB/Harms § 1697 a BGB Rn 1 f).

b) Bedeutung. Der Begriff des Kindeswohls ist vom Gesetzgeber nicht klar definiert und daher für jeden **9** Einzelfall und unter Berücksichtigung der Bedürfnisse des Kindes zu entwickeln. Insoweit wurden von der Rechtsprechung und der Literatur **zahlreiche Kriterien** entwickelt (s. → *Aufenthaltsbestimmung bei Minderjährigen* Rn 9).

3. Getrennt lebende Eltern

a) Allgemeines. Eltern, denen die **elterliche Sorge gemeinsam** zusteht, behalten vom Grundsatz die ge- **10** meinsame Sorge auch nach Trennung bzw Scheidung bei (HK-FamR/Schmid § 1671 BGB Rn 1). Die Norm des § 1671 BGB unterscheidet insoweit nicht zwischen verheirateten oder nicht verheirateten Eltern. Wird kein Antrag vor Gericht gestellt, ob im Scheidungsverbund oder als isoliertes Verfahren, so ergeht hinsichtlich der elterlichen Sorge keine gerichtliche Entscheidung. Auch eine Einigung der Eltern im Bereich der elterlichen Sorge (s. → *Elternvereinbarungen* Rn 2 ff) bedarf grundsätzlich einer gerichtlichen Entscheidung (HK-FamR/Schmid § 1671 BGB Rn 2).

11 **b) Sorgerechtsübertragungen.** Die Eltern können **einvernehmlich** ohne Prüfung durch Behörden oder Gerichte gem. § 1671 Nr. 1 BGB die elterliche Sorge oder auch Teilbereiche der elterlichen Sorge auf einen Elternteil alleine übertragen (s. → *Elternvereinbarungen*).

12 Treffen die Eltern **keine einvernehmliche Regelung**, so kann ein Elternteil einen Antrag auf Übertragung der alleinigen elterlichen Sorge oder von Teilbereichen der elterlichen Sorge gem. § 1671 Nr. 2 BGB stellen (HK-FamR/Schmid § 1671 BGB Rn 1). Es erfolgt eine gerichtliche Prüfung nach **Kindeswohlgesichtspunkten** (s. Rn 8). Dies hat zur Konsequenz, dass einem Elternteil die elterliche Sorge alleine übertragen und dem anderen entsprechend entzogen wird (s. → *Entzug der elterlichen Sorge* Rn 11).

Eine neue Regelung im Hinblick auf nichteheliche Väter findet sich in § 1671 Abs. 2 BGB, wonach für den Fall des § 1626 Abs. 3 BGB unter den gegebenen Voraussetzungen die elterliche Sorge alleine auf den nichtehelichen Vater zu übertragen ist. Es hat eine positive Kindeswohlprüfung zu erfolgen (s. Rn 18).

13 Abzugrenzen ist die Norm des § 1671 BGB von bloßen **Meinungsverschiedenheiten**, die über § 1628 BGB zu regeln sind (s. → *Meinungsverschiedenheiten der Sorgeberechtigten*).

14 **c) Angelegenheiten des täglichen Lebens.** Gem. § 1687 BGB ist auch bei getrennt lebenden Eltern, denen die elterliche Sorge gemeinsam zusteht, bei Entscheidungen von erheblicher Bedeutung für das Kind (s. → *Meinungsverschiedenheiten der Sorgeberechtigten* Rn 3) gegenseitiges Einvernehmen erforderlich (NK-BGB/Peschel-Gutzeit § 1687 BGB Rn 6). In Angelegenheiten des täglichen Lebens kommt dem betreuenden Elternteil eine Alleinentscheidungsbefugnis zu (NK-BGB/Peschel-Gutzeit § 1687 BGB Rn 7). Insoweit vertritt dieser Elternteil das Kind wirksam nach außen (s. → *Gesetzliche Vertretung Minderjähriger* Rn 20). Diese Alleinentscheidungsbefugnis kommt auch dem Umgang ausübenden Elternteil zu (NK-BGB/Kaiser § 1629 BGB Rn 32). Ziel dieser Vorschrift ist eine Konfliktvermeidung der Elternteile (NK-BGB/Peschel-Gutzeit § 1687 BGB Rn 4). Der andere Elternteil hat insoweit jeweils einen Auskunftsanspruch (s. → *Auskunft über persönliche Verhältnisse des Kindes* Rn 1).

4. Nichteheliche Väter

15 Die Vorschrift des § 1626 a BGB regelt die elterliche Sorge **nicht miteinander verheirateter Eltern**. Bei fehlender Sorgeerklärung (s. → *Sorgeerklärung*) tritt grundsätzlich die alleinige elterliche Sorge der Kindesmutter gem. § 1626 a Abs. 2 BGB ein. Mit Heirat der Eltern ändert sich insoweit die Sorgerechtslage (NK-BGB/Rakete-Dombek § 1626 a BGB Rn 1).

Die zum 1.7.1998 in Kraft getretene ursprüngliche Gesetzesfassung war jedoch mit Art. 6 Abs. 2 GG unvereinbar und daher verfassungswidrig (BVerfG 21.7.2010 – 1 BvR 420/09, NJW 2010, 3008). Der Kindesvater eines nichtehelichen Kindes war nämlich sowohl hinsichtlich der Abgabe einer Sorgeerklärung gem. § 1626 a BGB als auch hinsichtlich der Erlangung der gemeinsamen elterlichen Sorge gem. § 1672 BGB auf die **Mitarbeit und die Zustimmung der Kindesmutter** angewiesen (s. → *Sorgeerklärungen* Rn 14). Gegen deren Willen war eine gemeinsame oder gar alleinige elterliche Sorge auch nicht über ein gerichtliches Verfahren zu erlangen. Allenfalls über ein Verfahren nach § 1666 BGB konnte der nichteheliche Vater das Sorgerecht oder Teile hiervon erlangen (BVerfG 21.7.2010 – 1 BvR 420/09, NJW 2010, 3008 Rn 32). Indes ist § 1666 BGB kein Maßstab für eine gerichtliche Entscheidung in elterlichen Konfliktsituationen. In Ermangelung einer gesetzlichen Regelung hatte das Bundesverfassungsgericht für eine **Übergangszeit** Kriterien dahin gehend aufgestellt, dass sowohl § 1626 a BGB als auch § 1672 BGB **verfassungskonform anzuwenden** sind.

16 Demnach verblieb es bei fehlender Sorgeerklärung bei der gesetzlichen Regelung, wonach die Kindesmutter gem. § 1626 a BGB die alleinige elterliche Sorge erhält.

Hieran hat sich grundsätzlich durch das am 19.5.2013 in Kraft getretene Gesetz zur Reform der elterlichen Sorge nicht miteinander verheirateter Eltern nichts geändert. Mit Geburt des Kindes erlangt die Kindsmutter auch weiterhin zunächst die alleinige elterliche Sorge (§ 1626 a Abs. 3 BGB). Allerdings wurde die elterliche Sorge nunmehr in wesentlichen Bereichen neu geregelt.

Seebach

Bislang galten die vom Bundesverfassungsgericht aufgestellten Kriterien. Stellte demnach ein nicht sorge- **17** berechtigter Elternteil einen Antrag auf **gemeinsame elterliche Sorge** oder auf gemeinsame Sorge in Teilbereichen, so entschied das Gericht über **entsprechende Anwendung des § 1626 a BGB** antragsgemäß, soweit dies dem Kindeswohl nicht widersprach (gemeinsame elterliche Sorge).

Nach Inkrafttreten des **Gesetzes zur Reform der elterlichen Sorge nicht miteinander verheirateter El-** **18** **tern** hat mit Geburt des Kindes die nicht verheiratete Kindsmutter die alleinige elterliche Sorge inne (Rn 16). Nunmehr kann jedoch der nichteheliche Vater die gemeinsame elterliche Sorge gem. § 1626 a Abs. 2 BGB oder aber auch die alleinige elterliche Sorge gem. § 1671 Abs. 2 BGB für das gemeinsame Kind beim Familiengericht beantragen, wenn er der Meinung ist, dass dies aus seinem Blickwinkel am besten ist. Ziel der Neuregelung ist **grundsätzlich die gemeinsame elterliche Sorge** zu ermöglichen, wenn diese dem Kindeswohl nicht entgegensteht.

Im gerichtlichen Verfahren – geregelt in § 155 a FamFG – erhält die Kindsmutter Gelegenheit zur Stellungnahme, wobei ihr eine Frist eingeräumt wird, die frühestens sechs Wochen nach der Geburt endet (§ 155 a Abs. 2 FamFG). Das Gericht soll sodann in einem **beschleunigten, lediglich schriftlichen Verfahren** entscheiden, wobei eine Anhörung des Jugendamtes oder eine persönliche Anhörung der Eltern entbehrlich sind, sofern die Mutter entweder gar nicht Stellung nimmt oder die Gründe, die sie gegen die gemeinsame Sorge vorträgt, mit dem Kindeswohl nicht in Zusammenhang stehen bzw keine Gründe sind, die der Übertragung entgegenstehen können. Es soll demnach eine **gesetzliche Vermutung** bestehen, dass die gemeinsame elterliche Sorge dem Kindeswohl nicht widerspricht (§ 1626 a Abs. 2 BGB). Es findet eine **negative Kindeswohlprüfung** statt, dh, dass die gemeinsame elterliche Sorge anzuordnen ist, wenn diese dem Kindeswohl nicht widerspricht. Konsequenterweise findet in diesen Fällen eine Kindesanhörung nicht statt.

Im Hinblick auf die alleinige elterliche Sorge des Kindsvaters muss diese gem. § 1671 Abs. 2 Nr. 2 BGB dem Kindeswohl am besten entsprechen (**positive Kindeswohlprüfung**).

In besonders gelagerten Ausnahmefällen soll das Gericht das „normale Verfahren" wählen, dh unter Beteiligung und Stellungnahme des Jugendamtes und unter persönlicher Anhörung der Beteiligten, ggf auch Beiordnung eines Verfahrensbeistandes sowie Erholung eines Sachverständigengutachtens. Dies gilt auch und gerade dann, wenn unabhängig davon, ob die Kindsmutter eine Stellungnahme abgibt, dem Gericht Gründe ersichtlich sind, die gegen die Anordnung einer gemeinsamen elterlichen Sorge sprechen.

Es ist zu vermuten, dass das neue Verfahrensrecht im Hinblick auf das Sorgerecht nichtehelicher Väter in der Praxis zu unterschiedlichen Handhabungen an den Familiengerichten führen wird. Das Gericht ist grundsätzlich in der Wahl des Verfahrens frei und kann die Stellungnahme des Jugendamtes in Zweifelsfällen erholen sowie einen Termin zur mündlichen Verhandlung bestimmen. Jedoch geht die Wertung des Gesetzgebers nach dem Wortlaut des Gesetzes eindeutig in Richtung eines **grundsätzlich schriftlichen beschleunigten Verfahrens**.

5. Stiefelternteil – „kleines Sorgerecht"

Gem. § 1687 b BGB hat der Ehegatte eines allein sorgeberechtigten Elternteils ein sogenanntes „**kleines** **19** **Sorgerecht**". Die relativ neue Vorschrift wurde – hinsichtlich der sich wandelnden gesellschaftlichen Verhältnisse – eingeführt mit dem Ziel, der neuen sozialen Familie mit Stiefelternteil das Zusammenleben zu erleichtern (NK-BGB/Ring/Olsen-Ring § 9 LPartG Rn 2). Voraussetzung ist insoweit ein allein sorgeberechtigter Elternteil, eine neue Ehe sowie ein einvernehmliches Handeln, welches zur Mitentscheidung in Angelegenheiten des täglichen Lebens berechtigt (NK-BGB/Peschel-Gutzeit § 1687 b BGB Rn 1). Über § 1687 b Abs. 2 BGB kommt dem Stiefelternteil bei Gefahr in Verzug zum Wohl des Kindes eine Berechtigung zu, Rechtshandlungen vorzunehmen (s. → *Gesetzliche Vertretung Minderjähriger* Rn 14).

Der Stiefelternteil verliert die Befugnisse bei Begründung gemeinsamer elterlicher Sorge der Kindeseltern für das „Stiefkind" (s. → *Gesetzliche Vertretung Minderjähriger* Rn 15). Über § 9 LPartG gilt die Mitentscheidungsbefugnis auch im Rahmen einer Lebenspartnerschaft.

6. Tod eines Elternteils

20 Gem. § 1680 Abs. 1 BGB steht bei Tod eines Elternteils (s. → *Ruhen der elterlichen Sorge* Rn 7) die elterliche Sorge dem überlebenden Elternteil alleine zu, wenn zuvor die gemeinsame elterliche Sorge bestand (NK-BGB/Kleist § 1680 BGB Rn 2).

21 Bestand gem. § 1671 BGB oder dem nunmehr aufgehobenen § 1672 BGB alleinige elterliche Sorge des verstorbenen Elternteils, so war bisher die elterliche Sorge dem überlebende Elternteil zu übertragen, wenn dies dem Kindeswohl nicht widersprach (s. → *Ruhen der elterlichen Sorge* Rn 7; NK-BGB/Kleist § 1680 BGB Rn 3). Dies galt – entgegen dem Wortlaut des Abs. 2 S. 2 – auch für den Fall, dass die Mutter gem. § 1626 a BGB alleine sorgeberechtigt war und der Vater die elterliche Sorge über einen längeren Zeitraum tatsächlich wahrgenommen hat (BVerfG 20.10.2008 – 1 BvR 2275/08, FamRZ 2008, 2185; OLG Bamberg 14.1.2011 – 2 UF 204/10, FamRZ 2011, 1072). In den übrigen Fällen fand eine sogenannte positive Kindeswohlprüfung statt (Wortlaut der Norm).

Nunmehr – nach dem Inkrafttreten des Gesetzes zur Reform der elterlichen Sorge nicht mit einander verheirateter Eltern zum 19.5.2013 – wird in Fällen des Versterbens einer allein sorgeberechtigten Mutter das Familiengericht dem Vater die alleinige elterliche Sorge übertragen, wenn eine **negative Kindeswohlprüfung** ergibt, dass die Übertragung der elterlichen Sorge auf den Vater dem Wohl des Kindes nicht widerspricht. Eine **positive Kindeswohlprüfung** findet gerade nicht mehr statt.

22 War die elterliche Sorge dem überlebenden Elternteil gem. §§ 1666, 1666 a BGB entzogen, so kann der überlebende Elternteil allenfalls über § 1696 BGB die elterliche Sorge erlangen (NK-BGB/Kleist § 1680 BGB Rn 5 f).

III. Verfahren

1. Hinwirken auf Einvernehmen

23 Gem. § 156 FamFG wirkt das Familiengericht in jedem Stadium des Verfahrens hin auf ein mögliches **Einvernehmen der Beteiligten** (Grabow in: VerfFamR § 3 Rn 116). Grenze ist hierbei wiederum das Kindeswohl. Der Gesetzgeber geht aber im Grundsatz gerade davon aus, dass eine einvernehmliche Lösung dem Kindeswohl am besten entspricht (HK-FamFG/Völker/Clausius § 156 FamFG Rn 1).

24 Eine Neuerung des FamFG liegt unter anderem auch darin, dass das Gericht die Teilnahme der Eltern an einer **Beratung oder Mediation anordnen** kann (HK-FamFG/Völker/Clausius § 156 FamFG Rn 1). Diese Anordnung erfolgt durch nicht anfechtbaren gerichtlichen Beschluss (Heiß in: MandatFamR Teil 4 Rn 16). Folgen die Beteiligten der Anordnung nicht, ist der gerichtliche Beschluss nicht durchsetzbar oder vollstreckbar, allerdings können Kostenfolgen die Beteiligten treffen, § 81 Abs. 2 FamFG. Diese Anordnungen erfolgen in der gerichtlichen Praxis eher selten, da eine freiwillige – nicht durch Beschluss angeordnete – Teilnahme an einer Beratung erfolgversprechender erscheint und das gerichtliche Hinwirken auf eine derartige Teilnahme in der Regel auch ohne Beschluss erfolgreich sein wird.

2. Vergleiche

25 Grundsätzlich sind Vergleiche und Vereinbarungen auch im Bereich der elterlichen Sorge möglich (Grabow in: VerfFamR § 3 Rn 105, 120). Dies ergibt sich eben gerade aus § 156 FamFG (Heiß in: MandatFamR Teil 4 Rn 17). Nicht alle Bereiche sind jedoch Vergleichen zugänglich (s. → *Elternvereinbarungen* Rn 2 ff). Auch über den Aufenthaltsort des Kindes können sich die Eltern vereinbaren (s. → *Aufenthaltsbestimmung bei Minderjährigen* Rn 17).

3. Beschleunigungsgebot

26 Das **Beschleunigungsgebot** gem. § 155 FamFG ist zu beachten. Ziel ist hierbei die besondere Wahrung des Kindeswohls (HK-FamFG/Völker/Clausius § 155 FamFG Rn 3). Im Bereich der Kindschaftssachen erlangt dieser Grundsatz Bedeutung in Umgangsverfahren sowie Verfahren betreffend den **Aufenthalt des Kindes**

und gilt ferner in Verfahren betreffend die **Herausgabe des Kindes** sowie Verfahren wegen **Kindeswohlgefährdung** (Grabow in: VerfFamR § 3 Rn 74). Auch dieser Grundsatz der Verfahrensbeschleunigung wird durch das Kindeswohl begrenzt (HK-FamFG/Völker/Clausius § 155 FamFG Rn 4).

4. Verbund

Gem. § 137 Abs. 1 FamFG ist über Scheidung und Folgesachen zusammen zu verhandeln und zu entscheiden (Ebert in: VerfFamR § 13 Rn 74). Gem. § 137 Abs. 3 FamFG sind Kindschaftssachen Folgesachen (Garbe in: VerfFamR § 2 Rn 147), wenn ein Ehegatte vor Schluss der mündlichen Verhandlung im ersten Rechtszug die **Einbeziehung in den Verbund** beantragt (HK-FamFG/Kemper § 137 FamFG Rn 32). Hieraus folgt, dass die **Zweiwochenfrist** des § 137 Abs. 2 FamFG in Verfahren der elterlichen Sorge gerade **nicht gilt** (Heiß in: MandatFamR Teil 4 Rn 11). Ferner ist das Gericht an den Antrag im Verbund nicht gebunden für den Fall, dass es eine Einbeziehung aus Gründen des Kindeswohls nicht für sachgerecht hält (Maier in: FormFamR § 6 Rn 177). Eine Abtrennung der Folgesache elterliche Sorge wurde erleichtert (Heiß in: MandatFamR Teil 4 Rn 12). 27

5. Stellung des Jugendamts

Das Jugendamt ist anzuhören, eine Gelegenheit zur Stellungnahme ist dem Amt einzuräumen (HK-FamFG/Völker/Clausius § 155 FamFG Rn 9). Auf **Antrag wird das Jugendamt Beteiligter** (Grabow in: VerfFamR § 3 Rn 5). Erfolgt keine eigene Antragstellung durch das Jugendamt, wird die Anhörung hiervon nicht berührt. Dem Jugendamt kommt ein **eigenes Beschwerderecht** zu (Heiß in: MandatFamR Teil 4 Rn 26; Grabow in: VerfFamR § 3 Rn 90). 28

Eine weitreichende sowie **frühzeitige Einbeziehung** des Jugendamts in Verfahren der elterlichen Sorge ist sinnvoll und gängige Praxis. In einer nicht unbedeutenden Anzahl von Verfahren sind die beteiligten Familien dem Amt bereits bekannt. Ohnehin ist es für viele Beteiligte sinnvoll und kostengünstiger, vor der Inanspruchnahme des Familiengerichts die Hilfen und Beratungsmöglichkeiten der Jugendämter in Anspruch zu nehmen (Heiß in: MandatFamR Teil 4 Rn 27). Hierauf weist das Gericht auch gem. § 156 Abs. 1 S. 2 FamFG hin. Insoweit haben die Beteiligten eine Mitwirkungspflicht. Eine derartige Anordnung des Gerichts ist nicht vollstreckbar, kann aber Kostenpflichten auslösen gem. § 81 FamFG.

6. Kindesanhörung

Das Gericht hat das Kind gem. § 159 FamFG anzuhören und sich auf diese Art und Weise einen **persönlichen Eindruck** zu verschaffen (Grabow in: VerfFamR § 3 Rn 106). Das Kind wird hierbei sein subjektives Interesse, seinen Kindeswillen, in das Verfahren einbringen können. Ein beigeordneter **Verfahrensbeistand** (s. Rn 31) ist bei der Anhörung zu beteiligen. Eine notwendige unterbliebene Anhörung stellt einen schwerwiegenden Verfahrensfehler dar. Dies gilt jedenfalls für den Bereich der Personensorge. Hinsichtlich der Vermögenssorge kann leichter von einer Anhörung abgesehen werden (s. → *Verfahrensbeistand* Rn 25). 29

Natürlich ist die durchzuführende Anhörung abhängig von Alter und Entwicklungsstand des Kindes (HK-FamR/Schulz/Hauß Einl. Rn 106). Das Gesetz sieht zwingend die Anhörung eines Kindes, das das **14. Lebensjahr** vollendet hat (HK-ZPO/Kemper § 159 FamFG Rn 4), vor. § 156 Abs. 2 FamFG regelt die Fälle der **Anhörung jüngerer Kinder**. Letztlich wird in Fällen der elterlichen Sorge eine Anhörung nur aus schwerwiegenden Gründen unterbleiben können. Ab einem Alter von ca. drei bis vier Jahren ist eine Anhörung durch das Gericht auch grundsätzlich möglich (HK-FamFG/Völker/Clausius § 159 FamFG Rn 1; Grabow in: VerfFamR § 3 Rn 107). 30

7. Verfahrensbeistand

Dem Kind ist nach § 158 FamFG ein Verfahrensbeistand zu bestellen (Heiß in: MandatFamR Teil 4 Rn 21 f; Grabow in: VerfFamR § 158 Rn 20). Eine Ausnahme stellt § 1671 Nr. 1 BGB bei Einigkeit der Eltern dar (s. → *Elternvereinbarungen* Rn 8 ff). Eine unterbliebene Beiordnung stellt einen schwerwiegen- 31 den Verfahrensmangel dar (HK-FamFG/Völker/Clausius § 158 FamFG Rn 4 f). Der Verfahrensbeistand ist über eine Kindesanhörung durch das Gericht zu informieren (NK-BGB/Rakete-Dombek § 1671 BGB Rn 35). Grundsätzlich hat die **Anhörung in Anwesenheit des Verfahrensbeistands** zu erfolgen (Grabow in: VerfFamR § 3 Rn 98).

Jedem Kind kann hierbei ein eigener Verfahrensbeistand beigeordnet werden. In Einzelfällen, sehr kinderreichen Familien und sehr umfangreichen Verfahren, kann dies mitunter sinnvoll sein.

32   Strittig ist teilweise der **Aufgabenbereich des Verfahrensbeistands**. Gem. § 158 Abs. 4 FamFG hat er das **Interesse des Kindes** festzustellen und im gerichtlichen Verfahren zum Ausdruck zu bringen (HK-FamFG/Völker/Clausius § 158 FamFG Rn 17). Teilweise wird die Ansicht vertreten, dass hier rein subjektive Kindesinteressen, dh der zum Ausdruck gebrachte Kindeswille gemeint sei. Diese Ansicht ist abzulehnen. Maßstab der Stellungnahme des Verfahrensbeistands muss das **objektive Kindesinteresse**, demnach das Kindeswohl sein (Grabow in: VerfFamR § 3 Rn 98). Das Kindeswohl ist einzig ausschlaggebendes Kriterium in Sorgerechtsverfahren.

33   Je nach Alter des Kindes hat der Verfahrensbeistand das Kind über die Entwicklung und den **Stand des Verfahrens** zu informieren. Der Wille des Gesetzgebers, einer einvernehmlichen Lösung den Vorrang einzuräumen, wird auch in § 158 Abs. 4 FamFG deutlich, wonach bei Beiordnung mit erweitertem Wirkungskreis der Verfahrensbeistand ebenfalls auf eine **einvernehmliche Lösung** hinzuarbeiten hat (HK-FamFG/Kemper Einl. Rn 10; HK-FamFG/Völker/Clausius § 158 FamFG Rn 18).

34   Der Verfahrensbeistand kann ein **eigenes Rechtsmittel** einlegen, § 158 Abs. 4 S. 5 FamFG. Er ist **nicht gesetzlicher Vertreter** des Kindes, § 158 Abs. 4 S. 6 FamFG.

8. Sachverständiger

35   In Verfahren betreffend die elterliche Sorge wird grundsätzlich vor gerichtlicher Entscheidung ein Sachverständigengutachten durch einen geeigneten Sachverständigen einzuholen sein (s. → *Entzug der elterlichen Sorge* Rn 18). Dies muss jedenfalls dann gelten, wenn in verfassungsrechtlich garantierte Elternrechte eingegriffen wird. Das Gericht wird aufgrund der Erheblichkeit des Eingriffs eine vollumfängliche Sachaufklärung unter Einbindung sämtlicher Erkenntnisquellen durchzuführen haben.

88. Elterngeld

Conradis

I. Einführung 1
II. Gesetzliche Regelung des Elterngeldes 3
  1. Berechnung des Elterngeldes 3
  2. Ermittlung des Einkommens, welches der
     Berechnung zugrunde gelegt wird 7
  3. Anrechnung von anderen Leistungen 11

  4. Bezugszeitraum 14
III. Verhältnis des Elterngeldes zu anderen Leistungen 16
IV. Berücksichtigung des Elterngeldes beim Unterhalt 17

I. Einführung

Das Elterngeld löste zum 1.1.2007 das Erziehungsgeld ab. Der Funktion nach ist das Elterngeld eine **Lohn-** **1** **ersatzleistung** und wird ähnlich wie das Arbeitslosengeld und das Krankengeld danach berechnet, welches Erwerbseinkommen zuvor erzielt wurde. Das Bundeselterngeld- und Elternzeitgesetz (BEEG) verfolgt mehrere Ziele, darunter u.a. auch das Ziel, Personen, die ein etwas höheres Einkommen haben, einen Anreiz zu verschaffen, sich ohne wesentliche finanzielle Einbußen für Kinder zu entscheiden. Auch sollen Väter in der Verantwortung für die Kindererziehung gestärkt werden (zu den rechtspolitischen Zielen und den Einzelheiten s. Schwab FamRZ 2007, 7). Durch Gesetz vom 15.2.2013 (BGBl. I, 254) ist das Betreuungsgeld in das BEEG eingefügt worden (s. → *Betreuungsgeld*).

Der Kreis der Berechtigten ist weit gezogen, insbesondere können nach § 1 Abs. 3 BEEG auch Stiefeltern **2** berechtigt sein sowie Väter, deren Vaterschaft noch nicht festgestellt ist. Voraussetzung für einen Anspruch ist, dass keine oder **keine volle Erwerbstätigkeit** ausgeübt wird, § 1 Abs. 1 Nr. 4 BEEG. Nach § 1 Abs. 6 BEEG darf die wöchentliche Arbeitszeit 30 Wochenstunden nicht übersteigen. Soweit eine Berufsausbildung durchgeführt wird, gilt diese Grenze nicht. Steuerpflichtige, die als Alleinerziehende mehr als 250.000 EUR oder als Verheiratete mehr als 500.000 EUR im Jahr verdienen, haben seit 2011 keinen Anspruch mehr (§ 1 Abs. 8 BEEG).

II. Gesetzliche Regelung des Elterngeldes

1. Berechnung des Elterngeldes

Für die Berechnung der Höhe des Elterngeldes wird das in den **zwölf Monaten vor der Geburt** des Kindes **3** durchschnittlich erzielte **Nettoeinkommen** zugrunde gelegt. Dabei wird höchstens ein Betrag von 1.800 EUR monatlich bewilligt. Für Eltern von Kindern, die bis Ende 2012 geboren wurden, wurde allein das Nettoeinkommen zugrunde gelegt nach der bis dahin geltenden Regelung des § 2 Abs. 7–9 BEEG. Dabei wurden die Werbungskosten pauschal abgezogen, die Steuern und Pflichtbeiträge zur Sozialversicherung jedoch in tatsächlicher Höhe. Im Hinblick auf die Steuerbelastung war es sinnvoll, dass derjenige Elternteil, der die Elternzeit in Anspruch nehmen will, vor der Geburt wenig Steuern zahlt; dies konnte eine rechtzeitige Änderung der Steuerklasse nahe legen. Es handelte sich um ein zulässiges Gestaltungsmittel, das nicht als Rechtsmissbrauch angesehen werden kann (BSG 25.6.2009 – B 10 EG 3/08 R, NJW 2010, 1485). Für Eltern von Kindern, die ab 2013 geboren werden, gilt die Neufassung für die Ermittlung des Einkommens nach §§ 2 b bis 2 f BEEG. Zur Ermittlung des Elterngeldes ist weiter das Nettoeinkommen maßgeblich, jedoch wird zu dessen Berechnung das Bruttoeinkommen zugrunde gelegt, von dem pauschalierte Beträge für Steuern und Sozialabgaben abgezogen werden. Der Steuerabzug wird nach der am 1.1. des Kalenderjahres vor der Geburt des Kindes maßgeblichen Steuerklasse berechnet.

Bis Ende 2010 wurde grundsätzlich 67 % des Nettoeinkommens als Elterngeld gezahlt, bis zu einem **4** Höchstbetrag von 1.800 EUR. Seit dem 1.1.2011 wird für ein Nettoeinkommen ab 1.200 EUR eine Absenkung vorgenommen; dies hat zur Folge, dass ab einem Nettoeinkommen von 1.240 EUR das Elterngeld **65 % des Nettoeinkommens** beträgt. Nach § 2 Abs. 2 BEEG wird der Prozentsatz angehoben, wenn das durchschnittlich erzielte monatliche Nettoeinkommen vor der Geburt geringer war als 1.000 EUR. Der Prozentsatz von 67 % erhöht sich um 0,1 Prozentpunkte für je 2 EUR, um die das maßgebliche Einkommen den Betrag von 1.000 EUR unterschreitet, bis zu 100 %. Zum Beispiel erhöht sich bei einem Nettoeinkommen von 800 EUR der Prozentsatz um 10 % auf 77 %. Das Elterngeld beträgt in diesem Fall 616 EUR. 100 % werden bei einem Nettoeinkommen von 340 EUR erreicht, es werden dann also 340 EUR gezahlt.

5 Nach § 2 Abs. 5 BEEG wird ein **Sockelbetrag von 300 EUR** gezahlt, wobei diese Zahlung unabhängig von einem zuvor erzielten Erwerbseinkommen erfolgt. Dieser Betrag hat Bedeutung für die Berechnung von Unterhaltsansprüchen (s. Rn 17 ff).

6 Bei **Mehrlingsgeburten** erhöht sich das Elterngeld um 300 EUR für das zweite und jedes weitere Kind (§ 2 a Abs. 4 BEEG). Bei Zwillingen kann jeder Elternteil für einen der beiden Zwillinge Elterngeld beanspruchen (BSG 27.6.2013 B 10 EG 3/12 R).

Weiterhin tritt eine Erhöhung von 10 % des Elterngeldes, mindestens jedoch von 75 EUR, ein, wenn die berechtigte Person mit zwei Kindern, die das dritte Lebensjahr noch nicht vollendet haben, oder mit drei oder mehr Kindern, die das sechste Lebensjahr noch nicht vollendet haben, in einem Haushalt lebt (§ 2 a Abs. 1 BEEG).

2. Ermittlung des Einkommens, welches der Berechnung zugrunde gelegt wird

7 Einige Probleme ergeben sich bei der Ermittlung des Einkommens aus **nichtselbstständiger Tätigkeit**. Es wird nur das **steuerpflichtige Einkommen** berücksichtigt, so dass Lohnersatzleistungen wie Krankengeld oder Arbeitslosengeld unberücksichtigt bleiben; auch das Insolvenzgeld wird nicht als Einkommen berücksichtigt (BSG 21.2.2013 – B 10 EG 12/12 R, FamRZ 2013, 1305 LS).

8 Nicht berücksichtigt werden Einnahmen, die im Lohnsteuerabzugsverfahren als sonstige Bezüge behandelt werden, § 2 c Abs. 1 S. 2 BEEG. Damit sind Sonderzahlungen wie Weihnachtsgeld oder Gratifikationen gemeint (Einzelheiten s. Rühl NJW 2010, 1418, 1422); auch steuerfreie Einnahmen, wie steuerfreie Sonntagszuschläge, werden bei der Berechnung nicht berücksichtigt (BSG 5.4.2012 – B 10 EG 3/11 R-P). Diese gegenüber der Unterhaltsberechnung unterschiedliche Vorschrift kann dazu führen, dass das Elterngeld erheblich weniger als 65 % des tatsächlichen durchschnittlichen Nettoeinkommens beträgt.

9 Die Berechnung des Einkommens aus **selbstständiger Tätigkeit** ist in § 2 b Abs. 2 iVm § 2 d BEEG gegenüber den früher geltenden Vorschriften des § 2 Abs. 8 und 9 BEEG vereinfacht worden. Der letzte steuerliche Veranlagungszeitraum ist maßgebend; dabei wird der im Einkommensteuerbescheid ausgewiesene Gewinn berücksichtigt. Ist kein Einkommensteuerbescheid zu erstellen, erfolgt die Ermittlung nach § 2 d Abs. 3 BEEG.

10 Soweit vor der Geburt geringeres Einkommen erzielt wurde, weil die Mutter **schwangerschaftsbedingt erkrankt** war oder der Vater Wehrdienst oder Zivildienst geleistet hat, zählen diese Kalendermonate nicht mit (§ 2 b Abs. 1 BEEG). Problematisch ist jedoch, dass sich Elternzeit ohne Elterngeldbezug für ein älteres Kind nicht auswirkt, so dass für ein zweites Kind, welches erst zwei Jahre nach dem vorherigen Kind geboren wird, Elterngeld nicht nach dem früheren Einkommen berechnet wird, sondern nur nach dem in dem vor der Geburt liegenden Jahr, so dass es zu einem sehr geringen Zahlbetrag kommen kann. Das Bundesverfassungsgericht sieht diese Rechtslage nicht als verfassungswidrig an (BVerfG 11.3.2010 – 1 BvR 2909/08, NZS 2010, 626).

3. Anrechnung von anderen Leistungen

11 Wird nach der Geburt Einkommen aus einer Entgeltersatzleistung, wie zB Arbeitslosengeld oder Krankengeld, erzielt, wird dieses nach Maßgabe von § 3 Abs. 1 BEEG auf das Elterngeld angerechnet, soweit dieses den Betrag von 300 EUR übersteigt. Unter anderem wird Elterngeld angerechnet, welches der berechtigten Person für ein älteres Kind zusteht, § 3 Abs. 1 Nr. 5 BEEG.

12 Das **Mutterschaftsgeld** für Mitglieder einer gesetzlichen Krankenkasse wird nach § 3 Abs. 1 Nr. 1 BEEG in vollem Umfang auf das Elterngeld angerechnet. Die Höhe errechnet sich nach dem Nettoeinkommen, jedoch höchstens mit 13 EUR täglich. Angerechnet wird ebenfalls der Differenzbetrag, der vom Arbeitgeber gemäß § 14 MuSchG zu zahlen ist, wenn das Nettoeinkommen höher ist. Da in der Regel bei bisher

berufstätigen Müttern das Mutterschaftsgeld, welches für die Dauer der Mutterschaftsfrist von acht Wochen (§ 6 Abs. 1 MuSchG) gezahlt wird, höher ist als das Elterngeld, bedeutet dies praktisch, dass für die ersten beiden Monate kein Anspruch auf Elterngeld (bzw nur für wenige Tage) besteht. Nicht angerechnet wird jedoch das erheblich geringere Mutterschaftsgeld, welches vom Bundesversicherungsamt gezahlt wird (§ 13 Abs. 2 MuSchG).

Nach § 3 Abs. 2 Nr. 5 BEEG werden auch **Sozialleistungen** auf das Elterngeld angerechnet, die nach ihrer   13
Zweckbestimmung das Einkommen aus Erwerbstätigkeit ganz oder teilweise ersetzen, wie zB Arbeitslosengeld, Krankengeld, Verletztenrente. Da die Anrechnung nur auf das ersetzte Einkommen erfolgt, sind komplizierte Berechnungen vorzunehmen (vgl HK-MuSchG/BEEG/Lenz § 3 BEEG Rn 5).

4. Bezugszeitraum

Elterngeld kann für **zwölf oder 14 Monate** bezogen werden. Die Regeldauer beträgt zwölf Monate. Wenn   14
für mindestens zwei Monate eine Minderung des Einkommens aus Erwerbstätigkeit erfolgt ist, kann Elterngeld 14 Monate bezogen werden (§ 4 Abs. 2 S. 3 BEEG). Hierzu ist aber weitere Voraussetzung, dass der andere Elternteil mindestens für zwei Monate das Elterngeld beansprucht. 14 Monate kann außerdem dann ein Elternteil Elterngeld erhalten, wenn er sich in einer erschwerten Lebenssituation befindet (§ 4 Abs. 3 S. 3 und 4 BEEG).

Die Wahl, welcher Elternteil das Elterngeld beansprucht, wird nach § 5 BEEG geregelt. Im Übrigen kön-   15
nen die Eltern das Elterngeld auch gleichzeitig beziehen (§ 4 Abs. 2 S. 4 BEEG). Dann mindert sich die Gesamtzeit entsprechend. Die Kombinationsmöglichkeiten bei Inanspruchnahme von Elterngeld durch beide Elternteile sind vielfältig, insofern ist eine detaillierte Beratung im Einzelfall erforderlich (s. Schramm FPR 2007, 342).

III. Verhältnis des Elterngeldes zu anderen Leistungen

Elterngeld bleibt grundsätzlich in Höhe von 300 EUR monatlich bei anderen Sozialleistungen als Einkom-   16
men unberücksichtigt (§ 10 Abs. 1 BEEG). Soweit die Möglichkeit in Anspruch genommen wird, dass nur die Hälfte des Elterngeldes monatlich ausgezahlt wird und sich dadurch die Bezugsdauer bis auf 24 Monate bzw 28 Monate verlängert (§ 6 BEEG), bleibt nur der Betrag von 150 EUR anrechnungsfrei. Seit dem 1.1.2011 wird dieser Sockelbetrag von 300 EUR (bzw 150 EUR) im SGB II und SGB XII nur dann nicht berücksichtigt, wenn das Elterngeld aufgrund vorher erzielten Einkommens bewilligt wird. Andernfalls wird es vollständig als Einkommen angerechnet (§ 10 Abs. 5 BEEG).

IV. Berücksichtigung des Elterngeldes beim Unterhalt

In § 11 BEEG ist zunächst die Regel enthalten, dass Unterhaltsverpflichtungen durch die Gewährung des   17
Elterngeldes nicht berührt werden. Für einige Vorschriften des BGB sind jedoch **Ausnahmen** enthalten, wobei das Gesetz nicht zwischen Unterhaltsverpflichteten und Unterhaltsberechtigten unterschieden hat, so dass theoretisch in beiden Konstellationen das Elterngeld als Einkommen berücksichtigt werden könnte (Beispiele bei Scholz FamRZ 2007, 7).

Aus dem Zweck der Vorschrift ergibt sich jedoch, dass nur in folgenden Konstellationen eine Anrechnung   18
erfolgen sollte: In drei Vorschriften (nämlich §§ 1361 Abs. 3, 1579 und § 1611 Abs. 1 BGB) wird der Unterhaltsanspruch reduziert oder ausgeschlossen aufgrund eines **missbilligten Verhaltens des Unterhaltsberechtigten**. In diesen Fällen kann eine Anrechnung des Elterngeldes nur auf Seiten des Unterhaltsberechtigten erfolgen, da diese Vorschriften eine Reduzierung des Unterhalts erlauben, was umso eher möglich ist, wenn ein anderes Einkommen, wie eben das Elterngeld, zur Verfügung steht. Kurz gefasst: Wer gewissermaßen schuldig im Sinne dieser Vorschriften ist, bei dem wird zur Strafe das Elterngeld (ganz oder teilweise) zu seinen Lasten berücksichtigt (s. Klatt FPR 2007, 349).

Bei der Vorschrift des § 1603 Abs. 2 BGB ist die Sachlage etwas schwieriger. Insoweit ist aber der Fall zu   19
bedenken, dass ein Elternteil Elterngeld bezieht und gegenüber einem minderjährigen Kind unterhalts-

pflichtig ist, mit dem er nicht zusammen lebt. Hierbei soll das Elterngeld, weil eine gesteigerte Unterhaltspflicht besteht, als Einkommen berücksichtigt werden (OLG Hamm 26.5.1999 – 12 UF 88/98, FamRZ 2000, 311; OLG Koblenz 5.11.1999 – 13 WF 583/99, FamRZ 2000, 687, jeweils zum Erziehungsgeld). Problematisch ist jedoch der Fall, dass ein Elternteil Elterngeld bezieht und selbst Unterhaltsansprüche geltend macht. Hierbei stellt sich die Frage, ob der Sockelbetrag des Elterngeldes bedarfsmindernd berücksichtigt werden darf (ausführlich zu der gleichen Problematik beim Erziehungsgeld: Krause FamRZ 2002, 1452).

89. Elternunterhalt

Schausten

I. Einführung.................................	1
II. Materielle Rechtslage.........................	3
1. Unterhaltsberechtigte.........................	4
2. Unterhaltsverpflichtete.......................	5
3. Bedarf.....................................	8
a) Bedarfsbestimmung......................	9
b) Taschengeld............................	11
4. Bedürftigkeit...............................	12
a) Eigene Einkünfte.......................	13
b) Eigenes Vermögen.......................	14
c) Nutz-, Nießbrauchs- und Wohnrechte......	15
d) Pflegeversprechungen....................	16
e) Grundsicherung im Alter.................	17
f) Pflegewohngeld.........................	19
g) Leistungen der Pflegeversicherung........	20
5. Einkommensermittlung......................	21
a) Erwerbseinkommen......................	22
b) Einkünfte aus Vermietung und Verpach-	
tung......................................	26
c) Kapitaleinkünfte.........................	28
d) Wohnvorteil.............................	30
e) Steuererstattungen.......................	32
f) Taschengeldanspruch.....................	33
6. Einkommensbereinigung....................	34
a) Altersvorsorge..........................	35
aa) Nichtselbstständige..................	36
bb) Selbstständige und andere nicht sozial-	
versicherungspflichtig Beschäftigte....	38
cc) Billigenswerte Formen der Altersvor-	
sorge.................................	39
dd) Dauer der Altersvorsorge.............	40
b) Vorsorge für den Fall der Arbeitslosigkeit..	41
c) Vorsorge hinsichtlich Krankheit und Pflege	42
d) Pflegezusatzversicherung.................	45
e) Andere Unterhaltsansprüche..............	46
f) Andere Verbindlichkeiten.................	49
g) Aufwendungen für den Unterhaltsberechtig-	
ten......................................	50
7. Leistungsfähigkeit...........................	51
a) Konkrete Berechnung des Selbstbehalts....	52
b) Selbstbehalt gemäß den OLG-Leitlinien....	54
c) Berechnungsmethoden zur Ermittlung der	
Leistungsfähigkeit.......................	57
aa) Alleinstehendes bzw getrennt lebendes	
Kind.................................	58
bb) Verheiratetes und mit seinem Ehegat-	
ten zusammen lebendes Kind..........	60
d) Vermögensverwertung für Elternunterhalt..	63
8. Geschwisterhaftung..........................	69
9. Verwirkung von Elternunterhalt..............	70
a) Verwirkung wegen Zeitablauf..............	70
b) Verwirkung gem. § 1611 BGB.............	71
10. Auskunftsansprüche........................	72
III. Verfahrensrechtliche Hinweise.................	75

I. Einführung

Immer mehr Personen sind aufgrund ihrer Pflegebedürftigkeit und des Umstands, dass sie aus den eigenen **1** Einkünften, dem Vermögen und den Leistungen der gesetzlichen Pflegeversicherung die ständig steigenden Kosten der Pflegeheime nicht decken können, im Alter auf **Unterhaltsleistungen ihrer eigenen Abkömmlinge** angewiesen. Diese Unterhaltsansprüche werden in der Regel nicht von den betroffenen Personen selbst, sondern durch den **Sozialhilfeträger**, der die ungedeckten Heimkosten trägt, über § 94 SGB XII bei den unterhaltsverpflichteten Kindern geltend gemacht.

Die besondere Problematik des Elternunterhalts besteht darin, dass die unterhaltsverpflichteten Kinder in **2** der Regel nicht mit der Inanspruchnahme auf Unterhaltszahlungen für die Eltern rechnen und durch die unerwartete Verpflichtung möglicherweise sogar in ihrer eigenen Lebensplanung beeinträchtigt werden.

II. Materielle Rechtslage

Gemäß § 1601 BGB sind **Verwandte in gerader Linie** (§ 1589 Abs. 1 BGB) einander zur Unterhaltsge- **3** währung verpflichtet; diese Verpflichtung erstreckt sich auf alle in gerader Linie miteinander Verwandte, egal ob es sich dabei um eine ab- oder aufsteigende Linie handelt.

1. Unterhaltsberechtigte

Eine Unterhaltsberechtigung ist gem. § 1602 Abs. 1 BGB gegeben, wenn der Betroffene außer Stande ist, **4** sich selbst zu unterhalten. Beim Elternunterhalt sind es eben die **Eltern**, die grundsätzlich unterhaltsberechtigt sind, wenn ihre eigenen Einkünfte und ihr Vermögen für die Deckung ihres Lebensbedarfs nicht ausreichen.

2. Unterhaltsverpflichtete

5   Vor den unterhaltspflichtigen Kindern haftet im Regelfall der **Ehegatte des Bedürftigen** gem. §§ 1608, 1584, 1318 BGB bzw gem. §§ 26, 27, 39, 63 EheG. Dabei ist zu berücksichtigen, dass die Verwandten ausnahmsweise vor dem Ehegatten gem. § 1608 Abs. 1 S. 2 BGB haften, wenn der Ehegatte bei Berücksichtigung seiner sonstigen Verpflichtungen außer Stande ist, ohne Gefährdung seines angemessenen Unterhalts den Unterhalt zu gewähren. Der angemessene Unterhalt des Ehegatten bestimmt sich nach den ehelichen Lebensverhältnissen.

6   Die **Abkömmlinge des Unterhaltsberechtigten** haften vor den Verwandten der aufsteigenden Linie (§ 1606 Abs. 1 BGB), es haften jeweils die näher Verwandten vor den entfernter Verwandten (§ 1606 Abs. 2 BGB).

7   Aus den vorstehenden Ausführungen ergibt sich, dass grundsätzlich auch die **Enkel** für den Unterhalt der Bedürftigen haften; dieses Problem ist aber nicht praxisrelevant, da der Sozialhilfeträger nur die Unterhaltsansprüche gegen die Kinder des Bedürftigen auf sich überleiten kann.

3. Bedarf

8   Der unterhaltsrechtliche Bedarf der Eltern bestimmt sich nach § 1610 Abs. 1 BGB. Danach ist die **eigene Lebensstellung** des Bedürftigen maßgeblich.

9   a) **Bedarfsbestimmung.** In der Praxis sind erfahrungsgemäß nur **zwei Konstellationen** von Bedeutung: Zum einen die Eltern, die noch nicht pflegebedürftig sind, aber deren Einkünfte unterhalb der in den unterhaltsrechtlichen Leitlinien ausgewiesenen Mindestbedarfssätze liegen (Düsseldorfer Tabelle, Stand 2013: 800 EUR für Nichterwerbstätige bzw 1.000 EUR für Erwerbstätige). In diesen Fällen wird für die Bestimmung des Bedarfs auf eben diese **Mindestbedarfssätze** zurückgegriffen, wobei möglicherweise Kosten für die Kranken- und Pflegeversicherung hinzuzurechnen sind.

10   Zum anderen die Eltern, die aufgrund ihrer Pflegebedürftigkeit in einem Pflegeheim leben. In diesen Fällen ist eine individuelle Bedarfsbestimmung notwendig, die sich nach den **Unterbringungskosten** in dem jeweiligen Pflegeheim sowie einem angemessenen Taschengeld richtet; der Bedarf ergibt sich dann aus der Differenz zwischen den Heim- und Pflegekosten einerseits und den Einkünften des Unterhaltsberechtigten andererseits (BGH 23.10.2002 – XII ZR 266/99, NJW 2003, 128).

11   b) **Taschengeld.** Nach § 21 Abs. 3 S. 1 BSHG umfasste die Hilfe zum Lebensunterhalt in einem Heim oder einer gleichartigen Einrichtung grundsätzlich auch einen angemessenen **Barbetrag** zur persönlichen Verfügung. Falls der Hilfeempfänger einen Teil der Kosten des Heimaufenthalts selbst trug, erhielt er einen zusätzlichen Barbetrag in im Einzelnen festgelegter Höhe nach § 21 Abs. 3 S. 4 BSHG. § 35 Abs. 2 S. 1 SGB XII sieht ebenfalls im Rahmen des notwendigen Lebensunterhalts einen angemessenen Barbetrag vor. Darüber hinaus wird aufgrund der Besitzstandsregelung des § 133 a SGB XII für Personen, die am 31.12.2004 Anspruch auf einen zusätzlichen Barbetrag nach § 21 Abs. 3 S. 4 BSHG hatten, diese Leistung in der für den vollen Kalendermonat Dezember 2004 festgestellten Höhe weiter erbracht. In Höhe des Barbetrags und des **Zusatzbarbetrags** ist auch unterhaltsrechtlich ein Bedarf anzuerkennen. Der in einem Heim lebende Unterhaltsberechtigte ist darauf angewiesen, für seine persönlichen, von den Leistungen der Einrichtung nicht umfassten Bedürfnisse über bare Mittel verfügen zu können. Andernfalls wäre er nicht in der Lage, etwa Aufwendungen für Körper- und Kleiderpflege, Zeitschriften und Schreibmaterial zu bestreiten und sonstige Kleinigkeiten des täglichen Lebens zu finanzieren (BGH 28.7.2010 – XII ZR 140/07, NJW 2010, 3161).

4. Bedürftigkeit

12   Nur wenn der Unterhaltsbegehrende nicht in der Lage ist, seinen Unterhaltsbedarf durch eigenes Einkommen oder Vermögen – oder durch Unterhaltsleistungen vorrangig Verpflichteter – zu decken, ist eine Unterhaltsberechtigung gegeben.

a) Eigene Einkünfte. Der berechtigte Elternteil muss primär seine **gesamten eigenen Einkünfte** zur Be-   13
darfsdeckung verwenden. Ihm ist nicht gestattet, Sparbeträge beiseite zu legen. Dementsprechend sind
sämtliche eigenen Renten- oder Versorgungsbezüge zur Bedarfsdeckung einzusetzen.

b) Eigenes Vermögen. Der berechtigte Elternteil muss nicht nur die Erträge aus seinem vorhandenen Ver-   14
mögen, sondern auch den Stamm seines Vermögens zur Bedarfsdeckung einsetzen (BGH 17.12.2010 – XII
ZR 224/00, FamRZ 2004, 370). Dem Unterhaltsberechtigten steht ausnahmsweise ein sog. „**Notgroschen**"
zu, um plötzlich auftretenden Sonderbedarf decken zu können. Die Höhe dieses Notgroschens entspricht
regelmäßig zumindest dem Schonbetrag gem. § 90 SGB XII in Verbindung mit der zu § 90 Abs. 2 Nr. 9
SGB XII ergangenen Durchführungsverordnung; die sich danach ergebenden Beträge belaufen sich derzeit
auf 1.600 EUR bei der Hilfe zum Lebensunterhalt bzw auf 2.600 EUR, wenn der Hilfeberechtigte das 60.
Lebensjahr vollendet hat oder ihm Pflegeleistungen erbracht werden.

c) Nutz-, Nießbrauchs- und Wohnrechte. Oftmals stehen den Unterhaltsberechtigten noch Nutz-,   15
Nießbrauchs- oder Wohnrechte zu, meistens ergeben diese sich aus früher stattgefundenen Immobilienübertragungen auf die jetzt unterhaltspflichtigen Kinder. In der Praxis treten regelmäßig dann Probleme
auf, wenn insbesondere diese Wohn- bzw Nutzungsrechte von den unterhaltsberechtigten Eltern nicht mehr
persönlich ausgeübt werden können, eben weil sie pflegebedürftig sind und in ein Pflegeheim umziehen
mussten. Zu beachten ist dabei, dass bspw das Wohnrecht nicht automatisch erlischt, wenn der aus dem
Wohnungsrecht Berechtigte an der Ausübung des Rechts gehindert ist (BGH 28.7.2010 – XII ZR 140/07,
NJW 2010, 3161). Ist der Berechtigte an der Ausübung des Wohnrechts gehindert, folgt daraus andererseits
nicht automatisch ein Zahlungsanspruch; es kann allerdings nach Treu und Glauben eine **Vertragsanpas-**
sung nach §§ 315, 313 BGB angezeigt sein, wenn die Interessenlage der Beteiligten dies erfordert und die
Nutzungs- und Pflegevereinbarung dies zulassen (BGH 21.9.2001 – V ZR 14/01, NJW 2002, 440). Eine
solche Vertragsanpassung dürfte aber in der Regel dann nicht zumutbar sein, wenn das Wohnrecht bspw
eine nicht abgeschlossene Wohneinheit betraf (vgl Hauß, Elternunterhalt – Grundlagen und anwaltliche
Strategien, 3. Aufl. 2010, Rn 73 ff). Sollte im Zuge der Vertragsanpassung allerdings ein Zahlungsanspruch
berechtigt sein, stellt dieser eigenes Einkommen des Unterhaltsberechtigten dar, welches die Bedürftigkeit
mindert.

d) Pflegeversprechungen. Oftmals werden in Zusammenhang mit Immobilienübertragungen von den Be-   16
günstigten **Pflegeverpflichtungen** übernommen. Hier stellt sich in der Praxis regelmäßig die Frage, wie
damit umzugehen ist, wenn die Erfüllung der Pflegeverpflichtung dem Verpflichteten nicht mehr möglich
ist, weil der Berechtigte nunmehr in einem Pflegeheim wohnt. Die neuere Rechtsprechung geht davon aus,
dass ein Familienangehöriger, der als Gegenleistung für die Übertragung eines Grundstücks die Pflege des
Übergebers übernommen hat, diese aber nun wegen eines Umzugs des Übergebers in ein Pflegeheim nicht
mehr erbringen kann, in der Regel nicht verpflichtet ist, anstelle des ersparten Zeitaufwands Zahlungen an
den Übergeber zu leisten (BGH 29.1.2010 – V ZR 132/09, FamRZ 2010, 554). Nur wenn die Beteiligten
bei Abschluss des Übergabevertrags übereinstimmend davon ausgegangen sind, dass der Übernehmer neben der Dienstleistung als solcher auch Aufwendungen wie bspw die Bezahlung von Hilfskräften zu erbringen hatte, könnte sich ein Zahlungsanspruch wegen der **ersparten Aufwendungen** ergeben.

e) Grundsicherung im Alter. Leistungen nach dem 4. Kapitel des SGB XII (Grundsicherung) sind nicht   17
subsidiär, dementsprechend also bedarfsdeckend zu berücksichtigen. Antragsberechtigt sind Personen mit
gewöhnlichem Aufenthaltsort in der Bundesrepublik Deutschland, die das 65. Lebensjahr vollendet haben.
Unterhaltsansprüche gegenüber Kindern bleiben in diesen Fällen gem. § 43 Abs. 2 SGB XII unberücksichtigt, sofern deren jährliches zu versteuerndes Einkommen einen Betrag von 100.000 EUR nicht überschreitet.

Soweit Leistungen der Grundsicherung gewährt werden, sind diese von dem Berechtigten **bedarfsdeckend**   18
in Anspruch zu nehmen (OLG Oldenburg 8.11.2003 – 12 UF 69/03, FamRZ 2004, 364); im Hinblick auf
den Vorrang der Grundsicherungsleistungen sind dem Berechtigten fiktive Einkünfte zuzurechnen, wenn er
es leichtfertig versäumt, diese Ansprüche durchzusetzen (OLG Saarbrücken 24.6.2004 – 6 UF 77/03,
OLGR Saarbrücken 2005, 88).

19 **f) Pflegewohngeld.** In einigen Bundesländern (Nordrhein-Westfalen, Schleswig-Holstein, Niedersachsen, Hamburg, Saarland, Mecklenburg-Vorpommern) wird zur Deckung der Investitionskosten des Pflegeheims ein Pflegewohngeld auf Antrag gewährt. Pflegewohngeld wird für Bewohner von voll stationären Pflegeheimen auf Antrag gewährt, wenn die Bewohner auf Dauer in der Einrichtung leben, mindestens Leistungen nach der Pflegestufe I beziehen und bestimmte Einkommens- und Vermögensgrenzen nicht überschritten werden. Der Antrag wird grundsätzlich von dem Pflegeheim gestellt, an welches das Pflegewohngeld auch ausgezahlt wird. Besteht ein Anspruch auf Pflegewohngeld, besteht unterhaltsrechtlich eine **Obliegenheit zur Inanspruchnahme**.

20 **g) Leistungen der Pflegeversicherung.** Die Leistungen aus der Pflegeversicherung nach SGB XI mindern ebenfalls den Bedarf des pflegebedürftigen Elternteils.

5. Einkommensermittlung

21 Der Schwerpunkt der anwaltlichen Tätigkeit liegt bei der Bearbeitung von elternunterhaltsrechtlichen Mandaten in der Regel bei der Ermittlung der Leistungsfähigkeit der Unterhaltsverpflichteten. Die Ermittlung des unterhaltsrechtlich relevanten Einkommens **entspricht** auch beim Elternunterhalt weitestgehend den **üblichen unterhaltsrechtlichen Grundsätzen**. Die **bedeutsamen Abweichungen** sollen nachfolgend dargestellt werden.

22 **a) Erwerbseinkommen.** Als Erwerbseinkommen sind alle Leistungen anzusehen, die im Hinblick auf das Arbeits- oder Dienstverhältnis gewährt werden, gleichgültig aus welchem Anlass sie im Einzelnen gezahlt werden (BGH 25.6.2003 – XII ZR 63/00, FamRZ 2004, 186), zB Weihnachtsgeld, Urlaubsgeld, regelmäßige Sonderzuwendungen, Spesen, Abfindungen, Trinkgelder und sonstige geldwerte Vorteile (PKW, Werkswohnung, kostenlose Verpflegung, Rabatte o.Ä.).

23 Bei Einkünften aus nichtselbstständiger Tätigkeit wird in der Regel auf das monatliche Durchschnittseinkommen bezogen auf die vergangenen zwölf Monate abgestellt; bei Einkünften aus einem Gewerbebetrieb oder aus selbstständiger Tätigkeit wird auf den Schnitt der letzten 3 Geschäftsjahre abgestellt. Dabei ist immer zu berücksichtigen, dass es sich bei jeder Unterhaltsberechnung um eine Prognoseentscheidung handelt. Grundlage für die Prognose ist das Einkommen aus der Vergangenheit aber nur dann, wenn nicht schon jetzt Veränderungen in den Einkommensverhältnissen absehbar sind, bspw wegen des Renteneintritts des Unterhaltsverpflichteten.

24 **Überstundenvergütungen** werden im Rahmen des Elternunterhalts nach den auch sonst im Unterhaltsrecht geltenden Maßstäben zum unterhaltsrelevanten Einkommen des Pflichtigen hinzugezählt (BGH 25.6.2003 – XII ZR 63/00, FamRZ 2004, 186).

25 **Fiktive Einkünfte** sind dem Verpflichteten in Fällen des Elternunterhalts nur in ganz seltenen Ausnahmefällen hinzuzurechnen. Der Grund hierfür liegt darin, dass nach der hier vertretenen Auffassung eine Erwerbsobliegenheit des Unterhaltspflichtigen gegenüber dem unterhaltsberechtigten Elternteil nur in dem Umfang besteht, wie eine Erwerbstätigkeit zum Zeitpunkt des Entstehens der Unterhaltsverpflichtung tatsächlich ausgeübt wurde (Hauß Rn 350; aA Herr FamRZ 2005, 1019; Strohal Anm. zu BGH 28.1.2004 – XII ZR 218/01, FamRZ 2004, 795). Übt der Unterhaltsverpflichtete also zum Zeitpunkt des Entstehens der Unterhaltsverpflichtung nur eine Teilzeittätigkeit aus, ist er nicht verpflichtet, diese auf eine Vollzeittätigkeit auszudehnen. Selbst ein Wechsel in die Teilzeittätigkeit, der nachweisbar bereits vor Entstehen der Unterhaltsverpflichtung geplant war, führt nicht zur Anrechnung fiktiver Einkünfte aus einer Vollzeittätigkeit. Gleiches gilt, wenn der Unterhaltsverpflichtete bereits in Altersteilzeit ist oder vor Entstehen der Unterhaltsverpflichtung bereits die notwendigen Schritte eingeleitet hat, um in Altersteilzeit zu gehen (Hauß Rn 136).

26 **b) Einkünfte aus Vermietung und Verpachtung.** Einkünfte aus Vermietung und Verpachtung werden entsprechend den allgemeinen unterhaltsrechtlichen Grundsätzen bei der Ermittlung des Einkommens berücksichtigt. Fraglich ist im Ergebnis nur, wie mit **Tilgungsleistungen** umzugehen ist, die den Rahmen der zusätzlichen Altersvorsorge übersteigen. Die Rechtsprechung billigt dem Unterhaltspflichtigen beim El-

Schausten

ternunterhalt Aufwendungen für die zusätzliche Altersvorsorge in Höhe von 5 % des Bruttoeinkommens zu; übersteigen die Bruttoeinkünfte die Beitragsbemessungsgrenze für die gesetzliche Rentenversicherung, kann der Unterhaltsverpflichtete von den darüber hinausgehenden Beträgen weitere 20 % für die zusätzliche Altersvorsorge beiseitelegen. Bewegen sich die Tilgungsleistungen innerhalb dieser Grenzen, sind sie als zusätzliche Altersvorsorge wie in anderen Unterhaltsverhältnissen auch vollständig abzugsfähig.

Übersteigen die Tilgungsleistungen diese Grenzen, sind sie in Fällen des Elternunterhalts trotzdem abzugs- 27 fähig, wenn eine Veräußerung der Immobilie dem Verpflichteten **nicht zumutbar** und eine Streckung oder Aussetzung der Tilgungsleistungen nicht möglich ist (Hauß Rn 149).

c) Kapitaleinkünfte. Kapitaleinkünfte werden entsprechend den allgemeinen unterhaltsrechtlichen Grund- 28 sätzen dem Einkommen zugerechnet.

Zu berücksichtigen ist allerdings die Rechtsprechung zur Ermittlung des Altersvorsorgeschonvermögens 29 (BGH 30.8.2006 – XII ZR 98/04, FamRZ 2006, 1511). Dieses ergibt sich, indem man 5 % des sozialversicherungspflichtigen und 25 % des nicht sozialversicherungspflichtigen Einkommens des Unterhaltspflichtigen über dessen Erwerbslebenszeit aufgezinst mit 4 % errechnet. Der Bundesgerichtshof führt zu Recht aus, dass es unlogisch wäre, einem Unterhaltspflichtigen 5 % für die zusätzliche Altersvorsorge als Abzug von seinem Einkommen zuzubilligen, andererseits aber das daraus resultierende Vermögen zur Finanzierung des Unterhaltsbedarfs des Elternteils heranzuziehen. Folgerichtig ist es aber auch logisch, die aus dem vorhandenen Altersvorsorgevermögen resultierenden **Kapitalerträge bis zu einem Betrag von 4 % nicht als Einkommen** des Unterhaltsverpflichteten zu berücksichtigen. Dies gilt nur dann nicht, wenn der Unterhaltsverpflichtete die Kapitalerträge verbraucht, also nicht thesauriert (OLG Düsseldorf 14.1.2009 – II-8 UF 172/08, FamRZ 2009, 1077).

d) Wohnvorteil. Die Berechnung des Wohnvorteils weicht in den Fällen des Elternunterhalts von der Be- 30 rechnung in den anderen Unterhaltsverhältnissen ab. Zugrundegelegt wird nur der **angemessene Wohnwert**, der sich nach dem individuellen ersparten Mietzins berechnet (BGH 19.3.2003 – XII ZR 123/00, FamRZ 2003, 1179). Dementsprechend kommt es also nicht auf den objektiven Mietwert der von dem Berechtigten bewohnten Immobilie an.

Viele Sozialhilfeträger berechnen den Wohnwert nach den in den **Selbstbehaltssätzen** der OLG-Leitlinien 31 enthaltenen **Mietanteilen**, derzeit also Beträge in Höhe von maximal 450 EUR für einen alleinstehenden bzw 800 EUR für einen verheirateten Unterhaltspflichtigen. Solange der tatsächliche Wohnwert der Immobilie nicht niedriger liegt, kann diese Berechnung akzeptiert werden.

e) Steuererstattungen. Auch Steuererstattungen werden entsprechend den allgemeinen unterhaltsrechtli- 32 chen Grundsätzen dem Einkommen hinzugerechnet. Dabei ist aber bei verheirateten Unterhaltspflichtigen darauf zu achten, dass die Steuererstattung nicht einfach dem zusammengerechneten Familieneinkommen der Ehegatten oder – was von den Sozialhilfeträgern auch häufig praktiziert wird – den Ehegatten jeweils hälftig oder anteilig nach den Einkommensanteilen am Familieneinkommen zugerechnet wird. Dies kann aufgrund der bei verheirateten Unterhaltspflichtigen anzuwendenden Berechnungsmethode zu fehlerhaften Ergebnissen führen (Hauß Rn 167).

f) Taschengeldanspruch. Erzielt das unterhaltspflichtige Kind kein eigenes Einkommen, steht ihm mögli- 33 cherweise ein Taschengeldanspruch gegen den anderen Ehegatten zu. Dieser Taschengeldanspruch ist grundsätzlich zur Befriedigung von Unterhaltsansprüchen eines Elternteils einzusetzen (BGH 15.10.2003 – XII ZR 192/00, FamRZ 2004, 366). Dies gilt allerdings nicht in Höhe eines Betrages von 5–7 % des Mindestselbstbehalts des Unterhaltspflichtigen sowie in Höhe etwa der Hälfte des darüber hinausgehenden Taschengeldes (BGH 12.12.2012 – XII ZR 43/11, FamRZ 2013, 363).

6. Einkommensbereinigung

Beim Elternunterhalt unterscheidet sich die Einkommensbereinigung in wenigen Punkten von den anderen 34 Unterhaltsverhältnissen.

35 **a) Altersvorsorge.** Die eigene – zusätzliche – Altersvorsorge geht dem Elternunterhalt im Rang ausdrücklich vor. Die Vorsorgeaufwendungen sind konkret darzulegen und ggf nachzuweisen, **fiktive Abzüge** können bei der Einkommensbereinigung **nicht berücksichtigt** werden (BGH 19.3.2003 – XII ZR 123/00, FamRZ 2003, 1179).

36 **aa) Nichtselbstständige.** Bei Angestellten und Beamten erfolgt die Altersversorgung primär durch die gesetzliche Rentenversicherung bzw die Beamtenversorgung. Die Rechtsprechung hat jedoch festgestellt, dass diese primäre Vorsorge alleine für eine angemessene Altersversorgung nicht ausreicht, sondern zusätzlich private Vorsorge zu treffen ist. Dementsprechend sind zusätzliche Vorsorgeaufwendungen beim Elternunterhalt in Höhe von **5 % des Bruttoeinkommens** als abzugsfähig zu berücksichtigen (BGH 14.1.2004 – XII ZR 149/01, FamRZ 2004, 792).

37 Erzielt der nichtselbständig Tätige **Einkünfte oberhalb der Beitragsbemessungsgrenze** ist er berechtigt, von dem darüber hinausgehenden Teil weitere 20 % für die zusätzliche Altersvorsorge in Abzug zu bringen – auch hier gilt, dass diese Vorsorgeaufwendungen tatsächlich geleistet werden müssen, eine fiktive Anrechnung kommt nicht in Betracht.

38 **bb) Selbstständige und andere nicht sozialversicherungspflichtig Beschäftigte.** Bei Selbstständigen und anderen nicht sozialversicherungspflichtigen Beschäftigten wie bspw dem Gesellschafter-Geschäftsführer einer GmbH sind Vorsorgeaufwendungen in Höhe von **25 % des Bruttoeinkommens** bei entsprechendem Nachweis für die Altersvorsorge einkommensmindernd zu berücksichtigen.

39 **cc) Billigenswerte Formen der Altersvorsorge.** Der Unterhaltspflichtige hat die Wahl, in welcher Art und Weise er neben der primären Altersvorsorge für sein Alter vorsorgen will. Nach Auffassung des BGH müssen grundsätzlich **alle vermögensbildenden Investitionen** als angemessene Altersvorsorge gebilligt werden, soweit sie geeignet erscheinen, diesen Zweck zu erreichen (BGH 19.2.2003 – XII ZR 67/00, FamRZ 2003, 860). Dementsprechend kann die Altersvorsorge durch entsprechende Einzahlungen auf ein Sparbuch, durch den Erwerb von Immobilien, durch den Ankauf von Wertpapieren oder von Beteiligungen, aber auch durch Lebens- und Rentenversicherungen erfolgen.

40 **dd) Dauer der Altersvorsorge.** Altersvorsorgeaufwendungen können so lange berücksichtigt werden, wie der Unterhaltspflichtige noch keine Altersversorgung erhält. Das **Ende der Erwerbsphase** des Pflichtigen bspw wegen Eintritts in den Vorruhestand oder in die Altersteilzeit bedeutet nicht, dass ab dann Altersvorsorgeaufwendungen unterhaltsrechtlich nicht mehr zu beachten wären (BGH 28.7.2010 – XII ZR 140/07, FamRZ 2010, 1535).

41 **b) Vorsorge für den Fall der Arbeitslosigkeit.** Vorsorgeaufwendungen für den Fall der Arbeitslosigkeit stellen grundsätzlich einen abzugsfähigen Posten dar (BGH 19.2.2003 – XII ZR 67/00, FamRZ 2003, 860); ein Selbstständiger muss jedoch konkret darlegen, dass der Eintritt von Arbeitslosigkeit drohen kann.

42 **c) Vorsorge hinsichtlich Krankheit und Pflege.** Aufwendungen für die gesetzliche oder private Kranken- und Pflegeversicherung sind entsprechend den allgemeinen unterhaltsrechtlichen Grundsätzen einkommensmindernd zu berücksichtigen. Dies gilt auch für die in der privaten Krankenversicherung häufig anzutreffende **Eigenbeteiligung**, soweit dadurch tatsächlich Kosten entstehen. Gleiches gilt auch für die **Kostendämpfungspauschale** (OLG Düsseldorf 14.1.2009 – II-8 UF 172/08, FamRZ 2009, 1077).

43 **Zuzahlungen** zur Krankenbehandlung, der **Eigenanteil** an den Medikamenten- oder Krankenhauskosten und die **Praxisgebühr** sind nach wohl herrschender Auffassung nicht einkommensmindernd zu berücksichtigen, da auch Sozialhilfeberechtigte diese Zusatzkosten aus dem Regelsatz zu bestreiten haben (Hauß Rn 250).

44 **Krankenzusatzversicherungen** sind abzugsfähig, wenn sie bei Eintritt der Unterhaltsverpflichtung bestanden.

Schausten

d) Pflegezusatzversicherung. Viele Versicherer bieten zwischenzeitlich private Pflegezusatzversicherun- 45 gen an, die das Risiko einer Pflegebedürftigkeit abdecken. Die dafür anfallenden Prämien sind bei der Einkommensermittlung abzugsfähig (Hauß Rn 247).

e) Andere Unterhaltsansprüche. Alle anderen Unterhaltsansprüchen gegenüber Kindern, geschiedenen 46 oder getrennt lebenden Ehegatten oder nichtehelichen Elternteilen sind bei der Ermittlung der Leistungsfähigkeit vor dem Elternunterhaltsanspruch zu berücksichtigen (vgl § 1609 Nr. 6 BGB).

Dies gilt nur dann nicht, wenn der Elternunterhaltsanspruch den Unterhaltsanspruch des nachrangig Be- 47 rechtigten bereits geprägt hat, wenn also bspw die ehelichen Lebensverhältnisse durch bereits **bestehende oder latente Unterhaltsansprüche** eines Elternteils geprägt wurden (BGH 25.6.2003 – XII ZR 63/00, FamRZ 2004, 186).

Auch der Familienunterhalt geht dem Unterhaltsanspruch eines Elternteils vor. Dies ist bei der Auswahl der 48 richtigen Berechnungsmethode zu berücksichtigen.

f) Andere Verbindlichkeiten. In den Fällen des Elternunterhalts ist bei der Berücksichtigung von Kredit- 49 verbindlichkeiten ein **großzügiger Maßstab** anzulegen (Hauß Rn 286). Der Grund hierfür liegt darin, dass der Unterhaltspflichtige sich auf die Inanspruchnahme durch die Eltern nicht einstellen kann, deshalb sind seine in der Vergangenheit getroffenen wirtschaftlichen Dispositionen grundsätzlich anzuerkennen.

g) Aufwendungen für den Unterhaltsberechtigten. Angemessene Kosten für den **Besuch** des unterhalts- 50 berechtigten Elternteils sind als besondere Belastungen einkommensmindernd zu berücksichtigen (OLG Köln 5.7.2001 – 14 UF 13/01, FamRZ 2002, 572). Auch **freiwillige Ausgaben** des Unterhaltsverpflichteten für den im Heim lebenden Elternteil können das unterhaltsrechtlich relevante Einkommen beim Elternunterhalt mindern (OLG Hamm 2.11.2004 – 3 UF 263/00, FamRZ 2005, 1193).

7. Leistungsfähigkeit

Die Leistungsfähigkeit des Unterhaltspflichtigen ergibt sich unter Berücksichtigung seines unterhaltsrecht- 51 lich relevanten Einkommens einerseits und der vorrangigen Unterhaltspflichten sowie des dem Unterhaltspflichtigen und ggf seiner Familie zustehenden Selbstbehalts andererseits.

a) Konkrete Berechnung des Selbstbehalts. Ein zum Elternunterhalt verpflichtetes Kind verfügt grund- 52 sätzlich nicht über einzusetzendes Einkommen, wenn es darlegt, dass die Ausgaben der Familie insgesamt so hoch gewesen sind, dass keine Vermögensbildung betrieben werden konnte (OLG Hamm 22.11.2004 – 8 UF 411/00, FamRZ 2005, 1193). Dies entspricht dem den Elternunterhalt überlagernden Grundsatz des Bundesgerichtshofs, dass das unterhaltspflichtige Kind im Verhältnis zu seinen Eltern **eine spürbare und dauerhafte Senkung seines Berufs- und einkommenstypischen Unterhaltsniveaus nicht hinzunehmen** braucht, solange es nicht einen nach den Verhältnissen unangemessenen Aufwand betreibt oder ein Leben im Luxus führt (BGH 23.10.2002 – XII ZR 266/99, FamRZ 2002, 1698).

Wenn das unterhaltsberechtigte Kind sich auf den **vollständigen Verbrauch des Einkommens** berufen 53 will, liegt die volle Darlegungs- und Beweislast dafür bei dem unterhaltspflichtigen Kind. In derartigen Fällen ist es überaus hilfreich, wenn der Unterhaltspflichtige in der Vergangenheit bereits ein **Haushaltsbuch** geführt hat. Sofern der Unterhaltspflichtige verheiratet ist, kann der andere Ehegatte für die Vollständigkeit und Richtigkeit des Haushaltsbuchs als Zeuge benannt werden.

b) Selbstbehalt gemäß den OLG-Leitlinien. Seit Anfang 2013 belaufen sich die Selbstbehalte einheitlich 54 auf **1.600 EUR** für den Unterhaltspflichtigen bzw **1.280 EUR** für den mit dem Unterhaltspflichtigen zusammen lebenden Ehegatten. In diesen Selbstbehalten sind ein Betrag in Höhe von 450 EUR Warmmiete für den Unterhaltspflichtigen und ein Betrag von 350 EUR Warmmiete für den mit ihm zusammen lebenden Ehegatten enthalten.

Im Bereich des Elternunterhalts handelt es sich bei diesen Selbstbehalten nur um sog. **Mindestselbstbehal-** 55 **te.** Es ist in der Rechtsprechung allgemein anerkannt, dass die **Hälfte der Differenz** zwischen dem unterhaltsrechtlich relevanten Einkommen des Unterhaltspflichtigen und dem in den Leitlinien ausgewiesenen Selbstbehalt als weiterer Selbstbehalt zur Verfügung steht (BGH 23.10.2002 – XII ZR 266/99, FamRZ 2002, 1698).

56 **Übersteigt** die tatsächliche **Mietbelastung** des Unterhaltspflichtigen den in dem Selbstbehalt enthaltenen Wohnkostenanteil, ist der sich aus den Leitlinien ergebende Selbstbehalt um die Differenz zwischen den tatsächlichen Wohnkosten und dem sich aus den Leitlinien ergebenden Wohnkostenanteil zu erhöhen (Hauß Rn 333). Ist die Mietbelastung des Unterhaltspflichtigen allerdings **geringer** als der Wohnkostenanteil in dem Mindestselbstbehalt, führt dies nicht zu einer Verringerung des Mindestselbstbehalts, denn es unterliegt grundsätzlich der freien Disposition des Unterhaltspflichtigen, wie er die ihm zu belassenden Mittel nutzt (BGH 24.6.2003 – XII ZR 63/00, FamRZ 2004, 186).

57 **c) Berechnungsmethoden zur Ermittlung der Leistungsfähigkeit.** Bei der Ermittlung der Leistungsfähigkeit des unterhaltspflichtigen Kindes ist zwischen alleinstehenden bzw getrennt lebenden Kindern einerseits und verheirateten und mit ihren Ehegatten zusammen lebenden Kindern andererseits zu unterscheiden.

58 **aa) Alleinstehendes bzw getrennt lebendes Kind.** Liegen die Einkünfte eines solchen unterhaltspflichtigen Kindes unterhalb des Mindestselbstbehalts in Höhe von 1.600 EUR, ist eine Unterhaltsverpflichtung aus dem Einkommen heraus nicht gegeben. Übersteigt das Einkommen diesen Mindestselbstbehalt, ist die Hälfte der Differenz zwischen dem unterhaltsrechtlich relevanten Einkommen und dem Mindestselbstbehalt dem Kind als zusätzlicher Selbstbehalt zu belassen.

59 Erzielt das Kind also bspw unterhaltsrechtlich relevante Einkünfte in Höhe von 2.000 EUR, ist davon der Mindestselbstbehalt in Höhe von 1.600 EUR in Abzug zu bringen, so dass dann noch ein Restbetrag in Höhe von 400 EUR verbleibt. Die Hälfte hiervon, also ein Betrag in Höhe von 200 EUR, erhöht den Selbstbehalt auf 1.800 EUR, so dass eine Leistungsfähigkeit im Umfang von 200 EUR gegeben ist.

60 **bb) Verheiratetes und mit seinem Ehegatten zusammen lebendes Kind.** Bei diesen Kindern ist im Hinblick auf den Familienunterhalt nicht nur auf das Einkommen des unterhaltspflichtigen Kindes, sondern auch auf das Einkommen des Ehegatten abzustellen. Deshalb können in diesen Fällen auch unterhaltspflichtige Kinder auf Unterhalt in Anspruch genommen werden, deren Einkommen unterhalb des Selbstbehalts liegt, weil ihr eigener Unterhaltsbedarf durch den Familienunterhalt sichergestellt ist.

61 Liegen allerdings die unterhaltsrechtlich relevanten Einkünfte des unterhaltspflichtigen Kindes und seines Ehegatten unterhalb des Mindestselbstbehaltssatzes für Ehegatten in Höhe von 2.880 EUR, ist auch in diesen Fällen keine Leistungsfähigkeit für Elternunterhalt gegeben.

62 Übersteigen die gemeinschaftlichen Einkünfte des unterhaltspflichtigen Kindes und seines Ehegatten den Mindestselbstbehalt, ist die in der Entscheidung des Bundesgerichtshofs vom 28.7.2010 (BGH 28.7.2010 – XII ZR 140/07, FamRZ 2010, 1535). dargestellte **Berechnungsmethode** zu beachten. Der Bundesgerichtshof bringt von den zusammengerechneten Einkünften der Ehegatten den Familienselbstbehalt in Höhe von 2.700 EUR in Abzug. Von dem verbleibenden Rest bringt er 10 % als Haushaltsersparnis in Abzug. Die Hälfte der dann verbleibenden Differenz stellt zusammen mit dem Familienselbstbehalt den individuellen Familienselbstbehalt dar. Für diesen individuellen Selbstbehalt müssen die Ehegatten im prozentualen Verhältnis ihrer Einkünfte beitragen, der Unterhaltspflichtige Ehegatte kann dann die Differenz zwischen seinem Einkommen und seinem Beitrag zum Familienunterhalt für den Elternunterhalt einsetzen. Die Berechnungsmethode sei an folgendem Beispiel verdeutlicht:

Einkommen Pflichtiger	3.000 EUR
Einkommen Ehegatte	1.000 EUR
Familieneinkommen	4.000 EUR
abzüglich Familienselbstbehalt	2.880 EUR
Differenz	1.120 EUR
abzüglich 10 % Haushaltsersparnis	112 EUR

Differenz	1.008 EUR
davon ½	504 EUR
zuzüglich Familienselbstbehalt	2.880 EUR
individueller Familienbedarf	3.384 EUR
Anteil des Unterhaltspflichtigen (75 %)	2.538 EUR
Einkommen des Unterhaltspflichtigen	3.000 EUR
abzüglich sein Anteil	2.538 EUR
Leistungsfähigkeit	462 EUR

d) Vermögensverwertung für Elternunterhalt. Reicht die Leistungsfähigkeit des unterhaltspflichtigen   63
Kindes aus seinem Einkommen zur Bedarfsdeckung des Berechtigten nicht aus, ist das Kind grundsätzlich
gehalten, zur Erfüllung der Unterhaltsverpflichtung auch den **Stamm seines Vermögens** einzusetzen
(BGH 21.4.2004 – XII ZR 326/01, FamRZ 2004, 1184).

Nach der Rechtsprechung des Bundesgerichtshofs (BGH 30.8.2006 – XII ZR 98/04, FamRZ 2006, 1511)   64
richtet sich das dem Unterhaltsschuldner zu belassende Vermögen nicht nach festen Vermögensgrenzen,
weil diese keine Rücksicht auf die individuellen Verhältnisse des Unterhaltsschuldners nehmen. Der BGH
greift zur Berechnung der **individuellen Vermögensgrenze** auf seine Rechtsprechung zur unterhaltsrechtlich anerkennenswerten zusätzlichen Altersvorsorge zurück, wonach in der Regel 5 % des Bruttoeinkommens für die zusätzliche Altersvorsorge aufgewandt werden dürfen. Das Vermögen, das unter Berücksichtigung von 5 % des – gegenwärtigen – Bruttoeinkommens im Laufe eines Berufslebens mit einer Rendite
von 4 % angespart werden kann, stellt die individuelle Schonvermögensgrenze des unterhaltspflichtigen
Kindes dar. Kann das Kind aufgrund des Umstands, dass seine Bruttoeinkünfte die Beitragsbemessungsgrenze übersteigen, höhere Rücklagen für die Altersvorsorge bilden, ist dies bei der Berechnung des
Schonvermögens ebenfalls zu berücksichtigen.

Der **Beginn der Ansparphase** für das Schonvermögen ist mit dem Eintritt der Volljährigkeit anzusetzen   65
(Hauß Rn 422).

Selbstgenutztes Immobilienvermögen gehört nicht zum Altersvorsorgevermögen. Der Wert einer ange-   66
messenen selbst genutzten Immobilie bleibt bei der Bemessung des Altersvorsorgevermögens eines auf Elternunterhalt in Anspruch genommenen Unterhaltspflichtigen grundsätzlich unberücksichtigt, weil ihm eine Verwertung nicht zumutbar ist (BGH 7.8.2013 – XII ZB 269/12).

Zu beachten ist, dass nur das unterhaltspflichtige Kind mit dem Stamm seines Vermögens für den Elternun-   67
terhalt haftet. Das **Vermögen des Schwiegerkindes** ist nur mit seinen Erträgen zu berücksichtigen.

Übersteigt das vorhandene Vermögen des unterhaltspflichtigen Kindes sein Schonvermögen, ist der **Über-**   68
schuss für Unterhaltszwecke einsetzbar. Solange keine anderen unterhaltspflichtigen Geschwister vorhanden sind, ist aus dem Vermögen der offen bleibende Bedarf monatlich zu decken. Sind andere leistungsfä-
hige Geschwister vorhanden, ist der Überschuss durch **Verrentung des Vermögens** über die statistische
Lebenserwartung des unterhaltsberechtigten Elternteils mit dem sich dann ergebenden monatlichen Betrag
auf die Leistungsfähigkeit des vermögenden Geschwisters anzurechnen.

Verwertbares Vermögen eines Unterhaltspflichtigen, der selbst bereits die Regelaltersgrenze erreicht hat,
kann in der Weise für den Elternunterhalt eingesetzt werden, als dieses in eine an der statistischen Lebenserwartung des Unterhaltspflichtigen orientierte **Monatsrente umgerechnet** und dessen Leistungsfähigkeit
aufgrund des so ermittelten (Gesamt-)Einkommens nach den für den Einkommenseinsatz geltenden Grundsätzen bemessen wird (BGH 21.11.2012 – XII ZR 150/10, FamRZ 2013, 203).

Wird das verwertbare Vermögen in eine Monatsrente umgerechnet, ist darauf zu achten, dass ein **tatsäch-**
lich erzielbarer Zins zugrunde gelegt wird. Soweit der Bundesgerichtshof es in dem zuletzt zitierten Urteil
gebilligt hat, dass gem. § 14 BewG auf die vom Bundesministerium der Finanzen zur Verfügung gestellten

Vervielfältiger für den Kapitalwert einer lebenslänglichen Leistung abgestellt wird, ist dabei zu berücksichtigen, dass diesen Vervielfältigern ein Zins von 5,5 % zugrunde liegt. Da es unter Berücksichtigung der Situation an den Finanzmärkten derzeit quasi unmöglich ist, mit sicheren Anlagen eine derartige Rendite zu erzielen, sind diese Vervielfältiger nach der hier vertretenen Auffassung nicht zu gebrauchen. Abzustellen ist vielmehr auf einen Zins von maximal 2,5 %. Hilfsmittel zur Berechnung können die regelmäßig vom statistischen Bundesamt veröffentlichten Versicherungsbarwerte für Leibrenten sein.

8. Geschwisterhaftung

69 Geschwister haften für den Bedarf des Elternteils anteilig entsprechend ihren Einkommens- und Vermögensverhältnissen (§ 1606 Abs. 3 S. 1 BGB).

9. Verwirkung von Elternunterhalt

70 **a) Verwirkung wegen Zeitablauf.** Eine Verwirkung durch Zeitablauf kommt in Betracht, wenn der Berechtigte ein Recht längere Zeit nicht geltend macht, obwohl er dazu in der Lage wäre (Zeitmoment), und der Verpflichtete sich mit Rücksicht auf das gesamte Verhalten des Berechtigten darauf einrichten durfte und eingerichtet hat, dass dieser sein Recht auch künftig nicht geltend machen wird (Umstandsmoment). Für den Elternunterhalt kommt diesem Aspekt besondere Bedeutung zu, da der Bundesgerichtshof bereits nach einer **Frist von mehr als einem Jahr** das Zeitmoment als erfüllt ansieht und darüber hinaus die Auffassung vertritt, dass an das Umstandsmoment **keine allzu hohen Anforderungen** zu stellen sind (BGH 23.10.2002 – XII ZR 2 66/99, FamRZ 2002, 1698).

71 **b) Verwirkung gem. § 1611 BGB.** Die Verwirkung gem. § 1611 BGB entspricht auch beim Elternunterhalt den sonstigen unterhaltsrechtlichen Grundsätzen. Besondere Bedeutung kommt im Elternunterhalt der **gröblichen Vernachlässigung** der eigenen Unterhaltspflicht zu. Die Unterhaltspflichtverletzung muss ein gewisses Gewicht haben, wobei auch die Dauer der Unterhaltspflicht und die Dauer der Schlecht- oder Nichterfüllung eine Rolle spielen (BGH 9.7.1986 – IVb 4/85, FamRZ 1986, 1262). **Fehlende Kontakte** zwischen dem unterhaltspflichtigen Kind und dem unterhaltsberechtigten Elternteil oder auch eine Vernachlässigung des Kindes durch den Elternteil rechtfertigen nur in Ausnahmefällen eine Verwirkung des Unterhaltsanspruchs (BGH 15.9.2010 – XII ZR 148/09, NJW 2010, 3714). Liegt ausnahmsweise eine Verwirkung des Unterhaltsanspruchs vor, kann dies zu einem teilweisen oder – im Falle einer groben Unbilligkeit – vollständigen Ausschluss der Unterhaltsverpflichtung führen (§ 1611 Abs. 1 BGB).

10. Auskunftsansprüche

72 Das unterhaltspflichtige Kind ist gem. § 1605 BGB im Regelfall zur Auskunftserteilung verpflichtet. Ausnahmsweise besteht keine Auskunftsverpflichtung, wenn die Auskunft zur Feststellung der Unterhaltsverpflichtung nicht erforderlich ist, bspw weil der Unterhaltsanspruch offensichtlich vollständig verwirkt ist.

73 Darüber hinaus besteht eine öffentlich-rechtliche Auskunftsverpflichtung gem. § 117 SGB XII, die sowohl das unterhaltspflichtige Kind als auch dessen Ehegatten trifft. Die allgemein übliche Praxis der Sozialhilfeträger, von dem unterhaltspflichtigen Kind auch Auskunft über die Einkünfte seines Ehegatten zu verlangen, ist im Übrigen nicht durch § 117 SGB XII gedeckt. Der Auskunftsanspruch gem. § 117 SGB XII ist durch den Sozialhilfeträger mittels Verwaltungsakt geltend zu machen.

74 Der **Ehegatte** des unterhaltspflichtigen Kindes ist allerdings auch **nicht** nach § 117 SGB XII **verpflichtet**, Auskunft über seine **Vermögensverhältnisse** zu erteilen, weil der Stamm seines Vermögens für die Ermittlung der Leistungsfähigkeit des unterhaltspflichtigen Kindes ohne Bedeutung ist. Auch unter den **Geschwistern** bestehen **wechselseitige Auskunftspflichten** (BGH 7.5.2003 – XII ZR 229/00, FamRZ 2003, 1836). Eine Geltendmachung dieser Auskunftsansprüche dürfte sich aber im Regelfall erübrigen, da der Unterhaltsberechtigte – ggf der Sozialhilfeträger – im Rahmen der schlüssigen Darlegung des Unterhaltsanspruchs auch die Einkommens- und Vermögensverhältnisse der Geschwister sowie – soweit vorhanden – von deren Ehegatten darlegen und nachweisen muss.

III. Verfahrensrechtliche Hinweise

In allen Fällen, in denen mehr als ein Unterhaltspflichtiger für den Elternunterhalt in Betracht kommt, ge-   75
hört es zur **Schlüssigkeit der Begründung des Unterhaltsanspruchs**, dass der Sozialhilfeträger die
Einkommens- und Vermögensverhältnisse sämtlicher potenziell Unterhaltspflichtiger darlegt und nachweist. Die Sozialhilfeträger berufen sich außergerichtlich regelmäßig auf den Datenschutz und verweigern
vor diesem Hintergrund nähere Angaben zu den wirtschaftlichen Verhältnissen der Geschwister. Die reine
Behauptung über die vermeintlichen Einkommens- und Vermögensverhältnisse der Geschwister reicht zur
schlüssigen Darlegung des Unterhaltsanspruchs nicht aus, es müssen nachvollziehbar Unterlagen wie Ein-
kommensnachweise, Steuererklärungen etc. vorgelegt werden.

Würde der Unterhaltsanspruch erst im gerichtlichen Verfahren durch den Sozialhilfeträger schlüssig darge-   76
legt und nachgewiesen, kann das unterhaltspflichtige Kind ein vollständiges oder teilweise **sofortiges Anerkenntnis** abgeben mit der Folge, dass insoweit seitens des Sozialhilfeträgers auch die Anwaltskosten und
die Kosten des Verfahrens zu tragen sind (Hauß Rn 489).

90. Elternvereinbarungen

Seebach

I. Allgemeines 1
II. Vereinbarungen im Sorgerecht 2
  1. Vergleich 2
    a) Allgemeines 2
    b) Ausgestaltungen 3
    c) Vollmachtserteilungen 7
2. Verfahren nach § 1671 BGB 8
3. Sorgeerklärungen 9
III. Verfahren 10
  1. Vollstreckbarkeit 10
  2. Abänderbarkeit von Vereinbarungen 11
  3. Verfahren nach § 1666 BGB 12

I. Allgemeines

1 Zwischen getrennt oder in Scheidung lebenden Eltern (BVerfG 26.2.2008 – 1 BvR 1624/06, FamRZ 2008, 960) können **Absprachen und Vereinbarungen** getroffen werden. Es stellt sich sodann die Frage der **Bindungswirkung** (s. Rn 3) dieser getroffenen Vereinbarungen, die Frage der **Vollstreckbarkeit** (s. Rn 10) sowie ferner die Frage nach deren **Abänderbarkeit** (s. Rn 11). Grundsätzlich unterliegen diese Elternvereinbarungen keinen Formerfordernissen (Maier in: FormFamR § 6 Rn 40).

Meist werden derartige Vereinbarungen oder Vergleiche betreffend die Frage der Ausgestaltung des Umgangs des nicht betreuenden Elternteils abgeschlossen werden (Maier in: FormFamR § 7 Rn 63 ff; s. → *Umgangsrecht* Rn 144). Aber auch im Bereich der elterlichen Sorge sind Vereinbarungen denkbar, wobei eine Vielzahl von Konstellationen unterschieden werden muss.

II. Vereinbarungen im Sorgerecht

1. Vergleich

2 **a) Allgemeines.** Gem. § 36 Abs. 1 S. 1 FamFG können Beteiligte im familiengerichtlichen Verfahren einen **Vergleich** schließen, soweit sie über den Gegenstand des Verfahrens verfügen können (HK-FamFG/Schreiber § 36 FamFG Rn 4). Verfahren betreffend das elterliche Sorgerecht sind **Kindschaftssachen** im Sinne des FamFG, so dass § 156 FamFG greift, wonach das Gericht in Kindschaftssachen, die die elterliche Sorge bei Trennung und Scheidung betreffen, in jeder Lage des Verfahrens auf ein Einvernehmen der Beteiligten hinwirken soll (HK-FamFG/Völker/Clausius § 156 FamFG Rn 4; NK-BGB/Harms § 1696 BGB Rn 15). Aus § 156 Abs. 2 FamFG ergibt sich, dass eine vergleichsweise Regelung durch gerichtlich gebilligten Vergleich sich auf Umgang oder Herausgabe des Kindes beschränkt (Heiß in: MandatFamR Teil 4 Rn 17). Hinsichtlich des Bereichs des gewöhnlichen Aufenthaltsortes des Kinds ist eine einvernehmliche Regelung im Termin das Ziel, § 155 Abs. 2 FamFG. Eine Vereinbarung bzw ein gerichtlich gebilligter Vergleich dahin gehend, dass das Sorgerecht oder Teile des Sorgerechts auf einen Elternteil alleine übertragen wird/werden, ist nicht möglich (NK-BGB/Harms § 1696 BGB Rn 15). Auch ein gemeinsames Sorgerecht kann nicht durch Vergleich vereinbart werden. Hinsichtlich einer **Änderung der Sorgerechtssituation** bedarf es daher immer einer gerichtlichen Entscheidung durch **Beschluss** (Ernst FamFR 2010, 548). Eine Ausnahme bildet insoweit die Abgabe einer Sorgeerklärung iSd § 1626 a BGB (s. → *Sorgeerklärungen*).

3 **b) Ausgestaltungen.** Vereinbarungen der Eltern über die **Ausgestaltung des Sorgerechts** hingegen sind wirksam und sinnvoll (NK-BGB/Rakete-Dombek § 1626 a BGB Rn 24). Jedenfalls im Elternverhältnis untereinander entfalten diese Regelungen auch **Bindungswirkung** (s. Rn 10). Dies ist insbesondere zu beachten, wenn es zu späteren Abänderungen der ursprünglich getroffenen Entscheidung kommen soll (s. Rn 11).

4 In **vermögensrechtlichen Angelegenheiten** sind Absprachen der Eltern untereinander möglich und nicht unüblich, insbesondere im Bereich des zu zahlenden Kindesunterhalts (Lotter in: FormFamR § 14 Rn 175). Hier überwiegt jedoch das Elterninteresse an einer derartigen Regelung das Kindesinteresse (Kofler in: VerfFamR § 4 Rn 765).

Im Bereich der **religiösen Erziehung** von Kindern gelten §§ 1, 2 RKEG, wonach die Eltern in diesem Be- 5
reich als Angelegenheit von erheblicher Bedeutung an die konkrete Vereinbarung gebunden sind, bis eine
gerichtliche Entscheidung ergeht oder eine anderweitige Einigung erzielt wird.

Große Bedeutung entfalten Elternvereinbarungen im Bereich des Umgangsrechts (s. → *Umgangsrecht*). In- 6
soweit entfalten getroffene Vereinbarungen Bindungswirkung bis zu einer einvernehmlichen Änderung
oder aus Kindeswohlgesichtspunkten (HK-FamR/Schmid § 1684 BGB Rn 2).

c) Vollmachtserteilungen. Im gerichtlichen Verfahren kommt bei Bestehen des gemeinsamen Sorgerechts 7
eine **Lösung des Elternkonflikts** dahin gehend in Betracht, dass der Elternteil, bei dem das Kind nicht seinen gewöhnlichen Aufenthalt hat, den betreuenden Elternteil hinsichtlich verschiedener Teilbereiche des
elterlichen Sorgerechts bevollmächtigen kann. Eine derartige Vereinbarung hat den Vorteil, dass das gemeinsame Sorgerecht bestehen und erhalten bleibt, der **bevollmächtigte Elternteil** aber über § 1687 BGB
betreffend die Angelegenheiten des täglichen Lebens hinaus bevollmächtigt wird. Eine Entscheidung durch
das Gericht ist dann nicht notwendig. Eine solche Vollmacht kann **gegenstands- und bereichsbezogen**
erteilt werden (NK-BGB/Kaiser § 1629 BGB Rn 21). Eine derartige Bevollmächtigung ist jedoch jederzeit
widerruflich. Eine bindende Vereinbarung liegt in einer solchen Konstellation gerade nicht vor (NK-BGB/
Kaiser § 1629 BGB Rn 20).

Häufig werden Vereinbarungen dahin gehend getroffen, dass die Beteiligten sich einig sind, dass das Kind
seinen Aufenthalt bei einem Elternteil hat. Hierin liegt letztlich eine **Vereinbarung über den Aufenthalt
des Kindes**. Eine Übertragung des Aufenthaltsbestimmungsrechts ist hiermit nicht verbunden (s. → *Aufenthaltsbestimmung bei Minderjährigen* Rn 17).

Auch im Bereich der **gesetzlichen Vertretung** entfalten derartige Bevollmächtigungen (NK-BGB/Kaiser
§ 1629 BGB Rn 20) ihre Wirkung (s. → *Gesetzliche Vertretung Minderjähriger* Rn 2).

2. Verfahren nach § 1671 BGB

Sind sich die getrennt lebenden oder geschiedenen Eltern, denen das gemeinsame Sorgerecht hinsichtlich 8
ihrer minderjährigen Kinder zusteht, einig, dass das gesamte Sorgerecht oder Teile des Sorgerechts, beispielsweise der Bereich betreffend schulische Angelegenheiten oder das Aufenthaltsbestimmungsrecht, auf
einen Elternteil alleine übertragen werden soll, so ist ein Antrag gem. § 1671 Abs. 2 Nr. 1 BGB zu stellen, wobei der Elternteil, der bereit ist, auf die elterliche Sorge oder Teilbereiche zu verzichten, zustimmen
muss (Heiß in: MandatFamR Teil 4 Rn 40). Das **Gericht** ist an diesen Antrag mit Zustimmung des anderen
Elternteils bei Einigkeit der Eltern **grundsätzlich gebunden** (Palandt/Götz § 1671 BGB Rn 8).

Das Gericht kommt dem Antrag nur dann nicht nach, wenn gem. § 1671 Abs. 4 BGB die elterliche Sorge
aufgrund anderer Vorschriften, insbesondere wegen Kindeswohlgefährdung gem. § 1666 BGB, abweichend
geregelt werden muss (s. → *Kindeswohlgefährdung*; Palandt/Götz § 1671 BGB Rn 42).

In Verfahren nach § 1671 Abs. 2 Nr. 1 BGB können die Eltern demnach vereinbaren, dass die elterliche
Sorge auf einen Elternteil übertragen werden soll. Das Gericht ist insoweit im Rahmen der obigen Ausführungen gebunden (Grabow in: VerfFamR § 3 Rn 46 f). Eine gerichtliche Entscheidung durch Beschluss ist
jedoch zwingend notwendig und hat in derartigen Fällen antragsgemäß zu ergehen (s. Rn 2).

3. Sorgeerklärungen

Der Begriff der Sorgeerklärung ist gesetzlich geregelt in § 1626 a BGB, wonach nicht verheiratete Eltern 9
erklären können, dass sie die elterliche Sorge gemeinsam übernehmen wollen. Es handelt sich insoweit um
einen **Sonderfall der Elternvereinbarungen** betreffend nicht miteinander verheirateter Eltern, unabhängig
davon, ob diese zusammen oder getrennt leben (s. → *Sorgeerklärung*). Vertragliche Vereinbarungen über
die Abgabe oder Nichtabgabe von Sorgeerklärungen sind unwirksam (NK-BGB/Rakete-Dombek § 1626 a
BGB Rn 24). Derartige Sorgeerklärungen können formwirksam gem. § 1626 d BGB auch in Form einer
gerichtlich gebilligten Elternvereinbarung erfolgen (BGH 16.3.2011 – XII ZB 407/10, FamFR 2011, 213).

III. Verfahren

1. Vollstreckbarkeit

10 Entsprechend obiger Ausführungen sind im Bereich der elterlichen Sorge hinsichtlich ihrer Ausgestaltung, insbesondere im Bereich Aufenthalts- und Besuchsregelung, Schul- oder Kindergartenwahl, Vereinbarungen möglich (Maier in: FormFamR § 6 Rn 3). Hier beschränkt sich die Bindungswirkung auf die Eltern im Innenverhältnis (NK-BGB/Rakete-Dombek § 1626 a BGB Rn 24), grundsätzlich unabhängig davon, ob eine derartige Vereinbarung gerichtlich oder außergerichtlich getroffen wurde (Sarres FPR 2000, 244; Reinecke FPR 2000, 267). **Vollstreckungsfähig** werden elterliche Vereinbarungen allerdings erst mit **gerichtlicher Billigung** gem. § 86 Abs. 1 Nr. 2 FamFG. Die Abänderbarkeit gerichtlich gebilligter Vergleiche richtet sich laut § 166 FamFG nach Maßgabe des § 1696 BGB (NK-BGB/Harms § 1696 BGB Rn 4).

2. Abänderbarkeit von Vereinbarungen

11 Die Frage der **Abänderbarkeit getroffener Vereinbarungen** richtet sich nach § 1696 BGB. Hiernach sind Entscheidungen im Bereich des Sorgerechts oder ein gerichtlich gebilligter Vergleich dann zu ändern, wenn dies aus triftigen, das Wohl des Kindes nachhaltig berührenden Gründen angezeigt ist (Kemper in: SynFamR § 1696 BGB Rn 1). **Außergerichtliche Absprachen** und Vereinbarungen unterfallen daher nicht § 1696 BGB (NK-BGB/Harms § 1696 BGB Rn 17). Teilweise wird eine analoge Anwendung angenommen, insbesondere dann, wenn die Eltern sich ausdrücklich oder auch konkludent über den **Aufenthaltsort des Kindes** geeinigt haben (OLG Brandenburg 10.12.2007 – 9 WF 367/07, FamRZ 2008, 2055). Hinsichtlich der elterlichen Sorge kommt es letztlich nicht zu gerichtlich gebilligten Vergleichen, da immer eine gerichtliche Entscheidung durch Beschluss erforderlich ist (ThürOLG 13.8.2007 – 2 UF 150/07, FamRZ 2008, 806 Rn 14, 17; s. Rn 2). Eine direkte Anwendung des § 1696 BGB betrifft demnach im Bereich der elterlichen Sorge ausschließlich gerichtliche Entscheidungen (BGH 16.3.2011 – XII ZB 407/09, FamFR 2011, 213). Etwas anderes soll gelten, wenn eine gerichtliche Entscheidung letztlich auf elterliche Vereinbarungen zurückgeht. Derartige Änderungen sind allerdings grundsätzlich nach § 1671 Abs. 2 BGB zu bewerten (s. Rn 8). Die Unterscheidung ist aufgrund der unterschiedlichen Entscheidungskriterien und Maßstäbe relevant und eine analoge Anwendung nicht angezeigt (HK-FamR/Schmid § 1696 BGB Rn 1). Bei einer Einigung über den Aufenthaltsort fehlt einem Antrag gegebenenfalls das Rechtsschutzbedürfnis (s. → *Aufenthaltsbestimmung bei Minderjährigen* Rn 17). Das Gericht ist an eine derartige Vereinbarung gebunden. Bei einer Vereinbarung der Eltern über den Aufenthaltsort des Kindes hat diese ursprünglich getroffene Vereinbarung bzw Einigung ggf Bedeutung für eine spätere gerichtliche Entscheidung (OLG Brandenburg 11.10.2012 – 9 UF 91/11).

Eine Abänderung von Amts wegen bleibt auf die Fälle beschränkt, in denen eine Kindeswohlgefährdung vorliegt oder zu befürchten ist (NK-BGB/Harms § 1696 BGB Rn 52 f).

3. Verfahren nach § 1666 BGB

12 In familienrechtlichen Verfahren wegen **Kindeswohlgefährdung nach §§ 1666, 1666 a BGB** sind Vereinbarungen der Eltern nicht bindend (OLG Koblenz 24.1.2006 – 7 WF 27/06). Die Kindesschutzgesichtspunkte sind hier überwiegend, es gilt der **Amtsermittlungsgrundsatz** (s. → *Kindeswohlgefährdung* Rn 1). Das Gericht kann aber die von den Eltern vorgeschlagene Lösung in seine Überlegungen einbeziehen.

91. Endvermögen

Rakete-Dombek

I. Einführung...................................... 1
II. Maßgeblicher Stichtag......................... 2

III. Hinzurechnungen zum Endvermögen........... 3

I. Einführung

Das Endvermögen ist – neben dem Anfangsvermögen (s. → *Anfangsvermögen*) gem. § 1374 BGB – die 1 zweite Rechengröße, die man benötigt, um den Zugewinn gem. § 1373 BGB zu ermitteln. Das Endvermögen setzt sich aus den **Aktiva** unter Abzug der **Passiva** zusammen, die am maßgeblichen Stichtag (s. → *Stichtag* Rn 2) vorhanden waren. Die anzusetzenden Werte sind gem. § 1376 Abs. 2 und Abs. 3 BGB – bei landwirtschaftlichen Grundstücken § 1376 Abs. 4 BGB – zu ermitteln. Der Saldo zwischen Aktiva und Passiva bildet die Rechengröße des Endvermögens. Seit der Reform des Zugewinnausgleichsrechts kann das Endvermögen auch negativ sein (§ 1375 Abs. 1 S. 2 BGB). Das Endvermögen ist gem. § 1375 Abs. 2 BGB zu erhöhen, sofern der Vermögensinhaber nach Eintritt des Güterstandes innerhalb der letzten zehn Jahre vor Beendigung des Güterstandes (§ 1375 Abs. 3 BGB) **illoyale Vermögensverfügungen** vorgenommen hat.

II. Maßgeblicher Stichtag

Das Endvermögen ist für folgende Zeitpunkte relevant und zu ermitteln, da diese für die Beendigung des 2 Güterstandes maßgeblich sein können:

– bei Scheidung: Der Tag der **Rechtshängigkeit des Scheidungsantrags** (§ 1384 BGB); sind beiderseits Scheidungsanträge eingereicht, gilt der Tag der **ersten Zustellung**; bei vorfristig eingereichtem Scheidungsantrag bleibt es bei dem durch die Zustellung herbeigeführten Stichtag, wenn der Ehescheidungsantrag nicht zurückgewiesen wurde;

– beim Tod eines Ehegatten zur Ermittlung des Zugewinnausgleichs im Todesfall, wenn der überlebende Ehegatte nicht Erbe ist, ggf. um gem. § 1371 BGB den pauschalen Zugewinn zu ermitteln (Erbteilserhöhung): der Todestag des Ehegatten (Sterbeurkunde);

– bei Beendigung des Güterstandes durch vertragliche Beendigung des Güterstandes und die Wahl eines der Wahlgüterstände: der Tag der Beurkundung, bzw der in dem Vertrag gewählte Zeitpunkt;

– bei Eheaufhebung gelten die Vorschriften über die Ehescheidung entsprechend (§ 1318 Abs. 2 BGB);

– bei einem Verfahren auf vorzeitigen Zugewinnausgleich gilt ebenso der Tag der Rechtshängigkeit des Antrags; ist daneben auch das Scheidungsverfahren anhängig, bestimmt sich der Stichtag immer nach dem zuerst zugestellten Antrag.

Das **Stichtagsprinzip** wird streng gehandhabt. Abweichungen von den festgestellten Daten, die ggf durch Einsicht in die Zustellungsnachweise in der Gerichtsakte zu prüfen sind, kommen nicht in Betracht. Dies gilt auch, wenn das jeweilige Verfahren ruht. Der Stichtag bleibt. Lediglich, wenn die Ehegatten wieder zusammenfinden und ihre Ehe fortsetzen, kommt eine Verlegung des Stichtages unter engen Voraussetzungen in Betracht (OLG Karlsruhe 12.6.1980 – 16 UF 52/80, FamRZ 1980, 1119).

III. Hinzurechnungen zum Endvermögen

Dem Endvermögen werden Vermögenswerte hinzugerechnet, die nicht mehr am Stichtag vorhanden waren, 3 wenn sie in der Art und Weise, wie § 1375 Abs. 2 Nrn. 1–3 BGB dies abschließend aufzählt, aus dem Vermögen ausgeschieden sind. Treffen die Tatbestände zu, erhöht sich das Endvermögen um den hinzuzurechnenden Betrag. Der illoyale Ehegatte schuldet einen höheren Zugewinnausgleich. Gem. § 1378 Abs. 2 S. 2 BGB gilt die „Kappungsgrenze" in diesen Fällen nicht.

Es handelt sich um **drei Fallgruppen**, die das Gesetz als illoyal kennzeichnet:

– Unentgeltliche Verfügungen;
– Vermögensverschwendung;
– Vermögensverfügungen in Benachteiligungsabsicht in Bezug auf den anderen Ehegatten.

Stichtag für den Wert des illoyal verminderten Vermögens für die Hinzurechnung zum Endvermögen ist der Zeitpunkt des Verlustes der Vermögensposition, also bereits das Verpflichtungsgeschäft, durch das eine vermögensmindernde Verbindlichkeit begründet wird. Der Wert wird – wie das Anfangsvermögen – indexiert. Die Fallgruppen sind abschließend und daher nicht analogiefähig. War der andere Ehegatte mit der unentgeltlichen Zuwendung, Abs. 2 Nr. 1, oder der Verschwendung, Abs. 2, Nr. 2, einverstanden, so ist auch die Hinzurechnung ausgeschlossen. Zwar wird in Abs. 2 Nr. 3 die Benachteiligungsabsicht nicht genannt, eine Hinzurechnung scheidet von vorne herein jedoch auch hier aus, da ein Einverständnis in diesem Fall bereits den Tatbestand der Benachteiligung entfallen lässt.

4 Jede tatsächliche Vermögensminderung kommt in Betracht, auch die Eingehung von Verbindlichkeiten, ohne dass dieser eine Gegenleistung gegenüber steht, zählt hierzu. Die Vermögensminderung muss während des gesetzlichen Güterstandes und innerhalb von zehn Jahren vor seiner Beendigung erfolgt sein.

5 Die Zurechnungsvorschrift ist weiter gefasst als § 516 BGB, da die **objektive Unentgeltlichkeit** der Verfügung ausreicht. Einer Einigung über die Unentgeltlichkeit bedarf es nicht. Es darf keine Gegenleistung erfolgt sein oder nur eine solche von geringem Gegenwert. In diesem Fall handelt es sich um eine **gemischte Schenkung**, bei der der unentgeltliche Teil dem Endvermögen hinzuzurechnen ist (Braeuer, Der Zugewinnausgleich, Rn 225).

Da Schenkungen häufig vorkommen, ist jede unentgeltliche Zuwendung darauf zu untersuchen, ob die Einschränkung von § 1375 Abs. 2 Nr. 2 BGB zutrifft, die Schenkung also erfolgt ist, um einer sittlichen Pflicht oder einer auf Anstand zu nehmenden Rücksicht zu genügen.

Hierbei ist **kein objektiver Maßstab** anzusetzen, sondern es sind vielmehr die individuellen Verhältnisse, die bisherige Übung während der Ehe, bisherige Gewohnheiten und die Beziehung zu dem Bedachten zu beachten. Der jeweilige **Einzelfall** ist zu betrachten (Haußleiter/Schulz Kap. 1 Rn 90). Geschenke, die zu gesellschaftlichen Anlässen gemacht wurden, bleiben für eine Zurechnung außer Betracht. Handelt es sich um ein wirtschaftlich wertvolles Geschenk, wird es keine „Anstandsschenkung" mehr sein. Häufig handelt es sich um Zuwendungen an die Kinder. Beachtlich ist, ob es sich um ein gemeinsames Kind handelt, in welchem Umfang Geschwister bereits bedacht wurden, ob der Umfang des Geschenkes der bisherigen Übung und auch dem Verhalten des anderen Ehegatten entspricht und im Verhältnis zu den wirtschaftlichen Verhältnissen vertretbar ist. Erfolgen werthaltige Geschenke an die Kinder im zeitlichen Zusammenhang mit Trennung und Scheidung, liegt das Motiv, dem anderen Ehegatten ausgleichspflichtiges Vermögen entziehen zu wollen, allerdings regelmäßig nahe. Es könnte daher auch Nr. 3 von § 1375 Abs. 2 BGB zur Anwendung kommen (Braeuer, Der Zugewinnausgleich, Rn 235).

6 Eine Verschwendung nach Nr. 2 von § 1375 Abs. 2 BGB kann selten angenommen werden. Es muss sich um eine **sinnlose Vergeudung** von Werten handeln, die objektiv unnütz und übermäßig war. Allenfalls fallen hierunter leichtfertige und hohe Verluste beim Glücksspiel (Haußleiter/Schultz, Kap. 1 Rn 93; Braeuer, Der Zugewinnausgleich, Rn 244).

7 Bei einer Vermögensverfügung muss die **Benachteiligungsabsicht** das leitende, wenn auch nicht das einzige **Motiv** des Handelns sein. Soweit Geldbeträge von Verwandten oder Freunden „verwahrt" werden, um sie im eigenen Endvermögen nicht aufzuführen, mag dies zwar in Benachteiligungsabsicht erfolgen. Die Werte gehören aber weiterhin in das Endvermögen (Braeuer, Der Zugewinnausgleich, Rn 245). Schwierig wird es jedoch, derartige Vorgänge festzustellen. Soweit Anschaffungen getätigt werden, sind die erworbe-

nen Gegenstände Teil des Endvermögens. Aber wer erkennt schon, dass der Ring an der Hand des Ehegatten entgegen den während der Ehe getätigten Schmuckanschaffungen plötzlich echt und überaus wertvoll ist? Gleiches gilt für Kunstgegenstände, vor allem, wenn kein Zutritt zu der Wohnung des anderen mehr besteht.

92. Entzug des Sorgerechts

Seebach

I. Allgemeines	1
II. Entzug des Sorgerechts	9
1. Kindeswohlgefährdung	9
2. Verfahren nach § 1671 BGB	11
a) Allgemein	11
b) Zweistufiger Prüfungsaufbau	13
aa) Fehlende Kooperationsfähigkeit	13
bb) Kindeswohl	15
III. Verfahren	16

1. Allgemeines	16
2. Weitere Verfahrenshinweise	18
a) Sachverständigengutachten	18
b) Übertragung auf Dritte	21
c) Auflösung gemeinsamer elterlicher Sorge	23
d) Beteiligung der nicht sorgeberechtigten Elternteils	25
e) Überprüfung/Rückführung	27

I. Allgemeines

1 Den schwerwiegendsten Eingriff in das elterliche Sorgerecht (s. → *Elterliches Sorgerecht* Rn 1) stellt der **Entzug der elterlichen Sorge** dar (s. Rn 9). Art. 6 Abs. 2 S. 1 GG garantiert den Eltern das Recht auf Pflege und Erziehung der Kinder (HK-FamR/Schulz/Hauß Einl. Rn 86; s. → *Erziehung* Rn 1). Ein Eingriff in das verfassungsrechtlich geschützte Elternrecht hat zurückhaltend zu erfolgen und unterliegt strengen Voraussetzungen (Palandt/Götz § 1666 BGB Rn 31).

2 Jedoch hat der Staat aufgrund des ihm verfassungsrechtlich zukommenden **Wächteramtes**, konkretisiert in Art. 6 Abs. 2 S. 2 GG, das Recht und die Pflicht, unter bestimmten, strengen Voraussetzungen aus Kindeswohlgesichtspunkten in dieses verfassungsrechtlich garantierte Elternrecht einzugreifen (s. → *Kindeswohlgefährdung* Rn 1). Hierbei gilt es jedoch zu beachten, dass das Kind kein Recht hat auf bestmögliche Förderung (s. → *Kindeswohlgefährdung* Rn 7).

3 Das Kind ist ebenfalls Träger von Grundrechten und steht unter dem Schutz des Staates (Palandt/Götz § 1666 BGB Rn 1). Diesem Grundrechtsschutz sämtlicher Beteiligter hat das Gericht durch **umfassende Sachaufklärung** Rechnung zu tragen (Leipold FamFR 2009, 29).

4 Gem. § 1773 BGB erhält ein Kind einen Vormund, wenn es nicht unter elterlicher Sorge steht (s. → *Ruhen des Sorgerechts* Rn 8). Für den Fall der Entziehung des gesamten Bereichs der elterlichen Sorge hat das Gericht gem. § 1774 BGB von Amts wegen **Vormundschaft** anzuordnen (NK-BGB/Fritsche § 1773 BGB Rn 7).

5 Hiervon zu unterscheiden sind die Fälle, in denen Teilbereiche des Sorgerechts, zB das Aufenthaltsbestimmungsrecht (s. → *Aufenthaltsbestimmung bei Minderjährigen*), entzogen werden. In derartigen Fällen wird **Ergänzungspflegschaft** angeordnet und dem Kind ein **Pfleger** bestellt (NK-BGB/Fritsche § 1773 BGB Rn 7).

6 Hierbei obliegt die Auswahl eines geeigneten Pflegers dem Tatrichter (HK-FamR/Schulz/Hauß Einl. Rn 89), wobei in der Regel dem Jugendamt die Pflegschaft übertragen wird (NK-BGB/Rakete-Dombek § 1630 BGB Rn 5; s. → *Jugendamt*). Aber auch die Großeltern oder andere Verwandte kommen als Pflegepersonen in Betracht (s. Rn 21).

7 Ein besonderer Fall der Pflegschaft ist ausdrücklich geregelt mit der sogenannten **Umgangspflegschaft** gem. § 1684 Abs. 3 BGB (s. → *Umgangspflegschaft*). Die Anordnung einer Umgangspflegschaft stellt letztlich einen Eingriff in das elterliche Sorgerecht (Heiß in: MandatFamR Teil 5 Rn 64), insbesondere in das Aufenthaltsbestimmungsrecht, dar (s. → *Aufenthaltsbestimmung bei Minderjährigen*).

8 Stets ist auch § 1680 Abs. 3 BGB zu beachten (s. → *Ruhen der elterlichen Sorge* Rn 8) für den Fall, dass einem sorgeberechtigten Elternteil die elterliche Sorge entzogen wird. Hiernach steht entsprechend den Prüfungskriterien des § 1678 BGB dem anderen Elternteil – entsprechend dem Willen des Gesetzgebers – die alleinige Sorge zu. Es hat eine **negative Kindeswohlprüfung** stattzufinden (Palandt/Götz § 1680 BGB Rn 3).

II. Entzug des Sorgerechts

1. Kindeswohlgefährdung

Hinsichtlich der Trennung des Kindes von den Eltern bestehen hohe verfassungsrechtliche Hürden (Altrog- **9** ge FamFR 2010, 139). Der Entzug der elterlichen Sorge, insbesondere sämtlicher Bereiche der elterlichen Sorge, hat stets Ultima Ratio zu sein (NK-BGB/Rakete-Dombek § 1666 a BGB Rn 7). Hauptanwendungsbereich des Entzugs des Sorgerechts sind die Fälle der **Kindeswohlgefährdung** mit entsprechenden Verfahren nach § 1666 BGB (s. → *Kindeswohlgefährdung*). Allerdings sind Maßnahmen nach § 1666 BGB bereits dann abzulehnen, wenn die Sorgeberechtigten freiwillig das Kind in Familienpflege geben (BVerfG 19.12.2007 – 1 BvR 2681/07, FamRZ 2008, 492).

Gem. § 1774 S. 2 BGB kann schon **vor der Geburt** dem Kind ein Vormund bestellt werden, wenn anzu- **10** nehmen ist, dass das Kind mit der Geburt eines Vormunds bedarf. Mit der Geburt wird ein entsprechender gerichtlicher Beschluss wirksam. In Fällen des § 1666 BGB ist dies beispielsweise dann der Fall, wenn das Jugendamt von der **Schwangerschaft** einer Frau Kenntnis erlangt, die dem Jugendamt aus vergangenen Vorfällen bereits bekannt ist (s. → *Kindeswohlgefährdung* Rn 4). Zum Schutz des noch ungeborenen Kindes kann es in Einzelfällen angezeigt sein, der Kindesmutter unmittelbar nach der Geburt das Sorgerecht im Wege einer einstweiligen Anordnung zu entziehen. In derartigen Fällen ist es möglich, einen entsprechenden gerichtlichen Beschluss bereits vor der Geburt des Kindes zu erwirken, der dann mit der Geburt des Kindes wirksam wird.

2. Verfahren nach § 1671 BGB

a) Allgemein. Besteht gemeinsame elterliche Sorge getrennt lebender Eltern (HK-BGB/Kemper § 1671 **11** BGB Rn 3), so kann unter bestimmten Voraussetzungen auf Antrag (NK-BGB/Rakete-Dombek § 1671 BGB Rn 2) durch gerichtlichen Beschluss das gesamte Sorgerecht oder auch Teilbereiche der elterlichen Sorge **auf einen Elternteil alleine übertragen** werden (Grabow in: VerfFamR § 3 Rn 44). Der andere Elternteil verliert die elterliche Sorge in entsprechendem Umfang.

Ein völliger Entzug der elterlichen Sorge und die Übertragung auf den anderen Elternteil wird immer **Ulti- 12 ma Ratio** sein müssen (Böhme FamFR 2010, 333). Grundsätzlich entspricht die Beibehaltung der gemeinsamen elterlichen Sorge dem Kindeswohl. In der Praxis wird daher bei fehlender Einigungsmöglichkeit der Eltern in Einzelbereichen der elterlichen Sorge eine Übertragung auf lediglich einen Elternteil der Regelfall sein. Alleine die heillose Zerstrittenheit der Kindeseltern ist nicht ausreichend (Kloster-Harz FamFR 2011, 22). Hauptbetätigungsfeld der Gerichte ist hierbei die Übertragung des Aufenthaltsbestimmungsrechts auf einen Elternteil alleine (s. → *Aufenthaltsbestimmung bei Minderjährigen*).

b) Zweistufiger Prüfungsaufbau. aa) Fehlende Kooperationsfähigkeit. Gegen die Beibehaltung der **13** gemeinsamen elterlichen Sorge können beispielsweise fehlende Kooperation, Loyalitätskonflikte des Kindes, Gleichgültigkeit eines Elternteils sowie Erziehungsunfähigkeit und Gewalt gegenüber dem anderen Elternteil sprechen (NK-BGB/Rakete-Dombek § 1671 BGB Rn 11). Solange ein Grundkonsens hinsichtlich Pflege und Erziehung und eine auch nur geringe **Kooperationsfähigkeit und -bereitschaft** auch nur in Teilbereichen besteht, kommt ein Entzug der gesamten elterlichen Sorge nicht in Betracht (Heiß in: MandatFamR Teil 4 Rn 50). Im Umkehrschluss wird man bei der Neuregelung des § 1626 a BGB iVm § 155 a FamFG bei einem Antrag eines nichtehelichen Vaters auf gemeinsame elterliche Sorge beachten müssen, dass eine kategorische Ablehnung der Kooperation von Seiten der Kindesmutter dem Grundsatz der gemeinsamen elterlichen Sorge nicht entgegenstehen darf. Die Gerichte werden angehalten sein, der gesetzlichen Vermutung, dass die gemeinsame elterliche Sorge dem Kindeswohl grundsätzlich entspricht, Wirkung zu verleihen.

Anders ist dies dann zu beurteilen, wenn hinsichtlich eines Elternteils eine Kindeswohlgefährdung iSd **14** § 1666 BGB zu besorgen ist (s. Rn 9). Fehlt es jedoch selbst an einem **Mindestmaß an Übereinstimmung** und Kooperationsfähigkeit sowie Kooperationswillen der beiden Elternteile (Maier in: FormFamR § 6 Rn 104), so kommt unter Beachtung des Grundsatzes der Verhältnismäßigkeit die Aufhebung der gemeinsamen elterlichen Sorge grundsätzlich in Betracht (NK-BGB/Rakete-Dombek § 1671 BGB Rn 11; OLG Naumburg 4.10.2011, FamRZ 2012, 1062).

15 **bb) Kindeswohl.** Alleiniges ausschlaggebendes Kriterium einer Übertragung auf einen Elternteil alleine (Grabow in: VerfFamR § 3 Rn 44) ist das **Kindeswohl** (Maier in: FormFamR § 6 Rn 104). Es ist zu überprüfen, ob die Aufhebung der gemeinsamen elterlichen Sorge und die Übertragung der Alleinsorge bzw die Übertragung von Teilbereichen der elterlichen Sorge auf einen Elternteil dem Kindeswohl am besten entspricht (HK-FamR/Salzgeber Schwerpunktbeitrag 6 Rn 72; Wonitzek FamRZ 2012, 1345).

Es gelten hierbei die von der Rechtsprechung entwickelten Kriterien, die vor allem beim Aufenthaltsbestimmungsrecht eine wesentliche Rolle spielen (s. → *Aufenthaltsbestimmung bei Minderjährigen* Rn 10).

III. Verfahren

1. Allgemeines

16 Es gelten die Ausführungen im Bereich der elterlichen Sorge (s. → *Elterliches Sorgerecht* Rn 23) sowie der Kindeswohlgefährdung (s. → *Kindeswohlgefährdung* Rn 22). Es ist stets zu beachten, dass es sich bei der Entziehung des elterlichen Sorgerechts, sei es bei Verfahren nach §§ 1666, 1666 a BGB oder nach § 1671 BGB um einen erheblichen Eingriff in das verfassungsrechtlich geschützte Elternrecht handelt, so dass eine **umfassende Sachaufklärung** des Gerichts angezeigt und auch stets erforderlich ist (BVerfG 18.5.2009 – 1 BvR 142/09, FamRZ 2009, 1389).

17 Insbesondere hat eine **Kindesanhörung,** abhängig vom Alter des Kindes, grundsätzlich zu erfolgen (s. → *Elterliches Sorgerecht* Rn 29).

2. Weitere Verfahrenshinweise

18 **a) Sachverständigengutachten.** Sobald der Entzug der elterlichen Sorge, ob gesamt oder Teilbereiche betreffend, in Betracht kommt, wird grundsätzlich ein Sachverständigengutachten erforderlich sein (BVerfG 18.5.2009 – 1 BvR 142/09, FamRZ 2009, 1389). Hiervon kann nur in ganz seltenen Ausnahmefällen abgesehen werden. So ist in jedem Fall eine zuverlässige Entscheidungsgrundlage erforderlich, um eine am Kindeswohl orientierte Entscheidung treffen zu können (BVerfG 10.9.2009 – 1 BvR 1248/09, FamRZ 2009, 1897). Je stärker hierbei der Eingriff in die garantierten Elternrechte ausfällt, umso höhere Anforderungen sind zu stellen im Hinblick auf die Ermittlung der Entscheidungsgrundlage.

19 Sowohl in Entscheidungen nach §§ 1666, 1666 a BGB als auch nach § 1671 BGB ist an den Erlass einer **einstweiligen Anordnung** zu denken (s. → *Kindeswohlgefährdung* Rn 27). Insoweit handelt es sich um eine Eilentscheidung, so dass auch ohne Vorliegen eines Sachverständigengutachtens eine Entscheidung ergehen kann (BVerfG 14.4.2009 – 1 BvR 467/09, FamFR 2009, 29). Wichtig ist hierbei, dass parallel in einem Hauptsacheverfahren ein solches Gutachten in Auftrag gegeben wird (BVerfG 29.6.2009 – 1 BvR 1248/09, FamRZ 2009, 1897). Ist jedoch ein weiteres Zuwarten nicht möglich, so ist im Wege einer einstweiligen Anordnung ein effektiver Grundrechtsschutz zu gewährleisten (Rixe FamFR 2010, 526).

20 Weigert sich ein Elternteil an der Erstattung des Gutachtens mitzuwirken, insbesondere im Hinblick auf eine mögliche Erziehungsunfähigkeit, so gilt weiterhin der Amtsermittlungsgrundsatz des Gerichts. Eine zwangsweise Durchsetzung zwecks Mitwirkung an der Begutachtung ist nicht möglich (BVerfG 2.4.2009 – 1 BvR 683/09, FamRZ 2009, 1897).

21 **b) Übertragung auf Dritte.** Eine in der Praxis seltene Überlegung ist die Übertragung der elterlichen Sorge auf **Verwandte des Kindes.** Zwar obliegt die Entscheidung über einen geeigneten Vormund oder Pfleger dem Gericht (NK-BGB/Rakete-Dombek § 1630 BGB Rn 5). Dieses Auswahlermessen ist durch die Obergerichte auch nur eingeschränkt überprüfbar. Jedoch sollte in Verfahren des Entzugs der elterlichen Sorge stets auch nach möglichen geeigneten Personen innerhalb des **erweiterten Familienverbundes** Ausschau gehalten werden. Teilweise wird die Meinung vertreten, dass bei der Auswahl der Pflegeperson die Wünsche und Bevorzugungen der Eltern zu berücksichtigen seien (HK-FamR/Schulz/Hauß Einl. Rn 89).

Seebach

Bei entsprechenden Entscheidungen im Hinblick auf die elterliche Sorge steht weder Pflegeeltern noch den 22
Großeltern ein eigenes **Beschwerderecht** zu. Hinsichtlich der Beteiligung von Pflegeeltern (s. → *Pflegefamilie* Rn 21 ff) ist an eine Verbleibensanordnung als milderes Mittel zu Entscheidungen nach § 1666 BGB
zu denken (Ernst FamFR 2010, 332).

c) Auflösung gemeinsamer elterlicher Sorge. Bei Auflösung der gemeinsamen elterlichen Sorge wird in 23
das verfassungsrechtlich geschützte Elternrecht desjenigen Elternteils eingegriffen, der die elterliche Sorge
verliert. Das Gericht hat gem. § 156 FamFG auf ein Einvernehmen der Beteiligten hinzuwirken. Im Zweifel
wird das Gericht – mit Ausnahme in Eilfällen – in der Hauptsache **keine schnelle Entscheidung** fällen
können. Die Erholung eines Sachverständigengutachtens (s. → *Elterliches Sorgerecht* Rn 21), die Kindesanhörung, die Bestellung eines Verfahrensbeistands (s. → *Verfahrensbeistand*) sowie die mögliche Anordnung einer gerichtsnahen Beratung stehen dem entgegen. Diese Beratung kann gem. § 156 FamFG auch
angeordnet werden.

Wird in Verfahren nach §§ 1666, 1671 BGB dem Kind ein Verfahrensbeistand beigeordnet, so ist die Bestellung eines Ergänzungspflegers nicht erforderlich (Müller-Magdeburg FamFR 2009, 164). 24

d) Beteiligung des nicht sorgeberechtigten Elternteils. Besonders hinzuweisen ist darauf, dass auch der 25
nicht sorgeberechtigte Elternteil am Verfahren zu beteiligen sein wird, für den Fall, dass dem sorgeberechtigten Elternteil das Sorgerecht entzogen wird. Dieser nicht an der elterlichen Sorge beteiligte Elternteil ist
für den Fall, dass diese Regelung dem Kindeswohl nicht widerspricht, entsprechend dem gesetzgeberischen
Willen einem neutralen Vormund oder Pfleger vorzuziehen. Dies ergibt sich insbesondere aus § 1678
Abs. 2 BGB sowie § 1680 Abs. 2 und 3 BGB (NK-BGB/Harms § 1696 BGB Rn 11).

Bei gemeinsamer elterlicher Sorge hingegen ist gem. § 1680 Abs. 3 BGB dem anderen Elternteil die elterliche Sorge alleine zu übertragen (NK-BGB/Kleist § 1680 BGB Rn 7). 26

e) Überprüfung/Rückführung. Gerichtliche Entscheidungen nach §§ 1666, 1666 a BGB sind gem. Art. 6 27
Abs. 3 GG in regelmäßigen Zeitabständen zu überprüfen (HK-FamR/Schulz/Hauß Einl. Rn 87). Hierbei ist
von einem **Überprüfungsrahmen** von ein bis zwei Jahren auszugehen.

Befinden sich Kinder aufgrund gerichtlicher Entscheidungen in staatlicher Obhut, sei es in entsprechenden 28
Einrichtungen oder Pflegefamilien, so hat der Staat grundsätzlich darauf zu achten, dass sich die Familienbindungen entwickeln können (EGMR 8.4.2004 – 11057/02, NJW 2004, 3401). Je nach Fallkonstellation
muss daher grundsätzlich die **Rückführung des Kindes** Ziel des Verfahrens und der gerichtlichen Überprüfung sein.

93. Erbenhaftung

Schwarz

I. Dreimonatseinrede............................ 2   IV. Nachlassverwaltung........................... 5
II. Einrede des Aufgebotsverfahrens............... 3   V. Nachlassinsolvenz............................. 7
III. Verschweigungseinrede....................... 4   VI. Dürftigkeitseinrede............................ 9

1   Sobald die Erbschaft vom Erben angenommen ist, folgt aus dem Prinzip der Universalsukzession (§ 1922 BGB) die Verschmelzung von Nachlassvermögen und Eigenvermögen. Für **die Schulden des Erblassers** haftet nunmehr diese Gesamtvermögensmasse. Auch nach der Erbschaftsannahme kann diese uneingeschränkte Erbenhaftung jedoch unter bestimmten Voraussetzungen noch beschränkt werden.

I.   Dreimonatseinrede

2   Der Erbe kann für einen Zeitraum von drei Monaten nach Annahme der Erbschaft die Berichtigung von Nachlassverbindlichkeiten verweigern, sog. Dreimonatseinrede (§ 2014 BGB). Es handelt sich um ein zeitlich begrenztes Verweigerungsrecht. Die Einrede hat nur prozessuale und vollstreckungsrechtliche, nicht aber materiellrechtliche Wirkung (Palandt/Weidlich § 2014 BGB Rn 3). Mangels materiellrechtlicher Wirkung wird ein Verzug des Erben und damit der Anfall von Verzugszinsen durch die Erhebung dieser Einrede nicht ausgeschlossen (Palandt/Weidlich § 2014 BGB Rn 3). Die Verjährung wird nicht gehemmt (Palandt/Edenhofer § 2014 BGB Rn 3).

II.   Einrede des Aufgebotsverfahrens

3   Nach § 2015 BGB hat der Erbe eine weitere Schonungseinrede, falls er zur Feststellung der vorhandenen Nachlassverbindlichkeiten ein Aufgebotsverfahren eingeleitet hat (§ 2015 BGB, §§ 947 ff ZPO). Hat der Erbe diesen Antrag gestellt und ist der Antrag zugelassen, so kann er die Berichtigung der Nachlassverbindlichkeiten bis zur Beendigung des Aufgebotsverfahrens verweigern (§ 2015 Abs. 1 BGB).

Hinweis: Die Einreden nach §§ 2014, 2015 BGB sind ausgeschlossen, wenn der Erbe bereits unbeschränkt haftet (§ 2013 Abs. 1 BGB).

III.   Verschweigungseinrede

4   Die Verschweigungseinrede nach § 1974 BGB soll den Erben vor Nachteilen durch nachlässige oder verhinderte Gläubiger schützen. Machen diese erst **nach Ablauf von fünf Jahren** ihre Forderungen geltend, so werden sie wie im Aufgebotsverfahren ausgeschlossene Gläubiger behandelt (§ 1974 Abs. 1 S. 1 BGB; Palandt/Weidlich § 1974 BGB Rn 1). Gem. § 1973 Abs. 2 BGB besteht dann nur noch eine Haftung nach den Vorschriften über die Herausgabe einer ungerechtfertigten Bereicherung.

IV.   Nachlassverwaltung

5   Auf Antrag des Erben kann das Nachlassgericht eine Nachlassverwaltung anordnen. Besondere Voraussetzungen bestehen nicht (§ 1981 Abs. 1 BGB). Haftet der Erbe allerdings bereits unbeschränkt, so ist er nicht mehr berechtigt, die Anordnung einer Nachlassverwaltung zu beantragen (§ 2013 Abs. 1 S. 1 Hs 2 BGB). Nach § 1981 Abs. 2 BGB kann auch auf Antrag eines Nachlassgläubigers eine Nachlassverwaltung angeordnet werden, wenn Grund zu der Annahme besteht, dass die Befriedigung der Nachlassgläubiger aus dem Nachlass durch das Verhalten oder die Vermögenslage des Erben gefährdet wird. Forderung und Gefährdung sind glaubhaft zu machen (KG 4.3.1977 – 1W 4073/76, OLGZ 1977, 309). Nach § 1982 BGB ordnet das Gericht die Nachlassverwaltung an, wenn eine den Kosten entsprechende Masse vorhanden ist. Wird Nachlassverwaltung angeordnet, so geht die Verwaltungs- und Verfügungsbefugnis nach § 1984 Abs. 1 BGB auf den Nachlassverwalter über.

Sinn und Zweck der Nachlassverwaltung ist **die Befriedigung der Nachlassgläubiger**. Der Erbe erreicht 6
durch die Nachlassverwaltung eine **Beschränkung seiner Haftung**.

V. Nachlassinsolvenz

Wird eine Überschuldung des Nachlasses bekannt, so ist der Erbe verpflichtet, Nachlassinsolvenz zu bean- 7
tragen (§ 1980 Abs. 1 BGB, §§ 305 ff. InsO). Nicht selten mündet die Nachlassverwaltung in die Nachlassinsolvenz. Haftet der Erbe bereits unbeschränkt, so besteht keine Antragspflicht (§ 2013 Abs. 1 S. 1 BGB).
Neben dem Erben sind der Nachlassverwalter sowie ein anderer Nachlasspfleger, der Testamentsvollstrecker und Nachlassgläubiger antragsberechtigt (§ 317 InsO). Wenn die Summe der Nachlassverbindlichkeiten (ohne Verbindlichkeiten aus Vermächtnis und Auflagen, § 1980 Abs. 1 S. 2 BGB) die Summe aller Aktiva übersteigt, so liegt die insolvenzrelevante Überschuldung vor. Bei einer Verletzung der Insolvenzan-
tragspflicht ist der Erbe den Gläubigern schadensersatzpflichtig (§ 1980 Abs. 1 S. 2 BGB).

Mit Eröffnung des Nachlassinsolvenzverfahrens besteht für den Erben nur noch eine **beschränkte Erben-** 8
haftung (§ 1975 Abs. 1 BGB).

VI. Dürftigkeitseinrede

Mit der Dürftigkeitseinrede des § 1990 BGB kann der Erbe im Falle der Nichtanordnung einer Nachlass- 9
verwaltung oder eines Nachlassinsolvenzverfahrens (mangels Masse) die Befriedigung der Nachlassgläubiger insoweit verweigern, als der Nachlass nicht ausreicht. Der Erbe befriedigt die Nachlassgläubiger dann
in ihm überlassener Reihenfolge bzw Höhe.

94. Erbvertrag

Schwarz

I. Wirksamkeitsvoraussetzungen 5	1. Verfügungsfreiheit 13
II. Form des Erbvertrages 7	2. Schutz der Vertragserben 15
III. Arten von Verfügungen in einem Erbvertrag 10	V. Aufhebung des Erbvertrages 16
IV. Verfügungsgeschäfte unter Lebenden trotz Erb- vertrag 13	

1 Die Besonderheit des Erbvertrags liegt darin, dass der Erblasser dort vertragsmäßige Verfügungen treffen kann, an die er bereits ab Vertragsabschluss **gebunden** ist (NK-BGB/Kornexl Vor §§ 2274–3202 BGB Rn 3). Für eine erbrechtliche Bindungsmöglichkeit des Erblassers besteht ein praktisches Bedürfnis.

Beispiel: Der Sohn eines Unternehmers ist nur dann bereit, gute Stellenangebote abzulehnen und im väterlichen Betrieb zu arbeiten, wenn sicher ist, dass er später das Unternehmen auch erbt.

2 Der Erbvertrag hat eine **Doppelnatur** (NK-BGB/Kornexl Vor §§ 2274–3202 BGB Rn 18). Er ist zum einen Verfügung von Todes wegen und zugleich Vertrag. Aus dem Vertragscharakter leitet sich die Bindungswirkung des Erblassers und die Einschränkung seiner Testierfreiheit ab (§ 2289 BGB).

3 Wie beim Testament verfügt der Erblasser nicht in dem Sinne, dass er eine unmittelbare Rechtsänderung herbeiführt. Er verpflichtet sich auch nicht schuldrechtlich.

Hinweis: Der bindende Erbvertrag hindert den Erblasser deshalb grundsätzlich nicht, über sein Vermögen durch Rechtsgeschäft unter Lebenden zu verfügen (§ 2286 BGB).

4 Als Verfügung von Todes wegen gelten weitgehend die Vorschriften über letztwillige Zuwendungen und Auflagen entsprechend (§ 2279 Abs. 1 BGB). Der im Erbvertrag bedachte Erbe erwirbt – wie beim Testament – vor dem Tode des Erblassers weder einen künftigen Anspruch noch eine rechtlich gesicherte Anwartschaft, sondern lediglich eine tatsächliche Aussicht.

I. Wirksamkeitsvoraussetzungen

5 Beim Vertragserblasser genügt nicht dessen Testierfähigkeit. Er muss **unbeschränkt geschäftsfähig** sein, weil er sich vertragsmäßig bindet (§ 2275 Abs. 1 BGB).

6 Der Vertragserblasser kann den Erbvertrag auch nur persönlich schließen (§ 2274 BGB). Stellvertretung ist ausgeschlossen. Für den Vertragsgegner hingegen kann der gesetzliche oder ein gewillkürter Vertreter handeln.

II. Form des Erbvertrages

7 Für den Erbvertrag ist die Form des öffentlichen Testaments vorgeschrieben, also **notarielle Beurkundung** (§ 2276 Abs. 1 S. 1 BGB).

8 Die Voraussetzung **gleichzeitiger Anwesenheit beider Teile** führt dazu, dass ein Erbvertrag nicht durch gesonderte Angebots- und Annahmeurkunden geschlossen werden kann.

9 Eine besondere amtliche **Verwahrung** des Erbvertrages bei Gericht (Amtsgericht, in dessen Bezirk der Notar seinen Amtssitz hat, § 344 Abs. 1 Nr. 1 und Abs. 3 FamFG) ist zwar die Regel, aber nicht zwingend. Vielmehr können die Vertragsparteien die besondere amtliche Verwahrung auch ausschließen (§ 34 Abs. 2 BeurkG). Dann bleibt die Urkunde in der Urkundensammlung des Notars (eine eigene Verwahrung ist nicht möglich). Im Zweifel ist ein Ausschluss der amtlichen Verwahrung jedoch anzunehmen, wenn mit dem Erbvertrag noch ein anderer Vertrag in derselben Urkunde verbunden ist (§ 34 Abs. 2 letzter Hs BeurkG), zB mit einem Ehevertrag.

III. Arten von Verfügungen in einem Erbvertrag

Nach dem möglichen Inhalt eines Erbvertrages werden **vertragsmäßige und einseitige Verfügungen** un- 10
terschieden. Vertragsmäßig können nur Erbeinsetzungen, Vermächtnisse (s. → *Vermächtnis*) und Auflagen
(s. → *Auflagen*) getroffen werden gem. §§ 1941, 2278 Abs. 2 BGB (NK-BGB/Kornexl § 2278 BGB Rn 5).
Sämtliche übrigen Verfügungen sind hingegen nur einseitig anordnungsfähig, zB die Ernennung eines Testamentsvollstreckers.

Die im Erbvertrag enthaltenen **Erbeinsetzungen, Vermächtnisse und Auflagen** *können* vertragsmäßige 11
Verfügungen sein, sie müssen es aber nicht. Gem. § 2299 Abs. 1 BGB darf jede Verfügung, die durch Testament erfolgen kann, auch einseitig im Erbvertrag getroffen werden. Es muss daher bei jeder Erbeinsetzung, jedem Vermächtnis und jeder Auflage im Erbvertrag geprüft werden, ob es sich um eine vertragsmäßige oder um eine einseitige Verfügung handelt. Ein Erbvertrag liegt aber nur dann vor, wenn mindestens
eine Verfügung vertragsmäßig getroffen worden ist.

Eine **Auslegungsregel**, ob es sich um eine einseitige oder vertragsmäßige Verfügung handelt, gibt es nicht. 12
Sollte die Art der Verfügung im Erbvertrag nicht durch Begriffe wie „vertragsmäßig" oder „einseitig" sowie „nicht vertragsmäßig" angegeben sein, muss die Verfügung ausgelegt werden (NK-BGB/Kornexl
§ 2278 BGB Rn 11). Maßgeblich ist, ob der Vertragspartner des Erblassers ein Interesse an der Aufrechterhaltung der Verfügung und damit an der Bindung des Erblassers an dieser Verfügung gehabt hat oder jedenfalls haben konnte.

Beispiel: M und F haben sich im Erbvertrag gegenseitig zu Erben eingesetzt und den Neffen des M sowie
die Nichte der F zu Erben des Überlebenden zu je 1/2. Nach dem Tode der F möchte der M anstelle seines
Neffen und der Nichte seiner Frau seinen Bruder B zum Erben einsetzen. Die Erbeinsetzung zwischen M
und F ist als vertragsmäßige Verfügung anzusehen. Auch wird die F ein Interesse daran haben, dass im
Falle Ihres Vorversterbens nach dem weiteren Tode des M der Nachlass jedenfalls zu 1/2 Anteil in ihrer
Verwandtschaft bleibt, mithin ist auch die Erbeinsetzung der Nichte als vertragsmäßig anzusehen. Der F
wird es jedoch im Zweifel gleichgültig sein, welcher Verwandte auf der Seite des M nach dessen Tod den
weiteren hälftigen Anteil erbt. Die Einsetzung des Neffen dürfte daher als einseitig anzusehen sein mit der
Folge, dass M hinsichtlich des weiteren hälftigen Anteils statt seines Neffen auch eine andere Person, zB
seinen Bruder, einsetzen kann.

IV. Verfügungsgeschäfte unter Lebenden trotz Erbvertrag

1. Verfügungsfreiheit

Da der Erbvertrag eine **rein erbrechtliche Bindung** bewirkt, ist das Recht des Erblassers, über sein Ver- 13
mögen durch Rechtsgeschäft unter Lebenden zu verfügen, nicht beschränkt (§ 2286 BGB).

Die Position des Bedachten ist dadurch gekennzeichnet, dass **er vor dem Erbfall keinen Anspruch** gegen 14
den Erblasser hat. Bis dahin hat er zwar eine rechtlich begründete Erwartung auf sein Erbrecht, aber nur
eine tatsächliche Aussicht auf das Vermögen. Wegen § 2286 BGB muss er sich mit dem begnügen, was
ihm der Erblasser übrig lässt. Es kann deshalb auch nicht von einem Anwartschaftsrecht gesprochen werden.

2. Schutz der Vertragserben

Die Stellung des Vertragserben wird, abgesehen von den §§ 138, 826 BGB, nur durch § 2287 BGB ge- 15
schützt: Hat der Erblasser in der Absicht, den Vertragserben zu beeinträchtigen, einem Dritten eine **Schenkung** gemacht, so kann der Vertragserbe nach Anfall der Erbschaft von dem Beschenkten die Herausgabe
des Geschenkes nach § 812 BGB verlangen. Eine objektive Beeinträchtigung des Vertragserben fehlt, wenn
sich dieser mit der Schenkung in Kenntnis der erbvertraglichen Verfügung einverstanden erklärt hat, da es
dem Vertragserben gestattet sein muss, auf den Schutz des Gesetzes zu verzichten. Im Falle einer Einwilligung in die beeinträchtigende Verfügung verliert der Vertragserbe den Schutz des § 2287 BGB allerdings

nur dann, wenn die Einwilligung in der für einen Erbverzicht erforderlichen Form (§ 2348 BGB) erklärt wurde (BGH 12.7.1989 – IV a ZR 174/89, BGHZ 108, 252). Im Übrigen sind an die **Beeinträchtigungs-absicht** nur geringe Anforderungen zu stellen. Die Absicht, den Beschenkten zu begünstigen und die Absicht, den Vertragserben zu benachteiligen, stehen praktisch meist in untrennbarem Zusammenhang. Die Beeinträchtigungsabsicht ist damit häufig gegeben. Dennoch soll § 2287 BGB nicht bei jeder Schenkung eingreifen. Erforderlich für den Herausgabeanspruch ist vielmehr, dass der Erblasser das ihm verbliebene Recht zu lebzeitigen Verfügungen (§ 2286 BGB) missbraucht hat. Ein solcher Missbrauch liegt nicht vor, wenn der Erblasser ein **„lebzeitiges Eigeninteresse"** an der von ihm vorgenommenen Schenkung hatte (NK-BGB/Seiler § 2287 BGB Rn 44). Die Beweislast dafür, dass ein solches, vom Beschenkten dargetanes Interesse bei der Schenkung nicht vorlag, trägt der Vertragserbe. Ein lebzeitiges Eigeninteresse wird zB bejaht beim Bemühen des Erblassers, seine Altersversorgung zu sichern oder zu verbessern, wobei sein Bedürfnis hierfür mit den Jahren dringender und gewichtiger wird (BGH 27.1.1982 – IV a ZR 240/80, BGHZ 83, 44). Ein lebzeitiges Eigeninteresse ist hingegen zu verneinen, wenn nur ein Sinneswandel des Erblassers dazu führte, eine andere Person als den Vertragserben zu bedenken (BGH 26.10.2011 – IV ZR 72/11, NJW-RR 2012, 207).

Nach dem Bundesgerichtshof liegt ein lebzeitiges Eigeninteresse vor, wenn der Beschenkte Leistungen übernehme, tatsächlich vornehme und auch in Zukunft erbringen wolle (BGH 26.10.2011 – IV ZR 72/11, ZEV 2012, 37). Bei Übernahme einer rechtlichen Verpflichtung zu Gegenleistungen fehle es bereits an einer Schenkung (BGH aaO). Nach dem OLG Oldenburg ist die Absicht, den Bestand des Unternehmens zu erhalten und es auf einen geeigneten Nachfolger zu übertragen, ein billigenswertes Eigeninteresse des Erblassers iSv § 2287 BGB (OLG Oldenburg 5.10.2010 – 12 U 51/10).

V. Aufhebung des Erbvertrages

16 Vertragsmäßige Verfügungen sind (anders als einseitige) nicht widerruflich.

Der Erblasser kann von dem Erbvertrag zurücktreten, wenn ihm der **Rücktritt** im Vertrag vorbehalten ist (§ 2293 BGB) oder ein gesetzlicher Rücktrittsgrund zusteht (§§ 2294, 2295 BGB). Die Rücktrittserklärung bedarf der notariellen Beurkundung (§ 2296 BGB).

Um sich von einem Erbvertrag zu lösen, besteht ferner ggf die Möglichkeit, gemäß §§ 2281 Abs. 1, 2078 BGB den Erbvertrag anzufechten. Die erfolgreiche **Anfechtung** führt zur Nichtigkeit des Erbvertrages von Anfang an (§ 142 BGB). Die Anfechtung ist gegenüber dem Vertragspartner zu erklären (§ 143 Abs. 2 BGB) und bedarf der notariellen Beurkundung (§ 2282 Abs. 3 BGB).

95. Erbverzicht

Schwarz

Mit einem **Erbverzichtsvertrag** können gem. § 2346 BGB Verwandte (s. → *Verwandtschaft*) sowie der   1
Ehegatte (s. → *Eheschließung im Inland*) des Erblassers vor dem Tod des Erblassers aus der gesetzlichen
Erbfolge ausscheiden (Riedel in: FormErbR § 8 Rn 38). Nach § 10 Abs. 7 LPartG gilt dies auch für gleich-
geschlechtliche Lebenspartner.

Bei einem Erbverzichtsvertrag handelt es sich um ein **Rechtsgeschäft unter Lebenden auf den Todesfall**   2
(NK-BGB/Beck § 2346 BGB Rn 2). Dieser bedarf nach § 2348 BGB der **notariellen Beurkundung**. Der
Erblasser kann den Vertrag gem. § 2347 Abs. 2 BGB nur **persönlich** schließen.

Hinweis: Während beim Erblasser eine Vertretung unwirksam ist, kann sich der Verzichtende durch einen
Bevollmächtigten vertreten lassen.

Nach dem Bundesgerichtshof erstreckt sich die Formbedürftigkeit des Erbverzichts nicht auch auf dingliche Vollzugsgeschäfte, die mit dem Erbvertrag in Zusammenhang stehen (BGH 7.12.2011 – IV ZR 16/11,
FamRZ 2012, 446). Offen gelassen hat der Bundesgerichtshof dabei die Fragen, ob es einer Mitbeurkundung des zugrunde liegenden Kausalgeschäfts bedarf bzw ob eine etwaige notwendige, aber fehlende Beurkundung durch die Beurkundung des Erbverzichts geheilt wird (bejahend: Keller ZEV 2005, 229; Weidlich
ZEV 2011, 530; Keim ZEV 2012, 148; verneinend: OLG Düsseldorf 21.6.2011 – I-3 Wx 56/11, FamRZ
2011, 1761).

Besteht für den Verzichtenden eine **Vormundschaft** (s. → *Vormundschaft*), so bedarf der Erbverzicht nach   3
§ 2347 Abs. 1 S. 1 Hs 1 BGB der familiengerichtlichen Genehmigung. Gleiches gilt für den Fall, dass der
Verzichtende noch unter elterlicher Sorge (s. → *Elterliches Sorgerecht*) steht (§ 2347 Abs. 1 S. 1 Hs 2
BGB), ausgenommen der Vertrag wird unter Ehegatten oder Verlobten geschlossen. Bei einem Verzicht
durch den Betreuer ist die Genehmigung des Betreuungsgerichts gem. § 2347 Abs. 1 S. 2 BGB erforderlich.

Folge des Erbverzichts ist nach § 2346 Abs. 1 S. 2 BGB der **Ausschluss des Verzichtenden von der ge-**   4
setzlichen Erbfolge, wie wenn er zur Zeit des Erbfalls nicht mehr lebte.

Hinweis: Nach § 2310 S. 2 BGB wird der durch Erbverzicht von der gesetzlichen Erbfolge Ausgeschlossene bei der Berechnung des für den Pflichtteil maßgebenden Erbteils nicht mitgezählt. Dies führt im Ergebnis zu einer Erhöhung der Pflichtteilsquoten der anderen Verwandten.

Da nach § 2346 Abs. 1 S. 2 Hs 2 BGB ein Erbverzicht **auch das Pflichtteilsrecht** (s. → *Pflichtteilsrecht*)   5
ausschließt, ist ein gesonderter Pflichtteilsverzicht nicht mehr erforderlich. Nach § 2349 BGB erstreckt
sich der Erbverzicht eines Abkömmlings oder Seitenverwandten auch auf seine Abkömmlinge, sofern
nichts anderes bestimmt wird. Damit scheidet grundsätzlich der gesamte Stamm aus der Erbfolge aus.

Eine Aufhebung des Erbvertrages kommt nach den gleichen Bestimmungen in Betracht, die für den Erb-   6
vertragsabschluss gelten (§ 2351 BGB). Es ist also notarielle Beurkundung erforderlich. Nach dem Tod
scheidet eine Aufhebungsmöglichkeit aus (BGH 24.6.1998 – IV ZR 159/97, NJW 1998, 3117). Gleiches
gilt für eine Anfechtung (Palandt/Weidlich Vor § 2346 BGB Rn 7).

Anders als der Erbverzicht ist der sog. **Zuwendungsverzicht** (§ 2352 BGB) ein Mittel zur Beseitigung ei-   7
ner Verfügung von Todes wegen. Die §§ 2347, 2348 BGB finden entsprechende Anwendung (§ 2352 S. 3
BGB). Er bedarf also der notariellen Beurkundung. Der Verzicht auf eine bereits erfolgte Zuwendung ist
möglich, nicht jedoch auf eine erst künftige (BayObLG RPfleger 1987, 374). Von Bedeutung ist die Möglichkeit des Zuwendungsverzichts vor allem bei wechselbezüglichen Verfügungen in einem gemeinschaftlichen Testament, die mit dem Tod des Ehegatten unabänderlich wurden (NK-BGB/Beck § 2352 BGB
Rn 22). Der Schlusserbe kann mit dem überlebenden Ehegatten einen Zuwendungsverzichtsvertrag schlie-

ßen (BayObLG 9.6.2000 – 1Z BR 25/00, MittBayNot 2000, 446). Gleiches gilt beim bindenden Erbvertrag (OLG Frankfurt/M. RPfleger 1997, 309).

8 Über den durch das **ErbVerjRÄndG** ergänzten § 2352 S. 3 BGB gilt nunmehr auch der § 2349 BGB. Früher erstreckten sich die Wirkungen eines Zuwendungsverzichts nicht auf Abkömmlinge des Verzichtenden, weil § 2352 S. 2 BGB aF nur auf die §§ 2347, 2348 BGB, nicht jedoch auf § 2349 BGB verwies. Durch die Ergänzung erfasst der Zuwendungsverzicht eines Abkömmlings oder eines Seitenverwandten auch die Abkömmlinge, sofern nicht ein anderes bestimmt ist. Damit scheidet der gesamte Stamm des Verzichtenden aus der Erbfolge aus, und zwar unabhängig davon, ob für den Verzicht eine Abfindung geleistet wurde oder nicht.

96. Ersatzhaftung

Poppen

I. Systematische Einordnung	1	5. Verzug	9
II. Originäre Ersatzhaftung (§ 1607 Abs. 1 BGB)	3	6. Darlegungs- und Beweislast	10
1. Voraussetzungen	3	III. Subsidiäre Ersatzhaftung (§ 1607 Abs. 2 BGB)	11
2. Anspruchshöhe	6	1. Voraussetzungen	11
3. Bedürftigkeit	7	2. Anspruchsübergang	12
4. Leistungsfähigkeit	8	3. Darlegungs- und Beweislast	14

I. Systematische Einordnung

Von der Ersatzhaftung zu unterscheiden sind die **Ausfallhaftung** wegen der Leistungsunfähigkeit eines Elternteils beim Volljährigenunterhalt (§ 1606 Abs. 3 S. 1 BGB), die **subsidiäre Haftung** des betreuenden Elternteils beim Minderjährigenunterhalt auch für den Barunterhalt (§ 1603 Abs. 2 S. 3 BGB) (s. → *Kindesunterhalt Minderjähriger* Rn 22 ff) und sonstige Ausgleichsansprüche wegen anstelle des Barunterhaltspflichtigen erbrachter Zahlungen (s. → *Familienrechtlicher Ausgleichsanspruch*). Die eigentliche Ersatzhaftung ist in § 1607 BGB geregelt. Dieser unterscheidet zwischen der originären Verpflichtung eines grundsätzlich nachrangigen Unterhaltsverpflichteten **ohne Rückgriffsmöglichkeit** gegen den eigentlich Unterhaltsverpflichteten (§ 1607 Abs. 1 BGB) und der subsidiären Haftung **mit Rückgriffsmöglichkeit** (§ 1607 Abs. 2 BGB). Die originäre Ersatzhaftung greift ein, wenn ein Unterhaltsanspruch gegen den vorrangig Unterhaltsverpflichteten nicht besteht, die subsidiäre Ersatzhaftung, wenn ein Unterhaltsanspruch zwar grundsätzlich besteht, jedoch nicht durchsetzbar ist. **1**

Diese Vorschrift erfasst, weil sie allgemein für den Verwandtenunterhalt gilt, auch Unterhaltsansprüche der Mutter eines nichtehelichen Kindes (§ 1615 l Abs. 3 BGB). Auf sie wird für den Familien- und Trennungsunterhalt (§ 1608 BGB) sowie nachehelichen Unterhalt (§ 1584 BGB) verwiesen. Die Ersatzhaftung greift nicht ein, wenn ein Unterhaltsanspruch nur deshalb nicht besteht, weil der Bedürftige seinen Unterhaltsanspruch gegen den vorrangig Unterhaltsverpflichteten **verwirkt** hat (§ 1611 Abs. 3 BGB). **2**

II. Originäre Ersatzhaftung (§ 1607 Abs. 1 BGB)

1. Voraussetzungen

Voraussetzung der originären Ersatzhaftung ist es, dass ein Unterhaltsanspruch gegen alle vorrangig Unterhaltsverpflichteten wegen deren **Leistungsunfähigkeit** nicht besteht. Anspruchsverpflichtete können bei Leistungsunfähigkeit beider Eltern die Großeltern für den Unterhalt ihrer Enkelkinder sein, die Enkelkinder für den Unterhalt der bedürftigen Großeltern bei Leistungsunfähigkeit der Kinder, die Kinder des Bedürftigen für den Unterhalt des getrennt lebenden oder geschiedenen Ehegatten, bzw wenn diese auch nicht leistungsfähig sind, die Eltern sowie die Verwandten der Mutter eines nichtehelichen Kindes bei Leistungsunfähigkeit des Kindesvaters. **3**

Dabei greift die Ersatzhaftung erst ein, wenn alle **vorrangig Unterhaltsverpflichteten** wegen ihrer eigenen Leistungsunfähigkeit nicht zum Unterhalt beitragen können. Ist beim Kindesunterhalt der grundsätzlich Barunterhaltspflichtige nicht leistungsfähig, ist zunächst der betreuende Elternteil nach § 1606 Abs. 3 S. 2 BGB vorrangig unterhaltsverpflichtet (OLG Frankfurt/M. 11.12.2003 – 2 UF 181/03, FamRZ 2004, 1745; s. Rn 1). **4**

Gleichrangige Ersatzhaftende haften **anteilig**. Verlangt ein Enkelkind von seinen Großeltern Unterhalt, haften mithin alle Großeltern väterlicher- und mütterlicherseits entsprechend ihren Einkommensverhältnissen (OLG Frankfurt 11.12.2003 – 2 UF 181/03, FamRZ 2004, 1745). Die Großeltern untereinander können nach § 242 BGB Auskunft über die jeweiligen Einkünfte verlangen (Büte in: Büte/Poppen/Menne § 1607 BGB Rn 8; s. → *Auskunftsanspruch* Rn 2). **5**

2. Anspruchshöhe

6 Die Höhe des Unterhaltsanspruchs gegen den Ersatzhaftenden bestimmt sich nach der Höhe des Anspruchs gegen den eigentlich Verpflichteten. Nimmt ein Enkelkind seine Großeltern wegen Leistungsunfähigkeit der Eltern in Anspruch, kann es somit nur den **Mindestunterhalt** nach § 1612 a BGB verlangen, nicht jedoch einen etwaigen höheren, an den Einkommensverhältnissen der Großeltern orientierten Unterhaltsbetrag. Beläuft sich der Unterhaltsanspruch einer studierenden, nichtehelichen Mutter gegen den Kindesvater auf 800 EUR (notwendiger Selbstbehalt des nicht Erwerbstätigen; BGH 16.12.2009 – XII ZR 50/08, FPR 2010, 182) und ist der Kindesvater nicht leistungsfähig, haften die Eltern der Kindesmutter auf diesen Betrag und nicht den niedrigeren Bedarf eines studierenden Kindes mit eigenem Hausstand von 670 EUR (Beispiele nach Gerhardt/von Heintschel-Heinegg/Klein/Gerhardt 6. Kapitel Rn 384).

3. Bedürftigkeit

7 Bedarfsdeckend sind alle Einkünfte anzurechnen. Das gilt auch für grundsätzlich **subsidiäre Sozialleistungen**, soweit nach den einschlägigen Vorschriften Unterhaltsansprüche gegen den Ersatzhaftenden nicht übergehen, wie zB Ansprüche gegen Großeltern gemäß § 7 UVG und § 94 Abs. 1 S. 3 SGB XII. Soweit mithin ein Enkelkind Leistungen nach dem **Unterhaltsvorschussgesetz** bezieht, können die Großeltern nur auf die Differenz zwischen den Leistungen der Unterhaltsvorschusskasse und dem Mindestunterhalt nach § 1612 a BGB in Anspruch genommen werden (OLG Dresden 18.9.2009 – 20 UF 331/09, FamRZ 2010, 736). Leistungen nach dem **SGB II** sind in aller Regel dagegen wegen des Anspruchsübergangs nach § 33 Abs. 2 SGB II nicht als Einkommen anzurechnen.

4. Leistungsfähigkeit

8 Hinsichtlich der Leistungsfähigkeit ist dagegen auf die Verhältnisse des Ersatzhaftenden abzustellen. Der Selbstbehalt von Großeltern gegenüber ihren Enkeln beläuft sich auf 1.600 EUR (BGH 8.6.2005 – XII ZR 75/04, NJW 2006, 142) zuzüglich 50 % des darüber hinausgehenden verfügbaren Einkommens (OLG Dresden 9.11.2005 – 21 UF 486/05, NJW-RR 2006, 221). Eine Differenzierung zwischen der Ausübung einer Erwerbstätigkeit und einer Nichterwerbstätigkeit wird nicht vorgenommen (BGH 3.5.2006 – XII ZR 35/04, FamRZ 2006, 1099).

5. Verzug

9 Ansprüche gegen den Ersatzhaftenden wegen rückständigen Unterhalts können nur geltend gemacht werden, soweit **Verzug** nach § 1613 Abs. 1 BGB vorliegt. Muss bei einem nichtehelichen Kind erst die Vaterschaft festgestellt werden, gilt § 1613 Abs. 2 Nr. 2 a BGB auch gegenüber dem Ersatzhaftenden (BGH 10.3.2004 – XII ZR 123/01, NJW 2004, 1735).

6. Darlegungs- und Beweislast

10 Der Unterhaltsberechtigte, der einen Ersatzhaftenden in Anspruch nehmen will, muss die Leistungsunfähigkeit der vorrangig Verpflichteten darlegen und beweisen (BGH 28.1.1981 – IVb ZR 573/80, NJW 1981, 923; OLG Jena 29.10.2009 – 1 WF 258/09, FamRZ 2010, 746). Er muss weiter die Haftungsanteile der mehreren gleichrangig ersatzweise haftenden Verwandten darlegen und beweisen (OLG Frankfurt/M. 11.12.2003 – 2 UF 181/03, FamRZ 2004, 1745). Schließlich ist er für seine eigene Bedürftigkeit und die Leistungsfähigkeit der in Anspruch Genommenen darlegungs- und beweispflichtig.

III. Subsidiäre Ersatzhaftung (§ 1607 Abs. 2 BGB)

1. Voraussetzungen

11 § 1607 Abs. 2 BGB regelt den Fall, dass zwar ein Unterhaltsanspruch gegen einen vorrangig Verpflichteten besteht, dieser aber nicht durchsetzbar ist. Die Ersatzhaftung greift ein bei **unbekanntem Aufenthalt** des vorrangig Verpflichteten oder einem **Auslandswohnsitz**. Erfasst werden auch **fehlende Vollstreckungsmöglichkeiten** im Inland, etwa weil der Unterhaltspflichtige im Inland kein Vermögen hat (BGH 8.6.2005

– XII ZR 75/04, NJW 2006, 142) oder die voraussichtliche Erfolglosigkeit der Zwangsvollstreckung zB in den Fällen, in denen die Unterhaltsverurteilung auf einer **Fiktion** beruht (OLG Nürnberg 25.10.1999 – 10 UF 1425/99, NJW-RR 2000, 598). Nicht hierunter fallen die Fälle, in denen ein volljähriges Kind von einem Elternteil keinen Barunterhalt erlangen kann, weil dieser seiner Erwerbsobliegenheit nicht nachkommt; in diesem Fall ist der andere Elternteil zur Deckung des gesamten Unterhaltsbedarfs verpflichtet, so dass es zu einer Ersatzhaftung nachrangiger Unterhaltspflichtiger gar nicht erst kommt (s. Rn 1).

2. Anspruchsübergang

In den Fällen der subsidiären Ersatzhaftung geht, soweit der Ersatzverpflichtete den Unterhaltsanspruch erfüllt, der Unterhaltsanspruch auf ihn über (§ 1607 Abs. 2 S. 2 BGB). Auch soweit nicht unterhaltspflichtige andere Verwandte den Unterhaltsanspruch erfüllen, geht der Anspruch auf sie über (§ 1607 Abs. 3 S. 1 BGB).   **12**

§ 1607 Abs. 3 S. 2 BGB regelt den **Scheinvaterregress** (s. → *Scheinvaterregress*). Scheinvater ist derjenige, der anstelle des tatsächlich verpflichteten Vaters den Unterhaltsbedarf eines Kindes deckt. Dem Anspruchsübergang steht nicht entgegen, dass der Scheinvater weiß, dass er nicht der tatsächlich Verpflichtete ist (Palandt/Diederichsen § 1607 BGB Rn 16; Wendl/Dose/Scholz § 2 Rn 558). Voraussetzung des Übergangs des Unterhaltsanspruches ist allerdings, dass die Rechtsverfolgung gegen den tatsächlich Verpflichteten im Inland ausgeschlossen oder erheblich erschwert ist. Das ist beim nichtehelichen Kind allerdings schon dann der Fall, wenn die Vaterschaft noch nicht festgestellt oder anerkannt ist, weil bis dahin das nichteheliche Kind den tatsächlich Verpflichteten nicht in Anspruch nehmen kann (Wendl/Dose/Scholz § 2 Rn 558).   **13**

3. Darlegungs- und Beweislast

Im Fall der subsidiären Ersatzhaftung muss der Unterhaltsberechtigte neben den in s. Rn 10 genannten Voraussetzungen auch noch darlegen und beweisen, dass die Voraussetzungen des § 1607 Abs. 2 BGB vorliegen (BGH 8.6.2005 – XII ZR 75/04, NJW 2006, 142).   **14**

97. Erwerbslosigkeitsunterhalt

Finke

I. Einführung....................................... 1
II. Voraussetzungen des Anspruchs................ 7
  1. Einsatzzeitpunkte, Anschlussunterhalt......... 7
  2. Keine Möglichkeit einer angemessenen
    Erwerbstätigkeit............................. 10
    a) Angemessene Erwerbstätigkeit.............. 10
    b) Erfolglose Bemühungen um eine angemes-
      sene Erwerbstätigkeit....................... 23

    c) Verlust der nicht nachhaltig gesicherten
      angemessenen Erwerbstätigkeit.............. 27
III. Beschränkung des Anspruchs nach
    § 1578 b BGB.................................... 30
IV. Darlegungs- und Beweislast...................... 31

I. Einführung

1 Der Unterhaltsanspruch wegen Erwerbslosigkeit nach § 1573 Abs. 1 BGB regelt im Gegensatz zu den sonstigen nachehelichen Unterhaltstatbeständen, die daran anknüpfen, dass wegen bestimmter Umstände wie Betreuung, Alter, Krankheit oder Ausbildung keine oder nur eine eingeschränkte Erwerbsobliegenheit besteht oder trotz Ausübung einer angemessenen Erwerbstätigkeit mit den daraus erzielten Einkünften der eheangemessene Bedarf nicht gedeckt werden kann, den Fall, dass der Berechtigte seiner an sich bestehenden Erwerbsobliegenheit nicht nachkommen kann, weil er trotz ausreichender Bemühungen keine angemessene Erwerbstätigkeit gefunden hat. Es geht also um die **unterhaltsrechtliche Erfassung des Arbeitsplatzrisikos**. § 1573 Abs. 4 BGB erweitert diese Regelung auf den Fall, dass es dem Berechtigten zwar gelungen war, eine angemessene Erwerbstätigkeit zu finden, er diese jedoch wieder verloren hat, bevor er mit den daraus erzielten Einkünften seinen Unterhaltsbedarf nach den ehelichen Lebensverhältnissen nach der Scheidung nachhaltig sichern konnte.

2 Da die Erwerbslosigkeit unterschiedliche Gründe haben kann, kann der hieraus hergeleitete Unterhaltsanspruch auf unterschiedlichen Grundlagen beruhen. Die Ursache dafür, dass der Berechtigte keine angemessene Erwerbstätigkeit zu finden vermag bzw eine gefundene Erwerbstätigkeit wieder verloren hat, bevor diese als nachhaltig gesichert angesehen werden konnte, können **ehebedingte Nachteile** in der Ausbildung oder der Berufsausübung sein. Der Unterhaltsanspruch nach § 1573 Abs. 1 BGB oder § 1573 Abs. 4 BGB kompensiert in diesem Fall ganz oder teilweise ehebedingte Nachteile, indem der Bedarf ohne Ansatz eines fiktiven Erwerbseinkommens des Berechtigten ermittelt wird.

3 Soweit der Bedarf dabei nicht auf dem fehlenden Erwerbseinkommen, sondern dem höheren Einkommen des Pflichtigen beruht, handelt es sich in der Sache an sich um einen **Aufstockungsbedarf**, der jedoch in diesem Fall nicht als solcher ausgewiesen wird, sondern Bestandteil des Anspruchs wegen Erwerbslosigkeit ist. Eines Rückgriffs auf die entsprechende Anwendung von § 1573 Abs. 2 BGB, dessen Voraussetzungen wegen der Nichtausübung einer angemessenen Erwerbstätigkeit nicht vorliegen, bedarf es daher nicht. Hinsichtlich des Teils des Unterhaltsanspruchs, der auf dem höheren Einkommen des Pflichtigen beruht, ist die Grundlage die **nachwirkende eheliche Solidarität** (s. → *Nacheheliche Solidarität*).

4 Besteht nur eine Teilerwerbsobliegenheit und im Übrigen ein Unterhaltsanspruch nach §§ 1570 bis 1572 BGB, so tritt der Anspruch nach § 1573 Abs. 1 BGB bzw § 1573 Abs. 4 BGB hinsichtlich des Teils des Anspruchs, der auf dem fehlenden Einkommen aus der angemessenen Teilerwerbstätigkeit, die nicht gefunden werden kann, beruht, daneben (s. Rn 6).

5 Ursache der Erwerbslosigkeit kann auch die **Arbeitsmarktlage** sein, ohne dass berufliche Nachteile aufgrund der Ehe hierbei eine Rolle spielen. In diesem Fall geht es nicht um das besondere Arbeitsplatzrisiko, welches auf den Auswirkungen der Rollenverteilung in der Ehe beruht, sondern um das allgemeine Arbeitsmarktrisiko, das zunächst für alle Arbeitnehmer und sodann für bestimmte Erwerbstätigkeiten, Personen- oder Altersgruppen in besonderem Maße gilt. Hier beruht der Unterhaltsanspruch wegen Erwerbslosigkeit ausschließlich auf der **nachwirkenden ehelichen Solidarität** (s. → *Nacheheliche Solidarität*).

Aus der Gegenüberstellung des Erwerbslosigkeitsunterhalts mit den anderen Unterhaltstabeständen **6**
(s. Rn 1) ergibt sich ein **Ausschlussverhältnis** und nicht etwa eine Subsidiarität (so aber zB NK-BGB/
Fränken § 1573 BGB Rn 45; Borth in: Schwab IV 272), da hier eine Erwerbsobliegenheit besteht, welcher
der Berechtigte aus nicht vorwerfbaren Gründen nicht nachkommt, während dies bei den anderen Unterhaltstabeständen nicht der Fall ist. Wegen dieser unterschiedlichen Voraussetzungen schließen sich der Erwerbslosigkeitsunterhalt und die anderen Unterhaltstabestände aus und ergänzen sich nicht etwa in der
Weise, dass bei gleichem Sachverhalt ein subsidiärer Auffangtatbestand eingreifen kann, wenn die Voraussetzungen des vorrangigen Tatbestandes nicht erfüllt sind (zB im Verhältnis von § 1570 BGB und § 1576
BGB). Andererseits kann ein Unterhaltsanspruch neben dem Erwerbslosigkeitsunterhalt auch auf einem
weiteren Unterhaltstabestand beruhen, zB nach § 1570 BGB, soweit wegen Kindesbetreuung nur eine teilschichtige Erwerbstätigkeit möglich ist, und nach § 1573 Abs. 1 BGB, soweit der Berechtigte die zumutbare teilschichtige Beschäftigung trotz hinreichender Bemühungen nicht zu finden vermochte (s. Rn 4).

II. Voraussetzungen des Anspruchs

1. Einsatzzeitpunkte, Anschlussunterhalt

Die Regelung in § 1573 Abs. 1 BGB betrifft zunächst nur den originären Anspruch wegen Erwerbslosigkeit **7**
im Anschluss an die Scheidung. Auch wenn das Gesetz nicht exakt auf den Zeitpunkt der Scheidung abstellt, sondern von „nach der Scheidung" spricht, so ist als tatbestandlicher Einsatzzeitpunkt die Rechtskraft
der Scheidung anzusehen. Die gesetzliche Formulierung, die insoweit von derjenigen in §§ 1571, 1572
BGB abweicht, beruht darauf, dass die Tatsache, dass keine Erwerbsmöglichkeit besteht, sich in der Regel
nach entsprechender Suche erst im Laufe eines unter Umständen nicht nur kurzen Zeitraumes herausstellt.
Die Bemühungen um eine Arbeitsstelle haben bei bestehender Erwerbsobliegenheit spätestens mit der
Rechtskraft der Scheidung zu beginnen, soweit eine solche Verpflichtung nach den Umständen des Einzelfalles nicht bereits vorher in der Trennungszeit bestand (NK-BGB/Fränken § 1573 BGB Rn 8 f; Borth in:
Schwab IV Rn 274) einschränkend BGH 2.7.1986 – IVb ZR 37/85, NJW-RR 1987, 196). Daher wird „nach
der Scheidung" so verstanden, dass die fehlende Erwerbsmöglichkeit nicht unbedingt bereits bei der Scheidung, wohl aber in einem zeitlichen Zusammenhang hiermit gegeben sein muss (BGH 16.3.1988 – IVb ZR
40/87, NJW 1988, 2034: Erwerbsbemühungen erst 1 ½ Jahre nach der Scheidung sind nicht mehr rechtzeitig).

Erwerbslosigkeitsunterhalt kommt auch als **Anschlussunterhalt** (s. → *Anschlussunterhalt*) an einen vor- **8**
hergehenden Unterhaltsanspruch auf der Grundlage eines anderen Unterhaltstabestandes (Betreuungs-,
Krankheits- oder Ausbildungsunterhalt) in Betracht. Dies folgt aus § 1573 Abs. 3 BGB, der den Wegfall
dieser Ansprüche als **Einsatzzeitpunkte** bezeichnet. Soweit auch ein Anspruch wegen Alters nach § 1571
BGB als möglicher Voranspruch angegeben ist, ist nicht ersichtlich, wie eine solche Abfolge praktisch verlaufen soll, nachdem die Erwerbsobliegenheit zuvor wegen Alters entfallen ist.

Es bedarf in diesen Fällen immer der Feststellung einer **lückenlosen Kette von vorangegangenen An- 9**
sprüchen aufgrund anderer Unterhaltstabestände. Ist diese Voraussetzung erfüllt, so kann dies zur
Folge haben, dass der Erwerbslosigkeitsunterhalt dem Umfang nach durch den Unterhaltstabestand beschränkt wird, an den er anschließt. Bestand zB ein Betreuungsunterhaltsanspruch auf der Grundlage einer
dem Berechtigten zumutbaren Teilerwerbstätigkeit, so kann der Anspruch nach § 1573 Abs. 1 BGB sich
dem Umfang nach nur an diesen anschließen und nicht andere Bedarfslücken abdecken. Auf den Wegfall
der Einkünfte aus der inzwischen verlorenen Teilerwerbstätigkeit (bzw bei fiktiver Zurechnung einer solchen Tätigkeit auf den Einwand, eine solche nicht finden zu können) kann der Berechtigte sich demnach
nur berufen, wenn noch ein enger zeitlicher Zusammenhang mit der Scheidung besteht (s. Rn 7) oder die
Einkünfte aus der (fiktiven) Teilerwerbstätigkeit zu diesem Zeitpunkt noch nicht nachhaltig gesichert waren, so dass insoweit ein Anspruch auf Unterhalt wegen Erwerbslosigkeit nach § 1573 Abs. 4 BGB besteht.

Finke

2. Keine Möglichkeit einer angemessenen Erwerbstätigkeit

10 a) **Angemessene Erwerbstätigkeit.** Die Erwerbsobliegenheit des Berechtigten ist auf eine angemessene Erwerbstätigkeit nach § 1574 BGB gerichtet, und zwar grundsätzlich vollschichtig. Eine Einschränkung des Umfangs bis hin zum vollständigen Wegfall der Obliegenheit kann zunächst bestehen aufgrund der Unterhaltstatbestände der §§ 1570 bis 1572, 1575 BGB, die der Einschränkung der Erwerbsmöglichkeit aufgrund Kindesbetreuung, Alters, Krankheit und Ausbildung Rechnung tragen. Außerdem sind Einschränkungen der Art und des Umfangs der Erwerbstätigkeit möglich aufgrund der Beschränkung durch die Voraussetzung der **Angemessenheit.**

11 Die Beschränkung auf eine angemessene Tätigkeit soll zusammen mit der Lebensstandardgarantie in § 1578 BGB iVm § 1573 Abs. 2 BGB einen sozialen Abstieg des Berechtigten vermeiden. Während die Aufrechterhaltung des Lebensstandards bereits durch die Begrenzungsmöglichkeiten in § 1573 Abs. 5 BGB aF sowie § 1578 Abs. 1 S. 2 BGB aF und in verstärktem Maß durch den die früheren Regelungen ersetzenden § 1578 b BGB Einschränkungsmöglichkeiten erfahren hat, findet dies hinsichtlich der dem Berechtigten zumutbaren Erwerbstätigkeit im Gesetzeswortlaut keine Entsprechung.

12 Der vom UÄndG in den Vordergrund gerückte **Grundsatz der Eigenverantwortung** der geschiedenen Ehegatten für die Sicherstellung ihres Unterhaltsbedarfs macht es indessen erforderlich, dass auch bei der Voraussetzung der angemessenen Erwerbstätigkeit Einschränkungen in der Weise möglich sind, dass höhere Anforderungen an die Erwerbsobliegenheit des Berechtigten gestellt werden, wenn er den geschiedenen Ehegatten auf Unterhalt in Anspruch nehmen will (OLG Celle 11.3.2010 – 17 UF 154/09, FamRZ 2010, 1673; Borth in: Schwab IV Rn 292). In welchem Umfang dies der Fall ist und welche Tätigkeit demzufolge als angemessen zumutbar ist, ist jeweils im Rahmen einer **Gesamtabwägung nach den durch § 1574 Abs. 2 BGB vorgegebenen Kriterien** zu bestimmen:

13 – **Ausbildung:** Hat der Berechtigte eine Ausbildung abgeschlossen, so ist grundsätzlich eine Tätigkeit entsprechend der hierdurch erlangten Qualifikation angemessen. Ist hierzu eine Fortbildung erforderlich, so ist der Berechtigte zu einer solchen Maßnahme nach § 1574 Abs. 2 BGB berechtigt und verpflichtet. Ist eine Rückkehr zu einer bereits ausgeübten Tätigkeit auch nach einer möglichen Fortbildung ausgeschlossen oder nicht Erfolg versprechend, so kann auch eine minder qualifizierte Erwerbstätigkeit zumutbar sein. Dies lässt sich jedoch nicht generell, sondern nur unter Abwägung der sonstigen Kriterien beurteilen. Die Zumutbarkeit wird eher dann zu bejahen sein, wenn auch die Voraussetzungen für eine Befristung oder Herabsetzung des Unterhaltsanspruchs vorliegen, da dann ehebedingte Nachteile nicht bzw nur in beschränktem Umfang vorliegen.

14 In welchem Umfang die **Unterschreitung des erreichten Ausbildungsniveaus** zumutbar ist, hängt somit von den Umständen des Einzelfalls ab. Bei bestehender Leistungsfähigkeit und guten wirtschaftlichen Verhältnissen des Pflichtigen wird die Verweisung auf deutlich unter dem Ausbildungsniveau liegende Tätigkeit (zB eine Putztätigkeit oder sonstige einfache Beschäftigung) nicht in Betracht kommen. Andererseits ist zB die Tätigkeit einer Verkäuferin für eine ausgebildete Erzieherin nicht von vornherein unangemessen (BGH 19.12.1990 – XII ZR 27/90, NJW 1991, 1049). Der geschiedenen Ehefrau eines Zahnarztes, die ihr Lehramtsstudium ehebedingt abgebrochen und zeitweise als ungelernte Empfangskraft in der Zahnarztpraxis gearbeitet hat, soll vier Jahre nach der Scheidung eine ungelernte Tätigkeit zB als Verkaufshilfe oder Callcenter-Angestellte zumutbar sein (OLG Celle 11.3.2010 – 17 UF 154/09, FamRZ 2010, 1673). Dagegen ist die Verweisung einer bei Heirat als Aupair-Mädchen tätig gewesenen Ehefrau nach der Scheidung auf eine Tätigkeit als Zimmermädchen oder Haushälterin anstelle eines beabsichtigten Hochschulstudiums nicht generell, sondern allenfalls aufgrund weiterer Besonderheiten (kurze Ehe, Hochschulstudium entspricht nicht den ehelichen Lebensverhältnissen) gerechtfertigt (OLG Karlsruhe 23.4.2008 – 2 UF 224/07, FamRZ 2009, 120).

15 – **Fähigkeiten:** In negativer, dh einschränkender Hinsicht bedeutet der Hinweis auf die Fähigkeiten, dass eine Tätigkeit, die nicht den Fähigkeiten des Berechtigten entspricht, nicht von ihm verlangt werden kann. Die Führung des eigenen Haushalts und die Betreuung eigener Kinder befähigt nicht in jedem

Fall zur Führung eines fremden Haushalts bzw zur Betreuung fremder Kinder (MüKo/Maurer § 1574 BGB Rn 6). In positiver Hinsicht kann das Abstellen auf bestimmte Fähigkeiten, zB praktische und/ oder intellektuelle Kenntnisse, die sich der Berechtigte ohne eine Ausbildung angeeignet hat, dazu führen, dass ihm eine Tätigkeit zugemutet werden kann, bei der diese Fähigkeiten zum Tragen kommen. Allerdings ist bei dem in diesem Zusammenhang häufig zitierten Fall der Ehefrau, die ohne Ausbildung in dem Unternehmen oder der Praxis des Ehemannes mitgeholfen hat (BGH 8.6.1988 – IVb ZR 68/87, NJW-RR 1988, 1282), zu beachten, dass die Möglichkeiten, die hierbei erworbenen Erkenntnisse als Angestellte außerhalb des Familienbetriebes zu nutzen, sehr beschränkt sein können.

– **Frühere Erwerbstätigkeit**: Dieses Kriterium ist mit dem UÄndG seit 2008 in § 1574 Abs. 2 BGB eingefügt worden. Es soll verdeutlichen, dass eine Beschäftigung, die der vor der Ehe ausgeübten Erwerbstätigkeit entspricht, grundsätzlich angemessen ist (Borth in: Schwab IV Rn 275; Palandt/Brudermüller § 1574 Rn 4). Dies setzt allerdings voraus, dass die frühere Tätigkeit der Ausbildung und den Fähigkeiten des Berechtigten entspricht. Bildete die frühere Tätigkeit nur eine Zwischenstufe der noch nicht abgeschlossenen Ausbildung oder erfolgte sie nach dem Ende der Ausbildung, um während der Suche nach einer entsprechenden Anstellung den Lebensunterhalt zu sichern, so kann der Berechtigte nicht dauerhaft auf eine solche oder ähnliche Erwerbstätigkeit verwiesen werden. Ansonsten würde verkannt, dass heute Bewerber nach dem Abschluss ihrer Ausbildung vielfach auch bei guter Qualifikation längere Zeit benötigen, um eine Erstanstellung zu erhalten. Völlig verfehlt wird der Sinn des Gesetzes, wenn eine ersichtlich temporär angelegte Tätigkeit wie bei dem vorstehend zu dem Merkmal „Ausbildung" (s. Rn 14) zitierten Fall einer Beschäftigung als Au-pair-Mädchen (OLG Karlsruhe 23.4.2008 – 2 UF 224/07, FamRZ 2009, 120; zu Recht krit. Drebold FamRZ 2009, 790; Palandt/ Brudermüller § 1574 BGB Rn 4), wo in der Regel nicht einmal die Erwerbstätigkeit, sondern die Erfahrungen in fremder Umgebung und in einem fremden Land als mögliche Orientierungshilfe bei der Berufswahl im Vordergrund stehen, als Maßstab für die Angemessenheit der Beschäftigung herangezogen wird. **16**

– **Lebensalter**: Eine allgemeine Altersgrenze, ab der auch vor Erreichen der Voraussetzungen für den Altersunterhalt nach § 1571 BGB (s. → *Altersunterhalt*) die Möglichkeit einer angemessenen Erwerbstätigkeit verneint wird, besteht nicht. Der Berechtigte muss daher entsprechende Bemühungen darlegen, selbst wenn die tatsächlichen Beschäftigungschancen im Einzelfall sehr gering sein mögen. Das Alter kann die Möglichkeiten der Wiederaufnahme einer Erwerbstätigkeit nach längerer Unterbrechung aufgrund der Ehe erheblich einschränken, aber auch bei Verlust einer Beschäftigung in fortgeschrittenem Alter. Vielfach wird eine Tätigkeit in dem erlernten und ausgeübten Beruf in solchen Fällen auch nach Fortbildungsmaßnahmen daran scheitern, dass potenzielle Arbeitgeber jüngere Bewerber aufgrund ihrer aktuelleren praktischen Erfahrung sowie geringerer tariflicher Löhne bevorzugen. Ein Indiz für die mangelnden Aussichten kann die Weigerung der Arbeitsverwaltung sein, berufliche Wiedereingliederungs- oder Fördermaßnahmen zu finanzieren. Insbesondere bei nicht qualifizierten Tätigkeiten bleibt häufig nur die Aussicht auf eine Teilzeitbeschäftigung, und zwar nicht selten nur im geringfügigen Bereich. Kommen gesundheitliche Einschränkungen hinzu, ergeben sich weitere Einschränkungen. **17**

– **Gesundheitszustand**: Werden gesundheitliche Beeinträchtigungen vom Berechtigten zur Beschränkung der ihm zumutbaren Erwerbstätigkeit vorgebracht, so können diese je nachdem, ob sie seine Erwerbsfähigkeit ganz oder nur teilweise beeinträchtigen, einen Anspruch wegen Krankheitsunterhalts (s. → *Krankheitsunterhalt*) und daneben einen Anspruch wegen Aufstockungsunterhalts (s. → *Aufstockungsunterhalt*) begründen. Bei der danach ggf verbleibenden angemessenen Erwerbstätigkeit können die gesundheitlichen Beschwerden in Verbindung mit anderen Umständen wie zB dem Alter dazu führen, dass die tatsächliche Beschäftigungschance so stark beeinträchtigt ist, dass es praktisch nicht möglich ist eine entsprechende Beschäftigung zu finden und insoweit ein Anspruch nach § 1573 Abs. 1 BGB gegeben ist. **18**

Finke

19 – **Eheliche Lebensverhältnisse, Ehedauer und Dauer der Kindesbetreuung**: Diese Kriterien schränken die Zumutbarkeit einer nach den vorstehenden Kriterien angemessenen Erwerbstätigkeit dahin gehend ein, dass sie auf der Grundlage der ehelichen Lebensverhältnisse nicht unbillig sein darf. Während die bis zum 31.12.2007 geltende Fassung des § 1574 BGB darauf abstellte, dass die zumutbare Erwerbstätigkeit den ehelichen Lebensverhältnissen entsprechen musste, reicht es nunmehr aus, dass sie unter Berücksichtigung der ehelichen Lebensverhältnisse nicht unbillig ist. Daraus ergeben sich erheblich höhere Anforderungen an den Unterhalt beanspruchenden Ehegatten. Eine **Billigkeitskorrektur** nach § 1574 Abs. 2 S. 2 BGB kann nur in wenigen Ausnahmefällen in Betracht kommen, etwa bei sehr guten finanziellen Verhältnissen des Pflichtigen und fortgeschrittenem Alter des Berechtigten. So hat der Bundesgerichtshof eine Entscheidung nicht beanstandet, bei der einer Verkäuferin, die während der Ehe nur stundenweise Bürotätigkeiten im Unternehmen ihres „unbeschränkt leistungsfähigen" Ehemannes ausgeübt hatte, eine Tätigkeit als Kassiererin im Supermarkt nicht mehr zugemutet worden war, wohl aber als Verkäuferin im gehobenen Einzelhandel oder Bürobereich (BGH 18.1.2012 – XII ZR 178/09). Dies liegt auf einer ähnlichen Linie wie die zum früheren Recht ergangene Entscheidung, bei der für eine 50-jährige Ehefrau bei einer Ehedauer von 23 Jahren, 10.000 DM Bruttoeinkommen des Ehemannes und dem Fehlen der Möglichkeit einer Beschäftigung in ihrem früheren Beruf als Erzieherin eine Tätigkeit in einem gehobenen Einrichtungshaus als angemessen angesehen wurde (BGH 19.12.1990 – XII ZR 27/90, NJW 1991, 1049).

20 – Führt die Gesamtabwägung dazu, dass bei bestehender Erwerbsfähigkeit **keine angemessene Beschäftigung zu finden ist**, so ist ein Anspruch nach § 1573 Abs. 1 BGB gegeben. Dies wird nur im Ausnahmefall in Betracht kommen, wenn nicht nur wahrscheinlich, sondern sicher ist, dass eine Erwerbschance für eine zumutbare Tätigkeit nicht besteht (OLG Hamm 3.3.2010 – 5 UF 145/09, FamRZ 2010, 1914: für eine 50-jährige Frau mit eingeschränkter psychischer Belastbarkeit als Rückkehrerin in ihren früheren Beruf als Textilverkäuferin). Die Behauptung der fehlenden Vermittelbarkeit auf dem allgemeinen Arbeitsmarkt in eine angemessene Tätigkeit entspricht nur dann der Darlegungslast, wenn die hierfür maßgeblichen Umstände substanziiert dargelegt werden (BGH 4.7.2007 – XII ZR 141/05, NJW 2008, 57; OLG München 30.10.2007 – 4 UF 105/07, NJW-RR 2008, 524). Der **maßgebliche Zeitpunkt für die Beurteilung**, ob und ggf in welchem Umfang eine Erwerbstätigkeit angemessen ist, ist der Zeitpunkt des Einsetzens der Erwerbsobliegenheit nach Trennung oder Scheidung (BGH 30.7.2008 – XII ZR 126/06, NJW 2008, 3635).

21 – Entspricht die bisher **ausgeübte Erwerbstätigkeit** nicht den Anforderungen des § 1574 BGB, so kann es geboten sein, diese aufzugeben und eine **andere Beschäftigung zu suchen** oder neben der bisherigen noch eine weitere Tätigkeit auszuüben. Die Frage der Aufgabe stellt sich insbesondere bei einer selbstständigen Tätigkeit mit nur geringen Einkünften (OLG Hamm 7.7.2006 – 11 UF 2/06, NJW-RR 2007, 583 bei monatlichen Nettoeinkünften von 220 EUR aus einem Nagelstudio). Eine **zusätzliche Beschäftigung** kommt dann in Betracht, wenn die Aufgabe der bisherigen sicheren Beschäftigung wegen der Gefahr, mit einer neuen Beschäftigung keine nachhaltige Sicherung zu erreichen, zu risikoreich erscheint (OLG Düsseldorf 8.8.1990 – 5 F 58/90, FamRZ 1991, 194; NK-BGB/Fränken § 1573 BGB Rn 6). Dies ist zum Beispiel der Fall bei einer nicht erweiterbaren Teilzeittätigkeit im öffentlichen Dienst. Die Zumutbarkeit einer weiteren Erwerbstätigkeit setzt voraus, dass diese zeitlich und von ihrer Art her mit der Haupttätigkeit zu vereinbaren ist.

22 – Setzt die Ausübung einer angemessenen Erwerbstätigkeit eine **Ausbildung, Fortbildung oder Umschulung** voraus, so besteht nach § 1574 Abs. 3 BGB eine dem Bemühen um eine Erwerbstätigkeit (s. Rn 23 ff) vergleichbare Obliegenheit des Berechtigten, solche Maßnahmen durchzuführen. Mit dieser Obliegenheit korrespondiert ein Anspruch auf Ausbildungsunterhalt nach § 1573 Abs. 1 BGB iVm § 1574 Abs. 3 BGB (zum Verhältnis des Anspruchs nach § 1575 BGB s. → *Ausbildungsunterhalt* Rn 3).

23 **b) Erfolglose Bemühungen um eine angemessene Erwerbstätigkeit.** Die Erwerbslosigkeit des Berechtigten ist unterhaltsrechtlich nur relevant, wenn er sich hinreichend um eine angemessene Beschäftigung

bemüht hat, ohne dass dies Erfolg hatte. Darauf kann nur dann verzichtet werden, wenn von vornherein sicher ist, dass eine angemessene Erwerbstätigkeit nicht gefunden werden kann (s. Rn 20). Sind dagegen die Aussichten auf dem Arbeitsmarkt ungünstig und die Chancen einer Vermittelbarkeit äußerst gering, so kann **nicht ohne Erwerbsbemühungen** davon ausgegangen werden, dass keinerlei Erwerbschancen bestehen. Der Berechtigte muss auch in diesem Fall darlegen und ggf beweisen, dass es ihm nicht möglich ist, eine sich ihm vielleicht ausnahmsweise bietende Chance wahrzunehmen. Die Obliegenheit hinreichender Erwerbsbemühungen folgt aus der Erwerbsobliegenheit. Verstößt der Berechtigte hiergegen, so muss er sich ein **fiktives Einkommen** (s. → *Fiktive Einkünfte*) zurechnen lassen, dass er bei unterstelltem Erfolg der Erwerbsbemühungen erzielen könnte. Ein Anspruch nach § 1573 Abs. 1 BGB scheidet danach aus. In Betracht kommt allenfalls ein Anspruch auf Aufstockungsunterhalt nach § 1573 Abs. 2 BGB (BGH 10.2.1988 – IVb ZR 16/87, NJW-RR 1988, 1218).

Der **Umfang die Erwerbsbemühungen**, die der Obliegenheit genügen, richtet sich nach den Umständen des Einzelfalles. Eine abstrakte Verpflichtung, sich wie bei einem vollschichtigen Arbeitsverhältnis ganztägig zu bewerben (OLG Hamm 6.10.1995 – 12 UF 61/95, FamRZ 1996, 629), geht an den Realitäten auf dem Arbeitsmarkt vorbei, die nach einer Differenzierung verlangen. Ebenso wenig kann eine bestimmte Zahl von monatlichen Bewerbungen als Mindeststandard zugrunde gelegt werden (OLG Koblenz 24.6.1999 – 15 UF 203/99, FamRZ 2000, 313: 20 bis 30 Bewerbungen monatlich; OLG Karlsruhe 28.5.2002 – 18 UF 163/01 FamRZ 2002, 1567: 350 in rd. vier Jahren bzw monatlich rd. acht Bewerbungen sind ausreichend; OLG Bamberg 4.2.1997 – 7 UF 112/96, FamRZ 1998, 289: 40 Bewerbungen und zwei eigene Inserate in sieben Monaten sind bei einem ungünstigen und begrenzten Arbeitsmarkt ausreichend). So kann es bei einer besonderen beruflichen Spezialisierung mit einem beschränkten Arbeitsmarkt sein, dass solche Stellen nicht regelmäßig und in großer Zahl angeboten werden. Bei anderen Tätigkeiten kann es dagegen sein, dass täglich eine so große Anzahl von Angeboten, zumal bei Einbeziehung überregionaler Stellenangebote, vorhanden ist, dass es ausgeschlossen ist, auf alle zu reagieren. **24**

Blind- oder Initiativbewerbungen, die sich nicht auf ein bestimmtes Stellenangebot beziehen, sind zwar nicht ungeeignet, können jedoch die gezielte Bewerbung auf eine angebotene Stelle nicht ersetzen. Die Bewerbungen müssen eine **Ernsthaftigkeit** und ein Interesse an der Beschäftigung erkennen lassen, wogegen eine mangelnde **Sorgfalt** beim Abfassen der Bewerbung (äußere Form und Fehler) sowie das Herausstellen von möglicherweise negativen Aspekten sprechen können (OLG Karlsruhe 28.5.2002 – 18 UF 163/01, FamRZ 2002, 1567). Sie müssen sich auf eine den Fähigkeiten des Bewerbers entsprechende Erwerbstätigkeit beziehen. In der Regel haben sie schriftlich zu erfolgen und sind für eine evtl unterhaltsrechtliche Auseinandersetzung in nachprüfbarer Form zu dokumentieren, wobei ihm die Beweiserleichterung des § 287 ZPO nicht zugute kommt (BGH 27.1.1993 – XII ZR 206/91, NJW-RR 1993, 131). Eine Ausnahme kann bei einfachen ungelernten Tätigkeiten gelten, bei denen häufig kein schriftliches Bewerbungsverfahren erfolgt. In diesem Fall sind spätestens ab dem Zeitpunkt der Auseinandersetzung über den Unterhalt die schriftlich erfolgten Stellenangebote festzuhalten. In Betracht kommt auch, dass der Bewerber seine bei einem potenziellen Arbeitgeber erfolgte Bewerbung von diesem in einem vorbereiteten Schriftstück bestätigen lässt. **25**

Ein **Ortswechsel zur Verbesserung der Bewerbungschancen** (s. → *Bewerbungsbemühungen* Rn 3 ff) bzw des erzielbaren Einkommens ist grundsätzlich zumutbar, soweit nicht persönliche, insbesondere familiäre Bindungen entgegenstehen (BGH 31.5.2000 – XII ZR 119/98, NJW-RR 2000, 1385; BVerfG 29.12.2005 – 1 BvR 2076/03, NJW 2006, 2317; OLG Hamm 19.11.1997 – 8 UF 296/97, NJW-RR 1998, 1084). Diese für den Unterhalt minderjähriger Kinder bei einer gesteigerten Erwerbsobliegenheit des Pflichtigen nach § 1603 Abs. 2 BGB geltenden Maßstäbe sind beim Ehegattenunterhalt nur selten gegeben. Abgesehen von vielfach entgegenstehenden persönlichen Bindungen, die besonders bei einem höheren Lebensalter auch im außerfamiliären Bereich besondere Bedeutung haben, weil sie nicht ohne Weiteres an einem anderen Ort neu aufgebaut werden können, sind auch die Umzugskosten vor dem Hintergrund eines möglichen Scheiterns eines neuen Arbeitsverhältnisses zu beachten. **26**

27 **c) Verlust der nicht nachhaltig gesicherten angemessenen Erwerbstätigkeit.** Übt der Berechtigte an einem der Einsatzzeitpunkte eine angemessene Erwerbstätigkeit aus, mit der er seinen Unterhaltsbedarf ganz oder teilweise zu decken vermag, führt dies grundsätzlich zur Unterbrechung der Unterhaltskette und damit zum Verlust des Unterhaltsanspruchs. Eine **Ausnahme** besteht für den Fall, dass der Unterhaltsbedarf noch nicht nachhaltig gesichert war, weil die Erwerbstätigkeit ihrerseits noch nicht nachhaltig gesichert war. Verliert der Berechtigte nachträglich eine solche Beschäftigung und ist ihm dies nicht vorzuwerfen, so hat er nach § 1573 Abs. 4 BGB einen Unterhaltsanspruch wegen Erwerbslosigkeit. Diese Regelung, die keine selbstständige Anspruchsgrundlage darstellt, sondern den Anwendungsbereich des § 1573 Abs. 1 BGB erweitert (MüKo/Maurer § 1573 BGB Rn 21; aA OLG Bamberg 25.6.1996 – 2 UF 32/96, NJW-RR 1997, 198), führt im Ergebnis zu einer Verschiebung des Einsatzzeitpunktes auf den Zeitpunkt des Verlustes des Arbeitsplatzes (Wendl/Pauling § 4 Rn 116; aA Borth in: Schwab IV Rn 319). Die übrigen Voraussetzungen des Anspruchs richten sich nach § 1573 Abs. 1 BGB. Dies gilt vor allem für die Obliegenheit, sich um eine angemessene Erwerbstätigkeit zu bemühen.

28 Für eine **nachhaltige Sicherung** der Erwerbstätigkeit ist grundsätzlich maßgebend, ob die Erwerbstätigkeit des geschiedenen Ehegatten im Zeitpunkt ihrer Aufnahme nach objektiven Maßstäben und allgemeiner Lebenserfahrung mit einer gewissen Sicherheit als dauerhaft angesehen werden konnte oder ob befürchtet werden musste, dass der Bedürftige sie durch außerhalb seiner Entschließungsfreiheit liegende Umstände in absehbarer Zeit wieder verlieren würde (BGH 17.9.2003 – XII ZR 184/01, NJW 2003, 3481; 9.10.1985 – IVb ZR 56/84 – NJW 1986, 375). Dabei ist neben anderen Umständen auch eine latent bestehende Krankheit, wegen der die angestrebte Stellung in absehbarer Zeit wieder aufgegeben werden musste, zu berücksichtigen (BGH 3.4.1985 – IVb ZR 15/84, NJW 1985, 1699).

29 Unerheblich ist, ob die Erwerbstätigkeit vor oder nach der Scheidung oder einem sonstigen Einsatzzeitpunkt aufgenommen worden ist (BGH 10.10.1984 – IVb ZR 12/83, NJW 1985, 431). **Maßgeblicher Beurteilungszeitpunkt** ist frühestens die Scheidung bzw ein sonstiger Einsatzzeitpunkt oder bei berechtigterweise erst späterer Aufnahme der Tätigkeit dieser Zeitpunkt (BGH 3.4.1985 – IVb ZR 15/84, NJW 1985, 1699). Ob die Beurteilung bezogen auf den maßgeblichen Zeitpunkt **rückblickend** (ex post) oder **vorausschauend** (ex ante) zu erfolgen hat, ist streitig (offen gelassen in BGH 3.4.1985 – IVb ZR 15/84, NJW 1985, 1699 mwN zum Streitstand; auch in der neueren Entscheidung BGH 17.9.2003 – XII ZR 184/01, NJW 2003, 3481 ist diese Frage offen geblieben). Auf der Grundlage einer Ex-ante-Betrachtung wird bei einem Anspruch auf einen Dauerarbeitsplatz eine nachhaltige Sicherung angenommen, selbst wenn der Verlust des Arbeitsplatzes nur wenige Tage nach der Scheidung erfolgt ist (OLG Bamberg 25.9.1996 – 2 UF 32/96, NJW-RR 1997, 198). Ebenso für den Fall eines krankheitsbedingten Verlustes eines vor der Scheidung von einer Teilzeit- auf eine Vollzeitbeschäftigung ausgeweiteten Arbeitsplatzes aufgrund einer vier Jahre nach der Scheidung ausgebrochenen Erkrankung (OLG Hamm 11.10.1996 – 12 UF 392/95, FamRZ 1997, 821).

III. Beschränkung des Anspruchs nach § 1578 b BGB

30 Für die Befristung oder Herabsetzung des Erwerbslosigkeitsunterhalts nach § 1578 b BGB gelten die gleichen Grundsätze wie für den Aufstockungsunterhalt. Es wird auf die dortigen Ausführungen Bezug genommen (s. → *Aufstockungsunterhalt* Rn 13 ff). Es ist demnach bei der Billigkeitsabwägung danach zu differenzieren, auf welcher Grundlage der Unterhaltsanspruch ganz oder teilweise beruht. Ist die Erwerbslosigkeit möglicherweise eine Folge der Rollenverteilung in der Ehe, so liegt dem Anspruch insoweit der Gedanke der Kompensation ehebedingter Nachteile zugrunde. Soweit dies nicht der Fall ist, beruht der Anspruch auf dem Grundsatz der nachwirkenden ehelichen Solidarität. Im Übrigen sind im Rahmen der Gesamtabwägung sämtliche in Betracht kommenden Umstände des Einzelfalles zu berücksichtigen, so dass auch bei fehlenden ehebedingten Nachteilen nicht zwingend eine Begrenzung vorzunehmen ist.

Finke

IV. Darlegungs- und Beweislast

Der Berechtigte hat sämtliche **Tatbestandsvoraussetzungen** des Arbeitslosigkeitsunterhalts darzulegen und zu beweisen. Dies gilt nicht nur dann, wenn er diesen als Antragsteller verfolgt, sondern auch dann, wenn er sich als Antragsgegner im **Abänderungsverfahren** zur Verteidigung des bisher auf der Grundlage eines anderen Unterhaltstatbestandes bestehenden Titels auf den Tatbestand des § 1573 Abs. 1 BGB beruft (BGH 31.1.1990 – XII ZR 36/89, NJW 1990, 2752). **31**

Der Begrenzungseinwand nach **§ 1578 b BGB**, der nicht ausdrücklich erhoben werden muss, sondern bei entsprechendem Sachvortrag in dem Abweisungs- oder Abänderungsantrag enthalten ist, stellt eine rechtsvernichtende bzw. rechtsbeschränkende Einwendung dar, deren Voraussetzungen vom Pflichtigen darzulegen und zu beweisen sind. Der Bundesgerichtshof hat seine frühere Rechtsprechung zu dieser Frage, die eine Beweislastumkehr vornehmen wollte, wenn der Pflichtige Umstände vorgetragen hatte, die das Vorliegen ehebedingter Nachteile nahe legten, ausdrücklich als nicht mit dem Gesetz vereinbar aufgegeben und die Beweislast uneingeschränkt beim Pflichtigen gesehen (BGH 24.3.2010 – XII ZR 175/08, FamRZ 2010, 875 mit Anm. Finke). Lediglich hinsichtlich der Darlegungslast hält er eine teilweise Entlastung des Pflichtigen durch den Berechtigten nach den Grundsätzen der **sekundären Darlegungslast** für erforderlich. Dies rechtfertige sich nach allgemeinen Beweisregeln im Hinblick auf den von dem Pflichtigen zu erbringenden Negativbeweis über Umstände aus der Sphäre des Berechtigten. Dieser müsse die Behauptung, es seien keine ehebedingten Nachteile entstanden, **substanziiert bestreiten** und seinerseits darlegen, welche konkreten ehebedingten Nachteile entstanden sein sollen. Erst wenn das Vorbringen des Unterhaltsberechtigten diesen Anforderungen genügt, müssen die vorgetragenen ehebedingten Nachteile vom Unterhaltspflichtigen widerlegt werden. **32**

98. Erwerbsobliegenheit

Poppen

I. Allgemeines	1
II. Verwandtenunterhalt	3
1. Anspruchsteller	3
a) Minderjähriges Kind	3
b) Volljähriges Kind	5
c) Elternunterhalt	7
2. Verpflichteter	8
a) Eltern gegenüber minderjährigen Kindern	8
b) Eltern gegenüber volljährigen Kindern	12
c) Kinder gegenüber Eltern	14
III. Ehegattenunterhalt	15
1. Trennungsunterhalt	15
a) Anspruchsteller	15
b) Verpflichteter	20
2. Nachehelicher Unterhalt	22
a) Anspruchsteller	22
b) Verpflichteter	27

I. Allgemeines

1 Die Beteiligten eines Unterhaltsrechtsverhältnisses treffen **wechselseitige Obliegenheiten**. Der Unterhaltsberechtigte ist gehalten, die Belastungen beim Unterhaltsverpflichteten so gering wie möglich zu halten, der Unterhaltsverpflichtete muss dafür Sorge tragen, dass er seine Unterhaltsverpflichtung erfüllen kann. Vor diesem Hintergrund sind sowohl der Unterhaltsberechtigte als auch der Unterhaltsverpflichtete gehalten, ihre Arbeitskraft in angemessener Form zur Erzielung von Einkünften zu nutzen. Diese Obliegenheiten sind vom jeweils anderen nicht einklagbar. Verstößt ein Beteiligter eines Unterhaltsrechtsverhältnisses gegen eine ihn treffende Obliegenheit, kann dies zu einer **Einkommensfiktion** führen. Der Betreffende wird so behandelt, als ob er seiner Obliegenheit nachgekommen wäre (s. → *Fiktive Einkünfte*).

2 Das Maß der Erwerbsobliegenheit richtet sich nach dem jeweiligen unterhaltsrechtlichen Verhältnis. Grundsätzlich ist jeder Beteiligte eines **Unterhaltsrechtsverhältnisses** gehalten, bis zum Erreichen der Regelaltersgrenze einer ganztägigen Tätigkeit nachzugehen. Im Einzelfall bestehen darüber hinausgehende Obliegenheiten, zB zur Aufnahme einer Nebentätigkeit, die Erwerbsobliegenheit kann allerdings auch ein geringeres Ausmaß annehmen.

II. Verwandtenunterhalt

1. Anspruchsteller

3 **a) Minderjähriges Kind.** Minderjährige Kinder trifft grundsätzlich **keine Erwerbsobliegenheit**. Das minderjährige Kind hat ein Recht darauf, einer Ausbildung nachzugehen. Neben einer Vollzeitausbildung wird eine Tätigkeit nicht erwartet. Gleichwohl erzielte Einkünfte sind als Einkommen aus unzumutbarer Tätigkeit analog § 1577 Abs. 2 BGB nicht oder nur teilweise anzurechnen (Palandt/Brudermüller § 1602 BGB Rn 5).

4 Befindet sich ein minderjähriges Kind **nicht in einer Ausbildung**, kann eine Erwerbsobliegenheit bestehen. Auf die Aufnahme einer Berufstätigkeit kann das minderjährige Kind allerdings nur verwiesen werden, wenn es nicht jünger als 15 Jahre ist oder der Vollzeitschulpflicht unterliegt (§§ 2 Abs. 3, 5 Abs. 1, 7 Abs. 1 JArbSchG). Soweit eine Beschäftigung eines minderjährigen Kindes gesetzlich erlaubt ist und das Kind sich nicht in einer Vollzeitausbildung befindet, kann die Obliegenheit zur Aufnahme jedenfalls einer **Aushilfstätigkeit** bestehen (OLG Düsseldorf 17.6.2010 – 8 WF 117/10, NJW-RR 2011, 221).

5 **b) Volljähriges Kind.** Anders als das minderjährige Kind ist das volljährige Kind grundsätzlich gehalten, einer vollschichtigen Berufstätigkeit nachzugehen (BGH 6.12.1984 – IV b ZR 53/83, NJW 1985, 806). Das volljährige Kind muss **jede Arbeitsmöglichkeit** nutzen. Es gibt keine Zumutbarkeitsgrenzen. Insbesondere spielen die Lebensstellung des Kindes und ein etwa erlernter Beruf keine Rolle. Die Obliegenheit wird ähnlich bestimmt wie beim Unterhaltsverpflichteten gegenüber Unterhaltsansprüchen minderjähriger Kinder (BGH 6.12.1984 – IV b ZR 53/83, NJW 1985, 806; s. Rn 8).

6 Diese Obliegenheit besteht nicht, wenn das volljährige Kind behindert oder erwerbsunfähig erkrankt ist. Keine Erwerbsobliegenheit besteht auch, wenn das volljährige Kind sich in einer **Schul- oder Berufsaus-**

bildung befindet. Das volljährige Kind hat gegen seine Eltern Anspruch auf die Finanzierung einer seiner Begabung und seinen Neigungen entsprechenden angemessenen Ausbildung. Neben der Ausbildung muss das volljährige Kind keiner Tätigkeit nachgehen (BGH 25.1.1995 – XII ZR 240/93, NJW 1995, 1215). Gleichwohl erzielte Einkünfte sind im Rahmen der Billigkeit auf den Unterhaltsbedarf anzurechnen (BGH 19.6.1985 – IV b ZR 30/84, NJW 1985, 2331). Verschweigt ein volljähriges Kind Einkünfte aus **Nebentätigkeiten**, kann dies zu einer teilweisen oder vollständigen Verwirkung des Unterhaltsanspruchs nach § 1611 Abs. 1 BGB führen (OLG Jena 10.10.2008 – 1 UF 121/08, NJW-RR 2009, 1450).

c) Elternunterhalt. Grundsätzlich sind auch Eltern nach § 1602 BGB gehalten, einer Berufstätigkeit nach- 7
zugehen, bevor sie Unterhalt von ihren Kindern verlangen. Hier gelten die allgemeinen Grundsätze für die Erwerbsobliegenheit im Verwandtenunterhalt, dh den Eltern ist **jede Tätigkeit** ungeachtet ihrer Lebensstellung und früherer Berufstätigkeiten zumutbar. Die Erwerbsobliegenheit entfällt mit Erreichen der **Regelaltersgrenze** bzw bei einer eine Erwerbstätigkeit ausschließenden Erkrankung.

2. Verpflichteter

a) Eltern gegenüber minderjährigen Kindern. Im Rahmen **der erweiterten Unterhaltspflicht** gegen- 8
über minderjährigen Kindern (§ 1603 Abs. 2 S. 1 BGB) sind Eltern verpflichtet, ihre Arbeitskraft entsprechend ihrer Vorbildung, ihren Fähigkeiten und der Arbeitsmarktlage bestmöglichst einzusetzen. Die Unterhaltsverpflichtung von Eltern gegenüber minderjährigen Kindern ist die stärkste Unterhaltspflicht, die das Gesetz kennt (s. → *Kindesunterhalt Minderjähriger* Rn 18 ff). Eltern müssen daher **alle zumutbaren Erwerbsmöglichkeiten** ausschöpfen (BVerfG 11.3.2010 – I BvR 3031/08, NJW 2010, 1658). Diese Obliegenheit beinhaltet für den Fall, dass der Pflichtige keiner Erwerbstätigkeit nachgeht, die Pflicht, sich nachhaltig um eine Erwerbsstelle zu bemühen. Diese **Bemühungen** sind auf ein großräumiges Umfeld zum Wohnort, in letzter Konsequenz auf das gesamte Bundesgebiet zu erstrecken (OLG Köln 6.2.1998 – 4 WF 294/97, NJWE-FER 1999, 84). Reicht das Erwerbseinkommen nicht zur Erfüllung der Unterhaltspflicht aus, kann eine Obliegenheit zum **Wechsel des Arbeitsplatzes**, auch zum Orts- oder Berufswechsel bestehen (BGH 9.7.1980 – IVb ZR 529/80, NJW 1980, 2414). Weiter kann die Obliegenheit bestehen, neben einer vollschichtigen Berufstätigkeit eine **Nebentätigkeit** aufzunehmen. Allerdings muss der Pflichtige nicht mehr als 48 Stunden pro Woche tätig sein (§ 9 Abs. 1 ArbZG; BGH 3.12.2008 – XII ZR 182/06, NJW 2009, 1410).

Unternimmt der früher berufstätige Unterhaltsschuldner in einer neuen Ehe die Haushaltsführung, während 9
sein neuer Ehegatte erwerbstätig ist, ist zunächst die **Berechtigung des Rollenwechsels** zu prüfen **(Hausmann-Rechtsprechung).** Sind aus der neuen Ehe keine Kinder hervorgegangen, ist dieser Rollenwechsel unbeachtlich (BVerfG 14.1.1984 – I BVR 14, 1642/82, NJW 1985, 1211). Es besteht eine Erwerbsobliegenheit (s. → *Rollenwechsel* Rn 1 ff).

Sind aus der neuen Ehe Kinder hervorgegangen, kann die Erwerbsobliegenheit entfallen, wenn der Rollen- 10
wechsel mit einem erkennbaren **Vorteil für die neue Familie** verbunden ist (BGH 12.4.2006 – XII ZR 31/04, NJW 2006, 2404). Das ist der Fall, wenn das Einkommen des neuen Ehegatten wesentlich höher ist als das des die Haushaltsführung übernehmenden Unterhaltspflichtigen.

Kann der Unterhaltspflichtige sich auch gegenüber seinem minderjährigen Kind auf den Rollenwechsel be- 11
rufen, muss er im Rahmen seiner gesteigerten Unterhaltspflicht in jedem Fall das ihm zustehende **Taschengeld** für den Kindesunterhalt verwenden (BGH 5.10.2006 – XII ZR 197/02, NJW 2007, 139). Soweit die Betreuung des Kindes aus der neuen Ehe dies zulässt, trifft ihn auch eine **Nebenerwerbsobliegenheit** (BGH 18.10.2000 – XII ZR 191/98, NJW-RR 2001, 361). Während des Bezuges von Erziehungsgeld besteht regelmäßig keine Nebenerwerbsobliegenheit (BGH 12.4.2006 – XII ZR 31/04, NJW 2006, 2404). Allerdings ist das **Erziehungsgeld** nach § 9 S. 2 Bundeserziehungsgeldgesetz als Einkommen zu berücksichtigen und für den Unterhalt einzusetzen, soweit der eigene Selbstbehalt des Unterhaltspflichtigen gewahrt ist (BGH 12.4.2006 – XII ZR 31/04, NJW 2006, 2404; s. → *Rollenwechsel* Rn 9 ff).

12 **b) Eltern gegenüber volljährigen Kindern.** Gegenüber einem volljährigen Kind trifft Eltern **keine gesteigerte Unterhaltspflicht.** Daraus folgt, dass die Eltern ihrer Erwerbsobliegenheit grundsätzlich durch die Ausübung einer vollschichtigen Tätigkeit nachkommen. Es besteht in aller Regel keine Obliegenheit zum Orts- oder Berufswechsel sowie zur Aufnahme von Nebentätigkeiten. Allerdings müssen Eltern, die Unterhaltsansprüchen volljähriger Kinder ausgesetzt sind, eigene Aus- und Fortbildungswünsche zurückstellen, bis das volljährige Kind seine Ausbildung abgeschlossen hat (Wendl/Dose/Klinkhammer § 2 Rn 541).

13 Die „**Hausmannrechtsprechung**" (s. → *Rollenwechsel* Rn 1 ff) ist gegenüber volljährigen Kindern nur teilweise anwendbar. Betreut der Elternteil in der neuen Ehe ein minderjähriges Kind, besteht gegenüber volljährigen Kindern keine Erwerbsobliegenheit (BGH 11.2.1987 – IV b ZR 81/85, NJW 1987, 1549). Führt der wiederverheiratete Elternteil seinem neuen Ehepartner den Haushalt, ohne dass aus der zweiten Ehe ein Kind hervorgegangen ist, kann eine Obliegenheit zur Aufnahme einer Nebentätigkeit bestehen (Wendl/Dose/Klinkhammer § 2 Rn 294).

14 **c) Kinder gegenüber Eltern.** Der Elternunterhaltsanspruch ist nach der Rechtsprechung des Bundesgerichtshofs schwach ausgestaltet (s. → *Elternunterhalt*). Daraus folgt, dass ein in Anspruch genommenes Kind, welches zuletzt keiner Erwerbstätigkeit nachgegangen ist, **keine Erwerbsobliegenheit** im Hinblick auf Elternunterhaltsansprüche trifft. Allerdings darf das Kind bei der Inanspruchnahme durch die Eltern eine ausgeübte Erwerbstätigkeit nicht ohne zwingenden Grund (Gesundheit) aufgeben (Wendl/Dose/Wönne § 2 Rn 949).

III. Ehegattenunterhalt

1. Trennungsunterhalt

15 **a) Anspruchsteller.** Der während der Ehe nicht oder nur teilweise erwerbstätige Ehegatte kann nach der Trennung nicht ohne Weiteres auf die Ausübung einer Erwerbstätigkeit verwiesen werden (§ 1361 Abs. 2 S. 1 BGB). Die Vorschrift dient dem **Schutz des in der Ehe nicht oder nicht vollschichtig erwerbstätigen Ehegatten.** Während des Trennungsjahres besteht daher in aller Regel keine Erwerbsobliegenheit. Die Anforderungen an den Unterhaltsberechtigten in dieser Hinsicht steigen jedoch mit der Dauer der Trennungszeit. Einsetzen und Umfang der Erwerbsobliegenheit bestimmen sich nach dem Kriterienkatalog des § 1361 Abs. 2 BGB (s. → *Trennungsunterhalt* Rn 20 ff). Wurde in der Ehe eine Berufstätigkeit ausgeübt, besteht auch schon während des Trennungsjahres eine Erwerbsobliegenheit (OLG Hamm 2.3.2012 – 13 UF 169/11, FamRZ 2012, 1734).

16 Zu den maßgeblichen persönlichen Verhältnissen gehört in erster Linie die **Kinderbetreuung.** Dabei sind die Anforderungen an den bisher nicht oder nur teilweise berufstätigen Ehegatten geringer als im Rahmen des § 1570 BGB nach Rechtskraft der Ehescheidung. Allerdings sind nach der Neuregelung des Unterhaltsrechts zum 1.1.2008 die insoweit verschärften Kriterien zu berücksichtigen (Teilzeittätigkeit bei Betreuung eines achtjährigen Kindes, OLG Köln 5.8.2008 – 4 UF 80/08, NJW-RR 2009, 370; ähnlich OLG Düsseldorf 29.10.2009 – 7 UF 88/09, NJW-RR 2010, 1082). Ein unter Depressionen leidender Unterhaltsberechtigter muss alles Zumutbare unternehmen, um die Krankheit behandeln zu lassen (OLG Hamm 13.2.2012 – 6 UF 176/11, NJW-RR 2012, 837).

17 Sind keine Kinder zu betreuen, richtet sich der Umfang der Erwerbsobliegenheit nach der Dauer der Trennung, früheren Erwerbstätigkeiten und den beiderseitigen wirtschaftlichen Verhältnissen. Für den Umfang der Erwerbsobliegenheit ist regelmäßig eine **Gesamtabwägung** vorzunehmen. Die Erwerbsobliegenheit setzt in aller Regel nach dem **Trennungsjahr** ein, dies umso stärker, je enger die wirtschaftlichen Verhältnisse sind (JH/Büttner § 1361 BGB Rn 24). Liegt eine frühere Erwerbstätigkeit schon länger zurück, kann vor Aufnahme einer Erwerbstätigkeit ein Anspruch auf eine Wiederauffrischung der Fähigkeiten durch Schulungsmaßnahmen bestehen.

18 Die Angemessenheit der auszuübenden Erwerbstätigkeit bestimmt sich nach § 1574 Abs. 2 BGB. Dabei kommt es in erster Linie auf die **Lebensstellung des Unterhaltsberechtigten** selbst an. Die **ehelichen Le-**

bensverhältnisse sind nach der Neufassung des § 1574 BGB nur noch ein **Billigkeitskorrektiv**. Nur dann, wenn die früher ausgeübte und erlernte Tätigkeit außer Verhältnis zu der Lebensstellung während der Ehe besteht, kann die Rückkehr in den früheren Beruf unangemessen sein.

Greift die Erwerbsobliegenheit, muss der Unterhaltsberechtigte sich intensiv um eine angemessene Erwerbstätigkeit bemühen. Meldungen bei der Bundesagentur für Arbeit sind erforderlich, reichen allein allerdings nicht aus (BGH 27.11.1985 – IV b ZR 79/84, NJW 1986, 718). Erwartet wird Eigeninitiative, dh **Bewerbungen auf Stellenanzeigen**, das initiative Ansprechen möglicher Arbeitgeber und die Aufgabe von eigenen Stellengesuchen. Bewerbungen müssen in ansprechender Form abgefasst sein (OLG Brandenburg 24.8.2005 – 15 UF 144/05, NJW-RR 2006, 944). Die Bemühungen müssen sich auf Stellen beziehen, für die der Unterhaltsbegehrende objektiv geeignet ist (s. → *Bewerbungsbemühungen*). 19

b) Verpflichteter. Auch den Unterhaltspflichtigen trifft die Obliegenheit, im normalen Umfang einer Berufstätigkeit nachzugehen. Er muss die während der Ehe **ausgeübte Berufstätigkeit** grundsätzlich bis zum Erreichen der Regelaltersgrenze **fortsetzen** (BGH 3.2.1999 – XII ZR 146/97, NJW 1999, 1547). Nach der Rechtsprechung des Bundesgerichtshofs ist allerdings eine tatsächliche Leistungsunfähigkeit zu beachten. Das gilt auch dann, wenn der Unterhaltspflichtige seinen Arbeitsplatz freiwillig aufgegeben hat (BGH 26.9.1984 – IV b ZR 17/83, NJW-1985, 732). Ein Verstoß gegen die Erwerbsobliegenheit liegt nur dann vor, wenn das Verhalten verantwortungslos oder leichtfertig war. Vor diesem Hintergrund sind **Vorruhestandsvereinbarungen** grundsätzlich zu akzeptieren. Etwas anderes kann gelten, wenn das Einkommen nicht mehr zur Sicherstellung des notwendigen Unterhalts des Unterhaltsberechtigten ausreicht. In derartigen Fällen kann die Obliegenheit zur Aufnahme einer Nebentätigkeit bestehen (OLG Koblenz 22.10.2003 – 9 UF 175/03, FamRZ 2004, 1573). Einkünfte aus einer tatsächlich ausgeübten Nebentätigkeit sind nach Billigkeitsgesichtspunkten bei der Unterhaltsbemessung zu berücksichtigen (BGH 31.10.2012 – XII ZR 30/10, NJW 2013, 461). 20

War der Unterhaltspflichtige in der Ehe zuletzt nicht berufstätig, muss er sich um die Aufnahme einer Berufstätigkeit bemühen, notfalls auch einen Ortswechsel vornehmen. Insoweit gelten die gleichen Anforderungen an die **Bewerbungsbemühungen** wie für den Unterhaltsberechtigten (s. Rn 19). 21

2. Nachehelicher Unterhalt

a) Anspruchsteller. Das Nachehelichenunterhaltsrecht ist vom **Grundsatz der Eigenverantwortung** geprägt (§ 1569 BGB). Nur in den im Gesetz enumerativ aufgeführten Fällen schuldet der andere Ehegatte nach dem **Grundsatz der nachwirkenden Mitverantwortung** Unterhalt (JH/Büttner § 1569 BGB Rn 5; s. → *Nacheheliche Solidarität* Rn 1). Grundsätzlich trifft jeden der Ehepartner damit eine umfassende Erwerbsobliegenheit. Ausgeübt werden muss eine nach § 1574 Abs. 1 BGB angemessene Erwerbstätigkeit. Prüfungsmaßstab für die Angemessenheit ist **die eigene voreheliche Lebensstellung des Unterhaltsbegehrenden**. Nur wenn nach einer Billigkeitsabwägung die ehelichen Lebensverhältnisse eine derartige Erwerbstätigkeit ausschließen, mithin mit dieser Erwerbstätigkeit ein unangemessener sozialer Abstieg verbunden wäre, muss eine derartige Erwerbstätigkeit nicht ausgeübt werden (Wendl/Dose/Bömmelburg § 4 Rn 144). Je nach den persönlichen Verhältnissen kann dann ein Ausbildungsunterhaltsanspruch bestehen (§ 1575 BGB). Hinsichtlich des Umfangs der Erwerbsbemühungen gelten die oben dargestellten Grundsätze (s. Rn 19). 22

Betreut ein geschiedener Ehegatte **gemeinschaftliche Kinder**, besteht nach § 1570 Abs. 1 S. 1 BGB für mindestens drei Jahre nach der Geburt des gemeinschaftlichen Kindes keine Erwerbsobliegenheit (**Basisunterhalt**). Eine bis zur Trennung ausgeübte Tätigkeit kann während dieser Zeit aufgegeben werden (BGH 18.3.2009 – XII ZR 74/08, NJW 2009, 1876). Gleichwohl erzielte Einkünfte sind **Einkünfte aus überobligatorischer Erwerbstätigkeit**, die nur nach Treu und Glauben anrechenbar sind (§ 1577 Abs. 2 BGB; BGH 30.3.2011 – XII ZR 3/09, NJW 20011, 1582; s. → *Betreuungsunterhalt* Rn 10). 23

Ist das Kind älter als drei Jahre, besteht eine eingeschränkte Erwerbsobliegenheit. Ob ein Unterhaltsanspruch besteht, richtet sich nach den Billigkeitskriterien des § 1570 Abs. 1 S. 2 und 3 BGB, den **kind- und** 24

elternbezogenen Gründen. Dabei gilt der **Vorrang der Fremdbetreuung**. Soweit Fremdbetreuungsmöglichkeiten bestehen, ist der kinderbetreuende Elternteil zu einer ggf teilweisen Berufstätigkeit verpflichtet (ausführlicher Rechtsprechungsüberblick bei Wendl/Dose/Bömmelburg § 4 Rn 194 ff; s. → *Betreuungsunterhalt* Rn 11 ff).

25 Keine Erwerbsobliegenheit besteht für den geschiedenen Ehegatten mit Erreichen der **Regelaltersgrenze** in der gesetzlichen Rentenversicherung (§ 235 SGB VI; BGH 12.1.2011 – XII ZR 83/08, NJW 2011, 670). Die Erwerbsobliegenheit kann allerdings auch schon vorher entfallen, wenn der Unterhaltsberechtigte sich altersbedingt nach der Scheidung nicht mehr in das Erwerbsleben integrieren und keine angemessene Erwerbstätigkeit im Sinne von § 1574 Abs. 2 BGB finden kann. Die maßgebliche Altersgrenze ist im Einzelfall zu bestimmen. Sie kann schon mit Überschreiten des 50. Lebensjahres erreicht sein (zum früheren Unterhaltsrecht: BGH 30.1.1985 – IV b ZR 67/83, NJW 1985, 1340). Andererseits verlangt die Rechtsprechung in Einzelfällen auch noch von fast 60-jährigen eine vollschichtige Tätigkeit (OLG Zweibrücken 19.10.2011 – 2 UF 77/11, NJW-RR 2012, 259).

26 Die Erwerbsobliegenheit entfällt, wenn der geschiedene Ehegatte aufgrund einer Erkrankung keiner Erwerbstätigkeit mehr nachgehen kann (§ 1572 BGB; s. → *Krankheitsunterhalt*). Besteht trotz **Erkrankung** noch eine teilweise Erwerbsfähigkeit, ergibt sich ein etwaiger Unterhaltsanspruch insgesamt, auch über die durch eine Vollerwerbstätigkeit erzielbaren Einnahmen hinaus, aus § 1572 BGB (BGH 26.1.2008 – XII ZR 131/07, NJW 2009, 989).

27 **b) Verpflichteter.** Die Erwerbsobliegenheit des Unterhaltspflichtigen ist weniger stark als die Erwerbsobliegenheit des Unterhaltsberechtigten. Das ergibt sich aus dem in § 1569 BGB normierten Grundsatz der Eigenverantwortung trotz der grundsätzlichen **Spiegelbildlichkeit der beiderseitigen Obliegenheiten** (Palandt/Brudermüller Vor § 1569 BGB Rn 9). Der Unterhaltsverpflichtete muss nach dem Grundsatz der nachehelichen Solidarität weiterhin besondere Rücksicht auf den Unterhaltsberechtigten nehmen. Insoweit gelten die oben für den Trennungsunterhalt dargestellten Gründe in abgeschwächter Form (s. Rn 20 f).

99. Erwerbstätigenbonus

Hamm

I. Sinn und Zweck 1
II. Anwendungsbereich 2
III. Bemessung 4
IV. Höhe 5
V. Verhältnis zu den berufsbedingten Aufwendungen 6
VI. Mangelfall 7

I. Sinn und Zweck

Seiner Natur nach modifiziert der Erwerbstätigenbonus den Halbteilungsgrundsatz und findet beim **1** Trennungs- und nachehelichen Unterhalt Anwendung, dagegen nicht beim Familienunterhalt (Palandt/ Brudermüller Vor § 1578 BGB Rn 48 ff). Dem Erwerbstätigen soll dadurch ein **Ausgleich des nicht quantifizierbaren berufsbedingten Mehraufwands** und außerdem als **Arbeitsanreiz** der Erwerbstätigenbonus belassen werden. Ob dies im Ergebnis immer gerechtfertigt ist, ist insbesondere dann fraglich, wenn sowohl der Unterhaltspflichtige als auch der Unterhaltsberechtigte über Erwerbseinkommen verfügen. Wenn der Unterhaltsberechtigte über geringere Einkünfte verfügt, ist auch sein Erwerbstätigenbonus entsprechend geringer. Gerade in Fällen der vollschichtigen Erwerbstätigkeit des Unterhaltsberechtigten, also in Fällen des Aufstockungsunterhaltsanspruchs, stellt sich die Frage, ob es gerechtfertigt ist, dem Unterhaltsberechtigten für eine Erwerbstätigkeit, die er im Zweifel zeit- und kräftemäßig im selben Umfang wie der Pflichtige ausübt, einen geringeren Bonus aufgrund der Einkommensunterschiede zu belassen.

II. Anwendungsbereich

Der Erwerbstätigenbonus gilt nur für **Einkünfte aus Erwerbstätigkeit**. Bei einem **Scheinarbeitsverhältnis** **2** mindert das Einkommen hieraus die Bedürftigkeit. Der Abzug eines Erwerbsanreizes kommt aber nicht in Frage, weil eine Erwerbstätigkeit in Wirklichkeit nicht stattfindet (BGH 10.11.2010 – XII ZR 197/08, NJW 2011, 303). Andere Einkunftsarten, wie beispielsweise Renteneinkünfte, Kapitaleinkünfte oder Einkünfte aus Vermietung und Verpachtung, sind bei der Bemessung des unterhaltsrechtlich relevanten Einkommens voll anzurechnen, ebenso Lohnersatzleistungen und Abfindungen. Da eine **Abfindung** nicht aus einer fortdauernden Erwerbstätigkeit herrührt, ist von ihr dagegen kein Erwerbstätigenbonus in Abzug zu bringen (BGH 28.3.2007 – XII ZR 163/04, FamRZ 2007, 983).

Hier findet eine Aufteilung im Wege der Halbteilung statt (BGH 28.3.2007 – XII ZR 163/04, FamRZ 2007, 983). Bei Vorliegen besonderer Umstände kann im Einzelfall ausnahmsweise auch bei sonstigen Einkünften ein **Abweichen vom Grundsatz der Halbteilung** gerechtfertigt sein. Dies muss aber nach der Rechtsprechung des Bundesgerichtshofs besonders begründet werden (BGH 23.11.2005 – XII ZR 51/03, FamRZ 2006, 387) und könnte beispielsweise dann der Fall sein, wenn ein Einkommen aus Vermietung und Verpachtung einen derartigen Umfang an Verwaltungstätigkeit erfordert, dass dies einer entsprechenden beruflichen Tätigkeit nachkommt. Konsequenterweise ist der Erwerbstätigenbonus bei **Mischeinkünften** in aller Regel also nur von dem entsprechenden Teil der Erwerbseinkünfte abzuziehen, auch soweit es sich um fiktives Erwerbseinkommen handelt (s. → *Fiktive Einkünfte*).

Der Erwerbstätigenbonus ist bei der **Bedarfsberechnung** zu berücksichtigen. Er mindert das unterhalts- **3** rechtlich relevante Erwerbseinkommen. Der Grund hierfür liegt darin, berufsbedingte Aufwendungen, die nicht eindeutig von den privaten Lebenserhaltungskosten abzugrenzen sind, auszugleichen sowie einen Anreiz zur Erwerbstätigkeit zu geben. Da dies für beide Ehegatten gleichermaßen gilt, ist der Erwerbstätigenbonus sowohl beim Unterhaltspflichtigen als auch beim Unterhaltsberechtigten abzuziehen (BGH 10.11.2010 – XII ZR 197/08). Dass ein Erwerbsanreiz aber in allen Fällen der Bedarfsdeckung durch eigenes Erwerbseinkommen des Unterhaltsberechtigten geboten ist, trifft jedenfalls in dieser Allgemeinheit nicht zu. In Anbetracht der unterhaltsrechtlichen Eigenverantwortung (§ 1569 BGB) bedarf es vielmehr grundsätzlich keiner besonderen Vergünstigung, um den Unterhaltsberechtigten zur Deckung seines Lebensbedarfs durch eigene Erwerbstätigkeit zu motivieren (BGH 16.12.2009 – XII ZR 50/08, FamRZ 2010, 357).

Außerhalb der Bedarfsermittlung nach Quoten besteht für den Abzug eines Erwerbsbonus auf Seiten des Unterhaltsberechtigten aus Gründen der Gleichbehandlung der Ehegatten keine Rechtfertigung. Der Unterhaltsbedarf des Unterhaltsberechtigten bestimmt sich in den oben aufgeführten Fällen – anders als beim Quotenunterhalt – nicht abhängig vom Einkommen des Unterhaltspflichtigen, sondern entweder nach dem **konkreten Bedarf** oder nach der **eigenen Lebensstellung** des Unterhaltsberechtigten. Soweit der Bundesgerichtshof in der Vergangenheit den Abzug eines Erwerbsbonus gebilligt hat, hält er daran nicht fest (BGH 10.11.2010 – XII ZR 197/08, FamRZ 2011, 192; BGH 11.8.2010 – XII ZR 102/09, FamRZ 2010, 1637; s. → *Sättigungsgrenze/konkrete Einzelbedarfsberechnung* Rn 9).

III. Bemessung

4 Der Erwerbstätigenbonus ist vom bereinigten, dh vom **verteilungsfähigen Nettoeinkommen** der Ehegatten in Abzug zu bringen. Das bereinigte Nettoeinkommen ist das Bruttoeinkommen vermindert um Steuern, Sozialabgaben und/oder angemessene, tatsächliche Vorsorgeaufwendungen, berufsbedingte Aufwendungen, und berücksichtigungswürdige Schulden (Süddeutsche Leitlinien Ziffer 10, Stand 1.1.2013). Weiter ist vorweg der Kindesunterhalt (mit dem Zahlbetrag) in Abzug zu bringen. Der Erwerbstätigenbonus gilt somit nur bei Unterhaltsansprüchen von Ehegatten und gemäß § 1615 l BGB, nicht bei der Bemessung des Kindesunterhalts. Der Abzug des Erwerbstätigenbonus für beide Ehegatten hat bereits bei der Bedarfsbestimmung und nicht erst bei der Bedarfsdeckung zu erfolgen.

IV. Höhe

5 Die Rechtsprechung bemisst den Erwerbstätigenbonus mit einer **Pauschale**. Nach Ziffer 15.2 der Süddeutschen Leitlinien beträgt der Erwerbstätigenbonus **1/10** aus dem um Kindesunterhalt und berücksichtigungsfähige Verbindlichkeiten bereinigten Einkommen. Andere Oberlandesgerichte berücksichtigen den Erwerbstätigenbonus durch Vorwegabzug von **1/7** vom verteilungsfähigen Erwerbseinkommen (zB Düsseldorfer Tabelle B I 1). Diese Leitlinien besitzen keine Gesetzeskraft, sondern stellen für die Gerichte eine Orientierungshilfe für den Regelfall dar. Die Angemessenheit der Anwendung ist im Einzelfall zu prüfen, insbesondere bei beengten Verhältnissen (s. → *Mangelfall und Selbstbehalt* Rn 12).

V. Verhältnis zu den berufsbedingten Aufwendungen

6 Soweit das Erwerbseinkommen bereits um berufsbedingte Aufwendungen bereinigt wurde, hat der Bundesgerichtshof mehrfach zu bedenken gegeben, ob neben einem pauschalen Abzug von 5 % für berufsbedingte Aufwendungen der Erwerbstätigenbonus nicht gegebenenfalls geringer bemessen werden sollte (BGH 31.1.1990 – XII ZR 21/89, FamRZ 1990, 979). Dies würde allerdings zu einer **Ungleichbehandlung von Selbstständigen und Nichtselbstständigen** zulasten der Nichtselbstständigen führen. Beim Selbstständigen werden nämlich sämtliche berufsbedingten Aufwendungen bereits vorab als Betriebskosten gewinnmindernd in Ansatz gebracht. Weiter ist zu beachten, dass sowohl die Süddeutschen Leitlinien als auch die Düsseldorfer Tabelle eine Pauschale von 5 % für berufsbedingte Aufwendungen ausdrücklich neben dem Erwerbstätigenbonus vorsehen. Werden berufsbedingte Aufwendungen nicht anerkannt, da sie sich nicht eindeutig von den Kosten der privaten Lebenshaltung abgrenzen lassen, und lässt sich ein aus beruflichen Gründen entstandener Mehrbedarf mangels konkreter Angaben auch nicht mit der erforderlichen Zuverlässigkeit schätzen, ist davon auszugehen, dass ein derartig erhöhter Aufwand bei der Bemessung des Erwerbstätigenbonus mit enthalten ist (BGH 22.11.2006 – XII ZR 24/04, FamRZ 2007, 193).

VI. Mangelfall

7 Ein Mangelfall liegt vor, wenn der Unterhaltspflichtige außerstande ist, Unterhaltsansprüche ohne die Wahrung seines eigenen angemessenen Unterhalts zu erfüllen. Dann gilt es, die dem Unterhaltspflichtigen zur Verfügung stehenden Einkünfte möglichst **gerecht zu verteilen** (s. → *Mangelfall und Selbstbehalt*

Rn 12). In einer solchen Situation ist der Erwerbstätigenbonus nicht zugunsten des Unterhaltspflichtigen zu berücksichtigen, wenn bereits berufsbedingte Aufwendungen in Abzug gebracht worden sind. Dann hat nämlich der Erwerbstätigenbonus nur noch die Funktion eines Arbeitsanreizes. Diese Funktion ist jedoch bereits bei der Unterscheidung der Selbstbehalte für einen erwerbstätigen und nicht erwerbstätigen Unterhaltspflichtigen berücksichtigt. Für eine weitere Privilegierung des Unterhaltspflichtigen besteht bei beengten wirtschaftlichen Verhältnissen keine Veranlassung (BGH 29.1.1992 – XII ZR 239/90, NJW 1992, 1621).

100. Erziehung

Seebach

I. Allgemeines 1
II. Recht auf gewaltfreie Erziehung 4
  1. Regelungen im BGB 4
  2. Regelungen im Sozialgesetzbuch 5
  3. Strafgesetzbuch 6

4. Einzelfälle 8
  a) Religiöse Erziehung 8
  b) Staatlicher Erziehungsauftrag 9
III. Verfahren 10

I. Allgemeines

1 Die Erziehung der Kinder ist Recht und Pflicht der Eltern und gem. § 1631 Abs. 1 BGB **wichtigstes Element der elterlichen Personensorge** (s. → *Personensorge*). Die Norm des § 1631 BGB stellt eine Ergänzung des § 1626 BGB dar (NK-BGB/Rakete-Dombek § 1631 BGB Rn 1). Die Eltern oder sonstigen Erziehungsberechtigten haben im Rahmen ihrer Erziehungsaufgabe Sorge zu tragen für die **sittliche, geistige und seelische Entwicklung** des Kindes (Palandt/Götz § 1631 BGB Rn 2). Erziehungsziel muss die Entwicklung des Kindes zu einer selbstständigen und verantwortungsvollen Persönlichkeit sein, wobei die Erziehung kein einseitiges Element, sondern vielmehr eine Wechselbeziehung aus der Eltern-Kind-Beziehung meint. Mit fortschreitendem Alter des Kindes kommt diesem mehr Eigenverantwortung zu, so dass die elterliche Erziehungspflicht in eben diesem Maße abnehmen wird (NK-BGB/Rakete-Dombek § 1631 BGB Rn 7).

2 Hinsichtlich der **Erziehungsmittel** steht den Erziehungsberechtigten grundsätzlich das komplette Repertoire der pädagogischen Maßnahmen zu, in den Grenzen, die von § 1631 BGB gesetzt werden (Palandt/Götz § 1631 BGB Rn 8). Mit der Norm des § 1631 BGB kommt der gesetzgeberische Wille zum Ausdruck, dass bei der Erziehung ein **Gewaltverbot** stets zu beachten ist (NK-BGB/Rakete-Dombek § 1631 BGB Rn 11). Bei Erziehungsdefiziten bzw Erziehungsunfähigkeit der Eltern kommt dem Staat eine **Wächterfunktion** zu, Art. 6 GG (NK-BGB/Bisping § 1568 BGB Rn 4; HK-FamR/Schmid § 1666 BGB Rn 1).

3 Die Wahrnehmung von **Erziehungsaufgaben durch Dritte** (NK-BGB/Rakete-Dombek § 1631 BGB Rn 4), insbesondere auch durch staatliche Organisationen, ist möglich (s. Rn 9).

Neben den Regelungen des BGB wird in zahlreichen weiteren Normierungen der Erziehungsaufgabe und der Fürsorgepflicht der Eltern Rechnung getragen, sei es im Sozialgesetz- oder im Strafgesetzbuch (s. Rn 5 f).

II. Recht auf gewaltfreie Erziehung

1. Regelungen im BGB

4 Mit dem Gesetz zur Ächtung der Gewalt in der Familie vom 2.11.2000 fand das elterliche Züchtigungsrecht endgültig, nunmehr klargestellt durch den Gesetzgeber, ein Ende (NK-BGB/Rakete-Dombek § 1631 BGB Rn 10). Ein **Gewaltverbot** bei der Erziehung ist stets zu beachten und ausdrücklich normiert worden in § 1631 Abs. 2 S 1 BGB. Bezüglich der Rechte des Kindes wurde einem Perspektivenwechsel, der sich gesellschaftlich vollzogen hat, Rechnung getragen. Häufig wird in diesem Zusammenhang von einer Subjektivierung des Kindes gesprochen. Die **Grundrechte der Kinder** hinsichtlich Menschenwürde und freier Entfaltung ihrer Persönlichkeit sowie ihrem Recht auf körperliche Unversehrtheit sind stets zu beachten. § 1631 BGB gilt im gesamten Bereich elterlichen Handelns und stellt den **Inhalt und die Grenzen der Personensorge** für ein minderjähriges Kind dar (NK-BGB/Rakete-Dombek § 1631 BGB Rn 11).

§ 1631 Abs. 2 S. 2 BGB konkretisiert, was der Gesetzgeber unter einer **gewaltfreien Erziehung** versteht. Verboten sind **körperliche Bestrafungen** jeder Art, wie Fesseln oder Festgurten, an den Haaren oder Ohren ziehen, Ohrfeigen, Prügel oder auch Schütteln sowie „Klapse" gegen das Kind (HK-FamR/Schmid § 1631 BGB Rn 3; Palandt/Götz § 1631 BGB Rn 7). Hinsichtlich des Begriffs der körperlichen Bestrafungen kann die strafrechtliche Definition gem. § 223 StGB herangezogen werden, wobei die Norm des § 1631

BGB erheblich weiter auszulegen ist. In jedem Fall des § 223 StGB liegt aber jedenfalls Gewalt gegen das Kind iSd § 1631 Abs. 2 S. 1 BGB (NK-BGB/Rakete-Dombek § 1631 BGB Rn 12) vor. Im Hinblick auf die Begrifflichkeit der **seelischen Misshandlung** ist zu denken an Miss- oder Nichtachtung des Kindes (NK-BGB/Rakete-Dombek § 1631 BGB Rn 13; Palandt/Götz § 1631 BGB Rn 7). Der Begriff der **entwürdigenden Maßnahme** ist als Auffangtatbestand zu sehen. Entwürdigende Maßnahmen wie Nichtbeachtung und Nichtsprechen unterfallen dem Begriff der Gewalt gegen das Kind und verstoßen somit gegen § 1631 Abs. 1 S. 1 BGB. Auch hieraus ergibt sich deutlich, dass der Gewaltbegriff iSd § 1631 BGB erheblich weiter auszulegen ist im Vergleich zu strafrechtlich relevantem Verhalten der Eltern (NK-BGB/Rakete-Dombek § 1631 BGB Rn 14).

Gerade bei **getrennt lebenden Eltern** kann ein Verstoß des betreuenden Elternteils gegen das Gebot der gewaltfreien Erziehung zu einem **Aufenthaltswechsel** des Kindes führen. Es ist derjenige Elternteil vorzuziehen, der das Recht auf gewaltfreie Erziehung des Kindes beachtet (s. → *Aufenthaltsbestimmung bei Minderjährigen* Rn 9).

2. Regelungen im Sozialgesetzbuch

Nach § 1 SGB VIII hat jeder Mensch das Recht auf Förderung seiner Entwicklung sowie auf Erziehung zu **5** einer eigenverantwortlichen und gemeinschaftsfähigen Persönlichkeit. Die Pflege und Erziehung der Kinder ist hierbei das natürliche Recht der Eltern und ihnen zuvörderst obliegende Pflicht. Über diese Verpflichtung wacht die staatliche Gemeinschaft.

Im SGB VIII sind die möglichen **Jugendhilfemaßnahmen** geregelt. Die Jugendhilfe **berät und unterstützt die Erziehungsberechtigten** bei der Erziehung (s. → *Aufenthaltsbestimmung bei Minderjährigen* Rn 3). Aus der Verpflichtung und dem Recht zur Erziehung in Verbindung mit dem staatlichen Wächteramt hat der Staat den Erziehungsberechtigten entsprechende Hilfen anzubieten. Diese sind insbesondere aufgeführt in § 16 SGB VIII (NK-BGB/Rakete-Dombek § 1631 BGB Rn 1). In erster Linie sind hierbei sozialpädagogische Familienhilfen sowie Erziehungsbeistände, aber auch Tagesgruppen zu erwähnen. Selbst eine **Inobhutnahme** (s. → *Kindeswohlgefährdung* Rn 5) nach § 42 SGB VIII durch das Jugendamt kann eine Erziehungshilfe darstellen. Diese Leistungen dienen alle der Förderung und Unterstützung der Eltern und Erziehungsberechtigten. Insbesondere in Verfahren nach § 1666 BGB ist zu prüfen, ob öffentliche Hilfe nicht ausreichend sein kann gem. § 1666 a BGB (s. → *Kindeswohlgefährdung* Rn 23).

Ein entsprechender **Antrag auf Hilfemaßnahmen** nach dem SGB VIII ist durch die Eltern bzw Erziehungsberechtigten zu stellen.

3. Strafgesetzbuch

Nach § 171 StGB ist die **Verletzung der Fürsorge- und Erziehungspflicht** gegenüber Minderjährigen unter **6** 16 Jahren bei Vorliegen der entsprechenden strafrechtlichen Voraussetzungen unter Strafe gestellt. Als Rechtsfolge sind bei **Gefahr für die körperliche oder psychische Entwicklung** des Kindes Geldstrafe sowie Freiheitsstrafe bis zu drei Jahren vorgesehen. Auch diese Vorschrift ist letztlich Ausfluss des staatlichen Wächteramtes, wobei der Staat neben unterstützenden Maßnahmen für die Eltern nach dem SGB diese strafrechtlich belangt bei entsprechender Verletzung der Fürsorge- und Erziehungspflicht (NK-BGB/Rakete-Dombek § 1631 BGB Rn 11). Neben der Vorschrift des § 171 StGB finden die allgemeinen strafrechtlichen Vorschriften, insbesondere §§ 223 ff StGB wegen Körperverletzung, Anwendung.

Im Bereich des **Jugendstrafrechts** (s. → *Kindeswohlgefährdung* Rn 20) ist zu beachten, dass nicht das **7** Schuldprinzip gilt, sondern vielmehr der Erziehungsgedanke im Vordergrund steht. Verhängte Auflagen und Weisungen sind derartige Erziehungsmaßregeln (Staudinger/Sulgo § 1631 BGB Rn 20).

4. Einzelfälle

a) Religiöse Erziehung. Auch die religiöse Erziehung ist Teil der Personensorge (Palandt/Götz § 1626 **8** BGB Rn 12; § 1801 BGB Rn 1). § 1801 BGB ergänzt insoweit § 1631 BGB (HK-FamR/Kemper § 1801

BGB Rn 1). Hierbei ist das Grundrecht auf **Religionsfreiheit** gem. Art. 4 GG zu beachten, wobei das Grundrecht auch beinhaltet, gerade keine Religion auszuüben (NK-BGB/Fritsche § 1801 BGB Rn 1).

Streitigkeiten der Eltern über die **Art und Weise der Religionsausübung**, insbesondere Teilnahme des Kindes an der Taufe oder Kommunion, aber auch Wahl der Konfession, insbesondere bei Eltern aus unterschiedlichen Kulturkreisen, sind über § 1628 BGB zu lösen (s. → *Meinungsverschiedenheiten der Sorgeberechtigten* Rn 11). Insbesondere sind die Sondervorschriften des RKEG zu beachten (NK-BGB/Fritsche § 1801 BGB Rn 4).

9 **b) Staatlicher Erziehungsauftrag.** Die Erziehung der Kinder durch die Eltern ist als grundsätzliche Privatsache durch öffentlich-rechtliche Bestimmungen eingeschränkt. Erwähnenswert ist in diesem Zusammenhang der staatliche Erziehungsauftrag in der Schule (BVerfG 21.7.2009 – 1 BvR 1358/09, NJW 2009, 3151). Insoweit ist eine **Übertragung der Erziehungsaufgaben** auf die staatlichen Schulorgane erfolgt. Die Eltern haben schulische Anordnungen zu akzeptieren und ihr Kind diesbezüglich zur Befolgung anzuleiten (NK-BGB/Rakete-Dombek § 1631 BGB Rn 5). Selbst eine Bestrafung der Eltern bei Verstoß gegen diese Verpflichtung ist möglich (BVerfG 29.4.2003 – 1 BvR 436/03, NJW 2003, 3406).

III. Verfahren

10 Das Recht auf gewaltfreie Erziehung ist **kein einklagbarer Anspruch** des Kindes gegen die Eltern. Bei § 1631 Abs. 2 BGB handelt es sich um **keine anspruchsbegründende Norm**, sondern um einen stets zu beachtenden Erziehungsgrundsatz (NK-BGB/Rakete-Dombek § 1631 BGB Rn 11).

Bei einem **Verstoß der Eltern** gegen § 1631 BGB können Maßnahmen nach §§ 1666, 1666 a BGB wegen **Kindeswohlgefährdung** angezeigt sein (s. → *Kindeswohlgefährdung* Rn 9; HK-FamR/Schmid § 1631 BGB Rn 3). Insoweit gilt der Amtsermittlungsgrundsatz (NK-BGB/Rakete-Dombek § 1631 BGB Rn 16). Zudem ist an die entsprechenden strafrechtlich relevanten Normen zu denken (s. Rn 6).

11 Gem. § 1631 Abs. 3 BGB können die Eltern das Familiengericht um Hilfe ersuchen (HK-FamR/Schmid § 1631 BGB Rn 4). Die Norm ist eng auszulegen und nur in geeigneten Fällen anwendbar. Ein gerichtliches Einschreiten im Sinne einer **Erziehungshilfe durch das Gericht** ist nicht geboten und angezeigt, wenn dies unzweckmäßig oder nicht im Interesse des Kindes erscheint (NK-BGB/Rakete-Dombek § 1631 BGB Rn 15).

Bei einem **Antrag** nach § 1631 Abs. 3 BGB wird in der Regel das Erscheinen des Kindes in geeigneten Fällen angeordnet, eine **Ermahnung des Kindes** durch das Gericht ist möglich. Funktionell zuständig ist hierbei gem. § 3 Nr. 2 RPflG der Rechtspfleger (HK-FamR/Schmid § 1631 BGB Rn 5; NK-BGB/Rakete-Dombek § 1631 BGB Rn 16). In der gerichtlichen Praxis kommt dieser Norm eine untergeordnete Bedeutung zu.

12 In Verfahren nach § 1671 BGB hinsichtlich der **Übertragung der elterlichen Sorge** oder von Teilbereichen der elterlichen Sorge auf einen Elternteil, kann es auf die jeweilige Erziehungseignung der Elternteile ankommen (s. → *Aufenthaltsbestimmung bei Minderjährigen* Rn 10).

13 Soweit hinsichtlich des Bereichs der **religiösen Erziehung** eine Entziehung der elterlichen Sorge in Betracht kommt, wird regelmäßig ein **Ergänzungspfleger** gem. § 1909 BGB zu bestellen sein (NK-BGB/Fritsche § 1801 BGB Rn 5). In derartigen Verfahren ergibt sich eine funktionelle Zuständigkeit des Richters gem. § 14 Nr. 11 RPflG (NK-BGB/Fritsche § 1801 BGB Rn 7).

101. Externe Teilung

Hoenes

I. Externe Teilung als Teilungsform in Ausnahmefällen.. 1
II. Wahlrecht hinsichtlich Zielversorgung......... 3
III. Externe Teilung von Anrechten aus einem
öffentlich-rechtlichen Dienstverhältnis......... 5

IV. Besondere Fälle der externen Teilung von
Betriebsrenten.................................. 6
V. An die Zielversorgung zu zahlender Kapitalbe-
trag... 7

I. Externe Teilung als Teilungsform in Ausnahmefällen

Wenn bei einem Wertausgleich bei Scheidung keine interne Teilung durchgeführt wird, kommt als alterna- 1
tive Teilungsform die externe Teilung zum Tragen. Eine externe Teilung bedeutet nach § 14 Abs. 1
VersAusglG, dass das Familiengericht für den Ausgleichsberechtigten ein Anrecht bei einem **anderen
Versorgungsträger** begründet als bei dem, bei dem das auszugleichende Anrecht besteht. Eine Teilung in
der Form, dass für den Versorgungsberechtigten ein Anrecht beim gleichen Versorgungsträger begründet
wird, ohne dass dieses alle Voraussetzungen des § 11 VersAusglG an eine interne Teilung erfüllt, ist vom
Gesetz nicht vorgesehen. Die **Zielversorgung**, bei der das Anrecht für den Ausgleichsberechtigten begründet werden soll, kann dieser im Rahmen der gesetzlichen Vorgaben des § 15 VersAusglG (s. Rn 3 f) selbst
bestimmen. Trifft er keine Wahl, wird das Anrecht bei der gesetzlichen Rentenversicherung – bzw bei Anrechten der betrieblichen Altersversorgung bei der Versorgungsausgleichskasse – begründet (s. Rn 3 f).
Hierfür muss nach § 14 Abs. 4 VersAusglG der Versorgungsträger des Ausgleichspflichtigen den **Ausgleichswert als Kapitalbetrag** an die Zielversorgung zahlen. Dieser Betrag ist nicht unbedingt identisch
mit dem Ausgleichswert nach § 14 Abs. 1 VersAusglG. Nach den Beschlüssen des Bundesgerichtshofs
(BGH 7.9.2011 – XII ZB 546/10, FamFR 2011, 514; 29.2.2012 – XII ZB 609/10, FamFR 2012, 206) sind
gewisse Wertänderungen, wie zB der Zinseffekt, erbrachte Versorgungsleistungen und eine Wertminderung von Fondsanteilen, zu berücksichtigen (s. Rn 7). Offen ist, inwieweit Wertänderungen des Ehezeitanteils, die beim Ausgleichswert nicht berücksichtigt werden, zum Vorteil oder zulasten des Ausgleichspflichtigen gehen oder ob sein Anrecht in jedem Fall um den Ausgleichswert nach § 14 Abs. 1 VersAusglG
gekürzt wird.

Externe Teilungen sollen im Versorgungsausgleich die **Ausnahme** darstellen und sind daher nur in be- 2
stimmten Fällen zulässig. So steht es dem Ausgleichsberechtigten und dem Versorgungsträger des Ausgleichspflichtigen frei, die externe Teilung zu **vereinbaren**. Ohne Zustimmung des Ausgleichsberechtigten
ist eine externe Teilung möglich, wenn der Ausgleichswert am Ende der Ehezeit bei einem Rentenbetrag
höchstens 2 % der monatlichen Bezugsgröße nach § 18 Abs. 1 SGB IV (2013: 53,90 EUR), bei einem Kapitalbetrag höchstens 240 % der Bezugsgröße (2013: 6.468 EUR) beträgt. **Sonderregelungen** gibt es in
§ 16 VersAusglG für Anrechte aus einem öffentlich-rechtlichen Dienstverhältnis (s. Rn 5) und in § 17
VersAusglG für einzelne Durchführungswege der betrieblichen Altersversorgung (s. Rn 6).

II. Wahlrecht hinsichtlich Zielversorgung

Der Ausgleichsberechtigte kann im Rahmen des § 15 VersAusglG die Zielversorgung selbst bestimmen. Er 3
kann entscheiden, ob ein bestehendes Anrecht ausgebaut oder ein neues begründet werden soll. Das Anrecht muss eine **angemessene Versorgung** gewähren und darf nicht zu steuerpflichtigem Einkommen oder
einer schädlichen Verwendung beim Ausgleichspflichtigen führen, es sei denn, dieser stimmt zu (§ 15
Abs. 3 VersAusglG). Eine schädliche Verwendung kommt bei Riesterprodukten in Frage und hat zur Folge,
dass Zuschüsse zurückgezahlt werden müssen oder Steuervorteile nachträglich entfallen. Anrechte bei der
gesetzlichen Rentenversicherung, bei einem Pensionsfonds, einer Pensionskasse oder einer Direktversicherung sowie Verträge, die nach dem Altersvorsorgeverträge-Zertifizierungsgesetz zertifiziert sind (Riester
Verträge, Rürup- bzw Basisrente) erfüllen die an eine Zielversorgung gestellten Anforderungen immer. Bei
Anrechten der betrieblichen Altersversorgung kann als Zielversorgung auch die Versorgungsausgleichskasse gewählt werden. Zu einer Besteuerung beim Ausgleichspflichtigen zum Zeitpunkt der Übertragung

kommt es, wenn die Zielversorgung niedriger besteuert wird als das zu teilende Anrecht. Dies ist dann der Fall, wenn die Zielversorgung nur mit dem Ertragsanteil besteuert wird, wie zB eine klassische private Rentenversicherung, und das auszugleichende Anrecht zu einem höheren Anteil besteuert wird, was fast für alle Versorgungsanrechte der Fall ist, wie zB die gesetzliche Rentenversicherung, die Beamtenversorgung, berufsständische Versorgungen, betriebliche Altersversorgung über die Durchführungswege Direktzusage und Unterstützungskassenzusage. Bei Anrechten der betrieblichen Altersversorgung über die Durchführungswege Direktversicherung, Pensionskasse und Pensionsfonds ist es möglich, dass ein Teil der Leistungen ebenfalls nur der Besteuerung mit dem Ertragsanteil unterliegt. Dies sollte aus der Auskunft des Versorgungsträgers ersichtlich sein. (s. → *Steuern und Sozialabgaben im Versorgungsausgleich Rn 7*). Bei der Wahl der Zielversorgung sollte bedacht werden, dass es bei einer Altersversorgung immer sehr lange Zeiträume zu betrachten gilt, in der Regel mehrere Jahrzehnte. Eine Versorgung sollte über diesen Zeitraum möglichst ihre Kaufkraft bewahren, der Nominalbetrag der Rente ist weniger entscheidend. Eine Versorgung, die volldynamisch ist (zB gesetzliche Rentenversicherung), kann deshalb langfristig eine sehr viel bessere Absicherung bieten als eine Versorgung, die zunächst zwar eine höhere Rente garantiert, diese jedoch voraussichtlich mit einer geringeren künftigen Dynamik (zB Versorgungsausgleichskasse, Riesterrenten, Basisrenten und andere versicherungsförmige Versorgungen).

Beispiel: Alter des Ausgleichsberechtigten bei Scheidung 2012: 45 Jahre; Ausgleichswert 50.000 EUR; künftige jährliche Dynamik der gesetzlichen Rentenversicherung 2 %, künftige Dynamik bei zB der Versorgungsausgleichskasse 1 %; **Renten aus Ausgleichswert: gesetzliche Rentenversicherung**: 50.000 EUR / 6.359,4160 x 27,47 = 215,98 EUR, bei Rentenbeginn im Alter von 67: 215,98 EUR x $1{,}02^{22}$ = 333,90 EUR, im Alter von 85: 215,98 EUR x $1{,}02^{40}$ = 476,89 EUR; **Versorgungsausgleichskasse**: garantierte Rente: 257,57 EUR, bei Rentenbeginn im Alter von 67: 257,57 EUR x $1{,}01^{22}$ = 320,60 EUR, im Alter von 85: 257,57 EUR x $1{,}01^{40}$ = 383,49 EUR). Die Rente der gesetzlichen Rentenversicherung (215,98 EUR) ist zum Ende der Ehezeit deutlich niedriger als die der Versorgungsausgleichskasse (257,57 EUR), bereits bei Rentenbeginn ist sie in dem Beispiel jedoch schon höher und der Unterschied wächst von Jahr zu Jahr.

4 Auch wenn sich künftige Entwicklungen nicht vorhersehen lassen, zeigt das Beispiel doch deutlich die Wichtigkeit der Dynamik einer Rente. Bei einem System der Grundsicherung wie der gesetzlichen Rentenversicherung ist wahrscheinlich langfristig der Erhalt der Kaufkraft sehr viel besser gewährleistet als bei einem versicherungsförmigen Versorgungssystem. Sie sollte daher stets als Zielversorgung in Betracht gezogen werden. Ein weiterer wichtiger Aspekt sind die Kosten, die vom Versicherten getragen werden müssen, denn diese gehen zulasten der Versorgungsleistungen. Mit hohen Kosten sind üblicherweise Riesterverträge belastet. Die Kosten der Versorgungsausgleichskasse sind niedriger, da sie keine Abschlusskosten und nur vergleichsweise geringe Verwaltungskosten in Ansatz bringt. Bei Direktversicherungen, Pensionskassen und Pensionsfonds ist die Kostenbelastung zwar normalerweise niedrig, doch diese stellen sich als Zielversorgung meist nicht zur Verfügung. Ein weiterer Aspekt, der in die Überlegungen zur Zielversorgung einbezogen werden sollte, sind die Beiträge zur Kranken- und Pflegeversicherung. Die gesetzliche Rentenversicherung zahlt hierzu einen Zuschuss etwa in Höhe von 50% des anteiligen Beitrags (ohne Zusatzbeitrag), bei den anderen Zielversorgungen ist dies nicht der Fall.

Übt der Ausgleichsberechtigte sein **Wahlrecht** nicht aus, wird für ihn ein Anrecht bei der **gesetzlichen Rentenversicherung** begründet, oder, falls das auszugleichende Anrecht ein Anrecht der betrieblichen Altersversorgung ist, bei der **Versorgungsausgleichskasse**.

III. Externe Teilung von Anrechten aus einem öffentlich-rechtlichen Dienstverhältnis

5 Anrechte aus einem öffentlich-rechtlichen Dienst- oder Amtsverhältnis sind extern zu teilen, wenn der Dienstherr die **interne Teilung nicht umgesetzt** hat. Diese Umsetzung ist in vielen Bundesländern und Kommunen noch nicht vorgenommen worden, teilweise haben diese sich auch gegen eine Umsetzung entschieden. Anrechte aus einem Beamtenverhältnis auf Widerruf und aus einem Dienstverhältnis eines Solda-

ten oder einer Soldatin sind immer extern zu teilen. Die Regelungen des § 14 VersAusglG sind bei einer externen Teilung nach § 16 VersAusglG nicht maßgeblich (HK-VersGlR/Götsche § 16 Rn 1 ff).

IV. Besondere Fälle der externen Teilung von Betriebsrenten

Eine Ausnahmeregelung gilt auch für Zusagen der betrieblichen Altersversorgung über die Durchführungs- **6** wege **Direktzusage** und **Unterstützungskassenzusage**. Bei diesen Anrechten ist eine externe Teilung zulässig, wenn der Ausgleichswert die Beitragsbemessungsgrenze in der gesetzlichen Rentenversicherung zum Ende der Ehezeit nicht übersteigt (2013: 69.600 EUR). Dieser Schwellenwert wird nur bei wenigen Anrechten überschritten, in den meisten Fällen kann daher der Versorgungsträger bei Direktzusagen oder Unterstützungskassenzusagen der betrieblichen Altersversorgung eine externe Teilung vornehmen, ohne dass es der Zustimmung des Ausgleichsberechtigten bedarf oder er dies verhindern kann. Bei Direktzusagen machen die meisten Versorgungsträger von der Möglichkeit der externen Teilung Gebrauch. Bei Unterstützungskassenzusagen ist dies oft aufgrund der Gegebenheiten in der Unterstützungskasse kaum oder gar nicht machbar, deshalb werden diese Anrechte oft intern geteilt. In der Regel führt eine externe Teilung beim Ausgleichsberechtigten zu sehr viel niedrigeren Anrechten als wenn eine interne Teilung vorgenommen wird. Dies liegt hauptsächlich an dem Systemwechsel. Ausgleichswerte bei Direktversicherungen und Unterstützungskassen werden mit einem hohen Rechnungszins berechnet (derzeit etwa 5 %), was einen niedrigen Ausgleichswert zur Folge hat. Ist die Zielversorgung zB ein versicherungsförmiger Versorgungsträger, der bei neuen Verträgen nur eine Garantieverzinsung von 1,75 % gewährt, hat dies deutlich niedrigere garantierte Leistungen zur Folge. Inwieweit sich diese in Zukunft durch erzielte Überschüsse erhöhen, lässt sich nicht absehen.

V. An die Zielversorgung zu zahlender Kapitalbetrag

Nach den Beschlüssen des Bundesgerichtshofs (BGH 7.9.2011 – XII ZB 546/10, FamFR 2011, 514; **7** 29.2.2012 – XII ZB 609/10, FamFR 2012, 206) ist der Kapitalbetrag, der nach § 14 Abs. 4 VersAusglG an die Zielversorgung zu zahlen ist, nicht unbedingt identisch mit dem Ausgleichswert nach § 14 Abs. 1 VersAusglG. In Abhängigkeit davon, wie der Ausgleichswert ermittelt wurde, sind gewisse Wertänderungen nach dem Ende der Ehezeit zu berücksichtigen. Wurde der Ausgleichswert zB durch Abzinsung künftiger Leistungen berechnet, ist der auf das Ende der Ehezeit ermittelte Ausgleichswert bis zum einem rechtskräftigen Urteil mit dem Rechnungszins zu verzinsen. Wurden bereits Versorgungsleistungen erbracht, ist insoweit auch der Anteil, der dem Ausgleichsberechtigten zusteht, verzehrt. Auch diese Wertänderung ist zu berücksichtigen. Der zweite Beschluss betraf eine fondsgebundene private Lebensversicherung. Hier hat der Bundesgerichtshof entschieden, dass Wertminderungen der Fondsanteile zu berücksichtigen sind, soweit sie vom Gericht festgestellt wurden, Werterhöhungen hingegen nicht. Offen ist, inwieweit Wertänderungen des Ehezeitanteils, die beim Ausgleichswert nicht berücksichtigt werden, zum Vorteil oder zulasten des Ausgleichspflichtigen gehen oder ob sein Anrecht in jedem Fall um den Ausgleichswert nach § 14 Abs. 1 VersAusglG gekürzt wird (s. → *Zinsen im Versorgungsausgleich* Rn 2 ff).

102. Familiengerichtliches Verfahren

Stockmann

I. Umfang der Aufgaben des Familiengerichts..... 1
 1. Katalog der Familiensachen im FamFG......... 1
  a) Ehesachen (§ 111 Nr. 1 FamFG)............. 2
  b) Kindschaftssachen (§ 111 Nr. 2 FamFG)..... 3
  c) Abstammungssachen (§ 111 Nr. 3 FamFG).. 4
  d) Adoptionssachen (§ 111 Nr. 4 FamFG)...... 5
  e) Ehewohnungs- und Haushaltssachen
     (§ 111 Nr. 5 FamFG)....................... 6
  f) Gewaltschutzsachen (§ 111 Nr. 6 FamFG)... 7
  g) Versorgungsausgleichssachen
     (§ 111 Nr. 7 FamFG)....................... 8
  h) Unterhaltssachen (§ 111 Nr. 8 FamFG)...... 9
  i) Güterrechtssachen (§ 111 Nr. 9 FamFG)..... 12
  j) Sonstige Familiensachen
     (§ 111 Nr. 10 FamFG)...................... 14
  k) Lebenspartnerschaftssachen
     (§ 111 Nr. 12 FamFG)...................... 21
 2. Familienrechtliche Verfahren außerhalb des
    Familiengerichts............................ 22
II. Inkrafttreten des Familienverfahrensrechts und
    Übergangsbestimmungen....................... 24
III. Örtliche Zuständigkeit in Familiensachen....... 31
 1. Örtliche Zuständigkeit in Ehesachen........... 32
 2. Örtliche Zuständigkeit in selbstständigen Famili-
    ensachen, solange keine Ehesache rechtshängig
    ist... 38
  a) Örtliche Zuständigkeit in Kindschaftssachen 39
     aa) Grundsätzliche Anknüpfung an gewöhn-
         lichen Aufenthalt des Kindes........... 39
     bb) Fälle mit Aufenthaltswechsel........... 41
     cc) Abgabe an ein anderes Familiengericht. 45
     dd) Zuständigkeit nach Fürsorgebedürfnis... 52
     ee) Sonderregelung für Unterbringungsver-
         fahren................................. 53
     ff) Sonderregelung bei Anhängigkeit von
         Verfahren nach dem IntFamRVG....... 54
  b) Örtliche Zuständigkeit in Abstammungssa-
     chen...................................... 55
  c) Örtliche Zuständigkeit in Adoptionssachen.. 57
     aa) Alternative Regelung in § 187 FamFG.. 57
     bb) Adoptionssachen nach
         § 186 Nr. 1–3 FamFG.................. 58

     cc) Adoptionssachen nach
         § 186 Nr. 4 FamFG.................... 59
  d) Örtliche Zuständigkeit in Ehewohnungs- und
     Haushaltssachen........................... 60
  e) Örtliche Zuständigkeit in Gewaltschutzsa-
     chen...................................... 62
  f) Örtliche Zuständigkeit in Versorgungsaus-
     gleichssachen............................. 64
  g) Örtliche Zuständigkeit in Unterhaltssachen.. 71
     aa) Überblick.............................. 71
     bb) Unterhaltsansprüche minderjähriger oder
         privilegiert volljähriger Kinder........ 72
     cc) Sonstige Unterhaltsverfahren.......... 83
  h) Örtliche Zuständigkeit in Güterrechtssachen. 94
  i) Örtliche Zuständigkeit in sonstigen Familien-
     sachen.................................... 95
  j) Örtliche Zuständigkeit in Lebenspartner-
     schaftssachen............................. 96
 3. Örtliche Zuständigkeit in Familiensachen bei
    Anhängigkeit einer Ehesache................. 97
 4. Abgabe an das Gericht der Ehesache bei Rechts-
    hängigkeit der Ehesache..................... 103
IV. Familienstreitsachen und Nichtstreitverfahren.. 108
 1. Allgemeines................................. 108
 2. Verfahrensprinzipien in Familienstreitsachen... 115
 3. Verfahrensprinzipien in Ehesachen.......... 116
 4. Verfahrensprinzipien in Nichtstreitverfahren.... 117
V. Anwaltliche Vertretung in Familiensachen...... 119
 1. Verfahren mit Anwaltszwang................. 119
 2. Verfahren ohne Anwaltszwang................ 121
 3. Grundsätzliche Ausnahmen vom Anwaltszwang 122
 4. Anforderungen an die anwaltliche Vertretung... 126
 5. Folgen nicht ausreichender anwaltlichen Vertre-
    tung....................................... 127
  a) Familienstreitsachen........................ 128
  b) Ehesachen................................. 129
  c) Nichtstreitverfahren mit Folgesachen-
     charakter.................................. 135
VI. Verfahrenskostenvorschuss..................... 136
VII. Zuständigkeitskonflikte unter Beteiligung des
     Familiengerichts............................ 139
VIII. Entscheidungsfindung durch Beschluss......... 151

I. Umfang der Aufgaben des Familiengerichts

1. Katalog der Familiensachen im FamFG

1 Der Umfang der Aufgaben des Familiengerichts war seit seiner Einführung zum 1.7.1977 mehrfachen Veränderungen unterworfen (zur historischen Entwicklung vgl HK-FamFG/Kemper Einl. Rn 1 ff und § 111 FamFG Rn 1 ff). Mit dem FGG-RG, das zum 1.9.2009 in Kraft getreten ist, wurde ein in § 111 FamFG zusammengefasster Katalog der Familiensachen geschaffen. Die gem. § 23 b GVG bei den Amtsgerichten angesiedelten Familiengerichte sind daher **ausschließlich zuständig** (vgl § 23 a Abs. 1 und 2 GVG) für folgende Verfahren:

2 **a) Ehesachen (§ 111 Nr. 1 FamFG).** Diese sind in **§ 121 FamFG** näher beschrieben und umfassen folgende Verfahren:

– Scheidung der Ehe, § 121 Nr. 1 FamFG;
– Aufhebung der Ehe, § 121 Nr. 2 FamFG;

– Verfahren der Feststellung des Bestehens oder Nichtbestehens einer Ehe zwischen den Beteiligten, § 121 Nr. 3 FamFG.

(Vgl hierzu HK-FamFG/Kemper § 111 FamFG Rn 11 f und § 121 FamFG Rn 2 ff)

b) Kindschaftssachen (§ 111 Nr. 2 FamFG). Diese sind in **§ 151 FamFG** näher beschrieben und umfassen folgende Verfahren: 3

– elterliche Sorge, § 151 Nr. 1 FamFG;
– Umgangsrecht, § 151 Nr. 2 FamFG;
– Kindesherausgabe, § 151 Nr. 3 FamFG;
– Vormundschaft, § 151 Nr. 4 FamFG;
– Pflegschaft oder gerichtliche Bestellung eines sonstigen Vertreters für einen Minderjährigen oder für eine Leibesfrucht, § 151 Nr. 5 FamFG;
– Genehmigung der freiheitsentziehenden Unterbringung eines Minderjährigen nach §§ 1631 b, 1800 und 1915 BGB, § 151 Nr. 6 FamFG;
– Anordnung der freiheitsentziehenden Unterbringung eines Minderjährigen nach den Landesgesetzen über die Unterbringung psychisch Kranker, § 151 Nr. 7 FamFG;
– Aufgaben nach dem Jugendgerichtsgesetz, § 151 Nr. 8 FamFG. Dies betrifft Regelungen in §§ 53, 104 Abs. 4 JGG, über deren Sinnhaftigkeit an dieser Stelle nicht diskutiert werden soll.

(Vgl hierzu HK-FamFG/Kemper § 111 FamFG Rn 13 ff und HK-FamFG/Völker/Clausius § 151 FamFG Rn 1 ff)

c) Abstammungssachen (§ 111 Nr. 3 FamFG). Diese sind in **§ 169 FamFG** näher beschrieben und umfassen folgende Verfahren: 4

– Feststellung des Bestehens oder Nichtbestehens eines Eltern-Kind-Verhältnisses, insbesondere der Wirksamkeit oder Unwirksamkeit einer Anerkennung der Vaterschaft, § 169 Nr. 1 FamFG;
– Ersetzung der Einwilligung in eine genetische Abstammungsuntersuchung und Anordnung der Duldung einer Probeentnahme, § 169 Nr. 2 FamFG;
– Antrag auf Einsicht in ein Abstammungsgutachten oder Aushändigung einer Abschrift, § 169 Nr. 3 FamFG;
– Anfechtung der Vaterschaft, § 169 Nr. 4 FamFG.

(Vgl hierzu HK-FamFG/Kemper § 111 FamFG Rn 23 ff und HK-FamFG/Fritsche § 169 FamFG Rn 2 ff)

d) Adoptionssachen (§ 111 Nr. 4 FamFG). Diese sind in **§ 186 FamFG** näher beschrieben und umfassen folgende Verfahren: 5

– Annahme als Kind, § 186 Nr. 1 FamFG;
– Ersetzung der Einwilligung zur Annahme als Kind, § 186 Nr. 2 FamFG;
– Aufhebung des Annahmeverhältnisses, § 186 Nr. 3 FamFG;
– Befreiung vom Eheverbot des § 1308 Abs. 1 BGB, § 186 Nr. 4 FamFG.

(Vgl hierzu HK-FamFG/Kemper § 111 FamFG Rn 31 ff und HK-FamFG/Fritsche § 186 FamFG Rn 5 ff)

e) Ehewohnungs- und Haushaltssachen (§ 111 Nr. 5 FamFG). Diese sind in **§ 200 FamFG** näher beschrieben und umfassen folgende Verfahren: 6

– Ehewohnungssachen nach §§ 1361 b, 1568 a BGB, § 200 Abs. 1 FamFG;
– Haushaltssachen nach §§ 1361 a, 1568 b BGB, § 200 Abs. 2 FamFG.

(Vgl hierzu HK-FamFG/Kemper § 111 FamFG Rn 34 ff und HK-FamFG/Fritsche § 200 FamFG Rn 1 ff)

f) Gewaltschutzsachen (§ 111 Nr. 6 FamFG). Diese sind in **§ 210 FamFG** beschrieben und umfassen alle Verfahren nach §§ 1, 2 Gewaltschutzgesetz. 7

(Vgl hierzu HK-FamFG/Kemper § 111 FamFG Rn 41 ff und HK-FamFG/Volpp § 210 FamFG Rn 1 ff)

8   **g) Versorgungsausgleichssachen (§ 111 Nr. 7 FamFG).** Diese sind in **§ 217 FamFG** beschrieben und umfassen alle Verfahren betreffend den Versorgungsausgleich.

(Vgl hierzu HK-FamFG/Kemper § 111 FamFG Rn 43 ff und HK-FamFG/Kemper § 217 FamFG Rn 3 ff)

9   **h) Unterhaltssachen (§ 111 Nr. 8 FamFG).** Diese sind in **§ 231 FamFG** näher beschrieben und umfassen Verfahren mit folgenden Gegenständen:

–   durch Verwandtschaft begründete gesetzliche Unterhaltspflicht, § 231 Abs. 1 Nr. 1 FamFG;
–   durch Ehe begründete gesetzliche Unterhaltspflicht, § 231 Abs. 1 Nr. 2 FamFG;
–   Ansprüche nach § 1615 l oder § 1615 m BGB, § 231 Abs. 1 Nr. 3 FamFG;
–   Verfahren nach § 3 Abs. 2 S. 3 BKGG und § 64 Abs. 2 S. 3 EStG, § 231 Abs. 2 FamFG.

(Vgl hierzu HK-FamFG/Kemper § 111 FamFG Rn 58 ff und HK-FamFG/Viefhues § 231 FamFG Rn 6 ff)

10   **Unterhaltsverfahren** sind alle Ansprüche, die ihre Wurzeln im Unterhaltsrechtsverhältnis haben. Die Zuordnung zu den Familiensachen gilt daher auch für Ansprüche, die „zwar im Gewand eines Befreiungs-, Schadensersatz- oder Bereicherungsanspruchs geltend gemacht werden, aber ihre Wurzel im unterhaltsrechtlichen Verhältnis der Ehegatten zueinander haben" (BGH 9.2.1994 – XII ARZ 1/94, NJW 1994, 1416).

11   Demgemäß umfassen die Unterhaltssachen auch:

–   Ansprüche von Eltern und Großeltern gegen Kinder („Elternunterhalt");
–   Ansprüche aus Verträgen, wenn diese die gesetzliche Unterhaltsverpflichtung nur modifizieren, also regelmäßig alle Unterhaltsvereinbarungen;
–   Auskunftsverlangen;
–   Vollstreckungsgegenanträge;
–   negative Feststellungsanträge betreffend die gesetzliche Unterhaltspflicht;
–   den familienrechtlichen Ausgleichsanspruch: Der an sich Verpflichtete kommt seiner Unterhaltpflicht (nicht in vollem Umfang) nach, der andere Elternteil streckt den Barunterhalt vor und begehrt nunmehr Ausgleich (vgl JH/Maier § 231 FamFG Rn 5);
–   Schadensersatzansprüche betreffend das Unterhaltsverhältnis;

Beispiele: Infolge einer gefälschten Verdienstbescheinigung wird ein unzutreffender Titel errichtet. Nach Titulierung verbessern sich die finanziellen Verhältnisse beim Unterhaltsgläubiger oder beim Unterhaltsschuldner. Er unterlässt eine Information an den anderen Beteiligten, so dass dieser von einer Abänderung des Titels absieht. Dies stellt einen Verstoß gegen § 823 Abs. 2 BGB iVm § 170 StGB (Unterhaltspflichtverletzung) dar (so KG 30.8.2011 – 18 WF 93/11, NJW-RR 2012, 201; aA: OLG Rostock 14.1.2011 – 10 WF 4/11, FamRZ 2011, 910).

–   Bereicherungsansprüche;

Beispiel: Rückforderung zu viel gezahlten Unterhalts.

–   interne Ausgleichsansprüche bei mehreren Schuldnern;

Beispiel: Ansprüche zwischen beiden Elternteilen, weil einer Kindesunterhalt leistet, den der andere erbringen müsste.

–   Geltendmachung und Rückgewähr von Prozesskostenvorschuss, BGH 14.2.1990 – XII ZR 39/89, NJW 1990, 1476;
–   Geltendmachung des Unterhaltsanspruches durch Dritte im Zusammenhang mit einem Forderungsübergang, zB: § 1607 Abs. 3 BGB, § 33 SGB II, § 94 SGB XII, § 7 UVG, § 37 BAföG;
–   Verzugsschaden wegen Nichterfüllung der Unterhaltspflicht, zB Anwaltskosten (so OLG Dresden 21.4.2006 – 21 ARF 8/06, NJW 2006, 2128);
–   Unterhaltssache ist auch die Rückforderung von zu Unrecht gezahltem Unterhalt von Dritten, zB nach § 1607 Abs. 3 BGB. Zutreffend argumentiert nämlich BGH 8.10.1980 – IVb ZR 535/80, NJW 1981, 48 damit, dass der Rückforderungsanspruch im gleichen Rechtsweg durchzusetzen sei wie der zugrunde liegende Unterhaltsanspruch.

– Unterhaltssachen sind auch die „vereinfachten Verfahren über den Unterhalt Minderjähriger" nach §§ 249 ff FamFG (vgl Büte FuR 2012, 585 ff).

i) Güterrechtssachen (§ 111 Nr. 9 FamFG). Diese sind in **§ 261 FamFG** näher beschrieben und umfassen folgende Verfahren: **12**

– Verfahren, die Ansprüche aus dem ehelichen Güterrecht betreffen, auch wenn Dritte an dem Verfahren beteiligt sind, § 261 Abs. 1 FamFG;
– Verfahren nach §§ 1365 Abs. 2, 1369 Abs. 2, 1382, 1383, 1426, 1430, 1452 BGB, § 261 Abs. 2 FamFG.

(Vgl hierzu HK-FamFG/Kemper § 111 FamFG Rn 76 ff und HK-FamFG/Völker/Clausius § 261 FamFG Rn 2 f)

Keine Güterrechtssachen sind vermögensrechtliche Ansprüche, die den Güterstand unberührt lassen. **13**

Dies betrifft zB Ansprüche auf Ausgleich ehebedingter Zuwendungen oder einer „Ehegatteninnengesellschaft", Ausgleichsansprüche bezüglich eines einzelnen Gegenstandes aufgrund einer Vereinbarung der Parteien, die den Güterstand nicht verändert oder Schadensersatzansprüche wegen Verfügungen eines Ehegatten über Vermögenswerte des anderen, zB nach § 1368 BGB (OLG Zweibrücken 9.12.1986 – 7 U 96/86, FamRZ 1987, 1138; OLG Brandenburg 25.9.2006 – 9 AR 7/06, FamRZ 2007, 293; OLG Naumburg 23.7.2008 – 8 AR 6/08, FamRZ 2008, 2215). Bei diesen Verfahren handelt es sich um „sonstige Familiensachen" nach § 266 Abs. 1 Nr. 3 FamFG (aA: LG Stuttgart 21.11.2011 – 18 O 395/11, FamRZ 2012, 569: Güterrechtssache).

j) Sonstige Familiensachen (§ 111 Nr. 10 FamFG). Diese sind in **§ 266 FamFG** näher beschrieben und umfassen folgende Verfahren (vgl hierzu HK-FamFG/Kemper § 111 FamFG Rn 86 ff und HK-FamFG/Volpp § 266 FamFG Rn 3 ff): **14**

– Ansprüche zwischen miteinander verlobten oder ehemals verlobten Personen im Zusammenhang mit der Beendigung des **Verlöbnisses** sowie in den Fällen der §§ 1298 und 1299 BGB zwischen einer solchen und einer dritten Person, § 266 Abs. 1 Nr. 1 FamFG; **15**

Entgegen Literaturstimmen (Burger FamRZ 2009, 1018) fallen Ansprüche im Zusammenhang nichtehelicher Lebensgemeinschaften nicht generell unter die sonstigen Familiensachen. Dies wäre nur dann gegeben, wenn die Partner der nichtehelichen Lebensgemeinschaft sich verlobt hätten und nun die in §§ 1298 ff BGB vorgegebenen Ansprüche aus dem Verlöbnis geltend machen würden. In allen anderen Fällen sind für Ansprüche aus nichtehelicher Lebensgemeinschaft die Zivilgerichte zuständig, vgl Rn 23.

– **Aus der Ehe herrührende Ansprüche**, § 266 Abs. 1 Nr. 2 FamFG; **16**

Dies betrifft zB Streitigkeiten hinsichtlich der Mitwirkung bei der gemeinsamen Veranlagung zur Einkommensteuer, die Übertragung eines Schadensfreiheitsrabattes und auch hinsichtlich der Morgengabe. Keidel/Giers § 266 FamFG Rn 15 reiht diese Ansprüche in § 266 Abs. 1 Nr. 3 FamFG ein. Wenn jedoch unabhängig von Trennung und Scheidung die Morgengabe geltend gemacht wird, erscheint eine Qualifizierung nach § 266 Abs. 1 Nr. 2 FamFG gerechtfertigt.

– Ansprüche zwischen miteinander verheirateten oder ehemals miteinander verheirateten Personen oder zwischen einer solchen und einem Elternteil im Zusammenhang mit Trennung oder Scheidung oder Aufhebung der Ehe, § 266 Abs. 1 Nr. 3 FamFG; **17**

Damit werden beispielsweise erfasst: Ansprüche auf **Rückabwicklung von ehebedingten Zuwendungen** oder Schenkungen auch seitens der Schwiegereltern, Ausgleich einer Ehegatteninnengesellschaft, Schadensersatzansprüche wegen unberechtigter Verfügungen über Vermögensgegenstände des anderen Ehegatten, Herausgabeansprüche aus dem Eigentum, Ansprüche betreffend der Auseinandersetzung gemeinsamen Eigentums oder Vermögens, auch betreffend die Regelung gemeinsamer Schulden.

18   Nach der Begründung des Regierungsentwurfs ist mit dem „**Zusammenhang**" sowohl ein inhaltlicher als auch ein zeitlicher Zusammenhang gemeint. Ein zeitlicher Zusammenhang wird von der Praxis generell abgelehnt: Die gerichtliche Zuständigkeit kann nicht davon abhängen, ob ein ehebedingter Anspruch in direktem zeitlichen Zusammenhang mit der Scheidung oder erst später geltend gemacht wird (OLG Frankfurt/M. 3.5.2010 – 4 W 6/10, NJW 2010, 3173; LG Osnabrück 16.7.2010 – 2 O 1807/09, FamRZ 2011, 1090; OLG Hamm 8.2.2011 – 2 WF 208/10, FamRZ 2011, 1421; OLG Stuttgart 10.1.2011 – 13 W 69/10, NJW-RR 2011, 867; OLG Braunschweig 21.12.2011 – 1 W 47/11). Auch der Bundesgerichtshof (5.12.2012 – XII ZB 652/11, NJW 2013, 616) spricht sich für eine weite Auslegung des Tatbestandsmerkmals „im Zusammenhang mit Trennung und Scheidung" aus. Ein inhaltlicher Zusammenhang liege vor, wenn das Verfahren vor allem die wirtschaftliche Entflechtung der (vormaligen) Ehegatten betrifft. Im Hinblick auf die gewünschte, möglichst umfassende Zuständigkeit der Familiengerichte sei der Begriff des Zusammenhangs mit der Beendigung der ehelichen Gemeinschaft großzügig auszulegen. § 266 Abs. 1 FamFG ist demnach anwendbar, wenn der Rechtsstreit durch die bezeichneten familienrechtlichen Verhältnisse nicht unwesentlich mitgeprägt ist. Auszuscheiden sind die Fälle, in denen der familienrechtliche Bezug völlig untergeordnet ist, so dass eine Entscheidung durch das Familiengericht sachfremd erscheint. Der erforderliche inhaltliche Zusammenhang kann nach dem Bundesgerichtshof rechtlicher oder wirtschaftlicher Art sein. Trennung, Scheidung oder Aufhebung der Ehe müssten jedenfalls in tatsächlicher oder rechtlicher Hinsicht für die geltend gemachte Rechtsfolge ursächlich sein.

19   – aus dem **Eltern-Kind-Verhältnis** herrührende Ansprüche, § 266 Abs. 1 Nr. 4 FamFG;

      Damit sind nicht alle denkbaren Ansprüche zwischen Eltern und Kindern gemeint. Gemeint sind Ansprüche aus dem Eltern-Kind-Verhältnis in seiner familienrechtlichen Ausprägung (§§ 1616 ff BGB).
      Beispiele: Schadensersatzansprüche des Kindes wegen Schädigung seines Vermögens im Rahmen der Ausübung der Vermögenssorge oder der Auskunftsanspruch des Kindes gegen seine Mutter auf Benennung seines möglichen Vaters; Streit der Eltern über die Verwaltung des Kindesvermögens (vgl OLG Dresden 26.4.2011 – 17 W 400/11, FamRZ 2012, 146, das zutreffend die Kommentierung von Palandt/ Diederichsen § 1698 BGB Rn 1 als verfehlt, weil überholt, bezeichnet). Rein vertragsrechtliche oder erbrechtliche Ansprüche zwischen Eltern und Kindern fallen nicht hierunter (OLG Zweibrücken 19.1.2011 – 7 W 64/10, NJW-RR 2011, 584).

20   – Aus dem **Umgangsrecht** herrührende Ansprüche, § 266 Abs. 1 Nr. 5 FamFG;
      Gemeint sind zB wirtschaftliche Schadensersatzansprüche des Umgangsberechtigten gegenüber dem betreuenden Elternteil wegen Vereitelung eines bestehenden Umgangsrechts.

      Die Zuständigkeit in den vorgenannten Fällen des § 266 Abs. 1 FamFG besteht nur, sofern nicht die Zuständigkeit der Arbeitsgerichte gegeben ist oder das Verfahren eines der in § 348 Abs. 1 S. 2 Nr. 2 Buchst. a bis k ZPO genannten Sachgebiete, das Wohnungseigentumsrecht oder das Erbrecht betrifft und sofern es sich nicht bereits nach anderen Vorschriften um eine Familiensache handelt (vgl Wever FF 2008, 399).

      – **Antrag nach § 1357 Abs. 2 S. 1 BGB, § 266 Abs. 2 FamFG.**

21   **k) Lebenspartnerschaftssachen (§ 111 Nr. 12 FamFG).** Diese sind in § 269 FamFG näher beschrieben und umfassen folgende Verfahren:

      – Aufhebung der Lebenspartnerschaft aufgrund des Lebenspartnerschaftsgesetzes, § 269 Abs. 1 Nr. 1 FamFG;
      – Feststellung des Bestehens oder Nichtbestehens der Lebenspartnerschaft, § 269 Abs. 1 Nr. 2 FamFG;
      – elterliche Sorge, das Umgangsrecht oder die Herausgabe in Bezug auf ein gemeinschaftliches Kind, § 269 Abs. 1 Nr. 3 FamFG;
      – Annahme als Kind und die Ersetzung der Einwilligung zur Annahme als Kind, § 269 Abs. 1 Nr. 4 FamFG;
      – Wohnungszuweisungssachen nach §§ 14, 17 LPartG, § 269 Abs. 1 Nr. 5 FamFG;
      – Haushaltssachen nach §§ 13, 17 LPartG, § 269 Abs. 1 Nr. 6 FamFG;

Stockmann

- Versorgungsausgleich der Lebenspartner, § 269 Abs. 1 Nr. 7 FamFG;
- gesetzliche Unterhaltspflicht für ein gemeinschaftliches minderjähriges Kind der Lebenspartner, § 269 Abs. 1 Nr. 8 FamFG;
- die durch die Lebenspartnerschaft begründete gesetzliche Unterhaltspflicht, § 269 Abs. 1 Nr. 9 FamFG;
- Ansprüche aus dem lebenspartnerschaftlichen Güterrecht, auch wenn Dritte an dem Verfahren beteiligt sind, § 269 Abs. 1 Nr. 10 FamFG;
- Entscheidungen nach § 6 LPartG iVm §§ 1365 Abs. 2, 1369 Abs. 2, 1382, 1383 BGB, § 269 Abs. 1 Nr. 11 FamFG;
- Entscheidungen nach § 7 LPartG iVm §§ 1426, 1430, 1452 BGB, § 269 Abs. 1 Nr. 12 FamFG;
- sonstige Lebenspartnerschaftssachen, die zum Gegenstand haben:
  - Ansprüche nach § 1 Abs. 3 S. 2 LPartG iVm §§ 1298 bis 1301 BGB, § 269 Abs. 2 Nr. 1 FamFG;
  - Ansprüche aus der Lebenspartnerschaft, § 269 Abs. 2 Nr. 2 FamFG;
  - Ansprüche zwischen Personen, die eine Lebenspartnerschaft führen oder geführt haben oder zwischen einer solchen Person und einem Elternteil im Zusammenhang mit der Aufhebung der Lebenspartnerschaft, § 269 Abs. 2 Nr. 3 FamFG.

Die Zuständigkeit in den drei letztgenannten Fällen des § 269 Abs. 2 FamFG besteht nur, sofern nicht die Zuständigkeit der Arbeitsgerichte gegeben ist oder das Verfahren eines der in § 348 Abs. 1 S. 2 Nr. 2 Buchst. a bis k ZPO genannten Sachgebiete, das Wohnungseigentumsrecht oder das Erbrecht betrifft und sofern es sich nicht bereits nach anderen Vorschriften um eine Lebenspartnerschaftssache handelt.

- Antrag nach § 8 Abs. 2 LPartG iVm § 1357 Abs. 2 S. 1 BGB, § 269 Abs. 3 FamFG.

(Vgl hierzu HK-FamFG/Kemper § 111 FamFG Rn 97 und § 269 FamFG Rn 3 ff)

2. Familienrechtliche Verfahren außerhalb des Familiengerichts

Keine Familiensachen sind **Verfahren nach dem Personenstandsgesetz**, auch wenn deren Gegenstand im familienrechtlichen Bereich angesiedelt ist. So werden Verfahren nach § 49 PStG, in denen das Gericht den Standesbeamten zu einer Amtshandlung anweisen soll, auch dann nicht Familiensache, wenn es zB um die Vornahme einer Eheschließung (§ 1310 Abs. 1 S. 2 BGB) oder die Bestimmung des Ehenamens (§ 1355 BGB) geht. Zwar sind auf Personenstandssachen nach dem 1.9.2009 auch die Normen des FamFG anwendbar (Art. 12 FGG-RG), aber nicht diejenigen, die den Familiensachen vorbehalten sind.   22

Bedauerlicher ist hingegen, dass mit den **Verfahren betreffend nichteheliche Lebensgemeinschaften** ein wesentlich bedeutsamerer Bereich des Familienrechts nicht dem Familiengericht zugewiesen wurde. Während der Bundesgerichtshof mit seiner jüngeren Rechtsprechung (9.7.2008 – XII ZR 179/05, NJW 2008, 3277; 9.7.2008 – XII ZR 39/06, NJW 2008, 3282) die Möglichkeit eröffnete, Ausgleichsansprüche bei Auflösung einer nichtehelichen Lebensgemeinschaft geltend machen zu können, weist der Gesetzgeber die Zuständigkeit zu deren gerichtlicher Klärung weiterhin den Zivilgerichten zu.   23

II. Inkrafttreten des Familienverfahrensrechts und Übergangsbestimmungen

Das aktuelle Familienverfahrensrecht wurde zum 1.9.2009 durch das Gesetz zur Reform des Verfahrens in Familiensachen und in den Angelegenheiten der freiwilligen Gerichtsbarkeit (FGG-Reformgesetz – FGG-RG) in Kraft gesetzt. Es gilt nach Art. 112 FGG-RG für alle ab diesem Zeitpunkt anhängig gewordenen Verfahren.   24

Für Verfahren, die vor diesem Zeitpunkt eingeleitet wurden, bestimmt Art. 111 Abs. 1 S. 1 FGG-RG, dass diese **nach früherem Recht** abgewickelt werden. Grundsätzlich greift die Anwendung des früheren Rechts für alle Instanzen bis zum rechtskräftigen Abschluss. Dies hat der Bundesgerichtshof (3.11.2010 – XII ZB 197/10, NJW 2011, 386) entschieden und damit abweichende Literaturstimmen zum Verstummen gebracht.   25

26 Ein weiterer wichtiger Stichtag ist in Art. 111 Abs. 5 FGG-RG genannt: Danach ist seit dem 1.9.2010 auf alle **Versorgungsausgleichssachen**, in denen bis zu diesem Zeitpunkt noch keine Endentscheidung des Familiengerichts erlassen worden war, das neue Familienverfahrensrecht anzuwenden. Das Gleiche gilt für Scheidungs- und Folgesachen, die mit einem solchen Versorgungsausgleichsverfahren im Verbund stehen.

27 Von großer praktischer Bedeutung ist zudem die Übergangsregelung des **Art. 111 Abs. 4 FGG-RG**: Versorgungsausgleichsverfahren, die am Stichtag 1.9.2009 vom Verbund abgetrennt waren oder die danach abgetrennt wurden, unterliegen auch dem neuen Recht und erlangten kraft Gesetzes den Status von selbstständigen Familiensachen. Dadurch betroffen sind insbesondere diejenigen Versorgungsausgleichsverfahren, die vor dem 1.9.2009 nicht erledigt werden konnten, weil nach dem damaligen materiellen Versorgungsausgleichsrecht ein Versorgungsausgleich nicht möglich war.

28 Bei der Wiederaufnahme dieser Verfahren (die nach § 50 Abs. 1 Nr. 2 VersAusglG bis zum 1.9.2014 erfolgt sein soll) wird nicht nur das neue materielle Versorgungsausgleichsrecht angewendet, § 48 Abs. 2 VersAusglG, sondern der Charakter der Verfahren wechselt von dem der Folgesache zur nunmehr **selbstständigen Familiensache** (vgl BGH 16.2.2011 – XII ZB 261/10, NJW 2011, 1141). Dies hat insofern Bedeutung, als für diese Verfahren **kein Anwaltszwang** mehr besteht, § 114 Abs. 1 FamFG, die Kostenentscheidung nicht der des Scheidungsverfahrens folgt, sondern neu nach § 81 FamFG zu treffen ist, und für das wiederaufgenommene Verfahren gegebenenfalls neu Verfahrenskostenhilfe zu beantragen ist.

29 Auch **gebührenrechtlich** ist das Verfahren eine neue Angelegenheit. Für die Tätigkeit in dem abgetrennten und selbstständigen Verfahren über den Versorgungsausgleich erhält ein Rechtsanwalt gem. § 150 Abs. 5 S. 2 FamFG gesonderte Gebühren. Soweit er jedoch bereits im Scheidungsverfahren Gebühren aus dem Wert des Versorgungsausgleichs verdient und abgerechnet hat, muss er sich diese nach § 15 Abs. 2 S. 1 RVG in der neuen selbstständigen Familiensache anrechnen lassen. Denn nach § 21 Abs. 3 RVG handelt es sich bei der abgetrennten und selbstständigen Folgesache um dieselbe Angelegenheit (BGH 16.2.2011 – XII ZB 261/10, NJW 2011, 1141).

30 Allerdings verbleiben die genannten Verfahren wegen des Grundsatzes der Perpetuatio fori bei dem **ursprünglich örtlich zuständigen Gericht** (OLG Frankfurt/M. 6.9.2010 – 6 UFH 5/10, FamRZ 2011, 1253; OLG Jena 1.3.2011 – 11 SA 1/11, FamRZ 2011, 1677; OLG Brandenburg 2.11.2010 – 9 AR 9/10, FamFR 2011, 12; Vogel FF 2011, 51, 54; aA: Maes jurisPR-FamR 10/2011, Anm. 4).

III. Örtliche Zuständigkeit in Familiensachen

31 Das FamFG regelt die örtliche Zuständigkeit für die einzelnen Familiensachen in jeweils gesonderten Vorschriften. Bei einigen Familienverfahren wird zusätzlich noch dahin gehend unterschieden, ob bei Anhängigwerden des Verfahrens bereits eine Ehesache zwischen den Beteiligten anhängig ist oder nicht. Demgemäß muss in der nachstehenden Darstellung ebenfalls differenziert werden.

1. Örtliche Zuständigkeit in Ehesachen

32 § 122 FamFG enthält den Katalog der Zuständigkeitsbestimmungen betreffend die in § 121 FamFG aufgeführten Ehesachen. Aus dem Gesetzestext ergibt sich, dass die Fallgestaltungen in der im Gesetz aufgeführten zwingenden Rangfolge zu prüfen sind und ausschließliche Regelungen darstellen.

33 Danach ergibt sich das zuständige Gericht in Ehesachen wie folgt:

1. Gericht, in dessen Bezirk der gewöhnliche Aufenthalt eines Ehepartners mit allen gemeinsamen minderjährigen Kindern gegeben ist, § 122 Nr. 1 FamFG.
2. Gericht, in dessen Bezirk der gewöhnliche Aufenthalt eines Ehegatten mit einem Teil der minderjährigen Kinder gegeben ist, sofern bei dem anderen Ehegatten keine minderjährigen Kinder ihren Aufenthalt haben, § 122 Nr. 2 FamFG.

3. Gericht, in dessen Bezirk der letzte gemeinsame gewöhnliche Aufenthalt der Eheleute gegeben war, wenn einer der Ehepartner in jenem Gerichtsbezirk – es muss nicht die Ehewohnung sein – noch seinen gewöhnlichen Aufenthalt hat, § 122 Nr. 3 FamFG.
4. Gericht, in dessen Bezirk der gewöhnliche Aufenthalt des Antragsgegners (bzw der Antragsgegnerin) gegeben ist, § 122 Nr. 4 FamFG.
5. Gericht, in dessen Bezirk der gewöhnlicher Aufenthalt des Antragstellers (bzw der Antragstellerin) gegeben ist, § 122 Nr. 5 FamFG.
6. Das Familiengericht beim Amtsgericht Schöneberg in Berlin, § 122 Nr. 6 FamFG.

Erklärungsbedürftig erscheint, warum mit dem Inkrafttreten des FamFG die Fallgestaltung des **§ 122 Nr. 2**   34
FamFG neu in das Gesetz aufgenommen wurde.

Beispiel: Die Eheleute lebten zusammen mit einem 19-jährigen, einem 16-jährigen und einem 10-jährigen Kind in Würzburg. Nach der Trennung verzieht der Mann mit dem 19-Jährigen nach Meiningen, die Frau mit dem 10-Jährigen nach Nürnberg. Der 16-Jährige kommt mit der Trennung seiner Eltern nicht zurecht und wird vom Jugendamt in einer Pflegefamilie in Würzburg untergebracht, wo er auch den Schulbesuch fortsetzen soll.

Für das von der Ehefrau angestrengte Scheidungsverfahren war nach früherem Recht das Familiengericht Meiningen zuständig. Dieses war dann auch zur Entscheidung von Sorge- oder Umgangsrechtsstreitigkeiten betreffend die minderjährigen Kinder berufen, obwohl keiner der beiden Minderjährigen in seinem Bezirk lebte. Nach § 122 Nr. 2 FamFG ist bei einem Scheidungsantrag nunmehr das AG Nürnberg zuständig, in dessen Bezirk zumindest einer der beiden Minderjährigen seinen gewöhnlichen Aufenthalt hat.

Hinsichtlich des in § 122 FamFG – und in den anderen Zuständigkeitsbestimmungen – verwendeten Be-   35
griffs des „**gewöhnlichen Aufenthaltes**" kann grundsätzlich auf die Definition in § 30 Abs. 3 S. 2 SGB I verwiesen werden. Demnach besteht der gewöhnliche Aufenthalt dort, wo die betreffende Person sich unter solchen Umständen aufhält, die erkennen lassen, dass sie an diesem Ort nicht nur vorübergehend verweilt. Hinsichtlich Minderjähriger führt dies idR dazu, dass der gewöhnliche Aufenthalt eines Kindes bei dem Elternteil gegeben ist, in dessen Obhut es sich befindet (s. → *Gewöhnlicher Aufenthalt* Rn 8 ff).

Die in Rn 33 genannten Zuständigkeitsregelungen greifen nur dann ein, wenn eine Zuständigkeit eines **in-**   36
ländischen Gerichts infrage kommt. Das deutsche Gesetz will keine Zuständigkeit eines ausländischen Gerichts herbeiführen.

Relevanter **Zeitpunkt** für die Prüfung der Anknüpfungsvoraussetzungen ist die Rechtshängigkeit des Be-   37
gehrens (so auch OLG Saarbrücken 13.9.2011 – 9 WF 80/11, FamRZ 2012, 654). Dies kann auch der Regelung des § 123 FamFG entnommen werden, wonach bei mehrfacher Rechtshängigkeit eines Scheidungsbegehrens dasjenige Gericht zuständig bleibt, bei dem der Scheidungsantrag zuerst rechtshängig geworden ist.

2. Örtliche Zuständigkeit in selbstständigen Familiensachen, solange keine Ehesache rechtshängig ist

Wie bereits in Rn 31 erwähnt, existieren für jede Familiensache gesonderte Bestimmungen über die örtliche   38
Zuständigkeit. Gesetzestechnisch handelt es sich dabei um die jeweils zweite Norm des entsprechenden Unterabschnittes im FamFG.

Beispiel: § 151 FamFG listet diejenigen Verfahren auf, die zu den Kindschaftssachen zählen. § 152 FamFG enthält dann die Regelungen betreffend die örtliche Zuständigkeit des Familiengerichts für derartige Verfahren.

Dieser Gesetzesaufbau wird bei allen Familiensachen eingehalten.

a) Örtliche Zuständigkeit in Kindschaftssachen. aa) Grundsätzliche Anknüpfung an gewöhnlichen   39
Aufenthalt des Kindes. Grundsätzlich richtet sich die örtliche Zuständigkeit gem. § 152 Abs. 2 FamFG

nach dem gewöhnlichen Aufenthalt des Kindes, das von dem Kindschaftsverfahren betroffen ist. Hinsichtlich dieses gewöhnlichen Aufenthalts kommt es entscheidend auf den Zeitpunkt an, zu dem das Gericht mit der Sache befasst wird. In Kindschaftssachen, die aufgrund eines Antrags eingeleitet werden, ist dies somit der Antragseingang bei Gericht (vgl HK-FamFG/Völker/Clausius § 152 FamFG Rn 1).

Spätere Veränderungen des gewöhnlichen Aufenthalts sind nach § 2 Abs. 2 FamFG grundsätzlich unbeachtlich. Allerdings kann eine Abgabe an ein anderes Familiengericht aus wichtigem Grund erfolgen, § 4 FamFG (s. Rn 45 ff).

40 Zum Begriff des gewöhnlichen Aufenthalts vgl Rn 35 und s. → *Gewöhnlicher Aufenthalt* Rn 8 ff. Es sei noch einmal betont, dass der gewöhnliche Aufenthalt sich allein aus den Fakten ergibt. Bei Minderjährigen ist deren gewöhnlicher Aufenthalt stets **unabhängig von dem seiner Eltern** zu ermitteln. Nur bei Kleinstkindern wird sich aufgrund der für das Überleben erforderlichen Betreuung und Versorgung durch die Eltern der gewöhnliche Aufenthalt regelmäßig von dem ihrer Eltern ableiten (s. → *Gewöhnlicher Aufenthalt* Rn 20 f).

41 **bb) Fälle mit Aufenthaltswechsel.** Da sich der gewöhnliche Aufenthalt allein an den tatsächlichen Verhältnissen orientiert, kommt es dann zu Komplikationen, wenn ein sorgeberechtigter Elternteil eigenmächtig den **Aufenthaltsort des Kindes verändert**.

Für den Fall, dass ein Elternteil den Aufenthalt des Kindes ohne vorherige Zustimmung des anderen Elternteils geändert hat, ist zunächst zu prüfen, ob damit ein Wechsel des gewöhnlichen Aufenthalts eingetreten ist.

Beispiel 1: Die Ehegatten lebten mit dem gemeinsamen Kind in Leipzig. Die Mutter trennt sich und nimmt das Kind ohne Einverständnis des Vaters an ihren neuen Lebensmittelpunkt Lindau mit. Der in Leipzig verbliebene Vater beantragt unmittelbar nach der Trennung das Aufenthaltsbestimmungsrecht.

Unmittelbar nach dem Aufenthaltswechsel ist weiterhin von einem gewöhnlichen Aufenthalt des Kindes am bisherigen Lebensmittelpunkt in Leipzig auszugehen. Denn es steht noch nicht fest, ob der Aufenthalt in Lindau auf längere Zeit angelegt ist. Zuständig für das vom Vater angestrengte Kindschaftsverfahren ist daher das Familiengericht in Leipzig (vgl OLG Hamm 13.7.2010 – 2 Sdb (FamS) Zust. 21/10, FamRZ 2011, 395: „Wechselt ein Minderjähriger den Aufenthaltsort, so ist damit nicht ein gewöhnlicher Aufenthaltsort im Sinne von § 152 II FamFG begründet, wenn die Aufenthaltsdauer nicht länger als 8 Wochen beträgt und sich aus den Umständen im Übrigen nicht schließen lässt, das der neue Aufenthalt auf längere Zeit angelegt ist und künftig der Daseinsmittelpunkt des Kindes werden soll, weil der zukünftige Lebensmittelpunkt maßgeblich vom Ergebnis des eingeleiteten Sorgerechtsverfahrens abhängen wird.").

42 **Beispiel 2:** Der Vater stellt in dem in Beispiel 1 beschriebenen Fall den Antrag auf Übertragung des Aufenthaltsbestimmungsrechts erst nach drei Monaten.

Befindet sich das Kind aber bereits mehr als acht Wochen an seinem neuen Aufenthaltsort, so wird in aller Regel dann bereits dort sein gewöhnlicher Aufenthalt sein. Für das Sorgerechtsverfahren ist somit das Familiengericht Lindau zuständig.

43 Da in dem Beispielsfall 2 der Aufenthalt des Kindes einseitig von Leipzig nach Lindau verlegt wurde, gibt § 154 FamFG dem Gericht des neuen Aufenthaltes die Möglichkeit, das Verfahren an das Gericht des früheren Aufenthaltsortes des Kindes zu verweisen. Dies gilt nach § 154 S. 2 FamFG u.a. dann nicht, wenn die „Flucht mit dem Kind" zu dessen Schutz oder zum Schutz des betreuenden Elternteils erforderlich war. Im Beispielsfall 2 kann das Familiengericht Lindau daher das Verfahren an das Familiengericht Leipzig verweisen. Diese Verweisung ist bindend gem. § 3 Abs. 2 FamFG.

44 Der hinter der Regelung des § 154 FamFG stehende Rechtsgedanke ist der, dass derjenige, der unter Verletzung des gemeinsamen Sorgerechts ein Kind „entführt", auch hinsichtlich der gerichtlichen Zuständigkeit keinen Vorteil aus seiner einseitigen Handlungsweise ziehen soll.

Allerdings ist die praktische Auswirkung des § 154 FamFG in aller Regel begrenzt. In den für seine Anwendung in Betracht kommenden Fällen geht es dem Antragsteller in der Regel darum, rasch eine gerichtliche Rückgabeentscheidung zu erlangen. Die Berufung auf § 154 FamFG führt jedoch regelmäßig zu einer **Verfahrensverzögerung**: Das zunächst nach § 152 Abs. 2 FamFG örtlich zuständige Gericht muss vor einer Abgabe des Verfahrens an das Gericht des früheren Aufenthaltsortes rechtliches Gehör gewähren. Sonst kann es nämlich auch nicht darüber befinden, ob der Ausnahmetatbestand des § 154 S. 2 FamFG gegeben ist. Wird das Verfahren dann an ein anderes Gericht verwiesen, muss sich der dort dafür zuständige Richter erst einarbeiten. Zwischenzeitlich könnte vielfach bereits eine Sachentscheidung des zunächst angegangenen Familiengerichts ergangen sein.

cc) Abgabe an ein anderes Familiengericht. Trotz des in § 2 Abs. 2 FamFG festgeschriebenen Grundsatzes der perpetuatio fori ist nach § 4 FamFG die Abgabe des Verfahrens an ein anderes – an sich unzuständiges – Gericht **aus wichtigem Grund** möglich.　45

Beispiel 3: Im Beispielsfall 2 stellt der Vater seinen Antrag in der Kindschaftssache beim Familiengericht Lindau. Nach Übermittlung der Antragsschrift verzieht die Mutter mit dem Kind nach Lübben (Spreewald).

Das AG Lindau bleibt grundsätzlich zuständig. § 4 FamFG lässt jedoch die Abgabe des Verfahrens an das Familiengericht Lübben zu. Diese Norm (die nicht nur für Kindschaftssachen, sondern für alle Nichtstreitverfahren gilt) setzt voraus, dass wichtige Gründe für die Abgabe vorliegen. Ist dies gegeben, so kann, falls das übernehmende Gericht zur Übernahme bereit ist, das Verfahren an dieses abgegeben werden.

Können sich die Gerichte nicht einigen, so hat das OLG, in dessen Bezirk ein Gericht zuerst mit der Sache befasst wurde, das zuständige Gericht zu bestimmen (§ 5 Abs. 1 Nr. 5 iVm Abs. 2 FamFG). Die Beteiligten sind zu hören, können die Abgabe aber nicht verhindern.

§ 4 FamFG kann jedoch keine Anwendung finden, wenn das Ausgangsgericht wegen § 152 Abs. 1 FamFG (Anhängigkeit der Ehesache bei diesem Gericht) ausschließlich zuständig ist (vgl OLG Bremen 12.4.2013 – 4 AR 1/13, MDR 2013, 794). Aus § 153 FamFG folgt, dass der Gesetzgeber der Konzentration beim Gericht der Ehesache größere Bedeutung beimisst als der örtlichen Nähe des Gerichts.

Ein **wichtiger Grund** liegt zB dann vor, wenn es nach den Umständen des Einzelfalls unter Berücksichtigung des Kindeswohls zweckmäßig erscheint, dass nicht das örtlich zuständige, sondern das um Übernahme ersuchte Gericht mit der Sache befasst wird (vgl OLG Hamm 19.9.2006 – 2 Sdb (FamS) Zust. 10/06, FamRZ 2007, 567 in einer Entscheidung zum entsprechenden § 46 FGG).　46

Es ist ferner anerkannt, dass ein wichtiger Grund für die Abgabe eines Verfahrens an ein anderes Familiengericht insbesondere dann gegeben sein kann, wenn das betroffene Kind und der sorgeberechtigte Elternteil (oder der Vormund) ihren Aufenthalt dauerhaft in den Bezirk eines anderen Gerichts verlegen und der Aufenthaltswechsel mit Erschwernissen für das laufende Verfahren verbunden ist, dadurch dass die Beteiligten und das Gericht größere Entfernungen zurücklegen müssen, um an notwendigen gerichtlichen Maßnahmen teilzunehmen (OLG Hamm 18.2.2010 – 2 Sdb (FamS) Zust. 2/10, FamRZ 2010, 1460 zur Vorgängerregelung § 46 FGG).　47

Der eingetretene Wohnortwechsel führt aber nicht zwingend zum Vorliegen eines wichtigen Grundes für die Abgabe des Verfahrens. Maßgebend für die Beurteilung, ob ein wichtiger Grund vorliegt, ist in erster Linie das **Wohl des betroffenen Kindes**.　48

§ 4 FamFG kann auch angewendet werden, um Verfahren, die bei verschiedenen Gerichten anhängig sind, aber in einem Zusammenhang stehen, bei einem dieser Gerichte zu konzentrieren.　49

Beispiel 4: Die zunächst in Leipzig wohnhaften Eltern haben zwei minderjährige Kinder. Bei der Trennung besteht Einvernehmen, dass der Sohn mit dem Vater nach Lübeck umzieht, die Tochter mit der Mutter nach Lindau. Die elterliche Sorge steht den Eltern weiterhin gemeinsam zu. Als der Vater die Tochter nach einem Wochenendbesuch bei ihm in Lübeck nicht wieder zur Mutter zurückbringt, will diese die Übertragung des alleinigen Sorgerechts für beide Kinder auf sich beantragen.

Entgegen dem früheren Recht kennt das FamFG keine Regelung der örtlichen Zuständigkeit für Verfahren, die Regelungen für Geschwister betreffen. Daher ermittelt sich die Zuständigkeit für jedes Kind gesondert. Für die Tochter besteht sie daher beim Familiengericht Lindau, für den Sohn beim Familiengericht Lübeck. Die beteiligten Gerichte können sich dahin gehend verständigen, dass ein Verfahren gem. § 4 FamFG aus wichtigem Grund an das andere Gericht abgegeben wird. **Wichtiger Grund** könnte sein, dass die durchzuführenden Ermittlungen in beiden Verfahren gleich sind (vgl Rn 47).

50 **Beispiel 5:** Beim Familiengericht Ludwigslust ist eine Gewaltschutzsache anhängig, beim Familiengericht Hagenow eine Kindschaftssache. In beiden Verfahren sind die gleichen Eheleute Beteiligte.

Hier kann über § 4 FamFG eine Konzentration der beiden Verfahren bei einem der Gerichte herbeigeführt werden (vgl AG Ludwigslust 24.3.2010 – 5 F 56/10, FamRZ 2010, 1754).

51 Die Abgabe nach § 4 FamFG ist **nicht bindend**. Das Gericht, das das Verfahren übernommen hat, kann – wenn ein wichtiger Grund es rechtfertigt – das Verfahren selbst wieder nach § 4 FamFG abgeben (vgl Prütting/Helms/Prütting § 4 FamFG Rn 32).

52 **dd) Zuständigkeit nach Fürsorgebedürfnis.** Greift die Zuständigkeitsbestimmung des § 152 Abs. 2 FamFG nicht ein, so beschreibt § 152 Abs. 3 FamFG eine Zuständigkeit bei dem Gericht, in dessen Bezirk das Bedürfnis der Fürsorge bekannt wird.

Beispiel 6: Der in Konstanz lebende Vater begehrt von der von ihm geschiedenen Mutter gem. § 1686 BGB Auskunft über die persönlichen Verhältnisse der bei der Mutter lebenden gemeinsamen Kinder. Die Mutter befindet sich nach schweren Misshandlungen unter polizeilichem Schutz. Sie wurde in ein anderes Bundesland verbracht, ihr Aufenthalt und ihre neue Identität sind geheim und nur den in das Schutzprogramm involvierten Polizeibeamten bekannt.

Für das angestrengte Kindschaftsverfahren hält das OLG Karlsruhe (28.7.2011 – 18 UF 117/11, FamRZ 2011, 1888) die örtliche Zuständigkeit des AG Konstanz für gegeben. Da der Aufenthalt der Kinder nicht (allgemein) bekannt ist, kommt eine Zuständigkeit nach § 152 Abs. 2 FamFG nicht in Betracht. § 152 Abs. 3 FamFG ist jedoch eine Auffangzuständigkeit. Diese sei in Konstanz gegeben, weil dort der Antragsteller lebe.

53 **ee) Sonderregelung für Unterbringungsverfahren.** Zunächst war umstritten, ob für Unterbringungsverfahren betreffend **Minderjährige** aufgrund der Verweisung des § 167 Abs. 1 FamFG auf die Vorschriften des Unterbringungsrechts für Erwachsene auch die Zuständigkeitsvorschriften des § 313 FamFG anstelle derjenigen des § 152 FamFG anzuwenden sind. Zwischenzeitlich hat sich in der Rechtsprechung (OLG Brandenburg 19.5.2010 – 9 AR 1/10, FamRZ 2010, 2019; OLG Schleswig 1.8.2012 – 8 UFH 11/12) und Literatur (HK-FamFG/Völker/Clausius § 167 FamFG Rn 1; Musielak/Borth/Borth § 167 FamFG Rn 2) die Anwendung des § 313 FamFG durchgesetzt.

54 **ff) Sonderregelung bei Anhängigkeit von Verfahren nach dem IntFamRVG.** Während der Anhängigkeit eines Verfahrens nach §§ 10–12 IntFamRVG betreffend die Anerkennung oder Vollstreckung einer ausländischen Entscheidung beim Familiengericht am Sitz des Oberlandesgerichts ist dieses wegen der Sonderregelung des § 13 IntFamRVG auch zuständig für alle dasselbe Kind betreffenden Familiensachen nach § 151 Nr. 1–3 FamFG einschließlich der Vollstreckungsverfügungen nach §§ 35, 89–94 FamFG sowie des Verfahrens betreffend die Anhörungsrüge nach § 44 FamFG.

Auch „eine andere Familiensache nach § 151 Nr. 1–3 FamFG" (also wenn sie ein anderes Kind derselben Eltern betrifft) kann unter den Voraussetzungen des § 13 Abs. 2 IntFamRVG dort anhängig gemacht werden.

55 **b) Örtliche Zuständigkeit in Abstammungssachen.** § 170 FamFG enthält den Katalog der Zuständigkeitsbestimmungen betreffend die in § 169 FamFG aufgeführten Abstammungssachen. Dabei sind die Fallgestaltungen wieder in der im Gesetz enthaltenen **zwingenden Rangfolge** zu prüfen und stellen **ausschließliche Regelungen** dar.

Danach ergibt sich das zuständige Gericht in Abstammungssachen wie folgt: **56**
1. Gericht des gewöhnlichen Aufenthalts des Kindes in Deutschland, § 170 Abs. 1 FamFG.
2. Gericht des gewöhnlicher Aufenthalts der Mutter in Deutschland, § 170 Abs. 2 Alt. 1 FamFG.
3. Gericht des gewöhnlicher Aufenthalts des Vaters in Deutschland, § 170 Abs. 2 Alt. 2 FamFG.
4. Amtsgericht Schöneberg in Berlin, § 170 Abs. 3 FamFG.

c) Örtliche Zuständigkeit in Adoptionssachen. aa) Alternative Regelung in § 187 FamFG. § 187   **57**
FamFG enthält den Katalog der Zuständigkeitsbestimmungen betreffend die in § 186 FamFG aufgeführten
Adoptionssachen. Dabei sind die Fallgestaltungen wieder in der im Gesetz enthaltenen **zwingenden Rangfolge** zu prüfen und **stellen ausschließliche Regelungen** dar. Allerdings differenziert das Gesetz die Rangfolge der ausschließlichen Zuständigkeit danach, ob eine Adoptionssache im eigentlichen Sinn (§ 186
Nr. 1–3 FamFG) Verfahrensgegenstand ist oder ob es um die Befreiung vom Eheverbot der durch Adoption
begründeten Verwandtschaft (§ 186 Nr. 4 FamFG) geht (vgl HK-FamFG/Fritsche § 187 FamFG Rn 1 ff).

bb) Adoptionssachen nach § 186 Nr. 1–3 FamFG
1. Gericht des gewöhnlichen Aufenthalts des Annehmenden oder einer der Annehmenden, § 187 Abs. 1   **58**
   FamFG.
2. Gericht des gewöhnlichen Aufenthalts des Kindes, § 187 Abs. 2 FamFG.
3. Familiengericht am Sitz des Oberlandesgerichts, für den Fall, dass auf die Adoption ausländisches
   Recht anzuwenden ist, § 187 Abs. 4 FamFG iVm § 5 Abs. 1 S. 1 AdWirkG (vgl HK-FamFG/Fritsche
   § 187 FamFG Rn 7).
4. Amtsgericht Schöneberg in Berlin, § 187 Abs. 5 FamFG.

Das AG Schöneberg kann das Verfahren jedoch aus wichtigem Grund an ein anderes Gericht verweisen,
§ 187 Abs. 5 S. 2 FamFG. Diese Verweisung stellt eine Ergänzung des derartige Angaben grundsätzlich
regelnden § 4 FamFG dar und bedarf keiner Zustimmung des Gerichts, an das verwiesen wird (vgl HK-
FamFG/Fritsche § 187 FamFG Rn 6).

Im Falle einer Meinungsverschiedenheit zwischen dem AG Schöneberg und dem Gericht, an das verwiesen
wird, darüber, ob für die Verweisung ein wichtiger Grund gegeben ist, ist eine Entscheidung nach § 5
Abs. 1 Nr. 5 FamFG herbeizuführen (vgl Musielak/Borth/Borth § 187 FamFG Rn 5). Die Zuständigkeit für
die gerichtliche Bestimmung liegt gem. § 5 Abs. 2 in allen denkbaren Fällen beim KG.

cc) Adoptionssachen nach § 186 Nr. 4 FamFG
1. Gericht des gewöhnlichen Aufenthalts eines der Verlobten, § 187 Abs. 3 FamFG.   **59**
2. Familiengericht am Sitz des Oberlandesgerichts, für den Fall, dass ausländisches Recht anzuwenden ist,
   § 187 Abs. 4 FamFG iVm § 5 Abs. 1 S. 1 AdWirkG.
3. Amtsgericht Schöneberg in Berlin, § 187 Abs. 5 FamFG.

Das AG Schöneberg kann das Verfahren jedoch aus wichtigem Grund an ein anderes Gericht verweisen,
§ 187 Abs. 5 S. 2 FamFG (vgl Rn 58).

d) Örtliche Zuständigkeit in Ehewohnungs- und Haushaltssachen. § 201 FamFG enthält den Katalog   **60**
der Zuständigkeitsbestimmungen betreffend die in § 200 FamFG aufgeführten Ehewohnungs- und Haushaltssachen. Dabei sind die Fallgestaltungen wieder in der im Gesetz enthaltenen **zwingenden Rangfolge**
zu prüfen und stellen **ausschließliche Regelungen** dar.

1. Gericht, in dessen Bezirk sich die gemeinsame Wohnung der Ehegatten befindet, § 201 Nr. 2 FamFG.   **61**
2. Gericht des gewöhnlichen Aufenthalts des Antragsgegners, § 201 Nr. 3 FamFG.
3. Gericht des gewöhnlichen Aufenthalts des Antragstellers, § 201 Nr. 4 FamFG.

e) Örtliche Zuständigkeit in Gewaltschutzsachen. § 211 FamFG enthält den Katalog der Zuständigkeits-   **62**
bestimmungen betreffend die in § 210 FamFG aufgeführten Gewaltschutzsachen. Dabei stellen die Fallgestaltungen **ausschließliche Regelungen** dar. Im Gegensatz zu den anderen Familiensachen hat das Gesetz
dem Antragsteller jedoch ein **Wahlrecht zwischen den zuständigen Gerichten** eingeräumt:

63 1. Gericht, in dessen Bezirk die Tat begangen wurde, § 211 Nr. 1 FamFG.
    2. Gericht, in dessen Bezirk sich die – noch existente – gemeinsame Wohnung befindet, § 211 Nr. 2 FamFG.
    3. Gericht des gewöhnlichen Aufenthalts des Antragsgegners, § 211 Nr. 3 FamFG.

64 **f) Örtliche Zuständigkeit in Versorgungsausgleichssachen.** § 218 FamFG enthält den Katalog der Zuständigkeitsbestimmungen betreffend die in § 217 FamFG aufgeführten Versorgungsausgleichssachen. Dabei sind die Fallgestaltungen wieder in der im Gesetz enthaltenen **zwingenden Rangfolge** zu prüfen und stellen **ausschließliche Regelungen** dar.

65 1. Gericht des gemeinsamen gewöhnlichen Aufenthalts der Ehegatten, § 218 Nr. 2 Alt. 1 FamFG.
    2. Gericht des letzten gemeinsamen gewöhnlichen Aufenthalts der Ehegatten, wenn einer noch in diesem Gerichtsbezirk seinen Aufenthalt hat, § 218 Nr. 2 Alt. 2 FamFG.
    3. Gericht des gewöhnlichen Aufenthalts bzw Sitzes des Antragsgegners, § 218 Nr. 3 FamFG.
    4. Gericht des gewöhnlichen Aufenthalts bzw Sitzes des Antragstellers, § 218 Nr. 4 FamFG.
    5. AG Schöneberg in Berlin, § 218 Nr. 5 FamFG.

66 Zu der Fallvariante 1 (§ 218 Nr. 2 Alt. 1 FamFG) vertritt Götsche (HK-FamFG/Götsche § 218 FamFG Rn 11) ausgehend vom Wortlaut der Norm die Meinung, ein „gemeinsamer Aufenthalt" sei nur bis zur Zeit der Trennung der Eheleute möglich. Dies erscheint im Ergebnis verfehlt, da ein Versorgungsausgleichsverfahren ohne vorherige Trennung der Ehegatten praktisch nicht denkbar ist und es zudem unwahrscheinlich ist, dass der Gesetzgeber eine in der Praxis nicht vorkommende Fallgestaltung zum Anknüpfungspunkt für eine gerichtliche Zuständigkeit bestimmt. Vielmehr ist es für diesen Begriff ausreichend, dass beide Ehegatten ihren gewöhnlichen Aufenthalt im gleichen Gerichtsbezirk haben (so auch Zöller/Lorenz § 218 FamFG Rn 4).

67 Der in § 218 Nr. 3 und 4 FamFG verwendete Begriff „Sitz" ist im FamFG nicht definiert. Unter dem Gesichtspunkt der Einheitlichkeit der Rechtsordnung kann die Regelung in § 17 Abs. 1 S. 2 ZPO herangezogen werden (so auch Zöller/Lorenz § 218 FamFG Rn 5). Auf den Sitz wird in diesem Zusammenhang insofern abgestellt, als ein Rentenversicherungsträger als Antragsteller oder Antragsgegner auftreten kann.

68 Praktisch relevant wird die in § 218 Nr. 3 FamFG enthaltene Zuständigkeitsvariante im Falle der §§ 33 f VersAusglG.

Beispiel: Das Familiengericht Frankfurt/M., in dessen Bezirk die Ehegatten zuletzt gemeinsam wohnten, hat im Rahmen des Scheidungsverbundverfahrens den Versorgungausgleich bestandskräftig durchgeführt. Zugunsten der nun in Wiesbaden lebenden Frau wurden Versorgungsanwartschaften des jetzt in Aschaffenburg lebenden Mannes bei der Deutschen Rentenversicherung Nordbayern übertragen. Der Mann hält die Voraussetzungen des § 33 VersAusglG für gegeben und will beantragen, dass die durch den Versorgungsausgleich vorgenommene Kürzung seiner Rente ausgesetzt wird.

Für dieses Begehren ist das Familiengericht Würzburg zuständig, da die DRV Nordbayern in Würzburg ihren Sitz hat. Vorrangige Zuständigkeiten bestehen nicht:

Es besteht kein gemeinsamer Aufenthalt der Ehegatten, zudem hat keiner von ihnen im Bezirk des Gerichts des letzten gemeinsamen Aufenthalts (Frankfurt/M.) noch seinen Aufenthalt. Antragsgegner des Verfahrens ist die DRV Nordbayern, da diese die Anpassung vornehmen soll. Gegen den anderen Ehegatten ist der Antrag nicht gerichtet, da dieser noch nicht in den Genuss des Versorgungsausgleichs kommt (so auch Häußermann FPR 2009, 223, 225; Götsche/Rehbein/Breuers/Götsche § 218 FamFG Rn 17; BeckOK/Gutdeutsch § 34 VersAusglG Rn 15).

69 Die Zuständigkeitsvariante des § 218 Nr. 4 FamFG kann wiederum im Falle der §§ 33 f VersAusglG relevant werden, da § 34 Abs. 2 S. 2 VersAusglG auch dem Rentenversicherungsträger ein Antragsrecht gibt.

70 Im Zusammenhang mit Versorgungsausgleichsverfahren kann die in Rn 45 ff beschriebene Abgabe an ein anderes Familiengericht nach § 4 FamFG infrage kommen. Das Begehren nach §§ 33 f VersAusglG steht

im Zusammenhang mit einer Unterhaltsverpflichtung. Ist bezüglich dieser bei einem anderen Gericht ein Unterhaltsverfahren anhängig, kann es wegen des Sachzusammenhangs geboten sein, die beiden Verfahren durch Abgabe des Versorgungsausgleichsverfahrens nach § 4 FamFG bei einem Gericht zu konzentrieren (so auch Hahne in: Schwab VI Rn 513, die die Abgabe des Unterhaltsverfahrens vorschlägt; allerdings ist dieses Familienstreitsache, so dass § 4 FamFG hierauf – zumindest nicht direkt – nicht anwendbar ist). Es kommt daher nur die Abgabe des Versorgungsausgleichsverfahrens infrage (vgl Gutdeutsch FamRZ 2010, 1140; Schwamb NJW 2011, 1648, 1649).

g) Örtliche Zuständigkeit in Unterhaltssachen. aa) Überblick. § 232 FamFG enthält den Katalog der   71
Zuständigkeitsbestimmungen betreffend die Unterhaltssachen. Diese Regelungen sind komplex, weil sie –
je nach konkretem Verfahrensgegenstand – entweder ausschließlichen Charakter haben oder dem Antragsteller ein Wahlrecht einräumen. Demgemäß muss grundsätzlich unterschieden werden zwischen Unterhaltssachen, die die Unterhaltspflicht für ein minderjähriges Kind oder ein nach § 1603 Abs. 2 S. 2 BGB
gleichgestelltes Kind betreffen, und Unterhaltssachen, die sonstige Unterhaltsansprüche zum Gegenstand
haben.

bb) Unterhaltsansprüche minderjähriger oder privilegiert volljähriger Kinder. Für diese Ansprüche   72
hält das Gesetz in § 232 Abs. 1 Nr. 2 FamFG eine besondere Regelung bereit, die zwar ausschließlichen
Charakter hat, dem Antragsteller aber ein Wahlrecht gewährt:

1. **Gericht des gewöhnlichen Aufenthalts des Kindes** im Inland, § 232 Abs. 1 Nr. 2 Alt. 1.   73
2. **Gericht des gewöhnlichen Aufenthalts des handlungsbefugten Elternteils** im Inland, § 232 Abs. 1
   Nr. 2 Alt. 2.

Handlungsbefugt iSd § 232 Abs. 1 Nr. 2 FamFG ist der Elternteil, der befugt ist, das minderjährige Kind   74
bei der Durchsetzung seiner Unterhaltsansprüche gesetzlich zu vertreten. Steht den Eltern das Sorgerecht
gemeinsam zu, so ist gem. § 1629 Abs. 2 S. 2 BGB der Elternteil, der das Kind in Obhut hat, zur gesetzlichen Vertretung bei der Geltendmachung von Kindesunterhaltsansprüchen gegen den anderen Elternteil befugt. Diese Handlungsbefugnis ist gegeben, unabhängig davon, ob der Obhutselternteil zusätzlich auch
noch gesetzlicher Prozessstandschafter nach § 1629 Abs. 3 BGB ist oder nicht.

Der in § 1629 Abs. 2 S. 2 BGB verwendete Begriff der „Obhut" ist rein faktisch. Er besagt nicht, dass der   75
betreffende Elternteil die Betreuung des Minderjährigen auch selbst erbringen müsste. Er kann diese Aufgabe delegieren, zB durch Unterbringung des Kindes bei Familienangehörigen oder in einem Heim. Der
Elternteil nimmt seine Obhut dann dadurch wahr, dass er die von Dritten erfolgende Versorgung organisiert
hat und diese überwacht.

Beispiel: Die Familie lebte zunächst gemeinsam in Würzburg. Nach der Trennung der Eltern verlegt die   76
Mutter ihren gewöhnlichen Aufenthalt nach Nürnberg, das Kind, für das ihr das Aufenthaltsbestimmungsrecht zusteht, bringt sie bei ihren Eltern in Bayreuth unter, weil sie ganztags arbeiten muss. Da der in
Würzburg verbliebene Vater auch keinen Kindesunterhalt zahlt, muss gegen ihn ein Verfahren anhängig
gemacht werden.

Zuständig hierfür ist gleichermaßen das Familiengericht Bayreuth, in dessen Bezirk das Kind seinen gewöhnlichen Aufenthalt (bei den Großeltern mütterlicherseits) hat, als auch das Familiengericht Nürnberg,
in dessen Bezirk die Mutter als gesetzliche Vertreterin des Kindes ihren gewöhnlichen Aufenthalt hat.
Zwar sind beide Zuständigkeiten ausschließliche, die Mutter hat jedoch zwischen den Gerichtsständen
Nürnberg und Bayreuth ein Wahlrecht.

Zu der Frage, ob der vertretungsbefugte Elternteil das Verfahren im eigenen Namen oder – als Prozess-   77
standschafter – im Namen des Kindes einleiten muss, s. → *Prozessstandschaft* Rn 1.

Für den Fall, dass die Eltern sich nach ihrer Trennung die Betreuung des Kindes teilen, ist zunächst heraus-   78
zufinden, ob dennoch ein **Schwerpunkt der Betreuung** durch einen Elternteil festzustellen ist. Dann liegt

die Obhut bei diesem Elternteil und diesem steht somit die gesetzliche Vertretung in Unterhaltssachen allein zu.

Lässt sich ein Schwerpunkt nicht ermitteln, weil die Eltern ein **Wechselmodell** in Reinform praktizieren, so hat kein Elternteil die Obhut iSv § 1629 Abs. 2 S. 2 BGB inne und kann das Kind damit schon gar nicht im Unterhaltsverfahren vertreten. Dann muss der Elternteil, der den anderen für barunterhaltspflichtig hält, entweder die Bestellung eines Pflegers für das Kind herbeiführen, der dieses bei der Geltendmachung seines Unterhaltsanspruchs vertritt, oder der Elternteil muss beim Familiengericht beantragen, ihm gem. § 1628 BGB die Entscheidung zur Geltendmachung von Kindesunterhalt allein zu übertragen (vgl BGH 21.12.2005 – XII ZR 126/05, NJW 2006, 1015).

Mit der Pflegerbestellung bzw mit der Übertragung der Entscheidungsbefugnis wird die zur Vertretung befugte Person dann handlungsbefugt iSv § 232 Abs. 1 Nr. 2 FamFG.

79 Die Zuständigkeit des § 232 Abs. 1 Nr. 2 FamFG betrifft **alle Verfahren**, die Unterhaltsansprüche von minderjährigen oder privilegiert volljährigen Kindern zum Gegenstand haben. Dazu gehören nicht nur Leistungsklagen seitens des Kindes, sondern auch Abänderungsbegehren oder Vollstreckungsgegenanträge (vgl hierzu Rn 81), die sich gegen das Kind richten. Ebenfalls werden Feststellungsverfahren davon betroffen.

80 Die Zuständigkeit betrifft aber nur das Verhältnis zwischen dem Kind und seinen Eltern oder einem Elternteil. Ist hingegen der gesetzliche Unterhaltsanspruch des Kindes gegen seine **Großeltern** im Streit, so fällt dieser nicht unter § 232 Abs. 1 Nr. 2 FamFG, sondern unter § 232 Abs. 3 S. 1 FamFG iVm §§ 12, 13 ZPO (vgl OLG Köln 23.7.2003 – 4 WF 74/03, NJW-RR 2004, 869).

81 Von der speziellen Regelung des § 232 Abs. 1 Nr. 2 FamFG werden auch **Vollstreckungsgegenanträge** in den dort beschriebenen Unterhaltssachen erfasst. Für diese sähen §§ 767, 802 ZPO zwar eine ausschließliche Zuständigkeit bei dem Gericht vor, das den Titel geschaffen hat. Durch § 232 Abs. 2 FamFG wird jedoch der ausschließlichen Zuständigkeit des § 232 Abs. 1 FamFG Vorrang eingeräumt.

82 Von § 232 Abs. 1 Nr. 2 FamFG werden alle Verfahren erfasst, bei denen auch Unterhalt für die Zeit der Minderjährigkeit bzw die Zeit des Anspruchs nach § 1603 Abs. 2 S. 2 BGB im Raum steht (vgl Finke/Ebert/Stockmann § 1 Rn 49 ff; Keidel/Weber § 232 Rn 8). Der Verfahrensgegenstand kann somit auch Unterhaltsansprüche mit umfassen, die nicht die Zeit der Minderjährigkeit oder der privilegierten Volljährigkeit betreffen. Nach Ende des Privilegierungszeitraums noch geltend gemachte Ansprüche für den zurückliegenden – privilegierten – Zeitraum fallen unter § 232 Abs. 1 Nr. 2 FamFG (vgl OLG Naumburg 12.2.2004 – 14 AR 4/03, FamRZ 2005, 120; OLG Hamm 2.9.2008 – 2 Sdb (FamS) Zust. 15/08, FamRZ 2009, 442).

83 **cc) Sonstige Unterhaltsverfahren.** Für die sonstigen Unterhaltsansprüche stellt das Gesetz dem Antragsteller wahlweise zur Verfügung:

– Die **Anwendung der entsprechenden Vorschriften der ZPO, nämlich §§ 12 ff ZPO**, wobei an die Stelle des Wohnsitzes der gewöhnliche Aufenthalt tritt, § 232 Abs. 3 S. 1 FamFG.

– Bei **Ansprüchen auf Ehegattenunterhalt oder Unterhalt nach § 1615 l BGB**: Das Gericht, bei dem ein Verfahren über den Unterhalt des Kindes im ersten Rechtszug anhängig ist, § 232 Abs. 3 S. 2 Nr. 1 FamFG.

– Bei **Ansprüchen des Kindes gegen beide Elternteile**: Das Gericht, das für den Antrag gegen einen Elternteil zuständig ist, § 232 Abs. 3 S. 2 Nr. 2 FamFG.

84 Für den Fall, dass der Antragsgegner im Inland keinen Gerichtsstand hat, ist zudem der gewöhnliche Aufenthalt des Antragstellers Anknüpfungspunkt, § 232 Abs. 3 S. 2 Nr. 3 FamFG.

85 Eine **Sonderzuständigkeit** besteht für den Fall, dass in einem Verfahren auf Feststellung der Vaterschaft gleichzeitig der Unterhaltsanspruch des minderjährigen Kindes geltend gemacht wird. Eine solche Verbindung ist nach § 237 Abs. 1 FamFG in Abweichung von dem generellen Verbindungsverbot in Abstam-

mungssachen (§ 179 Abs. 2 FamFG) zulässig. Ausschließlich zuständig ist nach § 237 Abs. 2 FamFG dann das Gericht, bei dem das Abstammungsverfahren im ersten Rechtszug anhängig ist.

Soweit eine **Geltendmachung von Unterhaltsansprüchen im Rahmen der EuUntVO** infrage kommt 86 (nämlich im Verhältnis zwischen den Mitgliedstaaten der EU mit Ausnahme Dänemarks, vgl Art. 1 EuUntVO iVm deren Erwägungsgrund 48), sieht Art. 3 EuUntVO nicht nur eine Regelung der internationalen Zuständigkeit, sondern auch der örtlichen Zuständigkeit vor.

Diese ist nämlich gegeben bei

- dem Gericht des Ortes, an dem der Beklagte seinen gewöhnlichen Aufenthalt hat;
- dem Gericht des Ortes, an dem die berechtigte Person ihren gewöhnlichen Aufenthalt hat;
- dem Gericht, das nach seinem Recht für ein Verfahren in Bezug auf den Personenstand zuständig ist, wenn in der Nebensache zu diesem Verfahren über eine Unterhaltssache zu entscheiden ist, es sei denn, diese Zuständigkeit begründet sich einzig auf der Staatsangehörigkeit einer der Parteien;
- dem Gericht, das nach seinem Recht für ein Verfahren in Bezug auf die elterliche Verantwortung zuständig ist, wenn in der Nebensache zu diesem Verfahren über eine Unterhaltssache zu entscheiden ist, es sei denn, diese Zuständigkeit begründet sich einzig auf der Staatsangehörigkeit einer der Parteien.

Die Regelung der EuUntVO hat als supranationale Vorschrift Vorrang gegenüber den nationalen Zuständigkeitsbestimmungen des FamFG.

Als Unterhaltssachen, auf die die vorstehenden Regelungen zur Ermittlung der örtlichen Zuständigkeit an- 87 zuwenden sind, sind auch – wie bei Unterhaltsansprüchen von Minderjährigen oder privilegiert Volljährigen (vgl Rn 79) – **Abänderungsanträge** bestehender Unterhaltstitel über gesetzliche Unterhaltsverpflichtungen nach §§ 238 f FamFG anzusehen.

Hingegen existiert bezüglich von **Vollstreckungsgegenanträgen gem. § 767 ZPO** gegen die Vollstre- 88 ckung einer gerichtlichen Endentscheidung keine dem § 232 Abs. 2 FamFG entsprechende Sonderregelung wie bei den Unterhaltsansprüchen von Minderjährigen oder privilegiert Volljährigen. Daraus ergibt sich, dass für Vollstreckungsgegenanträge, die nicht den in § 232 Abs. 1 Nr. 2 FamFG genannten Personenkreis betreffen, das Prozessgericht des ersten Rechtszuges zuständig ist, in dem der Titel, dessen Vollstreckung angegriffen wird, errichtet wurde. Diese Zuständigkeit nach § 767 Abs. 1 ZPO ist eine ausschließliche gem. § 802 ZPO und hat damit Vorrang vor der Zuständigkeit nach § 232 Abs. 3 FamFG.

Stellt der mit dem Vollstreckungsgegenantrag angegriffene Titel keine gerichtliche Endentscheidung dar, 89 sondern ist zB eine **notarielle Verpflichtungsurkunde**, so ergibt sich die Zuständigkeit des Gerichtes für den Vollstreckungsgegenantrag aus § 797 Abs. 5 ZPO. Zuständig ist dann – auch nach der zum 1.9.2013 erfolgten Änderung der Norm – das Gericht, bei dem der Schuldner im Inland seinen allgemeinen Gerichtsstand (§§ 12, 13 ZPO) hat. Dieser Gerichtsstand ist ein ausschließlicher, § 802 ZPO. Diese Regelung gilt über § 60 S. 3 SGB VIII auch für Jugendamtstitel.

Unsicherheiten kann es geben, wenn der ursprüngliche Titel bereits durch einen **Abänderungsantrag nach** 90 **§§ 238 f FamFG** abgeändert wurde. Zur Verdeutlichung einige Fallgestaltungen:

Beispiel 1: Während der Anhängigkeit der Ehesache erstreitet das Kind beim zuständigen Familiengericht Würzburg einen Titel auf laufenden Kindesunterhalt gegen seinen Vater. Später begehrt das volljährig gewordene und auch nicht mehr iSv § 1603 Abs. 2 S. 2 BGB privilegierte Kind eine Abänderung dieses Titels, da es einen höheren Bedarf hat. Diese Abänderung erfolgte durch das Familiengericht Aschaffenburg, weil der beklagte Vater bei Rechtshängigkeit des Abänderungsantrags seinen gewöhnlichen Aufenthalt im Bezirk dieses Amtsgerichts hatte (§§ 232 Abs. 3 S. 1 FamFG iVm §§ 12, 13 ZPO).

Wenn der Vater sich zu einem späteren Zeitpunkt mit einem Vollstreckungsgegenantrag gegen die weitere Vollstreckung wenden will, ist das Gericht zuständig, das zuletzt (im Vorprozess) den Titel geschaffen hat. Dies ist das Familiengericht Aschaffenburg. Auf den gewöhnlichen Aufenthalt des Antragstellers oder des Antragsgegners kommt es nun nicht mehr an. Deshalb ist das Familiengericht Aschaffenburg zuständig, selbst wenn keiner der Beteiligten in seinem Bezirk einen Gerichtsstand hat. Wegen § 802 ZPO ist diese Zuständigkeit eine ausschließliche.

91 **Beispiel 2:** Ist in dem obigen Beispielsfall 1 das Kind im Zeitpunkt der Abänderung noch minderjährig oder privilegiert volljährig, so ist für den Abänderungsantrag nach § 232 Abs. 1 S. 2 FamFG das Gericht zuständig, in dessen Bezirk das Kind seinen gewöhnlichen Aufenthalt hat. Auf den gewöhnlichen Aufenthalt oder Wohnsitz des Vaters und Antragsgegners kommt es nicht an. Ist der gewöhnliche Aufenthalt des Kindes weiter im Bezirk des Familiengerichts Würzburg, so ist dieses für den Abänderungsantrag zuständig.

Für den späteren Vollstreckungsgegenantrag des Vaters gegen das – weiterhin minderjährige bzw privilegiert volljährige – Kind ist nun dessen gewöhnlicher Aufenthalt entscheidend: Liegt dieser im Zeitpunkt der Antragserhebung beispielsweise im Bezirk des Familiengerichts Fulda, so ergibt sich für die Zuständigkeit:

§§ 767, 802 ZPO schreiben die ausschließliche Zuständigkeit des Gerichts des Vorprozesses, also des Familiengerichts Würzburg, vor. § 232 Abs. 1 Nr. 2 FamFG benennt als ausschließlich zuständiges Gericht das des jetzigen gewöhnlichen Aufenthalts des Kindes, also das Familiengericht Fulda. Diese ausschließliche Zuständigkeit ist aber vorrangig gem. § 232 Abs. 2 FamFG.

92 **Beispiel 3:** Beim Jugendamt Würzburg wird ein Titel betreffend Kindesunterhalt errichtet. Das Kind verlegt seinen gewöhnlichen Aufenthalt in den Bereich des Familiengerichts Meiningen, der verpflichtete Elternteil nimmt seinen gewöhnlichen Aufenthalt im Bereich des Familiengerichts Heidelberg. Für den Vollstreckungsgegenantrag des Kindesunterhalt schuldenden Elternteils ist zu differenzieren:

Ist das Kind noch minderjährig oder privilegiert volljährig, so ist das Familiengericht Meiningen zuständig, § 232 Abs. 1 Nr. 2, Abs. 2 FamFG. Fällt das Kind nicht unter die Privilegierung des § 232 Abs. 1 Nr. 2 FamFG, so ist das Familiengericht Heidelberg ausschließlich zuständig, §§ 797 Abs. 5; 802 ZPO.

93 **Beispiel 4:** Wie Fall 3, jedoch begehrt der Elternteil nach Wegfall der Privilegierung zunächst Abänderung des ursprünglichen Titels, nach erfolgter Abänderung wehrt er sich gegen die weitere Vollstreckung mit der Vollstreckungsgegenklage.

Für den Abänderungsantrag ist nach §§ 12, 13 ZPO iVm § 232 Abs. 3 S. 1 FamFG das Familiengericht Meiningen zuständig. Ändert dieses den Ausgangstitel, dann ist es auch für den Vollstreckungsgegenantrag zuständig, weil es das Prozessgericht des Vorprozesses war.

94 **h) Örtliche Zuständigkeit in Güterrechtssachen.** Wenn keine Ehesache anhängig ist, richtet sich die Zuständigkeit nach den **Zuständigkeitsbestimmungen der ZPO** (§§ 12–40 ZPO), wobei beim allgemeinen Gerichtsstand an die Stelle des Wohnsitzes der gewöhnliche Aufenthalt tritt (§ 262 Abs. 2 FamFG).

95 **i) Örtliche Zuständigkeit in sonstigen Familiensachen.** Hier gilt die gleiche Regelung wie bei den Güterrechtssachen (Rn 94): Wenn keine Ehesache anhängig ist, richtet sich die Zuständigkeit nach den **Zuständigkeitsbestimmungen der ZPO** (§§ 12–40 ZPO), wobei beim allgemeinen Gerichtsstand an die Stelle des Wohnsitzes der gewöhnliche Aufenthalt tritt (§ 267 Abs. 2 FamFG).

96 **j) Örtliche Zuständigkeit in Lebenspartnerschaftssachen.** Für die Lebenspartnerschaftssachen gibt es keine eigenständigen Normen über die Zuständigkeit. § 270 FamFG verweist hinsichtlich der einzelnen Lebenspartnerschaftssachen auf die Normen für die entsprechenden Familiensachen (Rn 39–95).

3. Örtliche Zuständigkeit in Familiensachen bei Anhängigkeit einer Ehesache

97 Eine zentrale Norm über die Zuständigkeit des Gerichts der Ehesache (wie im früheren Recht die Regelung des § 621 Abs. 2 S. 1 ZPO) enthält das FamFG nicht. Stattdessen wird bei einzelnen (nicht allen) Familiensachen jeweils ausdrücklich aufgeführt, dass bei Anhängigkeit der Ehesache die Zuständigkeit des Gerichts der Ehesache Vorrang hat. Diese ausdrücklichen Bestimmungen finden sich stets bei den Regelungen über die örtliche Zuständigkeit in der zweiten Norm der Regelungen für die betreffende Familiensache und können aus der nachfolgenden Tabelle entnommen werden:

Kindschaftssachen	§ 152 Abs. 1 FamFG unter der Voraussetzung, dass die Kindschaftssachen gemeinschaftliche Kinder der Parteien der Ehesache betreffen	98
Wohnungszuweisungs- und Hausratssachen	§ 201 Nr. 1 FamFG	
Versorgungsausgleichssachen	§ 218 Nr. 1 FamFG	
Unterhaltssachen betreffend Ehegatten- und Kindesunterhalt für ein gemeinschaftliches Kind	§ 232 Abs. 1 Nr. 1 FamFG	
Güterrechtssachen	§ 262 Abs. 1 FamFG	
Verfahren in sonstigen Familiensachen	§ 267 Abs. 1 FamFG	

Zu beachten ist, dass § 13 IntFamRVG (Zuständigkeitskonzentration in Anerkennungs- und Vollstreckungssachen) Vorrang vor §§ 152 Abs. 1, 137 FamFG hat. Das Gericht, bei dem nach §§ 10–11 IntFamRVG eine Kindschaftssache anhängig ist (dies ist nach § 12 IntFamRVG generell das Familiengericht am Sitz des Oberlandesgerichtes, in Berlin das Familiengericht Pankow/Weißensee, in Niedersachsen das Familiengericht Celle), bleibt auch bei Anhängigkeit der Ehesache für diese Verfahren zuständig.   **99**

Keine Zuständigkeitskonzentration beim Gericht der Ehesache gibt es für Abstammungssachen (§§ 169 ff FamFG), Adoptionssachen (§§ 186 ff FamFG) und Gewaltschutzsachen (§§ 210 ff FamFG).   **100**

Für **Lebenspartnerschaftssachen** gibt es wegen der Verweisung in § 270 FamFG (Rn 96) eine den vorstehenden Ergebnissen entsprechende Zuständigkeit des Gerichts, das mit der Auflösung der Lebenspartnerschaft befasst ist, für die entsprechende Lebenspartnerschaftssache.   **101**

In Verfahren betreffend einstweilige Anordnungen existiert keine ausdrückliche Regelung hinsichtlich der vorrangigen Zuständigkeit des Gerichts der Ehesache. Allerdings knüpft § 50 Abs. 1 an die Zuständigkeit für das entsprechende Hauptsacheverfahren an. Dadurch kommt es auch im Verfahren der einstweiligen Anordnung zur Anwendung der in der vorstehenden Tabelle aufgeführten Konzentrationsnorm bei Anhängigkeit der Ehesache.   **102**

4. Abgabe an das Gericht der Ehesache bei Rechtshängigkeit der Ehesache

Das FamFG enthält keine zentrale Norm über die Abgabe einer selbstständigen Familiensache an das Gericht der Ehesache. Stattdessen wird bei einzelnen Familiensachen jeweils ausdrücklich aufgeführt, dass bei Rechtshängigkeit der Ehesache ein bisher bei einem anderen Gericht geführtes Familienverfahren an das Gericht der Ehesache abzugeben ist. Diese ausdrücklichen Bestimmungen finden sich stets in der dritten Norm der Regelungen für die betreffende Familiensache und können aus der nachfolgenden Tabelle entnommen werden: **103**

Kindschaftssachen	§ 153 FamFG unter der Voraussetzung, dass die Kindschaftssachen gemeinschaftliche Kinder der Parteien der Ehesache betreffen	104
Wohnungszuweisungs- und Hausratssachen	§ 202 FamFG	
Unterhaltssachen betreffend Ehegatten- und Kindesunterhalt für ein gemeinschaftliches Kind	§ 233 FamFG	
Güterrechtssachen	§ 263 FamFG	
Verfahren in sonstigen Familiensachen	§ 268 FamFG	

Ab Rechtshängigkeit der Ehesache sind anderswo anhängige Familiensachen, die in der vorstehenden Tabelle aufgeführt sind, von Amts wegen an das Gericht der Ehesache abzugeben.   **105**

106 **Keine Abgabenorm** zum Gericht der Ehesache gibt es für Abstammungssachen (§§ 169 ff FamFG), Adoptionssachen (§§ 186 ff FamFG) und Gewaltschutzsachen (§§ 210 ff FamFG) sowie in Versorgungsausgleichssachen, weil ein Versorgungsausgleichsverfahren vor der Scheidung nicht denkbar ist (vgl § 9 VersAusglG).

107 Für **Lebenspartnerschaftssachen** gibt es wegen der Verweisung in § 270 FamFG eine den vorstehenden Ergebnissen entsprechende Abgabe an das Gericht, das mit der Auflösung der Lebenspartnerschaft befasst ist, für die entsprechende Lebenspartnerschaftssache.

IV. Familienstreitsachen und Nichtstreitverfahren

1. Allgemeines

108 Eine für das familiengerichtliche Verfahren wesentliche Unterscheidung nimmt § 112 FamFG mit der Einführung des Begriffs Familienstreitsachen vor.

Als solche werden definiert:

– **Unterhaltssachen** nach § 231 Abs. 1 FamFG und lebenspartnerschaftliche Unterhaltssachen nach § 269 Abs. 1 Nr. 8 und 9 FamFG;
– **Güterrechtssachen** nach § 261 Abs. 1 FamFG und lebenspartnerschaftliche Güterrechtssachen nach § 269 Abs. 1 Nr. 10 FamFG;
– **sonstige Familiensachen** nach § 266 Abs. 1 FamFG bzw derartige Verfahren betreffend Lebenspartnerschaften nach § 269 Abs. 2 FamFG.

109 Zu beachten ist, dass Unterhaltssachen nach § 231 Abs. 2 FamFG, nämlich Streitigkeiten betreffend den Bezug des Kindesgeldes, Güterrechtssachen nach § 261 Abs. 2 bzw § 269 Abs. 1 Nr. 11 FamFG und die in § 266 Abs. 2 FamFG erwähnten Verfahren betreffend die Beschränkung der Schlüsselgewalt nach § 1357 BGB nicht zu den Familienstreitsachen zählen, weil § 112 FamFG diese nicht benennt.

Familienstreitsachen sind somit nur die bereits seit jeher kontradiktorisch geführten **Verfahren betreffend Unterhalt, güterrechtliche und sonstige vermögensrechtliche Ansprüche** (vgl HK-FamFG/Kemper § 112 FamFG Rn 2 ff).

110 Diejenigen Verfahren, die keine Familienstreitsachen sind, werden hier zur deutlicheren Unterscheidung als **Nichtstreitverfahren** bezeichnet. Das Gesetz hält für sie keine offizielle Bezeichnung bereit. Die anderswo verwendeten Begriffe „FG-Verfahren, „FGG-Verfahren", „echte FamFG-Verfahren", „andere Familiensachen" o.Ä. erscheinen nicht treffend.

111 Die besondere Bedeutung der **Unterscheidung zwischen Familienstreitsachen und Nichtstreitverfahren** liegt darin, dass für die Familienstreitsachen in § 113 Abs. 1 FamFG die Anwendung wesentlicher Verfahrensvorschriften des FamFG ausgeschlossen und stattdessen auf die entsprechenden Bestimmungen der ZPO verwiesen wird. Diese Verweisung betrifft daneben auch die in § 124 FamFG genannten Ehesachen, für die jedoch in §§ 121 ff FamFG noch spezielle Bestimmungen bestehen.

112 Werden die Bestimmungen des FamFG, deren Anwendung durch § 113 Abs. 1 FamFG in Familienstreitsachen nicht möglich ist, näher betrachtet, so ergibt sich, dass davon gerade die Regelungen betroffen sind, die dem Gericht Amtsermittlung vorschreiben (vgl §§ 26, 30, 37 FamFG). Ziel der Verweisung ist daher, dass die aus dem kontradiktorischen Zivilverfahren bekannten Normen des Parteibetriebs auf die Familienstreitsachen angewendet werden. Deswegen ist in diesen Verfahren die Möglichkeit einer Versäumnis- und Anerkenntnisentscheidung gegeben. Auch gilt der Beibringungsgrundsatz der ZPO (vgl hierzu HK-FamFG/Kemper § 113 FamFG Rn 20 ff).

113 Jedoch hat der Gesetzgeber in § 113 Abs. 5 FamFG vorgesehen, dass in Familienstreitsachen, trotz der grundsätzlichen Anwendung der ZPO-Bestimmungen, die terminologischen Begriffe des FamFG (Verfahren, Antrag, Beteiligter etc.) Anwendung finden.

Im Übrigen jedoch werden an die Unterscheidung zwischen Nichtstreitverfahren und Familienstreitsachen **114** (und Ehesachen) vielfältige Unterschiede geknüpft, so zB betreffend der Verfahrensprinzipien (Rn 115 ff) und des Anwaltszwangs (Rn 119 ff).

2. Verfahrensprinzipien in Familienstreitsachen

In Familienstreitsachen kommen durch die Verweisung des § 113 Abs. 1 FamFG auf die Normen der ZPO **115** die bekannten Verfahrensprinzipien der ZPO zur Geltung. Besonders zu nennen ist die **Dispositionsmaxime**, die im Kern besagt, dass die Verfahrensbeteiligten (Parteien) den Streitgegenstand bestimmen und darüber verfügen können (vgl HK-ZPO/Saenger Einf. Rn 63 ff). Ferner wird das Verfahren durch den **Beibringungsgrundsatz** beherrscht, wonach das Gericht nur solchen Verfahrensstoff berücksichtigen darf, der von den Verfahrensbeteiligten eingeführt wurde (vgl HK-ZPO/Saenger Einf. Rn 66 ff). Auch gelten grundsätzlich die Regeln der ZPO über die **Präklusion von Parteivorbringen** (vgl HK-ZPO/Saenger Einf. Rn 51). Diese werden allerdings in § 115 FamFG modifiziert und sind im Endergebnis weniger streng als die Regeln der ZPO (vgl HK-FamFG/Kemper § 115 FamFG Rn 1 ff). Durch die Verweisung auf die ZPO werden insbesondere auch **Versäumnis- und Anerkenntnisentscheidungen** ermöglicht.

Zu den Verfahrensvorschriften der Familienstreitsachen vgl insbesondere HK-FamFG/Kemper § 113 FamFG Rn 20 ff. Zu der in § 116 Abs. 3 S. 2 FamFG vorgesehenen Möglichkeit, die sofortige Wirksamkeit der Entscheidung anzuordnen, s. → *Sofortige Wirksamkeit* Rn 11 ff.

3. Verfahrensprinzipien in Ehesachen

In Ehesachen wird mit § 113 FamFG grundsätzlich auf die Vorschriften der ZPO verwiesen. Gegenüber **116** den Familienstreitsachen werden jedoch weitere Einschränkungen betreffend der Anwendung der Verfahrensprinzipien des ZPO vorgenommen, so zB in § 113 Abs. 4 FamFG (vgl HK-FamFG/Kemper § 114 FamFG Rn 16 ff).

Weitere Sonderregelungen beinhaltet zB § 127 FamFG hinsichtlich des eingeschränkten Amtsermittlungsgrundsatzes (vgl HK-FamFG/Kemper § 127 FamFG Rn 1 ff).

4. Verfahrensprinzipien in Nichtstreitverfahren

Nichtstreitverfahren werden geprägt durch den in § 26 FamFG enthaltenen **Amtsermittlungsgrundsatz** **117** (vgl HK-FamFG/Schreiber § 26 FamFG Rn 1 ff). Vorbringen der Verfahrensbeteiligten kann nicht als verspätet zurückgewiesen werden, da das Gericht alle entscheidungserheblichen Tatsachen berücksichtigen und gegebenenfalls selbst ermitteln muss.

Ferner können einige Nichtstreitverfahren auch von Amts wegen durch das Gericht eingeleitet werden **118** ("**Amtsverfahren**"), nämlich dann, wenn das Gericht von einem Sachverhalt Kenntnis erhält, der ein Einschreiten erfordert und das materielle Recht dem Gericht die Befugnis dazu gibt. Dies bringt das FamFG in verschiedenen Normen (zB §§ 22, 24, 51 FamFG) zum Ausdruck. Beispielhaft für Amtsverfahren seien diejenigen nach § 1666 BGB (Eingriff in das Sorgerecht wegen Gefährdung des Kindeswohls) oder nach § 1684 BGB (Umgangsrecht) genannt (vgl die Auflistung bei HK-FamFG/Stockmann § 51 FamFG Rn 3).

V. Anwaltliche Vertretung in Familiensachen

1. Verfahren mit Anwaltszwang

In § 114 FamFG wird die Pflicht anwaltlicher Vertretung in einigen Familiensachen bestimmt. Danach besteht Anwaltszwang: **119**

- vor dem Bundesgerichtshof für alle Beteiligten, § 114 Abs. 2 FamFG. Die Vertretung dort muss durch einen beim Bundesgerichtshof zugelassenen Anwalt erfolgen.

– vor dem Familiengericht und dem Oberlandesgericht:

– in selbstständigen Familienstreitsachen (vgl hierzu § 112 FamFG, Rn 108) für alle Beteiligten, § 114 Abs. 1 Alt. 2 FamFG;
– in Ehesachen (§ 212 FamFG) und Folgesachen (§ 137 Abs. 2 und 3 FamFG) nur für die Ehegatten, § 114 Abs. 1 Alt. 1 FamFG (insofern unscharf HK-FamFG/Kemper § 114 FamFG Rn 8).

In den nicht beim Bundesgerichtshof geführten Verfahren sind alle nach der BRAO zugelassenen Anwälte zur Vertretung befugt (vgl Rn 126).

120 Besondere Regelungen bestreffend die Vertretung von Behörden enthält § 114 Abs. 3 FamFG (vgl hierzu HK-FamFG/Kemper § 114 FamFG Rn 9). Diese Sonderbestimmungen werden überwiegend relevant in Verfahren vor dem Bundesgerichtshof.

2. Verfahren ohne Anwaltszwang

121 Aus dem Umkehrschluss zu § 114 Abs. 1 und 2 FamFG folgt, dass dem Anwaltszwang diejenigen Nicht-streitverfahren nicht unterliegen, die nicht im Folgesachenverbund mit einer Scheidungssache stehen.

Beispiele: In einem nach § 50 VersAusglG wiederaufgenommenen Versorgungsausgleichsverfahren unterliegen auch die Ehegatten nicht dem Anwaltszwang. Denn dieses Verfahren hat nach Art. 111 Abs. 4 S. 2 FGG-RG den früheren Charakter einer Folgesache mit dem eines selbstständigen Nichtstreitverfahrens gewechselt.

Die Versorgungsträger in einer als Folgesache geführtem Versorgungsausgleichsverfahren bedürfen keiner anwaltlichen Vertretung, da die Anwaltspflicht im Scheidungsverbundverfahren nur die Ehegatten erfasst.

3. Grundsätzliche Ausnahmen vom Anwaltszwang

122 Generelle – für alle Beteiligten infrage kommende – Ausnahmen vom Anwaltszwang sind in den in **§ 114 Abs. 4 FamFG** genannten Verfahrensabschnitten gegeben. Dies wird dann relevant, wenn das eigentliche Verfahren nach § 114 Abs. 1 und 2 FamFG anwaltspflichtig ist (Rn 119).

123 Der **Anwaltszwang entfällt** demnach:

– **im Verfahren der einstweiligen Anordnung, Nr. 1**;
Praktisch bedeutsam ist diese Regelung insbesondere in Verfahren, die den Unterhalt betreffen. Während die Hauptsacheverfahren wegen § 114 Abs. 1 FamFG iVm § 112 Nr. 1 FamFG dem Anwalts-zwang unterliegen, ist dies im Verfahren der einstweiligen Anordnung nicht der Fall.
– für den Beteiligten, der im Rahmen der **Beistandschaft durch das Jugendamt** vertreten wird, **Nr. 2**.
Dies betrifft die in § 1712 Abs. 1 BGB aufgeführten Fallgestaltungen. Praktisch relevant ist dies für die dem Anwaltszwang unterliegenden Unterhaltsverfahren des § 1712 Abs. 1 Nr. 2 BGB.
Diskutiert wird, ob das Jugendamt, wenn es nicht als Beistand, sondern als Vormund oder Pfleger auf-tritt, in diesen Familienstreitsachen nicht seinerseits einer anwaltlichen Vertretung bedarf. Die Rege-lung des § 114 Abs. 3 FamFG (Behördenprivileg) greift nach einer Meinung (vgl Thomas/Putzo/Hüßte-ge § 114 FamFG Rn 7) nicht ein, da sie nur den Fall beschreibt, dass das Jugendamt in seiner Eigen-schaft als Behörde selbst Verfahrensbeteiligter wird, nicht aber in der Funktion eines gesetzlichen Ver-treters eines nicht selbst verfahrensfähigen Beteiligten. Demgegenüber wird jedoch überwiegend ver-treten, dass das Behördenprivileg des § 114 Abs. 4 Nr. 2 FamFG auch dann dem Jugendamt zusteht, wenn es als Vormund oder Pfleger auftritt (vgl Keidel/Weber § 114 FamFG Rn 12).
– für die **Zustimmung zur Scheidung** oder für die Zustimmung zur Rücknahme des Scheidungsantrags, bzw den Widerruf der Zustimmung zur Scheidung, **Nr. 3**.
– für einen Antrag auf **Abtrennung einer Folgesache** aus dem Scheidungsverbund gem. § 140 FamFG, **Nr. 4**.
– im Verfahren über die **Verfahrenskostenhilfe (VKH), Nr. 5**. Hierbei ist aber zu beachten, dass die Be-freiung vom Anwaltszwang nur innerhalb der jeweiligen Instanz gilt. Das bedeutet zB, dass in einem

beim Bundesgerichtshof anhängigen Verfahren der Beteiligte zwar allein Verfahrenskostenhilfe beantragen kann. Er kann jedoch in einem Verfahren, das seinen Antrag auf Verfahrenskostenhilfe in einer unteren Instanz betrifft, nicht ohne einen Anwalt Rechtsbeschwerde beim Bundesgerichtshof einlegen. Diese unterliegt dem Anwaltszwang nach § 114 Abs. 2 FamFG (BGH 23.6.2010 – XII ZB 82/10, NJW-RR 2010, 1297).

Praktische Auswirkungen hat der Umstand, dass das Verfahrenskostenhilfeverfahren nicht anwaltspflichtig ist insoweit, als in diesem Verfahrensstadium ohne anwaltliche Beteiligung ein wirksamer Vergleich betreffend Verfahrensgegenstände geschlossen werden kann, die im Hauptsacheverfahren dem Anwaltszwang unterliegen.

– in den Fällen des § 78 Abs. 3 ZPO, **Nr. 6.** Dies betrifft im Wesentlichen Verfahrenshandlungen, die vor dem **Urkundsbeamten der Geschäftsstelle** vorgenommen werden können. Für diese Verfahrenshandlungen ist anwaltliche Vertretung auch dann nicht erforderlich, wenn sie nicht zu Protokoll der Geschäftsstelle erklärt, sondern anderweitig vorgenommen werden. Vgl ausführlich hierzu Finke/Ebert/Stockmann § 1 Rn 73 sowie Bendtsen in: HK-ZPO § 78 ZPO Rn 17 ff.

– hinsichtlich des **Versorgungsausgleichs, Nr. 7,** bei dem Antrag auf Durchführung trotz kurzer Ehedauer gem. § 3 Abs. 3 VersAusglG und bei den Erklärungen zum Wahlrecht nach § 15 Abs. 1 und 3 VersAusglG bei externer Teilung gem. § 14 VersAusglG.

Eine weitere Ausnahme vom Anwaltszwang ergibt sich nicht direkt aus § 114 Abs. 4 FamFG, sondern aus § 13 RPflG. Danach ist der Anwaltszwang nicht gegeben in Verfahren, die vor dem **Rechtspfleger** stattfinden. **124**

Praktisch relevant ist diese Bestimmung in erster Linie für die **vereinfachten Verfahren über den Unterhalt Minderjähriger** gem. §§ 249 ff FamFG, die wegen § 114 Abs. 1 iVm § 112 Nr. 1 FamFG als Familienstreitsachen an sich dem Anwaltszwang unterliegen. Jedoch weist § 25 Nr. 2 c RPflG die Zuständigkeit für die Vereinfachten Unterhaltsverfahren dem Rechtspfleger zu. Gleichfalls unterliegen die übrigen in § 25 RPflG aufgeführten Geschäfte des Rechtspflegers nicht dem Anwaltszwang.

Nicht ausdrücklich geregelt ist die Frage, ob Anwaltszwang besteht, wenn ein **Kindesunterhaltsverfahren** **125** **nach § 237 FamFG** bei Anhängigkeit eines Vaterschaftsfeststellungsverfahrens gem. § 179 Abs. 1 S. 2 FamFG mit dem Abstammungsverfahren verbunden wird. Unterhaltsverfahren sind generell nach § 112 Nr. 1 FamFG Familienstreitsachen und damit gem. § 114 Abs. 1 FamFG anwaltspflichtig (Rn 119). Abstammungsverfahren sind Nichtstreitsachen und damit nicht anwaltspflichtig (Rn 121).

Die Fragestellung wurde bisher – soweit ersichtlich – noch nicht erschöpfend diskutiert. Zwar findet sich in nahezu allen Kommentierungen zu § 237 FamFG die stereotype Feststellung, dass das Unterhaltsverfahren auch im Falle der Verbindung den speziellen Charakter dieser Verfahrensart beibehalte (vgl zB HK-FamFG/Viefhues § 237 FamFG Rn 1; JH/Maier § 237 FamFG Rn 1). Diese Aussage ergibt sich daraus, dass der Gesetzgeber das Verfahren nach § 237 FamFG (entgegen der früheren Regelung des § 653 ZPO) als selbstständiges Verfahren ausgestaltet hat. Dies geschah, um betreffend das Unterhaltsbegehren Säumnis- und Anerkenntnisentscheidungen zu ermöglichen, was im früheren Recht nicht zulässig war.

Es ist jedoch nicht ersichtlich, dass es das Bestreben des Gesetzgebers gewesen sein soll, damit gleichzeitig die Anwaltspflicht in diesen Verfahren herbeizuführen. Man könnte zwar argumentieren, der Gesetzgeber habe (konkludent) Anwaltszwang angeordnet, weil er den Verfahren auch nach der Verbindung Unterhaltscharakter beigegeben hat (so wohl Keidel/Weber § 237 FamFG Rn 1). Dem kann jedoch entgegengehalten werden, dass der in § 237 FamFG angesprochene Unterhaltsanspruch sowohl materiellrechtlich (nur Mindestunterhalt nach § 1612 a BGB) als auch im Übrigen förmlich (Abänderung nach § 240 FamFG und nicht nach § 238 FamFG) dem vereinfachten Unterhaltsverfahren nach §§ 249 ff FamFG gleichgestellt ist. Dieses ist wegen der Regelung der §§ 13, 25 Nr. 2 c RPflG aber nicht anwaltspflichtig (Rn 124).

Ich halte es daher rechtlich für zulässig und aus Praktikabilitätsgründen auch für sinnvoll, dass der Antrag nach § 237 FamFG nicht dem Anwaltszwang unterliegt.

4. Anforderungen an die anwaltliche Vertretung

126 Als geeigneter anwaltlicher Vertreter kommt jeder nach der BRAO postulationsfähige und nicht prozessunfähige Rechtsanwalt infrage (vgl HK-ZPO/Bendtsen § 78 ZPO Rn 4 ff). Zur Vertretungsbefugnis der europäischen Rechtsanwälte vgl Thomas/Putzo/Hüßtege § 78 ZPO Rn 20 ff.

Die in § 78 Abs. 4 ZPO eröffnete Möglichkeit, dass ein Rechtsanwalt sich selbst vertreten kann, gilt auch im Familienverfahren (vgl Prütting/Helms/Helms § 114 FamFG Rn 13).

5. Folgen nicht ausreichender anwaltlichen Vertretung

127 Wegen der unterschiedlichen infrage kommenden Verfahrensarten ist zu differenzieren:

128 **a) Familienstreitsachen.** In Familienstreitsachen wird in § 113 Abs. 1 FamFG auf die Regeln der ZPO verwiesen. Dies führt dann, wenn eine anwaltliche Vertretung vorgeschrieben ist, vom Verfahrensbeteiligten aber nicht herbeigeführt wird, zur Möglichkeit von Säumnisentscheidungen, §§ 330 ff ZPO.

Diese Konsequenz gilt sowohl für selbstständige Familienstreitsachen als auch für Familienstreitsachen, die als Folgesache in einem Scheidungsverbundverfahren geltend gemacht werden. Im letzteren Fall ergeht die Teilsäumnisentscheidung innerhalb der Scheidungsverbundentscheidung, § 142 Abs. 1 FamFG.

129 **b) Ehesachen.** In Ehesachen verbietet § 130 Abs. 2 FamFG eine Säumnisentscheidung gegen den **Antragsgegner**. Ist dieser in einem Scheidungsverfahren nicht anwaltlich vertreten, so kann er gem. § 114 Abs. 4 Nr. 3 FamFG selbst wirksam die Zustimmung zur Scheidung erklären. Es ist dann eine einverständliche Scheidung nach § 1566 Abs. 1 BGB möglich. Eine einmal erklärte Zustimmung kann der Antragsgegner auch selbst widerrufen.

130 Gegen den nicht postulationsfähigen und damit säumigen **Antragsteller** kann aber Versäumnisbeschluss ergehen, wenn der ordnungsgemäß vertretene Antragsgegner einen entsprechenden Antrag stellt. Nach § 130 Abs. 1 FamFG ist diese Säumnisentscheidung dahin gehend zu tenorieren, dass das Verfahren in der Hauptsache als erledigt gilt. Da somit keine Abweisung des Scheidungsbegehrens erfolgt, ist es nach Ablauf der Einspruchsfrist des § 339 ZPO möglich, einen erneuten Scheidungsantrag zu stellen, ohne dabei „neue Gründe" geltend machen zu müssen.

131 Will der **anwaltlich nicht vertretene Antragsgegner** nicht geschieden werden, kann er seine gegen das Scheidungsbegehren der Antragstellerseite sprechenden Argumente im Rahmen der Anhörung nach § 128 FamFG vorbringen. Das Gericht muss diese wegen des Amtsermittlungsgrundsatzes des § 127 FamFG zur Kenntnis nehmen und berücksichtigen. Hält das Gericht die Ehe trotz der ablehnenden Haltung des Antragsgegners für gescheitert, kann es sie in Anwendung des § 1565 Abs. 1 BGB scheiden. Die unwiderlegbare Vermutung des § 1566 Abs. 1 BGB steht dann nicht zur Verfügung, bei entsprechend langer Trennungszeit aber möglicherweise die des § 1566 Abs. 2 BGB.

132 Das Gericht kann dem anwaltlich nicht vertretenen Antragsgegner gem. § 138 FamFG auch einen **Anwalt beiordnen**. Dies steht im pflichtgemäßen Ermessen des Richters und setzt voraus, dass er zu der Überzeugung gelangt, dass der Schutz des Antragsgegners in der Scheidungssache oder in einer Kindschaftsfolgesache dies erfordert (vgl HK-FamFG/Kemper § 138 FamFG Rn 5). Eine Beiordnung für andere Folgesachen ist nicht zulässig (vgl HK-FamFG/Kemper § 138 FamFG Rn 8).

133 Die Beiordnung kann gem. § 138 Abs. 1 S. 1 Hs 2 FamFG iVm § 78 c ZPO mit der **sofortigen Beschwerde** nach §§ 567 ff ZPO angegriffen werden. Kemper (HK-FamFG/Kemper § 138 FamFG Rn 11) vertritt mit der überwiegenden Rechtsprechung und Literatur die Meinung, entgegen dem Wortlaut des § 78 c ZPO könne nicht nur die konkrete Auswahl des beigeordneten Rechtsanwaltes, sondern auch die Beiordnung an sich angegriffen werden (vgl hierzu auch Keidel/Weber § 138 FamFG Rn 7).

134 Zur **Stellung des beigeordneten Rechtsanwalts** als Beistand iSv § 90 ZPO (§ 138 Abs. 2 FamFG) vgl HK-FamFG/Kemper § 138 FamFG Rn 13.

c) Nichtstreitverfahren mit Folgesachencharakter. In Nichtstreitverfahren mit Folgesachencharakter 135
kann der anwaltlich nicht vertretene Ehegatte keine eigenen Anträge stellen, ausgenommen die in § 114
Abs. 4 Nr. 4 und Nr. 7 FamFG aufgeführten (Rn 123). Er ist insofern nicht postulationsfähig. Zu Anträgen
der Gegenseite kann er eine sachliche Stellungnahme abgeben, die das Gericht im Rahmen seiner in den
Nichtstreitverfahren gebotenen Amtsermittlung nach § 26 FamFG zu berücksichtigen hat.

VI. Verfahrenskostenvorschuss

Durch das FGG-RG wurden die Kostenregelungen für die Familiensachen im **FamGKG** zusammengefasst. 136
Dort findet sich daher auch die Antwort auf die Frage, ob der Antragsteller eines Verfahrens in Familiensachen einen Vorschuss auf die Verfahrenskosten erbringen muss. Unter Anwendung der hierfür eingreifenden Bestimmungen (§§ 14 Abs. 1 und 3; 21 Abs. 1 FamGKG) ergibt sich die in Rn 138 dargestellte Übersicht für die einzelnen Verfahren.

Jedoch ist zunächst auf die Bestimmung des § 15 FamGKG hinzuweisen, die diejenigen Fallgestaltungen 137
aufführt, in denen ein **Verfahrenskostenvorschuss nicht eingefordert werden darf**:

- – Dem Antragsteller ist Verfahrenskostenhilfe bewilligt worden, § 15 Nr. 1 FamGKG.
- – Dem Antragsteller steht Gebührenfreiheit zu, § 15 Nr. 2 FamGKG.
- – Die infrage kommenden Fallgestaltungen sind in § 2 FamGKG erfasst (vgl HK-FamGKG/Volpert § 2
  FamGKG Rn 1 ff und § 15 FamGKG Rn 30 f).
- – Der Antragsteller macht glaubhaft, dass ihm die alsbaldige Zahlung des Kostenvorschusses Schwierigkeiten bereitet und dass eine Verzögerung der Einleitung des Verfahrens ihm einen schwer zu ersetzenden Schaden bringen würde, § 15 Nr. 3 FamGKG.

Bei dieser Fallgestaltung darf zudem die beabsichtigte Rechtsverfolgung des Antragstellers nicht aussichtslos oder mutwillig erscheinen.

Vgl zum Ganzen HK-FamGKG/Volpert § 15 FamGKG Rn 32 ff.

138

Verfahrensart	Verfahrenskostenvorschuss erforderlich?	Begründung
Ehesachen (§ 121 FamFG)	Ja	§ 14 Abs. 1 FamGKG
Folgesachen (§ 137 Abs. 2 und 3 FamFG)	Nein	HK-FamGKG/Volpert § 14 FamGKG Rn 20
Selbstständige Familienstreitsachen des § 112 FamFG		
Generell	Ja	§ 14 Abs. 1 FamGKG
Vereinfachtes Unterhaltsverfahren (§ 249 FamFG)	Nein	Gebühr Nr. 1210 KV FamGKG fällt nicht unter § 14 Abs. 1 FamGKG, da keine Verfahrensgebühr (vgl HK-FamGKG/Volpert § 14 FamGKG Rn 27)
Selbstständige Nichtstreitverfahren		
Abstammungssachen (§ 169 FamFG)		
vom Kind eingeleitet	Nein	§ 21 Abs. 1 S. 2 Nr. 3 FamGKG, da diese Verfahren die Person des Kindes betreffen
ansonsten	Ja	§ 14 Abs. 3 FamGKG
Adoptionssachen (§ 186 FamFG)		
betreffend Minderjährige	Nein	Vorbem. 1.3.2 Abs. 1 Nr. 2 vor Nr. 1320 KV FamGKG
betreffend Volljährige	Ja	§ 14 Abs. 3 FamGKG
Ehewohnungs- und Haushaltssachen (§ 200 FamFG)	Ja	§ 14 Abs. 3 FamGKG
Gewaltschutzsachen (§ 210 FamFG)	Nein	§ 21 Abs. 1 S. 2 Nr. 1 FamGKG
Versorgungsausgleichssachen (§ 217 FamFG)	Ja	§ 14 Abs. 3 FamGKG
Unterhaltssachen nach § 231 Abs. 2 FamFG	Ja	§ 14 Abs. 3 FamGKG
Güterrechtssachen nach § 261 Abs. 2 FamFG	Ja	§ 14 Abs. 3 FamGKG
Sonstige Familiensachen nach § 266 Abs. 2 FamFG	Ja	§ 14 Abs. 3 FamGKG
Umgangssachen (§ 151 Nr. 2 FamFG)	Nein	§ 21 Abs. 1 S. 1 FamGKG, vgl HK-FamGKG/Volpert § 14 Rn 77
Sonstige Kindschaftssachen (§ 151 FamFG)		
Reine Antragsverfahren betreffend Bereiche der Personensorge, auf Antrag des Kindes	Nein	§ 21 Abs. 1 S. 2 Nr. 3 FamGKG
Reine Antragsverfahren betreffend Bereiche der Personensorge, auf Antrag einer anderen Person	Ja	§ 21 Abs. 1 S. 1 FamGKG
betreffend Vermögenssorge:		
Reine Antragsverfahren	Ja	§ 21 Abs. 1 S. 1FamGKG
Amtsverfahren	Nein	§ 21 Abs. 1 S. 1 FamGKG
Vormundschafts- und Pflegschaftssachen	Nein	Keine Verfahrensgebühr nach Nr. 1310 FamGKG
Einstweilige Anordnungen	Strittig	Volpert FPR 2010, 327 und HK-FamGKG/Volpert § 14 FamGKG Rn 97
Rechtsmittelverfahren	Nein	§ 14 Abs. 1 S. 1 FamFG

VII. Zuständigkeitskonflikte unter Beteiligung des Familiengerichts

§ 23 a GVG regelt – ähnlich wie § 23 GVG die sachliche Zuständigkeit des Amtsgerichts in Zivilsachen im   **139**
Vergleich zum Landgericht – die **sachliche Zuständigkeit des Amtsgerichts** in Familiensachen und in den
Angelegenheiten der freiwilligen Gerichtsbarkeit.

Die Auflistung aller Familiensachen erfolgt in § 111 FamFG. § 23 b Abs. 1 GVG bezieht sich ebenfalls auf
diese Aufzählung und bestimmt als **gesetzliche Geschäftsverteilungsregelung**, dass innerhalb des Amtsgerichts für die genannten Verfahren das Familiengericht zuständig ist.

Die Feststellung, dass § 23 b GVG nicht die sachliche Zuständigkeit regelt, ist wichtig für die Lösung von   **140**
Zuständigkeitskonflikten. Den Zuständigkeitskonflikt zwischen der Abteilung für Familiensachen und den
in dieser Norm genannten anderen Abteilungen des gleichen Amtsgerichts regelt nunmehr § 17 a Abs. 6
GVG. Danach sind durch die Verweisung auf § 17 a Abs. 1–5 GVG förmliche Entscheidungen betreffend
die Zuständigkeit bzw Unzuständigkeit und die Verweisung des Verfahrens herbeizuführen.

Beispiel 1: Beim Familiengericht des Amtsgerichts Würzburg ist ein Antrag eingereicht worden, mit dem   **141**
der Antragsteller eine Geldzahlung in Höhe von 3.000 EUR von seiner früheren Ehefrau begehrt. Der Familienrichter ist der Ansicht, es handle sich nicht um eine Familiensache, weil der Anspruch nicht unter
eine der in § 111 FamFG beschriebenen Fallgestaltungen eingeordnet werden kann.

§ 17 a Abs. 6 GVG verweist auf die entsprechenden Bestimmungen des § 17 a Abs. 1–5 GVG betreffend
das Verhältnis zu den Spezialgerichtsbarkeiten. Das Verfahren ist daher gem. § 17 a Abs. 2 GVG von Amts
wegen an die zuständige Abteilung (im Falle des Beispiels 1 an die Zivilabteilung des Amtsgerichts Würzburg) zu verweisen.

Nach § 17 a Abs. 3 S. 2 GVG kann das Ausgangsgericht vorab (durch Beschluss, vgl § 17 a Abs. 4 GVG)   **142**
auch die Zulässigkeit des zu ihm beschrittenen Rechtsweges ausdrücklich feststellen, wenn eine Partei die
Zulässigkeit rügt.

In beiden Fallgestaltungen (Ablehnung der Zuständigkeit des Ausgangsgerichts, Rn 141 bzw Bejahung der   **143**
Zuständigkeit des Ausgangsgerichts, Rn 142) kann der entsprechende Beschluss mit der **sofortigen Beschwerde** angegriffen werden. § 17 a Abs. 4 S. 3 GVG stellt fest, dass es sich dabei um die sofortige Beschwerde nach der jeweiligen Verfahrensordnung handelt. Für Familiensachen bedeutet dies:

- In **Ehe- und Familienstreitsachen** wird generell über § 113 Abs. 1 FamFG auf das Verfahren der ZPO
  verwiesen. Es kommt daher die sofortige Beschwerde nach §§ 567 ff ZPO infrage.
- In **Nichtstreitverfahren** bleibt es an sich bei der Anwendung des FamFG. Dort gibt es aber keine „so-
  fortige Beschwerde", sondern nur die Beschwerde nach §§ 58 ff FamFG. Zöller/Lückemann (§ 17 a
  GVG Rn 15) hält dies für eine planwidrige Regelungslücke und schlägt, weil das FamFG in sonstigen
  Fällen für die Anfechtung von Zwischen- und Nebenentscheidungen (vgl zB §§ 6 Abs. 2, 7 Abs. 5, 21
  Abs. 1 FamFG) die Anwendung der §§ 567 ff ZPO ausdrücklich vorschreibt, auch in Nichtstreitverfah-
  ren deren Anwendung im Rahmen des § 17 a Abs. 4 GVG vor.

Wird der in Rn 141 angesprochene Verweisungsbeschluss aber nicht nach § 17 a Abs. 4 GVG angefochten   **144**
und damit bestandskräftig, ist die Verweisung für das Gericht, an das verwiesen wird, **hinsichtlich** des in
§ 17 a Abs. 6 GVG angesprochenen Verhältnisses **der geschäftsverteilungsmäßigen Zuständigkeit** bindend, § 17 a Abs. 2 S. 3 GVG. Ein rechtlicher Irrtum des Ausgangsgerichts führt nicht zur Unwirksamkeit.

Allenfalls bei **verfahrensrechtlicher Willkür** kann eine Bindungswirkung verneint werden (vgl Zöller/
Lückemann § 17 a GVG Rn 13).

Nicht von der Bindungswirkung erfasst wird jedoch die Frage der sachlichen und örtlichen Zuständigkeit. Die hat das Gericht, an das verwiesen wird, nochmals selbstständig zu prüfen. Gegebenenfalls kann es
das Verfahren gem. § 281 ZPO (in Ehe- und Familienstreitsachen) bzw § 3 FamFG (in Nichtstreitverfahren) weiter verweisen (vgl Musielak/Borth/Borth § 3 Rn 12; Zöller/Lückemann § 17 a GVG Rn 12).

145   Für ein Verfahren nach § 5 Abs. 1 Nr. 3 FamFG oder nach § 36 Abs. 1 Nr. 6 ZPO besteht wegen der Spezialregelung des § 17 a Abs. 6 GVG kein Raum (OLG Hamm 18.5.2010 – 2 Sdb (FamS) Zust. 14/10, NJW 2010, 2740).

Negiert das Gericht, an das verwiesen wird, jedoch die Bindungswirkung des § 17 a Abs. 2 S. 3 GVG und erklärt sich seinerseits für unzuständig, so kann gem. § 36 Abs. 1 Nr. 6 ZPO durch das übergeordnete gemeinschaftliche Gericht die Zuständigkeit bestimmt werden (OLG Braunschweig 21.12.2011 – 1 W 47/11, MDR 2012, 489 unter Hinweis auf BGH 26.7.2005 – X ARZ 210/05). Auch das OLG Frankfurt/M. (21.3.2011 – 14 UH 9/11, FamRZ 2011, 1238) hält eine entsprechende Anwendung des § 36 ZPO aber für geboten, um dennoch auftretende Zuständigkeitskonflikte zu entscheiden. Dies auch dann, wenn die Beteiligten die Unzuständigerklärung des Gerichts nicht mit dem zulässigen Rechtsmittel der sofortigen Beschwerde (s. Rn 143) angegriffen haben.

146   Hingegen ist der **Zuständigkeitskonflikt zwischen dem Familiengericht und einem anderen Gericht betreffend die sachliche und örtliche Zuständigkeit** in § 281 ZPO (für die Ehe- und Familienstreitsachen) und in § 3 Abs. 1 FamFG (für die Nichtstreitsachen) geregelt: Das unzuständige Gericht verweist das Verfahren mit bindender Wirkung an das zuständige Gericht.

Beispiel 2: Das FamG Würzburg hält in dem obigen Beispielsfall 1 die Zuständigkeit des LG Würzburg für gegeben, weil der Streitwert 5.000 EUR übersteigt, §§ 23 Nr. 1, 71 Abs. 1 GVG;
– Verweisung gem. § 281 ZPO an das LG Würzburg.

147   **Beispiel 3:** Das FamG Würzburg hält in einer Ehesache die Zuständigkeit des FamG Bad Mergentheim für gegeben, weil im Zeitpunkt der Rechtshängigkeit ein Ehegatte mit allen gemeinsamen Kindern dort seinen gewöhnlichen Aufenthalt hat;
– Verweisung gem. § 281 ZPO iVm § 113 Abs. 1 FamFG an das AG Bad Mergentheim, da die örtliche Zuständigkeit betroffen ist.

148   Ist das Ausgangsgericht der Ansicht, es sei sowohl geschäftsverteilungsmäßig als auch örtlich oder sachlich nicht zuständig, so kann es gem. § 281 ZPO (in Ehe- und Familienstreitsachen) bzw § 3 FamFG (in Nichtstreitverfahren) direkt an das sachlich bzw örtlich zuständige Gericht verweisen, eine vorherige Verweisung gem. § 17 a GVG an die entsprechende Abteilung des eigenen Gerichts ist nicht erforderlich (Musielak/Borth/Borth § 3 FamFG Rn 14).

Beispiel 4: Dem LG Stuttgart liegt ein Zivilprozess vor, den es als Familiensache (Güterrechtssache) beurteilt und die Zuständigkeit des AG Stuttgart gem. § 262 Abs. 2 FamFG als gegeben ansieht.
– Verweisung gem. § 281 ZPO an das AG Stuttgart, da es um die sachliche Zuständigkeit geht (so LG Stuttgart 21.11.2011 – 18 O 395/11 unter Heranziehung der Gesetzesbegründung; aA: Prütting/Helms/Helms, § 111 FamFG Rn 58; OLG Stuttgart 26.1.2012 – 17 AR 1/12: Verweisung nach § 17 a Abs. 6 GVG).

Innerhalb des AG Stuttgart erfolgt dann die Zuteilung des Verfahrens gem. § 23 b GVG auf das dortige Familiengericht (vgl Zöller/Lückemann Vor § 17 GVG Rn 12).

149   Die Verweisung nach § 17 a GVG setzt voraus, dass – in Nichtstreitverfahren – die Antragsschrift der Gegenseite übermittelt bzw – in Familienstreitsachen – der Antrag rechtshängig wurde. Ist dies noch nicht erfolgt, beispielsweise weil zunächst nur ein Verfahrenskostenhilfeantrag übermittelt wurde, kommt eine formlose, nicht bindende Abgabe in Betracht (vgl Zöller/Lückemann Vor § 17 GVG Rn 12).

150   In der **Rechtsmittelinstanz** ist die Frage, ob in der Vorinstanz die Vorschriften der geschäftsverteilungsmäßigen Zuständigkeit eingehalten wurden, nicht mehr Gegenstand der Prüfung. Dies ergibt sich aus § 17 a Abs. 5 GVG, Voraussetzung für die Anwendung des § 17 a Abs. 5 GVG ist jedoch, dass das erstinstanzliche Gericht Zuständigkeitsrügen entsprechend den Vorgaben des § 17 a Abs. 2–4 GVG bearbeitet hat. Ist dies nicht erfolgt, wurde zB eine Zuständigkeitsrüge erst in den Endentscheidung zurückgewiesen, kann ein Rechtsmittel darauf gestützt werden, dass das Ausgangsgericht hinsichtlich der geschäftsverteilungsmäßi-

gen Zuständigkeit (oder bezüglich des Rechtswegs) nicht zur Entscheidung berufen war (vgl Zöller/Lückemann § 17 a GVG Rn 17). Diese Zuständigkeitsrüge wird auch nicht durch § 65 Abs. 4 FamFG ausgeschlossen, weil das dort geregelte Verbot, dass das Beschwerdegericht die Zuständigkeit der Vorinstanz nicht zu prüfen hat, nur die sachliche, örtliche oder funktionelle Zuständigkeit betrifft (vgl Zöller/Heßler § 513 ZPO Rn 7, 12; Zöller/Feskorn § 65 FamFG Rn 8). Von diesem Verbot wird aber nicht die Frage des Rechtsweges erfasst (vgl Prütting/Helms/Abramenko § 65 FamFG Rn 21) und damit wegen § 17 a Abs. 6 GVG auch nicht die der geschäftsverteilungsmäßigen Zuständigkeit.

Hingewiesen sei aber auf § 119 GVG. Danach knüpft die Zuständigkeit des Gerichts der 2. Instanz (OLG) allein an den formalen Umstand an, dass in der ersten Instanz das Familiengericht entschieden hat.

VIII. Entscheidungsfindung durch Beschluss

Im familiengerichtlichen Verfahren ergeht die **gerichtliche Entscheidung stets durch Beschluss.** Dies stellt § 116 Abs. 1 FamFG mit Wirkung auch für die Ehe- und Familienstreitsachen nochmals klar. Es gibt auch keine Differenzierung dahin gehend, dass der Entscheidung eine mündliche Verhandlung vorausgegangen ist oder nicht. **151**

In § 38 FamFG wird die in **Form des Beschlusses** ergehende Endentscheidung angesprochen. Eine solche liegt dann vor, wenn durch sie der Verfahrensgegenstand ganz oder teilweise erledigt wird. In diesem Sinne ist auch die Entscheidung über einen Antrag auf einstweilige Anordnung eine Endentscheidung. **152**

Verfahrensleitende Entscheidungen, die aber keine Sachentscheidungen über den Gegenstand des Verfahrens darstellen (zB Beweisbeschlüsse, Verhängung von Ordnungs- oder Zwangsmitteln), ergehen in Form eines Beschlusses. Ein derartiger Beschluss betreffend Zwischen- und Nebenentscheidungen hat aber nicht die Qualität des § 38 FamFG, so dass er nicht mit einer Rechtsbehelfsbelehrung zu versehen ist und hinsichtlich der Anfechtung nicht den Regeln der §§ 58 ff FamFG unterliegt. Derartige Beschlüsse sind idR nicht anfechtbar. In Ausnahmefällen, wenn sie einen schwerwiegenden Eingriff in die Rechte der Beteiligten verursachen (vgl zB §§ 33 Abs. 3 S. 5, 87 Abs. 4 FamFG), sieht das Gesetz ausdrücklich die Anfechtbarkeit in entsprechender Anwendung der §§ 567 ff ZPO vor. **153**

Nach § 39 FamFG hat jede Endentscheidung nach § 38 FamFG eine **Rechtsbehelfsbelehrung** zu enthalten. Der Gesetzgeber wollte damit einerseits die einschlägige Rechtsprechung des Bundesverfassungsgerichts zur Überschaubarkeit des Rechtsmittelsystems (vgl BVerfG 20.6.1995 – 1 BvR 166/93, NJW 1995, 3173) umsetzen, andererseits aber das gerichtliche Verfahren von falschen Rechtsbehelfen verschonen. **154**

Zu den in § 39 FamFG vorgeschriebenen Anforderungen an den Inhalt der Rechtsbehelfsbelehrungen vgl HK-FamFG/Simon § 39 FamFG Rn 1 ff.

Leider hat die Praxis nach Inkrafttreten des FamFG ergeben, dass zumindest das Ziel der Vermeidung fehlerhafter Rechtsbehelfe deutlich verfehlt worden ist. Dies ist darauf zurückzuführen, dass ein großer Teil der von den erstinstanzlichen Gerichten erteilten Rechtsbehelfsbelehrungen unzutreffend ist. Grund hierfür mag einerseits die Komplexität der den Familienrichtern seitens der Justizverwaltungen zur Verfügung gestellten Computerprogramme sein, andererseits ist der erstinstanzliche Richter von seiner Aufgabenstellung her nicht unbedingt ein Experte des Rechtsbehelfsrechts.

Fehlerhafte Rechtsbehelfsbelehrungen wären nicht weiter tragisch, wenn dem betreffenden Beteiligten daraus kein Nachteil entstehen würde. § 17 Abs. 2 FamFG gibt die Vermutung des Gesetzgebers wieder, dass ein Verschulden hinsichtlich einer Fristversäumung dann fehlt, wenn eine Rechtsbehelfsbelehrung unterblieben oder fehlerhaft ist. Diese Vermutung gibt dem Verfahrensbeteiligten dann die Möglichkeit, über die Wiedereinsetzung in den vorigen Stand seine Rechte weiter wahrzunehmen. **155**

Allerdings sind große Teile der Rechtsprechung streng und lassen dem Verfahrensbeteiligten die Berufung auf die falsche oder unterbliebene Rechtsbehelfsbelehrung dann nicht zu, wenn er **anwaltlich vertreten** ist. **156**

Einmal ist § 17 FamFG in den anwaltspflichtigen Ehe- und Familienstreitsachen wegen § 113 FamFG sowieso nicht anwendbar. Dort gelten die Regeln der ZPO. Vom Anwalt wird zudem nach der überwiegend strengen Rechtsprechung zu § 233 ZPO die **Kenntnis des Rechtsmittelsystems** erwartet (BGH 23.6.2010 – XII ZB 82/10, NJW-RR 2010, 1297; OLG Stuttgart 4.3.2010 – 17 UF 13/10, NJW 2010, 1978; OLG Koblenz 26.3.2010 – 13 UF 159/10, NJW 2010, 2594; OLG Naumburg 10.8.2010 – 8 UF 121/10, NJW 2010, 2594; OLG Hamm 8.7.2010 – 2 WF 130/10, NJW 2011, 463). Aber auch in Nichtstreitverfahren, in denen § 17 FamFG Anwendung findet, wird Wiedereinsetzung dann versagt, wenn der Beteiligte (infolge einer anwaltlichen Vertretung) keiner Unterstützung durch eine Rechtsmittelbelehrung bedarf.

157 In der vorgenannten Rechtsprechung wurde recht pauschal damit argumentiert, bei einer anwaltlichen Vertretung des Beteiligten werde die Vermutung des § 17 Abs. 2 FamFG, wonach der Belehrungsmangel kausal für einen Rechtsirrtum geworden ist, widerlegt (s. zB BGH 23.6.2010 – XII ZB 82/10, NJW-RR 2010, 1297 Rn 15). Demgegenüber betont der Bundesgerichtshof in einer neueren Entscheidung (12.1.2012 – V ZB 198/11, NJW 2012, 2443), dass sich auch eine anwaltlich vertretene Partei im Grundsatz auf die Richtigkeit der Belehrung durch das Gericht verlassen dürfe.

Dabei nimmt der Bundesgerichtshof Bezug auf seine ältere, differenzierende Rechtsprechung (zB BGH 23.9.1993 – LwZR 10/92, NJW 1993, 3206; 16.10.2003 – IX ZB 36/03, NJW-RR 2004, 408). Dort (23.9.1993 – LwZR 10/92) hatte er beispielsweise plastisch ausgeführt: „Zwar muss der Rechtsanwalt grundsätzlich umfassende Gesetzeskenntnis haben, insbesondere hier die durch eine Gesetzesänderung eingetretene Rechtslage … kennen, er muss jedoch nicht klüger sein als der zuständige Fachsenat des Berufungsgerichts und die vorgeschriebene Rechtsmittelbelehrung auf ihre Richtigkeit überprüfen."

In der Entscheidung vom 12.1.2012 stellt der Bundesgerichtshof jetzt auf die Frage ab, ob ein durch eine fehlerhafte Rechtsbehelfsbelehrung ausgelöster Rechtsirrtum entschuldbar ist und stellt folgende Regel auf: „Entschuldbar ist der Rechtsirrtum … schon dann, wenn die Rechtsmittelbelehrung nicht offenkundig fehlerhaft und der durch sie hervorgerufene Irrtum nachvollziehbar ist."

In die gleiche Richtung gehen auch Entscheidungen des OLG Nürnberg 9.6.2010 – 11 WF 172/10, NJW 2010, 2816 und des OLG Rostock 28.12.2010 – 10 UF 199/10, FamRZ 2011, 986.

158 Angesichts der insgesamt noch nicht einheitlichen Rechtsprechung ist dem Anwalt anzuraten, in jedem Fall die infrage kommenden Rechtsmittel selbstständig zu ermitteln und den Lauf der Fristen zu prüfen und zu überwachen.

103. Familienrechtlicher Ausgleichsanspruch

Poppen

I. Definition	1	III. Anspruchsinhalt	4
II. Voraussetzungen	2	1. Anspruchshöhe	4
1. Erfüllung einer Verpflichtung des Barunterhalts-		2. Verjährung und Aufrechnung	5
verpflichteten	2	IV. Verfahrensfragen	6
2. Absicht, Erstattung zu verlangen	3		

I. Definition

Der familienrechtliche Ausgleichsanspruch ist seiner Rechtsnatur nach **kein Unterhaltsanspruch**. Es handelt sich um einen Anspruch eigener Art, der aus der anteiligen Unterhaltsverpflichtung beider Eltern gegenüber ihren Kindern abgeleitet wird. Der Anspruch dient der Durchsetzung der verhältnismäßigen Aufteilung der Unterhaltslast für die Vergangenheit (BGH 26.4.1989 – IVb ZR 42/88, NJW 1989, 2816). Dieser von der Rechtsprechung entwickelte familienrechtliche Anspruch verdrängt Ansprüche aus Geschäftsführung ohne Auftrag oder ungerechtfertigter Bereicherung (BGH 25.5.1994 – XII ZR 78/93, NJW 1994, 2234). Hauptanwendungsfall sind der **Obhutswechsel** eines minderjährigen Kindes nach der Trennung der Eltern während eines laufenden Unterhaltsverfahrens oder der **Eintritt der Volljährigkeit eines Kindes**, wenn das volljährige Kind Unterhaltsrückstände aus der Zeit seiner Minderjährigkeit nicht mehr geltend machen will. In diesen Fällen entfällt die Prozessstandschaft (§ 1629 Abs. 3 S. 2 BGB) bzw es endet die Vertretungsbefugnis des betreuenden Elternteils (§ 1629 Abs. 2 S. 2 BGB). 1

II. Voraussetzungen

1. Erfüllung einer Verpflichtung des Barunterhaltsverpflichteten

Ansprüche bestehen nur, soweit der den Unterhalt leistende Elternteil mit seiner Leistung im Innenverhältnis **eine dem anderen Elternteil obliegende Unterhaltsverpflichtung** erfüllt hat. Der andere Elternteil muss dem Kind gegenüber barunterhaltspflichtig und leistungsfähig gewesen sein. Von daher besteht kein Anspruch, wenn der leistende Elternteil aufgrund einer gegen ihn gerichteten rechtskräftigen Entscheidung gezahlt hat (BGH 20.5.1981 – IVb ZR 558/80, NJW 1981, 2348). Besteht ein derartiger Titel, muss er mit dem Obhutswechsel im Wege eines Abänderungsverfahrens beseitigt werden (anders für Jugendamtsurkunden: OLG Nürnberg 24.10.2012 – 7 UF 969/12, JAmt 2012, 612). 2

2. Absicht, Erstattung zu verlangen

Die Leistung muss in der Absicht erfolgt sein, von dem anderen Elternteil eine Erstattung zu verlangen (§ 1360b BGB analog). Diese Voraussetzung ist erfüllt, wenn der andere Elternteil wegen des Kindesunterhalts in Verzug gesetzt wurde. Eine ausdrückliche Anmahnung des Ausgleichsanspruchs ist nicht erforderlich (BGH 26.4.1989 – IVb ZR 42/88, NJW-RR 1990, 70). 3

III. Anspruchsinhalt

1. Anspruchshöhe

Mit dem familienrechtlichen Ausgleichsanspruch kann Ersatz für erfolgte **Baraufwendungen** verlangt werden. Eine **Monetarisierung der Betreuungsleistungen** scheidet aus. Die Höhe des tatsächlich erbrachten Barunterhalts muss nicht im Einzelnen dargelegt werden. Zugunsten des Ersatz Verlangenden spricht die tatsächliche Vermutung, dass der Elternteil, der keinen Barunterhalt für das Kind erhalten hat, den gesamten Barbedarf gedeckt hat (OLG Koblenz 3.7.1997 – 11 UF 1266/94, NJW-RR 1997, 1230). Die Höhe des Anspruchs richtet sich nach der einkommensmäßigen Einstufung des Erstattung verlangenden Elternteils in die Düsseldorfer Tabelle, vorausgesetzt, der andere Elternteil ist in dieser Höhe leistungsfähig (OLG Frankfurt 18.9.1998 – 1 WF 185/98, FamRZ 1999, 1450). Der Umfang der Leistungsfähigkeit kann allerdings bereits durch ein rechtskräftiges Urteil festgestellt sein, in welchem die Höhe des Unterhaltsan- 4 spruchs des minderjährigen Kindes nach der Leistungsfähigkeit des vorrangig barunterhaltspflichtigen Elternteils tituliert ist (OLG Hamm 16.12.2010 – 2 WF 279/10, NJW-RR 2011, 659). Denn ein familienrechtlicher Ausgleichsanspruch dient nicht der **Neufestsetzung der Unterhaltsanteile** der Eltern; soweit es eine Festsetzung gibt, ist diese bindend bzw muss in einem Änderungsverfahren angepasst werden (BGH 25.5.1994 – XII ZR 78/93, NJW 1994, 2234).

2. Verjährung und Aufrechnung

5 Der Anspruch verjährt in drei Jahren (§§ 195, 197 Abs. 2 BGB; BGH 3.4.1996 – XII ZR 86/95, NJW 1996, 1894). Da es sich um einen rein vermögensrechtlichen Anspruch handelt, ist der Anspruch ohne Beschränkung pfändbar und abtretbar. Er unterliegt keinem Aufrechnungsverbot (Ullrich in: VerfFamR § 8 Rn 244).

IV. Verfahrensfragen

6 Wenn das Kind ein Verfahren bei einem Obhutswechsel oder dem Eintritt der Volljährigkeit nicht weiterführen will, stellt es eine sachdienliche **Antragsänderung** dar, wenn der Elternteil, der das Kind betreut hat und für den Barunterhalt aufgekommen ist, nunmehr einen familienrechtlichen Ausgleichsanspruch geltend macht (OLG Frankfurt 6.2.2007 – 3 UF 67/05, FamRZ 2007, 909; anders OLG Rostock 26.11.2002 – 10 UF 301/01, FamRZ 2003, 933). Entfällt für den bisher betreuenden Elternteil die Möglichkeit, das Verfahren fortzuführen, nach Abschluss der ersten Instanz, kann es zwingend sein, das Verfahren nach Antragsänderung in der **Beschwerdeinstanz** fortzuführen; erwächst der erstinstanzliche Beschluss in Rechtskraft, sind die dortigen Feststellungen zur Leistungsfähigkeit des Ausgleichsverpflichteten für den familienrechtlichen Ausgleichsanspruch bindend (OLG Hamm 16.12.2010 – 2 WF 279/10, NJW-RR 2011, 659).

7 Zur **Darlegungslast** gilt, dass für den betreuenden und Barunterhalt leistenden Elternteil die Vermutung besteht, dass er einen Aufwand jedenfalls in Höhe des Mindestunterhalts nach § 1612 a BGB hatte (OLG Frankfurt 6.2.2007 – 3 UF 67/05, FamRZ 2007, 909). Nur dann, wenn Ausgleich fürüber die Mindestbedarf hinausgehende Beträge verlangt wird, bedarf es weiterer Darlegungen.

104. Familienunterhalt

Schausten

Gemäß § 1360 BGB sind die Ehegatten einander verpflichtet, durch ihre Arbeit und mit ihrem Vermögen   1
die Familie angemessen zu unterhalten. Dabei erfüllt derjenige Ehegatte, dem die Haushaltsführung übertragen wurde, diese Verpflichtung in der Regel durch die Führung des Haushalts. Der angemessene Unterhalt der Familie umfasst gemäß § 1360 a Abs. 1 BGB alles, was nach den Verhältnissen der Ehegatten erforderlich ist, um die Kosten des Haushalts zu bestreiten und die persönlichen Bedürfnisse der Ehegatten
und den Lebensbedarf der gemeinsamen unterhaltsberechtigten Kinder zu befriedigen.

In der Praxis spielt der Familienunterhalt in der Regel nur dann eine Rolle, wenn er **in Konkurrenz zu**   2
anderen Unterhaltsansprüchen, insbesondere dem Elternunterhalt (s. → *Elternunterhalt*) bzw dem Unterhalt volljähriger Kinder (s. → *Unterhalt volljähriger Kinder*), tritt. In solchen Fällen teilt die Rechtsprechung den Familienunterhalt auf die einzelnen Familienmitglieder auf und veranschlagt denselben in Geld-
beträgen.

Der Familienunterhalt ist rechtlich nicht identisch mit den Unterhaltsansprüchen nach Trennung und Schei-   3
dung, auch deshalb ist er nicht auf die Gewährung einer Geldrente für den jeweils anderen Ehegatten gerichtet, die diesem zur freien Verfügung steht. Vielmehr handelt es sich um einen gegenseitigen Anspruch
der Ehegatten auf Teilhabe an den finanziellen Mitteln des anderen entsprechend dem Lebensstandard der
Familie (BGH 22.2.1995 – XII ZR 80/94, FamRZ 1995, 537).

105. Feststellung der Vaterschaft

Knahn

I. Einführung	1	4. Wirksamkeit und Wirkung des Beschlusses 19
II. Materielle Verfahrensvoraussetzungen (Begrün-		5. Beschwerdeverfahren 20
detheit des Feststellungsantrags)	2	6. Wiederaufnahme des Verfahrens 21
1. Anzuwendendes Recht	2	7. Verfahrenswert 22
2. Begründetheit nach deutschem Recht	3	8. Kosten 23
III. Verfahren zur Feststellung eines Eltern-Kind-		9. Rechtsanwaltsgebühren 24
Verhältnisses	4	10. Verfahrenskostenhilfe 25
1. Abstammungssache gem. § 169 Nr. 1 FamFG ..	4	IV. Verfahren zur Feststellung des Nichtbestehens
2. Beteiligte	5	eines Eltern-Kind-Verhältnisses 26
a) Beteiligte Personen	5	V. Verfahren zur Klärung der Abstammung ohne
b) Verfahrensfähigkeit	7	Statuswirkung 28
c) Verfahrensbeistand	11	1. Einwilligung in Abstammungsuntersuchung
3. Formelle Verfahrensvoraussetzungen		und Duldung der Probeentnahme,
(Zulässigkeit)	12	§ 1598 a Abs. 1 BGB 29
a) Zuständigkeit	12	a) Materiellrechtliche Anspruchsgrundlage 29
aa) International	12	b) Familiengerichtliches Verfahren 30
bb) Sachlich	13	aa) Erkenntnisverfahren 30
cc) Örtlich	15	bb) Vollstreckungsverfahren 33
b) Antragsberechtigte	16	2. Einsicht in Abstammungsgutachten 35
c) Form	17	VI. Unterhaltsverfahren und Vaterschaftsfeststel-
d) Keine Vaterschaft nach		lung 36
§ 1592 Nr. 1, 2 BGB	18	

I. Einführung

1 Vater eines Kindes ist der Mann, der mit der Mutter gem. § 1591 BGB zum Zeitpunkt der Geburt verheiratet ist, § 1592 Nr. 1 BGB. Ihm gleichgestellt ist der **Ehemann**, der zum Zeitpunkt der Geburt bereits verstorben war, wenn das Kind innerhalb von 300 Tagen nach dem Tod geboren wurde, § 1593 S. 1 BGB. Ist die Mutter nicht verheiratet, ist derjenige Vater des Kindes, der die **Vaterschaft anerkannt** hat, § 1592 Nr. 2 BGB (s. → *Anerkennung der Vaterschaft*).

Besteht keine Vaterschaft gem. § 1592 Nr. 1 oder Nr. 2 BGB ist derjenige der Vater, dessen Vaterschaft in einem **statusrechtlichen Abstammungsverfahren** (Feststellung eines Eltern-Kind-Verhältnisses gem. § 169 Nr. 1 FamFG) gerichtlich festgestellt wurde, § 1592 Nr. 3 BGB (s. Rn 2 ff). Ebenfalls kann das Nichtbestehen eines Eltern-Kind-Verhältnisses (**negatives Feststellungsverfahren**) festgestellt werden (s. Rn 26 f). Aufgrund der Rechtsprechung des Bundesverfassungsgerichts zu heimlichen Vaterschaftstests (BVerfG 13.2.2007 – 1 BvR 421/05, NJW 2007, 753) wurde mit dem Gesetz vom 26.3.2008 (BGBl. I 2008, 441) ein **Verfahren zur Klärung der Abstammung ohne Statuswirkung** (s. Rn 28 ff) geschaffen. Während der Anhängigkeit eines Feststellungsverfahrens kann bereits vor Feststellung der Vaterschaft ein **Unterhaltsverfahren** anhängig gemacht werden (s. Rn 36).

II. Materielle Verfahrensvoraussetzungen (Begründetheit des Feststellungsantrags)

1. Anzuwendendes Recht

2 Nach Art. 19 Abs. 1 S. 1 EGBGB bestimmt sich die rechtliche Beurteilung der Abstammung, also auch der Feststellung der Vaterschaft, nach dem Recht des Staates, in dem das Kind seinen gewöhnlichen Aufenthalt hat. Alternativ kann das Recht des Heimatstaates des festzustellenden Vaters angewendet werden, § 19 Abs. 1 S. 2 EGBGB. Daneben kann nach dem Ehewirkungsstatut das Recht angewendet werden, welches im Zeitpunkt der Geburt die allgemeinen Wirkungen der Ehe nach Art. 14 Abs. 1 EGBGB bestimmt. Wurde die Ehe vor der Geburt durch Tod aufgelöst, so ist dieser Zeitpunkt maßgeblich.

Die Anknüpfungsmöglichkeiten sind gleichrangig. Nach dem **Günstigkeitsprinzip** ist das Recht anzuwenden, das für das Kindeswohl günstiger ist, wenn die verschiedenen Abstammungsstatute zu unterschiedlichen Ergebnissen führen würden (Palandt/Thorn Art. 19 EGBGB Rn 6).

2. Begründetheit nach deutschem Recht

Der Antrag ist begründet, wenn die gem. § 177 Abs. 2 FamFG durchzuführende förmliche Beweisaufnah- **3**
me (s. → *Abstammungsgutachten* Rn 8) ergibt, dass die Vaterschaft erwiesen ist. Kann die Vaterschaft
nicht bewiesen werden, gelten die Beweislastregelungen der Vaterschaftsvermutungen gem. § 1600 d
Abs. 2 BGB (s. → *Abstammungsvermutungen* Rn 7 ff).

III. Verfahren zur Feststellung eines Eltern-Kind-Verhältnisses

1. Abstammungssache gem. § 169 Nr. 1 FamFG

Das Verfahren auf Feststellung der Vaterschaft ist eine **Abstammungssache** gem. § 169 Nr. 1 FamFG und **4**
somit **Familiensache** gem. § 111 Nr. 3 FamFG.

Vor Inkrafttreten des FamFG bestimmte § 1600 e BGB aF die Zuständigkeit der Familiengerichte, während
§§ 640 ff ZPO aF das Verfahren regelte (HK-FamFG/Fritsche § 169 FamFG Rn 1 f). Aufgrund der Übergangsvorschrift in Art. 111 Abs. 1 FGG-RG ist das neue Verfahrensrecht (FamFG) auf alle Verfahren, die
ab Inkrafttreten des FGG-RG am 1.9.2010 anhängig wurden, anzuwenden. Für alle Verfahren, die bereits
vor dem 1.9.2010 anhängig waren, sind weiterhin die zuvor geltenden Vorschriften anzuwenden. Wurden
solche Verfahren nach dem 1.9.2010 ausgesetzt oder deren Ruhen angeordnet, oder waren solche Verfahren am 1.9.2010 bereits ausgesetzt oder deren Ruhen angeordnet, ist gem. § 111 Abs. 3 FGG-RG ebenfalls
das neue Verfahrensrecht anzuwenden.

2. Beteiligte

a) Beteiligte Personen. Die Neuregelungen des FamFG zu den Beteiligten im Verfahren haben dazu ge- **5**
führt, dass die Nebenintervention gem. § 640 e Abs. 1 S. 2 ZPO aF und die Streitverkündung gem. § 640 e
Abs. 2 ZPO aF überflüssig geworden sind (HK-ZPO/Kemper § 172 FamFG Rn 2). Es handelt sich bei allen
Abstammungsverfahren nicht mehr um kontradiktorische Verfahren, sondern um antragsgebundene
FamFG-Verfahren, bei denen es keine Antragsgegner sondern nur noch Beteiligte gibt, die zum Verfahren
hinzuzuziehen sind (BT-Drucks. 16/6308, 243).

Gem. §§ 7 Abs. 2 Nr. 2, 172 Abs. 1 FamFG sind das **Kind**, die **Mutter** und der **Vater** stets Beteiligte des **6**
Feststellungsverfahrens.

Da es im Verfahren auf Vaterschaft gerade noch keinen rechtlichen Vater gibt, ist § 172 Abs. 1 FamFG
insoweit unklar (HK-FamFG/Fritsche § 172 FamFG Rn 2). Der vermeintliche Vater, dessen Vaterschaft
festgestellt werden soll, ist gem. § 7 Abs. 1 FamFG Verfahrensbeteiligter, wenn er selbst den Antrag auf
Feststellung seiner Vaterschaft stellt. In Fällen, in denen er als Vater von der Mutter oder dem Kind in Anspruch genommen wird, ist er Verfahrensbeteiligter gem. § 7 Abs. 2 Nr. 1 FamFG, da er in seinen Rechten
unmittelbar betroffen ist.

Das **Jugendamt** ist grundsätzlich nicht Beteiligter des Feststellungsverfahrens, § 172 Abs. 2 FamFG. Es
kann aber vom Gericht angehört werden, wenn ein Beteiligter minderjährig ist, § 176 Abs. 1 S. 2 FamFG.
Daraufhin ist es **auf seinen Antrag** hin am Verfahren zu beteiligen.

b) Verfahrensfähigkeit. Die Verfahrensfähigkeit der Beteiligten richtet sich nach den allgemeinen Vor- **7**
schriften des § 9 FamFG. Ein Kind, das das 14. Lebensjahr noch nicht vollendet hat, ist gem. § 9 Abs. 1
Nr. 3 FamFG **nicht verfahrensfähig** und muss sich daher gem. § 9 Abs. 2 FamFG von seinen gesetzlichen
Vertretern vertreten lassen.

Hat das Kind das 14. Lebensjahr bereits vollendet und ist es nicht geschäftsunfähig (§ 104 BGB), ist es als **8**
beschränkt Geschäftsfähiger gem. § 9 Abs. 1 Nr. 3 FamFG **verfahrensfähig**, da es im Verfahren auf Feststellung der Vaterschaft ein ihm nach bürgerlichem Recht zustehendes Recht geltend macht (HK-FamFG/
Fritsche § 172 FamFG Rn 4; HK-ZPO/Kemper § 175 FamFG Rn 2; aA Keidel/Engelhardt § 172 FamFG
Rn 2, MüKo/Coester-Waltjen/Hilbig § 172 FamFG Rn 31). Dem beschränkt geschäftsfähigen Kind soll als

Korrelat zu den materiellrechtlichen Widerspruchs- und Mitwirkungsrechten die eigenständige Gestaltung materieller Rechte ohne Mitwirkung seiner gesetzlichen Vertreter ermöglicht werden (BT-Drucks. 16/9733, 352). Auf der Grundlage dieses beabsichtigten Gleichlaufs von materiellem Recht und Verfahrensrecht schließt die Gegenansicht aus § 1600 a BGB, dass deshalb dem Kind gerade kein Recht zusteht, da die Anfechtung nur durch den gesetzlichen Vertreter erfolgen kann, und übersieht dabei, dass § 1600 a BGB im Feststellungsverfahren gerade keine Bedeutung zukommt.

9   Soweit das Kind selbst nicht verfahrensfähig ist, stellt sich die Frage, ob dem Kind ein **Ergänzungspfleger** gem. § 1909 BGB bestellt werden muss, weil die Vertretung der mangels Vater gem. § 1626 a Abs. 2 BGB allein sorgeberechtigten Mutter gem. §§ 1629 Abs. 2 S. 1, 1795 Abs. 2, 181 BGB ausgeschlossen ist.

Die (im Anfechtungsverfahren) umstrittene Frage, ob die Vertretungsmacht der allein sorgeberechtigten Mutter gem. §§ 1629 Abs. 2 S. 1, 1795 Abs. 1 Nr. 3 BGB stets ausgeschlossen ist, weil trotz Abkehr des FamFG vom kontradiktorischen Verfahren der ZPO dennoch ein Rechtsstreit (zwischen Ehegatten) vorliege (s. → *Anfechtung der Vaterschaft* Rn 16), ist im Feststellungsverfahren ohne Relevanz. § 1795 Abs. 1 Nr. 3 BGB schließt die Vertretungsmacht des Vertreters im Rechtsstreit gegen den Ehegatten aus. Eine Fallkonstellation für Feststellungsverfahren, in denen der Ehemann der Mutter als Vater festgestellt werden soll, ist aus praktischer Sicht eher unwahrscheinlich.

In Betracht käme daher nur der **Ausschluss der Vertretungsmacht gem. §§ 1629 Abs. 2 S. 1, 1795 Abs. 2, 181 BGB**. Der Ausschluss der Vertretungsmacht wird mit dem allgemeinen Grundsatz des Verbots des Selbstkontrahierens begründet, der auch für die Vertretung im Verfahren gelten soll. Eine Person dürfe in einem Verfahren nicht gleichzeitig Beteiligter und Vertreter eines anderen Beteiligten sein (Kieninger in: Helms/Kieninger/Rittner, Abstammungsrecht in der Praxis, Rn 228). Ein Ausschluss der Vertretungsmacht der Mutter in Anwendung der §§ 1795, 181 BGB scheitert aber daran, dass ein Interessenkonflikt auch abstrakt zwischen Mutter und Kind gerade nicht besteht, weil die Klärung der Abstammung dem Kindeswohl dient (Schwonberg FuR 2010, 441, 447; Helms in: Helms/Kieninger/Rittner, Rn 77). Die Mutter ist nicht schon deswegen ausgeschlossen, weil sie nach § 172 Abs. 1 Nr. 2 FamFG Beteiligte des Verfahrens ist. Ein Ausschluss der Mutter von der gesetzlichen Vertretung widerspräche der bewussten gesetzlichen Wertung, dass die Mutter grundsätzlich in der Lage ist, das Kind seinen Interessen entsprechend im Verfahren zu vertreten (BGH 21.3.2012 – XII ZB 510/10, NJW 2012, 1731).

Ein **Entzug der Vertretungsmacht der Mutter gem. §§ 1629 Abs. 2 S. 3, 1796 BGB** ist in Vaterschaftsfeststellungsverfahren gem. § 1629 Abs. 2 S. 3 Hs 2 BGB nicht möglich. In Betracht kommt daher lediglich der Entzug nach den strengen Maßstäben des § 1666 BGB, so dass im Ergebnis festzuhalten ist, dass in Verfahren auf Feststellung der Vaterschaft die Mutter regelmäßig das nicht verfahrensfähige Kind vertreten kann, wenn kein Fall der Kindeswohlgefährdung gem. § 1666 BGB vorliegt.

10 Wird das Kind im Verfahren durch das **Jugendamt** als **Beistand** vertreten, ist die Vertretung der sorgeberechtigten Mutter ausgeschlossen, § 173 FamFG.

11 c) **Verfahrensbeistand.** Dem minderjährigen Beteiligten ist gem. § 174 FamFG in Abstammungsverfahren ein **Verfahrensbeistand** (s. → *Verfahrensbeistand*) zu bestellen, wenn dies zur Wahrnehmung seiner Interessen erforderlich ist. Das soll gem. § 158 Abs. 2 Nr. 1 FamFG in der Regel der Fall sein, wenn das Interesse des Kindes zu dem seiner gesetzlichen Vertreter in erheblichem Gegensatz steht. Der Verfahrensbeistand ist gem. § 158 Abs. 4 S. 6 FamFG nicht gesetzlicher Vertreter des Kindes, weshalb die Bestellung eines Ergänzungspflegers (s. Rn 9) gesondert zu beurteilen ist. Liegen die Voraussetzungen, die zum Ausschluss oder Entzug der Vertretungsmacht führen vor, besteht auch immer ein Interessenkonflikt gem. § 158 Abs. 1 Nr. 1 FamFG (HK-FamFG/Fritsche § 174 FamFG Rn 6).

3. Formelle Verfahrensvoraussetzungen (Zulässigkeit)

12 a) **Zuständigkeit. aa) International.** Die deutschen Gerichte sind gem. § 100 FamFG international zuständig, wenn ein Verfahrensbeteiligter Deutscher ist (§ 100 Nr. 1 FamFG) oder seinen gewöhnlichen Aufenthalt im Inland hat (§ 100 Nr. 2 FamFG). Dabei kommt es nicht auf die Frage an, ob die deutsche Staats-

angehörigkeit die effektive ist (HK-ZPO/Kemper § 100 FamFG Rn 4). Die internationale Zuständigkeit ist nicht ausschließlich, § 106 FamFG. Deutschland hat keine gem. § 97 FamFG vorrangigen internationalen Verträge auf dem Gebiet der Abstammungssachen geschlossen, so dass sich die internationale Zuständigkeit ausschließlich nach § 100 FamFG richtet (HK-FamFG/Kemper § 100 FamFG Rn 2).

bb) Sachlich. Ausschließlich zuständig für die Abstammungssache als Familiensache (§ 111 Nr. 3 **13** FamFG) sind die Amtsgerichte, § 23 a Abs. 1 Nr. 1 GVG. Innerhalb der Amtsgerichte sind die Abteilungen für Familiensachen (§ 23 b GVG) zuständig. Es handelt sich hierbei um eine gesetzliche Regelung der Geschäftsverteilung und nicht um eine funktionale Zuständigkeit (HK-ZPO/Rathmann § 23 b GVG Rn 2; aA HK-FamFG/Fritsche § 169 FamFG Rn 3; BT-Drucks. 16/6308, 319).

Bei Zuständigkeitsfragen innerhalb des Amtsgerichts (zB zwischen Familiengericht und Zivilabteilung) **14** sind die Vorschriften des § 17 a GVG entsprechend anzuwenden (17 a Abs. 6 GVG), dh das Familiengericht oder der Richter der Zivilabteilung, der sich für unzuständig erachtet, hat die Sache durch Beschluss an die jeweils andere Abteilung zu verweisen. Der Beschluss ist dann durch sofortige Beschwerde (§ 17 a Abs. 3 S. 3 GVG) anfechtbar.

cc) Örtlich. Gem. § 170 Abs. 1 ist das Amtsgericht, in dessen Bezirk das Kind seinen gewöhnlichen Auf- **15** enthalt (s. → *Gewöhnlicher Aufenthalt* Rn 8 ff) hat, örtlich zuständig (**kindesnaher Gerichtsstand**). Dabei kommt es darauf an, dass sich das Kind dort nicht nur vorübergehend aufhält, sondern dort seinen tatsächlichen Lebensmittelpunkt hat (HK-FamFG/Fritsche § 170 FamFG Rn 4).

Ist danach die Zuständigkeit eines deutschen Gerichts nicht gegeben, ist gem. § 170 Abs. 2 FamFG der gewöhnliche Aufenthalt der Mutter maßgebend. Ist auch danach kein deutsches Gericht zuständig, richtet sich die örtliche Zuständigkeit nach dem gewöhnlichen Aufenthalt des Vaters.

In allen übrigen Fällen ist das Amtsgericht Schöneberg in Berlin ausschließlich zuständig, § 170 Abs. 3 FamFG.

b) Antragsberechtigte. Hinsichtlich der Antragsberechtigung beinhaltet das materielle Recht keine spezi- **16** ellen Vorgaben. Die **Antragsberechtigung des Kindes und der Mutter** ergibt sich daher direkt aus ihrer Beteiligteneigenschaft (NK-BGB/Gutzeit Vor §§ 1591–1600 d BGB Rn 30).

Im neuen Recht ungeklärt ist aber die **Antragsberechtigung des vermeintlichen Vaters** selbst. Der vermeintliche Vater ist nicht direkt aus § 172 FamFG Beteiligter, da er ja noch nicht Vater im rechtlichen Sinne ist. Seine Beteiligtenfähigkeit ergibt sich lediglich aus der Antragstellereigenschaft gem. § 7 Abs. 1 FamFG (s. Rn 6). Für die Frage der Antragsberechtigung ist daher eine wie oben vorgenommene Verweisung auf die Beteiligtenstellung unzulässig, da es sich um einen Zirkelschluss handeln würde. Die Antragsberechtigung ergab sich im früheren Recht aus § 1600 e Abs. 1 S. 1 Nr. 1 BGB aF (Palandt/Diederichsen, 68. Aufl., § 1600 e BGB Rn 6). Da den Begründungen zum FGG-RG nicht entnommen werden kann, dass insoweit eine Änderung der Rechtslage herbeigeführt werden sollte, muss der vermeintliche Vater weiterhin antragsberechtigt sein. Dies folgt aus seinem verfassungsrechtlichen Anspruch auf Kenntnis der Abstammung (s. → *Kenntnis der Abstammung* Rn 2 f). Ob dies der Gesetzgeber oder die Rechtsprechung klären wird, bleibt abzuwarten.

c) Form. Das Feststellungsverfahren kann nur durch einen Antrag gem. § 23 FamFG eingeleitet werden, **17** § 171 Abs. 1 FamFG (**Antragsprinzip**). Das Verfahrensziel und die betroffenen Personen sind anzugeben. Das Gericht hat bei Fehlen dieser Mindestanforderungen darauf hinzuweisen und auf eine Ergänzung des Antrages hinzuwirken, § 28 FamFG, bevor es den Antrag als unzulässig zurückweist (BT-Drucks. 16/6308, 244).

Der Antrag kann **schriftlich oder durch Niederschrift bei der Geschäftsstelle** des zuständigen Amtsgerichts abgegeben werden (§ 25 Abs. 1 FamFG), da eine Vertretung durch einen Rechtsanwalt in Abstammungsverfahren nicht vorgeschrieben ist (§ 114 Abs. 1 FamFG).

Der Antrag kann bis zur Rechtskraft der Endentscheidung zurückgenommen werden. Ist die Endentscheidung bereits ergangen, so bedarf die Rücknahme des Antrags der Zustimmung der übrigen Beteiligten (§ 22 Abs. 1 FamFG).

18 **d) Keine Vaterschaft nach § 1592 Nr. 1, 2 BGB.** Zulässigkeitsvoraussetzung für ein Vaterschaftsfeststellungsverfahren ist außerdem, dass keine Vaterschaft gem. § 1592 Nr. 1, 2 BGB besteht, § 1600 d Abs. 1 BGB. Die **Sperrwirkung** des § 1600 d Abs. 1 BGB hat zur Folge, dass die rechtliche Vaterschaft des Ehemannes oder des Vaters kraft Anerkenntnis zuerst angefochten werden muss (NK-BGB/Gutzeit § 1600 d BGB Rn 3). In dem (erfolgreichem) Anfechtungsverfahren des vermeintlichen Vaters ist aber gem. § 182 Abs. 1 FamFG neben dem Nichtbestehen der Vaterschaft des bisherigen rechtlichen Vaters auch die tatsächliche Vaterschaft auszusprechen (s. → *Anfechtung der Vaterschaft* Rn 50), so dass nur ein Verfahren durchzuführen ist.

4. Wirksamkeit und Wirkung des Beschlusses

19 In Abweichung zum Grundsatz der Wirksamkeit eines Beschlusses mit Bekanntgabe (§ 40 Abs. 1 FamFG) wird die Endentscheidung in Abstammungssachen erst **mit Rechtskraft wirksam**, § 184 Abs. 1 S. 1 FamFG.

Die Endentscheidung im Feststellungsverfahren wirkt gem. § 184 Abs. 2 FamFG nicht nur zwischen den Beteiligten (subjektive Rechtskraftwirkung, § 325 ZPO) sondern für und gegen jedermann (**inter omnes**), soweit über die Abstammung entschieden wurde. Das bedeutet, dass mit der Rechtskraft der Statusentscheidung deren Inhalt in Zukunft allen weiteren Entscheidungen zugrunde zu legen ist, in denen die Statusfrage eine Rolle spielt. Das gilt auch dann, wenn die Feststellung aufgrund gesetzlicher Beweislastregeln oder Vermutungen (s. → *Abstammungsvermutungen*) getroffen wurde (HK-FamFG/Fritsche § 184 FamFG Rn 5). Voraussetzung für die Inter-omnes-Wirkung ist allerdings, dass eine Sachentscheidung getroffen wurde. Wurde der Antrag als unzulässig abgewiesen, tritt die Rechtskrafterstreckung nicht ein. Auch wenn gar keine Entscheidung getroffen wird, sondern sich das Verfahren zB durch den Tod eines Beteiligten (§ 181 FamFG) erledigt, tritt die Wirkung des Beschlusses nicht ein (HK-ZPO/Kemper § 184 FamFG Rn 5). Der den Feststellungsantrag **abweisende Beschluss** beinhaltet die Feststellung, dass der in Anspruch genommene Mann nicht der Vater des Kindes ist. Diese Feststellung hat Wirkung für und gegen alle und kann nur noch über die Wiederaufnahme (s. Rn 21) geändert werden (HK-FamFG/Fritsche § 184 FamFG Rn 4).

5. Beschwerdeverfahren

20 Gegen den Beschluss ist die **Beschwerde gem. § 58 Abs. 1 FamFG** (s. → *Beschwerdeverfahren*) statthaft. Beschwerdeberechtigt ist gem. § 59 Abs. 1 FamFG jeder, der durch die Entscheidung in seinen Rechten beeinträchtigt ist. Die allgemeinen Vorschriften gewährleisten nach ihrem Wortlaut nur eine Beschwerdeberechtigung für Vater und Kind. Deshalb erweitert § 184 Abs. 3 FamFG den Kreis der Beschwerdeberechtigten um alle, die am Verfahren beteiligt waren oder zu beteiligen gewesen wären, § 172 FamFG (s. Rn 5 ff).

Nicht beschwerdeberechtigt sind aber Personen, die nur mittelbar von dem Beschluss beeinträchtigt werden, zB Großeltern bezüglich eines Umgangsrechts oder Geschwisterkinder bezüglich der Höhe des Unterhaltsanspruchs (BT-Drucks. 16/9733, 368).

6. Wiederaufnahme des Verfahrens

21 Die Endentscheidung in Abstammungssachen ist **nicht gem. § 48 FamFG abänderbar** (§ 184 Abs. 1 S. 2 FamFG). Angreifbar sind rechtskräftige Entscheidungen nur mit der Wiederaufnahme gem. § 48 Abs. 2 FamFG iVm §§ 578 ff ZPO und § 185 FamFG.

§ 185 Abs. 1 FamFG erweitert die Wiederaufnahmegründe des Buches 4 der ZPO. Danach findet die Wiederaufnahme auch statt, wenn ein Beteiligter ein **neues Gutachten** über die Abstammung vorlegt, das al-

Knahn

lein oder in Verbindung mit den im früheren Verfahren erhobenen Beweisen eine andere Entscheidung herbeigeführt haben würde. Die Wiederaufnahme kann nur durch einen Beteiligten des Vorverfahrens betrieben werden, nicht durch dessen Erben (OLG Celle 13.3.2000 – 15 UFH 1/00, NJW-RR 2000, 1100). Gutachten ist dabei jede schriftlich abgefasste Stellungnahme über die Vaterschaft, die von einer Person stammt, deren Fachwissen gerichtsbekannt ist oder leicht festgestellt werden kann. Neu ist das Gutachten, wenn es zu einem Zeitpunkt erstellt wurde, in dem es im Vorverfahren nicht mehr berücksichtigt werden konnte, jedenfalls wenn es nach der letzten mündlichen Verhandlung des Vorverfahrens ausgearbeitet wurde (HK-ZPO/Kemper § 185 FamFG Rn 5 f). Die **Vorlage** des Gutachtens ist Zulässigkeitsvoraussetzung, welche spätestens zum Schluss der letzten mündlichen Verhandlung erfüllt sein muss (HK-FamFG/Fritsche § 185 FamFG Rn 4). Aus dem Gutachten muss sich ergeben, dass im Vorverfahren eine andere Entscheidung getroffen worden wäre, wenn das Gutachten damals bereits bekannt gewesen wäre. Nicht ausreichend ist also, dass jetzt eine andere Entscheidung getroffen werden könnte, sondern dass bereits im Vorverfahren eine andere Entscheidung (**hypothetische Ausgangsentscheidung**) möglich gewesen wäre (HK-FamFG/Fritsche § 185 FamFG Rn 4).

7. Verfahrenswert

Der Verfahrenswert für Abstammungssachen nach § 169 Nr. 1 und 4 FamFG beträgt gem. § 47 Abs. 1 FamGKG 2.000 EUR. Ist mit dem Feststellungsverfahren eine Unterhaltssache nach § 237 FamFG verbunden, ist nur der höhere Verfahrenswert maßgebend, § 33 Abs. 1 S. 2 FamGKG.   **22**

8. Kosten

Es gelten die allgemeinen Vorschriften (§ 81 FamFG).   **23**

9. Rechtsanwaltsgebühren

Bezüglich der gerichtlichen und außergerichtlichen Tätigkeit des Rechtsanwalts bestehen keine Besonderheiten. Im außergerichtlichen Bereich entstehen die Gebühren nach Teil 2 VV RVG. Eine Einigungsgebühr gem. Nr. 1000, 1003 VV RVG entsteht, wenn im Feststellungsverfahren durch Mitwirkung des Rechtsanwalts eine Einigung darüber erzielt wird, dass eine Vaterschaftsanerkennung nach § 180 FamFG erfolgt und das Verfahren sodann für erledigt erklärt wird, oder in einer mit der Feststellung verbundenen Unterhaltssache eine Einigung über die Höhe des Unterhalts erzielt wird (Berndt in: FormFamR § 13 Rn 123).   **24**

10. Verfahrenskostenhilfe

In Abstammungsverfahren erfolgt die Beiordnung eines Rechtsanwaltes im Rahmen der Verfahrenskostenhilfe gem. § 78 Abs. 2 FamFG allein nach dem Kriterium der **Schwierigkeit der Sach- und Rechtslage**. Abweichend von § 121 Abs. 2 Alt. 2 ZPO kommt es nicht auf das Argument der Waffengleichheit an, da die Verfahren nicht mehr streng kontradiktorisch ausgestaltet sind. Der Grundsatz der Amtsaufklärung sowie die Vertretungsmöglichkeit des Jugendamtes als Beistand in den Abstammungsverfahren (§ 173 FamFG) wahren hinreichend die Rechte der Beteiligten (HK-FamFG/Harms § 78 FamFG Rn 4). Die Schwierigkeit der Sach- und Rechtslage kann sich regelmäßig aus der schwierigen Auswertung des Abstammungsgutachtens ergeben. Die Schwere des Eingriffs und die weitreichenden Folgen der Abstammungssache (Unterhaltspflicht, Erbrecht) würden einen Bemittelten regelmäßig zur Beauftragung eines Rechtsanwaltes veranlassen (OLG Schleswig 13.10.2010 – 13 WF 134/10, NJW-RR 2011, 506).   **25**

IV. Verfahren zur Feststellung des Nichtbestehens eines Eltern-Kind-Verhältnisses

Neben der positiven Feststellung der Vaterschaft ist auch die negative Feststellung eines Eltern-Kind-Verhältnisses möglich. Es handelt sich um eine Abstammungssache gem. § 169 Nr. 1 FamFG. Inhalt des Verfahrens ist die Feststellung, dass ein Mann nicht der Vater des Kindes ist.   **26**

Antragsberechtigt ist der Mann, wenn ein Kind oder dessen Mutter nachdrücklich behaupten, der Antragsteller sei der Vater des Kindes. Da Mutter und Kind nicht verpflichtet sind, ein Vaterschaftsfeststellungsverfahren zu betreiben, hat der Mann in diesen Fällen ein **Feststellungsinteresse** am Nichtbestehen seiner Vaterschaft. Ebenfalls können Mutter und Kind ein Interesse daran haben, das Nichtbestehen der Vaterschaft feststellen zu lassen, wenn der Mann zu Unrecht die Vaterschaft behauptet (Schulte-Bunert/Weinreich/Schwonberg § 169 FamFG Rn 5). Hat der Antrag keinen Erfolg, da festgestellt wird, dass der Mann doch der biologische Vater des Kindes ist, ist der Antrag abzuweisen und gleichzeitig die Vaterschaft im Beschlusstenor festzustellen, § 182 Abs. 2 FamFG. Bleibt die Vaterschaft des beteiligten Mannes ungeklärt (non-liquet), ist der Antrag als unbegründet abzuweisen (HK-FamFG/Fritsche § 182 FamFG Rn 5). Eine gesetzliche Abstammungsvermutung greift für diese Fälle nicht.

27   Der Antrag des vermeintlich biologischen Vaters gem. § 169 Nr. 1 FamFG auf Feststellung, dass zwischen Kind und rechtlichem Vater kein Eltern-Kind-Verhältnis vorliegt oder dass er selbst der Vater des Kindes ist, ist unzulässig (BGH 6.12.2006 – XII ZR 164/04, NJW 2007, 1677). Die bestehende Vaterschaft kann ausschließlich durch ein Anfechtungsverfahren beseitigt werden, in dem gleichzeitig die Vaterschaft des Antragstellers festzustellen ist (s. → *Anfechtung der Vaterschaft* Rn 9, 50).

V.   Verfahren zur Klärung der Abstammung ohne Statuswirkung

28   Mit der Entscheidung vom 13.2.2007 hat das Bundesverfassungsgericht klargestellt, dass der rechtliche Vater nicht nur das Recht auf Kenntnis hat, ob ein Kind von ihm abstammt (s. → *Kenntnis der Abstammung* Rn 2), sondern auch auf Verwirklichung dieses Rechts (BVerfG 13.2.2007 – 1 BvR 421/05, NJW 2007, 753). Zwar hat es die Rechtsprechung des Bundesgerichtshofs zur Unverwertbarkeit heimlich eingeholter Abstammungsgutachten als verfassungskonform bestätigt, den Gesetzgeber aber gleichzeitig verpflichtet, eine entsprechende gesetzliche Regelung zu treffen, die eine Klärung der Abstammung ermöglicht und dabei den Status des Kindes unberührt lässt. Mit dem Gesetz zur Klärung der Vaterschaft unabhängig vom Anfechtungsverfahren vom 26.3.2008 (BGBl. I 2008, 441) wurde daher das statusunabhängige Abstammungsklärungsverfahren in § 1598 a BGB geschaffen.

Bevor ein Anfechtungsverfahren betrieben wird, welches bei Erfolg immer die abstammungsrechtlichen Beziehungen auflöst, kann nun im Rahmen des statusunabhängigen Klärungsverfahrens die Abstammung überprüft werden und dann – bei Kenntnis der genetischen Abstammung – die Entscheidung getroffen werden, ob das Anfechtungsverfahren betrieben werden soll oder nicht.

1.   Einwilligung in Abstammungsuntersuchung und Duldung der Probeentnahme, § 1598 a Abs. 1 BGB

29   **a) Materiellrechtliche Anspruchsgrundlage.** § 1598 a Abs. 1 BGB normiert einen **materiellrechtlichen Anspruch** auf Einwilligung in eine genetische Abstammungsuntersuchung und auf Duldung einer für die Untersuchung geeigneten genetischen Probe. Der Anspruch steht dem Vater (Nr. 1), der Mutter (Nr. 2) sowie dem Kind (Nr. 3) jeweils gegen die anderen Anspruchsinhaber zu (**Klärungsberechtigte**). Vater ist dabei ausschließlich der rechtliche Vater iSv § 1592 BGB (s. → *Anfechtung der Vaterschaft* Rn 2), Mutter ist die Frau, die das Kind geboren hat, § 1591 BGB (s. → *Mutterschaft* Rn 3). Weitere Voraussetzungen sind nicht normiert, insbesondere entsteht der Anspruch nicht erst, wenn der Klärungsberechtigte von Umständen Kenntnisse erlangt, die gegen die Abstammung sprechen (Palandt/Brudermüller § 1598 a BGB Rn 2). Der Anspruch wird aber bei **Rechtsmissbrauch** eingeschränkt werden müssen (NK-BGB/Gutzeit § 1598 a BGB Rn 4). Der Anspruch verjährt nicht (§ 194 Abs. 2 BGB).

Die **genetische Abstammung von der Mutter** kann im Rahmen des § 1598 a BGB durch das Kind geklärt werden (NK-BGB/Gutzeit § 1598 a BGB Rn 5). Dies kann in Fällen der gespaltenen Mutterschaft (s. → *Mutterschaft* Rn 3) aber auch bei vermeintlichen Kindesverwechslungen (s. → *Mutterschaft* Rn 8) von Bedeutung sein. Eine restriktive Auslegung des § 1598 a BGB unter Verweis auf den Normkontext der §§ 1592 ff BGB dahin gehend, dass die Klärung der Abstammung von der Mutter nicht zulässig sei, findet nicht statt (NK-BGB/Gutzeit § 1598 a BGB Rn 5).

Der vermeintliche biologische Vater ist **nicht klärungsberechtigt** gem. § 1598 a BGB. Vor dem Hintergrund der verfassungsrechtlichen Vorgaben zu seinem Recht auf Kenntnis der Abstammung und dessen Durchsetzung wird dies kritisch betrachtet (HK-FamR/Pauling § 1598 a BGB Rn 2). Ihm bleibt lediglich die Anfechtung der Vaterschaft gem. § 1600 Abs. 1 Nr. 2 BGB unter den erschwerten Voraussetzungen des § 1600 Abs. 2 BGB (s. → *Anfechtung der Vaterschaft* Rn 5 ff).

Die Einwilligung muss schriftlich und erst nach einer Aufklärung durch die für die Untersuchung verantwortliche Person erfolgen (§§ 17 Abs. 1, 8 GenDG). Die Probe muss dann nach den anerkannten Grundsätzen der Wissenschaft entnommen werden (NK-BGB/Gutzeit § 1598 a BGB Rn 8).

b) Familiengerichtliches Verfahren. aa) Erkenntnisverfahren. Verweigert der Anspruchsgegner die 30 Einwilligung, zu der er nach § 1598 a Abs. 1 BGB verpflichtet ist, kann der Klärungsberechtigte die Ersetzung der Einwilligung und die Anordnung der Probeentnahme beantragen, § 1598 a Abs. 2 BGB. Es handelt sich um eine **Abstammungssache** gem. § 169 Nr. 2 FamFG. Zuständig ist das Familiengericht, § 23 a Abs. 1 Nr. 1 GVG. Die örtliche Zuständigkeit richtet sich nach § 170 FamFG (s. → *Anfechtung der Vaterschaft* Rn 22). Im Verfahren wird nur die Einwilligung ersetzt und die Entnahme angeordnet, die eigentliche Begutachtung findet außerhalb des Verfahrens auf Kosten des Klärungsberechtigten statt (Palandt/Brudermüller § 1598 a BGB Rn 14).

Erneut stellt sich die Frage, ob ein minderjähriges Kind, das das 14. Lebensjahr bereits vollendet hat, **verfahrensfähig** gem. § 9 Abs. 1 Nr. 3 FamFG ist, da es im Verfahren auf Feststellung der Vaterschaft ein ihm 31 nach bürgerlichem Recht zustehendes Recht geltend macht. Dies ist im Feststellungsverfahren (s. Rn 8) der Fall (HK-FamFG/Fritsche § 172 FamFG Rn 4; aA Keidel/Engelhardt § 172 FamFG Rn 2; MüKo/Coester-Waltjen/Hilbig § 172 FamFG Rn 31). Dem beschränkt geschäftsfähigen Kind soll als Korrelat zu den materiellrechtlichen Widerspruchs- und Mitwirkungsrechten die eigenständige Gestaltung materieller Rechte ohne Mitwirkung seiner gesetzlichen Vertreter ermöglicht werden (BT-Drucks. 16/9733, 352). Auf der Grundlage dieses beabsichtigten Gleichlaufs von materiellem Recht und Verfahrensrecht schließt die Gegenansicht aus § 1600 a BGB, dass deshalb dem Kind gerade kein Recht zusteht, da die Anfechtung nur durch den gesetzlichen Vertreter erfolgen kann, und übersieht dabei, dass § 1600 a BGB im Feststellungsverfahren gerade keine Bedeutung zukommt. Gleiches gilt auch im Verfahren nach § 169 Nr. 2 FamFG, da § 1598 a BGB dem Kind ausdrücklich einen Anspruch auf Einwilligung zuweist (aA NK-BGB/Gutzeit § 1598 a BGB Rn 9).

Die Eltern sind jedenfalls gem. § 1629 Abs. 2 a BGB von der gesetzlichen Vertretung des Kindes ausgeschlossen, weshalb dem Kind unter 14 Jahren zwingend ein **Ergänzungspfleger** gem. § 1909 BGB zu bestellen ist.

Das Verfahren ist gem. § 1598 a Abs. 3 BGB **auszusetzen**, wenn die Klärung der Abstammung eine unzu- 32 mutbare **Beeinträchtigung für das Wohl des minderjährigen Kindes** darstellen würde. Grundsätzlich ist aber das Klärungsinteresse als vorrangig einzustufen. Die Kindeswohlklausel des Abs. 3 greift daher nur in besonderen Ausnahmesituationen. Die dem Verfahren immanente Härte des Verlusts des Vaters ist nicht ausreichend. In Betracht kommen nur atypische Umstände, insbesondere psychische und physische Gründe in der Person des Kindes, die dazu führen können, dass das Ergebnis des Gutachtens das Kind außergewöhnlich belastet, wie zum Beispiel Suizidgefahr oder die Gefahr der gravierenden Verschlechterung einer bereits bestehenden schweren Krankheit (BT-Drucks. 16/6561, 13).

bb) Vollstreckungsverfahren. Im Tenor der gerichtlichen Entscheidung wird die Einwilligung ersetzt, so 33 dass insoweit **kein weiteres Vollstreckungsverfahren zur Abgabe der Willenserklärung** (§ 95 Abs. 1 Nr. 5 FamFG) mehr nötig ist. Gleichzeitig wird im Tenor die Duldung zur Probeentnahme angeordnet. Weigert sich der Anspruchsgegner im Anschluss die Entnahme zu dulden, so muss die gerichtliche Entscheidung nach § 95 Abs. 1 Nr. 4 FamFG iVm § 890 ZPO durch die Verhängung von Ordnungsgeld oder Ordnungshaft vollstreckt werden (BT-Drucks. 16/9733, 361). Bei wiederholter unberechtigter Verweigerung der Probeentnahme kann gem. § 96 a Abs. 2 FamFG auch unmittelbarer Zwang in Form einer zwangsweisen Vorführung zur Untersuchung und zwangsweisen Probeentnahme angewendet werden. Ein Zwischenverfahren über die Frage der unberechtigten Verweigerung gem. §§ 386–390 ZPO ist nicht durchzuführen. Die Verweisung in § 177 Abs. 2 FamFG gilt nur für die Begutachtung im Rahmen von Feststellungs- oder Anfechtungsverfahren gem. § 169 Nr. 1 und 4 FamFG (HK-FamFG/Fritsche § 178 FamFG Rn 1).

34 Die **Vollstreckung der Duldung der Probeentnahme** ist gem. § 96 a Abs. 1 FamFG ausgeschlossen (Vollstreckungsschutzvorschrift), wenn die Art der Probeentnahme der zu untersuchenden Person nicht zugemutet werden kann. Im Fall der Blutentnahme ist dies aus gesundheitlichen Gründen denkbar, nicht aber wenn eine Speichelprobe entnommen werden soll, deren Entnahme immer zumutbar sein wird (HK-ZPO/Kemper § 96 a FamFG Rn 2). Religiöse oder weltanschauliche Ansichten des Verpflichteten reichen nicht aus (Palandt/Brudermüller § 1598 a BGB Rn 17).

2. Einsicht in Abstammungsgutachten

35 Derjenige, der in die genetische Untersuchung eingewilligt und eine entsprechende Probe abgegeben hat, hat einen **Anspruch auf Einsicht in das Gutachten** oder Aushändigung einer Abschrift gegen den Klärungsberechtigten, § 1598 a Abs. 4 BGB. Der Anspruch besteht auch, wenn die Einwilligung ersetzt wurde und die Probe zwangsweise entnommen wurde. Abs. 4 muss außerdem erweiternd dahingehend ausgelegt werden, dass alle Beteiligten gem. § 172 Abs. 1 FamFG das Recht auf Kenntnis des Gutachtens zusteht (NK-BGB/Gutzeit § 1598 a BGB Rn 14).

VI. Unterhaltsverfahren und Vaterschaftsfeststellung

36 In **Ausnahme zur Rechtsausübungssperre** des § 1600 d Abs. 4 BGB können Unterhaltsansprüche des minderjährigen Kindes gem. § 237 Abs. 1 FamFG auch ohne bereits erfolgte gerichtliche Feststellung des Antragsgegners als Vater anhängig gemacht werden, wenn ein Vaterschaftsfeststellungsverfahren anhängig ist. Der Unterhaltsantrag ist gem. § 237 Abs. 3 FamFG auf den Mindestunterhalt gem. § 1612 a BGB beschränkt. Einwände des Unterhaltsverpflichteten können nicht berücksichtigt werden, insbesondere ist der Einwand der beschränkten oder nichtbestehenden Leistungsfähigkeit ausgeschlossen (HK-ZPO/Kemper § 237 FamFG Rn 2). Eine Abänderung des Unterhaltstitels ist gem. § 240 FamFG möglich. Der Beschluss über den Unterhalt wird gem. § 237 Abs. 4 FamFG erst mit der Rechtskraft der Entscheidung über die Feststellung der Vaterschaft oder mit der Anerkennung der Vaterschaft wirksam.

Das Unterhaltsverfahren ist ein **selbstständiges Verfahren**, kann aber gem. § 179 Abs. 1 S. 2 FamFG mit einem Feststellungsverfahren verbunden werden (HK-ZPO/Kemper § 237 FamFG Rn 2).

106. Feststellung des Bestehens oder Nichtbestehens einer Ehe

Gurk

I. Allgemeines 1
II. Verfahrensbeteiligte 3
III. Verfahrensgegenstand 9
  1. Wirksame Eheschließung 10
  2. Wirksame Auflösung einer Ehe 13

IV. Feststellungsinteresse 17
V. Verfahrensgang 19
VI. Ausländische Entscheidungen in Ehesachen 20
VII. Verfahrensabschluss 27

I. Allgemeines

Die Frage, ob eine Ehe besteht oder nicht besteht, betrifft den Bereich der Eheschließung und ihrer Wirksamkeit sowie den Bereich der wirksamen Auflösung einer Ehe. Der Gesetzgeber hat mit Inkrafttreten des FGG-Reformgesetzes zum 1.9.2009 die Verfahrensvorschriften des sechsten Buches der Zivilprozessordnung (§§ 606 bis 687 ZPO) aufgehoben. Seitdem ist das Verfahren in Familiensachen im zweiten Buch des FamFG (§§ 111 bis 270 FamFG) geregelt. **1**

Nach der ehemals in § 606 Abs. 1 S. 1 ZPO enthaltenen Regelung wurden die Verfahren auf Feststellung des Bestehens oder Nichtbestehens einer Ehe als Ehesache qualifiziert und die Zuständigkeit des Familiengerichts begründet. Für das gerichtliche Feststellungsverfahren enthielt § 632 ZPO eine eigene Regelung. Seit dem 1.9.2009 bestimmt § 121 Nr. 3 FamFG, dass das Verfahren auf Feststellung des Bestehens oder Nichtbestehens einer Ehe eine **Ehesache** ist. Es handelt sich um ein **familiengerichtliches Feststellungsverfahren**, für das nunmehr die §§ 122 bis 132 FamFG Anwendung finden.

Das Verfahren auf Feststellung des Bestehens oder Nichtbestehens einer **eingetragenen Lebenspartnerschaft** nach § 269 Abs. 1 Nr. 2 FamFG ist dagegen keine Ehesache. Gleichwohl gelten gemäß § 270 Abs. 1 FamFG die Verfahrensvorschriften für die Feststellung des Bestehens oder Nichtbestehens einer Ehe entsprechend. **2**

II. Verfahrensbeteiligte

An Ehesachen können nur die **Ehegatten** beteiligt sein. Allein § 129 FamFG erweitert den Kreis der Beteiligten. Demnach ist sowohl in Eheaufhebungsverfahren als auch in Verfahren auf Feststellung des Bestehens oder Nichtbestehens einer Ehe eine Beteiligung der **zuständigen Verwaltungsbehörde** gesetzlich vorgesehen. **3**

§ 129 Abs. 2 S. 3 iVm Abs. 2 S. 1 FamFG regelt die **Unterrichtungspflicht** des Familiengerichts gegenüber der zuständigen Verwaltungsbehörde in den Fällen, in denen ein Eheaufhebungsverfahren bzw ein Verfahren auf Feststellung des Bestehens oder Nichtbestehens einer Ehe durch einen Ehegatten anhängig gemacht wurde. **4**

Demgegenüber fehlt ein ausdrückliches **Antragsrecht** der zuständigen Verwaltungsbehörde für ein Verfahren auf Feststellung des Bestehens oder Nichtbestehens einer Ehe. § 129 Abs. 2 S. 3 FamFG verweist nicht auf eine entsprechende Anwendung des § 129 Abs. 1 FamFG, der seinerseits lediglich auf die Eheaufhebungsvorschriften verweist. Die Behörde kann das Verfahren, anders als bei Eheaufhebungsverfahren, also nicht initiativ einleiten. **5**

Allerdings kann die Behörde nach erfolgter Unterrichtung das **Verfahren betreiben**, insbesondere also **selbstständige Anträge** stellen oder **Rechtsmittel** einlegen (§ 129 Abs. 2 S. 2 FamFG).

Die Bestimmung der Zuständigkeit der Verwaltungsbehörde obliegt den jeweiligen **Regierungen der Länder** (Darstellung der jeweils zuständigen Behörde bei Zöller/Philippi, 29. Aufl., § 129 FamFG Rn 2). **6**

7 § 129 FamFG sieht auch kein Antragsrecht für **Dritte** auf Feststellung des Bestehens oder Nichtbestehens einer Ehe vor. Das für Eheaufhebungsverfahren in §§ 1316 Abs. 1 S. 1, 1306 BGB vorgesehene Antragsrecht Dritter gilt für das Feststellungsverfahren nicht.

8 Für das Verfahren besteht gemäß § 114 Abs. 1 FamFG **Anwaltszwang** für die Beteiligten. Dieses gilt gemäß § 114 Abs. 3 S. 1 FamFG nicht für die beteiligte Verwaltungsbehörde.

III. Verfahrensgegenstand

9 Das Verfahren dient der Feststellung, ob

– eine Ehe wirksam geschlossen wurde oder
– eine ehemals wirksam geschlossene Ehe wirksam aufgelöst wurde.

1. Wirksame Eheschließung

10 Die gesetzliche Regelung der Eheschließung an sich findet sich in den §§ 1310 bis 1312 BGB. Daneben regeln die §§ 1303 bis 1308 BGB die für die wirksame Eheschließung erforderlichen Voraussetzungen der **Ehefähigkeit** bzw die **Eheverbote**. Danach stellt eine Eheschließung einen **familienrechtlichen Vertrag** dar, der durch die gesetzlich vorgeschriebene Beteiligung eines Standesbeamten einer **besonderen Form** bedarf (vgl Palandt/Brudermüller Vorb § 1310 BGB Rn 2).

11 Bis zum 30.6.1998 fand die **Eheschließung** ihre rechtliche Grundlage im Ehegesetz (dort §§ 11 bis 15 EheG). Durch das **Gesetz zur Neuordnung des Eheschließungsrechts** vom 4.5.1998 wurde das EheG jedoch aufgehoben und die Vorschriften über die Eheschließung mit Wirkung zum 1.7.1998 wieder ins BGB aufgenommen (s. → *Eheschließung im Inland*).

12 Davon umfasst ist jedoch nur die Eheschließung **deutscher Staatsangehöriger**. Die maßgeblichen Normen für die Eheschließung zwischen **Personen verschiedener Nationalitäten** finden sich im IPR, insbesondere in Art. 13 EGBGB bzw in Art. 11 EGBGB für die Eheschließung im Ausland (s. → *Eheschließung im Ausland*).

2. Wirksame Auflösung einer Ehe

13 Nachdem durch das Gesetz zur Neuordnung des Eheschließungsrechts vom 4.5.1998 das EheG aufgehoben wurde (s. Rn 9), kann eine Ehe nur durch **Ausspruch der Scheidung** und durch eine **Eheaufhebung** aufgelöst werden. Nur bei Vorliegen schwerwiegender formeller oder materieller Mängel kann eine (versuchte) Eheschließung ohne familienrechtliche Wirkung bleiben, weshalb man von einer „**Nichtehe**" spricht (vgl Palandt/Brudermüller Einf. § 1313 BGB Rn 5 mit Beispielen).

14 Bis zum 30.6.1998 war im EheG auch noch die Möglichkeit der **Nichtigkeit einer Ehe** (ex nunc) vorgesehen, soweit die entsprechenden Voraussetzungen vorlagen (§§ 16 bis 24 EheG). Der Gesetzgeber hat bei der Neuregelung des Eheschließungsrechts zum 1.7.1998 jedoch davon abgesehen, Regelungen über die Nichtigkeit einer Ehe fortzuschreiben. Damit bleibt es vermeintlichen Ehegatten, die zumeist an die Wirksamkeit ihrer Ehe geglaubt und oftmals über einen langen Zeitraum entsprechend gelebt haben, erspart, auf ihre „Ehe" als rechtlich nicht existent zurückblicken zu müssen.

15 Sowohl Ehescheidung als auch Eheaufhebung entfalten nach heute geltender Rechtslage daher Wirkung nur für die **Zukunft**.

16 Sowohl Ehescheidung als auch Eheauflösung sind **innerhalb Deutschlands** grundsätzlich nur durch familiengerichtlichen Beschluss möglich (s. → *Eheaufhebung* Rn 49 ff). **Ausländische Rechtsordnungen** sehen dagegen teilweise auch andere Formen von Ehescheidung oder Eheaufhebung vor (zB sog. **Privatscheidungen** mit oder ohne Beteiligung einer im Ausland zuständigen Behörde).

IV. Feststellungsinteresse

Weder in den Verfahrensvorschriften des FamFG (§ 122 bis 132 FamFG) noch in der vor dem 1.9.2009 für **17** das Feststellungsverfahren einschlägigen Vorschrift des § 632 ZPO war das Erfordernis des Vorliegens eines Feststellungsinteresses als Prozess- bzw **Verfahrensvoraussetzung**, anders als bspw in § 256 Abs. 1 ZPO, ausdrücklich geregelt. Gleichwohl wird in der Literatur die Meinung vertreten, dass ein fehlendes Feststellungsinteresse der **Zulässigkeit der Klage** auf Feststellung des Bestehens oder Nichtbestehens einer Ehe entgegenstehen kann. Dieses soll insbesondere dann der Fall sein, wenn das Klage- bzw Verfahrensziel im Wege eines **Eheaufhebungsverfahrens** erreicht werden kann.

Hinweis: Die Verfahren auf Feststellung des Bestehens bzw Nichtbestehens einer Ehe sind in der Praxis **18** nicht zuletzt deswegen selten, weil der Antragsteller in aller Regel unmittelbar die Aufhebung der Ehe beabsichtigt. Bestehen also Zweifel über die Frage der wirksamen Auflösung einer Ehe, ist es in jedem Fall ratsam, Antrag auf Aufhebung der Ehe zu stellen. In diesem Verfahren ist inzidenter zu prüfen, ob eine wirksame Ehe vorliegt.

V. Verfahrensgang

Für das Verfahren auf Feststellung des Bestehens oder Nichtbestehens einer Ehe gelten die Verfahrensvor- **19** schriften für Ehesachen, die in den §§ 122 bis 132 FamFG geregelt sind.

VI. Ausländische Entscheidungen in Ehesachen

Die Feststellung des Bestehens oder Nichtbestehens einer Ehe kann auch die Entscheidung eines **ausländi- 20 schen Gerichtes** betreffen. Betroffen sind solche Entscheidungen ausländischer Gerichte, mit denen eine Ehe für **nichtig erklärt** oder **aufgehoben wurde**. Betroffen sein kann daneben auch die Entscheidung eines ausländischen Gerichtes über das **Bestehen oder Nichtbestehen der Ehe** selbst.

In § 97 FamFG hat der Gesetzgeber – deklaratorisch – klargestellt, dass die im FamFG enthaltenen Rege- **21** lungen des internationalen Verfahrensrechts nur anwendbar sind, wenn die jeweilige Frage nicht durch **internationale Rechtsakte** geregelt ist (Klinck FamRZ 2009, 741).

Nur dann, wenn weder völkerrechtliche Vereinbarungen noch Rechtsakte der europäischen Union eine **22** Spezialregelung enthalten, findet die in § 107 Abs. 1 S. 1 FamFG enthaltene Regelung Anwendung. Nach dieser Vorschrift werden Entscheidungen eines ausländischen Gerichtes in Ehesachen nur dann anerkannt, wenn zuvor durch die **Landesjustizverwaltung** festgestellt wurde, dass die Voraussetzungen einer Anerkennung vorliegen.

Daraus folgt, dass in den Fällen, in denen die Anerkennung einer ausländischen Entscheidung **Vorfrage in** **23** **einem gerichtlichen Verfahren** ist, dieses nicht ohne vorherige Anerkennung abgeschlossen werden kann und darf. Vielmehr ist zunächst die Entscheidung der Landesjustizverwaltung einzuholen und abzuwarten. Bis dahin ist das **gerichtliche Verfahren auszusetzen**. Gerade die Frage nämlich, ob eine Entscheidung im Inland Wirksamkeit entfaltet, ist nach § 107 FamFG zu klären (vgl Zöller/Geimer, 29. Aufl., § 107 FamFG Rn 9).

In einem gerichtlichen Feststellungsverfahren wegen Bestehens oder Nichtbestehens einer Ehe, über die ei- **24** ne der in § 107 Abs. 1 S. 1 FamFG genannte Entscheidung eines ausländischen Gerichtes ergangen ist, muss also zunächst die behördliche Anerkennung nach § 107 FamFG erfolgen. Das für das Feststellungsverfahren zuständige Familiengericht darf über diese (Vor-)Frage nicht selbst entscheiden. Das **Aussetzungsgebot** ist zwingend und **von Amts wegen** in jedem Stadium des Verfahrens zu beachten.

Nachdem das Verfahren auf Feststellung des Bestehens oder Nichtbestehens einer **Lebenspartnerschaft** **25** (§ 269 Abs. 1 Nr. 2 FamFG) keine Ehesache ist, besteht in diesen Verfahren kein Erfordernis für ein (vorausgehendes) Anerkennungsverfahren nach § 107 FamFG.

26 Streiten die Partner einer eingetragenen Lebenspartnerschaft über die Frage, ob ihre Lebenspartnerschaft durch eine ausländische Entscheidung aufgelöst wurde, ist aber ein **Anerkennungsfeststellungsverfahren** nach § 108 Abs. 2 S. 1 FamFG möglich (vgl Zöller/Lorenz, 29. Aufl., § 269 FamFG Rn 5).

VII. Verfahrensabschluss

27 Das Verfahren endet durch Beschluss des Familiengerichts. Durch das Gesetz zur Neuordnung des Eheschließungsrechts vom 4.5.1998 wurde die in § 638 S. 2 ZPO enthaltene Regelung, wonach die Entscheidung des Gerichts „für und gegen alle" wirkte, mit Wirkung zum 1.7.1998 aufgehoben und ersatzlos gestrichen.

28 Konsequenz dieser Gesetzesänderung ist, dass nunmehr nur noch **Gestaltungsentscheidungen** des Gerichts für und gegen alle Wirkung entfalten können. Gestaltungsentscheidungen sind aber nur solche, durch die eine Ehe geschieden oder aufgehoben wird.

29 Ein Beschluss, durch den das Bestehen oder Nichtbestehen einer Ehe festgestellt wird, ändert die **materielle Rechtslage** nicht, entfaltet also keinerlei Gestaltungswirkung. Daher kann der Feststellungsbeschluss des Familiengerichts nach heute geltender Rechtslage **nur zwischen den Beteiligten** Wirkung entfalten.

30 Erachtet das Familiengericht den Antrag für begründet, ergeht entsprechender **Feststellungsbeschluss**. Ansonsten ist der Antrag abzuweisen. Ein **Versäumnisbeschluss** gegen den Antragsgegner ist gemäß § 130 Abs. 2 FamFG unzulässig. Ist der Antragsteller säumig, hat auf entsprechenden Antrag des Antragsgegners ein Beschluss dahin gehend zu ergehen, dass sein **Antrag als zurückgenommen** gilt (§ 130 Abs. 1 FamFG). Der Antrag des Antragsgegners gilt in diesem Fall als Zustimmung zur Antragsrücknahme.

Gurk

107. Fiktive Einkünfte

Poppen

I. Obliegenheitspflichtverletzung	1	c) Vermögensverwertungsobliegenheit	6
1. Erwerbsobliegenheit	2	II. Verschulden	12
2. Vermögensnutzungsobliegenheit	4	III. Kausalität	13
a) Vermögenseinziehung	4	IV. Höhe der fiktiven Einkünfte	14
b) Anlageobliegenheit	5	V. Dauer der Fiktion	15

I. Obliegenheitspflichtverletzung

Sowohl beim Unterhaltsberechtigten als auch beim Unterhaltsverpflichteten können Einkünfte fingiert werden. Voraussetzung einer Einkommensfiktion ist die **Verletzung einer Obliegenheit zur Einkommenserzielung**. Der Berechtigte und der Verpflichtete eines Unterhaltsrechtsverhältnisses müssen alle Möglichkeiten der Einkommenserzielung ausschöpfen. Daraus folgt eine **Erwerbsobliegenheit** und die Obliegenheit, **Vermögenswerte** einzuziehen und einzusetzen. Die Obliegenheitspflichtverletzung muss vorwerfbar und für die Bedürftigkeit oder Leistungsunfähigkeit kausal sein, damit eine Fiktion erfolgen kann. 1

1. Erwerbsobliegenheit

Der **Umfang** der Erwerbsobliegenheit unterscheidet sich nach dem jeweiligen **Unterhaltsrechtsverhältnis**. Minderjährige Kinder als Anspruchsteller trifft grundsätzlich keine Erwerbsobliegenheit, Eltern, die sich Unterhaltsansprüchen ihrer minderjährigen Kinder ausgesetzt sehen, eine gesteigerte Erwerbsobliegenheit (s. → *Erwerbsobliegenheit* Rn 8 ff). Verfügt ein Beteiligter eines Unterhaltsrechtsverhältnisses über keine Ausbildung, die es ihm ermöglicht, auf dem allgemeinen Arbeitsmarkt tätig zu werden, besteht eine **Ausbildungsobliegenheit** (für den nachehelichen Unterhalt: § 1574 Abs. 3 BGB; für die Trennungszeit BGH 29.11.2000 – XII ZR 212/98, NJW 2001, 973). Besteht am aktuellen Wohnort keine Beschäftigungsmöglichkeit, kann auch eine **Umzugsobliegenheit** bestehen (BGH 9.7.1980 – IV b ZR 529/80, NJW 1980, 2414). 2

Jeden Erwerbstätigen trifft weiter die Obliegenheit zur **Steuerminderung**. Der wiederverheiratete Unterhaltspflichtige darf sein Einkommen nicht nach Steuerklasse V versteuern, wenn sein zweiter Ehegatte nicht deutlich mehr verdient. Bei einer tatsächlichen Versteuerung nach Steuerklasse V ist die Steuerbelastung orientiert an der Versteuerung nach Steuerklasse IV zu korrigieren (BGH 25.6.1980 – IV b ZR 530/80, NJW 1980, 2251). Steuermindernde Belastungen müssen zudem durch die **Eintragung von Freibeträgen** geltend gemacht werden. Dies gilt für berufsbedingte Fahrtkosten und im Hinblick auf das steuerlich begrenzte Realsplitting für unstreitigen oder rechtskräftig titulierten Unterhalt (Leitlinien 10.1.1; BGH 28.2.2007 – XII ZR 37/05, NJW 2007, 1961). 3

2. Vermögensnutzungsobliegenheit

a) Vermögenseinziehung. Im Hinblick auf Vermögenswerte besteht zunächst die Obliegenheit, Vermögenswerte einzuziehen. So muss ein an einem Unterhaltsrechtsverhältnis Beteiligter grundsätzlich zB **Pflichtteilsansprüche** geltend machen (BGH 21.4.1993 – XII ZR 248/91, NJW 1993, 1920). Unterlässt er dies, gibt es keinen einklagbaren Anspruch auf Geltendmachung; die Sanktion für das obliegenheitswidrige Verhalten liegt allein in der Zurechnung fiktiver Einkünfte (BGH 28.11.2012 – XII ZR 19/10, NJW 2013, 530). 4

b) Anlageobliegenheit. Vorhandenes Vermögen ist bestmöglich, aber risikofrei zu nutzen. Geldbeträge sind verzinslich anzulegen. Sind Geldbeträge in einem thesaurierenden Fonds angelegt, können die thesaurierten Erträge als laufendes Einkommen berücksichtigt werden, auch wenn sie nicht ausgeschüttet werden (BGH 4.7.2007 – XII ZR 141/05, NJW 2008, 57). Setzt ein Ehegatte Vermögen, welches er aus der Vermögensauseinandersetzung erhalten hat, ertraglos für eine neue Immobilie ein, kann eine **Vermögensumschichtungsobliegenheit** bestehen mit der Folge, dass bei Verletzung dieser Obliegenheit fiktiv ein Zinser- 5 trag aus dem ursprünglich vorhanden gewesenen Kapital angerechnet wird (BGH 19.2.1986 – IV b ZR 16/85, NJW-RR 1986, 683). Dabei kann ein Teilbetrag des Vermögens für trennungsbedingte Kosten, etwa für eine neue Wohnung oder Gerichts- und Anwaltskosten, ausgegeben werden (BGH 7.11.2012 – XII ZB 229/11, NW 2013, 161).

6   c) **Vermögensverwertungsobliegenheit.** Grundsätzlich besteht **keine Obliegenheit**, den Vermögensstamm zur Deckung des eigenen Unterhaltsbedarfs oder zur Zahlung von Unterhalt zu verwerten. Ob ausnahmsweise eine Obliegenheit besteht, ist aufgrund einer Billigkeitsabwägung zu entscheiden (vgl §§ 1577 Abs. 1 S. 3, 1602 Abs. 1, 1581 S. 2, 1603 Abs. 2 S. 3 BGB). Als ein Billigkeitskriterium ist die Größe des Vermögens zu berücksichtigen. Je größer das Vermögen ist, desto eher muss es (teilweise) verwertet werden.

7   Weiteres Billigkeitskriterium ist die **Art des Unterhaltsanspruchs.** Für den Ehegattentrennungsunterhalt gibt es keine ausdrücklich gesetzliche Regelung. Die äußerste Grenze der Verwertungsobliegenheit bilden die Kriterien für den nachehelichen Unterhalt (§§ 1577 Abs. 3, 1581 S. 2 BGB). Diese Kriterien können allerdings erst nach langer Trennungszeit und bei niedrigen laufenden Einkünften angewandt werden (BGH 19.11.2008 – XII ZR 129/06, NJW-RR 2009, 289).

8   Beim **nachehelichen Unterhalt** steht als Maßstab die Wirtschaftlichkeit der Vermögensverwertung im Vordergrund. Unwirtschaftlich ist eine Vermögensverwertung, wenn zB vorübergehend der Verkehrswert des Vermögensgegenstandes nicht erzielt werden kann, etwa einer Immobilie (Palandt/Brudermüller § 1577 BGB Rn 30 f).

9   Im Verhältnis zu **minderjährigen Kindern** hat der Unterhaltsverpflichtete nach § 1603 Abs. 1 BGB den Stamm seines Vermögens grundsätzlich einzusetzen. Das minderjährige Kind selbst braucht seinen eigenen Vermögensstamm nicht zu verwerten, solange die Eltern leistungsfähig sind (§ 1602 Abs. 2 BGB). Nur wenn der eigene angemessene Unterhalt der Eltern gefährdet ist, wenn sie ihren Kindesunterhaltsverpflichtungen nachkommen müssen, können die Eltern nach § 1603 Abs. 2 S. 3 BGB das Kind auf den Stamm seines Vermögens verweisen (Palandt/Brudermüller § 1603 BGB Rn 46).

10 Beim **Elternunterhalt** gibt es nach dem Gesetz keine allgemeine Billigkeitsgrenze für eine Vermögensverwertungsobliegenheit. Da Eltern für den Unterhalt ihrer Kinder in der Regel aus übergegangenem Recht durch den Sozialhilfeträger in Anspruch genommen werden, greifen in diesen Fällen zunächst die **sozialhilferechtlichen Vorschriften zum Schonvermögen** (§§ 90, 94 SGB XII). Für die Vermögensverwertungsobliegenheit ist weiter die besondere Lage von Unterhaltspflichtigen gegenüber ihren Eltern zu berücksichtigen (BVerfG 7.6.2005 – 1 BvR 1508/96, NJW 2005, 1927). Den Kindern muss jedenfalls das Vermögen bleiben, welches sie im Rahmen einer unterhaltsrechtlich gebilligten **zusätzlichen Altersvorsorge** angespart haben (BGH 30.8.2006 – XII ZR 98/04, NJW 2006, 3344). Bezieht das unterhaltspflichtige Kind ebenfalls schon Rente, wird der zum Unterhalt einzusetzende Vermögensbetrag auf die statistische Lebenserwartung des Kindes verteilt und der sich daraus ergebende Monatsbetrag als zusätzliches verfügbares Einkommen angesetzt (BGH 21.11.2012 – XII ZR 150/10, NJW 2013, 301).

11 Wird die Verwertungsobliegenheit angenommen, billigt die Rechtsprechung dem Betroffenen häufig einen **verbleibenden Sockelbetrag** zu (BGH 5.11.1997 – XII ZR 20/96, NJW 1998, 978; OLG Celle 2.5.2000 – 17 UF 236/99, FamRZ 2001, 47: 5.000 DM bei Unterhaltsanspruch eines volljährigen Kindes). Für die als Notgroschen gedachte Rücklage kann als anrechenbares Zinseinkommen nur der für kurzfristig verfügbare Sparguthaben bzw Tagesgeld erzielbare Zins angesetzt werden (BGH 19.2.1986 – IV b ZR 16/85, NJW-RR 1986, 683). Erhält ein Unterhaltsberechtigter/-pflichtiger mit Eintritt in den Ruhestand eine **Lebensversicherung** ausgezahlt, ist diese Summe einschließlich der bis dahin erzielbaren Zinsen auf die Dauer der statistischen Restlebenserwartung zu verteilen und für den laufenden Unterhalt zu berücksichtigen. Lebensversicherungen dienen gerade der Aufrechterhaltung des früheren Lebensstandards nach Eintritt in den Ruhestand (OLG Hamm 25.2.2000 – 11 UF 93/99, FamRZ 2000, 1286).

II. Verschulden

Voraussetzung für die Zurechnung eines fiktiven Einkommens ist weiter Verschulden. Der Beteiligte des 12 Unterhaltsrechtsverhältnisses muss vorwerfbar ihm zumutbare Anstrengungen, eine angemessene Tätigkeit zu finden, nicht unternommen haben (BGH 3.12.2008 – XII ZR 182/06, NJW 2009, 1410). Bei einem **Verlust der Arbeit** kann erst ein **schweres unterhaltsbezogenes Verschulden** die Fiktion begründen (BGH 12.5.1993 – XII ZR 24/92, NJW 1993, 1974). Wird wegen Alkoholmissbrauchs gekündigt, setzt die Fiktion voraus, dass dem Alkoholkranken bewusst war, dass sein Alkoholismus zum Wegfall seiner Einkünfte hätte führen können (BGH 10.11.1993 – XII ZR 113/92, NJW 1994, 258).

III. Kausalität

Weitere Voraussetzung für eine Fiktion ist die Kausalität der Obliegenheitsverletzung für das Fehlen von 13 Einkünften. Bei einem Verstoß gegen die Erwerbsobliegenheit muss daher bei entsprechenden Erwerbsbemühungen eine **reale Erwerbsmöglichkeit** bestehen. Die Fiktion kann nur eingreifen, wenn bei den persönlichen Voraussetzungen des Beteiligten des Unterhaltsrechtsverhältnisses (Ausbildung, Erwerbsbiografie, Alter, Gesundheitszustand) entsprechende Arbeitsstellen vorhanden sind (BVerfG 11.3.2010 – 1 BvR 3031/01, NJW 2010, 1658). Insbesondere bei Eltern, die minderjährigen Kindern Unterhalt schulden, ist dieser Gesichtspunkt zu prüfen, damit die Unterhaltspflicht nicht zu einer „Garantiehaftung" wird (BGH 3.12.2008 – XII ZR 182/06, NJW 2009, 1410). **Fehlen hinreichende Bemühungen**, muss derjenige, den die Erwerbsobliegenheit trifft, darlegen und beweisen, dass Bemühungen erfolglos gewesen wären. Hierbei sind die gesamten Möglichkeiten auf dem Arbeitsmarkt zu berücksichtigen, mithin nicht nur sog. Mini-, sondern auch Midi-Jobs (BGH 18.1.2012 – XII ZR 178/09, NJW 2012, 1144 m.Anm. Börger).

IV. Höhe der fiktiven Einkünfte

Liegen die vorgenannten Voraussetzungen einer Fiktion vor, wird **das nach den individuellen Verhältnis-** 14 **sen erzielbare Einkommen** als vorhanden fingiert. Als Anhaltspunkt für die Höhe können die tarifvertraglichen Vergütungen dienen (BGH 7.11.2012 – XII ZB 229/11, NJW 2013, 161). Hilfreich ist auch der Lohn- und Gehaltsvergleich aufgrund statistischer Erhebungen der Hans-Böckler-Stiftung, kraft dessen Einkünfte für verschiedene Tätigkeiten auch unter Berücksichtigung der Berufserfahrung ermittelt werden können (www.lohnspiegel.de). Dieses fiktive Erwerbseinkommen ist wie ein reales Erwerbseinkommen zu behandeln, dh um berufsbedingte Aufwendungen sowie real vorhandene und berücksichtigungsfähige Verbindlichkeiten zu bereinigen. Auch gelten die üblichen Selbstbehaltssätze.

V. Dauer der Fiktion

Ist ein fiktives Einkommen zugrunde gelegt worden, bleibt es bei dieser Fiktion, solange die die Fiktion 15 auslösende Obliegenheitspflichtverletzung für das Fehlen von Einkünften kausal ist. Ist zB wegen leichtfertiger Aufgabe des Arbeitsplatzes eine Einkommensfiktion vorgenommen worden, endet die Fiktion erst, wenn diese unterstellte fiktive Tätigkeit aus nicht vertretbaren Gründen weggefallen ist. **Erfolglose spätere Bewerbungsbemühungen** können die Fiktion nicht entfallen lassen (BGH 20.2.2008 – XII ZR 101/05, NJW 2008, 1525). Beruht die Fiktion auf fehlenden Bemühungen um einen Arbeitsplatz, endet sie, wenn die Bemühungen nachgeholt worden sind und aufgrund nicht zu vertretener Umstände erfolglos waren (Wendl/Dose/Dose § 1 Rn 796).

108. Fortgesetzte Gütergemeinschaft

Rakete-Dombek

I. Einleitung... 1
II. Vermögensmassen............................... 3
III. Verwaltung....................................... 4

IV. Vor- und Nachteile der fortgesetzten Gütergemeinschaft.. 5
V. Beendigung der fortgesetzten Gütergemeinschaft... 6

I. Einleitung

1 Die Gütergemeinschaft wird nach dem Tod eines Ehegatten fortgesetzt, der Güterstand also ausnahmsweise nicht beendet, wenn die Ehegatten **vertraglich** vereinbart haben, dass der überlebende Ehegatte die Gütergemeinschaft mit den gemeinschaftlichen **Abkömmlingen** fortsetzt, § 1483 BGB. Die Auseinandersetzung des Gesamtguts unterbleibt in diesem Fall. Dem überlebenden Ehegatten soll damit die Auseinandersetzung mit den Abkömmlingen erspart und das Vermögen soll für die Familie zusammengehalten werden (MK/Kanzleiter Vor § 1483 BGB Rn 3). Die fortgesetzte Gütergemeinschaft hat nur geringe tatsächliche Bedeutung.

2 Die **gesetzliche Regelungssystematik** lautet überblicksartig wie folgt:
- §§ 1483–1491 BGB regeln den Eintritt, Umfang und die Verwaltung;
- §§ 1492–1496 BGB regeln die Beendigung der fortgesetzten Gütergemeinschaft;
- §§ 1497–1506 BGB regeln die Auseinandersetzung;
- § 1507 BGB regelt die Erteilung eines Zeugnisses über die Fortsetzung der Gütergemeinschaft;
- §§ 1509–1517 BGB regeln die Ausschließung und die Anteilsberechtigung der Abkömmlinge;
- § 1518 BGB normiert die zwingende Geltung der vorstehenden Vorschriften.

II. Vermögensmassen

3 Im Rahmen der fortgesetzten Gütergemeinschaft sind vier Vermögensmassen zu unterscheiden (NK-BGB/ Völker Vor § 1483 Rn 2):
- das Gesamtgut gem. § 1485 Abs. 1, 3 BGB;
- das Vorbehaltsgut des überlebenden Ehegatten gem. § 1486 Abs. 1 BGB;
- das Sondergut des überlebenden Ehegatten gem. § 1486 Abs. 2 BGB;
- das persönliche Vermögen eines jeden anteilsberechtigten Abkömmlings gem. § 1485 Abs. 2 BGB.

III. Verwaltung

4 Der überlebende Ehegatte wird **Alleinverwalter** des Gesamtguts, § 1487 Abs. 1 BGB. Die anteilsberechtigten Abkömmlinge wirken durch Abgabe von Zustimmungen im Rahmen der §§ 1423–1425 BGB mit.

IV. Vor- und Nachteile der fortgesetzten Gütergemeinschaft

5 Zwar sind Abkömmlinge formell beteiligt. Sie haben aber eine wenig befriedigende Stellung bis zum Tod des überlebenden Ehegatten. Zudem ist die **Rechtslage außerordentlich kompliziert** und engt auch den überlebenden Ehegatten in seiner Dispositionsfreiheit ein. Daher ist die fortgesetzte Gütergemeinschaft **wenig attraktiv** (MK/Kanzleiter Vor § 1483 BGB Rn 6), wird in der notariellen Praxis erheblich verdrängt und kaum noch vereinbart. In den meisten Fällen dürften die Nachteile der fortgesetzten Gütergemeinschaft deren Vorteile überwiegen. Sie führt angesichts der stark gestiegenen Lebenserwartung und der abnehmenden Familienbindung zu einer **auf Dauer unzumutbaren Vermögensgemeinschaft** zwischen dem überlebenden Ehegatten und den Abkömmlingen und stellt ein nicht zu unterschätzendes Konfliktpotenzial dar (MK/Kanzleiter § 1483 BGB Rn 6). Sollen die Abkömmlinge das gemeinschaftliche Vermögen erst nach dem Tode des Letztversterbenden erhalten, so kann dies auch in anderer Weise erreicht werden, bspw durch ein Berliner Testament.

V. Beendigung der fortgesetzten Gütergemeinschaft

Die fortgesetzte Gütergemeinschaft endet gem. § 1494 BGB mit dem Tod des überlebenden Ehegatten, der 6
Todeserklärung, der Wiederverheiratung gem. § 1493 BGB, der Aufhebungsentscheidung gem. § 1492
BGB, der richterlichen Aufhebung gem. §§ 1495, 1496 BGB und dem Tod oder Verzicht aller anteilsbe-
rechtigten Abkömmlinge gem. §§ 1490, 1491 BGB.

109. Freiheitsentziehende Unterbringung Minderjähriger

Seebach

I. Allgemeines	1	III. Verfahren	9
II. Regelungsgehalt	3	1. Zuständigkeit	9
1. Anwendungsbereich	3	2. Sachverständigengutachten	10
a) Persönlicher Anwendungsbereich	3	3. Anhörung des Kindes	11
b) Sachlicher Anwendungsbereich	4	4. Weitere Beteiligte	14
2. Genehmigung des Familiengerichts	7	5. Folgen fehlender Genehmigung/Nachholen der	
a) Kindeswohl	7	Genehmigung	16
b) Verhältnismäßigkeit	8	6. Beschwerde gegen einstweilige Anordnung	17

I. Allgemeines

1 Die elterliche Personensorge (s. → *Personensorge*) wird hinsichtlich einer beabsichtigten Unterbringung des minderjährigen Kindes in einer geschlossenen Einrichtung oder Anstalt durch ein **Verbot mit Erlaubnisvorbehalt** nach § 1631 b BGB beschränkt (NK-BGB/Rakete-Dombek § 1631 b BGB Rn 1). Bei einer geschlossenen Unterbringung eines Kindes handelt es sich um einen besonders gravierenden und einschneidenden **Eingriff in das Freiheitsgrundrecht** des minderjährigen Kindes, so dass eine gerichtliche Kontrolle notwendig ist (HK-FamR/Schmid § 1631 b BGB Rn 1). Die Freiheit einer Person darf nur aus besonders gewichtigem Grund angetastet werden (BVerfG 14.6.2007 – 1 BvR 338/07, NJW 2007, 3560).

2 Die gerichtliche Kontrolle orientiert sich hierbei am Kriterium des Kindeswohls (Palandt/Götz § 1631 b BGB Rn 3). Um eine **missbräuchliche Wahrnehmung** des elterlichen Sorgerechts zu verhindern, sind von Seiten des Gesetzgebers **gerichtliche Kontrollmaßnahmen** eingeführt worden (NK-BGB/Rakete-Dombek § 1631 b BGB Rn 1).

Auf der anderen Seite haben die Eltern die Verpflichtung, bei Vorliegen der entsprechenden Voraussetzungen Schutzmaßnahmen für das Kind zu ergreifen. Solche Schutzmaßnahmen können auch die Unterbringung in einer geschlossenen Abteilung darstellen. Andernfalls können bei der Notwendigkeit einer geschlossenen Unterbringung und deren Verweigerung durch die Eltern Maßnahmen gem. §§ 1666, 1666 a BGB angezeigt sein (s. → *Kindeswohlgefährdung* Rn 13). In diesem Spannungsfeld bewegt sich die Vorschrift des § 1631 b BGB, wobei § 167 FamFG die Besonderheiten verfahrensrechtlicher Art regelt, die bei der Unterbringung Minderjähriger zu beachten sind (HK-ZPO/Kemper § 167 FamFG Rn 1).

II. Regelungsgehalt

1. Anwendungsbereich

3 **a) Persönlicher Anwendungsbereich.** § 1631 b BGB findet bei beabsichtigter Unterbringung eines **minderjährigen Kindes**, unabhängig von dessen Alter und Staatsangehörigkeit, Anwendung. Aus dem eindeutigen Wortlaut der Norm ergibt sich gerade, dass eine gerichtliche Genehmigung **auch bei Einverständnis des Kindes** mit der Maßnahme erforderlich ist (HK-FamR/Schmid § 1631 b BGB Rn 3). Insoweit bestehen gerade im Hinblick auf ältere Kinder bei den Einrichtungen und Kliniken erhebliche Unsicherheiten (NK-BGB/Rakete-Dombek § 1631 b BGB Rn 2). Aufgrund der Erheblichkeit des Grundrechtseingriffs ist jedoch auch bei Einverständnis sämtlicher Beteiligter eine gerichtliche Kontrolle notwendig. Dies erscheint insoweit konsequent, als durchaus bezweifelt werden kann, ob das minderjährige Kind – unabhängig vom Alter – bei Notwendigkeit einer Unterbringung in einer geschlossenen Einrichtung die Tragweite und die Erheblichkeit des Eingriffs angemessen beurteilen kann (Palandt/Götz § 1631 b BGB Rn 2).

Grundsätzlich sind die bei Erwachsenen geltenden Unterbringungsvorschriften anzuwenden mit den in Kindschaftssachen geltenden Prinzipien (HK-ZPO/Kemper § 167 FamFG Rn 2; HK-FamFG/Völker/Clausius § 167 FamFG Rn 1 ff).

4 **b) Sachlicher Anwendungsbereich.** Von § 1631 b BGB sind Unterbringungen in **geschlossenen Einrichtungen** der Kinder- und Jugendhilfe sowie stationären Abteilungen psychiatrischer Krankenhäuser erfasst,

nicht jedoch die lediglich ambulante Behandlung (Palandt/Götz § 1631 b BGB Rn 2). Geschlossene Abteilungen innerhalb einer offenen Abteilung reichen aus. Bloße Freiheitsbeschränkungen sind von dieser Art der Unterbringung zu unterscheiden und bedürfen gerade keiner gerichtlichen Genehmigung (NK-BGB/Rakete-Dombek § 1631 b BGB Rn 3). Erforderlich ist, dass die persönliche Bewegungsfreiheit des Kindes eingeschränkt wird. Der Wille des Kindes, sich frei zu bewegen, kann gerade nicht durchgesetzt werden (HK-FamR/Schmid § 1631 b BGB Rn 2). Die Vorschrift bezieht sich hierbei auf Unterbringung des Kindes **außerhalb des Elternhauses**. Nicht erfasst wird daher der Hausarrest des Kindes (Palandt/Götz § 1631 b BGB Rn 2).

Häufigste Ursachen, die zu einer entsprechenden Unterbringung führen, sind hierbei die in § 1631 b BGB **5** erwähnte Selbst- bzw Fremdgefährdung. Typische Krankheitsbilder sind die depressive Störung, eine Störung des Sozialverhaltens, die schizophrene Psychose u.a. (HK-FamR/Schmid § 1631 b BGB Rn 5).

§ 1631 b BGB findet keine, auch **keine analoge Anwendung auf unterbringungsähnliche Maßnahmen** **6** (NK-BGB/Rakete-Dombek § 1631 b BGB Rn 5), wie zB bei Fixierungen von Kindern im Rahmen der medizinischen Behandlung oder bei der Anordnung der Beendigung lebenserhaltender Maßnahmen (BGH 7.8.2013 – XII ZB 559/11; OLG Oldenburg 26.9.2011 – 14 UF 66/11, FamRZ 2012, 39). Insoweit ist eine analoge Anwendung aufgrund des eindeutigen Wortlauts nicht möglich Diese Rechtsauffassung war bis zur klarstellenden Entscheidung des Bundesgerichtshofs umstritten. Während in § 1906 Abs. 4 BGB die entsprechende Anwendung von § 1906 Abs. 1–3 BGB angeordnet wird, ist dies bei § 1631 b BGB gerade nicht der Fall. Es kann daher gerade nicht davon ausgegangen werden, dass eine gesetzgeberische Lücke mit einer analogen Anwendung zu füllen wäre.

Eine entsprechende Abgrenzung hat auch zu erfolgen bei einer teilstationären Aufnahme von Kindern und Jugendlichen. Es ist zu prüfen, ob unterbringungsähnliche Maßnahmen vorliegen oder aber ob eine Unterbringungssituation vorliegt, die eine Genehmigung nach § 1631 b BGB erforderlich macht. In Zweifelsfällen empfiehlt es sich aus Sicht der behandelnden Klinik, das Familiengericht einzuschalten, das sodann die Maßnahme durch Beschluss genehmigt oder aber der Klinik mitteilt, dass Maßnahmen von Seiten des Gerichts nicht erforderlich sind. Dies führt zu einer Rechtssicherheit auf Seiten der behandelnden Ärzte.

Es kann bei minderjährigen Betroffenen gerade nicht auf die neueste Rechtsprechung des Bundesgerichtshofs zur medizinischen Zwangsbehandlung abgestellt werden (BGH 5.12.2012 – XII ZB 665/11, FamRZ 2013, 289). Eine analoge Anwendung des § 1631 b BGB ist mit obiger Argumentation abzulehnen, so dass grundsätzlich die Eltern über die medizinische Behandlung des Kindes entscheiden (s. → *Körperliche Eingriffe bei Minderjährigen*).

2. Genehmigung des Familiengerichts

a) Kindeswohl. Bei der Erteilung der gerichtlichen **Genehmigung durch Beschluss** ist zu überprüfen, ob **7** die Unterbringung in der geschlossenen Einrichtung aus Gründen des Kindeswohls (HK-FamR/Schmid § 1631 b BGB Rn 4) erforderlich ist (Palandt/Götz § 1631 b BGB Rn 3). Es gelten die Kriterien des § 1697 a BGB (NK-BGB/Rakete-Dombek § 1631 b BGB Rn 6).

b) Verhältnismäßigkeit. Der **Verhältnismäßigkeitsgrundsatz** ist gem. § 1631 b S. 2 BGB zu beachten **8** (NK-BGB/Rakete-Dombek § 1631 b BGB Rn 7). Es ist zu überprüfen, ob eine weniger einschneidende Maßnahme, insbesondere die Anordnung von Jugendhilfemaßnahmen, ausreichend sein kann (OLG Naumburg 12.10.2011 – 8 UF 221/11). Bei einem derart gravierenden Eingriff in das Freiheitsgrundrecht ist stets eine strenge Prüfung am Grundsatz der Verhältnismäßigkeit durchzuführen. Die Unterbringung muss sich als unumgänglich erweisen, um eine drohende gewichtige gesundheitliche Schädigung von dem Kranken abzuwenden. Selbst dies gilt jedoch nicht ohne Ausnahme und ist auf besonders gewichtige Fälle zu beschränken (BVerfG 14.6.2007 – 1 BvR 338/07, NJW 2007, 3560, 3562). Eine Genehmigung ist unzulässig und hat zu unterbleiben, wenn insbesondere die Heimerziehung in einer offenen Einrichtung nicht aussichtslos erscheint (BGH 18.7.2012 – XII ZB 661/11, FamRZ 2012, 255 = NJW 2012, 2584).

Erfolgt wegen Gefahr in Verzug eine Unterbringung ohne Genehmigung, so ist diese unverzüglich nachzuholen, da ansonsten eine Freiheitsberaubung gem. § 239 StGB vorliegt (NK-BGB/Rakete-Dombek § 1631 b BGB Rn 10).

Zu denken ist bei Verhinderung der Eltern auch an eine Notzuständigkeit des Familiengerichts gem. § 1693 BGB bei bestehender Dringlichkeit. Im Falle einer notwendigen Unterbringung des minderjährigen Kindes ist bei Nichterreichbarkeit der Eltern eine solche Notvertretung möglich.

III. Verfahren

1. Zuständigkeit

9 Das Familiengericht ist gem. §§ 23 a Abs. 2 Nr. 1, 23 b Abs. 1 Nr. 2 GVG, § 111 FamFG sachlich zuständig. Die örtliche Zuständigkeit richtet sich nach § 151 FamFG. Die funktionelle Zuständigkeit des Richters ergibt sich aus § 3 Nr. 2 a RPflG (NK-BGB/Rakete-Dombek § 1631 b BGB Rn 11).

Es gilt der **Amtsermittlungsgrundsatz.** Hierbei ist zu beachten, dass die Freiheit sichernde Funktion des Art. 2 Abs. 2 S. 2 GG Maßstäbe setzt für die Aufklärung des Sachverhalts und damit für die Anforderungen in Bezug auf die tatsächliche Grundlage der richterlichen Entscheidung. Eine zureichende richterliche Sachaufklärung, die der Bedeutung dieser Freiheitsgarantie entspricht, ist erforderlich (BVerfG 23.3.1998 – 2 BvR 2270/96, NJW 1998, 1774).

2. Sachverständigengutachten

10 Vor einer gerichtlichen Entscheidung ist gem. § 321 FamFG ein Sachverständigengutachten zu erholen (NK-BGB/Rakete-Dombek § 1631 b BGB Rn 11). Hierbei ist zu beachten, dass es sich um einen **fachlich geeigneten Sachverständigen** handeln muss (HK-FamFG/Völker/Clausius § 167 FamFG Rn 2). In der Regel wird dies ein Arzt, tätig im Bereich der Kinder- und Jugendpsychiatrie, sein (HK-ZPO/Kemper § 167 FamFG Rn 7). Dies gilt jedenfalls für den Fall der Unterbringung in einer psychiatrischen Anstalt. Etwas anderes kann gelten bei der Unterbringung in einer Jugendhilfeeinrichtung. Hier liegt möglicherweise keine psychiatrische Grunderkrankung vor, so dass ein kinderpsychologisches Gutachten ausreichend sein kann (s. → *Beteiligte* Rn 9).

Das Ergebnis des Sachverständigengutachtens ist mit den Beteiligten, insbesondere auch mit dem Verfahrensbeistand, zu erörtern. Hierbei ist es gem. § 37 Abs. 2 FamFG erforderlich, dass die Beteiligten Kenntnis von dem Inhalt des Gutachtens erlangt haben (BGH 15.2.2012 – XII ZB 389/11, FamRZ 2012, 619).

3. Anhörung des Kindes

11 Das Kind ist in jedem Fall anzuhören gem. §§ 167, 319 FamFG (NK-BGB/Rakete-Dombek § 1631 b BGB Rn 11). Die Anhörung hat durch den **erkennenden Richter** zu erfolgen. Problematisch sind daher **Anhörungen im Wege der Rechtshilfe** zu bewerten. Es ist zu beachten, dass eine persönliche Anhörung des Kindes neben der größtmöglichen Beschleunigung des Verfahrens als oberster Verfahrensgrundsatz im Rahmen der richterlichen Genehmigung zu beachten ist. Die mündliche Anhörung ist eine bedeutsame Verfahrensgarantie, deren Beachtung Art. 104 Abs. 1 GG fordert und mit grundrechtlichem Schutz versieht. Eine solche Anhörung hat stets auch vor Erlass einer **einstweiligen Anordnung** zu erfolgen.

12 Gerade der **persönliche Eindruck** ist entscheidendes Kriterium im Rahmen der zu treffenden gerichtlichen Entscheidung und Kernstück des geltenden Amtsermittlungsgrundsatzes. Erst durch die persönliche Anhörung wird der Richter in die Lage versetzt, sich ein klares umfassendes Bild von der Persönlichkeit des Unterzubringenden zu verschaffen. Er genügt nur so seiner Pflicht, dem ärztlichen Gutachten richterliche Kontrolle entgegenzusetzen (BVerfG 14.6.2007 – 1 BvR 338/07, NJW 2007, 3560, 3562). Jedenfalls wenn die Entfernung nur etwa 50 Kilometer beträgt, hat das Bundesverfassungsgericht eine persönliche Anhörung durch den erkennenden Richter für erforderlich erachtet (HK-FamFG/Völker/Clausius § 167 FamFG Rn 1).

In einer Kindschaftssache nach § 151 FamFG darf das Beschwerdegericht nicht gem. § 68 Abs. 3 S. 2 FamFG von einer erneuten Anhörung des Betroffenen absehen, wenn das Gericht des ersten Rechtszugs bei der Anhörung des Betroffenen zwingende Verfahrensvorschriften verletzt hat (BGH 18.7.2012 – XII ZB 346/10, FamRZ 2012, 1556).

Es erscheint jedoch fragwürdig, ob es in diesem Zusammenhang bei einer zu treffenden Entscheidung auf **13** die Entfernung des Kindes vom Gericht ankommen kann, da die Erheblichkeit des Eingriffs völlig unabhängig zu bewerten ist von einer räumlichen Entfernung des erkennenden Gerichts. Wird eine zu treffende Entscheidung daher auch auf den persönlichen Eindruck des Kindes gestützt, was in der Regel der Fall sein wird, so ist eine Anhörung im Wege der Rechtshilfe abzulehnen. Gegebenenfalls ist an eine **Abgabe des Verfahrens** nach § 314 FamFG zu denken.

4. Weitere Beteiligte

Die sorgeberechtigten **Eltern und das Jugendamt** sind am Verfahren zu beteiligen (NK-BGB/Rakete- **14** Dombek § 1631 b BGB Rn 11). Werden erforderliche Anträge durch die Sorgeberechtigten nicht gestellt, so sind Maßnahmen gem. §§ 1666, 1666 a BGB (s. → *Kindeswohlgefährdung* Rn 13) zu prüfen (HK-FamFG/Völker/Clausius § 167 FamFG Rn 4).

Eine Anhörung der Beteiligten ist erforderlich (HK-ZPO/Kemper § 167 FamFG Rn 6). Die Eltern haben die erforderlichen Schutzmaßnahmen für das Kind zu ergreifen. Die Argumente der Eltern, die aus ihrer Sicht gegen die Maßnahme der geschlossenen Unterbringung sprechen, sind zu hören (OLG Naumburg 14.12.2009 – 8 UF 213/09, NJW-RR 2010, 1516).

Gem. §§ 167 Nr. 1, 317 FamFG ist wegen der besonderen Schutzbedürftigkeit des Kindes die **Bestellung 15 eines Verfahrensbeistands** stets erforderlich (HK-FamFG/Völker/Clausius § 167 FamFG Rn 1). Eine Anhörung des Kindes (Rn 11) hat in Anwesenheit des Verfahrensbeistandes zu erfolgen.

5. Folgen fehlender Genehmigung/Nachholen der Genehmigung

Grds liegt in jeder Unterbringung in einer geschlossenen Anstalt eine Freiheitsberaubung gem. § 239 StGB. **16** Die Erheblichkeit des Eingriffs wurde bereits ausführlich dargestellt. Bei Gefahr in Verzug ist daher eine richterliche Genehmigung **unverzüglich nachzuholen**. Ein entsprechender Antrag ist unverzüglich zu stellen gem. § 121 FamFG. Dies geschieht entweder durch die Eltern oder die behandelnde Einrichtung (NK-BGB/Rakete-Dombek § 1631 b BGB Rn 10).

6. Beschwerde gegen einstweilige Anordnung

Gegen eine einstweilige Anordnung, die die Unterbringung des Minderjährigen genehmigt, ist die Beschwerde statthaft (Ernst FamFR 2010, 183; Bruns FamFR 2010, 100). § 57 S. 1 FamFG ist nicht anwendbar (OLG Naumburg 21.4.2010 – 4 UF 43/10, FamRZ 2011, 749; OLG Celle 24.3.2010 – 10 UF 48/10, FamRZ 2010, 1844).

Auch eine Person des Vertrauens des Kindes kann gem. § 335 Abs. 1 Nr. 2 FamFG beschwerdebefugt sein, selbst wenn diese als solche von dem Kind nicht benannt wurde (BGH 24.10.2012 – XII ZB 386/12, NJW-RR 2013, 65).

110. Gemeinschaftliches Testament

Schwarz

I. Formprivileg...................................... 3
II. Bindungswirkung............................... 4
III. Einheitsprinzip.................................. 5
IV. Trennungsprinzip............................... 8

1 Das gemeinschaftliche Testament ist die Zusammenfassung gemeinschaftlich getroffener letztwilliger Verfügungen mehrerer Personen. Es kann nur **von Ehegatten** (s. → *Eheschließung im Inland*) errichtet werden (§ 2265 BGB).

2 Die Ehegatten verfügen gemeinschaftlich, allerdings jeder einseitig. Im Gegensatz zum Erbvertrag (s. → *Erbvertrag*) mit seiner Doppelnatur (Verfügung von Todes wegen und Vertrag) ist das gemeinschaftliche Testament nur Verfügung von Todes wegen und nicht auch Vertrag (NK-BGB/Radlmayr § 2265 BGB Rn 3). Der Vertragscharakter fehlt auch dann, wenn es sich um **wechselbezügliche Verfügungen** nach § 2270 BGB handelt (zB bei gegenseitiger Erbeneinsetzung). Denn selbst hier tritt mit Errichtung des gemeinschaftlichen Testaments zu Lebzeiten der Ehegatten keine Bindungswirkung ein (§ 2271 BGB).

I. Formprivileg

3 Das gemeinschaftliche Testament kann von den Ehegatten **eigenhändig** errichtet werden. Dabei genügt es, dass ein Ehegatte die Verfügungen beider Ehegatten eigenhändig schreibt und unterschreibt und der andere Ehegatte diese gemeinschaftliche Erklärung eigenhändig mit unterzeichnet (§ 2267 BGB).

II. Bindungswirkung

4 Aufgrund der **Bindungswirkung der wechselbezüglichen Verfügungen** nach dem Tode des Erstversterbenden wird das Vertrauen des Erstversterbenden, nach seinem Tode werde der Überlebende nicht anderweitig verfügen, geschützt. Während beim Erbvertrag Bindungswirkung für die vertragsmäßigen Verfügungen bereits mit Abschluss des Vertrages eintritt (wegen der Vertragsnatur), entsteht beim gemeinschaftlichen Testament die Bindungswirkung erst mit dem Tod des anderen Ehegatten (§ 2286 BGB entsprechend, BGH 23.9.1981 – IV a ZR 185/80, BGHZ 82, 274). Vorher ist die Verfügung einseitig frei widerruflich durch notariell beurkundete und zugestellte Widerrufserklärung (NK-BGB/Müßig § 2271 BGB Rn 11).

III. Einheitsprinzip

5 **Im Zweifel** gilt nach § 2269 Abs. 1 BGB das Einheitsprinzip. Der Dritte ist im Zweifel für den gesamten Nachlass als Erbe des zuletzt versterbenden Ehegatten eingesetzt. Beim Tod des erstversterbenden Ehegatten verschmilzt dessen Vermögen mit dem des überlebenden Ehepartners rechtlich zu einer Einheit (NK-BGB/Gierl § 2269 BGB Rn 22). Beim Einheitsprinzip erhalten die Kinder nach dem Tode des ersten Elternteils nichts. Sie haben allenfalls eine tatsächliche, rechtlich nicht geschützte Aussicht auf die Erbschaft nach dem Tode des zweiten Elternteils. Die Kinder können beim Einheitsprinzip allerdings einen **Pflichtteilsanspruch** geltend machen, da sie durch das Berliner Testament nach dem Tode des ersten Elternteils enterbt wurden (§ 2303 Abs. 1 BGB).

6 Das Einheitsprinzip begünstigt das Kind, das nach dem Tode des Erstversterbenden bereits den Pflichtteil geltend macht. Dies ist **unbefriedigend**, denn dieses Kind wird – wie seine Geschwister – beim Tod der Mutter Erbe des gesamten Nachlasses. In diesem Nachlass befindet sich aufgrund der Verschmelzung auch das Vermögen des Erstversterbenden. Demnach kommt das betreffende Kind zweimal in den Genuss des Erstversterbenden-Nachlasses. Gleichzeitig wird die Pflichtteilslast erhöht. Der überlebende Ehegatte ist zusätzlichen Pflichtteilsansprüchen nach dem Tode des Vorverstorbenen ausgesetzt. Der Überlebende befindet sich zwar nicht in einer Erbengemeinschaft mit den Kindern, muss aber Liquidität beschaffen, um

die Pflichtteilsansprüche, bei denen es sich um Geldforderungen handelt, befriedigen zu können, notfalls durch Veräußerung von Nachlassgegenständen.

Um dem entgegenzuwirken, wird in der **Gestaltungspraxis** von folgenden Möglichkeiten Gebrauch gemacht: **7**

– Das Kind, das sich „erdreistet", nach dem Tode des erstverstorbenen Elternteils seinen Pflichtteil geltend zu machen, ist bevorzugt gegenüber den „braven" Geschwistern, die von Pflichtteilsansprüchen absehen. Um diese Ungerechtigkeit zu vermeiden, werden in gemeinschaftlichen Testamenten „**Verwirkungsklauseln**" (s. → *Pflichtteilsstrafklauseln*) für die Schlusserbfolge vorgesehen, etwa des Inhalts: „Sollte eines unserer Kinder nach dem Tode des erstverstorbenen Elternteils den Pflichtteil verlangen, so soll es nach dem Tode des Letztversterbenden von uns auch nur den Pflichtteil erhalten." **Aber**: Der Wortlaut solcher Strafklauseln ist genau zu überlegen und zu formulieren. In einem vom OLG Frankfurt entschiedenen Fall hatten die Kinder den Pflichtteil im Einvernehmen mit dem überlebenden Ehegatten geltend gemacht. Das Gericht sah die Pflichtteilsstrafklausel als erfüllt an. Die Kinder schieden deshalb als Erben aus (OLG Frankfurt/M. 2.8.2010 – 20 W 49/09, FamRZ 2011, 592). Pflichtteilsstrafklauseln sollten deshalb besser so formuliert werden, dass sie nur greifen, wenn sie **gegen den Willen** des Überlebenden geltend gemacht werden.

– Wollen die Eltern nicht die Enterbung eines ihrer Kinder, befürchten sie aber, dass ein Pflichtteilsberechtigter beim ersten Erbfall den Pflichtteil fordert, können die Eltern durch Aussetzung von Geldvermächtnissen in Höhe des Pflichtteils – oder gegebenenfalls höher –, die beim ersten Erbfall anfallen, ihre übrigen Kindern privilegieren nach der sogenannten **Jastrowschen Formel** (s. → *Pflichtteilsstrafklauseln*):

▶ Sollte eines unserer Kinder nach dem Tode des erstversterbenden Elternteils den Pflichtteil verlangen, so erhalten die anderen Kinder, die keine Pflichtteilsrechte geltend gemacht haben, in Höhe des Pflichtteilsbetrages Vermächtnisse, die mit dem Ableben des Längstlebenden von uns beiden fällig werden. ◀

IV. Trennungsprinzip

Ausnahmsweise kann nach dem sog. Trennungsprinzip **Vor- und Nacherbschaft** (s. → *Vor- und Nacherbschaft*) angeordnet sein. Nach dem Tode des erstversterbenden Ehegatten wird dann der überlebende Ehegatte Vorerbe, die Kinder werden Nacherben. Beim Tode des längstlebenden Ehepartners tritt dann der Nacherbfall ein. Die Kinder erhalten beim Tode des längstlebenden Ehegatten zwei Vermögensmassen (NK-BGB/Gierl § 2269 BGB Rn 43). Als Nacherben ihres erstverstorbenen Elternteils dessen Nachlass, den der überlebende Elternteil als Vorerbe verwaltet hatte. Weiterhin erhalten sie als Vollerben den Nachlass des letztverstorbenen Elternteils. Beim Trennungsprinzip entsteht für die Kinder nach dem Tode des erstverstorbenen Elternteils eine veräußerliche und vererbliche Anwartschaft. Bei dieser angeordneten Vor- und Nacherbschaft kann das Kind nach dem Tode des erstverstorbenen Elternteils nur dann den Pflichtteil verlangen, wenn es wegen der Anwartschaft die Nacherbschaft ausschlägt (§ 2306 Abs. 2 BGB). Ist beispielsweise der Vater zuerst verstorben, kann es nach Ausschlagung der Nacherbschaft den Pflichtteil nach dem väterlichen Vermögen verlangen. Nach dem Tode der Mutter wird dieses Kind lediglich Erbe des mütterlichen Nachlasses. **8**

111. Geringfügige Anrechte im Versorgungsausgleich

Hoenes

1 Um bei den Versorgungsträgern einen unverhältnismäßigen Verwaltungsaufwand und bei den Eheleuten Splitterversorgungen zu vermeiden, sollen Anrechte im Versorgungsaufwand wegen **Geringfügigkeit** nicht geteilt werden, wenn der Wertunterschied von beiderseitigen Anrechten gleicher Art gering ist (§ 18 Abs. 1 VersAusglG) oder wenn einzelne Anrechte nur einen geringen Ausgleichswert haben (§ 18 Abs. 1 VersAusglG). Unter Wertunterschied von Anrechten ist hier die Differenz der Ausgleichswerte zu verstehen. Der Wertunterschied von zwei Anrechten oder der Wert eines einzelnen Anrechts sind dann geringfügig, wenn sie die Differenz der Ausgleichswerte bzw der Ausgleichswert des einzelnen Anrechts die Wertgrenzen des § 18 Abs. 3 VersAusglG nicht übersteigen.

Nach der Rechtsprechung des Bundesgerichtshofs stehen die beiden Regelungen des § 18 Abs. 1 und Abs. 2 VersAusglG in einem Rangverhältnis zueinander. Das bedeutet, dass zunächst zu prüfen ist, ob die Eheleute über Anrechte gleicher Art verfügen, deren Wertdifferenz gering ist und deren Ausgleich nach § 18 Abs. 1 VersAusglG unterbleiben soll. Anschließend ist zu prüfen, ob es einzelne Anrechte gibt, die geringfügig sind und deren Ausgleich wegen § 18 Abs. 2 VersAusglG unterbleiben soll. Anrechte, die bereits in die Geringfügigkeitsprüfung nach § 18 Abs. 1 VersAusglG einbezogen waren, sind hierbei nicht mehr zu berücksichtigen. In einem dritten Schritt ist abzuwägen, ob unter Billigkeitsgesichtspunkten ein Anrecht trotz des möglichen Ausschlusses nach § 18 Abs. 1 oder Abs. 2 VersAusglG dennoch auszugleichen ist (BGH 30.11.2011 – XII ZB 344/10, NJW 2012, 312).

Anrechte der gesetzlichen Rentenversicherung sind nur dann gleichartig iSd § 18 Abs. 1 VersAusglG, wenn sie entweder beide in der allgemeinen oder knappschaftlichen Rentenversicherung bestehen und entweder beide regeldynamisch (EP West) oder angleichungsdynamisch (EP Ost) sind (Norpoth zu: BGH 18.1.2012 – XII ZB 501/11, FamFR 2012, 130).

2 Ein **Wertunterschied** oder ein **Ausgleichswert** ist nach § 18 Abs. 3 VersAusglG gering, wenn er **am Ende der Ehezeit** bei einem Rentenbetrag als maßgebliche Bezugsgröße höchstens 1 % (2013: 26,95 EUR), in allen anderen Fälle als Kapitalwert höchstens 120 % (2013: 3.234 EUR) der monatlichen Bezugsgröße nach § 18 Abs. 1 SGB IV beträgt. Bei der gesetzlichen Rentenversicherung sind die Entgeltpunkte maßgebliche Bezugsgröße, daher ist auf den Kapitalwert abzustellen (BGH 30.11.2011 – XII ZB 344/10, NJW 2012, 312 und BGH 30.11.2011 – XII ZB 328/10, NJW 2012, 194). Unterschiedliche Bezugsgrößen können zur Folge haben, dass in Bezug auf die Rentenhöhe gleiche Anrechte in einem Versorgungssystem als geringwertig einzustufen sind, in einem anderen nicht.

Beispiel: Ehezeitende: erste Jahreshälfte 2013, Ausgleichswert: 20 EUR Monatsrente.

Fall 1: Beamtenversorgung: maßgebliche Bezugsgröße: Rente, maßgeblich ist daher der Rentenbetrag; 20 EUR < 26,95 EUR, dh das Anrecht ist geringwertig.

Fall 2: gesetzliche Rentenversicherung: maßgebliche Bezugsgröße sind Entgeltpunkte; maßgeblich ist daher der Kapitalwert in Höhe von 20 / 28,07 x 6.439,4190 EUR = 4.588,09 EUR; 4.588,09 > 3.234, dh das Anrecht ist nicht geringwertig).

3 Nach § 18 Abs. 1 soll nur der Wertausgleich von beiderseitigen **Anrechten gleicher Art** unterbleiben, wenn die Differenz ihrer Ausgleichswerte gering ist. Durch die Beschränkung auf Anrechte gleicher Art soll vermieden werden, dass die Regelung auf Anrechte Anwendung findet, die zwar zum Ende der Ehezeit einen ähnlichen Ausgleichswert haben, die jedoch eine deutlich andere Wertentwicklung oder deutlich unterschiedliche Leistungen erwarten lassen. Der BGH hat in seinen bisherigen Entscheidungen das Kriterium der Gleichartigkeit sehr eng ausgelegt. So können Anrechte, die auf Kapitalbildung beruhen, wohl schon dann nicht mehr als gleichartig angesehen werden, wenn sie unterschiedlich verzinst werden oder bei

unterschiedlichen Versorgungsträgern bestehen (Norpoth zu: BGH 18.1.2012 – XII ZB 501/11, FamFR 2012, 130).

Ob im Einzelfall trotz geringer Ausgleichswerte eine Teilung vorgenommen wird, liegt im Ermessen des Gerichts. Der Halbteilungsgrundsatz kann den Ausgleich von Anrechten mit geringem Ausgleichswert gebieten, wenn mit dem Ausgleich kein unverhältnismäßig hoher Verwaltungsaufwand für die Versorgungsträger verbunden ist und beim Ausgleichsberechtigten keine Splitterversorgung entsteht. So ist zB bei der internen Teilung von Anrechten der Volkswagen AG im Rahmen der Ermessensentscheidung nach § 18 Abs. 2 VersAusglG eine Gesamtbetrachtung aller Bausteine erforderlich. Die Kosten, die durch die interne Teilung entstehen, darf der Versorgungsträger als Teilungskosten nach § 13 VersAusglG mit dem Ausgleichswert verrechnen, daher entsteht ihm kein unangemessener Verwaltungsaufwand. Insgesamt setze sich der Halbteilungsgrundsatz gegenüber dem Normzweck der Vermeidung von Verwaltungsaufwand durch, wenn die Teilung für den Versorgungsträger wegen § 13 VersAusglG kostenneutral verlaufe (BGH 1.2.2012 – XII ZB 172/11, FamFR 2012, 183). 4

112. Gesamtgut/Verwaltung

Rakete-Dombek

I. Gesamtgut 1
  1. Einführung 1
  2. Entstehung des Gesamtguts
     (§ 1416 Abs. 2 BGB) 2
  3. Umfang des Gesamtguts 4
  4. Umwandlung des Gesamtguts 5
  5. Eintragung im Grundbuch/Schiffsregister
     (§ 1416 Abs. 3 BGB)/Handelsregister 7
     a) Eintragung im Grundbuch 7
     b) Eintragung im Schiffsregister 9
     c) Eintragung im Handelsregister 10
II. Verwaltung des Gesamtguts 11
  1. Verwaltung 11
     a) Allgemeines 11
     b) Verwaltung durch einen Ehegatten 12
     c) Notverwaltungsrecht des nicht verwaltenden
        Ehegatten 14
     d) Pflichten des Verwalters 15
     e) Haftung des Alleinverwalters 16
     f) Verwaltung durch beide Ehegatten 17
     g) Auskunftsanspruch 21
     h) Nichteinigung über Verwaltungsmaßnahmen 22

     i) Schadensersatzanspruch gegen den Verwal-
        ter 23
  2. Haftung – Gesamtgutsverbindlichkeiten 24
     a) Allgemeines 24
     b) Haftung des Gesamtguts bei Alleinverwal-
        tung 25
     c) Haftung des Gesamtguts bei gemeinsamer
        Verwaltung 28
     d) Haftung des Gesamtguts für Unterhaltsver-
        pflichtungen 29
     e) Ausnahmen von der Haftung des Gesamtguts 30
     f) Haftung der Ehegatten im Innenverhältnis ... 31
  3. Verfahrenshinweise 32
     a) Parteifähigkeit bei Gütergemeinschaft 32
     b) Prozessfähigkeit bei Gütergemeinschaft 33
     c) Zwangsvollstreckung in das Gesamtgut 35
     d) Einzelverwaltung 36
     e) Gemeinschaftliche Verwaltung 37
     f) Nach Beendigung der Gütergemeinschaft 40
     g) Bei fortgesetzter Gütergemeinschaft 41
     h) Vermutungswirkungen im Rahmen der
        Zwangsvollstreckung 42

I. Gesamtgut

1. Einführung

1 Die Gütergemeinschaft führt zu einer **Verschmelzung des beiderseitigen Vermögens der Ehegatten**. Mit ihrer Begründung entsteht kraft Gesetzes eine Gemeinschaft zur gesamten Hand (auch sogenannte Gesamthandsgemeinschaft), vgl § 1419 BGB. Es handelt sich bei ihr um Sondervermögen ohne eigene Rechtssubjektivität. Die Ehegatten sind Eigentümer (Palandt/Brudermüller § 1416 BGB Rn 1) bzw Forderungsinhaber im Rahmen der Gesamthandsgemeinschaft. Es besteht eine gemeinschaftliche Rechtszuständigkeit aller Mitberechtigten zur gesamten Hand. Ein Ehegatte kann somit weder über seinen Anteil am Gesamtgut noch über einzelne Gegenstände verfügen, die zum Gesamtgut gehören. Die Bindungswirkung reicht so weit, dass auch keine Teilung verlangt werden kann (Haußleiter/Schulz Kap. 2 Rn 3). Sofern keine fortgesetzte Gütergemeinschaft vereinbart ist, kann jeder Ehegatte nach Beendigung der Gütergemeinschaft über seinen Anteil am Gesamtgut verfügen. Wegen des Erfordernisses der Gegenseitigkeit (§ 387 BGB) kann der Schuldner eines Ehegatten gegen eine Forderung des Gesamtgutes nur mit einer Gegenforderung aufrechnen, die aus dem Gesamtgut zu berichtigen ist (vgl § 1419 Abs. 2 BGB).

2. Entstehung des Gesamtguts (§ 1416 Abs. 2 BGB)

2 Ohne dass es eines besonderen Übertragungsaktes erfordern würde (§ 1416 Abs. 2 Hs 2 BGB), wird kraft Gesetzes sämtliches Vermögen, das zu Beginn des Güterstandes (§ 1415 BGB) beiden Ehegatten gehört und nicht Sonder- oder Vorbehaltsgut (§§ 1417, 1418 BGB) ist, Gesamtgut (NK-BGB/Völker § 1416 BGB Rn 2). Gleiches gilt für das während der Ehe eingebrachte Vermögen eines der Ehegatten, das nicht einer der anderen Vermögensmassen der Gütergemeinschaft zuzuweisen ist (Palandt/Brudermüller § 1416 BGB Rn 2). Ein auf den Erwerb für die Gemeinschaft gerichteter Wille ist nicht erforderlich.

3 Es ist umstritten, ob der **Erwerb des Gesamtguts** sofort und unmittelbar vom Veräußerer stattfindet (Unmittelbarkeitstheorie) (Erman/Heckelmann § 1416 BGB Rn 4) oder ob zunächst für eine juristische Sekunde der erwerbende Ehegatte allein das Eigentum erwirbt und dieses erst danach auf das Gesamtgut übergeht (Durchgangstheorie) (BeckOK/Mayer § 1416 BGB Rn 8). Für die Durchgangstheorie spricht, dass nur sie mit dem sachenrechtlichen Publizitätserfordernis vereinbar ist. Nur mit ihr lässt sich auch ein Grundstückserwerb erklären. Bei Anwendung der Unmittelbarkeitstheorie würde im Falle des Grundstückserwerbs nur

eines Ehegatten (Auflassung und Eintragung) dieser nicht Eigentümer im Grundbuch werden, da nach dieser Ansicht die Gesamthand direkt das Eigentum erwirbt. Andererseits hätte auch die Gesamthand kein Eigentum mangels Eintragung im Grundbuch erworben (Mai BWNotZ 2003, 55, 57).

3. Umfang des Gesamtguts

Zum Gesamtgut gehören und werden grundsätzlich alle Vermögenswerte und -rechte der Ehepartner, unab- 4
hängig vom Rechtsgrund des Erwerbs, sofern es sich um Gegenstände handelt, die durch Rechtsgeschäft übertragen werden können (vgl § 1417 Abs. 2 BGB). In das Gesamtgut fallen

- Anwartschaftsrechte aus einer bedingten Übereignung;
- der Arbeitsverdienst und Einkünfte aus einem Erwerbsgeschäft beider Ehegatten (Palandt/Brudermüller § 1416 BGB Rn 2);
- der künftige Anspruch eines Gesellschafters auf das Auseinandersetzungsguthaben (MüKo/Kanzleiter § 1416 BGB Rn 9);
- die Ausgleichsforderung aus einer früheren Zugewinngemeinschaft (MüKo/Kanzleiter § 1416 BGB Rn 11);
- Aktien und sonstige Wertpapiere;
- das bei beiden Eheleuten vorhandene Bargeld;
- Bausparverträge (Haußleiter/Schulz Kap. 2 Rn 5);
- eine beschränkt persönliche Dienstbarkeit, wenn sie für beide Ehegatten bestellt wurde;
- erbrechtlicher Erwerb (Erbschaft, Vermächtnis, Pflichtteilsanspruch), sofern der Erblasser nicht die Zugehörigkeit zum Vorbehaltsgut gemäß § 1418 Abs. 2 Nr. 2 BGB bestimmt hat (s. → *Vorbehaltsgut* Rn 6 ff);
- das Erwerbsgeschäft, das von einem Ehegatten mit Zustimmung des anderen Ehegatten (§ 1456 BGB) oder des Gesamtgutsverwalters (§ 1431 BGB) selbstständig betrieben wird;
- der Anteil eines Abkömmlings aus einer beendeten (während des Bestehens: Sondergut), noch nicht auseinandergesetzten fortgesetzten Gütergemeinschaft;
- die laufenden Gehalts- oder Rentenzahlungen (soweit unpfändbar aber Sondergut);
- die Geschäftsanteile einer GmbH, die durch Gründung oder später erworben werden;
- die Rechte aus einer Lebensversicherung, einschließlich des Rechts zur Bestimmung des Bezugsberechtigten, auch wenn nur einer der Ehegatten den Vertrag im eigenen Namen abgeschlossen hat (Haußleiter/Schulz Kap. 2 Rn 5);
- der Anteil eines Miterben am ungeteilten Nachlass (§ 2033 Abs. 1 S. 1 BGB) und an einzelnen Nachlassgegenständen;
- nicht übertragbare Vermögenswerte, wenn sie für beide Ehegatten in Gütergemeinschaft bestellt werden (zB Nießbrauch oder beschränkt persönliche Dienstbarkeit), sonst Sondergut;
- Nutzungen des Gesamtguts selbst und des Sonderguts (§ 1417 Abs. 3 S. 2 BGB), es sei denn, ehevertraglich sind die Nutzungen des Sonderguts diesem zugewiesen;
- nicht Nutzungen des Vorbehaltsguts;
- übertragbarer Anteil eines Ehegatten an einer Personengesellschaft (wenn nicht übertragbar: Sondergut);
- persönliche Bedarfsgegenstände der Ehegatten wie Kleidung und Arbeitsgeräte (Haußleiter/Schulz Kap. 2 Rn 5);
- Rentenzahlungen;
- Schadensersatzansprüche eines Ehegatten wegen Körperverletzung;
- deliktische Schadensersatzansprüche und Ersatzansprüche nach §§ 842, 843 BGB;
- Schmerzensgeldansprüche (§ 253 BGB) (BeckOK/Mayer § 1416 BGB Rn 3) – um eine eventuelle Unbilligkeit zu vermeiden, sollten die Ehegatten überlegen, ob diese Ansprüche dem Vorbehaltsgut zugewiesen werden sollen;
- Erbschaft oder Erbteil des Vorerben, sofern nicht § 1418 Abs. 2 Nr. 2 BGB greift;

– Nutzungsrechte an einem Urheberrecht (§ 31 UrhG), das Urheberrecht selbst aufgrund seiner Unübertragbarkeit aber nicht;

– Wertersatzansprüche nach § 528 BGB wegen Verarmung des Schenkers.

4. Umwandlung des Gesamtguts

5 Um einen Gegenstand vom Gesamtgut in **Vorbehaltsgut** (s. → *Vorbehaltsgut* Rn 3 ff) übertragen zu kön-
nen, ist eine ehevertragliche Regelung (§ 1418 Abs. 2 Nr. 1 BGB) und nach ganz hM das entsprechende
Verfügungsgeschäft, das dem Ehegatten das Alleineigentum an dem Gegenstand verschafft, erforderlich
(NK-BGB/Völker § 1416 BGB Rn 7; aA MüKo/Kanzleiter § 1418 BGB Rn 3). Bei der Umwandlung von
Vorbehaltsgut in Gesamtgut ist hingegen nach hM wegen § 1416 Abs. 2 BGB eine ehevertragliche Bestim-
mung dahin gehend ausreichend, dass der Gegenstand nicht mehr dem Vorbehaltsgut zufallen soll (MüKo/
Kanzleiter § 1416 BGB Rn 19; aA Palandt/Brudermüller § 1416 BGB Rn 3). In der Praxis sollte der si-
cherste Weg durch Vornahme des dinglichen Rechtsgeschäftes gewählt werden.

6 Die Vorschrift, nach denen ein Gegenstand dem **Sondergut** zuzuordnen ist, ist abschließend und unterliegt
nicht der Verfügungsbefugnis der Ehegatten (s. → *Sondergut* Rn 11 f).

5. Eintragung im Grundbuch/Schiffsregister (§ 1416 Abs. 3 BGB)/Handelsregister

7 **a) Eintragung im Grundbuch.** Beim Grundstückserwerb durch beide Ehegatten hat nach entsprechender
Auflassung an beide Ehegatten die Eintragung im Grundbuch zu erfolgen. Die Eintragung von Bruchteilseigentum ist nur dann statthaft, wenn die Ehegatten das Grundstück in Miteigentum erwerben und die
Bruchteile jeweils Vorbehaltsgut der Ehepartner werden (NK-BGB/Völker § 1416 BGB Rn 13). Unabhängig von der Verwaltungsbefugnis des erwerbenden Ehegatten kann dieser die Auflassung unmittelbar für
das Gesamtgut entgegennehmen und die Miteintragung des anderen Ehegatten ohne dessen Zustimmung
beantragen. Nimmt der Ehegatte die Auflassung allein entgegen und wird er allein in das Grundbuch eingetragen, ist eine Grundbuchberichtigung erforderlich (BeckOK/Mayer § 1416 BGB Rn 11).

8 Ist ein Grundstück oder Grundstücksrecht auf einen Ehegatten eingetragen und unterfällt dieses später dem
Gesamtgut, wird das Grundbuch **unrichtig**. Die gemeinschaftliche Berechtigung ist auf Antrag unter Anga-
be des maßgeblichen Rechtsverhältnisses (§ 47 GBO) einzutragen (MüKo/Kanzleiter § 1416 BGB
Rn 24 ff). § 1416 Abs. 3 BGB enthält eine Anspruchsgrundlage, wonach jeder Ehegatte verpflichtet ist, an
der **Grundbuchberichtigung** mitzuwirken. Für den Mitwirkungsantrag als Familienstreitsache (§ 112
Nr. 2 FamFG) ist das Familiengericht nach § 111 Nr. 9 FamFG zuständig.

9 **b) Eintragung im Schiffsregister.** Für die Eintragung von Rechten im Schiffs- oder Schiffsbauregister
(§§ 51, 74 SchiffsRegO) und im Register für Pfandrechte an Luftfahrzeugen (LuftRG) gelten dieselben
Grundsätze wie für die Eintragung in das Grundbuch.

10 **c) Eintragung im Handelsregister.** Grundsätzlich ist nur der das Handelsgeschäft verwaltende Ehegatte
als Kaufmann im Handelsregister einzutragen. Grund hierfür ist, dass die Gütergemeinschaft als solche
nicht Unternehmensträgerin ist (BayObLG 25.7.1991 – BReg 3 Z 16/91, NJW-RR 1992, 33). Firmieren
beide Eheleute mit dem zulässigen Zusatz „in Gütergemeinschaft", sind sie jedoch beide in das Handelsregister einzutragen (BayObLG 25.7.1991 – BReg 3 Z 16/91, NJW-RR 1992, 33).

II. Verwaltung des Gesamtguts

1. Verwaltung

11 **a) Allgemeines.** Alle mit der Betreuung des Gesamtguts in rechtlicher und tatsächlicher Hinsicht zusammenhängenden Handlungen gehören zur Verwaltung des Gesamtguts. Im Ehevertrag muss bestimmt werden, ob die Verwaltung durch den Mann, die Frau oder durch beide Ehegatten übernommen wird (vgl
§ 1421 S. 1 BGB). Enthält der Ehevertrag keine derartige Bestimmung, gilt die gemeinschaftliche Verwaltung des Gesamtguts (vgl § 1421 S. 2 BGB). Unabhängig von der **ehevertraglichen Verwaltungsbestim-**

Rakete-Dombek

mung verwalten die Ehegatten das Gesamtgut zwischen der Beendigung der Gütergemeinschaft und deren endgültiger Auseinandersetzung nach § 1472 Abs. 1 BGB gemeinschaftlich.

b) Verwaltung durch einen Ehegatten. Verwaltet ein Ehegatte das Gesamtgut allein, steht ihm nach 12 § 1422 S. 1 BGB ein umfassendes Verwaltungsrecht zu. Hierzu gehören die Inbesitznahme des Gesamtguts und die grundsätzlich bestehende alleinige Verfügungsbefugnis. Durch Rechtsgeschäfte des verwaltenden Ehegatten kann der andere Ehegatte nicht persönlich verpflichtet werden, sondern nur das Gesamtgut (vgl § 1422 S. 2 BGB).

Der andere Ehegatte ist von der Verwaltung des Gesamtguts ausgeschlossen. Ihm steht nicht einmal ein 13 Widerspruchsrecht zu (Palandt/Brudermüller § 1422 BGB Rn 3). Bei Geschäften über das Gesamtgut im Ganzen, bei Verfügungen über Grundstücke und Schenkungen ist jedoch nach §§ 1423 f BGB seine Zustimmung erforderlich. Um die Handlungsfreiheit des nicht verwaltenden Ehegatten zu erweitern, kann ihm eine – nach § 168 BGB frei widerrufliche – Vollmacht erteilt werden. Sollte die Vollmacht im Ehevertrag erteilt worden sein, ist sie hingegen nicht frei widerruflich. Bei Verfügungen des nicht verwaltenden Ehegatten ohne Vollmacht über einen Gegenstand des Gesamtguts, liegt eine Verfügung eines Nichtberechtigten nach § 185 BGB vor (Palandt/Brudermüller § 1422 BGB Rn 3). Soweit der nicht verwaltende Ehegatte mit Einwilligung des anderen Ehepartners ein selbstständiges Erwerbsgeschäft betreibt, ist er für diesen Aufgabenbereich selbstständig und mit Wirkung für das Gesamtgut verfügungsbefugt (§ 1431 BGB).

c) Notverwaltungsrecht des nicht verwaltenden Ehegatten. Soweit der Verwalter durch Krankheit oder 14 Abwesenheit verhindert ist, steht dem nicht verwaltenden Ehegatten gemäß § 1429 BGB ein Notverwaltungsrecht als Stellvertreter zu. Für das Eingreifen des Notverwaltungsrechts ist erforderlich, dass mit einem weiteren Aufschub des Rechtsgeschäftes eine Gefahr verbunden ist.

d) Pflichten des Verwalters. Der Pflichtenkreis des Verwalters ergibt sich aus § 1435 BGB, wonach er 15 sich für die **Werterhaltung** und die **Mehrung** des Gesamtguts einzusetzen hat (Palandt/Brudermüller § 1435 BGB Rn 2). Er hat die Stellung eines Treuhänders. Als Ausprägung von § 1353 Abs. 1 BGB hat der Verwalter den anderen Ehegatten in angemessenen Zeitabständen unaufgefordert über die Verwaltung zu unterrichten (vgl § 1435 S. 2 Alt. 1 BGB). Dadurch soll dem nicht verwaltenden Ehegatten die Kontrolle über die ordnungsgemäße Verwaltung des Gesamtguts ermöglicht werden. Die §§ 259 ff BGB gelten hierfür nicht. Der nicht verwaltende Ehegatte hat dem Verwalter gegenüber nach § 1435 S. 2 Alt. 2 BGB ferner einen Anspruch auf Auskunft über den Stand der Verwaltung. Die §§ 259 ff BGB sind anwendbar. Der Auskunftsanspruch kann durch Leistungsantrag beim Familiengericht (§ 111 Nr. 9 FamFG) geltend gemacht und nach §§ 888 Abs. 1, 889 ZPO vollstreckt werden.

e) Haftung des Alleinverwalters. Eine verschuldensunabhängige Haftung trifft den Verwalter, wenn er 16 eines der in §§ 1423–1425 BGB genannten Geschäfte vorgenommen hat (MüKo/Kanzleiter § 1435 BGB Rn 11). Bei schuldhaften Pflichtverletzungen, die nicht den §§ 1423–1425 BGB zuzuordnen sind, besteht die Verpflichtung zum Schadensersatz nach § 1435 S. 3 BGB, allerdings mit der Haftungsprivilegierung des § 1359 BGB. Der Schadensersatzanspruch wird gemäß § 1446 BGB erst nach Beendigung des Güterstandes fällig. Er umfasst nicht nur die Fälle der Minderung der Aktiva und der Erhöhung der Passiva, sondern auch die Fälle von entgangenem Gewinn.

f) Verwaltung durch beide Ehegatten. Sofern die Ehegatten im Ehevertrag die **gemeinsame Verwal-** 17 **tung** bestimmen oder keine vertragliche Regelung hierüber getroffen haben, erfolgt die Verwaltung des Gesamtguts gemeinschaftlich (vgl § 1421 BGB). Dies bedeutet, dass alle Verfügungen gemeinsam getroffen werden müssen. Allerdings können die Ehegatten das Erfordernis der gemeinsamen Verwaltung dadurch umgehen, dass sie gegenseitige, nicht formbedürftige Bevollmächtigungen erteilen. Eine konkludente Vollmachtserteilung kann insbesondere dann angenommen werden, wenn ein Ehegatte dem anderen die Verwaltung bestimmter Angelegenheiten überlassen hat (Palandt/Brudermüller § 1450 BGB Rn 2).

Grundsätzlich müssen **Dritte** bei das Gesamtgut betreffenden Rechtsgeschäften gegenüber beiden Ehegat- 18 ten gemeinsam handeln. § 1450 Abs. 2 BGB sieht hiervon allerdings die Ausnahme der Empfangszuständigkeit von Willenserklärungen vor. Danach genügt es, wenn empfangsbedürftige Willenserklärungen (zB Vertragsannahmen, Kündigungen, Mahnungen) nur einem Ehegatten zugegangen sind.

19 Hat ein Ehegatte eine Verfügung allein und ohne – konkludente – Vollmacht des anderen Ehegatten vorgenommen, ist diese nach § 1453 Abs. 1 iVm § 1366 BGB **schwebend unwirksam**. Der nicht verfügende Ehegatte kann sodann entscheiden, ob er die Verfügung nach § 1366 Abs. 1 BGB genehmigt oder sie durch Verweigerung der Genehmigung nach § 1366 Abs. 4 BGB endgültig unwirksam werden lässt. Nach § 1453 Abs. 1 iVm § 1367 BGB sind einseitige Verfügungen (zB Kündigung) von Anfang an unwirksam.

20 Wie bei der Alleinverwaltung steht auch im Falle der gemeinschaftlichen Verwaltung des Gesamtguts jedem Ehegatten ein **Notverwaltungsrecht** nach § 1454 BGB zu. Insoweit sind dieselben Grundsätze zu beachten (s. → *Gesamtgut/Verwaltung* Rn 14). In § 1455 BGB sind weitere Tatbestände beschrieben, die ein alleiniges Handeln eines Ehegatten zulassen.

21 **g) Auskunftsanspruch.** Eine mit der Alleinverwaltung gleichzusetzende Unterrichtungs- und Auskunftspflicht (§ 1435 S. 2 BGB) sieht das Gesetz nicht vor. Auskunftsansprüche können sich jedoch aus §§ 1353, 681, 666 BGB (Vollmachtserteilungen, Notverwaltungsrecht) ergeben.

22 **h) Nichteinigung über Verwaltungsmaßnahmen.** Können sich die Ehegatten über bestimmte Verwaltungsmaßnahmen nicht einigen, trifft auf Antrag eines Ehegatten das **Familiengericht** die Entscheidung und ersetzt die Zustimmung des anderen Ehegatten (vgl § 1452 BGB).

23 **i) Schadensersatzanspruch gegen den Verwalter.** Mindert ein Ehegatte das Gesamtgut schuldhaft, besteht analog § 1435 S. 3 BGB eine Schadensersatzpflicht (s. → *Gesamtgut/Verwaltung* Rn 28).

2. Haftung – Gesamtgutsverbindlichkeiten

24 **a) Allgemeines.** Aufgrund der mangelnden Rechtspersönlichkeit der Gütergemeinschaft gibt es nur **persönliche Verbindlichkeiten** der Eheleute. Dabei sind die Vermögensmassen Gesamtgut sowie jeweils das Sonder- und Vorbehaltsgut zu unterscheidende Haftungsobjekte. Soweit das Gesamtgut für Verbindlichkeiten eines der Ehegatten oder beider Ehegatten haftet, handelt es sich um sogenannte Gesamtgutsverbindlichkeiten (vgl §§ 1437, 1459 BGB). Bei allen Verbindlichkeiten ist vorab zu klären, ob das Gesamtgut für diese haftet oder nicht etwa das Vorbehalts- oder Sondergut eines der Ehegatten. Bei der Haftung des Gesamtguts wird danach differenziert, ob für das Gesamtgut die Alleinverwaltung eines der Ehegatten oder die gemeinschaftliche Verwaltung besteht.

25 **b) Haftung des Gesamtguts bei Alleinverwaltung.** Die Haftung bei Alleinverwaltung richtet sich nach §§ 1437–1440 BGB. Nach § 1437 Abs. 1 BGB können sich die Gläubiger des Verwalters und diejenigen des anderen Ehegatten aus dem Gesamtgut befriedigen, soweit die Regelungen der §§ 1438–1440 BGB nicht entgegenstehen. Ferner kommt es zur Haftung des Gesamtguts, wenn der nicht verwaltende Ehegatte mit Zustimmung des Verwalters ein Erwerbsgeschäft (§ 1431 BGB) selbstständig betreibt.

26 § 1437 Abs. 2 BGB sieht vor, dass der **Verwalter** während des Bestehens der Gütergemeinschaft auch für die Gesamtgutsverbindlichkeiten des anderen persönlich und somit mit seinem Vorbehalts- und Sondergut haftet. Der nicht verwaltende Ehegatte haftet hingegen nicht persönlich für die Verbindlichkeiten des Verwalters, sondern nur mit seinem Anteil am Gesamtgut.

27 Das Gesamtgut haftet grundsätzlich umfassend für die Verbindlichkeiten beider Ehegatten, wobei in §§ 1438–1440 BGB **Ausnahmen** vorgesehen sind. So haftet nach § 1438 Abs. 1 BGB das Gesamtgut nicht, soweit ein Ehegatte eigenmächtig handelt. Eine Verpflichtung des Gesamtguts bei Handeln des nicht verwaltenden Ehegatten kann nur im Rahmen des Notverwaltungsrechts (§ 1429 BGB) begründet werden. Ferner haftet das Gesamtgut nicht für Verbindlichkeiten, die dem nicht verwaltenden Ehegatten durch den Anfall einer Erbschaft entstehen, wenn er den Nachlass als Sonder- oder als Vorbehaltsgut erwirbt (vgl § 1439 BGB). Schließlich ist eine Haftung des Gesamtguts nach § 1440 BGB auch dann zu verneinen, wenn die während der bestehenden Gütergemeinschaft anfallenden Verbindlichkeiten das Vorbehalts- oder

Sondergut des nicht verwaltenden Ehegatten betreffen. Hiervon macht § 1440 S. 2 BGB eine Gegenausnahme.

c) Haftung des Gesamtguts bei gemeinsamer Verwaltung. Bei gemeinschaftlicher Verwaltung des Ge- 28
samtguts richtet sich dessen Haftung nach §§ 1459–1462 BGB. Nach § 1459 Abs. 1 BGB haben alle Gläubiger eines jeden Ehegatten ein **Befriedigungsrecht aus dem Gesamtgut**, soweit die §§ 1460–1462 BGB nicht Gegenteiliges vorsehen. Bei Begründung der Gütergemeinschaft bestehende Schulden eines jeden Ehegatten werden zu Gesamtgutsverbindlichkeiten, für die das Gesamtgut haftet. Gemäß § 1459 Abs. 2 BGB haftet der jeweils andere Ehegatte für diese Schulden daneben persönlich mit seinem Sonder- und Vorbehaltsgut. Für die Haftung für nach Beginn des Güterstandes entstehende Verbindlichkeiten gilt entsprechendes, es sei denn, dass die in §§ 1460–1462 BGB geregelten Ausnahmen greifen.

d) Haftung des Gesamtguts für Unterhaltsverpflichtungen. Im Zusammenhang mit der Bedarfsermitt- 29
lung der Unterhaltsberechtigten sind die §§ 1583, 1604 BGB zu berücksichtigen. Danach bewirkt die umfassende Schuldenhaftung der Ehegatten, dass alle Einkünfte aus dem Gesamtgut dem Unterhaltsschuldner als Einkommen zugerechnet werden müssen (OLG Oldenburg 13.7.2009 – 13 UF 41/09, NJW-RR 2009, 1596-1598).

e) Ausnahmen von der Haftung des Gesamtguts. Nimmt ein Ehegatte während der Gütergemeinschaft 30
bei gemeinsamer Verwaltung ein Rechtsgeschäft ohne Zustimmung des anderen Ehegatten vor, haftet das Gesamtgut nach § 1460 Abs. 1 BGB nicht. Dadurch wird der andere Ehegatte geschützt. Der **einseitig handelnde Ehegatte** verpflichtet nur sich selbst (Vorbehalts- und Sondergut), nicht das Gesamtgut und auch nicht den anderen Ehegatten. Eine Gesamtgutsverbindlichkeit würde nur dann bestehen, wenn der handelnde Ehegatte nach §§ 1454–1456 BGB zur Alleinverwaltung berechtigt gewesen ist. Des Weiteren haftet das Gesamtgut weder für Verbindlichkeiten einer Erbschaft, die während der Gütergemeinschaft als Vorbehalts- oder Sondergut angefallen ist (§ 1461 BGB) noch für Verbindlichkeiten, die währenddessen angefallen sind und nur das Vorbehalts- oder Sondergut betreffen (vgl § 1462 S. 1 BGB; beachte: Ausnahme § 1462 S. 2 BGB).

f) Haftung der Ehegatten im Innenverhältnis. Im Innenverhältnis der Ehegatten zueinander muss eine 31
Differenzierung zwischen den Gesamtgutslasten (= Verbindlichkeiten, die aus dem Gesamtgut beglichen werden) und den Sonderlasten (= Verbindlichkeiten, die ein Ehegatte allein zu tragen hat) vorgenommen werden. Gemäß der §§ 1441–1444 BGB können daher Gesamtgutsverbindlichkeiten im Innenverhältnis anders zu behandeln sein als im Außenverhältnis (Mai BWNotZ 2003, 55, 62). So haftet beispielsweise ein Ehegatte für eine Verbindlichkeit aus einem von ihm nach Begründung der Gütergemeinschaft begangenen Delikt im Innenverhältnis allein, § 1441 Nr. 1 BGB.

3. Verfahrenshinweise

a) Parteifähigkeit bei Gütergemeinschaft. Weder die Gütergemeinschaft noch das Gesamtgut sind iSv 32
§ 50 ZPO aktiv oder passiv parteifähig. Insolvenzfähig ist das Gesamtgut nur gemäß §§ 333 ff. InsO (NK-BGB/Völker § 1416 BGB Rn 1).

b) Prozessfähigkeit bei Gütergemeinschaft. Aktivprozesse führt der verwaltende Ehegatte als Prozess- 33
standschafter im eigenen Namen. In den das Gesamtgut betreffenden Passivprozessen ist der Verwalter persönlich zu verklagen. Ein Leistungsurteil gegen ihn genügt für die Zwangsvollstreckung, vgl § 740 Abs. 1 ZPO (s. → *Gesamtgut/Verwaltung* Rn 36).

Rechtsstreitigkeiten, die das Gesamtgut betreffen, müssen die gemeinschaftlich verwaltenden Eheleute **ge-** 34
meinsam führen, andernfalls ist die Klage mangels Aktivlegitimation abzuweisen. Die Vollstreckung in das gemeinsam verwaltete Gesamtgut ist nur bei Vorliegen eines Leistungstitels gegen beide Ehegatten statthaft, vgl § 740 Abs. 2 ZPO.

c) Zwangsvollstreckung in das Gesamtgut. Durch die **gesamthänderische Bindung** können die Ehegat- 35
ten über ihre Anteile am Gesamtgut nicht verfügen (§ 1419 BGB). Aus diesem Grunde können ihre Anteile

bis zur Beendigung der Gütergemeinschaft nicht gepfändet werden (§ 860 Abs. 1 S. 1 ZPO). Nach der Beendigung gilt § 860 Abs. 2 ZPO. Ansonsten ist danach zu differenzieren, ob das Gesamtgut durch einen Ehegatten oder durch beide gemeinschaftlich verwaltet wird.

36 **d) Einzelverwaltung.** Gemäß § 740 Abs. 1 ZPO ist bei Alleinverwaltung des Gesamtguts ein **Vollstreckungstitel gegen den Verwalter** erforderlich und genügend. Nicht ausreichend ist nach hM das Vorliegen eines Leistungstitels gegen den nicht verwaltenden Ehegatten und eines Duldungstitels gegen den verwaltenden Ehegatten (BeckOK/Mayer § 1437 BGB Rn 7; aA Palandt/Brudermüller § 1437 BGB Rn 8). Für die hM spricht, dass der Gesetzgeber in § 743 ZPO ausdrücklich zwischen Leistungs- und Duldungstitel differenziert und in § 740 Abs. 1 ZPO nur den Leistungstitel nennt. Nur im Falle des § 1431 BGB (selbstständiges Erwerbsgeschäft) genügt ein Titel gegen den nicht verwaltenden Ehegatten wegen § 741 ZPO. Liegt ein Titel gegen den verwaltenden Ehegatten vor, kann neben der Zwangsvollstreckung in das Gesamtgut auch in sein – pfändbares – Sondergut und Vorbehaltsgut vollstreckt werden.

37 **e) Gemeinschaftliche Verwaltung.** Erfolgt die Verwaltung des Gesamtgutes gemeinschaftlich, müssen die Ehegatten gemäß § 740 Abs. 2 ZPO zur Leistung verurteilt worden sein. Dabei ist nicht Voraussetzung, dass die Ehegatten in einem Rechtsstreit zur Leistung verurteilt wurden, der Schuldgrund der Verpflichtung muss allerdings derselbe sein (OLG Zweibrücken 4.3.2009 – 3 W 38/09, FamRZ 2009, 1910 f).

38 Die **Zwangsvollstreckung in das Gesamtgut** ist für die Gläubiger der Ehegatten nur dann möglich, wenn es sich um eine Verbindlichkeit des Gesamtgutes handelt (vgl § 1459 Abs. 1 BGB). Für diese Verbindlichkeit haften die Ehegatten nach § 1459 Abs. 2 BGB persönlich als Gesamtschuldner. Bei rechtsgeschäftlich eingegangenen Verbindlichkeiten ist § 1460 BGB zu beachten.

39 Ist die Gütergemeinschaft erst nach Rechtshängigkeit des Prozesses begründet worden, ist die **Umschreibung des Titels** nach § 742 ZPO zulässig, sonst nicht. Auch wenn ein Ehegatte aufgrund seines Notverwaltungsrechts (§ 1454 BGB) oder wegen der Kostenhaftung (§ 1460 Abs. 2 BGB) verklagt wurde, reicht ein Titel nur gegen diesen Ehegatten nicht aus. Die hM lehnt eine analoge Anwendung des § 742 ZPO wegen seines klaren Wortlautes (MüKo/Kanzleiter § 1459 BGB Rn 11; aA Palandt/Brudermüller § 1459 BGB Rn 4) und wegen der Formalisierung des Zwangsvollstreckungsverfahrens ab. Andernfalls obläge dem Vollstreckungsorgan die materiellrechtliche Prüfung der Haftung des Gesamtguts (NK-BGB/Völker § 1416 BGB Rn 22).

40 **f) Nach Beendigung der Gütergemeinschaft.** Bis zur vollständigen Auseinandersetzung des Gesamtguts benötigt der Gläubiger zur Vollstreckung einen Titel gegen beide Ehegatten (vgl § 743 ZPO). Anders als zuvor genügt es, dass gegen den einen Ehegatten ein Duldungstitel und gegen den anderen Ehegatten ein Leistungsurteil vorliegt.

41 **g) Bei fortgesetzter Gütergemeinschaft.** Im Falle der fortgesetzten Gütergemeinschaft ist nach § 745 Abs. 1 ZPO ein **Leistungstitel gegen den überlebenden Ehegatten** erforderlich. Ausreichend ist jedoch auch, die Abkömmlinge auf Duldung zu verklagen (BeckOK/Mayer § 1488 BGB Rn 3). Sobald die fortgesetzte Gütergemeinschaft beendet ist, ist wegen § 745 Abs. 2 ZPO iVm §§ 743, 744 ZPO daneben ein Duldungstitel gegen die Abkömmlinge erforderlich. Die Umschreibung eines gegen den verstorbenen allein verwaltenden Ehegatten auf den überlebenden Ehegatten ist gemäß § 744 ZPO möglich. Eine Titelumschreibung ist obsolet, wenn der überlebende Ehegatte vor Versterben seines Ehepartners Allein- oder Mitverwalter war.

42 **h) Vermutungswirkungen im Rahmen der Zwangsvollstreckung.** Auch wenn die Gütergemeinschaft nicht das Güterrechtsregister eingetragen wurde, gilt nach § 1416 Abs. 1 BGB die widerlegliche Vermutung, dass die beweglichen Sachen beider Ehegatten Gesamtgut sind. § 740 ZPO ist (Abs. 1 – Alleinverwaltung, Abs. 2 – gemeinschaftliche Verwaltung) anzuwenden. Kann die Vermutungswirkung des § 1416 Abs. 1 BGB widerlegt werden, greift die Vermutung des § 1362 BGB iVm § 739 ZPO. Nach § 1362 Abs. 1 S. 1 BGB gehört der Gegenstand dem Schuldnerehegatten und nur dieser wird als Alleingewahrsamsinhaber angesehen. Wird gegen den verwaltenden Schuldnerehegatten vollstreckt, gilt der Alleingewahrsam so-

wohl an den Sachen, die sich in seinem Alleingewahrsam als auch an denjenigen Mobilien, die sich im Allein- oder Mitgewahrsam des nicht verwaltenden Ehegatten befinden. Der nicht verwaltende Ehegatte kann seine Rechte durch Erhebung der Vollstreckungsgegenklage nach § 771 ZPO geltend machen und die Vermutung des § 1362 BGB widerlegen.

113. Gesamtschuldnerausgleich und Unterhalt

Poppen

I. Ehezeit	1	2. Verrechnung beim Ehegatten- und Kindesunter-	
II. Rechtslage nach Trennung	2	halt	3
1. Grundsatz	2	3. Ausdrückliche Vereinbarung	6

I. Ehezeit

1 Trägt während des **Bestehens der Ehe** ein Ehepartner, wobei die Einkommens- und Vermögensverhältnisse der Ehepartner keine Rolle spielen, allein gesamtschuldnerisch begründete Verbindlichkeiten ab, kann er nach dem Scheitern der Ehe für die Zeit der ehelichen Lebensgemeinschaft keine anteilige Erstattung seiner Aufwendungen verlangen. In der einvernehmlichen Handhabung während der intakten Ehe liegt eine „**anderweitige Regelung**" iSd § 426 Abs. 1 S. 1 BGB (BGH 30.11.1994 – XII ZR 59/93, NJW 1995, 652).

II. Rechtslage nach Trennung

1. Grundsatz

2 Mit der endgültigen **Trennung** der Ehegatten entfällt die Überlagerung der hälftigen Mitverpflichtung aus gemeinsamen Verbindlichkeiten durch die eheliche Lebensgemeinschaft. Das gilt auch bei einer Trennung innerhalb einer im ideellen Miteigentum beider Ehegatten stehenden Wohnung, für die gemeinschaftliche Verbindlichkeiten bestehen (OLG Oldenburg 13.4.2012 – 11 UF 20/12, FamRZ 2013, 133). Mit dem endgültigen **Scheitern der Ehe** hat kein Ehepartner mehr einen Anlass, Verpflichtungen des anderen zu erfüllen (BGH 27.11.1996 – XII ZR 43/95, FamRZ 1997, 487). Damit ist mit dem Scheitern der Ehe jeder Ehegatte grundsätzlich verpflichtet, anteilig die Hälfte gemeinschaftlicher Verbindlichkeiten zurückzuführen.

2. Verrechnung beim Ehegatten- und Kindesunterhalt

3 Zahlt nach Scheitern der Ehe einer der Ehegatten die gemeinschaftlichen Verbindlichkeiten allein zurück und wird dieser Aufwand bei einer **Unterhaltsberechnung** berücksichtigt, stellt die Berücksichtigung der Zahlungen im Rahmen der Unterhaltsberechnung wiederum eine „anderweitige Regelung" nach § 426 Abs. 1 S. 2 BGB dar (BGH 11.5.2005 – XII ZR 289/02, NJW 2005, 2307). **Entfällt die Unterhaltsberechtigung,** bevor die Schuld abgezahlt ist, besteht auch keine „anderweitige Regelung" iSd § 426 Abs. 1 S. 1 BGB mehr. Von diesem Zeitpunkt an muss der bisher unterhaltsberechtigte Ehepartner sich wieder hälftig am Schuldabtrag beteiligen (OLG Bremen 21.8.2006 – 4 W 24/06, NJW-RR 2006, 1657).

4 Dies gilt allerdings nur für den Fall, dass die Verbindlichkeiten bei der Berechnung von Ehegattenunterhaltsansprüchen berücksichtigt worden sind. Nur insoweit handelt es sich um eine Regelung zwischen den Parteien des Gesamtschuldverhältnisses; nur bei der **Verrechnung beim Ehegattenunterhalt** findet eine hälftige Verteilung der Lasten statt. Dabei wird teilweise eine sämtliche Ansprüche erfassende anderweitige Regelung auch dann angenommen, wenn durch die Vorabberücksichtigung der Verbindlichkeiten vor der Berechnung des Unterhalts nach der **3/7-Quote** die Verbindlichkeiten nicht exakt hälftig aufgeteilt worden sind (OLG Koblenz 10.3.2010 – 1 U 392/09, FamRZ 2010, 1901; anders: OLG Köln 10.2.1990 – 2 W 58/90, FamRZ 1991, 1192). Werden lediglich die Zinsen eines **endfälligen Darlehens** bei der Unterhaltsberechnung berücksichtigt, stellt dies keine abschließende anderweitige Regelung iSd § 426 BGB für die Darlehensschuld als solche dar, weil es keine Regelung zur Tilgungslast gibt (OLG Stuttgart 21.1.2010 – 15 WF 4/10, NJW-RR 2010, 1011).

5 Wird die gemeinsame Schuld allein bei der Bemessung von Kindesunterhaltsansprüchen berücksichtigt, bleiben Ansprüche nach § 426 Abs. 2 BGB unberührt (BGH 26.9.2007 – XII ZR 90/05, NJW 2007, 3564). Das Kind, für das als gesetzlicher Vertreter oder Prozessstandschafter ein Ehegatte auftritt, ist nicht Partei des Gesamtschuldverhältnisses. Auch wirtschaftlich gesehen führt die Berücksichtigung des Alleinabtrags gemeinschaftlicher Schulden beim **Kindesunterhalt** wegen der dadurch allenfalls eintretenden Verringe-

rung des Kindesunterhaltsanspruchs um eine oder zwei Stufen der Düsseldorfer Tabelle nicht zu einer hälftigen Aufteilung der Gesamtschuld (BGH 9.1.2008 –XII ZR 184/05, NJW 2008, 849).

3. Ausdrückliche Vereinbarung

Voraussetzung für eine „anderweitige Bestimmung" iSd § 426 Abs. 1 S. 1 BGB ist eine **ausdrückliche** 6 **oder stillschweigende Vereinbarung.** Allein der tatsächliche Abtrag gemeinschaftlicher Verbindlichkeiten durch einen grundsätzlich Unterhaltsverpflichteten stellt keine derartige Vereinbarung dar, auch wenn der grundsätzlich Unterhaltsberechtigte im Hinblick auf diesen Abtrag auf die Geltendmachung von Ehegattenunterhaltsansprüchen verzichtet, ohne dies ausdrücklich zu erklären (BGH 9.1.2008 – XII ZR 184/05, NJW 2008, 849). Etwas anderes gilt nur in den Fällen, in denen weitere besondere Umstände hinzutreten, die das Vorliegen einer konkludenten Vereinbarung begründen (Thüringer OLG 8.12.2011 – 1 UF 396/11, NJW 2012, 1235).

Grundsätzlich kann der die Verbindlichkeiten bedienende Ehegatte **rückwirkend auf den Zeitpunkt des** 7 **Scheiterns der Ehe** den Gesamtschuldnerausgleich nach § 426 Abs. 2 BGB geltend machen. Einer Inverzugsetzung bedarf es nicht. Der Anspruch nach § 426 Abs. 2 BGB ergibt sich als Folge der alleinigen Bedienung der Gesamtschuld aus dem Gesetz. Eine Grenze findet die rückwirkende Geltendmachung allein im Grundsatz der **Verwirkung** nach § 242 BGB (OLG Bremen 21.8.2006 – 4 W 24/06, NJW-RR 2006, 1657). Eine rückwirkende Geltendmachung von Unterhaltsansprüchen scheidet in diesen Fällen andererseits in aller Regel aus, wenn nicht Verzug begründet worden ist. Deshalb sollte immer dann, wenn der unterhaltsberechtigte Ehegatte im Hinblick auf eine Schuldtilgung durch den unterhaltspflichtigen Ehegatten seine Ehegattenunterhaltsansprüche nicht geltend macht, diese Überlegung dem anderen Ehegatten mitgeteilt und vorsorglich Verzug mit den Ehegattenunterhaltsansprüchen begründet werden.

114. Geschiedenentestament

Schwarz

I. Problem – Elterliche Sorge bei Minderjährigen . 3   II. Problem – Mittelbare Nachlassteilhabe über
gemeinsame Abkömmlinge 6

1   Zweck der Gestaltungen, die unter dem Begriff des sog. Geschiedenentestaments zusammengefasst werden, ist die **erbrechtliche Eliminierung des geschiedenen Ehegatten**. Nach der Scheidung besteht eine unmittelbare Beteiligung des geschiedenen Ehegatten am Nachlass des früheren Ehepartners zwar regelmäßig nicht mehr. Letztwillige Verfügungen, die der Erblasser zugunsten seines damaligen Ehegatten in Zeiten der intakten Ehe noch getroffen hat, werden unwirksam (§ 2077 Abs. 1 BGB). Entsprechend gilt dies auch für Verfügungen in einem gemeinschaftlichen Testament (§ 2268 Abs. 1 BGB) sowie in einem Erbvertrag (§ 2279 Abs. 1 BGB).

2   Problem ist, dass der frühere Ehegatte über ein gemeinschaftliches Kind am Nachlass des anderen Ehepartners mittelbar noch teilhaben könnte. Dieselben Probleme können sich auch bei Auflösung einer nichtehelichen Lebensgemeinschaft, aus der ein gemeinsames Kind hervorgegangen ist, ergeben. Gleiches gilt für eingetragene Lebenspartnerschaften in Fällen, in denen ein Lebenspartner das leibliche Kind des anderen adoptiert hat.

I. Problem – Elterliche Sorge bei Minderjährigen

3   Nach dem Tod des einen Elternteils steht die elterliche Sorge für das gemeinsame minderjährige Kind regelmäßig dem anderen Elternteil alleine zu (§§ 1626 a Abs. 1 Nr. 1, 1680 Abs. 1, 1680 Abs. 2 BGB). Der überlebende Elternteil als allein Sorgeberechtigter ist in dieser Eigenschaft auch zur Vermögenssorge für das Kind befugt. Ein beim Erbfall des erstversterbenden Elternteils auf das Kind übergegangenes Vermögen wird dann vom überlebenden Elternteil bis zur Volljährigkeit des Kindes verwaltet.

4   Ziel des erstversterbenden Elternteils ist es, dem nach seinem Tod allein Sorgeberechtigten die **Verwaltungsbefugnis** hinsichtlich des Nachlassvermögens zu entziehen. Dafür gibt § 1638 Abs. 1 BGB die Möglichkeit, dass der Erblasser eine entsprechende Anordnung in einer letztwilligen Verfügung trifft und dort bestimmt, dass der andere Elternteil von der Vermögensvorsorge für das vom minderjährigen Kind ererbte Nachlassvermögen ausgeschlossen wird. Die Vermögensverwaltung hat dann ein zu bestellender Ergänzungspfleger auszuüben (§ 1909 BGB). Der vorversterbende Ehegatte hat hier auch die Möglichkeit, die Person des Pflegers vorab verbindlich zu bestimmen (§ 1917 BGB). Zugunsten des Ergänzungspflegers können Befreiungen gemäß §§ 1852, 1853, 1854 BGB festgelegt werden. Insbesondere kann der Pfleger von der jährlichen Rechnungslegungs- oder Hinterlegungspflicht von Wertpapieren befreit werden.

5   Über die Volljährigkeit des minderjährigen Kindes hinaus kann durch Anordnung einer **Verwaltungstestamentsvollstreckung** nach § 2209 S. 1 BGB auch noch längere Zeit die Verwaltungs- und Verfügungsbefugnis des Kindes einem Dritten (dem Testamentsvollstrecker) vorbehalten werden. Der Erblasser will seinem Kind den Nachlass auch nach Volljährigkeit noch nicht in vollem Umfang zur freien Verfügung überlassen. Dieses Gestaltungsziel hängt aber nicht mit dem „Schutz" vor dem überlebenden Elternteil zusammen. Vielmehr ist es eine Vorsichtsmaßnahme des vorversterbenden Elternteils, um das Kind erst langsam in die eigene Vermögensverantwortung hineinwachsen zu lassen und bis dorthin einen Testamentsvollstrecker an die Seite zu stellen.

II. Problem – Mittelbare Nachlassteilhabe über gemeinsame Abkömmlinge

6   Das Kind erbt nach dem Tod des erstversterbenden Elternteils. Verstirbt das Kind dann vor seinem anderen Elternteil ohne Hinterlassung eigener Abkömmlinge, so wäre der überlebende Elternteil als gesetzlicher Erbe des Kindes an dessen Nachlass (in dem sich das Vermögen des erstversterbenden Elternteils befindet) beteiligt. Zumindest hätte er einen Pflichtteilsanspruch daran. Über diesen Weg des gemeinsamen Kindes

kann der geschiedene Ehegatte, obwohl ihm unmittelbar nach dem anderen Ehegatten nach der Scheidung kein Anspruch – weder als Erbe noch als Pflichtteilsberechtigter – zusteht, an dem Vermögen des vorverstorbenen früheren Ehegatten indirekt doch noch partizipieren. Diesen mittelbaren Substanzerwerb auszuschließen ist regelmäßiges Gestaltungsziel.

– **Gestaltung durch Vor- und Nacherbfolge** (Tanck in: FormErbR § 7 Rn 367):

Der (vorversterbende) Erblasser setzt das gemeinsame Kind lediglich als Vorerben ein. Das vom vorverstorbenen Elternteil ererbte Vermögen bleibt dann eine vom Eigenvermögen des Kindes getrennte Vermögensmasse. Diese getrennte Vermögensmasse geht im Nacherbfall (regelmäßig dem Tod des Vorerben) auf die vom Erblasser bestimmten Nacherben über. Dies hat zur Folge, dass ein etwaiger Erb- bzw Pflichtteilsanspruch des überlebenden Elternteils den vom vorverstorbenen Elternteil stammenden Vermögensteil nicht erfasst. So wird verhindert, dass mittelbar über das gemeinsame Kind nach dessen Erbfall der überlebende Ehegatte an dem vom vorverstorbenen Ehegatten stammenden Nachlassvermögen partizipiert.

Eine solche **Trennung der Vermögensmassen** durch Vor- und Nacherbfolge ist allerdings nur so lange erforderlich, als der Ex-Ehegatte bzw dessen einseitige Verwandte noch als gesetzliche Erben des Kindes in Betracht kommen. Der spätere Wegfall der Vor-/Nacherbfolge kann durch eine auflösende Bedingung gestaltet werden. Vor- und Nacherbfolge werden auflösend bedingt verfügt, dass sie dann entfallen, wenn beim Tod des Vorerben (Kind) weder dessen überlebender Elternteil noch einseitige, nicht mit dem vorverstorbenen Elternteil verwandte Personen gesetzliche Erben werden.

Nach der sogenannten **„Dieterleklausel"** (Dieterle BWNotZ 1971, 170) werden diejenigen Personen als Nacherben eingesetzt, die der Vorerbe zu seinen gewillkürten Erben bestimmt hat, sofern sie nicht zu dem vom Erblasser ausgeschlossenen Personenkreis gehören. Diese Klausel, obwohl im Spannungsfeld des § 2065 Abs. 2 BGB sich bewegend, wird von der herrschenden Meinung als zulässig angesehen (Nieder, Handbuch der Testamentsgestaltung, 2011, Rn 639; aA J. Mayer ZEV 1995, 247).

– **Gestaltung durch Herausgabevermächtnis** (Tanck in: FormErbR § 7 Rn 369):

Der Vorerbe unterliegt, selbst wenn er als befreiter Vorerbe eingesetzt ist, immer noch einer Reihe von Beschränkungen. Um das Kind damit nicht zu belasten, kommt als Alternative zur Vorerbschaft/Nacherbschaft die Verfügung eines bedingten Herausgabevermächtnisses in Betracht.

Der Erblasser beschwert hier seine Kinder mit einem erst bei deren Tod fälligen Vermächtnis zugunsten Dritter. Der Erbe des Kindes ist mit diesem Vermächtnis belastet. Soweit Vermächtnisgegenstände aus dem Nachlass des vorversterbenden Ehegatten beim Tod des Kindes an den Ex-Partner oder einseitige Verwandte gehen würden, sind sie an die bestimmten Vermächtnisnehmer herauszugeben. Beim Tod des Kindes kann dem überlebenden Elternteil möglicherweise auch nur ein Pflichtteil zustehen. Der Nachlasswert, aus dem sich der Pflichtteil errechnet, ist jedoch mit diesem Herausgabevermächtnis als Abzugsposten belastet.

Auch dieses Herausgabevermächtnis wird auflösend bedingt angeordnet und entfällt, sobald die vermachten Gegenstände beim Tod des Kindes nicht mehr an den überlebenden Ehegatten bzw dessen einseitige Verwandte gehen können.

Hinweis: Regelmäßig fällt das Vermächtnis sofort beim Tod des Erblassers an, wird aber erst fällig mit dem Tod des Kindes. Anders wäre es bei einem aufschiebend bedingten Vermächtnis, das erst mit dem Tod des Kindes entstehen würde. Problem bei Letzterem: In derselben Sekunde entsteht auch ein etwaiger Pflichtteilsanspruch des überlebenden Elternteils. Das Vermächtnis könnte deshalb als Abzugsposten vom maßgeblichen Nachlasswert möglicherweise nicht zu berücksichtigen sein (wegen der bestehenden Unsicherheit ist deshalb von dieser Variante abzuraten).

115. Gesetzliche Vertretung Minderjähriger

Seebach

I. Einführung	1	III. Vertretung im Verfahren	23
II. Inhalt und Umfang der gesetzlichen Vertretung	7	1. Eltern	23
1. Allgemeines	7	2. Beistandschaft Jugendamt	24
2. „Kleines Sorgerecht"	14	3. Unterhaltsverfahren	25
3. Pflegeeltern	16	4. Vaterschaftsfeststellung	27
4. Getrennt lebende Eltern	19	5. Zeugnisverweigerungsrecht	28
5. Meinungsverschiedenheiten	20	6. Entziehung der Vertretungsmacht	29
6. Beschränkungen	21		

I. Einführung

1 Während die elterliche Sorge im Rahmen des § 1626 BGB das Innenverhältnis der Eltern zum Kind betrifft (s. → *Elterliches Sorgerecht* Rn 1), regelt § 1629 BGB die **Wirkung im Außenverhältnis**, wobei die elterliche Sorge die Vertretung im Außenverhältnis gegenüber Dritten beinhaltet (NK-BGB/Kaiser § 1629 BGB Rn 2). § 1629 BGB gilt insbesondere im Hinblick auf **Rechtsgeschäfte** sowie alle ähnlichen Handlungen, nicht jedoch im Bereich höchstpersönlicher Erklärungen sowie bei erforderlicher Verstandesreife des Kindes, beispielsweise im Bereich der Einwilligung in ärztliche Heileingriffe (s. → *Körperliche Eingriffe bei Minderjährigen* Rn 2).

2 Eine **Vollmachtserteilung** ist möglich und zulässig (s. → *Elternvereinbarungen* Rn 7). Insbesondere können dritte Personen bevollmächtigt werden (NK-BGB/Kaiser § 1629 BGB Rn 20). Vollmachten können gegenstands- und bereichsbezogen erteilt werden (NK-BGB/Kaiser § 1629 BGB Rn 21). Eine erteilte Vollmacht ist frei widerruflich. Die Eltern selber können Vereinbarungen treffen (s. → *Elternvereinbarungen*).

3 Nach § 1627 BGB können die Eltern, auch konkludent, bei der Vertretung des Kindes eine **Aufgaben- bzw Funktionsteilung** vornehmen. Die Ausübung der elterlichen Sorge, auch des Vertretungsrechts, erfolgt in der Regel im Rahmen einer solchen Aufgabenteilung (NK-BGB/Kaiser § 1629 BGB Rn 21).

4 Die Vertretung des Kindes endet, wie auch die elterliche Sorge, mit der Volljährigkeit des Kindes (s. → *Elterliches Sorgerecht* Rn 3). Besonderheiten gelten bei **verheirateten minderjährigen Kindern** (s. → *Personensorge* Rn 18).

5 Die gesetzlichen Vertreter sind in den Fällen von der Vertretung des Kindes ausgeschlossen, in denen auch der Vormund von der gesetzlichen **Vertretung ausgeschlossen** wäre, § 1795 BGB, sowie bei Vorliegen spezialgesetzlicher Regelungen (HK-BGB/Kemper § 1629 BGB Rn 8). Insbesondere in Abstammungsverfahren sowie bei der Geltendmachung von Kindesunterhalt gelten besondere Vertretungsregelungen (s. Rn 26 ff).

6 In bestimmten Bereichen der gesetzlichen Vertretung ist eine **familienrechtliche Genehmigung** erforderlich (HK-BGB/Kemper § 1629 BGB Rn 10; Heinemann FamFR 2009, 57).

II. Inhalt und Umfang der gesetzlichen Vertretung

1. Allgemeines

7 Es gilt grundsätzlich das **Prinzip der Gesamtvertretung**, § 1629 Abs. 1 S. 2 BGB (NK-BGB/Kaiser § 1629 BGB Rn 2; HK-BGB/Kemper § 1629 BGB Rn 4). Diese Gesamtvertretung ist Ausfluss und Konsequenz der gemeinsamen Ausübung der elterlichen Sorge gem. § 1626 BGB (NK-BGB/Kaiser § 1629 BGB Rn 15). Bei Meinungsverschiedenheiten und Nichteinigung der Eltern kann das Familiengericht nach § 1628 BGB entscheiden (s. → *Meinungsverschiedenheiten der Sorgeberechtigten*).

8 Eine Alleinvertretungsberechtigung liegt bei **Alleinsorge eines Elternteils** vor (s. → *Entzug des Sorgerechts* Rn 11; HK-BGB/Kemper § 1629 BGB Rn 3), ferner bei Übertragung nach § 1628 BGB (s. → *Meinungsverschiedenheiten der Sorgeberechtigten* Rn 5). Dies ergibt sich bereits aus dem Wortlaut des § 1629

Abs. 1 S. 3 BGB. Eine **Notvertretung** ist möglich, beispielsweise bei einem Unfall des Kindes, § 1629 Abs. 1 S. 4 BGB (NK-BGB/Kaiser § 1629 BGB Rn 32).

Gem. § 1629 Abs. 1 S. 3 BGB besteht ein **Alleinvertretungsrecht** trotz gemeinsamer elterlicher Sorge, **9** wenn die elterliche Sorge des anderen Elternteils ruht (s. → *Ruhen des Sorgerechts* Rn 1).

Kraft der gesetzlichen Vertretungsmacht geben die Eltern **Willenserklärungen** ab, die das Kind berechti- **10** gen und verpflichten, § 164 BGB. Die §§ 104 ff BGB sind zu beachten (NK-BGB/Kaiser § 1629 BGB Rn 2). § 1629 BGB soll entsprechende Anwendung finden bei Einwilligungen in eine medizinische Behandlung (NK-BGB/Kaiser § 1629 BGB Rn 11; s. → *Medizinische Behandlung Minderjähriger* Rn 1).

Es ist sowohl eine **offene** als auch **eine verdeckte Stellvertretung** möglich (NK-BGB/Kaiser § 1629 BGB **11** Rn 9). Die Zurechnung des Elternverhaltens richtet sich nach § 166 BGB. Es besteht eine Haftungsprivilegierung der Eltern (s. → *Haftung der gesetzlichen Vertreter* Rn 1).

Bei Verstoß gegen den Grundsatz der Gesamtvertretung gelten die Regelungen der **Vertretung ohne Vertretungsmacht**, §§ 177, 179 BGB (NK-BGB/Kaiser § 1629 BGB Rn 26).

Weigern sich die Eltern, notwendige Vertretungshandlungen vorzunehmen, so sind Maßnahmen nach **12** § 1666 BGB möglich (s. → *Kindeswohlgefährdung* Rn 13). Sind Teilbereiche der elterlichen Sorge entzogen, so ist insoweit die elterliche Vertretung beschränkt.

Mit Volljährigkeit des Kindes endet das elterliche Vertretungsrecht (NK-BGB/Kaiser § 1629 BGB Rn 5). **13** Bei verheirateten minderjährigen Kindern ist das Vertretungsrecht beschränkt (NK-BGB/Kaiser § 1629 BGB Rn 8).

2. „Kleines Sorgerecht"

Ist der allein sorgeberechtigte Elternteil verheiratet oder verpartnert und nicht dauerhaft getrennt, greift **14** nach § 1687 b BGB bzw § 9 LPartG (NK-BGB/Ring/Olsen-Ring § 9 LPartG Rn 11) hinsichtlich dessen Ehegatten oder Lebenspartner als **Stiefelternteil** das sogenannte „kleine Sorgerecht" mit Vertretungsrecht ein (NK-BGB/Kaiser § 1629 BGB Rn 30). Es gewährt ein **beschränktes Vertretungsrecht** hinsichtlich der Angelegenheiten des täglichen Lebens (s. → *Elterliches Sorgerecht* Rn 14). Es besteht jedoch ein Widerspruchsrecht des allein sorgeberechtigten Ehegatten (NK-BGB/Ring/Olsen-Ring § 9 LPartG Rn 9). Auch eine Notvertretung ist in § 1687 b Abs. 2 BGB gesetzlich normiert (NK-BGB/Kaiser § 1629 BGB Rn 87).

Aufgrund des eindeutigen Wortlauts gilt § 1687 b BGB nur bei alleiniger elterlicher Sorge. In der heutigen **15** Zeit erscheinen Erwägungen hinsichtlich einer etwaigen Ausweitung sinnvoll und praxisgerecht. Die Zahl der sogenannten **„Patchwork-Familien"** ist stetig steigend, eine Umkehr der gesellschaftlichen Gepflogenheiten nicht zu erwarten, so dass vom Gesetzgeber erwartet werden muss, dass dieser sich den im starken Wandel befindlichen gesellschaftlichen Strukturen als Herausforderung stellt (s. → *Elterliches Sorgerecht* Rn 19).

3. Pflegeeltern

Die Entscheidungsbefugnisse der Pflegepersonen ergeben sich aus § 1688 BGB, der ein Vertretungsrecht in **16** **Angelegenheiten des täglichen Lebens** (s. → *Elterliches Sorgerecht* Rn 14) gewährt (NK-BGB/Kaiser § 1688 BGB Rn 5). Gem. § 1688 Abs. 3 BGB kann der Inhaber der elterlichen Sorge etwas anderes erklären.

Das **Kindeswohl** ist auch hier maßgebendes Prinzip, so dass bei Weigerung der Sorgeberechtigten an einer **17** sinnvollen Mitwirkung im Rahmen der Familienpflege gerichtliche Maßnahmen möglich sind nach § 1688 Abs. 3 S. 2 BGB bis hin zu § 1666 BGB (s. → *Kindeswohlgefährdung* Rn 21). Dieser Vorschrift kommt insoweit Bedeutung zu, als sich häufig minderjährige Kinder mit **Einverständnis der Sorgeberechtigten** in Familienpflege oder Jugendhilfeeinrichtungen befinden und sorgerechtliche Maßnahmen daher grundsätzlich nicht veranlasst sind bei Mitarbeit und Einbindung der sorgeberechtigten Elternteile (s. → *Kindes-*

wohlgefährdung Rn 21). Sobald jedoch Probleme auftreten, sind gerichtliche Maßnahmen und Entscheidungen veranlasst.

18 Pflegeeltern sind hierbei weder Vormund, noch Pfleger, noch Inhaber der elterlichen Sorge (BVerfG 18.5.1993 – 1BvR 338/90, NJW 1994, 83).

4. Getrennt lebende Eltern

19 Hinsichtlich getrennt lebender Eltern greift die Regelung des § 1687 BGB. Für die Angelegenheiten des täglichen Lebens (s. → *Elterliches Sorgerecht* Rn 14) besteht eine Alleinvertretungsbefugnis, die auch für den Umgang ausübenden Elternteil gilt (NK-BGB/Kaiser § 1629 BGB Rn 32). Dies gilt unabhängig von der Sorgerechtslage. Auch bei der Wahl eines **Wechselmodells** (s. → *Wechselmodell*) gelten diese Ausführungen im Hinblick auf die Vertretung bei Umgangsausübung sowie die allgemeinen Ausführungen, abhängig von der sorgerechtlichen Regelung.

5. Meinungsverschiedenheiten

20 Überträgt das Gericht die **Entscheidungskompetenz** gem. § 1628 BGB (s. → *Meinungsverschiedenheiten der Sorgeberechtigten* Rn 5) auf einen Elternteil, so ergänzt § 1629 Abs. 1 S. 3 BGB insoweit § 1628 BGB im Außenverhältnis (NK-BGB/Kaiser § 1629 BGB Rn 33).

6. Beschränkungen

21 Das elterliche Vertretungsrecht ist für den Fall beschränkt, für den auch ein Vormund gem. § 1795 BGB von der Vertretung ausgeschlossen wäre, sowie für den Fall, dass ein Vormund einer **Genehmigung des Gerichts** bedürfte, § 1643 BGB (NK-BGB/Kaiser § 1629 BGB Rn 60).

22 Für ihr verheiratetes minderjähriges Kind können Eltern keinen Ehevertrag abschließen, § 1411 Abs. 1 S. 4 BGB. So soll der Gefahr der Fremdbestimmung vorgebeugt werden. Der Minderjährige kann den **Ehevertrag** nur selbst schließen, bedarf jedoch der Zustimmung des gesetzlichen Vertreters (HK-FamR/Bergschneider § 1411 BGB Rn 3). Die Zustimmung bedarf hierbei nicht der Form des § 1410 BGB. Gesetzlicher Vertreter meint hierbei den Inhaber der Vermögenssorge, da in erster Linie wirtschaftliche Belange betroffen sind (NK-BGB/Völker § 1411 BGB Rn 6).

III. Vertretung im Verfahren

1. Eltern

23 Grundsätzlich vertreten die Eltern die minderjährigen Kinder auch im gerichtlichen Verfahren. In Kindschaftsverfahren ist das Kind formeller Beteiligter („Muss-Beteiligter"). Die **Vertretung im gerichtlichen Verfahren** ist für das Kind grundsätzlich von erheblicher Bedeutung. Bei Bestehen eines erheblichen Interessenkonfliktes bei Vertretung durch die Eltern ist ein Verfahrensbeistand (s. → *Verfahrensbeistand* Rn 22 ff) grundsätzlich wirksamer Interessenvertreter des Kindes (BGH 18.1.2012 – XII ZB 489/11, FamRZ 2012, 436; Schürmann FamFR 2009, 153). Dies ist gerade originäre Aufgabe des Verfahrensbeistands.

Die Bestellung eines Ergänzungspflegers in Kindschaftsverfahren ist daneben nicht notwendig, insbesondere unter Berücksichtigung der Tatsache, dass hierbei in das verfassungsrechtlich geschützte Elternrecht eingegriffen wird. Hinsichtlich einer etwaigen Entziehung der elterlichen Vertretungsbefugnis im Verfahren hat das Gericht in jedem Einzelfall zu prüfen, ob dem Interessengegensatz nicht auf andere Weise Rechnung getragen werden kann (BGH 7.9.2011 – XII ZB 9/11, FPR 2012, 393).

2. Beistandschaft Jugendamt

24 Bei bestehender **Beistandschaft des Jugendamts** (s. → *Beistandschaft*) sind die Eltern gem. § 173 FamFG Von einer Vertretung des Kindes im Verfahren ausgeschlossen. Hiervon zu unterscheiden ist begrifflich der Verfahrensbeistand nach § 174 FamFG (s. → *Verfahrensbeistand*). Dieser ist gerade nicht Ergänzungs-

pfleger nach § 1909 BGB oder Beistand iSd § 173 FamFG (HK-FamFG/Fritsche § 173 FamFG Rn 1; Heiß in: MandatFamR Teil 9 Rn 8).

3. Unterhaltsverfahren

Besonderheiten in gerichtlichen Familienverfahren im Hinblick auf die gesetzliche Vertretung minderjähri- **25** ger Kinder ergeben sich typischerweise im Rahmen der Geltendmachung von **Unterhaltsansprüchen** (s. → *Kindesunterhalt Minderjähriger* Rn 25) sowie in **Abstammungsverfahren** (s. → *Feststellung der Abstammung* Rn 23 ff).

Die Vertretung im **Unterhaltsverfahren** getrennt lebender Eltern im Hinblick auf den Kindesunterhalt (s. **26** → *Kindesunterhalt Minderjähriger*) ergibt sich aus § 1629 Abs. 2 S. 2 BGB bei gemeinsamer elterlicher Sorge. Bei Eintritt der Volljährigkeit des Kindes im Verfahren wechselt der Antragsteller (s. → *Prozessstandschaft*).

4. Vaterschaftsfeststellung

Im Rahmen eines Anfechtungsantrags gilt § 1629 Abs. 2 a BGB als Sonderregelung zu §§ 1629 Abs. 2, **27** 1795, 1797 BGB in einem Verfahren zur Klärung der Abstammung des Kindes durch genetische Untersuchungen im Hinblick auf die zu erteilenden Einwilligungen in den erforderlichen Eingriff der **Probenentnahme** (s. → *Abstammungsgutachten* Rn 11 ff). Insoweit gilt der Ausschluss des Vertretungsrechts für das gerichtliche Verfahren. In den erforderlichen Eingriff kann das Kind bei erforderlicher geistiger Reife selbst einwilligen (NK-BGB/Kaiser § 1629 BGB Rn 76; s. → *Körperliche Eingriffe bei Minderjährigen* Rn 1).

Der anfechtende (rechtliche) Vater ist kraft Gesetzes von der Vertretung des Kindes ausgeschlossen. Die Kindesmutter ist entsprechend § 1795 Abs. 1 Nr. 3 BGB ausgeschlossen, wenn sie mit dem Kindesvater verheiratet ist (BGH 21.3.2012 – XII ZB 510/10, FamRZ 2012, 859). Es gilt § 1909 Abs. 2 BGB, wonach dem Kind im Anfechtungsverfahren ein **Ergänzungspfleger** zu bestellen ist (s. → *Anfechtung der Vaterschaft* Rn 16).

5. Zeugnisverweigerungsrecht

Wird ein Kind Opfer einer Straftat, insbesondere Opfer eines Sexualdelikts – begangen durch die Eltern **28** oder einen Elternteil –, so ist im Hinblick auf das strafprozessuale Zeugnisverweigerungsrecht (HK-FamR/ Schmid § 1629 BGB Rn 3) zu beachten, dass dem Kind bei nicht vorhandener Verstandesreife ein **Ergänzungspfleger** zu bestellen sein wird. Dieser hat sodann eine Erklärung über die Berufung auf das Zeugnisverweigerungsrecht abzugeben, § 55 Abs. 2 StPO, und entscheidet über dessen Ausübung (OLG Düsseldorf 19.10.10 – 8 UF 149/10, FamRZ 2011, 921). Ein Ergänzungspfleger ist dann jedenfalls nicht erforderlich, wenn das Kind zur Aussage bereit ist und die Funktion und Bedeutung des Verweigerungsrechts erkennen kann (OLG Bremen 22.9.2010 – 4 UF 91/10, NJW-RR 2011, 154; OLG Brandenburg 17.11.2009 – 10 UF 154/09, FamRZ 2011, 921).

In der gerichtlichen Praxis wird sich der Antrag der Staatsanwaltschaft als Ermittlungsbehörde nicht auf eine Ergänzungspflegschaft für den Bereich Zeugnisverweigerung beschränken, sondern sich vielmehr auch auf die Bereiche **medizinische Untersuchung** und Zuführung zur Untersuchung, demnach das Aufenthaltsbestimmungsrecht, erstrecken.

Während im Bereich des Zeugnisverweigerungsrechts die **funktionelle Zuständigkeit** des Rechtspflegers gem. §§ 3, 4 RPflG gegeben ist, ergibt sich die richterliche Zuständigkeit bei erweitertem Antrag aus § 14 Abs. 1 Nr. 4 RPflG. Insoweit findet in der Regel eine Eilentscheidung statt mit erheblichen Eingriffen in das Elternrecht unter Abwägung von Kindeswohlgesichtspunkten.

6. Entziehung der Vertretungsmacht

29 Gem. § 1629 Abs. 2 S. 3 BGB kann das Gericht bei einer Kollision von Kindes- und Elterninteressen die **Vertretungsmacht entziehen**. Erforderlich ist insoweit ein erheblicher Interessensgegensatz, beispielsweise in erbrechtlichen Angelegenheiten (NK-BGB/Kaiser § 1629 BGB Rn 77).

Während bei § 1795 BGB eine abstrakte Gefährdung ausreicht, setzt § 1796 BGB eine konkrete Beeinträchtigung von Kindesinteressen voraus.

Wird lediglich einem Elternteil die Vertretungsmacht entzogen, so greift § 1680 Abs. 3 BGB, so dass nunmehr der andere Elternteil alleine vertretungsbefugt ist.

Seebach

116. Getrenntleben

Wegener

I. Einführung...................................... 1
II. Tatbestand der Trennung...................... 2
  1. Keine Registrierung........................ 2
  2. Legaldefinition............................. 3
  3. Objektiver Tatbestand...................... 4
  4. Subjektiver Tatbestand..................... 10
III. Versöhnungsversuch.......................... 13
IV. Rechtsfolgen der Trennung.................... 17
  1. Scheidung.................................. 17

2. Unterhalt, Haushaltsgegenstände, Ehewohnung. 18
3. Geschäfte zur Deckung des Lebensbedarfs...... 19
4. Güterrecht................................... 20
5. Sorgerecht................................... 23
6. Miteigentum................................. 24
7. Gesamtschuldnerschaft........................ 25
8. Gesamtgläubigerschaft........................ 26
9. Steuerrecht.................................. 27

I. Einführung

Die **Trennung** der Eheleute ist neben der Zerrüttung der Ehe die zweite **Scheidungsvoraussetzung** (s. → **1**
Ehescheidung Rn 3). Sie muss mindestens ein Jahr angedauert haben, es sei denn, es liegen ausnahmsweise
die Voraussetzungen einer Härtefallscheidung (s. → *Härtefallscheidung* Rn 2) vor, § 1565 Abs. 2 BGB. An
den Tatbestand der Trennung knüpft sich eine Reihe von Rechtsfolgen.

II. Tatbestand der Trennung

1. Keine Registrierung

Der Gesetzgeber hat von einer amtlichen **Registrierung** der Trennung **abgesehen**. Diese ist auch nicht frei- **2**
willig möglich. Ein solcher Formalakt wird eher als scheidungsfördernd denn als scheidungsverhütend angesehen. Unsicherheit und Zweifel können daher im Einzelfall entstehen. Auch besteht die Gefahr eines
einverständlichen, aber unzutreffenden Sachvortrags der Beteiligten. Die damit einhergehende Unsicherheit
über den exakten Beginn und die Dauer der Trennung wird in Kauf genommen (Gernhuber/Coester-
Waltjen, Familienrecht, 6. Aufl. 2010, § 27 Rn 31). Umso mehr empfiehlt es sich, den Trennungszeitpunkt
schriftlich festzuhalten (s. Rn 11).

2. Legaldefinition

In § 1567 Abs. 1 S. 1 BGB findet sich die Legaldefinition der Trennung. Die Eheleute leben getrennt, wenn **3**
zwischen ihnen keine **häusliche Gemeinschaft** mehr besteht und ein Ehegatte sie erkennbar nicht wieder
herstellen will, weil er sie ablehnt.

3. Objektiver Tatbestand

Die häusliche Gemeinschaft muss beendet worden sein. Zur häuslichen Gemeinschaft gehören grundsätz- **4**
lich eine **räumliche Lebensgemeinschaft** der Eheleute und eine **Wirtschaftsgemeinschaft**. Hierunter fällt
auch die Haushaltsführung nach § 1356 Abs. 1 BGB.

Die Eheleute können während ihrer Ehe in unterschiedlicher Weise eine häusliche Gemeinschaft begründet **5**
haben. § 1353 BGB spricht von einer Lebensgemeinschaft, nicht aber von einer **räumlichen Lebensgemeinschaft**. Das Entstehen einer Ehe ist auch nicht zwingend an die Begründung einer einzigen häuslichen
Gemeinschaft geknüpft (BGH 7.11.2001 – XII ZR 247/00, NJW 2002, 671). Die Eheleute sind nicht gehindert, ihre Ehe von vornherein so anzulegen, dass jeder Ehepartner eine **eigene Wohnung** behält und auch
weiterhin bewohnt. In irgendeiner Form wird aber eine häusliche Gemeinschaft stattfinden, wenn die Eheleute beispielsweise das Wochenende, einzelne Tage, den Urlaub oder dergleichen gemeinsam verbringen.
Sollte auch das nicht der Fall sein, so ist an andere Gemeinsamkeiten zu denken, etwa im Bereich der regelmäßigen Kommunikation.

Die **Beendigung** der häuslichen Gemeinschaft ist im Einzelfall daher von der individuellen Ausgestaltung **6**
der Ehe abhängig. Sie ist aber in jedem Falle nur dann beendet, wenn überhaupt kein gemeinschaftlicher
örtlicher Mittelpunkt und keine Wirtschaftsgemeinschaft mehr besteht.

7   Die Beendigung der häuslichen Gemeinschaft kann gem. § 1567 Abs. 1 S. 2 BGB ausdrücklich auch inner-
    halb der Ehewohnung erfolgen. Dies wird in vielen Fällen schon aus wirtschaftlichen Erwägungen heraus
    zumindest in der ersten Trennungsphase in Betracht kommen.

8   Je nach Ausgestaltung der **Ehewohnung** erfordert die Beendigung der häuslichen Gemeinschaft, dass die
    Eheleute verschiedene Räume oder zumindest je einen unterschiedlichen Raum zu ihrem Lebensmittel-
    punkt gestalten. Die gemeinsame Nutzung anderer Räume ist dann unschädlich. Es ist daher undenkbar,
    dass Eheleute getrennt leben, die das **Schlafzimmer** noch gemeinsam nutzen (OLG Hamm 2.3.1998 – 5
    WF 85/98, FamRZ 1999, 723). Dabei ist unerheblich, dass es zu keinem ehelichen Verkehr mehr gekom-
    men ist. Innerhalb der Ehewohnung muss ein Höchstmaß an Absonderung objektiv nach außen erkennbar
    sein.

9   Die Beendigung auch der **Wirtschaftsgemeinschaft** ist Voraussetzung einer Trennung und erlangt gerade
    bei der Trennung innerhalb der Ehewohnung eine große Bedeutung. Es ist jede Form der gemeinsamen
    Haushaltsführung zu unterlassen. Das Bestreiten der Haushaltskosten, der Einkäufe und der sonstigen Le-
    bensführung aus einer gemeinsamen Kasse oder von einem gemeinsamen **(Haushalts-)Konto** steht der Be-
    endigung der häuslichen Gemeinschaft entgegen. Es liegt ebenso wenig eine Beendigung der Wirtschafts-
    gemeinschaft vor, wenn ein Ehegatte Leistungen nach dem SGB II bezieht und angegeben wird, mit dem
    (getrennt lebenden) anderen Ehegatten werde eine Bedarfsgemeinschaft gebildet. Der sozialrechtliche Be-
    griff des Getrenntlebens deckt sich mit dem familienrechtlichen Begriff des § 1567 Abs. 1 BGB (KG Berlin
    30.4.2012 – 17 WF 108/12, FamRZ 2012, 1836).

    Es darf dem Ehepartner ausschließlich Trennungsunterhalt nach § 1361 BGB gewährt werden (OLG Zwei-
    brücken 22.2.2000 – 5 UF 82/99, NJW-RR 2000, 1388). Auch ist ein arbeitsteiliges Zusammenwirken im
    Rahmen der Haushaltsführung, also der Erbringung von Leistungen zugunsten des anderen Ehegatten, zu
    unterlassen. Unerhebliches Zusammenwirken, wie etwa Handreichungen oder Vergleichbares, ist unschäd-
    lich.

4. Subjektiver Tatbestand

10 Neben der Beendigung der häuslichen Gemeinschaft muss der Wille zumindest eines Ehepartners hinzutre-
    ten, die häusliche Gemeinschaft nicht oder zumindest bis auf weiteres nicht wieder herstellen zu wollen.
    Dabei muss das Motiv für diesen Willen gerade in der Ablehnung der ehelichen Lebensgemeinschaft lie-
    gen. Dieser **Ablehnungswille** muss unmissverständlich geäußert worden sein, „erkennbar", wobei es sich
    dabei nicht um eine empfangsbedürftige Willenserklärung iSd §§ 116 ff BGB handelt. Deshalb kann sie
    auch von einem Geschäftsunfähigen geäußert werden, der noch zu einer natürlichen Willensäußerung fähig
    ist (NK-BGB/Bisping § 1567 BGB Rn 5). Sie ist auch keine Willenserklärung, die dem anderen gegenüber
    abzugeben ist. Letztendlich muss aber die Willensäußerung so vollzogen werden, dass die Trennung erfolgt
    und sie sich gegenüber dem Ehepartner entsprechend auswirkt.

11 Gerade weil sich aber eine Vielzahl von Rechtsfolgen an die Trennung knüpfen (s. Rn 17 ff), ist es empfeh-
    lenswert, den Trennungsbeginn und den Trennungswillen dem anderen Ehepartner schriftlich mitzuteilen.

12 Bei einer unfreiwilligen Aufhebung der häuslichen Gemeinschaft, beispielsweise bei einer Heimunterbrin-
    gung des Ehegatten oder einem Gefängnisaufenthalt, kommt gerade dem Trennungswillen eine entschei-
    dende Bedeutung zu (BGH 25.1.1989 – IVb ZR 34/88, NJW 1989, 1988). Entsprechend ist dem **Tren-
    nungswillen** dann entscheidende Bedeutung beizumessen, wenn eine häusliche Gemeinschaft der Eheleute
    nie bestand.

III. Versöhnungsversuch

13 Mit dem Beginn der Trennung laufen die Trennungsfristen, die für die Scheidung der Ehe gem. §§ 1565
    Abs. 2, 1566 BGB von Bedeutung sind. Wird die häusliche Gemeinschaft nach einer Trennung wieder her-
    gestellt, weil sich die Eheleute versöhnt haben, findet grundsätzlich keine **Hemmung** der **Trennungsfrist**
    statt. Das Getrenntleben ist dadurch beendet. Trennen sich die Eheleute danach erneut, beginnt die Tren-

nungsfrist von neuem (OLG München 29.6.1989 – 16 UF 854/89, FamRZ 1990, 885). Eine vorangegangene Trennungszeit wird nicht hinzugerechnet.

Um den Eheleuten einen **Versöhnungsversuch** zu erleichtern, sieht § 1567 Abs. 2 BGB vor, dass ein Zu- 14
sammenleben über kürzere Zeit die bereits laufende Trennungsfrist unberührt lässt, wenn dies wegen eines
Versöhnungsversuches erfolgt. Ein Zusammenleben über längere Zeit führt dagegen zur Beendigung der
Trennung, indem die Versöhnung vermutet wird, auch wenn der Versöhnungsversuch im Ergebnis schei-
terte und die Eheleute sich erneut trennen. Nehmen die Eheleute nach Beginn eines Versöhnungsversuchs
ihre wechselseitigen Scheidungsanträge zurück, liegt darin eine endgültige Versöhnung, ohne dass es auf
die Dauer des Versöhnungsversuches noch ankäme (Hanseatisches OLG Bremen 2.5.2012 – 4 WF 40/12,
MDR 2012, 918). In einer solchen Situation wäre es daher empfehlenswert, einen Aussetzungsantrag nach
§ 136 FamFG zu stellen.

Haben die Eheleute längere Zeit zusammengelebt oder sich wieder versöhnt, beginnt die **Trennungsfrist**
von Neuem. Die bereits zuvor verstrichene Trennungszeit bleibt ohne Berücksichtigung.

Der Begriff der „kürzeren Zeit" ist im Verhältnis zur Trennungszeit zu sehen. Leben die Ehegatten bei- 15
spielsweise drei Jahre getrennt, wird man eine längere Frist einräumen als bei einjähriger Trennungszeit.
Allerdings müssen die Eheleute bei einer längeren Trennungszeit im letzten Trennungsjahr vor der Scheidung erheblich länger getrennt als zusammengelebt haben (NK-BGB/Bisping § 1567 BGB Rn 11). Ein
Zeitraum von drei Monaten wird regelmäßig die **Obergrenze** darstellen, bis zu der noch ein Zusammenle-
ben über kürzere Zeit angenommen werden kann (Saarländisches OLG 14.9.2009 – 6 WF 98/09, NJW-RR,
2010, 508). Zumindest ist dies für die einjährige Trennungszeit anzunehmen (Palandt/Brudermüller § 1567
BGB Rn 8). Längere Fristen sind vor allem bei längerer Trennungszeit und bei längerer Ehezeit angebracht.
Krisen lassen sich bei kürzeren Ehen eher schneller beheben als bei schon lange bestehenden Ehen (NK-
BGB/Bisping § 1567 BGB Rn 12).

Derjenige Ehegatte, der sich gegen die Vermutung in § 1566 BGB wendet, die Ehe sei gescheitert, weil ein 16
zu langer Versöhnungsversuch iSd § 1567 Abs. 2 BGB stattgefunden habe, trägt die **Darlegungs- und Beweislast**.

IV. Rechtsfolgen der Trennung

1. Scheidung

Die mindestens einjährige Trennung ist gemäß § 1565 BGB **Scheidungsvoraussetzung**, es sei denn, es lie- 17
gen die Voraussetzungen der Härtefallscheidung nach § 1565 Abs. 2 BGB vor (s. → *Härtefallscheidung*).
Nach § 1566 BGB knüpft sich nach einjähriger (wenn beide Ehegatten scheidungswillig sind) bzw dreijäh-
riger Trennung die unwiderlegbare Vermutung für das Scheitern der Ehe an (s. → *Ehescheidung* Rn 2 ff).
Maßgeblich ist der Zeitraum vor dem Schluss der mündlichen Verhandlung in der letzten Tatsacheninstanz
(NK-BGB/Bisping § 1565 BGB Rn 12).

2. Unterhalt, Haushaltsgegenstände, Ehewohnung

Die Trennung der Eheleute ist Voraussetzung zur Entstehung der Pflicht zur Zahlung von Unterhalt, § 1361 18
BGB (s. → *Trennungsunterhalt* Rn 2). Erst mit Beginn der Trennung können die vorläufige Verteilung von
Haushaltsgegenständen oder die Herausgabe von Haushaltsgegenständen, die sich im **Alleineigentum** ei-
nes Ehegatten befinden, nach § 1361 a BGB sowie die vorläufige Zuweisung der Ehewohnung nach
§ 1361 b BGB verlangt werden. Die Zuweisung der Ehewohnung kann allerdings nach § 1361 b Abs. 1
BGB ausnahmsweise auch schon vor bzw zur Durchführung der Trennung (s. → *Wohnungszuweisung nach
Trennung*) verlangt werden („will einer von ihnen getrennt leben").

3. Geschäfte zur Deckung des Lebensbedarfs

Mit Beginn der Trennung ruht gem. § 1357 Abs. 3 BGB die Mitverpflichtung bzw Mitberechtigung des 19
Ehegatten bei Rechtsgeschäften des jeweils anderen Ehegatten zur angemessenen Deckung des Lebensbe-

darfs (s. → *Schlüsselgewalt*). Beenden die Eheleute die Trennung, weil sie sich wieder versöhnt haben, lebt die Schlüsselgewalt mit Wirkung für die Zukunft wieder auf. Entscheidend ist jeweils der Zeitpunkt des Abschlusses des Rechtsgeschäfts. Ein kurzes Zusammenleben während eines **Versöhnungsversuches** lässt in Konsequenz der Regelung des § 1567 Abs. 2 BGB die Schlüsselgewalt nicht kurzzeitig wieder aufleben.

4. Güterrecht

20   Mit Beginn der Trennung entsteht im Güterstand der Zugewinngemeinschaft gem. § 1379 Abs. 2 S. 1 BGB der **Auskunftsanspruch** über den Vermögensstand zum Zeitpunkt der Trennung.

21   Nach § 1375 Abs. 2 S. 2 BGB kehrt sich die **Beweislast** für Vermögensminderungen bezogen auf den Inhalt der Auskunft zum Trennungszeitpunkt und dem Zeitpunkt der Beendigung des Güterstandes um.

22   Nach § 1385 Nr. 1 BGB kann drei Jahre nach der Trennung der **vorzeitige Zugewinnausgleich** begehrt werden. Entsprechend kann nach § 1386 BGB nach dreijähriger Trennung auch die Aufhebung des Güterstandes der Zugewinngemeinschaft verlangt werden, mit der Folge des Eintritts der Gütertrennung nach § 1388 BGB.

5. Sorgerecht

23   Nach der Trennung der Eheleute kann ein **Sorgerechtsantrag** nach § 1671 BGB durch einen der getrennt lebenden Ehegatten gestellt werden (s. → *Elterliches Sorgerecht* Rn 10).

6. Miteigentum

24   Besteht Miteigentum an der **Ehewohnung** oder einem Eheanwesen, so kann nach der Trennung der Ehegatten und Auszug des einen Ehegatten gem. § 745 Abs. 2 BGB eine Neuregelung der Nutzung und Verwaltung verlangt werden, zB hinsichtlich der Zahlung einer Gegenleistung für die alleinige **Nutzung**, durch Übernahme der Lasten sowie die Verzinsung und Tilgung der für das Haus aufgenommenen **Darlehen** durch den das Miteigentum nutzenden Ehegatten (BGH 17.5.1983 – IX ZR 14/82, NJW 1983, 1845).

7. Gesamtschuldnerschaft

25   Mit der Trennung lebt § 426 Abs. 1 S. BGB wieder auf, wird also durch die eheliche Lebensgemeinschaft nicht mehr überlagert. Ab diesem Zeitpunkt gilt wieder der **Halbteilungsgrundsatz** hinsichtlich gemeinsamer Schulden (OLG Frankfurt/M. 4.8.2004 – 1 U 284/03, NJW-RR 2004, 1586).

8. Gesamtgläubigerschaft

26   Die Regel des § 430 BGB, wonach die Gläubiger mangels anderweitiger Bestimmung zu gleichen Teilen berechtigt sind, gilt sowohl während des Zusammenlebens der Eheleute als auch nach der Trennung, ja sogar noch nach der Scheidung (OLG Sachsen-Anhalt 24.11.2006 – 10 U 32/06, NJW-RR 2007, 1158). Allerdings endet mit der Trennung die **Vermutung**, dass ein tatsächliches Handeln eines Ehegatten aufgrund einer anderen **Bestimmung** erfolgt ist und sich der andere Ehegatte dies zuzurechnen hat (Palandt/Grüneberg § 430 BGB Rn 2). Handelt also ein Ehegatte nach der Trennung der gleichen Teilhaberschaft beider Eheleute zuwider, trägt er die **Beweislast** dafür, dass diesem Handeln eine entsprechende abweichende Bestimmung der Eheleute zugrunde lag.

9. Steuerrecht

27   Nach § 26 Abs. 1 EStG (in der Fassung des Steuervereinfachungsgesetzes 2011) können Ehegatten zwischen der **Einzelveranlagung** und der **Zusammenveranlagung** wählen, wenn sie im Veranlagungszeitraum nicht dauernd getrennt gelebt haben und diese Voraussetzung schon zu Beginn des Veranlagungszeitraumes vorlag. Daher scheidet das **Wahlrecht** in dem Kalenderjahr aus, das dem Beginn der Trennung folgt (s. → *Steuerveranlagung* Rn 47). Im Gegensatz zur früheren Rechtslage ist die Wahl mit Eingang beim Finanzamt grundsätzlich bindend (s. → *Steuerveranlagung* Rn 45).

Das Einkommensteuerrecht verwendet allerdings einen anderen Trennungsbegriff. Maßgeblich ist, ob im 28
Veranlagungszeitraum eine **Wirtschaftsgemeinschaft** bestand. Deshalb bleibt selbst dann das Wahlrecht
gem. § 26 Abs. 1 S. 1 EStG bestehen, wenn ein (gescheiterter) **Versöhnungsversuch** iSd § 1567 Abs. 2
BGB stattgefunden hat, weil insoweit eine Wirtschaftsgemeinschaft der Ehegatten bestand (s. → *Versöhnung* Rn 11 ff). Allerdings ist ein kurzes Zusammenleben, beispielsweise von nur einer Woche, nicht ausreichend. Vielmehr wird ein Zeitraum von mindestens einem Monat gefordert, um nach außen erkennbar
die Wiederbegründung einer Wirtschaftsgemeinschaft zu rechtfertigen (FG Nürnberg 7.3.2005 – VI
160/2004, DStRE 2005, 938). Hat der Ehegatte seine persönliche Habe wieder in die Ehewohnung verbracht, reiche dies für die Annahme einer erkennbaren Wirtschaftsgemeinschaft aus, selbst wenn die Ehegatten sich nach drei Wochen erneut trennen (FG Köln 21.12.1993 – 2 K 4543/92, EFG 1994, 791).

117. Gewaltschutz

Kloster-Harz/Schönberger

I. Einführung	1	4. Überlassungsdauer bei Mitberechtigung	19	
II. Schutzanordnungen	2	5. Überlassungsdauer bei Alleinberechtigung	20	
1. Eingriffsvoraussetzungen des § 1 GewSchG	2	6. Ausschluss des Anspruchs auf Wohnungsüber-		
2. Schutzanordnungen bei ausgeübter Gewalt	3	lassung	21	
3. Konkrete Schutzanordnungen bei ausgeübter		a) Mangelnde Wiederholungsgefahr nach		
Gewalt	4	§ 2 Abs. 3 Nr. 1 GewSchG	22	
a) Betretungsverbot	4	b) Fristablauf nach § 2 Abs. 3 Nr. 2 GewSchG	23	
b) Näherungsverbot	5	c) Härteklausel nach § 2 Abs. 3 Nr. 3 GewSchG	24	
c) Erweitertes Näherungsverbot	6	7. Rechtsfolgen	25	
d) Kontakt- und Belästigungsverbot	7	a) Alleinberechtigung des Opfers	27	
e) „Verbot des Zusammentreffens"	8	b) Alleinberechtigung des Täters	28	
4. Schutzanordnungen bei angedrohter Gewalt	9	c) Gemeinsame Berechtigung	29	
5. Befristung	10	8. Unterlassungsanordnungen	30	
6. Konkretisierung der Schutzanordnungen	11	IV. Nutzungsvergütung	31	
7. Grundsatz der Verhältnismäßigkeit	12	V. Anwendungsbereich des GewSchG	32	
8. Wahrnehmung berechtigter Interessen	13	VI. Konkurrenzen des GewSchG	33	
9. Eingeschränkte Verantwortlichkeit des Täters	14	VII. Strafbarkeit	34	
III. Anspruch auf Wohnungsüberlassung	15	VIII. Verfahren	35	
1. Ausgeübte Gewalt nach § 2 Abs. 1 GewSchG	16	IX. Anhörungs- und Mitteilungspflichten	37	
2. Angedrohte Gewalt nach § 2 Abs. 6 GewSchG	17	X. Zwangsvollstreckung	38	
3. Auf Dauer angelegter gemeinsamer Haushalt	18			

I. Einführung

1 Das Gewaltschutzgesetz, das zum 1.1.2002 in Kraft getreten ist, beinhaltet vier Paragrafen. Es dient dem präventiven **zivilrechtlichen Schutz der Opfer von Gewalttaten, Bedrohungen oder Nachstellungen** (HK-FamR/Schulz GewSchG Rn 1; zur Entwicklung der Gesetzgebung sowie den Zielen des Gesetzes beispielsweise: Schumacher FamRZ 2002, 645 ff; Schumacher FamRZ 2001, 953 ff; Schumacher FamRZ 2001, 953 ff). Der geschützte Personenkreis umfasst alle, die von einem anderen im häuslichen Bereich vorsätzlich oder widerrechtlich an Körper, Gesundheit oder Freiheit verletzt oder in entsprechender Weise mit sonstigem Übel bedroht oder belästigt werden. Erfasst sind daher nicht nur verheiratete oder geschiedene Eheleute. Unter den Schutz des Gesetzes fallen auch nichteheliche Lebensgefährten, Lebenspartner oder Personen, die in Verantwortungsgemeinschaften füreinander einen gemeinsamen Haushalt führen, wie zB zusammenlebende Senioren. Das Gesetz bietet aber auch Schutz vor sog. Stalking (Palandt/Brudermüller Einl. GewSchG Rn 3; § 1 GewSchG Rn 12). Bei der Ausübung von Gewalt von Kindern gegen ihre Eltern kann das Gesetz ebenfalls Anwendung finden, nicht jedoch bei der Anwendung von Gewalt der Eltern gegen die Kinder. Hierfür sind §§ 1666, 1666 a BGB lex specialis (Janzen FamRZ 2002, 785 ff; siehe auch familiäre Gewalt und Umgang: Kindler/Salzgeber/Fichtner/Werner FamRZ 2004, 1241 ff).

II. Schutzanordnungen

1. Eingriffsvoraussetzungen des § 1 GewSchG

2 Für die Rechtsgutsverletzungen ist auf § 823 Abs. 1 BGB zurückzugreifen (Palandt/Brudermüller Einl. § 1 GewSchG Rn 5). Die **Verletzung des Körpers und der Gesundheit** ist jeder unbefugte Eingriff in die körperliche Integrität oder Befindlichkeit. Dabei gehen die Verletzung des Körpers („äußere Integrität") und die Verletzung der Gesundheit („innere Integrität") ineinander über (**keine** Verletzung iSv § 1 GewSchG: Zusenden von nervenden bzw belästigenden E-Mails: AG Tempelhof-Kreuzberg 19.11.2009 – 168 F 15257/09, FamRZ 2010, 919; bloße Beschimpfungen, Nötigungen oder fahrlässig verursachter Autounfall: OLG Rostock 16.10.2006 – 11 UF 39/06, FamRZ 2007, 921; Bedrohung als Folge einer geistigen Grunderkrankung: AG Wiesbaden 1.3.2005 – 533 F 355/04 EA I, FamRZ 2006, 1145). Eine Abgrenzung ist wegen der identischen Rechtsfolgen einer Verletzung entbehrlich (Palandt/Sprau § 823 BGB Rn 4). Die Einwirkung kann physisch oder psychisch sein (Palandt/Brudermüller Einl. § 1 GewSchG Rn 5). Eine **Freiheitsverletzung** liegt in der Entziehung der körperlichen Bewegungsfreiheit, beispielsweise durch auch nur

kurzfristiges **Einsperren** (OLG Brandenburg 20.4.2005 – 9 UF 27/05, FamRZ 2006, 949). Dagegen soll das **Aussperren** aus der Wohnung keine Freiheitsentziehung iSv § 1 GewSchG darstellen (weiter gehend Grziwotz NJW 2002, 872 ff; Brudermüller FamRZ 2003, 1705 ff; offen bei OLG Köln 6.2.2003 – 14 UF 249/02, FamRZ 2003, 1281). Eine **widerrechtliche Drohung** mit einer Verletzung wird der Verletzung gleichgestellt. Es genügt auch eine schlüssige oder versteckt ausgedrückte Drohung. Es muss aber eine ernsthafte Drohung iSv §§ 240, 241 StGB sein (OLG Bremen 25.2.2010 – 4 UF 9/10, MDR 2010, 746), so dass bloße Verwünschungen, Beschimpfungen oder Prahlereien nicht ausreichen (zu einschränkend OLG Rostock 16.10.2006 – 11 UF 39/06, FamRZ 2007, 921). „Für die Abgrenzung kommt es darauf an, ob der Drohende unter Würdigung der Gesamtumstände des Falles den Eindruck der Ernstlichkeit erweckt oder ob die Ankündigung gewalttätigen Verhaltens aus der Sicht des objektiven Durchschnittsmenschen ernst zu nehmen war" (OLG Bremen 25.2.2010 – 4 UF 9/10, MDR 2010, 746). Für das **Eindringen in die Wohnung** (der Versuch ist nicht ausreichend, OLG Celle 21.3.2012 – 10 UF 9/12, FamRZ 2012, 1950 f) wird auf die Rechtsprechung zum Straftatbestand des Hausfriedensbruches nach § 123 StGB verwiesen. Geschäftsräume fallen jedoch nicht unter § 123 StGB (Palandt/Brudermüller Einl. § 1 GewSchG Rn 14). **Nachstellen** meint das Verfolgen, Beschatten und Beobachten des Opfers, das wiederholte Erscheinen des Täters, aufdringliche Kontaktversuche und Annäherung bzw hartnäckige Belästigung (OLG Koblenz 29.12.2009 – 13 WF 1002/09, FamRZ 2010, 1284), Telefonterror und Senden von SMS, E-Mails etc. (von Pechsteaedt NJW 2007, 1233 ff; Kerbein/Pröbsting ZRP 2002, 76 ff; Borchert FPR 2004, 239 ff; zu § 238 StGB, keine Festlegung einer Mindestanzahl von Angriffen, BGH 19.11.2009 – 3 StR 244/09, FamRZ 2010, 289; Löhning FamRZ 2007, 518 ff; Gerhardt/von Heintschel-Heinegg/Klein/Weinreich 8. Kap. Rn 432). Ein einmaliges Nachstellen genügt nicht („wiederholt nachstellt"). Das zweimalige Beobachten mit einem Fernglas aus weiter Entfernung genügt ebenfalls nicht (OLG Koblenz 29.12.2009 – 13 WF 1002/09, FamRZ 2010, 1284). Zwar ist gesetzliche Voraussetzung, dass das Opfer ausdrücklich das Unterlassen gegenüber dem Täter verlangt. Sind bereits erfolgte Belästigungen jedoch offensichtlich unerwünscht oder haben sie einen beleidigenden oder bedrohlichen Charakter, so gilt die Vermutung, dass das Opfer diese Belästigungen nicht wünscht und dies auch zum Ausdruck gebracht hat. Entsprechendes gilt für Handlungen des Täters, die die Häufigkeit und Form jeden üblichen Maßes übersteigen (Palandt/Brudermüller Einl. § 1 GewSchG Rn 15). Der Täter muss **vorsätzlich** und **widerrechtlich** gehandelt haben. Er muss somit den rechtswidrigen Erfolg seines Tuns mindestens billigend in Kauf genommen haben (Dolus eventualis). § 1 Abs. 3 GewSchG greift ein, wenn der Täter wegen der Einnahme berauschender Mittel unzurechnungsfähig war. Ist der Täter hingegen dauernd (AG Wiesbaden 1.3.2005 – 533 F 355/04 EA I, FamRZ 2006, 1145; AG Bad Iburg 14.12.2009 – 5 F 596/09 EAGS, FamRZ 2010, 1350) oder vorübergehend krankheitsbedingt schuldunfähig, findet § 1 Abs. 3 GewSchG keine Anwendung. In diesem Fall können Unterlassungsansprüche aber auf §§ 823, 1004 BGB gestützt werden (Palandt/Brudermüller Einl. § 1 GewSchG Rn 15; aA Schumacher FamRZ 2002, 645 ff). Handelt der Täter fahrlässig, verbleibt es bei Schadenersatzansprüchen nach den allgemeinen Regeln. Das Verhalten des Täters, das Anlass gibt im Sinne des GewSchG einzugreifen, indiziert die Wiederholungsgefahr (**Beweiserleichterung**; aber zu weit zurück liegende Taten: OLG Celle 6.2.2009 – 15 UF 154/08, FPR 2009, 426). In Fällen, in denen Gewalttaten bereits geschehen sind, wird vermutet, dass weitere Taten zu erwarten sind. Der Täter kann diese Vermutung widerlegen, wobei hohe Anforderungen gestellt werden (OLG Brandenburg 20.4.2005 – 9 UF 27/05, FamRZ 2006, 949; zu § 1361 b BGB: OLG Stuttgart 12.9.2006 – 18 WF 176/06, FamRZ 2007, 829). Schutzanordnungen dürfen jedoch nicht erlassen werden, wenn die zu unterlassende Handlung der Wahrnehmung der berechtigten Interessen des Täters dienen würde, wie beispielsweise die Ausübung des Umgangsrechts oder die Berufsausübung. In diesem Fall sind aber die beiderseitigen Interessen gegeneinander abzuwägen (Gerhardt/von Heintschel-Heinegg/Klein/Weinreich 8. Kap. Rn 438).

2. Schutzanordnungen bei ausgeübter Gewalt

§ 1 GewSchG schafft die präventive Maßnahme zur Verhinderung weiterer Gewalt. So schreibt die Regelung des § 1 GewSchG die Befugnis der Familiengerichte fest, **3**

1. bei vorsätzlicher und widerrechtlicher Verletzung des Körpers, der Gesundheit oder der Freiheit einer Person, § 1 Abs. 1 GewSchG,

2. bei Drohung mit einer Verletzung des Körpers, der Gesundheit oder der Freiheit einer Person, § 1 Abs. 2 Nr. 1 GewSchG,

3. bei Eindringen in die Wohnung, § 1 Abs. 2 Nr. 2 a GewSchG und/oder

4. bei Belästigung durch Nachstellen oder Verfolgen unter Verwendung von Fernmeldekommunikationsmitteln (sog. Stalking), § 1 Abs. 2 Nr. 2 b GewSchG,

gerichtliche Schutzanordnungen zu erlassen, die zur Abwendung weiterer Verletzungen erforderlich sind. Im Gegensatz zu § 2 GewSchG handelt es sich um keine echte materielle Anspruchsgrundlage.

3. Konkrete Schutzanordnungen bei ausgeübter Gewalt

4 **a) Betretungsverbot.** Das Betretungsverbot betreffend die Wohnung des Opfers iSv § 1 Abs. 1 S. 3 Nr. 1 GewSchG soll eine gerichtliche Wohnungszuweisung nach § 1361 b BGB oder § 2 GewSchG ergänzen. Der Täter soll diese sodann nicht mehr nutzen und nicht mehr betreten dürfen. Für das Betretungsverbot ist es unerheblich, ob der Täter Mieter oder (Mit-)Eigentümer der Wohnung ist. Das Betretungsverbot – anders als die Maßnahme nach § 2 GewSchG – setzt auch keinen auf Dauer angelegten gemeinsamen Haushalt voraus. Das Betretungsverbot muss aber nach § 1 Abs. 1 S. 2 GewSchG befristet werden (OLG Köln 6.2.2003 – 14 UF 249/02, FamRZ 2003, 1281), andernfalls würde es zu einer Wohnungsüberlassung nach § 2 GewSchG führen. Im Rahmen der Gefahrenabwehr erweitert das Betretungsverbot die Möglichkeit des sog. Platzverweises nach Polizeirecht (Palandt/Brudermüller § 1 GewSchG Rn 9). Bei Streit unter Ehegatten sind die §§ 1361 b, 1568 a BGB vorrangig. Zudem können entsprechende Schutzanordnungen nach § 209 FamFG erlassen werden (Gerhardt/von Heintschel-Heinegg/Klein/Weinreich 8. Kap. Rn 443).

5 **b) Näherungsverbot.** Nach § 1 Abs. 1 S. 3 Nr. 2 GewSchG kann das Verbot ausgesprochen werden, sich in einem bestimmten Umkreis der Wohnung des Opfers aufzuhalten. Dabei hat die Eingrenzung des Näherungsverbots die Besonderheiten der örtlichen Verhältnisse zu berücksichtigen. Im Einzelnen können dies städtischer oder ländlicher Bereich, städtische oder ländliche Bebauung, wie Mehrfamilienhaus oder Einfamilienhaus etc. sein. Der konkret zu meidende Bereich ist genau zu bestimmen, so dass dem Opfer gewährleistet wird, sich gefahrlos in der Nähe seiner Wohnung aufhalten zu können, sog. Bannmeile (Palandt/Brudermüller § 1 GewSchG Rn 10). § 1 Abs. 1 S. 3 Nr. 2 GewSchG erweitert den Schutzbereich des Betretungsverbots nach § 1 Abs. 1 S. 3 Nr. 2 GewSchG.

6 **c) Erweitertes Näherungsverbot.** § 1 Abs. 1 S. 3 Nr. 3 GewSchG beinhaltet ein Aufenthaltsverbot für bestimmte Orte, an welchen sich das Opfer typischerweise und wiederholt aufhält, wie beispielsweise Arbeitsplatz, Kindergarten, Schule, Supermarkt, Sportverein, Gasthaus etc. Es können somit auch öffentlich zugängliche Orte sein. Die richterliche Anordnung hat die verbotenen Orte exakt zu benennen. Dabei kann das Aufenthaltsverbot auf bestimmte Uhr- bzw Tageszeiten beschränkt werden (Gerhardt/von Heintschel-Heinegg/Klein/Weinreich 8. Kap. Rn 445), was im Einzelfall die Beachtung des Grundsatzes der Verhältnismäßigkeit gebieten könnte.

7 **d) Kontakt- und Belästigungsverbot.** Das Kontakt- und Belästigungsverbot nach § 1 Abs. 1 S. 3 Nr. 4 GewSchG beinhaltet das Verbot jeglicher Kontaktaufnahme, sei es direkt durch den Täter selbst oder mittels Telefon oder indirekt durch Briefpost, Telefax, E-Mails oder SMS. Das Kontaktverbot soll Schutz vor sog. Stalking bzw einem „auflauernden, heranpirschenden oder nachstellenden Täter" bieten. Hierunter fallen die hartnäckigen Belästigungen des Opfers durch den Täter durch wiederholtes Beobachten, Überwachen, demonstrative Anwesenheit, aufdringliche Kontaktaufnahme, Telefonterror etc. (Palandt/Brudermüller § 1 GewSchG Rn 12).

8 **e) „Verbot des Zusammentreffens".** § 1 Abs. 1 S. 3 Nr. 5 GewSchG beinhaltet das Verbot für den Täter, mit dem Opfer zusammenzutreffen. Es greift auch bei zufälligem Zusammentreffen zwischen Täter und Opfer. In diesen Fällen hat der Täter einen bestimmten Abstand zum Opfer einzuhalten bzw sich zu entfernen. Bei dieser Anordnung handelt es sich um einen sog. Auffangtatbestand.

4. Schutzanordnungen bei angedrohter Gewalt

Schutzanordnungen nach § 1 Abs. 1 GewSchG kommen auch bei **widerrechtlichen Drohungen** mit Ver- 9
letzung des Lebens, des Körpers, der Gesundheit oder der Freiheit in Betracht, § 1 Abs. 2 Nr. 1 GewSchG.
Weiter kommen Schutzanordnungen nach § 1 Abs. 1 GewSchG in Betracht, wenn in die Privatwohnung
eingedrungen wird, § 1 Abs. 2 Nr. 2 a) GewSchG oder wiederholt dauerhaft nachgestellt wird, § 1 Abs. 2
Nr. 2 b) GewSchG. Zwar ist gesetzliche Voraussetzung, dass das Opfer ausdrücklich das Unterlassen gegenüber dem Täter verlangt. Sind bereits erfolgte Belästigungen jedoch offensichtlich unerwünscht oder
haben sie einen beleidigenden oder bedrohlichen Charakter, so gilt die Vermutung, dass das Opfer diese
Belästigungen nicht wünscht und dies auch zum Ausdruck gebracht hat. Entsprechendes gilt für Handlungen des Täters, die die Häufigkeit und Form jeden üblichen Maßes übersteigen (Palandt/Brudermüller Einl.
§ 1 GewSchG Rn 15).

5. Befristung

Die Schutzanordnungen nach § 1 Abs. 1 S. 3 GewSchG sollen bzw sind unter Beachtung des **Verhältnis-** 10
mäßigkeitsgrundsatzes zu befristen, § 1 Abs. 1 S. 2 GewSchG (OLG Celle 6.2.2009 – 15 UF 154/08,
FamRZ 2009, 1751; OLG Saarbrücken 19.5.2010 – 6 UF 38/10, FamRZ 2010, 1810). Die Frist kann verlängert werden, § 1 Abs. 1 S. 2 Hs 2 GewSchG, auch mehrfach, sofern mit Fristablauf weitere Verletzungen
der Rechtsgüter des Opfers zu befürchten sind (Verlängerungsantrag löst einen neuen Gebührentatbestand
aus: OLG Frankfurt/M. 24.10.2006 – 6 WF 184/06 und 189/06, FamRZ 2007, 849). Für die Länge der Frist
ist auf die Umstände des Einzelfalls abzustellen (OLG des Landes Sachsen-Anhalt 8.10.2002 – 8 WF
194/02, FPR 2003, 376; OLG Brandenburg 12.10.2005 – 9 UF 137/05, ZKJ 2006, 375: idR sechs Monate;
OLG Köln 6.2.2003 – 14 UF 249/02, FamRZ 2003, 1281). Die Dauer der Frist bestimmt sich nach der
Häufigkeit und der Schwere der bisherigen Rechtsverletzungen. Je geringer die Intensität der bisherigen
Übergriffe war, umso kürzer wird die Frist der Schutzanordnung festzulegen sein und umgekehrt (OLG
Saarbrücken 19.5.2010 – 6 UF 38/10, FamRZ 2010, 1810). Im Einzelfall bzw bei besonders schweren Taten soll aber auch eine Schutzanordnung unbefristet erlassen werden (OLG Celle 13.2.2007 – 32 Ss 2/07,
NJW 2007, 1606; aA OLG Köln 6.2.2003 – 14 UF 249/02, FamRZ 2003, 1281; keine Abänderung der
Vereinbarung eines unbefristeten Kontaktverbots: OLG Rostock 6.11.2008 – 10 UF 122/08, FamRZ 2009,
997). Eine vorläufige Maßnahme im Rahmen der einstweiligen Anordnung kann auch bis zum Erlass des
Beschlusses in der Hauptsache befristet werden (OLG Naumburg 8.10.2002 – 8 WF 194/02, FamRB 2003,
216).

6. Konkretisierung der Schutzanordnungen

Der Katalog des § 1 Abs. 1 S. 3 GewSchG normiert Schutzanordnungen für den Täter, wobei dieser nicht 11
abschließend („insbesondere") ist (keine Verpflichtung zur Aufgabe der Wohnung des Gewalttäters: OLG
Karlsruhe 25.3.2011 – 5 UF 25/11, FamRZ 2012, 455). Es können eine oder mehrere Schutzanordnungen
erlassen werden. Bei der Auswahl der möglichen Maßnahmen hat das Familiengericht einen weiten Spielraum. Es ist aber an den Antrag des Opfers immer gebunden. Das Gericht hat eine oder mehrere Maßnahmen zu treffen, durch welche der Wiederholungsgefahr am besten begegnet wird.

7. Grundsatz der Verhältnismäßigkeit

Das Familiengericht hat bei der Auswahl der möglichen Schutzanordnungen den Grundsatz der Verhältnis- 12
mäßigkeit zu beachten. Kommen mehrere Schutzanordnungen in Betracht, ist diejenige Maßnahme bzw
sind diejenigen Maßnahmen zu erlassen, durch welche der Wiederholungsgefahr am sichersten begegnet,
zugleich aber am wenigsten in die Rechte des Täters eingegriffen wird (OLG Stuttgart 27.11.2003 – 18 WF
190/03, FamRZ 2004, 876). Um diesem Verhältnismäßigkeitsgrundsatz gerecht zu werden, sind die
Schutzanordnungen grundsätzlich zu **befristen** (OLG Rostock 6.11.2008 – 10 UF 122/08, FamRZ 2009,
997).

8. Wahrnehmung berechtigter Interessen

13 Ist der Kontakt zwischen Täter und Opfer zur Wahrnehmung berechtigter Interessen nicht zu vermeiden, so darf die Schutzanordnung grundsätzlich nicht erlassen werden. Typische Fälle sind solche, in welchen die Schutzanordnung bzw das Kontaktverbot dem Umgangsrecht zum gemeinsamen Kind entgegenstehen würde oder berufliche Gründe des Täters es erfordern, diesen bestimmten „verbotenen" Ort aufzusuchen. Bei den widerstreitenden Interessen des Kontaktverbots und des Umgangsrechts bzw der Umgangspflicht sind die des Täters und des Opfers sorgfältig gegeneinander abzuwägen. Es könnte beispielsweise eine zur Vermittlung bereite Person als Dritter – wie auch das Jugendamt – eingeschaltet werden, um den uneingeschränkten Kontakt zu vermeiden (Palandt/Brudermüller § 1 GewSchG Rn 13).

9. Eingeschränkte Verantwortlichkeit des Täters

14 § 1 Abs. 3 GewSchG greift ein, wenn der Täter wegen der Einnahme berauschender Mittel wie Alkohol oder Drogen **unzurechnungsfähig** war (eingeschränkte Verantwortlichkeit des Täters). Ist der Täter hingegen dauernd (AG Wiesbaden 1.3.2005 – 533 F 355/04 EA I, FamRZ 2006, 1145; AG Bad Iburg 14.12.2009 – 5 F 596/09 EAGS, FamRZ 2010, 1350; OLG Frankfurt/M. 20.5.2010 – 5 UF 26/10, FamRZ 2010, 1812) oder vorübergehend krankheitsbedingt **schuldunfähig**, findet § 1 Abs. 3 GewSchG keine Anwendung (aA Schumacher FamRZ 2002, 645 ff). In diesem Fall können Unterlassungsansprüche aber auf §§ 823, 1004 BGB gestützt werden (Palandt/Brudermüller Einl. § 1 GewSchG Rn 15; AG Bad Iburg 14.12.2009 – 5 F 596/09 EAGS, FamRZ 2010, 1350; OLG Frankfurt/M. 20.5.2010 – 5 UF 26/10, FamRZ 2010, 1812; OLG Celle 24.8.2011 – 17 UF 3/11, FamRZ 2012, 456 ff; aA Schumacher FamRZ 2002, 645 ff).

III. Anspruch auf Wohnungsüberlassung

15 § 2 GewSchG regelt den Anspruch des „Gewaltopfers" auf Überlassung der von Täter und Opfer gemeinsam genutzten Wohnung zum alleinigen Gebrauch. Es handelt sich – anders als bei § 1 GewSchG – um eine echte materielle Anspruchsgrundlage. Die an der gemeinsam genutzten Wohnung bestehenden Rechtsverhältnisse, schuld- oder sachenrechtliche Ansprüche, haben bei dem Anspruch nach § 2 GewSchG keine unmittelbare Bedeutung. Sie werden jedoch bei der Dauer bzw bei der Befristung nach § 2 Abs. 2 GewSchG berücksichtigt. Die Regelung unterscheidet zwischen der **vollendeten Gewalttat** nach § 2 Abs. 1 GewSchG und der **widerrechtlichen Bedrohung** nach § 2 Abs. 6 GewSchG. In letzterem Fall ist die Überlassung immer nur erforderlich, um eine unbillige Härte zu vermeiden. Bis zur Einführung des Gewaltschutzgesetzes war ein solcher Anspruch nur für Eheleute nach § 1361 b BGB gegeben.

1. Ausgeübte Gewalt nach § 2 Abs. 1 GewSchG

16 Hat der Täter das Opfer vorsätzlich an Körper, Gesundheit oder Freiheit iSv § 1 Abs. 1 S. 1 GewSchG verletzt, sog. ausgeübte Gewalt, hat das Opfer, sofern die sonstigen Voraussetzungen gegeben sind, **Anspruch auf Überlassung der Wohnung zur alleinigen Benutzung**. Da § 2 Abs. 1 GewSchG auch auf § 1 Abs. 3 GewSchG Bezug nimmt, ist der Überlassungsanspruch auch dann gegeben, wenn der Täter die Tat in einem die freie Willensbestimmung ausschließenden Zustand krankhafter Störung der Geistestätigkeit begangen hat, in den er sich durch alkoholische Getränke oder ähnliche Mittel versetzt hat. Sobald Gewalt ausgeübt wird, ist ohne Bedeutung, was der Grund der Verschlechterung der Beziehung der Beteiligten ist (OLG Schleswig 16.6.2003 – 13 UF 93/03, NJW-RR 2004, 156).

2. Angedrohte Gewalt nach § 2 Abs. 6 GewSchG

17 Hat der Täter dem Opfer mit Gewalt bzw einer Verletzung des Lebens, an Körper, Gesundheit oder Freiheit gedroht, besteht der Anspruch auf Überlassung der Wohnung nur, sofern die sonstigen Voraussetzungen gegeben sind, und wenn dies **erforderlich** ist, um eine **unbillige Härte** für das Opfer zu vermeiden. Eine unbillige Härte kann auch dann gegeben sein, wenn das Wohl von im Haushalt lebenden Kindern beeinträchtigt ist, § 2 Abs. 6 S. 2 GewSchG. Die Gründe der Konflikte im täglichen Leben von Täter und Op-

fer sind irrelevant. Die Drohung als solche reicht aus, um den Anspruch zu begründen (OLG Schleswig 16.6.2003 – 13 UF 93/03, NJW-RR 2004, 156).

3. Auf Dauer angelegter gemeinsamer Haushalt

Der Gesetzgeber hat sich bei dem Begriff „auf Dauer angelegter gemeinsamer Haushalt" an § 563 Abs. 2 **18** S. 3 BGB (Mietrecht) angelehnt. Hierunter werden primär die **nichtehelichen Lebensgemeinschaften** sowie die **nicht eingetragenen gleichgeschlechtlichen Lebenspartnerschaften** verstanden (Schulz FamRZ 2007, 593 ff). Auch fallen hierunter die **Eheleute** und die **eingetragenen Lebenspartnerschaften**. Das Gesetz soll aber auch für alte Menschen gelten, die dauerhaft zusammenleben und gegenseitig füreinander einstehen. Dies kommt typischerweise durch wechselseitig erteilte Vollmachten zum Ausdruck. Der Tatbestand erfordert jedoch nicht, dass nur zwei Personen zusammen leben (Schumacher FamRZ 2002, 645 ff). Dagegen soll es für Wohngemeinschaften bzw die lose Verbindung von Personen, bei denen der Zweck des Zusammenlebens nur darauf ausgerichtet ist, preiswert und/oder praktisch wohnen zu können, die somit keine inneren Bindungen haben, nicht gelten. Hieran ändert das gemeinsame Führen eines Haushalts nichts (Palandt/Brudermüller § 2 GewSchG Rn 2; Schumacher FamRZ 2002, 645 ff). Der auf Dauer angelegte gemeinsame Haushalt fordert keinen gemeinsamen Mietvertrag oder einen sonstigen gemeinsamen Rechtsanspruch an der Wohnung. Hierauf kann es jedoch bei der Wahl der Rechtsfolge des Rechtsanspruchs „Wohnungszuweisung" ankommen. Ob der Haushalt **auf Dauer** angelegt ist, bestimmen die subjektiven Vorstellungen von Opfer und Täter (NK-BGB/Heinke § 2 GewSchG Rn 14). Der Annahme des auf Dauer angelegten Haushalts widerspricht es nicht, wenn der Wille der Beteiligten zu Beginn der Haushaltsgemeinschaft hierauf nicht ausgerichtet war. In diesem Fall würde die tatsächliche Dauer als solche genügen, um den Tatbestand bejahen zu können. Das **bloße Mitbewohnen** begründet jedoch kein Führen eines auf Dauer ausgerichteten Haushalts iSv § 2 GewSchG. Insofern fallen hierunter nicht das Zusammenleben von Eltern und minderjährigen oder volljährigen Kindern sowie die Familie mit dem pflegebedürftigen Angehörigen. Grund hierfür ist das Erfordernis der Übernahme von Verantwortung für finanzielle, rechtliche oder tatsächliche Angelegenheiten. Dies fehlt jedoch bei dem bloßen Mitbewohnen.

4. Überlassungsdauer bei Mitberechtigung

Die Überlassungsdauer zugunsten des Opfers hängt von den Rechtsverhältnissen an der Wohnung iSv § 2 **19** Abs. 2 GewSchG ab. Im Falle der **Mitberechtigung von Opfer und Täter** an der Wohnung, wie Mitmieter, Miteigentümer, gemeinsames Erbbaurecht, gemeinsamer Nießbrauch etc., ist die Nutzungsdauer zu befristen, § 2 Abs. 2 S. 1 GewSchG. Dies fordert der Grundsatz der Verhältnismäßigkeit unter Beachtung der Funktion des Gesetzes, nämlich die präventive Schutzmaßnahme. Der Gesetzgeber schreibt keine Höchstfrist vor, so dass dies für jeden Einzelfall gesondert zu entscheiden ist. Dabei können bzw sollen die Dauer des Mietvertrages, die Dauer der Kündigungsfristen, die Rechtsverhältnisse an der Wohnung, örtliche Gegebenheiten am Wohnungsmarkt etc. berücksichtigt werden. Im Einzelfall ist die Frist dergestalt zu bemessen, dass während der offenen Frist eine endgültige Regelung ergehen kann (Palandt/Brudermüller § 2 GewSchG Rn 4).

5. Überlassungsdauer bei Alleinberechtigung

Im Falle der Alleinberechtigung des **Täters oder des Täters mit einem Dritten** ist die Wohnungsüberlas- **20** sung zugunsten des Opfers auf **höchstens sechs Monate** zu befristen. Bei der Bemessung der Frist sind die örtlichen Gegebenheiten am Wohnungsmarkt zu berücksichtigen. Das Opfer soll ausreichend Zeit haben, sich eine angemessene Ersatzwohnung beschaffen zu können. Konnte das Opfer innerhalb der vom Gericht (als Erstes) bestimmten Frist keinen angemessenen Wohnraum unter zumutbaren Bedingungen finden, so kann das Gericht die (erste) Frist um längstens weitere sechs Monate verlängern, es sei denn, überwiegende Belange des Täters oder des Dritten stehen entgegen, § 2 Abs. 2 S. 3 GewSchG. Dieser erweiterte Überlassungsanspruch bedarf einer Interessenabwägung der Beteiligten, uU auch des Dritten. Diese maximale Jahresfrist darf nicht überschritten werden. Eine Wohnungsüberlassung über ein Jahr hinaus wäre allenfalls nach § 1666 BGB unter der Voraussetzung der Abwendung der Gefährdung eines in der Wohnung lebenden Kindes zulässig (Palandt/Brudermüller § 2 GewSchG Rn 5). Ist das **Opfer alleine oder mit einem Dritten** an der Wohnung berechtigt, ist die Überlassungsdauer nicht zu befristen (Palandt/Brudermüller § 2 GewSchG Rn 6 und 10).

6. Ausschluss des Anspruchs auf Wohnungsüberlassung

21 § 2 Abs. 3 GewSchG schreibt fest, unter welche Voraussetzungen der Anspruch auf Wohnungsüberlassung ausgeschlossen ist. Er ist nur unter den dort genannten Voraussetzungen ausgeschlossen, so dass die Regelung weder weit auszulegen, noch analog anzuwenden ist. Die dort benannten Fälle sind abschließend:

1. **mangelnde Wiederholungsgefahr** nach § 2 Abs. 3 Nr. 1 GewSchG,
2. **Fristablauf** nach § 2 Abs. 3 Nr. 2 GewSchG und
3. **Härteklausel** nach § 2 Abs. 3 Nr. 3 GewSchG.

22 **a) Mangelnde Wiederholungsgefahr nach § 2 Abs. 3 Nr. 1 GewSchG.** Sind keine weiteren Gewalttaten (mehr) zu besorgen bzw besteht keine Wiederholungsgefahr mehr, ist der Überlassungsanspruch nach § 2 Abs. 1 GewSchG ausgeschlossen. Ausgenommen hiervon ist der Umstand, dass dem Opfer das weitere Zusammenleben mit dem Täter wegen der Schwere der Tat nicht mehr zuzumuten ist. Letzteres wäre beispielsweise bei Vergewaltigung, schwerer Körperverletzung, versuchtem Tötungsdelikt der Fall. Hierbei handelt es sich um eine gesetzliche Vermutung, so dass der Täter darzulegen und zu beweisen hat, dass keine Wiederholungsgefahr mehr besteht. Es sind hohe Anforderungen an die Widerlegung der gesetzlichen Vermutung zu stellen (OLG Brandenburg 20.4.2005 – 9 UF 27/05, NJW-RR 2006, 220; OLG Jena 13.3.2007 – 1 WF 31/07, FamRZ 2007, 1337). Selbst wenn dem Täter die Widerlegung der der Widerholungsgefahr gelingen würde, wäre der Überlassungsanspruch gegeben – und eben nicht nach § 2 Abs. 3 GewSchG ausgeschlossen –, wenn die Schwere der vollendeten Gewalttat das Zusammenleben des Opfers mit dem Täter unzumutbar macht. Dabei sind auch die Belange der im Haushalt lebenden Kinder zu berücksichtigen. Deren Wohl kann durch die Anwesenheit bei Gewalttaten beeinträchtigt bzw verletzt sein (Gerhardt/von Heintschel-Heinegg/Klein/Weinreich 8. Kap. Rn 460).

23 **b) Fristablauf nach § 2 Abs. 3 Nr. 2 GewSchG.** Der Anspruch auf Wohnungsüberlassung ist ausgeschlossen, wenn das Opfer nicht **innerhalb von drei Monaten** nach der Gewalttat vom Täter die Überlassung der Wohnung **schriftlich verlangt**, § 2 Abs. 3 Nr. 2 GewSchG. Diese Ausschlussregelung im Sinne der Verwirkung dient der Schaffung der Klarheit über die Nutzungsverhältnisse nach der Gewalttat einerseits und gewährt dem Opfer ausreichend Zeit für die Neugestaltung seiner künftigen Lebens- und Wohngestaltung andererseits (Schumacher FamRZ 2002, 645 ff). Die Frist läuft auch bei Flucht des Opfers aus der gemeinsamen Wohnung. Ist der Täter jedoch unbekannten Aufenthaltes, beginnt die Frist nicht zu laufen. Entsprechendes soll gelten, wenn dem Opfer aus sonstigen Gründen das schriftliche Verlangen nicht möglich oder nicht zumutbar ist. Das Opfer hat den Nachweis des fristgerechten Zugangs des schriftlichen Verlangens zu führen. Dabei reicht es aus, wenn innerhalb der Frist der Antrag nach dem GewSchG gestellt wurde (aA, Zustellung innerhalb der Frist: Gerhardt/von Heintschel-Heinegg/Klein/Weinreich 8. Kap. Rn 461).

24 **c) Härteklausel nach § 2 Abs. 3 Nr. 3 GewSchG.** Die Wohnungsüberlassung nach § 2 Abs. 1 GewSchG ist ausgeschlossen, wenn **schwerwiegende Interessen des Täters** entgegenstehen, § 2 Abs. 3 Nr. 3 GewSchG, sog. Härteklausel. Typische Fälle der Anwendung der Härteklausel sind die Behinderung des Täters, schwerwiegende Erkrankungen des Täters, unzureichende oder unzumutbare Möglichkeiten der Beschaffung einer Ersatzwohnung. Dabei sind auch die Belange von Kindern des Täters zu berücksichtigen, sofern das Opfer für diese nicht sorgeberechtigt ist (Schumacher FamRZ 2002, 645 ff). Mit dieser Regelung sollen „offene" Lösungen ermöglicht werden, um den Interessen aller Beteiligten gerecht zu werden (vergleiche Wortlaut „soweit"). Insofern könnte auch daran gedacht werden, dem Opfer die Wohnung nur teilweise zu überlassen, sofern eine Aufteilung möglich und praktikabel ist und dem Opfer hierdurch noch ausreichend Schutz gewährt wird. Unberührt von § 2 Abs. 2 GewSchG kann auch eine Befristung in Betracht kommen (Palandt/Brudermüller § 2 GewSchG Rn 7).

7. Rechtsfolgen

Für die Rechtsfolge der Überlassung der Wohnung ist zwischen den gegebenen Rechtslagen an der Woh- 25
nung zu unterscheiden:

- Das Opfer ist an der Wohnung alleine berechtigt.
- Der Täter ist an der Wohnung alleine berechtigt.
- Opfer und Täter sind an der Wohnung gemeinsam berechtigt.

Hintergrund ist der zu wahrende **Grundsatz der Verhältnismäßigkeit.** Zudem wird in die gegebenen 26
Rechtsverhältnisse nicht eingegriffen, dh der Täter als Mieter, der aus der Wohnung gewiesen wird, bleibt
dennoch Mieter (empfehlenswert hierzu: AG Ludwigsburg WuM 2004, 608). Der Vermieter wird nicht am
Verfahren beteiligt.

a) Alleinberechtigung des Opfers. Ist das Opfer alleine an der Wohnung berechtigt, beispielsweise **allei-** 27
niger Mieter oder **Alleineigentümer**, so kann das Familiengericht die alleinige Nutzung dem Opfer unbefristet überlassen, § 2 Abs. 2 GewSchG. Hieran ändert sich nichts, wenn das Opfer mit einem Dritten an der
Wohnung berechtigt ist. Es soll jedoch nicht möglich sein, dass das Opfer den Täter im Wege der Selbsthilfe aus der Wohnung verweisen kann (Gerhardt/von Heintschel-Heinegg/Klein/Weinreich 8. Kap. Rn 465).

b) Alleinberechtigung des Täters. Die Wohnung ist an das Opfer längstens sechs Monate zur Alleinnut- 28
zung zu überlassen, wenn der Täter, auch mit einem Dritten, an der Wohnung berechtigt ist, beispielsweise
Alleinmieter oder **Alleineigentümer** ist, § 2 Abs. 2 S. 1 GewSchG. Dem Opfer soll ausreichend Zeit eingeräumt werden sich eine angemessene Ersatzwohnung zu besorgen. Die Dauer der Frist (jedoch maximal
sechs Monate) hat sich an die Gegebenheiten des örtlichen Wohnungsmarktes zu orientieren. Ausnahmsweise kann diese erste bzw maximale Frist von sechs Monaten um weitere maximale sechs Monate verlängert werden, wenn es dem Opfer nicht möglich war, angemessenen Wohnraum zu zumutbaren Bedingungen zu beschaffen, § 2 Abs. 2 S. 3 GewSchG. Überwiegende Belange des Täters oder eines Dritten dürfen
der Fristverlängerung jedoch nicht entgegenstehen, § 2 Abs. 2 S. 3 GewSchG. Dieser erweiterte Überlassungsanspruch bedarf einer Abwägung der Interessen der Beteiligten, uU auch des Dritten.

c) Gemeinsame Berechtigung. Sind Opfer und Täter **gemeinsam an der Wohnung berechtigt**, so ist die 29
Dauer der Nutzungsüberlassung zu befristen, § 2 Abs. 2 S. 1 GewSchG. Das Gesetz schreibt aber keine
Höchstdauer fest. Insofern ist bezüglich der Festschreibung der Dauer der Frist eine Interessenabwägung
vorzunehmen. Die Dauer hängt von dem jeweiligen gemeinsamen Rechtsverhältnis und den gegebenen
Umständen ab. Sind Täter und Opfer **Miteigentümer,** so bleibt dem Täter der Antrag der Aufhebung der
Miteigentümergemeinschaft im Wege der Teilungsversteigerung. Sind Opfer und Täter **Mitmieter,** kann
eine endgültige Regelung gefunden werden, indem eine einvernehmliche Vertragsaufhebung sowie ein
Neuabschluss des Mietvertrags zwischen Vermieter und Opfer durchgeführt werden. Zwangsweise zulasten
des Vermieters kann dies nicht erfolgen. Eine Kündigung der Mieter hat nur Rechtsgültigkeit, wenn beide
Mieter diese erklärt haben. Der Täter kann das Opfer auf Zustimmung zur Abgabe der Willenserklärung
(Kündigung) verklagen. Verstößt das Opfer gegen die Pflicht zur Mitwirkung an der Kündigung, §§ 723
bzw 749 BGB, könnte eine Schadensersatzpflicht bestehen. Diese besteht in einem Freistellungsanspruch
bzw aus der Weigerung gründet die Pflicht zur alleinigen Fortzahlung des Mietzinses (Palandt/Brudermül-
ler § 2 GewSchG Rn 9).

8. Unterlassungsanordnungen

Nach § 2 Abs. 4 GewSchG hat der Täter alles zu unterlassen, was das Alleinnutzungsrecht des Opfers er- 30
schweren oder vereiteln würde. Diese Vorschrift der **Beeinträchtigungs- und Vereitelungsverbote** entspricht der Regelung des § 1361 b Abs. 3 S. 1 BGB. Ist der Täter alleiniger Mieter, kann ihm ein Kündigungsverbot auferlegt werden. Ist der Täter Alleineigentümer, ist streitig, ob ihm ein Veräußerungsverbot
auferlegt werden darf (nein: Palandt/Brudermüller § 2 GewSchG Rn 12; § 1361 b BGB Rn 17; ja, zumindest befristet: Gerhardt/von Heintschel-Heinegg/Klein/Weinreich 8. Kap. Rn 469). Ein gerichtlich angeord-
netes Veräußerungsverbot ist ein Verbot im Sinne des § 136 BGB (sog. relatives Veräußerungsverbot). Es

wirkt daher nur gegenüber dem Opfer, nicht gegenüber dem Käufer. Die Unterlassungsanordnung nach § 2 Abs. 4 GewSchG soll das Alleinbenutzungsrecht an der Wohnung sichern bzw unterstützen, darf aber nicht darüber hinausgehen. Das Kündigungsverbot nach § 2 Abs. 4 GewSchG hat keinerlei Auswirkungen auf den Vermieter, da dies Sinn und Zweck des Gewaltschutzgesetzes zuwiderlaufen würde. Sog. begleitende Maßnahmen nach § 2 Abs. 4 GewSchG können auch solche nach § 1 Abs. 1 GewSchG sein, wie beispielsweise Betretungsverbot, Näherungsverbot etc. Da die Strafandrohung nach § 4 GewSchG jedoch nur auf Maßnahmen nach § 1 GewSchG gestützt werden darf, muss das Familiengericht dies bei der Wahl der Rechtsgrundlage berücksichtigen (vgl auch BGH 15.3.2007 – 5 StR 536/06, FamRZ 2007, 812).

IV. Nutzungsvergütung

31 Nach § 2 Abs. 5 GewSchG kann der Täter von dem Opfer eine Nutzungsvergütung verlangen, soweit dies der Billigkeit entspricht. Diese Vorschrift entspricht der des § 1361 b Abs. 3 S. 2 BGB (s. HK-FamR/Schulz GewSchG Rn 48). Auf diesbezügliche Grundsätze kann daher verwiesen werden. Eine Nutzungsvergütung oder **sog. Billigkeitsvergütung** ist daher idR zu bezahlen, wenn der Täter Alleinmieter oder Mitmieter bzw Miteigentümer oder Alleineigentümer ist. Ist der Wohnwert jedoch bereits Bestandteil der Unterhaltsberechnung geworden, so kann keine (doppelte) Nutzungsvergütung verlangt werden. Die Höhe der Vergütung richtet sich grundsätzlich nach dem objektiven Wohnwert der Wohnung. Der Antrag auf Nutzungsvergütung kann zeitgleich, während oder nach Beendigung des Hauptsacheverfahrens gestellt werden (OLG Hamm 11.5.2005 – 11 WF 135/05, FamRZ 2006, 50; Wever FamRZ 2006, 365 ff).

V. Anwendungsbereich des GewSchG

32 Da das Gewaltschutzgesetz zum **Schutz erwachsener Opfer** geschaffen wurde, findet es keine Anwendung, wenn eine unter elterlicher Sorge, Vormundschaft oder unter Pflegschaft stehende Person Opfer der Eltern, des Vormunds oder Pflegers wird, § 3 GewSchG (LG Heilbronn 15.4.2008 – 4 T 6/08 Ko, FamRZ 2009, 72; OLG Bamberg 29.8.2011 – 2 UF 184/11, FamRZ 2012, 459). In solchen Gewaltfällen gelten die für das Sorgerechts-, Vormundschafts- oder Pflegschaftsverhältnis einschlägigen Vorschriften. Für das sog. Eltern-Kind-Verhältnis finden die **§§ 1666 ff BGB** sowie das Kinder- und Jugendhilferecht des § 3 SGB VIII Anwendung (siehe auch Röchling FamRZ 2008, 1945 ff). Bei Vormundschaft und Pflegschaft finden die §§ 1837 Abs. 2, 1886 und 1915 Abs. 1 BGB Anwendung. Diese Vorschriften sind jeweils leges speciales gegenüber §§ 1, 2 GewSchG (KG Berlin 16.1.2004 – 18 WF 414/03, FPR 2004, 267). Nach §§ 1666, 1666 a BGB ist eine Wohnungszuweisung zum Schutz des Kindes vor Gewalt durch einen Elternteil oder durch Dritte, beispielsweise den neuen Partner des Elternteils, möglich (Janzen FamRZ 2002, 785 ff; OLG Karlsruhe 31.10.2011 – 5 WF 166/11, FamRZ 2012, 460) sowie die weitere Konkretisierung von Rechtsfolgen iSv § 1 GewSchG. Zudem ermöglicht § 1666 BGB auch das Eingreifen von Amts wegen. Das Gewaltschutzgesetz findet jedoch Anwendung, wenn das Kind gegen die Eltern den Vormund oder Pfleger Gewalt ausüben sollte (HK-FamR/Schulz GewSchG Rn 51). Die Pflicht zur Unterstützung durch das Jugendamt in solchen Fällen ist in § 42 Abs. 3 SGB VIII festgeschrieben.

VI. Konkurrenzen des GewSchG

33 Nach § 3 Abs. 2 GewSchG wird klargestellt, dass das Opfer **Schadenersatz** bzw Schmerzensgeld nach §§ 823 ff BGB gegen den Täter geltend machen kann (siehe auch Löhnig FamRZ 2007, 518 ff). Streitig ist, ob § 2 GewSchG neben § 1361 b BGB ausgeschlossen ist. Nach der hM ist **§ 1361 b BGB für Ehegatten vorrangig** (OLG Thüringen 22.11.2005 – 2 W 597/05, FamRZ 2006, 868; Brudermüller FamRZ 2003, 1705 ff; Brudermüller FamRZ 2006, 1157 ff; aA Ehinger FPR 2010, 567 ff). Leben Ehegatten daher noch nicht getrennt oder haben sie noch keine Trennungsabsichten, können sie sich auf § 2 GewSchG berufen. Leben hingegen die Ehegatten bereits getrennt oder will sich einer der Ehegatten trennen (Trennungsabsicht) und liegen die sonstigen Voraussetzungen vor, so ist § 1361 b BGB lex specialis gegenüber § 2 GewSchG. Schutzmaßnahmen nach dem GewSchG können und sollen jedoch eine Wohnungszuweisung des Familiengerichts – gleich ob während der Trennung nach § 1361 b BGB oder nach Rechtskraft der Ehescheidung nach § 1568 a BGB – ergänzen. Der Streit ist für die Praxis relevant, da die Wohnungszuwei-

sung nach dem Gewaltschutzgesetz zeitlich zu begrenzen ist, deren Vollstreckung aber leichter umgesetzt werden kann (Gerhardt/von Heintschel-Heinegg/Klein/Weinreich 8. Kap. Rn 477).

VII. Strafbarkeit

Nach § 4 S. 1 GewSchG ist festgeschrieben, dass der rechtswidrige oder vorsätzliche Verstoß gegen eine 34 gerichtliche Schutzanordnung nach § 1 GewSchG strafbar ist und mit Geldstrafe oder Freiheitsstrafe bis zu einem Jahr geahndet werden kann (Straftaten nach § 4 GewSchG und die Auswirkungen auf § 1579 Nr. 2 BGB: OLG Bamberg 5.1.2006 – 2 UF 338/05, FamRZ 2007, 1465). Diese Strafbewehrung dient der effektiven Durchsetzung der richterlichen Anordnungen (NK-BGB/Heinke § 4 GewSchG Rn 1). Wird durch das Strafgericht die Unrechtmäßigkeit der Anordnung des Familiengerichts festgestellt, beispielsweise weil der Täter die Tat nicht begangen hat, ist der Tatbestand des § 4 GewSchG nicht erfüllt und die Strafe kann nicht verhängt werden. Fehlt der Anordnung die notwendige Fristbestimmung, so hat das Strafgericht zu entscheiden, ob der Verstoß gegen die Anordnung innerhalb einer dem Grundsatz der Verhältnismäßigkeit entsprechenden Frist vom Täter begangen wurde (OLG Celle 13.2.2007 – 32 Ss 2/07, NJW 2007, 1606; OLG Rostock 16.10.2006 – 11 UF 39/06, FamRZ 2007, 921). Ist die zugrunde liegende Entscheidung des Familiengerichts dem Täter nicht wirksam zugestellt worden, kann er nach § 4 GewSchG nicht bestraft werden (BGH 15.3.2007 – 5 StR 536/06, FamRZ 2007, 812). Ein von den Beteiligten geschlossener Vergleich ist keine Anordnung in diesem Sinne und daher nicht nach § 4 GewSchG strafbar (NK-BGB/Heinke § 4 GewSchG Rn 2). Nach § 4 S. 2 GewSchG wird festgeschrieben, dass der Täter auch noch nach anderen Strafvorschriften bestraft werden kann, wie beispielsweise §§ 123, 223 ff, 240 ff StGB.

VIII. Verfahren

In §§ 111 Nr. 6, 210 FamFG ist eine umfassende **Zuständigkeit** des Familiengerichts für die Gewaltschutz- 35 verfahren festgeschrieben worden (HK-FamFG/Volpp § 210 FamFG Rn 1; Ehinger FPR 2010, 567 ff; Borth FamRZ 2007, 1925 ff; siehe auch Meyer-Seitz/Kröger/Heiter FamRZ 2005, 1430 ff). Auf eine Differenzierung, ob Täter und Opfer einen auf Dauer angelegten gemeinsamen Haushalt führen oder innerhalb der letzten sechs Monate geführt haben, kommt es nicht mehr an (HK-FamR/Schulz GewSchG Rn 55; siehe nach altem Recht: OLG Rostock 21.12.2006 – 10 WF 222/06, FamRZ 2007, 742; OLG Hamm 29.7.2003 – 2 Sdb Zust. 20/03, FamRZ 2004, 38). Das Verfahren richtet sich – gleichgültig, ob Täter und Opfer verheiratet sind oder waren oder ob eine **persönliche Nähebeziehung** zwischen ihnen gegeben ist – nach den Regeln der §§ 210 ff FamFG. Für die örtliche und ausschließliche Zuständigkeit gilt die Besonderheit, dass der Antragsteller zwischen drei Gerichten wählen kann, sofern diese auseinander fallen sollten (§ 211 FamFG):

1. das Gericht, in dessen Bezirk die Tat geschehen ist (Tatort),
2. das Gericht, in dessen Bezirk die gemeinsame Wohnung liegt, oder
3. das Gericht, in dessen Bezirk der Antragsgegner bzw Täter seinen gewöhnlichen Aufenthalt hat.

Das Gericht des Tatorts iSv § 211 Nr. 1 FamFG kann der Tatort und der Erfolgsort sein. Dies kann bei- 36 spielsweise bei Telefonterror oder Belästigungen per E-Mail entscheidend sein.

Das Verfahren richtet sich umfassend nach den Vorschriften des FamFG. Es gelten somit der Grundsatz der **Amtsermittlung** und der sog. **Freibeweis** (kein Rechtsschutzbedürfnis einer Unterlassungsanordnung bei entsprechender außergerichtlicher Vereinbarung: LG Kassel 5.7.2005 – 1 T 108/05, FamRZ 2006, 1144).

Die einstweilige Anordnung richtet sich nach § 214 FamFG. Hiernach können Regelungen auf der Grundlage des § 1 GewSchG (s. Bruns FamRZ 2012, GewSchG § 1, 1024 ff) und des § 2 GewSchG erlassen werden. Der **Antrag auf einstweilige Anordnung** kann unabhängig von einer Hauptsache oder von einem Verfahrenskostenhilfeantrag eingereicht werden, § 51 Abs. 3 FamFG. Es bedarf aber immer eines dringenden Bedürfnisses (Ehinger FPR 2010, 567 ff). Streitig ist nunmehr, ob es nach Erlass der einstweiligen Anordnung noch eines Hauptsacheverfahrens bedarf. Hiernach könnte ein zusätzlicher Hauptsacheantrag mutwillig sein, so dass die Verfahrenskostenhilfe versagt werden könnte (OLG Zweibrücken 9.11.2009 – 2 WF 211/09, FamRZ 2010, 579). Da § 49 Abs. 1 FamFG aber eine vorläufige Maßnahme erlässt, kann es den Beteiligten nicht verwehrt sein, eine abschließende Regelung zu erwirken (OLG Hamm 9.12.2009 – 10 WF 274/09, FamRZ 2010, 825).

Zur **Verfahrenskostenhilfebewilligung** bzw Beiordnung des Rechtsanwalts nach § 78 Abs. 2 FamFG bei Gewaltschutzverfahren hat der BGH nunmehr für Klarheit gesorgt: Hiernach richtet sich die Erforderlichkeit der Einschaltung eines Rechtsanwalts auch nach den subjektiven Fähigkeiten des Betroffenen. Im Übrigen zählen bei Gewaltschutzverfahren die speziellen subjektiven Gründe der Angst vor neuer bzw weiterer Gewalt (BGH 23.6.2010 – XII ZB 232/09, NJW 2010, 3029; Verfahrenskostenhilfe und Beiordnung in der Zwangsvollstreckung: OLG Brandenburg 9.1.2006 – 10 WF 317/05, FamRZ 2007, 57). Beziffert wird der **Streitwert** bei § 1 GewSchG auf 2.000 EUR, bei § 2 GewSchG auf 3.000 EUR, § 49 Abs. 1 FamGKG (vor dem FamFG: OLG Zweibrücken 22.5.2007 – 2 WF 97/07, FamRZ 2008, 1878; OLG Dresden 21.10.2005 – 23 WF 775/05, FamRZ 2006, 803; OLG Koblenz 23.5.2005 – 7 WF 123/05, FamRZ 2005, 1849; OLG Karlsruhe 28.8.2009 – 5 WF 145/03, FamRZ 2004, 895; OLG Dresden 26.5.2003 – 22 WF 306/03, FamRZ 2003, 1312). In Einzelfällen kann nach den Grundsätzen der Billigkeit hiervon abgewichen werden, § 49 Abs. 2 FamGKG (siehe Thiel in: HK-FamGKG/Schneider/Wolf/Volpert, Verfahrenswert-ABC Rn 117).

IX. Anhörungs- und Mitteilungspflichten

37 Nach dem neuen Recht ist das **Jugendamt** im Wohnungszuweisungsverfahren nach § 2 GewSchG grundsätzlich und unabhängig von dem Ausgang des Verfahrens anzuhören, wenn in dem Haushalt **minderjährige Kinder** wohnen, § 213 FamFG. Insofern sollte in der Antragsschrift auf das Vorhandensein minderjähriger Kinder hingewiesen werden. Bei einem offensichtlich unbegründeten Antrag oder sonstigen begründeten Ausnahmefällen kann die Anhörung unterbleiben („soll"). Unterbleibt die Anhörung wegen Gefahr im Verzug, ist sie nachzuholen, § 213 Abs. 1 S. 2 FamFG. In jedem Fall (auch ohne Beteiligung des Jugendamts) ist der Beschluss dem Jugendamt mitzuteilen, § 213 Abs. 2 S. 1 FamFG. Das Jugendamt hat auch ein eigenes Beschwerderecht nach § 213 Abs. 2 S. 2 FamFG (OLG Karlsruhe 30.1.2004 – 16 WF 201/03, FamRZ 2005, 120). Schließlich kann das Jugendamt nach § 212 FamFG beantragen, dass es am Verfahren beteiligt wird. Eine Hinzuziehung des Jugendamts von Amts wegen kommt jedoch nicht in Betracht. Durch die stärkere Einbeziehung des Jugendamts werden die Rechte minderjähriger Kinder gestärkt. Dem Jugendamt wird ermöglicht, seine Beratungs- und Unterstützungsfunktion wahrzunehmen. Die Beteiligung Dritter, wie Vermieter, Eigentümer etc. iSv § 204 Abs. 1 FamFG ist für das Verfahren nach § 2 GewSchG nicht vorgesehen. Nach § 216 a FamFG hat das Gericht die Anordnungen nach §§ 1, 2 GewSchG, deren Änderungen oder Aufhebungen der zuständigen Polizeibehörde oder anderen öffentlichen Stellen, die von der Anordnung und deren Durchführung betroffen sind, beispielsweise Kindergärten, Schulen etc. unverzüglich (iSv § 121 Abs. 1 S. 1 BGB) mitzuteilen. Dies dient der Strafverfolgung und Gefahrenabwehr.

X. Zwangsvollstreckung

38 Die Entscheidungen nach dem Gewaltschutzgesetz werden nach den **Regeln der ZPO** vollstreckt, § 95 FamFG (s. → Vollstreckungsvoraussetzungen Rn 1, 8, 14). Die Vollstreckung einer Unterlassungsanordnung erfolgt nach § 95 FamFG, § 890 ZPO (OLG Frankfurt 6.3.2006 – 6 WF 33/06, NJW-RR 2006, 1441; OLG Bremen 7.12.2006 – 4 WF 138/06, FamRZ 2007, 1033; Hohloch FPR 2008, 430 ff; gegen minderjährige Kinder ist der Erlass einer einstweiligen Anordnung oder die Festsetzung von Ordnungsgeld bzw Anordnung von Ordnungshaft nach § 890 ZPO unzulässig: LG Bonn 11.5.2006 – 6 T 110/06, FamRZ 2006, 1290). Hiernach sind – nach Anhörung des Täters – nur ein Ordnungsgeld und keine Zwangshaft möglich. Der frühere Streit, ob zur Vollziehung einer einstweiligen Anordnung auch eine Vollstreckungsklausel erforderlich ist (OLG Karlsruhe 19.9.2007 – 20 WF 104/07, FamRZ 2008, 291; hierzu auch Looff FamRZ 2008, 1391 ff), wurde mit der Regelung des § 53 Abs. S. 1 FamFG klargestellt. Zur wirksamen Vollstreckung von Schutzanordnungen nach § 1 GewSchG ist unmittelbarer Zwang durch den Gerichtsvollzieher, notfalls durch Hinzuziehung der Polizei, anwendbar, § 96 Abs. 1 FamFG. Für die Entscheidung nach § 2 GewSchG ist innerhalb ihrer Geltungsdauer **Mehrfachvollzug** möglich, § 96 Abs. 2 FamFG. Für § 885 ZPO reicht die erste Zustellung aus. Ein sog. Verbrauch des Titels tritt nicht ein (Palandt/Brudermüller Einl. GewSchG Rn 9). Das Opfer darf den Vollstreckungstitel nicht nach einer Versöhnung vorsorglich bzw „auf Vorrat" behalten (KG 2.5.2005 – 16 UF 53/05, FamRZ 2006, 49). Die Endentscheidung in der Hauptsache wird erst **mit formeller Rechtskraft wirksam**, § 216 Abs. 1 S. 1 FamFG. Die sofortige Wirksamkeit soll jedoch angeordnet werden, § 216 Abs. 1 S. 2 FamFG. Auch **vor Zustellung** (zu den Zustellungsproblemen und Möglichkeiten in der Praxis: Cirullies FamRZ 2012, 1854 ff) der für sofort wirksam erklärten Entscheidung an den Täter bzw Antragsgegner ist die Vollstreckung zulässig, wenn das Gericht dies auf Antrag oder von Amts wegen angeordnet hat, § 216 Abs. 2 FamFG (s. → *Vollstreckungsvoraussetzungen* Rn 14). Für § 216 Abs. 2 FamFG genügt nicht die Anordnung der sofortigen Wirksamkeit. Auch bei der einstweiligen Anordnung ist die Anordnung der Vollziehung vor Zustellung nach § 53 Abs. 2 FamFG möglich. Die Vollstreckung der unvertretbaren Handlungen erfolgt nach § 95 FamFG, § 888 Abs. 1 ZPO. Die Einweisung in den Mitbesitz erfolgt nach § 95 FamFG, § 885 Abs. 1 ZPO.

118. Gewöhnlicher Aufenthalt

Stockmann

I. Allgemeines	1	1. Zeitliches Moment	12
II. Definition des „gewöhnlichen Aufenthaltes"	8	2. Soziale Bindungen	18
1. Definition des Gesetzgebers	8	3. Aufenthaltswille	22
2. Definition der Rechtsprechung	11	4. Mehrfacher gewöhnlicher Aufenthalt	28
III. Einzelheiten	12	5. Melderecht	29

I. Allgemeines

1   Der Begriff des „gewöhnlichen Aufenthaltes" wird in Familiensachen seit Inkrafttreten des FGG-RG insbesondere dazu benutzt, die **gerichtliche Zuständigkeit** festzulegen. Damit wurde die früher dominierende Anknüpfung an den Wohnsitz aufgegeben.

2   Dabei wird diese neue Anknüpfung nicht nur in Ehesachen (vgl § 122 FamFG) und Nichtstreitverfahren (zB § 152 FamFG für Kindschaftssachen) verwendet, sondern auch in den Familienstreitsachen (vgl zB § 232 Abs. 1 Nr. 2 FamFG betreffend Unterhaltssachen). Soweit in Familienstreitsachen hinsichtlich der örtlichen Zuständigkeit noch auf die entsprechenden Normen der ZPO verwiesen wird, bestimmt das FamFG ausdrücklich, dass hierbei an die Stelle des Wohnsitzes der gewöhnliche Aufenthalt tritt (§§ 232 Abs. 3 S. 1, 262 Abs. 2, 267 Abs. 2 FamFG).

3   Zur Bestimmung der internationalen Zuständigkeit dient der Begriff des gewöhnlichen Aufenthaltes sowohl im nationalen Recht (vgl zB §§ 98 ff FamFG) als auch im europäischen Familienverfahrensrecht (vgl zB Art. 3 a, 8 ff EuEheVO; Art. 3 EuUntVO).

4   Daneben dient der Begriff sowohl im deutschen Internationalen Privatrecht (vgl zB Art. 13 Abs. 2 Nr. 1, Art. 21 EGBGB) als auch im völkerrechtlichen Internationalen Privatrecht (vgl zB Art. 3 HUP; Art. 15 Abs. 3 KSÜ) und im europarechtlichen Internationalen Privatrecht (zB Art. 8 EuVO v. 20.10.2010 über die „Verstärkte Zusammenarbeit im Bereich des auf die Ehescheidung und Trennung ohne Auflösung des Ehebandes anzuwendenden Rechts – Rom III") zur Ermittlung des infrage kommenden Sachrechts.

5   Der Begriff wird in den Vorschriften des nationalen Rechts grundsätzlich gleich verstanden (Prütting/Helms § 122 FamFG Rn 4). Auch im europäischen Recht soll der Begriff gleich ausgelegt werden. Der Europäische Gerichtshof (2.4.2009 – C-523/07, FamRZ 2009, 843; 22.12.2010 – C-497/10 PPU, FamRZ 2011, 617) fordert zwar einerseits eine autonome und **einheitliche Auslegung** in allen Mitgliedstaaten, die sich nur an den Vorschriften des Unionsrechts orientiert, stellt aber andererseits (2.4.2009 – C-523/07, FamRZ 2009, 843) fest, dass die Voraussetzungen für die Annahme eines gewöhnlichen Aufenthaltes nicht einheitlich sind: Je nach Zweck der Norm müsse der gewöhnliche Aufenthalt anhand aller tatsächlicher Umstände des Einzelfalls ermittelt werden. Insbesondere könne der gewöhnliche Aufenthalt von Kindern anders zu bestimmen sein als der von Erwachsenen.

6   Besondere Bedeutung erlangt der Begriff, wenn ein **Aufenthaltswechsel** erfolgt ist, es also infrage steht, ob der neue Aufenthalt bereits die Qualität des „gewöhnlichen Aufenthaltes" erreicht hat (vgl Rn 12 ff), an den die vorstehend aufgeführten Tatbestände anknüpfen.

7   Bei **Minderjährigen** ist der gewöhnliche Aufenthalt nach den nachstehenden Kriterien (Rn 12 ff) bezogen auf die Person des Minderjährigen selbstständig zu ermitteln; er leitet sich nicht vom gewöhnlichen Aufenthalt des Sorgeberechtigten ab (BGH 29.10.1980 – IVb ZB 586/80, NJW 1981, 520; HK-FamFG/Völker/Clausius § 152 FamFG Rn 3).

II. Definition des „gewöhnlichen Aufenthaltes"

1. Definition des Gesetzgebers

Weder der deutsche noch der supranationale Gesetzgeber haben im Bereich des Familienrechts eine Be- **8** griffsbestimmung des gewöhnlichen Aufenthaltes vorgenommen. Außerhalb des Familienrechts enthält § 30 Abs. 3 S. 2 SGB I folgende **Umschreibung**: „Den gewöhnlichen Aufenthalt hat jemand dort, wo er sich unter Umständen aufhält, die erkennen lassen, dass er an diesem Ort oder in diesem Gebiet nicht nur vorübergehend verweilt."

§ 9 AO, der sich ebenfalls mit dem gewöhnlichen Aufenthalt beschäftigt, enthält einen Zusatz, wonach ein zeitlich zusammenhängender Aufenthalt von sechs Monaten gefordert wird. Obwohl zur Abgrenzung des „gewöhnlichen Aufenthaltes" von anderen Aufenthaltstypen zweifellos eine **zeitliche Komponente** erforderlich ist (vgl Rn 12), ist die in § 9 AO angesprochene starre Fixierung auf sechs Monate eher den speziellen Bedürfnissen des Steuerrechts geschuldet. Eine pauschale Übertragung auf das Familienrecht verbietet sich.

In den europäischen Normen wird der Begriff nicht näher definiert. Zwar enthalten die „Rom- **9** Verordnungen" der EU eine Definition (Art. 19 Rom I; Art. 23 Rom II). Diese stellt aber auf Personen ab, die gewerblich tätig werden, und bezieht sich auf den Ort der Hauptniederlassung.

Hilfreich für die Rechtspraxis erscheint eine **vom Europarat vorgenommene Begriffsdefinition**, die vom **10** österreichischen Gesetzgeber in § 66 Abs. 2 S. 2 Jurisdiktionsnorm (JN) übernommen wurde:

„Der Aufenthalt einer Person bestimmt sich ausschließlich nach tatsächlichen Umständen; er hängt weder von der Erlaubtheit noch von der Freiwilligkeit des Aufenthalts ab. Bei der Beurteilung, ob ein Aufenthalt als gewöhnlicher Aufenthalt anzusehen ist, sind seine Dauer und seine Beständigkeit sowie andere Umstände persönlicher oder beruflicher Art zu berücksichtigen, die dauerhafte Beziehungen zwischen einer Person und ihrem Aufenthalt anzeigen."

2. Definition der Rechtsprechung

Der Bundesgerichtshof definiert den gewöhnlichen Aufenthalt als den Ort, in dem der Schwerpunkt der **11** Bindungen der betreffenden Person, ihr **Daseinsmittelpunkt**, liegt (BGH 29.10.1980 – IVb ZB 586/80, NJW 1981, 520; 5.6.2002 – XII ZB 75/00, NJW 2002, 2955).

Im Einzelnen fordert er dabei nicht nur einen Aufenthalt von einer **Dauer**, die nicht nur gering sein darf, sondern auch das Vorhandensein weiterer Beziehungen, insbesondere in familiärer oder beruflicher Hinsicht, in denen der **Schwerpunkt der Bindungen** der betreffenden Person zu sehen ist. Vom Wohnsitz unterscheide sich der gewöhnliche Aufenthalt dadurch, dass der Wille, den Aufenthaltsort zum Mittelpunkt oder Schwerpunkt der Lebensverhältnisse zu machen, nicht erforderlich ist. Es handle sich um einen „faktischen" Wohnsitz, der ebenso wie der gewillkürte Wohnsitz Daseinsmittelpunkt sein muss.

III. Einzelheiten

1. Zeitliches Moment

Nach der Rechtsprechung des Bundesgerichtshofs bedeutet das in seiner Begriffsbestimmung (Rn 11) ver- **12** wendete Merkmal der **nicht nur geringen Dauer** des Aufenthalts dabei nicht, dass im Falle eines **Wechsels des Aufenthaltsorts** ein neuer gewöhnlicher Aufenthalt immer erst nach Ablauf einer entsprechenden Zeitspanne begründet werden könnte und bis dahin der frühere gewöhnliche Aufenthalt fortbestehen würde. Der gewöhnliche Aufenthalt an einem Ort wird vielmehr grundsätzlich schon dann begründet, wenn sich aus den Umständen ergibt, dass der Aufenthalt an diesem Ort auf eine längere Zeitdauer angelegt ist und der neue Aufenthaltsort künftig anstelle des bisherigen Daseinsmittelpunkt sein soll (BGH 29.10.1980 – IVb ZB 586/80, NJW 1981, 520).

13   Bei Aufenthalten, die noch keine längere Zeitspanne angedauert haben, ist also auch der **Aufenthaltswille** (vgl Rn 22 ff) festzustellen. Innerhalb welchen Zeitraums hierbei das Willenselement noch zu berücksichtigen ist, hängt von den Umständen des Einzelfalls ab. Es wurde bereits (Rn 8) darauf hingewiesen, dass die in § 9 AO genannte Zeitdauer von **sechs Monaten** nicht unbesehen übernommen werden kann. Gleichwohl legt die Rechtsprechung häufig eine Aufenthaltsdauer von sechs Monaten zugrunde (BGH 29.10.1980 – IVb ZB 586/80, NJW 1981, 520). Dabei lässt es der Bundesgerichtshof in dieser Entscheidung ausdrücklich offen, ob diese „nach der Erfahrung im Regelfall angemessene Zeitspanne" bei einem Kleinkind, das zusammen mit einem Elternteil den Aufenthaltsort wechselt, noch unterschritten wird.

14   Steht jedoch **„legal kidnapping"** im Raum, also der Fall, dass ein minderjähriges Kind gegen den Willen des (Mit-)Sorgeberechtigten an einen anderen Aufenthaltsort, insbesondere im Ausland, verbracht wurde, so haben Teile der Rechtsprechung (OLG Hamm 13.6.1989 – 1 UF 117/89, FamRZ 1989, 1109) besonders scharfe Anforderungen an die Kriterien zur Begründung des gewöhnlichen Aufenthaltes gestellt. Der Bundesgerichtshof (5.6.2002 – XII ZB 74/00, NJW 2002, 2955) lehnt derartige besondere Anforderungen ab und geht davon aus, dass nach einer entsprechenden Verweildauer und der sozialen Bindung des Kindes an seinem neuen Aufenthaltsort ein gewöhnlicher Aufenthalt begründet wird (vgl Rn 25 ff).

15   Auch dann, wenn ein Beteiligter Zuflucht in einer hierfür geschaffenen Einrichtung (zB **Frauenhaus**) sucht, ist neben dem zeitlichen Moment der Aufenthaltswille von Bedeutung: Ist die Zuflucht nur vorübergehend, beispielsweise bis zum Erlass einer Gewaltschutzanordnung des Familiengerichts, so wird dort idR noch kein gewöhnlicher Aufenthalt begründet (BGH 14.12.1994 – XII ARZ 33/94, NJW 1995, 1224). Anders dann, wenn der Aufenthalt bis auf Weiteres, „gewissermaßen mit unbestimmtem Ende" (so Zöller/Lorenz § 122 FamFG Rn 4), angelegt ist (BGH 8.7.1992 – XII ARZ 14/92, FamRZ 1993, 48).

16   Für den Fall, dass bei Begründung eines neuen Aufenthaltes eine Rückkehrmöglichkeit und ein Rückkehrwille des Betroffenen besteht, wird diesem Willen nach einer Aufenthaltsdauer von **zwei Jahren** keine Bedeutung mehr beigemessen: Dann ist regelmäßig davon auszugehen, dass sich der neue Aufenthalt **zum gewöhnlichen Aufenthalt verfestigt** hat (JH/Markwardt § 122 FamFG Rn 4).

17   Spielt somit das zeitliche Moment eine Rolle, so stellt sich die Frage, zu welchem Zeitpunkt der infrage kommende Zeitabschnitt abgelaufen sein muss. Wenn es dabei um die Begründung der örtlichen Zuständigkeit für ein familiengerichtliches Verfahren in Deutschland geht, so ist nicht auf den Zeitpunkt der erstinstanzlichen Entscheidung oder gar auf den Zeitpunkt der Einleitung des Verfahrens abzustellen. Maßgebender Zeitpunkt ist – wie bei allen Prozessvoraussetzungen – der **Zeitpunkt der letzten mündlichen Verhandlung** (BGH 8.3.1979 – VII ZR 48/78, NJW 1980, 520). Für die Zuständigkeitsbestimmung betreffend das heute kaum noch relevante MSA hatte der Bundesgerichtshof auf den Erlass der Entscheidung der letzten Tatsacheninstanz (BGH 29.10.1980 – IVb ZB 586/80, NJW 1981, 520) abgestellt. Somit kann allein durch Zeitablauf aus einem bis dahin nicht relevanten schlichten Aufenthalt an dem fraglichen Stichtag ein relevanter gewöhnlicher Aufenthalt geworden sein.

2. Soziale Bindungen

18   Die infrage kommenden sozialen Bindungen sind **je nach Altersstufe** an unterschiedlichen Kriterien festzumachen.

19   Bei einem **Erwachsenen** ist vorwiegend auf evtl Wohn- und Arbeitsverhältnisse abzustellen. Bei einem Auseinanderfallen von Wohn- und Arbeitsort wird regelmäßig die Wohnsituation größeres Gewicht haben: Derjenige, der auswärts arbeitet und regelmäßig zu seinem Wohnort zurückkehrt, hat an diesem seinen gewöhnlichen Aufenthalt (JH/Markwardt § 122 FamFG Rn 4). Dieser Grundsatz gilt auch zB für Montage- oder Schiffspersonal, das oft erst nach monatelanger Abwesenheit wieder zum Wohnort zurückkehrt. In solchen Fällen kommt wiederum der Aufenthaltswille (s. Rn 27) zum Tragen. Der gewöhnliche Aufenthalt bleibt bestehen, wenn eine Rückkehr beabsichtigt ist (JH/Markwardt § 122 FamFG Rn 4).

20   Bei **Schulkindern und Jugendlichen** können sich die sozialen Bindungen zB durch Schulbesuch, Freundschaften oder Freizeitaktivitäten äußern. Daneben spielen die Bindungen an Familienmitglieder (zB Obhut

eines Elternteils) ebenfalls eine bedeutsame Rolle. Eine ausbildungsbedingte vorübergehende Abwesenheit (zB in einem Internat) ändert an dem gewöhnlichen Aufenthalt beim betreuenden Elternteil nichts (JH/ Markwardt § 122 FamFG Rn 5).

Bei **Kleinkindern** findet die soziale Integration ihren Ausdruck regelmäßig allein in der familiären Bin- 21
dung, zB an den betreuenden Elternteil. Denn altersbedingt ist das Kleinkind von der Betreuung und Versorgung von Erwachsenen abhängig (BGH 29.10.1980 – IVb ZB 586/80, NJW 1981, 520). In dem Fall, dass ein Säugling im Ausland durch eine **Leihmutter** geboren wird, hat das Kind idR seinen gewöhnlichen Aufenthalt bei dieser Frau und nicht bei den Wunscheltern, die ihre rechtliche Elternstellung erst erwerben müssen (vgl Heiderhoff IPrax 2012, 523).

3. Aufenthaltswille

Grundsätzlich orientiert sich der gewöhnliche Aufenthalt allein an den faktischen Umständen. Ein Wille, 22
den Aufenthaltsort zum Mittelpunkt der Lebensverhältnisse zu machen, ist nicht erforderlich (vgl Rn 11).

Demgemäß führt ein langjähriger **Haftaufenthalt** in einer Strafanstalt oder eine Sicherungsverwahrung zu 23
einem gewöhnlichen Aufenthalt am Haftort, auch wenn der Verbleib dort gegen den Willen des Betroffenen erfolgt (JH/Markwardt § 122 FamFG Rn 4). Dies gilt ebenso – wobei diese Fallgestaltung familienrechtlich kaum relevant werden dürfte – für den Fall der Verschleppung in ein ausländisches Lager (zB Guantanamo).

Da ein Aufenthaltswille generell nicht erforderlich ist, kann bei Minderjährigen ein gewöhnlicher Aufent- 24
halt auch **gegen den Willen eines Sorgeberechtigten** begründet werden. Es kommt nur auf den tatsächlichen Daseinsmittelpunkt des Minderjährigen an.

Wenn ein **Minderjähriger** von einem nicht (allein) sorgeberechtigten Elternteil **an einen anderen Aufent-** 25
haltsort verbracht wird, wird sich allerdings der entgegenstehende Wille des anderen (sorgeberechtigten) Elternteils regelmäßig rein tatsächlich dahin auswirken, dass der Aufenthalt des Minderjährigen an dem neuen Aufenthaltsort noch nicht von vornherein als auf Dauer angelegt angesehen werden kann und aus diesem Grunde ein Wechsel des gewöhnlichen Aufenthalts jedenfalls nicht sofort eintritt. Der Wille des nicht (allein) sorgeberechtigten Elternteils und gegebenenfalls auch derjenige des Minderjährigen selbst, am neuen Aufenthaltsort zu verbleiben, können diesen Aufenthalt objektiv auf Dauer noch nicht festlegen, solange die Möglichkeit besteht, dass der Mitsorgeberechtigte bzw Alleinsorgeberechtigte die Rückführung des Minderjährigen durchsetzt, ehe es zu dessen sozialer Eingliederung in seine neue Umwelt gekommen ist. Diese Grundsätze gelten auch für den Fall der **Aufenthaltsverlegung in das Ausland**. Eine rechtliche Abhängigkeit des gewöhnlichen Aufenthalts des Minderjährigen vom Willen des Sorgeberechtigten besteht jedoch nicht (BGH 29.10.1980 – IVb ZB 586/80, NJW 1981, 520). Diese Anforderungen sollen verhindern, dass sich ein Elternteil die Zuständigkeit ausländischer oder auswärtiger Gerichte durch „legal kidnapping" erschleicht (BGH 5.6.2002 – XII ZB 74/00, NJW 2002, 2955).

In diesen Entführungsfällen wird aber, wenn eine angemessene Aufenthaltsdauer (vgl Rn 12 ff) in der neu- 26
en Umgebung erfolgt ist und soziale Bindungen dorthin gegeben sind (vgl Rn 18 ff), ein neuer gewöhnlicher Aufenthalt auch gegen den Willen des Sorgeberechtigten begründet werden. Der Bundesgerichtshof (29.10.1980 – IVb ZB 586/80, NJW 1981, 520) begründet dies damit, dass die Gerichte des Aufenthaltsstaates wegen der bestehenden Sachnähe in aller Regel zu einer sachgerechten Beurteilung der Verhältnisse in der Lage sind und darüber hinaus Entscheidungen der Gerichte des Aufenthaltsstaates die Gewähr für eine rasche Durchsetzbarkeit der getroffenen Maßnahmen bieten. Diese Argumentation ist grundsätzlich auch auf innerstaatliche Entführungsfälle anwendbar.

Allerdings ist – wie bereits erwähnt – die Feststellung eines Aufenthaltswillens dann erforderlich, wenn im 27
Zusammenhang mit den übrigen Kriterien der „gewöhnliche Aufenthalt" von anderen Aufenthaltstypen abzugrenzen ist (vgl Rn 13, 19).

4. Mehrfacher gewöhnlicher Aufenthalt

28   Unter besonderen Umständen ist ein mehrfacher gewöhnlicher Aufenthalt denkbar (JH/Markwardt § 122 FamFG Rn 4). Dies kann sowohl bei Kindern, die durch ihre Eltern einem **„Wechselmodell"** des Aufenthalts ausgesetzt sind, als auch bei Erwachsenen (zB mit doppeltem Familienleben) der Fall sein und führt dann gegebenenfalls zu einer doppelten Zuständigkeit. Eine solche ist nach den hierfür im anwendbaren Verfahren vorgesehenen Regeln (§ 2 Abs. 1 FamFG für Nichtstreitverfahren, § 261 Abs. 3 Nr. 1 ZPO iVm § 113 Abs. 1 FamFG für Ehe- und Familienstreitsachen, Art. 19 EuEheVO für die in Art. 1 Abs. 1 EuEheVO genannten Verfahren) aufzulösen.

5. Melderecht

29   Die Anmeldung eines Wohnsitzes bei den Meldebehörden ist für die Begründung des gewöhnlichen Aufenthaltes nicht erforderlich (KG 3.3.1987 – 1 VA 6/86, NJW 1988, 649). Ist eine Anmeldung erfolgt, so reicht diese allein nicht aus, um einen gewöhnlichen Aufenthalt zu bejahen. Dem Umstand kommt allenfalls **Indizwirkung** zu (BGH 15.3.1995 – XII ARZ 37/94, FamRZ 1995, 1135).

119. Gläubigeranfechtung

Grandel

I. Einführung	1	5. Anfechtung der Rückzahlung oder Sicherung von Darlehen eines Gesellschafters oder eines Dritten (§§ 6, 6 a AnfG)	36
II. Anfechtungsberechtigte	4		
III. Anfechtungstatbestände	11		
1. Anfechtung wegen vorsätzlicher Benachteiligung (§ 3 Abs. 1 AnfG)	12	IV. Anfechtungsfristen	37
		1. Gerichtliche Geltendmachung	39
2. Anfechtung entgeltlicher Verträge mit nahestehenden Personen (§ 3 Abs. 2 AnfG)	19	2. Anfechtungseinrede	40
		3. Anfechtungsankündigung (§ 7 Abs. 2 AnfG)	42
3. Anfechtung unentgeltlicher Leistungen des Schuldners (§ 4 AnfG)	24	4. Zeitpunkt der Vornahme der Rechtshandlung (§ 8 AnfG)	44
4. Anfechtungen von Rechtshandlungen des Erben (§ 5 AnfG)	31	V. Prozessuale Hinweise	45

I. Einführung

Bei der Anfechtung von Rechtshandlungen eines Schuldners, die zu einer Benachteiligung des Gläubigers 1 führen, ist zwischen der Anfechtung **innerhalb** und **außerhalb eines Insolvenzverfahrens** zu unterscheiden. Die Anfechtungsmöglichkeiten des Insolvenzverwalters sind in den §§ 129 ff. InsO geregelt. Die nachfolgenden Ausführungen betreffen nur die Anfechtung außerhalb eines Insolvenzverfahrens nach den Regeln des Anfechtungsgesetzes.

Die Gläubigeranfechtung ist **kein Gestaltungsrecht**, sondern begründet einen schuldrechtlichen Anspruch 2 gegen den Anfechtungsgegner. Der Anspruch richtet sich in der Regel auf Duldung der Zwangsvollstreckung in den vom Schuldner an den Antragsgegner übertragenen Gegenstand. Der Antragsgegner soll dazu verpflichtet werden, den erhaltenen Gegenstand aus dem angefochtenen Rechtsgeschäft dem Gläubiger zur Verfügung zu stellen, soweit er ihn zur Befriedigung seiner Forderung gegen den Schuldner benötigt (§ 11 AnfG). Es erfolgt also keine Rückübertragung in das Vermögen des Schuldners. Der schuldrechtliche Anspruch entsteht mit der Verwirklichung der Anfechtungstatbestände, die in den §§ 3–6 a AnfG geregelt sind.

Das Anfechtungsrecht ist ein **akzessorisches Hilfs- und Nebenrecht der Hauptforderung** des Gläubigers 3 (HK-ZV/Haertlein AnfG Vor §§ 1–20 Rn 7). Es kann nicht unabhängig von der Hauptforderung abgetreten werden. Die Ansprüche gegen den Anfechtungsgegner entstehen erst dann, wenn eine Hauptforderung des Gläubigers gegen den Schuldner besteht. Das Anfechtungsrecht steht dem Gläubiger nur solange und nur soweit zu, wie er Inhaber der Hauptforderung ist (HK-ZV/Haertlein AnfG Vor §§ 1–20 Rn 7). Der anfechtende Gläubiger muss aber zum Zeitpunkt der Vornahme der anfechtbaren Rechtshandlung noch nicht Gläubiger der Forderung gewesen sein (BGH 28.9.1964 – VIII ZR 21/61, MDR 1965, 41).

II. Anfechtungsberechtigte

Zur Anfechtung ist **jeder Gläubiger** berechtigt, der einen vollstreckbaren Schuldtitel erlangt hat und des- 4 sen Forderung fällig ist und deren Vollstreckung nicht zu einer vollständigen Befriedigung des Schuldners geführt hat oder nicht dazu führen würde (§ 2 AnfG) (s. →*Vollstreckungstitel*). Arreste sind keine Vollstreckungstitel iSd § 2 AnfG (BGH 25.10.1990 – IX ZR 211/89, BGHZ 112, 356).

Die Forderung des Gläubigers gegen den Schuldner muss eine **Geldforderung** sein. Das steht zwar nicht 5 ausdrücklich in § 2 AnfG, folgt aber aus dem Ziel der Anfechtung, dass der Gegenstand, über den der Schuldner verfügt hat, dem Gläubiger zur Befriedigung zur Verfügung gestellt werden soll (BGH 29.1.1970 – VII ZR 34/68, BGHZ 53, 174; 25.10.1990 – IX ZR 211/89, BGHZ 112, 356). Ansprüche, die gegebenenfalls in Geldforderungen übergehen können, reichen erst dann aus, wenn daraus Geldforderungen geworden sind (HK-ZV/Haertlein AnfG § 2 Rn 12).

6 Die Geldforderung muss **fällig** sein. Bei wiederkehrenden Geldforderungen ist die Forderungshöhe maßgeblich, die bis zur letzten mündlichen Verhandlung im Anfechtungsprozess fällig geworden ist (HK-ZV/ Haertlein AnfG § 2 Rn 13).

7 Geldforderungen, die nur Zug um Zug vollstreckt werden können, schließen die Anfechtungsberechtigung nicht aus. Gegebenenfalls kann der Anfechtungsgegner zur Duldung der Zwangsvollstreckung Zug um Zug gegen Leistung des Gläubigers an den Schuldner verurteilt werden (BGH 13.5.2004 – IX ZR 128/01, ZIP 2004, 1370).

8 Die Zwangsvollstreckung muss gegen den Schuldner zunächst **erfolglos** gewesen oder voraussichtlich erfolglos sein. Maßgebend ist dabei die Vollstreckung in das Vermögen des Schuldners, auf das ohne Weiteres zugegriffen werden kann, dessen Verwertung also keine rechtlichen oder tatsächlichen Schwierigkeiten entgegenstehen (BGH 22.9.1982 – VIII ZR 293/81, NJW 1983, 1678). Die eidesstattliche Versicherung muss der Schuldner nicht abgegeben haben (BGH 22.9.1982 – VIII ZR 293/81, NJW 1983, 1678). Umgekehrt ist die eidesstattliche Versicherung ein Indiz für die Aussichtslosigkeit der Zwangsvollstreckung. Sie darf aber nicht älter als drei Jahre sein (§§ 903, 915 a ZPO; s. BGH 27.9.1990 – IX ZR 67/90, ZIP 1990, 1420).

9 Kann der Gläubiger mit seiner Geldforderung gegen den Schuldner wirksam **aufrechnen**, scheidet ein Anfechtungsrecht des Gläubigers aus. Eine Aufrechnung steht der Befriedigung durch Zwangsvollstreckung gleich (BGH 16.8.2007 – IX ZR 63/06, BGHZ 173, 328). Zum Schutz des Anfechtungsgegners ist der Gläubiger gehalten, zunächst durch Aufrechnung gegen den Schuldner seine Forderung gegen diesen zu verwerten, vorausgesetzt auf Seiten des Gläubigers steht kein Aufrechnungsverbot entgegen. Anderes soll nur gelten, wenn der Gläubiger die Forderung des Schuldners gegen ihn in relevanter Weise bestreitet.

10 Der Anfechtungsgegner kann gegen die Anfechtungsberechtigung des Gläubigers Folgendes **einwenden**:
– Materiellrechtliche Einwendungen sind entsprechend § 767 Abs. 2 ZPO nur insoweit möglich, als sie erst nach dem Schluss der letzten mündlichen Verhandlung im Prozessverfahren des Gläubigers gegen den Schuldner entstanden sind und durch Einspruch nicht mehr geltend gemacht werden konnten (BGH 23.2.1984 – IX ZR 26/83, NJW 1984, 1968; aA Gerhardt ZIP, 1984, 397). Diese Präklusion gilt nur für Urteile, nicht für andere Titel.
– Der Schuldtitel sei unwirksam, später weggefallen, erschlichen oder durch kollusives Zusammenwirken mit dem Schuldner entstanden (BGH 11.12.1963 – VIII ZR 168/62, NJW 1964, 1277; 23.2.1984 – IX ZR 26/83, NJW 1984, 1968).
– Dem Schuldner stehe gegen die Hauptforderung eine Einrede oder ein Gestaltungsrecht (Verjährung, Anfechtungsrecht) entgegen (HK-ZV/Haertlein AnfG § 2 Rn 27).

III. Anfechtungstatbestände

11 Die Anfechtungstatbestände sind in den §§ 3–6 a AnfG geregelt mit jeweils unterschiedlichen Anfechtungsfristen:

1. Anfechtung wegen vorsätzlicher Benachteiligung (§ 3 Abs. 1 AnfG)

12 Anfechtbar ist eine **Rechtshandlung**, die der Schuldner in den letzten **zehn Jahren** vor der Anfechtung mit dem Vorsatz, seine Gläubiger zu benachteiligen, vorgenommen hat, wenn der andere Teil zur Zeit der Handlung den Vorsatz des Schuldners kannte (§ 3 AnfG).

13 Für den **Vorsatz** auf Seiten des Schuldners reicht es aus, dass er die Benachteiligung seines Gläubigers als mutmaßliche Folge des Handels erkannt und gebilligt hat, diesen Erfolg also billigend in Kauf genommen hat (BGH 4.12.1997 – IX ZR 47/97, ZIP 1998, 248; 13.3.1997 – IX ZR 93/96, ZIP 1997, 853, ständige Rspr).

14 Der Anfechtungsgegner muss zur Zeit der Vornahme der anfechtbaren Rechtshandlung den bedingten Benachteiligungsvorsatz des Schuldners positiv **gekannt** haben. Grob fahrlässige Unkenntnis ist unschädlich.

Einen eigenen Benachteiligungsvorsatz braucht der Anfechtungsgegner nicht zu haben (BGH 23.5.1985 – IX ZR 124/84, ZIP 1985, 1008).

Eine **gesetzliche Vermutung** der Kenntnis ist gegeben, wenn der Anfechtungsgegner wusste, dass die Zah- **15** lungsunfähigkeit drohte und das Handeln des Schuldners den Gläubiger benachteiligt (§ 3 Abs. 1 S. 2 AnfG). Ihm steht aber die Möglichkeit offen, diese Vermutung zu entkräften. Da der Nachweis der subjektiven Voraussetzungen bei Schuldner und Anfechtungsgegner schwierig ist, kann der Vorsatz anhand von Indizien und Beweiserleichterungen belegt werden. Von erheblicher praktischer Bedeutung sind die Fälle der sogenannten inkongruenten Deckung. Von Kenntnis der Inkongruenz kann auf den Vorsatz des Schuldners geschlossen werden, wenn dieser nicht durch besondere Umstände wieder entkräftet wird (BGH 12.11.1992 – IX ZR 236/91, ZIP 1993, 276).

Kenntnis der Inkongruenz ist gegeben, wenn die Tatsachen bekannt sind, aus denen sie folgt (BGH **16** 2.12.1999 – IX ZR 412/98, ZIP 2000, 82).

Eine inkongruente Deckung liegt vor, wenn der Anfechtungsgegner eine Befriedigung seiner Ansprüche er- **17** langt oder ihm vom Schuldner eine Sicherheit eingeräumt wird, auf die er – jedenfalls zur Zeit der Vornahme der anfechtbaren Handlung – keinen Anspruch hat (s. § 131 Abs. 1 InsO; vgl auch Huber § 3 AnfG Rn 10 ff).

Die Kenntnis dieser Umstände lässt auch beim Anfechtungsgegner den notwendigen Vorsatz vermuten **18** (BGH 23.5.1985 – IX ZR 124/84, ZIP 1985, 1008).

2. Anfechtung entgeltlicher Verträge mit nahestehenden Personen (§ 3 Abs. 2 AnfG)

§ 3 Abs. 2 AnfG regelt einen besonderen Fall der Vorsatzanfechtung. Der Begriff „nahestehende Personen" **19** iSd § 3 Abs. 2 AnfG ist mit dem in § 138 InsO identisch. Dort wird danach differenziert, ob es sich beim Schuldner um eine natürliche Person oder eine juristische Person bzw eine Gesellschaft ohne Rechtspersönlichkeit handelt. Bei Verträgen mit nahestehenden Personen ist im Regelfall anzunehmen, dass sie die wirtschaftlichen Hintergründe des Handels des Schuldners kennen. Sie sind auch eher bereit, mit dem Schuldner zum Nachteil seiner Gläubiger Verträge abzuschließen (BGH 17.9.1975 – III ZR 217/74, NJW 1975, 2193).

Verträge iSd § 3 Abs. 2 AnfG sind **schuldrechtliche wie dingliche Verträge aller Art**. Es fallen auch ein- **20** seitige Rechtshandlungen des Schuldners darunter, wenn sie im Einverständnis mit dem Anfechtungsgegner vorgenommen werden (HK-ZV/Haertlein AnfG § 3 Rn 25).

Entgeltlich iSd § 3 Abs. 2 AnfG ist jeder Erwerb des Anfechtungsgegners, dem eine ausgleichende Gegen- **21** leistung gegenüber steht, wobei die Gegenleistung den Schuldner oder einem Dritten gewährt werden kann (HK-ZV/Haertlein AnfG § 3 Rn 26). Der wirtschaftliche Vorteil für den Schuldner kann zB in einer Stundung der Forderung des Anfechtungsgegners liegen oder in der Übereignung eines Vermögensgegenstandes zur Befreiung von einer Schuld. Der entgeltliche Vertrag muss zur Zeit der Vornahme des Rechtsgeschäfts unmittelbar zu einer Benachteiligung der Gläubiger geführt haben. Der wirtschaftliche Nachteil darf nicht erst durch zusätzliche Umstände entstanden sein.

Auch im Falle der Anfechtung nach § 3 Abs. 2 AnfG ist Vorsatz des Schuldners und Anfechtungsgegners **22** zur Zeit des Vertragsschlusses erforderlich (§ 3 Abs. 2 S. 2 Alt. 2. AnfG; s. auch Rn 12 ff). Die Anfechtung ist ausgeschlossen, wenn der Vertrag früher als zwei Jahre vor der Anfechtung geschlossen wurde. Da es allein auf den Vertragsschluss ankommt, ist für die Berechnung dieser Ausschlussfrist § 8 AnfG nicht anwendbar (zur Fristberechnung s. Rn 37).

Aus der Formulierung in § 3 Abs. 2 AnfG ergibt sich, dass der Anfechtungsgegner darlegen und beweisen **23** muss, dass die Anfechtungsfrist nicht eingehalten wurde (HK-ZV/Haertlein AnfG § 3 Rn 29).

3. Anfechtung unentgeltlicher Leistungen des Schuldners (§ 4 AnfG)

24 Ein Anfechtungsgegner ist **nicht schutzwürdig**, wenn der Schuldner zu seinen Gunsten eine unentgeltliche Leistung vornimmt. § 4 AnfG ermöglicht daher die Anfechtung, es sei denn, die Leistung ist früher als vier Jahre vor der Anfechtung vorgenommen worden. Ausgenommen sind gebräuchliche Gelegenheitsgeschenke geringen Wertes (§ 4 Abs. 2 AnfG). Darunter fallen Zuwendungen zu üblichen Anlässen wie Hochzeiten, Weihnachten, Geburtstag u.a. Wann der Wert der Zuwendung gering ist, bestimmt sich nach den Umständen des Einzelfalles, wobei auf die Interessen des Gläubigers abzustellen ist (MüKo-InsO/Kirchhof § 134 InsO Rn 48).

25 „**Leistung**" ist jede Rechtshandlung, die zu einer Minderung des Vermögens des Schuldners führt und an der der Schuldner mitwirkt. Zugriffe anderer Gläubiger, die ohne Mitwirkung des Schuldners geschehen, fallen nicht darunter.

26 **Unentgeltlich** ist die Leistung, der keine adäquate Gegenleistung an den Schuldner oder einem Dritten gegenüber steht (BGH 29.11.1990 – IX ZR 29/90, BGHZ 113, 99). Eine Einigkeit über die Unentgeltlichkeit der Zuwendung, wie sie beispielsweise für eine Schenkung erforderlich ist, ist nicht Voraussetzung (BGH 29.11.1990 – IX ZR 29/90, BGHZ 113, 393). Daher fallen auch unbenannte Zuwendungen darunter, weil keine rechtliche Verpflichtung zu ihrer Leistung besteht (BGH 21.1.1999 – IX ZR 429/97, NJW 1999, 1033).

27 Für die Beurteilung der Unentgeltlichkeit kommt es auf die **objektiven Umstände** an, nicht auf die Vorstellungen des Schuldners (BGH 29.11.1990 – IX ZR 29/90, BGHZ 113, 99). Unerheblich ist es, wenn der Schuldner mit dem Anfechtungsgegner die unentgeltliche Leistung nachträglich in eine entgeltliche umwandelt (BGH 16.8.2007 – IX ZR 63/06, BGHZ 173, 328). Allerdings wäre ein nachträglicher Wegfall der Gläubigerbenachteiligung erheblich. Diese muss bis zur letzten mündlichen Tatsachenverhandlung gegeben sein. Eine zunächst vorliegende Gläubigerbenachteiligung entfällt, wenn der Anfechtungsgegner dem Schuldner bis zu diesem Zeitpunkt als (weitere) Gegenleistung der angefochtenen Zuwendung Vermögenswerte zukommen lässt, welche die angefochtene Leistung nunmehr vollständig ausgleichen und dem Zugriff des Gläubigers offen stehen (BGH 16.8.2007 – IX ZR 63/06, BGHZ 173, 328).

28 Beispiele für (teilweise) **unentgeltliche Leistungen** sind:
– Schenkung und gemischte Schenkung;
– Tilgung fremder Schulden, ohne dazu verpflichtet zu sein;
– Sicherung fremder Schulden, ohne dazu verpflichtet zu sein;
– unbenannte Zuwendungen.

29 Der Gläubiger muss im Prozessverfahren **darlegen** und gegebenenfalls **beweisen**, dass der Schuldner eine Leistung an den Anfechtungsgegner erbracht hat. Zur Frage der Unentgeltlichkeit gelten die Grundsätze der korrespondierenden Darlegungslast. Dh, der Gläubiger muss schlüssig behaupten, dass die Leistung unentgeltlich erfolgt ist. Dann ist es Sache des Anfechtungsgegners, die Entgeltlichkeit darzustellen (BGH 17.12.1998 – IX ZR 196/97, ZIP 1999, 196). Eine Vermutung der Unentgeltlichkeit kann sich bei Leistungen zwischen Ehegatten aus § 1362 Abs. 1 BGB ergeben.

30 Im Gegensatz zur Vorsatzanfechtung des § 3 AnfG ist ein **Vorsatz** des Schuldners oder Anfechtungsgegners bei der Anfechtung nach § 4 AnfG **nicht erforderlich** (OLG Brandenburg 18.7.2007 – 7 U 59/05, JurBüro 2008, 48).

4. Anfechtungen von Rechtshandlungen des Erben (§ 5 AnfG)

31 Anfechtungsberechtigt sind nach § 5 AnfG nur **Nachlassgläubiger**, die bei einem Insolvenzverfahren über den Nachlass dem Anfechtungsgegner regelmäßig vorgehen oder gleichstehen würden. Das Rangverhältnis ist in § 327 InsO geregelt. Weil der Nachlass primär zur Begleichung von Nachlassverbindlichkeiten zu verwenden ist, sollen Nachlassgläubiger davor geschützt werden, dass der Erbe als Gesamtrechtsnachfolger

des Schuldners den Nachlass durch Erfüllung von Pflichtteilsansprüchen, Vermächtnissen oder Auflagen aushöhlt.

Darauf, ob der Erbe Allein- oder Miterbe ist, oder ob er das Erbe angenommen hat, kommt es nicht an **32** (HK-ZV/Haertlein AnfG § 5 Rn 4). Rechtshandlungen des Testamentsvollstreckers, Nachlassverwalters oder -pflegers gelten als Handlungen des Erben (HK-ZV/Haertlein AnfG § 5 Rn 4).

Die Anfechtungsmöglichkeit besteht nicht, wenn der Erbe zur Zeit der Leistung bereits unbeschränkt (vgl **33** §§ 2005 ff BGB) haftet. Denn dann ist die Leistung nicht mehr „aus dem Nachlass" erfolgt (Paulus in: Kübler/Prütting/Bork § 5 AnfG Rn 7).

Aus der Verweisung auf § 4 AnfG folgt, dass Erbe und Anfechtungsgegner nicht vorsätzlich gehandelt ha- **34** ben müssen und die Anfechtungsfrist von vier Jahren gilt.

§ 5 AnfG schließt eine Vorsatzanfechtung gemäß § 3 AnfG nicht aus (Huber § 5 AnfG Rn 14). **35**

5. Anfechtung der Rückzahlung oder Sicherung von Darlehen eines Gesellschafters oder eines Dritten (§§ 6, 6 a AnfG)

§§ 6, 6 a AnfG regeln ergänzend die Anfechtungsmöglichkeit der Rückzahlung der Sicherung von Darlehen **36** des Gesellschafters oder eines Dritten durch die Gesellschaft außerhalb des Insolvenzverfahrens. Die Anfechtung im Insolvenzverfahren ist vorrangig und in § 135 InsO geregelt.

IV. Anfechtungsfristen

Für die in §§ 3, 4 AnfG und kraft Verweisung in § 5 AnfG genannten Anfechtungstatbestände regelt § 7 **37** AnfG die Fristberechnung. Die Frist ist grundsätzlich rückwärts zu rechnen von dem Zeitpunkt an, in dem die Anfechtbarkeit gerichtlich geltend gemacht wird. Für die Rückrechnung sind die §§ 187 ff BGB analog anzuwenden (hM, vgl u.a. Huber § 7 AnfG Rn 32; nach aA soll § 139 InsO analog gelten, so Paulus in: Kübler/Prütting/Bork § 7 AnfG Rn 2). Zur Fristberechnung s. Huber § 7 AnfG Rn 32.

„Gerichtliche Geltendmachung" meint entweder die Erhebung der Klage oder Widerklage oder die Gel- **38** tendmachung als Einrede (§ 9 AnfG).

1. Gerichtliche Geltendmachung

Die Klage ist mit ihrer Rechtshängigkeit erhoben (§§ 261 Abs. 1, 167 ZPO). Die Anforderungen an die An- **39** fechtungsklage ergeben sich aus § 13 AnfG:

a) Der Klageantrag muss bestimmt bezeichnen, in welchem Umfang und in welcher Weise der Anfechtungsgegner das Erlangte zur Verfügung stellen soll (§ 11 AnfG). Hat der Anfechtungsgegner bewegliche oder unbewegliche Sachen vom Schuldner erhalten, richtet sich der Klageantrag auf Duldung der Zwangsvollstreckung durch den Anfechtungsgegner in die erlangten Sachen. Hat der Anfechtungsgegner Geld vom Schuldner bekommen, kann Auszahlung des Betrages verlangt werden. Ist das Erlangte nicht mehr vorhanden, richtet sich der Klageantrag auf Wertersatz in bezifferter Höhe. Die Klage ist als Leistungsklage ausgestaltet.

Hatte der Schuldner dem Anfechtungsgegner eine Forderung abgetreten, lautet der Klageantrag auf Duldung der Zwangsvollstreckung, falls die Forderung noch nicht eingezogen wurde, andernfalls auf Auszahlung des erlangten Betrages als Sekundäranspruch (BGH 19.9.1991 – IX ZR 69/90, NJW-RR 1992, 612).

b) Der zu vollstreckende Anspruch des Gläubigers gegen den Schuldner auf Zahlung einer Geldsumme muss mit einer bezifferten Höhe angegeben werden (BGH 25.10.1990 – IX ZR 211/89, BGHZ 112, 356). Besteht die Forderung des Gläubigers gegen den Schuldner nur noch aus einem Teilbetrag, muss auch dieser genau beziffert werden.

2. Anfechtungseinrede

40 Die gerichtliche Geltendmachung der Anfechtung kann auch durch Einrede oder Gegeneinrede im gerichtlichen Verfahren erfolgen, § 9 AnfG. Häufigster Fall dürfte die Einrede des Gläubigers in einer gegen ihn vom Anfechtungsgegner erhobenen Drittwiderspruchsklage sein. Die Anfechtungseinrede kann wirksam erhoben werden, auch ohne dass der Gläubiger bereits einen vollstreckbaren Schuldtitel gegen den Schuldner iSd § 2 AnfG hat. Er muss ihn aber vor der gerichtlichen Entscheidung binnen einer vom Gericht zu bestimmenden angemessenen Frist beibringen. Eine Jahresfrist ist in der Regel nicht unangemessen (OLG Frankfurt/M. 25.3.1976 – 5 W 11/76, MDR 1976, 676). Maßgebend ist, wie lange der Gläubiger benötigt, um gegen den Schuldner einen Titel zu erlangen. Die Frist kann vom Gericht (wiederholt) verlängert werden (§§ 224 Abs. 2, 225 Abs. 2 ZPO). Liegt bis zum Schluss der mündlichen Verhandlung kein Titel vor, ist die Einrede unzulässig, kann aber später erneut geltend gemacht werden (HK-ZV/Haertlein AnfG § 9 Rn 14).

41 Wird der Titel erst nach Fristablauf, aber bis zur letzten mündlichen Verhandlung vorgelegt, hat das Gericht über die Begründetheit der Anfechtungseinrede zu entscheiden (HK-ZV/Haertlein AnfG § 9 Rn 14). Die Einrede kann in mündlicher Verhandlung oder durch zuzustellenden Schriftsatz erhoben werden.

3. Anfechtungsankündigung (§ 7 Abs. 2 AnfG)

42 Zur **Wahrung der Anfechtungsfristen** reicht unter bestimmten Voraussetzungen die schriftliche Mitteilung an den Anfechtungsgegner, in der der Gläubiger seine Absicht, eine Rechtshandlung anzufechten, mitteilt (§ 7 Abs. 2 AnfG). Dann wird die Anfechtungsfrist vom Zeitpunkt des Zugangs dieser Mitteilung zurückgerechnet. Folgende Voraussetzungen müssen erfüllt sein:

a) Es handelt sich um eine einseitige schriftliche Willenserklärung. Die elektronische Form genügt (§ 126 Abs. 3 BGB). Die Erklärung muss dem Antragsgegner zugehen.

b) Wie bei einer fristwahrenden Anfechtungsklage muss die Forderung des Gläubigers gegen den Schuldner genau bezeichnet sein (s. Rn 39).

c) Die Rechtshandlung, die angefochten werden soll, muss ausreichend bezeichnet sein.

d) Die Hauptforderung des Gläubigers gegen den Schuldner darf noch nicht fällig und tituliert, muss aber rechtswirksam begründet sein (HK-ZV/Haertlein AnfG § 7 Rn 21). Ist die Hauptforderung bereits tituliert und fällig, ist eine wirksame Anfechtungsankündigung nicht mehr möglich, weil der Gläubiger zugleich Anfechtungsklage erheben kann (HK-ZV/Haertlein AnfG § 7 Rn 21).

e) Die gerichtliche Geltendmachung der Anfechtung muss binnen zwei Jahren nachgeholt werden (§ 7 Abs. 2 AnfG). Als materiellrechtliche Ausschlussfrist unterliegt sie nicht der Parteidisposition.

f) Der Schuldner muss schon zur Zeit des Zugangs der Anfechtungsankündigung unfähig gewesen sein, die Forderung des Gläubigers zu erfüllen.

43 Nur wenn die Ankündigung die genannten Anforderungen erfüllt, tritt die Wirkung des § 7 Abs. 2 AnfG ein und auch nur für die in der Anfechtungsankündigung bezeichnete Forderung des Gläubigers gegen den Schuldner (HK-ZV/Haertlein AnfG § 7 Rn 23). Wegen der Besonderheiten bei Maßnahmen nach dem KWG s. § 7 Abs. 3 AnfG.

4. Zeitpunkt der Vornahme der Rechtshandlung (§ 8 AnfG)

44 Ob die Anfechtungsfrist gewahrt ist, hängt davon ab, wann die anfechtbare Rechtshandlung vorgenommen wurde. Gemäß § 8 Abs. 1 AnfG ist das zu dem Zeitpunkt der Fall, in dem ihre **rechtlichen Wirkungen eintreten.** § 8 Abs. 2 AnfG regelt, dass bei Registereintragungen dieser Zeitpunkt vorverlagert wird. Maßgebend ist nicht der Zeitpunkt der Registereintragung, sondern wann die Willenserklärung für den Schuldner bindend geworden ist und der andere Teil den Eintragungsantrag ins Register gestellt hat (vgl zB § 873 Abs. 2 BGB). Für aufschiebend bedingte oder befristete Rechtshandlungen des Schuldners bestimmt § 8 Abs. 3 AnfG, dass der Zeitpunkt des Eintritts der Bedingung oder der Befristung außer Betracht bleibt.

V. Prozessuale Hinweise

Im Allgemeinen wird es sich bei Anfechtungsklagen um eine bürgerliche Rechtsstreitigkeit handeln, die 45
vor dem **Zivilgericht** zu führen ist. Sie kann jedoch eine sonstige Familiensache iSd § 266 Abs. 1 Nr. 2, 3
FamFG sein, wenn Eheleute oder ehemalige Eheleute Beteiligte des Anfechtungsprozesses sind (anders
zum alten Recht OLG Bamberg 4.1.1989 – SA 9/88, NJW-RR 1989, 517).

120. Go-Order nach § 1666 a BGB

Kloster-Harz/Schönberger

I. Einleitung...................................... 1
II. Persönlicher Anwendungsbereich............... 2
III. Gefährdung des Kindeswohls................... 3
IV. Wohnungsmaßnahmen zum Schutz des Kindes
    vor Gewalt...................................... 4

1. Betroffene Personen.......................... 5
2. Maßnahmen................................... 6
3. Dauer.. 7
4. Verhältnismäßigkeit.......................... 8
5. Verfahren.................................... 9

I. Einleitung

1 Nach § 1666 a Abs. 1 S. 2 BGB kann einem Elternteil vorübergehend oder auf unbestimmte Zeit die **Nutzung der Familienwohnung untersagt** werden, wenn **der Gefahr für das Kind** nicht durch andere Weise begegnet werden kann. Dabei kann diese Vorschrift nicht isoliert, sondern nur in Verbindung mit § 1666 BBG Anwendung finden, wonach das Familiengericht die Maßnahmen zu treffen hat, die zur Abwehr der Gefahr für das Kind erforderlich sind, und die Eltern nicht gewillt oder in der Lage sind, die Gefahr abzuwenden.

II. Persönlicher Anwendungsbereich

2 Die Regelung betrifft die **sorgeberechtigten Eltern**, unabhängig davon, ob sie miteinander verheiratet sind oder nicht, das unter elterlicher Sorge stehende Kind und dritte Personen, wie den Lebensgefährten eines sorgeberechtigten Elternteils.

III. Gefährdung des Kindeswohls

3 Das Wohl des Kindes stellt einen unbestimmten Rechtsbegriff dar. Der Wortlaut des Gesetzes macht jedoch mit der Differenzierung von körperlichem, geistigem und seelischem Kindeswohl verständlich, dass es um den **umfassenden Schutz** des in der Entwicklung befindlichen Kindes geht. Der Staat darf auch eingreifen, wenn die Gefährdung noch nicht entstanden ist. Gefährdungen setzen die begründete Besorgnis voraus, dass bei Nichteingreifen des Gerichts das Wohl des Kindes beeinträchtigt wird (OLG Nürnberg 13.4.1981 – 11 UF 3104/80, FamRZ 1981, 707; Palandt/Götz § 1666 BGB Rn 7 ff).

IV. Wohnungsmaßnahmen zum Schutz des Kindes vor Gewalt

4 § 1666 a Abs. 1 S. 2 BGB ist als Vervollständigung der Regelungen des Gewaltschutzgesetzes zu sehen (s. → *Gewaltschutz*). Hiernach können Maßnahmen gegen einen Elternteil oder einen Dritten erlassen werden, wenn der Elternteil oder Dritte nur das Kind und nicht die Mutter misshandeln sollte. Andernfalls würde das Gewaltschutzgesetz Anwendung finden. Die Regelung dient zudem dazu, dem Kind die vertraute Umgebung zu belassen und eine Unterbringung bei Pflegeeltern oder in einem Heim zu unterbinden.

1. Betroffene Personen

5 Die Maßnahmen des Gerichts können sich gegen einen Elterteil oder eine dritte Person richten. Voraussetzung ist jedoch, dass sie **Inhaber oder Mitinhaber der Familienwohnung** sind, wie Mieter oder Eigentümer. Für eine Nutzungsuntersagung soll aber auch eine bloße Mitbenutzung durch das Kind oder eine „andere Wohnung" genügen, wenn der Dritte oder Elternteil von dort aus das Kind gefährdet, beispielsweise die Nachbarwohnung (Palandt/Götz § 1666 a BGB Rn 5).

2. Maßnahmen

6 Die Regelung nennt ausdrücklich nur die **Nutzungsuntersagung** der Wohnung. Damit ist die Familienwohnung, nicht zwingend die Ehewohnung iSv §§ 1361 b, 1568 a BGB gemeint. Ergänzend stehen dem Gericht aber auch die Maßnahmen nach § 1 Abs. 1 S. 3 GewSchG offen, wie beispielsweise das Betretungsverbot, das Näherungsverbot, das Kontaktverbot. Diese Verbote können zusätzlich oder alternativ

ausgesprochen bzw festgeschrieben werden. Sofern die betroffene Person umgangsberechtigt sein sollte, können zusätzliche Maßnahmen nach §§ 1684, 1685 BGB erlassen werden, wie beispielsweise begleiteter Umgang etc.

3. Dauer

Das Gericht kann das Nutzungsverbot der Wohnung oder die sonstigen Maßnahmen nach § 1 Abs. 1 S. 3   7
GewSchG **befristet oder unbefristet** erlassen. Dabei sind bezüglich der Dauer der Maßnahme die Möglichkeit des Eintritts der Normalisierung der Verhältnisse sowie die Rechtsverhältnisse der betroffenen Person an der Wohnung zu berücksichtigen (§ 2 Abs. 2 GewSchG).

4. Verhältnismäßigkeit

Die Nutzungsuntersagung der Familienwohnung kann zur Trennung des Kindes von dem anderen Elternteil   8
führen. Sie soll daher nur erfolgen, wenn **keine weniger einschneidenden Maßnahmen** möglich sind. Die Maßnahmen zur Unterstützung der Familie haben dabei Vorrang.

5. Verfahren

Das Gericht wird **von Amts wegen** tätig. Eines gesonderten Antrags des anderen Elternteils bedarf es daher   9
nicht. In der Regel ist ein **Verfahrensbeistand** zu bestellen. Im Übrigen sind die erlassenen Maßnahmen in angemessenen Zeitabständen von Gerichts wegen zu überprüfen. Sie sind aufzuheben, sofern eine Kindeswohlgefährdung nicht mehr besteht.

121. Grobe Unbilligkeit im Zugewinn

Knahn

I. Einführung 1
II. Leistungsverweigerung wegen grober Unbilligkeit, § 1381 BGB 2
  1. Begriff 2
  2. Fallgruppen 3
    a) Nichterfüllung wirtschaftlicher Verpflichtun-
gen 3
      aa) Schuldhaftes Handeln 4
      bb) Wirtschaftliche Verpflichtungen aus
dem ehelichen Verhältnis 5
      cc) Dauer 6
    b) Mangelhafte Verwaltung des eigenen Vermö-
gens 7

    c) Fehlverhalten im persönlichen Bereich 8
    d) Sonstige Fälle 11
  3. Rechtsfolge 13
  4. Verhältnis zu § 1382 BGB und § 242 BGB 14
    a) Stundung der Ausgleichsforderung,
§ 1382 BGB 14
    b) Unzulässige Rechtsausübung, § 242 BGB 15
III. Geltendmachung 16
  1. Einrede 16
  2. Verzicht 18
  3. Darlegungs- und Beweislast 19
IV. Auskunftsanspruch 20

I. Einführung

1 Die starren und schematischen Regelungen zum Zugewinnausgleich können zu systemimmanenten Unbilligkeiten führen. Das **Leistungsverweigerungsrecht des § 1381 BGB** ist aber nur in Einzelfällen anwendbar, in denen besondere Umstände zu einer groben Unbilligkeit führen. Systemimmanente Unbilligkeiten alleine reichen nicht aus (Palandt/Brudermüller § 1381 BGB Rn 4). Besteht die grobe Unbilligkeit dabei aber nur vorübergehend, geht die Möglichkeit der **Stundung gem. § 1382 BGB** vor (s. Rn 14). Im Anwendungsbereich des § 1381 BGB kann eine **unzulässige Rechtsausübung iSv § 242 BGB** nicht zu einer Beschränkung des Zugewinnausgleichsanspruchs führen, da § 1381 BGB als abschließende Sonderregelung die Anwendung des § 242 BGB ausschließt. Allerdings kann § 242 BGB auf die entstandene Ausgleichforderung angewendet werden und zB zu einer Verwirkung des Zugewinnausgleichanspruchs führen (s. Rn 15).

II. Leistungsverweigerung wegen grober Unbilligkeit, § 1381 BGB

1. Begriff

2 Der Begriff der groben Unbilligkeit ist in § 1381 BGB nicht definiert. In § 1381 Abs. 2 BGB ist ein nicht abschließender Beispielsfall normiert, der zur Typologisierung und Entwicklung von Richtlinien herangezogen werden kann (NK-BGB/Fischinger § 1381 BGB Rn 4). Als absolute Ausnahmevorschrift ist § 1381 BGB restriktiv auszulegen. Eine grobe Unbilligkeit kann nur dann angenommen werden, wenn die Gewährung des Ausgleichsanspruchs in der vom Gesetz grundsätzlich vorgesehenen Weise **dem Gerechtigkeitsempfinden in unerträglicher Weise widerspricht** (BGH 6.2.2002 – XII ZR 213/00, NJW-RR 2002, 865). Die Anforderungen sind damit strenger als bei § 242 BGB oder § 1579 BGB (Palandt/Brudermüller § 1381 BGB Rn 2). Die grobe Unbilligkeit darf dabei aber nicht nur vorübergehend bestehen, in diesen Fällen geht die Möglichkeit der Stundung gem. § 1382 BGB (s. Rn 14) vor (BGH 3.6.1970 – IV ZR 64/69, NJW 1970, 1600).

2. Fallgruppen

3 **a) Nichterfüllung wirtschaftlicher Verpflichtungen.** § 1381 Abs. 2 BGB sieht als Hauptanwendungsfall für das Vorliegen einer groben Unbilligkeit die schuldhafte und längere Zeit andauernde Nichterfüllung wirtschaftlicher Verpflichtungen, die sich aus dem ehelichen Verhältnis ergeben, vor.

4 **aa) Schuldhaftes Handeln.** Die Nichterfüllung wirtschaftlicher Verpflichtungen muss stets schuldhaft, also **vorsätzlich oder fahrlässig**, erfolgen. Maßstab für fahrlässiges Handeln ist dabei nicht § 276 Abs. 2 BGB, vielmehr gilt unter Ehegatten § 1359 BGB (NK-BGB/Fischinger § 1381 BGB Rn 6). Die Ehegatten haben danach bei der Erfüllung der sich aus dem ehelichen Verhältnis ergebenden Verpflichtungen einander nur für **diejenige Sorgfalt** einzustehen, die sie in eigenen Angelegenheiten anzuwenden pflegen. Dies

stellt einen milderen Haftungsmaßstab dar, zu dessen Bestimmung auf die subjektive Veranlagung und das gewohnheitsmäßige Verhalten des Handelnden abzustellen ist (NK-BGB/Wellenhofer § 1359 BGB Rn 2). Die Ehegatten sind dabei aber gem. § 277 BGB jedenfalls nicht von grober Fahrlässigkeit befreit.

bb) Wirtschaftliche Verpflichtungen aus dem ehelichen Verhältnis. Unter § 1381 Abs. 2 BGB fallen 5
die Pflicht zum Familienunterhalt gem. § 1360 BGB sowie zum Trennungsunterhalt gem. § 1361 BGB, die Pflicht zur Haushaltsführung gem. § 1356 Abs. 1 BGB (Palandt/Brudermüller § 1381 BGB Rn 14), die Pflicht zum Kindesunterhalt gegenüber gemeinsamen minderjährigen ehelichen Kindern (OLG Düsseldorf 21.1.1987 – 5 UF 101/86, FamRZ 1987, 821), die Mitarbeitspflicht in Beruf oder Geschäft, wenn eine solche durch eine entsprechende Vereinbarung begründet wurde, unter Umständen auch die Entgegennahme nicht geschuldeten Unterhalts (NK-BGB/Fischinger § 1381 BGB Rn 7). Auch die aus § 1353 BGB entspringenden vermögensrechtlichen Pflichten fallen unter § 1381 Abs. 2 BGB, zB die Schädigung durch Preisgabe von Geschäftsgeheimnissen (MüKo/Koch § 1381 BGB Rn 20).

cc) Dauer. Die Pflichtverletzung muss gem. § 1381 Abs. 2 BGB **längere Zeit** andauern. Die Dauer der 6
Pflichtverletzung ist dabei im Verhältnis zur Dauer der Zugewinngemeinschaft und nicht zur Dauer des tatsächlichen Zusammenlebens zu sehen (BGH 9.7.1980 – IVb ZR 531/80, FamRZ 1980, 877). Bei besonders schweren Pflichtverletzungen kann das Zeitmoment entfallen (HK-FamR/Häcker § 1381 BGB Rn 20; aA MüKo/Koch § 1381 BGB Rn 16). Je länger die Zugewinngemeinschaft andauerte, desto höher sind die Anforderungen an die Zeitdauer der Pflichtverletzung zu stellen (Palandt/Brudermüller § 1381 BGB Rn 12).

b) Mangelhafte Verwaltung des eigenen Vermögens. Im Rahmen der Zugewinngemeinschaft besteht 7
keine Pflicht, das eigene Vermögen ordnungsgemäß zu verwalten. Die eigene Misswirtschaft des Zugewinnausgleichsgläubigers stellt daher keine grobe Unbilligkeit gem. § 1381 BGB dar (Palandt/Brudermüller § 1381 BGB Rn 16). Es ist daher unschädlich, wenn der Ehegatte kein eigenes Vermögen aufgebaut hat, sparsamer hätte wirtschaften können oder nicht an der Vermögensmehrung des anderen Ehegatten mitgewirkt hat (NK-BGB/Fischinger § 1381 BGB Rn 10). Für die Fälle der Misswirtschaft eines Ehegatten stellt die Zurechnungsregelung des § 1375 Abs. 2 BGB eine abschließende Sonderregelung dar (Palandt/Brudermüller § 1381 BGB Rn 16; aA MüKo/Koch § 1381 BGB Rn 18; Staudinger/Thiele § 1381 BGB Rn 16).

c) Fehlverhalten im persönlichen Bereich. Verfehlungen eines Ehegatten während der Ehe, die sich 8
nicht wirtschaftlich ausgewirkt haben, können grundsätzlich **kein Leistungsverweigerungsrecht** begründen, da § 1381 BGB keine Sanktionsnorm für eheliches Fehlverhalten darstellt (HK-FamR/Häcker § 1381 BGB Rn 9). Ein Leistungsverweigerungsrecht kommt aber in Ausnahmefällen dann in Betracht, wenn ein **exzessiv ehestörendes Verhalten** eines Ehegatten vorliegt (Palandt/Brudermüller § 1381 BGB Rn 17; aA NK-BGB/Fischinger § 1381 BGB Rn 20).

Das Vorliegen einer groben Unbilligkeit wurde in folgenden Fällen **bejaht**: 9
- schwerwiegende und über Jahre hinweg dauernde ehebrecherische Beziehung der Ehefrau, die in 22 Jahren Ehe sechs Kinder gebar, wovon vier nicht vom Ehemann stammten, was dieser nicht wusste (OLG Celle 8.12.1977 – 10 O 41/77, FamRZ 1979, 431);
- Tötung des Ehegatten (OLG Karlsruhe 16.4.1987 – 2 UF 267/85, FamRZ 1987, 823);
- dreijährige außereheliche Beziehung mit vielfachem schwerem Ehebruch bei 30jähriger Ehe (OLG Hamm 16.2.1989 – 2 UF 648/86, FamRZ 1989, 1188; aA Palandt/Brudermüller § 1381 BGB Rn 17);
- jahrzehntelange Unterdrückung und Missachtung durch den Ehemann (OLG Bamberg 5.12.1996 – 2 UF 181/96, NJW-RR 1997, 1435).

Das Vorliegen einer groben Unbilligkeit wurde hingegen in folgenden Fällen **verneint**: 10
- einjähriger Seitensprung nach zuvor bestehender siebenjähriger Ehe (BGH 3.6.1970 – IV ZR 64/69, NJW 1970, 1600);
- Ehebruch in den letzten neun Monaten einer zehnjährigen Ehe, in der vier gemeinsame Kinder aufgezogen wurden (OLG Köln 20.6.1978 – 21 UF 412/77, FamRZ 1979, 511);
- Ehebruch, wenn dieser durch den anderen Ehegatten hingenommen wurde (OLG Düsseldorf 14.1.1981 – 5 UF 155/80, NJW 1981, 829);

- heimliche Untreue oder innere Abwendung (OLG Düsseldorf 14.1.1981 – 5 UF 155/80, NJW 1981, 829);
- Drohungen und körperliche Auseinandersetzungen in der Trennungssituation (AG Tempelhof-Kreuzberg 14.11.2003 – 176 F 6596/97, FamRZ 2005, 107);
- die Ansteckung mit einer Geschlechtskrankheit (OLG Bamberg 20.7.1989 – 2 UF 202/88, FamRZ 1990/408);
- schwere körperliche Misshandlungen mit Todesdrohungen, Alkoholmissbrauch und ehebrecherisches Verhalten mit Prostituierten, wenn zugleich das Endvermögen des Ausgleichspflichtigen vom Ausgleichsberechtigten erwirtschaftet wurde und dieser einseitig Vermögensbildung zugunsten des Ausgleichspflichtigen betrieben hat, um eine Alterssicherung für beide Partner zu schaffen (OLG Düsseldorf 28.1.2009 – II-8 UF 55/05, NJW-Spezial 2009, 326).

11 **d) Sonstige Fälle.** Eine **Doppelehe** kann ein Leistungsverweigerungsrecht begründen, soweit der Zugewinn in der Zeit außerhalb der ehelichen Lebensgemeinschaft erzielt worden ist (Palandt/Brudermüller § 1381 BGB Rn 22). Ein Leistungsverweigerungsrecht kann aber bestehen, wenn der Zugewinnausgleichsschuldner über längere Zeit zu Unrecht erheblich **erhöhten Unterhalt** bezahlt hat und ihm ein Rückforderungsanspruch nicht zusteht (OLG Brandenburg 10.2.2003 – 9 WF 191/02, NJW-RR 2003, 1083). Eine **kurze Ehedauer** allein stellt keine grobe Unbilligkeit dar (Palandt/Brudermüller § 1381 BGB Rn 18). Unerheblich ist auch, welcher Ehegatte den größeren **wirtschaftlichen Beitrag zum Vermögenserwerb** erbracht hat, da der Zugewinnausgleichsanspruch nicht von der Mitwirkung oder der Mitarbeit des anderen Ehegatten, abhängt (BGH 9.7.1980 – IVb ZR 531/80, FamRZ 1980, 877). Eine Korrektur grob unbilliger Ergebnisse bei **unverschuldetem Vermögensverlust**, die durch die Vorverlegung des Stichtages für die Begrenzung der Zugewinnausgleichsforderung durch die Neuregelung des § 1384 BGB entstehen können, kann über § 1381 BGB erfolgen (BGH 4.7.2012 – XII ZR 80/10, NJW 2012, 2657).

12 Wird das Vermögen erst während einer längeren Trennungszeit gebildet, stellt dies noch keine grobe Unbilligkeit dar (Palandt/Brudermüller § 1381 BGB Rn 19). Allerdings ist im Rahmen einer Gesamtwürdigung auch eine **ungewöhnlich lange Trennungszeit** dann zu berücksichtigen, wenn dem nach der Trennung erwirtschafteten Endvermögen jegliche innere Beziehung zur ehelichen Lebensgemeinschaft fehlt (BGH 6.2.2002 – XII ZR 213/00, NJW-RR 2002, 865).

3. Rechtsfolge

13 Die Einrede des § 1381 BGB bewirkt eine teilweise Begrenzung oder einen vollumfänglichen Ausschluss des Zugewinnausgleichsanspruchs. Bei wirtschaftlichen Pflichtverletzungen (s. Rn 3 ff) stellt der durch den Vermögensschaden entstandene Fehlbetrag einen objektiven Anhaltspunkt für das Maß einer dem Grunde nach gerechtfertigten Kürzung dar, ohne dass ihm der Kürzungsbetrag zwingend gleichzustellen ist (NK-BGB/Fischimger § 1381 BGB Rn 29). Bei rein persönlichem Fehlverhalten (s. Rn 8 ff) ist regelmäßig nur eine Begrenzung des Ausgleichsbetrages möglich (BGH 22.4.1966 – IV ZR 58/65, NJW 1966, 2109).

4. Verhältnis zu § 1382 BGB und § 242 BGB

14 **a) Stundung der Ausgleichsforderung, § 1382 BGB.** Besteht die grobe Unbilligkeit nur **vorübergehend**, geht die Stundungseinrede des § 1382 BGB dem Leistungsverweigerungsrecht des § 1381 BGB vor (BGH 3.6.1970 – IV ZR 64/69, NJW 1970, 1600; s. → *Stundungseinrede*).

15 **b) Unzulässige Rechtsausübung, § 242 BGB.** Im Anwendungsbereich des § 1381 BGB kann eine unzulässige Rechtsausübung iSv § 242 BGB nicht zu einer Beschränkung des Zugewinnausgleichsanspruchs führen, da § 1381 BGB als abschließende Sonderregelung die Anwendung der Generalklausel des § 242 BGB ausschließt (NK-BGB/Fischinger § 1381 BGB Rn 3). Allerdings kann § 242 BGB auf die entstandene Ausgleichforderung angewendet werden (MüKo/Koch § 1381 BGB Rn 4). Das bedeutet, dass der Anwendungsbereich des § 1381 BGB und somit auch der Vorrang vor § 242 BGB nur Unbilligkeiten erfasst, die bis zur Rechtskraft der Scheidung entstanden sind. Die mit Rechtskraft der Scheidung entstandene Ausgleichsforderung unterliegt fortan dem Gebot von Treu und Glauben des § 242 BGB und ein Verstoß kann

zB zu einer Verwirkung des Zugewinnausgleichanspruchs führen (Palandt/Brudermüller § 1381 BGB Rn 6).

III. Geltendmachung

1. Einrede

§ 1381 BGB ist eine dauerhafte (peremtorische) Einrede, die vom Ausgleichsverpflichteten und nach dessen Versterben und nach Entstehung der Ausgleichsforderung, aber vor Erfüllung der Forderung von dessen Erben erhoben werden kann (NK-BGB/Fischinger § 1381 BGB Rn 30). **16**

Die Geltendmachung der Einrede aus § 1381 BGB wird wie bei jedem subjektiven Recht durch § 242 BGB begrenzt. Die Berufung auf die Einrede ist einem Ehegatten nach dem Grundsatz des **venire contra factum proprium** dann verwehrt, wenn in Kenntnis der das Leistungsverweigerungsrecht begründenden Umstände bereits Abschlagszahlungen geleistet wurden, bevor die Einrede geltend gemacht wurde (BGH 13.10.1976 – IV ZR 104/74, FamRZ 1977). **17**

2. Verzicht

Vor Entstehung der Ausgleichsforderung ist der Verzicht auf die Einrede des § 1381 BGB nur wirksam, wenn er Teil einer **notariell beurkundeten Vereinbarung** gem. § 1378 Abs. 3 BGB ist und der Schuldner bei Vertragsschluss alle für § 1381 BGB relevanten Umstände kennt (NK-BGB/Fischinger § 1381 BGB Rn 32). Nach Ende des Güterstandes ist der Verzicht formlos möglich (Palandt/Brudermüller § 1381 BGB Rn 8). **18**

3. Darlegungs- und Beweislast

Der Zugewinnausgleichsschuldner trägt die Darlegungs- und Beweislast für die Tatsachen, aus denen sich ein Leistungsverweigerungsrecht ergibt (s. → *Darlegungs- und Beweislast im Zugewinn* Rn 12). **19**

IV. Auskunftsanspruch

Der Auskunftsanspruch eines Ehegatten gem. § 1379 BGB wird durch § 1381 BGB grundsätzlich nicht beeinträchtigt, da die Verpflichtung zur Auskunftserteilung über den Bestand des Endvermögens grundsätzlich nicht davon abhängt, ob der Auskunftspflichtige die Erfüllung der Ausgleichsforderung nach § 1381 BGB verweigern kann (BGH 10.10.1979 – IV ZR 79/78, NJW 1980, 229). Ausnahmsweise besteht ein Auskunftsanspruch aber nicht, wenn unzweifelhaft ist, dass aufgrund der Einrede des § 1381 BGB eine Ausgleichsforderung nicht besteht (Palandt/Brudermüller § 1379 BGB Rn 5). **20**

122. Grundsicherung für Arbeitsuchende

Conradis

I. Einführung	1	III. Anrechnung von Einkommen und Vermögen...	28
II. Leistungen	4	1. Unterscheidung von Einkommen und Vermögen	28
1. Regelbedarfsleistungen	5	2. Anrechnung von Einkommen	32
2. Mehrbedarfszuschläge	7	3. Anrechnung von Vermögen	39
3. Unterkunftskosten	12	IV. Arbeitspflicht	45
4. Weitere Leistungen	21		
5. Einzelanspruch, Bedarfsgemeinschaft und Haushaltsgemeinschaft	26		

I. Einführung

1 Das SGB II, welches seit dem 1.1.2005 die Grundsicherung für Arbeitsuchende regelt, brachte die Zusammenführung von Arbeitslosenhilfe und Sozialhilfe auf dem Niveau der Sozialhilfe. Die existenzsichernden Leistungen werden überwiegend nach dem SGB II geleistet, nur ein sehr kleiner Personenkreis erhält Sozialhilfe nach dem SGB XII (s. → *Sozialhilfe*) und eine zunehmende Anzahl von vor allem alten Menschen ist auf Leistungen nach dem 4. Kapitel des SGB XII angewiesen (s. → *Grundsicherung im Alter und bei Erwerbsminderung*). In vielen Fällen, in denen die Trennung von Ehegatten zur Bedürftigkeit führt, kommen Leistungen nach dem SGB II in Betracht. Soweit Hilfebedürftigkeit vorliegt, sind Berechtigte nach diesem Gesetz alle Personen, die das 15. Lebensjahr vollendet und das Eintrittsalter für die Regelaltersrente nicht vollendet haben und erwerbsfähig sind (§ 7 Abs. 1 SGB II). Durch die Heraufsetzung der Altersrente in der gesetzlichen Rentenversicherung erhöht sich die Altersgrenze entsprechend, § 7 a SGB II. Diese als **erwerbsfähige Leistungsberechtigte** bezeichneten Personen erhalten die Leistungen als Arbeitslosengeld II (§ 19 Abs. 1 SGB II). Außerdem haben Personen Anspruch auf Leistungen nach diesem Gesetz, die mit erwerbsfähigen Hilfebedürftigen in einer Bedarfsgemeinschaft leben (§ 7 Abs. 2 S. 1 SGB II). Sie erhalten die Leistungen als **Sozialgeld** (§ 19 Abs. 1 S. 2 SGB II).

2 Soweit das 65. Lebensjahr (oder ein höheres Alter nach Maßgabe des § 7 a SGB II) noch nicht vollendet ist, besteht ein Anspruch nach dem SGB II dem Grunde nach, wenn in der Bedarfsgemeinschaft (s. → *Bedarfsgemeinschaft*) mindestens eine erwerbsfähige Person lebt. Entscheidend ist mithin die **Definition der Erwerbsfähigkeit**. Nach § 8 Abs. 1 SGB II ist erwerbsfähig, wer nicht wegen Krankheit oder Behinderung auf absehbare Zeit außerstande ist, unter den üblichen Bedingungen des allgemeinen Arbeitsmarktes mindestens drei Stunden täglich erwerbstätig zu sein. Damit werden – bis auf andere kleinere Personengruppen, die für diese Darstellung keine Rolle spielen – nur die Erwerbsgeminderten vom SGB II nicht erfasst. Allein das Beziehen einer Rente wegen Erwerbsminderung bedeutet jedoch nicht, dass das SGB II nicht anzuwenden ist, da auch bei teilweiser Erwerbsminderung – wenn Leistungsfähigkeit für drei bis sechs Stunden besteht (§ 43 Abs. 1 S. 2 SGB VI) – ein Rentenanspruch bestehen kann.

3 Das SGB II findet auch Anwendung, wenn aus persönlichen Gründen eine **Arbeit derzeit nicht zugemutet** werden kann, zB wegen der Erziehung von kleinen Kindern (Rn 46) oder wegen der Pflege von Angehörigen. Denn dies ist eine Frage der Zumutbarkeit der Arbeitsaufnahme (geregelt in § 10 SGB II), nicht aber eine Frage der Erwerbsfähigkeit. Der typische Fall der getrennt lebenden Ehefrau, die mit mehreren minderjährigen Kindern zusammenlebt und derzeit deshalb an einer Arbeitsaufnahme gehindert ist, fällt daher unter das SGB II.

II. Leistungen

4 Die Leistungen zur Sicherung des Lebensunterhalts setzen sich zusammen aus dem **Regelbedarf** (bis Ende 2010 als Regelleistung bezeichnet) und den davon abgeleiteten Regelbedarfen für die weiteren Personen der Bedarfsgemeinschaft, den Mehrbedarfszuschlägen (Rn 7 ff) sowie Leistungen für Unterkunft und Heizung (Rn 12 ff). Einmalige Leistungen sind nur für wenige Fälle vorgesehen und können im Übrigen in der Regel nicht bewilligt werden (Rn 21 ff).

1. Regelbedarfsleistungen

Die Regelbedarfe sind durch das Regelbedarfsermittlungsgesetz (RBEG) vom 24.3.2011 (BGBl. I, 453) 5
festgelegt worden. Sie sind aufgeteilt in sechs **Regelbedarfsstufen** (§ 8 Abs. 1 RBEG). Diese unterscheiden sich nach Alter und Stellung in der Bedarfsgemeinschaft. Die Beträge sind für Minderjährige durch § 8
Abs. 2 RBEG in der zuvor geltenden Höhe festgelegt worden. Durch die Regelbedarfsstufen-
Fortschreibungsverordnung vom 18.10.2012 (BGBl. I, 2173) sind die Beträge erhöht worden und betragen
für das Jahr 2013:

Alleinstehend/Alleinerziehend	382 EUR
Partner	345 EUR
Beginn des 19. bis Vollendung des 25. Lebensjahres	306 EUR
Beginn des 15. bis Vollendung des 18. Lebensjahres	289 EUR
Beginn des 7. bis Vollendung des 14. Lebensjahres	255 EUR
Geburt bis Vollendung des 6. Lebensjahres	224 EUR

Die Höhe des Bedarfs für junge Erwachsene ist nicht im RBEG geregelt, sondern in § 20 Abs. 2 Nr. 2
SGB II.

Die Regelbedarfe umfassen den **gesamten Bedarf zur Sicherung des Lebensunterhalts**, insbesondere Er- 6
nährung, Kleidung, Körperpflege, Hausrat, Haushaltsenergie, Bedarfe des täglichen Lebens sowie in ver-
tretbarem Umfang auch Beziehung zur Umwelt und eine Teilnahme am kulturellen Leben (§ 20 Abs. 1 S. 1
SGB II). Bis auf die wenigen Ausnahmen für die Bewilligung von weiteren Leistungen (Rn 21 ff) muss
damit der gesamte Lebensbedarf gedeckt werden, zB auch Strom- und Telefonkosten, Eigenbeteiligungen
und Zuzahlungen bei Krankheitskosten, Fahrtkosten. Ob die Festsetzung der Höhe der Regelbedarfe den
verfassungsrechtlichen Anforderung genügt, ist noch zu klären. Eine Vorlage des Sozialgerichts Berlin
zum Bundesverfassungsgericht (SG Berlin 25.4.2012 – S 55 AS 9238/12, NDV-RD 2012, 56) ist derzeit
anhängig.

2. Mehrbedarfszuschläge

Nach § 21 SGB II sind verschiedene Mehrbedarfszuschläge zu bewilligen. Von Bedeutung sind der Mehr- 7
bedarf für werdende Mütter (§ 21 Abs. 2 SGB II), der Mehrbedarfszuschlag für Alleinerziehende (§ 21
Abs. 2 SGB II) und der Mehrbedarfszuschlag wegen kostenaufwendiger Ernährung (§ 23 Abs. 5 SGB II).
Seit dem 1.1.2012 werden diese Zuschläge nicht mehr gerundet.

Nach § 21 Abs. 2 SGB II erhalten **werdende Mütter** nach der zwölften Schwangerschaftswoche einen Zu- 8
schlag von 17 % des maßgebenden Regelbedarfs. Für Alleinerziehende sind dies derzeit 64,94 EUR. Der
Mehrbedarf ist vom ersten Tag der 13. Schwangerschaftswoche, also ab dem 85. Tag der Schwangerschaft
zu bewilligen. Die Schwangerschaft ist durch ein Attest eines Arztes oder einer Hebamme nachzuweisen.

Der Mehrbedarfszuschlag für **Alleinerziehende** in Höhe von 12 % des maßgebenden Regelbedarfs wird für 9
jedes minderjährige Kind bewilligt (auch wenn dies in dem Gesetzeswortlaut nicht so eindeutig zum Ausdruck kommt). Bei der Erziehung eines Kindes unter sieben Jahren oder zwei Kindern unter 16 Jahren erhöht sich der Zuschlag auf 36 %. Voraussetzung ist die überwiegende alleinige Erziehung der Kinder. Der
Mehrbedarfszuschlag entfällt nicht, wenn beispielsweise die Mutter in einem Frauenhaus wohnt und **zeitweise auch andere Personen für die Betreuung** des Kindes zur Verfügung stehen. Auch wenn das Kind
oder die Kinder im Kindergarten (ganztags) sind, ändert dies nichts an der Alleinerziehung. Etwas anderes
gilt jedoch, wenn das Kind überwiegend beispielsweise bei einem Großelternteil untergebracht ist. Auch
wenn ein Elternteil zusammen mit den Großeltern in deren Haushalt lebt und diese die Pflege und Erziehung für einen Teil des Tages sicherstellen, soll kein Mehrbedarfszuschlag in Betracht kommen (OVG Lüneburg 9.10.2003 – 12 ME 425/03, FEVS 55, 452). Leben Alleinerziehende in einer eheähnlichen Gemeinschaft, ist die alleinige Erziehung und Pflege gegeben, wenn sich der Partner nicht wesentlich an der Erziehung beteiligt (OVG Lüneburg 24.2.1972 – IV A 141/79, FEVS 21, 258).

10 Soweit sich die Eltern etwa **zur Hälfte** bei der Versorgung des Kindes abwechseln, wenn zB das Kind eine Woche bei dem einen und die andere Woche bei dem anderen Elternteil wohnt, so liegt bei beiden Elternteilen jeweils für diese Zeiträume Alleinerziehung vor und sie haben somit Anspruch auf jeweils den halben Mehrbedarf (BSG 3.3.2009 – B 4 AS 50/07 R, NZS 2010, 106).

11 Seit 2011 ist in § 21 Abs. 7 SGB II ein Mehrbedarf für die **Kosten der Warmwasserbereitung** aufgenommen worden. Dieser wird pauschal nach einem Prozentsatz der jeweiligen Regelbedarfsstufe bewilligt. Er beträgt für eine alleinstehende Person 2,3 % des Regelbedarfs, mithin 8,79 EUR monatlich. Für Partner und Kinder ist ein geringerer Prozentsatz vorgesehen. Bei Kindern bis zur Vollendung des 6. Lebensjahres werden lediglich 2,07 EUR anerkannt. Nach § 21 Abs. 7 S. 2 Hs 2 SGB II kann ein abweichender Bedarf geltend gemacht werden, wobei Gründe hierfür vorgetragen werden müssen. Ob die Pauschale ausreichend ist, insbesondere bei Kindern, ist sehr zweifelhaft. Untersuchungen hierzu ergeben einen erheblich höheren Verbrauch (ausführlich Eckhardt info also 2012, 195).

3. Unterkunftskosten

12 Die Leistungen für Unterkunft und Heizung werden in tatsächlicher Höhe nur dann übernommen, wenn diese **angemessen** sind (§ 22 Abs. 1 S. 1 SGB II). Zu den Unterkunftskosten zählen auch Aufwendungen für Schönheitsreparaturen sowie Auszugs- und Einzugsrenovierung (Berlit in: LPK-SGB II § 22 Rn 25; BSG 16.12.2008 – B 4 AS 49/07 R, SozR 4 – 4200 § 22 Nr. 16).

13 Bei den Unterkunftskosten für ein selbst genutztes **Eigenheim** wurden zunächst Schuldzinsen, nicht aber **Tilgungsbeträge** anerkannt. Das Bundessozialgericht hat in seiner Entscheidung vom 18.6.2008 (B 14/11 b AS 67/06 R, NDV-RD 2009, 14) anerkannt, dass auch Tilgungsleistungen zu den Unterkunftskosten zählen, soweit sie nicht vermeidbar sind und zusammen mit den anderen Aufwendungen nicht höher sind als die Miete einer Wohnung, die für die Personenzahl als angemessen angesehen wird. Sofern die Tilgung in erster Linie der Vermögensbildung dient, wird diese jedoch nicht als Teil der Unterkunftskosten anerkannt (BSG 22.8.2012 – B 14 1/12 R, FEVS 64, 343).

14 Die **Angemessenheit der Höhe der Mietkosten** wird bestimmt nach der **Produkttheorie** (vgl Berlit in: LPK-SGB II § 22 Rn 52). Danach gilt als angemessene Miete das Produkt aus angemessener Wohnfläche und angemessenem Quadratmeterpreis. Wenn dieser Betrag nicht überschritten wird, kommt es mithin auf die Größe der Wohnung nicht an. Der **Quadratmeterpreis** richtet sich nach den örtlichen Verhältnissen, daher gibt es bisher in jeder Gemeinde unterschiedliche Richtsätze. Dies wurde bisher weder bundeseinheitlich und noch landeseinheitlich geregelt. Soweit ein Bundesland eine gesetzliche Ermächtigung beschließt, kann seit 2011 durch eine Satzung bestimmt werden, welche Kosten für Unterkunft und Heizung angemessen sind (§ 22 a SGB II).

15 Bei der Frage, welche **Wohnfläche** als angemessen anzusehen ist, hat sich eine bestimmte Größenzuordnung durchgesetzt, auch wenn es teilweise kleinere Abweichungen gibt. Die Praxis und die Rechtsprechung orientieren sich hierbei an den Verwaltungsvorschriften zum Wohnungsbindungsgesetz über die Angemessenheit von Wohnungsgrößen im sozialen Wohnungsbau. Damit wird häufig von folgenden Werten ausgegangen:
    – für eine Person 45 qm,
    – für jede weitere Person weitere 15 qm.

In einigen Bundesländern wird eine abweichende Größe zugrunde gelegt, so zB 50 qm für einen Alleinstehenden in Bayern (vgl BSG 19.2.2009 – B 4 AS 30/08 R, NDV-RD 2009, 34) und in Nordrhein-Westfalen (BSG 16.5.2012 – B 4 AS 109/11 R). Liegen **Besonderheiten** vor, kann in der Regel nur ein höherer Raumbedarf anerkannt werden, soweit es um einen behinderungsbedingten Mehrbedarf geht. Hingegen wird zB bei **Alleinerziehenden** mit einem oder mehreren Kindern kein höherer Wohnflächenbedarf anerkannt (BSG 22.8.2012 – B 14 AS 13/12, NDV-RD 2013, 29).

Soweit die Aufwendungen für die Unterkunft den **angemessenen Umfang übersteigen**, können sie in der 16
Regel nur noch längstens für sechs Monate übernommen werden (§ 20 Abs. 1 S. 3 SGB II). In besonderen
Fällen kann diese Frist verlängert werden. Erhebliche Probleme können entstehen, wenn Leistungsberechtigte **umziehen** wollen oder müssen. Die Trennung vom Ehegatten führt oft dazu, dass eine kleinere Wohnung bezogen werden soll, weil die bisherige Wohnung zu groß für die Restfamilie ist. Dann ist die Zustimmung des Leistungsträgers für den Umzug einzuholen; nur dann werden vom Leistungsträger die Umzugskosten (Kosten des eigentlichen Umzugs, evtl Kaution, evtl Renovierungskosten) getragen (§ 22
Abs. 6 SGB II). Die Leistungsträger genehmigen den Umzug nur dann, wenn die bisherige Wohnung erheblich zu teuer ist oder ansonsten gravierende Gründe für den Auszug sprechen und die zu beziehende
Wohnung angemessen ist. In diesem Fall ist der kommunale Träger zur **Zusicherung** verpflichtet (§ 22
Abs. 2 S. 2 SGB II). Damit kann eine solche Zusicherung gesondert beim Gericht eingeklagt werden (Berlit
in: LPK-SGB II § 22 Rn 123).

Wird eine **Wohnung bezogen, deren Kosten höher sind** als der Betrag, der vom örtlichen Leistungsträger 17
anerkannt wird, ist die Miete in der Höhe als Bedarf anzuerkennen, die als angemessen angesehen wird.
Voraussetzung ist jedoch der Nachweis, dass der fehlende **Rest der Miete aufgebracht werden kann**.
Handelt es sich nur um einen geringfügigen Betrag, wird dieser aus der Regelleistung aufgebracht werden
können. Beträgt die Differenz jedoch mehr als etwa 20 % des Regelbedarfs, kann der Leistungsträger die
Vermutung aufstellen, dass eine solche Ausgabe auf Dauer nicht möglich ist. Stehen weitere Beträge als
der Regelbedarf zur Verfügung, zB ein Mehrbedarfszuschlag für Alleinerziehende, kann dieser Zuschlag
hierfür verwandt werden. Ist auch dies nicht der Fall, kommt in Betracht, dass Verwandte zweckgerichtet
ihre Bereitschaft erklären, die Differenz zu tragen. Dies dürfen aber nicht unterhaltspflichtige Verwandte
sein, da dann eine solche Zahlung als Unterhalt berücksichtigt und auf das Einkommen angerechnet würde.
Auch darf die Differenz nicht an die betroffenen Hilfeempfänger, sondern muss direkt an den Vermieter
gezahlt werden, so dass der Betrag nicht als Einkommen des Leistungsberechtigten angerechnet werden
kann.

Recht häufig entsteht die Konstellation, dass auch nach Beginn des Getrenntlebens die bisherige Wohnung 18
beibehalten werden soll, obwohl diese nach den Richtlinien des Leistungsträgers zu teuer ist. Soweit die
Scheidung noch nicht eingereicht ist, sollte der Leistungsträger in der Regel akzeptieren, dass **bis zu einem
Jahr des Getrenntlebens** die Wohnung zunächst weiter finanziert wird. Denn im Scheidungsverfahren
wird in der Regel verlangt, dass ein Jahr des Getrenntlebens vorliegt, und zwar vor dem Hintergrund, dass
bis dahin noch eine Versöhnung der Ehegatten stattfinden kann bzw in der Regel nach einem Jahr dies
nicht mehr vermutet wird. Liegen auch nur gewisse Anzeichen dafür vor, dass es zu einer Versöhnung der
Ehegatten innerhalb des Trennungsjahres kommen könnte, darf der Leistungsträger diese Möglichkeit nicht
dadurch verhindern, dass er bereits den Umzug in eine kleinere Wohnung verlangt, in die der getrennt lebende Ehegatte nicht oder nur unter erschwerten Bedingungen mit einziehen könnte. Insofern liegt dann
eine Abweichung von der Regelfrist von sechs Monaten vor, die in § 22 Abs. 1 S. 2 SGB II vorgesehen ist.
Rechtsprechung hierzu liegt allerdings noch nicht vor.

Entstehen bei einem notwendigen Umzug weitere Kosten, wie Wohnraumbeschaffungskosten und Auf- 19
wendungen für Mietkautionen, werden diese übernommen, wenn eine **vorherige Zusicherung** des kommunalen Trägers eingeholt wird (§ 22 Abs. 6 S. 1 SGB II). Die Zusicherung soll erteilt werden, wenn der
Umzug durch den kommunalen Träger veranlasst oder aus anderen Gründen notwendig ist und ohne diese
Zusicherung eine Unterkunft in einem angemessenen Zeitraum nicht gefunden werden kann (§ 22 Abs. 6
S. 2 SGB II). Zu den Wohnraumbeschaffungskosten können Maklergebühren gehören sowie nicht vermeid-
bare Aufwendungen für eine doppelte Miete, wenn sich der Neubezug mit der Beendigung des alten Miet-
verhältnisses überschneidet.

Eine **Kaution** soll als Darlehen bewilligt werden (§ 22 Abs. 6 S. 3 SGB II). Ein solches Darlehen wird nur 20
bewilligt, wenn die Zahlung weder durch Vermögen noch auf andere Weise gedeckt werden kann (§ 42 a
Abs. 1 S. 1 SGB II). Es muss daher auch auf den Freibetrag des Barvermögens zurückgegriffen werden.
Das Darlehen wird seit der Gesetzesänderung zum 1.1.2011 zwingend mit 10 % des Regelbedarfs monat-

lich aufgerechnet (§ 42 a Abs. 2 S. 1 SGB II). Ob eine solche Aufrechnung verfassungsrechtlich zulässig ist, wird bezweifelt (SG Berlin 30.9.2011 – S 37 AS 24431/11 ER, info also 2011, 275; vgl Hoelzer info also 2011, 159, 210).

4. Weitere Leistungen

21 Mit dem Regelbedarf werden grundsätzlich alle Bedarfe abgedeckt, wobei es jedoch einige Ausnahmen gibt. **Gesondert bewilligt** werden können nach § 24 Abs. 3 SGB II insbesondere noch folgende Bedarfe:

– Erstausstattungen für die Wohnung einschließlich Haushaltsgeräten;
– Erstausstattungen für Bekleidung und Erstausstattungen bei Schwangerschaft und Geburt; Anschaffung und Reparaturen von orthopädischen Schuhen, Reparaturen von therapeutischen Geräten und Ausrüstungen sowie die Miete von therapeutischen Geräten.

22 Die **Erstausstattung für die Wohnung** kommt bei einer Trennung vom Ehepartner in Betracht, soweit eine alsbaldige Teilung der Haushaltsgegenstände nicht möglich bzw diese nicht ausreichend ist. Hierbei ist es ausreichend, wenn in Folge der Trennung auch nur ein Gegenstand, zB eine Waschmaschine, benötigt wird (BSG 19.9.2008 – B 14 AS 64/07 R, FEVS 60, 513), während der übrige Hausrat ausreichend vorhanden ist. Allerdings gehört ein Fernsehgerät nicht zur Erstausstattung (BSG 24.2.2011 – B 14 AS 75/10 R, FEVS 63, 145). Die Leistungen der Erstausstattung können als Geldleistungen oder Sachleistungen oder in Form von Pauschalen bewilligt werden (§ 24 Abs. 3 S. 5 SGB II).

23 Soweit im Einzelfall ein **unabweisbarer laufender Bedarf** besteht, der erheblich von einem durchschnittlichen Bedarf abweicht, ist nach § 21 Abs. 6 SGB II die Leistung zu erbringen. Diese sog. Härtefälle sollen auf dringende Bedarfssituationen beschränkt werden. Anerkannt ist, dass aufgrund dieser Vorschrift die **Fahrtkosten zur Durchführung des Umgangsrechts** zu bewilligen sind (zu den Lebenshaltungskosten s. → *Bedarfsgemeinschaft* Rn 10). Hierzu vertritt das Bundessozialgericht die Auffassung, dass trotz der Möglichkeit der Hilfegewährung keine unbeschränkte Sozialisierung der Scheidungsfolgekosten erfolgen darf (BSG 7.11.2006 – B 7 b AS 14/06 R, FEVS 58, 289, 297). So soll überprüft werden, ob die Art der Durchführung des Umgangsrechts erforderlich ist. Hierzu wurde bereits entschieden, dass auch die Kosten für Reisen in die USA in einem Rhythmus von drei Monaten bewilligt werden müssen (LSG Rheinland-Pfalz 14.11.2010 – L 1 SO 133/10 B ER, sozialrecht aktuell 2011, 74). Andererseits wurde die Übernahme der Kosten abgelehnt, weil der Vater nach der Trennung in einen entfernten Ort umgezogen war und damit die Höhe der Kosten verursacht hatte (LSG Rheinland-Pfalz 3.8.2010 – L 13 AS 3318/10 ER-B, sozialrecht aktuell 2011, 76).

24 Seit dem 1.1.2011 sind Ansprüche auf Leistungen für Bildung und Teilhabe in § 28 SGB II aufgenommen worden. Dabei geht es vor allem um Kosten für Schulausflüge und Klassenfahrten, Ausstattung zum persönlichen Schulbedarf, der zum 1.8. des Jahres mit 70 EUR und zum 1.2. mit 30 EUR berücksichtigt wird. Weiterhin können Aufwendungen zur Schülerbeförderung, Lernförderung und gemeinschaftlichen Mittagsverpflegung bewilligt werden. Schließlich kann ein monatlicher Betrag von 10 EUR zur Teilhabe am sozialen und kulturellen Leben beansprucht werden, zB für einen Mitgliedsbeitrag im Sportverein.

25 Ist ein Bedarf nicht von der Härtefallregelung erfasst, kann eine Leistung als Darlehen erfolgen (§ 24 Abs. 1 S. 1 SGB II); nach dem Gesetzeswortlaut muss der Bedarf unabweisbar sein. Das **Darlehen** wird durch monatliche Aufrechnung von 10 % des Regelbedarfs getilgt (§ 42 a Abs. 2 SGB II).

5. Einzelanspruch, Bedarfsgemeinschaft und Haushaltsgemeinschaft

26 In den Bescheiden nach dem SGB II werden alle Personen der Bedarfsgemeinschaft zusammengefasst. Der Bescheid wird nur an eine Person gerichtet, da nach § 38 SGB II ein erwerbsfähiger Hilfebedürftiger als bevollmächtigt gilt. Aus den Bescheiden kann – wenn auch manchmal nur mit Mühe – entnommen werden, welche Person in welcher Höhe Leistungen erhält. Dabei werden die **Unterkunftskosten zu gleichen Anteilen** nach der Kopfzahl aufgeteilt (BSG 15.8.2008 – B 14/7 b AS 58/06 R, NDV-RD 2008, 115). Trotz dieser gemeinsamen Berechnung beruhen die Leistungen auf einem jeweiligen **Einzelanspruch**. Damit

Conradis

müssen zB bei einer Klage in der Regel sämtliche Personen der Bedarfsgemeinschaft als Kläger auftreten. Bei Rückforderungsbescheiden hat dies zur Folge, dass von jeder Person der anteilige Betrag zurückgefordert werden muss.

Soweit zusammenlebende Personen nicht Mitglieder einer Bedarfsgemeinschaft (s. → *Bedarfsgemein-* **27** *schaft*) sind, kommt die Zugehörigkeit zu einer **Haushaltsgemeinschaft** (§ 9 Abs. 5 SGB II) in Betracht. Diese ist anzunehmen, wenn Leistungsberechtigte in einer Haushaltsgemeinschaft mit Verwandten oder Verschwägerten leben. Dann wird vermutet, dass sie von ihnen Leistungen erhalten, soweit dies nach deren Einkommen und Vermögen erwartet werden kann. Dabei wird den Verwandten ein Selbstbehalt zugebilligt, der über dem Regelbedarf liegt. Nach § 1 Abs. 2 der Alg II-V ist eine Konkretisierung dahin gehend vorgenommen, dass den Verwandten und Verschwägerten ein Freibetrag in Höhe des doppelten Regelbedarfs zuzüglich Unterkunftskosten zugebilligt wird und der Einkommenseinsatz in Höhe von 50 % der übersteigenden Einnahmen erwartet wird. Diese Regelung ist nach der Entscheidung des Bundessozialgerichts vom 19.2.2009 (B 4 AS 68/07 R, FEVS 61, 1) von der Ermächtigung des § 13 SGB II erfasst.

III. Anrechnung von Einkommen und Vermögen

1. Unterscheidung von Einkommen und Vermögen

Einkommen ist grundsätzlich in voller Höhe anzurechnen (hiervon gibt es Ausnahmen, insbesondere **28** beim Erwerbseinkommen), während beim Vermögen nach § 12 SGB II nicht unerhebliche Freibeträge eingeräumt werden (Rn 39 ff). Sobald eine Zahlung eingeht, ist es daher für den Betroffenen in der Regel günstiger, wenn die Zahlung als Vermögen anzusehen ist, weil sie dann ganz oder teilweise anrechnungsfrei ist. Es muss also zunächst geklärt werden, wie eingehende Zahlungen zu qualifizieren sind.

Nach der Definition in § 11 Abs. 1 S. 1 SGB II gehören zum **Einkommen alle Einkünfte in Geld oder** **29** **Geldeswert**. Diese müssen zur Deckung des Sozialhilfebedarfs tatsächlich zur Verfügung stehen. Es wird dabei alles als Einkommen berücksichtigt, was jemand in der Bedarfszeit wertmäßig dazu erhält. Vermögen ist damit nur das, was der Leistungsberechtigte in der Bedarfszeit bereits hat. Danach werden sämtliche Zahlungen, die eingehen, auch wenn sie für einen vergangenen Zeitraum gedacht sind, dennoch als Einkommen angerechnet. Dies gilt zB für Steuererstattungen (BSG 16.12.2008 – B 4 AS 48/07 R, FEVS 60, 546), für eine Zahlung einer Abfindung aus einem Arbeitsverhältnis (BSG 3.3.2009 – B 4 AS 47/08 R, NZS 2010, 158), für eine Nachzahlung von Wohngeld (VGH Mannheim 17.3.2004 – 12 S 1615/03, FEVS 56, 90), für die Nachzahlung einer Überstundenvergütung (VGH Kassel 27.7.2004 – 10 UE 2988/02, FEVS 56, 42) oder auch für eine **Nachzahlung von Unterhalt**. Hingegen soll es sich bei einer Kfz-Steuererstattung um Vermögen handeln, da diese als Rückfluss betrachtet wird (VGH Baden-Württemberg 1.9.2004 – 12 S 844/04, FEVS 56, 128). Diese Rechtsprechung ist nicht unproblematisch (kritisch hierzu Brühl info also 2000, 124, 185). So ist es wenig plausibel, dass eine Realisierung einer bestehenden Forderung eine Einnahme sein soll (vgl Hengelhaupt in: Hauck/Noftz SGB II § 12 Rn 76), während der Erlös aus einem Verkauf als Vermögensumschichtung anzusehen ist (Hengelhaupt in: Hauck/Noftz SGB II § 12 Rn 71) – ebenso wie die Rückerstattung einer Schenkung.

Eine **Erbschaft** wird als Vermögen berücksichtigt, sofern sie vor dem Leistungsbezug angefallen ist, an- **30** dernfalls als Einkommen (BSG 24.2.2011 – B 14 AS 45/09 R, NDV-RD 2011, 77). Vereinbaren Ehegatten anlässlich der Scheidung, dass der Anspruch auf **Versorgungsausgleich** in Geld abgegolten wird, handelt es sich um eine zweckbestimmte Einnahme, die nicht als Einkommen angerechnet werden soll (SG Karlsruhe 25.2.2010 – S 16 AS 2693/09, FamRZ 2010, 1774).

Problematisch ist, ob auch ein **Anspruch auf Zugewinnausgleich** als Einkommen zu werten ist. Diese **31** Frage ist noch nicht höchstrichterlich entschieden worden. Es wird vertreten, dass Zahlungen aus Zugewinnausgleich Vermögen darstellen (SG Berlin 28.1.2010 – S 128 AS 25352/07, ZFSH/SGB 2010, 183). Wegen der derzeitigen Unsicherheit der Rechtslage ist bei einer kleineren Zugewinnausgleichsforderung zu prüfen, ob statt Zahlung eines Zugewinnausgleichsbetrages zB Haushaltsgegenstände oder ein Kraftfahrzeug in Empfang genommen werden, die in der Regel nicht als verwertbares Vermögen angerechnet werden können. Zu möglichen Gestaltungsformen vgl Doering-Striening FamRB 2004, 270.

2. Anrechnung von Einkommen

32 Der Grundsatz, dass jeglicher Zufluss als Einkommen anzurechnen ist, wird in mehreren Bestimmungen durchbrochen. In verstreuten einzelnen Bestimmungen ist geregelt, dass einige Sozialleistungen nicht als Einkommen angerechnet werden (zu Einzelheiten vgl Geiger in: LPK-SGB II § 11 a Rn 6). **Anrechnungsfrei** sind unter anderem das Elterngeld (s. → *Elterngeld* Rn 15) in Höhe des Sockelbetrages von 300 EUR nach § 10 BEEG, sofern dies auf vorherigem Einkommen beruht, sowie Leistungen nach dem Gesetz zur Errichtung der Stiftung Mutter und Kind – Schutz des ungeborenen Lebens. Von Bedeutung ist weiter, dass die Grundrente nach dem BVG anrechnungsfrei ist (§ 11 a Abs. 1 Nr. 2 SGB II).

33 **Einnahmen**, die monatlich 10 EUR nicht übersteigen, werden nicht angerechnet (§ 1 Abs. 1 Nr. 1 Alg II-V). Für Arbeit während der Ferien wird Schülern ein Freibetrag von 1.200 EUR jährlich anrechnungsfrei belassen (§ 1 Abs. 4 ALG II-V). Von anderen Einnahmen wird für private Versicherungen ein Pauschbetrag von monatlich 30 EUR anerkannt, der vom Einkommen volljähriger Hilfebedürftiger abgesetzt werden kann (§ 6 Abs. 1 Nr. 1 Alg II-V). Geldgeschenke an Minderjährige anlässlich der Firmung, Kommunion, Konfirmation oder vergleichbarer religiöser Feste sowie anlässlich der Jugendweihe werden bis zu einem Betrag in Höhe von 3.100 EUR nicht als Einkommen angerechnet (§ 1 Abs. 1 Nr. 12 Alg II-V).

34 Die **Absetzbeträge von Einkommen aus Erwerbstätigkeit** sind in §§ 11 b, 11 c SGB II geregelt. Nach § 11 b Abs. 2 S. 1 SGB II wird zunächst ein Freibetrag von 100 EUR abgesetzt; werden bei Einkommen über 400 EUR höhere Werbungskosten nachgewiesen, werden diese anerkannt. Von dem Bruttobetrag, der 100 EUR monatlich übersteigt, sind nach § 11 b Abs. 3 SGB II folgende **Freibeträge** zu berechnen:

– über 100 EUR bis 1.000 EUR: 20 %;
– über 1.000 EUR bis 1.200 EUR: 10 %;
– über 1.200 EUR bis 1.500 EUR: 10 %, wenn der Hilfesuchende mindestens ein Kind hat oder mit einem Kind zusammenwohnt.

35 Laufende Einnahmen sind für den Monat zu berücksichtigen, in dem sie zufließen. Wird der Lohn erst im Folgemonat gezahlt, erfolgt die Anrechnung erst in diesem Monat. **Einmalige Einnahmen** werden nach § 11 Abs. 3 SGB II im Zuflussmonat angerechnet oder, wenn bereits die Zahlung der Leistungen erfolgte, im Folgemonat. Übersteigt die einmalige Einnahme den Leistungsbetrag für einen Monat, erfolgt eine Anrechnung auf sechs Monate (§ 11 Abs. 3 S. 2 SGB II). Ist die Einnahme so hoch, dass nach den sechs Monaten noch ein Betrag verbleibt, ist dies für den Folgezeitraum als Vermögen anzusehen (Geiger in: LPK-SGB II § 11 Rn 41).

36 Grundsätzlich werden **laufende Unterhaltszahlungen** in dem Kalendermonat als Einkommen berücksichtigt, in dem sie gezahlt werden. Hierbei ist der Pauschbetrag für private Versicherungen von 30 EUR pro Monat (Rn 33) abzusetzen. Treten Veränderungen bei dem Bezug von Unterhaltszahlungen ein, ergibt sich Folgendes: Fällt bei Bezug von Alg II unter Anrechnung von laufend gezahltem Unterhalt die Unterhaltszahlung in einem Monat aus, ist nach § 48 SGB X eine Änderung zu beantragen, die auch rückwirkend erfolgen kann. Umgekehrt gilt: Wird Alg II ohne Anrechnung von Unterhalt gezahlt, weil der Unterhaltsschuldner bisher nicht gezahlt hat, und gelingt es nun, beispielsweise durch Pfändung eine Zahlung zu erreichen, wird die Zahlung in dem Kalendermonat des Eingangs auf das Alg II angerechnet mit der Folge, dass die betroffene Person zu viel Alg II erhalten hat. Der Leistungsbescheid ist also insoweit rechtswidrig und die Überzahlung kann zurückgefordert werden, ohne dass es auf Verschulden des Unterhaltsberechtigten ankommt. Der Sozialleistungsträger kann eine Änderung nach § 48 SGB X vornehmen. Dabei darf er – falls ihm der alsbaldige Zufluss bekannt ist – zunächst, um eine Überzahlung zu vermeiden, eine vorläufige Einstellung der Zahlung ohne Bescheid vornehmen (§ 40 Abs. 2 Nr. 5 SGB II).

37 Nach § 11 b Abs. 1 Nr. 7 SGB II werden vom Einkommen **Aufwendungen zur Erfüllung gesetzlicher Unterhaltspflichten** abgesetzt, soweit ein Unterhaltstitel vorliegt. Damit ist diese Zahlung für den Unter-

haltspflichtigen, der Einkommen erzielt, ein durchlaufender Posten. Erzielt zB ein Unterhaltspflichtiger ein Nebeneinkommen von 400 EUR, verbleibt ihm ohne Unterhaltszahlung ein Betrag von 160 EUR (s. Rn 34). Muss er 200 EUR Unterhalt zahlen, verbleiben ihm ebenfalls 160 EUR, da die Freibeträge vom Bruttoeinkommen berechnet werden.

Die **Anrechnung von Kindergeld** bei Leistungen nach dem SGB II ist in § 11 Abs. 1 SGB II geregelt. Das   38
Kindergeld wird dem Kind bis zur Vollendung des 25. Lebensjahres als Einkommen angerechnet. Kindergeld, welches für volljährige Kinder gezahlt wird, die nicht im Haushalt der Eltern leben, wird den Eltern zugerechnet, es sei denn, sie geben es ausdrücklich an das Kind weiter, zB durch Einzahlung auf ein Konto des Kindes, § 1 Abs. 1 Nr. 8 Alg II-V. Lebt ein über 25 Jahre altes Kind im Haushalt der Eltern und wird für das Kind aufgrund einer Behinderung Kindergeld gezahlt, gilt das Kindergeld ebenfalls als Einkommen der Eltern, auch wenn es gemeinsam verbraucht wird.

3. Anrechnung von Vermögen

Grundsätzlich ist alles verwertbare Vermögen zu berücksichtigen (§ 12 Abs. 1 SGB II). Schon die Frage   39
der **Verwertbarkeit** kann zu erheblichen Rechtsproblemen führen (Einzelheiten vgl Geiger in: LPK-SGB II § 12 Rn 10 ff). Die geschützten **Vermögenswerte** sind in § 12 SGB II im Einzelnen aufgeführt. Erwähnt werden sollen hier folgende **geschützte Gegenstände**: angemessener Hausrat, ein selbst genutztes Hausgrundstück von angemessener Größe oder eine entsprechende Eigentumswohnung sowie für jeden erwerbsfähigen Hilfebedürftigen ein angemessenes Kraftfahrzeug. Das Bundessozialgericht (6.9.2007 – B 14/7 b AS 66/06 R, NJW 2008, 2281) sieht für ein Kraftfahrzeug einen Wert von 7.500 EUR als angemessen an.

An **Geldvermögen** bleibt für jeden erwerbsfähigen Hilfebedürftigen (also auch für Kinder ab Vollendung   40
des 15. Lebensjahres, § 7 Abs. 1 Nr. 1 SGB II) ein Betrag von 150 EUR pro vollendetem Lebensalter, mindestens jeweils 3.100 EUR anrechnungsfrei. Weiter wird für jeden in der Bedarfsgemeinschaft lebenden Hilfebedürftigen ein Freibetrag von 750 EUR eingeräumt (§ 12 Abs. 1 Nr. 4 SGB II), der für notwendige Anschaffungen dienen soll, jedoch keineswegs für diese Zwecke ausgegeben werden muss.

Für die **Altersvorsorge** bleibt ein Freibetrag von je 750 EUR pro vollendetem Lebensjahr für jeden er-   41
werbsfähigen Hilfebedürftigen anrechnungsfrei (§ 12 Abs. 2 Nr. 3 SGB II). Voraussetzung ist, dass der Inhaber die Altersversorgung aufgrund einer vertraglichen Vereinbarung nicht vor Eintritt in den Ruhestand verwerten kann (sog. Verwertungsausschluss). Bei laufenden Verträgen ist daher zu beachten, dass die Grenze nicht überschritten wird. Zusätzlich wird das nach Bundesrecht ausdrücklich als Altersvorsorge geförderte Vermögen (sog. **Riester-Rente**) nicht als Vermögen berücksichtigt (§ 12 Abs. 2 Nr. 2 SGB II).

Nach § 12 Abs. 3 Nr. 4 SGB II ist ein **selbstgenutztes Haus** bzw eine **Eigentumswohnung** von angemes-   42
sener Größe als Schonvermögen geschützt. Im Gegensatz zu § 90 SGB XII kommt es allein auf die Größe an. Das Bundessozialgericht hat bereits über die Angemessenheit der Größe von Häusern (BSG 16.5.2007 – B 11 b AS 37/06 R, FEVS 58, 49) und Eigentumswohnungen (BSG 7.11.2006 – B 7 b AS 2/05 R, FEVS 58, 241) entschieden, dass in der Regel folgende Größen nicht überschritten werden dürfen:

	Haus	Eigentumswohnung
1 oder 2 Personen	90 qm	80 qm
3 Personen	110 qm	100 qm
4 Personen	130 qm	120 qm

Als Vermögen sind nach § 12 Abs. 3 Nr. 6 SGB II solche Vermögenswerte nicht zu berücksichtigen, deren   43
Verwertung offensichtlich unwirtschaftlich oder für den Betroffenen eine besondere Härte bedeuten würde. Wann die Grenze der Unwirtschaftlichkeit anzunehmen ist, wurde bisher noch nicht abschließend geklärt. Nach einer Entscheidung des Bundessozialgerichts (6.9.2007 – B 14/7 b AS 66/06 R, FEVS 2008,

385) ist ein Verlust von 12,9 % hinzunehmen, während ein Verlust von 48,2 % unwirtschaftlich und damit nicht zuzumuten ist.

44 Trotz vorhandenen Vermögens, welches nicht nach § 12 SGB II geschützt ist, kann die Grundsicherung für Arbeitsuchende als **Darlehen** geleistet werden, wenn der sofortige Verbrauch oder die sofortige Verwertung nicht möglich ist oder eine besondere Härte bedeuten würde (§ 14 Abs. 5 SGB II). Bei einer solchen darlehensweisen Bewilligung besteht keine Mitgliedschaft in der Kranken- und Pflegeversicherung. Seit dem 1.1.2011 werden Darlehen zwingend mit 10 % vom Regelbedarf aufgerechnet (§ 42 a SGB II).

IV. Arbeitspflicht

45 Ein getrennt lebender Ehegatte hat unabhängig davon, ob er gegenüber dem anderen Ehegatten verpflichtet ist, erwerbstätig zu sein, eine solche **weitergehende Pflicht gegenüber dem Träger der Grundsicherung**. Grundsätzlich ist jeder, der hierzu gesundheitlich in der Lage ist, verpflichtet, sich um eine Arbeit zu bemühen und damit unabhängig von der Grundsicherung zu werden. Die sehr weitgehenden Anforderungen werden in § 2 SGB II als Grundsatz des Forderns formuliert. Die **Sanktionen** bei der Weigerung, diesen Anforderungen nachzukommen, sind in §§ 31 ff SGB II enthalten. Die Einzelheiten sind sehr umfangreich und sollen in vorliegendem Zusammenhang nicht weiter ausgeführt werden. Hinzuweisen ist jedoch auf die im Gesetz enthaltene Möglichkeit, dass auch die Ableistung von Ein-Euro-Jobs – Arbeitsgelegenheiten nach § 16 d SGB II – verlangt werden kann und die Ablehnung zu einer Sanktion und damit Absenkung des Alg II für drei Monate führen kann.

46 In § 10 SGB II ist im Einzelnen geregelt, wann eine Arbeit nicht zugemutet werden kann. Dies gilt insbesondere dann, wenn die **Erziehung eines Kindes** oder eines **Kindes des Partners** gefährdet würde. Dies wird generell angenommen, wenn das Kind noch nicht das dritte Lebensjahr vollendet hat und damit auch in der Regel noch nicht im Kindergarten ist (§ 10 Abs. 1 Nr. 3 SGB II). Bis zur Vollendung des dritten Lebensjahres eines Kindes besteht also grundsätzlich keine Arbeitspflicht gegenüber dem Träger der Grundsicherung. Hat das Kind jedoch das dritte Lebensjahr vollendet, wird vermutet, dass in der Regel die Erziehung des Kindes nicht gefährdet ist, wenn die Betreuung des Kindes in einer Tageseinrichtung oder in Tagespflege sichergestellt ist. Dabei muss der Träger der Grundsicherung darauf hinwirken, dass Erziehenden vorrangig ein Platz zur Tagesbetreuung des Kindes angeboten wird.

47 Die Arbeitspflicht nach dem SGB II ging früher sehr viel weiter als die Erwerbsobliegenheit gegenüber dem getrennt lebenden oder geschiedenen Ehegatten, die nach der Rechtsprechung erst begann, wenn das Kind etwa das sechste oder siebte Lebensjahr vollendet hatte (Teilzeitarbeit) sowie wenn es das 12. bis 15. Lebensjahr vollendet hatte (Vollzeitarbeit). Durch die **Änderung des Unterhaltsrechts** zum 1.1.2008 ist eine **weitgehende Annäherung** erfolgt.

Conradis

123. Grundsicherung im Alter und bei Erwerbsminderung

Conradis

I. Einführung	1	3. Mehrbedarfszuschläge	11
II. Leistungsumfang	5	III. Besonderheiten gegenüber der Hilfe zum	
1. Höhe der Leistung	5	Lebensunterhalt	13
2. Unterkunftskosten	7	IV. Grundsicherung und Unterhalt	16

I. Einführung

Die Grundsicherung im Alter und bei Erwerbsminderung wurde bis Ende 2004 eigenständig im GSiG geregelt. Durch die Aufnahme der Grundsicherung in das SGB XII als Viertes Kapitel (§§ 41–46 SGB XII) ist diese Leistung **weitgehend der Hilfe zum Lebensunterhalt angeglichen** worden. Nur sehr wenige Unterschiede sind für den vorliegenden Zusammenhang von Bedeutung. **1**

Leistungsberechtigt sind zum einen ältere Personen, die das Alter für die **Regelaltersrente** erreicht haben, also mindestens 65 Jahre alt sind. Für Personen, die nach dem 31.12.1946 geboren sind, erhöht sich das Rentenseintrittsalter stufenweise, so dass der Anspruch auch erst dann beginnt (§ 41 Abs. 2 SGB XII). Zum anderen sind dauerhaft voll erwerbsgeminderte Personen leistungsberechtigt, die das 18. Lebensjahr vollendet haben (§ 41 Abs. 3 SGB XII). **2**

Nicht leistungsberechtigt sind Personen, die in den letzten zehn Jahren ihre Bedürftigkeit vorsätzlich oder grob fahrlässig herbeigeführt haben (§ 41 Abs. 4 SGB XII); diese haben Anspruch auf Leistungen der Sozialhilfe nach dem Dritten Kapitel des SGB XII. Auswirkungen hat dies vor allem bei dem Übergang von Unterhaltsansprüchen (s. → *Übergang von Unterhaltsansprüchen*). In der Praxis greift die Vorschrift, wenn **Schenkungen gegenüber Kindern** vorgenommen wurden, deren Rückforderung daran zu scheitern droht, dass der Schenker seine Bedürftigkeit vorsätzlich oder durch grobe Fahrlässigkeit herbeigeführt hat (Thie in: LPK-SGB XII § 41 Rn 18). **3**

Die Grundsicherung nach §§ 41 ff SGB XII ist **antragsabhängig** und wird ab Beginn des Antragsmonats gezahlt (§ 44 Abs. 1 S. 2 SGB XII). Die Leistung wird in der Regel für zwölf Kalendermonate bewilligt (§ 44 Abs. 1 S. 1 SGB XII). Damit handelt es sich praktisch um eine rentenähnliche **Dauerleistung**. Ein einmal gestellter Antrag gilt über das Ende des Bewilligungszeitraums hinaus fort (BSG 29.9.2009 – B 8 SO 13/08 R, FEVS 61, 364). Auch ist es für die Leistungsbewilligung ohne Einfluss, wenn der Leistungsempfänger sich vorübergehend für einige Monate in einem anderen Land aufhält (LSG Nordrhein-Westfalen 3.2.2010 – L 12 (20) SO 3/09, FEVS 62, 86). **4**

II. Leistungsumfang

1. Höhe der Leistung

Die Höhe der Leistungen der Grundsicherung im Alter, der Hilfe zum Lebensunterhalt und der Grundsicherung für Arbeitsuchende ist identisch. Der Regelbedarf beträgt seit dem 1.1.2013 monatlich 382 EUR für eine alleinstehende Person. Leben zwei Erwachsene zusammen, erhält jeder 90 % des Regelbedarfs, also 345 EUR. **5**

Der Gesetzgeber hat nach § 8 Abs. 1 Nr. 3 Regelbedarfs-Ermittlungsgesetz (RBEG) eine **Regelbedarfsstufe 3** in Höhe von 304 EUR (seit 1.1.2013) für erwachsene leistungsberechtigte Personen vorgesehen, die keinen eigenen Haushalt führen. Betroffen davon sind vor allem behinderte Leistungsempfänger oder pflegebedürftige Bezieher der Grundsicherung im Alter und bei Erwerbsminderung. Es ist zweifelhaft, ob diese Regelung als verfassungsgemäß angesehen werden kann, da sie nicht ermittelt, sondern frei durch den Gesetzgeber festgesetzt wurde (Lenze in: LPK-SGB XII § 8 RBEG Rn 4). **6**

2. Unterkunftskosten

7   Weiterhin besteht nach § 42 Abs. 1 Nr. 2 SGB XII ein Anspruch auf Bewilligung der **angemessenen** tatsächlichen Aufwendungen für Unterkunft und Heizung nach § 35 SGB XII. Im Hinblick auf die „entsprechende" Anwendung ist eine Abweichung der Interpretation der Angemessenheit von der Hilfe zum Lebensunterhalt möglich (Schoch ZfF 2004, 197, 201). Es kann daher ein altersbedingter Bedarf bzw auch die geringere Flexibilität im Hinblick auf einen Umzug berücksichtigt werden (BSG 23.3.2010 – B 8 SO 24/08 R, NDV-RD 2010, 127).

8   Das Problem, wie die Angemessenheit der Unterkunftskosten ermittelt wird, unterscheidet sich im Übrigen nicht von den Unterkunftskosten im SGB II, so dass darauf verwiesen werden kann (s. → *Grundsicherung für Arbeitsuchende*). Dazu gehören auch die Kosten für die Warmwasserbereitung, die ebenfalls in derselben Höhe zu bewilligen sind wie nach dem SGB II (s. → *Grundsicherung für Arbeitsuchende* Rn 11). Zu den Unterkunftskosten gehören auch **Nachforderungen** aus Abrechnungen über die Nebenkosten. Wird hingegen vom Vermieter eine Erstattung von Nebenkosten vorgenommen, gilt diese Zahlung als Einkommen und mindert den Anspruch auf die laufende Leistung der Grundsicherung.

9   Ein **Zuschlag für Betreuung** kann jedenfalls dann als Teil der Unterkunftskosten übernommen werden, wenn dieser Zuschlag im Mietvertrag mit vereinbart ist (BSG 14.4.2011 – B 8 SO 19/09 R, FEVS 63, 154).

10 Die Aufwendungen für Unterkunft und Heizung werden nach **Kopfteilen** verteilt, so dass gleiche Anteile auf die Anzahl der im Haushalt lebenden Personen entfallen. Auch wenn ältere Menschen mit ihren Kindern zusammenleben, kann hier daraus nicht ohne Weiteres entnommen werden, dass sie bei diesen kostenfrei wohnen. Gibt es keine anderen Hinweise, muss von einem gleichen Anteil ausgegangen werden. Wird zwischen den grundsicherungsberechtigten Menschen und ihren Kindern ein Mietvertrag geschlossen, der eine höhere Miete enthält als die Aufteilung nach Köpfen, so ist dieser Betrag zugrunde zu legen.

3. Mehrbedarfszuschläge

11 In § 42 Abs. 1 Nr. 3 SGB XII wird auf die Mehrbedarfszuschläge des § 30 SGB XII verwiesen. Von Bedeutung ist vor allem der Zuschlag für Personen, die das 65. Lebensjahr vollendet haben oder unter 65 Jahren und voll erwerbsgemindert sind und einen Schwerbehindertenausweis mit dem Merkzeichen „G" besitzen. Der Mehrbedarf beträgt 17 % des maßgebenden Regelbedarfs, soweit nicht im Einzelfall ein abweichender Bedarf besteht (§ 31 Abs. 1 SGB XII).

12 Als weiterer Zuschlag kommen insbesondere die **Diätkosten** nach § 30 Abs. 5 SGB XII in Betracht. Menschen, die einer kostenaufwendigen Ernährung bedürfen, sollen einen Mehrbedarf in angemessener Höhe erhalten. Für bestimmte Erkrankungen sind vom Deutschen Verein für öffentliche und private Fürsorge Empfehlungen entwickelt worden, an die sich die meisten Sozialleistungsträger und die Gerichte halten. Sie sehen monatliche Beträge zwischen 27 und 69 EUR vor (vgl Grube/Wahrendorf SGB XII § 30 Rn 48).

III.   Besonderheiten gegenüber der Hilfe zum Lebensunterhalt

13 Die Vermutung der Bedarfsdeckung bei **Haushaltsgemeinschaften** ist ausdrücklich ausgeschlossen (§ 43 Abs. 1 letzter Hs SGB XII). Bei Sozialhilfeleistungen – ebenso wie bei Leistungen nach dem SGB II – wird hingegen vermutet, dass eine Bedarfsdeckung durch andere Personen der Haushaltsgemeinschaft erfolgt (§ 36 SGB XII).

14 Der **Einsatz des Einkommens** ist nach § 43 Abs. 1 SGB XII in der gleichen Weise geregelt wie bei der Hilfe zum Lebensunterhalt (§ 82–84 SGB XII). Nicht angerechnet werden die **Kindererziehungsleistungen** an Mütter der Geburtsjahrgänge vor 1921 – in den neuen Bundesländern vor 1927 – (§ 92 S. 1 SGB VI). Weiterhin werden bestimmte Leistungen nach dem Lastenausgleichsgesetz, Entschädigungen für Opfer des Nationalsozialismus im Beitrittsgebiet und für Opfer politischer Verfolgung nicht berücksichtigt. Von Bedeutung ist vor allem, dass die Grundrente nach dem Bundesverwaltungsgericht nicht als Einkommen angerechnet wird (§ 82 Abs. 1 S. 1 SGB XII).

Auch das **Vermögen** ist grundsätzlich in derselben Weise einzusetzen wie bei der Hilfe zum Lebensunter- 15 halt nach dem Dritten Kapitel des SGB XII. Zum Vermögen gehören auch Ansprüche aus Lebensversicherungen oder Bausparverträgen. Vorsorgebeträge für die Bestattung stellen nur in eingeschränktem Maße verwertbares Vermögen dar. Auch ein Kraftfahrzeug, welches einen Wert oberhalb des Schonvermögens hat, muss ggf verwertet werden. Im Gegensatz zu § 12 Abs. 3 Nr. 2 SGB II ist im SGB XII ein Kraftfahrzeug grundsätzlich nicht geschützt. Anders kann sich die Lage darstellen, wenn aufgrund der Behinderung oder sonstiger Umstände des Einzelfalls die Benutzung eines Kraftfahrzeugs dringend erforderlich ist.

IV. Grundsicherung und Unterhalt

Die Leistungen der Grundsicherung unterscheiden sich vor allem im Hinblick auf die Heranziehung von 16 Unterhaltspflichtigen erheblich von der Hilfe zum Lebensunterhalt nach dem Dritten Kapitel des SGB XII. Soweit es um Unterhaltsansprüche gegen den **getrennt lebenden oder geschiedenen Ehegatten** geht, ist die Rechtslage jedoch nicht anders als bei der Hilfe zum Lebensunterhalt: Grundsätzlich sind derartige Unterhaltsansprüche als anrechenbares Einkommen auf Ansprüche anzurechnen.

Unterhaltsansprüche der Leistungsberechtigten **gegenüber ihren Kindern** bleiben nach § 43 Abs. 2 S. 1 17 SGB XII unberücksichtigt, sofern deren jährliches Gesamteinkommen unter einem Betrag von 100.000 EUR liegt. Dasselbe gilt für die Heranziehung von Eltern behinderter Kinder. Nach dem Gesetz wird vermutet, dass das Einkommen der Unterhaltspflichtigen diese Grenze nicht überschreitet. Dabei wird nicht auf das Gesamteinkommen der Kinder abgestellt, sondern es kommt darauf an, ob jedes einzelne Kind ein Einkommen über 100.000 EUR erzielt (Schoch in: LPK-SGB XII § 43 Rn 19). Leisten die Kinder jedoch tatsächlich Unterhalt, obwohl Unterhaltsansprüche nicht zu berücksichtigen sind, ist davon auszugehen, dass es sich um anzurechnendes Einkommen handelt, weil Sinn und Zweck der Privilegierung ist, den Berechtigten zu ermöglichen, die existenzsichernden Leistungen der Grundsicherung ohne Furcht vor Regress gegen die Verwandten in Anspruch zu nehmen (Schoch in: LPK-SGB XII § § 43 Rn 2; Schoch ZfF 2004, 197, 204).

Wird jedoch die Vermutung widerlegt, erzielen also die Kinder ein Einkommen von über 100.000 EUR, 18 besteht kein Anspruch auf Leistungen der Grundsicherung (§ 43 Abs. 2 S. 6 SGB XII). Eine Berücksichtigung des **Vermögens der Kinder** sieht die Grundsicherung nicht vor, so dass es lediglich darauf ankommt, ob die Kinder ein Einkommen von mehr als 100.000 EUR haben.

Die Grundsicherung umfasst nur den Bedarf in Höhe des Regelsatzes und der ggf durchschnittlichen Unter- 19 kunftskosten (§ 42 Abs. 1 Nr. 4 SGB XII) sowie etwaiger Mehrbedarfszuschläge. Soweit eine **Unterbringung in einer stationären Einrichtung** erfolgt, müssen die übrigen Kosten nach wie vor vom Sozialhilfeträger erbracht werden. Dies bedeutet: Ein Rückgriff gegen die Unterhaltspflichtigen kann nach dem Sozialhilferecht des Dritten Kapitels SGB XII erfolgen, die Privilegierung im Hinblick auf eine Einkommensgrenze von 100.000 EUR gilt hierfür nicht. Dies bedeutet praktisch: Soweit eine Person im Alter noch in der eigenen Wohnung wohnt, bewirkt die Grundsicherung im Regelfall oder zumindest überwiegend, dass ein Rückgriff gegen die Kinder nicht erfolgen kann. Soweit jedoch eine Unterbringung in einer stationären Einrichtung, insbesondere in einem Pflegeheim vorliegt, wirkt sich die Grundsicherung für die Kinder praktisch nicht aus.

124. Gütergemeinschaft

Rakete-Dombek

I. Einführung	1	4. Verfügungsbefugnis	10
II. Verbreitung der Gütergemeinschaft	4	5. Haftungsgemeinschaft	11
III. Rechtsfolgen der vereinbarten Gütergemein-		6. Aufrechnungsbeschränkung	12
schaft	5	7. Unrichtigkeit des Grundbuchs	13
1. Gesamthänderische Bindung	5	8. Zwangvollstreckung	14
2. Gemeinschaftliche Verwaltung, Alleinverwal-		9. Insolvenzverfahren	15
tung	6	**IV. Vor- und Nachteile der Gütergemeinschaft**	16
3. Güterrechtsregistereintragung als Voraussetzung		**V. Beendigung der Gütergemeinschaft**	18
für die Wirkung gegenüber Dritten	9		

I. Einführung

1   Neben der Gütertrennung (s. → *Gütertrennung* Rn 1 ff) bietet das BGB in §§ 1415–1518 BGB den Güter-stand der Gütergemeinschaft als vertraglichen Wahlgüterstand an.

Der Güterstand legt fest, zu welcher Vermögensbewegung es zwischen den Ehegatten während der Ehe und bei Beendigung des Güterstands kommt, wer das Vermögen verwaltet und welche Haftungssituation entsteht (Gerhard/vonHeintschel-Heinegg/Klein/vonHeintschel-Heinegg Kap. 9 Rn 3). Die Ehegatten kön-nen den vertraglichen Wahlgüterstand der Gütergemeinschaft nur durch **formbedürftigen Ehevertrag** gem. §§ 1415, 1408 BGB begründen und zwar vor oder während der Ehe.

Wenn die Ehegatten Gütergemeinschaft vereinbart haben, finden die §§ 1416 ff BGB Anwendung. Es han-delt sich hierbei überwiegend um **dispositives Recht**, soweit sich aus dem Normcharakter nichts anderes ergibt.

2   Die **gesetzliche Regelungssystematik** lautet überblicksartig wie folgt:

- Allgemeine Vorschriften §§ 1415–1421 BGB
- Alleinverwaltung des Gesamtguts §§ 1422–1449 BGB
- Gemeinschaftliche Verwaltung des Gesamtguts §§ 1450–1470 BGB
- Auseinandersetzung des Gesamtguts §§ 1471–1482 BGB
- Fortgesetzte Gütergemeinschaft §§ 1483–1518 BGB.

3   Wesentliches Merkmal der Gütergemeinschaft ist die Bildung eines gesamthänderisch gebundenen gemein-schaftlichen Vermögens, des **Gesamtguts** (s. → *Gesamtgut/Verwaltung* Rn 1). Sowohl in die Ehe einge-brachtes Vermögen der Ehegatten als auch während der Ehe hinzuerworbenes Vermögen – soweit es sich nicht um Vorbehaltsgut handelt – wird ohne einen besonderen Übertragungsakt gemeinschaftliches Vermö-gen beider Ehegatten. Besonderer Übertragungsakte bedarf es nicht (Universalsukzession). Anders als bei dem gesetzlichen Güterstand der Zugewinngemeinschaft (s. → *Zugewinngemeinschaft* Rn 2) und dem ver-traglichen Güterstand der Gütertrennung (s. → *Gütertrennung* Rn 3), bei denen jeder Ehegatte Alleineigen-tümer des ihm gehörenden Vermögens bleibt, findet hier also eine Vermögensbewegung von einem Ehe-gatten zum anderen statt (Gerhard/vonHeintschel-Heinegg/Klein/vonHeintschel-Heinegg Kapitel 9 Rn 3).

Neben dem Gesamtgut kann jeder Ehegatte für sich **Sondergut** (s. →*Sondergut* Rn 1) innehaben. Hierzu gehören die Gegenstände, die nicht durch Rechtsgeschäft übertragen werden können, § 1417 BGB (Renten-ansprüche, nicht abtretbare oder pfändbare Forderungen, nicht übertragbare dingliche Rechte, Urheberrech-te, Beteiligungen an Personengesellschaften etc.). Gegenstände des Sonderguts können nur durch Ehever-trag in Vorbehaltsgut umgewandelt werden, mangels ihrer Übertragbarkeit nicht aber in Gesamtgut (Bam-berger/Roth/Mayer § 1417 BGB Rn 6).

Daneben ist als Vermögensmasse das **Vorbehaltsgut** (s. → *Vorbehaltsgut* Rn 1) möglich. Hierzu gehören die Gegenstände, die die Ehegatten durch Ehevertrag zum Vorbehaltsgut erklärt haben und die damit vom Gesamtgut ausgeschlossen sind, oder die Gegenstände, die ein Ehegatte von Todes wegen oder durch un-entgeltliche Zuwendung erlangt hat und die der Zuwendende zum Vorbehaltsgut bestimmt hat, § 1418

BGB. Sondergut und Vorbehaltsgut stehen im **Alleineigentum** des jeweiligen Ehegatten. Damit sind insgesamt **fünf Vermögensmassen** in der ehelichen Gütergemeinschaft möglich.

II. Verbreitung der Gütergemeinschaft

Während der Güterstand der Gütergemeinschaft früher weit verbreitet war und als vollkommenster Ausdruck einer idealen Ehe empfunden wurde, entspricht die Gütergemeinschaft heute kaum mehr den Vorstellungen einer modernen Ehe und wird zunehmend als **„nicht mehr zeitgemäß"** (Langenfeld FamRZ 1987, 9, 13) angesehen (Bosch FamRZ 1954, 149, 154; Gernhuber/Coester-Waltjen § 38 Rn 1–3 bezeichnen die Gütergemeinschaft als „alternden Güterstand"; ähnlich Mai BWNotZ 2003, 55, 56; Rauscher/Wax/ Wenzel/Lüke, MK ZPO, 3. Aufl. 2007, Rn 444 als „schwerfällig und streitträchtig"). Am ehesten in ländlichen Bereichen Süddeutschlands wird dieser Güterstand noch gewählt, um die Übertragung landwirtschaftlicher Betriebe von den Eltern gemeinschaftlich auf das Kind und das Schwiegerkind zu sichern. Konkrete Aussagen über die Verbreitung lassen sich jedoch kaum treffen, weil dieser Güterstand sehr selten in das Güterrechtsregister eingetragen wird und eine Statistik fehlt (MK/Kanzleiter Vor § 1415 BGB Rn 21 mit Abwägung der Vor- und Nachteile). **4**

III. Rechtsfolgen der vereinbarten Gütergemeinschaft

1. Gesamthänderische Bindung

Die Ehegatten sind gesamthänderisch an ihr Gesamtgut gebunden. Dem einzelnen Ehegatten steht damit weder ein gegenständlich festgelegter noch ein rechnerischer Anteil am Gesamtgut zu. **5**

Aus der **gesamthänderischen Bindung** folgt, dass der einzelne Ehegatte grundsätzlich nicht wirksam über einen Vermögensgegenstand aus dem Gesamtgut und auch nicht über seinen Anteil an dem Gesamtgut verfügen kann, § 1419 Abs. 1 BGB. Anders als in anderen Gesamthandsgemeinschaften kann ein Ehegatte zudem keine Verfügung unter Lebenden über seinen Anteil an der Gesamthand treffen. Lediglich durch Verfügung von Todes wegen kann der Anteil an der Gesamthand übertragen werden und dies auch nur dann, sofern keine fortgesetzte Gütergemeinschaft (s. → *Fortgesetzte Gütergemeinschaft* Rn 1 ff) eintritt (Gernhuber/Coester-Waltjen § 38 Rn 6, 7).

2. Gemeinschaftliche Verwaltung, Alleinverwaltung

Es ist immer zwischen den einzelnen Vermögensmassen zu unterscheiden. Hinsichtlich des Gesamtguts sollen die Ehegatten gem. § 1421 S. 1 BGB im Ehevertrag festlegen, ob der Mann oder die Frau das Gesamtgut verwaltet oder ob beide das Gesamtgut gemeinschaftlich verwalten. Sofern der Ehevertrag keine Bestimmung enthält, verwalten sie das Gesamtgut gemeinschaftlich, § 1421 S. 2 BGB. **6**

Gemeinschaftlich verwalten die Ehegatten das Gesamtgut, wenn der Ehevertrag dies anordnet oder der Ehevertrag keine **Verwaltungsbestimmung** enthält, § 1421 BGB. **7**

Allein verwaltet ein Ehegatte das Gesamtgut, wenn der Ehevertrag diesen zum Verwalter erklärt, § 1421 BGB. **8**

Das Sondergut und das Vorbehaltsgut verwaltet jeder Ehegatte allein, §§ 1417 Abs. 3, 1418 Abs. 3 BGB.

Problematisch ist, ob **gemeinsames Handeln bei Alleinverwaltung** (s. → *Gesamtgut/Verwaltung* Rn 12 ff) zulässig ist. Dies wird unterschiedlich gesehen. Das Recht zur Alleinverwaltung ist kein Exklusivrecht, sondern eine zusätzliche Möglichkeit wirksamen Handelns für die Gesamthand. Gemeinschaftliches Handeln trotz Alleinverwaltung würde nämlich dann notwendig, wenn das Gesamtgut einen durch Rechtsgeschäft nicht übertragbaren Gegenstand (beispielsweise ein Nießbrauchsrecht) erwerben soll. Würde nur der Alleinverwalter erwerben, fiele der Gegenstand stets in dessen Sondergut, bei Erwerb durch beide Ehegatten würde die Gesamthand daran berechtigt (so Gernhuber/Coester-Waltjen § 38 Rn 50).

3. Güterrechtsregistereintragung als Voraussetzung für die Wirkung gegenüber Dritten

9   Nur wenn die Ehegatten die Eintragung der Gütergemeinschaft in das Güterrechtsregister des zuständigen Amtsgerichts veranlassen, können sie Einwendungen gegen ein Rechtsgeschäft, das zwischen einem der Ehegatten und einem Dritten vorgenommen wird, herleiten, § 1412 Abs. 1 BGB. Der Dritte ist bei (unwirksamen) Geschäften nur geschützt, wenn keine Eintragung in das Güterrechtsregister erfolgte und er keine Kenntnis über den Güterstand hatte. Beruft sich der Dritte auf die Nichteintragung, beurteilt sich die Rechtslage wie beim gesetzlichen Güterstand. Die Eintragung ist keine Wirksamkeitsvoraussetzung für die Gütergemeinschaft selbst, sondern dient durch die **Publizitätswirkung** dem **Verkehrsschutz**. Das Gleiche gilt auch für Änderungen oder der Aufhebung des Ehevertrages, § 1412 Abs. 2 BGB.

4. Verfügungsbefugnis

10 Aus der Gütergemeinschaft folgt für die Verpflichtungs- und Verfügungsgeschäfte keine allgemeine Vertretungseigenschaft des einen Ehegatten für den anderen (Palandt/Brudermüller § 1416 BGB Rn 1).

Zunächst ist immer zwischen den einzelnen **Vermögensmassen** und der **Verwaltungsanordnung** zu differenzieren:

–   Sondergut: Jeder Ehegatte bleibt Alleineigentümer und ist damit allein verfügungsbefugt, § 1417 Abs. 3 BGB.
–   Vorbehaltsgut: Jeder Ehegatte ist Alleineigentümer und damit allein verfügungsbefugt, § 1418 Abs. 3 BGB.
–   Gesamtgut: Die Ehegatten sind gemeinschaftlich Eigentümer und damit gesamthänderisch gebunden. Grundsätzlich können sie wegen der gesamthänderischen Bindung nur gemeinschaftlich über Gegenstände des Gesamtguts verfügen, vgl § 1419 Abs. 1 BGB. Sofern die Ehegatten jedoch im Ehevertrag vereinbart haben, dass ein Ehegatte allein das Gesamtgut verwaltet, so folgt aus diesem Verwaltungsrecht auch die alleinige Verfügungsbefugnis über das Gesamtgut mit Wirkung für und gegen das Gesamtgut, vgl § 1422 S. 1 BGB.

Im Übrigen vermag der Gesamtgutsverwalter auch mit Wirkung für das Gesamtgut Verpflichtungsgeschäfte abzuschließen (Palandt/Brudermüller § 1422 Rn 1).

5. Haftungsgemeinschaft

11 Das Gesamtgut haftet für gesetzliche Verbindlichkeiten, sog. Gesamtgutsverbindlichkeiten, §§ 1437 Abs. 1, 1459 Abs. 1 BGB. Gesamtgutsverbindlichkeiten sind sowohl vorhandene Schulden als auch die während der Gütergemeinschaft kraft Gesetzes entstehenden Verbindlichkeiten, also auch aus Delikt und Unterhaltsschulden. Daneben haftet der verwaltende Ehegatte für die Gesamtgutsverbindlichkeiten persönlich, also mit seinem Vorbehaltsgut und dem Sondergut.

Letztlich sind im Haftungssystem **fünf Fälle** zu unterscheiden (s. → *Gesamtgut/Verwaltung* Rn 25 ff) (Gernhuber/Coester-Waltjen § 38 Rn 78, 79):

–   reine Gesamthandsschulden, die durch gemeinschaftliches Rechtsgeschäft der Ehegatten begründet werden;
–   einseitig angelehnte Gesamthandsschulden, die durch Verbindlichkeiten des Einzelverwalters begründet werden und die neben der Gesamthand einen Ehegatten verpflichten;
–   doppelt angelehnte Gesamthandsschulden, die durch Verbindlichkeiten des nicht verwaltenden Ehegatten entstehen (bspw Unterhaltspflichten), soweit sie nicht persönliche Schulden sind und neben der Gesamthand beide Ehegatten verpflichten;
–   persönliche Schulden des einen Ehegatten;
–   persönliche Schulden des anderen Ehegatten.

Im Innenverhältnis ist ein Schuldenausgleich möglich (Gernhuber/Coester-Waltjen § 31 Rn 19).

6. Aufrechnungsbeschränkung

Der Schuldner kann gem. § 1419 Abs. 2 BGB gegen eine Hauptforderung aus dem Gesamtgut nur mit einer **12** Gegenforderung, deren Begleichung er aus dem Gesamtgut verlangen kann, aufrechnen.

7. Unrichtigkeit des Grundbuchs

Mit dem Übergang der Vermögensgegenstände auf beide Ehegatten durch Universalsukzession mit Ab- **13** schluss des Ehevertrages, frühestens mit Eingehung der Ehe, wird das Grundbuch unrichtig. Jeder Ehegatte kann die **Berichtigung** des Grundbuchs durch Nachweis der Unrichtigkeit (Eheurkunde und Ehevertrag) in urkundlicher Form gem. §§ 22 Abs. 1, 29 Abs. 1 GBO beantragen. Ohne Vorlegung des Unrichtigkeits-nachweises muss der andere Ehegatte bei der Grundbuchberichtigung durch Zustimmung mitwirken, § 22 Abs. 2 GBO. Einen wechselseitigen **Mitwirkungsanspruch** normiert § 1416 Abs. 3 S. 1 BGB. Zu beachten ist jedoch, dass der öffentliche Glaube des Grundbuchs auch dann erhalten bleibt, wenn im Güterrechtsre-gister die Gütergemeinschaft der Ehegatten eingetragen ist. Wenn also bis zur Berichtigung des Grund-buchs der Dritte von dem im Grundbuch noch allein eingetragenen Grundeigentümer erwirbt, ist der Er-werb wirksam (Gernhuber/Coester-Waltjen § 38 Rn 23).

8. Zwangvollstreckung

Verwaltet ein Ehegatte das Gesamtgut allein, so ist für die Zwangsvollstreckung in das Gesamtgut ein Titel **14** gegen diesen Ehegatten erforderlich, § 740 Abs. 1 ZPO.

Die Zwangsvollstreckung in das Gesamtgut ist bei gemeinschaftlicher Verwaltung der Ehegatten nur zuläs-sig, wenn ein Titel gegen beide Ehegatten vorliegt, § 740 Abs. 2 BGB. Für die Zwangsvollstreckung in Ge-genstände des Vorbehaltsguts eines Ehegatten ist ein Titel gegen diesen Ehegatten notwendig (MK/Kanz-leiter § 1418 BGB Rn 16).

Zu beachten ist, dass der Anteil eines Ehegatten an dem Gesamtgut gem. § 860 Abs. 1 ZPO während des Güterstands der Gütergemeinschaft unpfändbar ist.

9. Insolvenzverfahren

Wird das Insolvenzverfahren über das Vermögen eines in Gütergemeinschaft lebenden und das Gesamtgut **15** verwaltenden Ehegatten eröffnet, dann gehört das Gesamtgut zur Insolvenzmasse, § 37 Abs. 1 S. 1 InsO. Die Eröffnung des Insolvenzverfahrens über das Vermögen des nicht verwaltenden Ehegatten berührt das Gesamtgut nicht, § 37 Abs. 1 S. 3 InsO. Bei gemeinschaftlicher Verwaltung durch die Ehegatten wird das Gesamtgut durch das Insolvenzverfahren über das Vermögen eines Ehegatten nicht berührt, § 37 Abs. 2 InsO.

Der Anteil eines Ehegatten am Gesamtgut gehört wegen **Unpfändbarkeit** nicht zur Insolvenzmasse, § 36 Abs. 1 InsO.

IV. Vor- und Nachteile der Gütergemeinschaft

Die Vorteile wiegen gegenüber den Nachteilen deutlich geringer. Die Gütergemeinschaft sei vollkommener **16** Ausdruck einer „idealen Ehe", so wird mitunter angenommen. Jedenfalls bietet sie einen erheblichen Schutz vor Vermögensverfügungen des anderen Ehegatten. Sofern ein land- oder forstwirtschaftlicher Be-trieb vorhanden ist, stellt sich der einheiratende Ehegatte im Rahmen der Gütergemeinschaft besser, als bei der Zugewinngemeinschaft, da Bemessungsgrundlage für den Wertersatz bei der Gütergemeinschaft der Verkehrswert ist (§§ 1477, 1478 BGB), für den Zugewinnausgleich aber nach § 1376 Abs. 4 der wesentlich niedrigere Ertragswert (Behmer FamRZ 1988, 339, 348) maßgeblich ist (Bamberger/Roth/Mayer § 1415 BGB Rn 4).

Der Güterstand der Gütergemeinschaft ist durch ein kompliziertes Normgefüge ausgestaltet. Allein die Un- **17** terscheidung zwischen fünf möglichen Vermögensmassen und damit einhergehend der Verwaltung und der

Haftungsfragen führen zu einer **Unpraktikabilität**, die an der Rechtswirklichkeit vorbeigeht (ähnlich auch Gernhuber/Coester-Waltjen § 31 Rn 20). Nachteilig ist ferner die weitreichende Haftung eines Ehegatten für die Schulden des anderen Ehegatten, selbst für Verbindlichkeiten aus Unfällen oder aus Delikt oder aus Unterhalt für nichteheliche Kinder des anderen Ehegatten. Bei der Beendigung des Güterstandes ist eine umfassende und komplizierte Auseinandersetzung des Gesamtguts erforderlich (MK/Kanzleiter Vor § 1415 BGB Rn 15).

Allerdings zeigt die **moderne Errungenschaftsgemeinschaft** in einigen Ländern Europas (zB Frankreich), dass ein reformierter Güterstand der Gütergemeinschaft mit einer selbstständigen Verwaltungsbefugnis und einer Möglichkeit der Haftungsbegrenzung eine Option für die Zukunft sein kann. Die deutsche Gütergemeinschaft bedarf allerdings einer grundlegenden Reform, wenn sie nicht völlig aus dem Blickfeld der Vertragsgestaltung verschwinden soll und damit zum ungenutzten Güterstand des BGB wird.

V. Beendigung der Gütergemeinschaft

18 Der Güterstand der Gütergemeinschaft endet mit der Ehe, also mit dem Tod eines Ehegatten (es sei denn, es tritt die fortgesetzte Gütergemeinschaft ein), mit der Ehescheidung, der Eheaufhebung und der Eheauflösung. Daneben ist die Beendigung durch ehevertragliche oder gerichtliche Aufhebung denkbar (Gernhuber/Coester-Waltjen § 38 Rn 107).

Nach der Beendigung findet eine Auseinandersetzung (s. → *Auseinandersetzung der Gütergemeinschaft* Rn 13 ff) über das Gesamtgut statt, § 1471 Abs. 1 BGB.

Rakete-Dombek

125. Gütertrennung

Rakete-Dombek

I. Einführung...................................... 1
II. Regelung und Wirkungen........................ 4

III. Beendigung der Gütertrennung................. 8

I. Einführung

Durch Ehevertrag (§ 1410 BGB) vor oder während der Ehe können die Ehegatten gem. § 1408 BGB ihre güterrechtlichen Verhältnisse abweichend von dem gesetzlichen Güterstand der Zugewinngemeinschaft (§§ 1383 ff BGB) regeln. Hierfür stehen mittlerweile drei Wahlgüterstände zur Verfügung: Die Gütertrennung (§ 1414 BGB) und die Gütergemeinschaft (§§ 1415 ff BGB) sowie der seit Inkrafttreten des Abkommens vom 4.2.2010 zwischen Frankreich und Deutschland am 1.5.2013 neu hinzugekommene deutsch-französische Wahlgüterstand. **1**

Die Gütertrennung ist gesetzlich nicht geregelt, lediglich ihr Eintreten ist normiert. Der Güterstand der Gütertrennung ist einfach und schafft klare Verhältnisse zwischen den Ehegatten (Langenfeld, Eheverträge, S. 76). Durch die Gütertrennung entfällt die Erbteilserhöhung aus § 1931 Abs. 4 BGB, so dass sich der Erbteil des überlebenden Ehegatten verringert. Schon aus steuerlichen Gründen wird daher häufig die Gestaltung der modifizierten Zugewinngemeinschaft gewählt. Der Bundesgerichtshof hält trotz entgegenstehender Stimmen in der Literatur (Dauner-Lieb FF 2010, 343) bisher daran fest, dass sich die Vereinbarung der Gütertrennung nach seiner Kernbereichslehre ehevertraglicher Gestaltung als am weitesten zugänglich (BGH 11.2.2004 – XII ZR 265/02, NJW 2004, 930; Rakete-Dombek NJW 2004, 1273) erweist. Lediglich im Bereich der ehebedingten Zuwendungen oder der Ehegatteninnengesellschaft (s. → *Ehegatteninnengesellschaft*) behält sich der Bundesgerichtshof vor, Korrekturen vorzunehmen. **2**

Durch die Vereinbarung der Gütertrennung stehen sich die Ehegatten güterrechtlich weiterhin wie nicht miteinander Verheiratete gegenüber. Jeder verwaltet sein Vermögen selbst. Ein Ausgleich bei Beendigung der Ehe oder der Beendigung des Güterstandes findet nicht statt. Der Gütertrennungsvertrag ist nicht in jeder Ehe auch der sachgerechte Güterstand. Verbunden hiermit ist jedoch häufig eine Benachteiligung der haushaltsführenden oder kindererziehenden Frau. Eine modifizierte Zugewinngemeinschaft kann dem besser Rechnung tragen (Brambring, Ehevertrag, 7. Aufl. 2012, S. 72 f). **3**

II. Regelung und Wirkungen

Durch die notarielle Vereinbarung der Gütertrennung bleiben die Vermögen der Eheleute weiter getrennt. Ein Zugewinnausgleich findet nicht statt, weder bei der Beendigung der Ehe durch den Tod eines Ehegatten noch bei Ehescheidung. Die Verfügungsbeschränkungen der §§ 1365, 1369 BGB finden keine Anwendung. **4**

Die Gütertrennung berührt jedoch nicht die gegenseitigen **Unterhaltspflichten**. Auch wirkt sie nicht auf die Rechtsverhältnisse an **Ehewohnung** und Haushaltsgegenständen, selbst wenn diese im Alleineigentum eines Ehegatten stehen. Die Ehegatten sind trotz Gütertrennung Mitbesitzer insoweit. Hinsichtlich des **Hausrats** gilt ebenso die Miteigentumsvermutung des § 1568 b BGB (Johannsen/Henrich, Familienrecht, § 1414 BGB Rn 4, 5). Die Auskunftspflicht über das Vermögen in groben Zügen aus § 1353 Abs. 1 BGB gilt auch bei Gütertrennung. Auch die gesetzliche Vermutung des § 1362 Abs. 1 BGB zugunsten des Gläubigers ist dadurch nicht aufgehoben. Ein Ehegatte kann den anderen gem. § 1357 BGB bei Geschäften zur Deckung des Lebensbedarfs verpflichten. **5**

Soweit Ehegatten trotz der Gütertrennung gemeinsame Konten unterhalten, gemeinsam Darlehen aufnehmen und gemeinsam Eigentum erwerben, fehlt es an gesetzlichen Regelungen, so dass auf die allgemeinen **Regeln des Schuld- und Sachenrechts** zurückgegriffen werden muss. Die Vereinbarung der Gütertrennung verhält sich zu vertraglichen Beziehungen der Ehegatten insoweit neutral (JH, § 1414 BGB Rn 6). Hierbei ist zu beachten, dass auch die in Gütertrennung geführte Ehe eine eheliche Lebensgemeinschaft als **6**

Schicksals- und Risikogemeinschaft bleibt (BGH 15.2.1989 – IVb ZR 105/87, NJW 1989, 1986), so dass sich in der Rechtsprechung Durchbrechungen des starren Gütertrennungsprinzips zunehmend finden, um beiden Ehegatten eine angemessene Teilhabe an dem gemeinsam während der Ehe Erarbeiteten zu verschaffen.

7   Der **Nachteil** der Gütertrennung besteht im „Alles oder Nichts" (Brambring, Ehevertrag, 7. Aufl. 2012, S. 71 f). Modifikationen sind in diesem Güterstand nicht möglich.

Im **Erbfall** können sich die Pflichtteilsansprüche der Kinder erhöhen. Der überlebende Ehegatte verliert den steuerfreien Zugewinnausgleichsbetrag aus § 1931 Abs. 4 BGB. Auch im Ehescheidungsfalle wäre der Ausgleich des Zugewinns steuerfrei. Haben die Ehegatten Gütertrennung vereinbart, findet § 5 EinkStG keine Anwendung, auch nicht auf freiwillige Vermögensübertragungen. Diese wären mit Ausnahme des Familienheims schenkungssteuerpflichtig. Wird gleichzeitig der Versorgungsausgleich ausgeschlossen und trifft ein Ehegatte Vorsorge für sein Alter ausschließlich durch Vermögensbildung, sind auch diese Werte einem Ausgleich entzogen (sog. eingesperrter Versorgungsausgleich, Münch FPR 2009, 514).

III. Beendigung der Gütertrennung

8   Die Eheleute können die Gütertrennung jederzeit aufheben, was sich im fortgeschrittenen Alter im Hinblick auf die erbrechtlichen Gestaltungen oft sogar empfiehlt. Häufig ist die Gütertrennung anlässlich der Eheschließung aus falschen Motiven vereinbart worden (Haftungsvermeidung oder Streitvermeidung bei Ehescheidung). Die Gütertrennung kann auch rückwirkend auf den Tag der Eheschließung aufgehoben werden. Allerdings wirkt diese **Aufhebung** steuerlich erst ab Vertragsschluss, nicht ab dem Tag der Eheschließung, so dass insoweit die steuerliche Anerkennung rückwirkend versagt bleibt (Brambring, Ehevertrag, 7. Aufl. 2012, S. 74 f).

126. Haftung der Ehegatten

Vlassopoulou

I. Einführung	1	5. Haftung im Zusammenhang mit gemeinsamen Kindern	9
II. Materielles Recht	2	6. Folgen des Haftungsprivilegs	10
1. Haftungsprivileg	2	7. Abdingbarkeit	11
2. Anwendungsbereich/eheliches Verhältnis	3	III. Verfahrenshinweise	12
3. Zeitliche Geltung des Haftungsprivilegs	6	IV. Internationales Privatrecht	13
4. Außenverhältnis	8		

I. Einführung

Vor dem Hintergrund der engen persönlichen Beziehung der Ehegatten stellt sich die Frage, ob Eheleute in 1 der Erfüllung von Verpflichtungen einander ebenso haften sollen wie gegenüber Dritten. Das deutsche Recht sieht einen milderen Haftungsmaßstab für das Verhältnis zwischen Ehegatten vor.

II. Materielles Recht

1. Haftungsprivileg

Für Ansprüche unter Ehegatten gilt ein Haftungsprivileg. Die Ehegatten haben nur für diejenige Sorgfalt 2 einzustehen, welche sie in eigenen Angelegenheiten anwenden (**§ 1359 BGB**). Die Vorschrift ist keine Anspruchsgrundlage, sondern bestimmt nur den Haftungsmaßstab bei Ansprüchen zwischen Ehegatten.

2. Anwendungsbereich/eheliches Verhältnis

Die Haftungsprivilegierung gilt nicht für alle Rechtsgeschäfte zwischen den Ehegatten. Vielmehr wird da- 3 nach unterschieden, ob es sich um Verpflichtungen aus dem ehelichen Verhältnis handelt oder nicht. Die Vorschrift gilt für die Haftung im Rahmen der Unterhaltspflicht gem. §§ 1360 a Abs. 3, 1613 BGB, für Ansprüche aus dem ehelichen Güterrecht, für Rechtsgeschäfte zwischen Ehegatten, die mit der Verwirklichung der **ehelichen Lebensgemeinschaft** (s. → *Eheliche Lebensgemeinschaft* Rn 17 ff) zusammenhängen, bei Ausübung der Schlüsselgewalt (s. → *Schlüsselgewalt* Rn 4 ff).

§ 1359 BGB gilt auch für rechtsgeschäftliche Vereinbarungen oder **Verträge zwischen Ehegatten** (Darle- 4 hen, Schenkung etc.).

Die Haftungsprivilegierung gilt auch für **Deliktsansprüche** wie bei Körperverletzungen und Sachschädi- 5 gungen im häuslichen Bereich, dagegen nicht für Deliktsansprüche außerhalb des häuslichen Bereichs. Sie gilt daher insbesondere nicht im Straßenverkehr, wie zB wenn ein Ehegatte unter Verstoß gegen die Regeln des Straßenverkehrs den anderen am Körper verletzt oder dessen Sachen beschädigt. Sie gilt auch nicht bei gemeinsamen sportlichen Aktivitäten der Ehegatten mit einem motorgetriebenen Fahrzeug wie beim Motorboot (BGH 24.3.2009 – VI ZR 79/08, NJW 2009, 1875). Dies wird mit der Schutzfunktion des Haftungsrechts sowie mit dem Grundsatz der Gleichbehandlung aller Verkehrsteilnehmer begründet, der keinen Spielraum für individuelle Sorgfalt erlaubt. Außerdem soll einem in Anspruch genommenen Zweitschädiger der Rückgriff gegen den Versicherer des mitschuldigen Ehegatten nicht genommen werden (BGH 27.6.1961 – VI ZR 205/60, NJW 1961, 1966).

3. Zeitliche Geltung des Haftungsprivilegs

Das Haftungsprivileg gilt auch während des Getrenntlebens, beispielsweise bei Schäden der Haushaltsge- 6 genstände oder an der Ehewohnung, die der eine Ehegatte dem anderen zur Weiterbenutzung überlassen hat (OLG Stuttgart 17.9.1982 – 2 U 28/82, FamRZ 1983, 68).

Streitig ist, ob § 1359 BGB auf Geschäfte anzuwenden ist, die nur anlässlich der Ehe erfolgen oder die auf 7 die Auseinandersetzung nach **Auflösung der Ehe** gerichtet sind (bejahend OLG Düsseldorf 22.8.1986 – 3 UF 237/85, FamRZ 1986, 1240).

4. Außenverhältnis

8 Bei einem Amtshaftungsanspruch gegen einen weiteren Schädiger wird die Forderung gegen den schädigenden Ehegatten nicht als anderweitige Ersatzmöglichkeit iSd § 839 Abs. 1 S. 2 BGB berücksichtigt (BGH 27.1.1977 – III ZR 173/74, NJW 1977, 1238). Haben bei einer **Unfallhaftung** zwischen Ehegatten Dritte den verletzten Ehegatten entschädigt, scheidet ein Rückgriff gegen den schädigenden Ehegatten in Anlehnung an § 86 Abs. 3 VVG aus (BGH 21.9.1976 – VI ZR 210/75, NJW 1977, 108).

5. Haftung im Zusammenhang mit gemeinsamen Kindern

9 Bei vermuteter Aufsichtsverletzung über gemeinsame Kinder wird § 832 BGB im Innenverhältnis durch § 1359 BGB überlagert (OLG Stuttgart 17.9.1982 – 2 U 28/82, FamRZ 1983, 68). Zu der Haftung der Ehegatten gegenüber gemeinsamen Kindern s. → *Haftung der gesetzlichen Vertreter* Rn 5 ff.

6. Folgen des Haftungsprivilegs

10 Das Haftungsprivileg befreit nicht von der Haftung wegen **grober Fahrlässigkeit** (§ 277 BGB). Liegt objektiv leichte oder mittlere Fahrlässigkeit vor und kann der handelnde Ehegatte aber beweisen, dass er in eigenen Angelegenheiten genauso verfährt, kommt ihm das Haftungsprivileg zugute. Handelt der Ehegatte in eigenen Angelegenheiten noch sorgfältiger, als es § 276 BGB verlangt, führt § 1359 BGB zu keiner Haftungsverschärfung. Es bleibt beim Maßstab des § 276 BGB (NK-BGB/Wellenhofer § 1359 BGB Rn 2).

7. Abdingbarkeit

11 § 1359 BGB ist **dispositives Recht**. Die Ehegatten können im Innenverhältnis Haftungsverschärfungen oder -erleichterungen vereinbaren. Ein Haftungsausschluss gilt nur im Verhältnis der Ehegatten untereinander (NK-BGB/Wellenhofer § 1359 BGB Rn 11).

III. Verfahrenshinweise

12 Der Ehegatte, der sich auf das Haftungsprivileg beruft, muss **beweisen**, dass er in eigenen Angelegenheiten genauso verfährt wie bei dem schädigenden Ereignis. Zum Verfahren s. NK-BGB/Wellenhofer § 1359 BGB Rn 8 f.

IV. Internationales Privatrecht

13 Welches Recht für Ansprüche zwischen Ehegatten maßgeblich ist, entscheidet das allgemeine **Ehewirkungsstatut** (s. → *Eheliche Lebensgemeinschaft* Rn 30 ff). Dieses bestimmt das Ausmaß des Verschuldens und auch die Frage, ob die Ehegatten überhaupt Ansprüche aus der Verletzung von Sorgfaltspflichten gegeneinander haben. Das Ehewirkungsstatut ist auch für Ansprüche aus unerlaubter Handlung, etwa der Ausspruch aus einem Verkehrsunfall in einem gemeinsamen Fahrzeug, maßgebend. Insoweit gilt nicht gem. Art. 4 Abs. 1 Rom II-VO das Recht des Staates, in dem der Schaden eintritt, sondern das Recht des Staates, das mit der betreffenden unerlaubten Handlung in enger Verbindung steht (Art. 4 Abs. 3 S. 2 Rom II-VO). Dies ist das Recht, das die allgemeinen Ehewirkungen bestimmt (MüKo/Siehr Art. 14 EGBGB Rn 102).

Vlassopoulou

127. Haftung der gesetzlichen Vertreter

Seebach

I. Allgemeines	1	4. Anspruchsgrundlage	12
II. Haftung der gesetzliche Vertreter	5	5. Verhältnis zu § 1618 a BGB	14
1. Haftungsmaßstab	5	6. Geldanlagen	16
2. Haftungsmaßstab im Straßenverkehr	7	III. Verfahren	17
3. Deliktische Haftung	8		

I. Allgemeines

Gem. § 1664 BGB haben Eltern bei der **Ausübung der elterlichen Sorge** dem Kind gegenüber nur für die 1
Sorgfalt einzustehen, die sie in eigenen Angelegenheiten anzuwenden pflegen (HK-FamR/Schmid § 1664
BGB Rn 2). Es handelt sich insoweit um eine **Haftungsprivilegierung der Eltern** im Eltern-Kind-
Verhältnis (NK-BGB/Rakete-Dombek § 1664 BGB Rn 4; Palandt/Götz § 1664 BGB Rn 1).

Die Eltern haften dem Kind gegenüber als **Gesamtschuldner**, wenn sie für den Schaden gemeinsam ver- 2
antwortlich sind (Palandt/Götz § 1664 BGB Rn 5). Das Kind kann demnach gem. § 421 S. 1 BGB von jedem Elternteil den Ersatz des vollen Schadens verlangen (NK-BGB/Rakete-Dombek § 1664 BGB Rn 14).
Allerdings gilt für jeden Elternteil gesondert der Maßstab des § 1664 BGB, so dass gegebenenfalls ein unterschiedlicher Haftungsmaß anzulegen sein wird (NK-BGB/Rakete-Dombek § 1664 BGB Rn 3). In einer
solchen Konstellation kann hinsichtlich eines Elternteils der Anspruch entfallen, so dass gerade kein Gesamtschuldverhältnis, auch kein gestörtes Gesamtschuldverhältnis, vorliegt (OLG Celle 11.6.2008 – 14 UF
179/07, NJW 2008, 2353).

Bereits aus dem eindeutigen Wortlaut der Norm ergibt sich, dass § 1664 BGB nur im Verhältnis der Eltern 3
zum Kind („dem Kind gegenüber") Anwendung findet und **gegenüber Dritten** nicht gilt (NK-BGB/
Rakete-Dombek § 1629 BGB Rn 19). Selbst dann, wenn diese Dritten im **Auftrag der Eltern** deren Aufga-
ben, beispielsweise als Haushaltshilfe oder Babysitterin wahrnehmen, greift im Verhältnis des Dritten zum
Kind § 1664 BGB nicht ein, so dass es bei den allgemeinen Haftungsgrundsätzen verbleibt (NK-BGB/
Rakete-Dombek § 1664 BGB Rn 4). Gem. § 1793 Abs. 1 S. 3 BGB gilt dies für den Vormund entsprechend
(NK-BGB/Rakete-Dombek § 1664 BGB Rn 1). **Sinn und Zweck** des § 1664 BGB ist es gerade, den Familienfrieden zu sichern und zu wahren. Eine analoge Anwendung auf Aufsichtspersonen scheidet aufgrund
des familienrechtlich geprägten Ausnahmecharakters (BGH 17.10.1995 – VI ZR 358/04, NJW 1996, 53,
54) der Vorschrift aus (HK-BGB/Staudinger § 832 BGB Rn 1).

Art. 6 GG schützt die Familie als tatsächliche Lebens- und Erziehungsgemeinschaft und gilt darüber hinaus 4
auch dann, wenn die Eltern getrennt leben, hinsichtlich beider nunmehr bestehender Gemeinschaften.
§ 1664 BGB gilt demnach im **Eltern-Kind-Verhältnis** dem Kind gegenüber unabhängig davon, ob die Eltern zusammen oder getrennt leben, verheiratet sind oder nicht, gemeinsam sorgeberechtigt sind oder lediglich Umgangskontakte des Kindes mit dem nicht betreuenden Elternteil bestehen (s. Rn 5).

II. Haftung der gesetzliche Vertreter

1. Haftungsmaßstab

Die Eltern haften den Kindern gegenüber gerade nur für die Sorgfalt, die sie in eigenen Angelegenheiten 5
anzuwenden pflegen (s. Rn 1). Demnach ist die **Haftung für einfache Fahrlässigkeit** grundsätzlich ausgeschlossen (§ 277 BGB). Elterliche Sorge meint den gesamten Bereich der elterlichen Personen- sowie Vermögenssorge (NK-BGB/Rakete-Dombek § 1664 BGB Rn 1). Aber auch auf den **umgangsberechtigten Elternteil** findet § 1664 BGB Anwendung, selbst wenn er nicht sorgeberechtigt ist (NK-BGB/Rakete-
Dombek § 1664 BGB Rn 2; Palandt/Götz § 1664 BGB Rn 2). Eine solche Auslegung der Vorschrift ist
sinnvoll und entgegen dem insoweit scheinbar eindeutigen Wortlaut auch zulässig, da der Sinn und Zweck
der Norm (s. Rn 3) zum einen auch bei getrennt lebenden Eltern gilt, zum anderen auch gegenüber dem

nicht sorgeberechtigten, aber regelmäßig Umgang pflegenden Elternteil gelten muss (HK-BGB/Kemper § 1664 BGB Rn 3).

6   **Unabhängig von der rechtlichen Sorgerechtslage** nimmt der umgangsberechtigte Elternteil während des Umgangs Sorgerechtsaufgaben wahr (HK-FamR/Schmid § 1664 BGB Rn 2). Insbesondere bei der **Beaufsichtigung des Kindes** handelt es sich um einen wichtigen Bereich der elterlichen Sorge (NK-BGB/Rakete-Dombek § 1664 BGB Rn 7; MüKo/Huber § 1664 BGB Rn 2). Im Hinblick auf den Schutzzweck der Norm, den Familienfrieden zu wahren, ist zu beachten, dass das Kind bei einem regelmäßigen, länger währenden Umgang mit dem nicht betreuenden Elternteil auch in dessen Lebenswelt eingebunden ist. Dieses Familienverhältnis kann nachhaltig gestört werden, was durch die Haftungsprivilegierung des § 1664 BGB vermieden werden soll. Für eine solche Auslegung spricht bereits der Wortlaut der Norm, die von Ausübung der elterlichen Sorge spricht, und gerade nicht davon, wer Inhaber der elterlichen Sorge ist. Hinsichtlich der **Haftung gegenüber Dritten** gilt § 832 BGB ohne Haftungsprivilegierung (HK-FamR/Schmid § 1664 BGB Rn 1; Palandt/Götz § 1664 BGB Rn 4).

2. Haftungsmaßstab im Straßenverkehr

7   Nach ganz überwiegend herrschender Meinung und Rechtsprechung gilt diese Haftungsprivilegierung jedoch **nicht im Bereich des Straßenverkehrs** (Palandt/Götz § 1664 BGB Rn 4; HK-FamR/Schmid § 1664 BGB Rn 1). Nehmen Eltern und Kinder gemeinsam am Straßenverkehr teil, so ist es in diesem der Allgemeinheit zugänglichen Bereich nicht zulässig, dass die Eltern sich auf den in der Familie üblichen, milderen Sorgfaltsmaßstab berufen (HK-BGB/Staudinger § 840 BGB Rn 7). Im Bereich der **Gefährdungshaftung** wird § 1664 BGB demnach teleologisch reduziert (NK-BGB/Rakete-Dombek § 1626 BGB Rn 21). Diese Reduktion greift nach gängiger Rechtsprechung auch im Bereich des § 1359 BGB (NK-BGB/Wellenhofer § 1359 BGB Rn 6), die Sorgfaltspflicht der Ehegatten untereinander betreffend, und wird entsprechend auch bei § 1664 BGB fortgeführt (HK-BGB/Schulze § 277 BGB Rn 2).

Etwas anderes gilt dann, wenn das Kind ohne grobfahrlässige Verletzung der elterlichen Aufsichtspflicht durch ein fremdes Kraftfahrzeug verletzt wird, ohne dass der Führer des anderen Kraftfahrzeugs oder andere Personen gefährdet wurden. Neben § 1664 BGB und § 1359 BGB finden sich weitere Haftungsprivilegierungen in § 708 BGB und § 4 LPartG.

3. Deliktische Haftung

8   Im Bereich der Deliktshaftung sowie im Bereich der **Beaufsichtigung der Kinder** ist die Anwendung von § 1664 BGB umstritten. Teilweise wird die Meinung vertreten, dass die elterliche Aufsichtspflicht nach objektiven Kriterien zu bestimmen sei und die Haftungsprivilegierung nach § 1664 BGB nicht gelten könne, wenn allgemeine, gegenüber jedermann bestehende Rechtspflichten verletzt würden. § 1664 BGB gelte demnach nicht im Bereich der deliktischen Haftung der Eltern gegenüber dem Kind und auch nicht bei Verletzung der Aufsichtspflicht gegenüber dem Kind (NK-BGB/Rakete-Dombek § 1631 BGB Rn 8).

9   Dies widerspricht dem Sinn und Zweck sowie dem eindeutigen Wortlaut der Norm. § 1664 BGB gilt gerade in Bereichen, die im Zusammenhang mit der Ausübung der elterlichen Sorge stehen, auch und gerade bei Verletzungen des Kindes infolge mangelnder Beaufsichtigung. Die Beaufsichtigung der Kinder ist **zentraler Bereich der elterlichen Sorge** (Palandt/Götz § 1664 BGB Rn 3). Einzig im Bereich des Straßenverkehrs kommt es zu oben dargelegter teleologischer Reduktion (NK-BGB/Rakete-Dombek § 1664 BGB Rn 7).

10   Ansonsten ist für eine weitergehende beschränkte Anwendung des § 1664 BGB kein Raum. Eine solche Beschränkung wurde vom Gesetzgeber auch bewusst nicht vorgenommen. Ein Widerspruch zu § 832 BGB ist nicht gegeben (HK-FamR/Schmid § 1664 BGB Rn 1). Die Gegenmeinung verkennt gerade, dass § 1664 BGB nur dem Kind gegenüber gilt.

Seebach

Verletzt ein **Dritter neben den Eltern** das Kind und greift hinsichtlich der Verantwortlichkeit der Eltern 11
der Maßstab des § 1664 BGB, so kann der Dritte sich hierauf nicht berufen (NK-BGB/Rakete-Dombek
§ 1664 BGB Rn 15). Dessen Ersatzpflicht dem Kind gegenüber bleibt unberührt.

4. Anspruchsgrundlage

Umstritten ist, ob § 1664 BGB als Anspruchsgrundlage der Kinder (HK-FamR/Schmid § 1664 BGB Rn 1) 12
gegen die Eltern gesehen werden kann, die aus einer Pflichtverletzung resultierende Schäden ersetzt (so die
hM, vgl Palandt/Götz § 1664 BGB Rn 1). Stellt man auf den Wortlaut der Norm ab, so ist hierin lediglich
eine Haftungsprivilegierung, die **Festlegung eines Haftungsmaßstabs**, zu sehen (NK-BGB/Rakete-
Dombek § 1664 BGB Rn 1).

Teilweise wird in der Rechtsprechung § 1664 BGB als Anspruchsgrundlage und Haftungsmaßstab herange- 13
zogen, während der überwiegende Teil der Rechtsprechung – entsprechend dem Wortlaut – § 1664 BGB
lediglich als Maßstab und Haftungsprivilegierung sieht und die rechtliche Sonderbeziehung zwischen Eltern und Kind iSe **familienrechtlichen Sonderschuldverhältnisses** als Anspruchsgrundlage annimmt
(NK-BGB/Rakete-Dombek § 1664 BGB Rn 21).

5. Verhältnis zu § 1618 a BGB

Selbst wenn sich ein Anspruch des Kindes gegen die Eltern trotz Haftungsprivilegierung ergibt, so kann 14
dennoch eine Pflicht des Kindes gegeben sein, diesen an sich bestehenden Anspruch nicht geltend zu machen (NK-BGB/Rakete-Dombek § 1664 BGB Rn 5). Gem. § 1618 a BGB sind Eltern und Kinder einander
Beistand und Rücksicht schuldig. Der § 1618 a BGB ist der § 242 BGB im Eltern-Kind-Verhältnis (NK-
BGB/Löhnig/Czeguhn § 1618 a BGB Rn 1).

Hierbei greift § 1618 a BGB grundsätzlich dann ein, wenn das Kind auf den Schadenersatz nicht unmittel- 15
bar angewiesen ist, was regelmäßig bei **Schmerzensgeldansprüchen**, dagegen nicht bei materiellen Schäden, anzunehmen sein wird (HK-BGB/Kemper § 1640 BGB Rn 5). Ob § 1618 a BGB auch im Stiefkindver-
hältnis Anwendung findet, ist umstritten (NK-BGB/Löhnig/Czeguhn § 1618 a BGB Rn 4).

6. Geldanlagen

Bei der **Vermögenssorge** als Teilbereich der elterlichen Sorge (s. → *Vemögenssorge*), insbesondere bei 16
Geldanlagen, haben Eltern gem. § 1664 BGB die Grundsätze einer **wirtschaftlichen Vermögensverwal-
tung** anzulegen, soweit die Einkünfte aus dem Kindesvermögen nicht nach § 1649 BGB verwendet werden
(NK-BGB/Rakete-Dombek § 1642 BGB Rn 3). Auch hierbei gilt der Haftungsmaßstab aus § 1664 BGB
(NK-BGB/Rakete-Dombek § 1642 BGB Rn 4).

III. Verfahren

In Verfahren ist zu beachten, dass es sich bei der Haftungsbeschränkung nach § 1664 BGB um eine **Einre-** 17
de handelt, die geltend gemacht werden muss. Insofern liegt die **Darlegungs- und Beweislast** bei den Eltern (NK-BGB/Rakete-Dombek § 1664 BGB Rn 13). Das Kind ist insoweit hinsichtlich des Schadens sowie des Verschuldens der Eltern, und diese sind für den persönlichen Haftungsmaßstab mit entsprechender
Privilegierung beweispflichtig (HK-BGB/Schulze § 277 BGB Rn 5).

Während der Dauer der elterlichen Sorge (s. → *Elterliches Sorgerecht* Rn 3) ist hinsichtlich der Geltend- 18
machung von Ansprüchen des minderjährigen Kindes gegen die Eltern die **Bestellung eines Ergänzungspflegers** erforderlich (HK-FamR/Schmid § 1664 BGB Rn 3; NK-BGB/Rakete-Dombek § 1664 BGB
Rn 12).

128. Härtefallscheidung

Wegener

I. Einführung...................................... 1
II. Tatbestandsvoraussetzungen.................... 2

III. Rechtsprechungsübersicht zur Härtefallscheidung... 8

I. Einführung

1 Unter dem Begriff „Härtefallscheidung" ist der Scheidungstatbestand des § 1565 Abs. 2 BGB zu verstehen, also die Scheidung vor Ablauf des Trennungsjahres. Wie bei den anderen drei Scheidungstatbeständen (s. → *Ehescheidung*) ist auch im Rahmen einer Härtefallscheidung die Erfüllung des Grundtatbestandes (Scheitern der Ehe) Scheidungsvoraussetzung. Auch bei der Härtefallscheidung können ausnahmsweise die Härtegründe des § 1568 BGB dazu führen, dass eine gescheiterte Ehe (noch) nicht geschieden werden kann (s. → *Ehescheidung* Rn 15).

II. Tatbestandsvoraussetzungen

2 Nach § 1565 Abs. 2 BGB kann schon vor Ablauf des ersten Trennungsjahres die Ehe geschieden werden, wenn der Ausnahmetatbestand der unzumutbaren Härte vorliegt.

3 Auch in diesem Fall muss zunächst der Scheidungsgrundtatbestand des § 1565 Abs. 1 BGB erfüllt sein, die Ehe muss **gescheitert** sein (s. → *Ehescheidung* Rn 2). Wenn dies der Fall ist, müssen in der Person des Scheidungsgegners Gründe vorliegen, die für den die Scheidung begehrenden Antragsteller eine unzumutbare Härte darstellen, so dass der Ablauf des Trennungsjahres ausnahmsweise nicht verlangt werden kann.

4 Die Gründe der besonderen Härte müssen also ausschließlich in der Person des **anderen Ehegatten** liegen. Liegt beim scheidungswilligen Ehegatten ebenfalls ein Fehlverhalten vor, kommt eine Härtefallscheidung nach § 1565 Abs. 2 BGB nicht in Betracht.

5 Die Scheidung vor Ablauf des Trennungsjahres ist als absolute **Ausnahmeregelung** zu verstehen. Es müssen also erhebliche schwerwiegende Gründe in der Person des anderen Ehegatten vorliegen, die es für den die Scheidung begehrenden Antragsteller unzumutbar machen, an der Bindung durch die Ehe festzuhalten. Dabei ist eine **objektive Beurteilung** vorzunehmen. Auf das subjektive Befinden des antragstellenden Ehegatten kommt es nicht an. Maßstab dafür soll sein, wie ein vernünftiger Dritter bei ruhiger Abwägung aller Umstände des vom anderen Ehegatten nach Art und Schwere ausgehenden Verstoßes gegen die Grundlagen der auf Liebe, Achtung und Treue aufgebauten Ehe reagieren würde (OLG Düsseldorf 1.3.1999 – 3 WF 47/99, FamRZ 2000, 286). Dabei muss sich die unzumutbare Härte auf das Eheband, also das nicht weiter miteinander Verheiratetsein beziehen und nicht bloß auf die Fortsetzung des ehelichen Zusammenlebens (OLG Dresden 16.4.2012 – 23 UF 1041/11, NJW-RR 2012, 1284).

6 Derjenige Ehegatte, der sich auf die Härtescheidung beruft, trägt die **Darlegungs- und Beweislast** im Rahmen des § 127 Abs. 2 FamFG. In der Regel wird es zur Beweisführung auf die Anhörung der Eheleute gem. § 128 Abs. 1 FamFG in besonderem Maße ankommen. Aber auch der Zeugenbeweis und andere Beweismittel kommen in Betracht.

7 Leben die Ehegatten während des Scheidungsverfahrens ein Jahr getrennt, vollendet sich also das Trennungsjahr, kommt eine Härtefallscheidung nicht mehr in Betracht. Die besonderen Gründe, die eine unzumutbare Härte rechtfertigen könnten, dürfen nicht mehr ermittelt werden. Insoweit fehlt es am **Rechtsschutzbedürfnis** (NK-BGB/Bisping § 1565 BGB Rn 14). Es kommt dann nur noch auf die Feststellung der Zerrüttung gem. § 1565 Abs. 1 S. 2 BGB an (s. → *Ehescheidung* Rn 4).

III. Rechtsprechungsübersicht zur Härtefallscheidung

8 In der Rechtsprechung werden in erster Linie **schwere Eheverfehlungen**, namentlich die Anwendung körperlicher Gewalt gegen den Ehepartner oder nahestehende Dritte, schwere Beleidigungen, Bedrohungen

oder andere vorsätzliche, gegen den Ehepartner gerichtete Straftaten, unter erschwerenden Begleitumständen erfolgte Treuebrüche, unter besonderen Umständen aber auch Schicksalhaftes, wie zum Beispiel schwere Krankheiten, als Härtegrund anerkannt (Saarländisches OLG 27.9.2001 – 6 UF 58/01, FamRB 2002, 226). Aus der umfassenden Kasuistik zu den Voraussetzungen der Härtefallscheidung werden nachfolgend einige besondere Beispiele aufgelistet (eine ausführliche Übersicht findet sich bei Garbe in: VerfFamR § 2 Rn 289):

– **Alkoholmissbrauch/Alkoholismus:** Gravierende Übergriffe und Drohungen eines alkoholbedingt gewalttätigen Ehemannes können eine Scheidung vor Ablauf des Trennungsjahres rechtfertigen (OLG Schleswig 31.1.2007 – 15 WF 22/07, FamRB 2008, 67).

– **Beleidigung/Bedrohung:** Gegenüber Dritten geäußerte massive – ernsthafte – Morddrohungen können eine unzumutbare Härte darstellen (OLG Brandenburg 18.1.2001 – 9 UF 166/00, FamRZ 2001, 1458). Dies gilt besonders dann, wenn eine generelle Gewaltbereitschaft des Drohenden festgestellt werden kann (OLG Dresden 16.4.2012 – 23 UF 1041/11, NJW-RR 2012, 1284).

– **Ehebruch:** Der Ehebruch an sich stellt keinen Härtefall dar, selbst wenn er wenige Tage nach der Eheschließung erfolgt. Es müssen weitere Gründe bzw besondere Begleitumstände hinzutreten (OLG München 28.7.2010 – 33 WF 1104/10, NJW-RR 2011, 77–79). Ein die Härtefallscheidung rechtfertigender Begleitumstand liegt beispielsweise dann vor, wenn die getrennt lebende Ehefrau den neuen Partner in die ehemalige Ehewohnung aufnimmt (Saarländisches OLG 5.10.2004 – 9 WF 111/04, NJW-RR 2005, 1305–1306).

– **Homosexualität:** Die Eingehung einer gleichgeschlechtlichen Lebensgemeinschaft rechtfertigt keine Härtefallscheidung (OLG München 3.2.1995 – 16 WF 534/95, OLGReport München 1995, 80).

– **Misshandlung/Gewalttätigkeit:** Körperliche Misshandlung ist keine unzumutbare Härte iSd § 1565 Abs. 2 BGB, wenn es sich um einen einmaligen Vorfall im Affekt handelt (OLG Stuttgart 17.2.2001 – 17 UF 411/00, FamRZ 2002, 239).

– **Prostitution:** Die Aufnahme der Tätigkeit als Prostituierte ohne Zustimmung des Ehemannes rechtfertigt die Härtefallscheidung auch dann, wenn dies nach der Trennung erfolgt (Hanseatisches OLG Bremen 26.9.1995 – 5 WF 66/95, FamRZ 1996, 489).

– **Psychische Erkrankung:** Fehlverhalten eines Ehepartners, das auf einer psychischen Erkrankung beruht, rechtfertigt grundsätzlich keine Härtefallscheidung (OLG Brandenburg 5.10.1994 – 9 WF 124/94, FamRZ 1995, 807).

– **Schwangerschaft:** Will der Ehemann geschieden werden, weil die Ehefrau von einem anderen Mann schwanger ist, damit er nicht als gesetzlicher Vater des Kindes gilt, kann dies eine Härtefallscheidung rechtfertigen (OLG Frankfurt/M. 6.6.2005 – 1 WF 89/05, FamRZ 2006, 625; OLG Karlsruhe 13.4.2000 – 20 WF 32/00, NJW-RR 2000, 1389). Begründet wird dies mit dem Hinweis auf die Rechtslage zur Vaterschaftsanfechtung nach § 1599 Abs. 2 S. 1 BGB, wenn das Kind nach Anhängigkeit eines Scheidungsantrags geboren wird.
Diese Auffassung ist aber streitig. Das OLG Stuttgart sieht in der ehebrecherischen Schwangerschaft gerade keinen Härtegrund (OLG Stuttgart 29.4.1998 – 15 WF 203/98, FamRZ 1999, 722). So auch das OLG Sachsen-Anhalt (5.11.2004 – 14 WF 211/04, NJW 2005, 1812) zu dem Wunsch der schwangeren Frau, den biologischen Kindsvater noch vor der Geburt heiraten zu wollen. Dieser Härtegrund scheitert aber wohl schon daran, dass er in der Person der antragstellenden Ehefrau verwirklicht ist und nicht in der Person des Ehemannes.

– **Unterhaltsverweigerung:** Allein die Nichtzahlung von geschuldetem Unterhalt rechtfertigt keine Härtefallscheidung (OLG Stuttgart 7.2.2001 – 18 WF 44/01, FamRZ 2001, 1458).

– **Verlassen eines Ehepartners:** Verlässt der Ehemann die schwangere Ehefrau mit der Erklärung, er werde nicht zurückkehren, und ist er seit dem unauffindbar, rechtfertigt dies eine Scheidung vor Ablauf des Trennungsjahres wegen unzumutbarer Härte (OLG Celle 5.8.1977 – 10 WF 24/77, FamRZ 1977, 718).

129. Haushaltssachen

Kloster-Harz/Schönberger

I. Haushaltsgegenstand	1		a) Abgrenzungsprobleme	10
1. Überblick	1		b) Gemischte Nutzung	11
2. Bewegliche Sachen	2		c) Rechte an den Haushaltsgegenständen	12
3. Vorräte	3		d) Surrogate	13
4. Tiere	4		II. Abgrenzung zum Vermögen	14
5. Keine Haushaltsgegenstände	5		III. Eigentumslage	15
6. Antiquitäten	6		1. Bedeutung der Eigentumslage	15
7. Pkw	7		2. Miteigentumsvermutung	16
8. Wohnwagen/Wohnmobile	8		3. Alleineigentum	17
9. Einbaumöbel	9		4. Rechte Dritter	18
10. Besonderheiten	10		5. Schenkungen	19

I. Haushaltsgegenstand

1. Überblick

1 Zum 1.9.2009 wurde in zahlreichen bürgerlich-rechtlichen Regelungen der bisher verwendete Begriff „Hausrat" in **„Haushaltsgegenstand"** umbenannt. Eine materiellrechtliche Änderung ist damit jedoch nicht erfolgt (siehe etwa §§ 1361 a, 1568 b, 1369 BGB, §§ 109 Abs. 4 Nr. 3, 133 Abs. 1 Nr. 2 FamFG). Unter den Begriff „Haushaltsgegenstand" iSv §§ 1361 a, 1568 b BGB fallen bei einer erforderlichen **weiten Auslegung** (Brudermüller FamRZ 1999, 129 ff) alle Gegenstände – **bewegliche Sachen** (§ 90 BGB), einschließlich **wesentlicher Bestandteile** (§ 93 BGB) und **Zubehör** (§ 97 BGB) sowie die betreffenden **Rechte** an dem Haushaltsgegenstand, die nach den Lebens-, Einkommens- und Vermögensverhältnissen der Ehegatten und deren Kinder für das Zusammenleben, eingeschlossen die Freizeitgestaltung (beispielsweise Sportgeräte und Musikinstrumente), und die Wohn- und Hauswirtschaft, eingeschlossen Dekoration (beispielsweise Kunstgegenstände und Antiquitäten) üblicherweise dienen oder zu dienen bestimmt sind (BGH 14.3.1984 – Ivb ARZ 59/83, FamRZ 1984, 575; OLG Karlsruhe 17.5.2006 – 16 UF 220/05, FamRB 2006, 358 = FamRZ 2007, 59; OLG Naumburg 4.9.2003 – 8 UF 211/02, FamRZ 2004, 889; OLG Dresden 25.3.2003 – 10 ARf 2/03, FPR 2003, 596; OLG Köln 20.3.2001 – 22 UF 157/00, FamRZ 2002, 322; OLG Bamberg 1.7.1996 – 2 WF 48/96, FamRZ 1997, 378; OLG Düsseldorf 1.7.1986 – 9 UF 145/85, FamRZ 1986, 1134). Dabei kommt es nicht auf den Zeitpunkt der Anschaffung, das Motiv der Anschaffung (OLG Düsseldorf 15.5.1986 – 9 UF 207/85, FamRZ 1986, 1132) oder den Wert des Gegenstandes (BGH 14.3.1984 – IV b ARZ 59/83, NJW 1984, 1758) an. Für die weite Auslegung spricht auch der Umstand, dass zumindest bei der vorläufigen Regelung des § 1361 a BGB die Eigentumsverhältnisse unberührt bleiben, § 1361 a Abs. 4 BGB. Der Begriff ist **gegenständlich/funktional** (Sachen und Rechte) und **zeitlich** (Ehebeginn bis zur endgültigen Trennung, § 1567 BGB; OLG Brandenburg 25.7.2002 – 9 WF 118/02, OLGR Brandenburg 2002, 487; OLG Naumburg 9.3.2009 – 8 WF 19/09, NJW-Spezial 2009, 598) **einzugrenzen**. Der Haushaltsgegenstand ist zum **güterrechtlichen Vermögen abzugrenzen**, da der im Haushalt genutzte Gegenstand je nach den einzelnen Anspruchsgrundlagen unterschiedlich verteilt wird, vorläufig nach § 1361 a BGB, **endgültig** nach § 1568 a BGB, oder aber den güterrechtlichen Regeln nach §§ 1363 ff BGB unterliegt.

2. Bewegliche Sachen

2 Haushaltsgegenstände sind bewegliche Sachen iSv § 90 BGB. Entscheidend für die Qualifizierung einer beweglichen Sache als Haushaltsgegenstand sind allein die Funktion und die Widmung (OLG Karlsruhe 17.5.2006 – 16 UF 220/05, FamRZ 2007, 59). Der Gegenstand muss als Haushaltsgegenstand geeignet sein (**Funktion**). Der Gegenstand muss zudem zweckbestimmt, nämlich zu seinem tatsächlichen Gebrauch im Rahmen der gemeinsamen Lebens- und Haushaltsführung, einschließlich der Freizeitgestaltung (Brudermüller FamRZ 1999, 129 ff) angeschafft bzw hergestellt und verwendet werden (**sog. Widmung**). Daher sind der Zeitpunkt, der Anlass (OLG Düsseldorf 15.5.1986 – 9 UF 207/85, FamRZ 1986, 1132) oder das Motiv der Anschaffung und die Herkunft der Mittel zur Anschaffung (OLG Düsseldorf 23.3.1987 – 10 UF

258/86, FamRZ 1987, 1055) sowie der Wert oder die Qualität des Gegenstandes (BGH 1.12.1983 – IX ZR 41/83, FamRZ 1984, 144; 14.3.1984 – Ivb ARZ 59/83, FamRZ 1984, 575; Vomberg FPR 2000, 67 ff) kein Kriterium zur Qualifizierung des Gegenstandes als Haushaltsgegenstand. **Typische Haushaltsgegenstände** sind daher Geschirr, Haushaltswäsche, Mobiliar, Gartenmöbel, Literatur für das Allgemeinwissen (Lexikon) oder die Unterhaltung, Kommunikationsmedien wie Radio, TV, Filmgeräte, Video- und Audiogeräte oder sonstige elektronische Geräte (AG Amberg 23.1.2008 – 1 F 729/07, NJW-RR 2009, 2; Holzwarth, FPR 2010, 559 ff), Kunst und Antiquitäten zur Dekoration der Ehewohnung (OLG Köln 12.7.1995 – 11 U 36/95, NJW-RR 1996, 904; OLG Bamberg 1.7.1996 – 2 WF 48/96, FamRZ 1997, 378; OLG Brandenburg 25.7.2002 – 9 WF 118/02, FamRZ 2003, 532), Sport- und Hobbygeräte wie Räder, Segel- (LG Ravensburg 31.3.1995 – 3 O 2221/94, FamRZ 1995, 1585) und Motorboot (OLG Dresden 25.3.2003 – 10 ARf 2/03, FamRZ 2004, 273), Musikinstrumente, es sei denn die Gegenstände dienen ausschließlich den persönlichen Interessen eines Ehegatten oder deren Kinder oder wurden als Kapitalanlage angeschafft. Gegenstände in einem Wochenendhaus, welches den Eheleuten gemeinsam gehört und auch von beiden genutzt wurde, sind ebenfalls Haushaltsgegenstände (OLG Bamberg 14.9.1992 – SA 11/92, FamRZ 1993, 335). An der Qualifizierung des Gegenstandes als Haushaltsgegenstand ändert sich nichts, wenn dieser geleast (OLG Oldenburg 22.7.1996 – 12 WF 106/96, OLGR Oldenburg 1996, 189), gemietet oder geliehen ist oder im Sicherungseigentum steht (OLG Bamberg 4.12.1997 – 2 UF 194/97, OLGR Bamberg 1998, 203). Auch die Wohnungseinrichtung bzw Gegenstände, die als Ausstattung zur Eheschließung einem Ehegatten geschenkt wurden, sind Haushaltsgegenstände, sofern sie der Lebens- und Haushaltsführung der Eheleute gedient haben (OLG Köln 17.4.1986 – 4 UF 64/86, FamRZ 1986, 703).

3. Vorräte

Vorräte an **Heizmaterial** oder **Nahrungsmitteln** (insbesondere auch Weinvorräte, ausgenommen wertvolle Sammlerstücke oder Raritäten) sind keine Haushaltsgegenstände im eigentlichen Sinne (zu Weinvorräten: AG München 3.12.2010 – 566 F 881/08, FamRZ 2012, 1304 ff). Aus prozessökonomischen Gründen sind die Vorschriften für Haushaltsgegenstände nach §§ 1361 a, 1568 b BGB jedoch analog anzuwenden (Palandt/Brudermüller § 1361 a BGB Rn 7; Quambusch FamRZ 1989, 691 ff). Dies ist sinnvoll, da eine umfassende und schnelle Herstellung des Rechtsfriedens für die Eheleute Vorrang hat. **3**

4. Tiere

Nach § 90 a BGB sind Tiere keine Sachen. §§ 1361 a, 1568 b BGB sind jedoch auf **Haustiere** entsprechend anzuwenden (OLG Bamberg 10.6.2003 – 7 UF 103/03, FamRZ 2004, 559; OLG Zweibrücken 5.2.1998 – 2 UF 230/97, FamRZ 1998, 1432; OLG Schleswig 21.4.1998 – 12 WF 46/98, NJW 1998, 3127; Hochloh Jus 1999, 190; Neumann, FamRB 2004, 73; Brudermüller FamRZ 2003, 1705 ff). Folgerichtig kann im Rahmen des Verfahrens nach §§ 1361 a, § 1586 b BGB kein Umgangsrecht des getrennt lebenden (geschiedenen) Ehegatten mit dem früher gemeinsam gehaltenen Haustier, beispielsweise einem Hund, festgeschrieben werden (OLG Schleswig 21.4.1998 – 12 WF 46/98, NJW 1998, 3127; OLG Bamberg 10.6.2003 – 7 UF 103/03, FamRZ 2004, 559; aA AG Bad Mergentheim 19.12.1996 – 1 F 142/95, FamRZ 1998, 1432; Schneider MDR 1999, 193 ff; Niepmann MDR 1999, 653 ff; Büttner FamRZ 1999, 761). Bei sog. **Nutztieren** muss differenziert werden. Nutztiere, mit denen Gewinne oder Zusatzeinnahmen erzielt werden sollen, beispielsweise Viehwirtschaft oder landwirtschaftliches Inventar, sind keine Haushaltsgegenstände (OLG Naumburg 29.10.1999 – 3 UF 95/99, FamRZ 2001, 481). Nutztiere, die überwiegend als Nahrungsmittel (sog. lebender Vorrat zum eigenen Verzehr, zB Stallhase, Hühner) gehalten werden, sind Haushaltsgegenstände. Ebenso Tiere, die für die Freizeitgestaltung eines Ehegatten oder der Kinder genutzt werden – beispielsweise das Reitpferd (OLG Naumburg 29.10.1999 – 3 UF 95/99, FamRZ 2001, 481), der Jagdhund –, die somit ausschließlich der Liebhaberei dienen (OLG Naumburg 29.10.1999 – 3 UF 95/99, FamRZ 2001, 481), sind Haushaltsgegenstände. **4**

5. Keine Haushaltsgegenstände

5 Gegenstände, die lediglich dem **persönlichen Gebrauch** oder **persönlichen Bereich** eines Ehegatten zu dienen bestimmt sind, die persönlichen Bedürfnissen abdecken oder den persönlichen Interessen eines Ehegatten oder der Kinder dienen, fallen nicht unter den Begriff der Haushaltsgegenstände (Heiß/Heiß, Das Mandat im Familienrecht, 2009, Teil 15: Haushaltsauseinandersetzung, Rn 18). So beispielsweise Kleidung, Schmuck, Versicherungsunterlagen (OLG Düsseldorf 3.12.1982 – 4 WF 134/82, FamRZ 1983, 514), Pkw (BayObLG 24.9.1981 – Allg reg 78/81, FamRZ 1982, 399; s. Rn 7; s.a. → *Pkw*), Familienandenken, Ausweise, alleiniges Hobby, Sammlungen (Briefmarken) – es sei denn sie sind nach der Lebensanschauung der Familie als Teil der Wohnungseinrichtung zu betrachten (Uhrensammlung) –, Spielsachen, Schulbücher, Mobiliar im eigenen Arbeitszimmer (BGH 14.3.1984 – Ivb ARZ 59/83, FamRZ 1984, 575; OLG Hamm 25.5.1992 – 8 WF 160/92, FamRZ 1993, 211; OLG Düsseldorf 1.7.1986 – 9 UF 145/85, FamRZ 1986, 1134; OLG Bamberg 1.7.1996 – 2 WF 48/96, FamRZ 1997, 378; Holzwarth, FPR 2010, 559 ff). Gegenstände, die der **Berufsausübung** eines Ehegatten ausschließlich oder überwiegend dienen (BGH 1.12.1983 – IX ZR 41/83, FamRZ 1984, 144 oder BGHZ 89, 137), sind keine Haushaltsgegenstände (Heiß/Heiß, Das Mandat im Familienrecht, 2009, Teil 15: Haushaltsauseinandersetzung, Rn 18). Sie sind Alleineigentum eines jeden Ehegatten, § 1362 Abs. 2 BGB. Beispielsweise sind das PC, Berufskleidung, Handwerkszeug, Fachbücher, Fotoausrüstung (OLG Zweibrücken 21.12.1981 – 6 WF 133/81, FamRZ 1982, 942), Einrichtung des beruflich genutzten Arbeitszimmers. Ebenfalls keine Haushaltsgegenstände sind Gegenstände, die als **Kapitalanlage** ausschließlich wegen des Wertes angeschafft werden und nicht für die gemeinsame Lebensführung genutzt werden, wie beispielsweise Antiquitäten (OLG Naumburg 4.9.2003 – 8 UF 211/02, FamRZ 2004, 889; s. Rn 5; s.a. → *ABC der Vermögenswerte* Rn 15), Kunstgegenstände, Bilder, Teppiche, Vasen, Porzellan.

Wurden diese Gegenstände jedoch in der Ehewohnung platziert und dienten somit der Ausstattung der Ehewohnung, sind sie je nach den Lebensumständen oder wirtschaftlichen Verhältnissen als Haushaltsgegenstände zu werten (BGH 14.3.1984 – Ivb ARZ 59/83, FamRZ 1984, 575; KG Berlin 13.6.1995 – 18 UF 4677/91, KGR Berlin 1996, 21; OLG Köln 12.7.1995 – 11 U 36/95, NJW-RR 1996, 904; OLG Bamberg 1.7.1996 – 2 WF 48/96, FamRZ 1997, 378; Gernhuber FamRZ 1984, 1053 f). Dabei kommt es nicht auf den Anlass der Anschaffung, sondern auf die tatsächliche Nutzung der Gegenstände an. Selbst wenn bei der Anschaffung das Motiv der Kapitalanlage mitgespielt hat, hindert dies nicht die Qualifizierung als Haushaltsgegenstand (BGH 14.3.1984 – Ivb ARZ 59/83, FamRZ 1984, 575). Wurden diese Gegenstände in einem gemeinsam genutzten Raum aufgestellt/aufbewahrt, beispielsweise Wohnzimmer, ist dies ein Indiz für die Einordnung als Haushaltsgegenstand. Das Gartenhaus in der Kleingartenanlage ist ebenfalls kein Haushaltsgegenstand (s. → *Wohnungszuweisung nach Trennung* Rn 1; Palandt/Brudermüller § 1361 a BGB Rn 4). Mit der Neuordnung des Familienverfahrensrechts – siehe § 266 FamFG: „sonstige Familiensachen" bzw „großes Familiengericht" – ist der Streit, ob das Familien- oder Zivilgericht zuständig ist, erledigt, wenn ein Ehegatte nach Trennung Zutritt zur Ehewohnung begehrt, um persönliche Gegenstände abzuholen (OLG Düsseldorf 16.10.1984 – 9 WF 153/84, FamRZ 1985, 497; OLG Frankfurt 14.3.1988 – 1 UFH 4/88, FamRZ 1989, 75; OLG Bamberg 14.9.1992 – SA 11/92, FamRZ 1993, 335; offen bei BGH 22.9.1982 – Ivb ARZ 32/82, FamRZ 1982, 1200; OLG Hamm 25.5.1992 – 8 WF 160/92, FamRZ 1993, 211). Der Herausgabeanspruch beruht auf §§ 985, 1353 BGB.

6. Antiquitäten

6 Antiquitäten sind entsprechend den Einkommens- und Vermögensverhältnissen der Familie als Haushaltsgegenstände zu werten, sofern sie **zur Benutzung angeschafft** und auch entsprechend dieser Zweckbestimmung genutzt wurden. Dies gilt auch dann, wenn das Motiv der Anschaffung als eine Kapitalanlage mitbestimmend war (OLG Brandenburg 25.7.2002 – 9 WF 118/02, OLGR Brandenburg 2002, 487; OLG Naumburg 4.9.2003 – 8 UF 211/02, FamRZ 2004, 889). Somit können unter diesen Voraussetzungen auch teure, antike Möbel als Haushaltsgegenstand qualifiziert werden, wenn sie für den familiären Gebrauch bestimmt waren und auch entsprechend genutzt wurden. Haben sie hingegen ausschließlich den persönlichen

Interessen eines Ehegatten gedient, sind sie keine Haushaltsgegenstände (OLG Naumburg 4.9.2003 – 8 UF 211/02, FamRZ 2004, 889).

7. Pkw

Grundsätzlich ist der Pkw nach dem allgemeinen Sprachgebrauch und der Verkehrsauffassung nicht als 7 Haushaltsgegenstand einzuordnen. In Einzelfällen kann er unter besonderen Voraussetzungen als Haushaltsgegenstand qualifiziert werden (BGH 1.12.1983 – IX ZR 41/83, FamRZ 1984, 144 = BGHZ 89, 137; 24.10.1990 – XII ZR 101/89, FamRZ 1991, 43; v. Heintschel-Heinegg JA 2003, 55 ff; Friederici jurisPR-FamR 3/2007 Anm. 6; Brudermüller FamRZ 2003, 1705 ff): Der Pkw war unberührt der Eigentumsverhältnisse (OLG München 2.7.1997 – 12 UF 958/97, FamRZ 1998, 1230; OLG Karlsruhe 3.4.2000 – 2 WF 111/99, FamRZ 2001, 760) ausschließlich für das familiäre und eheliche Zusammenleben (OLG Köln 20.3.2001 – 22 UF 157/00, FamRZ 2002, 322; KG 17.1.2003 – 13 UF 439/02, FamRZ 2003, 1927; Brudermüller FamRZ 2003, 1705 ff) wie beispielsweise für die Einkaufsfahrten, für die Fahrten der Kinder (Schule, Sport-, Musikunterricht etc.), für Familienausflüge am Wochenende etc. bestimmt (**Widmung**; BGH 24.10.1990 – XII ZR 101/89, FamRZ 1991, 43; 14.3.1990 – 10 WF 36/90, FamRZ 1990, 1126; OLG Zweibrücken 30.1.1991 – 2 UF 87/90, FamRZ 1991, 848; OLG Oldenburg 22.7.1996 – 12 WF 106/96, OLGR Oldenburg 1996, 189; OLG Naumburg 4.9.2003 – 8 UF 211/02, FamRZ 2004, 889) und wurde auch entsprechend genutzt (**Funktion**). Der Pkw diente daher nicht ausschließlich den persönlichen oder beruflichen Zwecken nur eines Ehegatten (OLG Hamm 11.7.1989 – 7 UF 140/89, FamRZ 1990, 54; OLG Düsseldorf 31.1.1992 – 3 UF 134/91, FamRZ 1992, 1445; BGH 15.1.1992 – XII ZB 148/91, FamRZ 1992, 538; OLG Hamburg 12.2.1990 – 2 UF 79/89 G, FamRZ 1990, 1118; aA OLG Stuttgart 14.5.1992 – 17 UF 147/92, FamRZ 1992, 1446: Der Pkw wurde vom Ehemann benutzt, um zur Arbeitsstelle zu fahren und somit den Familienunterhalt zu sichern, so dass der Pkw nicht herausgegeben werden muss, aber eine Ausgleichszahlung in Betracht kommt).

Der sog. **Zweitwagen** der Familie, der vom nicht berufstätigen Ehegatten ausschließlich für die Haushalts- und Familienfahrten genutzt wird, ist daher Haushaltsgegenstand (s.a. OLG Düsseldorf 31.1.1992 – 3 UF 134/91, FamRZ 1992, 1445: Der berufstätige Ehegatte verzichtet auf den Gebrauch und nutzt die öffentlichen Verkehrsmittel). Besitzt jedoch jeder der Ehegatten einen Pkw und sind beide berufstätig, spricht dies grundsätzlich gegen die Zuordnung als Haushaltsgegenstand, selbst wenn mit einem der Fahrzeuge auch die Einkäufe für die Familie und Kinderfahrten etc. erledigt werden (BGH 24.10.1990 – XII ZR 101/89, FamRZ 1991, 43). Entscheidungserheblich kommt es daher auf die ausdrückliche oder konkludente **Widmung** und **Funktion** des Pkw an (OLG Düsseldorf 18.7.1991 – 3 WF 97/91, FamRZ 1992, 60). Kann der Pkw als Haushaltsgegenstand nach Widmung und Funktion bejaht werden und wird der Pkw auch weiterhin für die Betreuung der Restfamilie benötigt, rechtfertigt es daher die Zuweisung des Pkw als Haushaltsgegenstand an einen Ehegatten (OLG Düsseldorf 18.7.1991 – 3 WF 97/91, FamRZ 1992, 60).

Für die rechtliche Einordnung des Pkw als Haushaltsgegenstand kommt es nicht darauf an, welcher Ehegatte **Eigentümer und/oder Halter** des Pkw ist (BGH 2.3.1983 – Ivb ARZ 1/83, FamRZ 1983, 794; OLG München 2.7.1997 – 12 UF 958/97, FamRZ 1998, 1230; OLG Karlsruhe 3.4.2000 – 2 WF 111/99, FamRZ 2001, 760; OLG Köln 20.3.2001 – 22 U 157/00, FamRZ 2002, 322), ob der Pkw geleast wurde (OLG Stuttgart 14.1.1995 – 18 UF 416/94, FamRZ 1995, 1275) und wer im Kfz-Brief eingetragen ist, wenn der Eigentümer bzw Halter das Kfz der ausschließlichen familiären Nutzung gewidmet hatte. Hat beispielsweise der Ehemann einen Pkw für die Ehefrau geleast (Ehemann = Leasingnehmer), und hat die Ehefrau diesen ausschließlich für familiäre Zwecke genutzt, ist der geleaste Pkw Haushaltsgegenstand (OLG Stuttgart 14.1.1995 – 18 UF 416/94, FamRZ 1995, 1275; OLG Oldenburg 22.7.1996 – 12 WF 106/96, OLGR Oldenburg 1996, 189). Es kommt auch nicht darauf an, ob nur einer der Ehegatten im Besitz eines Führerscheines ist (OLG Hamburg 12.2.1990 – UF 79/89 G, FamRZ 1990, 1118). Liegen hingegen Indizien vor, die dafür sprechen, dass nach dem Willen der Ehegatten **Miteigentum** an dem Pkw gegeben sein sollte, so kann der getrennt lebende Ehegatte die Herausgabe als Haushaltsgegenstand nicht verlangen. Hat beispielsweise ein Ehegatte einen Pkw gekauft und den hierzu erforderlichen Kreditvertrag abgeschlossen und wurde der andere Ehegatte in die Mithaftung genommen und im Kfz-Brief eingetragen, und wenn der Pkw zu-

Kloster-Harz/Schönberger

nächst dem von ihm geführten Geschäftsbetrieb diente, so kann der mithaftende Ehegatte die Herausgabe als Haushaltsgegenstand nicht verlangen (OLG Bremen 4.10.1996 – 5 WF 106/96, OLGR Bremen 1997, 27). Wird das Kfz einem der Ehegatten für die Dauer des Getrenntlebens zur alleinigen Nutzung bzw als Haushaltsgegenstand zugewiesen, so ist der bedachte Ehegatte unabhängig vom Eigentum als Halter zu qualifizieren und daher verpflichtet, eine Haftpflichtversicherung für den Pkw abzuschließen und die Steuern zu leisten (OLG München 2.7.1997 – 12 UF 958/97, FamRZ 1998, 1230). Hat dieser Pkw noch einen relativ hohen Wert, so kann dem Ehegatten auch aufgegeben werden, eine Vollkaskoversicherung abzuschließen, § 209 FamFG (OLG Koblenz 18.3.1991 – 11 UF 204/91, FamRZ 1991, 1302). Ob zudem für die Nutzung und die hierdurch bedingte Wertminderung eine **Nutzungsentschädigung** zu zahlen ist, hat das Familiengericht nach den beiderseitigen Einkommens- und Vermögensverhältnissen nach den Gesichtspunkten der Billigkeit zu entscheiden, § 1361 a Abs. 3 S. 2 BGB (OLG München 2.7.1997 – 12 UF 958/97, FamRZ 1998, 1230). Würde eine solche Entschädigung den Wertverlust nicht kompensieren, so ist dies hinzunehmen. Es entspricht in jedem Falle der Billigkeit, einem Ehegatten, der zwei Kinder (eines davon ein Kleinkind) betreut, das Kfz zur vorläufigen Nutzung nach § 1361 a Abs. 1 S. 2 BGB zuzuweisen (KG 17.1.2003 – 13 UF 439/02, FamRZ 2003, 1927). Führt ein Ehegatte als Alleininhaber eine Firma und wurde dem anderen Ehegatten ein Pkw der Firma bzw ein Geschäftswagen während des Zusammenlebens im Rahmen eines sog. Ehegattenarbeitsverhältnisses pro forma überlassen, welches ausschließlich steuerrechtlichen und sozialversicherungsrechtlichen Umständen diente, wurde zugleich aber der Pkw ausschließlich und einvernehmlich als Familienfahrzeug genutzt, so kann der andere Ehegatte sich auf § 1361 a BGB berufen (aA LAG Köln 24.3.2006 – 11 Sa 811/05, NZA-RR 2006, 425). Ein Herausgabeanspruch des Firmeninhabers kommt aber bei der endgültigen Regelung nach Rechtskraft der Scheidung in Betracht. Die Übereignung des Pkw, der Haushaltsgegenstand ist, an einen Dritten ist gegenüber dem anderen Ehegatten nach § 1369 BGB unwirksam (KG 17.1.2003 – 13 UF 439/02, FamRZ 2003, 1927). Die Beweislast trägt der Ehegatte, der sich auf die Qualifizierung des Pkw als Haushaltsgegenstand beruft.

8. Wohnwagen/Wohnmobile

8 Die Grundsätze für die Qualifikation des Pkw als **Haushaltsgegenstand** gelten entsprechend für Wohnwagen und Wohnmobile, wenn sie gemeinsam angeschafft und für gemeinsame Urlaubsreisen genutzt worden sind (OLG Köln 10.12.1991 – 4 UF 250/91, FamRZ 1992, 696; OLG Koblenz 16.11.1993 – 3 U 449/93, FamRZ 1994, 1255; Brudermüller FamRZ 2003, 1705 ff; OLG Hamm 14.12.1998 – 12 WF 109/98, MDR 1999, 615; aA OLG Düsseldorf 18.7.1991 – 3 WF 97/91, FamRZ 1992, 60). Bei Schaustellern, Zirkusleuten uÄ kann auch der Wohnwagen die Ehewohnung darstellen, sofern dieser den überwiegenden Mittelpunkt des ehelichen Zusammenlebens darstellte (s. → *Wohnungszuweisung nach Trennung* Rn 1).

9. Einbaumöbel

9 Einbaumöbel, insbesondere **Einbauküchen,** stellen keine Haushaltsgegenstände dar, wenn sie als **wesentliche Bestandteile** iSv § 94 Abs. 2 BGB oder **Zubehör** iSv § 97 Abs. 2 BGB eines Gebäudes und damit des Grundstücks zu qualifizieren sind (OLG Stuttgart 17.4.1998 – 11 UF 80/98, FamRZ 1999, 855; OLG Hamm 1.6.1990 – 5 UF 50/90, FamRZ 1991, 89; Brudermüller FamRZ 2003, 1705 ff; Holzwarth FPR 2010, 559 ff). Einbaumöbel bzw Einbauküchen stellen somit wesentliche Bestandteile oder Zubehör dar, wenn sie dem Gebäude nach der Verkehrsanschauung ein besonderes Gepräge geben, ohne welche es noch nicht fertig gestellt erscheint, oder die dem Baukörper besonders angepasst sind und deswegen mit ihm eine Einheit bilden. Diese Qualifizierung ist jedoch jeweils nach den gesamten **Umständen des Einzelfalls** zu entscheiden (BGH 25.5.1984 – V ZR 149/83, NJW 1984, 2277; 15.2.1990 – VII ZR 175/89, NJW-RR 1990, 787). Serienteile oder Normteile sind somit Haushaltsgegenstände, wenn und soweit sie ohne großen finanziellen Aufwand und/oder Werteverlust ausgebaut und anderweitig wieder – unter Umständen etwas abgeändert und/oder ergänzt – mit gleicher Funktion „vernünftig" eingebaut werden können (OLG Schleswig 10.3.1988 – 14 W 7/88, NJW-RR 1988, 1459). Montagekosten allein sind jedoch kein Entscheidungskriterium (BGH 15.2.1990 – VII ZR 175/89, NJW-RR 1990, 787; OLG Zweibrücken 19.8.1992 – 5 UF 191/91, FamRZ 1993, 82). Ein durch den Umzug eventuell eintretender Wertverlust und/oder eventuelle Mehrkosten können im Einzelfall nach § 1568 b Abs. 3 BGB ausgeglichen werden. Auf den Zeitpunkt des

Einbaus, beispielsweise auch im Zuge eines Umbaus oder einer Renovierung, kommt es jedoch nicht an. Eingebaute Möbel bzw Einbauküchen sind dann nicht als Haushaltsgegenstände zu qualifizieren, wenn sie unter bestimmten Umständen und mit besonderem Aufwand auf das Gebäude abgestimmt wurden (OLG Frankfurt 8.3.1982 – 5 UF 130/81, FamRZ 1982, 938), wie Sonderanfertigungen (OLG Köln 16.5.1991 – 12 U 130/88, NJW-RR 1991, 1077). Häufig wird diese Abgrenzung regional unterschiedlich vorgenommen (OLG Zweibrücken 19.8.1992 – 5 UF 191/91, FamRZ 1993, 82; OLG Hamm 1.6.1990 – 5 UF 50/90, FamRZ 1991, 89; 15.5.1997 – 4 UF 491/96, FamRZ 1998, 1028; OLG Celle 31.3.1989 – 4 UF 34/88, NJW-RR 1989, 913; OLG Köln 16.5.1991 – 12 U 130/88, NJW-RR 1991, 1077; OLG Karlsruhe 12.11.1987 – 9 U 216/86, NJW-RR 1988, 459), was aus heutiger Sicht oft nicht nachvollziehbar ist.

10. Besonderheiten

a) Abgrenzungsprobleme. In zahlreichen Einzelfällen wird es immer wieder Abgrenzungsprobleme geben (Kemper FPR 2007, 202 ff). Dies gilt insbesondere, wenn alle Familienmitglieder den PC benutzt haben (OLG Hamburg 12.2.1990 – 2 UF 79/89 G, FamRZ 1990, 1118), teils beruflich, teils privat aus Hobbygründen (AG Amberg 23.1.2008 – 1 F 729/07, NJW-RR 2009, 2). Entsprechend ist es schwierig zu qualifizieren, wenn beispielsweise alle Familienmitglieder ein Musikinstrument überwiegend gemeinsam benutzt haben (BayObLG OLGZ 1952, 279). In der Praxis werden gemeinsam genutzte Musikinstrumente als Haushaltsgegenstände qualifiziert; hingegen stellen das nur von einem Ehegatten genutzte Klavier oder der jeweils von beiden Ehegatten gespielte Flügel keine Haushaltsgegenstände dar (Brudermüller FamRZ 2003, 1705 ff; AG Weilburg 26.5.1999 – 22 F 645/98, FamRZ 2000, 1017). Entsprechend schwierig ist in der Praxis häufig die Qualifizierung bei Pkw (s. Rn 7; s.a. → *Pkw*), Wohnwagen/Wohnmobile (s. Rn 8) und Einbaumöbel, insbesondere Einbauküchen (s. Rn 9). **10**

b) Gemischte Nutzung. Schwierig ist die Abgrenzung bzw rechtliche Qualifizierung bei der sog. gemischten Nutzung, was beispielsweise häufig beim Pkw vorkommt. Bei gemischter Nutzung ist **der Schwerpunkt der Nutzung** entscheidend (OLG Köln 20.3.2001 – 22 U 157/00, FamRZ 2002, 322; Brudermüller FamRZ 2003, 1705 ff). Wird also der Pkw nach Funktion und gemeinsamer Zweckbestimmung **überwiegend** für die Belange der Familie genutzt, wie beispielsweise bei Einkaufsfahrten, zur Betreuung der Kinder, für Wochenend- und Urlaubsreisen, so ist er Haushaltsgegenstand (Brudermüller FamRZ 2003, 1705 ff; OLG Köln 20.3.2001 – 22 U 157/00, FamRZ 2002, 322; OLG Hamburg 12.2.1990 – 2 UF 79/89 G, FamRZ 1990, 1118; OLG Karlsruhe 3.4.2000 – 2 WF 111/99, FamRZ 2001, 760; OLG Naumburg 4.9.2003 – 8 UF 211/02, FamRZ 2004, 889; OLG Koblenz 7.7.2005 – 9 WF 371/05, OLGR 2005, 787; OLG Zweibrücken 1.7.2004 – 2 UF 84/04, FamRZ 2005, 902). Nach neuerer Auffassung soll dies auch **bei nur gelegentlicher Nutzung** für die Familie gelten, wenn nur ein Pkw für die Familie vorhanden war, der nicht nur für die Fahrten zum Arbeitsplatz eines Ehegatten, sondern auch für die Familienfahrten genutzt werden musste (KG 17.1.2003 – 13 UF 439/02, FamRZ 1927; OLG Düsseldorf 23.10.2006 – II-2 UF 97/06, FamRZ 2007, 1325; Wever FamRZ 2008, 1485 ff; Kogel FamRB 2007, 215 ff). Die Abgrenzungsschwierigkeiten ergeben sich im Einzelfall, da es bei der gemischten Nutzung allein auf den Schwerpunkt der Nutzung ankommen soll. Dann darf jedoch die Eigenschaft des Pkw als Haushaltsgegenstand nicht auch danach beurteilt werden, wer den Pkw finanziert und/oder ob die Berufsausübung der Sicherung der Familie gedient hat (so jedoch entschieden von OLG Stuttgart 7.12.1992 – 17 UF 147/92, FamRZ 1993, 1461). So hat auch der BGH richtigerweise entschieden, dass es auf das Ausmaß beruflicher oder privater Nutzung und auch auf die bloße Mitbenutzung des Pkw für eheliche und/oder familiäre Zwecke während intakter Ehe nicht ankommt (BGH 24.10.1990 – XII ZR 101/89, FamRZ 1991, 43; OLG Hamm 11.7.1989 – 7 UF 140/89, FamRZ 1990, 54; OLG Düsseldorf 31.1.1992 – 3 UF 134/91, FamRZ 1992, 1445; OLG Zweibrücken 30.1.1991 – 2 UF 87/90, FamRZ 1991, 848). Die reine Mitbenutzung für familiäre Bedürfnisse führt daher noch nicht zur Einordnung des Pkw als Haushaltsgegenstand. Vielmehr muss der Nutzung des Pkw für die Familie der Vorrang eingeräumt worden sein. **11**

c) Rechte an den Haushaltsgegenständen. Das einen Haushaltsgegenstand betreffende Recht, zB Benutzungsrecht, Anwartschaft aus einem Ratenvertrag, Anspruch auf Sicherungsübereignung, Anspruch aus einem Leasingvertrag, Herausgabeanspruch sowie Ersatzanspruch gegen einen Dritten aus einer Hausratsver- **12**

sicherung oder Schadensersatzanspruch gegen einen Dritten, kann ein verteilungsfähiger „Haushaltsgegenstand" sein. Dabei darf jedoch nicht in Rechte eines Dritten eingegriffen werden (siehe Rn 18).

13 **d) Surrogate.** Der Gesetzgeber hat mit Wirkung zum 1.9.2009 die Regelung des § 1370 BGB („Ersatz von Haushaltsgegenständen", sog. **Surrogatserwerb**) aufgehoben (siehe auch Götz/Brudermüller FamRZ 2009, 1261 ff). Jedoch hat die Regelung weiterhin praktische Bedeutung, da der Gesetzgeber in Art. 229 § 20 Abs. 1 EGBGB festgeschrieben hat, dass § 1370 BGB bei der Behandlung von Haushaltsgegenständen aus Anlass der Scheidung, welche vor dem 1.9.2009 **angeschafft** wurden, in der bis zu diesem Tage geltenden Fassung anzuwenden ist. Solange § 1370 BGB noch anzuwenden ist, gilt, dass Haushaltsgegenstände, die anstelle von nicht mehr vorhandenen oder wertlos gewordenen Gegenständen angeschafft werden, zu Eigentum des Ehegatten werden, dem die nicht mehr vorhandenen oder wertlos gewordenen Gegenstände gehört haben. Dabei kommt es nicht darauf an, wer die Gegenstände bezahlt hat (Palandt/Brudermüller, 68. Aufl. 2009, § 1370 BGB Rn 2). Wertlos sind die Gegenstände auch dann, wenn sie den persönlichen Zwecken der Ehegatten nicht mehr genügen (Palandt/Brudermüller, 68. Aufl. 2009, § 1370 BGB Rn 1). Eine Modernisierungsabsicht reicht aus (Palandt/Brudermüller, 68. Aufl. 2009, § 1370 BGB Rn 1). Die Vermutung des § 1370 BGB geht der Vermutung des § 1568 b Abs. 2 BGB vor, sofern die erste Regelung noch Anwendung findet. Dies gilt auch, wenn die Ersatzstücke wesentlich wertvoller sind als die ersetzten Haushaltsgegenstände (BayObLG 26.8.1969 FamRZ 1970, 31). Bei § 1370 BGB ist zu prüfen, wer ursprünglich Eigentümer war bzw ob Miteigentum vorlag. Derjenige Ehegatte, der den Haushaltsgegenstand für sich in Anspruch nimmt, muss beweisen, dass er gleiche Gegenstände gehabt hat und sie nicht mehr vorhanden oder wertlos geworden sind (Palandt/Brudermüller, 68. Aufl. 2009, § 1370 BGB Rn 3). Nach der Aufhebung des § 1370 BGB wird kaum mehr Alleineigentum an während der Ehe erworbenen Haushaltsgegenständen bestehen. Denn grundsätzlich ist beim Kauf von Haushaltsgegenständen die Erklärung auch nur eines Ehegatten dergestalt zu verstehen, dass auch der andere Ehegatte Miteigentümer werden soll, ausgenommen es wird anderes erklärt oder es kann den Umständen Abweichendes entnommen werden (Palandt/Brudermüller § 1568 b BGB Rn 6; s. → *Miteigentumsvermutung*).

II. Abgrenzung zum Vermögen

14 Der Haushaltsgegenstand ist vom **güterrechtlichen Vermögen** abzugrenzen, da der im Haushalt genutzte Gegenstand je nach den einzelnen Anspruchsgrundlagen (§§ 1361 a, 1568 b BGB) unterschiedlich verteilt wird oder aber den güterrechtlichen Regeln nach §§ 1363 ff BGB unterliegt (s. → *ABC der Vermögenswerte*). Für die Abgrenzung von Haushaltsgegenständen iSv §§ 1361 a, 1568 b BGB und Vermögensgegenständen iSv §§ 1371 ff BGB ist die Rechtsprechung heranzuziehen, da der Gesetzgeber keine eindeutige und klare Regelungen geschaffen hat (BGH 1.12.1983 – IX ZR 41/83, FamRZ 1984, 144 = BGHZ 89, 137; OLG Karlsruhe 17.5.2006 – 16 UF 220/05, FamRZ 2007, 59; Erbarth FPR 2010, 548 ff; Gernhuber FamRZ 1984, 1053 ff; Smid NJW 1985, 173 ff; Müller DAVorm 1990, 585 ff). Das gesamte Vermögen bzw **alle rechtlich geschützten Positionen von wirtschaftlichem Wert** eines Ehegatten unterliegen grundsätzlich güterrechtlichen Regelungen, es sei denn, die Eheleute haben vertraglich etwas anderes vereinbart, die Vermögenswerte sind dem Versorgungsausgleich zugeschrieben oder der Gegenstand oder das Recht unterliegt der endgültigen **Sonderregelung des § 1568 b BGB**. Diese Sonderregelung des § 1568 b BGB umfasst alles, was nach dieser Vorschrift verteilt werden kann, soweit keine anderweitige Vereinbarung besteht, sowie den festzusetzenden Wertausgleich anlässlich der Zuweisung von Haushaltsgegenständen (OLG Karlsruhe 10.12.1981 – 16 UF 142/01, FamRZ 1982, 277; aA Müller DAVorm 1991, 351 ff). Hierdurch können auch wertvolle Gegenstände dem Zugewinnausgleich entzogen werden (BGH 14.3.1984 – Ivb ARZ 59/83, FamRZ 1984, 575; LG Ravensburg 31.3.1995 – 3 O 2221/94, FamRZ 1995, 1585). Dabei handelt es sich aber grundsätzlich nur um **Haushaltsgegenstände im gemeinsamen Eigentum** der Eheleute (BGH 1.12.1983 – IX ZR 41/83, FamRZ 1984, 144 = BGHZ 89, 137; 14.3.1984 – Ivb ARZ 59/83, FamRZ 1984, 575; 24.10.1990 – XII ZR 101/89, FamRZ 1991, 43; Klingelhöffer FamRZ 1991, 882 ff; Cramer MedR 1992, 313 ff; OLG Düsseldorf 18.7.1991 – 3 WF 97/91, FamRZ 1992, 60). Mittelbar findet nach § 1568 b BGB aber auch eine Entscheidung über die Zuordnung von Haushaltsgegenständen im Alleineigentum und zur Zuordnung des Güterrechts statt. Ist auf der Grundlage von § 1568 b BGB eine (teilweise) Einigung der

Eheleute gelungen, spricht eine tatsächliche Vermutung dafür, dass die Eheleute damit eine abschließende Einigung der im Vergleich berücksichtigten Gegenstände und damit auch keinen weiteren Streit über diese Gegenstände im Güterrecht haben wollen (BGH 1.12.1983 – IX ZR 41/83, FamRZ 1984, 144 = BGHZ 89, 137). Vereinbarungen und/oder Entscheidungen über die Verteilung von Haushaltsgegenständen nach § 1568 b BGB können daher in güterrechtlichen Verfahren nicht mehr korrigiert werden bzw sind verbindlich (OLG Karlsruhe 10.12.1981 – 16 UF 142/81, FamRZ 1982, 277). Ein **Haushaltsgegenstand im Alleineigentum** unterliegt jedoch dem Zugewinnausgleich, auch wenn er vor Rechtshängigkeit des Scheidungsverfahrens durch unwirksame – mangels zwingender notarieller Beurkundung – Aufteilungsvereinbarung berücksichtigt worden ist (OLG Düsseldorf 9.9.2004 – 9 UF 119/03, FamRZ 2005, 273).

III. Eigentumslage

1. Bedeutung der Eigentumslage

Sowohl bei der vorläufigen Regelung nach § 1361 a BGB als auch bei der endgültigen Regelung nach § 1568 b BGB ist die Eigentumslage – Alleineigentum oder Miteigentum, wobei gleichgültig ist, ob es sich um Miteigentum nach Bruchteilen oder um eine Gesamthandsgemeinschaft handelt – an dem jeweiligen Haushaltsgegenstand von Bedeutung (Brötel Jura 1994, 470). Denn die jeweilige Eigentumslage führt zu unterschiedlichen Anspruchsgrundlagen bzw Rechtsfolgen, beispielsweise zum Herausgabeanspruch bei Alleineigentum nach § 1361 a Abs. 1 S. 1 BGB, oder zur Verteilung bei Miteigentum nach § 1361 a Abs. 2 BGB. Erst nach **Klärung der Eigentumslage** an dem jeweiligen Haushaltsgegenstand sind Regelungen möglich bzw Erwägungen der Notwendigkeit oder Billigkeit anzustellen. Streiten sich die Eheleute über die Eigentumslage an einem Haushaltsgegenstand, so hat das Familiengericht wegen der unterschiedlichen Anspruchsgrundlagen die Eigentumslage von Amts wegen aufzuklären, § 26 FamFG (aA OLG Hamm 29.9.1989 – 13 UF 123/89, FamRZ 1990, 531). Die Mitwirkungspflichten der Eheleute sind spürbar verstärkt worden, und können im Einzelfall durch gerichtliche Anordnungen durchgesetzt werden, vgl §§ 203, 206, 81 Abs. 2 Nr. 4 FamFG. Bei der vorläufigen Regelung nach § 1361 a BGB dürfte wegen der Vorläufigkeit der Beweismaßstab hinsichtlich der Eigentumslage herabgesetzt sein. Ein Dritter ist an die Entscheidung des Familiengerichts über die Eigentumslage jedoch nicht gebunden, da er nicht beteiligt ist. Der Streit über das Eigentum mit dem Dritten ist daher vor dem Streitgericht zu klären. Das Verfahren vor dem Familiengericht wäre insoweit auszusetzen. Die Änderung der Eigentumslage nach Rechtskraft der Scheidung ist unbeachtlich, zB die Übertragung des Eigentums an einem Haushaltsgegenstand auf einen Dritten (OLG Hamm 14.3.1990 – 10 WF 36/90, FamRZ 1990, 1126).

2. Miteigentumsvermutung

Nach § 1568 b Abs. 2 BGB wird – unabhängig vom Güterstand der Eheleute – **widerleglich vermutet**, dass während der Ehe angeschaffte Haushaltsgegenstände als solche im Miteigentum anzusehen sind, es sei denn, das Alleineigentum eines Ehegatten steht fest. Insofern ist auch die Einigungserklärung des einen Ehegatten nur dahin zu verstehen, dass beide Ehegatten Miteigentümer werden sollen (BGH 13.3.1991 – XII ZR 53/90, FamRZ 1991, 923). Nutzung fremden Eigentums hingegen begründet nicht ohne Weiteres Miteigentum (Palandt/Brudermüller § 1568 b BGB Rn 6). Diese Miteigentumsvermutung nach § 1568 b Abs. 2 BGB ist analog für die vorläufigen Regelungen nach § 1361 a BGB anzuwenden (Palandt/Brudermüller § 1361 a BGB Rn 16; OLG Hamburg 9.8.1979 – 15 a UF 6/79 H, FamRZ 1980, 250). Denn die Regelung der Miteigentumsvermutung soll die Auseinandersetzung der Haushaltsgegenstände erleichtern, indem sie häufig nicht lösbare Zweifel über die Eigentumslage an den während der Ehe angeschafften Haushaltsgegenständen beseitigt und langwierige Beweiserhebungen darüber ausschließt. Tragen die Eheleute zu der Miteigentumslage der während der Ehe genutzten Haushaltsgegenstände nichts Gegenteiliges vor, ist somit Miteigentum zu vermuten (OLG Stuttgart 14.5.1992 – 17 UF 147/92, FamRZ 1992, 1446; OLG Koblenz 13.9.1991 – 5 WF 400/91, FamRZ 1992, 1303; Krebs FamRZ 1994, 281 ff). Die Miteigentumsvermutung des § 1568 b Abs. 2 BGB gilt aber grundsätzlich nur für während der Ehe **entgeltlich erworbene bzw gekaufte Haushaltsgegenstände**, nicht für geerbte oder geschenkte Haushaltsgegenstände, auch wenn diese als Ersatz für wertlose Gegenstände dienen (OLG Stuttgart 20.11.1981 – 15 UF 243/81

Kloster-Harz/Schönberger

WH, FamRZ 1982, 485; aA Gerhardt/von Heintschel-Heinegg/Klein/Klein 8. Kap. Rn 169). Die vor der Eheschließung für die gemeinsame Ehe angeschafften Haushaltsgegenstände sind jedoch auch gemeinsames Eigentum, da bei der Anschaffung Miteigentum mit bestimmter Zweckrichtung begründet wurde (OLG Brandenburg 25.7.2002 – 9 WF 118/02, FamRZ 2003, 532). Die nach der Trennung der Ehegatten angeschafften Haushaltsgegenstände sind nicht für den gemeinsamen Haushalt bestimmt, so dass Alleineigentum anzunehmen ist (OLG Köln 20.3.2001 – 22 U 157/00, FamRZ 2002, 322).

Derjenige Ehegatte, der sich auf Alleineigentum an einem Haushaltsgegenstand beruft, muss die Miteigentumsvermutung des § 1568 b Abs. 2 BGB **im Strengbeweis widerlegen**. Nach der ersatzlosen Streichung des § 1370 BGB, der eine dingliche Surrogation bei der Ersatzbeschaffung von Haushaltsgegenständen festgeschrieben hatte, wird seltener als bisher Alleineigentum an Haushaltsgegenständen bestehen. Während der Ehe angeschaffte Haushaltsgegenstände zum Zwecke der gemeinsamen Lebensführung sind nach dem Willen der Eheleute im Zweifel Miteigentum (OLG Köln 20.3.2001 – 22 U 157/00, FamRZ 2002, 322; BGH 13.3.1991 – XII ZR 53/90, NJW 91, 2283). Zieht ein Ehepartner aus der Ehewohnung aus, geht das Miteigentum an den Haushaltsgegenständen nicht verloren. Die Eigentumsvermutung des Besitzers nach § 1006 BGB ist für den verbleibenden Ehegatten nicht anzuwenden, auch nicht bei gerichtlicher Zuweisung eines Haushaltsgegenstandes. Die Eheleute können jedoch das Miteigentum oder Anwartschaften hieran übertragen und/oder die Eigentumsverhältnisse anderweitig vereinbaren. Haben die Eheleute beispielsweise vereinbart, dass alle Haushaltsgegenstände einem von ihnen gehören sollen, so ist im gerichtlichen Verfahren nur noch zu klären, ob bestimmte Gegenstände in der Vereinbarung erfasst wurden (OLG Düsseldorf 15.5.1986 – 9 UF 207/85, FamRZ 1986, 1132; aA OLG Düsseldorf 8.12.1980 – 5 U 124/80, FamRZ 1981, 545). Werden Haushaltsgegenstände im Miteigentum zerstört, sind die Eheleute Mitgläubiger nach § 432 BGB (OLG Karlsruhe 17.5.2007 – 16 UF 220/05, FamRZ 2007, 59; Müller FamRB 2006, 358), da bezüglich des Schadensbetrages von einer gemeinsamen Empfangszuständigkeit auszugehen ist.

3. Alleineigentum

17 Der Ehegatte, der Alleineigentum an einem Haushaltsgegenstand behauptet, muss **dies darlegen und beweisen** (OLG Karlsruhe 17.5.2006 – 16 UF 220/05, FamRZ 2007, 59). Die Miteigentumsvermutung des § 1568 b Abs. 2 BGB ist widerlegt, wenn der Ehegatte insoweit Beweis geführt hat, dass ihm das Alleineigentum an dem betreffenden Haushaltsgegenstand zusteht oder wenn es unstreitig ist, dass an dem betreffenden Haushaltsgegenstand Alleineigentum besteht. Erwirbt ein Ehegatte im Rahmen der sog. Schlüsselgewalt des § 1375 Abs. 1 BGB einen Haushaltsgegenstand für den gemeinsamen Haushalt, dann berechtigt und verpflichtet dieses Geschäft zwar auch den anderen Ehegatten. Er erwirbt jedoch nicht bereits kraft Gesetzes Miteigentum, da § 1357 BGB keine dingliche Wirkung hat. Vielmehr kommt es entscheidend auf die dinglichen Erklärungen des Erwerbers und des Veräußerers an. Sofern nichts ausdrücklich erklärt wird und/oder keine besonderen Umstände gegeben sind, ist die Erklärung beim Erwerb von Haushaltsgegenständen für den gemeinsamen Haushalt des einen Ehegatten nur dergestalt auszulegen, dass beide Eheleute Miteigentümer werden sollen. Da es dem Veräußerer grundsätzlich egal sein wird, wer Eigentum an dem Haushaltsgegenstand erwirbt, richtet sich dessen Erklärung regelmäßig nach dem Rechtsprinzip „Übereignung an den, den es angeht". Folgerichtig sind die Erklärungen des Erwerbers und des Veräußerers nur so zu verstehen, dass beide Ehegatten Miteigentümer werden sollen (BGH 13.3.1991 – XII ZR 53, 90, FamRZ 1991, 923). Für den Beweis des Alleineigentums reicht es nicht aus, dass der Haushaltsgegenstand mit eigenen Mitteln erworben wurde. In diesem Falle müsste zusätzlich bewiesen sein, dass der Ehegatte den Haushaltsgegenstand für sich erwerben wollte. Der Einwand eines Ehegatten, alle Haushaltsgegenstände seien ausschließlich von seinem allein verdienten Geld angeschafft worden, ist ohne Bedeutung (OLG Düsseldorf 23.3.1987 – 10 UF 258/86, FamRZ 1987, 1055). Alleineigentum an einem Pkw ist beispielsweise auch nicht damit belegt, wenn nur einer der Ehegatten Käufer des Kaufvertrags, Rechnungsadressat oder im Kfz-Brief eingetragen ist, oder den Pkw alleine finanziert hat (OLG Bremen 4.10.1996 – 5 WF 106/96, OLGR Bremen 1997, 27; OLG Köln 10.12.1991 – 4 UF 250/91, FamRZ 1992, 696; OLG Hamburg 12.2.1990 – 2 UF 79/89 G, FamRZ 1990, 1118). Vielmehr ist auf das Abstraktionsprinzip zu achten. Kann hieraus nichts eindeutig geschlossen werden, sind die gesetzlichen Vermutungen heranzuziehen. Häufig

stammen die Mittel zur Finanzierung aus unterschiedlichen Quellen, wie aus Inzahlungnahme des bereits vorhandenen Autos, aus Ersparnissen beider Eheleute, Verdienst, Zuwendungen aus der Familie etc. Die Herkunft der Mittel und der Umstand, dass der Pkw für die gemeinsame Lebensführung erworben wurde, spricht für gemeinschaftliches Eigentum nach § 1357 BGB (OLG Schleswig 5.5.1988 – 7 U 25/86, FamRZ 1989, 88; OLG Naumburg 4.9.2003 – 8 UF 211/02, FamRZ 2004, 889).

4. Rechte Dritter

§§ 1361 a und 1568 b BGB sind auch auf Haushaltsgegenstände anwendbar, an denen Rechte Dritter beste-   **18** hen, wie **geliehene, gemietete oder geleaste Haushaltsgegenstände**, die somit im fremden Eigentum stehen, oder bei Mitbesitz an Haushaltsgegenständen. Die Haushaltsgegenstände, an denen Rechten Dritter bestehen, dürfen – auch ohne Zustimmung des Rechtsinhabers bzw (Mit-)Eigentümers – mittels Übertragung der entsprechenden Rechte der Eheleute, wie Besitzrechte oder Anwartschaften, (vorläufig) verteilt werden. Dabei hat das Familiengericht jedoch durch umfassende Abwägung allen Interessen – und damit auch den Belangen des dritten Rechtsinhabers – gerecht zu werden (OLG Hamm 29.9.1989 – 13 UF 123/89, FamRZ 1990, 531). Haushaltsgegenstände unter Eigentumsvorbehalt Dritter iSv § 449 BGB sollen dem anderen Ehegatten – durch Übertragung der Anwartschaft – nur zugesprochen werden, wenn der Dritte bzw Gläubiger damit einverstanden ist. Denn hierdurch kann eine wirtschaftliche Situation zulasten der Gläubiger eintreten, da das für die Vollstreckung verfügbare Vermögen des Schuldners verringert werden könnte. Bei Anwartschaftsübertragung auf den anderen Ehegatten bleiben die Rechte des Gläubigers unberührt, § 433 Abs. 2 BGB. Um diesem Umstand zu begegnen, kann die Zuweisung des Haushaltsgegenstandes unter Eigentumsvorbehalt von der vorzeitigen Restzahlung abhängig gemacht werden. Es handelt sich um eine Prozesserklärung. In einem solchen Fall ändern sich mit Zustimmung und Zahlung die Gläubigerrechte. Das Einverständnis des Eigentümers ist gegenüber dem Familiengericht abzugeben.

5. Schenkungen

Bei den Schenkungen ist zwischen **Schenkungen Dritter** und **Schenkungen unter den Eheleuten** zu dif-   **19** ferenzieren. **Hochzeitsgeschenke** (von Dritten) stehen nach der Miteigentumsvermutung des § 1568 b Abs. 2 BGB im Miteigentum beider Eheleute. Ansonsten ist bei Geschenken Dritter das Eigentum nach den Gesamtumständen des Einzelfalls zu bestimmen. Dabei sind Kriterien die Person des Schenkers und sein Bezug bzw Verhältnis zu den Eheleuten sowie der Wert des Geschenkes; vgl auch § 1374 Abs. 2 BGB. In der Praxis ordnen Gerichte Haushaltsgegenstände gerne demjenigen Ehegatten zu, aus dessen Verwandtschaftskreis das Geschenk herrührt. Für § 1568 a Abs. 2 BGB soll Raum sein, wenn beide Ehegatten beschenkt wurden oder Zweifel bleiben, obwohl die Miteigentumsvermutung grundsätzlich keine Anwendungen bei Schenkungen finden soll (s. Rn 16). Bei Schenkungen der Ehegatten untereinander besteht kein Miteigentum, sondern Alleineigentum, auch wenn das Geschenk dem gemeinsamen Haushalt dient.

130. Illoyale Vermögensverfügung und Ansprüche gegen Dritte

Knahn

I. Einführung 1	a) § 1390 Abs. 1 BGB 23
II. Illoyale Vermögensverfügung 3	aa) Unentgeltliche Zuwendung,
1. Voraussetzungen 3	§ 1390 Abs. 1 Nr. 1 BGB 23
a) Unentgeltliche Zuwendung,	bb) Benachteiligungsabsicht 25
§ 1375 Abs. 2 Nr. 1 BGB 5	cc) Wert des Endvermögens geringer als
b) Vermögensverschwendung,	Ausgleichsforderung 26
§ 1375 Abs. 2 Nr. 2 BGB 8	b) § 1390 Abs. 2 BGB 29
c) Handlungen in Benachteiligungsabsicht,	aa) Andere Rechtshandlungen 30
§ 1375 Abs. 2 Nr. 3 BGB 10	bb) Benachteiligungsabsicht 31
2. Rechtsfolge 12	cc) Kenntnis der Benachteiligungsabsicht ... 32
3. Darlegungs- und Beweislast 15	dd) Wert des Endvermögens geringer als
4. Indexierung 19	Ausgleichsforderung 33
III. Ansprüche gegen Dritte, § 1390 BGB 22	2. Rechtsfolge 34
1. Voraussetzungen 23	3. Verjährung 36

I. Einführung

1 Der Zugewinn eines Ehegatten ist gem. § 1373 BGB der Betrag, um den das Endvermögen das Anfangs-vermögen (s. → *Anfangsvermögen*) übersteigt. Das Endvermögen besteht dabei gem. § 1375 Abs. 1 BGB aus dem Vermögen, das bei Beendigung des Güterstandes einem Ehegatten nach Abzug der Verbindlich-keiten gehört. Diesem Betrag ist gem. § 1375 Abs. 2 BGB das Vermögen hinzuzurechnen, um das dieses Vermögen nach Eintritt des Güterstandes durch **illoyale Vermögensverfügungen** eines Ehegatten iSv § 1375 Abs. 2 Nr. 1–3 BGB vermindert wurde (s. Rn 3 ff). Damit soll verhindert werden, dass ein Ehegatte seinen Zugewinn zum Nachteil des ausgleichsberechtigten Ehegatten schmälert und dessen Ausgleichsan-spruch durch illoyale Vermögensminderungen vereitelt (NK-BGB/Heiß § 1375 BGB Rn 1).

2 Hat ein Ehegatte sein Endvermögen durch eine unentgeltliche Zuwendung in Benachteiligungsabsicht ver-ringert und übersteigt die Ausgleichsforderung das vorhandene Vermögen des Ausgleichsverpflichteten, gewährt § 1390 BGB dem Ausgleichsberechtigten einen **Anspruch gegen Dritte** auf Ersatz des Wertes der Zuwendung (s. Rn 22 ff). Das Gleiche gilt für andere Rechtshandlungen, wenn dem Dritten die Benachteili-gungsabsicht bekannt war (s. Rn 30 ff).

II. Illoyale Vermögensverfügung

1. Voraussetzungen

3 Voraussetzung für eine Hinzurechnung gem. § 1375 Abs. 2 BGB ist, dass **während des Güterstandes** eine illoyale Vermögensminderung stattgefunden hat. Unter **Vermögensminderung** versteht man alle negativen wirtschaftlichen Veränderungen der Vermögenslage, ein dinglicher Vollzug der Vermögensverfügung braucht daher noch nicht vorzuliegen, das Eingehen von Verbindlichkeiten ist ausreichend. Dabei kommt es auf die Entstehung des die Vermögensminderung herbeiführenden Rechtsverhältnisses an (Verpflich-tungsgeschäft) und nicht auf die Fälligkeit oder die tatsächliche Erfüllung (Staudinger/Thiele § 1375 BGB Rn 35 f).

4 Eine Vermögensminderung ist dann illoyal, wenn sie unter die Hinzurechnungstatbestände des § 1375 Abs. 2 Nr. 1–3 BGB fällt. Diese sind **abschließend und nicht analogiefähig** (NK-BGB/Heiß § 1375 BGB Rn 19).

5 **a) Unentgeltliche Zuwendung, § 1375 Abs. 2 Nr. 1 BGB.** Eine unentgeltliche Zuwendung liegt insbeson-dere bei Schenkungen, Ausstattungen, Vermögensübertragungen unter vorweggenommener Erbfolge, Spenden sowie Stiftungen vor (Palandt/Brudermüller § 1375 BGB Rn 25). Die Zuwendung erfolgt dabei **unentgeltlich**, wenn der Vermögensminderung keine Gegenleistung gegenübersteht (BGH 9.4.1986 – IVb ZR 14/86, FamRZ 1986, 565). **Abfindungsklauseln in Gesellschaftsverträgen**, nach denen beim Aus-scheiden eines Ehegattengesellschafters eine Abfindung teilweise oder vollumfänglich ausgeschlossen ist,

stellen eine unentgeltliche Verfügung zugunsten der Mitgesellschafter dar, wenn nur einzelne Gesellschafter sich ihr ohne rechtfertigenden Grund unterworfen haben (Palandt/Brudermüller § 1375 BGB Rn 25). Bei **gemischten Schenkungen**, also teilweise unentgeltlichen Zuwendungen, ist der unentgeltliche Teil dem Endvermögen hinzuzurechnen. Ist grundsätzlich eine Gegenleistung vereinbart, steht diese aber in einem groben Missverhältnis zur Leistung, spricht eine tatsächliche Vermutung für eine gemischte Schenkung (BGH 21.6.1972 – IV ZR 221/69, NJW 1972, 1709).

Die Erfüllung einer verjährten Forderung ist **nicht unentgeltlich** (MüKo/Koch § 1375 BGB Rn 23). Das 6
Gleiche gilt für sog. unvollkommene Verbindlichkeiten wie **Spiel- oder Wettschulden**, § 762 BGB, für den **Erbverzicht** und die Erb- oder Vermächtnisausschlagung des Ehegatten selbst und für die **Erfüllung von Nachlassverbindlichkeiten** eines überschuldeten Nachlasses (NK-BGB/Heiß § 1375 BGB Rn 23).

Eine Hinzurechnung erfolgt nicht bei unentgeltlichen Zuwendungen, mit denen einer **sittlichen Pflicht** 7
oder einer auf den Anstand zu nehmenden Rücksicht entsprochen wurde. Da durch die Zuwendung auch der andere Ehegatte betroffen ist, ist eine Interessenabwägung erforderlich (Palandt/Brudermüller § 1375 BGB Rn 26). Eine sittliche Pflicht stellt die Aussteuer und Ausstattungen an Kinder dar sowie die Unterstützung bedürftiger naher Verwandter ohne Unterhaltsanspruch, Spenden an karitative Einrichtungen und die Errichtung gemeinnütziger Stiftungen (NK-BGB/Heiß § 1375 BGB Rn 26). Die Zuwendung an eine mit dem Ehegatten in nichtehelicher Lebensgemeinschaft lebende Frau kann ebenfalls einer sittlichen Pflicht entsprechen (Staudinger/Thiele § 1375 BGB Rn 26). Eine sittliche Pflicht besteht nicht zur Übertragung eines Vermögensgegenstandes an einen Abkömmling im Rahmen der vorweggenommene Erbfolge, auch wenn sie zum Erhalt von Familienvermögen im Generationengang erforderlich ist (Palandt/Brudermüller § 1375 BGB Rn 26).

b) Vermögensverschwendung, § 1375 Abs. 2 Nr. 2 BGB. Unter Vermögensverschwendung versteht man 8
Ausgaben, die **unnütz und im Verhältnis zum Vermögen übermäßig** sind (Palandt/Brudermüller § 1375 BGB Rn 27). Dabei reicht ein großzügiger Lebensstil oder ein Leben über die Verhältnisse alleine nicht aus (BGH 19.4.2000 – XII ZR 62/98, NJW 2000, 2347). Nach der hM sind rein wirtschaftliche Aspekte nicht allein entscheidend, auch psychische Ursachen und Motive wie Wut und Enttäuschung über das Walten des anderen Ehegatten sind mit einzubeziehen (Haußleiter/Schulz Kap. 1 Rn 74; aA Palandt/Brudermüller § 1375 BGB Rn 27).

Das Vorliegen einer Vermögensverschwendung wurde bejaht bei der Wahl der **getrennten Veranlagung** 9
zur Einkommenssteuer (BGH 13.10.1976 – IV ZR 104/74, NJW 1977, 378), bei der **Vernichtung von Geld aus Wut oder Enttäuschung** (OLG Rostock 19.1.1999 – 8 WF 295/98, FamRZ 2000, 228). Beim Glücksspiel wird es auf die Frage des konkreten Ausmaßes ankommen.

c) Handlungen in Benachteiligungsabsicht, § 1375 Abs. 2 Nr. 3 BGB. Darunter fallen Vermögensverfü- 10
gungen sowie tatsächliche Handlungen (zB durch Beschädigung oder Zerstörung, BGH 9.4.1986 – IVb ZR 14/86, FamRZ 1986, 565), bei denen der **Wille, den anderen Ehegatten zu benachteiligen,** der leitende, wenn auch nicht notwendig der einzige, Beweggrund für die Vornahme der vermögensmindernden Handlung gewesen ist (BGH 19.4.2000 – XII ZR 62/98, NJW 2000, 2347). Der Ehegatte muss dabei mit **Absicht** (dolus directus) handeln (NK-BGB/Heiß § 1375 BGB Rn 30). Kenntnis der Benachteiligungsabsicht des Empfängers der Zuwendung wird nicht vorausgesetzt (HK-FamR/Schulz/Hauß § 1375 BGB Rn 21). Nach der hM sind an die Darlegung der Benachteiligungsabsicht keine hohen Anforderungen zu stellen (HK-FamR/Häcker § 1375 BGB Rn 22).

Das Vorliegen einer Handlung in Benachteiligungsabsicht wurde im Falle des **Verbrennens von Bargeld** 11
aus Wut und Enttäuschung über den anderen Ehegatten bejaht (OLG Rostock 19.1.1999 – 8 WF 295/98, FamRZ 2000, 228). Bei Zerstörungen infolge eines Suizidversuchs fehlt es am leitenden Beweggrund, so dass eine Benachteiligungsabsicht verneint wurde (OLG Frankfurt 4.9.1984 – 1 UF 18/84, FamRZ 1984, 1097).

Knahn 757

2. Rechtsfolge

12 Liegt eine der Voraussetzungen des § 1375 Abs. 2 Nr. 1–3 BGB vor, wird der indexierte (s. Rn 19 ff) Wert der Vermögensminderung dem Endvermögen hinzugerechnet.

13 Eine Hinzurechnung entfällt gem. § 1375 Abs. 3 BGB, wenn die Vermögensminderung mindestens **zehn Jahre vor Beendigung des Güterstands** eingetreten ist oder wenn der andere Ehegatte mit der unentgeltlichen Zuwendung oder der Verschwendung **einverstanden** gewesen ist. Die Frist beginnt gem. §§ 1384, 1387 BGB mit Zustellung des Scheidungsantrags bzw des Antrags auf vorzeitigen Zugewinnausgleich oder vorzeitiger Aufhebung der Zugewinngemeinschaft. Dabei kommt es auf das Verpflichtungsgeschäft und nicht auf die Erfüllung der Verpflichtung an (Palandt/Brudermüller § 1375 BGB Rn 29). Das Einverständnis im Falle des § 1375 Abs. 2 Nr. 3 BGB wirkt bereits tatbestandsausschließend, so dass eine Aufzählung in Abs. 3 nicht erforderlich ist (MüKo/Koch § 1375 BGB Rn 34).

14 Die **Begrenzung der Ausgleichsforderung** (§ 1378 Abs. 2 BGB) auf das zum Endzeitpunkt vorhandene positive Vermögen erhöht sich gem. § 1378 Abs. 2 S. 2 BGB ebenfalls um die Hinzurechnungen nach § 1375 Abs. 2 BGB. Der ausgleichspflichtige Ehegatte muss unter Umständen nicht nur sein gesamtes Vermögen für den Zugewinnausgleich aufbringen, sondern ist gegebenenfalls auch dazu verpflichtet, Verbindlichkeiten einzugehen, um die Ausgleichsforderung zu erfüllen (NK-BGB/Heiß § 1378 BGB Rn 11).

3. Darlegungs- und Beweislast

15 Nach dem ungeschriebenen Grundprinzip der Beweislastverteilung (HK-ZPO/Saenger § 286 ZPO Rn 58) muss der Ehegatte, der den Zugewinnausgleich begehrt, die Voraussetzungen des Anspruchs darlegen und beweisen (s. → *Darlegungs- und Beweislast im Zugewinn* Rn 7 ff), somit neben dem eigenen Endvermögen auch Bestand und Wert des Endvermögens des anderen Ehegatten (BGH 26.4.1989 – IV b ZR 48/88, NJW 1989, 2821). Die **allgemeine Beweislast** gilt auch für die Hinzurechnungstatbestände des § 1375 Abs. 2 BGB, so dass der Ehegatte, der sich auf illoyale Vermögensverfügungen beruft, diese darzulegen und zu beweisen hat (NK-BGB/Heiß § 1375 BGB Rn 36). Nach § 1379 BGB in der seit 1.9.2009 geltenden Fassung steht ihm hierfür ein **Auskunftsanspruch** gegenüber dem anderen Ehegatten auch bezüglich illoyaler Vermögensverfügungen zu, wenn er konkrete Tatsachen vorträgt, die ein unter § 1375 Abs. 2 S. 1 BGB fallendes Handeln nahelegen (BGH 15.8.2012 – XII ZR 80/11, NJW 2012, 3635).

16 Dabei gilt für das Tatbestandsmerkmal der Benachteiligungsabsicht des § 1375 Abs. 2 Nr. 3 BGB eine abgestufte Darlegungslast. Der andere Ehegatte muss sich zu dem Vortrag, eine Handlung sei in Benachteiligungsabsicht erfolgt, substantiiert erklären (BGH 23.4.1986 – IVb ZR 2/85, NJW-RR 1986, 1325).

17 Ist das Endvermögen eines Ehegatten geringer als das Vermögen, das er in der Auskunft zum Trennungszeitpunkt angegeben hat, so hat dieser Ehegatte gem. § 1375 Abs. 2 S. 2 BGB darzulegen und zu beweisen, dass die Vermögensminderung nicht auf Handlungen im Sinne des § 1375 Abs. 2 Nr. 1–3 BGB zurückzuführen ist (**Beweislastumkehr**). Die Vorschrift wurde mit dem Gesetz zur Änderung des Zugewinnausgleichs- und Vormundschaftsrechts vom 6.7.2009 (BGBl. I, 1696) eingeführt und knüpft an den in § 1379 Abs. 1 Nr. 1 BGB neu normierten Auskunftsanspruch zum Trennungsvermögen an.

18 Die Beweislastregel soll nach der Beschlussempfehlung des Rechtsausschusses des Deutschen Bundestages nicht jene Fallkonstellationen erfassen, bei denen die Auskunft über das Vermögen zum Zeitpunkt der Trennung unvollständig oder unwahr ist. Die substantiierte Behauptung des Anspruchsgläubigers, dass die Auskunft über das Vermögen zum Zeitpunkt der Trennung unrichtig sei, wird regelmäßig mit der Behauptung verbunden sein, dass eine illoyale Vermögensminderung des Ausgleichschuldners vorliegt. Hierzu muss sich der Ausgleichschuldner nach allgemeinen Darlegungs- und Beweislastregeln erklären (BT-Drucks. 16/13027, 7). Die Darlegungs- und Beweislast verbleibt daher bei demjenigen, der sich auf die Illoyalität beruft.

4. Indexierung

Wenn die Vermögensminderung bereits einige Zeit vor dem Stichtag zur Berechnung des Endvermögens **19** getroffen wurde (gem. § 1375 Abs. 3 BGB maximal zehn Jahre), muss das Vermögen an die alleine durch die Geldentwertung (**Inflation**) entstandene nominale Wertsteigerung des Endvermögens nach § 1375 Abs. 1 BGB angepasst werden. Dies erfolgt durch Indexierung des verminderten Vermögens, dh der Wert muss auf den Geldwert des Endvermögens hochgerechnet werden.

Für die Umrechnung hat sich der seit 1962 durch das Statistische Bundesamt ermittelte Verbraucherpreisin- **20** dex durchgesetzt (s. → *Verbraucherpreisindex*). Der **Verbraucherpreisindex für Deutschland** misst anhand eines monatlichen Vergleichs eines einheitlichen Warenkorbs die durchschnittliche Preisentwicklung aller Waren und Dienstleistungen, die von privaten Haushalten für Konsumzwecke gekauft werden. Er ist damit der zentrale Indikator zur Beurteilung der Geldwertentwicklung in Deutschland. Nähere Informationen können auf den Internetseiten des Statistischen Bundesamtes unter http://www.destatis.de (Startseite → Preise → Verbraucherpreisindizes) abgerufen werden.

Die Umrechnung der illoyalen Vermögensminderung erfolgt dabei nach folgender Formel: **21**

$$\frac{\text{Wert der Vermögensminderung zum Zeitpunkt des Verlustes x Index Endzeitpunkt}}{\text{Index Zeitpunkt des Verlustes}}$$

III. Ansprüche gegen Dritte, § 1390 BGB

Hat ein Ehegatte sein Endvermögen durch eine unentgeltliche Zuwendung in Benachteiligungsabsicht ver- **22** ringert und übersteigt die Ausgleichsforderung das vorhandene Vermögen des Ausgleichsverpflichteten, gewährt § 1390 Abs. 1 BGB dem Ausgleichsberechtigten einen **Anspruch gegen den Dritten** auf Ersatz des Wertes der Zuwendung. Das Gleiche gilt gem. § 1390 Abs. 2 BGB für andere Rechtshandlungen, wenn dem Dritten die Benachteiligungsabsicht bekannt war.

1. Voraussetzungen

a) § 1390 Abs. 1 BGB. aa) Unentgeltliche Zuwendung, § 1390 Abs. 1 Nr. 1 BGB. Eine unentgeltliche **23** Zuwendung gem. § 1390 Abs. 1 Nr. 1 BGB liegt insbesondere bei Schenkungen, Ausstattungen, Vermögensübertragungen unter vorweggenommener Erbfolge, Spenden sowie Stiftungen vor (s. Rn 5). Die Zuwendung erfolgt dabei **unentgeltlich**, wenn der Vermögensminderung keine Gegenleistung gegenübersteht (BGH 9.4.1986 – IVb ZR 14/86, FamRZ 1986, 565).

Wurde mit der unentgeltlichen Zuwendung einer **sittlichen Pflicht** oder einer auf den Anstand zu nehmen- **24** den Rücksicht entsprochen, scheidet die Anwendung des § 1390 BGB aus. Zwar ist dieses einschränkende Merkmal aus § 1375 Abs. 2 Nr. 1 BGB im Tatbestand des § 1390 Abs. 1 BGB nicht enthalten. Die Vorschrift ist aber im Zusammenhang mit § 1375 Abs. 2 BGB insoweit restriktiv auszulegen. Das Gleiche gilt für die Ausnahmevorschrift des § 1375 Abs. 3 BGB. Ansprüche aus § 1390 BGB scheiden aus, wenn die Zuwendung mindestens zehn Jahre vor Beendigung des Güterstands erfolgt ist oder wenn der andere Ehegatte mit ihr einverstanden war (NK-BGB/Löhnig § 1390 BGB Rn 2).

bb) Benachteiligungsabsicht. Die unentgeltliche Zuwendung oder die andere Rechtshandlung muss in **25** Benachteiligungsabsicht erfolgt sein (s. Rn 10 f). Maßgebend ist, dass der **Wille, den anderen Ehegatten zu benachteiligen**, der leitende, wenn auch nicht notwendig der einzige, Beweggrund für die Vornahme der vermögensmindernden Handlung gewesen ist (BGH 19.4.2000 – XII ZR 62/98, NJW 2000, 2347).

cc) Wert des Endvermögens geringer als Ausgleichsforderung. Die Höhe der Ausgleichsforderung **26** muss den Wert des nach Abzug der Verbindlichkeiten bei Beendigung des Güterstands vorhandenen Vermögens des ausgleichpflichtigen Ehegatten übersteigen, § 1390 Abs. 1 Nr. 2 BGB.

Nach altem Recht war die Ausgleichsforderung immer auf den Wert des Endvermögens begrenzt (§ 1378 **27** Abs. 2 BGB aF). Durch das Gesetz zur Änderung des Zugewinnausgleichs- und Vormundschaftsrechts vom 6.7.2009 (BGBl. I, 1696) wurde § 1378 Abs. 2 S. 2 BGB eingeführt. Danach erhöht sich die **Begrenzung der Ausgleichsforderung** um die Hinzurechnungen nach § 1375 Abs. 2 BGB. Die Ergänzung soll sicher stellen, dass die Grundregel des hälftigen Ausgleichs (§ 1378 Abs. 1 BGB) nicht zu einem Schutz illoyaler Vermögensminderung führt, womit die Rechtsposition des von einer illoyalen Vermögensminderung betroffenen Ehegatten deutlich gestärkt wird. Dies kann zur Folge haben, dass der illoyale Ehegatte in diesen Fällen auch sein ganzes Vermögen abführen oder sich wegen der Hinzurechnung dieses eventuell nicht mehr vorhandenen Vermögensteils zur Ausgleichsforderung verschulden muss (BT-Drucks. 16/10798, 17).

28 § 1390 Abs. 1 Nr. 2 BGB bietet daher einen zusätzlichen Schutz des ausgleichsberechtigten Ehegatten, in dem er einen weiteren Anspruch gewährt, der neben der Ausgleichsforderung besteht. Dies ergibt sich bereits aus der Gesamtschuldnerhaftung, § 1390 Abs. 1 S. 4 BGB.

29 **b) § 1390 Abs. 2 BGB.** Die Höhe der Ausgleichsforderung muss den Wert des nach Abzug der Verbindlichkeiten bei Beendigung des Güterstands vorhandenen Vermögens des ausgleichspflichtigen Ehegatten übersteigen, § 1390 Abs. 1 Nr. 2 BGB.

30 **aa) Andere Rechtshandlungen.** § 1390 Abs. 2 BGB umfasst alle Rechtshandlungen, die keine unentgeltlichen Zuwendungen sind. Anders als § 1375 Abs. 2 BGB können nur rechtsgeschäftliche Handlungen mit Dritten gemeint sein, da nur dann ein Anspruch gegen die dritte Person entstehen kann. Tatsächliche Handlungen wie Beschädigung oder Zerstörung scheiden aus. In Betracht kommen **entgeltliche Rechtsgeschäfte** wie zB Kreditgewährungen, bei denen die Zahlungsunfähigkeit des Dritten zulasten des anderen Ehegatten bewusst in Kauf genommen wurde, außerdem die bewusste Nichtunterbrechung einer Verjährungsfrist, die Inkaufnahme eines Versäumnisurteils oder das bewusste Versäumen einer Rechtsmittelfrist (NK-BGB/Löhnig § 1390 BGB Rn 5).

31 **bb) Benachteiligungsabsicht.** Die andere Rechtshandlung muss in Benachteiligungsabsicht erfolgt sein (s. Rn 10 f). Maßgebend ist, dass der **Wille, den anderen Ehegatten zu benachteiligen,** der leitende, wenn auch nicht notwendig der einzige, Beweggrund für die Vornahme der vermögensmindernden Handlung gewesen ist (BGH 19.4.2000 – XII ZR 62/98, NJW 2000, 2347).

32 **cc) Kenntnis der Benachteiligungsabsicht.** Voraussetzung ist aber immer, dass dem Dritten die Benachteiligungsabsicht **bekannt** war. Dabei ist auf den Zeitpunkt des Eintritts der Rechtswirkungen der Handlung abzustellen (Palandt/Brudermüller § 1390 BGB Rn 3).

33 **dd) Wert des Endvermögens geringer als Ausgleichsforderung.** Da § 1390 Abs. 2 BGB nur das Tatbestandsmerkmal der unentgeltlichen Zuwendung ersetzt, muss die weitere Voraussetzung des § 1390 Abs. 1 Nr. 2 BGB ebenfalls vorliegen (NK-BGB/Löhnig § 1390 BGB Rn 5). Daher muss die Höhe der Ausgleichsforderung den Wert des nach Abzug der Verbindlichkeiten bei Beendigung des Güterstands vorhandenen Vermögens des ausgleichspflichtigen Ehegatten übersteigen, § 1390 Abs. 1 Nr. 2 BGB (s. Rn 26 f).

2. Rechtsfolge

34 Der ausgleichsberechtigte Ehegatte kann von dem Dritten Wertersatz nach den Vorschriften der **unberechtigten Bereicherung** verlangen, § 1390 Abs. 1 S. 2 BGB. Der Dritte kann gem. § 1390 Abs. 1 S. 3 BGB den Zahlungsanspruch durch Herausgabe des Erlangten abwenden (Ersetzungsbefugnis). Der Dritte und der ausgleichspflichtige Ehegatte haften als **Gesamtschuldner**, § 1390 Abs. 1 S. 4 BGB. Der Anspruch besteht dabei neben dem Zugewinnausgleichsanspruch. Die Haftung des Dritten reicht aber nur so weit, wie der tatsächlich bestehende Anspruch von dem hypothetischen Anspruch, der sich ohne die Drittbegünstigung ergeben hätte, abweicht (NK-BGB/Löhnig § 1390 BGB Rn 6).

35 § 1390 Abs. 1 S. 2 BGB ist **Rechtsfolgenverweisung** (MüKo/Koch § 1390 BGB Rn 5). Da der Anspruch unmittelbar als Wertersatzanspruch ausgestaltet ist, sind § 818 Abs. 1 und 2 BGB nicht anwendbar. Der Dritte kann sich aber auf Entreicherung gem. § 818 Abs. 3 BGB berufen. Dies ist ihm jedenfalls ab Rechtshängigkeit des Wertersatzanspruchs verwehrt (§ 818 Abs. 4 BGB). Das Gleiche gilt ab dem Zeitpunkt, ab

Knahn

dem der Dritte vom Mangel des rechtlichen Grundes Kenntnis hat (§ 819 Abs. 1 BGB). Maßgeblich ist hierbei die Kenntnis der Benachteiligungsabsicht des ausgleichspflichtigen Ehegatten (Palandt/Brudermüller § 1390 BGB Rn 5).

3. Verjährung

Der Anspruch auf Wertersatz verjährt in der **regelmäßigen Verjährungsfrist** des § 195 BGB (drei Jahre). **36** Abweichend von § 199 BGB beginnt die Verjährungsfrist am Tag der Beendigung des Güterstandes, § 1390 Abs. 3 S. 1 BGB, wobei es nicht auf die Kenntnis des Anspruchsinhabers ankommt (Palandt/ Brudermüller § 1390 BGB Rn 7). Die Hemmungstatbestände aus dem Allgemeinen Teil des BGB werden durch § 1390 Abs. 3 S. 2 BGB verdrängt (NK-BGB/Löhnig § 1390 BGB Rn 11).

131. Inhalts- und Ausübungskontrolle

Reetz

I. Einführung/Begrifflichkeit...................... 1
II. Wirksamkeitskontrolle........................... 4
  1. Ungleiche Verhandlungsposition und objektive
    Benachteiligung............................... 4
  2. Subjektive Unterlegenheit..................... 5
  3. Rechtsfolgenseite............................. 8
III. Ausübungskontrolle............................. 10
  1. Ausgangspunkt: abweichende eheliche Lebens-
    gestaltung.................................... 10
  2. Rechtsfolgenseite............................. 12
IV. Kernbereichsorientierte Inhaltskontrolle und
  Unterhaltstatbestände........................... 14
  1. Betreuungsunterhalt (§ 1570 BGB).............. 14
  2. Unterhalt wegen Alters (§ 1571 BGB) und
    Krankheit (§ 1572 BGB)........................ 15

3. Unterhalt wegen Erwerbslosigkeit
  (§ 1573 Abs. 1 BGB).......................... 19
4. Unterhalt zur Aufstockung
  (§ 1573 Abs. 2 BGB), wegen Ausbildung
  (§ 1575 BGB), Billigkeit (§ 1576 BGB)........ 21
5. Unterhalt wegen Alters-, Kranken- bzw Pflegevorsorge (§ 1578 Abs. 2 Alt. 1, Abs. 3 BGB).... 22
V. Kernbereichsorientierte Inhaltskontrolle und
  Versorgungsausgleich........................... 23
VI. Kernbereichsorientierte Inhaltskontrolle und
  Zugewinnausgleich (§§ 1378 ff BGB)............. 26
VII. Kernbereichsorientierte Inhaltskontrolle sonstiger Ausgleichsregelungen....................... 31

I. Einführung/Begrifflichkeit

1 **Inhaltskontrolle von Eheverträgen** bedeutet seit der grundlegenden Entscheidung des Bundesgerichtshofs vom 11.2.2004 (XII ZR 265/02, BGHZ 158, 81) und den vielen Weiterentwicklungen (zB BGH FamRZ 2005, 26; 2005, 185; 2005, 691; 2005, 1444; 2005, 1449; 2006, 1097; 2006, 1359; 2007, 197; 2007, 450; 2007, 974; 2007, 1157 [nochmals zu 2006, 450]; 2007, 1310; 2008, 386; 2008, 582; 2008, 2011; zuletzt BGH 21.11.2012 – XII ZR 48/11, NJW 2013, 457) die Suche nach den Grenzen vertraglicher Disponibilität einzelner oder einer Vielzahl von Scheidungsfolgen. Der Bundesgerichtshof leitet jede seiner Entscheidungen zur Inhaltskontrolle mit dem „Textbaustein" ein, dass das geltende Recht einen unverzichtbaren Mindestgehalt nachehelichen Unterhalts zugunsten des berechtigten Ehegatten nicht kennt. Sogleich danach betont der XII. Senat ebenso deutlich, dass die bereits einfachgesetzlich garantierte Gestaltungsfreiheit (= Vertragsfreiheit, § 1585 c S. 1 BGB; § 6 Abs. 1 VersAusglG) andererseits nicht so verstanden werden dürfe, dass der jeweilige **Schutzzweck der gesetzlichen Scheidungsfolgenregelung** durch vertragliche Vereinbarungen beliebig unterlaufen werden könne. Das Ergebnis der vertraglichen Gestaltung darf nicht sein, dass insgesamt nicht hinnehmbare, evident einseitige und durch die individuelle Gestaltung der ehelichen Lebensverhältnisse nicht gerechtfertigte Lastenverteilungen entstehen (vgl etwa BGH 9.7.2008 – XII ZR 6/07, FamRZ 2008, 2011).

2 Um aber überhaupt eine ehevertragliche Vereinbarung als **evident einseitige Lastenverteilung** identifizieren zu können, bedarf es zunächst einer wertenden Betrachtung des Schutzgehalts der einzelnen gesetzlichen Scheidungsfolgenregelungen; diese erfolgt nach wie vor mittels der **sog. Kernbereichslehre**, also der Bildung von Rangstufen. Die Kernbereichslehre (grundlegend: BGHZ 158, 81) stellt nicht einheitlich auf den Schutzgedanken einer „nachehelichen Teilhabe" ab. Der Schutzgehalt muss sich aus einem darüber hinausgehenden oder ergänzenden Zweck ergeben. Hierbei bleibt die Diskussion umgeben von schwer fassbaren Kategorien wie „Drittschutz für gemeinsame Kinder", „Beseitigung ehebedingter Nachteile", „nacheheliche Solidarität", „Vertrauensschutz" und „Billigkeit". Möglicherweise tendiert die Lösung von Wertungsproblemen in einen **„ehebedingten Nachteilsausgleich"** in dem Sinne, dass einem Ehegatten solche Dispositionen auszugleichen sind, die er „um der Ehe willen" getroffen hat, oder jedenfalls ohne die konkrete Ehe nicht getroffen hätte.

3 Aus der Kernbereichslehre heraus hat der Bundesgerichtshof jedenfalls ein **zweistufiges Prüfungsmodell** (= zusammenfassend: Inhaltskontrolle) entwickelt, das aus einer Wirksamkeits- (Maßstab: § 138 Abs. 1 BGB) und einer sich ggf anschließenden Ausübungskontrolle (§ 242 BGB und § 313 BGB) zusammengesetzt ist (s. nunmehr § 8 Abs. 1 VersAusglG). Methodisch ergänzt wird die zweistufige Prüfung von einem Zusammenspiel der Bewertung einzelner vertraglicher Regelungen durch eine Gesamtschau aller Regelungen und Regelungsmotive der Ehegatten.

II. Wirksamkeitskontrolle

1. Ungleiche Verhandlungsposition und objektive Benachteiligung

Innerhalb der präventiven Wirksamkeitskontrolle hat sich der Vertragsgestalter zunächst davon zu überzeu- **4** gen, ob eine ungleiche Verhandlungsposition und damit eine **Disparität bei Vertragsabschluss** vorliegt, die es einem Ehegatten erlaubt, unter Ausnutzung der Zwangslage des anderen Ehegatten seine subjektiven Interessen einseitig durchsetzen zu können. Eine aus der Disparität resultierende **evidente (und objektive) Benachteiligung** kann nur ausnahmsweise hinzunehmen sein, wenn nämlich für den Ausschluss (oder die Modifikation) einer konkreten Scheidungsfolge überwiegende, anzuerkennende und berechtigte Interessen des objektiv bevorzugten Ehegatten sprechen. Dies wird man wohl nur anhand des von den Ehegatten vorgestellten, „geplanten Ehetypus" beurteilen können. Für eine notarielle Urkunde bedeutet dies, dass eine sachgerechte Darstellung des „geplanten Ehetypus" sowie der persönlichen und wirtschaftlichen (beruflichen) Verhältnisse in einer „Vorbemerkung" („Sachverhalt", Präambel" o.Ä.) angeraten erscheint.

2. Subjektive Unterlegenheit

Subjektive Unterlegenheit kann indiziert sein, wenn beispielsweise der Ehemann seiner ausschließlich kin- **5** desbetreuenden, vermögenslosen Ehefrau einen Unterhaltsverzicht abverlangt, so dass sie bei Scheidung der Ehe erkennbar mittellos dasteht. Auch Fälle einer **gravierenden wirtschaftlichen** wie **sozialen Imparität** der Ehegatten (BGH 9.7.2008 – XII ZR 6/07, FamRZ 2008, 2011 – zum Versorgungsausgleich), der sog. **Bleiberechtsehen** (zusammenfassend Kanzleiter notar 2008, 354) unter Beteiligung ausländischer Ehegatten, der Beteiligung **schwangerer Frauen** (zuletzt BGH 9.7.2008 – XII ZR 6/07, FamRZ 2008, 2011) oder der **Benachteiligung von Sozialhilfeträgern** (BGH 25.10.2006 – XII ZR 144/04, FamRZ 2007, 197) gehören hierher. Ein Ehevertrag kann sich jedenfalls nur dann als sittenwidrig und daher als insgesamt nichtig erweisen, wenn eine konkrete Unterlegenheitssituation des benachteiligten Ehegatten bestand und ausgenutzt worden ist; allein aus der Unausgewogenheit des Vertragsinhalts ergibt sich die Sittenwidrigkeit des gesamten Ehevertrages regelmäßig noch nicht (zusammenfassend BGH 31.10.2012 – XII ZR 129/10, DNotZ 2013, 528). Der Bundesgerichtshof (28.11.2007 – XII ZR 132/05, FamRZ 2008, 582) betont dabei immer wieder, dass nicht Schematismus, sondern im Einzelfall eine Gesamtschau der Versorgungs- und Existenzsicherungslage, also aller Scheidungsfolgen, anzustellen und letztendlich maßgebend sei. Das bedeutet für den Vertragsgestalter, dass er beispielsweise bei einem vereinbarten Unterhaltsverzicht gleichzeitig alle anderen vertraglichen Ausgleichsregelungen im Blick haben muss.

Subjektive Unterlegenheit kann auch in folgenden Fällen gegeben sein: **6**

– bei einem sog. **„Last-Minute-Ehevertrag"**, es sei denn, über ihn wurde bereits vor Eheschließung angemessen verhandelt (BGH 9.7.2008 – XII ZR 6/07, FamRZ 2008, 2011; zuletzt KG 19.5.2011 – 13 UF 136/10);
– Ehegatte **„wurde zum Notar geschleppt"** (BGH 6.10.2004 – XII ZB 110/99, FamRZ 2005, 26, 27);
– Der belastete Ehegatte erlangt vor dem Notartermin **keine Kenntnis** von intendierten Regelungen (BGH 9.7.2008 – XII ZR 6/07, FamRZ 2008, 2011, 2014).

Vorsicht ist in folgenden Fällen geboten:

– Ehegatte war bereits **bei Vertragsschluss erkrankt** (OLG Koblenz 25.10.2005 – 11 UF 424/04, FamRZ 2006, 428, 429; OLG Naumburg 20.8.2001 – 8 WF 169/01, FamRZ 2002, 456);
– **Ehegatte ist ohne Ausbildung**, hat keine vernünftigen Berufschancen und damit keine Chance zum Aufbau einer Altersversorgung (BGH 22.11.2006 – XII ZR 119/04, NJW 2007, 907);
– Ehegatte müsste im Alter oder bei Invalidität **voraussichtlich Grundsicherung nach dem IV. Kap. SGB XII** in Anspruch nehmen (s. zum VersAusglG: BT-Drucks. 16/10144, 53);
– Ehegatte war bei Vertragsabschluss nicht persönlich anwesend (**Vertretung/vollmachtlose Vertretung**);
– Zustimmung zum Ausschluss nur, um die dann doch gescheiterte Ehe zu retten (OLG 12.12.1995 – 5 UF 49/95, Zweibrücken FamRZ 1996, 869);

– auch nur ansatzweise Verknüpfung von Umgangsrecht oder Sorgerecht mit Zugeständnissen in geldwerte Scheidungsfolgen.

7 Andererseits ist es Ehegatten grundsätzlich erlaubt, im Rahmen ihrer grundrechtlich geschützten Vertragsfreiheit **Lebensrisiken eines Ehegatten**, zB eine schon bestehende Krankheit (und das daraus etwa resultierende Sozialhilferisiko), aus der gemeinsamen Verantwortung der Ehegatten füreinander vertraglich herauszunehmen. Deshalb ist es auch im **Verhältnis zum Sozialhilfeträger nicht sittenwidrig**, dass durch den Unterhaltsverzicht eine bereits bestehende Sozialhilfebedürftigkeit eines Ehegatten bestehen bleibt (BGH 25.10.2006 – XII ZR 144/04, FamRZ 2007, 197).

3. Rechtsfolgenseite

8 Von der Rechtsfolgenseite bedeutet die Unwirksamkeit einer vertraglichen Klausel infolge der Wirksamkeitskontrolle, dass die **gesetzlichen Scheidungsfolgen** in vollem Umfang zur Anwendung gelangen (vgl BGH 17.10.2007 – XII ZR 96/05, FamRZ 2008, 386, 387). Ob darüber hinaus die Nichtigkeit einzelner Klauseln zu einer **Gesamtnichtigkeit des Vertrages** führt, ist durch die **Gesamtschau** aller Regelungen und anhand der Kriterien des § 139 BGB zu ermitteln. Hierbei können **Salvatorische Klauseln** oder andere Auffangklauseln richtungweisend sein (BGH 25.5.2005 – XII ZR 296/01, NJW 2005, 2386). Führt allerdings die Gesamtschau zur anfänglichen Nichtigkeit des gesamten Ehevertrages, sind auch die vereinbarten Salvatorischen Klauseln bedeutungslos.

9 Zusammenfassend:

In subjektiver Hinsicht sind in die Würdigung ehevertraglicher Gestaltungen immer einzubeziehen:
– die von jedem Ehegatten mit dem Ehevertrag verfolgten („anerkennenswerten") Zwecke,
– Beweggründe des begünstigten Ehegatten zur gewählten ehevertraglichen Gestaltung (Welche sind seine Regelungsziele?),
– Beweggründe des benachteiligten Ehegatten, der Gestaltung zuzustimmen.

In objektiver Hinsicht sind in die Würdigung ehevertraglicher Gestaltungen immer einzubeziehen:
– ein möglicher vertraglicher Eingriff in gesetzliche Kernbereichsregelungen,
– Einkommens- und Vermögensverhältnisse der Ehegatten,
– „geplanter" und „gelebter Ehetypus",
– Auswirkungen auf die Ehegatten (ihre Kinder oder Dritte).

Maßgeblich sind die Umstände im **Zeitpunkt des Vertragsabschlusses**.

III. Ausübungskontrolle

1. Ausgangspunkt: abweichende eheliche Lebensgestaltung

10 Ist die vertragliche Vereinbarung wirksam zustande gekommen, hat sie mit anderen Worten die Hürde der Wirksamkeitskontrolle übersprungen und die „Höchststrafe" nach § 138 Abs. 1 BGB vermieden, ist auf der zweiten Stufe, nämlich der Ausübungskontrolle (Anwendungsfälle der §§ 242, 313 BGB) zu prüfen, ob und ggf inwieweit der durch die Vereinbarung begünstigte Ehegatte die ihm vertraglich eingeräumte Rechtsmacht missbraucht, wenn er im Scheidungsfall die vom Gesetz abweichende Regelung tatsächlich durchsetzt und sich auf sie beruft. Entscheidend ist auf dieser zweiten Prüfungsebene, ob das Vereinbarungsergebnis eine **nicht hinnehmbare, evident einseitige Lastenverteilung** darstellt, weil die tatsächliche Gestaltung der ehelichen Lebensverhältnisse (**„gelebter Ehetypus"**) von der ursprünglichen, dem Vertrag zugrunde gelegten Lebensplanung (**„geplanter Ehetypus"**) erheblich abweicht und durch die Vereinbarung ein sich aus der abweichenden Lebensgestaltung ergebender ehebedingter Nachteil entstanden ist und sich ggf sogar fortsetzt. Bei dem Vergleich des „gelebten Ehetypus" zum ehedem „geplanten Ehetypus" sind **Zeiträume vor der Ehe**, also des vorehelichen Zusammenlebens und der hier angelegten Veränderungen, im Vertrauen in den Bestand der späteren Ehe belanglos und auch nicht geeignet, einen ehebedingten

Nachteil zu begründen (BGH 26.5.2010 – XII ZR 143/08, FamRZ 2010, 1238; BGH 6.10.2010 – XII ZR 202/08, FamRZ 2010, 1971).

Als **Fälle relevanter abweichender Lebensgestaltung** gegenüber der vorgestellten Lebensplanung im   **11** Zeitpunkt des Vertragsschlusses (in vorsorgenden Eheverträgen) gelten im Rahmen der Ausübungskontrolle zum Versorgungsausgleich folgende Konstellationen:

- beide Ehegatten **wollten** eigentlich **immer erwerbstätig sein** (BGH 28.3.2007 – XII ZR 130/0, FamRZ 2007, 1310);
- die spätere ungeplante Berufsaufgabe der Frau (zB wegen der Betreuung gemeinsamer Kinder/Pflege eines Familienangehörigen/berufsbedingter (Mit-)Umzug des Ehegatten in eine andere Stadt (zuletzt OLG Koblenz 10.3.2009 – 11 UF 520/08, RNotZ 2009, 487);
- die **Vermögensverhältnisse beider Ehegatten** erschienen zunächst gesichert und sollen auch der Altersvorsorge dienen (OLG Brandenburg 13.9.2006 – 9 UF 80/06, FamRZ 2007, 736, 737);
- beträchtliche **Altersversorgung** war bei Eheschließung **bereits erworben und fällt später weg** (BGH 12.1.2005 – XII ZR 238/03, FamRZ 2005, 691);
- anfänglich realistische Vorstellung über den Aufbau einer jeweils eigenen Altersversorgung erfüllen sich nicht (OLG Karlsruhe 11.9.2006 – 20 UF 164/05, FamRZ 2007, 477, 478);
- allgemein das **Nichtleisten von versprochenen Kompensationsleistungen** (BGH 25.5.2005 – XII ZR 296/01, FamRZ 2005, 1444, 1449).

2. Rechtsfolgenseite

Hält die ehevertragliche Vereinbarung der Ausübungskontrolle nicht stand, führt dies auf der Rechtsfolgen-   **12** seite weder zwangsläufig zur Unwirksamkeit der vertraglichen Klausel noch dazu, dass einfach die gesetzliche Regelung in Vollzug gesetzt wird. Der benachteiligte Ehegatte soll vielmehr im Wege einer (richterlichen) **Vertragsanpassung** (BGH 17.10.2007 – XII ZR 96/05, FamRZ 2008, 386; BGH 25.5.2005 – XII ZR 296/01, FamRZ 2005, 1444, 1448) so gestellt werden, wie er stünde, wenn die **bei Vertragsschluss beabsichtigte Lebensplanung** verwirklicht worden wäre **(hypothetischer Parallelverlauf)**. Die Ausübungskontrolle will damit in ausgewogener Weise die berechtigten Belange beider Vertragsparteien wahren (statt vieler BGH 11.2.2004 – XII ZR 265/02, Z 158, 81); es handelt sich im Wesentlichen um einen Anwendungsfall der Grundsätze über den Wegfall der Geschäftsgrundlage (§ 313 BGB). Die Korrektur orientiert sich dabei zusehends am Ausgleich **ehebedingter Nachteile**; ein „Mehr" soll Vertragsanpassung jedenfalls nicht leisten. Das mit einem **Ehevertrag** von den Ehegatten **verfolgte Regelungsziel** bleibt somit auch für die Vertragsanpassung **maßgeblich**; die Dispositionsfreiheit wird zumindest insoweit gewahrt (vgl Leitsatz 4 aus BGH 28.2.2007 – XII ZR 165/04, FamRZ 2007, 974). Bei der Vertragsanpassung bilden die Kriterien des geltenden Scheidungsfolgenrechts jeweils die Obergrenze (vgl BGH 2.2.2011 – XII ZR 11/09, FamFR 2011, 392). Man kann im übertragenen Sinn von einer „geltungserhaltenden Reduktion" **der Rechtsfolgen** einer Vereinbarung sprechen.

Jungen Eheleuten ist ausnahmslos zu raten, dem Fall der Geburt gemeinsamer Kinder und dem dadurch   **13** ggf bedingten Verzicht eines Ehegatten auf eigene Erwerbstätigkeit vertraglich Rechnung zu tragen.

IV. Kernbereichsorientierte Inhaltskontrolle und Unterhaltstatbestände

1. Betreuungsunterhalt (§ 1570 BGB)

Betreuungsunterhalt gehört im Rahmen der Kernbereichsbetrachtung als wertende Grundlage der Inhalts-   **14** kontrolle auf die oberste Stufe (1. Stufe) der wichtigen Scheidungsfolgen. Noch nicht entschieden ist, ob hier auch der **rein elternbezogene verlängerte Betreuungsunterhalt** nach § 1570 Abs. 2 BGB einzustufen ist. Mit Blick auf seine **drittschützende Funktion** zugunsten des Kindeswohls und dessen verfassungsrechtlicher Bedeutung unterliegt jedenfalls der Betreuungsunterhalt nach § 1570 Abs. 1 BGB (in der Variante Basisunterhalt und kindbezogene Verlängerung) nicht der gänzlich freien Dispositionsbefugnis der Ehegatten, ist andererseits einer Modifikation auch nicht gänzlich entzogen. In diesem Zusammenhang gehören im Rahmen des § 1570 Abs. 1 BGB Gestaltungen, die es dem betreuenden Elternteil während jeder

Reetz   765

Alters- und Entwicklungsphase des Kindes gestatten, ohne Betreuungseinbußen (= Drittschutzkomponente) einer Berufstätigkeit nachzugehen, oder nach denen Dritte auch schon vor Vollendung des dritten Lebensjahres des Kindes zur Fremdbetreuung herangezogen werden können, aber nicht müssen. Die vertragschließenden Eltern können in Ausübung ihrer sorgerechtlichen Befugnisse individuelle „Altersphasenmodelle" vereinbaren. Jede Gestaltung steht dabei unter dem Vorbehalt der Billigkeit, also vor allem der **Wahrung des Kindeswohls**. Im Bereich des § 1570 Abs. 1 BGB sind schon mit Blick auf den gleichgelagerten Unterhaltsanspruch nach § 1615 l BGB Vereinbarungen zur Annäherung an den **angemessenen Bedarf** und somit ein Abwenden vom eheangemessenen Bedarf des § 1578 Abs. 1 BGB denkbar.

2. Unterhalt wegen Alters (§ 1571 BGB) und Krankheit (§ 1572 BGB)

15 Unterhalt wegen Alters und/oder Krankheit sind Teil des Kernbereichs des Scheidungsfolgenrechts der **2. Stufe**. Im Vordergrund der Regelung steht nicht etwa der ehebedingte Nachteilsausgleich, sondern die gesetzlich gewollte fortwirkende Einstandspflicht der Ehegatten als Teil der nachehelichen Solidarität.

16 Verzichte oder vertragliche Modifikationen sind trotz der hohen Einstufung nicht schlechthin ausgeschlossen (siehe etwa BGH 28.11.2007 – XII ZR 132/05, FamRZ 2008, 582; BGH 30.6.2010 - XII ZR 9/09, FamRZ 2010, 1414; BGH 17.11.2010 – XII ZR 170/09, FamRZ 2011, 188). Soweit **Alters- oder Krankheitsunterhalt im Anschluss an Betreuungsunterhalt** (§ 1570 Abs. 1 BGB) zu leisten wäre, ist bei der Vertragsgestaltung zumindest Vorsicht geboten. Den Vorwurf der Sittenwidrigkeit (§ 138 Abs. 1 BGB – Wirksamkeitskontrolle) kann ein Verzicht/Teilverzicht auf Unterhalt wegen Alters jedenfalls dann begründen, wenn die Ehegatten bei ihrer Lebensplanung im Zeitpunkt des Vertragsschlusses bereits davon ausgegangen sind, dass der Verzichtende sich dauerhaft oder doch langfristig völlig aus dem Erwerbsleben zurückziehen und der Familienarbeit widmen sollte. In einem solchen Fall wäre dem Verzichtenden der Aufbau einer eigenen Sicherung gegen die Risiken des Alters auf Dauer verwehrt und würde eine stete Abhängigkeit vom anderen Ehegatten begründen (so bereits BGH 11.2.2004 – XII ZR 265/02, Z 158, 81, 104), die ggf auch nicht in einem adäquaten Maße durch den **Versorgungsausgleich** kompensiert werden würde.

17 Gegen einen vertraglich vereinbarten Verzicht oder Modifikationen bestehen dann keine Bedenken, wenn **im Zeitpunkt des Vertragsschlusses**

– für die Parteien noch gar nicht absehbar war, ob, wann und unter welchen wirtschaftlichen Gegebenheiten der verzichtende Ehegatte wegen Alters oder Krankheit unterhaltsbedürftig werden könnte (ggf Anpassung);
– die ggf unterhaltsauslösende Krankheit bereits ausgebrochen oder erkennbar angelegt war;
– eine Unterhaltsbedürftigkeit wegen Alters oder Krankheit im Anschluss an eine Kindesbetreuung realistisch nicht in Betracht kommt („Einsatzzeitpunkt");
– die Ehegatten sich bereits in einem Lebensabschnitt (jedenfalls ab dem 45. Lebensjahr) befinden, in dem üblicherweise ein nicht unwesentlicher Teil der Alters- und Erwerbsunfähigkeitsversorgung erworben ist.

18 Im Anwendungsbereich des § 1578 b BGB, der immer auch einen Ansatzpunkt zur vertraglichen Definition von Billigkeit bietet, ist eine Erkrankung nicht schon deshalb als „ehebedingter Nachteil" anzusehen, weil die Krankheit zeitlich während der Ehe eingetreten ist. Das gilt auch dann, wenn eine latent vorhandene psychische Erkrankung durch die Ehekrise und Trennung ausgelöst worden ist (vgl BGH 30.6.2010 – XII ZR 9/09, FamRZ 2010, 1414; BGH 17.11.2010 – XII ZR 170/09, FamRZ 2011, 188). Grundsätzlich ist eine zeitlich unbegrenzte Unterhaltsverpflichtung nicht ohne Weiteres zu rechtfertigen, weil es sich bei einer Krankheit regelmäßig um eine schicksalhafte Entwicklung handelt, die nur zufällig in den zeitlichen Rahmen der Ehe fällt.

3. Unterhalt wegen Erwerbslosigkeit (§ 1573 Abs. 1 BGB)

19 Unterhalt wegen Erwerbslosigkeit ist nach Ansicht des Bundesgerichtshofs nachrangig (3. Stufe) und einer vertraglichen Modifikation daher weitgehend zugänglich (BGH 11.2.2004 – XII ZR 265/02, Z 158, 85, 97). Gegen einen Verzicht sind auf der Ebene der Wirksamkeitskontrolle regelmäßig keine Bedenken zu erhe-

ben, weil das Gesetz das Arbeitsplatzrisiko ohnehin auf den Berechtigten verlagert, sobald dieser einen nachhaltig gesicherten Arbeitsplatz gefunden hat (§ 1573 Abs. 4 BGB, vgl auch § 1573 Abs. 5 BGB).

Der Unterhaltsanspruch dient allerdings auch dem **Ausgleich beruflicher Nachteile**, die ein Ehegatte um **20** der Ehe willen in Kauf genommen hat und die deshalb im Scheidungsfall auf beide Ehegatten verteilt werden sollen. Insoweit kann Unterhalt wegen Erwerbslosigkeit (oder wegen Ausbildung, § 1575 BGB) **Teil des ehebedingten Nachteilsausgleichs** sein, dem § 1578 b BGB – aufbauend auf der Rechtsprechung des Bundesgerichtshofs – entscheidende systematische Bedeutung im Zusammenhang mit dem Scheidungsfolgenrecht beimisst. Der Gesichtspunkt des Nachteilsausgleichs kann deshalb bei einer Gesamtschau benachteiligender Regelungen ins Gewicht fallen. Bei der Beurkundung von Unterhaltsvereinbarungen kann der Gesichtspunkt einer beruflichen Wiedereingliederung bzw der sonstige ehebedingte Nachteilsausgleich im Bereich der Erwerbstätigkeit auch im Rahmen einer ausführlicheren Vereinbarung zu § 1570 Abs. 2 BGB berücksichtigt werden. Die Grenzen der Tatbestände sind insoweit fließend.

4. Unterhalt zur Aufstockung (§ 1573 Abs. 2 BGB), wegen Ausbildung (§ 1575 BGB), Billigkeit (§ 1576 BGB)

Der von Ehegatten vereinbarte Verzicht auf oder die Modifikation des Aufstockungsunterhalts nach § 1573 **21** Abs. 2 BGB, des Ausbildungsunterhalts nach § 1575 BGB oder des Billigkeitsunterhalts nach § 1576 BGB rechtfertigt schon nach der Bedeutung dieser Unterhaltstatbestände im System des Scheidungsfolgenrechts (jeweils 4. Stufe) das Verdikt der Sittenwidrigkeit regelmäßig nicht. Diese Unterhaltstatbestände waren bereits vor dem Inkrafttreten der Unterhaltsrechtsreform zum 1.1.2008 aufgrund gesetzlicher Vorbehalte modifizierbar ausgestaltet. Insbesondere für den Aufstockungsunterhalt ist und war eine Eingrenzung schon immer sachgerecht, weil ansonsten ein verbleibender Unterschied der unterhaltsrelevanten Einkünfte der Ehegatten zu einer lebenslangen, gleichbleibenden Unterhaltpflicht führen müsste. Eine vertragliche Befristung des Aufstockungsunterhalts scheidet deswegen auch nicht grundsätzlich aus, wenn eine **lange Ehedauer**, beispielsweise von über 20 Jahren, vorliegt. Maßgebend ist auch für die Vertragsgestaltung allein die Einzelfallbetrachtung.

5. Unterhalt wegen Alters-, Kranken- bzw Pflegevorsorge (§ 1578 Abs. 2 Alt. 1, Abs. 3 BGB)

Zu jedem Unterhaltstatbestand innerhalb der vier Stufen der Kernbereichslehre gehört korrespondierend **22** der jeweilige (unselbstständige) Unterhalt wegen der Kosten der Alters- oder Kranken- bzw Pflegevorsorge nach § 1578 Abs. 2 Alt. 1, Abs. 3 BGB (vgl BGH 25.5.2005 – XII ZR 296/01, FamRZ 2005, 1444, 1449), der in der Beratungs- und Beurkundungspraxis häufig übergangen wird. Die vertragliche Disponibilität richtet sich nach dem auslösenden Unterhaltsanspruch, also beispielsweise nach § 1570 Abs. 1 BGB.

V. Kernbereichsorientierte Inhaltskontrolle und Versorgungsausgleich

Die Inhaltskontrolle von Vereinbarungen zum Versorgungsausgleich ist positivrechtlich in **§ 8 Abs. 1** **23** **VersAusglG** geregelt, ohne dass dadurch andere Maßstäbe als beispielsweise bei der Überprüfung von Unterhaltsvereinbarungen zum Tragen kämen. Nach Auffassung des Bundesgerichtshofs ist der **Versorgungsausgleich** als eine Variante des **Unterhalts wegen Alters** (§ 1571 BGB) Teil des Kernbereichs des Scheidungsfolgenrechts der **2. Stufe** (BGH 6.10.2004 – XII ZB 110/99, FamRZ 2005, 26; BGH 6.10.2004 – XII ZB 57/03, 2005, 185). Wegen dieser hohen Einstufung werden jedenfalls Vereinbarungen zum (entschädigungslosen) Totalausschluss des Wertausgleichs nach dem VersAusglG **nach denselben Kriterien** geprüft werden **wie ein Verzicht auf Altersunterhalt** (BGH 28.11.2007 – XII ZR 132/05, FamRZ 2008, 582). Unrichtig ist die Auffassung, wonach die Inhaltskontrolle zum Ausschluss des Versorgungsausgleichs in die Nähe der Kriterien für die Genehmigungsfähigkeit von Scheidungsfolgenvereinbarungen nach § 1587 o Abs. 2 S. 2 und 3 BGB aF gerückt seien.

Nach den **Regeln der Wirksamkeitskontrolle** ist ein vereinbarter Ausschluss des Versorgungsausgleichs **24** – trotz hoher Wertigkeit – für sich nicht als sittenwidrig (§ 138 Abs. 1 BGB = **Wirksamkeitskontrolle**) anzusehen, wenn im Zeitpunkt des Vertragsschlusses für die Parteien redlicherweise nicht absehbar war, ob, wann und unter welchen wirtschaftlichen Gegebenheiten der verzichtende Ehegatte im Alter signifikante und verbleibende Lücken in der Versorgung aufweisen könnte (BGH 28.11.2007 – XII ZR 132/05, FamRZ 2008, 582; BGH 12.1.2005 – XII ZR 238/03, 2005, 691, 692), insbesondere weil beide Vertragsbeteiligten für die Zukunft davon ausgingen,

– weiterhin (sozialversicherungsrechtlich) Erwerbseinkünfte zu erzielen und
– deshalb der Ausbau der Altersversorgung durch eine eigene Erwerbstätigkeit gewollt war.

25 Eine solche – häufige – Fallgestaltung der Anpassung liegt vor, wenn nach den Vorstellungen der Ehegatten keine gemeinsamen Kinder und eine fortgesetzte Erwerbstätigkeit geplant waren (zuletzt KG 19.5.2011 – 13 UF 136/10).

VI. Kernbereichsorientierte Inhaltskontrolle und Zugewinnausgleich (§§ 1378 ff BGB)

26 Der **Zugewinnausgleich ist nicht vom Kernbereich des Scheidungsfolgenrechts umfasst** und erweist sich deswegen – bei isolierter Betrachtung aller Regelungen – am weitestgehenden ehevertraglich gestaltbar (so bereits BGHZ 158, 81, 95, 98 f). Das **Güterrecht** und damit auch der vertragliche Ausschluss oder die Modifikation des **Zugewinnausgleichs** (= Abweichung vom Teilhabegedanke) ist schon wegen der vom Gesetz ausdrücklich zur Verfügung gestellten verschiedenen (Wahl-)Güterstände einer vertraglichen Gestaltung nahezu unbeschränkt zugänglich (zuletzt und zusammenfassend BGH 21.11.2012 – XII ZR 48/11, NJW 2013, 457; BGH 28.11.2007 – XII ZR 132/05, FamRZ 2008, 582; OLG Hamm 8.6.2005 – 11 UF 6/05, FamRZ 2006, 337) und rechtfertigt regelmäßig nicht das Verdikt der Sittenwidrigkeit. Das BGB kennt keine bestimmte Zuordnung des Vermögenserwerbs innerhalb der Ehe. Die eheliche Lebensgemeinschaft muss nicht notwendigerweise auch eine Vermögensgemeinschaft oder eine Vermögenszugewinngemeinschaft sein. Die Güterstandswahl ist gesetzlich erkennbar nicht an die individuellen Verhältnisse eines beabsichtigten oder gelebten Ehetyps anzupassen. Die güterrechtliche Wahlfreiheit vor, während und bei Beendigung der Ehe wird **durch den Teilhabegedanken nicht eingeschränkt**; das Güterrecht beinhaltet zudem kein Ausgleichssystem zur Regelung aktueller Bedarfslagen oder zur Existenzsicherung.

27 Selbst die aus einer Disparität resultierende evidente (und objektive) Benachteiligung eines Ehegatten kann hinzunehmen sein, wenn für den Ausschluss (oder die Modifikation) des Zugewinnausgleichs überwiegende, anzuerkennende und berechtigte **Interessen des objektiv bevorzugten Ehegatten** sprechen: Ein solches ist etwa die **Erhaltung der wirtschaftlichen Substanz eines Unternehmens** als Wirtschafts- und Lebensgrundlage (ausführlich: BGH 28.3.2007 – XII ZR 130/04, FamRZ 2007, 1310 f). Hiernach sind insbesondere alle Gestaltungen, die einzelne Vermögensgegenstände oder Sachgesamtheiten aus dem Zugewinnausgleich herausnehmen, in einem besonders hohen Maß von der Dispositionsfreiheit umfasst.

28 Allerdings kann eine **Gesamtschau** aller vertraglichen Vereinbarungen zur Gesamtnichtigkeit des Ehevertrages unter Einbeziehung der güterrechtlichen Regelungen führen. Das gilt insbesondere, wenn die Gesamtwürdigung ergibt, dass der Inhalt aller Vereinbarungen für einen Ehegatten ausnahmslos nachteilig ist und dessen Einzelregelungen durch keine berechtigten Belange der anderen Partei gerechtfertigt werden (BGH 17.5.2006 – XII ZB 250/03, FamRZ 2006, 1097).

29 Entscheidungen zur Anpassung güterrechtlicher Regelungen im Wege der **Ausübungskontrolle** sind – soweit bekannt – bisher nicht ergangen. Allerdings behebt oder mildert der Bundesgerichtshof (erhebliche) nachteilige Auswirkungen gelegentlich durch die Zuerkennung von rein schuldrechtlichen Ausgleichsansprüchen, etwa aus einer Ehegatteninnengesellschaft oder einem familienrechtlichen Kooperationsvertrag (dazu bereits Hahne DNotZ 2004, 84, 92 f). Bei der Ehevertragsgestaltung bleiben trotz hoher Disponibilität folgende Fragen offen:

– Welche verfassungsrechtliche Bedeutung hat der **Teilhabegedanke im Güterrecht**?
– Wann kann man von der **Angemessenheit eines Verzichts** – auch für die Vergangenheit – des haushaltsführenden Ehegatten nach **langjähriger Ehe** (Grziwotz FamRB 2004, 239) ausgehen?

Reetz

– Was gilt, wenn ein Ehegatte **auf den Zugewinnausgleich** für seine Versorgung **angewiesen** ist (also nicht nur Vermögensgesichtspunkte maßgeblich sein können), weil Unterhalt oder/und Versorgungsausgleich unverschuldet nicht ausreichen (Palandt/Brudermüller § 1408 BGB Rn 9)?

Zum letzten Punkt hat der Bundesgerichtshof allerdings entschieden, dass ein Ausschluss des Zugewinns 30 auch dann wirksam ist, wenn der begünstigte Ehegatte – entsprechend den gemeinsamen Vorstellungen der Parteien bei Vertragsschluss – in der Ehe einer selbstständigen Erwerbstätigkeit nachgeht oder nachgegangen ist und deshalb kein im Versorgungsausgleich auszugleichendes Versorgungsvermögen erworben hat (BGH 17.10.2007 – XII ZR 96/05, FamRZ 2008, 386 und erneut in BGH 28.11.2007 – XII ZR 132/05, FamRZ 2008, 582).

VII. Kernbereichsorientierte Inhaltskontrolle sonstiger Ausgleichsregelungen

Über erb- und pflichtteilsrechtliche Regelungen der Ehegatten im Zusammenhang mit dem Abschluss eines 31 Ehevertrages oder über sonstige vermögensrechtliche Ausgleichsregelungen der Ehegatten hat der Bundesgerichtshof bisher nicht unter dem Gesichtspunkt der Inhalts- und Ausübungskontrolle entschieden.

▶ **Muster: Belehrung zur Inhalts- und Ausübungskontrolle (allgemein)**

(...) Der Notar hat uns darauf hingewiesen, dass der vorstehend vereinbarte (Teil-)Verzicht [die vereinbarte Modifikation], sofern er Dritte benachteiligt, nichtig oder im Einzelfall ein Berufen auf Verzichte unzulässig sein kann. Zudem unterliegen die Vereinbarungen zum Unterhalt (Versorgungsausgleich), Teile davon und im Wege einer Gesamtschau auch andere Regelungen dieses Vertrages bei Scheidung der Ehe, insbesondere dann, wenn die bei Vertragsschluss beabsichtigte von der tatsächlich verwirklichten Lebensplanung der Ehegatten abweicht, der richterlichen Inhaltskontrolle und ggf auch der Anpassung. ◀

132. Inobhutnahme (§ 42 SGB VIII)

Hoffmann

I. Einführung	1	5. Verpflichtungen bei Inobhutnahme gegen den	
II. Voraussetzungen einer Inobhutnahme	5	Willen oder bei Nichterreichbarkeit der Perso-	
III. Feststellen der Voraussetzungen für eine Inob-		nensorgeberechtigten	31
hutnahme	12	6. Verpflichtungen bei Einverständnis der Perso-	
IV. Inobhutnahme als Verwaltungsakt	17	nensorgeberechtigten	33
V. Folgen einer Inobhutnahme	23	VI. Freiheitsentziehende Inobhutnahme	34
1. Befugnis zur Wegnahme und zur Unterbringung	23	VII. Zuständigkeit	37
2. Verpflichtung zur Klärung der Situation und zur		VIII. Kosten	38
materiellen Fürsorge	25	IX. Ende einer Inobhutnahme	39
3. Sorgerechtliche Befugnisse	26		
4. Verpflichtung zur Unterrichtung des Personen-			
sorgeberechtigten	28		

I. Einführung

1 Mit dem Begriff Inobhutnahme wird die **vorläufige Unterbringung** eines Kindes oder Jugendlichen außerhalb seiner Herkunftsfamilie – etwa bei Pflegeeltern oder in einer Einrichtung – bezeichnet. Die Inobhutnahme kann im Einverständnis mit den Sorgeberechtigten oder gegen deren Willen erfolgen. Kennzeichen einer Inobhutnahme, auch einer im Einverständnis mit den Sorgeberechtigten, ist, dass es sich um eine vorläufige, zeitlich begrenzte Maßnahme handelt, bei der aufgrund einer **dringenden Gefahr** für das Wohl des Kindes oder Jugendlichen das an sich vorgesehene Verfahren der Bewilligung einer Leistung der Jugendhilfe – insbesondere einer Hilfe zur Erziehung außerhalb der Familie (§§ 27, 33, 34 SGB VIII) inklusive der erforderlichen Hilfeplanung (§ 36 SGB VIII) – unter dem Gesichtspunkt des Kindeswohls nicht abgewartet werden kann. Die Befugnis und Verpflichtung zur Inobhutnahme ist Ausfluss der Wahrnehmung des staatlichen Wächteramts zugunsten von Kindern und Jugendlichen (§§ 1 Abs. 2, 8 a SGB VIII, Art. 6 Abs. 2 GG, vgl insgesamt Hoffmann JAmt 2012, 244).

2 Das Jugendamt besitzt im Rahmen einer Inobhutnahme die Möglichkeit zu einem Handeln **gegen den Willen** der Personensorge- bzw Erziehungsberechtigten. Liegen die Voraussetzungen für eine Inobhutnahme nicht vor, etwa da keine dringende Gefahr besteht, hält das Jugendamt jedoch eine Hilfe zur Erziehung für erforderlich, mit der der Personensorgeberechtigte nicht einverstanden ist, hat das Jugendamt (s. → *Jugendamt*) ausschließlich die Verpflichtung und Befugnis, beim Familiengericht einen teilweisen Entzug der elterlichen Sorge anzuregen (§ 8 a Abs. 2 SGB VIIII), um so die Anordnung einer Pflegschaft (s. → *Pflegschaft*) oder Vormundschaft (s. → *Vormundschaft*) und damit einen Wechsel in der Person des Sorgeberechtigten zu ermöglichen.

3 Hält sich das Kind bei einem (teilweise) nicht mehr sorgeberechtigten Elternteil auf und fordert das Jugendamt als Vormund oder Pfleger mit der Befugnis zur Aufenthaltsbestimmung (s. → *Aufenthaltsbestimmung bei Minderjährigen*) die Herausgabe des Kindes (s. → *Kindesherausgabe*) oder Jugendlichen, liegt grundsätzlich keine Inobhutnahme durch Verwaltungsakt – also ein öffentlich-rechtliches Handeln – vor, sondern handelt das Jugendamt wie jeder andere Vormund oder Pfleger im Rahmen seiner zivilrechtlichen Befugnis zur Aufenthaltsbestimmung. Daher steht gegen das Handeln des Jugendamts auch nicht der Weg zu den Verwaltungsgerichten offen, sondern ist gegen die Entscheidung des Familiengerichts, die den Anlass für die Anordnung einer Vormund- oder Pflegschaft bildete, Beschwerde einzulegen. Regelmäßig erfolgt auch die Herausnahme eines Kindes oder Jugendlichen aus einer Pflegefamilie auf zivilrechtlicher Grundlage (VG Ansbach 25.3.2013 – AN 14 E 13.00553, AN 14 E 13.00613; VG Ansbach 20.9.2012 – AN 14 K 11.02416; VG Göttingen 12.1.2012 – 2 A 94/11, JAmt 2012, 104). Einen zivilrechtlichen Herausgabeanspruch kann das Jugendamt nicht mit Mitteln der Verwaltungsvollstreckung durchsetzen, und daher auch nicht um Amtshilfe ersuchen. Bei einer dringenden Gefahr ist das Jugendamt daher in dieser Konstellation zu einer Inobhutnahme befugt (vgl Hoffmann JAmt 2012, 244, 247; wohl aA VG Ansbach 20.9.2012 – AN 14 K 11.02416; VG Göttingen 12.1.2012 – 2 A 94/11, JAmt 2012, 104).

Im Jahr 2011 haben die Jugendämter in Deutschland 38.500 Kinder und Jugendliche in Obhut genommen.   **4**
Das waren gut 2.100 (+ 6 %) mehr als im Jahr 2010. Gegenüber dem Jahr 2007 (28.200 Inobhutnahmen)
stieg sie um 36 %. Die meisten (28.100 oder 73 %) der in Obhut genommenen jungen Menschen lebten vor
der Inobhutnahme bei ihren Eltern oder einem Elternteil. 15.800 junge Menschen (41 %) kehrten nach der
Inobhutnahme zu den Sorgeberechtigten zurück. Stark zugenommen hat auch die Zahl der jungen Menschen, die aufgrund einer unbegleiteten Einreise aus dem Ausland in Obhut genommen wurden. Insgesamt
kamen 2011 rund 3.500 Kinder und Jugendliche ohne Begleitung über die Grenze nach Deutschland. Gegenüber 2007 (890 junge Menschen) entspricht dies einem Anstieg von 292 % (Statistisches Bundesamt,
Pressemitteilung Nr. 229 vom 5.7.2012).

II. Voraussetzungen einer Inobhutnahme

Das Jugendamt ist in **drei Konstellationen** berechtigt und dann auch verpflichtet, ein Kind oder einen Ju-   **5**
gendlichen in seine Obhut zu nehmen: erstens, wenn ein Kind oder ein Jugendlicher um Obhut bittet (§ 42
Abs. 1 S. 1 Nr. 1 SGB VIII); zweitens in Fällen, in denen eine dringende Gefahr für das Wohl des Kindes
oder des Jugendlichen eine Inobhutnahme erfordert und die Personensorgeberechtigten nicht widersprechen oder eine familiengerichtliche Entscheidung nicht rechtzeitig eingeholt werden kann (§ 42 Abs. 1 S. 1
Nr. 2 SGB VIII) und drittens in Konstellationen, in denen ein ausländisches Kind oder ein ausländischer
Jugendlicher unbegleitet nach Deutschland kommt und sich weder Personensorge- noch Erziehungsberech-
tigte in Deutschland aufhalten (§ 42 Abs. 1 S. 1 Nr. 3 SGB VIII; zur Praxis vgl Berthold/Espenhorst JAmt
2011, 319).

Bei einer Inobhutnahme auf **Bitte des Kindes** oder Jugendlichen ist das Vorliegen einer dringenden Gefahr   **6**
nicht zu prüfen (BayVGH 8.8.2011 – 12 ZB 10.974). Eine Inobhutnahme kann daher auch nicht mit der
Begründung abgelehnt werden, eine dringende Gefahr bestehe nicht. Die Bitte selbst ist keine rechtsgeschäftliche Willensäußerung. Maßgeblich ist der natürliche Wille des Kindes bzw Jugendlichen. Die Motive der Bitte sind nicht zu prüfen. Ausreichend ist eine ernst gemeinte Bitte (BayVGH 8.8.2011 – 12 ZB
10.974; OVG Lüneburg 18.9.2009 – 4 LA 706/07, NJW 2010, 311).

Personensorgeberechtigte haben keinen Anspruch auf eine Inobhutnahme – auch wenn diese mit ihrem   **7**
Einverständnis erfolgt. Das Jugendamt hat vielmehr zur Beseitigung der dringenden Gefahr die Inobhutnahme von Amts wegen durchzuführen.

Der **Begriff der Gefahr** ist in Anlehnung an den Begriff der Kindeswohlgefährdung in § 1666 Abs. 1 BGB   **8**
zu bestimmen (OVG Sachsen 6.10.2009 – 1 B 487/09, JAmt 2010, 244). Eine Gefahr ist **dringend**, wenn
eine sofortige Intervention erforderlich ist. Nach prognostischer Betrachtung muss bei ungehindertem Ablauf des zu erwartenden Geschehens der Eintritt eines Schadens einerseits nicht mit Gewissheit feststehen,
andererseits reicht die bloße Möglichkeit eines Schadenseintritts nicht aus. Der Grad der erforderlichen
Wahrscheinlichkeit ist von dem zu erwartenden Schaden abhängig. Je größer und folgenschwerer der möglicherweise eintretende Schaden, umso geringer sind die Anforderungen, die an die Wahrscheinlichkeit zu
stellen sind (OVG Sachsen 27.5.2010 – 1 D 38/10, JAmt 2011, 478; OVG Nordrhein-Westfalen 7.11.2007
– 12 A 635/06).

Bei einer Inobhutnahme **gegen den Willen** der Personensorge- oder Erziehungsberechtigten muss zudem   **9**
gerade eine Inobhutnahme erforderlich sein, um der Gefahrenlage adäquat zu begegnen, und dürfen keine
anderen, weniger in die Rechte der Personensorge- oder Erziehungsberechtigten eingreifenden Mittel vorhanden sein (OLG Frankfurt 21.12.2011 – 2 UF 481/11, FamRZ 2012, 1401; OVG Sachsen 27.5.2010 – 1
D 38/10, JAmt 2011, 478; OVG Bautzen 11.3.2008 – 1 B 202/05). Regelmäßig setzt dies voraus, dass den
Personensorgeberechtigten zuvor Hilfen angeboten worden sind (OLG Frankfurt 21.12.2011 – 2 UF
481/11, FamRZ 2012, 1401). Können die Personensorge- oder Erziehungsberechtigten die Gefahr selbst
abwenden, etwa durch Unterbringung des Kindes oder Jugendlichen bei einem Verwandten, scheidet eine
Inobhutnahme aus. Steht der Wille der Personensorge- oder Erziehungsberechtigten einer Inobhutnahme
entgegen, setzt eine Inobhutnahme zudem voraus, dass eine familiengerichtliche Entscheidung – auch in

Form einer einstweiligen Anordnung – nicht mehr zeitgerecht möglich ist (§ 42 Abs. 1. S. 1 Nr. 2 b SGB VIII).

10 Da das **Einverständnis** der Personensorgeberechtigten bzw dessen Fehlen zu den Voraussetzungen einer Inobhutnahme zählt, hat das Jugendamt grundsätzlich zu versuchen, die Personensorge- und gegebenenfalls auch die Erziehungsberechtigten vor einer Inobhutnahme zu kontaktieren. Ein Einverständnis liegt nur bei einer eigenen Willensbildung vor. Kein Einverständnis liegt daher vor, wenn das Kind letztlich widerstandslos unter Aufgabe des aktuellen Protests an Fachkräfte des Jugendamts übergeben wird (OLG Frankfurt 21.12.2011 – 2 UF 481/11, FamRZ 2012, 1401). Es ist zu beachten, dass allein das Einverständnis der Erziehungsberechtigten ohne Einverständnis der Personensorgeberechtigten nicht zu einer Inobhutnahme mit Einverständnis führt. Eine Inobhutnahme ist rechtswidrig, wenn die Personensorgeberechtigten erreichbar gewesen wären, das Jugendamt jedoch gar nicht erst versucht hat, sie zu erreichen (VG München 18.2.2009 – M 18 K 07.3534). Entsprechend dem Rechtsgedanken des § 8 a Abs. 1 S. 2 SGB VIII ist ein Kontaktversuch entbehrlich, wenn eine vorherige Kontaktaufnahme den wirksamen Schutz des Kindes oder Jugendlichen gefährden würde. In der Praxis erfolgt daher vielfach eine Inobhutnahme von Kindern und Jugendlichen im Kontext des Besuchs von Kindergarten bzw Schule (Finke JAmt 2011, 251).

11 Die Motive für das Einverständnis der Personensorgeberechtigten sind nicht erheblich. Ein Einverständnis liegt auch vor, wenn die Inobhutnahme nur geduldet wird, um familiengerichtliche Maßnahmen nach §§ 1666, 1666 a BGB zu vermeiden (VG München 28.4.2010 – M 18 K 09.4474). Selbst aus der Äußerung eines Personensorgeberechtigten, dass es einer Inobhutnahme nicht bedürfe, kann nicht auf ein fehlendes Einverständnis geschlossen werden. Bei einem minderjährigen Elternteil ist das Erklären eines Einverständnisses Teil seiner Personennebensorge (§ 1673 Abs. 2 BGB). Der minderjährige Elternteil kann somit wirksam sein Einverständnis zur Inobhutnahme erklären.

III. Feststellen der Voraussetzungen für eine Inobhutnahme

12 Das Jugendamt ist **von Amts wegen** verpflichtet, das Vorliegen der Voraussetzungen für eine Inobhutnahme zu prüfen, wenn es Kenntnis von einem Sachverhalt erhält, der eine Inobhutnahme erforderlich machen könnte (§ 20 SGB X). Da zu den Voraussetzungen die Minderjährigkeit zählt, ist das Jugendamt verpflichtet, Altersangaben zu überprüfen (OVG Berlin-Brandenburg 20.10.2011 – 6 S 51.11, 6 M 63.11). Im Rahmen der sozialrechtlichen Mitwirkungspflichten besteht die Verpflichtung zum Erteilen eines Einverständnisses in eine ärztliche Untersuchung zur Feststellung der Minderjährigkeit als Voraussetzung einer Inobhutnahme (§ 62 SGB I). Auch das Verlangen einer Röntgenuntersuchung ist verhältnismäßig (OVG Hamburg 9.2.2011 – 4 Bs 9/11, FamRZ 2011, 932). Die sozialrechtlichen Mitwirkungspflichten können jedoch nicht in einem Verwaltungsakt konkretisiert werden (OVG Hamburg 23.12.2010 – 4 Bs 243/10, FamRZ 2011, 848). Lässt sich das Alter nicht unmittelbar sicher feststellen, besteht bis zur Klärung des Sachverhalts ein Anspruch auf Unterbringung und Betreuung – analog § 42 Abs. 1 S. 1, Abs. 2 S. 3 SGB VIII bzw aus einem Anspruch auf Gleichbehandlung bei einer entsprechenden Verwaltungspraxis (OVG Hamburg 14.2.2011 – 4 Bs 282/10, FamRZ 2011, 932).

13 Bei der Sachverhaltsermittlung hat sich das Jugendamt an die **datenschutzrechtlichen Vorgaben** des SGB VIII und des SGB X zu halten. Zu diesen zählt insbesondere, dass das Jugendamt Daten grundsätzlich beim Betroffenen zu erheben hat (§ 62 Abs. 2 S. 1 SGB VIII) und die einer Fachkraft im Jugendamt durch einen Betroffenen im Rahmen einer persönlichen und erzieherischen Hilfe anvertrauten Daten im Grundsatz auch an andere Fachkräfte im Jugendamt nur mit einer Einwilligung des Betroffenen übermittelt oder weitergegeben werden dürfen (§ 65 Abs. 1 S. 1 Nr. 1 SGB VIII).

14 Ausnahmen von diesen Regelungen sind zur Wahrnehmung des staatlichen Wächteramts normiert. So kann eine Fachkraft im Jugendamt bei konkreten Anhaltspunkten für eine dringende Gefahr zur Feststellung der Voraussetzungen einer Inobhutnahme Erzieherinnen eines Kindes in einer Tagesstätte, Nachbarn oder den das Kind behandelnden Arzt befragen (§ 62 Abs. 3 Nr. 2 c SGB VIII) und anvertraute Daten mit anderen Fachkräften besprechen (§ 65 Abs. 1 Nr. 4 SGB VIII).

Hoffmann

Das Feststellen der Voraussetzungen für eine Inobhutnahme liegt in der alleinigen Verantwortung des Ju- 15
gendamts. Das **Familiengericht** kann das Jugendamt nicht zu einer Inobhutnahme verpflichten oder bewusst auf familiengerichtliche Eingriffe in die elterliche Sorge verzichten, weil das Jugendamt nach Ansicht des Familiengerichts die Möglichkeit zu einer Inobhutnahme hat.

Die Inobhutnahme ist auch dann rechtmäßig, wenn sich im Nachgang – ex post – herausstellt, dass die Vor- 16
aussetzungen für eine Inobhutnahme nicht vorgelegen haben, sofern das Jugendamt aus der Perspektive
zum Zeitpunkt seiner Entscheidung – ex ante – aufgrund seiner sorgfältigen und fachlichen Standards entsprechenden Ermittlungen davon ausgehen durfte, dass die Voraussetzungen für eine Inobhutnahme vorlagen.

IV. Inobhutnahme als Verwaltungsakt

Die Inobhutnahme ist ein **Dauerverwaltungsakt**. Adressat des Verwaltungsakts sind das Kind oder der Ju- 17
gendliche und die Personensorgeberechtigten (§ 31 SGB X, jedoch grundsätzlich nicht die Erziehungsberechtigten). Allen Adressaten ist der Verwaltungsakt bekanntzugeben (§ 37 SGB X).

Nach allgemeinen Grundsätzen kann der Verwaltungsakt mündlich bekanntgegeben werden (§ 33 Abs. 2 18
S. 1 SGB X). Vor dem Erlass das Verwaltungsakts sind die Adressaten grundsätzlich anzuhören (§ 24
SGB X). Die Anhörung sorgeberechtigter Eltern wird in der Regel mit der Erkundigung nach dem Einverständnis mit einer Inobhutnahme zusammenfallen. Die Anhörung kann u.a. bei Gefahr im Verzug unterbleiben (§ 24 Abs. 2 Nr. 1 SGB X).

Unter den Voraussetzungen des § 80 Abs. 2, 3 VwGO ist eine Inobhutnahme **sofort vollziehbar**. Zu beach- 19
ten ist, dass die Anordnung eines sofortigen Vollzugs einer schriftlichen Begründung bedarf und daher
dann Schriftform des Verwaltungsakts erforderlich ist (VG Oldenburg 17.2.2010 – 13 B 346/10, JAmt
2010, 571; VG Minden 12.12.2007 – 6 L 624/07).

Die Rechtmäßigkeit einer Inobhutnahme unterliegt als Verwaltungsentscheidung ausschließlich einer Kon- 20
trolle durch die **Verwaltungsgerichte**, und nicht einer durch die Familiengerichte (OVG NRW 24.1.2013 –
12 E 1259/12; OVG NRW 11.9.2012 – 12 B 1020/12, ZKJ 2013, 133; Hoffmann JAmt 2012, 244; Möller
JAmt 2011, 126 sowie die Rechtsprechung; aA Trenczek/Meysen JAmt 2010, 543: bezogen auf die Rechtmäßigkeit des Sorgerechtseingriffs Zuständigkeit des Familiengerichts). Ist eine Inobhutnahme beendet,
lehnt die überwiegende Rechtsprechung meist das Bestehen eines Fortsetzungsfeststellungsinteresses wegen Wiederholungsgefahr und daher die Möglichkeit zu einer Fortsetzungsfeststellungsklage nach § 113
Abs. 1 S. 4 VwGO ab (VG München 29.6.2011 – M 18 K 10.4487; OVG Sachsen 6.10.2009 – 1 B 487/09,
JAmt 2010, 244; VG Ansbach 10.4.2008 – AN 14 K 07.03146). Im Einzelfall kann jedoch ein Rehabilitati-
onsinteresse ein Feststellungsinteresse begründen (VG Saarlouis 17.11.2011 – 3 K 574/10).

Ruft das Jugendamt im Rahmen einer Inobhutnahme das **Familiengericht** an, hat dieses nicht über die 21
Rechtmäßigkeit der Inobhutnahme oder deren Fortdauer; sondern allein über die Erforderlichkeit sorge-
rechtlicher Maßnahmen im Anschluss an die Inobhutnahme zu entscheiden (OVG NRW 11.9.2012 – 12 B
1020/12, ZKJ 2013, 133; OVG Lüneburg 18.9.2009 – 4 LA 706/07, NJW 2010, 311).

Das **Widersprechen** der Personensorge- oder Erziehungsberechtigten als Voraussetzung einer Inobhutnah- 22
me gegen deren Willen ist von deren **Widerspruch** im Sinne des Einlegens eines förmlichen Rechtsbehelfs
nach einer erfolgten Inobhutnahme zu unterscheiden. Der Widerspruch führt zur Überprüfung des Handelns des Jugendamts als Verwaltungshandeln – in Abhängigkeit von den Regelungen des Landesrechts zunächst im Widerspruchsverfahren und dann durch das Verwaltungsgericht oder unmittelbar durch das Verwaltungsgericht, wenn das Landesrecht kein Widerspruchsverfahren (mehr) kennt. Ein Elternteil, der nicht
zur Bestimmung des Aufenthalts befugt ist, ist auch dann nicht zum Widerspruch befugt, wenn sich das
Kind mit Einverständnis seines Vormunds oder Pflegers bei diesem Elternteil aufhält, er also Erziehungs-
berechtigter ist. Da der Elternteil keinen Anspruch auf Herausgabe des Kindes hat, fehlt es an einer Be-

schwer (VG Augsburg 26.8.2009 – Au 3 E 09.1150). Sein Widersprechen führt jedoch zur Verpflichtung des Jugendamts, das Familiengericht anzurufen (§ 42 Abs. 3 S. 1 Nr. 2 SGB VIII).

V. Folgen einer Inobhutnahme

1. Befugnis zur Wegnahme und zur Unterbringung

23 Durch die Inobhutnahme erhält das Jugendamt unabhängig vom Grund der Inobhutnahme die Befugnis, das Kind oder den Jugendlichen bei einer geeigneten Person, in einer geeigneten Einrichtung oder in einer sonstigen Wohnform **vorläufig unterzubringen** (§ 42 Abs. 1 S. 2 Hs 1 SGB VIII). Ob eine Person oder Einrichtung geeignet ist, bestimmt sich ausschließlich im Einzelfall aus der Perspektive des Kindeswohls. Auch eine Unterbringung beim nicht zur Sorge berechtigten Elternteil, bei Großeltern etc. oder an dem Ort, an dem sich das Kind gerade aufhält, etwa in Fällen, in denen das Kind einer weiteren stationären ärztlichen Behandlung in einem Krankenhaus bedarf, ist möglich.

24 Bei einer Inobhutnahme gegen den Willen der Personensorge- oder Erziehungsberechtigten besteht die Befugnis, das Kind oder den Jugendlichen von den Personensorge- bzw Erziehungsberechtigten oder einer anderen Person **wegzunehmen** (§ 42 Abs. 1 S. 2 Hs 2 SGB VIII). Lässt sich eine Wegnahme nur unter Anwendung von Zwang durchführen, hat das Jugendamt die zuständigen Stellen, regelmäßig die Polizei, um Amtshilfe zu bitten. Das Jugendamt selbst ist nicht zur Anwendung von unmittelbarem Zwang befugt (§ 42 Abs. 6 SGB VIII; aA Finke JAmt 2011, 251 mit zahllosen Nachweisen zur hM).

2. Verpflichtung zur Klärung der Situation und zur materiellen Fürsorge

25 Während der Inobhutnahme hat das Jugendamt die Verpflichtung, die Situation, die zur Inobhutnahme geführt hat, zusammen mit dem Kind oder dem Jugendlichen zu **klären** und Möglichkeiten der Hilfe und Unterstützung aufzuzeigen (§ 42 Abs. 2 S. 1 SGB VIII). Es hat dem Kind oder dem Jugendlichen unverzüglich Gelegenheit zu geben, eine Person seines Vertrauens zu benachrichtigen (§ 42 Abs. 2 S. 2 SGB VIII). Das Jugendamt ist verpflichtet, für das Wohl des Kindes oder des Jugendlichen zu sorgen (§ 42 Abs. 2 S. 3 SGB VIII). Dabei ist auch der materielle Bedarf des Kindes, also der notwendige **Unterhalt** und gegebenenfalls Krankenhilfe, sicherzustellen. Während einer Inobhutnahme besteht kein Anspruch auf Unterhaltsvorschuss (OVG Berlin-Brandenburg 11.5.2012 – 6 M 100.12, NJW 2012, 2217).

3. Sorgerechtliche Befugnisse

26 Das Jugendamt hat während einer Inobhutnahme sorgerechtliche Befugnisse und kann im Rahmen dieser Befugnis alle **Rechtshandlungen vornehmen**, die zum Wohl des Kindes oder Jugendlichen notwendig sind (§ 42 Abs. 2 S. 4 Hs 1 SGB VIII) – etwa in eine ärztliche Behandlung einwilligen. Diese Notkompetenz ist öffentlich-rechtlich zu qualifizieren (OVG NRW 24.1.2013 – 12 E 1259/12). Nach einer Entscheidung des Bundesverfassungsgerichts (14.6.2007 – 1 BvR 338/07, NJW 2007, 3560) besteht keine Befugnis zur Beantragung der Genehmigung einer Entscheidung für eine freiheitsentziehende Unterbringung (§ 1631 b BGB). Das Jugendamt hat daher zunächst beim Familiengericht anzuregen, dass den Eltern insoweit gemäß §§ 1666, 1666 a BGB das Sorgerecht zu entziehen ist. Nach erfolgter Anordnung einer Pflegschaft und Bestellung eines Pflegers kann dann der Pfleger die familiengerichtliche Genehmigung seiner Entscheidung für eine freiheitsentziehende Unterbringung beantragen (s. Rn 35).

27 Eine Begrenzung der sorgerechtlichen Befugnisse ergibt sich aus der Notwendigkeit, eine Rechtshandlung gerade während der Inobhutnahme vorzunehmen: Ist ein Abwarten bis zu einer Entscheidung des Familiengerichts oder einem Ende der Inobhutnahme möglich, so besteht keine Befugnis, eine Entscheidung zu treffen. Zudem hat das Jugendamt den mutmaßlichen Willen der Personensorge- bzw Erziehungsberechtigten angemessen zu berücksichtigen (§ 42 Abs. 2 S. 4 Hs 2 SGB VIII). Die sorgerechtlichen Befugnisse der Personensorgeberechtigten sind während einer Inobhutnahme suspendiert (Kunkel in: LPK-SGB VIII § 42 SGB VIII Rn 67 ff; Wiesner/Wiesner, § 42 SGB VIII Rn 30 f).

4. Verpflichtung zur Unterrichtung des Personensorgeberechtigten

Das Jugendamt hat die Personensorge- bzw Erziehungsberechtigten unverzüglich von der Inobhutnahme zu **unterrichten**, wenn diese nicht in deren Gegenwart erfolgte, und mit ihnen das Gefährdungsrisiko abzuschätzen (§ 42 Abs. 3 S. 1 SGB VIII). Die Angabe der Namen der Personensorge- oder Erziehungsberechtigten kann gegenüber dem Kind jedoch nicht mit Zwang durchgesetzt werden. 28

Gerade bei einer Inobhutnahme auf Bitte des Kindes oder Jugendlichen wünschen das Kind oder der Jugendliche teilweise nicht, dass ihr Aufenthaltsort den Personensorge- oder Erziehungsberechtigten bekannt wird. Es fragt sich, ob auch in dieser Konstellation eine Verpflichtung zu deren Information besteht. Zunächst ist festzuhalten, dass sich aus der Pflicht zur Unterrichtung aus datenschutzrechtlicher Perspektive eine Befugnis zur Übermittlung von Daten ohne oder gegen den Willen selbst eines im Hinblick auf sein Grundrecht auf informationelle Selbstbestimmung einsichts- und urteils-, demnach einwilligungsfähigem Kind oder Jugendlichen ergibt (§ 69 Abs. 1 SGB X). Dies gilt jedoch nicht im Hinblick auf die der Fachkraft persönlich anvertrauten Daten im Sinne des § 65 SGB VIII. Das Übermitteln dieser Daten setzt bei einsichts- und urteilsfähigen Kindern und Jugendlichen deren **Einwilligung** voraus. Ohne Einwilligung kann dann nur der Aufenthaltsort übermittelt werden. 29

Auch hinsichtlich der Übermittlung des **Aufenthaltsorts** sind jedoch der Zweck der Inobhutnahme und die sich aus dieser ergebenden Verpflichtungen, insbesondere die Verpflichtung die Situation, die zur Inobhutnahme geführt hat, zusammen mit dem Kind oder dem Jugendlichen zu klären und ihm Möglichkeiten der Hilfe und Unterstützung aufzuzeigen, zu beachten (§ 42 Abs. 2 S. 1 SGB VIII). Zudem darf durch die Information nicht die Akzeptanz weiterer Hilfen durch das Kind oder den Jugendlichen gefährdet werden (§ 64 Abs. 2 SGB VIII). Dies kann dazu führen, dass im Einzelfall nur das Übermitteln der Tatsache der Inobhutnahme und des zuständigen Jugendamts zulässig ist, jedoch nicht des konkreten Aufenthaltsorts. Auch bei der Auslegung von „unverzüglich" sind die genannten Grundsätze zu beachten. 30

5. Verpflichtungen bei Inobhutnahme gegen den Willen oder bei Nichterreichbarkeit der Personensorgeberechtigten

Erfolgt eine Inobhutnahme gegen den Willen der Personensorge- oder Erziehungsberechtigten, so hat das Jugendamt nach der Inobhutnahme erneut zu prüfen, ob das Kind oder der Jugendliche den Personensorge- oder Erziehungsberechtigten **übergeben** werden kann, da eine Gefährdung des Kindeswohls nicht (mehr) besteht oder die Personensorge- oder Erziehungsberechtigten (nunmehr) bereit und in der Lage sind, die Gefährdung abzuwenden (§ 42 Abs. 3 S. 2 Nr. 1 SGB VIII), oder ob es die Inobhutnahme bis zu einer vom Jugendamt herbeizuführenden Entscheidung des **Familiengerichts** über die aufgrund des entgegenstehenden Willens erforderlichen sorgerechtlichen Maßnahmen zum Wohl des Kindes oder des Jugendlichen (OVG NRW 11.9.2012 – 12 B 1020/12, ZKJ 2013, 133) aufrechterhält (§ 42 Abs. 3 S. 2 Nr. 2 SGB VIII). Kann das Familiengericht einerseits keine endgültige Entscheidung über die Erforderlichkeit eines (teilweisen) Entzugs des Sorgerechts treffen, hält es jedoch andererseits eine Rückkehr des Kinds in den elterlichen Haushalt nicht für möglich, hat es eine einstweilige Anordnung zu erlassen, in der den Eltern zumindest das Aufenthaltsbestimmungsrecht entzogen wird (OVG NRW 11.9.2012 – 12 B 1020/12, ZKJ 2013, 133). 31

Sind die Personensorge- oder Erziehungsberechtigten nicht erreichbar, so ist ebenfalls eine Entscheidung des Familiengerichts herbeizuführen (§ 42 Abs. 3 S. 3 SGB VIII). Bei unbegleiteten minderjährigen **Flüchtlingen** ist zudem unverzüglich die Bestellung eines Vormunds oder Pflegers zu veranlassen (§ 42 Abs. 3 S. 4 SGB VIII). 32

6. Verpflichtungen bei Einverständnis der Personensorgeberechtigten

Sind die Personensorgeberechtigten mit der Inobhutnahme einverstanden, so ist unverzüglich ein **Hilfeplanverfahren** zur Gewährung einer Hilfe einzuleiten (§ 42 Abs. 3 S. 5 SGB VIII). Da nur die Personensorgeberechtigten einen Anspruch auf Hilfen zur Erziehung besitzen, ist ein Einverständnis nur der Erziehungsberechtigten nicht ausreichend. 33

Hoffmann

VI. Freiheitsentziehende Inobhutnahme

34 Das Jugendamt ist zur Einwilligung in freiheitsentziehende Maßnahmen oder in eine freiheitsentziehende Unterbringung im Rahmen der Inobhutnahme befugt, wenn und soweit diese erforderlich sind, um eine Gefahr für Leib oder Leben des Kindes oder des Jugendlichen oder eine Gefahr für Leib oder Leben Dritter abzuwenden (§ 42 Abs. 5 S. 1 SGB VIII). Es handelt sich insoweit um eine **Notkompetenz**. Eine freiheitsentziehende Maßnahme oder eine freiheitsentziehende Unterbringung auf Grundlage einer Inobhutnahme ist daher ohne gerichtliche Entscheidung spätestens mit Ablauf des Tages nach ihrem Beginn zu beenden (§ 42 Abs. 5 S. 2 SGB VIII).

35 Als gerichtliche Entscheidung kommt die gerichtliche Anordnung einer öffentlich-rechtlichen Unterbringung auf Grundlage des jeweiligen Landesunterbringungsgesetzes oder LandesPsychisch-Kranken-Gesetzes oder eine zivilrechtliche Unterbringung aufgrund einer Entscheidung der Personensorgeberechtigten in Betracht, die einer gerichtlichen Genehmigung bedarf (§ 1631 b BGB). Das Jugendamt kann eine Genehmigung nach **§ 1631 b BGB** nur beantragen, wenn es Vormund oder Pfleger mit der Befugnis zur Aufenthaltsbestimmung für das Kind oder den Jugendlichen ist (BVerfG 14.6.2007 – 1 BvR 338/07, NJW 2007, 3560).

36 Wenn bei der Inobhutnahme die Anwendung **unmittelbaren Zwangs** erforderlich ist, so sind die dazu befugten Stellen – insbesondere die Polizei – hinzuzuziehen, § 42 Abs. 6 SGB VIII. Das nur im Rahmen einer Inobhutnahme zur Ausübung von elterlicher Sorge befugte Jugendamt kann demnach anders als das Jugendamt als Vormund oder Pfleger Dritte – etwa das Personal von Einrichtungen – nicht zur Anwendung von unmittelbarem Zwang ermächtigen.

VII. Zuständigkeit

37 Für eine Inobhutnahme ist der örtliche Träger der Jugendhilfe zuständig, in dessen Bereich sich das Kind oder der Jugendliche vor Beginn der Maßnahme tatsächlich aufhält (§ 87 SGB VIII).

VIII. Kosten

38 Für die Inobhutnahme ist ein **Kostenbeitrag** zu erheben (§ 91 Abs. 1 Nr. 7 SGB VIII). Kostenbeitragspflichtig sind die rechtlichen Eltern – also auch nicht zur elterlichen Sorge berechtigte Eltern oder sorgeberechtigte, einer Inobhutnahme widersprechende Eltern (§ 92 Abs. 1 Nr. 5 SGB VIII). Das Erheben eines Kostenbeitrags setzt die Rechtmäßigkeit der Inobhutnahme voraus (hM Schindler in: FK-SGB VIII § 91 SGB VIII Rn 10; Wiesner/Wiesner § 91 SGB VIII Rn 13; vgl auch VGH Baden-Württemberg 17.3.2011 – 12 S 2823/08, ZKJ 2011, 262; teilweise aA Kunkel in: LPK-SGB VIII § 91 Rn 14).

Bei einer Ermessensentscheidung über den Umfang der von einem vermeintlich Minderjährigen, welcher in Obhut genommen worden ist, zurückzufordernden Kosten der Unterbringung, darf eine Behörde nicht Aufwendungen zu Grunde legen, die sich aus einem zwischen ihr und dem Träger der Einrichtung abgeschlossenen Vertrag ergeben (OVG Sachsen 12.1.2012 – 1 A 466/09, Revision zugelassen durch BVerwG 2.08.2012 – 5 B 17/12, 5 B 17/12 (5 C 24/12)).

IX. Ende einer Inobhutnahme

39 Die Inobhutnahme endet mit der **Übergabe** des Kindes oder Jugendlichen an die Personensorge- oder Erziehungsberechtigten (§ 42 Abs. 4 S. 1 Nr. 1 SGB VIII) oder mit der Entscheidung über das Gewähren einer **Sozialleistung** (§ 42 Abs. 4 S. 1 Nr. 2 SGB VIII). Eine tatsächliche Leistungserbringung stellt eine konkludente Bewilligung einer Anschlusshilfe dar (OVG NRW 9.6.2012 – 12 B 726/12). Eine Übergabe an die Personensorge- oder Erziehungsberechtigten liegt auch vor, wenn das Kind oder der Jugendlichen in deren Einverständnis in einer Einrichtung, einer Pflegefamilie etc. untergebracht wird (BayVGH 8.8.2011 – 12 ZB 10.974) oder wenn im familiengerichtlichen Verfahren das Aufenthaltsbestimmungsrecht auf einen Pfleger übertragen wurde (VG Frankfurt 24.9.2012 – 7 L 2843/12.F, FamRZ 2013, 409). Neben Leistungen

Hoffmann

der Kinder- und Jugendhilfe nach dem SGB VIII kommen insbesondere Leistungen nach dem SGB XII, SGB V oder Leistungen der Opferentschädigung in Betracht.

Eine Inobhutnahme ist als Maßnahme der Gefahrenabwehr zu beenden, wenn die Gefahrenlage, die Anlass **40** der Inobhutnahme war, nicht mehr vorliegt (OVG Sachsen 27.5.2010 – 1 D 38/10, JAmt 2011, 478). Die Inobhutnahme als vorläufige Maßnahme endet zudem, wenn sich das Kind oder der Jugendliche **faktisch** nicht mehr in der Obhut befindet – etwa, da es oder er aus einer Einrichtung entweicht (§ 39 Abs. 2 SGB X). Wird das Kind oder der Jugendliche erneut aufgegriffen, ist eine weitere Inobhutnahme erforderlich.

Das Jugendamt, das das Kind oder den Jugendlichen in Obhut genommen hat, ist nur zur Übergabe, nicht **41** zur Übergabe am Wohnort des Personensorge- oder Erziehungsberechtigten verpflichtet. Das Abholen des Kindes oder Jugendlichen ist Bestandteil der Verpflichtungen aus der elterlichen Sorge. Im Einzelfall kann das für das Erbringen von Leistungen der Jugendhilfe zuständige Jugendamt (§ 86 SGB VIII) zur Unterstützung verpflichtet sein.

133. Insolvenzverfahren bei natürlichen Personen

Grandel

I. Einführung	1	3. Rechtsbehelfe	15
II. Rückschlagsperre	4	V. Restschuldbefreiung	16
III. Insolvenzverfahren und Einzelzwangsvollstreckung	7	VI. Besonderheiten des Verbraucherinsolvenzverfahrens	20
IV. Insolvenzgläubiger und Neugläubiger bei Unterhaltsforderungen	9	VII. Rechtsänderungen des Verbraucherinsolvenzverfahrens ab 1.7.2014	24
1. Während des Insolvenzverfahrens	9		
2. Während der Wohlverhaltensperiode des Restschuldbefreiungsverfahrens	14		

I. Einführung

1   Das Insolvenzverfahren hat nicht nur die gemeinschaftliche **Gläubigerbefriedigung** zum Ziel, sondern auch die **Restschuldbefreiung** des sich redlich verhaltenden Schuldners (§§ 1 S. 1, 286 InsO).

2   Restschuldbefreiung kann nur eine **natürliche Person** erlangen (§ 286 InsO). Ihr geht ein Insolvenzverfahren voraus, das eröffnet und nicht mangels Masse wieder eingestellt worden ist (§ 207 InsO).

3   Anstelle eines regulären Insolvenzverfahrens gelten für Kleinverfahren natürlicher Personen die vereinfachten Verfahrensregeln der **Verbraucherinsolvenz**. Ein Verbraucherinsolvenzverfahren ist möglich, wenn der Schuldner

– nicht selbstständig ist oder war,
– er selbstständig tätig war, seine Vermögensverhältnisse aber überschaubar sind. Das ist in der Regel der Fall, wenn weniger als 20 Gläubiger vorhanden sind, § 304 Abs. 2 InsO. Es dürfen außerdem keine Forderungen aus Arbeitsverhältnissen gegen ihn bestehen.

Ansonsten ist das Regelinsolvenzverfahren einzuleiten. Daneben gibt es besondere Insolvenzverfahren (zB die Nachlassinsolvenz).

Zur Obliegenheit des **Unterhaltsschuldners**, ein Insolvenzverfahren einzuleiten s. → *Obliegenheit zur Verbraucherinsolvenz.*

II. Rückschlagsperre

4   Vollstreckungsmaßnahmen von Gläubigern werden unwirksam, wenn sie innerhalb eines Monats (bei einem Regelinsolvenzverfahren, § 88 InsO bzw drei Monaten (bei Verbraucherinsolvenzverfahren auf Antrag des Schuldners, § 312 Abs. 1 S. 3 InsO) vor dem Antrag auf Eröffnung eines Insolvenzverfahrens oder danach zur Sicherung eines Gläubigers durchgeführt wurden. Führte die Zwangsvollstreckung nicht zur Sicherung, sondern zur Befriedigung des Gläubigers, wird dies von der Rückschlagsperre nicht erfasst. Es kommt dann eine Insolvenzanfechtung in Betracht (§ 131 InsO). Die Rückschlagsperre betrifft nur Insolvenzgläubiger, nicht dagegen die Gläubiger, die aussonderungs- und absonderungsberechtigt sind, und nicht Massegläubiger. Es gibt auch einen Unterschied, ob pfändbares Arbeitseinkommen vom Schuldner vor Insolvenzeröffnung abgetreten oder vom Gläubiger gepfändet wurde. Die Abtretung bleibt nämlich für zwei Jahre ab Insolvenzeröffnung wirksam (§ 114 Abs. 1 InsO).

5   Bei **Pfändung beweglicher Sachen** ist die Sicherung mit der Inbesitznahme durch den Gerichtsvollzieher erlangt, bei einem Pfändungs- und Überweisungsbeschluss mit Zustellung an den Drittschuldner. Eine Vorpfändung vor der Rückschlagfrist schützt nicht, da deren Wirkung nur eintreten kann, wenn auch der Pfändungs- und Überweisungsbeschluss wirksam werden kann, was aber gerade an §§ 88, 312 Abs. 1 S. 3 InsO scheitert (so hM; HK-ZV/Gruber InsVf Rn 41 mwN). Bei der Pfändung künftiger Forderungen entsteht das Pfändungspfandrecht und damit die Sicherung erst mit dem Entstehen der Forderung (BGH 20.3.2003 – IX ZR 166/02, NJW 2003, 2171; OLG Frankfurt/M. 22.1.2003 – 17 U 69/02, ZInsO 2003, 283). Bei der Zwangssicherungshypothek ist der Zeitpunkt der Eintragung in das Grundbuch maßgebend,

nicht der Zeitpunkt des Eingangs des Eintragungsantrages (hM; LG Bonn 2.12.2003 – 4 T 519/03, ZIP 2004, 1374; MüKo-InsO/Breuer § 28 InsO Rn 22; HK-ZV/Gruber InsVf Rn 41 mwN; aA Lüke in: Kübler/ Prütting/Bork § 88 InsO Rn 17.

Die Rückschlagsperre führt dazu, dass die darunter fallenden **Zwangsvollstreckungsmaßnahmen** mit Er- 6 öffnung des Insolvenzverfahrens kraft Gesetzes **unwirksam** werden. Auf die Rechtskraft des Eröffnungsbeschlusses kommt es nicht an (BGH 19.1.2006 – IX ZR 232/04, NJW 2006, 1286; HK-ZV/Gruber InsVf Rn 42). Die Unwirksamkeit besteht nicht nur gegenüber dem Insolvenzverwalter und den Insolvenzgläubigern. Die Unwirksamkeit wirkt absolut gegenüber jedermann (BGH 19.1.2006 – IX ZR 232/04, NJW 2006, 1286). Es besteht kein verwertbares Pfändungspfandrecht mehr, aber die öffentlich-rechtliche Beschlagnahme (Verstrickung) bleibt bestehen, so dass das zuständige Vollstreckungsorgan die Entstrickung vornehmen muss, wobei streitig ist, ob das von Amts wegen (so die h.M, s. HK-ZV/Gruber InsVf Rn 43 mwN) oder nur auf Antrag des Insolvenzverwalters erfolgen muss. Es sind Pfandsiegel zu entfernen und ein Pfändungs- und Überweisungsbeschluss ist aufzuheben. Gepfändete Vermögensgegenstände müssen freigegeben werden; Zwangsversteigerungsverfahren sind aufzuheben (vgl Wittkowski/Kruth in: Nerlich/ Römermann InsO § 88 Rn 12). Eine eingetragene Zwangssicherungshypothek, die unter die Rückschlagsperre fällt, wird unwirksam und erlischt. Es entsteht keine Eigentümergrundschuld (Wittkowski/Kruth in: Nerlich/Römermann InsO § 88 Rn 12 mwN). Das Grundbuch wird insoweit unrichtig und der Insolvenzverwalter kann deren Löschung im Wege der Berichtigung des Grundbuchs oder durch Vorlage einer Löschungsbewilligung des Gläubigers beantragen (BGH 12.7.2012 – V ZB 219/11, NJW 2012, 3574; BGH 19.1.2006 – IX ZR 232/04, NJW 2006, 1286).

Uneinheitlich wird beurteilt, ob aus §§ 88, 312 Abs. 1 S. 3 InsO eine dauernde Unwirksamkeit und Nichtigkeit der erlangten Sicherung folgt oder nur eine schwebende Unwirksamkeit, die endet, wenn der betreffende Gegenstand aus dem Insolvenzverfahren freigegeben wird oder das Insolvenzverfahren endet und der Gegenstand bis dahin noch nicht verwertet wurde (Jaeger/Eckardt InsO § 88 Rn 57; s. auch zum Meinungsstand HK-ZV/Gruber InsO Rn 46 ff). Nach gefestigter Rechtsprechung des Bundesgerichtshofs entsteht eine erloschene Zwangssicherungshypothek ohne Neueintragung wieder neu, wenn sie noch im Grundbuch eingetragen ist und der Insolvenzverwalter das belastete Grundstück freigibt oder das Insolvenzverfahren ohne Verwertung des Grundstücks aufgehoben wird, allerdings mit ggf entsprechend verändertem Rang (BGH 12.7.2012 – V ZB 219/11, NJW 2012, 3574; BGH 19.1.2006 – IX ZR 232/04, NJW 2006, 1286; aA Keller ZIP 2006, 1174; Demharter RPfleger 2006, 256, 257; Böttcher NotBZ 2007, 86, 88).

Für die Forderungspfändung verlangt der Bundesgerichtshof in einem obiter dictum, dass der Pfändungs- und Überweisungsbeschluss zur Neubegründung des Pfändungspfandrechts erneut zugestellt werden muss. Dies spricht für die Annahme, dass das Pfandrecht neu begründet werden muss. Andererseits ist in der Entscheidung vom „Wiederaufleben" der Forderungspfändung die Rede. Der Bundesgerichtshof hat die Frage letztlich offen gelassen (BGH 19.1.2006 – IX ZR 232/04, NJW 2006, 1286).

Bei Bezügen iSd § 114 Abs. 3 S. 1 InsO, die bereits vor der Rückschlagsperre wirksam gepfändet worden waren, ist das Pfändungspfandrecht nach Ansicht des Bundesgerichtshofs nur für die Dauer des Insolvenzverfahrens nebst nachfolgender Restschuldbefreiung unwirksam. Ein Rangverlust trete nicht ein (BGH 24.3.2012 – IX ZB 217/08, NJW-RR 2011, 1495; Perleberg-Kölbel FuR 2012, 171, 173).

III. Insolvenzverfahren und Einzelzwangsvollstreckung

Mit der Eröffnung des Insolvenzverfahrens tritt ein **Vollstreckungsverbot** ein, § 89 InsO. Das Vollstre- 7 ckungsgericht kann auch schon vor der Verfahrenseröffnung die Einstellung der Zwangsvollstreckung anordnen, § 21 Abs. 2 Nr. 3 InsO. Das Vollstreckungsverbot betrifft grundsätzlich nur die Insolvenzgläubiger, deren Ansprüche bereits vor der Insolvenzeröffnung begründet wurden (**Altgläubiger**). Sie dürfen weder in das zur Insolvenzmasse gehörende noch in das insolvenzfreie Vermögen des Schuldners vollstrecken. Zulässig sind nur vorbereitende Maßnahmen, also Maßnahmen, die keine unmittelbare Vollstreckungswirkung auslösen wie zB der Antrag auf Erteilung einer vollstreckbaren Ausfertigung des Titels. Die Abgabe der eidesstattlichen Versicherung durch den Schuldner darf nicht mehr verlangt werden.

8   **Neugläubiger**, dh Gläubiger, die ihre Forderungen gegen den Schuldner erst nach der Insolvenzeröffnung erworben haben, können diese Forderungen weiter vollstrecken, sofern es nicht um die Vollstreckung in künftige Forderungen des Schuldners aus Dienstverhältnissen geht (§ 89 Abs. 2 S. 1 InsO). Das soll dem Schuldner ermöglichen, künftige pfändbare Forderungen aus einem Arbeitsverhältnis zum Zwecke der Restschuldbefreiung an einen Treuhänder abzutreten (BGH 27.9.2007 – IX ZB 16/06, NJW-RR 2008, 294). Diese Beschränkung der Vollstreckung gilt wiederum nicht für Neugläubiger von Unterhaltsforderungen (§ 89 Abs. 2 S. 2 InsO). Sie können in den Betrag vollstrecken, um den der Pfandfreibetrag gegenüber Unterhaltsschulden geringer ist als der normale Pfändungsfreibetrag (vgl §§ 850 d, 850 f Abs. 2 ZPO; s. → *Vollstreckung von Unterhaltsansprüchen*). Dieser erhöhte pfändbare Betrag gehört nicht zur Insolvenzmasse.

IV. Insolvenzgläubiger und Neugläubiger bei Unterhaltsforderungen

1. Während des Insolvenzverfahrens

9   **Unterhaltsansprüche** sind Insolvenzforderungen, wenn sie vor Verfahrenseröffnung entstanden sind (**Altgläubiger**). Unterhaltsansprüche entstehen in jedem Zeitpunkt, in dem ihre Voraussetzungen vorliegen, neu und sind monatlich im Voraus zu erfüllen (Gerhardt/von Heintschel-Heinegg/Klein/Perleberg-Kölbel Kap. 18 Rn 205). Daher sind die bis zur Insolvenzeröffnung aufgelaufenen **Rückstände** Insolvenzforderungen, die im Verfahren anzumelden sind. Dazu gehört auch der Unterhaltsanspruch für den Monat, in dem das Insolvenzverfahren eröffnet wurde (OLG Nürnberg 4.10.2004 – 11 WF 2713/04, ZInsO 2005, 443). Anderes gilt nur, wenn eine andere monatliche Fälligkeit vereinbart ist und die Eröffnung des Verfahrens vorher erfolgt (zur Zulässigkeit von Fälligkeitsabreden s. Palandt/Brudermüller § 1612 BGB Rn 2).

10   Unterhaltsforderungen, die Insolvenzforderungen sind, können nicht mehr gesondert gerichtlich geltend gemacht werden. Zu den Insolvenzforderungen gehören – unabhängig davon, ob sie für die Zeit vor oder nach Insolvenzeröffnung verlangt werden – Unterhaltsansprüche, für die der Insolvenzschuldner als Erbe des Verpflichteten haftet. Das sind die seltenen Fälle der §§ 1586 b, 1615 n BGB.

11   **Unterhaltsansprüche für die Monate nach Insolvenzeröffnung** können gesondert gerichtlich durchgesetzt und weiter vollstreckt werden. Aus schon bestehenden Unterhaltstiteln kann für die Zeit nach Insolvenzeröffnung auch vollstreckt werden. Sie werden auch nicht von der Restschuldbefreiung umfasst. Laufende Unterhaltsprozesse werden hinsichtlich des künftigen Unterhalts nach Insolvenzeröffnung nicht nach § 240 ZPO, § 113 Abs. 1 FamFG unterbrochen (OLG Koblenz 15.5.2002 – 9 UF 440/01, ZInsO 2002, 833).

12   Der **Neugläubiger** kann jedoch nur eingeschränkt vollstrecken. Neuerwerb des Schuldners während des Insolvenzverfahrens gehört gemäß § 35 InsO zur Insolvenzmasse, in die nicht vollstreckt werden kann (MüKo-InsO/Breuer § 89 InsO Rn 26). Dabei bleibt ihm wenig Raum für Vollstreckungen.

13   Die Vollstreckung bleibt möglich in den Vorrechtsbereich des privilegierten Unterhaltsgläubigers gemäß § 850 d Abs. 1 ZPO. Neue Gläubiger können auch Antrag auf Abgabe der eidesstattlichen Versicherung gegen den Schuldner stellen. Altgläubiger können die Zwangsvollstreckung wegen Unterhaltsrückständen bis zur Insolvenzeröffnung nicht mehr betreiben, auch nicht in den erweitert pfändbaren Betrag aus § 850 d ZPO (AG Essen 19.12.2008 – 32 M 686/07, NZI 2009, 252; aA LAG Nürnberg 16.4.2008 – 3 Sa 551/07, FamRZ 2009, 142).

2. Während der Wohlverhaltensperiode des Restschuldbefreiungsverfahrens

14   Für Altgläubiger gilt weiterhin das Vollstreckungsverbot, § 294 Abs. 1 InsO. Neugläubiger können weiterhin in den erweiterten pfändbaren Betrag aus § 850 d ZPO vollstrecken. Im Laufe der weiteren Wohlverhaltensperiode **erhöhen sich die Vollstreckungsmöglichkeiten** für den Neugläubiger. Nach dem vierten und fünften Jahr erhält der Schuldner zusätzliche Bonuszahlungen vom Treuhänder ausgekehrt (§ 292 Abs. 1 S. 4 InsO), die der Neugläubiger pfänden kann. Steuererstattungsansprüche des Schuldners während der Wohlverhaltensperiode, die nach der Eröffnung des Insolvenzverfahrens entstanden sind, werden nicht von der Abtretung an den Treuhänder erfasst und sind daher für Neugläubiger pfändbar (BGH 21.7.2005 – IX

ZR 115/04, NJW 2005, 2988). Sie können schließlich auch den hälftigen Erbteil pfänden, der dem Schuldner gemäß § 295 Abs. 1 Nr. 2 InsO zusteht (Gerhardt/von Heintschel-Heinegg/Klein/Perleberg-Kölbel Kap. 18 Rn 217).

3. Rechtsbehelfe

Für Streitigkeiten darüber, ob ein Verstoß gegen § 89 InsO vorliegt, ist die **Erinnerung** gemäß § 766 ZPO   15
eröffnet. Zuständig ist das Insolvenzgericht (§ 89 Abs. 3 InsO). Der Insolvenzverwalter kann die Erinnerung einlegen, wenn in die Insolvenzmasse vollstreckt wird, der Schuldner, wenn das insolvenzfreie Vermögen betroffen ist.

V. Restschuldbefreiung

Das Restschuldbefreiungsverfahren beginnt mit dem Antrag des Schuldners auf Insolvenzeröffnung und   16
Restschuldbefreiung (§ 287 InsO). Der Antrag auf Restschuldbefreiung kann **erfolglos** sein gemäß § 290
InsO. Ansonsten kündigt das Insolvenzgericht durch Beschluss an, dass bei Erfüllung der in § 295 InsO
genannten Voraussetzungen die Restschuldbefreiung eintritt, wenn keine Insolvenzstraftaten begangen
werden und die Mindestvergütung des Treuhänders gedeckt ist (§ 291 InsO). Mit Rechtskraft dieses Beschlusses ist das Insolvenzverfahren aufgehoben. Daran schließt sich eine **Wohlverhaltensperiode von
sechs Jahren** nach Eröffnung des Insolvenzverfahrens an, in der alle pfändbaren Beträge an den vom Gericht eingesetzten Treuhänder zu zahlen sind, der jährlich Verteilungen an die Insolvenzgläubiger vornimmt (§ 291 Abs. 1 InsO).

Verhält sich der Insolvenzschuldner gesetzeskonform und kommt er seinen Obliegenheiten nach, erlangt er   17
Befreiung von bis dahin nicht erfüllten Verbindlichkeiten. Aus Vollstreckungstiteln darf nicht mehr vollstreckt werden. Die Ansprüche von Neugläubigern werden von der Restschuldbefreiung nicht erfasst. Von
der Restschuldbefreiung sind außerdem Forderungen aus einer vorsätzlich begangenen unerlaubten Handlung ausgeschlossen (§ 302 Nr. 1 InsO). Dazu gehören auch Schadenersatzansprüche wegen einer Unterhaltspflichtverletzung (§ 170 StGB). Wenn der Gläubiger seine Forderung als aus vorsätzlich unerlaubter
Handlung entstanden zur Insolvenztabelle anmeldet, hat der Schuldner zu entscheiden, ob er im Prüfungstermin die Forderung anerkennt oder ihr widerspricht, gegebenenfalls isoliert auf die Privilegierung als
Vorsatztat. Erfolgt kein Widerspruch, wird die Forderung mit dem Rechtsgrund der vorsätzlich unerlaubten
Handlung zur Insolvenztabelle anerkannt und ist von der späteren Restschuldbefreiung ausgenommen.

Bei **Widerspruch gegen die Annahme einer Vorsatztat** kann der Gläubiger Klage erheben mit dem Ziel,   18
feststellen zu lassen, dass die Forderung eine Vorsatztat zur Rechtsgrundlage hat.

Bei **rechtskräftiger Versagung der Restschuldbefreiung** während oder nach der Wohlverhaltensperiode   19
endet die Laufzeit der an den Treuhänder abgetretenen Bezüge und die Beschränkung der Gläubigerrechte
(§ 299 InsO). Die Gläubiger können dann ihre Ansprüche wieder unbeschränkt geltend machen (§ 201
Abs. 1 InsO).

VI. Besonderheiten des Verbraucherinsolvenzverfahrens

Der Schuldner hat zunächst **außergerichtlich** den Versuch zu unternehmen, mit seinen Gläubigern zu einer   20
Einigung zu gelangen. Dazu muss er einen außergerichtlichen Schuldenbereinigungsplan erstellen und dem
Gläubiger zur Zustimmung vorlegen, § 305 Abs. 1 Nr. 1 InsO. Wenn keine Zustimmung aller Gläubiger
erfolgt, kann ein gerichtlicher Schuldenbereinigungsplan an seine Stelle treten.

Kommt auch dieser nicht zustande, kann das Verbraucherinsolvenzverfahren eröffnet werden (§§ 304 ff,   21
311 InsO).

Den Antrag zur Eröffnung kann auch ein Gläubiger stellen (§ 306 Abs. 3 InsO). Der Schuldner wird aber   22
einen eigenen Antrag nachschieben, da er sonst die Restschuldbefreiung nicht in Anspruch nehmen könnte
(BGH 17.2.2005 – IX ZB 176/03, NJW 2005, 1433). Sein Antrag muss den Anforderungen des § 305 InsO

entsprechen. Die Eröffnung des Verfahrens bewirkt ein Vollstreckungsverbot gemäß § 89 InsO mit Rückschlagsperre von drei Monaten (§ 312 Abs. 1 S. 3 InsO, s. auch Rn 4 f).

23 Im eröffneten Verbraucherinsolvenzverfahren übernimmt ein **Treuhänder** die Aufgabe des Insolvenzverwalters. Er vereinnahmt die Einkünfte des Schuldners und nimmt die Insolvenzmasse in Besitz. Unpfändbare Gegenstände gibt er an den Schuldner frei und verwertet die Insolvenzmasse. Masseunzulänglichkeit muss er gemäß § 208 InsO anzeigen. Nach Abschluss der Verwertung entscheidet das Insolvenzgericht in einem Beschlusstermin durch Beschluss, ob eine Restschuldbefreiung versagt oder angekündigt wird.

VII. Rechtsänderungen des Verbraucherinsolvenzverfahrens ab 1.7.2014

24 Mit dem Gesetz zur Verkürzung des Restschuldbefreiungsverfahrens und zur Stärkung der Gläubigerrechte vom 15.7.2013 (BGBl. I, 2379) treten **ab 1.7.2014** u.a. folgende **Änderungen** im Verfahren der Verbraucherinsolvenz in Kraft:

– Wenn der Schuldner innerhalb einer dreijährigen Abtretungsfrist nach Eröffnung des Insolvenzverfahrens 35% der im Privatinsolvenzverfahren angemeldeten Forderungen sowie die Verfahrenskosten befriedigt hat, erhält er vorzeitig die Restschuldbefreiung (**Verkürzung des Insolvenzverfahrens**).Gelingt dies dem Schuldner nicht (und das wird wohl der Regelfall sein), verbleibt es für ihn wie bisher bei der sechsjährigen Frist bzw. bei fünf Jahren, falls zumindest die Kosten des Verfahrens in dieser Zeit aufgebracht werden können.

– Verbindlichkeiten des Schuldners aus rückständigem gesetzlichen **Unterhalt**, den der Schuldner vorsätzlich pflichtwidrig nicht gewährt hat, oder aus einem Steuerschuldverhältnis, sofern der Schuldner im Zusammenhang damit wegen einer **Steuerstraftat** nach den §§ 370, 373 oder 374 der Abgabenordnung rechtskräftig verurteilt worden ist, sind von der Restschuldbefreiung ausgenommen, wenn der Gläubiger die entsprechende Forderung unter Angabe dieses Rechtsgrundes nach § 174 Abs. 2 angemeldet hatte.

– Der Insolvenzgläubiger, der seine Forderung angemeldet hatte, kann nunmehr bis zum Schlusstermin schriftlich einen **Antrag auf Versagung der Restschuldbefreiung** aus den in § 290 InsO genannten Gründen stellen (§ 290 Abs. 2 InsO nF). Bisher konnte er diesen Antrag nur im Schlusstermin persönlich oder durch einen Vertreter stellen.

– Eine Versagung der Restschuldbefreiung ist nunmehr erweitert möglich, wenn der Schuldner in den letzten **drei Jahren** vor dem Antrag auf Eröffnung des Insolvenzverfahrens oder nach diesem Antrag vorsätzlich oder grob fahrlässig die Befriedigung der Insolvenzgläubiger dadurch beeinträchtigt hat, dass er unangemessene Verbindlichkeiten begründet oder Vermögen verschwendet oder ohne Aussicht auf eine Besserung seiner wirtschaftlichen Lage die Eröffnung des Insolvenzverfahrens verzögert hat. Bisher ist die Versagung beschränkt auf Handlungen, die ein Jahr vorher begangen wurden.

– Es gibt im neuen Recht die Möglichkeit, die Restschuldbefreiung **nachträglich zu versagen**, wenn einem Insolvenzgläubiger nachträglich ein Versagungsgrund bekannt wird und er den Antrag auf Versagung der Restschuldbefreiung binnen sechs Monaten ab Kenntnis des Versagungsgrunds stellt, § 297 a InsO nF. Diese Voraussetzungen müssen vom Antragsteller glaubhaft gemacht werden. Nach bisherigem Recht kann ein Versagungsgrund nur im laufenden Insolvenzverfahren geltend gemacht werden.

– Die **Erwerbsobliegenheit** des Schuldners beginnt bereits ab Eröffnung des Insolvenzverfahrens, nicht erst ab Beginn der Wohlverhaltensperiode, § 295 InsO nF.

– Die Versagung und der Widerruf der Restschuldbefreiung werden ins **Schuldnerverzeichnis** eingetragen, § 303 a InsO nF.

Grandel

134. Internationales Familienrecht

Vlassopoulou

I. Grundprinzip	1	1. Anwendung des EU-Rechts	5
II. Praktische Hinweise	5	2. Amtsprüfung, Amtsermittlung	9

I. Grundprinzip

In jedem Fall mit **Auslandsberührung** (zB ausländische Staatsangehörigkeit oder gewöhnlicher Aufent- **1** halt eines Beteiligten im Ausland, Eheschließung im Ausland) führt der Weg zur Entscheidung der Sache zwangsläufig über zwei Ebenen. Die **erste Ebene** des Internationalen Rechts ergibt sich daraus, dass wegen des Auslandsbezugs der Sache mehrere Rechtsordnungen Anwendung beanspruchen oder beanspruchen könnten, sowohl in verfahrensrechtlicher als auch in materieller Hinsicht. Als erstes drängt sich verfahrensrechtlich die Frage auf, ob das deutsche Gericht über die Sache entscheiden darf, ob das deutsche Gericht international zuständig ist und Entscheidungszuständigkeit besitzt. In materieller Hinsicht stellt sich die Frage, welche Rechtsordnung für die Entscheidung der Sache maßgeblich ist. Dies ist Aufgabe des Internationalen Privatrechts, oder anders gesagt, des Kollisionsrechts oder Verweisungsrechts. Dieses verweist auf das anzuwendende Recht, bestimmt die Rechtsordnung, in der man die Entscheidung für die Sache findet. Es bereitet somit die Lösung der eigentlichen Rechtsfrage vor. Ist auf der kollisionsrechtlichen Ebene die maßgebliche Rechtsordnung bestimmt, erfolgt nach den Vorschriften dieser Rechtsordnung auf der **zweiten Ebene**, der sachrechtlichen Ebene, die Entscheidung in der Sache selbst.

Wichtigste **Rechtsquellen** auf dem Weg von der „internationalen" zur „nationalen" Ebene sind in folgen- **2** dem Rangverhältnis: a) unmittelbar anwendbare Regelungen der EU, b) Regelungen in völkerrechtlichen Vereinbarungen, soweit sie unmittelbares innerstaatliches Recht geworden sind, c) nationale Vorschriften wie im Verfahrensrecht §§ 98–103 FamFG oder bzgl des Internationalen Privatrechts (IPR) das EGBGB (Art. 3 EGBGB).

Der **Praktiker** muss immer alle Stufen dieser Leiter nacheinander hinabsteigen, wenn er einen Familienfall **3** mit Auslandsbezug hat.

Zentrale Frage bei einer Sache mit Auslandsberührung ist die **Auswahl des international zuständigen Ge-** **4** **richts**. Diese Auswahl bestimmt den Ausgang des Verfahrens in vielerlei Hinsicht. Wenn sich das angerufene Gericht als international zuständig erachtet, wendet es grundsätzlich sein eigenes Verfahrensrecht an (BGH 14.10.1992 – XII ARZ 23/92, NJW-RR 1993, 130). Es wendet zudem, wenn vorrangige EU- und völkerrechtliche Kollisionsnormen fehlen, das eigene Internationale Privatrecht an, um das für die Lösung der Sache maßgebliche materielle Recht zu ermitteln. Die IPR-Regelung ist aber nicht in allen Staaten gleich. Je nachdem, wie das IPR eines Staates konzipiert ist, kann man bei der Ermittlung des maßgeblichen nationalen Rechts und damit bei der Lösung des fraglichen Rechtsverhältnisses zu ganz verschiedenen Ergebnissen kommen. Ist beispielsweise für den Zugewinnausgleichsanspruch einer in Deutschland lebenden griechischen Ehefrau das deutsche Recht sachlich maßgeblich, beträgt der Zugewinnausgleichsanspruch 1/2 des Überschusses des anderen Ehegatten. Ist das griechische Recht maßgeblich, beträgt der gesetzliche Zugewinnausgleichsanspruch 1/3 des Überschusses. Die Lösung der eigentlichen Rechtsfrage kann sehr unterschiedlich ausfallen, je nachdem, welches nationale Recht materiellrechtlich maßgeblich ist. Deshalb kommt es darauf an, wenn die Gerichte mehrerer Staaten international zuständig sind, vor Einleitung des Verfahrens die in Frage kommenden nationalen Rechtsordnungen zu prüfen und die Sache vor die Gerichte jenes Staates zu führen, dessen IPR eine Rechtsordnung zur Anwendung beruft, die für die Partei die größten Aussichten auf Erfolg hat (**forum shopping**). Vor Einleitung eines Verfahrens mit Auslandsbezug im Inland ist außerdem die Prüfung unerlässlich, ob die deutsche Entscheidung im Ausland, insbesondere im Heimatstaat der Beteiligten, **anerkennungs- und vollstreckungsfähig** ist.

II. Praktische Hinweise

1. Anwendung des EU-Rechts

5 Wichtig sind in der Praxis die verschiedenen **EG-Verordnungen**, die als überstaatliche europarechtliche Kollisionsnormen Vorrang vor den nationalen Vorschriften der Mitgliedstaaten beanspruchen (BGH 7.11.2006 – VI ZR 211/05, NJW 2007, 1754).

6 Die EU-Verordnungen, die sich mit **Verfahrensfragen** befassen, werden in Anknüpfung an das Brüsseler Übereinkommen von 1968 zur internationalen Zuständigkeit und Vollstreckung in Zivil- und Handelssachen als „**Brüssel-Verordnungen**" bezeichnet. Die aktuelle für das Verfahren in Ehesachen maßgebliche EU-VO trägt die Bezeichnung Brüssel II a-VO (s. → *Auslandsbezug bei Ehesachen* Rn 2 ff).

7 Die Regelungen der EU, die sich mit dem **IPR** befassen, werden in Anlehnung an das Übereinkommen von Rom vom 19.6.1980 über das auf vertragliche Schuldverhältnisse anzuwendende Recht (abgek. EVÜ) als „**Rom-Verordnungen**" bezeichnet. Die für das in Scheidungssachen und Ehetrennungssachen anwendbare Recht maßgebliche Rom-VO trägt die Bezeichnung Rom III-VO. Sie ist am 21.6.2012 in Kraft getreten.

8 Im gesamten Anwendungsbereich des Gemeinschaftsrechts gebietet Art. 4 Abs. 3 EUV eine **gemeinschaftskonforme Auslegung** und Anwendung des eigenen IPR. Lässt sich ein Widerspruch zum Gemeinschaftsrecht durch Auslegung nicht vermeiden, muss die nationale Norm im Einzelfall unangewendet bleiben (Palandt/Thorn Art. 3 EGBGB Rn 5).

2. Amtsprüfung, Amtsermittlung

9 Die internationale Zuständigkeit ist Zulässigkeitsvoraussetzung (Prozessvoraussetzung). Sie ist von Amts wegen in allen Stadien des Verfahrens zu prüfen. Die Einschränkungen der §§ 513 Abs. 2, 545 Abs. 2 ZPO gelten nicht (BGH 5.10.2010 – VI ZR 159/09, NJW 2011, 532).

10 Die Vorschriften des Internationalen Privatrechts sind vom Richter von Amts wegen zu ermitteln (§ 293 ZPO, § 26 FamFG) und auch anzuwenden, nicht nur, wenn die Parteien sich darauf berufen (BGH 9.7.2003 – VIII ZR 311/02, NJW 2003, 2605).

11 Das **ausländische Recht** kann in einem formlosen Verfahren (zB amtliche Auskünfte von in- und ausländischen Behörden) oder in einem Sachverständigengutachten ermittelt werden. In der Praxis ist dafür das formlose Europäische Übereinkommen betr. Auskünfte vom 7.6.1968 von Bedeutung (s. Art und Umfang der Ermittlungen HK-ZPO/Saenger § 293 ZPO Rn 13 ff).

Ein sehr wichtiges informatives Hilfsmittel in der Praxis ist Bergmann/Ferid, Internationales Ehe- und Kindschaftsrecht (s. auch in NK-BGB die Länderberichte).

12 Nützliche **Internetadressen** für das Internationale Familienrecht sind:
   – Bundesministerium der Justiz: www. bmj.de
   – Bundesamt für Justiz: www.bundesjustizamt.de
   – EUR-Lex: http://www.eur-lex.europa.eu/de/index.htm
   – Europäisches Justizielles Netz für Zivil- und Handelssachen:
   – http://ec.europa.eu/civiljustice/index_de.htm
   – Europäisches Justizportal (elektronisches Justizportal der EU-Kommission):
   – http://e-justice.europa.eu/home.do
   – Haager Konferenz für Internationales Privatrecht: www.hcch.net
   – Rechtshilfeordnung in Zivilsachen (ZRHO): www.datenbanken-justiz.nrw.de (unter diesem Link sind auch Länderinformationen eingestellt).
   – EDV-Programm „FTCAM", entwickelt von Richtern des AG Hannover: www.ftcam.de

Vlassopoulou

135. Interne Teilung

Hoenes

I. Interne Teilung als vorrangige Teilungsform 1
II. Anforderungen an die interne Teilung 3

III. Rechtsfolge der internen Teilung von Betriebs-
    renten 6
IV. Teilungskosten 7

I. Interne Teilung als vorrangige Teilungsform

Die interne Teilung ist die Teilungsform, die im Versorgungsausgleich bei einem Wertausgleich bei Schei- **1** dung nach § 9 Abs. 2 VersAusglG **Vorrang** hat. Bei der internen Teilung begründet das Familiengericht für die ausgleichsberechtigte Person ein Anrecht in Höhe des Ausgleichswertes bei dem Versorgungsträger, bei dem auch das Anrecht der ausgleichspflichtigen Person besteht (§ 10 Abs. 1 VersAusglG). Sind für bei- de Ehegatten Anrechte gleicher Art bei demselben Versorgungsträger auszugleichen, wird die Teilung vom Versorgungsträger durch Übertragung eines Anrechts nur in Höhe des Unterschiedes nach Verrechnung vollzogen. Ob er Anrechte als gleichartig ansieht und eine Verrechnung vornimmt, entscheidet der Versor- gungsträger, denn das Gericht ordnet die Verrechnung nicht an. Auch Anrechte verschiedener Versor- gungsträger können verrechnet werden, wenn die Versorgungsträger für bestimmte Anrechte die Möglich- keit einer Verrechnung vereinbart haben (§ 10 Abs. 2 VersAusglG).

In den in § 9 Abs. 3 VersAusglG genannten **Ausnahmefällen** kann statt einer internen Teilung eine externe **2** Teilung vorgenommen werden (s. → *Externe Teilung* Rn 2).

II. Anforderungen an die interne Teilung

Nach dem Wortlaut des § 11 Abs. 1 VersAusglG muss durch die interne Teilung eine **gleichwertige Teil-** **3** **habe** der Ehegatten an den in der Ehezeit erworbenen Anrechten sichergestellt werden. Dies ist nach An- sicht des Gesetzgebers dann der Fall, wenn dem ausgleichsberechtigten Ehegatten ein eigenständiges und entsprechend gesichertes Anrecht eingeräumt wird, ein Anrecht in Höhe des Ausgleichswertes mit entspre- chender Wertentwicklung entsteht und der gleiche Risikoschutz gewährt wird. Der Risikoschutz kann nach § 11 Abs. 1 Nr. 3 VersAusglG auch auf eine reine Altersrente beschränkt werden, wenn für das nicht abge- sicherte Risiko ein Ausgleich bei der Altersversorgung verschafft wird. Wenn nichts anderes vereinbart wird, gelten nach § 11 Abs. 1 VersAusglG für das Anrecht des Ausgleichsberechtigten dieselben Regelun- gen wie für das ursprüngliche Anrecht.

Die Umsetzung dieser Anforderungen an eine interne Teilung hat den Versorgungsträgern in der Praxis **4** zum Teil große Probleme bereitet, denn sie sind teilweise nur schwer mit den gesetzlichen Vorschriften vereinbar, denen die Versorgungsträger selbst unterliegen. Als Beispiel sei hier nur genannt, dass Versiche- rungen niemanden mehr in einen geschlossenen Tarif aufnehmen dürfen, dass bei neuen Verträgen die bei Vertragsabschluss gültige höchstzulässige Garantieverzinsung nicht überschritten werden darf usw. Diese Problematik betrifft private Versicherungen, aber auch berufsständische Versorgungen, Direktversicherun- gen, Pensionskassen, Pensionsfonds und rückgedeckte Unterstützungskassen. Wenn bei einer internen Tei- lung das Anrecht des Ausgleichsberechtigten nicht in allen Punkten den Anforderungen des § 11 VersAusglG genügt, kann dies daran liegen, dass die Bundesanstalt für Finanzdienstleistungsaufsicht (BaFin) die Aufnahme von Ausgleichsberechtigten in einen alten Tarif nicht zulässt. Für den Ausgleichsbe- rechtigten muss dies keinen Nachteil bedeuten, eventuell kann es sogar vorteilhaft sein. Zuverlässig wird sich dies in den meisten Fällen jedoch frühestens bei Eintritt des Versorgungsfalles beurteilen lassen.

Die Versorgungsträger haben Sorge zu tragen, dass die Aufnahme der Ausgleichsberechtigten in ihr Ver- **5** sorgungssystem die **Finanzierung des Versorgungssystems** nicht gefährdet. Ein besonders kritischer Punkt ist hierbei die Absicherung bei Invalidität (Erwerbsminderung, Berufsunfähigkeit usw.), denn hier gibt es gravierende Unterschiede zwischen den verschiedenen Berufsgruppen, was die Wahrscheinlichkeit betrifft, dass solche Leistungen in Anspruch genommen werden, und damit auch bezüglich der Kosten für den Versorgungsträger. Aus Sicht der Versorgungsträger ist es daher verständlich, dass vielfach von der

Möglichkeit Gebrauch gemacht wird, gemäß § 11 Abs. 1 Nr. 3 VersAusglG den Risikoschutz auf eine Altersversorgung zu beschränken. Für die Risikoabsicherung der Eheleute nach dem Versorgungsausgleich kann dies jedoch gravierende Folgen haben (s. → *Risikoschutz im Versorgungsausgleich* Rn 5). In vielen Fällen ist es jedoch unschwer möglich, diese negativen Folgen durch geeignete Vereinbarungen zum Versorgungsausgleich zu vermeiden oder zumindest deutlich abzumindern (s. → *Vereinbarungen zum Versorgungsausgleich* Rn 18 ff).

III. Rechtsfolge der internen Teilung von Betriebsrenten

6   Gilt für das auszugleichende Anrecht das **Betriebsrentengesetz** (s. → *Betriebliche Altersversorgung*), so erlangt der ausgleichsberechtigte Ehegatte nach § 12 VersAusglG mit der Übertragung die **Stellung eines ausgeschiedenen Arbeitnehmers** im Sinne des Betriebsrentengesetzes. Damit ist sichergestellt, dass für sein Anrecht die entsprechenden arbeitsrechtlichen Schutzbestimmungen des Betriebsrentengesetzes greifen. Das Anrecht des Ausgleichsberechtigten ist danach in gleicher Weise wie das des Ausgleichspflichtigen nach den Vorschriften der §§ 7 f BetrAVG beim Pensions-Sicherungs-Verein (PSV) für den Fall einer Insolvenz des Arbeitgebers abgesichert. Laufende Renten sind in gleicher Weise gemäß § 16 BetrAVG anzupassen. In der Rentenphase ist somit die gleiche Dynamik gegeben wie beim Anrecht des Ausgleichspflichtigen. Dies gilt jedoch nicht unbedingt für die Anwartschaftsphase. Unverfallbare Anwartschaften aus einer Direktzusage oder einer Unterstützungskassenzusage sind in der Anwartschaftsphase meist statisch und zwar unabhängig von der Dynamik des geteilten Anrechts. Die in § 11 Abs. 1 Nr. 2. VersAusglG geforderte vergleichbare Wertentwicklung ist damit für diese Anrechte in aller Regel nicht gegeben. Die **Anwartschaftsdynamik** kann in diesen Fällen nur **schuldrechtlich** ausgeglichen werden. Die Stellung des Ausgleichsberechtigten hat auch zur Folge, dass er bei einem Anrecht bei einer Direktversicherung, Pensionskasse oder einem Pensionsfonds das Recht zur Fortsetzung der Versorgung mit eigenen Beiträgen gemäß § 1 b Abs. 5 S. 1 Nr. 2 BetrAVG hat, außerdem steht ihm das Recht zur Mitnahme gemäß § 4 Abs. 3 BetrAVG zu.

IV. Teilungskosten

7   Bei einer internen Teilung kann der Versorgungsträger die hierbei entstehenden Kosten in einer angemessenen Höhe jeweils hälftig mit den Anrechten beider Eheleute verrechnen. Zu der Frage, **in welcher Höhe** Teilungskosten angesetzt werden dürfen und welche Kosten hierbei berücksichtigt werden dürfen, hat der BGH Stellung genommen. Nach dem Beschluss vom 1.2.2012 (BGH 1.2.2012 – XII ZB 172/11, FamFR 2012, 183) kann der Versorgungsträger mit den Teilungskosten gem. § 13 VersAusglG den Aufwand ersetzt verlangen, der ihm durch die Aufnahmen des zusätzlichen Versorgungsberechtigten in sein Versorgungssystem entsteht. Hierbei dürfen auch die im Rahmen der Kontenverwaltung erwachsenden Mehrkosten erfasst werden. Gegen eine Pauschalierung bestehen keine grundsätzlichen Bedenken. Pauschale Teilungskosten sind allerdings je Anrecht auf einen Höchstbetrag zu begrenzen. Als pauschale Teilungskosten hält das Gericht bis zu 3% des der Teilung unterliegenden Deckungskapitals mit einem Höchstbetrag von maximal 500 EUR für angemessen. Kann der Versorgungsträger konkret höhere Teilungskosten nachweisen, hat das Gericht eine Angemessenheitsprüfung unter Berücksichtigung der Besonderheiten des Einzelfalles und des Vorbringens des Versorgungsträgers durchzuführen.

8   Es gibt Versorgungsanrechte, zB die Direktzusagen der betrieblichen Altersversorgung, bei denen die **Verwaltungskosten** vom Versorgungsträger getragen werden. Nimmt er einen Ausgleichsberechtigten in sein System auf, hat er daher auch die künftigen Verwaltungskosten für dessen Anrecht zu tragen. Bei den meisten anderen Anrechten hingegen sind die Verwaltungskosten in den Tarif eingearbeitet, sie fallen also nicht zusätzlich an. Da der BGH die Berücksichtigung der künftigen Verwaltungskosten in den Teilungskosten für zulässig erachtet hat, sollten in aller Regel bei Direktzusagen der betrieblichen Altersversorgung sehr viel höhere Teilungskosten zulässig sein als bei den Anrechten, bei denen im Tarif bereits Teilungskosten von meist etwa 1,7% bis 3,5% der Beiträge berücksichtigt sind. Dieser Aspekt sollte auch bei Wirtschaftlichkeitsüberlegungen zur Teilung beachtet werden. Es bedeutet nämlich, dass bei einer externen Teilung mit einer versicherungsförmigen Zielversorgung das Anrecht des Ausgleichspflichtigen auch mit Ver-

waltungskosten belastet wird. Diese sind zwar nicht extra als Teilungskosten ausgewiesen, sie werden jedoch von der Zielversorgung für die Verwaltung des Anrechts über den Versicherungstarif vom Ausgleichswert einbehalten und stehen damit nicht zur Finanzierung der Versorgungsleistungen zur Verfügung.

I. Einführung – Jugendamt im Sinne des
  SGB VIII...................................... 1
II. Träger der Jugendhilfe......................... 3
III. Jugendhilfeausschuss......................... 4

IV. Verwaltung des Jugendamts, „das Jugendamt". 6
V. Zuständigkeit.................................. 9
VI. Kooperation.................................. 10

I. Einführung – Jugendamt im Sinne des SGB VIII

1   Unter „dem Jugendamt" wird umgangssprachlich eine Behörde des örtlichen Trägers der Jugendhilfe verstanden. In der Konzeption des SGB VIII ist diese Behörde Teil des **zweigliedrigen Jugendamts**, das sich aus dem Jugendhilfeausschuss als einem beschließenden Ausschuss des örtlichen Trägers der Jugendhilfe, und der „Verwaltung des Jugendamts" – dem Jugendamt im umgangssprachlichen Sinne – zusammensetzt (§ 70 Abs. 1 SGB VIII).

2   Jeder örtliche Träger der Jugendhilfe hat ein zweigliedriges Jugendamt einzurichten (§ 69 Abs. 3 SGB VIII). Das Jugendamt in diesem Sinne wurde als Institution durch das Reichsjugendwohlfahrtsgesetz aus dem Jahr 1922, in Kraft getreten im Jahr 1924, etabliert. Aufgaben und Funktionen des Jugendamts bzw der örtlichen Träger der Jugendhilfe als **Sozialleistungsträger** und **Garant** für das **Kindeswohl** werden heute zuvörderst im SGB VIII (KJHG) als Nachfolgegesetz zum Reichsjugendwohlfahrtsgesetz und in den zu diesem Gesetz ergangenen Ausführungsgesetzen der Länder normiert. Zuständigkeiten für das Jugendamt finden sich jedoch auch in anderen Gesetzen, etwa im Adoptionsvermittlungsgesetz.

II. Träger der Jugendhilfe

3   Die Träger der öffentlichen Jugendhilfe – die **örtlichen** und **überörtlichen Träger** der Jugendhilfe – werden durch Landesrecht bestimmt (§ 69 Abs. 1 SGB VIII). Örtliche Träger sind in der Praxis in der Regel die Kreise und die kreisfreien Städte, teilweise auch kreisangehörige Gemeinden. Die Aufgaben nach dem SGB VIII sind **Selbstverwaltungsaufgaben**, so dass nur Rechts-, aber keine Fachaufsicht der Aufsichtsbehörden besteht. Folge der Trägerschaft der Kommunen ist eine **dezentrale Struktur** der Kinder- und Jugendhilfe, die diese von anderen Sozialleistungen – etwa solcher nach dem SGB II – unterscheidet: In Deutschland gibt es circa 600 Jugendämter, die jeweils in eigener Verantwortung ihre Aufgaben wahrnehmen. Eine divergierende Verwaltungspraxis benachbarter Jugendämter ist Bestandteil dieser Struktur.

III. Jugendhilfeausschuss

4   Dem Jugendhilfeausschuss eines örtlichen Trägers der Jugendhilfe gehören neben Mitgliedern der **politischen Vertretungskörperschaft** – Stadtrat, Kreistag etc. – auch Frauen und Männer an, die auf Vorschlag der im Bereich des öffentlichen Trägers wirkenden und anerkannten Träger der freien Jugendhilfe von der Vertretungskörperschaft gewählt werden (§ 71 Abs. 1 Nr. 2 SGB VIII). Dies unterscheidet den Jugendhilfeausschuss von anderen kommunalen Ausschüssen.

5   Der Jugendhilfeausschuss ist insbesondere für die **Weiterentwicklung** der Jugendhilfe, die Jugendhilfeplanung und alle wesentlichen Entscheidungen – wie die Verteilung der Zuschüsse an die Träger der freien Jugendhilfe oder die Einrichtung einer Kindertagesstätte – zuständig (§§ 71 Abs. 2, 70 Abs. 2 SGB VIII). Durch die Tätigkeit des Jugendhilfeausschusses kommt der Träger der öffentlichen Jugendhilfe seiner Gesamtverantwortung einschließlich seiner Planungsverantwortung nach (§ 79 Abs. 1 SGB VIII).

IV. Verwaltung des Jugendamts, „das Jugendamt"

6   Die Verwaltung des Jugendamts – „das Jugendamt" im umgangssprachlichen Sinne – führt alle **laufenden Geschäfte,** die sich aus dem Vollzug des SGB VIII und der sonstigen Aufgaben des öffentlichen Trägers der Jugendhilfe ergeben (§ 70 Abs. 2 SGB VIII). Es erbringt etwa Leistungen bei Trennungs-, Scheidungs-

und Umgangskonflikten (s. → *Leistungen der Jugendhilfe* Rn 10 ff), bewilligt eine einzelne Hilfe zur Erziehung (s. → *Leistungen der Jugendhilfe* Rn 14 ff), wirkt in familiengerichtlichen Verfahren mit (s. → *Leistungen der Jugendhilfe* Rn 19 ff) und nimmt den staatlichen Schutzauftrag zugunsten von Kindern und Jugendlichen wahr (s. → *Leistungen der Jugendhilfe* Rn 29 ff). Zur Erfüllung der Aufgaben der laufenden Verwaltung muss die Verwaltung des Jugendamts über dem Fachkräftegebot entsprechende soziale Dienste und Einrichtungen verfügen und mit sozialpädagogisch ausgebildeten Fachkräften, aber auch mit Verwaltungsfachkräften, besetzt sein (§ 72 SGB VIII). Aufgrund der Organisationshoheit der Kommunen kann das Jugendamt im Sinne des SGB VIII im Erscheinungsbild der Kommune auch in ein Amt für Soziale Dienste oder Ähnliches, eventuell unter völligem Verzicht auf die Bezeichnung Jugendamt, integriert sein.

Die sozialpädagogischen Fachkräfte etwa des **Allgemeinen Sozialen Diensts** der Verwaltung des Jugend-   7
amts sind in der Regel Absolventen eines Studiengangs der Sozialen Arbeit. Diese Fachkräfte werden in allen Aufgaben und Leistungsbereichen – von der Gefährdungseinschätzung bei einem Verdacht auf Kindeswohlgefährdung oder den Ermittlungen zur Feststellung eines erzieherischen Bedarfs bis zur Leistungserbringung, etwa als Erziehungsbeistand oder Familienhelfer (s. → *Leistungen der Jugendhilfe*) – tätig.

Schwerpunkt der Tätigkeit der im Jugendamt beschäftigten Verwaltungsfachkräfte – in der Regel Absol-   8
venten einer Hochschule für öffentliche Verwaltung – sind meist diejenigen Aufgaben, die weniger mit persönlicher Hilfe oder pädagogischer Einschätzung verbunden sind – etwa die Heranziehung von Unterhaltpflichtigen zu den Kosten einer Hilfe zur Erziehung oder die Berechnung von Annexleistungen zu Hilfen zur Erziehung wie dem Pflegegeld oder Leistungen der Krankenhilfe (§§ 39 f SGB VIII). Diese Tätigkeiten der Verwaltung des Jugendamts werden auch als „**wirtschaftliche Jugendhilfe**" bezeichnet.

V. Zuständigkeit

Zuständig für Leistungen und andere Aufgaben ist in der Regel der Träger der öffentlichen Jugendhilfe an   9
dem Ort, an dem derjenigen, dem die Leistung erbracht wird oder gegenüber dem andere Aufgaben wahrzunehmen sind, seinen **gewöhnlichen Aufenthalt** hat (§§ 86 ff, 87 ff SGB VIII).

VI. Kooperation

Das Jugendamt unterliegt keiner Aufsicht durch das **Familiengericht**. Das Familiengericht kann dem Ju-   10
gendamt auch keine Weisungen erteilen. Jugendamt und Familiengericht stehen vielmehr als selbstständige Fachbehörden gleichberechtigt in **Verantwortungsgemeinschaft** für das Wohl von Kindern und Jugendlichen (aA OLG Koblenz 29.5.2012 – 11 UF 266/12, NJW 2012, 3108). Ihre Tätigkeiten sind vielfach, auch durch gesetzliche Regelungen etwa im BGB, FamFG und SGB verzahnt (Hoffmann FPR 2011, 304). Ebenso besteht eine Verpflichtung zur Kooperation mit anderen Sozialleistungsträgern, insbesondere weiteren Rehabilitationsträgern (§ 6 SGB IX), und den Schulen.

Da der örtliche Träger der Jugendhilfe/das Jugendamt – mit Ausnahme der Befugnisse zur und während   11
einer Inobhutnahme (s. → *Inobhutnahme*), § 42 SGB VIII – keine Befugnisse zu Eingriffen in die elterliche Sorge besitzt, ist er/es insbesondere bei deren Erforderlichkeit auf eine Kooperation mit dem Familiengericht angewiesen. Zur Anwendung unmittelbarer Gewalt oder anderer Zwangsmaßnahmen ist der örtliche Träger der Jugendhilfe/das Jugendamt nicht befugt, sondern muss insoweit mit dazu befugten Stellen, primär mit der Polizei, kooperieren. Eine Weitergabe von – auch von einer Fachkraft im Jugendamt persönlich anvertrauten – Daten an das Familiengericht oder die Polizei ist zur Sicherung des Kindeswohls erlaubt, § 69 Abs. 1 SGB X, § 65 Abs. 1 S. 1 SGB VIII.

137. Kenntnis der Abstammung

Knahn

I. Einführung......................................	1	3. Anspruch des Scheinvaters gegen das Kind.....	6
II. Recht des Mannes auf Kenntnis, ob ein Kind		4. Anspruch des biologischen Vaters gegen die	
von ihm abstammt.............................	2	Mutter bzgl des Vaters durch Anerkennung.....	7
III. Auskunftsansprüche...........................	4	5. Auskunftsanspruch der Kindesmutter gegen den	
1. Ansprüche des Kindes.........................	4	Vermittler einer „anonymen Sexauktion".......	8
2. Anspruch des Scheinvaters gegen die Mutter....	5	IV. Familiengerichtliches Verfahren.................	9

I. Einführung

1 Die Abstammung nimmt nach der Rechtsprechung des Bundesverfassungsgerichts (BVerfG 13.2.2007 – 1 BvR 421/05, NJW 2007, 753) im Bewusstsein des Einzelnen eine Schlüsselstellung für seine Individualitätsfindung, für sein Selbstverständnis und sein familiäres Verhältnis zu anderen ein. Das Recht auf freie Entfaltung der Persönlichkeit und die Verpflichtung zur Achtung und zum Schutz der Menschenwürde sichern gem. Art. 2 Abs. 1 iVm Art. 1 Abs. 1 GG jedem Einzelnen einen autonomen Bereich privater Lebensgestaltung, in dem er seine Individualität entwickeln und wahren kann. Verständnis und Entfaltung der Individualität sind dabei mit der Kenntnis der für sie konstitutiven Faktoren, wozu auch die Abstammung gehört, eng verbunden. Die Möglichkeit, sich als Individuum nicht nur sozial, sondern auch genealogisch in eine Beziehung zu anderen zu setzen, wird deshalb vom Schutz des Persönlichkeitsrechts mit umfasst.

Daraus ergibt sich für den Mann das Recht auf **Kenntnis, ob ein Kind von ihm abstammt** (s. Rn 2 f). Das Kind hat ein Recht auf **Kenntnis der eigenen Abstammung**, woraus sich ein Auskunftsanspruch gegen die Mutter ergibt (s. Rn 4). In Einzelfällen kommt auch ein **Anspruch des Scheinvaters** auf Nennung des biologischen Vaters (s. Rn 5) sowie ein **Recht des biologischen Vaters** auf Nennung des Mannes, der die Vaterschaft anerkannt hat (s. Rn 7), in Betracht.

II. Recht des Mannes auf Kenntnis, ob ein Kind von ihm abstammt

2 Das Bundesverfassungsgericht hat festgestellt, dass Art. 2 Abs. 1 iVm Art. 1 Abs. 1 GG als Ausformung des allgemeinen Persönlichkeitsrechts das Recht eines Mannes auf Kenntnis, ob ein Kind von ihm abstammt, gewährleistet (BVerfG 9.4.2003 – 1 BvR 1493/96, NJW 2003, 2151). Der Gesetzgeber wurde deshalb verpflichtet, die Stellung des biologischen Vaters für das Vaterschaftsanfechtungsverfahren zu verbessern, weshalb mit dem Gesetz zur Änderung der Vorschriften über die Anfechtung der Vaterschaft und das Umgangsrecht von Bezugspersonen vom 23.4.2004 (BGBl. I 2004, 598) ein eigenes Anfechtungsrecht des biologischen Vaters in § 1600 Nr. 2 BGB eingerichtet wurde (s. → *Anfechtung der Vaterschaft* Rn 25).

3 Mit seiner Entscheidung vom 13.2.2007 hat das Bundesverfassungsgericht klargestellt, dass der rechtliche Vater nicht nur das Recht auf Kenntnis hat, ob ein Kind von ihm abstammt, sondern auch auf Verwirklichung dieses Rechts (BVerfG 13.2.2007 – 1 BvR 421/05, NJW 2007, 753). Der Gesetzgeber wurde daher verpflichtet, eine entsprechende gesetzliche Regelung zu treffen, weshalb mit dem Gesetz zur Klärung der Vaterschaft unabhängig vom Anfechtungsverfahren vom 26.3.2008 (BGBl. I 2008, 441) das statusunabhängige Abstammungsklärungsverfahren in § 1598 a BGB (s. → *Feststellung der Vaterschaft* Rn 28 ff) geschaffen wurde.

III. Auskunftsansprüche

1. Ansprüche des Kindes

4 Das Kind hat gegen seine Mutter einen Auskunftsanspruch auf Benennung des leiblichen Vaters (BVerfG 6.5.1997 – 1 BvR 409/90, NJW 1997, 1769). Der Anspruch ergibt sich aus dem Recht auf informationelle Selbstbestimmung des Kindes gem. Art. 2 Abs. 1 iVm Art. 1 Abs. 1 GG und muss im Einzelfall mit dem allgemeinen Persönlichkeitsrecht der Mutter abgewogen werden. Kann die Mutter den Anspruch nicht erfüllen, da sie selbst keine sichere Kenntnis der Vaterschaft hat, muss sie Namen und Anschrift aller Männer

benennen, mit denen sie in der gesetzlichen Empfängniszeit Geschlechtsverkehr hatte (LG Münster 26.8.1998 – 1 S 414/98, NJW 1999, 726).

Ein durch heterologe Insemination (**künstliche Befruchtung**) gezeugtes Kind kann vom behandelnden Arzt Auskunft gem. § 242 BGB über seine genetische Abstammung verlangen (OLG Hamm 6.2.2013 – I-14 U 7/12).

2. Anspruch des Scheinvaters gegen die Mutter

Ein Anspruch des Scheinvaters (s. → *Scheinvaterregress* Rn 1) gegen die Mutter auf Nennung des oder der 5 möglichen Erzeuger wurde durch die Rechtsprechung bislang weitestgehend abgelehnt. Ein **Anspruch besteht** aber, wenn die Mutter dem Scheinvater gegenüber gem. § 826 BGB schadensersatzpflichtig wäre, weil der Scheinvater durch die wenigstens bedingt vorsätzlich falsche Erklärung, sie sei von ihm schwanger, die Ehe mit ihr eingegangen ist (OLG Bamberg 7.5.2003 – 7 WF 73/03, FPR 2003, 602). Außerdem hat der Scheinvater, dessen Vaterschaft aufgrund Anerkennung bestand und durch Anfechtung rechtskräftig aufgehoben wurde, einen Anspruch gegen die Mutter auf Nennung des mutmaßlichen leiblichen Vaters aus Treu und Glauben gem. § 242 BGB (BGH 9.11.2011 – XII ZR 136/09, NJW 2012, 450). Der Auskunftsanspruch, der insbesondere der Durchsetzung möglicher Regressansprüche dienen soll, **besteht aber nicht**, wenn ein Regressanspruch aus Rechtsgründen ausscheidet (OLG Saarbrücken 9.9.2010 – 6 UF 59/10, FamRZ 2011, 64). Ein Anspruch auf Auskunft gegenüber der Mutter nach § 242 BGB ist nicht gegeben, solange die Vaterschaft nach § 1592 Nr. 1 BGB besteht (OLG Thüringen 2.11.2010 – 1 WF 353/10, NJW-RR 2011, 294).

3. Anspruch des Scheinvaters gegen das Kind

Der Scheinvater, dessen Vaterschaft erfolgreich angefochten wurde und der im Wege des Scheinvaterre- 6 gresses (s. → *Scheinvaterregress*) übergegangene Ansprüche geltend machen will, hat gegen das Kind einen Anspruch auf Auskunft, ob die Vaterschaft anerkannt oder festgestellt wurde und wer der Vater ist (OLG Köln 18.3.2002 – 27 WF 41/02, FamRZ 2002, 1214).

4. Anspruch des biologischen Vaters gegen die Mutter bzgl des Vaters durch Anerkennung

Der vermeintlich biologische Vater hat gegen die Mutter einen Auskunftsanspruch aus § 242 BGB bzgl des 7 Mannes, der die Vaterschaft anerkannt hat, um ein Vaterschaftsanfechtungsverfahren gem. § 1600 Abs. 1 Nr. 2 BGB in die Wege zu leiten. Dabei ist das allgemeine Persönlichkeitsrecht des biologischen Vaters (Art. 2 Abs. 1 iVm Art. 1 Abs. 1 GG) mit dem Recht auf Achtung der Intimsphäre der Mutter **abzuwägen**, wobei kein Geheimhaltungsinteresse der Mutter mehr besteht, da bekannt ist, dass sie in der gesetzlichen Empfängniszeit einem weiterem Mann beigewohnt hat (OLG Oldenburg 28.6.2010 – 13 UF 12/10, NJOZ 2011, 585).

5. Auskunftsanspruch der Kindesmutter gegen den Vermittler einer „anonymen Sexauktion"

Hat eine Frau mehreren ihr über ein Internetportal vermittelten Männern sexuelle Dienstleistungen er- 8 bracht, kann sie im Falle einer Schwangerschaft von dem Betreiber des Internetportals Auskunft über die Identität der vermittelten Männer verlangen (LG Stuttgart 11.1.2008 – 8 O 357/07, NJW 2008, 2048). Der Anspruch ergibt sich als Nebenpflicht aus dem nicht sittenwidrigen Auktionsvertrag, da sie ein berechtigtes Interesse daran hat, die Vaterschaft für ihr noch ungeborenes Kind zu klären.

IV. Familiengerichtliches Verfahren

9 Aufgrund der abschließenden Aufzählung in § 169 FamFG handelt es sich bei der Geltendmachung des Auskunftsanspruchs nicht um eine Abstammungssache. Der Auskunftsanspruch zwischen Kind, Vater und Mutter ist **als sonstige Familiensache** gem. § 266 Abs. 1 Nr. 4 FamFG eine Familienstreitsache gem. § 112 Nr. 3 FamFG. Die Auskunftsansprüche sind gem. § 120 Abs. 1 FamFG iVm § 888 ZPO vollstreckbar (BGH 3.7.2008 – 1 ZB 87/06, NJW 2008, 2919). Im Übrigen ist der Auskunftsanspruch als allgemeine Leistungsklage der ZPO geltend zu machen.

138. Kindergeld

Conradis

I. Einführung 1
II. Höhe des Kindergeldes 6
III. Kindergeldanspruch bei Trennung 8
IV. Kindergeld für volljährige Kinder 14
V. Verfahrensfragen 17

I. Einführung

Ab 1997 wurde das sozialrechtliche Kindergeld im Wesentlichen ersetzt durch eine rein **steuerrechtliche** **1** **Leistung.** Nach § 31 EStG besteht ein Anspruch auf einen Kinderfreibetrag oder auf Kindergeldzahlung. Zur Sicherung des steuerfreien Existenzminimums der Kinder wird das Kindergeld monatlich als Steuervergütung ausgezahlt. Ist die durch den Freibetrag bewirkte Steuerentlastung geringer als das gezahlte Kindergeld, wird die Einkommensteuer ohne Berücksichtigung des Kindergeldes berechnet. Ist die Steuerentlastung durch den Freibetrag höher als das gezahlte Kindergeld, wird die Einkommensteuer unter Anrechnung des gezahlten Kindergeldes berechnet. Damit ist sichergestellt, dass die Steuerentlastung mindestens in Höhe des Kindergeldes beim Steuerpflichtigen verbleibt. Die Vorschriften über das Kindergeld finden sich für den Regelfall in §§ 62–78 EStG.

Nur für einen kleinen Personenkreis gilt noch das **sozialrechtliche Kindergeld,** welches im BKGG geregelt ist. Erfasst hiervon sind Personen, die nicht unbeschränkt steuerpflichtig sind, zB die als Entwicklungshelfer Unterhaltsleistungen nach dem EntwicklungshelferG erhalten, und Vollwaisen, § 1 Abs. 2 BKGG. **2**

Für den Regelfall ist das Kindergeld eine steuerliche Leistung mit der Folge, dass die Abgabenordnung **3** (AO) anzuwenden und der **Rechtsweg zum Finanzgericht** gegeben ist. Nur in wenigen Fällen gilt das BKGG, wobei jedoch Rechtsstreitigkeiten wegen des Kinderzuschlags auch von Sozialgerichten entschieden werden. Die Besonderheiten des Verfahrens für das steuerrechtliche Kindergeld werden unter Rn 17 ff dargestellt (zur Möglichkeit der **Abzweigung** von Kindergeld s. → *Abzweigung von Sozialleistungen* Rn 9 ff).

Die Frage der Berücksichtigung des Kindergeldes wird bei der Berechnung des Kindesunterhalts erörtert **4** (s. → *Kindesunterhalt Minderjähriger*). Das Hauptproblem bezüglich des Anspruchs auf Kindergeld tritt bei **Trennung der Eltern** auf, da dann zu klären ist, welcher der Ehegatten das Kindergeld in Zukunft erhält. Falls hierbei nicht klare Regelungen getroffen werden und ggf der Anspruchsinhaber gewechselt wird, kann es zu erheblichen Komplikationen führen.

Die **Berücksichtigung des Kindergeldes im Sozialrecht** ist unterschiedlich: **5**
– Nach § 11 Abs. 1 S. 3 SGB II wird das Kindergeld dem Kind bis zur Vollendung des 25. Lebensjahres als Einkommen zugerechnet;
– in § 82 Abs. 1 S. 2 SGB XII wird das Kindergeld ebenfalls als Einkommen des Kindes zugerechnet, jedoch nur bis zur Vollendung des 18. Lebensjahres;
– bei der Berechnung der Unterhaltsvorschussleistung wird das Kindergeld, welches für das erste Kind gezahlt wird, angerechnet;
– auf die Leistungen nach dem BAföG wird Kindergeld nicht angerechnet.

II. Höhe des Kindergeldes

Das Kindergeld beträgt seit dem 1.1.2010 (§ 6 Abs. 1 BKGG; § 66 Abs. 1 EStG): **6**
– für die ersten beiden Kinder je 184 EUR,
– für das dritte Kind 190 EUR,
– für jedes weitere Kind je 215 EUR.

Die Zuordnung des Kindergeldes erfolgt auf die einzelnen Kinder so, wie es den Kindern zusteht. Eine gleichmäßige Verteilung des Gesamtbetrages auf die Kinder erfolgt nicht. Die Bewilligung des Kindergeldes erfolgt seit dem 1.1.2007 aufgrund der Änderung des § 70 EStG schriftlich. Auf Antrag wird eine Bescheinigung über das im Kalenderjahr gezahlte Kindergeld erteilt (§ 68 Abs. 3 EStG).

7   Anspruch auf Kindergeld hat immer **nur ein Elternteil**. Dies hat vor allem dann Bedeutung, wenn bei getrennt lebenden Ehegatten das Kindergeld an den Nichtberechtigten gezahlt wurde: Der Berechtigte kann eine entsprechende Nachzahlung verlangen. Es gibt **keine Antragsfrist** für das Kindergeld, so dass es für lange zurückliegende Zeiträume nachgezahlt werden kann. Eingeschränkt ist der Zeitraum der Nachzahlung jedoch durch die Festsetzungsverjährung von vier Jahren nach § 171 AO.

III.   Kindergeldanspruch bei Trennung

8   Soweit die Eltern nach der Trennung noch **in einer Wohnung** wohnen, sind beide im Prinzip berechtigt, das Kindergeld zu erhalten, da das Kind im gemeinsamen Haushalt lebt. Einigen sich die Eltern nicht darüber, wer Berechtigter sein soll, entscheidet das Familiengericht auf Antrag eines Beteiligten (§ 64 Abs. 2 S. 3 EStG; § 3 Abs. 2 BKGG).

9   Wird eine **räumliche Trennung** vorgenommen, indem ein Ehegatte auszieht, ist nur der Ehegatte kindergeldberechtigt, der weiterhin zusammen mit dem Kind im Haushalt lebt (§ 64 Abs. 2 S. 1 EStG). Eine einvernehmliche Regelung der Eltern in dem Sinne, dass der Elternteil, der die Kinder nicht bei sich im Haushalt hat, weiterhin das Kindergeld erhält, ist gegenüber der Familienkasse nicht wirksam. Zieht ein Elternteil, der das Kindergeld erhalten hat, ohne das Kind aus, verliert er den Anspruch auf das Kindergeld, was zur Aufhebung des Bescheides nach § 70 Abs. 2 EStG führt, und zwar ab Beginn des folgenden Monats. Überzahlungen sind nach § 37 Abs. 2 AO zu erstatten.

10   Lebt das Kind **in beiden Haushalten** der Eltern in etwa gleichem Umfang, ist § 64 Abs. 2 EStG analog anzuwenden: Die Eltern bestimmen dann einvernehmlich den Berechtigten (Felix, Kindergeldrecht, 2005, § 64 EStG Rn 25) und müssen, wenn keine Einigung erzielt wird, das Familiengericht einschalten (vgl Bilsdorfer NJW 2013, 897).

11   Lebt das **Kind nicht im Haushalt der Eltern** und auch nicht in dem Haushalt eines sonst möglichen Kindergeldberechtigten, erhält derjenige das Kindergeld, der den **höheren Unterhalt** zahlt (§ 64 Abs. 3 S. 2 EStG). Hierbei bleibt das Kindergeld außer Betracht, welches ein Elternteil erhält und dem Kind als Unterhalt weiterleitet (BFH 2.6.2005 – III R 66/04, FamRB 2006, 16). Praktisch relevant wird dies bei volljährigen Kindern, die außer Haus leben und deren Eltern noch dem Grunde nach kindergeldberechtigt sind. Bei gleich hohem Unterhalt können sie selbst den Berechtigten bestimmen. Kann keine Einigung erzielt werden, entscheidet auch hier das Familiengericht auf Antrag (§ 64 Abs. 3 S. 4 EStG).

12   Probleme können sich ergeben, wenn der Auszug des Kindergeldberechtigten aus dem gemeinsamen Haushalt der Familienkasse nicht mitgeteilt wird. Der nicht berechtigte Ehegatte muss dann möglicherweise für mehrere Jahre das **Kindergeld zurückerstatten**. Auf der anderen Seite hat in einem solchen Fall der Ehegatte, der mit dem Kind im Haushalt verblieben ist, einen Anspruch, (auch rückwirkend für bis zu vier Jahre) das Kindergeld zu erlangen. Bei streitigen Auseinandersetzungen ist es möglich, dass nach längerer Zeit der Berechtigte rückwirkend das Kindergeld beantragt mit der Folge, dass der andere Elternteil für den gleichen Zeitraum das Kindergeld an die Familienkasse zurückzahlen muss.

13   Der nichtberechtigte Ehegatte kann die Rückzahlung nur vermeiden, wenn er beweisen kann, dass er das Kindergeld an den anderen Ehegatten weitergeleitet hat. Nach dem sog. **Weiterleitungserlass** vom 30.6.1997 (BStBl. I 1997, 654) ist in Fällen, in denen das Kindergeld zwar an eine nachrangig berechtigte Person gezahlt worden ist, die vorrangig berechtigte Person es jedoch im Ergebnis erhalten hat, von einer Rückabwicklung abzusehen und bestandskräftige Aufhebungsbescheide sind nicht mehr zu vollziehen. In diesem Fall muss eine schriftliche Bestätigung der vorrangig berechtigten Person vorgelegt werden über den Erhalt – die Weiterleitung – des Kindergeldes. Durch eine solche bestätigte Weiterleitung gilt sowohl der grundsätzlich bestehende Erstattungsanspruch der Familienkasse gegenüber der nachrangig berechtig-

ten Person als auch der entsprechende Zahlungsanspruch der vorrangig berechtigten Person gegenüber der Familienkasse als erfüllt.

IV. Kindergeld für volljährige Kinder

Ein Anspruch auf Kindergeld für volljährige Kinder besteht nur, wenn bestimmte, in § 32 Abs. 1 EStG ge- **14** nannte Voraussetzungen vorliegen. Bis zur Vollendung des 21. Lebensjahres wird ein Kind berücksichtigt, wenn es bei einer Agentur für Arbeit **arbeitsuchend** gemeldet ist. Bis zur Vollendung des 25. Lebensjahres werden Kinder erfasst, die sich entweder in einer Berufsausbildung befinden oder einen Ausbildungsplatz suchen oder ein freiwilliges soziales Jahr (oder weitere im Gesetz genannte ähnliche Tätigkeiten) durchführen.

Bis Ende 2011 war weitere Voraussetzung für die Berücksichtigung dieser Kinder, dass sie keine Einkünfte **15** oberhalb einer Grenze bezogen, die im Laufe der Jahre erhöht wurde und zuletzt 8.004 EUR betrug. Durch das Steuervereinfachungsgesetz 2011 vom 1.11.2011 (BGBl. I, 2131) wurde diese Regelung abgeschafft. Jetzt gibt es bei einer erstmaligen Ausbildung oder bei einem Erststudium keine Einschränkung mehr; danach besteht nur noch ein Anspruch, sofern die übrigen Voraussetzungen vorliegen, wenn das Kind keiner Erwerbstätigkeit von mehr als 20 Stunden nachgeht (ausführlich zur neuen Gesetzeslage Felix NJW 2012, 22).

Ein volljähriges Kind wird ohne Altersbegrenzung berücksichtigt, wenn es wegen körperlicher, geistiger **16** oder seelischer **Behinderung** außerstande ist, sich selbst zu unterhalten. Hierbei muss die Behinderung vor Vollendung des 25. Lebensjahres eingetreten sein (§ 32 Abs. 1 Nr. 3 EStG).

V. Verfahrensfragen

Soweit ausnahmsweise Kindergeld nach dem BKGG gezahlt wird, richtet sich das Verwaltungsverfahren **17** nach dem SGB I und X. Das Sozialgericht ist für Klagen gegen die Versagung eines solchen Kindergeldes zuständig. Im Regelfall stellt jedoch das Kindergeld eine steuerliche Leistung dar mit der Folge, dass die Abgabenordnung (AO) anzuwenden und der Rechtsweg zum Finanzgericht gegeben ist. Damit ergeben sich verschiedene **Besonderheiten**. Nachstehend sind einige wichtige Punkte genannt:

Bei einer **Rückforderung** von Kindergeld hat die Familienkasse **keinen Ermessensspielraum**, wie es **18** sonst bei Sozialleistungen nach § 45 SGB X möglich ist. Auch hat ein Einspruch keine aufschiebende Wirkung. Soll die aufschiebende Wirkung hergestellt werden, muss ein gesonderter Antrag bei der Familienkasse bzw beim Finanzgericht gestellt werden.

Ist der **Widerspruch erfolgreich**, kann im Gegensatz zum sonstigen Steuerrecht eine **Erstattung** der Kos- **19** ten verlangt werden. Nach § 77 EStG werden die Kosten im Vorverfahren in der gleichen Weise erstattet wie nach § 65 SGB X. **Klagen zum Finanzgericht** müssen von dem Kindergeldberechtigten erhoben werden, unabhängig davon, wem das Kindergeld sozialrechtlich zugeordnet wird. Zu beachten ist, dass – im Gegensatz zu Verfahren vor dem Sozialgericht – bei Klagen vor dem Finanzgericht **Gerichtsgebühren** anfallen.

139. Kinderschutzübereinkommen

Knahn

I. Einführung	1	6. Anerkennung und Vollstreckung ausländischer	
II. Haager Kinderschutzübereinkommen (KSÜ)	3	Entscheidungen	17
1. Vertragsstaaten	3	III. Haager Minderjährigenschutzabkommen	
2. Geltungsbereich	4	(MSA)	18
3. Anwendungsbereich	6	1. Vertragsstaaten	18
4. Zuständigkeiten	7	2. Geltungsbereich	19
a) Zuständigkeit der Gerichte des gewöhnlichen		3. Anwendungsbereich	20
Aufenthalts	7	4. Zuständigkeiten	21
b) Zuständigkeit für Flüchtlinge und Kinder		a) Zuständigkeit der Gerichte des gewöhnlichen	
unbekannten gewöhnlichen Aufenthalts	9	Aufenthalts	21
c) Abgabe und Übernahme des Verfahrens		b) Zuständigkeit der Heimatgerichte des Kindes	23
wegen besserer Beurteilungsmöglichkeit	10	c) Zuständigkeit für dringende Maßnahmen	24
d) Zuständigkeit während Anhängigkeit einer		5. Anwendbares Recht	26
Ehesache	11	6. Anerkennung und Vollstreckung ausländischer	
e) Dringende Fälle und vorläufige Maßnahmen	12	Entscheidungen	27
5. Anwendbares Recht	13		

I. Einführung

1   Das Haager Übereinkommen über die Zuständigkeit, das anzuwendende Recht, die Anerkennung, Vollstreckung und Zusammenarbeit auf dem Gebiet der elterlichen Verantwortung und der Maßnahmen zum Schutz von Kindern (**Haager Kinderschutzübereinkommen**, s. Rn 3 ff) vom 19.10.1996 ist ein völkerrechtlicher Vertrag auf dem Gebiet des internationalen Zivilverfahrensrechts und des internationalen Privatrechts. Es ist in Deutschland am 1.1.2011 in Kraft getreten (BGBl. II 2010, 1527). Es hat das Übereinkommen über die Zuständigkeit der Behörden und das anzuwendende Recht auf dem Gebiet des Schutzes von Minderjährigen (**Haager Minderjährigenschutzabkommen**, s. Rn 18 ff) vom 5.10.1961 (BGBl. II 1971, 219) weitestgehend abgelöst.

2   **Vorrangig** gilt in der EU die Verordnung (EG) Nr. 2201/2003 des Rates über die Zuständigkeit und die Anerkennung und Vollstreckung von Entscheidungen in Ehesachen und in Verfahren betreffend die elterliche Verantwortung und zur Aufhebung der Verordnung (EG) Nr. 1347/2000 vom 27. November 2003 (**Brüssel IIa-Verordnung**, s. → *Internationales Familienrecht* Rn 12). Sie gilt unmittelbar in allen EU-Staaten mit Ausnahme Dänemarks, derzeit also in 26 Staaten (Belgien, Bulgarien, Deutschland, Estland, Finnland, Frankreich, Griechenland, Irland, Italien, Lettland, Litauen, Luxemburg, Malta, Niederlande, Österreich, Polen, Portugal, Rumänien, Schweden, Slowakei, Slowenien, Spanien, Tschechien, Ungarn, Vereinigtes Königreich und Zypern).

II. Haager Kinderschutzübereinkommen (KSÜ)

1. Vertragsstaaten

3   Vertragsstaaten des KSÜ sind: Australien, Albanien, Armenien, Bulgarien, Ecuador, Deutschland, Dominikanische Republik, Estland, Finnland, Frankreich, Irland, Kroatien, Lettland, Litauen, Luxemburg, Malta (noch nicht im Verhältnis zu Deutschland), Marokko, Monaco, Niederlande, Österreich, Polen, Rumänien, Schweiz, Slowakei, Slowenien, Spanien, Tschechien, Ukraine, Ungarn, Uruguay und Zypern.

Eine aktuelle Liste aller Staaten mit Datum des Inkrafttretens im Verhältnis zu Deutschland ist auf den Internetseiten des Bundesamtes für Justiz unter http://www.bundesjustizamt.de unter den Verweisungen „Int. Sorgerecht" – „Staatenliste" abrufbar (letzter Zugriff: 3.8.2013).

2. Geltungsbereich

4   § 97 FamFG stellt klar, dass den nationalen Regelungen hinsichtlich der internationalen Zuständigkeit in Familiensachen Gemeinschaftsrecht sowie völkerrechtliche Verträge vorgehen. Derartige Regelungen exis-

tieren im Bereich der Kindschaftssachen in großer Zahl, so dass für die Anwendung des § 99 FamFG nur ein geringer Zuständigkeitsbereich bleibt (Andrae in: VerfFamR § 11 Rn 187).

Die Brüssel IIa-Verordnung ist für alle EU-Mitgliedstaaten (außer Dänemark) unmittelbar geltendes Recht **5** und geht daher gem. Art. 61 lit. a VO (EG) Nr. 2201/03 dem KSÜ vor, wenn sich das Kind in einem Mitgliedstaat befindet. Das KSÜ ist daher für Deutschland nur im Verhältnis zu **Australien, Albanien, Armenien, Ecuador, Dominikanische Republik, Kroatien, Marokko, Monaco, Schweiz, Ukraine und Uruguay** anwendbar.

3. Anwendungsbereich

Das KSÜ ist auf **Kinder ab ihrer Geburt bis zu der Vollendung des 18. Lebensjahres** anzuwenden **6** (Art. 2 KSÜ). Es gilt für Regelungsbedürfnisse auf dem Gebiet der elterlichen Verantwortung, der elterlichen Sorge einschließlich Aufenthaltsbestimmungsrecht und Umgangsrecht, der Vormundschaft und Pflegschaft, der Unterbringung in einer Pflegefamilie und der Vermögenssorge (Art. 3 KSÜ).

Nicht anwendbar ist das KSÜ für Maßnahmen auf folgenden Gebieten: Feststellung und Anfechtung des Eltern-Kind-Verhältnisses, Adoptionsentscheidungen, Namensgebung, Volljährigerklärung, Unterhaltspflichten, Trusts und Erbschaften, soziale Sicherheit, öffentliche Maßnahmen allgemeiner Art in Angelegenheiten der Erziehung und Gesundheit, Maßnahmen infolge von Straftaten, die von Kindern begangen wurden, sowie Entscheidungen über Asylrecht und Einwanderung (Art. 4 KSÜ).

4. Zuständigkeiten

a) Zuständigkeit der Gerichte des gewöhnlichen Aufenthalts. Gem. Art. 5 Abs. 1 KSÜ sind die Gerich- **7** te des Vertragsstaates international zuständig, Maßnahmen nach Art. 3 KSÜ zu treffen, in dem das Kind seinen **gewöhnlichen Aufenthalt** hat (s. →

Gewöhnlicher Aufenthalt). Der Begriff ist ebenso zu verstehen wie in Art. 5 EGBGB und meint daher den Ort des tatsächlichen Mittelpunktes der Lebensführung des Kindes, des Schwerpunktes seiner sozialen Bindungen, insbesondere in familiärer und schulischer oder beruflicher Hinsicht (Palandt/Thorn Anh. zu Art. 24 EGBGB Rn 10). Erforderlich ist ein Aufenthalt von gewisser, nicht zu geringer Dauer in dem betreffenden Staat. Feststehende Zeiten für die Mindestdauer des Aufenthalts gibt es nicht (Andrae in: VerfFamR § 11 Rn 191).

Bei einem Wechsel des gewöhnlichen Aufenthaltes wechselt gem. Art. 5 Abs. 2 KSÜ auch die internationa- **8** le Zuständigkeit. Das KSÜ folgt daher (wie das MSA) nicht dem Grundsatz der perpetuatio fori (Andrae in: VerfFamR § 11 Rn 204). Die Zuständigkeit muss also bis zum Schluss der mündlichen Verhandlung in der Tatsacheninstanz gegeben sein.

Der ursprüngliche Vertragsstaat **bleibt zuständig**, wenn das Kind **widerrechtlich** (Art. 7 Abs. 2 KSÜ) in den anderen Vertragsstaat verbracht oder dort zurückgehalten wird und der neue Aufenthalt nicht von allen Sorgeberechtigten genehmigt wurde (Art. 7 Abs. 1 lit. a KSÜ) oder das Kind sich in dem anderen Staat mindestens ein Jahr aufgehalten hat, nachdem die sorgeberechtigte Person, Behörde oder sonstige Stelle seinen Aufenthaltsort kannte oder hätte kennen müssen, kein während dieses Zeitraums gestellter Antrag auf Rückgabe mehr anhängig ist und das Kind sich in seinem neuen Umfeld eingelebt hat (Art. 7 Abs. 1 lit. b KSÜ).

b) Zuständigkeit für Flüchtlinge und Kinder unbekannten gewöhnlichen Aufenthalts. Für Maßnah- **9** men betreffend Flüchtlingskindern und Kindern, die infolge von Unruhen in ihrem Land in ein anderes Land gelangt sind oder deren Aufenthalt nicht festgestellt werden kann, sind die Stellen eines Vertragsstaates zuständig, in dessen Hoheitsgebiet sich das Kind **befindet** (Art. 6 KSÜ).

c) Abgabe und Übernahme des Verfahrens wegen besserer Beurteilungsmöglichkeit. In Ausnahme **10** zum Grundsatz der Zuständigkeit gem. Art. 5 KSÜ können die Gerichte des eigentlich zuständigen Staates die zuständigen Stellen um Übernahme des Verfahrens ersuchen (Art. 8 KSÜ). Ebenso kann eine eigentlich unzuständige Stelle eines Vertragsstaates die mit dem Verfahren befasste und gem. Art. 5 KSÜ zuständige Stelle eines anderen Vertragsstaates um Abgabe des Verfahrens ersuchen. Maßstab für die Abgabe ist, dass die Stelle des anderen Staates besser in der Lage ist, das **Wohl des Kindes im Einzelfall** zu beurteilen.

11 **d) Zuständigkeit während Anhängigkeit einer Ehesache.** Unabhängig von den Zuständigkeitsregelungen der Art. 5 bis 9 KSÜ können die Behörden eines Vertragsstaats während der Anhängigkeit (bis zur rechtskräftigen Entscheidung oder anderweitigen Beendigung, Art. 10 Abs. 2 KSÜ) einer Ehesache bzgl der Eltern eines Kindes, das seinen gewöhnlichen Aufenthalt in einem anderen Vertragsstaat hat, sofern das Recht ihres Staates dies zulässt, Maßnahmen gem. Art. 3 KSÜ zum Schutz der Person oder des Vermögens des Kindes treffen, wenn

- ein Elternteil zu Beginn des Verfahrens seinen **gewöhnlichen Aufenthalt** in diesem Staat und ein Elternteil **die elterliche Verantwortung** für das Kind hat (Art. 10 Abs. 1 lit. a KSÜ) und
- die Eltern und jede andere Person, welche die elterliche Verantwortung für das Kind hat, die **Zuständigkeit** dieser Behörden für das Ergreifen solcher Maßnahmen **anerkannt** haben und
- diese Zuständigkeit dem **Wohl des Kindes** entspricht (Art. 10 Abs. 1 lit. b KSÜ).

12 **e) Dringende Fälle und vorläufige Maßnahmen.** Gem. Art. 11 Abs. 1 KSÜ sind in dringenden Fällen die Behörden jedes Vertragsstaats, in dessen Hoheitsgebiet sich das Kind oder ihm gehörendes Vermögen befindet, zuständig, die erforderlichen Schutzmaßnahmen zu treffen. Gleiches gilt für vorläufige Maßnahmen (Art. 12 Abs. 1 KSÜ). Maßnahmen nach Art. 11 Abs. 1 KSÜ oder Art. 12 Abs. 1 KSÜ treten außer Kraft, sobald die gem. Art. 5 bis 10 KSÜ zuständigen Stellen eine andere Regelung treffen.

5. Anwendbares Recht

13 Art. 15 Abs. 1 KSÜ bestimmt, dass die Gerichte bei der Ausübung ihrer Zuständigkeit für Schutzmaßnahmen nach dem KSÜ ihr eigenes Recht anwenden (**lex fori**). Art. 15 KSÜ kommt nicht nur dann zur Anwendung, wenn die nationalen Behörden ihre Zuständigkeit aus dem KSÜ ableiten, sondern auch ergänzend dann, wenn sich die Zuständigkeit aus der Brüssel II a-Verordnung ergibt (Andrae in: VerfFamR § 11 Rn 342). Ausnahmsweise kann das Gericht gem. Art. 15 Abs. 2 KSÜ, soweit es der Schutz der Person oder des Vermögens des Kindes erfordert, das Recht eines anderen Staates anwenden oder berücksichtigen, zu dem der Sachverhalt eine **enge Verbindung** hat.

14 Nach Art. 16 Abs. 1 KSÜ richtet sich die **Zuweisung oder das Erlöschen der elterlichen Verantwortung kraft Gesetzes** (zB elterliche Sorge kraft Heirat, § 1626 a Abs. 1 Nr. 2 BGB), ohne dass eine Entscheidung eines Gerichts oder einer Behörde für das Kind hierüber getroffen ist, nach dem Recht des gewöhnlichen Aufenthalts des Kindes. Gleiches gilt für Zuweisungen oder Erlöschen kraft Vereinbarungen oder durch einseitiges Rechtsgeschäft (Art. 16 Abs. 2 KSÜ), wobei es auf den Zeitpunkt ankommt, in dem der Vertrag oder das einseitige Rechtsgeschäft wirksam wird (Andrae in: VerfFamR § 11 Rn 348).

15 Verweisungen des KSÜ auf ausländisches Recht sind grundsätzlich **Sachnormverweisungen** (Art. 21 KSÜ). Eine Ausnahme besteht bei Verweisung auf das Recht eines Nichtteilnehmerstaates, dessen Kollisionsrecht auf das Recht eines anderen Nichtteilnehmerstaates verweist, das wiederum die Verweisung annimmt. Dieser Verweisungskette wird dann gefolgt (Andrae in: VerfFamR § 11 Rn 352).

16 Die Anwendung des nach dem KSÜ anzuwendenden Rechts unterbleibt, wenn das Recht der öffentlichen Ordnung (**ordre public**) offensichtlich widerspricht, wobei das Wohl des Kindes zu berücksichtigen ist (Art. 22 KSÜ).

6. Anerkennung und Vollstreckung ausländischer Entscheidungen

17 Entscheidungen von Gerichten und Behörden eines Staates können als Hoheitsakte nur im eigenen Hoheitsgebiet unmittelbare Rechtskraft erlangen. Durch Anerkennung können ihre Wirkungen auch auf das Gebiet eines anderen Staates erstreckt werden. Soll aus der Entscheidung vollstreckt werden, ist eine Vollstreckbarerklärung (Exequatur) im anerkennenden Staat erforderlich (Andrae in: VerfFamR § 11 Rn 407).

Knahn

Nach Art. 23 Abs. 1 KSÜ werden Maßnahmen eines Vertragsstaates kraft Gesetzes in den anderen Vertragsstaates grundsätzlich anerkannt.

Ausnahmsweise kann die **Anerkennung versagt** werden,

- wenn die Maßnahme von einer Behörde getroffen wurde, die nicht nach den Regelungen des KSÜ **international zuständig** war (Art. 23 Abs. 2 lit. a KSÜ). Die zuständige Stelle des Staates, der um Anerkennung ersucht wird, ist dabei nach Art. 25 KSÜ an die Tatsachenfeststellungen gebunden, auf welche die entscheidende Stelle ihre Zuständigkeit gestützt hat,
- wenn die Maßnahme, außer in dringenden Fällen, im Rahmen eines Gerichts- oder Verwaltungsverfahrens getroffen wurde, ohne dass **dem Kind rechtliches Gehör** gewährt wurde, und dadurch gegen wesentliche Verfahrensgrundsätze des ersuchten Staates verstoßen wurde (Art. 23 Abs. 2 lit. b KSÜ). Maßstab hierfür ist in Deutschland § 159 FamFG,
- auf Antrag jeder Person, die geltend macht, dass die Maßnahme ihre elterliche Verantwortung beeinträchtigt, wenn diese Maßnahme, außer in dringenden Fällen, getroffen wurde, ohne dass dieser Person **rechtliches Gehör** gewährt wurde (Art. 23 Abs. 2 lit. c KSÜ),
- wenn die Anerkennung der öffentlichen Ordnung (**ordre public**) des ersuchten Staates offensichtlich widerspricht, wobei das **Wohl des Kindes** zu berücksichtigen ist (Art. 23 Abs. 2 lit. d KSÜ). Entscheidend ist, ob die Entscheidung **offensichtlich** dem Kindeswohl widerspricht, denn die Elternverantwortung ist auf das Wohl des Kindes auszurichten und muss das Kind in seiner Persönlichkeit als Grundrechtsträger berücksichtigen. Die Anerkennung scheitert am ordre public, wenn der deutschen Mutter aufgrund ihrer fehlenden Zugehörigkeit zur islamischen Religion die Personensorge entzogen wird (Andrae in: VerfFamR § 11 Rn 614),
- wenn die Maßnahme mit einer später im Nichtvertragsstaat des gewöhnlichen Aufenthalts des Kindes getroffenen Maßnahme unvereinbar ist, sofern die spätere Maßnahme die für ihre Anerkennung im ersuchten Staat erforderlichen Voraussetzungen erfüllt (Art. 23 Abs. 2 lit. e KSÜ) oder
- wenn das Verfahren nach Art. 33 KSÜ nicht eingehalten wurde (Art. 23 Abs. 2 lit. f KSÜ).

III. Haager Minderjährigenschutzabkommen (MSA)

1. Vertragsstaaten

Vertragsstaaten des MSA im Verhältnis zu Deutschland sind Italien, die Türkei und Macao. Bzgl der übrigen Mitglieder (Frankreich, Lettland, Litauen, Luxemburg, Niederlande, Österreich, Polen, Portugal, Schweiz und Spanien) wurde das MSA **durch das KSÜ abgelöst.**   18

Eine Liste aller Mitgliedstaaten kann auf der Internetseite der Haager Konferenz für Internationales Privatrecht unter http://www.hcch.net/index_de.php? unter den Verweisungen „Übereinkommen" – „Übereinkommen über die Zuständigkeit der Behörden und das anzuwendende Recht auf dem Gebiet des Schutzes von Minderjährigen" – „Statustabelle" abgerufen werden (letzter Zugriff: 3.8.2013).

2. Geltungsbereich

Die Brüssel II a-Verordnung ist für alle EU-Mitgliedstaaten (außer Dänemark) unmittelbar geltendes Recht   19 und geht daher gem. Art. 60 lit. a VO (EG) Nr. 2201/03 dem MSA vor, wenn sich das Kind in einem Mitgliedstaat befindet. Das MSA ist daher für Deutschland nur noch im Verhältnis zu der **Türkei und Macao** anwendbar.

3. Anwendungsbereich

Gem. Art. 1 MSA ist das MSA für Maßnahmen zum Schutz der Person und des Vermögens eines Minder-   20 jährigen anzuwenden. Der Begriff ist weit zu verstehen. Er umfasst alle Maßnahmen, die im Interesse des Kindes erforderlich sind (Palandt/Thorn Anh. zu Art. 24 EGBGB Rn 13). Der Anwendungsbereich entspricht in sachlicher Hinsicht dem (detaillierter beschriebenen) Katalog des Art. 3 KSÜ (Andrae in: VerfFamR § 11 Rn 185).

4. Zuständigkeiten

21 **a) Zuständigkeit der Gerichte des gewöhnlichen Aufenthalts.** Auch das MSA begründet in Art. 1 MSA als Grundzuständigkeit die Zuständigkeit der Gerichte des gewöhnlichen Aufenthalts des Kindes. Der Grundsatz der perpetuatio fori gilt ebenfalls nicht. Die Zuständigkeit muss daher bis zum Schluss der mündlichen Verhandlung in der Tatsacheninstanz gegeben sein (Andrae in: VerfFamR § 11 Rn 201). Die Zuständigkeit nach Art. 1 MSA steht unter dem Vorbehalt der Art. 3, 4 und 5 Abs. 3 MSA.

22 Die Zuständigkeit nach Art. 1 MSA ist bei Bestehen eines **gesetzlichen Gewaltverhältnisses** gem. Art. 3 MSA eingeschränkt. Gesetzliches Gewaltverhältnis meint hierbei die kraft Gesetzes bestehende Inhaberschaft oder Teilinhaberschaft der elterlichen Verantwortung und die sich aus ihr ergebenden Rechte und Pflichten des Inhabers gegenüber dem Kind und dem Kindesvermögen (Andrae in: VerfFamR § 11 Rn 202). Danach können einschränkende Maßnahmen in das gesetzliche Gewaltverhältnis durch das Gericht des Aufenthaltsstaates nur erfolgen, soweit dies durch das Recht des Heimatstaates auch möglich ist. Fraglich ist dabei, welches Recht konkret anzuwenden ist (Anerkennungstheorie oder Heimatrechtstheorie). Der Streit kann aber dahinstehen, da sowohl das deutsche als auch das türkische Recht im Interesse des Kindeswohls gerichtliche Änderungen des gesetzlichen Gewaltverhältnisses zulassen. Art. 3 MSA führt daher in seinem nunmehr eingeschränkten Anwendungsbereich in der deutschen Rechtspraxis zu keinen Zuständigkeitsbeschränkungen (Andrae in: VerfFamR § 11 Rn 202).

23 **b) Zuständigkeit der Heimatgerichte des Kindes.** Nach Art. 4 MSA sind die Gerichte des Heimatstaates des Kindes zuständig, falls sie der Auffassung sind, dass entsprechende Maßnahmen zum Wohl des Kindes erforderlich sind. Dies kann der Fall sein, weil die nach Art. 1 MSA zuständige Stelle nicht zum Handeln bereit oder in der Lage ist oder weil die Heimatbehörden rascher und sachnäher handeln können (Palandt/Thorn Anh. zu Art. 24 EGBGB Rn 27). Als Ausnahmevorschrift ist diese zurückhaltend anzuwenden. Der Umstand, dass im Scheidungsverfahren des Heimatstaates auch über das Sorge- oder Umgangsrecht entschieden werden soll, reicht für die Anwendbarkeit nicht aus (Andrae in: VerfFamR § 11 Rn 219).

Die Heimatzuständigkeit geht aufgrund des Vorbehaltes des Art. 1 MSA der Zuständigkeit des Aufenthalts vor. Die Heimatbehörden haben vor Inanspruchnahme der Zuständigkeit die Behörden des Staates des gewöhnlichen Aufenthalts zu informieren. Damit entfällt die Zuständigkeit nach Art. 1 MSA (Andrae in: VerfFamR § 11 Rn 220).

24 **c) Zuständigkeit für dringende Maßnahmen.** Art. 8 MSA sieht eine (zusätzliche) Zuständigkeit für das Gericht des gewöhnlichen Aufenthalts im Falle der **Gefährdung des Kindes oder des Kindesvermögens** vor und steht dabei nicht unter dem Vorbehalt des Art. 3 MSA. Die Vorschrift hat aber an Bedeutung verloren, da Zuständigkeitsbeschränkungen für Art. 1 MSA nach Art. 3 MSA praktisch nicht bestehen. Der Nachteil dieser Zuständigkeit besteht darin, dass sie im anderen Vertragsstaat nicht anerkennungspflichtig ist (Art. 8 Abs. 2 MSA).

25 Gem. Art. 9 MSA haben in allen **dringenden Fällen** die Behörden jedes Vertragsstaats, in dessen Hoheitsgebiet sich der Minderjährige oder ihm gehörendes Vermögen befindet, die notwendigen Schutzmaßnahmen zu treffen. Entscheidend ist die zeitliche Dringlichkeit, so dass hauptsächlich einstweilige Maßnahmen erfasst werden (Andrae in: VerfFamR § 11 Rn 230). Die veranlassten Maßnahmen treten, soweit sie keine endgültigen Wirkungen hervorgebracht haben, außer Kraft, sobald die an sich zuständigen Gerichte die durch die Umstände gebotenen Maßnahmen getroffen haben (Art. 9 Abs. 2 MSA).

5. Anwendbares Recht

26 Nach Art. 2 MSA wendet das zuständige Gericht sein eigenes Recht an (lex fori), es gilt der **Gleichlaufgrundsatz**.

Eine Ausnahme enthält Art. 3 MSA. Bei der Anordnung einer Schutzmaßnahme richtet sich die Vorfrage, ob kraft Gesetzes die elterliche Verantwortung (Gewaltverhältnis) besteht, nach dem **Heimatrecht des Kindes**. Dabei handelt es sich um eine Sachnormverweisung (Andrae in: VerfFamR § 11 Rn 330). Auf dieser Grundlage hat das Gericht dann unter Anwendung des eigenen nationalen Rechts (lex fori) zu entscheiden.

6. Anerkennung und Vollstreckung ausländischer Entscheidungen

Entscheidungen von Gerichten und Behörden eines Staates können als Hoheitsakte nur im eigenen Hoheits-   27
gebiet unmittelbare Rechtskraft erlangen. Durch Anerkennung können ihre Wirkungen auch auf das Gebiet eines anderen Staates erstreckt werden. Soll aus der Entscheidung vollstreckt werden, ist eine Vollstreckbarerklärung (Exequatur) im anerkennenden Staat erforderlich (Andrae in: VerfFamR § 11 Rn 407).

Nach Art. 7 MSA werden Maßnahmen eines Vertragsstaates in anderen Vertragsstaaten **grundsätzlich anerkannt,** wenn sie von den gem. Art. 1 bis 6 MSA **zuständigen Stellen** erlassen wurden. Nach dem Wortlaut der Vorschrift werden daher Eilentscheidungen nach Art. 8 und 9 MSA nicht anerkannt. Gem. Art. 16 MSA gilt der **ordre public**-Vorbehalt. Anerkennungshindernisse wegen der fehlenden Gewährung rechtlichen Gehörs kennt das MSA nicht. Diesen Erfordernissen wird ebenfalls über den ordre public Wirkung verschafft (Andrae in: VerfFamR § 11 Rn 619).

140. Kinderzuschlag

Conradis

I. Einführung...................................... 1   II. Berücksichtigung des Kinderzuschlags beim
                                                         Unterhalt.. 5

I. Einführung

1   Mit Wirkung zum 1.1.2005 wurde der Kinderzuschlag nach § 6 a Abs. 1 BKGG eingeführt, durch den **vermieden** werden soll, dass Eltern aufgrund der Unterhaltsbelastung für ihre minderjährigen Kinder **Leistungen nach dem SGB II** in Anspruch nehmen müssen. Hingegen wird dieser Zuschlag nicht bewilligt, wenn dadurch Leistungen nach dem SGB XII vermieden werden könnten. Diese Ungleichbehandlung ist verfassungsrechtlich nicht verständlich. Durch Änderung des § 6 a BKGG zum 1.10.2008 (BGBl. I, 1854) wurde die Berechnung etwas vereinfacht, indem die Höhe des Mindesteinkommens, welches erreicht werden muss, betragsmäßig festgelegt wurde. Die Berechnung des Kinderzuschlags ist sehr kompliziert, so dass hierzu auf die nachfolgenden Erläuterungen hingewiesen wird (Schwitzky in: LPK-SGB II § 6 a BKGG – Anh. zu § 12 a SGB II; HK-MuSchG/BEEG/Conradis § 6 a BKGG).

2   Der Kinderzuschlag steht einem **Elternteil** zu, wird jedoch dem jeweiligen **Kind als Einkommen zugerechnet** (§ 11 Abs. 1 S. 2 SGB II). Praktisch kommt es häufig dann zur Antragstellung, wenn Leistungen nach dem SGB II abgelehnt werden. In der Begründung des Ablehnungsbescheides kann es heißen, dass das Einkommen so gering unter dem Gesamtbedarf liegt, dass durch Zahlung des Kinderzuschlags die Bedürftigkeit vermieden werden kann. Dies ist dann Anlass, den Kinderzuschlag zu beantragen. Keineswegs bedeutet dies aber, dass der Kinderzuschlag sodann tatsächlich bewilligt wird, da die Familienkasse eine eigene Prüfung durchführt. Falls der Kinderzuschlag nicht bewilligt wird, ist es möglich, unverzüglich **nachträglich** noch Leistungen nach dem SGB II zu beantragen (§ 40 Abs. 3 SGB II). Für den Fall, dass Leistungen nach dem SGB II abgelehnt werden, kann umgekehrt nachträglich ein Antrag auf Kinderzuschlag gestellt werden (§ 6 a Abs. 3 S. 5 BKGG).

3   Der Kinderzuschlag beträgt monatlich **höchstens 140 EUR** für jedes zu berücksichtigende Kind. Damit soll erreicht werden, dass der Zuschlag zusammen mit dem Kindergeld von 184 EUR (bzw 190 EUR für das dritte Kind und 215 EUR ab dem vierten Kind) und dem auf das Kind entfallenden Wohngeldanteil den durchschnittlichen Bedarf eines Kindes abdeckt. Die Bewilligung soll jeweils für sechs Monate erfolgen (§ 6 a Abs. 2 S. 3 BKGG).

4   Materiell bringt allein der Kinderzuschlag – für sich gesehen – den Leistungsempfängern keinen Vorteil gegenüber Leistungen nach dem SGB II, weil er nur in der Höhe gezahlt wird, wie andernfalls ein Anspruch nach dem SGB II bestehen würde. Als Vorteil ist jedoch anzusehen, dass mit der Zahlung die Pflichten nach dem SGB II entfallen. Materiell ist entscheidend, dass mit der Zahlung des Kinderzuschlags ein **Anspruch auf Wohngeld** entstehen kann, der bei Leistungsbezug nach dem SGB II nicht besteht. Durch Art. 5 des Gesetzes vom 24.3.2011 (BGBl. I, 453) wurde bestimmt, dass auch Leistungsempfänger des Kinderzuschlags einen Anspruch auf **Leistungen für Bildung und Teilhabe** für ihre Kinder haben, die dem Leistungsumfang des SGB II (s. → *Grundsicherung für Arbeitsuchende* Rn 24) entsprechen (§ 6 b BKGG).

II. Berücksichtigung des Kinderzuschlags beim Unterhalt

5   Der Kinderzuschlag stellt gegenüber Unterhaltsansprüchen eine vorrangige Leistung dar, da die Leistung endgültig dem Berechtigten verbleibt. Eine Anrechnungsvorschrift des Kinderzuschlags ist im BGB nicht vorgesehen, möglicherweise auch übersehen worden. Da im Unterhaltsrecht grundsätzlich jegliches Einkommen anzurechnen ist, ist der **Kinderzuschlag bedarfsmindernd** zu berücksichtigen.

6   Noch nicht geklärt ist die Frage, ob der Kinderzuschlag den **Eltern oder dem Kind zuzurechnen** ist. Einerseits handelt es sich bei dem Kinderzuschlag um Einkommen der Eltern, andererseits wird nach § 11

Abs. 1 S. 3 SGB II der Kinderzuschlag ausdrücklich dem Kind zugeordnet. Soweit ersichtlich, gibt es bisher zwei Äußerungen hierzu. Klinkhammer (FamRZ 2004, 1909, 1912) meint, dass der Kinderzuschlag beim Einkommen des betreuenden Elternteils zu berücksichtigen ist. Dies hat zur Folge, dass, soweit ein Kinderzuschlag gezahlt wird, dieser bedarfsdeckend bei dem Elternteil anzurechnen ist. Nach Schürmann (FF 2005, 10) hingegen mindert der Kinderzuschlag die Bedürftigkeit des Kindes. Damit besteht die unterhaltsrechtliche Obliegenheit, diesen Kinderzuschlag zu beantragen, um insoweit den unterhaltsrechtlichen Bedarf zu mindern.

141. Kindesentführung

Knahn

I. Einführung 1
II. Internationale Übereinkommen und Gemeinschaftsrecht 2
   1. Haager Übereinkommen über die zivilrechtlichen Aspekte internationaler Kindesentführung
(HKÜ) 2
    a) Anwendungsbereich 3
    b) Antrag 4
    c) Anordnung der sofortigen Rückgabe des Kin-
des 6
    d) Ausschlussgründe 7
      aa) Art. 13 Abs. 1 HKÜ 8
      bb) Art. 13 Abs. 2 HKÜ 9

      cc) Art. 12 Abs. 2 HKÜ 10
      dd) Art. 20 HKÜ 11
    e) Vertragsstaaten 12
   2. Luxemburger Europäisches Übereinkommen
über die Anerkennung und Vollstreckung von
Entscheidungen über das Sorgerecht für Kinder
und die Wiederherstellung des Sorgeverhältnisses (ESÜ) 13
   3. Brüssel IIa-Verordnung 14
   4. Kindesentführung in andere Staaten 15
   5. Bundeskontaktstelle im Europäischen Justiziellen Netz für Zivil- und Handelssachen 16
III. Strafbarkeit 17

I. Einführung

1 Unter dem Begriff der **Kindesentführung** wird im Folgenden das widerrechtliche Verbringen von Kindern ins Ausland oder das Vorenthalten von Kindern im Ausland verstanden. Nicht als Kindesentführung, sondern als **Kindesentziehung** werden Fälle ohne Auslandsbezug bezeichnet. Hierfür gelten ausschließlich die nationalen Bestimmungen über die Kindesherausgabe (s. → *Kindesherausgabe*).

Die Anzahl von Ehen und Lebensgemeinschaften zwischen Partnern unterschiedlicher Nationalität nimmt immer mehr zu. Damit steigt naturgemäß auch die Zahl der Fälle, in denen die Ehegatten oder Partner bzgl ihrer gemeinsamen Kinder in Konflikt geraten. Dabei ist nach Angaben des Bundesamtes für Justiz die Neigung von Elternteilen, nach der Trennung von dem anderen den Staat des gemeinsamen Wohnsitzes mit den gemeinsamen Kindern ohne entsprechende Sorgerechtsregelung eigenmächtig zu verlassen, deutlich gewachsen. Für den verbleibenden Elternteil stellt sich daher die Frage, wie diese Kindesentführung wieder rückgängig gemacht und die Rückführung durchgesetzt werden kann.

Deutschland ist Vertragsstaat zweier internationaler Abkommen, die für Fälle internationaler Kindesentführungen Lösungen vorsehen (s. Rn 2 ff). Die Europäische Gemeinschaft hat hierzu mit der Verordnung (EG) Nr. 2201/2003 (Brüssel IIa-Verordnung) eine ergänzende Regelung für Sachverhalte innerhalb der Gemeinschaft geschaffen (s. Rn 14). Kindesentführung ist strafbar (Rn 16).

II. Internationale Übereinkommen und Gemeinschaftsrecht

1. Haager Übereinkommen über die zivilrechtlichen Aspekte internationaler Kindesentführung (HKÜ)

2 Das Haager Übereinkommen über die zivilrechtlichen Aspekte internationaler Kindesentführung (HKÜ) vom 25.10.1980 (BGBl. II 1990, 206) will die **rasche Rückführung** widerrechtlich, dh unter Verletzung eines faktisch ausgeübten Sorgerechts entführter oder zurückgehaltener Kinder ermöglichen und dabei den **status quo wiederherstellen**, wobei eine Entscheidung über das Sorgerecht nicht vorweggenommen werden soll (Palandt/Thorn Anh. zu Art. 24 EGBGB Rn 54).

3 **a) Anwendungsbereich.** Eine internationale Kindesentführung liegt vor, wenn ein Kind (bis zu 16 Jahren, Art. 4 S. 2 HKÜ) widerrechtlich in einen Vertragsstaat (s. Rn 12) verbracht oder in diesem zurückgehalten wird und es unmittelbar davor seinen gewöhnlichen Aufenthalt in einem anderen Mitgliedstaat des Übereinkommens hatte (Art. 1 lit. a und Art. 4 S. 1 HKÜ). Es muss sich also um eine **internationale Entführung zwischen Vertragsstaaten** handeln.

Verbringen ist das Herausnehmen des Kindes aus seinem gewöhnlichen Lebensraum, wo es sich in der Obhut einer oder mehrerer Personen befand, die ihm gegenüber rechtmäßig das Sorgerecht ausübten. Dem gleichgestellt ist das **Zurückhalten**, also die Weigerung, das Kind nach einem Auslandsaufenthalt, dem die

Person, die das Sorgerecht ausübt, zugestimmt hatte, in seine bisherige Umwelt wieder einzugliedern (Andrae in: VerfFamR § 11 Rn 678).

Widerrechtlichkeit liegt dabei vor, wenn durch das Verbringen oder Zurückhalten das Sorgerecht verletzt wird, das einer Person allein oder gemeinsam mit einer anderen Person nach dem Recht des Staates zusteht, in dem das Kind unmittelbar vor dem Verbringen oder Zurückhalten seinen gewöhnlichen Aufenthaltsort hatte, Art. 3 Abs. 1 lit. a HKÜ, wobei das Sorgerecht tatsächlich ausgeübt worden sein muss. Das HKÜ vermutet hierbei unausgesprochen, dass der Inhaber der Sorge diese auch tatsächlich ausgeübt hat (Andrae in: VerfFamR § 11 Rn 685).

b) Antrag. Der Antrag auf Rückgabe des Kindes kann bei der **zentralen Behörde des Heimatstaates** des   4 Antragsstellers gem. § 6 HKÜ gestellt werden. Der Antrag ist binnen eines Jahres ab dem Zeitpunkt des Verbringens oder des Zurückhaltens zu stellen, da ansonsten die Rückgabeanordnung abgelehnt werden kann, wenn sich das Kind in das neue Umfeld eingelebt hat (s. Rn 8).

In Deutschland ist gem. § 3 Abs. 1 IntFamRVG das Bundesamt für Justiz als zentrale Behörde zuständig. Die Anschrift lautet:

Bundesamt für Justiz
– Zentrale Behörde für internationale Sorgerechtskonflikte –
Adenauerallee 99–103
53113 Bonn

Telefon: (0228) 99 410 – 5212
Telefax: (0228) 99 410 – 54 01
E-Mail: int.sorgerecht@bfj.bund.de

Antragsformulare können in verschiedenen Sprachen auf den Internetseiten des Bundesamtes für Justiz unter „http://www.bundesjustizamt.de" unter den Verweisungen „Int. Sorgerecht" – „Formulare" heruntergeladen werden.

Der Antragssteller kann sich auch an die ausländische zentrale Behörde oder unmittelbar an die für die Rückgabeanordnung zuständige Stelle (Gericht/Behörden) des ersuchten Staates wenden. Die örtliche und sachliche Zuständigkeit und auch die Frage des Anwaltszwangs richten sich dabei nach den nationalen Vorschriften. Für die Frage der internationalen Zuständigkeit gilt bei Verfahren innerhalb der EU (mit Ausnahme von Dänemark) die Brüssel IIa-Verordnung (s. Rn 14).

Für Rückgabeanordnungen aus Deutschland in den Staat des Antragsstellers ist gem. §§ 11, 12 IntFamRVG das Familiengericht am Sitz des jeweiligen Oberlandesgerichts zuständig.

Die für die Rückgabeanordnung zuständige Stelle kann vor Erlass der Anordnung vom Antragsteller die   5 Vorlage einer Bescheinigung verlangen, aus der sich die Widerrechtlichkeit iSv Art. 3 HKÜ ergibt. Diese sollte daher möglichst zeitnah beantragt werden. Die **Widerrechtlichkeitsbescheinigung** wird gem. § 41 IntFamRVG von dem mit dem Sorgerechtsstreit befassten Familiengericht, dem Gericht des letzten gewöhnlichen Aufenthaltes des Kindes oder hilfsweise dem Gericht, in dessen Bezirk das Besorgnis der Fürsorge auftritt, ausgestellt. In deutschen Rückführungsverfahren wird die Feststellung grundsätzlich ohne weitere Sachprüfung übernommen, von einer rechtlichen Bindung ist jedoch nicht auszugehen (Andrae in: VerfFamR § 11 Rn 705).

c) Anordnung der sofortigen Rückgabe des Kindes. Ist der Anwendungsbereich des HKÜ eröffnet, ord-   6 net die im Zufluchtsstaat zuständige Stelle (Gericht/Behörde) auf Antrag die **sofortige Rückgabe** des Kindes an, wenn zum Zeitpunkt der Antragstellung eine Frist von weniger als einem Jahr seit dem Verbringen oder Zurückhalten verstrichen ist (Art. 12 Abs. 1 HKÜ). Ist der Antrag erst nach Ablauf der Jahresfrist eingegangen, so ist die Rückgabe des Kindes ebenfalls anzuordnen, sofern nicht erwiesen ist, dass das Kind sich in seine neue Umgebung eingelebt hat (Art. 12 Abs. 2 HKÜ).

7 **d) Ausschlussgründe.** Grundsätzlich orientiert sich das HKÜ an dem **Kindeswohl**, wobei es von der Vermutung ausgeht, dass die sofortige Rückführung des Kindes an seinen bisherigen Aufenthaltsort dem Kindesinteresse dient (Palandt/Thorn Anh. zu Art. 24 EGBGB Rn 54). Die Anordnung nach Art. 12 HKÜ darf daher nur unterbleiben, wenn ein Ausschlussgrund vorliegt.

Es stellt grundsätzlich keinen Ausschlussgrund dar, dass im ersuchten Staat bereits eine Entscheidung (zugunsten des Entführers) über das Sorgerecht getroffen wurde. Allerdings können die Entscheidungsgründe bei der Anwendung des HKÜ berücksichtigt werden (Art. 17 HKÜ). Wurde der gewöhnliche Aufenthalt im Zufluchtsstaat durch die Sorgerechtsentscheidung bereits gebilligt, steht das der beantragten Rückführung aber grundsätzlich entgegen (Palandt/Thorn Anh. zu Art. 24 EGBGB Rn 76).

8 **aa) Art. 13 Abs. 1 HKÜ.** Die Anordnung der Rückgabe kann **unterbleiben**, wenn nachgewiesen wird,

– dass der Sorgerechtsberechtigte, der die Rückführung verlangt, das Sorgerecht zum Zeitpunkt der Kindesentführung **tatsächlich nicht ausgeübt** oder dem Verbringen oder der Zurückhaltung **zugestimmt** oder sie nachträglich genehmigt hat (Art. 13 Abs. 1 lit. a HKÜ) oder

– wenn die Rückgabe für das Kind mit einer **schwerwiegenden Gefahr** eines körperlichen oder seelischen Schadens verbunden ist oder es auf andere Weise in eine **unzumutbare Situation** gebracht wird (Art. 13 Abs. 1 lit. b HKÜ).

Der entführende Elternteil hat den Ausschlussgrund schlüssig darzulegen und zu beweisen (Ausnahme vom Amtsermittlungsgrundsatz). Die Entscheidung liegt im **Ermessen** der zuständigen Stelle. Als Ausnahme zum Grundsatz der sofortigen Rückgabe ist eine **restriktive Auslegung** geboten (Andrae in: VerfFamR § 11 Rn 689).

An die Tatbestandsmerkmale des lit. b sind hohe Anforderungen zu stellen. Nicht maßgebend ist, wessen Erziehung und Betreuung dem Wohl des Kindes am besten entspricht. Ebenso kann die Rückführung nicht schon deshalb abgelehnt werden, weil der entführende Elternteil die Hauptbezugsperson des Kindes ist. Mit der Rückführung des Kindes verbundene typische Belastungsfolgen sind grundsätzlich als unvermeidbar hinzunehmen. Welchem Elternteil das Sorgerecht letztlich zukommen müsste, ist in diesem Zusammenhang nicht zu prüfen. Grundsätzlich ist auch davon auszugehen, dass die Rückführung für den Entführer zumutbar ist, selbst wenn gegen ihn Haftbefehl wegen der Entführung vorliegt (Andrae in: VerfFamR § 11 Rn 690 ff).

9 **bb) Art. 13 Abs. 2 HKÜ.** Das Gericht kann es außerdem ablehnen, die Rückgabe anzuordnen, wenn sich das **Kind der Rückgabe widersetzt** und ein Alter und eine Reife erreicht hat, angesichts derer es angebracht erscheint, seine Meinung zu berücksichtigen (Art. 13 Abs. 2 HKÜ).

Der Widerstand muss ernsthaft und aus freien Stücken erfolgen und sich gegen die Rückführung selbst richten. Die Rückkehr ist daher anzuordnen, wenn sich das Kind nur weigert zu dem Antragsteller zurückzukehren und beim Entführer bleiben will und dem Entführer die Rückkehr zumutbar ist (Andrae in: VerfFamR § 11 Rn 693).

Es gilt der **Amtsermittlungsgrundsatz** (Andrae in: VerfFamR § 11 Rn 693). Die Entscheidung liegt im Ermessen der zuständigen Stelle. Als Ausnahme zum Grundsatz der sofortigen Rückgabe ist eine **restriktive Auslegung** geboten (Andrae in: VerfFamR § 11 Rn 689).

10 **cc) Art. 12 Abs. 2 HKÜ.** Die Anordnung unterbleibt, wenn der Antrag nach Ablauf eines Jahres seit dem Verbringen oder Zurückhalten gestellt wurde und nachgewiesen ist, dass sich das Kind in seine neue Umgebung eingelebt hat (Art. 12 Abs. 2 HKÜ). Das Kind muss sich in das neue familiäre, soziale und kulturelle Umfeld voll integriert haben. Es gilt der **Amtsermittlungsgrundsatz** (Palandt/Thorn Anh. zu Art. 24 EGBGB Rn 69). Im Falle des Zurückhaltens beginnt die Frist mit dem Zeitpunkt der Pflicht zur Rückgabe (Andrae in: VerfFamR § 11 Rn 695).

11 **dd) Art. 20 HKÜ.** Die Rückgabe kann abgelehnt werden, wenn sie den Grundwerten des ersuchten Staates über den Schutz der Menschenrechte und Grundfreiheiten widerspricht (Art. 20 HKÜ). Die Vorschrift ent-

hält einen **ordre public**-Vorbehalt zugunsten der inländischen Menschenrechte und Grundfreiheiten (Palandt/Thorn Anh. zu Art. 24 EGBGB Rn 79). Die Bestimmung ist als Vorbehaltsklausel eng auszulegen (Andrae in: VerfFamR § 11 Rn 696) und erfasst nur flagrante Verletzungen der EMRK oder der deutschen Grundrechte (Palandt/Thorn Anh. zu Art. 24 EGBGB Rn 79).

e) Vertragsstaaten. Eine aktuelle Liste aller Mitgliedstaaten kann auf der Internetseite der Haager Konfe- 12
renz für Internationales Privatrecht unter „http://www.hcch.net/index_de.php?" unter den Verweisungen „Übereinkommen"-„ Haager Übereinkommen über die zivilrechtlichen Aspekte internationaler Kindesentführung"-„Statustabelle" abgerufen werden.

Vertragsstaaten des HKÜ sind: Albanien, Argentinien, Australien, Belgien, Bosnien und Herzegowina, Brasilien, Bulgarien, Chile, Costa Rica, Deutschland, Dänemark, Ecuador, Ehemalige Jugoslawische Republik Mazedonien, Estland, Finnland, Frankreich, Georgien, Griechenland, Irland, Island, Israel, Italien, Kanada, Kroatien, Lettland, Litauen, Luxemburg, Malta, Marokko, Mauritius, Mexiko, Monaco, Montenegro, Neuseeland, Niederlande, Norwegen, Österreich, Panama, Paraguay, Peru, Polen, Portugal, Rumänien, Schweden, Schweiz, Serbien, Slowakei, Slowenien, Spanien, Sri Lanka, Südafrika, Tschechische Republik, Türkei, Ukraine, Ungarn, Uruguay, Venezuela, Vereinigte Staaten von Amerika, Vereinigtes Königreich Großbritannien, Volksrepublik China, Weißrussland und Zypern (Mitgliedstaaten der Haager Konferenz) sowie Andorra (seit Juli 2011), Armenien, Bahamas, Belize, Burkina Faso, Dominikanische Republik, El Salvador, Fidschi, Gabun, Guatemala, Honduras, Kolumbien, Moldau, Nicaragua, San Marino, Seychellen, Simbabwe, Singapur, St. Kitts und Nevis, Thailand, Trinidad und Tobago, Turkmenistan, Usbekistan (beigetretene Staaten).

Staaten, die bei dem Abschluss des Übereinkommens am 25.10.1980 noch nicht Mitglied der Haager Konferenz – einer zwischenstaatlichen internationalen Organisation – waren, können das Übereinkommen nicht mit Wirkung für und gegen alle anderen Vertragsstaaten zeichnen und ratifizieren, sondern ihm nur beitreten. Nach Art. 38 Abs. 3 HKÜ wirkt der Beitritt des neuen Staates nur für und gegen die bisherigen Vertragsstaaten, die ihn annehmen. Im Verhältnis zu Deutschland ist das HKÜ bislang nur gegenüber Gabun nicht wirksam. Eine aktuelle Liste aller Staaten im Verhältnis des Inkrafttretens mit Deutschland ist auf den Internetseiten des Bundesamtes für Justiz unter „http://www.bundesjustizamt.de" unter den Verweisungen „Int. Sorgerecht" – „Staatenliste" abrufbar.

2. Luxemburger Europäisches Übereinkommen über die Anerkennung und Vollstreckung von Entscheidungen über das Sorgerecht für Kinder und die Wiederherstellung des Sorgeverhältnisses (ESÜ)

Das Europäische Sorgerechtsübereinkommen (BGBl. II 1990, 220) bietet Möglichkeiten insbesondere zur 13
Anerkennung und Vollstreckung ausländischer Entscheidungen, die teilweise alternativ im Verhältnis zum HKÜ genutzt werden können. Im Verhältnis zu den übrigen Mitgliedstaaten der Europäischen Union (außer Dänemark) ist es jedoch weitgehend durch die Brüssel IIa-Verordnung (s. Rn 14) abgelöst worden. Bedeutung für die Rückführung bzw Herausgabe von Kindern hat es daher aus deutscher Sicht nur noch im Verhältnis zu Dänemark, Island, Liechtenstein, zur ehemaligen jugoslawischen Republik Mazedonien, zu Moldau, Montenegro, Norwegen, der Schweiz, Serbien und der Türkei. Eine aktuelle Liste aller Staaten im Verhältnis des Inkrafttretens mit Deutschland ist auf den Internetseiten des Bundesamtes für Justiz unter „http://www.bundesjustizamt.de" unter den Verweisungen „Int. Sorgerecht" – „Staatenliste" abrufbar.

3. Brüssel IIa-Verordnung

Die Verordnung (EG) Nr. 2201/2003 des Rates über die Zuständigkeit und die Anerkennung und Vollstre- 14
ckung von Entscheidungen in Ehesachen und in Verfahren betreffend die elterliche Verantwortung und zur Aufhebung der Verordnung (EG) Nr. 1347/2000 vom 27. November 2003 (Brüssel IIa-Verordnung oder EheVO) gilt seit 1.3.2005 (im Verhältnis zu Bulgarien und Rumänien seit 1.1.2007). Sie geht gem. Art. 60 lit. e VO (EG) Nr. 2201/03 im Verhältnis zwischen den Mitgliedstaaten (mit Ausnahme Dänemarks) dem HKÜ vor. Die Verordnung enthält in Art. 10 VO (EG) Nr. 2201/03 eine eigene Regelung hinsichtlich der

internationalen Zuständigkeit für Sorgerechtsentscheidungen in Fällen von Kindesentführungen und modifiziert in Art. 11 VO (EG) Nr. 2201/03 das Verfahren hinsichtlich einer nach dem HKÜ beantragten Rückgabe.

Die Rückgabe ist gem. Art. 13 lit. b HKÜ (s. Rn 8) nicht ausgeschlossen, wenn nachgewiesen ist, dass angemessene Vorkehrungen getroffen wurden, um den Schutz des Kindes nach seiner Rückkehr zu gewährleisten (Art. 11 Abs. 4 VO (EG) Nr. 2201/03).

Gem. Art. 11 Abs. 2 VO (EG) Nr. 2201/03 muss im Rahmen der Rückführungsanordnung sichergestellt sein, dass das Kind die Möglichkeit hat, während des Verfahrens gehört zu werden, sofern dies nicht aufgrund seines Alters oder seines Reifegrads unangebracht erscheint. Art. 11 Abs. 3 VO (EG) Nr. 2201/03 beinhaltet ein Beschleunigungsgebot. Das Gericht muss bei einem Rückführungsantrag mit gebotener Eile handeln und sich dabei der zügigsten Verfahren bedienen. Spätestens sechs Wochen nach seiner Befassung mit dem Antrag muss eine Entscheidung ergehen, es sei denn, dass dies aufgrund außergewöhnlicher Umstände nicht möglich ist. Gem. Art. 11 Abs. 5 VO (EG) Nr. 2201/03 kann ein Gericht die Rückgabe eines Kindes nicht verweigern, wenn dem Antragssteller nicht die Gelegenheit gegeben wurde, gehört zu werden.

4. Kindesentführung in andere Staaten

15 Wenn zwischen Deutschland und dem Nicht-EU-Staat, in den das Kind entführt wurde, kein internationales Abkommen besteht, bleibt nur die Möglichkeit, den **dortigen Rechtsweg** zu beschreiten. Dabei sind die Besonderheiten des nationalen Rechts zu beachten, weshalb empfohlen wird, sich in jedem Fall durch ortsansässige Anwälte beraten und vertreten zu lassen. Wenn nach der dortigen Rechtsordnung dem zurückgelassenen Elternteil kein oder nur ein beschränktes Sorgerecht zukommt, können die Erfolgsaussichten gerichtlichen Vorgehens von vornherein beschränkt sein. Hilfestellung bieten das Auswärtige Amt (http://www.konsularinfo.diplo.de/Vertretung/konsularinfo/de/03/Kinder/__Kindesentziehung__Allgemein.html), der Verband binationaler Familien und Partnerschaften (iaf) e.V. (http://www.verband-binationaler.de) sowie der internationale Sozialdienst (http://www.issger.de).

5. Bundeskontaktstelle im Europäischen Justiziellen Netz für Zivil- und Handelssachen

16 Im Europäischen Justiziellen Netz für Zivil- und Handelssachen (EJN) wurden von den Mitgliedstaaten **Verbindungsrichter** benannt, die als Ansprechpartner für Richter im In- und Ausland zur Verfügung stehen und bei der Lösung von grenzüberschreitenden Rechtsstreitigkeiten helfen. Die Kontaktdaten der deutschen Verbindungsrichter und weitere Informationen finden sich auf den Internetseiten des Bundesjustizamtes http://www.bundesjustizamt.de unter den Verweisungen „Themen" – „Europäisches Justizielles Netz für Zivil- und Handelssachen" – „Die deutschen Verbindungsrichterinnen und -richter im EJN".

III. Strafbarkeit

17 Die Entführung von Kindern ins Ausland ist gem. § 235 Abs. 2 StGB strafbar. Der **Strafrahmen** beträgt Geldstrafe oder Freiheitsstrafe bis zu fünf Jahren.

Im Gegensatz zu der Kindesentziehung nach § 235 Abs. 1 StGB (s. → *Kindesherausgabe* Rn 10) bei der neben der gewaltsamen oder nötigenden Entziehung (Nr. 1) insbesondere der **Täterkreis** auf Nicht-Angehörige beschränkt ist (Nr. 2), erweitert die Entführung gem. § 235 Abs. 2 StGB den Täterkreis auf jedermann, so dass sich insbesondere auch Angehörige (auch mitsorgeberechtigte Elternteile) strafbar machen können.

Tatobjekt ist das Kind, also eine Person unter 14 Jahren (§ 176 Abs. 1 StGB). **Geschützt** sind die sorgeberechtigten Eltern oder ein Elternteil alleine, das Umgangsrecht des nicht sorgeberechtigten Elternteils, die Adoptiveltern, der Vormund und der Pfleger (Tröndle/Fischer § 235 StGB Rn 3).

Tathandlung ist gem. Nr. 1 das Entziehen eines Kindes, um es in das Ausland zu verbringen (aktive Entführung). Ein Entziehen liegt dabei vor, wenn der Täter den wesentlichen Inhalt des Rechts auf Personensorge durch räumliche Trennung von gewisser Dauer beeinträchtigt (Tröndle/Fischer § 235 StGB Rn 6). Der Täter muss dabei die besondere Absicht aufweisen, das Kind ins Ausland verbringen zu wollen. Das Kind muss also noch nicht ins Ausland verbracht worden sein. Tathandlung nach Nr. 2 ist das **Vorenthalten des Kindes im Ausland**, wenn sich das Kind im Einvernehmen mit dem oder den Sorgeberechtigten im Ausland befindet (passive Entführung). Ein Vorenthalten liegt vor, wenn der Täter die Herausgabe des Kindes verweigert oder wenn er durch Verheimlichen des Aufenthaltsorts oder durch anderweitige Unterbringung die Herausgabe des Kindes erschwert (Tröndle/Fischer § 235 StGB Rn 7).

Der **Versuch** ist gem. § 235 Abs. 3 StGB strafbar. Gem. § 235 Abs. 4 StGB beträgt der **Strafrahmen** Freiheitsstrafe von einem Jahr bis zehn Jahren, wenn das Opfer durch die Tat in die Gefahr des Todes oder einer schweren Gesundheitsschädigung oder einer erheblichen Schädigung der körperlichen oder seelischen Entwicklung gebracht wird (Nr. 1), oder wenn der Täter die Tat gegen Entgelt oder in Bereicherungsabsicht begeht (Nr. 2). § 235 Abs. 5 StGB sieht als **Erfolgsqualifikation** (§ 18 StGB) eine Strafschärfung von Freiheitsstrafe nicht unter drei Jahren vor, wenn der Täter durch die Tat den Tod des Opfers verursacht hat. **In minder schweren Fällen** des Abs. 4 verringert sich der Strafrahmen auf Freiheitsstrafe von sechs Monaten bis zu fünf Jahre, in minder schweren Fällen des Abs. 5 auf Freiheitsstrafe von einem Jahr bis zu zehn Jahren. Es handelt sich in den Fällen des § 235 Abs. 1–3 StGB um ein **relatives Antragsdelikt** (Abs. 6).

142. Kindesherausgabe

Knahn

I. Einführung.. 1
II. Herausgabeanspruch............................ 2
  1. Anspruchsberechtigte.......................... 2
  2. Anspruchsgegner............................... 3
3. Anspruchsvoraussetzungen..................... 4
III. Besonderheiten des familiengerichtlichen Verfahrens... 6
IV. Strafbarkeit des Vorenthaltens................. 10

I. Einführung

1 Das Aufenthaltsbestimmungsrecht als Teil der Personensorge umfasst das Recht, die Herausgabe des Kindes von jedem zu verlangen, der es dem Inhaber des Aufenthaltsbestimmungsrechts **widerrechtlich vorenthält**. Der Herausgabeanspruch beruht auf dem gemäß Art. 6 Abs. 1 GG verfassungsrechtlich geschützten Elternrecht. Für die Geltendmachung des Herausgabeanspruchs ist keine vorangehende Sorgerechtsentscheidung notwendig, die im Rahmen des § 1632 Abs. 1 BGB umgesetzt werden soll, da es sich hierbei nicht ein Vollstreckungsverfahren handelt (NK-BGB/Rakete-Dombek § 1632 BGB Rn 2). Der **Herausgabeanspruch** (s. Rn 2 ff) endet bei Verheiratung des Kindes gem. § 1633 BGB (Palandt/Götz § 1632 BGB Rn 2). Er ist im **familiengerichtlichen Verfahren** (s. Rn 6 ff) als Kindschaftssache geltend zu machen. Das widerrechtliche Vorenthalten ist gem. § 235 StGB **strafbar** (s. Rn 10).

II. Herausgabeanspruch

1. Anspruchsberechtigte

2 Der **Inhaber des Aufenthaltsbestimmungsrechts** ist berechtigt, die Herausgabe zu verlangen. Das sind entweder die Eltern gemeinsam oder ein Elternteil allein, wenn er insoweit alleinsorgeberechtigt ist oder Gefahr im Verzug gem. § 1629 Abs. 1 S. 1 BGB vorliegt (Palandt/Götz § 1632 BGB Rn 3). Bei gemeinsamer elterlicher Sorge muss der Anspruch auch von beiden Elternteilen geltend gemacht werden, wobei die stillschweigende Zustimmung eines Elternteils ausreichen kann (NK-BGB/Rakete-Dombek § 1632 BGB Rn 3). Soweit den Eltern das Aufenthaltsbestimmungsrecht nicht zusteht, ist der **Pfleger** oder der **Vormund** anspruchsberechtigt.

2. Anspruchsgegner

3 Das Herausgabeverlangen ist gegen denjenigen zu richten, der das Kind widerrechtlich vorenthält (s. Rn 4 f). Das kann **jeder Dritte**, aber auch der **andere Elternteil** sein. Besteht die gemeinsame elterliche Sorge auch hinsichtlich des Aufenthaltsbestimmungsrechts, ist alleine das Kindeswohl (§ 1697 a BGB) entscheidend (Palandt/Götz § 1632 BGB Rn 4). Maßgeblich für das Kindeswohl kann dabei insbesondere eine zuvor gemeinsam getroffene Absprache der Eltern über den Lebensmittelpunkt des Kindes sein (HK-FamR/Schmid § 1632 BGB Rn 2).

3. Anspruchsvoraussetzungen

4 Der Anspruchsgegner muss das Kind dem Anspruchsberechtigten **vorenthalten**. Darunter ist jedes aktive Tun zu verstehen, das die Rückkehr des Kindes zum Sorgeberechtigten verhindert oder erschwert. Neben dem **gewaltsamen Zurückhalten** durch Einsperren, Verschleppen, Entführen etc. kann dabei schon jede nachhaltige **psychische Beeinflussung** des Kindes ausreichend sein (NK-BGB/Rakete-Dombek § 1632 BGB Rn 5). Hält sich derjenige, bei dem sich das Kind gegen den Willen der Eltern aufhält, aber völlig passiv, so liegt kein Vorenthalten vor (Palandt/Götz § 1632 BGB Rn 3).

5 Das Vorenthalten muss **widerrechtlich** sein. Die Widerrechtlichkeit entfällt, wenn sich das Kind aufgrund einer Verbleibensanordnung nach § 1632 Abs. 4 BGB bei einer Pflegeperson (s. → *Verbleibensanordnung* Rn 3 ff) oder gem. § 1682 BGB bei einer engen Bezugsperson (s. → *Verbleibensanordnung* Rn 12 ff) aufhält. Die Widerrechtlichkeit entfällt immer dann, wenn das Vorenthalten der Abwehr einer Gefahr für das Kindeswohl dient (NK-BGB/Rakete-Dombek § 1632 BGB Rn 6). Die Widerrechtlichkeit wird daher immer

vom **Kindeswohl** überlagert (Palandt/Götz § 1632 BGB Rn 3). Eine frühere bindende Einigung der gemeinsam sorgeberechtigten Eltern über den Lebensmittelpunkt des Kindes schließt daher im Kindeswohlinteresse bis zu einer gegensätzlichen gerichtlichen Entscheidung über das Aufenthaltsbestimmungsrecht die Widerrechtlichkeit aus (NK-BGB/Rakete-Dombek § 1632 BGB Rn 6). Sind beide Eltern sorgeberechtigt und gab es einen gemeinsamen Aufenthalt der Familie in der Ehewohnung, stellt die Mitnahme des Kindes durch einen Elternteil beim Auszug anlässlich der Trennung und auch der nach dem Auszug erfolgende spätere Umzug im Inland kein widerrechtliches Vorenthalten dar (HK-FamR/Schmid § 1632 BGB Rn 2). Mit der Rückführung zwangsläufig verbundene Beeinträchtigungen des Kindes sind nicht geeignet, die Herausgabeanordnung in Frage zu stellen (Palandt/Götz § 1632 BGB Rn 4).

III. Besonderheiten des familiengerichtlichen Verfahrens

Bei der Geltendmachung des Herausgabeanspruchs handelt es sich um eine Kindschaftssache gem. § 151   **6** Nr. 3 FamFG. Es gelten die besonderen Verfahrensvorschriften der §§ 152 ff. FamFG (HK-ZPO/Kemper § 151 FamFG Rn 14 ff).

Trotz des fraglichen Verbots (HK-FamFG/Stockmann § 49 FamFG Rn 2) der Vorwegnahme der Hauptsa-   **7** che in Familiensachen kann eine **einstweilige Anordnung** zur Herausgabe des Kindes ergehen, da durch einen kurzfristigen Wechsel des gewöhnlichen Aufenthalts keine Fakten geschaffen werden sollen, die eine spätere Herausgabeentscheidung beeinflussen können (NK-BGB/Rakete-Dombek § 1632 BGB Rn 13). Dies wird in Kauf zu nehmen sein, wenn ein Aufenthaltswechsel bereits vorübergehend zum Kindeswohl erforderlich ist. Dies ergibt sich nicht nur aus dem formellen Argument, dass das Verfahren der einstweiligen Anordnung gem. § 51 Abs. 3 FamFG ein selbstständiges Verfahren ist, welches eine Hauptsacheentscheidung entbehrlich machen kann (HK-FamFG/Stockmann § 49 FamFG Rn 2). Insbesondere vor dem Hintergrund des Kindeswohls hat das Verbot der Vorwegnahme der Hauptsache als Ausgestaltung einer Rechtsschutzgarantie zurückzustehen.

Eine gerichtliche Anordnung der Herausgabe eines Kindes wird auch ohne formelle Rechtskraft gem. § 40   **8** Abs. 1 FamFG durch die Bekanntgabe wirksam und kann somit nach den Vorschriften der §§ 88 ff. FamFG vollstreckt werden (s. → *Vollstreckung familiengerichtlicher Entscheidungen* Rn 12 ff).

Findet das Vorenthalten im Ausland statt, liegt ein Fall der Kindesentführung vor, weshalb innerhalb der   **9** EU aufgrund unmittelbar geltenden Gemeinschaftsrechts und im Übrigen aufgrund internationaler Übereinkommen die sofortige Rückführung des Kindes beantragt werden kann (s. → *Kindesentführung*).

IV. Strafbarkeit des Vorenthaltens

Die Entziehung Minderjähriger ist gem. § 235 Abs. 1 StGB strafbar. Der **Strafrahmen** beträgt Geldstrafe   **10** oder Freiheitsstrafe bis zu fünf Jahren.

Im Gegensatz zu der Kindesentführung nach § 235 Abs. 2 StGB (s. → *Kindesentführung* Rn 16), bei der der Täterkreis auf jedermann erweitert ist, so dass sich insbesondere auch Angehörige (auch mitsorgeberechtigte Elternteile) strafbar machen können, ist im Falle der Kindesentziehung nach Abs. 1 neben der gewaltsamen oder nötigenden Entziehung Minderjähriger (Nr. 1) der **Täterkreis** auf Nicht-Angehörige beschränkt (Nr. 2). Ohne Gewalt oder Nötigung macht sich daher ein Angehöriger nicht strafbar, wenn er ein Kind dem Sorgeberechtigten vorenthält.

Tatobjekt im Falle des § 235 Abs. 1 Nr. 2 StGB ist das Kind, also eine Person unter 14 Jahren (§ 176 Abs. 1 StGB). **Geschützt** sind die sorgeberechtigten Eltern oder ein Elternteil alleine, das Umgangsrecht des nicht sorgeberechtigten Elternteils, die Adoptiveltern, der Vormund und der Pfleger (Tröndle/Fischer § 235 StGB Rn 3).

Tathandlung ist das Entziehen oder Vorenthalten eines Kindes. Ein Entziehen liegt dabei vor, wenn der Täter den wesentlichen Inhalt des Rechts auf Personensorge durch räumliche Trennung von gewisser Dauer beeinträchtigt (Tröndle/Fischer § 235 StGB Rn 6). Ein Vorenthalten liegt vor, wenn der Täter die Herausgabe des Kindes verweigert oder wenn er durch Verheimlichen des Aufenthaltsorts oder durch anderweitige Unterbringung die Herausgabe des Kindes erschwert (Tröndle/Fischer § 235 StGB Rn 7).

Der **Versuch** ist im Falle des § 235 Abs. 1 Nr. 2 StGB gem. Abs. 3 strafbar. Gem. § 235 Abs. 4 StGB beträgt der **Strafrahmen** Freiheitsstrafe von einem Jahr bis zehn Jahren, wenn das Opfer durch die Tat in die Gefahr des Todes oder einer schweren Gesundheitsschädigung oder einer erheblichen Schädigung der körperlichen oder seelischen Entwicklung gebracht wird (Nr. 1), oder wenn der Täter die Tat gegen Entgelt oder in Bereicherungsabsicht begeht (Nr. 2). § 235 Abs. 5 StGB sieht als **Erfolgsqualifikation** (§ 18 StGB) eine Strafschärfung von Freiheitsstrafe nicht unter drei Jahren vor, wenn der Täter durch die Tat den Tod des Opfers verursacht hat. **In minder schweren Fällen** des Abs. 4 verringert sich der Strafrahmen auf Freiheitsstrafe von sechs Monaten bis zu fünf Jahren, in minder schweren Fällen des Abs. 5 auf Freiheitsstrafe von einem Jahr bis zu zehn Jahren. Es handelt sich in Fällen des § 235 Abs. 1–3 StGB um ein **relatives Antragsdelikt** (Abs. 6).

143. Kindesunterhalt Minderjähriger

Schausten

I. Materielle Grundlagen	1
1. Bedarf	2
a) Einführung	2
b) Bedarf beim Wechselmodell	6
c) Mehrbedarf/Sonderbedarf	8
d) Kranken- und Pflegevorsorge	9
e) Kind mit eigenem Haushalt	11
2. Bedürftigkeit	12
3. Leistungsfähigkeit	15
a) Bedarfskontrollbetrag	16

b) Vermögenseinsatz	17
c) Gesteigerte Erwerbsobliegenheit	18
d) Keine gesteigerte Erwerbsobliegenheit bei Vorhandensein anderer leistungsfähiger Verwandter	22
II. Verfahrensrechtliche Hinweise	26
1. Prozessstandschaft/gesetzliche Vertretung	26
2. Vertretung bei Wechselmodell	27
3. Wechsel der Obhut/elterlichen Sorge	28
4. Darlegungs- und Beweislast	29

I. Materielle Grundlagen

Gemäß § 1601 BGB schulden Verwandte in gerader Linie einander Unterhalt. Der Unterhaltsanspruch minderjähriger und volljähriger Kinder beruht jeweils auf dieser Anspruchsgrundlage, er ist daher identisch, wenn auch mit geringen Abweichungen. Diese Identität des Unterhaltsanspruchs führt dazu, dass auch das volljährige Kind aus einem Unterhaltstitel, der während seiner Minderjährigkeit geschaffen wurde, die Zwangsvollstreckung betreiben kann. **1**

1. Bedarf

a) Einführung. Gemäß § 1610 BGB umfasst der Unterhalt den **gesamten Lebensbedarf** des Kindes, einschließlich der Kosten einer angemessenen Vorbildung zu einem Beruf. Der Bedarf eines minderjährigen Kindes richtet sich prinzipiell nach den Lebensverhältnissen der Eltern. In der Praxis ergibt sich der Bedarf des Kindes nach der jeweils gültigen Düsseldorfer Tabelle, die in Abhängigkeit von dem Alter des Kindes, den unterhaltsrechtlich relevanten Einkünften des Unterhaltspflichtigen und der Anzahl der Unterhaltsberechtigten den Bedarf bestimmt. Die **Düsseldorfer Tabelle** nebst Anmerkungen beruht auf Koordinierungsgesprächen, die unter Beteiligung aller Oberlandesgerichte und der Unterhaltskommission des Deutschen Familiengerichtstages e.V. stattgefunden haben. Basis für die Bedarfssätze der Düsseldorfer Tabelle ist der seit dem 1.1.2008 gültige Mindestunterhalt, der gem. § 1612 a Abs. 1 S. 2 BGB dem doppelten Freibetrag für das sächliche Existenzminimum eines Kindes gem. § 32 Abs. 6 S. 1 EStG entspricht. Daraus ergeben sich dann die Bedarfssätze für die erste Einkommensgruppe der Düsseldorfer Tabelle. **2**

Bei **besonders hohen Einkünften** des Barunterhaltpflichtigen, also bei Einkünften, die den Höchstbetrag der 10. Einkommensgruppe der Düsseldorfer Tabelle übersteigen, richtet sich der Kindesunterhalt nach den Umständen des Falls (instruktiv: Schleswig-Holsteinisches OLG 17.11.2011 – 10 UF 220/10, FamRZ 2012, 990). **3**

Die Bedarfssätze der Düsseldorfer Tabelle entsprechen dem Barunterhaltsanspruch des minderjährigen Kindes, sie setzen also voraus, dass dem Kind daneben noch Betreuungsleistungen durch den anderen Elternteil erbracht werden. Ist dies nicht der Fall, beispielsweise weil das Kind in einer Pflegefamilie lebte, ergibt sich der Barunterhaltsanspruch unter Berücksichtigung der unterhaltsrechtlich relevanten **Einkünfte beider Elternteile**. Ist ein Elternteil beispielsweise verstorben und kann der andere Elternteil die Betreuung des Kindes nicht übernehmen, so hat er neben dem Barunterhalt auch für die Kosten der Betreuung des Kindes aufzukommen. **4**

Die Düsseldorfer Tabelle geht davon aus, dass der Unterhaltspflichtige insgesamt **zwei Personen** gegenüber unterhaltspflichtig ist. Bei einer größeren/geringeren Anzahl Unterhaltsberechtigter können Ab- oder Zuschläge durch Einstufung in niedrigere/höhere Gruppen angemessen sein. **5**

b) Bedarf beim Wechselmodell. Übernimmt jeder Elternteil in etwa die **Hälfte der Versorgungs- und Erziehungsaufgaben** für das Kind, kann eine anteilige Barunterhaltspflicht beider Elternteile in Betracht kommen, weil diese auch nur anteilig für den Betreuungsunterhalt aufkommen (BGH 21.12.2005 – XII ZR **6**

126/03, NJW 2006, 2258). An der aus dem Schwergewicht der Betreuung durch einen Elternteil folgenden Aufteilung zwischen Bar- und Betreuungsunterhalt ändert sich allerdings nicht bereits dann etwas, wenn der barunterhaltspflichtige Elternteil Betreuungs- und Versorgungsleistungen erbringt, selbst wenn dies im Rahmen eines über das übliche Maß hinaus wahrgenommenen Umgangsrechts erfolgt, dessen Ausgestaltung sich bereits einer Mitbetreuung annähert. Wenn und soweit der andere Elternteil gleichwohl die Hauptverantwortung für ein Kind trägt, muss es dabei bleiben, dass dieser Elternteil seine Unterhaltpflicht im Sinne des § 1606 Abs. 3 S. 2 BGB durch die Pflege und Erziehung des Kindes erfüllt. Zur Beantwortung der Frage, ob ein Elternteil die Hauptverantwortung für ein Kind trägt, kommt der zeitlichen Komponente der von ihm übernommenen Betreuung indizielle Bedeutung zu, ohne dass die Beurteilung sich allein hierauf zu beschränken braucht (BGH 28.2.2007 – XII ZR 161/04, NJW 2007, 1882).

7 Übernehmen aber beide Elternteile in etwa die Hälfte der Versorgungs- und Erziehungsaufgaben, bedeutet dies nicht, dass dann kein Elternteil mehr Barunterhalt schulden würde. Vielmehr richtet sich der Bedarf des Kindes in derartigen Fällen nach den beiderseitigen Einkünften der Eltern, dem so ermittelten Bedarf sind Mehrkosten, die durch erhöhte Wohn- oder Fahrtkosten entstehen, hinzuzurechnen. Für den so errechneten Bedarf haften beide Elternteile entsprechend ihren Einkommens- und Vermögensverhältnissen, wobei die beiderseits erbrachten Naturalunterhaltsleistungen bedarfsmindernd zu berücksichtigen sind (zur Berechnung: OLG Düsseldorf 12.2.1999 – 3 UF 102/98, NJW-RR 2000, 74).

8 **c) Mehrbedarf/Sonderbedarf.** Der sich aus der Düsseldorfer Tabelle ergebende Unterhaltsanspruch kann sich wegen eines Mehrbedarfs oder eines Sonderbedarf des Kindes erhöhen (s. → *Mehrbedarf/Sonderbedarf beim Kindesunterhalt*).

9 **d) Kranken- und Pflegevorsorge.** Den Bedarfssätzen der Düsseldorfer Tabelle liegt zugrunde, dass das minderjährige Kind in der **gesetzlichen Familienversicherung gegen Krankheit** mitversichert ist. Ist dies ausnahmsweise nicht der Fall, wie dies insbesondere bei Beamten und Selbstständigen vorkommen kann, hat der Barunterhaltspflichtige zusätzlich auch für die **Kosten der Krankenversicherung** des Kindes aufzukommen. Diese Kosten mindern das unterhaltsrechtlich relevante Einkommen des Unterhaltspflichtigen.

10 Kosten für die **Pflegeversicherung** fallen bei minderjährigen Kindern in der Regel nicht an, weil diese beitragsfrei in der Pflegeversicherung ihrer Eltern mitversichert sind, egal ob es sich dabei um eine gesetzliche oder eine private Krankenversicherung handelt.

11 **e) Kind mit eigenem Haushalt.** Lebt das minderjährige Kind mit Einverständnis des oder der Sorgeberechtigten in einem eigenen Haushalt, ist es angemessen, den **Bedarf** des minderjährigen Kindes entsprechend dem Bedarfsbetrag für ein volljähriges Kind mit eigenem Haushalt mit derzeit **670 EUR** anzusetzen. Da in diesen Fällen regelmäßig keiner der Elternteile mehr Naturalunterhalt leistet, sind dementsprechend auch beide Elternteile zum Barunterhalt entsprechend ihren Einkommens- und Vermögensverhältnissen verpflichtet.

2. Bedürftigkeit

12 Eigene Einkünfte des minderjährigen Kindes, insbesondere **Zinseinkünfte** oder eine **Ausbildungsvergütung**, werden in der Regel hälftig sowohl auf den Barunterhalt als auch den Naturalunterhalt angerechnet. Gemäß § 1602 Abs. 2 BGB muss ein minderjähriges unverheiratetes Kind den Stamm seines Vermögens nicht zu Unterhaltszwecken einsetzen. Gemäß den Anmerkungen zur Düsseldorfer Tabelle ist die anzurechnende Ausbildungsvergütung um einen Betrag in Höhe von 90 EUR für ausbildungsbedingten Mehrbedarf zu kürzen. Der Unterhaltsanspruch eines Kindes, das eine Ausbildung aufnimmt, gegenüber dem barunterhaltspflichtigen Elternteil entfällt oder reduziert sich für den gesamten Monat ab dem Beginn desjenigen Monats, in dessen Verlauf die erste Ausbildungsvergütung tatsächlich ausgezahlt wird (OLG Hamm 8.1.2013 - 3 UF 245/12, Familienrecht kompakt 2013, 91).

13 **Kindergeld** deckt gem. § 1612 b BGB den Bedarf des Kindes. Betreut ein Elternteil das Kind, wird das Kindergeld zur Hälfte auf die sich aus der Düsseldorfer Tabelle ergebenden Bedarfssätze angerechnet, in allen anderen Fällen mindert das Kindergeld den Bedarf in vollem Umfang.

Schausten

Minderjährige Kinder sind grundsätzlich nicht zu einer Nebentätigkeit verpflichtet. Üben Sie dennoch eine 14
solche Tätigkeit aus, sind die daraus erzielten Einkünfte in entsprechender Anwendung des § 1577 Abs. 2
BGB nur nach Billigkeit anzurechnen.

3. Leistungsfähigkeit

Der Unterhaltpflichtige muss für den verlangten Unterhaltsanspruch des Kindes leistungsfähig sein. Der 15
notwendige Selbstbehalt, der dem Unterhaltspflichtigen verbleiben muss, beträgt nach den seit dem
1.1.2013 gültigen Leitlinien der Oberlandesgerichte bei einem nicht erwerbstätigen Unterhaltsschuldner
800 EUR, bei einem Erwerbstätigen 1.000 EUR.

a) Bedarfskontrollbetrag. Der sich aus der Düsseldorfer Tabelle für die jeweilige Einkommensgruppe er- 16
gebende Bedarfskontrollbetrag ist nicht identisch mit dem Selbstbehalt des Unterhaltspflichtigen. Er hat die
Aufgabe, eine **ausgewogene Verteilung des Einkommens** zwischen dem Unterhaltspflichtigen und den
Unterhaltsberechtigten zu gewährleisten (BGH 6.2.2008 – XII ZR 14/06, NJW 2008, 1663). In der Regel
führt die Unterschreitung des Bedarfskontrollbetrags unter Berücksichtigung sämtlicher Unterhaltspflichten
dazu, dass die Gerichte den Bedarf des Kindes aus der nächst niedrigeren Einkommensgruppe, deren Bedarfskontrollbetrag unter Berücksichtigung sämtlicher Unterhaltspflichten nicht unterschritten wird, entnehmen.

b) Vermögenseinsatz. Reichen die erzielbaren Einkünfte des barunterhaltspflichtigen Elternteils nicht aus, 17
um den Mindestunterhalt seiner minderjährigen Kinder zu decken, ist er verpflichtet, vorhandenes Vermögen einzusetzen, soweit die zu beachtende **Opfergrenze** nicht überschritten wird. Diese Opfergrenze ist in
der Regel nur dann überschritten, wenn der Unterhaltspflichtige sein Vermögen zur Deckung des eigenen
Unterhaltsbedarfs braucht (OLG Nürnberg 3.11.2010 – 11 UF 806/10, FamFR 2011, 55).

c) Gesteigerte Erwerbsobliegenheit. Steht die vollständige oder teilweise Leistungsunfähigkeit fest, muss 18
zudem die gesteigerte Erwerbsobliegenheit des Unterhaltspflichtigen aus § 1603 Abs. 2 S. 1 BGB beachtet
werden (s. → *Erwerbsobliegenheit*). Die für einen Unterhaltsanspruch vorausgesetzte Leistungsfähigkeit
des Unterhaltsverpflichteten wird nicht allein durch das tatsächlich vorhandene Einkommen/Vermögen des
Unterhaltsschuldners, sondern vielmehr auch durch seine Erwerbsfähigkeit bestimmt. Reichen seine tatsächlichen Einkünfte nicht aus, so trifft ihn unterhaltsrechtlich die Obliegenheit, seine Arbeitsfähigkeit in
bestmöglicher Weise einzusetzen und eine mögliche Erwerbstätigkeit auszuüben (BGH 9.7.2003 – XII ZR
83/00, NJW 2003, 3123). Gegenüber minderjährigen Kindern erfährt diese Verpflichtung aufgrund der
Vorschrift des § 1603 Abs. 2 S. 1 BGB eine Verschärfung dahin, dass den Unterhaltspflichtigen eine noch
erheblich gesteigerte Verpflichtung zur Ausnutzung seiner Arbeitskraft trifft. Die **Zurechnung real erzielbarer Einkünfte** bei einem Verstoß gegen die Erwerbsobliegenheiten ist auch verfassungsrechtlich nicht
zu beanstanden (BVerfG 8.7.2005 – 1 BvR 1078/05, NJW-RR 2005, 1448). Aus § 1603 Abs. 2 BGB sowie
aus Art. 6 Abs. 2 GG folgt die Verpflichtung der Eltern zum Einsatz der eigenen Arbeitskraft, um ihre Unterhaltspflicht ihren Kindern gegenüber zu erfüllen. Daher ist nicht zu beanstanden, hierbei auch fiktiv erzielbare Einkünfte zu berücksichtigen, wenn der Unterhaltsverpflichtete eine ihm mögliche und zumutbare
Erwerbstätigkeit unterlässt, obwohl er diese „bei gutem Willen" ausüben könnte (BVerfG 15.2.2010 – 1
BvR 2236/09, FamRZ 2010, 626).

Die **Zurechnung fiktiver Einkünfte**, welche die Leistungsfähigkeit begründen sollen, hat neben den **feh-** 19
lenden subjektiven Erwerbsbemühungen des Unterhaltsschuldners **objektiv** zur Voraussetzung, dass die
zur Erfüllung der Unterhaltspflichten erforderlichen Einkünfte für den Verpflichteten **überhaupt erzielbar**
sind, was von den persönlichen Voraussetzungen des Unterhaltsschuldners (Alter, Ausbildung, Berufserfahrung, Gesundheitszustand) und dem Vorhandensein entsprechender Arbeitsstellen abhängig ist.

Eine Zurechnung fiktiver Einkünfte, die aktuell nicht mehr erzielt werden und möglicherweise auch nicht 20
mehr erzielbar sind und die tatsächlich zu einer aktuell gegebenen wirtschaftlichen Möglichkeiten übersteigenden Zahlungsverpflichtung führt, kommt nur bei einem verantwortungslosen, zumindest leichtfertigen

bzw grob schuldhaften Verhalten des Unterhaltsverpflichteten in Betracht (BVerfG 12.11.2007 – 1 BvR 48/05, FamRZ 2008, 131).

21 Oftmals verlangen die Familiengerichte von den Unterhaltsschuldnern die Bereitschaft, sich **bundesweit um eine Arbeitsstelle** zu bemühen (s. → *Bewerbungsbemühungen* Rn 4 ff). In diesen Fällen ist aber zu prüfen, ob eine bundesweite Arbeitsaufnahme dem Unterhaltsverpflichteten unter Berücksichtigung seiner persönlichen Bindungen, insbesondere seines Umgangsrechts mit seinen Kindern, sowie der Kosten der **Ausübung dieses Umgangsrechts** und der Umzugskosten zumutbar ist (BVerfG 14.12.2006 – 1 BvR 2236/06, NJW-RR 2007, 649).

22 **d) Keine gesteigerte Erwerbsobliegenheit bei Vorhandensein anderer leistungsfähiger Verwandter.** Gemäß § 1603 Abs. 2 S. 3 BGB besteht keine gesteigerte Erwerbsobliegenheit, wenn ein anderer unterhaltspflichtiger Verwandter vorhanden ist oder das Kind seinen Unterhalt aus dem Stamm seines Vermögens bestreiten kann.

23 Als andere unterhaltspflichtige Verwandte kommen zum einen die Großeltern, in Ausnahmefällen aber auch **der das Kind betreuende Elternteil** in Betracht.

24 Eine – anteilige – Haftung des betreuenden Elternteils kommt insbesondere dann in Betracht, wenn auf Seiten des eigentlichen barunterhaltspflichtigen Elternteils der angemessene Selbstbehalt in Höhe von 1.200 EUR gefährdet ist, während der betreuende Elternteil in der Lage wäre, den Barunterhalt des Kindes ohne Gefährdung seines eigenen angemessenen Unterhalt zu leisten. Eine derartige – anteilige – Haftung des betreuenden Elternteils setzt aber weiter voraus, dass die Inanspruchnahme des nicht betreuenden Elternteils zu einem finanziellen Ungleichgewicht zwischen den Eltern führen würde (BGH 31.10.2007 – XII ZR 112/05, NJW 2008, 227). Dem betreuenden Elternteil muss also nach Deckung des Kindesunterhalts ein deutlich höherer Betrag verbleiben als dem Barunterhaltspflichtigen.

25 Ferner kommt eine – anteilige – Haftung des betreuenden Elternteils dann in Betracht, wenn dieser in **deutlich günstigeren wirtschaftlichen Verhältnissen** lebt als der eigentlich barunterhaltspflichtige Elternteil, auch wenn der angemessene Selbstbehalt des barunterhaltspflichtigen Elternteils bei Erfüllung der Unterhaltspflicht nicht gefährdet würde. Nach den Leitlinien des OLG Frankfurt (Ziffer 12.3.) ist dies beispielsweise bei einem dreifach höheren Einkommen und günstigen Vermögensverhältnissen der Fall.

II. Verfahrensrechtliche Hinweise

1. Prozessstandschaft/gesetzliche Vertretung

26 Solange die Eltern des Kindes **miteinander verheiratet** sind, kann der Elternteil, in dessen Obhut sich das Kind befindet, Unterhaltsansprüche des Kindes gegen den anderen Elternteil nur im eigenen Namen geltend machen (§ 1629 Abs. 3 iVm § 1629 Abs. 2 S. 2 BGB). Sind die Eltern geschieden oder waren sie nicht miteinander verheiratet, ist das **Kind selbst Partei** des Verfahrens, allerdings gesetzlich vertreten durch den allein sorgeberechtigten Elternteil als gesetzlichem Vertreter (§ 1629 Abs. 1 S. 3 BGB) oder bei gemeinsamer elterlicher Sorge vertreten durch den Elternteil, in dessen Obhut sich das Kind befindet (§ 1629 Abs. 2 S. 2 BGB).

2. Vertretung bei Wechselmodell

27 Betreuen geschiedene Eltern ihr Kind nach einem echten Wechselmodell, so lässt sich ein Betreuungsschwerpunkt nicht ermitteln. Dies hat zur Folge, dass kein Elternteil die Obhut gem. § 1629 Abs. 2 S. 2 BGB innehat. Bei der Geltendmachung von Kindesunterhalt muss daher für das Kind ein **Verfahrenspfleger** bestellt werden oder ein Elternteil muss beim Familiengericht beantragen, ihm gem. § 1628 S. 1 BGB die **Alleinentscheidung** für diese Einzelangelegenheit zu übertragen.

3. Wechsel der Obhut/elterlichen Sorge

Problematisch sind die Fälle, in denen während des laufenden Verfahrens die elterliche Sorge oder die Obhut für das betroffene Kind zu dem beklagten Elternteil wechselt. In derartigen Fällen wird das Unterhaltsverfahren unzulässig, der das Kind bis dahin betreuende Elternteil kann auch den möglicherweise rückständigen Unterhalt nicht weiter geltend machen. In derartigen Fällen kann sich zugunsten des betroffenen Elternteils ein familienrechtlicher Ausgleichsanspruch ergeben. **28**

4. Darlegungs- und Beweislast

Verlangt das Kind nur den **Mindestunterhalt**, also Unterhalt nach der ersten Einkommensgruppe der Düsseldorfer Tabelle, braucht es zum Einkommen des Unterhaltspflichtigen nicht vorzutragen. Wenn der Unterhaltspflichtige der Auffassung ist, diesem Mindestunterhalt nicht leisten zu können, ist er darlegungs- und beweispflichtig für seine **fehlende Leistungsfähigkeit** (BGH 6.2.2002 – XII ZR 20/00, NJW 2002, 1269). Dazu bedarf es der vollständigen Darlegung sowohl der eigenen Einkünfte wie auch des eigenen Vermögens durch den Unterhaltspflichtigen. Legt der Unterhaltspflichtige seine Einkünfte oder sein Vermögen im streitgegenständlichen Zeitraum nicht umfassend offen, kann er sich nicht mit Erfolg auf seine Leistungsunfähigkeit zur Zahlung des Mindestunterhalts berufen (OLG Brandenburg 25.3.2010 – 9 UF 17/09). **29**

Auch für seine fiktive Leistungsunfähigkeit bzw die Einhaltung der an die gesteigerte Erwerbsobliegenheit zu stellenden Anforderungen ist der Verpflichtete in vollem Umfang darlegungs- und beweisbelastet (BGH 6.2.2002 – XII ZR 20/00, NJW 2002, 1269). **30**

144. Kindesunterhalt Volljähriger

Schausten

I. Einführung	1		g) Freiwilliges soziales oder ökologisches Jahr	20
II. Vorhandener Unterhaltstitel und Eintritt der Volljährigkeit	3		2. Bedarf	21
			a) Allgemeines	21
III. Durchsetzung einer Abänderung nach Eintritt der Volljährigkeit	5		b) Kinder im Haushalt der Eltern	22
			c) Kinder mit eigenem Haushalt	23
IV. Darlegungs- und Beweislast	7		d) Kranken- und Pflegeversicherung	25
V. Grundlagen des Volljährigenunterhalts	10		e) Studiengebühren/Semesterbeiträge	26
1. Anspruchsgrundlage	11		3. Bedürftigkeit	27
a) Erstausbildung	11		a) Allgemeines	27
b) Abitur-Lehre-Studium-Fälle	14		b) Kindergeld	28
c) Realschulabschluss-Lehre-Fachoberschule-Fachhochschulstudium-Fälle	15		c) Ausbildungsvergütung	29
			d) BAföG-Leistungen	30
d) Promotion	16		e) Andere Einkünfte	32
e) Auslandsstudium	17		VI. Verfahrenskostenvorschuss	34
f) Wechsel des Studienorts	19		VII. Verfahrensrechtliche Hinweise	37

I. Einführung

1 Mit Eintritt der Volljährigkeit eines Kindes besteht für alle Beteiligten (Kind, Vater, Mutter) Anlass, die Unterhaltsverpflichtung gegenüber dem Kind zu überprüfen. Dies ist ganz unabhängig von der Frage, ob der Unterhaltsanspruch während der Zeit der Minderjährigkeit des Kindes tituliert gewesen ist oder nicht.

2 Denn mit der Volljährigkeit des Kindes endet die **Pflicht zur Pflege und Erziehung** des Kindes für den Elternteil, der bisher im Rahmen der Betreuung des Kindes seinen Unterhaltsanspruch gegenüber dem Kind durch die Gewährung von Naturalunterhalt erfüllt hat; vielmehr sind mit Vollendung des 18. Lebensjahres des Kindes **beide Elternteile** dem Kind gegenüber **barunterhaltspflichtig** – natürlich immer unter der Voraussetzung, dass ein Unterhaltsanspruch dem Grunde nach gegeben ist.

II. Vorhandener Unterhaltstitel und Eintritt der Volljährigkeit

3 Der Unterhaltsanspruch des Kindes beginnt mit der Geburt und endet grundsätzlich erst mit einer abgeschlossenen Ausbildung oder wenn das Kind auf andere Art und Weise eine eigenständige Lebensstellung erlangt hat. Deshalb ist der Unterhaltsanspruch des minderjährigen Kindes mit dem des volljährigen Kindes dem Grunde nach identisch. Aufgrund dieser **Identität** zwischen dem Unterhaltsanspruch minderjähriger Kinder und dem Volljährigenunterhalt gelten Unterhaltstitel, die während der Minderjährigkeit des Kindes erlangt wurden, auch nach Eintritt der Volljährigkeit fort.

4 Vielfach liegen in der Praxis aber auch Unterhaltstitel vor, die bis zur Volljährigkeit des Kindes befristet worden sind, dies trifft insbesondere auf Urkunden des Jugendamts zu. Ist dies der Fall, kann nach Eintritt der Volljährigkeit aus diesem Titel nicht mehr vollstreckt werden, der Unterhaltsanspruch muss dann durch einen Leistungsantrag geltend gemacht werden.

III. Durchsetzung einer Abänderung nach Eintritt der Volljährigkeit

5 Liegt ein Unterhaltstitel vor, der auch für die Zeit nach Eintritt der Volljährigkeit fortgilt, kann eine Änderung der titulierten Unterhaltsverpflichtung nur durch einen Abänderungsantrag geltend gemacht werden; dies gilt sowohl für ein **Herabsetzungsverlangen** des Unterhaltsschuldners als auch für ein **Erhöhungsverlangen** des Unterhaltsgläubigers.

6 Der Unterhaltsschuldner kann in diesen Fällen das Abänderungsverlangen schon darauf stützen, dass infolge des Eintritts der Volljährigkeit nunmehr auch eine anteilige Barunterhaltsverpflichtung des anderen Elternteils besteht. Außerdem ist der Umstand, dass das volljährige Kind in die Altersgruppe 4 der Düsseldorfer Tabelle wechselt, ein **Abänderungsgrund**.

IV. Darlegungs- und Beweislast

Im Fall der Abänderung ist der Unterhaltsgläubiger – also das volljährige Kind – für den Fortbestand seines **7** Unterhaltsanspruchs, seinen Bedarf und die auf beide Elternteile gem. § 1606 Abs. 3 S. 1 BGB entfallenden Haftungsanteile darlegungs- und beweispflichtig (OLG Koblenz 9.11.2006 – 7 WF 1042/06, NJW-RR 2007, 438). Dies gilt auch und insbesondere für das unterhaltsrechtlich relevante Einkommen des bisher das Kind betreuenden Elternteils.

Möglicherweise müssen durch das Kind nicht nur die Einkommens- und Vermögensverhältnisse der eige- **8** nen Eltern, sondern auch die **Einkommensverhältnisse der jeweiligen Ehegatten** der Eltern dargelegt und nachgewiesen werden, damit überprüft werden kann, ob und inwieweit die Elternteile selbst leistungsfähig sind oder ihr Selbstbehalt durch den Unterhaltsanspruch gegen den neuen Ehegatten abgedeckt ist (OLG Hamm 19.7.2002 – 11 UF 432/01, FamRZ 2003, 1025).

Für eine Einschränkung seiner **eigenen Leistungsfähigkeit** ist allerdings der Unterhaltsschuldner auch in **9** diesen Verfahren selbst darlegungs- und beweispflichtig.

V. Grundlagen des Volljährigenunterhalts

Der Unterhaltsanspruch volljähriger Kinder richtet sich nach § 1601 BGB; er richtet sich primär gegen die **10** Eltern, grundsätzlich aber auch gegen alle anderen Verwandten in aufsteigender Linie, also die Großeltern oder Urgroßeltern.

1. Anspruchsgrundlage

a) Erstausbildung. Grundsätzlich ist ein volljähriges Kind als Erwachsener für seinen Lebensunterhalt **11** selbst verantwortlich. Gemäß § 1610 Abs. 2 BGB hat das Kind aber Anspruch auf die **Kosten einer angemessenen Ausbildung** zu einem Beruf. Eine Ausbildung ist dann als angemessen anzusehen, wenn sie der Begabung und den Fähigkeiten, dem Leistungswillen und den nicht nur vorübergehenden Neigungen des Kindes entspricht und sich in den Grenzen der wirtschaftlichen Leistungsfähigkeit der Eltern hält (BGH 17.5.2006 – XII ZR 54/04, NJW 2006, 2984). Die Entscheidung über sein Berufsziel trifft das volljährige Kind im Rahmen der vorstehenden Ausführungen selbst.

Wenn das Kind eine angemessene Berufsausbildung erhalten hat, sind die **Eltern** unabhängig von der Fra- **12** ge, ob sie die erste Berufsausbildung finanziert haben oder nicht, **nicht verpflichtet**, die **Kosten der weiteren Ausbildung** zu tragen. Ausnahmen von diesem Grundsatz lässt die Rechtsprechung zu, wenn die erste Ausbildung auf einer deutlichen Fehleinschätzung der Begabung des Kindes beruhte (BGH 17.5.2006 – XII ZR 54/04, NJW 2006, 2984) oder wenn die Eltern das Kind **in eine Ausbildung gedrängt** haben, die seiner Begabung oder seinen Fähigkeiten nicht entsprach. Auch bei einem **Abbruch** des zuerst gewählten Studiums und der späteren Aufnahme eines anderen Studiums kann der Unterhaltsanspruch fortbestehen (OLG Hamm 5.2.2013 – 7 UF 166/12, NJW-RR 2013, 772).

Ferner kommt eine fortdauernde Unterhaltspflicht in Betracht, wenn die weitere Ausbildung zweifelsfrei **13** als eine bloße in **engem sachlichen und zeitlichen Zusammenhang** stehende Weiterbildung zu dem bisherigen Ausbildungsweg anzusehen ist und von vornherein angestrebt war, oder während der ersten Ausbildung eine besondere, die Weiterbildung erfordernde Begabung deutlich wurde (BGH 29.6.1977 – IV ZR 48/76, NJW 1977, 1774).

b) Abitur-Lehre-Studium-Fälle. Diese Grundsätze hat die Rechtsprechung für die Fälle modifiziert, in **14** denen ein Kind nach Erlangung der Hochschulreife auf dem herkömmlichen schulischen Weg (Abitur) eine praktische Ausbildung (Lehre) absolviert hat und sich erst danach zu einem Studium entschließt (sog. Abitur-Lehre-Studium-Fälle). Grund für die Modifizierung war das zunehmend geänderte Ausbildungsverhalten der Studienberechtigten, die sich durch eine praktische Berufsausbildung eine sichere Lebensgrundlage schaffen, ein anschließendes Studium aber nicht von vornherein ausschließen wollen. Dabei hat die Rechtsprechung allerdings wegen des aus § 1610 Abs. 2 BGB abzuleitenden Merkmals der **Einheitlichkeit**

Schausten

des Ausbildungsgangs daran festgehalten, dass die einzelnen Ausbildungsabschnitte in engem zeitlichen und sachlichen Zusammenhang stehen und die praktische Ausbildung und das Studium sich jedenfalls sinnvoll ergänzen müssen. Er hat es jedoch genügen lassen, dass der Studienabschluss nicht von vornherein, sondern erst nach Beendigung der Lehre gefasst wird, weil es gerade der Eigenart des vom herkömmlichen Bild abweichenden Ausbildungsverhaltens entspricht, dass sich der Abiturient bei Aufnahme der praktischen Ausbildung vielfach noch nicht über ein anschließendes Studium schlüssig ist (BGH 23.5.2001 – XII ZR 148/99, NJW-RR 2002, 1).

15 **c) Realschulabschluss-Lehre-Fachoberschule-Fachhochschulstudium-Fälle.** Eine Übertragung dieser für die sog. Abitur-Lehre-Studium-Fälle entwickelten Grundsätze auf Ausbildungsabläufe, in denen nach einem Realschulabschluss zunächst eine Lehre, dann die Fachoberschule und später die Fachhochschule absolviert wird, hat die Rechtsprechung stets abgelehnt. In solchen Fällen werden die einzelnen Ausbildungsabschnitte nur dann als einheitliche, von den Eltern zu finanzierende Berufsausbildung angesehen, wenn schon bei **Beginn der praktischen Ausbildung** erkennbar eine Weiterbildung einschließlich des späteren Studiums angestrebt wurde (BGH 10.10.1990 – XII ZR 111/89, NJW-RR 1991, 195). Denn auch insoweit können die Eltern nicht für die Kosten einer zweiten oder weiteren Ausbildung herangezogen werden, wenn sie ihre Unterhaltspflicht durch Finanzierung einer begabungsgerechten abgeschlossenen Berufsausbildung in rechter Weise erfüllt haben. Dahinter steht der Gedanke, dass die Unterhaltspflicht der Eltern von der Frage mitbestimmt wird, inwieweit sie damit rechnen müssen, dass ihr Kind nach einem Schulabschluss und einer zu Ende geführten, in sich geschlossenen Berufsausbildung noch eine berufsqualifizierende Ausbildung – ggf über weitere Ausbildungsstufen hinweg – anstrebt. Denn die Belange der Unterhaltspflichtigen dürfen insoweit nicht unberücksichtigt bleiben. Die Eltern müssen sich in ihrer eigenen Lebensplanung in etwa darauf einstellen können, wie lange sie mit einer Unterhaltslast zu rechnen haben. Das Ausbildungsunterhaltsverhältnis zwischen Eltern und Kindern ist auch insoweit von **gegenseitiger Rücksichtnahme** geprägt, als einerseits die Eltern leichtere Verzögerungen oder ein zeitweiliges Versagen hinnehmen müssen, andererseits das Kind seine Ausbildung mit Fleiß und Zielstrebigkeit anzugehen hat (BGH 17.5.2006 – XII ZR 54/04, NJW 2006, 2984).

16 **d) Promotion.** Für eine von dem Kind beabsichtigte Promotion müssen die Eltern grundsätzlich nicht aufkommen, hier ist dem Kind regelmäßig eine Teilzeitarbeit zuzumuten, mit der es seinen eigenen Bedarf abdecken kann. Nur teilweise wird die Auffassung vertreten, dass eine Verpflichtung zur Finanzierung einer Promotion besteht, wenn Berufseinsteiger ohne Promotion den promovierten Berufseinsteigern im fraglichen Beruf in der Regel unterlegen sind.

17 **e) Auslandsstudium.** Ein Auslandsstudium ist von dem Unterhaltspflichtigen – im Rahmen seiner Leistungsfähigkeit – dann zu finanzieren, wenn das unterhaltsberechtigte Kind dadurch Kenntnisse erwirbt, vertieft oder erweitert, die seine **fachliche Qualifikation und seine Berufsaussichten fördern**; selbst wenn dies zu einer Verlängerung der Gesamtstudiendauer führen kann (BGH 26.2.1995 – XII ZR 97/91, NJW-RR 1992, 1026).

18 Mehrkosten, die dadurch entstehen, dass ein unterhaltsberechtigtes volljähriges Kind ein begonnenes Studium im Ausland fortsetzt, stellen keinen Sonderbedarf im Sinne des § 1613 Abs. 2 S 1 BGB dar. Hinsichtlich solcher Mehrkosten fehlt es insoweit an dem Kriterium der Unregelmäßigkeit des Unterhaltsmehrbedarfs. Eine Erhöhung des regelmäßigen und titulierten Unterhaltsbedarfs wegen eines Auslandsstudiums kann deshalb nicht einem Leistungsantrag, sondern nur mit einem Antrag auf Unterhaltsabänderung nach §§ 238, 239 FamFG verfolgt werden (OLG Hamm 1.3.1994 – 13 UF 435/93, NJW 1994, 2627).

19 **f) Wechsel des Studienorts.** Haben Eltern ihrem Kind als angemessene Ausbildung ein Studium zu finanzieren, so steht dem Kind unbeschadet seiner Verpflichtung, seine Ausbildung mit Fleiß und Zielstrebigkeit zu betreiben, ein gewisser **Spielraum** bei dem eigenverantwortlichen Aufbau des Studiums zu, sofern dadurch nicht der ordnungsgemäße Abschluss des Studiums innerhalb angemessener Frist gefährdet wird. Innerhalb dieses Rahmens kann das Kind auch den Studienort wechseln, wenn der Ortswechsel der Ausbildung dient. Dies ist jedenfalls dann der Fall, wenn Kenntnisse erworben, vertieft oder erweitert werden sollen, die seine fachliche Qualifikation und seine Berufsaussichten fördern. Entsteht durch den Ortswechsel

ein erhöhter Unterhaltsbedarf, hat der Unterhaltsverpflichtete diesen zu tragen, sofern sich die Finanzierung in den Grenzen seiner wirtschaftlichen Leistungsfähigkeit hält (BGH 26.2.1992 – XII ZR 97/91, NJW-RR 1992, 1026).

g) Freiwilliges soziales oder ökologisches Jahr. Nach der hM haben volljährige Kinder während der Ab- 20
leistung eines freiwilligen sozialen oder ökologischen Jahres gemäß dem JFDG grundsätzlichen keinen Unterhaltsanspruch. Ein solcher kann ausnahmsweise gegeben sein, wenn der freiwillige Dienst notwendige Voraussetzung für ein beabsichtigtes Studium oder eine Berufsausbildung ist (BGH 29.6.2011 – XII ZR 127/09, FamRZ 2011, 1560; aA: OLG Celle 6.10.2011 – 10 WF 300/11, NJW 2012, 82) oder die Eltern einverstanden gewesen sind (OLG Stuttgart 6.11.2006 – 15 WF 275/06, FamRZ 2007, 1353).

2. Bedarf

a) Allgemeines. Der Bedarf richtet sich nach der Lebensstellung des volljährigen Kindes. Die Lebensstel- 21
lung des volljährigen Kindes richtet sich nach den wirtschaftlichen Verhältnissen seiner Eltern. Bei bereinigten Einkünften der Eltern oberhalb der höchsten Einkommensgruppe der Düsseldorfer Tabelle, also ab einem Betrag von mehr als 5.100 EUR, kann nach den Umständen des Einzelfalls auch ein höherer Bedarf als der nach der höchsten Einkommensgruppe in Betracht kommen. Eine schematische Fortschreibung der Düsseldorfer Tabelle wird aber allgemein abgelehnt.

b) Kinder im Haushalt der Eltern. Bei volljährigen Kindern, die noch im Haushalt ihrer Eltern oder zu- 22
mindest eines Elternteils leben, richtet sich der Unterhaltsbedarf nach der **4. Altersstufe** der Düsseldorfer Tabelle. Bei der Einkommensermittlung ist auf die Summe der unterhaltsrechtlich relevanten Einkünfte der Eltern abzustellen. Eine Höher- oder Herabgruppierung aufgrund gegenüber mehr oder weniger als zwei Unterhaltsberechtigten bestehender Unterhaltslast wird abgelehnt. Ausnahmsweise richtet sich die Ermittlung des Unterhaltsbedarfs nur nach dem Einkommen eines Elternteils, wenn der andere Elternteil nicht leistungsfähig ist.

c) Kinder mit eigenem Haushalt. Der Unterhaltsbedarf eines Kindes mit eigenem Haushalt beläuft sich 23
gemäß der Düsseldorfer Tabelle auf monatlich **670 EUR.** Dieser Betrag wird von allen Oberlandesgerichten in den jeweiligen Leitlinien übernommen.

Dieser Betrag liegt zwischenzeitlich deutlich unter dem Unterhaltsbedarf, der sich ab der 7. Einkommens- 24
gruppe der Düsseldorfer Tabelle für ein Kind ergeben würde, das noch im Haushalt der Eltern oder eines Elternteils lebt. Nach der hier vertretenen Auffassung stellt sich daher die Frage, ob in derartigen Fällen nicht der sich aus dem zusammengerechneten Einkünften der Eltern ergebende höhere Betrag geltend zu machen ist. Verwiesen sei auf **Ziffer 13.1. der Leitlinien des OLG Düsseldorf** (Stand: 1.7.2012), in der es heißt: „Für ein volljähriges Kind mit eigenem Hausstand gilt Anm. A. 7 Abs. 2 der Düsseldorfer Tabelle. Von diesem Regelbetrag kann bei entsprechender Lebensstellung der Eltern abgewichen werden."

d) Kranken- und Pflegeversicherung. Die Kosten einer Kranken- und Pflegeversicherung sind in den 25
vorgenannten Bedarfssätzen **nicht enthalten.** Sofern das Kind nicht aufgrund einer eigenen versicherungspflichtigen Tätigkeit kranken- und pflegeversichert ist oder bei einem Elternteil in der gesetzlichen Krankenversicherung mitversichert ist, muss dieser Bedarf gesondert geltend gemacht werden. Er ist von den Eltern im **Verhältnis ihrer Haftungsanteile** zu decken.

e) Studiengebühren/Semesterbeiträge. Auch Studiengebühren sind – im Gegensatz zu den Semesterbei- 26
trägen – in den Bedarfssätzen nicht enthalten. Sie stellen Mehrbedarf des Kindes dar und können rückwirkend nur unter der Voraussetzung des Verzugs geltend gemacht werden. Das Kind kann nicht auf die teilweise angebotenen zinsgünstigen Darlehen zur Finanzierung der Studiengebühren verwiesen werden. Auch bei BAföG-Leistungen wird die Inanspruchnahme grundsätzlich nur für den Fall eines zinslos gewährten Darlehens für zumutbar gehalten.

3. Bedürftigkeit

27 **a) Allgemeines.** Nach dem sich aus § 1602 Abs. 1 BGB ergebenden **Grundsatz der Eigenverantwortung** ist ein gesunder Volljähriger grundsätzlich verpflichtet, sich selbst zu unterhalten. Diese Verpflichtung entfällt nur dann, wenn das volljährige Kind sich in einer angemessenen Ausbildung befindet, erwerbsunfähig erkrankt oder behindert ist. Nur in seltenen Ausnahmefällen bleibt außerhalb dieser Fallgestaltungen eine Unterhaltsverpflichtung bestehen.

28 **b) Kindergeld.** Gemäß § 1612 b Abs. 1 Nr. 2 BGB ist das Kindergeld in voller Höhe auf den Unterhaltsbedarf des Kindes zu verrechnen und mindert in diesem Umfang seine Bedürftigkeit. Die Eltern haften dann nur für den Restbedarf anteilig entsprechend ihrer Erwerbs- und Vermögensverhältnisse. Bei einer entsprechenden Berechnung hat das Kind dann natürlich gegen den das Kindergeld beziehenden Elternteil einen Anspruch auf Auszahlung des Kindergelds, sofern es nicht mit diesem Elternteil in einem Haushalt lebt und der Betrag mit erbrachten Naturalleistungen verrechnet werden kann.

29 **c) Ausbildungsvergütung.** Die Ausbildungsvergütung des Kindes ist nach Bereinigung um ausbildungsbedingte Mehraufwendungen in der dann verbleibenden Höhe vollumfänglich auf den Unterhaltsbedarf des volljährigen Kindes anzurechnen; der **ausbildungsbedingte Mehrbedarf** wird in der Regel mit einem Betrag in Höhe von 90 EUR bemessen (vergleiche Anm. A. 8 zur Düsseldorfer Tabelle). Der Unterhaltsanspruch eines Kindes, das eine Ausbildung aufnimmt, gegenüber dem barunterhaltspflichtigen Elternteil entfällt oder reduziert sich für den gesamten Monat ab dem Beginn desjenigen Monats, in dessen Verlauf die erste Ausbildungsvergütung tatsächlich ausgezahlt wird (OLG Hamm 8.1.2013 – 3 UF 245/12, Familienrecht kompakt 2013, 91).

30 **d) BAföG-Leistungen.** Gemäß § 17 Abs. 2 BAföG erfolgt die Ausbildungsförderung derzeit zur Hälfte als Zuschuss und zur anderen Hälfte als zinsloses Darlehen. Sowohl der als Zuschuss geleistete als auch der als Darlehen gewährte Teil mindern den Unterhaltsbedarf des volljährigen Kindes (BGH 19.6.1985 – IVb ZR 30/84, NJW 1985, 2331). Der Unterhaltsbedarf des Kindes wird nicht durch Leistungen im Sinne des § 36 BAföG gemindert. In diesen Fällen geht der Unterhaltsanspruch auf das Land über.

31 Unterlässt das Kind die Beantragung von BAföG-Leistungen, können dem Kind **fiktive BAföG-Leistungen** bedarfsmindernd zugerechnet werden (OLG Schleswig 24.8.2005 – 15 UF 75/05, FamRZ 2006, 571).

32 **e) Andere Einkünfte.** Auch andere Einkünfte des Kindes, beispielsweise eine Halbwaisenrente, Mieterträge oder Kapitaleinkünfte, vermindern die Bedürftigkeit des Kindes und sind entsprechend der allgemeinen Vorschriften auf den Bedarf anzurechnen; Gleiches gilt für die Berücksichtigung eines Wohnvorteils.

33 **Erwerbseinkünfte** von Schülern und Studenten sind allerdings in der Regel **überobligatorisch** und daher nur nach Billigkeitsgesichtspunkten bei der Unterhaltsbemessung zu berücksichtigen.

VI. Verfahrenskostenvorschuss

34 Auch dem volljährigen Kind steht ein Anspruch auf Zahlung eines Verfahrenskostenvorschusses gegen seine Eltern zu, wenn es sich noch in der Ausbildung befindet und noch keine selbstständige Lebensstellung erreicht hat (BGH 23 3. 2005 – XII ZB 13/05, NJW 2005, 1722).

35 Dass im Verwandtenunterhalt eine Regelung zur Zahlung eines Prozesskostenvorschusses fehlt, schließt allerdings eine **entsprechende Anwendung des § 1360 a Abs. 4 BGB** für solche Fälle nicht aus, die der besonderen Unterhaltspflicht zwischen Ehegatten vergleichbar ist. Das ist nach inzwischen einhelliger Auffassung für die Unterhaltspflicht der Eltern gegenüber ihren minderjährigen unverheirateten Kindern der Fall. Die dem gesetzlichen Zweck vergleichbare Situation ist jedoch nicht auf den Unterhaltsanspruch minderjähriger Kinder beschränkt, sondern im Wesentlichen darauf zurückzuführen, dass die Kinder wegen ihres Alters und Ausbildungsbedarfs noch keine eigene Lebensstellung erreicht haben und sich deswegen noch nicht selbst unterhalten können. Das allerdings gilt für volljährige Kinder vor Erreichen einer eigenen

Schausten

Lebensstellung entsprechend, zumal ihr Unterhaltsanspruch mit dem Anspruch auf Minderjährigenunterhalt identisch ist.

Das Gesetz enthält deswegen mit der unvollständigen Regelung des § 1610 BGB eine unbewusste Rege- 36
lungslücke, die durch entsprechende Anwendung des § 1360 a Abs. 4 BGB geschlossen werden kann, wenn die Situation des bedürftigen volljährigen Kindes derjenigen eines unterhaltsberechtigten Ehegatten vergleichbar ist. Das ist hinsichtlich des Unterhaltsanspruchs volljähriger Kinder dann der Fall, wenn sie wegen der Fortdauer ihrer Ausbildung noch keine eigene Lebensstellung erworben haben und deswegen übergangsweise wie minderjährige Kinder der Unterstützung durch ihre Eltern bedürfen.

VII. Verfahrensrechtliche Hinweise

Gerichtliche Auseinandersetzungen über den Unterhalt volljähriger Kinder gehören zu den Unterhaltssa- 37
chen, für die die Amtsgerichte sachlich zuständig sind (§ 111 Nr. 8 FamFG, § 23 a Abs. 1 Nr. 1 GVG).

Ist zwischen den Eltern eine **Ehesache anhängig**, ist das Gericht, bei dem die Ehesache anhängig ist oder 38
war, ausschließlich örtlich zuständig (vergleiche § 232 Abs. 1 Nr. 1 FamFG); wird im Laufe des Verfahrens über den Volljährigenunterhalt eine Ehesache rechtshängig, ist das Unterhaltsverfahren an das Gericht der Ehesache abzugeben (vgl § 233 FamFG). Geht es um den Unterhaltsanspruch privilegierter volljähriger Kinder ist § 232 Abs. 1 Nr. 2 FamFG zu berücksichtigen; danach ist ausschließlich das Gericht zuständig, in dessen Bezirk das Kind seinen gewöhnlichen Aufenthalt hat. Nur wenn keine ausschließliche Zuständigkeit gegeben ist, bestimmt sich die örtliche Zuständigkeit gem. § 232 Abs. 3 FamFG nach den allgemeinen Vorschriften der ZPO.

Bei **unterschiedlichen Gerichtsständen** der Eltern ist der § 232 Abs. 3 S. 2 Nr. 2 FamFG zu berücksichti- 39
gen, wonach das Kind bei einem gegen beide Elternteile gerichteten Unterhaltsantrag die Wahl hat, bei welchem Gerichtsstand es das Verfahren anhängig machen will. Abgesehen davon, dass dieses Vorgehen schon deshalb anzuraten ist, um divergierende Entscheidungen zu vermeiden, kann über diese Vorschrift erreicht werden, dass das Verfahren am Wohnort des Kindes zu führen ist, wenn dieses beispielsweise noch bei einem Elternteil wohnhaft ist.

145. Kindeswohlgefährdung

Seebach

I. Anwendungsbereich/Einführung	1	f) Vernachlässigung des Kindes	16
II. Kindeswohlgefährdung	4	g) Kindeswohlgefährdung durch Verhalten Dritter	17
1. Kind	4	h) Kinder ausländischer Eltern	18
2. Inobhutnahme durch das Jugendamt	5	i) Kindsmutter als Prostituierte	19
3. Unvermögen der Eltern zur Gefahrenabwehr	6	j) Jugendliche Straftäter	20
4. Gefährdung des körperlichen, geistigen oder seelischen Wohls des Kindes	8	k) Herausnahme aus Pflegefamilie	21
a) Kindesmisshandlung	9	III. Verfahren	22
b) Sexueller Missbrauch	10	1. Verhältnismäßigkeit	22
c) Umgangsprobleme	11	2. Maßnahmen gegen Dritte	26
d) Schulische Angelegenheiten	12	3. Erörterungstermin	27
e) Medizinisch-ärztliche Versorgung	13	4. Verfahrensbeistand	28

I. Anwendungsbereich/Einführung

1 Art. 6 Abs. 2 S. 1 GG garantiert den Eltern das Recht auf Pflege und Erziehung der Kinder (s. → *Erziehung* Rn 1). Der Staat hat aufgrund des ihm verfassungsrechtlich zukommenden **Wächteramtes**, konkretisiert in Art. 6 Abs. 2 S. 2 GG, das Recht und die Pflicht, unter bestimmten, strengen Voraussetzungen aus Kindeswohlgesichtspunkten in dieses verfassungsrechtlich garantierte Elternrecht einzugreifen (HK-FamR/Schmid § 1666 BGB Rn 1).

§ 1666 BGB ist **Ausfluss dieses staatlichen Wächteramts** (Grabow in: VerfFamR § 3 Rn 147), wonach eine körperliche, geistige oder seelische Kindeswohlgefährdung Voraussetzung ist für **gerichtliches Einschreiten** (NK-BGB/Rakete-Dombek § 1666 BGB Rn 1). Voraussetzung ist eine gegenwärtige, in einem solchen Maß vorhandene Gefahr, dass sich bei der weiteren Entwicklung des Kindes eine erhebliche Schädigung mit ziemlicher Sicherheit voraussehen lässt, ohne dass Schäden bereits eingetreten sein müssen (NK-BGB/Rakete-Dombek § 1666 BGB Rn 2). Die **Trennung des Kindes von den Eltern** ist allein unter den Voraussetzungen des Art. 6 Abs. 3 GG zulässig (BVerfG 2.12.2010 – 1 BvR 2414/10). Für die leiblichen Eltern ist der Entzug der elterlichen Sorge und die damit häufig einhergehende Herausnahme des Kindes nach § 1666 BGB der stärkste staatliche **Eingriff in das elterliche Sorgerecht**, der nur unter strenger Wahrung des Grundsatzes der Verhältnismäßigkeit gerechtfertigt sein kann (Böhne FamFR 2011, 190). Hinsichtlich der Grundrechte des Kindes gilt das Gebot effektiven Grundrechtsschutzes (NK-BGB/Rakete-Dombek § 1666 BGB Rn 1; Palandt/Götz § 1666 BGB Rn 1).

2 Bloße **Meinungsverschiedenheiten** der Eltern rechtfertigen in der Regel keine Maßnahmen nach § 1666 BGB (s. → *Meinungsverschiedenheiten der Sorgeberechtigten* Rn 6). Ferner sind **Verfahren nach § 1671 BGB** oder § 1672 BGB auf Übertragung der gesamten oder von Teilbereichen der elterlichen Sorge auf den anderen Elternteil von Verfahren nach § 1666 BGB abzugrenzen (s. → *Elterliches Sorgerecht* Rn 10 ff). Der Übergang kann insoweit fließend sein, als gerade auch ein kindeswohlgefährdendes Verhalten eines Elternteils den anderen Elternteil dazu bewegen kann, entsprechende Anträge nach § 1671 BGB zu stellen (s. → *Entzug des Sorgerechts* Rn 11).

3 Gesondert betrachtet werden müssen auch Verfahren betreffend eine **Regelung des Umgangs** nach § 1684 BGB (s. → *Umgangsrecht*), wobei zu beachten ist, dass ein problematisches Elternverhalten im Umgangsverfahren zu einer Einleitung eines Verfahrens nach § 1666 BGB führen kann (Rn 11). Eine weitere Abgrenzung hat hinsichtlich einer möglichen **Verbleibensanordnung** nach § 1632 Abs. 4 BGB zu erfolgen, bei der das Kindeswohl nur eingeschränkt geprüft wird (s. → *Verbleibensanordnungen*).

II. Kindeswohlgefährdung

1. Kind

Kind im Sinne des § 1666 BGB meint das unter der elterlichen Sorge stehende **minderjährige Kind** (NK-   **4**
BGB/Rakete-Dombek § 1666 BGB Rn 4). Teilweise wird die Meinung vertreten, dass auch das ungeborene
Kind bereits dem Schutzbereich der Norm unterfällt. Unstreitig kommt dem **ungeborenen Kind** verfas-
sungsrechtlich garantierter Schutz auch gegenüber der Mutter zu (BVerfG FamRZ 1993, 899). Zu seinem
Schutz könnten daher grundsätzlich auch Maßnahmen nach § 1666 BGB bereits gegen die schwangere
Mutter in Betracht kommen (Palandt/Götz § 1666 BGB Rn 5). Diese Rechtsauffassung übersieht, dass erst
das geborene Kind rechtsfähig ist und unter den Schutzbereich der Norm fällt. Der Wortlaut des Gesetzes
ist insoweit eindeutig. Maßnahmen gegen eine die Leibesfrucht möglicherweise schädigende Mutter, die
beispielsweise raucht, legale oder illegale Drogen konsumiert oder auf andere Art und Weise das ungeborene Leben gefährdet, sind daher nicht auf § 1666 BGB zu stützen. Ein nach § 218 StGB zulässiger oder gerechtfertigter **Schwangerschaftsabbruch** rechtfertigt kein gerichtliches Einschreiten nach § 1666 BGB
(HK-FamR/Schmid § 1666 BGB Rn 11). Es können möglicherweise im Einzelfall zu prüfende Maßnahmen
unmittelbar nach Geburt des Kindes angezeigt sein, da das Verhalten einer Schwangeren Rückschlüsse
zulassen kann auf deren grundsätzliche Erziehungsfähigkeit.

2. Inobhutnahme durch das Jugendamt

In der Regel wird ein Verfahren wegen Kindeswohlgefährdung durch die Jugendämter eingeleitet, denen   **5**
Tatsachen bekannt werden, die ein Handeln erforderlich machen (NK-BGB/Fritsche § 1774 BGB Rn 3).
Bereits im Vorfeld kann bei Gefahr im Verzug und Unmöglichkeit der rechtzeitigen Entscheidung durch
das Familiengericht eine Herausnahme des Kindes aus der Familie im Wege einer **Inobhutnahme** nach
dem SGB VIII erfolgen (HK-FamR/Schmid § 1666 BGB Rn 2).

3. Unvermögen der Eltern zur Gefahrenabwehr

Für ein Einschreiten des Staates von Amts wegen ist es unerheblich, ob die Eltern zur Gefahrenabwehr für   **6**
ihr Kind nicht in der Lage sind – aus welchen Gründen auch immer – oder ob sie nicht willens sind (NK-
BGB/Rakete-Dombek § 1666 BGB Rn 11). Eine den Eltern bewusste Gefährdung des Kindes ist gerade
nicht Voraussetzung für staatliches Eingreifen (HK-FamR/Salzgeber Schwerpunktbeitrag 6 Rn 109, 111).
Eine in diesem Zusammenhang auftauchende Begrifflichkeit ist die **Erziehungsfähigkeit der Eltern**
(Holldorf FamFR 2011, 69; HK-FamR/Schmid § 1666 BGB Rn 14).

Es ist bei Prüfung der Voraussetzungen des § 1666 BGB zu berücksichtigen, dass es nicht Aufgabe des   **7**
Staates ist, die Fähigkeiten eines Kindes bestmöglich zu fördern. Das Kind teilt insofern die **Herkunft und
die sozialen Verhältnisse der Eltern** (HK-FamR/Schmid § 1666 BGB Rn 13). So führt die Tatsache, dass
ein Kind in einer anderen Familie besser gefördert werden würde, nicht dazu, dass in das verfassungsrechtlich garantierte Elternrecht eingegriffen werden darf (NK-BGB/Rakete-Dombek § 1666 BGB Rn 10). Nicht
jedes Elternversagen oder jede **Nachlässigkeit der Eltern** kann dazu führen, diese von der Pflege und Erziehung ihres Kindes auszuschließen (HK-FamR/Schmid § 1666 BGB Rn 4).

4. Gefährdung des körperlichen, geistigen oder seelischen Wohls des Kindes

Maßstab einer gerichtlichen Entscheidung nach § 1666 BGB ist das Kindeswohl (NK-BGB/Rakete-   **8**
Dombek § 1666 BGB Rn 9). Eine Kindeswohlgefährdung kann durch eine Vielzahl von **Verhaltensweisen
der Sorgeberechtigten oder auch dritter Personen** verwirklicht werden. Gefährdung meint hierbei eine
gegenwärtige, in einem solchen Maß vorhandene Gefahr, dass sich bei der weiteren Entwicklung mit ziemlicher Sicherheit eine erhebliche Schädigung voraussehen lässt (BVerfG 20.6.2011 – 1 BvR 303/11,
FamRZ 2012, 433). Es muss eine **nachhaltige körperliche, geistige oder seelische Gefährdung** zu befürchten sein (HK-FamR/Schmid § 1666 BGB Rn 4; NK-BGB/Rakete-Dombek § 1666 BGB Rn 10). Häufig wird man hierbei auf Vorfälle aus der – insbesondere jüngeren – Vergangenheit abstellen. Teilweise
wird dies als problematisch und nicht zulässig angesehen, jedoch kann das Verhalten gegenüber anderen

Kindern in die zu treffende Entscheidung einbezogen werden (Palandt/Götz § 1666 BGB Rn 8). Von Seiten des Gerichts ist eine ausreichende Tatsachenfeststellung zu treffen (Altrogge FamFR 2010, 139). In einer Vielzahl von Fällen sind die Eltern bzw Sorgeberechtigten bereits auffällig und dem Jugendamt oder Gericht bekannt geworden.

9 **a) Kindesmisshandlung.** In einer Kindesmisshandlung durch **körperliche Züchtigung** ist grundsätzlich eine Kindeswohlgefährdung zu sehen (HK-FamR/Schmid § 1666 BGB Rn 7). Insoweit liegt ein Missbrauch des elterlichen Sorgerechts vor (Maier in: FormFamR § 6 Rn 285). Das Kind hat nach § 1631 Abs. 2 BGB ein Recht auf **gewaltfreie Erziehung** (s. → *Erziehung* Rn 4).

Probleme in der Praxis stellen sich insbesondere dann, wenn ein Elternteil das Kind körperlich misshandelt und der andere Elternteil an der Ehe oder Partnerschaft festhalten möchte. Es muss sichergestellt sein, dass der nicht übergriffige Elternteil eine Gefährdung des Kindeswohls durch den anderen Elternteil ausschließen kann. Ein Weiterführen der Beziehung oder Ehe kann dem Kindeswohl daher entgegenstehen. Dies gilt ebenso bei Vernachlässigung (s. Rn 16) und Verwahrlosung des Kindes (HK-FamR/Salzgeber Schwerpunktbeitrag 6 Rn 113).

10 **b) Sexueller Missbrauch.** Sexueller Missbrauch durch einen Elternteil stellt eine Kindeswohlgefährdung dar. Ein derartiges Elternverhalten führt zwingend zu einem **Entzug der Elternrechte** (HK-FamR/Schmid § 1666 BGB Rn 8). Grundsätzlich bestehen bleibt ein Recht des Elternteils auf Umgang mit dem Kind, wobei ein unbegleiteter Umgang grundsätzlich entfällt und ein Umgangsausschluss angezeigt sein kann. In der Praxis sind derartige Vorfälle – insbesondere bei Übergriffen gegen jüngere Kinder – von **Nachweisproblemen** geprägt (OLG Jena 10.3.2003 – 1 UF 263/02, FPR 2003, 669; OLG Düsseldorf 30.11.1994 – 3 WX 560/94, NJW 1995, 1970). Ein sicherer Nachweis eines sexuellen Übergriffs ist jedoch – anders als im Strafrecht – nicht erforderlich. Ausreichend sind überzeugende Anhaltspunkte dafür, dass ein derartiges Verhalten stattgefunden haben kann (Palandt/Götz § 1666 BGB Rn 18). Es sind sodann alle erforderlichen Maßnahmen zu ergreifen, um das Kind zu schützen. Die Unschuldsvermutung, die im Strafrecht gilt, kann und darf im familiengerichtlichen Verfahren gerade nicht greifen. Durch eine Vielzahl von Maßnahmen ist – meist über einen längeren Zeitraum – sicherzustellen, dass eine Gefährdung des Kindes nicht stattfindet. Auch ein **sexueller Missbrauch durch Dritte**, beispielsweise den Lebensgefährten, kann Maßnahmen nach § 1666 BGB auslösen, wenn die Eltern nicht willens oder in der Lage sind, eine weitere Gefährdung des Kindes zu verhindern und Maßnahmen gegen den Dritten nicht ausreichen.

11 **c) Umgangsprobleme.** In der gerichtlichen Praxis von enormer Bedeutung sind Verfahren getrennt lebender Eltern, ob nun gemeinsam sorgeberechtigt oder nicht, betreffend die **Behinderung des Umgangs** des Kindes mit dem jeweils anderen Elternteil (HK-FamR/Schmid § 1666 BGB Rn 9). Wird nicht das sogenannte Wechselmodell gelebt (s. → *Wechselmodell*), so wird das Kind in der Regel mit oder ohne gerichtliche Entscheidung seinen Lebensmittelpunkt entweder beim Vater oder bei der Mutter haben (HK-FamR/Schmid § 1666 BGB Rn 1). Eine Behinderung oder ein **Abbruch von Umgangskontakten** kann eine Kindeswohlgefährdung darstellen (Grabow in: VerfFamR § 3 Rn 149). Dies liegt darin begründet, dass es in der Regel dem Wohl des Kindes dient, den Umgang mit dem Elternteil zu pflegen, bei dem es nicht seinen gewöhnlichen Aufenthalt hat. Eine Umgangsbehinderung, bewusst oder unbewusst, kann gerade ein **Erziehungsdefizit beim behindernden Elternteil** darstellen (Maier in: FormFamR § 6 Rn 285). Die Anordnung einer Umgangspflegschaft (Niederl FamFR 2010, 452) kann hier notwendig werden (s. → *Umgangspfleger*).

Eine weiter gehende Möglichkeit ist die **Entziehung des Aufenthaltsbestimmungsrechts** (s. → *Aufenthaltsbestimmung bei Minderjährigen*) beim betreuenden Elternteil bei Boykottierung des Umgangs mit dem anderen Elternteil (KG 18.6.2010 – 19 UF 22/10, NJW-RR 2011, 295). Die Anordnung einer Umgangspflegschaft stellt insoweit das mildere Mittel vor einem teilweisen Sorgerechtsentzug dar. Insbesondere ist im Rahmen einer Gesamtbetrachtung zu würdigen, ob etwaige Heimunterbringung des Kindes die Situation verbessern kann oder aber sogar zu einer Kindeswohlgefährdung führt (BGH 26.10.2011 – XII ZB 247/11, FamRZ 2012, 71).

Ein Verbringen des Kindes durch den betreuenden **Elternteil ins Ausland** (Stockmann juris PR-FamR 20/2010) stellt ohne weiter gehende Anhaltspunkte trotz etwaiger Umgangserschwernisse noch keine Kindeswohlgefährdung dar (s. → *Aufenthaltsbestimmung bei Minderjährigen* Rn 12; BGH 16.3.2011 – XII ZB 407/10, FamRZ 2011, 796).

d) Schulische Angelegenheiten. Die Verweigerung oder auch die fehlende Überwachung und Beaufsich- **12** tigung des **regelmäßigen Schulbesuchs** des Kindes stellt eine Kindeswohlgefährdung dar (Palandt/Götz § 1666 BGB Rn 17). Häufig weisen gerade auch Schulen die entsprechenden Jugendämter auf **Schulverweigerer** oder unregelmäßigen Schulbesuch eines Kindes hin (HK-FamR/Salzgeber Schwerpunktbeitrag 6 Rn 111). In der Regel stellt die mangelnde Einflussnahme der Eltern auf den Schulbesuch des Kindes ein **Erziehungsversagen der Eltern** dar (HK-FamR/Schmid § 1666 BGB Rn 10; Maier in: FormFamR § 6 Rn 283). Ein Abhalten des Kindes vom Schulbesuch, beispielsweise aus religiösen Gründen, führt zu einer Prüfung einer Kindeswohlgefährdung (HK-BGB/Kemper § 1666 BGB Rn 4). Die Ablehnung staatlicher Schulerziehung kann Maßnahmen auslösen, gerechtfertigt durch den staatlichen Erziehungsauftrag (BGH 17.10.2007 – XII ZB 42/07, FamRZ 2008, 45).

e) Medizinisch-ärztliche Versorgung. Die Verweigerung einer medizinisch **notwendigen und erforder-** **13** **lichen Behandlung** des minderjährigen Kindes stellt eine weitere mögliche Form der Kindeswohlgefährdung dar (HK-FamR/Schmid § 1666 BGB Rn 11). In der gerichtlichen Praxis spielt vor allem die Unterbringung in einer geschlossenen psychiatrischen Anstalt oder einer geschlossenen Jugendhilfeeinrichtung eine Rolle (s. → *Freiheitsentziehende Unterbringung Minderjähriger*). Eine verweigerte Antragstellung auf Unterbringung durch einen oder beide Elternteile kann ein Eingreifen nach § 1666 BGB rechtfertigen (BVerfG 14.6.2007 – 1 BvR 338/2007, NJW 2007, 3560; NK-BGB/Rakete-Dombek § 1631 b BGB Rn 1). Dies gilt grundsätzlich bei sämtlichen medizinisch notwendigen Eingriffen, deren Durchführung durch die Sorgeberechtigten verhindert wird.

Ein **beabsichtigter Schwangerschaftsabbruch** durch die minderjährige Schwangere stellt hingegen keine **14** Kindeswohlgefährdung des Fötus dar, da der Fötus dem Schutzbereich der Norm des § 1666 BGB nicht unterfällt. Auch stellt grundsätzlich die **verweigerte Zustimmung der Eltern zu einem Schwangerschaftsabbruch** der minderjährigen Tochter keine Kindeswohlgefährdung dar (s. → *Körperliche Eingriffe bei Minderjährigen* Rn 20).

Einen in der Praxis zunehmend bedeutsameren und rechtlich sowie medizinisch schwierig zu beurteilenden **15** Fall stellt die **Medikation Minderjähriger**, beispielsweise mit Ritalin im Falle von ADS oder ADHS, dar (Palandt/Götz § 1666 BGB Rn 11). Eine verweigerte Zustimmung der Eltern kann – wie bereits dargelegt – staatliche Eingriffe rechtfertigen, wenn das Kindeswohl gefährdet ist. Bei der Gabe von Ritalin handelt es sich jedoch, zumindest in Grenzfällen, häufig um eine „Glaubensfrage".

f) Vernachlässigung des Kindes. Ist die Versorgung des Kindes vernachlässigt, können Eingriffe nach **16** § 1666 BGB angezeigt sein. Hierzu zählen insbesondere **Vernachlässigungen in der Pflege** des Kindes, aber auch emotionale Vernachlässigung und fehlende Zuwendung (Maier in: FormFamR § 6 Rn 286). Häufig übernehmen vernachlässigte Kinder in der Familie Aufgaben, die ihnen als Kinder nicht zukommen (HK-FamR/Schmid § 1666 BGB Rn 13). Relevant werden diese Fälle vor allem bei **alkoholabhängigen oder psychisch auffälligen** Eltern (HK-FamR/Salzgeber Schwerpunktbeitrag 6 Rn 111; Maier in: FormFamR § 6 Rn 126). Erwähnt seien die – in der Praxis zunehmenden Fälle – manisch-depressiver Elternteile (NK-BGB/Rakete-Dombek § 1671 BGB Rn 20).

Die freiwillige Unterbringung der Kinder bei Dritten, beispielsweise in einer Pflegefamilie oder bei Großeltern, stellt jedoch keine Vernachlässigung dar (HK-FamR/Schmid § 1666 BGB Rn 13). Alleine auf die unzulänglichen finanziellen Mittel oder die Wohnsituation als solche kann eine Maßnahme in der Regel nicht gestützt werden.

g) Kindeswohlgefährdung durch Verhalten Dritter. Auch durch das Verhalten dritter Personen kann **17** das Kindeswohl gefährdet sein. Hier ist es Aufgabe der Sorgeberechtigten, das Wohlergehen des Kindes zu gewährleisten (Maier in: FormFamR § 6 Rn 288). In den sogenannten **Patchwork-Familien** kann eine Gefährdung im Verhalten des neuen Partners zu sehen sein (HK-FamR/Schmid § 1666 BGB Rn 15). Auch Angehörige, wie beispielsweise Großeltern, können das Wohl des Kindes gefährden (NK-BGB/Heinke § 3 GewSchG Rn 5). Kann einer Gefährdung nicht durch Einflussnahme auf den Dritten oder durch die Sorgeberechtigten begegnet werden, sind Maßnahmen nach § 1666 BGB angezeigt und notwendig.

18 **h) Kinder ausländischer Eltern.** Die Besonderheiten bei Kindern ausländischer Eltern können in der **kulturellen Verschiedenheit** sowie den unterschiedlichen Auffassungen im Hinblick auf Kindererziehung und Förderung liegen. Die körperliche Züchtigung von Kindern kann beispielsweise in anderen Kulturkreisen als durchaus adäquates **Erziehungsmittel** angesehen werden. Teilweise erfahren auch behinderte Kinder in anderen Kulturkreisen eine oftmals sogar herausragende Rolle, was jedoch nicht eine der Behinderung angemessene Förderung zur Folge haben muss. Ferner sind kulturelle Verschiedenheiten relevant im Hinblick auf rituelle Beschneidungen (s. → *Körperliche Eingriffe bei Minderjährigen* Rn 30 ff) und Genitalverstümmelungen (BGH 15.12.2004 – XII ZB 166/03, NJW 2005, 672). Hier findet natürlich das national geltende Recht Anwendung, so dass sich ausländische Eltern bzw Eltern mit anderem kulturellen Hintergrund dem Recht des Staates unterzuordnen haben, in dem sie leben.

19 **i) Kindsmutter als Prostituierte.** Dass die Kindsmutter als Prostituierte arbeitet, rechtfertigt für sich noch keinen Eingriff nach § 1666 BGB. Jedoch entspricht der regelmäßige Umgang mit Zuhältern oder wechselnder „Kundschaft", also Kontakt zum **beruflichen Milieu der Mutter**, nicht dem Kindeswohl (HK-FamR/Schmid § 1666 BGB Rn 15). Es ist im Einzelfall die konkrete Situation unter Beachtung der erörterten Grundsätze zu prüfen.

20 **j) Jugendliche Straftäter.** Häufige oder regelmäßige **Straftaten eines Minderjährigen** können zu einer Überprüfung der Erziehungseignung der Eltern führen. In der Regel erfahren die Familiengerichte hiervon durch eine **Vorlage der Strafakte** zur Überprüfung oder durch die Jugendämter, die über die Jugendgerichtshilfe in das Strafverfahren eingebunden sind. Die Eltern sind frühzeitig am Strafverfahren zu beteiligen (BVerfG 16.1.2003 – 2 BvR 716/01, NJW 2003, 2004).

21 **k) Herausnahme aus Pflegefamilie.** In der Herausnahme des minderjährigen Kindes aus einer **Pflegefamilie** (HK-FamR/Schmid § 1666 BGB Rn 6) kann eine Kindeswohlgefährdung liegen. Dies führt in der Regel zu einer sogenannten **Verbleibensanordnung** (s. → *Verbleibensanordnung*). Entscheidend ist auch insoweit das Kindeswohl (OLG Bamberg 12.8.2010 – 10 UF 110/10, jurisPR-FamR 23/2010).

III. Verfahren

1. Verhältnismäßigkeit

22 Bei Maßnahmen nach § 1666 BGB handelt es sich um einen erheblichen Eingriff in das Elternrecht, wobei die Herausnahme des Kindes aus der Familie (NK-BGB/Rakete-Dombek § 1666 a BGB Rn 3) den **stärksten Eingriff in das Elternrecht** darstellt (NK-BGB/Rakete-Dombek § 1666 a BGB Rn 1). Das Gericht hat daher bei Anordnung der erforderlichen Maßnahmen unter Kindeswohlgesichtspunkten den **Grundsatz der Verhältnismäßigkeit** zu beachten (HK-FamR/Schmid § 1666 a BGB Rn 22). Es hat eine Abwägung stattzufinden, wobei die konkrete Gefährdungssituation des Kindes in Abwägung zu stellen ist mit den Rechten der Eltern (BVerfG 2.12.2010, 1 BvR 2414/10). Die gerichtlich angeordnete Maßnahme muss daher geeignet, erforderlich sowie angemessen sein (Böhme FamFR 2011, 190). Die Verhältnismäßigkeit der Maßnahme ist ausdrücklich gesetzlich normiert in § 1666 a BGB (HK-FamR/Schmid § 1666 a BGB Rn 3).

23 Zu beachten ist insbesondere der **Vorrang öffentlicher Hilfen** (HK-FamR/Schmid § 1666 a BGB Rn 22). Es muss geprüft werden, ob durch öffentliche Hilfen nach dem SGB VIII oder Leistungen nach dem SGB II Gefährdungen des Kindes abgewendet werden können (NK-BGB/Rakete-Dombek § 1666 a BGB Rn 6). In der Regel rechtfertigt sich eine Herausnahme des Kindes bei Versagen der Eltern beispielsweise durch Vernachlässigung des oder der Kinder erst nach erfolgloser oder nicht ausreichender Inanspruchnahme einer Familienhilfe (OLG Hamm 17.12.2011 – 8 UF 176/11). Verweigern die Eltern entsprechende An-

gebote und Hilfen oder werden erforderliche Anträge nicht gestellt, so ist eine entsprechende Maßnahme nicht möglich bzw ungeeignet.

Auch die Möglichkeit einer **Mutter-Kind-Einrichtung** ist zu prüfen. Für den Fall, dass sich die Kindes- **24** mutter bereit erklärt, eine solche Einrichtung zu besuchen, kann eine Herausnahme des Kindes möglicherweise – je nach Einzelfall – unverhältnismäßig werden.

Mögliche Maßnahmen sind in § 1666 Abs. 3 BGB genannt, ohne diese abschließend zu regeln. Es ist zu **25** beachten, dass bei gerichtlicher Anordnung von Auflagen und Weisungen nach § 1666 Abs. 3 BGB für einen erheblichen Eingriff in die Grundrechte der Eltern, beispielsweise die Anordnung der **Fortsetzung einer Psychotherapie**, § 1666 Abs. 3 BGB, keine taugliche gesetzliche Grundlage darstellt (BVerfG 1.12.2010 – 1 BvR 1572/10, NJW 2011, 1661). Die Anordnung kann auch nicht damit begründet werden, dass diese Maßnahme gegenüber einem Sorgerechtsentzug das mildere Mittel darstellt (von Burschel FamFR 2011, 167).

2. Maßnahmen gegen Dritte

Maßnahmen gegen dritte Personen sind möglich. Insbesondere ist an die Anordnung von **Kontaktverboten** **26** zu denken (Palandt/Götz § 1666 BGB Rn 36).

3. Erörterungstermin

Gem. § 157 FamFG findet in Verfahren nach §§ 1666, 1666 a BGB ein **Erörterungstermin** statt (HK- **27** FamFG/Völker/Clausius § 157 FamFG Rn 1). Im Erörterungstermin sind vorrangig die **Kindeseltern und das Jugendamt** zu hören (HK-FamFG/Völker/Clausius § 157 FamFG Rn 3, 5). Möglichkeiten öffentlicher Hilfen sind zu besprechen. In der Regel werden Maßnahmen nach dem SGB VIII bereits geleistet worden sein, so dass zu überlegen ist, ob weiter gehende Maßnahmen und Eingriffe erforderlich sind, um das Kindeswohl zu gewährleisten (HK-FamFG/Völker/Clausius § 157 FamFG Rn 2).

In der Regel werden in diesem ersten Erörterungstermin die Weichen gestellt für den weiteren Fortgang des Verfahrens (HK-FamR/Salzgeber Schwerpunktbeitrag 6 Rn 108). Unter Wahrung des Verhältnismäßigkeitsgrundsatzes ist der Entzug der elterlichen Sorge oder von Teilbereichen der elterlichen Sorge möglich (s. → *Entzug des Sorgerechts*). Auch der nicht sorgeberechtigte nichteheliche Vater wird am Verfahren zu beteiligen sein (OLG Frankfurt/M. 13.12.2011 – 3 WF 310/11).

4. Verfahrensbeistand

Der Verfahrensbeistand wird mit dem Ziel beigeordnet, die **Kindesinteressen im Verfahren** wirksam zu **28** wahren, dessen Belange sicherzustellen und zu vertreten (s. → *Verfahrensbeistand*). In Verfahren nach §§ 1666, 1666 a BGB richtet sich die Beiordnung je nach Konstellation nach § 158 Nr. 2 bzw Nr. 3 FamFG. Dies führt in der Praxis dazu, dass in Verfahren nach §§ 1666, 1666 a BGB eine **Beiordnung durch das Gericht zwingend** zu erfolgen hat (HK-FamFG/Völker/Clausius § 158 FamFG Rn 1 ff).

146. Körperliche Eingriffe bei Minderjährigen

Seebach

I. Allgemeines	1	2. Kindeswohlgefährdung	17
II. Medizinische Behandlung	5	3. Dringende (eilbedürftige) ärztliche Heileingriffe	21
1. Einwilligungsfähigkeit	5	4. Schwangerschaftsabbruch	22
a) Allgemein	5	5. Beschneidung	30
b) Nichteinwilligungsfähiger Minderjähriger	6	6. Sterilisation	34
c) Veto-Recht des Minderjährigen	11	III. Ärztlicher Behandlungsvertrag	35
d) Alleinentscheidungsbefugnis des Minderjäh-		IV. Schweigepflicht	38
rigen	14	V. Verfahren	41

I. Allgemeines

1　Bei **ärztlichen Heileingriffen** handelt es sich um Eingriffe in die körperliche Unversehrtheit, so dass eine **Einwilligung** des Patienten **grundsätzlich erforderlich** ist. Diese wirkt entweder als tatbestandsausschließendes Einverständnis oder aber als rechtfertigende Einwilligung (HK-BGB/Staudinger § 823 BGB Rn 5, 78).

2　Ausgangsfrage im Rahmen der ärztlichen Heilbehandlung Minderjähriger muss sein, ob Minderjährige in ärztliche Heileingriffe überhaupt wirksam einwilligen können und ob zusätzlich die Zustimmung der Eltern erforderlich ist oder diese möglicherweise alleine ausreicht (Palandt/Sprau § 823 BGB Rn 38). Es ist nunmehr ganz einhellige Rechtsauffassung, dass bei der Frage der Einwilligungsfähigkeit auf die sogenannte **Einsichtsfähigkeit und Urteilsfähigkeit von Minderjährigen** abzustellen ist und gerade nicht auf deren Geschäftsfähigkeit iSd §§ 107 ff BGB (BGH 16.11.1971 – VI ZR 76/70, NJW 1972, 335). Es liegt die Gestattung einer **tatsächlichen Handlung** vor (HK-BGB/Staudinger § 823 BGB Rn 78). Allerdings ist die Rechtsprechung in diesem Bereich nicht einheitlich. Dies gilt vor allem dann, wenn es um erhebliche medizinische Eingriffe geht, wie beispielsweise den Schwangerschaftsabbruch bei Minderjährigen (s. Rn 22). Es wird unterschieden zwischen Routineeingriffen und erheblichen medizinischen Eingriffen (BGH 16.11.1971 – VI ZR 76/70, NJW 1972, 335).

3　Probleme treten insbesondere dann auf, wenn die Erklärung des Minderjährigen im **Widerspruch** zu der Erklärung des gesetzlichen Vertreters und Sorgeberechtigten steht. Es stellt sich die Frage, ob dem Willen und der Entscheidung der Sorgeberechtigten oder aber dem Willen des Minderjährigen entscheidende Bedeutung zukommt. Auf der einen Seite ist die verfassungsrechtlich geschützte elterliche Personensorge und auf der anderen Seite das Selbstbestimmungsrecht des Minderjährigen zu sehen. Es stellen sich im Zusammenhang mit der medizinischen Behandlung Minderjähriger drei grundsätzliche Problemfelder dar. Zu unterscheiden sind der wirksame Abschluss eines **Behandlungsvertrages** (s. Rn 35), die **Einwilligung** in den Eingriff (s. Rn 5 ff) sowie die Problematik der **Schweigepflicht** (s. Rn 38).

4　Während die Einwilligung bzw Zustimmung der Eltern dem Bereich der **Personensorge** unterfällt (s. → *Personensorge*; Palandt/Götz § 1626 BGB Rn 10), unterliegt der Abschluss von Verträgen der **Vermögenssorge** (NK-BGB/Rakete-Dombek § 1626 BGB Rn 20; s. → *Vermögenssorge*).

II. Medizinische Behandlung

1. Einwilligungsfähigkeit

5　**a) Allgemein.** Ein Minderjähriger kann in einen ärztlichen Eingriff einwilligen, wenn er aufgrund des vorliegenden **geistigen und sittlichen Reifegrads** in der Lage ist, die Bedeutung des Eingriffs und dessen Tragweite zu erkennen. Der Minderjährige muss in der Lage sein, die Bedeutung der erteilten Erlaubnis einzuschätzen. Hierbei können keine grundsätzlich geltenden Kriterien aufgestellt werden, wann der Minderjährige die Folgen und die Tragweite seiner Einwilligung einschätzen kann. Vielmehr ist jeder **konkrete Einzelfall** für sich zu beurteilen, wobei als objektivstes Kriterium das **Alter des Minderjährigen** anzusehen ist. Grundsätzlich wird man davon ausgehen können, dass mit zunehmendem Alter auch die sittliche und geistige Reife zunimmt.

b) Nichteinwilligungsfähiger Minderjähriger. Für den Fall, dass das minderjährige Kind nach obigen 6 Kriterien und Erwägungen als nicht einwilligungsfähig angesehen werden kann, da es die Bedeutung und Tragweite der ärztlichen Behandlung gerade nicht ausreichend beurteilen kann, bedarf es in jedem Fall der **Einwilligung der gesetzlichen Vertreter** bzw Sorgeberechtigten (NK-BGB/Kemper § 1629 BGB Rn 12). Gem. § 1627 BGB steht die elterliche Sorge den Eltern gemeinsam zu (ThürOLG 27.2.2008 – 4 U 2/04, RDG 2009, 82). Daher müssen grundsätzlich auch beide sorgeberechtigten Elternteile der ärztlichen Behandlung zustimmen (BGH 28.6.1988 – VI ZR 288/87, NJW 1988, 2946, 2947). Allerdings kann ein Elternteil den anderen Elternteil **ermächtigen bzw bevollmächtigen,** für ihn mit zu entscheiden, was auch durch **konkludentes Verhalten** geschehen kann (Palandt/Götz § 1629 BGB Rn 5). Der anwesende Elternteil kann daher – nach erfolgter Aufklärung und Beratung durch den Arzt – wirksam in die Behandlung einwilligen (OLG München 4.6.2009 – 1 U 3200/08, FamRZ 2009, 2099).

In der Regel kann der behandelnde Arzt davon ausgehen, dass der ermächtigte Elternteil mit dem Kind zur 7 Behandlung bei ihm erschienen ist. Dies gilt jedenfalls bei **Routineeingriffen** und bei leichteren Erkrankungen oder Verletzungen, soweit dem Arzt keine anderen Umstände bekannt sind (OLG München 4.6.2009 – 1 U 3200/08, FamRZ 2009, 2099).

Anders ist dies bei **erheblicheren Erkrankungen** oder Verletzungen sowie auch bei zu erwartenden **er-** 8 **heblichen Kosten** einer ärztlichen Behandlung zu beurteilen. Hier wird der Arzt im Zweifel bei dem erschienenen Elternteil nach der Sorgerechtslage und der Einwilligung des nicht erschienenen sorgeberechtigten Elternteils fragen. Überwiegend wird die Meinung vertreten, dass der Arzt grundsätzlich auf die ihm sodann erteilte Auskunft vertrauen darf (OLG München 4.6.2009 – 1 U 3200/08, FamRZ 2009, 2099). Jedoch wird man sagen müssen, dass, je schwerer der ärztliche Eingriff oder die Erkrankung sich darstellt und je mehr Risiken mit der ärztlichen Behandlung verbunden sind, umso eher der Arzt gehalten sein wird, den nicht erschienenen Elternteil in die Behandlung mit einzubinden und dessen Einwilligung einzuholen.

Dies gilt auch dann, wenn ein an sich einwilligungsfähiger Minderjähriger aus sonstigen Gründen seine Einwilligung nicht erklären kann, so wenn er bewusstlos ist oder im Koma liegt.

Einen Sonderfall stellt insoweit die Regelung des § 1631 b BGB betreffend die **Unterbringung Minder-** 9 **jähriger** dar, die einen erheblichen Eingriff in das Selbstbestimmungsrecht des Minderjährigen darstellt. Hier reicht die Einwilligung der Eltern alleine nicht aus. Vielmehr ist eine gerichtliche Genehmigung der Unterbringung des Minderjährigen erforderlich (s. → *Freiheitsentziehende Unterbringung Minderjähriger* Rn 1).

Eine **verweigerte Zustimmung bzw Einwilligung** der Eltern in einen notwendigen medizinischen Eingriff 10 bzw eine notwendige medizinische Behandlung kann Maßnahmen nach § 1666 BGB erforderlich machen (s. → *Kindeswohlgefährdung* Rn 13). Hinsichtlich eines Schwangerschaftsabbruchs einer Minderjährigen führt eine verweigerte Zustimmung nicht zwingend zu Maßnahmen nach § 1666 BGB (s. → *Kindeswohlgefährdung* Rn 14).

c) Veto-Recht des Minderjährigen. Die Elternverantwortung der sorgeberechtigten Eltern muss im kon- 11 kreten Einzelfall gesehen werden. Die Personensorge für den behandlungsbedürftigen Minderjährigen ist gerade Teil des verfassungsrechtlich garantierten Eltern- und Erziehungsrechts. In § 1626 Abs. 2, 3 BGB kommt das **gesetzliche Leitbild der Erziehung** zum Ausdruck (s. → *Erziehung* Rn 1).

Gem. § 1626 Abs. 2 S. 2 BGB ist hierbei grundsätzlich auf ein Einvernehmen zwischen Eltern und Kind 12 hinzuwirken. Die gesetzlichen Vertreter haben bei der Erziehung die wachsenden Fähigkeiten des Kindes zu selbstständigem, verantwortungsbewusstem Handeln zu beachten, Fragen der elterlichen Sorge mit dem Kind zu besprechen und einvernehmliche Lösungen anzustreben (s. → *Erziehung* Rn 1). Grundsätzlich entscheiden **bei nicht erzielbarem Einvernehmen** die Eltern. Die elterliche Entscheidungskompetenz findet ihre Einschränkung mit wachsender Einsichtsfähigkeit und Reife des Kindes. Das Elternrecht wird durch das Grundrecht des Kindes auf freie Entfaltung seiner Persönlichkeit begrenzt. Diese allgemeinen Grundsätze gelten ebenso bei einer ärztlichen Behandlung, jedenfalls dann, wenn bei relativ geringen Eingriffen das minderjährige Kind über ausreichende Urteilsfähigkeit verfügt (BGH 10.10.2006 – VI ZR 74/05, NJW 2007, 217, 219).

13 Eine **medizinische Zwangsbehandlung** bei einer verweigerten Einwilligung des minderjährigen Patienten in den ärztlichen Heileingriff erscheint daher unter Beachtung der sich gegenseitig begrenzenden Grundrechte von Eltern und Kind fragwürdig. Einen Ausnahmefall bildet die Unterbringung Minderjähriger, wobei gerade hier die Genehmigung durch das Familiengericht erforderlich ist (s. → *Freiheitsentziehende Unterbringung Minderjähriger* Rn 1). Jedoch hat jedenfalls bei einem nicht einwilligungsfähigen Minderjährigen die Entscheidung der Eltern im Rahmen ihrer Elternverantwortung Vorrang.

14 **d) Alleinentscheidungsbefugnis des Minderjährigen.** Teilweise wird die Meinung vertreten, dass die Einwilligung grundsätzlich nur durch die Sorgeberechtigten erteilt werden könne, wobei dem Minderjährigen unter bestimmten Voraussetzungen eine **Mitentscheidungsbefugnis** zukomme (Nebendahl MedR 2009, 197).

15 Hierbei wird jedoch das verfassungsrechtlich garantierte Recht auf körperliche Unversehrtheit sowie das Selbstbestimmungsrecht des Minderjährigen vernachlässigt. In dem Moment, in dem minderjährige Kinder die nötige geistige Reife und Einsichtsfähigkeit besitzen, selbst entscheiden zu können, muss die elterliche Sorge zurücktreten (HK-FamR/Schmid § 1626 BGB Rn 5). Die Problematik liegt gerade umgekehrt zu dem Fall einer verweigerten Einwilligung des Minderjährigen in einen ärztlichen Heileingriff. Es geht um die rechtliche Bewertung bei erteilter Einwilligung des Minderjährigen und Weigerung der Sorgeberechtigten.

16 Es stellt sich die Frage, ob das verfassungsrechtlich geschützte Elternrecht geeignet ist, die durch den Minderjährigen erteilte Einwilligung zu umgehen und die medizinische Behandlung zu verhindern. So könnte gegen den Willen des einwilligungsfähigen Minderjährigen eine Behandlung durch die Sorgeberechtigten untersagt werden. Jedenfalls bei entsprechender medizinischer Indikation sind Maßnahmen über § 1666 BGB möglich (s. → *Kindeswohlgefährdung* Rn 14). Aber auch darüber hinaus muss gelten, dass für den Fall, dass ein Minderjähriger über die erforderliche Einwilligungsfähigkeit verfügt, dessen erklärte Einwilligung ausschlaggebend ist und nicht durch die Ausübung des Elternrechts und die verweigerte Einwilligung der Eltern/Sorgeberechtigten umgangen werden kann. Dies gilt im Hinblick auf die tatsächlich vorzunehmende ärztliche Behandlung bzw den ärztlichen Heileingriff. Die Frage des wirksamen Abschlusses eines Behandlungsvertrages ist dagegen rechtlich anders zu bewerten (s. Rn 35).

2. Kindeswohlgefährdung

17 In bestimmten Fällen kommt im Bereich der Einwilligung bzw **verweigerten Einwilligung** der Sorgeberechtigten (HK-FamR/Schmid § 1666 BGB Rn 11) in eine medizinische oder ärztliche Behandlung eine Entziehung des Sorgerechts bzw von Teilen des Sorgerechts, nämlich Aufenthaltsbestimmung und Gesundheitsfürsorge, in Betracht (s. → *Kindeswohlgefährdung* Rn 14), insbesondere, wenn psychische oder physische Schäden zu erwarten sind (Völker jurisPR-FamR 5/2005). Entscheidend ist hierbei das **Kindeswohl**.

18 In der Regel wird in solchen Fällen entweder das Jugendamt oder direkt das Familiengericht von einer solch notwendigen Behandlung informiert. Es wird sodann ein Verfahren nach § 1666 BGB eingeleitet, wobei in Eilfällen **einstweilige Anordnungen** ergehen können (NK-BGB/Kaiser § 1629 BGB Rn 16). Dies ist jedenfalls immer dann notwendig, wenn die Einwilligung durch den minderjährigen Patienten alleine nicht erteilt werden kann (s. Rn 6).

19 Aber auch die Einwilligung in einen **Behandlungsabbruch** – wie zum Beispiel das Abschalten der Beatmungsmaschine oder der Abbruch der künstlichen Ernährung – kann eine Kindeswohlgefährdung darstellen (BVerfG 6.6.2007 – 1 BvQ 18/07, NJW 2007, 2704). Grundsätzlich jedoch liegt die Entscheidung hierüber im alleinigen Verantwortungsbereich der Eltern (OLG Hamm 24.5.2007 – 1 UF 78/07, NJW 2007, 2704). Eine solche Einwilligung kann nicht familienrechtlich genehmigt werden (OLG Brandenburg 17.2.2000 – 10 UF 45/99).

Seebach

Eine verweigerte Zustimmung der Sorgeberechtigten zu einem **Schwangerschaftsabbruch** stellt grund-   20
sätzlich keine Kindeswohlgefährdung der minderjährigen Schwangeren dar (Palandt/Götz § 1626 BGB
Rn 11). Dies gilt grundsätzlich auch bei einer erteilten Einwilligung in einen Schwangerschaftsabbruch (s.
→ *Kindeswohlgefährdung* Rn 14).

3. Dringende (eilbedürftige) ärztliche Heileingriffe

Bei dringenden ärztlichen Eingriffen, die **keinen Aufschub** dulden, gelten für den Fall, dass kein einwilli-   21
gungsfähiger Elternteil erreichbar ist, die Grundsätze der **Geschäftsführung ohne Auftrag** sowie der erteilten **mutmaßlichen Einwilligung.** Insoweit greift darüber hinaus auch ein sogenanntes Notvertretungsrecht (s. → *Gesetzliche Vertretung Minderjähriger* Rn 8).

4. Schwangerschaftsabbruch

Auch bei einem beabsichtigten Schwangerschaftsabbruch durch die **minderjährige Schwangere** gilt ent-   22
sprechend, dass die Einwilligung keine Willenserklärung darstellt und daher gerade nicht den gesetzlichen
Regelungen der §§ 107 ff BGB unterfällt. Grundsätzlich stellt sich kein rechtliches Problem, wenn sowohl
die minderjährige Schwangere als auch die Eltern ihre Einwilligung in den beabsichtigten Schwangerschaftsabbruch erklären und dieser im Rahmen der bestehenden gesetzlichen Regelungen gem. § 218 a
StGB auch zulässig ist.

Es müssen die aufgestellten Grundsätze beachtet werden, wobei die Erheblichkeit und Bedeutsamkeit des   23
Eingriffs besonders zu würdigen sind. Es ist erneut auf das Kriterium der **Einsichts- bzw Einwilligungsfä-**
higkeit der Minderjährigen abzustellen (Scherer FamRZ 1997, 589).

Teilweise wird die Meinung vertreten, dass bei derartigen Eingriffen immer die Zustimmung der gesetzli-   24
chen Vertreter erforderlich sei, auch wenn die Minderjährige die nötige geistige und sittliche Reife besitzt
(OLG Hamm 16.7.1998 – 15 W 274/98, NJW 1998, 3424). So sei bei nicht unwichtigen Eingriffen in der
Regel die Einwilligung der Minderjährigen nicht ausreichend (BGH 16.11.1971 – VI ZR 76/70, NJW
1972, 335; Palandt/Götz § 1626 BGB Rn 11).

Folgende Konstellationen sind zu unterscheiden: die verweigerte Einwilligung der Eltern bei erklärter Ein-   25
willigung der einwilligungsfähigen minderjährigen Schwangeren, die erteilte Einwilligung der Eltern bei
verweigerter Einwilligung der einwilligungsfähigen minderjährigen Schwangeren sowie die erteilte Einwilligung der Eltern bei einer einwilligungsunfähigen minderjährigen Schwangeren (Siedhoff/Scherer FamRZ
1998, 8).

Bei einer **einwilligungsunfähigen Minderjährigen** muss grundsätzlich gelten, dass es alleine auf die Ein-   26
willigung der Eltern in Ausübung ihrer elterlichen Sorge gem. § 1626 BGB ankommt. Aufgrund der Bedeutung und Erheblichkeit des Eingriffs ist die **Einwilligung beider sorgeberechtigter Elternteile** erforderlich. Bei Meinungsverschiedenheiten der Eltern hat das Familiengericht gem. § 1628 BGB hierüber zu
entscheiden (s. → *Meinungsverschiedenheiten der Sorgeberechtigten*). Ein Elternteil kann ferner gem.
§ 1671 BGB beantragen, den entsprechenden Teilbereich der elterlichen Sorge bzw die Entscheidung über
die Erteilung der Einwilligung ihm alleine zu übertragen. Ein Entzug der elterlichen Sorge kommt nur bei
missbräuchlicher Ausübung des elterlichen Sorgerechts in Betracht. Grundsätzlich sei die Schwangere auch
zur Austragung des ungeborenen Kindes verpflichtet (OLG Sachsen-Anhalt 19.11.2003 – 8 WF 152/03,
FamRZ 2004, 1806).

Bei den anderen genannten Konstellationen ist auf die Einwilligung bzw die nicht erteilte **Einwilligung**   27
der minderjährigen Schwangeren abzustellen (Schwerdtner NJW 1999, 1525). Es können gerade aufgrund der Erheblichkeit des Eingriffs keine anderen Kriterien gelten als bei anderen ärztlichen Eingriffen in
die körperliche Unversehrtheit der Minderjährigen (AG Schlüchtern 29.4.1997 – X 17/97). Bei vorhandener Einsichtsfähigkeit und Reife der Minderjährigen ist eine Rechtmäßigkeit des Eingriffs zumindest dann
nicht gegeben, wenn sie diesen ablehnt.

28   Bei fehlender Einsichtsfähigkeit der Minderjährigen erscheint ein Schwangerschaftsabbruch gegen den ge-
      äußerten Willen der Minderjährigen alleine aufgrund der erteilten Einwilligung der Eltern problematisch.
      Es könnte gerade eine Kindeswohlgefährdung vorliegen. Ein Verfahren nach § 1666 BGB erscheint sinn-
      voll und angezeigt. Die erteilte Einwilligung der Eltern kann demzufolge eine Kindeswohlgefährdung der
      schwangeren Minderjährigen darstellen, auch wenn grundsätzlich bei fehlender Einwilligungsfähigkeit der
      Minderjährigen die Verantwortlichkeit bei den Sorgeberechtigten anzusiedeln ist.

29   Das Gericht wird regelmäßig nicht den **Schutz des ungeborenen Lebens** in die Abwägung mit einzustel-
      len haben, da der Gesetzgeber durch die Normierung des § 218 a StGB die entsprechenden Wertungen
      vorgenommen hat. Unter bestimmten Voraussetzungen ist nach dieser Norm ein Schwangerschaftsabbruch
      zulässig bzw straffrei.

5. Beschneidung

30   Bei einer medizinisch indizierten Behandlung gelten die o.g. Grundsätze für notwendige Eingriffe.

      Fraglich ist, ob **religiös motivierte** Beschneidungen – denkbar vor allem im jüdischen oder muslimischen
      Kulturkreis – zulässig sind. Grundsätzlich können ärztliche Eingriffe durch Vorliegen einer Einwilligung
      gedeckt sein, unabhängig vom Bestehen einer Indikationslage.

31   Bei einer **Beschneidung von Mädchen** ist immer von einer Kindeswohlgefährdung auszugehen (OLG
      Karlsruhe 25.5.2008 – 5 UF 224/08, NJW 2009, 3521). Eine Einwilligung der Eltern stellt eine Kindes-
      wohlgefährdung dar, so dass Maßnahmen nach § 1666 BGB angezeigt sind (BGH 15.12.2004 – XII B
      166/03, NJW 2005, 672). Der Bereich der Gesundheitsfürsorge bzw die Regelung der medizinischen Be-
      handlung ist den Eltern zu entziehen (Wüstenberg FamRZ 2007, 692). Dies gilt auch bei Einwilligung
      sämtlicher Beteiligter, dh auch der Minderjährigen selbst. Es findet insbesondere § 228 StGB Anwendung
      (Völker jurisPR-FamR 5/2005).

32   Davon abzugrenzen ist die Situation bei der **Beschneidung minderjähriger Jungen**. Hier ist zu unter-
      scheiden, ob der Minderjährige in die Behandlung einwilligt oder die Behandlung gegen seinen Willen er-
      folgen soll. Das Vorliegen einer Einwilligungsfähigkeit des Minderjährigen ist zu prüfen.

      Jedoch kann auch die Beschneidung eines – beispielsweise aufgrund seines Alters – einwilligungsunfähi-
      gen Kindes gegen seinen Willen eine Kindeswohlgefährdung darstellen (OLG Frankfurt/M. 21.8.2007 – 4
      W 12/07, NJW 2007, 3580). Es erscheint angezeigt, eine Beschneidung gegen den Willen des Kindes in
      jedem Falle abzulehnen. In Zweifelsfällen sollte ein familienrechtliches Verfahren nach § 1666 BGB ange-
      strengt werden.

      Das LG Köln hat in einer umstrittenen Entscheidung eine Körperverletzungshandlung bei der Beschnei-
      dung eines minderjährigen Jungen auch bei vorliegender Einwilligung der Eltern bejaht, den behandelnden
      Arzt letztlich aber wegen eines unvermeidbaren Verbotsirrtums freigesprochen (LG Köln 7.5.2012 – 151
      Ns 169/11).

33   Durch das **Beschneidungsgesetz**, in Kraft getreten am 28.12.2012, wurde durch den deutschen Gesetzge-
      ber mittlerweile eine Regelung getroffen und diese in **§ 1631 d BGB** im Familienrecht verortet. Hiernach
      umfasst die Personensorge der Eltern für ein männliches Kind grundsätzlich das Recht, bei Einhaltung be-
      stimmter Anforderungen in eine medizinisch nicht indizierte Beschneidung des nicht einsichts- und urteils-
      fähigen Sohnes einzuwilligen. Das Gesetz belässt hiermit die Entscheidung über die religiöse Beschnei-
      dung bei den Eltern und setzt die Grenzen, die sich aus dem Kindeswohl ergeben. So muss der Eingriff
      fachgerecht, dh nach den Regeln der ärztlichen Kunst, erfolgen. Wie bei jedem ärztlichen Eingriff muss
      eine entsprechende Aufklärung erfolgt sein, wobei der Kindeswille in die Entscheidung einzubeziehen ist.
      Von einer Beschneidung ist abzusehen, wenn im Einzelfall das Kindeswohl gefährdet wird. Letzteres ergibt
      sich zwangsläufig bereits aus dem staatlichen Wächteramt.

      Zu beachten ist ferner noch, dass in den ersten sechs Lebensmonaten des männlichen Kindes auch von ei-
      ner Religionsgesellschaft hierfür vorgesehene Personen den Eingriff vornehmen dürfen, wenn sie hierfür

besonders ausgebildet wurden und dementsprechend, einem Arzt vergleichbar, zur Durchführung befähigt sind.

6. Sterilisation

Gem. § 1631 c BGB ist die Einwilligung der Eltern in die Sterilisation des Kindes **nicht möglich**. Das Kind **34** selbst kann ebenfalls nicht einwilligen (HK-FamR/Schmid § 1631 c BGB Rn 2). Der Gesetzeswortlaut ist eindeutig. Im Umkehrschluss kann aus der Formulierung des § 1631 c BGB jedoch gefolgert werden, dass in anderen Fallkonstellationen die Einwilligung des Kindes durchaus entscheidend sein kann. Die Sterilisation als **unbeabsichtigte Folge** eines anderen ärztlichen Eingriffs fällt nicht unter § 1631 c BGB.

III. Ärztlicher Behandlungsvertrag

Im Rahmen des ärztlichen Behandlungsvertrags ist zu beachten, dass hierbei gerade die §§ 107 ff BGB hin- **35** sichtlich der Abgabe von Willenserklärungen gelten. Hierbei ist zu beachten, dass es sich bei der eigentlichen ärztlichen Behandlung des Minderjährigen um den Bereich der Personensorge handelt, während der Abschluss des ärztlichen Behandlungsvertrags die **Vermögenssorge** betrifft (NK-BGB/Rakete-Dombek § 1626 BGB Rn 20).

Willigen die Eltern in die ärztliche Behandlung ein, so folgt hieraus die Einwilligung in den Abschluss des **36** ärztlichen Behandlungsvertrags.

Bei **verweigerter Einwilligung** gilt entsprechend der obigen Ausführungen, dass der Minderjährige bei **37** Vorliegen der Voraussetzungen in die ärztliche Behandlung einwilligen kann. Ohne Zustimmung kann jedoch ein ärztlicher Behandlungsvertrag nicht abgeschlossen werden. Eine Lösung bietet hier § 1666 Abs. 3 BGB, nach dem die entsprechende Zustimmung durch das Familiengericht ersetzt werden kann.

IV. Schweigepflicht

Die ärztliche Schweigepflicht gilt im Patientenverhältnis, dh auch gegenüber Minderjährigen (NK-BGB/ **38** Wellenhofer § 1357 BGB Rn 19). Es besteht insofern ein Spannungsverhältnis zwischen ärztlicher Schweigepflicht und dem Informationsanspruch der Eltern (Bender MedR 1997, 7).

So wurde eine Verpflichtung zur **Unterrichtung der Eltern** über eine bestehende Schwangerschaft abge- **39** lehnt (LG Köln 17.9.2008 – 50 O 35/08, PatR 2008, 87).

Die Bestellung eines **Ergänzungspflegers** hinsichtlich des Bereichs der Entbindung von der ärztlichen **40** Schweigepflicht ist dann nicht notwendig und angezeigt, wenn der Minderjährige selbst wirksam die entsprechende Erklärung abgeben kann, da er die Tragweite der Erklärung erkennt (LG Stuttgart 23.7.1986 – 2 T 598/86, DAVorm 1987, 147).

V. Verfahren

Die Fallgestaltung der verweigerten Zustimmung der Eltern in eine ärztliche Behandlung des minderjähri- **41** gen Kindes wird in der Regel keine familienrechtlichen Verfahren nach sich ziehen. Es existiert keine gesetzliche Regelung, wonach eine fehlende Genehmigung der Eltern durch das Gericht ersetzt werden kann (OLG Karlsruhe 4.3.2002 – 20 WF 112/01). Es gelten insoweit die obigen Ausführungen im Hinblick auf die Einwilligungsfähigkeit des Minderjährigen (s. Rn 5 ff).

Anders ist dies zu beurteilen für den Fall, dass die fehlende Zustimmung der Eltern in eine medizinisch notwendige Behandlung eine **Kindeswohlgefährdung** darstellt. Dann gelten die Regelungen des § 1666 BGB und es kann unter den entsprechenden Voraussetzungen in das elterliche Sorgerecht eingegriffen werden (s. → *Kindeswohlgefährdung*).

Ebenfalls keine gerichtlichen Verfahren sind zu erwarten bei der Konstellation der erteilten Einwilligung der Eltern und **verweigerter Zustimmung des Kindes**. Hier liegt es an den Eltern, zusammen mit dem behandelnden Arzt das Kind zu überzeugen.

42 Im Übrigen sind Verfahren nach § 1628 BGB bei Meinungsverschiedenheiten der Eltern (s. → *Meinungsverschiedenheiten der Sorgeberechtigten*) oder § 1666 BGB (s. → *Kindeswohlgefährdung*) denkbar.

43 Sind die Eltern an der Erteilung einer Einwilligung zB in eine Operation des Kindes verhindert, so kann das Familiengericht gem. § 1693 BGB die erforderlichen Maßnahmen treffen (HK-FamR/Schmid § 1693 BGB Rn 2).

44 Eine **analoge Anwendung** des § 1631 b BGB auf weitere Maßnahmen, wie Fixierungen von Kindern, ist abzulehnen (s. → *Freiheitsentziehende Unterbringung Minderjähriger* Rn 6; BGH 7.8.2013 – XII ZB 559/11).

147. Korrespondierender Kapitalwert

Hoenes

I. Einführung...................................... 1   II. Korrespondierende Kapitalwerte bei den verschiedenen Versorgungssystemen............... 5

I. Einführung

Für den Versorgungsausgleich werden die **Werte von Anrechten** in den verschiedensten „Maßeinheiten" 1
(maßgebliche Bezugsgrößen) ermittelt. Solange es um die Handhabung des einzelnen Anrechts geht, ist
dies von Vorteil, denn es ermöglicht bei jedem Versorgungssystem die Berechnung des Ehezeitanteils und
Ausgleichswertes in einer Einheit, die sich für das jeweilige Versorgungssystem gut eignet. Wenn Anrechte
jedoch extern geteilt werden sollen, wenn Vereinbarungen getroffen oder Anrechte miteinander verrechnet
werden sollen oder wenn beurteilt werden soll, ob ein Anrecht geringwertig ist, benötigt man einen Kapitalbetrag, der den „kaufmännischen Wert" des Anrechts möglichst gut widerspiegelt. Vielfach stellt bereits
die maßgebliche Bezugsgröße und damit auch der Ausgleichswert einen Kapitalbetrag dar, der diese Kriterien erfüllt. In allen anderen Fällen verlangt § 5 Abs. 3 VersAusglG die Angabe eines solchen Wertes zusätzlich zum Ausgleichswert. Er wird als korrespondierender Kapitalwert bezeichnet.

Wie der korrespondierende Kapitalwert zu ermitteln ist, ist in Abhängigkeit von der Art des Anrechts in 2
§ 47 VersAusglG geregelt (s. Rn 3). Wegen der großen Vielfalt an Versorgungssystemen mit den unter-
schiedlichsten Formen der Finanzierung ist es nicht möglich, eine einheitliche Berechnungsvorschrift festzulegen, und es ist auch nicht möglich, wirklich vergleichbare Kapitalwerte zu erhalten. Der Gesetzgeber
bezeichnet den korrespondierenden Kapitalwert daher, obwohl er beim Versorgungsausgleich an einigen
Stellen eine sehr wichtige Rolle spielt, als **Hilfsgröße**. Dieser Tatsache sollte man sich bei der Verwendung
des Wertes bewusst sein. Man muss sich jedoch auch darüber im Klaren sein, dass es aufgrund der unterschiedlichen Finanzierungssysteme nicht möglich ist, für alle Arten von Anrechten vergleichbare Kapitalwerte zu ermitteln. Es liegt also in der Natur der Sache und nicht an einer mangelhaften gesetzlichen Vorschrift, dass korrespondierende Kapitalwerte nicht vergleichbar sind. Es hängt von den Gegebenheiten des
Einzelfalles ab, ob es möglich ist, Werte zu ermitteln, die den jeweiligen Zweck besser erfüllen können als
die korrespondierenden Kapitalwerte. Allgemein gültige Aussagen oder gar eine allgemein gültige Rechen-
vorschrift kann es hierfür nicht geben (s. Rn 4).

Grundsätzlich soll nach § 47 Abs. 2 VersAusglG der korrespondierende Kapitalwert dem **Beitrag** entspre- 3
chen, der zum Ende der Ehezeit aufzubringen wäre, um bei dem Versorgungsträger für die ausgleichspflichtige Person ein Anrecht in Höhe des Ausgleichswertes zu begründen. Ausnahmen sind in § 47
Abs. 3–5 VersAusglG geregelt (s. Rn 5 ff).

Der korrespondierende Kapitalwert ist, wie auch der Ehezeitanteil und der Ausgleichswert, ein **Brutto-** 4
wert. Dies ist zu bedenken, wenn man im Rahmen einer Vereinbarung zB eine Verrechnung von Anrechten im Versorgungsausgleich mit Vermögenswerten vornimmt. In diesem Fall sollte nur der Nettowert des
Versorgungsanrechts in Ansatz gebracht werden, denn nur dieser wird später auf der Vermögensebene zur
Verfügung stehen. Das bedeutet, dass die Steuern und Sozialabgaben, die bei dem Anrecht voraussichtlich
zu entrichten sein werden, in Abzug gebracht werden müssen (s. → *Steuern und Sozialabgaben im Versor-*
gungsausgleich).

II. Korrespondierende Kapitalwerte bei den verschiedenen Versorgungssystemen

Bei Anrechten der **gesetzlichen Rentenversicherung** wird der korrespondierende Kapitalwert berechnet, 5
indem der in Entgeltpunkten ermittelte Ausgleichswert mit dem zum Ende der Ehezeit maßgeblichen Umrechnungsfaktor für die Umrechnung von Entgeltpunkten in Beiträge multipliziert wird. Bei einem Ende
der Ehezeit in 2013 beträgt der Umrechnungsfaktor für Entgeltpunkte West 6439,4190. Einem Ausgleichswert von zwei Entgeltpunkten entspricht zB bei einem aktuellen Rentenwert von 28,07 EUR einer monatli-

chen Altersrente ab Erreichen der Regelaltersgrenze in Höhe von 56,14 EUR. Der korrespondierende Kapitalwert hierfür ist: 2 x 6439,4190 = 12.878,84 EUR.

6 Gemäß § 47 Abs. 3 VersAusglG sind die Rechengrößen der gesetzlichen Rentenversicherung auch bei Anrechten gemäß § 44 Abs. 1 VersAusglG maßgeblich, dh bei der **Beamtenversorgung**, anderen Anrechten aus einem **öffentlich-rechtlichen Dienst- oder Amtsverhältnis** und bei **Anrechten nach beamtenrechtlichen Grundsätzen oder Vorschriften**. Da die maßgebliche Bezugsgröße der Beamtenversorgung der Betrag der Altersrente ist, muss diese Rente zunächst in Entgeltpunkte umgerechnet werden. Diese Entgeltpunkte müssen dann mit dem Umrechnungsfaktor der gesetzlichen Rentenversicherung für die Umrechnung von Renten in Beiträge in einen Beitrag umgerechnet werden. Dieser Beitrag stellt dann den korrespondierenden Kapitalwert dar.

7 Bei **berufsständischen Versorgungen** wird der korrespondierende Kapitalwert ebenfalls häufig in Form eines Beitrags ermittelt. Hierbei sind die im jeweiligen Versorgungswerk zum Ende der Ehezeit maßgeblichen Umrechnungsfaktoren eines Beitrags in eine Rente zu verwenden. Dies ist jedoch nicht immer der Fall. Maßgeblich sind die Regelungen des jeweiligen Versorgungswerkes.

8 Bei Anrechten der **betrieblichen Altersversorgung** ist nach § 47 Abs. 4 VersAusglG der Übertragungswert nach § 4 Abs. 5 BetrAVG als korrespondierender Kapitalwert anzusetzen (s. → *Betriebliche Altersversorgung* Rn 8), bei einem Anrecht der Zusatzversorgung des öffentlichen oder kirchlichen Dienstes der versicherungsmathematische Barwert.

9 Kann der korrespondierende Kapitalwert nicht nach den Grundsätzen des § 47 Abs. 1–4 VersAusglG ermittelt werden, so ist der nach **versicherungsmathematischen Grundsätzen ermittelte Barwert** maßgeblich (§ 47 Abs. 5 VersAusglG).

148. Kostenentscheidung in Familiensachen

Stockmann

I. In Scheidungs- und Scheidungsfolgesachen	1		aa) Einseitiger verfrühter Scheidungsantrag	
1. Fall der Scheidung	2		des Antragstellers	15
a) Grundsatz der Kostenaufhebung	2		bb) Beiderseitiger verfrühter Scheidungsan-	
b) Ausnahmen	4		trag	19
c) Kostenentscheidung in Ausnahmefällen	5		3. Kostenfestsetzung	20
d) Drittbeteiligte im Scheidungsverbundverfah-			II. In selbstständigen Familienstreitsachen	21
ren	7		1. Grundsatz	21
aa) In Verfahren mit Familienstreitcharakter	7		2. Sonderregelung für Unterhaltssachen	22
bb) In Verfahren mit Nichtstreitcharakter	8		3. Kostenfestsetzung	23
2. Abweisung oder Rücknahme des Scheidungsbe-			III. In Nichtstreitverfahren	24
gehrens	10		1. Grundsätze	24
a) Bei einseitigem Scheidungsantrag des			2. Besonderes für einzelne Familiensachen	31
Antragstellers	10		3. Heranzuziehende Beteiligte	34
aa) Generelle Regelung	10		4. Kostenfestsetzung	36
bb) Versöhnung	11		IV. In der Rechtsmittelinstanz	37
cc) Speziell zu den Kosten fortgesetzter			1. In Ehe- und Familienstreitsachen	37
(bisheriger) Folgesachen	12		2. In Nichtstreitverfahren	38
b) Abweisung oder Rücknahme beiderseitiger			V. Isolierte Anfechtung von Kostenentscheidungen	39
Scheidungsbegehren	13		1. In Ehe- und Familienstreitsachen	39
c) Erledigung des Scheidungsbegehrens	14		2. In Nichtstreitverfahren	45
d) Speziell bei Abweisung eines verfrühten				
Scheidungsantrages	15			

I. In Scheidungs- und Scheidungsfolgesachen

Hier gilt mit § 150 FamFG eine spezielle Regelung, die einen Rückgriff auf die allgemeinen Kostenvorschriften (vgl Rn 21 ff) generell ausschließt. Von ihr werden folgende Fallgestaltungen erfasst: **1**

1. Fall der Scheidung

a) Grundsatz der Kostenaufhebung. Im Fall der Scheidung werden die Kosten von Scheidung und Folgesachen grundsätzlich gegeneinander aufgehoben, § 150 Abs. 1 FamFG. Es erfolgt wegen des den Kostenausspruch erfassenden Verbundprinzips eine einheitliche Kostenentscheidung für alle zusammen mit dem Scheidungsausspruch ergehenden Folgesachenentscheidungen (vgl Musielak/Borth/Borth § 150 FamFG Rn 3). **2**

Der Begriff der Kostenaufhebung ist im FamFG nicht näher definiert. Dies ist auch nicht erforderlich, weil aufgrund der für Ehe- und Familienstreitsachen erfolgenden Verweisung des § 113 Abs. 1 FamFG in die ZPO die Regelung des § 92 Abs. 1 S. 2 ZPO greift: Die Gerichtskosten (einschließlich der gerichtlichen Auslagen, zB für Zeugen etc.) trägt jeder der Ehegatten zur Hälfte, ebenso wie seine eigenen außergerichtlichen Kosten. **3**

b) Ausnahmen. Von diesem Grundsatz kommt eine Abweichung in folgenden Fällen in Betracht: **4**

– **Parteivereinbarung:** Das Gericht kann eine Vereinbarung, die die beteiligten Ehegatten über die Kostenverteilung getroffen haben, teilweise oder ganz übernehmen, § 150 Abs. 4 S. 3 FamFG. Von einer solchen Vereinbarung darf das Gericht nur aus triftigen Gründen abweichen (vgl HK-FamFG/Kemper § 150 FamFG Rn 8).

– **Ergebnis einer Unterhalts- oder Güterrechtsfolgesache:** Aus Billigkeitsgründen kann das Gericht den unterschiedlichen Anteil des Obsiegens bzw Unterliegens in den Folgesachen Unterhalt und Güterrecht (§ 137 Abs. 2 Nr. 2 und 4 FamFG) bei der Kostenentscheidung berücksichtigen. Bei diesen Verfahren handelt es sich um Familienstreitsachen, in denen es sachgerecht erscheinen kann, den Misserfolg eines Begehrens auch im Rahmen der Kostenentscheidung zu berücksichtigen. Diese Möglichkeit besteht jedoch nicht bei den Folgesachen mit Nichtstreitcharakter (Versorgungsausgleich, § 137 Abs. 2

Nr. 1 FamFG; Ehewohnungs- und Haushaltssachen, 137 Abs. 2 Nr. 3 FamFG; Kindschaftssachen, § 137 Abs. 3 FamFG).

– **Verweigerung bei einer außergerichtlichen Streitbeilegung anhängiger Folgesachen:** Verweigert ein Ehegatte die Mitwirkung an einem vom Gericht gem. § 135 FamFG angeordneten Informationsgespräch über die außergerichtliche Streitbeilegung in einer Folgesache, kann dies gem. § 150 Abs. 4 S. 2 FamFG ebenfalls durch eine vom Grundsatz der Kostenaufhebung abweichenden Entscheidung sanktionieren. Kemper (HK-FamFG/Kemper § 150 FamFG Rn 11) plädiert für eine zurückhaltende Anwendung dieser Möglichkeit, weil sie systemfremd ist.

– **Sonstige Ausnahmen:** Der weitere in § 150 Abs. 4 S. 2 FamFG genannte Ausnahmetatbestand der Versöhnung kommt bei einem die Scheidung aussprechenden Beschluss nicht zum Tragen. Jedoch ist die Aufzählung der Ausnahme in Abs. 4 nur beispielhaft. Das Gesetz erwähnt „insbesondere" die genannten Fälle. Damit besteht Spielraum, auch andere Gesichtspunkte bei der Billigkeitsentscheidung zu berücksichtigen.

5 **c) Kostenentscheidung in Ausnahmefällen.** Greift einer der vorstehend geschilderten Ausnahmefälle ein, so dass dem Gericht aus Billigkeitsgründen ein Abweichen von dem Grundsatz der Kostenaufhebung angemessen erscheint, gibt das Gesetz nicht vor, auf welche Weise die Billigkeitsentscheidung zu ergehen hat. Dem Gericht ist insofern ein **Ermessen** eingeräumt, um die besonderen Umstände des Einzelfalls angemessen berücksichtigen zu können.

6 Im Betracht kommen vor allem folgende Möglichkeiten:

– **Quotierung** des einheitlichen Kostenausspruches;

– **gesonderte Kostenentscheidung** betreffend die fragliche Folgesache und die übrigen Bestandteile des Scheidungsverbundbeschlusses;

– **Auferlegung der Mehrkosten,** die durch die erfolglose Folgesache entstanden sind, auf den unterlegenen Ehegatten. In diesem Fall erfolgt die Ermittlung der Mehrkosten nach einer Differenzmethode (vgl OLG Köln 6.1.1997 – 14 WF 245/96, NJW-RR 1997, 1025).

7 **d) Drittbeteiligte im Scheidungsverbundverfahren. aa) In Verfahren mit Familienstreitcharakter.** Im Scheidungsverbundverfahren sind oftmals Dritte beteiligt. Sofern diese in den Folgesacheverfahren mit Familienstreitcharakter (Unterhalt, Güterrecht) auftreten, sieht § 140 Abs. 1 FamFG die Abtrennung dieser Verfahren aus dem Verbund vor. Zweck dieser Abtrennung ist, dass gerade nicht die Kostenvorschrift des § 150 FamFG Anwendung findet, sondern dass diejenigen Dritten, die durch Stellung eines erfolglosen Antrages Verfahrenskosten verursacht haben, zur Kostentragung herangezogen werden können (vgl Prütting/Helms/Helms § 140 FamFG Rn 7). Dieses abgetrennte Verfahren behält zwar den Folgesachencharakter, § 137 Abs. 5 S. 1 FamFG, es kann also eine Regelung für den Fall der Scheidung begehrt werden. Die Kostenentscheidung ergeht aber nicht nach § 150 FamFG, sondern entweder nach § 243 FamFG (in einer Unterhaltssache) oder nach §§ 91 ff FamFG (in einer Güterrechtssache).

8 **bb) In Verfahren mit Nichtstreitcharakter.** In Folgesachen mit Nichtstreitcharakter regelt § 150 Abs. 3 FamFG, dass **Dritte** (zB die Rentenversicherungsträger) ihre außergerichtlichen Kosten selbst tragen. Zur Tragung der Gerichtskosten oder der Kosten der anderen Beteiligten werden sie nicht herangezogen.

9 Denkbar ist in solchen Fällen aber auch eine Anwendung der Billigkeitsregelung des § 150 Abs. 4 FamFG (s. Rn 5 f). Prütting/Helms/Helms (§ 150 FamFG Rn 7) nennt beispielhaft die Kostenentscheidung bei einer erfolgreichen Beschwerde eines Dritten, so dass es auch möglich ist, die außergerichtlichen Kosten des Dritten den Ehegatten aufzuerlegen.

2. Abweisung oder Rücknahme des Scheidungsbegehrens

10 **a) Bei einseitigem Scheidungsantrag des Antragstellers. aa) Generelle Regelung.** Bei Abweisung oder Rücknahme des von ihm einseitig gestellten Scheidungsantrages trägt der Antragsteller die Kosten von Scheidung und denjenigen Folgesachen, die mit Abweisung des Scheidungsantrages gegenstandlos werden (§§ 141 S. 1, 142 Abs. 2 S. 1 FamFG), § 150 Abs. 2 S. 2 FamFG. Wenn in einer Verbundsache der Schei-

dungsantrag zurückgenommen wird und daraufhin der Antragsgegner Kostenantrag stellt, so ist dies als schlüssige Zustimmung zur Antragsrücknahme zu werten (OLG Bamberg 25.4.1996 – 7 WF 45/96, FamRZ 1997, 91).

bb) Versöhnung. Wird das Scheidungsverfahren infolge einer Versöhnung der Ehegatten nicht weiter **11**
fortgesetzt, gestattet § 150 Abs. 4 S. 1 FamFG, dass das Gericht die Kostenentscheidung nach billigem Ermessen trifft, wenn die Kostentragung allein durch den Antragsteller unbillig erscheint.

cc) Speziell zu den Kosten fortgesetzter (bisheriger) Folgesachen. Folgesachen, die trotz Rücknahme **12**
des Scheidungsantrages nach §§ 141 S. 2, 142 Abs. 2 S. 2 FamFG fortgesetzt werden, weil ein Beteiligter rechtzeitig erklärt hat, diese Verfahren fortsetzen zu wollen, wechseln ihren Charakter vom Folgesacheverfahren zu dem einer selbstständigen Familiensache. Gleiches gilt für die in den aufgeführten Normen genannten Kindschaftssachen.

Die Kostenentscheidung für diese Verfahren ergeht dann nach den entsprechenden Verfahrensregeln, je nachdem, ob eine Familienstreitsache (s. Rn 21 ff) oder eine Nichtstreitsache (s. Rn 24 ff) Verfahrensgegenstand ist, § 150 Abs. 5 S. 2 FamFG. Die Regelung des § 150 Abs. 5 S. 1 FamFG ist auf diese Fälle nicht anzuwenden, da die fortgesetzten Verfahren nicht mehr Folgesachencharakter haben.

b) Abweisung oder Rücknahme beiderseitiger Scheidungsbegehren. In diesem Fall erscheint es dem **13**
Gesetzgeber – wie beim Erfolg eines Scheidungsbegehrens – sachgerecht, dass die Kosten der Scheidungssache und der Folgesachen gegeneinander aufgehoben werden. Auch in dieser Konstellation kann es vorkommen, dass ein Bedürfnis zur Fortsetzung von Folgesacheverfahren besteht. Es gelten dann die unter Rn 12 beschriebenen Konsequenzen.

c) Erledigung des Scheidungsbegehrens. Die Erledigung des Scheidungsbegehrens kann eintreten durch **14**
Erledigungserklärung entsprechend § 91 a ZPO oder durch Tod eines Ehegatten, § 131 FamFG. Die Kostenregelung ergeht in diesen Fällen wie bei Rücknahme oder Abweisung der beiderseitigen Scheidungsanträge, § 150 Abs. 2 S. 2 FamFG (vgl Rn 13). Die im Falle der Erledigung durch Tod ergehende Kostenentscheidung betrifft nur noch das Rechtsverhältnis zwischen dem überlebenden Ehegatten und den Erben des Verstorbenen (Zöller/Philippi § 131 FamFG Rn 4). Beerbt der überlebende Ehegatte den Verstorbenen aber allein, ergeht keine Kostenentscheidung, da eine Kostenerstattung nicht infrage kommt (OLG Hamm 10.8.2011 – 8 WF 162/11, FamRZ 2012, 811).

d) Speziell bei Abweisung eines verfrühten Scheidungsantrages. aa) Einseitiger verfrühter Schei- **15**
dungsantrag des Antragstellers. Bei verfrühter Stellung des Scheidungsantrages kann das Familiengericht umgehend Termin zur mündlichen Verhandlung ansetzen und das **Scheidungsbegehren als unbegründet abweisen.** Wird gegen diese Entscheidung vom Antragsteller Beschwerde eingelegt, läuft die gesetzliche Trennungszeit in der Regel während des Beschwerdeverfahrens ab. Da das Oberlandesgericht die Rechtslage zum Zeitpunkt seiner letzten mündlichen Verhandlung zu beurteilen hat, wird es dann zur Aufhebung der familiengerichtlichen Entscheidung und zur Zurückverweisung an die Ausgangsinstanz kommen, § 146 FamFG. Das Beschwerdegericht kann, wenn das Trennungsjahr zum Zeitpunkt der letzten Beschwerdeverhandlung abgelaufen ist, die Abweisung des Scheidungsbegehrens auch dann nicht vornehmen, wenn der Scheidungsantrag rechtsmissbräuchlich zu früh gestellt wurde, mit dem Ziel, die für Versorgungsausgleich und Güterrecht maßgebliche Ehezeit abzukürzen.

Das Familiengericht hat im Falle einer Zurückverweisung normalerweise in seiner Verbundentscheidung **16**
unter Anwendung des § 150 Abs. 4 S. 1 FamFG über die Kosten des Beschwerdeverfahrens zu entscheiden. Nach dem Bundesgerichtshof (4.12.1996 – XII ZR 231/95, NJW 1997, 1007) sind die **Kosten des Berufungsverfahrens** in analoger Anwendung des § 97 Abs. 2 ZPO **dem letztlich erfolgreichen Antragsteller aufzuerlegen.** Dieser hat durch verfrühte Einreichung des Scheidungsantrages die Kosten des Beschwerdeverfahrens selbst verursacht. Philippi (Zöller/Philippi, 26. Aufl. 2006, § 629 b ZPO Rn 7) verglich die Fallgestaltung mit der des § 97 Abs. 2 ZPO: Die Partei, die in der ersten Instanz nicht sachgerecht prozessiert hat und deshalb erst in der zweiten Instanz obsiegt, soll die Rechtsmittelkosten tragen.

17 Da diese Rechtslage bereits zum Zeitpunkt der Entscheidung des Beschwerdegerichts feststeht, kann das Oberlandesgericht in diesem Fall der Zurückverweisung ausnahmsweise selbst über die Verfahrenskosten der zweiten Instanz entscheiden (so auch BGH 4.12.1996 – XII ZR 231/95, NJW 1997, 1007).

18 Die vorstehenden Überlegungen sind nach dem OLG Stuttgart (25.1.2007 – 11 UF 169/06, FamRZ 2007, 1111) auf den Fall zu übertragen, dass ein **Aufhebungsantrag** in erster Instanz abgewiesen wird, in der Berufungsinstanz dann aber die erfolgte Antragumstellung auf Scheidung Erfolg hat.

19 **bb) Beiderseitiger verfrühter Scheidungsantrag.** Haben jedoch beide Beteiligte den verfrühten Scheidungsantrag zu verantworten, so bleibt es bei der Kostenregelung des § 150 Abs. 1 FamFG (OLG Hamm 16.11.1999 – 3 UF 169/99, NJWE-FER 2000, 264; OLG Brandenburg 26.3.2009 – 9 UF 90/08).

3. Kostenfestsetzung

20 Durch die Verweisung des § 113 Abs. 1 FamFG auf die entsprechenden Bestimmungen der ZPO gelten für das Kostenfestsetzungsverfahren direkt **§§ 103 ff ZPO** (vgl HK-ZPO/Gierl §§ 103 ff ZPO). Die Tatbestände für die Gebühren des Gerichts finden sich jedoch im FamGKG, ebenso wie das Verzeichnis der gerichtlichen Auslagen (KV Nr. 2000 ff). Hinsichtlich der anwaltlichen Gebühren und Auslagen gelten die Regeln des RVG.

II. In selbstständigen Familienstreitsachen

1. Grundsatz

21 In den Familienstreitsachen wird (durch § 113 Abs. 1 FamFG) auf die Regeln der ZPO verwiesen. Die Kostenfolge ergibt sich daher nach den normalen zivilprozessualen **Regeln entsprechend dem Umfang des Obsiegens bzw Unterliegens**. Gem. § 91 Abs. 2 ZPO bedeutet dies für die Anwaltskosten, dass diese der obsiegende Beteiligte erstattet bekommen kann.

2. Sonderregelung für Unterhaltssachen

22 Einen Sonderfall im Bereich der Familienstreitsachen bilden die Unterhaltssachen nach § 231 Abs. 1 FamFG. Hierzu gehören auch die „Vereinfachten Verfahren über den Unterhalt Minderjähriger", §§ 249 ff FamFG, (OLG Köln 22.12.2011 – 4 UHF 4/11, FamRZ 2012, 1164). Für diese Unterhaltssachen sieht § 243 FamFG abweichend von den Regeln der ZPO eine **Kostenentscheidung nach billigem Ermessen** des Gerichts vor, wobei insbesondere folgende, vom Gesetzgeber beispielhaft aufgeführte **Gesichtspunkte** zu berücksichtigen sind:

– das Verhältnis von Obsiegen und Unterliegen der Beteiligten, einschließlich der Dauer der Unterhaltsverpflichtung, § 243 S. 2 Nr. 1 FamFG; der Gesetzgeber wollte damit dem Umstand Rechnung tragen, dass in Unterhaltssachen der Dauercharakter der Verpflichtung bei der Streitwertermittlung nur begrenzt berücksichtigt werden kann. Die Dauer der Unterhaltsverpflichtung hat im Rahmen des § 234 FamFG vor allem Bedeutung, wenn über die zeitliche Dauer des Unterhaltsanspruches gestritten wird.

– der Umstand, dass ein Beteiligter vor Beginn des Verfahrens eine berechtigte Aufforderung des Gegners zur Erteilung der Auskunft und Vorlage von Belegen über das Einkommen nicht oder nicht vollständig erfüllt hat, § 243 S. 2 Nr. 2 FamFG;

– der Umstand, dass ein Beteiligter einer Aufforderung des Gerichts nach § 235 Abs. 1 FamFG (zur Erteilung von Auskunft bzw zur Vorlage von Belegen über Einkommen, Vermögen und persönliche oder wirtschaftliche Verhältnisse) innerhalb der gesetzten Frist nicht oder nicht vollständig nachgekommen ist, § 243 S. 2 Nr. 3 FamFG;

– ein sofortiges Anerkenntnis nach § 93 der Zivilprozessordnung, § 243 S. 2 Nr. 4 FamFG (vgl hierzu im Einzelnen HK-FamFG/Viefhues § 243 FamFG Rn 2 ff).

3. Kostenfestsetzung

23 Es gelten die gleichen Ausführungen wie unter Rn 20.

III. In Nichtstreitverfahren

1. Grundsätze

In Nichtstreitverfahren (zum Begriff s. → *Familiengerichtliches Verfahren* Rn 110) gelten die besonderen **24** Vorschriften der §§ 80 ff FamFG. Somit ist **stets** ausdrücklich **über die Kosten zu entscheiden** (§ 81 Abs. 1 S. 3 FamFG) und zwar regelmäßig zusammen mit der Endentscheidung (§ 82 FamFG).

Isolierte **Kostenentscheidungen** sind in Familiensachen auch in den Fällen des § 83 FamFG erforderlich, wenn das Gericht keine Sachentscheidung mehr treffen muss, weil sich diese aufgrund von Erklärungen der Beteiligten (zB Vergleich, Erledigung, Antragsrücknahme) erübrigt hat.

In den übrigen Verfahrensbereichen des FamFG (dh in Nichtfamiliensachen) ist eine obligatorische Kos- **25** tenentscheidung nicht erforderlich. Wenn keine Entscheidung getroffen wird, ergibt sich der Umfang der Gerichtskosten direkt aus dem FamGKG. Außergerichtliche Kosten hat dann jeder Beteiligte selbst zu tragen. Eine Kostenerstattung findet in diesem Fall nicht statt.

Das Gericht kann gem. § 81 Abs. 1 S. 1 FamFG **nach billigem Ermessen** über die Kosten entscheiden und **26** diese beispielsweise (nur) einem Beteiligten ganz oder zum Teil auferlegen, der sich am Verfahren beteiligt und Anträge gestellt hat.

Auch kann von der **Erhebung der Kosten abgesehen** werden, § 81 Abs. 1 S. 2 FamFG. Wird davon Ge- **27** brauch gemacht, findet keine Erstattung der Kosten und der Auslagen des Gerichts statt.

Diese Möglichkeit der Kostenregelung sollte genutzt werden, wenn die Beteiligten keine eigenen Interessen verfolgen, sondern die des Kindes (so Prütting/Helms/Feskorn § 81 FamFG Rn 15). Beispielhaft seien Verfahren auf Genehmigung der freiheitsentziehenden Unterbringung eines Minderjährigen nach § 1631 b BGB oder Maßnahmen wegen Verhinderung der Eltern (zB infolge eines Unfalls) gem. § 1693 BGB genannt. Hingegen rechtfertigen schlechte wirtschaftliche Verhältnisse die Anwendung der Norm nicht, wenn die Beantragung von Verfahrenskostenhilfe möglich gewesen wäre (KG 8.12.2011 – 19 UF 128/11 FamRZ 2012, 1162).

§ 81 Abs. 2 FamFG führt beispielhaft, dh nicht abschließend, Fälle auf, in denen das Gericht die **Kosten** **28** des Verfahrens ganz oder teilweise **einem Beteiligten auferlegen** soll (vgl hierzu HK-FamFG/Schneider § 81 FamFG Rn 25 ff). Damit wird die Reaktion auf Verhalten von Beteiligten ermöglicht, die das Verfahren bzw dessen Verzögerung zu verantworten haben. Das Gericht hat somit Variationsmöglichkeiten, um den besonderen Gegebenheiten gerecht zu werden.

Wenn das Verfahren durch **Vergleich** erledigt wird und die Beteiligten keine Bestimmung über die Kosten **29** getroffen haben, fallen die Gerichtskosten jedem Teil zu gleichen Teilen zur Last, die außergerichtlichen Kosten trägt jeder Beteiligte selbst (§ 83 Abs. 1 FamFG).

Sofern das Verfahren **auf sonstige Weise erledigt** oder der **Antrag zurückgenommen** wird, gilt § 81 **30** FamFG entsprechend (§ 83 Abs. 2 FamFG; s. Rn 26 ff).

2. Besonderes für einzelne Familiensachen

Nach der Rechtsprechung (OLG Karlsruhe 17.2.2005 – 2 WF 233/04, FamRZ 2005, 1582; OLG Nürnberg **31** 17.12.2009 – 7 WF 1483/09, NJW 2010, 1468; KG 8.12.2011 – 19 UF 128/11, MDR 2012, 473) entspricht es jedoch regelmäßig der Billigkeit, **in Sorge- und Umgangssachen** die Gerichtskosten (einschließlich evtl angefallener Auslagen für Gutachten) zwischen den Eltern aufzuteilen und eine Erstattung der außergerichtlichen Kosten nicht vorzunehmen (so auch Prütting/Helms/Feskorn § 81 FamFG Rn 14 a). Nach dem OLG Celle (4.5.2012 – 10 UF 69/12, FamRZ 2012, 1896) entspricht es regelmäßig nicht der Billigkeit, dem im Rahmen seiner Aufgabenstellung tätig gewordenen Jugendamt die Kosten des Verfahrens nach § 81 Abs. 1 FamFG aufzuerlegen. Allein die Tatsache, dass ein Elternteil in wirtschaftlicher Hinsicht erheblich besser gestellt ist als der andere Elternteil, rechtfertigt es nicht, jenen unter Billigkeitsgesichtspunkten kostenmäßig stärker zu belasten als diesen (OLG Bremen 4.3.2012 – 5 UF 11/12, FamFR 2013, 304).

32 Für **Abstammungssachen** enthält § 183 FamFG eine Sonderregelung: Im Falle des **Erfolges einer An-fechtung der Vaterschaft** tragen die Beteiligten, mit Ausnahme des minderjährigen Kindes, die Gerichts-kosten zu gleichen Teilen sowie ihre eigenen außergerichtlichen Kosten. Beteiligte können die in § 1600 Abs. 1 BGB genannten Anfechtungsberechtigten sein, also auch der leibliche Vater und die anfechtungsbe-rechtigte Behörde. Das minderjährige Kind ist zwar gem. § 172 Abs. 1 FamFG auch Beteiligter, ihm kön-nen aber nach der ausdrücklichen Aussage des § 183 FamFG keine Kosten auferlegt werden. Ist ein voll-jähriges Kind verfahrensbeteiligt, kann auch dieses in die Kostenaufteilung einbezogen werden.

33 Für **andere Fallkonstellationen in Abstammungsverfahren**, so bei erfolgloser Anfechtung oder beim Vaterschaftsfeststellungsverfahren, gilt § 183 FamFG nicht. Es sind dann die Grundsätze des § 81 FamFG anzuwenden. Nach der Neufassung des § 81 Abs. 3 FamFG zum 1.1.2013 (Beschränkung der Kostenfrei-heit des minderjährigen Kindes nur auf Kindschaftssachen, die dessen Person betreffen) kann das Kind wie die weiteren Beteiligten auch nach billigem Ermessen herangezogen werden.

Das OLG München (29.11.2010 – 16 UF 1411/10, FamRZ 2011, 923) und das OLG Oldenburg (18.11.2011 – 13 UF 148/11, FamRZ 2012, 733) haben in Fällen der Feststellung der Vaterschaft dem Va-ter die Kosten auferlegt, da dieser nicht bereit gewesen war, die Vaterschaft kostenfrei urkundlich anzuer-kennen. Auf ein Verschulden komme es dabei nicht an. Lediglich allgemeine Zweifel des Vaters, ein ande-rer Mann könne ebenso als Erzeuger in Frage kommen, reichten nicht aus. Kieninger (jurisPR-FamR 18/2011 Anm. 5) sieht diese Rechtsprechung kritisch: Ohne sichere Kenntnis der biologischen Vaterschaft sei es nicht zumutbar, ein außergerichtliches Vaterschaftsanerkenntnis anzugeben; mE sind in diesem Fall die Kosten zwischen Vater und Mutter zu teilen, da beide ein gleich großes Interesse an der Feststellung der Vaterschaft haben. Die Beteiligung des Kindes an den gerichtlichen Kosten entspricht regelmäßig nicht der Billigkeit.

Das OLG Bamberg (7.11.2012 – 2 UF 281/12, FamRZ 2013, 1059; ebenso OLG Frankfurt/M. 27.11.2012 – 4 WF 259/12, MDR 2013, 560) sieht es darüber hinaus regelmäßig als billig an, dass im Vaterschaftsfest-stellungsverfahren jeder Beteiligte seine außergerichtlichen Kosten selbst trägt. Dies entspräche dem Re-gelfall in Nichtstreitverfahren.

3. Heranzuziehende Beteiligte

34 Die Kostenauferlegung in Nichtstreitverfahren ist nur gegenüber „den Beteiligten" möglich, § 81 Abs. 2 FamFG. Wer Beteiligter ist, definiert § 7 FamFG (s. → *Beteiligte* Rn 5 ff; vgl auch die Auflistung der mög-lichen Beteiligten in HK-FamFG/Schneider § 81 FamFG Rn 42 f).

35 Einige formell Beteiligte können aber aufgrund ausdrücklicher Regelungen **nicht zur Kostentragung her-angezogen** werden. Dies sind:
– Minderjährige Beteiligte in Kindschaftsverfahren, die ihre Person betreffen, § 81 Abs. 3 FamFG. In Kindschaftssachen, die die Vermögenssorge betreffen, ist eine Kostenauferlegung aber auch gegenüber Minderjährigen zulässig (vgl HK-FamFG/Schneider § 81 FamFG Rn 43).
– Der Verfahrensbeistand wegen § 158 Abs. 8 FamFG.

4. Kostenfestsetzung

36 Unter Kosten im Sinne dieser Vorschriften fallen nach § 80 S. 1 FamFG sowohl die **Gerichtskosten** (Ge-bühren nach dem FamGKG, Auslagen nach Kostenverzeichnis Nr. 2000 ff FamGKG) als auch die notwen-digen Aufwendungen der Parteien (vgl hierzu im Einzelnen HK-FamFG/Schneider § 80 FamFG Rn 26 ff). Bezüglich der als Aufwendungen zu qualifizierenden **Anwaltskosten** findet eine Erstattung gem. § 80 S. 1 FamFG nur dann statt, wenn diese zur Durchführung des Verfahrens notwendig war (vgl hierzu im Einzel-nen HK-FamFG/Schneider § 80 FamFG Rn 32 ff). Hierüber entscheidet im Rahmen der Kostenfestsetzung der Rechtspfleger (§ 85 FamFG iVm § 104 ZPO, § 21 Nr. 1 RPflG), wenn nicht der Richter gem. § 81 Abs. 1 FamFG die Anwaltskosten einem Beteiligten auferlegt hat (zum Festsetzungsverfahren vgl HK-FamFG/Schneider § 85 FamFG Rn 1 ff).

IV. In der Rechtsmittelinstanz

1. In Ehe- und Familienstreitsachen

In Ehe- und Familienstreitsachen richtet sich die Kostenentscheidung in der Rechtsmittelinstanz aufgrund **37** der Verweisung des § 113 Abs. 1 FamFG nach § 97 ZPO. Der Verlierer hat also die Kosten des Verfahrens zu tragen. Bei teilweisem Unterliegen sind die Kosten quotenmäßig aufzuteilen (OLG Hamburg 15.11.1989 – 12 UF 85/89, FamRZ 1990, 299). Nach OLG Nürnberg (7.7.2011 – 11 UF 236/11, NJW-Spezial 2011, 485) greift die Heranziehung zur Kostentragung auch für einen Dritten (im konkreten Fall: Rentenversicherungsträger), der ein erfolgloses Rechtsmittel eingelegt hat. Im Übrigen haben die weiteren Beteiligten in Folgesachen ihre außergerichtlichen Kosten nach § 150 Abs. 3 FamFG selbst zu tragen, sofern nicht nach § 150 Abs. 4 FamFG eine abweichende Bestimmung zu treffen ist. Für die Kostenfestsetzung gelten die Darlegungen unter Rn 20.

2. In Nichtstreitverfahren

In Nichtstreitverfahren soll das Gericht bei Rechtsbehelfen die Kosten eines ohne Erfolg eingelegten **38** Rechtsmittels dem Beteiligten auferlegen, der es eingelegt hat (§ 84 FamFG). Die Kostenfestsetzung erfolgt gem. § 85 FamFG entsprechend §§ 103–107 ZPO (vgl Rn 36).

V. Isolierte Anfechtung von Kostenentscheidungen

1. In Ehe- und Familienstreitsachen

In Ehe- und Familienstreitsachen war die Frage, ob eine isolierte Anfechtung der Kostenentscheidung zu- **39** lässig ist, nach Inkrafttreten des FamFG längere Zeit heftig umstritten.

Eine Meinung sah in der Verweisung des § 113 Abs. 1 FamFG auf die entsprechenden Normen der ZPO **40** und damit wegen § 99 Abs. 1 ZPO eine **nur beschränkte Anfechtbarkeit**, nämlich nur im Rahmen der dort in speziellen Normen (§ 91 a Abs. 2 ZPO betreffend die Erledigung der Hauptsache; § 99 Abs. 2 ZPO betreffend die Anerkenntnisentscheidung; § 269 Abs. 5 ZPO betreffend die Antragsrücknahme) geregelten Anfechtbarkeit. Dies führt – sofern die Entscheidung überhaupt als anfechtbar gewertet wird – zur sofortigen Beschwerde nach §§ 567 ff ZPO. Diese Meinung beruft sich auf die Begründung des Gesetzgebers sowie auf den Kostentatbestand in Nr. 1919 KV FamGKG.

Eine andere Ansicht ging davon aus, dass die isolierte Kostenbeschwerde auch in Familienstreitsachen eine **41** Endentscheidung iSv § 38 FamFG ist und daher nach §§ 58 ff FamFG **angefochten werden kann**. § 113 FamFG schließe die Anwendung dieser Normen gerade nicht aus.

Der Bundesgerichtshof (28.9.2011 – XII ZB 2/11, NJW 2011, 3654) hat eine **Klärung** vorgenommen. Er **42** folgt mit überwiegend dogmatischer Argumentation der unter Rn 40 genannten Ansicht. Die Konsequenz, dass die Anfechtung isolierter Kostenentscheidungen in Nichtstreitverfahren und Familienstreitsachen rechtlich unterschiedlich zu beurteilen ist, nimmt er als vom Gesetzgeber gewollt hin.

Wenn man dem Bundesgerichtshof folgt und auf die isolierte Kostenbeschwerde in Familienstreitsachen **43** die **Bestimmungen der ZPO anwendet**, so ist neben der eingeschränkten Statthaftigkeit zu beachten, dass die Frist zur Einlegung dieses Rechtsmittels zwei Wochen beträgt, § 569 Abs. 1 S. 1 ZPO. Statthaft ist die sofortige Beschwerde auch nur, wenn der Beschwerdewert von 200 EUR überschritten ist, § 567 Abs. 2 ZPO. Das Gesetz kennt auch keine Zulassung, so dass die sofortige Beschwerde stets unstatthaft ist, wenn der Beschwerdewert nicht erreicht ist.

Als nicht statthaft wird die Beschwerde gegen die isolierte Kostenentscheidung aber dann angesehen, wenn **44** ein **Rechtsmittel in der Hauptsache** selbst **nicht statthaft** wäre (OLG Düsseldorf 18.10.2010 – 2 WF 123/10, FamRZ 2011, 496; OLG Hamburg 26.11.2010 – 7 UF 154/10, FamRZ 2011, 752; OLG Zweibrücken 15.6.2011 – 2 WF 25/11, FamRZ 2012, 50). Der Rechtszug könne bei einer Beschränkung auf die Kostenentscheidung nicht weiter gehen als der Rechtszug der zugehörigen Sachentscheidung (BGH 8.5.2003 – I ZB 40/02, NJW-RR 2003, 1075). Beispielhaft ist hier die Entscheidung in einer einstweiligen

Anordnung anzuführen: Diese ist in Familiensachen – abgesehen von den in § 57 S. 2 FamFG aufgeführten Fällen – grundsätzlich nicht anfechtbar, § 52 S. 1 FamFG. Dann ist auch die isolierte Anfechtung einer Kostenentscheidung einer solchen einstweiligen Anordnung nicht statthaft (OLG Hamburg 26.10.2010 – 7 UF 154/10, FamRZ 2011, 752).

2. In Nichtstreitverfahren

45 Die Kostenentscheidung, die das Gericht trifft, ergeht in Beschlussform und stellt eine Endentscheidung iSv § 38 Abs. 1 S. 1 FamFG dar. Damit ist eine **Beschwerde** nach § 58 FamFG gegen Kostenentscheidungen jedenfalls in Nichtstreitverfahren **statthaft** (vgl OLG Zweibrücken 18.7.2011 – 2 WF 92/11, FamRZ 2011, 426). Dies gilt unabhängig davon, ob die Kostenentscheidung zusammen mit der Sachentscheidung ergangen ist oder ob ein isolierter Kostenbeschluss erfolgt ist, zB nach Antragsrücknahme, Vergleich oder Erledigterklärung (vgl HK-FamR/Schneider Schwerpunktbeitrag 7 Rn 488 f). Das FamFG enthält nämlich kein dem § 99 Abs. 1 ZPO entsprechendes Verbot der isolierten Kostenanfechtung.

46 Die Anwendung der §§ 58 ff FamFG führt zu einer **Beschwerdefrist von einem Monat**, § 63 Abs. 1 FamFG. Hinsichtlich der isolierten Kostenbeschwerde ist wiederum strittig, ob diese generell dem § 61 Abs. 1 FamFG zu unterstellen ist oder ob es dabei darauf ankommt, welchen Verfahrensgegenstand das ursprüngliche Hauptsacheverfahren hatte. Das OLG Oldenburg (26.2.2010 – 14 UF 175/09, FamRZ 2010, 1466) entscheidet sich nach ausführlicher Darstellung des Streitstandes und Analyse des Gesetzgebungsverfahrens dafür, dass reine Kostenbeschwerden vermögensrechtliche Angelegenheiten betreffen und dass diese daher unter § 61 FamFG fallen (so die ganz überwiegende Meinung, vgl zB OLG Bremen 16.1.2013 – 5 WF 3/13; aA: OLG Nürnberg 17.12.2009 – 7 WF 1483/09, NJW 2010, 1468 unter Berufung auf Prütting/Helms/Feskorn § 81 FamFG Rn 34).

Stockmann

149. Krankenversicherung

Conradis

I. Einführung...................................... 1
II. Getrennt lebende Ehegatten..................... 3
III. Krankenversicherung nach der Scheidung...... 7

IV. Krankenversicherung der Kinder............... 16
V. Krankengeld bei Erkrankung von Kindern..... 18

I. Einführung

Trennung und Scheidung können zu erheblichen Konsequenzen beim Krankenversicherungsschutz der **1** Ehegatten und auch der Kinder führen. Hierzu ist zunächst der Versicherungsschutz in der gesetzlichen Krankenversicherung von Bedeutung. Die Familienversicherung nach § 10 SGB V ist beitragsfrei (§ 3 S. 3 SGB V). Ehegatten und Kinder sind nach § 10 Abs. 1 SGB V über den anderen Ehegatten mitversichert, wenn dieser Mitglied der gesetzlichen Krankenkasse ist und der Ehegatte und die Kinder kein **Gesamteinkommen** haben, das regelmäßig im Monat ein Siebtel der monatlichen Bezugsgröße nach § 18 SGB IV überschreitet. Die Bezugsgröße wird jährlich neu durch eine VO bekannt gegeben, zuletzt durch die VO vom 26.11.2012 (BGBl. I, 2361). Die Bezugsgröße ist in den alten und neuen Bundesländern unterschiedlich. Sie beträgt im Jahr 2013 monatlich in den alten Bundesländern 2.695 EUR, in den neuen Bundesländern 2.275 EUR. 1/7 hiervon sind **385 EUR** bzw **325 EUR**. Für die Definition des Gesamteinkommens ist § 16 SGB IV zugrunde zu legen. Es sind also die Werbungskosten abzuziehen, so dass durch entsprechende Geltendmachung ggf die Grenze unterschritten werden kann. Es ist darüber hinaus auch der Sparerfreibetrag bei der Ermittlung des Einkommens abzuziehen (BSG 22.5.2003 – B 12 KR 13/02 R, NJW 2003, 2853). Soweit der Ehegatte eine **geringfügige Beschäftigung** ausübt, wird die dort geltende Einkommensgrenze, die seit dem 1.1.2013 **450 EUR** beträgt, zugrunde gelegt.

Der **Ausschluss der kostenlosen Mitversicherung von Kindern** bei Überschreiten der Einkommensgren- **2** ze gilt nur bei Ehegatten, nicht aber bei eheähnlichen Partnern. Diese ungleiche Behandlung wird als verfassungsmäßig angesehen (BVerfG 12.2.2003 – 1 BvR 624/01, NZS 2003, 423) und zwar mit der Begründung, dass andererseits bei Ehegatten eine kostenlose Familienversicherung möglich sei, nicht hingegen bei eheähnlichen Partnern.

II. Getrennt lebende Ehegatten

Die Trennung der Ehegatten hat auf die Mitversicherung grundsätzlich keinen Einfluss. Die **Mitversiche-** **3** **rung kann** jedoch **erlöschen**, wenn Unterhaltsleistungen erbracht werden, die den Betrag von 385 EUR in den alten Bundesländern bzw 325 EUR in den neuen Bundesländern überschreiten. Gemäß § 10 Abs. 1 Nr. 1 EStG können die Unterhaltsleistungen an den dauernd getrennt lebenden Ehegatten als Sonderausgaben abgesetzt werden. Beim Unterhaltsempfänger ist der Unterhalt in diesem Fall nach § 22 Nr. 1 a EStG zu versteuern. Der Unterhalt gilt mithin als Einkommen nach § 10 Abs. 1 Nr. 5 SGB V (BSG 3.2.1994 – 12 RK 5/92, FamRZ 1994, 1239; hierzu Böhmel FamRZ 1992, 270). Wird ein Unterhaltsbetrag von mehr als 375 EUR bzw 320 EUR im Wege dieses sog. begrenzten Realsplittings steuerlich geltend gemacht, erlischt nach eindeutigem Wortlaut des § 10 Abs. 1 Nr. 5 SGB V die kostenfreie Familienversicherung. In der **Praxis** scheint dies bisher nur selten eine Rolle zu spielen; die Krankenkassen prüfen dies anscheinend in der Regel bisher nicht nach. Auch steht zumeist erst im Nachhinein fest, dass die Versteuerung entsprechend vorgenommen wird. Wird jedoch für die Zeit des Getrenntlebens eine Unterhaltsvereinbarung getroffen mit der Verpflichtung, der Zahlung des Unterhalts als Sonderausgabe zuzustimmen, besteht die Gefahr, dass die Krankenkassen sich doch im Einzelfall hierauf berufen. Bei einer Vereinbarung im Hinblick auf diese Erklärung sollte daher berücksichtigt werden, dass die gesamten (nicht nur die steuerlichen) Nachteile vom Unterhaltspflichtigen auszugleichen sind.

Es besteht jedoch auch die Möglichkeit, nur einen Betrag bis zu dem Grenzbetrag von derzeit 385 EUR **4** bzw 325 EUR nach § 10 Abs. 1 Nr. 1 EStG abzusetzen, um die mögliche Krankenversicherungspflicht des unterhaltsberechtigten Ehegatten zu vermeiden. Die finanziellen Konsequenzen sollten – evtl mithilfe eines Steuerberaters – ermittelt werden, um die vorteilhafteste Lösung zu finden.

5 Endet die Familienversicherung wegen der Einkommensüberschreitung, kann die **Fortsetzung als freiwillige Versicherung** bewirkt werden; dies ist nur möglich innerhalb von drei Monaten nach dem Ausscheiden (§ 9 Abs. 2 SGB V). Dieser Beitritt muss schriftlich erklärt werden (§ 188 Abs. 3 SGB V). Endet die Mitversicherung des getrennt lebenden Ehegatten, weil der Hauptversicherte sich zB selbstständig macht und sich selbst nicht weiterversichert, ist er verpflichtet, dies dem anderen Ehegatten mitzuteilen. Bei **fehlender Unterrichtung** über das Ende des Krankenversicherungsschutzes können daraus hergeleitete Schadensersatzansprüche – beispielsweise die Kosten einer Operation – geltend gemacht werden (OLG Koblenz 12.1.1989 – 11 WF 19/89, FamRZ 1989, 1111). Dies gilt auch dann, wenn kein laufender Unterhalt geschuldet wird (OLG Köln 26.3.1985 – 4 UF 284/84, FamRZ 1985, 926).

6 Der Beitrag zur Krankenversicherung kann als **Teil des Getrenntlebensunterhalts** beansprucht werden. Zwar ist dieser Beitrag in § 1361 BGB nicht erwähnt, doch ist anerkannt, dass die Kosten der Krankenversicherung auch schon während der Ehe zum Unterhaltsanspruch gehören (BGH 7.12.1988 – IV b ZR 21/88; Triebs in: HK-FamR § 1361 BGB Rn 26). Da die Geltendmachung des Krankenversicherungsbeitrags in der Regel erst beim nachehelichen Unterhalt Bedeutung hat, wird insoweit auf die Ausführungen dort (s. → *Krankenvorsorgeunterhalt*) verwiesen.

III. Krankenversicherung nach der Scheidung

7 Mit der Rechtskraft der Scheidung endet die Familienversicherung nach § 10 SGB V. **Innerhalb von drei Monaten** (§ 9 Abs. 2 SGB V) kann – allerdings nicht in jedem Fall (Rn 12) – der Beitritt zur freiwilligen Weiterversicherung nach § 9 SGB V erklärt werden. Der Beitritt ist schriftlich zu erklären (§ 188 Abs. 3 SGB V). Erfolgte die Anzeige über den Beitritt innerhalb der Frist von drei Monaten, kann der schriftliche Beitritt nach Auffassung des SG Frankfurt (20.3.2003 – S30 KR-2788/02, ASR 2003, 66) nachgeholt werden. Auf die Möglichkeit des Beitritts müssen die Betroffenen auf jeden Fall hingewiesen werden, da dies zu den unbedingten Hinweispflichten gehört. Gehört zB zum Aufgabenkreis eines Betreuers die Sorge für die Gesundheit, muss es sich der Betroffene zurechnen lassen, wenn der Beitritt durch den Betreuer nicht rechtzeitig erklärt wird (BSG 14.5.2002 – B 12 KR 14/01, NZS 2003, 210).

8 Wird eine freiwillige Versicherung durchgeführt, ist zu beachten, dass diese nicht mehr durch **Zahlungsverzug** enden kann; die Vorschrift des § 191 Nr. 2 SGB V wurde aufgehoben. Nach § 16 Abs. 3 a S. 2 SGB V ruht der Anspruch jedoch, wenn Verzug in Höhe von Beiträgen für zwei Monate vorliegt. Es besteht dann nur noch ein Anspruch auf Leistungen, die zur Behandlung akuter Erkrankungen und Schmerzzustände sowie bei Schwangerschaft und Mutterschaft erforderlich sind. Das Ruhen endet bei Hilfebedürftigkeit nach dem SGB II oder SGB XII (Einzelheiten: Marburger ZfF 2008, 79).

9 Eine Weiterversicherung in der gesetzlichen Versicherung ist jedoch dann nicht möglich, wenn der Ehegatte, aus dessen Versicherung die Familienversicherung abgeleitet wird, **nicht lange genug versichert** war. Dann ist ein Beitritt nach § 9 Abs. 1 Nr. 3 SGB V nicht möglich. Der Ehegatte, aus dessen Versicherung abgeleitet wird, muss entweder in den letzten fünf Jahren mindestens 24 Monate oder unmittelbar vor dem Ausscheiden ununterbrochen mindestens zwölf Monate pflichtversichert gewesen sein (vgl § 9 Abs. 1 Nr. 1 SGB V).

10 Sofern bisher keine Mitgliedschaft in der gesetzlichen Krankenversicherung bestanden hat und eine Weiterversicherung nicht möglich ist, kann auf **drei Wegen** die **Pflichtmitgliedschaft** erworben werden: Durch Aufnahme einer versicherungspflichtigen Tätigkeit, durch Bezug von Leistungen nach dem SGB II oder durch die am 1.4.2007 eingeführte Pflichtmitgliedschaft der bisher nicht versicherten Personen.

11 Die **Aufnahme einer versicherungspflichtigen Tätigkeit** führt in der Regel zur Mitgliedschaft in einer gesetzlichen Krankenkasse (§ 5 Abs. 1 Nr. 1 SGB V). Endet die Tätigkeit, besteht jedoch nur dann die Möglichkeit der freiwilligen Weiterversicherung, wenn die freiwillig weiterversicherte Person entweder in

den letzten fünf Jahren vor dem Ausscheiden mindestens 24 Monate oder unmittelbar vor dem Ausscheiden ununterbrochen mindestens zwölf Monate pflichtversichert war (§ 9 Abs. 1 Nr. 1 SGB V). Wird diese Vorversicherungszeit nicht erreicht, ist eine private Krankenversicherung, der man zuvor mindestens fünf Jahre angehört hat, zum Abschluss eines neuen Vertrags ohne Risikoprüfung und zu den gleichen Tarifbedingungen verpflichtet (Einzelheiten vgl § 5 Abs. 10 SGB V).

Allerdings kann die Mitgliedschaft dennoch nicht erreicht werden, wenn die Versicherungspflicht **nach** 12 **Vollendung des 55. Lebensjahres** eintritt, es sei denn, die betreffende Person war in den letzten fünf Jahren vor dem Eintritt mehr als die Hälfte der Zeit versicherungspflichtig (§ 6 Abs. 3 a SGB V). Zweck der Regelung ist es, in spätem Alter den Wechsel von der privaten in die gesetzliche Krankenversicherung zu unterbinden (Kasseler Kommentar/Peters § 6 SGB V Rn 43). In § 6 Abs. 3 a S. 3 SGB V wird dieser Ausschluss auf die Ehegatten erstreckt, was nur bedeuten kann, dass bei einer entsprechenden Vorversicherungszeit des Ehegatten der Ausschluss – im Gesetz „Versicherungsfreiheit" genannt – nicht eintritt. Vor allem bei Trennung und Scheidung von Beamten-Ehegatten, die bisher über die Beihilfe den Schutz für die Krankheitskosten hatten, kann daher der Beginn der versicherungspflichtigen Tätigkeit von entscheidender Bedeutung sein.

Ist lediglich der **Abschluss einer privaten Krankenversicherung** möglich, kann diese nach dem **Basista-** 13 **rif** durchgeführt werden, der sich aus § 257 Abs. 2 a Nr. 2 SGB V ergibt, nämlich in Höhe des durchschnittlichen Höchstbetrages in der gesetzlichen Krankenversicherung. Bei einer Beitragsbemessungsgrenze von monatlich 3.937,40 EUR im Jahr 2013 und einem Beitragssatz von 15,5 % ergibt dies einen Monatsbeitrag von 610,31 EUR. Für Leistungsbezieher nach dem SGB II oder SGB XII ist die Hälfte dieses Beitrags, mithin 305,16 EUR, zu zahlen.

Durch das GKV-WSG vom 28.3.2007 wurde ab 1.4.2007 die **Versicherungspflicht** für alle Personen ein- 14 geführt, die keinen anderweitigen Anspruch auf Absicherung im Krankheitsfall haben und zuletzt gesetzlich krankenversichert waren oder bisher weder gesetzlich noch privat versichert waren (§ 5 Abs. 1 Nr. 13 SGB V). Im letzten Fall besteht jedoch keine Versicherungspflicht – und damit auch keine Möglichkeit des Beitritts – wenn die Betroffenen **selbstständig** tätig oder nach § 6 Abs. 1 SGB V versicherungsfrei (zB Beamte) sind. Ebenfalls nicht pflichtversichert sind Sozialhilfeempfänger nach dem 3. Kapitel des SGB XII (§ 5 Abs. 8 a SGB V), hingegen können Bezieher der Grundsicherung im Alter und bei Erwerbsminderung nach dem 4. Kapitel des SGB XII auf diesem Weg die Pflichtmitgliedschaft erreichen.

Die dritte Möglichkeit, Mitglied der gesetzlichen Krankenversicherung zu werden, ist der **Bezug von Leis-** 15 **tungen nach dem SGB II.** Grundsätzlich besteht nach § 5 Abs. 1 Nr. 2 a SGB V Versicherungspflicht, außer die Leistungen werden nur als Darlehen bewilligt. Eine weitere Ausnahme besteht für Personen, die erstmals ab 1.1.2009 Leistungen nach dem SGB II beziehen und vorher privat oder weder privat noch gesetzlich versichert waren und selbstständig tätig sind (§ 5 Abs. 5 a SGB V). Diese Personen können privat krankenversichert werden; dann muss der halbe Basisbetrag, den sie zu zahlen haben, vom Jobcenter übernommen werden (BSG 18.1.2011 – B 4 AS 108/10 R, NDV-RD 2012, 54).

IV. Krankenversicherung der Kinder

Kinder von Versicherten sind nach Maßgabe des § 10 SGB V kostenfrei mitversichert. Da die Vorschrift 16 nicht für eheähnliche Partner gilt, kann hier eine gesetzliche Krankenversicherung des nicht verwandten Elternteils keine Familienversicherung begründen, so dass die Kinder nicht mitversichert sind. Die **kostenfreie Mitversicherung** gilt nach § 10 Abs. 2 SGB V nicht, wenn ein Ehegatte nicht Mitglied einer gesetzlichen Krankenkasse ist und sein Gesamteinkommen regelmäßig im Monat ein Zwölftel der Jahresarbeitsentgeltgrenze übersteigt und regelmäßig höher als das Gesamteinkommen des Mitgliedes ist. Dies gilt unabhängig von der Anzahl der Kinder, die sonst als Familienversicherte in Betracht kämen (BSG 15.1.2001 – B 12 KR 8/00 R, SozR 3 2500 § 10 SGB V Nr. 21). Es liegt keine verfassungswidrige Ungleichbehandlung in der Hinsicht vor, dass Kinder einer eheähnlichen Gemeinschaft insoweit besser gestellt sind, als das Einkommen des nicht verheirateten Elternteils nicht zum Ausschluss führen kann (BVerfG 12.2.2003 – 1

BvR 62/01, NZS 2003, 1381). Ebenso wenig sei es verfassungswidrig, dass diese Vorschrift auch bei getrennt lebenden Ehegatten gilt (BSG 25.1.2001 – B 12 KR 5/00 R, SozR 3 2500 § 10 SGB V Nr. 22).

17 Der Ausschluss der Familienversicherung von Kindern während des Bestehens der Ehe wegen des zu hohen Einkommens des nicht versicherten Ehegatten endet mit der Rechtskraft der Scheidung, da die Eltern nun nicht mehr Ehegatten sind. Für diesen Fall besteht nach § 9 Abs. 1 Nr. 2 SGB V die Möglichkeit, die freiwillige Mitversicherung innerhalb von drei Monaten zu beantragen.

V. Krankengeld bei Erkrankung von Kindern

18 Nach der Trennung bzw Scheidung stellt sich für die dann **alleinerziehenden erwerbstätigen** Mütter oder Väter die Frage, wie weit sie abgesichert sind, wenn das Kind erkrankt. Der Gesetzgeber hat zeitlich befristete Ansprüche gegen die Krankenkasse für diesen Fall geschaffen. Bei der Erkrankung von Kindern besteht nach Maßgabe des § 45 SGB V ein Anspruch auf Krankengeld. Zwar ist eine solche Leistung auch bei nicht getrennt lebenden Ehegatten möglich, doch häufiger werden die Voraussetzungen von Alleinerziehenden erfüllt. Versicherte haben Anspruch auf Zahlung von Krankengeld nach § 45 Abs. 1 SGB V, wenn es nach ärztlichem Zeugnis erforderlich ist, dass sie zur Betreuung oder Pflege ihres erkrankten unversicherten Kindes der Arbeit fernbleiben, eine andere in dem Haushalt lebende Person das Kind nicht beaufsichtigen, betreuen und pflegen kann und das Kind das zwölfte Lebensjahr noch nicht vollendet hat.

19 Der Anspruch besteht in jedem Kalenderjahr für jedes Kind für alleinerziehende Versicherte **längstens für 20 Arbeitstage**, jedoch für nicht mehr als insgesamt 50 Arbeitstage je Kalenderjahr (§ 45 Abs. 2 SGB V). Für diese Zeiten besteht gegen den Arbeitgeber ein Anspruch auf unbezahlte Freistellung (§ 45 Abs. 3 SGB V). Auch bei gemeinsamem Sorgerecht gelten Versicherte als alleinerziehend, wenn das Kind bei ihnen im Haushalt lebt (BSG 26.6.2007 – B 1 KR 33/06, RdL 2008, 11).

150. Krankenvorsorgeunterhalt

Finke

I. Einführung...................................... 1   III. Höhe des Anspruchs........................... 9
II. Voraussetzungen des Anspruchs................ 3   IV. Durchsetzung des Anspruchs.................. 12

I. Einführung

Die Kosten der Kranken- und Pflegevorsorge sind Bestandteil der laufenden Lebenshaltungskosten und gehören zum Unterhaltsbedarf des Berechtigten, wobei im Gegensatz zu dem nachrangigen Altersvorsorgeunterhalt ein **Gleichrang mit dem Elementarunterhalt** besteht. § 1578 Abs. 2 BGB schafft insoweit keinen zusätzlichen Anspruch, sondern stellt lediglich klar, dass diese Aufwendungen dem Unterhaltsbedarf hinzuzurechnen sind, soweit der Berechtigte nicht bereits eine eigene Krankenversicherung aufgrund eigener Erwerbseinkünfte unterhält und die von ihm hierfür zu tragenden Beiträge bei der Ermittlung seines Nettoeinkommens abgezogen worden sind. **1**

Dem Berechtigten steht sowohl beim **Trennungsunterhalt** als auch beim **nachehelichen Unterhalt** nach § 1578 Abs. 2 BGB (ab Rechtskraft der Scheidung) neben dem Elementarunterhalt ein Anspruch auf Krankenvorsorgeunterhalt in Höhe der Kosten für eine angemessene Krankenversicherung zu. Auch wenn für den Trennungsunterhalt eine ausdrückliche gesetzliche Regelung (wie in § 1361 Abs. 1 S. 2 BGB für den Altersvorsorgeunterhalt) fehlt, so ist dennoch anerkannt, dass auch die Aufwendungen für die Krankenvorsorge zum Unterhaltsbedarf zu rechnen sind und einen entsprechenden Unterhaltsanspruch gegen den anderen Ehegatten ergeben können. § 1578 Abs. 2 BGB ist demnach beim Trennungsunterhalt entsprechend anzuwenden (OLG Düsseldorf 23.10.1990 – 3 UF 228/89 – NJW 1991, 2970; NK-BGB/Schürmann § 1578 BGB Rn 118). **2**

II. Voraussetzungen des Anspruchs

Der Altersvorsorgeunterhalt ist **unselbstständiger Teil des Gesamtunterhaltsanspruchs**, der sich aus Elementar-, Krankenvorsorge- und ggf Altersvorsorgeunterhalt zusammensetzt, wobei im Unterhaltsverfahren eine Bindung des Gerichts iSv § 113 Abs. 1 S. 2 FamFG, § 308 ZPO lediglich hinsichtlich des geforderten Gesamtbetrags, nicht dagegen der hierin enthaltenen Teilbeträge, besteht (BGH 7.12.1988 – IVb ZR 23/88 NJW-RR 1989, 386). Eine Abhängigkeit vom Elementarunterhaltsanspruch besteht dann, wenn sich seine Höhe danach richtet (s. Rn 6). Er kann nicht nur zusammen mit dem Elementarunterhalt, sondern auch **isoliert** geltend gemacht werden, jedoch in aller Regel nur dann, wenn ein Anspruch auf Elementarunterhalt nach §§ 1361, 1570 ff BGB besteht. Eine isolierte Forderung von Krankenvorsorgeunterhalt ist ausnahmsweise dann möglich, wenn das Einkommen des Berechtigten zwar den Elementarunterhaltsbedarf abdeckt, nicht jedoch die im Verhältnis hierzu außergewöhnlich hohen Aufwendungen für den Krankenvorsorgeunterhalt (OLG Oldenburg 26.11.2009 – 14 UF 114/09, NJW-RR 2010, 512). In anderen Fällen kann es nicht zu einem isolierten Krankenvorsorgebedarf kommen, da das Einkommen des Berechtigten anteilig auf seinen Elementar- und Krankenvorsorgebedarf zu verteilen ist (BGH 7.12.1988 – IVb ZR 23/88 NJW-RR 1989, 386). **3**

Verfügt der Berechtigte nur über geringfügige oder keine Einkünfte, so ist er bis zur Rechtskraft der Scheidung über den Pflichtigen im Rahmen der **Familienversicherung** nach § 10 Abs. 1 SGB V mitversichert, soweit dieser Mitglied der gesetzlichen Krankenversicherung ist. Voraussetzung ist, dass das Einkommen des Berechtigten 1/7 der monatlichen Bezugsgröße in der Sozialversicherung nach § 18 SGB IV (2013: 2.695 EUR x 1/7 = 385 EUR) oder bei einem sog. Minijob-Beschäftigungsverhältnis monatlich 450 EUR nicht überschreitet. Dabei ist zu beachten, dass der Unterhalt dann dem Erwerbseinkommen hinzuzurechnen ist, wenn vom Pflichtigen mit Zustimmung des Berechtigten das sog. begrenzte Realsplitting nach § 10 Abs. 1 Nr. 1 EStG in Anspruch genommen wird. **4**

5 Da der Verlust der Mitversicherung und die dann entstehenden zusätzlichen Krankenversicherungskosten von beiden Ehegatten zu tragen sind (vom Pflichtigen durch die Belastung mit dem Krankenvorsorgeunterhalt, vom Berechtigten durch die Kürzung des Elementarunterhalts), sollte in der **Trennungszeit** immer diese mögliche Folge des begrenzten Realsplittings bedacht werden. Die vorstehenden Grenzbeträge können nen übrigens auch durch sonstige Einkünfte des Berechtigten (zB Kapital- und Mieteinkünfte sowie die kostenlose Nutzung der Wohnung des Pflichtigen als Naturalunterhaltsleistung) überschritten werden. Besteht keine Mitversicherung oder auf eigenen Einkünften beruhende Versicherung des Berechtigten in der gesetzlichen oder der privaten Krankenversicherung, so sind die Aufwendungen hierfür bereits während der Trennungszeit in entsprechender Anwendung von § 1578 Abs. 2 BGB als Unterhaltsbedarf zu berücksichtigen (OLG Düsseldorf 23.10.1990 – 3 UF 228/89, NJW 1991, 2970; NK-BGB/Schürmann § 1578 BGB Rn 118).

6 Der bisher im Rahmen der Familienversicherung mitversicherte Berechtigte kann in einer **Ausschlussfrist** von drei Monaten nach Rechtskraft der Scheidung (§ 9 Abs. 1, 2 Nr. 2, 10 SGB V, § 188 Abs. 2 SGB V) als **freiwillig Versicherter** in die gesetzliche Krankenversicherung eintreten. Die Höhe des Beitrags bestimmt sich nach § 240 SGB V nicht nur nach der Höhe des Unterhalts, sondern auch nach sonstigen Einkünften, wie insbesondere Kapitaleinkünften. Der Mindestbeitrag bestimmt sich nach § 240 Abs. 4 SGB V. Sobald der Berechtigte dagegen über sozialversicherungspflichtige Erwerbseinkünfte verfügt, ist er Pflichtmitglied in der gesetzlichen Krankenversicherung, so dass ein zusätzlicher Unterhaltsbedarf wegen der Krankenversicherungskosten nicht mehr besteht. Ihm steht voller Versicherungsschutz bereits bei einer Teilzeittätigkeit mit dem Erreichen der sog. Gleitzone (§ 20 Abs. 2 SGB IV) oberhalb der geringfügigen Einkünfte aus einem Minijob (bis 450 EUR monatlich) zu (NK-BGB/Schürmann § 1578 BGB Rn 123). Wird dem Berechtigten **fiktives Einkommen** zugerechnet, so erstreckt sich diese Fiktion auch auf das Bestehen einer entsprechenden Krankenvorsorge. Im Einzelfall sollen wegen der existenziellen Bedeutung der Krankenvorsorge Ausnahmen hiervon möglich sein (OLG Frankfurt 19.12.1991 – 1 UF 84/91, NJW-RR 1993, 7; Kalthoener/Büttner/Niepmann Rn 397). Die hierfür als Begründung angeführte nachwirkende eheliche Solidarität vermag nicht zu überzeugen (NK-BGB/Schürmann § 1578 BGB Rn 123).

7 Bestehen die vorstehend dargestellten Möglichkeiten des Eintritts des Berechtigten in die gesetzliche Krankenversicherung nicht, so ist ihm mangels Vorversicherungszeiten (§ 9 SGB V) der Zugang hierzu insgesamt verwehrt. Es besteht für ihn dann ausschließlich die Möglichkeit der **privaten Krankenversicherung**, die mit zunehmendem Alter wesentlich höhere Aufwendungen erfordert als die gesetzliche Krankenversicherung. Dies gilt neben privat versicherten Ehegatten von Selbstständigen oder Arbeitnehmern mit Einkünften oberhalb der Pflichtversicherungsgrenze auch für **Ehegatten von Beamten** ohne versicherungspflichtiges Erwerbseinkommen, die neben der privaten Krankenversicherung beihilfeberechtigt waren. Daraus folgt in diesen Fällen eine erhebliche Mehrbelastung, da das bisher durch die Beihilfe abgedeckte Kostenrisiko zusätzlich in der privaten Krankenversicherung abgedeckt werden muss, um eine dem bisherigen Umfang entsprechende Krankenvorsorge zu behalten.

8 Auch wenn nach den maßgeblichen ehelichen Lebensverhältnissen grundsätzlich der Krankenversicherungsschutz im gleichen Umfang wie in der Ehe zu gewährleisten ist, kann es vor allem bei dem **Wegfall des Beihilfeanspruchs** im Einzelfall geboten sein, eine Korrektur des Anspruchs auf Ausgleich der Kosten einer privaten Vollversicherung vorzunehmen, wenn die Höhe der Aufwendungen hierfür außer Verhältnis zur Höhe des Elementarunterhalts steht (BGH 7.12.1988 – IVb ZR 23/88 NJW-RR 1989, 386). Dies kann der Fall sein bei hohen Risikozuschlägen wegen einer Vorerkrankung des Versicherten. Andererseits ist zu bedenken, dass gerade dann der Ehegatte in besonderem Maße auf einen angemessenen Versicherungsschutz angewiesen ist, was letztlich auch im Interesse des unterhaltspflichtigen Ehegatten liegt, da er hierdurch vor dem Risiko der Inanspruchnahme wegen Sonderbedarfs nach § 1585 Abs. 1 BGB geschützt wird (BGH 7.12.1988 – IVb ZR 23/88 NJW-RR 1989, 386: Herabsetzung des Krankenvorsorgebedarfs von 530 DM auf 450 DM bei einem Elementarunterhalt von 843 DM). Unabhängig von diesen Überlegungen kann nach § 1578 b Abs. 1 BGB eine Herabsetzung des Krankenvorsorgebedarfs nach Billigkeitsgesichtspunkten erfolgen (OLG Oldenburg 26.11.2009 – 14 UF 114/09, NJW-RR 2010, 512: stufenweise Herabsetzung auf zunächst 500 EUR und später auf 250 EUR statt 1.200 EUR bei einer Vollversicherung und gegenüber ei-

nem für den Elementarbedarf zur Verfügung stehenden Einkommen von 1.200 EUR). Es ist bei der Frage der Angemessenheit des Krankenvorsorgeunterhalts bei engen finanziellen Verhältnissen zu prüfen, ob nicht im Hinblick darauf, dass im Beihilferecht in zunehmendem Maße eine Selbstbeteiligung bzw die Kostenübernahme ähnlich wie in der gesetzlichen Krankenversicherung teilweise ausgeschlossen oder beschränkt ist, eine Beschränkung auf die von der privaten Krankenversicherung angebotenen Basistarife, die hinsichtlich des Leistungsumfangs weitgehend der gesetzlichen Krankenversicherung entsprechen, angemessen sein kann (BGH 6.7.2005 – XII ZR 145/03, NJW-RR 2005, 1450; OLG Brandenburg 23.8.2007 – 9 UF 11/05, FamRZ 2008, 789).

III. Höhe des Anspruchs

Die Höhe des Krankenvorsorgeanspruchs richtet sich nach den für die angemessene Krankenversicherung **9** erforderlichen Kosten. Dies ist bei einer **privaten Krankenversicherung** der – unabhängig von der Höhe des Einkommens – für eine Krankenvollversicherung aufgrund der individuellen Verhältnisse des Berechtigten (Alter, Vorerkrankungen, besondere Risiken) zu zahlende Beitrag. Dieser Betrag wird vom Einkommen des Pflichtigen wie eine sonstige Verbindlichkeit abgezogen. Sodann wird der Elementarunterhalt in der üblichen Weise nach einer Quote ermittelt, soweit nicht ausnahmsweise eine konkrete Bedarfsermittlung (s. → *Sättigungsgrenze/konkrete Einzelbedarfsberechnung*) stattfindet.

Bei einer Krankenvorsorge in der **gesetzlichen Krankenversicherung** richtet sich der Beitrag nach der **10** Höhe des Einkommens des Berechtigten einschließlich des Elementarunterhalts (§ 240 SGB V), der deshalb zunächst vorläufig zu bestimmen ist. Der auf der Basis des vorläufigen Elementarunterhalts ermittelte Krankenversicherungsbeitrag ist als Krankenvorsorgeunterhalt auszuweisen und ggf zu titulieren und in dieser Höhe vom Einkommen des Pflichtigen abzuziehen, das anschließend die Basis der Berechnung des endgültigen Elementarunterhalts ist. Mit dieser **zweistufigen Berechnung** wird verhindert, dass der Halbteilungsgrundsatz verletzt wird (s. → *Altersvorsorgeunterhalt* Rn 14). Ein etwaiges Eigeneinkommen des Berechtigten unterhalb der Pflichtversicherungsgrenze ist anteilig auf den in der vorstehend dargestellten Weise ermittelten Elementar- und Krankenvorsorgeunterhalt bedarfsdeckend anzurechnen (BGH 7.12.1988 – IVb ZR 23/88, NJW-RR 1989, 386).

Beispiel:

1. Stufe:	Einkommen Pflichtiger:	3.500 EUR
	3/7 **vorläufiger** Elementarunterhalt:	1.500 EUR
	Beitragssatz der gesetzlichen Krankenversicherung: 15%	
	Vorsorgeunterhalt:	225 EUR
2. Stufe:	Einkommen des Pflichtigen abzüglich des errechneten Vorsorgeunterhalts: 3.500 EUR ./. 225 EUR	3.275 EUR
	3/7 **endgültiger** Elementarunterhalt:	1.404 EUR

Ergebnis: Der Unterhaltsanspruch erhöht sich durch die Geltendmachung des Krankenvorsorgeunterhalts auf 1.629 EUR. Dies sind 129 EUR mehr als bei Geltendmachung lediglich des Elementarunterhalts. Die Mehrbelastung des Pflichtigen von 129 EUR entspricht 4/7 des Krankenvorsorgeunterhalts von 225 EUR. Die restlichen 96 EUR, dh 3/7 von 225 EUR, trägt der Berechtigte durch Kürzung seines Elementarunterhaltsanspruchs um diesen Betrag.

Der Pflichtige behält für seinen Elementarbedarf: 3.500 EUR ./. 1.404 EUR ./. 225 EUR = 1.871 EUR; der Berechtigte hat für seinen Elementarbedarf: 1.404 EUR + 225 EUR = 1.629 EUR; der Halbteilungsgrundsatz ist nicht verletzt.

Aus dem Zweck der zweistufigen Berechnung, eine übermäßige Belastung des Pflichtigen und insbeson- **11** re eine Verletzung des Halbteilungsgrundsatzes zu vermeiden, ergibt sich auch die Grenze ihrer Anwendung. Ist der Pflichtige aufgrund seiner günstigen wirtschaftlichen Verhältnisse in der Lage, den Krankenvorsorgebedarf des Berechtigten ohne Beeinträchtigung seines angemessenen Unterhalts zu befriedigen, so bedarf es nicht der zweistufigen Berechnung. Eine **einstufige Berechnung** kommt demnach dann in Betracht, wenn der Pflichtige nur einen Teil seines Einkommens für den Unterhalt einsetzen muss, wie dies bei der konkreten Bedarfsbestimmung regelmäßig der Fall ist, da sie davon ausgeht, dass bei besonders guten wirtschaftlichen Verhältnissen die Eheleute nicht ihr gesamtes Einkommen für ihren Lebensbedarf ausgeben (BGH 11.8.2010 – XII ZR 102/09, NJW 2010, 3372). Der Einsatz nur eines Teils der Einkünfte des Pflichtigen für den Unterhalt ist indes nicht auf besonders günstige wirtschaftliche Verhältnisse beschränkt. Eine solche Situation kann auch dann gegeben sein, wenn der Berechtigte bedarfsdeckend Einkommen oder Vermögen einsetzen muss, welches bei der Bedarfsermittlung unberücksichtigt geblieben ist (zB bei einer Erbschaft oder sonstigem Vermögen, welches die ehelichen Lebensverhältnisse nicht geprägt hat). In diesen Fällen der Anrechnungsmethode wird der Pflichtige entsprechend entlastet, so dass eine höhere Leistungsfähigkeit besteht, die beim Vorsorgeunterhalt berücksichtigt werden kann (BGH 25.11.1998 – XII ZR 33/97, NJW-RR 1999, 297 für den Altersvorsorgeunterhalt).

IV. Durchsetzung des Anspruchs

12 Mit dem Krankenvorsorgeunterhalt werden Grundbedürfnisse des täglichen Lebensbedarfs gedeckt. Er ist daher mit dem Elementarunterhalt **gleichrangig** und gegenüber dem Altersvorsorgeunterhalt **vorrangig**. Für die Vergangenheit kann Krankenvorsorgeunterhalt nicht erst von dem Zeitpunkt an verlangt werden, in dem er ausdrücklich geltend gemacht worden ist. Vielmehr kann der Berechtigte diesen Unterhalt **ab dem Verzugszeitpunkt**, ggf durch eine Stufenmahnung, beanspruchen (BGH 22.11.2006 – XII ZR 24/04, NJW 2007, 511 für den Altersvorsorgeunterhalt). Der Berechtigte kann grundsätzlich **Zahlung** des Krankenvorsorgeunterhalts **an sich selbst** verlangen. Es gelten insoweit die gleichen Grundsätze wie beim Altersvorsorgeunterhalt (BGH 7.12.1988 – IVb ZR 23/88 NJW-RR 1989, 386). Danach ist der Berechtigte nicht verpflichtet, mit der Geltendmachung des Anspruchs eine bestimmte Verwendung darzulegen (BGH 26.5.1982 – IVb ZR 715/80, NJW 1982, 1983). Allerdings obliegt es ihm, den Krankenvorsorgeunterhalt bestimmungsgemäß zu verwenden. Der Pflichtige kann die Zahlung direkt an die Krankenversicherung nur dann verlangen, wenn hinreichende Anhaltspunkte für eine zweckwidrige Verwendung des Vorsorgeunterhalts durch den Berechtigten vorliegen. Dies erfolgt ggf im Abänderungsverfahren (BGH 25.3.1987 – IVb ZR 32/86, NJW 1987, 2229). Eine zweckwidrige Verwendung des Krankenvorsorgeunterhalts ist nach § 1579 Nr. 4 BGB zu beurteilen (s. hierzu weiter die vergleichbare Situation beim → *Altersunterhalt* Rn 17).

13 Da der Krankenvorsorgeunterhalt unselbstständiger Teil des Gesamtunterhaltsanspruchs ist, reicht es aus, wenn er zumindest in der Begründung des Antrags beziffert wird, da er nicht von Amts wegen zugesprochen wird (BGH 3.4.1985 – IVb ZR 19/84, NJW 1985, 1701 zum Altersvorsorgeunterhalt). Für das Gericht besteht eine **Bindung an den Antrag** iSv § 113 Abs. 1 S. 2 FamFG, § 308 ZPO lediglich hinsichtlich des Gesamtbetrages, nicht aber hinsichtlich der Aufteilung durch den Antragsteller in Elementar- und Vorsorgeunterhalt (BGH 26.5.1982 – IVb ZR 715/80, NJW 1982, 1983). Das Gericht kann also zu einer anderen Aufteilung kommen und entsprechend entscheiden, ohne dass es hierzu einer Umstellung des Antrags bedarf. Es hat im **Tenor** der Entscheidung die Aufteilung anzugeben, da der Unterhaltsbetrag für den Berechtigten einer entsprechenden Zweckbindung unterliegt (BGH 6.10.1982 – IVb ZR 311/81, NJW 1983, 1547).

14 Hat es der Berechtigte dagegen im Unterhaltsverfahren unterlassen, den Krankenvorsorgeunterhalt geltend zu machen, ohne den Antrag als Teilantrag zu bezeichnen, so ist es ihm verwehrt, dies mit einem Nachforderungs-/Leistungsantrag nachzuholen, da ohne entsprechenden Vorbehalt des Antragstellers davon auszugehen ist, dass in dem Vorverfahren der gesamte Unterhalt und nicht nur ein Teilbetrag tituliert worden ist (BGH 3.4.1985 – IVb ZR 19/84, NJW 1985, 1701). Auch mit einem **Abänderungsantrag** nach § 238 FamFG kann die nachträgliche Titulierung des Krankenvorsorgeunterhalts erst erreicht werden, wenn der Abänderungsantrag aufgrund der Änderung sonstiger Umstände zulässig ist, da die Abänderung aufgrund von Präklusion (§ 238 Abs. 2 FamFG) nicht darauf gestützt werden kann, dass die Titulierung des Krankenvorsorgeunterhalts bisher unterblieben ist. Die Rechtskraft des früheren Titels steht einer Berücksichtigung des Krankenvorsorgeunterhalts im Rahmen eines aus anderen Gründen zulässigen Abänderungsverfahrens nicht entgegen, da sich der frühere Titel nur darauf bezieht, ob und in welchem Umfang

dem Berechtigten Elementarunterhalt zustand und einen möglichen weitergehenden Anspruch auf der Basis des Krankenvorsorgebedarfs überhaupt nicht behandelt hat. Als Antragsgegner im Abänderungsverfahren kann sich der Berechtigte zur Verteidigung des Titels immer auf den in dem Vorverfahren nicht geltend gemachten Krankenvorsorgeunterhalt berufen, da auch in diesem Fall die Rechtskraft der früheren Entscheidung nicht berührt wird. Ist der Krankenvorsorgebedarf erst nach der Titulierung des Elementarunterhalts entstanden, so kann dies jederzeit mit einem Abänderungsantrag geltend gemacht werden (OLG Frankfurt/M. 18.4.2006 – 2 WF 110/06, NJW-RR 2006, 1230).

151. Krankheitsunterhalt

Finke

I. Einführung 1
II. Voraussetzungen des Anspruchs 3
  1. Anschlussunterhalt, Anspruchskette 3
  2. Einsatzzeitpunkte 4
  3. Teilweiser bzw vollständiger Wegfall der
    Erwerbsobliegenheit aufgrund Krankheit 11

  a) Krankheit 11
  b) Ursächlichkeit zwischen Erkrankung und
    Einschränkung der Erwerbstätigkeit 15
  c) Darlegungs- und Beweislast 17
III. Beschränkung des Anspruchs nach
  § 1578 b BGB 20

I. Einführung

1 Nach § 1572 BGB kann ein geschiedener Ehegatte von dem anderen Ehegatten Unterhalt verlangen, soweit von ihm zu bestimmten Zeitpunkten, den sog. Einsatzzeitpunkten, wegen Krankheit oder anderer Gebrechen oder Schwäche seiner körperlichen oder geistigen Kräfte eine Erwerbstätigkeit – ganz oder teilweise – nicht erwartet werden kann. Weitere Anspruchsvoraussetzung ist, dass der Ehegatte außerstande ist, seinen Bedarf nach § 1578 BGB aus eigenen Einkünften, die ihm tatsächlich zur Verfügung stehen bzw die er bei Ausübung einer – unter Berücksichtigung der gesundheitlichen Beeinträchtigungen – nach § 1574 BGB angemessenen Erwerbstätigkeit erzielen könnte, zu decken. Dabei können Bedarf und Bedürftigkeit in dem Fall, dass krankheitsbedingt **keine Erwerbsobliegenheit** besteht (volle Erwerbsunfähigkeit bzw krankheitsbedingtes Fehlen einer realistischen Erwerbschance), neben der Nichterzielung eigener Erwerbseinkünfte auch darauf beruhen, dass der andere Ehegatte unabhängig hiervon über ein höheres Einkommen verfügt. Der Unterhaltsanspruch hat seine Grundlage dann ausschließlich in § 1572 BGB, auch wenn er nicht nur auf dem krankheitsbedingten Wegfall des Erwerbseinkommens des Berechtigten, sondern zusätzlich auch auf dem Einkommensgefälle zwischen den Ehegatten beruht (s. → *Anschlussunterhalt* Rn 9). Führen die gesundheitlichen Beeinträchtigungen des Berechtigten dagegen nur zu einem **teilweisen Wegfall der Erwerbsobliegenheit**, so beschränkt sich der Anspruch nach § 1572 BGB darauf, die unterhaltsrechtlichen Auswirkungen des durch die Erwerbsbeschränkung verursachten Einkommensverlustes auszugleichen, während der durch das unterschiedliche Einkommen der Eheleute bedingte Unterhaltsanspruch als Aufstockungsunterhalt auf § 1573 Abs. 2 BGB beruht.

2 Bei der dem Anspruch zugrunde liegenden gesundheitlichen Beeinträchtigung handelt es sich in aller Regel nicht um eine Folge der ehelichen Rollenverteilung oder der Geburt und der Betreuung von Kindern, sondern um eine schicksalhafte Entwicklung, die auch ohne die Eheschließung eingetreten wäre oder bereits vor der Eheschließung vorhanden gewesen sein kann (BGH 9.2.1994 – XII ZR 183/92, NJW 1994, 1286). Da somit der Ausgleich ehebedingter Nachteile ausscheidet, hat die Inanspruchnahme des Pflichtigen beim Krankheitsunterhalt ihre Grundlage in der **nachwirkenden ehelichen Solidarität (s. → *Nacheheliche Solidarität*)**. Diese Begründung zur Durchbrechung des Grundsatzes der nachehelichen Selbstverantwortung in § 1569 S. 1 BGB, der durch das UÄndG gestärkt werden sollte, wird teilweise kritisch gesehen (Staudinger/ Verschraegen § 1572 BGB Rn 2; JH/Büttner § 1572 BGB Rn 1; Hohmann-Dennhardt, Brühler Schriften zum Familienrecht, 18. Dt. Familiengerichtstag 2009, S. 32).

II. Voraussetzungen des Anspruchs

1. Anschlussunterhalt, Anspruchskette

3 Der Krankheitsunterhalt kommt, soweit seine Voraussetzungen nicht bereits im Zeitpunkt der Scheidung vorliegen, sondern erst später eintreten, als **Anschlussunterhalt** (s. → *Anschlussunterhalt*) an einen vorhergehenden Unterhaltsanspruch auf der Grundlage eines anderen Unterhaltstatbestandes in Betracht. Es bedarf in diesen Fällen immer der Feststellung einer **lückenlosen Kette von Ansprüchen** aufgrund der im Gesetz ausdrücklich bezeichneten Unterhaltstatbestände (Betreuungs-, Ausbildungs-, Erwerbslosigkeits- und Aufstockungsunterhalt) in der vorangegangenen Zeit. Ist diese Voraussetzung erfüllt, so kann dies zur Folge haben, dass der Krankheitsunterhalt dem Umfang nach durch den Unterhaltstatbestand beschränkt wird, an den er anschließt (BGH 27.6.2001 – XII ZR 135/99, NJW 2001, 3260). Bestand zB bis zum Ein-

satzzeitpunkt nach § 1572 Nr. 4 BGB ein Anspruch auf Aufstockungsunterhalt nach § 1573 Abs. 2 BGB, so kann der Anspruch auf Krankheitsunterhalt nicht über den hierdurch bisher gedeckten Unterhaltsbedarf hinausgehen. Dabei besteht wegen der Möglichkeit der Änderung der nach § 1578 BGB maßgebenden ehelichen Lebensverhältnisse keine Beschränkung auf einen bestimmten Unterhaltsbetrag. Vielmehr ist abzustellen auf die Quote des durch den vorangegangenen Unterhaltsanspruch gedeckten Teils des Gesamtunterhaltsbedarfs des Berechtigten, soweit der übrige Bedarf des Berechtigten bis zu diesem Zeitpunkt nachhaltig gesichert war (BGH 27.6.2001 – XII ZR 135/99, NJW 2001, 3260).

2. Einsatzzeitpunkte

Besteht die gesundheitlich bedingte Einschränkung der Erwerbsobliegenheit bereits im **Zeitpunkt der** **4** **Scheidung**, so kann die hierdurch bedingte Lücke bei der Bedarfsdeckung einen Anspruch nach § 1572 Nr. 1 BGB begründen. Daneben kommen bezüglich des weiteren Unterhaltsbedarfs weitere Anspruchsgrundlagen in Betracht, wie zB Betreuungs- und/oder Aufstockungsunterhalt. Ist der Berechtigte wegen Kindesbetreuung in gleichem oder sogar noch in weiter gehendem Umfang nicht zu einer Erwerbstätigkeit verpflichtet als aufgrund seiner Erkrankung, so ergibt sich der Unterhaltsanspruch bereits aus § 1570 BGB, ohne dass es eines Rückgriffs auf den außerdem gegebenen Tatbestand des § 1572 BGB bedarf. Fällt der Betreuungsunterhalt später weg oder ermäßigt er sich wegen des mit dem zunehmenden Alter des betreuten Kindes geringer werdenden Betreuungsbedarfs, so ist nicht der Einsatzzeitpunkt des § 1572 Nr. 2 BGB maßgeblich, wenn und soweit der Anspruch nach § 1572 BGB bereits im Zeitpunkt der Scheidung bestand. Dabei kommt es nicht darauf an, ob dieser Anspruch früher tituliert oder überhaupt geltend gemacht worden ist. Dies gilt auch dann, wenn abweichend von der vorstehend zugrunde gelegten Konstellation des Nebeneinanders von Betreuungs- und Krankheitsunterhalt im Zeitpunkt der Scheidung lediglich ein Anspruch auf Krankheitsunterhalt in Betracht gekommen wäre, dieser jedoch bei Vorliegen der sonstigen Voraussetzungen lediglich an der Leistungsfähigkeit des Pflichtigen gescheitert ist (s. → *Anschlussunterhalt* Rn 2).

Ein Anschlussunterhalt nach § 1572 Nr. 2 BGB ist dann gegeben, wenn im **Zeitpunkt des Wegfalls der** **5** **Kindesbetreuung** eine Erkrankung des Berechtigten vorliegt, die seine Erwerbsfähigkeit einschränkt oder sogar ausschließt. Dabei ist zu beachten, dass der Krankheitsunterhalt dem Umfang nach durch den Unterhaltstatbestand beschränkt wird, an den er anschließt (vgl Rn 3). Bei einer Erkrankung der unterhaltsberechtigten Mutter im Zeitpunkt des Wegfalls des Betreuungsunterhalts kann der Krankheitsunterhalt nur in dem Umfang an die Stelle des Betreuungsunterhalts treten, in dem dieser den Gesamtbedarf der Mutter abgedeckt hat, selbst wenn der durch die Erwerbsunfähigkeit bedingte Einkommensausfall höher sein sollte (OLG Düsseldorf 5.11.1993 – 6 UF 93/93, NJW-RR 1994, 1415). § 1572 Nr. 2 BGB wird über seinen Wortlaut hinaus allgemein so verstanden, dass es nicht allein auf die Beendigung der Pflege und Erziehung eines gemeinsamen Kindes, sondern den Wegfall eines hierdurch begründeten Anspruchs auf Betreuungsunterhalt nach § 1570 BGB ankommt (BGH 31.1.1990 – XII ZR 36/89, NJW 1990, 2752). Auch hier ist nicht die Titulierung oder Geltendmachung des Betreuungsunterhalts, sondern allein das Vorliegen der Voraussetzungen dieses Unterhaltstatbestandes erforderlich, wobei die Voraussetzung der mangelnden Leistungsfähigkeit des Pflichtigen in der Vergangenheit unschädlich ist (vgl Rn 4). Für die Einsatzzeitpunkte nach § 1572 Nr. 3 BGB (**Ende der Ausbildung oder Umschulung**) und § 1572 Nr. 4 BGB (**Wegfall der Voraussetzungen des § 1573 BGB**) gelten die vorstehenden Ausführungen entsprechend (zum Wegfall des Aufstockungsunterhalts vgl Rn 3).

Beim Wegfall der Voraussetzungen eines Unterhaltsanspruchs nach § 1573 BGB ist auch der Tatbestand **6** des § 1573 Abs. 4 BGB zu beachten, der einen Unterhaltsanspruch für den Fall vorsieht, dass der Berechtigte sein zeitweise erzieltes Erwerbseinkommen, mit dem er seinen Bedarf decken konnte, trotz ausreichender Bemühungen **nicht nachhaltig sichern konnte** und hierdurch wieder bedürftig geworden ist (s. → *Arbeitslosenunterhalt* Rn 27 ff). Diese Regelung stellt die Ausnahme des Grundsatzes dar, wonach ein Unterhaltsanspruch wegen der Bedarfsdeckung durch eigene Einkünfte endgültig entfällt. Ist die Bedarfssicherung dagegen nicht oder noch nicht nachhaltig, was insbesondere bei einem gerade begonnenen oder einem erkennbar gefährdeten älteren Arbeitsverhältnis der Fall sein kann, so soll der Pflichtige an diesem Risiko beteiligt werden und noch mit einem Wiederaufleben des Unterhaltsanspruchs des Berechtigten rechnen müssen. Es erscheint daher gerechtfertigt, den Einsatzzeitpunkt nach § 1572 Nr. 4 BGB bis zu dem Zeitpunkt auszudehnen, von dem an von einer nachhaltigen Sicherung des Bedarfs durch eigenes (auch fiktivem) Erwerbseinkommen ausgegangen werden kann und ein Anspruch nach § 1573 Abs. 4 BGB ausscheidet (OLG Hamm 24.7.2002 – 5 UF 131/01, FamRZ 2002, 1564). Lehnt man dies ab (so MüKo/Maurer § 1572 BGB Rn 13, wo hierin eine vom Gesetz nicht gewollte Risikoausweitung zulasten des Pflichtigen gesehen wird), so ist bis zu diesem Zeitpunkt ein Anspruch nach § 1573 Abs. 4 BGB gegeben. Im Übrigen ist zu beachten, dass die enge Auslegung des Einsatzzeitpunktes beim Krankheitsunterhalt ihren Grund in der früher nicht möglichen Beschränkung des Unterhaltsanspruchs hatte. Da § 1578 b BGB nunmehr die Möglichkeit bietet, die vom Pflichtigen mitzutragenden gesundheitlichen Risiken aus Billigkeitsgründen einzuschränken, sollte die restriktive Behandlung des zeitlichen Zusammenhangs von Einsatzzeitpunkt, Entstehen der Krankheit, Ausbruch der Krankheit und Auswirkung auf die Erwerbsfähigkeit aufgegeben werden, da auch dann bei der Billigkeitsabwägung angemessene Ergebnisse gefunden werden können.

7 Die Regelung des Krankheitsunterhalts in den Fällen des § 1572 Nr. 2 bis 4 BGB ausschließlich als Anschlussunterhalt führt dazu, dass die Einschränkung der Bedarfsdeckung durch eigene Erwerbseinkünfte infolge gesundheitlicher Beeinträchtigungen nur dann berücksichtigt werden kann, wenn zuvor ein Anspruch aufgrund eines anderen Unterhaltstatbestandes entfallen ist. Soweit dies nicht der Fall ist, besteht keine Möglichkeit, eine durch das Fehlen oder den Wegfall von Erwerbseinkünften infolge einer Erkrankung entstandene Bedürftigkeit unterhaltsrechtlich zu berücksichtigen. Lediglich in dem Fall des **§ 1572 Nr. 1 BGB**, bei dem es sich nicht um einen Anschlusstatbestand handelt, besteht die Möglichkeit, die krankheitsbedingte Bedürftigkeit neben möglicherweise anderen Unterhaltstatbeständen im Rahmen des einheitlichen Unterhaltsanspruchs zu berücksichtigen. Voraussetzung ist auch hier, dass die krankheitsbedingte Einschränkung der Erwerbsfähigkeit und der hierdurch verursachte Einkommensverlust bereits im Zeitpunkt der Rechtskraft der Scheidung als dem maßgeblichen Einsatzzeitpunkt vorliegt. Treten diese Umstände erst später ein, so können sie grundsätzlich erst bei Eintritt eines der weiteren Einsatzzeitpunkte nach § 1572 Nr. 2 bis 4 BGB Berücksichtigung finden, und zwar nur im Umfang des zu diesem Zeitpunkt wegfallenden bisherigen Unterhaltsanspruchs, unabhängig davon, ob dieser bis dahin überhaupt geltend gemacht worden war (OLG Koblenz 29.9.2005 – 7 UF 284/05, NJW-RR 2006, 151).

8 Diese Folgen des Abstellens auf Einsatzzeitpunkte und Anschlussunterhaltstatbestände, die bei strikter Handhabung unbillig sein können, werden dadurch abgemildert, dass eine lückenlose Unterhaltskette auch dann bejaht wird, wenn im Einsatzzeitpunkt eine Erkrankung vorliegt und die hierdurch bedingte Einschränkung der Erwerbsfähigkeit erst später eintritt (OLG Koblenz 29.9.2005 – 7 UF 284/05, NJW-RR 2006, 151; KG 1.2.2002 – 3 UF 184/01, FamRZ 2002, 460; offen gelassen in BGH 27.6.2001 – XII ZR 135/99, NJW 2001, 3260). Dabei wird teilweise auch das Vorliegen einer **latenten Erkrankung**, die also noch nicht ausgebrochen und demzufolge im Einsatzzeitpunkt noch nicht bekannt war, für ausreichend gehalten. In jedem Fall wird jedoch eine zeitliche Nähe zu dem in Betracht kommenden Einsatzzeitpunkt gefordert (NK-BGB/Fränken § 1572 BGB Rn 12). Ein Zeitraum von knapp zwei Jahren soll dem nicht mehr entsprechen (BGH 27.6.2001 – XII ZR 135/99, NJW 2001, 3260: 23 Monaten zu lang; OLG Koblenz 29.9.2005 – 7 UF 284/05, NJW-RR 2006, 151: 21 Monate zu lang; dagegen wird in KG 1.2.2002 – 3 UF 184/01, FamRZ 2002, 460 ein Zeitraum von bis zu einem Jahr noch als zeitnah in dem vorstehenden Sinn angesehen).

9 Besteht zu einem der gesetzlichen Einsatzzeitpunkte eine Erkrankung, die bereits zu einer teilweise Erwerbsunfähigkeit geführt hat, und **verschlimmert sich später die Erkrankung** und führt zu einer weiter gehenden Erwerbsunfähigkeit, so soll diese Entwicklung unabhängig von weiteren Einsatzzeitpunkten beim Unterhalt berücksichtigt werden können (BGH 25.3.1987 – IVb ZR 32/86, NJW 1987, 2229; MüKo/Maurer § 1572 BGB Rn 11; aA OLG Schleswig 31.3.2006 – 15 UF 147/04, FuR 2006, 283; NK-BGB/Fränken § 1572 BGB Rn 13). Bestand der Unterhaltsanspruch nach § 1572 BGB bis dahin nur als Anschlussunterhalt, so ist dies mit den sich hieraus ergebenden Beschränkungen hinsichtlich des Umfangs des Anspruchs auch bei dem aufgrund der Verschlimmerung der Erkrankung möglicherweise gegebenen weitergehenden Anspruch zu berücksichtigen.

Finke

Bei fehlendem Einsatzzeitpunkt ist zu prüfen, ob nicht ein Unterhaltsanspruch nach § 1576 BGB (s. → **10**
Billigkeitsunterhalt) gegeben ist, der gegenüber dem Tatbestand des § 1572 BGB subsidiär ist (BGH
17.9.2003 – XII ZR 184/01, NJW 2003, 3481).

3. Teilweiser bzw vollständiger Wegfall der Erwerbsobliegenheit aufgrund Krankheit

a) Krankheit. Das Gesetz nennt neben der **Krankheit** noch andere **Gebrechen** oder eine **Schwäche der** **11**
körperlichen oder geistigen Kräfte als Formen der gesundheitlichen Beeinträchtigungen, die zu einem
Unterhaltsanspruch führen können, der in der Praxis vereinfachend immer als Krankheitsunterhalt bezeichnet wird. Diese Definition des Krankheitsbegriffs entspricht derjenigen des Sozialversicherungsrechts in
der bis 1992 geltenden Fassung des § 1247 RVO bzw des früheren § 24 AVG. Im aktuellen Rentenrecht ist
diese Begrifflichkeit durch „Krankheit oder körperliche oder seelische Behinderung" ersetzt (zB §§ 9, 10
SGB VI), was in der Sache gleichbedeutend mit der älteren Fassung ist und sämtliche gesundheitlichen Beeinträchtigungen erfasst. Da die rentenrechtliche Definition des Krankheitsbegriffs den Sachverständigen in
der Regel geläufig ist, sollte hierauf Bezug genommen werden. Dies ist dann von Bedeutung, wenn es im
konkreten Fall zweifelhaft sein kann, ob die festgestellten gesundheitlichen Beeinträchtigungen Krankheitswert haben (OLG Bamberg 4.2.1999 – 7 UF 265/98, FamRZ 2000, 231 für den Fall einer Persönlichkeitsstörung). Als Gebrechen sind nicht durch eine Erkrankung bedingte Gesundheitsstörungen zu sehen
(zB Blindheit, Taubheit).

Gesundheitsstörungen der genannten Art sind immer dann von Bedeutung, wenn sie zu einer Beeinträchti- **12**
gung der Erwerbsfähigkeit führen. Dies ist bei **Erkrankungen aller Art** möglich (OLG Köln 16.7.1991 –
4 UF 145/89 FamRZ 1992, 65 bei Fettleibigkeit), wobei die Abgrenzung zu unbeachtlichen Normabwei-
chungen, die lediglich zu Erschwernissen bei einer möglichen Erwerbstätigkeit führen, besonders schwierig
ist im Bereich der psychischen Verfassung des Betroffenen wie zB bei Persönlichkeitsveränderungen bzw
einem sog. Borderline-Syndrom. Problematisch sind auch Suchterkrankungen (Alkohol-, Medikamenten-
und Rauschgiftsucht sowie auch Magersucht), da sich die Betroffenen häufig nicht als krank empfinden
und hierzu nicht bzw nur unvollständig vortragen (Finke FPR 1998, 9). Daraus folgt ein weiteres Problem
hinsichtlich der grundsätzlich bestehenden unterhaltsrechtlichen Obliegenheit, **Behandlungs- und Thera-**
piemöglichkeiten zur Besserung des Gesundheitszustandes wahrzunehmen. Wegen der häufig nicht bestehenden Krankheitseinsicht, die den Suchterkrankungen immanent ist, kann nicht jede unterlassene Maßnahme dazu führen, dass ein optimaler Verlauf unterstellt und ein dann erzielbares Einkommen fiktiv zugrunde gelegt wird.

Erforderlich ist in diesen Fällen ein schuldhaftes Verhalten des Betroffenen. Geht man mit der überwiegen- **13**
den Auffassung davon aus, dass dies unter dem Gesichtspunkt eines vorwerfbaren Verhaltens im Sinne der
mutwilligen Verursachung der eigenen Bedürftigkeit nach § 1579 Nr. 4 BGB zu prüfen ist (BGH
13.1.1988 – IVb ZR 15/87, NJW 1988, 1147; OLG Köln 6.2.2012 – 4 WF 214/11, NJW-RR 2012, 1285),
so führt dies dazu, dass die Beweislast für die Vorwerfbarkeit beim Pflichtigen liegt, was im Zweifel zugunsten des Berechtigten den Ausschlag gibt. Sieht man dagegen in der Wahrnehmung einer bestehenden
Behandlungsmöglichkeit eine Obliegenheit, die sich aus dem Eigenverantwortungsgrundsatz ergibt und
vom Berechtigten bei der Geltendmachung seines Unterhaltsanspruchs darzulegen und zu beweisen ist (so
Borth in: Schwab IV Rn 254), so ändert dies zwar nichts an dem Erfordernis der Vorwerfbarkeit, wohl aber
an der Beweislast. An einer Mutwilligkeit in diesem Sinne kann es fehlen, wenn der Suchtkranke die Notwendigkeit einer Entziehungskur zwar einsehen, infolge einer Persönlichkeitsstörung, die sich in Willensschwäche und fehlendem Durchhaltevermögen äußert, aber nicht einsichtsgemäß handeln kann (BGH
13.1.1988 – IVb ZR 15/87, NJW 1988, 1147; OLG Zweibrücken 17.11.2006 – 2 UF 79/06, FamRZ 2007,
2073). Entsprechend den hierzu im Schadensersatzrecht entwickelten Grundsätzen besteht eine Verpflichtung zur Durchführung einer **Operation oder sonstigen risikobehafteten Heilbehandlung** nur dann,
wenn der in Betracht kommende Eingriff einfach und gefahrlos ist, nicht mit besonderen Schmerzen verbunden ist und sichere Aussicht auf Heilung oder wesentliche Besserung bietet (BGH 15.3.1994 – VI ZR
44/93, NJW 1994, 1592; Palandt/Brudermüller § 1572 BGB Rn 6).

14   **Depressionen**, im Einzelfall auch in der leichteren Verlaufsform von sog. depressiven Verstimmungen, können wie andere psychische Erkrankungen auch zu einer beachtlichen Einschränkung der Erwerbsfähigkeit führen (NK-BGB/Fränken § 1572 BGB Rn 5). Da Entstehung und Verlauf dieser Erkrankungen für den Laien häufig wenig nachvollziehbar sind, bedarf es eingehender Aufklärung durch Sachverständige. Laienhafte Beurteilungen, wonach der Unterhaltsanspruch die Krankheit verfestige und eine Erwerbstätigkeit die Therapie sei, was im Einzelfall zwar zutreffen kann, jedoch der Auswirkung einer echten Depression in keiner Weise gerecht wird, sollten vermieden werden. Noch problematischer ist die unterhaltsrechtliche Behandlung von sog. **Unterhaltsneurosen** (BGH 21.3.1984 – IVb ZR 68/82, NJW 1984, 1816; JH/ Büttner § 1572 BGB Rn 7), die mit der aus dem Schadensrecht bekannten Rentenneurose vergleichbar ist. Es handelt sich hierbei um eine seelische Fehlhaltung, die dadurch gekennzeichnet ist, dass der Betroffene sich – möglicherweise auch unbewusst – in seinem Begehren nach materieller Sicherung und um den Schwierigkeiten des Arbeitslebens auszuweichen in die Krankheit flüchtet. Dieses Verhalten kann Krankheitswert haben. Auch hier können die im Schadensrecht entwickelten Grundsätze herangezogen werden, wobei die Situation im Unterhaltsrecht dadurch etwas entschärft ist, dass Dauer und Höhe des Unterhaltsanspruchs nach § 1578 b BGB beschränkt werden können.

15   **b) Ursächlichkeit zwischen Erkrankung und Einschränkung der Erwerbstätigkeit.** Der Anspruch auf Krankheitsunterhalt setzt voraus, dass der Berechtigte aufgrund der gesundheitlichen Beeinträchtigung nicht bzw nur eingeschränkt in der Lage ist, eine **angemessene Erwerbstätigkeit** auszuüben. Nicht erforderlich ist die Feststellung, dass der Berechtigte eine Erwerbstätigkeit aufgenommen hätte, wenn er gesund geblieben wäre (BGH 26.1.1983 – IVb ZR 347/81, FamRZ 1984, 353). Die Angemessenheit einer Beschäftigungsmöglichkeit ist nach § 1574 Abs. 2 BGB nach den individuellen Verhältnissen zu bestimmen. Neben der Vorbildung und den ehelichen Lebensverhältnissen ist insbesondere die in der Ehe ausgeübte Tätigkeit von Bedeutung, während eine vom Versorgungsamt bescheinigte Minderung der Erwerbsfähigkeit in Höhe eines bestimmten Prozentsatzes wegen ihres pauschalen Charakters lediglich die Möglichkeit einer Beeinträchtigung der Erwerbsfähigkeit nahe legt, ohne sie indes zu begründen. Wird trotz behaupteter gesundheitlicher Beeinträchtigung eine Erwerbstätigkeit ausgeübt, so sollen die hieraus erzielten Einkünfte nicht nach § 1577 Abs. 2 BGB als aus überobligationsmäßiger Tätigkeit erzielt behandelt werden (BGH 22.4.1998 – XII ZR 161/97, NJW 1998, 2821; aA MüKo/Maurer § 1572 BGB Rn 13). Richtigerweise sollte auf den Einzelfall abgestellt (OLG Hamm 20.2.1992 – 1 UF 528/90, FamRZ 1992, 1184 bei Erwerbstätigkeit trotz Rheumaleidens) und dabei auch berücksichtigt werden, mit welchem persönlichen Einsatz der Pflichtige sein Einkommen erzielt und in welchem Umfang er leistungsfähig ist (Borth in: Schwab IV Rn 258).

16   Ob bei einer **Teilerwerbsfähigkeit** eine angemessene Beschäftigung nach § 1574 Abs. 2 BGB nicht mehr möglich ist, da eine Vermittelbarkeit in eine mögliche Beschäftigung nicht mehr besteht oder hinreichende Erwerbsbemühungen erfolglos geblieben sind, so dass an sich ein Anspruch nach § 1573 Abs. 1 BGB in Betracht käme, kann im Zweifelsfall dahinstehen, da hinsichtlich der Möglichkeit der Beschränkung des Anspruchs nach § 1578 b BGB bei beiden Unterhaltstatbeständen die gleichen Voraussetzungen gelten und sich auch im Übrigen keine unterschiedlichen Rechtsfolgen ergeben. Wegen des Gebots, den Pflichtigen möglichst zu schonen und seine wirtschaftlichen Interessen zu beachten, kann die Obliegenheit bestehen, einen Rentenantrag zu stellen (Palandt/Brudermüller § 1572 BGB Rn 7). Es ist nicht erforderlich, dass die Gesundheitsstörung ehebedingt oder erst nach der Eheschließung entstanden ist (BGH NJW 1982, 40: anders möglicherweise bei einem bewussten Verschweigen bei Eheschließung).

17   **c) Darlegungs- und Beweislast.** Der Berechtigte muss zur Darlegung der Voraussetzungen des § 1572 BGB die von ihm behaupteten Krankheiten im Einsatzzeitpunkt im Einzelnen darlegen und angeben, inwiefern sich diese auf seine Erwerbsfähigkeit auswirken. Er darf sich nicht generell auf Erwerbsunfähigkeit berufen, sondern muss, insbesondere im Hinblick darauf, dass eine teilweise Erwerbsunfähigkeit vorliegen kann, Art und Umfang der gesundheitlichen Beeinträchtigungen oder des Leidens darlegen (BGH 25.10.2006 – XII ZR 190/03, NJW 2007, 839, wo die Berufung auf Rückenbeschwerden und Bluthochdruck sowie die Einholung eines Sachverständigengutachtens und des Zeugnisses des behandelnden Arztes als unzureichend angesehen worden ist). Macht der Pflichtige die Genesung des Berechtigten von einer bisher unstreitig bestehenden chronischen Erkrankung geltend, so genügt die pauschale Behauptung nicht. Erforderlich ist die Darlegung der Umstände, die zu der angeblichen Genesung geführt haben (BGH 6.7.2005 – XII ZR 145/03, NJW-RR 2005, 1490).

Unabhängig von diesem Erfordernis der Substanziierung des Vortrags des Pflichtigen verbleibt es bei der **18** grundsätzlichen Beweislast des Berechtigten für die behauptete gesundheitsbedingte Einschränkung seiner Erwerbsfähigkeit. Eine Ausnahme besteht lediglich für das Abänderungsverfahren, in dem der Pflichtige als Antragsteller seine Behauptung, der Gesundheitszustand des Berechtigten habe sich gebessert, darlegen und beweisen muss (s. → *Unterhaltsabänderung Rn 27*). Etwas anderes gilt dann, wenn sich der Berechtigte als Antragsgegner im Abänderungsverfahren zur Verteidigung des bisher auf der Grundlage eines anderen Unterhaltstatbestandes bestehenden Titels erstmals auf den Tatbestand des § 1572 BGB beruft (BGH 31.1.1990 – XII ZR 36/89, NJW 1990, 2752 für den gleichgelagerten Fall bei § 1571 BGB).

Die Bewilligung einer Erwerbsunfähigkeitsrente indiziert die Erkrankung des Berechtigten und deren Aus- **19** wirkung auf die Erwerbsfähigkeit (OLG Brandenburg 11.1.1996 – 9 UF 76/95, FamRZ 1996, 866; Palandt/ Brudermüller § 1572 Rn 20). Das bedeutet, dass bei begründeten Einwänden gegen die im Rentenverfahren getroffenen Feststellungen eine Begutachtung im gerichtlichen Verfahren erforderlich ist (NK-BGB/Fränken § 1572 BGB Rn 16). Vor allem psychiatrische Sachverständigengutachten lassen nicht selten die erforderliche Klarheit in Bezug auf die Beweisfrage vermissen. Dies macht eine weitere Aufklärung notwendig, wobei im Streitfall auch Bezugstatsachen wie zB die Befunde früherer Behandlungen zu belegen sind. Bleibt es zweifelhaft, ob die Erkrankung im Einsatzzeitpunkt zumindest latent vorhanden war, ist nach Beweislast zu entscheiden.

III. Beschränkung des Anspruchs nach § 1578 b BGB

Das maßgebliche Kriterium für die Begrenzung des Krankheitsunterhalts nach § 1578 b BGB ist die **nach- 20 wirkende eheliche Solidarität** (s. Rn 1 f). Ehebedingte Nachteile kommen in aller Regel nicht in Betracht, da im Zweifelsfall davon auszugehen ist, dass die gesundheitsbedingte Beschränkung der Erwerbsfähigkeit auch ohne die Ehe eingetreten wäre. Ausnahmen sind denkbar für den Fall, dass zB eine psychische Erkrankung als Folge der Geburt eines ehelichen Kindes eingetreten ist oder der Berechtigte wegen der Ehe einen Beruf (bzw die Ausbildung hierzu) aufgegeben hat, in dem er trotz der Erkrankung, die ihn jetzt an einer angemessenen Erwerbstätigkeit hindert, tätig sein könnte. Die Möglichkeit, dass eine psychische Erkrankung durch eine Ehekrise ausgelöst worden ist, rechtfertigt es nicht, sie als ehebedingten Nachteil zu behandeln (BGH 30.6.2010 – XII ZR 9/09, NJW 2010, 2953; 30.3.2011 – XII ZR 63/09, FamRZ 2011, 875). Die Berücksichtigung eines ehebedingten Nachteils kommt auch dann ausnahmsweise in Betracht, wenn die Aufgabe einer vor der Ehe ausgeübten Erwerbstätigkeit dazu führt, dass die **Voraussetzungen für eine Rente wegen Erwerbsminderung nicht erfüllt** sind (BGH 2.3.2011 – XII ZR 44/09, NJW 2011, 1285; OLG Koblenz 4.1.2012 – 13 UF 657/11, FamRZ 2012, 1394; OLG Saarbrücken 5.7.2012 – 6 UF 172/11, NJW-RR 2013, 7). Ein durchgeführter Versorgungsausgleich steht dem nicht entgegen. Der Grundsatz, dass der Versorgungsausgleich die Nachteile bei der Rentenversorgung im Alter und bei Erwerbsunfähigkeit abschließend ausgleicht, erfährt hier eine weitere Ausnahme (s. → *Altersunterhalt* Rn 20).

Wie bei den anderen Unterhaltsbeständen auch, beschränkt sich die vorzunehmende Billigkeitsentschei- **21** dung nicht auf das wichtigste Kriterium, hier die nacheheliche Solidarität, sondern ist eine umfassende Bewertung und Abwägung aller in Betracht kommenden Aspekte erforderlich. Zu den **Kriterien** der Billigkeitsabwägung s. → *Aufstockungsunterhalt* Rn 16.

Etwas besser, wenn auch nicht immer einfach, lässt sich der angemessene Bedarf des Berechtigten nach **22** § 1578 b Abs. 1 BGB bestimmen, auf den der Unterhalt **herabgesetzt** werden kann. Dazu ist festzustellen, welches Einkommen er heute zur Verfügung haben würde, wenn er nicht geheiratet hätte. Das gilt nicht nur dann, wenn der Anspruch bei einer teilweisen Erwerbsunfähigkeit neben § 1572 BGB zusätzlich noch auf einem Aufstockungsunterhaltsanspruch nach § 1573 Abs. 2 BGB beruht. Auch im Fall der vollständigen Erwerbsunfähigkeit, in dem der Anspruch ausschließlich auf § 1572 BGB zu stützen ist (s. Rn 1), ist im Rahmen der Billigkeitsabwägung nach § 1578 b BGB zu beachten, dass der Anspruch sich häufig zu einem ganz wesentlichen Teil aus dem höheren Einkommen des Pflichtigen herleitet. In diesem Umfang kann der Anspruch herabgesetzt werden, wobei zu beachten ist, dass dies die Untergrenze der Herabsetzungsmöglichkeit darstellt (BGH 10.11.2010 – XII ZR 197/08, NJW 2011, 303) und unter Berücksichtigung der übrigen Abwägungskriterien nur eine geringere oder sogar keine Herabsetzung in Betracht kommt. Die – ggf stufenweise – Herabsetzung bis zur Höhe des ohne die Ehe angemessenen Bedarfs kann auch zu einem Wegfall des Anspruchs führen, wenn das tatsächliche oder zuzurechnende Eigeneinkommen diesen Bedarf deckt (BGH 29.6.2011 – ZR 157/09, NJW 2011, 3645), so dass sich in diesen Fällen die Frage der Befristung nicht mehr stellt.

23 Aufgrund der Vielzahl von Kriterien, die in jedem Einzelfall von unterschiedlichem Gewicht sein können, ist es **nicht möglich, allgemeine Grundsätze aufzustellen**. Vielmehr ist davon auszugehen, dass wegen des Bewertungsspielraums bei der Billigkeitsabwägung unterschiedliche Ergebnisse möglich sind, was die Beratung erschwert und das Verfahrens- und Kostenrisiko erhöht. Die Überprüfung der Abwägung in der Rechtsbeschwerdeinstanz hat sich wegen des Beurteilungsspielraums in der Tatsacheninstanz darauf zu beschränken, ob wesentliche Umstände unberücksichtigt gelassen oder Beweisregeln verkannt worden sind. Dabei ist insbesondere von Bedeutung, ob der Tatrichter sich mit dem Tatsachenstoff des Verfahrens und den Beweisergebnissen umfassend und widerspruchsfrei auseinandergesetzt hat, seine Würdigung also vollständig und rechtlich möglich ist und nicht gegen Denkgesetze oder Erfahrungsgesetze verstößt (BGH 20.10.2010 – XII ZR 53/09, NJW 2010, 3653).

Finke

152. Leibgeding, Leibrente, Nießbrauch und Wohnrecht im Zugewinn

Caspary

I. Überblick	1	a) Passiva	13
II. Einzelheiten	5	b) Aktiva	14
1. Wohnrecht	5	3. Leibrente	15
a) Passiva	5	a) Passiva	15
b) Aktiva	12	b) Aktiva	18
2. Nießbrauch	13	4. Sach- und Pflegeleistungen	19

I. Überblick

Ein Leibgeding, auch **Altenteil** genannt, wird häufig als **Gegenleistung für die lebzeitige Übertragung von Grundstücken** vereinbart, und zwar in der Regel im Sinne von § 1374 Abs. 2 BGB mit Rücksicht auf ein künftiges Erbrecht. Es hat meist verschiedene Bestandteile, zB die Gewährung eines Wohnrechts oder Nießbrauchs und/oder die Verpflichtung zu Geldzahlungen (Leibrenten) und/oder Sach- und Pflegeleistungen (Haußleiter/Schulz Kap. 1 Rn 309). Alle Bestandteile sind gesondert zu bewerten. **1**

Für die Zwecke des Zugewinnausgleichs ist zudem zu unterscheiden, ob eine Belastung oder ein Anspruch vorliegt. Je nach dem ist das Wohnrecht etc. als Passiv- oder Aktivposition zu erfassen. Problematisch ist dabei vor allem die **Bewertung des Wohnrechts** oder Nießbrauchs als Belastung eines Grundstücks, das einem Ehegatten zugewendet worden ist. **2**

Während der Bundesgerichtshof früher der Auffassung war, dass die Belastung eines Grundstücks mit einem Wohnrecht oder einem Nießbrauch nicht gesondert zu bewerten ist, muss nach neuerer Rechtsprechung des Bundesgerichtshofs (BGH 22.11.2006 – XII ZR 8/05, FamRZ 2007, 978) der Wert eines Wohnrechts oder Nießbrauchs **im Anfangs- und Endvermögen ermittelt** (s. → *Anfangsvermögen, Endvermögen*)und vom Grundstückswert in Abzug gebracht werden. Darüber hinaus ist der gleitende Vermögenserwerb zu ermitteln, der sich daraus ergibt, dass aufgrund der abnehmenden Lebenserwartung des Berechtigten die mit einem Wohnrecht oder einem Nießbrauch verbundene Belastung sinkt. Der jeweilige Wert ist dem Anfangsvermögen hinzuzurechnen, damit der mit der abnehmenden Lebenserwartung verbundene Wertzuwachs entsprechend § 1374 Abs. 2 BGB vom Zugewinn ausgenommen wird (BGH 22.11.2006 – XII ZR 8/05, FamRZ 2007, 978). **3**

Auch eine Leibrente oder die Verpflichtung zur Gewährung von Sach- oder Pflegeleistungen sind nach der neueren Rechtsprechung des Bundesgerichtshofs **nicht mehr zugewinnneutral**, sondern gesondert für das Anfangs- und Endvermögen zu bewerten. Im Unterschied zum Wohnrecht oder Nießbrauch soll allerdings der andere Ehegatte an dem Wertzuwachs, der mit der Abnahme der Belastung infolge der sinkenden Lebenserwartung des Berechtigten verbunden ist, teilhaben (BGH 7.9.2005 – XII ZR 209/02, FamRZ 2005, 1974). **4**

II. Einzelheiten

1. Wohnrecht

a) Passiva. Nach der neueren Rechtsprechung des Bundesgerichtshofs zur Bewertung eines mit einem Wohnrecht belasteten Grundstücks ist die Bewertung des Wohnrechts **in drei Schritten** vorzunehmen (Haußleiter/Schulz Kap. 1 Rn 413; BGH 22.11.2006 – XII ZR 8/05, FamRZ 2007, 978). Zunächst muss der Wert des Wohnrechts bezogen auf den Tag der Hochzeit ermittelt und mit diesem Wert in das Anfangsvermögen eingestellt und indexiert werden. Sofern der Berechtigte zum Zeitpunkt der Rechtshängigkeit der Scheidung noch lebt, ist ferner der Wert des Wohnrechts auch bezogen auf diesen Zeitpunkt zu bestimmen und in das Endvermögen einzustellen. Zuletzt muss der aus dem zunehmenden Alter des Wohnberechtigten folgende, gleitende Vermögenserwerb während der Ehe ermittelt und dem Anfangsvermögen hinzugerechnet werden (Haußleiter/Schulz Kap. 1 Rn 415 ff; Kogel Rn 673 ff). **5**

6   Der Wert des Wohnrechts ist objektiv zu bestimmen. In der Regel ist daher die **Marktmiete** anzusetzen (Hauß FPR 2009, 286; Kuckenburg FuR 2008, 316; aA Haußleiter/Schulz Kap. 1 Rn 415). Der Jahresbetrag ist dann entsprechend den zur Leibrente ausgeführten Grundsätzen auf der Basis der bezogen auf den Tag der Hochzeit und den Tag der Rechtshängigkeit der Scheidung verbleibenden Lebenserwartung zu kapitalisieren (s. Rn 16). Der Wert des Wohnrechts und damit die Belastung des Grundstücks sinken somit kontinuierlich mit zunehmendem Alter des Wohnberechtigten.

7   Zu erwägen ist, ob noch ein Abschlag für den Fall vorzunehmen ist, dass der Wohnberechtigte ins Heim muss, also für das **Pflegerisiko** (vgl Hauß FPR 2009, 286). Stirbt der Wohnberechtigte, bevor die Scheidung rechtshängig ist, entfällt die Belastung durch das Wohnrecht. Gleichwohl ist beim Anfangsvermögen für die Frage der Nutzungsdauer nicht etwa auf das tatsächlich erreichte Alter, sondern auf die statistische Lebenserwartung abzustellen, da zum Zeitpunkt der Hochzeit der Todestag noch nicht bekannt war (Hauß FPR 2009, 286).

8   Zu beachten ist, dass der Wert des Grundstücks nicht dem Betrag entspricht, der sich ergibt, wenn man vom Grundstückswert ohne Wohnrecht den um das Pflegerisiko bereinigten Wert des Wohnrechts abzieht. Dabei würde übersehen, dass ein mit einem Wohnrecht belastetes Grundstück häufig schwer, wenn überhaupt, veräußerbar ist. Dieser sogenannte **Vermarktungsmakel** verringert sich ebenfalls mit zunehmendem Alter des Wohnberechtigten. Die Wertminderung in Form des Vermarktungsmangels ist nach Literatur und Rechtsprechung gemäß § 287 Abs. 2 ZPO zu schätzen, wobei unklar ist, ob die aus der Verringerung des Vermarktungsmangels folgende Wertsteigerung an der Privilegierung des § 1374 Abs. 2 BGB teilhat (Hauß FPR 2009, 286) oder nicht (Haußleiter/Schulz Kap. 1 Rn 419).

9   Unklar ist ferner, wie der **gleitende Vermögenserwerb** zu bewerten ist, der sich aus der sinkenden Lebenserwartung des Wohnberechtigten und der damit einhergehenden Wertsteigerung des Grundstücks infolge der Verringerung der Belastung ergibt (vgl Kogel Rn 688). Nach dem Bundesgerichtshof handelt es sich bei diesem Wertzuwachs um eine Eigenschaft der Zuwendung, weswegen der Wertzuwachs ermittelt werden muss, damit er nach § 1374 Abs. 2 BGB dem Anfangsvermögen hinzugerechnet und dadurch aus dem Zugewinn herausgenommen werden kann. Der Bundesgerichtshof sagt aber nicht, wie der Wertzuwachs zu ermitteln ist. Seiner Meinung nach wird es in der Regel erforderlich sein, ein Sachverständigengutachten einzuholen (BGH 22.11.2006 – XII ZR 8/05, FamRZ 2007, 978). Die Literatur bietet demgegenüber verschiedene Berechnungswege an, mit denen ein Gutachten vermieden werden können soll.

10 Aufbauend auf einer Entscheidung des Oberlandesgerichts Bamberg (OLG Bamberg 18.8.1994 – 2 UF 140/93, FamRZ 1995, 607), auf die auch der Bundesgerichtshof verweist, wird vorgeschlagen, zunächst vom Wert des indexierten Wohnrechts im Anfangsvermögen den niedrigeren Wert des Wohnrechts im Endvermögen abzuziehen. Die Differenz entspricht dem Vermögenszuwachs aufgrund des sinkenden Werts des Wohnrechts. Dieser Betrag muss wie Anfangsvermögen indexiert werden. Von dem indexierten Wert wird dann der zuvor ermittelte, noch nicht indexierte, Differenzbetrag abgezogen. Die Hälfte der sich daraus ergebenden Differenz soll dem gleitenden Vermögenserwerb entsprechen und dem Anfangsvermögen hinzuzurechnen und zu indexieren sein (Haußleiter/Schulz Kap. 1 Rn 421).

11 Alternativ wird vorgeschlagen, zunächst den Wert der Zuwendung im Anfangsvermögen zu bestimmen, indem vom unbelasteten Grundstückswert der Wert des Wohnrechts bezogen auf den Tag der Hochzeit, gegebenenfalls verringert um das Pflegerisiko, in Abzug gebracht wird. Anschließend wird vom Grundstückswert am Tag der Hochzeit der Wert des Wohnrechts bezogen auf den Tag der Rechtshängigkeit der Scheidung, gegebenenfalls verringert um das Pflegerisiko, in Abzug gebracht. Der schleichende Vermögenszuwachs soll nach dieser Auffassung der Differenz zwischen beiden Nettowerten entsprechen (Hauß FPR 2009, 286).

12 **b) Aktiva.** Steht dem Ehegatten ein Wohnrecht zu, stellt dies einen **wirtschaftlichen Wert** dar, der beim Anfangs- und Endvermögen zu berücksichtigen ist – ungeachtet dessen, dass das Wohnrecht nicht übertragbar und nicht vererblich ist (OLG Koblenz 3.7.1987 – 13 UF 1070/86, FamRZ 1988, 64). Für die Bewertung ist die jährliche **Nettokaltmiete** zu ermitteln, die dann unter Berücksichtigung der jeweils verblei-

Caspary

benden Lebenserwartung zu kapitalisieren ist (Haußleiter/Schulz Kap. 1 Rn 410). Für die Berechnung wird auf die Ausführungen zur **Kapitalisierung von Leibrenten** verwiesen (s. Rn 16).

2. Nießbrauch

a) Passiva. Die Entscheidung des Bundesgerichtshofs vom 22.11.2006 zur Bewertung eines mit einem 13 Grundstück belasteten Wohnrechts (XII ZR 8/05, FamRZ 2007, 978) gilt entsprechend für ein Grundstück, das mit einem Nießbrauch belastet ist (Haußleiter/Schulz Kap. 1 Rn 343). Auch in diesem Fall muss also der Wert des Grundstücks am Anfang und am Ende der Ehe, jeweils vermindert um das Nießbrauchrecht, und anschließend der gleitende Vermögenserwerb berechnet werden, der dann **dem Anfangsvermögen hinzuzurechnen** ist. Für die Einzelheiten der Berechnung wird auf die Ausführungen zum Wohnrecht verwiesen (s. Rn 5 ff).

b) Aktiva. Ist einer der Ehegatten der Nießbrauchberechtigte, verfügt er in Form des aus dem Nießbrauch 14 folgenden Nutzungsrechts über einen Vermögenswert, der **in das Anfangs- und Endvermögen einzustellen** ist (Haußleiter/Schulz Kap. 1 Rn 344 f). Für die Berechnung des Werts dieses Nutzungsrechts kann auf die Ausführungen zum Wohnwert verwiesen werden (s. Rn 12).

3. Leibrente

a) Passiva. Ist ein Ehegatte verpflichtet, eine Leibrente zu zahlen, muss diese nach der neueren Rechtspre- 15 chung des Bundesgerichtshofs mit dem jeweiligen kapitalisierten Wert **in die Passiva des Anfangs- und Endvermögens** des verpflichteten Ehegatten **eingestellt** werden, um die Wertsteigerung zu erfassen, die aus dem zunehmenden Alter des Leibrentenberechtigten bzw der damit einhergehenden Minderung der Belastung folgt (BGH 7.9.2005 – XII ZR 209/02 FamRZ 2005, 1974). Ist der Leibrentenberechtigte am für die Ermittlung des Endvermögens maßgeblichen Stichtag bereits verstorben, entfällt die Belastung.

Um den **kapitalisierten Wert der Leibrente** bestimmen zu können, müssen drei Dinge ermittelt werden, 16 nämlich der Jahresbetrag der Leibrente, die Lebenserwartung des Leibrentenberechtigten und der Kapitalisierungsfaktor. Die Lebenserwartung wird anhand der im Internet zugänglichen Sterbetafeln des Statistischen Bundesamts (www.destatis.de) bestimmt. Der Kapitalisierungsfaktor hängt von der Höhe des anzusetzenden Zinssatzes ab. Maßgeblich ist dabei nicht der am Stichtag aktuelle Zinssatz, sondern der langfristig erzielbare Wert, den der Bundesgerichtshof bisher mit 5,5 % angesetzt hat (BGH 15.10.2003 – XII ZR 23/01, FamRZ 2004, 527). Der sich daraus ergebende Kapitalisierungsfaktor kann der Anlage 1 zu § 20 der Immobilienwertverordnung entnommen werden, die ebenfalls im Internet zu finden ist (www.gesetze-im-internet.de). Der Laufzeit entspricht dabei die am Stichtag noch bestehende Lebenserwartung. Der Jahresbetrag der Leibrente ist mit dem für die Laufzeit maßgeblichen Faktor zu multiplizieren, um den kapitalisierten Wert der Leibrente zu erhalten. Sofern es um Anfangsvermögen geht, muss der Wert noch indexiert werden (vgl zur Kapitalisierung: Haußleiter/Schulz Kap. 1 Rn 321 ff).

Beispiel: Die Leibrente beträgt 500 EUR monatlich. Die berechtigte Mutter hat am Stichtag noch eine Le- 17 benserwartung von 20 Jahren. Nach der Anlage 1 zu § 20 der Immobilienwertverordnung beläuft sich bei einer Laufzeit von 20 Jahren der Kapitalisierungsfaktor auf 11,95. Die Leibrente hat also einen kapitalisierten Wert von 71.700 EUR (500 x 12 = 6.000 x 11,95). Gegebenenfalls wäre der Wert noch zu indexieren.

b) Aktiva. Steht einem Ehegatten unwiderruflich ein Anspruch auf Gewährung einer Leibrente zu, unter- 18 fällt das Anrecht nach § 2 Abs. 2 und Abs. 4 VersAusglG dem **Versorgungsausgleich** (HK-FamR/Hauß § 2 VersAusglG Rn 13; Haußleiter/Schulz Kap. 1 Rn 328; Ruland, Versorgungsausgleich, 3. Aufl. 2011, Kap. 12 Rn 1216).

4. Sach- und Pflegeleistungen

Für die Bemessung des Werts von Sach- und Pflegeleistungen (Kost, Wartung, Pflege), die im Rahmen ei- 19 nes Leibgedings versprochen worden sind, ist auf die **Ersparnis** abzustellen, die sich **aus dem Wegfall der Verpflichtung** für den Ehegatten ergibt (BGH 21.9.2001 – V ZR 14/01, FamRZ 2002, 1178). Die Erspar-

Caspary 865

nis wiederum kann man finanziell mit den Beträgen gleichsetzen, die der Sozialhilfeträger auf sich überleitet, wenn der Leibgedingberechtigte ins Heim muss. Für die Verköstigung des Pflegebedürftigen wird in der Regel ein Drittel des Eckregelsatzes nach § 28 SGB XII und für Wartung und Pflege die Hälfte des Satzes der Pflegestufe I (§ 64 Abs. 1 SGB XII iVm § 37 Abs. 1 S. 3 Nr. 3 SGB XI) angesetzt. Die jeweiligen Jahresbeträge sind dann, wie bei der Leibrente, bezogen auf die verbleibende Lebensdauer zu kapitalisieren (vgl zu den Einzelheiten Haußleiter/Schulz Kap. 1 Rn 315).

153. Leistungen der Jugendhilfe

Hoffmann

I. Einführung	1	4. Hilfen zur Erziehung	14
II. Leistungen der Jugendhilfe und andere Aufgaben der Jugendämter	6	5. Mitwirkung im familiengerichtlichen Verfahren	19
1. Leistungen der Jugendhilfe und andere Aufgaben der Jugendämter im Überblick	6	6. Schutzauftrag bei Kindeswohlgefährdung	29
2. Verhältnis zu anderen Sozialleistungsträgern und staatlichen Institutionen	8	III. Anspruch auf Leistungen der Jugendhilfe	32
		IV. Selbstbeschaffung von Leistungen	37
		V. Kostenbeteiligung	40
3. Leistungen bei Trennungs-, Scheidungs- und/oder Umgangskonflikten	10	VI. Verwaltungsgerichtliche Kontrolle	44

I. Einführung

Ziel aller Leistungen und Aufgaben der Jugendhilfe ist die Förderung der Entwicklung und Erziehung von **1** Kindern und Jugendlichen zu eigenverantwortlichen und gemeinschaftsfähigen Persönlichkeiten (§ 1 Abs. 1 SGB VIII). Jugendhilfe ist daher zunächst **personale** und nicht finanzielle **Hilfe**. Nur als Annexleistung zu pädagogischen Leistungen stellen Jugendämter den Lebensunterhalt durch materielle Leistungen sicher – etwa bei der Unterbringung in einem Heim oder in einer Pflegefamilie. Bedarf ein Kind oder ein Jugendlicher ausschließlich finanzieller Hilfen, kommen insbesondere Leistungen nach dem SGB II als laufende oder einmalige Leistungen – etwa als Zuschuss zu einer Klassenfahrt – in Betracht.

Jugendämter (s. → *Jugendamt*) haben anders als die Schule (Art. 7 GG) kein eigenständiges, staatliches **2** Erziehungsrecht, sondern bedürfen für ihr Handeln grundsätzlich einer Ermächtigung durch die sorgeberechtigten Eltern des Kindes bzw dessen Vormund oder Pfleger. Bei ihrer Tätigkeit haben die Fachkräfte die **vorrangige Erziehungsverantwortung** der Eltern zu beachten (Art. 6 Abs. 2 GG, § 1 Abs. 2, § 9 Nr. 1 SGB VIII).

Auch im Rahmen des staatlichen Wächteramts können die Fachkräfte des Jugendamts grundsätzlich nicht **3** in die Befugnisse von Sorgeberechtigten eingreifen. Scheinen Maßnahmen und Möglichkeiten des Jugendamts nicht ausreichend, um eine Gefährdung des Wohls eines Kindes oder Jugendlichen durch das Verhalten sorgeberechtigter Eltern abzuwenden, hat das Jugendamt das **Familiengericht** zu informieren (§ 8 a Abs. 2 S. 1 SGB VIII), das unter bestimmten Voraussetzungen zu in die elterliche Sorge eingreifenden Maßnahmen befugt ist (§§ 1666, 1666 a BGB). Allein in **akuten Krisensituationen**, bei denen familiengerichtliche Maßnahmen nicht mehr zeitgerecht möglich sind, ist das Jugendamt befugt, ein Kind oder einen Jugendlichen vorübergehend auch gegen den Willen seiner Eltern in Obhut zu nehmen (§ 42 Abs. 1 S. 1 Nr. 2 b SGB VIII, s. → *Inobhutnahme*).

Leistungen der Jugendhilfe können sowohl von Trägern der öffentlichen (s. → *Jugendamt*) als auch der **4** **freien Jugendhilfe**, wie Vereinen, Kirchen, Elterninitiativen etc., erbracht werden (§ 3 Abs. 2 SGB VIII). Das Erbringen von **Leistungen** durch die Träger der freien Jugendhilfe setzt keinen Auftrag durch einen Träger der öffentlichen Jugendhilfe voraus. Nur für eine Refinanzierung ihrer Ausgaben sind Träger der freien Jugendhilfe auf eine Kooperation mit Trägern der öffentlichen Jugendhilfe angewiesen. Zunehmend häufiger finden sich auch privat-gewerbliche Anbieter, die Leistungen der Jugendhilfe anbieten.

Sogenannte **andere Aufgaben** des Jugendamts wie Inobhutnahmen (s. → *Inobhutnahme*) oder die Mitwir- **5** kung in familiengerichtlichen Verfahren (s. Rn 19 ff) können von Trägern der **freien Jugendhilfe** nur wahrgenommen werden, wenn ein Träger der öffentlichen Jugendhilfe sie an der Durchführung dieser Aufgaben beteiligt oder ihnen diese Aufgaben zur Ausführung übertragen hat (§ 76 Abs. 1 SGB VIII). Das Jugendamt ist nur zur Delegation bestimmter anderer Aufgaben befugt.

II. Leistungen der Jugendhilfe und andere Aufgaben der Jugendämter

1. Leistungen der Jugendhilfe und andere Aufgaben der Jugendämter im Überblick

6 **Leistungen** der Jugendhilfe sind insbesondere:

– Angebote der **Jugendarbeit**, der Jugendsozialarbeit und des erzieherischen Kinder- und Jugendschutzes (§ 2 Abs. 2 Nr. 1 SGB VIII, §§ 11 bis 14 SGB VIII), wie Jugendzentren, Jugendfreizeiten, Stadtranderholungen, allgemeine Präventionsprogramme in Schulen etc.;

– Angebote zur **Förderung der Erziehung** in der Familie (§§ 2 Abs. 2 Nr. 2, 16 bis 21 SGB VIII), wie Angebote der Familienbildung;

– Angebote zur Förderung von Kindern in **Tageseinrichtungen** und in **Tagespflege** (§§ 2 Abs. 2 Nr. 3, 22 bis 25 SGB VIII), wie die Betreuung durch eine Tagesmutter oder in einem Kindergarten;

– **Hilfen zur Erziehung** und ergänzende Leistungen (§§ 2 Abs. 2 Nr. 4, 27 bis 35, 36, 37, 39, 40 SGB VIII), wie die Unterbringung in einer Pflegefamilie oder die Unterstützung eines alleinerziehenden Elternteils durch eine Familienhelferin und

– **Hilfe** für **seelisch behinderte Kinder** und Jugendliche und ergänzende Leistungen (§§ 2 Abs. 2 Nr. 5, 35 a bis 37, 39, 40 SGB VIII), wie eine Schulbegleitung oder die Unterbringung in einem Internat mit einem besonderen Angebot.

7 **Andere Aufgaben** der Jugendämter sind insbesondere:

– **Inobhutnahme** (s. → *Inobhutnahme*) von Kindern und Jugendlichen (§§ 2 Abs. 3 Nr. 1, 42 SGB VIII);

– Erteilen, Widerruf und Zurücknahme einer **Pflegeerlaubnis** (§§ 2 Abs. 3 Nr. 3, 43, 44 SGB VIII);

– Erteilen, Widerruf und Zurücknahme einer **Erlaubnis** für den Betrieb einer **Einrichtung** sowie die Erteilung nachträglicher Auflagen (§§ 2 Abs. 3 Nr. 4, 45 bis 47, 48 a SGB VIII);

– Tätigkeitsuntersagung (§§ 2 Abs. 3 Nr. 5, 48, 48 a SGB VIII);

– **Mitwirkung in Verfahren** (s. Rn 19 ff) vor den Familiengerichten (§§ 2 Abs. 3 Nr. 6, 50 SGB VIII);

– Beratung und Belehrung in Verfahren zur Annahme als Kind (§§ 2 Abs. 3 Nr. 7, 51 SGB VIII);

– Mitwirkung in Verfahren nach dem Jugendgerichtsgesetz (§§ 2 Abs. 3 Nr. 8, 52 SGB VIII);

– **Beratung und Unterstützung** von Müttern bei Vaterschaftsfeststellung und Geltendmachung von Unterhaltsansprüchen sowie von Pflegern und Vormündern (§§ 2 Abs. 3 Nr. 9, 52 a, 53 SGB VIII);

– Erteilen, Widerruf und Zurücknahme einer Erlaubnis zur Übernahme von Vereinsvormundschaften (§§ 2 Abs. 3 Nr. 10, 54 SGB VIII);

– **Beistandschaft**, Amtspflegschaft, **Amtsvormundschaft** und Gegenvormundschaft des Jugendamts (§§ 2 Abs. 3 Nr. 11, 55 bis 58 SGB VIII);

– **Beurkundung** bestimmter Erklärungen (§§ 2 Abs. 3 Nr. 11, 59 SGB VIII);

– Aufnahme vollstreckbarer Urkunden (§§ 2 Abs. 2 Nr. 12, 60 SGB VIII).

2. Verhältnis zu anderen Sozialleistungsträgern und staatlichen Institutionen

8 Grundsätzlich sind Leistungen der Jugendhilfe **nachrangig** gegenüber den Leistungen anderer Sozialleistungsträger, etwa der Kranken- und Rentenversicherung, wenn auch die Voraussetzungen für Leistungen eines anderen Sozialleistungsträgers vorliegen (§ 10 Abs. 1 SGB VIII). Komplexer gestaltet sich das Verhältnis zur Grundsicherung für Arbeitsuchende (SGB II) sowie der Sozialhilfe (SGB XII). Nach § 10 Abs. 3 und 4 SGB VIII besteht zwar prinzipiell ein Vorrang der Leistungen der Jugendhilfe, dieser wird jedoch für bestimmte Leistungen wieder modifiziert, etwa für Leistungen der Eingliederungshilfe für junge Menschen, die körperlich oder geistig behindert oder von einer solchen Behinderung bedroht sind (§ 10 Abs. 4 S. 2 SGB VIII), oder für die Vermittlung und Eingliederung junger Menschen in Arbeit (§ 10 Abs. 3 S. 2 SGB VIII). Schwierig ist im Einzelfall auch die Abgrenzung von Leistungen der Jugendhilfe zu vorrangigen Verpflichtungen der Schule, insbesondere bei Teilleistungsschwächen.

9 Sofern ein anderer Sozialleistungsträger oder die **Schule** Leistungen verweigert, obgleich solche aus der Perspektive der Jugendhilfe durch den Sozialleistungsträger bzw die Schule (VGH Hessen 20.8.2009 – 10 A 1874/08, FuR 2010, 58; VGH Bayern 23.4.2009 – 12 CE 09.686) zu erbringen wären, hat der Träger der öffentlichen Jugendhilfe Leistungen zu bewilligen, wenn auch die Voraussetzungen einer Leistung der Ju-

gendhilfe vorliegen. Gegenüber anderen Sozialleistungsträgern wird der Nachrang des Trägers der öffentlichen Jugendhilfe dann über die **Erstattung** hergestellt (§§ 102 ff SGB X).

3. Leistungen bei Trennungs-, Scheidungs- und/oder Umgangskonflikten

Generell besteht ein Rechtsanspruch von Müttern und Vätern auf eine **Beratung** in Fragen der Partnerschaft, **Trennung** und **Scheidung** (§ 17 Abs. 1 SGB VIII). Ziele dieser Beratung sind u.a. eine Hilfe bei der Bewältigung von Konflikten und Krisen und ein Fördern der Bedingungen für eine das Wohl der betroffenen Kinder und Jugendlichen förderliche Wahrnehmung der Elternverantwortung. Zudem sind Eltern bei der Entwicklung eines einvernehmlichen Konzepts für die Wahrnehmung der elterlichen Sorge zu **unterstützen**. Dieses Konzept kann auch als Grundlage für die richterliche Entscheidung über die elterliche Sorge nach der Trennung oder Scheidung dienen (§ 17 Abs. 2 SGB VIII). Die Familiengerichte sind verpflichtet, die Rechtshängigkeit einer Scheidungssache, wenn gemeinschaftliche minderjährige Kinder vorhanden sind, sowie Namen und Anschriften der Parteien dem Jugendamt mitzuteilen, damit dieses die Eltern über das Leistungsangebot der Jugendhilfe unterrichten kann (§ 17 Abs. 3 SGB VIII). Im Rahmen der Beratung sind die Träger der Jugendhilfe zur Rechtsberatung befugt (§ 8 Abs. 1 Nr. 2, 5 RDG). **10**

Nach §§ 1684, 1685 BGB Umgangsberechtigte haben einen Anspruch auf **Beratung** und **Unterstützung** bei der Ausübung ihres **Umgangsrechts** (§ 18 Abs. 3 S. 1 bis 3 SGB VIII). Ein erzieltes Einvernehmen ist als gerichtlich gebilligter Vergleich aufzunehmen, wenn die Regelung dem Kindeswohl nicht widerspricht (§ 156 Abs. 2 FamFG). Zudem hat das Jugendamt bei der Herstellung von Umgangskontakten und bei der Ausführung gerichtlicher oder vereinbarter Umgangsregelungen zu vermitteln und in geeigneten Fällen Hilfestellung – eventuell auch eine Begleitung beim Umgang – zu leisten (§ 18 Abs. 3 S. 4 SGB VIII). Das Jugendamt prüft in eigener Verantwortung und unabhängig von der familiengerichtlichen Anordnung eines **begleiteten Umgangs** (s. → *Begleiteter Umgang*) nach § 1684 Abs. 4 S. 3 BGB, ob die Voraussetzungen dieser Leistungen der Jugendhilfe vorliegen. Lehnt das Jugendamt eine Leistung ab, kann Verpflichtungsklage beim Verwaltungsgericht erhoben werden. Bezogen auf Fragen des Umgangs ist ebenfalls eine Rechtsberatung zulässig (§ 8 Abs. 1 Nr. 2, 5 RDG). **11**

Ordnet das Familiengericht eine **Umgangspflegschaft** (s. → *Umgangspflegschaft*) an und bestellt das Jugendamt zum Umgangspfleger (§ 1684 Abs. 3 S. 3 bis 6 BGB), handelt das Jugendamt nicht als Sozialleistungsträger. Die Bestellung zum Umgangspfleger hängt wie die Bestellung zum Pfleger in anderen Fällen nicht von einem Einverständnis des Jugendamts ab. **12**

Leistungen der Trennungs- und Scheidungsberatung eines öffentlichen Trägers der Jugendhilfe sind **kostenfrei** (§ 90 Abs. 1 SGB VIII; s. Rn 40 ff). **13**

4. Hilfen zur Erziehung

Auf Hilfen zur Erziehung haben der oder die Personensorgeberechtigten einen Anspruch, wenn eine dem Wohl des Kindes oder des Jugendlichen entsprechende Erziehung nicht gewährleistet ist – also ein **erzieherischer Bedarf** besteht – und es eine geeignete und notwendige Hilfe zur Erziehung gibt, die den erzieherischen Bedarf abdecken kann (§ 27 Abs. 1 SGB VIII). Entsprechend der Varianz erzieherischer Bedarfe hat die Jugendhilfe eine breite Palette ganz unterschiedlicher Leistungen der Hilfen zur Erziehung vorzuhalten. **14**

Das SGB VIII selbst benennt als Hilfen zur Erziehung insbesondere die Erziehungsberatung, die sozialpädagogische Familienhilfe, die soziale Gruppenarbeit, die Erziehungsbeistandschaft, die sozialpädagogische Tagesgruppe, die Unterbringung in einer Pflegefamilie oder in einer Einrichtung und die intensive sozialpädagogische Einzelbetreuung (§§ 28 ff SGB VIII). Es kommt auch eine Unterbringung des Kindes bei seinen Verwandten oder ihm aus anderen Gründen vertrauten Personen wie einem Stiefelternteil als Hilfe zur Erziehung in Betracht. **15**

Die Voraussetzungen einer Hilfe zur Erziehung sind im Rahmen der **Hilfeplanung** festzustellen, das weitere Vorliegen der Voraussetzungen ist durch eine regelmäßige Fortschreibung des Hilfeplans zu überprüfen (§ 36 SGB VIII). Der Personensorgeberechtigte und das Kind oder der Jugendliche sind an der Hilfepla- **16** nung zu beteiligen, ihnen kommt besondere Bedeutung sowohl hinsichtlich der Feststellung des erzieherischen Bedarfs als auch im Hinblick auf die konkret geeignete und notwendige Hilfe zu. An der Hilfeplanung sind zudem mehrere Fachkräfte des Jugendamts und gegebenenfalls auch an der Durchführung der Leistungen beteiligte Personen, Dienste oder Einrichtungen zu beteiligen.

17 Hilfen zur Erziehung nach den §§ 32 bis 35 SGB VIII umfassen die Kosten für den **Sachaufwand** sowie für die Pflege und Erziehung des Kindes oder Jugendlichen (§ 39 SGB VIII, speziell zum Pflegegeld vgl § 39 Abs. 4 bis 6 SGB VIII) sowie **Krankenhilfe** entsprechend den Regelungen nach dem SGB XII, wenn das Kind oder der Jugendliche nicht krankenversichert ist (§ 40 SGB VIII).

18 Eltern haben sich an den Kosten von (teil-)stationären Hilfen zur Erziehung zu beteiligen (§§ 91 ff SGB VIII, s. Rn 40 ff).

5. Mitwirkung im familiengerichtlichen Verfahren

19 Das Jugendamt **unterstützt** das **Familiengericht** (s. → *Jugendamt* Rn 10 f) und wirkt in familiengerichtlichen Verfahren, die Kindschaftssachen (§ 162 FamFG), Abstammungssachen (§ 176 FamFG), Adoptionssachen (§§ 188 Abs. 2, 189, 194, 195 FamFG), Ehewohnungssachen (§§ 204 Abs. 2, 205 FamFG) sowie Gewaltschutzsachen (§§ 212, 213 FamFG) betreffen, mit (§ 50 Abs. 1 SGB VIII). Es ist insbesondere Aufgabe des Jugendamts über angebotene und erbrachte Leistungen zu informieren, erzieherische und soziale Gesichtspunkte zur Entwicklung des Kindes oder des Jugendlichen in das Verfahren einzubringen und auf weitere Möglichkeiten der Hilfe hinzuweisen (§ 50 Abs. 2 SGB VIII; vgl insgesamt Hoffmann FPR 2011, 304).

20 Das Jugendamt wirkt als eine eigene Aufgaben wahrnehmende **Fachbehörde** und demnach nicht als Sachverständiger im Sinne des FamFG mit. Eine bestimmte Fachkraft kann daher nicht wegen Befangenheit abgelehnt werden. Es entscheidet über **Art und Weise der Mitwirkung** nach pflichtgemäßem Ermessen. Familiengericht, Eltern bzw andere Personen oder Institutionen können eine bestimmte Aufgabenwahrnehmung durch das Jugendamt nicht einfordern bzw ablehnen (Proksch JAmt 2010, 213). Dies gilt etwa im Hinblick auf das persönliche Erscheinen einer Fachkraft, die schriftliche/mündliche/fernmündliche Form der Stellungnahme, den Zeitpunkt der Stellungnahme, die Vorgehensweise des Jugendamts, um eine qualifizierte Stellungnahme überhaupt erst zu ermöglichen, den Inhalt der Stellungnahme etc.

21 Eltern haben keinen Rechtsanspruch auf Teilnahme ihres Verfahrensbevollmächtigten an Gesprächen mit den Fachkräften des Jugendamts, da es sich bei der Mitwirkung nicht um ein Verwaltungsverfahren im Sinne des § 8 SGB X handelt. Gegen die Tätigkeit des Jugendamts als schlicht-hoheitliches, öffentliches Handeln bzw gegen die Vorgehensweise einer bestimmten Fachkraft können Dienst-, Fach- und Rechtaufsichtsbeschwerde eingelegt werden.

22 Durch die Mitwirkung wird das Jugendamt grundsätzlich nicht zum Beteiligten eines familiengerichtlichen Verfahrens im Sinne des FamFG. Das FamFG normiert jedoch eine Option des Jugendamts auf die **Stellung eines Beteiligten** in allen familiengerichtlichen Verfahren, in denen es auch mitzuwirken hat (§§ 162 Abs. 2 S. 2, 172 Abs. 2 S. 1, 188 Abs. 2 S. 1, 204 Abs. 2 S. 1, 212 Abs. 2 S. 1 FamFG). Optiert das Jugendamt für seine Beteiligung, ergeben sich keine Unterschiede zur Stellung anderer Beteiligter im familiengerichtlichen Verfahren. Etwas anderes gilt in Verfahren nach §§ 1666, 1666 a BGB. In diesen Verfahren ist das Jugendamt durch das Familiengericht zu beteiligen.

23 Das Jugendamt hat seine Aufgaben im Rahmen der **datenschutzrechtlichen Vorgaben** zu erfüllen. Gemäß dem Grundsatz der Datenerhebung beim Betroffenen ist das Erheben von Daten bei Dritten ohne Einwilligung der Eltern und/oder des Kindes oder Jugendlichen grundsätzlich auch dann nicht zulässig, wenn diese eine Zusammenarbeit mit dem Jugendamt verweigern (§ 62 Abs. 2 S. 1 SGB VIII), mit Ausnahmen insbesondere bei Verdacht auf Kindeswohlgefährdung (§ 62 Abs. 3 SGB VIII).

24 Diese allgemeinen Grundsätze gelten auch für die Unterstützung, Mitwirkung und Beteiligung in einem familiengerichtlichen Verfahren. Fachkräfte des Jugendamts können etwa für eine Stellungnahme in einem

familiengerichtlichen Verfahren Daten bei Lehrern, Erziehern, Ärzten oder Psychotherapeuten des Kindes oder Jugendlichen grundsätzlich nur erheben, wenn eine **Einwilligung** der Eltern oder, bei Einwilligungsfähigkeit des Jugendlichen, des Jugendlichen selbst vorliegt. Allein aus der gesetzlichen Verpflichtung zur Mitwirkung im familiengerichtlichen Verfahren ergibt sich keine Befugnis zur Datenerhebung bei jedem Dritten.

Wirken die Eltern und/oder das Kind bzw der Jugendliche bei der Datenerhebung mit, dürfen Daten aus   25
dem Familiensystem – etwa über Geschwister – als Ausnahme vom Grundsatz der Betroffenenerhebung auch bei den Eltern bzw dem Kind oder Jugendlichen erhoben werden (§ 62 Abs. 4 S. 2 SGB VIII; Proksch in: FK-SGB VIII § 62 Rn 17).

Ein Übermitteln von zur Unterstützung, Mitwirkung oder Beteiligung erhobener Daten an das Familienge-   26
richt ist grundsätzlich zulässig, da das Jugendamt damit seine Aufgaben wahrnimmt (§ 69 Abs. 1 S. 1 Nr. 1 SGB X, § 61 Abs. 1 SGB VIII). Allerdings sind die für jedes Übermitteln von Daten geltenden datenschutzrechtlichen Schranken zu beachten. Daten dürfen nach § 64 Abs. 2 SGB VIII nicht übermittelt werden, soweit dadurch der Erfolg einer zu gewährenden oder gewährten Leistung, etwa einer Trennungs- und Scheidungsberatung nach § 17 SGB VIII, gefährdet wird.

Zudem dürfen Daten, die nicht für die Unterstützung, Mitwirkung oder Beteiligung erhoben wurden, son-   27
dern die einer Fachkraft im Rahmen einer persönlichen und erzieherischen Hilfe anvertraut wurden, von dieser Fachkraft ohne Einwilligung des Betroffenen weder unmittelbar an das Familiengericht übermittelt noch an im Verfahren mitwirkende Fachkräfte weitergeleitet werden (§ 65 Abs. 1 S. 1 Nr. 1 SGB VIII). Eine Einwilligung ist auch erforderlich, wenn ein und dieselbe Fachkraft im Verfahren mitwirkt und Sozialleistungen erbringt (etwa Eltern oder einen Jugendlichen berät) oder bewilligt.

Bezogen auf eine Trennungs- und Scheidungsberatung ergibt sich, dass grundsätzlich der Inhalt der Bera-   28
tung im Rahmen der Mitwirkung nur beim Vorliegen einer Einwilligung der Betroffenen an das Familiengericht übermittelt werden darf. Dies gilt auch dann, wenn in der Beratung kein einvernehmliches Konzept erarbeitet werden konnte. Ohne Einwilligung kann regelmäßig nur die Tatsache einer Leistung bzw ihres Angebots übermittelt werden, da diese Daten nicht anvertraut iSd § 65 Abs. 1 S. 1 SGB VIII sind. Ausnahmen gelten wiederum bei einem Verdacht auf Kindeswohlgefährdung (§ 65 Abs. 1 S. 1 Nr. 2 SGB VIII).

6. Schutzauftrag bei Kindeswohlgefährdung

Das Jugendamt ist **Garant für das Kindeswohl** (§§ 1 Abs. 2 S. 2, Abs. 3 Nr. 3, 8 a SGB VIII). Werden dem   29
Jugendamt gewichtige Anhaltspunkte für die Gefährdung des Wohles eines Kindes oder Jugendlichen bekannt, so hat es das **Gefährdungsrisiko** unter Einbezug der Personensorgeberechtigten sowie des Kindes oder Jugendlichen **abzuschätzen**, soweit hierdurch der wirksame Schutz des betroffenen Kindes oder Jugendlichen nicht in Frage gestellt wird. Kommt das Jugendamt zu dem Ergebnis, dass eine Gefährdung vorliegt, und hält es ein Abwenden der Gefährdung durch das Gewähren von Hilfen für möglich, so hat es diese **Hilfen anzubieten** (§ 8 a Abs. 1 SGB VIII).

Das Familiengericht muss vom Jugendamt nur informiert werden, wenn die Personensorgeberechtigten   30
oder die Erziehungsberechtigten nicht bereit oder in der Lage sind, bei der Abschätzung des Gefährdungsrisikos mitzuwirken oder erforderliche Maßnahmen ablehnen. Besteht eine dringende Gefahr und kann eine familiengerichtliche Entscheidung nicht abgewartet werden, ist das Jugendamt berechtigt und verpflichtet, das Kind oder den Jugendlichen vorläufig durch Verwaltungsakt in Obhut zu nehmen (§ 8 a Abs. 2 SGB VIII, s. → *Inobhutnahme*).

Ergeben sich für Fachkräfte eines **Trägers der freien Jugendhilfe** entsprechende Anhaltspunkte, so treffen   31
die Fachkräfte im Grundsatz die gleichen Pflichten wie das Jugendamt. Eine Verpflichtung zur Information des Jugendamts besteht nur, wenn die durch die Personensorgeberechtigten angenommenen Hilfen nicht ausreichend erscheinen, um die Gefährdung des Kindeswohls abzuwenden (§ 8 a Abs. 4 SGB VIII).

Hoffmann

III. Anspruch auf Leistungen der Jugendhilfe

32 Auf einige Leistungen der Jugendhilfe und andere Aufgaben des Jugendamts bestehen Rechtsansprüche, auf andere, insbesondere niederschwellige, allgemein präventive Leistungen wie Angebote der Familienbildung oder der Jugendarbeit nicht. Wer **Inhaber des Anspruchs** ist, variiert entsprechend des Inhalts und der Intention der Leistung. Als Anspruchsinhaber werden etwa das Kind in Bezug auf den Platz in einer Kindertagesstätte (§ 24 Abs. 1 SGB VIII), der Personensorgeberechtigte bei Hilfen zur Erziehung (§ 27 Abs. 1 SGB VIII), Mütter und Väter bei der Trennungs- und Scheidungsberatung (§ 17 Abs. 1 SGB VIII) genannt. Ist Anspruchsberechtigter „der Personensorgeberechtigte", sind dies bei gemeinsamer elterlicher Sorge beide Elternteile gemeinsam (§ 1629 Abs. 1 BGB).

33 Die Anspruchsberechtigten haben das Recht, zwischen Einrichtungen und Diensten verschiedener Träger – auch außerhalb des Zuständigkeitsbereichs des für die Leistung örtlich zuständigen öffentlichen Trägers der Jugendhilfe – zu **wählen** und **Wünsche** hinsichtlich der Gestaltung der Hilfe zu **äußern**. Sie sind auf dieses Recht hinzuweisen (§ 5 Abs. 1 SGB VIII). Ihrer Wahl und ihren Wünschen soll entsprochen werden, sofern dies nicht mit unverhältnismäßigen **Mehrkosten** verbunden ist (§ 5 Abs. 2 S. 1 SGB VIII). Unverhältnismäßig sind die Mehrkosten regelmäßig dann, wenn sie mehr als 20 % der ortsüblichen Kosten betragen (VG Darmstadt 16.4.2010 – 5 K 550/08.DA (3)). Andererseits ist ein rein rechnerischer Kostenvergleich nicht möglich, sondern eine wertende Betrachtungsweise erforderlich (OVG Sachsen 3.4.2009 – 1 B 80/09).

34 Weitere gesetzliche Einschränkungen des Wunsch- und Wahlrechts sind möglich. Diese finden sich insbesondere bezogen auf Kindertageseinrichtungen in den KiTa-Gesetzen der Länder (VGH Bayern 22.7.2009 – 12 BV 09.508, DÖV 2010, 39; OVG Lüneburg 22.12.2008 – 4 ME 326/08, NVwZ-RR 2009, 425; VGH Bayern 23.10.2007 – 12 ZB 07.739, VGHE BY 60, 296). Bei stationären Leistungen ist zusätzliche Regelvoraussetzung, dass zwischen dem Jugendamt und dem Träger eine Vereinbarung nach § 78 b SGB VIII über Leistungsangebot, Entgelte und Qualitätsentwicklung abgeschlossen wurde, § 5 Abs. 2 S. 2 SGB VIII (VG Göttingen 30.10.2008 – 2 B 194/08).

35 Es ist zu beachten, dass **Hilfen zur Erziehung** nach der Rechtsprechung einen konkreten, individuellen, erzieherischen Bedarf abdecken und daher **keine rentengleichen Dauerleistungen** sind, so dass weder § 48 SGB X, der das Aufheben eines Verwaltungsakts mit Dauerwirkung für die Zukunft regelt, noch § 45 Abs. 2, 3 SGB X, der die Rücknahme eines rechtswidrigen begünstigenden Verwaltungsakts für die Zukunft regelt, anzuwenden sind. Ändern sich die Verhältnisse, beispielsweise weil ein Jugendlicher nicht mehr zur Zusammenarbeit mit seinem Erziehungsbeistand bereit ist, erledigt sich der Bescheid daher wegen Wegfalls seiner Voraussetzungen – der Geeignetheit einer Hilfe – nach § 39 Abs. 2 SGB X in anderer Weise, ohne dass es eines Aufhebungsakts bedarf.

36 Als **Dauerleistungen** sind Leistungen zu bewerten, die von einem individuellen, erzieherischen Bedarf unabhängig sind, sowie bei denen, bei denen ein langfristiger, individueller, erzieherischer bzw sonstiger Bedarf absehbar ist wie bei der Unterbringung eines Vollwaisen in einer Dauerpflegestelle oder bei einer Eingliederungshilfe nach § 35 a SGB VIII bei bestimmten Krankheitsbildern (VGH Bayern 28.9.2006 – 12 CE 06.2391).

IV. Selbstbeschaffung von Leistungen

37 Der Träger der öffentlichen Jugendhilfe trägt die Kosten einer Hilfe grundsätzlich nur dann, wenn sie auf der Grundlage seiner Entscheidung nach Maßgabe des Hilfeplans unter Beachtung des Wunsch- und Wahlrechts erbracht wird (§ 36 a Abs. 1 Hs 1 SGB VIII; VG Oldenburg 16.2.2009 – 13 A 1621/07, JAmt 2009, 319). Dabei ist der Antrag so rechtzeitig zu stellen, dass dem Träger der Jugendhilfe eine sachliche Prüfung des Vorliegens der Anspruchsvoraussetzungen und möglicher Hilfemaßnahmen möglich ist (BVerwG 22.5.2008 – 5 B 130/07, JAmt 2008, 600). Eine Selbstbeschaffung scheidet auch aus, wenn Eltern durch das Familiengericht oder Jugendliche und junge Volljährige durch den Jugendrichter zur Inanspruchnahme von Hilfen verpflichtet werden (§ 36 a Abs. 1 Hs 2 SGB VIII).

Hoffmann

Ausnahmen gelten für ambulante Hilfen, insbesondere für die Erziehungsberatung. Hier hat der Träger der   38
öffentlichen Jugendhilfe eine unmittelbare, niederschwellige Inanspruchnahme durch den Anspruchsinhaber qua Selbstbeschaffung zuzulassen (§ 36 a Abs. 2 S. 1 SGB VIII).

Bezogen auf eine einzelne Leistung ist der öffentliche Träger der Jugendhilfe trotz Selbstbeschaffung zur   39
Übernahme der erforderlichen Aufwendungen verpflichtet, wenn der Leistungsberechtigte den Träger vor
der Selbstbeschaffung über den Hilfebedarf in Kenntnis gesetzt hat, die Voraussetzungen für das Gewähren
einer Hilfe vorlagen und die Deckung des Bedarfs bis zu einer Entscheidung des Trägers über die Gewährung der Leistung oder bis zu einer Entscheidung über ein Rechtsmittel nach einer zu Unrecht abgelehnten
Leistung keinen zeitlichen Aufschub geduldet hat (§ 36 a Abs. 3 SGB VIII). War es dem Leistungsberechtigten unmöglich, den Träger rechtzeitig über den Hilfebedarf in Kenntnis zu setzen, so hat er dies unverzüglich nach Wegfall des Hinderungsgrundes nachzuholen.

V. Kostenbeteiligung

Leistungen der Jugendhilfe sind teilweise kostenfrei, teilweise ist sich an den Kosten zu beteiligen. Eine   40
pauschalierte Kostenbeteiligung kommt nach § 90 Abs. 1 SGB VIII für die Leistungen der Jugendarbeit
(§ 11 SGB VIII), Angebote der allgemeinen Förderung der Erziehung in der Familie (§ 16 Abs. 1, Abs. 2
Nr. 1 und 3 SGB VIII) und die Förderung von Kindern in Tageseinrichtungen und Kindertagespflege
(§§ 22 ff SGB VIII) in Betracht.

Zu **vollstationären** und teilstationären **Leistungen** und bei einer Inobhutnahme ist ein Kostenbeitrag zu er-   41
heben (§ 91 SGB VIII). Zu einem Kostenbeitrag können nach § 92 Abs. 1 SGB VIII aus ihrem Einkommen
(§ 93 SGB VIII) unter anderem Kinder und Jugendliche – etwa bei Bezug einer Rente – und ihre Elternteile
– auch ein nicht zur Sorge berechtigter Elternteil – herangezogen werden. Die Heranziehung erfolgt durch
Erhebung eines Kostenbeitrags, der durch Leistungsbescheid festgesetzt wird (§ 92 Abs. 2 SGB VIII). Von
der Heranziehung soll im Einzelfall ganz oder teilweise abgesehen werden, wenn sonst Ziel und Zweck der
Leistung gefährdet würden oder sich aus der Heranziehung eine besondere Härte ergäbe (§ 92 Abs. 5
SGB VIII).

Nach § 94 Abs. 1 SGB VIII sind die Kostenbeitragspflichtigen aus ihrem Einkommen in angemessenem   42
Umfang zu den Kosten heranzuziehen. Der bezogen auf das Einkommen angemessene Umfang der Heranziehung bestimmt sich nach der **KostenbeitragsVO** (§ 94 Abs. 5 SGB VIII). Bei vollstationären Leistungen ist zumindest ein Beitrag in der Höhe des Kindergeldes zu zahlen (§ 94 Abs. 3 SGB VIII). Der Träger
der öffentlichen Jugendhilfe ist berechtigt, das auf das Kind entfallende Kindergeld durch Geltendmachung
eines Erstattungsanspruchs nach § 74 Abs. 2 EStG in Anspruch zu nehmen.

Soweit die Zahlung des Kostenbeitrags die Leistungsfähigkeit des Unterhaltspflichtigen mindert oder der   43
Bedarf des jungen Menschen durch Leistungen und vorläufige Maßnahmen nach diesem Buch gedeckt ist,
ist dies bei der Berechnung des Unterhalts zu berücksichtigen (§ 10 Abs. 2 S. 2 SGB VIII).

VI. Verwaltungsgerichtliche Kontrolle

Das Handeln des Jugendamts unterliegt einer Kontrolle durch die **Verwaltungsgerichte** (§ 40 Abs. 1   44
VwGO). In Abhängigkeit vom Rechtscharakter des Handelns des Jugendamts kommen etwa in Betracht:
eine Verpflichtungsklage auf Bewilligen einer Leistung, eine Klage auf Feststellung, dass die Aufnahme
eines Kindes keiner Pflegeerlaubnis bedarf, etc.

Ob vor Klageerhebung ein Widerspruchsverfahren durchzuführen ist, ergibt sich aus dem jeweiligen Lan-   45
desrecht. Anfechtungs- und Verpflichtungsklage sind nach allgemeinen Regeln nur innerhalb eines Monats
nach Zustellung des Widerspruchsbescheids bzw innerhalb eines Monats nach Bekanntgabe des belastenden oder die Leistung ablehnenden Verwaltungsakts zulässig (§ 74 Abs. 1 VwGO).

Eine **Klagebefugnis** setzt die substanziierte Behauptung einer Verletzung in eigenen Rechten voraus. An   46
einer Klagebefugnis kann es etwa im Hinblick auf Leistungen fehlen, wenn ein Elternteil nicht (mehr) zur

elterlichen Sorge befugt ist. In diesem Fall kann er die Rechtswidrigkeit der Leistung jedoch im Rahmen seiner Heranziehung zu den Kosten überprüfen lassen (VGH Baden-Württemberg 17.3.2011 – 12 S 2823/08, ZKJ 2011, 262). Pflegeeltern sind generell nicht klagebefugt.

47 Die Entscheidung des Jugendamts unterliegen im vollen Umfang – also auch bezogen auf unbestimmte Rechtsbegriffe wie die Geeignetheit und Notwendigkeit einer Hilfe (§ 27 Abs. 1 SGB VIII) – der gerichtlichen Kontrolle (VGH Baden-Württemberg 17.3.2011 – 12 S 2823/08, ZKJ 2011, 262), sofern nicht gesetzlich ausdrücklich ein Ermessens- und Beurteilungsspielraum eingeräumt wurde. Hinsichtlich der Durchführung des verwaltungsgerichtlichen Verfahrens bzw der Durchführung von Verfahren im vorläufigen Rechtsschutz (§§ 80 ff VwGO, 123 VwGO) ergeben sich keine Besonderheiten zu anderen verwaltungsgerichtlichen Verfahren.

154. Leistungsfähigkeit

Finke

I. Grundlagen 1
  1. Grundsatz der Verhältnismäßigkeit der Inanspruchnahme des Pflichtigen 1
  2. Selbstbehalte 2
  3. Mangelfall und Rangfolge 11
II. Einzusetzendes Einkommen 13
  1. Überobligationsmäßig erzieltes Einkommen 14
  2. Familienzuschläge zum Einkommen sowie ehebezogene steuerliche Vorteile 16
  3. Sachbezüge und geldwerte Vorteile 18
  4. Einkünfte aufgrund von Steuerersparnissen, die auf Aufwendungen beruhen, die unterhaltsrechtlich nicht berücksichtigt worden sind 19
  5. Fiktive Einkünfte 21
  6. Verbindlichkeiten 22
III. Einzusetzendes Vermögen 27

  1. Ehegattenunterhalt 28
  2. Kindesunterhalt 33
  3. Eltern- und Enkelunterhalt 36
  4. Anspruch nach § 1615 l BGB 39
IV. Besonderheiten bei der Beurteilung der Leistungsfähigkeit 40
  1. Kindesunterhalt (Möglichkeiten der Erhöhung der Leistungsfähigkeit) 40
    a) Nebentätigkeit 41
    b) Insolvenzverfahren 43
    c) Hausmannrechtsprechung 47
    d) Vorhandensein eines anderen unterhaltspflichtigen Verwandten 51
    e) Haftungsanteile bei Barunterhaltspflicht beider Eltern 55
  2. Ehegattenunterhalt 59

I. Grundlagen

1. Grundsatz der Verhältnismäßigkeit der Inanspruchnahme des Pflichtigen

Die Leistungsfähigkeit des Pflichtigen ist im Unterhaltsrecht neben dem Bedarf und der Bedürftigkeit des Pflichtigen die wesentliche Voraussetzung für das Bestehen eines Unterhaltsanspruchs. Für den Verwandtenunterhalt, der von seiner Bedeutung her in erster Linie den Kindesunterhalt (s. → *Kindesunterhalt Minderjähriger* Rn 15 ff), daneben aber auch die Unterhaltspflicht gegenüber Eltern und Enkelkindern betrifft, regelt § 1603 BGB die Leistungsfähigkeit. Für den Ehegattenunterhalt enthält § 1581 BGB eine Regelung, die sich auf den nachehelichen Unterhalt bezieht, jedoch mit dem darin zum Ausdruck kommenden Grundsatz der Verhältnismäßigkeit der Inanspruchnahme des Pflichtigen auch auf den Trennungsunterhalt nach § 1361 BGB (s. → *Trennungsunterhalt* Rn 38) anzuwenden ist (BVerfG 25.6.2002 – 1 BvR 2144/01, NJW 2002, 2701). Beim Ehegattenunterhalt sowie beim Unterhaltsanspruch nach § 1615 l Abs. 2 BGB wird der Grundsatz der Verhältnismäßigkeit weiter als sog. **Halbteilungsgrundsatz** dahin konkretisiert, dass dem Pflichtigen in keinem Fall weniger Einkommen verbleiben darf als dem Berechtigten (BGH 15.3.2006 – XII ZR 30/04, NJW 2006, 1654 gegenüber dem Ehegatten; 15.12.2004 – XII ZR 121/03, NJW 2005, 818 gegenüber der Mutter eines nichtehelichen Kindes).

2. Selbstbehalte

Die **Grenze der Unterhaltspflicht** ist danach spätestens dann erreicht, soweit dem Pflichtigen nicht mehr die zur Deckung seines eigenen angemessenen, billigen oder notwendigen Lebensunterhalts erforderlichen Mittel verbleiben. Die Differenzierung bei der Höhe des dem jeweiligen Unterhaltsschuldner zu belassenden Selbstbehalts (s. → *Mangelfall und Selbstbehalt*) beruht darauf, dass die Anforderungen an die Einschränkungen, die der Pflichtige für einen gegen ihn gerichteten Unterhaltsanspruch hinnehmen muss, nach der Art des Unterhaltsanspruchs unterschiedlich hoch sind. Lediglich gegenüber dem Anspruch von minderjährigen oder diesen gleichgestellten Kindern muss sich der Pflichtige in seiner Lebensführung maximal bis zur Grenze des notwendigen **Selbstbehalts** einschränken (§ 1603 Abs. 2 BGB). Liegen diese Voraussetzungen nicht vor, so setzt die Grenze der Inanspruchnahme schon oberhalb des Existenzminimums ein. Dem Pflichtigen muss dann zumindest der **angemessene Selbstbehalt** oder beim Ehegattenunterhalt der (zwischen dem angemessenen und notwendigen Selbstbehalt liegende) **billige Selbstbehalt** (BGH 19.11.2008 – XII ZR 51/08, NJW 2009, 675) verbleiben.

Für die verschiedenen Selbstbehalte des Pflichtigen sind für die Unterhaltspraxis in der Düsseldorfer Tabelle (Anmerkungen A. 5, B. IV, D I u. 2) und den Leitlinien der Oberlandesgerichte (jeweils unter Nr. 21) **Pauschalbeträge** vorgesehen.

Übersicht über die Selbstbehalte (2013):

notwendiger SB
– bei Erwerbstätigkeit: 1.000 EUR,
– ohne Erwerbstätigkeit: 800 EUR;
billiger SB gegenüber getrennter oder geschiedener Ehefrau: 1.100 EUR;
– teilweise bei Nichterwerbstätigkeit 1.000 EUR;
angemessener SB gegenüber volljährigem Kind: 1.200 EUR;
angemessener SB gegenüber Eltern: 1.600 EUR.

4 Die vorstehenden Selbstbehalte sind bisher vom Bundesgerichtshof in ständiger Rechtsprechung nicht beanstandet worden. Im **Regelfall** kann daher hierauf abgestellt werden. Es ist jedoch bei entsprechendem Sachvortrag der Beteiligten immer zu prüfen, ob **im Einzelfall abweichende Beträge** anzusetzen sind. Es ist nämlich möglich, dass der rechnerisch nicht unterschrittene Pauschalbetrag nicht ausreicht, das Existenzminimum zu gewährleisten, wenn der konkrete Mindestbedarf aufgrund besonderer Umstände höher ist. Dies kann beispielsweise der Fall sein bei unvermeidbar höheren Wohnkosten als in dem Pauschalbetrag enthalten, aber auch bei anzuerkennenden zusätzlichen Belastungen, die nicht aus dem Existenzminimum bestritten werden können, wie zB bei erheblichen Umgangskosten (s. Rn 24).

5 Unabhängig von besonderen Belastungen des Pflichtigen kann eine Erhöhung des Selbstbehalts auch aus sonstigen Gründen der Billigkeit entsprechen. Es handelt sich bei den vorstehend aufgeführten Pauschalbeträgen um die Untergrenze, die jedenfalls dann, wenn es nicht um den Mindestunterhalt von Kindern geht, keineswegs regelmäßig zugrunde gelegt werden muss. Das **Erfordernis eines variablen Selbstbehalts** (NK-BGB/Schürmann § 1581 BGB Rn 53) ergibt sich für den **Ehegattenunterhalt** aus § 1581 BGB, nach dem im Rahmen einer Billigkeitsabwägung eine Grenze der Inanspruchnahme des Pflichtigen zwischen seinem konkreten angemessenen Bedarf (1/2 oder 4/7 bzw 11/20 des für ihn und den getrennten oder geschiedenen Ehegatten zur Verfügung stehenden Einkommens) und dem pauschalen Selbstbehalt zu bestimmen ist (BGH 18.10.1989 – IVb ZR 89/88, NJW 1990, 1172). Mit der Einbeziehung von Elementen der Leistungsfähigkeit in die Bedarfsfeststellung hat der Bundesgerichtshof diese von ihm selbst vorher auch nicht konsequent verfolgte Linie aufgegeben mit der Begründung, dass es einer zusätzlichen Grenze der Leistungsfähigkeit nicht mehr bedürfe (BGH 15.3.2006 – XII ZR 30/04, NJW 2006,1654). Nachdem dies vom Bundesverfassungsgericht beanstandet worden ist (BVerfG 25.6.2002 – 1 BvR 2144/01, NJW 2002, 2701), kann hieran nicht mehr festgehalten werden. Es ist vielmehr nach Billigkeitsgrundsätzen ein individueller Selbstbehalt zu ermitteln. Beim **Elternunterhalt** bestimmt der pauschale Selbstbehalt ebenfalls nur die Untergrenze der Inanspruchnahme, während diesem Betrag das darüber hinausgehende Einkommen zur Hälfte hinzugerechnet wird, so dass sich ein **individueller Selbstbehalt** ergibt (s. → *Elternunterhalt* Rn 51 ff).

6 Da das unterhaltsrechtliche Existenzminimum eines Erwerbstätigen mit 1.000 EUR (ab 2013) bei Warmmietkosten von 360 EUR (Düsseldorfer Tabelle A5) nur rd. 50 EUR über dem sozialhilferechtlichen Existenzminimum bei gleichen angemessenen Wohnkosten sowie bis zu 200 EUR freiem Einkommen bei Erwerbstätigkeit (§ 11 b Abs. 2 SGB II) und einem Regelsatz von 382 EUR (2013) liegt, verbleibt zur **Deckung unvermeidbarer erhöhter oder zusätzlicher Ausgaben aus dem Selbstbehalt** – wenn überhaupt – **nur ein äußerst geringer finanzieller Spielraum**. Dabei ist zu beachten, dass die Einhaltung eines Abstandes des notwendigen Selbstbehalts zum sozialhilferechtlichen Existenzminimum geboten ist, da dem Empfänger von Sozialleistungen in der Regel für seinen Lebensunterhalt zusätzlich noch finanzielle Vorteile durch Befreiungen bzw Vergünstigungen bei den Kosten für den Zugang zu öffentlichen und teilweise auch privaten Einrichtungen (zB Verkehrsbetriebe, Freibäder, Museen und Sportvereine) zukommen, die der Erwerbstätige, der mit dem ihm für seinen Lebensunterhalt verbleibenden Einkommen nur geringfügig über dem sozialhilferechtlichen Existenzminimum liegt, nicht erhält.

7 Sind Verbindlichkeiten oder erhöhte Aufwendungen zur Deckung des Lebensunterhalts des Pflichtigen unvermeidbar, so sind sie bei der Beurteilung der Leistungsfähigkeit unabhängig davon, ob sie beim Bedarf

Berücksichtigung gefunden haben, von seinem Einkommen abzuziehen, wenn ansonsten sein Existenzminimum gefährdet würde. Das gleiche Ergebnis wird erreicht durch eine entsprechende **Erhöhung des Selbstbehalts** des Pflichtigen. Eine solche Änderung des Selbstbehalts ist auch dann geboten, wenn in dem dem Pflichtigen zur Verfügung stehenden Einkommen neben Barmitteln auch Nutzungsvorteile (zB Wohnwert, Firmenwagen) enthalten sind, die zwar mit ihrem objektiven Wert zutreffend bemessen sind, jedoch in einem Missverhältnis zu den für die sonstigen Lebenshaltungskosten zur Verfügung stehenden Mitteln stehen. Dies ist zB der Fall, wenn im notwendigen Selbstbehalt von zurzeit 1.000 EUR ein Wohnwert von 600 EUR (BVerfG 25.6.2002 – 1 BvR 2144/01, NJW 2002, 2701; Hammer LL Nr. 21.5) oder ein geldwerter Vorteil für die Nutzung eines Firmenwagens enthalten ist (BVerfG 20.8.2001 – 1 BvR 1509/97, NJW-RR 2002, 73; BGH 19.3.2003 – XII ZR 123/00, NJW 2003, 2306 für den Elternunterhalt; Hammer LL Nr. 21.5).

Da die in den Leitlinien der Oberlandesgerichte angegebenen Selbstbehalte von einem Pflichtigen ausge- **8** hen, der einen eigenen Haushalt führt und nicht mit einem finanziell leistungsfähigen Partner zusammenlebt, können die **Selbstbehalte herabgesetzt** werden, wenn dies nicht der Fall ist. Mit Rücksicht auf die sog. **Synergieeffekte des Zusammenlebens** (Telefon, Zeitung, Rundfunkbeitrag) sowie evtl Ersparnisse bei den Wohnkosten kann in Anlehnung an die Regelung in § 20 Abs. 3 SGB II eine Herabsetzung des Selbstbehalts um 10% vorgenommen werden (BGH 9.1.2008 – XII ZR 170/05, NJW 2008, 1373; vgl auch Nr. 21.5 der Leitlinien der Oberlandesgerichte, wo überwiegend Empfehlungen zu dieser Konstellation gegeben werden). Grenze der Herabsetzung ist das sozialhilferechtliche Existenzminimum in Höhe von 90% des Regelsatzes zzgl der Hälfte der angemessenen Wohnaufwendungen (BGH 9.1.2008 – XII ZR 170/05, NJW 2008, 1373). Eine Herabsetzung des Selbstbehalts setzt in jedem Fall voraus, dass der Partner, mit dem der Pflichtige zusammenlebt, in der Lage ist, seinen Anteil an den Lebenshaltungskosten zu tragen. Als Partner des Pflichtigen beim gemeinsamen Wirtschaften in einem Haushalt kommen nicht nur Lebenspartner, sondern auch andere Personen, wie zB volljährige Kinder mit eigenem Einkommen, in Betracht (OLG Hamm 9.6.2011 – 6 UF 47/11, NJW 2011, 3310).

Dagegen rechtfertigt der Umstand, dass der Pflichtige **geringere Wohnkosten** hat, als sie im Selbstbehalt **9** berücksichtigt werden, nicht die Herabsetzung (BGH 23.8.2006 – XII ZR 26/04, NJW 2006, 3561). Dies folgt daraus, dass es dem Pflichtigen überlassen bleiben muss, wie er seine ohnehin äußerst knappen Mittel einsetzt. Beruhen die geringeren Wohnkosten jedoch nicht auf einer freiwilligen Einschränkung des Pflichtigen, so kann es gerechtfertigt sein, den Selbstbehalt zu kürzen (OLG Brandenburg 23.12.2010 – 9 UF 79/10, FamRZ 2011, 31; OLG München 29.9.2010 – 33 WF 1567/10, FamRZ 2011, 386; OLG Hamm 28.4.2009 – 13 UF 2/09, NJW 2009, 3446).

Soweit die pauschalen Selbstbehalte nach **Erwerbstätigkeit** oder **Nichterwerbstätigkeit** des Pflichtigen **10** differenzieren, beruht dies neben dem Erwerbsanreiz auch auf der Überlegung, dass dem Nichterwerbstätigen mehr Zeit und Möglichkeiten zur Verfügung stehen, die Lebenshaltungskosten durch eine sparsame Haushaltsführung zu mindern. Erzielt der Pflichtige sein Einkommen nur zum Teil aus einer Erwerbstätigkeit, so kommt ein Zwischenwert in Betracht (BGH 19.11.2008 – XII ZR 51/08, NJW 2009, 675). Beim notwendigen Selbstbehalt ist ein um 180 EUR höherer Betrag für den Erwerbstätigen bereits deshalb zwingend geboten, weil beim sozialrechtlichen Existenzminimum ein Erwerbseinkommen bis zu diesem Betrag anrechnungsfrei bleibt (§ 11 Abs. 2 Nr. 6 SGB II, § 30 SGB II) und bei Nichteinhaltung dieses Abstandes beim unterhaltsrechtlichen Existenzminimum die Möglichkeit bestünde, dass dem Pflichtigen weniger als das sozialrechtliche Existenzminimum eines Erwerbstätigen verbleiben würde (s. Rn 4).

3. Mangelfall und Rangfolge

Ist es dem Pflichtigen unter Beachtung des ihm zustehenden individuellen Selbstbehalts oder sogar des **11** noch darunter liegenden pauschalen Selbstbehalts nicht möglich, den Unterhaltsanspruch vollständig zu erfüllen, so liegt ein Mangelfall vor . Kann er bei mehreren Berechtigten nur die Ansprüche der vorrangig Berechtigten befriedigen und die Ansprüche der sonstigen Berechtigten nur teilweise oder gar nicht, so besteht ein **relativer Mangelfall**, während ein **absoluter Mangelfall** vorliegt, wenn bereits die vollständige

Erfüllung der vorrangigen Ansprüche an der mangelnden Leistungsfähigkeit scheitert. Die Düsseldorfer Tabelle (Anmerkung C) sowie zahlreiche Leitlinien der Oberlandesgerichte enthalten Beispiele für Mangelfallberechnungen (zB Hammer LL Anhang III 2).

12   Bei der Aufteilung des den Selbstbehalt übersteigenden Einkommens des Pflichtigen unter mehreren Berechtigten kommt der **Rangfolge** der Unterhaltsansprüche nach § 1609 BGB (s. → *Mangelfall und Selbstbehalt* Rn 9 ff) eine maßgebliche Bedeutung zu. Der Rechtsprechung des Bundesgerichtshofs, die beim Ehegattenunterhalt den Mangelfall und die Rangfolge der Ansprüche bereits beim Bedarf berücksichtigen und damit die vom Gesetz vorgesehene Differenzierung zwischen Bedarf und Leistungsfähigkeit aufgeben wollte (BGH 15.3.2006 – XII ZR 30/04, NJW 2006, 1654), hat das Bundesverfassungsgericht eine Absage erteilt, weil eine solche Bestimmung des nachehelichen Bedarfs nicht mit § 1578 BGB vereinbar sei (BVerfG 25.01.201 – 1 BvR 918/10, NJW 2011, 836). Neben der Rangfolge ist im Mangelfall zu beachten, dass auch bei einem Gleichrang der Berechtigten unterschiedliche Selbstbehalte gelten und unterschiedlich hohe Einkünfte des Pflichtigen zugrunde zu legen sein können (s. Rn 13).

II. Einzusetzendes Einkommen

13   Der Pflichtige hat grundsätzlich sein gesamtes Einkommen einzusetzen. Fraglich kann im Einzelfall sein, ob und in welchem Umfang

- Einkünfte aus einer überobligationsmäßigen Erwerbstätigkeit,
- Einkommensbestandteile, die für bestimmte Zwecke gewährt werden, die außerhalb des Unterhaltsrechtsverhältnisses liegen,
- Verbindlichkeiten und
- Einkünfte, die auf einer besonderen beruflichen Entwicklung im Sinne eines sog. Karrieresprungs beruhen,

als das Einkommen erhöhende oder mindernde Bestandteile berücksichtigt werden. Dies kann nicht für alle Unterhaltsansprüche in gleicher Weise beantwortet werden, da die Anforderungen an den Unterhaltspflichtigen durch das Gesetz und die Rechtsprechung unterschiedlich ausgestaltet sind. Dies kann dazu führen, dass neben unterschiedlichen Selbstbehalten auch auf **unterschiedlich hohe Einkünfte des Pflichtigen gegenüber verschiedenen Berechtigten** abzustellen ist, wenn er Unterhaltsansprüche von mehreren Berechtigten zu befriedigen hat. Im Mangelfall sind dann ggf **mehrstufige Mangelverteilungen** (auf der Grundlage unterschiedlich hoher Einkünfte des Pflichtigen gegenüber dem jeweiligen Unterhaltsberechtigten) vorzunehmen. Zum **Einsatz des Taschengeldes** eines Pflichtigen, dessen eigener Unterhaltsbedarf durch seinen Ehegatten sichergestellt wird, vgl BGH 12.12.2012 – XII ZR 43/11, FamRZ 2013, 363.

1. Überobligationsmäßig erzieltes Einkommen

14   Der Grundsatz, dass Einkünfte des Pflichtigen, die aus einer über den gebotenen Einsatz der Arbeitskraft hinausgehenden Tätigkeit erzielt werden, nur nach Billigkeitsgesichtspunkten zur Deckung der Ansprüche von Unterhaltsgläubigern verwendet werden müssen, hat im Gesetz unmittelbar keinen Ausdruck gefunden. Er wird jedoch als **allgemeiner Rechtsgedanke** aus der für die Berücksichtigung von Erwerbseinkünften des Berechtigten in § 1577 Abs. 2 BGB hergeleitet und nach § 242 BGB auch auf den Pflichtigen angewendet (BGH 25.6.1980 – IVb ZR 530/80, NJW 1980, 2251). Er gilt über den Ehegattenunterhalt hinaus auch für andere Unterhaltsverpflichtungen, wobei für die Schwelle der Unzumutbarkeit nach der unterschiedlichen Bedeutung der Unterhaltsansprüche zu differenzieren ist.

15   Eine Überobligationsmäßigkeit der Erwerbstätigkeit liegt vor, wenn sie **unzumutbar** ist mit der Konsequenz, dass sie jederzeit aufgegeben werden kann. Die Unzumutbarkeit kann zB beruhen auf

- der **Betreuung von minderjährigen Kindern neben der Erwerbstätigkeit**, wobei hinsichtlich der Zumutbarkeit die gleichen Anforderungen gelten müssen wie im Rahmen des § 1570 BGB bzw des § 1615 l Abs. 2 BGB;

– der Leistung von **Überstunden** oder einer **Nebentätigkeit** neben einer vollschichtigen Haupttätigkeit, die im Umfang nicht mehr berufstypisch bzw nicht von geringem Umfang sind; dabei sind die Umstände des Einzelfalles (Höhe der Einkünfte, Schulden sowie Bedeutung der jeweiligen Unterhaltspflicht) von maßgeblicher Bedeutung (BGH 25.6.1980 – IVb ZR 530/80, NJW 1980, 2251); bei Ausübung dieser Tätigkeiten ohne eine bestehende Notlage kann hierin ein Indiz für ihre Zumutbarkeit gesehen werden (BGH 16.1.1985 – IVb ZR 60/83, NJW 1985, 907). Diese Grundsätze gelten auch für die Berücksichtigung von Vergütungen aufgrund des Verzichts auf Urlaub (BGH 8.7.1992 – XII ZR 127/91, NJW-RR 1992, 1282);

– einer **Erwerbstätigkeit nach Erreichen der Regelaltersgrenze** in der gesetzlichen Rentenversicherung, und zwar auch bei Selbstständigen (BGH 12.1.2011 – XII ZR 83/08, NJW 2011, 670).

2. Familienzuschläge zum Einkommen sowie ehebezogene steuerliche Vorteile

Die **familien- bzw ehebezogenen Einkommensbestandteile** aufgrund von Familienzuschlägen im öffentlichen Dienst oder von steuerlichen Vorteilen aus dem sog. **Ehegattensplitting** sollen grundsätzlich der Familie bzw der Ehe erhalten bleiben, für die sie bestimmt sind (BVerfG 7.10.2003 – 1 BvR 246/93, NJW 2003, 3466; BGH 11.5.2005 – XII ZR 211/02, NJW 2005, 3277 für den Splittingvorteil; 28.7.2007 – XII ZR 37/07, NJW 2007, 1961 für Familienzuschläge nach § 40 BBesG). Im Rahmen der Dreiteilung der Gesamteinkünfte beim Ehegattenunterhalt bei zwei unterhaltsberechtigten Ehegatten hatte der Bundesgerichtshof diese Rechtsprechung aufgegeben (BGH 30.7.2008 – XII ZR 177/06, NJW 2008, 3213). Da er die verfassungsrechtlichen Bedenken gegen die Dreiteilung (BVerfG 25.1.2011 – 1 BvR 918/10, NJW 2011, 836) auf die Bedarfsbestimmung beschränkt sieht, hält er die Dreiteilung auf der Ebene der Leistungsfähigkeit weiterhin für eine § 1581 BGB entsprechende Lösungsmethode (BGH 7.12.2011 – XII ZR 151/09, NJW 2012, 384), so dass weiterhin sämtliche Einkünfte – also einschließlich Splittingvorteil, Familienzuschlägen und Erhöhungen, die auf einem Karrieresprung beruhen – in die Mangelverteilung einzubeziehen sind. 16

Der aus einer neuen Ehe herrührende Splittingvorteil des Pflichtigen soll seinen Kindern aus erster Ehe auch dann uneingeschränkt beim Unterhalt zugute kommen, wenn für den in der neuen Ehe den Haushalt führenden und Kinder betreuenden Ehegatten wegen seines unterhaltsrechtlichen Nachrangs gegenüber den gemeinsamen und nicht gemeinsamen Kindern des allein erwerbstätigen Ehegatten kein Einkommen zur Deckung seines Anspruchs auf (Familien-)Unterhalt verbleibt (BGH 2.6.2010 – XII ZR 160/08, NJW 2010, 2515; krit. Anm. Schürmann, FamRZ 2010, 1322; Bosch FF 2010, 417). Die auch nur teilweise **Reservierung des Splittingvorteils im Mangelfall für den nichterwerbstätigen Ehegatten** wird abgelehnt. Die hierfür gegebene Begründung, dass mit dem in § 1609 Nr. 1 BGB vorgesehenen absoluten Vorrang des Kindesunterhalts dessen Deckung im Vordergrund stehe und eine Korrektur zugunsten des Ehegatten des Pflichtigen nicht zulasse, überzeugt nicht, da der Splittingvorteil allein auf der neuen Ehe (insbesondere durch die Zurechnung des doppelten steuerlichen Grundfreibetrages, dh auch des Existenzminimums des nicht erwerbstätigen Ehegatten, zugunsten des erwerbstätigen Ehegatten) und nicht auf der steuerlichen Entlastung wegen Unterhaltsverpflichtungen gegenüber Kindern beruht. 17

3. Sachbezüge und geldwerte Vorteile

Eine vom Arbeitgeber in Form von Sachbezug (**Firmenwagen** zur privaten Nutzung, **Personalrabatt**, verbilligte **Firmenwohnung** und -verpflegung) erbrachte Vergütung ist mit dem Wert der ersparten Aufwendungen (ggf auch über den hierfür steuerlich angesetzten pauschalen Betrag hinaus, keinesfalls darunter) dem Einkommen hinzuzurechnen bzw in dem ermittelten Nettoeinkommen zu belassen, wenn der hierfür angesetzte Betrag nicht zu beanstanden ist. Dabei ist im Mangelfall zu beachten, dass dem Pflichtigen neben dem zugerechneten Sachbezug so viele Mittel zur Verfügung stehen, dass er hiermit seinen übrigen Lebensbedarf in Höhe des Existenzminimums bzw des ihm zu belassenden sonstigen Selbstbehalts zu decken vermag (s. Rn 1 mit Rechtsprechungsnachweisen). Die vorstehenden Ausführungen gelten in gleicher Weise für geldwerte Vorteile aufgrund der kostenfreien oder kostengünstigen Nutzung (**mietfreies Wohnen** in der eigenen Immobilie, s. → *Wohnwert*, private **Nutzung eines Firmenwagens durch einen** 18

Selbstständigen). Soweit hierfür in der Gewinn- und Verlustrechnung ein Betrag als Privatentnahme verbucht worden ist, ist dieser auf den Nutzungsvorteil anzurechnen, soweit er den Gewinnanteil des Pflichtigen aus dem Unternehmen oder Geschäft erhöht hat.

4. Einkünfte aufgrund von Steuerersparnissen, die auf Aufwendungen beruhen, die unterhaltsrechtlich nicht berücksichtigt worden sind

19 Sind Verbindlichkeiten des Pflichtigen nicht einkommensmindernd berücksichtigt worden, so ist es nicht gerechtfertigt, die hierauf beruhenden **steuerlichen Vorteile** (für Abschreibungen und/oder Darlehenszinsen) oder sonstigen Vorteile (zB Einnahmen aus einer Immobilie) bei der Leistungsfähigkeit dem Einkommen zuzurechnen (BGH 1.10.1986 – IVb ZR 68/85, NJW-RR 1987, 194 für Bauherrenmodell; BGH 1.12.2004 – XII ZR 75/02, NJW 2005, 2077 bei Nichtberücksichtigung von Kosten für den Erwerb einer Immobilie wegen der vom Berechtigten nicht hinzunehmenden damit verbundenen Vermögensbildung). Es handelt sich um **Ausnahmen von dem sog. „In-Prinzip"** (zur Einschränkung vgl BGH 21.9.2011 – XII ZR 121/09, NJW 2011, 3577), wonach unterhaltsrechtlich grundsätzlich auf die in dem jeweiligen Veranlagungszeitraum tatsächlich entrichteten Steuern (Vorauszahlungen für das laufende Steuerjahr sowie evtl Nachzahlungen und Erstattungen für andere Veranlagungszeiträume) und nicht auf die für diesen Zeitraum zu zahlenden Steuern abzustellen ist („Für-Prinzip").

20 Eine Sonderstellung nehmen auch Einkünfte ein, die aus Steuervorteilen für Ausgaben herrühren, die erst später getätigt werden sollen. Es handelt sich um sog. **Ansparabschreibungen** bzw seit 2009 um sog. **Investitionsabzugsbeträge** nach § 7 g EStG, mit denen an sich erst nach Vornahme der Investition mögliche Abschreibungen vorgezogen werden können, um dem Unternehmen damit die nötige Liquidität für die betriebliche Investition zu verschaffen. Auch hier ist es nicht gerechtfertigt, den steuerlichen Vorteil in die unterhaltsrechtliche Leistungsfähigkeit einzubeziehen, soweit nicht auch die steuerliche Mehrbelastung nach der getätigten Investition (§ 7 g Abs. 2, 3 EStG) bzw deren Unterlassen (§ 7 g Abs. 4 EStG) in dem für die Berechnung der Leistungsfähigkeit maßgeblichen Zeitraum Berücksichtigung findet (BGH 2.6.2004 – XII ZR 217/01, NJW-RR 2004, 1227); in der Regel ist die Leistungsfähigkeit für jedes abgelaufene Kalenderjahr gesondert festzustellen (BGH 4.07.2007 – XII ZR 141/05, FamRZ 2007, 1532; Hammer LL Nr. 1.5).

5. Fiktive Einkünfte

21 Auch fiktive Einkünfte sind bei der Leistungsfähigkeit zu berücksichtigen, wenn der Pflichtige gegen seine Erwerbsobliegenheit verstößt, da er keiner bzw keiner ausreichenden Erwerbstätigkeit nachgeht (s. → *Fiktive Einkünfte*). Die Frage der Verpflichtung zu einer Nebenbeschäftigung zusätzlich zu einer vollschichtigen Erwerbstätigkeit stellt sich ausschließlich bei der Leistungsfähigkeit hinsichtlich des Mindestkindesunterhalts (s. → *Mindestunterhalt*), da nur dort eine gesteigerte Unterhaltsverpflichtung besteht, die Voraussetzung für eine solche besondere Anforderung an den Pflichtigen ist (s. Rn 41). Werden fiktive Einkünfte zugerechnet, so ist bei den Verbindlichkeiten des Pflichtigen ein fiktiver Schuldendienst zu berücksichtigen, wenn davon auszugehen ist, dass die Raten gezahlt worden wären, wenn das zugerechnete Einkommen zur Verfügung gestanden hätte (Hammer LL Nr. 10.4). Anhaltspunkt hierfür ist das Verhalten des Pflichtigen während des früheren Bezugs von Einkommen.

6. Verbindlichkeiten

22 § 1603 Abs. 1 BGB sowie § 1581 S. 1 BGB verlangen ausdrücklich die Berücksichtigung der **sonstigen Verpflichtungen** des Unterhaltsschuldners (s. → *Verbindlichkeiten im Unterhalt*) bei der Feststellung, ob der angemessene Unterhalt des Unterhaltsschuldners gefährdet und damit seine Leistungsfähigkeit beeinträchtigt ist, wenn der Unterhaltsbedarf des Berechtigten von ihm gedeckt wird. Ob und ggf in welchem Umfang Verbindlichkeiten **berücksichtigungsfähig** sind, kann nicht generell, sondern nur in einer auf den Einzelfall bezogenen Gesamtabwägung bestimmt werden. Der Umstand, dass eine Verbindlichkeit bereits bei der Bedarfsfeststellung keine Berücksichtigung gefunden hat, spricht zwar dafür, dies auch im Rahmen der Leistungsfähigkeit so zu handhaben. Eine solche Verfahrensweise ist jedoch keineswegs zwingend, da

andernfalls ein wesentlicher Aspekt der Bedeutung der Leistungsfähigkeit beim Unterhalt verloren gehen würde.

Bei der im Einzelfall bei der Frage der Berücksichtigungsfähigkeit einer Verbindlichkeit vorzunehmenden **23** Gesamtabwägung (BGH 9.5.1984 – IVb ZR 74/82, NJW 1984, 2351; s. außerdem Nr. 10.4 der Leitlinien der Oberlandesgerichte) ist vor allem der **Zweck der Verbindlichkeit** von Bedeutung. War die Eingehung der Verbindlichkeit unumgänglich oder ist sie zumindest dem Pflichtigen im Hinblick auf die konkrete Unterhaltspflicht **nicht vorwerfbar**, so spricht dies grundsätzlich für ihre Berücksichtigung mit der Folge, dass eine eingeschränkte oder sogar vollständig fehlende Leistungsfähigkeit in Betracht kommt. Der Umfang der Beschränkung der Leistungsfähigkeit hängt von einer Abwägung der Umstände des Einzelfalles ab. Dabei sind folgende **Kriterien** von maßgeblicher Bedeutung:

- **Bedeutung des Unterhaltsanspruchs.** Das Gesetz misst den verschiedenen Unterhaltsansprüchen durch ihre Ausgestaltung – insbesondere ihren Rang gegenüber anderen Unterhaltsansprüchen (§ 1609 BGB) – einen unterschiedlichen Stellenwert in dem System der Unterhaltsansprüche zu. Die höchsten Anforderungen an den Pflichtigen werden beim Unterhalt minderjähriger Kinder (§ 1603 Abs. 2 S. 1 BGB) oder ihnen gleichgestellten privilegierten volljährigen Kindern (§ 1603 Abs. 2 S. 2 BGB) gestellt, da zur Sicherstellung des Mindestbedarfs (s. → *Mindestbedarf*) eine Inanspruchnahme nicht nur bis zur Grenze des eigenen angemessenen Unterhaltsbedarfs des Pflichtigen, sondern sogar bis zum unterhaltsrechtlichen Existenzminimum, dem notwendigen Selbstbehalt möglich ist (gesteigerte Unterhaltspflicht). Der niedrigste Stellenwert kommt insoweit dem Elternunterhalt zu, bei welchem dem Pflichtigen nicht nur der höchste Selbstbehalt belassen wird, sondern auch in größerem Umfang die Tilgung von Schulden zulasten des Unterhaltsanspruchs berücksichtigt werden kann (BGH 19.3.2003 – XII ZR 123/00, NJW 2003, 2306 zur Berücksichtigung von Zins- und Tilgungsleistungen bei Wohneigentum; s. → *Zins- und Tilgungsleistungen*).
- **Zeitpunkt und Art der Entstehung** der Verbindlichkeit: zB Entstehen der Verbindlichkeit in der Ehe; evtl Mitwirkung des Berechtigten als Kreditnehmer oder Bürge; Berechtigtem sind wirtschaftliche Vorteile des mit dem Kredit finanzierten Aufwandes zugute gekommen.
- **Eingehung der Verbindlichkeit in Kenntnis von Grund und Höhe der Unterhaltsverpflichtung.** Dies spricht jedenfalls dann gegen die Berücksichtigung der Belastung, wenn sie nicht zwingend notwendig war. Musste der Pflichtige dagegen nicht ohne Weiteres mit seiner Inanspruchnahme rechnen, was insbesondere beim Elternunterhalt regelmäßig der Fall ist, so können die von ihm eingegangenen Verpflichtungen zu berücksichtigen sein. Die lediglich abstrakte Möglichkeit, später durch die pflegebedürftigen Eltern in Anspruch genommen zu werden, beseitigt nicht den Vertrauenstatbestand, der im Zeitpunkt des Eingehens der Verbindlichkeit bestand. Anders verhält es sich dagegen, wenn die Bedürftigkeit der Eltern bei Eingehung der Verpflichtung bereits konkret absehbar war. Es gelten hier die gleichen Überlegungen wie bei der Frage, ob die Unterhaltslast gegenüber den Eltern sich in der Ehe hinreichend konkretisiert hatte, um sie als eheprägende Verpflichtung zu berücksichtigen (BGH 14.1.2004 – XII ZR 149/01, NJW-RR 2004, 793). Soweit dies verneint wird, ist auch die Eingehung von Verbindlichkeiten nicht zu beanstanden, so dass die hieraus bestehenden Belastungen bei der Leistungsfähigkeit zu berücksichtigen sind.
- **Dringlichkeit der Schuldentilgung** gegenüber dem Interesse des Unterhaltsgläubigers an der Unterhaltszahlung. Die Privilegierung der Unterhaltsgläubiger durch die Anhebung der Pfändungsgrenzen für sonstige Gläubiger des Pflichtigen in § 850 c ZPO stellt lediglich eine Lösung des möglichen Konflikts von Unterhaltsgläubigern mit diesen sonstigen Gläubigern dar, besagt jedoch noch nichts darüber, ob nicht ein schützenswertes Interesse des Pflichtigen besteht, zumindest ein weiteres Ansteigen seiner Schulden gegenüber seinen sonstigen Gläubigern bis hin zur völligen Überschuldung zu verhindern. Der vollstreckungsrechtliche Vorrang von Unterhaltsgläubigern führt nicht dazu, dass generell in diesem Umfang Verbindlichkeiten des Unterhaltsschuldners gegenüber sonstigen Gläubigern des Unterhaltsschuldners unberücksichtigt bleiben (BGH 9.5.1984 – IVb ZR 74/82, NJW 1984, 2351).
- Bei der gebotenen Abwägung der Interessen kommt der Bedeutung des Unterhaltsanspruchs (s. vorstehend) ein besonderes Gewicht zu. Eine Entschuldung zulasten des Unterhaltsanspruchs wird beim Mindestkindesunterhalt (s. → *Mindestbedarf*) nur in ganz besonderen Ausnahmefällen in Betracht kommen

(BGH 11.12.1985 – IVb ZR 80/84, NJW-RR 1986, 428), während ein Zurückstehen des Unterhaltsgläubigers eher zumutbar erscheint, wenn es nur vorübergehend ist; hier ist allerdings vorrangig die Möglichkeit der Stundung zu prüfen, auf die sich ein Gläubiger jedenfalls dann einlassen dürfte, wenn ihm ohnehin zurzeit eine Vollstreckung nicht möglich ist. Die Verweisung des Pflichtigen auf die **Einleitung eines Insolvenzverfahrens** (s. → *Verbraucherinsolvenz*) führt in solchen Fällen eines vorübergehenden finanziellen Engpasses nicht weiter. Ohnehin ist die vor einigen Jahren in den Vordergrund gerückte Lösung des Interessenkonflikts über das Insolvenzverfahren weitgehend in den Hintergrund gerückt und wird allenfalls noch beim Kindesunterhalt gefordert (s. Rn 44). Die Sicherung des Existenzminimums von minderjährigen Kindern hat Vorrang gegenüber dem Interesse des Pflichtigen an einer Erhöhung seiner Altersvorsorge durch Aufwendungen für eine sogenannte **sekundäre Altersvorsorge** (BGH 30.1.2013 – XII ZR 158/10, NJW 2013, 1005).

– **Möglichkeit, die Rückzahlung des Kredits zu stunden oder zeitlich zu strecken** und hierdurch die momentane Belastung zu senken (dies kann zB dann zumutbar sein, wenn die Unterhaltsverpflichtung in absehbarer Zeit entfällt oder geringer wird, so dass zusätzliche Mittel zur Schuldentilgung frei werden).

24 Sind Verbindlichkeiten bei der einkommensabhängigen Bedarfsbestimmung (beim Kindes- und Ehegattenunterhalt) unberücksichtigt geblieben, so können sie im Rahmen der Leistungsfähigkeit beachtlich sein, wenn ansonsten das unterhaltsrechtliche Existenzminimum, dh der notwendige Selbstbehalt des Pflichtigen nicht gewahrt bliebe. So können zB **Umgangskosten** einschließlich der **Kosten für die Versorgung des Kindes während der Umgangskontakte**, die nicht zu einer Minderung des Kindesunterhaltsbedarfs führen, soweit die Betreuung 50% der Gesamtbetreuungszeit nicht erreicht (BGH 28.2.2007 – XII ZR 161/04, NJW 2007, 1882), im Rahmen der Leistungsfähigkeit von Bedeutung sein. Dabei ist zu beachten, dass dem Pflichtigen seit der 2008 eingeführten Anrechnungsregelung in § 1612 b BGB nicht mehr der auf ihn entfallende Kindergeldanteil (anders als beim betreuenden Elternteil) verbleibt, aus dem er solche Aufwendungen ganz oder teilweise bestreiten könnte. Soweit das Existenzminimum des Pflichtigen ansonsten nicht gewahrt werden kann, sind diese Aufwendungen zu berücksichtigen und vom Einkommen des Pflichtigen abzuziehen oder – im Ergebnis gleich – dem notwendigen Selbstbehalt hinzuzurechnen (BGH 23.2.2005 – XII ZR 56/02, NJW 2005, 1493). Ein uneingeschränkter Vorrang des Unterhalts gegenüber dem Umgang ist nicht gerechtfertigt (NK-BGB/Schürmann § 1581 BGB Rn 51), und zwar auch dann nicht, wenn es um den Mindestunterhalt eines minderjährigen Kindes geht (vgl auch die Ergebnisse des 18. AK des 19. Dt. Familiengerichtstags 2011 – www.dfgt.de).

25 Die vorstehenden Erwägungen gelten in gleicher Weise für andere Aufwendungen, die beim Bedarf keine Rolle gespielt haben, wie zB Kreditraten für die **Beschaffung von neuem Hausrat** nach der Trennung. Waren diese Aufwendungen unvermeidbar und angemessen, so sind sie in der angegebenen Weise zur Wahrung des Existenzminimums zu berücksichtigen. Die Ablehnung der Berücksichtigung einer Kreditbelastung mit Verweisung auf die Durchführung einer Hausratsteilung (OLG Brandenburg 19.7.2011 – 10 UF 20/11, FamFR 2011, 393) verkennt, dass in der Regel auch bei einer solchen Teilung weiterer Anschaffungsbedarf bei beiden Ehegatten besteht, da die erhaltenen Gegenstände nicht zur Führung eines selbstständigen Haushalts ausreichen. Mit dieser Argumentation kann daher lediglich die Höhe der Aufwendungen, nicht jedoch ihre grundsätzliche Berücksichtigungsfähigkeit in Frage gestellt werden.

26 Eine besondere Stellung nehmen bei den Verbindlichkeiten des Pflichtigen **Unterhaltsansprüche Dritter** ein. Diese sind unabhängig von dem Zeitpunkt ihres Entstehens mangels Vorwerfbarkeit bei der Leistungsfähigkeit zu berücksichtigen. Dabei ist der jeweilige Rang von maßgeblicher Bedeutung, da der nachrangig Berechtigte diese Ansprüche vorgehen lassen muss, was zur Minderung des für den Anspruch des Berechtigten zur Verfügung stehenden Einkommens des Pflichtigen führt. Bei Gleichrangigkeit ist eine Mangelverteilung vorzunehmen, soweit das Einkommen nicht zur Deckung der vor- und gleichrangigen Ansprüche ausreicht.

Finke

III. Einzusetzendes Vermögen

Während die **Vermögenseinkünfte** des Pflichtigen (Zinsen, Mieteinnahmen, Dividenden) wie sonstige   27
Einkünfte – jedoch ohne Abzug eines Erwerbstätigenbonus – im Rahmen der Leistungsfähigkeit berücksichtigt werden, ist es nicht von vornherein klar, in welchem Umfang der Pflichtige auch das Vermögen selbst, dh den **Vermögensstamm** zu Unterhaltszwecken einsetzen muss. Dies wird vom Gesetz nur teilweise unmittelbar geregelt und im Übrigen von der Rechtsprechung für die unterschiedlichen Unterhaltsansprüche unterschiedlich beantwortet (s. Rn 28 ff). Es besteht im Übrigen für den Pflichtigen (in gleicher Weise wie für den Berechtigten im Rahmen seiner Bedürftigkeit) die Obliegenheit, Vermögenswerte zu realisieren, zB durch die Rückforderung von Schenkungen oder Darlehen sowie die Geltendmachung eines Pflichtteilsanspruchs (BGH 28.11.2012 – XII ZR 19/10, NJW 2013, 530, wo aber auch die Grenzen für die Vollstreckung durch den Unterhaltsgläubiger aufgezeigt werden, da ein einklagbarer Anspruch gegen den Unterhaltsschuldner auf Geltendmachung dieser Ansprüche nicht besteht).

1. Ehegattenunterhalt

Das Gesetz sieht eine Einschränkung des Zugriffs auf den Stamm des Vermögens des Pflichtigen in § 1581   28
S. 2 BGB für den **nachehelichen Ehegattenunterhalt** vor. Für den **Trennungsunterhalt** gelten ähnliche Grundsätze, wobei im Hinblick auf den möglichen Fortbestand der Ehe keine weitgehenden Vermögensverfügungen mit endgültigem Charakter verlangt werden können. Vom Berechtigten ist in diesem Fall eine stärkere Rücksichtnahme auf die Interessen des Pflichtigen zu erwarten (BGH 9.6.2004 – XII ZR 277/02, NJW 2005, 433).

Soweit seine Einkünfte nicht ausreichen, um den Bedarf des Berechtigten zu decken, muss der Pflichtige   29
auch sein Vermögen hierzu einsetzen. Eine Grenze findet diese Verpflichtung dann, wenn der Pflichtige sein Vermögen zur Deckung seines eigenen angemessenen Lebensbedarfs benötigt oder der Verbrauch bzw. die sonstige Verwertung des Vermögens unwirtschaftlich oder unter Berücksichtigung der beiderseitigen wirtschaftlichen Verhältnisse unbillig ist. Dieser Maßstab ist identisch mit den Anforderungen an den Einsatz des Vermögens zur Bedarfsdeckung durch den Berechtigten nach § 1577 Abs. 3 BGB. Haben beide Ehegatten Vermögen, so kann die zum Umfang des Vermögenseinsatzes vorzunehmende Billigkeitsprüfung nicht isoliert bei der Bedürftigkeit (für das Vermögen des Berechtigten) oder bei der Leistungsfähigkeit (für das Vermögen des Pflichtigen) vorgenommen werden. Vielmehr ist der Umfang des Vermögenseinsatzes einheitlich im Rahmen einer Gesamtbetrachtung der beiderseitigen wirtschaftlichen Verhältnisse zu bestimmen, wobei dem Berechtigten wegen des Vorranges der selbstständigen Deckung seines Bedarfs (§ 1569 S. 1 BGB) grundsätzlich mehr abzuverlangen ist als dem Pflichtigen.

Unwirtschaftlich ist die Verwertung insbesondere dann, wenn eine Veräußerung   30
– wegen einer momentan ungünstigen Marktlage zu einem erheblichen Mindererlös führen würde oder nach Abzug des Erlöses kein Gewinn oder sogar noch Schulden verbleiben würden (wie zB bei überteuert erworbenen Immobilien in den neuen Bundesländern);
– die Basis für eine langfristige (auch teilweise) Unterhaltssicherung beseitigen würde.

Unbillig ist die Verwertung von **sozialhilferechtlichem Schonvermögen** nach § 90 Abs. 2 SGB XII, insbesondere:
– Kapital aus einer mit öffentlichen Mitteln geförderten zusätzlichen Altersvorsorge nach § 10 a EStG (sog. Riester-Rente) sowie §§ 79 ff EStG (Nr. 2);
– ein selbst genutztes angemessenes Hausgrundstück (Nr. 8) und
– kleinere Barbeträge oder sonstige Geldwerte als sog. „Notgroschen" (Nr. 9), dh Beträge von 2.000–3.000 EUR.

Die Unbilligkeit des Vermögenseinsatzes kann sich auch daraus ergeben, dass der Berechtigte ein gleich   31
großes oder ähnliches **Vermögen anlässlich der Vermögensauseinandersetzung** bei der Scheidung erhalten und ohne Not ausgegeben hat. Hat dagegen der Berechtigte durch Abzug der Aufwendungen zur Vermögensbildung auf Seiten des Pflichtigen von dessen Einkommen eine Kürzung seines Unterhalts hinnehe-

men müssen, so kommt ein Rückgriff auf das Vermögen zu Unterhaltszwecken umso eher in Betracht. Daher ist zB Kapital, welches der Pflichtige nach der Scheidung aus einer zusätzlichen Altersvorsorge erhält, deren **Aufwendungen beim Unterhalt in der Vergangenheit berücksichtigt** worden sind, im Rentenfall für den Unterhalt einzusetzen (Gerhardt/von Heintschel-Heinegg/Klein VI Rn 227).

32   Bei der Zumutbarkeit des Einsatzes des Vermögens ist ggf nach dem Unterhaltstatbestand bzw dem Grund für die Inanspruchnahme des Pflichtigen zu differenzieren. So ist der **Betreuungsunterhalt** nach § 1570 BGB am Kindeswohl ausgerichtet, indem er eine Betreuung durch einen Elternteil in den ersten drei Lebensjahren umfassend und in der Zeit danach in dem Umfang ermöglichen soll, wie sie neben einer verfügbaren und zumutbaren Fremdbetreuung erforderlich ist. Die Bedeutung des Anspruchs wird insbesondere auch durch seinen besonderen Rang im System der Unterhaltsansprüche (§ 1609 Nr. 2 BGB) hervorgehoben. Dies rechtfertigt es, von dem Pflichtigen den Einsatz vorhandenen Vermögens jedenfalls dann immer zu verlangen, wenn ansonsten nicht ein Bedarf des betreuenden Elternteils gewährleistet ist, der im Bereich des Existenzminimums bzw des billigen Eigenbedarfs (2013: 1.100 EUR), wie er auch vom Pflichtigen selbst beansprucht werden kann, liegt. Wegen der zeitlichen Begrenztheit dieses Anspruchs kann dem Pflichtigen zugemutet werden, in einem solchen Fall zeitlich begrenzt auf Rücklagen für eine sekundäre Altersvorsorge zu verzichten.

2. Kindesunterhalt

33   Für den **Minderjährigenunterhalt** (s. → *Kindesunterhalt Minderjähriger*) sowie den Unterhalt privilegierter volljähriger Kinder (§ 1603 Abs. 2 S. 2 BGB) sieht § 1603 Abs. 2 S. 3 BGB indirekt eine Einschränkung des Zugriffs auf das Vermögen des Pflichtigen zur Bedarfsdeckung vor. Danach muss das minderjährige Kind als Berechtigter bei der Sicherstellung seines Mindestbedarfs (s. → *Mindestbedarf*) abweichend von der Regel, dass der Unterhaltsgläubiger vor einer Inanspruchnahme des Schuldners auf sein eigenes Vermögen zurückzugreifen hat, den Stamm seines Vermögens nur dann zur Bedarfsdeckung verwenden, wenn der Schuldner zur Bedarfsdeckung bei Einsatz seines Einkommens und Vermögens nur bei Unterschreitung seines eigenen angemessenen Bedarfs in der Lage wäre. Verfügt das Kind über ausreichendes eigenes Vermögen, so entfällt in diesem **Sonderfall** die gesteigerte Unterhaltspflicht nach § 1603 Abs. 2 S. 1 BGB, so dass eine Inanspruchnahme des Pflichtigen mit seinem Einkommen und Vermögen nur noch bis zum angemessenen Selbstbehalt möglich ist. Daraus ist zu schließen, dass der Pflichtige unabhängig von diesem relativ seltenen Sonderfall, der die Inanspruchnahme des Pflichtigen bis zum notwendigen Selbstbehalt betrifft, immer mit seinem Einkommen und Vermögen für die Sicherstellung des Unterhaltsbedarfs – auch über den Mindestbedarf hinaus – haftet, wenn ihm selbst der angemessene Selbstbehalt verbleibt. Dabei ist zu beachten, dass sich der Bedarf des Kindes nach § 1610 Abs. 1 BGB in aller Regel nach seiner von den Lebensverhältnissen der Eltern abgeleiteten Lebensstellung richtet, wobei für die Lebensverhältnisse der Eltern regelmäßig deren Einkünfte maßgeblich sind, während das Vermögen nur von Bedeutung ist, soweit hieraus bisher der Lebensbedarf gedeckt worden ist und eine Beibehaltung dieser Praxis für den Pflichtigen nicht unzumutbar ist ("Leben über die Verhältnisse").

34   Für den **Unterhalt volljähriger Kinder** (s. → *Kindesunterhalt Volljähriger*) – ausgenommen die bereits vorstehend behandelten privilegierten Volljährigen – sieht das Gesetz **keine allgemeine Billigkeitsgrenze** für den Einsatz des Vermögens des Pflichtigen vor (BGH 23.10.1985 – IVb ZR 52/84, NJW 1986, 1345). Hinsichtlich der Zumutbarkeit des Vermögenseinsatzes kommt eine Anlehnung an die Regelung beim nachehelichen Unterhalt nicht in Betracht. Vielmehr ist hier zunächst vom Berechtigten der Einsatz vorhandenen Vermögens zu verlangen bis zur Grenze der **groben Unbilligkeit** (BGH 5.11.1997 – XII ZR 20/96, NJW 1998, 978; OLG Köln 14.8.1998 – 4 UF 251/97, NJWE-FER 1999, 176). Erst dann besteht die Verpflichtung des Verpflichteten, sein Vermögen zur Deckung des Unterhaltsbedarfs seines Kindes zu verwenden.

35   Wegen der Stellung des Anspruchs im System der Unterhaltsansprüche (in der Rangfolge nach § 1609 Nr. 4 BGB hinter dem Minderjährigen- und Ehegattenunterhalt und vor dem Eltern- und Enkelunterhalt) ist darauf zu achten, dass dem Pflichtigen ausreichendes Vermögen verbleibt, soweit er dies für seinen ange-

messenen laufenden Unterhalt oder aber für seine Altersvorsorge benötigt. Dies kann nur nach den **Umständen des Einzelfalls** beurteilt werden (Höhe von Einkommen, Vermögen und Unterhaltsanspruch und deren Verhältnis zueinander). Von Bedeutung kann auch sein, woher das Vermögen stammt (zB bei Abfindung des Arbeitgebers) und ob besondere Umstände den Vermögenseinsatz nahe legen (bei der ohne wirtschaftliche Not getroffenen Entscheidung, die bisherige abhängige Beschäftigung zugunsten einer selbstständigen Erwerbstätigkeit aufzugeben). Der dem Kind von seinem Vermögen zu belassende sog. Notgroschen hat sich an § 90 Abs. 2 Nr. 9 SGB XII zu orientieren (BGH 5.11.1997 – XII ZR 20/96, NJW 1998, 978).

3. Eltern- und Enkelunterhalt

Zum Vermögenseinsatz des Pflichtigen beim sonstigen Verwandtenunterhalt nach §§ 1601 ff BGB – Kinder gegenüber ihren Eltern sowie Großeltern gegenüber ihren Enkeln – enthält § 1603 BGB keine Aussage. **36** Das **Schweigen des Gesetzes** ist besonders misslich im Hinblick darauf, dass es keine mit den beim Einsatz des Einkommens vergleichbare – nach dem Gewicht des jeweiligen Unterhaltsanspruchs betragsmäßig gestaffelte – Selbstbehalte bzw Schongrenzen für den Einsatz des Vermögens gibt. Dass es solcher Grenzen bedarf, steht außer Frage, da es keinen Grund gibt, den Einsatz des Vermögens anders zu beurteilen als den Einsatz des Einkommens. Dabei ist von Bedeutung, dass die Unterhaltsansprüche sowohl von Eltern als auch von Enkeln im System der Unterhaltsansprüche noch hinter den Ansprüchen volljähriger Kinder rangieren (§ 1609 Nr. 5 bzw Nr. 6 BGB). Bei der Beurteilung der **Zumutbarkeit des Vermögenseinsatzes** ist die schwächere Stellung des Elternunterhalts zu berücksichtigen (BGH 21.11.2012 – XII ZR 150/10, NJW 2013, 301).

Der Pflichtige muss auch nach Leistung von Elternunterhalt in der Lage sein, seinen eigenen angemessenen **37** Unterhalt jetzt und im Alter dauerhaft zu befriedigen (BGH 21.11.2012 – XII ZR 150/10, NJW 2013, 301). Ob ein vorhandenes Vermögen zusammen mit dem Einkommen hierzu ausreicht, kann anhand einer **Umrechnung des zur Verfügung stehenden Kapitals in eine Monatsrente** unter Berücksichtigung der statistischen Lebenserwartung des Pflichtigen festgestellt werden. Die Umrechnung kann in Anlehnung an § 14 BewG erfolgen (BGH 21.11.2012 – XII ZR 150/10, NJW 2013, 301). Der dabei zugrunde zu legende Zinssatz dürfte derzeit kaum mit mehr als 4 % angenommen werden und nicht mit 5,5 % (so aber OLG Düsseldorf 27.10.2010 – 8 UF 38/10, FamRZ 2011, 982 entsprechend § 14 BewG – Anlage 9).

Als Maßstab für das dem Pflichtigen für seine Altersversorgung zu belassende **Schonvermögen** kann auch **38** auf den Kapitalbetrag abgestellt werden, welcher dem Pflichtigen im Alter zur Verfügung stünde, wenn er eine ihm zustehende **zusätzliche Altersvorsorge iHv 5 % des Bruttoeinkommens** (des Vorjahres) betreiben würde. In dem entschiedenen Fall hat der BGH bei einem monatlichen Betrag von 107 EUR, einem Rechnungszins von 4 % und einer Laufzeit von 35 Jahren ein Betrag von fast 100.000 EUR ermittelt. Handelt es sich um einen selbstständig tätigen Unterhaltspflichtigen, der **bis zu 25 % seines Bruttoeinkommens** zur Altersvorsorge verwenden darf, so ist ihm ein entsprechend höheres Vermögen zu belassen, soweit er keine entsprechenden Altersvorsorgeaufwendungen von seinem Einkommen abzieht.

Bei der Abwägung der Zumutbarkeit des Vermögenseinsatzes ist auch zu berücksichtigen, dass jedenfalls in Fällen hochbetagter unterhaltsberechtigter Eltern Einkommen und Vermögen des Pflichtigen regelmäßig nur vorübergehend in Anspruch genommen werden (BGH 21.11.2012 – XII ZR 150/10, NJW 2013, 301).

4. Anspruch nach § 1615 l BGB

Da der Betreuungsunterhalt nach § 1615 l BGB eine gleich hohe Bedeutung für das Kindeswohl hat wie der **39** Betreuungsunterhalt nach § 1570 BGB, ist die Zumutbarkeit des Vermögenseinsatzes hier ähnlich zu bewerten (s. Rn 32).

IV. Besonderheiten bei der Beurteilung der Leistungsfähigkeit

1. Kindesunterhalt (Möglichkeiten der Erhöhung der Leistungsfähigkeit)

40 Bei der Sicherstellung des Mindestunterhalts eines minderjährigen Kindes sind besonders in der Zeit etwa seit dem Jahr 2000 Versuche erkennbar, der eingeschränkten Leistungsfähigkeit des Pflichtigen aufgrund der Stagnation oder sogar Rückläufigkeit der Erwerbseinkommen in unteren Lohnbereichen dadurch zu begegnen, dass neben der bereits erörterten Herabsetzung des Selbstbehalts (s. Rn 8) vom Pflichtigen eine zusätzliche Erwerbstätigkeit erwartet und bei Überschuldung die Einleitung eines Insolvenzverfahrens verlangt wird (s. → *Obliegenheit zur Verbraucherinsolvenz*). Die vom Ergebnis her geleiteten Überlegungen sind dabei nicht immer überzeugend. Hinsichtlich der Kürzung des Selbstbehalts ist bereits auf die zu beachtenden Grenzen hingewiesen worden (s. Rn 8 f).

41 **a) Nebentätigkeit.** Unter Berufung auf die gesteigerte Unterhaltspflicht nach § 1603 Abs. 2 S. 1 BGB wird teilweise eine grundsätzliche Verpflichtung zu einer maßvoll **über eine Vollzeitbeschäftigung hinausgehenden** Erwerbstätigkeit bejaht, wenn es um die Sicherstellung des Mindestbedarfs eines minderjährigen Kindes geht (OLG Hamm FamRZ 1996, 303; OLG Köln NJW 1998, 3127) und teilweise bereits vom Grundsatz her abgelehnt (OLG Hamm 25.5.2011 – 8 UF 6/11; OLG Stuttgart 21.11.2006 – 15 WF 283/06, FamRZ 2007, 1763; OLG Brandenburg 5.3.2007 – 10 WF 13/07, ZFE 2007, 271). **Voraussetzung** ist jedoch immer, dass eine weitere Tätigkeit

– **mit der Vollzeitbeschäftigung vereinbar** ist, wozu im konkreten Fall die Beschäftigungszeiten mit den damit verbundenen Fahrtzeiten festzustellen sind (OLG Hamm 4.1.2005 – 2 WF 604/04, FamRZ 2005, 1113: keine fiktive zusätzliche Erwerbstätigkeit neben einer fiktiven vollschichtigen Tätigkeit); daher in der Regel nicht zumutbar bei einer Haupttätigkeit in Wechselschicht (OLG Saarbrücken 8.2.2011 – 9 WF 123/10, FamRZ 2011, 1302) oder sonstigen unregelmäßigen Arbeitszeiten;

– mit den geltenden **Arbeitsschutzbestimmungen** (zB des ArbZG) vereinbar ist (BVerfG 5.3.2003 – 1 BvR 752/02, FamRZ 2003, 661 = FPR 2003, 479; BGH 4.5.2011 – XII ZR 70/09, NJW 2011, 1875); danach darf die tägliche Arbeitszeit acht Stunden (§ 3 ArbZG), die wöchentliche Arbeitszeit 48 Stunden (§ 2 ArbZG) nicht überschreiten und an Sonn- und Feiertagen nicht gearbeitet werden (§ 9 Abs. 1 ArbZG);

– arbeitsrechtlich zulässig ist; soweit der Arbeitsvertrag einen **Zustimmungsvorbehalt des Arbeitgebers** enthält, kann sich der Arbeitnehmer nicht ohne Weiteres über die verweigerte Zustimmung des Arbeitgebers hinwegsetzen, selbst wenn die Auffassung des Arbeitgebers rechtlich möglicherweise unzutreffend ist; in der Regel dürfte es im Interesse des Erhalts des Beschäftigungsverhältnisses nicht zumutbar sein, gegen den Arbeitgeber arbeitsrechtlich vorzugehen (OLG Hamm 8.7.2004 – 2 WF 307/04, FamRZ 2005, 649); das bedeutet nicht, dass der Pflichtige sich nicht um die Zustimmung bemühen und diese Bemühungen darlegen müsste;

– nicht aufgrund gesundheitlicher Beeinträchtigungen unzumutbar ist;

– den durch die **Betreuung von Kindern**, auch im Rahmen von **Umgangskontakten** eingeschränkten zeitlichen Rahmen berücksichtigt (BGH 3.12.2008 – XII ZR 182/06, NJW 2009, 1410: bei Umgangskontakten; OLG Nürnberg 28.7.2009 – 9 UF 215/09, FuR 2010, 50: bei Zusammenleben mit einem 16-jährigen Kind).

42 Insgesamt lässt die Rechtsprechung eine Tendenz erkennen, die im Ergebnis eine Obliegenheit zur Ausübung einer Nebentätigkeit neben einer vollschichtigen Tätigkeit nur in Ausnahmefällen bejaht. Anders verhält es sich bei der Zumutbarkeit einer solchen Tätigkeit **neben einer Teilerwerbstätigkeit**. Allerdings sind auch hier die vorgenannten Kriterien der Vereinbarkeit der beiden Tätigkeiten zu beachten.

43 **b) Insolvenzverfahren.** Im Falle der dauerhaften **Überschuldung des Pflichtigen** infolge von unterhaltsrechtlich berücksichtigungsfähigen Schulden ist zu prüfen, ob dem Pflichtigen nicht die Stellung eines Antrages auf Durchführung des **Verbraucherinsolvenzverfahrens** obliegt, um hierdurch ggf seine Leistungsfähigkeit zu steigern (s. → *Obliegenheit zur Verbraucherinsolvenz*). Ob und unter welchen Voraussetzungen eine solche Obliegenheit des Unterhaltspflichtigen besteht, ist streitig. Nachdem der Bundesgerichtshof dies bisher nur für den Kindesunterhalt bejaht (BGH 23.2.2005 – XII ZR 114/03, NJW 2005, 1279) und für

den Trennungsunterhalt (BGH 12.12.2007 – XII ZR 23/06, NJW 2008, 851) sowie den nachehelichen Unterhalt eines Ehegatten (BGH 2.6.2010 – XII ZR 138/08, NJW 2010, 2582) ausdrücklich verneint hat, hat diese vor allem in der Literatur in der Zeit von 2002 bis 2006 sehr intensiv erörterte Frage (zum Überblick über den Meinungsstand vgl Tomfort/Carlberg FPR 2008, 107) nur noch beim Kindesunterhalt Bedeutung, und zwar ausschließlich **zur Sicherstellung des Mindestunterhalts von minderjährigen Kindern.**

Die Rechtsprechung des Bundesgerichtshofs vermag indes nicht zu überzeugen, soweit sie auf die angeb- **44** lich **besseren Vollstreckungsmöglichkeiten** bei Durchführung eines Insolvenzverfahrens abstellt. Beim Minderjährigenunterhalt ist im Rahmen der Leistungsfähigkeit zunächst von Bedeutung, ob die Schulden des Pflichtigen gegenüber sonstigen Gläubigern unterhaltsrechtlich anzuerkennen sind. Erst danach stellt sich die Frage, welche Auswirkung eine Verbraucherinsolvenz auf die Leistungsfähigkeit des Pflichtigen haben würde.

Werden die **sonstigen Schulden** nach der bei der Prüfung der Leistungsfähigkeit erforderlichen umfassen- **45** den Abwägung der Umstände des Einzelfalles unterhaltsrechtlich **nicht anerkannt**, was nach der ständigen Rechtsprechung des Bundesgerichtshofs (BGH 9.5.1984 – IVb ZR 74/82, NJW 1984, 657; 11.12.1985 – IVb ZR 80/84, NJW-RR 1986, 428) regelmäßig das Ergebnis der Gesamtabwägung ist, wenn es um die Sicherstellung des Mindestbedarfs von Kindern geht, so bringt das Insolvenzverfahren des Pflichtigen insoweit zunächst keinen Vorteil, da die Vollstreckungsmöglichkeiten während der Dauer des Insolvenzverfahrens mit der sechsjährigen Wohlverhaltensphase nicht verbessert werden. Das Kind kann nämlich auch ohne die Eröffnung des Insolvenzverfahrens – im Gegensatz zu sonstigen Gläubigern – auf den Teil des Einkommens zwischen dem vollstreckungsrechtlichen Selbstbehalt gemäß § 850 d ZPO (BGH FamRZ 2003, 1466: Sozialhilfesatz zzgl sozialhilferechtlicher Einmalleistungen – seit 2005 pauschal im Regelsatz enthalten – zzgl tatsächlichem Wohnaufwand) und der Pfändungsgrenze nach § 850 c ZPO für sonstige Schuldner zurückgreifen. Anders verhält es sich erst **nach der Entschuldung**, weil dann auch das die Pfändungsfreigrenze übersteigende Einkommen des Pflichtigen zur Verfügung steht, ohne dass die alten Schuldner gleichzeitig hierauf zugreifen. Die unterhaltsrechtliche Leistungsfähigkeit beeinflusst dies aber nicht, da der Anspruch des berechtigten Kindes ohnehin ohne Berücksichtigung der sonstigen Schulden des Pflichtigen bestimmt wird.

Werden dagegen **sonstige Schulden** trotz der dadurch bedingten Beeinträchtigung des Kindesunterhalts **46** unterhaltsrechtlich **anerkannt**, kann nur über das Insolvenzverfahren erreicht werden, dass die die Höhe des Unterhaltsanspruchs beeinträchtigende Verbindlichkeit mit der Eröffnung des Insolvenzverfahrens unberücksichtigt bleibt, so dass sich der Unterhaltsanspruch entsprechend erhöht. Die Möglichkeit, den Unterhaltsanspruch im Wege der Zwangsvollstreckung zu verfolgen, unterscheidet sich nicht von der vorstehend dargestellten Alternative bei Nichtberücksichtigung der Schulden. Der Berechtigte kann lediglich auf das Einkommen des Pflichtigen zwischen dem vollstreckungsrechtlichen Selbstbehalt gemäß § 850 d ZPO und der Pfändungsgrenze nach § 850 c ZPO zugreifen. Die Eröffnung des Insolvenzverfahrens verbessert demnach für den Unterhaltsgläubiger die Vollstreckungsmöglichkeit bis zum Zeitpunkt einer möglichen Restschuldbefreiung nicht, da diese zumindest in dem gleichen Umfang auch ohne ein solches Verfahren besteht (vgl auch Wohlgemuth FF 2004, 9).

c) Hausmannrechtsprechung. Die sog. Hausmannfälle (NK-BGB/Saathoff § 1603 BGB Rn 12 f) betref- **47** fen Sachverhalte, bei denen der gegenüber einem minderjährigen Kind barunterhaltpflichtige Elternteil in einer neuen Ehe ein weiteres eigenes Kind betreut und nicht erwerbstätig ist, während der neue Ehegatte einer Erwerbstätigkeit nachgeht. Diese **Rollenwahl** (s. → *Rollenwechsel*) und der damit verbundene Wegfall bzw die Reduzierung der Erwerbseinkünfte muss von dem Kind aus erster Ehe nur hingenommen werden, wenn das **Interesse des Pflichtigen** und seiner neuen Familie an dieser Wahl das **Interesse des Kindes** aus erster Ehe an der Beibehaltung der bisher ausgeübten Erwerbstätigkeit **deutlich überwiegt** (BGH 21.2.2001 – XII ZR 308/98, NJW 2001, 1488). Allein der Wunsch, das Kind aus der neuen Ehe persönlich betreuen zu wollen, ist nicht ausreichend. Hinzukommen muss, dass der neue Partner ein deutlich höheres Einkommen erzielen kann als der Pflichtige, wenn der neue Partner die alleinige Betreuung des gemeinsamen Kindes übernehmen würde (BGH 12.4.2006 – XII ZR 31/04, NJW 2006, 2404; aA OLG Oldenburg

2.11.2004 – 12 UF 66/04, NJW-RR 2005, 516, das dies auch bei einem gleich hohen Einkommen nicht ausschließt). Ein weniger strenger Maßstab kommt in Betracht, wenn der Pflichtige auch in der früheren Ehe wegen der Betreuung eines Kindes nicht erwerbstätig gewesen ist, also kein Rollentausch vorliegt (BGH 12.4.2006 – XII ZR 31/04, NJW 2006, 2404).

48 Sind die Voraussetzungen gegeben, nach denen eine Beschränkung auf die Kindesbetreuung in der neuen Ehe hinzunehmen ist, so bedeutet dies nicht den Wegfall des Unterhaltsanspruchs des Kindes aus erster Ehe mangels Leistungsfähigkeit des Pflichtigen. Dieser ist vielmehr gehalten, auf das Unterhaltsinteresse dieses Kindes, dem er in gleicher Weise, dh auch **gleichrangig** zum Unterhalt, verpflichtet ist wie dem von ihm betreuten Kind aus der neuen Ehe, Rücksicht zu nehmen. Es ist von ihm regelmäßig eine **Nebentätig-keit** zu verlangen, um mit diesen Einkünften – **ohne Abzug eines Selbstbehalts**, soweit das Einkommen seines Ehepartners seinen notwendigen Bedarf im Rahmen des nach §§ 1360, 1360 a BGB zu leistenden Familienunterhalts deckt (BGH 15.3.2006 – XIIZR 30/04, NJW 2006, 1654; nach BGH 5.10.2006 – XII ZR 197/02, NJW 2007, 139 muss dem neuen Ehegatten allerdings mindestens der pauschale Ehegatten-selbstbehalt verbleiben) – zur Sicherung des Unterhalts des Kindes aus erster Ehe beizutragen. Ihm ist es dabei verwehrt, sich auf eine im Hinblick auf die Haushaltsführung und Kindesbetreuung überobligations-mäßige Belastung zu berufen, da sein Ehepartner verpflichtet ist, ihn zumindest zeitweise bei seinen häusli-chen Aufgaben zu entlasten, damit er einer Nebentätigkeit (zB in den Abendstunden oder am Wochenende) nachgehen kann. Obwohl er außerhalb des Unterhaltsverhältnisses des Pflichtigen zu seinem Kind aus ers-ter Ehe steht, ist es **dem neuen Ehegatten zumutbar** die Betreuung des eigenen Kindes während der Ne-bentätigkeit des Pflichtigen zu übernehmen und damit ggf über eine vollschichtige Erwerbstätigkeit hinaus für den Familienunterhalt einzustehen, da er den Pflichtigen in Kenntnis des gegen in bestehenden Barun-terhaltsanspruchs geheiratet hat (BGH 31.3.1982 – IVb ZR 667/80, NJW 1982, 1590).

49 Eine Nebentätigkeitsverpflichtung **während der Zeit des Bezuges von Erziehungsgeld** wird abgelehnt (BGH 12.4.2006 – XII ZR 31/04, NJW 2006, 2404; OLG Köln 5.9.2006 – 4 UF 88/06, NJW-RR 2007, 440). Sie ist ansonsten wegen der hier geltenden besonderen Anforderungen und der Beteiligung des ande-ren Elternteils an der Betreuung auch vor der Vollendung des dritten Lebensjahres des betreuten Kindes grundsätzlich zumutbar. In der Folgezeit kann die Betreuung nach den üblichen Anforderungen an die Er-werbsobliegenheit neben der Betreuung von Kindern nach dem UÄndG 2008 nur noch in Ausnahmefällen einen völligen Verzicht auf eine Erwerbstätigkeit rechtfertigen.

50 Eine Begrenzung des Unterhaltsanspruchs des Kindes auf den Betrag, der ohne den Rollenwechsel des Pflichtigen auf der Basis seines früheren Erwerbseinkommens zu leisten wäre, findet nicht statt (BGH 5.10.2006 – XII ZR 197/02, NJW 2007, 139). Soweit notwendig, kann das barunterhaltsberechtigte Kind auch auf einen **Taschengeldanspruch** des Pflichtigen gegen seinen Ehegatten zurückgreifen (BGH 5.10.2006 – XII ZR 197/02, NJW 2007, 139). Die vorstehenden Grundsätze gelten nicht nur bei völliger Aufgabe der Erwerbstätigkeit, sondern auch bei deren Reduzierung. Sie sind ebenfalls anzuwenden, wenn der Pflichtige statt in einer neuen Ehe in einer **nichtehelichen Lebensgemeinschaft** lebt und dort ein ge-meinsames Kind betreut (BGH 21.2.2001 – XII ZR 308/08, NJW 2001, 1488).

51 **d) Vorhandensein eines anderen unterhaltspflichtigen Verwandten.** Nach § 1603 Abs. 2 S. 3 BGB greift die gesteigerte Unterhaltspflicht nach § 1603 Abs. 2 S. 1 BGB gegenüber einem minderjährigen oder diesem gleichgestellten privilegierten volljährigen Kind nicht ein, soweit ein anderer unterhaltspflichtiger Verwandter zur Verfügung steht, der den Unterhalt **ohne Beeinträchtigung seines eigenen angemessenen Unterhaltsbedarfs** leisten kann. Der Pflichtige wird in diesem Fall also nur von einer Inanspruchnahme bis zum notwendigen Selbstbehalt ausgenommen, während er bis hin zum angemessenen Selbstbehalt wei-terhin haftet (BGH 4.5.2011 – XII ZR 70/09, NJW 2011, 1874). Es geht demnach um die Differenz zwi-schen diesen Selbstbehalten, dh bezogen auf einen erwerbstätigen Pflichtigen um 200 EUR. Erzielt der pri-mär Unterhaltspflichtige dagegen kein Einkommen über den angemessenen Selbstbehalt hinaus, so haftet ein vorhandener unterhaltspflichtiger sonstiger Verwandter des Kindes ohnehin nach § 1606 BGB.

52 Als anderer unterhaltspflichtiger Verwandter kommt auch der **andere Elternteil** unabhängig davon, dass er seiner Unterhaltspflicht bereits an sich ausreichend durch die Betreuung des Kindes nachkommt (§ 1606

Abs. 3 BGB), in Betracht (BGH 4.5.2011 – XII ZR 70/09, NJW 2011, 1874). Dies hat zur Folge, dass der andere Elternteil den Betreuungs- und Barunterhalt im Rahmen seiner Leistungsfähigkeit zu tragen hat. Ein solches Eintreten des betreuenden Elternteils in die Barunterhaltspflicht des anderen Elternteils ist nicht davon abhängig, dass dessen Einkommen um ein Vielfaches höher ist als das Einkommen des an sich vorrangig barunterhaltspflichtigen Elternteils.

Für die vielfach vertretene gegenteilige Auffassung (OLG Brandenburg 15.2.2011 – 10 UF 106/10, FamRZ 53
2011, 176; OLG Hamm 10.3.2009 – 3 UF 118/08, FamRZ 2009, 1919: doppelt so hohes Einkommen; Frankfurter LL Nr. 12.3: dreimal so hohes Einkommen) fehlt es an einer gesetzlichen Grundlage. So hat der Bundesgerichtshof zu Recht in dem zuletzt entschiedenen Fall eine Verpflichtung des betreuenden Elternteils bei einem Nettoeinkommen von monatlich rd. 1.600 EUR und Einkünften des an sich barunterhaltspflichtigen Elternteils unterhalb des – bereits herabgesetzten – pauschalen angemessenen Selbstbehalts bejaht. Soweit die Erzielung des Erwerbseinkommens neben der Kindesbetreuung mit einer besonderen Belastung verbunden ist, was vor allem bei der Betreuung jüngerer Kinder auch neben einer weitgehenden Fremdbetreuung während der Zeit der Erwerbstätigkeit möglich ist, kommt es in Betracht, dem betreuenden Elternteil einen Teil seines Einkommens anrechnungsfrei zu belassen (s. Rn 14). Nach der früheren Rechtsprechung war für diese Fälle ein sog. Betreuungsbonus vorgesehen (BGH 15.12.2004 – XII ZR 121/03, NJW 2005, 818).

Eine völlig andere Frage ist es, ob bei **sehr hohen Einkommensunterschieden der Eltern** unabhängig 54
von der Regelung des § 1603 Abs. 2 Nr. 3 BGB aus Billigkeitsgründen eine Beteiligung des in sehr viel besseren wirtschaftlichen Verhältnissen lebenden betreuenden Elternteils an der an sich allein den anderen Elternteil treffenden Barunterhaltspflicht in Betracht kommt. Dies beruht darauf, dass der Grundsatz der Gleichwertigkeit von Bar- und Betreuungsunterhalt in § 1606 Abs. 3 S. 2 BGB nicht uneingeschränkt gilt, sondern Korrekturen unterliegt, wenn ein Elternteil in deutlich besseren wirtschaftlichen Verhältnissen lebt (vgl BGH 19.11.1997 – XII ZR 1/96, NJW-RR 1998, 505, wo die Entscheidung nicht auf § 1603 Abs. 2 S. 3 BGB gestützt wird, sondern auf die Korrektur der Gleichwertigkeit von Bar- und Betreuungsunterhalt). Hier könnten die vorstehend zitierten Entscheidungen und Leitlinien (s. Rn 52) einen Anhaltspunkt bieten, jedoch die umfassende Abwägung im Einzelfall nicht ersetzen.

e) Haftungsanteile bei Barunterhaltspflicht beider Eltern. Während die Barunterhaltspflicht beider El- 55
tern bei einem minderjährigen Kind nur in dem vorstehend dargestellten Sonderfall (s. Rn 51 ff) sowie bei vollständiger Fremdunterbringung und -betreuung in Betracht kommt, ist sie bei volljährigen Kindern einschließlich der privilegiert Volljährigen nach § 1603 Abs. 2 S. 2 BGB regelmäßig gegeben. Die Eltern sind dabei nicht Gesamt-, sondern **Teilschuldner** hinsichtlich des jeweils auf sie entfallenden Haftungsanteils. Dieser Anteil wird ermittelt nach dem Verhältnis der nach Abzug des Selbstbehalts verbleibenden Einkünfte. Bei volljährigen Kindern ist auf den pauschalen angemessenen Selbstbehalt abzustellen. Dies gilt auch bei privilegiert volljährigen Kindern, soweit zumindest ein Elternteil mit seinem Einkommen diesen Selbstbehalt übersteigt und den Unterhaltsbedarf decken kann (BGH 12.1.2011 – XII ZR 83/08, NJW 2011, 670).

Soweit ein Elternteil gegen den anderen einen noch nicht titulierten Unterhaltsanspruch hat, stellt sich die 56
Frage, ob dieser vorab ohne Abzug des Kindesunterhalts ermittelt und erst dann die Haftungsquote bestimmt wird oder ob, mit Rücksicht auf die Bedarfsprägung des Kindesunterhalts für den Ehegattenunterhalt, dieser nach Abzug des Kindesunterhalts festgestellt wird. Richtig erscheint die zuerst genannte Vorgehensweise, da die durch den Ehegattenunterhalt bedingte Steigerung der Leistungsfähigkeit beim unterhaltsberechtigten Ehegatten und der Reduzierung auf Seiten des unterhaltspflichtigen Ehegatten beim Kindesunterhalt zu berücksichtigen ist. Die Unterschiede der Ergebnisse beider Methoden, die durch die Abweichung von der Halbteilung beim Ehegattenunterhalt infolge des 1/7-Bonus des Erwerbstätigen bedingt sind, sind in der Regel relativ gering, zumal sie noch unterschiedliche steuerliche Auswirkungen haben können (Absetzbarkeit des Ehegattenunterhalts im Rahmen des begrenzten Realsplittings nach § 10 Abs. 1 Nr. 1 EStG).

Eine andere Problematik kann sich hinsichtlich des **Vorwegabzugs** der vorrangigen (gegenüber privilegiert 57
Volljährigen gleichrangigen) **Unterhaltsverpflichtungen gegenüber minderjährigen Kindern** ergeben,

Finke

wenn es sich dabei teilweise um nicht gemeinsame Kinder der gemeinsam haftenden Eltern handelt. Dies kann dazu führen, dass die Haftungsquote zuungunsten eines Elternteils erheblich verändert wird aufgrund von Umständen, die ausschließlich im Bereich des anderen Elternteils liegen. Es kann daher im Einzelfall aus Billigkeitsgründen eine **Korrektur der Haftungsquote** geboten sein (Hammer LL Nr. 13.3.2). Sie erübrigt sich, wenn der Vorwegabzug nicht zu einer unangemessenen Belastung des anderen Elternteils in seinen wirtschaftlichen Verhältnissen führt (OLG Hamm 11.1.2011 – 2 WF 191/10, FamRZ 2011, 1599).

58 Verfügt ein Elternteil nur über ein ihm wegen Verletzung seiner Erwerbsobliegenheit zuzurechnendes **fiktives Einkommen** (s. → *Fiktives Einkommen*), so kann dies bei der Ermittlung der Haftungsquote nicht berücksichtigt werden, da der Bedarf des Kindes nicht mit fiktiven Einkünften gedeckt werden kann (OLG Köln 14.3.2011 – 14 WF 20/11, FamRZ 2011, 1599; Wendl/Dose § 2 Rn 567, 578; aA OLG Karlsruhe 24.2.2011 – 2 UF 45/09, FamRZ 2011, 1303). Etwas anderes kann gelten, wenn das Kind mit dem nicht bzw dem nicht ausreichend erwerbstätigen Elternteil in einem Haushalt lebt und einen Teil seines Bedarfs durch Naturalunterhaltsleistungen dieses Elternteils deckt (Wendl/Dose § 2 Rn 567) oder wenn beiden Elternteilen fiktive Erwerbseinkünfte zuzurechnen sind (Gerhardt VI Rn 158, 178).

2. Ehegattenunterhalt

59 Nachdem das Bundesverfassungsgericht (BVerfG 25.1.2011 – 1 BvR 918/10, NJW 2011, 836) der Vermischung von Elementen des Bedarfs und der Leistungsfähigkeit im Rahmen der Rechtsprechung des Bundesgerichtshofs von den „wandelbaren ehelichen Lebensverhältnissen" (BGH 28.1.2009 – XII ZR 119/07, NJW 2009, 1271) eine Absage erteilt hat, ist die **Konkurrenz von Ansprüchen mehrerer Ehegatten** sowie von Ehegattenunterhalt und sonstigen nach der Ehe entstandenen Unterhaltsansprüchen wieder ausschließlich im Rahmen der Leistungsfähigkeit (§ 1581 BGB) und nicht mehr bereits bei der Bedarfsbestimmung zu berücksichtigen. Zu den Einzelheiten s. → *Mehrere Bedürftige* Rn 1 ff.

Finke

155. Lohnsteuerklassen

Perleberg-Kölbel

I. Einführung	1	1. Differenzierungen	13
II. Einteilungen	3	2. Auswirkungen	14
III. Faktorverfahren	5	V. Lohnsteuerkarte/elektronisches System Elster	
IV. Lohnsteuertabellen	12	Lohn II	19

I. Einführung

Die Einkommensteuer bei Einkünften aus nichtselbstständiger Arbeit iSd § 19 EStG wird durch einen Ab- 1 zug vom Arbeitslohn erhoben. Die Lohnsteuer ist keine eigene Steuer, sondern vielmehr eine **Unterart** und **besondere Erhebungsform der Einkommensteuer**. **Schuldner** der Lohnsteuer ist der Arbeitnehmer, § 38 Abs. 2 S. 1 EStG. Die Lohnsteuer entsteht hierbei in dem Zeitpunkt, in dem der Arbeitslohn dem Arbeitnehmer zufließt, § 38 Abs. 2 S. 2 EStG. Sie wird für Rechnung des Arbeitnehmers bei jeder Lohnzahlung vom Arbeitsentgelt einbehalten, § 38 Abs. 3 S. 1 EStG und erfolgt unabhängig davon, ob der Arbeitnehmer zur Einkommensteuer veranlagt wird oder nicht.

Die LStDV definiert u.a. in § 1 die Arbeitnehmer- und Arbeitgebereigenschaft, in § 2 den Arbeitslohn und 2 in § 5 die besonderen Aufzeichnungs- und Mitteilungspflichten im Rahmen der betrieblichen Altersversorgung.

II. Einteilungen

Die Einreihung in Steuerklassen erfolgt für unbeschränkt steuerpflichtige Arbeitnehmer, § 38 b EStG. Da- 3 nach ist der Arbeitnehmer iSd Steuerklassen III und IV unbeschränkt einkommensteuerpflichtig, wenn er die Voraussetzungen des § 1 Abs. 1 oder 2 bzw des § 1 a EStG erfüllt, § 38 b Abs. 1 S. 3 EStG.

Folgende Einteilungen sind nach § 33 b Abs. 1 S. 2 EStG zu unterscheiden: 4

- **Steuerklasse I:**
  a) unbeschränkt einkommensteuerpflichtige
    aa) Ledige
    bb) Verheiratete, Geschiedene oder Verwitwete, wenn die Voraussetzungen für Steuerklasse III oder IV nicht erfüllt sind.
  b) beschränkt Einkommensteuerpflichtige
- **Steuerklasse II:** wie Steuerklasse I und wenn der Freibetrag für Alleinerziehende zu berücksichtigen ist, § 24 b EStG.
- **Steuerklasse III:**
  a) Verheiratete, beide unbeschränkt einkommensteuerpflichtig und nicht dauernd getrennt lebend. Der andere Ehegatte darf keinen Lohn beziehen oder muss auf gemeinsamen Antrag in die Steuerklasse V eingruppiert sein.
  b) Verwitwete für das Jahr nach dem Tod des Ehegatten bei beiderseitiger unbeschränkter Einkommensteuerpflicht und keinem dauernden Getrenntleben im Todeszeitpunkt.
  c) Bei aufgelöster Ehe für das Jahr der Auflösung, in dem die Eheleute (beide unbeschränkt einkommensteuerpflichtig) nicht dauernd getrennt lebten. Der andere Ehegatte muss im gleichen Jahr wieder geheiratet haben und darf nicht dauernd getrennt leben. Er und sein neuer Ehegatte müssen unbeschränkt einkommensteuerpflichtig sein.
- **Steuerklasse IV:** Verheiratete, beide Lohnbezieher, unbeschränkt steuerpflichtig sowie nicht dauernd getrennt lebend.
- **Steuerklasse V:** Arbeitnehmer wie bei Steuerklasse IV, wenn der Ehegatte auf beiderseitigen Antrag Steuerklasse III hat.

– **Steuerklasse VI:** Arbeitnehmer mit Lohn aus mehr als einem Arbeitsverhältnis für das zweite Arbeitsverhältnis und weitere Arbeitsverhältnisse sowie in den Fällen des § 39 c EStG (Einbehaltung der Lohnsteuer ohne Lohnsteuerabzugsmerkmale).

III. Faktorverfahren

5 **Seit 2010** wird das sog. „Faktorverfahren" gem. § 39 f EStG als **Alternative** für Ehegatten, die unter die Steuerklassenkombination III/IV oder IV/IV fallen, angeboten. Auf der Lohnsteuerkarte kann jeweils die Steuerklasse IV in Verbindung mit einem Faktor, nämlich **IV-Faktor/IV-Faktor,** eingetragen werden. Der Faktor ist stets kleiner als eins und berücksichtigt außerdem die steuermindernde Wirkung des Splittingverfahrens beim Lohnsteuerabzug (siehe auch die Beispiele im Merkblatt zur Steuerklassenwahl für das Jahr 2013 bei Ehegatten, die beide Arbeitnehmer sind, www.bundesfinanzministerium.de).

6 Die Ehegatten müssen hierzu am Beginn eines jeden Jahres ihre voraussichtlichen Jahresarbeitslöhne dem Finanzamt übermitteln. Auf dieser Grundlage wird die voraussichtliche Höhe der gemeinsamen Einkommensteuer nach Splittingtarif und auch die voraussichtliche Höhe des Lohnsteuerabzugs in der Steuerklasse IV festgestellt (Bißmaier FamRZ 2009, 1451). Diese beiden Werte werden dann ins Verhältnis gesetzt, wobei die Finanzbehörde auf den Lohnsteuerkarten der Ehegatten jeweils neben der Angabe „Steuerklasse IV" das Ergebnis, den „Faktor", einträgt.

7 Der **Faktor** ergibt sich folglich durch die Division der voraussichtlichen Einkommensteuer nach Splittingtarif durch die Summe der Lohnsteuer für beide Ehegatten nach der Steuerklasse IV. Dem jeweiligen Ehegatten verbleiben hierbei mindestens die ihm persönlich zustehenden Abzugsbeträge, wie der Grundfreibetrag, die Vorsorgepauschale, der Sonderausgaben-Pauschbetrag und der Kinderfreibetrag nach § 32 Abs. 6 EStG.

8 Das Faktorverfahren setzt einen gemeinsamen **freiwilligen Antrag** (also ohne amtlichen Vordruck) der Ehegatten bis **spätestens zum 30.11.** eines Kalenderjahres bei der Finanzbehörde unter Vorlage der Lohnsteuerkarten und unter Angabe der voraussichtlichen Arbeitslöhne des Kalenderjahres beider Ehegatten voraus.

9 Die Ehegatten bleiben weiterhin verpflichtet, für den Veranlagungszeitraum eine **Steuererklärung** abzugeben. Die Finanzbehörde stellt dann im Rahmen der Veranlagung die genaue Einkommensteuer fest, § 46 Abs. 2 Nr. 3 a EStG.

10 Der **Vorteil** des Splitting-Tarifs erscheint monatlich in Gestalt der Steigerung vom Nettolohn und wird auf beide Ehegatten entsprechend verteilt.

11 Das Faktorverfahren berührt nicht nur die steuerrechtliche Situation der Ehegatten, sondern steigert zB die Grundlage für das Arbeitslosengeld und für weitere Leistungen der Agentur für Arbeit, wie das Unterhalts-, Überbrückungs-, Kurzarbeiter-, Insolvenz- (Perleberg-Kölbel FuR 2009, 562) und das Elterngeld. Da das Einkommen des § 2 Abs. 1 BEEG nicht dem Nettoeinkommen iSd EStG entspricht, wird gem. § 2 Abs. 7 BEEG das Einkommen vielmehr nach Abzug der auf Grundlage der gewählten Steuerklasse monatlich anfallenden Lohnsteuer nebst Sozialabgaben ermittelt. Daher steigert sich wegen des Wechsels zur Steuerklassenwahl IV/IV und des Faktorverfahrens der Elterngeldanspruch (Hosser FamRZ 2010, 951). Die **Höhe des Elterngeldes** wird individuell errechnet. Es beträgt nach § 2 BEEG als Einkommensersatzleistung 67 % bzw ab einem Nettoeinkommen von rd. 1.200 EUR 65 % des Nettoentgeltes, das aufgrund der Betreuung von Kindern wegfällt. Es wird bis zu einem Höchstbetrag von 1.800 EUR monatlich gezahlt. Ab VZ 2011 entfällt das Elterngeld bei einem Jahreseinkommen von mehr als 250.000 EUR bei Ledigen bzw 500.000 EUR bei Verheirateten. Für **ab VZ 2013** geborene Kinder berechnet sich das Elterngeld gem. § 2 Abs. 1 S. 2 BEEG nach dem **Bruttoeinkommen,** dh das Einkommen aus Erwerbstätigkeit errechnet sich nach Maßgabe der §§ 2 c bis 2 f EStG aus der um die Abzüge für Steuern und Sozialabgaben verminderten Summe der positiven Einkünfte aus nichtselbständiger Arbeit nach § 2 Abs. 1 S. 1 Nr. 4 EStG sowie aus Land- und Forstwirtschaft, Gewerbebetrieb und selbstständiger Arbeit nach § 2 Abs. 1 S. 1 Nr. 1 bis 3

Perleberg-Kölbel

EStG, die im Inland zu versteuern sind und die die berechtigte Person durchschnittlich monatlich im Bemessungszeitraum hat.

Hilfe bei der Berechnung bietet der Elterngeldrechner unter www.elterngeld.net.

Auch eingetragene **Lebenspartner** können nun den Lohsteuerabzug, die Lohnsteuerklassenkombinationen IV/IV, III/V oder das so genannte Faktorverfahren wählen. Die Änderungen im Einkommensteuergesetz sind am 19.7.2013 in Umsetzung der Entscheidung des Bundesverfassungsgerichts vom 7.5.2013 (BT-Drucks. 17/13870) in Kraft getreten (BGBl. I 2013, 2397). Nach § 2 Abs. 8 EStG sind die Regelungen des Einkommensteuergesetzes zu Ehegatten und Ehen auch auf Lebenspartner und Lebenspartnerschaften anzuwenden.

IV. Lohnsteuertabellen

Die Lohnsteuertabellen bezeichnen die für die einzelnen Lohnsteuerklassen in Betracht kommenden Lohnsteuerbeträge. Es gilt die allgemeine von der besonderen Lohnsteuertabelle zu unterscheiden.   12

1. Differenzierungen

Die **allgemeine Lohnsteuertabelle** wird für Arbeitnehmer angewandt, die in allen Sozialversicherungszweigen versichert sind, während dagegen die **besondere Lohnsteuertabelle** in Betracht kommt, wenn der Arbeitnehmer in keinem Sozialversicherungszweig pflichtversichert oder privat kranken- oder pflegeversichert ist (zB Beamte).   13

2. Auswirkungen

In die Lohnsteuertabelle 2010 sind für die einzelnen Steuerklassen bereits Freibeträge bzw Pauschbeträge, Vorsorgepauschale und der Entlastungsbetrag für Alleinerziehende eingearbeitet. Ab **VZ 2010** ist für Kranken- und Pflegeversicherungsbeiträge eine von der Höhe des Arbeitslohns unabhängige Mindestvorsorgepauschale von höchstens 3.000 EUR in der Steuerklasse III und 1.900 EUR in allen übrigen Steuerklassen eingeführt worden. Sie beträgt 12 % des Arbeitslohns, § 39 b Abs. 2 Nr. 3 EStG.   14

Der **Grundfreibetrag** in den Steuerklassen I, II und IV beträgt ab VZ 2010 8.004 EUR und verdoppelt sich in der Steuerklasse III auf 16.008 EUR. Nach dem Gesetz zum Abbau der kalten Progression (BGBl. I 2013, 283) erhöht sich rückwirkend ab VZ 2013 entsprechend der Grundfreibetrag auf 8.130 EUR/ 16.206 EUR und ab 2014 auf 8.354 EUR/16.708 EUR. Der Eingangssteuersatz bleibt bei 14 %. Der geänderte Programmablaufplan für die maschinelle Berechnung der vom Arbeitslohn einzubehaltenden Lohnsteuer, des Solidaritätszuschlags und der Maßstabsteuer für die Kirchenlohnsteuer für 2013 war spätestens ab dem 1.4.2013 anzuwenden und der bisher vorgenommene Lohnsteuerabzug war grundsätzlich zu korrigieren (vgl BMF-Schreiben – IV C 5 – S-2361/13/10001 vom 20.2.2013).   15

Der **Arbeitnehmer-Pauschbetrag** gem. § 9 a S. 1 Nr. 1 a EStG ist in allen Steuerklassen gleich hoch mit 920 EUR angegeben (rückwirkend **ab VZ 2011** 1.000 EUR durch das am 9.6.2011 beschlossene Steuervereinfachungsgesetz 2011, BGBl. I 2011, 2131) und beträgt ab VZ 2014 1.130 EUR.   16

Soweit es sich um Versorgungsbezüge iSv § 19 Abs. 2 EStG handelt, beträgt der Pauschbetrag gem. § 9 a S. 1 Nr. 1 b EStG ab VZ 2009 102 EUR.

Freibeträge beim Lohnsteuerabzug müssen nicht mehr jährlich beantragt werden. Sie gelten für zwei Jahre. Bei Veränderungen zugunsten des Arbeitnehmers kann jedoch jederzeit eine Anpassung beantragt werden.

Der Sonderausgaben-Pauschbetrag beläuft sich nach § 10 c EStG auf 36 EUR in den Steuerklassen I, II, IV und V, während er sich in der Steuerklasse III auf 72 EUR verdoppelt. Er wird abgezogen, wenn der Steuerpflichtige keine höheren Aufwendungen nachweist.   17

18 Der Entlastungsbetrag für Alleinerziehende gem. § 24 b Abs. 1 S. 1 EStG in der Höhe von 1.308 EUR erscheint nur in der Steuerklasse II.

V. Lohnsteuerkarte/elektronisches System Elster Lohn II

19 Die Lohnsteuerkarte erfasst die persönlichen Merkmale des Steuerpflichtigen. Die letzte in Papierform ist die des Kalenderjahres 2010, die auch in 2011 ihre Gültigkeit behält, §§ 39 Abs. 1 S. 1, 39 e Abs. 9 S. 1 EStG.

20 **Seit VZ 2013** wird die Lohnsteuerkarte durch das **elektronische System „ElsterLohn II"** abgelöst, § 39 e EStG. Lohnsteuerliche Merkmale der Arbeitnehmer (Steuerklasse, Kinder, Religionszugehörigkeit und Freibeträge) werden allein in diesem System gespeichert, wobei der Arbeitgeber mithilfe der ihm von seinem Arbeitnehmer zur Verfügung gestellten Daten die für den Lohnsteuerabzug benötigten Auskünfte bei der Finanzverwaltung abruft. Die Speicherung der Daten erfolgt zentral in der sog. **ELStAM-Datenbank** (Elektronische Lohnsteuerabzugsmerkmale) beim Bundeszentralamt für Steuern.

21 Die Gemeinde als Meldebehörde hat mit der Bildung von Lohnsteuerabzugsmerkmalen aufgrund der Meldedaten nichts mehr zu tun. Ergeben sich Änderungen der Lohnsteuerabzugsmerkmale aufgrund von melderechtlichen Änderungen, zB infolge einer Heirat, erfolgt eine automatisierte Datenübermittlung der Meldebehörde an die ELStAM-Datenbank. Dort werden die Grunddaten entsprechend geändert. Die Arbeitgeber beider Ehegatten erhalten zum nächsten Monat eine Änderungsliste mit dem Hinweis auf die geänderten ELStAM (siehe auch Schramm/Harder-Buschner NWB 2012, 3526).

Mit § 42 g EStG ist ähnlich einer Umsatzsteuer-Nachschau die **Lohnsteuer-Nachschau** eingeführt werden, wonach Mitarbeiter des Finanzamts unangemeldet Unternehmen aufsuchen und sich einen Überblick über die betrieblichen Verhältnisse verschaffen dürfen. Es handelt sich hierbei weder um eine Außenprüfung, noch um eine Steuerfahndungsprüfung. Schriftliche und elektronische Aufzeichnungen sind vorzulegen und Auskünfte zu erteilen. Es dürfen allerdings keine Unterlagen mitgenommen oder Durchsuchungen vorgenommen werden.

156. Mangelfall und Selbstbehalt

Hamm

I. Selbstbehalt	1	2. Minderjährige und privilegierte volljährige Kinder	11
1. Allgemeines	1	III. Mangelfall	12
2. Notwendiger Selbstbehalt	2	1. Einkommenskorrektur	12
3. Angemessener Selbstbehalt	3	2. Mangelfall bei einem Berechtigten	14
a) Volljähriges Kind	3	3. Mangelfall bei mehreren Unterhaltsberechtigten	15
b) Elternunterhalt	4	a) Allgemeines	15
4. Eheangemessener Selbstbehalt und Ansprüche aus § 1615 l BGB	6	b) Minderjährige Kinder und privilegierte Volljährige	17
5. Anpassung des Selbstbehalts	7	c) Bedürftige Ehegatten	18
a) Herabsetzung	7	aa) Lösung der Rechtsprechung	18
b) Erhöhung des Selbstbehalts	8	bb) Lösung der Literatur	22
II. Rangfolge	9		
1. Allgemeines	9		

I. Selbstbehalt

1. Allgemeines

Nach §§ 1581, 1603 BGB hat der Unterhaltspflichtige nur dann Unterhalt zu leisten, wenn sein **eigener** **1** **angemessener Unterhalt**, dh sein Selbstbehalt, gewahrt bleibt. Anderenfalls liegt ein Mangelfall vor. Welcher Betrag dem Unterhaltspflichtigen zur **Sicherstellung seines Existenzminimums** als Selbstbehalt zu belassen ist, ist anders als beim Mindestunterhalt Minderjähriger nicht gesetzlich festgelegt (s. → *Mindestunterhalt* Rn 1). Das Urteil des Bundesverfassungsgerichts vom 9.2.2010, sog. **Hartz IV-Urteil**, leistet insoweit eine erfreuliche Klarstellung (BVerfG 9.2.2010 – I BvL 1/09, I BvL 3/09, I BvL 4/09, NJW 2010, 505). Denn das Existenzminimum ist am Bedarf einer Person orientiert und umfasst alle **existenznotwendigen Aufwendungen**, die für ein menschenwürdiges Existenzminimum benötigt werden. Auch der Selbstbehalt des Unterhaltspflichtigen ist also zunächst eine reine Bedarfsgröße. Wie dieser Selbstbehalt konkret aussieht, ergibt sich je nach der Unterhaltsverpflichtung.

2. Notwendiger Selbstbehalt

Der notwendige Selbstbehalt ist die **unterste Grenze des Eigenbedarfs**, der dem Unterhaltspflichtigen **2** verbleiben muss und nicht unterschritten werden darf (BGH 20.7.1990 – XII ZR 74/89, FamRZ 1990, 1090). Der notwendige Selbstbehalt gilt gegenüber minderjährigen Kindern und dem sie betreuenden Ehegatten sowie gegenüber privilegierten volljährigen Kindern. Er beträgt beim Nichterwerbstätigen 800 EUR und beim Erwerbstätigen 1000 EUR. In diesem Betrag sind Kosten für Unterkunft und Heizung in Höhe von 360 EUR enthalten (vgl zB Ziffer 21 SüdL, Stand 1.1.2013; Anmerkung 5 Düsseldorfer Tabelle). Auch der notwendige Selbstbehalt kann bis auf den **notwendigen Lebensbedarf nach sozialhilferechtlichen Grundsätzen** ermäßigt werden, wenn der Unterhaltspflichtige mit einem leistungsfähigen Partner zusammenlebt und durch die gemeinsame Haushaltsführung, vor allem durch eine gemeinsame Wohnung, Ersparnisse entstehen, durch die er sich auch sozialhilferechtlich auf einen im Rahmen seiner Bedarfsgemeinschaft geringeren Bedarf verweisen lassen muss, wobei der Selbstbehalt regelmäßig höchstens um 10 % gekürzt werden darf. (BGH 30.1.2013 – XII ZR 158/10, NJW 2013, 1005); s. → *Mindestbedarf* Rn 7).

3. Angemessener Selbstbehalt

a) Volljähriges Kind. Der angemessene Selbstbehalt gilt gegenüber volljährigen Kindern, die sich in Ausbildung befinden, die **nicht privilegiert** sind, somit keine volljährigen Kinder bis zur Vollendung des 21. **3** Lebensjahres im Haushalt mindestens eines Elternteils und in allgemeiner Schulbildung. Er beträgt nach Anmerkung 5 der Düsseldorfer Tabelle, Stand 1.1.2013, 1.000 EUR. Hierin sind Kosten für Unterkunft und Heizung in Höhe von 360 EUR enthalten. Der Bundesgerichtshof hat eine Entscheidung des OLG Köln bestätigt, nach dem dem unterhaltspflichtigen Elternteil, wie beim Elternunterhalt, ein pauschaler Selbstbehalt von 1.200 EUR zusteht, wenn das unterhaltsberechtigte volljährige Kind bereits eine eigene Lebensstellung erlangt hatte und dann zu einem späteren Zeitpunkt wieder unterhaltsbedürftig wird (OLG Köln 19.1.2010 – 25 UF 48/09, FamRZ 2010, 1739; BGH 18.7.2012 – XII ZR 91/10, NJW 2012, 2883).

4 **b) Elternunterhalt.** Gegenüber Eltern (auch Großeltern und Enkeln) beträgt der angemessene Selbstbehalt **mindestens 1.600 EUR**. Auch hierin sind Kosten für Unterkunft und Heizung in Höhe von 450 EUR enthalten (Ziffer 21 3.3. SüdL, Stand 1.1.2013). Beim Elternunterhalt ergibt sich weiter die Besonderheit, dass das über den angemessenen Selbstbehalt hinausgehende Einkommen des unterhaltspflichtigen Kindes nach den unterhaltsrechtlichen Leitlinien grundsätzlich über den Selbstbehalt hinaus **zur Hälfte anrechnungsfrei** verbleibt. Nach der Rechtsprechung handelt es sich bei dem angemessenen Selbstbehalt bei der Inanspruchnahme auf Elternunterhalt um keine feste Größe. Er steht in Abhängigkeit zum verfügbaren Einkommen, dem vorhandenen Vermögen sowie dem sozialen Rang des unterhaltspflichtigen Kindes. Das Kind soll eine dauerhafte und spürbare Senkung seines berufs- und einkommenstypischen Unterhaltsniveaus nicht hinnehmen. Auf keinen Fall kann vom unterhaltspflichtigen Kind verlangt werden, mehr von seinem Einkommen für den Unterhalt eines Elternteils einzusetzen, als ihm selbst verbleibt (BGH 25.6.2003 – XII ZR 63/00, NJW-RR 2004, 217).

5 In dieser Entscheidung hat der Bundesgerichtshof ebenfalls ausgeführt, dass im Falle des Elternunterhalts keine Absenkung des Selbstbehaltes deshalb in Betracht kommt, weil das unterhaltspflichtige Kind preisgünstiger wohnt, als es der in dem Selbstbehaltsatz berücksichtigten Warmmiete von derzeit 450 EUR entspricht. Insoweit führt der Bundesgerichtshof aus, dass es grundsätzlich der freien Disposition des Unterhaltspflichtigen unterliegt, wie er die ihm zu belassenden Mittel tatsächlich nutzt. Es sei ihm deshalb nicht verwehrt, seine Bedürfnisse anders als in den Unterhaltstabellen vorgesehen zu gewichten und sich zB mit einer preiswerteren Wohnung zu begnügen, um zusätzliche Mittel für andere Zwecke, etwa für Bekleidung, Urlaubsreisen oder kulturelle Interessen, einsetzen zu können. Diese Begründung überzeugt. Eine Dispositionsfreiheit des Unterhaltspflichtigen ist m. E. nur dann einzuschränken, wenn für den Unterhaltspflichtigen eine verschärfte Haftung aufgrund einer gesteigerten Erwerbsverpflichtung besteht.

4. Eheangemessener Selbstbehalt und Ansprüche aus § 1615 l BGB

6 Der sog. Ehegattenselbstbehalt wird als **Mittelbetrag zwischen dem notwendigen und angemessenen Selbstbehalt** veranschlagt (BGH 15.3.2006 – XII ZR 30/04, FamRZ 2006, 683). Entgegen der früheren Rechtsprechung des Bundesgerichtshofs bedarf es einer zusätzlichen Grenze der Leistungsfähigkeit nach den individuellen ehelichen Lebensverhältnissen nicht. Der Bundesgerichtshof hat es nicht gebilligt, dem unterhaltspflichtigen geschiedenen Ehegatten gegenüber dem unterhaltsberechtigten Ehegatten nur den notwendigen Selbstbehalt zu belassen. Dieses Privileg haben schon aufgrund des Rangverhältnisses lediglich minderjährige und privilegiert volljährige Kinder, denen gegenüber zudem noch eine gesteigerte Unterhaltsverpflichtung besteht, da diese schon wegen ihres Alters nicht in der Lage sind, ihren notwendigen Lebensbedarf durch eigene Anstrengungen zu decken oder zur Deckung beizutragen. Dies gilt für geschiedene und getrennt lebende Ehegatten in gleichem Maße. Umgekehrt kann der gegenüber dem Unterhaltsanspruch volljähriger Kinder stärker ausgestaltete Charakter des Ehegattenunterhalts auch zu einem geringeren Selbstbehalt führen, insbesondere wenn es sich um einen Unterhalt wegen Kindesbetreuung handelt. Aufgrund dieser Wertung der Unterhaltsansprüche hat es der Bundesgerichtshof für billig angesehen, den eheangemessenen Selbstbehalt mit dem Betrag zu bemessen, der zwischen dem angemessenen und dem notwendigen Selbstbehalt liegt. Ob dieser Betrag nach der Entscheidung des Bundesgerichtshofs vom 7.12.2011 (BGH 7.12.2011 – XII ZR 151/09, FamRZ 2012, 281, s. → *Eheliche Lebensverhältnisse* Rn 6; s. → *Mehrere Bedürftige/Drittelmethode* Rn 7 ff weiterhin anzuwenden ist oder hier wieder auf die frühere Rechtsprechung zurückgegriffen werden muss, nach der der eheangemessene Selbstbehalt individuell zu berechnen ist, ist derzeit noch ungeklärt (Borth FamRZ 2012, 253, 257).

5. Anpassung des Selbstbehalts

7 **a) Herabsetzung.** Eine Herabsetzung des Selbstbehalts kommt insbesondere durch eine aufgrund **gemeinsamer Haushaltsführung** eintretende **Ersparnis** infrage, jedoch höchstens auf das **Existenzminimum**

nach sozialrechtlichen Grundsätzen (BGH 9.1.2008 – XII ZR 170/05, FPR 2008, 172; s. → *Mindestbedarf* Rn 7). Der Ersparniseffekt fällt bei beiden Partnern an und kann deshalb beim Unterhaltspflichtigen nur zur Hälfte eingesetzt werden. In einer Entscheidung vom 17.3.2010 hatte der Bundesgerichtshof gegen eine Pauschalierung der Ersparnis, hier pro Person in Höhe von 100 EUR, keine Bedenken (BGH 17.3.2010 – XII ZR 204/08, FamRZ 2010, 802). Die Ersparnis durch das Zusammenleben wurde bisher in der Düsseldorfer Tabelle und in den unterhaltsrechtlichen Leitlinien mit ca. 25 % angesetzt (vgl Nr. 22 der Leitlinien). Wegen des Gebots des Bundesverfassungsgerichts, Sozialrecht und Unterhaltsrecht mehr aneinander anzupassen, sind künftig die Vorgaben des Gesetzgebers im Sozialrecht zu beachten, wonach die Ersparnis bei Zusammenleben für jeden Beteiligten jeweils 10 % beträgt (§ 20 Abs. 3 SGB II) (BVerfG 9.4.2003 – I BvL 1/01, I BvR 1749/01, FamRZ 2003, 1370). Absolute Untergrenze ist der Mindestlebensbedarf, der sozialhilferechtlichen Maßgaben entspricht. So hat das OLG Hamm in einer Entscheidung vom 17.12.2009 zum Kindesunterhalt den notwendigen Selbstbehalt bei Zusammenleben des Unterhaltspflichtigen mit einem neuen Partner von 900 EUR auf 810 EUR gekürzt (OLG Hamm 17.12.2009 – 3 UF 72/09, FamRZ 2010, 985). In dem vom OLG Hamm zu entscheidenden Fall verfügte auch der neue Partner des Unterhaltspflichtigen nur über Sozialleistungen, die bereits ihrerseits unter Berücksichtigung der Ersparnisse aufgrund gemeinsamer Haushaltsführung in einer sog. **Bedarfsgemeinschaft** ermittelt und reduziert worden sind. Wenn aber auch Leistungen für Unterkunft und Heizung gemäß § 22 SGB II gewährt werden, senken diese zugleich die Wohnkosten des Unterhaltspflichtigen, was zu einer Herabsetzung des notwendigen Selbstbehalts führen kann.

b) Erhöhung des Selbstbehalts. Die pauschalierten Selbstbehaltssätze sind im Einzelfall auf ihre Angemessenheit zu überprüfen. So kommt eine Erhöhung des Selbstbehalts beispielsweise bei **unvermeidbaren höheren Mietkosten** wie die im Selbstbehalt berücksichtigten Kosten in Betracht. Zu beachten ist aber, dass der Unterhaltspflichtige insoweit einen Anspruch auf staatliches Wohngeld haben könnte. Nicht nur das tatsächlich bezogene Wohngeld, sondern auch schon der insoweit bestehende Anspruch, der vom Unterhaltspflichtigen geltend gemacht werden muss, mindert dagegen die Mietbelastung. Nach der Rechtsprechung des Bundesgerichtshofs können auch **nicht unerhebliche Umgangskosten**, die der Unterhaltspflichtige aus den Mitteln, die ihm über den notwendigen Selbstbehalt hinaus verbleiben, nicht bestreiten kann, zu einer maßvollen Erhöhung des Selbstbehalts führen, üblicherweise in Höhe des hälftigen Kindergeldanteils (BGH 23.2.2005 – XII ZR 56/02, FamRZ 2005, 708). Beim Elternunterhalt gilt ohnehin der erhöhte Selbstbehalt und die 50 %-Grenze des darüber hinausgehenden Einkommens (s. Rn 4). 8

II. Rangfolge

1. Allgemeines

Ein Kernstück der Unterhaltsrechtsreform ist die Neufassung des **§ 1609 BGB**. Danach gilt seit dem 1.1.2008 folgende **Rangordnung:** 9

– **Stufe 1**: minderjährige unverheiratete Kinder und Kinder im Sinne des § 1603 Abs. 2 S. 2 BGB (privilegierte volljährige Kinder).
– **Stufe 2**: Elternteile, die wegen der Betreuung eines Kindes unterhaltsberechtigt sind oder im Falle einer Scheidung wären, sowie Ehegatten und geschiedene Ehegatten bei einer **Ehe von langer Dauer**. Nach dem Urteil des Bundesgerichtshofs vom 30.7.2008 ist bei der Prüfung der langen Ehedauer zu berücksichtigen, inwieweit durch die Ehe Nachteile eingetreten sind, um für den eigenen Unterhalt zu sorgen (BGH 30.7.2008 – XII ZR 177/06, FamRZ 2008, 1911; s. → *Nacheheliche Solidarität* Rn 5). Liegen auch bei einer längeren Ehedauer keine ehebedingten Nachteile vor, handelt es sich nicht um eine lange Ehe im Sinne des § 1609 Nr. 2 BGB.
– **Stufe 3**: Ehegatten, die nicht unter Nr. 2 fallen.
– **Stufe 4**: Kinder, die nicht unter Nr. 1 fallen.
– **Stufe 5**: Enkelkinder und weitere Abkömmlinge.
– **Stufe 6**: Eltern.
– **Stufe 7**: Weitere Verwandte der aufsteigenden Linie, wobei in dieser Rangstufe die näheren Verwandten den entfernteren vorgehen.

10 Mit Ausnahme von § 1609 Nr. 7 BGB besteht **innerhalb einer Rangstufe Gleichrang**. Die Einführung einer klaren Rangfolge bedeutet systematisch, dass zunächst der volle Bedarf der Vorrangigen erfüllt werden muss und dann erst nachrangige Unterhaltsbedürftige Unterhalt erhalten. Zu beachten ist, dass die Frage des Rangs nicht bei der Bedarfsermittlung, sondern erst bei der Leistungsfähigkeit von Bedeutung ist.

2. Minderjährige und privilegierte volljährige Kinder

11 Der Vorrang dieser Unterhaltsansprüche bezieht sich auf den **gesamten Unterhalt** und nicht lediglich auf den Mindestunterhalt im Sinne des § 1612 a BGB. Im Einzelfall ist der Unterhalt allerdings auf seine **Angemessenheit** hin zu überprüfen, wobei ein ausgewogenes Verhältnis zwischen den vorrangigen Ansprüchen der minderjährigen Kinder und nachrangigen Ansprüchen auf Betreuungsunterhalt oder sonstigen Unterhalt zu beachten ist. Nach der Rechtsprechung des Bundesgerichtshofs kann die Ausgewogenheit des Unterhaltsbedarfs verschiedener Unterhaltsberechtigter durch Anwendung der **Bedarfskontrollbeträge** der Düsseldorfer Tabelle oder auf andere Weise erreicht werden (BGH 6.2.2008 – XII ZR 14/06, FamRZ 2008, 968). In beengten Verhältnissen kann dies dazu führen, dass zur Wahrung des Unterhaltsanspruchs eines geschiedenen Ehegatten den minderjährigen Kindern lediglich der Mindestunterhalt und den privilegiert volljährigen Kindern lediglich der Unterhalt nach der 1. Einkommensstufe der 4. Altersgruppe der Düsseldorfer Tabelle zusteht. Nur in solchen Fällen beschränkt sich der Vorrang nach § 1609 Nr. 1 BGB auf diesen Mindestunterhalt, der dann dem angemessenen Unterhalt im Sinne von § 1610 Abs. 1 BGB entspricht. Bei besseren finanziellen Verhältnissen gilt der Vorrang hingegen auch für höhere Ansprüche.

III. Mangelfall

1. Einkommenskorrektur

12 Bei der **Leistungsfähigkeit** und damit insbesondere im Mangelfall ist stets das **gesamte Einkommen** des Pflichtigen anzusetzen. Das zunächst ermittelte bereinigte Nettoeinkommen ist im Mangelfall nochmals zu überprüfen und gegebenenfalls nach **Billigkeitskriterien** zu korrigieren, um einen Mangelfall zu vermeiden. So verlangt die gesetzliche Wertung des § 1603 Abs. 2 BGB, dass der Mindestunterhalt des Kindes stets Vorrang vor den Interessen des Unterhaltspflichtigen an einer zusätzlichen Altersvorsorge oder Rentenversicherung hat (BGH 30.1.2013 – XII ZR 158/10, NJW 2013, 1005). So können folgende üblicherweise nicht anrechenbare Einkommensbestandteile in Ansatz gebracht werden:

– freiwillige Leistungen Dritter, auf die kein Rechtsanspruch besteht (BGH 17.3.1999 – XII ZR 139/97, FamRZ 1999 843; s. → *Bedarfsermittlung* Rn 18);
– überobligatorische Einkünfte;
– der Erwerbstätigenbonus kann reduziert oder insgesamt herangezogen werden (s. → *Erwerbstätigenbonus* Rn 7);
– der notwendige Selbstbedarf kann bis auf das sozialhilferechtliche Existenzminimum gekürzt werden, wenn sich der Unterhaltspflichtige in eine neue Partnerschaft begibt (s. Rn 7);
– Schuldentilgungen können im Mangelfall gegenüber minderjährigen Kindern nur in Ausnahmefällen Berücksichtigung finden (BGH 6.2.2002 – XII ZR 20/00, FamRZ 2002, 536);
– höhere Fahrtkosten können im Mangelfall in der Regel nicht berücksichtigt werden, es kann die Benutzung öffentlicher Verkehrsmittel verlangt werden (OLG Brandenburg 30.6.1998 – 10 WF 58/98, FamRZ 1999, 1010).

13 Dabei ist im Einzelfall bei Ansprüchen minderjähriger Kinder ein strengerer Maßstab anzulegen, weil sie sich nicht selbst unterhalten können und deshalb ihnen gegenüber nach § 1603 Abs. 2 S. 1 BGB alle Mittel einzusetzen sind. Beim Ehegatten und sonstigen Nachrangigen ist dagegen je nach Rang eine großzügigere Einzelfallbetrachtung angebracht.

2. Mangelfall bei einem Berechtigten

14 Die Unterhaltsberechnung erfolgt bei einem Unterhaltsberechtigten im Mangelfall **in zwei Stufen:** Zunächst wird der volle Unterhaltsbedarf festgestellt. Anschließend wird der volle Unterhaltsbedarf um den

Teil gekürzt, der den Selbstbehalt unterschreitet, weil die Verteilungsmasse nicht ausreicht. Der Unterhaltsanspruch entspricht in diesem Fall der Verteilungsmasse.

3. Mangelfall bei mehreren Unterhaltsberechtigten

a) Allgemeines. Aufgrund der zum 1.1.2008 eingeführten Rangordnung nach **§ 1609 BGB** liegt ein sog. **absoluter Mangelfall** nur noch vor, wenn innerhalb eines Rangs mehrere Bedürftige vorhanden sind. Der frühere von der Rechtsprechung des Bundesgerichtshofs entwickelte Ansatz von Mindestbeträgen beim absoluten Mangelfall minderjähriger Kinder und Ehegatten entfällt durch den Vorrang der minderjährigen Kinder (BGH 22.1.2003 – XII ZR 2/00, FamRZ 2003, 363). Der **Mindestunterhalt** kommt jedoch dann zum Tragen, wenn es bei beengten Verhältnissen um die Eingruppierung beim Kindesunterhalt geht oder um die Feststellung eines Missverhältnisses beim Bedarf eines Vorrangigen durch Berücksichtigung nachrangiger Unterhaltslasten, dh bei einem Mangelfall des Bedürftigen (s. Rn 11). Im Verhältnis der Erst- und Zweitfamilie sowie eines minderjährigen Kindes und Ehegatten bzw Ansprüchen nach § 1615 l BGB ist auf ein **ausgewogenes Ergebnis** zu achten. **15**

Zur Feststellung des Mangelfalles bei mehreren Unterhaltsberechtigten ist wie folgt vorzugehen: **16**

1. Errechnung des Unterhaltsbedarfs des einzelnen Berechtigten;
2. Feststellung der Verteilungsmasse und des Mangelfalls;
3. Prüfung der Rangfragen;
4. Ausscheiden der Nachrangigen und Neuberechnung des Bedarfs der Vorrangigen;
5. anteilige Unterhaltskürzung bei den Gleichrangigen;
6. Ergebniskorrektur im Einzelfall.

Die **Kürzungsformel** bei Gleichrangigen **lautet wie bisher:**

K = V : S x 100 (K = Kürzungsfaktor, V = Verteilungsmasse, S = Summe aller Einsatzbeträge) (vgl hierzu ausführlich Gerhardt/von Heintschel-Heinegg/Klein/Gerhardt 6. Kap. Rn 728).

b) Minderjährige Kinder und privilegierte Volljährige. Reicht die **Verteilungsmasse**, also die Differenz zwischen dem notwendigen Selbstbehalt und dem bereinigten Nettoeinkommen des Pflichtigen nicht aus, um den Unterhalt mehrerer gleichrangiger minderjähriger Kinder zu decken, ist der Unterhalt entsprechend der unter Ziffer 1 genannten Formel (K = V : S x 100) anteilig zu kürzen. Das Kindergeld ist vorab nach § 1612 b Abs. 1 BGB bedarfsdeckend anzusetzen (BGH 19.11.2008 – XII ZR 51/08, FamRZ 2009, 311). Ein Mangelfall liegt deshalb nur vor, wenn unter Berücksichtigung der Zahlbeträge der notwendige Selbstbehalt unterschritten wird. Der Unterhalt aller Nachrangigen ist wegen der Mangellage nicht zu berücksichtigen. Für die Eingruppierung in die Düsseldorfer Tabelle ist deshalb nur die Anzahl der minderjährigen Kinder und privilegierten Volljährigen heranzuziehen. **17**

c) Bedürftige Ehegatten. aa) Lösung der Rechtsprechung. Bei einem oder mehreren bedürftigen Ehegatten ist zunächst der vorrangige Kindesunterhalt bei der Bereinigung des Nettoeinkommens des Pflichtigen abzuziehen, und zwar wegen der Bedarfsdeckung des Kindergelds nach § 1612 b Abs. 1 Nr. 1 BGB in Höhe des Zahlbetrags. Reicht danach für mehrere nachrangige Ehegatten bzw Ansprüche nach § 1615 l BGB die Verteilungsmasse nicht aus, ist zu beachten, dass nach der Begründung des Gesetzgebers zur Unterhaltsrechtsreform im besonderem Maße auf die **Erzielung gerechter Ergebnisse** im Verhältnis minderjähriger Kinder und betreuender Elternteile zu achten ist (BT-Drucks. 16/1830, 24; s. Rn 11, 15). Die Rechtsprechung ist an den Willen des Gesetzgebers gebunden. Da es beim **Vorrang des Kindesunterhalts** in beengten Fällen in erster Linie um die **Sicherung des Existenzminimums** durch den Mindestunterhalt geht, der dem Kind voll verbleibt, kann dies im Verhältnis minderjähriger Kinder und betreuender Elternteile im Mangelfall nicht dazu führen, Kindern möglichst viel und dem nachrangig betreuenden Elternteil im Verhältnis zu wenig zuzusprechen. Der Bundesgerichtshof hat deshalb entschieden, dass der Kindesunterhalt im Mangelfall im zweiten Rang trotz seines Vorrangs nur als Mindestunterhalt anzusetzen ist (BGH 17.9.2008 – XII ZR 72/06, FamRZ 2008, 2189; s. Rn 11). **18**

19 Nach der Rechtsprechung des Bundesgerichtshofs war bis zu der einschneidenden Entscheidung des Bundesverfassungsgerichts vom 25.1.2011 (BVerfG 25.1.2011 – 1 BvR 918/10, FamRZ 2011, 437) der Bedarf bei gleichrangigen unterhaltsberechtigten Ehegatten bzw bei Unterhaltsansprüchen nach § 1615 l BGB im Wege der **Dreiteilung** zu ermitteln (ständige Rechtsprechung des BGH, zB 17.12.2008 – XII ZR 9/07, 2009, 411). Soweit der Bedarf in dieser Form ermittelt wurde, hat das Bundesverfassungsgericht dies in seiner Entscheidung vom 25.1.2011 für verfassungswidrig erklärt (s. → *Eheliche Lebensverhältnisse* Rn 6; s. → *Mehrere Bedürftige/Drittelmethode* Rn 7 ff).

20 Das Bundesverfassungsgericht hat in seiner Entscheidung ausdrücklich darauf hingewiesen, dass die neue Rangordnung in § 1609 Nr. 2 BGB **nur für die Leistungsfähigkeit** und nicht im Rahmen der Bedarfsermittlung zum Tragen kommt. Bei **gleichrangigen** Ehegatten bzw Unterhaltsberechtigten gemäß § 1615 l BGB führt eine Mangelfallberechnung bei der Leistungsfähigkeit wegen des vom Bundesverfassungsgericht bestätigten Grundsatzes der Halbteilung notwendigerweise zur Dreiteilung. Die Dreiteilung im Rahmen der Leistungsfähigkeit steht nicht im Widerspruch zu den Ausführungen des Bundesverfassungsgerichts. Zum einen befasst sich das Bundesverfassungsgericht lediglich mit der Bedarfsermittlung und hat insbesondere den Willen des Gesetzgebers zu den Auswirkungen der Rangänderung beim Ehegattenunterhalt nicht beanstandet. Nach dem Willen des Gesetzgebers darf es zu keiner Bevorzugung eines gleichrangigen Unterhaltsbedürftigen kommen, auch nicht des geschiedenen Ehegatten. Diesen Hinweis auf die Gleichrangigkeit und Gleichwertigkeit beider Ehen wurde in der Entscheidung des Bundesverfassungsgerichts ausdrücklich bestätigt.

Dieser Auffassung ist nun auch der Bundesgerichtshof mit seiner Entscheidung vom 7.12.2011 gefolgt (BGH 7.12.12011 – XII ZR 151/09, FamRZ 2012, 281; s. → *Mehrere Bedürftige/Drittelmethode* Rn 7 ff; s. → *Eheliche Lebensverhältnisse* Rn 6) und nimmt nunmehr bei gleichrangigen Unterhaltsberechtigten im Rahmen der Leistungsfähigkeit des Unterhaltverpflichteten nach § 1581 BGB eine Billigkeitsabwägung in Form einer Dreiteilung des gesamten unterhaltsrelevanten Einkommens vor. Das heißt, dass auch eigene Einkünfte des neuen Unterhaltsberechtigten mit einzubeziehen sind.

21 Die unterhaltsrechtliche Literatur hat unterschiedliche Berechnungsmethoden entwickelt. Im Ergebnis kann es nur zu einer Dreiteilung kommen (s. → *Mehrere Bedürftige/Drittelmethode*).

22 **bb) Lösung der Literatur.** Gerhardt und Gutdeutsch differenzieren auf der Ebene der Leistungsfähigkeit zwischen dem Vorhandensein von zwei gleichrangigen bedürftigen Ehegatten und dem Vorhandensein von vor- und nachrangigen Ehegatten, wobei in jedem Fall der Splittingvorteil zu berücksichtigen ist (Gerhardt/ Gutdeutsch FamRZ 2011, 597, 772).

23 Bei der Berechnung des Unterhalts des zweiten **gleichrangigen Ehegatten** ist die nach § **1581 BGB** gekürzte Unterhaltsverpflichtung gegenüber dem ersten Ehegatten vorab abzuziehen. Dies folgt aus der gemäß der Entscheidung des Bundesverfassungsgerichts bestehenden **Gleichrangigkeit und Gleichwertigkeit** beider Ehen. Die Kürzung muss demnach zum Ziel haben, den **Grundsatz der Halbteilung** zu wahren, was bei zwei bedürftigen Ehegatten rechnerisch immer die **Dreiteilung** zur Folge hat. Deckt ein bedürftiger Ehegatte seinen Unterhalt selbst, ist jedoch darauf zu achten, dass der Bedarf des verbleibenden Ehegatten durch die Halbteilung begrenzt ist; ein Drittel kann nämlich nie über der Hälfte liegen.

24 Weiter ist sicherzustellen, dass dem Pflichtigen der **eheangemessene Selbstbehalt**, mindestens aber der Ehegattenmindestselbstbehalt von derzeit 1.200 EUR verbleibt. Bei einem Verbleib von mindestens 1.200 EUR beim Pflichtigen (sog. **relativer Mangelfall**), ist die Korrektur des Unterhalts des ersten Ehegatten bei gleichzeitiger Herabsetzung des Selbstbehalts des Pflichtigen abgeschlossen. Bei einem Unterschreiten dieses Betrags ist bei Gleichrangigen eine anteilige Kürzung des ermittelten Unterhalts vorzunehmen (sog. **absoluter Mangelfall**).

25 Auch bei **Vor- und Nachrang** eines bedürftigen Ehegatten erfolgt bei Gerhardt und Gutdeutsch eine gesonderte Ermittlung des Bedarfs jedes Ehegatten. Liegt danach ein **absoluter Mangelfall** vor, gilt die sog. **Vorranglösung**, dh der ermittelte Bedarf des Vorrangigen wird durch den Nachrangigen nicht gekürzt.

Beim **relativen Mangelfall** ist im Rahmen der Billigkeitsabwägung des § 1581 BGB die Rangstellung der beiden Bedürftigen von Bedeutung.

Bei **Vorrang des zweiten Ehegatten** schlagen Gerhardt und Gutdeutsch vor, den Bedarf des zweiten Ehegatten zwar durch Dreiteilung zu reduzieren, ihm aber den Vorteil des Zusammenlebens zu belassen, so dass sich der Anteil des Geschiedenen auf das nicht erhöhte Drittel beschränken würde (Gerhardt/ Gutdeutsch FamRZ 2011, 772).

Bei **Nachrang des zweiten Ehegatten** könnte die Berücksichtigung der Rangposition dafür sprechen, dem   26
vorrangig Geschiedenen den ermittelten Bedarf zu belassen, also von der Korrektur durch die Drittelmethode abzusehen und den nachrangig Bedürftigen auf einen evtl Steuervorteil und den Vorteil durch das Zusammenleben zu verweisen (Gerhardt/Gutdeutsch FamRZ 2011, 772).

Unabhängig hiervon können sich weitere Korrekturfälle ergeben (s. → *Mehrere Bedürftige/Drittelmethode*).

Nach Auffassung von Götz und Brudermüller erfolgt die Bestimmung der Leistungsfähigkeit des Pflichti-   27
gen hingegen **ohne Berücksichtigung der Drittelmethode,** und zwar unabhängig von den Rangpositionen. Sie stellen auf den **eheangemessenen Selbstbehalt** in der jeweiligen Zweierbeziehung ab (Götz/ Brudermüller NJW 2011, 806; aA BGH 7.12.2011 – XII ZR 591/09, FamRZ 2012, 281).

Bei **vorrangiger Rangposition** eines der beiden Bedürftigen kann dieser seinen Unterhaltsanspruch in vol-   28
ler Höhe durchsetzen, wenn der ihm gegenüber maßgebende eheangemessene Selbstbehalt des Pflichtigen gewahrt bleibt. Der Unterhalt des nachrangig Bedürftigen wird nur erfüllt, soweit dem Pflichtigen nach Abzug des Unterhalts des vorrangig Bedürftigen ein Einkommen verbleibt, das über dem in Bezug auf den nachrangig Bedürftigen maßgebenden eheangemessenen Selbstbehalt liegt (vgl Berechnungsbeispiel bei Götz/Brudermüller NJW 2011, 807).

Sind die beiden Bedürftigen **gleichrangig,** sind die jeweiligen Unterhaltsansprüche im Verhältnis der Dif-   29
ferenz zwischen dem Einkommen des Pflichtigen und dem eheangemessenen Selbstbehalt gegenüber dem geschiedenen Ehegatten (oder des besser Verdienenden) zur Summe aus den Unterhaltsansprüchen der Bedürftigen herabzusetzen. Zusätzlich zu diesem so herabgesetzten Unterhaltsanspruch erhält der neue Ehegatte (oder der geringer Verdienende) die Differenz zwischen den beiden eheangemessenen Selbstbehalten (Berechnungsbeispiel bei Götz/Brudermüller NJW 2011, 808).

Weitere Korrekturen sind sodann im Rahmen der **Angemessenheitsprüfung** des § 1581 BGB und im Rah-   30
men des **§ 1578 b BGB möglich** (s. → *Mehrere Bedürftige/Drittelmethode*).

157. Mehrbedarf/Sonderbedarf beim Ehegattenunterhalt

Hamm

I. Allgemeines 1
II. Mehrbedarf 2
   1. Überblick 2
   2. Krankheits- und altersbedingter Mehrbedarf 3
   3. Ausbildungsbedingter Mehrbedarf 4

4. Trennungsbedingter Mehrbedarf 5
III. Sonderbedarf 6
   1. Überblick 6
   2. Verfahrenskostenvorschuss 8

I. Allgemeines

1 Der Umfang des Bedarfs des Unterhaltsberechtigten umfasst den **gesamten laufenden Lebensbedarf**. Die praktische Schwierigkeit liegt darin, dass der laufende Bedarf meist nicht konkret unter Berücksichtigung aller vorhersehbaren Bedürfnisse bestimmt wird, sondern mit Ausnahme des konkreten Bedarfs schematisch nach Quoten (s. → *Bedarfsermittlung* Rn 31). In der Regel ist davon auszugehen, dass dadurch die zur Verfügung stehenden Mittel angemessen aufgeteilt sind. Insbesondere ist der **Halbteilungsgrundsatz** zu berücksichtigen und außerdem, dass der Pflichtige auch wegen Mehr- oder Sonderbedarfs nur bis zur Grenze seiner Leistungsfähigkeit in Anspruch genommen werden kann. Bei der konkreten Bedarfsermittlung entsteht das Problem eines Mehrbedarfs nicht, da dort per se alle Bedarfspositionen konkret ermittelt werden (s. → *Sättigungsgrenze/konkrete Einzelbedarfsberechnung*).

II. Mehrbedarf

1. Überblick

2 Ein Mehrbedarf besteht, wenn bei einem Ehegatten aufgrund besonderer Umstände des Einzelfalls **regelmäßig zusätzliche Mittel für besondere Aufwendungen** benötigt werden, die durch den Elementarbedarf nicht abgedeckt werden und deshalb zusätzlich geleistet werden müssen. Die typischen Fälle des Mehrbedarfs sind der **Krankenvorsorgeunterhalt** (s. → *Bedarfsermittlung* Rn 4; s. → *Krankenvorsorgeunterhalt*) und der **Altersvorsorgeunterhalt** (s. → *Bedarfsermittlung* Rn 6 ff; s. → *Altersvorsorgeunterhalt*). Hierbei ist zur Wahrung des Halbteilungsgrundsatzes eine zweistufige Berechnung erforderlich, es sei denn, der Elementarunterhalt errechnet sich nach dem konkreten Bedarf (s. → *Unterhaltsberechnung* Rn 4). Danach ist ein Mehrbedarf vorab vom unterhaltsrechtlich relevanten Einkommen in Abzug zu bringen und erst anschließend der Quotenunterhalt zu berechnen. Im Ergebnis teilen sich damit Verpflichteter und Berechtigter die Kosten des Mehrbedarfs. Unterhaltsrechtlich relevanter Mehrbedarf kann jedoch beispielsweise auch in Folge von Krankheit, Pflegebedürftigkeit, einer Ausbildung oder Fortbildung entstehen.

2. Krankheits- und altersbedingter Mehrbedarf

3 Bei krankheits- und altersbedingtem Mehrbedarf ist zunächst abzugrenzen, welche Positionen dem allgemeinen Lebensbedarf zuzurechnen sind. Die Rechtsprechung geht davon aus, dass sowohl die mittlerweile abgeschaffte **Praxisgebühr** als auch die **Zuzahlung zu Arzneimitteln** keinen krankheitsbedingten Mehrbedarf darstellen (OLG Karlsruhe 13.2.2008 – 2 WF 5/08, NJW-RR 2008, 1458). Dies seien Kosten der allgemeinen Lebensführung. Genauso wie die Kosten der vollstationären Krankenhausbehandlung treffen sie jeden in der gesetzlichen Krankenversicherung Versicherten, der das 18. Lebensjahr vollendet hat. Die damit verbundenen Belastungen für den Versicherten werden durch die Vorschriften des § 62 SGB V abgemildert, wonach der Versicherte während eines Kalenderjahres nur Zuzahlungen bis zu einer Belastungsgrenze, in der Regel 2 % des jährlichen Bruttoeinkommens, bei chronisch Kranken 1 % des jährlichen Bruttoeinkommens, in Anspruch genommen werden können. Etwas anderes gilt bei **Kosten für Pflegepersonal** sowie für die Unterbringung in einem **Alters- oder Pflegeheim** (OLG Saarbrücken 4.12.2003 – 6 UF 38/03, FamRZ 2004, 1293). Gegenzurechnen sind allerdings die Kosten, die ohnehin angefallen wären, insbesondere die des allgemeinen Lebensbedarfs und die normalen Wohnkosten. Der Ehegatte, der sich auf den Mehrbedarf beruft, hat diesen konkret darzulegen und zu beweisen. Bei entsprechenden Anhaltspunkten kann er nach § 287 ZPO, § 113 Abs. 1 S. 2 FamFG geschätzt werden (OLG Hamm 24.5.2005 – 2 UF

509/04, FamRZ 2006, 124). In der Entscheidung des OLG Hamm ging es um einen krankheitsbedingten Mehrbedarf aufgrund der Ernährung mittels einer Magensonde. Insoweit ist darzulegen, ob und in welchem Umfang die ernährungsbedingten Mehrkosten die häufig auftretenden Ersparnisse wegen Aufwendungen für die Normalernährung übersteigen.

3. Ausbildungsbedingter Mehrbedarf

Für den nachehelichen Unterhalt findet sich eine Regelung über Ausbildungskosten in § 1578 Abs. 2 BGB.   **4** Danach besteht **kein allgemeiner Ausbildungskostenfinanzierungsanspruch**, sondern ein Anspruch nur insoweit, als sich aus §§ 1574, 1575 BGB eine Pflicht zur Ausbildungsfinanzierung ergibt (s. → *Ausbildungsunterhalt*). § 1578 Abs. 2 BGB ergänzt insoweit den Unterhaltstatbestand des Ausbildungsunterhaltsanspruchs, als bei Vorliegen des Tatbestands die Ausbildungskosten, somit der ausbildungsbedingte Mehrbedarf, grundsätzlich zu tragen sind. Auch der geschuldete ausbildungsbedingte Mehrbedarf ist vorab vom bereinigten Nettoeinkommen des Unterhaltspflichtigen in Abzug zu bringen, bevor der Quotenunterhalt berechnet wird, es sei denn, der Unterhalt berechnet sich nach dem konkreten Bedarf (s. → *Unterhaltsberechnung* Rn 2). Der Unterhaltsberechtigte ist gehalten, bezüglich der Ausbildung einen **kostengünstigen Ausbildungsweg** zu wählen. Die Kosten für Privatschulen sind deshalb nur bei besonders günstigen Einkommensverhältnissen des Pflichtigen geschuldet, wenn auch eine kostengünstigere Variante zur Verfügung steht. Darüber hinaus ist dem Unterhaltsberechtigten zumutbar, die Ausbildungskosten auch durch auf Darlehensbasis gewährte öffentliche Mittel (BAföG) zu finanzieren.

4. Trennungsbedingter Mehrbedarf

In Folge der Trennung entstehen durch die **doppelte Haushaltsführung** sowohl auf Seiten des Unterhalts-   **5** pflichtigen als auch des Unterhaltsberechtigten zusätzliche Kosten (s. → *Bedarfsermittlung* Rn 9). Durch den trennungsbedingten Mehrbedarf kann sich sowohl der Bedarf des Berechtigten erhöhen, als auch die Leistungsfähigkeit des Pflichtigen einschränken. Unter den trennungsbedingten Mehrbedarf fallen insbesondere die **Mietkosten für eine neu anzumietende Wohnung** einschließlich Umzugskosten und Kaution, die Kosten für die **Anschaffung neuen Hausrats** und der nunmehr doppelt anfallenden Kosten der Lebenshaltung, etwa für Wohnnebenkosten, Pkw, Versicherungen, Telefon oder etwa **Anwalts- und Verfahrenskosten der Scheidung**. Trennungsbedingter Mehrbedarf kann somit auch Sonderbedarf darstellen, wenn es sich um keinen regelmäßigen Bedarf handelt, also beispielsweise bei Umzugskosten. Wenngleich der trennungsbedingte Mehrbedarf jeder Trennung immanent ist, kommt er unterhaltsrechtlich in den meisten Fällen deshalb nicht zum Tragen, da das gesamte vorhandene Einkommen der Eheleute ohnehin im Wege der Halbteilung zwischen den Ehegatten geteilt wird und deshalb kein Raum mehr für eine zusätzliche Belastung des Unterhaltspflichtigen zumutbar ist, den trennungsbedingten Mehrbedarf zusätzlich zum Quotenunterhalt zu bezahlen. Auch kann der Pflichtige derartige Kosten gegebenenfalls als unvermeidbare Darlehensverbindlichkeiten seinerseits einkommensmindernd in Ansatz bringen (BGH 9.6.2004 – XII ZR 308/01, FamRZ 2004, 1357; s. → *Bedarfsermittlung* Rn 27). Ungeachtet der Tatsache, dass das Vorliegen des trennungsbedingten Mehrbedarfs nach einer Trennung auf der Hand liegt, sind solche Mehrkosten konkret vorzutragen. Nach früherer Rechtsprechung des Bundesgerichtshofs konnte ein trennungsbedingter Mehrbedarf bei Vorliegen von nichtprägendem Einkommen auf Seiten des Pflichtigen hieraus bezahlt werden. Nach der neueren Rechtsprechung des Senats ist allerdings schon der Quotenunterhalt regelmäßig nach dem gesamten verfügbaren Einkommen zu bemessen, weil auch die Haushaltstätigkeit und Kindererziehung die ehelichen Lebensverhältnisse in einem Umfang geprägt haben, wie es sich aus dem als Surrogat an ihre Stelle getretenen Einkommen ergibt (BGH 13.6.2001 – XII ZR 343/99, NJW 2001, 2254). Neben dem deswegen im Wege der Differenzmethode zu ermittelnden höheren Unterhaltsbedarf würde ein konkret zu bemessender zusätzlicher Bedarf eines Ehegatten stets zu einem Verstoß gegen den Halbteilungsgrundsatz führen. Weil ein trennungsbedingter Mehrbedarf regelmäßig auch nicht in den ehelichen Lebensverhältnissen angelegt war, kann er deshalb in der Regel nicht neben dem nach der Differenzmethode ermittelten Quotenunterhalt berücksichtigt werden. Aufgrund dieser Rechtsprechung kommt dem trennungsbedingten Mehrbedarf in der Praxis kaum mehr eine Bedeutung zu. Die Berücksichtigung hat Ausnahmecharakter und kann unter Umständen verlangt werden, wenn auf Seiten des Unterhaltspflichtigen weitere Einkünfte vorhanden sind, die nicht in die Bedarfsberechnung mit eingeflossen sind. Nicht selten trifft dies die Fälle der konkreten Bedarfsbemessung. Bei der konkreten Bedarfsbemessung ist ein trennungsbedingter Mehrbedarf jedoch inkludiert (s. → *Sättigungsgrenze/konkrete Einzelbedarfsberechnung*).

III. Sonderbedarf

1. Überblick

6 In Abgrenzung zum Mehrbedarf handelt es sich beim Sonderbedarf (§ 1585 b BGB) um einen **unregelmäßigen, außergewöhnlich hohen Bedarf**, der nicht mit Wahrscheinlichkeit vorauszusehen ist. Ob er außergewöhnlich hoch ist, hängt letztlich davon ab, ob und wieweit dem Berechtigten bei einer Gesamtbetrachtung zugemutet werden kann, diesen Bedarf selbst zu bestreiten. Streitig ist in der Praxis oft die Vorsehbarkeit eines anfallenden Sonderbedarfs. Hierbei ist maßgeblich, ob die Ausgaben bis zu ihrem Eintritt bei objektiver Betrachtungsweise hätten einkalkuliert werden können, also ob der Unterhaltsberechtigte bis zum tatsächlichen Entstehen des Sonderbedarfs bei der Verwendung des bis dahin zur Verfügung stehenden Einkommens **Rücklagen** hätte bilden können. Eine nachträgliche Umlegung der Kosten auf einen längeren Zeitraum kommt nicht in Betracht (OLG Karlsruhe 6.6.1997 – 2 UF 186/96, NJW-RR 1998, 1226). Sonderbedarf kann zB durch die **Umzugskosten** im Zuge der Trennung und/oder die Renovierung einer Wohnung begründet sein. Weiter fallen darunter **unvorhergesehene Krankheits- und/oder Operationskosten**. Der BGH hat (BGH 18.1.2012 – XII ZR 177/09, FamRZ 2012, 514) bestätigt, dass auch Kosten künftiger **kosmetischer Operationen** als Sonderbedarf anzusehen und für jeden Einzelfall geltend zu machen sind. Auch bezüglich des Sonderbedarfs obliegt dem Unterhaltsberechtigten die Darlegungs- und Beweislast. Darüber hinaus ist beim Sonderbedarf zu beachten, dass der Halbteilungsgrundsatz nicht verletzt werden darf, weshalb – wie auch beim Mehrbedarf – eine Belastung des Unterhaltpflichtigen mit dem Sonderbedarf des Unterhaltsberechtigten dann nicht in Betracht kommt, wenn das gesamte verfügbare Einkommen in die Bedarfsermittlung und somit in den Quotenunterhalt des Unterhaltsberechtigten eingeflossen und damit bereits hälftig geteilt worden ist. Ein zusätzlicher Anspruch auf Sonderbedarf ist deshalb wie auch beim Mehrbedarf nur ausnahmsweise gegeben, wenn Einkommen vorhanden ist, welches nicht beim laufenden Unterhalt berücksichtigt wurde, oder aber der Unterhaltpflichtige über Vermögen verfügt.

7 Der Anspruch auf Sonderbedarf entsteht, wenn er bezifferbar ist, somit spätestens mit dessen Fälligkeit (OLG Karlsruhe 12.8.1999, FamRZ 2000, 1166). Weiter ist die **Zeitgrenze des § 1613 Abs. 2 Nr. 1 BGB** zu berücksichtigen. Sonderbedarf kann bis zu einem Jahr ab seiner Entstehung, für eine länger zurückliegende Zeit nur bei Verzug, Rechtshängigkeit oder vertraglicher Anerkennung verlangt werden.

2. Verfahrenskostenvorschuss

8 Hauptfall des Sonderbedarfs und ein besonderer Streitpunkt in der Praxis ist die Geltendmachung eines Verfahrenskostenvorschusses (s. → *Bedarfsermittlung* Rn 10). Dieser Anspruch umfasst die **Kosten für die Rechtsverfolgung des Unterhaltsberechtigten**, somit seine Anwalts- und Gerichtskosten. Gerade im Rahmen der Trennung und Scheidung ist es oft nur schwer vermittelbar, dass der Unterhaltpflichtige neben den eigenen auch noch für die Rechtsanwaltskosten des Unterhaltsberechtigten, und somit häufig seines eigenen Verfahrensgegners, aufkommen soll. Voraussetzung für einen Anspruch auf Verfahrenskostenvorschuss ist neben der Unterhaltsberechtigung als solche, dass der Rechtsstreit eine **persönliche Angelegenheit** betrifft (OLG Karlsruhe 8.10.2004 – 16 WF 118/04, FamRZ 2005, 1744). Weiter setzt der Anspruch eine **hinreichende Erfolgsaussicht der Rechtsverfolgung** voraus (BGH 7.2.2001 – XII ZB 2/01, NJW 2001, 1646). Der Bundesgerichtshof führt in dieser Entscheidung aus, dass im Interesse der Klarheit und Gleichbehandlung für den Anspruch auf Verfahrenskostenvorschuss derselbe Maßstab gelten muss wie im Verfahrenskostenhilfeverfahren. Auch Verfahrenskostenhilfe wird nur dann gewährt, wenn die beabsichtigte Rechtsverfolgung hinreichende Erfolgsaussichten hat. Dies gilt jedenfalls für alle Verfahren, in denen es auf eine Prüfung der Erfolgsaussicht ankommt, somit nicht im Scheidungsverfahren selbst. § 1360 a Abs. 4 BGB gewährt einen Anspruch auf Verfahrenskostenvorschuss gegen den anderen Ehegatten nur, soweit er der Billigkeit entspricht. Aufgrund dieses Billigkeitskriteriums ist es dem Unterhalts-

pflichtigen nicht zumutbar, dem Unterhaltsberechtigten ein Verfahren zu finanzieren, das aller Voraussicht nach erfolglos bleibt und sich in den meisten Fällen auch noch gegen ihn selbst richtet.

Der Anspruch auf Verfahrenskostenvorschuss ist **unterhaltsrechtlicher Natur** und setzt deshalb das Bestehen eines Unterhaltsanspruchs voraus. Das bedeutet, dass der Antragsteller **bedürftig** und der Pflichtige **leistungsfähig** sein muss. Ein Anspruch auf Verfahrenskostenvorschuss besteht deshalb nicht, wenn der Vorschusspflichtige selbst Verfahrenskostenhilfe ohne Raten erhalten würde (BGH 4.8.2004 – XII ZA 6/04, FamRZ 2004, 1633). Kann der Vorschusspflichtige wegen eingeschränkter Leistungsfähigkeit den gesamten Betrag nicht in einer Summe bezahlen, ist nach unterhaltsrechtlichen Maßstäben zu entscheiden, ob er den Verfahrenskostenvorschuss neben den sonstigen Verpflichtungen in Raten ohne Gefährdung seines eigenen Selbstbehalts bezahlen kann. Bei durchschnittlichen Einkünften des Pflichtigen besteht beim Trennungsunterhalt in der Regel keine Leistungsfähigkeit für einen Verfahrenskostenvorschuss, da die gemeinsamen Einkünfte der Eheleute über den Quotenunterhalt hälftig verteilt werden. Die Zubilligung eines Verfahrenskostenvorschusses neben der Unterhaltsquote würde somit zu einer **Verletzung des Halbteilungsgrundsatzes** führen (OLG München 13.9.2005 – 16 WF 1542/05, FamRZ 2006, 791). Grundsätzlich muss der Halbteilungsgrundsatz gewahrt sein, weshalb es anders als in der Entscheidung des OLG München nicht darauf ankommt, ob es sich um durchschnittliche oder überdurchschnittliche Einkünfte auf Seiten des Pflichtigen handelt. Ein Anspruch auf Verfahrenskostenvorschuss scheidet deshalb immer dann aus, wenn der Unterhalt nach einer Quote bemessen wird und weder nicht prägendes Einkommen noch Vermögen vorhanden ist (OLG Hamm 19.3.2012 – 5 WF 58/12, FamFR 2012, 392). Ein Anspruch auf Verfahrenskostenvorschuss besteht als Teil des Trennungsunterhalts nur, solange die Ehe besteht, somit bis zur Rechtskraft der Scheidung.

9

Nach Beendigung des Verfahrens oder der Instanz, für welche der Verfahrenskostenvorschuss geltend gemacht wird, kann dieser nicht mehr verlangt werden, wenn der Anspruch gegenüber dem Unterhaltspflichtigen bis dahin noch nicht geltend gemacht war (BGH 15.5.1985 – IV b ZR 33/84, NJW 1985, 2263). Unter engen Voraussetzungen besteht ein **Anspruch auf Rückzahlung des Verfahrenskostenvorschusses**, wie sich schon aus dem Begriff „Vorschuss" ergibt. Die Rückforderung ist gerechtfertigt, wenn sich die wirtschaftlichen Verhältnisse des Unterhaltsberechtigten, der den Verfahrenskostenvorschuss erhalten hat, wesentlich verbessert haben. In der Praxis ist dies häufig dann der Fall, wenn der Empfänger des Verfahrenskostenvorschusses entweder den Zugewinnausgleich oder aber den rückständigen Unterhalt ausbezahlt erhält. In beiden Fällen empfiehlt es sich, schon im Verfahren die **Aufrechnung** mit dem Verfahrenskostenvorschuss zu erklären. Weiter ist eine Rückforderung aus Billigkeitsgründen möglich. Dies hat der Bundesgerichtshof in einem Urteil vom 14.2.1990 für den Fall bejaht, dass die gesetzlichen Voraussetzungen für den Verfahrenskostenvorschuss von vornherein nicht vorlagen, beispielsweise weil der Unterhaltsberechtigte überhaupt nicht bedürftig war (BGH 14.2.1990 – XII ZR 39/89, NJW 1990, 1476).

10

Die **Höhe des Verfahrenskostenvorschusses** errechnet sich aus den Anwaltsgebühren, die für das beabsichtigte Verfahren anfallen, zuzüglich der zu verauslagenden Gerichtskosten und gegebenenfalls der Kosten für das Verfahren auf einstweilige Anordnung (s. → *Unterhaltsberechnung*). Es können dabei immer nur die Kosten einer Instanz geltend gemacht werden.

11

Der Verfahrenskostenvorschuss kann **im Wege der einstweiligen Anordnung** gerichtlich geltend gemacht werden (s. → *Einstweiliger Rechtsschutz*). Der Unterhaltsberechtigte ist vor der Beantragung von Verfahrenskostenhilfe gehalten zu prüfen, ob er einen Anspruch auf Verfahrenskostenvorschuss gegen den anderen Ehegatten hat.

12

158. Mehrbedarf/Sonderbedarf beim Kindesunterhalt

Schausten

I. Einleitung	1	7.	Erstausstattung eines Säuglings	13
II. Materielle Grundlagen	2	8.	Studiengebühren	14
III. Anerkennungsfähigkeit des Zusatzbedarfs	4	9.	Kindergartenbeiträge	15
IV. Einzelfälle	6	10.	Kommunion/Konfirmation	16
1. Klassenfahrten	6	11.	Tiere	17
2. Schüleraustausch	7	12.	Computer	18
3. Internatskosten	8	V. Haftung nach Quoten	19
4. Nachhilfekosten	10	VI. Verfahrensrechtliche Hinweise	21
5. Fahrtkosten	11	1. Sonderbedarf	21
6. Kieferorthopädische Behandlungskosten	12	2. Mehrbedarf	24

I. Einleitung

1   Der nach den Sätzen der Düsseldorfer Tabelle ermittelte Unterhaltsbedarf eines Kindes umfasst den notwendigen allgemeinen Lebensbedarf wie Aufwendungen für die Ernährung, Unterkunft, Kleidung, Körperpflege und persönliche Bedürfnisse des täglichen Lebens. Daneben können noch weitere Bedarfspositionen entstehen, für die im Einzelfall zu überprüfen ist, ob sie aus dem laufenden Unterhalt zu tragen sind, oder ob es sich dabei um sog. Sonder- oder Mehrbedarf handelt.

II. Materielle Grundlagen

2   Gemäß der Definition in § 1613 Abs. 2 Nr. 1 BGB liegt Sonderbedarf bei einem **unregelmäßigen und außergewöhnlich hohen Bedarf** vor; es handelt sich um einen überraschenden, nicht mit Wahrscheinlichkeit voraussehbaren und der Höhe nach nicht abschätzbaren Bedarf, der beim laufenden Unterhalt nicht – auch nicht als Mehrbedarf – berücksichtigt werden konnte (BGH 15.2.2006 – XII ZR 4/04, NJW 2006, 1509). Ob der insoweit außer der Reihe auftretende Bedarf als außergewöhnlich hoch bewertet werden muss, ist abhängig vom jeweils laufenden Unterhalt im konkreten Fall, jedoch auch von den sonstigen Einkünften des Berechtigten, dem Lebenszuschnitt der Beteiligten sowie auch Art und Umfang der besonderen Aufwendung (NK-BGB/Saathoff § 1613 BGB Rn 14). Über die Vorschrift des § 1585 b Abs. 1 BGB sind die Regelungen zum Sonderbedarf auch auf den **nachehelichen Ehegattenunterhalt** anwendbar.

3   Als **Mehrbedarf** ist der Teil des Lebensbedarfs anzusehen, der regelmäßig während eines längeren Zeitraums anfällt und das Übliche derart übersteigt, dass er mit den Regelsätzen nicht erfasst werden kann, andererseits aber kalkulierbar ist und deshalb bei der Bemessung des laufenden Unterhalts berücksichtigt werden kann (BGH 5.3.2008 – XII ZR 150/05, NJW 2008, 2337).

III. Anerkennungsfähigkeit des Zusatzbedarfs

4   Sonder- und Mehrbedarf sind Teil des Lebensbedarfs iSd § 1610 Abs. 2 BGB und dienen nicht der Finanzierung unnötiger Aufwendungen. Es muss sich in jedem Fall um die **Deckung notwendiger Lebensbedürfnisse** handeln, wobei auf die Sicht eines objektiven Betrachters unter Berücksichtigung der konkreten Lebensumstände abzustellen ist (OLG Hamm 21.12.2010 – 2 WF 285/10, NJW 2011, 1087). Der Unterhaltsberechtigte hat die Verpflichtung, die Inanspruchnahme des Unterhaltspflichtigen so gering wie möglich zu halten und seine Leistungsfähigkeit nicht über Gebühr zu strapazieren. Verlangt der Unterhaltsberechtigte beispielsweise den Ersatz von Kosten für Zusatzleistungen des Zahnarztes im Rahmen einer kieferorthopädischen Behandlung, sind diese nur dann zu erstatten, wenn der Unterhaltsverpflichtete diesen Zusatzleistungen vorab zugestimmt hatte oder die Zusatzleistungen medizinisch notwendig gewesen sind (OLG Frankfurt/M. 21.7.2010 – 4 UF 55/10, FamRZ 2011, 570).

5   Haben die unterhaltsverpflichteten Eltern ihrem Kind ein Studium zu finanzieren, so steht dem Kind ein gewisser Spielraum bei der selbstständigen Auswahl der Lehrveranstaltungen und dem eigenverantwortlichen Aufbau des Studiums zu, sofern dadurch nicht der ordnungsgemäße Abschluss des Studiums inner-

halb angemessener Frist gefährdet wird. Innerhalb dieses Rahmens kann das Kind auch den Studienort wechseln. Soweit mit einem Ortswechsel ein erhöhter Unterhaltsbedarf des Kindes entsteht, ist dieser regelmäßig vom Unterhaltsverpflichteten zu tragen, sofern sich die Finanzierung in den Grenzen seiner wirtschaftlichen Leistungsfähigkeit hält. Die Finanzierung des Mehrbedarfs darf dem Verpflichteten wirtschaftlich nicht unzumutbar sein (BGH 26.2.1992 – XII ZR 97/91, NJW-RR 1992, 1026).

IV. Einzelfälle

1. Klassenfahrten

Ist ein **Englandaustausch** ebenso wie eine **Klassenfahrt** Bestandteil des regelmäßigen Schulprogramms 6 für die jeweilige Klassenstufe, fehlt es am Merkmal des überraschenden Auftretens (OLG Hamm 21.12.2010 – 2 WF 285/10, NJW 2011, 1087). Die Kosten für eine Klassenfahrt können, auch wenn sie vorhersehbar sind, Sonderbedarf darstellen, wenn dafür eine **Rücklagenbildung** aus dem laufenden Unterhalt **nicht möglich** ist (OLG Hamm 5.4.2004 – 11 WF 62/04, NJW-RR 2004, 1446).

2. Schüleraustausch

Die Teilnahme an einem deutlich über eine Schulveranstaltung hinausgehenden Angebot eines Schüleraus- 7 tauschs mit **China** kann nicht als notwendig angesehen werden (OLG Hamm 21.12.2010 – 2 WF 285/10, NJW 2011, 1087). Bei den Kosten für einen **USA-Aufenthalt** einer Schülerin in der Jahrgangsstufe 11 handelt es sich um einen nicht notwendigen Sonderbedarf, dessen Finanzierung trotz Sinnhaftigkeit des Aufenthalts bei normalen Einkommensverhältnissen nicht verlangt werden kann (OLG Schleswig 15.2.2006 – 15 UF 134/05, NJW 2006, 1601; OLG Dresden 9.2.2006 – 21 UF 619/05, OLGR Dresden 2006, 357).

3. Internatskosten

Schulkosten, die durch den Besuch eines **Internats im Ausland** entstehen, sind kein Sonderbedarf son- 8 dern ein Mehrbedarf des unterhaltsberechtigten Kindes. Die Schulkosten sind vorab kalkulierbar und fallen auch nicht einmalig, sondern über einen längeren Zeitraum laufend und den Regelsatz übersteigend an; es ist im Einzelfall sehr sorgfältig zu prüfen, ob wichtige Gründe vorliegen, die es rechtfertigen, den Unterhaltspflichtigen mit den erheblichen Mehrkosten zu belasten: Entscheidend ist neben den Einkommens- und Vermögensverhältnissen des Unterhaltspflichtigen, ob eine kostengünstigere Alternative zu der gewählten Schulform existiert, die einen vergleichbaren Erfolg verspricht (KG Berlin 18.6.2002 – 19 UF 73/01, FuR 2003, 178).

Die Kosten von **Lern- und Arbeitsmitteln für den Schulunterricht**, von **Tagesklassenfahrten**, der Teil- 9 nahme an der Schülerhilfe und an sportlichen Aktivitäten sind kein Sonderbedarf (OLG Braunschweig 1.3.1995 – 1 WF 76/94, FamRZ 1995, 1010). Bei dem **Schulgeld** für den Besuch einer Privatschule handelt es sich um ausbildungsbedingten Mehrbedarf (OLG Karlsruhe 21.9.2007 – 5 UF 3/07, FamRZ 2008, 1209). Allgemein bessere Fördermöglichkeiten an einem **Privatgymnasium** gegenüber einem staatlichen Gymnasium stellen keinen gewichtigen Grund dar, die einen Unterhaltsmehrbedarf rechtfertigen (OLG Jena 9.9.2008 – 3 UF 31/08, NJW 2009, 1285). Die Wahl einer kostenverursachenden, teuren **privaten Internatsschule** durch den **sorgeberechtigten Elternteil** ist für den Unterhaltsschuldner dann nicht verbindlich, wenn der Sorgerechtsinhaber dadurch einen nicht unerheblichen Mehrbedarf im Vergleich zu anderen Lösungen der Schulauswahl verursacht, der nicht durch wichtige Gründe – insbesondere in der Entwicklung und Persönlichkeit des Kindes – zu rechtfertigen ist (OLG München 18.9.2007 – 30 UF 34/0 7, FF 2008, 509).

4. Nachhilfekosten

Nachhilfekosten kündigen sich durch die kontinuierliche Verschlechterung der schulischen Leistungen an 10 und treten daher nicht unerwartet auf, daher handelt es sich dabei nicht um Sonderbedarf; dem Unterhaltsberechtigten steht aber ein Anspruch auf Beteiligung an den kalkulierbaren Nachhilfekosten als Mehrbedarf zu (OLG Hamm 22.5.2006 – 6 WF 302/05, FamRZ 2007, 77; OLG Düsseldorf 8.7.2005 – 3 UF 21/05, NJW-RR 2005, 1529).

5. Fahrtkosten

11 Fahrtkosten zwischen Wohnort und Schule stellen Mehrbedarf des Kindes dar, weil bei dem üblichen schulischen Bedarf davon ausgegangen wird, dass die Schule sich am Wohnort des Kindes befindet; verlangt werden können nur die Kosten des günstigsten Tickets (OLG Jena 12.8.2010 – 8 UF 102/10, FamFR 2010, 487). Die Transportkosten im Rahmen des Besuchs der Privatschule sind nicht als schulischer Mehrbedarf zu werten, diese Kosten sind auch von ihrem Umfang her allgemeiner Lebensbedarf und damit von den Regelsätzen des Tabellenunterhalts erfasst (OLG Karlsruhe 21.9.2007 – 5 UF 3/07, FamRZ 2008, 1209).

6. Kieferorthopädische Behandlungskosten

12 Kieferorthopädische Behandlungskosten stellen regelmäßig Sonderbedarf dar, soweit sie nicht von den Krankenkassen erstattet werden (OLG Köln 15.6.2010 – 4 UF 19/10, ZFE 2011, 31; OLG Frankfurt/M. 21.7.2010 – 4 UF 55/10, FamRZ 2011, 570).

7. Erstausstattung eines Säuglings

13 Die Erstausstattung eines Säuglings stellt Sonderbedarf dar; soweit nicht überdurchschnittliche Verhältnisse vorliegen, kann als erforderlicher Aufwand für die Säuglingserstausstattung im Wege der Schätzung von einem Pauschalbetrag von 1.000 EUR ausgegangen werden (OLG Koblenz 12.5.2009 – 11 UF 24/09, NJW-RR 2009, 1305). Bei den Kosten für die Grundausstattung eines Babys handelt es sich um Sonderbedarf des Kindes, der ganz konkret darzulegen und nicht nur mit einem willkürlich gegriffenen Betrag anzugeben ist (OLG Celle 20.10.2008 – 10 WF 336/08, FamRZ 2009, 704).

8. Studiengebühren

14 In dem Unterhaltsbedarf eines volljährigen studierenden Kindes sind zu entrichtende Studiengebühren nicht enthalten; dabei handelt sich um Mehrbedarf (OLG Koblenz 23.12.2008 – 11 UF 519/08, NJW-RR 2009, 1153).

9. Kindergartenbeiträge

15 Kindergartenbeiträge bzw vergleichbare Aufwendungen für die Betreuung eines Kindes in einer kindgerechten Einrichtung sind in den Unterhaltsbeträgen, die in den Unterhaltstabellen ausgewiesen sind, unabhängig von der sich im Einzelfall ergebenden Höhe des Unterhalts nicht enthalten, es handelt sich dabei um Mehrbedarf; die in einer Kindereinrichtung anfallenden **Verpflegungskosten** sind dagegen mit dem Tabellenunterhalt abgegolten (BGH 26.11.2008 – XII ZR 65/07, NJW 2009, 1816).

10. Kommunion/Konfirmation

16 Kosten für eine Konfirmation können Sonderbedarf darstellen (OLG Schleswig 20.8.2004 – 10 UF 64/04, FamRZ 2005, 1277; KG Berlin 15.10.2002 – 19 WF 259/02, FamRZ 2003,1584); Aufwendungen für die Konfirmation stellen dann Sonderbedarf dar, wenn sie nicht innerhalb eines Zeitraums von etwa vier Monaten aus dem laufenden Unterhalt aufgebracht werden können (OLG Hamburg 30.10.2010 – 4 WF 100/02, FamRZ 2003, 1585). Der Bundesgerichtshof hat allerdings in einer Grundsatzentscheidung festgestellt, dass die Kosten für eine Konfirmation nicht überraschend entstehen, sondern spätestens mit Beginn des Konfirmandenunterrichts absehbar sind, weshalb diese Kosten nicht als Sonderbedarf geltend gemacht werden können (BGH 15.2.2006 – XII ZR 4/04, NJW 2006, 1509); damit dürfte aber nicht ausgeschlossen sein, diese Kosten ggf als Mehrbedarf geltend zu machen – abhängig von der Höhe der monatlichen Unterhaltsrente und den für die Konfirmation anfallenden Kosten.

11. Tiere

Wird dem unterhaltsberechtigten minderjährigen Kind nach der Trennung der Eltern von einem Elternteil 17
ein **Pferd** geschenkt und dies mit der Zusage verbunden, er werde für den Unterhalt des Tieres aufkommen, sind diese Unterhaltsaufwendungen unterhaltsrechtlich als Mehrbedarf zu behandeln (OLG Karlsruhe
3.8.2004 – 18 UF 248/02, FamRZ 2005, 233).

12. Computer

Bei bestehender Lernschwäche eines unterhaltsberechtigten Kindes (bspw: bestehendes Aufmerksamkeits- 18
defizitsyndrom mit Hyperaktivität) kann ein Computer Sonderbedarf sein. Die Anschaffung des Computers
kann erforderlich sein, um die Lerndefizite des Kindes so gut wie möglich auszugleichen; es ist aber zu
prüfen, ob die Aufwendungen nicht aus dem laufenden Unterhalt hätten angespart werden können (OLG
Hamm 1.8.2003 – 11 UF 243/02, NJW 2004, 858).

V. Haftung nach Quoten

Für Sonderbedarf haften bei Leistungsfähigkeit beide Elternteile nach ihren Einkommensverhältnissen quo- 19
tenmäßig auf Barunterhalt (OLG Köln 15.6.2010 – 4 UF 19/10, ZFE 2011, 31); vor der Gegenüberstellung
der jeweiligen Einkommen ist bei jedem Elternteil grundsätzlich ein Sockelbetrag in Höhe des angemessenen Selbstbehalts abzuziehen (BGH 26.11.2008 – XII ZR 65/07, NJW 2009, 1816).

Sonderbedarf des Kindes kann bei eingeschränkter Leistungsfähigkeit des Unterhaltspflichtigen auch raten- 20
weise gezahlt werden (OLG Düsseldorf 19.8.2003 – 8 WF 186/03, ZFE 2003, 348).

VI. Verfahrensrechtliche Hinweise

1. Sonderbedarf

Der Sonderbedarf ist im Rahmen eines normalen **Leistungsantrags** in einer bestimmten Summe geltend zu 21
machen, die Darlegungs- und Beweislast für sämtliche anspruchsbegründenden Tatsachen einschließlich
der Haftungsanteile aller Unterhaltsverpflichteten trägt der Unterhaltsberechtigte.

Sonderbedarf kann auch **rückwirkend** gem. § 1613 Abs. 2 Nr. 1 BGB geltend gemacht werden; nach Ab- 22
lauf eines Jahres seit seiner Entstehung allerdings nur unter der Voraussetzung, dass der Verpflichtete vorher in Verzug gesetzt wurde oder der Anspruch rechtshängig geworden ist.

Bezüglich **zukünftig** entstehenden Sonderbedarfs kann **Feststellung** beantragt werden, dass der Unterhalts- 23
schuldner zur Übernahme des Sonderbedarfs verpflichtet ist und den Unterhaltsberechtigten von entsprechenden Zahlungen freizustellen hat (OLG Koblenz 15.6.2010 – 4 UF 19/10, ZFE 2011, 31).

2. Mehrbedarf

Die Wahl des richtigen Verfahrens hängt bei der Geltendmachung von Mehrbedarf davon ab, ob bereits ein 24
Titel über den den allgemeinen Lebensbedarf deckenden Unterhalt vorliegt und ob dieser Titel einerseits
einvernehmlich bzw durch eine gerichtliche Entscheidung oder andererseits einseitig durch den Unterhaltsschuldner geschaffen wurde.

Liegt ein **Unterhaltstitel** vor, in dem die Beteiligten die Gesamthöhe des Unterhalts einvernehmlich fest- 25
gelegt haben (beispielsweise ein gerichtlicher Vergleich oder im Rahmen einer notariellen Urkunde), oder
handelt es sich bei dem Titel um ein Urteil oder einen Beschluss, ist der Mehrbedarf im Wege eines **Abänderungsverfahrens** gem. §§ 238, 239 FamFG geltend zu machen (KG Berlin 18.6.2002 – 19 UF 370/01,
FuR 2003, 178; OLG Hamm 1.3.1994 – 13 UF 4 35/93, NJW 1994, 2627).

Hat der Unterhaltsverpflichtete seine Unterhaltsverpflichtung im Rahmen einer Jugendamtsurkunde (§§ 60, 26
59 Abs. 1 S. 1 Nr. 3 SGB VIII) oder durch notarielle Urkunde anerkannt, ohne dass es vorher zu einer Einigung über den Gesamtunterhalt des Unterhaltsberechtigten gekommen wäre, hat der Unterhaltsberechtigte

die Wahl, ob er im Rahmen eines Abänderungsverfahrens oder im Rahmen eines allgemeinen Leistungsantrags den Mehrbedarf geltend macht (BGH 5.3.2008 – XII ZR 150/05, NJW 2008, 2337).

27 Liegt überhaupt kein Unterhaltstitel vor, zahlt der Unterhaltsschuldner aber den den allgemeinen Lebensbedarf abdeckenden Unterhalt freiwillig, kann der Unterhaltsberechtigte mit dem einfachen **Leistungsantrag** den über den Regelbedarf hinausgehenden Mehrbedarf als zusätzlichen Unterhalt geltend machen, wobei in dem Antrag deutlich gemacht werden muss, dass dieser Betrag über den freiwillig gezahlten Betrag hinaus geltend gemacht wird.

28 Bei der gerichtlichen Geltendmachung des Mehrbedarfs ist der Unterhaltsberechtigte **darlegungs- und beweisbelastet** hinsichtlich aller anspruchsbegründenden Tatsachen einschließlich der Haftungsanteile.

29 Mehrbedarf kann rückwirkend nur unter den **Voraussetzungen des Verzugs** verlangt werden. Fordert das unterhaltsberechtigte Kind den Unterhaltsverpflichteten erst zur Auskunft auf, nachdem es sein Studium aufgenommen und die angefallenen Studiengebühren für das Semester bereits gezahlt hat, entfällt bezüglich dieser Studiengebühren die Zahlungsverpflichtung (OLG Koblenz 23.12.2008 – 11 UF 519/08, NJW-RR 2009, 1153).

159. Mehrere Bedürftige (Drittelmethode)

Hamm

I. Entwicklung der Rechtsprechung des Bundesgerichtshofs.. 1
  1. Rechtsprechung des Bundesgerichtshofs bis zur
    Bundesverfassungsgerichtentscheidung vom
    25.1.2011..................................... 1
  2. Stichtagsprinzip.............................. 2
  3. Surrogatsrechtsprechung....................... 3
  4. Rechtsprechung zu den wandelbaren ehelichen
    Lebensverhältnissen........................... 4
II. Entscheidung des Bundesverfassungsgerichts
vom 25.1.2011 und die Reaktion des Bundesgerichtshofes vom 7.12.2011....................... 7
III. Konsequenzen aus der Entscheidung des Bundesverfassungsgerichts vom 25.1.2011 für die
Praxis.. 13
  1. Behandlung des Aufeinandertreffens eines nach-
    ehelichen Unterhaltsanspruchs mit einem Unter-
    haltsanspruch nach § 1615 l BGB.............. 13

  2. Auswirkungen im Rahmen der Bedarfsermitt-
    lung.. 14
    a) Eindeutige Aussagen des Bundesverfas-
      sungsgerichts............................... 14
    b) Unterschiedliche Literaturmeinungen hin-
      sichtlich der Bedarfsbestimmung des neuen
      Ehegatten.................................. 15
  3. Auswirkungen im Rahmen der Leistungsfähig-
    keit.. 18
    a) Grundsätzliches............................ 18
    b) Bei gleichrangigen Ehegatten............... 20
    c) Bei Vor- und Nachrang..................... 21
    d) Sonstige Korrekturfälle..................... 24
IV. Empfehlung für die Praxis....................... 29

I. Entwicklung der Rechtsprechung des Bundesgerichtshofs

1. Rechtsprechung des Bundesgerichtshofs bis zur Bundesverfassungsgerichtentscheidung vom 25.1.2011

Als Konsequenz aus der entwickelten Rechtsprechung des Bundesgerichtshofs zu den **wandelbaren eheli-** **1** chen Lebensverhältnissen (s. → *Eheliche Lebensverhältnisse*) hatte der Bundesgerichtshof weiter entschieden, dass es sich auf den Unterhaltsbedarf eines geschiedenen Ehegatten auch auswirkt, wenn später neue Unterhaltsberechtigte hinzutreten. Auf den Rang dieser neuen Unterhaltsansprüche sollte es dabei grundsätzlich nicht ankommen (ständige Rechtsprechung zB BGH 18.11.2009 – XII ZR 65/09, FamRZ 2010, 111). Weil der Bundesgerichtshof in seiner neueren Rechtsprechung für die Bemessung des Unterhaltsbedarfs nach den ehelichen Lebensverhältnissen grundsätzlich auf die **tatsächlichen Verhältnisse** abstellt, sollte es keinen Unterschied machen, ob den Unterhaltspflichtigen eine weitere Unterhaltspflicht gegenüber einem neugeborenen Kind oder gegenüber einem neuen Ehegatten bzw aus § 1615 l Abs. 2 BGB trifft. Eine neue Ehe war ebenso wenig ein unterhaltsrechtlich vorwerfbares Verhalten wie die Geburt eines Kindes (BGH 17.12.2008 – XII ZR 9/07, FamRZ 2009, 411). Anderenfalls würde der Grundsatz der Halbteilung verletzt werden. Ist der Unterhaltspflichtige neben einem geschiedenen Ehegatten auch einem neuen Ehegatten unterhaltspflichtig, hat der Bundesgerichtshof für diese konkurrierenden Unterhaltsansprüche den Grundsatz der Dreiteilung entwickelt (ständige Rechtsprechung zB BGH 14.4.2010 – XII ZR 89/08, FamRZ 2010, 869).

Umstritten war diese Rechtsprechung insbesondere in dem Fall, in dem einer oder beide Berechtigte über eigenes Einkommen verfügten oder eine Ersparnis wegen Zusammenlebens vorlag, was in die Bedarfsberechnung mit eingeflossen ist (**Synergieeffekt**) (BGH 17.3.2010 – XII ZR 204/08, FamRZ 2010, 802). Der Bedarf ermittelte sich bei eigenen Einkünften der Berechtigten aus der Summe sämtlicher Einkünfte, die dann zu dritteln war. Dies führte jedoch entgegen der geäußerten Kritik nicht zu einem Unterhaltsanspruch eines Unterhaltsberechtigten gegenüber dem ihm nicht unterhaltspflichtigen anderen Unterhaltsberechtigten. Die Tatsache, dass ein weiterer Unterhaltsberechtigter vorhanden ist, führte grundsätzlich zu einer Kürzung des Unterhalts, der ohne den anderen Berechtigten jedem unterhaltsberechtigten Ehegatten allein im Verhältnis zum Unterhaltspflichtigen im Wege der Halbteilung zustünde. Somit führte die Rechtsprechung des Bundesgerichtshofs zur Dreiteilung nicht dazu, dass der nichtverdienende Unterhaltsberechtigte von den Einkünften des anderen Unterhaltsberechtigten profitierte, da sein Unterhalt geringer ausfiel, als wenn der andere Unterhaltsberechtigte nicht vorhanden gewesen wäre. Dieser Rechtsprechung des Bundesgerichtshofs lag folgende Entwicklung zugrunde:

2. Stichtagsprinzip

2   Lange Zeit stellte der Bundesgerichtshof bei der Ermittlung der ehelichen Lebensverhältnisse auf das Stichtagsprinzip ab. Maßgeblich für die Bestimmung der ehelichen Lebensverhältnisse war danach der **Zeitpunkt der Rechtskraft der Scheidung**. Änderungen nach rechtskräftiger Scheidung wurden nur berücksichtigt, wenn ihnen eine Entwicklung zugrunde lag, die im Zeitpunkt der Scheidung **mit hoher Wahrscheinlichkeit zu erwarten** war, und diese Erwartung die ehelichen Lebensverhältnisse bereits mitbestimmt hat. Berücksichtigungsfähig und damit **prägend** waren zudem nachteilige Veränderungen, die auch bei Fortbestand der Ehe mitgetragen hätten werden müssen (s. → *Eheliche Lebensverhältnisse Rn 2*).

3. Surrogatsrechtsprechung

3   Später sah der Bundesgerichtshof das Einkommen, das nach der Scheidung durch den zuvor in der Ehe haushaltsführenden Ehegatten erzielt wurde, ebenfalls als die ehelichen Lebensverhältnisse prägend an, da es als **Surrogat des wirtschaftlichen Wertes der früheren Haushalts- und Erziehungstätigkeit** anzusehen ist (BGH 13.6.2001 – XII ZR 343/99, FamRZ 2001, 986; s. → *Eheliche Lebensverhältnisse Rn 3*).

4. Rechtsprechung zu den wandelbaren ehelichen Lebensverhältnissen

4   Sodann hat der Bundesgerichtshof seine Rechtsprechung zu den wandelbaren ehelichen Lebensverhältnissen entwickelt und sich von der Orientierung am Stichtagsprinzip losgelöst (s. → *Eheliche Lebensverhältnisse Rn 4*). Nunmehr waren **alle späteren Änderungen** des verfügbaren Einkommens bei der Bedarfsbemessung nach den ehelichen Lebensverhältnissen zu berücksichtigen und zwar unabhängig davon wann und bei wem sie eingetreten sind und ob es sich um Minderungen oder Verbesserungen handelt (ständige Rechtsprechung, zB BGH 30.7.2008 – XII ZR 177/06, FamRZ 2008, 1911). Bei einer Einkommenssteigerung ist allerdings zu prüfen, ob diese bereits in der Ehe „angelegt" war oder unvorhersehbar eingetreten ist und somit von einem außergewöhnlichen **Karrieresprung** auszugehen ist (s. → *Eheliche Lebensverhältnisse Rn 9 ff*). Einkommensminderungen, die auf einem **unterhaltsrechtlich leichtfertigen Verhalten** des Schuldners beruhen, sind ebenfalls nicht in die Bedarfsermittlung mit einzubeziehen. Ein solches unterhaltsbezogen leichtfertiges Verhalten fehle aber bei Schließung einer neuen Ehe und daraus hervorgehenden Kindern, so dass sich auch diese neu hinzutretenden Unterhaltsverpflichtungen – unabhängig vom Rang der Unterhaltsberechtigten – auf den Bedarf auswirken (BGH 17.12.2008 – XII ZR 9/07, FamRZ 2009, 411).

Bei Zusammentreffen von Unterhaltsansprüchen eines geschiedenen und eines neuen vor- oder gleichrangigen Ehegatten ermittelte der Bundesgerichtshof den Bedarf dabei nach der sog. **Drittelmethode** (s. → *Eheliche Lebensverhältnisse Rn 4*). Danach wurden alle tatsächlichen oder fiktiven Einkünfte der berechtigten Partner und des Unterhaltsverpflichteten zusammengerechnet und durch drei geteilt, um den Bedarf jedes Einzelnen zu ermitteln. Im Rahmen des Gesamteinkommens ist auch der Splittingvorteil aus der neuen Ehe zu berücksichtigen (BGH 30.7.2008 – XII ZR 177/06, FamRZ 2008, 1911). **Etwaige Synergieeffekte,** beispielsweise durch das Zusammenleben der neuen Partner, wurden durch leichte Abzüge beim Bedarf der Zusammenlebenden und einem entsprechenden Zuschlag auf Seiten des Geschiedenen berücksichtigt. Zudem war die bestehende Ehe im Rahmen der Dreiteilung wie eine geschiedene Ehe zu behandeln, so dass auch die neue Ehefrau grundsätzlich eine Erwerbsverpflichtung hatte und ihr gegebenenfalls ein fiktives Einkommen zuzurechnen war (BGH 18.11.2009 – XII ZR 65/09, FamRZ 2010, 111).

5   Soweit dem geschiedenen Ehegatten nach der Rechtsprechung des Bundesverfassungsgerichts zum Splittingvorteil kein höherer Unterhaltsanspruch zustehen darf, als er ihn ohne die neue Ehe des Unterhaltspflichtigen hätte, ist dies in besonders gelagerten Fällen, in denen der neue Ehegatte wegen eigener Einkünfte keinen oder nur einen sehr geringen Unterhaltsbedarf hat, durch eine **Kontrollberechnung** sicherzustellen (BVerfG 7.10.2003 – 1 BvR 246/93, FamRZ 2003, 1821). Einem geschiedenen Ehegatten steht danach Unterhalt allenfalls in der Höhe zu, wie er sich ergäbe, wenn der Unterhaltspflichtige nicht erneut geheiratet hätte und deswegen weder ein Splittingvorteil noch ein neuer unterhaltsberechtigter Ehegatte vorhanden wäre (BGH 30.7.2008 – XII ZR 177/06, FamRZ 2008, 1911).

Hamm

Ausnahmen von dieser Dreiteilung ergeben sich bei unterschiedlicher Rangfolge nur im Rahmen der Leistungsfähigkeit, wenn ein Mangelfall vorliegt (s. → *Mangelfall und Selbstbehalt* Rn 12 ff).

Die Anwendung der Drittelmethode stützte der Bundesgerichtshof vor allem auf die **wechselseitige Beeinflussung der verschiedenen Unterhaltsansprüche** und auf den **Grundsatz der Halbteilung**. Dieser besagt, dass jeder Ehegatte nach der Scheidung einen Anspruch auf gleichmäßige Teilhabe an den verfügbaren Mitteln hat. Dem lässt sich der allgemeine Grundgedanke entnehmen, dass der Unterhaltsbedarf eines Unterhaltsberechtigten den Betrag nicht übersteigen darf, der dem Verpflichteten verbleibt. Bei Zusammentreffen zweier Berechtigter führt dies rechnerisch zwangsläufig zu einer Drittelung (BGH 30.7.2008 – XII ZR 177/06, FamRZ 2008, 1911). **6**

II. Entscheidung des Bundesverfassungsgerichts vom 25.1.2011 und die Reaktion des Bundesgerichtshofes vom 7.12.2011

Mit seiner Entscheidung vom 25.1.2011 hat das Bundesverfassungsgericht die zur Auslegung des § 1578 Abs. 1 S. 1 BGB entwickelte Rechtsprechung des Bundesgerichtshofs zu den wandelbaren ehelichen Lebensverhältnissen unter Anwendung der Berechnungsmethode der sog. Dreiteilung für verfassungswidrig erklärt (BVerfG 25.1.2011 – 1 BvR 918/10, FamRZ 2011, 437; s. → *Eheliche Lebensverhältnisse* Rn 6). **7**

Das Bundesverfassungsgericht führt aus, dass nach dem Konzept des Gesetzgebers die Bestimmung des Bedarfs der Ausgangspunkt der Unterhaltsberechnung ist, an dessen Ermittlung sich die Prüfung der Bedürftigkeit, Leistungsfähigkeit sowie die Verteilung verfügbarer Geldmittel des Pflichtigen im Mangelfall anschließt. An dieser Strukturierung des nachehelichen Unterhalts hat der Gesetzgeber anlässlich der Unterhaltsreform von 2007 festgehalten, die Vorschrift des § 1578 Abs. 1 S. 1 BGB wurde keiner Änderung unterzogen. Die Ausrichtung des Unterhaltsmaßes ist weiterhin an den ehelichen Lebensverhältnissen und der damit grundsätzlich einhergehenden Bezugnahme auf die individuellen Einkommensverhältnisse der geschiedenen Ehegatten im **Zeitpunkt der Rechtskraft der Scheidung** vorzunehmen, womit das **Stichtagsprinzip** weiterhin maßgebend ist. **8**

Der Bundesgerichtshof habe diese gesetzliche Differenzierung zwischen Unterhaltsbedürftigkeit und -bedarf einerseits und Leistungsfähigkeit andererseits aufgehoben und das Konzept des Gesetzgebers zur Berechnung des nachehelichen Unterhalts – geleitet von eigenen Gerechtigkeitsvorstellungen – durch das Modell der Dreiteilung ersetzt. Der Bundesgerichtshof gehe bei Anwendung der Drittelmethode nicht – wie es § 1578 Abs. 1 S. 1 BGB vorschreibe – von den ehelichen Lebensverhältnissen der aufgelösten Ehe aus, sondern ersetze diese durch den neuen Maßstab der wandelbaren Lebensverhältnisse, was letztlich zu einer – gesetzlich nicht gewollten – Anknüpfung an die gewandelten tatsächlichen Lebensverhältnisse führe. **9**

Die Dreiteilungsmethode des Bundesgerichtshofs stehe zudem in keinem Bezug zu dem neu geschaffenen **§ 1578 b BGB**. Der Bedarf dürfe nicht schon im ersten Schritt durch die Berücksichtigung aller nachehelichen Entwicklungen reduziert und dann im zweiten Schritt im Rahmen des § 1578 b BGB nochmals gekürzt werden. **10**

Die Rechtsprechung des Bundesgerichtshofs zu den wandelbaren ehelichen Lebensverhältnissen unter Anwendung der Berechnungsmethode der sog. Dreiteilung lässt sich mit keiner der anerkannten Auslegungsmethoden rechtfertigen. Sie widerspricht dem Wortlaut des § 1578 Abs. 1 S. 1 BGB und seiner systematischen Stellung sowie seiner Zwecksetzung und der mit ihr verbundenen gesetzgeberischen Intention. Es könne nicht unterstellt werden, dass der Gesetzgeber das von der Rechtsprechung neu geschaffene Konzept zur Bedarfsermittlung ausdrücklich oder stillschweigend gebilligt habe. **11**

Der Bundesgerichtshof gab als Reaktion auf diese Bundesverfassungsgerichtsentscheidung in einer Entscheidung vom 7.12.2011 seine Rechtsprechung zur Bemessung des Unterhaltsbedarfs nach den ehelichen Lebensverhältnissen insoweit auf und kehrte für die Bedarfsbemessung nach den ehelichen Lebensverhältnissen zu dem seiner früheren Rechtsprechung zugrunde liegenden **Stichtagsprinzip** (Rn 2; s. → *Eheliche Lebensverhältnisse* Rn 2) zurück (BGH 7.12.2011 – XII ZR 151/09, FamRZ 2012, 281). Nach Gerhardt **12** soll die grundsätzliche Rückkehr zur Stichtagsrechtsprechung jedoch nicht auch den Prüfungszeitpunkt für ein nicht in der Ehe angelegtes Einkommen auf den Zeitpunkt der Scheidung verlegen, sondern weiterhin durch den Zeitpunkt der Trennung bestimmt sein (Gerhardt FamRZ 2012, 589). In der Entscheidung des Bundesgerichtshofs wird weiter ausgeführt, dass sich zwar weiterhin nacheheliche Entwicklungen auf die Bedarfsbemessung nach den ehelichen Lebensverhältnissen auswirken können, jedoch nur wenn sie auch bei fortbestehender Ehe eingetreten wären oder in anderer Weise in der Ehe angelegt und mit hoher Wahrscheinlichkeit zu erwarten waren. Daher sind Unterhaltspflichten für neue Ehegatten sowie für nachehelich geborene Kinder und dem dadurch bedingten Betreuungsunterhalt nach § 1615 l BGB nicht bei der Bemessung des Unterhaltsbedarfs eines geschiedenen Ehegatten nach § 1578 Abs. 1 S. 1 BGB zu berücksichtigen (s. a. BGH 25.1.2012 – XII ZR 139/09, FamRZ 2012, 525). Nunmehr solle bei gleichrangigen Unterhaltsberechtigten im Rahmen der Leistungsfähigkeit (s. → *Leistungsfähigkeit* Rn 60 ff) des Unterhaltverpflichteten nach § 1581 BGB eine Billigkeitsabwägung in Form einer **Dreiteilung des gesamten unterhaltsrelevanten Einkommens** durchzuführen sein. Bei dem gesamten unterhaltsrelevanten Einkommen sind daher auch die eigenen Einkünfte des neuen Unterhaltsberechtigten mit einzubeziehen. Allerdings müsse nunmehr im Rahmen der Leistungsfähigkeit auch wieder der Halbteilungsgrundsatz berücksichtigt werden, was zu einem relativen Mangelfall führen kann (s. → *Mangelfall und Selbstbehalt* Rn 15 ff).

III. Konsequenzen aus der Entscheidung des Bundesverfassungsgerichts vom 25.1.2011 für die Praxis

1. Behandlung des Aufeinandertreffens eines nachehelichen Unterhaltsanspruchs mit einem Unterhaltsanspruch nach § 1615 l BGB

13 Zunächst stellt sich die Frage, wie das Aufeinandertreffen von einem Unterhaltsanspruch einer geschiedenen Ehefrau und einem Unterhaltsanspruch einer neuen kinderbetreuenden unverheirateten Partnerin nach § 1615 l BGB zu behandeln ist. Denn nach dem Tenor der Entscheidung vom 25.1.2011 – und nur dieser hat Bindungswirkung – wird geschiedenen Unterhaltsberechtigten nur gegenüber neuen Ehegatten Priorität eingeräumt. Der Gesetzgeber hat trotz der weitgehenden Annäherung der §§ 1615 l, 1570 BGB unterschiedliche Handhabungen belassen; so folgt die Beschränkung bzw der Wegfall dieser Ansprüche unterschiedlichen Regelungen, die Möglichkeiten des Unterhaltsverzichts sind ebenso unterschiedlich geregelt wie die Frage des Erlöschens der Ansprüche beim Tod des Pflichtigen. Zu dieser Konstellation hat auch die Entscheidung des Bundesgerichtshofs vom 7.12.2011 keinen Aufschluss gegeben (BGH 7.12.2011 – XII ZR 151/09, FamRZ 2012, 281).

2. Auswirkungen im Rahmen der Bedarfsermittlung

14 **a) Eindeutige Aussagen des Bundesverfassungsgerichts.** Bei einer nach Scheidung eintretenden Erwerbstätigkeit der Unterhaltsberechtigten bleibt es dabei, dass diese Einkünfte als **Surrogat** in die Bedarfsermittlung mit einzubeziehen sind. Das Bundesverfassungsgericht hat diesen Teil der BGH-Rechtsprechung ausdrücklich bestätigt.

Auch hinsichtlich der **Bedarfsermittlung** des geschiedenen Ehegatten ist die Entscheidung des Bundesverfassungsgerichts eindeutig. Diese ist ohne die Unterhaltslast des Verpflichteten gegenüber dem neuen Ehegatten vorzunehmen. Weiterhin hat das Bundesverfassungsgericht ausdrücklich bestätigt, dass es bei der Bedarfsermittlung bei dem Grundsatz der Halbteilung verbleibe.

15 **b) Unterschiedliche Literaturmeinungen hinsichtlich der Bedarfsbestimmung des neuen Ehegatten.** Bereits bei der Bedarfsermittlung des neuen Ehegatten haben sich unterschiedliche Auffassungen entwickelt, wie diese vorzunehmen ist.

16 Laut Gerhardt und Gutdeutsch ergibt sich der Bedarf des neuen Ehegatten aus dem Einkommen des Pflichtigen bei gemeinsamer Veranlagung, das diesem nach Abzug des Unterhalts des ersten Ehegatten unter Berücksichtigung der Überprüfung nach § 1581 BGB verbleibt (s. Rn 20). Grund für den Abzug ist, dass der

Unterhaltsanspruch des ersten Ehegatten als Vorbelastung des ehelichen Einkommens den Bedarf des neuen Ehegatten mitbestimmt (Gerhardt/Gutdeutsch FamRZ 2011, 772).

Götz und Brudermüller führen eine individuelle Bedarfsbemessung in der jeweiligen Zweierbeziehung 17 durch. Dabei ermitteln sie den Bedarf des zweiten Ehegatten ohne Rücksicht auf den Unterhalt des geschiedenen Ehegatten (Götz/Brudermüller NJW 2011, 807).

3. Auswirkungen im Rahmen der Leistungsfähigkeit

a) Grundsätzliches. Zur Berechnung des Unterhalts der beteiligten Ehegatten auf der Ebene der Leis- 18 tungsfähigkeit wurde vom Bundesverfassungsgericht außer dem Hinweis auf Gleichrangigkeit und Gleichwertigkeit beider Ehen nichts Näheres ausgeführt. Auch insoweit bestehen **unterschiedliche Lösungsansätze in der Literatur**.

Gerhardt und Gutdeutsch differenzieren bei der Berechnung des Unterhalts zwischen dem Vorhandensein 19 von zwei gleichrangigen bedürftigen Ehegatten und dem Vorhandensein von vor- und nachrangigen Ehegatten. In allen Fällen berücksichtigen sie jedoch im Rahmen der Leistungsfähigkeit – anders als bei der Bedarfsermittlung des geschiedenen Ehegatten – den Splittingvorteil; weiter auch das nicht prägende Einkommen. In ersterem Fall hat der Bundesgerichtshof inzwischen entschieden, dass die Ersparnis des Zusammenlebens in der neuen Ehe analog § 20 Abs. 3 SGB II 10 % für jeden Ehegatten beträgt. Rechnerisch kann dies durch Anhebung des Anteils des alleinlebenden Bedürftigen um 10 % und durch einen Abzug eben dieses Betrags vom Anteil des neuen Ehegatten umgesetzt werden (Gerhardt/Gutdeutsch FamRZ 2011, 597, 772).

Auch der Bundesgerichtshof hat in seiner Entscheidung vom 7.12.2011 (BGH 7.12.2011 – XII ZR 151/09, FamRZ 2012, 281) zwischen dem Vorhandensein zweier gleichrangiger bedürftiger Ehegatten und dem Vorhandensein von vor- und nachrangigen Ehegatten unterschieden.

b) Bei gleichrangigen Ehegatten. Bei der Berechnung des Unterhalts des zweiten gleichrangigen Ehegat- 20 ten ist zwar die Unterhaltsverpflichtung gegenüber dem ersten Ehegatten vorab abzuziehen. Es handelt sich dabei aber nicht um den bei der Bedarfsermittlung ermittelten Betrag, sondern um einen nach **§ 1581 BGB** gekürzten. Dies folgt aus der **gegenseitigen Abhängigkeit der beiden Unterhaltsansprüche** auf der Stufe der Leistungsfähigkeit. Einander nachfolgende Ehen sind nämlich laut dem Bundesverfassungsgericht gleichrangig und gleichwertig geschützt, so dass die Kürzung zum Ziel haben muss, den Grundsatz der Halbteilung gegenüber allen Beteiligten zu wahren. Rechnerisch ergibt sich also bei zwei bedürftigen Ehegatten immer eine Dreiteilung (Gerhardt/Gutdeutsch FamRZ 2001, 597, 772; Gerhardt FamRZ 2012, 589, 592).

Auch nach neuester Rechtsprechung des Bundesgerichtshofs ist bei gleichrangigen Ehegatten eine Dreiteilung des vorhandenen Gesamteinkommens im Rahmen einer Billigkeitsprüfung auf der Stufe der Leistungsfähigkeit nach § 1581 BGB vorzunehmen (BGH 7.12.2011 – XII ZR 151/09, FamRZ 2012, 281).

Dies steht auch nicht im Widerspruch zu den Ausführungen des Bundesverfassungsgerichts, da dieses zur Leistungsfähigkeit keine Ausführungen machte und insbesondere den diesbezüglichen Willen des Gesetzgebers zu den Auswirkungen der Rangänderung beim Ehegattenunterhalt nicht beanstandete (Gerhardt/Gutdeutsch FamRZ 2011, 597, 772; Gerhardt FamRZ 2012, 589, 592; BGH 7.12.2011 – XII ZR 151/09, FamRZ 2012, 281). Eine **Korrektur** ist nur vorzunehmen, wenn bei der Dreiteilung ein bedürftiger Ehegatte seinen Unterhalt selbst deckt; der Bedarf des verbleibenden Ehegatten ist dann durch die Halbteilung begrenzt, da ein Drittel nicht über der Hälfte liegen kann.

Im Grundsatz ist ebenso zu rechnen, wenn die Billigkeitsabwägung nach § 1581 BGB ergibt, dass dem ersten Ehegatten mehr oder weniger als ein Drittel zustehen soll. Dann ist dieser Betrag vom Einkommen des Pflichtigen abzuziehen und der Rest in die Halbteilung mit dem neuen Ehegatten einzubeziehen. Eine solche Abweichung kann jedoch bei Gleichrangigen nicht mit dem Vorrang der ersten Ehe begründet werden, da diese frühere Priorität des ersten Ehegatten vom Gesetzgeber bewusst beseitigt wurde (vgl Gerhardt/Gutdeutsch FamRZ 2011, 597, 772; Gerhardt FamRZ 2012, 589, 592).

Wurde die Berechnung der Unterhaltsansprüche nach oben genannten Maßstäben durchgeführt, ist schließlich darauf zu achten, dass dem Pflichtigen vom Grundsatz her die andere Hälfte des Bedarfs (sog. eheangemessener Selbstbehalt) verbleiben muss, mindestens jedoch der Ehegattenmindestselbstbehalt von derzeit 1.050 EUR (BGH 15.3.2006 – XII ZR 30/04, FamRZ 2006, 683). Verbleibt dem Pflichtigen nach erfolgter Gleichteilung ein Einkommen von über 1.050 EUR (sog. **relativer Mangelfall**), ist die Korrektur des Unterhalts des ersten Ehegatten bei gleichzeitiger Herabsetzung des Selbstbehalts des Pflichtigen abgeschlossen (vgl Gerhardt/Gutdeutsch FamRZ 2011, 597, 772; Gerhardt FamRZ 2012, 589, 592). Nur im sog. **absoluten Mangelfall** – also wenn der Ehegattenmindestselbstbehalt unterschritten ist – ist bei Gleichrangigen eine anteilige Kürzung des ermittelten Unterhalts vorzunehmen (vgl die Berechnungsbeispiele bei Gerhardt/Gutdeutsch FamRZ 2011, 597, 772; Gerhardt FamRZ 2012, 589, 593; s. → *Mangelfall und Selbstbehalt* Rn 15 ff).

21 **c) Bei Vor- und Nachrang.** Bei Vor- und Nachrang eines bedürftigen Ehegatten stellen Gerhardt und Gutdeutsch zunächst klar, dass die zum 1.1.2008 geänderte Rechtslage zu beachten ist. Die fehlende Verweisung auf § 1581 BGB in § 1582 BGB, der Hinweis in den Materialien auf ein Eingreifen der Rangregeln erst im Mangelfall und die einheitliche Behandlung mit dem Verwandtenunterhalt – die sich aus der Verweisung des § 1582 BGB auf § 1609 BGB ergibt – legt nahe, dass der Gesetzgeber nicht mehr die „alles oder nichts"-Lösung bei vor- und nachrangigen Ehegatten wollte, sondern eine gesonderte Ermittlung des Bedarfs jedes Ehegatten, um feststellen zu können, ob überhaupt ein Mangelfall vorliegt (Gerhardt/Gutdeutsch FamRZ 2011, 597, 772).

Auch aus der Entscheidung des Bundesverfassungsgerichts vom 25.1.2011 lässt sich nichts Gegenteiliges entnehmen. Zwar stellt das Bundesverfassungsgericht fest, dass in dem von ihm entschiedenen Fall der Unterhaltsabänderung eines vorrangigen geschiedenen Ehegatten bei Nichtvorhandensein eines wesentlichen Zusatzeinkommens kein Mangelfall nach § 1581 BGB vorliegt. Die Bindungswirkung der Entscheidung gemäß § 31 Abs. 1 BVerfG erstreckt sich aber nicht auf diese Meinungsäußerung, da ihr jeglicher Bindungswille fehlt und auch im Leitsatz kein Hinweis auf diese Äußerung erfolgt. Somit wirkt sich der Vor- oder Nachrang eines Ehegatten nicht generell aus, dh nicht schon bei einem relativen, sondern erst bei einem absoluten Mangelfall (Gerhardt/Gutdeutsch FamRZ 2011, 597, 772).

Beim **absoluten Mangelfall** gilt immer die sog. **Vorranglösung**, dh der ermittelte Bedarf des Vorrangigen wird durch den Nachrangigen nicht gekürzt. Beim **relativen Mangelfall** ist es von Bedeutung, ob der zweite Ehegatte vorrangig ist oder der erste (s. → *Mangelfall und Selbstbehalt* Rn 18 ff).

22 **Bei Vorrang des zweiten Ehegatten** muss sich die Kürzung des Geschiedenenunterhalts im Hinblick auf den Mangelfall nach § 1581 BGB wiederum zuallererst an der Halbteilung gegenüber beiden Ehegatten orientieren. Dieser Grundsatz gilt jedoch nur, wenn keine triftigen Gründe die Bevorzugung einer der beiden Ehen erfordern. Solche Gründe können im Nachrang nach § 1609 Nr. 3 BGB liegen. Im Prinzip muss hier eine individuelle Billigkeitsabwägung erfolgen. Dem vorrangigen zweiten Ehegatten muss jedoch mindestens sein Mindestbedarf gegenüber einem nachrangigen Ehegatten bleiben, den die Rechtsprechung auf 1.050 EUR im Fall der Scheidung und auf 840 EUR im Fall des Zusammenlebens ansetzt. Ein der Vereinfachung dienender Lösungsansatz wäre, den Bedarf des zweiten Ehegatten zwar durch Dreiteilung zu reduzieren, ihm aber den Vorteil des Zusammenlebens zu belassen, so dass sich der Anteil des Geschiedenen auf das nicht erhöhte Drittel beschränken würde (Gerhardt/Gutdeutsch FamRZ 2011, 597, 772).

Nach neuester Rechtsprechung des Bundesgerichtshofs muss bei Vorrang des zweiten Ehegatten der Unterhalt des neuen Ehegatten im Rahmen der Leistungsfähigkeit berücksichtigt werden. Der Bedarf des geschiedenen Ehegatten errechnet sich hingegen ohne Berücksichtigung des zweiten Ehegatten mit einer fiktiven Steuer aus getrennter Veranlagung (BGH 7.12.2011 – XII ZR 591/09, FamRZ 2012, 281).

Hamm

Bei **Nachrang des zweiten Ehegatten** ist im Rahmen der Billigkeitsabwägung zu berücksichtigen, dass   23
der vorrangige Ehegatte, der entweder gemeinsame Kinder betreut oder bei langer Ehedauer ehebedingte
Nachteile erlitten hat, schutzbedürftiger ist. Dies spricht in vielen Fällen dafür, dem vorrangig Geschiedenen den ermittelten Bedarf zu belassen, also von der Korrektur durch die Drittelmethode abzusehen und
den nachrangig Bedürftigen auf einen evtl Steuervorteil und den Vorteil durch das Zusammenleben zu verweisen (Gerhardt/Gutdeutsch FamRZ 2011, 597, 772).

Nach neuester Rechtsprechung des Bundesgerichtshofs wird der nachrangige Unterhaltsanspruch im Rahmen der Leistungsfähigkeit nicht berücksichtigt (BGH 7.12.2011 – XII ZR 591/09, FamRZ 2012, 281).

d) Sonstige Korrekturfälle. Nach den Hinweisen des Gesetzgebers soll es zu einer Korrektur der Ergeb-   24
nisse kommen, evtl sogar mit einer weiteren Herabsetzung des Selbstbehalts des Pflichtigen, wenn eine der
beiden Familien **Sozialleistungen** beanspruchen muss. Bei sehr beengten Verhältnissen kann dies zu einer
Reduzierung des der neuen Familie verbleibenden Gesamtbedarfs bis auf derzeit 1.386 EUR (770 + (770 –
20 %)) führen.

Bei der Billigkeitsentscheidung des § 1581 BGB kann man im Einzelfall auch die **zeitliche Priorität** des
Geschiedenen nicht völlig ausschließen, selbst wenn dies nicht im Sinne des Gesetzgebers war, zB wenn
aus der ersten Ehe drei oder mehr noch zu betreuende Kinder hervorgegangen sind.

Eine Abweichung von der Halbteilung kann ferner aus **prozessualen Gründen** erfolgen, wenn es um die
Abänderung eines Titels aus der Zeit vor 2008 geht und deshalb auch der Vertrauensschutz des Bedürftigen
in die Fortgeltung des nach der Halbteilung errechneten Titels gemäß § 36 Nr. 1 EGZPO zu prüfen ist.
Wenn der geschiedene Ehegatte keine Möglichkeit hat, sich in seiner Lebensführung noch umzustellen,
kann es geboten sein, im Abänderungsverfahren bei der Korrekturberechnung im Rahmen der Leistungsfähigkeit von der Dreiteilung abzuweichen, wobei nach dem Willen des Gesetzgebers auch Zwischenlösun-
gen denkbar sind (Gerhardt/Gutdeutsch FamRZ 2011 597, 772).

Bei Götz und Brudermüller erfolgt die Bestimmung der Leistungsfähigkeit des Pflichtigen ohne Berück-   25
sichtigung der Drittelmethode, und zwar unabhängig von den Rangpositionen der unterhaltsberechtigten
Partner. Das Bundesverfassungsgericht differenziere nämlich insoweit nicht und habe der Dreiteilungsmethode „in Gänze" eine Absage erteilt. Götz und Brudermüller stellen vielmehr auf den eheangemessenen
Selbstbehalt in der jeweiligen Zweierbeziehung ab (Götz/Brudermüller NJW 2011, 806).

Bei **vorrangiger Rangposition** einer der beiden Bedürftigen kann dieser seinen Unterhaltsanspruch in vol-   26
ler Höhe durchsetzen, wenn der ihm gegenüber maßgebende eheangemessene Selbstbehalt des Pflichtigen
gewahrt bleibt. Der Unterhalt des nachrangig Bedürftigen wird nur erfüllt, soweit dem Pflichtigen nach Abzug des Unterhalts des vorrangig Bedürftigen ein Einkommen verbleibt, das über dem in Bezug auf den
nachrangig Bedürftigen maßgebenden eheangemessenen Selbstbehalt liegt (vgl Berechnungsbeispiel bei
Götz/Brudermüller NJW 2011, 808).

Sind die beiden Bedürftigen **gleichrangig**, sind die jeweiligen Unterhaltsansprüche im Verhältnis der Dif-   27
ferenz zwischen dem Einkommen des Pflichtigen und dem eheangemessenen Selbstbehalt gegenüber dem
geschiedenen Ehegatten (oder des besser Verdienenden) zur Summe aus den Unterhaltsansprüchen der Bedürftigen herabzusetzen. Zusätzlich zu diesem so herabgesetzten Unterhaltsanspruch erhält der neue Ehegatte (oder der geringer Verdienende) die Differenz zwischen den beiden eheangemessenen Selbstbehalten
(vgl Berechnungsbeispiel bei Götz/Brudermüller NJW 2011, 808).

Weitere Korrekturen sind sodann nach Götz und Brudermüller im Rahmen der **Angemessenheitsprü-**   28
fung des § 1581 BGB möglich. Gelangt man danach des Weiteren zu dem Ergebnis, dass die Fortzahlung
des Unterhalts an den geschiedenen Ehegatten den Verpflichteten unter Berücksichtigung seiner weiteren
Unterhaltspflichten ab einem gewissen Zeitpunkt unbillig belastet, kann eine zusätzliche Korrektur nach
§ 1578 b BGB über eine höhenmäßige Begrenzung des Anspruchs erfolgen. Der Unterhalt ist also – gegebenenfalls auch stufenweise – bis auf die Höhe des eigenangemessenen Bedarfs herabzusetzen. Wird dieser
eigenangemessene Bedarf vom geschiedenen Ehegatten selbst erwirtschaftet, entfällt jeglicher Unterhalts-

anspruch, das Geld des Verpflichteten steht dann insgesamt der neuen Familie zur Verfügung (Götz/Brudermüller NJW 2011, 806).

IV. Empfehlung für die Praxis

29 Nach der Einschätzung von Gerhardt und Gutdeutsch führt die Entscheidung des Bundesverfassungsgerichts im Regelfall zu keinem anderen Ergebnis, sondern erfordert nur eine aufwendigere Berechnung. Die Billigkeitsklausel in § 1581 BGB gestattet jedoch im konkreten Einzelfall mehr Ausnahmen gegenüber den starren Lösungen nach § 1578 BGB (Gerhardt FamRZ 2011, 597, 772).

Auch Götz und Brudermüller sind der Ansicht, dass sich zumeist kein deutlich anderes Ergebnis als bei der Berechnung nach der Dreiteilungsmethode ergibt. Eine Ausnahme ist nur bei **Vorrang des geschiedenen Ehegatten** gegeben. Dort ergibt sich ein deutlich anderes Ergebnis zu dessen Gunsten (Götz/Brudermüller NJW 2011, 808).

Eine Entscheidung zwischen den verschiedenen Berechnungsmethoden ist also hauptsächlich in letzterem Fall erforderlich. Dort wird empfohlen, Gerhardt und Gutdeutsch zu folgen, da ihr Lösungsansatz überzeugend hergeleitet wurde und ein für die Praxis leicht handhabbares Instrument zur Verfügung stellt. Die von Brudermüller und Götz durchgeführte Berechnungsmethode, die im Wesentlichen auf Billigkeitsabwägungen beruht, lässt die Höhe des Unterhaltsanspruchs schwer abschätzbar erscheinen.

160. Meinungsverschiedenheiten der Sorgeberechtigten

Seebach

I. Allgemeines	1	3. Einzelne Fragen/Beispiele	10
II. Voraussetzungen	2	a) Abstammungsverfahren	10
1. Bestimmte Angelegenheit	2	b) Uneinigkeit über religiöse Erziehung des	
2. Erhebliche Bedeutung	3	Kindes	11
3. Antrag eines Elternteils	4	c) Urlaubsreisen	12
III. Verfahren	5	d) Umzug	16
1. Entscheidung des Gerichts	5	e) Schulwechsel	21
2. Kindesanhörung; Verfahrensbeistand; Sachver-			
ständigengutachten	9		

I. Allgemeines

Gemeinsam sorgeberechtigte Eltern, unabhängig davon, ob verheiratet oder nicht, sind nach § 1627 S. 2 **1**
BGB gehalten, sich bei bestehenden Uneinigkeiten und Streitigkeiten zu **einigen.** Wichtige Entscheidungen
und Erziehungsfragen haben Eltern, ob getrennt oder zusammenlebend, gemeinsam zu entscheiden. Ein
staatlicher Eingriff in die elterliche Erziehung (s. → *Erziehung*) hat zurückhaltend zu erfolgen (HK-FamR/
Schmid § 1628 BGB Rn 1). Auf **Antrag eines Elternteils** hat das Familiengericht gem. § 1628 BGB die
Entscheidung in einer einzelnen Angelegenheit oder in einer bestimmten Art von Angelegenheiten der elterlichen Sorge, deren Regelung für das Kind von erheblicher Bedeutung ist, einem Elternteil zu übertragen, wenn sich die Eltern hierüber nicht einigen können (NK-BGB/Rakete-Dombek § 1628 BGB Rn 17).

Ein ernsthafter Einigungsversuch hat einem Verfahren nach § 1628 BGB voranzugehen. Auch das Gericht
hat nach § 156 FamFG noch im Verfahren auf eine Einigung der Beteiligten hinzuwirken (NK-BGB/
Rakete-Dombek § 1628 BGB Rn 7). Eine Handlungsunfähigkeit der Eltern soll so vermieden werden. Die
Vorschrift des § 1628 BGB ist hierbei restriktiv auszulegen und von gerichtlichen Verfahren bzw Entscheidungen nach § 1671 BGB (s. → *Entzug des Sorgerechts* Rn 11) sowie § 1666 BGB (s. → *Kindeswohlgefährdung*) abzugrenzen (NK-BGB/Rakete-Dombek § 1628 BGB Rn 5). Höchstpersönliche Rechte des Kindes sind von einer Einigung der Eltern nicht abhängig und unterfallen einer Regelung nach § 1628 BGB
gerade nicht.

Bei Vorliegen von **Spezialvorschriften** tritt § 1628 BGB zurück. Insbesondere bei Fragen der religiösen
Erziehung ist eine etwaige Anwendbarkeit des § 2 RelKEG vorrangig zu prüfen (NK-BGB/Rakete-
Dombek § 1628 BGB Rn 6).

II. Voraussetzungen

1. Bestimmte Angelegenheit

Von § 1628 BGB werden nur die Fälle einer **konkreten Angelegenheit** oder konkrete Arten von Angele- **2**
genheiten erfasst. In das **Sorgerecht** (s. → *Elterliches Sorgerecht*) eines Elternteils wird **nicht eingegriffen**
(NK-BGB/Rakete-Dombek § 1628 BGB Rn 14). Es verbleibt auch nach einer Entscheidung gem. § 1628
BGB bei der gemeinsamen elterlichen Sorge. Teile des Sorgerechts werden gerade nicht übertragen oder
entzogen (HK-BGB/Kemper § 1628 BGB Rn 9). Nur **punktuelle Streitigkeiten** sollen von der Norm des
§ 1628 BGB erfasst sein (HK-FamR/Schmid § 1628 BGB Rn 2). Es muss ein **konkreter Einzelfall** betroffen sein, bei dessen Regelung die Eltern ihre Differenzen nicht überwinden können (NK-BGB/Rakete-
Dombek § 1628 BGB Rn 5, 8).

2. Erhebliche Bedeutung

Im Hinblick auf den Begriff der Regelung einer Angelegenheit, die für das Kind von erheblicher Bedeu- **3**
tung ist, verwendet der Gesetzgeber dieselbe Begrifflichkeit wie in § 1687 Abs. 1 S. 1 BGB (NK-BGB/
Rakete-Dombek § 1628 BGB Rn 9). Abzugrenzen sind diese Angelegenheiten bei Getrenntleben der Eltern
daher von den Angelegenheiten des täglichen Lebens (§ 1687 Abs. 1 S. 2 BGB). Diese Angelegenheiten

des täglichen Lebens sind in der Regel solche, die häufig vorkommen und keine schwer abzuändernden Auswirkungen auf die Entwicklung des Kindes haben (§ 1687 Abs. 1 S. 3 BGB). In Angelegenheiten des täglichen Lebens liegt gem. § 1687 Abs. 2 S. 2 BGB die Alleinentscheidungsbefugnis ohnehin beim betreuenden sowie gem. § 1687 Abs. 2 S. 4 BGB beim Umgang ausübenden Elternteil (NK-BGB/Rakete-Dombek § 1628 BGB Rn 10). Erfasst von § 1628 BGB sind daher alle Angelegenheiten, deren Entscheidung von erheblicher Auswirkung für die Entwicklung des Kindes ist und daher grundsätzlich von den Eltern gemeinsam getragen werden soll (Rimkus ZFE 2010, 47). Hierzu ist eine Vielzahl von Entscheidungen ergangen (HK-FamR/Schmid § 1628 BGB Rn 3). So wurde insbesondere geurteilt in Bezug auf den Familiennamen des Kindes (s. → *Namensbestimmung bei Minderjährigen*), der Zugehörigkeit zu einer Religionsgemeinschaft bzw Taufe oder Kommunion des Kindes (OLG Düsseldorf 7.12.2009 – 4 UF 221/09, FamRZ 2010, 1255), den Umzug des Kindes, die Beantragung von Ausweisdokumenten, Urlaubsreisen (OLG Hamburg 23.7.2011 – 12 UF 80/11, FamRZ 2012, 562), den Schul- oder Kindergartenbesuch, die Behandlung des Kindes mit Ritalin (Maier in: FormFamR § 6 Rn 47), einen Sozialhilfebezug des Umgang ausübenden Elternteils (OLG Hamm 9.12.2010 – 2 WF 264/10, NJW-RR 2011, 581), das Übernachten bei Drittpersonen (OLG Jena 24.5.2006 – 1 UF 503/05, FamRZ 2009, 894), den Wechsel des Familiennamens (OLG Stuttgart 11.8.2010 – 16 UF 122/10, NJW-RR 2011, 222), den längeren Auslandsaufenthalt eines Elternteils (OLG Köln 22.7.2011 – 4 UF 144/11, FamRZ 2012, 563).

Spielen in erster Linie finanzielle Belange und Interessen der Eltern eine Rolle, so sind die Voraussetzungen des § 1628 BGB nicht gegeben (OLG München 25.1.2008 – 12 UF 1776/07, NJW-RR 2008, 1534). Unerheblich sind ferner regelmäßige Streitigkeiten, zB über Taschengeld, Erziehungsmethoden, Fernsehkonsum und dergleichen. Hier ergeht keine Entscheidung des Gerichts bzw der Antrag wird zurückgewiesen (Palandt/Götz § 1628 BGB Rn 10).

3. Antrag eines Elternteils

4 Für Entscheidungen des Familiengerichts nach § 1628 BGB ist ein Antrag eines Elternteils **zwingend erforderlich** (Palandt/Götz § 1628 BGB Rn 2). Dies ergibt sich aus der Subsidiarität des staatlichen Handelns. Das Gericht kann ein Verfahren nach § 1628 BGB – anders als bei Kindeswohlgefährdung nach § 1666 BGB – nicht von Amts wegen einleiten. Bei einem durch Antragstellung eingeleiteten Verfahren gilt dann jedoch der Amtsermittlungsgrundsatz (NK-BGB/Rakete-Dombek § 1628 BGB Rn 17).

III. Verfahren

1. Entscheidung des Gerichts

5 Anders als bei Verfahren nach § 1666 BGB oder § 1671 BGB trifft das Gericht gerade **keine eigene Sachentscheidung**. Die Entscheidungskompetenz wird auf einen Elternteil antragsgemäß übertragen oder der Antrag wird zurückgewiesen (HK-FamR/Schmid § 1628 BGB Rn 5). Auch eine Übertragung auf den nicht antragstellenden Elternteil ist möglich, wenn und soweit diese dem **Kindeswohl** entspricht (NK-BGB/Rakete-Dombek § 1628 BGB Rn 11).

6 Das Kindeswohlprinzip gem. § 1697 a BGB (s. → *Elterliches Sorgerecht* Rn 8) als Auffangregel gilt auch im Rahmen des § 1628 BGB als Maßstab der gerichtlichen Entscheidung (HK-FamR/Schmid § 1697 a BGB Rn 3). Es ist daher eine gerichtliche Entscheidung hinsichtlich der Regelung der strittigen Angelegenheit dahin gehend zu treffen, welcher Elternteil bei der Entscheidung für das Kind das **Kindeswohl am besten beachten** und eine **am Kindeswohl ausgerichtete Entscheidung** treffen wird (Maier in: FormFamR § 6 Rn 49). Sämtliche relevanten Kriterien sind zu prüfen und gegeneinander abzuwägen. Es sind letztlich die im Rahmen einer Sorgerechtsentscheidung geltenden Kriterien anzuwenden, auch wenn in das Sorgerecht an sich nicht eingegriffen wird. Das Gericht hat gerade nicht darauf abzustellen, welche Entscheidung seiner Meinung nach die beste ist (NK-BGB/Rakete-Dombek § 1628 BGB Rn 12). Das **soziale Umfeld des Kindes** ist hinsichtlich der Auswirkungen der Entscheidung zu beachten (BVerfG 4.12.2002 – 1 BvR 1870/02, NJW 2003, 1031). Der ermächtigte Elternteil kann die konkrete Angelegenheit nunmehr nach ergangener Entscheidung alleine regeln und das Kind insoweit gem. § 1629 Abs. 1 S. 3 BGB alleine

vertreten (s. → *Gesetzliche Vertretung Minderjähriger* Rn 8). Der Elternteil übt insoweit die elterliche Sorge und Vertretung des Kindes alleine aus.

Die gerichtliche Entscheidung kann gem. § 1628 S. 2 BGB mit **Auflagen oder Beschränkungen** verbunden werden (Maier in: FormFamR § 6 Rn 50). Zu denken ist insoweit an die Vorlage von Belegen oder auch an eine zeitliche Begrenzung (Palandt/Götz § 1628 BGB Rn 9). Allerdings dürfen die Auflagen und Beschränkungen nicht so weit gehen, dass quasi doch eine Entscheidung des Gerichts vorliegt (NK-BGB/ Rakete-Dombek § 1628 BGB Rn 13).   7

Eine **Abänderung** der ergangenen Entscheidung nach § 1696 BGB ist nicht vorgesehen. Maßnahmen nach § 1666 BGB sind bei Vorliegen der entsprechenden Voraussetzungen weiterhin möglich (HK-FamR/ Schmid § 1628 BGB Rn 5).   8

2. Kindesanhörung; Verfahrensbeistand; Sachverständigengutachten

Nach §§ 159, 160 FamFG sind Eltern und Kind auch in Verfahren nach § 1628 BGB persönlich anzuhören (NK-BGB/Rakete-Dombek § 1628 BGB Rn 18). Die Anhörung und Beteiligung des Jugendamts bestimmt sich nach § 162 FamFG.   9

Die Bestellung eines **Verfahrensbeistands** für das Kind richtet sich nach § 158 FamFG und ist in der Regel vorzunehmen (s. → *Verfahrensbeistand* Rn 22). Ein **Sachverständigengutachten** ist in der Regel ebenfalls erforderlich, um festzustellen, ob die beabsichtigte Übertragung einer Entscheidungskompetenz dem Kindeswohl am besten entspricht (s. → *Elterliches Sorgerecht* Rn 8).

Da Sorgerechtskriterien im Rahmen einer Entscheidung nach § 1628 BGB anzuwenden sind, gelten auch die diesbezüglich aufgestellten Verfahrensgrundsätze (s. → *Elterliches Sorgerecht* Rn 23 ff).

3. Einzelne Fragen/Beispiele

a) Abstammungsverfahren. Die Zulässigkeit eines **Vaterschaftsanfechtungsantrags** des minderjährigen Kindes setzt die Entscheidung des sorgeberechtigten Elternteils voraus, dass das Kind dieses Anfechtungsverfahren betreiben will (s. → *Anfechtung der Vaterschaft* Rn 14 ff). Bei **gemeinsamer elterlicher Sorge** kann eine Entscheidung nach § 1628 BGB ergehen, wenn sich die Eltern gerade nicht einig sind, ob ein derartiger Antrag erhoben werden soll (OLG Dresden 2.10.2008 – 21 UF 481/08, FamRZ 2009, 1330). Die Entscheidung hierüber kann einem Elternteil übertragen werden (HK-BGB/Kemper § 1713 BGB Rn 1; Gottschalk FamFR 2011, 24). Die Bestellung eines **Ergänzungspflegers** gem. § 1909 BGB mit dem Wirkungskreis „Vertretung im Anfechtungsverfahren" bedeutet dabei nicht, dass der Ergänzungspfleger über das „Ob" der Anfechtung entscheiden kann (BGH 18.2.2009 – XII ZR 156/07, NJW 2009, 1496).   10

b) Uneinigkeit über religiöse Erziehung des Kindes. Mit Beschluss vom 11.5.2005 hat der Bundesgerichtshof hinsichtlich der Frage entschieden, ob die Übertragung der elterlichen Sorge auf einen Elternteil alleine aufgrund unterschiedlicher Vorstellungen der Eltern im Hinblick auf die Frage der religiösen Erziehung des Kindes gerechtfertigt sei (BGH 11.5.2005 – XII ZB 33/04, NJW 2005, 2080). Der Bundesgerichtshof führte insbesondere aus, dass dem Anliegen, das Kind taufen zu lassen, durch eine Entscheidung nach § 1628 BGB Rechnung getragen werde könne. Ein weiter gehender Eingriff in das Sorgerecht sei nicht zwingend notwendig (Zempel jurisFamR 2010/17). In einer jüngeren Entscheidung des OLG Düsseldorf vom 7.12.2009 (OLG Düsseldorf 7.12.2009 – 4 UF 221/09, FamRZ 2010, 1255) hat sich das Gericht insoweit gegen eine Regelung nach § 1628 BGB ausgesprochen, da die Eltern unterschiedlichen Kulturkreisen angehören und es daher geboten erschien, das Kind nicht schon frühzeitig endgültig in eine Religionsgemeinschaft zu integrieren. Das RKEG ist zu beachten (NK-BGB/Rakete-Dombek § 1628 BGB Rn 4).   11

c) Urlaubsreisen. Die Frage, ob bei Uneinigkeit der gemeinsam sorgeberechtigten Eltern über eine von einem Elternteil mit dem Kind beabsichtigte Urlaubsreise, zB in das europäische Ausland, eine Einigung der Eltern überhaupt erforderlich ist, entscheidet sich danach, ob eine **Angelegenheit von erheblicher Bedeutung** vorliegt (Maier in: FormFamR § 3 Rn 45). Andernfalls wäre eine Alleinentscheidung eines Eltern-   12 teils bereits durch § 1687 BGB gedeckt. Ferner hat auch hier eine genaue Abgrenzung des § 1628 BGB zu Entscheidungen über das Aufenthaltsbestimmungsrecht nach § 1671 BGB zu erfolgen (NK-BGB/Rakete-Dombek § 1628 BGB Rn 5). Häufig werden gerade in derartigen Fällen weiter gehende Anträge zur Entscheidung über das Aufenthaltsbestimmungsrecht gestellt, während ein Antrag nach § 1628 BGB als das mildere Mittel ausreichend wäre.

13 Die Rechtsprechung ist insoweit uneinheitlich. Einigkeit besteht dahin gehend, dass nicht jede Urlaubsreise eine Angelegenheit von erheblicher Bedeutung für das Kind darstellt. Eine „normale" Urlaubsreise jedenfalls innerhalb des **benachbarten EU-Auslands** wird nicht über § 1628 BGB geregelt werden müssen. Teilweise wird sogar für eine Besuchsreise nach Russland eine erhebliche Bedeutung iSd § 1628 BGB verneint (OLG Köln 25.11.2011 – 4 UF 232/11). Gerade dann, wenn die Reise jedoch auch den Zweck hat, Kontakte zu entfernten Verwandten aufrecht zu erhalten, erscheint die Annahme einer erheblichen Bedeutung vertretbar (OLG Hamburg 13.7.2011 – 12 UF 80/11).

14 Teilweise wird die Ansicht vertreten, dass Reisen kleinerer Kinder in Länder eines **nicht vertrauten Kulturkreises** Angelegenheiten von wesentlicher Bedeutung darstellten. In der heutigen Zeit und der stattfindenden Globalisierung kann man jedoch die Frage der erheblichen Bedeutung für das Kind nicht durch die EU-Grenze oder die Entfernung des Reiselandes lösen. Auch eine andere Kultur des Urlaubslandes rechtfertigt noch nicht zwingend eine Entscheidung nach § 1628 BGB. Im konkreten Einzelfall ist die Situation im geplanten Urlaubsgebiet sowie die kulturelle persönliche Situation der Familie und des Kindes zu sehen. Allerdings wird man eine Reise in ein Land, für das eine **Reisewarnung** besteht, als Angelegenheit von erheblicher Bedeutung ansehen müssen (OLG Karlsruhe 29.5.2007 – 16 WF 83/07, FamRZ 2008, 1368). Grundsätzlich jedoch ist für eine beabsichtigte Urlaubsreise auch bei Uneinigkeit der sorgeberechtigten Eltern eine Entscheidung nach § 1628 BGB nicht erforderlich (NK-BGB/Peschel-Gutzeit § 1687 BGB Rn 14). Auch kann eine einmalige Weigerung eines Elternteils nicht dazu führen, die Entscheidungskompetenz hinsichtlich zukünftiger beabsichtigter Urlaubsreisen generell auf den anderen Elternteil zu übertragen.

15 Oftmals wird eine Uneinigkeit der Eltern in einer solchen Angelegenheit sich auf den Bereich der **Ausweispapiere** für ein minderjähriges Kind auswirken (Maier in: FormFamR § 6 Rn 47). Hier ist mit der gängigen Rechtsprechung davon auszugehen, dass es sich hinsichtlich der Beantragung von Ausweisdokumenten (Heiß in: MandatFamR Teil 4 Rn 72) um eine für das Kind erhebliche Angelegenheit handelt und der Besitz oder auch die Verlängerung von Ausweisdokumenten grundsätzlich dem Kindeswohl entspricht (Zempel jurisPR-FamR 2010/17; OLG Köln 27.3.2012 – 4 UF 24/12).

16 **d) Umzug.** Grundsätzlich stellt ein **beabsichtigter Umzug des minderjährigen Kindes** nicht lediglich eine Angelegenheit des täglichen Lebens dar, sondern vielmehr eine Angelegenheit von erheblicher Bedeutung für das Kind (Stockmann jurisPR-FamR 20/2010). Ein Umzug verändert grundsätzlich die Lebenssituation des Kindes, hat Auswirkungen auf die **sozialen Kontakte des Kindes** und auf den Schul- bzw Kindergartenbesuch (s. Rn 21). Die Eltern haben sich demzufolge hinsichtlich eines geplanten Umzugs des betreuenden Elternteils abzusprechen und gemeinsam zu entscheiden (Maier in: FormFamR § 6 Rn 45). Die Zustimmung des verbleibenden Elternteils ist erforderlich (Finger FamFR 2009, 134).

17 Etwas anders kann gelten bei einem Umzug innerhalb desselben Stadtteils oder auch derselben Stadt, ja sogar innerhalb des Landkreises, wenn die sozialen Kontakte des Kindes fortbestehen, insbesondere ein Schul- oder Kindergartenwechsel (s. Rn 21) mit dem Umzug nicht verbunden ist. Teilweise wird auch die Ansicht vertreten, dass bei jedem beabsichtigten Umzug ein Antrag nach § 1628 BGB gestellt werden müsse. Diese Ansicht verkennt, dass jeweils eine **Einzelfallprüfung** stattzufinden hat. Auch muss beachtet werden, dass der betreuende Elternteil nicht in seinem verfassungsrechtlich garantierten Recht auf freie Entfaltung seiner Persönlichkeit unangemessen eingeschränkt werden darf. Der getrennt lebende Elternteil darf den anderen Elternteil in seinem Lebensplan nicht behindern (s. → *Aufenthaltsbestimmung bei Minderjährigen* Rn 11 f). Auf der anderen Seite muss das Umgangsrecht des nicht betreuenden Elternteils berücksichtigt werden. Entscheidend sind jedoch die Auswirkungen des beabsichtigten Umzugs auf das Kind selbst (NK-BGB/Rakete-Dombek § 1628 BGB Rn 5).

Häufig werden derartige Streitigkeiten in einem Verfahren über das Aufenthaltsbestimmungsrecht für das 18 Kind ausgetragen (s. → *Aufenthaltsbestimmung bei Minderjährigen*); aber auch ein Verfahren betreffend einen konkret beabsichtigten Umzug im Rahmen des § 1628 BGB ist denkbar, wenn auch in der gerichtlichen Praxis eher ein Ausnahmefall.

Das Gericht muss bei seinen Erwägungen berücksichtigen, ob der Elternteil, der einen Umzug plant, die 19 Kindesinteressen sieht und wahrnimmt. Ferner muss in die Abwägung eingestellt werden, ob der Elternteil, der sich gegen einen Umzug ausspricht, eventuell die Betreuung des Kindes übernehmen kann (Stockmann jurisPR-FamR 20/2010). In der Regel wird jedoch dann keine Entscheidung nach § 1628 BGB, sondern vielmehr eine gerichtliche Entscheidung nach § 1671 BGB hinsichtlich der Übertragung des Aufenthaltsbestimmungsrechts ergehen (s. → *Aufenthaltsbestimmung bei Minderjährigen*).

Geht mit einem Umzug ein **Schulwechsel** (s. Rn 16, 21) einher, so ist der Elternteil hinsichtlich der schuli- 20 schen Angelegenheiten nicht zwangsläufig ermächtigt. Ferner geht regelmäßig mit einem beabsichtigten Umzug eine **Ummeldung des Kindes** einher (NK-BGB/Rakete-Dombek § 1628 BGB Rn 1, § 1671 BGB Rn 11). Daher werden in der Regel Verfahren nach § 1628 BGB nicht ausschließlich die Umzugsproblematik betreffen, sondern eine Vielzahl von Teilbereichen der elterlichen Sorge, so dass bei Meinungsverschiedenheiten der Eltern Verfahren nach § 1671 BGB zu betreiben sind.

e) Schulwechsel. Die Entfernung vom ursprünglichen Wohnort, verbunden mit einem Schulwechsel, hat 21 für das minderjährige Kind grundsätzlich erhebliche Bedeutung (Zimmermann FamFR 2011, 113). Selbst wenn die Eltern insoweit eine Vereinbarung getroffen haben (s. → *Elternvereinbarungen*), so kann sich ein Elternteil hiervon lossagen, wenn diese mit den Kindesinteressen nicht mehr vereinbar ist (Maier in: Form-FamR § 6 Rn 40).

161. Mindestbedarf

Hamm

I. Begriff und Bemessung........................ 1
II. Grundsatz der Halbteilung..................... 6

III. Ersparnis des Zusammenlebens................. 7

I. Begriff und Bemessung

1 Durch den Unterhalt soll grundsätzlich der **gesamte Lebensbedarf** des Unterhaltsberechtigten gedeckt werden. Deshalb muss der Unterhalt zumindest das **Existenzminimum** des Unterhaltsberechtigten sicherstellen. Dies stellt die Untergrenze des Bedarfs eines **erwachsenen Unterhaltsberechtigten** dar. Dieses Existenzminimum setzt die Rechtsprechung pauschal mit dem notwendigen Selbstbehalt für nichterwerbstätige Unterhaltspflichtige an, zurzeit 800 EUR (BGH 16.12.2009 – XII ZR 50/08, FamRZ 2010, 357). Bei **minderjährigen Kindern** hat das Unterhaltsänderungsgesetz zum 1.1.2008 in Form des gesetzlichen Mindestunterhalts für minderjährige, nicht aber privilegiert volljährige Kinder einen Mindestbedarf festgelegt (s. → *Bedarfsermittlung* Rn 32; s. → *Mindestunterhalt*). Dieser richtet sich nach dem doppelten Freibetrag für das sächliche Existenzminimum eines Kindes, also nach dem doppelten Kinderfreibetrag des § 32 Abs. 4 S. 1 EStG.

2 Der Bundesgerichtshof hatte die Frage, ob im Rahmen des Betreuungsunterhalts und gegebenenfalls auch des sonstigen Ehegattenunterhalts von einem Mindestbedarf des Unterhaltsberechtigten auszugehen ist, in der Vergangenheit stets verneint (BGH 22.1.2003 – XII ZR 2/00, FamRZ 2003, 363). Für den **Elternunterhalt** dagegen hat der Bundesgerichtshof auch früher schon entschieden, dass der Lebensbedarf mindestens dem Existenzminimum entspricht (BGH 19.2.2003 – XII ZR 67/00, FamRZ 2003, 860).

3 Beim **Ehegattenunterhalt** hat sich der Bundesgerichtshof deshalb schwer getan, da sich der Bedarf nach den bedarfsbestimmenden Einkünften berechnet und nicht anhand fester Bedarfssätze. Er ist deshalb vor der Änderung seiner Rechtsprechung davon ausgegangen, dass der Bedarf nach den ehelichen Lebensverhältnissen auch unterhalb des Existenzminimums liegen kann. Diese Rechtsprechung hat der Bundesgerichtshof nunmehr aufgegeben und zunächst in Anknüpfung an ein Urteil aus dem Jahr 2008 (BGH 16.7.2008 – XII ZR 109/05, FamRZ 2008, 1739) einen Mindestbedarf für den Betreuungsunterhalt und den nachehelichen Unterhalt festgelegt (BGH 13.1.2010 – XII ZR 123/08, FamRZ 2010 444; 16.12.2009 – XII ZR 50/08, FamRZ 2010, 357). Das **Existenzminimum** stellt sowohl beim Unterhalt des Ehegatten als auch beim Unterhalt nach § 1615 l BGB die **Untergrenze des Bedarfs** dar.

4 Seine Änderung der Rechtsprechung hat der Bundesgerichtshof an den Betreuungsunterhaltsansprüchen nach den §§ 1570, 1615 l Abs. 2 BGB ausgerichtet. Wenn gerade in den ersten Lebensjahren des gemeinsamen Kindes dessen Betreuung und Erziehung gesichert werden soll, muss der betreuende Elternteil jedenfalls einen Unterhaltsanspruch haben, der es ihm ermöglicht, sich dem Kind zu widmen, ohne daran durch eine eigene Erwerbstätigkeit gehindert zu sein. Dies ist aber nur dann der Fall, wenn ein Unterhalt gezahlt wird, der wenigstens das Existenzminimum erreicht.

5 Im Rahmen der gebotenen **Pauschalierung** ist für einen Mindestbedarf in Höhe des Existenzminimums nicht auf den angemessenen Selbstbehalt eines erwerbstätigen Unterhaltspflichtigen abzustellen, sondern lediglich auf den Betrag, der einem nichterwerbstätigen Unterhaltspflichtigen als **notwendiger Selbstbehalt** zur Verfügung steht (s. → *Mangelfall und Selbstbehalt* Rn 2). Dieser beträgt gegenwärtig nach der Düsseldorfer Tabelle und den unterhaltsrechtlichen Leitlinien der Oberlandesgerichte **800 EUR**. Der darüber hinausgehende Selbstbehalt des Erwerbstätigen (derzeit 1000 EUR) schließt einen Erwerbsanreiz ein, der auf Seiten des Unterhaltspflichtigen seine Berechtigung hat, aber nicht in gleicher Weise auf Seiten des Unterhaltsberechtigten (s. → *Erwerbstätigenbonus*). Dieser ist ohnehin gehalten, im Rahmen seiner Möglichkeiten den eigenen Lebensbedarf sicherzustellen. Die in dem Differenzbetrag zwischen dem notwendigen Selbstbehalt eines Erwerbstätigen und eines Nichterwerbstätigen ebenfalls enthaltenen gemischten Aufwendungen haben zunehmend an Bedeutung verloren. Da der pauschalierte notwendige Selbstbehalt ei-

nes Nichterwerbstätigen über das Existenzminimum hinausgeht, sind diese Aufwendungen darin bereits enthalten (BGH 13.1.2010 – XII ZR 123/09, FamRZ 2010, 444).

II. Grundsatz der Halbteilung

Der Mindestbedarf in Höhe des Existenzminimums ist nicht nur dem Unterhaltsberechtigten zuzubilligen, **6** sondern muss entsprechend dem Grundsatz der Halbteilung auch mindestens dem Unterhaltspflichtigen verbleiben. Dies ist schon deshalb gewährleistet, da dem Unterhaltspflichtigen regelmäßig ein Selbstbehalt von seinem eigenen Einkommen verbleibt, dessen Höhe zwar von der Art seiner Unterhaltsverpflichtung abhängig ist, der den nur geringfügig über dem Existenzminimum pauschalierten Mindestbedarf aber keinesfalls unterschreitet (BGH 16.12.2009 – XII ZR 50/08, FamRZ 2010, 357; s. → *Mangelfall und Selbstbehalt*). Im Ergebnis darf der unterhaltsberechtigte Ehegatte durch die Zubilligung eines Mindestunterhalts somit keinen Unterhalt bekommen, der den Quotenunterhalt übersteigt.

III. Ersparnis des Zusammenlebens

Bei allen Ansprüchen auf nacheheligen Unterhalt ist ein Mindestbedarf in Höhe des nach sozialrechtlichen **7** Maßstäben zu bemessenden Existenzminimums zugrunde zu legen (SGB II bzw SGB XII). Die Pauschalierung des Mindestbedarfs schließt aber den **Nachweis eines höheren oder geringeren Bedarfs** nicht aus, beispielsweise aufgrund der Ersparnis durch gemeinsame Haushaltsführung. Insoweit hat der Bundesgerichtshof entschieden, dass der Selbstbehalt eines Unterhaltspflichtigen durch die durch eine gemeinsame Haushaltsführung eintretende Ersparnis gekürzt werden kann (BGH 9.1.2008 – XII ZR 170/05, FFP 2008, 172; s. → *Bedarfsermittlung* Rn 23; s. → *Bedürftigkeit* Rn 14). **Untergrenze** für diese Kürzung ist der **sozialhilferechtliche Mindestbedarf**. Wohnt der Unterhaltspflichtige in neuer Lebensgemeinschaft und spart er dadurch Kosten für die Wohnung oder die allgemeine Lebensführung, muss er sich auch sozialhilferechtlich auf einen im Rahmen seiner **Bedarfsgemeinschaft** (s. → *Bedarfsgemeinschaft*) geringeren Bedarf verweisen lassen. In der Rechtsprechung wird hierbei noch differenziert, ob der Unterhaltspflichtige mit dem neuen Partner verheiratet ist oder mit ihm in nichtehelicher Lebensgemeinschaft wohnt. Zwar hat grundsätzlich auch ein verheirateter Unterhaltsschuldner eine Kostenersparnis wegen des Zusammenlebens. Vorausgesetzt der neue Ehegatte ist leistungsfähig, hat er gegen diesen auch einen Anspruch auf Familienunterhalt, der seinen Selbstbehalt ganz oder teilweise deckt, so dass eine Herabsetzung nicht angezeigt ist (BGH 5.10.2006 – XII ZR 197/02, NJW 2007, 139). Ist der Unterhaltspflichtige nicht mit seinem neuen Partner verheiratet und hat deshalb keinen gesetzlichen Anspruch auf Familienunterhalt, kommt dennoch eine Herabsetzung wegen ersparter Aufwendungen in Betracht, wenn tatsächlich eine Kostenersparnis eingetreten ist, beispielsweise aufgrund niedrigerer Wohnkosten. Voraussetzung ist, dass der neue Lebensgefährte über ausreichende Einkünfte verfügt, und sei es auch nur aus eigenem Sozialhilfebezug, um sich an den Kosten für die Lebensführung zu beteiligen. Die Darlegungs- und Beweispflicht für seine Leistungsunfähigkeit und somit auch dafür, dass sein neuer Lebensgefährte sich nicht ausreichend an den Kosten der gemeinsamen Lebensführung beteiligen kann, trägt der Unterhaltspflichtige. Insbesondere, wenn der Mindestunterhalt für ein minderjähriges Kind zu decken ist, besteht keine Veranlassung, dem Unterhaltspflichtigen mehr zu belassen, als er in seiner konkreten Situation für den notwendigen nötigen eigenen Bedarf benötigt und an Sozialhilfe zuerkannt bekommen würde. Gerade gegenüber minderjährigen Kindern stellt sich in diesem Zusammenhang ohnehin die Frage, ob dem Unterhaltspflichtigen aufgrund seiner gesteigerten Erwerbsverpflichtung nicht eine zusätzliche Aufnahme einer Nebentätigkeit zumutbar ist (s. → *Erwerbsobliegenheit*).

162. Mindestunterhalt

Hamm

I. Klare Definition.................................. 1 IV. Darlegungs- und Beweislast..................... 5
II. Dynamisierter Unterhalt........................ 2 V. Mangelfall.. 6
III. Kindergeldanrechnung.......................... 3

I. Klare Definition

1 Mit der durch das Unterhaltsrechtsreformgesetz eingeführten Neuregelung des § 1612 a BGB ist der Gesetzgeber der Forderung des Bundesverfassungsgerichts nachgekommen, die bisher unverständliche Verflechtung von Sozial-, Steuer- und Unterhaltsrecht so zu gestalten, dass sie dem **Grundsatz der Normenklarheit** entspricht (BVerfG 9.4.2003 – 1 BvR 1/01, 1 BvR 1749/01, FamRZ 2003, 1370). Ausgangspunkt ist dabei der in § 1612 a BGB neu (wieder-)eingeführte Mindestunterhalt für alle minderjährigen Kinder. Die **Höhe des Mindestunterhalts** entspricht jetzt dem doppelten Freibetrag des sächlichen Existenzminimums eines Kindes (**Kinderfreibetrag**) gemäß § 32 Abs. 6 S. 1 EStG. Nach § 1612 a Abs. 1 Nr. 2 BGB ergibt ein Zwölftel dieses doppelten Jahresbetrags den monatlichen Mindestunterhalt des minderjährigen Kindes in der 2. Altersstufe. Für die 1. Altersstufe beläuft sich der Mindestunterhalt auf 87 % davon, während er für die 3. Altersstufe 117 % davon beträgt. Das **Anknüpfen an das Steuerrecht** bringt für das Unterhaltsrecht erhebliche Vorteile, da aufgrund des Existenzminimumberichts nun eine einheitliche Größe existiert, die den tatsächlichen Entwicklungen angepasst wird. Zudem werden konkrete Zahlen genannt. Das Existenzminimum als Orientierungsgröße für das einkommensteuerliche tatsächliche Existenzminimum wird von der Bundesregierung alle zwei Jahre in einem Existenzminimumbericht auf der Grundlage der durchschnittlichen sozialhilferechtlichen Regelsätze der einzelnen Bundesländer und der pauschalen Wohn- und Heizkosten festgelegt. Das Steuerrecht sieht zudem **keine Differenzierung zwischen Ost- und Westdeutschland** vor, weshalb es auch keine Unterschiede mehr bei der Höhe des Kindesunterhalts zwischen Ost- und Westdeutschland gibt.

II. Dynamisierter Unterhalt

2 Der Kindesunterhalt ist nach der Düsseldorfer Tabelle als dynamischer Unterhalt geltend zu machen. Die Höhe des geschuldeten Unterhalts für das minderjährige Kind bestimmt sich nach einem **Prozentsatz des gesetzlich definierten Mindestunterhalts**. Der Gesetzgeber hat mit dem Mindestunterhalt eine dynamische Grundlage geschaffen, die den früheren Regelbetrag nach der Regelbetragsverordnung abgelöst hat.

III. Kindergeldanrechnung

3 Entgegen der bis zum 31.7.2007 geltenden Regelung, wonach innerhalb der ersten fünf Einkommensgruppen der Düsseldorfer Tabelle das Kindergeld nur teilweise zur Anrechnung kam, wird dieses aufgrund der seit 1.1.2008 geltenden Neuregelung des § 1612 b BGB hälftig auf den Unterhaltsbedarf des Kindes, gleichgültig nach welcher Einkommensgruppe sich dieser ergibt, angerechnet. Das **hälftige Kindergeld** wirkt sich **bedarfsmindernd** auf den Barunterhaltsanspruch des Kindes aus, die Zahlungsverpflichtung des Unterhaltspflichtigen reduziert sich entsprechend. Dies hat zur Folge, dass auch bei der Berechnung des Ehegattenunterhalts nunmehr stets der tatsächliche Zahlbetrag einkommensmindernd in Abzug zu bringen ist, wodurch sich die Verteilungsmasse für die nachrangigen Unterhaltsberechtigten vergrößert.

4 Das Kindergeld ist auch **im Fall der mangelnden Leistungsfähigkeit** des Unterhaltspflichtigen zur Deckung des Mindestunterhalts gemäß § 1612 a Abs. 1 BGB zu verwenden. Unterschreitet die Leistungsfähigkeit den sich danach ergebenden Zahlbetrag (Mindestunterhalt abzüglich hälftiges Kindergeld), erfolgt keine Anrechnung des Kindergelds auf den Betrag, den der Unterhaltspflichtige ohne Gefährdung des eigenen Selbstbehalts leisten kann (OLG München 17.7.2009 – 2 WF 1288/09, FamRZ 2010, 988). Nach § 1612 b Abs. 1 BGB ist das Kindergeld zur Deckung des (Mindest-)Bedarfs des Kindes zu verwenden, und zwar hälftig, wenn der andere Elternteil seine Unterhaltsverpflichtung durch die Betreuung des Kindes erfüllt

(§ 1606 Abs. 3 S. 1 BGB). Unterhaltsrechtlich handelt es sich somit um **Einkommen des Kindes,** das daher wie anderes Einkommen auch dessen Bedarf kürzt. Diese Bedarfsdeckung erhält dann praktische Relevanz, wenn die Mittel des Barunterhaltspflichtigen begrenzt sind. Kann der Unterhaltspflichtige den Zahlbetrag nach Einkommensgruppe 1 abzüglich hälftiges Kindergeld der Düsseldorfer Tabelle nicht aufbringen, ohne zugleich seinen notwendigen Selbstbehalt zu unterschreiten, ist er nicht leistungsfähig (s. → *Mangelfall und Selbstbehalt Rn 2*). Auch in diesem Fall ist von einem Bedarf des Kindes in Höhe des Mindestunterhalts (Einkommensgruppe 1 abzüglich hälftigem Kindergeld) auszugehen, für den der Unterhaltspflichtige nur in Höhe des Betrags als leistungsfähig anzusehen ist, der über seinem eigenen notwendigen Selbstbehalt liegt. Damit führt § 1612 b Abs. 1 BGB zu einem ähnlichen Ergebnis wie es nach der früheren Rechtslage durch die nur teilweise Anrechnung des Kindergelds in § 1612 b Abs. 5 BGB erreicht wurde. Somit ist in Mangelfällen von der Einkommensgruppe 1 auszugehen und zunächst das Kindergeld anzurechnen. Der sich so ergebende Zahlbetrag ist dann je nach Leistungsfähigkeit des Unterhaltspflichtigen gegebenenfalls erneut zu reduzieren. Da aber Ausgangspunkt wegen der bedarfsdeckenden Anrechnung des Kindergelds bereits ein um dieses reduzierter Betrag ist, kommt eine nochmalige Anrechnung des Kindergeldes auf den nach der Leistungsfähigkeit des Schuldners bemessenen prozentualen Zahlbetrag nicht in Betracht.

IV. Darlegungs- und Beweislast

Die Wiedereinführung des Mindestunterhalts führt im Ergebnis zu einer bedeutsamen Beweislastumkehr 5 (s. → *Darlegungs- und Beweislast beim Unterhalt Rn 7*) für den Kindesunterhalt. Wird vom Unterhaltsberechtigten nur der Mindestunterhalt geltend gemacht, muss der Unterhaltspflichtige darlegen und beweisen, dass er für diese Zahlung nicht leistungsfähig ist. Wegen der **gesteigerten Erwerbsobliegenheit** gegenüber minderjährigen Kindern ist ein solcher Nachweis in der Praxis schwer zu führen (s. → *Erwerbsobliegenheit*). Reichen die tatsächlich vorhandenen Einkünfte nicht aus, um den Mindestunterhalt zu zahlen, bestimmt sich aufgrund der gesteigerten Erwerbsverpflichtung die Leistungsfähigkeit nicht nur anhand der tatsächlichen, sondern auch der **fiktiv erzielbaren Einkünfte,** wenn der Unterhaltspflichtige eine ihm mögliche und zumutbare, eventuell zusätzliche Erwerbstätigkeit unterlässt, obwohl er diese bei gutem Willen ausüben könnte (s. → *Fiktive Einkünfte*).

V. Mangelfall

Liegt ein Mangelfall vor, dh reicht das Einkommen des Unterhaltspflichtigen unter Wahrung seines eige- 6 nen Selbstbehalts nicht aus, alle Ansprüche der Unterhaltsberechtigten zu decken, sind die Unterhaltsansprüche der vorrangigen minderjährigen Kinder nicht mit dem sich aufgrund der Einkommensgruppe der Düsseldorfer Tabelle ergebenden Unterhaltsbetrag, sondern mit dem Mindestunterhalt (Einkommensgruppe 1 der Düsseldorfer Tabelle abzüglich hälftiges Kindergeld) in die Unterhaltsberechnung einzustellen (s. → *Mangelfall und Selbstbehalt Rn 11, 15, 18*).

163. Mutterschaft

Knahn

I. Einführung	1	IV. Anerkennung der Mutterschaft,	
II. Gesetzliche Regelung der Mutterschaft	3	§ 27 Abs. 2 PStG	9
1. Mutterschaft, § 1591 BGB	3	V. Ersatzmutterschaft	10
2. Übergangsvorschrift	5	1. Begrifflichkeit	10
III. Abstammungsverfahren	6	2. Verbot der Ersatzmutterschaft	11
1. Keine Anfechtung der Mutterschaft	6	3. Adoption bei Ersatzmutterschaft	13
2. Abstammungsverfahren nach			
§ 169 Nr. 1 FamFG	7		

I. Einführung

1   Grundsätzlich geht das Gesetz nach dem **Abstammungsprinzip** des § 1589 BGB davon aus, dass die **Verwandtschaft** (s. NK-BGB/Gutzeit § 1589 BGB Rn 4) zwischen Kind und Eltern auf der genetischen Herkunft beruht (BT-Drucks. 13/4899, 82). Die Rechtslage vor dem Kindschaftsrechtsreformgesetz vom 16.12.1997 (BGBl. I, 2942) sah es als selbstverständlich an, dass die Frau, die das Kind gebärt, auch dessen genetische Mutter ist. Da die moderne Fortpflanzungsmedizin (NK-BGB/Gutzeit Vor §§ 1591–1600 d BGB Rn 8 ff) es aber ermöglicht, dass eine Frau ein genetisch fremdes Kind durch Ei- oder Embryonenspende austrägt (Ersatzmutterschaft, s. Rn 10 ff), sah sich der Gesetzgeber veranlasst, die Mutterschaft (s. Rn 3) mit der Einführung des § 1591 BGB gesetzlich zu regeln (BT-Drucks. 13/4899, 82).

2   Das Abstammungsrecht wurde durch das Kindschaftsrechtsreformgesetz vom 16.12.1997 (BGBl. I 1997, 2942) und das Kinderrechteverbesserungsgesetz vom 9.4.2002 (BGBl. I, 1239) wesentlich geändert. Aufgrund der Entscheidung des Bundesverfassungsgerichts zur Stellung des biologischen Vaters in Anfechtungsverfahren (BVerfG 9.4.2003 – 1 BvR 1493/96, NJW 2003, 2151) wurde mit Gesetz vom 23.4.2004 (BGBl. I, 598) mit § 1600 Abs. 1 Nr. 2 BGB die Anfechtungsmöglichkeit des biologischen Vaters eingeführt (s. → *Anfechtung der Vaterschaft* Rn 25). Infolge der Rechtsprechung des Bundesverfassungsgerichts zu heimlichen Vaterschaftstests (BVerfG 13.2.2007 – 1 BvR 421/05, NJW 2007, 753) wurde mit dem Gesetz vom 26.3.2008 (BGBl. I, 441) ein Verfahren zur Klärung der Abstammung ohne Statuswirkung (s. → *Feststellung der Abstammung* Rn 28 ff) geschaffen.

II. Gesetzliche Regelung der Mutterschaft

1. Mutterschaft, § 1591 BGB

3   Nach § 1591 BGB ist Mutter eines Kindes die Frau, die es geboren hat. Dabei kommt es alleine auf den äußeren Vorgang der Geburt, unabhängig von der Frage der genetischen Herkunft des Kindes an. In Fällen, bei denen die gebärende Frau zuvor durch eine Ei- oder Embryonenspende ein genetisch fremdes Kind ausgetragen hat, also eine **gespaltene Mutterschaft** zwischen gebärender Frau und genetischer Mutter vorliegt, ist alleine die gebärende Frau Mutter gem. § 1591 BGB (**Durchbrechung des Abstammungsprinzips** des § 1589 BGB).

4   Die weiteren verwandtschaftlichen Beziehungen des Kindes durch die Mutter richten sich ausschließlich nach der Mutter im Sinne von § 1591 BGB (Palandt/Brudermüller § 1591 BGB Rn 4). Die genetische Abstammung des Kindes ist aber im Rahmen des Eheverbots gem. § 1307 BGB, § 173 StGB der rechtlichen Abstammung gleichgestellt (NK-BGB/Kleist § 1307 BGB Rn 2).

2. Übergangsvorschrift

5   Da Art. 224 § 1 Abs. 1 EGBGB für den am 1.7.1998 in Kraft getretenen § 1591 BGB keine Übergangsvorschrift enthält, gilt § 1591 BGB gleichermaßen für alle Kinder, die vor, am oder nach dem 1.7.1998 geboren wurden (NK-BGB/Gutzeit § 1589 BGB Rn 7).

III. Abstammungsverfahren

1. Keine Anfechtung der Mutterschaft

Die Mutterschaft der gebärenden Frau steht dabei nach dem ausdrücklichen Willen des Gesetzgebers dauerhaft fest, dh sie kann nicht durch Anfechtung beseitigt werden. Es handelt sich daher niemals, auch im Falle der gespaltenen Mutterschaft, um eine **Scheinmutterschaft** (BT-Drucks. 13/4899, 82; HK-BGB/Kemper § 1591 BGB Rn 1). **6**

Allerdings besteht die Möglichkeit, die genetische Abstammung im Rahmen des § 1598 a BGB (s. → *Feststellung der Abstammung* Rn 28 ff) zu klären. Eine Statusänderung kann dabei aber nicht erlangt werden, dh die Mutterschaft im rechtlichen Sinne kann nicht verändert werden.

2. Abstammungsverfahren nach § 169 Nr. 1 FamFG

Für die Fälle der **gespaltenen Mutterschaft** bleibt der genetischen Mutter auch ein Verfahren auf Feststellung eines Eltern-Kind-Verhältnisses nach § 169 Nr. 1 FamFG bereits begrifflich verwehrt (Palandt/Brudermüller § 1591 BGB Rn 2), da das Eltern-Kind-Verhältnis durch die klare Normierung der Mutterschaft in § 1591 BGB insoweit nicht verändert werden kann (HK-FamR/Pauling § 1591 BGB Rn 1; NK-BGB/Gutzeit § 1591 BGB Rn 3). **7**

In Fällen von **Kindesverwechslung** (OLG Bremen 6.1.1995 – 5 UF 93/94, FamRZ 1995, 1291), **Kindesunterschiebung** oder **Kindesraub** kann die Frau, die das Kind geboren hat, ihre Mutterschaft in einem Verfahren auf Feststellung eines Eltern-Kind-Verhältnisses nach § 169 Nr. 1 FamFG feststellen lassen (NK-BGB/Gutzeit § 1591 BGB Rn 3). **8**

IV. Anerkennung der Mutterschaft, § 27 Abs. 2 PStG

Die **Beurkundung** der Anerkennung der Mutterschaft im Geburtenregister ist gem. § 27 Abs. 2 PStG möglich, wenn die Mutter oder der Mann, dessen Vaterschaft anerkannt oder rechtskräftig festgestellt ist oder von dem das Kind nach Angabe der Mutter stammt, eine fremde Staatsangehörigkeit besitzt und das Heimatrecht dieses Elternteils eine Anerkennung der Mutterschaft vorsieht. **9**

V. Ersatzmutterschaft

1. Begrifflichkeit

Gem. § 13 a AdVermiG ist Ersatzmutter eine Frau, die aufgrund einer Vereinbarung bereit ist, (1.) sich einer künstlichen oder natürlichen Befruchtung zu unterziehen oder (2.) einen nicht von ihr stammenden Embryo auf sich übertragen zu lassen oder sonst auszutragen und das Kind nach der Geburt Dritten zur Annahme als Kind oder zur sonstigen Aufnahme auf Dauer zu überlassen. **10**

Nur im Fall des § 13 Nr. 2 AdVermiG kommt es dabei zur gespaltenen Mutterschaft zwischen gebärender Frau (Ersatzmutter) und genetischer Mutter (**Leihmutter**; auch Ammenmutter, Tragemutter). In den anderen Fällen spricht man von einer **übernommenen Mutterschaft**, dh der Frau wird die künstlich befruchtete eigene Eizelle wieder eingepflanzt, § 13 Nr. 1 AdVermiG.

2. Verbot der Ersatzmutterschaft

Nach § 13 c AdVermiG ist die **Ersatzmuttervermittlung verboten** und wird gem. § 14 Abs. 1 Nr. 2 lit. c AdVermiG als Ordnungswidrigkeit geahndet oder ist gem. § 14 b AdVermiG strafbar. **11**

Derjenige, der **Handlungen zur Herbeiführung einer Ersatzmutterschaft** im Sinne von § 13 Nr. 2 AdVermiG durchführt, also in der Regel der Arzt, macht sich gem. § 1 ESchG strafbar.

Der Ersatzmuttervertrag ist **sittenwidrig** und daher gem. § 138 BGB nichtig (OLG Hamm 2.12.1985 – 11 W 18/85, NJW 1986, 781). **12**

3. Adoption bei Ersatzmutterschaft

13   Die Adoption eines Kindes durch Annahmewillige, die an einer verbotenen Ersatzmuttervermittlung mitge-wirkt haben, ist nur unter den erschwerten Voraussetzungen des § 1741 Abs. 1 S. 2 BGB möglich. Danach kann ein Kind nur dann angenommen werden, wenn dies nicht nur dem Kindeswohl dient, sondern wenn die Annahme **zum Wohl des Kindes erforderlich** ist, etwa weil eine berücksichtigungswürdige Verbun-denheit zwischen Annahmewilligen und dem rechtswidrig vermittelten Kind entstanden ist (BT-Drucks. 1385/11, 75).

Eine Vereinbarungen zwischen Annahmewilligen und Ersatzmutter auf Einwilligung in die Adoption sowie eine entsprechende Entgeltabrede sind gem. § 134 BGB nichtig (Palandt/Brudermüller Vor § 1591 BGB Rn 22).

164. Nacheheliche Solidarität

Hamm

I. Begriff und Bedeutung 1
II. Ehebedingte Nachteile 2
III. Billigkeitsentscheidung 3
IV. Maßgebliche Kriterien 4

1. Dauer der Ehe 5
2. Besonderer Vertrauenstatbestand 6
3. Wirtschaftliche Verflechtung 7
V. Unterhalt wegen Alters oder Krankheit 8

I. Begriff und Bedeutung

Ausgangspunkt für die Regelung des nachehelichen Unterhalts ist zunächst der durch das Unterhaltsrechts- 1
reformgesetz gestärkte **Grundsatz der Eigenverantwortung**. Er besagt, dass nach der Scheidung jeder
Ehegatte gehalten ist, selbst für seinen Unterhalt zu sorgen. Dieser Grundsatz wird eingeschränkt durch den
Grundsatz der nachehelichen Solidarität, somit der nach der Scheidung fortwirkenden Verantwortung der
Ehegatten füreinander. Durch den Grundsatz der Eigenverantwortung und die **Abschaffung der Lebensstandardgarantie** ist die Inanspruchnahme der nachehelichen Solidarität zum Ausnahmefall geworden, zumal der Anspruch gemäß § 1578 BGB auf Teilhabe an dem während der Ehezeit gemeinsam Erwirtschafteten auch nach der Scheidung durch die Billigkeitsregelung des § 1578 b BGB erheblich eingeschränkt und
zum Teil auch verdrängt wird. Die nacheheliche Solidarität hat im Rahmen der Begrenzungs- und Befris-
tungsmöglichkeiten des § 1578 b BGB lediglich den Stellenwert eines **Billigkeitskriteriums**, für den Fall,
dass kein ehebedingter Nachteil vorliegt. In einem solchen Fall ist im Rahmen der Billigkeitsabwägung zu
prüfen, ob ein Tatbestand erfüllt ist, der das **Vertrauen auf die Beibehaltung des ehelichen Lebensstandards** rechtfertigt. Dies hat insbesondere Bedeutung bei Unterhaltstatbeständen, die nicht auf einer ehebedingten Bedürftigkeit beruhen, insbesondere beim Unterhalt wegen Alters und Krankheit (BGH in ständiger Rechtsprechung, zB BGH 4.8.2010 – XII ZR 7/09, FamRZ 2010, 1633).

II. Ehebedingte Nachteile

Aufgrund der Abschaffung der Lebensstandardgarantie ist der Begriff der ehebedingten Nachteile zum be- 2
herrschenden Kriterium beim nachehelichen Unterhalt geworden. Bereits vor der zum 1.1.2008 eingeführten Begrenzungs- und Befristungsvorschrift des § 1578 b BGB hat die Rechtsprechung des Bundesgerichtshofs dieses Kriterium für den **Aufstockungsunterhalt** aufgegriffen und den Ehegatten dann auf seinen **Lebensstandard**, den er **ohne Ehe** hätte, verwiesen, wenn keine ehebedingten Nachteile vorlagen (Grundsatzentscheidung des BGH 12.4.2006 – XII ZR 240/03, FamRZ 2006, 1006). Durch § 1578 b BGB wurde
eine **Befristungs- und Begrenzungsmöglichkeit für sämtliche Unterhaltstatbestände** eingeführt. Danach ist der Unterhaltsanspruch eines geschiedenen Ehegatten zu begrenzen oder zu befristen, wenn ein unbegrenzter Unterhaltsanspruch auch unter Wahrung der Belange eines dem Berechtigten zur Pflege und Erziehung anvertrauten gemeinsamen Kindes unbillig wäre. Dabei ist insbesondere zu berücksichtigen, inwieweit durch die Ehe Nachteile im Hinblick auf die Möglichkeit eingetreten sind, für den eigenen Unterhalt zu sorgen. Solche ehebedingten Nachteile können sich vor allem aus der Dauer der Pflege und Erziehung eines gemeinschaftlichen Kindes, aus der Gestaltung von Haushaltsführung und Erwerbstätigkeit
während der Ehe sowie aus der Dauer der Ehe ergeben. Nach der gesetzlichen Neuregelung in § 1578 b
BGB ist also nicht entscheidend auf die Dauer der Ehe und der Kindererziehung, sondern auf das Vorliegen
ehebedingter Nachteile abzustellen, wofür die Ehedauer und die zunehmende Verflechtung der gemeinsamen Verhältnisse lediglich Indizien sind. Vorrangig ist also zu prüfen, ob noch solche ehebedingten Nachteile vorliegen (BGH in ständiger Rechtsprechung, zB BGH 27.5.2009 – XII ZR 111/08, FamRZ 2009,
1207; 11.8.2010 – XII ZR 102/09, FamRZ 2010, 1637). Zwar ist die Begrenzung und Befristung eines
rechnerisch noch fortdauernden Unterhaltsanspruchs als **Ausnahmetatbestand** konzipiert. Nicht zuletzt
aufgrund der Rechtsprechung des Bundesgerichtshofs zur sekundären Beweislast (BGH in ständiger Rechtsprechung, zB BGH 20.10.2010 – XII ZR 53/09, FamRZ 2010, 2059; 26.10.2011 – XII ZR 162/09, FamRZ
2012, 93), wonach der Unterhaltsberechtigte darzulegen hat, welche konkreten ehebedingten Nachteile vorliegen (s. → *Darlegungs- und Beweislast beim Unterhalt* Rn 18 ff), ist der auf Lebenszeit angelegte Unter-

halt nach den ehelichen Lebensverhältnissen durch einen zeitlich befristeten oder verminderten Unterhaltsanspruch abgelöst worden. Der **volle Unterhalt** wird im Allgemeinen nur noch für eine **Übergangszeit** gewährt, die dem Berechtigten zuzubilligen ist, um sich auf die **Absenkung seines Lebensstandards** einstellen zu können. Ob ehebedingte Nachteile vorliegen, lässt sich vielfach anhand eines Vergleichs zwischen dem tatsächlich erzielten (oder erzielbaren) Einkommen und dem hypothetischen Verdienst feststellen, welchen der Berechtigte ohne eine ehebedingte Unterbrechung seiner Erwerbstätigkeit hätte erzielen können. Solche Nachteile fehlen bzw sind zu vernachlässigen, wenn der Unterhaltsberechtigte später wieder an seine früheren Verdienstmöglichkeiten anknüpfen kann (BGH 26.9.2007 – XII ZR 15/05, FamRZ 2007, 2052). Dies gilt erst recht bei einer in der Ehe erreichten beruflichen Position, die über den bei Eheschließung bestehenden Ausbildungsstand hinausgeht (zu den Anforderungen an einen substantiierten Vortrag insoweit, insbesondere zu verpassten Karrierechancen, s. → *Darlegungs- und Beweislast beim Unterhalt* Rn 18 ff).

Ein dauerhafter Nachteil liegt hingegen nahe, wenn der Unterhaltsberechtigte im Interesse der Familie eine feste Anstellung aufgegeben hat – wobei es nicht darauf ankommt, ob dies mit Einverständnis des Unterhaltpflichtigen geschah – und nach längerer Berufspause keine vergleichbare Tätigkeit mehr finden kann. Im Übrigen gehören auch **verpasste Aufstiegschancen** zu den ehebedingten Nachteilen. Allerdings trägt der Unterhaltpflichtige nicht dauerhaft die Verantwortung für allgemeine Lebensrisiken und schicksalhafte persönliche Umstände auf Seiten des Unterhaltsberechtigten, somit nicht für solche Umstände, aus denen sich von der Ehe unabhängige Einschränkungen der Erwerbsmöglichkeiten ergeben. Erlittene Einbußen in der künftigen Altersversorgung aufgrund einer Unterbrechung der Erwerbstätigkeit werden in aller Regel durch die Durchführung des Versorgungsausgleichs kompensiert (BGH 16.4.2008 – XII ZR 107/06, FamRZ 2008, 1325). Die Prüfung, ob ein ehebedingter Nachteil vorliegt, ist nicht auf das Erwerbseinkommen beschränkt, sondern kann sich auch auf die weiteren Folgen hinsichtlich der von einer früheren Erwerbstätigkeit abhängigen Sozialleistung erstrecken. Häufig liegt ein ehebedingter Nachteil auch in den eigenen Krankenversicherungskosten im Wegfall der Krankenfamilienversicherung nach Rechtskraft der Scheidung oder dem Wegfall der Beihilfeberechtigung (s. → *Unterhaltsbegrenzung).*

III. Billigkeitsentscheidung

3 Schon aufgrund des Gesetzeswortlauts des § 1578 b Abs. 1 S. 2 BGB sowie nach der Rechtsprechung des Bundesgerichtshofs ist für die Frage einer Begrenzung oder Befristung des nachehelichen Unterhalts vorgreiflich auf das Vorliegen ehebedingter Nachteile abzustellen (BGH 6.10.2010 – XII ZR 202/08, FamRZ 2010, 1978). Die übrigen genannten Umstände, zB die **Dauer der Ehe und der Kindererziehung** oder die **Zeit der reinen Haushaltsführung,** bilden lediglich Indizien für das Vorliegen ehebedingter Nachteile. Werden ehebedingte Nachteile festgestellt, erzielt der unterhaltsberechtigte Ehegatte also nicht das Einkommen, das er ohne die Ehe erzielen würde, scheidet eine Befristung des nachehelichen Unterhalts regelmäßig aus. In solchen Fällen kommt allerdings unter Berücksichtigung aller weiteren Umstände des Einzelfalls eine **Kürzung des Unterhalts auf den angemessenen Lebensbedarf** im Sinne von § 1578 b Abs. 1 S. 1 BGB infrage, somit auf ein ohne die Ehe erzieltes Maß (BGH 20.10.2010 – XII ZR 53/09; 17.2.2010 – XII ZR 140/08, FamRZ 2010, 629). Umgekehrt ist der nacheheliche Unterhalt regelmäßig zu befristen, wenn solche ehebedingten Nachteile nicht (mehr) vorliegen, zB weil keine gemeinsamen Kinder vorhanden sind und der unterhaltsberechtigte Ehegatte während der Ehezeit dauerhaft berufstätig war (BGH 12.4.2006 – XII ZR 240/03, FamRZ 2006, 1006). Liegen keine ehebedingten Nachteile vor, scheidet eine Begrenzung oder Befristung des nachehelichen Aufstockungsunterhalts nur nach Maßgabe einer besonderen nachehelichen Solidarität aus (BGH 6.10.2010 – XII ZR 202/08, FamRZ 2010, 1978). Dies kann etwa der Fall sein, wenn der berechtigte Ehegatte nach **besonders langer Ehezeit** nahe dem Rentenalter ist und ihm deswegen eine Umstellung auf die Lebensverhältnisse nach seinen eigenen Möglichkeiten nicht mehr zugemutet werden kann.

IV. Maßgebliche Kriterien

Die Frage, ob eine über den Nachteilsausgleich hinausgehende nacheheliche Solidarität anzunehmen ist, ist **4** im Rahmen einer **umfassenden Billigkeitsabwägung** vorzunehmen. Anhand der **Kriterien** Dauer der Ehe und der Zeit der Kindererziehung, besonderer Vertrauenstatbestand sowie wirtschaftlicher Verflechtung ist die Abwägung zwischen den gegensätzlichen Grundsätzen der Eigenverantwortung jedes Ehegatten für seinen Unterhalt sowie der nachehelichen Verantwortung der Ehegatten füreinander vorzunehmen.

1. Dauer der Ehe

Das gewichtigste Argument für eine über den Nachteilsausgleich hinausgehende Billigkeitsprüfung ist der **5** Umstand einer langen Ehedauer. Den Stellenwert der Ehedauer hat der Gesetzgeber zum Anlass genommen, dieses Kriterium **mit Wirkung zum 1.3.2013** in den Gesetzeswortlaut des § 1578 b Abs. 1 S. 2 BGB mit aufzunehmen. Dies hat jedoch die bis dahin bestehende Rechtslage nicht geändert. Die Aufnahme der Ehedauer in den Gesetzestext hat lediglich klarstellende Wirkung. Für die Dauer der Ehe gibt es zum einen **keine absolute Zeitgrenze**. Zum anderen hat der Bundesgerichtshof seit der Änderung seiner Rechtsprechung durch das Grundsatzurteil vom 12.4.2006 klargestellt, dass die Ehedauer zwar mit zu berücksichtigen ist, allerdings allein nicht hieraus ein Tatbestand der nachehelichen Solidarität begründet werden kann, der zu einer Fortdauer des Unterhaltsanspruchs führt (BGH 12.4.2006 – XII ZR 240/03, FamRZ 2006, 1006). Der Bundesgerichtshof hat selbst darauf hingewiesen, dass bei einer vollschichtigen Erwerbstätigkeit beider Ehegatten während der gesamten Ehedauer allein die Einkommensdifferenz aufgrund unterschiedlicher Qualifikationen keinen dauerhaften Unterhalt rechtfertige, sondern weitere Umstände wie die Aufgabe der Erwerbstätigkeit wegen Betreuung gemeinschaftlicher Kinder sowie der Übernahme der Haushaltsführung hinzutreten müssen (BGH 26.9.2007 – XII ZR 11/05, FamRZ 2007, 2049; 26.9.2007 – XII ZR 15/05, FamRZ 2007, 2052). Nur derartige weitere Umstände lösen regelmäßig einen ehebedingten Nachteil aus, so dass bereits im Rahmen der Prüfung der Voraussetzungen des Nachteilsausgleichs eine Befristung oder Begrenzung zu klären ist und nicht erst aufgrund der weitergehenden nachehelichen Solidarität. Im Ergebnis bedeutet dies, dass auch die lange Teilhabe an den die eigene Lebensstellung übersteigenden ehelichen Lebensverhältnissen allein nicht zu einem unbefristeten der Höhe nach unbegrenzten Unterhalt führt (BGH 6.10.2010 – XII ZR 202/08, FamRZ 2010, 1971). Kommen weitere Umstände dazu, begründen diese in aller Regel einen ehebedingten Nachteil. Damit bleibt für die Prüfung der nachehelichen Solidarität kein Raum, da das Vorliegen des ehebedingten Nachteils ohnehin zu einem Fortbestand des Unterhaltsanspruchs führt, soweit es um die zeitliche Befristung geht. Bei langer Ehedauer könnte sich auch das Herabsetzen auf den angemessenen Lebensbedarf im Hinblick auf die nacheheliche Solidarität verbieten, da dem Unterhaltsberechtigten eine Umstellung auf die Lebensverhältnisse nach seinen eigenen Möglichkeiten nicht mehr zugemutet werden kann.

2. Besonderer Vertrauenstatbestand

Selbst wenn eine an den ehelichen Lebensverhältnissen orientierte Bemessung des nachehelichen Unter- **6** halts wegen fehlender ehebedingter Nachteile auch unter Wahrung der Belange eines gemeinschaftlichen Kindes unbillig wäre, ist im Rahmen der Herabsetzung oder zeitlichen Begrenzung des Unterhalts das **Vertrauen des Unterhaltsberechtigten auf die Fortdauer der gelebten Lebensverhältnisse** zu berücksichtigen. Dies bedeutet, dass dem unterhaltsberechtigten Ehegatten **genügend Zeit** verbleiben muss, seinen Lebensstandard von den höheren ehelichen Lebensverhältnissen auf einen Bedarf abzusenken, der lediglich ehebedingte Nachteile ausgleicht und somit dem Einkommen entspricht, das er ohne Kindererziehung und Ehe selbst erzielen könnte. Hierbei können auch **konkrete dauerhafte Ausgaben**, beispielsweise entsprechende Mietkosten, berücksichtigt werden, die allerdings zeitnah auf ein nach den eigenen Lebensverhältnissen hinnehmbares Maß zurückgeführt werden müssen. Der Umstand, dass ein Ehegatte in der Ehe ausschließlich oder überwiegend die Kinderbetreuung und den gemeinsamen Haushalt auch über die in § 1570 BGB vorgegebenen Betreuungszeiten übernommen hat und deshalb auf eigene Erwerbstätigkeit verzichtet hat, begründet ein besonders gesichertes Vertrauen, das im Rahmen der Begrenzung bzw Befristung nach § 1578 b BGB zu berücksichtigen ist. Die Oberlandesgerichte hatten in Fällen, die inzwischen vom Bundesgerichtshof entschieden wurden, Übergangsfristen von vier (BGH 25.6.2006 – XII ZR 109/07, FamRZ 2008, 1508), fünf (BGH 26.9.2007 – XII ZR 11/05, FamRZ 2007, 2049) und bis zu sieben Jahren (BGH 26.9.2007 – XII ZR 15/05, FamRZ 2007, 2057) seit der rechtskräftigen Scheidung festgesetzt. Der Bundesgerichtshof hat diese jeweils an den besonderen Umständen des Einzelfalls orientierten Übergangsfristen jeweils gebilligt. Unter besonderen Umständen kann das Vorliegen eines Vertrauenstatbestands auch dazu führen, dass eine Begrenzung oder Befristung des Unterhaltsanspruchs völlig unterbleibt. Dies wird jedoch die Ausnahme darstellen, für die objektiv vorhandene Umstände vorliegen müssen, die die Annahme einer fortwirkenden nachehelichen Solidarität begründen.

Der Bundesgerichtshof hat trotz Fehlens ehebedingter Nachteile in einer Entscheidung vom 27.5.2009 (BGH 27.5.2009 – XII ZR 111/08, NJW 2009, 2450) keine Unterhaltsbefristung oder Begrenzung vorgenommen und dies mit einem besonderen gesicherten Vertrauen des Unterhaltsbedürftigen als Ausprägung des Grundsatzes der nachehelichen Solidarität begründet. Die Ehe dauerte in diesem Fall 26 Jahre. Aufgrund einer Schwangerschaft der Unterhaltsbedürftigen mit 16 Jahren fehlte eine berufliche Ausbildung. Aus der Ehe gingen insgesamt vier Kinder hervor, und es trat eine Erkrankung während der Ehe auf. Weiter lag eine erhebliche Einkommensdifferenz der Ehepartner vor. Aus dieser Entscheidung wird deutlich, dass die Ehedauer von 26 Jahren allein nicht ausreicht, sondern **besondere Umstände** hinzukommen müssen.

3. Wirtschaftliche Verflechtung

7 Das Kriterium der wirtschaftlichen Verflechtung geht meist einher mit einer langen Ehedauer, da in aller Regel nur diese zu einer wirtschaftlichen Verflechtung führt. Die lange Ehedauer ist jedoch nur ein Indiz für die zunehmende Verflechtung und reicht für sich allein nicht aus, insbesondere dann nicht, wenn beide Ehepartner während der langen Ehedauer in vollem Umfang erwerbstätig waren.

V. Unterhalt wegen Alters oder Krankheit

8 Insbesondere Unterhaltsansprüche wegen Alters oder Krankheit (s. → *Altersunterhalt;* s. → *Krankheitsunterhalt*) betreffen keine Fälle der Unterhaltsbedürftigkeit, die durch die Wirkungen der Ehe ausgelöst wurden und deshalb vom Nachteilsausgleich im Sinne des § 1578 b Abs. 1 S. 2und S. 3 BGB nicht erfasst sind. Ehebedingte Nachteile treten jedoch insoweit auf, als ein Ehegatte wegen der Rollenverteilung in der Ehe keine ausreichende Vorsorge für den Fall von Krankheit oder Alter treffen konnte (BGH 17.2.2010 – XII ZR 140/08, FamRZ 2010, 629; 4.8.2010 – XII ZR 7/09, FamRZ 2010, 1633). Diese Unterhaltstatbestände haben ihre innere Rechtfertigung in der nachehelichen Solidarität und damit in der fortwirkenden Verantwortung des wirtschaftlich schwächeren Ehegatten. Zur Reichweite dieser fortwirkenden Verantwortung bei nicht eingetretenen ehebedingten Nachteilen hat der Bundesgerichtshof erstmals in seiner Entscheidung vom 26.11.2008 Stellung genommen (BGH 26.11.2008 – XII ZR 131/07, FamRZ 2009, 406). Hinsichtlich des in dieser Entscheidung geltend gemachten Unterhalts wegen Krankheit gemäß § 1572 BGB hebt der Bundesgerichtshof hervor, dass die in der Ehe eingetretene Erkrankung sowie die daraus folgende Erwerbsunfähigkeit in aller Regel **schicksalshaft** sei, so dass allein aus dem **zeitlichen Zusammenhang der Erkrankung mit der Ehe** eine dauerhafte Unterhaltsverpflichtung nicht ohne Weiteres angenommen werden könne. Unter welchen Voraussetzungen aus dem Grundsatz der nachehelichen Solidarität ein dauerhafter Unterhaltsanspruch anzuerkennen ist, hat der Bundesgerichtshof in dieser Entscheidung im Hinblick auf eine Ehedauer von elf Jahren offen gelassen, weil er insoweit das Kriterium der langen Ehedauer und des damit verbundenen Vertrauens in den Bestand der Ehe als nicht gegeben ansah.

Anders hat der Bundesgerichtshof in einer Entscheidung vom 27.5.2009 (s. Rn 6) entschieden (BGH 27.5.2009 – XII ZR 111/08, FamRZ 2009, 1207): Trotz Nichtvorliegens ehebedingter Nachteile hat er in dieser Entscheidung, in der ebenfalls ein Unterhalt wegen Krankheit geltend gemacht wurde, eine Befristung abgelehnt. Der Bundesgerichtshof nahm hier einen besonderen Vertrauenstatbestand deshalb an, weil die Ehe 26 Jahre dauerte, vier Kinder vorhanden waren, die Unterhaltsberechtigte keine berufliche Ausbildung hatte und eine erhebliche Einkommensdifferenz bei den Ehegatten vorlag. Die Erkrankung war während der Ehe eingetreten. Grundsätzlich hat der Bundesgerichtshof in all seinen Entscheidungen zum Krankheitsunterhalt klargestellt, dass die **Krankheit als solche keinen ehebedingten Nachteil darstellt**, weshalb die Frage der Befristung dieses Unterhaltsanspruchs ebenfalls nach den oben genannten Kriterien, die eine nacheheliche Solidarität begründen können, zu erfolgen hat. Gegen eine Befristung des nachehelichen Krankheitsunterhalts spricht nicht, dass beim Unterhaltsbedürftigen nach Ende der Befristung die **Sozialhilfebedürftigkeit** eintritt (BGH 28.4.2010 – XII ZR 141/08, FamRZ 2010, 1057). Die nacheheliche Unterhaltsverantwortung des geschiedenen Ehemannes wird bei Sozialhilfebedürftigkeit durch eine staatliche Verantwortung ersetzt. Dies steht im Einklang mit dem Gesetzgeber, der durch die Möglichkeit der Unterhaltsbefristung in Kauf nimmt, dass der Unterhaltsberechtigte sozialleistungsbedürftig werden könne.

165. Nachehelicher Unterhalt im Erbfall

Schwarz

I. Normzweck und Grundsätze.................... 1
II. Anspruchsvoraussetzungen.................... 5
   1. Bedürftigkeit............................ 6
   2. Unterhaltstatbestände..................... 7
   3. Unterhaltsbeschränkung................... 8
   4. Kein Einwand fehlender Leistungsfähigkeit..... 9
III. Haftungsbeschränkung........................ 10
1. Maßgebliche Pflichtteilsquote.................. 12
2. Pflichtteilserheblicher Nachlass................ 15
3. Ausschöpfung des Höchstbetrages.............. 18
IV. Vertragsgestaltung.......................... 19
   1. Wirkungen eines Erb- oder Pflichtteilsverzichts. 19
   2. Theorienstreit.............................. 20
   3. Vertragsgestaltung.......................... 21

I. Normzweck und Grundsätze

1 Der mit dem Eherechtsreformgesetz vom 14.6.1976 eingeführte und zum 1.7.1977 in Kraft getretene § 1586 b BGB stellt eine Besonderheit im System der Unterhaltsfolgen bei Tod des Verpflichteten dar. Er unterscheidet sich sowohl vom Ehegattenunterhalt während bestehender Ehe als auch vom Kindesunterhalt. Der **Kindesunterhalt** (s. → *Kindesunterhalt Minderjähriger*; s. → *Kindesunterhalt Volljähriger*) endet mit dem Tod des Unterhaltsverpflichteten (§ 1615 Abs. 1 BGB). Grund: Das Kind ist gesetzlicher Erbe bzw zumindest pflichtteilsberechtigt (§§ 1924, 2303 BGB). Auch der **Ehegattentrennungsunterhalt** (s. → *Trennungsunterhalt*) bei bestehender Ehe endet beim Tod des Unterhaltsverpflichteten (§§ 1361 Abs. 4 S. 4, 1360 a Abs. 3, 1615 Abs. 1 BGB). Grund auch hier: Der Ehegatte ist gesetzlicher Erbe bzw zumindest pflichtteilsberechtigt (§§ 1931, 2303 BGB). Der bereits **geschiedene Ehegatte** hingegen ist vom gesetzlichen Erbrecht (und damit auch Pflichtteilsrecht) ausgeschlossen. Sein nachehelicher Unterhaltsanspruch (s. → *Nachehelicher Unterhalt*) bleibt deshalb auch im Erbfall – Tod des Verpflichteten – bestehen (§ 1586 b BGB; ebenso über § 1933 BGB bei Tod während anhängigem Scheidungsverfahren). § 1586 b BGB ist das Äquivalent für die mit der Scheidung verloren gegangenen erbrechtlichen Ansprüche.

2 § 1586 b BGB befasst sich nur mit den **künftigen Unterhaltsansprüchen** des Berechtigten, also mit Unterhaltsansprüchen ab dem Tod des Verpflichteten. Die zum Todeszeitpunkt des Verpflichteten bestehenden Ansprüche auf Unterhalt für die Vergangenheit, wegen Sonderbedarfs und auf Erfüllung oder Schadenersatz wegen Nichterfüllung (§ 1585 b Abs. 1 und 2 BGB) stellen „normale" Nachlassverbindlichkeiten dar und sind nicht anders zu behandeln als andere Nachlassverbindlichkeiten (§ 1967 BGB). Gleiches gilt für etwaige Ansprüche auf eine Kapitalabfindung (§ 1585 Abs. 2 BGB), wenn der Abfindungsanspruch bereits entstanden ist, sei es durch Urteil, sei es durch Vereinbarung. Der laufende Unterhaltsanspruch muss sich dann bereits vor dem Tod des Unterhaltsverpflichteten in einen Anspruch auf Kapitalabfindung verwandelt haben und zu Lebzeiten des Schuldners ganz oder teilweise nicht mehr erfüllt worden sein. Diese Nachlassverbindlichkeiten unterliegen aber gegebenenfalls der beschränkten Erbenhaftung (§§ 1975, 1990 BGB). Da der Unterhalt monatlich im Voraus zu zahlen ist und der Verpflichtete den vollen Monatsbetrag auch dann schuldet, wenn der Unterhaltsberechtigte im Laufe des Monats verstirbt (§ 1585 Abs. 1 S. 2 und 3 BGB), bedeutet dies im Ergebnis, dass lediglich die Unterhaltsansprüche ab Beginn des dem Tode des Verpflichteten folgenden Monats nach § 1586 b BGB zu behandeln sind.

3 Unter § 1586 b BGB fallen nur die **gesetzlichen Unterhaltsansprüche**. Unterhaltsansprüche sind auch dann gesetzlich, wenn sie vertraglich ausgeformt sind. Bei Zweifeln, ob es sich um gesetzliche oder rein vertragliche Unterhaltsansprüche handelt, ist regelmäßig ein gesetzlicher, von § 1586 b BGB erfasster Unterhaltsanspruch anzunehmen. Um vertragliche Unterhaltsansprüche handelt es sich lediglich in den seltenen Fällen, in denen eindeutig ein Unterhaltsanspruch überhaupt nicht oder nicht annähernd im vereinbarten Umfang besteht (BGH 8.6.1988 – IV b ZR 80/87, FamRZ 1988, 935). Ein vertraglicher Anspruch ist mithin nur dann anzunehmen, wenn besondere Anhaltspunkte dafür sprechen.

4 Die nach § 1586 b BGB übergehende Unterhaltspflicht bleibt eine **familienrechtliche Unterhaltspflicht**, für die grundsätzlich weiterhin die allgemeinen Vorschriften des nachehelichen Unterhaltsrechts gelten. An der Rechtsnatur als Unterhaltspflicht ändert sich mit dem Erbfall nichts. Es ändert sich lediglich die Person des Schuldners: An die Stelle des geschiedenen Ehegatten tritt als künftiger Schuldner nunmehr der Erbe.

Das Fortbestehen als Unterhaltsanspruch hat zur Folge, dass dieser nicht pfändbar (§ 850 b Abs. 1 Nr. 2 ZPO), nicht abtretbar (§ 400 BGB) und auch eine Aufrechnung (§ 394 BGB) nicht zulässig ist (Pauling in: Wendl/Staudigl, Das Unterhaltsrecht in der familienrichterlichen Praxis, 2008, § 4 Rn 61). Demgegenüber aber – obgleich systemisch ein Unterhaltsanspruch: Der unterhaltspflichtige geschiedene Ehegatte hat unter den Voraussetzungen des § 33 VersAusglG die Möglichkeit, die aufgrund des Versorgungsausgleichs eintretende Rentenkürzung zu vermeiden, wenn er an den unterhaltsberechtigten geschiedenen Ehegatten Unterhalt bezahlt. Stirbt der Unterhaltspflichtige und wird bspw seine zweite Ehefrau Erbin, so hat diese zwar gemäß § 1586 b BGB weiterhin Unterhalt zu zahlen, ihre Witwenversorgung wird jedoch aufgrund des Versorgungsausgleichs gleichwohl gekürzt (VGH Baden-Württemberg 21.10.1988 – 4 S 1767/88, FamRZ 1990, 102). Ferner: obgleich es sich um einen Unterhaltsanspruch handelt, kann der Erbe seine Unterhaltszahlungen an den geschiedenen Ehegatten des Erblassers nicht im Wege des begrenzten Realsplittings iSv § 10 Abs. 1 Nr. 1 EStG von seiner Einkommensteuer abziehen (BFH 12.11.1997 – XR 83/94, FamRZ 1998, 738).

II. Anspruchsvoraussetzungen

Der Fortbestand als Unterhaltsanspruch hat zur Folge, dass grundsätzlich die Bestimmungen der §§ 1569– 1586 a BGB gelten: **5**

1. Bedürftigkeit

Der Unterhaltsberechtigte muss weiterhin **bedürftig** (s. → *Bedürftigkeit*) sein (§ 1577 BGB). Bedürftig-   **6** keitsänderungen nach dem Tod des Unterhaltspflichtigen sind also zu berücksichtigen und zwar auch solche, die sich ggf erst aufgrund des Todes des Unterhaltspflichtigen ergeben (Palandt/Brudermüller § 1586 b BGB Rn 4).

Beispiel: Der Unterhaltspflichtige hat seinen geschiedenen Ehegatten in einer Lebensversicherung für den Fall seines Todes als Bezugsberechtigten eingesetzt, so dass dieser über genügend Eigenmittel zur Bedarfsdeckung verfügt. Die Bedürftigkeit kann im Fall des § 1933 BGB (der in seinem S. 3 auf den § 1586 b BGB verweist) auch dadurch erfolgen, dass der überlebende Ehegatte einen Zugewinnausgleichsanspruch gemäß § 1371 Abs. 2 BGB hat. Die Erfüllung dieses Zugewinnausgleichsanspruchs mindert regelmäßig die Bedürftigkeit bzw lässt sie sogar ganz wegfallen.

2. Unterhaltstatbestände

Eine Unterhaltsverpflichtung des Erben besteht nur dann, wenn sich der Unterhaltsberechtigte weiterhin   **7** auf einen der **Unterhaltstatbestände** (s. → *Nachehelicher Unterhalt* Rn 1) der §§ 1570–1573, 1575, 1576 BGB berufen kann (MK/Maurer § 1586 b BGB Rn 2). So entfällt zB ein Unterhaltsanspruch, wenn der Unterhalt begehrende geschiedene Ehegatte sich wegen des Alters der Kinder nicht mehr auf den Unterhaltstatbestand der Kindesbetreuung (§ 1570 BGB) berufen kann und kein Anschlusstatbestand nach §§ 1571 Nr. 2, 1572 Nr. 2, 1573 Abs. 3 BGB gegeben ist.

3. Unterhaltsbeschränkung

Der Unterhaltsanspruch entfällt, wenn, soweit und sobald die Voraussetzungen einer **Unterhaltsbeschrän-**   **8** **kung nach §§ 1578 b, 1579 BGB** (s. → *Unterhaltsbegrenzung*) eintreten. Ist eine solche Beschränkung nicht in der Unterhaltsentscheidung oder der Unterhaltsvereinbarung enthalten, kann sie grundsätzlich nicht mehr nachgetragen werden (BGH 9.7.1986 – IV b ZR 39/85, FamRZ 1986, 886). Eine Ausnahme gilt, wenn der Grund, der zur Unterhaltsbeschränkung führt, erst nach Erlass der Entscheidung oder nach dem Abschluss der Vereinbarung entstanden ist, beispielsweise die sozio-ökonomische Gemeinschaft erst später aufgenommen worden ist oder sich erst später verfestigt hat. Für § 1586 b BGB bedeutet dies, dass sich auch der Erbe grundsätzlich nur unter den für den unterhaltspflichtigen Ehegatten geltenden Voraussetzungen auf eine Unterhaltsbeschränkung berufen kann. Entsprechendes gilt auch für den Fall der Verwirkung gem. § 242 BGB.

Beispiel: Der unterhaltspflichtige Ehemann hat lange Jahre Unterhalt bezahlt, obwohl er wusste, dass seine geschiedene Ehefrau die gesamte Zeit in eheähnlicher Gemeinschaft mit einem anderen Mann lebte. Hier kommt es darauf an, ob das Verhalten des Erblassers den Schluss zulässt, er habe von diesem Einwand keinen Gebrauch machen wollen. Dieser Schluss ist beispielsweise dann nicht gerechtfertigt, wenn der Erblasser den Unterhalt weitergezahlt hat, damit seine Rente nicht um den Versorgungsausgleich gekürzt wird (§ 33 VersAuslgG, OLG Koblenz 19.9.2001 – 9 UF 647/00, FamRZ 2002, 1038).

4. Kein Einwand fehlender Leistungsfähigkeit

9 Nach der ausdrücklichen Regelung in § 1586 b Abs. 1 S. 2 BGB fallen die Beschränkungen des § 1581 BGB weg. Der Grund hierfür besteht darin, dass mit dem Tod des Unterhaltspflichtigen sein angemessener Unterhalt nicht mehr gefährdet werden kann und zudem die übrigen Unterhaltsverpflichtungen erlöschen (MK/Maurer § 1586 b BGB Rn 6). Dies bedeutet, dass der Erbe sich nicht mehr auf die **beschränkte Leistungsfähigkeit** (s. → *Nacheelicher Unterhalt* Rn 14) des verstorbenen Unterhaltspflichtigen berufen kann. Der Berechtigte kann somit den vollen Unterhalt nach den ehelichen Lebensverhältnissen (§ 1578 Abs. 1 S. 1 BGB) verlangen. Da die Rangfolgenregelung des § 1582 BGB eine verminderte Leistungsfähigkeit voraussetzt und sie sich ausdrücklich auf § 1581 BGB bezieht, bleiben auch die Beschränkungen des Unterhaltsanspruchs wegen des Vorrangs eines minderjährigen Kindes oder wegen des Gleichrangs eines neuen Ehegatten des Verpflichteten nunmehr außer Betracht (Palandt/Brudermüller § 1586 b BGB Rn 5). In der Praxis kann diese Bestimmung zur Folge haben, dass sich der Betrag der monatlich zu zahlenden Unterhaltsrente ab dem Tod des Unterhaltspflichtigen erhöht.

III. Haftungsbeschränkung

10 Die Haftung des Erben bezüglich des Unterhalts ist jedoch **betragsmäßig beschränkt („gedeckelt")** (s. → *Pflichtteilsrecht*). Nach § 1586 b Abs. 1 S. 3 BGB wird der Höchstbetrag der Haftung (Haftsumme) durch den fiktiven Pflichtteil begrenzt, der dem geschiedenen Ehegatten zustünde, wenn die Ehe nicht geschieden wäre. Es wird also der Fortbestand der geschiedenen Ehe bis zum Tode des Unterhaltspflichtigen fingiert. Zur Quote des Pflichtteils bestimmt § 1586 b Abs. 2 BGB, dass Besonderheiten aufgrund des Güterstandes, in dem die geschiedenen Ehegatten gelebt haben, außer Betracht bleiben. Zur Klarstellung: Der Berechtigte kann nicht den Pflichtteil fordern, sondern nur den Unterhalt bis zu einem Höchstbetrag, der sich aus der Pflichtteilsquote und der Höhe des pflichtteilserheblichen Nachlasses berechnet.

11 Diese Haftungsbeschränkung tritt nicht von Gesetzes wegen ein. Vielmehr ist sie vom Erben durch eine einseitige empfangsbedürftige Willenserklärung gegenüber dem Unterhaltsberechtigten geltend zu machen (MK/Maurer § 1586 b BGB Rn 7).

1. Maßgebliche Pflichtteilsquote

12 Die Pflichtteilsquote (s. → *Pflichtteilsrecht* Rn 8 ff) des überlebenden geschiedenen Ehegatten hängt zunächst davon ab, welcher **Erbordnung** iSv §§ 1924 ff BGB die erbrechtlich konkurrierenden Verwandten angehören (Palandt/Weidlich § 1931 BGB Rn 3). Nach § 1931 Abs. 1 S. 1 BGB erbt der Ehegatte neben Abkömmlingen des Erblassers (Verwandte der ersten Ordnung) 1/4. Sein Pflichtteil beträgt nach § 2303 Abs. 1 S. 2 BGB davon die Hälfte, also 1/8. Neben Erblassereltern, deren Abkömmlingen (Verwandte der zweiten Ordnung) und noch lebenden Großeltern erbt der Ehegatte die Hälfte; sein Pflichtteil beträgt damit 1/4.

Hinweis: Da nach § 1586 b Abs. 2 BGB bei der Berechnung des Pflichtteils des überlebenden geschiedenen Ehegatten Besonderheiten, die aufgrund des Güterstandes, in dem die geschiedenen Ehegatten gelebt haben, außer Betracht bleiben, kommt es nicht zur Erhöhung des Ehegattenerbteils nach §§ 1931 Abs. 3, 1371 Abs. 1 BGB, wenn die Ehegatten vor der Scheidung im Güterstand der Zugewinngemeinschaft gelebt haben. Maßgebend ist also der sogenannte **kleine Pflichtteil**. Auch die in § 1931 Abs. 4 BGB für die Gütertrennung vorgesehene Sonderregelung gilt nicht, wenn es um den Pflichtteil des überlebenden geschiedenen Ehegatten geht.

Schwarz

Bei der Ermittlung der Pflichtteilsquote ist auf den **Zeitpunkt des Erbfalls** abzustellen (Erman/Dieckmann 13 § 1586 b BGB Rn 8). Wird deshalb ein Abkömmling nach der Scheidung geboren, ist das Kind bei der Ermittlung der Quote des überlebenden geschiedenen Ehegatten gleichwohl zu berücksichtigen. Dabei macht es keinen Unterschied, ob das Kind nichtehelich ist oder aus einer weiteren Ehe stammt. Konsequenterweise: Hat der unterhaltspflichtige Ehegatte vor seinem Tod wieder geheiratet, bleibt der „neue" Ehegatte bei der Ermittlung der Quote des überlebenden geschiedenen Ehegatten ebenfalls unberücksichtigt. Gleiches gilt für weitere Partner aus einer früheren Ehe, die bei der Quotenbildung ebenfalls nicht zu berücksichtigen sind.

Bei der Feststellung der Pflichtteilsquote ist im Übrigen nach **§ 2310 BGB** zu verfahren (Erman/Dieckmann 14 § 1586 b BGB Rn 8). Wer durch letztwillige Verfügung von der Erbfolge ausgeschlossen ist, die Erbschaft ausgeschlagen hat oder für erbunwürdig erklärt ist, wird bei der Feststellung des für die Berechnung des Pflichtteils maßgebenden Erbteils **mitgezählt**. Wer hingegen durch Erbverzicht von der gesetzlichen Erbfolge ausgeschlossen ist, wird bei der Ermittlung der Pflichtteilsquote nicht mit berücksichtigt.

Beispiele: Der Erblasser hatte ein Kind aus erster Ehe. Die zweite Ehe ist kinderlos geblieben. Weitere Verwandte hatte der Erblasser nicht. Das Kind aus erster Ehe hat einen Erbverzicht erklärt. Da das Kind in diesem Fall nicht mitgezählt wird, beträgt die Pflichtteilsquote seiner vom Erblasser geschiedenen Mutter 1/2. Ohne Erbverzicht würde sich deren Pflichtteilsquote auf 1/8 belaufen.

Die erste Ehe des Erblassers war kinderlos geblieben. Aus der zweiten Ehe ist ein Kind hervorgegangen. Dieses Kind schlägt die Erbschaft aus. Da das Kind in diesem Fall mitgezählt wird, beträgt die Pflichtteilsquote der ersten Ehefrau 1/8.

2. Pflichtteilserheblicher Nachlass

Nicht nur bei Ermittlung der Pflichtteilsquote, sondern auch des pflichtteilserheblichen Nachlasses ist auf 15 den **Zeitpunkt des Erbfalls** abzustellen (BGH 29.11.2000 – XII ZR 165/98, BGHZ 146, 114). Die Regelung des § 1586 b BGB bedeutet im Ergebnis eine Teilhabe am nachehelichen Erwerb des Erblassers. Das Vermögen des Erblassers zum Zeitpunkt der Scheidung ist damit ohne Bedeutung. Sowohl für die Pflichtteilsquote als auch für die Berechnung des pflichtteilserheblichen Nachlasses ist es ebenso ohne Bedeutung, ob bei der Scheidung der Zugewinn ausgeglichen worden ist. Auch sonst gelten für die Berechnung des Pflichtteils die Vorschriften der §§ 2311 ff BGB. In den Nachlassbestand sind auf der Aktivseite nicht nur der Ist-Bestand einzubeziehen, sondern auch die Ansprüche auf Pflichtteilsergänzung gemäß §§ 2325 ff BGB (BGH 29.11.2000 – XII ZR 165/98, FamRZ 2001, 282).

Ob auf der Passivseite **Nachlassverbindlichkeiten** abzuziehen sind, die mit Rücksicht auf eine spätere, 16 durch den Tod des Erblassers aufgelöste Ehe begründet wurden, ist zweifelhaft. Hier sind zwei Arten von Verbindlichkeiten von besonderer Bedeutung. Dies sind zum einen etwaige Unterhaltsverbindlichkeiten des verstorbenen Ehegatten gegenüber seiner „neuen" Ehefrau, von der er beispielsweise getrennt lebt, und zum anderen güterrechtliche Ausgleichsforderungen des überlebenden Ehegatten aus einer Zugewinngemeinschaftsehe nach § 1371 Abs. 2 BGB.

– Es ist allgemeine Meinung, dass die **Unterhaltsschuld gegenüber dem zweiten Ehegatten** bei der Ermittlung der Haftsumme nicht zu berücksichtigen ist (Dieckmann FamRZ 1977, 161, 170).
– Umstritten ist, ob eine güterrechtliche **Ausgleichsforderung des überlebenden Ehegatten aus einer Zugewinngemeinschaftsehe** bei der Ermittlung des für die Haftsumme erheblichen Nachlasses abzusetzen ist, wenn es für den überlebenden Ehegatten zur güterrechtlichen Lösung nach § 1371 Abs. 2 S. 1 BGB kommt. Teilweise wird die Auffassung vertreten, eine solche güterrechtliche Ausgleichsforderung des überlebenden Ehegatten sei als Nachlassverbindlichkeit vom Wert des Vermögens des Erblassers zum Zeit der Scheidung in Abzug zu bringen. Begründet wird diese Auffassung mit folgender Überlegung: Bei der „gängigen" Pflichtteilsberechnung ist nach herrschender Meinung die Zugewinnausgleichsforderung vom Nachlass abzuziehen, da das Vermögen des Erblassers schon zu dessen Lebzeiten güterrechtlich gebunden sei (Staudinger/Haas § 2311 BGB Rn 40). Diese Überlegung setzt sich jedoch über den Wortlaut des § 1586 b Abs. 1 S. 3 BGB hinweg, wonach der Pflichtteil dem Betrag zu

entsprechen hat, welcher dem geschiedenen Ehegatten zustände, wenn die Ehe nicht geschieden worden wäre. Wäre die Ehe nicht geschieden worden, so hätte der Unterhaltsverpflichtete nicht erneut heiraten können und es wäre aus der neuen Ehe auch keine Zugewinnausgleichforderung entstanden. Im Übrigen entspricht es der Intention des § 1586 b BGB, den geschiedenen Unterhaltsberechtigten nicht durch die Schließung einer neuen Ehe zu benachteiligen. Wenn die Pflichtteilsquote des ersten Ehegatten sich nicht durch eine zweite Eheschließung ändert, so ist auch kein Grund ersichtlich, den Nachlassbestand durch Zugewinnausgleichsverpflichtungen zu schmälern.

17 Treffen Unterhaltsansprüche von Ehegatten **aus mehreren früher geschiedenen Ehen** aufeinander, so ist zunächst die Haftsumme für den Ehegatten aus der ersten geschiedenen Ehe zu ermitteln, dann aus der zweiten und gegebenenfalls aus der dritten. Ausgangswert für den frühesten Ehegatten ist der Gesamtnachlass; für spätere Ehegatten der um den Unterhaltsanspruch des früheren Ehegatten gekürzte Wert. Folge ist, dass die Haftsumme aus der früher geschiedenen Ehe stets größer ist als für den Ehegatten aus der später geschiedenen, weil bei der Berechnung des Nachlasses nach § 2311 BGB dasjenige vorab abzuziehen ist, was dem jeweils vorausgegangenen Ehegatten zusteht (MK/Maurer § 1586 b BGB Rn 9).

3. Ausschöpfung des Höchstbetrages

18 Dieser Höchstbetrag kann je nach der Höhe des Nachlasses und der Höhe des monatlich zu zahlenden Unterhalts früher oder später ausgeschöpft sein. Es ist auch möglich, dass dieser Höchstbetrag nie ausgeschöpft wird, sei es wegen seiner absoluten Höhe, sei es wegen des vorzeitigen Todes des überlebenden unterhaltsberechtigten Ehegatten. Als Nachlassverbindlichkeit ist der Höchstbetrag dann nicht in die Auseinandersetzung mit den Erben und den übrigen Pflichtteilsberechtigten einzustellen, wenn – zB wegen des hohen Alters des Unterhaltsberechtigten – zweifelhaft ist, ob der Höchstbetrag überhaupt ausgeschöpft werden wird. In einem solchen Fall ist der Wert der Unterhaltsverpflichtung nach § 2311 Abs. 2 BGB zu schätzen, wobei auf Leibrenten-Grundsätze und versicherungsmäßige Berechnungen zurückzugreifen ist (Dieckmann FamRZ 1977, 161 ff).

IV. Vertragsgestaltung

1. Wirkungen eines Erb- oder Pflichtteilsverzichts

19 Die Frage, ob ein **Erbverzicht** (s. → *Erbverzicht*) gemäß § 2346 Abs. 1 BGB oder ein **Pflichtteilsverzicht** (s. → *Pflichtteilsverzicht*) gemäß § 2346 Abs. 2 BGB auch einen Verzicht auf die Rechte nach § 1586 b BGB bedeutet, ist streitig. Die Meinungen pro und contra sind annähernd gleich zahlreich (Palandt/Brudermüller § 1586 b BGB Rn 8; Dieckmann FamRZ 1992, 633; Diekmann FamRZ 1999, 1029; Grziwotz FamRZ 1991, 1258), einschlägige Gerichtsentscheidungen sind nicht bekannt geworden.

2. Theorienstreit

20 Diejenigen, die bei einem Erb- oder Pflichtteilsverzicht auch die Unterhaltslast des Erben entfallen lassen, gehen vom Normzweck des § 1586 b BGB aus, der einen Ausgleich für das durch die Scheidung weggefallene Erbrecht darstellt. Entsprechend diesem Normzweck verliert der Unterhaltsanspruch gegen den Erben seine Ersatzfunktion und damit seine Berechtigung, wenn der Unterhaltsberechtigte auf seinen Pflichtteil verzichtet hat (Palandt/Brudermüller § 1586 b BGB Rn 8). Diese Meinung führt zu dem Ergebnis, dass der Erb- und Pflichtteilsverzicht dem Verzicht auf den nachehelichen Unterhaltsanspruch gegen den Erben gemäß § 1586 b Abs. 1 BGB gleichkommt.

Die **Gegenmeinung** stellt darauf ab, dass es sich beim Anspruch nach § 1586 b BGB um einen Unterhaltsanspruch und bei der Beschränkung auf den Pflichtteil um eine höhenmäßige Begrenzung handelt (Grziwotz FamRZ 1991, 1258). Diese Meinung dürfte zutreffend sein, weil von der Rechtsnatur des Anspruchs auszugehen ist. Dieser ist eindeutig unterhaltsrechtlich und macht damit eine Auslegung nach dem Normzweck der Vorschrift gegenstandslos.

3. Vertragsgestaltung

Vor dem Hintergrund dieses nach wie vor offenen Theorienstreits sollte bei der Vertragsgestaltung eine **21** klarstellende Regelung erfolgen. In den Erb-/Pflichtteilsverzicht (s. → *Erbverzicht*, s. → *Pflichtteilsverzicht*) ist entweder **ausdrücklich ein Unterhaltsverzicht aufzunehmen** oder festzuhalten, dass der Erb-/Pflichtteilsverzicht ohne Einfluss auf den Unterhaltsanspruch nach § 1586 b BGB ist (Nieder, Handbuch der Testamentsgestaltung, 2011, Rn 838; Riedel in: FormErbR § 8 Rn 86, 88).

Bei der Konzeption von Eheverträgen (s. → *Vereinbarungen zum nachehelichen Unterhalt*) bzw Schei- **22** dungsvereinbarungen sollte in den Fällen, in denen es zu keinem umfassenden Verzicht auf nachehelichen Unterhalt kommt, überlegt werden, ob nicht jedenfalls ein **Unterhaltsverzicht für den Fall des Todes** aufzunehmen ist. In der Praxis besteht die Auswirkung des § 1586 b BGB häufig darin, dass sich der Berechtigte mit seinen nachehelichen Unterhaltsansprüchen an die gemeinsamen Kinder wenden muss, was bei der Scheidung möglicherweise nicht bedacht wird. Dabei kann auch der sozialhilferechtliche Aspekt von Bedeutung sein.

Beispiel: Der unterhaltspflichtige Ehemann stirbt lange Jahre nach der Scheidung. Seine geschiedene Ehe- **23** frau wird pflegebedürftig und kommt in ein Heim. Da die gesetzliche Rente und das Pflegegeld die Kosten des Pflegeheims nicht abdecken, tritt die **Sozialhilfe** ein. Ist der Unterhaltsanspruch aufgrund eines auf § 1586 b BGB beschränkten Unterhaltsverzichts weggefallen, kann sich das Sozialamt nicht an die Erben wenden. Es können zwar Unterhaltsansprüche gegen die Kinder aus dem Gesichtspunkt des Verwandtenunterhalts (§§ 1601 ff BGB) in Betracht kommen. Aufgrund der höheren Freibeträge beim Verwandtenunterhalt kann sich aber eine im Vergleich zum Ehegattenunterhalt geringere Beanspruchung ergeben. Zu beachten ist allerdings, dass der Unterhaltsverzicht nicht erkennbar zur Sozialhilfebedürftigkeit des Verzichtenden führen darf, da sonst ein Fall der Sittenwidrigkeit gemäß § 138 BGB vorliegen kann (BGH 8.12.1982 – IV b ZR 333/81, FamRZ 1983, 137).

Zwischen den Eheleuten kann aber auch weitergehend vereinbart werden, dass § 1586 b BGB ohne Be- **24** schränkung auf die Höhe des Pflichtteils gelten soll. In diesem Fall ist auch nach dem Tode des Unterhaltspflichtigen unbefristet Unterhalt zu zahlen, die Haftungsbeschränkung nach § 1586 b Abs. 1 S. 3 BGB entfällt. Auch eine Befristung, also eine Unterhaltsleistung für eine bestimmte Übergangszeit, wäre eine mögliche Gestaltung. Die Eheleute könnten ferner eine Vereinbarung dahin gehend abschließen, dass die Unterhaltspflicht nach § 1586 b BGB durch eine Lebensversicherung auf Rentenbasis abgelöst und im Übrigen auf Unterhalt verzichtet wird.

Beruht der nacheheliche Unterhalt auf einer vertraglichen Regelung, sollte jedenfalls stets festgelegt wer- **25** den, ob und gegebenenfalls mit welchen Modifikationen § 1586 b BGB entsprechend anwendbar ist.

166. Nachehelicher Unterhalt

Finke

I. Systematik und Grundlagen der Tatbestände
des nachehelichen Unterhalts 1
1. Systematik des nachehelichen Unterhalts 1
2. Differenzierung bei mehreren Einzeltatbestän-
den des Gesamtanspruchs 8
3. Bedarf des Berechtigten 11
4. Bedürftigkeit des Berechtigten 13
5. Leistungsfähigkeit des Pflichtigen 14
6. Begrenzung des Anspruchs aus Billigkeitsgründen 19
7. Verwirkung des Anspruchs nach § 242 BGB
mangels zeitnaher Geltendmachung 20
8. Übersicht der Prüfungsfolge des Anspruchs 22
II. Geltendmachung des Anspruchs 24
III. Darlegungs- und Beweislast 27

I. Systematik und Grundlagen der Tatbestände des nachehelichen Unterhalts

1. Systematik des nachehelichen Unterhalts

1 Das System des nachehelichen Unterhalts ist gekennzeichnet durch mehrere voneinander unabhängige Unterhaltstatbestände nach §§ 1570 ff BGB, die mit Ausnahme des Aufstockungsunterhalts (s. → *Aufstockungsunterhalt*) daran anknüpfen, dass aus unterschiedlichen Gründen von einem Ehegatten keine Erwerbstätigkeit ausgeübt werden kann und er deshalb seinen Unterhaltsbedarf nicht zu decken vermag. Der Anspruch kann auf einem oder mehreren dieser Tatbestände beruhen. Es handelt sich um folgende Tatbestände:

– Betreuungsunterhalt nach § 1570 BGB (s. → *Betreuungsunterhalt*),
– Altersunterhalt nach § 1571 BGB (s. → *Altersunterhalt*),
– Krankheitsunterhalt nach § 1572 BGB (s. → *Krankheitsunterhalt*),
– Erwerbslosigkeitsunterhalt nach § 1573 Abs. 1 und Abs. 4 BGB (s. → *Erwerbslosigkeitsunterhalt*),
– Aufstockungsunterhalt nach § 1573 Abs. 2 BGB (s. → *Aufstockungsunterhalt*),
– Ausbildungsunterhalt nach § 1575 BGB (s. → *Ausbildungsunterhalt*),
– Billigkeitsunterhalt nach § 1576 BGB (s. → *Billigkeitsunterhalt*).

2 Der nacheheliche Unterhalt ist in §§ 1569 ff BGB eigenständig geregelt, und zwar einerseits gegenüber den sonstigen gesetzlichen Unterhaltsansprüchen und andererseits gegenüber dem Unterhalt für die Trennungszeit in § 1361 BGB (s. → *Trennungsunterhalt*). Mit dem Trennungsunterhalt besteht nach gefestigter Rechtsprechung keine Identität in dem Sinn, dass der nacheheliche Unterhalt die Fortsetzung desselben Anspruchs darstellt. Vielmehr bestehen unterschiedliche Voraussetzungen, die dazu führen, dass sich der nacheheliche Unterhaltsanspruch **von dem Trennungsunterhaltsanspruch** (s. → *Trennungsunterhalt*) nicht nur hinsichtlich des Anspruchszeitraums, sondern auch **seinem Wesen nach unterscheidet** (BGH 13.1.1988 – IVb ZR 7/87, NJW 1988, 1137).

3 Der wesentliche Unterschied des nachehelichen Unterhalts gegenüber dem Trennungsunterhalt liegt in der stärkeren Betonung des Grundsatzes der **Eigenverantwortung** für die Sicherstellung seines Unterhaltsbedarfs, die seit 2008 in der durch das UÄndG geänderten Fassung des § 1569 BGB ausdrücklich Bestandteil der gesetzlichen Regelung geworden ist, indem dort von einer Obliegenheit, selbst für seinen Unterhalt zu sorgen, die Rede ist. Diese Anforderung an den Berechtigten bestand zwar ohne besondere Erwähnung bereits nach der früheren Gesetzeslage, jedoch soll durch die jetzige Hervorhebung der Eigenverantwortung diesem Gesichtspunkt nach dem Willen des Gesetzgebers größere Bedeutung bei der Anwendung der gesetzlichen Regelungen zum nachehelichen Unterhalt beigemessen werden (BT-Drucks. 16/1830, 16 f; krit. hierzu Schwab FamRZ 2005, 1417, 1418). Der Pflichtige hat alle ihm möglichen Anstrengungen zu unternehmen, seinen Unterhaltsbedarf durch eigene Einkünfte zu decken, bevor er unter bestimmten Voraussetzungen den Pflichtigen auf nachehelichen Unterhalt in Anspruch nimmt. Erst dann kann von dem Pflichtigen **nacheheliche Solidarität** (s. → *Nacheheliche Solidarität*) erwartet werden, deren Umfang sich nach den Umständen des Einzelfalles richtet.

4 Die verstärkte Bedeutung der Eigenverantwortung, die bei der Auslegung und Anwendung der nachehelichen Unterhaltstatbestände seit 2008 zu berücksichtigen ist, hat auch Auswirkung auf die Anforderungen

an die Erwerbsobliegenheit des Berechtigten. Dementsprechend wird in § 1574 Abs. 1 BGB in der durch das UÄndG geänderten Fassung die Obliegenheit hervorgehoben, einer angemessenen Erwerbstätigkeit (s. → *Erwerbslosigkeitsunterhalt* Rn 10) nachzugehen. Demgegenüber kann von einem getrennt lebenden Ehegatten eine zur angemessenen Ausnutzung seiner Arbeitskraft möglicherweise erforderliche völlige Änderung seiner Lebensverhältnisse aus der Zeit des ehelichen Zusammenlebens nicht verlangt werden, zumindest solange das endgültige Scheitern der Ehe noch nicht feststeht.

Weiter kommt die Betonung der Eigenverantwortlichkeit zum Ausdruck in den höheren Anforderungen an **5** die Erwerbsobliegenheit des betreuenden Elternteils beim Betreuungsunterhalt nach § 1570 BGB. Es wird von ihm neben der gegenüber der früheren Rechtslage, die durch das sog. Altersphasenmodell geprägt wurde, **deutlich früher einsetzenden Erwerbsobliegenheit** vor allem erwartet, dass er eine mögliche und unter Berücksichtigung der Kindesinteressen zumutbare **Fremdbetreuung** in Anspruch nimmt (s. → *Betreuungsunterhalt* Rn 13). Am stärksten wirkt sich der Grundsatz der Eigenverantwortung nach dem neuen Recht jedoch durch die Erweiterung der Möglichkeiten der **Begrenzung des nachehelichen Unterhalts nach § 1578 b BGB** (s. → *Unterhaltsbegrenzung*) und der damit verbundenen Abkopplung des Bedarfs von den ehelichen Lebensverhältnissen aus. Höhe und Dauer des Unterhaltsanspruchs bestimmen sich wesentlich danach, ob und in welchem Umfang ehebedingte Nachteile eingetreten sind, oder anders ausgedrückt, ob der Bedarf ehebezogen ist oder nicht (MüKo/Maurer § 1569 BGB Rn 5). Andererseits erschöpft sich der Unterhaltsanspruch nicht in der Kompensation solcher Nachteile (BT-Drucks. 16/1830, 19; BGH 6.10.2010 – XII ZR 202/08, NJW 2011, 147), sondern findet seine Grundlage auch in der bereits angesprochenen nachehelichen Solidarität (s. Rn 3).

Anders als bei § 1361 BGB, der bei Bedürftigkeit des Berechtigten und Leistungsfähigkeit des Pflichtigen **6** immer einen Trennungsunterhaltsanspruch vorsieht, müssen beim nachehelichen Unterhalt zusätzliche Voraussetzungen erfüllt sein, die sich aus den einzelnen Unterhaltstatbeständen der §§ 1570 bis 1573 BGB sowie § 1576 BGB ergeben. Dies betrifft insbesondere die **Einsatzzeitpunkte** (ausgenommen der Billigkeitsunterhalt nach § 1576 BGB), zu denen die sonstigen Tatbestandvoraussetzungen vorliegen müssen sowie eine bis zu diesem Zeitpunkt bestehende **ununterbrochene Kette von Unterhaltsansprüchen** (s. → *Anschlussunterhalt* Rn 1). Dabei sind die genannten Unterhaltstatbestände abschließend (NK-BGB/Fränken § 1569 BGB Rn 1), so dass eine Erweiterung auf andere Sachverhalte, die diese Voraussetzungen nicht erfüllen, nicht möglich ist.

Der nacheheliche Unterhalt kann auf mehreren Unterhaltstatbeständen nach §§ 1570 ff BGB beruhen (s. **7** hierzu die Ausführungen zu den einzelnen Unterhaltstatbeständen). Es handelt sich auch in diesem Fall um einen **einheitlichen Anspruch**, der nur einheitlich geltend gemacht werden kann. Der Anspruchsteller muss sein Unterhaltsbegehren ohnehin nicht auf einen bestimmten Unterhaltstatbestand stützen, sondern lediglich den Sachverhalt vortragen, aus dem sich nach seiner Auffassung sein Anspruch ergibt, während die gerichtliche Entscheidung die Tatbestandsvoraussetzungen feststellen muss. Wird ein Teiltatbestand mangels entsprechenden Vortrags nicht berücksichtigt, so kann eine Abänderung des Titels hierauf nicht gestützt werden (NK-BGB/Fränken § 1569 BGB Rn 3).

2. Differenzierung bei mehreren Einzeltatbeständen des Gesamtanspruchs

Es wird die Auffassung vertreten, eine Differenzierung nach den einzelnen Unterhaltstatbeständen sei nicht **8** erforderlich, nachdem die gesetzlichen Begrenzungsmöglichkeiten nach § 1578 b BGB anders als vor 2008 für alle Unterhaltstatbestände gleichermaßen Geltung hätten (Gerhardt/v. Heintschel-Heinegg/Klein/Maier VI Rn 479). Der Bundesgerichtshof ist dem nicht gefolgt und verlangt in nunmehr ständiger Rechtsprechung ausdrücklich eine **Differenzierung nach den Anteilen der einzelnen Unterhaltstatbestände am Gesamtanspruch** (BGH 14.4.2010 – XII ZR 89/08, FamRZ 2010, 869). Dies wird bei einem Teilunterhaltsanspruch nach § 1570 BGB u.a. begründet mit der unterschiedlichen Behandlung der Teilansprüche bei der Rangfolge nach § 1609 BGB.

Eine Differenzierung kann auch deshalb geboten sein, weil die Möglichkeit besteht, dass einer der Unter- **9** haltstatbestände endgültig entfällt und der andere bestehen bleibt, so dass zu einem späteren Einsatzzeitpunkt ein Anschlussunterhalt nur noch teilweise möglich ist. Wegen dieser immer bestehenden **Möglichkeit der unterschiedlichen Entwicklung der Teilansprüche** (NK-BGB/Fränken § 1569 BGB Rn 5) ist es angebracht, die Differenzierung des Gesamtanspruchs nach den unterschiedlichen Tatbeständen festzuhalten, soweit eine gerichtliche Entscheidung ergeht oder der Unterhaltstitel in einem Vergleich geschaffen wird. Ansonsten ist die fehlende Differenzierung ggf im Abänderungsverfahren nachzuholen, um feststellen zu können, ob die Voraussetzungen eines Anschlusstatbestandes gegeben sind.

10 Für eine Unterscheidung der Unterhaltstatbestände spricht schließlich, dass ihnen zumindest teilweise unterschiedliche Gründe wie der Ausgleich ehebedingter Nachteile oder die Inanspruchnahme nachwirkender ehelicher Solidarität zugrunde liegen können, die für die Billigkeitsabwägung nach § 1578 b BGB möglicherweise von unterschiedlicher Bedeutung sind. Eine Differenzierung erübrigt sich, wenn der Anspruch ausschließlich auf einem Unterhaltstatbestand beruht, was immer dann der Fall ist, wenn aufgrund Kindesbetreuung, Alters oder Krankheit keinerlei Erwerbsobliegenheit besteht. Dies ist deshalb problematisch, weil auch in diesem Fall die Höhe des Anspruchs nicht allein durch den Ausfall eigener Erwerbseinkünfte, sondern durch das ohnehin höhere Einkommen des Pflichtigen bestimmt wird, was für die Begrenzungsmöglichkeit nach § 1578 b BGB von Bedeutung ist (s. → *Anschlussunterhalt* Rn 8). Dem könnte aber durch eine unterschiedliche Gewichtung der Begrenzungskriterien bei der Billigkeitsabwägung Rechnung getragen werden (Palandt/Brudermüller § 1569 BGB Rn 9).

3. Bedarf des Berechtigten

11 Die **Höhe** des nachehelichen Unterhalts richtet sich gemäß § 1578 BGB nach den ehelichen Lebensverhältnissen (s. → *Eheliche Lebensverhältnisse*). Besondere Probleme können bei der Bedarfsfeststellung auftreten, wenn mehrere Ehefrauen (geschiedene, getrennt lebende und/oder noch mit dem Pflichtigen zusammenlebend) unterhaltsberechtigt sind (s. → *Mehrere Bedürftige/Drittelmethode*).

12 Überwiegend wird der Bedarf nach der sog. Quotenmethode ermittelt (s. → *Bedarfsermittlung*). Bei deutlich über dem Durchschnitt liegenden Gesamteinkünften, die nach Abzug der sonstigen Verbindlichkeiten (s. → *Verbindlichkeiten im Unterhalt*) für ihren Bedarf zur Verfügung stehen, kann eine konkrete Bedarfsermittlung in Betracht kommen (s. → *Sättigungsgrenze/konkrete Einzelbedarfsberechnung*). Nach langer Zeit der Ablehnung wird nun vom Bundesgerichtshof ein Mindestbedarf beim nachehelichen Unterhalt anerkannt (s. → *Mindestbedarf*). Soweit nicht bedarfsprägendes Einkommen des Pflichtigen vorhanden ist oder er aus sonstigen Gründen nicht sein gesamtes Einkommen für seinen eigenen und den Unterhalt des Ehegatten aufwenden muss, kommt ausnahmsweise die Berücksichtigung eines trennungsbedingten Mehrbedarfs bei der Bedarfsermittlung in Betracht (s. → *Mehrbedarf/Sonderbedarf beim Ehegattenunterhalt*). Die Bedarfsberechnung erfolgt in allgemein anerkannter Weise nach der Anrechnungs-, Differenz- oder Additionsmethode (s. → *Unterhaltsberechnung*). Die vom Bundesgerichtshof in ständiger Rechtsprechung vertretene Einbeziehung von Elementen der Leistungsfähigkeit in die Bedarfsfeststellung ist vom Bundesverfassungsgericht als eine mit § 1578 BGB nicht zu vereinbarende Rechtsfortbildung für verfassungswidrig erklärt worden (BVerfG 25.1.2011 – 1 BvR 918/10, NJW 2011, 836; s. → *Leistungsfähigkeit* Rn 59).

4. Bedürftigkeit des Berechtigten

13 Der Berechtigte muss sich nach § 1577 Abs. 1 BGB seine tatsächlichen bzw die erzielbaren **Einkünfte** (aus Erwerbstätigkeit und Vermögen) auf seinen Bedarf anrechnen lassen und ggf auch den **Stamm seines Vermögens** zur Bedarfsdeckung verwenden, soweit dies nicht im Einzelfall unwirtschaftlich ist oder unter Berücksichtigung der beiderseitigen wirtschaftlichen Verhältnisse unbillig wäre (§ 1577 Abs. 3 BGB). Der danach verbleibende ungedeckte Bedarf stellt die Bedürftigkeit dar (s. → *Bedürftigkeit*).

5. Leistungsfähigkeit des Pflichtigen

14 Der Pflichtige hat nach § 1581 Abs. 1 BGB den offenen Unterhaltsbedarf des Berechtigten mit seinen tatsächlichen bzw erzielbaren **Einkünften** (aus Erwerbstätigkeit und Vermögen) zu decken und hierzu ggf auch den **Stamm seines Vermögens** einzusetzen, wobei die Vermögensverwertung wie bei dem Berechtig-

ten dadurch begrenzt wird, dass sie nicht unwirtschaftlich und nach den beiderseitigen wirtschaftlichen Verhältnissen nicht unbillig sein darf. Die Verpflichtung findet ihre Grenze dort, wo sein **angemessener eigener Bedarf gefährdet** würde, wenn entsprechend der Bedürftigkeit des Berechtigten voller Unterhalt geleistet würde. In diesem Mangelfall (s. → *Mangelfall und Selbstbehalt*) muss er Unterhalt nur insoweit leisten, als es mit Rücksicht auf die Bedürfnisse und die Erwerbs- und Vermögensverhältnisse der geschiedenen Ehegatten der Billigkeit entspricht. In diese Abwägung sind auch Einkünfte und Verbindlichkeiten (s. →*Verbindlichkeiten im Unterhalt*) einzubeziehen, die bei der Bedarfsermittlung unberücksichtigt geblieben sind.

Angemessener Unterhalt iSd § 1581 Abs. 1 S. 1 BGB ist der eheangemessene Unterhalt, dh der nach einer | 15
Quote oder einer konkreten Bedarfsrechnung ermittelte Bedarf nach § 1578 BGB (s. → *Bedarfsermittlung*, s. → *Sättigungsgrenze/konkrete Einzelbedarfsberechnung*). Er stellt die **Einstiegsschwelle für die Billigkeitsabwägung** nach § 1581 BGB dar (BGH 18.10.1989 – IVb ZR 89/88, NJW 1990, 1172), dh ihre Unterschreitung bedarf einer Begründung nach Billigkeitsgesichtspunkten. Die **Haftungsuntergrenze**, dh die Grenze, bis zu welcher der Pflichtige maximal zur Zahlung von Ehegattenunterhalt herangezogen werden kann, ist in der Regel der sog. **Mindestselbstbehalt** (teilweise auch als billiger Selbstbehalt bezeichnet), der von den meisten Oberlandesgerichten in ihren Unterhaltsleitlinien (Nr. 21.4) pauschal mit einem Betrag bestimmt wird, der zwischen dem (pauschalen) angemessenen Selbstbehalt und dem (pauschalen) notwendigen Selbstbehalt liegt (2013: 1.100 EUR bzw 1.000 EUR bei Nichterwerbstätigkeit des Pflichtigen; teilweise wird keine Differenzierung nach der Erwerbstätigkeit oder Nichterwerbstätigkeit vorgenommen – so SüdLL Nr. 21.4). Eine hierauf abstellende Abwägung, die vom Tatrichter vorzunehmen ist, wird vom Bundesgerichtshof in ständiger Rechtsprechung für den Regelfall nicht beanstandet (BGH 17.3.2010 – XII ZR 204/08, NJW 2010, 1665).

Der Billigkeitsabwägung nach § 1581 BGB, die nach der Rechtsprechung des Bundesgerichtshofs zur sog. | 16
Drittelmethode bei der Unterhaltsberechtigung mehrerer Ehegatten (s. → *Mehrere Bedürftige (Drittelmethode)*) völlig durch pauschale Berechnungen verdrängt worden war, kommt nach der Entscheidung des Bundesverfassungsgerichts, nach der diese Methode sowie die Aufhebung der Trennung von Bedarf und Leistungsfähigkeit **verfassungswidrig** sind (BVerfG 25.1.2011 – 1 BvR 918/10, NJW 2011, 836), wieder maßgebliche Bedeutung zu.

Im Einzelfall kann eine weitere **Herabsetzung des Mindestselbstbehalts** (s. → *Mangelfall und Selbstbe-* | 17
halt) erfolgen, was insbesondere dann in Betracht kommt, wenn der Pflichtige mit einem neuen Partner zusammenlebt und durch die Synergieeffekte des gemeinschaftlichen Wirtschaftens Ersparnisse hat (BGH 17.3.2010 – XII ZR 204/08, NJW 2010, 1665). Überwiegend werden in Anlehnung an sozialrechtliche Regelungen (§ 20 Abs. 3 SGB II) Abzüge von jeweils 10 % des Bedarfs auf Seiten des Pflichtigen und seines Partners vorgeschlagen. Voraussetzung ist aber die Leistungsfähigkeit des Partners, zu den Kosten der gemeinsamen Haushaltsführung beizutragen. Das sozialrechtliche Existenzminimum (90 % des Regelsatzes zzgl hälftige angemessene Wohnkosten) stellt die Untergrenze für eine solche Herabsetzung des Selbstbehalts dar.

Eine **Erhöhung des Selbstbehalts** ist erforderlich, wenn dem Pflichtigen ansonsten aufgrund der besonde- | 18
ren Verhältnisse nicht das Existenzminimum verbleibt (BGH 23.2.2005 – XII ZR 56/02, NJW 2005, 1493: Erhöhung um Umgangskosten). Eine Erhöhung ist ebenfalls zu erwägen, wenn rein rechnerisch dem Pflichtigen zwar der Selbstbehalt verbleibt, es ihm aber tatsächlich nicht möglich ist, hiervon seinen Mindestbedarf zu bestreiten, was zB bei der Nichtberücksichtigung von Tilgungsleistungen (mit dem Argument der Vermögensbildung zulasten des anderen Ehegatten), der Zurechnung eines im Verhältnis zu dem sonstigen Einkommen hohen Wohnwertes (BVerfG 25.6.2002 – BvR 2144/01, NJW 2002, 2701) oder Nutzungswertes eines Firmenwagens (BVerfG 20.8.2001 – BvR 1509/97, NJW-RR 2002, 73) der Fall sein kann.

Finke

6. Begrenzung des Anspruchs aus Billigkeitsgründen

19 Ein der Höhe und/oder der Dauer nach unbegrenzter Anspruch auf nachehelichen Unterhalt kann für den Pflichtigen im Einzelfall unbillig sein. Eine Beschränkung kann erfolgen nach § 1579 BGB bei grober Unbilligkeit (s. → *Unbilligkeit/Verwirkung*) und nach § 1578 b BGB bei Unbilligkeit des Festhaltens an den ehelichen Lebensverhältnissen (zu den einzelnen Unterhaltstatbeständen s. → *Betreuungsunterhalt* Rn 37 ff, s. → *Altersunterhalt* Rn 18 ff, s. → *Krankheitsunterhalt* Rn 20 ff, s. → *Erwerbslosigkeitsunterhalt* Rn 30, s. → *Ausbildungsunterhalt* Rn 8, s. → *Aufstockungsunterhalt* Rn 13 ff).

7. Verwirkung des Anspruchs nach § 242 BGB mangels zeitnaher Geltendmachung

20 Eine **Verwirkung** rückständigen Unterhalts nach § 242 BGB kommt vor Ablauf der Verjährung (§§ 195, 197 Abs. 2 BGB) in Betracht (BGH 22.3.1995 – XII ZR 20/94, NJW 1995, 2032). Voraussetzung ist, dass neben dem **Zeitmoment** – der Berechtigte hat ein Recht längere Zeit nicht geltend gemacht, obwohl er dazu in der Lage wäre – (BGH 22.11.2006 – XII ZR 152/04, NJW 2007, 1273: bei einem Zuwarten länger als ein Jahr; vgl §§ 1585 b Abs. 3, 1613 Abs. 2 Nr. 1, 1360 a Abs. 3, 1361 Abs. 4 S. 4 BGB) das **Umstandsmoment** – der Verpflichtete durfte sich mit Rücksicht auf das gesamte Verhalten des Berechtigten darauf einrichten, dass dieser sein Recht in der Zukunft nicht geltend machen wird, zB hingenommene Reduzierung der Unterhaltszahlungen (OLG Naumburg FamRZ 1996, 1239: auf die Erteilung der Auskunft folgt keine Bezifferung) – erfüllt ist (BGH 22.11.2006 – XII ZR 152/04, NJW 2007, 1273). Das Umstandsmoment entfällt mit der Folge, dass keine Verwirkung eintritt, wenn nicht ersichtlich ist, dass sich der Pflichtige in seiner Lebensführung auf die Nichtinanspruchnahme auf Zahlung von Unterhalt eingestellt hat (BGH 10.12.1999 – XII ZR 155/01, NJW-RR 2004, 649: verneint bei einem Nettoeinkommen von 13.000 DM).

21 An das Zeitmoment dürfen keine allzu strengen Anforderungen gestellt werden, weil Unterhalt für die Vergangenheit ohnehin nur ausnahmsweise gefordert werden kann und der Gläubiger auf laufende Unterhaltszahlungen angewiesen ist (BGH 22.11.2006 – XII ZR 152/04, NJW 2007, 1273). Deshalb muss man vom Unterhaltsgläubiger eher als von anderen Gläubigern eine zeitnahe Durchsetzung erwarten. Die Verwirkung wird weiter damit begründet, dass andernfalls die Unerhaltsrückstände zu einer erdrückenden Last für den Schuldner anwachsen könnten. Außerdem sind die maßgeblichen Einkommensverhältnisse nach längerer Zeit nur noch schwer aufklärbar. Auch **titulierte Ansprüche** können der Verwirkung unter dem Gesichtspunkt illoyal verspäteter Rechtsausübung unterliegen (BGH 16.6.1999 – XII ZA 3 /99, NJW-FER 1999, 711).

8. Übersicht der Prüfungsfolge des Anspruchs

22 Zusammenfassend ergibt sich nach den vorstehenden Ausführungen für den nachehelichen Unterhalt folgende Prüfungsfolge:
– Voraussetzungen zumindest eines Unterhaltstatbestandes nach §§ 1570 ff BGB;
– Bedarf nach den ehelichen Lebensverhältnissen nach § 1578 BGB;
– Bedürftigkeit nach Anrechnung von eigenem Einkommen und Vermögen des Berechtigten nach § 1577 BGB auf den Bedarf;
– Beschränkung des Anspruchs wegen grober Unbilligkeit nach § 1579 BGB;
– Herabsetzung und/oder Befristung des Anspruchs nach § 1578 b BGB;
– Anspruchsausschluss wegen Verwirkung nach § 242 BGB mangels zeitnaher Geltendmachung.

23 Die §§ 1569 ff BGB gelten nach § 1318 Abs. 1 BGB für **aufgehobene Ehen** entsprechend, wenn die Voraussetzungen des § 1318 Abs. 2 BGB erfüllt sind.

II. Geltendmachung des Anspruchs

24 Der Anspruch auf nachehelichen Unterhalt kann sowohl als **Folgesache** im Scheidungsverbund (§ 137 Abs. 2 Nr. 3 FamFG) als auch im **isolierten Verfahren** geltend gemacht werden, dann aber erst nach Rechtskraft der Scheidung. Der Verzicht auf die Verfolgung des Anspruchs im Verbund kann nahe liegen,

Finke

wenn das Scheidungsverfahren beschleunigt werden soll. Der Nachteil besteht in diesem Fall darin, dass der nacheheliche Unterhalt als Folge seiner Nichtidentität mit dem Trennungsunterhalt (s. Rn 2) **erst nach Rechtskraft der Scheidung angemahnt werden kann**, was dazu führen kann, dass zwischen dem Ende des Trennungsunterhalts und dem Beginn des nachehelichen Unterhalts ein regelungsloser Zeitraum verbleiben kann. Weiterer Nachteil des isolierten Verfahrens ist, dass die Entscheidung erst erhebliche Zeit nach der Scheidung ergeht und in der Zwischenzeit nur die Möglichkeit einer Regelung im einstweiligen Anordnungsverfahren verbleibt, die häufig nicht den vollen Bedarf sicherstellt.

Die Geltendmachung des nachehelichen Unterhalts als Folgesache erfolgt teilweise auch aus **verfahrenst-** 25 **aktischen Gründen**, denen gegenüber dem Pflichtigen, der an einer schnellen Scheidung interessiert ist, kaum Mittel zur Verfügung stehen. Die **Abtrennung der Unterhaltsfolgesache** ist nach § 140 Abs. 2 Nr. 5 FamFG nur unter den gleichen von der Rechtsprechung eng ausgelegten Voraussetzungen möglich wie die Vorabentscheidung über den Scheidungsantrag nach der früheren Regelung in § 628 Abs. 1 Nr. 4 ZPO aF, die nur in Ausnahmefällen eine spätere Entscheidung über die Folgesachen zuließ. Neben der langen Verfahrensdauer, die in der Regel ab zwei Jahren bejaht wird (BGH 29.5.1991 – XII ZR 108/90, NJW 1991, 2491; OLG Düsseldorf 9.1.2008 – 5 UF 148/07, FamRZ 2008, 1266), muss eine unzumutbare Härte für den scheidungswilligen Ehegatten vorliegen, die nicht durch die Verfahrensdauer indiziert wird, sondern auf sonstigen Umständen beruhen muss. Maßgeblich sind die Umstände des Einzelfalles (OLG Celle 11.4.1996 – 15 UF 266/95, FamRZ 1996, 1485; BGH 29.5.1991 – XII ZR 108/90, NJW 1991, 2491: überhöhter Trennungsunterhalt kann Indiz für unzumutbare Härte sein). Für den Fall der Stellung des Scheidungsantrags vor Ablauf des Trennungsjahres enthält § 140 Abs. 4 FamFG eine Sonderregelung zur Bemessung der Verfahrensdauer.

Soll nur ein **Teilbetrag** des Unterhaltsanspruchs verlangt werden, so ist dies im Antrag unbedingt deutlich 26 zu machen, da andernfalls davon auszugehen ist, dass eine entsprechende Titulierung den gesamten Anspruch umfasst. Unterbleibt eine eindeutige Geltendmachung als Teilanspruch, so hat dies zur Folge, dass eine Nachforderung nur unter engen Voraussetzungen im Abänderungsverfahren möglich ist. Die Zulässigkeit des Abänderungsbegehrens kann dabei nicht auf den fehlenden Teilbetrag gestützt werden, sondern muss aufgrund anderer Umstände, die eine Änderung der Grundlage des Titels darstellen, eröffnet sein (s. → *Unterhaltsabänderung* Rn 5 u. 30). „Vergessener" **Alters- oder Krankenvorsorgeunterhalt** kann ebenfalls nur im Abänderungsverfahren, dessen Zulässigkeit aus sonstigen Gründen gegeben ist, verfolgt werden (s. → *Altersvorsorgeunterhalt* Rn 18).

III. Darlegungs- und Beweislast

Die Darlegungs- und Beweislast trägt hinsichtlich des **Bedarfs** der Berechtigte (s. → *Darlegungs- und Be-* 27 *weislast bei Unterhalt*). Von Bedeutung ist dieser Grundsatz insbesondere bei der Feststellung der für den Bedarf maßgeblichen Einkünfte des Pflichtigen, die dieser seinerseits darzulegen und zu beweisen hat, soweit er sich auf eine Einschränkung seiner **Leistungsfähigkeit** beruft (BGH 23.4.1980 – IVb ZR 510/80, NJW 1980, 2083). Die Einkünfte des Pflichtigen sind also bei der Prüfung eines Unterhaltsanspruchs unter zwei unterschiedlichen Gesichtspunkten mit unterschiedlicher Darlegungs- und Beweislast von Bedeutung. Es handelt sich um sog. doppelt relevante Tatsachen.

Da die Bedarfsermittlung der Frage der Leistungsfähigkeit vorgeht, muss zunächst der Berechtigte seiner 28 Darlegungs- und Beweispflicht nachkommen. Allerdings kann sich der Pflichtige nicht auf ein pauschales Bestreiten beschränken, wenn der Berechtigte ein in vertretbarer Weise geschätztes Einkommen des Pflichtigen behauptet. Ihn trifft dann die **Pflicht zum substanziierten Bestreiten** mit der Folge, dass bei ihrer Nichterfüllung die behauptete Tatsache gemäß § 138 Abs. 3 ZPO als zugestanden gilt (BGH 15.10.1986 – IVb ZR 78/85, NJW 1987, 1201).

Die Verpflichtung zum substanziierten Bestreiten wird daraus hergeleitet, dass es hier um Umstände geht, 29 die ausschließlich im Wahrnehmungsbereich des Unterhaltspflichtigen liegen und über die er ohne besondere Schwierigkeiten Auskunft geben kann. Zum substanziierten Bestreiten gehören nicht nur konkrete Angaben zur Höhe der Einkünfte, sondern auch die Vorlage von Belegen. Es können hier ähnlich ausführliche

Angaben verlangt werden wie bei einem unterhaltsrechtlichen Auskunftsanspruch (BGH 15.10.1986 – IVb ZR 78/85, NJW 1987, 1201: Vorlage von Bilanzen sowie Gewinn- und Verlustrechnungen; OLG Hamm 19.3.1996 – 2 WF 56/96, FamRZ 1996, 1216: Selbstständiger muss die unterhaltsrechtliche Relevanz der steuerlichen Ansätze seiner Gewinnermittlung darlegen).

30 Die Verpflichtung des unterhaltspflichtigen Ehegatten zum substanziierten Bestreiten besteht unabhängig von einem evtl gegebenen Auskunftsanspruch des Berechtigten nach § 1605 BGB. Insbesondere rechtfertigt die Möglichkeit eines Auskunftsanspruchs nicht die Versagung von Verfahrenskostenhilfe für einen Unterhaltsantrag, der auf ein zulässigerweise geschätztes und nicht „ins Blaue hinein" behauptetes Einkommen des Pflichtigen gestützt wird (OLG Hamm 12.5.1998 – 2 WF 155/98, FamRZ 1998, 1602). Erweist sich das vom Berechtigten nach vorangegangener erfolgloser Auskunftsaufforderung geschätzte Einkommen im Laufe des Unterhaltsverfahrens als zu hoch, können dem Pflichtigen trotz der insoweit erfolgreichen Rechtsverteidigung nach § 243 Nr. 2 FamFG die Kosten auferlegt werden.

31 Behauptet der Berechtigte **zusätzliche bedarfsprägende Einkünfte des Pflichtigen** aus weiteren Tätigkeiten neben seiner hauptberuflichen Erwerbstätigkeit, so wird man sich mit seinem Vortrag nicht auf pauschale Angaben oder Vermutungen beschränken dürfen, sondern seinerseits substanziierte Ausführungen machen müssen, um dem Pflichtigen als Antragsgegner die Möglichkeit zu dem von ihm geforderten substanziierten Bestreiten zu geben.

32 Macht der Pflichtige **Einkünfte des Berechtigten** geltend, so obliegt dem Berechtigten der Beweis, dass er diese Einkünfte nicht erzielt (BGH 30.11.1994 – XII ZR 226/93, NJW 1995, 1148). Da ein solcher Negativbeweis besondere Anforderungen an den Beweispflichtigen stellt, reichen allgemeine Behauptungen des Unterhaltspflichtigen nicht aus. Vielmehr sind konkrete Angaben zu der Art dieser Einkünfte erforderlich, die es dem Berechtigten erlauben, hierauf konkret zu erwidern und gegebenenfalls Beweis anzutreten. Der Berechtigte hat bei entsprechender Behauptung des Prozessgegners darzulegen und zu beweisen, dass er seinem neuen Partner keine geldwerten Leistungen in Form von Versorgungsleistungen erbringt (BGH 30.11.1994 – XII ZR 226/93, NJW 1995, 1148).

33 Die Darlegungs- und Beweislast für Umstände, die die unterhaltsrechtliche Berücksichtigungsfähigkeit von **Verbindlichkeiten des Pflichtigen** (s. → *Verbindlichkeiten im Unterhalt Rn 2 ff*) ergeben sollen, trägt dieser selbst, da er die Minderung seiner Leistungsfähigkeit geltend macht (BGH 18.3.1992 – XII ZR 1/91, NJW 1992, 1624; 15.11.1989 – IVb ZR 3/89, NJW-RR 1990, 323). Diese Argumentation kann indes nicht, wie dies häufig geschieht und auch in der Rechtsprechung nicht hinreichend beachtet wird, auf die Bedarfsfeststellung übertragen werden. Die Berufung auf Verbindlichkeiten betrifft nämlich vor der Frage der Leistungsfähigkeit zunächst die Höhe des Bedarfs, da der hierfür aufgewendete Teil des Einkommens nicht für den Lebensunterhalt zur Verfügung gestanden hat und steht. Die Beweislast dafür, dass der Bedarf nicht durch solche Aufwendungen beschränkt war, trägt der Berechtigte. Dabei wird ihm dieser Nachweis für den Fall, dass nur der Pflichtige hierüber exakte Kenntnis und insbesondere Belege hat, dadurch erleichtert, dass dieser die angebliche Verbindlichkeit substanziiert darlegen muss.

34 Handelt es sich um **gemeinsame Verbindlichkeiten der Eheleute**, so führt das pauschale Bestreiten der Verbindlichkeit oder der Zahlungen hierauf bzw das Bestreiten mit Nichtwissen zur Geständnisfiktion des § 138 Abs. 4 ZPO (BGH 18.3.1992 – XII ZR 1/91, NJW 1992, 1624 797; BGH 15.11.1989 – IVb ZR 3/89, NJW-RR 1990, 323), da der Unterhaltsgläubiger sich als Darlehensnehmer jederzeit selbst Kenntnis über die Entwicklung des Darlehenskontos verschaffen kann. Ist der Ehegatte dagegen nicht Darlehensnehmer, sondern Bürge, so entfällt eine solche Möglichkeit zur Information mangels Auskunftsberechtigung gegenüber dem Kreditgeber. Der Pflichtige trägt die Beweislast für den **Einwand, dass er bestimmte Einkünfte nicht mehr erziele** (OLG Karlsruhe 20.2.1990 – 18 UF 133/89, NJW-RR 1990, 642).

35 Die Beweislast für den Einwand der groben Unbilligkeit nach **§ 1579 BGB** trägt der Pflichtige. Dasselbe gilt für die Voraussetzungen der Begrenzung des nachehelichen Unterhalts nach **§ 1578 b BGB**. Zu Einzelheiten s. die Ausführungen zur Darlegungs- und Beweislast bei den einzelnen Unterhaltstatbeständen (s. → *Altersunterhalt Rn 23 ff*, s. → *Erwerbslosigkeitsunterhalt Rn 32*, s. → *Aufstockungsunterhalt Rn 27 ff*). Im

Abänderungsverfahren trägt die Darlegungslast in der Regel der Antragsteller, und zwar auch für solche Umstände, die bei der erstmaligen Titulierung des Anspruchs durch den jetzigen Antragsgegner darzulegen und zu beweisen waren. Hierzu sowie zu den Ausnahmen von diesem Grundsatz s. → *Unterhaltsabänderung* Rn 32 ff.

167. Namensänderung

Hoffmann

I. Einführung...................................... 1
II. Namensgebung............................... 2
   1. Vorname.................................... 2
   2. Geburtsname............................... 4
III. Änderung des Vornamens...................... 6
   1. Vornamensänderung nach BGB................ 6

   2. Vornamensänderung nach dem Namensände-
      rungsgesetz.................................... 7
IV. Änderung des Geburtsnachnamens.............. 8
   1. Namensänderung nach dem BGB.............. 8
   2. Geburtsnamensänderung nach dem Namensän-
      derungsgesetz................................ 19

I. Einführung

1 Vor- und Geburtsname sind wesentliche **Identifikationsmerkmale** eines Menschen, die wie die Geburt selbst in einem öffentlichen Register, dem Personenstandsregister, dokumentiert werden. Es besteht ein **öffentliches Interesse** an einer Namenskontinuität und Namensklarheit. Zivilrechtliche Namensbestimmung und Namensänderung unterliegen detaillierten Regelungen. Namensrechtliche Erklärungen sind vielfach höchstpersönlich abzugeben und formgebunden. Namensänderungen lässt sowohl das BGB als auch das öffentlich-rechtliche Namensänderungsgesetz nur unter engen Voraussetzungen zu. Die Entgegennahme namensrechtlicher Erklärungen, namensrechtlicher Entscheidungen etc. sind regelmäßig Aufgabe des Standesamts.

II. Namensgebung

1. Vorname

2 Zur erstmaligen Bestimmung des Vornamens sind bzw ist nach allgemeinen Grundsätzen die oder der zur **Personensorge** Berechtigten bzw Berechtigte befugt. In der Wahl des Vornamens sind die Namensbestimmungsberechtigten bis zur Grenze der Kindeswohlgefährdung **frei** (OLG München 14.9.2010 – 31 Wx 124/10, FamRZ 2011, 485). Kindeswohlgefährdend kann beispielsweise die bloße Anzahl der Vornamen, deren Ungewöhnlichkeit, die fehlende Möglichkeit, sich anhand des Vornamens mit seinem Geschlecht zu identifizieren etc. sein (KG Berlin 30.6.2009 – 1 W 93/07, StAZ 2009, 271: Djehad nicht kindeswohlgefährdend; BVerfG 5.12.2008 – 1 BvR 576/07, NJW 2009, 294: Kiran für ein Mädchen nicht kindeswohlgefährdend).

3 Die erfolgte Bestimmung ist dem **Standesamt** anzuzeigen (§§ 18 ff PStG). Die Eintragung des Vornamens beim Standesamt ist für die Namensbestimmung nicht konstitutiv. Nach der Eintragung kann der Vorname jedoch nur in einem öffentlich-rechtlichen Namensänderungsverfahren geändert werden. Sofern der Standesbeamte die Vornamensbestimmung für kindeswohlgefährdend hält, hat er die Eintragung des Vornamens abzulehnen. Gegen seine Entscheidung kann eine Entscheidung des Amtsgerichts beantragt werden (§ 49 PStG).

2. Geburtsname

4 Zum Geburtsnamen des Kindes wird, wenn die rechtlichen Eltern des Kindes miteinander verheiratet sind und sie einen Ehenamen führen, kraft Gesetzes der **Ehename der Eltern** (§§ 1355 Abs. 1, 1616 BGB). Führen die rechtlichen Eltern keinen Ehenamen und haben sie die gemeinsame elterliche Sorge, können sie durch Erklärung gegenüber dem Standesbeamten den Namen, den der Vater oder die Mutter zur Zeit der Erklärung führt, zum Geburtsnamen des Kindes bestimmen (§ 1617 Abs. 1 S. 1 BGB). Die Bestimmung der Eltern gilt auch für ihre weiteren Kinder (§ 1617 Abs. 1 S. 3 BGB) und dies auch in Lebenspartnerschaften (Rauhmeier StAZ 2012, 59). Ähnlich gestaltet sich die Rechtslage nach einer Adoption des Kindes (§ 1757 Abs. 1 S. 1, Abs. 2 S. 1 BGB). Ein **Doppelname** aus dem Namen des Vaters und dem der Mutter kann nach deutschem Recht nicht gebildet werden. Hat ein älteres Kind nach ausländischem Recht einen Doppelnamen erhalten, so kann für seine Geschwister gleichwohl kein Doppelname gebildet werden, wenn für deren Namensgebung das deutsche Recht einschlägig ist (OLG Stuttgart 2.10.2012 – 17 UF 45/12, 17 UFH 1/12, FamRZ 2013, 388; OLG Karlsruhe 4.6.2012 – 14 Wx 23/11, RPfleger 2013, 28).

Führen die Eltern keinen Ehenamen und steht die elterliche Sorge nur einem Elternteil zu, so erhält das   5
Kind kraft Gesetzes den Namen, den der allein zur elterlichen Sorge befugte Elternteil im Zeitpunkt der
Geburt des Kindes führt (§ 1617 a Abs. 1 BGB).

III. Änderung des Vornamens

1. Vornamensänderung nach BGB

Ein einmal bestimmter Vorname des Kindes kann nach den Regelungen im BGB grundsätzlich nicht geän-   6
dert werden. Eine Ausnahme gilt nur im Rahmen der **Adoption** eines Kindes: Auf Antrag der Annehmenden kann der Vorname des Kindes mit dessen Einwilligung durch das Familiengericht im Rahmen des Ad-
optionsbeschlusses geändert oder um weitere Vornamen ergänzt werden, wenn dies dem Wohl des Kindes
– ein Geschwisterkind führt bereits diesen Vornamen, Identifizierung mit dem Namen durch dessen vorherigen Gebrauch in der Pflegezeit etc. – entspricht (§ 1757 Abs. 4 S. 1 Nr. 1 BGB). Ein eigenständiges, dem
Annahmeverfahren nachgehendes zivilrechtliches Namensänderungsverfahren ist nicht zulässig.

2. Vornamensänderung nach dem Namensänderungsgesetz

Eine Änderung des Vornamens ist auf Antrag bei der zuständigen unteren Verwaltungsbehörde nach dem   7
NamÄndG möglich, wenn ein **wichtiger Grund** für die Änderung des Vornamens vorliegt (§§ 11, 1, 3, 5
NamÄndG). Bei der Annahme eines wichtigen Grunds ist die Verwaltung äußerst zurückhaltend. Der fakti-
sche Gebrauch eines anderen Namens stellt keinen wichtigen Grund dar. Keine Vornamensänderung ist die
Transliteration eines ausländischen Vornamens in die deutsche Sprache (OLG München 28.5.2009 – 31
Wx 43/09, FamRZ 2010, 75).

IV. Änderung des Geburtsnachnamens

1. Namensänderung nach dem BGB

Ein **allein zur Sorge berechtigter Elternteil**, dessen Kind kraft Gesetzes seinen Namen führt (§ 1617 a   8
Abs. 1 BGB), kann durch Erklärung gegenüber dem Standesbeamten seinem Kind den Namen des anderen
Elternteils erteilen, sofern der andere Elternteil und ab Vollendung des fünften Lebensjahres auch das Kind
in die Namenserteilung einwilligen (§ 1617 a Abs. 2 S. 3 BGB).

Wird eine gemeinsame elterliche Sorge erst begründet, wenn das Kind bereits einen Namen führt, können   9
die Eltern innerhalb von drei Monaten nach **Begründung der gemeinsamen elterlichen Sorge** den Namen
des Kindes neu bestimmen (§ 1617 b Abs. 1 S. 1 BGB). Bei einem Kind, das das fünfte Lebensjahr vollendet hat, ist die Namensänderung nur wirksam, wenn sich das Kind der Bestimmung anschließt. Umstritten ist, ob die Erklärung des Kindes durch die Eltern als gesetzliche Vertreter des Kindes abgegeben werden kann oder ein Ergänzungspfleger zu bestellen ist (§§ 1629 Abs. 2 S. 1, 1795 Abs. 2, 181 BGB; NK-
BGB/ Löhnig/Czeguhn § 1617 b Rn 3 mwN).

Wird nachträglich im Rahmen einer **Vaterschaftsanfechtung** rechtskräftig festgestellt, dass der Mann, der   10
als rechtlicher Vater des Kindes galt, nicht dessen Vater ist (Scheinvaterschaft), erhält das Kind auf seinen
Antrag sowie bis zur Vollendung seines fünften Lebensjahrs auch auf Antrag des Mannes, der als rechtlicher Vater des Kindes galt, den Namen, den die Mutter zum Zeitpunkt der Geburt führte, als Geburtsnamen
(§ 1617 b Abs. 2 BGB).

Bestimmen die Eltern des Kindes **nachträglich** einen **Ehenamen**, erstreckt sich die Änderung kraft Geset-   11
zes auf den Geburtsnamen jedes Kindes, das das fünfte Lebensjahr noch nicht vollendet hat. Hat das Kind
das fünfte Lebensjahr bereits vollendet, erwirbt das Kind diesen Namen nur, wenn es sich der Änderung
anschließt (§ 1617 c Abs. 1 S. 1 BGB).

Durch **Trennung** oder **Scheidung** ändern sich weder die Namen der Ehegatten noch der Name des Kindes   12
kraft Gesetzes. Ein ehemaliger Ehegatte, dessen Name nicht zum Ehenamen wurde, kann seinen Geburts-

namen wieder annehmen (§ 1355 Abs. 5 BGB). Das Kind behält seinen bisherigen Namen, sofern die Voraussetzungen für eine Einbenennung oder eine öffentlich-rechtliche Namensänderung nicht vorliegen.

13   Ein allein oder gemeinsam sorgeberechtigter Elternteil und sein Ehegatte oder eingetragener Lebenspartner, der nicht zugleich Elternteil des Kindes ist, können einem im gemeinsamen Haushalt (OLG Zweibrücken 29.6.2011 – 3 W 51/11, NJW 2011, 3728 = FamRZ 2012, 461) der Ehegatten lebenden Kind durch Erklärung gegenüber dem Standesbeamten ihren Ehenamen erteilen bzw diesen Namen dem von dem Kind zur Zeit der Erklärung geführten Namen voranstellen oder anfügen, es „**einbenennen**" (§ 1618 S. 1, 2 BGB, § 9 Abs. 5 LPartG, ausführlich Leeb/Weber RPfleger 2013, 241). Der vorangestellte oder angefügte Name ist Begleitname. In eine Pflegefamilie kann das Kind nicht einbenannt werden. In den gemeinsamen Haushalt aufgenommen ist das Kind, wenn beide Ehegatten und das Kind tatsächlich in einer gemeinsamen Wohnung den Mittelpunkt ihrer Lebensführung haben. Dieses Tatbestandsmerkmal, das regelmäßig durch die Vorlage einer Meldebescheinigung nachgewiesen wird, ist von dem Standesbeamten zu prüfen. Liegt diese Voraussetzung nicht vor, ist die Einbenennung unwirksam (OLG Zweibrücken 29.6.2011 – 3 W 51/11, NJW 2011, 3728).

14   Die Erteilung, Voranstellung oder Anfügung des Namens bedarf bei gemeinsamer elterlicher Sorge oder in den Fällen, in denen das Kind seinen Namen führt, der **Einwilligung** des **anderen Elternteils**, sowie, wenn das Kind das fünfte Lebensjahr vollendet hat, auch der Einwilligung des Kindes (§ 1618 S. 3 BGB). Nach dem Tod des nicht sorgeberechtigten Elternteils ist dessen Einwilligung in die Namenserteilung nicht (mehr) erforderlich, so dass diese auch nicht gemäß § 1618 S. 3 und 4 BGB ersetzt werden muss (OLG Hamm 16.8.2007 – 15 W 107/07, FamRZ 2008, 180).

15   Das Familiengericht kann die **Einwilligung** des anderen Elternteils **ersetzen**, wenn die Erteilung, Voranstellung oder Anfügung des Namens zum Wohl des Kindes erforderlich ist (§ 1618 S. 4 BGB). Angesichts der vielfältigen Möglichkeiten des Namensrechts, der Zunahme an Patchworkfamilien etc. hat der Gesichtspunkt der Namensgleichheit in der Familie an Bedeutung verloren, so dass die Gerichte eine Erforderlichkeit nur annehmen, wenn anderenfalls schwerwiegende Nachteile für das Kind zu erwarten wären oder die Einbenennung einen so erheblichen Vorteil für das Kind darstellen würde, dass ein sich verständig um sein Kind sorgender Elternteil auf der Erhaltung des Namensbands nicht bestehen würde (OLG Saarbrücken 20.9.2012 – 9 WF 52/12, FamRZ 2013, 1054; OLG Hamm 23.2.2011 – 8 UF 238/10, FamRZ 2011, 264; OLG Celle 25.1.2011 – 21 UF 270/10, FamRZ 2011, 1658; BGH 10.3.2005 – XII ZB 153/03, NJW 2005, 1779; 30.1.2002 – XII ZB 94/00, FamRZ 2002, 1331). So erfolgt eine Ersetzung regelmäßig nicht bereits dann, wenn ein Elternteil seit mehreren Jahren sein Umgangsrecht nicht wahrgenommen hat und seine Verpflichtung zur Zahlung von Unterhalt nicht oder nicht hinreichend nachkommt (OLG Brandenburg 10.6.2009 – 9 UF 110/08). In der Tendenz wird eine Kindeswohldienlichkeit eher angenommen, wenn bei gemeinsamer elterlicher Sorge der das Erteilen einer Einwilligung verweigernde Elternteil nicht denselben Namen wie das Kind führt (OLG Bamberg 10.4.2008 – 7 UF 5/08, NJW-RR 2008, 1243). Auch Besonderheiten in der Verfassung des Kindes (Asperger-Syndrom) können eine Einbenennung erforderlich machen (OLG Schleswig 30.5.2012 – 10 UF 276/11, FamFR 2012, 227). Zudem gelten für eine additive Einbenennung etwas weniger strenge Anforderungen. Erfolgte eine Einbenennung, ist eine erneute Änderung des Namens nur unter den Voraussetzungen des § 1617 c Abs. 1, Abs. 2 BGB oder im Falle einer erneuten Einbenennung möglich (OLG Stuttgart 17.1.2012 – 8 WF 15/12, StAZ 2013, 60).

16   Bei einer **Adoption** erhält das Kind kraft Gesetzes den **Familiennamen der Annehmenden** (§ 1757 Abs. 1 S. 1 BGB; kritisch zur Verfassungskonformität dieser Regelung Löhnig FamRZ 2012, 679). Sofern die annehmenden Ehegatten keinen Familiennamen führen, bestimmen sie den Geburtsnamen des Kindes vor dem Ausspruch der Annahme durch das Gericht (§ 1757 Abs. 2 BGB). Dem Geburtsnamen qua Adoption kann der bisherige Familienname des Kindes auf Antrag der Annehmenden vorangestellt oder angefügt werden, wenn dies aus schwerwiegenden Gründen für dessen Wohl erforderlich ist (§ 1757 Abs. 4 S. 1 Nr. 2 BGB). Umstritten ist, ob der hinzugefügte Familienname Begleit- oder Mehrfachname ist und wann schwerwiegende Gründe vorliegen (NK-BGB/Finger § 1757 BGB Rn 7 mwN).

Hoffmann

Bei einer **Volljährigenadoption** muss dem Angenommen nach hier vertretener Ansicht von vornherein 17
nicht in jedem Fall der Name der Annehmenden als Geburtsname zugewiesen werden. §§ 1767 Abs. 2,
1757 Abs. 4 BGB ermöglichen es auch, dass der Angenommene allein seinen eigenen, bisher geführten Namen behält, wenn er ein besonderes Interesse am Fortbestand seines bisherigen Namens geltend machen
kann, so dass das Interesse an Namenskontinuität das Interesse, die Integration in eine neue Bindung auch
namensmäßig zu dokumentieren, deutlich überwiegt. § 1757 Abs. 4 BGB ist, da primär für die Adoption
Minderjähriger konzipiert, weit auszulegen (wie hier AG Leverkusen 16.4.2009 – 14 XVI 01/09, RNotZ
2009, 544; LG Regensburg 5.8.2008 – 7 T 320/08, MittBayNot 2008, 481; aA AG Sangerhausen 30.8.2012
– 2 F 432/11 AD, FamRZ 2013, 559; OLG Hamm 30.6.2011 – 4 UF 186/10, FamRZ 2012, 138; vgl auch
VG Berlin 14.6.2011 – 3 K 9.11, FamRZ 2011, 137). Der als Folge einer späteren Adoption geänderte Geburtsname tritt auch als Beiname zum Ehenamen zwingend an die Stelle des früheren Geburtsnamens. Ein
Wahlrecht zwischen dem früheren und dem neuen Geburtsnamen besteht insoweit nicht. Will der Angenommene seinen neuen Geburtsnamen nicht als Beinamen zum Ehenamen führen, kann er die Beifügung
des Geburtsnamens widerrufen (BGH 17.8.2011 – XII ZB 656/10, NJW 2011, 3094).

Erklärungen und Anträge zur Änderung des Geburtsnamens bedürfen grundsätzlich einer **öffentlichen Be-** 18
glaubigung (vgl etwa §§ 1617 a Abs. 2, 1617 c Abs. 1 S. 3, 1618 S. 5 BGB) und sind in der Regel gegenüber dem Standesamt abzugeben bzw zu stellen (vgl etwa §§ 1617 b Abs. 2 S. 2, 1617 c Abs. 1 S. 3, 1618
S. 1 BGB).

2. Geburtsnamensänderung nach dem Namensänderungsgesetz

Eine Geburtsnamensänderung kann nach dem NamÄndG auf Antrag, § 1 NamÄndG, erfolgen, wenn ein 19
wichtiger Grund für die Änderung vorliegt, § 3 Abs. 1 NamÄndG. Kein wichtiger Grund ist der faktische
Gebrauch eines anderen Namens – etwa beim Bekanntsein einer Person allein unter ihrem Künstlernamen.
Auch gewalttätige Auseinandersetzungen mit dem Vater nach der Scheidung von der Mutter rechtfertigen
keine Namensänderung eines Volljährigen (VG Hamburg 15.7.2008 – 15 K 4034/07). Nur nach dem Nam-
ÄndG möglich sind auch alle Namensänderungen in Konstellationen, die sich nicht unter § 1618 BGB subsumieren lassen, etwa Fälle der sogenannten Scheidungshalbwaisen, bei denen der den früheren Ehenamen
entsprechende Geburtsname des Kindes durch den wiederangenommenen Geburtsnamen des sorgeberechtigten Elternteils ersetzt werden soll.

Ob in den Fällen, in denen das Kind nach einer Trennung oder Scheidung mit einem Elternteil allein oder 20
mit diesem Elternteil und dessen neuen Partner bzw Partnerin zusammenlebt, ein wichtiger Grund für eine
Namensänderung vorliegt, wird von den Verwaltungsgerichten in Anlehnung an die Rechtsprechung zur
Zulässigkeit der Ersetzung der Einwilligung eines Elternteils bei einer zivilrechtlichen Einbenennung
(§ 1618 BGB) bestimmt (OVG NRW 17.9.2012 – 16 E 1292/11, FamFR 2012, 527; VGH Hessen
21.11.2008 – 7 A 1017/08, FamRZ 2009, 1332). Daher ist etwa kein wichtiger Grund allein deswegen anzunehmen, weil seit Längerem kein Kontakt zwischen dem Kind und dem namensgebenden Elternteil mehr
besteht (OVG NRW 17.9.2012 – 16 E 1292/11, FamRZ 2013, 388).

Ein wichtiger Grund für eine öffentlich-rechtliche Namensänderung – zumindest in additiver Form – wird 21
in der Tendenz angenommen, wenn eine Namensungleichheit zum alleinsorgeberechtigten Elternteil oder
den Pflegeeltern besteht und keine Kontakte zum anderen Elternteil bzw den Eltern mehr bestehen (VGH
Hessen 22.3.2012 – 8 A 2232/11, StAZ 2012, 380; OLG Hamm 30.6.2011 – 8 UF 126/11, FamRZ 2012,
72; OLG Hamm 11.4.2011 – 8 UF 36/11, ZKJ 2011, 259).

Den Antrag zur Namensänderung hat bei Minderjährigen deren gesetzlicher Vertreter zu stellen (§ 2 Abs. 1 22
S. 1 Hs 1 NamsÄndG). Der Antrag eines Vormunds oder Pflegers bedarf einer Genehmigung des Familiengerichts (§ 2 Abs. 1 S. 1 Hs 2 NamsÄndG). Dabei darf das Familiengericht das Erteilen einer Genehmigung
nur in den Fällen verweigern, in denen eine Namensänderung gesetzlich untersagt ist, hingegen nicht der

behördlichen Sachentscheidung vorgreifen (OLG Hamm 10.1.2013 – 3 UF 164/12, JAmt 2013, 215). Im Verfahren hat das Gericht das über 16 Jahre alte Kind zu hören (§ 2 Abs. 2 NamsÄndG). Der Antrag ist bei der unteren Verwaltungsbehörde zu stellen, in deren Bezirk der Antragsteller seinen Wohnsitz oder beim Fehlen eines Wohnsitzes seinen Aufenthalt hat (§ 5 Abs. 1 NamsÄndG).

Hoffmann

168. Namensbestimmung bei Minderjährigen

Seebach

I. Allgemeines	1	a) Gemeinsames Sorgerecht	13
II. Namensrechtliche Bestimmungen	5	b) Alleinsorge	16
1. Verheiratete Eltern	5	c) Nachträgliche gemeinsame elterliche Sorge	20
2. Scheidung der Eltern	11	4. „Stiefeltern"-Familie	24
a) Anhängiges Scheidungsverfahren	11	5. Pflegefamilie	25
b) Rechtskräftige Scheidung	12	6. Adoption	26
3. Nichtverheiratete Eltern	13	III. Verfahren	27

I. Allgemeines

Das **Namensrecht innerhalb der Familie** hat durch geänderte Lebensverhältnisse innerhalb der letzten **1** Jahrzehnte grundlegende Änderungen erfahren, u.a. geprägt durch die Rechtsprechung des Bundesverfassungsgerichts, insbesondere zur Möglichkeit von Doppelnamen bei Kindern (BVerfG 7.2.2002 – 1 BvR 745/99, FamRZ 2002, 530).

Das Namensrecht minderjähriger Kinder ist hinsichtlich des Geburtsnamens in den §§ 1616 ff BGB gere- **2** gelt. Entsprechend der gesetzgeberischen Wertung und dem Grundsatz der **Namenseinheit innerhalb einer Familie** (HK-FamR/Pauling § 1617 BGB Rn 4) knüpft § 1616 BGB hierbei an § 1355 BGB an (NK-BGB/Löhnig/Czeguhn § 1616 BGB Rn 1). Hierbei regeln die Normen der §§ 1616, 1617 BGB sowie § 1617 a BGB den **Geburtsnamen des Kindes** sowie die Normen der §§ 1617 a, 1617 b, 1617 c, 1618 BGB die Möglichkeit einer Namensänderung (s. → *Namensänderung*).

Eine Namensänderung setzt einen wichtigen Grund voraus (NK-BGB/Löhnig/Czeguhn Vor § 1618 BGB **3** Rn 21). Dies widerspricht weder Art. 6 Abs. 1 GG noch dem elterlichen Sorgerecht (VGH München 22.7.2010 – 5 ZB 10.406). Dem Nachnamen kommt eine Ordnungsfunktion zu, weiterhin sind sicherheitsrechtliche Aspekte zu beachten und sprechen für eine grundsätzliche Beibehaltung des Nachnamens (s. → *Namensänderung* Rn 19 ff).

Bei der Bestimmung des **Vornamens** des Kindes ist zu beachten, dass dieser in erster Linie der Individuali- **4** sierung sowie der Identifizierung dient und eine grundsätzliche Namenskontinuität gilt. Die **Wahl des Vornamens** unterfällt dem Bereich der Personensorge (s. → *Personensorge*). Bei Uneinigkeit der Eltern gilt § 1628 BGB (s. → *Meinungsverschiedenheiten der Eltern*). Das Gericht kann einem Elternteil gem. § 1617 Abs. 2 S. 1 BGB iVm § 1697 a BGB das Bestimmungsrecht übertragen (s. Rn 30).

II. Namensrechtliche Bestimmungen

1. Verheiratete Eltern

Bei miteinander verheirateten Eltern, die einen **gemeinsamen Ehenamen** führen, trägt das Kind als Ge- **5** burtsnamen den Ehenamen der Eltern, § 1616 BGB. Dies gilt auch bei einem sogenannten **echten Doppelnamen**, den nicht nur ein Ehegatte, sondern beide Ehegatten als Ehenamen führen (BVerfG 5.5.2009 – 1 BvR 1155/03, NJW 2009, 1657). Dieser gemeinsame Doppelname wird an das Kind weitergegeben (NK-BGB/Löhnig/Czeguhn § 1616 BGB Rn 2, § 1617 BGB Rn 15).

Bestimmen die Eltern erst **nach der Geburt** des Kindes einen gemeinsamen Ehenamen, so richtet sich der **6** Geburtsname des Kindes nach §§ 1617, 1617 a BGB, wonach sich der Geburtsname des Kindes mit Wirkung für die Zukunft ändert. Ggf ist eine Einwilligung des Kindes nach § 1617 BGB erforderlich (NK-BGB/Löhnig/Czeguhn § 1617 BGB Rn 9). Haben die Eltern bis zur Bestimmung ihres nunmehr gemeinsamen Ehenamens keinen Geburtsnamen für das Kind bestimmt, so erwirbt das Kind den Ehenamen nunmehr rückwirkend als Geburtsnamen (NK-BGB/Löhnig/Czeguhn § 1616 BGB Rn 3).

7 Tragen die sorgeberechtigten, miteinander verheirateten Eltern **keinen gemeinsamen Ehenamen**, so haben sie gem. § 1617 Abs. 1 S. 1 BGB die Möglichkeit, den Familiennamen der Mutter oder den des Vaters als Geburtsnamen des Kindes zu bestimmen (NK-BGB/Löhnig/Czeguhn § 1617 BGB Rn 1).

8 Fehlt ein gemeinsamer Ehename und führt ein Ehegatte einen **unechten Doppelnamen**, § 1355 Abs. 4 S. 1 BGB, so kann nach heute herrschender Ansicht der Begleitname als persönlicher Namenszusatz des Ehegatten auch auf das Kind übergehen (NK-BGB/Löhnig/Czeguhn § 1617 BGB Rn 4). Diese Möglichkeit ergibt sich aus dem Umkehrschluss zu § 1757 Abs. 1 S. 2 BGB, wonach im Rahmen einer Namensänderung bei Adoptionen der Begleitname ausdrücklich ausgeschlossen ist. Dies ist bei § 1617 BGB gerade nicht der Fall (NK-BGB/Löhnig/Czeguhn § 1618 BGB Rn 8); eine derartige Regelung sieht hier das Gesetz nicht vor. Für das Kind entsteht in einem solchen Fall wiederum ein sogenannter **echter Doppelname** (NK-BGB/Löhnig/Czeguhn § 1617 BGB Rn 17).

9 So kann unter Umständen das Kind auch den Namen erhalten, den Lebenspartner als **Lebenspartnerschaftsnamen** gewählt haben (HK-FamR/Haibach § 9 LPartG Rn 9 ff).

10 Das Bundesverfassungsgericht hat weiterhin entschieden, dass der Gesetzgeber mit den §§ 1617, 1617 a BGB die Möglichkeit geschaffen hat, einen bereits aus früher geführtem Ehenamen und Begleitnamen **zusammengesetzten Doppelnamen** eines Elternteils zum Geburtsnamen eines Kindes zu bestimmen (BVerfG 5.5.2009 – 1 BvR 1155/03, NJW 2009, 1657). Eine Bildung eines Doppelnamens aus den Namen der Eltern hat das Bundesverfassungsgericht jedoch bislang als nicht zulässig angesehen. Das ursprüngliche Ziel, Doppelnamen als Geburtsnamen zu vermeiden, ist jedoch, wie die bisherigen Ausführungen ergeben, bereits erheblich aufgeweicht (NK-BGB/Löhnig/Czeguhn § 1617 BGB Rn 17).

2. Scheidung der Eltern

11 **a) Anhängiges Scheidungsverfahren.** Während die Elterneigenschaft der Kindesmutter in der Regel feststeht, kann dies beim Vater zweifelhaft sein. Bei im Zeitpunkt der Geburt bestehender Ehe folgt die rechtliche Vaterschaft aus § 1592 Nr. 1 BGB. Dies gilt auch dann, wenn ein **Scheidungsverfahren bereits anhängig** ist. Grundsätzlich gelten dann die Ausführungen hinsichtlich verheirateter Eltern (s. Rn 5). Allenfalls kann eine Namensänderung gem. § 1617 b Abs. 2 BGB analog in Betracht kommen (NK-BGB/Löhnig/Czeguhn § 1616 BGB Rn 4; s. → *Namensänderung* Rn 12).

12 **b) Rechtskräftige Scheidung.** Wird das gemeinsame Kind erst **nach rechtskräftiger Scheidung** geboren, so greift § 1617 BGB, jedenfalls dann, wenn die gemeinsame elterliche Sorge andauert (s. Rn 13). Dies ist in der überwiegenden Anzahl der Scheidungen der Fall. Endet die gemeinsame elterliche Sorge nach der Scheidung, so gilt § 1617 a BGB. Teilweise wird die Meinung vertreten, dass § 1616 BGB auch derartige Fälle erfassen würde (NK-BGB/Löhnig/Czeguhn § 1616 BGB Rn 6). § 1616 BGB trägt dem Grundgedanken des Gesetzgebers hinsichtlich der **Einheitlichkeit eines Familiennamens** Rechnung. Nach der Scheidung jedoch besteht diese Familie gerade nicht mehr (NK-BGB/Löhnig/Czeguhn § 1616 BGB Rn 1).

3. Nichtverheiratete Eltern

13 **a) Gemeinsames Sorgerecht.** Die Regelung der §§ 1616, 1617 a BGB ist stets vor der Anwendung von § 1617 BGB zu prüfen. Dies ergibt sich aus der systematischen Stellung der Norm sowie aus den getroffenen gesetzgeberischen Wertungen. § 1617 BGB regelt den Fall, dass zwei sorgeberechtigte Eltern **keinen gemeinsamen Ehenamen** führen (NK-BGB/Löhnig/Czeguhn § 1617 BGB Rn 5). Je nach Ausgestaltung des zukünftigen Sorgerechts nichtehelicher Väter (s. → *Elterliches Sorgerecht* Rn 15) kommt § 1617 BGB möglicherweise im Bereich des Namensrechts zukünftig eine größere Bedeutung zu.

14 Gem. § 1617 Abs. 1 S. 1 BGB haben die unverheirateten Eltern die Möglichkeit, entweder den Familiennamen der Mutter oder den des Vaters als Geburtsnamen des Kindes zu bestimmen. Wählen die Eltern gem. § 1617 Abs. 1 S. 1 BGB einen Geburtsnamen, so sind sie hinsichtlich weiterer gemeinsamer Kinder an diese getroffene Entscheidung gebunden (Palandt/Götz § 1617 BGB Rn 6). Strittig ist, ob diese **Bindungswir-**

kung hinsichtlich weiterer gemeinsamer Kinder auch dann eintritt, wenn das erste Kind seinen Namen nach §§ 1616, 1617 a BGB erhalten hat (NK-BGB/Löhnig/Czeguhn § 1617 BGB Rn 2).

Die später geborenen Kinder stehen Kindern gleich, die bereits leben, jedoch noch keinen Namen haben, da 15 zB die Namensbestimmung wirksam angefochten wurde. Grundsätzlich haben die Eltern mit Ausübung ihres Wahlrechts dieses auch hinsichtlich etwaiger weiterer Kinder erschöpft. Es gilt der Grundsatz der **geschwisterlichen Namensgleichheit** (NK-BGB/Löhnig/Czeguhn § 1617 BGB Rn 18). Tragen jedoch mindestens zwei Geschwister bereits unterschiedliche Namen, so gilt dieser Grundsatz nicht mehr, § 1617 Abs. 1 S. 3 BGB (HK-FamR/Pauling § 1617 BGB Rn 4). Die Möglichkeit, dem Kind einen aus den Namen der Eltern zusammengesetzten Geburtsnamen zu bestimmen, haben die Eltern gerade nicht (s. Rn 10).

b) Alleinsorge. Der **allein sorgeberechtigte Elternteil** kann gem. § 1617 a BGB dem Kind grundsätzlich 16 auch den Familiennamen erteilen, den der andere – nicht sorgeberechtigte – Elternteil aktuell führt (Palandt/Götz § 1617 a BGB Rn 6 ff). Soll das Kind den **Namen des nicht sorgeberechtigten Elternteils** gem. § 1617 a BGB erhalten, so sind die entsprechenden Erklärungen der Eltern erforderlich (NK-BGB/ Löhnig/Czeguhn § 1617 a BGB Rn 1). Ferner ist auch eine Erklärung des Kindes erforderlich, wenn dieses das fünfte Lebensjahr vollendet hat.

Bei den entsprechenden Erklärungen handelt es sich um **höchstpersönliche Rechtsgeschäfte**. Mit dem 17 Tod des nicht sorgeberechtigten Elternteils (s. → *Elterliches Sorgerecht* Rn 20) ist eine Übertragung seines Namens auf das Kind daher nicht mehr möglich.

Auch **vor der Geburt des Kindes** ist die Abgabe entsprechender Erklärungen (s. → *Sorgeerklärungen*) 18 durch die Eltern möglich, so dass das Kind den Namen mit der Geburt erwirbt (NK-BGB/Löhnig/Czeguhn § 1617 a BGB Rn 4). Erhält der nicht sorgeberechtigte Elternteil im Nachhinein die elterliche Sorge, so gilt § 1617 a Abs. 2 BGB (NK-BGB/Löhnig/Czeguhn § 1617 a BGB Rn 3).

§ 1617 a BGB ist zugeschnitten auf die im Regelfall **allein sorgeberechtigte Kindesmutter**. An dieser Regelung hat der Gesetzgeber auch bei der Reform der elterlichen Sorge nicht miteinander verheirateter Eltern (s. → *Elterliches Sorgerecht* Rn 15) nichts geändert. Es gilt daher zu beachten, dass nicht jeder Sorgerechtswechsel zu einem Namenswechsel führen kann. Es gilt der **Vorrang der Namenskontinuität**, der Name knüpft gerade nicht an das Sorgerecht an.

c) Nachträgliche gemeinsame elterliche Sorge. Gem. § 1617 b Abs. 1 BGB haben Eltern nach **Heirat** 20 oder durch **Abgabe von Sorgeerklärungen** die Wahlmöglichkeit, die sie nach § 1617 BGB gehabt hätten, wenn die gemeinsame Sorge bereits zum Zeitpunkt der Geburt bestanden hätte (HK-FamR/Pauling § 1617 b BGB Rn 1 f). Es gilt hinsichtlich einer Neubestimmung des Namens eine sogenannte **Ausschlussfrist von drei Monaten** ab Begründung der gemeinsamen Sorge (NK-BGB/Löhnig/Czeguhn § 1617 b BGB Rn 1). Erwerben die Eltern nach Heirat einen gemeinsamen Ehenamen, so gilt § 1617 c BGB.

§ 1617 b Abs. 2 BGB ermöglicht eine Namensänderung bei erfolgreicher **Anfechtung einer Vaterschaft**, 21 für den Fall, dass das Kind den Namen des Scheinvaters erhalten hat (HK-FamR/Pauling § 1617 b BGB Rn 3). Ebenso gilt dies, wenn ein Kind an einer Namensänderung des allein sorgeberechtigten Elternteils nach § 1617 c BGB teilgenommen hat (NK-BGB/Löhnig/Czeguhn § 1617 c BGB Rn 1; s. → *Namensänderung* Rn 10).

Auch bei **nachträglichen Namensänderungen** sind die Erklärungen beider Eltern erforderlich (s. → *Namensänderung* Rn 14 ff). Das Kind, das das fünfte Lebensjahr vollendet hat, muss sich der Namensänderung jedoch anschließen gem. § 1617 b Abs. 1 S. 3 und 4 BGB (NK-BGB/Löhnig/Czeguhn § 1617 b BGB Rn 3).

Dogmatisch gesehen handelt es sich um die **Nachholung der Namensbestimmung** aus § 1617 BGB. Haben die Eltern das Namensbestimmungsrecht bereits ausgeschöpft, evtl durch Namensbestimmung für ein anderes gemeinsames Kind, so besteht das Recht zur Namensänderung nicht mehr (NK-BGB/Löhnig/ Czeguhn § 1617 b BGB Rn 5 f).

4. „Stiefeltern"-Familie

24 Bei der Integration eines Kindes in eine neue **Stieffamilie** kann eine Anpassung des Namens erforderlich sein, § 1618 S. 4 BGB. Hierbei ist eine umfassende Abwägung der Interessen der Beteiligten vorzunehmen. Jedoch muss eine konkrete Kindeswohlgefährdung (s. → *Kindeswohlgefährdung* Rn 6 ff) vorliegen, die eine **Einbenennung des Kindes** erforderlich macht (HK-FamR/Pauling § 1618 BGB Rn 12 f).

5. Pflegefamilie

25 Eine ähnliche Problematik ergibt sich bei dem Aufenthalt eines Kindes in einer **Dauerpflegefamilie** bei nicht zu erwartender Rückführung des Kindes (s. → *Pflegefamilie* Rn 3). Es gilt das NÄndG, wonach hinsichtlich einer Namensänderung grundsätzlich ein wichtiger Grund erforderlich ist (OVG Münster 31.8.2010 – 16 A 3226/08; s. → *Namensänderung* Rn 19).

6. Adoption

26 Hinsichtlich des Namens des **angenommenen Kindes** gilt § 1757 Abs. 2 S. 2 BGB (HK-FamR/Pauling § 1617 BGB Rn 4).

III. Verfahren

27 Bei Geburtsnamen eines Kindes mit **Auslandsberührung** gilt Art. 10 Abs. 3 EGBGB, so dass grundsätzlich die Wahl besteht zwischen dem Namensrecht verschiedener Nationen. Hierbei hat die Ausübung des bestehenden Wahlrechts **einheitlich für alle Kinder** des Elternpaares zu erfolgen (NK-BGB/Löhnig/Czeguhn Vor § 1616 BGB Rn 4).

28 Grundsätzlich richtet sich die örtliche Zuständigkeit des Gerichts nach dem **Wohnsitz des Kindes**. Bei mehreren Wohnsitzen kann sich daher eine **Doppelzuständigkeit** ergeben (NK-BGB/Löhnig/Czeguhn § 1617 BGB Rn 13).

29 Geht es um eine Namensänderung betreffend eine **Pflegefamilie**, so sind am Verfahren die leiblichen Eltern sowie die Pflegeeltern zu beteiligen, das Jugendamt gibt eine Stellungnahme ab. Liegt das Sorgerecht bei den Eltern, so ist dem Kind im Verfahren ein **Ergänzungspfleger** zu bestellen (s. → *Namensänderung* Rn 21 ff).

30 Bei **Uneinigkeit** hinsichtlich des Namens des Kindes gilt § 1617 Abs. 2 S. 1 BGB iVm § 1697 a BGB und verdrängt insoweit die §§ 1628, 1666 BGB (NK-BGB/Löhnig/Czeguhn § 1617 BGB Rn 12).

Seebach

169. Nichteheliche Lebensgemeinschaft

Gurk

I. Einführung..................................... 1	aa) Konkrete Zweckabrede................. 104
II. Unterhaltsansprüche nichtehelicher Partner....	bb) Auf Kosten des Leistenden etwas
1. Innerhalb bestehender Lebensgemeinschaft..... 6	erlangt................................. 109
2. Nach Scheitern der Lebensgemeinschaft....... 7	cc) Ohne rechtlichen Grund................ 110
a) Gesetzliche Unterhaltsansprüche........... 7	dd) Einwendungen........................ 112
b) Vertragliche Unterhaltsansprüche........... 9	c) Wegfall der Geschäftsgrundlage............. 115
III. Gemeinsame Kinder........................... 15	4. Fazit... 124
1. Sorgerecht.................................... 15	V. Auseinandersetzung gemeinsamen Vermögens.. 127
2. Umgangsrecht................................. 16	1. Immobilien und Grundstücke.................. 128
3. Erbrechtliche Stellung nichtehelicher Kinder.... 17	a) Nutzungsrechte bei gemeinsamem Eigentum 130
IV. Rückgewähr von Leistungen bei Scheitern der	b) Nutzungsrechte bei Alleineigentum.......... 133
Lebensgemeinschaft........................... 23	c) Nutzungsrechte und Pflichten bei gemeinsa-
1. Rechtsprechungsübersicht...................... 23	mer Miete................................... 141
a) Zweiter Zivilsenat des Bundesgerichtshofs... 24	d) Nutzungsrechte und Pflichten bei Allein-
b) Zwölfter Zivilsenat des Bundesgerichtshofs	miete....................................... 148
bis zum 9.7.2008........................... 31	2. Kraftfahrzeuge.............................. 151
c) Zwölfter Senat des Bundesgerichtshofs nach	3. Haushaltsgegenstände....................... 163
dem 9.7.2008.............................. 35	4. Guthaben auf Bankkonten.................... 167
2. Ausgleichsansprüche bei Zuwendungen und	a) Gemeinschaftskonten....................... 167
Arbeitsleistungen............................. 39	b) Einzelkonten.............................. 173
a) Abgrenzung zu Schenkungen............... 42	5. Schulden.................................... 178
b) Abgrenzung ausgleichsfähige/nicht aus-	a) Gesamtschulden............................ 179
gleichsfähige Leistungen.................... 48	b) Alleinschulden............................. 184
aa) Gemeinschaftsbezogene Zuwendungen. 48	VI. Ausgleichsansprüche bei Tod eines Partners.... 185
bb) Gemeinschaftsbezogene Arbeitsleistun-	1. Problemstellung.............................. 186
gen..................................... 52	2. Rechtsprechung des Bundesgerichtshofs bis zum
cc) Dienstvertrags-/Arbeitsvertragsrecht.... 57	31.10.2007.................................. 187
dd) Aufwendungsersatzansprüche bei Auf-	3. Rechtsprechung des Bundesgerichtshofs nach
trag/Geschäftsbesorgung................ 64	dem 31.10.2007............................. 190
ee) Aufwendungsersatzanspruch bei Bürg-	a) Tod des Zuwendenden...................... 190
schaft.................................. 67	b) Tod des Zuwendungsempfängers........... 200
3. Rangfolge der Anspruchsgrundlagen............ 74	VII. Zuständigkeiten/Prozessuales................... 202
a) Ansprüche aus Gesellschaftsrecht............ 74	1. Gerichtliche Zuständigkeit.................... 202
aa) Lebenspartnerinnengesellschaft........ 76	2. Verjährung von Ansprüchen.................... 204
bb) Bau oder Erwerb von Immobilien/	3. Pfändungsfreigrenzen......................... 205
Aufbau eines Unternehmens............. 82	4. Ersatzzustellungen an den Lebensgefährten..... 207
cc) Gleichberechtigte Mitarbeit............ 90	5. Gewahrsamsvermutung....................... 208
dd) Ermittlung des Ausgleichsanspruchs.... 92	6. Zeugnisverweigerungsrecht................... 209
b) Ansprüche aus ungerechtfertigter Bereiche-	7. Prozess-/Verfahrenskostenhilfe................ 210
rung....................................... 99	

I. Einführung

Wenngleich die nichteheliche Lebensgemeinschaft begrifflich in verschiedenen Gesetzen Erwähnung findet, fehlt es gleichwohl an einer **gesetzlichen Definition**. Die Rechtsprechung definiert sie – zumindest derzeit noch – als die Lebensgemeinschaft eines Mannes und einer Frau, die auf Dauer angelegt ist, daneben keine weitere Lebensgemeinschaft gleicher Art zulässt und sich durch innere Bindungen auszeichnet, die ein gegenseitiges Einstehen der Partner füreinander begründen, also über die Beziehungen in einer reinen Haushalts- und Wirtschaftsgemeinschaft hinausgehen (BVerfG 2.9.2004 – 1 BvR 1962/04, FamRZ 2004, 1950). 1

Was ist die nichteheliche Lebensgemeinschaft demnach nicht? Sie ist keine **Ehe**, von der sie sich – mindestens – durch den Mangel der gesetzlichen Form unterscheidet (§§ 1310 ff BGB). Sie ist nach der Rechtsprechung des Bundesverfassungsgerichtes aus dem Jahr 1992 keine **homosexuelle Gemeinschaft**, da ein gleichgeschlechtliches Zusammenleben nicht unter diese Begrifflichkeit fallen soll. Sie ist auch kein **Verlöbnis**, dem das Versprechen zugrunde liegt, eine dauerhafte eheliche Lebensgemeinschaft zu gründen. Sie ist aber auch nicht bloße **Wohngemeinschaft**, deren Inhalt sich regelmäßig auf die gemeinsame Nutzung und Verwaltung einer Wohnung beschränkt. 2

3 Das **Bestehen einer Geschlechtsgemeinschaft** hingegen prägt die nichteheliche Lebensgemeinschaft ebenso wie auch die grundsätzlich jederzeit bestehende Möglichkeit ihrer Aufhebung.

4 Darauf, dass der Bundesgerichtshof offensichtlich beabsichtigt, seine Rechtsprechung auf **weitere Formen des gemeinschaftlichen Lebens und Wirtschaftens auszuweiten,** wird (s. Rn 126) noch einzugehen sein. Bereits heute erweitert die neuere Rechtsprechung des BGH zumindest bei der Frage, ob Ausgleichsansprüche zwischen Partnern einer nichtehelichen Lebensgemeinschaft bei deren Scheitern bestehen, den Personenkreis auf solche, die in anderen Formen gemeinschaftlich leben oder wirtschaften, ohne dass es auf einen **sexuellen Bezug** ankommt. Hierzu können neben homosexuellen Paaren auch Verwandte, ja sogar Freunde zählen.

5 Es gibt heute jedenfalls keinen Grund mehr, **gleichgeschlechtliche Partnerschaften** rechtlich anders als verschiedengeschlechtliche Zweierbeziehungen zu behandeln, wenn sie die Voraussetzungen einer **Verantwortungs- und Einstehensgemeinschaft** erfüllen (Haußleiter/Schulz, Kap. 9 Rn 6).

II. Unterhaltsansprüche nichtehelicher Partner

1. Innerhalb bestehender Lebensgemeinschaft

6 Unterhaltsansprüche zwischen Partnern einer nichtehelichen Lebensgemeinschaft bestehen nicht, solange die Beziehung andauert. Die §§ 1361 bzw 1569 ff BGB kommen weder unmittelbar noch analog zur Anwendung. Gleiches gilt für die in § 1360 a Abs. 4 BGB geregelte Verfahrens-/Prozesskostenvorschusspflicht.

2. Nach Scheitern der Lebensgemeinschaft

7 **a) Gesetzliche Unterhaltsansprüche.** Ein gesetzlich geregelter Unterhaltsanspruch findet sich lediglich in § 1615 l BGB. Dort geregelt ist der Anspruch der nicht verheirateten Mutter gegen den Erzeuger ihres nichtehelichen Kindes. Innerhalb eines Zeitraumes von **vier Monaten vor der Geburt bis zu mindestens drei Jahren nach der Geburt** besteht demgemäß eine Unterhaltsverpflichtung des nichtehelichen Vaters gegenüber der Mutter.

8 Ein darüber hinaus gehender Unterhaltsanspruch besteht dann, wenn ein solcher der Billigkeit entspricht (§ 1615 l Abs. 2 S. 4 BGB). Zu den Voraussetzungen s. → *Unterhaltsanspruch des nichtehelichen Elternteils* Rn 4 ff.

9 **b) Vertragliche Unterhaltsansprüche.** Losgelöst vom Bestehen bzw Nichtbestehen gesetzlicher Unterhaltstatbestände können die Partner einer nichtehelichen Lebensgemeinschaft Unterhaltspflichten auf vertraglicher Basis begründen. Eine **ausdrücklich hierzu getroffene Vereinbarung** ist zulässig und wirksam. Erst dann, wenn durch die Vereinbarung die Auflösung der Gemeinschaft verhindert oder über die Maßen erschwert wird, kommt eine **Unwirksamkeit** in Betracht (Schreiber FPR 2010, 387). Beispielhaft sei die vertragliche Vereinbarung einer Vertragsstrafe erwähnt.

Zu denken ist daneben an eine mögliche **Sittenwidrigkeit** einer zwischen den Partnern getroffenen Unterhaltsvereinbarung. Hierfür reicht es nach der Rechtsprechung jedoch nicht aus, dass Angehörige durch die Vereinbarung benachteiligt werden. Einzelne sittenwidrige Regelungen in einer vertraglichen Unterhaltsvereinbarung können dagegen zur vollständigen Unwirksamkeit führen.

Folgt aus der Vereinbarung **keine darüber hinaus gehende besondere Belastung** des Angehörigen und/ oder kommen **keine weiteren besonders verwerflichen Motive** für die getroffene Vereinbarung hinzu, scheidet eine Nichtigkeit gemäß § 138 Abs. 1 BGB aus (vgl BayObLG 24.7.2001 – 1 Z BR 20/01, FamRZ 2002, 915, 917, zum „Geliebten-Testament").

10 Die **Grenze zur Sittenwidrigkeit** einer vertraglichen Unterhaltsvereinbarung zwischen den Partnern einer nichtehelichen Lebensgemeinschaft ist nach der Rechtsprechung selbst dann nicht überschritten, wenn ei-

ner oder beide Partner mit Dritten verheiratet sind. Voraussetzung für die Wirksamkeit ist allein, dass sich die Partner in einer auf Dauer angelegten und von innerer Bindung getragenen Beziehung befinden und Ehegatten oder sonstige nahe Familienangehörige durch die Vereinbarung nicht erheblich wirtschaftlich getroffen werden (so OLG Hamm 20.4.1999 – 29 U 186/98, FamRZ 2000, 95, 96).

Hinweis: Zur Vermeidung von Streitigkeiten während bestehender und nach beendeter nichtehelicher Le- **11** bensgemeinschaft sollten Höhe und Dauer der Zahlungsverpflichtung, Abänderungsvoraussetzungen und -möglichkeiten und die Beweggründe für die getroffene Vereinbarung auf jeden Fall im Vertrag geregelt sein.

Grundsätzlich denkbar ist auch eine **konkludent getroffene Vereinbarung** zur Leistung von Unterhalt **12** über den Bestand der Beziehung hinaus. In vielen Beziehungen findet sich, wie auch bei Ehen, eine Ausgestaltung des Zusammenlebens in der Form, dass einer der Partner den Haushalt führt und lediglich der andere einer Erwerbstätigkeit nachgeht und dadurch den Lebensunterhalt finanziert. Gleichwohl kommt eine konkludent geschlossene Unterhaltsvereinbarung nach der **Rechtsprechung** auch und gerade in diesen Fällen nur ausnahmsweise in Betracht. Die nichteheliche Lebensgemeinschaft ist gerade davon geprägt, dass sie jederzeit beendet werden kann. Das Vertrauen auf deren Fortbestand, welches die Grundlage einer konkludent getroffenen Unterhaltsvereinbarung sein müsste, ist gerade nicht schützenswert (vgl Gerhardt/von Heintschel-Heinegg/Klein/Weinreich Kap. 11 Rn 34).

In der **Literatur** findet sich hierzu erhebliche Kritik verbunden mit der Forderung, in Fällen einer nachhal- **13** tigen Erwerbseinbuße aufgrund gemeinschaftlicher Lebensplanung aus Gründen des Vertrauensschutzes einen zeitlich und der Höhe nach begrenzten Unterhaltsanspruch zu gewähren (Schreiber FPR 2010, 387; vgl auch Schumacher FamRZ 1994, 857, 861).

In **formaler Hinsicht** ist § 761 BGB zu beachten, die Vereinbarung also schriftlich zu fixieren. Zwar han- **14** delt es sich bei der vertraglichen Verpflichtung zur Zahlung von Unterhalt an den Lebensgefährten begrifflich nicht um ein Leibrentenversprechen in engeren Sinn. Für Unterhaltsansprüche zwischen den Partnern einer nichtehelichen Lebensgemeinschaft fehlt – abgesehen von § 1615 l BGB, der jedoch das Bestehen der Lebensgemeinschaft nicht zur Voraussetzung hat – eine gesetzliche Grundlage. Die §§ 759 ff BGB finden daher (analoge) Anwendung.

Eine **notarielle Beurkundung** ist nicht erforderlich. Eine solche wäre nur dann erforderlich, wenn das Versprechen zur Unterhaltsgewährung als Schenkung iSd § 518 Abs. 1 BGB zu qualifizieren wäre, was nach der Rechtsprechung im Rahmen nichtehelicher Lebensgemeinschaften selbst dann nicht in Betracht kommt, wenn die Verfügung ohne direkte vermögenswerte Gegenleistung erfolgt (vgl OLG Köln 22.11.2000 – 11 U 84/00, FamRZ 2001, 1608, 1609 mwN). Nicht zuletzt unter dem Gesichtspunkt der Zwangsvollstreckung empfiehlt sich in der Praxis die notarielle Beurkundung.

III. Gemeinsame Kinder

1. Sorgerecht

§ 1626 a Abs. 2 BGB aF enthielt bis zum 19.5.2013 die gesetzlich normierte Vorgabe, dass der nicht ver- **15** heirateten Mutter die elterliche Sorge für gemeinsame Kinder allein zusteht. Die Begründung der gemeinsamen elterlichen Sorge war gemäß § 1626 a Abs. 1 Nr. 1 BGB zwangsläufig von der Zustimmung der Kindsmutter abhängig, es sei denn, die Eltern heirateten einander (§ 1626 a Abs. 1 Nr. 2 BGB). Die Übertragung der alleinigen elterlichen Sorge, die gemäß § 1626 a Abs. 2 BGB aF der Mutter zusteht, war gemäß § 1672 Abs. 1 S. 1 BGB aF ebenfalls nur mit Zustimmung der Kindsmutter möglich.

Durch Beschluss des Bundesverfassungsgerichts vom 21.7.2010 (1 BvR 420/09, FPR 2010, 465 = NJW 2010, 3008) wurde sowohl § 1626 a Abs. 1 Nr. 1 BGB als auch § 1672 Abs. 1 BGB wegen Verstoßes gegen Art. 6 Abs. 2 GG für verfassungswidrig erklärt. Zum 19.5.2013 ist zwischenzeitlich das Gesetz zur Reform der elterlichen Sorge nicht miteinander verheirateter Eltern in Kraft getreten. Seitdem besteht für unverheiratete Väter die Möglichkeit, auch ohne Zustimmung der Mutter durch Beschluss des Familiengerichtes die gemeinsame elterliche Sorge zu erhalten (§ 1626 a Abs. 1 Nr. 3 iVm Abs. 2 BGB). § 1672 BGB wurde aufgehoben (zu den Einzelheiten s. → *Elterliches Sorgerecht* Rn 15 ff).

2. Umgangsrecht

16 Die gesetzliche Regelung des Umgangsrechtes im Verhältnis Eltern/Kind, die sich in § 1684 BGB findet, unterscheidet ausdrücklich nicht danach, ob die Eltern miteinander verheiratet sind bzw wer die elterliche Sorge innehat. Das Umgangsrecht zwischen Kindern und nicht miteinander verheirateten Eltern untersteht daher den allgemeinen Grundsätzen (im Einzelnen s. → *Umgangsrecht* Rn 5 ff).

3. Erbrechtliche Stellung nichtehelicher Kinder

17 Mit seinem Beschluss vom 29.1.1969 (1 BvR 26/66, BVerfGE 25, 167) erteilte das Bundesverfassungsgericht dem Gesetzgeber den klaren und eindeutigen Auftrag, das bis dahin geltende „**Unehelichenrecht**" zu reformieren. Bis zu dieser Entscheidung galten nichteheliche Kinder und deren Väter nach dem Gesetz nicht als verwandt, was in eklatantem Widerspruch zu Art. 6 Abs. 5 GG stand, der den Gesetzgeber dazu verpflichtet, die unehelichen den ehelichen Kindern gleichzustellen. Am 19.8.1969 trat daraufhin das „**Gesetz über die rechtliche Stellung der nichtehelichen Kinder (NEhelG)**" in Kraft, mit dem den nichtehelichen Kindern ein Erb- und Pflichtteilsrecht zuerkannt wurde.

18 Ausgenommen von dieser Regelung waren allerdings **Kinder, die vor dem 1.7.1949 geboren** waren. Hintergrund war, dass diese Kinder zum Zeitpunkt des Inkrafttretens des NEhelG bereits mindestens 21 Jahre alt, nach damaligem Recht also volljährig waren und der Gesetzgeber davon ausging, dass spätestens ab diesem Zeitpunkt die Beziehung zwischen nichtehelichem Kind und Vater bzw väterlicher Familie, die ohnehin als schwach angesehen wurde, quasi beendet sein würde. Diese Kinder hatten nach der Vorstellung des Gesetzgebers regelmäßig ihr Leben bereits selbst in die Hand und auf ein selbst erarbeitetes Fundament gestellt, weshalb die **rechtliche Konstruktion eines verwandtschafts- bzw erbrechtlichen Verhältnisses** nicht mehr erforderlich war.

19 Im Zuge der Wiedervereinigung wurde es dann erforderlich, die Stichtagsregelung zu überdenken, nachdem in der **ehemaligen DDR** die nichtehelichen Kinder den ehelichen Kindern bereits lange zuvor erbrechtlich vollumfänglich gleichgestellt worden waren. Gleichwohl entschied man sich nicht dazu, die für das Gebiet der Bundesrepublik geltende Stichtagsregelung aufzugeben. Vielmehr wurde durch den Einigungsvertrag nichtehelichen Kindern, deren Väter vor dem 2.10.1990 ihren gewöhnlichen Aufenthalt in der DDR hatten, ihr vollumfängliches Erbrecht erhalten, egal, ob sie vor oder nach dem 1.7.1949 geboren waren.

20 Beanstandet wurde die Stichtagsregelung in neuerer Zeit allerdings durch den **Europäischen Gerichtshof für Menschenrechte**. In seiner Entscheidung vom 28.5.2009 heißt es, dass Art. 12 § 10 Abs. 2 S. 1 NEhelG, der ein vor dem 1.7.1949 geborenes nichteheliches Kind von jeglicher gesetzlicher Erbfolge nach dem Vater ausschließt, ohne dafür einen finanziellen Ausgleich zu gewähren, Art. 14 iVm Art. 8 EMRK verletzt (EGMR 28.5.2009 – 3545/04, FamRZ 2009, 1293). Diese Entscheidung wurde vom Gesetzgeber zum Anlass genommen, die erbrechtliche Stellung eines vor dem 1.7.1949 geborenen, nichtehelichen Kindes zu überdenken.

21 **Rückwirkend zum 29.5.2009** trat im April 2011 das „Zweite Gesetz zur erbrechtlichen Gleichstellung nichtehelicher Kinder" in Kraft. Insbesondere die gesetzliche Regelung des Art. 12 § 10 NEhelG wurde dahin gehend reformiert, dass die bisher in Art. 12 § 10 Abs. 2 S. 1 NEhelG aF vorgenommene **Differenzierung zwischen vor und nach dem 1.7.1949 geborenen nichtehelichen Kindern** für die ab dem 29.5.2009 eintretenden bzw eingetretenen Erbfälle **nicht mehr besteht**.

In den Fällen vor dem 29.5.2009, in denen dem nichtehelichen Kind ein gesetzliches Erbrecht mangels gesetzlicher Regelung bzw Rückwirkung nicht zusteht, jedoch dem Bund oder einem Land gemäß § 1936 BGB der Nachlass zugefallen war, wird dem Kind durch Art. 12 § 10 Abs. 2 S. 1 NEhelG nF ein **Wertersatzanspruch** zuerkannt. In den Erbfällen, in denen vor dem 29.5.2009 den vor dem 1.7.1949 geborenen nichtehelichen Kindern mangels gesetzlicher Regelung bzw Rückwirkung kein gesetzliches Erbrecht zustand und der Nachlass auch nicht dem Bund oder einem Land zugefallen ist, ergibt sich jedoch keine Änderung. Für diese Kinder ist durch das Zweite Gesetz zur erbrechtlichen Gleichstellung nichtehelicher Kinder weder ein Erbrecht noch ein irgendwie gearteter Wertersatzanspruch geschaffen worden.

Die hiergegen eingelegten **Verfassungsbeschwerden** zweier nichtehelicher, vor dem 1.7.1949 geborener **22** Kinder von im Jahre 2006 bzw 2007 verstorbener Erblasser, die mit der Geltendmachung von Erb- bzw Pflichtteilsansprüchen in allen Instanzen gescheitert waren, wurden durch Beschluss des Bundesverfassungsgerichts vom 18.3.2013 nicht zur Entscheidung angenommen (BVerfG 18.3.2013 – 1 BvR 2436/11 u. 1 BvR 3155/11). Die Regelung ist damit **verfassungskonform**.

IV. Rückgewähr von Leistungen bei Scheitern der Lebensgemeinschaft

1. Rechtsprechungsübersicht

Die Rechtsprechung des Bundesgerichtshofs hat in den vergangenen Jahren grundlegende Änderungen zu **23** der Frage erfahren, unter welchen Voraussetzungen und in welchem Umfang Ausgleichsansprüche zwischen Partnern einer gescheiterten nichtehelichen Lebensgemeinschaft bestehen.

a) Zweiter Zivilsenat des Bundesgerichtshofs. Nach der Rechtsprechung des II. Zivilsenates des Bun- **24** desgerichtshofs, der bis zum Jahr 2003 für Streitigkeiten, die die Vermögensauseinandersetzung nichtehelicher Lebensgemeinschaften betrafen, zuständig war, wurden **gemeinschaftsbezogene Zuwendungen der Partner** grundsätzlich nicht ausgeglichen. Zur Begründung hieß es, bei einer nichtehelichen Lebensgemeinschaft stünden die persönlichen Beziehungen derart im Vordergrund, dass sie auch das die Gemeinschaft betreffende vermögensmäßige Handeln der Partner bestimmen und daher nicht nur in persönlicher, sondern auch in wirtschaftlicher Hinsicht keine Rechtsgemeinschaft besteht. Ohne ausdrückliche und besondere Regelung der Partner untereinander wurden dementsprechend persönliche und wirtschaftliche Leistungen nicht ausgeglichen (so bspw noch BGH 6.10.2003 – II ZR 63/02, FPR 2004, 116).

Nach Auffassung des II. Zivilsenates leisteten die Partner der Lebensgemeinschaft ihre jeweiligen Beiträge **25** auf die bestehenden bzw auftretenden Bedürfnisse und wurden, wenn nicht von beiden, dann von demjenigen erbracht, der dazu in der Lage war (BGH 8.7.1996 – II ZR 193/95 – NJWE-FER 1997, 34).

Im Einzelfall kam ein Ausgleichsanspruch allein aus **Billigkeitserwägungen** in Betracht, der dann nach **26** den Vorschriften über die **bürgerlich-rechtliche Gesellschaft** ausgeglichen wurde. Dieses sollte dann in Betracht kommen, wenn die Partner, wenn auch nur wirtschaftlich, mit dem Erwerb eines Vermögenswertes einen gemeinschaftlichen Wert schaffen wollten, der von ihnen für die Dauer der Partnerschaft nicht nur gemeinsam genutzt, sondern auch nach ihrer Vorstellung gemeinsam gehören sollte (vgl BGH 25.9.1997 – II ZR 269/96, FamRZ 1997, 1533).

In einem solchen Ausnahmefall kam es also allein durch die Zusammenarbeit der Partner bei Bejahung der **27** vorgenannten Voraussetzung eine **faktische BGB-Gesellschaft** zustande, deren Auseinandersetzung den §§ 730 ff BGB folgte.

Ansprüche aus **Bereicherungsrecht** kamen bereits deswegen nicht in Betracht, als die nichteheliche Le- **28** bensgemeinschaft nach Auffassung des II. Senates nicht Rechtsgrund im Sinne des § 812 BGB sein konnte. Die Begründung einer solchen stellte vielmehr einen tatsächlichen und außerrechtlichen Vorgang dar.

Ansprüche wegen **Wegfalls der Geschäftsgrundlage** scheiterten an der Grundnatur der nichtehelichen Le- **29** bensgemeinschaft, die sich gerade dadurch auszeichnet, dass die Partner sich jederzeit voneinander trennen können. Die nichteheliche Lebensgemeinschaft konnte nach Ansicht des II. Senates daher keine Geschäftsgrundlage darstellen, auf die die Partner vertraut haben.

Es verwundert insoweit nicht, wenn die frühere Rechtsprechung des II. Zivilsenates des Bundesgerichts- **30** hofs in der Literatur als „schwer berechenbare Billigkeitsjustiz" bezeichnet wurde (vgl Schulz FamRZ 2007, 593, 595).

31 **b) Zwölfter Zivilsenat des Bundesgerichtshofs bis zum 9.7.2008.** Nach der **Übertragung der Zuständigkeit** des II. auf den nunmehr zuständigen XII. Zivilsenat des Bundesgerichtshofs wurde die vorherige Rechtsprechung zunächst durch Urteil vom 28.9.2005 (XII ZR 189/02, FuR 2004, 45) zumindest **teilweise aufgehoben**. Die Entscheidung wurde bestätigt durch die weitere Entscheidung vom 31.10.2007 (XII ZR 261/04, NJW 2008, 443).

War nach der Rechtsprechung des II. Senates demnach noch die Anwendung gesellschaftsrechtlicher Normen ohne geschlossenen Gesellschaftsvertrag möglich, fordert der zwölfte Senat nun den zumindest **konkludenten Abschluss eines Gesellschaftsvertrages**.

32 Eine rein **faktische Willensübereinstimmung** zwischen Partnern einer nichtehelichen Lebensgemeinschaft wird als nicht (mehr) ausreichend erachtet. Gerade weil die nichteheliche Lebensgemeinschaft vom Ansatz her eine **Verbindung ohne Rechtsbindungswillen** ist, erscheint eine vertragliche Grundlage für die Annahme einer nach gesellschaftsrechtlichen Grundsätzen zu bewertenden Zusammenarbeit der Partner erforderlich. Indizien hierfür können sich – ebenso wie für die Beurteilung, ob eine **Ehegatteninnengesellschaft** vorliegt – etwa aus Planung, Umfang und Dauer der Zusammenarbeit ergeben (BGH aaO).

33 Zwar wurde nicht verkannt, dass – anders als im Rahmen einer Ehe – bei einer nichtehelichen Lebensgemeinschaft **weder Mitarbeitspflichten noch güterrechtlichen Ausgleichsmechanismen bestehen**, was eine großzügigere Anwendung gesellschaftsrechtlicher Ausgleichsmöglichkeiten rechtfertigen konnte.

34 Faktisch führte diese Änderung der Rechtsprechung jedoch zu einer **Verkürzung möglicher Ausgleichsansprüche** unter nichtehelichen Lebenspartnern. Konnte anhand der getroffenen Absprachen der Partner untereinander oder der gegebenen Indizien ein – zumindest konkludenter – Abschluss eines Gesellschaftsvertrages nicht bejaht werden, schieden Ausgleichsansprüche nach beendeter nichtehelicher Lebensgemeinschaft grundsätzlich aus.

35 **c) Zwölfter Senat des Bundesgerichtshofs nach dem 9.7.2008.** Mit seinen beiden Entscheidungen vom 9.7.2008 (XII ZR 179/05, FPR 2008, 519; XII ZR 39/06, FamRZ 2008, 1828) hat der zwölfte Senat dem Bedürfnis Rechnung getragen, Ausgleichsansprüche zuzulassen, die nicht auf gesellschaftsrechtlichen Normen beruhen, und seine **bisherige Rechtsprechung grundlegend neu geregelt**.

36 Der Bundesgerichtshof hat erkannt, dass die Begründung einer nichtehelichen Lebensgemeinschaft durchaus auf eine **Entscheidung der Partner gegen die Rechtsform der Ehe** mit all deren rechtlichen Konsequenzen schließen lässt. Dieses lässt jedoch nicht zwangsläufig den weiteren Schluss zu, man habe sich damit auch der Möglichkeit begeben wollen, **Konflikte nach festen Rechtsregeln austragen zu können** (Soergel/Lange, BGB, 12. Aufl., NEhelG Rn 6).

37 Wie in einer Ehe stehen bei bestehenden nichtehelichen Lebensgemeinschaften die persönlichen Beziehungen im Vordergrund und bestimmen das **vermögensbezogene Handeln** der Partner, ohne dass daraus hinsichtlich überobligationsmäßiger Leistungen auf das Fehlen einer Rechtsgemeinschaft geschlossen würde. Wie auch bei ehebezogenen Zuwendungen können gemeinschaftsbezogene Zuwendungen nach der Trennung zu **Ausgleichsansprüchen** nach den Grundsätzen über den Wegfall der Geschäftsgrundlage führen (vgl Hausmann/Hohloch, Das Recht der nichtehelichen Lebensgemeinschaft, 2. Aufl., Kap. 4 Rn 4). Zudem vermag auch das Argument, der die Zuwendung erbringende Partner einer nichtehelichen Lebensgemeinschaft habe deren **Scheitern bewusst in Kauf genommen**, mithin nicht auf deren Bestand vertrauen dürfen, nicht länger zu überzeugen. Jeder der Partner weiß zwar, dass die Lebensgemeinschaft jederzeit beendet werden kann. Seiner Zuwendung wird aber regelmäßig die **Erwartung** zugrunde liegen, dass die Gemeinschaft von Bestand sein werde. Soweit er hierauf tatsächlich und für den Empfänger der Leistung erkennbar vertraut hat, ist dieses schutzwürdig.

Dass nur das Vertrauen von Ehegatten in die lebenslange Dauer ihrer Verbindung rechtlich geschützt ist (§ 1353 Abs. 1 S. 1 BGB), vermag mit Blick auf die **hohe Scheidungsquote** eine unterschiedliche Behandlung nicht überzeugend zu begründen (BGH aaO).

Deshalb sind nach der Rechtsprechung des XII. Senates des Bundesgerichtshofs seit dem 9.7.2008 Ansprü- **38** che, die nach allgemeinen Regeln begründet sind, nicht mit der Begründung zu versagen, dass die Partner nicht miteinander verheiratet sind bzw waren. Mit seiner Entscheidung vom 6.7.2011 (XII ZR 190/08, NJW 2011, 2880) sowie seinen neueren Entscheidungen seitdem hat der Bundesgerichtshof diese Rechtsprechung sowohl fortgesetzt als auch weiter verfeinert.

2. Ausgleichsansprüche bei Zuwendungen und Arbeitsleistungen

Die neuere Rechtsprechung des Bundesgerichtshofs führt nicht dazu, dass **sämtliche Leistungen** zwischen **39** Partnern einer nichtehelichen Lebensgemeinschaft bei deren Scheitern auszugleichen sind bzw ausgeglichen werden können. Vielmehr soll ein Ausgleich nur in **Ausnahmefällen** verlangt werden können.

Es bleibt also dabei, dass, wie schon nach der früheren Rechtsprechung, die Leistungen, die im Rahmen der **40** **Haushalts- und Lebensführung** erbracht werden und dadurch das Zusammenleben in der gewollten Art erst ermöglichen, einem grundsätzlichen **Abrechnungs- und Verrechnungsverbot** unterfallen.

Solche Leistungen werden regelmäßig in dem Bewusstsein erbracht, dass jeder Partner nach seinen Mög- **41** lichkeiten zur Gemeinschaft beizutragen hat, weshalb sie **nicht schutzwürdig** sind (Schulz FPR 2010, 373, 373).

a) Abgrenzung zu Schenkungen. Mit seiner Rechtsprechung nach dem 9.7.2008 hat der Familiensenat **42** des Bundesgerichtshofs den Begriff der **gemeinschaftsbezogenen Zuwendung** und der **gemeinschaftsbezogenen Arbeitsleistung** geprägt.

Die Begriffe gehen zurück auf die Definition der **ehebedingten Zuwendungen** unter Ehegatten, der nach **43** der Rechtsprechung des Bundesgerichtshofs die Vorstellung oder Erwartung des zuwendenden Ehegatten in den Bestand der Ehe zugrunde liegt oder die als Beitrag zur Verwirklichung oder Ausgestaltung der ehelichen Lebensgemeinschaft erbracht wird und darin ihre Geschäftsgrundlage hat (vgl BGH 19.9.2012 – XII ZR 136/10, FamRZ 2013, 1789, 1790; 23.4.1997 – XII ZR 20/95, NJW 1997, 2747). Diese Differenzierung kann und soll auf Zuwendungen zwischen den Partnern einer nichtehelichen Gemeinschaft übertragen werden (BGH 9.7.2008, XII ZR 39/06, FamRZ 2008, 1828).

Der **Begriff der Zuwendung** entstammt dem **Schenkungsrecht**, dort dem § 516 Abs. 1 BGB. Definiert **44** wird die Zuwendung demnach als Hingabe eines Vermögensgegenstandes an eine andere Person, wobei es zu einer Verminderung von Vermögenssubstanz beim Zuwendenden und einer objektiv messbaren und dauerhaften Vermögensmehrung beim Beschenkten kommen muss.

Zuwendender und Beschenkter müssen darüber einig sein, dass die Zuwendung **unentgeltlich** sein soll (so **45** bspw BGH 12.10.2003 – IV ZR 249/02, NJW 2004, 1382).

Dem Merkmal der Unentgeltlichkeit widerspricht es jedoch, wenn die Zuwendung in **Abhängigkeit zum** **46** **Bestand der nichtehelichen Lebensgemeinschaft** steht. Nach der Rechtsprechung des Bundesgerichtshofs zu Schenkungen unter Ehegatten, die auf die nichteheliche Lebensgemeinschaft übertragbar ist, fehlt es an einer für die Bejahung einer Schenkung erforderlichen **echten Freigiebigkeit**, wenn die Übertragung von Vermögenssubstanz an weitergehende Erwartungen geknüpft wird (BGH 23.4.1997 – XII ZR 20/95, NJW 1997, 2747). Gemeinschaftsbezogene Zuwendungen sind daher – ebenso wie ehebedingte Zuwendungen – **keine Schenkungen**.

Sollte die Zuwendung oder die Erbringung von Arbeitsleistung tatsächlich die vorstehenden Merkmale auf- **47** weisen und damit schenkweise erfolgt sein, kommt ein Ausgleich lediglich über einen **Schenkungswiderruf** über § 530 BGB in Betracht.

b) Abgrenzung ausgleichsfähige/nicht ausgleichsfähige Leistungen. aa) Gemeinschaftsbezogene Zu- **48** **wendungen.** Liegt demnach keine echte Schenkung vor, folgt daraus noch nicht, dass die Zuwendung automatisch einem Ausgleichsanspruch unterliegt. Ein Ausgleichsanspruch kommt vielmehr nur dann in Betracht, wenn die **Leistung deutlich über das hinausgeht, was die Gemeinschaft Tag für Tag benötigt**

(18.2.2009 – XII ZR 163/07, FamRZ 2009, 849). Sie muss über das hinausgehen, was zur Verwirklichung der nichtehelichen Lebensgemeinschaft erforderlich ist.

49 Damit kommt ein Ausgleichsanspruch nicht in Betracht für Leistungen, die schlicht der gemeinsamen Lebensführung dienen. Hierzu gehört bspw die Entrichtung der **Miete für die gemeinsame Wohnung** (3.2.2010 – XII ZR 53/08, FPR 2010, 409).

50 Auch die Erfüllung der **laufenden Unterhaltsbedürfnisse** zählt zu den nicht auszugleichenden sog. gemeinschaftsbezogenen Zuwendungen. Gleiches betrifft die **Finanzierung eines gemeinsamen Urlaubes** (kritisch hierzu Grziwotz FPR 2010, 369, 371).

51 Hinzukommen muss vielmehr, dass der gemeinschaftsbezogenen Zuwendung die **Vorstellung oder Erwartung** zugrunde lag, die Lebensgemeinschaft, deren Ausgestaltung sie gedient hat, werde Bestand haben (BGH 9.7.2008, XII ZR 179/05, FamRZ 2008, 1822, 1826). Nur unter diesen engen Voraussetzungen kann ein Ausgleichsanspruch des leistenden Partners überhaupt in Betracht kommen.

52 **bb) Gemeinschaftsbezogene Arbeitsleistungen.** Arbeitsleistungen können **mangels Übertragung von Vermögenssubstanz** keine Zuwendung darstellen. Wirtschaftlich betrachtet stellen Arbeitsleistungen jedoch ebenso eine **geldwerte Leistung** dar. Nach der Rechtsprechung des Bundesgerichtshofs können daher Ausgleichsansprüche des Partners, der sie zugunsten des anderen erbracht hat, dem Grunde nach in Betracht kommen. Begrifflich handelt es sich um **gemeinschaftsbezogenen Arbeitsleistungen** (BGH 9.7.2008, XII ZR 179/05, FamRZ 2008, 1822, 1827).

53 Die Frage der Ausgleichsfähigkeit gemeinschaftsbezogener Arbeitsleistungen steht zunächst unter **denselben Voraussetzungen** wie die gemeinschaftsbezogenen Zuwendungen.

54 Auch die **gemeinschaftsbezogenen Arbeitsleistungen** müssen also weit über das hinausgehen, was das tägliche Zusammenleben der Partner erfordert. Damit scheiden auch schlichte **Gefälligkeiten** aus.

55 Darüber hinaus müssen die Arbeitsleistungen zu einem messbaren und noch vorhandenen **Vermögenszuwachs** des anderen Partners geführt haben. Der Höhe nach begrenzt wird der Anspruch durch die **ersparten Kosten einer fremden Arbeitskraft** (so BGH 6.7.2011, XII ZR 190/08).

56 Sind diese Voraussetzungen erfüllt, kann davon ausgegangen werden, dass die gemeinschaftsbezogene Arbeitsleistung auf der Basis einer **stillschweigenden Übereinkunft** mit dem anderen Partner zur Ausgestaltung der Lebensgemeinschaft erbracht wurde. Die Übereinkunft bildet die **Geschäftsgrundlage** für die erbrachte Arbeitsleistung und führt zur Annahme eines zwischen den Partnern geschlossenen **Kooperationsvertrages**. Ein solcher wurde nach der Rechtsprechung des Bundesgerichtshofs bereits bei erbrachten Arbeitsleistungen unter Ehegatten konstruiert (so BGH 30.6.1999 – XII ZR 230/96, FamRZ 1999, 1580).

57 **cc) Dienstvertrags-/Arbeitsvertragsrecht.** Grundsätzlich kommt in Fällen gemeinschaftsbezogener Arbeitsleistungen auch eine Abwicklung nach den Regeln des **Dienstvertragsrechts** in Betracht.

58 Eine Abwicklung nach Dienstvertragsrecht hat auf jeden Fall immer dann zu erfolgen, wenn die Partner ausdrücklich eine entsprechende **Vereinbarung getroffen** haben. In der Praxis fehlt es idR jedoch an einer derartigen ausdrücklichen Vereinbarung.

59 Fehlt eine ausdrückliche Vereinbarung, ist zu prüfen, ob eine solche möglicherweise **stillschweigend** getroffen wurde. Die Abgrenzung und rechtliche Einordnung erfolgt anhand des Merkmals der **Gegenleistung**. Soweit keine ausdrückliche Vereinbarung anderen Inhaltes zwischen den Partner geschlossen wurde, ist davon auszugehen, dass die gemeinschaftsbezogene Arbeitsleistung wegen der aus der Lebensgemeinschaft zu erbringenden **Solidarität** erfolgt.

Davon, dass der Leistende durch seine Arbeit eine konkrete Gegenleistung, insbesondere in Form von Geld oder eines darauf gerichteten Anspruchs, zu erwerben beabsichtigte oder bezweckte, ist ohne konkrete Anhaltspunkte nicht auszugehen.

Entscheidend sind, wie so häufig, die **Umstände des Einzelfalls**. Gegen die Annahme eines Dienstvertra- **60** ges spricht es bspw., wenn der die Arbeitsleistungen Erbringende Lohn erst nach der Beendigung der nichtehelichen Lebensgemeinschaft fordert (vgl LAG Köln 17.6.1999 – 10 Sa 69/99, MDR 1999, 1331).

Auf der anderen Seite kann ein Arbeitsverhältnis in Betracht kommen, wenn der Partner seiner im Betrieb **61** mitarbeitenden Lebensgefährtin über ein längeren Zeitraum hinaus sowohl **Rentenversicherungsbeiträge gezahlt** als auch das an sie gezahlte **Gehalt als Betriebsausgabe** steuerlich abgesetzt hat (so OLG Bremen vom 9.12.1997 – 4 W 19/97, FamRZ 1999, 227 bei Ehegatten).

Liegen nach einer **Gesamtabwägung der Umstände** die Voraussetzungen für einen Dienst- oder Arbeits- **62** vertrag vor, kann der Leistende gemäß §§ 611, 612 BGB eine **angemessene Vergütung** als Ausgleich fordern.

Stets und auch in diesem Zusammenhang gilt als Prüfungsmaßstab das **allgemeine Aufrechnungsverbot**, **63** woraus folgt, dass Arbeitsleistungen, die das tägliche Zusammenleben erst ermöglichen, keinem Ausgleichanspruch zugänglich sind (vgl Rn 40).

dd) Aufwendungsersatzansprüche bei Auftrag/Geschäftsbesorgung. Ein Ausgleich für gemeinschafts- **64** bezogene Arbeitsleistungen kann daneben auch auf der Basis eines **Aufwendungsersatzanspruches nach § 670 BGB** begründet sein. Dann jedoch müsste zwischen Leistendem und Empfänger ein **Auftrags-/ Geschäftsbesorgungsverhältnis** bestehen oder aber die Leistung auf der Basis einer **Geschäftsführung ohne Auftrag** erfolgen. Wird ein Auftragsverhältnis oder ein Geschäftsbesorgungsvertrag ausdrücklich geschlossen, hat die Abwicklung innerhalb des Vertrages zu erfolgen. Allerdings fehlt es in der Praxis, wie auch beim Dienstvertrag, regelmäßig an einem ausdrücklich geschlossenen Vertrag. Hier ist also eine **Gesamtabwägung der Umstände und Indizien** vorzunehmen, um zu prüfen, ob möglicherweise stillschweigend ein Vertragsverhältnis begründet wurde.

Stehen Aufwendungen eines Partners jedoch in **unmittelbarem Zusammenhang** mit der bestehenden Le- **65** bensgemeinschaft, scheiden Aufwendungsersatzansprüche von vornherein aus.

Ein solcher unmittelbarer Zusammenhang fehlt aber bspw in den Fällen, in denen einer der Partner ein Dar- **66** lehen zur Finanzierung eines im **Alleineigentum des anderen** stehenden Fahrzeuges aufnimmt. Wird dieses Fahrzeug nach der Anschaffung **gemeinsam genutzt**, ist das Darlehen gerade **nicht allein im Interesse des anderen Partners** aufgenommen worden. Ein Aufwendungsersatzanspruch kann daher allenfalls wegen der Raten in Betracht kommen, die **nach der Trennung** gezahlt wurden (vgl Gerhardt/von Heintschel-Heinegg/Klein/Weinreich Kap.11 Rn 176 ff).

ee) Aufwendungsersatzanspruch bei Bürgschaft. Denkbar sind auch Aufwendungsersatzansprüche bei **67** **Übernahme einer Bürgschaft** eines der Lebensgefährten für seinen Partner.

In der Regel ist im **Innenverhältnis** zwischen Bürge und Hauptschuldner von einem Auftragsverhältnis **68** auszugehen, aus dem sich **nach der Trennung** ein Aufwendungsersatzanspruch des bürgenden Partners ergeben kann (Palandt/Sprau Vor § 765 BGB Rn 5).

Auch in Bürgschaftsfällen ist jedoch zu unterscheiden, ob das **Darlehen ausschließlich im Interesse des** **69** **anderen** aufgenommen wurde. Denn nur in diesen Fällen kann der Bürge auf der Basis des § 774 Abs. 1 S. 1 BGB volle Erstattung der von ihm gezahlten Raten verlangen.

Stand der aufgenommene Kredit dagegen im **alleinigen Interesse des Bürgen** selbst, steht dem Bürgen die **70** zugunsten des Hauptschuldners bestehende Einwendung des § 774 Abs. 1 S. 3 BGB entgegen. Im Innenverhältnis scheitert also der **gesetzliche Forderungsübergang** nach § 774 Abs. 1 BGB.

Kommt das Darlehen schließlich beiden Partnern zugute, ist streitig, ob Ausgleichsansprüche in Betracht **71** kommen. Dem Grunde nach stellt das Darlehen sowohl auf Seiten des Hauptschuldners als auch auf Seiten des Bürgen eine Verbindlichkeit dar. Teilweise wird daher in der **Rechtsprechung** die Ansicht vertreten, dass für eine Inanspruchnahme des Bürgen aus der Bürgschaft nichts anderes gelten kann als für die Til-

Gurk

gung von Schulden, die im Rahmen einer nichtehelichen Lebensgemeinschaft von einem der Partner begründet werden. Ein Ausgleich im Innenverhältnis zwischen den Partnern findet in diesen Fällen selbst dann nicht statt, wenn die Erfüllung der Verbindlichkeiten erst nach der Trennung erfolgt bzw zu erfolgen hat (so bspw LG Bamberg 29.5.1987 – 3 S 11/87, NJW 1988, 1219).

72 Diese Auffassung entspricht letztendlich dem **allgemeinen Aufrechnungsverbot** (s. Rn 40).

73 Nach gegenteiliger Auffassung soll eine Sachbehandlung parallel zu einer bestehenden **Gesamtschuld** zwischen den Lebensgefährten behandelt werden. Eine solche Handhabung führt im Ergebnis zu einem hälftigen Ausgleichsanspruch des in Anspruch genommenen Bürgen (so bspw Schulz FamRZ 2007, 593, 605).

3. Rangfolge der Anspruchsgrundlagen

74 **a) Ansprüche aus Gesellschaftsrecht.** Zwar ist die Rechtsprechung des II. Zivilsenates des Bundesgerichtshofs zur Entstehung einer faktischen BGB-Gesellschaft spätestens seit der Entscheidung des XII. Senates vom 28.9.2005 (s. Rn 31) als überholt anzusehen. Das bedeutet aber nicht, dass Ausgleichsansprüche von Partnern nichtehelicher Lebensgemeinschaften aus dem Gesellschaftsrecht von vornherein ausscheiden.

75 Vielmehr folgt ein Ausgleich gemeinschaftsbezogener Leistungen dann dem Gesellschaftsrecht, wenn die Partner der nichtehelichen Lebensgemeinschaft ausdrücklich oder durch schlüssiges Verhalten einen entsprechenden **Gesellschaftsvertrag** geschlossen haben (BGH 28.9.2005 – XII ZR 189/02, FamRZ 2006, 607, 609). In diesen Fällen gehen die vertraglichen Ansprüche den allgemeinen Ausgleichsansprüchen vor.

76 **aa) Lebenspartnerinnengesellschaft.** Begrifflich liegt in diesen Fällen eine sog. Lebenspartnerinnengesellschaft vor (Schulz FamRZ 2007, 593, 595).

77 In der Praxis sind, ebenso wie bei Ehegatten, die Fälle eher selten, in denen eine ausdrückliche vertragliche Regelung getroffen wurde. Es ist daher vorrangig zu prüfen, ob die Partner beabsichtigt haben, mit dem Erwerb eines Vermögensgegenstandes – wenn auch nur wirtschaftlich – einen gemeinschaftlichen Wert zu schaffen, der von ihnen für die Dauer der Partnerschaft nicht nur gemeinsam genutzt werden, sondern ihnen nach ihrer Vorstellung auch gemeinsam gehören sollte (BGH FamRZ 2008, 1822, 1825). Im Vordergrund steht also die Frage der **Vermögensbildung** (BGH 25.6.2003 – XII ZR161/01, FamRZ 2003, 1454, 1456).

78 Für die Voraussetzungen der Entstehung, der Bewertung und der Abwicklung kann auf die gleichen Grundsätze zurückgegriffen werden wie bei der **Ehegatteninnengesellschaft** (BGH 28.9.2005, XII ZR 189/02, FamRZ 2006, 607; grundlegend zur Ehegatteninnengesellschaft BGH 30.6.1999 – XII ZR 230/96, FamRZ 1999, 1580).

79 Nachdem, anders als bei Ehegatten, bei der nichtehelichen Lebensgemeinschaft **weder rechtliche Mitarbeitspflichten noch güterrechtliche Ausgleichsmöglichkeiten** bestehen, ist nach der Rechtsprechung des Bundesgerichtshofs eine großzügigere Auslegung möglich.

80 Der zumindest konkludente Abschluss eines Gesellschaftsvertrages ist und bleibt jedoch **unabdingbare Voraussetzung** für die Abwicklung von Leistungen nach gesellschaftsrechtlichen Grundsätzen (vgl BGH 9.7.2008, XII ZR 179/05, FamRZ 2008, 1822, 1825).

81 Nicht zuletzt aufgrund des **umfassenden Aufrechnungs- bzw Verrechnungsverbotes** muss derjenige Partner, der einen Ausgleichsanspruch behauptet, einen **nach objektiven Kriterien zu beurteilenden wesentlichen Beitrag** geleistet haben.

82 **bb) Bau oder Erwerb von Immobilien/Aufbau eines Unternehmens.** Häufigste Streitfälle in der Praxis sind die **Hausbau- und Immobilienmitfinanzierung**sfälle sowie die Fälle, in denen in nichtehelicher Lebensgemeinschaft ein **Unternehmen** aufgebaut wurde.

Beiden Entscheidungen des Bundesgerichtshofs vom 9.7.2008 lag ein Streit über die Frage zugrunde, ob 83 ein Partner nach Scheitern der nichtehelichen Lebensgemeinschaft einen Ausgleich verlangen kann für Geld- und Arbeitsleistungen, die für eine Immobilie aufgewendet wurden. Dabei bestand in einem Fall **hälftiges Miteigentum** (BGH 9.7.2008 – XII ZR 39/06, FamRZ 2008, 1828), im zweiten Fall wurde investiert in eine Immobilie, die im **Alleineigentum** des anderen Partners stand (BGH 9.7.2008 – XII 179/05, FamRZ 2008, 1822).

Fakt ist, dass es auf die dingliche Zuordnung des Vermögenswertes nicht entscheidend ankommt. Aus- 84 schlaggebend für die Beurteilung, ob ein gesellschaftsvertraglicher Ausgleich erfolgt, ist die **Absicht der Partner, den Vermögenswert gemeinsam zu nutzen** sowie die **Vorstellung, dass ihnen der Vermögenswert gemeinsam gehört**.

Dieses gilt für Fälle des Immobilienerwerbs bzw der Immobilienerrichtung. Die Grundsätze gelten aber 85 auch in Fällen des gemeinsamen Aufbaus und Betrieb eines Unternehmens.

Alleineigentum kann, muss aber nicht das ausschlaggebende Indiz gegen eine – wirtschaftlich gesehen – 86 **gemeinschaftliche Wertschöpfung** darstellen. Die Absicht der gemeinschaftlichen Wertschöpfung kann sich im Rahmen einer **Gesamtwürdigung der Umstände** jedenfalls bei Vermögenswerten von erheblicher wirtschaftlicher Bedeutung bereits daraus ergeben, dass der Partner, der nicht (Mit-)Eigentümer ist, wesentliche Beiträge zum Erwerb leistet. In aller Regel zählt ein gemeinsam erworbenes oder erbautes Haus oder eine gemeinsam gekaufte Eigentumswohnung zu diesen Vermögenswerten (BGH 4.11.1991 – II ZR 26/91, NJW 1992, 906).

Auf der anderen Seite reicht es nach der Rechtsprechung des Bundesgerichtshofs aber nicht aus, wenn 87 bspw auf einem Grundstück, welches im Alleineigentum eines der Partner steht, ein Haus gebaut wird, welches der andere mitfinanziert und dessen Errichtung er tatkräftig unterstützt. Diese Beiträge können nämlich auch allein zur Verwirklichung der Lebensgemeinschaft erbracht werden. Der **die Lebensgemeinschaft überschreitende Zweck** fehlt in diesen Fällen, weshalb ein Ausgleichsanspruch ausscheiden muss (BGH 6.7.2011 – XII ZR 190/08, NJW 2011, 2880).

Bei der **Ehegatteninnengesellschaft** fordert der Bundesgerichtshof, dass die Eheleute durch ihre beidersei- 88 tigen Leistungen einen über den typischen Rahmen der ehelichen Lebensgemeinschaft hinausgehenden Zweck verfolgen, indem sie etwa durch Einsatz von Vermögenswerten und Arbeitsleistungen gemeinsam ein Vermögen aufbauen oder berufliche oder gewerbliche Tätigkeiten ausüben.

Ist dagegen **ein solcher Zweck nicht gegeben** und gilt der Einsatz von Vermögen und Arbeit nur dem Bestreben, die Voraussetzungen für die Verwirklichung der ehelichen Lebensgemeinschaft zu schaffen, etwa durch den Bau eines Familienheims, oder geht die Mitarbeit nicht über den Rahmen des für die Ehegattenmitarbeit Üblichen hinaus, **scheidet eine konkludente Ehegatteninnengesellschaft aus** (vgl u.a. BGH 5.10.1988 – IVb ZR 52/87, FamRZ 1989, 147; 26.4.1995 – XII ZR 132/93, FamRZ 1995, 1062, 1063).

Gleiches gilt für die Lebenspartnerinnengesellschaft. Zwar ist bei der **nichtehelichen Lebensgemeinschaft** 89 für die Annahme eines konkludent geschlossenen Gesellschaftsvertrages die Verfolgung eines über den typischen Rahmen der Lebensgemeinschaft hinausgehenden Zwecks nicht zwingend erforderlich. Verfolgen die Partner jedoch keinen Zweck, der über die Verwirklichung der Lebensgemeinschaft hinausgeht, bestehen grundsätzlich **Zweifel an dem erforderlichen Rechtsbindungswillen** (BGH 9.7.2008, XII ZR 179/05, FamRZ 2008, 1822, 1825).

Losgelöst von Fragen des Bestehens von Rückgewährsansprüchen erfolgt die tatsächliche Auseinandersetzung gemeinsamen Immobilienvermögens – wenn nicht einvernehmlich möglich – im Wege der **Teilungsversteigerung** (s. Rn 128 f).

cc) Gleichberechtigte Mitarbeit. Unverzichtbar setzen sowohl die Lebenspartnerinnengesellschaft als 90 auch die Ehegatteninnengesellschaft eine gleichberechtigte Mitarbeit beider Partner voraus. Dabei darf das Merkmal der **Gleichberechtigung** nicht mit einer **Gleichwertigkeit** verwechselt werden. Letztere ist innerhalb der Gesellschaft nämlich gerade nicht erforderlich. Es müssen weder gleiche noch gleich hohe Beiträge geleistet werden.

91 An gleichberechtigter Mitarbeit fehlt es aber bspw im Verhältnis Unternehmer/Sekretärin. In Form eines **Über-/Unterordnungsverhältnisses** kann eine Gesellschaft nicht bestehen. Ein solches Verhältnis grenzt vielmehr den gesellschaftsrechtlichen vom arbeitsrechtlichen Bereich ab.

92 **dd) Ermittlung des Ausgleichsanspruchs.** Der Ausgleichsberechtigte erwirbt bei der durch die Beendigung der Lebensgemeinschaft bedingten Auflösung der Gesellschaft einen **schuldrechtlichen Anspruch auf Zahlung des Auseinandersetzungsguthabens.** Die Rechtsgrundlage stellt § 738 BGB dar.

93 Demnach hat eine **Bestandsaufnahme** und eine **Vermögensbewertung** zu erfolgen.

Stichtag für beides ist der **Zeitpunkt der Auflösung der Gesellschaft.** Diesen Zeitpunkt stellt die Trennung dar, da in aller Regel ab diesem Zeitpunkt nicht mehr von einer gemeinsamen Vermögensbildung ausgegangen werden kann.

94 Der Anspruch betrifft lediglich das Vermögen, welches **gemeinsam erwirtschaftet** wurde. Eine Verwertung der im Eigentum des anderen stehenden Vermögensgegenstände kann der Ausgleichsberechtigte nicht verlangen.

95 Relevant wird dieses vor allem in den Fällen, in denen der Partner **in ein bereits bestehendes Unternehmen** eingestiegen ist. War bei Beginn der Gesellschaft bereits Vermögen vorhanden oder wurde es nicht durch den Partner, sondern **von Dritter Seite** vermehrt, so sind diese nicht gemeinsam erwirtschafteten Vermögensbestandteile vor der Berechnung des Abfindungsanspruches **vom Vermögenswert abzuziehen** (Schulz FamRZ 2007, 593, 596).

96 Die Frage, mit welchem **Anteil die Gesellschafter am Gewinn** teilnehmen, richtet sich grundsätzlich nach der Vereinbarung im Gesellschaftsvertrag. Da in der Praxis regelmäßig der Gesellschaftsvertrag stillschweigend geschlossen wird, fehlt zumeist eine ausdrückliche Absprache hierzu. Gegebenenfalls ist anhand einer **ergänzenden Vertragsauslegung** zu prüfen, ob sich aus anderen feststellbaren Umständen Hinweise auf eine bestimmte Verteilungsabsicht ergeben. Fehlt es daran, greift ergänzend die Regelung des § 722 Abs. 1 BGB ein, wonach jeder Gesellschafter ohne Rücksicht auf Art und Größe seines Beitrags einen **gleich hohen Anteil** hat. Dieses betrifft sowohl Gewinne als auch Verluste.

97 Wer mehr als die Hälfte für sich beansprucht, muss dies nach allgemeinen Grundsätzen des Beweisrechts darlegen und beweisen (BGH 30.6.1999 – XII ZR 230/96, FamRZ 1999, 1580 zur Ehegatteninnengesellschaft).

98 Daneben kommt ein Anspruch des ausscheidenden Gesellschafters auf **Erstattung seiner Einlagen** gem. § 733 Abs. 2 S. 2 BGB in Betracht. Bei **Werk- oder Dienstleistungen** erfolgt ein Ersatz jedoch lediglich dann, wenn sie einen **bleibenden Wert** geschaffen haben (Palandt/Sprau § 733 BGB Rn 10).

99 **b) Ansprüche aus ungerechtfertigter Bereicherung.** Bis zu seinen Entscheidungen vom 9.7.2008 hat der Bundesgerichtshof stets Ansprüche aus ungerechtfertigter Bereicherung im Rahmen der Abwicklung einer gescheiterten nichtehelichen Lebensgemeinschaft verneint.

100 Der Grundsatz des **umfassenden Abrechnungs- und Verrechnungsverbotes** zwischen Partnern einer gescheiterten nichtehelichen Lebensgemeinschaft stand der Annahme entgegen, das Scheitern lasse die **Geschäftsgrundlage** für die bisher erbrachten Leistungen entfallen (BGH 8.7.1996 – II ZR 340/95, FamRZ 1996, 1141, 1142).

101 Diese Rechtsprechung blieb nicht ohne Kritik, mit der der damals noch nicht lange zuständige zwölfte Senat des Bundesgerichtshofs sich in seiner Entscheidung vom 31.10.2007 (XII ZR 261/04, FamRZ 2008, 247, 249) auseinandersetzt. Konkret Bezug genommen wird auf die bereits damals in der Literatur vertretene Ansicht, wonach für gemeinschaftsbezogene Leistungen eines Partners ein Ausgleichsanspruch nach **§ 812 Abs. 1 S. 2 Alt. 2 BGB (condictio causa data causa non secuta)** in Betracht kommen konnte.

Stets verneinte der Bundesgerichtshof jedoch das Vorliegen einer für die Bejahung des Anspruchs erforder- 102
liche **Rechtsgemeinschaft** zwischen den Partnern einer nichtehelichen Lebensgemeinschaft. Die für einen
Anspruch aus § 812 Abs. 1 S. 2 Alt. 2 BGB **notwendige Zweckabrede** wurde als Widerspruch zum Willen
der Partner angesehen, ihre Beziehung jederzeit beenden zu können.

Schon damals zeichnete sich ab, dass der Bundesgerichtshof nach dem Zuständigkeitswechsel der Senate 103
an seiner sehr restriktiven Rechtsprechung nicht mehr festhalten würde. Die Aufgabe dieser Rechtsprechung erfolgte dann bereits kurze Zeit später in den Entscheidungen vom 9.7.2008. Unter nunmehr klar
definierten Voraussetzungen kann ein Partner einen Ausgleich gemeinschaftsbezogener Leistungen, die
nicht auf der Basis eines Gesellschaftsvertrages erbracht wurden, nach § 812 Abs. 1 S. 2 Alt. 2 BGB verlangen.

aa) Konkrete Zweckabrede. Erforderlich ist zunächst eine konkrete Zweckvereinbarung zwischen Leis- 104
tendem und Empfänger. Beide Lebensgefährten müssen darüber einig sein, dass zwischen der Leistung und
dem erwarteten, nicht erzwingbaren Erfolg eine Verknüpfung besteht. Die Leistung muss in **Abhängigkeit
zum bezweckten Erfolg** stehen. Eine einseitige Vorstellung nur eines der Lebensgefährten genügt nicht
(BGH 18.2.2009 – XII ZR 163/07, FamRZ 2009, 849, 850; 6.7.2011 – XII ZR 190/08, NJW 2011, 2880 –
finale Ausrichtung auf einen nicht erzwingbaren Erfolg).

Geht es um eine Zuwendung oder Arbeitsleistung, die nicht über das hinausgeht, was die Gemeinschaft 105
Tag für Tag benötigt, scheidet ein Ausgleich aus (s. Rn 48).

Nachdem vielfach keine ausdrückliche Übereinkunft über den verfolgten Zweck zwischen den Partnern ge- 106
troffen wird, bejaht die Rechtsprechung eine **stillschweigende Einigung** in den Fällen, in denen der eine
Teil mit seiner Leistung einen bestimmten Zweck verfolgt, der andere Teil dieses erkennt und die Leistung
widerspruchslos entgegennimmt (BGH 2.10.1991 – XII ZR 145/90, NJW 1992, 427). Bloßes Kennenmüs-
sen ersetzt jedoch nicht die erforderliche **positive Kenntnis von der Zweckvorstellung** des anderen Teils.

Vermehrt also bspw der eine Partner das Vermögen des anderen in der Erwartung, an dem erworbenen Ge- 107
genstand **langfristig partizipieren zu können**, sind nach der Rechtsprechung des Bundesgerichtshofs die
Voraussetzungen einer konkreten Zweckabrede zwar teilweise erfüllt (vgl BGH 9.7.2008, XII ZR 179/05,
FamRZ 2008, 1822, 1826), jedoch mangelt es in der Regel an der positiven Kenntnis vom beabsichtigten
Zweck beim Empfänger. Damit fehlt aber die – stillschweigende – Einigung über die **Verknüpfung von
Leistung und Erfolg**.

Da die Beteiligten im Zeitpunkt der Zuwendung in der Regel nicht an ein später mögliches Scheitern der 108
Beziehung denken, werden sich bereicherungsrechtliche Ausgleichsansprüche in der Praxis daher auf **Ausnahmefälle** beschränken (Schulz FPR 2010, 373, 375).

bb) Auf Kosten des Leistenden etwas erlangt. Bei diesen beiden Merkmalen des Bereicherungsanspru- 109
ches bestehen **keine Besonderheiten**. Besonderheiten bestehen lediglich im Rahmen des Merkmales der
Leistung und des Mangels des Rechtsgrundes (s. Rn 110).

cc) Ohne rechtlichen Grund. Bei der Leistungskondiktion liegt der Zweck der Leistung in der Regel in 110
der Erfüllung eines Vertrages. In diesen Fällen ist der Vertrag der Rechtsgrund, der später in Wegfall gerät
und damit den bereicherungsrechtlichen Anspruch begründet.

Sind zwischen den Partnern einer nichtehelichen Lebensgemeinschaft keine (vorrangigen) vertraglichen 111
Ansprüche gegeben, kommt ein bereicherungsrechtlicher Ausgleichsanspruch nach § 812 Abs. 1 S. 2 Alt. 2
BGB dann in Betracht, wenn endgültig feststeht, dass der mit der Leistung bezweckte Erfolg ausbleibt. Der
Mangel des Rechtsgrundes ist demnach die **Zweckverfehlung**. Das Vertrauen in den Bestand Lebensge-
meinschaft und die damit verbundene dauerhafte Nutzungsmöglichkeit des Vermögenswertes stellen den
Regelfall der Zweckverfehlung bei Scheitern der Lebensgemeinschaft dar.

Gurk

Daraus folgt auch, dass dann, wenn das Vorliegen einer konkreten Zweckabrede (s. Rn 104) bejaht werden konnte, das **Scheitern der Beziehung den Mangel des rechtlichen Grundes durch Zweckverfehlung** begründet.

112 **dd) Einwendungen.** Neben den allgemeinen bereicherungsrechtlichen Einwendungen und der Tatsache, dass die Anwendung des § 814 BGB mangels Vorliegen einer Verbindlichkeit im Zeitpunkt der Leistung ausscheidet, ist **insbesondere § 815 BGB** zu beachten.

113 Zwar ist die Möglichkeit, dass auch die nichteheliche Lebensgemeinschaft ein Leben lang Bestand hat, nicht von Anfang an unmöglich, weshalb die Vorschrift von ihrem Wortlaut her nicht einschlägig ist. Jedoch kann die Einwendung einschlägig sein in den Fällen, in denen **der Leistende die Lebensgemeinschaft wider Treu und Glauben** hat scheitern lassen.

Ob in den Fällen, in denen das Vorliegen eines bereicherungsrechtlichen Rückforderungsanspruches bejaht werden konnte, einer Rückforderung ausnahmsweise die Einwendung des § 815 BGB entgegensteht, kann nur im Rahmen einer **Gesamtabwägung** aller Umstände beurteilt werden. Die Beantwortung dieser Frage erfordert eine Abwägung der Art und Weise der Beendigung der Beziehung durch den Leistenden, insbesondere einer Abwägung der Umstände, die ihn zur Beendigung der Beziehung bewegt haben.

114 Die **Beweislast** für das Bestehen der Einrede des § 815 BGB liegt bei demjenigen Lebensgefährten, der die Leistungen empfangen hat. Den Beweis, dass der andere die Beziehung auf vorwerfbare Art bzw auf der Basis einer vorwerfbaren Motivationslage beendet hat, wird letztendlich kaum zu führen sein.

115 **c) Wegfall der Geschäftsgrundlage.** Ein Ausgleich nach den Grundsätzen des Wegfalls der Geschäftsgrundlage (§ 313 BGB) soll nach der neueren Rechtsprechung des Bundesgerichtshofs nunmehr in den Fällen in Betracht kommen können, in denen es nicht zu einem gesellschaftsrechtlichen Ausgleich kommt, oder bereicherungsrechtliche Ansprüche mangels Zweckabrede scheitern (BGH 9.7.2008, XII ZR 179/05, FamRZ 2008, 1822, 1827).

116 Auch wenn der Bundesgerichtshof nunmehr grundsätzlich die Möglichkeit von Ausgleichsansprüchen wegen Störung oder Wegfall der Geschäftsgrundlage zugelassen hat, darf sie **nicht als Auffangtatbestand** verstanden werden.

117 Es bleibt vielmehr dabei, dass der Ausgleich von gemeinschaftsbezogenen Zuwendungen oder gemeinschaftsbezogenen Arbeitsleistungen ein **Ausnahmefall** bleiben soll. Daher ist es neben dem Grundsatz, dass nur Leistungen ausgeglichen werden können, die deutlich über den täglichen Bedarf der Lebensgemeinschaft hinausgehen, erforderlich, dass dem leistenden Lebenspartner die Beibehaltung der herbeigeführten Vermögensverhältnisse nach Treu und Glauben nicht zugemutet werden kann (BGH aaO).

118 Die **Voraussetzungen für einen Ausgleichsanspruch** nach den Grundsätzen des Wegfalls der Geschäftsgrundlage sind demnach:
  – Es liegt eine **gemeinschaftsbezogene Leistung** vor, mit der
  – die Partner **keinen gemeinsamen Vermögenswert** schaffen wollten, wobei
  – eine **konkrete Zweckabrede** nicht gegeben oder nicht beweisbar ist,
  – der Leistung die **Vorstellung bzw Erwartung** zugrunde lag, die Beziehung werde Bestand haben und
  – eine **Gesamtabwägung der Umstände des Einzelfalles** einen Ausgleich für den Leistenden erforderlich macht.

119 In die Gesamtabwägung der Umstände ist insbesondere die **Dauer der Beziehung einzubeziehen**, da je länger die Beziehung gedauert hat, der Zweck der Leistung bereits mehr und mehr eingetreten sein kann. Hat die Beziehung seit der Zuwendung bspw bereits 20 Jahre gedauert, kann es angemessen erscheinen, einen Ausgleichsanspruch zu verneinen. Besteht die Beziehung seit der Zuwendung zehn Jahre, kann es bei Abwägung der Gesamtumstände des Einzelfalles angemessen sein, einen Ausgleichsanspruch in Höhe von 50 % der Zuwendung zuzubilligen (vgl Schulz FPR 2010, 373, 375).

Maßstab sollen die vom Bundesgerichtshof entwickelten Abwägungskriterien für einen Ausgleich zwischen Ehegatten im **Güterstand der Gütertrennung** sein (BGH 9.7.2008, XII ZR 179/05, FamRZ 2008, 1822, 1827). 120

In seinen Entscheidungen vom 9.7.2008 (XII ZR 179/05, FamRZ 2008, 1822 ff) hat der Bundesgerichtshof – wie schon in seiner Rechtsprechung zum Ausgleich unter Ehegatten – ausdrücklich auch darauf hingewiesen, dass der Ausgleichsanspruch **der Höhe nach begrenzt** ist durch den Wert, der im Vermögen des Leistungsempfängers im Zeitpunkt des endgültigen Scheiterns der Beziehung tatsächlich noch vorhanden ist und – bezogen auf erbrachte Arbeitsleistungen – auf die ersparten Kosten einer fremden Arbeitskraft (vgl auch BGH 6.7.2011 – XII ZR 190/08, NJW 2011, 2880; 19.9.2012 – XII ZR 136/10, FamRZ 2013, 1789, 17491). Die Frage, ob der Ausgleichsanspruch durch Höchstgrenzen einzuschränken ist, wird in der Literatur kontrovers diskutiert. Teilweise wird diesbezüglich vertreten, der Rückforderungsanspruch sei keiner Höchstgrenze zu unterwerfen, solle sich vielmehr an der **Lebenserwartung des Paares orientieren** (vgl Wever FamRZ 2013, 1 ff). In der Rechtsprechung findet ein derartiger Ansatz jedoch bislang keinen Niederschlag. 121

Der Ausgleich soll bewirken, dass der rückgewährpflichtige Ehegatte im **wirtschaftlichen Ergebnis** nicht anders steht als er stünde, wenn ihm der zugewandte Gegenstand verbliebe und der Zuwendende von ihm für die Zuwendung, soweit deren Geschäftsgrundlage entfallen ist, seinerseits eine Ausgleichszahlung verlangen könnte (vgl Wagenitz in: Schwab/Hahne, Familienrecht im Brennpunkt, 2004, S. 160, 172). Aus diesem Grund scheiden aber auch Ausgleichsansprüche für Investitionen aus, die während einer nichtehelichen Lebensgemeinschaft in das im Alleineigentum des Partners stehende Hausgrundstück getätigt wurden, wenn der Zuwendende das Grundstück nach der Trennung – abgesichert durch ein dingliches Wohnrecht – **allein weiter nutzt** (OLG Naumburg 2.1.2012 – 8 W 7/11, FamRZ 2013, 55).

Ebenso scheitert ein Rückforderungsanspruch für geleistete Zahlungen an den Partner zur Tilgung von mit Grundschulden gesicherten Darlehen für eine in dessen Alleineigentum stehende Immobilie, wenn zwischen den Partnern vereinbart wurde, dass die Immobilie nach erfolgter Tilgung an den die Zahlung leistenden Partner (oder dessen Kinder) zurückübertragen wird (OLG Oldenburg 2.1.2012 – 11 W 6/11, FamRZ 2012, 1656 f). Derartige Zahlungen dienen nicht dem Fortbestand der Gemeinschaft.

Darüber hinaus scheidet nach der Rechtsprechung des Bundesgerichtshofs auch die **leibliche Abstammung eines Kindes als Geschäftsgrundlage** einer Zuwendung an die Mutter des Kindes aus, es sei denn, ein auf das Kind bezogener Geschäftswille ist erkennbar (BGH 27.6.2012 – XII ZR 203/09, FamRZ 2012, 1623). Hintergrund der Entscheidung war ein nach der Zuwendung erfolgreich durchgeführtes Vaterschaftsanfechtungsverfahren.

Anderes gilt in den Fällen, in den die Zuwendung unmittelbar, zumindest aber mittelbar auch **zur Befriedigung des Unterhaltsbedarfes eines Kindes** erfolgt. In diesen Fällen kann die leibliche Abstammung nicht nur Geschäftsgrundlage für die Zuwendung sein. Das Verschweigen einer möglichen Nichtvaterschaft kann darüber hinaus zur Anfechtung einer Zuwendung wegen arglistiger Täuschung berechtigen und zu bereicherungsrechtlichen Rückforderungsansprüchen führen (BGH 27.6.2012 – XII ZR 47/09, FamRZ 2012, 1363 ff).

Die aus Billigkeitsgründen geschuldete Ausgleichszahlung erschöpft sich auf Seiten des Zuwendungsempfängers jedenfalls in dem **Wert der Zuwendung**, soweit dieser nicht bereits durch Leistungen aufgewogen wird, die der Zuwendungsempfänger im Hinblick auf die Zuwendung an den Zuwendenden erbracht hat. 122

Wertsteigerungen, die der zugewandte Gegenstand nach der Zuwendung erfahren hat, verbleiben daher ebenso wie der zugewandte Gegenstand selbst grundsätzlich dem Zuwendungsempfänger (BGH 7.9.2005 – XII ZR 316/02, NJW-RR 2006, 664 zu Rückgewähransprüchen der Schwiegermutter bei Ehegatten und den in die Gesamtabwägung einzubeziehenden Kriterien). 123

4. Fazit

124   Bei Scheitern einer nichtehelichen Lebensgemeinschaft kommen Ausgleichsansprüche nach Gesellschaftsrecht, nach Bereicherungsrecht (§ 812 Abs. 1 S. 2 Alt. 2 BGB) oder nach den Grundsätzen über den Wegfall der Geschäftsgrundlage in Betracht. Wenngleich durch die Aufgabe der früheren Rechtsprechung des Bundesgerichtshofs in den Entscheidungen vom 9.7.2008 dem Grunde nach neue bzw bereits früher diskutierte, jedoch vormals abgelehnte Ausgleichsmechanismen für gescheiterte nichteheliche Lebensgemeinschaften zugelassen werden, wird sich für den einen Ausgleich verlangenden Lebenspartner nur **bedingt eine Besserstellung** ergeben.

125   Letztendlich erfolgt durch die beiden Entscheidungen eine dem gesellschaftlichen Wandel angepasste **Gleichstellung** der Vermögensauseinandersetzung von Partnern einer nichtehelichen Lebensgemeinschaft **zu Ehegatten im Güterstand der Gütertrennung**.

126   Der Bundesgerichtshof beabsichtigt aber offenbar, seine Rechtsprechung auch auf **andere Formen des gemeinschaftlichen Lebens und Wirtschaftens** auszuweiten, für die insbesondere ein sexueller Bezug nicht erforderlich ist. Hierzu sollen bspw verwitwete Geschwister, Verwandte und sogar Freunde zählen (BGH 9.7.2008, XII ZR 179/05, FamRZ 2008, 1822, 1826).

Die Zukunft wird zeigen, inwieweit die neue Rechtsprechung einen Ausgleich schaffen kann und soll bspw zwischen einem unverheirateten Kind im fortgeschrittenen Alter, das im Haushalt seines verwitweten Elternteiles lebt, Geldzuwendungen wegen einer zu erwartenden Pflege erhält und dann doch noch einen Partner findet und auszieht (zu denkbaren Ausgleichsansprüchen in verschiedenen Konstellationen gemeinschaftlichen Zusammenlebens s. Grziwotz FPR 2010, 369 ff).

Die neue Rechtsprechung führt auch dazu, dass es durchaus überlegenswert sein kann, ob statt der Finanzierung des täglichen Einkaufs oder der Urlaubsreise nicht die Mitfinanzierung einer Immobilie im Hinblick auf einen späteren Ausgleich vorteilhafter sein kann (Grziwotz aaO).

V.   Auseinandersetzung gemeinsamen Vermögens

127   Die Art und Weise der Auseinandersetzung gemeinsamen Vermögens ist abhängig von der Frage, worin es überhaupt besteht. Betroffen ist in der Regel entweder **Miteigentum an Gegenständen oder Immobilien/ Grundstücken** oder aber **gemeinschaftliches Geldvermögen** auf Konten oder Depots, wobei Letzteres sowohl aus Guthaben als auch aus Verbindlichkeiten, also **negativem Vermögen**, bestehen kann.

1.   Immobilien und Grundstücke

128   Sind die Lebensgefährten **Miteigentümer** einer Immobilie oder eines Grundstückes, so erfolgt die Auseinandersetzung in den Fällen, in denen keine einvernehmliche Auseinandersetzung möglich ist, im Wege der **Teilungsversteigerung** (§§ 180 ff ZVG).

Im Rahmen der nach einer Teilungsversteigerung vorzunehmenden **Erlösverteilung** besteht gemäß § 430 BGB die gesetzliche Vermutung der hälftigen Teilhabe. Werden von einem Partner (oder beiden Partnern) über den Hälfteanteil hinaus Ansprüche am Erlös geltend gemacht, obliegt ihm bzw ihnen jeweils die Beweislast. Als Ansprüche kommen in diesem Zusammenhang insbesondere die unter Rn 22 ff behandelten **Rückgewähransprüche** in Betracht.

129   Hiervon zu unterscheiden ist die Frage der Sachbehandlung und Abwicklung der **gemeinsamen Nutzung einer Wohnung** bzw Immobilie. Die §§ 1361 b und 1568 a BGB (früher HausrVO) finden **keine analoge Anwendung** (vgl OLG Hamm 11.4.2005 – 4 WF 86/05, FamRZ 2005, 2085).

130   **a) Nutzungsrechte bei gemeinsamem Eigentum.** Vor Auseinandersetzung des Miteigentums steht keinem Eigentümer ein bevorrechtigtes Nutzungsrecht zu. Der gemäß § 866 BGB bestehende **Mitbesitz** schützt beide Partner in gleicher Weise.

Etwas anderes kommt nur **in Fällen häuslicher Gewalt** und der daraus resultierenden Anwendbarkeit des   131
Gewaltschutzgesetzes in Betracht. Gemäß § 2 Abs. 1 GewSchG ist das Opfer einer häuslichen Gewalt be-
rechtigt, vom Täter die **Alleinnutzung der gemeinsam bewohnten Wohnung** zu verlangen. Allerdings
führt bestehendes Miteigentum auch im Rahmen der Anwendung des Gewaltschutzgesetzes dazu, dass die
Wohnungszuweisung nicht endgültig, sondern **zeitlich befristet** zu erfolgen hat (vgl Haußleiter/Schulz,
Vermögensauseinandersetzung bei Trennung und Scheidung, 5. Aufl., Kap. 11 Rn 26).

Das Gewaltschutzgesetz findet bei Vorliegen häuslicher Gewalt unabhängig davon Anwendung, ob beide   132
Partner Eigentümer/Mieter sind oder nur einer von beiden (zu den Details der Anwendung des Gewaltschutzgesetzes s. → *Gewaltschutz* Rn 15 ff).

b) Nutzungsrechte bei Alleineigentum. Ist nur einer der Lebensgefährten Eigentümer der gemeinsam ge-   133
nutzten Wohnung, erübrigt sich die Frage nach einer Vermögensauseinandersetzung.

Infrage steht lediglich, welche Rechte der Nichteigentümer nach Scheitern der Lebensgemeinschaft hat, vor   134
allem natürlich die Frage, ob dem Eigentümer das Recht zusteht, den anderen „von heute auf morgen vor
die Tür zu setzen".

Haben die Lebensgefährten einen förmlichen **Mietvertrag** abgeschlossen, so gelten die darin fixierten Ver-   135
einbarungen, insbesondere darin vereinbarte Kündigungsfristen. Ein solcher Vertragsschluss liegt aber
nicht schon konkludent in dem Umstand, dass zwei Partner sich zu einer nichtehelichen Lebensgemeinschaft zusammenschließen und der eine Partner künftig das Hausanwesen des anderen mitbewohnt. Regeln
sie ihre Beziehung nicht erkennbar besonders, handelt es sich bei der gemeinsamen Nutzung um einen **rein
tatsächlichen Vorgang**, der **keine rechtliche Bindung** begründet (BGH 30.4.2008 – XII ZR 110/06, NJW
2008, 2333, 2335).

Fehlt es an einem förmlichen Mietvertrag zwischen den Lebensgefährten, so kann der Eigentümer dem   136
Nichteigentümer die Nutzung gleichwohl nicht ohne Weiteres versagen bzw die Möglichkeit der Nutzung
vereiteln (zB durch Austauschen der Schlösser). Speziell dann, wenn – was in aller Regel der Fall ist – dem
Partner ein **eigener Wohnungsschlüssel** zur Verfügung gestellt wird, entsteht **Mitbesitz im Sinne des
§ 866 BGB**.

Die Mitbenutzung der gemeinsamen, aber im Alleineigentum eines Partners stehenden Wohnung beruht   137
auf einer **tatsächlichen Gestattung**. Die **Befugnis zur Mitbenutzung endet**, wenn die tatsächliche Gestattung nicht mehr besteht, etwa weil der Eigentümer der Wohnung die Herausgabe des Mitbesitzes verlangt
(vgl BGH 30.4.2008, XII ZR 110/06, NJW 2008, 2333, 2334). Damit entfällt auch ein **Besitzrecht im Sinne des § 986 BGB**.

Endet die Befugnis zur Mitbenutzung, ist der Eigentümer berechtigt, ab diesem Zeitpunkt eine **Nutzungs-**   138
entschädigung zu verlangen.

Weigert sich der Nichteigentümer, die Wohnung zu verlassen, benötigt der Eigentümer für eine zwangs-   139
weise Räumung einen **Räumungstitel**. Für den Nichteigentümer besteht unter Umständen jedoch die Möglichkeit, die Einräumung einer **Räumungsfrist** nach § 721 Abs. 1 ZPO zu beantragen.

Achtung: Wird der Nichteigentümer eigenmächtig vom Eigentümer aus der Wohnung ausgesperrt, kann   140
dieser im Wege der einstweiligen Verfügung **Wiedereinräumung seines (Mit-)Besitzes gemäß § 861
BGB** verlangen (AG Kiel 13.8.1999 – 108 C 59/99, NJW-RR 2001, 154; Gerhardt/von Heintschel-
Heinegg/Klein/Weinreich, 7. Aufl., Kap. 11 Rn 93).

c) Nutzungsrechte und Pflichten bei gemeinsamer Miete. Ein gemeinsam von beiden Lebensgefährten   141
abgeschlossener Mietvertrag kann nur von beiden **gemeinsam gekündigt** werden. Gegenüber dem Vermieter besteht insbesondere kein Anspruch des ausgezogenen Partners, aus dem **Mietverhältnis entlassen** zu
werden. Der Mietvertrag kann weder einseitig gekündigt noch kann ein wirksamer **Aufhebungsvertrag**
mit dem Vermieter geschlossen werden, ohne dass der andere Partner mitwirkt (Gerhardt/von Heintschel-
Heinegg/Klein/Weinreich, 7. Aufl., Kap. 11 Rn 94).

Gurk

142 Zieht einer der Partner aus, haftet er im **Außenverhältnis** weiterhin als Gesamtschuldner auf Zahlung der vollen Miete (§§ 421, 427 BGB). Für das **Innenverhältnis** besteht jedoch die Gestaltungsmöglichkeit nach § 426 Abs. 1 BGB, was wiederrum voraussetzt, dass sich beide über die anderweitige Ausgestaltung – zumindest konkludent – einigen.

143 Gelingt dieses, resultiert daraus ein **Freistellungs- oder Befreiungsanspruch** des ausgezogenen Partners (Haußleiter/Schulz Kap. 9 Rn 39). Ein solcher kann auch bereits dann in Betracht kommen, wenn einer der Partner aus der gemeinsam gemieteten Wohnung auszieht und der andere zu erkennen gibt, dass er beabsichtigt, die Wohnung weiterhin allein zu nutzen (vgl OLG Köln 25.6.2003 – 19 U 203/02, FamRZ 2003, 1664).

Gleiches gilt für den Fall, dass es **vor Einzug** in eine gemeinsam angemietete Wohnung zur **Trennung** der nichtehelichen Lebensgemeinschaft kommt, einer der Partner gleichwohl in die Wohnung einzieht (LG Koblenz 15.6.2000 – 14 S 263/99, FamRZ 2001, 95).

144 Gelingt eine Einigung nicht und weigert sich einer der Partner, gegenüber dem Vermieter eine gemeinsame Kündigung auszusprechen, finden die Vorschriften des **Gesellschaftsrechts** Anwendung: Nach Scheitern einer nichtehelichen Lebensgemeinschaft können die vormaligen Lebensgefährten regelmäßig wechselseitig die Mitwirkung bei der Kündigung des Mietverhältnisses hinsichtlich der bisher gemeinsam bewohnten Wohnung verlangen (OLG Düsseldorf 2.5.2007 – 10 W 29/07, FamRZ 2007, 154). Gestützt wird der Anspruch auf die Bestimmungen über die **Auflösung der Gesellschaft** (§§ 705, 723 Abs. 1 S. 1 BGB) oder der **Gemeinschaft** (§§ 741, 749, 242 BGB) (OLG Hamburg 18.5.2001 – 8 U 177/00, NJW-RR 2001, 1012 bei Ehegatten; AG Bad Homburg 24.3.1992 – 2 C 2499/91, NJW-RR 1992, 1035; Schulz FamRZ 2007, 593, 600). Dieses gilt auch für den Partner, der in der Wohnung dauerhaft zu bleiben beabsichtigt (vgl OLG Düsseldorf 2.5.2007 – 10 W 29/07, FamRZ 2007, 154).

145 Der sich weigernde Partner ist im Streitfall also auf **Abgabe der Kündigungserklärung** zu verklagen. Mit Rechtskraft der Entscheidung gilt die Erklärung gemäß § 894 ZPO als abgegeben.

146 Da die Kündigungsfristen des § 573 c BGB im **Innenverhältnis** zwischen den Partnern einer nichtehelichen Lebensgemeinschaft nicht gelten, muss die Kündigungsfrist nach **§ 242 BGB aber angemessen sein** (Haußleiter/Schulz Kap. 9 Rn 41; AG Bad Homburg 24.3.1992 – 2 C 2499/91, NJW-RR 1992, 1035 für eine unangemessen lange Kündigungsfrist).

147 Ziehen beide aus der gemeinsamen Wohnung aus, haften beide **gesamtschuldnerisch** für die Miete **bis zum Ablauf der Kündigungsfrist** (vgl aber Haußleiter/Schulz Kap. 9 Rn 42; OLG Köln 20.12.2005 – 4 U 17/05, FamRZ 2006, 1123 zur Alleinverdiener-Ehe und Fortsetzung der Aufgabenteilung nach der Scheidung).

148 **d) Nutzungsrechte und Pflichten bei Alleinmiete.** Ist nur einer der Lebensgefährten Mieter einer Wohnung bzw Immobilie, kann hinsichtlich der Rechte und Pflichten der Partner nach Scheitern der nichtehelichen Lebensgemeinschaft auf die Ausführungen bei Alleineigentum eines der Partner (s. Rn 133 ff) verwiesen werden. Rechte und Pflichten gleichen sich. Auch das Gewaltschutzgesetz greift bei Vorliegen häuslicher Gewalt (s. Rn 131).

149 Bevor es jedoch zur Begründung von Mitbesitz kommt, tritt häufig die Frage auf, ob der Vermieter berechtigt ist, seinem Mieter die **Aufnahme seines Lebensgefährten in die Wohnung zu untersagen**. Das Gesetz sieht in § 540 Abs. 1 S. 1 BGB und § 553 Abs. 1 BGB (als Sondervorschrift für die Wohnungsmiete) für Dritte eine **Erlaubnispflicht** für den Mieter vor, wobei der **Lebensgefährte Dritter** im Sinne dieser Normen ist, und zwar unabhängig von Bestehen oder Art sexueller Beziehungen (Palandt/Weidenkaff § 540 BGB Rn 5, § 553 BGB Rn 4).

Vor dem Hintergrund der mittlerweile gewandelten sozialen Anschauungen über hetero- oder homosexuelle Lebensgemeinschaften und der darauf beruhenden Wertentscheidungen des Mietrechtsreformgesetzes ist der – nicht näher zu begründende, weil auf höchstpersönlichen Motiven beruhende – Wunsch des Mieters,

Gurk

eine solche Gemeinschaft zu bilden oder fortzusetzen, in aller Regel für die **Darlegung eines berechtigten Interesses** an der Aufnahme des Dritten in die Wohnung ausreichend.

Stützt der Mieter gegenüber dem Vermieter sein Anliegen auf eine derartige Absicht, hat er einen **klagbaren Rechtsanspruch auf Erteilung der Erlaubnis**, die der Vermieter nur dann versagen kann, wenn in der Person des Dritten ein wichtiger Grund vorliegt, der Wohnraum übermäßig belegt würde oder dem Vermieter die Überlassung aus sonstigen Gründen nicht zugemutet werden kann (BGH 5.11. 2003 – VIII ZR 371/02, NJW 2004, 56, 58). 150

2. Kraftfahrzeuge

Besteht Miteigentum an einem Kfz und gelingt es den Partnern nicht, über dessen Schicksal und Verbleib eine Einigung zu erzielen, sieht das Gesetz für die Auseinandersetzung die **öffentliche Versteigerung** nach §§ 753 Abs. 1, 1235 Abs. 1, 383 Abs. 3 BGB vor. Es liegt dabei auf der Hand, dass – zumindest in wirtschaftlicher Hinsicht – dieser Weg der Auseinandersetzung dringend vermieden werden sollte. Allein die Kosten einer vom Gerichtsvollzieher zu bewirkenden öffentlichen Versteigerung, die vom Erlös in Abzug zu bringen und somit von den Miteigentümern gemeinsam zu tragen sind, zehrt vielfach einen Großteil des Erlöses auf. 151

Es sollte daher – ggf nach erfolgter Wertermittlung – einer der Partner das Fahrzeug **gegen Zahlung eines vereinbarten Wertanteiles übernehmen** oder aber das Fahrzeug **freihändig verkauft** und der Erlös hälftig bzw vereinbarungsgemäß geteilt werden. Ist es gleichwohl nicht möglich, die öffentliche Versteigerung zu vermeiden, ist der ggf verbleibende **Erlös hälftig zu teilen**, und zwar unabhängig davon, ob bspw nur einer der Partner finanziell für das Fahrzeug aufgekommen ist (vgl Haußleiter/Schulz Kap. 9 Rn 58).

Es greift erneut (s. Rn 40) das **grundsätzliche Abrechnungs- und Verrechnungsverbot** von im Rahmen der Haushalts- und Lebensführung erbrachten Leistungen der Partner nach deren Trennung. 152

In der Praxis zumeist fraglich bzw oftmals schwierig zu beantworten ist die im Vorfeld zu klärende Frage, ob **Miteigentum oder Alleineigentum** eines der Partner am Kfz besteht. 153

Alleineigentum eines Partners besteht dann, wenn er das Fahrzeug bereits **vor der Begründung der Lebensgemeinschaft** hatte und in die Beziehung eingebracht hat. Scheitert die Beziehung, ist allein er berechtigt, das Kfz zu behalten. Ein Ersatzanspruch des anderen Partners für Aufwendungen auf das Fahrzeug während bestehender Gemeinschaft besteht nicht (s. → *Abrechnungsverbot* Rn 40). 154

Bei einem Erwerb des Fahrzeuges **während bestehender Lebensgemeinschaft** hat derjenige Partner einen Herausgabeanspruch, der sein Alleineigentum nachweisen kann. Derjenige Partner, der sich auf sein Alleineigentum beruft, hat zu beweisen, dass im Zeitpunkt des Erwerbes die Voraussetzungen des § 929 BGB vorlagen.

Nachdem es in der Praxis in der Regel an ausdrücklichen Erklärungen der Beteiligten hierzu mangelt, hat die Beantwortung der Frage, ob Alleineigentum eines der Partner gegeben ist, oftmals anhand einer **Sammlung und Abwägung von Indizien** zu erfolgen.

Die **alleinige Unterschrift eines der Partner auf dem Kaufvertrag** reicht für den Nachweis des Alleineigentums jedenfalls nicht aus. Zur Rechtslage zwischen Ehegatten hat der Bundesgerichtshof in diesem Zusammenhang entschieden, dass bei der Anschaffung größerer Haushaltsgegenstände der Kaufvertrag – oftmals wegen besonderer Kenntnisse oder Erfahrungen eines Ehepartners auf einem bestimmten Gebiet – vielfach nur von einem der Ehegatten abgeschlossen wird, ohne dass das Interesse auch des anderen Ehepartners am Erwerb des Einrichtungsgegenstands zweifelhaft sein kann (vgl BGH 23.3.2004 – XI ZR 114/03, FamRZ 2004, 1017 bei kreditfinanzierter Anschaffung eines PKW von Ehegatten). Treten bspw beide Partner gegenüber dem Verkäufer als Käufer auf, erwerben sie **hälftiges Miteigentum** (vgl OLG Hamm 7.6.2002 – 29 U 1/02, FamRZ 2003, 530). Im Übrigen wäre in derartigen Fällen immer derjenige Partner benachteiligt, der im Rahmen der Gestaltung der Lebensgemeinschaft andere, jedoch gleichwertige Leistungen wie bspw die Betreuung der gemeinsamen Kinder übernommen hat. 155

156 Diese Grundsätze gelten auch für nichteheliche Lebensgemeinschaften, was es erforderlich macht, auf der Basis des zugrunde liegenden Sachverhaltes eine Auslegung und Abwägung vorzunehmen.

157 Ausgangspunkt für die Abwägung der Indizien sollte die Frage sein, ob die **Beziehung im Zeitpunkt des Erwerbs** des Fahrzeugs stabil war, oder sich bereits in der Schieflage, sich ggf sogar schon in Auflösung befand.

Im Anschluss daran helfen oftmals folgende **Fragestellungen**:

   – Wer hat den Kaufvertrag unterschrieben?
   – Wer steht im Fahrzeugbrief als Eigentümer?
   – Wer steht im Fahrzeugschein als Halter?
   – Wer hat das Fahrzeug bezahlt?
   – Wer hat die Kfz-Steuer/die Kfz-Versicherung gezahlt?
   – Wer hat die Reparaturen gezahlt?
   – Wer hat das Fahrzeug ausgesucht?
   – Wer hat das Fahrzeug regelmäßig gefahren?
   – Sind beide Partner im Besitz einer Fahrerlaubnis?

158 **Beweisbelastet** für das Bestehen von Alleineigentum ist derjenige Partner, der sich auf ein solches beruft. Gelingt dem beweisbelasteten Partner der Nachweis des Alleineigentums nicht oder können sich beide Partner auf Mit- bzw Alleineigentum begründende Indizien berufen, greift die **Miteigentumsvermutung des § 1006 Abs. 1 S. 1 BGB**.

159 Gelingt der Nachweis des Alleineigentums, steht dem Eigentümer ein **Herausgabeanspruch** auf der Basis des § 985 BGB zu. Nutzt der andere Partner das Fahrzeug weiter, steht dem Eigentümer daneben ab dem Zeitpunkt, ab dem die Herausgabe verlangt wurde, ein **Nutzungsersatzanspruch** zu.

160 In den Fällen, in denen ein Partner ein Fahrzeug zu Alleineigentum erworben hat, der andere zu dessen Finanzierung jedoch einen Kredit aufgenommen hat, kann dieser für die Zeit nach der Trennung **Erstattung der Kreditraten auf Basis eines Auftragsverhältnisses** verlangen (Aufwendungsersatzanspruch, § 670 BGB). Ein solcher besteht jedoch nicht, wenn der das Alleineigentum des anderen finanzierende Partner das Kfz ebenfalls genutzt hat (vgl OLG Oldenburg 26.2.1986 – 3 U 229/85, FamRZ 1986, 465). In diesem Fall wurde nämlich nicht ausschließlich ein Geschäft des anderen besorgt.

161 Diese Entscheidung verwundert zumindest auf den ersten Blick, führt sie doch dazu, dass der Nichteigentümer die Kreditraten trotz zwischenzeitlicher Trennung ohne Erstattungsanspruch weiter zu leisten hat. Nach der Rechtsprechung des Bundesgerichtshofs macht es jedoch keinen Unterschied, ob das Fahrzeug des anderen aus Guthaben oder aus Kredit finanziert wurde. Vielmehr bestand zum Zeitpunkt der Anschaffung die Lebensgemeinschaft noch und der Kredit wurde zu deren Ausgestaltung aufgenommen, was einem Erstattungsanspruch entgegensteht.

162 Für die Zeit vor der Trennung scheitern jegliche Erstattungsansprüche am **allgemeinen Abrechnungs- und Aufrechnungsverbot** (s. Rn 40).

3. Haushaltsgegenstände

163 Bei Haushaltsgegenständen hat zunächst die **Zuordnung des Eigentums** zu erfolgen. Steht ein Haushaltsgegenstand im Alleineigentum eines Lebensgefährten, steht diesem der Herausgabeanspruch des § 985 BGB zu. Beweisbelastet für das Bestehen von Alleineigentum ist derjenige, der ein solches geltend macht und behauptet. Die **Bezahlung der Anschaffungsrechnung** entscheidet auch bei den Haushaltsgegenständen nicht über die Frage des Eigentums (s. → Haushaltssachen Rn 17).

164 Bei **Gegenständen von geringerem Wert** ist aber davon auszugehen, dass diese in aller Regel für die Gemeinschaft angeschafft werden. Die Zahlung erfolgt dann durch denjenigen, der sie gerade anschafft, ohne

dass Alleineigentum begründet werden soll bzw wird (Gerhardt/von Heintschel-Heinegg/Klein/Weinreich, 7. Aufl., Kap. 11 Rn 117).

Bei bestehendem **Miteigentum** oder Scheitern des Nachweises von Alleineigentum hat die Auseinander-   165
setzung in Natur zu erfolgen. Ist eine solche nicht möglich, greift das Gemeinschaftsrecht (**Teilung durch Pfandverkauf, § 753 Abs. 1 BGB mit hälftiger Erlösverteilung**).

Haushaltsgegenstände, die einer der Partner mit in die Beziehung gebracht hat, bleiben dessen Alleineigen-   166
tum. § 1568 b BGB gilt weder unmittelbar, noch ist die Vorschrift analog anwendbar.

4. Guthaben auf Bankkonten

a) Gemeinschaftskonten. Grundsätzlich ist bei der Frage der Auseinandersetzung von Kontoguthaben zu-   167
erst die **Kontoinhaberschaft** zu klären.

Bankkonten können als **Einzelkonto** eines Lebensgefährten geführt sein. **Gemeinsame Konten** können als   168
sog. „**Und-Konten**" oder als „**Oder-Konten**" bestehen.

Letztgenannte unterscheiden sich dadurch, dass bei einem „Oder-Konto" jeder Kontoinhaber allein verfügungsberechtigt ist, während bei einem „Und-Konto" nur beide Kontoinhaber gemeinsam verfügen können. In der Praxis kommen „Und-Konten" eher selten vor, da ihre Handhabung zumeist umständlich ist.
Gleichwohl bietet das „Und-Konto" ein absolutes Maß an Sicherheit gegen unberechtigte Verfügungen eines der Kontoinhaber.

Guthaben auf **gemeinschaftlichen Konten** stehen gemäß § 430 BGB beiden Kontoinhabern **zu gleichen**   169
Anteilen zu, unabhängig davon, ob sie miteinander verheiratet sind oder nicht. Es ist auch unerheblich, woher das Geld stammt, ob es also bspw nur von einem der Kontoinhaber auf das Konto eingezahlt oder überwiesen wurde (BGH 29.11.1989 – IV b ZR 4/89, NJW 1990, 705 für Ehegatten). Im Falle der Trennung ist
das Kontoguthaben folglich hälftig zu teilen.

Während bestehender Lebensgemeinschaft kommt ein Ausgleich von Abhebungen eines Partners, die   170
über den Hälftebetrag hinausgehen, regelmäßig nicht in Betracht. Im Rahmen einer intakten Beziehung ist
von einem – zumindest konkludenten – Verzicht auf Ausgleichsansprüche auszugehen (Haußleiter/Schulz
Kap. 5 Rn 393 für Ehegatten).

Etwas anderes kann nur dann gelten, wenn das Geld nicht für Gemeinschaftszwecke verwendet wurde   171
(Schulz FPR 2010, 373, 378) oder über Beträge verfügt wurde, die über eine ordentliche Wirtschaftsfüh-
rung hinausgehen (Haußleiter/Schulz Kap. 9 Rn 64). **Beweisbelastet** für die nicht gemeinschaftsbezogene
Verwendung ist der den Ausgleich begehrende Partner.

Wurde **nach erfolgter Trennung** von einem Partner über mehr als den Hälftebetrag verfügt, ist der **Diffe-**   172
renzbetrag zu erstatten. Gleiches gilt auch im Falle des **Versterbens** eines Kontoinhabers (Gerhardt/von
Heintschel-Heinegg/Klein/Weinreich, 7. Aufl., Kap. 11 Rn 196).

b) Einzelkonten. Vom Gemeinschaftskonto grundlegend zu unterscheiden ist die alleinige Kontoinhaber-   173
schaft eines der Partner (bei der dem anderen vielfach Kontovollmacht eingeräumt wird). Berechtigt am
Kontoguthaben ist allein der Kontoinhaber. Kommt es zur Trennung, so erlischt im **Innenverhältnis** zwischen den ehemaligen Partnern die dem anderen erteilte **Kontovollmacht**.

Im **Außenverhältnis** bleibt eine solche allerdings solange bestehen, bis sie nach Maßgabe des § 170 BGB   174
widerrufen wurde. Es ist daher dringend ratsam, im Falle der Trennung die dem anderen erteilten Vollmachten unverzüglich bei den beteiligten Banken zu widerrufen.

Verfügt der ehemals Bevollmächtigte nach der Trennung gleichwohl über das Einzelkonto des anderen,   175
werden dadurch zwar **Schadenersatzansprüche** gemäß § 823 Abs. 2 BGB iVm § 266 Abs. 1 StGB begründet. Der Kontoinhaber kann daneben auch die **Herausgabe des Geldes** gemäß § 687 Abs. 2 BGB verlan-

Gurk

gen. Die Ansprüche können jedoch ins Leere gehen, sollte das Geld bereits ausgegeben und anderweitiges Vermögen nicht vorhanden sein.

176 Auch bei Einzelkonten gilt, dass dem Kontoinhaber unabhängig von der Herkunft der Gelder das Guthaben grundsätzlich allein zusteht. In seinem Urteil vom 11.9.2002 führt der Bundesgerichtshof (XII ZR 9/01, FamRZ 2002, 1696, 1697) jedoch im Falle von Einzahlungen von Ehegatten auf ein alleiniges Sparkonto eines der Ehegatten aus:

„Die Ehegatten können aber – auch stillschweigend – eine Bruchteilsberechtigung des Ehegatten, der nicht Kontoinhaber ist, an der Kontoforderung vereinbaren. Unter welchen Voraussetzungen eine solche konkludente Vereinbarung anzunehmen ist, hängt von den Umständen des Einzelfalls ab. Leisten etwa beide Ehegatten Einzahlungen auf ein Sparkonto und besteht Einvernehmen, daß die Ersparnisse beiden zugute kommen sollen, so steht ihnen die Forderung gegen die Bank im Innenverhältnis im Zweifel zu gleichen Anteilen gemäß den §§ 741 ff BGB zu …".

177 Auch wenn die vorgenannte Entscheidung das Innenverhältnis zwischen Ehegatten betrifft, ist kein Grund ersichtlich, warum die Grundsätze nicht auch auf die nichteheliche Lebensgemeinschaft anwendbar sein sollten. Es ist in der Praxis also im jedem Fall ratsam, auch bei Einzelkonten zu prüfen, ob nicht ein Anspruch auf **Teilhabe am Kontoguthaben** des Nicht-Kontoinhabers nach den Grundsätzen der Bruchteilsgemeinschaft in Betracht kommt.

5. Schulden

178 Wie bei der Frage der Aufteilung von Kontoguthaben ist auch bei der Frage der Haftung für Verbindlichkeiten zunächst zu prüfen, ob die Partner der nichtehelichen Lebensgemeinschaft gesamtschuldnerisch haften oder nur einer der Partner allein die Haftung übernommen hat. In beiden Fällen können sich jedoch für das Innenverhältnis der Partner Abweichungen von der rein formalen Haftung im Außenverhältnis ergeben:

179 **a) Gesamtschulden.** Haben Partner einer nichtehelichen Lebensgemeinschaft gemeinsam ein Darlehen aufgenommen, haften sie im **Außenverhältnis** gemäß § 426 Abs. 1 S. 1 BGB zu gleichen Teilen, soweit nicht ein anderes bestimmt ist.

180 Während bestehender Lebensgemeinschaft gilt ein **umfassendes Verrechnungs- und Abrechnungsverbot** (s. Rn 40), weshalb keine Ausgleichsansprüche desjenigen bestehen, der die Verbindlichkeiten tatsächlich bedient hat. Es gilt vielmehr der Grundsatz, dass im Rahmen einer bestehenden Lebensgemeinschaft derjenige von den Partnern Zahlungen oder Leistungen erbringt, der dazu besser in der Lage ist (BGH 3.2.2010 – XII ZR 53/08, FamRZ 2010, 542, 543), es sei denn, die Partner haben tatsächlich eine andere Regelung unter sich getroffen.

181 Spätestens und ausdrücklich seit der Entscheidung des Familiensenates des Bundesgerichtshofs vom 3.2.2010 (FamRZ 2010, 524) steht fest, dass Ausgleichsansprüche eines Partners nicht nur für erbrachte Leistungen während der Zeit des Zusammenlebens ausscheiden, sondern auch für solche Leistungen, die **nach der Trennung** von einem der Partner auf gemeinsame Verbindlichkeiten erbracht wurden, aufgrund der Art und Weise der Gestaltung des täglichen Zusammenlebens während bestehender Lebensgemeinschaft aber eben von diesem Partner auch zu erbringen gewesen wären (vgl BGH FamRZ 2010, 542, 543; die Entscheidung betrifft Mietzahlungen des allein verdienenden Lebensgefährten bei gemeinsamem Mietvertrag).

In folgenden weiteren Fällen kommt im Innenverhältnis eine **alleinige Haftung eines der Partner für Gesamtschulden** in Betracht:

a) Ein Partner übernimmt nach der Trennung einen gesamtschuldnerisch finanzierten Gegenstand zu Alleineigentum bzw nutzt diesen allein.

b) Mit einem gemeinschaftlichen Kredit wurden Verbindlichkeiten eines der Partner getilgt bzw die Verbindlichkeiten ausschließlich in dessen Interesse aufgenommen.

c) Auszug eines Partners aus der gemeinsam angemieteten Wohnung im Einverständnis des anderen bei dessen Verbleib in der Wohnung.

Zieht im letztgenannten Fall der Lebensgefährte **ohne Einverständnis des anderen** aus der gemeinsam an- 182 gemieteten Wohnung aus, so haftet er bis zum Ablauf der gesetzlichen Kündigungsfrist hälftig für die Miete weiter (so Haußleiter/Schulz Kap. 9 Rn 75).

Losgelöst von der vorstehend dargestellten Rechtslage bleibt stets zu prüfen, inwieweit – gerade nach Be- 183 endigung einer nichtehelichen Lebensgemeinschaft mit einem Alleinverdiener – die Rechtsprechung des Bundesgerichtshofs zur **Sittenwidrigkeit von Bürgschaft/Mithaftung** Anwendung finden kann (vgl bspw BGH 25.4.2006 – XI ZR 330/05, FamRZ 2006, 1024).

b) Alleinschulden. Für allein auf den eigenen Namen begründete Verbindlichkeiten haftet jeder Partner 184 grundsätzlich selbst und ausschließlich. Etwas anderes gilt ausnahmsweise dann, wenn die Verbindlichkeiten ausschließlich zu dem Zweck aufgenommen wurden, bereits **bestehende Verbindlichkeiten des anderen** zu tilgen. Zumindest für die **Zeit nach der Trennung** (vorher gilt das Verrechnungsverbot) kommt in diesen Fällen ein Aufwendungsersatzanspruch bzw Freistellungsanspruch des Kreditnehmers gegen seinen Ex-Lebensgefährten in Betracht (s. Rn 63).

VI. Ausgleichsansprüche bei Tod eines Partners

In gleicher und vor allem konsequenter Weise setzt der Bundesgerichtshof mit seiner Entscheidung vom 185 25.11.2009 (XII ZR 92/06, FamRZ 2010, 277) seine Rechtsprechung zu Ausgleichsansprüchen bei Scheitern der Lebensgemeinschaft auch für den Fall der Beendigung der Lebensgemeinschaft durch Tod eines Partners fort. Die Weichen hierfür hatte der Bundesgerichtshof bereits mit seiner Entscheidung vom 31.10.2007 (XII ZR 261/04, FamRZ 2008, 247) gestellt.

1. Problemstellung

Die Frage, ob und inwieweit Ausgleichsansprüche gegen einen Partner einer nichtehelichen Lebensgemein- 186 schaft bestehen, ist nicht nur dann relevant, wenn die Beziehung durch bewusste und selbstbestimmte Entscheidung beendet wird, sondern auch dann, wenn die Beendigung durch den Tod eines Partners erfolgt. Denkbar ist in diesen Fallkonstellationen die Geltendmachung von **Ausgleichsansprüchen durch die Erben des Verstorbenen** für dessen lebzeitig erbrachte Zuwendungen an den überlebenden Partner. In gleicher Weise denkbar sind **Ausgleichsansprüche des überlebenden Partners** für von ihm erbrachte Zuwendungen gegen die Erben des Verstorbenen, also des Zuwendungsempfängers.

2. Rechtsprechung des Bundesgerichtshofs bis zum 31.10.2007

Nach der (früheren) Rechtsprechung des Bundesgerichtshofs zu Ausgleichsansprüchen bei Beendigung ei- 187 ner Lebensgemeinschaft durch Trennung scheiterten solche am Grundsatz des umfassenden Abrechnungs- und Aufrechnungsverbotes. Ob die nichteheliche Lebensgemeinschaft durch Trennung oder durch Tod beendet wurde, war in rechtlicher Hinsicht nicht relevant.

Soweit nach Beendigung der Lebensgemeinschaft noch ein Ausgleich erfolgte, dann allein aus **Solidarität,** 188 nicht in Erfüllung einer Rechtspflicht. Der nichtehelichen Lebensgemeinschaft war nach der Rechtsprechung des zunächst noch zuständigen 2. Zivilsenates des Bundesgerichtshofs die Vorstellung, für Leistungen im gemeinsamen Interesse könnten „Gegenleistungen", „Wertersatz", „Ausgleichung" oder „Entschädigung" verlangt werden, grundsätzlich fremd (vgl BGH 24.3.1980 – II ZR 191/79, NJW 1980, 1520, 1521). Etwas anderes sollte nur dann gelten, wenn die Partner diesbezüglich eine besondere Vereinbarung getroffen hatten.

Erst nachdem die Zuständigkeit des XII. (Familien-)Senates begründet wurde, trat eine Änderung der 189 Rechtsprechung ein. Auch ohne ausdrückliche anderweitige Vereinbarung kamen Ausgleichsansprüche ausnahmsweise in Betracht, und zwar nach gesellschaftsrechtlichen Grundsätzen. **Voraussetzung** war, dass durch gemeinschaftliche Leistung zwischen den Partnern – zumindest konkludent – eine Innengesellschaft begründet wurde, was in der Regel dann in Betracht kam, wenn ein Vermögenswert geschaffen wurde, der in dinglicher Hinsicht nur einem der Partner gehörte, beide Partner jedoch die Absicht verfolgt hatten, einen gemeinschaftlichen Vermögenswert zu schaffen, der von ihnen gemeinsam genutzt und ihnen nach ihrer Vorstellung gemeinsam gehören sollte. Aufgrund des fehlenden Rechtsbindungswillens zwischen Partnern einer nichtehelichen Lebensgemeinschaft erschien eine Bewertung nach gesellschaftsrechtlichen Gesichtspunkten erforderlich (vgl BGH 28.9.2005 – XII ZR 189/02, NJW 2006, 1268, 1270).

Sowohl Ansprüche aus Bereicherungsrecht, insbesondere wegen Zweckverfehlung, als auch Ansprüche wegen Wegfalls der Geschäftsgrundlage kamen grundsätzlich nicht in Betracht (zum Wandel der Rechtsprechung insgesamt s. Rn 22 ff).

3. Rechtsprechung des Bundesgerichtshofs nach dem 31.10.2007

190 **a) Tod des Zuwendenden.** So wie in den beiden Entscheidungen des Bundesgerichtshofs vom 9.7.2008, die die Frage des Bestehens von Ausgleichsansprüchen nach trennungsbedingter Beendigung der Lebensgemeinschaft zum Inhalt hatten, erkennt der Bundesgerichtshof in seiner Entscheidung vom 31.10.2007 auch bei der Beendigung einer nichtehelichen Lebensgemeinschaft durch Tod eines Partners erstmals an, dass den Erben Ausgleichsansprüche auch nach bereicherungsrechtlichen Grundsätzen bzw wegen Wegfalls der Geschäftsgrundlage zustehen können (BGH 31.10.2007 – XII ZR 261/04, NJW 2008, 443; von Proff FPR 2010, 382, 384).

191 Es bleibt zwar dabei, dass Ausgleichsansprüche grundsätzlich hinsichtlich solcher Leistungen ausscheiden, die das Zusammenleben in der gewollten Art erst ermöglicht haben, die also auf das gerichtet sind, was die **Gemeinschaft Tag für Tag benötigt** (BGH 3.2.2010 – XII ZR 53/08, NJW 2010, 868 = FPR 2010, 409).

192 In den Fällen jedoch, in denen Leistungen des verstorbenen Partners hierüber hinausgegangen sind, kommen **Ausgleichsansprüche für die Erben** unter verschiedenen Gesichtspunkten in Betracht, die der Bundesgerichtshof in seiner Entscheidung vom 25.11.2009 (XII ZR 92/06, FamRZ 2010, 277) im Einzelnen dargestellt hat.

193 Der Entscheidung lag der **Sachverhalt** zugrunde, dass der verstorbene Partner einer nichtehelichen Lebensgemeinschaft lebzeitig zunächst einen hälftigen Miteigentumsanteil, einige Zeit danach auch den weiteren hälftigen Miteigentumsanteil einer von beiden bewohnten Immobilie auf seine Lebensgefährtin übertragen hatte. Die Immobilie war bei der Anschaffung von ihm alleine bezahlt und teilweise finanziert worden. Die Darlehensraten wurden von ihm gezahlt. Für den Fall des Scheiterns der Beziehung hatte er sich einen Rückübertragungsanspruch vorbehalten sowie ein lebenslanges Wohnrecht eintragen lassen. Nach seinem Tod verlangten seine Erben Ausgleich der Zuwendungen von der Lebensgefährtin.

194 Der Bundesgerichtshof prüfte zunächst die Frage des Bestehens von Ausgleichsansprüchen nach § 426 Abs. 1 BGB, verneinte diese jedoch mit der Begründung, dass eine **Ausgleichspflicht nach Kopfteilen** den tatsächlichen Verhältnissen einer nichtehelichen Lebensgemeinschaft nicht gerecht wird. Das Gesamtschuldverhältnis wird durch die nichteheliche Lebensgemeinschaft überlagert, was als „andere Bestimmung" im Sinne des § 426 Abs. 1 S. 1 BGB gilt.

195 Im nächsten Schritt setzte der Bundesgerichtshof sich mit der Frage auseinander, ob dem verstorbenen Lebensgefährten ein Ausgleichsanspruch nach **gesellschaftsrechtlichen Grundsätzen** zugestanden haben könnte, der auf seine Erben übergegangen ist. Auch diese Frage wird verneint, nachdem derartige Ansprüche nur dann in Betracht kommen, wenn die Partner die Absicht verfolgt haben, mit dem Erwerb eines Vermögensgegenstands, etwa einer Immobilie, einen – wenn auch nur wirtschaftlich – gemeinschaftlichen Wert zu schaffen, der von ihnen für die Dauer der Partnerschaft nicht nur gemeinsam genutzt werden, sondern ihnen nach ihrer Vorstellung auch wirtschaftlich gemeinsam gehören sollte.

Gegen die Vorstellung der Schaffung eines gemeinsamen Vermögenswertes spricht sowohl das eingeräumte lebenslange Wohnrecht als auch der Rückübertragungsanspruch für den Fall des Scheiterns der Beziehung.

Geprüft wurden vom Bundesgerichthof darüber hinaus **bereicherungsrechtliche Ansprüche** wegen Zweckverfehlung (§ 812 Abs. 1 S. 2 Alt. 2 BGB). Durch das lebenslange Wohnrecht, welches der Erblasser sich im Rahmen der Überschreibung des Miteigentums hatte einräumen lassen, konnte der von ihm verfolgte Zweck, nämlich die Möglichkeit der Nutzung, zwar problemlos festgestellt werden. Dieser von ihm beabsichtigte Zweck wurde aber gerade erreicht, nachdem der Erblasser bis zu seinem Tod in der Immobilie wohnte. 196

Und aus eben diesem Grund kommen nach der Entscheidung des Bundesgerichtshofs auch keine Ausgleichsansprüche der Erben wegen **Wegfalls der Geschäftsgrundlage** in Betracht. In der Regel kommt einzig die Beziehung der Lebensgefährten als Geschäftsgrundlage in Betracht. Diese bestand aus Sicht des Zuwendenden jedoch bis zu seinem Tod, ist folglich also nicht gescheitert oder weggefallen. Für Ansprüche wegen Wegfalls der Geschäftsgrundlage bleibt daher nur dann Raum, wenn die Geschäftsgrundlage über die Beziehung hinaus geht bzw ging. 197

Im Ergebnis kommt es daher regelmäßig nicht zu einem Ausgleichsanspruch der Erben des Zuwendenden gegen die überlebende Lebensgefährtin. Neu an der Rechtsprechung des Bundesgerichtshofs ist jedoch, dass nunmehr – wie auch bei trennungsbedingter Beendigung der nichtehelichen Lebensgemeinschaft – Ausgleichsansprüche sowohl nach Bereicherungsrecht als auch wegen Wegfalls der Geschäftsgrundlage ausdrücklich möglich sind. 198

Obwohl der verstorbene Lebensgefährte im vorgenannten Fall bei seinem Tod noch verheiratet war, setzt sich der Bundesgerichtshof mit der Frage, ob Rückforderungsansprüche der Erben auf der Basis einer **Sittenwidrigkeit** der erbrachten Leistungen in Betracht kommen, nicht (mehr) auseinander. Zwar ist die frühere Rechtsprechung des Bundesgerichtshofs zum „**Geliebtentestament**", bei der derartige Zuwendungen im Zweifel als Belohnung für geschlechtliche Hingabe galten und damit sittenwidrig waren, längst überholt. Gleichwohl ist die Möglichkeit der Sittenwidrigkeit von Zuwendungen zwischen Partnern einer nichtehelichen Lebensgemeinschaft nicht von vornherein auszuschließen, da eine solche auch nach der neueren Rechtsprechung durchaus noch in den Fällen in Betracht kommen kann, in denen der Zuwendung eine verwerfliche, ehe- bzw familienfeindliche Gesinnung zugrunde lag, die dem Ehegatten bzw den Kindern nicht zuzumuten ist (vgl Weinreich FPR 2010, 379). 199

b) Tod des Zuwendungsempfängers. In seiner Entscheidung vom 25.11.2009 hatte der Bundesgerichtshof zwar ausschließlich den Fall zu entscheiden, in dem der Zuwendende verstorben war. Gleichwohl setzt der Bundesgerichtshof sich – zumindest kurz – auch mit der Frage auseinander, wie die Rechtslage im Falle des Versterbens des Zuwendungsempfängers zu beurteilen ist, wenn der Zuwendende an dem Vermögenswert bspw deswegen nicht mehr partizipieren kann, weil dieser **auf die Erben des Zuwendungsempfängers übergeht**. 200

Konsequenterweise lässt der Bundesgerichtshof auch in diesen Fällen Raum für Ausgleichsansprüche des Zuwendenden gegen die Erben des Zuwendungsempfängers sowohl auf Basis eines Wegfalls der Geschäftsgrundlage als auch auf bereicherungsrechtlicher Ebene wegen Zweckverfehlung. Dieses jedenfalls in den Fällen, in denen die durch den Tod beendete Beziehung Geschäftsgrundlage des Zuwendenden für seine Leistung war. 201

VII. Zuständigkeiten/Prozessuales

1. Gerichtliche Zuständigkeit

Mit Inkrafttreten des FamFG zum 1.9.2009 hat der Gesetzgeber durch die §§ 266 bis 268 FamFG das **große Familiengericht** ins Leben gerufen. Streitigkeiten, die eine besondere Nähe zu familienrechtlich geregelten Rechtsverhältnissen aufweisen oder die in engem Zusammenhang mit der Auflösung eines solchen 202

Rechtsverhältnisses stehen, unterfallen der Zuständigkeit der Familiengerichte. Sowohl vor als auch nach Inkrafttreten des FamFG sind die Familiengerichte für **Unterhaltsstreitigkeiten** und Streitigkeiten aus dem Bereich des **Sorge- und Umgangsrechtes** zwischen Partnern einer nichtehelichen Lebensgemeinschaft zuständig.

203 Gleichwohl hat der Gesetzgeber sich dagegen entschieden, auch **vermögensrechtliche Streitigkeiten** zwischen den Lebensgefährten den Familiengerichten zuzuordnen. Bis zum Bundesgerichtshof, bei dem die Geschäftsverteilung eine Zuständigkeit des XII. (Familien-)Senates vorsieht, sind also – streitwertabhängig – in erster Instanz die Amts- bzw Landgerichte für Streitigkeiten aus den Bereichen sachlich zuständig, in denen es nicht um Unterhalt bzw Sorge- oder Umgangsrecht geht.

Für die örtliche Zuständigkeit ergeben sich keine Besonderheiten.

2. Verjährung von Ansprüchen

204 Zur Vermeidung von Störungen des Familienfriedens hat der Gesetzgeber in § 207 BGB die **Hemmung der Verjährung** von Ansprüchen aus familiären Gründen geregelt. Der in dieser Vorschrift genannte **Personenkreis** ist jedoch abschließend, was im Ergebnis dazu führt, dass Ansprüche von Partnern einer nichtehelichen Lebensgemeinschaft der Vorschrift nicht unterfallen. Der Gesetzgeber hat sich damit bewusst gegen die im Gesetzgebungsverfahren ausgesprochene Empfehlung des Bundesrates entschieden.

3. Pfändungsfreigrenzen

205 Im Rahmen der **Pfändung von Arbeitseinkommen** sieht § 850 c Abs. 1 S. 2 ZPO eine Erhöhung der Pfändungsfreigrenzen vor. Die Erhöhung greift jedoch nur dann, wenn dem nichtehelichen Partner Unterhalt nach § 1615 l BGB gewährt wird.

206 Erforderlich ist also die Gewährung von Unterhalt aufgrund einer **gesetzlichen Verpflichtung**. Die Gewährung von Unterhalt im Verhältnis der nichtehelichen Partner untereinander führt also außerhalb der gesetzlichen Unterhaltsverpflichtung nicht zu einer Erhöhung der Pfändungsfreigrenzen. Dieses betrifft auch den Fall von Anträgen auf **Abänderung des unpfändbaren Teils** von Arbeitseinkommen nach § 850 f ZPO, der ebenfalls ausdrücklich auf gesetzlich bestehende Unterhaltspflichten abstellt.

4. Ersatzzustellungen an den Lebensgefährten

207 § 178 Abs. 1 Nr. 1 ZPO sieht vor, dass die Zustellung eines Schriftstückes in der Wohnung des Empfängers auch dann wirksam ist, wenn es einem **erwachsenen ständigen Mitbewohner** übergeben wird. Unter diesen Personenkreis fallen auch die zusammenlebenden Partner einer nichtehelichen Lebensgemeinschaft. Eine Zustellung an den Lebensgefährten ist – unter der Einschränkung des § 178 Abs. 2 ZPO – daher zulässig und wirksam.

5. Gewahrsamsvermutung

208 Im Rahmen der **Zwangsvollstreckung wegen beweglicher Sachen** gegen Ehegatten und Lebenspartner gilt zugunsten der Gläubiger der jeweilige Schuldner sowohl als Alleineigentümer als auch als alleiniger Besitzer, § 1362 Abs. 1 S. 1 BGB, § 739 Abs. 1 ZPO. Diese gesetzliche Vermutung ist auf die nichteheliche Lebensgemeinschaft weder unmittelbar noch entsprechend anwendbar (BGH 14.12.2006 – IX ZR 92/05, NJW 2007, 992).

6. Zeugnisverweigerungsrecht

209 Weder im Zivilprozess (§ 383 ZPO) noch im Strafprozess (§ 52 StPO) hat der Gesetzgeber für die Partner einer nichtehelichen Lebensgemeinschaft ein **Zeugnisverweigerungsrecht aus persönlichen Gründen** vorgesehen. Wenngleich in der Literatur teilweise die analoge Anwendung der Vorschriften gefordert wird, hat sich diese Auffassung bislang nicht durchgesetzt. Die zwischen Partnern einer nichtehelichen Lebensgemeinschaft bestehenden persönlichen Beziehungen sind im Vergleich zu denen zwischen Ehegatten, Le-

Gurk

benspartnern nach dem Lebenspartnerschaftsgesetz und Verlobten nicht konkret genug definiert, weshalb eine Analogie abgelehnt wird.

7. Prozess-/Verfahrenskostenhilfe

Bei der im Rahmen der Entscheidung über die Bewilligung von Prozess-/Verfahrenskostenhilfe gemäß **210** § 115 ZPO vorzunehmenden Prüfung des Einsatzes von Einkommen und Vermögen findet **keine Zurechnung von Einkommen des Lebensgefährten** statt. Gleiches gilt für den Wert einer Haushaltsführung durch den die Prozess-/Verfahrenskostenhilfe begehrenden Lebensgefährten. In gleicher Weise scheidet jedoch auch ein **Abzug von Leistungen** aus, die der die Prozess-/Verfahrenskostenhilfe begehrende Lebensgefährte seinem Partner gegenüber erbracht hat bzw erbringt.

170. Nutzungsentschädigung und Unterhalt

Poppen

I. Nutzungsentschädigung........................ 1
  1. Anspruchsgrundlagen......................... 1
  2. Höhe.. 2

II. Verrechnung beim Unterhalt................... 4
  1. Trennungsunterhalt........................... 4
  2. Nachehelicher Unterhalt...................... 5

I. Nutzungsentschädigung

1. Anspruchsgrundlagen

1 Der (Mit-)Eigentümer einer Immobilie kann von dem anderen Ehegatten, der die Immobilie allein oder mit gemeinsamen Kindern nutzt, eine Nutzungsentschädigung verlangen. Für die Trennungszeit ergibt sich das aus § 1361 b Abs. 3 S. 2 BGB (s. → *Wohnungszuweisung nach Trennung* Rn 16 ff), für die Zeit nach Rechtskraft der Ehescheidung besteht ein **Anspruch auf Begründung eines Mietverhältnisses** und die Festsetzung eines Mietzinses in diesem Rahmen (§ 1568 a Abs. 5 BGB; s. → *Wohnungszuweisung nach Scheidung* Rn 21 ff). Diese familienrechtlichen Ansprüche verdrängen die allgemeinen Ansprüche aus §§ 987 Abs. 1, 990 Abs. 1, 100 und 745 Abs. 2 BGB (strittig, wie hier: OLG Brandenburg NJW-RR 2009, 725; Palandt/Brudermüller § 1361 b BGB Rn 20; s. → *Wohnungszuweisung nach Trennung* Rn 30). Für die Zeit nach Rechtskraft der Ehescheidung bleibt es bei den **allgemeinen Ansprüchen**, wenn keiner der Ehegatten die Begründung eines Mietverhältnisses verlangt hat (Palandt/Brudermüller § 1568 a BGB Rn 9 f; OLG Schleswig 24.3.2010 – 15 UF 166/09, FamRZ 2010, 1985).

2. Höhe

2 Die Höhe der Nutzungsentschädigung in der **Trennungszeit** nach § 1361 b Abs. 3 S. 2 BGB richtet sich nach **Billigkeit** (s. → *Wohnungszuweisung nach Trennung* Rn 17). Hier gelten die gleichen Grundsätze wie bei der Bemessung des anzurechnenden Wohnwertes bei der Unterhaltsberechnung (s. → *Wohnwert* Rn 4 ff). Dabei kann bei der Billigkeitsabwägung auch berücksichtigt werden, dass dem zur Zahlung der Nutzungsentschädigung verpflichteten Ehegatten dann ein Ehegattenunterhaltsanspruch zustehen könnte, wenn bei dem die Nutzungsentschädigung fordernden Ehegatten die Nutzungsentschädigung als zusätzliches Einkommen berücksichtigt wird und Ehegattenunterhaltsansprüche bislang nicht festgelegt worden sind (OLG Frankfurt/M. 9.5.2012 – 4 UF 14/12, FamRZ 2013, 135). Verlangt einer der Ehegatten **nach Rechtskraft der Ehescheidung** die Begründung eines Mietverhältnisses, richtet sich die Miethöhe nach den ortsüblichen Bedingungen, dh es ist der **Marktmietwert** zugrunde zu legen (§ 1568 a Abs. 5 S. 3 BGB).

3 Für die Vergangenheit kann Nutzungsentschädigung erst nach einer eindeutigen Zahlungsaufforderung verlangt werden (OLG München 17.4.2007 – 2 UF 1607/06, NJW 2008, 381). Das Unterlassen einer **ziffernmäßigen Mahnung** durch einen Rechtsanwalt kann Regressansprüche begründen (OLG Düsseldorf 23.2.2010 – 24 U 164/09, FPR 2010, 586). Nimmt der die Immobilie nutzende Ehegatte, der die Kreditlasten gezahlt hat, den anderen Ehegatten auf **Gesamtschuldnerausgleich** in Anspruch, was grundsätzlich ohne Mahnung rückwirkend möglich ist (s. → *Gesamtschuldnerausgleich und Unterhalt* Rn 7), kann diesem Anspruch der Anspruch auf Nutzungsentschädigung bis zur Höhe des geltend gemachten Ausgleichsanspruchs entgegengehalten werden (BGH 13.1.1993 – XII ZR 212/90, NJW-RR 1993, 386), auch wenn die Nutzungsentschädigung nicht angemahnt worden ist. Dies folgt daraus, dass beide Ansprüche aus einem einheitlichen Rechtsverhältnis resultieren.

II. Verrechnung beim Unterhalt

1. Trennungsunterhalt

4 Werden in der Trennungszeit die Vor- und Nachteile der Nutzung einer gemeinschaftlichen oder im Alleineigentum des anderen Ehegatten stehenden Immobilie in die Unterhaltsrechnung einbezogen, hat diese **Unterhaltsregelung** Vorrang und schließt ergänzende Ansprüche auf Nutzungsentschädigung aus (s. →

Wohnwert Rn 18 ff). Insbesondere ist es nicht möglich, wenn bei der Unterhaltsbemessung ein angemessener Mietwert berücksichtigt worden ist, die Differenz zum Marktmietwert nach § 1361 b Abs. 3 S. 2 BGB geltend zu machen. Die Einbeziehung in die Unterhaltsregelung stellt eine abschließende Regelung dar. Ändern sich die Verhältnisse etwa deshalb, weil eine **Verwertungsobliegenheit** eingreift, muss die Abänderung einer bestehenden Unterhaltsregelung betrieben werden (Wendl/Dose/Gerhardt § 1 Rn 364 a).

2. Nachehelicher Unterhalt

Ist im Rahmen der Festsetzung des nachehelichen Unterhalts der Wohnwert bereits berücksichtigt, lässt das   5
die Zweckmäßigkeit des Verlangens nach der Begründung eines Mietverhältnisses nach § 1568 a Abs. 5 BGB nicht entfallen. Zwar kann, wenn der Wohnwert in die Unterhaltsberechnung einbezogen worden ist, ein Anspruch auf Miete daneben nicht durchgesetzt werden (JH/Götz § 1568 a BGB Rn 53); die **Begründung eines Mietverhältnisses** dient allerdings dem **Schutz** des Berechtigten beim **Verkauf** der Ehewohnung durch den Alleineigentümer oder bei einer **Teilungsversteigerung** bei Miteigentum (JH/Götz § 1568 a BGB Rn 50). Im Fall der Veräußerung kann der Ehepartner sich gegenüber dem Erwerber der Immobilie auf § 566 BGB berufen. Dieser tritt in das bestehende Mietverhältnis ein. Im Fall der Teilungsversteigerung ist das Sonderkündigungsrecht des Erstehers nach § 57 a ZVG gemäß § 183 ZVG ausgeschlossen. Deshalb kann in diesen Fällen der Mietvertrag andererseits auch zeitlich begrenzt werden (s. → *Wohnungszuweisung nach Scheidung* Rn 10 aE). Der Anspruch auf Begründung des Mietverhältnisses kann im Wege der einstweiligen Anordnung nach §§ 49 ff FamFG durchgesetzt werden.

171. Obliegenheit zur Verbraucherinsolvenz

Schausten

I. Einführung..................................... 1
II. Unterhaltsansprüche Minderjähriger und privilegierter Volljähriger.......................... 4

III. Unterhaltsansprüche von Ehegatten, Lebens-
    partnern und nichtehelichen Elternteilen........ 9
IV. Andere Unterhaltsansprüche.................... 13

I. Einführung

1 Im Rahmen der Ermittlung des unterhaltsrechtlich relevanten Einkommens stellt sich bei Vorhandensein erheblicher Verbindlichkeiten die Frage, ob der Unterhaltspflichtige gehalten ist, ein Verbraucherinsolvenzverfahren einzuleiten. Hintergrund hierfür ist, dass die Eröffnung des Verbraucherinsolvenzverfahrens die Leistungsfähigkeit des Unterhaltspflichtigen deutlich erhöhen kann. Das Einkommen des – abhängig beschäftigten – Unterhaltspflichtigen fällt nämlich nur insoweit in die Insolvenzmasse, als es den Pfändungsfreibetrag **des § 850 c Abs. 1 ZPO übersteigt**. Zudem können **laufende Unterhaltsansprüche** in den Vorrechtsbereich des § 850 d ZPO vollstreckt werden: Unterhaltsgläubiger können wegen des Verbots der Einzelzwangsvollstreckung für andere Gläubiger hinsichtlich ihrer laufenden Unterhaltsansprüche auf den Differenzbetrag zwischen den Pfändungsfreigrenzen des § 850 c ZPO und dem dem Schuldner zu belassenden Unterhalt iSv § 850 d Abs. 1 S. 2 ZPO zugreifen. Ebenso kann der **selbstständig tätige Insolvenzschuldner** beantragen, dass ihm von den pfändbaren Ansprüchen so viel als Einkommen belassen wird, wie er für den eigenen Unterhalt und den der Unterhaltsberechtigten benötigt (§ 36 Abs. 1 InsO iVm § 850 i Abs. 1 ZPO); dieser Betrag kann allerdings nicht höher sein als der Pfändungsfreibetrag bei einem abhängig Beschäftigten.

2 Bei der Frage, ob der Unterhaltspflichtige gehalten sein kann, einen Antrag auf Einleitung des Verbraucherinsolvenzverfahrens zu stellen, ist zu berücksichtigen, dass die Rechtsprechung es **grundsätzlich ablehnt**, den Ansprüchen von Unterhaltsberechtigten einen **allgemeinen Vorrang** vor anderen Verbindlichkeiten des Unterhaltspflichtigen einzuräumen (BGH 9.5.1984 – IVb ZR 74/82, FamRZ 1984, 657). Es ist dem Unterhaltsschuldner nämlich auch aus verfassungsrechtlichen Gründen unzumutbar, durch seine Unterhaltszahlungen immer tiefer in Schulden zu geraten. Da aber nunmehr mit der Restschuldbefreiung im Rahmen eines Verbraucherinsolvenzverfahrens dem Unterhaltspflichtigen die Möglichkeit eröffnet wurde, den ohne Berücksichtigung von Drittschulden bemessenen laufenden Unterhalt zu zahlen und dennoch nach Ablauf der Wohlverhaltensphase Befreiung von den Schulden zu erlangen, musste diese Rechtsprechung überdacht werden.

3 Der Bundesgerichtshof hat in zwei wesentlichen Entscheidungen die Richtlinien vorgegeben; danach ist nunmehr zu unterscheiden zwischen den **Unterhaltsansprüchen von minderjährigen Kindern** und den ihnen gleichgestellten privilegierten Volljährigen einerseits und den **Unterhaltsansprüchen von Ehegatten** andererseits.

II. Unterhaltsansprüche Minderjähriger und privilegierter Volljähriger

4 Wenn ein Verbraucherinsolvenzverfahren zulässig und geeignet ist, den Unterhaltsansprüchen minderjähriger oder ihnen nach § 1603 Abs. 2 BGB gleichgestellter Kinder Vorrang vor sonstigen Verbindlichkeiten des Unterhaltsschuldners einzuräumen, trifft den Unterhaltspflichtigen eine **Obliegenheit zur Einleitung dieses Verfahrens**; es sei denn, er trägt Umstände vor, die eine Antragspflicht im konkreten Einzelfall als unzumutbar darstellen (BGH 23.2.2005 – XII ZR 114/03, NJW 2005, 1279). Begründet wird diese Rechtsprechung mit der gesteigerten Unterhaltspflicht der Eltern gegenüber ihren minderjährigen und privilegierten volljährigen Kindern (§ 1603 Abs. 2 S. 1 und 2 BGB). Hinsichtlich dieser Ansprüche sind den Eltern stärkere Anstrengungen zumutbar, als es bei anderen Unterhaltstatbeständen der Fall ist, was den Eingriff in ihre durch Art. 2 Abs. 1 GG geschützte Handlungsfreiheit rechtfertigen kann.

5 Der Bundesgerichtshof verkennt nicht, dass durch die Einleitung des Insolvenzverfahrens dem Unterhaltsschuldner **weitere Kosten** entstehen. Er kommt aber zu dem Ergebnis, dass diese Kosten den Unterhalts-

schuldner nicht unangemessen belasten und für sich allein genommen nicht geeignet sind, das Verfahren für den Unterhaltsschuldner als unzumutbar anzusehen. Auch der Umstand, dass der Unterhaltsschuldner in seiner wirtschaftlichen Selbstständigkeit nicht unerheblich eingeschränkt wird, macht das Insolvenzverfahren nach Auffassung des Bundesgerichtshofs im Vergleich mit den Interessen der minderjährigen Kinder regelmäßig nicht unzumutbar.

Bei der Abwägung, ob die Einleitung des Insolvenzverfahrens dem Unterhaltsschuldner zumutbar ist, ist 6
ferner die **Dauer des Insolvenzverfahrens** einerseits und die voraussichtliche Fortdauer der Unterhaltsverpflichtung andererseits zu berücksichtigen. Nur wenn die voraussichtliche Dauer der Unterhaltsverpflichtung deutlich kürzer als die Wohlverhaltensperiode des Insolvenzverfahrens ist, spricht dieser Umstand gegen die Obliegenheit zur Einleitung des Insolvenzverfahrens.

Der Umstand, dass mit der Einleitung des Insolvenzverfahrens erhebliche Einschnitte in die Rechte anderer 7
Gläubiger verbunden sind, ist Folge der vom Gesetzgeber geschaffenen Verbraucherinsolvenz; dieser Umstand kann dementsprechend grundsätzlich nicht zu einer Unzumutbarkeit des Verfahrens für den Unterhaltsschuldner führen. Problematisch ist dabei einzig, dass zu den **Insolvenzforderungen** auch die bei Eröffnung des Insolvenzverfahrens schon **fälligen Unterhaltsrückstände** gehören, die deshalb ab Eröffnung der Verbraucherinsolvenz nicht mehr im Wege der Einzelzwangsvollstreckung durchgesetzt werden können. Derartige Unterhaltsrückstände – vor allem auch anderer Unterhaltsberechtigter – könnten im Einzelfall **ausnahmsweise** einen Grund bilden, keine Obliegenheit des Unterhaltsschuldners zur Einleitung des Insolvenzverfahrens anzunehmen.

Die unterhaltsrechtliche Obliegenheit zur Einleitung der Verbraucherinsolvenz kann entfallen, wenn es 8
dem Unterhaltsschuldner gelungen ist, sämtliche relevanten Schulden mit einem neuen, langfristig angelegten und in vertretbaren Raten abzutragenden **Kredit** abzulösen. Die für diesen Kredit aufzubringenden Raten sind jedenfalls dann in voller Höhe vom Nettoeinkommen des Unterhaltsschuldners abzusetzen, wenn die berechtigten Unterhaltsgläubiger dadurch nicht schlechter stehen als im Fall der Verbraucherinsolvenz (OLG Hamm 10.11.2006 – 11 UF 145/06, NJW-RR 2007, 866).

III. Unterhaltsansprüche von Ehegatten, Lebenspartnern und nichtehelichen Elternteilen

Im Rahmen des **Trennungsunterhalts** trifft den Unterhaltsschuldner grundsätzlich **keine Obliegenheit** zur 9
Einleitung der Verbraucherinsolvenz (BGH 12.12.2007 – XII ZR 23/06, NJW 2008, 851). Diese Entscheidung ist – wie sich auch aus der Begründung selbst ergibt – auf den **nachehelichen Ehegattenunterhalt** zu übertragen. Darüber hinaus sind keine Gründe ersichtlich, die Unterhaltsansprüche von **Lebenspartnern** anders zu behandeln.

Die Rechtsprechung begründet die Unterscheidung zu den Unterhaltsansprüchen minderjähriger und privi- 10
legierter volljähriger Kinder damit, dass sich eine Obliegenheit zur Einleitung der Verbraucherinsolvenz nur aus besonders gewichtigen Gründen rechtfertigen lässt, hinter denen die wirtschaftliche Selbstbestimmung des Unterhaltsschuldners, die verfassungsrechtlich geschützt ist, zurücktreten muss. Solche Umstände sind regelmäßig in der gesteigerten Unterhaltspflicht gegenüber minderjährigen und privilegierten volljährigen Kindern nach § 1603 Abs. 2 BGB zu erblicken. Denn diese Unterhaltspflicht beruht auf dem verfassungsrechtlichen Gebot zur Pflege und Erziehung der Kinder aus Art. 6 Abs. 2 und 5 GG und überwiegt deswegen grundsätzlich die nur im Rahmen der allgemeinen Gesetze durch Art. 2 Abs. 1 GG gewährleistete allgemeine Handlungsfreiheit des Unterhaltsschuldners. Hinzu kommt, dass minderjährige und privilegierte volljährige Kinder in der Regel keine Möglichkeit haben, selbst für ihren Unterhalt zu sorgen. Diese Begründung ist auf den Unterhaltsanspruch getrennt lebender oder geschiedener Ehegatten nicht in gleicher Weise übertragbar. Wegen der grundsätzlichen Möglichkeit getrennt lebender oder geschiedener Ehegatten, den eigenen Unterhalt selbst sicherzustellen, hat der Gesetzgeber die gesteigerte Unterhaltspflicht nicht – wie in § 1603 Abs. 2 BGB – auf den Ehegattenunterhalt erstreckt. Zudem ist der Unterhaltsanspruch von Ehegatten und Lebenspartnern gemäß § 1609 BGB dem Unterhaltsanspruch minderjähriger und privilegierter volljähriger Kinder nachrangig.

11   Auch gegenüber dem Anspruch aus § 1615 l Abs. 1, 2 BGB besteht **keine Obliegenheit** zur Einleitung eines Insolvenzverfahrens mit Restschuldbefreiung (OLG Koblenz 21.7.2005 – 7 UF 773/04, NJW-RR 2005, 1457).

12   War der Unterhaltsschuldner aufgrund anderweitiger Unterhaltsansprüche minderjähriger oder privilegierter volljähriger Kinder verpflichtet, ein Insolvenzverfahren einzuleiten, sind die Auswirkungen bei der Berechnung des Ehegattenunterhalts bedarfsprägend zu berücksichtigen (OLG Karlsruhe 16.11.2005 – 2 UF 41/05, FamRZ 2006, 953).

IV. Andere Unterhaltsansprüche

13   Ebenso wenig wie für den Ehegattenunterhalt dürfte auch für weitere Unterhaltsansprüche, beispielsweise für den **Volljährigenunterhalt** oder auch den **Elternunterhalt**, regelmäßig eine Obliegenheit zur Einleitung des Verbraucherinsolvenzverfahrens bestehen. Denn auch gegenüber diesen Unterhaltsansprüchen dürfte die wirtschaftliche Selbstbestimmung des Unterhaltsschuldners höher zu bewerten sein.

                     Schausten

172. Patchworkfamilie im Erbrecht

Schwarz

I. Zielvorstellung: Vererben des Vermögens nur
an die eigenen einseitigen Kinder 2

II. Zielvorstellung: Vermögensrechtliche Gleichstellung aller Kinder 4

In der heutigen Gesellschaft sind Ehen, in denen nicht nur gemeinsame Kinder, sondern auch einseitige **1** Abkömmlinge, zB aus früheren Beziehungen, vorhanden sind, keine Seltenheit. Daraus können sich verschiedene Erbrechtsziele ergeben, denen in der Gestaltungspraxis Rechnung zu tragen ist.

I. Zielvorstellung: Vererben des Vermögens nur an die eigenen einseitigen Kinder

Die einseitigen Abkömmlinge erhalten hier als Erben die Vermögenssubstanz. Zur Absicherung des überle- **2** benden Ehegatten wird diesem regelmäßig ein weitgehendes **Nutzungsrecht** zugewendet (zB in Gestalt eines Nießbrauchsvermächtnisses).

Problem: Dieser Nachlassplan wird durch Pflichtteilsrechte (s. → *Pflichtteilsrecht*) des überlebenden Ehe- **3** gatten sowie die Möglichkeit der Ausschlagung und Forderung des Zugewinnausgleichs (§ 1371 Abs. 3 BGB) gefährdet. Dem kann dadurch begegnet werden, dass die Eheleute zB in einem Ehevertrag den Zugewinnausgleichsanspruch nach § 1371 Abs. 2 und 3 BGB ausschließen. Hinsichtlich der Pflichtteilsproblematik kann durch einen **gegenseitigen Pflichtteilsverzicht** Vorsorge getragen werden.

II. Zielvorstellung: Vermögensrechtliche Gleichstellung aller Kinder

Häufig besteht unter den Eheleuten der Wunsch, sich gegenseitig zu Alleinerben einzusetzen. Beim Tod **4** des Längerlebenden (Schlusserbfolge) soll dann eine gleichmäßige Teilhabe aller Kinder erfolgen. Die Eheleute bedienen sich dazu des **Berliner Testaments** (Einheitslösung).

Problem: Einseitige Abkömmlinge sind jeweils beim Erbfall ihres Elternteils pflichtteilsberechtigt. **5**

Beispiel: Ehemann und Ehefrau sind im gesetzlichen Güterstand verheiratet. Der Ehemann hat ein Kind K **6** 1, die Ehefrau hat drei Kinder K 2, K 3 und K 4 aus einer früheren Ehe. Stirbt nun die Ehefrau zuerst, so erbt der Ehemann alleine. Die drei Kinder der verstorbenen Ehefrau (K 2, K 3 und K 4) haben bei diesem ersten Erbfall Pflichtteilsansprüche. Stirbt danach der überlebende Ehemann, so kommen aufgrund der angeordneten Schlusserbfolge K 1, K 2, K 3 und K 4 zu gleichen Teilen zur Erbfolge, also alle zu jeweils 1/4. K 1 wäre jedoch als alleiniger gesetzlicher Erbe seines letztversterbenden Vaters bereits zu 1/2 pflichtteilsberechtigt. Seine Quoteneinsetzung von 1/4 liegt darunter, so dass K 1 bei diesem zweiten Erbfall einen Pflichtteilsrestanspruch nach § 2305 BGB hätte. Diese Konstellationen beim ersten und zweiten Erbfall können zu einer erheblichen Störung der von den Eheleuten angedachten gleichmäßigen Vermögensverteilung nach ihrer beider Tod auf alle vier Kinder führen.

Lösungsüberlegungen: **7**

– Der störenden Geltendmachung von Pflichtteilen kann am besten durch entsprechende **Pflichtteilsverzichtverträge** (s. → *Pflichtteilsverzicht*) begegnet werden. Dies setzt jedoch die Bereitschaft der Beteiligten zum Abschluss solcher Pflichtteilsverzichtsverträge voraus. Sollte ein Verzicht erklärt werden, sind die verzichtenden Kinder durch auflösende Bedingungen abzusichern, falls nämlich die Eheleute nachträglich anderweitige Verfügungen treffen. Der Pflichtteilsverzicht ist auflösend bedingt für den Fall der Änderung der Nachlassverteilung, wobei die Elternteile zusätzlich jeweils Verzichtserklärungen hinsichtlich der Einrede der Verjährung abgeben.
– Nicht selten sind die Kinder zur Abgabe eines Pflichtteilsverzichts jedoch nicht bereit. Sollten die Kinder im Übrigen noch minderjährig sein, so wird es häufig auch an einer Beibringung der erforderlichen familiengerichtlichen Genehmigung fehlen. Für diesen Fall:

Durch **bedingte Quotenvermächtnisse** (s. → *Vermächtnis*) mit Beschwerung des überlebenden Ehegatten und Begünstigung der leiblichen Kinder des Erstversterbenden kann die Berechnungsgrundlage für den Pflichtteilsrestanspruch des Kindes des überlebenden Ehegatten reduziert werden. Dieser Anspruch soll aber nur realisiert werden können, wenn der Pflichtteilsrestanspruch geltend gemacht wird. Andernfalls entfallen die Herausgabevermächtnisse (auflösende Bedingung).

8 Die Kinder, die beim Erstversterbenden ihren Pflichtteil verlangen, erhalten kein Quotenvermächtnis. Dieses wird insofern ebenfalls auflösend bedingt verfügt. Ferner entfällt die Schlusserbeneinsetzung der Kinder des Erstversterbenden, falls diese den Pflichtteil nach dessen Tod geltend machen (**Pflichtteilsstrafklausel**).

173. Patientenverfügung

Reetz

I. Legaldefinition und Reichweite 1
II. Form und Errichtung 4
III. Verpflichtungs- und Kopplungsverbot 5
IV. Fortgeltung, Widerruf und ärztliche Vorab-
Mitwirkung 6

V. Einfache und qualifizierte Patientenverfügung .. 9
VI. Umsetzung durch den Bevollmächtigten 11
VII. Betreuungsgerichtliche Genehmigung 13
Annex: Betreuungsverfügung 16

I. Legaldefinition und Reichweite

Die gesetzliche Grundlage der Patientenverfügung (früher auch: Patiententestament, Patientenbrief, Euthanasietestament oder Patientenvollmacht; Formulare: www.Medizinethik-Bochum.de: „Vorsorgepaket Patientenverfügung"; www.bmj.bund.de: Formulare, Betreuungsrecht, Textbausteine Patientenverfügung; grundlegend Uhlenbruck NJW 1978, 566; BGH 25.6.2010 – 2 StR 454/09, DNotZ 2011, 34 m.Anm. Albrecht – sog. „Bad Hersfelder Entscheidung"; BGH 10.11.2010 – 2 StR 320/10, DNotZ 2011, 622; Albrecht MittBayNot 2003, 348; Langenfeld ZEV 2003, 449) einschließlich ihrer **Legaldefinition** findet sich seit dem Inkrafttreten des 3. BtÄndG (2009) in § 1901 a Abs. 1 BGB (insgesamt zur Entstehungsgeschichte: MüKo/Schwab § 1901 a BGB Rn 1; zur Registrierung im Vorsorgeregister s. → *Vorsorgevollmacht* Rn 21). **1**

Der vielen Verfügenden vor Augen stehende, einer Patientenverfügung zugrunde liegende Sachverhalt ist der der medizintechnischen Lebensverlängerung, wenn das Grundleiden des Verfügenden einen irreversiblen und tödlichen Verlauf genommen hat (grundlegend BGH 13.9.1994 – 1 StR 357/94, NJW 1995, 204; nunmehr BGH 10.11.2010 – 2 StR 320/10, DNotZ 2011, 622 m. Anm. Ihrig). Ein solcher Ausgangssachverhalt beschreibt jedoch keinesfalls den Umfang möglicher Verfügungen des künftigen Patienten und keine gültige Verfügungsgrenze nach § 1901 a Abs. 3 BGB. Die gesetzliche Regelung kennt gerade **keine Reichweitenbeschränkungen der Patientenverfügung**. Sie kann vielmehr als Verfügung verstanden werden, nach der bei Vorliegen bestimmter oder zumindest bestimmbarer Umstände ärztlicherseits angebotene Maßnahmen (= **ärztliches Behandlungsangebot; Indikation**), insbesondere auch der Intensivmedizin, entweder anzuwenden, nicht anzuwenden oder abzubrechen sind. Sie kann für jeden Fall und jedes Stadium einer behandlungsbedürftigen Krankheit mit dem Anspruch auf Umsetzung und Beachtung getroffen werden (ausführlich Albrecht/Albrecht Rn 95 ff). Außerhalb des Anwendungsbereichs einer Patientenverfügung liegt hingegen der Raum ärztlicherseits nicht (mehr) indizierter Behandlungen (Beermann FPR 2010, 252, 255). **2**

Eine sinnvoll nutzbare Patientenverfügung darf die Grenzziehung zur strafbaren „**aktiven Sterbehilfe**" nicht verwischen; Behandlungswünsche und -anweisungen zur „aktiven Sterbehilfe" oder gar zur Tötung auf Verlangen können kein wirksamer Inhalt einer Patientenverfügung sein (vgl BGH 25.6.2010 – 2 StR 454/09, DNotZ 2011, 34 m.Anm. Albrecht – sog. „Bad Hersfelder Entscheidung"). In der Praxis der Beratungsgespräche stellt sich indes oftmals heraus, dass Reichweitenbeschränkungen auf die Fälle eines „länger andauernden Wachkomas" oder „schwerer Hirnschädigungen bzw Demenz", die ein Leben mit eigener Persönlichkeitsgestaltung und bewusster Umweltwahrnehmung gänzlich ausschließen, gewünscht werden; solche oder ähnliche, **gewillkürte Reichweitenbeschränkungen** können zum Verfügungsinhalt gemacht werden. Missverständlich sind Anordnungen, die sich auf die pauschale „*Ablehnung von Maßnahmen der Intensivmedizin*" beschränken. **3**

II. Form und Errichtung

Die Patientenverfügung bedarf zumindest der **Schriftform** (§§ 1901 a Abs. 1, 126 Abs. 1 BGB „Unterschriftsform") und kann als Ausdruck des „wirklichen Willens" lediglich von **einwilligungsfähigen und volljährigen Verfügenden/Patienten** errichtet werden; es gilt zudem der Grundsatz der **Höchstpersönlichkeit**. Das Schriftformerfordernis bedeutet u.a. auch, dass Schreibunfähige ihre Patientenverfügung notariell beurkunden lassen müssen (§ 126 Abs. 4 BGB, § 25 BeurkG). Insbesondere **einwilligungsfähige** **4**

Minderjährige können weder selbst eine Patientenverfügung errichten (abl. Renner ZNotP 2009, 370, 377; Palandt/Götz § 1901 a BGB Rn 3), noch können dies die sorgeberechtigten Eltern in deren Namen (Müller NotBZ 2009, 289, 291). Der Unterscheidung zwischen **Einwilligungs- und Geschäftsfähigkeit** des Verfügenden/Patienten kommt in der Praxis iÜ keine besondere Bedeutung zu.

Nicht formgerecht errichtete Patientenverfügungen sind, ebenso wie mündlich geäußerte Erklärungen, nicht bedeutungslos. Sie sind, soweit es sich eindeutig um Äußerungen der freien Willensbetätigung des einwilligungsfähigen Patienten handelt, im Rahmen des § 1901 a Abs. 2 S. 1 BGB als Behandlungswunsch bei der Umsetzungsentscheidung durch den Bevollmächtigten zu beachten.

Die Patientenverfügung sollte **Angaben zu Zeit und Ort** ihrer Errichtung enthalten; ein Wirksamkeitserfordernis ist das nicht (vgl Palandt/Götz § 1901 a BGB Rn 11). Die Errichtung der Patientenverfügung kann zusammen mit einer **Vorsorgevollmacht** in einer oder in getrennten Urkunden erfolgen; zwingend ist eine solche „Paketlösung" (Begriff bei Münch/Renner, Familienrecht in der Notar- und Gestaltungspraxis, § 16 Rn 32) ebenfalls nicht. Wird die zusammen mit einer Vorsorgevollmacht errichtet, ist sie zugleich Teil des der Vollmachtserteilung zugrunde liegenden Grundgeschäfts. Erfolgt die Errichtung vor einem Notar (Niederschrift, Unterschriftsbeglaubigung), sollte unbedingt auf das **zwingende Erfordernis der Umsetzung** durch einen Bevollmächtigten oder Betreuer hingewiesen werden. Anders als bei rechtsgeschäftlicher Vertretung gilt bei der Umsetzung der Patientenverfügung durch einen Vorsorgebevollmächtigten (und Betreuer) nicht der Grundsatz der Repräsentation.

Ist der „**wirkliche Wille**" im Einzelfall aus der Patientenverfügung **nicht eindeutig feststellbar**, ist auf den nachträglich zu ermittelnden, mutmaßlichen Willen, ggf den objektiv zu mutmaßenden Willen des Betroffenen abzustellen. Im Rahmen des § 1901 a Abs. 2 BGB kann dem Bevollmächtigten zudem ein **Ermessensspielraum** eingeräumt werden, die in der konkreten Situation erforderlichen Entscheidungen nach bestem Wissen und Gewissen so zu treffen, wie sie dann in der aktuellen Lebens- und Behandlungssituation dem Wohl des Verfügenden entsprechen (§ 1901 Abs. 2 S. 1 BGB). Eine solche ausdrückliche Delegation reicht auch als Grundlage der **Entscheidung für einen Behandlungsabbruch** aus (vgl Albrecht/Albrecht Rn 129).

III. Verpflichtungs- und Kopplungsverbot

5 Für Patientenverfügungen gilt nach § 1901 a Abs. 4 S. 1 und 2 BGB ein umfassendes, den freien Willen des Verfügenden schützendes Verpflichtungs- und Kopplungsverbot (Albrecht/Albrecht Rn 46; Spickhoff FamRZ 2009, 1949, 1954). Unwirksam sind daher Verpflichtungen zur Errichtung einer Patientenverfügung in einem Heimvertrag oder in der Gemeinschaftsordnung einer Wohnungseigentumsanlage zum betreuten Wohnen. Unklar sind die Wirkungen des Kopplungsverbots auf eine dennoch errichtete und inhaltlich gewollte Patientenverfügung bzw das gekoppelte Geschäft (instruktiv Ihrig notar 2009, 380, 384).

IV. Fortgeltung, Widerruf und ärztliche Vorab-Mitwirkung

6 Der durch eine wirksame Patientenverfügung geäußerte **wirkliche Wille** ist so lange zu beachten, bis sich der geschäftsfähige Verfügende mit **erkennbarem Widerrufswillen** distanziert (Kersten/Bühling/Kordel § 96 Rn 97; siehe bereits Renner ZNotP 2004, 388). Hierzu bestimmt § 1901 a Abs. 1 S. 3 BGB, dass der **Widerruf jederzeit formlos** erfolgen kann, also gerade nicht derselben Form wie die Errichtung der Patientenverfügung bedarf. Eine später eingetretene Einwilligungs- bzw Geschäftsunfähigkeit des Verfügenden/Patienten ändert an der Maßgeblichkeit des einmal geäußerten und bis dahin nicht widerrufenen Willens nichts mehr (§ 130 Abs. 2 BGB).

7 Eine **regelmäßige Bestätigung** oder fortlaufende Erneuerung des Patientenwillens bzw der Patientenverfügung (und der Vorsorgevollmacht) ist unter Wirksamkeitsgesichtspunkten **nicht erforderlich** (teilweise anders im europäischen Ausland, vgl Heggen FPR 2011, 272, 273 f); Bestätigungsklauseln sollten daher vermieden werden. Gleichwohl sind sog. **Fortgeltungsklauseln** (zB Kersten/Bühling/Kordel § 96 Rn 100), die zumeist deklaratorische Wirkung und erläuternde Funktion haben, nicht unüblich. Sie enthalten typi-

scherweise den Hinweis darauf, dass die Patientenverfügung (ebenso eine Vorsorgevollmacht) auch dann wirksam bleibt, wenn der Verfügende geschäftsunfähig werden sollte oder für ihn durch das Betreuungsgericht ein Betreuer bestellt wird. Allerdings darf unter Beachtung des § 1901 a Abs. 1 S. 3 BGB keine Klausel verwendet werden, die auf eine Fortgeltung bis zum schriftlichen Widerruf abstellt.

Kein Wirksamkeitserfordernis der Patientenverfügung ist eine vorherige **ärztliche Aufklärung** und **8** **Vorab-Beratung** oder gar dessen Mitunterzeichnung bei der schriftlichen Abfassung. Allerdings kann eine solche Beratung wichtig und sinnvoll sein. Wird ein Arzt vorab hinzugezogen, kann eine Bezugnahme in der Patientenverfügung aufgenommen werden (vgl Renner ZNotP 2009, 370, 378 f). Bestehen Zweifel an der Geschäftsfähigkeit des Verfügenden zum Zeitpunkt der Verfügungserrichtung, ist die Zuziehung hilfreich.

V. Einfache und qualifizierte Patientenverfügung

Die Patientenverfügung kann **allgemein** (auch als „einfache Patientenverfügung" bezeichnet; vgl § 1901 a **9** Abs. 2 BGB) oder **für eine genau bestimmte Lebens- und Behandlungssituation** (auch als „qualifizierte Patientenverfügung" oder „konkreter Behandlungswunsch" bezeichnet; vgl § 1901 a Abs. 1 BGB) errichtet werden. Die genaue Bedeutung dieser gesetzlichen Unterscheidung ist umstritten (vgl Albrecht/Albrecht MittBayNot 2009, 426, 427; Beckmann FPR 2010 278; Münch/Renner FamR in der Notar- und Gestaltungspraxis, § 16 Rn 166 ff). So soll der Bevollmächtigte im Rahmen des § 1901 a Abs. 1 BGB keine eigene Entscheidung treffen, sondern dem konkreten Behandlungswunsch, einem Boten vergleichbar, lediglich Ausdruck und Wirkung verschaffen können (Nachweise bei Müller DNotZ 2010, 169). Ausschließlich im Anwendungsbereich des § 1901 a Abs. 2 BGB wäre der mutmaßliche Wille aufgrund konkreter Anhaltspunkte zu ermitteln, wobei frühere schriftliche oder mündliche Äußerungen, ethische und religiöse Überzeugungen sowie sonstige Wertvorstellungen des Patienten zu berücksichtigen sind. Insoweit wird die Patientenverfügung nach § 1901 a Abs. 2 BGB als ausfüllungsbedürftige „Richtungsentscheidung" verstanden (so Münch/Renner, FamR in der Notar- und Gestaltungspraxis, § 16 Rn 168). Nur im Rahmen des § 1901 a Abs. 2 BGB könnte der Verfügende dem Bevollmächtigten demnach einen **Ermessensspielraum** nach § 1901 Abs. 2 S. 1 BGB einräumen.

Bei der **inhaltlichen Gestaltung** einer Patientenverfügung genügen allgemeine Formulierungen oder gar **10** die Beschränkung auf allgemeine Wertvorstellungen den inhaltlichen Anforderungen nach § 1901 a Abs. 1 BGB nicht, sie sind aber im Rahmen des § 1901 a Abs. 2 BGB zu beachten. Regelmäßig werden über allgemeine Wertvorstellungen hinaus konkrete Anweisungen zu ärztlichen und pflegerischen Maßnahmen, beispielsweise für den Sterbeprozess als solchen und für den Fall unheilbarer, zum Tode führender Erkrankungen sowie zur Verwendung intensivmedizinscher Verfahren erteilt. Hierher gehören auch Anweisungen zur Leidhilfe und palliativmedizinischen Versorgung, und zwar auch, soweit solche Maßnahmen zu einer Lebensverkürzung führen können. Hinzu kommen regelmäßig Geltungsanweisungen für bestimmte oder bestimmbare Situationen der Erkrankung.

VI. Umsetzung durch den Bevollmächtigten

Das unterschiedliche Verständnis von der Bedeutung des § 1901 a Abs. 1 und 2 BGB determiniert die Auf- **11** fassung, ob sich die „qualifizierte Patientenverfügung" auch **ohne Umsetzung durch einen Bevollmächtigten** oder Betreuer direkt verfügend an den behandelnden Arzt wendet und diesen bindet (vermittelnd Müller DNotZ 2010 169). Allerdings hatte der BGH (13.9.1994 – 1 StR 357/94, NJW 1995, 204) bereits vor dem BtÄndG (2009) klargestellt, dass unmittelbare **Erklärungsempfänger einer Patientenverfügung** der Betreuer, der Vorsorgebevollmächtigte und das prüfende Betreuungsgericht sind, nicht jedoch der behandelnde Arzt und das Pflegepersonal. Hieran hat der BGH nunmehr festgehalten (25.6.2010 – 2 StR 454/09, DNotZ 2011, 34 m. Anm. Albrecht – sog. „Bad Hersfelder Entscheidung"; 10.11.2010 – 2 StR 320/10, DNotZ 2011, 622 m. Anm. Ihrig) und dem strikten Einhalten des **Umsetzungsverfahrens** sogar besondere Bedeutung beigemessen. Nach § 1901 a Abs. 5 iVm Abs. 1 S. 1 und 2 BGB ist **nur der Bevollmächtigte** (Betreuer) **befugt**, die Übereinstimmung der Festlegungen in der Patientenverfügung mit der aktuellen Lebens- und Behandlungssituation zu prüfen und auf dieser Grundlage dem Willen des Patienten ggf Geltung zu verschaffen. Darüber hinaus setzt die Entscheidung über die zu ergreifende Maßnahme oder deren Abbruch nach § 1901 b Abs. 1 BGB zwingend ein **Zusammenwirken mit dem behandelnden Arzt** voraus. Dieser prüft in eigener Verantwortung, welche ärztliche Behandlung indiziert ist und erörtert dies mit dem Bevollmächtigten unter Berücksichtigung der Patientenverfügung (§ 1901 b Abs. 1 BGB). Insgesamt bedarf es jedoch immer der konkreten, einzelfallbezogenen **Umsetzung des geäußerten bzw festgestellten Patientenwillens** durch den Vorsorgebevollmächtigten oder durch einen Betreuer (vgl Albrecht/ Albrecht MittBayNot 2009, 426, 432).

12 Vor der Umsetzung des Patientenwillens durch den Bevollmächtigten (oder Betreuer) sollen iÜ auch **nahe Angehörige** und benannte Vertrauenspersonen, deren Namen in die Patientenverfügung aufgenommen werden können, in einer Art Beratungsgespräch gehört werden (§ 1901 b Abs. 2 BGB); diese Verfahrensregeln haben allerdings lediglich flankierenden Charakter (Renner ZNotP 2009, 371, 373). Die Beteiligung naher Angehöriger kann durch den Verfügenden ausgeschlossen werden (str., vgl Kersten/Bühling/Kordel § 96 Rn 92 ff mwN).

VII. Betreuungsgerichtliche Genehmigung

13 Die **Umsetzung der Patientenverfügung bzw des Patientenwillens** unter Einbeziehung des behandelnden Arztes reicht verfahrensrechtlich nicht aus. Zur Umsetzung im Bereich ärztlicher Maßnahmen nach § 1904 Abs. 5 iVm Abs. 1 und 2 BGB bedarf es zudem grundsätzlich der Genehmigung des Betreuungsgerichts; eine solche Genehmigung ist jedoch dann nicht erforderlich, wenn zwischen dem behandelnden Arzt und dem Bevollmächtigten **Einvernehmen** darüber besteht, dass die Erteilung, die Nichterteilung oder der Widerruf einer Einwilligung dem nach den gesetzlichen Vorschriften, insbesondere auf der Grundlage einer Patientenverfügung festgestellten Willen des Vollmachtgebers entspricht (sog. „**Konsenslösung**", vgl § 1904 Abs. 4 BGB). Damit ist das gerichtliche Genehmigungserfordernis im Bereich der Umsetzung ärztlicher Maßnahmen faktisch auf **Konflikt- oder Dissenssituationen zwischen behandelndem Arzt und Bevollmächtigtem** beschränkt (Müller NotBZ 2009, 289, 293; Schmitz FPR 2010, 275, 276). Eines Negativattestes bedarf es nicht (Palandt/Götz § 1901 a BGB Rn 22); es kann jedoch eingeholt werden (LG Kleve 31.5.2010 – 4 T 77/10, NJW 2010, 2666).

14 Zu **unterbringungs- oder unterbringungsähnlichen Maßnahmen** einschließlich **ärztlicher Zwangsmaßnahmen** nach § 1906 Abs. 1, 3 und 4 BGB bedarf die Umsetzung des Patientenwillens hingegen immer der Genehmigung des Betreuungsgerichts (§ 1906 Abs. 2 S. 1, Abs. 3 a S. 1 und Abs. 4 BGB); eine „Konsenslösung" nach dem Muster des § 1904 Abs. 4 BGB existiert hier nicht. Auf die gerichtliche Überprüfung kann der Vollmachtgeber/Patient auch nicht vorgreifend verzichten (vgl Walter FamRZ 1999, 685, 691; MüKo/Schwab § 1906 BGB Rn 119; für ärztliche Zwangsmaßnahmen Müller ZEV 2013, 304, 305). Das folgt im Rahmen von unterbringungs- oder unterbringungsähnlichen Maßnahmen bereits aus der Natur des Überprüfungsgegenstands. Zwar soll das Betreuungsrecht einerseits die Fähigkeit des Betroffenen stärken, in voller geistiger Klarheit durch eine Patientenverfügung und Vorsorgevollmacht über sein künftiges Wohl und Wehe selbst entscheiden zu können. Andererseits soll das Betreuungsrecht über Genehmigungsvorbehalte jedoch auch sicherstellen, dass einschneidende grundrechtsbezogene Maßnahmen, in die der Bevollmächtigte einwilligt, gerichtlich kontrolliert werden (vgl BGH 27.6.2012 – XII ZB 24/12, MittBayNot 2013, 53 unter Verweis auf BT-Drucks. 13/7158, 34).

15 Das **Betreuungsgericht** hat letztlich in allen Genehmigungsfällen die gesetzesgemäße Handhabung der Vorsorgevollmacht durch den Bevollmächtigten auf der Grundlage des über die Patientenverfügung festgestellten, wirklichen oder mutmaßlichen oder objektiv zu mutmaßenden Patientenwillens zu prüfen; diese Kontrolle dient immer und ausschließlich der Sicherung des – in Ausübung seines Selbstbestimmungsrechts – artikulierten Willens des Betroffenen (vgl BVerfG FamRZ 2009, 945, 947); es handelt sich insoweit um eine **reine Rechtmäßigkeitsprüfung** (vgl § 1904 Abs. 3 BGB). Kein geeigneter Überprüfungsmaßstab ist hingegen eine abstrakte Feststellung des „Wohls des Patienten". Die komplexen Verfahrensregeln ergeben sich aus §§ 298 Abs. 2-4, 287 Abs. 3, 312 ff FamFG.

Annex: Betreuungsverfügung

Nach § 1901 Abs. 2 S. 2 BGB kann der (zukünftig) Betreute seine Vorstellungen zu seiner Lebensführung **16** nach Eintritt des Betreuungsfalls durch **Betreuungsverfügungen** autonom bestimmen (zur Registrierung einer Betreuungsverfügung s. → *Vorsorgevollmacht* Rn 21). Solche Anordnungen sind für den Betreuer und das Betreuungsgericht maßgebend, soweit sie **dem Betreuer zumutbar** sind und dem **Wohl des Betreuten** nicht zuwiderlaufen. Für die Errichtung der Betreuungsverfügung reicht die natürliche Einsichtsfähigkeit (BayObLG v. 18.6.2003 – 3 Z BR 108/03, BtPrax 2003, 270). Betreuungsverfügungen sind nach § 1901 a BGB spätestens bei Bekanntwerden der Einleitung oder Durchführung eines Betreuungsverfahrens beim zuständigen Betreuungsgericht abzuliefern. In einer **vorsorgenden Betreuungsverfügung** kann beispielsweise die Person eines Betreuers zur Bestellung durch das Betreuungsgericht benannt werden (grundsätzlich Bindung des Betreuungsgerichts nach § 1897 Abs. 4 BGB); ebenso kann verfügt werden, dass eine bestimmte Person gerade nicht Betreuer werden soll. Die Betreuungsverfügung kann insbesondere auch Wünsche und konkrete Vorstellungen zur Durchführung einer Betreuung enthalten. Betreuungsverfügungen, beispielsweise zur Bestimmung eines Betreuers, sollten in Vorsorgevollmachten und/oder Patientenverfügungen integriert werden.

▶ **Muster (einfache Patientenverfügung nach § 1901 a Abs. 2 BGB – ausführlich):**

Patientenverfügung

(in Anlehnung an die Schrift des Bayerischen Staatsministeriums der Justiz:
Vorsorge für Unfall, Krankheit, Alter)

Für den Fall, dass ich,

...

infolge Krankheit oder Unfall nicht mehr in der Lage sein sollte, meinen Willen zu bilden oder verständlich zu äußern, errichte ich folgende

Patientenverfügung

I.

Widerruf

Ich widerrufe hiermit alle bisher von mir errichteten Patientenverfügungen (§ 1901 a Abs. 1 BGB) oder Behandlungswünsche (§ 1901 a Abs. 2 BGB). Es sollen nur die in dieser Urkunde niedergelegten Anordnungen oder spätere Änderungen gelten.

II.

Meine Wertvorstellungen

Nachfolgende Erklärungen gebe ich nicht nur im Vollbesitz meiner geistigen Kräfte und bei voller Entscheidungsfähigkeit ab, sondern nach sorgfältiger Information zugleich in voller Kenntnis von Inhalt und Tragweite meines hier geäußerten Willens.

Das Leben ist für mich von hohem Wert. Es gibt aber Situationen, in denen das Leben nur noch ein Martyrium bzw eine Folter darstellt und der Tod die ersehnte Erlösung von einem für mich unerträglichen Leiden bedeuten würde. In einem solchen Fall möchte ich selbst entscheiden dürfen, ob mein Leben mit den Mitteln der modernen Apparatemedizin künstlich aufrechterhalten und mein Leiden verlängert wird oder ob dem Krankheits- bzw Sterbevorgang sein natürlicher Verlauf gelassen wird.

Über Lebenmüssen und Sterbendürfen entscheiden meine eigenen Wertvorstellungen, nicht dagegen die der Ärzte, Angehörigen oder sonstigen Personen. Auch ein von mir Bevollmächtigter, ggf auch ein vom Betreuungsgericht bestellter Betreuer, soll sich bei seinen Entscheidungen, die er für mich in Gesundheitsangelegenheiten trifft, an meinen Wertvorstellungen orientieren und nicht daran, was medizinisch und technisch machbar ist.

Ich ordne an, natürlichen Vorgängen eines Sterbeprozesses und unheilbaren, zum Tode führenden Erkrankungen absoluten Vorrang einzuräumen gegenüber den technischen Möglichkeiten einer zeitlich begrenzten Lebensverlängerung. Ich schätze die Lebensqualität in jedem Fall höher ein als die Lebensquantität, zumal wenn Letztere mit Schmerzen, Qualen oder dauernder Bewusstlosigkeit verbunden ist. Ich möchte nach Möglichkeit meine letzten Wochen, Tage oder Stunden in einer mir vertrauten Umgebung verbringen.

III.
Situationen, für die die Patientenverfügung gelten soll

Die Patientenverfügung gilt in folgenden Situationen:

1. Alternative:

– wenn ich mich aller Wahrscheinlichkeit nach unabwendbar im unmittelbaren Sterbeprozess befinde;
– wenn ich mich im Endstadium einer unheilbaren, tödlich verlaufenden Krankheit befinde, selbst wenn der Todeszeitpunkt noch nicht absehbar ist;
– wenn infolge einer Gehirnschädigung meine Fähigkeit, Einsichten zu gewinnen, Entscheidungen zu treffen und mit anderen Menschen in Kontakt zu treten, nach Einschätzung zweier erfahrener Ärzte aller Wahrscheinlichkeit nach unwiederbringlich erloschen ist, selbst wenn der Todeszeitpunkt noch nicht absehbar ist. Dies gilt für direkte Gehirnschädigung, zB durch Unfall, Schlaganfall, Entzündung, ebenso wie für indirekte Gehirnschädigung, zB nach Wiederbelebung, Schock oder Lungenversagen. Es ist mir bewusst, dass in solchen Situationen die Fähigkeit zu Empfindungen erhalten sein kann und dass ein Aufwachen aus diesem Zustand nicht ganz sicher auszuschließen, aber äußerst unwahrscheinlich ist;
– wenn ich infolge eines sehr weit fortgeschrittenen Hirnabbauprozesses (zB bei Demenzerkrankung) auch mit ausdauernder Hilfestellung nicht mehr in der Lage bin, Nahrung und Flüssigkeit auf natürlicher Weise zu mir zu nehmen.

Vergleichbare, hier nicht ausdrücklich erwähnte Krankheitszustände sollen entsprechend beurteilt werden.

2. Alternative:

wenn das Grundleiden nach ärztlicher Überzeugung mit infauster (hoffnungsloser) Prognose, einen irreversiblen (nicht umkehrbaren) tödlichen Verlauf genommen hat und der Tod ohnehin in kurzer Zeit eintritt.

IV.
Festlegungen zu ärztlichen und pflegerischen Maßnahmen

In den unter Abschnitt III. beschriebenen Situationen verlange ich:

– lindernde pflegerische Maßnahmen, insbesondere Mundpflege zur Vermeidung des Durstgefühls, sowie lindernde ärztliche Maßnahmen, im Speziellen Medikamente zur wirksamen Bekämpfung von Schmerzen, Luftnot, Angst, Unruhe, Erbrechen und anderen Krankheitserscheinungen. Die Möglichkeit einer Verkürzung meiner Lebenszeit durch diese Maßnahmen nehme ich in Kauf;
– die Unterlassung lebenserhaltender Maßnahmen, die nur den Todeseinritt verzögern und dadurch mögliches Leiden unnötig verlängern würden, insbesondere die Unterlassung von Wiederbelebungsmaßnahmen, künstlicher Beatmung oder künstlicher Ernährung, weder über eine Sonde durch den Mund, die Nase oder die Bauchdecke noch über die Vene, keine Flüssigkeitsgabe außer bei palliativmedizinischer Indikation zur Beschwerdelinderung.

V.
Anweisung an den Bevollmächtigten, ggf an einen Betreuer

1. Alternative:

Ich nehme Bezug auf die neben dieser Patientenverfügung am

vor dem Notar ... in Köln unter der UR. Nr. R ... für ... beurkundete Vorsorgevollmacht und die darin an meinen Bevollmächtigten, ggf an einen Betreuer, erteilten Anweisungen.

Der Bevollmächtigte wird beauftragt und ermächtigt, dem von mir in dieser Patientenverfügung geäußerten Willen Ausdruck und Geltung zu verschaffen und die von mir geäußerten Behandlungswünsche umzusetzen und durchzusetzen. Unabhängig davon, dass der Bevollmächtigte grundsätzlich die von mir in dieser Patientenverfügung getroffenen Anweisungen zu beachten hat, räume ich dem Bevollmächtigten einen Ermessensspielraum dahin gehend ein, die in der konkreten Situation notwendigen Entscheidungen nach bestem Wissen und Gewissen so zu treffen, wie sie dann in der aktuellen Lebens- und Behandlungssituation meinem Wohl entsprechen (§ 1901 Abs. 2 S. 1 BGB).

Die Anweisungen im vorstehenden Absatz gelten in gleicher Weise auch für einen vom Betreuungsgericht bestellten Betreuer.

Mir ist Folgendes bekannt: Die Umsetzung der Anordnungen in dieser Patientenverfügung bedarf ggf der Genehmigung des Betreuungsgerichts; eine Genehmigung ist nicht erforderlich, wenn zwischen dem behandelnden Arzt und dem Bevollmächtigten Einvernehmen darüber besteht, dass die Erteilung, die Nichterteilung oder der Widerruf der Einwilligung in die vorgesehene oder bestehende ärztliche Maßnahme meinem nach den gesetzlichen Vorschriften festgestellten Willen entspricht.

Diese Genehmigung des Betreuungsgerichts bitte ich zu erteilen.

2. Alternative:

Ich habe am ... anstelle einer Vorsorgevollmacht ausschließlich eine Betreuungsverfügung erstellt.

VI.
Schlussbestimmungen

Ich habe diese Patientenverfügung nach sorgfältiger Überlegung erstellt. Sie ist Ausdruck meines Selbstbestimmungsrechts.

Ich wünsche nicht, dass mir zu irgendeinem zukünftigen Zeitpunkt, insbesondere auch im Falle einer schweren Erkrankung, eine Änderung meines in dieser Patientenverfügung bekundeten Willens unterstellt wird, solange ich ihn nicht ausdrücklich schriftlich oder nachweisbar mündlich oder in anderer Weise widerrufen habe.

Mir ist bekannt, dass ich die Patientenverfügung jederzeit abändern oder insgesamt widerrufen kann.

Für den Fall des Hirntodes bin ich mit einer Organ- und/oder Gewebeentnahme – nicht – einverstanden.

Eine Abschrift dieser Patientenverfügung soll zu meinen Krankenunterlagen genommen werden.

Sollte eine Anhörung meiner Angehörigen und sonstigen Vertrauenspersonen gemäß § 1901 b Abs. 2 BGB erforderlich sein, soll folgender/n Person(en) – soweit ohne erhebliche Verzögerung möglich – Gelegenheit zur Äußerung gegeben werden:

Name: ....

Geburtsdatum: ....

Straße: ....

Wohnort: ....

Folgende Person(en) soll(en) nicht zu Rate gezogen werden:

Name: ....

Geburtsdatum: ....

Straße: ....

Wohnort: ....

Köln, den ...

––––––––––––––––––––––––––––
Unterschrift ◄

174. Personensorge

Seebach

I. Allgemeines	1	d) Aufenthaltsbestimmungsrecht	14
II. Regelung der Personensorge	5	e) Ausbildung und Beruf	15
1. Ausübung	5	aa) Allgemeines	15
a) Inhaber	5	bb) Regelungsgehalt	16
b) Übertragung auf Dritte	7	3. Personensorge für verheiratete Minderjährige	18
c) Staatlicher Erziehungsauftrag	8	a) Allgemeines	18
2. Inhalt	11	b) Regelungsgehalt	20
a) Pflege	11	4. Herausgabegabeanspruch	21
b) Erziehung	12	III. Verfahren	22
c) Beaufsichtigung	13		

I. Allgemeines

1 Die elterliche Sorge (s. → *Elterliches Sorgerecht*) begründet nach § 1626 Abs. 1 BGB neben der Vermögenssorge die Pflicht und das Recht, für das minderjährige Kind zu sorgen (**Personensorge**). Die Norm des § 1631 BGB konkretisiert § 1626 BGB dahin gehend, dass die Personensorge insbesondere die Pflicht und das Recht umfasst, das Kind **zu pflegen, zu beaufsichtigen und seinen Aufenthalt zu bestimmen** (NK-BGB/Rakete-Dombek § 1631 BGB Rn 1 f). Der Begriff der Personensorge wird durch § 1631 BGB definiert. Weiter gehende Regelungen finden sich in § 1631 a BGB hinsichtlich Ausbildung und Beruf des Kindes (s. Rn 15), in § 1631 b BGB hinsichtlich der Unterbringung des Kindes (s. Rn 14), in § 1631 c BGB hinsichtlich einer Sterilisation als besonderen Fall der medizinischen Behandlung von Minderjährigen (s. → *Körperliche Eingriffe bei Minderjährigen* Rn 34; s. Rn 11), in § 1632 BGB hinsichtlich eines etwaigen Herausgabeanspruchs der Eltern des Kindes gegenüber Dritten und hinsichtlich der Bestimmung des Umgangs (s. Rn 21) sowie in § 1633 BGB betreffend die Regelung der Personensorge für verheiratete Minderjährige (s. Rn 18).

2 Die Übertragung der Personensorge auf Dritte ist möglich (s. Rn 21). Die Vertretung des Kindes (s. → *gesetzliche Vertretung*) durch die Eltern, auch im Rahmen der Ausübung der Personensorge, erfährt eine gesetzliche Regelung in § 1629 BGB (s. Rn 5).

3 Der schwerwiegendste **staatliche Eingriff** in die Personensorge (NK-BGB/Rakete-Dombek § 1666 BGB Rn 22) ist die Möglichkeit des Entzugs der elterlichen Sorge (NK-BGB/Rakete-Dombek § 1666 BGB Rn 7) gem. § 1666 BGB (s. → *Kindeswohlgefährdung* Rn 1).

4 Bei bestehender **Vormundschaft** für das minderjährige Kind verweist § 1800 BGB auf die §§ 1631–1633 BGB. Der Vormund ist hinsichtlich der Personensorge den Eltern gleichgestellt (HK-BGB/Kemper § 1800 BGB Rn 1). Hinsichtlich der **religiösen Erziehung** ist § 1801 BGB zu beachten. Die Ausführungen im Bereich der Personensorge gelten für den Vormund entsprechend (NK-BGB/Fritsche § 1800 BGB Rn 1).

II. Regelung der Personensorge

1. Ausübung

5 **a) Inhaber.** Inhaber der Personensorge sind die **Eltern des Kindes** oder auch ein **Elternteil** alleine, dem gem. § 1671 BGB die elterliche Sorge übertragen wurde. Hinsichtlich nicht verheirateter Eltern gilt die Regelung des § 1626 a BGB (NK-BGB/Rakete-Dombek § 1631 BGB Rn 3). Das Bundesverfassungsgericht hat insoweit Kriterien hinsichtlich der Begründung der gemeinsamen elterlichen Sorge nicht verheirateter Eltern aufgestellt (s. → *Elterliches Sorgerecht* Rn 15 ff). Ferner sind Inhaber der elterlichen Personensorge die **Adoptiveltern** gem. § 1754 BGB, der **Vormund** gem. §§ 1793, 1797, 1800 BGB, der **Pfleger**, dem gem. § 1630 BGB die elterliche Sorge oder Teilbereiche übertragen wurde/n, sowie gem. § 1687 BGB hinsichtlich Angelegenheiten des täglichen Lebens der **getrennt lebende Elternteil**, bei dem sich das Kind gerade aufhält (NK-BGB/Rakete-Dombek § 1631 BGB Rn 3).

Bei einem **minderjährigen Elternteil** gilt § 1673 Abs. 2 BGB (s. → *Ruhen des Sorgerechts* Rn 10). Da- **6** nach ist die Ausübung der **tatsächlichen Personensorge** durch den minderjährigen Elternteil nicht beschränkt (HK-FamR/Schmid § 1673 BGB Rn 2; Palandt/Götz § 1673 BGB Rn 3), die Vertretung in Personensorgeangelegenheiten steht dem minderjährigen Elternteil jedoch nicht zu. Insbesondere treten auch im Falle des § 1633 BGB nicht die Großeltern in die elterliche Sorge des Kindes ein (s. Rn 18).

b) Übertragung auf Dritte. Die Übertragung der Personensorge durch die Eltern auf Dritte ist möglich. **7** Zu erwähnen sind insbesondere Krippenplätze, Kindergärten, Tagespflegeeinrichtungen, aber auch Kliniken oder sonstige Betreuungseinrichtungen, die Aufgaben der elterlichen Sorge im Bereich der Personensorge übernehmen (s. → *Erziehung* Rn 9). Die Eltern bleiben Inhaber der elterlichen Sorge und werden von ihren Rechten und Pflichten mit Abgabe an die dritte Person nicht befreit. Auf die Ausübung der elterlichen Sorge kann durch die Eltern nicht einfach verzichtet werden (NK-BGB/Rakete-Dombek § 1631 BGB Rn 4). Insbesondere trifft die Eltern ein etwaiges Verschulden bei der Auswahl der dritten beaufsichtigenden Person (s. → *Haftung der gesetzlichen Vertreter* Rn 3). Die Pflegepersonen haben die Befugnis gem. § 1688 Abs. 1 BGB. Dies gilt über § 1793 BGB auch für Hilfspersonen des Vormunds (HK-BGB/Kemper § 1793 BGB Rn 2).

c) Staatlicher Erziehungsauftrag. Die Personensorge kann durch öffentlich-rechtliche Bestimmungen **8** eingeschränkt werden. So ist auch der Staat gehalten, seinem staatlichen Erziehungsauftrag nachzukommen (s. → *Erziehung* Rn 9). Der Besuch einer Schule und die bestehende **Schulpflicht** stellen einen derartigen staatlichen Eingriff in die Personensorge der Eltern dar. Der elterliche Erziehungsauftrag wird zulässig durch die allgemeine Schulpflicht beschränkt, wobei es in Einzelfällen, insbesondere im Hinblick auf die **religiöse Erziehung** (s. → *Erziehung* Rn 8) des Kindes zu Konflikten kommen kann (NK-BGB/Rakete-Dombek § 1631 BGB Rn 5).

Auch im Bereich des **Jugendstrafrechts** steht der Erziehungsgedanke im Vordergrund, insbesondere bei **9** der Verhängung etwaiger Auflagen und Weisungen sowie bei der Verhängung eines Arrestes oder einer Jugendstrafe. Die Eltern haben trotz bestehender Personensorge derartige staatliche Maßnahmen gegen ihr Kind hinzunehmen (s. → *Erziehung* Rn 7).

Ferner sind **Jugendhilfemaßnahmen** nach dem SGB VIII, insbesondere auch eine sozialpädagogische Fa- **10** milienhilfe oder sonstige staatliche Unterstützungs- und Fördermaßnahmen, zu erwähnen, die jedoch entweder einen Antrag der Eltern oder eine gerichtliche Anordnung voraussetzen (NK-BGB/Rakete-Dombek § 1631 BGB Rn 5). Dem Jugendamt kommt gem. § 42 SGB VIII im Bereich der Inobhutnahme eine eigenständige Befugnis für einen vorübergehenden Eingriff in die elterliche Sorge zu (s. → *Erziehung* Rn 5).

Den **erheblichsten staatlichen Eingriff** in die Personensorge der Eltern stellen Anordnungen nach § 1666 BGB bei bestehender oder drohender **Kindeswohlgefährdung** dar, die erheblich in das Elternrecht eingreifen (s. → *Kindeswohlgefährdung*).

2. Inhalt

a) Pflege. Die in § 1631 BGB erwähnte Pflege des Kindes meint den körperlichen Aspekt der Betreuung **11** (Palandt/Götz § 1631 BGB Rn 2). Hierzu zählen die körperlichen Versorgungs- und Hygienemaßnahmen sowie die medizinische Versorgung und Behandlung (NK-BGB/Rakete-Dombek § 1631 BGB Rn 6). Die Begrifflichkeit meint demnach die Sorge für das Wohlbefinden sowie die Sicherung der psychischen Existenz des Kindes. Aber auch die Sicherung und Geltendmachung von Unterhaltsansprüchen wird umfasst (HK-BGB/Kemper § 1631 BGB Rn 3). Gesondert geregelt ist die Sterilisation des minderjährigen Kindes (§ 1631 c BGB; s. → *Körperliche Eingriffe bei Minderjährigen* Rn 34). Die Personensorge ist insoweit beschränkt (NK-BGB/Rakete-Dombek § 1631 c BGB Rn 3).

b) Erziehung. Unter Erziehung (s. → *Erziehung*) versteht man die Pflicht, für die **sittliche, geistige und** **12** **seelische Entwicklung** des Kindes (Palandt/Götz § 1631 BGB Rn 2) zu sorgen (NK-BGB/Rakete-Dombek § 1631 BGB Rn 7). Die Erziehung wird vielfach als wichtigstes Element der Personensorge angesehen (s. → *Erziehung* Rn 1). Die Erziehung hat gem. § 1631 Abs. 2 BGB **gewaltfrei** zu erfolgen (s. → *Erziehung*

Rn 4). Erziehungsziel ist die Entwicklung des Kindes zu einer selbstverantwortlichen Persönlichkeit (Palandt/Götz § 1631 BGB Rn 2).

13 **c) Beaufsichtigung.** Die Eltern haben die **Aufsichtspflicht** für ihre minderjährigen Kinder und die Pflicht, sich über deren Angelegenheiten zu informieren und diese zu überwachen (HK-BGB/Kemper § 1631 BGB Rn 5). Neben der allgemeinen Beaufsichtigung haben die Eltern auf den Umgang ihrer Kinder mit Dritten zu achten und diesen gegebenenfalls zu regeln oder zu untersagen. Bei **Verletzung ihrer Aufsichtspflicht**, haften die Eltern, wobei die beschränkte Haftung der Eltern gem. § 1664 BGB gilt und zu beachten ist (s. → *Haftung der gesetzlichen Vertreter* Rn 5). Die Beaufsichtigung kann auf dritte Personen übertragen werden (s. Rn 7). Maßnahmen nach § 1666 BGB sind möglich (s. → *Kindeswohlgefährdung* Rn 16 f).

14 **d) Aufenthaltsbestimmungsrecht.** Die Eltern bestimmen die Wohnung sowie den **Wohnort des minderjährigen Kindes**. Die Begrifflichkeiten sind abzugrenzen von dem Begriff des Wohnsitzes iSd § 11 BGB (s. → *Aufenthaltsbestimmung bei Minderjährigen* Rn 1; Palandt/Götz § 1631 BGB Rn 4).

Ein besonders schwerer Eingriff ist insoweit die **Unterbringung des Kindes** in einer geschlossenen Einrichtung gem. § 1631 b BGB (s. → *Freiheitsentziehende Unterbringung Minderjähriger*).

15 **e) Ausbildung und Beruf. aa) Allgemeines.** Gem. § 1631 a BGB haben die Eltern in Angelegenheiten der Ausbildung und des Berufs Rücksicht auf die **Eignung und Neigung des Kindes** zu nehmen (HK-FamR/Hüßtege § 1631 a BGB Rn 1). In Zweifelsfällen soll der Rat eines Lehrers oder einer anderen geeigneten Person eingeholt werden. Die Neigung meint hierbei die subjektive Einschätzung des Kindes, wobei im Zweifel die Eignung ausschlaggebend sein soll. § 1631 a BGB konkretisiert § 1626 Abs. 2 S. 1 BGB, wonach Erziehung eine **Wechselbeziehung** darstellt zwischen Eltern und Kind und letztlich Erziehung auszurichten ist an den Bedürfnissen des Kindes (s. → *Erziehung* Rn 1). Die Vorstellung des Gesetzgebers zielt auf eine **kooperative Erziehung**. Dem Prestigedenken der Eltern soll vorgebeugt werden (NK-BGB/Rakete-Dombek § 1631 a BGB Rn 1; Palandt/Götz § 1631 a BGB Rn 1).

16 **bb) Regelungsgehalt.** Der Begriff der Ausbildung ist weit auszulegen und erfasst auch **Fähigkeiten und Tätigkeiten**, die **außerhalb der Schule** stattfinden. Hierunter fallen Tätigkeiten im Bereich des Sports, der Musik, der Sprachbildung sowie weitere Bereiche außerschulischen Lernens. Die Eltern haben im Rahmen des Ausbildungs- und Berufswegs des Kindes dessen Gesundheit und zeitliche Belastung sowie Belastbarkeit zu beachten. Die Interessen und Belange anderer Familienmitglieder, insbesondere anderer Kinder, sind einzubeziehen (HK-FamR/Schmid § 1631 a BGB Rn 2). Die Vertretung im Rahmen der Personensorge umfasst hierbei auch den Abschluss eines Lehrvertrags (HK-FamR/Schmid § 1626 BGB Rn 5).

17 Bei § 1631 a BGB handelt es sich um eine Soll-Vorschrift, so dass Maßnahmen nach §§ 1666, 1666 a BGB im Zweifel nicht angezeigt und auf **krasse Fehlentscheidungen** beschränkt sind (NK-BGB/Rakete-Dombek § 1631 a BGB Rn 2). In der Regel werden Verstöße der Eltern daher sanktionslos sein (BayOLG 8.8.1990 – 1 a Z 47/90, NJW-RR 1991, 329).

3. Personensorge für verheiratete Minderjährige

18 **a) Allgemeines.** Einen **Sonderfall im Bereich der Personensorge** bildet § 1633 BGB betreffend den Fall der Personensorge für ein **verheiratetes minderjähriges Kind**. Sobald ein Kind das 16. Lebensjahr vollendet hat, kann es gem. § 1303 BGB mit einer volljährigen Person die Ehe eingehen, wobei das Familiengericht von der Vorschrift des § 1303 Abs. 1 BGB – grundsätzlich Volljährigkeit – befreien kann (NK-BGB/Rakete-Dombek § 1633 BGB Rn 1). Widersprechen die Eltern der Befreiung, so ist vom Familiengericht zu überprüfen, ob dieser Widerspruch auf triftigen Gründen beruht. Das Kriterium ist auch hier das Kindeswohl gem. § 1697 a BGB (HK-FamR/Schmid § 1633 BGB Rn 1). § 1633 BGB gilt unabhängig vom Geschlecht des Kindes und unabhängig davon, ob die Zustimmung der Eltern zur Eheschließung vorlag, ferner auch unabhängig davon, ob die Ehe gem. §§ 1613 ff BGB aufhebbar ist.

19 Sinn und Zweck des § 1633 BGB, wonach die Personensorge **auf die persönlichen Angelegenheiten des Kindes beschränkt** wird, liegt im **Schutz der jungen Ehe**, insbesondere vor Einmischung durch die El-

tern (HK-BGB/Kemper § 1633 BGB Rn 1). Wird die Ehe aufgelöst, so gilt die Beschränkung der elterlichen Sorge fort. Die Vermögenssorge bleibt von § 1633 BGB unberührt, so dass insoweit eine Beschränkung der elterlichen Sorge nicht erfolgt (NK-BGB/Rakete-Dombek § 1633 BGB Rn 2).

b) Regelungsgehalt. Gem. § 1633 BGB bleibt die elterliche Sorge für verheiratete minderjährige Kinder 20
beschränkt bestehen (HK-FamR/Schmid § 1633 BGB Rn 2; HK-BGB/Kemper § 1626 BGB Rn 7). Die elterliche Sorge geht nicht auf den volljährigen Ehegatten über. Die Beschränkung auf die persönlichen Angelegenheiten führt zu einem **Wegfall der tatsächlichen Personensorge** durch die Eltern (HK-FamR/Schmid § 1633 BGB Rn 2). Eine Ausnahme bildet diesbezüglich der **Abschluss eines Ehevertrags** durch das minderjährige Kind, da dieser nur mit Zustimmung der Eltern abgeschlossen werden kann (s. → *Gesetzliche Vertretung Minderjähriger* Rn 23).

Maßnahmen nach § 1666 BGB betreffend die Personensorge sind gegen die Eltern ausgeschlossen. Bei **Heirat während eines laufenden Verfahrens** wegen Kindeswohlgefährdung tritt durch die Heirat Erledigung ein (NK-BGB/Rakete-Dombek § 1633 BGB Rn 2). Da die Vermögenssorge fortbesteht, gilt auch weiterhin uneingeschränkt § 1698 BGB im Hinblick auf das Kindesvermögen (s. → *Vermögenssorge* Rn 13 ff).

Bei Streitigkeiten im Eltern-Kind-Verhältnis gilt § 1630 Abs. 2 BGB analog (HK-FamR/Schmid § 1633 BGB Rn 2 f). Das Umgangsrecht des Kindes mit den Eltern gem. § 1684 BGB bleibt von § 1633 BGB unberührt (NK-BGB/Rakete-Dombek § 1633 BGB Rn 2).

4. Herausgabegabeanspruch

Die Norm des § 1632 BGB hat jedoch vor allem in **Umgangsverfahren** Bedeutung (s. → *Durchsetzung* 21
von Umgangsregelungen Rn 14 ff). Es hat eine **Abgrenzung zu Maßnahmen nach § 1631 BGB** zu erfolgen. So wird das Verbot der Eltern, bestimmte Orte, wie zB Lokale und Gaststätten, aufzusuchen, von § 1631 BGB gedeckt (s. → *Aufenthaltsbestimmung bei Minderjährigen* Rn 2). § 1632 BGB umfasst die **Umgangsbestimmung mit dritten Personen.** Soziale Kontakte gehören zu einer gesunden und freiheitlichen Entwicklung des Kindes, während die von dritten Personen ausgehenden Gefahren von Eltern überwacht und beschränkt werden sollen (NK-BGB/Rakete-Dombek § 1632 BGB Rn 20). Hier hat eine Abwägung stattzufinden.

Im Rahmen ihres **Aufenthaltsbestimmungsrechts** haben die Eltern das Recht, von jedem die Herausgabe des Kindes gem. § 1632 Abs. 1 BGB zu verlangen (s. → *Aufenthaltsbestimmung bei Minderjährigen* Rn 2 f; s. → *Kindesherausgabe* Rn 1 ff). § 1632 Abs. 4 BGB regelt die Verbleibensanordnung innerhalb der Pflegefamilie. Insoweit erfährt das Aufenthaltsbestimmungsrecht der Eltern eine Einschränkung (s. → *Verbleibensanordnungen*).

III. Verfahren

Hinsichtlich des Verfahrens betreffend die **familiengerichtliche Unterstützung** (HK-FamR/Schmid 22
§ 1631 BGB Rn 4) bei Ausübung der Personensorge gilt § 1631 Abs. 3 BGB (NK-BGB/Rakete-Dombek § 1631 BGB Rn 15). Im Übrigen gelten die allgemein getroffenen Ausführungen im Bereich der elterlichen Sorge (s. → *Elterliches Sorgerecht* Rn 23 ff).

Die sorgeberechtigten Eltern sind antragsberechtigt (Palandt/Götz § 1631 BGB Rn 10). Anzuhören sind die Eltern, das Kind sowie das Jugendamt gem. §§ 159, 160, 162 FamFG (NK-BGB/Rakete-Dombek § 1631 BGB Rn 16). Eventuell ist ein Verfahren nach § 1628 BGB ausreichend (s. → *Meinungsverschiedenheiten der Sorgeberechtigten*).

175. Personenstandssachen

Hoffmann

I. Personenstand 1   IV. Benutzung der Personenstandsregister 12
II. Personenstandsregister 2   V. Berichtigung der Personenstandsregister 17
III. Beurkundung in den Personenstandsregistern .. 5

I. Personenstand

1   Der Personenstand eines Menschen im Sinne des Personenstandsgesetzes (PStG) ist die sich aus dem **Familienrecht des BGB** ergebende Stellung einer Person innerhalb der deutschen Rechtsordnung einschließlich ihres Namens (§ 1 Abs. 1 S. 1 PStG). Der Personenstand umfasst demnach Daten über Geburt, Eheschließung, Begründung einer Lebenspartnerschaft und Tod sowie die damit in Verbindung stehenden familien- und namensrechtlichen Tatsachen wie eine Vaterschaftsanerkennung oder -anfechtung, eine Annahme als Kind, eine Ehescheidung, Vor- und Geburtsname etc. (§ 1 Abs. 1 S. 2 PStG).

II. Personenstandsregister

2   Die Personenstandstatsachen werden seit einer umfangreichen Reform des Personenstandsrechts durch das Gesetz zur Reform des Personenstandsrechts vom 19.2.2007 seit dessen Inkrafttreten zum 1.1.2009 in den **vier Personenstandsregistern**, dem Ehe-, Lebenspartnerschafts-, Geburten- und Sterberegister, die beim zuständigen Standesamt in elektronischer Form geführt werden, gespeichert (§§ 3 f PStG). Zahllose kleine Änderungen des Personenstandsrechts werden durch das Personenstandsrechts-Änderungsgesetz vom 7.5.2013 erfolgen, das am 1.11.2013 in Kraft treten wird. Unter anderem ist dann nach § 22 Abs. 3 PStG ausdrücklich auf die Angabe des Geschlechts eines Kinds zu verzichten, wenn das Kind weder dem weiblichen noch dem männlichen Geschlecht zugeordnet werden kann. Eine nach ausländischem Recht geschlossene gleichgeschlechtliche Ehe ist als Lebenspartnerschaft zu qualifizieren und im Lebenspartnerschaftsregister einzutragen (OLG München – 6.7.2011, FamRZ 2011, 1526; KG Berlin – 3.3.2011, FamRZ 2011, 1525). Die Registereinträge bestehen aus einem urkundlichen Teil (Haupteintrag und Folgebeurkundungen) und einem Hinweisteil (§ 3 Abs. 1 S. 2 PStG). Die im **Haupteintrag** zu beurkundenden Tatsachen sind gesetzlich festgelegt (§§ 15, 17, 21, 31 PStG).

3   **Folgebeurkundungen** sind Einträge, die den Beurkundungsinhalt des Haupteintrags verändern (§ 5 Abs. 2 PStG). Die Tatsachen, die als Folgebeurkundungen in ein Register aufgenommen werden, wie eine Ehescheidung (§ 16 Abs. 1 Nr. 2 PStG) oder eine Vaterschaftsanerkennung nach der Beurkundung der Geburt (§ 27 Abs. 1 PStG), sind gesetzlich festgelegt (§§ 16, 17, 27, 32 PStG). Die Berichtigung eines Eintrags ist ebenfalls eine Folgebeurkundung (§§ 16 Abs. 1 Nr. 6, 17, 27 Abs. 3 Nr. 6, 32 S. 1 PStG).

4   **Hinweise** in einem Register stellen den Zusammenhang zwischen verschiedenen Beurkundungen her, die dieselbe Person, deren Ehegatten, Lebenspartner, Eltern oder Kinder betreffen (§ 5 Abs. 3 PStG). Öffentliche Stellen haben dem Standesamt Anlässe, die zu einer Folgebeurkundung oder zu einem Hinweis führen, mitzuteilen (§ 5 Abs. 4 S. 2 PStG).

III. Beurkundung in den Personenstandsregistern

5   **Eintragungen** in den Personenstandsregistern werden aufgrund von Anzeigen, Anordnungen, Erklärungen, Mitteilungen und eigenen Ermittlungen des Standesamts sowie von Einträgen in anderen Personenstandsregistern, Personenstandsurkunden oder sonstigen öffentlichen Urkunden vorgenommen (§ 9 Abs. 1 PStG, zur Beurkundung von anonymen Geburten, Kindern aus Babyklappen und bei Personen mit ungewissem Personenstand vgl Spindler StAZ 2012, 97). Für die Beurkundung sind die **Standesämter** zuständig.

6   Tatsachen, die in den Personenstandsregistern zu verzeichnen sind, insbesondere Geburten und Todesfälle (§§ 18, 28 PStG), sind dem zuständigen Standesamt anzuzeigen. Dabei ist letztlich jedermann zur **Anzeige** verpflichtet, wenn die vorrangig Verpflichteten, etwa kraft Gesetzes sorgeberechtigte Eltern bezogen auf

die Geburt ihres Kindes, an einer Anzeige gehindert oder gar nicht vorhanden sind (§§ 19, 29 PStG). Bei Geburten und Todesfällen in einer Einrichtung ist daneben auch der Träger der Einrichtung zur Anzeige verpflichtet (§§ 20, 30 PStG). Mit der Anzeige eines Todesfalls kann auch ein bei einer Handwerkskammer oder Industrie- und Handelskammer registriertes Bestattungsunternehmen beauftragt werden (§ 30 Abs. 2 PStG).

Nach § 21 Abs. 1 Nr. 4 PStG wird auf Wunsch eines Elternteils seine rechtliche Zugehörigkeit zu einer Re- **7** ligionsgemeinschaft, die Körperschaft des öffentlichen Rechts ist, beurkundet. Ob die Eintragung einer Konfessionszugehörigkeit auch dann möglich ist, wenn die Konfession nicht in Form einer Körperschaft des öffentlichen Rechts verfasst ist, ist strittig (BVerfG 20.11.2012 – 1 BvL 13/10).

Die zur Anzeige Verpflichteten haben die für die Beurkundung des Personenstandsfalls erforderlichen **An-** **8** **gaben** zu machen, soweit diese nicht Registern entnommen werden können, zu denen das Standesamt einen Zugang hat (§ 10 Abs. 1 PStG). Personenstandsrechtliche Erklärungen können dabei auch beim Urkundsbeamten des Standesamts beglaubigt oder beurkundet werden (§ 2 Abs. 1 PStG). Für eine Beglaubigung oder Beurkundung beim Standesamt werden Gebühren und Auslagen nach Maßgabe des jeweiligen Landesrechts erhoben (§ 72 PStG). Auch beim Jugendamt können – kostenfrei – bestimmte personenstandsrechtliche Erklärungen beglaubigt oder beurkundet werden (§ 59 Abs. 1 S. 1 Nr. 1, 2 SGB VIII).

Personen, die aufgrund des PStG zu Anzeigen oder zu sonstigen Handlungen verpflichtet sind, können **9** hierzu vom Standesamt durch Festsetzung eines **Zwangsgeldes** angehalten werden (§ 69 PStG). Derjenige, der eine Anzeige nicht, nicht richtig, nicht vollständig, nicht in der vorgeschriebenen Weise oder nicht rechtzeitig erstattet, handelt ordnungswidrig und kann mit einer **Geldbuße** belegt werden (§ 70 PStG).

Lehnt das Standesamt die Vornahme einer Amtshandlung – etwa die Eintragung einer Erklärung oder das **10** Erteilen einer Auskunft – ab, so kann das Standesamt auf Antrag der Beteiligten oder der Aufsichtsbehörde durch das Gericht **zur Vornahme der Amtshandlung angewiesen** werden (§ 49 Abs. 1 PStG). Das Standesamt kann in Zweifelsfällen auch von sich aus die Entscheidung des Gerichts darüber herbeiführen, ob eine Amtshandlung vorzunehmen ist (§ 49 Abs. 2 PStG). Das Verfahren richtet sich nach dem FamFG (§ 51 PStG) und den Sonderregelungen in den §§ 48 ff PStG (ausführlich zum gerichtlichen Verfahren in Personenstandssachen Jennissen StAZ 2012, 8). Für entsprechende Verfahren sind ausschließlich die Amtsgerichte zuständig, die ihren Sitz am Ort eines Landgerichts haben. Ihr Bezirk umfasst den Bezirk des Landgerichts (§ 50 Abs. 1 PStG). Dabei wird die örtliche Zuständigkeit durch den Sitz des Standesamts bestimmt, das die Sache dem Gericht zur Entscheidung vorgelegt hat oder das die Amtshandlung vornehmen soll (§ 50 Abs. 2 PStG). Die nach Landesrecht zuständige Aufsichtsbehörde, das Standesamt und die Beteiligten können in jeder Lage des Verfahrens diesem beitreten – auch durch Einlegung eines Rechtsmittels (§ 51 Abs. 2 PStG). Entscheidungen, durch die das Standesamt zu einer Amtshandlung angehalten wird, werden erst mit ihrer Rechtskraft wirksam (§ 53 Abs. 1 PStG). Die zuständige Aufsichtsbehörde ist beschwerdebefugt (§ 53 Abs. 2 PStG). Für die Zurückweisung von Anträgen auf eine gerichtliche Anordnung sowie für die Verwerfung oder Zurückweisung einer Beschwerde gegen eine gerichtliche Entscheidung werden die in §§ 130 f KostO bestimmten Gebühren erhoben (§ 127 Abs. 2 KostO).

Eine Anweisung durch das Gericht kommt etwa in Betracht, wenn ein Standesbeamter die Eintragung des **11** Vornamens eines Kindes ablehnt, weil er durch die Namensbestimmung das Kindeswohl als gefährdet ansieht (s. → *Namensänderung* Rn 2), er die Eintragung des leiblichen Erzeugers als Vater im Geburtenregister verweigert, weil dieser zum Zeitpunkt der Geburt des Kindes aufgrund einer Geschlechtsumwandlung rechtlich nunmehr eine Frau ist (s. → *Transsexualität* Rn 10), die Eintragung der Frau, mit der die Mutter zum Zeitpunkt der Geburt des Kindes in eingetragener Lebenspartnerschaft lebt, als zweiten Elternteil im Geburtenregister abgelehnt wird (s. → *Verwandtschaft* Rn 25) oder die Eintragung zweier nicht in Lebenspartnerschaft oder Ehe verbundener Elternteile, die gemeinsam ein Kind im Ausland adoptiert haben trotz Vorliegens einer familiengerichtlichen Anerkennungsentscheidung verweigert wird (KB Berlin 11.12.2012 – 1 W 404/12, FamRZ 2013, 717).

IV. Benutzung der Personenstandsregister

12 Benutzung ist die **Erteilung von Personenstandsurkunden** aus einem Registereintrag sowie die Auskunft aus einem bzw die Einsicht in einen Registereintrag sowie die Durchsicht mehrerer Registereinträge (§ 61 Abs. 1 S. 2 Hs 1 PStG). Personenstandsurkunden wie Ehe- und Lebenspartnerschafts-, Geburts- und Sterbeurkunden (§§ 57 ff PStG) **beweisen** Eheschließung, Begründung der Lebenspartnerschaft, Geburt und Tod und die darüber gemachten näheren Angaben sowie die sonstigen Angaben über den Personenstand der Personen, auf die sich der Eintrag bezieht (§ 54 Abs. 1 S. 1, Abs. 2 PStG). Erfolgte eine Folgebeurkundung, so werden nur die geänderten Tatsachen in die Personenstandsurkunde aufgenommen (§ 56 Abs. 2 PStG). Hinweise haben keine Beweiskraft (§ 54 Abs. 2 S. 2 PStG).

13 Urkunden sind auf **Antrag** der Person zu erteilen, auf die sich der Registerauszug bezieht, sowie deren Ehegatten, Lebenspartnern, Vorfahren und Abkömmlingen (§ 62 Abs. 1 S. 1 PStG). Andere Personen haben ein Recht auf Erteilung, wenn sie ein rechtliches Interesse glaubhaft machen, Geschwister in Bezug auf das Geburten- und Sterberegister auch bei einem berechtigten Interesse (§ 62 Abs. 1 S. 2 PStG). Eine Antragsbefugnis besteht für über 16 Jahre alte Personen (§ 62 Abs. 1 S. 3 PStG).

14 Die gleichen Grundsätze bestehen für **Auskünfte** und **Einsicht** in ein Register (§ 62 Abs. 2 PStG). Sonderregelungen gelten bei einer Verwandtschaft kraft Adoption (§ 63 Abs. 1 PStG) und bei der alleinigen Änderung des Vornamens eines Menschen nach dem Transsexuellengesetz (§ 63 Abs. 2 PStG, s. → *Transsexualität* Rn 3). Wie im Melderegister kann unter bestimmten Voraussetzungen ein **Sperrvermerk** eingetragen werden (§ 64 PStG).

15 **Behörden** und Gerichten sind auf Ersuchen Personenstandsurkunden zu erteilen sowie Auskunft aus einem oder Einsicht in einen Registereintrag zu gewähren, soweit dies zur Erfüllung der in ihrer Zuständigkeit liegenden Aufgaben erforderlich ist. Gleiches gilt für Auskunft aus den und Einsicht in die Sammelakten (§ 65 Abs. 1 PStG). Zudem können auch allen **Religionsgemeinschaften** im Inland, die Körperschaften des öffentlichen Rechts sind, Personenstandsurkunden und Auskünfte aus einem Personenstandsregister erteilt werden, soweit das Ersuchen Mitglieder ihrer Religionsgemeinschaft betrifft (§ 65 Abs. 2 PStG). Das Mitglied kann nicht beantragen, dass bestimmte Einträge, etwa eine Verpartnerung, nicht mitgeteilt werden (Kissner StAZ 2012, 213).

16 Für die entsprechenden Amtshandlungen werden **Gebühren** und Auslagen nach Maßgabe des jeweiligen Landesrechts erhoben (§ 72 PStG).

V. Berichtigung der Personenstandsregister

17 Sind in der schriftlichen Anzeige einer Geburt oder eines Sterbefalls Angaben unrichtig oder unvollständig und ist der richtige oder vollständige Sachverhalt durch öffentliche Urkunden oder aufgrund eigener Ermittlungen des Standesamts festgestellt, so sind die entsprechenden Angaben unter Hinweis auf die Grundlagen zu **ändern** (§ 46 PStG). Zudem können in einem abgeschlossenen Registereintrag **offenkundige Schreibfehler** berichtigt werden (§ 47 Abs. 1 S. 1 PStG).

18 Im Übrigen können Personenstandstatsachen nur unter bestimmten Voraussetzungen und nur bestimmte Personenstandssachen durch die Beamten des Standesamts **berichtigt** werden (§ 47 Abs. 1 S. 2, Abs. 2 PStG). Liegt keiner dieser Tatbestände vor, darf ein abgeschlossener Registereintrag nur auf Anordnung des Gerichts berichtigt werden (§ 48 Abs. 1 PStG). Einen Antrag auf **Anordnung der Berichtigung** können alle Beteiligten, das Standesamt und die Aufsichtsbehörde stellen (§ 48 Abs. 2 PStG). Das Verfahren richtet sich nach dem FamFG (§ 51 PStG) und den Sonderregelungen in den §§ 48 ff PStG. Entscheidungen, durch die das Standesamt zur Berichtigung des Personenstandsregisters angehalten wird, werden erst mit ihrer Rechtskraft wirksam (§ 53 PStG).

176. Pfändungsschutzkonto (P-Konto)

Grandel

I. Einführung......................................	1	b) Erhöhung des Sockelbetrages gemäß	
II. Einrichtung des P-Kontos und Folgen mehrerer		§ 850 k Abs. 2 ZPO.........................	10
P-Konten......................................	2	c) Zusätzliche Anordnungen durch das Vollstre-	
III. Wirkungen des P-Kontos........................	6	ckungsgericht, § 850 k Abs. 4 ZPO..........	14
1. Pfändungsfreier Betrag......................	7	2. Abwicklung der Pfändung.....................	15
a) Sockelbetrag.............................	8	IV. Anordnung der Unpfändbarkeit des P-Kontos..	18

I. Einführung

Mit dem Gesetz zur Reform des Kontopfändungsschutzes ist zum 1.7.2010 das Pfändungsschutzkonto **1** (P-Konto) eingeführt worden, das die **Sicherung des Existenzminimums des Schuldners** zum Ziel hat. Zwischen dem 1.7.2010 und dem 31.12.2011 galten altes und neues Recht zur Kontopfändung nebeneinander. Der bisherige Kontopfändungsschutz galt nicht für jede Art von Einkünften. Er setzte außerdem die Durchsetzung vor dem Vollstreckungsgericht in einem aufwändigen Verfahren voraus. Problematisch war auch der Pfändungsschutz bei Einkünften Selbstständiger. Ab dem 1.1.2012 ist der Kontopfändungsschutz ausschließlich über das P-Konto geregelt, so dass im Folgenden nur noch die aktuelle Rechtslage dargestellt wird.

II. Einrichtung des P-Kontos und Folgen mehrerer P-Konten

Ein P-Konto kann nur eine natürliche Person einrichten. Nur ein **Girokonto** kann in ein P-Konto umge- **2** wandelt werden, nicht ein Sparbuch (AG Bielefeld 12.6.2012 – 185 M 640/12, ZVI 2012, 315) oder sonstiges Bankkonto. Das Konto muss ein **Einzelkonto** sein. „Und-Konten" oder „Oder-Konten" können nicht als P-Konto geführt werden (Stöber, Forderungspfändung, 15. Aufl. 2010, Rn 1300 o). Der Schuldner kann aber die Umwandlung eines gemeinschaftlichen Kontos in ein P-Konto verlangen, was zur Aufteilung des gemeinschaftlichen Kontos in zwei getrennte Konten führt. Vollmachten für Dritte stehen einem P-Konto nicht entgegen.

Das Kreditinstitut muss **auf Verlangen des Schuldners** sein Girokonto als P-Konto führen (§ 850 k Abs. 7 **3** S. 2 ZPO). Der Schuldner hat gegen das Kreditinstitut einen gesetzlichen Anspruch auf Abschluss eines Vertrages zur Führung des P-Kontos. Die Umstellung auf ein P-Konto ist auch bei einem schon gepfändeten Konto möglich, wie sich aus § 850 k Abs. 7 S. 3 ZPO ergibt. Der Schuldner kann dann die Umstellung erst zum vierten auf seinen Antrag folgenden Geschäftstag verlangen.

Jeder Schuldner darf aber nur **ein einziges P-Konto** führen (§ 850 k Abs. 8 S. 1 ZPO). Deswegen muss der **4** Schuldner gegenüber dem Kreditinstitut versichern, dass er kein weiteres P-Konto unterhält. Das Kreditinstitut darf in der Auskunft mitteilen, dass es für den Schuldner ein P-Konto unterhält und darf Auskunft verlangen, ob der Schuldner schon anderweitig ein solches Konto eingerichtet hat. Da es keine Verpflichtung zur Meldung und keine zentrale Erfassung der Meldungen gibt, lässt sich keine sichere Abklärung vornehmen (s. dazu Bitter ZIP 2011, 149, 157).

Wenn der Schuldner unzulässigerweise **mehr als ein P-Konto** führt, kann ein Gläubiger beim Vollstre- **5** ckungsgericht beantragen, dass nur das von ihm bezeichnete Girokonto als P-Konto verbleibt (§ 850 k Abs. 9 S. 1 ZPO). Zu seinem Antrag muss der Gläubiger durch Vorlage der jeweiligen Drittschuldnererklärungen glaubhaft machen, dass mehrere P-Konten geführt werden. Um zu verhindern, dass der Schuldner vor der Entscheidung des Vollstreckungsgerichts zum Nachteil des Gläubigers verfügt, erfolgt keine vorherige Anhörung des Schuldners (§ 850 k Abs. 9 S. 3 ZPO). Die Entscheidung des Vollstreckungsgerichts wird allen beteiligten Kreditinstituten zugestellt. Mit der Zustellung entfallen die Wirkungen der P-Konten bis auf das verbliebene. Das gilt nicht nur im Verhältnis zum antragstellenden Gläubiger, sondern gegenüber allen Gläubigern des Schuldners (HK-ZPO/Kemper § 850 k ZPO Rn 39; Thomas/Putzo/Seiler § 850 k ZPO Rn 45). Stellen mehrere Gläubiger den Antrag, ist derjenige des rangbesten Gläubigers maßgebend, nicht die zeitliche Reihenfolge der Antragstellung (HK-ZPO/Kemper § 850 k ZPO Rn 36; Stöber Rn 1300 r).

III. Wirkungen des P-Kontos

6 Mit Einrichtung des P-Kontos entsteht ein Basispfändungsschutz zugunsten des Schuldners. Dem Schuldner verbleibt monatlich jeweils ein **pfandfreier Sockelbetrag des Guthabens im Kalendermonat**. Darauf, wann der Pfändungsbeschluss zugestellt wurde, kommt es nicht an. Dem Schuldner verbleibt daher auch bei einer Pfändung gegen Ende des Monats der volle pfandfreie Betrag. Unter Guthaben iSd § 850 k Abs. 1 ZPO versteht man das Guthaben zur Zeit der Wirksamkeit der Kontenpfändung zuzüglich aller Zugänge im laufenden Kalendermonat. Abbuchungen oder Abhebungen zugunsten des Schuldners nach Zugang der Pfändung verringern den restlichen pfandfreien Betrag. Nicht verbrauchte pfandfreie Beträge werden auf den Folgemonat übertragen (§ 850 k Abs. 1 S. 3 ZPO), aber nicht auf weitere Monate (Thomas/Putzo/Seiler § 850 k ZPO Rn 12; aA Ahrens NJW 2010, 2001). Wird er vom Schuldner bis dahin nicht verbraucht, fällt er an den Pfändungsgläubiger. Dem Schuldner kann deswegen maximal der doppelte Freibetrag zustehen (HK-ZPO/Kemper § 850 k ZPO Rn 12). Ein weiteres „Ansparen" zugunsten eines besonders sparsamen Schuldners ist nicht möglich (HK-ZV/Meller-Hannich § 850 k ZPO Rn 15). Kontoverfügungen vor Wirksamwerden der Pfändung verringern den monatlichen Sockelbetrag im Zustellungsmonat nicht (HK-ZV/Meller-Hannich § 850 k ZPO Rn 13).

1. Pfändungsfreier Betrag

7 Der pfandfreie Betrag beträgt:

a) Sockelbetrag

8 Pfandfreier Betrag aus § 850 c Abs. 1 S. 1 ZPO, Stand: 1.7.2013   1.045,04 EUR
Der pfandfreie Betrag ändert sich alle zwei Jahre jeweils zum 1.7. entsprechend der prozentualen Entwicklung des Grundfreibetrages nach § 32 a Abs. 1 Nr. 1 EStG, derzeit Stand 1.7.2013

9 Dieser Sockelbetrag gilt unabhängig davon, welche Art von Einkünften auf dem Konto eingehen.

Wird wegen **titulierter Unterhaltsansprüche** im Sinne des § 850 d ZPO gegen den Schuldner vollstreckt, ist der Sockelbetrag nicht maßgebend. An seine Stelle tritt der im Pfändungsbeschluss enthaltene (geringere) Freibetrag aus § 850 d Abs. 1 S. 2 ZPO (§ 850 k Abs. 3 ZPO). Obergrenze ist der Sockelbetrag zuzüglich des Aufstockungsbetrages aus § 850 k Abs. 2 ZPO.

10 **b) Erhöhung des Sockelbetrages gemäß § 850 k Abs. 2 ZPO.** Der Sockelbetrag aus Abs. 1 erhöht sich automatisch nach Maßgabe des § 850 k Abs. 2 ZPO. Folgende **Zahlungspflichten** führen zur Erhöhung des Sockelbetrages:

– **Gesetzliche Unterhaltspflichten** des Schuldners, die er tatsächlich bezahlt, erhöhen den Sockelbetrag um den nach § 850 c Abs. 1 S. 2 und Abs. 2 a S. 1 ZPO unpfändbaren Betrag. § 850 c Abs. 2 ZPO ist allerdings nicht anwendbar, dh, das den Freibetrag dann übersteigende Guthaben ist in voller Höhe pfändbar. „Gesetzliche" Unterhaltspflichten sind auch solche aufgrund vertraglicher Vereinbarungen, die den gesetzlichen Unterhaltsanspruch ausgestalten, nicht aber Zahlungspflichten losgelöst von gesetzlich sich errechnenden Unterhaltsbeträgen. Der Unterhalt muss auch tatsächlich vom Schuldner bezahlt werden. Gemeint sind nur nicht-titulierte Unterhaltsansprüche. Denn für titulierten Unterhalt ergibt sich der Pfandfreibetrag nur aus § 850 d ZPO.

– Der Sockelbetrag erhöht sich auch, wenn der Schuldner Geldleistungen nach SGB II und XII, die auf dem Konto eingehen, für mit ihm in einer **Bedarfsgemeinschaft** lebende Personen entgegennimmt, denen er nicht gesetzlich zum Unterhalt verpflichtet ist, § 850 k Abs. 2 Nr. 1 b ZPO. Darunter fallen zB die Grundsicherung für Arbeitssuchende (ALG II) oder Sozialhilfeleistungen. Der Hauptfall ist, dass der Schuldner in nichtehelicher Lebensgemeinschaft mit einer ebenfalls bedürftigen Person lebt.

– Gutschriften aus einmaligen **Sozialleistungen** iSd § 54 Abs. 2 SGB I und Geldleistungen iSd § 54 Abs. 3 Nr. 3 SGB I wegen Körper- und Gesundheitsschäden erhöhen den Sockelbetrag, weil sie besonderen Bedarf abdecken.

– Der Sockelbetrag wird automatisch um das **Kindergeld** und andere Geldleistungen für Kinder erhöht, es sei denn, die Vollstreckung erfolgt gerade wegen Kindesunterhalt. Dann muss der Schuldner das bezogene Kindergeld zur Tilgung dieser Ansprüche einsetzen (§ 850 k Abs. 2 Nr. 3 ZPO).

Auch soweit sich der Sockelbetrag in den vorgenannten Fällen erhöht, folgt eine **Übertragung nicht verbrauchter Guthaben auf den Folgemonat** (§ 850 k Abs. 2 S. 2 ZPO). Das Kreditinstitut hat die Pflicht, selbstständig den Sockelbetrag und die Erhöhungsbeträge zu ermitteln und an den Schuldner auszubezahlen (§ 850 k Abs. 5 S. 1 ZPO). Um prüfen zu können, ob eine Erhöhung nach Abs. 2 zu beachten ist, muss der Schuldner geeignete Nachweise vorlegen. Eine fälschlicherweise überhöhte Auszahlung an den Schuldner hat für das Kreditinstitut eine befreiende Wirkung, wenn ihm die Unrichtigkeit einer vorgelegten Bescheinigung weder bekannt noch infolge grober Fahrlässigkeit unbekannt ist (§ 850 k Abs. 5 S. 3 ZPO). **11**

Problematisch ist, welchen Inhalt die verlangten **Bescheinigungen** haben müssen. Eine Pflicht beteiligter Stellen, solche Bescheinigungen zur Vorlage bei Banken auszustellen, besteht nicht. Bescheinigungen von Privaten genügen nur, wenn sie dem äußeren Anschein nach Gewähr für ihre Richtigkeit bieten (Thomas/Putzo/Seiler § 850 k ZPO Rn 29). Der Anwalt sollte mit der Ausstellung von Bescheinigungen für den Schuldner vorsichtig sein. Er kann zwar gegebenenfalls Angaben zu bestehenden Unterhaltspflichten machen, aber kaum dazu, ob sie auch regelmäßig bezahlt werden. Es besteht ein nicht unerhebliches Haftungsrisiko. Die Arbeitsgemeinschaft Schuldnerberatung der Verbände hat im Zusammenwirken mit dem Bankenverband eine P-Konto Musterbescheinigung veröffentlicht, die im Internet u.a. auf der Seite: www.die-deutsche-kreditwirtschaft.de/dk/kontofuehrung (letzter Zugriff: 21.8.2013) heruntergeladen werden kann. Kann der Schuldner den Nachweis nicht führen, bestimmt das Vollstreckungsgericht auf Antrag die Erhöhungsbeträge. Die gerichtliche Bestimmung ist subsidiär zur Vorlage von Bescheinigungen beim Kreditinstitut gem. § 850 k Abs. 5 S. 2 ZPO (LG Koblenz 10.4.2012 – 2 T 215/12, Vollstreckung effektiv 2012, 92). **12**

§ 850 k Abs. 5 S. 5 ZPO stellt klar, dass die Regelungen aus Abs. 5 S. 1–4 auch für die Hinterlegung gelten. **13**

c) Zusätzliche Anordnungen durch das Vollstreckungsgericht, § 850 k Abs. 4 ZPO. Während § 850 k Abs. 1 und 2 ZPO die pfandfreien Beträge qua Gesetz „automatisch" vorschreiben, gibt § 850 k Abs. 4 ZPO dem Vollstreckungsgericht die Möglichkeit, zusätzliche Anordnungen nach Maßgabe der in Abs. 4 S. 2 eröffneten Möglichkeiten zu treffen. Das können Erhöhungen und Herabsetzungen des Sockelbetrages sein. Ist zB das Arbeitseinkommen schon beim Arbeitgeber gepfändet worden, kann das Gericht auf Antrag einen Betrag in Höhe des Teils des Arbeitseinkommens, der auf dem Bankkonto eingeht, als pfandfrei bestimmen, weil es sich ohnehin nur um den unpfändbaren Teil des Arbeitseinkommens handelt (HK-ZV/Meller-Hannich § 850 k ZPO Rn 39). Der pfändungsfreie Betrag ist grundsätzlich zu beziffern. Eine Ausnahme gilt für Fälle, in denen das Arbeitseinkommen beim Schuldner gepfändet ist und vom Arbeitgeber nur der unpfändbare Teile des Arbeitseinkommens auf das P-Konto überwiesen wird, die Höhe dieses Auszahlungsbetrages aber monatlich ständig in unterschiedlicher Höhe den Sockelbetrag übersteigt. Weder dem Schuldner noch dem Vollstreckungsgericht ist es zumutbar, dass der Schuldner jeden Monat einen neuen Antrag gem. § 850 k Abs. 4 ZPO stellt. Deswegen genügt in solchen Fällen die von der Bank zu beachtende Anordnung des Vollstreckungsgerichts, dass der Freibetrag in Höhe des vom Arbeitgeber monatlich überwiesenen Arbeitseinkommens festgesetzt wird (BGH 10.11.2011 – VII ZB 64/10, NJW 2012, 79). Der Sockelbetrag kann auch um das Pflegegeld für ein Pflegekind erhöht werden, wobei hier eine gerichtliche Anordnung notwendig ist, weil das Pflegegeld nicht unter die in § 850 k Abs. 2 ZPO aufgeführten pfändungsfreien Beträge fällt (LG Offenburg 11.5.2012 – 4 T 107/12). **14**

2. Abwicklung der Pfändung

Gem. § 833 a ZPO umfasst die Kontenpfändung – ohne dass es einer entsprechenden konkreten Anordnung im Pfändungsbeschluss bedarf – auch die jeweils zukünftigen Guthabensalden. Der Schuldner kann jedoch **15** bis zum Ablauf des jeweiligen Kalendermonats jeweils über den pfändungsfreien monatlichen Betrag verfügen. Wenn der Freibetrag in einem Monat nicht verbraucht wurde, ist er auf den Folgemonat zu übertragen. Ein Guthaben am Monatsende kann aber nur dann an den Gläubiger ausbezahlt werden, wenn es zusätzlich zu dem noch bestehenden restlichen Freibetrag aus dem abgelaufenen Monat auch den Sockelbetrag des nächsten Monats übersteigt (vgl die zum 16.4.2011 in Kraft getretene gesetzliche Regelung in § 835 Abs. 4 S. 1 ZPO, die als speziellere Regelung dem § 835 Abs. 3 S. 2 ZPO vorgeht; vgl BGH 28.7.2011 – VII ZB 94/10, Vollstreckung effektiv 2011, 168; 28.7.2011 – VII ZB 92/10, NZI 2011, 717; so vor Einführung des § 835 Abs. 4 ZPO bereits LG Düsseldorf 15.4.2011 – 25 T 155/11; AG Köln 11.10.2010 – 142 C 441/10, WM 2011, 31; s. auch Thomas/Putzo/Seiler § 850 k ZPO Rn 12). Damit können auch die Fälle der sog. Monatsanfangsproblematik in den Griff bekommen werden. Gemeint sind damit Überweisungen nach Verbrauch des pfandfreien Betrages auf das gepfändete Konto zum Monatsende, die schon für den Folgemonat bestimmt waren (zB Sozialleistungen). Diese Gutschriften sind gem. § 833 a ZPO von der Pfändung umfasst, sind aber nicht für den laufenden, sondern den kommenden Monat bestimmt, während der Freibetrag jeweils kalendermonatlich gewährt wird und bereits verbraucht war. Im Folgemonat würden dann diese Einkünfte zur Wiederauffüllung des neuen Freibetrages fehlen. Auf die zT abweichende Rechtsprechung zur Gesetzeslage vor dem 16.4.2011 kann nicht mehr zurückgegriffen werden.

16 Wird der übertragene Freibetrag im Folgemonat wieder nicht verbraucht, unterliegt das Guthaben insoweit der Pfändung des Gläubigers (AG Würzburg 8.5.2012 – 15 C 619/12, VuR 2012, 316).

17 Gehen **Sozialleistungen** (§ 55 SGB I) oder **Kindergeld** (§ 76 a EStG) auf dem Bankkonto ein, gilt als Ersatz für den bisherigen speziellen Pfändungsschutz das **Verrechnungsverbot** zulasten des Kreditinstituts aus § 850 k Abs. 6 ZPO. Es schränkt die Kontokorrentabrede beim Girokonto ein. Die Bank darf für die Dauer von 14 Tagen nur mit Kontogebühren aufrechnen, nicht dagegen mit sonstigen Forderungen, insbesondere nicht mit einem Sollsaldo auf dem Girokonto. Der Schuldner kann über diese Sozialleistungen also 14 Tage lang frei verfügen. Er kann die Sozialleistung abheben oder Überweisungen tätigen, denen die Bank nicht wegen fehlender Kontodeckung widersprechen kann (§ 850 k Abs. 6 S. 2 ZPO). Voraussetzung dafür ist, dass der Schuldner der Bank nachweist, dass es sich bei dem gutgeschriebenen Betrag um Sozialleistungen bzw Kindergeld handelt.

IV. Anordnung der Unpfändbarkeit des P-Kontos

18 Der Schuldner hat die Möglichkeit, zur Vermeidung zweckloser Pfändungen durch Dritte eine **befristete Unpfändbarkeit** des P-Kontos zu erlangen (§ 850 l Abs. 1 ZPO). Folgende Voraussetzungen müssen vorliegen:
– Antrag des Schuldners an das Vollstreckungsgericht;
– dem Konto wurden in den letzten sechs Monaten vor Antragstellung ganz überwiegend nur unpfändbare Beträge gutgeschrieben;
– der Schuldner macht glaubhaft, dass dies auch die nächsten zwölf Monate der Fall sein wird;
– überwiegende Belange des Gläubigers stehen nicht entgegen.

19 Welche Geldeingänge unpfändbar sind, ergibt sich vor allem aus §§ 850 a ff ZPO, § 54 SGB I, aber auch aus speziellen Landesgesetzen. Die Geldeingänge müssen ganz überwiegend unpfändbar sein. Das hängt vom Einzelfall ab. Ein Prozentsatz von 90 % soll dafür in der Regel noch nicht genügen (Musielak/Becker § 850 l ZPO Rn 2). Eine zu beantragende Zusammenrechnung für sich unpfändbarer Beträge kann einen pfändbaren Betrag ergeben (Musielak/Becker § 850 l ZPO Rn 2). Ein **überwiegendes Gläubigerinteresse** hindert die Anordnung der Unpfändbarkeit: Es kann vorliegen, wenn wegen Unterhaltsansprüchen, Verletzungsrenten oder Schadenersatzansprüchen aus vorsätzlicher unerlaubter Handlung vollstreckt wird (Griesche FPR 2010, 170; Musielak/Becker ZPO, § 850 l Rn 3).

Die Anordnung der Unpfändbarkeit ist zeitlich zu befristen, längstens für die Dauer von zwölf Monaten.   20
Fällt eine der genannten Voraussetzungen weg, ist auf Antrag des Gläubigers die Unpfändbarkeitsanord-
nung wieder aufzuheben, § 850 l Abs. 1 S. 3 ZPO. Nach Ablauf der Befristung ist ein erneuter Antrag möglich.

177. Pflegefamilie

Knahn

I. Einführung 1
II. Familienpflege 2
  1. Formen der Familienpflege 2
    a) Familienpflege nach dem SGB VIII 3
    b) Faktisches Pflegeverhältnis 4
  2. Ausübung der elterlichen Sorge 6
    a) Entscheidungsbefugnis in Angelegenheiten
      des täglichen Lebens 7
    b) Geltendmachung und Verwaltung von
      Arbeitsverdienst, Unterhalts- und Sozialleis-
      tungen 8
    c) Notvertretungsbefugnis 9
    d) Beschränkung der Entscheidungsbefugnisse . 10
      aa) Durch den Inhaber der elterlichen Sorge 10
      bb) Durch das Familiengericht 11

    e) Übertragung von Teilbereichen der elterli-
      chen Sorge, § 1630 Abs. 3 BGB 12
      aa) Familienpflege 13
      bb) Dauer des Pflegeverhältnisses 14
      cc) Antrag 15
      dd) Zustimmung der Eltern 17
      ee) Kindeswohl 18
  3. Verbleibensanordnung, § 1632 Abs. 4 BGB 19
  4. Umgangsrecht, § 1685 Abs. 2 BGB 20
III. Beteiligung im familiengerichtlichen Verfahren . 21
  1. Beteiligtenstellung der Pflegeperson 21
  2. Anhörung der Pflegeperson 22
  3. Beschwerdebefugnis 23
  4. Form des Pflegeverhältnisses 24
IV. Steuerliche Auswirkungen 25

I. Einführung

1 Pflegefamilien sind Familien, die ein fremdes Kind, das von seinen Eltern nicht (mehr) selbst erzogen werden kann, über einen längeren Zeitraum bei sich aufnehmen, betreuen und erziehen. Der Begriff Pflegefamilie beschreibt dabei allgemein die Gesamtheit aller rechtlichen und tatsächlichen Beziehungen zwischen Pflegeperson und Pflegekind, ohne Rücksicht auf die rechtliche **Form des Pflegeverhältnisses** (s. Rn 2 ff). Die Unterbringung in einer Pflegefamilie kann **Auswirkungen auf die elterliche Sorge** (s. Rn 6 ff), die **Bestimmung des Aufenthalts** des Kindes (s. Rn 19) sowie das **Umgangsrecht** (s. Rn 20) haben. Im familiengerichtlichen Verfahren besteht die Möglichkeit der **Verfahrensbeteiligung** (s. Rn 21 ff).

II. Familienpflege

1. Formen der Familienpflege

2 Das Gesetz kennt den Begriff der Pflegefamilie nicht. Es verwendet aber den Begriff der Familienpflege und beschreibt damit den Umstand, dass ein Kind oder Jugendlicher in einer anderen als seiner Herkunftsfamilie Pflege und Erziehung erfährt (BGH 4.7.2001 – XII ZB 161/98, NJW 2001, 3337). Die Rechtsform der Familienpflege kann dabei auf verschiedene Art und Weise ausgestaltet sein. Die Begriffe Familienpflege und Pflegeperson in den Vorschriften der §§ 1632 Abs. 4, 1688 BGB und § 160 FamFG sind aber nicht identisch mit dem Begriff der Familienpflege iSd SGB VIII. Die Vorschriften des Sozialgesetzbuchs, in denen dieser Begriff verwendet wird, geben lediglich Anhaltspunkte für ihre Auslegung (NK-BGB/Rakete-Dombek § 1630 BGB Rn 14).

3 **a) Familienpflege nach dem SGB VIII.** Die Vollzeitpflege gem. § 33 SGB VIII, die Tagespflege gem. § 23 SGB VIII sowie die besonderen Formen der Familienpflege gem. §§ 34–35 a SGB VIII sind als Hilfen zur Erziehung (§§ 27 ff SGB VIII), Förderung von Kindern in Tageseinrichtungen und in Kindertagespflege (§§ 22 ff SGB VIII) bzw Eingliederungshilfe für seelisch behinderte Kinder und Jugendliche (§ 35 a SGB VIII) **Aufgaben der Jugendhilfe** gem. § 2 Nr. 2 SGB VIII. Die Vorschriften des SGB VIII richten sich also insoweit an die öffentlichen Träger der Jugendhilfe (Jugendämter gem. § 69 Abs. 3 SGB VIII) gem. § 3 Abs. 2 S. 2 SGB VIII und verpflichten sie zur Erbringung der Aufgaben der Jugendhilfe.

Bei der **Vollzeitpflege** gem. § 33 SGB VIII wird das Kind befristet (Bereitschaftspflege) oder auf Dauer in einer Pflegefamilie untergebracht und erzogen. Dafür braucht die Pflegeperson grundsätzlich eine Erlaubnis des Jugendamts gem. § 44 SGB VIII. Ausgenommen von der Erlaubnispflicht sind Pflegeverhältnisse iSv § 35 a SGB VIII aufgrund Vermittlung durch das Jugendamt, Vormund und Pfleger im Rahmen seines Wirkungskreises als Pflegepersonen, Verwandte und Verschwägerte bis zum dritten Grad, Pflegeverhältnisse bis zur Dauer von acht Wochen, Jugend- und Schüleraustausch sowie die Adoptionspflege gem. § 1744 BGB (§ 44 Abs. 2 SGB VIII).

Bei der **Tagespflege** gem. § 23 SGB VIII werden Kinder bis zum 14. Lebensjahr regelmäßig für einen Teil des Tages oder ganztags durch eine Tagespflegeperson in deren oder in dem Haushalt des Tagespflegekindes betreut. Es findet also im Gegensatz zur Vollzeitpflege keine Unterbringung über Tag und Nacht statt.

Besondere Formen der Familienpflege sind in den §§ 34 f SGB VIII geregelt:

– Hilfe zur Erziehung in Form von Heimerziehung oder Unterbringung in sonstiger betreuter Wohnform (§ 34 SGB VIII);
– intensive sozialpädagogische Einzelbetreuung (§ 35 SGB VIII);
– Eingliederungshilfe für seelisch behinderte Kinder und Jugendliche durch geeignete Pflegepersonen (§ 35 a Abs. 2 Nr. 3 SGB VIII);
– Eingliederungshilfe für seelisch behinderte Kinder und Jugendliche in Einrichtungen über Tag und Nacht sowie sonstigen Wohnformen (§ 35 a Abs. 2 Nr. 4 SGB VIII).

b) Faktisches Pflegeverhältnis. Ein **faktisches Pflegeverhältnis familienähnlicher Art** liegt vor, wenn   4
ein Kind Pflege und Erziehung in einer anderen als seiner Herkunftsfamilie, auch durch eine Einzelperson, erfährt (Palandt/Götz Vor § 1626 BGB Rn 17) und dabei keine Dauerpflege iSv § 33 SGB VIII (s. Rn 3) vorliegt. Entscheidend für das Vorliegen eines faktischen Pflegeverhältnisses ist die **persönliche Beziehung** zwischen Kind und Pflegeperson. Das Kind muss in einen besonderen, seiner Natur nach auf Dauer angelegten und durch vielfältige und unterschiedliche wechselseitige Bindungen gekennzeichneten Personenverband eingegliedert sein. Pflegepersonen können daher auch Verwandte und Verschwägerte, Großeltern, der nichteheliche Vater oder Stiefeltern sein (NK-BGB/Rakete-Dombek § 1632 BGB Rn 17).

Auch bei Tagespflege und in besonderen Formen der Familienpflege können die **Voraussetzungen für ein**   5
faktisches Pflegeverhältnis begründet sein, wenn die entsprechende persönliche Beziehung und auf Dauer angelegte Eingliederung in einen Familienverband vorliegen. Bei Tages- und Heimpflege dürften die Voraussetzungen seltener vorliegen, da Einbindung und Verwurzelung des Kindes nicht so stark ausgebildet sind bzw die Unterbringung in einem Heim weniger auf Dauer gerichtet, weniger persönlich und weniger durch ein komplexes Beziehungsgefüge gekennzeichnet ist. Ist die Unterbringung familienähnlich ausgestaltet und eine starke soziale Verwurzelung des Kindes vorhanden, kann ein faktisches Pflegeverhältnis unabhängig von der Frage, ob eine im Bereich der Heimpflege tätige Pflegeperson dem Kind besondere Zuwendung entgegenbringt und sich bei seiner Betreuung und Versorgung besonders engagiert, vorliegen (NK-BGB/Rakete-Dombek § 1632 BGB Rn 17).

2. Ausübung der elterlichen Sorge

Befindet sich ein Kind in Familienpflege, wird die elterliche Sorge weiterhin von den gem. §§ 1626, 1626 a   6
BGB sorgeberechtigten Eltern ausgeübt, soweit sie nicht gem. § 1666 BGB entzogen und auf einen Vormund oder Pfleger übertragen wurde. § 1688 BGB überträgt aber bestimmte Befugnisse auf die Pflegeperson.

Pflegeperson iSv § 1688 Abs. 1 BGB ist dabei aber nur derjenige, bei dem das Kind im Rahmen der Vollzeitpflege gem. § 33 SGB VIII (s. Rn 3) untergebracht ist. Außerhalb der Vollzeitpflege begründete Pflegeverhältnisse unterliegen nicht dem Anwendungsbereich des § 1688 Abs. 1 BGB (NK-BGB/Harms § 1688 BGB Rn 3; BeckOK/Veit § 1688 BGB Rn 2; Palandt/Götz § 1688 BGB Rn 2; aA MüKo/Finger § 1688 BGB Rn 1). § 1688 Abs. 2 BGB erweitert den Personenkreis um Personen, die in besonderen Formen der Familienpflege gem. §§ 34 ff SGB VIII (s. Rn 3) die Erziehung und Betreuung übernommen haben. Durch § 1688 Abs. 4 BGB werden die Entscheidungs- und Vertretungsbefugnisse auch auf Personen außerhalb der §§ 33 ff SGB VIII ausgedehnt, wenn sich das Kind dort aufgrund einer Verbleibensanordnung gem. § 1632 Abs. 4 BGB (s. → *Verbleibensanordnung* Rn 3 ff) aufhält.

a) Entscheidungsbefugnis in Angelegenheiten des täglichen Lebens. In Angelegenheiten des täglichen   7
Lebens sind die Pflegepersonen berechtigt, Entscheidungen zu treffen und den oder die Inhaber der elterlichen Sorge zu vertreten (§ 1688 Abs. 1 S. 1 BGB). Entscheidungen in Angelegenheiten des täglichen Lebens sind dabei gem. § 1687 Abs. 1 S. 3 BGB solche, die häufig vorkommen und die keine schwer abzuän-

dernden Auswirkungen auf die Entwicklung des Kindes haben (s. → *Personensorge* Rn 5). Den Pflegepersonen steht dabei kein eigenes Vertretungsrecht für das Kind zu, sie verpflichten das Kind nur mittelbar, indem sie den gesetzlichen Vertreter vertreten (Palandt/Götz § 1688 BGB Rn 3). Sollen Teile der elterlichen Sorge und der gesetzlichen Vertretung, die über die Entscheidungsbefugnis in Angelegenheiten des täglichen Lebens hinausgehen, auf die Pflegeperson übertragen werden, muss eine entsprechende rechtsgeschäftliche Bevollmächtigung gem. § 167 BGB durch den Inhaber der elterlichen Sorge erfolgen (Palandt/Götz § 1688 BGB Rn 6).

8   **b) Geltendmachung und Verwaltung von Arbeitsverdienst, Unterhalts- und Sozialleistungen.** Die Pflegeperson ist berechtigt, den Arbeitsverdienst des Kindes (§ 113 BGB) zu verwalten sowie Unterhalts-, Versicherungs-, Versorgungs- und sonstige Sozialleistungen für das Kind geltend zu machen und zu verwalten (§ 1688 Abs. 1 S. 2 BGB). Dabei gilt die Vertretungsmacht aber nur im Verhältnis zu Dritten und nicht gegenüber dem Inhaber der elterlichen Sorge, da die Vertretung nur mittelbar über die Vertretung des Sorgeberechtigten angelegt ist (NK-BGB/Harms § 1688 BGB Rn 9). Die Entscheidungs- und Vertretungsbefugnisse der Pflegeperson sind auch im Rahmen des § 1688 Abs. 1 S. 2 BGB auf **Angelegenheiten des täglichen Lebens** beschränkt (NK-BGB/Harms § 1688 BGB Rn 11). Die Pflegeperson ist berechtigt, Hilfe zur Erziehung gem. § 33 SGB VIII zu verlangen (Palandt/Götz § 1688 BGB Rn 4), nicht aber Leistungen zum Unterhalt des Kindes, für das Hilfe zur Erziehung in Vollzeitpflege gewährt wird, nach § 39 SGB VIII geltend zu machen, denn dieser Anspruch steht nicht dem Kind, sondern dem Personensorgeberechtigten zu (NK-BGB/Harms § 1688 BGB Rn 10).

9   **c) Notvertretungsbefugnis.** § 1688 Abs. 1 S. 3 BGB ordnet die entsprechende Geltung des § 1629 Abs. 1 S. 4 BGB an. Damit ist die Pflegeperson befugt, bei **Gefahr im Verzug** alle Rechtshandlungen vorzunehmen, die zum Wohl des Kindes notwendig sind (Notvertretungsbefugnis). Der Inhaber der elterlichen Sorge ist unverzüglich davon zu unterrichten.

10   **d) Beschränkung der Entscheidungsbefugnisse. aa) Durch den Inhaber der elterlichen Sorge.** Der Inhaber der elterlichen Sorge kann die Entscheidungs- und Vertretungsbefugnis der Pflegeperson durch Erklärung **einschränken oder ausschließen** (§ 1688 Abs. 3 S. 1 BGB). Besteht die gemeinsame elterliche Sorge, muss die Erklärung im gegenseitigen Einvernehmen abgegeben werden. Zugunsten der Pflegeperson geht das Gesetz von der Vermutung aus, dass die volle Entscheidungs- und Vertretungsbefugnis des § 1688 Abs. 1 BGB besteht (NK-BGB/Harms § 1688 BGB Rn 15). Die Inhaber der elterlichen Sorge sind also beweispflichtig dafür, dass eine Einschränkung der Befugnisse erfolgt ist (Palandt/Götz § 1688 BGB Rn 6). Die Erklärung ist nicht formbedürftig.

Wird die Vertretungsmacht der Pflegeperson so weit eingeschränkt, dass dies eine dem Wohl des Kindes oder des Jugendlichen förderliche Erziehung nicht mehr ermöglicht, sowie bei sonstigen Meinungsverschiedenheiten sollen die Beteiligten das **Jugendamt** einschalten (§ 38 SGB VIII).

Der Inhaber der elterlichen Sorge kann einer Person, bei der sich das Kind aufgrund einer gerichtlichen Verbleibensanordnung (s. Rn 19) aufhält, die Entscheidungs- und Vertretungsbefugnisse nach Abs. 1 **nicht einschränken oder ausschließen**, da § 1688 Abs. 4 BGB dies ausdrücklich dem Familiengericht vorbehält. Da in diesen Fällen bereits ein Konflikt zwischen sorgeberechtigten Eltern und Pflegeperson bzgl des Aufenthalts des Kindes entstanden ist, soll die Entscheidungsbefugnis über Angelegenheiten des täglichen Lebens klar zugeordnet sein, da weitere Auseinandersetzungen drohen (BT-Drucks. 13/4899, 108).

11   **bb) Durch das Familiengericht.** Das Familiengericht kann eine entsprechende Einschränkung oder einen Ausschluss der Befugnisse vornehmen, wenn dies **zum Wohl des Kindes erforderlich** ist. Dies gilt – im Gegensatz zu den Einschränkungsmöglichkeiten der sorgeberechtigten Eltern – auch gegenüber Pflegepersonen aufgrund einer Verbleibensanordnung (§ 1688 Abs. 4 BGB). Das Familiengericht kann im Gegensatz zu den Eltern die Befugnisse der Pflegeperson nicht ausweiten (s. Rn 10). Ist dies aber dennoch notwendig, da das Kindeswohl sonst gefährdet wäre, muss das Sorgerecht insoweit gem. § 1666 BGB entzogen und im Rahmen der Pflegschaft die entzogenen Teilbereiche übertragen werden (Palandt/Götz § 1688 BGB Rn 7,

der es allerdings ausreichen lassen will, dass der Sorgerechtsentzug im Interesse des Kindes erforderlich ist).

e) Übertragung von Teilbereichen der elterlichen Sorge, § 1630 Abs. 3 BGB. Neben der 12 Entscheidungs- und Vertretungsbefugnis der Pflegeperson in Angelegenheiten des täglichen Lebens (s. Rn 7) sieht § 1630 Abs. 3 BGB die Möglichkeit der Übertragung einzelner Teilbereiche der elterlichen Sorge vor, wenn sich das Kind **längere Zeit in Familienpflege** befindet und die sorgeberechtigten Eltern der Übertragung **zustimmen**. Durch die Übertragung erlangt die Pflegeperson die Stellung eines Pflegers, dh die Ausübung der elterlichen Sorge ist insoweit gem. § 1630 Abs. 1 BGB eingeschränkt.

Die Übertragung endet ohne Weiteres bei Tod oder Wechsel der Pflegeperson (NK-BGB/Rakete-Dombek § 1630 BGB Rn 21). Eine Rückübertragung ist auf Antrag der Eltern oder von Amts wegen gem. § 1696 Abs. 1 BGB möglich, wenn dies aus triftigen, das Wohl des Kindes nachhaltig berührenden Gründen angezeigt ist.

aa) Familienpflege. Bei der Anwendung von § 1630 Abs. 3 BGB kommt es nicht darauf an, ob ein Pflege- 13 verhältnis im Rahmen der Vollzeitpflege (§ 33 SBG VIII) vorliegt. Eine Verbleibensanordnung kann bei allen **faktischen Pflegeverhältnissen familienähnlicher Art** (s. Rn 4) getroffen werden (NK-BGB/Rakete-Dombek § 1630 BGB Rn 14). Allerdings muss das Kind gem. § 1630 Abs. 3 BGB in Familienpflege **leben**. Daher wird der Anwendungsbereich für Kinder in Tagespflege meist ausgeschlossen sein, da das Kind noch immer in der Herkunftsfamilie lebt. Das Kind muss durch die sorgeberechtigten Eltern in Familienpflege gegeben worden sein, eine Inpflegegabe durch Vormund oder Pfleger reicht nicht aus (NK-BGB/Rakete-Dombek § 1630 BGB Rn 14).

bb) Dauer des Pflegeverhältnisses. Voraussetzung für eine Übertragung nach § 1630 Abs. 3 BGB ist, 14 dass das Kind **seit längerer Zeit** in der Pflegefamilie lebt. Der Begriff ist dabei nicht an absoluten Maßstäben, sondern vielmehr an dem kindlichen Zeitgefühl, der individuellen Bindungsfähigkeit und Bindungsbereitschaft des Kindes und auch an der Erreichbarkeit der Eltern auszurichten. Entscheidend ist nicht die objektive Dauer des Pflegeverhältnisses, sondern die Verwurzelung des Kindes in der Pflegefamilie, die Möglichkeit des Kindes, zu der Pflegeperson und seinem sozialen Umfeld engere Bindungen entwickeln zu können (NK-BGB/Rakete-Dombek § 1630 BGB Rn 14).

cc) Antrag. Die Entscheidung setzt einen Antrag der Pflegeperson oder der Eltern voraus. Das Kind ist 15 nicht antragsberechtigt. Bei einem Streit der gemeinsam sorgeberechtigten Eltern um die Übertragung von Teilbereichen der elterlichen Sorge gem. § 1630 Abs. 3 BGB handelt es sich nicht um eine einzelne Angelegenheit iSv § 1628 BGB (NK-BGB/Rakete-Dombek § 1630 BGB Rn 15).

Der Antrag muss sich auf **bestimmte Teilbereiche der elterlichen Sorge** beziehen. Die Übertragung der 16 gesamten Personensorge ist möglich (KG 8.2.2006 – 25 UF 74/05, FamRZ 2006, 1291). Umstritten ist, ob die **Übertragung der gesamten elterlichen Sorge** zulässig ist. Das OLG Jena verneint dies, da § 1630 Abs. 3 S. 3 BGB im Rahmen der Übertragung ausdrücklich die Rechte und Pflichten eines Pflegers anordnet und eine Übertragung der gesamten elterlichen Sorge nicht mehr zu einer Pflegschaft führen würde (OLG Jena 9.12.2008 – 1 UF 162/08, NJW-RR 2009, 586; aA KG 8.2.2006 – 25 UF 74/05, FamRZ 2006, 1291; HK-FamR/Hüßtege § 1630 BGB Rn 4; Staudinger/Peschel-Gutzeit § 1630 BGB Rn 53; MüKo/Huber § 1630 BGB Rn 26).

dd) Zustimmung der Eltern. Dem Antrag der Pflegeperson auf Übertragung von Teilbereichen der elter- 17 lichen Sorge müssen die Eltern zustimmen (§ 1630 Abs. 3 S. 2 BGB). Der Begriff der Eltern ist dabei einschränkend auf die jeweils sorgeberechtigten Eltern anzuwenden, da nur diese über die Frage der Übertragung der elterlichen Sorge verfügungsberechtigt sein können. Bei gemeinsamer elterlicher Sorge müssen daher beide Sorgeberechtigte zustimmen, ist hingegen ein Elternteil allein sorgeberechtigt, reicht dessen Zustimmung aus (OLG Braunschweig 2.1.2001 – 1 UF 176/00, FamRZ 2002, 118).

Bei einem Antrag der Eltern auf Übertragung auf die Pflegeperson ist die **Einwilligung der Pflegeperson** ungeschriebene Voraussetzung. Die Einwilligung muss selbstverständlich vorliegen, da eine Übertragung gegen den Willen nicht stattfinden kann, weil keine Pflicht zur Übernahme der elterlichen Sorge besteht (NK-BGB/Rakete-Dombek § 1630 BGB Rn 17).

18 **ee) Kindeswohl.** Nach dem Kindeswohlprinzip des § 1697 a BGB ist weitere Voraussetzung für eine Übertragung nach § 1630 Abs. 3 BGB, dass unter Berücksichtigung der tatsächlichen Gegebenheiten und Möglichkeiten sowie der berechtigten Interessen der Beteiligten die Übertragung dem Wohl des Kindes am besten entspricht. Eine Entscheidung darf dabei nicht ergehen, wenn die Eltern sich unter Umgehung einer Adoption ihrer elterlichen Verantwortung entledigen wollen. Die Übertragung muss die Lage des Kindes verbessern, auf eine Notwendigkeit kommt es nicht an (NK-BGB/Rakete-Dombek § 1630 BGB Rn 18).

3. Verbleibensanordnung, § 1632 Abs. 4 BGB

19 Das Familiengericht kann auf Antrag der Pflegeperson oder von Amts wegen anordnen, dass das Kind bei der Pflegeperson verbleibt, wenn und solange das **Kindeswohl durch die Wegnahme gefährdet** würde (§ 1632 Abs. 4 BGB). Bei der Anwendung von § 1632 Abs. 4 BGB kommt es nicht darauf an, ob ein Pflegeverhältnis im Rahmen der Vollzeitpflege (§ 33 SGB VIII) mit der entsprechenden Erlaubnis (§ 44 SGB VIII) vorliegt. Eine Verbleibensanordnung kann bei allen **faktischen Pflegeverhältnissen familienähnlicher Art** getroffen werden (NK-BGB/Rakete-Dombek § 1632 BGB Rn 17). Voraussetzungen sind, dass die Familienpflege bereits längere Zeit besteht und das Kindeswohl durch die Wegnahme gefährdet wäre. Da § 1632 Abs. 4 BGB einen starken Eingriff in die Elternrechte aus Art. 6 GG darstellt, gelten für eine Verbleibensanordnung strenge verfassungsrechtliche Vorgaben (s. → *Verbleibensanordnung* Rn 8).

4. Umgangsrecht, § 1685 Abs. 2 BGB

20 Ehemalige Pflegepersonen können unter den weiteren Voraussetzungen des § 1685 Abs. 2 BGB umgangsberechtigt sein. Schon aus der Definition der Umgangsberechtigten als **enge Bezugspersonen** ergibt sich, dass sich das Umgangsrecht nicht auf Pflegepersonen in Familienpflege gem. § 33 SGB VIII beschränken kann, sondern auch alle faktischen Pflegeverhältnisse familienähnlicher Art umfasst (Palandt/Götz Vor § 1626 BGB Rn 8). Voraussetzung ist aber jedenfalls, dass die Pflegeperson tatsächlich eine enge Bezugsperson für das Kind ist und eine sozial-familiäre Beziehung zwischen ihnen besteht. Nach der Legaldefinition des § 1685 Abs. 2 S. 1 BGB liegt eine sozial-familiäre Beziehung vor, wenn die Bezugsperson für das Kind tatsächliche Verantwortung trägt oder getragen hat. Dabei stellt § 1685 Abs. 2 S. 2 BGB die Regelvermutung auf, dass die Übernahme tatsächlicher Verantwortung in der Regel anzunehmen ist, wenn die Person mit dem Kind längere Zeit in häuslicher Gemeinschaft zusammengelebt hat (NK-BGB/Peschel-Gutzeit § 1685 BGB Rn 13 ff).

Das Umgangsrecht der Pflegeperson besteht aber nur dann, wenn der Umgang dem **Kindeswohl dient**, § 1685 Abs. 1 BGB (s. → *Umgangsrecht* Rn 89 ff).

III. Beteiligung im familiengerichtlichen Verfahren

1. Beteiligtenstellung der Pflegeperson

21 § 161 Abs. 1 FamFG ermöglicht es, Pflegepersonen in Kindschaftssachen gem. § 151 FamFG als Beteiligte gem. § 7 Abs. 3 FamFG hinzuzuziehen (Kannbeteiligte), wenn das Kind seit längerer Zeit in Familienpflege lebt und die Beteiligung **im Interesse des Kindes** ist. Durch die Beteiligung soll sichergestellt werden, dass die Pflegeperson vollumfänglich über den Verfahrensablauf in Kenntnis gesetzt wird, selbst auf den Verfahrensablauf Einfluss nehmen und in die gerichtliche Entscheidung mit einbezogen werden kann (HK-FamFG/Völker/Clausius § 161 FamFG Rn 1). Denn in Kindschaftssachen betreffend das Sorge- oder Umgangsrecht wird nicht unmittelbar in ein subjektives Recht der Pflegeperson eingegriffen, so dass sich nach den allgemeinen Vorschriften (§ 7 Abs. 2 Nr. 1 FamFG) eine Beteiligtenstellung der Pflegepersonen nicht ergibt (BGH 13.4.2005 – XII ZB 54/03, NJW 2005, 2149).

2. Anhörung der Pflegeperson

Auch ohne Beteiligung sind die Pflegepersonen stets anzuhören, wenn das Kind längere Zeit in Familien- 22
pflege lebt (§ 161 Abs. 2 FamFG). Das Tatbestandsmerkmal „längere Zeit" richtet sich dabei nicht nach
verbindlichen Zeitvorgaben, sondern ist vielmehr auf die kindlichen Zeitvorstellungen ausgerichtet. Entscheidend ist, in welchem Umfang sich Bindungen zwischen dem Kind und der Pflegeperson und weiteren
Mitgliedern der Pflegefamilie entwickelt haben. Von der Anhörung kann nicht abgesehen werden, sie muss
aber nicht persönlich erfolgen (HK-FamFG/Völker/Clausius § 161 FamFG Rn 3).

3. Beschwerdebefugnis

Anders als bei der Mitwirkung des Jugendamts nach § 162 Abs. 3 S. 2 FamFG sieht § 161 FamFG für die 23
Pflegeperson **keine beschwerunabhängige Beschwerdebefugnis** vor. Die Rechtsmittelbefugnis richtet
sich allein nach einer Beschwer der Pflegeperson (§ 59 Abs. 1 FamFG).

4. Form des Pflegeverhältnisses

Da es sich bei § 161 Abs. 1 FamFG um eine Ermessensentscheidung handelt, die sich am Interesse des Kin- 24
des zu orientieren hat, ist für das Merkmal der Familienpflege nicht allein auf den formellen Begriff iS einer Vollzeitpflege gem. § 33 SGB VIII (s. Rn 3) abzustellen. Ausreichend kann **auch ein faktisches Pfle-**
geverhältnis familienähnlicher Art (s. Rn 4) sein. Enge Bezugspersonen können im familiengerichtlichen
Verfahren einen erheblichen Beitrag zur Feststellung des Sachverhalts leisten, so dass die Beteiligung unabhängig von der Form der Familienpflege dem Kindesinteresse dienen kann.

IV. Steuerliche Auswirkungen

Eine Pflegeperson hat unter den weiteren Voraussetzungen des § 62 EStG **Anspruch auf Kindergeld** für 25
Pflegekinder gem. §§ 63 Abs. 1 Nr. 1, 32 Abs. 1 Nr. 2 EStG. Steuerrechtlich sind Pflegekinder aufgrund der
Legaldefinition in § 32 Abs. 1 Nr. 2 EStG Personen, mit denen der Steuerpflichtige durch ein familienähnli-
ches, auf längere Dauer berechnetes Band verbunden ist, sofern er sie nicht zu Erwerbszwecken in seinen
Haushalt aufgenommen hat und das Obhuts- und Pflegeverhältnis zu den Eltern nicht mehr besteht (s. →
Kindergeld).

Bei dem Abzug des **Kinderfreibetrages** gem. § 32 Abs. 6 EStG im Rahmen der Einkommensteuerveranlagung werden auch Pflegekinder gem. § 32 Abs. 1 Nr. 2 EStG berücksichtigt (s. → *Steuerliche Freibeträge*).

Der **Kinderzuschlag** gem. § 6 a BKGG wird auch für Pflegekinder gem. § 2 Abs. 1 Nr. 2 BKGG gewährt
(s. → *Kinderzuschlag*). Pflegekinder sind dabei Personen, mit denen der Berechtigte durch ein familienähn-
liches, auf Dauer berechnetes Band verbunden ist, sofern er sie nicht zu Erwerbszwecken in seinen Haushalt aufgenommen hat und das Obhuts- und Pflegeverhältnis zu den Eltern nicht mehr besteht (Legaldefinition des § 2 Abs. 1 Nr. 2 BKGG).

178. Pflegegeld

Conradis

I. Einführung.. 1   III. Weitere Pflegegeldregelungen................... 10
II. Pflegegeld der gesetzlichen Pflegeversicherung..   3   IV. Pflegegeld nach dem SGB VIII.................. 13

I. Einführung

1 Der Begriff des Pflegegeldes wird in mehreren Sozialgesetzen benutzt, hat jedoch unterschiedliche Bedeutung. In erster Linie bedeutet es eine Leistung, die einer Person erbracht wird, die (körperlicher) Pflege bedarf. Zum anderen meint dieser Begriff die Leistung, die eine Pflegeperson für ein Pflegekind erhält, weil es dieses zur Pflege aufgenommen hat. Ob und in welchem Maß das Pflegegeld bei Unterhaltsansprüchen zu berücksichtigen ist, muss daher jeweils gesondert ermittelt werden.

2 Eine gleichartige Leistung stellt die **Pflegezulage** nach § 35 BVG dar, die Beschädigte erhalten, die infolge der Schädigung hilflos sind. Der Begriff der Hilflosigkeit wird im Sinne der Pflegebedürftigkeit definiert, wobei eine Erweiterung gegenüber der gesetzlichen Pflegebedürftigkeit besteht, § 35 Abs. 1 S. 2, 3 BVG. Empfänger solcher Leistungen können zB Opfer von Gewalttaten nach dem Opferentschädigungsgesetz (OEG) sein. Die Höhe der Pflegezulage beträgt derzeit zwischen 282 EUR und 1.404 EUR (§ 35 Abs. 1 S. 1, 4 BVG in der Fassung der 19. KOV-AnpV 2013 vom 14.8.2013, BGBl. I, 3227). Nach § 1610 a BGB kann diese Leistung nicht als einsetzbares Einkommen angerechnet werden.

II. Pflegegeld der gesetzlichen Pflegeversicherung

3 Die Problematik der Anrechnung des Pflegegeldes bei häuslicher Pflege nach § 37 SGB XI stellt sich in zwei Konstellationen: Zum einen ist fraglich, ob das Pflegegeld, welches die leistungsberechtigte Person erhält, als einzusetzendes Einkommen anzurechnen ist. Zum anderen kommt eine Berücksichtigung des Pflegegeldes bei der Pflegeperson – pflegende Person nach § 19 SGB XII – in Betracht.

4 Ob Pflegegeld bei dem **Empfänger des Pflegegeldes als Einkommen** in vollem Umfang anzurechnen ist, ist noch nicht abschließend geklärt. Übereinstimmung herrscht dahin gehend, dass Pflegegeld unter den Anwendungsbereich des § 1610 a BGB fällt (BGH 25.11.1992 – XII ZR 164/91, FamRZ 1993, 417; Palandt/Brudermüller § 1610 a BGB Rn 3). Damit ist nach § 1610 a BGB zu prüfen, ob die Kosten der Aufwendungen für den Körper- oder Gesundheitsschaden nicht geringer sind als die Höhe der Sozialleistungen. In den unterhaltsrechtlichen Leitlinien wird teilweise lediglich darauf hingewiesen, dass § 1610 a BGB zu beachten ist (Leitlinien der Oberlandesgerichte Ziff. 2.7). Es wird zum Teil darauf abgestellt, ob und in welcher Höhe das Pflegegeld an eine Pflegeperson weitergegeben wird. Pflegegeld, welches an die Pflegeperson weitergeleitet wird, wurde nicht als Einkommen bei der Ermittlung von Unterhaltsansprüchen berücksichtigt (Sämtliche Leitlinien der Oberlandesgerichte Ziff. 2.8; OLG Saarbrücken 19.11.2005 – 9 UF 25/03 – nur Leitsatz –, FamRZ 2004, 1674). Soweit das Pflegegeld nicht weitergegeben wird, soll es hingegen als Einkommen berücksichtigt werden (OLG Hamm 14.12.1998 – 8 UF 274/98 – nur Leitsatz –, FamRZ 2000, 114; OLG Köln 4.12.2007 – 4 WF 189/07, FamRZ 2008, 1276). Hierbei wird allerdings zum Teil vertreten, dass die gesetzliche Vermutung nur durch den Nachweis widerlegt werden kann, es werde hierfür der Konsum oder eine Vermögensbildung finanziert (OLG Koblenz 7.4.2005 – 7 UF 999/04, FamRZ 2005, 1482).

5 Ob das **weitergeleitete Pflegegeld bei der Pflegeperson als Einkommen** zu berücksichtigen ist, war früher umstritten. Mit Wirkung vom 1.8.1999 wurde in das SGB XI eine ähnliche Regelung wie beim Erziehungsgeld – heute Elterngeld – aufgenommen, nämlich § 13 Abs. 4 SGB XI. Danach bleibt das weitergeleitete Pflegegeld bei der Ermittlung von Unterhaltsansprüchen und Unterhaltsverpflichtungen **unberücksichtigt** (BGH 1.3.2006 – XII ZR 157/03, FamRZ 2006, 846).

Ausnahmsweise doch zu berücksichtigen ist das Pflegegeld in den Fällen des § 1361 Abs. 3 BGB, der   6
§§ 1579, 1603 Abs. 2 BGB und des § 1611 Abs. 1 BGB. Während Rechtsprechung zu der gleich lautenden
Vorschrift für das Erziehungsgeld schon vorliegt (s. → *Elterngeld* Rn 19), sind Entscheidungen im Hinblick auf die Berücksichtigung des Pflegegeldes in diesen Fällen noch nicht ersichtlich.

In § 13 Abs. 6 Nr. 2 SGB XI findet sich jedoch folgende **Sonderregelung**: Soweit der Pflegebedürftige mit   7
dem Unterhaltspflichtigen **nicht in gerader Linie verwandt** ist, wird das an die Pflegeperson weitergeleitete Pflegegeld grundsätzlich doch als Einkommen angerechnet, wenn von der Pflegeperson erwartet werden kann, ihren Unterhaltsbedarf ganz oder teilweise durch eigene Einkünfte zu decken. Für **Unterhaltspflichtige**, die pflegen und weitergeleitetes Pflegegeld erhalten, bedeutet dies, dass bei der Pflege von Verwandten in gerader Linie das Einkommen nur bei Unterhaltsansprüchen von minderjährigen unverheirateten Kindern berücksichtigt wird (§ 1603 Abs. 2 BGB). Bei der Pflege von nicht in gerader Linie Verwandten ist eine Wertung nach § 13 Abs. 6 Nr. 2 SGB XI durchzuführen.

Für **Unterhaltsberechtigte** heißt dies, dass vor allem in den Fällen der beschränkten Unterhaltsberechti-   8
gung aufgrund von nicht loyalem Verhalten eine Anrechnung des weitergeleiteten Pflegegeldes in Betracht
kommt. Hierbei ist jedoch zu beachten, dass die grundsätzliche Nichtberücksichtigung (mit den Ausnahmen) nur dann zum Tragen kommt, wenn die Pflegeperson einen Verwandten in gerader Linie pflegt. Das
Pflegegeld wird hingegen grundsätzlich angerechnet, wenn von der Pflegeperson erwartet werden kann, ihren Unterhaltsbedarf ganz oder teilweise durch eigene Einkünfte zu decken und der Pflegebedürftige mit
dem Unterhaltspflichtigen nicht in gerader Linie verwandt ist (§ 13 Abs. 6 Nr. 2 SGB XI).

Die von der Pflegekasse für die **vollstationäre Pflege** nach § 43 SGB XII zu erbringenden Leistungen wer-   9
den im allgemeinen Sprachgebrauch ebenfalls als Pflegegeld bezeichnet, stellen aber nach dem Gesetzeswortlaut pauschale Leistungsbeträge für die pflegebedingten Aufwendungen dar. Diese Leistung ist kein
verfügbares Einkommen, weil sie für den tatsächlichen Aufwand verbraucht wird.

III. Weitere Pflegegeldregelungen

Das Pflegegeld der **gesetzlichen Unfallversicherung** nach § 44 SGB VII entspricht dem Pflegegeld nach   10
§ 37 SGB XII. Die Beträge sind jedoch höher, sie liegen im Jahr 2013 zwischen 317 EUR und 1.267 EUR
(§ 44 Abs. 2 S. 1 SGB VII), wobei eine jährliche Anpassung erfolgt, zuletzt durch VO vom 21.6.2012
(BGBl. I, 1389). Dieses Pflegegeld ist in der Regel nach § 1610 a BGB nicht als Einkommen zu berücksichtigen. Soweit es an die Pflegeperson weitergegeben wird, fehlt eine dem § 13 Abs. 6 SGB XI vergleichbare Regelung über die grundsätzliche Nichtberücksichtigung bei der Ermittlung von Unterhaltsansprüchen
(s. Rn 5). Wegen der gleichen Lage ist es jedoch gerechtfertigt, dieselben Rechtsfolgen anzuwenden.

Weiterhin kennen einige Bundesländer ein **Landespflegegeld**. Insoweit hat der Bundesgerichtshof ent-   11
schieden (BGH 25.11.1992 – XII ZR 164/91, FamRZ 1993, 415), dass das (Landes-)Pflegegeld auf den
behinderungsbedingten Bedarf anzurechnen ist. Ob es auch auf den Lebensbedarf anzurechnen ist, hat der
Bundesgerichtshof ausdrücklich offen gelassen.

Das Pflegegeld nach § 64 SGB XII stellt eine **Sozialhilfeleistung** dar und entspricht dem Pflegegeld nach   12
dem SGB XI, auch der Höhe nach. Es gilt daher die Vermutung des § 1610 a BGB (OLG Brandenburg
2.1.2007 – 9 UF 159/06, FamRZ 2008, 174). Dies gilt auch, wenn dort für Leistungen nach § 65 SGB XII
nicht die Pflegestufe I erreicht werden muss (Holtbrügge in: LPK-SGB XI § 13 Rn 40). Bei der Weiterleitung an die Pflegeperson wird jedoch teilweise die Auffassung vertreten, dass ein Teil als Einkommen anzurechnen sei (Dose in: Wendl/Dose Rn 464: ein Drittel des weitergeleiteten Pflegegeldes). Eine unterschiedliche Behandlung beim Unterhalt ist daher nicht gerechtfertigt.

IV. Pflegegeld nach dem SGB VIII

Eine ganz andere Qualität hat das Pflegegeld im **Kinder- und Jugendhilferecht**. Nach § 39 SGB VIII be-   13
steht als Bestandteil der erzieherischen Hilfe ein Anspruch auf **Pflegegeld**, welcher dem Grunde nach vor-

aussetzt, dass eine Hilfe zur Erziehung nach §§ 27 ff SGB VIII erbracht wird. Diese Leistung ist also ein Annex der erzieherischen Hilfe und kann nicht unabhängig hiervon erbracht werden. Das Pflegegeld ist zum Unterhalt des in Pflege genommenen Kindes oder Jugendlichen bestimmt. Anspruchsinhaber ist der erziehende Elternteil (Münder § 39 SGB VIII Rn 4), wobei jedoch der im Pflegegeld enthaltene Barbetrag dem Minderjährigen zur persönlichen Verfügung zu stellen ist (§ 39 Abs. 2 S. 2 SGB VIII).

14   In § 39 SGB VIII finden sich im Einzelnen Regelungen über die Berechnung der finanziellen Leistungen. Es sind Pauschalbeträge für laufende Leistungen zum Unterhalt nach § 39 Abs. 5 SGB VIII festzusetzen. Diese Pauschalbeträge werden nach Landesrecht festgesetzt (§ 39 Abs. 5 S. 3 SGB VIII). Häufig werden die **Empfehlungen des Deutschen Vereins für öffentliche und private Fürsorge** zugrunde gelegt. Die für 2013 geltenden Empfehlungen (NDV 2012, 516) differenzieren, wie auch schon früher, nach drei Altersstufen, und zwar wie folgt:

- Minderjährige bis fünf Jahre: 436 EUR
- 6–11 Jahre: 574 EUR
- 12–18 Jahre: 660 EUR.

Als **Kosten der Erziehung**, die hinzukommen (§ 39 Abs. S. 2 SGB VIII), werden für alle Altersstufen einheitlich 231 EUR empfohlen. Wird bei dem Kind das Kindergeld berücksichtigt, so ist ein Betrag in Höhe der Hälfte des Kindergeldes für ein erstes Kind, also derzeit 92 EUR, auf die laufenden Leistungen anzurechnen (§ 39 Abs. 6 SGB VIII).

15   Während die Pauschalbeträge für die laufenden Leistungen zum Unterhalt als Einkommen des Kindes bzw. Jugendlichen gelten, ist bisher noch nicht abschließend geklärt, ob der Anteil für die **Kosten der Erziehung** ein Einkommen der Pflegeperson darstellt. Das OVG Nordrhein-Westfalen (24.11.1995 – 24 A 4833/94, FamRZ 1996, 900) hat diesen Anteil nicht als Einkommen der Eltern angesehen, sondern als eine für den Unterhalt des Kindes bzw. Jugendlichen zweckbestimmte Leistung. Entschieden wurde diese Frage jedoch nur im Verhältnis zur Sozialhilfe. Überwiegend wird im Unterhaltsrecht jedoch die Meinung vertreten, dass dieser Anteil als Einkommen der Pflegeperson zu berücksichtigen ist (OLG Köln 15.10.2009 – 4 WF 160/09, FamRZ 2010, 904 – nur Leitsatz; Leitlinie OLG Oldenburg Ziff. 2.8). Hierbei wird der Anteil auf ein Drittel geschätzt (OLG Köln aaO; ebenso Dose in: Wendl/Dose Rn 464). Es erscheint richtiger, die Werte des Deutschen Vereins (Rn 14) zu übernehmen.

179. Pflegeversicherung

Conradis

I. Einführung...................................... 1
II. Änderungen infolge des Getrenntlebens und der
  Scheidung...................................... 7
  1. Getrenntleben............................... 7
  2. Scheidung.................................... 8
III. Beitrag zur Pflegeversicherung als Teil des
  Unterhaltsanspruchs........................... 10

I. Einführung

Grundsätzlich sind alle Personen in der sozialen Pflegeversicherung versichert, die in der gesetzlichen **1** Krankenversicherung versichert sind. Wer gegen Krankheit bei einer privaten Krankenversicherung versichert ist, muss eine **private Pflegeversicherung** abschließen (§ 1 Abs. 2 SGB XI). Durch §§ 23, 110 SGB X ist geregelt, dass in der privaten Pflegeversicherung die versicherungsrechtlichen Voraussetzungen und die Leistungsansprüche denjenigen der sozialen Pflegeversicherung entsprechen. Die private Pflegeversicherung richtet sich nach den allgemeinen Versicherungsbedingungen für die private Pflegepflichtversicherung Bedingungsteil MB/PPV 2010.

Die im vorliegenden Zusammenhang wichtigsten Leistungen der Pflegeversicherung sind das **Pflegegeld 2** sowie die Sachleistungen bei häuslicher Pflege. Soweit die Pflege im Haushalt stattfindet – ohne Inanspruchnahme eines Pflegedienstes –, sind die Beträge für die Zeiten 1.1.2010–31.12.2011 und seit dem 1.1.2012 festgelegt (§ 37 SGB XI):

	seit 1.1.2012
in Pflegestufe I	235 EUR
in Pflegestufe II	450 EUR
in Pflegestufe III	700 EUR

Statt des Pflegegeldes können auch **Sachleistungen** in Anspruch genommen werden (§ 36 SGB XI). Der **3** Wert der Pflegesachleistungen – also der Betrag, der für die Pflege durch einen zugelassenen Pflegedienst erbracht wird – beträgt:

	seit 1.1.2012
in Pflegestufe I	450 EUR
in Pflegestufe II	1.100 EUR
in Pflegestufe III	1.550 EUR

Es können auch teilweise Pflegegeld und teilweise Sachleistungen (**Kombinationsleistungen**, § 38 SGB XI) in Anspruch genommen werden.

Soweit eine **vollstationäre Pflege** durchgeführt wird, ist die Höhe des Pflegegeldes in § 43 Abs. 2 SGB XI **4** geregelt, es beträgt:

	seit 1.1.2012
In Pflegestufe I	1.023 EUR
In Pflegestufe II	1.279 EUR
In Pflegestufe III	1.550 EUR

In **Härtefällen** kann nach § 43 Abs. 2 Nr. 4 SGB XI das Pflegegeld 1918 EUR monatlich betragen. Schließlich ist die Möglichkeit von erheblicher Bedeutung, dass für Pflegepersonen unter den Voraussetzungen des § 44 SGB XI **Beiträge zur gesetzlichen Rentenversicherung** gezahlt werden können.

Durch das **Gesetz über die Pflegezeit** vom 28.5.2008 (BGBl. I, 896) wird Arbeitnehmern das Recht einge- **5** räumt, sich wegen der Pflegetätigkeit vorübergehend von der Arbeit freistellen zu lassen. Nach § 2 PflegeZG kann eine Arbeitsbefreiung von bis zu **zehn Arbeitstagen** bei einer **akut auftretenden Pflegesi-**

tuation verlangt werden. Eine Pflicht zur Fortzahlung der Vergütung kann sich nur aus einem Gesetz oder aufgrund einer Vereinbarung ergeben. Ob § 616 BGB zu einem Vergütungsanspruch führt, ist zweifelhaft (Böhm in: LPK-SGB XI § 2 PflegeZG Rn 18; Glatzel NJW 2009, 1377). Weiterhin kann in Betrieben mit mehr als 15 Beschäftigten eine **Freistellung bis zu sechs Monaten** verlangt werden (§§ 3, 4 PflegeZG). Hierbei scheidet eine Vergütung aus. Von Bedeutung ist jedoch der besondere Kündigungsschutz, der von der Ankündigung bis zur Beendigung der Pflegezeit gilt (§ 5 PflegeZG).

6 Durch die Einführung des **Familienpflegezeitgesetzes** (FPfZG) vom 6.12.2011 (BGBl. I, 2564) sollen die Möglichkeiten zur Vereinbarung von Beruf und familiärer Pflege verbessert werden. Nach § 2 FPfZG kann für die Dauer von bis zu 24 Monaten die Arbeitszeit verringert werden, um einen nahen Angehörigen in häuslicher Umgebung zu pflegen. Für diesen Zeitraum stockt der Arbeitgeber das Arbeitsentgelt auf, um dann später nach Wiederaufnahme der vollen Arbeitszeit entsprechend weniger zu zahlen. Es handelt sich also praktisch um ein Darlehen des Arbeitgebers. Abgesichert wird dies durch eine Versicherung. Es besteht kein Anspruch auf diese Familienpflegezeit, es handelt sich um eine freiwillige Leistung des Arbeitgebers.

II. Änderungen infolge des Getrenntlebens und der Scheidung

1. Getrenntleben

7 Die Regelungen über die Beendigung der Mitgliedschaft in der sozialen Pflegeversicherung sind mit jenen in der gesetzlichen Krankenversicherung identisch (s. → *Krankenversicherung*). Die Bestimmungen in der **privaten Pflegeversicherung** sind hingegen eigenständig geregelt. Hier findet eine selbstständige Versicherung des Ehegatten statt. Es muss auch ein gesonderter Beitrag gezahlt werden, der praktisch 50 % des Beitrages des anderen Ehegatten darstellt. Nach § 110 Abs. 1 Nr. 2 g SGB XI kann für Ehegatten keine Prämie in Höhe von mehr als 150 % des Höchstbeitrages der sozialen Pflegeversicherung erhoben werden. Beide Ehegatten zusammen zahlen also eine Prämie von bis zu 150 %. Endet diese Vergünstigung, weil der Ehegatte aufgrund von Arbeit oder aufgrund des im Wege des Realsplittings gezahlten Unterhalts ein Gesamteinkommen von mehr als 1/7 der monatlichen Bezugsgröße hat, hat dies zur Folge, dass die Versicherung fortgesetzt wird, jedoch die Beitragsermäßigung entfällt und nunmehr ein voller Beitrag gezahlt werden muss. Da im Gegensatz zur sozialen Pflegeversicherung in der privaten Pflegeversicherung die Ehegatten schon während der Ehe nicht kostenfrei mitversichert sind, sondern den erwähnten Beitrag zahlen müssen, kann dieser nach § 1361 BGB als Unterhalt beansprucht werden.

2. Scheidung

8 Für Angehörige eines Mitglieds besteht unter den **gleichen Voraussetzungen wie in der gesetzlichen Krankenversicherung** ein Anspruch auf Familienversicherung. Die Vorschrift des § 25 SGB XI entspricht weitgehend § 10 SGB V über die Familienversicherung in der gesetzlichen Krankenversicherung. Mit Rechtskraft der Scheidung erlischt die Familienversicherung ebenso wie bei der gesetzlichen Krankenversicherung (s. → *Krankenversicherung* Rn 7 ff). Es besteht unter den gleichen Voraussetzungen wie in der gesetzlichen Krankenversicherung die Möglichkeit der Weiterversicherung nach § 26 SGB XI. Auch hier kann also nach dem Ausscheiden aus der Familienversicherung nach § 26 Abs. 1 S. 3 SGB XI innerhalb von drei Monaten der Antrag auf Weiterversicherung gestellt werden.

9 Für Ehegatten, die in der **privaten Pflegeversicherung** Mitglied sind, stellt sich im Falle der Scheidung nicht das Problem der Weiterversicherung, weil die eigenständige Versicherung besteht. Es ist lediglich zu beachten, dass nunmehr die Prämie in der Regel auf das Doppelte steigt, da die Vergünstigung für Ehegatten nicht mehr besteht. Es muss also nunmehr beim nachehelichen Unterhalt der entsprechend höhere Beitrag für die private Pflegeversicherung einbezogen werden.

III. Beitrag zur Pflegeversicherung als Teil des Unterhaltsanspruchs

Die **Höhe des Beitrags** ist in § 55 Abs. 1 SGB XI geregelt. Der Beitragssatz beträgt bundeseinheitlich 10
1,95 %. Personen, die nach beamtenrechtlichen Vorschriften Anspruch auf Beihilfe oder Heilfürsorge haben, zahlen die Hälfte dieses Beitragssatzes – dafür erhalten sie auch nur die Hälfte der ihnen jeweils zustehenden Leistungen (§ 28 Abs. 2 SGB XI). Von kinderlosen Mitgliedern ab Vollendung des 23. Lebensjahres, die nach dem 31.12.1939 geboren sind, ist aufgrund des Kinder-Berücksichtigungsgesetzes vom 15.12.2004 (BGBl. I, 3448) seit dem 1.1.2005 ein Zuschlag von 0,25 %-Punkten zu zahlen. Im Jahr 2013 beträgt der Arbeitnehmeranteil 1,05 %, der Gesamtbeitrag 2,05 %. Der Beitragszuschlag für kinderlos Versicherte verstößt nicht gegen die Verfassung (BSG 27.2.2008 – B 12 P2/07 R, SGb 2008, 291).

Bei **freiwilligen Mitgliedern** ist gemäß § 57 Abs. 4 SGB XI für die Beitragsbemessung § 240 SGB V ent- 11
sprechend anzuwenden, so dass hier ebenfalls ein Mindestbeitrag nach der Regelung für die gesetzliche Krankenversicherung anfällt (s. → *Krankenvorsorgeunterhalt*). Als monatliche Einnahme gelten pro Kalendertag 1/90 der monatlichen Bezugsgröße, die 2013 mit 2.695 EUR festgesetzt wurde. Es ist daher von 898,33 EUR der Betrag von 2,05 % zu berechnen, mithin berechnet sich der Mindestbetrag mit 18,42 EUR. In den neuen Bundesländern errechnet sich der Betrag mit 15,55 EUR. Bei kinderlosen Mitgliedern erhöht sich der Beitrag auf 20,66 EUR bzw 17,44 EUR.

Der **Beitrag zur Pflegeversicherung** kann **als Unterhalt** vom geschiedenen Ehegatten verlangt werden 12
(§ 1578 BGB). Auch hier ist zu beachten, dass der Beitrag von dem Gesamtunterhalt zu berechnen ist, also einschließlich des Beitrages für die Krankenkasse, zur Pflegeversicherung und ggf Rentenversicherung. Es darf also bei der Berechnung des Beitrags für die Pflegeversicherung nicht lediglich der Elementarunterhalt zugrunde gelegt werden. Wegen der Einzelheiten wird auf die Ausführungen zur Höhe des Krankenvorsorgeunterhalts verwiesen (s. → *Krankenvorsorgeunterhalt*). Da die Beiträge zur Kranken- und Pflegeversicherung regelmäßig gleichzeitig geltend gemacht werden, sind beide Beträge in die Unterhaltsberechnung aufzunehmen.

Ob und in welchem Maß das Pflegegeld als anrechenbares Einkommen bei der Berechnung von Unterhalts- 13
ansprüchen zu berücksichtigen ist, wird unter dem Stichwort Pflegegeld (s. → *Pflegegeld* Rn 3 ff) behandelt.

180. Pflegschaft

Hoffmann

I. Einführung 1
II. Entstehen und Voraussetzungen einer Pfleg-
schaft 3
III. Aufgaben eines Pflegers 6
IV. Ende einer Pflegschaft 10

I. Einführung

1 Eine Pflegschaft für ein Kind oder einen Jugendlichen (Pflegling) wird erforderlich, wenn die Eltern oder ein Vormund (s. → *Vormundschaft*) in Teilbereichen der Personen- und/oder Vermögenssorge nicht zur rechtlichen Vertretung (s. → *Gesetzliche Vertretung Minderjähriger*), zu tatsächlichen Handlungen, zur Erziehung (s. → *Erziehung*) ihres Kinds befugt bzw verpflichtet sind (§ 1909 Abs. 1 BGB). Der Staat muss dem Kind oder Jugendlichen dann im Rahmen seiner öffentlich-rechtlichen Verpflichtung zur **Rechtsfürsorge** für diese Bereiche der elterlichen Sorge neben den Eltern oder dem Vormund eine Person an die Seite stellen, die diese Teile der Befugnisse zur Vertretung und zum Wahrnehmen der anderen Befugnisse und Pflichten aus der elterlichen Sorge wahrnimmt. Da die Regelungen zur elterlichen Sorge selbst familienrechtliche und demnach zivilrechtliche Regelungen eines Rechtsverhältnisses zwischen Privaten sind, ist die Tätigkeit eines Pflegers – auch bei einer Pflegschaft des Jugendamts – dem Zivilrecht und nicht dem öffentlichen Recht zuzuordnen.

2 Der Gesetzgeber des BGB fasste das Wahrnehmen der Rechte und Pflichten aus der elterlichen Sorge auch bei teilweiser Verhinderung der Eltern als eine Familienangelegenheit auf. Ein Verein (§§ 1915 Abs. 1, 1791 a BGB) bzw das Jugendamt (§§ 1915 Abs. 1, 1791 b BGB) sind nach den Regelungen im BGB daher vom Familiengericht nur dann als Pfleger auszuwählen, wenn keine geeignete Einzelperson vorhanden ist, die die Vormundschaft ehrenamtlich führen kann. In der Praxis wird zum Pfleger meist das Jugendamt bestellt (**Amtspflegschaft**). Als juristische Person bedient sich das Jugendamt bei der Führung einer Pflegschaft einer der dort tätigen Fachkräfte, auf die das Amt durch Verwaltungsakt delegiert wird (§ 55 Abs. 2 SGB VIII).

II. Entstehen und Voraussetzungen einer Pflegschaft

3 Die Gründe für das Bestehen eines Vertretungsbedürfnisses (§ 1909 Abs. 1 BGB) sind vielfältig. Die Notwendigkeit einer Vertretung ergibt sich unmittelbar aus dem BGB, etwa wegen des

- Bestehens eines **gesetzlichen Vertretungsverbots** für die Eltern oder den Vormund für bestimmte Rechtsgeschäfte und bei Insichgeschäften (§§ 1629 Abs. 2 S. 1, 1795 BGB);
- Verbots der stellvertretenden Entscheidung über die Ausübung des **Zeugnisverweigerungsrechts** durch einen Minderjährigen, wenn der Sorgeberechtigte selbst Beschuldigter ist bzw als Nichtbeschuldigter bei gemeinsamer elterlicher Sorge (§ 52 Abs. 2 S. 2 StPO).

4 Die **Notwendigkeit einer Vertretung** ergibt sich in Folge einer gerichtlichen Entscheidung etwa nach einer

- familiengerichtlichen Entscheidung, durch die den Eltern oder einem Vormund die **elterliche Sorge teilweise entzogen** wurde (§§ 1666 Abs. 3 Nr. 6, 1666 a, 1837 Abs. 4 BGB). Entsprechend dem Grundsatz der Verhältnismäßigkeit ordnen die Familiengerichte in Fällen, in denen eine **Kindeswohlgefährdung** einen Eingriff in die elterliche Sorge erforderlich macht, heute regelmäßig eine Pfleg- und keine Vormundschaft an.
- familiengerichtlichen Entscheidung, in der festgestellt wurde, dass die **elterliche Sorge** aus tatsächlichen Gründen längere Zeit **teilweise nicht ausgeübt** werden kann (§ 1674 Abs. 1 BGB);
- familiengerichtlichen Entscheidung, durch die den Eltern oder einem Vormund die Vertretung für einzelne Angelegenheiten oder einen bestimmten Kreis an Angelegenheiten wegen eines **erheblichen Interessengegensatzes** entzogen wurde (§§ 1796, 1629 Abs. 2 S. 3 BGB).

Auch bei einem Vertretungsverbot kraft Gesetzes entsteht keine Amtspflegschaft des Jugendamts kraft Ge- 5
setzes. Die Vertretungsbefugnis eines Pflegers setzt vielmehr eine familiengerichtliche **Anordnung** der
Pflegschaft und die familiengerichtliche **Bestellung** seiner Person zum Pfleger voraus. Beide Verfahren
sind zu unterscheiden und Kindschaftssache (§ 151 Nr. 5 FamFG). De lege lata fällt die Bestellung eines
Pflegers ausschließlich in den Zuständigkeitsbereich des Rechtspflegers (§ 3 Nr. 2 a RPflG). In der Praxis
erfolgt die Bestellung vielfach durch den Familienrichter. Dieser Verstoß gegen die funktionale Zuständigkeit ist für die Wirksamkeit der Bestellung unerheblich (§ 8 RPflG). Vor Wirksamwerden des Beschlusses
über die Bestellung ist ein Vormund nicht zur Vertretung befugt (§§ 40 f FamFG).

III. Aufgaben eines Pflegers

Im Grundsatz ergeben sich zwischen den Aufgaben eines Vormunds und denen eines Pflegers nur insoweit 6
Unterschiede, als sich die Aufgaben des Pflegers auf den **Aufgabenbereich** beschränken, für den er zum
Pfleger bestellt wurde (§§ 1915 Abs. 1 S. 1, 1793 Abs. 1 BGB). Im Folgenden werden daher nur die Besonderheiten dargestellt, die sich daraus ergeben, dass ein Pfleger nur teilweise zur elterlichen Sorge berechtigt
und verpflichtet ist. Im Übrigen wird auf die Darstellung zu den Aufgaben eines Vormunds (s. → *Vormundschaft* Rn 8 ff) verwiesen.

Wie ein Vormund so ist auch ein Pfleger rechtlich bereits deswegen zur **Zusammenarbeit** mit den Eltern 7
verpflichtet, weil diese, auch wenn ihnen das Recht zur Aufenthaltsbestimmung entzogen wurde, weiterhin
das Recht und die Pflicht zum Umgang mit ihrem Kind besitzen (§ 1684 Abs. 1 BGB; s. → *Umgangsrecht*)
und sie einen Auskunftsanspruch haben (§ 1686 BGB; s. → *Auskunft über die persönlichen Verhältnisse*).
Vielfach wird eine Zusammenarbeit jedoch ferner deswegen erforderlich sein, weil sich die sorgerechtlichen Befugnisse der Eltern und der des Pflegers zwar nicht inhaltlich überschneiden, aber so berühren, dass
Absprachen zu treffen sind – etwa, wenn der Pfleger zur Bestimmung des Aufenthalts und die Eltern zur
Bestimmung des Umgangs befugt sind.

Bei **dauerhaften Konflikten** ist denkbar, dass die Eltern Aufsichtsmaßnahmen gegenüber dem Pfleger 8
oder dessen Entlassung beim Familiengericht anregen. Ebenso kann ein Pfleger eine Erweiterung seines
Aufgabenkreises anregen, wenn er der Ansicht ist, dass die Konflikte zwischen ihm und den Eltern des
Kindes das Wohl des Kindes im Sinne von §§ 1666, 1666 a BGB (s. → *Entzug des Sorgerechts*) gefährden.

Hinsichtlich der Ansprüche von Pflegern auf Beratung und Unterstützung durch Familiengericht und Ju- 9
gendamt bzw der Aufsicht und Kontrolle durch diese Institutionen, der zivilrechtlichen Haftung und strafrechtlichen Verantwortung von Pflegern sowie Ansprüchen auf Information und Akteneinsicht durch die
eine Pflegschaft führende Fachkraft bei einer Amtspflegschaft ergeben sich keine Unterschiede zur Vormundschaft.

IV. Ende einer Pflegschaft

Eine Pflegschaft endet kraft Gesetzes, wenn der Pflegling **volljährig** wird (§ 1918 Abs. 1 BGB). Eine 10
Pflegschaft zur Besorgung einer einzelnen Angelegenheit, etwa zur Ausschlagung einer Erbschaft, endet
kraft Gesetzes mit der Erledigung der Angelegenheit (§ 1918 Abs. 3 BGB). Im Übrigen ist die Pflegschaft
aufzuheben, wenn der Grund für die Anordnung der Pflegschaft weggefallen ist, etwa, da eine Rückübertragung der Teile der elterlichen Sorge (§ 1696 Abs. 2 BGB), die den Eltern entzogen wurden, erfolgte
(§ 1919 BGB).

Im Übrigen ergeben sich hinsichtlich der Pflichten eines Pflegers bei Ende einer Pflegschaft und Ansprü- 11
chen auf Akteneinsicht bei einer Pflegschaft des Jugendamts **keine Unterschiede zur Vormundschaft**.

181. Pflichtteilsrecht

Schwarz

I. Pflichtteilsgläubiger/Pflichtteilsschuldner	1	a) Anrechnung (§ 2315 BGB)	28
II. Berechnung des Pflichtteils	6	b) Ausgleichung (§ 2316 BGB)	31
1. Ermittlung der Pflichtteilsquote/Wert-Pflichtteil	8	3. Pflichtteilsergänzungsanspruch (§ 2325 BGB)	37
2. Ermittlung des Nachlasswerts	10	a) Wertermittlung	38
III. Regelungen zum Schutz des Pflichtteilsberech-		b) Berechtigter	41
tigten vor Beeinträchtigungen seines Pflichtteils	12	c) Abschmelzungslösung durch Gesetzesände-	
1. Pflichtteil bei Erbeinsetzung des zu gering oder		rung	43
belastet bedachten Pflichtteilsberechtigten	13	IV. Pflichtteilslast – Kürzungsrecht des Erben bei	
a) Zusatzpflichtteil (§ 2305 BGB)	13	Vermächtnis	47
b) Wegfall von Beschränkungen und Beschwe-		1. Kürzungsrecht – Grundtatbestand	47
rungen (§ 2306 BGB)	15	2. Erweitertes Kürzungsrecht	49
c) Zuwendung eines Vermächtnisses		3. Berücksichtigung des § 2306 BGB	51
(§ 2307 BGB)	22		
2. Anrechnung und Ausgleichung			
(§§ 2315, 2316 BGB)	24		

I. Pflichtteilsgläubiger/Pflichtteilsschuldner

1 Das Pflichtteilsrecht sichert den nächsten Angehörigen des Erblassers eine **Mindestbeteiligung** an dessen Nachlass, wenn er von der gesetzlichen Erbfolge durch Verfügung von Todes wegen (s. →*Verfügung von Todes wegen*) – Testament oder Erbvertrag – (§ 2303 Abs. 1 S. 1 BGB) ausgeschlossen wurde (NK-BGB/ Bock § 2303 BGB Rn 1). Der **Ausschluss von der gesetzlichen Erbfolge** kann entweder durch ausdrückliche Enterbung geschehen oder dadurch, dass der Erblasser den Pflichtteilsberechtigten in seiner letztwilligen Verfügung einfach nicht erwähnt (Riedel in: FormErbR § 4 Rn 1 f). Die Einsetzung zum Ersatzerben steht der Enterbung gleich. Ist jemand als Erbe eingesetzt oder erbt er nach den Regeln der gesetzlichen Erbfolge, so kann er grds. nicht die Erbschaft ausschlagen und dann den Pflichtteil verlangen. Hiervon gibt es allerdings zwei **Ausnahmen**:

– nach § 1371 Abs. 3 BGB kann bei Zugewinngemeinschaft (s. → *Zugewinngemeinschaft*) der überlebende Ehegatte das Erbe ausschlagen und erhält dann den konkret zu berechnenden güterrechtlichen Zugewinnausgleich und den kleinen Pflichtteil.

– § 2306 Abs. 1 BGB gibt dem als Erbe eingesetzten Pflichtteilsberechtigten, der mit Beschränkungen oder Beschwerungen belastet ist, ein Recht, den Erbteil auszuschlagen, um seinen ordentlichen Pflichtteil zu erhalten.

2 **Hinweis:** Die gelegentlich immer noch anzutreffende irrige Auffassung, man müsse – um seinen Pflichtteil zu erhalten – die Erbschaft ausschlagen, würde dazu führen (sollte keiner der vorgenannten Ausnahmefälle vorliegen), dass der Ausschlagende dann weder die Erbschaft noch einen Pflichtteil erhält (NK-BGB/ Bock § 2303 BGB Rn 20).

3 Zum **pflichtteilsberechtigten Personenkreis** gehören gem. § 2303 BGB:

– die Abkömmlinge (eheliche, nichteheliche, angenommene), Ausnahme: vor dem 1.7.1949 in der früheren BRD geborene Abkömmlinge des Erblassers;
– der Ehegatte;
– die Eltern;
– der eingetragene Lebenspartner (§ 10 Abs. 6 LPartG).

4 **Schuldner des Pflichtteilsanspruchs** ist der Erbe bzw die Miterben. Gegen ihn bzw sie richtet sich der mit dem Erbfall (§ 2317 BGB) entstandene Pflichtteilsanspruch. Vor der Teilung kann sich der einzelne Miterbe auf die Einrede des ungeteilten Nachlasses berufen (§ 2059 Abs. 1 S. 1 BGB). Nach der Teilung kann ein selbst pflichtteilsberechtigter Miterbe gem. § 2319 BGB die Befriedigung eines anderen Pflichtteilsberechtigten soweit verweigern, dass ihm sein eigener Pflichtteil verbleibt.

5 Der Pflichtteilsanspruch ist gem. § 2317 Abs. 2 BGB **vererblich und übertragbar**.

II. Berechnung des Pflichtteils

Der Pflichtteil besteht in der **Hälfte** des Wertes des gesetzlichen Erbteils (§ 2303 Abs. 1 S. 2 BGB).   6

Er ist in zwei Schritten zu ermitteln und bestimmt sich   7
- nach der Höhe des gesetzlichen Erbteils (Erbquote) und
- dem Nachlassvermögen zum Zeitpunkt des Erbfalls.

1. Ermittlung der Pflichtteilsquote/Wert-Pflichtteil

Zur Berechnung des Pflichtteils eines Ehegatten und/oder der Abkömmlinge bzw. Eltern des Erblassers ist   8
zunächst deren **gesetzliches Erbteil** gem. §§ 2303, 2316 BGB zu ermitteln (s. → *Ehegattenerbrecht*, s. →
Verwandtenerbrecht).

Vorempfänge beeinflussen den gesetzlichen Erbteil nach durchgeführter Ausgleichung (sie verschieben die   9
Quoten, man spricht vom sog. Wert-Erbteil). Die Hälfte hiervon entspricht dem sog. Wert-Pflichtteil gem.
§ 2316 BGB.

Hinweis: Gem. § 2310 BGB sind bei der Feststellung des Erbteils diejenigen pflichtteilsberechtigten Personen mitzuzählen, die vom Erblasser durch Testament oder Erbvertrag von der Erbfolge ausgeschlossen wurden, die die Erbschaft ausgeschlagen haben oder für erbunwürdig erklärt wurden. Nicht mitzuzählen bei der Berechnung ist jedoch, wer auf sein Erbe verzichtet hat und deswegen nicht erbt. Es empfiehlt sich deshalb unter diesem Aspekt in der Regel ein bloßer Pflichtteilsverzicht und kein Erbverzicht.

2. Ermittlung des Nachlasswerts

In einem zweiten Schritt ist dann der konkrete Nachlasswert nach den §§ 2311–2313 BGB zu ermitteln.   10
Hierzu muss zunächst der **Bestand des Nachlasses** festgestellt werden. Auszusondern sind Vermögenspositionen, welche bei der Berechnung des Pflichtteils nicht zu berücksichtigen sind (Palandt/Weidlich
§ 2311 BGB Rn 2). Hierzu zählen insbesondere Verträge zugunsten Dritter auf den Todesfall (Lebensversicherungen, Bankguthaben).

Hinweis: Außer Ansatz bei der Berechnung des Pflichtteils eines Elternteils oder Abkömmlings bleibt
auch der dem überlebenden Ehegatten zustehende „Voraus".

Der Wert des Nachlasses (aktiver und passiver) kann, soweit eine andere Erfassung nicht möglich ist, durch   11
Schätzung ermittelt werden. Auf eine vom Erblasser getroffene Wertbestimmung kommt es nicht an.

III. Regelungen zum Schutz des Pflichtteilsberechtigten vor Beeinträchtigungen seines Pflichtteils

Das Gesetz enthält zum Schutz des Pflichtteilsberechtigten vor Beeinträchtigung seines Pflichtteilsanspruchs Regelungen, welche sich in **drei Gruppen** einteilen lassen: 12
- §§ 2305–2308 BGB: Pflichtteilsanspruch bei zu geringem oder belastetem Erbteil sowie bei Vermächtnis;
- §§ 2315, 2316 BGB: Anrechnung und Ausgleichung lebzeitiger Zuwendungen des Erblassers auf den Pflichtteil; Ausgleichung besonderer Leistungen gem. § 2057 a BGB;
- §§ 2325–2331 BGB: Ergänzungsansprüche wegen lebzeitiger Schenkungen des Erblassers.

1. Pflichtteil bei Erbeinsetzung des zu gering oder belastet bedachten Pflichtteilsberechtigten

a) Zusatzpflichtteil (§ 2305 BGB). Ist der Erbteil eines pflichtteilsberechtigten Erben geringer als sein   13
Pflichtteil, so hat der Erbe einen Anspruch gegen den/die Miterben in Höhe des Betrages, der zum Pflichtteil fehlt.

14 **Beispiel:** Der Erblasser hat seine mit ihm in Zugewinngemeinschaft lebende Ehefrau testamentarisch zu 5/6, seinen einzigen Sohn S zu 1/6 als Erben eingesetzt. Der Wert des Nachlasses beträgt 600.000 EUR. S kann, da sein Pflichtteil 1/4 (= 150.000 EUR) des Nachlasswerts beträgt, zu seinem zugewandten Erbteil von 1/6 (= 100.000 EUR) hinzu noch den Wert von 1/12 (= 50.000 EUR) als Geldanspruch verlangen. Der Zusatzpflichtteil, auch „Pflichtteilsrestanspruch" genannt, ist ein echter – wenn auch nur in begrenzter Höhe – bestehender Pflichtteilsanspruch (Palandt/Weidlich § 2305 BGB Rn 1). Wenn S aber zB aus Verärgerung seinen Erbteil ausschlägt, so erhielte er keinen Pflichtteil. Er könnte dann nur noch den Pflichtteilsrestanspruch von 1/12 verlangen (BGH 21.3.1973 – IV ZR 157/71, NJW 1973, 995).

15 **b) Wegfall von Beschränkungen und Beschwerungen (§ 2306 BGB).** § 2306 Abs. 1 BGB in seiner **bis 31.12.2009** gültigen Fassung (auf bis zu diesem Zeitpunkt eingetretene Erbfälle ist die aF nach wie vor anzuwenden) unterschied zwei Fälle:

– § 2306 Abs. 1 S. 1 BGB: Der Testamentserbteil übersteigt die Hälfte des gesetzlichen Erbteils (= Pflichtteil) nicht; dann Wegfall der Beschränkungen und Beschwerungen;

– § 2306 Abs. 1 S. 2 BGB: Der Testamentserbteil übersteigt die Hälfte des gesetzlichen Erbteils (= Pflichtteil); dann Ausschlagungsrecht und Möglichkeit, den Pflichtteil zu verlangen.

16 Der Pflichtteilsberechtigte kann belastet sein durch

– Beschränkungen, nämlich die Einsetzung eines Nacherben, die Ernennung eines Testamentsvollstreckers, durch eine Teilungsanordnung;

– Beschwerungen, nämlich durch Vermächtnis oder Auflage.

17 **Beispiel (zur aF):** Erblasser E hinterlässt seine Ehefrau F, mit welcher er in Zugewinngemeinschaft gelebt hat, sowie seine beiden Kinder S und T. Testamentarisch setzt er seine Ehefrau F zu 8/10, seine beiden Kinder jeweils zu 1/10 als Miterben ein. Für den Nachlass der Kinder ordnet er Testamentsvollstreckung bis zur Vollendung des 30. Lebensjahres seiner Kinder an.

Lösung: Die Testamentsvollstreckung galt gem. § 2306 Abs. 1 S. 1 BGB aF gegenüber S und T als nicht angeordnet, da ihnen nach dem Tod des Vaters ein Pflichtteil von je 1/8 zustand, sie aber nur auf je 1/10 als Miterben eingesetzt waren.

18 **Beispiel (zur aF):** Der verwitwete Erblasser E setzt seine einzige Tochter T und deren Sohn Paul als Erben zu gleichen Teilen ein. Im Wege der Teilungsanordnung hat er bestimmt, dass sein Enkel Paul das wertvolle Wohnhaus mit Werkstattgebäude, seine Tochter T lediglich die Eigentumswohnung erhalten soll.

Lösung: Gem. § 2306 Abs. 1 S. 1 BGB aF galt die Teilungsanordnung gegenüber T als nicht angeordnet, da ihr Erbteil von 1/2 ihren Pflichtteil von 1/2 nicht überstieg.

19 Für die Frage, ob Abs. 1 S. 1 oder Abs. 1 S. 2 der Vorschrift zur Anwendung kam, war die Höhe des hinterlassenen Erbteils festzustellen. Grundsätzlich war auf die sog. **Quotentheorie** (Palandt/Weidlich § 2306 BGB Rn 1) abzustellen. Danach war der konkret hinterlassene Erbteil (die Erbquote) mit der gesetzlichen Pflichtteilsquote zu vergleichen (BGH 9.3.1983 – IV a ZR 211/81, NJW 1983, 2378). Bei dem Vergleich der Bruchteilsgrößen von zugewendetem Erbteil und Pflichtteil blieben die angeordneten Belastungen und Beschwerungen außer Betracht (BGH 21.12.1955 – IV ZR 105/55, BGHZ 19, 309). Hatte der Erbe jedoch bereits zu Lebzeiten des Erblassers anrechnungs- bzw ausgleichungspflichtige Vorempfänge erhalten, wäre es nicht gerechtfertigt gewesen, dem Erben seinen beschwerten halben Erbteil stets lastenfrei zukommen zu lassen. Deshalb wandte die herrschende Meinung hier zumindest für denjenigen Erben, der die Vorempfänge erhalten hatte (Tanck in: Krug/Rudolf/Kroiß/Bittler, Erbrecht, 4. Aufl. 2010, § 3 Rn 65) die sog. **Werttheorie** an und verglich den Wert des hinterlassenen Erbteils mit dem unter Berücksichtigung der Vorempfänge ermittelten konkreten Pflichtteilsbetrag.

20 Mit dem **ErbVerjRÄndG** zum 1.1.2010 wurde die frühere Unterscheidung in § 2306 Abs. 1 BGB danach, ob der dem Pflichtteilsberechtigten hinterlassene Erbteil kleiner bzw gleich seinem Pflichtteil war oder seinen Pflichtteil überstieg, aufgegeben und damit eine besondere Haftungsfalle beseitigt. In der Praxis war

diese Differenzierung nicht selten übersehen worden: Bei Nichtübersteigen der Erbquote über die Pflichtteilsquote fielen angeordnete Beschränkungen und Beschwerungen bereits kraft Gesetzes weg. Das Wahlrecht, den beschwerten Erbteil zur Erlangung des Pflichtteils auszuschlagen, bestand nur für den Fall, dass der zugewendete Erbteil den Pflichtteil überstieg. Hatte der Erbe ausgeschlagen, obwohl die letztgenannte Fallkonstellation (§ 2306 Abs. 1 S. 2 BGB aF) gar nicht vorlag, so hatte er weder Erbteil noch Pflichtteilsanspruch. Es verblieb dann nur die Möglichkeit der nicht zwingend erfolgreichen Irrtumsanfechtung der Erbausschlagung.

Nach der **Neufassung** zum 1.1.2010 besteht das Wahlrecht, die Erbschaft auszuschlagen oder mit den angeordneten Beschränkungen und Beschwerungen zu behalten, nun **unabhängig vom Verhältnis des hinterlassenen Erbteils zur Pflichtteilsquote** (NK-BGB/Bock § 2306 BGB Rn 1). Kehrseite ist, dass nunmehr alle Fallkonstellationen dem zeitlichen Druck der sechswöchigen Ausschlagungsfrist unterliegen. **21**

Hinweis: Nach der Neuregelung des § 2305 S. 2 BGB bleiben die in § 2306 BGB genannten Beschränkungen und Beschwerungen bei der Ermittlung des Zusatzpflichtteils außer Betracht. Anders als zur früheren Rechtslage kann der Erbe damit bei Erbschaftsannahme im Ergebnis trotz Zusatzpflichtteil uU insgesamt auch weniger als seinen Pflichtteil erhalten (Palandt/Weidlich § 2305 BGB Rn 4), so dass sich die Ausschlagung zur Sicherung des Pflichtteils in der Regel empfehlen wird.

Beispiel: E hinterlässt ein einziges Kind K, das er nur zu ¼ als Erbe einsetzt und mit einem Vermächtnis von 1.000 € belastet. Der Nachlasswert beträgt 10.000 EUR. Nach § 2306 Abs. 1 S. 1 BGB aF fiel das Vermächtnis weg. Der Zusatzpflichtteil belief sich auf 2.500 EUR (= Pflichtteil 5000 EUR./. unbelasteter Erbteil 2.500 EUR). Insgesamt bekam der Erbe damit nach altem Recht 5.000 EUR (= Pflichtteil 2.500 EUR und Zusatzpflichtteil 2.500 EUR). Bei Erbfällen seit dem 1.1.2010 bleibt nun das Vermächtnis bei § 2306 BGB bestehen. Der akzeptierte Erbteil hat einen Wert von 1.500 EUR (= 2.500 EUR zugewandter Erbteil./. 1.000 EUR Vermächtnis). Der Zusatzpflichtteil wird errechnet ohne die Beschränkung durch das Vermächtnis: also 5.000 EUR./. 2.500 EUR = 2.500 EUR. Insgesamt erhält der Erbe damit nur 4.000 EUR (2.500 EUR Erbteil./. 1.000 EUR Vermächtnis zzgl Zusatzpflichtteil von 2.500 EUR). K hätte also zur Realisierung des vollen Pflichtteilswerts nach § 2306 BGB ausschlagen müssen.

c) Zuwendung eines Vermächtnisses (§ 2307 BGB). Ist ein Pflichtteilsberechtigter mit einem Vermächtnis bedacht, so kann er wählen: **22**

– Will er den **ordentlichen – ungekürzten – Pflichtteil**, dann muss er das Vermächtnis ohne Rücksicht auf dessen Größe durch formlose Erklärung gegenüber dem Beschwerten (§ 2180 Abs. 2 BGB) ausschlagen (Riedel in: FormErbR § 4 Rn 84);
– Schlägt er nicht aus, kann er das Vermächtnis verlangen. Soweit dessen Wert hinter seinem Pflichtteilsanspruch zurückbleibt, hat er einen **Pflichtteilsrestanspruch**. Erreicht oder übersteigt der Wert des Vermächtnisses den Pflichtteilsanspruch, gibt es einen solchen nicht.

Bei der Wertberechnung des angenommenen Vermächtnisses bleiben gem. § 2307 Abs. 1, 2 Hs 2 BGB Beschränkungen und Beschwerungen unberücksichtigt, wirken sich also nicht wertmindernd aus, so dass sich hier häufig die Ausschlagung empfiehlt. **23**

2. Anrechnung und Ausgleichung (§§ 2315, 2316 BGB)

Sinn und Zweck der Anrechnungs- und Ausgleichungsvorschriften ist es, lebzeitige Zuwendungen des Erblassers an den Pflichtteilsberechtigten oder an Dritte beim Pflichtteil zu berücksichtigen, um eine **Bevorzugung** einzelner Pflichtteilsberechtigter am Vermögen des Erblassers und eine damit verbundene Minderung anderer Pflichtteilsberechtigter **zu verhindern**. **24**

Hinweis: Die Anrechnung (anders als die Ausgleichung) kommt bei allen Pflichtteilsberechtigten, also auch beim Ehegatten und den Eltern des Erblassers, in Betracht. Sie schmälert den Pflichtteil des Anrechnungspflichtigen um den Vorempfang. Die ursprünglich im Gesetzentwurf zur Änderung des Erb- und Verjährungsrechts noch vorgesehene und in der Reformdiskussion an sich nie streitige Einführung einer auch nachträglichen Anordnungsmöglichkeit von Ausgleichungs- und Anrechnungspflichten wurde unter Hinweis auf das schützenswerte Vertrauen des Zuwendungsempfängers letztlich im Ergebnis dann doch nicht umgesetzt. Eine Ausgleichs- bzw Anrechnungsbestimmung hat also nach wie vor spätestens bei der Zuwendung zu erfolgen.

25 Nicht selten wird in Verträgen **ungenau** wie folgt formuliert:

▶ Der Übernehmer erhält die Zuwendung in Anrechnung auf seinen späteren Erb- und Pflichtteil. ◀

26 Eine Anrechnung auf den Erbteil kennt das Gesetz jedoch nicht. Vielfach ist mit einer solchen Formulierung deshalb eine **Ausgleichung von lebzeitigen Vorempfängen** unter Abkömmlingen nach § 2050 BGB gemeint. Ob damit auch gleichzeitig eine Anrechnung auf den Pflichtteil nach § 2315 BGB gemeint ist, ist streitig, weil sich über die Vorschrift des § 2316 BGB die Ausgleichung selbst schon auf das Pflichtteilsrecht auswirkt (vgl hierzu OLG Nürnberg 25.2.1992 – 1 U 3542/91, NJW 1992, 2303).

27 Es empfiehlt sich eine **klarstellende Formulierung**, zB:

▶ Der Übernehmer hat den Wert der Zuwendung gem. §§ 2050 ff, 2316 BGB auszugleichen und sich auf den Pflichtteil nach § 2315 BGB anrechnen zu lassen. ◀

oder

▶ Der Übernehmer hat den Wert der Zuwendung gem. §§ 2050 ff, 2316 BGB auszugleichen, sich jedoch nicht auf den Pflichtteil nach § 2315 BGB anrechnen zu lassen. ◀

28 **a) Anrechnung (§ 2315 BGB).** Für jeden einzelnen Pflichtteilsberechtigten errechnet sich sein Anspruch aus der Summe von Nachlass und (nur) seiner Zuwendung (MüKo/Lange § 2315 BGB Rn 13). Dazu wird der erhaltene Vorempfang dem Nachlasswert zugerechnet. Aus diesem wird entsprechend der Pflichtteilsquote der Pflichtteilsanspruch errechnet und sodann der anzurechnende Betrag abgezogen. Für jeden Pflichtteilsberechtigten erfolgt eine individuelle Berechnung, so dass bei unterschiedlich hohen Vorempfängen von unterschiedlich hohen fiktiven Nachlässen auszugehen ist (NK-BGB/Bock § 2315 BGB Rn 14).

29 **Berechnungsschema:**

        realer Nachlass
    +   anrechnungspflichtiger Vorempfang
    ───
    =   fiktiver Nachlass
        daraus Pflichtteilsquote
    ./. anrechnungspflichtiger Vorempfang
    ───
    =   realer Anspruch (Wertpflichtteil)

30 **Beispiel:** Erblasser E hinterlässt seine Ehefrau F, mit welcher er in Gütertrennung lebte, sowie die Kinder S und T. Erblasser E hat seinen Freund X zum Alleinerben eingesetzt. Vor seinem Tode hatte er – jeweils mit Anrechnungsbestimmung – seiner Ehefrau F 30.000 EUR und seiner Tochter T 60.000 EUR geschenkt. Der Nachlasswert beträgt 600.000 EUR.

Lösung: F: realer Nachlass 600.000 EUR, zuzüglich 30.000 EUR Vorempfang, hiervon 1/6 = 105.000 EUR, abzüglich Vorempfang 30.000 EUR, ergibt einen Pflichtteilsanspruch für F in Höhe von 75.000 EUR; T: realer Nachlass 600.000 EUR, zuzüglich 60.000 EUR Vorempfang, hiervon 1/6 = 110.000 EUR, abzüglich Vorempfang 60.000 EUR, ergibt einen Pflichtteilsanspruch für T in Höhe von 50.000 EUR; S hat keinen Vorempfang erhalten, sein Pflichtteilsanspruch beläuft sich deshalb auf 100.000 EUR.

31 **b) Ausgleichung (§ 2316 BGB).** Hier sind lebzeitige Zuwendungen des Erblassers von dem Abkömmling auszugleichen, der die Zuwendung erhalten hat. Die Ausgleichung findet **nur unter Abkömmlingen** statt und nur, wenn mindestens zwei von ihnen zur gesetzlichen Erbfolge berufen wären (NK-BGB/Bock § 2316 BGB Rn 6). Der überlebende Ehegatte nimmt an der Ausgleichung nicht teil.

Die Ausgleichungsverpflichtung hängt davon ab, ob **bei gesetzlicher Erbfolge** nach den §§ 2050 ff BGB   32
eine Ausgleichungspflicht bestünde.

Hinweis: Der Erblasser kann eine bestehende Ausgleichungspflicht nicht zum Nachteil eines Pflichtteilsberechtigten ausschließen (§ 2316 Abs. 3 BGB).

Bei der Ausgleichung wird der Nachlass bei der Berechnung der Pflichtteile der Abkömmlinge um die   33
Summe aller auszugleichenden Beträge erhöht (im Gegensatz zur Anrechnung). Bei der Ausgleichung ist
der auszugleichende Betrag schon vor der abschließenden Berechnung des Pflichtteils von dem Wert abzuziehen, der dem gesetzlichen Erbteil entspricht.

Die **Berechnung** erfolgt wie bei der Berechnung des gesetzlichen Werterbteils gem. §§ 2055–2057 a BGB   34
und ist dann zu halbieren.

Berechnungsschema: 35

   Bildung des Ausgangsnachlasses durch Bereinigung des realen Nachlasses um die Ansprüche der nicht
   an der Ausgleichung Beteiligten
+ ausgleichungspflichtige Vorempfänge aller Ausgleichungsverpflichteten

= Ausgleichungsnachlass
   hieraus Anteil am Nachlass (= Ausgleichungsnachlass geteilt durch Anzahl der Ausgleichungsbeteilig-
   ten)
./. eigener Vorempfang

= Werterbteil
hiervon 1/2 = realer Anspruch (Wertpflichtteil)

Beispiel: Erblasser E hinterlässt Ehefrau F, mit welcher er in Gütertrennung lebte, sowie die Kinder S 1, S   36
2 und T. Der Nachlass beträgt 300.000 EUR. Ausgleichungspflichtige Zuwendungen haben – jeweils indexiert – erhalten: S 1 20.000 EUR, S 2 40.000 EUR. Der Erblasser hat den Freund X zum Erben eingesetzt.

Lösung: Ehefrau F erhält bei einer Pflichtteilsquote von 1/8 ihren Pflichtteil von 37.500 EUR, für die Berechnung der Pflichtteile der Kinder erfolgt zunächst ein Vorabzug des gesetzlichen Erbteils der nicht an
der Ausgleichung beteiligten F (1/4) = 75.000 EUR, verbleiben mithin 225.000 EUR.

S 1: Ausgangsnachlass (nach Abzug von ges. Erbteil F) = 225.000 EUR, zuzüglich aller Zuwendungen insgesamt 60.000 EUR ergibt einen Ausgleichungsnachlass von 285.000 EUR, gebührender Anteil am Nachlass von 1/3 = 95.000 EUR, abzüglich eigener Vorempfang von 20.000 EUR, ergibt für S 1 einen Werterbteil von 75.000 EUR, hiervon Wertpflichtteil 1/2 = 37.500 EUR.

S 2: Ausgangsnachlass (nach Abzug von ges. Erbteil F) = 225.000 EUR, zuzüglich aller Zuwendungen insgesamt 60.000 EUR, ergibt einen Ausgleichungsnachlass von 285.000 EUR, gebührender Anteil am Nachlass von 1/3 = 95.000 EUR, abzüglich eigener Vorempfang von 40.000 EUR, ergibt für S 2 einen Werterbteil von 55.000 EUR, hiervon Wertpflichtteil 1/2 = 27.500 EUR.

T: Ausgangsnachlass (nach Abzug von ges. Erbteil F) = 225.000 EUR, zuzüglich aller Zuwendungen insgesamt 60.000 EUR, ergibt einen Ausgleichungsnachlass von 285.000 EUR, gebührender Anteil am Nachlass von 1/3 = 95.000 EUR, T hatte keinen eigenen Vorempfang, sein Wertpflichtteil von 1/2 beträgt damit
47.500 EUR.

3. Pflichtteilsergänzungsanspruch (§ 2325 BGB)

Der Pflichtteilsergänzungsanspruch ist ein vom ordentlichen Pflichtteil unabhängiger – selbstständiger –   37
Pflichtteilsanspruch (BGH 18.12.1987 – IV ZR 163/86, BGH 103, 33). Er steht dem Pflichtteilsberechtigten unabhängig vom ordentlichen Pflichtteil zu (§ 2326 BGB). Der Pflichtteilsergänzungsanspruch umfasst
Schenkungen des Erblassers an Dritte **innerhalb der letzten zehn Jahre** vor dem Erbfall. Bei Schenkungen an Ehegatten beginnt die Frist nicht vor Auflösung der Ehe (§ 2325 Abs. 3 Hs 2 BGB). Der Pflichtteils-

berechtigte kann als Ergänzung seines Pflichtteils den Betrag verlangen, um den sich der Pflichtteil erhöht, wenn der verschenkte Gegenstand dem Nachlass hinzugerechnet wird (fiktiver Nachlass). Der selbst beschenkte Pflichtteilsberechtigte muss sich ein Eigengeschenk gem. § 2327 BGB auf seinen Ergänzungsanspruch anrechnen lassen (die Zehnjahresfrist des § 2325 Abs. 3 BGB gilt hier nicht).

38 **a) Wertermittlung.** Der Wert des verschenkten Gegenstandes ist grundsätzlich mit dessen **Verkehrswert** anzusetzen (Ausnahme: lediglich Ertragswert bei Landgut gem. § 2312 BGB).

39 Der **Bewertungsstichtag** ist je nach Art des verschenkten Gegenstandes unterschiedlich:

– alle verbrauchbaren Sachen (§ 92 BGB – Geld, Wertpapiere usw.) werden stets mit ihrem Wert zum Zeitpunkt der Schenkung (§ 2325 Abs. 2 S. 1 BGB) angesetzt. Der Kaufkraftschwund (Geldentwertung) ist durch Indexierung auszugleichen;

– für andere – nicht verbrauchbare – Gegenstände (zB Immobilien, Gesellschaftsanteile) gilt das sog. „**Niederstwertprinzip**" (§ 2325 Abs. 2 S. 2 BGB). Nach dem Niederstwertprinzip ist der Wert des verschenkten Gegenstandes an zwei Stichtagen vergleichend festzustellen, nämlich zum Zeitpunkt der Schenkung (indexiert) und zum Zeitpunkt des Erbfalls. Bei der Schenkung von Grundbesitz ist auf die Verhältnisse zum Zeitpunkt des dinglichen Vollzugs, also der Eintragung im Grundbuch, abzustellen (BGH 8.4.1992 – IV ZR 2/91, BGHZ 118, 49). Bei der Übertragung von Gesellschaftsanteilen kommt es auf deren Übergang an. Der an den beiden Stichtagen (Schenkung mit Indexierung im Vergleich zum Erbfall) niedrigere Wert ist dann für die Berechnung des Pflichtteilsergänzungsanspruches maßgebend.

40 Bei vorbehaltenen **Nutzungsrechten** (Nießbrauch, Wohnungsrecht) ist zunächst festzuhalten, dass nach gefestigter Rechtsprechung des Bundesgerichtshofs die Zehnjahresfrist überhaupt nicht zu laufen beginnt (BGH 17.9.1986 – IV a ZR 13/85, BGHZ 98, 226; 27.4.1994 – ZR 132/93, BGHZ 125, 395). Erblasserschenkungen mit diesen vorbehaltenen Nutzungsrechten sind mithin voll pflichtteilsergänzungspflichtig (Palandt/Weidlich § 2325 BGB Rn 24–29). Bei der Feststellung des Niederstwertes lässt der Bundesgerichtshof dann den Nießbrauch in einem ersten Schritt zunächst außer Betracht (BGH 8.4.1992 – IV ZR 2/91, BGHZ 118, 49). Ergibt die Ermittlung des Niederstwertes, dass der Wert des Gegenstandes zum Zeitpunkt der Schenkung maßgebend ist, wird in einem zweiten Schritt für die konkrete Berechnung der Wert der Zuwendung unter Berücksichtigung des Nießbrauchs ermittelt. Dabei ist der Jahresnutzwert des Wohnrechts bzw Nießbrauchrechts als künftig wiederkehrende Gegenleistung auf den Zeitpunkt der Übertragung (bei Grundbesitz Tag der Eintragung im Grundbuch) zu kapitalisieren. Ist dagegen der Wert des Gegenstandes zum Erbfall (zu dem das Wohnrecht bzw der Nießbrauch erloschen sind) der niedrigere und damit der maßgebliche Wert, so bleibt der Nießbrauch unberücksichtigt (BGH 30.5.1990 – IV ZR 254/88, FamRZ 1991, 552). Der Bundesgerichtshof hat seine Rechtsprechung gegen Kritik aus Literatur und Instanzengerichten (u.a. OLG Celle 14.7.2003 – 6 W 72/03, ZErb 2003, 383) bestätigt (BGH 16.7.2003 – IV ZR 73/03, ZEV 2003, 416).

Bei der Bewertung von **Lebensversicherungen** gilt: Hat der Erblasser bei Abschluss der Lebensversicherung einen Bezugsberechtigten benannt, fällt mit dem Tod des Versicherungsnehmers die Versicherungssumme nicht in den Nachlass. Der Bezugsberechtigte erwirbt den Auszahlungsanspruch im Wege der Sondernachfolge (§§ 328, 331 BGB). Fällt die Versicherungssumme hingegen nicht in den Nachlass, so kann § 2325 BGB in Betracht kommen. Der Bundesgerichtshof (28.4.2010 – IV ZR 73/08, ZEV 2010, 305) stellt bei der Bewertung der Lebensversicherung darauf ab, dass als Berechnungsgrundlage der Wert maßgeblich ist, den der Erblasser aus den Rechten seiner Lebensversicherung in der letzten (juristischen) Sekunde seines Lebens nach objektiven Kriterien für sein Vermögen hätte umsetzen können. In aller Regel sei deshalb auf den **Rückkaufwert** abzustellen. Als Berechnungsgrundlage kommen weder die ausbezahlte Versicherungssumme noch die vom Erblasser entrichteten Prämien in Betracht. Denn der Anspruch auf die Versicherungsleistung stand dem Erblasser nie zu und ist demzufolge weder seinem Vermögen noch dem Nachlass zurechenbar. Die geleisteten Prämien wiederum waren im Erblasservermögen nicht (mehr) vorhanden. Im Übrigen erfasst auch die seit 2010 geltende Abschmelzungsregelung den Fall nicht, da die Schenkung durch den Nichtwiderruf erst eine juristische Sekunde vor dem Erbfall erfolgte. Der Rückkaufswert ist deshalb im Rahmen des § 2325 BGB voll anzusetzen.

b) Berechtigter. Nach früherer Rechtsprechung des Bundesgerichtshofs erfasste der Schutzzweck des 41 Pflichtteilsergänzungsanspruchs nur den, der bei der Schenkung schon Pflichtteilsberechtigter war (BGH 25.6.1997 – IV ZR 233/96, ZEV 1997, 373). Hieraus wurde das Erfordernis einer „Doppelberechtigung" des Pflichtteilsberechtigten sowohl im Zeitpunkt des Erbfalls wie auch bei der Schenkung abgeleitet (BGH aaO). Diese Rechtsprechung hat der Bundesgerichtshof nunmehr aufgegeben (BGH 23.5.2012 – IV ZR 250/11, ZEV 2012, 478).

Beispiel: Der Erblasser hat zwei Söhne, A und B. Bevor er sich wieder verheiratet, überträgt er unentgelt- 42 lich seinen beiden Söhnen aus erster Ehe ein Grundstück. Danach heiratet er seine neue Frau F. Nach dem Tode des Erblassers macht die enterbte Ehefrau F Pflichtteilsergänzungsansprüche hinsichtlich des Grundstücks geltend. Nach der früheren Rechtsprechung des Bundesgerichtshofs wurden Geschenke, die vor der Pflichtteilsberechtigung des Betroffenen zum Vermögen des Erblassers gehörten, bei Eintritt der Pflichtteilsberechtigung jedoch bereits abgeflossen waren, nicht berücksichtigt. Bzgl. solcher Vermögenswerte bestand nach dem Bundesgerichtshof keine berechtigte Erwartung. Diese Rechtsprechung des Bundesgerichtshofs hatte in der Literatur seit Langem erhebliche Kritik erfahren (u.a. MüKo/Lange § 2325 BGB Rn 8; Reimann MittBayNot 1997, 299). Der Wortlaut des § 2325 BGB sei eindeutig und gebe keinen Anlass für die vom Bundesgerichtshof vorgenommene Auslegung. In seinem Urteil vom 23.5.2012 (IV ZR 250/11, FamRZ 2012, 1386) hat der Bundesgerichtshof seine **Theorie von der Doppelberechtigung aufgegeben.** Eindeutig geklärt ist nunmehr, dass Abkömmlinge unabhängig davon, ob sie erst nach der Schenkung geboren oder adoptiert wurden, mit im Zeitpunkt der Zuwendung bereits vorhandenen Abkömmlingen gleichgestellt sind. Die Konstellation „nachrückender Ehegatten" hat der Bundesgerichtshof hingegen nicht erwähnt; eine entsprechende Anwendung kann deshalb fraglich sein.

c) Abschmelzungslösung durch Gesetzesänderung. Mit dem ErbVerjRÄndG zum 1.1.2010 wurde auch 43 der § 2325 Abs. 3 BGB geändert. Nach dem § 2325 Abs. 3 BGB aF bestand eine „Alles-oder-Nichts-Regelung" (NK-BGB/Bock § 2325 BGB Rn 37). Fiel die Schenkung in die Zehnjahresfrist vor dem Erbfall, wurde sie voll berücksichtigt und der Pflichtteilsberechtigte so gestellt, als befände sich die Schenkung noch im Nachlass des Erblassers. Nur wenn die Schenkung außerhalb der Zehnjahresfrist erfolgte, blieb sie außen vor. Nunmehr wird die Schenkung immer weniger berücksichtigt, je länger sie zurückliegt (sog. „Abschmelzungsmodell"). Nur eine im ersten Jahr vor dem Erbfall vorgenommene Schenkung wird noch voll im Rahmen der Pflichtteilsergänzung angesetzt. Ansonsten mindert sich der Ergänzungsbetrag pro abgelaufenem Jahr um jeweils 1/10 (eine Schenkung wird also im zweiten Jahr mit 9/10, im dritten Jahr mit 8/10, im vierten Jahr mit 7/10 usw bis sie im zehnten Jahr nur noch mit 1/10 berücksichtigt wird; nach Ablauf von zehn Jahren erfolgt dann kein Ansatz bei der Pflichtteilsergänzung mehr).

Hinweis: Diese Neuregelung gilt für alle Erbfälle **ab dem 1.1.2010,** aber auch für Schenkungen, die bereits vor Inkrafttreten des Gesetzes erfolgten (Art. 229 § 21 Abs. 4 S. 2 EGBGB).

An der Regelung des § 2325 Abs. 3 Hs 2 BGB hat sich durch das Reformgesetz nichts geändert. Es bleibt 44 dabei, dass bei **Schenkungen an den Ehegatten** die Zehnjahresfrist bei bestehender Ehe nicht zu laufen beginnt. Das OLG Stuttgart hat aktuell allerdings entschieden, dass die Zuwendung eines Ehegatten an den anderen zwecks angemessener Altersversorgung dann nicht unentgeltlich ist, sofern sie sich in einem den Einkommens- und Vermögensverhältnissen angemessenen Rahmen halte (26.1.2011 – 19 W 52/10, FamRZ 2011, 1823).

d) Kein Fristenanlauf bei vorbehaltenen Rechten

Schenkungen werden nicht berücksichtigt, wenn seit der „Leistung des Zuwendungsgegenstandes" zehn 45 Jahre verstrichen sind, bzw es erfolgt seit dem 1.1.2010 eine **Abschmelzung** (pro-rata-Regelung). Die Ausfüllung des unbestimmten Rechtsbegriffs der „Leistung" bleibt weiterhin der Rechtsprechung überlassen, was angesichts unterschiedlicher Urteile erhebliche Unsicherheit mit sich bringt und keinen Rechtsfrieden schafft. Eine fristauslösende Leistung liegt jedenfalls nicht bereits bei Verlust des Eigentums, sondern erst ab wirtschaftlicher Ausgliederung aus dem Vermögen des Schenkers vor. Der Erblasser muss den Genuss des verschenkten Gegenstandes tatsächlich entbehrt haben.

Eine Leistung liegt vor diesem Hintergrund (solange) nicht vor, als der Übergeber sich einen umfassenden **Nießbrauch** vorbehält. In diesem Fall hat der Übergeber keinen spürbaren Vermögensverlust erlitten. Die Frist begänne dann erst mit einem Wegfall des Nutzungsrechts zu laufen.

46 Noch nicht eindeutig geklärt ist, ob ein vorbehaltenes **Wohnungsrecht** den Fristbeginn hindert. In der Literatur wird dies überwiegend bejaht. Es läge hier ebenfalls kein Nutzungsverzicht vor (u.a. Mayer ZEV 1995, 325, 328; Worm DNotZ 2003, 535, 548). Oftmals wird das Wohnungsrecht nicht am Gesamtobjekt, sondern nur an einzelnen Räumen bzw einer einzelnen Wohnung (eines Mehrfamilienhauses) bestellt. Ob auch hier bereits eine wirtschaftliche Ausgliederung erfolgte, ist streitig. Nach Ansicht des OLG Karlsruhe wurde bei Vorbehalt des Wohnrechts an einer von zwei Wohnungen die wesentliche Nutzung aufgegeben und die Frist in Lauf gesetzt (15.1.2008 – 12 U 124/07, NJW-RR 2008, 601). Anders das OLG Düsseldorf (Urteil vom 11.4.2008 – 7 U 70/07, DNotZ 2009, 67), wobei sich hier der Übergeber an allen Räumen im EG und zusätzlich noch an einem Raum im OG ein Wohnrecht vorbehalten hatte. Hinzu kam die Nutzungsmöglichkeit von Gemeinschaftsflächen sowie eine Rückübertragungsklausel. Das LG Rottweil bejahte hingegen den Fristenlauf in seiner Entscheidung vom 21.4.2011 in einem Fall, in dem das vorbehaltene Wohnrecht an einer Wohnung im 1. OG (120–125 qm) nur 11 % der verschenkten Gesamtfläche ausmachte (3 O 83/10, ZErb 11/2012, 282). Die „Pflichtteilsfestigkeit" einer Vertragsgestaltung bei Vorbehalt von Wohnrechten kann angesichts der unterschiedlichen Rechtsprechung gegenwärtig nicht eindeutig prognostiziert werden. Gleichwohl ergibt sich eine Tendenz dahin, dass bei Wohnrechtsvorbehalt mit nur ca. 10 % der Gesamtnutzungsmöglichkeit ein wesentlicher Genussverzicht und damit ein Fristenanlauf gegeben ist. Denn der Bundesgerichtshof hat in seiner Nichtzulassungsbeschwerde (25.7.2012 – IV ZR 14/12) im Fall des LG Rottweil (2. Instanz OLG Stuttgart) angeführt, dass weder eine grundsätzliche Bedeutung noch die Fortbildung des Rechts oder die Sicherung einer einheitlichen Rechtsprechung eine Entscheidung erfordere und damit im Umkehrschluss zum Ausdruck gebracht, dass die Entscheidung des LG Rottweil in Übereinstimmung mit der BGH-Rechtsprechung steht.

Ein Fristbeginn wird von der hM ferner verneint bei einem **freien Rückforderungsrecht** des Übergebers (Mayer ZEV 1994, 325, 329; BeckOK/J. Mayer § 2325 BGB Rn 32). Es fehle auch hier an einer effektiven Ausgliederung aus dem Vermögen des Übergebers. Die stets drohende Rückforderung sei geeignet, eine selbstständige Nutzung des Gegenstandes zu beeinträchtigen (OLG Düsseldorf 4.4.2008 – 20 U 2205/08, DNotZ 2009, 67). Anderes soll hingegen bei „enumerativen Rückerwerbsrechten" gelten, deren Voraussetzungen der Schenker nicht selbst herbeiführen kann (zB Heirat, Ehescheidung, Insolvenz). Behält sich der Schenker zB deren Rückforderung nur für den Fall vor, dass die übertragene Immobilie ohne seine Zustimmung veräußert oder belastet wird (Verfügungsverbot) oder der Beschenkte vor ihm stirbt, so ist nach LG München I die wesentliche Nutzung bereits übergegangen und eine Leistung erfolgt (11.2.2008 – 35 O 167/44, NJW 2009, 1121).

Also: Sowohl ein fehlender vollständiger Genussverzicht wie eine fehlende Zugriffsmöglichkeit auf den Substanzwert setzen die Frist des § 2325 Abs. 3 BGB nicht in Gang. Ein Ausweg könnte die alternative Vereinbarung von Vorsorgeleistungen („Flucht in die Leibrente") sein (BGH 7.9.2005 – XII ZR 311/02, FamRZ 2005, 1974).

IV. Pflichtteilslast – Kürzungsrecht des Erben bei Vermächtnis

1. Kürzungsrecht – Grundtatbestand

47 § 2318 Abs. 1 BGB verteilt im Innenverhältnis die Pflichtteilslast auf den Erben und den Vermächtnisnehmer (s. → *Vermächtnis*) bzw den Auflagenbegünstigten (NK-BGB/Bock § 2318 BGB Rn 1). Im Außenverhältnis verbleibt es bei der alleinigen Haftung des Erben.

Beispiel: Der verwitwete Erblasser E setzt den F zu seinem Alleinerben ein. Der X vermacht er 48
20.000 EUR. Er hinterlässt einen einzigen Sohn S. Der hinterlassene Nachlass beträgt 100.000 EUR.

Lösung: Die Pflichtteilslast wird gemäß § 2318 Abs. 1 BGB verhältnismäßig vom Alleinerben und dem Vermächtnisnehmer getragen, die Pflichtteilslast von 1/2 bzgl des Sohnes S beträgt 50.000 EUR, das Verhältnis Vermächtnis- zum Nachlasswert beträgt 20 %, der Vermächtnisnehmer hat deshalb 20 % vom Pflichtteilsbetrag (50.000 EUR) mithin 10.000 EUR, zu übernehmen, der Erbe kann das Vermächtnis der X demzufolge um 10.000 EUR kürzen und insoweit die Erfüllung verweigern. Der Sohn S erhält als Pflichtteil 50.000 EUR, die Vermächtnisnehmerin (gekürzt) 10.000 EUR, dem Erben verbleiben 40.000 EUR.

2. Erweitertes Kürzungsrecht

Der Erbe hat nach § 2318 Abs. 3 BGB ein erweitertes Kürzungsrecht, wenn er pflichtteilsberechtigt ist, und 49
zwar so weit, dass ihm sein eigener Pflichtteil verbleibt.

Beispiel: Erblasser E hat zwei Kinder, S und T. Er setzt S zu seinem Alleinerben ein, T wird enterbt. Sei- 50
nem Freund F setzt E ein Geldvermächtnis in Höhe von 220.000 EUR aus. Der Nachlasswert beträgt 300.000 EUR.

Lösung: S muss der T einen Pflichtteil von 75.000 EUR bezahlen, das Verhältnis Vermächtniswert zu Nachlasswert beträgt 73,33 %, S kann deshalb das Vermächtnis von 220.000 EUR um 55.000 EUR (= 73,33 % des Pflichtteilswerts 75.000 EUR) kürzen, verbleibendes Vermächtnis damit 165.000 EUR (220.000 − 55.000 EUR), zzgl Pflichtteil gegenüber T von 75.000 EUR müsste der Erbe S an sich insgesamt 240.000 EUR (als Vermächtnis und Pflichtteil) ausbezahlen, ihm verblieben selbst nur noch 60.000 EUR (was unter seinem eigenen Pflichtteil läge), S kann deshalb nach § 2318 Abs. 3 BGB eine weitere Kürzung des Vermächtnisses um 15.000 EUR vornehmen, damit er auf seinen Pflichtteil von 75.000 EUR kommt.

3. Berücksichtigung des § 2306 BGB

Hinweis: Der pflichtteilsberechtigte Erbe ist nicht immer geschützt; § 2306 Abs. 1 BGB ist mit zu berück- 51
sichtigen.

Beispiel: wie zuvor; allerdings beträgt nunmehr das Vermächtnis zugunsten des F nicht nur 220.000 EUR, 52
sondern 240.000 EUR.

Lösung: Kürzung des Vermächtnisses um 80 % des Pflichtteils = 60.000 EUR, verbleibendes Vermächtnis damit (240.000 − 60.000) 180.000 EUR, zzgl Pflichtteilslast gegenüber T von 75.000 EUR ergibt für Erben S eine Zahlungspflicht in Höhe von insgesamt 255.00 EUR, dem S verblieben nur noch 45.000 EUR. Kann der S das Vermächtnis um weitere 30.000 EUR kürzen, um auf seinen eigenen Pflichtteil von 75.000 EUR zu kommen?

Nein: Denn § 2318 Abs. 3 BGB ist im Zusammenhang mit § 2306 Abs. 1 BGB zu sehen, S hätte ohne die Pflichtteilslast der T bereits lediglich 60.000 EUR erhalten, er hätte seinen ungeschmälerten Pflichtteil durch Ausschlagung nach § 2306 Abs. 1 BGB erlangen können. Folge: Erbe S kann lediglich weitere 15.000 EUR verlangen (insgesamt 60.000 EUR), aber nicht mehr.

182. Pflichtteilsstrafklausel

Schwarz

1 In gemeinschaftlichen Testamenten (s. → *Gemeinschaftliches Testament*) bzw Erbverträgen (s. → *Erbvertrag*) setzen sich Ehegatten häufig gegenseitig als Alleinerben ein. Die gemeinsamen Kinder sollen als Schlusserben zum Zuge kommen und dann den gesamten Nachlass erhalten. Diese Konstellation führt dazu, dass die gemeinsamen Kinder beim ersten Erbfall von der gesetzlichen Erbfolge ausgeschlossen, also enterbt sind und demzufolge ihren Pflichtteil verlangen können. Die Gestaltungspraxis bedient sich hier der Pflichtteilsstrafklauseln, um mit gewissen **Sanktionen** einem derartigen **Pflichtteilsverlangen** zu begegnen. Mit einer einfachen Pflichtteilsstrafklausel werden die Abkömmlinge, die nach dem Tod des Erstversterbenden ihren Pflichtteil fordern, beim Tod des Längerlebenden enterbt (Tanck in: FormErbR § 7 Rn 295). Im Einzelfall kann es aber sogar wünschenswert sein, dass ein Pflichtteilsverlangen von den Schlusserben gestellt wird (zB zur Verminderung der Erbschaftsteuerlast). Die Pflichtteilsklausel sollte daher so gestaltet werden, dass sie nur greift, wenn Pflichtteilsansprüche „gegen den Willen des Längerlebenden" eingefordert werden.

Hinweis: Die nachteiligen Wirkungen aus der Pflichtteilsgeltendmachung können nicht dadurch rückgängig gemacht werden, dass der geleistete Pflichtteilsbetrag nachträglich zurückgezahlt wird (BayObLG 20.4.2004 – 1 Z BR 134/02, MittBayNot 2005, 50).

2 Anstelle einer Strafklausel kann auch lediglich ein **Änderungsvorbehalt** aufgenommen werden, der den Längerlebenden berechtigt, den Pflichtteil fordernden Abkömmling von der Erbfolge auszuschließen.

3 Der Pflichtteil, der dem Abkömmling auch nach dem Tod des Letztversterbenden im Ergebnis nicht entzogen werden kann, hängt von dem Wert des Nachlasses beim Tod des überlebenden Ehegatten ab. Wenn dieser überlebende Ehegatte den Nachlass des Erstversterbenden im Wesentlichen nicht geschmälert hat, so werden die bereits beim ersten Erbfall ihren Pflichtteil fordernden Abkömmlinge im Ergebnis den Pflichtteil zweimal erhalten. Ziel der **Jastrowschen Klausel** (s. → *Gemeinschaftliches Testament* Rn 7) ist es hier, den Nachlasswert im zweiten Erbfall und damit im Ergebnis auch den Pflichtteil zu verringern (NK-BGB/Kornexl § 2281 BGB Rn 19). Hier werden die Abkömmlinge, die ihren Pflichtteil beim ersten Erbfall nicht verlangt haben, mit Vermächtnissen aus dem Nachlass des erstversterbenden Ehegatten bedacht (Tanck in: FormErbR § 7 Rn 300). Deren Erfüllung wird auf den Tod des überlebenden Ehegatten hinausgeschoben und belastet deshalb den überlebenden Ehegatten wirtschaftlich zu seinen Lebzeiten nicht. Als Nachlassverbindlichkeiten aus dem Nachlass des Erstverstorbenen haben sie Vorrang vor den Pflichtteilsansprüchen auf den Tod des überlebenden Ehegatten. Den „braven" Abkömmlingen werden **Geldvermächtnisse** (s. → *Vermächtnis*) regelmäßig entsprechend ihrer gesetzlichen Erbteile, anfallend beim Tod des Erstversterbenden, zu zahlen aber erst beim Tod des Letztversterbenden, zugewandt (Langenfeld, Testamentsgestaltung, 2010, Rn 342).

Hinweis: Wenn die Vermächtnisse beim Tod des Erstversterbenden anfallen und nur auf den Tod des Letztversterbenden gestundet sind, so könnten sie vom Vermächtnisnehmer an Dritte vererbt werden. Dem kann dadurch begegnet werden, dass die Vermächtnisse aufschiebend befristet auf den Tod des Letztversterbenden und auch nur dann anfallen, wenn der Bedachte den Tod des Letztversterbenden erlebt (Langenfeld Rn 641).

183. Pflichtteilsverzicht

Schwarz

Nach § 2346 Abs. 2 BGB kann anstatt eines umfassenden Erbverzichts der Verzicht auf das Pflichtteils- 1
recht (s. → *Pflichtteilsrecht*) beschränkt werden (Beck in: NK-BGBErbR § 2346 BGB Rn 16). Verzichtet
wird dabei auf das abstrakte Pflichtteilsrecht, nicht auf einen erst im Erbfall entstehenden Pflichtteilsanspruch (BGH 13.11.1996 – IV ZR 62/96, NJW 1997, 521). Der Pflichtteilsverzichtsvertrag bedarf ebenso
wie der Erbverzichtsvertrag (s. → *Erbverzicht*) der **notariellen Beurkundung** und erstreckt sich beim Verzicht eines Abkömmlings oder Seitenverwandten auch auf die Abkömmlinge des Verzichtenden.

Hinweis: Im Gegensatz zum Erbverzicht wird beim bloßen Pflichtteilsverzicht der Verzichtende im Rahmen der Feststellung des Erbteils nach § 2310 BGB mitgezählt. Das bedeutet, dass sich durch einen Pflichtteilsverzicht die Pflichtteilsquoten der übrigen gesetzlichen Erben nicht erhöhen. In der Gestaltungspraxis
wird deshalb statt eines Erbverzichts in der Regel ein bloßer Pflichtteilsverzicht erklärt. Der Erblasser hat
volle Testierfreiheit, ohne die Pflichtteilsquoten der übrigen Erben zu verändern.

Von einem uneingeschränkten Pflichtteilsverzicht wird insbesondere auch der Zusatzpflichtteil nach § 2305 2
BGB sowie der Pflichtteilsergänzungsanspruch nach § 2325 BGB erfasst (NK-BGB/Beck § 2346 BGB
Rn 16).

Es ist auch möglich und in der Gestaltungspraxis durchaus üblich, den Pflichtteilsverzicht auf bestimmte 3
Gegenstände zu beschränken, die dann bei der späteren Nachlassbewertung außer Acht bleiben. Es handelt
sich um einen **gegenständlich beschränkten Pflichtteilsverzicht** (Palandt/Edenhofer § 2364 BGB Rn 6).
Anders als beim Pflichtteilsverzicht ist beim Erbverzicht eine solche Verzichtsbeschränkung auf einzelne
Nachlassgegenstände nicht möglich.

Pflichtteilsverzichtsverträge werden häufig im Zusammenhang mit Überlassungsverträgen bei der vorweg- 4
genommenen Erbfolge geschlossen, um den **vermögensrechtlichen Gesamtverteilungsplan** durch spätere
Pflichtteilsforderungen nicht zu gefährden. Auch der Pflichtteilsverzicht eines Sozialleistungsbeziehers
verstößt nicht gegen die guten Sitten (BGH 19.1.2011 – IV ZR 7/10, FamRB 2011, 118).

184. Pkw

Caspary

1 Geht es um einen Pkw, ist zunächst zu klären, in wessen **Eigentum** er steht. Gehört der Pkw einem Ehegatten alleine, ist er zwingend beim Zugewinn zu berücksichtigen (BGH 24.10.1990 – XII ZR 101/89, FamRZ 1991, 43), da nach dem neuen § 1568 b Abs. 1 BGB nur noch im Miteigentum beider Eheleute stehende Gegenstände dem Haushaltsteilungsverfahren unterfallen (BGH 11.5.2011 – XII ZR 33/09 – FamRZ 2011, 1039). Das Eigentum an einem Pkw kann daher nur noch bei im **Miteigentum** beider Eheleute stehenden Fahrzeugen im Rahmen der Haushaltsteilung nach § 1568 b Abs. 1 BGB auf einen Ehegatten alleine übertragen werden, vorausgesetzt es handelt sich bei dem Pkw um einen **Haushaltsgegenstand** (s. → *Haushaltssachen* Rn 7 ff). Steht der Pkw dagegen im alleinigen Eigentum eines der Ehegatten, bleibt dieser auch nach der Scheidung alleiniger Eigentümer. Der Wert des Fahrzeuges ist aber beim Zugewinnausgleich zu berücksichtigen, und zwar unabhängig davon, ob der Pkw als Haushaltsgegenstand zu qualifizieren ist.

Während des Getrenntlebens kann auch ein Haushaltsgegenstand, der im Alleineigentum eines Ehegatten steht, dem anderen Ehegatten **zur Nutzung zugewiesen** werden, sofern die Voraussetzungen von § 1361 a Abs. 1 Satz 2 BGB vorliegen. Handelt es sich bei dem Fahrzeug, das im Alleineigentum eines der Ehegatten steht, ausnahmsweise um einen Haushaltsgegenstand, kann daher zumindest die Gebrauchsüberlassung an den anderen Ehegatten angeordnet werden, soweit dieser das Fahrzeug zur Führung eines abgesonderten Haushalts benötigt und die Überlassung nach den Umständen des Falles der Billigkeit entspricht. Steht das Fahrzeug im Miteigentum beider Eheleute, ist nach § 1361 b Abs. 2 BGB nach Billigkeit zu entscheiden, wer das Fahrzeug während der Trennung nutzen darf (OLG Köln 11.9.2009 – 4 WF 128/09, FamRZ 2010, 470).

2 Wem ein Pkw gehört, ist nicht immer leicht zu klären. Die bloße Eintragung eines Ehegatten im Kfz-Brief bzw im Kaufvertrag (OLG Hamburg 12.2.1990 – 2 UF 79/89 G, FamRZ 1990, 1118) oder die Zahlung des Kaufpreises (AG Weilburg 5.2.1991 – 2 F 351/86, FamRZ 1992, 191) reicht nicht aus. Es ist vielmehr eine Gesamtbetrachtung vorzunehmen (OLG Köln 20.3.2001 – 22 U 157/00, FamRZ 2002, 322), bei der vor allem folgende **Indizien** eine Rolle spielen: Wer steht im Kaufvertrag und in den Fahrzeugpapieren? Wer hat den Kreditvertrag unterzeichnet? Wer hat den Erwerb und die laufenden Kosten bezahlt? Von wem wurde der Pkw genutzt? Wer hat den Pkw ausgesucht? Wie viele Pkw gab es in der Familie (vgl Kogel, Strategien beim Zugewinnausgleich, 3. Aufl. 2009, Rn 700 ff)? Die **Beweislast** trägt der Ehegatte, der sich auf Alleineigentum beruft. Gibt es nur ein Fahrzeug, liegt **im Zweifel Miteigentum** vor (OLG Bremen 4.10.1996 – 5 WF 106/96, FamRZ 1997, 943; Kogel Rn 700; Haußleiter/Schulz Kap. 1 Rn 286). Auch die Vermutung des § 1006 BGB kann heran gezogen werden (OLG Köln 20.3.2001 – 22 U 157/00, FamRZ 2002, 322).

3 Streitig ist ferner nach wie vor, wann ein Pkw als Haushaltsgegenstand anzusehen ist. Nach bisher hM zählt der Pkw **nur ausnahmsweise zum Hausrat**, und zwar dann, wenn er nach der gemeinsamen Zweckbestimmung beider Eheleute hauptsächlich für private Zwecke der gesamten Familie, nicht aber überwiegend von einem Ehegatten für die Fahrten zur Arbeit benutzt worden ist (BGH 24.10.1990 – XII ZR 101/89, FamRZ 1991, 43; OLG Zweibrücken 1.7.2004 – 2 UF 84/04, FamRZ 200, 902; OLG Karlsruhe 5.2.2004 – 16 UF 245/03; OLG Köln 20.3.2001 – 22 U 157/00, FamRZ 2002, 322; OLG Karlsruhe 3.4.2000 – 2 WF 111/99, FamRZ 2001, 760; Kogel Rn 697; Haußleiter/Schulz Kap. 4 Rn 131 mwN).

4 Nach anderer Ansicht ist darauf abzustellen, ob es nur **ein oder mehrere Fahrzeuge in der Familie** gibt. Ist nur ein Fahrzeug vorhanden, wird dieses in der Regel auch für familiäre Belange genutzt werden, dh das Fahrzeug ist als Haushaltsgegenstand zu qualifizieren. Selbst wenn das Fahrzeug von einem Ehegatten überwiegend für die Fahrt zum Arbeitsplatz genutzt wird, soll nichts anderes gelten, da mit der Arbeit der Unterhalt für die Familie erwirtschaftet wird, das Fahrzeug also auch in diesem Fall familiären Zwecken dient (OLG Düsseldorf 23.10.2006 –2 UF 97/06, FamRZ 2007, 1325; OLG Koblenz 7.7.2005 – 9 WF

371/05, FamRB 2006, 102; OLG Naumburg 4.9.2003 – 8 UF 211/02, FamRZ 2004, 889; KG 17.1.2003 – 13 UF 439/02, FamRZ 2003, 1927; Brudermüller FamRZ 2006, 1160; Haußleiter/Schulz Kap. 4 Rn 132 mwN). Haben beide Eheleute einen Pkw, gehören die Fahrzeuge dagegen idR nicht zum Hausrat, sondern sind über den Zugewinn auszugleichen.

Ist der Pkw **beim Zugewinn zu berücksichtigen**, muss sein Wert ermittelt werden. Unklar ist, welcher 5 Wert anzusetzen ist, der **Veräußerungswert** oder der **Wiederbeschaffungswert**, der wegen der Händler-spanne regelmäßig höher als der Veräußerungswert ist. In der Praxis wird oft auf den anhand der Schwacke-Liste ermittelten Veräußerungswert abgestellt. Das erscheint jedenfalls dann als falsch, wenn das Fahrzeug, wie meist, gar nicht veräußert, sondern weiter genutzt werden soll. In diesen Fällen sollte auf den Wiederbeschaffungswert abgestellt werden (Haußleiter/Schulz Kap. 1 Rn 287). Steht der Pkw im Al-leineigentum eines der Ehegatten, ist das Fahrzeug nur bei ihm zu berücksichtigen. Bei Miteigentum sind jeweils die hälftige Werte bei beiden Ehegatten in die Berechnung des Zugewinnausgleichs einzustellen, vorausgesetzt, das Fahrzeug stellt keinen Haushaltsgegenstand dar, zB weil mehrere Fahrzeuge vorhanden sind.

Wollen Eheleute eine **Regelung über den Pkw** treffen, müssen sie sich darüber im Klaren sein, dass die 6 Regelung gemäß § 1378 Abs. 3 S. 2 BGB der **notariellen Beurkundung** bedarf, sollte der Pkw im Allein-eigentum eines Ehegatten stehen oder trotz Miteigentum nicht als Haushaltsgegenstand anzusehen sein. Be-rücksichtigen die Eheleute den Pkw gleichwohl im Rahmen einer Einigung über den Hausrat, ist die Ver-einbarung ggf formunwirksam.

185. Private Altersvorsorge

Poppen

I. Überblick... 1
II. Höhe der privaten Altersvorsorge.............. 2
   1. Nicht selbstständig Tätiger...................... 2

2. Selbstständig Tätige........................... 5
III. Art der privaten Altersvorsorge................. 6

I. Überblick

1 Jeder Unterhaltsberechtigte bzw -verpflichtete hat das Recht, durch eine entsprechende Vorsorge zu gewährleisten, dass sein angemessener Lebensbedarf auch im Alter gedeckt ist. Unterschieden wird dabei zwischen der **primären Altersvorsorge** und der **privaten Altersvorsorge**. Primäre Altersvorsorge sind zB die Beiträge zur gesetzlichen Rentenversicherung und die Beamtenversorgung. Daneben besteht ein Anspruch auf eine private Altersvorsorge. Altersvorsorge darf bis zum Erreichen der **Regelaltersgrenze** betrieben werden, auch wenn zuvor schon Erwerbsunfähigkeitsrente bezogen wird (BGH 20.10.21999 – XII ZR 297/97, NJW 2000, 284) oder der Unterhaltspflichtige in den vorgezogenen Ruhestand gegangen ist (BGH 28.7.2010 – XII ZR 140/07, NJW 2010, 3161 für den Elternunterhalt).

II. Höhe der privaten Altersvorsorge

1. Nicht selbstständig Tätiger

2 Erzielt ein nicht selbstständig Tätiger Bruttoeinkünfte, die über der aktuellen **Beitragsbemessungsgrenze** zur Rentenversicherung liegen (2013: 69.600 EUR West; 58.800 EUR Ost), kann er, weil für die über der Beitragsbemessungsgrenze liegenden Einkommensbestandteile keine primäre Altersvorsorge anfällt, Aufwendungen in Höhe des jeweiligen Beitragsbemessungssatzes der gesetzlichen Rentenversicherung (2013: 18,9 %) bezogen auf das über der Beitragsbemessungsgrenze liegende Einkommen für eine private Altersvorsorge absetzen (Wendl/Dose/Gerhardt § 1 Rn 1033). Auf der anderen Seite hat der Unterhaltsberechtigte, wenn sein Elementarunterhaltsanspruch über der Beitragsbemessungsgrenze liegt, einen auch über die Beitragsbemessungsgrenze hinausgehenden **Anspruch auf Altersvorsorgeunterhalt** (BGH 25.10.2006 – XII ZR 141/04, NJW 2007, 744; s. → *Altersvorsorgeunterhalt* Rn 8).

3 In allen Fällen steht dem Unterhaltsberechtigten und -verpflichteten neben der primären Altersvorsorge zur Ergänzung dieser primären Altersvorsorge ein Anspruch auf private Altersvorsorge zu (BGH 27.5.2009 – XII ZR 111/08, NJW 2009, 2450). Die **Höhe** dieses Anspruchs orientiert der Bundesgerichtshof nicht an dem voraussichtlich im Alter zu sichernden Bedarf, sondern an der **Höhe der aktuellen Bruttoeinkünfte**. In Anlehnung an das Altersvermögensgesetz vom 20.6.2011 (Riester-Rente) billigt der Bundesgerichtshof Unterhaltsberechtigten und -verpflichteten einen Betrag von 4 % des Bruttoeinkommens als private Altersvorsorge zu (BGH 11.5.2005 – XII ZR 211/02, NJW 2005, 3277). Beim Elternunterhalt erhöht sich dieser Abzugsposten auf 5 % (BGH 14.1.2004 – XII ZR 149/01, NJW-RR 2004, 793).

4 Eine Ausnahme gilt bei **Mangelfällen**, bzw wenn unter Berücksichtigung dieser zusätzlichen privaten Altersvorsorge der Mindestunterhalt eines minderjährigen Kindes nicht gewährleistet werden kann (BGH 19.2.2003 – XII ZR 19/01, NJW 2003, 1734; OLG Düsseldorf 2.5.2006 – 9 UF 19/06, FamRZ 2006, 1685).

2. Selbstständig Tätige

5 Selbstständig Tätige dürfen als private Altersvorsorge Aufwendungen bis zur Gesamthöhe von 22,9 % ihres Bruttoeinkommens beim Kindes- und Ehegattenunterhalt bzw 23,9 % ihres Einkommens beim Elternunterhalt absetzen. Dieser Betrag entspricht der Gesamtsumme der **Arbeitgeber- und Arbeitnehmerbeiträge** zur gesetzlichen Rentenversicherung bei nicht selbstständig Tätigen (2013: 18,9 %) zuzüglich der privaten Altersvorsorge (4 % bzw 5 %).

III. Art der privaten Altersvorsorge

Unterhaltsberechtigter und -verpflichteter sind in der Form ihrer privaten Altersvorsorge frei. Die private 6
Altersvorsorge kann betrieben werden durch betriebliche Zusatzversorgungen, etwa durch Leistungen an
die VBL, durch Direktversicherungen im Wege der Gehaltsumwandlung, durch die Tilgung von Verbindlichkeiten im Zusammenhang mit Immobilien (BGH 5.3.2008 – XII ZR 22/06, NJW 2008, 1946; s. →
Zins- und Tilgungsleistungen Rn 5: s. →*Verbindlichkeiten im Unterhaltsrecht* Rn 11; s. → *Wohnwert*
Rn 15), durch die Leistung in Sparpläne oder schlichtweg durch Ansparleistungen auf Sparbüchern (NK-
BGB/Schürmann Vor §§ 1577, 1578 BGB Rn 187). Der Abzug wird nur vorgenommen, wenn Aufwendungen tatsächlich erbracht werden. Die Berücksichtigung **fiktiver Aufwendungen** scheidet aus (BGH
28.2.2007 – XII ZR 37/05, NJW 2007, 1961).

186. Prozessstandschaft

Stockmann

I. Einführung 1
II. Umfang 5
III. Auswirkungen des Wegfalls der Voraussetzungen im laufenden Verfahren 9
IV. Auswirkungen des Wegfalls der Voraussetzungen auf bereits erwirkte Unterhaltstitel 15

1. Prozessstandschaft endet durch Scheidung 16
2. Prozessstandschaft endet durch Volljährigkeit etc. 18
3. Prozessstandschaft eines Elternteils endet, weil sich das Kind in die Obhut des anderen Elternteils begibt 23

I. Einführung

1 Die gesetzliche Prozessstandschaft **zur Geltendmachung von Unterhaltsansprüchen Minderjähriger gegen einen Elternteil** hat in den Familiensachen große Bedeutung. Gelegentlich wird für dieses Rechtsinstitut wegen der Sprachregelung des § 113 Abs. 5 FamFG auch die Bezeichnung „Verfahrensstandschaft" benutzt. Aus Gründen der Verständlichkeit bleibt es hier bei der vertrauten Bezeichnung „Prozess". Grundsätzlich steht die Prozessführungsbefugnis in Familienstreitsachen, für die wegen der Verweisung des § 113 Abs. 1 FamFG die Regeln der ZPO Anwendung finden, dem Inhaber des streitbefangenen Rechts zu (vgl HK-ZPO/Bendtsen § 51 ZPO Rn 10). Demnach ist dann, wenn dem Kind zustehende Ansprüche geltend gemacht werden, grundsätzlich das Kind selbst Verfahrensbeteiligter (s. → *Beteiligte* Rn 22). Im Verfahren tritt für das Kind sein gesetzlicher Vertreter auf, § 51 Abs. 1 ZPO.

2 Von diesem Grundsatz macht § 1629 Abs. 3 BGB durch die dort vorgeschriebene Notwendigkeit einer **gesetzlichen Prozessstandschaft** für die Familienstreitsachen betreffend Kindesunterhalt eine bedeutsame Ausnahme. Nach dieser Norm muss der Elternteil, der das Kind in Obhut hat und dem daher gem. § 1629 Abs. 2 BGB die Alleinvertretungsbefugnis für die Unterhaltsansprüche des Kindes gegen den anderen Elternteil zusteht, diese im eigenen Namen geltend machen, wenn die Eltern verheiratet sind, aber getrennt leben oder eine Ehesache zwischen ihnen anhängig ist.

3 Die gesetzliche Prozessstandschaft gibt also dem Prozessstandschafter die Befugnis, ein **fremdes Recht im eigenen Namen** geltend zu machen.

4 Der **Zweck der Regelung** des § 1629 Abs. 3 BGB erschließt sich daraus, dass sie nur während der **Anhängigkeit der Ehesache** und dem davor liegenden **Zeitraum des Getrenntlebens**, der üblicherweise zur Anhängigkeit einer Scheidungssache führt, eingreift. § 137 Abs. 2 Nr. 2 FamFG sieht vor, dass im Scheidungsverfahren die Unterhaltsansprüche innerhalb des Scheidungsverbundverfahrens geregelt werden sollen. Gäbe es die Norm des § 1629 Abs. 3 S. 1 BGB nicht, müssten die Kinder ihre Unterhaltsansprüche stets im eigenen Namen geltend machen. Dies ginge dann aber nicht mehr **im Rahmen des Scheidungsverbundverfahrens**, da § 140 Abs. 1 FamFG vorsieht, dass eine Unterhaltsfolgesache abzutrennen ist, wenn ein Dritter Verfahrensbeteiligter wird. Das Kind, das Unterhalt im eigenen Namen geltend machen müsste, wäre innerhalb des Scheidungsverfahrens nämlich ein solcher Dritter.

Folglich dient die gesetzliche Prozessstandschaft dazu, das Scheidungsverbundverfahren auch bezüglich des Kindesunterhaltes zu ermöglichen. Dabei ist ohne Bedeutung, dass in der Praxis Kindesunterhalt in Form eines Folgesachenantrages nach § 137 Abs. 2 FamFG kaum geltend gemacht wird. Weil der Kindesunterhaltsanspruch im Regelfall durch die Scheidung der Eltern weder in seiner Grundlage noch in seinem Umfang beeinträchtigt wird und ein in der Trennungszeit erlangter Titel über die Rechtskraft der Scheidung hinaus fortwirkt, besteht oft kein Bedürfnis für eine entsprechende Antragstellung im Scheidungsverbundverfahren.

Die immer wieder (zB Streicher in: Schwab I Rn 563) aufgestellte Behauptung, Sinn und Zweck der Regelung sei es, das Kind aus dem Streit der Eltern herauszuhalten und nicht in eine Parteirolle gegen einen Elternteil zu drängen, liegt neben der Sache, insbesondere weil die gesetzliche Prozessstandschaft nicht diejenigen Fälle erfasst, in denen der Kindesunterhalt nach Rechtskraft einer Scheidung im Streit ist.

II. Umfang

Die gesetzliche Prozessstandschaft betrifft – nach zutreffender Ansicht (zB Palandt/Götz § 1629 BGB   5
Rn 27; Streicher in: Schwab I Rn 563; JH/Jaeger § 1629 BGB Rn 7, 10; NK-BGB/Kaiser § 1629 BGB
Rn 52) – nicht nur den **Aktivprozess**, sondern auch den **Passivprozess**. Auch die Verteidigung gegen An-
griffe auf den Unterhaltsanspruch bedeutet eine Geltendmachung des Kindesunterhaltes (OLG Naumburg
24.9.2002 – 14 WF 96/02, FamRZ 2003, 1115). Daher sind alle entsprechenden Begehren, seien es negative Feststellungsanträge (OLG Brandenburg 2.11.1999 – 9 WF 225/99, FamRZ 2000, 1377), Abänderungsbegehren oder Vollstreckungsabwehrbegehren, in dem fraglichen Zeitraum (s. Rn 4) gegen den Prozessstandschafter und nicht gegen das Kind zu richten. Dogmatisch verfehlt und im Übrigen auch völlig un-
praktikabel ist mE die Entscheidung des OLG Naumburg (16.1.2007 – 8 WF 12/07, ZFE 2007, 237): Danach soll die Alleinvertretung des § 1629 Abs. 2 S. 2 BGB nur bei Aktivverfahren eingreifen; im Passivprozess müsste dem Kind ein Ergänzungspfleger bestellt werden.

Auch die **außergerichtliche Geltendmachung** des Unterhalts durch den Prozessstandschafter ist wirksam   6
(JH/Jaeger § 1629 BGB Rn 9).

Die gesetzliche Prozessstandschaft betrifft auch die Vollstreckung: Der Elternteil, der den Titel auf Kindes-   7
unterhalt im eigenen Namen erstritten hat, vollstreckt auch aus dem auf ihn lautenden Titel (**Vollstreckungsstandschaft**).

Der Prozessstandschafter wird selbstverständlich nicht Inhaber der Unterhaltsforderung (OLG Naumburg   8
21.8.2000 – 14 WF 119/00, FamRZ 2001, 1236). Daher ist es nach Beendigung der gesetzlichen Prozessstandschaft Sache des Kindes, noch nicht titulierte Unterhaltsrückstände für den zurückliegenden Zeitraum
geltend zu machen, in dem die Prozessstandschaft bestanden hat. Unabhängig von der Frage eines familienrechtlichen Ausgleichsanspruchs steht die Befugnis in erster Linie dem Kind als Inhaber des Anspruchs
zu.

III. Auswirkungen des Wegfalls der Voraussetzungen im laufenden Verfahren

Die **Prozessstandschaft dauert** nach erfolgter Scheidung bis zur rechtskräftigen Beendigung eines isolier-   9
ten Verfahrens **fort**, wenn dieses in dem Zeitraum des § 1629 Abs. 3 S. 1 BGB eingeleitet wurde (BGH
15.11.1989 – IVb ZR 3/89, NJW-RR 1990, 323), und zwar auch für die nächste Instanz und die Folgesache
Kindesunterhalt, wenn der Scheidungsausspruch rechtskräftig geworden ist (BGH 22.9.1999 – XII ZR
250/97, NJW 2000, 812). Diese fortbestehende Prozessführungsbefugnis kann rechtlich mit einer entsprechenden Anwendung des § 265 Abs. 2 S. 1 ZPO begründet werden, da die dort geregelte Situation vergleichbar ist (vgl Zöller/Philippi, 26. Aufl. 2007, § 623 ZPO Rn 14). Der Bundesgerichtshof (15.11.1989 –
IVb ZR 3/89, NJW-RR 1990, 323) begründet das Ergebnis zudem mit „unabweisbaren praktischen Bedürfnissen".

Beispiel 1: Während der Anhängigkeit des Scheidungsverfahrens zwischen M und F hat F als gesetzliche
Vertreterin und gesetzliche Prozessstandschafterin für das minderjährige Kind K Kindesunterhalt in einem
isolierten Verfahren eingeklagt. Am 1.9. wird der Scheidungsausspruch rechtskräftig. Das isolierte Kindesunterhaltsverfahren ist aber noch nicht entscheidungsreif. F kann das Verfahren im eigenen Namen weiterführen.

Die Fortdauer gilt aber nur solange, wie beim Prozessstandschafter dessen gesetzliche Vertretungsmacht   10
nicht durch Eintritt der Volljährigkeit oder durch Verlust des Sorgerechts wegfällt.

Anders aber, wenn das **Kind**, für das der berechtigte Elternteil als Prozessstandschafter Unterhalt einge-   11
klagt hat, während des Prozesses **volljährig wird**. In diesem Fall endet nicht nur die Prozessstandschaft,
sondern auch die gesetzliche Vertretung. Nach der bisherigen Rechtsprechung erfolgt nun ein gesetzlicher
Parteiwechsel (BGH 30.1.1985 – Ivb ZR 70/83, FamRZ 1985, 471). Nunmehr hat sich der Bundesgerichtshof (19.6.2013 – XII ZB 39/11) jedoch der herrschenden Meinung in der Literatur angeschlossen: Der bisherige Prozessstandschafter und das Kind haben die Möglichkeit, einen gewillkürten Parteiwechsel zu ver-

einbaren. Erfolgt dieser, tritt das Kind an Stelle des Prozessstandschafters ins Verfahren ein. Der Parteiwechsel bedarf nicht der Zustimmung des Verfahrensgegners.

Beispiel 2: Wie Beispiel 1, jedoch wird das Kind am 1.9. volljährig. Nunmehr endet nicht nur die gesetzliche Prozessstandschaft, sondern auch die gesetzliche Vertretung der F überhaupt. K hat die Möglichkeit, durch Vereinbarung mit F Partei des Prozesses zu werden. Das Kind übernimmt gem. § 1629 Abs. 3 S. 2 BGB das Verfahren in dem Stand, in dem es sich zum Zeitpunkt der Volljährigkeit befindet.

12 **Beispiel 3:** Das minderjährige Kind wechselt im laufenden Verfahren die Obhut des Elternteils.

Mit dem **Obhutswechsel** gehen die gesetzliche Vertretung des Kindes und die gesetzliche Prozessstandschaft kraft Gesetzes auf den Elternteil über, der nunmehr das Kind in Obhut hat. Dieser Elternteil hatte im Verfahren bisher die Stellung des Antragsgegners inne. Ein Eintritt des neuen gesetzlichen Vertreters in das Verfahren kann aber in diesem Fall nicht erfolgen, denn sonst stünde der neue Prozessstandschafter sowohl auf der Antragsteller- als auch auf der Antragsgegnerseite, was unzulässig wäre.

13 Soweit Streitgegenstand rückständiger Kindesunterhalt ist, kann der bisherige Kläger das Verfahren „retten", indem er eine „Klageänderung" vornimmt und statt des rückständigen Unterhaltsanspruches des Kindes seinen **familienrechtlichen Ausgleichsanspruch** begehrt (vgl BGH 19.6.2013 – XII ZB 39/11 und die weiteren Fundstellennachweise bei Wolf/Lecking MDR 2011, 1 Fn 16.) Nach § 264 Nr. 3 ZPO stellt dieser Fall streng genommen keine Klageänderung dar. Wenn es eine wäre, wäre sie sicherlich nach § 263 ZPO sachdienlich (OLG Frankfurt/M. 6.2.2007 – 3 UF 67/05, FamRZ 2007, 909; Gießler FamRZ 1994, 800, 807; Gießler FamRZ 2003, 1846; aA OLG Rostock FamRZ 2000, 933: keine Sachdienlichkeit). Anders sieht das OLG Köln (6.6.2005 – 4 UF 88/05, FamRZ 2005, 1999) unter Berufung auf die Kommentierung von Jaeger (JH/Jaeger, 4. Aufl. 2003, § 1629 BGB Rn 12: Prozesserklärung des volljährig gewordenen Kindes erforderlich) die Rechtslage: Der Antrag des bisherigen Prozessstandschafters soll wegen Fortfalls der gesetzlichen Vertretung unzulässig werden. Als Maßnahme der Abwicklung müsse man ihm aber gestatten, den Rechtsstreit in der Hauptsache für erledigt zu erklären.

14 Soweit der Streitgegenstand laufender oder künftiger Unterhalt ist, kann der bisherige Antragsteller den Rechtsstreit in der Hauptsache für erledigt erklären (OLG Köln 6.6.2005 – 4 UF 88/05, FamRZ 2005, 1999; JH/Jaeger § 1629 BGB Rn 8).

IV. Auswirkungen des Wegfalls der Voraussetzungen auf bereits erwirkte Unterhaltstitel

15 **Beispiel 4:** Der gesetzliche Prozessstandschafter hat im eigenen Namen einen Kindesunterhaltstitel erwirkt. Er hat ebenso im eigenen Namen aus diesem Titel den Unterhaltsanspruch des Kindes vollstreckt (Vollstreckungsstandschaft). Nunmehr endet die Prozessstandschaft. Daher stellt sich die Frage, ob aus diesem Titel weiter vollstreckt werden kann oder ob er nunmehr auf das Kind umgeschrieben werden muss.
Zu unterscheiden sind folgende Fallgestaltungen:

1. Prozessstandschaft endet durch Scheidung

16 Es besteht die **Möglichkeit der Umschreibung** nach § 727 ZPO (JH/Jaeger § 1629 BGB Rn 13 mwN). Einen in Prozessstandschaft erwirkten Titel kann der durch den Prozessstandschafter verdeckte Gläubiger (also das Kind) ohne Weiteres auf sich überschreiben lassen, wenn die Prozessstandschaft beendet ist (OLG Hamm 27.3.2000 – 7 WF 132/00, FamRZ 2000, 1590; OLG Frankfurt/M. 17.10.1983 – 5 WF 224/83, FamRZ 1983, 1268, für die Prozessstandschaft nach § 1629 Abs. 3 BGB; allgemein Zöller/Stöber § 727 ZPO Rn 13 mwN; OLG Karlsruhe 25.2.2004 – 16 WF 188/03, FamRZ 2004, 1796, für die Prozessstandschaft nach § 7 Abs. 4 UVG; beim Amtsgericht Würzburg besteht die Übung, dass die „Umschreibung" dergestalt erfolgt, dass auf dem Titel eine „Klarstellung" angebracht wird, dass Inhaber des Anspruches nunmehr das Kind ist).

Der gesetzliche Vertreter ist aber weiterhin zur Vollstreckung berechtigt, auch dann, wenn der Titel nicht umgeschrieben wurde (hM, zB LG Kleve 19.7.2006 – 4 T 244/06, FamRZ 2007, 1663).

Für die Umschreibung eines Jugendamtstitels ist gem. § 60 Nr. 1 SGB VIII das Jugendamt zuständig, denn   17
es handelt sich in diesem Fall nicht um die Erteilung einer „weiteren vollstreckbaren Ausfertigung" nach § 60 Nr. 2 SBG VIII, für die das Amtsgericht zuständig wäre.

2. Prozessstandschaft endet durch Volljährigkeit etc.

Eine **Titelumschreibung** ist **erforderlich**. Dies gilt auch hinsichtlich der Rückstände. Diese stehen zu-   18
nächst materiellrechtlich dem Kind als Inhaber des Unterhaltstitels zu (es sei aber auf die Möglichkeit der Abtretung an den bisher betreuenden Elternteil hingewiesen).

Der bisherige Titelinhaber kann jedoch zunächst weiterhin im eigenen Namen vollstrecken. Gegen die   19
Vollstreckung durch den Prozessstandschafter kann der Schuldner nach hM aber **Vollstreckungsgegenklage** nach § 767 ZPO beim Prozessgericht erheben und den Wegfall der Prozessführungsbefugnis geltend machen (OLG Köln 16.8.1994 – 25 WF 172/94, FamRZ 1995, 308; OLG München 2.5.1997 – 16 UF 822/97, FamRZ 1997, 1493; OLG Brandenburg 11.6.1996 – 10 UF 187/95, FamRZ 1997, 509; OLG Hamm 26.5.1999 – 8 WF 221/99, FamRZ 2000, 365; OLG Nürnberg 30.5.2001 – 10 WF 1851/01, NJW-RR 2002, 1158).

Nach einer Mindermeinung (die insbesondere vom OLG Koblenz vertreten wird, 6.2.2007 – 11 WF   20
1211/06, OLGR Koblenz 2007, 666; so auch OLG Nürnberg 1.2.2010 – 7 WF 45/10, FamRZ 2010, 1010) ist in diesem Fall die **Vollstreckungserinnerung** nach § 766 ZPO beim Vollstreckungsgericht zu erheben. Diese Rechtsansicht mag dogmatisch zutreffender sein als die Heranziehung der Vollstreckungsgegenklage, weil letztlich keine materiellrechtliche Einwendung gegen die Vollstreckung erhoben wird. Die Abwehrmöglichkeit über die Vollstreckungserinnerung hat jedoch den für die Praxis wesentlichen Nachteil, dass sie noch nicht möglich ist, wenn die Vollstreckung noch nicht erfolgt, sondern nur angedroht ist. Sie erfasst nämlich nur bereits erfolgte und konkret angefochtene Vollstreckungshandlungen (Wolf/Lecking MDR 2011, 1). Deshalb sollte die Vorschrift des § 767 ZPO zumindest analog angewendet werden.

Das OLG Nürnberg (1.2.2010 – 7 WF 45/10, FamRZ 2010, 1010) will differenzieren: Lautet der Titel auf   21
das Kind, sei die Vollstreckungserinnerung nach § 766 ZPO (die beim Vollstreckungsgericht zu erheben ist) zutreffend; lautet der Titel auf den Prozessstandschafter, sei die Vollstreckungsabwehrklage nach § 767 ZPO (beim Familiengericht) zu erheben. Wegen der aufgeführten unterschiedlichen Zuständigkeit haben diese verschiedenen Ansichten nicht unerhebliche praktische Auswirkungen.

Will das Kind aus dem noch auf den Prozessstandschafter lautenden Titel vollstrecken, ohne dass dieser   22
umgeschrieben wurde, hat der Gläubiger die Vollstreckungserinnerung gem. § 766 ZPO zu erheben, denn er bringt keine Einwendung gegen den Anspruch selbst vor, der dem Kind möglicherweise materiellrechtlich im gleichen Umfang wie bisher zusteht (BGH 7.5.1992 – IX ZR 175/91, NJW 1992, 2159; OLG Naumburg 25.9.2006 – 14 WF 158/06, FamRZ 2007, 1032).

3. Prozessstandschaft eines Elternteils endet, weil sich das Kind in die Obhut des anderen Elternteils begibt

Der bisherige Prozessstandschafter darf aus dem Titel nicht mehr vollstrecken, auch nicht bezüglich aufge-   23
laufener Rückstände. Der Titel kann nicht für die Vollstreckung für einen dem bisherigen Prozessstandschafter zustehenden familienrechtlichen Ausgleichsanspruch (s. → *Familienrechtlicher Ausgleichsanspruch*) verwendet werden. Eine Auswechslung titulierter Ansprüche ist unstatthaft (Hochgräber FamRZ 1996, 272; Viefhues FF 2008, 294; OLG Hamm FPR 2011, 105).

Wird die Vollstreckung dennoch weiter betrieben, so gelten im Prinzip die unter Rn 19 ff dargestellten   24
Möglichkeiten: Gegen die Vollstreckung durch den bisherigen Prozessstandschafter ist nach überwiegender Meinung die Vollstreckungsgegenklage nach § 767 ZPO gegeben (OLG München 2.5.1997 – 16 UF

822/97, FamRZ 1997, 1493; OLG Nürnberg 30.5.2001 – 10 WF 1851/01, NJW-RR 2002, 1158; Hochgräber FamRZ 1996, 272; JH/Jaeger, § 1629 BGB Rn 13). Nach dem OLG Koblenz (12.7.2004 – 7 WF 570/04, FamRZ 2005, 993; 6.2.2007 – 11 UF 1211/06) soll jedoch die Erinnerung nach § 766 ZPO eingreifen.

25 Darüber hinaus hat nach OLG Koblenz (6.2.2007 – 11 UF 1211/06) der (neue) Sorgerechtsinhaber einen **Anspruch auf Herausgabe des Titels** betreffend den Unterhaltsanspruch. Bei gerichtlicher Durchsetzung der Herausgabe des Titels ist dies eine „sonstige Familiensache" nach § 266 Abs. 1 Nr. 4 FamFG (Anspruch aus dem Eltern-Kind-Verhältnis).

Stockmann

187. Realsplitting/Nachteilsausgleich

Perleberg-Kölbel

I. Einführung	1		5. Obliegenheit	22
II. Steuerliche Voraussetzungen	3		6. Fiktive Berechnung	23
1. Unterhaltsleistungen	3		7. Inhalt und Form der Freistellungserklärung	25
2. Antrag	6		8. Auslegung der Freistellungserklärung	28
3. Zustimmung des Unterhaltsgläubigers	7		9. Nachteilsausgleich	30
4. Höhe der Abzugsbeträge	12		10. Aufrechnung	42
5. Korrespondenzprinzip	15		11. Zurückbehaltungsrecht	43
III. Realsplitting und Familienrecht	16		12. Anteil an der Steuerersparnis	45
1. Pflicht zur Zustimmung	16		13. Schadenersatz	46
2. Informationspflicht	18		14. Verjährung	49
3. Auskunft	20		15. Gerichtsbarkeit	51
4. Tabellarische Bestimmung	21		16. Gegenstandswerte	53

I. Einführung

Eine begrenzte Möglichkeit des Sonderausgabenabzugs von bestimmten Unterhaltsleistungen im Rahmen 1
der Einkommensteuer bietet das sog. begrenzte Realsplitting. Es wird in § 10 Abs. 1 Nr. 1 EStG geregelt
und besteht alternativ zum Abzug von Unterhaltszahlungen als außergewöhnliche Belastungen in besonderen Fällen gem. § 33 a Abs. 1 EStG (s. → *Außergewöhnliche Belastung* Rn 20). Ein Antrag auf Berücksichtigung des Sonderausgabenabzugs ändert den Rechtscharakter der Ausgaben von einkommensteuerrechtlich grundsätzlich unbeachtlichen Unterhaltsleistungen nach § 12 Nr. 2 EStG in zu berücksichtigende Sonderausgaben (BFH 12.12.2007 – XI R 36705, BFH/NV 2008, 792). § 12 Nr. 2 EStG schließt u.a. freiwillige Zuwendungen an eine gegenüber dem Steuerpflichtigen oder seinem Ehegatten gesetzlich unterhaltsberechtigte Person oder deren Ehegatten aus.

Voraussetzung der Berücksichtigung von Unterhaltsleistungen als Sonderausgaben ist, dass der Unterhaltsschuldner und der Unterhaltsgläubiger geschiedene oder dauernd getrennt lebende Ehegatten sind (s. → *Versöhnung* Rn 3), der Unterhaltsgläubiger unbeschränkt einkommensteuerpflichtig ist und der Unterhaltsschuldner bei der Finanzbehörde mit Zustimmung des Unterhaltsgläubigers den Sonderausgabenabzug beantragt. Nach § 2 Abs. 8 EStG sind die Regelungen des Einkommensteuergesetzes zu Ehegatten und Ehen auch auf Lebenspartner und Lebenspartnerschaften anzuwenden. Die Änderungen im Einkommensteuergesetz sind am 19.7.2013 in Umsetzung der Entscheidung des Bundesverfassungsgerichts vom 7.5.2013 (FamRZ 2013, 1103) in Kraft getreten (BGBl. I 2013, 2397).

Das begrenzte Realsplitting findet keine Anwendung bei einer nichtehelichen Lebensgemeinschaft und nicht in dem Jahr der Trennung, wenn noch eine Zusammenveranlagung durchgeführt wird. Die Entscheidung über eine steuerliche Berücksichtigung von Unterhaltsleistungen nach § 10 Abs. 1 Nr. 1 EStG obliegt allein der Finanzbehörde. Diese muss allerdings bei Verweigerung der Zustimmung zur Zusammenveranlagung nicht prüfen, ob die Verweigerung oder Unterlassung der Zustimmung rechtsmissbräuchlich ist (BFH 25.7.1990 – X R 137/88, FamRZ 1991, 75).

II. Steuerliche Voraussetzungen

1. Unterhaltsleistungen

Das begrenzte Realsplitting kommt nur zum Tragen, wenn die Unterhaltspflichten **anerkannt oder rechts-** 3
kräftig tituliert worden sind bzw **freiwillig erfüllt** werden (BGH 6.2.2008 – XII ZR 14/06, FamRZ 2008, 968; Hahne FF 2009, 226; Melchers FuR 2008, 524). Auch **Sachleistungen** werden als begünstigte Aufwendungen anerkannt, wie zB der Mietwert einer unentgeltlich überlassenen Wohnung und die Zahlung von Nebenkosten, wie Strom, Heizung, Wasser, Abwasser und Müll (Engels, Steuerrecht für die familienrechtliche Praxis, 1. Aufl. 2009, Rn 921).

Als Wertmaßstab dienen die amtlichen Sachbezugswerte (ab 1.1.2012 die 4. VO zur Änderung der Sozial-versicherungsentgeltVO v. 2.12.2011, BGBl. I 2011, 2453) bzw im Falle der Mietwohnung auch der objektive Mietwert, also die ortsübliche Miete. Befindet sich die überlassene Wohnung im Miteigentum, kann der überlassende Ehegatte neben dem Mietwert seines Miteigentumsanteils auch die von ihm aufgrund einer Unterhaltsvereinbarung getragenen verbrauchsunabhängigen Kosten für den Anteil des Ehegatten als Sonderausgaben abziehen (BFH 12.4.2000 – XI R 127/96, BFH/NV 2000, 1286). Auch Nach- und Vorauszahlungen von Unterhalt sind Sonderausgaben, soweit sie den jährlichen Höchstbetrag nicht überschreiten (BFH 7.11.2000 – III R 23/98, BFH/NV 2001, 673).

4 **Keine Sonderausgaben** iSd § 10 Abs. 1 Nr. 1 EStG sind die für einen Rechtsanwalt aufgewendeten **Kosten zur Durchsetzung der Zustimmung zum begrenzten Realsplitting** (BFH 10.3.1999 – XI R 86/95, BFH/NV 1999, 1405), wobei ein Abzug von Steuerberatungskosten für die Erstellung einer Einkommensteuererklärung nach Aufhebung des § 10 Abs. 1 Nr. 6 EStG durch das Gesetz zum Einstieg in ein steuerliches Sofortprogramm vom 22.12.2005 (BGBl. I 2005, 3682; BStBl. I 2006, 79) ohnehin obsolet geworden ist. Die Abschaffung der Abzugsfähigkeit privater Steuerberatungskosten ist auch verfassungsgemäß (Nds. FG 17.1.2008 – 10 K 103/0, EFG 2008, 622).

Ebenso wenig fallen **Zahlungen für ein gemeinsames Kind** darunter, selbst dann, wenn der Ehegatte von der Zahlung freigestellt wird (BFH 3.2.2000 – XI B 35/99 – und – XI B 36/99, BFH/NV 2000, 841).

5 Unterhaltszahlungen an eine nicht unbeschränkt einkommensteuerpflichtige Person, die ihren gewöhnlichen Aufenthalt oder **Wohnsitz in der EU/EWR** hat, sind Sonderausgaben. Allerdings muss hierfür die Besteuerung beim Unterhaltsempfänger durch eine Bescheinigung der zuständigen ausländischen Finanzbehörde nachgewiesen werden, § 1 a Abs. 1 Nr. 1 EStG. Ist die Besteuerung der Unterhaltszahlungen im Wohnsitzland des Unterhaltsempfängers nicht vorgesehen (zB in Österreich), entfällt ein Sonderausgabenabzug.

Befindet sich der **Wohnsitz nicht in der EU**, ist ein Sonderausgabenabzug nur bei Vorliegen eines Doppelbesteuerungsabkommens möglich, dh, wenn das Besteuerungsrecht der erhaltenen Unterhaltszahlungen dem Wohnsitzstaat des Empfängers zugewiesen wird. Es kommt ggf ein Abzug der Unterhaltsleistungen als außergewöhnliche Belastungen in Betracht, wenn die Voraussetzungen des § 33 a Abs. 1 S. 5 EStG vorliegen (Vfg. OFD Frankfurt v. 21.2.2007, S 2221aA – 1 – St 218, DB 2007, 1222).

2. Antrag

6 Der Steuerpflichtige muss sich für **jedes Veranlagungsjahr** erneut entscheiden, ob er den Abzug von Unterhaltsleistungen in Form des Sonderausgabenabzugs oder der außergewöhnlichen Belastungen iSd § 33 a Abs. 1 EStG in Anspruch nimmt (s. → *Außergewöhnliche Belastung*). Eine Rücknahme ist nicht möglich. Der Unterhaltsschuldner kann den Antrag noch nach Bestandskraft der eigenen Steuerfestsetzung und der Steuerfestsetzung gegen den anderen Ehegatten stellen. Gem. § 175 Abs. 1 S. 1 Nr. 2 AO ist der ursprüngliche Einkommensteuerbescheid aufzuheben und zu ändern (BFH 12.7.1989 – X R 8/84, BStBl. II 1989, 957).

Wenn erst nach Eintritt der Bestandskraft sowohl die Zustimmung vom Unterhaltsempfänger erteilt als auch der Antrag vom Unterhaltsgeber gestellt wird, handelt es sich um ein rückwirkendes Ereignis iSv § 175 Abs. 2 AO, das zur **Änderung eines Steuerbescheides** nach seiner Bestandskraft führt. Ohne Antragstellung bleiben die Unterhaltsleistungen nach § 12 Nr. 2 EStG ertragsteuerrechtlich neutral und, von der Ausnahme des § 33 a EStG abgesehen, unbeachtlich. Erst durch die Beantragung zum Sonderausgabenabzug ändert sich der Rechtscharakter des Aufwands. Der Antrag ist nicht nur Verfahrenshandlung, sondern selbst Merkmal des gesetzlichen Tatbestandes. Kein rückwirkendes Ereignis liegt bei einer vor Bestandskraft erteilten Zustimmung zum Realsplitting vor (FG Münster 5.9.2012 – 12 K 1948/11 E; Rev. zugelassen).

3. Zustimmung des Unterhaltsgläubigers

Die Zustimmungserklärung ist **bedingungsfeindlich** und **nicht begrenzbar**. Ebenso wie der Antrag kann 7
die Zustimmungserklärung nicht zurückgenommen werden. Eine nachträgliche Beschränkung ist auch trotz
Antrags beider Ehegatten nicht zulässig (BFH 22.9.1999 – XI R 121/96, BStBl. II 2000, 218). Die Bindung
der am Realsplitting Beteiligten an die von ihnen abgegebenen Erklärungen widerspricht nicht den Zielvor-
stellungen des Gesetzgebers. Dieser ging wegen der Auswirkungen des Realsplittings auf die Besteuerung
des Empfängers davon aus, dass die Betroffenen ihre gemeinsame Wahl unter gleichzeitiger Berücksichtigung auch des Unterhaltsrechts treffen und dabei die Belastungsverschiebungen in angemessener Weise
ausgleichen würden (BT-Drucks. 8/2201, 8). In diesem Zusammenhang ist es danach sowohl dem Geber
als auch dem Empfänger zuzumuten, bereits vor der Ausübung ihres Wahlrechts die möglichen Auswirkungen des Realsplittings auf ihre jeweilige Steuerschuld hin zu prüfen. Durch die Möglichkeit der Beschränkung des Antrags auf einen bestimmten Betrag können sie die für sie günstigste Steuerbelastung erreichen (BFH 22.9.1999 – XI R 121/96, BStBl. II 2000, 218; 14.4.2005 – XI R 33/03, BStBl. II 2005, 825).

Die Zustimmung bedarf **keiner besonderen Form**. Es genügt, wenn sie nachweisbar – etwa schriftlich 8
oder zur Niederschrift des Finanzamts – erklärt wird (BGH 29.4.1998 – XII ZR 266/96, FamRZ 1998,
953). Nach dem Wortlaut des Vordrucks „Anlage U" würde der zustimmende Ehegatte ansonsten mit seiner Unterschrift gleichzeitig die Richtigkeit der von dem Antragsteller angegebenen Unterhaltsleistungen
bestätigen (BGH 26.9.1984 – IVb ZR 26/83).

Der Unterhaltsgläubiger kann seine Zustimmung betragsmäßig auf die tatsächlich erbrachten Unterhalts- 9
renten **beschränken**. Bei Streit über die Höhe der erbrachten Unterhaltsleistungen oder über die steuerliche
Anerkennungsfähigkeit muss der Unterhaltsschuldner dennoch zustimmen. Würde seine Verpflichtung voraussetzen, dass sich infolge der Erklärung die steuerliche Belastung des anderen Ehegatten vermindert, so
würde dem Unterhaltsschuldner im Falle einer ablehnenden Entscheidung des Familiengerichts die Möglichkeit einer steuerlichen Entlastung ohne eine Entscheidung der zuständigen Finanzbehörden genommen.
Eine solche eingeschränkte Zustimmungspflicht steht mit der familienrechtlichen Verpflichtung dabei mitzuwirken, dass die finanziellen Lasten des anderen Ehegatten nach Möglichkeit vermindert werden, nicht
in Einklang. Dieses Ziel ist nur dann zu erreichen, wenn dem steuerpflichtigen Ehegatten die Möglichkeit
eröffnet wird, eine Klärung der Frage des Sonderausgabenabzugs durch die Finanzbehörden bzw. die Fi-
nanzgerichte herbeizuführen (BGH 29.4.1998 – XII ZR 266/96, FamRZ 1998, 953).

Die Zustimmung gilt beim Unterhaltsgläubiger bis zu ihrem **Widerruf**. Ein Widerruf kann sowohl gegen- 10
über dem Wohnsitz-FA des Unterhaltsempfängers als auch gegenüber dem Wohnsitz-FA des Unterhaltsleistenden erfolgen (BFH 2.7.2003 – XI R 8/03, BStBl. II 2003, 803). Eine blanko erteilte Zustimmung
entfaltet auch für die Folgejahre Wirkungen, falls sie nicht rechtzeitig widerrufen oder der Höhe nach beschränkt wird. Erst mit Zugang bei dem Finanzamt wird der Widerruf der Zustimmung wirksam. Der Steuerbescheid des Unterhaltsleistenden ist daraufhin wegen neuer Tatsachen nach § 173 Abs. 1 Nr. 1 AO zu
ändern. Dies gilt auch, wenn der Widerruf der Zustimmung den vertraglichen Vereinbarungen zwischen
den geschiedenen Ehegatten widersprechen oder missbräuchlich sein sollte (BFH 2.7. 2003 – XI R 8/03,
BStBl. II 2003, 803).

Bei **Beschränkung** oder **Versäumnis des Widerrufs** soll eine nachteilige Berücksichtigung zu vermeiden
sein, wenn die Unterhaltsbeteiligten übereinstimmend eine sog. „0"-Meldung abgeben und dadurch die
Durchführung des Sonderausgabenabzugs vermieden wird (Engels, Steuerrecht für die familienrechtliche
Praxis, Rn 932).

Beim **Widerruf im Laufe des Kalenderjahres** wirkt die Zustimmung bis zum Ablauf des Kalenderjahres 11
fort und seine Wirkung entfällt frühestens ab Beginn des nachfolgenden Kalenderjahres (BFH 8.2.2007 –
XI B 124/06, BFH/NV 2007, 903).

4. Höhe der Abzugsbeträge

12 Unterhaltszahlungen bis zu **13.805 EUR (entspricht monatlich 1.150,42 EUR)** können berücksichtigt werden, § 10 Abs. 1 Nr. 1 S. 1 EStG. Wenn der Unterhaltsschuldner für den Unterhaltsgläubiger zusätzlich **Beiträge zur Kranken- und Pflegeversicherung** zahlt, erhöhen diese Zahlungen seinen Sonderausgaben-abzugsbetrag (s. → *Sonderausgabenabzug* Rn 25).

13 Zahlt der Unterhaltspflichtige an **mehrere Unterhaltsberechtigte,** erfolgt die Berücksichtigung des Höchstbetrages bis zur Höhe von 13.805 EUR bei jedem Unterhaltsberechtigten. Es gibt keinen Übertrag. Wird über den Betrag von 13.805 EUR hinaus geleistet, findet der übersteigende Betrag auch keine Be-rücksichtigung als außergewöhnliche Belastung iSd § 33 a EStG (s. → *Außergewöhnliche Belastung* Rn 9).

14 Wenn **zunächst nur geringere Zahlungen** abgezogen worden sind, müssen Vorauszahlungen und Nach-zahlungen von Unterhaltszahlungen im Rahmen des Höchstbetrages von 13.805 EUR im Kalenderjahr als Sonderausgaben berücksichtigt werden (BFH 7.11.2000 – III R 23/98, BFH/NV 2001, 673).

5. Korrespondenzprinzip

15 Infolge der Berücksichtigung des Sonderausgabenabzugs beim Unterhaltsschuldner kommt es aufgrund des Korrespondenzprinzips beim Unterhaltsgläubiger zu einer **Versteuerung der Unterhaltszahlungen als sonstige Einkünfte** gem. § 22 Nr. 1 a EStG (FAKomm-FamR/Perleberg-Kölbel, § 22 EStG Rn 1). Beide Sphären sind deckungsgleich, wobei der Unterhaltsgläubiger bei der Ermittlung seines Einkommens vom Gesamtbetrag seiner Einkünfte noch einen Werbungskostenpauschbetrag in Höhe von 102 EUR, § 9 a EStG, und Beiträge zu einer Basiskranken- und Pflegeversicherung, § 10 Abs. 1 Nr. 3 EStG, berücksichti-gen lassen kann.

III. Realsplitting und Familienrecht

1. Pflicht zur Zustimmung

16 Da der Unterhaltsschuldner infolge des Sonderausgabenabzugs steuerlich entlastet wird, muss der Unter-haltsgläubiger grundsätzlich dem begrenzten Realsplitting zustimmen. Die Zustimmung stellt eine **unter-haltsrechtliche Nebenpflicht** iSd § 1353 Abs. 1 S. 2 iVm § 242 BGB dar und ist Ausfluss des zwischen den geschiedenen oder getrennt lebenden Ehegatten bestehenden Unterhaltsverhältnisses. Dies bestimmt, dass einerseits die finanziellen Lasten des anderen Ehegatten zu mindern und andererseits die eigenen In-teressen zu beachten sind (BGH 23.3.1983 – IV b ZR 369/81, FamRZ 1983, 576; 29.1.1992 – XII ZR 248/90, FamRZ 1992, 534; 29.4.1998 – XII ZR 266/96, FamRZ 1998, 953; 11.5.2005 – XII ZR 108/02, FamRZ 2005, 1162; 17.2.2010 – XII ZR 104/07, FamRZ 2010, 717). Die Verpflichtung besteht **Zug um Zug** gegen die Zusicherung des Nachteilsausgleichs, dh der Unterhaltsschuldner hat dem Unterhaltsgläubi-ger alle steuerrechtlichen, sozialrechtlichen und sonstigen wirtschaftlichen Nachteile auszugleichen.

Der Nachteilsausgleich berechnet sich **bei Annahme eines fiktiven Einkommens** des Berechtigten nach dessen konkreter Steuerpflicht und seinen tatsächlich entstandenen Steuernachteilen. Es kommt zu keinem Aufschlag für den Ausgleich einer steuerlichen Mehrbelastung beim monatlich errechneten Unterhaltsbe-trag (OLG München 23.1.2013 – 3 U 947/12, FamFR 2013, 13 mit Praxishinweis Perleberg-Kölbel).

17 Diese Grundsätze gelten grundsätzlich auch für die Fälle, dass **Unterhaltszahlungen an den jeweiligen Träger der Sozialhilfe** geleistet werden (OLG Köln 30.9.2000 – 27 WF 165/00, FamRZ 2001, 1569) oder wenn die Finanzbehörde zur Durchführung des begrenzten Realsplittings die Vorlage einer vom Unter-haltsempfänger persönlich unterzeichneten Erklärung verlangt (OLG Oldenburg 28.10.2010 – 14 UF 141/10, FamRZ 2011, 1126).

2. Informationspflicht

18 Aus der nachehelichen Solidarität und dem Rechtsgedanken des § 1353 Abs. 1 S. 2 iVm § 242 BGB wird eine Verpflichtung abgeleitet, dem Unterhaltsgläubiger mitzuteilen, ob der Realsplittingvorteil auch im

Folgejahr genutzt werden soll oder nicht und welche steuerlichen Vorteile voraussichtlich damit verbunden sein werden. Diese Pflicht korrespondiert mit der Zustimmungsverpflichtung.

Besonders wichtig ist diese Mitteilung für Unterhaltsgläubiger, die ihre Zustimmung bis auf Widerruf er- 19 klären. Nach § 37 EStG haben diese nämlich regelmäßig auf die voraussichtlich geschuldete Einkommensteuer **vierteljährliche Vorauszahlungen** zu entrichten. Diese werden von der Finanzbehörde nach dem Ergebnis der letzten Steuerveranlagung durch Vorauszahlungsbescheid selbst dann festgesetzt, wenn die Unterhaltsrente inzwischen reduziert worden oder weggefallen ist. Generell ist dem Unterhaltsgläubiger daher anwaltlich zu raten, seine Zustimmung jeweils auf ein Kalenderjahr zu beschränken (Kogel FamRB 2008, 277).

3. Auskunft

Zur Prüfung, ob sich die Durchführung des begrenzten Realsplittings rechnet, wird auch dem Unterhalts- 20 schuldner ein Auskunftsanspruch hinsichtlich der zu erwartenden Nachteile gegenüber dem Unterhaltsgläubiger zugestanden (OLG Köln 30.1.1998 – 4 WF 253/97, FamRZ 1999, 31).

4. Tabellarische Bestimmung

Die **Höhe des Realsplittingvorteils** kann überschlägig der Tabelle „Tabellarische Bestimmung des Real- 21 splittingvorteils" (FamRB 2013, 165–167, generelle Hinweise zur Anwendung bei Hauß, FamRB 2002, 61) entnommen werden. Dennoch ist eine konkrete steuerrechtliche Überprüfung im Einzelfall zu empfehlen (zur **schrittweisen Bestimmung** des Splittingvorteils beim Realsplitting nach § 10 Abs. 1 Nr. 1 EStG: BGH 23.5.2007 – XII ZR 245/04, NJW 2007, 2628).

5. Obliegenheit

Der Unterhaltsschuldner muss die Steuervorteile aus dem Realsplitting nutzen, um seine Leistungsfähigkeit 22 zu erhöhen (BGH 28.2.2007 – XII ZR 37/05, FamRZ 2007, 793).

6. Fiktive Berechnung

Da sich der Unterhaltsanspruch bei **Wiederheirat des Unterhaltspflichtigen** ohne dessen Splittingvorteil 23 aus der neuen Ehe fiktiv errechnet, ist auch der Realsplittingvorteil auf der Grundlage dieses fiktiv nach der Grundtabelle bemessenen Einkommens zu bestimmen (BVerfG 25.1.2011 – 1 BvR 918/10, FamRZ 2011, 437; so schon zuvor BGH 23.5.2007 – XII ZR 245/04, FamRZ 2007, 1232).

Das Familiengericht darf nicht im Wege einer **vorweggenommenen fiktiven Berechnung** des Realsplit- 24 tingvorteils von dem danach neu zu berechnenden Unterhalt ausgehen. Nach § 11 Abs. 2 S. 1 EStG sind nur Ausgaben für das Kalenderjahr abzusetzen, in dem diese geleistet worden sind. Dies entspricht dem In-Prinzip (BGH 14.2.1990 – XII ZR 51/89, FamRZ 1990, 981; 19.2.2003 – XII ZR 19/01, FamRZ 2003, 741; 6.2.2008 – XII ZR 14/06, FamRZ 2008, 968). Käme es in der Rechtsmittelinstanz noch zu einer Änderung des Unterhaltsanspruchs, wäre der Unterhaltspflichtige der Gefahr ausgesetzt, eine Steuernachzahlung selbst dann leisten zu müssen, wenn sich die Unterhaltszahlungen nachträglich verringerten. Der Realsplittingvorteil könnte in diesem Fall nicht mehr bzw nicht mehr in der zuvor angenommenen Höhe in Anspruch genommen werden.

7. Inhalt und Form der Freistellungserklärung

Dem Unterhaltsschuldner ist zu raten, gegenüber dem Unterhaltsgläubiger möglichst eine schriftliche und 25 rechtsverbindliche Freistellungsverpflichtung hinsichtlich aller steuerlichen und sonstigen Nachteile mit dem Hinweis abzugeben, entweder den Vordruck „Anlage U" zum Mantelbogen der Einkommensteuererklärung zu unterschreiben oder auf direktem Wege gegenüber dem Finanzamt die Zustimmung zu erklären.

Es besteht kein Anspruch, die **„Anlage U"** zu unterschreiben (OLG Brandenburg 2.1.2008 – 9 UF 188/07, 26 ZFE 2008, 150). Ein entsprechender Antrag ist unschlüssig. Erteilt der Unterhaltsgläubiger die Zustimmung direkt gegenüber der Finanzbehörde, muss er den Unterhaltsschuldner darüber in Kenntnis setzen. Anderenfalls riskiert er, Veranlassung (mit Kostenfolge) zu einem gerichtlichen Antrag auf Zustimmung gegeben zu haben (OLG Karlsruhe 14.4.2003 – 2 WF 124/02, FamRZ 2004, 960).

27   **Im Insolvenzfall** ist der Anspruch auf Zustimmung gegen den **Insolvenzverwalter** des zur Zustimmung verpflichteten Ehegatten zu richten. Bei diesem Anspruch handelt es sich um keinen Vermögensanspruch gem. § 38 InsO. Er kann daher nicht gem. §§ 174 ff InsO zur Insolvenztabelle angemeldet werden. Der Insolvenzschuldner ist zwar als Steuerpflichtiger weiterhin steuerpflichtig; der Insolvenzverwalter vertritt ihn aber bei der Erfüllung seiner steuerlichen Pflichten, § 80 Abs. 1 InsO, § 34 Abs. 3 AO. Der Insolvenzverwalter wird damit Steuerpflichtiger kraft eigener steuerrechtlicher Pflichten, § 33 Abs. 1 AO.

8.   Auslegung der Freistellungserklärung

28   Die tatrichterliche Auslegung einer Freistellungserklärung ist vom Revisionsgericht nur eingeschränkt nachzuprüfen. Die Prüfung beschränkt sich darauf, ob gesetzliche oder allgemein **anerkannte Auslegungsregeln**, Denkgesetze oder Erfahrungssätze verletzt worden sind, der Grundsatz einer nach beiden Seiten hin interessengerechten Auslegung beachtet worden ist oder ob die Auslegung auf Verfahrensfehlern beruht (BGH 17.2.2010 – XII ZR 104/07, FamRZ 2010, 717).

29   Wenn sich zB der Unterhaltsschuldner in Kenntnis der Wiederverheiratung der Unterhaltsgläubigerin zum Nachteilsausgleich verpflichtet, lässt sich ohne weitere Anhaltspunkte nicht darauf schließen, dass er eine Verbindlichkeit eingehen wollte, die über den Umfang der unter Billigkeitsgesichtspunkten bestehenden Ausgleichspflicht hinausgeht (BGH 17.2.2010 – XII ZR 104/07, FamRZ 2010, 717).

9.   Nachteilsausgleich

30   Der Unterhaltschuldner hat dem zustimmenden Unterhaltsgläubiger alle steuerrechtlichen, sozialrechtlichen und sonstigen wirtschaftlichen Nachteile **seit ihrer Entstehung** auszugleichen (BGH 23.3.1983 – IV b ZR 369/81, FamRZ 1983, 576 f noch für Unterhaltszahlungen bis 9.000 DM; 29.1.1992 – XII ZR 248/90, FamRZ 1992, 534; 29.4.1992 – XII ZR 50/91, FamRZ 1992, 1050; 29.4.1998 – XII ZR 266/96, FamRZ 1998, 953; 11.5.2005 – XII ZR 108/02, FamRZ 2005, 1162; Wever Rn 813).

31   Der Anspruch erstreckt sich folglich auf Freistellung bzw Ersatz von solchen Nachteilen, die sich aus der Besteuerung der erhaltenen Unterhaltsleistungen bei dem Unterhaltsgläubiger ergeben, sowie von sonstigen Nachteilen, etwa im Bereich von Leistungen, die nur bis zu bestimmten Einkommensgrenzen gewährt werden (BGH 17.2.2010 – XII ZR 104/07, FamRZ 2010, 717).

32   Für die Frage des Nachteilsausgleichs im Rahmen des Realsplittings kommt es nicht darauf an, ob der bis zur Wiederheirat der Unterhaltsgläubigerin bestehende gesetzliche Unterhaltsanspruch des Unterhaltsgläubigers nach § 1586 Abs. 1 BGB im Jahr der Wiederheirat – vor oder nach der erneuten Eheschließung – oder erst in einem späteren Jahr erfüllt wird (BGH 17.2.2010 – XII ZR 104/07, FamRZ 2010, 717 m.Anm. Schlünder/Geißler FamRZ 2010, 801; Engels FF 2010, 255).

33   **Steuerliche Nachteile** können bei der Einkommensteuer, dem Solidaritätszuschlag und der Kirchensteuer auftreten, weil die Abzugsfähigkeit des Unterhaltsschuldners von der Versteuerung beim Unterhaltsgläubiger in Form einer Steuerbelastung oder Steuermehrbelastung abhängt. Steuerliche Nachteile treten bereits dann auf, wenn eine Unterhaltsleistung das steuerliche Existenzminimum nach § 32 a EStG in der Höhe von 8.004 EUR/16.008 EUR (bis VZ 2007 7.834 EUR/15.668 EUR, ab VZ 2013 8.130 EUR/16.206 EUR und ab VZ 2014 8.354 EUR/16.708 EUR) überschreitet. Nachteile wegen Einkommensteuervorauszahlungen verwirklichen sich generell erst mit der endgültigen Steuerfestsetzung (OLG Frankfurt/M. 20.7.2006 – 1 UF 180/05, FuR 2007, 430). Sie fallen aber dann bereits unter die steuerlichen Nachteile, wenn schon hieraus finanzielle Nachteile erwachsen (AG Biedenkopf 27.5.2008 – 30 F 192/08 UE, FamRZ 2009, 607). Nach OLG Oldenburg (1.6.2010 – 13 UF 36/10, FamRZ 2010, 1831 m.Anm. Götz) liegen bereits in der Festsetzung von Steuervorauszahlungen gegenwärtige Nachteile für den Unterhaltsgläubiger vor, wenn mit der Durchführung des Realsplittings im fraglichen Jahr gerechnet werden kann, für das Vorauszahlungen

erhoben werden. Wenn der Unterhaltsberechtigte Vorauszahlungen in Hinblick auf die Versteuerung der Unterhaltsleistungen nach § 22 Nr. 1 a EStG vornehmen muss, sollte ihm der Unterhaltsschuldner rechtzeitig mitteilen, ob er den Sonderausgabenabzug auch im Folgejahr vornehmen möchte. Der Unterhaltsberechtigte hat so die Gelegenheit, eine Abänderung des Vorauszahlungsbescheides zu beantragen oder gegen den Vorauszahlungsbescheid Einspruch einzulegen (Engels, Steuerrecht für die familienrechtliche Praxis, Rn 944).

Keinen Ausgleichsanspruch gibt es hinsichtlich der infolge der Zusammenveranlagung mit dem neuen   34
Ehegatten entstandenen Nachteile, wenn hierüber zuvor keine ausdrückliche Vereinbarung vorliegt. Eine weitergehende Steuerbelastung ist nämlich generell Folge der von den Ehegatten gewählten Zusammenveranlagung.

Durch die Zusammenveranlagung selbst entsteht kein steuerlicher Nachteil, sondern beide in der neuen Ehe   35
verbundenen Steuerpflichtigen erlangen hierdurch einen Vorteil im Rahmen des Splittingverfahrens. Einem scheinbaren Nachteil, der in einer Heranziehung der Einkünfte des Unterhaltsgläubigers zu einer gemeinsamen Veranlagung liegt, steht der Vorteil des neuen Ehegatten gegenüber, seine zu versteuernden Einkünfte teilweise auf seinen Ehegatten zu verlagern und dadurch einer günstigeren Besteuerung zuzuführen (BGH 17.2.2010 – XII ZR 104/07, FamRZ 2010, 717 m.Anm. Schlünder/Geißler FamRZ 2010, 801; Engels FF 2010, 255 = BGH FuR 2010, 347 = FamRB 2010, 144 m.Anm. Christ, 145). Folglich kann bei dieser Konstellation nur der Ausgleich des steuerlichen Nachteils gefordert werden, der dem Unterhaltsgläubiger bei getrennter Veranlagung durch die Besteuerung der Unterhaltsbezüge entstanden wäre. Dieser Nachteil ist fiktiv zu berechnen.

Ebenfalls kein steuerlicher Nachteil ist anzunehmen, wenn der Unterhaltsgläubiger bei einer Zusammen-   36
veranlagung mit dem neuen Ehegatten als Gesamtschuldner für die gegen beide Ehegatten festgesetzte Steuer gem. § 44 Abs. 1 AO haftet (BGH 17.2.2010 – XII ZR 104/07, FamRZ 2010, 717 m.Anm. Schlünder/Geißler FamRZ 2010, 801). Jeder Ehegatte hat es schließlich in der Hand, seine Haftung auf den auf ihn rechnerisch entfallenden Anteil zu begrenzen (Schmidt/Seeger, EStG, 32. Aufl. 2013, § 26 b Rn 30; s. → *Aufteilung der Steuerschuld).*

Auch Nachteile **außerhalb des Steuerrechts** kommen in Frage, weil der Sonderausgabenabzug des Unter-   37
haltsschuldners beim Unterhaltsgläubiger zu Einkünften führt. Aufgrund der Überschreitung von maßgeblichen Einkommensgrenzen kann es zu Kürzungen oder zum Wegfall von Leistungen zB im Sozialbereich, beim Erziehungsgeld oder bei Gebührenermäßigungen nach Kindergartensatzungen kommen (Kogel FamRB 2008, 277; Butz-Seidl FuR 1996, 108).

Der Verlust der Familienkrankenhilfe ist ebenfalls ein Nachteil, denn nur innerhalb einer Ausschlussfrist   38
von drei Monaten ab rechtskräftiger Scheidung kann der aus der Familienversicherung ausgeschiedene Ehegatte den Antrag auf Aufnahme in die freiwillige Versicherung in der GKV stellen (BSG 3.2.1994 – 12 RK 5/92, FamRZ 1994, 1239 m.Anm. Weychardt; OLG Nürnberg 8.1.2004 – 11 WF 3859/03, FamRZ 2004, 1967; Kogel FamRB 2008, 277). Bei Überschreitung der monatlichen Bezugsgrößen nach § 18 SGB IV kommt es aber während der Trennungszeit schon zum Verlust der Familienkrankenhilfe, wenn die Einkommensgrenzen beim Unterhaltsgläubiger durch die Unterhaltszahlungen überschritten werden. Da die Unterhaltsleistungen dem Einkommen des Unterhaltsgläubigers gem. § 16 SGB IV zugeschlagen werden, endet die Mitversicherung gem. § 10 Abs. 1 Nr. 5 SGB V bereits in der Trennungszeit, wenn die Gesamteinkünfte des Unterhaltsgläubigers 1/7 der monatlichen Bezugsgröße (in 2013 385 EUR bzw für geringfügig Beschäftigte bis 450 EUR) übersteigen (BSG 3.2.1994 – 12 RK 5/92, FamRZ 1994, 1239 m.Anm. Weychardt; OLG Nürnberg 8.1.2004 – 11 WF 3859/03, FamRZ 2004, 1967; Conradis FamRB 2007, 304; Kundler ZFE 2006, 86). Bei einer regelmäßigen Überprüfung der Höhe der Unterhaltszahlungen und damit der Berechtigung zur Familienversicherung, kommt es zum rückwirkenden Wegfall der Mitgliedschaft in dem Zeitpunkt, in dem die Voraussetzungen zur Mitgliedschaft in der Familienversicherung objektiv nicht mehr gegeben waren (Mleczko ZFE 2006, 128).

39 Erhält der Unterhaltsberechtigte neben seinen Einkünften noch Unterhalt, steigt ggf auch sein Beitrag in der Krankenkasse. Auf die haftungsrechtlichen Folgen beim Anwalt wird verwiesen (Kogel FamRB 2008, 277).

40 **Kosten für den Steuerberater** sind ein Nachteil und auszugleichen, wenn dessen Inanspruchnahme erforderlich geworden war, zB bei einer sog. Hausfrauen(mann)ehe, in der der Unterhaltsgläubiger niemals zuvor eine Steuererklärung selbst gefertigt hat und keinerlei steuerlichen Kenntnisse aufweisen kann (BGH 13.4.1988 – IVb ZR 46/87, FamRZ 1988, 820).

41 Eine Hilfestellung durch die Finanzbehörden ist gesetzlich nicht vorgesehen. Diese haben keine allgemeinen Beratungs- und Auskunftspflichten, sondern müssen nur ihren sich aus § 89 AO abzuleitenden Fürsorge- und Betreuungspflichten nachkommen. Nach § 89 Abs. 2 AO gibt es keinen Anspruch auf Erteilung von Auskünften materiellen Rechts. § 89 AO ersetzt somit keine Hilfestellung durch die Angehörigen der steuerberatenden Berufe (Pump/Leibner/Kurella, AO, Loseblatt, § 89 Rn 11).

10. Aufrechnung

42 Gegenüber dem Anspruch des Zustimmenden auf Nachteilsausgleich gibt es keine Aufrechnungsmöglichkeit. Der Anspruch auf Nachteilsausgleich ist unterhaltsähnlicher Natur (BGH 29.5.2002 – XII ZR 263/00, FamRZ 2002, 1179).

11. Zurückbehaltungsrecht

43 Muss befürchtet werden, dass der Unterhaltsschuldner zum Nachteilsausgleich nicht bereit oder in der Lage ist, zB bei laufenden Zwangsvollstreckungsmaßnahmen, Insolvenzantragstellung oder Abgabe der eidesstattlichen Versicherung, kann der Unterhaltsgläubiger seine Zustimmung von der Stellung einer Sicherheitsleistung in Höhe der zu erwartenden Nachteile abhängig machen (OLG Schleswig 27.9.2006 – 15 W 4/06, ZFE 2007, 38; Kleffmann FuR 2008, 124). Er hat ein Zurückbehaltungsrecht (BGH 23.3.1983 – IV b ZR 369/81, NJW 1983, 1545; verneinend OLG Zweibrücken für den Fall, dass der Unterhaltsschuldner seiner Pflicht zum Nachteilsausgleich immer erst nach Inanspruchnahme gerichtlicher Hilfe nachgekommen ist: OLG Zweibrücken 14.10.2005 – 2 UF 57/05, FamRZ 2006, 791 = FamRB 2006, 177 m.Anm. Roessink).

44 Bei pflichtwidriger Verweigerung der Zustimmung kann von dem nicht um den Realsplittingvorteil erhöhten Einkommen ausgegangen werden (JH/Büttner § 1361 BGB Rn 150).

12. Anteil an der Steuerersparnis

45 Eine Steuerersparnis erhöht die Leistungsfähigkeit des Unterhaltsschuldners und der Unterhaltsgläubiger erhält eine höhere Unterhaltsrente. Aus diesem Grund kann der Unterhaltsgläubiger seine Zustimmung zum Sonderausgabenabzug nicht von einer Teilhabe an der Ersparnis von Steuern abhängig machen (BGH 23.3.1983 – IV b ZR 369/81, NJW 1983, 1545).

13. Schadenersatz

46 Dem Unterhaltspflichtigen steht **bei pflichtwidriger Verweigerung** nicht nur ein Antrag auf Zustimmung, sondern auch ein Schadensersatzanspruch zu. Dabei ist eine Verrechnung der Schadensersatzforderung mit der Unterhaltsforderung wegen § 394 BGB, § 850 b ZPO ausgeschlossen (BGH 13.4.1988 – IVb ZR 46/87, FamRZ 1988, 820).

47 Ein Schadensersatzanspruch ist dann **begründet,** wenn bei der Berechnung der Unterhaltsansprüche Steuervorteile durch das begrenzte Realsplitting berücksichtigt worden sind, der Unterhaltsberechtigte aber pflichtwidrig seine Zustimmung verweigert (OLG Hamm 11.6.2008 – 2 Sdb (FamS) Zust. 12/08, FamRZ 2008, 2040).

Perleberg-Kölbel

Zur **Durchsetzung** von Schadenersatzansprüchen ist es nicht notwendig, zunächst den Antrag auf Zustim- 48
mung zu verfolgen. Der Unterhaltsschuldner kann auf den Abzug von Sonderausgaben verzichten und
gleich Schadensersatzansprüche geltend machen (OLG Köln 7.8.1986 – 14 UF 55/86, FamRZ 1986, 1111).

14. Verjährung

Die Verjährungsfrist für den Anspruch auf Ausgleich steuerrechtlicher Nachteile des Unterhaltsberechtig- 49
ten beträgt drei Jahre, § 195 BGB (Wever Rn 815 aE). Die Sonderverjährungsfrist von 30 Jahren für familienrechtliche Ansprüche gem. § 197 Abs. 1 Nr. 2 BGB ist durch das Gesetz zur Änderung des Erb- und Verjährungsrechts (BGBl. I 2009, 3142) beseitigt worden.

Bei Ansprüchen zwischen Ehegatten während bestehender Ehe ist die **Verjährungshemmung** gem. § 207 50
Abs. 1 BGB (zuvor § 204 BGB aF) zu beachten. Die Verjährung beginnt **mit Kenntnis** der den Anspruch
begründenden Umstände, § 199 Abs. 1 Nr. 2 BGB, in der Regel nach Zustellung des Einkommensteuerbe-
scheids (OLG Saarbrücken 11.3.2009 – 6 WF 19/0, FamRZ 2009, 1905).

15. Gerichtsbarkeit

Für Streitigkeiten im Rahmen des begrenzten Realsplittings ist das **Familiengericht** zuständig. Es handelt 51
sich um eine Familienstreitsache iSv §§ 111 Nr. 8, 231 Abs. 1 Nr. 2 FamFG. Die Zustimmung zum begrenzten Realsplitting ist eine **öffentlich-rechtliche Willenserklärung**, die durch Beschluss oder Einigung
im Verfahren **ersetzt** werden kann. Sie gilt mit rechtskräftigem Beschluss gemäß § 894 ZPO als abgegeben
(BGH 29.4.1998 – XII ZR 266/96, FamRZ 1998, 953). Wenn die Abgabe der Erklärung von einer Sicherheitsleistung des Unterhaltsschuldners abhängig ist, tritt die Wirkung der Erklärung ein, sobald diesem die
vollstreckbare Ausfertigung erteilt ist (BFH 25.10.1988 – IX R 53/84, NJW 1989, 1504).

Art. 5 Nr. 2 EuGVVO begründet eine **internationale Zuständigkeit.** Der Antrag auf Ausgleich der Nach- 52
teile betrifft eine unterhaltsrechtliche Streitigkeit. Der Begriff der Unterhaltssache in Art. 5 Nr. 2 EuGVVO
ist autonom auszulegen (BGH 17.10.2007 – XII ZR 146/05, FamRZ 2008, 40).

16. Gegenstandswerte

Der Streitwert richtet sich gem. § 48 Abs. 1 GKG, § 3 ZPO nach den vermögensrechtlichen Interessen des 53
Antragstellers, der die Willenserklärung begehrt. Das OLG Frankfurt/M. (27.11.2008 – 3 WF 256/08) bestimmt das vermögensrechtliche Interesse nach den Steuervorteilen abzüglich der dem Zustimmenden entstandenen Nachteile. Die Steuervorteile auf der Seite des Unterhaltsschuldners sind mit den Steuernachteilen auf der Seite des Unterhaltsgläubigers zu saldieren.

188. Rentenversicherung

Conradis

I. Einführung.................................... 1
II. Unterhaltspflicht bei Bezug von Renten........ 2
III. Wartezeit..................................... 5
IV. Aufgelebte Hinterbliebenenrente................ 9
V. Geschiedenen-Witwenrente..................... 11
VI. Erziehungsrente.................................. 12

I. Einführung

1 Aus dem Recht der gesetzlichen Rentenversicherung werden nur einige Punkte dargestellt, die für das Familienrecht von besonderer Bedeutung sind. Dabei wird der Versorgungsausgleich hier nur insoweit einbezogen, als es um die Auswirkung auf die **rentenrechtliche Wartezeit** für die Person geht, auf die Anwartschaften übertragen werden. Außerdem werden die Folgen erörtert, die sich nach einer Scheidung ergeben, falls eine **Hinterbliebenenrente wieder auflebt** oder erstmals ein Anspruch auf eine weitere Rentenart – die Erziehungsrente – entstehen kann.

II. Unterhaltspflicht bei Bezug von Renten

2 Bei der Frage, ob bei **vorgezogener Altersrente** fiktiv das bisherige Einkommen angerechnet werden kann, ist die Rechtsprechung bisher nicht einheitlich. Einerseits wird bei dem Bezug einer verminderten Rente entweder eine fiktiv höhere Rente oder eine entsprechende Erwerbspflicht angenommen (OLG Celle 16.3.1993 – 15 UF 29/93, FamRZ 1994, 517; OLG Hamm 3.11.1998 – 2 WF 418/98, FamRZ 1999, 1078). Andererseits spricht viel dafür, dem Rentenbezieher die Wahlfreiheit zu belassen, da er es ist, der auf Dauer eine geringere Rente erhält und eine solche Entscheidung kaum unter dem Gesichtspunkt der Unterhaltsberechtigung oder -verpflichtung treffen wird (OLG Koblenz 9.6.1999 – 9 UF 1380/98, FamRZ 2000, 610). Letztlich dürften wohl die Umstände des Einzelfalls entscheidend sein (BGH 3.2.1999 – XII ZR 146/97, FamRZ 1999, 708).

3 Bei Bezug einer **Rente wegen voller Erwerbsminderung** nach § 43 Abs. 2 SGB VI ist zu berücksichtigen, dass diese im Hinblick auf den Arbeitsumfang nur zur Voraussetzung hat, dass keine Erwerbstätigkeit von mindestens drei Stunden täglich ausgeübt werden kann, § 43 Abs. 2 S. 2 SGB, so dass eine Erwerbspflicht im Rahmen der verbliebenen Möglichkeiten gegeben sein kann. Auch ist es nach der Rechtsprechung möglich, dass eine Rente wegen voller Erwerbsfähigkeit bewilligt werden muss, wenn zwar eine Halbtagstätigkeit gesundheitlich noch zugemutet werden kann, jedoch der Teilzeitarbeitsmarkt verschlossen ist (sog. Arbeitsmarktrente).

4 Eine **Rente wegen Berufsunfähigkeit** wird geleistet, wenn die Erwerbsfähigkeit derart gemindert ist, dass der Rentenbezieher in dem erlernten Beruf nur noch weniger als sechs Stunden täglich in dem erlernten oder ansonsten zumutbaren Beruf tätig sein kann. Der Bezug dieser Rente bedeutet jedoch nicht, dass keine leichte Arbeit mehr ausgeübt werden kann, so dass weiter eine Erwerbsobliegenheit besteht (OLG Thüringen 23.2.2006 – 1 UF 218/05, FamRZ 2006, 1299).

III. Wartezeit

5 Bei der Durchführung des Versorgungsausgleich werden nicht nur Rentenanwartschaften der Höhe nach übertragen, sondern gleichzeitig Zeiten, die bei der Wartezeit berücksichtigt werden (§ 52 SGB VI). Die einzelnen Wartezeiten sind in § 50 SGB VI aufgeführt. Von Bedeutung ist die Wartezeit von **fünf Jahren** für die Regelaltersrente, die Rente wegen Erwerbsminderung und die Hinterbliebenenrente sowie die Erziehungsrente. Für die übrigen Renten sind hingegen längere Wartezeiten erforderlich.

6 Die übertragenen Zeiten führen jedoch nicht zur Erfüllung der besonderen versicherungsrechtlichen Voraussetzungen für eine **Rente wegen Erwerbsminderung** (§ 43 SGB VI). Nach § 43 Abs. 1 Nr. 2 SGB VI besteht ein Anspruch auf Erwerbsminderungsrente nur, wenn in den letzten fünf Jahren vor Eintritt der Erwerbsminderung drei Jahre Pflichtbeiträge für eine versicherte Tätigkeit entrichtet worden sind; der Zeit-

raum kann durch bestimmte Zeiten, insbesondere Anrechnungszeiten, verlängert werden. Für diese Pflichtbeiträge muss ein Beschäftigungsverhältnis vorgelegen haben; Kindererziehungszeiten oder die übertragenen Wartezeiten durch den Versorgungsausgleich reichen hierfür nicht aus.

Die **Anzahl der Monate**, die gutgeschrieben werden, errechnet sich auch der Teilung der übertragenen 7 oder begründeten Entgeltpunkte geteilt durch 0,0313 (§ 52 Abs. 1 SGB VI). Daraus folgt, dass bei der Übertragung von einem Entgeltpunkt (EP) – der erreicht wird, wenn in einem Jahr das durchschnittliche Einkommen aller Versicherten erzielt wird – 32 Monate auf die Wartezeit angerechnet werden.

Die Erfüllung der Wartezeit ist in zwei Fällen von entscheidender Bedeutung. Zwar ist es grundsätzlich 8 möglich, durch **Zahlung von freiwilligen Beiträgen** (§ 7 Abs. 2 S. 1 SGB VI) diese allgemeine Wartezeit zu erreichen, da diese als Beitragszeiten gelten (§ 55 Abs. 1 S. 1 SGB VI). Dies ist jedoch nicht (mehr) möglich, wenn es um die Voraussetzungen für die Bewilligung einer **Erziehungsrente** geht. Weiterhin können Personen, die versicherungsfrei sind (§ 5 SGB VI), nur dann freiwillige Beiträge entrichten, wenn sie die allgemeine Wartezeit schon erfüllt haben. Damit können **Beamte** nur dann aus übertragenen Rentenanwartschaften eine Altersrente erwerben, wenn damit – unter Einbeziehung eigener Anwartschaften – eine Wartezeit von 60 Monaten erreicht wird. Sind keine eigenen Anwartschaften vorhanden, müssen daher etwa monatliche Rentenanwartschaften in Höhe von fast zwei Entgeltpunkten übertragen werden, um einen Anspruch auf eine Rente zu erwerben.

IV. Aufgelebte Hinterbliebenenrente

Mit Rechtskraft der Scheidung kann eine **Witwen- bzw Witwerrente nach dem vorletzten Ehegatten** 9 wieder aufleben (§ 46 Abs. 3 SGB VI). Es müssen die übrigen Voraussetzungen des § 46 SGB VI gegeben sein. Das Wiederaufleben kann nur nach einer weiteren Ehe erfolgen, auf weitere Ehen kann nicht zurückgegriffen werden (BVerfG 21.10.1980 – 1 BvR 179, 464/78, NJW 1981, 107). Von erheblicher Bedeutung ist hierbei, dass auf solche Witwen- bzw Witwerrenten nach dem vorletzten Ehegatten **Unterhaltsansprüche** nach dem letzten Ehegatten angerechnet werden (§ 90 SGB VI). Hierbei kommt es nicht darauf an, ob Unterhalt tatsächlich geltend gemacht und gezahlt wird, sondern ob Unterhaltsansprüche bestehen. Ein Verzicht auf Unterhalt oder eine entsprechende Unterhaltsvereinbarung ist nur dann von der Rentenversicherung zu beachten, wenn die Witwe bzw der Witwer einen verständlichen Grund für den Verzicht auf den gesetzlichen Unterhaltsanspruch geltend machen kann (BSG 21.2.1983 – 4 RJ 101/81, NJW 1984, 326). Dabei ist es grundsätzlich zumutbar, bestehende Unterhaltsansprüche zu realisieren, sofern nicht besondere Umstände entgegenstehen. Die Anrechnung des Unterhaltsanspruchs hat zur Folge, dass sich die wieder aufgelebte Witwen- bzw Witwerrente in Höhe des Anspruchs vermindert. Die dann zu zahlende – restliche – aufgelebte Rente ist nicht auf den Unterhaltsanspruch anzurechnen (BGH 4.6.1986 – IV b ZR 48/85, FamRZ 1986, 889 für die vergleichbare Vorschrift des § 44 BVG). Bei besonderen Konstellationen, insbesondere bei Billigkeitsunterhalt oder ähnlichen Unterhaltsfällen, in denen die Billigkeit eine Rolle spielt, könnte etwas anderes gelten (ausführlich zur Problematik: Dieckmann FamRZ 1987, 231).

Soweit eine **Unterhaltsvereinbarung** getroffen wird, die von der gesetzlichen Lage abweicht, ist in einer 10 solchen Konstellation äußerste Vorsicht geboten. Es kann günstiger sein, einen Unterhaltsanspruch – oder dessen Versagung – ausurteilen zu lassen, als einen Vergleich zu schließen, der dann von der Rentenversicherung nicht anerkannt wird. Soweit der Rentenversicherungsträger einen Unterhaltsverzicht nicht anerkennt und daher die Rentenzahlung reduziert, wird im Sozialgerichtsverfahren die Frage der Berechtigung des Unterhaltsanspruchs bzw dessen Verzicht von Amts wegen in vollem Umfang ermittelt.

V. Geschiedenen-Witwenrente

Zum 1.7.1977 wurde der Versorgungsausgleich eingeführt, so dass ein entsprechender Schutz für zuvor geschiedene Ehen nicht bestand. In diesen Altfällen – **Scheidungen vor dem 1.7.1977** – kann nach § 243 SGB VI die sog. Geschiedenen-Witwenrente beansprucht werden, wenn die Witwe vor dem Tod des früheren Ehegatten tatsächlich Unterhalt bezogen hat oder ein Anspruch hierauf bestand und sie nicht wieder geheiratet hat. Wann die Voraussetzungen im Einzelnen erfüllt sind, ist in der Rechtsprechung in vielen

Entscheidungen detailliert erörtert worden, so dass auf die Kommentare zu § 243 SGB VI verwiesen wird. Von Bedeutung ist diese Rente vor allem deshalb, weil sie zwar bei einer Wiederverheiratung entfällt, jedoch unter den Voraussetzungen des § 243 Abs. 1 und 2 SGB VI wieder auflebt, wenn die neue Ehe aufgelöst wurde. Die Rentenzahlung setzt nur auf Antrag wieder ein. Es werden dabei jedoch Ansprüche auf andere Renten und auf Unterhalt angerechnet (§ 90 SGB VI).

VI. Erziehungsrente

12 Nach § 47 SGB VI haben Versicherte bis zum Erreichen der Regelaltersrente Anspruch auf Erziehungsrente, wenn sie nach dem 30.6.1977 (in den neuen Bundesländern jedoch auch bei Scheidungen vor dem 1.7.1977: § 243 a SGB VI) geschieden sind und ihr **geschiedener Ehegatte verstorben** ist und sie ein eigenes Kind oder ein Kind des geschiedenen Ehegatten erziehen und nicht wieder geheiratet haben. Dies gilt bis zur Vollendung des 18. Lebensjahres des Kindes. Wird für ein Kind in häuslicher Gemeinschaft gesorgt, welches wegen einer Behinderung außerstande ist, sich selbst zu unterhalten, so gilt dies auch über das 18. Lebensjahr hinaus (§§ 46 Abs. 2 S. 3, 47 Abs. 1 Nr. 2 SGB VI). Für einen solchen Anspruch ist die Erfüllung der allgemeinen Wartezeit von fünf Jahren erforderlich. Diese kann auch durch Übertragung und Begründung von Rentenanwartschaften durch den Versorgungsausgleich erreicht werden (Rn 7). Es ist allerdings zu berücksichtigen, dass die Rente aus der Rentenanwartschaft der Person gebildet wird, die die Elternrente bezieht. Insoweit greift auch hier das Prinzip, dass mit der Scheidung und der Durchführung des Versorgungsausgleichs die Rentenschicksale grundsätzlich getrennt sind. Lediglich der Tod des geschiedenen Ehegatten und der Wegfall der damit potenziell bestehenden Unterhaltspflicht soll ausgeglichen werden durch die Möglichkeit, eine solche Erziehungsrente zu erlangen.

189. Risikoschutz im Versorgungsausgleich

Hoenes

I. Einführung... 1
II. Absicherung bei Invalidität...................... 3
III. Absicherung bei besonderen Altersgrenzen...... 7
IV. Absicherung im Todesfall........................ 8
V. Absicherung im Alter............................ 9

I. Einführung

Die **Risikoabsicherung** eines Menschen für das **Alter**, für den Fall der **Invalidität** und den **Todesfall** erfolgt über seine Versorgungsanrechte. Sie haben die wichtige Aufgabe, in den Lebensphasen, in denen kein hinreichendes Erwerbseinkommen mehr erzielt werden kann, den Lebensunterhalt abzusichern. Im Alter ist das Risiko die Langlebigkeit. Eine lebenslänglich zu zahlende Rente (Altersrente, vorgezogene Altersrente) kann hier in der Regel eine bessere Absicherung bieten als Vermögenswerte. Tritt schon zu einem früheren Zeitpunkt der Versorgungsfall der Invalidität ein, weil zB aufgrund einer Krankheit oder eines Unfalls keiner auskömmlichen Beschäftigung mehr nachgegangen werden kann (Invalidität als Sammelbegriff für die unterschiedlichen Bezeichnungen in den verschiedenen Versorgungssystemen wie zB Erwerbsminderung, Berufsunfähigkeit, Dienstunfähigkeit), soll die Versorgung ebenfalls abgesichert sein. Gleiches gilt für den Todesfall. Hier haben Versorgungsanrechte die Aufgabe, finanziell abhängige Hinterbliebene zu versorgen (Hinterbliebenenversorgung als Sammelbegriff für Begriffe wie zB Witwenrente, Witwerrente, Ehegattenrente, Partnerrente, Waisenrenten). **1**

Ein Ereignis, das bei einem Anrecht eine Leistung auslöst, nennt man einen **Versorgungsfall**. Mögliche Versorgungsfälle sind das Erreichen der Altersgrenze, das Erreichen einer vorgezogenen Altersgrenze, Eintritt der Invalidität oder der Tod. Da niemand im Vorhinein weiß, wie sein Leben verlaufen wird, ist für den Einzelnen auch nicht absehbar, wann er welche Leistungen benötigt. Es ist daher sehr wichtig, für **jeden der möglichen Versorgungsfälle** eine hinreichende Absicherung zu haben. Diese Absicherung ist kostspielig und meist nur zu erzielen, wenn bereits in jungen Jahren mit dem Aufbau begonnen wird. Besonders schwierig ist die Absicherung für den Fall der Invalidität (s. Rn 3). Bei einem Versorgungsausgleich nach neuem Recht wird massiv in die einzelnen Versorgungsanrechte eingegriffen. Die gesetzlichen Regelungen zielen nur auf den **Werterhalt als Ganzes** ab, nicht aber auf die Absicherung der **einzelnen Risiken**. In vielen Fällen wird dem Ausgleichsberechtigten nur eine Versorgung im Alter gewährt. So ist gerade bei der im Versorgungsausgleichsgesetz als Regelfall vorgesehenen Teilung aller Anrechte in vielen Fällen nach Durchführung des Versorgungsausgleichs eine hinreichende Risikoabsicherung der Eheleute nicht oder nicht mehr gewährleistet. In diesen Fällen ist es wichtig zu prüfen, was sich diesbezüglich durch eine geeignete Vereinbarung erreichen lässt. Häufig können so auf recht einfache Weise schwerwiegende Nachteile des Versorgungsausgleichs für die Versorgung der Eheleute vermieden werden (s. → *Vereinbarungen zum Versorgungsausgleich* Rn 18 ff). **2**

II. Absicherung bei Invalidität

Ein besonderes Augenmerk ist im Versorgungsausgleich auf die Absicherung der Eheleute für den Fall der Invalidität zu richten. Obwohl diese Absicherung sehr wichtig ist, ist sie oft schon vor dem Versorgungsausgleich nur unzureichend. Unnötige Eingriffe in diese Versorgung sollten daher möglichst vermieden werden. Zu diesen Eingriffen kommt es, wenn die Eheleute durch die Teilung der eigenen Anrechte einen Teil ihrer eigenen Absicherung verlieren und bei den Anrechten, die sie erhalten, der **Risikoschutz** für den Fall der Invalidität entweder nach § 11 Abs. 1 Nr. 3 VersAusglG **ausgeschlossen** ist oder **verlorengeht**, weil die Regelungen des erworbenen Anrechts den Risikoschutz an Bedingungen knüpfen, die der Ausgleichsberechtigte nicht erfüllen kann. Die Regelungen der §§ 35, 36 VersAusglG können hier nur teilweise einen Ausgleich schaffen, denn ihr Geltungsbereich ist auf die anpassungsfähigen Anrechte beschränkt (s. → *Anpassung wegen Invalidität, besonderer Altersgrenze oder Tod* Rn 2 ff) (Borth, Versorgungsausgleich, 6. Aufl. 2011, Rn 985 ff). Bei Anrechten der privaten und der betrieblichen Altersversorgung gelten **3** sie nicht. Außerdem wird durch diese Regelungen nur eine Kürzung eigener Anrechte ganz oder teilweise vermieden. Leistungen aus übertragenen Anrechten werden hierdurch nicht begründet.

4 Versorgungsträger schließen eine Absicherung gegen Invalidität für die ausgleichsberechtigten Ehegatten vor allem dann aus, wenn sie selbst eine Personengruppe absichern, bei der dieses Risiko gering ist. Die Absicherung des Invaliditätsrisikos für einen Ehegatten, der eventuell zu einer Berufsgruppe mit einem höheren Invaliditätsrisiko gehört, würde ein zusätzliches Kostenrisiko bedeuten. Aus diesen Gründen erhält bei einer internen Teilung eines Anrechts in einem **berufsständischen Versorgungswerk** und in der **betrieblichen Altersversorgung** insbesondere bei **Direktzusagen** und **Unterstützungskassenzusagen** der Ausgleichsberechtigte meist keine Invaliditätsabsicherung.

5 In anderen Fällen ist eine Absicherung bei Invalidität für den ausgleichsberechtigten Ehegatten deshalb nicht gegeben, weil er die **Voraussetzungen** für eine Invalidenrente nicht erfüllen kann. Häufig ist dies der Fall, wenn im Rahmen einer externen Teilung Anrechte bei der **gesetzlichen Rentenversicherung** begründet werden. Durch die Übertragung von Anrechten im Versorgungsausgleich kann zwar die allgemeine Wartezeit erfüllt werden und damit ein Anspruch auf Altersrente begründet werden, die für eine Erwerbsminderung vorausgesetzte 3/5 Belegung kann so jedoch nicht erreicht werden (Ruland, Versorgungsausgleich, 3. Aufl., Rn 538). Beamte oder Mitglieder eines berufsständischen Versorgungswerkes oder Hausfrauen, die keine sozialversicherungspflichtige Beschäftigung mehr aufnehmen können, erfüllen diese Voraussetzungen in der Regel auch nicht durch eigene Beiträge. Sie erhalten somit durch die übertragenen Anrechte keine Absicherung für den Fall der Invalidität (Borth, Versorgungsausgleich, 6. Aufl., Rn 7 ff).

Beispiel: Ehegatte A hat eine Beamtenversorgung mit einem Ausgleichswert von 800 EUR Monatsrente, Ehegatte B eine gesetzliche Rente mit einem Ausgleichswert von 200 EUR Monatsrente und einer betrieblichen Altersversorgung mit einem Ausgleichswert von 100 EUR Monatsrente; die **Altersrente** von A wird durch den Versorgungsausgleich um 800 EUR – 200 EUR – 100 EUR = 500 EUR gekürzt. Bei **Invalidität** des Ehegatten A erfolgt dagegen eine Kürzung um 800 EUR bis er Leistungen aus den Anrechten von Ehegatte B erhalten kann. Nach § 35 VersAusglG kann die Kürzung der Beamtenversorgung von A in Höhe von 200 EUR (Ausgleichswert der gesetzlichen Rentenversicherung) ausgesetzt werden, so dass dieses Anrecht zunächst nur um 800 – 200 = 600 EUR gekürzt wird. Die Betriebsrente führt nicht zu einer Aussetzung der Kürzung; ab wann hieraus eine Leistung bezogen werden kann, hängt von der Versorgungszusage ab. Bis A die 100 EUR aus dem Anrecht der betrieblichen Altersversorgung beziehen kann, ist seine Versorgung durch den Versorgungsausgleich um 600 EUR gekürzt. Ab danach reduziert sich dieser Betrag auf 500 EUR. Tritt bei Ehegatte B Invalidität ein, ist entscheidend, ob bei seiner gesetzlichen Rente die 3/5 Belegung erreicht ist. Wenn ja, kann er seine um den Ausgleichswert gekürzte gesetzliche Rente und die Leistungen aus der übertragenen Beamtenversorgung beziehen. Ist die 3/5 Belegung nicht gegeben, besteht kein Anspruch auf Invalidenrente aus dem eigenen Anrecht. Wird die Beamtenversorgung extern geteilt, besteht wegen der fehlenden 3/5 Belegung auch aus diesem Anrecht kein Anspruch auf Invalidenrente. Bei einer internen Teilung der Beamtenversorgung gilt wegen § 2 Abs. 3 BVersTG im Ergebnis dasselbe. Ab wann die um den Ausgleichswert gekürzte Betriebsrente bezogen werden kann, hängt von der Versorgungszusage ab.

6 Invaliditätsschutz, der durch die Teilung eines Anrechts im Versorgungsausgleich entfallen ist, kann meist nur zu hohen Kosten wiedererlangt werden. Teilweise erlauben die Versorgungssysteme, die Kürzung eines Anrechts im Versorgungsausgleich durch Beitragszahlung rückgängig zu machen (gesetzliche Rentenversicherung nach § 187 Abs. 1 Nr. 2 Buchstabe b SGB VI, Beamtenversorgung nach § 58 BeamtVG, bei berufsständischen Versorgungswerken gemäß der jeweiligen Satzung), womit auch die Absicherung bei Invalidität wieder aufgestockt werden kann, diese Beiträge können wirtschaftlich jedoch häufig nicht getragen werden. Eine private Absicherung ist außer bei gutem Gesundheitszustand und in jungen Jahren allenfalls zu hohen Kosten erreichbar. Haben beide Eheleute Versorgungsanrechte erworben, kann es daher in vielen Fällen sinnvoll sein, zum Erhalt des Invaliditätsschutzes zunächst eine **Verrechnung der Anrechte** und eine Teilung nur in Bezug auf den Restbetrag vorzunehmen (s. → *Vereinbarungen zum Versorgungs-*

Hoenes

ausgleich Rn 18 ff). Dies bietet sich insbesondere bei hohen Anrechten der betrieblichen oder privaten Anrechte an, bei denen eine Anpassung nach den §§ 35, 36 VersAusglG nicht in Betracht kommt.

III. Absicherung bei besonderen Altersgrenzen

Zu Versorgungslücken kann es auch dann kommen, wenn für einen Ehegatten eine besondere Altersgrenze **7** gilt, wie zB für Berufssoldaten oder Polizisten. Das bedeutet, dass dieser Ehegatte aus seinen eigenen Anrechten zu einem Zeitpunkt eine Altersrente beziehen kann, zu dem ihm diese Leistung aus den ihm im Versorgungsausgleich übertragenen Anrechten noch nicht zusteht. Auch in diesen Fällen ist durch die Regelungen der §§ 35, 36 VersAusglG für einen Ausgleich gesorgt, jedoch nur in Bezug auf die Anrechte in Regelsicherungssystemen (s. → *Anpassung wegen Invalidität, besonderer Altersgrenze oder Tod* Rn 3).

IV. Absicherung im Todesfall

Für den Todesfall sehen Versorgungsanrechte in der Regel eine Absicherung der hinterbliebenen Ehegatten **8** bzw der Lebenspartner und der Waisen vor. Die Absicherung der hinterbliebenen Ehegatten bzw der Lebenspartner dürfte nach einer Scheidung in der Regel zunächst von untergeordneter Bedeutung sein. Wichtig ist jedoch, dass im Versorgungsausgleich die Absicherung für die Kinder erhalten bleibt, solange diese minderjährig oder in der Berufsausbildung sind. Macht ein Versorgungsträger von der Möglichkeit des § 11 Abs. 1 Nr. 3 VersAusglG Gebrauch und gewährt nur eine reine Altersversorgung, geht auch der anteilige Anspruch auf **Waisenrente** verloren. Teilweise haben die Versorgungsträger wegen der besonderen Schutzbedürftigkeit dieser Personengruppe in ihren Teilungsordnungen dafür Sorge getragen, dass die Absicherung der Waisen voll erhalten bleibt, teilweise ist dies jedoch nicht der Fall. Sind im Einzelfall waisenrentenberechtigte Kinder vorhanden, sollte auch dieser Aspekt im Versorgungsausgleich beachtet werden.

V. Absicherung im Alter

Zu der externen Teilung eines großen Anrechts kann es nach § 16 Abs. 1 VersAusglG bei **Landes- und** **9** **Kommunalbeamten** kommen, wenn das maßgebliche Beamtenversorgungsgesetz keine interne Teilung vorsieht. Zielversorgung ist in diesen Fällen die gesetzliche Rentenversicherung. Maßgebliche Bezugsgröße ist die Rentenhöhe (Borth, Versorgungsausgleich, 6. Aufl., Rn 624), zu einer Einbuße in Bezug auf die Rentenhöhe kommt es daher bei der Übertragung nicht. Diese kann sich allenfalls durch eine spätere unterschiedliche Dynamik entwickeln.

Auch bei Zusagen der betrieblichen Altersversorgung über den Durchführungsweg **Direktzusage** oder **Un-** **10** **terstützungskassenzusage** werden regelmäßig hohe Anrechte extern geteilt. Hier ist eine externe Teilung fast immer zulässig, da der Grenzwert des § 17 VersAusglG (2013: 69.600 EUR) nur in seltenen Fällen überschritten wird. Bei diesen externen Teilungen hat der ausgleichsberechtigte Ehegatte in der Regel eine große Einbuße in Bezug auf die Höhe seiner Altersrente in Kauf zu nehmen. Dafür gibt es im Wesentlichen zwei Ursachen, die je nach den Umständen des Einzelfalles in unterschiedlichem Umfang zum Tragen kommen: die unterschiedlichen **Rechnungsgrundlagen** (s. → *Zinsen im Versorgungsausgleich* Rn 6) für auszugleichendes Anrecht und Zielversorgung und **Abschluss- und Verwaltungskosten**, die bei der Zielversorgung vom Ausgleichsberechtigten zu tragen sind. Der Problematik, die sich bei Ausgleichswerten, die durch Abzinsung ermittelt werden, ergeben kann, wurde mit dem Beschluss des Bundesgerichtshofs vom 7.9.2011 (XII ZB 546/10, FamRZ 2011, 514) zumindest teilweise Rechnung getragen (s. → *Zinsen im Versorgungsausgleich* Rn 2).

190. Rollenwechsel

Schausten

I. Einführung 1
II. Materielle Rechtslage 2
  1. Kriterien zur Überprüfung der Rollenwahl 3
    a) Bei früherer Erwerbstätigkeit 4
    b) Bei früherer Kinderbetreuung/Haushaltsfüh-
      rung 5
    c) Fazit 6
  2. Ermittlung der Leistungsfähigkeit 7
    a) Bei nicht gerechtfertigter Übernahme der
      Haushaltsführung/Kinderbetreuung 7

    b) Bei gerechtfertigter Übernahme der Haus-
      haltsführung/Kinderbetreuung 8
      aa) Obliegenheit der Aufnahme einer
        Nebentätigkeit 8
      bb) Einkommen aus einer Nebentätigkeit ... 9
      cc) Taschengeldanspruch 10
  3. Kontrollberechnung 11

I. Einführung

1 Schwierig zu lösen sind Fälle, in denen der gegenüber seinen Kindern aus erster Ehe Unterhaltsverpflichte-te in der neuen Ehe die Haushaltsführung und ggf auch die Kinderbetreuung übernimmt. Diese sog. Hausmann-Rechtsprechung gilt im Übrigen auch für Hausfrauen.

II. Materielle Rechtslage

2 Nach ständiger Rechtsprechung des Bundesgerichtshofs entfällt die **unterhaltsrechtliche Verpflichtung zur Aufnahme einer zumutbaren Erwerbstätigkeit** gegenüber minderjährigen unverheirateten Kindern nicht ohne Weiteres dadurch, dass der Unterhaltspflichtige eine neue Ehe eingegangen ist und darin im Einvernehmen mit seinem Ehegatten allein die Haushaltsführung übernommen hat. Zwar können die Ehegatten nach § 1356 Abs. 1 BGB die Haushaltsführung im gegenseitigen Einvernehmen regeln und sie dabei einem von ihnen allein überlassen. Unterhaltsrechtlich entlastet die Haushaltsführung den Ehegatten aber nur gegenüber den Mitgliedern der durch die Ehe begründeten neuen Familie und auch dies nur im Regelfall.

Die Hausmann-Rechtsprechung findet entsprechende Anwendung, wenn der Unterhaltspflichtige in **nicht-ehelicher Lebensgemeinschaft** mit einem anderen Partner zusammenlebt und ein aus dieser Beziehung stammendes Kind betreut (BGH 21.2.2001 – XII ZR 308/98, NJW 2001, 1488).

1. Kriterien zur Überprüfung der Rollenwahl

3 Minderjährigen unverheirateten Kindern aus einer früheren Ehe, die nicht innerhalb der neuen Familie le-ben, kommt die Haushaltsführung in dieser Familie **weder unmittelbar noch mittelbar zugute**. Da diese Kinder den Mitgliedern der neuen Familie unterhaltsrechtlich nicht nachstehen, darf sich der unterhalts-pflichtige Ehegatte nicht ohne Weiteres auf die Sorge für die Mitglieder seiner neuen Familie beschränken. Auch dass die vom Unterhaltspflichtigen betreuten jüngsten Kinder in der neuen Ehe geboren sind, ändert nichts daran, dass die Unterhaltsansprüche aller minderjährigen unverheirateten Kinder aus den verschiede-nen Ehen gleichrangig sind und der Unterhaltspflichtige seine Arbeitskraft zum Unterhalt aller Kinder ein-setzen muss.

4 **a) Bei früherer Erwerbstätigkeit.** Sind aus der neuen Ehe **keine betreuungsbedürftigen Kinder** hervor-gegangen, so kann sich der unterhaltspflichtige Elternteil gegenüber den minderjährigen Kindern aus der früheren Ehe regelmäßig nicht auf eine Einschränkung seiner Leistungsfähigkeit durch die Haushaltsfüh-rung berufen (BGH 18.10.2000 – XII ZR 191/98, NJW-RR 2001, 363).

Wenn der Unterhaltspflichtige in der früheren Ehe erwerbstätig war und diese Erwerbstätigkeit im Rahmen eines Rollenwechsels zugunsten der Haushaltsführung und Kinderbetreuung in der neuen Ehe aufgegeben hat, kann der Rollentausch und die sich daraus ergebende Minderung der Erwerbseinkünfte unterhaltsrecht-lich nur dann akzeptiert werden, wenn **wirtschaftliche Gesichtspunkte**, die einen **erkennbaren Vorteil** für die neue Familie mit sich bringen, im Einzelfall den Rollentausch rechtfertigen. Die Rollenwahl muss beispielsweise – unter Abwägung der beiderseitigen Interessen im Einzelfall – dann hingenommen werden, wenn sich der Familienunterhalt in der neuen Ehe dadurch, dass der andere Ehegatte voll erwerbstätig ist, wesentlich günstiger gestaltet als es der Fall wäre, wenn dieser die Kindesbetreuung übernehmen würde und der unterhaltspflichtige Elternteil voll erwerbstätig wäre (BGH 21.2.2001 – XII ZR 308/98, NJW 2001, 1488).

Allerdings kann die Möglichkeit, in der neuen Ehe durch den Rollentausch eine Erhöhung des wirtschaftlichen Lebensstandards und eine Verbesserung der eigenen Lebensqualität zu erreichen, dann nicht mehr ohne Weiteres als Rechtfertigung dienen, wenn sie gleichzeitig dazu führen würde, dass der Unterhaltspflichtige sich gegenüber den Berechtigten auf seine damit einhergehende Leistungsunfähigkeit beruft und damit deren bisherigen Lebensstandard verschlechtert.

Außer den wirtschaftlichen Gesichtspunkten können auch **sonstige Gründe, die einen erkennbaren Vorteil für die neue Familie mit sich bringen**, im Einzelfall einen Rollentausch rechtfertigen (BGH 13.3.1996 – XII ZR 2/95, NJW 1996, 1815). Damit ist allerdings keine Auflockerung des strengen, auf enge Ausnahmefälle begrenzten Maßstabs verbunden, der einen wesentlichen, den Verzicht auf den Rollentausch unzumutbar machenden Vorteil für die neue Familie voraussetzt und selbst im Falle eines zulässigen Rollentausches vom unterhaltspflichtigen Ehegatten verlangt, die Tätigkeit im Haushalt auf das unbedingt notwendige Maß zu beschränken und die Beeinträchtigung der Unterhaltsansprüche der Berechtigten so gering wie möglich zu halten. Vielmehr müssen die sonstigen Gründe von gleich großem Gewicht sein, wenn der Unterhaltspflichtige damit seine Aufgabenverteilung in der neuen Ehe gegenüber den Unterhaltsansprüchen seiner alten Familienmitglieder rechtfertigen will. Denn diese müssen eine Einbuße ihrer Unterhaltsansprüche nur dann hinnehmen, wenn das Interesse des Unterhaltspflichtigen und seiner neuen Familie an der Aufgabenverteilung ihr eigenes Interesse an der Beibehaltung ihrer bisherigen Unterhaltssicherung deutlich überwiegt. Dabei stellen jene Fälle, in denen die Übernahme der Haushaltsführung und Kindesbetreuung im Vergleich zur Erwerbstätigkeit in der früheren Ehe mit einem Rollenwechsel verbunden ist, eine besondere Kategorie dar, in denen die Gründe, die einen solchen Rollentausch rechtfertigen, besonders **restriktiv** zu fassen sind. Diese restriktive Betrachtungsweise führt in der Praxis dazu, dass bisher noch keine Entscheidungen veröffentlicht sind, in denen **die sonstigen Gründe** einen **Rollenwechsel gerechtfertigt** hätten. Der Wunsch nach einer intensiven Kindesbeziehung reicht jedenfalls zur Rechtfertigung der Rollenwahl nicht aus (BGH 13.3.1996 – XII ZR 2/95, NJW 1996, 1815).

b) Bei früherer Kinderbetreuung/Haushaltsführung. Erfolgte kein Rollenwechsel, weil der betreuende   5
Elternteil bereits während der früheren Ehe wegen der Haushaltsführung und Kinderbetreuung keine Erwerbstätigkeit ausgeübt hat, und erzielt der neue Ehegatte ein erheblich höheres Einkommen als der betreuende Ehegatte unter Berücksichtigung seiner Vorbildung erzielen könnte, ist diese Rollenwahl in der Regel nicht zu beanstanden (BGH 12. 4.2006 – XII ZR 31/04, NJW 2006, 2404).

c) Fazit. Die Kinder aus erster Ehe müssen eine Einbuße ihrer Unterhaltsansprüche also nur dann hinnehmen, wenn das Interesse des Unterhaltspflichtigen und seiner neuen Familie an der Aufgabenverteilung ihr   6
eigenes Interesse an der Beibehaltung der bisherigen Unterhaltssicherung **deutlich überwiegt**. Nur in solchen Fällen ist der neue Ehegatte verpflichtet, insoweit auf die Unterhaltspflicht seines Partners außerhalb der Ehe Rücksicht zu nehmen, zum Nachteil seiner Familie auf eine eigene Erwerbstätigkeit zu verzichten und stattdessen die Kinderbetreuung zu übernehmen.

2. Ermittlung der Leistungsfähigkeit

a) Bei nicht gerechtfertigter Übernahme der Haushaltsführung/Kinderbetreuung. Ist die Rollenwahl   7
in der neuen Beziehung nicht durch wirtschaftliche oder sonstige Gründe gerechtfertigt, ist dem Unterhaltspflichtigen ein **fiktives Einkommen aus einer vollschichtigen Erwerbstätigkeit** (s. → *Fiktive Einkünfte*) zuzurechnen. Der Unterhaltspflichtige muss sich so behandeln lassen, als ob er auch in der neuen Ehe einer vollschichtigen Erwerbstätigkeit nachginge und mit den erzielbaren Einkünften allen gleichrangigen Unterhaltsberechtigten unter Wahrung seines Selbstbehalts unterhaltspflichtig wäre (BGH 5.10.2006 – XII ZR 197/02, NJW 2007, 139).

8 **b) Bei gerechtfertigter Übernahme der Haushaltsführung/Kinderbetreuung. aa) Obliegenheit der Aufnahme einer Nebentätigkeit.** Ist die Übernahme der Haushaltsführung und Kinderbetreuung des Unterhaltspflichtigen in der neuen Beziehung gerechtfertigt, stellt sich die Frage, in welchem **Umfang** er trotzdem zu Unterhaltsleistungen an die Berechtigten aus der früheren Ehe verpflichtet ist.

Der unterhaltspflichtige Ehegatte ist ungeachtet seiner Pflichten aus der neuen Ehe selbst dann, wenn die Rollenwahl in dieser Ehe nicht zu beanstanden ist, verpflichtet, erforderlichenfalls durch **Aufnahme eines Nebenerwerbs** zum Unterhalt von minderjährigen, unverheirateten Kindern aus der früheren Ehe beizutragen. Wegen des Gleichrangs aller Unterhaltsansprüche minderjähriger Kinder (§ 1609 Abs. 1 BGB) darf die mit der Rollenwahl verbundene Verminderung der Leistungsfähigkeit des geschiedenen Ehegatten nicht in unzumutbarer Weise zulasten der Kinder aus erster Ehe gehen. Unterhaltsrechtlich entlastet die häusliche Tätigkeit einen unterhaltspflichtigen Ehegatten nämlich nur gegenüber den Mitgliedern seiner neuen Familie, denen die Fürsorge – im Gegensatz zu den nicht im neuen Familienverbund lebenden minderjährigen Kindern aus erster Ehe – allein zugutekommt. Deswegen und wegen der gesteigerten Unterhaltspflicht gegenüber seinen minderjährigen Kindern (§ 1603 Abs. 2 Satz 1 BGB) hat der Unterhaltspflichtige seine Leistungsfähigkeit über die Hausmannrolle in zweiter Ehe hinaus in vollem Umfang auszuschöpfen und **im Rahmen der individuellen Möglichkeiten eine Nebentätigkeit aufzunehmen** (BGH 5.10.2006 – XII ZR 197/02, NJW 2007, 139).

Der **neue Ehegatte** hat die Erfüllung dieser Obliegenheit nach dem Rechtsgedanken des § 1356 Abs. 2 BGB zu ermöglichen, zumal bei der Aufgabenverteilung in der neuen Ehe die beiderseits bekannte Unterhaltslast gegenüber Kindern aus früheren Ehen berücksichtigt werden muss (BGH 18.10.2000 – XII ZR 191/98, NJW-RR 2001, 363). Denn der neue Ehegatte müsste es auch im Falle der Vollerwerbstätigkeit des unterhaltspflichtigen Ehegatten hinnehmen, dass die Einnahmen daraus nicht ganz zur Bestreitung des Familienunterhalts zur Verfügung stünden, sondern zum Teil zum Unterhalt der gleichrangigen Kinder aus der früheren Ehe verwendet werden müssten (BGH 31.3.1982 – IVb ZR 667/80, NJW 1982, 1590).

9 **bb) Einkommen aus einer Nebentätigkeit.** Das **Einkommen** aus seiner Nebentätigkeit kann der Unterhaltspflichtige **in vollem Umfang** für den Unterhaltsanspruch der minderjährigen Kinder aus erster Ehe verwenden, wenn und soweit **sein eigener Selbstbehalt durch seinen Anspruch auf Familienunterhalt** in der neuen Ehe abgesichert ist. Nur wenn bei unterhaltsrechtlich hinzunehmender Rollenwahl der neue Ehegatte den Selbstbehalt des Unterhaltspflichtigen durch sein Einkommen nicht vollständig sicherstellen kann, darf der Unterhaltspflichtige seine Einkünfte aus der Nebentätigkeit zunächst zur Sicherung des eigenen notwendigen Selbstbehalts verwenden (BGH 12.4.2006 – XII ZR 31/04; NJW 2006, 2404).

Der **Umfang** der Verpflichtung des betreuenden barunterhaltspflichtigen Ehegatten zur Aufnahme einer Nebentätigkeit hängt im Übrigen davon ab, in welchem Maße er nach den **individuellen Verhältnissen in seiner zweiten Ehe** zu einer solchen Tätigkeit in der Lage ist. Dabei sind neben dem Alter der von ihm betreuten Kinder auch die berufliche Inanspruchnahme seines neuen Ehegatten und **sonstige Betreuungsmöglichkeiten** zu berücksichtigen. Ist der neue Ehegatte beruflich derart belastet, dass er den barunterhaltspflichtigen Ehegatten nicht persönlich entlasten kann oder will, ist stets zu prüfen, ob der neue Ehegatte seiner Verpflichtung zur Rücksichtnahme auf die weiteren Unterhaltspflichten seines Ehegatten nicht auf andere Weise genügen kann. Das kann auch durch die Finanzierung einer **Hilfe für die Haushaltsführung und Kindesbetreuung** geschehen (BGH 12.4.2006 – XII ZR 31/04; NJW 2006, 2404).

Eine solche Obliegenheit zur Aufnahme einer Nebenerwerbstätigkeit besteht nicht, solange der betreuende Elternteil Einkünfte aus Erziehungsgeld erzielt (BGH 12.4.2006 – XII ZR 31/04, NJW 2006, 2404). Diese Rechtsprechung ist auf das heutzutage gewährte **Elterngeld** übertragbar.

10 **cc) Taschengeldanspruch.** Bei der Bemessung der Unterhaltspflicht des barunterhaltspflichtigen Ehegatten gegenüber seinen minderjährigen Kindern kann auch auf dessen Taschengeld zurückgegriffen werden. Das Taschengeld ist Bestandteil des Familienunterhalts nach den §§ 1360, 1360 a BGB. Nach diesen Vorschriften sind Ehegatten einander verpflichtet, durch ihre Arbeit und mit ihrem Vermögen die Familie angemessen zu unterhalten (§ 1360 Satz 1 BGB). Jeder der Ehegatten hat Anspruch auf einen angemessenen

Teil des Gesamteinkommens als Taschengeld, dh auf einen Geldbetrag, der ihm die Befriedigung seiner persönlichen Bedürfnisse nach eigenem Gutdünken und freier Wahl unabhängig von einer Mitsprache des anderen Ehegatten ermöglichen soll. Wie der gesamte Familienunterhalt hat deswegen auch das Taschengeld zunächst den Zweck, die notwendigen Bedürfnisse des Unterhaltspflichtigen, also seinen gegenüber den minderjährigen Klägern zu wahrenden notwendigen Selbstbehalt, sicherzustellen (BGH 12.4.2006 – XII ZR 31/04, NJW 2006, 2404).

3. Kontrollberechnung

Die auf der Grundlage der Hausmannrolle und der Obliegenheit des Beklagten zur Aufnahme einer Nebenerwerbstätigkeit errechnete Unterhaltspflicht ist nicht durch eine fiktive Unterhaltspflicht begrenzt, wie sie sich ergäbe, wenn der unterhaltspflichtige Ehegatte in seiner neuen Ehe nicht die Hausmannrolle, sondern eine vollzeitige Erwerbstätigkeit übernommen hätte, aus deren Einkünften er unter Berücksichtigung seines eigenen notwendigen Selbstbehalts die Unterhaltsansprüche der Kläger, der damit gleichrangigen Kinder aus zweiter Ehe und ggf der zweiten Ehefrau sicherstellen müsste. Dies führt nach Auffassung der Rechtsprechung auch nicht zu Wertungswidersprüchen im Vergleich mit solchen Fällen, in denen die Hausmannrolle unberechtigt übernommen wurde und deswegen ein fiktives Einkommen aus Vollzeittätigkeit zu berücksichtigen ist (BGH 12.4.2006 – XII ZR 31/04, NJW 2006, 2404). **11**

191. Rückforderung überzahlten Unterhalts

Poppen

I. Unterhaltszahlungen ohne Bestehen eines Titels	1		3. Vollstreckungsrechtliche Schadenersatzansprüche	11
1. Grundsatz	1		III. Hauptsachetitel	12
2. Rückforderung nach Bereicherungsrecht	2		1. Änderungsverfahren	12
a) Anspruchsgrundlage	2		2. Vollstreckungsrechtliche Schadenersatzansprüche	14
b) Entreicherungseinwand	3		3. Deliktische Schadensersatzansprüche	15
c) Verschärfte Haftung	5		IV. Rückforderungsansprüche in Sonderfällen	17
d) Darlehensangebot	7		1. Rückforderung bei Rentennachzahlungen	17
II. Zahlungen aufgrund einer einstweiligen Anordnung	8		2. Verfahrenskostenvorschuss	19
1. Rechtsnatur der einstweiligen Anordnung	8			
2. Antrag zur Hauptsache	10			

I. Unterhaltszahlungen ohne Bestehen eines Titels

1. Grundsatz

1 Leistet der Unterhaltsschuldner, ohne dass der Unterhaltsanspruch tituliert ist, mehr, als er eigentlich schuldet, sind diese **freiwilligen Mehrleistungen** grundsätzlich nicht rückforderbar. Für den Familien- und Trennungsunterhalt ergibt sich das aus §§ 1361 Abs. 4 S. 4, 1360 b BGB, für den nachehelichen Unterhalt und Verwandtenunterhalt aus § 814 BGB.

2. Rückforderung nach Bereicherungsrecht

2 **a) Anspruchsgrundlage.** Bei allen nicht titulierten Unterhaltsansprüchen ist eine Rückforderung möglich, wenn der Unterhaltsschuldner sich ausdrücklich die Rückforderung vorbehalten hat. Anspruchsgrundlage ist dann § 812 Abs. 1 S. 2 BGB.

3 **b) Entreicherungseinwand.** Dagegen kann der Unterhaltsempfänger den **Einwand der Entreicherung** erheben. Da Unterhaltsleistungen üblicherweise zum Lebensunterhalt ausgegeben werden, entfällt in aller Regel ein Wertersatzanspruch nach § 818 Abs. 2 BGB, weil der Unterhaltsempfänger nicht mehr bereichert ist (§ 818 Abs. 3 BGB). Ausgeschlossen ist der Einwand der Entreicherung nur, wenn die Unterhaltszahlungen zu einem Vermögensvorteil geführt haben, etwa der Bildung von Ersparnissen, Anschaffungen oder der Tilgung von Schulden (BGH 17.6.1992 – XII ZR 119/91, NJW 1992, 2415). Voraussetzung ist allerdings, dass die rechtsgrundlose Unterhaltszahlung kausal für diesen Vermögensvorteil gewesen ist. Daran fehlt es, wenn der Unterhaltsempfänger sich den **Vermögensvorteil** durch Einschränkung seines Lebensstandards oder durch Zuwendungen Dritter geschaffen hat (BGH 17.6.1992 – XII ZR 119/91, NJW 1992, 2415).

4 Für die Voraussetzungen des Einwands der Entreicherung ist der Unterhaltsempfänger **darlegungs- und beweispflichtig**. Nach der Rechtsprechung spricht in normalen Einkommensverhältnissen die Lebenserfahrung dafür, dass empfangenes Geld für die laufenden Bedürfnisse ausgegeben wird (BGH 27.10.1999 – XII ZR 239/97, NJW 2000, 740). Insoweit steht dem Unterhaltsempfänger eine **Beweiserleichterung** zur Seite.

5 **c) Verschärfte Haftung.** Ein realisierbarer Bereicherungsanspruch auf Rückerstattung überzahlten Unterhalts besteht nach alledem in der Regel nur, wenn die Voraussetzungen der verschärften Haftung nach den §§ 818 Abs. 4, 819 Abs. 1 und 2, 820 Abs. 1 BGB vorliegen. Allein die Erklärung, dass Zahlungen „unter Vorbehalt" erfolgen, reicht für die Begründung der verschärften Haftung nicht aus. Erforderlich ist die Rechtshängigkeit eines Rückforderungsanspruchs.

6 „**Rechtshängigkeit**" im Sinne des § 818 Abs. 4 BGB bezieht sich auf den Rückforderungsanspruch selbst. Werden während eines laufenden Verfahrens, in dem der Unterhaltsberechtigte seinen Unterhaltsanspruch erstmals geltend macht, zu hohe Beträge gezahlt, begründet die **Anhängigkeit des Leistungsantrags** keine verschärfte Haftung. Besteht noch kein Unterhaltstitel, sollte dem Unterhaltspflichtigen daher geraten wer-

den, seine freiwilligen Zahlungen auf die Höhe der voraussichtlich in jedem Fall zu zahlenden Unterhaltsbeträge zu beschränken.

d) Darlehensangebot. Zu selten Gebrauch gemacht wird in der Praxis von der vom Bundesgerichtshof **7** aufgezeigten Möglichkeit, dem Unterhaltsberechtigten den Unterhalt als **zins- und tilgungsfreies Darlehen** anzubieten. Dieses Angebot muss mit der Verpflichtung verbunden sein, dass in dem Umfang auf die Rückzahlung des als Darlehen gezahlten Unterhalts verzichtet wird, in dem im späteren Rechtsstreit Unterhalt tituliert wird. Ein derartiges Darlehensangebot muss der Unterhaltsberechtigte nach Treu und Glauben annehmen (BGH 17.6.1992 – XII ZR 119/91, NJW 1992, 2415; BGH 11.8.2010 – XII ZR 102/09, NJW 2010, 3372). Nimmt der Unterhaltsberechtigte das Darlehen an, schuldet er die **Rückzahlung auf vertraglicher Grundlage**. Nimmt er das Angebot nicht an, macht der Unterhaltsempfänger sich in Höhe der Überzahlung schadensersatzpflichtig (Gerhardt/von Heintschel-Heinegg/Klein/Gerhardt 6. Kapitel Rn 838). In beiden Fällen kann der Unterhaltsverpflichtete die überzahlten Beträge zurückfordern, ohne dem Einwand der Entreicherung ausgesetzt zu sein.

II. Zahlungen aufgrund einer einstweiligen Anordnung

1. Rechtsnatur der einstweiligen Anordnung

Einstweilige Anordnungen titulieren den Unterhaltsanspruch nicht endgültig, sondern schaffen im Interesse **8** des Unterhaltsberechtigten schnell eine **Vollstreckungsmöglichkeit**. Ist eine einstweilige Anordnung erlassen, kann der Verpflichtete beantragen, dass das Gericht die Entscheidung im einstweiligen Anordnungsverfahren aufhebt oder ändert (§ 54 FamFG). Während dieses Verfahrens kann die **Aussetzung der Vollstreckung** angeordnet werden (§ 55 FamFG). Ist der Sachverhalt in der abzuändernden oder aufzuhebenden einstweiligen Anordnung vollständig erfasst, wird sich auf diesem Weg eine Änderung der einstweiligen Anordnung in aller Regel ebenso wenig erreichen lassen wie eine Aussetzung der Vollstreckung. Ein Rechtsmittel gegen eine einstweilige Anordnung, mit der Unterhalt festgesetzt worden ist, ist nicht statthaft (§ 57 FamFG).

Erst das **Hauptsacheverfahren** legt fest, ob und in welcher Höhe der Unterhaltsanspruch besteht. Soweit **9** die einstweilige Anordnung der Höhe nach über die spätere Titulierung im Hauptsacheverfahren hinausgeht, sind aufgrund einstweiliger Anordnung gezahlte Unterhaltsbeträge ohne Rechtsgrund gezahlt (§ 812 Abs. 1 S. 1 BGB, Wendl/Dose/Gerhardt § 6 Rn 205). Auch insoweit kann der Unterhaltsverpflichtete überzahlte Beträge zurückfordern, wird aber in aller Regel mit seinem Anspruch daran scheitern, dass der Unterhaltsberechtigte den Entreicherungseinwand erhebt (§ 818 Abs. 3 BGB).

2. Antrag zur Hauptsache

Um das zu vermeiden, kann der Unterhaltsverpflichtete nach § 52 Abs. 1 FamFG nach Erlass einer einst- **10** weiligen Anordnung beantragen, dass der Unterhaltsberechtigte Antrag zur Hauptsache erheben muss. Im Hauptsacheverfahren kann der Unterhaltsverpflichtete mit einem Widerantrag die Rückzahlung der möglicherweise nach den Feststellungen im Hauptsacheverfahren aufgrund der einstweiligen Anordnung überzahlten Unterhaltsbeträge verlangen. Mit diesem Antrag wird **Rechtshängigkeit** im Sinne des § 818 Abs. 4 BGB begründet. Dieser Weg ist auch eröffnet, wenn der Unterhaltspflichtige einen Antrag nach § 54 FamFG stellt (Gerhardt/von Heintschel-Heinegg/Klein/Gerhardt 6. Kapitel Rn 838). Die Unterhaltsbeträge, die zurückgefordert werden, sind konkret zu beziffern (§ 113 FamFG, § 253 Abs. 2 Nr. 2 ZPO; Büte in: Büte/Poppen/Menne Vor §§ 1360 ff BGB Rn 13).

Auch hier gilt, dass der Unterhaltspflichtige, um dem Entreicherungseinwand zu entgehen, den Unterhalt darlehensweise (s. Rn 7) anbieten kann (BGH 27.10.1999 – XII ZR 239/97, NJW 2000, 740).

3. Vollstreckungsrechtliche Schadenersatzansprüche

Vollstreckt der Unterhaltsberechtigte aus einer einstweiligen Anordnung, so entstehen keine **Schadener-** **11** **satzansprüche analog § 717 Abs. 2 ZPO.** Für eine analoge Anwendung fehlt es an einer planwidrigen Regelungslücke. Der Gesetzgeber hat die einstweilige Anordnung ausdrücklich als Instrument für den Unterhaltsberechtigten ausgestaltet, mit dem dieser schnell zu den für die Deckung seines laufenden Lebensunterhalts notwendigen Beträgen kommen soll (BGH 27.10.1999 – XII ZR 239/97, NJW 2000, 740). Der Unterhaltsberechtigte sollte daher immer, auch wenn er möglicherweise erstinstanzlich einen für sofort wirksam erklärten Unterhaltsbeschluss erwirkt hat, während des Rechtsmittelverfahrens aus einer parallel noch wirksamen einstweiligen Anordnung vollstrecken, soweit dieser Titel reicht. Vollstreckt er aus dem Beschluss in der Hauptsache, entsteht der Schadenersatzanspruch nach § 120 Abs. 1 FamFG iVm § 717 Abs. 2 ZPO (Büte in: Büte/Poppen/Menne Vor §§ 1360 ff BGB Rn 18; s. Rn 14).

III. Hauptsachetitel

1. Änderungsverfahren

12 Begehrt der Unterhaltpflichtige die Änderung eines Hauptsachetitels, eines Beschlusses, Vergleichs oder einer vollstreckbaren Urkunde, führt bereits die **Rechtshängigkeit des Abänderungsverfahrens** nach den §§ 238 ff FamFG zur verschärften Haftung des Unterhaltspflichtigen (§ 241 FamFG). Eines gesonderten Rückforderungsverlangens bedarf es nicht (s. → *Änderung/Wegfall der Geschäftsgrundlage* Rn 23).

13 Allerdings greift die Wirkung des § 241 FamFG erst mit Rechtshängigkeit des Änderungsantrags; wird in dem Antrag – etwa wegen vorgerichtlicher Verhandlungen – eine **rückwirkende Änderung** verlangt, verliert für die Zeit bis zur Rechtshängigkeit des Änderungsantrags der Unterhaltsberechtigte nicht die Möglichkeit, sich auf die Entreicherung zu berufen (s. → *Änderung/Wegfall der Geschäftsgrundlage* Rn 23). Auch hier bleibt dem Unterhaltsberechtigten nur der Weg, mit dem ersten Herabsetzungsverlangen den Unterhalt als Darlehen anzubieten (Gerhardt/von Heintschel-Heinegg/Klein/Gerhardt 6. Kapitel Rn 839; s. Rn 7).

2. Vollstreckungsrechtliche Schadenersatzansprüche

14 Vollstreckt der Unterhaltsberechtigte aus einem **für sofort wirksam erklärten Unterhaltsbeschluss** des Familiengerichts, der in der Rechtsmittelinstanz nachträglich aufgehoben oder geändert wird, besteht gemäß § 120 Abs. 1 FamFG, § 717 Abs. 2 ZPO ein Schadenersatzanspruch des Unterhaltsverpflichteten. Voraussetzung ist allerdings, dass tatsächlich die Vollstreckung betrieben oder zur Abwendung einer drohenden Vollstreckung geleistet wird. Die bloße Erwirkung des Beschlusses reicht nicht aus, um die Haftung nach § 717 Abs. 2 ZPO zu begründen. Der Unterhaltsberechtigte muss sich jedenfalls eine **vollstreckbare Ausfertigung** des Beschlusses erteilen und dem Unterhaltsverpflichteten zustellen lassen (BGH 27.10.1999 – XII ZR 239/97, NJW 2000, 740).

3. Deliktische Schadensersatzansprüche

15 Erwirkt ein Unterhaltsberechtigter durch **vorsätzlich falsche Angaben** im Unterhaltsverfahren einen Unterhaltstitel und vollstreckt er aus diesem Titel, hat der Unterhaltsverpflichtete einen Schadensersatzanspruch aus § 823 Abs. 2 BGB iVm § 263 StGB. Der Anspruch kann auch bestehen, wenn der Unterhaltsberechtigte einer **Pflicht zur ungefragten Information** über Änderungen in seiner wirtschaftlichen Situation nicht nachkommt (Büte in: Büte/Poppen/Menne Vor §§ 1360 ff BGB Rn 19; s. → *Auskunftsanspruch im Unterhaltsrecht* Rn 19 ff).

16 In extremen Ausnahmefällen können auch Ansprüche gemäß § 826 BGB bestehen. Da der Unterhaltsberechtigte grundsätzlich auf die Rechtskraft des Unterhaltstitels vertrauen darf, bedarf es besonderer hinzutretender Umstände, um einen **Schadensersatzanspruch nach § 826 BGB** auszulösen. Verlangt wird Vorsatz in Bezug auf die Schadenzufügung (BGH 25.1.1987 – IVb ZR 96/86, NJW 1988, 1965).

IV. Rückforderungsansprüche in Sonderfällen

1. Rückforderung bei Rentennachzahlungen

Beantragt ein Unterhaltsberechtigter eine Rente, vergeht in aller Regel einige Zeit, bis über den **Rentenan-** **17** **trag** entschieden ist. Während dieser Zeit besteht die Unterhaltsbedürftigkeit fort. Der Umstand der Rentengewährung kann erst mit Auszahlung der Rentennachzahlung und der laufenden Rente berücksichtigt werden (BGH 19.12.1989 – IVb ZR 9/89, NJW 1990, 709).

Weiß der Unterhaltsverpflichtete davon, dass der Unterhaltsberechtigte einen Rentenantrag gestellt hat, hat **18** er die Möglichkeit, den Unterhalt darlehensweise (s. Rn 7) anzubieten (BGH 17.6.1992 – XII ZR 119/91, NJW 1992, 2415). Weiß er nicht davon, kann er überzahlte Unterhaltsbeträge nach § 242 BGB aufgrund eines aus Treu und Glauben abgeleiteten **Ausgleichsanspruchs** aus der Rentennachzahlung erstattet verlangen (BGH 19.12.1989 – IVb ZR 9/89, NJW 1990, 709).

2. Verfahrenskostenvorschuss

Verfahrenskostenvorschüsse sind grundsätzlich nicht rückforderbar (s. → *Verfahrenskostenvorschuss* **19** Rn 26 f). Nur ausnahmsweise muss der Vorschussempfänger den Vorschuss erstatten, wenn sich seine wirtschaftlichen Verhältnisse nachträglich erheblich verbessert haben oder die Rückzahlung aus sonstigen Gründen der Billigkeit entspricht (BGH 14.2.1990 – XII ZR 39/89, NJW 1990, 1476). Diese Voraussetzungen liegen zB vor, wenn der Vorschussberechtigte aus der **Vermögensauseinandersetzung** der Beteiligten größere Beträge erhalten hat, oder aber, weil das Familiengericht bei Erlass des Beschlusses von falschen Voraussetzungen ausging, etwa ein Vorschussanspruch von vornherein nicht bestand (Wendl/Dose/Gerhardt § 6 Rn 242). Bei dem Anspruch handelt es sich um einen **familienrechtlichen Anspruch eigener Art**, so dass die §§ 814, 818 Abs. 3 BGB nicht gelten (Palandt/Brudermüller § 1360 a BGB Rn 19).

192. Ruhen des Sorgerechts

Seebach

I. Allgemeines 1
II. Ruhen der elterlichen Sorge 4
   1. Ruhen aus rechtlichen Gründen 4
     a) Geschäftsunfähigkeit eines Elternteils 4
     b) Minderjähriger Elternteil 10

   2. Ruhen bei tatsächlichem Hindernis 11
     a) Allgemeines 11
     b) Regelungsgehalt 12
III. Verfahren 17

I. Allgemeines

1 Unter bestimmten Voraussetzungen ruht die elterliche Sorge eines Elternteils entweder aus **rechtlichen Gründen** gem. § 1673 BGB oder aus **tatsächlichen Gründen** gem. § 1674 BGB. Ruht die elterliche Sorge, so ist der Betroffene an deren Ausübung gehindert (Palandt/Götz § 1673 BGB Rn 1). Das Recht der elterlichen Sorge als solches bleibt gem. § 1675 BGB bestehen (NK-BGB/Rakete-Dombek § 1673 BGB Rn 1, § 1675 BGB Rn 1). Grundsätzlich muss die rechtliche Klarheit der Vertretung und Verantwortung für das Kind gesichert sein. Dies ist gerade nicht der Fall, wenn ein **Elternteil an der Ausübung des Elternrechts verhindert** ist (HK-FamR/Schmid § 1673 BGB Rn 1). Abzugrenzen ist die Anordnung eines Ruhens der elterlichen Sorge von der Übertragung der elterlichen Sorge auf einen Elternteil gem. § 1671 BGB (s. → *Entzug des Sorgerechts* Rn 11 ff). Liegen die Voraussetzungen nach § 1673 BGB oder § 1674 BGB vor, kann eine Ruhensanordnung ausreichend sein, die einen weitaus **geringeren Eingriff in das Elternrecht** darstellt als die Übertragung des Sorgerechts oder von Teilen des Sorgerechts eines Elternteils auf den anderen Elternteil (s. → *Entzug des Sorgerechts* Rn 11 ff).

2 Gem. § 1751 Abs. 1 S. 1 BGB ruht die elterliche Sorge eines Elternteils ferner mit Einwilligung in die Annahme eines Kindes im Rahmen der **Adoption**. Hier hat eine Abgrenzung zu § 1675 BGB zu erfolgen (NK-BGB/Finger § 1751 BGB Rn 3; HK-FamR/Kemper § 1751 BGB Rn 2 f).

3 Hinsichtlich der **nicht verheirateten Kindesmutter**, der gem. § 1626 a Abs. 2 BGB die elterliche Sorge alleine zusteht, gilt § 1678 Abs. 2 BGB, wonach das Familiengericht die elterliche Sorge dem anderen Elternteil überträgt, wenn dies dem Kindeswohl dient (OLG Bamberg 5.1.2011 – 2 UF 204/10, FamRZ 2011, 1072).

War einem Elternteil die elterliche Sorge nach §§ 1671, 1672 BGB durch gerichtliche Entscheidung übertragen und tritt sodann ein Ruhen der elterlichen Sorge ein, ist gem. § 1696 BGB zu entscheiden (BGH 16.9.2007 – XII ZB 229/06, NJW 2008, 223).

II. Ruhen der elterlichen Sorge

1. Ruhen aus rechtlichen Gründen

4 **a) Geschäftsunfähigkeit eines Elternteils.** Gem. § 1673 Abs. 1 BGB ruht die elterliche Sorge eines Elternteils, wenn dieser geschäftsunfähig ist (HK-FamR/Schmid § 1673 BGB Rn 2). Die Geschäftsunfähigkeit bestimmt sich nach § 104 Abs. 1 und 2 BGB. Eine nur **vorübergehende Geschäftsunfähigkeit** reicht nicht aus (NK-BGB/ Rakete-Dombek § 1673 BGB Rn 2). Hier sind allenfalls Maßnahmen nach §§ 1693, 1678 BGB denkbar. So greift § 1678 BGB regelmäßig bei **kürzeren Trennungszeiten** der Eltern ein.

5 Die **Anordnung einer Betreuung** für einen sorgeberechtigten Elternteil reicht für das Ruhen der elterlichen Sorge nicht aus; sie hat vielmehr grundsätzlich keine Auswirkung auf die elterliche Sorge (Palandt/ Götz § 1673 BGB Rn 5). Dies gilt auch hinsichtlich des Vorliegens einer **psychischen Erkrankung** eines Elternteils. Es ist zu prüfen, ob die Erkrankung ein Hindernis für die Ausübung der elterlichen Sorge darstellt (OLG Karlsruhe 8.1.2010 – 18 UF 124/08, RPfleger 2010, 369).

6 Bei Vorliegen der entsprechenden Voraussetzungen tritt das **Ruhen der elterlichen Sorge** nach § 1673 BGB **kraft Gesetz** ein (NK-BGB/Rakete-Dombek § 1673 BGB Rn 3). Einer gerichtlichen Feststellung bedarf es nicht (HK-FamR/Schmid § 1673 BGB Rn 3). Ein dennoch ergehender gerichtlicher Beschluss hat

lediglich **deklaratorische Wirkung**. Dies gilt ebenso für einen Beschluss, der feststellt, dass die elterliche Sorge wiederauflebt bzw der Geschäftsunfähige diese wiedererlangt. Hier lebt die elterliche Sorge mit Ende der Geschäftsunfähigkeit ebenfalls kraft Gesetz wieder auf. Ist durch Beschluss das Ruhen der elterlichen Sorge jedoch bereits deklaratorisch festgestellt worden, erscheint ein gegenläufiger deklaratorischer Beschluss bei Aufleben sinnvoll (NK-BGB/Rakete-Dombek § 1673 BGB Rn 3).

Die Wirkung des Ruhens der elterlichen Sorge ergibt sich aus § 1675 BGB (NK-BGB/Rakete-Dombek 7 § 1673 BGB Rn 4). Besteht gemeinschaftliche elterliche Sorge, so übt der andere Elternteil die elterliche Sorge gem. § 1678 Abs. 1 BGB alleine aus (NK-BGB/Rakete-Dombek § 1673 BGB Rn 5). Mit dem **Tod des Elternteils**, bei dem die elterliche Sorge ruht, tritt Alleinsorge nach § 1680 BGB beim überlebenden Elternteil ein (HK-FamR/Schmid § 1675 BGB Rn 1 ff).

Ist ein sorgeberechtigter Elternteil nicht vorhanden, so ist ein **Pfleger oder Vormund** von Amts wegen zu 8 bestimmen (s. → *Vormundschaft* Rn 3 ff). Dies gilt ebenso, wenn das Ruhen der elterlichen Sorge beim verbleibenden überlebenden Elternteil eintritt, § 1773 BGB. Jedoch ist die Norm des § 1680 Abs. 2 BGB zu sehen. Es ist daher zu überprüfen, ob ein weiterer Elternteil zur Verfügung stehen könnte, bevor voreilig Vormundschaft angeordnet wird.

Ist der andere Elternteil wegen §§ 1671, 1672 BGB nicht sorgeberechtigt, lebt dessen ursprüngliche elterli- 9 che Sorge mit dem Ruhen der Sorge des sorgeberechtigten Elternteils nicht automatisch wieder auf (NK-BGB/Rakete-Dombek § 1673 BGB Rn 5). Eine gerichtliche Entscheidung nach § 1696 BGB ist möglich (NK-BGB/Harms § 1696 BGB Rn 9).

b) Minderjähriger Elternteil. Nach § 1673 Abs. 2 BGB ruht die elterliche Sorge bei beschränkter Ge- 10 schäftsfähigkeit des **minderjährigen Elternteils** ebenfalls (s. → *Personensorge* Rn 14). Hinsichtlich der Vermögenssorge sowie der rechtlichen Vertretung des Kindes tritt hier erneut kraft Gesetz ein Ruhen der elterlichen Sorge ein. Es gelten die obigen Ausführungen.

Anders ist die rechtliche Situation bei der **tatsächlichen Personensorge** zu bewerten (NK-BGB/Rakete-Dombek § 1673 BGB Rn 8). Diese ruht gerade nicht. Diese steht dem minderjährigen Elternteil in gleichem Maße zu wie dem volljährigen Elternteil. Eine Alleinsorge eines minderjährigen Elternteils ist jedoch nicht möglich. Fehlt ein weiterer sorgeberechtigter Elternteil, so steht dem minderjährigen Elternteil ein Vormund oder Pfleger zur Seite, § 1773 BGB.

Gem. § 1673 Abs. 2 S. 3 BGB geht bei Meinungsverschiedenheiten zwischen einem minderjährigen tatsächlich personensorgeberechtigten Elternteil und einem Vormund oder Pfleger die Meinung des minderjährigen Elternteils grundsätzlich vor (NK-BGB/Rakete-Dombek § 1673 BGB Rn 9). Die tatsächliche Personensorge hat also **Vorrang gegenüber einem Vormund oder Pfleger**. Ausschlaggebendes Kriterium ist jedoch das Kindeswohl (Palandt/Götz § 1673 BGB Rn 4).

2. Ruhen bei tatsächlichem Hindernis

a) Allgemeines. § 1674 BGB regelt den Fall des Ruhens der elterlichen Sorge aus tatsächlichen Gründen. 11 Es müssen Umstände vorliegen, die die Ausübung des Sorgerechts durch einen Sorgeberechtigten über **längere Zeit** tatsächlich hindern (HK-FamR/Schmid § 1674 BGB Rn 1). Diese Umstände dürfen gerade **nicht endgültig** sein. Es muss die Aussicht bestehen, dass diese wieder entfallen (NK-BGB/Klein § 1674 BGB Rn 1). Nur vorübergehende Umstände sind ebenfalls nicht ausreichend, da insoweit § 1678 Abs. 1 BGB die einschlägige Norm ist (Palandt/Götz § 1674 BGB Rn 1).

b) Regelungsgehalt. Es ist alleine auf die tatsächlichen Verhältnisse abzustellen und zu überprüfen, ob das 12 Sorgerecht aus tatsächlichen Gründen nicht ausgeübt werden kann (NK-BGB/Kleist § 1674 BGB Rn 2). Allein **räumliche Entfernungen** sind in der Regel nicht ausreichend (BGH 6.12.2004, XII ZB 80/04). Eine **Haftsituation** eines Elternteils kann, je nach Einzelfall und Ausgestaltung des Vollzugs, ausreichend sein (OLG Brandenburg 29.1.2009 – 9 UF 105/08, FamRZ 2009, 1683). Abgestellt werden kann hierbei nicht auf die Unterscheidung zwischen Straf- und Untersuchungshaft, wobei zu berücksichtigen ist, dass eine Untersuchungshaft regelmäßig zeitlich überschaubar ist. Bei einer länger andauernden Strafhaft ist ein Fall des Ruhens der elterlichen Sorge grundsätzlich anerkannt (HK-FamR/Schmid § 1674 BGB Rn 2; OLG Hamm 27.3.2012 – 2 WF 213/11).

Teilweise wird sogar die Meinung vertreten, dass insoweit ein Sorgerechtsentzug, und nicht nur lediglich ein Ruhen der elterlichen Sorge, anzuordnen wäre. Dies solle dann gelten, wenn die Inhaftierung vor der Volljährigkeit des Kindes nicht endet (OLG Koblenz 7.12.2011 – 13 UF 839/11, FamRZ 2012, 726).

13 Auch ein **längerer Auslandsaufenthalt** kann einen Ruhensfall darstellen (NK-BGB/Rakete-Dombek § 1626 BGB Rn 9). Jedoch ist in erster Linie darauf abzustellen, inwieweit eine Kommunikation der Sorge- berechtigten im Einzelfall möglich ist. Je schwieriger und unsicherer sich Kontaktaufnahmen darstellen, desto eher wird man ein Ruhen der elterlichen Sorge annehmen können (HK-FamR/Schmid § 1674 BGB Rn 2). Jedoch führt in der Regel selbst ein überschaubarer, **zeitlich befristeter Auslandseinsatz** eines Sol- daten nicht zu einem Ruhen der elterlichen Sorge (OLG Koblenz 24.2.2011 – 11 UF 153/11, FamRZ 2011, 1517). Entscheidend ist das Vorhandensein von Kommunikationsmöglichkeiten (NK-BGB/Rakete- Dombek § 1674 BGB Rn 2).

14 Bei **körperlichen und/oder geistigen Erkrankungen** kann ein Ruhen der elterlichen Sorge angezeigt sein (NK-BGB/Kleist § 1674 BGB Rn 4). Entscheidend ist hierbei die Erkrankung im Einzelfall, die Dauer und Intensität (NK-BGB/Rakete-Dombek § 1674 BGB Rn 3). Hier ergeben sich regelmäßig Schnittstellen mit § 1673 BGB wegen Ruhens aus rechtlichen Gründen (s. Rn 4 ff). § 1674 BGB ist dann anzuwenden, wenn eine vorliegende Krankheit einen Elternteil an der Ausübung der elterlichen Sorge hindert, jedoch eine Ge- schäftsunfähigkeit nicht sicher feststellbar ist. In der Praxis wird man daher eher zu einer Anwendbarkeit nach § 1674 BGB gelangen.

15 Ein jedenfalls **längerer unbekannter Aufenthalt** eines sorgeberechtigten Elternteils rechtfertigt in der Re- gel die Feststellung des Ruhens der elterlichen Sorge aus tatsächlichen Gründen (Finke FamFR 2010, 358).

16 Entscheidend ist zusammengefasst, dass auf längere Zeit ein **tatsächliches Ausübungshindernis** ange- nommen werden kann (NK-BGB/Kleist § 1678 BGB Rn 11), wenn ein wesentlicher Teil der Sorgerechts- verantwortung trotz moderner Kommunikationsmittel und Reisemöglichkeiten nicht mehr von dem Eltern- teil selbst ausgeübt werden kann (HK-FamR/Schmid § 1674 BGB Rn 2).

Fällt der Grund, der einen Elternteil an der Ausübung der elterlichen Sorge aus tatsächlichen Gründen hin- dert, weg, so lebt die elterliche Sorge – anders als bei § 1673 BGB – nicht automatisch wieder auf (NK- BGB/Rakete-Dombek § 1674 BGB Rn 7). Vielmehr ist erneut eine Entscheidung durch Beschluss erforder- lich gem. § 1674 Abs. 2 BGB, selbst dann, wenn die Feststellung nach § 1674 Abs. 1 BGB ergangen ist, ohne dass die Voraussetzungen tatsächlich vorlagen.

III. Verfahren

17 Das gem. § 152 FamFG örtlich zuständige Familiengericht entscheidet durch Beschluss. Das Jugendamt ist gem. § 162 FamFG am Verfahren zu beteiligen (NK-BGB/Rakete-Dombek § 1674 BGB Rn 4). Nicht selten wird eine Anregung oder ein Antrag im Verfahren auf Ruhen der elterlichen Sorge vom Jugendamt gestellt werden. Ein eigenes Beschwerderecht folgt aus § 162 Abs. 3 FamFG (HK-FamR/Schmid § 1674 BGB Rn 3).

Vor dem bereits skizzierten Hintergrund der Unterscheidung zwischen Entscheidungen nach §§ 1671, 1672 BGB und § 1673 BGB bzw § 1674 BGB, bestehen entsprechend unterschiedliche funktionale Zuständig- keiten. Während die Entscheidung nach § 1671 BGB in die richterliche Zuständigkeit fällt, ergehen Ent- scheidungen nach § 1673 BGB bzw § 1674 BGB grundsätzlich durch den **Rechtspfleger** (NK-BGB/ Rakete-Dombek § 1674 BGB Rn 4; Palandt/Götz § 1674 BGB Rn 2). Auch hieran zeigt sich die unter- schiedliche Schwere des Eingriffs in das elterliche Sorgerecht. Insbesondere findet **keine Prüfung des Kindeswohls** statt. Es ist also aufgrund der unterschiedlichen Auswirkungen gerichtlicher Beschlüsse streng zwischen dem Ruhen aus tatsächlichen (s. Rn 11 ff) und dem Ruhen aus rechtlichen Gründen (s. Rn 4 ff) zu unterscheiden.

Eine funktionelle **Zuständigkeit des Richters** ergibt sich dann, wenn gem. § 1680 Abs. 2 BGB sowie nach § 1678 Abs. 2 BGB Kindeswohlerwägungen stattfinden. Ruht die elterliche Sorge nach § 1678 Abs. 2 BGB, ist die Übertragung auf den anderen Elternteil zu prüfen, wobei der Prüfungsrahmen eine negative und nicht eine positive Kindeswohlprüfung ist (OLG Bamberg 14.1.2011 – 2 UF 204/10, FamRZ 2011, 1072).

Bei der Möglichkeit einer Ruhensanordnung ist zu beachten, dass diese grundsätzlich bei Vorliegen der **18** entsprechenden Voraussetzungen einem Eingriff in das elterliche Sorgerecht durch gerichtlichen Entzug (s. → *Entzug des Sorgerechts*) vorzuziehen ist. Dies folgt aus der Bedeutung des verfassungsrechtlich geschützten Elternrechts und dem geltenden Verhältnismäßigkeitsgrundsatz. Eine Ruhensanordnung ist als deutlich mildere Maßnahme anzusehen.

Vor einer endgültigen Entscheidung ist eine **einstweilige Anordnung** grundsätzlich möglich, wegen **19** § 1678 Abs. 1 BGB aber nur in seltenen Fällen notwendig. Ferner würde durch eine einstweilige Anordnung letztlich die Hauptsache vorweggenommen werden. Für Entscheidungen, die in der ehemaligen DDR oder im Ostteil Berlins ergangen sind, gilt Art. 234 § 11 Abs. 2 S. 2 EGBGB (NK-BGB/Kleist § 1674 BGB Rn 8).

193. Sättigungsgrenze/konkrete Einzelbedarfsberechnung

Hamm

I. Ehegattenunterhalt 1
  1. Allgemeines 1
  2. Anwendungsbereich 2
  3. Behandlung in der Praxis 4
  4. Konkreter Bedarf und Altersvorsorgeunterhalt .. 8
5. Anrechnung von bedarfsdeckendem Einkommen 9
II. Kindesunterhalt 10
  1. Minderjährige Kinder 10
  2. Volljährige Kinder 11

I. Ehegattenunterhalt

1. Allgemeines

1 § 1578 BGB billigt dem geschiedenen Ehegatten den zur Deckung seiner ehelichen Lebensverhältnisse entsprechenden **vollen Unterhaltsbedarf** zu. Zur Ermittlung des vollen Unterhaltsbedarfs gibt es zwei Berechnungsmethoden, nämlich die Berechnung einer Quote vom Einkommen sowie die konkrete Einzelfallbedarfsberechnung. Dies gilt gleichermaßen für den Unterhalt während des Getrenntlebens. Eine Unterhaltsberechnung im Wege der konkreten Bedarfsermittlung kommt bei überdurchschnittlich hohen Einkommensverhältnissen in Betracht. Zwar gibt es beim Ehegattenunterhalt grundsätzlich **keine Sättigungsgrenze** (ständige Rechtsprechung, zB BGH 11.8.2010 – XII ZR 102/09, FamRZ 2010, 1637). Bei sehr hohen Einkünften wird jedoch davon ausgegangen, dass ein Teil des Einkommens für die Vermögensbildung verwendet wird und deshalb nicht für den laufenden Unterhalt zur Verfügung steht, womit im Ergebnis eine Begrenzung entsteht. Der Bundesgerichtshof hat mehrfach klargestellt, dass der Unterhalt **nur der Finanzierung der Lebenshaltungskosten** dient, nicht der Bezahlung einer Vermögensbildung des Bedürftigen oder seiner Schulden (ständige Rechtsprechung, zB BGH 22.10.1997 – XII ZR 12/96, FamRZ 1998, 87). Dabei ist auf einen **objektiven Maßstab** abzustellen und derjenige Lebensstandard entscheidend, der vom Standpunkt eines vernünftigen Betrachters bei Berücksichtigung der konkreten Einkommens- und Vermögensverhältnisse angemessen erscheint (BGH 4.7.2007 – XII ZR 141/05, FamRZ 2007, 1532). Demnach ist eine **übertrieben sparsame Lebensführung** innerhalb der Ehe genauso außer Betracht zu lassen wie ein **verschwenderischer übertriebener Aufwand**. Haben sich die Ehegatten während des Zusammenlebens in ihren Ausgaben beschränkt, rechtfertigt dieser Umstand nach der Trennung nicht die Annahme einer Sättigungsgrenze, weshalb der unterhaltsbedürftige Ehegatte wegen fehlender gemeinsamer Zukunft nicht mehr gehalten ist, diese Einschränkungen hinzunehmen (BGH 11.8.2010 – XII ZR 102/09, FamRZ 2010, 1637).

2. Anwendungsbereich

2 Es gibt **keine klare Richtlinie**, ab welcher Einkommenshöhe anstelle des Quotenunterhalts der konkrete Bedarf zu ermitteln ist. Die Voraussetzungen einer konkreten Bedarfsberechnung sind dann gegeben, wenn die wirtschaftlichen Verhältnisse neben einem überdurchschnittlichen Konsum eine nicht unerhebliche Vermögensbildung zulassen. Dies darf aber nicht dazu führen, einen Bedarf anzunehmen, der in den tatsächlichen Einkommens- und Vermögensverhältnissen keinen Niederschlag gefunden hat. Vorhandenes Vermögen berechtigt daher nicht zu einer vom tatsächlichen Einkommen völlig losgelösten konkreten Bedarfsermittlung (BGH 9.6.2004 – XII ZR 277/02, FamRZ 2005, 97). Erklärt der Unterhaltspflichtige in Bezug auf den konkret geltend gemachten Unterhaltsbedarf, dass er wirtschaftlich in der Lage sei, diesen Bedarf ohne Gefährdung seines eigenen Unterhalts zu erfüllen, besteht im Übrigen **kein ergänzender Auskunftsanspruch** über seine Einkommens- und Vermögensverhältnisse, weil diese keinen Einfluss auf die Bestimmung des Bedarfs nehmen (BGH 22.6.1994 – XII ZR 100/93, FamRZ 1994, 1169). Der Bundesgerichtshof hat nicht beanstandet, dass eine konkrete Bemessung des Unterhaltsbedarfs dann verlangt wird, wenn sich ein Bedarf auf der Grundlage eines die höchste Stufe der Düsseldorfer Tabelle übersteigenden Einkommens ermittelt. Danach soll ein Einkommen von gegenwärtig 5.100 EUR die Höchstgrenze des vom Einkommen des besser verdienenden Ehegatten abgeleiteten Quotenunterhalts darstellen. Die konkrete Darlegung eines höheren Unterhaltsbedarfs nach den ehelichen Lebensverhältnissen ist dadurch nicht ausgeschlossen (BGH 11.8.2010 – XII ZR 102/09, NJW 2010, 3372).

Im Bereich der Süddeutschen Leitlinien wird eine konkrete Bedarfsermittlung in der Regel allerdings erst **3** ab einem Bedarf von 5.000 EUR vorgenommen (Süddeutsche Leitlinien Ziffer 15.3, Stand 1.1.2013). Bei guten Einkommensverhältnissen des Pflichtigen empfiehlt es sich deshalb, zweigleisig zu fahren und ebenfalls darzulegen, dass ein ermittelter Quotenunterhalt auch dem konkreten Bedarf des Unterhaltsberechtigten entspricht. Grundsätzlich ist hierbei auf den konkreten Bedarf entsprechend den ehelichen Lebensverhältnissen abzustellen, wobei auch die **gegenwärtige Situation des Unterhaltsbedürftigen** nicht völlig außer Betracht bleiben kann. Allerdings darf der konkrete Unterhaltsbedarf des Berechtigten nicht dadurch beeinflusst werden, dass er seine Lebensverhältnisse infolge unzureichender Unterhaltsleistungen vorübergehend einschränken muss.

3. Behandlung in der Praxis

Bei einer Unterhaltsberechnung anhand des konkreten Bedarfs ist vom Unterhaltsberechtigten eine **Auflis-** **4** **tung sämtlicher Bedarfspositionen** zu erstellen. Der Unterhaltsberechtigte muss nach der Rechtsprechung seinen konkreten, eheangemessenen Unterhaltsbedarf im Einzelnen darlegen, ihn aber nicht im Einzelnen beweisen. Vielmehr genügt es, dass der Berechtigte die in einzelnen Lebensbereichen anfallenden Lebenskosten überschlägig darstellt, so dass sie nach § 287 ZPO vom Gericht geschätzt werden können. Nicht erforderlich ist, dass diese in allen Punkten konkret nachgewiesen werden, vielmehr obliegt es dem Tatrichter, den Unterhaltsbedarf konkret durch die Feststellung der Kosten zu ermitteln, die für die Aufrechterhaltung des erreichten Lebensstandards erforderlich sind (BGH 15.11.1989 – IV b ZR 95/88, FamRZ 1990, 280). Der Nachweis ist häufig schon deshalb schwierig, da während des Zusammenlebens der Parteien meistens der Unterhaltspflichtige für die Ausgaben aufgekommen ist und deshalb dieser – wenn überhaupt – über entsprechende Belege verfügt.

Zwar kommt es grundsätzlich auf den Bedarf während des Zusammenlebens an, jedoch ist zusätzlich auf **5** den Bedarf auf der Basis des aktuellen Lebenszuschnittes der Unterhaltsberechtigten abzustellen. Beim **Wohnbedarf** ist deshalb in dem Fall, in dem die Unterhaltsberechtigte in der früheren ehelichen Wohnung verbleibt, zu berücksichtigen, dass diese damit aufwändiger wohnt als zu Zeiten des ehelichen Zusammenlebens, als die Eheleute sich den Wohnraum noch teilten. Der anzuerkennende Wohnbedarf ist demnach geringer als der mit der Nutzung der früheren ehelichen Wohnung verbundene volle Wohnwert. Der Wohnbedarf entspricht aber nur dem, was die Unterhaltsberechtigte als Miete für eine dem Standard der Ehewohnung entsprechende und der Größe nach für eine Person (statt wie bisher für zwei Personen) genügende Wohnung aufzubringen hätte (BGH 18.1.2012 – XII ZR 177/09, FamRZ 2012, 514). Dies hat zur Folge, dass sich in diesem Fall die Unterhaltsberechtigte bei der Anrechnung ihrer bedarfsdeckenden Einkünfte unter Umständen den vollen Nutzungswert der früheren ehelichen Wohnung anrechnen lassen muss (s. Rn 9). Das OLG Hamm hat sich in einem Urteil vom 10.2.2006 sowohl mit den einzelnen Bedarfspositionen, als auch mit der **Substantiierungspflicht** des Unterhaltsberechtigten auseinandergesetzt (OLG Hamm 10.2.2006 – 5 UF 104/05, FamRZ 2006, 1603). So hat das Gericht den Vortrag über regelmäßige große Partys und Karnevalsfeiern sowie Aufwendungen beim 50. Geburtstag des Ehemannes während des ehelichen Zusammenlebens nicht als konkreten Vortrag zum Bedarf ausreichen lassen, da dies nichts über den jetzigen Lebenszuschnitt der berechtigten Ehefrau aussagt. Dies muss auch gelten, wenn der Unterhaltsberechtigte beispielsweise nach der Scheidung in eine strukturärmere und damit wesentlich kostengünstigere Gegend umzieht.

Bezüglich der **Urlaubskosten** führt das OLG Hamm in derselben Entscheidung aus, dass angesichts der **6** Fern- und Städtereisen während des Zusammenlebens die Unterhaltsberechtigte nunmehr nicht auf einen Urlaub in Bayern verwiesen werden kann. Wird kein höherer Bedarf anhand von vorgelegten Belegen bewiesen, soll pauschal von drei Restaurantbesuchen zu je 40 EUR pro Monat auszugehen sein, somit 120 EUR. Mitgliedschaften, zB in Golf- und Tennisclubs während der Ehezeit, sind nicht zu berücksichtigen, wenn diese nach der Trennung nicht mehr bestehen, insbesondere wenn die Sportarten aufgrund von Rückenbeschwerden nicht mehr ausgeübt werden können. Die Unterhaltsberechtigte muss sich hier früh genug um Ersatzsportarten kümmern, damit diese Kosten dann in den Bedarf eingestellt werden können. Die reine Absicht, nun zukünftig beispielsweise in ein Fitnessstudio zu gehen, reicht nicht aus.

Hamm

7 Infolge anwaltlicher Beratung beginnen viele Unterhaltsberechtigte entweder in Vorbereitung oder im Zusammenhang mit der Trennung, ihre Ausgaben zu steigern und entsprechende Belege zu sammeln, um einen hohen konkreten Bedarf zu begründen. Hiervon kann nur abgeraten werden, wenn dies den Bedarf nach den ehelichen Lebensverhältnissen übersteigt, da derartige Ausgaben nicht durch den zu zahlenden Unterhalt abgedeckt werden müssen, so dass der Berechtigte im Zweifel diese Kosten selbst tragen muss.

4. Konkreter Bedarf und Altersvorsorgeunterhalt

8 Wird Altersvorsorgeunterhalt bei einer Unterhaltsberechnung nach konkretem Bedarf geltend gemacht, entfällt zum einen die **zweistufige Berechnung** (s. → *Unterhaltsberechnung* Rn 4). Zum anderen ist die Höhe des Altersvorsorgeunterhalts (s. → *Altersvorsorgeunterhalt*) nicht durch die **Beitragsbemessungsgrenze** zur gesetzlichen Rentenversicherung begrenzt (BGH 25.10.2006 – XII ZR 141/04, FamRZ 2007, 1117). Vielmehr ermittelt sich der Altersvorsorgeunterhalt mindestens aus dem Beitragssatz zur gesetzlichen Rentenversicherung auf der Basis des gesamten Unterhaltsbedarfs, wobei weiter zu beachten ist, dass dem Berechtigten genauso wie dem Pflichtigen ein zusätzlicher Altersvorsorgeunterhalt von 4 % des Bruttoeinkommens neben der gesetzlichen Altersvorsorge zuzubilligen ist, also über den Betrag der Bremer Tabelle hinaus (BGH 11.5.2005 – XII ZR 211/02, FamRZ 2005, 1899).

5. Anrechnung von bedarfsdeckendem Einkommen

9 Der Unterhaltsberechtigte hat sich auf den geltend gemachten konkreten Bedarf sein eigenes Einkommen bedarfsdeckend anrechnen zu lassen. Soweit es sich hierbei um Erwerbseinkünfte handelt, sind diese zwar um **berufsbedingte Aufwendungen** zu kürzen, nach neuester Rechtsprechung des Bundesgerichtshofs allerdings nicht mehr um einen **Erwerbstätigenbonus** (BGH 10.11.2010 – XII ZR 197/08, FamRZ 2011, 192; s. → *Erwerbstätigenbonus*). In Anbetracht der unterhaltsrechtlichen Eigenverantwortung bedarf es nach der neuesten Rechtsprechung des Bundesgerichtshofs keiner besonderen Vergünstigungen, um den Unterhaltsberechtigten zur Deckung seines eigenen Lebensbedarfs durch eigene Einkünfte zu motivieren.

II. Kindesunterhalt

1. Minderjährige Kinder

10 Nach der Düsseldorfer Tabelle soll sich bei besonders hohen Einkommensverhältnissen der Kindesunterhalt „**nach den Umständen des Falles**" bemessen. Bei einer Erhöhung des Kindesunterhalts über die Sätze der Düsseldorfer Tabelle hinaus muss entsprechend ein darüber hinausgehender Bedarf konkret dargelegt werden. Eine **schlichte Fortschreibung der Sätze der Düsseldorfer Tabelle** ist nicht zulässig (BGH 11.4.2001 – XII ZR 152/99, FamRZ 2001, 1603). Grundsätzlich sind mit den Tabellensätzen die **Grundbedürfnisse** des minderjährigen Kindes wie Nahrung, Kleidung, Wohnbedarf, Schulbedarf sowie Aufwendungen für Freizeit, Urlaub etc. gedeckt. Darüber hinausgehende Bedürfnisse aufgrund eines **höheren Lebensstandards** sind vom Unterhaltsberechtigten im Einzelnen konkret darzulegen und gegebenenfalls zu beweisen (s. → *Darlegungs- und Beweislast beim Unterhalt* Rn 8). Die Anforderungen an diese Darlegungslast dürfen allerdings nicht dazu führen, dass der Kindesunterhalt auch bei einem die höchste Einkommensgruppe übersteigenden Elterneinkommen faktisch auf den für diese höchste Einkommensgruppe geltenden Tabellensatz festgeschrieben wird. Bei höherem Elterneinkommen soll sichergestellt bleiben, dass Kinder in einer ihrem Alter entsprechenden Weise an einer Lebensführung teilhaben, die der günstigen wirtschaftlichen Situation ihrer Eltern entspricht, an die sie sich vielfach im Zusammenleben mit ihren Eltern gewöhnt haben und die ihnen auch nach einer Trennung der Eltern grundsätzlich erhalten bleiben soll. Andererseits ist die Lebensstellung des Kindes vor allem durch das Kindsein bestimmt. **Am Luxus sollen die Kinder nicht teilhaben** (ständige Rechtsprechung, zB BGH 13.10.1999 – XII ZR 16/98, FamRZ 2000, 358). Auch in besten Verhältnissen lebende Eltern schulden dem Kind nicht alles, was es sich wünscht. Gerade beim Kindesunterhalt stellt sich die Frage, ob ein Grundbedarf über die Höchstgrenze der höchsten Einkommensstufe der Düsseldorfer Tabelle hinaus pädagogisch sinnvoll ist. Es ist deshalb davon auszugehen, dass der oben dargelegte Grundbedarf des minderjährigen Kindes auch bei gehobenen Einkommensverhältnissen durch den Höchstbetrag der Düsseldorfer Tabelle zuzüglich des gesetzlichen

Kindergeldes abgedeckt ist. In Betracht kommt hier häufig ein **Mehrbedarf aufgrund von Hobbys**, wie Sport oder Musik, der über den Tabellenunterhalt hinaus zu finanzieren ist, wobei insoweit die anteilige Barunterhaltsverpflichtung zu beachten ist (s. → *Mehrbedarf/Sonderbedarf beim Kindesunterhalt*).

2. Volljährige Kinder

Die Begrenzung des Kindesunterhalts nach oben gilt auch für volljährige Kinder. Auch hier ist **keine Teil-** **11** **habe am Luxus** geschuldet, sondern die Deckung des Bedarfs des volljährigen Kindes. Deshalb sind Erhöhungen des Betrages über die 4. Altersstufe der Düsseldorfer Tabelle oder der festen Bedarfssätze nach den Leitlinien bei volljährigen Kindern mit eigenem Hausstand nur begrenzt zu gewähren. Insbesondere ist dabei die **Verhältnismäßigkeit** zu beachten, so dass bei konkreter Darlegung eines darüber hinausgehenden Bedarfs eine **maßvolle Erhöhung** stattfinden kann. Insbesondere wenn das volljährige Kind zB als Student oder Auszubildender in einer anderen Stadt einen eigenen Haushalt unterhält, ist der feste Bedarfssatz nach den unterhaltsrechtlichen Leitlinien im Hinblick auf die heutigen Mietkosten eher knapp bemessen, so dass in diesen Fällen eine maßvolle Anhebung dieser Sätze in Betracht kommt.

194. Scheidungskosten

Perleberg-Kölbel

I. Einführung...................................... 1
II. Unmittelbare Kosten der Ehescheidung........ 2
   1. Scheidungsverfahrenskosten................... 2
   2. Scheidungsfolgekosten....................... 4

III. Mittelbare Kosten der Ehescheidung........... 5
IV. Verfahrenskostenvorschuss..................... 7
V. Änderung der BFH-Rechtsprechung............. 9

I. Einführung

1 Scheidungskosten sind zum Teil als außergewöhnliche Belastungen abzugsfähig (s. → *Außergewöhnliche Belastung*). Voraussetzung hierfür ist, dass eine für den Steuerpflichtigen „zumutbare Belastung" überschritten wird. Scheidungskosten sind nicht durch eine Einkunftserzielung veranlasst und stellen deshalb weder Werbungskosten nach § 9 Abs. 1 EStG noch Betriebsausgaben nach § 4 Abs. 4 EStG dar. Zu unterscheiden sind unmittelbare und lediglich mittelbare Kosten des Scheidungsverfahrens, wobei die neuere Rechtsprechung Beachtung finden muss.

II. Unmittelbare Kosten der Ehescheidung

1. Scheidungsverfahrenskosten

2 Aufwendungen sind **zwangsläufig** iSv § 33 Abs. 2 S. 1 EStG, wenn sich der Steuerpflichtige ihnen aus tatsächlichen oder sittlichen Gründen nicht entziehen kann (BGH 14.2.1990 – XII ZR 39/89, NJW 1990, 1476). Den Kosten einer Ehescheidung kann der Steuerpflichtige nicht ausweichen. Infolge des Zerrüttungsprinzips wird regelmäßig davon ausgegangen, dass Ehegatten nur dann einen Antrag auf Ehescheidung stellen, wenn infolge der Zerrüttung ein Festhalten an der Ehe nicht mehr möglich ist (BFH 22.5.2002 – VIII R 82/00, BFH/NV 2002, 1298). Da die Ehe nur durch Beschluss geschieden werden kann, sind die Gerichts- und Anwaltskosten für Scheidung und Versorgungsausgleich als zwangsläufig und somit als außergewöhnliche Belastung anzusehen, § 33 Abs. 1 EStG (Schmidt/Loschelder § 33 EStG Rn 35 unter ABC der außergewöhnlichen Belastungen).

3 Die **Schuldzinsen** für eine Finanzierung des Scheidungsverfahrens sind ebenfalls zwangsläufig. Gleiches gilt nach Rücknahme des Ehescheidungsantrags für die im Zusammenhang mit dem Ehescheidungsantrag verbundenen Kosten (Hamdan/Hamdan ZFE 2007, 290).

2. Scheidungsfolgekosten

4 Kosten für Scheidungsfolgesachen, wie zB **Unterhalt, Umgang und Sorgerecht** (BFH 30.6.2005 – III R 27/04, BStBl. II 2006, 492), **Hausrat, Wiederbeschaffung von Hausrat nach Scheidung** (Schmidt/Loschelder § 33 EStG Rn 35 ABC der außergewöhnlichen Belastungen), **Aufhebung der Gütergemeinschaft** (BFH 30.6.2005 – III R 36/03 – BStBl. II 2006, 491), **Zugewinn** (FG Saarland 9.8.2002 – 1 K 111/01) sowie Verzugszinsen für Zugewinnausgleich (FG Hamburg 8.4.2004 – II 51/03) sind nicht zwangsläufig iSv § 33 Abs. 2 S. 1 EStG, weil der Antrag eines Ehegatten hinsichtlich einer Folgesache nicht notwendig ist. Schließlich können sich die Beteiligten auch außergerichtlich einigen (BFH 21.2.1992 – III R 2/91, BFH/NV 1993, 356; Schmidt/Loschelder § 33 EStG Rn 35 unter ABC der außergewöhnlichen Belastungen). Scheidungsfolgesachen, die ohne gerichtliche Hilfe geregelt werden können, wie zB **Kosten der vermögensrechtlichen Auseinandersetzung**, sind ebenso wenig zwangsläufig (BFH 30.6.2005 – III R 36/03, BFH BStBl. II 2006, 491). Es kommt auch nicht darauf an, dass der Ehegatte die Aufnahme der Scheidungsfolgesache nicht vermeiden kann, weil der andere Ehegatte den Antrag stellt (BFH 30.6.2005 – III R 36/03, BStBl. II 2006, 491, 492). Bei **Kostenübernahme im Wege der Scheidungsfolgenvereinbarung** sind diese nicht als zwangsläufig anzusehen, weil § 150 Abs. 1 FamFG (§ 93 a ZPO aF) eine Kostenaufhebung vorsieht (noch zu § 93 a ZPO aF: BFH 21.2.1992 – III R 88/90, BStBl. II 1992, 795).

III. Mittelbare Kosten der Ehescheidung

Mittelbare Scheidungskosten sind zB Kosten des **Umzugs** oder der **Einrichtung einer neuen Wohnung** 5 (BFH 6.5.1994 – III R 27792, BStBl. II 1995, 104), Kosten der **Namensänderung** (FG Bremen 23.4.1980 – I 162/79, EFG 1989, 443) sowie Kosten für das **Getrenntleben während des Scheidungsverfahrens** und die Kosten für die **Änderung des Testaments**. Da sie nicht in unmittelbarem Zusammenhang mit dem Ehescheidungsverfahren stehen, sind die mittelbaren Kosten der Ehescheidung nicht zwangsläufig und demgemäß keine außergewöhnlichen Belastungen iSv § 33 Abs. 2 S. 1 EStG. Die Aufwendungen für die Einschaltung eines **Detektivs** zB für die Aufdeckung und den Nachweis von Tatbeständen iSv § 1579 Nr. 7 BGB sind keine unmittelbaren und unvermeidbaren Kosten eines Ehescheidungsverfahren und daher ebenfalls nicht zwangsläufig (BFH 8.11.1974 – VI R 22/72, BFH BStBl. II 1975, 111). Kosten eines **Mediationsverfahrens**, zB in der Trennungsphase um ein Ehescheidungsverfahren zu verhindern, sind ebenso wenig außergewöhnliche Belastungen und daher steuerlich nicht abziehbar (Schmidt/Loschelder § 33 EStG Rn 35 ABC der außergewöhnlichen Belastungen).

Hingegen sind Aufwendungen für ein Mediationsverfahren dann anzuerkennen, wenn das Ergebnis der 6 Mediation in einem **notariell beglaubigten Vertrag** festgehalten und die Ehe nach dem Mediationsverfahren tatsächlich geschieden wird (FM Nds. DStR 2000, 1691).

IV. Verfahrenskostenvorschuss

Ein gem. § 1360 a Abs. 4 BGB, § 246 Abs. 1 FamFG gezahlter Verfahrenskostenvorschuss fußt auf der **Un-** 7 **terhaltspflicht** (BGH 14.2.1990 – XII ZR 39/89, NJW 1990, 1476, 1477). Die Erfüllung gesetzlicher Unterhaltsverpflichtungen ist keine außergewöhnliche Belastung. Sie gehören zu den typischen Kosten der allgemeinen Lebensführung iSd § 12 EStG und werden durch den Grundfreibetrag gem. § 32 a Abs. 1 Nr. 1 EStG und durch die Sonderausgaben gem. § 10 EStG abschließend berücksichtigt. Eine gerichtliche Rechtsverfolgung und die Zahlung eines Verfahrenskostenvorschusses sind daher generell nicht zwangsläufig (BFH 9.5.1996 – III R 224 / 94, BStBl. II 1996, 596; 4.12.2001 – III R 31 /00, BStBl. II 2002, 382; BFH 18.3.2004 – III R 24 / 01, BStBl. II 2004, 726).

Eine **Zwangsläufigkeit** kommt nach dieser Rechtsprechung nur in Betracht, wenn auch das die Zahlungs- 8 verpflichtung oder den Zahlungsanspruch adäquat verursachende Ereignis für den Steuerpflichtigen zwangsläufig war. Daran fehlte es nach der inzwischen überkommenen Rechtsprechung des Bundesfinanzhofes (ausführlich hierzu Laws FamRZ 2012, 76 u. 498) im Allgemeinen bei einem Zivilprozess, wonach es in der Regel der freien Entscheidung der Parteien überlassen blieb, ob sie sich zur Durchsetzung oder Abwehr eines zivilrechtlichen Anspruchs einem Prozess(kosten)risiko aussetzen wollten. Ließ sich der Steuerpflichtige trotz ungewissen Ausgangs auf einen Prozess ein, lag die Ursache für die Prozesskosten in seiner Entscheidung, das Prozessrisiko in der Hoffnung auf ein für ihn günstiges Ergebnis in Kauf zu nehmen; es entsprach danach nicht Sinn und Zweck des § 33 EStG, dem Steuerpflichtigen die Kostenlast zu erleichtern, wenn sich das im eigenen Interesse bewusst in Kauf genommene Risiko zu seinem Nachteil realisierte (BFH 18.3.2004 – III R 24/03, BStBl. II 2004, 726).

V. Änderung der BFH-Rechtsprechung

Der Bundesfinanzhof (12.5.2011 – VI R 42/10, NJW 2011, 3055) hat seine Rechtsprechung geändert und 9 lässt nun auch Kosten eines Zivilprozesses als **außergewöhnliche Belastungen** unabhängig von dessen Gegenstand zu. Bei der Frage der Zwangsläufigkeit wird nicht mehr auf die Unausweichlichkeit abgestellt. Es ist nach Ansicht des Bundesfinanzhofs lebensfremd, voraussagen zu können, ob ein Rechtsstreit Erfolg hat oder nicht. Kosten sind allerdings nur dann zu berücksichtigen, wenn sich der Steuerpflichtige nicht mutwillig oder leichtfertig auf den Prozess einlässt. Bei der Beurteilung ist auf die Sicht eines verständigen Dritten abzustellen.

Nach dem Nichtanwendungserlass des BMF (BMF-Schreiben vom 20.12.2011 – IV C 4 – S2284/07/0031 002, BStBl. I 2011, 1249) ist das Urteil des BFH vom 12.5.2011 **nicht anzuwenden**. Begründet wird dies damit, dass der Finanzbehörde keine Instrumente zur Verfügung stehen, die Erfolgsaussichten eines Zivilprozesses eindeutig, zuverlässig und rechtssicher einzuschätzen. Es wird daher zur Vermeidung von Regressen empfohlen, den Mandanten nicht nur auf die Kostenrisiken eines gerichtlichen Verfahrens, sondern auch auf die steuerliche Berücksichtigung und die Möglichkeit hinzuweisen, ablehnende Bescheide der Finanzverwaltung offen zu halten und mit Einspruch und Klage zu begegnen (Kuckenburg/Perleberg-Kölbel FuR 2012, 123).

Eine Anerkennung der Aufwendungen anlässlich des Ehescheidungsverfahrens als außergewöhnliche Belastungen über die zwangsläufigen Kosten hinaus ergibt sich nach dem FG München (21.8.2012 – 10 K 800/10) nicht aus der vorgenannten neuen Rechtsprechung des BFH vom 12.5.2011, weil der V. Senat des BFH zu Kosten für einen Zivilprozess wegen Krankentagegeld entschieden habe. Das Gericht orientiert sich daher an der zu den Aufwendungen anlässlich eines Ehescheidungsverfahrens ergangenen und seiner Auffassung weiterhin gültigen Rechtsprechung des III. Senats des BFH. Das FG Düsseldorf (19.2.2013 – 10 K 2392/12 E, Rev. zugelassen BFH VI R 16/13) will die im Rahmen eines Scheidungsverfahren angefallenen Anwalts- und Gerichtskosten in vollem Umfang steuerlich berücksichtigen.

Der Gesetzgeber hat inzwischen reagiert und mit dem Amtshilferichtlinie-Umsetzungsgesetz (BGBl. I 2013, 1809) § 33 EStG geändert. §§ 33 Abs. 3 a, 52 Abs. 45 EStG sehen vor, dass Aufwendungen für die Führung eines Rechtsstreits (Prozesskosten) vom Abzug ausgeschlossen sind, es sei denn, es handelt sich um Aufwendungen, ohne die der Steuerpflichtige Gefahr liefe, seine Existenzgrundlage zu verlieren und seine lebensnotwendigen Bedürfnisse in dem üblichen Rahmen nicht mehr befriedigen zu können.

Somit können ab **VZ 2013** private Prozesskosten nur noch dann als außergewöhnliche Belastung steuerlich geltend gemacht werden, wenn ein Rechtsstreit geführt wird, um die Existenzgrundlage oder lebensnotwendige Bedürfnisse zu sichern. Fälle bis **VZ 2012** sollten offen gehalten werden.

195. Scheidungsverbund

Wegener

I. Allgemeines	1	e) Kindschaftssachen	59
II. Verbund von Scheidungs- und Folgesachen	3	3. Abtrennung wegen besonderer Verzögerung	61
1. Voraussetzung	3	a) Außergewöhnliche Verzögerung	62
2. Folgesachen	6	b) Unzumutbare Härte	64
a) Versorgungsausgleichssachen	7	4. Antrag	68
b) Unterhaltssachen	11	5. Beendigung des Verbundes aus anderen Gründen	69
c) Ehewohnungs- und Haushaltssachen	15	6. Rechtsbehelf	71
d) Güterrechtssachen	17	7. Abgetrennte Verfahren	72
e) Kindschaftssachen	26	8. Rücknahme des Scheidungsantrags	73
3. Antrag	33	IV. Verfahrenskostenhilfe	77
4. Entscheidung, Wirksamwerden	42	1. Reichweite der Verfahrenskostenhilfe im Verbundverfahren	77
5. Kosten	44	2. Erforderlichkeit der gesonderten Beantragung	80
III. Auflösung des Verbundes	48	V. Rechtsmittel	81
1. Einleitung	48	1. Beschwerde	81
2. Abtrennung bestimmter Folgesachen	49	2. Rechtsbeschwerde	85
a) Versorgungsausgleich	49	VI. Streitwert	86
aa) Abtrennung wegen Unmöglichkeit der Entscheidung vor Auflösung der Ehe	49	1. Verbundverfahren	86
bb) Abtrennung wegen eines Rechtsstreits über ein Anrecht	50	2. Ehesache	88
cc) Abtrennung wegen Zeitablauf	51	3. Folgesachen	95
b) Unterhaltssachen	54	a) Kindschaftssachen	95
aa) Abtrennung wegen Beteiligung Dritter	54	b) Ehewohnungs- und Haushaltssachen	97
bb) Abtrennung im Zusammenhang mit einer Kindschaftsfolgesache	55	c) Versorgungsausgleich	98
c) Ehewohnungs- und Haushaltssachen	56	d) Unterhaltssachen	102
d) Güterrechtssachen	57	e) Güterrechtssache	103
aa) Abtrennung wegen Beteiligung Dritter	57	VII. Gebühren und Vergütung	104
bb) Abtrennung wegen Unmöglichkeit der Entscheidung vor Auflösung der Ehe	58	1. Gerichtsgebühren	104
		2. Rechtsanwaltsvergütung	106

I. Allgemeines

§ 137 FamFG definiert den Verbund des Scheidungsverfahrens dahin gehend, dass über die Scheidung und **1** die Folgesachen zusammen zu verhandeln und zu entscheiden ist. Der Verbund von Scheidung und Folgesachen betrifft also sowohl die einheitliche Verhandlung als auch die **einheitliche Entscheidung**, also eine Entscheidung über die Scheidung und alle verbundenen Folgesachen gem. § 142 FamFG.

Die Konzeption des **Verbundverfahrens** soll dem wirtschaftlich schwächeren Ehepartner dienen, indem er **2** vor einer Mehrzahl einzelner Verfahren geschützt wird. Bis zur Entscheidung über alle Folgesachen bleibt die Ehe bestehen. Erreicht wird dies auch durch die **Zusammenrechnung** der **Streitwerte** (s. Rn 86), was zur Verringerung der Gebühren des FamGKG und des RVG führt. Der Verbund hat aber einen weiteren Vorteil. Entscheidungen in einzelnen Folgesachen haben häufig **Auswirkungen** auf andere Folgesachen. Man denke nur daran, dass güterrechtliche Entscheidungen sich ohne Weiteres im Unterhalt auswirken können, weil die Einkünfte aus Kapitalvermögen sich ändern und Ähnliches. Der Vorteil des Verbundverfahrens ist daher auch, dass die Eheleute und die Verfahrensbeteiligten einschließlich des Gerichts die oftmals verzahnten **Rechtsbeziehungen** der Eheleute besser erkennen und berücksichtigen können.

II. Verbund von Scheidungs- und Folgesachen

1. Voraussetzung

Nach § 137 Abs. 1 FamFG ist der Verbund dadurch definiert, dass über die **Scheidung** und über Folgesa- **3** chen **zusammen** zu verhandeln und zu entscheiden ist. Damit steht fest, dass nur im Rahmen einer Scheidung als einzige der in § 121 FamFG genannten Ehesachen ein Verbundverfahren zulässig ist. Verfahren auf **Aufhebung der Ehe** oder ein **Feststellungsverfahren** können nicht im Verbund durchgeführt werden. § 126 Abs. 2 FamFG stellt dies ausdrücklich klar.

4 Was ist aber, wenn in einem Verfahren sowohl die Aufhebung der Ehe als auch die Scheidung beantragt wird? Nach § 126 Abs. 3 FamFG ist die Ehe aufzuheben, wenn der Antrag begründet ist, und zwar auch dann, wenn zugleich der Ehescheidungsantrag begründet wäre. Dem Aufhebungsantrag ist daher primär stattzugeben. In diesem Fall findet ein Verbundverfahren nicht statt, da keine Entscheidung über die Scheidung der Ehe erfolgt, § 137 Abs. 1 FamFG. Kommt das Gericht zu dem Ergebnis, das Aufhebungsverlangen ist nicht begründet, ist über den Scheidungsantrag zu entscheiden. In diesem Fall findet das Verbundverfahren statt.

5 Ein Verbundverfahren findet auch statt, wenn **ausländisches Scheidungsrecht** zur Anwendung kommt. Das Verbundverfahren ist Verfahrensrecht und daher ist das deutsche Verfahrensrecht als lex fori anwendbar (HK-FamFG/Kemper § 137 FamFG Rn 4). Voraussetzung ist lediglich, dass die einzelnen Verfahren denjenigen in § 137 Abs. 2 und Abs. 3 FamFG entsprechen. Selbst bei **scheidungsähnlichen** Verfahren entsteht der Scheidungsverbund (OLG Karlsruhe 12.1.1999 – 2 WF 128/98, FamRZ 1999, 1680: Verfahren auf Trennung von Tisch und Bett nach italienischem Recht; OLG Hamm 8.2.1989 – 8 UF 72/88, NJW 1989, 2203: Ehescheidungsverfahren nach türkischem Recht). Verfahren auf Trennung von Tisch und Bett nach italienischem Recht sind nach anderer Ansicht allerdings nicht verbundfähig, da es sich nur um eine Vorstufe eines Scheidungsverfahrens handele (OLG München 19.10.1992 – 11 WF 951/92, FamRZ 1993, 459).

2. Folgesachen

6 Das Verbundverfahren findet mit den Folgesachen statt, die in § 137 Abs. 2 und Abs. 3 FamFG aufgeführt sind. Folgesachen können also bestimmte **Familienstreitsachen** iSd § 112 FamFG mit Ausnahme der sonstigen Familiensachen sein und die **allgemeinen Familiensachen** Versorgungsausgleich, Ehewohnungs- und Haushaltssachen sowie bestimmte Kindschaftssachen. Nur für den Versorgungsausgleich bedarf es grundsätzlich keines Antrags, um zur Folgesache im Scheidungsverbund zu werden, § 137 Abs. 2 S. 2 FamFG. Der Verbund entsteht daher in diesem Fall automatisch. Insoweit ist es gerechtfertigt, vom **Zwangsverbund** zu sprechen (Garbe in: VerfFamR § 2 Rn 128). Dadurch wird zum Schutze der Altersversorgung der Ehegatten das Amtsverfahren gewährleistet. Eine Ausnahme besteht bei kurzer Ehe oder wenn ein Fall des Art. 17 Abs. 3 EGBGB vorliegt.

7 **a) Versorgungsausgleichssachen.** Die Einbeziehung in den Scheidungsverbund erfolgt grundsätzlich automatisch, es besteht kein Antragserfordernis, § 137 Abs. 1 S. 2 FamFG (Zwangsverbund). Der Versorgungsausgleich nach §§ 6–19, 28 VersAusglG erfolgt grundsätzlich **von Amts wegen**. Es soll also unabhängig von Anträgen der Ehegatten im Scheidungsverbund über die Ansprüche auf Versorgungsausgleich entschieden werden. Ausgenommen hiervon ist der Fall der **kurzen Ehe** gem. § 3 Abs. 3 FamFG (s. Rn 37).

8 Sind in einem Verfahren nur **ausländische Eheleute** beteiligt und kommt es gem. Art. 17 Abs. 3 S. 2 EGBGB auf die Stellung eines Antrages an, entsteht auch erst mit einem solchen Antrag der Scheidungsverbund. Dieser Antrag kann nur durch einen **Rechtsanwalt** gem. § 114 Abs. 1 FamFG gestellt werden. Eine dem § 114 Abs. 4 Nr. 7 FamFG entsprechende Ausnahmevorschrift besteht nicht.

9 Kommt ausnahmsweise eine Entscheidung über Ausgleichsansprüche nach der Scheidung gem. §§ 20–26 VersAusglG schon während der Scheidung in Betracht, bedarf es gem. § 223 FamFG eines Antrages. Auch in diesem Ausnahmefall entsteht insoweit der Verbund daher erst mit dem Antrag, der nur von einem Rechtsanwalt gem. § 114 Abs. 1 FamFG erhoben werden kann. Eine dem § 114 Abs. 4 Nr. 7 FamFG entsprechende Ausnahmevorschrift besteht auch insoweit nicht.

10 Beteiligte am Verfahren sind neben den Ehegatten die betroffenen **Versorgungsträger** und gegebenenfalls **Hinterbliebene** gem. § 219 FamFG.

11 **b) Unterhaltssachen.** Diejenigen Unterhaltssachen, die einen entsprechenden Bezug zur Ehe haben, gehören nach § 137 Abs. 2 Nr. 2 FamFG zum Verbundverfahren. Es sind zum einen die Unterhaltsverfahren, die den Unterhalt für ein **gemeinschaftliches minderjähriges Kind** der Eheleute betreffen. Besteht zwischen

den Eltern Streit darüber, bei wem das gemeinschaftliche Kind zukünftig seinen ständigen Aufenthalt hat, wer also barunterhaltspflichtig werden wird, kann jeder Elternteil vom anderen Unterhalt im Verbundverfahren verlangen. Dies ist möglich im Wege der nach § 1629 Abs. 3 BGB bis zur Rechtskraft der Scheidung bestehenden **Verfahrensstandschaft**. Dabei ist es unerheblich, bei wem zu diesem Zeitpunkt das Kind seinen ständigen Aufenthalt hat. Der Unterhalt **volljähriger Kinder** ist nicht verbundfähig, da sie nicht Beteiligte am Verfahren sind. Wird das Kind, dessen Unterhaltsanspruch im Verbund rechtshängig ist, vor Rechtskraft des Scheidungsverfahrens volljährig, muss abgetrennt werden (s. Rn 54). Vom Verbundverfahren ausgenommen ist das **vereinfachte Verfahren** über den Unterhalt gemeinschaftlicher Kinder nach § 249 FamFG. Dies würde dem Beschleunigungsgedanken und dem Ziel der Vereinfachung widersprechen.

Zum anderen gehört in den Scheidungsverbund der **nacheheliche Unterhalt** (Scheidungsunterhalt). Der Anspruch entsteht mit Rechtskraft der Scheidung (s. → *Nachehelicher Unterhalt* Rn 24).

Das Verfahren über **Trennungsunterhalt** ist ein gesondertes Verfahren. Es ist nicht verbundfähig, weil insoweit keine Entscheidung „für den Fall der Scheidung" gem. § 137 Abs. 2 S. 1 FamFG zu treffen ist. Der Antrag auf den sogenannten Nachscheidungsunterhalt sollte dies dadurch kenntlich machen, dass Unterhalt für die Zeit ab Rechtskraft der Scheidung begehrt wird. **12**

Ohne Weiteres fällt auch die **Stufenklage** in den Scheidungsverbund, selbst wenn (zunächst) nur die erste Stufe der Auskunft beantragt wird. Denn es wird im Rahmen der dritten Stufe des Antrags Scheidungsunterhalt bzw Kindesunterhalt begehrt, dessen Höhe aber noch nicht bezifferbar ist. Dagegen ist der isoliert geltend gemachte **Auskunftsanspruch** gem. §§ 1580, 1605 BGB nicht verbundfähig. Die begehrte Auskunftsentscheidung ist nicht „für den Fall der Scheidung" gem. § 137 Abs. 2 S. 1 FamFG zu treffen (OLG Hamm 17.11.1992 – 7 UF 227/92, FamRZ 1993, 984; aA OLG Frankfurt/M. 10.6.1986 – 4 UF 233/85, FamRZ 1987, 299, allerdings hinsichtlich des güterrechtlichen Auskunftsanspruchs). Nach Auffassung des OLG Hamm ist dagegen der Auskunftsanspruch nach § 4 VersAusglG während eines anhängigen Scheidungsverfahrens zwingend im Verbund und nicht als selbstständige Familiensache geltend zu machen (OLG Hamm 27.8.2012 – 6 WF 152/12, NJW-Spezial 2012, 742). Die Begründung, der Auskunftsanspruch habe vorbereitenden Charakter, überzeugt nicht, da die Entscheidung über den Auskunftsanspruch nicht für den Fall der Scheidung zu treffen ist. Vielmehr ist der Auskunftsanspruch in einem isolierten Verfahren beim Gericht der Scheidungssache geltend zu machen (so auch Schramm, in: VerfFamR § 5 Rn 80). Es handelt sich um einen Auskunftsanspruch der Ehegatten, über den nicht von Amts wegen zu entscheiden ist. **13**

Beteiligte am Verfahren sind die **Ehegatten**. Geht der Unterhaltsanspruch auf Dritte über, weil beispielsweise das minderjährige Kind volljährig wird (s. Rn 54), oder haften Dritte hierfür, werden auch sie Beteiligte. Das Unterhaltsverfahren ist dann gem. § 140 Abs. 1 FamFG abzutrennen. **14**

c) Ehewohnungs- und Haushaltssachen. Soweit Verfahren nach den §§ 1568 a, 1568 b BGB geltend gemacht werden, handelt es sich um Verfahren, die die Nutzung der Ehewohnung bzw die Aufteilung von Haushaltsgegenständen für die Zeit nach Rechtskraft der Scheidung betreffen. Deshalb handelt es sich um **Folgesachen** iSd § 137 Abs. 2 Nr. 3 FamFG. Die in der Praxis häufiger vorkommenden Verfahren nach den §§ 1361 a, 1361 b BGB können keine Folgesachen sein, da insoweit nur Regelungen für die Trennungszeit getroffen werden können. **15**

Beteiligte am Verfahren können die in § 204 FamFG genannten Personen sein (zB Vermieter, Grundstückseigentümer und andere). Anders als in Unterhaltssachen oder Güterrechtssachen wird bei einer Beteiligung Dritter das Verfahren nicht abgetrennt, da die Verfahren Ehewohnung und Haushaltssachen in § 140 Abs. 1 FamFG nicht genannt sind. **16**

d) Güterrechtssachen. Güterrechtssachen sind nach § 261 Abs. 1 FamFG alle Verfahren, die Ansprüche aus dem **ehelichen Güterrecht** betreffen. Daher sind alle Verfahren des ehelichen Güterrechts verbundfähig, für die im Zusammenhang mit der Scheidung eine Entscheidung zu treffen ist. **17**

18   Verbundfähige Verfahren können demnach Verfahren nach § 1378 BGB im Zusammenhang mit dem Gü-
      terstand der **Zugewinngemeinschaft** sowie Verfahren nach § 1478 BGB im Zusammenhang mit dem Gü-
      terstand der **Gütergemeinschaft** sein. Die Verfahren nach § 1382 BGB (Stundung) und § 1383 BGB
      (Übertragung von Vermögensgegenständen) werden als **Annexverfahren** zum Zugewinnausgleich be-
      trachtet und sind deshalb verbundfähig (HK-FamFG/Kemper § 137 FamFG Rn 30; Zöller/Lorenz § 137
      FamFG Rn 21). Deshalb ist es auch sachgerecht, wenn bei unstrittiger (und nicht anhängiger) Ausgleichs-
      forderung der isolierte **Stundungsantrag** in den Verbund aufgenommen wird (NK-BGB/Fischinger § 1382
      BGB Rn 33).

19   Nicht in den Verbund gehört die **Aufhebungsklage** bei Gütergemeinschaft nach § 1447 BGB oder § 1469
      BGB. Denn die Aufhebungsklage hat die bestehende Ehe mit der Folge zur Voraussetzung, dass nach
      Rechtskraft der Entscheidung gem. § 1449 Abs. 1 BGB bzw § 1470 Abs. 1 BGB Gütertrennung gilt. Mit
      Rechtskraft der Ehescheidung ist der Güterstand der Gütergemeinschaft aber ohnehin beendet (vgl NK-
      BGB/Völker § 1447 BGB Rn 10).

20   Ebenso wenig sind die Verfahren nach §§ 1385, 1386 BGB wegen **vorzeitigem Zugewinnausgleich** oder
      vorzeitiger Aufhebung der Zugewinngemeinschaft verbundfähig (vgl → *Vorzeitiger Zugewinnausgleich*
      Rn 26). Sie können aber als isolierte Verfahren parallel zum Scheidungsverfahren geführt werden (vgl NK-
      BGB/Fischinger § 1386 BGB Rn 35).

21   Wird während der Anhängigkeit der Folgesache Zugewinnausgleich der Antrag umgestellt auf vorzeitigen
      Zugewinnausgleich, ist der Verbund des Güterrechtsverfahrens aufzuheben (NK-BGB/Fischinger § 1386
      BGB Rn 34). Die begehrte Entscheidung ist dann nicht mehr „für den Fall der Scheidung" iSd § 137 Abs. 2
      S. 1 FamFG zu treffen.

22   Wird umgekehrt das Scheidungsverfahren rechtskräftig, bevor im Verfahren über den vorzeitigen Zuge-
      winnausgleich entschieden wurde, erledigt sich dieses Verfahren (OLG Düsseldorf 8.7.2002 – 2 UF 27/02,
      FamRZ 2003, 388).

23   Wird während der Anhängigkeit der Folgesache Zugewinnausgleich die Entscheidung über die **Aufhebung**
      der **Zugewinngemeinschaft** nach § 1386 BGB rechtskräftig, tritt gem. § 1388 BGB Gütertrennung ein.
      Gleichzeitig ist die Ausgleichsforderung gem. § 1378 Abs. 3 S. 1 BGB entstanden. Ihr Entstehen ist nicht
      mehr von der Rechtskraft der Scheidung abhängig. Eine Entscheidung „für den Fall der Scheidung" ist da-
      her ausgeschlossen. Deshalb ist auch in diesem Fall unter Hinweis auf § 137 Abs. 2 S. 1 FamFG der Ver-
      bund des Güterrechtsverfahrens aufzuheben.

24   Wird in diesem Falle das Scheidungsverfahren rechtskräftig, bevor im Verfahren über den vorzeitigen Zu-
      gewinnausgleich entschieden wurde, erledigt sich dieses Verfahren ebenso. Die Rechtslage ist vergleichbar
      mit dem bis 31.8.2009 geltenden § 1388 BGB aF, wonach mit der rechtskräftigen Entscheidung über den
      vorzeitigen Zugewinnausgleich zugleich Gütertrennung eintrat.

25   Beteiligte sind in der Regel nur die **Ehegatten**. Müssen Dritte beteiligt werden, ist die Folgesache nach
      § 140 Abs. 1 FamFG abzutrennen.

26   **e) Kindschaftssachen.** Bestimmte Kindschaftssachen sind gem. § 137 Abs. 3 FamFG ebenfalls verbundfä-
      hig. Obwohl es sich dabei nicht um Entscheidungen handelt, die für den Fall der Scheidung zu treffen sind,
      ist aus Gründen der **Zweckmäßigkeit** (einheitliche Entscheidung aller relevanten Fragen im Scheidungs-
      verbund) die Verbundfähigkeit herbeigeführt worden. Es muss sich entweder um ein Sorgerechtsverfahren,
      Umgangsverfahren oder ein Herausgabeverfahren eines oder mehrerer **gemeinsamer Kinder** der Ehegatten
      handeln. Dabei ist Voraussetzung, dass die Eheleute beteiligt sind. Dies ist bei Sorgerechtsverfahren ge-
      meinschaftlicher Kinder immer der Fall. Daher sind nicht nur Verfahren nach § 1671 BGB verbundfähig,
      sondern auch Verfahren nach § 1666 BGB. Ob ein Sorgerechtsverfahren auf Antrag oder von Amts wegen
      eingeleitet wurde, ist unerheblich (HK-FamFG/Kemper § 137 FamFG Rn 34).

Begehrt während der Rechtshängigkeit eines Scheidungsverfahrens ein Dritter **Umgang** mit einem gemein- 27
schaftlichem Kind gem. §§ 1684, 1685 BGB, ist das Umgangsverfahren nicht verbundfähig.

Begehrt dagegen ein **Ehegatte** Umgang mit einem Kind des anderen Ehegatten (§ 1685 Abs. 2 BGB), ist 28
dieses Verfahren nach § 137 Abs. 3 FamFG jedoch verbundfähig.

In allen Fällen bedarf es aber eines ausdrücklichen Antrags mindestens eines **Ehegatten**. Der Antrag unter- 29
liegt dem **Anwaltszwang**. § 114 Abs. 4 FamFG sieht keine Ausnahme vor. Kindschaftssachen werden also
nicht von Gesetzes wegen oder auf richterliche Anordnung in den Scheidungsverbund aufgenommen, sondern nur, wenn ein Ehegatte dies in der ersten Instanz vor dem Schluss der mündlichen Verhandlung verlangt.

Das Gericht hat die Möglichkeit, die Einbeziehung in den Verbund aus Gründen des **Kindeswohls** abzuleh- 30
nen, wenn es die Einbeziehung nicht für sachgerecht hält. Dies kann etwa dann der Fall sein, wenn das
Scheidungsverfahren in absehbarer Zeit nicht entscheidungsreif ist, die Kindschaftssache aber aus Gründen
des Kindeswohls eine zeitnahe Entscheidung erfordert (§ 155 Abs. 1 FamFG).

Beteiligte des Verfahrens sind die **Eltern** (§ 7 Abs. 2 FamFG) und das **Jugendamt**, das nach § 162 Abs. 2 31
FamFG auf seinen Antrag zu beteiligen ist. Das Kind selber ist nicht beteiligt, wenn es auch im Rahmen
des § 159 FamFG anzuhören ist, § 7 Abs. 6 FamFG. Auch Pflegeeltern sind wie das Kind nicht Beteiligte,
auch wenn sie nach § 161 FamFG hinzugezogen werden (HK-FamFG/Kemper § 137 FamFG Rn 39).

Wird dem Kind jedoch ein **Verfahrensbeistand** bestellt, ist dieser gem. § 158 Abs. 3 S. 2 FamFG Beteilig- 32
ter und kann auch selbst Rechtsmittel einlegen, § 158 Abs. 4 S. 5 FamFG.

3. Antrag

Hinsichtlich aller Folgesachen bedarf es zur Herbeiführung des Verbundes eines Antrags, mit Ausnahme 33
des Zwangsverbundes bei bestimmten Versorgungsausgleichsangelegenheiten gem. § 137 Abs. 2 S. 2
FamFG.

Der Antrag ist spätestens zwei Wochen vor der **mündlichen Verhandlung** im ersten Rechtszug anhängig 34
zu machen, § 137 Abs. 2 S. 1 FamFG, außer es handelt sich um eine Kindschaftssache nach § 137 Abs. 3
FamFG. Dann reicht es aus, den Antrag spätestens vor dem Schluss der mündlichen Verhandlung in der
ersten Instanz zu stellen. Die Fristberechnung erfolgt in entsprechender Anwendung des § 187 Abs. 1 BGB
iVm § 113 FamFG, § 222 ZPO. Bei der Berechnung der „Rückwärtsfrist" darf der Terminstag daher nicht
mitgezählt werden. Zwischen dem Eingang des Folgesachenantrags und dem Terminstag müssen mindestens volle 14 Tage liegen (OLG Braunschweig 6.10.2011 – 2 UF 92/11, FamRB 2012, 83; OLG Brandenburg 20.12.2011 – 13 UF 128/11, FamRB 2012, 116).

Die Folgesachen müssen **rechtzeitig** anhängig gemacht worden sein. Die Zweiwochenfrist dient der **Ver-** 35
fahrensstraffung und soll einer „Verzögerungstaktik" vorbeugen, da nach dem bisherigen Recht die Antragstellung bis zum Schluss der mündlichen Verhandlung in erster Instanz möglich war. Wird der Antrag
verspätet anhängig gemacht, ist er als unzulässig abzuweisen. Ein Antrag in einer Folgesache wird **anhän-**
gig gemacht

- in Familiensachen (Kindschaftssachen, Ehewohnungs- und Haushaltssachen) durch Erklärung gegenüber dem Gericht, eine Entscheidung für den Fall der Scheidung zu begehren, und
- in Familienstreitsachen (Unterhalt, Güterrecht) durch Einreichung einer Antragsschrift, die den Erfordernissen des § 113 Abs. 1 S. 2 FamFG, § 253 ZPO entsprechen muss.

Verweist das Gericht des zweiten Rechtszuges das Verfahren wieder an das Erstgericht, befindet es sich 36
(erneut) in der ersten Instanz. Die Frist zur rechtzeitigen Anhängigmachung einer Folgesache ist dann wieder eröffnet.

Liegt eine **kurze Ehe** iSd § 3 Abs. 3 VersAusglG vor, kann der Antrag auf Durchführung des Versorgungs- 37
ausgleichs ohne Beachtung der Zweiwochenfrist gestellt werden. Über den Versorgungsausgleich ist not-

wendigerweise gem. § 137 Abs. 2 S. 2 FamFG im Verbund zu entscheiden. Deshalb ist der Antrag nach § 3 Abs. 3 VersAusglG kein Verfahrensantrag, der den Verbund erst herbeiführen würde (OLG Dresden 24.8.2010 – 20 UF 526/10, NJW-RR 2011, 154; OLG Frankfurt/M. 23.6.2012 – 3 UF 26/12, FamFR 2012, 473). Der Antrag kann aus dem gleichen Grund auch von einem anwaltlich nicht vertretenen Beteiligten gestellt werden, § 114 Abs. 4 Nr. 7 FamFG.

38   Das Gericht muss dafür Sorge tragen, dass die Zweiwochenfrist auch eingehalten werden kann. Obwohl in **Anwaltsprozessen** die Ladungsfrist nur mindestens eine Woche gem. § 113 Abs. 1 S. 2 FamFG, § 217 ZPO beträgt, kann auf diese kurze Frist nicht zurückgegriffen werden. Die Zweiwochenfrist bezieht sich nicht ausschließlich auf den ersten Termin in einem Scheidungsverbundverfahren. Die Intention des Gesetzgebers, der unnötigen Verzögerung vorzubeugen, wird dadurch erreicht, dass ein Termin gemeint ist, in dem die Scheidung und alle bislang anhängigen Folgesachen **entscheidungsreif** sind. Dies kann selbstverständlich auch der erste Termin sein.

Bei der **Fristberechnung** ist zu beachten, dass es sich um eine **Rückwärtsfrist** handelt. Es muss sichergestellt sein, dass der Antrag volle zwei Wochen vor dem Termin anhängig gemacht wird. Die Fristberechnung erfolgt daher entsprechend § 113 Abs. 1 S. 2 FamFG iVm § 222 ZPO nach den Vorschriften des Bürgerlichen Gesetzbuches, hier nach § 188 Abs. 2 BGB. Das maßgebliche Ereignis ist die mündliche Verhandlung. Fristbeginn ist bei einer Rückwärtsfrist nicht das Ende, sondern der Beginn (um 0.00 Uhr) des Tages, welcher durch seine Benennung dem Tag der Verhandlung entspricht (OLG Dresden 26.11.2012 – 23 UF 890/12, NJW Spezial 2013, 70). Fällt die mündliche Verhandlung beispielsweise auf einen Mittwoch, ist die Zweiwochenfrist nur gewahrt, wenn der verfahrenseinleitende Schriftsatz spätestens zwei Wochen zuvor am Dienstag 24.00 Uhr bei Gericht eingeht.

39   Liegen zwischen der Zustellung der **Ladung** und dem **Verhandlungstermin** weniger als zwei Wochen, ist nicht auf den Wortlaut des § 137 Abs. 2 S. 1 FamFG abzustellen. Die Vorschrift ist dahin gehend verfassungskonform auszulegen, dass das Gericht den Verhandlungstermin zu verlegen hat, wenn in einem solchen Fall ein Antrag zur Einbeziehung einer Folgesache in den Scheidungsverbund anhängig gemacht wird (OLG Stuttgart 11.1.2011 – 17 UF 304/10, NJW 2011, 1522; OLG Oldenburg 23.8.2010 – 13 UF 46/10, FamRZ 2010, 2015; aA MüKo/Heiter § 137 FamFG Rn 44–52). Nur dadurch ist gewährleistet, dass der Beteiligte die Möglichkeit erhält, innerhalb von zwei Wochen vor dem Verhandlungstermin den Antrag anhängig zu machen. Es empfiehlt sich in einem solchen Fall, diesen mit einem Antrag auf Terminsverlegung zu verbinden. Das Familiengericht hat demnach so zu terminieren, dass zwischen der Zustellung der Terminsladung und dem Termin mindestens **drei Wochen** Zeit zur Verfügung steht. Nach Auffassung des Bundesgerichtshofs muss den Beteiligten mindestens eine Woche Zeit gegeben werden, um einen entsprechenden Antrag zu fertigen und bei Gericht unter Beachtung der Frist von zwei Wochen (s. Rn 38) noch rechtzeitig einreichen zu können (BGH 21.3.2012 – XII ZB 447/10, NJW 2012, 1734; BGH 5.6.2013 – XII ZB 724/12, NJW 2013, 2199).

40   Zur Wahrung der Frist (s. Rn 38) ist nach § 138 Abs. 2 S. 1 FamFG die Scheidungsfolgensache **anhängig** zu machen. Erforderlich ist gem. § 23 Abs. 1 FamFG die Einreichung eines verfahrenseinleitenden Schriftsatzes eines Rechtsanwalts (s. Rn 41), der gem. § 113 Abs. 1 S. 2 FamFG, § 253 Abs. 2 ZPO in Ehesachen und Familienstreitsachen einen bestimmten Antrag enthalten und begründet sein muss. Wird für eine Folgesache lediglich isoliert **Verfahrenskostenhilfe** beantragt, kann dadurch die Frist nicht gewahrt werden. Der Verfahrenskostenhilfeantrag führt nicht zur **Anhängigkeit** einer Familiensache oder Familienstreitsache iSd § 137 Abs. 2 S. 1 FamFG (Zöller/Lorenz § 137 FamFG Rn 27). Mit der Begründung der Gleichbehandlung bedürftiger und nicht bedürftiger Beteiligter legen einige Gerichte die Vorschrift dahin gehend aus, ein formal ordnungsgemäßer Verfahrenskostenhilfeantrag reiche aus, einen Verfahrensverbund herzustellen (OLG Bamberg 26.10.2010 – 2 UF 180/10, FamRZ 2011, 1416; OLG Oldenburg 26.12.2011 – 11 UF 168/11, FamRB 2012, 117).

Diese Auffassung ist abzulehnen, weil sie der Intention des Gesetzgebers, Manipulationen vorzubeugen, zuwider laufen kann. Selbst ein unbegründeter Antrag auf Verfahrenskostenhilfe würde den Verbund entstehen lassen und zur Verfahrensverzögerung führen. Es ist ungeklärt, was mit dem entstandenen Verbund erfolgen soll, falls die Verfahrenskostenhilfe beispielsweise mangels Bedürftigkeit des Antragstellers, wegen fehlender hinreichender Aussicht auf Erfolg oder Mutwilligkeit (§ 113 Abs. 1 S. 2 FamFG, § 114 S. 1 ZPO) nicht bewilligt wird und es in Folge dessen nicht zur Rechtshängigkeit der Folgesache kommt. Auch würde in diesem Fall ein Beschwerdeverfahren wegen der versagten Verfahrenskostenhilfe zur weiteren **Verzögerung** des Scheidungsverbundverfahrens führen. Dem Antragsteller ist daher zu empfehlen, im Falle der Ausnutzung der Frist des § 137 Abs. 2 S. 1 FamFG den Antrag rechtzeitig einzureichen und gleichzeitig Verfahrenskostenhilfe (unbedingt) zu beantragen.

Im Rahmen des § 114 Abs. 1 FamFG kann der Antrag nur durch einen **Rechtsanwalt** wirksam gestellt werden. Ausgenommen ist nach § 114 Abs. 4 Nr. 7 FamFG der Antrag eines Ehegatten nach § 3 Abs. 3 VersAusglG, auch bei kurzer Ehe den Versorgungsausgleich durchzuführen und damit das Versorgungsausgleichsverfahren in den Verbund aufzunehmen.   41

4. Entscheidung, Wirksamwerden

Die Entscheidung des Gerichts ergeht gem. § 116 Abs. 1 FamFG durch Beschluss. Die Besonderheit des Verbundverfahrens zeigt sich nach § 142 Abs. 1 FamFG gerade darin, dass durch **einheitlichen Beschluss** hinsichtlich sämtlicher Verbundsachen zu entscheiden ist. Wird der Scheidungsantrag abgewiesen, werden alle Folgesachen gegenstandslos, § 142 Abs. 2 FamFG. Insoweit ist die Rechtslage die Gleiche wie bei der Rücknahme des Scheidungsantrages gem. § 141 FamFG (s. Rn 74).   42

Nach § 116 Abs. 2 FamFG wird der Scheidungsbeschluss erst mit **Rechtskraft** wirksam. Folgesachen können demgemäß erst mit Rechtskraft des Scheidungsausspruches gem. § 148 FamFG wirksam werden.   43

5. Kosten

Im Falle der Scheidung sind die Kosten grundsätzlich gegeneinander aufzuheben. Es ergeht eine **einheitliche Kostenentscheidung** hinsichtlich der Scheidung und aller Folgesachen, § 150 Abs. 1 FamFG (s. → *Kostenentscheidung in Familiensachen* Rn 2 ff). Der Antragsteller trägt die Kosten, wenn der Antrag zurückgenommen oder abgewiesen wird. Nehmen beide Beteiligte ihre Anträge zurück, werden beide Anträge abgewiesen oder ist die Hauptsache erledigt, bleibt es bei der Kostenaufhebung, § 150 Abs. 2 FamFG.   44

Auch wenn einzelne Folgesachen **abgetrennt** wurden, bleibt es bei der einheitlichen Kostenentscheidung, § 150 Abs. 5 S. 1 FamFG. In den Fällen, in denen nach Rücknahme des Scheidungsantrags oder nach dessen Abweisung eine Folgesache als **selbstständige** Familiensache fortgeführt wird (§§ 141 S. 3, 142 Abs. 2 S. 3 FamFG), scheidet allerdings eine einheitliche Kostenentscheidung aus. Nach § 150 Abs. 5 S. 2 FamFG wird in diesem Verfahren nach den allgemeinen Kostenvorschriften gesondert entschieden.   45

Die Beteiligten können in allen Fällen eine von der gesetzlichen Anordnung abweichende **Kostenvereinbarung** treffen, die das Gericht seiner Kostenentscheidung gem. § 150 Abs. 4 S. 3 FamFG zugrunde legen soll.   46

In den Fällen des § 150 Abs. 1–3 FamFG kann das Gericht aus Billigkeitsgründen abweichende Kostenentscheidungen treffen. § 150 Abs. 4 FamFG nennt als Grund die **Versöhnung** der Eheleute oder das Ergebnis einer **Unterhalts- oder Güterrechtssache**. Auch kann die unentschuldigte Nichtteilnahme an einem nach § 135 FamFG angeordneten **Informationsgespräch** auf der Kostenebene sanktioniert werden.   47

III. Auflösung des Verbundes

1. Einleitung

Das Verbundverfahren soll den wirtschaftlich Schwächeren vor einer Vielzahl einzelner Verfahren schützen und eine einheitliche Entscheidung aller innerhalb des Scheidungsverfahrens zu regelnden Ansprüche ermöglichen (s. Rn 2). Diesen Vorteilen können aber auch Nachteile gegenüberstehen, die dazu führen, dass aus Gründen der Vermeidung einer besonderen **Härte** der Scheidungsverbund hinsichtlich einzelner Folgesachen aufgelöst werden muss. In § 140 FamFG sind diese Fälle zusammengefasst geregelt.   48

2. Abtrennung bestimmter Folgesachen

49 **a) Versorgungsausgleich. aa) Abtrennung wegen Unmöglichkeit der Entscheidung vor Auflösung der Ehe.** Eine Abtrennung ist dann möglich, wenn die Entscheidung über den Versorgungsausgleich von der vorherigen Auflösung der Ehe abhängt, § 140 Abs. 2 S. 2 Nr. 1 FamFG. Der praktische Wert dieser Vorschrift ist gering. Für die Entscheidung über den Versorgungsausgleich ist nach § 3 Abs. 1 FamFG auf den Monat vor Rechtshängigkeit des Scheidungsantrags und nicht auf die Rechtskraft der Scheidung abzustellen. So verweist aber der bis zum 31.8.2009 gültige § 2 Abs. 1 VAÜG auf § 140 Abs. 2 Nr. 1 FamFG für die Fälle, in denen der Versorgungsausgleich auszusetzen war.

50 **bb) Abtrennung wegen eines Rechtsstreits über ein Anrecht.** Ist ein Rechtsstreit über ein Anrecht anhängig, das im Rahmen des Versorgungsausgleichsverfahrens einzubeziehen ist, hat das Gericht das Verfahren gem. § 221 Abs. 2 FamFG auszusetzen, bis der Rechtsstreit entschieden ist. Entsprechendes gilt bei einem Streit über ein solches Anrecht gem. § 221 Abs. 3 FamFG, wenn ein Rechtsstreit (noch) nicht anhängig ist. In diesen Fällen kommt eine Abtrennung gem. § 140 Abs. 2 S. 2 Nr. 2 FamFG in Betracht.

51 **cc) Abtrennung wegen Zeitablauf.** Das Gesetz sieht in § 140 Abs. 2 S. 2 Nr. 4 FamFG eine Möglichkeit vor, dass grundsätzlich der Versorgungsausgleich nach Ablauf von drei Monaten nach Rechtshängigkeit abgetrennt werden kann. Gerade in unstreitigen Scheidungsverfahren kann dies zu einer Beschleunigung der Scheidung führen, wenn sich das Versorgungsausgleichsverfahren aus Gründen verzögert, die nicht in der Sphäre der beteiligten Eheleute liegen.

52 Voraussetzung ist zum einen, dass beide Eheleute die erforderlichen **Mitwirkungshandlungen** vorgenommen haben und ein Ehegatte die Abtrennung beantragt. Dabei sind die erforderlichen Mitwirkungshandlungen in § 220 FamFG gemeint, die für die Feststellung der Anrechte erforderlich sind.

53 Die **Frist** beginnt mit der Rechtshängigkeit des Scheidungsantrags, nach § 140 Abs. 4 FamFG frühestens aber nach Ablauf des ersten Trennungsjahres, es sei denn, es liegen die Voraussetzungen einer Härtefallscheidung nach § 1565 Abs. 2 BGB vor.

54 **b) Unterhaltssachen. aa) Abtrennung wegen Beteiligung Dritter.** Es sind Fälle denkbar, in denen in einer Unterhaltsfolgesache Dritte beteiligt werden müssen. Dies ist zB dann der Fall, wenn im Verbund **Kindesunterhalt** geltend gemacht wird und während des Ehescheidungsverfahrens das Kind **volljährig** wird. In diesem Fall ist das volljährige Kind zu beteiligen, da das gesetzliche Vertretungsrecht des einen Elternteils nach § 1629 Abs. 3 BGB beendet ist. Das Unterhaltsverfahren ist nach § 140 Abs. 1 FamFG von Amts wegen abzutrennen.

55 **bb) Abtrennung im Zusammenhang mit einer Kindschaftsfolgesache.** Besteht ein Zusammenhang zwischen einer **Unterhaltssache** und einer **Kindschaftsfolgesache**, kann das Gericht gem. § 140 Abs. 3 FamFG auf Antrag eines Ehegatten neben der Kindschaftsfolgesache auch die Unterhaltsfolgesache abtrennen. Sinnvoll wäre dies beispielsweise in den Fällen, in denen die Entscheidung über einen Nachscheidungsunterhalt von der Entscheidung abhängt, ob gemeinschaftliche Kinder ihren ständigen **Aufenthalt** bei demjenigen Elternteil haben werden, der den Unterhalt begehrt. Dagegen wird man die Voraussetzungen zur Abtrennung verneinen müssen, wenn es beispielsweise ausschließlich um Krankheits- oder Aufstockungsunterhalt geht (HK-FamFG/Kemper § 140 FamFG Rn 21).

56 **c) Ehewohnungs- und Haushaltssachen.** In § 140 FamFG wird für diese Folgesachen keine Abtrennungsmöglichkeit vorgesehen. Deshalb kommt allenfalls eine Abtrennung wegen besonderer Verzögerung gem. § 140 Abs. 2 S. 2 Nr. 5 FamFG in Betracht (s. Rn 61)

57 **d) Güterrechtssachen. aa) Abtrennung wegen Beteiligung Dritter.** Der ausgleichsberechtigte Ehegatte kann unter den Voraussetzungen des § 1390 BGB auch Dritten gegenüber Ansprüche erheben. Dann liegt gem. § 261 Abs. 1 FamFG eine Güterrechtssache vor. Der Dritte wird Beteiligter. Nach § 140 Abs. 1 FamFG ist die Güterrechtsfolgesache von Amts wegen abzutrennen.

bb) Abtrennung wegen Unmöglichkeit der Entscheidung vor Auflösung der Ehe. Nach § 1378 Abs. 2 **58**
BGB ist im Rahmen des Zugewinnausgleichs die Höhe der **Ausgleichsforderung** durch den Vermögenswert zum Zeitpunkt der Beendigung des Güterstandes, also zum Zeitpunkt der **Rechtskraft** des Scheidungsurteils (§§ 1564 S. 2, 1372 BGB) begrenzt. Soweit es darauf ankommt, kann die Güterrechtsfolgesache gem. § 140 Abs. 2 S. 2 Nr. 1 FamFG abgetrennt werden. Eine vergleichbare Situation kann sich im
Rahmen der **Gütergemeinschaft** ergeben (s. → *Auseinandersetzung der Gütergemeinschaft* Rn 29), in Bezug auf die Ermittlung des Überschusses nach § 1476 Abs. 1 BGB und des Wertes von Gegenständen, die
einer der Ehegatten nach § 1477 Abs. 2 BGB gegen Wertersatz übernimmt (HK-FamFG/Kemper § 140
FamFG Rn 24).

e) Kindschaftssachen. Ist das Verfahren einer **Kindschaftsfolgesache** (§ 151 FamFG) ausgesetzt, kann **59**
das Gericht das Verfahren nach § 140 Abs. 2 S. 2 Nr. 3 FamFG abtrennen. Das gilt auch, wenn das Gericht
dies aus Kindeswohlgründen für sachgerecht hält. Eine Abtrennung nur auf Antrag eines Ehegatten, wie
dies nach dem bisherigen Recht möglich war (§ 623 Abs. 2 S. 2 ZPO aF), ist nicht mehr möglich. Gerade
wenn es im Rahmen einer Kindschaftssache um eine schnelle Entscheidung geht, bietet sich eine Abtrennung an, wenn nur dadurch das Kindeswohl sichergestellt werden kann.

Das Gericht in der ersten Instanz übt bei der Abtrennungsentscheidung ein richterliches **Ermessen** aus, das **60**
in der Beschwerdeinstanz nur einer begrenzten Kontrolle unterliegt (OLG Celle 4.7.2011 – 10 UF 98/11,
FamFR 2011, 353).

3. Abtrennung wegen besonderer Verzögerung

Die Abtrennungsvorschrift des § 140 Abs. 2 S. 2 Nr. 5 FamFG gilt uneingeschränkt für alle Folgesachen. **61**
Voraussetzung ist, dass sich der Scheidungsausspruch so lange verzögert, dass ein Fall unzumutbarer Härte
in der Person des antragstellenden Ehegatten eintritt (s. Rn 64). Die Vorschrift ist dem früher geltenden
§ 628 S. 1 Nr. 4 ZPO aF nachgebildet, so dass die hierzu ergangene Rechtsprechung auch weiterhin Bedeutung hat.

a) Außergewöhnliche Verzögerung. Eine außergewöhnlich lange **Dauer** des Verbundverfahrens wird re- **62**
gelmäßig dann angenommen, wenn das Verfahren länger als **zwei Jahre** gedauert hat (BGH 29.5.1991 –
XII ZR 108/90, NJW 1991, 2491 mwN). Es kommt auf die Zeit zwischen der Rechtshängigkeit der Ehesache und der Abtrennungsentscheidung an (Garbe in: VerfFamR § 2 Rn 200).

Liegen ganz außergewöhnliche **Härtegründe** vor, kann unter Umständen auch eine kürzere Dauer zur **63**
Feststellung einer außergewöhnlichen Verzögerung führen. Insoweit bestehen Wechselwirkungen mit der
zweiten Voraussetzung des § 140 S. 2 Nr. 5 FamFG (HK-FamFG/Kemper § 140 FamFG Rn 7). Bei einer
erheblichen Zahl und einem erheblichen Umfang von Folgesachen kann umgekehrt auch eine längere Ver-
fahrenslaufzeit als zwei Jahre nicht außergewöhnlich, sondern normal sein.

b) Unzumutbare Härte. Die außergewöhnliche Dauer des Verfahrens muss bei mindestens einem Ehe- **64**
gatten zu einer unzumutbaren Härte führen, um die Abtrennung zu rechtfertigen. Das Gericht hat dabei die
Bedeutung der Folgesache zu würdigen, die abgetrennt werden soll. Handelt es sich beispielsweise um
eine Folgesache, die für die **wirtschaftliche Existenz** des anderen Ehegatten von Bedeutung ist, müssen
die Anforderungen umso strenger geprüft werden. Dies wird man am ehesten für die Folgesachen Kindesunterhalt und Ehegattenunterhalt annehmen können. Sowohl das Sorgerecht als auch der Versorgungsausgleich ist für die Ehegatten zwar von besonderer Bedeutung. Die Entscheidung ist aber meist nicht dringlich, zumindest soweit sie sich erst mit Eintritt in das Rentenalter der Beteiligten auswirken wird. Ebenso
dürften in den meisten Fällen Güterrechtsentscheidungen eher nicht dringlich sein (HK-FamFG/Kemper
§ 140 FamFG Rn 13).

Bei der Entscheidung ist auch zu berücksichtigen, wer etwaige Verzögerungen zu vertreten hat. Haben bei- **65**
de Ehegatten das Zugewinnausgleichsverfahren nicht besonders gefördert, kann eine Abtrennung auch
nach dreijähriger Verfahrensdauer abgelehnt werden (OLG Hamm 28.4.1992 – 9 UF 332/91, FamRZ 1992,
1086).

66 Die alleinige Absicht, sobald wie möglich wieder heiraten zu wollen, rechtfertigt keine unzumutbare Härte, solange der **Heiratswunsch** nicht mit dem fortgeschrittenen Alter oder dem Gesundheitszustand eines der Heiratswilligen oder einer bestehenden Schwangerschaft begründet wird (KG Berlin 24.11.2000 – 13 UF 7180/00, FamRZ 2001, 928).

67 Durch das Antragserfordernis ist klargestellt, dass eine Abtrennung nach dieser Vorschrift von Amts wegen, im Gegensatz zum früheren Recht (§ 628 S. 1 Nr. 4 ZPO aF), nicht möglich ist.

4. Antrag

68 Obwohl in Ehesachen und Folgesachen grundsätzlich die Vertretung durch Rechtsanwälte nach § 114 Abs. 1 FamFG vorgesehen ist, gilt dies nicht für Anträge auf Abtrennung einer Folgesache. § 114 Abs. 4 Nr. 4 FamFG nimmt diese Anträge ausdrücklich von der anwaltlichen Vertretungspflicht aus. Soweit ein Ehegatte im Scheidungsverfahren anwaltlich nicht vertreten ist, soll ihm dennoch die Möglichkeit eines Antrages auf Abtrennung einer Folgesache eröffnet sein, da ansonsten nur deshalb ein Anwalt beauftragt werden müsste.

5. Beendigung des Verbundes aus anderen Gründen

69 Der Verbund mit einer Güterrechtsfolgesache wird beendet, wenn vor Rechtskraft des Scheidungsverbundverfahrens das Verfahren auf den vorzeitigen Zugewinnausgleich gem. § 1385 BGB umgestellt wird. Das Gleiche gilt, wenn in einem gesonderten Verfahren auf vorzeitige Aufhebung der Zugewinngemeinschaft rechtskräftig entschieden wird. Denn in diesem Fall tritt mit der Rechtskraft der Entscheidung Gütertrennung gem. § 1388 BGB ein (s. Rn 23).

70 Eines formalen **Abtrennungsbeschlusses** nach § 140 FamFG bedarf es nicht, da eine Abtrennung durch das Gericht nicht vorliegt. Das Verfahren scheidet aus dem Verbund aus, weil die Voraussetzung des § 137 Abs. 2 S. 1 FamFG nicht mehr vorliegt („Entscheidung für den Fall der Scheidung"). Es empfiehlt sich, dass das Gericht hierauf klarstellend hinweist.

6. Rechtsbehelf

71 Nach § 140 Abs. 6 FamFG findet gegen den Abtrennungsbeschluss kein Rechtsbehelf statt. Daher kann die Abtrennung nur im Rahmen der Beschwerde gegen den **Scheidungsbeschluss** in der Weise gerügt werden, das Gericht habe zu Unrecht abgetrennt und deshalb den Scheidungsbeschluss zu Unrecht vor der abgetrennten Folgesache erlassen. Es reicht aus zu beantragen, die Entscheidung aufzuheben und zur Wiederherstellung des Verbundes an das Ausgangsgericht zurückzuverweisen (BGH 30.5.1979 – IV ZR 160/78, NJW 1979, 1603). Beide Ehegatten sind insoweit beschwert und daher auch beschwerdeberechtigt.

7. Abgetrennte Verfahren

72 Die abgetrennten Verfahren bleiben **Folgesachen**, mehrere abgetrennte Verfahren bleiben daher auch **verbunden**, § 137 Abs. 5 S. 1 FamFG. Nach § 137 Abs. 5 S. 2 FamFG gilt dies aber nicht für Kindschaftssachen, die als selbstständige Sachen nach der Trennung geführt werden. Dies ist nur konsequent, da diese ohnehin nur Folgesachen aufgrund der ausdrücklichen gesetzlichen Anordnung in § 137 Abs. 3 FamFG sind, obwohl die Entscheidung in einer Kindschaftssache nicht „für den Fall der Scheidung" zu treffen ist.

8. Rücknahme des Scheidungsantrags

73 Der Antrag auf Scheidung der Ehe kann wie eine Klage unter den entsprechenden Voraussetzungen zurückgenommen werden. Nach § 113 Abs. 1 S. 2 FamFG sind die entsprechenden Vorschriften der ZPO anwendbar, also insbesondere § 269 ZPO. Die Zurücknahme des Scheidungsantrages kann gem. § 114 Abs. 1 FamFG nur durch einen Rechtsanwalt erfolgen, da es sich um eine Verfahrenshandlung handelt. Soweit eine Einwilligung gem. § 113 Abs. 1 S. 2 FamFG, § 269 Abs. 1 ZPO erforderlich ist, gilt dies entsprechend.

Wegener

Durch die Rücknahme des Scheidungsantrages gilt die Scheidung gem. § 113 Abs. 1 S. 2 FamFG, § 269   **74**
Abs. 3 S. 1 ZPO als nicht anhängig geworden. Daher ist es die konsequente Folge des **Scheidungsverbun-**
des, dass er gem. § 141 FamFG in diesem Fall grundsätzlich **aufgelöst** wird. Dies betrifft auch bereits gem.
§ 140 FamFG **abgetrennte Verfahren**, selbst wenn in diesen bereits rechtskräftig entschieden worden sein
sollte. Denn nach § 148 FamFG können Entscheidungen auch in diesen Folgesachen erst mit Rechtskraft
des Scheidungsausspruches wirksam werden.

Von diesen Wirkungen ausgenommen sind nach § 141 S. 2 FamFG die Verfahren, die die Übertragung der   **75**
elterlichen Sorge oder eines Teiles hiervon wegen **Gefährdung des Kindeswohls** auf einen Elternteil,
Vormund oder Pfleger zum Gegenstand haben. Aus Kindeswohlgründen werden diese Folgesachen als
selbstständige Verfahren fortgeführt, § 141 S. 3 FamFG.

Das Gleiche gilt für diejenigen Folgesachen, die nach der Erklärung eines Beteiligten fortgeführt werden   **76**
sollen. Dies könnte für die Folgesache **Kindesunterhalt** in Betracht kommen, gegebenenfalls auch für die
Folgesache **Zugewinnausgleich**, wenn auf den vorzeitigen Zugewinnausgleich nach § 1385 BGB umgestellt wird. Denn in diesem Fall wäre der Verbund der Güterrechtsfolgesache ohnehin aufzuheben gewesen
(s. Rn 21).

IV. Verfahrenskostenhilfe

1. Reichweite der Verfahrenskostenhilfe im Verbundverfahren

Maßgeblich für die Verfahrenskostenhilfe im Scheidungsverbundverfahren sind zunächst die allgemeinen   **77**
Vorschriften nach § 113 Abs. 1 S. 2 FamFG iVm §§ 114 ff ZPO. Insoweit ergeben sich keine Besonderheiten im Hinblick auf die Voraussetzungen der Verfahrenskostenhilfe (s. → *Verfahrenskostenhilfe* Rn 3 ff).

Nach § 137 Abs. 2 S. 2 FamFG entsteht im Rahmen des Ehescheidungsverfahrens in der Regel der   **78**
Zwangsverbund mit der Folgesache Versorgungsausgleich (s. Rn 6). Daher ist es folgerichtig, dass sich
gem. § 149 FamFG die für das Scheidungsverfahren bewilligte Verfahrenskostenhilfe auch auf die **Versor-**
gungsausgleichsfolgesache erstreckt, ohne dass es hierzu eines Antrags bedarf. Voraussetzung ist dabei
aber, dass es sich um eine Folgesache handelt, was beispielsweise nicht der Fall ist, wenn es um den Wertausgleich nach der Scheidung nach §§ 20 ff. FamFG geht oder um Verfahren, die erst nach der Scheidung
anhängig gemacht werden (Art. 17 Abs. 3 EGBGB).

Bislang gab es unterschiedliche Auffassungen, welche Gebührentatbestände bei einer Einigung auch über
nicht rechtshängige Ansprüche von der bewilligten Verfahrenskostenhilfe umfasst sind. Einigkeit bestand
bislang nur, dass die Einigungsgebühr erfasst ist. Ob aber auch die Verfahrensdifferenzgebühr (VV 3101
Nr. 2 RVG) und /oder die Terminsgebühr (VV 3104 RVG) gewährt wird, wurde unterschiedlich entschieden. Nach der ab 1.8.2013 geltenden Fassung des § 48 Abs. 3 S. 1 RVG, wonach sich die Beiordnung in
einer Ehesache auf alle mit der Herbeiführung der Einigung erforderlichen Tätigkeiten erstreckt, hat der
Gesetzgeber die Unklarheit beseitigt. Es ist auch die Verfahrensdifferenzgebühr und/oder die Terminsgebühr bei Vorliegen der sonstigen Voraussetzungen zu gewähren.

Nach § 149 Hs 2 FamFG kann im Bewilligungsbeschluss über die Verfahrenskostenhilfe für das Eheschei-   **79**
dungsverfahren die Erstreckung der Verfahrenskostenhilfe auf das Versorgungsausgleichsverfahren **ausge-**
nommen werden. Die Wahrnehmung der Interessen im Versorgungsausgleichsverfahren kann nicht mutwillig sein, da es sich um einen Zwangsverbund handelt. Deshalb kommt diese Herausnahme wohl nur
ganz ausnahmsweise in Betracht, wenn mit Gewissheit feststeht, dass ein Versorgungsausgleich nicht stattfindet (HK-FamFG/Kemper § 149 FamFG Rn 4).

2. Erforderlichkeit der gesonderten Beantragung

Alle anderen **Folgesachen**, die also nicht den Versorgungsausgleich betreffen, werden von der Verfahrens-   **80**
kostenhilfebewilligung für das Ehescheidungsverfahren nicht erfasst. Deshalb ist darauf zu achten, dass in

jedem einzelnen Fall gegebenenfalls gesondert die Bewilligung von Verfahrenskostenhilfe beantragt werden muss, § 113 Abs. 1 S. 2 FamFG iVm § 117 ZPO.

V. Rechtsmittel

1. Beschwerde

81 Es gelten die allgemeinen Vorschriften der §§ 58–75 FamFG, soweit in § 117 FamFG nicht besondere Regelungen enthalten sind (s. → *Beschwerdeverfahren* Rn 18 ff, 95 ff). Zusammengefasst gilt auch in Scheidungs- und Scheidungsverbundsachen:

- Das Rechtsmittel gegen Entscheidungen in Scheidungs- und Scheidungsverbundsachen ist die Beschwerde nach § 58 Abs. 1 FamFG.
- Die erforderliche Beschwer ergibt sich aus § 59 FamFG.
- Die Beschwerdefrist beträgt einen Monat gem. § 63 Abs. 1 FamFG.
- Das Oberlandesgericht ist sachlich zuständiges Beschwerdegericht gem. § 119 Abs. 1 Nr. 1 a) GVG.
- Die Beschwerde ist beim erstinstanzlichen Familiengericht durch Einreichung einer Beschwerdeschrift einzulegen, § 64 Abs. 1 FamFG.
- Für die Einlegung der Beschwerde in einer Ehesache, Familienstreitsache oder auch in einer einfachen Familiensache als Folgesache bedarf es grundsätzlich der anwaltlichen Vertretung. Dies gilt entgegen des Wortlautes von § 64 Abs. 2 S. 2 FamFG auch dann, wenn eine Beschwerde isoliert gegen eine Folgesache eingelegt wird, bei der es sich um eine einfache Familiensache handelt. Bei der Nichterwähnung der Folgesachen der freiwilligen Gerichtsbarkeit in der Ausnahmevorschrift des § 64 Abs. 2 S. 2 FamFG handelt es sich nach allgemeiner Auffassung um einen redaktionellen Fehler (Heiter FamRB 2012, 25; vgl auch OLG Rostock 14.7.2010 – 10 UF 72/10, FamRZ 2011, 57). In allen Verfahren, die dem Anwaltszwang unterliegen, soll auch die Beschwerde nur durch einen Rechtsanwalt eingelegt werden können.

82 Nach § 117 Abs. 1 FamFG ist ein bestimmter **Sachantrag** zu stellen und die Beschwerde innerhalb einer Frist von zwei Monaten zu begründen, wenn Beschwerde in einer Ehesache oder Familienstreitsache eingelegt wird. Hierin liegt ein wesentlicher Unterschied zu den allgemeinen Rechtsbehelfsvorschriften, die eine gesetzlich vorgeschriebene Pflicht zur Antragstellung und Begründung nicht kennen, § 65 Abs. 1, 2 FamFG.

83 Da es gem. § 68 Abs. 1 S. 2 FamFG in Familiensachen grundsätzlich keine Abhilfebefugnis des erstinstanzlichen Gerichts gibt, ist jede Beschwerde stets dem Beschwerdegericht vorzulegen.

84 Das Beschwerdeverfahren ist gem. § 65 Abs. 3 FamFG im Gegensatz zum Berufungsverfahren der ZPO als vollständige **Tatsacheninstanz** ausgestaltet. Nach § 68 Abs. 3 FamFG kann das Berufungsgericht von der Durchführung eines Termins, einer mündlichen Verhandlung oder einzelner Verfahrenshandlungen absehen, worauf gem. § 117 Abs. 3 FamFG die Beteiligten allerdings hinzuweisen sind.

2. Rechtsbeschwerde

85 Gegen die Entscheidungen des Beschwerdegerichts ist unter den Voraussetzungen der §§ 70–75 FamFG die Rechtsbeschwerde möglich (s. → *Beschwerdeverfahren* Rn 109 ff).

VI. Streitwert

1. Verbundverfahren

86 Die Besonderheit des Verbundverfahrens drückt sich auch bei der Ermittlung des für die Bemessung der Gerichtsgebühren und der Anwaltsvergütung maßgeblichen Streitwertes aus. Nach § 44 Abs. 1 FamGKG gelten die **Scheidungssache** und die **Folgesache** als ein Verfahren. Demnach werden die jeweils zu ermittelnden Streitwerte der Ehesache und aller Folgesachen addiert, § 44 Abs. 2 S. 2 FamGKG. Dies gilt nach

§ 44 Abs. 2 S. 3 FamGKG auch dann, wenn ein nicht vermögensrechtlicher Anspruch mit einem daraus hergeleiteten vermögensrechtlichen Anspruch verbunden wird.

Es bleibt auch im Falle der **Abtrennung** von Folgesachen bei der Addition der einzelnen Verfahrenswerte, denn die abgetrennten Verfahren bleiben nach § 137 Abs. 5 S. 1 FamFG Folgesachen, es sei denn, es handelt sich um Kindschaftssachen iSd § 137 Abs. 3 FamFG, die als selbstständige Verfahren fortgeführt werden, § 137 Abs. 5 S. 2 FamFG. Da diese Sachen keine Folgesachen mehr sind, erfolgt auch keine Wertaddition. Das Gleiche gilt für Folgesachen, die nach Zurücknahme oder Abweisung des Scheidungsantrags als selbstständige Folgesachen gem. §§ 141 S. 3, 142 Abs. 2 S. 3 FamFG fortgeführt werden. **87**

2. Ehesache

Nach § 43 Abs. 1 FamGKG sind für die **Wertbestimmung** der Umfang und die Bedeutung der Sache sowie die Vermögens- und Einkommensverhältnisse maßgeblich. Der **Umfang** einer Sache soll dann beachtet werden, wenn er aus dem üblichen Rahmen fällt. Die nicht näher begründete Feststellung, ein Scheidungsverfahren sei einfach und wenig arbeitsintensiv gewesen, reicht nicht aus, um den sich aus den Einkommensverhältnissen ergebenden Streitwert herabzusetzen, ebenso wenig der Umstand, dass Verfahrenskostenhilfe bewilligt wurde (BVerfG 17.12.2008 – 1 BvR 1369/08, FamRZ 2009, 491). **88**

Maßgeblich sind nach § 34 S. 1 FamFG die Einkommens- und Vermögensverhältnisse zum Zeitpunkt der jeweiligen **Beantragung**. Spätere Verbesserungen oder Verschlechterungen bleiben unbeachtlich. Die **Einkommensverhältnisse** werden gem. § 43 Abs. 2 FamGKG nach dem dreifachen Monatsnettoeinkommen beider Ehegatten ermittelt, die diese vor der Anhängigkeit des Scheidungsantrages erzielt haben. **89**

Unter Einkommen sind grundsätzlich **alle Einkünfte** zu verstehen. Zu den Einkünften zählen Abfindungen, Gratifikationen, Einkünfte aus Kapitalvermögen, aus Vermietung und Verpachtung, Wohngeld, Hartz IV, Sozialhilfe, ALG II (Hartmann § 43 FamGKG Rn 29–32 mit weiteren Beispielen). Ob **Transferleistungen**, wie beispielsweise ALG II, zur Bemessung des Streitwertes heranzuziehen sind, ist allerdings umstritten. Das OLG Stuttgart verneint dies mit dem Hinweis, Sozialleistungen sicherten nur das Existenzminimum und bildeten nicht den zuvor erarbeiteten Lebensstandard ab (OLG Stuttgart 23.3.2011 – 18 WF 56/11, FamRZ 2011, 1810). Diese Auffassung überzeugt nicht. Bei bescheidenen Einkommensverhältnissen kommt es auch dann nur auf die konkrete Höhe der Einkünfte an, wenn diese unterhalb des Existenzminimums liegen sollten. Lediglich der Mindeststreitwert von 2.000 EUR ist als korrigierender Auffangwert vorgesehen. Der frühere Lebensstandard spielt nach § 34 FamGKG gerade keine Rolle, da es nur auf den Zeitpunkt der Antragstellung ankommt. Die meisten Oberlandesgerichte ziehen auch Transferleistungen zur Streitwertbemessung heran, denn letztendlich soll die Wirtschaftskraft der Beteiligten streitwertbestimmend sein (zB OLG Zweibrücken 10.1.2011 – 5 WF 178/10, NJW 2011, 1235; OLG Brandenburg 10.1.2011 – 9 WF 403/09, FamRZ 2011, 1423; OLG Düsseldorf 16.7.2008 – 8 WF 76/08, FamRZ 2009, 453). **90**

Auch das **Kindergeld** zählt zu den Einkünften, zumindest dann, wenn bei der Einkommensermittlung für jedes unterhaltsberechtigte Kind ohne Rücksicht auf die tatsächliche Höhe von Unterhaltsansprüchen ein Pauschalbetrag abgesetzt wird (OLG Karlsruhe 4.4.2008 – 2 WF 40/08, FamRZ 2008, 2050; OLG Hamm 27.1.2006 – 11 WF 333/05, FamRZ 2006, 718; OLG Karlsruhe 23.2.2006 – 5 WF 31/06, FamRZ 2006, 1055; Brandenburgisches OLG 23.4.2007 – 10 WF 7/07, FamRZ 2008, 1206; aA OLG Düsseldorf 13.1.2006 – 3 WF 298/05, FamRZ 2006, 807). **Schulden** der Ehegatten werden nicht abgezogen.

Das **Vermögen** beider Eheleute ist nach § 43 Abs. 1 S. 1 FamGKG in jedem Fall bei der Streitwertbemessung von Bedeutung, auch wenn es sich um eine einverständliche Scheidung handelt (OLG Stuttgart 16.4.2010 – 18 WF 71/10, FamRZ 2010, 1940). Von dem addierten Vermögen beider Eheleute sind **Freibeträge** abzuziehen. In welcher Höhe dies zu erfolgen hat, wird in der Rechtsprechung unterschiedlich beantwortet. Ein Freibetrag von 60.000 EUR je Ehegatte erscheint angemessen (so OLG Stuttgart 16.4.2010 – 18 WF 71/10, FamRZ 2010, 1940). Soweit **Kinder** in den Genuss des Vermögens kommen, sind auch für **91** diese Freibeträge anzusetzen, in der Regel der halbe Betrag, also 30.000 EUR je Kind. Leben die Kinder nicht mehr bei den Eltern, dürfte dies in der Regel ausgeschlossen sein.

92 Von dem dann verbleibenden Vermögenswert ist ein Prozentsatz anzusetzen, dessen Höhe wiederum in der Rechtsprechung unterschiedlich festgesetzt wird. Nach dem OLG Stuttgart (16.4.2010 – 18 WF 71/10, FamRZ 2010, 1940) ist ein Wert von 5 % des Vermögens angemessen.

93 Letztendlich liegt die Höhe des Freibetrages und des Prozentsatzes gem. § 43 Abs. 1 S. 1 FamGKG im **Ermessen** des Gerichts.

94 Gem. § 43 Abs. 1 S. 2 FamGKG aF galt ein **Mindestwert** von 2.000 EUR und ein **Höchstwert** von einer Million EUR. Nach der am 1.8.2013 in Kraft getretenen **Neufassung** des § 43 Abs. 1 S. 2 FamGKG ist der **Mindestwert auf 3.000 EUR** angehoben worden. Der Mindestwert kommt nur dann in Betracht, wenn die dreifachen Nettoeinkünfte der Eheleute niedriger sind. Eine Herabsetzung auf den Mindestwert mit der Begründung, beiden Eheleuten sei **Verfahrenskostenhilfe** bewilligt worden, verstößt gegen Art. 12 Abs. 1 GG (BVerfG 17.12.2008 – 1 BvR 1369/08, FamRZ 2009, 491). Es ist also in jedem Fall festzustellen, welche konkreten Einkünfte und welches Vermögen beide Eheleute haben (Rn 88 ff).

3. Folgesachen

95 **a) Kindschaftssachen.** Werden Kindschaftssachen als Folgesache in den Scheidungsverbund nach § 137 Abs. 3 FamFG aufgenommen, wird der Verfahrenswert nicht mit dem Festbetrag von 3.000 EUR nach § 45 FamGKG bestimmt. Er reduziert sich vielmehr gem. § 44 Abs. 2 FamGKG auf 20 % des Wertes der Ehesache, wobei ein Höchstbetrag von 3.000 EUR gilt. Der Wert wird nicht erhöht, wenn mehrere Kinder betroffen sind.

96 Nach § 44 Abs. 3 FamGKG kann aus **Billigkeitsgründen** der Verfahrenswert der Kindschaftssache erhöht oder vermindert werden, demnach auch über den Wert von 3.000 EUR hinausgehend (Garbe in: VerfFamR § 2 Rn 220). Liegen besondere Umstände vor, die zur Unbilligkeit des Pauschalwertes führen, kann das Gericht den Streitwert anderweitig festsetzen. Eine **Herabsetzung** kommt nur in besonders **unterdurchschnittlich** gelagerten Fällen in Betracht. Ist im Rahmen der Bewilligung von Verfahrenskostenhilfe ein Rechtsanwalt beigeordnet worden, kann wegen § 78 Abs. 2 FamFG von vornherein ein unterdurchschnittlicher Fall nicht angenommen werden (OLG Celle 24.1.2012 – 10 WF 11/12, FamRR 2012, 132). Eine **Erhöhung** ist angezeigt, wenn mehr als ein Verhandlungstermin erforderlich war und ein Sachverständigengutachten eingeholt wurde und durchgearbeitet werden musste (OLG Hamm 19.9.2011 – 6 WF 307/11, FamRR 2011, 574).

97 **b) Ehewohnungs- und Haushaltssachen.** Es gelten die in § 48 FamGKG festgelegten festen **Verfahrenswerte** für die Ehewohnungssache nach § 200 Abs. 1 Nr. 2 FamFG in Höhe von 4.000 EUR und für die Haushaltssache nach § 200 Abs. 2 Nr. 2 FamFG 3.000 EUR. Auch hier kann aus **Billigkeitsgründen** der jeweilige Wert korrigiert werden, § 48 Abs. 3 FamGKG.

98 **c) Versorgungsausgleich.** Für die Ermittlung des Verfahrenswertes ist das in drei Monaten erzielte **Nettoeinkommen** beider Eheleute die Berechnungsbasis, § 50 Abs. 1 S. 1 FamGKG. Dieses Einkommen ist nicht zu kürzen, beispielsweise um einen Pauschalbetrag für Kindesunterhalt, da hier – anders als bei § 43 Abs. 1 S. 1 FamGKG – dem Gericht kein Ermessen eingeräumt wird.

99 Von diesem Wert ist für jedes **Anrecht** 10 % anzusetzen, auch wenn es nicht ausgeglichen wird, weil beispielsweise ein Fall der Geringfügigkeit gem. § 18 VersAusglG vorliegt (OLG Stuttgart 16.11.2010 – 11 WF 153/10, NJW 2010, 540). Der Streitwert beträgt mindestens 1.000 EUR, § 50 Abs. 1 S. 2 FamGKG.

100 Wird ein Anrecht erst nach der Scheidung ausgeglichen, bleibt es beim Wertansatz im Verbundverfahren unberücksichtigt. Dies folgt schon daraus, dass es in dem dann zu führenden isolierten Versorgungsausgleichsverfahren mit 20 % angesetzt wird (Brandenburgisches OLG 14.6.2011 – 10 UF 249/10, AGS 2011, 393).

Nach § 50 Abs. 3 FamGKG ist eine Abweichung vom festgestellten Verfahrenswert aus **Billigkeitsgrün-** 101
den möglich. Allein der Umstand, dass Anrechte wegen Geringfügigkeit nicht ausgeglichen wurden, rechtfertigt jedoch keine Herabsetzung des Verfahrenswertes (OLG Stuttgart 16.11.2010 – 11 WF 153/10, NJW
2010, 540).

d) Unterhaltssachen. In den Folgesachen Kindesunterhalt und Ehegattenunterhalt ermittelt sich der Ver- 102
fahrenswert gem. § 51 FamGKG nach dem für die ersten zwölf Monate geforderten **Unterhaltsbetrag.** Da
diese Anträge stets für den Fall der rechtskräftigen Scheidung zu stellen sind, ist der Zeitpunkt der Rechtskraft des Scheidungsurteils und nicht der Zeitpunkt der Antragstellung maßgeblich. Auch kommt die zusätzliche Geltendmachung von Unterhaltsrückständen im Rahmen der Folgesache nicht in Betracht. Der
Antrag kann nur in die Zukunft gerichtet sein. Bei einer **Stufenklage** ist nur der höhere Wert nach § 38
FamGKG maßgeblich. Durch die am 1.8.2013 in Kraft getretene Neufassung des § 51 Abs. 1 S. 1 FamGKG
(„und in sonstigen den Unterhalt betreffenden Familiensachen") ist klargestellt, dass auch Streitigkeiten
über vertraglich vereinbarte Unterhaltsansprüche nach dieser Vorschrift zu bewerten sind.

e) Güterrechtssache. Für die Verfahrenswertbestimmung kommt es auf den geltend gemachten **Betrag** 103
gem. § 35 FamGKG an. Bei einer Stufenklage ist nur der höhere Wert nach § 38 FamGKG maßgeblich.
Nach § 52 FamGKG werden die Werte addiert, wenn neben dem Zahlungsantrag auch Stundung oder die
Übertragung von Vermögensgegenständen beantragt wird.

VII. Gebühren und Vergütung

1. Gerichtsgebühren

Nach §§ 9 Abs. 1, 14 FamGKG ist für **Ehesachen** ein Kostenvorschuss zu erheben. Für das Ehescheidungs- 104
verfahren ermittelt sich der Verfahrenswert für den Kostenvorschuss daher nur aus dem Wert der Ehesache
gem. § 43 FamGKG. Ein höherer Verfahrenswert kann wegen bereits in der Scheidungsantragsschrift ein-
bezogener **Folgesachen** nicht angesetzt werden.

Für das Verfahren in erster Instanz entsteht nach KV 1110 FamGKG eine 2,0 Verfahrensgebühr für das 105
Ehescheidungsverfahren einschließlich aller Folgesachen. In der Beschwerdeinstanz erhöht sich die Gebühr
auf 3,0 (KV 1120) und in der Rechtsbeschwerdeinstanz auf 4,0 (KV 1130) und zwar jeweils auch dann,
wenn sich das Rechtsmittel auf eine Folgesache beschränkt.

2. Rechtsanwaltsvergütung

In der ersten Instanz kommen in Betracht: die 1,3 Verfahrensgebühr nach VV 3100 RVG und die 1,2 Ter- 106
minsgebühr nach VV 3104 RVG. Im Falle einer Einigung entsteht die 1,0 Einigungsgebühr nach VV 1000,
1003 RVG. In **Ehesachen** (und in Lebenspartnerschaftssachen) kann eine Einigungsgebühr nicht entstehen,
VV 1000 Abs. 5, 1003 RVG (s. aber Rn 108). In **Kindschaftssachen** entsteht eine Einigungsgebühr auch
dann, wenn über den Gegenstand der Vereinbarung vertraglich nicht verfügt werden kann, wenn die gerichtliche Entscheidung dadurch entbehrlich wird oder die Entscheidung der Vereinbarung folgt. Sie entsteht auch, wenn ein Vergleich gerichtlich gebilligt wird, VV 1003 Abs. 2 RVG. Im Falle der bewilligten
Verfahrenskostenhilfe werden die Verfahrensdifferenzgebühr und die Terminsgebühr bei Vorliegen der
sonstigen Voraussetzungen nach der ab 1.8.2013 geltenden Fassung des § 48 Abs. 3 S. 1 RVG gewährt
(Rn 78).

Es werden jeweils die Verfahrenswerte derjenigen Folgesachen zugrunde gelegt, über die eine Einigung er- 107
folgt ist.

Wirkt der Anwalt an der Aussöhnung der Eheleute mit, nachdem ein Scheidungsverfahren anhängig ge- 108
worden ist, entsteht die **Aussöhnungsgebühr** in Höhe von 1,0 nach VV 1001, 1003 RVG.

In der Beschwerdeinstanz sind die VV 3200 ff RVG anwendbar, was sich aus Vorbemerkung 3.2.1 Nr. 2 b) 109
RVG ergibt. Es kommen daher die 1,6 Verfahrensgebühr nach VV 3200 RVG und die 1,2 Terminsgebühr

nach VV 3202 RVG in Betracht. Im Falle einer Einigung bzw Aussöhnung entsteht die 1,3 Einigungsgebühr/Aussöhnungsgebühr nach VV 1000, 1001, 1004 Abs. 1 RVG.

110 In der Rechtsbeschwerdeinstanz sind die VV 3206 ff RVG anwendbar, was sich aus Vorbemerkung 3.2.2 Nr. 1 b) RVG ergibt. Es kommen daher die 2,3 Verfahrensgebühr nach VV 3208 RVG und die 1,5 Terminsgebühr nach VV 3210 RVG in Betracht. Im Falle einer Einigung bzw Aussöhnung entsteht die 1,3 Einigungsgebühr/Aussöhnungsgebühr nach VV 1000, 1001, 1004 Abs. 1 RVG.

196. Scheinehe

Vlassopoulou

I. Einführung 1
II. Materielles Recht 2
  1. Fehlender Wille zur Begründung einer Lebens-
    gemeinschaft 2
  2. Rechtsfolgen 7
III. Auflösung der Scheinehe 8

IV. Verfahrenshinweise 9
V. Nebengebiete 10
  1. Ausländerrecht 10
  2. Versorgungsehe 12
VI. Internationales Familienrecht 13

I. Einführung

Mit der Scheinehe wird ein **ehefremder Zweck** verfolgt. Die Ehe wird nicht zu dem Zweck geschlossen, 1
eine eheliche Lebensgemeinschaft zu begründen, sondern zu dem Zweck, einem der Partner einen Vorteil,
meistens ein Aufenthaltsrecht, zu verschaffen.

II. Materielles Recht

1. Fehlender Wille zur Begründung einer Lebensgemeinschaft

Das deutsche Recht missbilligt den **Missbrauch** der Institution der Ehe. Gem. § 1310 Abs. 1 S. 2 Hs 2 BGB 2
muss der Standesbeamte seine Mitwirkung bei der Eheschließung verweigern, wenn offenkundig ist, dass
die Ehe gem. § 1314 Abs. 2 EGBGB aufhebbar wäre.

Gem. § 1314 Abs. 2 Nr. 5 BGB ist die Ehe aufhebbar, wenn **beide Ehegatten** keine Verpflichtung gem. 3
§ 1353 Abs. 1 BGB begründen wollen. Das Ehehindernis wurde eingeführt um die Ehen zu verhindern, die
ausschließlich zu dem Zweck erfolgten, dem ausländischen Partner die Einreise nach Deutschland zu ermöglichen oder seine Abschiebung aus Deutschland zu verhindern.

Bei der Scheinehe fehlt nicht der Wille zur Eheschließung. Es fehlt der Wille, die eheliche Lebensgemein- 4
schaft zu begründen, und auch der Wille, die Verantwortung für den anderen zu übernehmen (§ 1353
Abs. 1 BGB).

Die Regelung des § 1310 Abs. 2 S. 2 Hs 2 BGB iVm § 1314 Abs. 2 Nr. 5 BGB stellt allein auf den **fehlen-** 5
den Willen zur ehelichen Lebensgemeinschaft ab, so dass nicht nur die Aufenthaltsehen erfasst werden.
Gleichwohl ist die Vorschrift wegen der verfassungsrechtlich geschützten Eheschließungsfreiheit (Art. 6
Abs. 1 GG) eng auszulegen. Sie stellt keine Generalklausel dar (Palandt/Brudermüller § 1310 BGB Rn 9).

Keine Scheinehe liegt vor, wenn Teilbereiche der ehelichen Lebensgemeinschaft gem. § 1353 Abs. 1 BGB
durch Vereinbarung der Eheleute ausgeschlossen werden, ebenso wenig, wenn eine eheliche Lebensgemeinschaft aus tatsächlichen Gründen nicht durchgeführt werden kann.

Indizien für eine Scheinehe können fehlende sprachliche Verständigungsmöglichkeiten, weit auseinander 6
liegende Aufenthaltsorte der Eheschließenden, widersprüchliche Angaben über die Umstände des Kennen-
lernens sein (s. NK-BGB/Finger § 1310 BGB Rn 9).

2. Rechtsfolgen

§ 117 BGB gilt für die Scheinehe nicht. Die Scheinehe ist wirksam, jedoch aufhebbar (§ 1314 Abs. 2 Nr. 5 7
BGB). Der Aufhebungsgrund entfällt, die Ehe wird geheilt, wenn die Ehegatten nachträglich miteinander
als Ehegatten gelebt haben.

III. Auflösung der Scheinehe

Die Ehegatten können die **Aufhebung**, aber auch die Scheidung der Ehe beantragen. Welcher Weg vorzu- 8
ziehen ist, hängt von dem Ziel ab, das ein Partner mit der Auflösung der Ehe verfolgt. Bei der Aufhebung
der Scheinehe gibt es keine Unterhaltsansprüche, bei der Scheidung sehr wohl. Dafür muss bei der Schei-

dung das **Trennungsjahr** eingehalten werden, auch muss der fehlende Wille, die Ehe fortzuführen, bekundet werden (OLG Karlsruhe 28.4.1986 – 2 WF 174/85, FamRZ 1986, 680). Bei der Scheidung ist grundsätzlich die Jahresfrist einzuhalten. Dagegen kann bei der Aufhebung die Auflösung der Ehe jederzeit beantragt werden (s. zum Verfahren NK-BGB/Finger § 1313 BGB Rn 16 f).

IV. Verfahrenshinweise

9 Der **Prozesskostenhilfeantrag** für eine Klage auf Aufhebung einer zur Verschaffung eines Aufenthaltsrechts eingegangenen Ehe ist nicht rechtsmissbräuchlich. Eine Partei, die rechtsmissbräuchlich die Ehe geschlossen und hierfür ein Entgelt erhalten hat, ist grundsätzlich verpflichtet, hiervon Rücklagen zu bilden, um die Kosten eines Eheaufhebungsvertrages finanzieren zu können (BGH 30.3.2011 – XII ZB 212/09, NJW 2011, 1814).

V. Nebengebiete

1. Ausländerrecht

10 Meistens geht es in der Praxis bei einer Scheinehe darum, dem anderen „Ehegatten" eine Aufenthaltserlaubnis zu verschaffen (**Aufenthaltsehe**). Gemäß § 27 Abs. 1 a Nr. 1 AufenthG wird der Familiennachzug nicht zugelassen, wenn feststeht, dass die Ehe ausschließlich zu dem Zweck erfolgte, dem Nachziehenden die Einreise in das oder den Aufenthalt im Bundesgebiet zu ermöglichen.

11 Die Scheinehe mit einem ausreisepflichtigen Ausländer verschafft diesem kein Aufenthaltsrecht (BVerwG 23.3.1982 – 1 C 20/81, NJW 1982, 1956). Das **Kind** einer ausländischen Mutter, die in Scheinehe mit einem Deutschen lebt, erlangt die deutsche Staatsangehörigkeit (OVG Berlin-Brandenburg 6.5.2008 – 3 N 246/06, NJW-RR 2008, 826).

2. Versorgungsehe

12 Oft kommt in der Praxis auch der Fall der sog. Versorgungsehe vor. Hier erfolgt die Eheschließung zu dem Zweck, dem überlebenden Ehegatten, meistens der Ehefrau, eine **Hinterbliebenenrente** zu verschaffen.

Gem. **§ 19 Abs. 1 BeamtVG** besteht grundsätzlich kein Anspruch auf Witwengeld, wenn die Ehe mit dem Verstorbenen nicht mindestens ein Jahr gedauert hat. Ebenso sieht § 46 Abs. 2 a SGB VI vor, dass Witwen oder Witwer grundsätzlich keinen Anspruch auf Witwenrenten oder Witwerrente haben, wenn die Ehe nicht mindestens ein Jahr gedauert hat. Diese gesetzliche Vermutung ist widerlegbar. Die Annahme einer Versorgungsehe ist nur dann nicht gerechtfertigt, wenn die von der Versorgungsabsicht verschiedenen Beweggründe beider Ehegatten insgesamt gesehen überwiegen oder zumindest gleichwertig sind (BSG 5.5.2009 – B 13 R 55/08, NZS 2010, 403). Ähnliche Klauseln wie im Beamtenversorgungsgesetz finden sich auch in ärztlichen Versorgungswerken sowie in Versorgungswerken für Rechtsanwälte (zB § 22 Abs. 2 RAVG NW).

VI. Internationales Familienrecht

13 Bei Eheschließungen im Ausland mit Ausländern oder zwischen Ausländern setzt die Anwendung des § 1310 Abs. 1 S. 2 Hs 2 BGB voraus, dass kollisionsrechtlich auf die sachlichen Voraussetzungen der Ehe (**Art. 13 Abs. 1 EGBGB**) deutsches Recht anwendbar ist. Das erfordert, dass einer der Eheschließenden Deutscher ist oder als staatenlose Person ein deutsches Personalstatut hat (s. → *Eheschließung mit Ausländern* Rn 5).

14 Aber auch dann, wenn das Heimatrecht beider Verlobten eine Scheinehe nicht verbietet, kann gleichwohl die Anwendung des ausländischen Rechts und die Mitwirkung des Standesbeamten an Art. 6 EGBGB (**ordre public**) scheitern.

197. Scheinvaterregress

Knahn

I. Einführung	1
II. Ersatzanspruch des Scheinvaters	2
1. Voraussetzungen	2
a) Unterhaltsleistung als Vater	2
b) Keine Sperrwirkung der Vaterschaft	3
c) Rechtsverfolgung im Inland ausgeschlossen oder erschwert?	6
2. Umfang des Forderungsübergangs	7
3. Auskunftsanspruch	8
4. Benachteiligungsverbot	9

5. Weitere Anspruchsgrundlagen des Scheinvaters	10
III. Unterhaltsverfahren gem. § 231 Abs. 1 Nr. 1 FamFG	11
1. Familienstreitsache	11
2. Zuständigkeit	12
a) International	12
b) Sachlich	13
c) Örtlich	14

I. Einführung

Durch die gesetzliche Regelung der Vaterschaft in § 1592 Nr. 1 und 2 BGB kann es zu sogenannten **Scheinvaterschaften** kommen, dh dass der rechtliche Vater tatsächlich nicht der genetische Vater des Kindes ist. Grundsätzlich geht das Gesetz nach dem Abstammungsprinzip des § 1589 BGB zwar davon aus, dass die Verwandtschaft (s. NK-BGB/Gutzeit § 1589 BGB Rn 4) zwischen Kind und Eltern auf der genetischen Herkunft beruht (BT-Drucks. 13/4899, 83). Bei der Vaterschaft des Ehemannes nach § 1592 Nr. 1 BGB sowie bei der Vaterschaft kraft Anerkennung gem. § 1592 Nr. 2 BGB findet eine Überprüfung der genetischen Abstammung aber nicht statt, so dass der rechtliche Vater nicht unbedingt auch der genetische (biologische) Vater ist (s. → *Anfechtung der Vaterschaft* Rn 3). Auch bei der Vaterschaft aufgrund gerichtlicher Feststellung gem. § 1592 Nr. 3 BGB ist denkbar, dass im Rahmen eines Wiederaufnahmeverfahrens gem. § 185 FamFG (s. → *Feststellung der Vaterschaft* Rn 21) eine andere Entscheidung bzgl der Vaterschaft ergeht und der ursprünglich festgestellte Vater somit nur Scheinvater war.

In diesen Fällen sieht § 1607 Abs. 3 S. 2 BGB einen **gesetzlichen Forderungsübergang** der Unterhaltsansprüche des Kindes auf den Scheinvater vor, dh der Scheinvater kann als Legalzessionar Regress beim genetischen Vater nehmen (**Scheinvaterregress**).

II. Ersatzanspruch des Scheinvaters

1. Voraussetzungen

a) Unterhaltsleistung als Vater. Gem. § 1607 Abs. 3 S. 2 BGB muss dem Kind ein **Dritter** als Vater Unterhalt geleistet haben. Dabei kommt es nicht darauf an, ob die Vaterschaft aufgrund der Ehe mit der Mutter des Kindes gem. § 1592 Nr. 1 BGB, aufgrund Anerkennung gem. § 1592 Nr. 2 BGB oder gerichtlicher Feststellung gem. § 1592 Nr. 3 BGB bestanden hat. Unschädlich ist es, wenn der Scheinvater gewusst hat, dass er nicht der biologische Vater ist (OLG Schleswig 19.3.2007 – 13 UF 157/05, NJW-RR 2007, 1017). Eine rechtliche Vaterschaft kann auch überhaupt nicht vorgelegen haben. Es ist dann ausreichend, dass der Dritte aufgrund einer Geschlechtsbeziehung zur Mutter irrtümlich angenommen hat, dass er der biologische Vater sei (NK-BGB/Saathoff § 1607 BGB Rn 4). 2

b) Keine Sperrwirkung der Vaterschaft. Aufgrund der **Sperrwirkung des § 1600 d Abs. 4 BGB** kann der Anspruch erst durchgesetzt werden (Rechtsausübungssperre), wenn die bestehende rechtliche Vaterschaft des Scheinvaters durch Anfechtung beseitigt und die Vaterschaft des in Regress genommenen Mannes aufgrund von Anerkennung oder gerichtlicher Feststellung feststeht (BGH 17.2.1993 – XII ZR 238/91, NJW 1993, 1195). Versäumt der rechtliche Vater die Frist zur Anfechtung seiner Vaterschaft, kann er sich nicht auf eine Durchbrechung der Rechtsausübungssperre des § 1600 d Abs. 4 BGB berufen (BGH 11.1.2012 – XII ZR 194/09, NJW 2012, 852). 3

Ausnahmsweise muss die Vaterschaft des in Regress genommenen Mannes noch nicht feststehen, sondern kann im Unterhaltsregressverfahren des Scheinvaters **inzident** festgestellt werden, wenn (ggf nach erfolgreicher Anfechtung der Vaterschaft des Scheinvaters) sowohl Mutter als auch der vermeintliche Vater nicht 4 bereit sind, die Vaterschaft gerichtlich feststellen zu lassen oder durch Anerkennung zu konstatieren (BGH 16.4.2008 – XII ZR 144/06, NJW 2008, 2433). Der Scheinvater wäre in diesen Fällen rechtlos gestellt, weshalb ausnahmsweise eine Durchbrechung der Rechtsausübungssperre des § 1600 d Abs. 4 BGB und damit eine inzidente Vaterschaftsfeststellung zulässig ist.

Darüber hinaus ist die inzidente Vaterschaftsfeststellung bei unstreitiger Vaterschaft des außerehelichen Erzeugers oder bei kollusivem Zusammenwirken des Erzeugers mit der Mutter zulässig (Palandt/Brudermüller § 1607 BGB Rn 16).

5   Die Sperrwirkung des § 1600 d Abs. 4 BGB hindert nicht an der **rückwirkenden Geltendmachung** der Unterhaltsansprüche, da § 1613 Abs. 2 Nr. 2 a BGB die Geltendmachung für die Vergangenheit ohne Einschränkung erlaubt, wenn der Unterhaltsberechtigte aus rechtlichen Gründen an der Geltendmachung gehindert war.

6   **c) Rechtsverfolgung im Inland ausgeschlossen oder erschwert?** Die Verweisung des § 1607 Abs. 3 S. 2 BGB auf S. 1 gilt nicht für die weitere Verweisung des S. 1 auf Abs. 2 S. 1. Es ist daher **nicht Voraussetzung**, dass die Rechtsverfolgung im Inland ausgeschlossen oder erschwert ist (Palandt/Brudermüller § 1607 BGB Rn 17; aA BeckOK/Reineken § 1607 BGB Rn 19).

2. Umfang des Forderungsübergangs

7   Einwendungen gegen den Unterhaltsanspruch bleiben erhalten (§§ 404, 412 BGB). Der Anspruch ist abtretbar und ohne die Privilegierungen des § 850 d ZPO pfändbar, gegen ihn kann aufgerechnet werden, §§ 406, 412 BGB (Palandt/Brudermüller § 1607 BGB Rn 14).

Der Scheinvater kann neben den Unterhaltsleistungen auch den Ersatz der **Kosten des Vaterschaftsanfechtungsverfahrens** (BGH 25.11.1987 – IVb ZR 109/86, NJW-RR 1988, 582) einschließlich der Rechtsanwaltskosten geltend machen (AG Landau i.d. Pfalz 4.8.1998 – 5 C 599/98, FamRZ 1999, 1296). Die Kosten des Anfechtungsverfahrens können dann nicht geltend gemacht werden, wenn die Vaterschaft aufgrund Anerkennung bestand (OLG Jena 5.8.2005 – 1 UF 55/01, NJW 2006, 522). Auch Naturalleistungen in Form von Betreuung oder Unterkunft können geltend gemacht werden (AG Köln 30.5.1990 – 382 C 49/90, FamRZ 1991, 735).

Da der Anspruch des Kindes gegenüber dem neuen rechtlichen Vater übergeht, kann der Scheinvater nur Ersatz in der Höhe verlangen, in der auch der tatsächliche Vater zur Zahlung verpflichtet gewesen wäre. Es kommt daher nicht auf die tatsächlich geleisteten Zahlungen an, sondern auf die Bedarfsbemessung des Kindes aufgrund der Einkommensverhältnisse des in Anspruch genommenen Vaters (KG 15.3.1999 – 18 WF 740/99, FamRZ 2000, 441).

3. Auskunftsanspruch

8   Der Scheinvater kann **von dem Kind** Auskunft verlangen, ob die Vaterschaft anerkannt oder festgestellt wurde und wer der Vater ist (OLG Köln 18.3.2002 – 27 WF 41/02, FamRZ 2002, 1214). Ein Auskunftsanspruch besteht ausnahmsweise gegen die Mutter auf Bekanntgabe des Namens des leiblichen Vaters gem. § 826 BGB oder § 242 BGB (s. → *Kenntnis der Abstammung* Rn 5; Palandt/Brudermüller Vor § 1591 BGB Rn 3). Ein Anspruch auf Auskunft gegenüber der Mutter nach § 242 BGB besteht nicht, solange die Vaterschaft nach § 1592 Nr. 1 BGB besteht (OLG Thüringen 2.11.2010 – 1 WF 353/10).

4. Benachteiligungsverbot

9   Die Inanspruchnahme des nunmehr festgestellten Vaters im Wege des Scheinvaterregresses für bereits in der Vergangenheit geleisteten Unterhalt soll den laufenden Unterhaltsanspruch des Kindes nicht gefährden, weshalb § 1607 Abs. 4 BGB anordnet, dass der Forderungsübergang nicht zum Nachteil des Kindes als Unterhaltsberechtigten geltend gemacht werden kann (Benachteiligungsverbot). Das Benachteiligungsverbot hat somit Auswirkungen im Erkenntnisverfahren des Kindes als auch im Vollstreckungsverfahren des Scheinvaters gegen den Unterhaltspflichtigen.

Im **Erkenntnisverfahren des Kindes wegen laufenden Unterhalts** hat das Benachteiligungsverbot die Wirkung, dass bei der Bemessung der Leistungsfähigkeit des Unterhaltsschuldners die Schuld gegenüber dem Legalzessionar nicht berücksichtigt wird (HK-FamR/Pauling § 1607 BGB Rn 14).

Der Scheinvater ist aber nicht daran gehindert, den Ersatzanspruch gerichtlich geltend zu machen. Das Urteil muss auch keinen entsprechenden Vorbehalt aussprechen (Palandt/Brudermüller § 1607 BGB Rn 19), weil das Benachteiligungsverbot im Übrigen im **Vollstreckungsverfahren (des Scheinvaters)** gemäß §§ 850 c Abs. 1 S. 2, 850 d Abs. 1 S. 2 ZPO von Amts wegen zu berücksichtigen ist. Die Vollstreckung darf daher nur erfolgen, wenn der laufende Unterhalt dadurch nicht gefährdet wird. Die Regelung des § 1607 Abs. 4 BGB ist mit § 7 Abs. 3 S. 2 UVG und der dazu ergangenen Rechtsprechung (BGH 23.8.2006 – XII ZR 26/04, NJW 2006, 3561) vergleichbar.

5. Weitere Anspruchsgrundlagen des Scheinvaters

Ansprüche des Scheinvaters **gegen das Kind** gem. § 812 Abs. 1 S. 2 BGB sind wegen des Entreicherungs- 10
einwandes gem. § 818 Abs. 3 BGB regelmäßig nicht durchsetzbar. Ansprüche **gegen die Mutter** aus ungerechtfertigter Bereicherung sind insbesondere denkbar, wenn der tatsächliche Vater des Kindes nicht feststellbar ist und die Mutter so durch die Leistungen des Scheinvaters eigene Aufwendungen erspart hat. Ein deliktischer Anspruch gem. § 826 BGB bei einem Ehebruchskind scheidet aus. Ausnahmsweise kann § 826 BGB erfüllt sein, wenn weitere Schädigungsumstände hinzutreten, zB bei arglistiger Täuschung oder Verschweigen des tatsächlichen Vaters (BGH 19.12.1989 – IV b ZR 56/88, NJW 1990, 706) oder wenn die Mutter durch bewusste Falschaussage die (falsche) Feststellung der Vaterschaft verursacht oder dem rechtlichen Vater die Anfechtung vereitelt hat (LG Verden 26.11.2009 – 5 O 60/09, FamRZ 2011, 1078).

III. Unterhaltsverfahren gem. § 231 Abs. 1 Nr. 1 FamFG

1. Familienstreitsache

Der Scheinvater kann als Legalzessionar den Regressanspruch gegen den Vater gerichtlich als Unterhalts- 11
sache gem. § 231 Abs. 1 Nr. 1 FamFG geltend machen (HK-ZPO/Kemper § 231 FamFG Rn 10). Es handelt sich daher um eine Familienstreitsache gem. §§ 111 Nr. 8, 112 Nr. 1 FamFG. Für das Verfahren sind daher weitestgehend die Normen der ZPO gem. § 113 FamFG entsprechend anzuwenden. Es besteht **Anwaltszwang**, § 114 Abs. 1 FamFG.

2. Zuständigkeit

a) International. Für die Frage der internationalen Zuständigkeit deutscher Gerichte ist die Verordnung 12
(EG) Nr. 44/2001 des Rates über die gerichtliche Zuständigkeit und die Anerkennung und Vollstreckung von Entscheidungen in Zivil- und Handelssachen (EuGVVO) als unmittelbar geltendes Gemeinschaftsrecht anzuwenden. Der Anspruch des Scheinvaters aus übergegangenem Recht stellt eine Unterhaltssache gem. Art. 5 Nr. 2 EuGVVO dar, weshalb der Scheinvater den Anspruch am Gerichtsstand des unterhaltsberechtigten Kindes einklagen kann, da er gleichermaßen schutzwürdig wie das Kind ist (MüKo/Gottwald Art. 5 EuGVVO Rn 50). Nach der Rechtsprechung des EuGH kommen Gerichtsstände, die eine bestimmte Person wegen ihrer Schutzwürdigkeit privilegieren, nur dann zur Anwendung, wenn diese Person selbst entweder Kläger oder Beklagter ist oder der Rechtsnachfolger in gleicher Weise schutzwürdig ist wie sein Rechtsvorgänger (EuGH 19.1.1993 – C 89/91 (Shearson./. DVB Treuhandgesellschaft), IPRax 1995, 92). Dies hat der EuGH im Falle des Forderungsübergangs auf die öffentliche Hand verneint. Art. 5 Nr. 2 EuGVVO sei so auszulegen, dass sich eine öffentliche Einrichtung, die im Wege einer Regressklage die Rückzahlung von Beträgen verlangt, die nach öffentlichem Recht einem Unterhaltsberechtigten als Ausbildungsförderung gezahlt worden sind und dessen Ansprüche gegen den Unterhaltsverpflichteten daher auf sie übergegangen sind, nicht auf diese Bestimmung berufen kann (EuGH 15.1.2004 – C 433/01 (Freistaat Bayern./. Jan Blijdenstein), NJW 2004, 1439).

b) Sachlich. Ausschließlich zuständig für die Unterhaltssache als Familiensache (§ 111 Nr. 8 FamFG) sind 13
die Amtsgerichte, § 23 a Abs. 1 Nr. 1 GVG.

Innerhalb der Amtsgerichte sind die Abteilungen für **Familiensachen** (§ 23 b GVG) zuständig. Es handelt sich hierbei um eine gesetzliche Regelung der Geschäftsverteilung und nicht um eine funktionale Zuständigkeit (HK-ZPO/Rathmann § 23 b GVG Rn 2; aA HK-FamFG/Fritsche § 169 FamFG Rn 3; BT-Drucks. 16/6308, 319).

Bei Zuständigkeitsfragen innerhalb des Amtsgerichts (zB zwischen Familiengericht und Zivilabteilung) sind die Vorschriften des § 17 a GVG entsprechend anzuwenden (§ 17 a Abs. 6 GVG), dh das Familiengericht oder der Richter der Zivilabteilung, der sich für unzuständig erachtet, hat die Sache durch Beschluss an die jeweils andere Abteilung zu verweisen. Der Beschluss ist dann durch sofortige Beschwerde (§ 17 a Abs. 3 S. 3 GVG) anfechtbar.

14 **c) Örtlich.** Gem. § 232 Abs. 1 Nr. 2 FamFG ist das Gericht **ausschließlich zuständig**, in dessen Bezirk das Kind seinen **gewöhnlichen Aufenthalt** (s. → *Gewöhnlicher Aufenthalt*) hat, wenn der Scheinvater für ein minderjähriges Kind oder ein nach § 1603 Abs. 2 S. 2 BGB gleichgestelltes Kind Unterhalt geleistet hat.

In allen übrigen Fällen sind gem. § 232 Abs. 3 FamFG die Vorschriften der ZPO über den allgemeinen Gerichtsstand (§§ 12 ff ZPO) anzuwenden, mit der Abweichung, dass anstatt des Wohnsitzes der gewöhnliche Aufenthalt maßgeblich ist. Daher ist meist das Gericht, in dessen Bezirk der Antragsgegner seinen gewöhnlichen Aufenthalt hat, zuständig, §§ 12, 13 ZPO, § 232 Abs. 3 FamFG.

Zuständig ist – vorbehaltlich der Regelungen über die internationale Zuständigkeit (s. Rn 11) – wahlweise auch das Gericht, in dessen Bezirk der **Antragsteller seinen gewöhnlichen Aufenthalt** hat, wenn der Antragsgegner im Inland keinen Gerichtsstand hat (§ 232 Abs. 3 S. 2 Nr. 3 FamFG).

198. Schlüsselgewalt

Vlassopoulou

I. Einführung 1
II. Gesetzliche Regelung der Schlüsselgewalt
(§ 1357 BGB) 2
  1. Zusammenleben/Gemeinsamer Hausstand 3
  2. Geschäfte zur angemessenen Deckung des
  Lebensbedarfs der Familie 4
  3. Rechtsfolgen 7
    a) Außenverhältnis 7
    b) Innenverhältnis 11
    c) Minderjähriger Ehegatte 12
  4. Ausschluss der Mitverpflichtung und
  -berechtigung (§ 1357 Abs. 1 S. 2 BGB) 13

  5. Ausschluss und Beschränkung der Schlüsselgewalt (§ 1357 Abs. 2 BGB) 14
  6. Getrenntleben (§ 1357 Abs. 3 BGB) 16
  7. Abdingbarkeit 17
III. Verfahrenshinweise 18
  1. Verfahren zwischen den Ehegatten 18
  2. Verfahren mit Dritten 19
  3. Beweislast 20
IV. Internationales Privatrecht 21

I. Einführung

Schlüsselgewalt ist die **Rechtsmacht** eines Ehegatten, Geschäfte im Rahmen der Haushaltsführung mit 1
Wirkung auch für den anderen Ehegatten zu tätigen. Ursprünglich hatte nur die Ehefrau, die meist ohne
Einkommen war, die „Schlüsselgewalt" bei der Führung des ehelichen Haushalts. Das ermöglichte ihr,
selbstständig ihre Haushaltspflichten und damit auch ihren Beitrag zum Familienunterhalt zu erfüllen, ohne
auf eine Vollmacht ihres Mannes angewiesen zu sein. Den Kontrahenten der Ehefrau entstanden aus diesen
Geschäften keinerlei Nachteile, weil ihnen auch der verdienende Ehemann als Schuldner zur Verfügung
stand. Im deutschen Recht steht die Schlüsselgewalt heute Mann wie Frau zu, egal, ob die Ehe eine
Hausfrauen-, eine Doppelverdiener- oder Zuverdienstehe ist (NK-BGB/Wellenhofer § 1357 BGB Rn 2).

II. Gesetzliche Regelung der Schlüsselgewalt (§ 1357 BGB)

Jeder Ehegatte ist berechtigt, **Geschäfte zur angemessenen Deckung des Lebensbedarfs** der Familie mit 2
Wirkung auch für den anderen Ehegatten zu besorgen. Durch solche Geschäfte werden grundsätzlich beide
Ehegatten berechtigt und verpflichtet (§ 1357 Abs. 1 BGB).

1. Zusammenleben/Gemeinsamer Hausstand

Die Anwendung der Norm setzt voraus, dass eine wirksame Ehe besteht, in der die Eheleute zusammenle- 3
ben und einen gemeinsamen Hausstand führen. Führen die Ehegatten keinen gemeinsamen Haushalt, treten
die Rechtsfolgen des § 1357 BGB unabhängig vom Inhalt des Geschäfts nicht ein (BGH 15.5.1991 – VIII
ZR 212/90, NJW 1991, 2958).

2. Geschäfte zur angemessenen Deckung des Lebensbedarfs der Familie

Das im Rahmen der Schlüsselgewalt getätigte Geschäft muss einen Bezug zum **Familienunterhalt** (s. → 4
Familienunterhalt Rn 1) haben. Auf die Notwendigkeit des Rechtsgeschäfts kommt es nicht an. Entscheidend ist, ob das Geschäft im konkreten Fall der individuellen angemessenen Bedarfsdeckung der Familie
zu dienen bestimmt ist (§ 1360 a BGB). Die Angemessenheit entscheidet sich deshalb unter Berücksichtigung der individuellen Verhältnisse der Familie aus der Sicht eines objektiven Betrachters (BGH 13.2.1985
– IVb ZR 72/83, NJW 1985, 1394).

Typischerweise fallen unter § 1357 BGB die Anschaffung von Lebensmitteln und notwendigen Kleidern, 5
der Kauf von Hausgeräten und einzelnen Einrichtungsgegenständen für die Familie und für den handelnden
haushaltsführenden Ehegatten, Verträge über Energieversorgung, Strom für die Ehewohnung, desgleichen
die Beauftragung von Handwerkern für Reparaturarbeiten in der gemeinsamen Ehewohnung. § 1357 BGB
gilt aber auch für Haustürgeschäfte. Ebenso fallen unter § 1357 BGB Verbraucherdarlehen (§§ 491 f BGB)
und Ratenlieferungsverträge, wenn sie zur angemessenen Deckung des Familienbedarfs der Familie dienen
(NK-BGB/Wellenhofer § 1357 BGB Rn 18). Dagegen fallen nicht unter § 1357 BGB sog. Grundlagenge-

schäfte, wie die Anmietung einer Wohnung, die Darlehensaufnahme zur Finanzierung eines Hauskaufs, Sammelbestellungen bei Versandhäusern, Aufwendungen zum Zwecke des Getrenntlebens, ebenso wenig Geschäfte zur Kapitalanlage und Vermögensbildung. Bei Bankkrediten scheidet § 1357 BGB schon deswegen aus, weil Kredite nicht der unmittelbaren Bedarfsdeckung der Familie dienen.

6 Auch Geschäfte über **ärztliche Behandlungen** können unter § 1357 BGB fallen. Verträge über die medizinisch gebotene Behandlung der gemeinsamen Kinder fallen immer unter § 1357 BGB, ebenso eine medizinisch gebotene und unaufschiebbare ärztliche Behandlung für den Ehegatten (BGH 27.11.1991 – XII ZR 226/90, NJW 1992, 909). Ähnliches gilt für eine zahnärztliche Behandlung. Dagegen fallen Wahlleistungen oder Zusatzleistungen eines Krankenhauses nicht unter § 1357 BGB, es sei denn, die Ehegatten haben dies ausdrücklich oder erkennbar abgestimmt (BGH 13.12.1985 – IVb ZR 72/83, NJW 1985, 1394). Zahlreiche Beispiele aus der Rechtsprechung zu den Geschäften, die idR unter § 1357 BGB fallen oder nicht, finden sich bei NK-BGB/Wellenhofer § 1357 BGB Rn 15 f.

3. Rechtsfolgen

7 **a) Außenverhältnis.** Für das Außenverhältnis spielt es keine Rolle, wie die Haushaltsführung im Innenverhältnis der Ehegatten verteilt ist. Tritt ein Ehegatte beim Abschluss eines Rechtsgeschäfts mit einem Dritten als solchem auf (Erkennbarkeit reicht nach § 164 Abs. 2 BGB aus), verpflichtet er durch das Geschäft sich selbst (eigene Verpflichtung) und gleichzeitig den anderen Ehegatten durch Stellvertretung (§ 164 Abs. 1 S. 1 BGB). Beide Ehegatten werden berechtigt und mitverpflichtet, obwohl es keine Rechts- und Handlungsgemeinschaft der Eheleute gibt (NK-BGB/Wellenhofer § 1357 BGB Rn 5). Tritt der Ehegatte dem Dritten gegenüber als Unverheirateter auf, wird der andere Ehegatte gleichwohl mitberechtigt und mitverpflichtet. Entscheidend ist ausschließlich, ob es bei dem Rechtsgeschäft um ein Geschäft zur Deckung des Familienbedarfs geht. Die Schlüsselgewalt kommt den **Gläubigern** zugute. Der mit einem Verheirateten Handelnde erhält vom Gesetzgeber einen zweiten Schuldner zur Verfügung. Insofern liegt eine Schlechterstellung verheirateter Paare gegenüber unverheirateten Paaren vor. Gleichwohl ist die „Schlüsselgewalt" verfassungskonform (BVerfG 3.10.1989 – 1 BvL 78/86, 1 BvL 79/86, NJW 1990, 175).

8 Nach dem BGH hat § 1357 BGB **keine dingliche Wirkung** (BGH 13.3.1991 – XII ZR 53/90, NJW 1991, 2283). Die Ehegatten werden nicht automatisch hälftig Miteigentümer (§§ 1008 f BGB) der erworbenen Gegenstände. Vielmehr ist im Wege der Auslegung der Wille des handelnden Ehegatten zu ermitteln. Es finden die Regeln für den Erwerb „für den, den es angeht", Anwendung. Das ist bei Haushaltsgegenständen vorwiegend der Fall. Diese Auffassung führt auch bei Gütertrennung zum Miteigentum der Ehegatten am Hausrat.

9 Streitig ist, ob die Ehegatten eine **Forderungsgemeinschaft** iSv § 432 BGB bilden oder Gesamtgläubiger sind (§ 428 BGB). Nach hM sind die Ehegatten Gesamtgläubiger. Dafür sprechen auch Praktikabilitätserwägungen (NK-BGB/Wellenhofer § 1357 BGB Rn 25). Der Dritte kann mit befreiender Wirkung an jeden Ehegatten leisten. Gestaltungsrechte kann auch der nicht kontrahierende Ehegatte geltend machen. Schadensersatzansprüche stehen nur dem jeweiligen Geschädigten zu.

10 Die Ehegatten haften als **Gesamtschuldner** (§ 421 BGB). Die Mithaftung umfasst auch Ansprüche aus Pflichtverletzungen bei Verhandlungen, Ansprüche im Zusammenhang mit dem Geschäftsabschluss oder der Abwicklung des Geschäfts, dagegen nicht Ansprüche wegen unerlaubter Handlungen (NK-BGB/Wellenhofer § 1357 BGB Rn 23).

11 **b) Innenverhältnis.** Wenn einem Ehegatten die gesamte **Haushaltsführung** überlassen wurde, ist nur er im Innenverhältnis berechtigt und verpflichtet, für den angemessenen Lebensbedarf der Familie Geschäfte zu tätigen. Der andere Ehegatte ist verpflichtet, das erforderliche Haushaltsgeld im Rahmen seiner Unterhaltpflicht (§§ 1360, 1360 a BGB) vorzuschießen. Bei Aufteilung der verschiedenen Haushaltsführungsaufgaben beschränkt sich im Innenverhältnis die Befugnis, Geschäfte abzuschließen, auf den Bereich, der einem Ehegatten zugewiesen wurde (Palandt/Brudermüller § 1357 BGB Rn 23). Haben die Ehegatten nichts vereinbart, berechtigt die Schlüsselgewalt beide.

c) Minderjähriger Ehegatte. Auch der minderjährige Ehegatte hat Schlüsselgewalt. Er wird aber selbst 12 nicht verpflichtet, wenn er das Geschäft nicht wirksam abschließen konnte, und aus Geschäften des Volljährigen wird er nur verpflichtet, wenn sein **gesetzlicher Vertreter** zugestimmt hat. Dem Minderjährigen geht durch die Heirat der Schutz der §§ 107, 179 Abs. 3 BGB nicht verloren.

4. Ausschluss der Mitverpflichtung und -berechtigung (§ 1357 Abs. 1 S. 2 BGB)

Keine Mitverpflichtung oder Mitberechtigung des anderen Ehegatten tritt ein, wenn sich aus den Umstän- 13 den etwas anderes ergibt (§ 1357 Abs. 1 S. 2 BGB). Das ist zB der Fall, wenn die Kosten einer auch medizinisch indizierten ärztlichen Behandlung die **wirtschaftliche Leistungsfähigkeit** der Familie überschreiten oder wenn der handelnde Ehegatte eindeutig zum Ausdruck bringt, dass der andere Ehegatte nicht Vertragspartner werden soll (BGH 13.2.1985 – IVb ZR 72/83, NJW 1985, 1394).

Ob sich aus den Umständen etwas anderes ergibt, entscheidet sich nicht nach dem Gläubigerschutz, sondern nach der unterhaltsrechtlichen Komponente des § 1357 BGB (Palandt/Brudermüller § 1353 BGB Rn 27). Ausschlaggebend ist, wie der **Lebenszuschnitt der Familie** nach außen in Erscheinung tritt (BGH 11.3.2004 – III ZR 213/03, NJW 2004, 1593).

5. Ausschluss und Beschränkung der Schlüsselgewalt (§ 1357 Abs. 2 BGB)

Jeder Ehegatte kann bei bestehender Ehe die Schlüsselgewalt des anderen beschränken oder ausschließen 14 (§ 1357 Abs. 2 BGB). Dies erfolgt durch **formlose Erklärung** gegenüber dem anderen Ehegatten oder dem Dritten entsprechend (§§ 167 Abs. 1, 168 S. 3 BGB). Unerheblich ist, ob die Maßnahme begründet ist.

Dritten gegenüber ist die Beschränkung oder Ausschließung der Schlüsselgewalt nur dann wirksam, wenn 15 sie im **Güterregister** eingetragen oder dem Dritten bekannt ist (§ 1357 Abs. 2 S. 2 BGB). Zur Eintragung ist nur der ausschließende Ehegatte antragsberechtigt (§ 1561 Abs. 2 Nr. 4 BGB).

6. Getrenntleben (§ 1357 Abs. 3 BGB)

Leben die Ehegatten getrennt, hat dies das **Ruhen der Schlüsselgewalt** zur Folge, mit der Konsequenz, 16 dass der jeweils handelnde Ehegatte nur sich selbst verpflichtet. Während des Getrenntlebens gibt es grundsätzlich keinen Gutglaubensschutz Dritter.

Die Mitverpflichtung eines Ehegatten aus einem von dem anderen Ehegatten vor der Trennung abgeschlossenen **Energielieferungsvertrag** für die Ehewohnung endet jedoch nicht ohne Weiteres mit der Trennung (BGH 24.4.2013 – XII ZR 159/12, NJW-Spezial 2013, 453).

7. Abdingbarkeit

§ 1357 BGB ist zwingendes Recht und gilt für alle Güterstände. Den Ausschluss des § 1357 BGB erreichen 17 die Ehegatten jedoch, indem sie sich gleichzeitig die Schlüsselgewalt gegenseitig nach § 1357 Abs. 2 BGB entziehen.

III. Verfahrenshinweise

1. Verfahren zwischen den Ehegatten

Wenn für die Aufhebung oder Beschränkung der Schlüsselgewalt kein Grund besteht, kann der ausge- 18 schlossene Ehegatte beim Familiengericht Antrag auf Aufhebung der Maßnahme stellen. Das Verfahren nach § 1357 Abs. 2 BGB zählt zu den sonstigen Familiensachen (§ 266 Abs. 2 FamFG), ist aber keine Familienstreitsache (§ 112 FamFG). Zu dem Verfahren s. NK-BGB/Wellenhofer § 1357 BGB Rn 29.

2. Verfahren mit Dritten

Im Rahmen des § 1357 BGB kann jeder Ehegatte einzeln klagen und verklagt werden. In gemeinschaftli- 19 chen Prozessen sind die Ehegatten **notwendige Streitgenossen** (§ 62 Abs. 1 ZPO).

3. Beweislast

20 Derjenige, der sich auf die Schlüsselgewalt beruft, muss beweisen, dass inhaltlich ein Geschäft zur angemessenen Deckung des familiären Lebensbedarfs vorliegt. Das kann auch der Ehegatte selbst sein, wenn er eine Berechtigung aus Rechtsgeschäften des anderen Ehegatten geltend macht. Für Umstände, die gegen die Anwendbarkeit des § 1357 BGB sprechen, ist der jeweilige Gegner beweispflichtig.

IV. Internationales Privatrecht

21 In Fällen mit Auslandsberührung richtet sich die Schlüsselgewalt nach dem Recht, welches für die Regelung der allgemeinen Wirkungen der Ehe maßgeblich ist (**Ehewirkungsstatut**; s. → *Eheliche Lebensgemeinschaft* Rn 28 ff). Verfahrensfragen richten sich nach der lex fori.

22 Bei **ausländischem Ehewirkungsstatut** ist auf ein Inlandsgeschäft im Verhältnis zu Dritten § 1357 BGB anstelle des ausländischen Rechts anzuwenden, soweit diese Vorschrift günstiger ist als das fremde Recht (Art. 16 Abs. 2 EGBGB).

Vlassopoulou

199. Schuldrechtlicher Versorgungsausgleich

Hoenes

I. Einführung 1   II. Schuldrechtliche Ausgleichszahlungen 2

I. Einführung

Ein Ziel der neuen gesetzlichen Regelungen zum Versorgungsausgleich war es, **Ausgleichsansprüche**   1
nach der Scheidung (schuldrechtlicher Ausgleich) nach Möglichkeit zu vermeiden. Nach wie vor gibt es
jedoch zahlreiche Fälle, bei denen kein anderer Wertausgleich möglich ist. Dies gilt zum Beispiel bei allen
Anrechten, denen gemäß § 19 VersAusglG zum Zeitpunkt der Scheidung die Ausgleichsreife (s. → *Ausgleichsreife*) fehlt. Dazu gehören gemäß § 19 Abs. 2 Ziffer 4 VersAusglG alle Anrechte bei ausländischen,
zwischenstaatlichen oder überstaatlichen Versorgungsträgern (s. → *Ausländische Rentenanrechte*), die bei
zunehmender Mobilität der Arbeitnehmer wirtschaftlich eine immer wichtigere Rolle bei der Versorgung
spielen. Auch in der betrieblichen Altersversorgung gibt es nach wie vor Anrechte bzw Teilanrechte, die
nur schuldrechtlich ausgeglichen werden können (s. → *Ausgleichsreife* Rn 4).

II. Schuldrechtliche Ausgleichszahlungen

Über Ausgleichsansprüche nach der Scheidung entscheidet das Familiengericht nach § 223 FamFG iVm   2
§ 124 FamFG **nur auf Antrag. Voraussetzung** für eine schuldrechtliche Rente ist, dass der Ausgleichspflichtige bereits eine laufende Rente bezieht (§ 20 Abs. 1 VersAusglG) oder eine Kapitalzahlung aus einem noch nicht ausgeglichenen Anrecht erhält (§ 22 VersAusglG). Der Anspruch ist jedoch erst **fällig**,
wenn der ausgleichsberechtigte Ehegatte entweder bereits selbst eine Rente bezieht oder die Regelaltersgrenze der gesetzlichen Rentenversicherung erreicht hat oder die gesundheitlichen Voraussetzungen für eine laufende Invaliditätsversorgung erfüllt (§ 20 Abs. 2 VersAusglG).

Bei der Berechnung der schuldrechtlichen Ausgleichsrente bzw des Ausgleichswertes einer Kapitalzahlung   3
ist zunächst der auf das Ende der Ehezeit berechnete Ausgleichswert in geeigneter Weise anzupassen. Hierbei sind nachehezeitliche Veränderungen zu berücksichtigen, soweit sie einen Bezug zur Ehezeit haben.
Diese Berechnung kann ausgehend vom Ehezeitanteil zum Ende der Ehezeit oder ausgehend vom Zahlbetrag der Rente erfolgen. Wurde die Scheidung nach dem bis zum 31.8.2009 geltenden Recht durchgeführt,
ist zudem zu bedenken, dass in dem Urteil zum Versorgungsausgleich in der Regel nur der **dynamisierte
Wert** der schuldrechtlichen Rente ausgewiesen ist. Dieser Wert ist unbedingt in den **Nominalwert** umzurechnen. Die auf den Ausgleichswert entfallenden **Sozialversicherungsbeiträge** oder vergleichbaren Aufwendungen sind in Abzug zu bringen. Gemeint sind hier **Kranken- und Pflegeversicherungsbeiträge** (s.
→ *Steuern und Sozialabgaben im Versorgungsausgleich*). Bei Anspruch auf eine schuldrechtliche Rente
kann der Ausgleichsberechtigte für künftige Ansprüche eine **Abtretung** verlangen (§ 21 VersAusglG). Bei
ausländischen, zwischenstaatlichen und überstaatlichen Anrechten ist es allerdings fraglich, ob sich der Anspruch umsetzen lässt, da diese nicht dem deutschen Recht unterliegen.

Beispiel: Anrechte im Versorgungsausgleich in 2002: Ehemann: gesetzliche Rente 600 EUR, betriebliche
Altersversorgung 500 EUR, nach Umrechnung in dynamische Rente 300 EUR; Ehefrau: gesetzliche Rente
700 EUR; Ausgleich nach § 1587 b Abs. 1 BGB aF: ((600 EUR + 300 EUR) – 700 EUR) / 2 = 100 EUR;
kein Ausgleich, weil der Ehemann, der insgesamt ausgleichspflichtig ist, ein geringeres Anrecht in der gesetzlichen Rentenversicherung hat; Ausgleich durch erweitertes Splitting nach § 3 b Abs. 1 Nr. 1 VAHRG
aF 46,90 EUR; nicht ausgeglichen: 100 EUR – 46,90 EUR = 53,10 EUR; Ehezeitanteil der betrieblichen
Altersversorgung bei Rentenbeginn im 1. Halbjahr 2013 (Berücksichtigung von Erhöhungen mit Ehezeit-
bezug, keine Berücksichtigung von karrierebedingten Erhöhungen): 600 EUR; davon die Hälfte: 300 EUR;
erfolgter Teilausgleich nach Anpassung gemäß § 53 VersAusglG: 46,90 EUR x 28,07 / 25,86 =
50,91 EUR; nach Teilausgleich verbleibender Ausgleichsbetrag: 300 EUR – 50,91 EUR = 249,09 EUR;
gegenzurechnen: hälftiger Unterschied der gesetzlichen Renten: (700 EUR – 600 EUR) / 2 = 50 EUR; dynamisiert nach § 53 VersAusglG: 50,00 EUR x 28,07 / 25,86 = 54,27 EUR; Brutto-Ausgleichswert:

249,09 EUR – 54,27 EUR = 194,82 EUR. Auf diesen Betrag muss der Ehemann Sozialversicherungsbeiträge zahlen, ohne dass er ihm zur Verfügung steht. Daher sind von diesem Betrag die anteiligen Kranken- und Pflegeversicherungsbeiträge in Abzug zu bringen (voller Beitragssatz). Bei Pflichtversicherung in 2013: 15,5 % Krankenversicherung, 2,05 % Pflegeversicherung) (15,5 % + 2,05 %) x 194,82 EUR = 35,07 EUR; verbleibender Netto-Ausgleichsbetrag: 194,82 EUR – 35,07 EUR = 159,75 EUR.

4 Wenn eine Abfindungszahlung für den Ausgleichspflichtigen zumutbar ist, kann der Ausgleichsberechtigte eine zweckgebundene **Abfindung** (s. → *Abfindung im Versorgungsausgleich*) seiner Ausgleichsansprüche nach Scheidung verlangen. Die Abfindung ist an den Versorgungsträger zu zahlen, bei dem ein Anrecht für den Ausgleichsberechtigten ausgebaut oder begründet werden soll (s. → *Zielversorgung*).

5 Stirbt der ausgleichspflichtige Ehegatte, so kann der Ausgleichsberechtigte vom Versorgungsträger die **Hinterbliebenenversorgung** verlangen, die er erhielte, wenn die Ehe bis zum Todeszeitpunkt bestanden hätte. Dieser Anspruch ist jedoch begrenzt auf die Höhe der schuldrechtlichen Ausgleichsrente. Beruht eine schuldrechtliche Ausgleichsrente auf einer **Vereinbarung** der Ehegatten nach den §§ 6–8 VersAusglG oder war das Anrecht nach § 19 Abs. 2 Nr. 2 oder 3 oder nach Abs. 3 VersAusglG nicht ausgleichsreif, besteht kein Anspruch auf Teilhabe an der Hinterbliebenenversorgung gegenüber dem Versorgungsträger (§ 25 Abs. 2 VersAusglG). Bei einem ausländischen, zwischenstaatlichen oder überstaatlichen Anrecht bestehen die Ansprüche nicht gegenüber dem Versorgungsträger, sondern gegenüber der Witwe oder dem Witwer (Borth, Versorgungsausgleich, 6. Aufl. 2011, Rn 838).

200. Sicherungsvollstreckung

Grandel

I. Einführung 1
II. Anwendungsbereich 3
III. Voraussetzungen 5
IV. Zulässige Vollstreckungsmaßnahmen 6
V. Wirkung der Sicherungsvollstreckung 8

I. Einführung

Hängt die Vollstreckung von einer vom Gläubiger zu leistenden Sicherheit ab, darf grundsätzlich die 1
Zwangsvollstreckung nur durchgeführt werden, wenn die Sicherheit geleistet ist (§ 751 Abs. 2 ZPO). Eine
Ausnahme stellt die Sicherungsvollstreckung gemäß § 720 a ZPO dar.

In Familiensachen hat die Sicherungsvollstreckung an Bedeutung verloren. Das aus der ZPO bekannte Zu- 2
sammenspiel zwischen der Anordnung der vorläufigen Vollstreckbarkeit gegen Sicherheitsleistung und
Abwendungsbefugnis des Schuldners wird in Familienstreitsachen durch die Regelung zur **Anordnung der
sofortigen Wirksamkeit** und die **Einstellungsmöglichkeit gemäß § 120 Abs. 2 FamFG** verdrängt. Zu
§ 120 FamFG wird überwiegend vertreten, dass eine Einstellung gegen Sicherheitsleistung nicht möglich
ist (s. → *Einstellung und Beschränkung der Vollstreckung*). Die Sicherungsvollstreckung kann aber vor allem im Falle des unterhaltsrechtlichen Abänderungsverfahrens relevant werden, wenn das Gericht nach
§ 242 FamFG, § 769 ZPO anordnet, dass die Vollstreckung nur gegen Sicherheitsleistung fortgesetzt werden darf.

II. Anwendungsbereich

Die Sicherungsvollstreckung findet Anwendung auf Urteile und familienrechtliche Beschlüsse, die nur ge- 3
gen Sicherheitsleistung vorläufig vollstreckbar sind, § 709 ZPO, und auf Urteile mit Anordnungen gemäß
§ 712 Abs. 1 S. 2 und Abs. 2 S. 2 ZPO, die auf Zahlung einer Geldsumme oder auf Duldung der Zwangsvollstreckung in ein Grundstück wegen einer Geldforderung lauten. Auf Urteile, deren vorläufige Vollstreckbarkeit nach §§ 708, 711 ZPO tituliert ist, sind die Vorschriften der Sicherungsvollstreckung nicht
anwendbar (HK-ZPO/Kindl § 720 a ZPO Rn 1).

Endbeschlüsse in Familienstreitsachen sind wie Urteile Endentscheidungen. Es kann die Konstellation auf- 4
treten, dass das Familiengericht im Rahmen eines anhängigen Abänderungsverfahrens auf Herabsetzung
des titulierten Unterhalts die weitere Vollstreckung durch den Gläubiger nur gegen Leistung von Sicherheit
gemäß § 242 FamFG, § 769 ZPO zulässt. Dann ist die Sicherungsvollstreckung gemäß § 120 FamFG iVm
§ 720 a ZPO möglich.

III. Voraussetzungen

Es müssen **die allgemeinen Vollstreckungsvoraussetzungen** vorliegen. § 750 Abs. 3 ZPO schreibt vor, 5
dass Urteil und Vollstreckungsklausel mindestens zwei Wochen vor Beginn der Zwangsvollstreckung zugestellt sein müssen. Nach der Rechtsprechung des Bundesgerichtshofs muss – entgegen dem Wortlaut des
Gesetzes und der hM – die einfache Vollstreckungsklausel (§ 724 Abs. 1 ZPO) nicht zugestellt werden,
sondern nur die qualifizierte Klausel gemäß §§ 750 Abs. 2, 727 ff ZPO. Der Zustellung der Klausel bedarf
es nach dem Bundesgerichtshof nur, wenn der Schuldner die Vollstreckungsreife nicht aus dem Urteil
selbst entnehmen könne (BGH 5.7.2005 – VII ZB 14/05, RPfleger 2005, 548). Weiter ist Voraussetzung,
dass der Schuldner von seiner Abwendungsbefugnis gemäß § 720 a Abs. 3 ZPO nicht Gebrauch gemacht
hat.

IV. Zulässige Vollstreckungsmaßnahmen

6 Folgende **Pfändungsmaßnahmen** lässt die Sicherungsvollstreckung zu:

- – Pfändung beweglichen Vermögens (§ 808 ZPO);
- – Pfändung von Forderungen (§ 829 ZPO) und anderen Rechten (§ 857 ZPO);
- – Eintragung einer Zwangssicherungshypothek (§ 866 ZPO) bzw Schiffshypothek;
- – Vorpfändungen (OLG Rostock 21.3.2006 – 3 U 18/06, JurBüro 2006, 382; Cirullies, Vollstreckung in Familiensachen, 2009, Rn 91).

7 Die streitige Frage, ob die eidesstattliche Versicherung auch im Rahmen der Sicherungsvollstreckung abgegeben werden muss, hat der Bundesgerichtshof bejaht (BGH 2.3.2006 – IX ZB 23/06, NJW-RR 2006, 996) und begründet dies mit der im Wesentlichen gleichen Situation wie bei der Arrestvollstreckung.

V. Wirkung der Sicherungsvollstreckung

8 Die Vollstreckung darf nur zur Pfändung des Vermögensgegenstandes beim Schuldner führen. Eine Verwertung ist unzulässig. Ein Pfändungsbeschluss wird ohne den Überweisungsteil der Forderung zur Einziehung (§ 835 ZPO) erlassen.

201. Sofortige Wirksamkeit

Grandel

I. Einführung	1	IV. Verfahren	12
II. Voraussetzungen	7	1. Familienstreitsachen	12
III. Verhältnis des § 116 Abs. 3 S. 2 zu		2. FG-Familiensachen	14
§ 120 Abs. 2 FamFG	10	V. Tenorierung	15

I. Einführung

Die Wirksamkeit von Entscheidungen ist Voraussetzung für ihre Vollstreckung. Familienstreitsachen werden gemäß § 116 Abs. 2 FamFG erst mit Rechtskraft wirksam. Um ähnlich wie in den §§ 708 ff ZPO eine vorläufige Vollstreckbarkeit unter bestimmten Voraussetzungen zu ermöglichen, kennt das FamFG die Anordnung der sofortigen Wirksamkeit von Entscheidungen in Familienstreitsachen gemäß **§ 116 Abs. 3 FamFG**. 1

In **Unterhaltssachen** soll das Gericht die sofortige Wirksamkeit anordnen, § 116 Abs. 3 S. 3 FamFG. Ehesachen werden immer erst mit Rechtskraft wirksam. Eine sofortige Wirksamkeit kann nicht angeordnet werden. Folgesachen werden gemäß § 148 FamFG nicht vor Rechtskraft der Scheidung wirksam. Die Anordnung der sofortigen Wirksamkeit kann daher nur für die Zeit ab Rechtskraft erfolgen, weil die Scheidung zeitlich vor der Folgesache rechtskräftig werden kann, vgl § 145 FamFG; s. auch → *Vollstreckungsvoraussetzungen* Rn 9. 2

In **FG-Familiensachen** (§ 111 Nr. 1–7 FamFG und entsprechenden Lebenspartnerschaftssachen) werden Entscheidungen dem Grundsatz nach bereits mit Bekanntgabe und nicht erst mit Rechtskraft wirksam (§ 40 Abs. 1 FamFG). Dann besteht kein Bedürfnis und kein Raum für die Anordnung einer sofortigen Wirksamkeit. Allerdings wird dieser Grundsatz in vielen Fällen durchbrochen und auch in FG-Familiensachen die Wirksamkeit der Entscheidung von ihrer Rechtskraft abhängig gemacht. In diesen Fällen ist eine Anordnung sofortiger Wirksamkeit denkbar, aber nur dann, wenn das Gesetz es ausdrücklich zulässt (Musielak/Borth § 40 FamFG Rn 4). 3

Im Einzelnen: 4

Wirksamkeit von Entscheidungen in FG-Familiensachen erst ab Rechtskraft	Möglichkeit der Anordnung der sofortigen Wirksamkeit
– Beschluss, durch den die Ermächtigung oder die Zustimmung eines anderen zu einem Rechtsgeschäft ersetzt wird, § 40 Abs. 3 S. 1 FamFG	§ 40 Abs. 3 S. 2 FamFG (bei Gefahr in Verzug)
– Beschränkung oder Ausschluss der Schlüsselgewalt, § 40 Abs. 1 S. 3 FamFG	§ 40 Abs. 3 S. 2 FamFG (bei Gefahr in Verzug)
– Abstammungssachen, § 184 Abs. 1 S. 1 FamFG	nicht möglich
– Adoptionssachen, § 198 Abs. 1 S. 1 FamFG	§ 198 Abs. 1 S. 2 FamFG (bei Gefahr in Verzug)
– Ehewohnungssachen, § 209 Abs. 2 S. 1 FamFG	§ 209 Abs. 2 S. 2 FamFG: Soll angeordnet werden in Verfahren des § 1361 b BGB; in Verfahren des § 1568 a BGB nicht möglich (so Bork/Jakoby/Schwab/Schwab § 209 FamFG Rn 11; Musielak/Borth § 209 FamFG Rn 12)
– Haushaltssache, § 209 Abs. 2 S. 1 FamFG	nicht möglich
– Gewaltschutzsachen, § 216 Abs. 1 S. 1 FamFG	§ 216 Abs. 1 S. 1 FamFG: Soll angeordnet werden.

Als Ausgleich zur Anordnung der sofortigen Wirksamkeit sehen die §§ 120 Abs. 2, 95 Abs. 3 FamFG unter den dort gegebenen Voraussetzungen eine Beschränkung der Vollstreckung vor (s. → *Einstellung und Beschränkung der Vollstreckung*). 5

6   Für **einstweilige Anordnungen** in FG-Familiensachen und Familienstreitsachen fehlen Regelungen, wann sie wirksam und damit vollstreckbar werden. Sie sind Endentscheidungen, weil sie das Anordnungsverfahren als selbstständiges Verfahren abschließen. Ein Rückgriff auf die Vorschriften zur Wirksamkeit der Hauptsacheentscheidung würde aber dem Sinn und Zweck einer einstweiligen Anordnung als Eilmaßnahme widersprechen, jedenfalls in den Fällen, in denen die Hauptsacheentscheidung erst mit Rechtskraft wirksam wird und ggf nicht einmal eine sofortige Wirksamkeit angeordnet werden könnte (s. zB § 209 Abs. 2 FamFG oder wenn im Verbundverfahren eine Folgesache nicht vor Rechtskraft der Scheidung wirksam werden kann). Wie bei Arrest und einstweiliger Verfügung wird die einstweilige Anordnung daher **sofort wirksam**, ohne dass es der Anordnung einer sofortigen Wirksamkeit bedarf. Dieses Ergebnis lässt sich auch aus § 53 Abs. 2 FamFG ableiten (Keidel/Giers § 53 FamFG Rn 2; Musielak/Borth § 53 FamFG Rn 1). Bei einer einstweiligen Anordnung Unterhalt bedarf es ohnehin keiner Anordnung der sofortigen Wirksamkeit, da gem. § 57 S. 1 FamFG gegen Unterhaltsentscheidungen in einstweiligen Anordnungen keine Beschwerdemöglichkeit gegeben ist.

II. Voraussetzungen

7   Die Anordnung der sofortigen Wirksamkeit ist eine **Ermessensentscheidung** des Gerichts. § 116 Abs. 3 S. 2 FamFG ist eine „Kann-Vorschrift". In anderen Fällen ist das Ermessen des Gerichts eingeschränkt. In Unterhaltssachen, Entscheidungen gemäß § 161 BGB und in Gewaltschutzsachen „soll" die sofortige Wirksamkeit angeordnet werden. Andere Vorschriften sehen vor, dass die Anordnung nur bei Gefahr in Verzug getroffen werden kann (zB §§ 40 Abs. 3, 198 Abs. 1 S. 2 FamFG).

8   Im Rahmen des § 116 Abs. 3 S. 2 FamFG müssen die Interessen des Berechtigten und Verpflichteten gegeneinander abgewogen werden. Die Intention des Gesetzgebers war dabei, die Rechtsposition des Berechtigten/Gläubigers zu verbessern (Prütting/Helms/Helms § 116 FamFG Rn 27). Daraus und aus dem Zusammenspiel von § 116 Abs. 3 S. 2 mit § 120 Abs. 2 FamFG wird zum Teil gefolgert, dass im Zweifel die sofortige Wirksamkeit angeordnet werden soll. Die Interessen des Verpflichteten seien durch die Beschränkungsmöglichkeiten des § 120 Abs. 2 FamFG ausreichend gewahrt (Prütting/Helms/Helms § 116 FamFG Rn 27). Ohne die Anordnung der sofortigen Wirksamkeit könnte der Berechtigte sonst vor Rechtskraft der Entscheidung auch in den Fällen nicht vollstrecken, in denen ihm nach altem Recht die Möglichkeit gegeben war, die Vollstreckung gegen Sicherheitsleistung zu betreiben.

9   In **Unterhaltssachen** soll die sofortige Wirksamkeit angeordnet werden. Das dient der Existenzsicherung des unterhaltsberechtigten Beteiligten. Andererseits kann eine Anordnung in der Regel unterbleiben, wenn zum Unterhalt bereits eine einstweilige Anordnung ergangen ist (Musielak/Borth § 116 FamFG Rn 5). Gleiches gilt, wenn auf die Staatskasse übergegangene Unterhaltsansprüche geltend gemacht werden (Thomas/Putzo/Hüßtege § 117 FamFG Rn 10; HK-FamFG/Kemper § 116 FamFG Rn 10; Bork/Jacoby/Schwab/Löhnig § 116 FamFG Rn 5). Die Anordnung kann auf den laufenden Unterhalt beschränkt werden (OLG Bamberg 22.6.2012 – 2 UF 296/11, FamRZ 2013, 481). Hinsichtlich zugesprochener Unterhaltsrückstände ist zu differenzieren. Für länger zurückliegende Unterhaltsansprüche, deren sofortige Nachzahlung zur Existenzsicherung derzeit nicht erforderlich ist, kann von einer sofortigen Wirksamkeitsanordnung abgesehen werden. Anderes gilt für Rückstände, die zB benötigt werden, um dringende Bankschulden abzudecken, die während des Unterhaltszeitraums aufgelaufen sind (so auch Musielak/Borth § 116 FamFG Rn 5; Prütting/Helms/Helms § 116 FamFG Rn 28). Orientieren kann man sich als Faustformel für die Rückstände an einem Dreimonatszeitraum vor Antragstellung, wie er auch in § 708 Nr. 8 ZPO zugrunde gelegt wird (so auch HK-ZV/Giers FamFG Rn 67). Typische Fallgestaltungen, die für eine sofortige Wirksamkeit sprechen, sind zB Beschlüsse auf Unterlassung güterstandswidriger Verfügungen oder Beschlüsse auf Zustimmung zu gemeinsamer steuerlicher Veranlagung oder zu begrenztem Realsplitting, wenn Fristen des Finanzamts ablaufen, oder Beschlüsse in Ehestörungsverfahren (vgl HK-ZV/Giers FamFG Rn 64).

III. Verhältnis des § 116 Abs. 3 S. 2 zu § 120 Abs. 2 FamFG

Problematisch ist das Verhältnis zwischen der Anordnung der sofortigen Wirksamkeit und deren **Einstel-** 10 **lung bzw Beschränkung.** Es macht keinen Sinn, im ersten Schritt die sofortige Wirksamkeit anzuordnen, um die Vollstreckung dann im zweiten Schritt einzustellen. Die Einstellung gegen Sicherheitsleistung des Schuldners ist nicht möglich. Das wird – vom Fall des § 116 Abs. 2 S. 3 FamFG abgesehen – eher dazu führen, dass das Gericht von der Anordnung der sofortigen Wirksamkeit absieht. Da der Berechtigte dann nicht einmal gegen Sicherheitsleistung vollstrecken kann, steht er entgegen der Intention des Gesetzgebers schlechter da als nach früherem Recht (s. auch Musielak/Borth § 120 FamFG Rn 3). In Unterhaltssachen wird es sich wegen § 120 Abs. 2 FamFG anbieten, eine einstweilige Anordnung auf Unterhalt zu beantragen. Mangels Beschwerdemöglichkeit ist diese dann wirksam und vollstreckbar.

Für den Antragsgegner empfiehlt es sich wegen des letztlich untrennbaren Zusammenhangs zwischen An- 11 ordnung der sofortigen Wirksamkeit und deren Beschränkung, einen gestaffelten Antrag zu stellen wie folgt:
▶ 1. Die sofortige Wirksamkeit wird nicht angeordnet.
  2. hilfsweise für den Fall der Anordnung der sofortigen Wirksamkeit wird die Einstellung der Vollstreckung beantragt. ◀

IV. Verfahren

1. Familienstreitsachen

Die Entscheidung zur sofortigen Wirksamkeit ist vom Gericht im Beschluss **von Amts wegen** zu treffen. 12 Die Anordnung setzt keinen Antrag voraus. Abgesehen vom Fall des § 116 Abs. 3 S. 2 FamFG muss der Berechtigte jedoch die Tatsachen vortragen, aus denen sich ergibt, dass die vorläufige Vollstreckung erforderlich ist, um die Durchsetzung der Forderung zu sichern, und ein Zuwarten bis zur Rechtskraft nicht angemessen ist. Der Sachvortrag muss in Familienstreitsachen rechtzeitig erfolgen. Nach Schluss der mündlichen Verhandlung kann er nicht mehr berücksichtigt werden (§ 113 Abs. 1 FamFG iVm § 296 a ZPO). Das Gericht ist an seine Entscheidung gebunden, § 113 Abs. 1 FamFG, § 318 ZPO. Nur unter den Voraussetzungen des § 321 ZPO ist eine nachträgliche Ergänzung möglich (§ 120 Abs. 1 FamFG iVm § 716 ZPO; s. auch Prütting/Helms/Helms § 116 FamFG Rn 30). Die Anordnung der sofortigen Wirksamkeit gehört in den Tenor der Endentscheidung.

Die Anordnung der sofortigen Wirksamkeit ist **nicht selbstständig anfechtbar.** Im Beschwerdeverfahren 13 kann jedoch das Beschwerdegericht auf Antrag gemäß § 120 Abs. 2 S. 3 FamFG iVm § 719 ZPO unter denselben Voraussetzungen, die § 120 Abs. 2 S. 2 FamFG vorgibt, die Vollstreckung einstellen oder beschränken. Umgekehrt kann das Beschwerdegericht gemäß § 64 Abs. 3 FamFG, der auch für Familienstreitsachen anwendbar ist, die sofortige Wirksamkeit der Endentscheidung erster Instanz unter Einbeziehung des Rechtsgedankens aus § 120 Abs. 1 FamFG, § 718 Abs. 1 ZPO durch einstweilige Anordnung aussprechen, wenn das Familiengericht eine Entscheidung dazu übersehen hatte (OLG Bamberg 22.6.2012 – 2 UF 296/11, FamRZ 2013, 481; Prütting/Helms/Helms § 116 FamFG Rn 30).

2. FG-Familiensachen

Zu § 40 Abs. 3 S. 2 FamFG wird vertreten, dass die Anordnung der sofortigen Wirksamkeit einen **Antrag** 14 des Berechtigten voraussetzt (Prütting/Helms/Abramenko § 40 FamFG Rn 19). Das ergibt sich aus dem Wortlaut der Vorschrift jedoch nicht und war auch im früheren Recht des § 53 FGG aF nicht gefordert (HK-FamFG/Simon § 40 FamFG Rn 22). Außerdem wird vertreten, dass die Anordnung auch nachträglich durch Beschluss ergehen könne, solange das Verfahren noch nicht beim Beschwerdegericht anhängig ist (Prütting/Helms/Abramenko § 40 FamFG Rn 19). Dem steht jedoch gemäß § 68 Abs. 1 S. 2 FamFG die fehlende Abhilfebefugnis des Erstgerichts bezüglich der Endentscheidung entgegen. Das Beschwerdegericht kann seinerseits mit einstweiliger Anordnung die sofortige Wirksamkeit des § 64 Abs. 3 FamFG aussprechen.

V. Tenorierung

15 In der Tenorierung ist die Reichweite der sofortigen Wirksamkeit festzulegen. Das gilt insbesondere, wenn in Unterhaltssachen rückständiger Unterhalt nicht erfasst sein soll. Im Verbundverfahren ist klarzustellen, dass die sofortige Wirksamkeit erst ab Rechtskraft der Scheidung gilt.

16 ▶ **Formulierungsbeispiele**

Verbundverfahren:

1. Die am ... geschlossene Ehe der Beteiligten wird geschieden.
2. Der Antragsgegner wird verpflichtet, an die Antragstellerin ab Rechtskraft der Scheidung einen monatlichen nachehelichen Unterhalt in Höhe von 500 EUR zu bezahlen, zahlbar jeweils monatlich im Voraus zum Ersten eines Monats.
3. Die sofortige Wirksamkeit der Entscheidung aus Ziffer 2 wird mit Eintritt der Rechtskraft der Scheidung angeordnet.
4. (Kosten)

Laufender Unterhalt und Unterhaltsrückstände:

1. Der Antragsgegner wird verpflichtet, an die Antragstellerin einen rückständigen Trennungsunterhalt für die Zeit vom 1.9.2012 bis zum 31.7.2013 in Höhe von 5.500 EUR zu bezahlen.
2. Der Antragsgegner wird verpflichtet, an die Antragstellerin ab 1.8.2013 einen monatlichen Trennungsunterhalt in Höhe von 500 EUR zu bezahlen, zahlbar monatlich im Voraus zum Ersten eines Monats.
3. Die sofortige Wirksamkeit der Entscheidung in Ziffer 2 wird angeordnet. Die sofortige Wirksamkeit der Entscheidung in Ziffer 1 wird angeordnet, soweit es den rückständigen Unterhalt für die Zeit von April bis Juli 2013 in Höhe von 2.000 EUR betrifft. ◀

202. Sonderausgabenabzug

Perleberg-Kölbel

I. Einführung 1
II. Unbeschränkt abzugsfähige Sonderausgaben 8
  1. Vermögensübertragungen gegen Versorgungs-
    leistungen 8
  2. Schuldrechtlicher Versorgungsausgleich 15
  3. Kirchensteuer 21
III. Beschränkt abzugsfähige Sonderausgaben als
    Vorsorgeaufwendungen 23
  1. Altersvorsorgeaufwendungen 23
  2. Sonstige Vorsorgeaufwendungen 25
    a) Kranken- und Pflegeversicherungsbeiträge ... 25
    b) Weitere sonstige Vorsorgeaufwendungen 27

3. Zusätzliche Altersvorsorgebeiträge/sog. Riester-
   Rente 29
IV. Beschränkt abzugsfähige Sonderausgaben, die
    keine Vorsorgeaufwendungen sind 30
  1. Unterhaltsleistungen 30
  2. Aufwendungen für eigene Berufsausbildung 31
  3. Kinderbetreuungskosten 33
    a) Erwerbsbedingte Kinderbetreuungskosten ... 33
    b) Nicht erwerbsbedingte Kinderbetreuungskos-
      ten 35
    c) Neuregelung seit 2012 37
  4. Zuwendungen 39

I. Einführung

Das steuerrechtliche Einkommen bildet die Basis für die Ermittlung des Unterhaltseinkommens. Sonder- **1** ausgaben sind bei der Ermittlung zu berücksichtigen. Zahlt ein Unterhaltschuldner zB an seine Eltern Versorgungsleistungen, wird diese Zahlung von seinen Einkünften bei der Ermittlung des Unterhaltseinkommens in Abzug gebracht (OLG Hamm 30.10.2008 – 2 UF 43/08, FamRZ 2009, 981).

Bei den Sonderausgaben handelt es sich um Aufwendungen, die **vom Gesamtbetrag der Einkünfte abge-** **2** **zogen** werden können. Sonderausgaben werden ihrer Art und ihrer betragsmäßigen Auswirkungen nach auf das Einkommen des Steuerpflichtigen in unbeschränkt oder beschränkt abzugsfähige Sonderausgaben eingeteilt, §§ 9 c, 10–10 b EStG.

Unbeschränkt abzugsfähige Sonderausgaben sind Vermögensübertragungen gegen Versorgungsleistun- **3** gen, bestimmte Zahlungen im Rahmen des Versorgungsausgleichs und die gezahlte Kirchensteuer.

Beschränkt abzugsfähige Sonderausgaben werden in Sonderausgaben untergliedert, die entweder Vor- **4** sorgeaufwendungen darstellen oder nicht.

Vorsorgeaufwendungen sind hierbei Altersvorsorgeaufwendungen, § 10 Abs. 1 Nr. 2 EStG, sonstige Vor- **5** sorgeaufwendungen, § 10 Abs. 1 Nr. 3 und Nr. 3 a EStG, sowie zusätzliche Altersvorsorgebeiträge wie die sog. Riester-Beiträge, § 10 a EStG.

Unter die beschränkt abzugsfähigen Sonderausgaben, die **keine Vorsorgeaufwendungen** darstellen, fallen **6** Unterhaltsleistungen an bestimmte Ehegatten (s. → *Realsplitting/Nachteilsausgleich*), Aufwendungen für die eigene Berufsausbildung, privat veranlasste Kinderbetreuungskosten und Zuwendungen wie Spenden und Mitgliedsbeiträge.

Zur Berücksichtigung der Sonderausgaben werden bestimmte Mindestbeträge als Pauschalbeträge ange- **7** setzt. Es handelt sich um den Sonderausgaben-Pauschbetrag nach § 10 c Abs. 1 EStG und zusätzlich die Vorsorgepauschale. Im Rahmen der Einkommensteuerveranlagung können höhere Sonderausgaben berücksichtigt werden, wenn diese nachgewiesen werden. Der Arbeitnehmer kann schon während des laufenden Jahres einen Freibetrag auf der Lohnsteuerkarte eintragen lassen, § 39 a Abs. 1 Nr. 2 EStG (s. → *Lohnsteuerklassen*).

II. Unbeschränkt abzugsfähige Sonderausgaben

1. Vermögensübertragungen gegen Versorgungsleistungen

Auf besonderen Verpflichtungsgründen beruhende Versorgungsleistungen stellen unter bestimmten Vor- **8** aussetzungen Sonderausgaben nach § 10 Abs. 1 Nr. 1 a EStG dar.

9 **Empfänger des Vermögens** können Abkömmlinge, gesetzlich erbberechtigte Verwandte des Übergebers, nahestehende Dritte (zB Schwiegerkinder, Neffen und Nichten) und auch familienfremde Dritte sein, wenn diese aufgrund persönlicher Beziehungen ein Interesse an der lebenslangen Versorgung des Übergebers haben.

10 **Empfänger der Vermögensleistungen** sind der Übergeber selbst, dessen Ehegatte, seine gesetzlich erb- und pflichtteilsberechtigen Abkömmlinge, Lebenspartner einer eingetragenen Lebenspartnerschaft und Eltern des Übergebers, wenn der Übergeber das übergebene Vermögen seinerseits von den Eltern im Wege der Vermögensübertragung gegen Versorgungsleistungen erhalten hat.

11 Ferner muss ein **Versorgungsvertrag** zwischen dem Empfänger des Vermögens und dem Empfänger der Vermögensleistungen geschlossen worden sein. In diesem sind die gegenseitigen Rechte und Pflichten klar und eindeutig rechtswirksam zu definieren – wie der Umfang des Vermögens, die Höhe der Versorgungsleistungen und die Art und Weise der Zahlungen (BFH 15.7.1992 – X R 165/90, BStBl. II 1992, 1020). Die Vereinbarung muss darüber hinaus zu Beginn des durch den Vertrag begründeten Rechtsverhältnisses oder bei Änderung des Verhältnisses für die Zukunft getroffen werden.

12 **Änderungen** sind steuerlich nur unter bestimmten Voraussetzungen zulässig, zB bei verändertem Versorgungsinteresse oder wirtschaftlicher Leistungsfähigkeit des Verpflichteten (BFH 15.9.2010 – X R 13/09, BFHE 231, 116); siehe zur Steuerschädlichkeit BFH 19.1.2005 – X 23/04, BStBl. II 2005, 434; zu Vertragsanpassungen BFH 13.12.2005 – X R61/0, BFHE 212, 195(Umzug des Versorgungsbedürftigen in ein Pflegeheim); zum mangelnden Rechtsbindungswillen bei Wertsicherungsklausel BFH 3.3.2004 – X R 14/01, BStBl. II 2004, 826 und zu Umschichtungen von überlassenem Vermögen in nicht ausreichend Ertrag bringende Wirtschaftsgüter BFH 18.8.2010 – X R 55/09, BFHE 231, 510. Es ist zulässig, eine ursprünglich als dauernde Last vereinbarte Versorgungsleistung bei geänderter Interessenlage in eine Leibrente umzuwandeln, wenn ein tiefgreifendes Zerwürfnis zwischen den Vertragsparteien besteht. Ein Festhalten an der – von den schwankenden und im Einzelfall nicht immer eindeutig quantifizierbaren Größen „Leistungsfähigkeit" und „Bedarf" abhängigen – Abänderbarkeit der Leistungen würde ansonsten laufend neue Streitigkeiten hervorrufen, an deren Vermeidung beide Parteien ein erhebliches Interesse haben. Ein Vorbehalt der Rechte aus § 323 ZPO in einem Versorgungsvertrag ist nicht nur prozessual zu verstehen, sondern bedeutet auch, dass der Vertrag nach Maßgabe des materiellen Rechts, auf das die Vorschrift des § 323 ZPO Bezug nimmt, abänderbar sein soll. Dies gilt ebenso für die Bedeutung eines ausdrücklichen Ausschlusses von § 323 ZPO (BFH 13.4.2011 – X B 69/10, BFH /NV 2011, 1330).

13 **Versorgungszahlungen** müssen bestimmte Kriterien erfüllen. Rentenzahlungen eines Erben sind zB nur dann Sonderausgaben, wenn der Empfänger zum sog. Generationennachfolgeverband gehört, dh. zu den pflichtteilsberechtigten Personen. Lebensgefährten des Erblassers zählen nicht hierzu (BFH 31.8.2010 – III B 61/10, FamRZ 2011, 35). **Keine Versorgungsleistungen** sind Zahlungen, die nach einer Wiederaufnahme der ursprünglich vereinbarten Leistungen vorgenommen werden, wenn die Aussetzung willkürlich und die Versorgung des Übergebers gefährdet war (BFH 15.9.2010 – X R 13/09, FamRZ 2011, 112). **Keine wiederkehrenden Leistungen** liegen vor, wenn der Vermögensübernehmer das überlassene Vermögen in nicht ausreichend Ertrag bringende Wirtschaftsgüter umschichtet und die Beteiligten die geschuldeten Versorgungsleistungen an die Erträge der neu erworbenen Vermögensgegenstände anpassen (BFH 18.8.2010 – X R 55/09, FamRZ 2011, 562; BFH 17.3.2010 – X R 38/06, FamRZ 2010, 1440).

Familienrechtlich bleiben die während der Ehe eingegangenen Verpflichtungen aus einem Altenteilvertrag mit den Eltern des Ehemannes gemeinsame Verpflichtungen, wenn die Eheleute keine andere Regelung vereinbaren (OLG Hamm 10.4.2013 – 8 UF 200/12).

14 Aufgrund des **Korrespondenzprinzips** unterliegen die Versorgungsbezüge der Besteuerung nach § 22 Nr. 1, 1 a–1 c EStG (FAKomm-FamR/Perleberg-Kölbel, § 10 EStG Rn 24). Ergibt sich jedoch aus dem Übergabevertrag, dass sich die an die Eltern des Übernehmers zugesagten monatlichen Zahlungen beim Tod eines der Elternteile nicht verringern und fehlen darüber hinaus Anhaltspunkte, dass die Zahlungsverpflichtung von der Leistungsfähigkeit des Übernehmers abhängig ist, so sind die zugesagten Versorgungs-

leistungen nicht abänderbar und damit beim Empfänger als Leibrente mit dem Ertragsanteil zu versteuern (FG München 18.6.2012 – 7 K 1217/09).

2. Schuldrechtlicher Versorgungsausgleich

Ab dem **VZ 2008** regelt § 10 Abs. 1 Nr. 1 b EStG (in Kraft getreten am 1.9.2009, BGBl. I 2009, 700), dass **15** Ausgleichszahlungen im Rahmen des schuldrechtlichen Versorgungsausgleichs nach §§ 20, 21, 22 und 26 VersAusglG, §§ 1587 f, 1587 g, 1587 i BGB und § 3 a des Gesetzes zur Regelung von Härten im Versorgungsausgleich Sonderausgaben darstellen. Bis einschließlich VZ 2007 war die schuldrechtliche Ausgleichsrente als **dauernde Last** nach § 10 Abs. 1 Nr. 1 a EStG aF abzugsfähig. Voraussetzung ist, dass sich das Anrecht bereits in der Leistungsphase befindet und eine Ausgleichsrente an den Ausgleichsberechtigten gezahlt wird. Ein schuldrechtlicher Versorgungsausgleich kann ebenso in einem **Ehevertrag** vereinbart werden (BFH 22.8.2012 – X R 36/09, FamRZ 2013, 455).

Der ausgleichspflichtete Ehegatte kann infolge des **Korrespondenzprinzips** Ausgleichszahlungen im Rah- **16** men des Versorgungsausgleichs in dem Umfang als Sonderausgaben nach § 10 Abs. 1 Nr. 1 b EStG ansetzen, in dem die zugrunde liegenden Einnahmen beim ausgleichsberechtigten Ehegatten der Besteuerung unterliegen. Hat der Ausgleichsverpflichtete dem Ausgleichsberechtigten seinen Anspruch gegen den Versorgungsträger in Höhe der **Ausgleichsrente abgetreten**, § 21 VersAusglG, sind die Versorgungsleistungen in der Auszahlungsphase beim Ausgleichsverpflichteten steuerlich zu erfassen, soweit sie aufgrund der Abtretung unmittelbar an den Ausgleichsberechtigten geleistet werden.

Zahlt der Ausgleichsverpflichtete einen **Ausgleichswert für Kapitalzahlungen** aus einem noch nicht ausgeglichenen Anrecht, § 22 VersAusglG, ist die Zahlung beim Ausgleichsverpflichteten als Sonderausgabe in dem Umfang zu berücksichtigen, wie die dem Ausgleichswert zugrunde liegenden Kapitalzahlungen beim Ausgleichsverpflichteten der Besteuerung unterliegen.

Ein Sonderausgabenabzug kommt nicht in Betracht, wenn statt einer schuldrechtlichen Ausgleichszahlung ein **Anrecht nach § 23 VersAusglG** abgefunden wird. Der Zahlungsfluss zwischen dem Ausgleichsverpflichteten und dem aufnehmenden Versorgungsträger findet hier allein auf der privaten Vermögensebene statt und führt zu keinem steuerbaren Zufluss beim Ausgleichsberechtigten. Die Besteuerung der dem Ausgleichsberechtigten aufgrund der Abfindung später zufließenden Versorgungsleistungen richtet sich in diesem Fall nach der Rechtsnatur der Leistungen. Handelt es sich zB um Rentenzahlungen aus der gesetzlichen Rentenversicherung, sind diese als Leibrenten nach § 22 Nr. 1 S. 3 a Doppelbuchstabe aa EStG zu versteuern.

Besteht ein noch nicht ausgeglichenes Anrecht bei einem ausländischen, zwischenstaatlichen oder überstaatlichen Versorgungsträger und leistet der Versorgungsträger eine **Hinterbliebenenversorgung** nach dem Ableben des Ausgleichsverpflichteten, kann die Witwe oder der Witwer zu Leistungen an den ausgleichsberechtigten geschiedenen Ehegatten des Verstorbenen verpflichtet sein, § 26 VersAusglG. Die Leistungen an den Ausgleichsberechtigten stellen Sonderausgaben dar.

Die auszugleichenden Einnahmen müssen folglich einer **nachgelagerten Besteuerung** unterliegen (hierzu **17** Borth, Versorgungsausgleich, 6. Aufl. 2011, Rn 630, 686).

Sind sie **nicht steuerbar oder steuerfrei**, kommt ein Sonderausgabenabzug nicht in Betracht. **18**

Der ausgleichsberechtigte Ehegatte hat die Ausgleichszahlungen als **sonstige Einkünfte** gem. § 22 Nr. 1 c **19** EStG zu versteuern (Korrespondenzprinzip). Bei deren Ermittlung ist § 9 a S. 1 Nr. 3 EStG zu beachten. Ein Pauschbetrag für Werbungskosten nach § 9 a Abs. 1 Nr. 3 EStG in Höhe von 102 EUR kann abgezogen werden.

Anders als beim begrenzten Realsplitting nach § 10 Abs. 1 Nr. 1 EStG bedarf es **keiner Zustimmung von** **20** **Seiten des Ausgleichsberechtigten**. Es fehlt an einer rechtlichen Grundlage für einen steuerlichen Nachteilsausgleich. (Zur einkommensteuerlichen Behandlung und den Formen von Ausgleichszahlungen im

Rahmen des Versorgungsausgleichs nach § 10 Abs. 1 Nr. 1 b EStG und § 22 Nr. 1 c EStG: BMF-Schreiben v. 9.4.2010 – IV C 3 – S 2221/09/10024, BStBl. I 2010, 567; zur einkommensteuerlichen Behandlung von Vorsorgeaufwendungen: BMF-Schreiben v. 13.9.2010 – IV C 3 – S 2222/09/10041 IV C, BStBl. I 2010, 681; zu möglichen Haftungsfallen: Perleberg-Kölbel ZFE 2011, 7 und zu Zahlungen zur Abfindung des schuldrechtlichen Versorgungsausgleichs als Werbungskosten: BFH 17.6.2010 – VI R 33/08, FamRB 2011, 12).

3. Kirchensteuer

21 Die Abzugsfähigkeit der Kirchensteuer als Sonderausgabe findet sich in § 10 Abs. 1 Nr. 4 EStG. Sie wird über eine komplizierte Formel im Abgeltungssteuersatz berücksichtigt. Bei der Kirchensteuer handelt sich um eine Geldleistung, die aufgrund gesetzlicher Vorschriften von den als Körperschaften des öffentlichen Rechts anerkannten Religionsgemeinschaften festgesetzt wird. Die Kirchensteuer kann nur in der Höhe berücksichtigt werden, in der sie den erstatteten Betrag übersteigt (s. → *Aufteilung der Steuerschuld* Rn 11). Bei Kirchenaustritt im Laufe des VZ ist bereits bei der Erstveranlagung die zu erwartende spätere Erstattung abzuziehen (BFH 14.7.2004 – XI B 187/03, BFH/NV 2004, 1642).

22 Ein Abzug unterbleibt, wenn die Kirchensteuer als Zuschlag zur Kapitalertragsteuer oder als Zuschlag auf die nach § 32 d Abs. 1 EStG ermittelte Einkommensteuer gezahlt wird. Die Kirchensteuer wird in diesem Fall analog zu anrechenbaren ausländischen Steuern mindernd in dem Abgeltungssteuersatz erfasst. Kirchensteuern, die auf die Abgeltungsteuer für private Kapitaleinnahmen entfallen, sind somit nicht zusätzlich als Sonderausgabe abzugsfähig. Falls die Kirchensteuerbeträge nicht in Abzug gebracht werden können, sind sie als **Spende** gem. § 10 b EStG zu behandeln.

Unterhaltsrechtlich ist die Kirchensteuer alleine dem Kirchensteuerpflichtigen zuzurechnen und nicht seinem Ehepartner (OLG Hamm 17.12.2012 – 9 UF 64/12, FamRZ 2013, 1146).

III. Beschränkt abzugsfähige Sonderausgaben als Vorsorgeaufwendungen

1. Altersvorsorgeaufwendungen

23 Als Grundversorgung sind Altersvorsorgeaufwendungen gem. § 10 Abs. 1 Nr. 2 EStG beschränkt abzugsfähige Sonderausgaben. Vorsorgeaufwendungen sind hier die gesetzlichen Rentenversicherungen, die landwirtschaftlichen Alterskassen, die berufsständischen Versorgungseinrichtungen, wie die Rechtsanwaltsversorgung und auch die private kapitalgedeckte Leibrentenversicherung. Bei der kapitalgedeckten Leibrentenversicherung muss der Vertrag die Zahlung einer monatlichen Rente ab dem 60. Lebensjahr (bei Versicherungsabschluss ab dem 1.1.2012: ab dem 62. Lebensjahr) berücksichtigen. Die Ansprüche dürfen ferner nicht vererblich, übertragbar, beleihbar, veräußerbar und kapitalisierbar sein (sog. Rürup-Beiträge).

Der Bundesrat hat am 7.6.2013 dem **Altersvorsorge-Verbesserungsgesetz** zugestimmt (BGBl. I 2013, 1667). Nach § 10 Abs. 1 Nr. 2 S. 1 b EStG werden Beiträge zum Aufbau einer eigenen kapitalgedeckten Altersversorgung als Sonderausgaben behandelt, wenn der Vertrag nur die Zahlung einer monatlichen, auf das Leben des Steuerpflichtigen bezogenen lebenslangen Leibrente nicht vor Vollendung des 62. Lebensjahres oder zusätzlich die ergänzende Absicherung des Eintritts der Berufsunfähigkeit (Berufsunfähigkeitsrente), der verminderten Erwerbsfähigkeit (Erwerbsminderungsrente) oder von Hinterbliebenen (Hinterbliebenenrente) vorsieht. Hinterbliebene sind der Ehegatte des Steuerpflichtigen und die Kinder, für die ein Anspruch auf Kindergeld oder auf einen Freibetrag nach § 32 Abs. 6 EStG besitzt.

Sonderausgaben sind ferner auch Beiträge für die Absicherung gegen den Eintritt der Berufsunfähigkeit oder der verminderten Erwerbsfähigkeit (Versicherungsfall), wenn der Vertrag nur die Zahlung einer monatlichen, auf das Leben des Steuerpflichtigen bezogenen lebenslangen Leibrente für einen Versicherungsfall vorsieht, der bis zur Vollendung des 67. Lebensjahres eingetreten ist. Der Vertrag kann die Beendigung der Rentenzahlung wegen eines medizinisch begründeten Wegfalls der Berufsunfähigkeit oder der verminderten Erwerbsfähigkeit vorsehen. Die Höhe der zugesagten Rente kann vom Alter des Steuerpflichtigen bei Eintritt des Versicherungsfalls abhängig gemacht werden, wenn der Steuerpflichtige das 55. Lebensjahr vollendet hat. Die Ansprüche dürfen nicht vererblich, nicht übertragbar, nicht beleihbar, nicht veräußerbar und nicht kapitalisierbar sein. Neben den genannten Auszahlungsformen darf ferner kein weiterer Anspruch auf Auszahlungen bestehen.

Zu den begünstigten Beiträgen gehören die des Arbeitgebers und Arbeitnehmers. Wenn Eltern eine Alters- **24** versorgung für ihre **Kinder** aufbauen wollen, sind diese Beiträge nicht zu berücksichtigen.

2. Sonstige Vorsorgeaufwendungen

a) Kranken- und Pflegeversicherungsbeiträge. Das Bürgerentlastungsgesetz Krankenversicherung bzw **25** das Gesetz zur verbesserten steuerlichen Berücksichtigung von Vorsorgeaufwendungen vom 16.7.2009 (BStBl. I 2009, 1959) hat die steuerliche Situation von sonstigen Vorsorgeaufwendungen für den Steuerpflichtigen verbessert. Der Gesetzgeber hat mit § 10 Abs. 1 Nr. 3 EStG die Vorgaben des Bundesverfassungsgerichtes (13.2.2008 – 2 BvR 1220/04, 2 BvR 410/05, NJW 2008, 1868) umgesetzt.

Durch die Regelung im Bürgerentlastungsgesetz finden **seit VZ 2010** die Beiträge zur Krankenversiche- **26** rung und Pflegeversicherung steuerlich besser Berücksichtigung. Ab VZ 2013 sind auch solche Beiträge Sonderausgaben, die an ein Versicherungsunternehmen außerhalb der EU und des EWR geleistet werden. Diese sind in voller Höhe als Sonderausgaben abziehbar, wenn sie der Basisabsicherung dienen (FAKomm-FamR/Perleberg-Kölbel § 10 EStG Rn 27). Es handelt sich um eine Absicherung auf Sozialhilfeniveau, so dass Kosten für den Zuschlag für ein Ein-Bett-Zimmer oder die Kosten für den Chefarzt steuerlich nicht anerkannt werden dürfen.

Unterhaltsrechtlich sind Aufwendungen für eine zusätzliche Altersversorgung und Zusatzkrankenversicherung bei gesteigerter Unterhaltspflicht nicht berücksichtigungsfähig, wenn der Mindestunterhalt nicht aufgebracht werden kann (BGH 30.1.2013 – XII ZR 158/10, FamRZ 2013, 616).

b) Weitere sonstige Vorsorgeaufwendungen. Nach § 10 Abs. 1 Nr. 3 a EStG werden Beiträge zur Ar- **27** beitslosenversicherung, Berufs- und Erwerbsunfähigkeitsversicherung, Unfallversicherung, Haftpflichtversicherung, Krankenversicherung (wenn sie zB einen höheren Komfort anlässlich eines Krankenhausaufenthalts vorsehen) und zu Lebensversicherungs-Altverträgen iSd § 10 Abs. 1 Nr. 2 b Doppelbuchstabe bb EStG als Sonderausgaben behandelt. Sie sind aber nur anzuerkennen, wenn die Aufwendungen gem. § 10 Abs. 1 Nr. 3 EStG nicht bereits voll in Abzug gebracht worden sind. Im Hinblick auf ein beim BFH unter X R 5/13 anhängiges Verfahren hat der BMF seinen sog. Vorläufigkeitskatalog erweitert (BMF-Schreiben v. 15.7.2013 – IV A 3-S 0338/07/10010). Die Einkommensteuer wird danach bis zu der Entscheidung des BFH nur vorläufig festgesetzt.

Der **Höchstbetrag** beträgt hier nach § 10 Abs. 4 EStG beim Selbstständigen **2.800 EUR**. Im Falle eines **28** unselbständig Tätigen beläuft sich der Höchstbetrag auf **1.900 EUR**. Dies gilt auch für Rentner, Besoldungsempfänger und familienversicherte Angehörige.

Nach § 10 Abs. 4 a EStG erfolgt für die **VZ 2005 bis 2019** hinsichtlich des Vorwegabzugs eine Günstigerprüfung von Amts wegen.

3. Zusätzliche Altersvorsorgebeiträge/sog. Riester-Rente

Bei der sog. Riester-Rente iSd §§ 10 a, 82 EStG können **Beiträge bis zu 2.100 EUR** jährlich als Sonder- **29** ausgaben anerkannt werden. Gem. § 10 a Abs. 2 EStG prüft das Finanzamt von Amts wegen, ob der Anspruch auf Berücksichtigung der sog. Riester-Rente-Zulage steuerlich für den Steuerpflichtigen günstiger ist als die Berücksichtigung als weitere zusätzliche Sonderausgabe.

Die steuerliche Förderung der privaten Altersvorsorge und betrieblichen Altersversorgung regelt ausführlich das BMF-Schreiben vom 24.7.2013 – IV C 3-S2015/11/1002 und IV C 5-S2333/09/1005, BGBl. I 2013, 270.

IV. Beschränkt abzugsfähige Sonderausgaben, die keine Vorsorgeaufwendungen sind

1. Unterhaltsleistungen

30 Unterhaltszahlungen iSd § 10 Abs. 1 Nr. 1 EStG an den geschiedenen oder dauernd getrennt lebenden Ehegatten können vom Geber bis zur Höhe von 13.805 EUR jährlich als Sonderausgaben abgezogen werden. Seit dem 1.1.2010 erhöht sich der Betrag von 13.805 EUR um die Beiträge, die der Unterhaltsverpflichtete für die Kranken- und Pflegeversicherung des Unterhaltsberechtigten gezahlt hat (s. → *Realsplitting/Nachteilsausgleich* Rn 12).

2. Aufwendungen für eigene Berufsausbildung

31 Aufwendungen für die erstmalige Berufsausbildung iSd § 10 Abs. 1 Nr. 7 EStG iVm § 12 Nr. 5 EStG in einem nicht ausgeübten Beruf oder für das erstmalig angetretene Studium können **bis zu 4.000 EUR bis VZ 2011 und bis zu 6.000 EUR ab VZ 2012** jährlich als Sonderausgabe in Abzug gebracht werden. Hierunter fallen zB Fachbücher, Fahrtkosten, Verpflegungsmehraufwendungen und die Kosten für eine Zweitwohnung. Erfüllen Ehepartner die Voraussetzungen nach § 26 Abs. 1 S. 1 EStG, gilt diese Regelung für jeden von ihnen (s. → *Steuerveranlagung* Rn 5).

32 **Aufwendungen nach dem Abschluss einer Erstausbildung** sind Fortbildungskosten und keine Sonderausgaben. Sie stellen entweder Werbungskosten oder Betriebsausgaben dar.

3. Kinderbetreuungskosten

33 **a) Erwerbsbedingte Kinderbetreuungskosten.** Privat veranlasste Kinderbetreuungskosten für Kinder im Alter von drei bis fünf Jahren konnten bis VZ 2011 nach § 9 c Abs. 2 S. 4 EStG in Abzug gebracht werden, sofern die Kosten nicht bereits nach § 9 c Abs. 1 EStG Anerkenntnis fanden. Demnach waren 2/3 der Kinderbetreuungskosten, **höchstens jedoch 4.000 EUR je Kind**, Sonderausgaben und daher abziehbar.

34 Wenn **beide Elternteile arbeiteten**, waren die Kinderbetreuungskosten entweder Werbungskosten gem. § 9 EStG oder Betriebsausgaben gem. § 4 Abs. 4 EStG (Gerhardt/von Heintschel-Heinegg/Klein/Kuckenburg/Perleberg-Kölbel, 13. Kap. Rn 212 ff; FAKomm-FamR/Perleberg-Kölbel, § 10 EStG Rn 29 a).

35 **b) Nicht erwerbsbedingte Kinderbetreuungskosten.** Wenn der Steuerpflichtige – nicht das Kind – in der Ausbildung, körperlich oder geistig behindert war, waren privat veranlasste Kinderbetreuungskosten beschränkt abzugsfähige Sonderausgaben, § 9 c Abs. 2 S. 1 EStG. Gem. § 9 c Abs. 2 S. 1 EStG waren 2/3 der Kinderbetreuungskosten, **bis 4.000 EUR pro Kind**, Sonderausgaben.

36 Im Falle einer **Erwerbstätigkeit beider Eltern** waren auch in diesen Fällen die Kinderbetreuungskosten weder Werbungskosten noch Betriebsausgaben.

37 **c) Neuregelung seit 2012.** Nach dem Steuervereinfachungsgesetz 2011 (BGBl. I 2011, 2131) sind ab dem VZ 2012 Kinderbetreuungskosten nur noch **Sonderausgaben** iSd § 10 Abs. 1 Nr. 5 EStG. Unabhängig von der Tätigkeit der Eltern werden die Kosten für eine Betreuung bis zur Vollendung des 14. Lebensjahrs des Kindes berücksichtigt. Der Sonderausgabenabzug für Kinderbetreuungskosten hängt folglich nicht mehr davon ab, ob die Eltern arbeiten oder nicht. Abziehbar sind 2/3 der Kinderbetreuungskosten, **höchstens 4.000 EUR pro Jahr und Kind**. Kinderbetreuungskosten werden ab dem 1.1.2012 ohne Prüfung der persönlichen Anspruchsvoraussetzungen anerkannt (siehe zur Anwendung auch das BMF-Schreiben vom 14.3.2012 – IV C 4 – S 2221/07/0012 : 012, BStBl. 2012 I, 307).

38 Ein Abzug als Werbungskosten- bzw Betriebsausgaben ist nicht mehr zulässig. Der Wegfall des Betriebsausgabenabzugs für Kinderbetreuungskosten ab 2012 wird gewerblich tätigen Unternehmern Nachteile bringen, weil die Kinderbetreuungskosten vom Gewinn abgezogen werden konnten und sich dadurch die Gewerbesteuerbelastung verringerte.

Bei **zusammenlebenden und nicht verheirateten Eltern** ist zu beachten, dass derjenige Elternteil, der die Kosten steuerlich geltend machen will, diese auch tatsächlich bezahlt (BFH 25.11.2010 – III R 79/09, DStR

2011, 560) bzw auch die Betreuungsverträge unterschreibt. Die in §§ 4 f und 9 Abs. 5 S. 1 EStG idF des Gesetzes zur steuerlichen Förderung von Wachstum und Beschäftigung vom 26.4.2006 (BGBl. I 2006, 1091) enthaltene Beschränkung des Abzugs erwerbsbedingter Kinderbetreuungskosten auf 2/3 der Aufwendungen und einen Höchstbetrag von 4.000 EUR je Kind verstößt nicht gegen das GG (BFH 9.2.2012, III R 67/09, BStBl. II 2012, 567).

4. Zuwendungen

Zuwendungen zur Förderung steuerbegünstigter Zwecke, § 10 b Abs. 1 EStG, oder Zuwendungen an politische Parteien, § 10 b Abs. 2 EStG, fallen unter die beschränkt abzugsfähigen Sonderausgaben. Der Sonderausgabenabzug für Beiträge an politische Parteien iSd § 2 Parteiengesetzes beträgt bis 1.650 EUR/ 3.300 EUR für Zuwendungen, für die eine Steuerermäßigung nach § 34 g EStG nicht gewährt wird. **39**

Mit Zuwendungen sind hier **Leistungen ohne Gegenleistungen** gemeint, die dem Vermögen des Steuerpflichtigen entstammen. Auch eine **Sachzuwendung** kann eine Zuwendung iSd § 10 b Abs. 1 EStG sein. Nutzungen und sog. sonstige Leistungen sind keine Zuwendungen. Mitgliedsbeiträge zur Förderung des Sports oder der Heimatpflege sind daher zB nicht abzugsfähig. **40**

203. Sondergut

Rakete-Dombek

I. Einführung	1	III. Verwaltung des Sonderguts (§ 1417 Abs. 3 BGB)	5
II. Umfang des Sonderguts (§ 1417 Abs. 2 BGB)	2	IV. Surrogate des Sonderguts	8
1. Sondergut kraft Gesetzes	2	V. Umwandlung des Sonderguts	9
2. Sondergut wegen vertraglicher Unübertragbarkeit	3	VI. Eintragung des Sonderguts	13
3. Umfang des Sonderguts	4	VII. Verfahrenshinweise	15

I. Einführung

1 § 1417 BGB regelt das Sondergut, das neben dem Gesamtgut und dem Vorbehaltsgut eine **eigenständige Vermögensmasse der Gütergemeinschaft** darstellt (vgl §§ 1417 Abs. 1, 1418 Abs. 1 BGB). Das Sondergut entsteht bei Begründung der Gütergemeinschaft kraft Gesetzes. Aufgrund ihrer Unübertragbarkeit verbleiben die dem Sondergut zuzuordnenden Gegenstände im Alleineigentum des jeweiligen Ehegatten.

II. Umfang des Sonderguts (§ 1417 Abs. 2 BGB)

1. Sondergut kraft Gesetzes

2 Zum Sondergut gehören die Gegenstände und Vermögensrechte, die von Gesetzes wegen aufgrund ihrer höchstpersönlichen Natur oder aufgrund besonderer gesetzlicher Anordnung durch Rechtsgeschäft nicht übertragen werden können (MüKo/Kanzleiter § 1417 BGB Rn 1).

2. Sondergut wegen vertraglicher Unübertragbarkeit

3 Es ist umstritten, ob darüber hinaus ein Gegenstand dem Sondergut zuzuordnen ist, wenn seine Übertragbarkeit durch Rechtsgeschäft ausgeschlossen wurde (zB § 399 Alt. 2 BGB). Für die Zuordnung zum Sondergut spricht, dass sich § 1417 BGB keine gegenteilige Beschränkung entnehmen lässt (MüKo/Kanzleiter § 1417 BGB Rn 3; aA Palandt/Brudermüller § 1417 BGB Rn 3). Die rechtsgeschäftlich vereinbarte Unübertragbarkeit wirkt absolut und bezweckt den Schutz des Dritten davor, dass ihm gegen seinen Willen ein neuer Gläubiger aufgedrängt wird. § 1417 Abs. 2 BGB ist abschließend und kann nicht durch vertragliche Vereinbarung abgeändert werden (BeckOK/Mayer § 1417 BGB Rn 2).

3. Umfang des Sonderguts

4 Dem Sondergut sind folgende **Vermögenswerte** zuzuordnen:

- nicht abtretbare und unpfändbare Forderungen (§§ 399, 400 BGB);
- der Anteil eines Abkömmlings am Gesamtgut der fortgesetzten Gütergemeinschaft während deren Bestehens (beachte aber: Der Anteil eines Abkömmlings aus einer beendeten, aber noch nicht auseinandergesetzten fortgesetzten Gütergemeinschaft gehört zum Gesamtgut (BeckOK/Mayer § 1416 BGB Rn 3; aA MüKo/Kanzleiter § 1416 BGB Rn 11);
- der unpfändbare Gehalts- und Rentenanspruch gemäß §§ 850 ff ZPO (beachte: Gehalts- und Rentenzahlungen gehören zum Gesamtgut (s. → *Gesamtgut/Verwaltung* Rn 4);
- nicht übertragbare dingliche Rechte wie Nießbrauch und beschränkte persönliche Dienstbarkeiten (Haußleiter/Schulz Kap. 2 Rn 6), soweit sie nicht unmittelbar für die Ehegatten in Gütergemeinschaft bestellt werden (→ *Gesamtgut/Verwaltung* Rn 4);
- Beteiligung an einer Personengesellschaft, soweit diese nicht nach dem Gesellschaftsvertrag für übertragbar erklärt ist (hM, BFH 19.10.2006 – IV R 22/02, NJW-RR 2007, 248 ff), sonst Gesamtgut (→ *Gesamtgut/Verwaltung* Rn 4);
- der unpfändbare Unterhaltsanspruch (Palandt/Brudermüller § 1417 BGB Rn 2);
- das Urheberrecht (§ 29 S. 2 UrhG), nicht aber Nutzungsrechte hieraus; auch nicht der Schmerzensgeldanspruch (s. → *Gesamtgut/Verwaltung* Rn 4).

III. Verwaltung des Sonderguts (§ 1417 Abs. 3 BGB)

Das Sondergut bleibt Alleineigentum des jeweiligen Ehegatten. Er verwaltet es allein und selbstständig 5
(vgl § 1417 Abs. 3 S. 1 BGB). Hierzu gehört auch die selbstständige Prozessführung (BeckOK/Mayer
§ 1417 BGB Rn 5). Der andere Ehegatte hat kein Recht auf Mitwirkung oder Einspruch (Erman/Heckel-
mann § 1417 BGB Rn 3). Die Verwaltung kann dem anderen Ehegatten jedoch nach § 1413 BGB übertragen werden. Behauptet ein Ehegatte die Überlassung der Vermögensverwaltung, trägt er für den Abschluss
eines entsprechenden Verwaltungsvertrages die Beweislast (Laumen in: Baumgärtel/Laumen/Prütting
§ 1413 BGB Rn 1). An die Bejahung des hierfür erforderlichen Rechtsbindungswillens sind strenge Maßstäbe anzusetzen, so dass das einvernehmliche Zusammenleben der Ehegatten kein Beweis für die Annahme eines Rechtsbindungswillens ist (NK-BGB/Völker § 1413 BGB Rn 17).

Gemäß § 1417 Abs. 3 S. 2 BGB verwaltet jeder Ehegatte sein Sondergut für Rechnung des Gesamtgutes. 6
Dem Gesamtgut sind daher auch die **Nutzungen des Sonderguts** (§§ 100, 99 BGB) zuzuordnen, soweit sie
übertragbar sind (BeckOK/Mayer § 1417 BGB Rn 5). Das Gesamtgut haftet ebenfalls für die Lasten (§ 103
BGB) des Sonderguts, soweit diese in der Regel aus den Einkünften des Sonderguts getragen werden. Das
Sondergut gehört wirtschaftlich gesehen zum Gesamtgut und stellt folglich kein nur dem jeweiligen Ehegatten zustehendes Sondervermögen, mithin keine Privilegierung dar (Haußleiter/Schulz Kap. 2 Rn 6). Es
soll dem Ehegatten nicht wie das Vorbehaltsgut eine Sphäre der Ungebundenheit sichern. Die Unübertragbarkeit der Vermögenswerte des Sondergutes stellt lediglich eine rechtslogische Konsequenz dar (Langenfeld, Handbuch der Eheverträge und Scheidungsvereinbarungen, 6. Aufl. 2011, Kap. 2 Rn 302).

Die **Haftung** besteht im Außenverhältnis gegenüber den Gläubigern (vgl §§ 1440 S. 2, 1462 S. 2 BGB) und 7
im Innenverhältnis der Ehegatten zueinander (vgl §§ 1442 S. 1, 1464 S. 1 BGB). Empfinden es die Ehegatten als unbillig, dass das Sondergut für Rechnung des Gesamtguts verwaltet wird, können sie das Sondergut in Vorbehaltsgut umwandeln (Langenfeld Kap. 2 Rn 472). Alternativ kann die Verwaltung des Sonderguts aber auch auf eigene Rechnung des betreffenden Ehegatten geregelt werden (MüKo/Kanzleiter § 1417
BGB Rn 7).

IV. Surrogate des Sonderguts

Surrogate des Sonderguts werden Gesamtgut, soweit diese **durch Rechtsgeschäft übertragbar** sind (Er- 8
man/Heckelmann § 1417 BGB Rn 3). Eine Surrogation findet nicht statt (BeckOK/Mayer § 1417 BGB
Rn 5). Die Ehegatten können aber auch durch Ehevertrag vereinbaren, dass Surrogate des Sonderguts eines
Ehegatten in dessen Vorbehaltsgut fallen sollen, sofern die Surrogate nicht selbst wieder Sondergut sind
(Mai BWNotZ 2003, 55, 67).

V. Umwandlung des Sonderguts

Aufgrund der Unübertragbarkeit der Gegenstände des Sonderguts ist eine **Umwandlung in Gesamtgut** 9
bzw umgekehrt nicht möglich (Mai BWNotZ 2003, 55, 59). Wird allerdings die rechtsgeschäftliche Vinku-
lierung nachträglich aufgehoben (zB nachträglich vereinbarte Übertragbarkeit einer Forderung), fällt der
Vermögenswert ipso iure dem Gesamtgut zu (MüKo/Kanzleiter § 1417 BGB Rn 5).

Wird nach Zuordnung eines Vermögenswertes zum Gesamtgut dessen Übertragbarkeit vertraglich ausge- 10
schlossen, führt dies nicht dazu, dass es sich nunmehr um Sondergut handelt. Der Vermögenswert bleibt
dann vielmehr Gesamtgut, da sich die Übertragungsproblematik nicht stellt (MüKo/Kanzleiter § 1417 BGB
Rn 5). Es ist außerdem möglich, dass ein nicht übertragbares Recht für die Ehegatten in Gütergemeinschaft
durch Rechtsgeschäft mit einem **Dritten** bestellt wird (BeckOK/Mayer § 1417 BGB Rn 2). Grund hierfür
ist, dass es sich bei der Erstbestellung nicht um eine Übertragung handelt. So ist es möglich, einen
Nießbrauch, eine beschränkt persönliche Dienstbarkeit (zB Wohnrecht) oder ein unübertragbar ausgestalte-
tes Leibgeding für die Ehegatten in Gütergemeinschaft zu bestellen. Als Alternative hierzu kann jedem
Ehegatten ein selbstständiges, inhalts- und ranggleiches Recht dieser Art bestellt werden, welches dann
dem jeweiligen Sondergut zuzuordnen ist.

11 Die Vermögenswerte des Sonderguts können durch ehevertragliche Regelung in **Vorbehaltsgut umgewandelt** werden, da die Sonderzuständigkeit des jeweiligen Ehegatten gewahrt bleibt. Andererseits ist die Zuordnung eines Gegenstandes des Vorbehaltsgutes zum Sondergut wegen der nicht dispositiven und abschließenden Vorschrift des § 1417 Abs. 2 BGB nicht möglich (Mai BWNotZ 2003, 55, 60).

12 Mangels Übertragbarkeit der in das Sondergut fallenden Vermögenswerte ist auch eine **Transaktion in das Sondergut des anderen Ehegatten** nicht möglich (Mai BWNotZ 2003, 55, 60).

VI. Eintragung des Sonderguts

13 Die Eintragung der Sondergutseigenschaft in das Grundbuch ist unzulässig (Palandt/Brudermüller § 1417 BGB Rn 1).

14 Zur Eintragung in das Güterrechtsregister s. → *Gütergemeinschaft* Rn 9.

VII. Verfahrenshinweise

15 Grundsätzlich trägt der Ehegatte die **Beweislast**, der sich auf die Ausnahme von der Regel beruft. Macht also ein Ehegatte geltend, dass ein bestimmter Vermögenswert in sein Sondergut fällt, trägt er hierfür die Beweislast, da die Zugehörigkeit zum Gesamtgut die Regel darstellt (s. → *Gesamtgut/Verwaltung* Rn 2; Laumen in: Baumgärtel/Laumen/Prütting § 1417 BGB Rn 1).

16 Da jeder Ehegatte Alleineigentümer seines Sonderguts ist, genügt für die Zwangsvollstreckung in dieses ein Vollstreckungstitel gegen den jeweiligen Ehegatten. Ob die **Zwangsvollstreckung in das Sondergut** überhaupt möglich ist, bestimmt sich nach den §§ 851, 857 Abs. 1, 3 ZPO. Fallen die Nutzungen des Sonderguts in das Gesamtgut, richtet sich die Pfändung der Nutzungen nach den Vorschriften der Pfändung von Gesamthandsgegenständen.

204. Sorgeerklärung

Seebach

I. Allgemeines 1
II. Voraussetzungen 4
  1. Eltern 4
2. Wirksame Abgabe 6
3. Inhalt 8
III. Rechtsfolgen/Verfahren 12

I. Allgemeines

Gem. § 1626 a Abs. 1 Nr. 1 BGB haben **nicht miteinander verheiratete** Eltern die Möglichkeit, durch Abgabe entsprechender **Sorgeerklärungen** die gemeinsame elterliche Sorge zu erlangen (HK-FamR/Schmid § 1626 b BGB Rn 1). Die Sorgeerklärung kann bereits pränatal, vor Geburt des Kindes, abgegeben werden (HK-FamR/Schmid 1626 b BGB Rn 3). **1**

Die von den Eltern abgegebene Erklärung hat den Erwerb der **gemeinsamen elterlichen Sorge kraft Gesetz** zur Folge. Es handelt sich hierbei um formgebundene, einseitige, rechtsgeschäftsähnliche Willenserklärungen (Palandt/Götz § 1626 a BGB Rn 5). Durch die formgerechte Abgabe der Sorgerechtserklärungen wird die elterliche Sorge unmittelbar begründet **ohne gerichtliche oder behördliche Kontrolle** (NK-BGB/Rakete-Dombek § 1626 a BGB Rn 10).

Eine so begründete gemeinsame elterliche Sorge kann ohne gerichtliche Entscheidung nicht wieder abgeändert werden. Die durch Sorgeerklärung erworbene gemeinsame Sorge steht auch nicht mehr zur Disposition der Eltern (NK-BGB/Rakete-Dombek § 1626 a BGB Rn 10). Eine spätere Alleinsorge des Kindesvaters oder ein geteiltes Sorgerecht kann durch Antrag nach § 1671 Abs. 1 BGB erreicht werden (s. → *Elterliches Sorgerecht* Rn 15 ff). Ist eine gerichtliche Entscheidung ergangen, so ist ein Übergang zur gemeinsamen elterlichen Sorge wegen § 1626 b Abs. 3 BGB durch Abgabe einer Sorgeerklärung nicht mehr möglich. Es bedarf insoweit einer **gerichtlichen Entscheidung** gem. § 1696 Abs. 1 BGB oder aber gem. § 1626 a Abs. 1 Nr. 2 BGB einer Heirat der Eltern (NK-BGB/Rakete-Dombek § 1626 a BGB Rn 7). **2**

Bis zur Neuregelung des § 1626 a BGB am 19.5.2013 konnte das gemeinsame und auch das alleinige Sorgerecht des Kindesvaters **gegen den Willen der Mutter** nicht erreicht werden. Bereits mit Beschluss vom 21.7.2010 hatte das Bundesverfassungsgericht festgestellt, dass gegen das verfassungsrechtlich geschützte Elternrecht des nichtehelichen Vaters verstoßen wird, weil dieser ohne Zustimmung der Kindsmutter generell vom Sorgerecht ausgeschlossen wurde (BVerfG 21.7.2010 – 1 BvR 420/09, NJW 2010, 3008). Der Kindesvater war hinsichtlich der Abgabe einer Sorgeerklärung gem. § 1626 a Abs. 1 Nr. 1 BGB auf die Mitarbeit und die Zustimmung der Kindsmutter angewiesen. Weiterhin hat gemäß § § 1626 a Abs. 3 BGB grundsätzlich bei nicht verheirateten Kindeseltern die Kindsmutter die alleinige elterliche Sorge. **3**

Durch die erfolgte **gesetzliche Neuregelung** und nach Inkrafttreten des Gesetzes zur Reform der elterlichen Sorge kann der nicht mit der Mutter verheiratete Vater nunmehr gem. § 1626 a Abs. 1 Nr. 3, Abs. 2 BGB die gemeinsame elterliche Sorge (bzw. die Alleinsorge gem. § 1671 Abs. 2 BGB) für das gemeinsame Kind beim Familiengericht beantragen (s. → *Elterliches Sorgerecht* Rn 18 ff).

II. Voraussetzungen

1. Eltern

Die Sorgeerklärung bezieht sich auf **nicht miteinander verheiratete Eltern**. Die Elternschaft der Mutter ergibt sich aus § 1591 BGB, die des Vaters aus § 1592 Nr. 2, 3 BGB. Auf die biologische Elternschaft kommt es daher nicht an. Die Elternschaft beider Teile muss rechtlich bestehen. Bei Abgabe einer Sorgeerklärung vor gerichtlicher Feststellung gem. § 1600 d BGB ist diese schwebend unwirksam. Bei **Adoptiveltern** ist zu beachten, dass nicht verheiratete Erwachsene nur einzeln adoptieren können (NK-BGB/Rakete-Dombek § 1626 a BGB Rn 11). **4**

Bei verheirateten Eltern erübrigt sich eine Sorgeerklärung, da die gemeinsame elterliche Sorge mit Geburt des Kindes eintritt (s. → *Elterliches Sorgerecht* Rn 3; Palandt/Götz § 1626 a BGB Rn 2). Auch eine **spätere Heirat** begründet die gemeinsame elterliche Sorge gem. § 1626 a Abs. 1 Nr. 2 BGB, und zwar dergestalt, dass die Eltern sorgerechtlich so behandelt werden, als wären sie schon bei der Geburt des Kindes miteinander verheiratet gewesen (HK-FamR/Schmid § 1626 a BGB Rn 3). Allerdings muss die Vaterschaft bei Eheschließung anerkannt oder gerichtlich festgestellt sein (HK-FamR/Schmid § 1626 b BGB Rn 3). Sonst bleibt trotz Heirat die Alleinsorge der Mutter bestehen. Eine spätere Vaterschaftsfeststellung (s. → *Feststellung der Abstammung*) wirkt grundsätzlich zurück (NK-BGB/Rakete-Dombek § 1626 a BGB Rn 12). Entscheidend ist hierbei die Beziehung der Eltern des betroffenen Kindes zueinander. Auf eine mögliche Ehe oder Lebenspartnerschaft eines Elternteils mit einem Dritten kommt es hierbei nicht an.

5 Die gem. § 1626 a Abs. 3 BGB allein sorgeberechtigte Kindesmutter kann den Kindesvater durch Abgabe der gemeinsamen Sorgerechtserklärung beteiligen (HK-BGB/Kemper § 1626 a BGB Rn 1 ff). Denknotwendig muss die Kindesmutter **Inhaberin der elterlichen Sorge** sein. Eine Sorgerechtserklärung kann daher von der Kindesmutter nicht mehr wirksam abgegeben werden, wenn diese nicht mehr Inhaberin der entsprechenden Rechte ist (NK-BGB/Rakete-Dombek § 1626 a BGB Rn 13). Die Regelung der gemeinsamen elterlichen Sorge durch Abgabe einer Sorgeerklärung gem. § 1626 a Abs. 1 Nr. 1 BGB ist daher weiterhin neben der nunmehr dem nichtehelichen Vater eröffneten Möglichkeit eines gerichtlichen Verfahrens gem. § 1626 a Abs. 1 Nr. 3, Abs. 2 BGB möglich.

Bei teilweise erfolgter **Entziehung der elterlichen Sorge** kann hinsichtlich der verbliebenen Bereiche eine Sorgeerklärung erfolgen (s. Rn 8).

2. Wirksame Abgabe

6 Bei bestehender Ehe oder späterer Heirat ergibt sich gerade aus dem Eheversprechen eine wechselseitige Verpflichtung der Eltern. Die Möglichkeit der Sorgeerklärung kann hierfür als **funktionaler Ersatz** gesehen werden. Die entsprechenden Erklärungen der Eltern müssen höchstpersönlich abgegeben worden sein. Nur die Eltern selbst können die Erklärungen abgeben (§ 1626 c Abs. 1 BGB). Ferner ist die Erklärung gem. § 1626 b Abs. 1 BGB bedingungsfeindlich (NK-BGB/Rakete-Dombek § 1626 a BGB Rn 10).

Die Erklärenden müssen **geschäftsfähig** sein. Gem. § 1626 c Abs. 2 S. 1 BGB bedarf ein beschränkt geschäftsfähiger Elternteil der Zustimmung seines gesetzlichen Vertreters (HK-FamR/Schmid § 1626 a BGB Rn 2). Auch diese Zustimmung der gesetzlichen Vertreter ist höchstpersönlich, bedingungsfeindlich und kann bereits vor der Geburt abgegeben werden. Es gelten die Vertretungsregelungen gem. § 1673 BGB betreffend minderjährige Eltern. Dies gilt insbesondere dann, wenn **beide Elternteile minderjährig** sind (s. → *Ruhen des Sorgerechts* Rn 4 ff). Eine Sorgeerklärung Geschäftsunfähiger sieht das Gesetz nicht vor (NK-BGB/Rakete-Dombek § 1626 a BGB Rn 14). Eine gemeinsame Abgabe der Sorgeerklärung ist nicht notwendig. Ein Widerruf ist grundsätzlich möglich, jedoch allenfalls bis zum Wirksamwerden der Abgabe des anderen Elternteils (Palandt/Götz § 1626 a BGB Rn 5).

7 Sorgeerklärungen können formwirksam gem. § 1626 d BGB auch in Form einer gerichtlich gebilligten Elternvereinbarung (s. → *Elternvereinbarungen* Rn 9) erfolgen (BGH 16.3.2011 – XII ZB 407/10, FamFR 2011, 213).

3. Inhalt

8 Bislang war umstritten, ob durch Sorgeerklärungen nur eine Regelung der Gesamtsorge oder auch die Regelung von Teilbereichen möglich ist. Die herrschende Meinung ging bislang davon aus, dass die **Übertragung von Teilbereichen** durch Abgabe einer Sorgerechtserklärung nicht möglich ist. Teilbereiche könnten demnach nur gem. § 1671 BGB und gerichtlichen Beschluss übertragen werden. In diesen Fällen erfolgt jedoch eine gerichtliche Überprüfung unter Kindeswohlgesichtspunkten. § 1626 a BGB sei demnach eng auszulegen. Andernfalls würde eine gerichtliche Überprüfung umgangen (NK-BGB/Rakete-Dombek § 1626 a BGB Rn 4).

Seebach

Die Gegenansicht ging davon aus, dass auch die Begründung der gemeinsamen elterlichen Sorge betreffend Teilbereiche möglich sei. Dies sollte auch in Fällen des Teilentzugs der elterlichen Sorge im Hinblick auf die bei der Kindesmutter verbliebenen Teilbereiche gelten. Insoweit sei diese dispositionsbefugt (Staudinger/Coester § 1626 a BGB Rn 60; Coester FamRZ 2012, 1337).

Nach Inkrafttreten der **Reform der elterlichen Sorge** (BGBl. I 2013, 795) hat der Gesetzgeber nunmehr eine Wertung vorgenommen für den Fall des § 1626 a Abs. 1 Nr. 3 BGB, indem er in § 1626 a Abs. 2 BGB ausführt, dass auch Teilbereiche der elterlichen Sorge beiden Elternteilen gemeinsam übertragen werden können. Dies gilt dann, wenn die Übertragung dem Kindeswohl nicht widerspricht, wobei dahingehend eine **gesetzliche Vermutung** aufgestellt wird, wenn der andere Elternteil nicht widerspricht bzw. keine Gründe vorträgt, die der Übertragung entgegenstehen können. Für den Fall der Abgabe einer gemeinsamen Sorgeerklärung handeln die Kindeseltern gerade einvernehmlich, so dass im Umkehrschluss auch die Übertragung von Teilbereichen der elterlichen Sorge durch Abgabe einer gemeinsamen Sorgeerklärung möglich sein muss.

Die Kindesmutter muss Inhaberin der elterlichen Sorge bzw. der Teilbereiche der elterlichen Sorge sein. **9** Steht ihr die elterliche Sorge oder auch Teilbereiche durch gerichtliche Entscheidungen nach § 1666 BGB oder § 1671 BGB nicht mehr zu, so ist eine Erklärung nach § 1626 a Abs. 1 Nr. 1 BGB insoweit unwirksam (HK-FamR/Schmid § 1626 b BGB Rn 4).

Die Sorgeerklärung muss sich auf ein **bestimmtes Kind** beziehen. Nicht alle gemeinsamen Kinder müssen **10** von einer Sorgeerklärung erfasst werden. Insbesondere muss nicht für alle gemeinsamen Kinder eine **einheitliche Regelung** getroffen werden. Die inhaltliche Ausgestaltung der elterlichen Sorge, Aufgabenverteilungen und dergleichen werden von einer Sorgeerklärung nicht erfasst. Ein Zusammenleben der Eltern ist nicht erforderlich. So bleibt auch nach einer eventuellen Trennung die durch Sorgeerklärung begründete gemeinsame elterliche Sorge erhalten (NK-BGB/Rakete-Dombek § 1626 a BGB Rn 18).

Die **Zustimmung des Kindes** ist nicht notwendig, eine **Anhörung** erfolgt nicht. Eine gerichtliche oder be- **11** hördliche Überprüfung findet gerade nicht statt (s. Rn 1). Vielmehr liegt der Entscheidung der Eltern die Überlegung zugrunde, sich um das gemeinsame Kind in gemeinsamer Verantwortung zu kümmern und sich ihrer gemeinsamen Elternverantwortung zu stellen, unabhängig von einer Heirat oder einem Zusammenleben (NK-BGB/Rakete-Dombek § 1626 a BGB Rn 19).

III. Rechtsfolgen/Verfahren

Mit wirksamer Abgabe der zweiten Sorgeerklärung tritt die **gemeinsame elterliche Sorge im Ganzen** **12** **oder in Teilbereichen kraft Gesetzes** ein (NK-BGB/Rakete-Dombek § 1626 a BGB Rn 10, 20). Ein Widerruf sowie ein späterer Verzicht ist nicht mehr möglich (Palandt/Götz § 1626 a BGB Rn 5). Ein gerichtliches Eingreifen in die elterliche Dispositionsbefugnis ist allenfalls nach § 1666 BGB möglich (s. → *Kindeswohlgefährdung*), wenn die Begründung der gemeinsamen elterlichen Sorge eine Kindeswohlgefährdung darstellt (NK-BGB/Rakete-Dombek § 1626 a BGB Rn 19 f).

Binnen drei Monaten nach Wirksamwerden der zweiten Sorgeerklärung können die Eltern gem. § 1617 b Abs. 1 S. 1 BGB den Namen des Kindes neu bestimmen (s. → *Namensbestimmung bei Minderjährigen* Rn 13 ff).

Gem. § 1687 b BGB hat der Ehegatte eines allein sorgeberechtigten Elternteils, der nicht Elternteil des Kin- **13** des ist, im Einvernehmen mit dem sorgeberechtigten Elternteil die Befugnis zur Mitentscheidung in Angelegenheiten des täglichen Lebens des Kindes im Rahmen eines sogenannten „kleinen Sorgerechts" (s. → *Elterliches Sorgerecht* Rn 19). Mit Sorgeerklärung und damit verbundener gemeinsamer Sorge der Eltern enden die Befugnisse des Ehegatten aus § 1687 b BGB (NK-BGB/Rakete-Dombek § 1626 a BGB Rn 13).

Hier wäre angesichts der heutigen Lebensverhältnisse eine Anpassung durch den Gesetzgeber angezeigt. Sogenannte „**Patchworkfamilien**" würden durch Erweiterung der Befugnisse des **Stiefelternteils** im Sinne eines „kleinen Sorgerechts" sinnvoll unterstützt (NK-BGB/Rakete-Dombek § 1626 a BGB Rn 21).

14   Das **Verfahren** hinsichtlich der gemeinsamen Sorgeerklärung richtet sich nach §§ 1626 b–d BGB (HK-FamR/Schmid § 1626 b BGB Rn 5).

Die Regelung des § 1626 a Abs. 3 BGB bzw. § 1626 a Abs. 2 BGB aF wurde insofern für grundsätzlich verfassungskonform erachtet, als die Kindesmutter mit Geburt zunächst die Alleinsorge erwirbt (BVerfG 21.7.2010 – 1 BvR 420/09, NJW 2010, 3008). Durch das Gesetz zur Reform der elterlichen Sorge wurden nunmehr die Rechte des nichtehelichen Vaters im Hinblick auf die Erlangung der gemeinsamen elterlichen Sorge erheblich gestärkt (s. Rn 5; s. → *Elterliches Sorgerecht* Rn 15 ff).

205. Sozialhilfe

Conradis

I. Einführung........................... 1   II. Besonderheiten in der Sozialhilfe............... 4

I. Einführung

Leistungen der Sozialhilfe sind im SGB XII geregelt, welches als Nachfolgegesetz zum BSHG geschaffen 1
wurde. Hierbei gibt es **zwei Leistungssysteme**: Nach dem Fünften bis Neunten Kapitel besteht Anspruch
auf Hilfen, die in besonderen Lebenslagen auftreten und daher im BSHG auch als „Hilfen in besonderen
Lebenslagen" bezeichnet wurden. Diese spielen für das Familienrecht nur eine geringe Rolle. Zur Anrechnung des Pflegegeldes nach § 64 SGB XII s. → *Pflegegeld* Rn 12. Die existenzsichernden Leistungen, die
dem Leistungsrecht des SGB II entsprechen, sind im Dritten und Vierten Kapitel des SGB XII geregelt.
Das Dritte Kapitel enthält die Bestimmungen der Sozialhilfe im Sinne der **Hilfe zum Lebensunterhalt**.
Die im Vierten Kapitel geregelten Leistungen werden unter dem Stichwort Grundsicherung im Alter und
bei Erwerbsminderung (s. → *Grundsicherung im Alter und bei Erwerbsminderung*) erörtert.

Die Sozialhilfe nach dem Dritten Kapitel hat praktisch nur geringe Bedeutung, da nur wenige Personen- 2
kreise unter diese Regelung fallen. Die meisten Hilfebedürftigen haben Anspruch auf Leistungen nach dem
SGB II (s. → *Grundsicherung für Arbeitsuchende*). Sozialhilfe erhalten daher im Wesentlichen Personen,
die vorübergehend erwerbsgemindert sind, sowie Kinder vor Vollendung des 15. Lebensjahres, wobei diese
jeweils nicht mit einem Leistungsempfänger nach dem SGB II zusammenwohnen. Leistungsberechtigt können weiterhin Personen sein, die ausdrücklich vom SGB II ausgeschlossen sind, zB weil sie in einer stationären Einrichtung untergebracht sind (§ 7 Abs. 4 S. 2 Nr. 2 SGB II).

Ein erheblicher Teil der Regelungen für die Sozialhilfe nach dem SGB XII stimmt mit denjenigen im 3
SGB II überein. Es werden hier daher nur die wichtigsten Abweichungen dargestellt (zu den Problemen
beim Übergang von Unterhaltsansprüchen s. → *Übergang von Unterhaltsansprüchen*).

II. Besonderheiten in der Sozialhilfe

Die Regelung über den **Einsatz des Einkommens und Vermögens** in einer Einsatzgemeinschaft ent- 4
spricht dem Grunde nach den Vorschriften des SGB II. Allerdings ist in das SGB XII keine Vorschrift aufgenommen worden, die § 9 Abs. 2 S. 3 SGB II entspricht. Unterschiede ergeben sich damit bei der Zuordnung der Leistungen, wenn ein Hilfeempfänger über Einkommen verfügt. Denn nach § 19 SGB XII besteht
eine Leistungsberechtigung nur, wenn der Einzelne nicht über genug Einkommen für sich verfügt. Durch
den Bedarf von anderen Personen der Einsatzgemeinschaft kann er mithin nicht hilfebedürftig werden,
während dies im SGB II möglich ist. Eine Abweichung besteht auch bei der Zuordnung des Kindergeldes;
nach § 82 Abs. 1 S. 3 SGB XII wird das Kindergeld nur den Minderjährigen zugerechnet, soweit sie hilfebedürftig sind, nicht hingegen den Kindern bis zur Vollendung des 25. Lebensjahres, wie es im SGB II vorgesehen ist.

Die Anrechnung des **Einkommens aus Erwerbstätigkeit** ist etwas anders geregelt als im SGB II. Zu- 5
nächst sind die in § 82 Abs. 2 SGB XII genannten Ausgaben abzusetzen. Zur Berechnung der Einkünfte
und Werbungskosten finden sich Einzelheiten in der VO zur Durchführung des § 82 SGB XII vom
27.12.2003 (BGBl. I, 3022, 3059), die im Wesentlichen eine Fortschreibung der früheren VO zu § 76
BSHG darstellt. Als pauschale Werbungskosten werden lediglich 5,20 EUR berücksichtigt. Für Fahrtkosten ist ein Betrag in Höhe von 5,20 EUR pro Kilometer Entfernung von der Wohnung zur Arbeit pro Monat vorgesehen, wenn ein Kraftfahrzeug benutzt wird. Eine Pauschale für Versicherungen, die für das
SGB II in der Alg II-VO mit 30 EUR pro Monat bestimmt ist, gibt es nicht, so dass im Einzelnen Kosten
für Versicherungen geltend gemacht werden müssen. Der **Freibetrag vom Einkommen beträgt** nach § 82
Abs. 3 S. 1 SGB XII 30 % des Einkommens aus selbstständiger und nichtselbstständiger Tätigkeit, jedoch
nicht mehr als 50 % des Regelbedarfs.

6   Die **Höhe des Schonvermögens**, welches nicht eingesetzt werden muss, unterscheidet sich wesentlich von den Regelungen des SGB II (s. → *Grundsicherung für Arbeitsuchende* Rn 39 ff). Es werden lediglich recht niedrige Freibeträge zugebilligt, die sich nicht wesentlich unterscheiden von den Beträgen, die bis Ende 2004 nach dem BSHG galten. Nach der VO zur Durchführung des § 90 Abs. 2 Nr. 9 SGB XII vom 27.12.2003 (BGBl. I, 3022, 3060) sind folgende Freibeträge für die Hilfe zum Lebensunterhalt festgesetzt:

Hilfesuchende:	1.600 EUR
Für jede überwiegend unterhaltene Person:	256 EUR
Ehegatte:	614 EUR
Minderjährige mit ihren Eltern:	
ein Elternteil:	1.600 EUR
anderer Elternteil:	614 EUR
Kind:	256 EUR
Hilfesuchende ab 60. Lebensjahr, voll erwerbsgeminderte Personen sowie für Leistungen nach dem Fünften bis Neunten Kapitel	2.600 EUR

7   Nach § 2 der VO zu § 90 SGB XII ist der Freibetrag angemessen zu erhöhen, wenn im Einzelfall eine besondere Notlage der nachfragenden Person besteht. Dies kann zB der Fall sein, wenn bei Beginn des Getrenntlebens ein etwas höherer Betrag vorhanden ist, der für die Kosten anlässlich des Auszugs bzw der Neueinrichtung der Wohnung benötigt wird. Einen gesonderten Freibetrag für die Altersvorsorge gibt es – im Gegensatz zum SGB II – nicht. Es müssen daher auch Lebensversicherungen eingesetzt werden, soweit deren Wert die Freibeträge überschreitet (BVerwG 13.5.2004 – 5 C 3/03, NJW 2004, 3647).

8   Im Unterschied zum SGB II wird in § 36 SGB XII der Einsatz des Einkommens und Vermögens in der **Haushaltsgemeinschaft** geregelt. Während im SGB II nur Verwandte und Verschwägerte erfasst werden, sind in § 36 Abs. 1 S. 1 SGB XII alle Personen der Haushaltsgemeinschaft einbezogen, soweit gemeinsam gewirtschaftet wird. Nach § 36 Abs. 1 S. 2 SGB XII ist jedoch Hilfe zum Lebensunterhalt zu gewähren, wenn die nachfragende Person keine ausreichenden Leistungen zum Lebensunterhalt erhält.

9   Grundsätzlich ist der **Übergang von Unterhaltsansprüchen** im SGB XII in derselben Weise geregelt wie im SGB II (s. → *Übergang von Unterhaltsansprüchen*). Es gibt jedoch zwei erhebliche **Unterschiede**: Zum einen ist der Personenkreis in § 94 SGB XII weiter, insbesondere ist der gesamte Verwandtenunterhalt ersten Grades erfasst. Zum anderen geht der Unterhaltsanspruch zwar grundsätzlich in Höhe der geleisteten Sozialhilfe über, jedoch erfolgt in Höhe eines fiktiven Wohngeldes kein Übergang, § 94 Abs. 1 S. 6 SGB XII. Es wird auf § 105 Abs. 2 SGB XII verwiesen; danach werden 56 % der Unterkunftskosten mit Ausnahme der Kosten für Heizungs- und Warmwasserversorgung vom gesetzlichen Übergang ausgeschlossen.

10 Praktisch erfolgt die Heranziehung von Unterhaltspflichtigen vor allem beim **Elternunterhalt** (s. → *Elternunterhalt*), während im Übrigen der Übergang von Unterhaltsansprüchen nur eine geringe Rolle spielt. Denn in § 94 SGB XII ist eine weitgehende Einschränkung des Übergangs von Unterhaltsprüchen gegen Eltern enthalten für Unterhaltsansprüche von volljährigen Personen, die behindert im Sinne von § 53 SGB XII oder pflegebedürftig im Sinne von § 61 SGB XII sind. Der Unterhaltsanspruch bei Leistungsbezug nach dem Sechsten und Siebten Kapitel geht nur in Höhe von 26 EUR monatlich über, für Leistungen nach dem Dritten Kapitel nur in Höhe von 20 EUR. Nach § 94 Abs. 2 S. 3 SGB XII verändern sich diese Beträge und belaufen sich seit dem 1.1.2012 auf 31,07 EUR bzw 23,90 EUR. Sofern das Kindergeld an das Kind weitergeleitet wird, führt dies nicht zur Erfüllung dieser Unterhaltspflicht (KG 23.8.2012 – 19 UF 38/12, FamRZ 2013, 1336).

206. Steuerliche Freibeträge

Perleberg-Kölbel

I. Einführung 1
II. Steuerfreibetrag bei der Einkommensteuer 2
   1. Versorgungsfreibetrag 3
   2. Altersentlastungsbetrag 7
   3. Entlastungsbetrag für Alleinerziehende 11
   4. Kinderfreibetrag 15
   5. Freibetrag für den Betreuungs- und Erziehung-
      oder Ausbildungsbedarf 22

6. Freibetrag zur Berücksichtigung eines Sonderbedarfs bei volljährigen Kindern in Berufsausbildung 23
7. Grundfreibetrag 26
III. Freibeträge bei der Erbschaft-/Schenkung-
   steuer 28

I. Einführung

Steuerbemessungsgrenzen können durch den Abzug von Freibeträgen gemindert werden. Freibeträge fin- 1
den sich u.a. bei der Einkommen- und Erbschaftsteuer, wobei nur die Beträge der Besteuerung unterworfen
werden, die den Freibetrag übersteigen. Der Freibetrag ist nicht mit der **Freigrenze** zu verwechseln, bei
deren Überschreitung die gesamten Einnahmen versteuert werden müssen. Im Steuerrecht gibt es Freibeträge, die aus sozialen Gründen eingeführt worden sind, und solche, die das Besteuerungsverfahren vereinfa-
chen sollen.

II. Steuerfreibetrag bei der Einkommensteuer

Bei der Einkommensteuer zeigen sich im Wesentlichen der Versorgungsfreibetrag, der Altersentlastungs- 2
betrag, der Entlastungsbetrag für Alleinerziehende, der Kinderfreibetrag, der Freibetrag für den
Betreuungs- und Erziehung- oder Ausbildungsbedarf, der Freibetrag zur Berücksichtigung eines Sonderbedarfs bei volljährigen Kindern in Berufsausbildung und der Grundfreibetrag.

1. Versorgungsfreibetrag

Einkünfte aus nichtselbstständiger Arbeit sind auch die Versorgungsbezüge, § 19 Abs. 1 EStG, zB Beam- 3
tenpensionen. Von Versorgungsbezügen bleibt bis 2040 noch ein nach einem Prozentsatz ermittelter Betrag
als Versorgungsfreibetrag sowie ein Zuschlag steuerfrei.

Der Versorgungsfreibetrag nach § 19 Abs. 2 EStG musste eingeführt werden, um eine **Ungleichbehand-** 4
lung zwischen Renten und Pensionen zu vermeiden. Wenn erreicht wird, dass die Renten zu 100 % nachgelagert versteuert werden, verliert der Versorgungsfreibetrag 2040 endgültig seine Rechtfertigung.

Der **Höchstbetrag** des Versorgungsfreibetrages beläuft sich zB im VZ 2013 auf 2.040 EUR und wird stu- 5
fenweise bis zum Jahre 2040 auf null herabgesetzt (s. AltEinkG v. 5.7.2004, BGBl. I 2004, 1427; BMF-
Schreiben vom 30.1.2008, BStBl. I 2008, 390 Rn 68–87; BMF-Schreiben vom 13.9.2010, BStBl. I 2010,
681).

Der Versorgungsfreibetrag nach § 19 Abs. 2 EStG darf nicht verwechselt werden mit dem **Sonderausga-** 6
benpauschbetrag nach § 10 c Abs. 2–5 EStG aF, der seit 2010 abgeschafft worden ist. Dieser diente der
Berücksichtigung von tatsächlich geleisteten Beiträgen für Renten-, Kranken- und Pflegeversicherung, der
sogenannten Basisversorgung.

2. Altersentlastungsbetrag

Bei dem Altersentlastungsbetrag nach § 24 a EStG handelt es sich um eine Steuervergünstigung, die spezi- 7
ell ältere Steuerpflichtige entlasten soll.

Der Altersentlastungsbetrag beträgt **grundsätzlich 40 %, höchstens 1.900 EUR**. Bemessungsgrundlage ist 8
bei Arbeitnehmern der Bruttoarbeitslohn und die positive Summe der übrigen Einkünfte. Sie sinkt ab VZ
2005 sowohl hinsichtlich des prozentualen Ansatzes der Einkünfte als auch hinsichtlich der absoluten Höhe

kontinuierlich ab, zB im VZ 2013 auf höchstens 27,2 % der Einkünfte und einen Höchstbetrag von 1.292 EUR.

9 Voraussetzung für die Berücksichtigung eines Altersentlastungsbetrags nach § 24 a EStG ist, dass der Steuerpflichtige das **64. Lebensjahr** vollendet und im Veranlagungszeitraum über andere Einkünfte als Versorgungsbezüge, Leibrenten oder andere steuerlich geförderte Altersvorsorgeleistungen gem. § 24 a S. 2 Nr. 5 iVm § 22 Nr. 5 S. 2 Buchstabe a EStG verfügt hat. Hinsichtlich der jeweiligen Höhe des Altersentlastungsbetrages und den Bemessungsgrundlagen wird auf die Tabelle des § 24 a S. 3 EStG hingewiesen.

10 Dieser Freibetrag wird von den Einkünften noch vor den Sonderausgaben bei der Einkommensermittlung in Abzug gebracht.

3. Entlastungsbetrag für Alleinerziehende

11 Der Freibetrag für Alleinerziehende, § 24 b EStG, ist eine Maßnahme der Familienförderung. Er wird für einen alleinstehenden Elternteil mit mindestens einem Kind im Haushalt gewährt. Für das Kind muss dem Alleinerziehenden ein Freibetrag nach § 32 Abs. 6 EStG oder Kindergeld zustehen. Der Freibetrag nach § 24 b EStG beläuft sich auf **höchstens 1.308 EUR** jährlich, dh 109 EUR monatlich.

12 Wenn die Voraussetzungen vorliegen, findet sich der Entlastungsbetrag bereits auf der Lohnsteuerkarte (s. → *Lohnsteuerklassen* Rn 4) und dem dortigen Eintrag der Steuerklasse II.

13 Alleinerziehende, die den Freibetrag beanspruchen, dürfen allerdings nicht in Haushaltsgemeinschaft mit einer anderen Person leben, wenn diese mit Haupt- oder Nebenwohnsitz bei ihnen gemeldet ist. Eine **schädliche Haushaltsgemeinschaft** ist bei einer eheähnlichen Gemeinschaft oder auch in der eingetragenen Lebenspartnerschaft anzunehmen.

Beim sog. **Wechselmodell** muss das Finanzgericht unter Berücksichtigung der besonderen Umstände im Einzelfall würdigen, ob die jeweilige Aufenthaltsdauer die Annahme rechtfertigt, dass das Kind seinen Lebensmittelpunkt bei beiden Eltern hat (BFH 18.4.2013 – V R 41/22). Die Eltern haben zuvor untereinander die Berechtigung zu bestimmen bzw. vom Familiengericht bestimmen zu lassen. Nach einer Entscheidung des OLG Frankfurt/M. (OLG Frankfurt/M. 20.4.2012 – 2 WF 101/12) erfordert die Beurteilung der gleichwertigen Betreuung im Einzelfall eine schwierige tatsächliche Feststellung. Es handelt sich um ein Unterhaltsverfahren nach § 231 Abs. 2 FamFG. Gemäß § 112 Nr. 1 FamFG handelt es sich um keine Familienstreitsache (OLG Celle 19.4.2011 - 10 WF 109/11, FamRZ 2011, 1240).

14 Der Entlastungsbetrag in Höhe von 1.308 EUR ermäßigt sich nach § 24 b Abs. 3 EStG um je 1/12, wenn die Voraussetzungen für einen Monat nicht vorgelegen haben. Sollte der Steuerpflichtige mehrere Kinder betreuen, mit denen er eine Haushaltsgemeinschaft bildet, bekommt er den Entlastungsbetrag trotz mehrerer Kinder nur einmal.

4. Kinderfreibetrag

15 Zur Sicherung des Existenzminimums eines Kindes kann entweder ein Freibetrag nach § 32 Abs. 6 S. 1 EStG gewählt oder durch einen Anspruch auf Kindergeld bewirkt werden, § 31 S. 1 EStG. Kinderfreibetrag und Kindergeld werden ab VZ 2012 infolge des Steuervereinfachungsgesetzes 2011 (BGBl. I 2011, 2131) unabhängig von den Einkünften und Bezügen des Kindes gewährt. Nach Abschluss einer erstmaligen Berufsausbildung und eines Erststudiums wird ein Kind berücksichtigt, wenn es keiner Erwerbstätigkeit nachgeht. Eine Erwerbstätigkeit mit bis zu 20 Stunden regelmäßiger wöchentlicher Arbeitszeit, ein Ausbildungsdienstverhältnis oder ein geringfügiges Beschäftigungsverhältnis im Sinne der §§ 8 und 8 a des SGB IV sind unschädlich, § 32 Abs. 4 EStG.

16 **Kinder** iSd Einkommensteuerrechts sind im ersten Grad mit dem Steuerpflichtigen verwandte Kinder und Pflegekinder. Die Elterneigenschaft ergibt sich aus §§ 1591, 1592 BGB. Pflegekinder werden nur anerkannt, wenn die Verbindung zu dem Steuerpflichtigen familienähnlich ist und kein Obhutsverhältnis zu den Eltern mehr besteht, § 32 Abs. 1 Nr. 2 EStG.

Der Kinderfreibetrag beträgt **ab VZ 2010 2.184 EUR** und verdoppelt sich im Falle der **Zusammenveran-** 17
lagung der Eltern jährlich auf **4.368 EUR**, § 32 Abs. 6 S. 2 EStG. Er wird als Jahresbetrag um je 1/12 für
jeden Monat ermäßigt, in dem die Voraussetzungen nicht vorliegen, § 36 Abs. 6 S. 5 EStG.

Bei **Auslandsaufenthal**t eines Kindes kommt die Anwendung des Kinderfreibetrages in Frage, wenn der 18
Steuerpflichtige unbeschränkt einkommensteuerpflichtig ist (s. zur Ländergruppeneinteilung BMF-
Schreiben vom 6.11.2009, BStBl. I 2009, 1323). Aufgrund dieser Ländergruppeneinteilung ist der Ausbil-
dungsfreibetrag bis auf 1/4 zu ermäßigen, zB für Jamaika.

Bei geschiedenen oder dauernd getrennt lebenden Eltern konnte ein Elternteil in der „Anlage Kind" zur 19
Einkommensteuererklärung beantragen, den Kinderfreibetrag und den Betreuungsfreibetrag des anderen
Elternteils auf ihn zu übertragen. Voraussetzung war, dass mindestens zu 75 % Unterhaltspflichten erfüllt
wurden. Seit 1996 war eine derartige einvernehmliche Übertragung nicht mehr möglich.

Seit VZ 2012 kann infolge des Steuervereinfachungsgesetzes 2011 (BGBl. I 2011, 2131) der halbe Kinder- 20
freibetrag des einen Elternteils auf den anderen Elternteil übertragen werden, wenn dieser von seinen Unterhaltsverpflichtungen mangels finanzieller Leistungsfähigkeit freigestellt ist, § 32 Abs. 6 S. 6–9 EStG
(hierzu auch BMF-Schreiben vom 28.6.2013 – IV C 4- S 2282-a/10/10002, BStBl. I 2013, 845). Nach § 32
Abs. 6 Hs 2 EStG kann auf Antrag eines Elternteils der dem anderen Elternteil zustehende Kinderfreibetrag
auf ihn übertragen werden, wenn der beantragende Elternteil seiner Unterhaltspflicht gegenüber dem Kind
für das Kalenderjahr im Wesentlichen nachkommt oder der andere Elternteil mangels Leistungsfähigkeit
nicht unterhaltspflichtig ist. Die Übertragung verstößt generell nicht gegen das Grundgesetz (BFH
27.10.2011 – III R 42/07).

Im Rahmen der Veranlagung prüft die Finanzbehörde, ob der Kinderfreibetrag oder das Kindergeld günsti- 21
ger ist, sog. **Günstigerprüfung nach § 31 S. 4 EStG**. Im Rahmen der Steuerveranlagung wird von Amts
wegen geprüft, wie hoch die Steuerersparnis durch die Kinderfreibeträge ist. Die Steuerersparnis wird mit
dem gezahlten Kindergeld verglichen.

5. Freibetrag für den Betreuungs- und Erziehung- oder Ausbildungsbedarf

Neben dem Kinderfreibetrag wird in § 32 Abs. 6 S. 1 EStG ein weiterer Freibetrag für den Betreuungs- und 22
Erziehungs- oder Ausbildungsbedarf in Höhe von jährlich **1.320 EUR** geregelt. Im Falle der **Zusammen-**
veranlagung von Ehegatten verdoppelt sich dieser Betrag auf **2.640 EUR**. Es handelt sich um eine Pauschale und die tatsächlich entstandenen Aufwendungen sind unbeachtlich. Der Kinder- und Betreuungsfreibetrag und das Kindergeld können nicht parallel Berücksichtigung finden. Die Finanzbehörde stellt von
Amts wegen Vergleichsrechnung an, in welchem Fall der Steuerpflichtige eine höhere Steuerersparnis erfährt (Weinreich/von Heintschel-Heinegg/Klein/Kuckenburg/Perleberg-Kölbel, 13. Kap. Rn 164 ff, zur
Übertragung des Freibetrages s. Rn 168 ff).

6. Freibetrag zur Berücksichtigung eines Sonderbedarfs bei volljährigen Kindern in Berufsausbildung

Der Freibetrag zur Berücksichtigung eines Sonderbedarfs bei volljährigen Kindern in Berufsausbildung 23
wird auch als Ausbildungsfreibetrag bezeichnet. Voraussetzung für die Gewährung dieses Freibetrages
gem. § 33 a Abs. 2 EStG ist, dass das volljährige Kind zur **Berufsausbildung** auswärtig untergebracht ist.
Ferner muss für das Kind ein Anspruch auf einen Freibetrag nach § 32 Abs. 6 EStG (s. Rn 15 ff) oder auf
Kindergeld nach §§ 62 ff EStG bestehen. Dem Steuerpflichtigen müssen Aufwendungen entstanden sein,
wobei es nicht auf deren Höhe ankommt. Die Berufsausbildung schließt eine Weiterqualifizierung im ausgeübten Beruf einschließlich Umschulungsmaßnahmen ein.

Die Berufsausbildung umfasst auch den Schulbesuch, dh schon den Besuch von Allgemeinwissen vermit- 24
telnden Schulen, wie zB Grundschulen, Fachschulen und Hochschulen. Zur Frage des Mehrbedarfs für ein
auswärtig zu Ausbildungszwecken untergebrachtes volljähriges Kind und zur Prüfung der Verfassungskonformität unter Zusammenrechnung der Freibeträge nach § 32 Abs. 6 EStG sowie des Freibetrages nach

§ 33 a Abs. 2 EStG: BFH 25.11.2010 – III R 111/07, FamRZ 2011, 563; 17.12.2009 – VI 63/08, FamRZ 2010, 550.

25 Der Freibetrag beläuft sich je Kalenderjahr auf **924 EUR** und vermindert sich bis VZ 2011 um **eigene Einkünfte des Kindes**, soweit diese **1.848 EUR im Kalenderjahr übersteigen** oder Ausbildungshilfe aus öffentlichen Mitteln oder ähnlichen Zuschüssen in Anspruch genommen werden, § 33 a Abs. 2 S. 2 EStG. Ab VZ 2012 wird gem. § 33 a Abs. 3 S. 2 EStG infolge der Neuregelungen durch das Steuervereinfachungsgesetz 2011 (BGBl. I 2011, 2131) der Ausbildungsfreibetrag für volljährige Kinder, die wegen ihrer Ausbildung außerhalb der Wohnung ihrer Eltern untergebracht sind, nicht mehr um eigene Einkünfte oder Ausbildungsbeihilfen des Kindes (zB auch BAföG-Zuschüsse) gekürzt.

7. Grundfreibetrag

26 Der Grundfreibetrag soll das Existenzminimum des Steuerpflichtigen erhalten. Erst wenn das zu versteuernde Einkommen den Grundfreibetrag übersteigt, kommt eine Erhebung der Einkommensteuer in Betracht. Ein Einkommen wird demnach bis zum Grundfreibetrag nicht der Einkommensteuer unterworfen. Die Berechnung des Steuerfreibetrages nach §§ 32 a, 52 Abs. 41 EStG lehnt sich an das gültige Sozialhilferecht an. Der Grundfreibetrag entspricht daher den „Hartz IV-Leistungen" wie dem Regelsatz, den Kosten für die Unterkunft und den Heizkosten, folglich den ALG II-Leistungen eines Jahres.

27 Im VZ 2009 betrug der Grundfreibetrag 7.834 EUR/15.668 EUR (Ledige/Verheiratete). Ab dem **VZ 2010** stieg der Grundfreibetrag auf **8.004 EUR/16.008 EUR** (Ledige/Verheiratete). Nach dem Gesetz zum Abbau der kalten Progression (BGBl. I 2013, 283) erhöht sich rückwirkend ab VZ 2013 der Grundfreibetrag auf 8.130 EUR/16.206 EUR und ab 2014 auf 8.354 EUR/16.708 EUR. Der Eingangssteuersatz bleibt bei 14 %.

III. Freibeträge bei der Erbschaft-/Schenkungsteuer

28 Erbschaften und Schenkungen sind als **Erwerb** steuerpflichtig. Das ErbStRG v. 24.12.2008 (BGBl. I, 3018) ist am 1.1.2009 in Kraft getreten. Es ist anzuwenden auf Erwerbe nach dem 31.12 2008. Die Neuregelung wurde notwendig, weil das Bundesverfassungsgericht die durch § 19 Abs. 1 ErbStG angeordnete Erhebung der Erbschaftsteuer mit einheitlichen Steuersätzen auf den Wert des Erwerbs für als mit dem Grundgesetz unvereinbar hielt (BVerfG 7.11.2006 – 1 BvL 10/02, NJW 2007, 573).

29 Die **Höhe der Erbschaftsteuer** richtet sich vorwiegend nach dem Verwandtschaftsverhältnis zum Verstorbenen oder zum Schenker.

30 **Persönliche Freibeträge** nach §§ 15, 16 ErbStG, RE 15. 1–3 ErbStR sind in

– **Steuerklasse I:**

Ehegatte bzw eingetragener Lebenspartner	500.000 EUR
Kinder	400.000 EUR
Enkel	200.000 EUR
übrige Personen	100.000 EUR
– **Steuerklasse II:**	20.000 EUR
– **Steuerklasse III:**	20.000 EUR

31 Zugeordnet werden in

– **Steuerklasse I:**

– Ehegatten und eingetragener Lebenspartner, Kinder und Stiefkinder, Abkömmlinge der Kinder und Stiefkinder
– Eltern und Voreltern bei Erwerb von Todes wegen

– **Steuerklasse II:**
  – Eltern und Voreltern, soweit sie nicht zur Steuerklasse I gehören, Geschwister, Abkömmlinge ersten Grades von Geschwistern
  – Stiefeltern, Schwiegerkinder, Schwiegereltern, geschiedener Ehegatte, ehemaliger eingetragener Lebenspartner
– **Steuerklasse III:** alle übrigen Erwerber

Eingetragene Lebenspartner werden wie Ehegatten der Steuerklasse I zugeordnet (§ 15 Abs. 1 ErbStG; **32** JStG 2010 v. 8.12.2010 BGBl. I 2010, 1768). Bei Aufhebung der Lebenspartnerschaft, § 15 PartG, gilt die Steuerklasse II. Durch eine Zuordnung zur Steuerklasse I ist auch automatisch der Steuertarif der Steuerklasse I in § 19 Abs. 1 ErbStG anwendbar. Diese Änderungen finden auf Erwerbe Anwendung, für die die Steuer nach dem 13.12.2010 entsteht (Verkündung des JStG 2010; § 37 Abs. 4 ErbStG). Für noch nicht bestandskräftig veranlagte Erwerbe, für die die Steuer nach dem 31.7.2001 entstanden ist, werden Lebenspartner rückwirkend bei der Steuerklasse, beim persönlichen Freibetrag, beim besonderen Versorgungsfreibetrag und beim Steuertarif (§§ 15, 16, 17 ErbStG) den Ehegatten gleichgestellt, § 37 Abs. 5 ErbStG. Eine Gleichstellung von Geschwistern mit Ehegatten oder Lebenspartnern ist nach dem BFH (BFH 24.4.2013 – II R 65/11, DStR 2013, 1128) nicht geboten.

207. Steuern und Sozialabgaben im Versorgungsausgleich

Hoenes

I. Einführung 1
II. Besteuerung von Versorgungsleistungen 3
III. Steuerliche Auswirkungen eines Versorgungs-
ausgleichs 7
IV. Sozialabgaben 11

I. Einführung

1 Der Versorgungsausgleich wird auf Basis der **Bruttowerte** der Versorgungsanrechte durchgeführt. Dies bedeutet, dass der Ehezeitanteil, Ausgleichswert und korrespondierende Kapitalwert eines Anrechts jeweils ein Bruttowert ist. Durch die flankierenden steuerlichen Regelungen des § 3 Nr. 55 a und Nr. 55 b wird gewährleistet, dass die **interne Teilung** und in der Regel auch die **externe Teilung** (Ausnahmen s. → *Externe Teilung* Rn 3 ff) sowohl für die ausgleichspflichtige als auch die ausgleichsberechtigte Person steuerneutral erfolgen. Zur Auszahlung kommt im Versorgungsfall jedoch nur die jeweils zugesagte Bruttoleistung abzüglich Steuern und Sozialabgaben. Nettobetrag und Bruttobetrag einer Versorgungsleistung unterscheiden sich inzwischen meist gravierend, da die meisten Versorgungssysteme nachgelagert besteuert werden (s. Rn 3 ff).

2 **Steuern und Sozialabgaben** hat jeder der Ehegatten für die anteiligen Anrechte, die ihm nach dem Versorgungsausgleich verblieben sind bzw die im Versorgungsausgleich für ihn begründet wurden, nach Maßgabe seiner persönlichen Verhältnisse und den Regelungen des jeweiligen Anrechts abzuführen. Soweit dieser Ablauf gewährleistet ist, spielen Steuern und Sozialabgaben im Versorgungsausgleich keine nennenswerte Rolle. Anders verhält es sich, wenn eine **schuldrechtliche Ausgleichsrente abgefunden** wird (s. → *Abfindungen im Versorgungsausgleich*) oder ein Anrecht gemäß § 6 Abs. 1 Nr. 1 VersAusglG in die Regelung der **ehelichen Vermögensverhältnisse** einbezogen oder die Verrechnung von Anrechten vereinbart wird. In diesen Fällen verbleibt Steuer- und Abgabenbelastung für das gesamte Anrecht beim Ausgleichspflichtigen. Wird dies nicht in geeigneter Weise berücksichtigt, indem man zB bei Abfindungen (s. Rn 10) oder Verrechnungen mit Vermögenswerten die zu erwartende Steuer- und Abgabenbelastung berücksichtigt, wird der Ausgleichspflichtige in aller Regel massiv benachteiligt sein.

II. Besteuerung von Versorgungsleistungen

3 Beamtenpensionen und Leistungen aus einer betrieblichen Altersversorgung über den Durchführungsweg Direktzusage oder Unterstützungskassenzusage unterliegen im Jahr es Zuflusses nach § 19 Abs. 1 Nr. 2 EStG der Lohnsteuer. Das bedeutet, dass sie nach Abzug des Versorgungsfreibetrags und des Werbungskosten-Pauschbetrags der **vollen Besteuerung** unterliegen.

4 Leistungen aus der gesetzlichen Rentenversicherung, aus berufsständischen Versorgungseinrichtungen, aus der landwirtschaftlichen Alterskasse und Leistungen aus einer Basisversorgung iSd § 10 Abs. 1 Nr. 2 b EStG sind nach § 22 Nr. 1 S. 3 a) aa) EStG zu versteuern (**Kohortenbesteuerung**). Diese Renten werden allmählich in die nachgelagerte Besteuerung überführt. Bei Rentenbeginn bis 2005 betrug der bei Rentenbeginn zu versteuernde Anteil 50 %, seither steigt er um jährlich 2 % bis zum Jahr 2020, anschließend bis zum Jahr 2040 um 1 % jährlich. Bei einem Rentenbeginn ab dem Jahr 2040 wird die Rente voll besteuert. Auch bei einem früheren Rentenbeginn nimmt der steuerpflichtige Anteil mit jeder Rentensteigerung zu, denn steuerfrei bleibt nur ein fester Prozentsatz der Anfangsrente, Rentensteigerungen werden hingegen voll besteuert.

5 Leistungen aus einem zertifizierten Altersvorsorgevertrag (zB Basisversorgung oder Riester-Rente), einer **Direktversicherung**, einer **Pensionskasse** oder einem **Pensionsfonds** werden in der Regel nach § 22 Nr. 5 S. 1 EStG voll versteuert. Etwas anderes gilt, wenn bereits die Beiträge ganz oder teilweise der Besteuerung unterlagen. Nicht selten bestehen mehrere Teilanrechte, die einer jeweils anderen Besteuerung unterliegen. Ggf muss dies aus den Auskünften der Versorgungsträger ersichtlich sein.

Leibrenten sind nach den Vorschriften des § 22 Nr. 1 S. 3 a) bb) nur mit dem Ertragsanteil zu besteuern. 6 Der zu versteuernde Anteil der Rente hängt vom Alter bei Rentenbeginn ab. Bei einem Rentenbeginn im Alter von 67 Jahren sind zum Beispiel 17 % der Rente zu versteuern, bei einem früheren Rentenbeginn ein höherer Anteil, bei einem späteren Rentenbeginn ein niedrigerer Anteil. Zu den Leibrenten im Sinne dieser Vorschrift gehört auch die **klassische private Rentenversicherung**, nicht jedoch eine Rentenversicherung, für die die Steuervorteile des § 10 Abs. 1 Nr. 2 b EStG in Anspruch genommen wurden (Basisversorgung), oder in die Rente aus einem Riestervertrag

III. Steuerliche Auswirkungen eines Versorgungsausgleichs

Bei einer **internen Teilung** löst die **Übertragung** eines Teilanrechts auf den Ausgleichsberechtigten nach 7 § 3 Nr. 55 a EStG weder beim Ausgleichspflichtigen noch beim Ausgleichsberechtigten eine Steuerpflicht aus. Bei einer **externen Teilung** gilt dies nach § 3 Nr. 55 b EStG nur, wenn das übertragene Anrecht beim Ausgleichsberechtigten so versteuert wird wie beim Ausgleichspflichtigen. Ist dies nicht der Fall, ist der Übertragungswert vom Ausgleichspflichtigen zum **Zeitpunkt der Übertragung** voll zu versteuern. Diese Gefahr besteht, wenn ein Anrecht, das der nachgelagerten Besteuerung unterliegt, auf ein Anrecht übertragen wird, das nach § 20 Abs. 1 Nr. 6 EStG (Einkünfte aus Kapitalvermögen) oder nach § 22 Nr. 1 S. 3 a) bb) EStG (Leibrenten, Renten aus privaten Lebensversicherungen) besteuert wird (s. → *Externe Teilung* Rn 3 ff).

In der **Leistungsphase** sind von jedem Ehegatten die Anrechte zu versteuern, die ihm nach der Teilung 8 verblieben sind oder die er durch Teilung erhalten hat, und zwar nach Maßgabe der Vorschriften für das jeweilige Anrecht.

Bei schuldrechtlichen Ausgleichszahlungen in Form einer **schuldrechtlichen Ausgleichsrente** (§ 20 9 VersAusglG, §§ 1587 f, 1587 g BGB aF) oder in Form von **Kapitalzahlungen** (§ 22 VersAusglG, § 1587 i BGB aF) ist nach dem Korrespondenzprinzip beim Ausgleichspflichtigen ein Sonderausgabenabzug nach § 10 Abs. 1 Nr. 1 b EStG möglich (BMF-Schreiben vom 9.4.2010 – VI C3 – S 2221/09/10024), vom Ausgleichsberechtigten ist der Anteil der Rente zu versteuern, der auch vom Ausgleichspflichtigen zu versteuern wäre. Dieser hängt von der Art des Anrechts ab, das der schuldrechtlichen Rente zu Grunde liegt, und gegebenenfalls auch von der Besteuerung der Beiträge, mit denen dieses Anrecht finanziert wurde (s. Rn 3 ff). Ist der Ausgleichspflichtige nicht unbeschränkt steuerpflichtig, ist ein Sonderausgabenabzug nach § 10 Abs. 1 Nr. 1 b EStG nicht möglich und der Ausgleichsberechtigte muss seine Rente nicht versteuern.

Wird eine schuldrechtliche Ausgleichsrente nach § 23 VersAusglG oder § 1587 l BGB aF **abgefunden**, 10 scheidet sowohl ein Sonderausgabenabzug nach § 10 Abs. 1 Nr. 1 b EStG als auch eine Steuerermäßigung wegen außergewöhnlicher Belastung nach § 33 EStG aus. Die Zahlung der **Abfindung** (§ 23 VersAusglG; § 1587 l BGB aF) ist nach Auffassung der Finanzverwaltung ein **Vorgang auf der privaten Vermögensebene** (BMF-Schreiben vom 9.4.2010 – VI C3 – S 2221/09/10024) (s. → *Abfindungen im Versorgungsausgleich* Rn 8).

IV. Sozialabgaben

Als Sozialabgaben fallen in der Leistungsphase **Kranken- und Pflegeversicherungsbeiträge** an. Die Hö- 11 he dieser Beiträge hängt sowohl von der Art der Krankenversicherung (gesetzliche Pflichtversicherung, freiwillige gesetzliche Versicherung, Privatversicherung) ab als auch von der Art des Versorgungsanrechts. Bei einer privaten Versicherung ist die Höhe des Beitrags unabhängig von der Höhe und Art der Versorgungsleistungen. Bei einer gesetzlichen Pflichtversicherung sind auf Versorgungsleistungen bis zur Beitragsbemessungsgrenze (2013: monatlich 3.937,50 EUR) für die Krankenversicherung Beiträge zu entrichten. Die gesetzliche Rentenversicherung gewährt einen Zuschuss, so dass vom Rentner derzeit nur etwa die Hälfte des Beitrags zu zahlen ist. Bei Leistungen aus einer betrieblichen Altersversorgung muss der Rentner hingegen den vollen Beitragssatz zahlen. Auch Leistungen der betrieblichen Altersversorgung in Form einer Kapitalzahlung unterliegen der Beitragspflicht, bei ihnen wird der Beitrag über zehn Jahre verteilt einbehalten. Bei einer freiwilligen Pflichtversicherung kommt es auf die Gesamtleistungsfähigkeit des Versorgungsempfängers an. Hier kann es zum Beispiel bei einer schuldrechtlichen Rente zu einer doppelten Verbeitragung kommen (Ruland, Versorgungsausgleich, 3. Aufl., Rn 714 ff).

208. Steuernachzahlung/-erstattung

Perleberg-Kölbel

I. Einführung..................................... 1
II. Aufteilung im Steuerrecht...................... 2
  1. Steuernachzahlungen......................... 2
  2. Steuererstattungen........................... 6
    a) Grundsatz............................... 6
    b) Ehegatten.............................. 8
    c) Aufteilungsmaßstab...................... 10

III. Aufteilung im Familienrecht.................... 20
  1. Steuerschulden............................. 20
    a) Grundsatz............................... 20
    b) Aufteilungsmaßstäbe..................... 22
    c) Familienrechtliche Überlagerung........... 23
  2. Steuererstattungen.......................... 27
  3. Gerichtsbarkeit............................. 29

I. Einführung

Solange Ehegatten noch gemeinsam wirtschaften, spielen Steuernachzahlungen und Steuererstattungen sowie deren interne Aufteilung nur eine untergeordnete Rolle. Erst nach der Trennung kommt es hierüber regelmäßig zum Streit. Aufteilungsregelungen und Aufteilungsmaßstäbe sind zu beachten. Nach § 2 Abs. 8 EStG sind die Regelungen des Einkommensteuergesetzes zu Ehegatten und Ehen auch auf Lebenspartner und Lebenspartnerschaften anzuwenden. Die Änderungen im Einkommensteuergesetz sind am 19.7.2013 in Umsetzung der Entscheidung des Bundesverfassungsgerichts vom 7.5.2013 (FamRZ 2013, 1103) in Kraft getreten (BGBl. I 2013, 2397).   1

II. Aufteilung im Steuerrecht

1. Steuernachzahlungen

Auch nach einer Trennung kann es noch zu Steuernachzahlungen für Veranlagungszeiträume kommen, in denen Ehegatten zusammengelebt haben (auch für das Trennungsjahr selbst). Die Steuer wird dabei nach dem Einkommen der Ehegatten berechnet und von der Finanzbehörde durch Steuerbescheid festgesetzt (s. → *Aufteilung der Steuerschuld* Rn 6).   2

§ 36 EStG bestimmt in Abs. 2 Nrn. 1 und 2, dass durch Steuerabzug erhobene Einkommensteuer wie zB die Lohnsteuer und Vorauszahlungen auf die Einkommensteuer angerechnet werden. Mit dem **Jahressteuerbescheid** verliert ein Vorauszahlungsbescheid seine Wirksamkeit, weil dieser den Vorauszahlungsbescheid in seinen Regelungsgehalt aufnimmt (BFH 19.5.2005 – V R 31/03, BStBl. II 2005, 671).   3

Ist die Jahressteuer höher als die **Vorauszahlungen**, ist der Unterschiedsbetrag innerhalb eines Monats nach Bekanntgabe des Steuerbescheids oder, bei verspäteter Abgabe der Steuererklärung, innerhalb eines Monats nach Abgabe der Steuererklärung zu entrichten, § 36 Abs. 4 S. 1 EStG. Steuernachzahlungen ergeben sich zudem häufig noch infolge von geänderten Einkommensteuerbescheiden, zB aufgrund von Betriebsprüfungen nach § 193 ff AO.   4

Zusammenveranlagte Ehegatten werden **Gesamtschuldner** der erstmalig festgesetzten oder geänderten Einkommensteuer. Die Finanzbehörde kann wählen, welchen Ehegatten sie als Gesamtschuldner wegen der Steuernachzahlungen in Anspruch nehmen möchte. Jeder Ehegatte muss daher damit rechnen, **in voller Höhe** Steuer(nach)zahlungen an die Finanzbehörde vornehmen zu müssen. Dem in Anspruch genommenen Ehegatten bleibt nur die Möglichkeit, die Aufteilung der Steuerschuld nach §§ 268–280 AO zu beantragen, um so zu erreichen, dass die Vollstreckung auf die Einkommensteuer beschränkt wird, die seinem Einkommen zuzurechnen ist (s. → *Aufteilung der Steuerschuld* Rn 10).   5

2. Steuererstattungen

a) Grundsatz. Übersteigen die Vorauszahlungen die Jahressteuer, muss die Finanzbehörde den Unterschiedsbetrag erstatten, § 36 Abs. 4 S. 2 EStG.   6

Nach § 37 Abs. 2 S. 1 AO ist der Steuerpflichtige **materiell erstattungsberechtigt**, auf dessen Rechnung die Zahlung bewirkt worden ist. Entscheidungserheblich für die Frage der Erstattungsberechtigung ist hier-   7 bei, wie der **Wille des Zahlenden im Zeitpunkt der Zahlung** dem Finanzamt gegenüber erkennbar hervorgetreten ist (BFH 30.9.2008 – VII R 18/08, BStBl. II 2009, 38). Mit dieser Vereinfachungsregel wird der Finanzbehörde nicht zugemutet, im Einzelfall die zivilrechtlichen Beziehungen zwischen dem Steuerschuldner und einem zahlenden Dritten daraufhin überprüfen zu müssen, wer von ihnen im Innenverhältnis einen Ausgleichsanspruch besitzt (BFH 25.7.1989 – VII R 118/87, BStBl. II 1990, 41). Lässt sich der **Wille des Gesamtschuldners** bei der Zahlung nicht erkennen, wird generell angenommen, dass dieser nur seine eigene Steuerschuld tilgen wollte (BFH 18.2.1997 – VII R 117/95, BFH/NV 1997, 482; zur Änderung des Anwendungserlasses zur AO siehe auch BMF-Schreiben v. 23.7.2013 – IV A 3 – S 0062/08/10007-16).

8 **b) Ehegatten.** Generell stehen Erstattungsansprüche demjenigen Ehegatten zu, auf dessen Rechnung die Zahlung bewirkt worden ist (BFH 26.6.2007 – VII R 35/06, BStBl. II 2007, 742). Nach ständiger Rechtsprechung des Bundesfinanzhofes kann aber das Finanzamt, solange die Ehe besteht und die Ehegatten **nicht dauernd getrennt** leben (s. → *Versöhnung* Rn 5), davon ausgehen, dass derjenige Ehegatte, der auf die gemeinsame Steuerschuld zahlt, mit seiner Zahlung auch die Steuerschuld des anderen mit ihm zusammen veranlagten Ehegatten begleichen will. Dies gilt auch in den Fällen des Verlustabzugs nach § 10 d EStG (BFH 19.10.1982 – VII R 55/80 – BStBl. II 1983, 162 und 18.9.1990 – VII R 99/89 – BStBl. II 1991, 47) und im Fall der Insolvenz (BFH 30.9.2008 – VII R 18/08 – BStBl. II 2009, 38).

Voraussetzung für diese Annahme ist, dass keine anderen Anhaltspunkte oder ausdrückliche Absichtsbekundungen dazukommen. Für die unterstellte Tilgungsabsicht ist es nicht entscheidend, welcher Ehegatte in seiner Person Tatbestände verwirklicht, die zum Entstehen der Gesamtschuld führen (BFH 15.11.2005 – VII R 16/05, BStBl. II 2006, 453). Ehegatten bevollmächtigen sich schließlich gegenseitig mit ihren beiderseitigen Unterschriften auf der Steuererklärung auch zum Empfang etwaiger Erstattungsbeträge. Diese widerlegbare gesetzliche Vermutung nach § 36 Abs. 4 S. 3 EStG kommt erst dann nicht mehr in Betracht, wenn die Ehegatten inzwischen getrennt leben, geschieden sind oder dem Finanzamt aus sonstigen Umständen bekannt ist, dass ein Ehegatte mit der Erstattung an den anderen Ehegatten nicht einverstanden ist (BFH 5.4.1990 – VII R 2/89 – BStBl. II 1990, 719 und 8.1.1991 – VII R 18/90 – BStBl. II 1990, 442).

Die **materielle Erstattungsberechtigung** ist ebenfalls zu überprüfen, wenn das Finanzamt mit Abgabenrückständen eines der beiden Ehegatten aufrechnen will oder wenn der Erstattungsanspruch nur eines der beiden Ehegatten abgetreten, gepfändet oder verpfändet worden ist. Es ist unerheblich, wenn beide Ehegatten übereinstimmend davon ausgehen, dass der steuerliche Erstattungsanspruch ihnen gemeinsam zusteht (BFH 12.3.1991 – VII S 30/90 — BFH/NV 1992, 145). Zahlt das Finanzamt aufgrund eines gegenüber einem Ehegatten allein ergangenen Pfändungs- und Überweisungsbeschlusses auch den auf den anderen Ehegatten entfallenden Erstattungsbetrag an den Pfändungsgläubiger aus, liegt kein Rechtsgrund für diese Zahlung vor. Der Betrag ist zurückzuerstatten (BFH 13.2.1996 – VII R 89/95 – BStBl. II 1996, 436).

9 Auf eine **spätere getrennte Veranlagung** kommt es ebenso wenig an wie auf Abbuchungen ausschließlich vom Konto eines Ehegatten oder Vorauszahlungen ausschließlich aus Einkünften eines Ehegatten aus selbstständiger Tätigkeit (BFH 26.6.2007 – VII R 35/06, BStBl. II 2007, 742).

10 **c) Aufteilungsmaßstab.** Selbst dann, wenn ein Ehegatte allein Steuerzahlungen vornimmt, führt die unterstellte Tilgungsabsicht bei Überzahlungen zu einer Erstattungsberechtigung beider Ehegatten nach § 37 Abs. 2 AO. Der zu erstattende Betrag ist zwischen ihnen **nach Köpfen** aufzuteilen (BFH 30.9.2008 – VII R 18/08, BStBl. II 2009, 38). Dieser Aufteilungsmaßstab entspricht den Vorgaben des Bundesverfassungsgerichts (3.11.1982 – 1 BvR 1104/79, BStBl. II 1982, 717) zum Splittingverfahren (s. → *Steuerveranlagung* Rn 22). Dieses geht von dem Grundsatz der Besteuerung nach der Leistungsfähigkeit und bei zusammenlebenden Ehegatten von einer Gemeinschaft des Erwerbs und Verbrauchs aus. Jeder Ehegatte nimmt an den Einkünften und Lasten des anderen wirtschaftlich jeweils zur Hälfte teil. Der Halbteilungsgrundsatz ist eine Ausbildung des Gleichheitsgrundsatzes nach Art. 3 GG und verlangt, dass Ehegatten mit gleichem Gesamteinkommen auch steuerlich gleich belastet werden. Der individuelle Anteil am Gesamteinkommen spielt hierbei keine Rolle.

Der Aufteilungsmaßstab nach Köpfen gilt generell auch für die **Erstattung von Vorauszahlungen**. Werden diese wegen anderweitiger Tilgung von Steuerschulden von Seiten der Finanzbehörde nicht bestimmungsgemäß auf die festgesetzte Einkommensteuer angerechnet, kommt eine Erstattung von Vorauszahlungen nur hinsichtlich des Betrages in Betracht, um den die Vorauszahlungen die Summe der für beide Ehegatten festgesetzten Einkommensteuer übersteigen. Auf einen Tilgungswillen des die Vorauszahlung leistenden Ehegatten kommt es dann nicht an, weil die Festsetzung von Vorauszahlungen der Sicherung eines stetigen Steueraufkommens und nicht dem Ansparen des künftig zur Tilgung der Einkommensteuer benötigten Betrages dient (BFH 20.12.2004 – VI R 182/97, BStBl. II 2005, 358). **11**

Konnte das Finanzamt bei Zahlung auch hier erkennen, dass der leistende Ehegatte allein seine eigene Steuerschuld tilgen wollte, ist dieser allein erstattungsberechtigt. Eine Tilgungsbestimmung muss nicht ausdrücklich erfolgen, sondern kann sich ebenso aus den Umständen des Einzelfalls ergeben, zB durch die Angabe des eigenen Namens im Feld „Verwendungszweck" einer Überweisung (BFH 25.7.1989 – VII R 118/87 – BStBl. II 1990, 41). Vorauszahlungen aufgrund eines an beide Ehegatten gemeinsam gerichteten Vorauszahlungsbescheids ohne individuelle Tilgungsbestimmung sind zunächst auf die fest-gesetzten Steuern beider Ehegatten anzurechnen. Ein verbleibender Überschuss ist nach Köpfen an die Ehegatten auszukehren. Vorauszahlungen ohne individuelle Tilgungsbestimmung aufgrund eines nur an einen Ehegatten gerichteten Vorauszahlungsbescheids sind nur diesem zuzuordnen.

Dies gilt sowohl bei getrennter Veranlagung (ab VZ 2013 Einzelveranlagung) als auch bei Zusammenveranlagung. **12**

Nach Ansicht des Bundesfinanzhofes wird die bisherige Rechtsprechung dem Zweck der Vorauszahlung dann nicht gerecht, wenn bei **getrennter Veranlagung/Einzelveranlagung** oder **Abrechnung** unterschiedlich hohe Steuerschulden bei den Ehegatten anfallen. Bei einer hälftigen Aufteilung der Vorauszahlungen würde der Teil des Vorauszahlungsbetrags, der auf den Ehegatten mit der geringeren Steuerlast entfällt, nicht vollständig auf eine Steuerschuld angerechnet, während der Ehegatte mit der höheren Steuerbelastung nachzahlen müsste. **13**

Dieser Erstattungsmaßstab führt zu Steuerausfällen beim Fiskus, wenn der höher belastete Ehegatte leistungsunfähig wird, obwohl die Steuer durch die bereits gezahlten Vorauszahlungen gesichert erschien. Dieses Ergebnis ist nicht allein mit dem **typisierten Tilgungswillen bei den Vorauszahlungen** der in einer Wirtschaftsgemeinschaft lebenden Ehegatten zu rechtfertigen (BFH 22.3.2011 – VII R 42/10, Rn 34, NJW 2011, 2318). **14**

Die Vorauszahlung bei getrennter Veranlagung/Einzelveranlagung (auch wenn diese später gewählt wird) ist daher zunächst in Höhe des festgesetzten Betrages dem Ehegatten zu erstatten, auf dessen Schuld sie sonst anzurechnen gewesen wäre. Sofern nach Abrechnung der für beide Ehegatten festgesetzten Steuern von den geleisteten Vorauszahlungen noch ein **Rest** verbleibt, ist dieser den Ehegatten **nach Kopfteilen** zu erstatten (BFH 22.3.2011 – VII R 42/10, Rn 30, NJW 2011, 2318). **15**

Zusammenveranlagte Ehegatten werden **keine Gesamtgläubiger** iSd § 428 BGB oder **Mitgläubiger** iSd § 432 BGB (BFH 17.2.2010 – VII R 37/08, BFH NV 2010, 1078). § 36 Abs. 4 S. 3 EStG bewirkt im Fall der Zusammenveranlagung die Auszahlung an einen Ehegatten auch für und gegen den anderen Ehegatten. **16**

Die befreiende Wirkung tritt allerdings dann nicht ein, wenn der Finanzbehörde zum Zeitpunkt der Abrechnung bekannt ist, dass der eine Ehegatte mit der Leistung an den anderen nicht einverstanden ist (BFH 5.4.1990 – VII R 2/89, BStBl. II 1990, 719; 8.1.1991 – VII R 18/90, BStBl. II 1991, 442). Diese Kenntnis hat die Finanzbehörde zB bei einem Aufteilungsantrag nach §§ 268 ff AO (s. → *Aufteilung der Steuerschuld* Rn 13). **17**

Ergibt sich bei der Zusammenveranlagung ein Erstattungsanspruch aus **überzahlter Lohnsteuer, Kapitalertragsteuer oder Körperschaftsteuer**, ist der Ehegatte erstattungsberechtigt, der Steuerschuldner der jeweiligen Steuer ist (BFH 19.10.1982 – VII R 55/80 – BStBl. II 1983, 162). Diese Steuer ist schließlich für seine Rechnung an das Finanzamt abgeführt worden (BFH 5.4.1990 – VII R 2/89 – BStBl. II 1990, 719). **18**

Sind für beide Ehegatten Steuerabzugsbeträge einbehalten worden und keine Vorauszahlungen erfolgt, muss die Aufteilung des Erstattungsanspruchs im Verhältnis des jeweiligen Steuerabzugs des Ehegatten zum Gesamtabzug durchgeführt werden (BFH 1.3.1990 – VII R 103/88 – BStBl. II 1990, 520).

19 Erfolgt ein Steuerabzug bei beiden Ehegatten, wird der Erstattungsanspruch **im Verhältnis der jeweils von dem Ehegatten gezahlten Steuerabzugsbeträge aufgeteilt** (BFH 30.8.2005 – VII R 64/04, BStBl. II 2006, 353).

Im BMF-Schreiben vom 30.1.2012 – IV A 3-S 0062/10007-13 – ist der Anwendungserlass zu § 37 AO (AEAO zu § 37) neu gefasst worden. Zeitgleich sind in einem weiteren BMF-Schreiben (IV A 3 – S 0160/11/10001) ausführliche Regelungen zur Bestimmung des Erstattungsanspruchs bei Ehegatten sowie zur Reihenfolge der Anrechnung von Steuerzahlungen unter Berücksichtigung der BFH-Rechtsprechung mit vielen erläuternden Beispielen aufgezeigt worden. Mit BMF-Schreiben vom 31.1.2013 – IV A 3 – S 0160/11/10001 (hierzu auch Baum NWB 2013, 834) wurden die Regelungen zur Bestimmung des Einkommensteuer-Erstattungsanspruchs nach § 37 Abs. 2 AO bei Ehegatten und zur Erstattungsberechtigung sowie zur Reihenfolge der Anrechnung von Einkommensteuerzahlungen in Nachzahlungsfällen ergänzt. Dieses BMF-Schreiben tritt an die Stelle des BMF-Schreibens vom 30.1.2012 (BStBl. I 2013, 70).

III. Aufteilung im Familienrecht

1. Steuerschulden

20 **a) Grundsatz.** Gleicht ein Ehegatte Steuerschulden aus, steht ihm gegen den anderen Ehegatten grundsätzlich ein Ausgleichsanspruch nach § 426 BGB zu. Die interne Haftung zu gleichen Teilen iSd § 426 Abs. 1 S. 1 BGB entfällt, wenn eine **anderweitige Bestimmung** vorliegt. Ferner kann sich ein Ausgleichsanspruch aus **güterrechtlichen Beziehungen** ergeben, wobei auch hier eine anderweitige Bestimmung iSd § 426 Abs. 1 S. 1 BGB Vorrang hat (BGH 23.5.2007 – XII ZR 250/04, FamRZ 2007, 1229).

21 Ausgleichsansprüche unterliegen der Disposition der Gesamtschuldner. Ausdrückliche oder stillschweigend geschlossene **Vereinbarungen unter Ehegatten** über einen Ausgleich sind vorrangig als anderweitige Bestimmung iSd § 426 Abs. 1 S. 1 Hs 2 BGB zu beachten (BGH 15.11.1989 – XII ZR 100/88, FamRZ 1990, 374). Diese kann auch aus einer **ständigen Übung,** wie zB dem ständigen Begleichen der Steuerschulden während des Zusammenlebens, hergeleitet werden (BGH 31.5.2006 – XII ZR 111/03, FamRZ 2006, 1178).

22 **b) Aufteilungsmaßstäbe.** Gibt es keine anderweitige Bestimmung iSd § 426 Abs. 1 S. 1 BGB, bieten sich unterschiedliche Aufteilungsmaßstäbe an, zB eine hälftige Aufteilung (OLG Celle 10.6.1999 – 11 W 12/99, OLGReport 2000, 9), eine Aufteilung nach dem Verhältnis der im Veranlagungszeitraum auf die gemeinsame Steuerschuld jeweils tatsächlich gezahlten Steuern (OLG Düsseldorf 25.6.1992 – 10 U 6/92, FamRZ 1993, 70; OLG Hamm 3.5.2000 – 33 U 23/99, FamRZ 2001, 98) und eine Aufteilung nach dem Verhältnis der Steuerbeträge, die sich bei fiktiv getrennter Veranlagung ergeben (BGH 31.5.2006 – XII ZR 111/03, FamRZ 2006, 1178; 23.5.2007 – XII ZR 250/04, FamRZ 2007, 1229).

23 **c) Familienrechtliche Überlagerung.** Generell besteht infolge einer familienrechtlichen Überlagerung (BGH 23.5.2007 – XII ZR 250/04, FamRZ 2007, 1229; Wever Rn 772) kein Ausgleichsanspruch für **Veranlagungszeiträume vor der Trennung**, also für Zeiträume, in denen die Eheleute noch zusammengelebt haben. Steuerzahlungen, die im Laufe der ehelichen Lebensgemeinschaft an das Finanzamt gezahlt worden sind, werden daher nicht ausgeglichen, selbst wenn diese für den anderen Ehegatten im Rahmen einer getrennten Veranlagung vorgenommen worden sind. Bei Steuerzahlungen handelt es sich um Kosten der allgemeinen Lebensführung nach § 12 EStG, die nach geleisteter Zahlung den Ehegatten nicht mehr zum Familienunterhalt zur Verfügung stehen. Nachträgliche Korrekturen zulasten eines Ehegatten sind wegen eines Verstoßes gegen den Grundsatz der nachehelichen Solidarität gem. § 1353 BGB unzulässig.

24 Ein Mehrbetrag, der nach der Steuerklasse V im Vergleich zur Besteuerung bei getrennter Veranlagung geleistet worden ist, darf als Ausgleich nur verlangt werden, wenn sich die Ehegatten eine Rückforderung für

den Fall der Trennung vorbehalten haben (BGH 23.5.2007 – XII ZR 250/04, FamRZ 2007, 1229). Für diesen Fall ist zB die Lohnsteuerklassenwahl nach den Steuerklassen III und V eine anderweitige Bestimmung iSd § 426 Abs. 1 S. 1 BGB (BGH 23.5.2007 – XII ZR 250/04, FamRZ 2007, 1229). Der auszugleichende Betrag beschränkt sich auf die Summe der Nachforderung.

Für **Veranlagungszeiträume nach der Trennung** ist zu differenzieren: Endet eine eheliche Lebens- und 25 Wirtschaftsgemeinschaft mit der Trennung, besteht kein Anlass mehr, an einer früheren Übung festzuhalten. Mit dem Scheitern der Ehe tritt eine grundlegende Veränderung der Verhältnisse ein (BGH 31.5.2006 – XII ZR 111/03, FamRZ 2006, 1178). Partizipiert der Unterhaltsberechtigte mit der ungünstigeren Steuerklasse an dem Gesamteinkommen durch den **Trennungsunterhalt**, ist er keiner zusätzlichen Belastung ausgesetzt, die es auszugleichen gilt. Bei der Berechnung des Trennungsunterhalts nach den tatsächlichen Einkommensverhältnissen kommt es zu einer Kompensation iSd Nachteilsausgleichs. Auf die Erfüllung kommt es nicht an. Ein Ausgleichsanspruch scheidet aus, weil sowohl Steuerzahlungen als auch Steuererstattungen (nach dem In-Prinzip: BGH 19.2.2003 – XII ZR 19/01, FamRZ 2003, 744; Gerhardt/ vonHeintschel-Heinegg/Klein/Kuckenburg/Perleberg-Kölbel, Kap. 13 Rn 72) bereits in die Unterhaltsbemessung eingeflossen sind.

Wird hingegen **kein Trennungsunterhalt** gezahlt, muss der Ehegatte mit der ungünstigeren Steuerklasse 26 seine damit verbundenen steuerlichen Nachteile nicht ohne einen Ausgleich akzeptieren, weil er nach dem allgemeinen Grundsatz nur für die Steuern aufzukommen hat, die auf sein Einkommen entfallen (BGH 31.5.2006 – XII ZR 111/03, FamRZ 2006, 1178 m.Anm. Wever FamRZ 2006, 1181 = FamRB 2006, 302 m.Anm. Christ; 23.5.2007 – XII ZR 250/04, FamRZ 2007, 1229). Der Anspruch ist somit fiktiv nach getrennter Veranlagung zu berechnen (s. → *Aufteilung der Steuerschuld* Rn 19).

2. Steuererstattungen

Eine Aufteilung von Steuererstattungen im Innenverhältnis bestimmt sich ebenfalls allein nach **zivilrechtli-** 27 **chen Maßstäben**. Bietet sich keine gesonderte **vertragliche Vereinbarung** über die Aufteilung der zu erwartenden Steuerrückzahlungen an, sind auch hier die Maßstäbe zur Aufteilung von Steuerschulden in Betracht zu ziehen.

Nach der **Rechtsprechung** (BGH 31.5.2006 – XII ZR 111/03, NJW 2006, 2623) hat die Aufteilung eines 28 nach Trennung fällig werdenden Erstattungsanspruchs zusammenveranlagter Ehegatten grundsätzlich unter entsprechender Heranziehung des § 270 AO auf der Grundlage einer fiktiv getrennten Veranlagung zu erfolgen (s. → *Aufteilung der Steuerschuld* Rn 19). Dies führt zu einem einkommensteuerkonformen Ergebnis, weil so die konkret steuerrechtliche Situation der Ehegatten berücksichtigt wird. Regelmäßig kommt diese Aufteilung in Betracht, wenn nach einer Trennung kein Unterhalt gezahlt wird und es infolge der ungünstigen Steuerklassewahl des ausgleichsberechtigten Ehegatten beim ausgleichspflichtigen Ehegatten zu einem Erstattungsanspruch kommt.

Auswirkungen von Steuerzahlungen und -Erstattungen zeigen sich darüber hinaus auch beim Unterhalt und Zugewinnausgleich (vgl hierzu Kuckenburg/Perleberg-Kölbel FPR 2012, 306).

3. Gerichtsbarkeit

Gem. § 266 Abs. 1 Nr. 3 FamFG ist das Familiengericht für Auseinandersetzungen über den internen Aus- 29 gleich von Steuern zuständig. Es handelt sich um sonstige Familiensachen iSd §§ 111 Nr. 10, 266 FamFG.

209. Steuerveranlagung

Perleberg-Kölbel

I. Einführung	1		a) Einzelveranlagung	41
II. Differenzierungen	4		b) Besondere Veranlagung	43
1. Einzelveranlagung	4		2. Bindungswirkung	45
2. Veranlagung von Ehegatten	5		IV. Familienrechtliche Aspekte	47
a) Grundsätze	5		1. Zustimmungspflicht zur Zusammenveranlagung	48
b) Zusammenveranlagung	16		a) Grundsatz	48
c) Getrennte Veranlagung bis VZ 2012	31		b) Verminderung der Steuerlast	51
d) Besondere Veranlagung für den VZ der Eheschließung	36		c) Steuerliche Belastung/Nachteilsausgleich	52
			aa) Steuerklassenwahl	55
3. Klageart	39		bb) Steuerliche Verluste	57
III. Änderungen mit dem Steuervereinfachungsgesetz 2011	40		2. Insolvenzfall	61
			3. Schadensersatz	65
1. Veranlagungsarten ab 2013	40		4. Gerichtsbarkeit	67

I. Einführung

1 Bis **einschließlich VZ 2012** gab es im Einkommensteuergesetz noch sieben Veranlagungs- und Tarifvarianten. Es handelte sich um die Einzelveranlagung mit Grundtarif, das Witwen-Splitting, das Sonder-Splitting im Trennungsjahr, die Zusammenveranlagung mit Ehegatten-Splitting, die getrennte Veranlagung mit Grundtarif, die besondere Veranlagung mit Grundtarif oder die besondere Veranlagung mit Witwen-Splitting. Das Steuervereinfachungsgesetz 2011 (BGBl. I 2011, 2131) reduzierte diese Varianten auf vier. Sowohl die Rechtslage bis VZ 2012 als auch die neue Rechtslage ab VZ 2013 hat der Familienrechtler in der Fallbearbeitung zu beachten.

2 Nach der Gesetzesänderung stehen **ab VZ 2013** nur noch die Einzelveranlagung, das Verwitweten-Splitting, das „Sonder-Splitting" im Trennungsjahr und die Zusammenveranlagung mit Ehegatten-Splitting zur Verfügung.

3 Die **Antragsveranlagung** nach § 46 Abs. 2 Nr. 8 EStG ist keine Veranlagungsvariante, sondern gibt dem Arbeitnehmer die Möglichkeit, sich freiwillig veranlagen zu lassen, um steuermindernde Aufwendungen auch außerhalb des Lohnsteuerverfahrens geltend zu machen. Dieser Antrag kann innerhalb der allgemeinen Feststellungsfrist von vier Jahren gestellt werden; eine Ablaufhemmung kommt insoweit nicht in Betracht (BFH 14.4.2011 – VI R 53/10, DStR 2011, 1317).

II. Differenzierungen

1. Einzelveranlagung

4 Ledige, verwitwete, geschiedene Personen und dauernd getrennt lebende Ehegatten sind einzeln zu veranlagen, § 25 Abs. 1 EStG. Ehegatten sind ferner einzeln zu veranlagen, wenn beide oder einer der Ehegatten beschränkt steuerpflichtig sind. Nicht unbeschränkt Steuerpflichtige sind immer einzeln zu veranlagen, wobei der **Grundfreibetrag** nur einmal und die **Frei- und Pauschbeträge** nur einfach gewährt werden. **Sonderausgaben** und **außergewöhnliche** Belastungen werden nach den Vorschriften für Alleinstehende berücksichtigt. Grundsätzlich ist die **Grundtabelle** anzuwenden, § 32 a Abs. 1 EStG.

2. Veranlagung von Ehegatten

5 **a) Grundsätze.** Ehegatten, die beide iSd § 1 Abs. 1 oder Abs. 2 EStG bzw § 1 a EStG unbeschränkt einkommensteuerpflichtig sind und nicht dauernd getrennt leben, können gem. §§ 25 Abs. 3, 26 Abs. 1 S. 1 EStG bei Abgabe der Steuererklärung zwischen der getrennten Veranlagung/ab 2013 Einzelveranlagung, § 26 a EStG, der Zusammenveranlagung, § 26 b EStG, und, falls die Voraussetzungen hierfür vorliegen, der besonderen Veranlagung für den Veranlagungszeitraum der Eheschließung wählen.

Nach § 2 Abs. 8 EStG sind die Regelungen des Einkommensteuergesetzes zu Ehegatten und Ehen auch auf   6
Lebenspartner und Lebenspartnerschaften anzuwenden. Die Änderungen im Einkommensteuergesetz sind
am 19.7.2013 infolge des Gesetzes zur Änderung des Einkommensteuergesetzes rückwirkend zum VZ
2001 in Umsetzung der Entscheidung des BVerfG vom 7.5.2013 (FamRZ 2013, 1103) in Kraft getreten
(BGBl. I 2013, 2397). Die Rückwirkung bezieht sich auf alle Lebenspartner, deren Veranlagung noch nicht
bestandskräftig durchgeführt ist (siehe hierzu auch BMF-Schreiben v. 31.7.2013 – IV C 1 – S
1910/13/10065:001).

Über die Veranlagungsart kann jeder Ehegatte selbst bestimmen, wobei diese nur einheitlich angewendet   7
werden kann. Getrennt veranlagt zu werden (bis VZ 2012) wird jedem Ehegatten aus Gründen der Gleichbehandlung mit nicht miteinander verheirateten Steuerpflichtigen zugestanden, weil die getrennte Veranlagung der Einzelveranlagung als Grundform der Veranlagung nahekommt (BFH 15.7.2004 – III R 66/98,
BFH/NV 2005, 186; 3.3.2005 – III R 22/02, BFH/NV 2005, 1657).

Die Voraussetzungen für eine Ehegattenveranlagung müssen am 1.1. des Veranlagungszeitraums um null   8
Uhr erfüllt sein und die Eheleute müssen eine **Lebens- und Wirtschaftsgemeinschaft** bilden, dh nicht
dauernd getrennt leben. Die Vorrausetzungen des „**nicht dauernd getrennt Lebens**" weichen von denen
des § 1567 BGB ab, weil eine Wirtschaftsgemeinschaft auch noch nach einer Trennung bis zur Rechtskraft
der Scheidung fortgeführt werden kann (BFH 9.3.1973 – VI R 396/70, BStBl. II 1973, 487). Von besonderer Bedeutung bei der Abwägung ist hierbei eine auf Dauer herbeigeführte räumliche Trennung (BFH
15.6.1973 – VI R 150/69, BStBl. II 1973, 640; 13.12.1985 – VI R 190/82, BStBl. II 1986, 486; 18.7.1985 –
VI R 100/83, BFH/NV 1987, 431).

Bei der Feststellung kommt es auf das **Gesamtbild der Verhältnisse** an. Ein Fernbleiben aus der ehelichen   9
Wohnung aufgrund eines zu Beginn des Veranlagungsjahres notwendigen Kuraufenthalts ist kein Getrenntleben. Dies gilt selbst dann, wenn ein Ehegatte im vorangegangenen Jahr die Trennung ankündigt (BFH
28.4.2010 – III R 71/07, BFH/NV 2010, 2042). Dagegen kommt keine Veranlagung mit einer im Koma
liegenden Ehefrau in Betracht, wenn ein Ehegatte mit einer neuen Partnerin zusammenlebt, mit der er ein
gemeinsames Kind hat (FG Köln 16.6.2011 – 10 K 4736/07, NRWE (Rechtsprechungsdatenbank NRW)).

Kein Indiz ist ein Fortbestehen des Güterstandes der Gütergemeinschaft, wenn der Güterstand auf die Ver-   10
wendung des Einkommens für die Bedürfnisse der Familie ohne Einfluss ist (BFH 15.6.1973 – VI 150/69,
BStBl. II 1973, 640).

Bei einer Ehegattenveranlagung trotz dauerndem Getrenntleben sind **steuerstrafrechtliche Gesichtspunk-**   11
te in Form von Mittäterschaft und Beihilfe zur Steuerhinterziehung zu beachten (Franzen/Gast/Joecks,
Steuerstrafrecht mit Zoll- und Verbrauchsteuerstrafrecht, 7. Aufl. 2009, § 370 AO Rn 249, 249 a. Zu den
Indizien für die Aufgabe des Familienwohnsitzes eines Piloten siehe: FG Kassel 8.3.2012 – 3 K 3210/09).

Besteht infolge einer Trennung keine Lebens- und Wirtschaftsgemeinschaft mehr, kann bei einem **Versöh-**   12
nungsversuch nach längerem Getrenntleben erneut die eheliche Lebens- und Wirtschaftsgemeinschaft aufleben. Das dauernde Getrenntleben wird unterbrochen und eine Zusammenveranlagung kann wieder gewählt werden. Ein gemeinsamer Urlaub ist noch kein Versöhnungsversuch. Die für eine Wahl der Zusammenveranlagung notwendige Dauer des Zusammenlebens nach einer Trennung ist streitig (s. → *Versöh-*
nung Rn 11).

Die Feststellungen, insbesondere über das nicht dauernde Getrenntleben der Ehegatten, sind von Amts we-   13
gen von der Finanzverwaltung bzw das Finanzgericht zu treffen, § 88 Abs. 1 AO, § 76 FGO. Hierbei hat die
Behörde sich auf das Notwendigste zu beschränken, um die Privatsphäre der Ehegatten zu respektieren. Es
kommt auf die Anhaltspunkte im Einzelfall an (BFH 26.8.1997 – VI R 268/94, BFH/NV 1998, 163).

Nicht dauernd getrennt lebende Ehegatten mit **Wohnsitzen in zwei verschiedenen Mitgliedstaaten der**   14
EU dürfen hinsichtlich der Zusammenveranlagung nicht schlechter gestellt werden als ausschließlich in ei-
nem Mitgliedstaat wohnende und erwerbstätige Ehegatten. Unbeschränkt einkommensteuerpflichtige
Staatsangehörige der EU/des EWR können die Veranlagung mit ihrem EU-/EWR-Ausland lebenden

Ehegatten auch dann beanspruchen, wenn die gemeinsamen Einkünfte der Ehegatten zu weniger als 90 % der deutschen Einkommensteuer unterliegen oder die ausländischen Einkünfte der Ehegatten den doppelten Freibetrag übersteigen, §§ 1 Abs. 3, 1 a EStG.

Wohnen beide deutsche Ehepartner in den Niederlanden, kommt eine Zusammenveranlagung nur in Betracht, wenn entweder die Einkünfte beider Ehegatten im Kalenderjahr mindestens zu 90 % der deutschen Einkommensteuer unterliegen oder die ausländischen Einkünfte den Grundfreibetrag nicht übersteigen (FG Köln 11.12.2012 – 1 K 4165/09, DStR 2013, 6; Rev. zugelassen).

Der EuGH hat klargestellt, dass eine Zusammenveranlagung unter Anwendung des Splittingtarifs wegen der Bestimmungen des **Freizügigkeitsabkommens zwischen der EU und der Schweiz** zulässig sein muss, wenn beide Ehegatten ihren Wohnsitz von Deutschland in die Schweiz verlegen (EuGH 28.2.2013 – Rs. C-425/11 („Ettwein", DStR 2013, 514).

15 Zum Nachweis der Höhe der nicht der deutschen Steuer unterliegenden Einkünfte ist eine Bescheinigung der zuständigen ausländischen Steuerbehörde erforderlich (BFH 8.9.2010 – I R 28/10, FamRZ 2011, 297).

16 **b) Zusammenveranlagung.** Die Voraussetzungen der Zusammenveranlagung iSd § 26 b EStG (Ehegatten, unbeschränkte Einkommensteuerpflicht, nicht dauernd getrennt lebend) sind im VZ kumulativ zu irgendeinem Zeitpunkt (ein Tag ist ausreichend: BFH 13.12.1985 – VI R 190/82, BStBl. II 1986, 486) zu erfüllen.

17 Ehegatten werden zusammenveranlagt, wenn beide diese Veranlagungsart wählen, § 26 Abs. 2 S. 2 EStG. Werden der Finanzbehörde gegenüber keine Erklärungen abgegeben, unterstellt die Behörde die **Wahl der Zusammenveranlagung**, § 26 Abs. 3 EStG. Die Zusammenveranlagung erfolgt auch, wenn ein Ehegatte bewusst nicht die Einkommensteuererklärung unterschreibt.

18 Wählt ein Ehegatte die getrennte Veranlagung/Einzelveranlagung und der andere die Zusammenveranlagung, werden die Ehegatten grundsätzlich getrennt veranlagt, § 26 Abs. 2 S. 1 EStG.

19 Eine Zusammenveranlagung wird aber dann vorgenommen, wenn der Ehegatte, der die getrennte Veranlagung/Einzelveranlagung wählt, keine eigenen Einkünfte hat oder seine Einkünfte so gering sind, dass weder eine Einkommensteuerfestsetzung erfolgen muss, noch die Einkünfte einem Steuerabzug zu unterwerfen sind, R 26 Abs. 3 EStR 8. Etwas anderes würde dem **Schikaneverbot** gem. § 226 BGB widersprechen (Schmidt/Seeger § 26 EStG Rn 21; BFH 16.1.2008 – II R 45/05, FamRZ 2008, 888: Verstoß gegen Treu und Glauben; Engels, Steuerrecht für die familienrechtliche Praxis, 1. Aufl. 2009, Rn 145 unter Hinweis auf § 1353 BGB).

20 Die Wahl der Zusammenveranlagung ist bis VZ 2012 von jedem Ehegatten bis zur Unanfechtbarkeit des Einkommensteuerbescheides **frei widerrufbar** (BFH 21.4.2005 – III R 4/04, DStR 2005, 1357). Etwas anderes gilt dann, wenn die nachträgliche Wahlrechtsänderung willkürlich ist und gegen den Grundsatz von Treu und Glauben verstößt, zB wenn das Einkommen des die Zustimmung beantragenden Ehegatten unter dem Grundfreibetrag liegt (FG Köln 26.2.2010 – 15 K 3427/06, DStRE 2010, 1049 rkr.).

21 Als **Rechtsfolge** werden bei der Zusammenveranlagung die Einkünfte der Ehegatten getrennt ermittelt und anschließend zu einem gemeinsamen **Gesamtbetrag der Einkünfte** zusammengerechnet. Grundsätzlich verdoppeln sich alle **Frei- und Pauschbeträge**. Die **Sonderausgaben** werden für beide Ehegatten gemeinsam berechnet und die Höchstbeträge für die Vorsorgeaufwendungen sowie der Sonderausgaben-Pauschbetrag verdoppeln sich. Auch bei den **außergewöhnlichen Belastungen** gibt es eine gemeinsame Ermittlung. Hierbei richtet sich die zumutbare Belastung nach dem gemeinsamen Gesamtbetrag der Einkünfte. Es spielt keine Rolle, welcher Ehegatte die Aufwendungen getragen hat. Das zu versteuernde Einkommen wird somit gemeinsam ermittelt. Von der Summe der Einkünfte an bis zum zu versteuernden Einkommen bilden die Ehegatten eine Einheit. Das Splittingverfahren ist anzuwenden.

22 Das sog. **Splittingverfahren** findet sich in der Tarifanwendungsvorschrift des § 32 a Abs. 5 EStG wieder. Die von den Ehepartnern zu zahlende Einkommensteuer beträgt danach das Zweifache des Steuerbetrags,

der sich für die Hälfte ihres gemeinsam zu versteuernden Einkommens ergibt. Die Halbierung des Gesamteinkommens zur Berechnung der tariflichen Steuer nimmt folglich die zuvor erfolgte Addition der Einkommen zum Gesamteinkommen zurück. Jeder Ehepartner wird fiktiv in Bezug auf die ihm zuzurechnende Hälfte des gemeinsamen Einkommens nach der Grundtabelle versteuert (fiktive Mittelung des Gesamteinkommens). Bei diesem Verfahren kommt es zu einem Splittingeffekt und über die Einkommensteuerveranlagung wird die Steuerbelastung festgestellt (Perleberg-Kölbel FuR 2011, 309). Das Splittingverfahren entspricht dem Grundsatz der Besteuerung nach der Leistungsfähigkeit. Schließlich bilden zusammenlebende Ehepartner eine Gemeinschaft des Erwerbs und des Verbrauchs, in der ein Ehepartner an den Einkünften und Lasten des anderen wirtschaftlich jeweils zur Hälfte teilhat. Dieser **Halbteilungsgrundsatz** ist Ausbildung des Gleichheitsgrundsatzes nach Art. 3 GG und verlangt, dass Ehepartner mit gleichem Gesamteinkommen auch steuerlich gleich belastet werden. Der individuelle Anteil am Gesamteinkommen spielt dabei keine Rolle (BVerfG 3.11.1982 – 1 BvR 1104/79, BStBl. II 1982, 717). Der Anwendungsbereich des Splittingtarifs ist verfassungsgemäß, wenn er verwitwete Alleinerziehende hiervon ausnimmt (BGH 17.10.2012 – III B 68/12, FuR 2013, 332).

Die Ehegatten werden **Gesamtschuldner** der festgesetzten Einkommensteuerschuld iSd § 44 AO. Sie können jedoch die Aufteilung der Gesamtschuld beantragen, §§ 268 ff AO (s. → *Aufteilung der Steuerschuld*). **23**

Der Zusammenveranlagungsbescheid ist kein einheitlicher Verwaltungsakt. Es liegen **selbstständige Verwaltungsakte** vor. **24**

Es gibt keine ausdrückliche oder konkludente **Bevollmächtigung** der Ehegatten untereinander zum Empfang des Steuerbescheides. Es wird vielmehr davon ausgegangen, dass die Ehegatten sich mit der Abgabe einer gemeinsamen Steuererklärung gegenseitig auch für die Entgegennahme bzw Zustellung des Einkommensteuerbescheides bevollmächtigt haben. **Ausnahme:** Die Steuererklärung zeigt keine Unterschrift beider Ehegatten. Im Falle des **Fehlens einer gemeinsamen Anschrift** erfolgt die Zustellung mit gesonderter Ausfertigung des Bescheides an jeden Ehegatten, anderenfalls wird der Bescheid nicht wirksam, §§ 122, 124 AO. **25**

Die Ausübung des Veranlagungswahlrechts ist **nicht fristabhängig**. Das Veranlagungswahlrecht darf bis zur Unanfechtbarkeit der Einkommensteuerfestsetzung, also auch noch während des Einspruchs- und Klageverfahrens, abweichend ausgeübt werden. Das Finanzamt hat bei einem Veranlagungswechsel stets ein eigenständiges Veranlagungsverfahren durchzuführen (BFH 19.5.2004 – III R 18/02, BStBl. II 2004, 980). Es muss sich aus der Rechtsbehelfsschrift klar ergeben, welcher Ehegatte sich beschwert fühlt (BFH 20.12.2012 – III R 59/12, FamRZ 2013, 626). **26**

Der Antrag auf Zusammenveranlagung ist ein Fall von § 175 Abs. 1 Nr. 2 AO, folglich ein Ereignis, das steuerliche **Wirkung für die Vergangenheit** entfaltet (BFH 3.2.1987 – IX R 252/84, BFH/NV 1987, 774). Demzufolge stellt auch der Antrag auf getrennte Veranlagung hinsichtlich des gegenüber dem andern Ehegatten ergangenen Zusammenveranlagungsbescheides ein rückwirkendes Ereignis gem. § 175 Abs. 1 S. 1 Nr. 2 AO dar. **27**

Wird im Rahmen eines **finanzgerichtlichen Verfahrens** die Finanzbehörde verpflichtet, den antragstellenden Ehegatten getrennt zu veranlagen, erstreckt sich diese Verpflichtung nur auf den Ehegatten, der den Rechtsstreit führt. Eine Beiladung ändert daran nichts. Der zur Zusammenveranlagung ergangene Bescheid ist dann nach § 175 Abs. 1 S. 1 Nr. 2 AO aufzuheben und die getrennte Veranlagung durchzuführen. Der beigeladene Ehegatte kann sich nicht auf eine Festsetzungsverjährung berufen. Die Festsetzungsfrist ist solange gehemmt, bis über den Antrag auf getrennte Veranlagung unanfechtbar entschieden ist (BFH 28.7.2005 – III R 48/03, DStRE 2005, 1234). **28**

Ab VZ 2013 wird durch das Steuervereinfachungsgesetz 2011 (BGBl. I 2011, 2131) die Wahl einer Veranlagungsart innerhalb eines Veranlagungszeitraums ab Zugang der Steuererklärung beim Finanzamt **bindend** (s. → Rn 45). Ehegatten haben dann keine Möglichkeit mehr, eine Wahlrechtsänderung durchzusetzen. **29**

30 Jeder Ehegatte kann als Gesamtschuldner der Steuerschuld iSd § 44 AO die Steuerfestsetzung **selbststän-dig anfechten** und gegen die Einspruchsentscheidung klagen. Kein Anfechtungsrecht steht dem Ehegatten bezüglich der Einkünfte des anderen Ehegatten zu, die in einem Grundlagenbescheid festgestellt werden, § 180 Abs. 1 Nr. 2 a AO (Pump/Leibner/Perleberg-Kölbel, AO Kommentar, Loseblatt, § 180 AO Rn 7). Ansonsten könnte der nicht vom Grundlagenbescheid betroffene Ehegatte den Bescheid in weiterem Umfang anfechten als derjenige, gegen den er gerichtet ist, § 352 AO.

31 **c) Getrennte Veranlagung bis VZ 2012.** Wie bei der Zusammenveranlagung müssen die Voraussetzungen für die getrennte Veranlagung iSd § 26 b EStG (Ehegatten, unbeschränkte Einkommensteuerpflicht, nicht dauernd getrennt lebend) kumulativ zu irgendeinem Zeitpunkt (ein Tag reicht) im VZ vorliegen (s. Rn 6).

32 Nach § 26 Abs. 2 EStG (bis VZ 2012) erfolgt die getrennte Veranlagung gem. § 26 a EStG, wenn einer der Ehegatten diese wählt. Eine getrennte Veranlagung ist **ausdrücklich zu beantragen** (OFD Frankfurt DB 1995, 118).

33 Jedem Ehegatten werden als **Rechtsfolge** die Einkünfte zugerechnet, die er selbst im VZ bezogen hat, § 26 a Abs. 1 S. 1 EStG. Die Ehegatten werden bei einer getrennten Veranlagung wie zwei einzelne Steuerpflichtige behandelt, dh, die **Einkünfte** der Ehegatten werden getrennt ermittelt. **Sonderausgaben** werden wie bei einem Alleinstehenden berechnet und Freibeträge für gemeinsame Kinder werden bei jedem Ehegatten zur Hälfte berücksichtigt. Bei den **außergewöhnlichen Belastungen** allgemeiner Art ergibt sich die Höhe der zumutbaren Belastung nach dem gemeinsamen Gesamtbetrag der Einkünfte beider Ehegatten, wobei die abzugsfähigen Aufwendungen generell jedem Ehegatten zur Hälfte zugerechnet werden.

34 Es tritt **keine Gesamtschuldnerschaft** der Ehegatten ein. Die Steuern der Ehegatten werden in getrennten Steuerbescheiden festgesetzt und die **Grundtabelle** ist anzuwenden, § 32 a Abs. 1 S. 2 EStG.

35 In der Regel ist die getrennte Veranlagung gegenüber der Zusammenveranlagung bei einem Progressionsvorbehalt nach § 32 b EStG (besonderer Steuersatz) oder außerordentlichen Einkünften nach § 34 EStG (Veräußerungsgewinnen, Entschädigungen usw.) günstiger. Gleiches gilt, wenn keine eigenen Einkünfte erzielt werden oder Einkünfte so gering sind, dass keine Einkommensteuer festgesetzt wird bzw die Einkünfte des Beantragenden keinem Steuerabzug unterfallen. Auch außersteuerliche Gründe können ausschlaggebend für die Wahl der getrennten Veranlagung sein, zB wenn der eine Ehegatte seine steuerlichen Verhältnisse dem anderen nicht offenbaren möchte.

Einen Gestaltungsmissbrauch stellt die Ausübung des Wahlrechts zur getrennten Veranlagung selbst im Insolvenzfall nicht dar, wenn der Lohnsteuerabzug nach den Steuerklassen III und V durchgeführt wird (FG Münster 4.10.2012 – 6 K 3016/10 E, AO-StB 2013, 86 ; Rev. nicht zugelassen).

36 **d) Besondere Veranlagung für den VZ der Eheschließung.** Nach § 26 c EStG kann bis VZ 2012 eine besondere Veranlagung bei erneuter Eheschließung erfolgen. Sie wird durchgeführt, wenn die vier oben genannten Voraussetzungen des § 26 Abs. 1 S. 1 EStG vorliegen (s. Rn 16) und beide Ehegatten diese Wahl treffen. Falls nicht einer der Ehegatten die getrennte Veranlagung wählt, werden die Ehegatten zusammenveranlagt, R 26 Abs. 4 S. 2 EStR 2008.

37 Die Ehegatten werden bei der besonderen Veranlagung nach § 26 c Abs. 1 S. 1 EStG so behandelt, als hätten sie die Ehe nie geschlossen. Sie werden **wie zwei Einzelpersonen** behandelt.

38 Grundsätzlich wird in diesem Fall das Einkommen nach der **Grundtabelle** versteuert, wobei bei Verwitweten und Geschiedenen ggf die Splittingtabelle (sog. Gnadensplitting) gem. § 32 a Abs. 6 Nr. 2 EStG anzuwenden ist. Vorteile gibt es für wiederverheiratete ehemals verwitwete Steuerpflichtige, deren Einkommen noch nach der Splittingtabelle gem. § 32 a Abs. 6 Nr. 1 EStG zu versteuern war.

3. Klageart

Der Anspruch gegen die Finanzbehörde, die gewünschte Veranlagung vorzunehmen, ist nicht mit der An- 39
fechtungsklage, sondern als ein Anspruch auf erneute Veranlagung mit der **Verpflichtungsklage** zu verfolgen (FG Köln 26.10.2010 – 15 K 3427/06, DStRE 2010, 1049). Wird eine Änderung der Art der Veranlagung zur Einkommensteuer beantragt, so ist das Begehren nicht als Anfechtung der Steuerfestsetzung zu verstehen, sondern als ein – auf Durchführung einer erneuten Veranlagung in einer bestimmten Veranlagungsart gerichtetes – Verpflichtungsbegehren (BFH 28.7.2005 – III R 48/03, BStBl. II, 865; 19.5. 2004 –
III R 18/02, BStBl. II 2004, 980). Im Besteuerungsverfahren ist die Zustimmung zur Zusammenveranlagung nicht erzwingbar und daher vor dem Zivilgericht zu erstreiten (FG München 18.11.2009 – 1 K
3580/09).

III. Änderungen mit dem Steuervereinfachungsgesetz 2011

1. Veranlagungsarten ab 2013

Nach dem Steuervereinfachungsgesetz 2011 Art. 1 1 c (BGBl. I 2011, 2131) reduzieren sich die Veranla- 40
gungsarten auf vier. Diese sind die Einzelveranlagung, das Verwitweten-Splitting, das „Sonder-Splitting"
im Trennungsjahr und die Zusammenveranlagung mit Ehegatten-Splitting.

a) Einzelveranlagung. Statt einer getrennten Veranlagung ist die Einzelveranlagung – § 26 a EStG –vor- 41
zunehmen. Sonderausgaben, außergewöhnliche Belastungen und die Steuerermäßigung nach § 35 a (gemeinsame Zurechnung bei der Zusammenveranlagung) werden den Ehegatten jeweils zur Hälfte zugerechnet. Die bisherige Möglichkeit der freien steueroptimalen Zuordnung bestimmter Konten nach § 26 a EStG
entfällt. Sonderausgaben, außergewöhnliche Belastungen und die Steuerermäßigung nach § 35 a EStG
(haushaltsnahe Hilfen) werden demjenigen Ehegatten zugerechnet, der sie wirtschaftlich getragen hat. Eine
hälftige Zuordnung muss von den Ehepartnern übereinstimmend beantragt werden.

Übereinstimmend können Ehegatten auch eine Zurechnung entsprechend der tatsächlichen wirtschaftlichen 42
Belastung nach dem sog. „Prinzip der Individualbesteuerung" beantragen. Beim Abzug der außergewöhnlichen Belastungen nach § 33 EStG (s. → *Außergewöhnliche Belastung*) wird die zumutbare Belastung nach
dem Gesamtbetrag der Einkünfte eines jeden Ehegatten bestimmt und nicht wie bisher bei der getrennten
Veranlagung nach dem Gesamtbetrag der Einkünfte beider Ehegatten.

b) Besondere Veranlagung. Die Angabe zu § 26 c EStG ist gestrichen, dh, eine besondere Veranlagung 43
für den Zeitraum der Eheschließung gibt es nicht mehr. Dies liegt darin begründet, dass es den Haushaltsfreibetrag seit 2004 nicht mehr gibt und damit der Hauptgrund für diese Veranlagungsart entfallen ist.

Das sog. Witwensplitting nach § 32 a Abs. 6 S. 1 Nr. 1 EStG konnte bislang in dem Jahr des Todesfalls bei 44
einer Wiederheirat durch die Wahl der besonderen Veranlagung erreicht werden. Der Splittingvorteil bleibt
durch die Wahl der Einzelveranlagung mit Verwitweten-Splitting nach § 25 Abs. 1, § 32 a Abs. 6 S. 1 Nr. 1
EStG ebenso erhalten wie bei der Einzelveranlagung mit Gnadensplitting nach § 25 Abs. 1, § 32 a Abs. 6
S. 1 Nr. 2 EStG.

2. Bindungswirkung

Das Steuervereinfachungsgesetz 2011 bestimmt, dass die Wahl einer Veranlagungsart innerhalb eines Ver- 45
anlagungszeitraums ab Zugang der Steuererklärung beim Finanzamt bindend ist, § 26 Abs. 2 EStG. Bisher
konnten Ehegatten ihre Wahl der Veranlagungsart bis zur Bestandskraft des betreffenden Steuerbescheids
und auch im Rahmen von Änderungsveranlagungen beliebig oft ändern. Jetzt wird die Wahl der Veranlagungsart für den betreffenden Veranlagungszeitraum bindend.

Ist der Steuerbescheid unanfechtbar, kann die Veranlagungsart nur noch geändert werden, wenn (kumula- 46
tiv) ein die Ehegatten betreffender Steuerbescheid aufgehoben, geändert oder berichtigt wird, die Änderung
der Wahl der Veranlagung beim Finanzamt bis zum Eintritt der Bestandskraft des Änderungs- oder Berichtigungsbescheids mitgeteilt wird und die Einkommensteuer der Ehegatten nach Änderung der Veranla-

gungsart niedriger ist, als sie ohne letzteres wäre. Die Einkommensteuer der einzeln veranlagten Ehegatten muss hierbei zusammengerechnet werden.

IV. Familienrechtliche Aspekte

47 Infolge der Ehekrise und nachfolgender Trennung kommt es regelmäßig zu Auseinandersetzungen zwischen den Ehegatten über die Wahl der Veranlagungsart. Erscheint für einen Ehegatten die Zusammenveranlagung günstiger, wird er diese gegenüber dem von ihm getrennt lebenden Ehegatten durchsetzen wollen. Im Trennungsjahr ist die Wahl der Zusammenveranlagung generell noch möglich, weil die Ehegatten zu Beginn des VZ zwangsläufig noch zusammengelebt haben (1.1. des VZ um null Uhr).

1. Zustimmungspflicht zur Zusammenveranlagung

48 **a) Grundsatz.** Aus dem Wesen der Ehe wird für beide Ehegatten eine sich aus § 1353 Abs. 1 BGB ergebene Verpflichtung abgeleitet, die finanziellen Lasten des anderen Ehegatten nach Möglichkeit zu vermindern, soweit dies ohne Verletzung eigener Interessen möglich ist. Ein Ehegatte hat daher einer von dem anderen Ehegatten gewünschten Zusammenveranlagung zur Einkommenssteuer Folge zu leisten, wenn dadurch die **Steuerschuld des anderen verringert** und der auf Zustimmung in Anspruch genommene Ehegatte **keiner zusätzlichen steuerlichen Belastung ausgesetzt** wird (BGH 13.10.1976 – IV ZR 104/74, FamRZ 1977, 38; 4.11.1987 – IV b ZR 83/86, FamRZ 1988, 143; 12.6.2002 – XII ZR 288/00, FamRZ 2002, 1024 m.Anm. Bergschneider FamRZ 2002, 1181; 3.11. 2004 – XII ZR 128/02, FamRZ 2005, 182; 23.5.2007 – XII ZR 250/04, FamRZ 2007, 1229 m.Anm. Engels; JH/Büttner, § 1361 BGB Rn 141).

49 Diese Verpflichtung besteht generell sogar so lange, wie auch eigene steuerliche Nachteile zu befürchten sind (BGH 17.10.2007 – XII ZR 146/05, FamRZ 2008, 40). Die Zustimmung kann dann aber ähnlich wie beim Realsplitting (s. → *Realsplitting/Nachteilsausgleich* Rn 16) Zug um Zug von der Verpflichtung abhängig gemacht werden, dass die **Nachteile ausgeglichen** werden.

50 Der Anspruch auf eine Zusammenveranlagung entfällt dann, wenn eine gemeinsame Veranlagung zweifelsfrei nicht in Betracht kommt (BGH 29.4.1998 – XII ZR 266/96, FamRZ 1998, 953; 3.11.2004 – XII 128/02, FamRZ 2005, 182), der Berechtigte selbst die getrennte Veranlagung beantragt und der andere Ehegatte bereits in deren Folge eine Erstattung erhalten hatte oder über längere Zeit keine gemeinsame Veranlagung gewählt worden war (Engels, Steuerrecht für die familienrechtliche Praxis, 1. Aufl. 2009, Rn 206).

51 **b) Verminderung der Steuerlast.** Anspruchsvoraussetzung ist zunächst, dass eine Zusammenveranlagung zu einer geringeren Steuerlast bei dem Ehegatten führt, der die Zusammenveranlagung wünscht. Zur Bestimmung ist eine fiktive Vergleichsberechnung zur getrennten Veranlagung/Einzelveranlagung durchzuführen. Die Ehegatten haben dabei mitzuwirken und die hierfür notwendigen Auskünfte zu erteilen. Die steuerlichen Aufklärungs- und Mitwirkungspflichten ergeben sich aus der nachwirkenden ehelichen Solidarität (PWW/Weinreich § 1353 BGB Rn 16).

52 **c) Steuerliche Belastung/Nachteilsausgleich.** Durch die Zusammenveranlagung dürfen dem zustimmenden Ehegatten keine zusätzlichen steuerlichen Nachteile erwachsen. Nach § 26 b EStG haben schließlich zusammenveranlagte Ehegatten iSd § 44 Abs. 1 AO als Gesamtschuldner für die festgesetzten Steuern aufzukommen (s. → *Aufteilung der Gesamtschuld* bzw *Steuerzahlungen/Steuererstattungen*).

53 Ein Ehegatte ist dann keiner zusätzlichen steuerlichen Belastung ausgesetzt, wenn er die Steuerlast im Innenverhältnis ohnehin zu tragen hat. Im Innenverhältnis besteht zwischen Gesamtschuldnern generell eine Ausgleichpflicht nach § 426 Abs. 1 S. 1 BGB. Sie haften im Verhältnis zueinander zu gleichen Anteilen, soweit nichts anderes bestimmt ist.

54 Eine **abweichende Bestimmung** kann sich aus dem Gesetz, einer Vereinbarung, dem Inhalt und Zweck des Rechtsverhältnisses oder der Natur der Sache, mithin aus der besonderen Gestaltung des tatsächlichen Geschehens ergeben (BGH 17.5.1983 – IX ZR 14/82, FamRZ 1983, 795; 24.3.1980 – II ZR 191/79,

FamRZ 1980, 664; 30.11.1994 – XII ZR 59/93, FamRZ 1995, 216; 31.5.2006 – XII ZR 111/03, FamRZ 2006, 1178). Vorrangig ist, was die Gesamtschuldner ausdrücklich oder konkludent vereinbaren.

aa) Steuerklassenwahl. Die Wahl der Steuerklassen III und V führt für **Zeiträume bis zur Trennung** zu   **55** einer höheren Liquidität. Es stehen mehr bare Geldmittel zur gemeinsamen Verwendung zur Verfügung als bei der Wahl der Steuerklassen IV und IV. Ehegatten nehmen daher mit der Steuerklassenwahl in Kauf, dass das höhere Einkommen des einen relativ niedrig und das niedrigere Einkommen des anderen relativ hoch besteuert wird. Besteht keine entgegenstehende Vereinbarung, darf die Zustimmung zur Zusammenveranlagung nicht verweigert werden und von einem **Nachteilsausgleich** der bis zur Trennung angefallenen steuerlichen Mehrbelastung abhängig gemacht werden (BGH 23.5.2007 – XII ZR 250/04, FamRZ 2007, 1229).

Dies gilt generell auch für **Zeiträume nach der Trennung**. Mit der Steuerklassenwahl III/V ist eine ander-   **56** weitige Bestimmung iSd § 426 Abs. 1 S. 1 BGB getroffen worden, die dazu führt, dass jeder Ehegatte die im Lohnsteuerabzugsverfahren entrichtete Steuerlast zu tragen hat (BGH 23.5.2007 – XII ZR 250/04, FamRZ 2007, 1229). Es ist aber zu differenzieren: Bei Zahlung von Trennungsunterhalt partizipiert der unterhaltsberechtigte Ehegatte von der günstigen Steuerklasse. Durch die erhöhte Liquidität kommt es zur Steigerung der Leistungsfähigkeit und Unterhaltsrente. Wird allerdings **kein Trennungsunterhalt** gezahlt, besteht für den Ehegatten mit der ungünstigeren Steuerklasse V kein Grund mehr, seine damit verbundenen Nachteile hinzunehmen (BGH 23.5.2007 – XII ZR 250/04, FamRZ 2007, 1229 m.Anm. Engels = BGH NJW 2007, 2554). Die Zustimmung zur Zusammenveranlagung kann in diesem Fall von einem **Nachteilsausgleich** abhängig gemacht werden. Es ist besonders bei gleichen Einkommensverhältnissen eine monatsbezogene zeitanteilige Quote in Betracht zu ziehen (Wever Rn 791 a; Wever FamRZ 2013, 745). Bei deutlicher Veränderung der Einkommensverhältnisse ist eine Schätzung gem. § 287 ZPO vorzunehmen (Engels Rn 254 mit Berechnungsbeispiel; Arens FF 2007, 255 (Anm.).

Die Entscheidung des BGH vom 23.5.2007 geht von dem Fall aus, dass Trennungsunterhalt auf der Grundlage der nach den Steuerklassen III und V erzielten Einkünfte gezahlt worden sind, weil dann von einer Beteiligung an dem Gesamteinkommen auszugehen sei. Die Entscheidung darf allerdings auf Fälle, in denen Trennungsunterhalt aufgrund eines notariellen Vergleichs gezahlt wird und sich die Berechnung nicht an dem tatsächlichen Einkommen orientiert, nicht übertragen werden. Der Unterhaltsberechtigte hat bei einem zu gering vereinbarten Unterhaltsanspruch dann nicht an dem Gesamteinkommen partizipiert. Hier ist deshalb ein Nachteilsausgleich nach den tatsächlichen Verhältnissen fiktiv zu berechnen, wobei die tatsächlichen Einkünfte zugrunde zu legen sind. Nur diese führen schließlich zu einer entsprechenden Steuerfestsetzung und geringeren Steuerlast beim Unterhaltspflichtigen.

bb) Steuerliche Verluste. Eine Zustimmungspflicht ohne Nachteilsausgleich kann sich auch aus der tat-   **57** sächlichen Gestaltung im Rahmen der ehelichen Lebensgemeinschaft ergeben. Erwirtschaftet ein Ehegatte trotz Erwerbstätigkeit negative Einkünfte und bringt seinen **Verlust** (Verrechnung von Einkünften eines VZ, s. Weinreich/von Heintschel-Heinegg/Klein/Kuckenburg/Perleberg-Kölbel 13. Kap. Rn 19) noch während des Zusammenlebens als Beitrag zum Familienunterhalt in die eheliche Lebensgemeinschaft ein, erhöht dies die vorhandene Liquidität durch ein Anpassen von Steuervorauszahlungen oder infolge von Steuererstattungen. Beide Ehegatten haben dann nach ihren jeweiligen Möglichkeiten zum Familienunterhalt beigetragen. Aus dem Rechtsgedanken des § 1360 b BGB iVm dem Grundsatz von Treu und Glauben folgt, dass einer Zusammenveranlagung ohne Nachteilsausgleich zuzustimmen ist, weil der zustimmungspflichtige Ehegatte anderenfalls dieser Gestaltung nachträglich die Grundlage entziehen würde.

Eine getrennte Veranlagung/Einzelveranlagung bleibt in diesem Fall infolge der **familienrechtlichen**   **58** **„Überlagerung“** außer Betracht, weil diese zu einer auf den Zeitraum des gemeinsamen Lebens und Wirtschaftens rückwirkenden Korrektur führen würde (BGH 23.5.2007 – XII ZR 250/04, FamRZ 2007, 1229; 31.5.2006 – XII ZR 111/03, FamRZ 2006, 1178; Wever Rn 787; Engels in: Schröder/Bergschneider, FamVermR, Rn 997; Arens FF 2005, 60; Sonnenschein NJW 1980, 257; OLG Karlsruhe 28.9.1990 – 10 U 154/90, FamRZ 1991, 441; OLG Hamm 19.6.1997 – 33 W 24/97, FamRZ 1998, 241).

Perleberg-Kölbel

59 Ein **Verlustabzug gem. § 10 d EStG** hat zu erfolgen, wenn ein Ausgleich der Verluste nicht schon im Wege des Verlustausgleiches berücksichtigt wird (Verlustvortrag und Verlustrücktrag Weinreich/von Heintschel-Heinegg/Klein/Kuckenburg/Perleberg-Kölbel 13. Kap. Rn 20).

60 Wenn ein Ehegatte nun während der Zeit des Zusammenlebens steuerliche Verluste erlitten hat, die er im Wege des Verlustvortrags gem. § 10 d EStG in einem späteren Veranlagungszeitraum zur Verminderung seiner eigenen Steuerlast nicht mehr einsetzen kann, ist er trotzdem verpflichtet, dem Antrag auf Zusammenveranlagung zuzustimmen. Dies setzt jedoch voraus, dass die Ehegatten im Hinblick auf eine zu erwartende geringere Steuerbelastung die ihnen zur Verfügung stehenden Mittel für ihren Lebensunterhalt oder eine gemeinsame Vermögensbildung verwendet haben und der zustimmende Ehegatte für das Jahr der Zusammenveranlagung keine Steuervorauszahlungen oder Steuerzahlungen zu leisten hatte (BGH 23.5.2007 – XII ZR 250/04, FamRZ 2007, 1229 m.Anm. Engels = NJW 2007, 2554; 18.11.2009 – XII ZR 173/06, FamRZ 2010, 269). Die Zustimmungspflicht ist vom Bundesgerichtshof allerdings abschließend nur für den Fall entschieden worden, dass die Verluste in dem Zeitraum eingetreten waren, in dem die eheliche Lebensgemeinschaft noch bestand (aA: Tiedtke/Szczesny FamRZ 2011, 425, die bei Verweigerung der Zustimmung hier keinen Verstoß gegen Treu und Glauben oder den Rechtsgedanken des § 1360 b BGB annehmen). Künftige Nachteile durch den Verbrauch des Verlustvortrags sind aber zu ersetzen (BGH 18.5.2011 – XII ZR 67/09, FamRZ 2012, 357).

2. Insolvenzfall

61 In der Insolvenz eines Ehegatten wird das Wahlrecht für eine Getrennt- oder Zusammenveranlagung zur Einkommensteuer durch den Insolvenzverwalter ausgeübt (BGH 24.5.2007 – IX ZR 8/06, NZI 2007, 455; FA-InsR/Perleberg-Kölbel, 21. Kap., Rn 150 ff). Der Schuldner ist aus diesem Grund nicht mehr in der Lage, die geforderte Erklärung abzugeben.

62 Der Anspruch auf Zustimmung richtet sich gegen den **Insolvenzverwalter** (BGH 24.5.2007 – IX ZR 8/06, FamRZ 2007, 1320; 18.11.2010 – IX ZR 240/07, FamRZ 2011, 210; 18.5.2011 – XII ZR 67/09, NJW 2011, 2725; FamRZ 2012, 357). Das Veranlagungswahlrecht ist kein Vermögensgegenstand und somit kein „Vermögensanspruch" im Sinne von § 38 InsO. Der Anspruch aus § 1353 Abs. 1 BGB stellt keine Insolvenzforderung dar, die – gegebenenfalls nach Umrechnung, § 45 InsO – zur Tabelle angemeldet und festgestellt werden müsste, §§ 174 ff InsO.

63 Der Insolvenzverwalter darf die Zustimmung nicht davon abhängig machen, dass der Ehegatte einen Ausgleich für die Nutzung eines dem anderen Ehegatten zustehenden Verlustabzugs an die Insolvenzmasse leistet oder die erzielte Ersparnis an die Insolvenzmasse zahlt (BGH 18.11.2010 – IX ZR 240/07, FamRZ 2011, 210 m.Anm. Schlünder/Geißler FamRZ 2011, 211; 18.5.2011 – XII ZR 67/09, NJW 2011, 2725). Unmittelbar eintretende steuerliche Nachteile in Form einer höheren Steuerbelastung oder einer geringeren Steuererstattung und auch eventuelle künftige Nachteile durch den Verbrauch des Verlustvortrags sind jedoch im Wege des Nachteilsausgleichs zu erstatten. Auch kommt es nicht darauf an, ob das Finanzamt bereits Erstattungen an den Insolvenzverwalter geleistet hat oder nicht. Der Erstattungsanspruch kann nur insoweit erlöschen, als er dem insolventen Ehegatten zustand und das Finanzamt gegenüber dem Insolvenzverwalter einen Rückerstattungsanspruch besitzt (BFH 9.8.1996 – VI R 88/93, BStBl. II 1997, 112).

64 Es handelt sich um einen **höchstpersönlichen Vermögenswert**, der dem nicht von der Insolvenz betroffenen Ehegatten zusteht. Er verbleibt „in der Ehe und wandert nicht zu den Gläubigern eines Ehegatten" (Schlünder/Geißler Anm. zu BGH 18.11.2010 – IX ZR 240, 07, FamRZ 2011, 210).

3. Schadensersatz

65 Bei **schuldhafter Verweigerung der Zustimmung** ist Schadensersatz zu leisten (OLG Hamm 3.5.2000 – 33 U 23/99, FamRZ 2001, 98; BGH 18.11.2009 – XII ZR 173/06, FamRZ 2010, 269). Der Grundsatz, dass die Verletzung der Pflicht zur ehelichen Lebensgemeinschaft keinen Schadensersatzanspruch begründet, gilt nur für Pflichten, die dem eigentlichen, höchstpersönlichen Bereich der Ehe angehören, nicht dagegen

für nur rein geschäftsmäßiges Handeln wie der Verweigerung der Zustimmung zur Zusammenveranlagung (BGH 13.10.1976 – IV ZR 104/74, FamRZ 1977, 38; 4.11.1987 – IV b ZR 83/86, FamRZ 1988, 143; 18.11.2009 – XII ZR 173/06, FamRB 2010, 8299).

Der **Schaden** tritt ein, sobald zB infolge der Bestandskraft der Veranlagungsbescheide (s. → *Aufteilung der* **66** *Steuerschuld* Rn 6) ein gerichtlicher Antrag auf Zustimmung keinen Erfolg haben kann. Der Schaden ist **fiktiv** als Teilbetrag der steuerlichen Besserstellung bei Zusammenveranlagung zu berechnen (Beispiel bei Engels Rn 213).

4. Gerichtsbarkeit

Streitigkeiten wegen einer gemeinsamen steuerlichen Veranlagung sind **Familienstreitsachen** iSd §§ 111 **67** Nr. 10, 266 Abs. 1 FamFG. Nach § 23 a Abs. 1 Nr. 1 GVG fallen sie in die sachliche Zuständigkeit der Familiengerichte (vgl hierzu auch Weinreich/von Heintschel-Heinegg/Klein/Kuckenburg/Perleberg-Kölbel 13. Kap. Rn 255 ff, 281 ff).

Der Antrag ist auf Abgabe der Willenserklärung zu richten (OLG Koblenz 4.5.2004 – 11 WF 288/04, **68** FamRZ 2005, 224).

210. Stundungseinrede

Caspary

1 Nach § 1382 Abs. 1 S. 1 BGB kann die Forderung auf Zugewinnausgleich gestundet werden, wenn die sofortige Zahlung auch unter Berücksichtigung der Interessen des Gläubigers **zur Unzeit** erfolgen würde. Es ist eine umfassende **Interessenabwägung** zwischen den Interessen des Schuldners und des Gläubigers erforderlich, wobei nach § 1382 Abs. 1 S. 1 BGB eine Stundung insbesondere dann in Betracht kommt, wenn die sofortige Zahlung die Wohnverhältnisse oder die sonstigen Lebensverhältnisse der Kinder verschlechtern würde, zB weil das Familienheim verkauft werden muss. Müssen zur Begleichung der Forderung Gegenstände veräußert werden, ist dem Schuldner hierfür eine angemessene Zeit einzuräumen, insbesondere bei Grundstücken (BGH 1.4.1992 – XII ZR 146/91, FamRZ 1992, 918). Auch der Geschäftsbetrieb des Schuldners, insbesondere wenn aus seinen Erträgen der Unterhalt bestritten wird, soll nicht gefährdet werden. Auf der anderen Seite müssen aber auch die Gläubigerinteressen gewahrt werden. Insoweit kommt es entscheidend darauf an, wie dringlich der Gläubiger auf den Zugewinnausgleich angewiesen ist (Haußleiter/Schulz Kap. 1 Rn 571 ff). Ist eine Verbesserung der Lage des Schuldners nicht zu erwarten, scheidet eine Stundung aus (Palandt/Brudermüller § 1382 BGB Rn 2).

Im Vordergrund stehen wirtschaftliche Belange. Auf Seiten des Schuldners kommt eine Stundung vor allem auch dann in Betracht, wenn einzelnen Vermögenspositionen ein Wert zugemessen worden ist, der erst später realisiert werden kann, oder wenn ihm durch eine sofortige Veräußerung wirtschaftliche Nachteile, zB in Form der Spekulationssteuer entstehen. Auf Seiten des Gläubigers soll vor allem der Aufbau einer neuen wirtschaftlichen Existenz eine Rolle spielen (Palandt/Brudermüller § 1382 BGB Rn 2).

2 Zu beachten ist, dass, sofern die Voraussetzungen für die Stundung bereits vorliegen, nach § 1382 Abs. 5 BGB der Anspruch auf Stundung nur **in dem Verfahren** geltend gemacht werden kann, in dem über den Zugewinnausgleich entschieden wird. Gegebenenfalls muss daher der **Stundungsantrag hilfsweise** gestellt werden. Nach Rechtskraft der Entscheidung kann der Stundungsantrag nicht nachgeholt werden, es sei denn, die Voraussetzungen für die Stundung haben sich erst nachträglich ergeben (OLG Naumburg 29.4.2002 – 14 WF 57/02, FamRZ 2003, 375). Ein isolierter Stundungsantrag kommt ferner dann in Betracht, wenn sich die Eheleute über die Ausgleichsforderung **einig** sind und diese daher nicht gerichtlich anhängig machen (Haußleiter/Schulz Kap. 1 Rn 574 ff).

Auf die gestundete Forderung sind Zinsen zu zahlen (§ 1382 Abs. 2 BGB). Auf Antrag des Gläubigers kann die Leistung einer Sicherheit angeordnet werden (§ 1382 Abs. 3 BGB). Über die Höhe und die Fälligkeit der Zinsen entscheidet das Familiengericht nach billigem Ermessen, ebenso über Art und Umfang der Sicherheitsleistung (§ 1382 Abs. 4 BGB). Bei nachträglicher Änderung der Verhältnisse, die Grundlage für die Stundungsentscheidung waren, kann die Entscheidung durch das Familiengericht aufgehoben oder abgeändert werden (§ 1382 Abs. 6 BGB).

Caspary

211. Teilungsanordnung und Vorausvermächtnis

Schwarz

I. Teilungsanordnung..............................   2   II. Vorausvermächtnis..............................   6

Der Erblasser kann durch **Auseinandersetzungsanordnungen** Einfluss auf die konkrete Nachlassausein- 1
andersetzung zwischen den Miterben nehmen. Die erbrechtlichen Gestaltungsmittel hierfür sind die Teilungsanordnung (§ 2048 BGB) und das Vorausvermächtnis (§ 2150 BGB).

I. Teilungsanordnung

Bei einer Teilungsanordnung erfolgt **die Zuweisung der Vermögensgegenstände unter Anrechnung auf** 2
den Erbteil (Bartsch in: FormErbR § 2 Rn 195), dh ohne wertmäßige Bevorzugung der betroffenen Miterben über die Erbquote hinaus. Der Unterschied zwischen dem Wert der durch Teilungsanordnung zugewie-
senen Gegenstände und dem Erbteil ist mithin unter den Miterben auszugleichen (HK-BGB/Hoeren § 2048
BGB Rn 2).

Die den Erbteil gegenständlich konkretisierende Teilungsanordnung wird erst im Rahmen der Gesamter- 3
bauseinandersetzung relevant. Sie gibt **keinen vorherigen Anspruch** auf gesonderte Übertragung des jeweiligen Gegenstandes.

Teilungsanordnungen können auch in einem Erbvertrag bzw gemeinschaftlichen Testament nicht mit bin- 4
dender Wirkung verfügt werden. Sie sind also auch vom überlebenden Ehegatten **jederzeit änderbar.** Teilungsanordnungen des Erblassers wirken im Übrigen nur schuldrechtlich, so dass sich die Miterben nach
dem Erbfall hierüber einvernehmlich hinwegsetzen können.

Hinweis: Bei einer Teilungsanordnung ist der Miterbe zur Übernahme des betreffenden Gegenstandes ver- 5
pflichtet. Will er dies nicht, so muss er die Erbschaft insgesamt ausschlagen. Soll der Miterbe zur Übernahme nicht verpflichtet sein, sondern insoweit ein freies Entscheidungsrecht haben, so ist vom Erblasser keine Teilungsanordnung zu verfügen, sondern zugunsten des Miterben ein sog. Übernahmerecht zu bestimmen.

II. Vorausvermächtnis

Anders als die Teilungsanordnung bewirkt das Vorausvermächtnis nach § 2150 BGB die **zusätzliche Zu-** 6
weisung eines Vermögensvorteils an den Miterben **über seinen Erbteil hinaus** (HK-BGB/Hoeren § 2048
BGB Rn 4; Bartsch in: FormErbR § 2 Rn 94). Der Miterbe wird dadurch wertmäßig bevorzugt. Gesetzlich
geregelte Fälle des Vorausvermächtnisses sind der sog. „Voraus" des Ehegatten gemäß § 1932 BGB und
der sog. „Dreißigste" gemäß § 1969 BGB.

Im Gegensatz zur Teilungsanordnung steht dem Miterben beim Vorausvermächtnis als eigenständiger 7
Nachlassgläubiger **ein Anspruch auf Vorabbefriedigung** vor Aufteilung des Nachlasses zu (§ 1967
Abs. 2 BGB). Der um das Vorausvermächtnis verminderte Nachlass wird bei der Auseinandersetzung dann
entsprechend den Erbquoten verteilt.

Anders als die Teilungsanordnung kann das Vorausvermächtnis in einem gemeinschaftlichen Testament (s. 8
→ *Gemeinschaftliches Testament*) bzw Erbvertrag (s. → *Erbvertrag*) auch **mit bindender Wirkung** angeordnet werden (§§ 2270 Abs. 3, 2278 Abs. 2 BGB).

Während die Teilungsanordnung den Miterben zur Übernahme verpflichtet (s. Rn 5), kann der Vorausver- 9
mächtnisnehmer ohne Einfluss auf seine Miterbenstellung das Vorausvermächtnis gesondert ausschlagen.

212. Teilungsversteigerung

Rakete-Dombek

I. Einführung 1
II. Versteigerungsverfahren 2
  1. Voraussetzungen und Hindernisse der Teilungs-
    versteigerung 2

2. Einstellung des Versteigerungsverfahrens 11

I. Einführung

1 Über gemeinsames Grundeigentum verfügen Ehegatten häufig. Wird die Ehe geschieden kommt es darüber zum Streit, wer im Haus verbleiben kann, wer Alleineigentümer wird oder ob ein gemeinsamer Verkauf aus wirtschaftlichen Gründen anzuraten ist. Was sich die Familie noch leisten konnte, ist für einen Ehegatten, meist die Ehefrau, zu teuer und aus dem Ehegattenunterhalt – zumal ab der Zurechnung eines objektiven Wohnwertes (s. → *Wohnwert* Rn 1 ff) – nicht zu finanzieren.

Obwohl das Vorurteil besteht, dass durch eine Teilungsversteigerung kein angemessener Wert erzielt wird, nehmen in Blockierungsfällen derartige Auseinandersetzungsversteigerungen zu, da derjenige, der das frühere Familienheim seit der Trennung nicht mehr bewohnt, sein Kapital darin gebunden sieht und gleichzeitig für die darauf ruhenden Belastungen auch gesamtschuldnerisch weiterhin haftet.

II. Versteigerungsverfahren

1. Voraussetzungen und Hindernisse der Teilungsversteigerung

2 Jeder Bruchteilseigentümer ist berechtigt die Auseinandersetzung der Gemeinschaft jederzeit gem. §§ 749, 753 BGB im Wege der Teilungsversteigerung zu verlangen. Zur Versteigerung kommt dann der gesamte Grundbesitz. Der Antrag kann formlos gestellt werden. Anwaltszwang besteht nicht. Ist die Auseinandersetzung des Miteigentums vertraglich ausgeschlossen worden, scheidet die Teilungsversteigerung aus (Haußleiter/Schulz Kap. 5 Rn 61 ff). In diesem Fall kann dennoch aus § 749 Abs. 2 BGB ein Aufhebungsanspruch bestehen, da die Beendigung der ehelichen Gemeinschaft und der gemeinsamen Nutzung der Familienwohnung einen wichtigen Grund darstellen, um gleichwohl die Aufhebung der Gemeinschaft zu verlangen. Bei Eheleuten, die schon lange getrennt leben oder schon geschieden sind, wird eine auf § 1353 BGB (Rücksichtnahmegebot, Teilungsversteigerungsantrag zur Unzeit) gestützte Drittwiderspruchsklage nur ausnahmsweise in Betracht kommen. Die Tatsache der Wohnungszuweisung (s. → *Wohnungszuweisung*) an einen Ehegatten hindert die Versteigerung gerade nicht.

Mit der Teilungsversteigerung tritt der Erlös an die Stelle des gemeinschaftlichen Grundstücks und kann gem. § 753 Abs. 1 S. 1 BGB geteilt werden.

Auf die Teilungsversteigerung sind die Grundsätze der Zwangsversteigerung (§ 180 Abs. 1 ZVG) anwendbar. Der Antrag ist bei dem Vollstreckungsgericht (Gericht der Belegenheit des Grundstücks) anzubringen (§§ 180 Abs. 1, 35 ZVG).

3 Gem. § 1365 BGB (analog, vgl BGH, 14.6.2007 – V ZB 102/06, NJW 2007, 3124) kann es sich bei dem Antrag auf Teilungsversteigerung um eine zustimmungspflichtige Verfügung über das Vermögen im Ganzen handeln, wenn es sich bei dem Bruchteilseigentum um das wesentliche Vermögen des Antragstellers handelt.

Das Vollstreckungsgericht hat die Einwendung aus § 1365 BGB nicht von Amts wegen zu prüfen, es sei denn, es ergeben sich aus dem Grundbuch Anhaltspunkte. Das Grundbuch bildet jedoch den Güterstand nicht ab. Es empfiehlt sich daher, sofern die Befürchtung besteht, der andere Ehegatte werde versuchen, über seinen Miteigentumsanteil zu verfügen, das Grundbuchamt mit einem kurzen Schriftsatz davon zu unterrichten, dass die Miteigentümer Eheleute sind, die im gesetzlichen Güterstand (s. → *Zugewinngemeinschaft*) leben und eine Verfügung, eine solche über das wesentliche Vermögen darstellen würde. Auf diese

Weise ergeben sich aus der Grundbuchakte Anhaltspunkte. Ggf ist Drittwiderspruchsklage (§ 771 ZPO analog, vgl BGH, 14.6.2007 – V ZB 102/06, NJW 2007, 3124) einzureichen und verbunden damit ein Widerspruch in das Grundbuch (§ 53 Abs. 1 S. 1 GBO) im Wege eines Antrags auf einstweiligen Anordnung zur Eintragung zu bringen, wenn konkretere Anhaltspunkte bestehen.

§ 1365 BGB setzt zudem voraus, dass der Geschäftsgegner des Rechtsgeschäfts **Kenntnis** von der Verfügungsbeschränkung hat (**subjektives Element**, vgl BGH 5.10.2011 – V ZR 78/11, NJW 2011, 3783). Der Vertragspartner muss wissen, dass es sich um nahezu das ganze Vermögen des Ehegatten handelt, oder zumindest die Verhältnisse kennen, aus denen sich dies ergibt. Die Kenntnis hat derjenige zu beweisen, der sich auf die Zustimmungsbedürftigkeit beruft.

Stellt der andere Ehegatte die Tilgungszahlungen ein und bewegt hierdurch den Gläubiger, die Zwangsversteigerung einzuleiten oder seinen Auseinandersetzungsanspruch zu pfänden, bestehen die Rechte aus § 1365 BGB nicht, da es sich hierbei um keine Verfügung des Ehegatten im Sinne der Vorschrift handelt.

Das Verfügungsverbot gilt nur im gesetzlichen Güterstand (s. → *Zugewinngemeinschaft*) und auch nur bis   **4** zur Rechtskraft der Ehescheidung. Das Verbot dient (auch) dem Schutz des jeweils anderen Ehegatten auf Verwirklichung seines Zugewinnausgleichsanspruchs und ist bereits bei Antragstellung zu beachten. § 1365 BGB soll die Vermögensgrundlage der Familie sichern und verhindern, dass ein Ehegatte ohne Zustimmung des anderen der Familie diejenige wirtschaftliche Grundlage entzieht, die sie bisher im Vermögen des Ehegatten besaß. Daneben bezweckt die Bestimmung, den anderen Ehegatten vor einer Gefährdung seines künftigen Anspruchs auf Zugewinnausgleich bei Beendigung des Güterstandes zu schützen (BGH 21.3.1996 – III ZR 106/95, NJW 1996, 1740). Ist die Ehe zwar rechtskräftig geschieden, die **Folgesache** Zugewinnausgleich aber noch nicht entschieden, gilt die Verfügungsbeschränkung weiter.

Wird vor der Ehescheidung und vor einer Beendigung des Zugewinnausgleichsverfahrens die Teilungsversteigerung beantragt, kann der andere Ehegatte die gesetzlichen Einstellungsmöglichkeiten nutzen (Rn 11). In jedem Falle sollte er dem Verfahren beitreten, um selbst Anträge stellen und Einfluss im Verfahren nehmen zu können. Der **Beitritt** muss binnen der Fristen der §§ 43 Abs. 2, 44 Abs. 2 ZVG erklärt werden. Der Beitritt kann aber im Widerspruch zu einem Einstellungsantrag stehen, so dass die Zielrichtung zuvor eindeutig geklärt werden muss.

Die Rechtsprechung hat sich damit auseinandergesetzt, wann es sich um das wertmäßig **wesentliche Ver-**   **5** **mögen** iSd § 1365 BGB handelt (BGH 25.6.1980 – IVb ZR 516/80, NJW 1980, 2350; 21.3.1996 – III ZR 106/95, NJW 1996, 1740). Ob ein veräußerter Gegenstand, verglichen mit dem restlichen Aktivvermögen, im Wesentlichen das gesamte Vermögen des verfügenden Ehegatten darstellt, bemisst sich nicht nur nach den ihm verbleibenden Vermögensstücken, sondern auch anhand der auf dem veräußerten Gegenstand ruhenden dinglichen Belastungen, die den Verkehrswert des Grundstücks mindern. Persönliche Verbindlichkeiten werden nicht abgezogen (Kogel, Strategien bei der Teilungsversteigerung des Familienheims, Rn 38 ff). Bei kleinen Vermögen ist der Tatbestand des § 1365 BGB grundsätzlich noch nicht erfüllt, wenn dem verfügenden Ehegatten Werte von mindestens **15%** seines ursprünglichen Gesamtvermögens verbleiben. Bei einem größeren Vermögen müssen dem Verfügenden mindestens noch **10 %** seines Vermögens verbleiben.

Gem. §§ 1366, 1367 BGB sind Verträge **schwebend unwirksam** (§ 1366 BGB), einseitige Rechtsgeschäfte   **6** sind **endgültig unwirksam** (§ 1367 BGB). Über § 1368 BGB kann der andere Ehegatte im eigenen Namen außerdem Schadensersatz- oder Unterlassungsansprüche in Prozessstandschaft gegen den Dritten geltend machen.

Besteht ein Anspruch auf **Einwilligung** (vorherige Zustimmung, § 183 BGB), stimmt der andere aber dennoch zuvor der Verfügung nicht zu, ist gem. § 1365 Abs. 2 BGB ein Antrag auf **Ersetzung der Willenserklärung** (Zustimmung zu der beabsichtigten Verfügung) bei dem Familiengericht zu erheben. Die Ersetzung kann sich sowohl auf ein bereits abgeschlossenes als auch auf ein noch vorzunehmendes Rechtsgeschäft – einseitig (dann nur Einwilligung vor Vornahme des Rechtsgeschäfts möglich) oder mehrseitig – beziehen.

8   Auf Antrag ist die Zustimmung des anderen Ehegatten zu einer Veräußerung seines wesentlichen Vermögens durch das Familiengericht zu ersetzen, wenn das beabsichtigte Rechtsgeschäft den **Grundsätzen einer ordnungsgemäßen Verwaltung** entspricht und der andere Ehegatte seine Zustimmung **ohne ausreichenden Grund** verweigert. Ob ein Geschäft einer ordnungsgemäßen Verwaltung entspricht, richtet sich nach den gesamten Umständen des **Einzelfalls**. Maßgeblich ist, ob auch ein sorgfältiger Wirtschafter, der die richtig verstandenen Bedürfnisse der Familie und deren wirtschaftliche Interessen im Auge hat, das Rechtsgeschäft abschließen würde (OLG Köln 26.5.2004 – 16 Wx 80/04, NJW-RR 2005, 4).

9   Es muss danach eine **ungerechtfertigte Verweigerung** der Zustimmung vorliegen. Ob dies auch dann der Fall ist, wenn die Zustimmung nicht in der erforderlichen **Form des § 29 GBO** erteilt ist, ist streitig (Gernhuber/Coester-Waltjen, § 35 IV 3; aA Gruber in: NK-BGBFamR § 1365 BGB Rn 59).

10 Berührt das Rechtsgeschäft die von § 1365 BGB geschützten Interessen des Ehegatten nicht, fehlt es an einem ausreichenden Grund für die Verweigerung.

Ausreichend für das Vorliegen eines Grundes ist es, wenn auch nur Anhaltspunkte dafür vorliegen, dass ein Zugewinnausgleichsanspruch (s. → *Zugewinngemeinschaft*) gefährdet sein kann. Im Rahmen des Ersetzungsverfahrens reicht es aus, dass sich aus den gesamten Umständen überzeugende Anhaltspunkte für das Bestehen eines Ausgleichsanspruchs ergeben, der durch eine Teilungsversteigerung konkret gefährdet würde (BayObLG 20.8.1980 – BReg 1 Z 43/80, MittBayNot 1981, 80). Auch die Tatsache, dass bei einem freihändigen Verkauf, zu dem der andere Ehegatte bereit wäre, ein höherer Erlös zu erzielen wäre als bei einer Versteigerung, kann ein ausreichender Grund sein (BayObLG 23.5.1985 – BReg 1 Z 21/85, FamRZ 1981, 46/47).

Es handelt sich um eine **Ermessensentscheidung**, die unter Abwägung der beiderseitigen Interessen von dem Familiengericht zu treffen ist.

Bis zur Ersetzung der Genehmigung ist die Verfügung (schwebend) unwirksam. Wird die Genehmigung verweigert, ist die Verfügung gem. § 1366 Abs. 4 BGB endgültig unwirksam. Verpflichtungs- und Verfügungsgeschäft sind hierbei einheitlich zu betrachten (Gruber in: NK-BGBFamR § 1365 BGB Rn 44).

2. Einstellung des Versteigerungsverfahrens

11 **Der Antragsteller** kann selbst jederzeit und ohne Grund die Einstellung des Versteigerungsverfahrens beantragen. Ist der andere Ehegatte dem Verfahren beigetreten, wird dessen selbstständiger Versteigerungsantrag jedoch weiter betrieben.

Stellt der Antragsteller bis zum Ablauf von sechs Monaten keinen **Fortsetzungsantrag**, wird das Verfahren gem. § 31 Abs. 1 S. 2 ZVG aufgehoben. Der Einstellungsantrag kann einmal wiederholt werden. Wird er zum dritten Mal gestellt, also zum zweiten Male wiederholt, gilt dieser Antrag als **Rücknahme** gem. § 30 Abs. 1 S. 3 ZVG. Dies gilt für beide Beteiligte gleichermaßen.

Der **Antragsgegner** sieht sich idR **ohne vorherige Anhörung** mit dem Versteigerungsantrag und der gleichzeitigen Anordnung der Teilungsversteigerung sowie der Eintragung des Versteigerungsvermerks im Grundbuch konfrontiert. Er kann gem. § 180 Abs. 2 ZVG die einstweilige Einstellung beantragen. Hierdurch kann die Versteigerung nicht vermieden, sondern allenfalls **verzögert** werden, da eine Einstellung die Ausnahme und auf sechs Monate zu befristen (§ 180 Abs. 2 S. 1 ZVG) ist. Der Antrag kann wiederholt werden. Zur Begründung kann auf Folgendes verwiesen werden:

– die Ersatzbeschaffung von Wohnraum stelle sich trotz erheblicher Bemühungen schwierig dar;
– zwischen den Beteiligten werden (ernsthafte) Vergleichsgespräche geführt;
– erfolgversprechende Bemühungen um die Beschaffung eines Kredites für den Erhalt des Familienbesitzes lägen vor.

Rakete-Dombek

Eine weitere Einstellungsmöglichkeit bietet § 180 Abs. 3 ZVG, wenn

- das Grundstück im gemeinsamen Eigentum nur der Eheleute steht, die die Eltern eines **gemeinsamen Kindes** sind, das im Haus lebt;
- das Wohl des gemeinsamen Kindes ernsthaft gefährdet ist. Das gemeinschaftliche Kind muss nicht minderjährig sein.

Der Einstellungsantrag ist fristgebunden und muss **binnen zwei Wochen** (Notfrist) gestellt werden, § 180 Abs. 3, S. 3 iVm § 30 b Abs. 1 ZVG. Zur weiteren Verzögerung kann beitragen, dass über den Antrag mündlich verhandelt wird, was daher beantragt werden sollte.

Ob ein Antrag auf Einstellung der Zwangsvollstreckung gem. **§ 765 a ZPO** gestellt werden kann, war um-   12
stritten. Der Bundesgerichtshof hat inzwischen jedoch anerkannt, § 765 a BGB im Teilungsversteigerungs-
verfahren zur Sicherung des **Schuldnerschutzes** entsprechend anzuwenden (BGH 22.3.2007 – V ZB
152/06, NJW 2007, 3430). Denn auch der Antragsgegner kann in die Lage geraten, einer **Verschleuderung**
seines Vermögens entgegenzuwirken oder andere wesentliche Interessen sichern zu müssen. Eine wesentliche Vorschrift des Schuldnerschutzes in der Zwangsversteigerung ist § 765 a ZPO, der deshalb auch im
Falle der Teilungsversteigerung anzuwenden ist. Es handelt sich jedoch um eine Ausnahmevorschrift, wonach die Einstellung nur in Härtefällen anzuordnen ist, wenn die Fortführung des Verfahrens im Einzelfall
zu einem für den Schuldner, bei der Teilungsversteigerung für den Antragsgegner, untragbaren Ergebnis
führen würde.

Der Einstellungsantrag gem. § 765 a ZPO analog kann ohne Fristbeschränkung formlos gestellt werden.

Zum Gang des Versteigerungsverfahrens sowie der im Verfahren wahrzunehmenden Rechte der Beteiligten   13
im Einzelnen wird auf Kogel, Strategien bei der Teilungsversteigerung des Familienheims sowie auf Hauß-
leiter/Schulz Kap. 5 Rn 63 ff verwiesen.

213. Transsexualität

Hoffmann

I. Einführung...................................... 1   III. Feststellung der Geschlechtszugehörigkeit....... 7
II. Änderung des Vornamens...................... 3

I. Einführung

1 Unter Transsexualität versteht das Transsexuellengesetz, wenn ein Mensch sich aufgrund seiner sexuellen Prägung nicht mehr dem in seinem Geburtseintrag angegebenen – in der Regel demnach seinem biologischen – Geschlecht, sondern dem anderen Geschlecht als zugehörig empfindet (§ 1 Abs. 1 Nr. 1 TSG). Das Transsexuellengesetz (TSG) ermöglicht diesem Menschen eine gerichtliche **Änderung des Vornamens** (§§ 1 ff TSG) sowie das **Feststellen** einer anderen, nämlich der **empfundenen Geschlechtszugehörigkeit** (§§ 8 ff TSG). Einen entsprechenden Antrag kann unter bestimmten Voraussetzungen auch ein Nichtdeutscher stellen (§ 1 Abs. 1 Nr. 3 TSG, BVerfG 18.7.2006 – 1 BvL 1/04, 1 BvL 12/04, BVerfGE 116, 243 = NJW 2007, 900).

2 „Die dem TSG zugrunde liegenden Annahmen über Transsexualität haben sich inzwischen in wesentlichen Punkten als nicht haltbar erwiesen" (BVerfG 6.12.2005 – 1 BvL 3/03, BVerfGE 115, 1 = FamRZ 2006, 182), daher sind in den letzten Jahren eine Reihe von Entscheidungen des BVerfG (zur Rechtsprechung des BVerfG und des EGMR vgl insgesamt Theilen ZEuS 2012, 363) ergangen, die **Teile** des TSG für **verfassungswidrig** erklärt und vereinzelt bereits zu Reformen des Gesetzgebers geführt haben. Nach der letzten Entscheidung des BVerfG (BVerfG 11.1.2011 – 1 BvR 3295/07, NJW 2011, 909; Grünberger JZ 2011, 363; Wielpütz NVwZ 2011, 474) steht aktuell eine Reform der Voraussetzungen für das Feststellen der empfundenen, vom biologischen Geschlecht abweichenden Geschlechtszugehörigkeit an.

II. Änderung des Vornamens

3 Ein Mensch kann seinen im Geburtsregister eingetragenen Vornamen auf Antrag durch das Gericht ändern lassen, wenn er sich aufgrund seiner transsexuellen Prägung nicht mehr dem in seinem Geburtseintrag angegebenen Geschlecht, sondern dem anderen Geschlecht als zugehörig empfindet, **seit mindestens drei Jahren** unter „dem Zwang" (besser: existenzielle Bedeutung für den Antragsteller) steht, seinen Vorstellungen entsprechend zu leben (§ 1 Abs. 1 Nr. 1 TSG) und zudem mit hoher Wahrscheinlichkeit anzunehmen ist, dass sich das Zugehörigkeitsgefühl zum anderen Geschlecht **nicht mehr ändern** wird (§ 1 Abs. 1 Nr. 2 TSG).

4 Für das Verfahren zur Änderung des Vornamens sind die **Amtsgerichte** zuständig, die ihren Sitz am Ort eines Landgerichts haben (§ 2 Abs. 1 TSG). Örtlich zuständig ist das Gericht, in dessen Bezirk der Antragsteller seinen Wohnsitz bzw seinen gewöhnlichen Aufenthalt hat (§ 2 Abs. 2 TSG). Das Verfahren richtet sich nach den Regelungen des **FamFG**, sofern das TSG keine abweichende Regelung trifft (§ 4 Abs. 1 TSG). Vor der einem Antrag stattgebenden Entscheidung hat das Gericht Gutachten von **zwei Sachverständigen** einzuholen (§ 4 Abs. 3 TSG). Das Gericht ist an ein Gutachten, in dem die Voraussetzungen für eine Änderung des Vornamens verneint werden, nicht gebunden. Lässt sich auch bei einer mündlichen Anhörung der Sachverhalt nicht klären, kann ein weiteres Gutachten einzuholen sein (KG Berlin 20.5.2008 – 1 W 62/08, FGPrax 2008, 2000).

5 Ab Rechtskraft der Entscheidung, durch die die Vornamen oder der Vorname des Antragstellers geändert wurden, dürfen die zur Zeit der Entscheidung geführten Vornamen ohne Zustimmung des Antragstellers **nicht** mehr **offenbart** oder ausgeforscht werden, sofern nicht besondere Gründe des öffentlichen Interesses dies erfordern oder ein rechtliches Interesse glaubhaft gemacht wird (§ 5 Abs. 1 TSG). Eine Personenstandsurkunde aus dem Geburtseintrag darf im Anschluss an die Vornamensänderung nach § 63 Abs. 2 PStG nur der betroffenen Person selbst erteilt werden. Andererseits darf die Meldebehörde zur Identitätsfeststellung auch nach einer Vornamensänderung frühere (Vor-)Namen im Melderegister speichern (VG

Berlin 4.12.2012 – 23 K 259.11) und nicht alle Urkunden und Zeugnisse sind nach einer Vornamensänderung neu auszustellen. So kann ein Beamter nach der Rechtsprechung nicht verlangen, dass seine Personalakte umgeschrieben wird und die in der Personalakte enthaltenen Urkunden an die Namensänderung angepasst werden, da die Grundsätze der Vollständigkeit und Richtigkeit der Personalakte ein besonderes öffentliches Interesse darstellen (VG Hannover 12.2.2010 – 2 A 5587/08; OVG NRW 5.2.2010 – 1 ZBR
2010, 208).

Die Entscheidung, durch welche die Vornamen bzw der Vorname des Antragstellers geändert worden sind   6
bzw ist, ist auf seinen Antrag vom Gericht aufzuheben, wenn er sich wieder dem in seinem Geburtseintrag
angegebenen Geschlecht als zugehörig empfindet (§ 6 Abs. 1 TSG). Die Entscheidung über die Änderung
des Vornamens wird zudem **unwirksam**, wenn nach Ablauf von 300 Tagen nach der Rechtskraft der Entscheidung ein **Kind** des Antragstellers **geboren** wird, mit dem Tag der Geburt des Kindes (§ 7 Abs. 1 Nr. 1
TSG) oder dann, wenn bei einem nach Ablauf von 300 Tagen nach der Rechtskraft der Entscheidung gebo-
renem Kind die **Abstammung** von dem Antragsteller **anerkannt** oder gerichtlich festgestellt wird, mit
dem Tag, an dem die Anerkennung wirksam oder die Feststellung rechtskräftig wird (§ 7 Abs. 1 Nr. 2
TSG). Die Regelung in § 7 Abs. 1 Nr. 3 TSG, nach der die Entscheidung unwirksam wird, wenn der Antragsteller eine Ehe entsprechend seinem personenstandsrechtlichen, von seinem Vornamen abweichenden
Geschlecht eingeht, ist verfassungswidrig (BVerfG 6.12.2005 – 1 BvL 3/03, BVerfGE 115, 1 = FamRZ
2006, 182).

III. Feststellung der Geschlechtszugehörigkeit

Die im TSG benannten Voraussetzungen für die Feststellung der empfundenen Geschlechtszugehörigkeit   7
als personenstandsrechtlichem Geschlecht wurden in den letzten Jahren durch Entscheidungen des Bundesverfassungsgerichts **weitgehend** als **verfassungswidrig** festgestellt. Die Voraussetzung der Ehelosigkeit
(§ 8 Abs. 1 Nr. 2 TSG) wurde durch den Gesetzgeber (BGBl. I 2008, 1650) entsprechend einer Entscheidung des BVerfG (BVerfG 27.5.2008 – 1 BvL 10/05, BVerfGE 121, 175 = NJW 2008, 3117) bereits gestrichen. Die Regelungen, die eine dauernde Fortpflanzungsunfähigkeit (§ 8 Abs. 1 Nr. 2 TSG) und eine
operative Veränderung, durch die eine deutliche Annäherung an das Erscheinungsbild des anderen Geschlechts erreicht wird (§ 8 Abs. 1 Nr. 2, Nr. 3 TSG), erforderlich machen, sind nach einer Entscheidung
des BVerfG wegen ihrer Verfassungswidrigkeit derzeit nicht anwendbar, denn „die personenstandsrechtliche Anerkennung des empfundenen Geschlechts darf nicht von Voraussetzungen abhängig gemacht werden, die schwere Beeinträchtigungen der körperlichen Unversehrtheit bedingen und mit gesundheitlichen
Risiken verbunden sind, wenn diese nach wissenschaftlichem Kenntnisstand keine notwendige Voraussetzung einer dauerhaften und erkennbaren Änderung der Geschlechtszugehörigkeit sind" (BVerfG 11.1.2011
– 1 BvR 3295/07, NJW 2011, 909). Von den in § 8 TSG normierten Voraussetzungen ist demnach derzeit
nur die gültig, nach der die gleichen Voraussetzungen wie bei einer Vornamensänderung vorliegen müssen
(§ 8 Abs. 1 Nr. 1 TSG). Dass bis zu einer neuen gesetzlichen Regelung Vornamens- und Personenstandsän-
derung unter den gleichen Voraussetzungen möglich sind, ist hinzunehmen (BVerfG 27.10.2011 – 1 BvR
2027/11, NJW 2012, 600 = FamRZ 2012, 188). Nach in der Rechtsprechung vertretener Ansicht ist für die
Entscheidung nach § 8 TSG auch dann das Einholen von zwei Sachverständigengutachten zwingend erforderlich, wenn in einem vorausgegangenen Verfahren nach § 1 TSG bereits eine Vornamensänderung ausgesprochen ist und dort zu den inhaltsgleichen Voraussetzungen zwei Sachverständigengutachten eingeholt
worden sind (LG Hamm 2.11.2012 – 15 W 511/11).

Das Verlangen des Nachweises der **Dauerhaftigkeit** der empfundenen Geschlechtszugehörigkeit sowie der   8
existenziellen Bedeutung einer Veränderung der personenstandrechtlichen Geschlechtszugehörigkeit ist
nach Ansicht des Bundesverfassungsgerichts **verfassungskonform** (BVerfG 11.1.2011 – 1 BvR 3295/07,
NJW 2011, 909). Von Bedeutung ist die Frage des personenstandsrechtlichen Geschlechts in der Praxis
insbesondere, wenn ein transsexueller Mensch eine Ehe oder Lebenspartnerschaft eingehen will, denn ob
eine Ehe oder Lebenspartnerschaft geschlossen werden kann, hängt – verfassungskonform (BVerfG
11.1.2011 – 1 BvR 3295/07, NJW 2011, 909) – vom personenstandsrechtlichen Geschlecht ab (AG München 3.3.2010 – 722 UR III 258/09, StAZ 2010, 245).

9   Es kann ein Anspruch auf Übernahme der **Kosten** für eine **operative Veränderung**, durch die eine deutliche Annäherung des Erscheinungsbildes an das Erscheinungsbild des empfundenen Geschlechts erreicht wird, gegenüber der gesetzlichen Krankenversicherung bestehen (zu den Voraussetzungen im Einzelfall vgl BSG 11.9.2012 – B 1 KR 3/12 R; Breith 2013, 468). Hingegen ist eine private Krankenversicherung nicht berechtigt, einen ursprünglich männlichen Versicherungsnehmer nach einer Geschlechtsumwandlung in den Frauentarif einzustufen (BGH 9.5.2012 – IV ZR 1/11, NJW 2012, 2733 = FamRZ 2012, 1300).

10   Sobald die Entscheidung, durch die die Geschlechtszugehörigkeit festgestellt wird, rechtskräftig ist, richten sich die vom Geschlecht abhängigen Rechte und Pflichten grundsätzlich nach dem neuen Geschlecht (§ 10 Abs. 1 TSG) und gilt das Offenbarungsverbot (§§ 10 Abs. 2, 5 TSG). Eine Personenstandsurkunde aus dem Geburtseintrag darf im Anschluss an die vom Geburtseintrag abweichende Feststellung der Geschlechtszugehörigkeit nach § 63 Abs. 2 PStG nur der betroffenen Person selbst erteilt werden. Allerdings lässt die Entscheidung das Rechtsverhältnis zwischen dem Antragsteller und seinen Eltern sowie zwischen dem Antragsteller und seinen Kindern unberührt (§ 11 TSG). Der biologische Vater eines Kinds kann auch nach rechtskräftiger Feststellung seines Geschlechts als weiblich die Vaterschaft für sein Kind anerkennen. Er ist dann mit dem vor Rechtskraft der Entscheidung über die Namensänderung und Geschlechtsumwandlung maßgeblichen männlichen Vornamen in das Geburtenregister einzutragen (OLG Köln 30.11.2009 – 16 Wx 94/09, NJW 2010, 1295). Eine Änderung des Geschlechts und des Vornamens ist auch nicht auf Antrag eines Elternteils in den Geburtseintrag eines leiblichen Kindes zu übernehmen (AG Paderborn 14.9.2011 – 3 III 20/11, StAZ 2012, 272).

214. Trennungsunterhalt

Schausten

I. Einführung	1
II. Materielle Grundlagen	2
III. Bedarf	3
1. Mindestbedarf	4
2. Halbteilungsgrundsatz	5
3. Konkrete Bedarfsberechnung	6
4. Weitere Bedarfspositionen	8
a) Kranken- und Pflegevorsorge	8
b) Vorsorge für Alter und Erwerbsunfähigkeit	12
IV. Bedürftigkeit	18
1. Grundlage	18
2. Erwerbsobliegenheit	20
a) Grundsatz	20
b) Betreuung gemeinschaftlicher Kinder	21
c) Betreuung nicht gemeinschaftlicher Kinder	25
d) Ohne Kinderbetreuung	28
e) Bewerbungsobliegenheit	33
f) Berücksichtigung fiktiver Einkünfte	35
3. Haushaltsführung für einen neuen Partner	36
4. Einsatz eigenen Vermögens	37
V. Leistungsfähigkeit	38
VI. Verfahrensrechtliche Hinweise	40

I. Einführung

Anspruchsgrundlage für den Trennungsunterhalt ist § 1361 BGB. Danach kann ein Ehegatte von dem anderen den nach den **Lebensverhältnissen** und den Erwerbs- und Vermögensverhältnissen angemessenen Unterhalt verlangen. Der nicht erwerbstätige Ehegatte kann nur dann darauf verwiesen werden, seinen Unterhalt durch eine Erwerbstätigkeit selbst zu verdienen, wenn dies von ihm nach seinen persönlichen Verhältnissen, insbesondere wegen einer früheren Erwerbstätigkeit unter Berücksichtigung der Dauer der Ehe, und nach den wirtschaftlichen Verhältnissen beider Ehegatten erwartet werden kann. 1

II. Materielle Grundlagen

Der Anspruch setzt eine **wirksam geschlossene Ehe** und ein **Getrenntleben** im Sinne des § 1567 BGB voraus. Er beginnt mit der endgültigen Trennung der Ehegatten und endet mit dem Tag der Rechtskraft des Scheidungsurteils. **Versöhnen** sich die Ehegatten während der Trennung, erlischt der Trennungsunterhaltsanspruch; dies hat zur Folge, dass ein zuvor erwirkter Titel über den Unterhaltsanspruch ebenfalls erlischt und deshalb bei erneuter Trennung der Beteiligten aus diesem alten Unterhaltstitel nicht weiter vollstreckt werden darf. 2

III. Bedarf

Gemäß § 1361 Abs. 1 BGB bemisst sich die Höhe des Unterhalts nach den ehelichen Lebensverhältnissen, dieser Begriff entspricht demjenigen in § 1578 Abs. 1 S. 1 BGB. 3

1. Mindestbedarf

Der Bundesgerichtshof hat neuerdings entschieden, dass bei einem unterhaltsberechtigten Ehegatten unabhängig von den individuellen Verhältnissen jedenfalls von einem **pauschalierten Mindestbedarf** in Höhe von 800 EUR (Stand: 1.1.2013) auszugehen ist (BGH 17.2.2010 – XII ZR 140/08, NJW 2010, 1598; 13.1.2010 – XII ZR 123/08, NJW 2010, 1138). Die zitierten Entscheidungen betreffen zwar zum einen den nachehelichen Ehegattenunterhalt und zum anderen den Unterhalt der Kindesmutter gem. § 1615 l BGB, sind aber auch auf den Trennungsunterhalt übertragbar. 4

2. Halbteilungsgrundsatz

Maßgeblich für die Berechnung des Bedarfs sind die Einkommens- und Vermögensverhältnisse der Ehegatten unter Berücksichtigung der unterhaltsrechtlich relevanten Verbindlichkeiten. Dabei ermittelt sich der Unterhaltsbedarf des berechtigten Ehegatten regelmäßig nach dem Halbteilungsgrundsatz; er entspricht somit im Regelfall der **Hälfte der zusammengerechneten beiderseitigen bereinigten Einkünfte**. 5

3. Konkrete Bedarfsberechnung

6   Auch bei besonders guten Einkommensverhältnissen gibt es nach der Rechtsprechung **grundsätzlich keine Obergrenze für den Unterhaltsbedarf**. Da aber der Erfahrung nach bei sehr guten Einkommensverhältnissen nicht alles für den Lebensunterhalt ausgegeben, sondern ein Teil der Einkünfte für die Vermögensbildung aufgewandt wird, geht die Rechtsprechung davon aus, dass ab einem bestimmten Betrag der Unterhaltsberechtigte seinen Bedarf nicht mehr aufgrund einer Halbteilung der beiderseitigen Einkünfte verlangen kann, sondern seinen Bedarf insgesamt mittels einer konkreten Bedarfsrechtberechnung nachweisen muss. Wann dieser Betrag erreicht ist, ist innerhalb der Oberlandesgerichte durchaus umstritten. Sehr konkret sind hier die Leitlinien des OLG Frankfurt/M., des OLG Hamm, des OLG Thüringen und auch die Leitlinien des OLG Düsseldorf.

–   **Leitlinien OLG Frankfurt/M. Ziffer 15.3**: Ein eheangemessener Unterhaltsbedarf (Elementarunterhalt) kann bis zu einem Betrag von 2.200 EUR als Quotenunterhalt geltend gemacht werden. Ein darüber hinausgehender Bedarf muss konkret dargelegt werden. Eigenes Einkommen des bedürftigen Ehegatten – Erwerbseinkommen nach Abzug des Erwerbstätigenbonus – ist hierauf anzurechnen.

–   **Leitlinien OLG Hamm Ziffer 15.3**: Bei besonders günstigen wirtschaftlichen Verhältnissen ist in der Regel eine konkrete Bedarfsberechnung erforderlich. Die Mehrheit der Senate geht davon aus, dass dies der Fall ist, wenn das nach Abzug der berücksichtigungsfähigen Aufwendungen – einschließlich des Kindesunterhaltsbedarfs – verbleibende Einkommen der Eheleute den Betrag des Einkommens der höchsten Einkommensgruppe der Unterhaltstabelle überschreitet. Einkünfte des Berechtigten sind auf den Bedarf anzurechnen.

–   **Leitlinien OLG Düsseldorf Ziffer 15.3**: Bei sehr guten Einkommensverhältnissen der Eheleute kommt eine konkrete Bedarfsberechnung in Betracht. Von sehr guten Einkommensverhältnissen kann in der Regel ausgegangen werden, wenn das bereinigte Gesamteinkommen der Eheleute oberhalb der höchsten Einkommensgruppe der Düsseldorfer Tabelle liegt.

–   **OLG Thüringen Ziffer 15.3**: Einen eheangemessenen Bedarf von mehr als 2.200 EUR (ohne Alters- und Krankenvorsorgebedarf) muss der Berechtigte konkret darlegen (sog. relative Sättigungsgrenze). Eigenes Einkommen des bedürftigen Ehegatten – Erwerbseinkommen nach Abzug des Erwerbstätigenbonus – ist hierauf anzurechnen.

7   Die anderen Oberlandesgerichte beschränken sich im Regelfall auf die Aussage, dass bei sehr guten Einkommensverhältnissen des Pflichtigen eine konkrete Bedarfsberechnung in Betracht kommt. Aus den teilweise veröffentlichten Urteilen lässt sich herauslesen, dass diese Gerichte bei einem **Unterhaltsbedarf von mehr als 5.000 EUR** monatlich von der Notwendigkeit einer konkreten Bedarfsberechnung ausgehen.

4. Weitere Bedarfspositionen

8   **a) Kranken- und Pflegevorsorge.** Der berechtigte Ehegatte kann auch beim Trennungsunterhalt Krankenvorsorgeunterhalt verlangen. Dies gilt allerdings nur dann, wenn der berechtigte Ehegatte nicht aufgrund einer eigenen sozialversicherungspflichtigen Tätigkeit bereits Beiträge in die gesetzliche Kranken- und Pflegeversicherung einzahlt oder – im Falle der Zurechnung **fiktiver Einkünfte** – einzahlen würde. Ein Krankenvorsorgeunterhalt ist auch dann nicht gegeben, wenn der berechtigte Ehegatte zwar nicht selbst in der gesetzlichen Krankenversicherung versichert ist, aber aufgrund der Mitversicherung bei den berufstätigen Ehegatten in der Familienkrankenversicherung ein entsprechender Schutz besteht; dabei ist zu beachten, dass diese Mitversicherung des Ehegatten in der gesetzlichen Krankenversicherung nicht mit der Trennung, sondern erst mit Rechtskraft der Ehescheidung endet.

9   Auch der angemessene Krankenvorsorgeunterhalt richtet sich nach den ehelichen Lebensverhältnissen, allerdings ist der Berechtigte gehalten, bei gleichwertigem Versicherungsschutz die **kostengünstigere Variante** zu wählen.

10   War der berechtigte Ehegatte während der bestehenden Ehe **privat krankenversichert**, muss der Unterhaltsverpflichtete die Prämien für diese Versicherung weiter bezahlen, solange der berechtigte Ehegatte

Schausten

nicht aufgrund der Aufnahme einer sozialversicherungspflichtigen Erwerbstätigkeit einen eigenen Krankenversicherungsschutz erlangt.

Der Krankenvorsorgeunterhalt ist gesondert geltend zu machen und gesondert zu tenorieren. 11

b) Vorsorge für Alter und Erwerbsunfähigkeit. Ab **Rechtshängigkeit des Scheidungsverfahrens** kann 12 der Berechtigte neben dem Elementarunterhalt auch die Kosten einer angemessenen Versicherung für den Fall des Alters oder der Erwerbsunfähigkeit verlangen. Vor der Rechtshängigkeit des Scheidungsverfahrens partizipiert der Berechtigte über den Versorgungsausgleich an der Altersvorsorge, die der verpflichtete Ehegatte betreibt.

Voraussetzung für den Anspruch auf diesen Vorsorgeunterhalt ist, dass ein Trennungsunterhaltsanspruch 13 gegeben ist; er endet ebenfalls mit Rechtskraft der Ehescheidung – wobei auch beim nachehelichen Unterhalt ein entsprechender Anspruch besteht.

Der Berechtigte ist verpflichtet, den Altersvorsorgeunterhalt zweckbestimmt zu verwenden; andernfalls 14 muss er sich später im Rentenfall ein fiktives Einkommen zurechnen lassen.

Die Berechnung des Altersvorsorgeunterhalts erfolgt anhand der **Bremer Tabelle**. Sie erfolgt normalerweise in drei Schritten: 15

1. Der Elementarunterhalt wird wie üblich berechnet.
2. Aus diesem errechneten Elementarunterhalt wird mittels der Bremer Tabelle ein fiktives Bruttoeinkommen ermittelt. Aus diesem fiktiven Bruttoeinkommen wird der Beitrag zur gesetzlichen Rentenversicherung als Altersvorsorgeunterhalt berechnet.
3. Der so errechnete Altersvorsorgeunterhalt wird vom unterhaltsrechtlich relevanten Einkommen des Pflichtigen abgezogen und dann der neue Elementarunterhalt berechnet.

Der Bundesgerichtshof hat zuletzt eine Begrenzung des Altersvorsorgeunterhalts auf einen **Höchstbetrag**, 16 wie er sich bei Berücksichtigung der Beitragsbemessungsgrenze für die gesetzliche Rentenversicherung ergeben würde, abgelehnt.

In wenigen Ausnahmefällen ist diese **Dreischrittmethode nicht angezeigt**: 17

1. Wird der Elementarunterhalt als **konkreter Bedarf** geltend gemacht, errechnet sich der Altersvorsorgeunterhalt anhand des konkret ermittelten Unterhaltsanspruchs; in diesem Fall entfällt der dritte Schritt der oben genannten Berechnung.
2. Wenn von der Unterhaltsquote tatsächlich vorhandene oder fiktiv anzurechnende Einkünfte des Unterhaltsberechtigten abgezogen werden, durch die **die ehelichen Lebensverhältnisse nicht geprägt** worden sind, wie es bei Anwendung der Anrechnungsmethode der Fall ist. Denn in Höhe des angerechneten Einkommens wird das die ehelichen Lebensverhältnisse bestimmende Einkommen des Unterhaltspflichtigen zwischen den Ehegatten nicht verteilt, sondern verbleibt ihm allein, so dass er entlastet wird. Das hat zur Folge, dass er Altersvorsorgeunterhalt bis zu der Höhe des angerechneten Einkommens zusätzlich zu dem Elementarunterhalt leisten kann, ohne dass ihm weniger als die ihm an sich zustehende Quote des für die ehelichen Lebensverhältnisse maßgebenden Einkommens verbleibt.

IV. Bedürftigkeit

1. Grundlage

Zwar ist die Bedürftigkeit beim Trennungsunterhalt nicht ausdrücklich im Gesetz geregelt, es ist aber allgemeine Auffassung, dass § 1569 BGB insoweit auch im Trennungsunterhalt anzuwenden ist. Ein Ehegatte 18 ist bedürftig, wenn er seinen eheangemessenen Bedarf nicht durch eigene Einkünfte oder zumutbare Erwerbstätigkeit selbst decken kann.

Die in der Praxis bedeutendste Frage ist die nach der Erwerbsobliegenheit des unterhaltsberechtigten Ehegatten. 19

2. Erwerbsobliegenheit

20 **a) Grundsatz.** Nach Auffassung der Rechtsprechung ist die Frage der Erwerbsobliegenheit des berechtigten Ehegatten in dem Zeitraum unmittelbar nach der Trennung auch unter Berücksichtigung des Umstandes, dass eine **Versöhnung der Ehegatten nicht ausgeschlossen** ist, zu bewerten. Daraus leitet die Rechtsprechung ab, dass **in der Regel im ersten Trennungsjahr keine Obliegenheit** besteht, eine neue Erwerbstätigkeit zu beginnen oder eine bereits während bestehender Ehe ausgeübte Teilerwerbstätigkeit auszudehnen (vgl 17.2 der Leitlinien der meisten Oberlandesgerichte).

21 **b) Betreuung gemeinschaftlicher Kinder.** Betreut der berechtigte Ehegatte gemeinsame Kinder, stellt sich die Frage, wie sich dieser Umstand auf die Erwerbsobliegenheit nach Ablauf des Trennungsjahres auswirkt, insbesondere ob die gesetzlichen Neuregelungen zum Betreuungsunterhalt in § 1570 BGB auf die Erwerbsobliegenheit beim Trennungsunterhalt ausstrahlen.

22 Einerseits wird die Auffassung vertreten, dass die **strengeren Maßstäbe des § 1570 BGB** auch bei der Beurteilung der Erwerbsobliegenheit im Rahmen des Trennungsunterhalts zu berücksichtigen sind (juris-PKBGB/Viefhues § 1361 Rn 322 f; Büte FuR 2008, 309, 310; Büte/Poppen/Menne, Unterhaltsrecht, 2. Aufl. 2009, § 1361 BGB Rn 70). So hat das OLG Zweibrücken kurz nach Inkrafttreten der Unterhaltsreform am 1.1.2008 beispielhaft entschieden: „Betreut eine seit längerer Zeit getrennt lebende Kindesmutter ihre zehnjährige Tochter, dann besteht unter Berücksichtigung des mit der Neuregelung des Unterhaltsrechts zum 1.1.2008 in Kraft getretenen § 1570 Abs. 1 S. 2 BGB eine Obliegenheit zur Erwerbstätigkeit neben der Betreuung bereits ab Vollendung des dritten Lebensjahres des betreuten Kindes. Eine vollschichtige Tätigkeit ist jedoch unzumutbar und unbillig." (OLG Zweibrücken 1.2.2008 – 2 UF 170/07, OLGReport Zweibrücken 2008, 886).

23 Andererseits wird die Auffassung vertreten, dass sich die verschärfte Erwerbsobliegenheit im nachehelichen Unterhalt **nicht** auf die Erwerbsobliegenheit beim Trennungsunterhalt auswirken muss. Dabei sei zu berücksichtigen, dass der Gesetzgeber von einer Änderung des § 1361 Abs. 2 BGB abgesehen und die Verschärfung der Erwerbsobliegenheit ausschließlich beim nachehelichen Unterhalt vorgenommen habe. Die Richtung des Trennungsunterhalts sei eine andere. Die Ehe bestehe noch und es sei zunächst ungewiss, ob und wann es zu einer Scheidung komme. Der Trennungsunterhalt ziele auf den **Schutz** des wirtschaftlich schwächeren Ehegatten vor **einschneidenden Veränderungen seiner Lebensverhältnisse**, solange die Ehe bestehe, ab; im Gegensatz dazu hätten die Neuregelungen der §§ 1570, 1574 BGB die Stärkung der Eigenverantwortung nach der Ehe zum Ziel (Schnitzler/Grandel § 8 Rn 23).

24 Das OLG Düsseldorf hat zuletzt entschieden: „Wenn auch nach dem strenger an der Eigenverantwortlichkeit angelehnten § 1570 Abs. 1 S. 1 BGB kein abrupter Wechsel von der elterlichen Betreuung zu einer Vollerwerbstätigkeit verlangt werden kann, wenn das Kind älter als drei Jahre ist, gilt dies erst recht für die Erwerbsobliegenheit einer Unterhaltsgläubigerin nach § 1361 Abs. 2 BGB, weil sich hiernach die Erwerbsobliegenheit noch näher an den gelebten ehelichen Verhältnissen orientiert und **§ 1361 Abs. 2 BGB als Schutzvorschrift** für die bislang nicht erwerbstätige Hausfrau ausgelegt wird. Vor dem Hintergrund einer praktizierten Rollenverteilung kann es dem Unterhaltsberechtigten nur in kleinen Schritten zumutbar sein, finanziell auf eigenen Füßen zu stehen." (OLG Düsseldorf 29.10.2009 – II-7 UF 88/09, FamRZ 2010, 646).

25 **c) Betreuung nicht gemeinschaftlicher Kinder.** Auch die Betreuung eines nicht gemeinschaftlichen Kindes kann im Rahmen des Trennungsunterhalts zu einer **Einschränkung der Erwerbsobliegenheit** führen – im Gegensatz zu dem nachehelichen Unterhalt. Betreut ein getrennt lebender Ehegatte ein Pflegekind, das die Eheleute vor ihrer Trennung gemeinsam aufgenommen hatten, so kann diese Betreuung zu den persönlichen Verhältnissen des Ehegatten gerechnet werden, von denen nach § 1361 Abs. 2 BGB abhängt, ob er darauf verwiesen werden kann, seinen Unterhalt durch eine Erwerbstätigkeit selbst zu verdienen (BGH 20.5.1981 – IVb ZR 556/80, NJW 1981, 1782).

26 Die **Geburt eines von einem anderen Mann abstammenden Kindes** in der Trennungszeit ist den ehelichen Lebensverhältnissen zuzurechnen. Kann die Ehefrau allein wegen der Geburt des nicht von ihrem Ehemann abstammenden Kindes ihre bis dahin ausgeübte Erwerbstätigkeit nicht fortsetzen, besteht im

Grundsatz dennoch ein Anspruch auf Trennungsunterhalt. Ob und inwieweit der Anspruch wegen der Geburt des Kindes ausgeschlossen ist, bestimmt sich allein nach den Vorschriften der §§ 1361 Abs. 3, 1579 BGB. Die Voraussetzungen eines **Verwirkungstatbestands** sind nur bei Vorliegen weiterer Umstände gegeben.

Bei der Geburt eines nicht vom Ehemann abstammenden Kindes **haftet der leibliche Vater** des Kindes für 27 den Unterhalt der Mutter in der Trennungszeit **anteilig** neben dem unterhaltsverpflichteten Ehemann. Steht das Alter der ehelichen Kinder einer Erwerbstätigkeit der Mutter nicht mehr entgegen, und kann eine solche nur wegen der Betreuungsbedürftigkeit des neu geborenen, nicht vom Ehemann abstammenden Kindes nicht verlangt werden, besteht eine anteilige Mithaftung des Ehemannes während der Trennungszeit nur insoweit, als er auch ohne die Geburt des neuen Kindes in Anspruch genommen werden könnte; das neben der Betreuung der ehelichen Kinder erzielbare Einkommen ist der Mutter dann fiktiv zuzurechnen.

d) Ohne Kinderbetreuung. Hat der berechtigte Ehegatte keine Kinder zu betreuen, entsteht in der Regel 28 mit Ablauf des Trennungsjahres eine Erwerbsobliegenheit, die auf eine Vollzeittätigkeit gerichtet ist. Hat die Ehe bis zur Trennung weniger als drei Jahre gedauert oder leben die Ehegatten in beengten finanziellen Verhältnissen, kann diese Erwerbsobliegenheit auch schon früher einsetzen.

Demgegenüber kann bei **langjährigen Ehen** die Erwerbsobliegenheit erst später, beispielsweise erst nach 29 zwei Jahren Trennung, beginnen. Gleiches kann bei **sehr guten wirtschaftlichen Verhältnissen** in Betracht kommen. Befindet sich der berechtigte Ehegatte bereits in einem fortgeschrittenen Alter und liegt eine lange Ehedauer vor, so kann beispielsweise bei einer 60-jährigen Hausfrau und einer Ehedauer von über 27 Jahren eine Erwerbsobliegenheit ganz entfallen (OLG Naumburg 11.12.2001 – 14 UF 71/01, FamRZ 2002, 959).

Hat ein Ehegatte während der Trennungszeit jahrelang freiwillig Ehegattenunterhalt geleistet, so kann ein 30 **Vertrauenstatbestand** mit Auswirkungen auf die Erwerbsobliegenheit des Unterhaltsgläubigers geschaffen worden sein (OLG Köln 10.12.1998 – 14 WF 191/98, FamRZ 1999, 853).

Verweist der Unterhaltspflichtige den Berechtigten nur auf die Aufnahme einer Tätigkeit im Geringverdie- 31 nerbereich und **verlangt erst später eine vollschichtige Tätigkeit**, dann können erst ab diesem Zeitpunkt Bemühungen um eine solche Stelle verlangt werden. Hierfür ist eine weitere Übergangszeit von ca. sechs Monaten angemessen (OLG Hamm 5.11.2003 – 11 UF 50/03, OLGReport Hamm 2004, 138).

Übt der Berechtigte bereits eine Teilzeittätigkeit aus, stellt sich die Frage, ob er diese **sichere Teilzeittätig-** 32 **keit** zugunsten einer möglicherweise **unsicheren Ganztagsstelle** aufgeben muss. Wird dem Berechtigten beispielsweise während der Probezeit dann gekündigt, dient dies auch nicht dem Verpflichteten. Besteht im Rahmen der ausgeübten Teilzeittätigkeit keine Möglichkeit, diese Stelle auf eine Vollzeittätigkeit auszudehnen, wird dem Berechtigten allerdings zugemutet, eine zusätzliche Nebenbeschäftigung aufzunehmen (OLG Frankfurt/M. 2.12.1998 – 3 UF 129/98, FamRZ 2000, 25). Wechselt der Unterhaltsberechtigte auf Drängen des Unterhaltsverpflichteten von einer sicheren Teilzeittätigkeit in eine unsichere Ganztagstätigkeit und verliert im Anschluss diese Stelle, muss der Verpflichtete das sich daraus ergebende unterhaltsrechtliche Risiko ebenfalls tragen.

e) Bewerbungsobliegenheit. Erfüllt der Berechtigte seine Erwerbsobliegenheit nicht, trifft ihn die Oblie- 33 genheit, sich intensiv um eine Erwerbstätigkeit zu bemühen, um nicht Gefahr zu laufen, dass ihm fiktive Einkünfte wegen Verstoßes gegen seine Erwerbsobliegenheit zugerechnet werden.

Die Anforderungen der Rechtsprechung an diese Erwerbsbemühungen sind hoch – teilweise unrealistisch. 34 Einigkeit besteht, dass die **Meldung bei der Agentur für Arbeit** erforderlich, aber eben nicht ausreichend ist. Zu den Arbeitsplatzbemühungen gehört neben der regelmäßig erforderlichen Meldung beim Arbeitsamt eine intensive **Privatinitiative** in Form von rechtzeitigen Bewerbungen auf Stellenangebote in Zeitungen uÄ, eigenen Stellenannoncen sowie mündlichen und schriftlichen Bewerbungen, wobei grundsätzlich 20 bis 30 Bewerbungen im Monat zumutbar sind. Denn der Arbeitsuchende muss praktisch die gesamte Zeit, die ein voll Erwerbstätiger berufstätig wäre, für die Arbeitsuche aufwenden. Dabei dürfen sich die Bewerbungsbemühungen (s. → *Bewerbungsbemühungen*) nicht auf den Wohnort des Unterhaltspflichtigen beschränken, wenn sich nach angemessener Zeit kein Arbeitsplatz am Wohnort findet. Dies gilt jedoch nur dann, wenn keine anerkennenswerte Gründe vorliegen, die einen Ortswechsel als unzumutbar erscheinen lassen, wie beispielsweise die schulischen Belange der gemeinsamen Kinder.

35 **f) Berücksichtigung fiktiver Einkünfte.** Unterlässt der Berechtigte trotz einer bestehenden Erwerbsobliegenheit die erforderlichen Erwerbsbemühungen und besteht eine **realistische Beschäftigungschance**, können ihm entsprechende fiktive Einkünfte zugerechnet werden. Dabei richtet sich die Höhe des ihm zuzurechnenden Einkommens nach seinen persönlichen Fähigkeiten, von dem so ermittelten Einkommen sind berufsbedingte Aufwendungen und der Erwerbstätigenbonus in Abzug zu bringen (s. → *Fiktive Einkünfte*).

3. Haushaltsführung für einen neuen Partner

36 Der Wert der **Versorgungsleistungen**, die ein unterhaltsberechtigter Ehegatte für einen neuen Lebenspartner erbringt, tritt als **Surrogat** an die Stelle einer Haushaltsführung während der Ehezeit und ist deswegen im Wege der Differenzmethode in die Berechnung des Unterhalts einzubeziehen (BGH 5.5.2004 – XII ZR 132/02, NJW 2004, 2305).

4. Einsatz eigenen Vermögens

37 Besitzt der berechtigte Ehegatte eigenes Vermögen, so sind die daraus erzielten Erträge sowohl bei der Ermittlung des Bedarfs als auch bei der Ermittlung der Bedürftigkeit zu berücksichtigen. Eine Verwertung des Vermögensstamms während der Trennungszeit dürfte nur in sehr seltenen Fällen verlangt werden können (Schnitzler/Grandel § 8 Rn 45).

V. Leistungsfähigkeit

38 Zudem muss der Unterhaltspflichtige leistungsfähig sein, also aktuell über ausreichende Finanzmittel verfügen, um bei Wahrung seines eigenen Bedarfs den geforderten Unterhalt zahlen zu können. Beim Trennungsunterhalt fehlt zwar eine dem für den nachehelichen Unterhalt geltenden § 1581 BGB vergleichbare Vorschrift, dieser ist aber entsprechend anzuwenden, da sich auch der Anspruch auf Trennungsunterhalt wie jeder Unterhaltsanspruch an der Leistungsfähigkeit des Unterhaltsverpflichteten auszurichten hat. Es gilt ein **Selbstbehalt** von 1.100 EUR (Stand 1.1.2013) gegenüber dem Ehegatten.

39 Für die unterhaltsrechtliche Berücksichtigung von Einkünften und Ausgaben des Verpflichteten gelten die allgemeinen Grundsätze. Die fehlende Leistungsfähigkeit eines Unterhaltsverpflichteten ist gesetzlich als Einwendung ausgestaltet mit der Folge, dass der Unterhaltspflichtige die Darlegungs- und Beweisführungslast für eine von ihm behauptete beschränkte oder fehlende Leistungsfähigkeit hat.

VI. Verfahrensrechtliche Hinweise

40 Ein **längeres Zusammenleben** der Ehegatten nach einer Trennung, welches über einen Versöhnungsversuch hinausgeht, führt dazu, dass aus einem davor erwirkten Titel über Trennungsunterhalt nach einer erneuten Trennung nicht weiter vollstreckt werden kann, vielmehr muss ein neuer Titel über den Trennungsunterhalt geschaffen werden (OLG Hamm 10.3.1998 – 10 WF 87/98, FamRZ 1999, 30).

215. Übergang von Unterhaltsansprüchen

Conradis

I. Einführung...................................... 1
II. Voraussetzungen für den Übergang............ 7
III. Sozialrechtliche Einschränkungen bei der Geltendmachung von übergegangenen Unterhaltsansprüchen.................................... 13
IV. Rückübertragung des Unterhaltsanspruchs..... 16
V. Realisierung von Unterhaltsansprüchen........ 18

I. Einführung

Mehrere Sozialleistungen werden nur bewilligt, soweit keine vorrangigen Unterhaltszahlungen erbracht **1** werden. Bleibt der Unterhalt aus, ist in der Regel der Sozialleistungsträger verpflichtet, die Leistungen zu erbringen. Um den Nachrang dieser Sozialleistungen wieder herzustellen, erfolgt zumeist ein **gesetzlicher Übergang** der Unterhaltsansprüche gegen die Unterhaltspflichtigen. Während früher hierzu eine Überleitung erforderlich war, dh ein Verwaltungsakt, mit dem der Übergang erst hergestellt wurde, ist heute – bis auf Ausnahmen im AsylbLG und im BVG (s. → *Bundesversorgungsgesetz* Rn 13) – nur noch der gesetzliche Forderungsübergang vorgesehen.

In der Praxis sind vor allem folgende Vorschriften, die den Übergang von Unterhaltsansprüchen regeln, **2** von Bedeutung: Werden Leistungen nach dem BAföG als Vorausleistungen erbracht (s. → *BAföG* Rn 12), erfolgt der Übergang nach § 37 BAföG. In § 7 UVG ist der Übergang von Unterhaltsansprüchen auf die Unterhaltsvorschusskasse geregelt. Für die Sozialhilfe gilt § 94 SGB XII und für die Grundsicherung für Arbeitsuchende § 33 SGB II. Bei den letzten drei Überleitungsvorschriften besteht die Besonderheit, dass der Sozialleistungsträger den übergegangenen Unterhaltsanspruch auf den Leistungsempfänger zur Geltendmachung zurückübertragen kann (s. Rn 15 ff).

Der Übergang der Unterhaltsansprüche ist jeweils auf bestimmte Personenkreise beschränkt. So geht nach **3** § 7 UVG nur ein Unterhaltsanspruch gegen einen anderen Elternteil über, nicht aber gegen Großeltern des Kindes. Im SGB II und SGB XII gegen Unterhaltsansprüche von **minderjährigen Kindern** gegen die Eltern (bis auf die Ausnahme in Rn 6) sowie gegen **Ehegatten** und gegen **geschiedene Ehegatten** unbeschränkt über. Im SGB XII ist ein Übergang von Unterhaltsansprüchen gegen Personen, die im zweiten Grad verwandt sind, ausgeschlossen (§ 94 Abs. 1 S. 3 SGB XII).

Ein **Unterhaltsanspruch von Eltern** gegen ihre Kinder geht bei Leistungserbringung nach dem Dritten **4** Kapitel des SGB XII auf den Leistungsträger über, hingegen nicht bei Leistungen nach dem Vierten Kapitel (§ 94 Abs. 1 S. 4 SGB XII) (s. → *Grundsicherung im Alter und bei Behinderung*). In § 33 Abs. 2 SGB II ist für Unterhaltsansprüche gegen Verwandte ein Übergang ausgeschlossen, wenn der Unterhaltsanspruch nicht geltend gemacht wird. Dies gilt für einen Unterhaltsanspruch von Eltern und von Kindern, soweit nicht die nachstehende Regelung greift.

Der Übergang von Unterhaltsansprüchen **volljähriger Kinder** gegen ihre Eltern ist für alle Leistungsberei- **5** che unterschiedlich geregelt. Grundsätzlich gehen solche Unterhaltsansprüche nach dem SGB XII zeitlich unbeschränkt über. Eine wesentliche Einschränkung gilt jedoch für **behinderte und pflegebedürftige Kinder,** denn nach § 94 Abs. 2 S. 1 SGB XII geht ein Unterhaltsanspruch nur in Höhe von 46 EUR über. Bezieht ein Kind Leistungen der Grundsicherung im Alter und bei Behinderung, ist ein Übergang eines Unterhaltsanspruchs ausgeschlossen (§ 94 Abs. 2 S. 3 SGB XII). Für die Praxis bedeutet dies: Für den möglichen Übergang eines Unterhaltsanspruchs ist von entscheidender Bedeutung, ob das volljährige Kind auf Dauer oder nur zeitlich beschränkt **erwerbsgemindert** ist. Im letzten Fall stehen dem Kind Leistungen der Sozialhilfe nach dem 3. Kapitel des SGB XII zu mit der Folge des Anspruchsübergangs, im ersten Fall ist ein Übergang ausgeschlossen. Macht ein Sozialhilfeträger Unterhaltsansprüche eines erwerbsgeminderten Kindes geltend, so muss gegebenenfalls im Verfahren vor dem Familiengericht geklärt werden, ob die Erwerbsminderung vorübergehend oder auf Dauer vorliegt.

6   Der Übergang von Ansprüchen volljähriger Kinder ist in § 33 SGB II dahin gehend eingeschränkt, dass dieser nur dann erfolgt, wenn das Kind das 25. Lebensjahr noch nicht vollendet und die **Erstausbildung** noch nicht abgeschlossen hat. Im Übrigen ist sowohl im SGB XII als auch im SGB II ein Übergang des Unterhaltsanspruchs von (volljährigen und minderjährigen) Kindern ausgeschlossen, wenn das Kind **schwanger** ist oder ein leibliches Kind bis zur Vollendung seines sechsten Lebensjahres betreut.

II. Voraussetzungen für den Übergang

7   Der Übergang erfolgt im **Zeitpunkt der Gewährung** der Sozialleistungen, und zwar jeden Monat neu. Nach dem Zeitpunkt der Sozialleistung ist in deren Höhe der Betreffende nicht mehr Inhaber des Unterhaltsanspruchs und kann, soweit keine Ermächtigung durch den Sozialleistungsträger erfolgt, den Unterhaltsanspruch in Höhe des Übergangs nicht mehr selbst geltend machen.

8   Durch den Übergang geht auch der bürgerlich-rechtliche **Auskunftsanspruch** auf den Sozialleistungsträger über (§ 33 Abs. 1 S. 4 SGB II; Grube/Wahrendorf § 94 SGB XII Rn 20). Daneben kann ein Auskunftsanspruch auch nach § 117 SGB XII, § 60 Abs. 2 S. 3 SGB II und § 6 Abs. UVG geltend gemacht werden. Hierbei handelt es sich um einen Verwaltungsakt, gegen den Widerspruch und Klage erhoben werden kann. Allerdings können Rechtsmittel nur ausnahmsweise erfolgversprechend sein, da grundsätzlich die Auskunftspflicht besteht.

9   Soweit der Sozialleistungsträger einen Anspruch geltend macht, handelt es sich weiterhin um einen bürgerlich-rechtlichen Unterhaltsanspruch, der sich grundsätzlich nicht verändert und daher auch vor dem Familiengericht geltend zu machen ist. Allerdings bestehen für den Sozialleistungsträger verschiedene sozialhilferechtliche Einschränkungen bei der Geltendmachung, die sich aus den verschiedenen Übergangsvorschriften ergeben. Diese sind vor dem Familiengericht geltend zu machen. Bei einer Überleitung von sonstigen Ansprüchen in der Sozialhilfe, die nach § 93 SGB XII erfolgt, handelt es sich um einen Verwaltungsakt, gegen den Rechtsschutz wegen der sozialrechtlichen Argumente vor dem Sozialgericht besteht.

10 Durch den Anspruchsübergang ist der Unterhaltsberechtigte zwar insoweit nicht mehr aktiv legitimiert, als er Leistungen nach dem UVG, der Grundsicherung oder Sozialhilfe erhält. Der Sozialleistungsträger kann neben dem übergegangenen Unterhaltsanspruch auch den künftigen einklagen, wenn die Leistung voraussichtlich auf längere Zeit erbracht werden muss (§ 33 Abs. 3 S. 2 SGB II, § 94 Abs. 4 S. 2 SGB XII; § 7 Abs. 4 S. 1 UVG). Soweit der Unterhaltsanspruch über die Leistung hinausgeht, kann jedoch diese **Unterhaltsspitze** geltend gemacht werden. Außerdem kann der Unterhaltsberechtigte neben dem rückständigen Unterhalt (Ansprüche, die vor dem Übergang entstanden sind) grundsätzlich den **künftigen Unterhalt** selbst in voller Höhe geltend machen.

11 Bei einer Klage auf Unterhalt sind **drei Zeiträume** zu unterscheiden:

    – Der Unterhalt **bis zur Rechtshängigkeit** kann, soweit Leistungen der Grundsicherung oder Sozialhilfe gezahlt wurden, nur dann geltend gemacht werden, wenn eine Rückabtretung erfolgt ist. Ist dies nicht der Fall, können nur die Spitzenbeträge geltend gemacht werden, die als solche auch im Klageantrag deutlich gemacht werden müssen.

    – Uneingeschränkt geltend gemacht werden kann der Unterhalt für **die Zeit ab dem Monat, der auf die letzte mündliche Verhandlung folgt.** Allerdings ist der Sozialleistungsträger ebenfalls berechtigt, künftigen Unterhalt selbst zu verlangen, wenn die Leistungen voraussichtlich auf längere Zeit gewährt werden müssen. Die Frage, wie zu verfahren ist, wenn zwei solche Klagen auf künftigen Unterhalt rechtzeitig geltend gemacht werden, ist bisher von der Rechtsprechung noch nicht geklärt worden. Es sollte möglichst versucht werden, insoweit ein Einvernehmen mit dem Sozialhilfeträger herzustellen.

    – In der **Zeit zwischen Rechtshängigkeit** und dem Monat, der auf die **letzte mündliche Verhandlung** folgt, kann zunächst der übergegangene Anspruch geltend gemacht werden. Dies geschieht im Wege der Prozessstandschaft gem. § 265 Abs. 2 ZPO. In der letzten mündlichen Verhandlung bestehen dann zwei Alternativen: Es kann zum einen der Antrag umgestellt werden auf Zahlung an den Sozialleistungsträger, soweit von diesem Leistungen gezahlt wurden. Hierzu ist erforderlich, dass kurz vor der mündlichen Verhandlung eine Auskunft vom Sozialleistungsträger eingeholt wird, aus der sich ergibt, für welchen Monat in welcher Höhe jeweils geleistet wurde. Es besteht zum anderen aber auch die Möglichkeit, diesen Teil nicht mehr geltend zu machen und die Sache insoweit für erledigt zu erklären (Künkel FamRZ 1994, 540, 543).

Der Sozialleistungsträger kann somit als **Streitgenosse** im Prozess seinen Anspruch selbst verfolgen, eben- 12 so wie ihm dies auch möglich ist im Hinblick auf den übergegangenen Anspruch bis zur Rechtshängigkeit (s. Münder in: LPK-SGB II § 33 Rn 77). In der Praxis wird diese Möglichkeit jedoch, soweit ersichtlich, nicht genutzt.

III. Sozialrechtliche Einschränkungen bei der Geltendmachung von übergegangenen Unterhaltsansprüchen

Die Geltendmachung übergegangener Unterhaltsansprüche ist dadurch beschränkt, dass der Unterhalts- 13 pflichtige **durch die Heranziehung nicht hilfebedürftig** im Sinne des SGB II oder des SGB XII werden darf (§ 33 Abs. 2 S. 3 SGB II, § 94 Abs. 3 Nr. 1 SGB XII). Diese Einschränkung gilt zwar für das UVG nicht (BGH 27.9.2000 – XII ZR 174/98, FamRZ 2001, 619), ist aber entsprechend anzuwenden, da sich andernfalls ein nicht verständlichen Wertungswiderspruch ergäbe. In welcher Höhe der Hilfebedarf angenommen wird, kann sich aus einer Bescheinigung des Sozialleistungsträgers ergeben. Soweit durch die Geltendmachung von Unterhalt der so berechnete Selbstbehalt unterschritten wird, ist eine Geltendmachung nicht möglich. Es handelt sich hierbei nicht lediglich um eine Entscheidung nach Treu und Glauben, sondern es findet insoweit schon **kein Anspruchsübergang** statt. Zwar ist eine solche Einwendung von dem Unterhaltsverpflichteten in einem Unterhaltsprozess zu erheben, wird dies getan, ist andererseits der Unterhaltsberechtigte gehalten, nunmehr substantiiert den Unterhaltsanspruch unter Berücksichtigung dieser Einwendungen darzulegen.

Eine sehr weitgehende Einschränkung findet sich weiter dadurch, dass sozialrechtlich bei dem Übergang 14 nach § 94 SGB XII und § 33 SGB II nur auf das Einkommen des Unterhaltspflichtigen zurückgegriffen werden kann, welches tatsächlich zur Verfügung steht. Die **Berücksichtigung fiktiver Einkünfte** kommt – im Gegensatz zum Unterhaltsrecht – nicht in Betracht. Für einen Übergang nach § 7 UVG gilt diese Einschränkung jedoch nicht (BGH 27.9.2000 – XII ZR 174/98, FamRZ 2001, 619). Werden also übergegangene Unterhaltsansprüche geltend gemacht und hat der Unterhaltspflichtige seine Arbeit aufgegeben, um keinen Unterhalt zahlen zu können, kann kein Unterhalt geltend gemacht werden, weil insoweit kein Unterhaltsanspruch übergegangen ist. Hieraus folgt andererseits, dass der Unterhaltsberechtigte selbst einen Unterhaltsanspruch gegebenenfalls aus einem fiktiven Arbeitseinkommen durchsetzen kann. Dabei wird vom Bundesgerichtshof die Auffassung vertreten, dass eine Einschränkung der Geltendmachung aufgrund von Treu und Glaube erfolgen kann (BGH 11.3.1998 – XII ZR 190/96, NJW 1998, 2219). Praktisch hat dies jedenfalls zur Folge, dass in solchen Fällen die Unterhaltsberechtigten auch einen Unterhaltstitel für Zeiten erlangen können, in denen sie Grundsicherung oder Sozialhilfe erhalten haben. Kann später der Unterhaltsanspruch durchgesetzt werden, kann dies zu einer ungerechtfertigten Bereicherung des Unterhaltsberechtigten führen, die aber durch die Systematik der Rechtsprechung des Bundesgerichtshofs abgedeckt ist.

Eine besondere Einschränkung bei der Geltendmachung von übergegangenen Unterhaltsansprüchen ist in 15 § 7 Abs. 2 UVG geregelt. Danach darf ein übergegangener Anspruch für die Vergangenheit nicht geltend gemacht werden, wenn die Zahlung des laufenden Unterhalts dadurch gefährdet würde. Dies ist nicht erst bei der Vollstreckung, sondern bereits im Erkenntnisverfahren vor dem Familiengericht zu beachten (OLG Dresden 8.1.2004 – 10 UF 658/03, FamRZ 2004, 1586).

IV. Rückübertragung des Unterhaltsanspruchs

Nach § 33 Abs. 4 SGB II bzw § 94 Abs. 5 SGB XII kann der Unterhaltsanspruch im Einvernehmen zwi- 16 schen dem Sozialleistungsträger und dem Hilfeempfänger zur gerichtlichen Geltendmachung **zurücküber-tragen** werden. Voraussetzung hierfür ist, dass die Kosten, die hierdurch entstehen, von dem Sozialleistungsträger übernommen werden (§ 33 Abs. 4 S. 2 SGB II, § 94 Abs. 5 S. 2 SGB XII, § 7 Abs. 4 S. 2 UVG). In diesem Fall besteht keine Notwendigkeit, bei der Klage auf die drei oben genannten Zeitabschnitte zu achten, weil jeweils der gesamte Unterhaltsanspruch eingeklagt werden kann. Im Hinblick auf die materielle Klagebegründung sind jedoch die sozialrechtlichen Einschränkungen zu beachten. Die Rechtsprechung zu den Einschränkungen bei der **Geltendmachung von übergegangenen Unterhaltsansprüchen** ist selbstverständlich auch zu beachten, wenn vom Unterhaltsberechtigten übergegangene Unterhaltsansprüche aufgrund einer Vereinbarung nach § 33 Abs. 4 SGB II oder § 94 Abs. 5 SGB XII mit geltend gemacht werden. In diesen Fällen wird in der Praxis zumeist von keiner Seite, auch nicht vom Familiengericht, diese Unterscheidung gesehen. Aus der Rechtsprechung ist kein Fall ersichtlich, in dem es auf diese Differenzierung ankam.

17   Um den Unterhaltsanspruch beziffern zu können, ist es erforderlich, sich über die Höhe der geleisteten Grundsicherung bzw Sozialhilfe Klarheit zu verschaffen. Soweit der getrennt lebende oder geschiedene Ehegatte allein stehend ist, bestehen insoweit keine Probleme. Grundsätzlich geht der Unterhaltsanspruch in Höhe der geleisteten Beträge über. Im SGB XII besteht die Besonderheit, dass in **Höhe eines fiktiven Wohngeldes** – auf das kein Anspruch mehr besteht – **kein Übergang** erfolgt (§ 94 Abs. 1 S. 6 SGB XII). Es wird auf § 105 Abs. 2 SGB XII verwiesen; danach werden 56 % der Unterkunftskosten mit Ausnahme der Kosten für Heizungs- und Warmwasserversorgung vom gesetzlichen Übergang ausgeschlossen. In § 33 SGB ist eine entsprechende Vorschrift nicht aufgenommen worden. Diese Schlechterstellung ist vor Art. 3 GG nicht vertretbar, so dass das gesetzgeberische Versehen zu korrigieren ist (Münder in: LPK-SGB II § 33 Rn 63) und auch im SGB II die Unterkunftskosten in Höhe von 56 % vom Übergang ausgeschlossen sind.

V. Realisierung von Unterhaltsansprüchen

18   Kann ein Unterhaltstitel erfolgreich vollstreckt werden und wird weiterhin Grundsicherung oder Sozialhilfe bezogen, ist zum einen zu prüfen, was mit den laufenden Zahlungen geschieht, und zum anderen, wie ein Unterhaltsrückstand verrechnet bzw angerechnet wird. Wird weiterhin laufend Grundsicherung oder Sozialhilfe bezogen, ist die Zahlung zunächst **auf den laufenden Bedarf anzurechnen**, so dass insoweit der Hilfebedarf entfällt. Hierbei ist zu beachten, dass im SGB II ein Abzug von 30 EUR im Hinblick auf die Versicherungspauschale (s. → *Grundsicherung für Arbeitsuchende* Rn 33) vorzunehmen ist, sofern diese Pauschale nicht schon wegen eines weiteren Einkommens berücksichtigt wurde. Ein solcher pauschaler Abzug ist bei Leistungsbezug nach dem SGB XII nicht vorgesehen, es kommt evtl ein Abzug von Zahlungen an Versicherungen nach § 82 Abs. 2 Nr. 3 SGB XII in Betracht.

19   Für den Zeitraum der gerichtlichen Geltendmachung bis zu dem Monat, in dem die letzte mündlichen Verhandlung stattfindet, dürfte, wenn eine korrekte Prozessführung vorliegt, kein Problem bestehen, festzustellen, welche Beträge dem Leistungsträger oder dem Unterhaltsberechtigten zustehen. Für die Zeit danach ist jedoch zu beachten, dass der Unterhaltsanspruch auch dann übergeht, wenn ein entsprechender Titel zugunsten des Unterhaltsberechtigten vorliegt. Besteht ein Titel auf den laufenden Unterhalt, steht dem Sozialleistungsträger daher der Teil zu, der aufgrund der weiter gezahlten Leistungen auf ihn übergegangen ist.

20   Damit bei einer solchen Vollstreckung keine Schwierigkeiten auftauchen, in welcher Höhe dem Mandanten und dem Sozialleistungsträger Beträge aus der Vollstreckung zustehen, kann eine **Titelteilung** veranlasst werden. Dann kann jeder Beteiligte seinen Anteil vollstrecken. Diese Teilung hat allerdings den Nachteil, dass dann zwei Gläubiger in Konkurrenz stehen und zu beachten ist, dass nicht der Sozialleistungsträger zulasten des Unterhaltsberechtigten schneller vollstreckt. Diese Frage ist daher in jedem Einzelfall mit dem Betroffenen zu klären, wobei insbesondere dann, wenn eine nicht unerhebliche Unterhaltsspitze vorhanden ist, sorgfältig abgewogen werden muss, ob die Vollstreckung aus der Hand gegeben wird.

216. Umgangskosten

Treu

I. Einführung   1
II. Gesetzliche Regelung   3
   1. Entlastung durch Beteiligung des anderen
      Elternteils   7

2. Kosten bei begleitetem Umgang 20
3. Umgangskosten und ihre steuerliche Berück-
    sichtigung 21
4. Umgangskosten und Sozialhilfe 25

I. Einführung

Pflegt der getrennt lebende Elternteil Umgang mit seinem Kind, entstehen Kosten, die mitunter sehr hoch **1** sind. Es fallen zumindest Fahrt- und Verpflegungskosten an, unter Umständen auch Unterkunftskosten und Kosten für Unternehmungen, wie Eintrittsgelder. Dass diese Kosten der Umgangsberechtigte als **Ausfluss seiner Elternpflicht** (Staudinger/Rauscher § 1684 BGB Rn 135) zu tragen hat, war bisher der Rechtsprechung des Bundesgerichtshofs folgend weitgehend unangefochten herrschende Meinung (s. → *Verbindlichkeiten im Unterhaltsrecht* Rn 22).

In Zeiten größerer Mobilität mit der Folge, dass Familien nicht einfach nur getrennt, sondern oft weit von- **2** einander entfernt (und das sogar grenzüberschreitend) leben, stellt sich aber die Frage, ob und in welcher Form der **Umgangsberechtigte hierbei zu entlasten** ist. Eine Entlastung kommt zum einen im Verhältnis zwischen den Eltern in Betracht. Dies kann durch direkte Beteiligung aufgrund eines Erstattungsanspruches des Umgangsberechtigten oder unmittelbar durch Mitwirkungshandlungen des anderen auf dessen eigene Kosten, aber auch durch dessen mittelbare Beteiligung im Zusammenhang mit Unterhalt geschehen. Zum anderen können diese Kosten sozialisiert werden, indem sie steuerlich berücksichtigt oder vom Sozialhilfeträger übernommen werden.

II. Gesetzliche Regelung

Wer die Kosten des Umgangs zu tragen hat, ist gesetzlich nicht geregelt. Die bisherige hM ging davon aus, **3** dass der Umgangsberechtigte die üblichen Kosten allein zu tragen hat. Ein „Paradigmenwechsel" (Weychardt FPR 2006, 333) war auch nach Inkrafttreten des Kindschaftsrechtsreformgesetzes am 1.7.1998 und der darin enthaltenen Neukonzeption des Umgangsrechts in § 1684 BGB als Recht des Kindes und Pflichtrecht des Elternteils gegenüber dem Kind bisher nicht in Sicht, wenngleich die Rechtsprechung mittlerweile unter bestimmten Voraussetzungen die **Beteiligung des anderen Elternteils** zulässt.

Zu den Kosten des Umgangs zählen die **Fahrtkosten** des Kindes und des Elternteiles, der das Kind holt/ **4** bringt, und die **Verpflegungskosten** für die Dauer des Aufenthaltes beim Umgangsberechtigten. Nicht zu den Umgangskosten gehören Kosten für Unternehmungen, wie etwa Eintrittsgelder, denn diese Kosten sind nicht umgangsspezifisch.

Ob **Kosten für die Unterbringung** des Kindes hierzu gehören, hängt vom Einzelfall ab. Der Bundesge- **5** richtshof hat die Kosten für das Bereithalten von Wohnraum nicht akzeptiert, weil es regelmäßig ausreiche, die Kinder in dem Wohnraumbedarf des Umgangsberechtigten entsprechenden Räumlichkeiten mit unterzubringen (BGH 23.2.2005 – XII ZR 56/02, FamRZ 2005, 706). Damit müssten **Kinder nach der Trennung ihrer Eltern auf ein eigenes Zimmer beim Umgangsberechtigten verzichten**, was unter Kindeswohlgesichtspunkten (§ 1697 a BGB) fragwürdig erscheint.

Dagegen sind Übernachtungskosten des Kindes beim Umgang an einem dritten Ort, etwa weil der Um- **6** gangsberechtigte den Umgang am Wohnort des Kindes ausübt und dort eine Ferienwohnung oder ein Hotelzimmer anmietet, als Kosten des Umgangs zu qualifizieren.

1. Entlastung durch Beteiligung des anderen Elternteils

Die Problematik der Kostentragungslast wird zumeist im Zusammenhang mit Unterhaltsfragen aufgewor- **7** fen. Der Grundsatz, dass der Umgangsberechtigte die Kosten des Umgangs alleine zu tragen hat, wurde damit begründet, dass die Wahrnehmung des persönlichen Kontakts mit dem Kind Ausfluss seiner elterlichen Verantwortung und seines höchstpersönlichen Rechts aus § 1634 BGB aF ist. Als Entlastung sollte das ihm hälftig zustehende Kindergeld dienen. Dies sollte nahezu ausnahmslos gelten, um die Lebenshaltung des Kindes nicht zu beeinträchtigen. Die Grenze war erst erreicht, wenn die **Kostenbelastung für den Umgangsberechtigten schlechthin unzumutbar** war, weil angesichts großer Entfernung zu den Kindern und beengter wirtschaftlicher Verhältnisse das Umgangsrecht nicht oder nur eingeschränkt ausgeübt werden konnte (BGH 9.11.1994 – XII ZR 206/93, FamRZ 1995, 215). Die Umgangskosten waren ansonsten aus dem Selbstbehalt aufzubringen (Elden NJW-Spezial 2010, 132).

8   Dieser Ansatz passte spätestens seit dem 1.1.2001 nicht mehr, da mit der nur noch eingeschränkten Kindergeldanrechnung gem. § 1612 a Abs. 5 BGB die Entlastung des Umgangspflichtigen entfiel (BVerfG 9.4.2003 – 1 BvL 1/01, 1 BvR 1749/01, FamRZ 2003, 1370). Allerdings ließ auch vorher schon die Bemessung des notwendigen Selbstbehalts keine Reserven zu, aus denen Umgangskosten getragen werden konnten (OLG Bremen 23.10.2007 – 4 WF 155/07, FamRZ 2008, 1274).

9   In der Folgezeit hat der Bundesgerichtshof seine Rechtsprechung geändert, was sich bereits 2003 angedeutet hatte, indem er den Weg eröffnete, entweder das unterhaltsrechtlich relevante Einkommen des Umgangsberechtigten angemessen zu mindern oder seinen notwendigen Selbstbehalt angemessen zu erhöhen (BGH 29.1.2003 – XII ZR 289/01, FamRZ 2003, 445), wobei sich die Frage stellte, was unter „angemessen" zu verstehen ist. In Fällen, in denen dem Umgangsberechtigten wegen der seit 2001 geltenden eingeschränkten Kindergeldverrechnung gem. § 1612 b Abs. 5 BGB das anteilige Kindergeld ganz oder teilweise nicht zugute kam, konnten Umgangskosten unterhaltsrechtlich berücksichtigt werden, wenn andernfalls der notwendige Selbstbehalt gefährdet gewesen wäre. Würde nämlich der Umgangsberechtigte wegen fehlender finanzieller Mittel die Umgangskontakte einschränken, würde dies den Interessen des Kindes zuwiderlaufen (BGH 23.2.2005 – XII ZR 56/02, FamRZ 2005, 706). Der Bundesgerichtshof lässt deshalb nun eine **„maßvolle Erhöhung" des Selbstbehaltes des Umgangsberechtigten** dergestalt zu, dass er in die Lage versetzt wird, hiervon neben seinem eigenen notwendigen Bedarf die Kosten des Umgangs zu bestreiten. Denn es soll nicht der Umgang infolge hoher Kosten aufgrund weit auseinander liegender Wohnorte der Eltern erheblich erschwert oder faktisch vereitelt werden (BVerfG 5.2.2002 – 1 BvR 2029/00, FamRZ 2002, 809).

10 Nachdem das Kindergeld seit 1.1.2008 wieder uneingeschränkt auch den Unterhaltspflichtigen entlastet, bleibt als Grundaussage, dass **Umgangskosten** unterhaltsrechtlich zu berücksichtigen sind, soweit sie **vom Kindergeld nicht abgedeckt** werden (Thüringer OLG 25.5.2010 – 1 UF 19/10). Dies gilt also für höhere Umgangskosten, die den anrechenbaren Kindergeldanteil übersteigen und auch das nur, wenn der notwendige Selbstbehalt des Umgangsberechtigten – oder stattdessen der Umgang – gefährdet wäre, müsste er neben dem Unterhalt auch die Umgangskosten alleine tragen (Brandenburgisches OLG 11.11.2009 – 13 UF 58/09).

11 Eine **Beteiligung des anderen Elternteils** wird allenfalls dann erreicht, wenn die **Umgangskosten beim Ehegattenunterhalt berücksichtigt** werden. Zu beachten ist in dem Zusammenhang, dass seit 1.1.2008 bei der Bemessung des Ehegattenunterhalts der Kindesunterhalt nicht mehr mit dem Tabellenbetrag sondern nur noch mit dem Zahlbetrag in Abzug kommt, so dass die entlastende Wirkung durch das Kindergeld wiederum nur noch teilweise eintritt (BGH 17.6.2009 – XII ZR 102/08, FamRZ 2009, 1391).

12 Eine andere Form der Entlastung ergibt sich für den Unterhaltspflichtigen, der davor geschützt sein kann, sich bundesweit um eine (andere, lukrativere) Arbeit zu bemühen und ggf fiktive Einkünfte angerechnet zu bekommen, wenn dies unter Berücksichtigung seiner persönlichen Bindungen, des Umgangsrechts, evtl Fahrtkosten und der Kosten eines andernfalls notwendigen Umzuges unzumutbar erscheint (BVerfG 29.12.2005 – 1 BvR 2076/03, FamRZ 2006, 469).

13 Gegen die Berücksichtigung der Umgangskosten beim Kindesunterhalt wird eingewandt, dass **dadurch das Kind seinen Umgang mitfinanzieren müsse**, was aus dogmatischer Sicht zutrifft (Weychardt FPR 2006, 333).

Treu

Die (lediglich) mittelbare Entlastung des Umgangsberechtigten hat den Nachteil, dass sie nur greift, wenn 14 überhaupt Unterhalt geleistet wird und auch dann nur, wenn das Einkommen so niedrig ist, dass der notwendige Selbstbehalt des umgangsberechtigten Unterhaltspflichtigen gefährdet wäre, müsste er alleine für die Umgangskosten aufkommen. Dabei kommt primär der unterhaltsrechtliche Ansatz zum Tragen, dass der Unterhaltsberechtigte nicht selbst sozialhilfebedürftig werden darf (BGH 9.1.2008 – XII ZR 170/05, FamRZ 2008, 594), aber auch der Schutz des Art. 6 Abs. 2 S. 1 GG für den Umgangsberechtigten und die daraus resultierende Pflicht, einer **faktischen Vereitelung des Umgangsrechts** aufgrund der erschwerten Bedingungen **bei unterschiedlichen Wohnorten der Eltern** vorzubeugen (BVerfG 5.2.2002 – 1 BvR 2029/00, FamRZ 2002, 809).

Sieht man die Umgangskosten dagegen **als Mehrbedarf des Kindes** an (Theurer FamRZ 2004, 1619), was 15 aber schon bei den Fahrtkosten des begleitenden Elternteils zweifelhaft ist, gelangt man auch unabhängig von Unterhaltsansprüchen zu einer (hälftigen) und unmittelbaren Beteiligung des anderen Elternteils, ebenso bei Annahme der Umgangskosten als **trennungsbedingtem Mehrbedarf des umgangsberechtigten Elternteils** (Weychardt FPR 2006, 333). In beiden Fällen wäre der andere Elternteil auf Zahlung in Anspruch zu nehmen, was jeweils nur für die Vergangenheit, wenn die Kosten und damit der Ausgleichsanspruch bereits entstanden sind, in Betracht kommt.

Eine Lösung könnte die Verpflichtung des betreuenden Elternteils sein, sich am – zeitlichen wie finanziel- 16 len – Aufwand des Umgangs zu beteiligen, wie das Bundesverfassungsgericht schon 2002 gefordert hat, um eine faktische Umgangsvereitelung zu verhindern (BVerfG 5.2.2002 – 1 BvR 2029/00, FamRZ 2002, 809). Dies kann durch **Anordnung einer Zahlungspflicht zusammen mit der Entscheidung über das Umgangsrecht** erfolgen (Brandenburgisches OLG 15.10.2009 – 9 UF 61/09, NJW-RR 2010, 148) oder durch Anordnung von Mitwirkungspflichten, was dazu führt, dass der andere Elternteil nicht nur an dem zur Ausübung des Umgangsrechts erforderlichen zeitlichen Aufwand zu beteiligen ist, sondern auch die Kosten zu tragen hat (OLG Dresden 7.2.2005 – 20 UF 896/04, FamRZ 2005, 927).

Vereinzelt wird der betreuende Elternteil in dieser Weise in die Pflicht genommen, wenn er weggezogen ist 17 und damit den **erheblichen Aufwand für den Umgangsberechtigten verursacht** hat. Die Beteiligung des betreuenden Elternteils an den Kosten des in sein Heimatland zurück gekehrten Umgangselternteils (Brandenburgisches OLG 15.10.2009 – 9 UF 61/09, NJW-RR 2010, 148) ist – soweit ersichtlich – ein Einzelfall. Ein Paradigmenwechsel (Weychardt FPR 2006, 333) wird aber erst dann erreicht sein, wenn sich der Gedanke durchsetzt, dass es zu der gemeinsamen sorgerechtlichen Verantwortung beider Elternteile gehört, für die Aufrechterhaltung und Fortentwicklung der Beziehung zwischen dem Kind und dem getrennt lebenden Elternteil zu sorgen und beide in der **Abwicklung von Umgangskontakten** einer **wechselseitigen Loyalitätsverpflichtung** zu unterwerfen (OLG Dresden 7.2.2005 – 20 UF 896/04, FamRZ 2005, 927).

Die Beteiligung beider Eltern an dem durch den Umgang ausgelösten Aufwand lässt sich aus § 1684 Abs. 2 18 S. 1 BGB begründen. Sie sollte unabhängig davon sein, wer die Trennung und ggf die (große) räumliche Distanz verursacht, veranlasst oder gar verschuldet hat. Die **Grenze der Beteiligung** sollte für beide Eltern erreicht sein, wenn dem Wegzug (nicht der Trennung) keine vernünftigen Gründe zugrunde liegen. In dem Fall hat der Wegziehende, gleichgültig ob er Betreuungs- oder Umgangselternteil ist, den Mehraufwand allein zu tragen.

In der Weise von beiden zu tragender Mehraufwand sind dabei in erster Linie die Fahrtkosten, ggf auch die 19 Kosten der Übernachtung am Wohnort der Kinder.

2. Kosten bei begleitetem Umgang

Liegen auch aus Sicht des Jugendamtes die Voraussetzungen für begleiteten Umgang vor, soll die Jugend- 20 hilfe vermitteln und Hilfestellung leisten (§ 18 Abs. 3 SGB VIII). Es handelt sich bei der Umgangsbegleitung um eine niederschwellige Leistung der Jugendhilfe, die auf Antrag der Eltern gewährt wird (s. → *Begleiteter Umgang* Rn 33 ff). Eine Kostenbeteiligung der Eltern ist in §§ 90 ff SGB VIII nicht vorgesehen, so dass die Umgangsbegleitung als solche kostenfrei ist. Fallen Nebenkosten an, wie Raummiete oder

Fahrtkosten, können die Eltern jedoch zur Erstattung verpflichtet werden. Anders verhält es sich, wenn im Rahmen einer Umgangspflegschaft gleichzeitig begleiteter Umgang angeordnet wird und diese Aufgabe dem Umgangspfleger übertragen wird. Dann sind die an den Umgangspfleger zu zahlenden Vergütungen Auslagen des Verfahrens (s. → *Umgangspflegschaft* Rn 21 f).

3. Umgangskosten und ihre steuerliche Berücksichtigung

21 Unter dem Gesichtspunkt der nun in § 1684 Abs. 1 BGB normierten Umgangspflicht des getrennt lebenden Elternteils und der statistischen Häufigkeit von getrennt lebenden Eltern, erschiene es naheliegend, die durch die Ausübung des Umgangsrechts anfallenden **Kosten steuerrechtlich als außergewöhnliche Aufwendungen** nach § 33 EStG zu behandeln. Sie sind außergewöhnlich, weil von der Mehrheit der Steuerpflichtigen nicht zu tragen, und **zwangsläufig**, weil im Interesse des Kindes der getrennt lebende Elternteil den Kontakt aufrechterhalten muss (NK-BGB/Heimann Anhang: Steuerrechtliche Aspekte zu §§ 1684 ff BGB Rn 1).

22 Gleichwohl lehnt der Bundesfinanzhof es ab, Kosten des Umgangs als außergewöhnliche Belastungen anzuerkennen. Soweit die Kosten einem Elternteil „in Erfüllung der elterlichen Pflicht zur Personensorge" entstehen, sind sie durch die Regelungen des **Familienleistungsausgleichs** abgegolten. Es handele sich um typische Kosten der Lebensführung, und zwar unabhängig von der Sorgerechtslage (BFH 11.1.2011 – VI B 60/10, FamRZ 2011, 641; 27.9.2007 – III R 55/05). Auch hält er einen Gleichklang von Steuer- und Sozialhilferecht nicht für geboten, da der Steuergesetzgeber anders als das Sozialhilferecht pauschalierende und für eine möglichst große Gruppe von Steuerpflichtigen und ihre Leistungsfähigkeit angemessene Regelungen zu finden sucht (BFH 15.5.2012 – VI B 111/11, ZSteu 2012, R 1013 f).

23 Anders verhält es sich bei den **Verfahrenskosten**, die der Umgangsberechtigte zur Durchsetzung des Umgangs mit den Kindern aufwenden muss, weil dieser vom anderen Elternteil grundlos verweigert wird. Da der Rechtsstreit einen existenziell wichtigen Bereich des Steuerpflichtigen berührt, sind die hierdurch anfallenden Kosten zwangsläufig entstanden (BFH 11.1.2011 – VI B 60/10, FamRZ 2011, 641; 27.9.2007 – III R 55/05, EzFamR EStG §§ 33, 33 a, 33 b, 33 c Nr. 41).

24 Aufwendungen der Großeltern, die ihre im Ausland lebenden Enkel besuchen, sind grundsätzlich mit dem **Grundfreibetrag** abgegolten. Die Aufwendungen seien nicht zwangsläufig, auch wenn der Umgang aus familienrechtlicher Sicht dem Wohl des Enkels diene. Bei typisierender Betrachtungsweise liegen Reisekosten von Großeltern der Art und dem Grunde nach nicht außerhalb des Üblichen (BFH 5.3.2009 – VI R 60/07, FamRZ 2009, 1139).

4. Umgangskosten und Sozialhilfe

25 Ein Anspruch des umgangsberechtigten, hilfebedürftigen Elternteils auf Erstattung der Fahrtkosten wurde bis 3.6.2010 aus § 73 SGB XII hergeleitet, da eine **atypische Bedarfslage** angenommen wurde (BSG 7.11.2006 – B 7 b AS 14/06 R). Nach dem Inkrafttreten von **§ 21 Abs. 6 SGB II** am 3.6.2010 konnten Fahrtkosten zur Wahrnehmung des Umgangsrechts als Mehrbedarf geltend gemacht werden, wenn im Einzelfall ein **unabweisbarer, laufender Bedarf** besteht, der nicht durch die Zuwendungen Dritter oder Einsparmöglichkeiten des Hilfebedürftigen gedeckt ist und seiner Höhe nach erheblich von einem durchschnittlichen Bedarf abweicht. Da auch diese Norm oftmals restriktiv ausgelegt und die Übernahme von Umgangskosten verneint wurde (vgl zB LSG Baden-Württemberg 3.8.2010 – L 13 AS 3318/10), hat der Gesetzgeber zum 1.4.2011 mit § 38 Abs. 2 SGB II einen konkreten, auf die Übernahme der Umgangskosten bezogenen Anspruch geschaffen: Die umgangsberechtigte Person hat die Befugnis, Leistungen nach SGB II zur Ausübung des Umgangsrechts zu beantragen.

26 Auch Flug- und Übernachtungskosten für vier Besuche im Jahr, nämlich alle drei Monate für jeweils fünf Tage, in den USA können danach gewährt werden (LSG Rheinland-Pfalz 24.11.2010 – L 1 SO 1333/10 B, FamRZ 2011, 1098). Zwar werden Kosten des Umgangs nicht gewährt, wenn sie unangemessen hoch sind, da auch beim Umgangsrecht mit Kindern in der Grundsicherung **keine unbeschränkte Sozialisierung von**

Treu

Scheidungsfolgekosten möglich ist. Die Kosten müssen sich in einem Bereich bewegen, der den Einsatz öffentlicher Mittel noch rechtfertigt. Das Landessozialgericht Rheinland-Pfalz hat aber aufgrund seiner Recherchen Kosten von ca. 590 EUR für den Flug und von 38 bis 50 EUR je Übernachtung ermittelt, und befunden, dass sie sich in diesem Rahmen bewegen.

Für die **zusätzlichen Lebenshaltungskosten** in den Zeiten, in denen sich die Kinder bei dem Hilfeempfänger aufhalten, können Leistungen gem. § 38 Abs. 2 SGB II an den umgangsberechtigten Elternteil gezahlt werden. 27

217. Umgangspflegschaft

Treu

I. Einführung 1
II. Gesetzliche Regelung der Umgangspflegschaft .. 3
   1. Voraussetzungen 5
   2. Rechtsfolgen 10
      a) Aufgaben und Rechte des Umgangspflegers . 10

    b) Befristung 16
    c) Person des Umgangspflegers 18
   3. Verhältnismäßigkeit 20
   4. Kosten 21
III. Verfahrenshinweise 23

I. Einführung

1   Nach der bis 31.8.2009 geltenden Rechtslage war eine Umgangspflegschaft als Ergänzungspflegschaft iSd § 1909 BGB ausgestaltet. Ihre Anordnung erforderte den **Entzug des Sorgerechts**, soweit es die Bestimmung des Umganges betraf (§ 1630 Abs. 1 BGB), denn nur dann war der Elternteil an der „Besorgung der Angelegenheit" (§ 1909 Abs. 1 S. 1 BGB) verhindert. Der Entzug des Sorgerechts oder eines Teils davon war und ist aber nur unter den Voraussetzungen des § 1666 BGB, also im Falle einer Gefährdung des körperlichen, geistigen oder seelischen Wohles des betroffenen Kindes, zulässig. Dies festzustellen bedurfte eines nicht geringen zeitlichen Aufwands. Umgang fand währenddessen eher nicht statt, was eine (weitere) Entfremdung zwischen Kind und Umgangsberechtigtem bedeutete.

2   Mit dem am 1.9.2009 in Kraft getretenen FGG-Reformgesetz (Art. 50 Nr. 28) wurde § 1684 Abs. 3 BGB um die Sätze 3 bis 6 erweitert und darin die ausdrückliche Möglichkeit geschaffen, eine **Umgangspflegschaft ohne Rückgriff auf und unterhalb der Eingriffsschwelle des § 1666 BGB** – jedenfalls für das Umgangsrecht der Eltern – anzuordnen. Damit soll nach der Begründung des Regierungsentwurfs erreicht werden, dass die zeitaufwändige Klärung der Auswirkungen unterbliebenen Umgangs für das Kind mittels Sachverständigengutachten unterbleiben kann (BT-Drucks. 16/6308, 345).

II. Gesetzliche Regelung der Umgangspflegschaft

3   Das Familiengericht kann gem. § 1684 Abs. 3 S. 3 BGB eine Umgangspflegschaft anordnen, wenn die **Wohlverhaltenspflicht** nach Abs. 2 dauerhaft oder wiederholt erheblich **verletzt** wird. Die Umgangspflegschaft umfasst das Recht, die Herausgabe des Kindes zur Durchführung des Umgangs zu verlangen und für die Dauer des Umgangs dessen Aufenthalt zu bestimmen (Satz 4). Die Anordnung ist zu befristen (Satz 5). Für Aufwendungsersatz und Vergütung des Umgangspflegers gilt § 277 FamFG entsprechend (Satz 6).

4   Die Umgangspflegschaft bezweckt und ermöglicht eine **beschleunigte Durchsetzung von Umgangskontakten** (OLG Hamm 13.7.2010 – 2 UF 277/09, NJW-RR 2011, 150) und stärkt damit den Umgangsberechtigten und die Rechte des Kindes. Gleichzeitig berührt sie – wie sich aus § 1630 Abs. 1 BGB ergibt – die elterliche Sorge des betreuenden Elternteils, indem sie dem Umgangspfleger Teilrechte, nämlich den Herausgabeanspruch und das Aufenthaltsbestimmungsrecht zur Durchführung des Umgangs, gibt (OLG München 22.12.2010 – 33 UF 1745/10, FamRZ 2011, 823).

1. Voraussetzungen

5   Für beide Eltern gilt die Wohlverhaltenspflicht des § 1684 Abs. 2 BGB, die sie **zu wechselseitig loyalem Verhalten** bei der Verwirklichung des Umgangsrechts verpflichtet. Auf Seiten des betreuenden Elternteils bedeutet das, dass er grundsätzlich den persönlichen Umgang des Kindes mit dem anderen Elternteil zu ermöglichen und hierfür erzieherisch auf das Kind einzuwirken hat, damit psychische Widerstände des Kindes gegen den Umgang mit dem anderen Elternteil abgebaut werden und das Kind eine positive Einstellung dazu (zurück)gewinnt. Er hat nicht nur jede negative Beeinflussung des Kindes zu unterlassen, sondern Kontakte mit dem anderen positiv zu fördern (Saarländisches OLG 16.11.2011 – 6 UF 126/11, FamRZ 2011, 884; s. → *Umgangsrecht* Rn 60 ff).

6   Für die Anordnung einer Umgangspflegschaft ist es erforderlich, aber auch ausreichend, dass diese Pflicht dauerhaft oder wiederholt von dem betreuenden Elternteil oder der Obhutsperson iSd § 1684 Abs. 2 S. 2

BGB erheblich verletzt und dadurch das **Umgangsrecht des getrennt lebenden Elternteils vereitelt** wird. Es ist nicht erforderlich, dass den betreuenden Elternteil am Nichtzustandekommen von Umgangskontakten ein Verschulden trifft (OLG Hamm 13.7.2010 – 2 UF 277/09, NJW-RR 2011, 150).

Störungen seitens des Umgangsberechtigten kann mittels der Anordnung des betreuten Umgangs begegnet werden (s. → *Begleiteter Umgang* Rn 25). Beides kann nebeneinander angeordnet werden (s. Rn 28). Eine Kindeswohlgefährdung nach § 1666 BGB wird für die Umgangspflegschaft nicht mehr verlangt (BT-Drucks. 16/6308, 345). **7**

Die gegenüber der früheren Rechtslage **niedrigere Eingriffsschwelle** des § 1684 Abs. 3 S. 3 BGB gilt allerdings nur für das Umgangsrecht der Eltern. Anders verhält es sich für das Umgangsrecht des in § 1685 BGB genannten Personenkreises. Hier kann eine Umgangspflegschaft nur angeordnet werden, wenn die Voraussetzungen des § 1666 Abs. 1 BGB erfüllt sind, also aufgrund einer Vereitelung der Umgangskontakte das körperliche, geistige oder seelische Wohl des Kindes gefährdet ist (§ 1685 Abs. 3 S. 2 BGB). **8**

Auch die Entscheidung über die Anordnung einer Umgangspflegschaft ist an § 1697 a BGB (Kindeswohlprinzip) zu orientieren. Eine Umgangspflegschaft kommt nicht in Betracht, wenn sie **von vornherein aussichtslos** erscheint, weil nach den getroffenen Feststellungen offensichtlich ist, dass sie keinen Erfolg haben wird. Dafür genügt nicht „eine nahe liegende Vermutung, die Umgangspflegschaft werde nicht die gewünschten Wirkungen zeitigen", etwa aufgrund einer Beeinflussung des Kindes durch die Betreuungsperson(en). Denn dies ist gerade die Voraussetzung für ihre Anordnung (BGH 26.10.2011 – XII ZB 247/11, FamRZ 2012, 99). **9**

2. Rechtsfolgen

a) Aufgaben und Rechte des Umgangspflegers. Aufgabenkreis der Pflegschaft ist die Durchführung des Umgangs. Der Umgangspfleger kann bei der Vorbereitung des Umgangs, der Übergabe des Kindes oder der Durchführung des Umgangs selbst mitwirken, Letzteres allerdings nur aufgrund entsprechender gerichtlicher Anordnung, da die Umgangsbegleitung nicht seine primäre Aufgabe ist (KG 24.8.2012 – 25 WF 29/12, FamRZ 2013, 478). Er kann zwischen den Eltern vermitteln, wenn sie über die Modalitäten des Umgangs (Abholen/Bringen des Kindes, Übergabesituationen, mitzugebende Kleidung) uneins sind oder selbst hierüber bestimmen, ggf auch die Plausibilität von Absagen überprüfen (BT-Drucks. 16/6308, 345). **10**

Um dem Zweck der Maßnahme gerecht zu werden, nämlich die Durchführung des Umgangs zu sichern, hat der Umgangspfleger das Recht, die **Herausgabe des Kindes** zur Durchführung des Umgangs zu verlangen und für die Dauer des Umgangs dessen **Aufenthalt** zu bestimmen. Dies ergibt sich unmittelbar aus dem Gesetz. Eine gesonderte Regelung hierzu seitens des Familiengerichts ist nicht erforderlich (OLG München 22.12.2010 – 33 UF 1745/10, FamRZ 2011, 823). Insoweit ist das Sorgerecht der Eltern nach § 1630 Abs. 1 BGB eingeschränkt (OLG München 22.12.2010 – 33 UF 1745/10, FamRZ 2011, 823). Im Bedarfsfall kann der Umgangspfleger bei der Vorbereitung des Umgangs, bei der Übergabe des Kindes an den umgangsberechtigten Elternteil sowie bei der Rückgabe vor Ort sein (KG 24.8.2012 – 25 WF 29/12, FamRZ 2013, 478). **11**

Der Umgangspfleger kann damit die Herausgabe des Kindes vom umgangspflichtigen Elternteil verlangen. Er kann die Herausgabe aber nicht gewaltsam gegen dessen Widerstand durchsetzen. Hierfür bedarf es einer gesonderten Anordnung des Familiengerichts nach §§ 89 f. FamFG (Gerhardt/von Heintschel-Heinegg/Klein/Büte, 4. Kapitel Rn 434). **12**

Weiter gehende Rechte hat der Umgangspfleger nicht. Das Umgangsrecht ist unabhängig von der Sorgerechtsfrage grundsätzlich im Einvernehmen der Sorge- und Umgangsberechtigten oder – falls ein solches nicht erzielt werden kann – auf der Grundlage einer gerichtlichen Regelung zuzulassen und auszuüben (OLG München 22.12.2010 – 33 UF 1745/10, FamRZ 2011, 823). Insbesondere ist der Umgangspfleger also nicht befugt, über den Umgang und seine Ausgestaltung, namentlich die **Häufigkeit und Dauer**, zu entscheiden. Nicht einmal der allein sorgeberechtigte Elternteil kann dies einseitig bestimmen (OLG Hamm 13.7.2010 – 2 UF 277/09, NJW-RR 2011, 150). Ebenso wenig obliegt ihm die Entscheidung, ob ein **13**

Umgang nur in Anwesenheit einer dritten Person stattfinden darf, denn die Anordnung eines begleiteten Umgangs ist eine eigenständige, in ihrem Eingriff in das Elternrecht deutlich weitergehende familiengerichtliche Maßnahme (KG 24.8.2012 – 25 WF 29/12, FamRZ 2013, 478).

14 Das Gesetz sieht auch nicht vor, dem Umgangspfleger entsprechende Entscheidungsbefugnisse durch gerichtliche Regelung zu übertragen. Denn es ist Aufgabe des Familiengerichts, den Umgang zu regeln, wenn die Eltern sich hierüber nicht einigen können (BVerfG 17.6.2009 – 1 BvR 467/09, FamRZ 2009, 1472). Das Gericht hat deshalb zumindest die wesentlichen Eckpunkte wie Häufigkeit und Dauer der Umgangskontakte festzulegen, während es dem Umgangspfleger die notwendige „Feinabstimmung" nach Maßgabe der Verhältnisse vor Ort überlassen darf (KG 21.9.2012 – 17 UF 118/12, FamRZ 2013, 308 ff).

15 Der Umgangspfleger ist nur befugt, die **Durchführung** des von den Eltern vereinbarten oder vom Gericht angeordneten Umgangs **sicherzustellen** (OLG München 22.12.2010 – 33 UF 1745/10, FamRZ 2011, 823). Er darf dafür bei Meinungsverschiedenheiten der Eltern über die Umgangsmodalitäten wie Ort des Umgangs, Ort der Übergabe des Kindes, dem Kind mitzugebende Kleidung oder Nachholtermine (BT-Drucks. 16/6308, 345) zwischen ihnen vermitteln und auch entscheiden (OLG Hamm 13.7.2010 – 2 UF 277/09, NJW-RR 2011, 150), muss sich aber **im Rahmen der bestehenden Umgangsregelung** halten.

16 **b) Befristung.** Die Umgangspflegschaft ist zu befristen (§ 1684 Abs. 3 S. 5 BGB), denn mit ihrer Anordnung ist die Erwartung an die Eltern verbunden, dass sie nach einer gewissen Zeit bereit und in der Lage sind, die Durchführung des Umgangs selbst zu regeln. Sollte diese Erwartung sich nicht erfüllen, ist sie nicht das geeignete Mittel gewesen und sind andere Maßnahmen zu überlegen. Eine **Dauerlösung** kann und soll die Umgangspflegschaft nicht sein (BT-Drucks. 16/6308, 346).

17 Erweist sich aber, dass die Umgangspflegschaft an sich geeignet ist – etwa weil sich Fortschritte zeigen –, ist es den Eltern aber innerhalb der gesetzten Frist (noch) nicht gelungen, den Umgang eigenverantwortlich sicherzustellen, kann auf ihren Antrag eine erneute Umgangspflegschaft angeordnet werden (OLG Hamm 13.7.2010 – 2 UF 277/09, NJW-RR 2011, 150).

18 **c) Person des Umgangspflegers.** Auf die Umgangspflegschaft sind die Vorschriften über die Pflegschaft (§§ 1909 ff BGB) anzuwenden. Für die Auswahl der Person des Umgangspflegers gelten damit §§ 1915 Abs. 1, 1779, 1791 b BGB. Insbesondere unter Berücksichtigung des § 1697 a BGB soll nach der Vorstellung des Gesetzgebers Wert auf die **persönlichen Verhältnisse und etwaige Bindungen** des Kindes an den potenziellen Pfleger gelegt werden, wenngleich unter der Voraussetzung des § 1791 b BGB, dass eine als ehrenamtlicher Umgangspfleger geeignete Person nicht vorhanden ist, auch das Jugendamt als solcher in Betracht kommt (BT-Drucks. 16/6308, 346). Ein Vertrauensverhältnis des betreuenden Elternteils zu dem Umgangspfleger ist nicht erforderlich (OLG Hamm 13.7.2010 – 2 UF 277/09, NJW-RR 2011, 150).

19 In der Praxis wird die Auswahl des Umgangspflegers aus dem persönlichen Umfeld der Beteiligten zu Konflikten führen, da die Zerstrittenheit der Eltern sich nicht selten im familiären Umfeld mit entsprechender Lagerbildung fortsetzt. Wegen des Interessenkonfliktes sind Angehörige des Kindes eher nicht zur Übernahme der Pflegschaft geeignet (OLG Düsseldorf 25.10.2010 – 4 UF 252/09, FamRZ 2011, 822). Auch die Einsetzung des bisherigen Verfahrensbeistandes erscheint nicht sinnvoll. Er kennt zwar das Kind, die Eltern und die Problematik, ist andererseits aber in dem der Anordnung zugrunde liegenden Verfahren Beteiligter (gewesen).

3. Verhältnismäßigkeit

20 Die Umgangspflegschaft ist im Falle der Umgangsvereitelung grundsätzlich als das **mildere Mittel gegenüber sorgerechtsbeschränkenden Maßnahmen** wie etwa der vollständigen Entziehung des Aufenthaltsbestimmungsrechts anzuordnen, wenn nicht nach den getroffenen Feststellungen offensichtlich ist, dass sie keinen Erfolg haben wird (BGH 26.10.2011 – XII ZB 247/11, FamRZ 2012, 99). Auch dann, wenn eine Gefährdung des Kindeswohls vorliegt, haben weiter gehende und grundsätzlich unbefristete Eingriffe in die elterliche Sorge gem. § 1666 BGB wie etwa der vollständige Entzug des Aufenthaltsbestimmungsrechts zu-

rückzustehen, soweit die zwingend zu befristende Anordnung der Umgangspflegschaft ausreicht, um der Gefährdung sinnvoll zu begegnen (OLG Hamm 13.7.2010 – 2 UF 277/09, NJW-RR 2011, 150).

4. Kosten

Der Umgangspfleger hat gem. § 1684 Abs. 3 S. 6 BGB, § 277 Abs. 2 FamFG Anspruch auf Ersatz seiner **21** Aufwendungen und, wenn die Pflegschaft berufsmäßig geführt wird, auch auf Vergütung wie der Verfahrenspfleger nach dem Vormünder- und Betreuervergütungsgesetz – mit der dadurch bezweckten Folge, dass sich der Anspruch nicht gegen das betroffene Kind, sondern **gegen die Staatskasse** richtet (§ 277 Abs. 5 FamFG; BT-Drucks. 16/6308, 346). Vergütet wird nur die für die Führung der Pflegschaft aufgewandte und erforderliche Zeit. Nicht vergütungsfähig ist damit die Umgangsbegleitung, wenn sie vom Gericht nicht angeordnet worden war (KG 21.9.2012 – 17 UF 118/12, FamRZ 2013, 308 ff).

Die an den Umgangspfleger zu zahlenden Beträge sind nach Nr. 2014 des Kostenverzeichnisses zum **22** FamGKG **Auslagen des Verfahrens**, in dem die Umgangspflegschaft angeordnet wurde, und damit von dem in der gerichtlichen Kostenentscheidung bestimmten Beteiligten zu tragen, wegen § 81 Abs. 3 FamFG aber nicht vom Kind.

III. Verfahrenshinweise

Die Notwendigkeit einer Umgangspflegschaft ergibt sich im Allgemeinen in einem laufenden Umgangs- **23** verfahren. Die Anordnung der Pflegschaft wird dann zusammen mit der Umgangsregelung Teil des das Verfahren beendenden Beschlusses.

Die Frage kann aber auch (gesondert) zu prüfen sein, wenn das Gericht gem. § 156 Abs. 3 S. 1 FamFG mit **24** den Beteiligten einer Kindschaftssache betreffend den Aufenthalt des Kindes, das Umgangsrecht oder die Herausgabe des Kindes den Erlass einer einstweiligen Anordnung erörtert oder gem. § 157 Abs. 3 FamFG in einem Verfahren nach § 1666 BGB prüft. In diesem Fall kann **im Wege der einstweiligen Anordnung** eine Umgangspflegschaft eingerichtet werden.

Es gelten neben dem allgemeinen Teil des FamFG die §§ 151 ff FamFG. Streitig ist, ob die Umgangspfleg- **25** schaft wegen ihrer das Sorgerecht berührenden Anteile dem Sorgerecht zuzuordnen ist, mit der Folge, dass eine einstweilige Anordnung hierzu gem. § 57 S. 2 Nr. 1 FamFG ausnahmsweise angefochten werden kann (s. → *Einstweiliger Rechtsschutz* Rn 62). Dafür spricht, dass der Umgangspfleger kraft Gesetzes das Recht zur Durchführung des Umgangs bzw für die Dauer desselben das Herausgabe- und das Aufenthaltsbestimmungsrecht für das Kind hat und insoweit das Sorgerecht der Eltern eingeschränkt wird.

Andererseits sichert die Anordnung der Umgangspflegschaft das Umgangsrecht des nicht betreuenden El- **26** ternteils ab. Das **Umgangsrecht ist nicht Teil des Sorgerechts**. Beide sind selbstständige Rechte, die im natürlichen Elternrecht wurzeln und von den Eltern im Verhältnis zueinander zu respektieren sind (OLG Köln 25.11.2011 – 4 UF 238/11, FamRF 2012,109). Auch ist nicht einmal der allein sorgeberechtigte Elternteil im Verhältnis zum anderen berechtigt, über Umfang und Ausübung des Umgangs allein zu bestimmen, ihn überhaupt zu gewähren und ihn auszugestalten (OLG Celle 16.12.2010 – 10 UF 253/10, FamRZ 2011, 574).

Der als Ausnahmetatbestand von der grundsätzlichen Unanfechtbarkeit einer einstweiligen Anordnung ge- **27** fasste § 57 S. 2 Nr. 1 FamFG ist eng auszulegen. Die elterliche Sorge wird von der Umgangspflegschaft nur am Rande berührt. Der Sachzusammenhang mit der Regelung des Umgangs ist wesentlich enger. Es wäre im Übrigen auch ein Wertungswiderspruch, wenn die den eigentlichen Eingriff darstellende Regelung des Umgangs unanfechtbar wäre, gegen die lediglich der Durchsetzung der gerichtlich geregelten Umgangskontakte dienenden Anordnung der Umgangspflegschaft jedoch ein Beschwerderecht bestünde (OLG Hamm 8.5.2012 – 7 UF 23/12, juris, Rn 29, 31). Schließlich wäre die Anfechtbarkeit einer eine Umgangspflegschaft anordnenden einstweiligen Anordnung mit dem der Neuregelung des § 1684 Abs. 3 BGB sowie den §§ 151 ff FamFG zugrunde liegenden Beschleunigungsgedanken nicht vereinbar.

28 Die Umgangspflegschaft kann **neben dem begleiteten Umgang** angeordnet werden (OLG Düsseldorf 25.10.2010 – 4 UF 252/09, FamRZ 2011, 822). Es werden unterschiedliche Zwecke verfolgt. Die Umgangspflegschaft dient der Durchsetzung des Umgangsrechts als solches, während der begleitete Umgang das Kind schützen soll.

218. Umgangspflicht

Treu

I. Einführung 1   III. Verfahrenshinweise 28
II. Gesetzliche Regelung 4

I. Einführung

Mit der Neuregelung des Umgangsrechts durch das am 1.7.1998 in Kraft getretene Gesetz zur Reform des **1** Kindschaftsrechts vom 16.12.1997 wurde erstmals dem Kind das Recht auf Umgang mit jedem Elternteil zugesprochen und damit einhergehend jeder Elternteil zum Umgang mit dem Kind nicht nur berechtigt, sondern auch verpflichtet. Das Bundesverfassungsgericht spricht von der „gewachsenen Einsicht in die **Bedeutung des Umgangsrechts** eines Kindes mit beiden Elternteilen, wie sie in §§ 1684, 1626 zum Ausdruck kommt" (BVerfG 8.12.2005 – 2 BvR 1001/04, FamRZ 2006, 187).

Das bis dahin lediglich als Elternrecht ausgestaltete Umgangsrecht sollte in der Neufassung des § 1684 **2** BGB einen Bewusstseinswandel bei den Eltern bewirken, dass sie nicht nur das Recht auf Umgang haben, sondern im Interesse des Kindes auch die Pflicht, diesen Umgang zu ermöglichen. Das Kind ist nicht mehr lediglich **Objekt des elterlichen Umgangs** (NK-BGB/Peschel-Gutzeit § 1684 BGB Rn 11), sondern hat nun eine seiner Stellung als Grundrechtsträger gerecht werdende **Subjektstellung** auch in der Beziehung zu seinen Eltern (Gernhuber/Coester-Waltjen, Familienrecht, § 66 Rn 2).

Hieran schließen sich Fragen nach dem Umfang und insbesondere nach der **Durchsetzbarkeit des Umgangs** an. **3**

II. Gesetzliche Regelung

Die Neuregelung des elterlichen Umgangs mit dem Kind beschränkt sich gegenüber der früheren Regelung **4** in § 1634 BGB nicht mehr darauf, dem Elternteil, dem die Personensorge nicht zusteht, eine „Befugnis zum persönlichen Umgang mit dem Kinde" zu belassen. „Das Kind hat das Recht auf Umgang mit jedem Elternteil; jeder Elternteil ist zum Umgang mit dem Kind verpflichtet und berechtigt" (§ 1684 Abs. 1 BGB).

Ursprünglich war eine so weitgehende Veränderung der Rechtslage nicht beabsichtigt. Der Regierungsent- **5** wurf des Kindschaftsrechtsreformgesetzes sah ein Umgangsrecht des Kindes und eine Umgangspflicht der Eltern nicht vor (BT-Drucks. 13/4899, 68). Erst der Rechtsausschuss des Bundesrates gab unter Hinweis auf das Reformziel, die **Rechte des Kindes** zu fördern und seine Belange in den Vordergrund zu stellen, die Empfehlung, ein nicht altersgebundenes Umgangsrecht des Kindes zu schaffen, um Eltern die herausragende Bedeutung des Umganges für die Entwicklung des Kindes zu verdeutlichen. Dies bewirke einen Bewusstseinswandel bei den Eltern und entfalte **Signalwirkung** (BT-Drucks. 13/8511, 67). So wurde es schließlich Gesetz.

§ 1684 Abs. 1 BGB konkretisiert die den Eltern durch Art. 6 Abs. 2 S. 1 GG auferlegte Pflicht zur Pflege **6** und Erziehung ihres Kindes, die mit dem **Grundrecht des Kindes auf Pflege und Erziehung** durch seine Eltern korrespondiert, und normiert eine Pflicht der Eltern zum Umgang, die sich nicht lediglich auf das Kind bezieht, sondern auch ihm gegenüber besteht. Das Kind ist selbst Rechtssubjekt und Grundrechtsträger und nicht lediglich Gegenstand elterlicher Handlungen. Die Eltern schulden ihm, ihr Handeln an seinem Wohl auszurichten.

Das Umgangsrecht ist Teil der **Elternverantwortung**, womit auch eine Pflicht zum Umgang verbunden ist **7** (BVerfG 1.4.2008 – 1 BvR 1620/04, FamRZ 2008, 845). Damit ergibt sich unmittelbar aus der Verfassung folgend ein direkter Anspruch des Kindes gegen seine Eltern, ein Fall **unmittelbarer Drittwirkung von Grundrechten** (Altrogge FPR 2009, 43).

8   Die Pflicht der Eltern zum Umgang ist auf Seiten des Kindes ein (einklagbarer) **Anspruch auf Umgang** gegen die Eltern. Es besteht die Pflicht zur kindeswohlgerechten, also pünktlichen und regelmäßigen Ausübung des Rechts wie zur Wahrnehmung des Kontakts überhaupt (Gernhuber/Coester-Waltjen § 66 Rn 2).

9   Dabei handelt es sich um ein **Pflichtrecht** gegenüber dem Kind (Gerhardt/von Heintschel-Heinegg/Klein/Büte 4. Kapitel Rn 387). Das hieraus resultierende Recht des Kindes ist ein höchstpersönliches. Es ist kein Recht des betreuenden Elternteiles, weshalb das Recht auch nur durch das Kind selbst – ordnungsgemäß vertreten – geltend gemacht werden kann (BGH 14.5.2008 – XII ZB 225/06, FamRZ 2008, 1334).

10 Weigert sich der umgangsberechtigte Elternteil, das Kind zu sehen, kann dieses **Beratung in Umgangsfragen** durch das Jugendamt beanspruchen, denn gem. § 18 Abs. 3 SGB VIII sollen Kinder und Jugendliche darin unterstützt werden, dass die nach §§ 1684, 1685 BGB Umgangsberechtigten von diesem Recht zum Wohl des Kindes Gebrauch machen. Auch die Eltern haben einen Anspruch auf Beratung und Unterstützung bei der Ausübung des Umgangsrechts.

11 Bleibt die Beratung erfolglos oder wird sie nicht verlangt, kann das Kind sein Recht gerichtlich geltend machen, indem es die Wahrnehmung der Elternpflicht zum Umgang einfordert. Es stellt sich die Frage, wie sich ein erzwungener und damit mutmaßlich **widerwillig ausgeübter Umgang** auf das Kind auswirkt, ob die Vermutung des § 1626 Abs. 3 S. 1 BGB auch für diesen Fall gilt (Peschel-Gutzeit NJW 2008, 1922) oder ob das Wohl des Kindes gefährdet würde (Born FD-FamR 2008, 256566), ob es für das Kind schädlicher ist, die Ablehnung des Elternteils durch verweigerten Umgang oder in direkter Konfrontation bei einem **erzwungenen Umgang** zu erfahren (Born FD-FamR 2008, 220765).

12 Das Bundesverfassungsgericht hält eine gerichtliche Umgangsanordnung gegen den **umgangsunwilligen Elternteil** für grundsätzlich zulässig und den darin liegenden Eingriff in dessen allgemeines Persönlichkeitsrecht für gerechtfertigt, nicht aber die (nach Rechtslage bis zum 31.8.2009 im Rahmen der Zwangsvollstreckung erforderliche) Androhung des Zwangsgeldes gem. § 33 Abs. 1 S. 1, Abs. 3 S. 1 FGG.

13 In der Verweigerung jeglichen Umgangs mit dem Kind sieht das Bundesverfassungsgericht einen Entzug elterlicher Verantwortung und zugleich die Vernachlässigung eines wesentlichen Teils der den Eltern auferlegten **Erziehungspflicht**. Die Verpflichtung des unwilligen Elternteils zum Umgang ist nach dieser Auffassung geeignet, die Beziehung zwischen dem Kind und seinem den Umgang verweigernden Elternteil zu fördern, denn es sei nicht ausgeschlossen, dass ein zum Umgang verpflichteter Elternteil sich durch die in § 1684 Abs. 1 BGB enthaltene Verpflichtung oder die darauf gestützte gerichtliche Anordnung beeindrucken und bewegen lasse, dieser Pflicht im wohlverstandenen Interesse des Kindes nachzukommen (BVerfG 1.4.2008 – 1 BvR 1620/04, FamRZ 2008, 845).

14 Den Antrag des 15 ½-jährigen Kindes auf Regelung des Umgangs mit dem Vater mit der Begründung zurückzuweisen, angesichts der Vehemenz, mit der der unentschuldigt dem Anhörungstermin fernbleibende Vater Kontakt verweigert, seien die Kontaktwünsche der Tochter unrealistisch (AG Celle 2.9.2009 – 8 F 8161/08, FamRZ 2010, 1681), erscheint realitätsnah, dürfte den Anforderungen des Bundesverfassungsgerichts aber nicht gerecht werden.

15 Angesichts der vom Bundesverfassungsgericht skizzierten, im Normalfall zu erwartenden **positiven Auswirkungen des Umgangs** für das Kind, nämlich seine Eltern kennenzulernen, mit ihnen vertraut zu werden oder eine persönliche Beziehung zu ihnen fortzusetzen, in der Kommunikation mit den Eltern Zuneigung zu erfahren, von ihnen zu lernen und Impulse wie Ratschläge zu erhalten, was ihm Orientierung gibt, zu seiner Meinungsbildung beiträgt und ihm dazu verhilft, sich zu einer selbstständigen und eigenverantwortlichen Persönlichkeit zu entwickeln, erscheint dieser Ansatz zunächst gewagt. Es ist kaum vorstellbar, dass eine Begegnung zwischen Elternteil und Kind, die dadurch herbeigeführt wird, dass der Umgangsberechtigte mittels gerichtlicher Entscheidung nachdrücklich an seine Verantwortung erinnert worden ist, vom Kind als positiv empfunden werden kann.

16 Genau das erwartet allerdings der Gesetzgeber von 1997, der Eltern zum Umgang verpflichtet und den **Ausschluss der Vollstreckbarkeit**, die seinerzeit diskutiert worden war, für nicht vertretbar hielt, weil an-

dernfalls die Gefahr bestünde, dass überhaupt kein Umgang mehr stattfindet (BT-Drucks. 13/8511, 67). Nicht bereits der Wortlaut des Gesetzes, sondern erst der Umgangsbeschluss, der die Umgangspflicht schriftlich fixiert, erreiche den Umgangspflichtigen und entfalte **Appellcharakter**. Auf diese Signalwirkung dürfe nicht verzichtet werden (Altrogge FPR 2008, 410).

Das Bundesverfassungsgericht korrigiert das Ergebnis schließlich, indem es die zwangsweise **Durchset-** **17** **zung des Umgangsrechts** gegen den Willen des umgangsberechtigten Elternteils grundsätzlich nicht zulässt, da ein solchermaßen erzwungener Umgang in der Regel nicht (mehr) dem Kindeswohl diene (BVerfG 1.4.2008 – 1 BvR 1620/04, FamRZ 2008, 845).

Maßstab ist damit nicht die Gefährdung des Kindeswohls nach § 1684 Abs. 4 BGB, der die Grenzen des **18** elterlichen Umgangsrechts, nicht aber die Durchsetzung der Umgangspflicht zum Gegenstand hat. Es wird vielmehr das **Regel-Ausnahme-Prinzip** des § 1626 Abs. 3 S. 1 BGB, das auch im Rahmen der Vollstreckung gilt, umgekehrt (Altrogge FPR 2009, 43).

Für die Rechtslage vor dem 1.9.2009 hat dies bedeutet, dass § 33 Abs. 1 S. 1, Abs. 3 FGG dahin gehend **19** verfassungskonform auszulegen war, dass eine zwangsweise Durchsetzung der Umgangspflicht eines **den Umgang verweigernden Elternteils** zu unterbleiben hat, es sei denn, es gibt im konkreten Einzelfall hinreichende Anhaltspunkte, die darauf schließen lassen, dass dies dem Kindeswohl dienen wird.

Dieser Gedanke der Kindeswohldienlichkeit erzwungenen Umgangs hat in **§ 89 Abs. 1 FamFG** Eingang **20** gefunden, der im Laufe des Gesetzgebungsverfahrens von einer Soll- in eine Kann-Vorschrift umgewandelt wurde. Der nach § 89 Abs. 2 FamFG im Rahmen des Anordnungsbeschlusses zu erteilende Hinweis auf die Folgen einer Zuwiderhandlung gegen die Anordnung ist von seinem Zweck her an die Stelle der Androhung nach § 33 FGG getreten (s. → *Durchsetzung von Umgangsregelungen* Rn 14 ff). Er stellt aber im Gegensatz zur früheren Rechtslage keinen eigenen Verfahrensschritt mehr dar. Auch hat das Gericht keine **Entscheidungsfreiheit**. Der Hinweis ist zwingend zu erteilen. Erst die Verhängung von Ordnungsmitteln steht im Ermessen des Gerichts (Altrogge FPR 2009, 43).

Ob auch der **zwangsweise durchgesetzte Umgang** noch dem Kindeswohl dient, ist danach in jedem Einzelfall zu prüfen und zu begründen. Das Bundesverfassungsgericht hält es in Fällen, in denen aufgrund der Unbefangenheit des Kindes und seiner psychischen Stabilität eine reale Chance bestehe, dass das Kind „durch sein offenes und freundliches Verhalten den Widerstand des unwilligen Elternteils auflösen" kann, für denkbar, dass der Umgang schließlich doch dem Wohle des Kindes diene.

Gegen die Entscheidung des Bundesverfassungsgerichts wird vorgebracht, dass die Umgangspflicht in gewissen Fällen zu einer nicht durchsetzbaren Pflicht, einer **Naturalobligation**, mutiere, da die Rechtsordnung dem Kind die Durchsetzung seines Rechts versage und den Elternteil, der beharrlich und unbeirrt jeden Umgang verweigere, auch nicht zur Einhaltung seiner Pflicht zwinge, vielmehr sein Recht auf Schutz seiner Persönlichkeit höher werte (Peschel-Gutzeit NJW 2008, 1922).

Dem ist entgegenzuhalten, dass bereits der Gesetzgeber zumindest auf die **Signalwirkung** eines eigenen **23** Umgangsrechts des Kindes und den dadurch bewirkten Bewusstseinswandel gesetzt hatte. Um dies nicht völlig auszuhöhlen, wurde von einem **Ausschluss der Vollstreckung** abgesehen. Dass bei der Abwägung unterschiedlicher Interessen und Grundrechtspositionen am Ende einer Seite der Vorrang gewährt wird – und dies aufgrund der **Umkehrung des Regel-Ausnahme-Prinzips** im Regelfall die Elternseite sein dürfte –, sollte den Grundgedanken nicht in Frage stellen.

Weiterer Kritikpunkt ist der **unterschiedliche Maßstab**, der an die Berücksichtigung des Willens zum **24** Umgang bzw dessen Fehlen bei Elternteil und Kind angelegt wird. Während der fehlende Wille des Elternteils in der Weise folgenlos bleibt, dass Umgang letztlich nicht durchgesetzt werden kann, werde das Kind in nicht wenigen Fällen zum Umgang gezwungen (Peschel-Gutzeit NJW 2008, 1922). § 1626 Abs. 3 BGB verstelle den Blick auf das Kindeswohl (Rakete-Dombek FPR 2008, 492).

Treu

25 Für die Ungleichbehandlung gibt es jedoch sachliche Gründe. In § 1626 Abs. 3 S. 1 BGB kommt der Gedanke zum Ausdruck, dass für den Umgang des Kindes mit seinen Eltern im Regelfall eine **tragfähige Basis** vorhanden ist. Ablehnung oder Verweigerung auf Seiten des Kindes wird prima facie nicht dem Kind selbst, sondern dem betreuenden Elternteil zugeschrieben und deshalb weniger ernst genommen als solche auf Seiten des Umgangselternteils.

26 Es ist auch nicht fernliegend, zunächst einen **Willen des Kindes** zum Umgang zu vermuten und den abweichend geäußerten Willen in Frage zu stellen und näher darauf zu überprüfen, ob er von dem Betreuungselternteil negativ beeinflusst worden ist. Dass im Übrigen in der Kindererziehung nicht in jedem Fall und ungeprüft dem Kindeswillen nachgegeben wird, rechtfertigt es, den **Maßstab des § 1684 Abs. 4 BGB** anzulegen.

27 Das Gesetz gibt ausreichend **Spielraum für abweichende Entscheidungen**, wenn der – ernst zu nehmende, unbeeinflusste – Wille des Kindes einem Umgang entgegensteht (OLG Köln 25.1.2010 – 4 UF 188/09, FamFR 2010, 164; Brandenburgisches OLG 20.5.2010 – 10 UF 46/09, FamFR 2010, 310 und 20.10.2009 – 10 UF 177/08, FamFR 2009, 170; Saarländisches OLG 12.7.2010 – 6 UF 32/10, NJW-RR 2011, 436). Dass dies vorrangig älteren Kindern zugebilligt wird, überrascht nicht, da sich eine ablehnende Haltung, auch und gerade aufgrund manipulativer Einwirkung, verfestigt haben und der Wille nicht mehr so leicht wie bei kleineren Kindern „umgelenkt" werden kann.

III. Verfahrenshinweise

28 Das Umgangsrecht des Kindes ist ein **höchstpersönliches Recht**, das nur von ihm selbst geltend gemacht werden kann. Soweit das Kind nicht verfahrensfähig ist, muss es vertreten werden. Ein Fall der **gewillkürten Prozessstandschaft** liegt nicht vor. Es stünde mit dem höchstpersönlichen Charakter des Rechts und seiner engen Verknüpfung mit dem Rechtsinhaber im Widerspruch, die gerichtliche Geltendmachung einem Dritten im eigenen Namen zu überlassen (BGH 14.5.2008 – XII ZB 225/06, NJW 2008, 2586).

29 Die Vertretung des Kindes erfolgt durch den allein sorgeberechtigten Elternteil. Bei gemeinsamer elterlicher Sorge muss sich der betreuende Elternteil das **Entscheidungsrecht gem. 1628 BGB** vom Familiengericht übertragen lassen. Im Falle eines Interessenkonflikts ist dem Kind ein Ergänzungspfleger zu bestellen (s. → *Beteiligte* Rn 32, 34).

30 Das Verfahren kann vom Jugendamt, an das sich das Kind nach **§ 18 Abs. 3 SGB VIII** gewendet hat, durch entsprechende Mitteilung an das Familiengericht veranlasst werden.

31 Da der Anspruch des Kindes sich gegen den betreuenden Elternteil mit dem Inhalt richtet, den Umgang zuzulassen, kommt bei Untätigkeit des Umgangsberechtigten ein Verfahren gegen den Betreuungselternteil in Betracht. Zur Vertretung gilt das gleiche wie im Verfahren gegen den Umgangselternteil, doch wird hier eher eine **Vertretung durch einen Ergänzungspfleger** erforderlich sein.

32 Im Gegensatz zu den Eltern hat das Kind nicht die Möglichkeit, ein **Vermittlungsverfahren nach § 165 FamFG** einzuleiten. Diese Vorschrift ist alleine auf Umgangsauseinandersetzungen der Eltern zugeschnitten (s. → *Durchsetzung von Umgangsregelungen* Rn 25).

33 Die **Vollstreckung** des vom Kind gegen den Umgangselternteil erwirkten Titels ist grundsätzlich möglich und richtet sich nach **§§ 88 ff FamFG**. Von einem Ausschluss der Vollstreckbarkeit wurde seinerzeit im Gesetzgebungsverfahren abgesehen (s. Rn 16, 23).

219. Umgangsrecht

Treu

I. Einführung	1	1. Zuständigkeit	123
II. Gesetzliche Regelung des Umgangsrechts	5	2. Beteiligte	125
1. Umgang des Kindes mit den Eltern		3. Amtsermittlung	128
(§ 1684 BGB)	7	a) Anhörungen	131
a) Recht des Kindes auf Umgang	10	b) Verfahrensbeistand	138
b) Recht der Eltern auf und Pflicht zum		c) Beweisaufnahme	140
Umgang	13	d) Beschleunigungsgebot	142
c) Zweck des Umgangs	22	e) Vergleich	146
d) Inhalt und Umfang des Umgangs	26	f) Vollstreckung	148
e) Modalitäten des Umgangs	51	g) Einstweiliger Rechtsschutz	149
f) Wohlverhaltensklausel	57	h) Verfahrenskostenhilfe	150
g) Regelungen durch das Familiengericht	73	4. Vermittlungsverfahren	156
2. Umgang des Kindes mit anderen Bezugsperso-		5. Verfahrenskosten	157
nen (§ 1685 BGB)	80	a) Verfahrenswert	157
a) Umgangsrecht enger Verwandter	82	b) Gebühren und Vergütung	160
b) Umgangsrecht enger Bezugspersonen	87	aa) Gerichtsgebühren	160
c) Einzelheiten	97	bb) Rechtsanwaltsvergütung	161
3. Umgangsrecht des leiblichen Vaters	101	c) Kostenvorschuss	164
a) Bisherige Rechtslage	101	IV. Nebengebiete	165
b) Künftige Rechtslage	107	1. Steuerrecht	165
III. Verfahrenshinweise	123	2. Sozialhilfe und Umgang	166

I. Einführung

Die Trennung der Eltern bedeutet für das betroffene Kind seine eigene **Trennung** von einem Elternteil und mitunter auch von dessen familiären Umfeld. Hat das Kind zuvor längere Zeit mit seinen Eltern als Familie zusammengelebt, droht der Verlust gewachsener Beziehungen. Hat es niemals ein Zusammenleben gegeben oder fand die Trennung im Säuglings- oder Kleinkindalter statt, konnten sich tragfähige Bindungen noch nicht entwickeln. Entsprechendes gilt für Kinder, die in Pflegefamilien oder Heimen leben. All dem soll das **Umgangsrecht** Rechnung tragen. **1**

Das Umgangsrecht steht unter dem besonderen Schutz des Grundgesetzes, Art. 6 GG, wie auch der **Europäischen Menschenrechtskonvention** (Art. 8 Abs. 1 EMRK, Anspruch auf Achtung des Privat- und Familienlebens; BGBl. II 1952, 686). Für das von der Trennung seiner Eltern betroffene Kind ist zudem Art. 9 Abs. 3 des Übereinkommens über die Rechte der Kinder (**UN-Kinderrechtskonvention** vom 20.11.1989), von der Bundesrepublik Deutschland am 26.1.1990 unterzeichnet und durch Gesetz vom 17.2.1992 am 5.4.1992 in Kraft getreten (BGBl. II 1992, 121, 990), anzuführen. Darin verpflichten sich die Vertragsstaaten, das Recht des Kindes, das von einem oder beiden Elternteilen getrennt ist, zu achten, regelmäßige persönliche Beziehungen und unmittelbare Kontakte zu beiden Elternteilen zu pflegen, soweit dies nicht dem Wohl des Kindes widerspricht. **2**

Das am 1.7.1998 in Kraft getretene Gesetz zur Reform des Kindschaftsrechts hat ein einheitliches Umgangsrecht für eheliche und nichteheliche Kinder geschaffen (s. Rn 7 f). Gleichzeitig wurde mit § 1685 BGB der **Kreis der Umgangsberechtigten** erweitert (s. Rn 80 ff). Der leibliche, aber nicht rechtliche (trotz **§ 1600 Abs. 2 BGB** meistens „biologisch" genannte) Vater war dabei weder von § 1684 BGB noch von § 1685 BGB ausdrücklich erfasst worden. **3**

Das Bundesverfassungsgericht hat deshalb § 1685 BGB insoweit für mit Art. 6 Abs. 1 GG unvereinbar erklärt, als er den **leiblichen Vater** eines Kindes auch dann nicht in den Kreis der Umgangsberechtigten einbezogen hat, wenn zwischen ihm und dem Kind eine sozial-familiäre Beziehung besteht oder bestanden hat, und den Gesetzgeber zur Neuregelung bis 30.4.2004 verpflichtet (BVerfG 9.4.2003 – 1 BvR 1493/96, 1 BvR 1724/01, NJW 2003, 2151). Dem folgend wurde mit Gesetz vom 24.4.2004 (BGBl. I 2004, 598), das rechtzeitig am 30.4.2004 in Kraft getreten ist, § 1685 Abs. 2 BGB überarbeitet und die Umgangsberechtigung an das Bestehen **sozial-familiärer Beziehungen** geknüpft (s. Rn 81). Diese durch die Recht- **4** sprechung des Europäischen Gerichtshofs für Menschenrechte und des Bundesverfassungsgerichts angestoßene Entwicklung ist noch nicht abgeschlossen. Am 25.4.2013 hat der Bundestag das Gesetz zur Stärkung der Rechte des leiblichen, nicht rechtlichen Vaters beschlossen, das am 5.7.2013 in Kraft getreten ist (s. Rn 101 f, 112 ff).

II. Gesetzliche Regelung des Umgangsrechts

5 Gem. § 1684 Abs. 1 BGB hat das Kind das Recht auf Umgang mit jedem **Elternteil**; jeder Elternteil ist zum Umgang mit dem Kind verpflichtet und berechtigt. Des Weiteren haben ein Recht auf Umgang mit dem Kind **Großeltern** und **Geschwister** (§ 1685 Abs. 1 BGB) sowie **enge Bezugspersonen** des Kindes, die für das Kind tatsächliche Verantwortung getragen haben (§ 1685 Abs. 2 BGB), wenn der Umgang dem Wohl des Kindes dient. Das Umgangsrecht des leiblichen Vaters bei bestehender Vaterschaft eines anderen Mannes (rechtlicher Vater) wird künftig in § 1686 a BGB geregelt sein und setzt voraus, dass der leibliche Vater ein ernsthaftes Interesse an dem Kind gezeigt hat und der Umgang dem Wohl des Kindes dient.

6 Dass der Umgang mit beiden Elternteilen in der Regel zum Wohle des Kindes gehört, stellt indes **§ 1626 Abs. 3 S. 1 BGB** ohne weitere Bedingung fest. Gleiches gilt für den Umgang mit anderen Personen, zu denen das Kind Bindung besitzt, wenn ihre Aufrechterhaltung für seine Entwicklung förderlich ist (§ 1626 Abs. 3 S. 2 BGB).

1. Umgang des Kindes mit den Eltern (§ 1684 BGB)

7 Vor dem 1.7.1998 hatte nur der getrennt lebende Elternteil des **ehelichen minderjährigen Kindes** ein Recht auf Umgang (**§ 1634 BGB aF**). Dem Vater eines nichtehelichen Kindes, über dessen Umgang der Sorgeberechtigte, in der Regel die Mutter des Kindes, bestimmte, konnte das Vormundschaftsgericht ein Umgangsrecht einräumen, wenn dies dem Wohle des Kindes diente (**§ 1711 BGB aF**).

8 Das Kindschaftsrechtsreformgesetz vom 16.12.1997 hat die Unterscheidung zwischen ehelichen und nichtehelichen Kindern (auch) beim Umgangsrecht aufgegeben und in § 1684 Abs. 1 BGB nun sowohl ein **Recht des Kindes** auf Umgang mit jedem Elternteil (Hs 1) als auch ein Recht jedes Elternteils auf Umgang mit dem Kind normiert sowie korrespondierend dazu die **Pflicht der Eltern** zum Umgang (Hs 2; s. → *Umgangspflicht* Rn 6, 9).

9 Nach **§ 1626 Abs. 3 S. 1 BGB** gilt im Sinne eines gesetzlichen Leitbildes die **Vermutung**, dass zum Wohle des Kindes in der Regel der Umgang mit beiden Elternteilen gehört. Die Vorschrift enthält als Grundnorm elterlichen Sorgeverhaltens ein echtes Rechtsgebot und dient insofern als Orientierungshilfe, sieht bei einem Verstoß aber keine unmittelbaren Rechtsfolgen vor (NK-BGB/Rakete-Dombek § 1626 BGB Rn 23).

10 **a) Recht des Kindes auf Umgang.** Korrespondierend mit der den Eltern durch Art. 6 Abs. 2 S. 1 GG auferlegten Pflicht zur Pflege und Erziehung ihres Kindes besteht das **Grundrecht des Kindes auf Pflege und Erziehung** durch seine Eltern. Beides findet seine gesetzliche Konkretisierung in § 1684 Abs. 1 BGB (BVerfG 1.4.2008 – 1 BvR 1620/04, NJW 2008, 1287). Damit ist deutlich, dass das Kind nicht lediglich Objekt des elterlichen Umgangs ist (NK-BGB/Peschel-Gutzeit § 1684 BGB Rn 11).

11 Das Umgangsrecht des Kindes ist ein **höchstpersönliches Recht**, das nur von ihm selbst, vertreten durch den sorgeberechtigten Elternteil oder – im Falle eines Interessenkonflikts – einen zu bestellenden Verfahrenspfleger, nicht aber durch den betreuenden Elternteil im Wege der **gewillkürten Verfahrensstandschaft**, geltend gemacht werden kann (BGH 14.5.2008 – XII ZB 225/06, NJW 2008, 2586; s. → *Umgangspflicht* Rn 28 f). Es gibt dem Kind einen Anspruch auf Umgang, der sich einerseits gegen den Umgangselternteil, andererseits aber auch gegen den den Umgang womöglich verweigernden betreuenden Elternteil richtet. Ein Verfahren des Kindes gegen diesen auf Gewährung des Umgangs mit dem anderen ist damit denkbar, allerdings eher als theoretisch als praxisrelevant.

12 Gem. **§ 18 Abs. 3 SGB VIII** sollen Kinder und Jugendliche darin unterstützt werden, dass die nach §§ 1684, 1685 BGB Umgangsberechtigten von diesem Recht zu ihrem Wohl Gebrauch machen.

b) Recht der Eltern auf und Pflicht zum Umgang. Eltern im Sinne des § 1684 Abs. 1 BGB sind – unver- **13** ändert – nur die **gesetzlichen Eltern**. Die Vorschrift verstößt nicht gegen das Elternrecht aus Art. 6 Abs. 2 S. 1 GG, indem sie das Umgangsrecht an die rechtliche Elternschaft knüpft (BVerfG 20.9.2006 – 1 BvR 1337/06, FamRZ 2006, 1661).

Ein Umgangsrecht des leiblichen (wahren) Vaters gab es bisher nur unter den Voraussetzungen des § 1685 **14** Abs. 2 BGB, künftig (auch) nach § 1686 a BGB (s. Rn 101 ff). Auch die leiblichen Eltern, die ihr Kind zur **Adoption** freigegeben haben, zählen nicht (mehr) zum Personenkreis des § 1684 BGB, da mit der Annahme das Verwandtschaftsverhältnis zwischen ihnen und dem Kind gem. **§ 1755 Abs. 1 BGB** erlischt.

Das Umgangsrecht ist ein **absolutes Recht** iSv **§ 823 Abs. 1 BGB**, es ist höchstpersönlich, nicht disponibel **15** und damit unverzichtbar. Vereinbarungen über die Ausübung des Umgangs sind gleichwohl zulässig (Gernhuber/Coester-Waltjen, Familienrecht, § 66 Rn 2, 3; s. → *Vereinbarungen zum elterlichen Sorge- und Umgangsrecht* Rn 26, 29 ff).

Die Gestaltung des Umgangsrechts ist **natürliches Elternrecht** und Aufgabe der Eltern. Deshalb können **16** sie insbesondere Art, Ort und Zeitpunkt des Umgangs eigenverantwortlich regeln. Eine gerichtliche Entscheidung ist nur bei fehlender Einigung erforderlich und möglich oder gem. §§ 1684 Abs. 4, 1697 a BGB, wenn das Wohl des Kindes dies erfordert (Gerhardt/von Heintschel-Heinegg/Klein/Büte, 4. Kapitel Rn 401).

Umgangsrecht und Sorgerecht stehen gleichermaßen unter dem Schutz des **Art. 6 Abs. 2 S. 1 GG**. Sie sind **17** von den Eltern im Verhältnis zueinander zu respektieren und beschränken sich gegenseitig (BVerfG 14.7.2010 – 1 BvR 3189/09, FamRZ 2010, 1622).

Das Umgangsrecht ist kein Teil des **Sorgerechts**, auch wenn es das Personensorgerecht berührt, etwa be- **18** züglich der Herausgabe des Kindes und der Aufenthaltsbestimmung zur Durchführung und Regelung des Umgangs. Es besteht unabhängig vom Sorgerecht. Der nicht sorgeberechtigte Elternteil hat ebenso das Recht zum Umgang wie der Sorgeberechtigte.

Auch hat der Alleinsorgeberechtigte nicht das Recht, entgegen dem Willen des anderen Elternteils Umfang **19** und Ausübung des Umgangsrechts allein zu bestimmen. Das Umgangsrecht ist vielmehr – unabhängig von der Sorgerechtsfrage – grundsätzlich im **Einvernehmen der Sorge- und Umgangsberechtigten** auszuüben. Im Konfliktfall hat das Familiengericht gem. § 1684 Abs. 3 S. 1 BGB über seinen Umfang zu entscheiden und seine Ausübung zu regeln (OLG München 22.12.2010 – 33 UF 1745/10, FamRZ 2011, 823).

Im Falle einer gerichtlichen Entscheidung über das Umgangsrecht sind die beiderseitigen **Grundrechtspo- 20 sitionen der Eltern** aber auch das **Wohl des Kindes**, das ebenfalls Grundrechtsträger ist, zu berücksichtigen. Das Gericht hat sich im Einzelfall um eine Konkordanz der verschiedenen Grundrechte zu bemühen (BVerfG 5.2.2002 – 1 BvR 2029/00, FamRZ 2002, 809; 14.7.2010 – 1 BvR 3189/09, FamRZ 2010, 1622; s. Rn 75).

Da Art. 6 Abs. 2 S. 1 GG ein Elternrecht ohne Pflichtentragung gegenüber dem Kind ausschließt, ist dessen **21** wesensbestimmender Bestandteil die Pflicht zur Pflege und Erziehung des Kindes. Das Umgangsrecht ist Teil der Elternverantwortung, womit auch eine **Pflicht zum Umgang** verbunden ist (BVerfG 1.4.2008 – 1 BvR 1620/04, FamRZ 2008, 845; s. → *Umgangspflicht* Rn 6 ff).

c) Zweck des Umgangs. Umgang zwischen Eltern und Kind ist nicht lediglich eine mögliche Ausdrucks- **22** form elterlicher Erziehung, sondern Basis für die Eltern-Kind-Beziehung. Für den nicht sorgeberechtigten Elternteil ist das Umgangsrecht wesentliche Grundlage für die Ausübung des Elternrechts aus Art. 6 Abs. 2 S. 1 GG (BVerfG 1.4.2008 – 1 BvR 1620/04, FamRZ 2008, 845). Als **originäres Elternrecht** ist es unabhängig von dem familiären Status, der Sorgerechtslage, dem Willen des betreuenden Elternteils oder einer gerichtlichen Entscheidung im Sinne einer Zuweisung. Grundsätzlich steht das Umgangsrecht auch den Eltern zu, denen die elterliche Sorge gem. **§ 1666 BGB** entzogen worden ist.

23 Der Umgang ermöglicht dem umgangsberechtigten Elternteil, sich von dem körperlichen und geistigen Befinden des Kindes und seiner Entwicklung durch Augenschein und gegenseitige Absprache fortlaufend zu überzeugen, die verwandtschaftlichen Beziehungen zu ihm aufrechtzuerhalten und einer **Entfremdung** vorzubeugen sowie dem Liebesbedürfnis beider Teile Rechnung zu tragen (BVerfG 14.7.2010 – 1 BvR 3189/09, FamRZ 2010, 1622).

24 Nach bisher wohl überwiegender Ansicht ist es nicht Zweck des Umgangs, beiden Elternteilen eine gleichmäßige **Teilhabe am Leben des Kindes** sicherzustellen. Das Bedürfnis des Kindes nach einem räumlich sicheren Lebensmittelpunkt setze dem Umgangsrecht Grenzen (Brandenburgisches OLG 29.12.2009 – 10 UF 150/09, FamRZ 2010, 1352; OLG Köln 12.3.2012 – 4 UF 235/11, FamFR 2012, 335). Der rechtlichen Ausgestaltung des Umgangsrechts liege das Leitbild des Residenzmodells zugrunde, wonach sich das Kind die überwiegende Zeit bei dem betreuenden Elternteil aufhält und die Umgangszeiten des anderen Elternteils hinter dieser Betreuungszeit zurückbleiben (Brandenburgisches OLG 7.6.2012 – 15 UF 314/11, FF 2012, 457ff). Diese Ansicht führt zu Abgrenzungsproblemen beim **Wechselmodell** (s. Rn 78) und erscheint angesichts des gesellschaftlichen Wandels, der seinen Ausdruck in zunehmend gleichmäßiger Beteiligung beider Eltern an der Betreuungs- und Erziehungsarbeit findet mit der Folge, dass eine eindeutige Zuordnung des Kindes zu einem Elternteil nicht immer möglich ist, den Bedürfnissen des Kindes nicht mehr angemessen.

25 Dem Kind dient der Umgang zur Aufrechterhaltung seiner Bindungen an den abwesenden Elternteil, indem es Gelegenheit hat, sich einen persönlichen Eindruck von diesem zu machen. Es soll neben dem betreuenden Elternteil auch den **anderen Elternteil als Bindungspartner** behalten, was für die seelische Entwicklung des Kindes und die **psychologische Verarbeitung der Trennung** als bedeutsam angesehen wird (Gerhardt/von Heintschel-Heinegg/Klein/Büte, 4. Kapitel Rn 376, 377; s. → *Umgangspflicht* Rn 15).

26 **d) Inhalt und Umfang des Umgangs.** Während § 1634 Abs. 1 BGB aF die „Befugnis zum persönlichen Umgang mit dem Kind" normierte, spricht § 1684 BGB nur von „Umgang", ohne den Begriff zu definieren. Das Umgangsrecht erfasst alle **Kommunikationsformen**, also neben der persönlichen Begegnung auch Brief- und Telefonkontakte. Telefonkontakte sind insbesondere bei getrennten Wohnsitzen Teil der Wahrnehmung des Umgangs und Element familiärer Gemeinschaft (BVerfG 8.12.2005 – 2 BvR 1001/04, FamRZ 2006, 187). Die heute gängigen weiteren Formen der Kommunikation wie **E-Mail**, **SMS** und **Fax** sowie die Zuwendung von **Geschenken** fallen ebenfalls unter den Begriff des Umgangsrechts (NK-BGB/Peschel-Gutzeit § 1684 BGB Rn 19 ff; s. Rn 43 ff), so dass auch hierüber Einvernehmen herzustellen oder eine gerichtliche Regelung herbeizuführen ist.

27 Eltern regeln unter Beteiligung des Kindes nach Maßgabe des **§ 1626 Abs. 2 BGB** im Rahmen der **Elternautonomie** Art, Ort und Zeitpunkt, Häufigkeit und Dauer des Umgangs, Ferien- und Ersatztermine sowie die Modalitäten des Holens und Bringens und die Frage der **Kostentragung** (NK-BGB/Peschel-Gutzeit § 1684 BGB Rn 23 ff; s. → *Umgangskosten* Rn 3 ff).

28 Die **Ausgestaltung des Umgangs** selbst obliegt dagegen dem Umgangsberechtigten allein, der gem. **§ 1687 Abs. 1 S. 4 BGB** oder **§ 1687 a BGB** für die Dauer des Aufenthaltes des Kindes bei ihm die Befugnis zur alleinigen Entscheidung in Angelegenheiten der tatsächlichen Betreuung hat (s. → *Gesetzliche Vertretung Minderjähriger* Rn 19), wozu auch Kontakte zu dritten Personen gehören (Gernhuber/Coester-Waltjen, Familienrecht, § 66 Rn 8). Die in gerichtlichen Umgangsverfahren häufig gestellte Forderung des Betreuungselternteils, der Umgangsberechtigte möge bestimmte Personen, Orte, Nahrungs- oder Genussmittel meiden oder bestimmte Freizeitaktivitäten unterlassen, findet im Gesetz unterhalb der Schwelle des § 1666 BGB eine Grundlage allenfalls in der in § 1684 Abs. 2 BGB normierten **Wohlverhaltensklausel** (s. Rn 57 ff).

29 Wenn Eltern sich über den Umgang nicht einigen können, hat das Familiengericht unter Berücksichtigung aller Umstände des Einzelfalls die dem Wohl des Kindes entsprechende Umgangsregelung zu treffen (s. Rn 73 ff).

Den **Ort des Umgangs** bestimmt grundsätzlich der Umgangsberechtigte, so dass Umgang in aller Regel in 30
seinem Umfeld, dh in seiner Wohnung stattfindet. Umstände des Einzelfalls können zu einer abweichenden
Regelung führen, etwa Umgang an neutralen Orten, wenn die Voraussetzungen für begleiteten Umgang
vorliegen (s. → *Begleiteter Umgang* Rn 4) oder Umgang in der Wohnung von Verwandten oder Freunden
oder in einer Ferienwohnung am Wohnort des Kindes, wenn die große Entfernung zwischen den Wohnorten der Beteiligten andernfalls einem regelmäßigen Wochenendumgang wegen der langen Fahrzeiten entgegenstehen könnte. Dabei werden im Einzelfall das Alter des Kindes, die verfügbaren Transportmittel und
die finanziellen und zeitlichen Verhältnisse des Umgangsberechtigten eine Rolle spielen. Bei großer Entfernung und insbesondere bei älteren Kindern bietet sich statt der Wochenendumgänge eine großzügigere
Ferienregelung an.

Für **Häufigkeit** und **Dauer** des Umgangs ist neben der Intensität der bisherigen Beziehung das **Alter des** 31
Kindes von wesentlicher Bedeutung. Dem Zeitempfinden kleinerer Kinder, die während des Umgangs die
Trennung von dem betreuenden Elternteil und zwischen den Umgängen die Trennung vom Umgangsberechtigten bewältigen müssen, ist Rechnung zu tragen, so dass bei Säuglingen und Kleinstkindern, die noch
keine längere Trennung von ihrer Betreuungsperson erfahren haben, häufigere Kontakte von kürzerer Dauer in Betracht kommen.

Der Umgang mit einem sechs Monate alten **Säugling** kann – abhängig auch von der Flexibilität des Um- 32
gangsberechtigten – beispielsweise alle drei bis fünf Tage, wenigstens aber wöchentlich, für drei bis vier
Stunden stattfinden und sich anfangs in Spaziergängen oder Spielplatzbesuchen erschöpfen. In diesem Alter soll der regelmäßige Umgang eine Beziehung erst herstellen, den Umgangsberechtigten zu einer dem
Kind vertrauten Person und schließlich zu einer weiteren **Bezugsperson** machen.

Auf **Schlafenszeiten** des Kindes und unter Umständen auch auf **Stillzeiten** ist Rücksicht zu nehmen, nicht 33
aber dann, wenn das Stillen eines Kleinkindes nicht mehr der Nahrungsaufnahme dient (Brandenburgisches
OLG 29.12.2009 – 10 UF 150/09, FamRZ 2010, 1352). Andererseits hat der betreuende Elternteil nach
Möglichkeit dafür zu sorgen, dass das Kleinkind seinen Mittagsschlaf bereits beendet hat, wenn es zum
Umgang abgeholt wird, und entweder satt ist oder auch vom Umgangsberechtigten mit Nahrung versorgt
werden kann.

Grundsätzlich ist eine **feste Regelung** zu schaffen. Der Umgang darf jedenfalls bei jüngeren Kindern nicht 34
dem Belieben des Kindes überlassen bleiben, das mit dieser Verantwortung überfordert wäre. Er soll zur
Gewohnheit werden, um eine **Entfremdung** zu vermeiden, was regelmäßige Besuche erfordert.

Eine feste Regelung kann auch bei älteren Kindern und Jugendlichen erforderlich sein, denen man die **freie** 35
Gestaltung des Umgangs eher zubilligt. Wenn andernfalls der Kontakt abzubrechen droht, weil das Kind
durch den betreuenden Elternteil gegen den Umgangsberechtigten eingenommen ist und seine „freie Gestaltung" sich letztlich in **Umgangsverweigerung** ausdrückt, kann auch einem 15-jährigen ein Rahmen zu
geben sein (Brandenburgisches OLG 20.5.2010 – 10 UF 46/09, FamRZ 2010, 1923).

Übernachtungsumgang ist – auch bei kleineren Kindern – grundsätzlich zuzulassen. Feste **Altersgrenzen** 36
werden in der Rechtsprechung nicht mehr gesetzt (Palandt/Götz § 1684 BGB Rn 15). Gleichwohl ist das
Alter des Kindes und damit einhergehend sein **Entwicklungsstand** ein Ansatzpunkt dafür, ob es geboten
ist, Übernachtungen zuzulassen. Zeitpunkt und Umstände der Trennung, die bisherige Beteiligung des Umgangsberechtigten an der Versorgung des Kindes und bereits gemachte Übernachtungserfahrungen in der
Familie oder bei Spielkameraden können weitere Gesichtspunkte sein. Auch bei einem Kleinkind kommt
es im Übrigen auf den möglichst zuverlässig zu ermittelnden Willen des Kindes an, da ein etwaiger vom
Kind ausdrücklich oder indirekt geäußerter Wunsch nach Übernachtungen oder Ferienumgängen Ausdruck
von Bindungen zum Umgangsberechtigten sein kann, die einen entsprechenden Umgang geboten erscheinen lassen (BVerfG 23.3.2007 – 1 BvR 156/07, FamRZ 2007, 1078; s. Rn 132).

37   Der phantasielos anmutende 14-tägige **Wochenendumgang** trifft oftmals das Bedürfnis der Kinder, die am Wochenende anders gestaltbare Freizeit mit beiden Elternteilen abwechselnd zu verbringen. Ob dies im Einzelfall zutrifft, ist jeweils durch Anhörung des Kindes zu klären.

38   Für **Ferienaufenthalte**, die zusätzlich zum periodischen Umgang zu gewähren sind, gilt Entsprechendes. Die Möglichkeit eines längeren Zusammenlebens im Rahmen des Urlaubs lässt das Kind den Umgangsberechtigten auch in **Alltagssituationen** erleben und kann dazu beitragen, die Bindungen des Kindes zum Umgangsberechtigten aufrechtzuerhalten und zu festigen sowie die Situation zu entspannen und das Kind zu entlasten (BVerfG 23.2.2007 – 1 BvR 156/07, FamRZ 2007, 1078). Dabei setzt sich in der Praxis allmählich die Erkenntnis durch, dass grundsätzlich nichts dagegen spricht, die Ferien hälftig zwischen den Eltern aufzuteilen. Ob dann im Einzelfall Gründe dagegen und für eine andere Aufteilung sprechen, wäre zu prüfen. Denkbar ist es auch, die Sommerferien hälftig aufzuteilen und die übrigen („kleinen") Ferien im Ganzen zu verteilen, beispielsweise zwei Wochen Osterferien beim einen, zwei Wochen Pfingst- oder Herbstferien, je nach Bundesland, beim anderen Elternteil. Im Folgejahr kann getauscht werden.

39   An den hohen kirchlichen **Feiertagen** wie Ostern, Pfingsten und Weihnachten ist Umgang zu gewähren, da diese Tage aus dem normalen Ablauf des Jahres herausragen und der Umgangsberechtigte, wie im Übrigen auch das Kind, die Möglichkeit haben sollten, sie jedenfalls teilweise miteinander zu verbringen. Das gilt gerade an den Feiertagen, die üblicherweise mit **Geschenken** verbunden sind (Gerhardt/von Heintschel-Heinegg/Klein/Büte, 4. Kapitel Rn 447).

40   Wurde früher in aller Regel dem betreuenden Elternteil der „Hauptfeiertag" belassen und dem Umgangsberechtigten der „zweite Feiertag" – also Ostermontag, Pfingstmontag und 1. oder 2. Weihnachtsfeiertag – zugebilligt, finden sich heute Ansätze in Kombination mit einer – geteilten oder ungeteilten – Ferienregelung, so dass das Kind beispielsweise die Osterferien mit sämtlichen Feiertagen bei der Mutter, die Pfingstferien mit Feiertag beim Vater und die Weihnachtsferien ab dem ersten oder zweiten Feiertag bis Neujahr beim Vater verbringt. Im Folgejahr werden Ferien und Feiertage getauscht.

41   Den **eigenen Geburtstag** verbringt das Kind üblicherweise dort, wo es seinen Lebensmittelpunkt hat, also bei dem Betreuungselternteil. Wünschenswert ist es, dem Umgangsberechtigten die Möglichkeit zu einem kurzen Besuch einzuräumen, damit persönlich gratuliert und ein Geschenk übergeben werden kann. Noch besser wäre es, auch hier einen jährlichen Wechsel zu erreichen. Den **Geburtstag der Eltern** sollte das Kind mitfeiern dürfen, soweit es sich einrichten lässt. An sonstigen wichtigen Ereignissen, die für das Kind regelmäßig an seinem Aufenthaltsort stattfinden, so die **Einschulung, Konfirmation/Kommunion**, **Schulfeste**, darf der Umgangsberechtigte teilnehmen, nicht jedoch gegen den Willen des betreuenden Elternteils an der anschließenden privaten Feier (NK-BGB/Peschel-Gutzeit § 1684 BGB Rn 39), auch wenn das Kind dies sicher begrüßen würde. **Mutter- und Vatertag**, soweit man die besondere Begehung dieser Tage nicht als Anachronismus empfindet, sollten mit dem angesprochenen Elternteil verbracht werden.

42   Für **ausgefallene Besuche** ist eine Regelung zu finden, die so aussehen kann, dass Umgang nachgeholt wird, wenn er aus Gründen ausgefallen ist, die in der Sphäre des Kindes oder seiner Betreuungsperson liegen, andernfalls nicht. Die **Ersatztermine** legt man abstrakt von vornherein fest. Da eine Ferienregelung den periodisch stattfindenden Umgang überlagert, besteht hier für eine Ersatzregelung keine Notwendigkeit (OLG Saarbrücken 4.1.2011 – 6 UF 132/10, FamRZ 2011, 824).

43   **Brief- und Telefonkontakte** können den persönlichen Umgang ersetzen oder ergänzen. Wenn wegen der räumlichen Entfernung häufigere kurze Besuche nicht möglich sind, kommt dem telefonischen Kontakt, je nach Alter des Kindes und technischer Ausstattung der Eltern, vielleicht kameraunterstützt („Skype"), größere Bedeutung zu.

44   Der betreuende Elternteil ist verpflichtet, Briefe wie im Übrigen auch **Geschenke**, die, wenn sie über Gelegenheitsgeschenke hinausgehen, mit dem betreuenden Elternteil abzustimmen sind, an das Kind weiterzuleiten und dafür zu sorgen, dass das Kind zu den verabredeten Terminen ungestört telefonieren kann.

Unbegrenztes Telefonieren muss nicht, kann aber zugelassen werden. Umgekehrt hat der Umgangsberech- 45
tigte bei Telefonkontakten auf die Alltagsgestaltung wie Essens- und Schlafenszeiten Rücksicht zu nehmen.

Eine **Überwachung** oder **Briefkontrolle**, auch unter dem Vorwand, lediglich Rechtschreibfehler auszubes- 46
sern, hat zu unterbleiben. Allenfalls bei triftigen Gründen zur Annahme einer **Kindswohlgefährdung** wird
man dem betreuenden Elternteil zubilligen, sich inhaltlich mit den gewechselten Briefen zu beschäftigen
(NK-BGB/Peschel-Gutzeit § 1684 BGB Rn 20).

Ob ein beim Kind schon vorhandenes **Handy** ein besonderes Problem des Umgangsrechts darstellt, weil 47
das Kind damit theoretisch jederzeit erreichbar ist und außer fernmündlich auch – noch schwerer zu kon-
trollieren – per **SMS** Kontakt zum Umgangsberechtigten halten kann (Söpper FamRZ 2002, 73), mag dahinstehen. Die hierzu zu findenden Beispiele zeigen allerdings, wie unnatürlich der an sich wünschenswerte Kontakt zwischen Elternteil und Kind werden kann, wenn jede Form der Kontaktaufnahme reguliert
wird.

Bei **Geschwistern** ist die Individualität jedes Kindes als **Träger eigener Grundrechte** zu beachten. Es ist 48
auf die Persönlichkeit, die Belange und den Willen jedes Kindes einzugehen. Das Umgangsrecht ist trotz
einer bestehenden geschwisterlichen Bindung im Verhältnis zu jedem der Kinder **isoliert zu betrachten**,
so dass es zu **unterschiedlichem Umgang** mit jedem der Kinder kommen kann. Andernfalls könnten Geschwister nur auf der Basis des kleinsten gemeinsamen Nenners mit ihren Elternteilen Umgang pflegen.
Organisatorische Erschwernisse sind dabei hinzunehmen (BVerfG 24.7.2006 – 1 BvR 971/03, FamRZ
2007, 335).

Eltern steht ein Umgangsrecht auch dann zu, wenn ihnen die **elterliche Sorge entzogen** und das Kind in 49
eine **Pflegefamilie** gegeben worden ist. Die gesetzliche Vermutung des § 1626 Abs. 3 S. 1 BGB, wonach
zum Wohle des Kindes in der Regel der Umgang mit beiden Elternteilen gehört, gilt auch in diesen Fällen.
Der Eingriff in das Sorgerecht soll nicht zwingend den Kontaktabbruch zwischen Eltern und Kind zur Folge haben (s. → *Ausschluss des Umgangsrechts* Rn 41 ff).

Befindet sich der Umgangsberechtigte in **Haft**, steht ihm gleichwohl ein Umgangsrecht zu, es sei denn, der 50
Kontakt des Kindes mit dem Strafvollzug stellte eine **Gefährdung des Kindeswohls** dar, weil das Kind
dem Besuch im Gefängnis nicht gewachsen ist (AG Pankow-Weißensee 11.8.2004 – 18 F 3766/03). Der
betreuende Elternteil hat das Kind auf die Verhältnisse in der JVA und den Kontakt mit dem anderen allerdings vorzubereiten (OLG Hamm 6.1.2003 – 8 WF 288/02, FamRZ 2003, 951).

e) Modalitäten des Umgangs. Zur Aufgabe des Umgangsberechtigten, der den Ort des Umgangs be- 51
stimmt, gehört es, das Kind abzuholen und zurückzubringen. Dies kann problematisch sein, wenn ohne
Mitwirkung des anderen Elternteils der Umgang wesentlich erschwert oder vereitelt würde.

Der in **Haft** einsitzende Umgangsberechtigte beispielsweise kann sein Kind nicht holen. Wohnen die Eltern 52
weit voneinander entfernt, müsste der Umgangsberechtigte bei kleineren Kindern, die die Reise noch nicht
alleine mit Bahn oder Flugzeug bewältigen können, an einem Wochenende vier, mitunter jeweils mehrstün-
dige Fahrten auf sich nehmen, um den regelmäßigen Umgang in seinem Wohnumfeld ausüben zu können
oder sich am Wohnort des Kindes eine Unterkunft besorgen.

Dieser zeitliche wie finanzielle Aufwand wäre schwer zu bewältigen und für den Umgangsberechtigten un- 53
zumutbar (Gerhardt/von Heintschel-Heinegg/Klein/Büte, 4. Kapitel Rn 455). In solchen Fällen würde der
Umgang faktisch vereitelt. Der betreuende Elternteil, zumal wenn er durch **Wegzug** die Situation herbeige-
führt hat, kann deshalb zur anteiligen Übernahme des zeitlichen und organisatorischen Aufwands, der zur
Ausübung des Umgangs durch das Holen und Bringen der Kinder erforderlich wird, verpflichtet sein
(BVerfG 5.2.2002 – 1 BvR 2029/00, FamRZ 2002, 809). Diese Mitwirkungspflicht an der Durchführung
des Umgangs ergibt sich aus der **Wohlverhaltensklausel** des § 1684 Abs. 2 BGB (NK-BGB/Peschel-
Gutzeit § 1684 BGB Rn 42; s. Rn 57 ff).

54 Die **Mitwirkung** des betreuenden Elternteils kann darin bestehen, das Kind zum Flughafen (KG 28.12.2005 – 13 UF 119/05, FamRZ 2006, 878) oder zum Bahnhof (AG Detmold 2.2.2006 – 15 F 449/05, FamRZ 2006, 880) zu bringen und dort wieder abzuholen. Für Kinder, die noch zu klein sind, um die Reise mit Unterstützung von Zug- oder Flugbegleiter alleine zu bewältigen, ist dort **Übergabe**, dh der Umgangs-berechtigte muss bis zum Flughafen anreisen (Brandenburgisches OLG 22.5.2008 – 10 UF 119/07, FamRZ 2009, 131), andernfalls unternimmt das Kind Fahrt oder Flug alleine, allenfalls betreut von Bahn- oder Flugpersonal.

55 Der betreuende Elternteil kann auch dazu verpflichtet werden, einen Teil der Strecke zu übernehmen und das Kind zu einem **Treffpunkt** zu bringen, beispielsweise eine Autobahnraststätte (Schleswig-Holsteinisches OLG 3.2.2006 – 13 UF 1359/05, FamRZ 2006, 881).

56 Die **Kosten des Umgangs** hat grundsätzlich der Umgangsberechtigte zu tragen (s. → *Verbindlichkeiten im Unterhalt* Rn 22). Soweit der andere Elternteil sich im Rahmen seiner **Mitwirkungspflicht** an dem zur Ausübung des Umgangsrechts erforderlichen Aufwand zu beteiligen hat, hat er auch die Kosten zu tragen. Es handelt sich um einen Aufwand zum Wohle des Kindes, der Teil der dem sorgeberechtigten Elternteil obliegenden Naturalunterhaltsleistung für die Kinder ist bzw mit dem vom anderen Elternteil zu zahlenden Barunterhalt als abgegolten gilt (Schleswig-Holsteinisches OLG 3.2.2006 – 13 UF 1359/05, FamRZ 2006, 881). Dies gilt insbesondere dann, wenn der Umgangsberechtigte in beengten wirtschaftlichen Verhältnis-sen lebt und den Umgang nur mit Einschränkungen würde wahrnehmen können, zumal in Fällen des Weg-zugs des betreuenden Elternteils (OLG Dresden 7.2.2005 – 20 UF 896/04, FamRZ 2005, 927; s. → *Um-gangskosten* Rn 7 ff).

57 **f) Wohlverhaltensklausel.** Die Wohlverhaltensklausel des § 1684 Abs. 2 BGB verpflichtet die Eltern, al-les zu unterlassen, was das Verhältnis des Kindes zum jeweils anderen Elternteil beeinträchtigt oder die Erziehung erschwert. Sie gilt für beide Eltern und verpflichtet sie zu **gegenseitiger Loyalität**, die seitens des Gerichts durch Anordnungen nach § 1684 Abs. 3 S. 2 BGB eingefordert werden kann.

58 Dahinter steht das Ziel, dem Kind auch nach der Trennung seiner Eltern beide Elternteile zu erhalten sowie **zu verhindern, dass es den Halt verliert** und mit den Konflikten (seiner Eltern) belastet wird (Haußleiter NJW-Spezial 2007, 151).

59 Dem Wortlaut nach begründet die Vorschrift lediglich eine **Unterlassungspflicht**. Die Pflichten der Eltern reichen aber tatsächlich weiter. So kann von ihnen ein positives Tun verlangt werden bis hin zum Holen und Bringen des Kindes durch den betreuenden Elternteil (Palandt/Götz § 1684 BGB Rn 6).

60 Es „entspricht der gemeinsamen sorgerechtlichen Verantwortung beider Elternteile für das Kind, die u.a. auf Aufrechterhaltung und Fortentwicklung der Beziehung zwischen dem nichtbetreuenden Elternteil und dem Kind gerichtet ist, beide Elternteile in der Abwicklung dieser Kontakte einer **wechselseitigen Loyali-tät** zu unterwerfen, die sich darin äußern kann, dass der betreuende Elternteil an dem entstehenden zeitli-chen und organisatorischen Aufwand zu beteiligen ist" (OLG Dresden 7.2.2005 – 20 UF 896/04, FamRZ 2005, 927).

61 Zu den aus § 1684 Abs. 2 BGB ableitbaren Pflichten gehört weiter, das Kind dem anderen gegenüber nicht **negativ zu beeinflussen** und dessen Bindung zum anderen nicht zu untergraben, was bereits dadurch ge-schehen kann, dass dem Kind die Entscheidung über den Umgang freigestellt wird. Denn dies kann fak-tisch zur Umgangsvereitelung (s. → *Vereitelung des Umgangsrechts* Rn 9 ff) führen (NK-BGB/Peschel-Gutzeit § 1684 BGB Rn 28).

62 Ein Verstoß gegen die Wohlverhaltenspflicht im tatsächlichen Bereich liegt auch darin, wenn der betreuen-de Elternteil für das Kind besonders attraktive Freizeitunternehmungen auf die Umgangszeit legt oder dem Kind Geschenke verspricht, wenn es den Umgang nicht wahrnimmt. Der betreuende Elternteil hat im Ge-genteil die Pflicht, durch **aktives erzieherisches Einwirken** auf das Kind den Kontakt zum Umgangsbe-rechtigten positiv zu fördern.

Dies geht jedoch nicht so weit, dass die Verpflichtung der Eltern zu einer **psychologisch-pädagogischen** 63
Behandlung (BGH 27.10.1993 – XII ZB 88/92, FamRZ 1994, 158; OLG Karlsruhe 17.2.2003 – 20 WF
152/02, FamRZ 2004, 56) angeordnet werden könnte. Eine gerichtlich angeordnete Psychotherapie greift in
das Recht auf Achtung der Privatsphäre ein und verletzt den von der Anordnung Betroffenen in seinem
Grundrecht aus Art. 2 Abs. 1 iVm Art. 1 Abs. 1 GG (BVerfG 1.12.2010 – 1 BvR 1752/10, FamRZ 2011,
179).

Das Gericht kann aber seit 1.9.2009 gem. § 156 Abs. 1 S. 4 FamFG die **Teilnahme der Eltern an einer** 64
Beratung nach § 156 Abs. 1 S. 2 FamFG anordnen, wenngleich es diese Anordnung nicht mit Zwangsmitteln durchsetzen kann. Es bleibt bei Verweigerungshaltung eines Elternteils allenfalls ein Kostennachteil
nach § 81 Abs. 2 Nr. 5 FamFG. Die Entscheidungen zur Anordnung von Mediation (Brandenburgisches
OLG 21.11.2001 – 9 UF 219/01, FamRZ 2002, 975) oder Teilnahme an Beratungsgesprächen bei einer Er-
ziehungsberatungsstelle (OLG Stuttgart 10.1.2007 – 17 UF 190/06, FamRZ 2007, 1682 unter Aufgabe der
früheren Rechtsprechung) sind damit überholt.

Der Umgangsberechtigte wiederum darf den **Umgang nicht eigenmächtig verlängern** und seine Um- 65
gangszeit auch nicht dazu nutzen, um das Kind einem Arzt oder Psychologen zum Nachweis bisher streitiger Erziehungsmängel vorzustellen (Gerhardt/von Heintschel-Heinegg/Klein/Büte, 4. Kapitel Rn 412).

Unter dem Gesichtspunkt der Wohlverhaltenspflicht dürfen Eltern den jeweils anderen nicht im Unklaren 66
lassen, wo sie mit dem Kind Urlaub machen. Das beinhaltet die Pflicht, dem anderen die **Urlaubsadresse**
mitzuteilen.

Beide Eltern dürfen die **Erziehungsgrundsätze** des anderen nicht unterlaufen. Bei gemeinsamer elterlicher 67
Sorge ist aber **§ 1628 BGB** zu beachten. Der betreuende Elternteil kann nicht beanspruchen, den Vorrang
vor dem anderen Elternteil zu haben. Ebensowenig dürfen Eltern in Gegenwart des Kindes oder sogar diesem gegenüber über den anderen verächtlich oder herabwürdigend sprechen. Schwierig zu greifen und auch
nachzuweisen aber ebenso zu vermeiden ist die nonverbale **Ablehnung des Umgangs** seitens des das Kind
betreuenden Elternteils, da sich diese Haltung auf das Kind überträgt.

Das Familiengericht kann die Beteiligten gem. § 1684 Abs. 3 S. 2 BGB durch Anordnungen zur Erfüllung 68
der Wohlverhaltenspflicht anhalten. Bei einem Verstoß kommt zunächst die Vollstreckung dieser Anordnung gem. § 89 FamFG in Betracht. Dem betreuenden Elternteil drohen zudem **unterhaltsrechtliche Kon-**
sequenzen, da Vereitelungshandlungen den Verwirkungstatbestand des § 1579 S. 1 Nr. 7 BGB erfüllen
können (BGH 14.3.2007 – XII ZR 158/04, NJW 2007, 1969; s. → *Unbilligkeit (Verwirkung)* Rn 26).

Außerdem kommen **Schadensersatzansprüche** des anderen wegen verfehlter Aufwendungen bei vereitel- 69
tem Umgang in Betracht (Steinberger/Lecking MDR 2009, 960). Das Umgangsrecht begründet ein gesetzliches Verhältnis familienrechtlicher Art, aus dem sich die auch im Interesse des Kindes liegende Pflicht
ergibt, bei der Gewährung des Umgangs auf die Vermögensbelange des anderen Bedacht zu nehmen (BGH
19.6.2002 – XII ZR 173/00, NJW 2002, 2566). Im Extremfall ist die **Übertragung der elterlichen Sorge**
auf den Umgangsberechtigten zu prüfen (s. → *Vereitelung des Umgangs* Rn 13 ff).

Während die ältere Rechtsprechung Auswanderungspläne des sorgeberechtigten Elternteils durch Entzug 70
des Aufenthaltsbestimmungsrechts unterbunden hat, wenn andernfalls der Umgang mit dem Kind unmöglich gemacht würde und triftige Gründe für die Auswanderung fehlen, hat der Bundesgerichtshof mittlerweile klargestellt, dass der **Auswanderungsentschluss** wie auch der Wunsch des betreuenden Elternteils,
in seine Heimat zurückzukehren, nicht als Frage des Umgangs, sondern als solche des Sorgerechts zu behandeln ist. Für sich genommen steht der Entschluss grundsätzlich nicht zur Überprüfung des Gerichts. Es
kommt deshalb nicht darauf an, ob der ausreisewillige Elternteil triftige Gründe hierfür hat. Seine allgemeine Handlungsfreiheit kann nicht dergestalt eingeschränkt werden, dass ihm die Ausreise untersagt wird
(BGH 28.4.2010 – XII ZB 81/09, FamRZ 2010, 1060, Auswanderung nach Mexiko; 16.3.2011 – XII ZB
407/10, Rückkehr aus Frankreich).

71 Die bloße **Beeinträchtigung des Umgangsrechts** führt auch nicht zur Vermutung der Kindeswohlschäd-lichkeit. Wenn mit der Übersiedlung allerdings (auch) bezweckt wird, den Kontakt zwischen dem Kind und dem anderen Elternteil zu vereiteln, stehen die **Bindungstoleranz** des betreuenden Elternteils und damit seine Erziehungseignung in Frage (BGH 28.4.2010 – XII ZB 81/09, FamRZ 2010).

72 Verstößt der Umgangsberechtigte gegen seine Loyalitätspflichten, kommen ebenfalls die Anordnung einer **Umgangspflegschaft** aber auch einschränkende Maßnahmen bis hin zum völligen **Ausschluss des Um-gangsrechts** gem. § 1684 Abs. 4 BGB in Betracht.

73 **g) Regelungen durch das Familiengericht.** Das Familiengericht, das in der Regel auf Antrag des um-gangsberechtigten Elternteils tätig wird, kann gem. § 1684 Abs. 3 S. 1 BGB **Umfang und Ausübung des Umgangsrechts** regeln. Eine gerichtliche Entscheidung wird dann erforderlich, wenn die Eltern nicht in der Lage sind, einvernehmliche Regelungen zu treffen.

74 Dabei können sie ebenso wie das Kind Beratung in Umgangsfragen durch das Jugendamt beanspruchen. Gem. **§ 18 Abs. 3 SGB VIII** sollen Kinder und Jugendliche darin unterstützt werden, dass die nach §§ 1684, 1685 BGB Umgangsberechtigten von diesem Recht zu ihrem Wohl Gebrauch machen. Eltern und andere Umgangsberechtigte haben ihrerseits **Anspruch auf Beratung und Unterstützung** bei der Aus-übung des Umgangsrechts. Wie sich aus § 1684 Abs. 4 BGB ergibt, kann das Gericht einschränkend auch von Amts wegen tätig werden, soweit dies zum Wohl des Kindes erforderlich ist.

75 Die Gerichte haben sich bei ihren Entscheidungen um eine **Konkordanz der verschiedenen Grundrecht**e zu bemühen. Sie haben unter Berücksichtigung aller Umstände des Einzelfalls die dem Wohl des Kindes entsprechende Umgangsregelung zu treffen und sich dafür mit den Besonderheiten des Einzelfalls ausein-anderzusetzen, die Interessen der Eltern sowie deren Einstellung und Persönlichkeit zu würdigen und auf die Belange des Kindes einzugehen, dessen Wille zu berücksichtigen ist, soweit das mit seinem Wohl ver-einbar ist (BVerfG 14.7.2010 – 1 BvR 3189/09, FamRZ 2010, 1622).

76 Bei Geschwisterkindern ist für jedes Kind eine gesonderte Prüfung erforderlich, um auf die Wünsche und Belange jedes der Kinder einzugehen (BVerfG 24.7.2006 – 1 BvR 971/03, FamRZ 2007, 335). Der Grund-rechtsschutz ist durch die **Gestaltung des Verfahrens**, das zu einer möglichst zuverlässigen Grundlage ei-ner am Kindeswohl orientierten Entscheidung führen muss, sicherzustellen (s. Rn 129 ff).

77 Gerichtliche Entscheidungen ergehen über den Umfang des Umgangsrechts und seine Ausübung nach den vorstehenden Grundsätzen (§ 1684 Abs. 3 S. 1 BGB). Das Gericht kann die Beteiligten zur Erfüllung der **Wohlverhaltenspflicht** anhalten (§ 1684 Abs. 3 S. 2 BGB) und bei dauerhafter oder wiederholter erhebli-cher Verletzung **Umgangspflegschaft** anordnen (§ 1684 Abs. 3 S. 3 BGB; s. → *Umgangspflegschaft* Rn 3 ff). Schließlich kann es das Umgangsrecht beschränken oder ausschließen (§ 1684 Abs. 4 S. 1, 3 BGB; s. → *Begleiteter Umgang* Rn 22 ff; s. → *Ausschluss des Umgangsrechts* Rn 48 ff).

78 Streit der Eltern über den Lebensmittelpunkt des gemeinsamen Kindes kann zu Abgrenzungsproblemen zwischen den Bereichen Sorge- bzw Aufenthaltsbestimmungsrecht und Umgangsrecht führen, wenn ein El-ternteil die Aufhebung der gemeinsamen elterlichen Sorge und Begründung (oder Aufrechterhaltung) des gewöhnlichen Aufenthaltes des Kindes bei sich anstrebt, während der andere Elternteil unter Beibehaltung (oder Herstellung) der gemeinsamen elterlichen Sorge das sogenannte **Wechselmodell** begehrt (s. → *Wechselmodell* Rn 3, 17 ff). Abweichend von der (wohl) überwiegenden obergerichtlichen Rechtspre-chung, wonach ein Wechselmodell nicht gegen den Willen eines Elternteils angeordnet werden kann, hat das Kammergericht Berlin das Wechselmodell auch gegen den Willen eines Elternteils für im Hinblick auf das Kindeswohl in einem Ausnahmefall als geboten erachtet und dieses im Wege einer **Umgangsregelung** angeordnet, so dass ein Eingriff in das Sorgerecht nicht mehr erforderlich war (KG 28.2.2012 – 18 UF 184/09, FamRZ 2012, 886 ff in einem Fall, in dem das Kind sich eindeutig und konstant einen „gleich lan-gen" Aufenthalt bei jedem Elternteil gewünscht hat; aA – nämlich Bestimmung des gewöhnlichen Aufent-haltes als Teil des Sorge-, nicht des Umgangsrechts – Brandenburgisches OLG 7.6.2012 – 15 UF 314/11, FF 2012, 457 ff in einem Fall, in dem die Mutter sich einseitig von dem zuvor einvernehmlich geraume

Zeit gelebten Wechselmodell lossagen wollte, und OLG Köln 12.3.2012 – 4 UF 235/11, FamFR 2012, 335, das das Wechselmodell bereits grundsätzlich infrage stellt). Die Entscheidung des Kammergerichts bietet am ehesten die Möglichkeit, dem sich abzeichnenden gesellschaftlichen Wandel gerecht zu werden (s. Rn 24).

In jedem Fall muss das Gericht entweder Umfang und Ausübung der Umgangsbefugnis konkret regeln **79** oder die Umgangsbefugnis ebenso konkret einschränken oder ausschließen. Es genügt nicht, eine gerichtliche Regelung schlicht abzulehnen (BGH 27.10.1993 – XII ZB 88/92, FamRZ 1994, 158). Das Familiengericht hat eine **konkrete Umgangsregelung mit durchsetzbarem Inhalt** zu treffen, die vollständig, vollziehbar und vollstreckbar sein muss (s. → *Durchsetzung von Umgangsregelungen* Rn 16).

2. Umgang des Kindes mit anderen Bezugspersonen (§ 1685 BGB)

Mit der Neuregelung des Umgangsrechts durch das Kindschaftsrechtsreformgesetz haben auch Großeltern **80** und Geschwister (§ 1685 Abs. 1 BGB) sowie – nach alter Fassung – Ehegatten und frühere Ehegatten, später auch Lebenspartner und frühere Lebenspartner, und Personen, bei denen das Kind längere Zeit in Familienpflege war (§ 1685 Abs. 2 BGB), ein Umgangsrecht erhalten, **wenn der Umgang dem Wohl des Kindes dient**. Der in § 1685 Abs. 2 BGB genannte Personenkreis wurde aufgrund der Entscheidung des Bundesverfassungsgerichts zur Stellung des leiblichen Vaters (BVerfG 9.4.2003 – 1 BvR 1493/96, 1 BvR 1724/01, NJW 2003, 2151) mit Wirkung ab 30.4.2004 dergestalt neu bestimmt, dass nicht mehr allein auf die Verwandtschaft, sondern das aktuelle oder frühere Bestehen einer sozial-familiären Beziehung abgestellt wird.

Das Recht auf Umgang haben seither neben den in Abs. 1 genannten **engen Verwandten** die in Abs. 2 de- **81** finierten **engen Bezugspersonen**, wenn sie für das Kind tatsächlich Verantwortung tragen oder getragen haben. Dies bezeichnet das Gesetz als „sozial-familiäre Beziehung". Eine solche ist idR anzunehmen, wenn die Person mit dem Kind längere Zeit in häuslicher Gemeinschaft zusammengelebt hat (§ 1685 Abs. 2 S. 2 BGB). Für den leiblichen Vater ist – nur bei bestehender rechtlicher Vaterschaft eines anderen Mannes – das Umgangsrecht künftig in § 1686 a BGB geregelt, „um deutlich zu machen, dass für biologische Väter Sonderregeln gelten" (BT-Drucks. 17/12163 vom 25.1.2013, Begründung zum Gesetzentwurf der Bundesregierung, S. 9).

a) Umgangsrecht enger Verwandter. Das Umgangsrecht von Großeltern und Geschwistern – auch Halb- **82** und Adoptivgeschwistern — setzt gem. § 1685 Abs. 1 BGB voraus, dass der Umgang dem **Wohl des Kindes** dient. Dies muss im Einzelfall konkret festgestellt werden. Allein das Verwandtschaftsverhältnis begründet noch keine dahin gehende **Vermutung** (Brandenburgisches OLG 17.5.2010 – 10 UF 10/10, FamRZ 2010, 1991).

Anders als beim Umgang mit den Eltern, wird die **Kindeswohldienlichkeit** auch nicht von § 1626 BGB **83** vermutet. Es gilt aber die **Auslegungsregel** des § 1626 Abs. 3 S. 2 BGB. Daraus ergibt sich, dass zunächst eine Bindung des Kindes zu einer Umgang wünschenden, in § 1685 Abs. 1 BGB genannten Person festgestellt werden muss, was sich aus einer engen verwandtschaftlichen Beziehung noch nicht zwingend ergibt.

Die Aufrechterhaltung einer solchen Bindung muss **für die Entwicklung des Kindes förderlich** sein (NK- **84** BGB/Peschel-Gutzeit § 1685 BGB Rn 12). Es genügt aber, wenn eine solche Bindung durch den Umgang erst hergestellt werden soll, wenn erwartet werden kann, dass dies dem Kindeswohl dient. Insbesondere ist ein **früheres Zusammenleben** nicht Voraussetzung für den gewünschten Umgang. Legitimation für einen Umgang gegen den Willen der sorgeberechtigten Eltern ist die enge verwandtschaftliche Beziehung (Gernhuber/Coester-Waltjen, Familienrecht, § 66 Rn 16).

Von der **Akzeptanz des Elternteils**, bei dem das Kind seinen regelmäßigen Aufenthalt hat, ist das Um- **85** gangsrecht von Großeltern (oder Geschwistern) grundsätzlich nicht abhängig. Die Gründe des Konflikts sind unbeachtlich, wenn er sich (lediglich) auf die beteiligten Erwachsenen bezieht. Zur Erziehungsverpflichtung des betreuenden Elternteils gehört es, dem Kind ein **Vorbild** auch insoweit zu geben, als ein von angemessenem Respekt und Höflichkeit geprägter Umgang mit den Verwandten gepflegt wird und seine ablehnende Einstellung zu diesen zurückzuhalten (KG 20.3.2009 – 17 UF 2/09, FamRZ 2009, 1229). Wenn es sich dagegen um Gründe handelt, die am Wohle des Kindes orientiert sind, können sie gegen Umgang sprechen (NK-BGB/Peschel-Gutzeit § 1685 BGB Rn 12).

86 Das Umgangsrecht von Großeltern wird als ein **treuhänderisches, dienendes Recht** charakterisiert. Großeltern haben deshalb den **Erziehungsvorrang der Eltern** zu respektieren. Dies gilt auch dann, wenn den Eltern das Sorgerecht ganz oder teilweise entzogen worden ist. Fehlt es an diesem Respekt seitens der Großeltern, würde das Kind bei jedem Umgang in einen **Loyalitätskonflikt** gestürzt werden, was dem Kindeswohl abträglich wäre (Brandenburgisches OLG 31.3.2010 – UF 176/09, FamRZ 2010, 1991; 17.5.2010 – 10 UF 10/10; OLG Hamm 15.9.2009 – II-11 UF 108/09, FamRZ 2010, 909; OLG Dresden 20.6.2008 – 24 UF 54/08, FamRZ 2010, 310).

87 **b) Umgangsrecht enger Bezugspersonen.** Sonstige Bezugspersonen, die nicht die verwandtschaftliche Nähe von Großeltern oder Geschwistern zum Kind haben, haben ein Umgangsrecht nach § 1685 Abs. 2 BGB aufgrund ihrer **sozial-familiären Beziehung**, wenn sie für das Kind **tatsächliche Verantwortung** tragen oder getragen haben.

88 Dies können **frühere Ehe- oder Lebenspartner** der Eltern, **weiter entfernte Verwandte** oder Personen sein, bei denen das Kind in **Familienpflege** war (s. → *Pflegefamilie* Rn 20), frühere „**Pflege-Großeltern**" (OLG Koblenz 17.9.2008 – 7 UF 237/08), außerdem der „lediglich" **leibliche, aber nicht gesetzliche Vater** (s. Rn 101 ff), nicht aber eine **Haushaltshilfe** oder ein **Kindermädchen**. Es soll nicht jeder längere Sozialkontakt geschützt werden (Brandenburgisches OLG 15.12.2010 – 9 UF 73/10, FamFR 2011, 68). Auch der **Lebenspartnerin der Kindsmutter** steht ein Umgangsrecht nur nach § 1685 Abs. 2 BGB, nicht aber nach § 1684 BGB zu, denn § 1684 BGB gilt nur für Eltern, also Vater und Mutter des Kindes (OLG Karlsruhe 16.11.2010 – 5 UF 217/10, NJW 2022, 1012).

89 Fraglich ist, ob auch die **leiblichen Eltern, deren Kind adoptiert worden ist**, zu dem Personenkreis des § 1685 Abs. 2 BGB zählen (OLG Stuttgart 21.3.2006 – 15 UF 4/06, NJW-RR 2007, 76). Denn bereits die Einwilligung in die Adoption führt gem. **§ 1751 Abs. 1 S. 1 BGB** dazu, dass die Befugnis zum Umgang nicht ausgeübt werden darf.

90 Wenn damit allerdings (nur) das Umgangsrecht des § 1684 BGB gemeint wäre, hätte dies – dem Sinn der Vorschrift zuwiderlaufend – zur Folge, dass aufgrund des **früheren Zusammenlebens**, vor der Adoption, Umgang verlangt werden könnte. Für diese Auslegung spricht, dass sich zu diesem Zeitpunkt die „Befugnis zum Umgang" aus § 1684 BGB ergibt, da die leiblichen, in die Adoption einwilligenden Eltern noch die gesetzlichen Eltern sind, denen ein anderes Umgangsrecht nicht zusteht.

91 Das Kind soll aber nach der Intention des Gesetzes keinen Kontakt mehr zu seinen leiblichen Eltern haben, um vollständig **in die Adoptivfamilie eingegliedert** werden zu können. Etwas anderes mag dann gelten, wenn es auch nach der Adoption noch oder wieder zu womöglich regelmäßigen Kontakten gekommen ist, die unabhängig von dem früheren Zusammenleben die Kriterien einer sozial-familiären Beziehung erfüllen. Dann wird die Umgangsfrage über § 1685 Abs. 2 BGB zu lösen sein (OLG Stuttgart 21.3.2006 – 15 UF 4/06, NJW-RR 2007, 76).

92 Entsprechendes gilt für das Umgangsrecht von Geschwistern, wenn nur eines von ihnen adoptiert worden ist. Nach § 1755 Abs. 1 S. 1 BGB erlischt mit dem Verwandtschaftsverhältnis auch das Umgangsrecht aus § 1685 Abs. 1 BGB. Ein Umgangsrecht nach § 1685 Abs. 2 BGB scheidet nach Wortlaut, Entstehungsgeschichte und Sinn und Zweck der Vorschrift, die auf Umgang zwischen Erwachsenen und Kindern zugeschnitten ist, aus, ebenso – mangels Regelungslücke – die analoge Anwendung des § 1685 Abs. 2 BGB (OLG Dresden 12.10.2011 – 21 UF 581/11, FamRZ 2013, 1153 ff, das auch ein Umgangsrecht wegen möglicher Gefährdung des Wohls des nicht adoptierten Geschwisters gem. § 1666 BGB ablehnt; die Rechtsbeschwerde ist unter XII ZA 109/11 beim BGH anhängig).

Die Entscheidung des EGMR vom 21.12.2010 (EGMR 21.12.2010 – 20587/07, FamRZ 2011, 269) mag zu   93
einer anderen Beurteilung führen, da die (leibliche) Abstammung dem **Schutz des Privatlebens** nach
Art. 8 EMRK unterfällt (Rixe FamRZ 2011, 1363, 1365).

Das Umgangsrecht von Bezugspersonen nach § 1685 Abs. 2 BGB setzt das Bestehen einer sozial-   94
familiären Beziehung voraus. Das Gesetz definiert das so, dass sie für das Kind tatsächliche Verantwortung
tragen oder getragen haben. Dies wird bei einem **Zusammenleben in häuslicher Gemeinschaft über längere Zeit** vermutet. Die Dauer des Zusammenlebens ist nicht festgeschrieben. Es kommt auf den Einzelfall
an, bei dem das **kindliche Zeitempfinden** besonders zu berücksichtigen ist (NK-BGB/Peschel-Gutzeit
§ 1685 BGB Rn 13, 14).

Der Bundesgerichtshof hat ein Zusammenleben von gut einem Jahr mit einem bei Trennung der Eltern   95
zwei Jahre acht Monate alten Kind ausreichen lassen (BGH 9.2.2005 – XII ZB 40/02, FamRZ 2005, 705).
Ebenso kann die regelmäßige Betreuung durch „Pflege-Großeltern" über verlängerte Wochenenden und in
den Ferien über einen Zeitraum von fast zwei Jahren ausreichend sein (OLG Koblenz 17.9.2008 – 7 UF
237/08, FamRZ 2009, 1229), nicht aber Wochenendkontakte der nun getrennt lebenden Ehefrau des Kindsvaters, wenn diese nicht tatsächlich Verantwortung getragen hat, so dass eine **tatsächliche Lebens- und
Erziehungsgemeinschaft** zwischen ihr und dem Kind nicht entstehen konnte, weil sie beachtet und respek-
tiert hat, dass die Verantwortung für das Kind allein bei der Kindsmutter gelegen hat (OLG Hamm
9.11.2010 – 2 WF 201/10, MDR 2011, 545).

Auch hier gilt aber nach § 1626 Abs. 3 S. 2 BGB, dass die Aufrechterhaltung der Beziehung für die Ent-   96
wicklung des Kindes förderlich sein muss.

c) Einzelheiten. Als Ausfluss der Personensorge gem. **§ 1632 Abs. 2 BGB** steht das Recht, den Umgang   97
des Kindes auch mit Wirkung für und gegen Dritte zu bestimmen, bei gemeinsamer elterlicher Sorge den
Eltern, sonst dem allein sorgeberechtigten Elternteil zu. Die Entscheidung über die Ausübung des Umgangs
mit Dritten nach § 1685 BGB ist **keine Entscheidung des täglichen Lebens** (s. → *Elterliches Sorgerecht*
Rn 14), sondern eine **Angelegenheit von erheblicher Bedeutung iSd § 1687 Abs. 1 S. 1 BGB**, über die
Eltern mit gemeinsamer elterlicher Sorge Einvernehmen herzustellen oder, wenn dies nicht gelingt, eine
gerichtliche Entscheidung herbeizuführen haben (Thüringer OLG 24.5.2006 – 1 UF 503/05, FamRZ 2009,
894).

Das Umgangsrecht nach § 1685 BGB ist **schwächer ausgestaltet** als das der Eltern gem. § 1684 BGB. Der   98
Nutzen des Umgangs für das Kind wird nicht vom Gesetz vermutet. Es ist auch nicht mit einer Umgangspflicht der genannten Umgangspersonen und, damit korrespondierend, einem Umgangsrecht des Kindes
verknüpft.

Sein **Umfang** entspricht nicht dem der Eltern. Es hat hinter dem eines Elternteils zurückzustehen, wenn   99
neben dessen regelmäßigem Umgang der zusätzliche Umgang das Kind (im Kindergartenalter) überfordern
würde, insbesondere wenn im Rahmen des Elternumgangs Kontakte ermöglicht werden (OLG Hamm
23.2.2011 – II-8 WF 27/11, FamRZ 2011, 214 zum Großelternumgang). Der Umgang der Eltern eines in
einer Pflegefamilie lebenden Kindes darf durch den Umgang mit dem in § 1685 BGB genannten Personenkreis nicht eingeschränkt werden, denn **Elternumgang hat stets Vorrang** (BVerfG 24.7.2006 – 1 BvR
971/03, FamRZ 2007, 335).

§ 1685 Abs. 3 S. 1 BGB verweist auf § 1684 Abs. 2–4 BGB. Es gilt also für alle Beteiligten – Eltern wie   100
Umgangsberechtigte – die **Wohlverhaltensklausel** (s. Rn 57). Das Gericht kann über den Umfang des Umgangsrechts entscheiden und seine Ausübung regeln, das Umgangsrecht einschränken oder auch ausschließen (s. Rn 73). Die Anordnung einer Umgangspflegschaft ist dagegen nur unter den Voraussetzungen des
§ 1666 BGB zulässig (§ 1685 Abs. 3 S. 2 BGB).

Treu

3. Umgangsrecht des leiblichen Vaters

101 **a) Bisherige Rechtslage.** Der (unstreitig) leibliche, aber nicht rechtliche Vater des Kindes ist **nicht Elternteil iSd §§ 1684 Abs. 1, 1626 Abs. 3 S. 1 BGB**, wenngleich das Bundesverfassungsgericht ihn in den Schutzbereich des Art. 6 GG einbezieht. Geschützt wird zunächst nur sein Interesse, auch die rechtliche Stellung als Vater einzunehmen, indem ihm ein verfahrensrechtlicher **Zugang zum Elternrecht** gewährleistet wird, ohne ihm jedoch von vornherein den Vorrang vor dem rechtlichen Vater einzuräumen (BVerfG 9.4.2003 – 1 BvR 1493/96, 1 BvR 1724/01, NJW 2003, 2151).

102 Schließlich wird auch einer **bestehenden familiären Beziehung** des leiblichen Vaters zu seinem Kind ein (nachwirkender) Schutz durch Art. 6 Abs. 1 GG gewährt. Wenn der Vater tatsächlich Verantwortung für sein Kind trägt oder getragen hat und daraus eine **soziale Bindung** zwischen ihm und dem Kind entsteht, bilden beide eine Familie im Sinne einer **tatsächlichen Lebens- und Erziehungsgemeinschaft** und sind in ihrem Interesse am Erhalt dieser sozial-familiären Beziehung und damit am Umgang miteinander durch Art. 6 Abs. 1 GG geschützt (BVerfG 9.4.2003 – 1 BvR 1493/96, 1 BvR 1724/01, NJW 2003, 2151). Als Folge dieser Entscheidung wurde § 1685 Abs. 2 BGB mit Wirkung zum 30.4.2004 geändert (s. Rn 3, 80 ff). Künftig gilt für den leiblichen Vater, der die Voraussetzungen des § 1685 BGB nicht erfüllen kann, da noch keine sozial-familiäre Beziehung zwischen ihm und seinem Kind besteht, der neu eingeführte § 1686 a BGB, wenn bereits ein rechtlicher Vater vorhanden ist (s. Rn 111 ff).

103 Der leibliche Vater gehörte bereits seit dem 30.4.2004 als **enge Bezugsperson** des Kindes nach § 1685 Abs. 2 S. 1 BGB zum Kreis der Umgangsberechtigten, jedoch nur dann, wenn er für das Kind tatsächlich Verantwortung trägt oder getragen und damit eine sozial-familiäre Beziehung zu dem Kind begründet hat. Er stand nicht anders da als etwa der Stiefvater, der mit der Mutter des Kindes (und dem Kind) – verheiratet oder unverheiratet – zusammengelebt hat.

104 Geschützt wurde also nur das Interesse am Erhalt der sozial-familiären Beziehung, nicht die Abstammung und auch nicht die **Bereitschaft des leiblichen Vaters, Verantwortung zu tragen,** oder sein **Wunsch nach erstmaliger Herstellung einer sozial-familiären Beziehung** zu dem Kind (BVerfG 20.9.2006 – 1 BvR 1337/06, FamRZ 2006, 1661).

105 Ein Umgangsrecht stand ihm gem. § 1685 Abs. 2 S. 1 iVm Abs. 1 BGB aber auch dann nur zu, wenn der begehrte Umgang dem Wohl des Kindes dient (BGH 9.2.2005 – XII ZB 40/02, FamRZ 2005, 705). Art. 6 Abs. 1 GG schützt die Beziehung zwischen dem Kind und seinem Elternteil, nicht das einzelne Familienmitglied. Das aus Art. 6 Abs. 1 GG vermittelte Recht korrespondiert mit dem Interesse des anderen Familienmitglieds und dient dem **Schutz der familiären Beziehung**. Ein Recht auf Umgang hatte und hat auch nach künftiger Rechtslage der leibliche Vater deshalb nur insoweit, als dies dem Wohl des Kindes dient (BVerfG 9.4.2003 – 1 BvR 1493/96, 1 BvR 1724/01, NJW 2003, 2151). Dies ist anhand von § 1626 Abs. 3 S. 2 BGB zu prüfen.

106 Die Rechtslage war unbefriedigend, da sie die Interessen und Rechte des Kindes ignorierte und ihm die Möglichkeit nahm, eine Beziehung zu seinem leiblichen Vater aufzubauen, womöglich überhaupt von ihm zu erfahren. Sie war auch widersprüchlich, da einerseits in § 1685 Abs. 1 BGB allein auf die nahe Verwandtschaft zu Geschwistern und Großeltern, andererseits in Abs. 2 auf die sozial-familiäre Beziehung ungeachtet irgendwelcher verwandtschaftlicher Nähe abgestellt wurde. Der verwandtschaftlich auch gegenüber Großeltern und Geschwistern nähere leibliche Vater wurde jedoch völlig ausgeklammert, weil er mit dem Kind niemals zusammenleben wollte oder durfte, ohne dass dies gerichtlich überprüft und korrigiert werden konnte.

107 **b) Künftige Rechtslage.** Das Urteil des EGMR vom 21.12.2010 (EGMR 21.12.2010 – 20587/07, FamRZ 2011, 269) hat schließlich für Bewegung gesorgt. Zwar hat auch dem Gerichtshof bisher die Verwandtschaft zwischen einem leiblichen Elternteil und seinem Kind allein für die Anwendung des Art. 8 Abs. 1 EMRK – Schutz des Familienlebens – grundsätzlich nicht ausgereicht. Er hat ebenfalls in der Regel ein **Zusammenleben als Voraussetzung für eine Beziehung, die einem Familienleben gleichkommt**, verlangt (EGMR 5. Sektion 18.3.2008 – Individualbeschwerde Nr. 33375/03, NJW-RR 2009, 1585).

Jedoch kann beim Fehlen einer sozial-familiären Beziehung ein **beabsichtigtes Familienleben** ausnahms- **108**
weise unter Art. 8 EMRK fallen, vor allem dann, wenn die fehlende vollständige Herstellung des Familienlebens nicht dem Umgangswilligen zuzurechnen war. Entscheidend hierfür sind unter anderem die Art der
Beziehung zwischen den leiblichen Eltern sowie das Interesse des Vaters an dem Kind und sein Bekenntnis
zu ihm sowohl vor als auch nach der Geburt, was der sowohl vor als auch nach der Geburt der Kinder geäußerte Kontaktwunsch des Vaters und die zügige Einleitung eines Umgangsverfahrens gezeigt haben
(EGMR 21.12.2010 – Individualbeschwerde Nr. 20587/07, FamRZ 2011, 269).

Der Gerichtshof hat offen gelassen, ob die **beabsichtigte Herstellung einer Beziehung** zum Kind als künf- **109**
tiges Familienleben geschützt ist. Jedenfalls aber fallen enge Beziehungen, die nicht als Familienleben anzusehen sind, in den Anwendungsbereich des „Privatlebens" im Sinne des Art. 8 Abs. 2 EMRK, da sie einen wichtigen Teil der Identität des Umgangswilligen betreffen. Eine solche enge Beziehung ist die leibliche Vaterschaft ungeachtet einer anderweitigen Vaterschaftszuordnung (Rixe FamRZ 2011, 1363, 1365).

Der in der generellen Verweigerung eines Umgangsrechts liegende Eingriff in das Recht des leiblichen Va- **110**
ters auf Achtung des Privatlebens ist nicht nach Art. 8 Abs. 2 EMRK gerechtfertigt. Es wäre eine gerechte
Abwägung zwischen den konkurrierenden Interessen nach Art. 8 EMRK – derjenigen der gesetzlichen Eltern, des leiblichen Vaters, der betroffenen Kinder sowie der gemeinsamen leiblichen Kinder des Ehepaares
– erforderlich gewesen. Die für das Verweigern des Umgangs vorgebrachten Gründe werden als nicht ausreichend iSv Art. 8 Abs. 2 EMRK angesehen, da das Oberlandesgericht im Ausgangsfall nicht geprüft hatte, ob der Kontakt der Kinder zu ihrem leiblichen Vater in deren Interesse liegt. **Das Kindeswohl kann im
Einzelfall die Elterninteressen überwiegen.**

Seit dem Urteil des EGMR vom 15.9.2011 (Beschwerde Nr. 17080/07) gilt dasselbe für den **mutmaßli-** **111**
chen leiblichen Vater, dessen Vaterschaft streitig ist, jedoch nach geltendem Recht weder im Statusver-
fahren wegen des Fehlens der Voraussetzungen nach § 1600 Abs. 2 BGB noch inzident im Umgangsverfahren wegen des Vorrangs des Statusverfahrens festgestellt werden kann.

Diesen Entscheidungen folgt das am 25.4.2013 vom Bundestag beschlossene und am 5.7.2013 in Kraft ge- **112**
tretene **Gesetz zur Stärkung der Rechte des leiblichen, nicht rechtlichen Vaters**, mit dem die Rechts-
stellung des „biologischen" Vaters gestärkt werden soll, indem seine Möglichkeit, Umgang mit seinem
Kind zu erhalten, erweitert wird (und ferner ein Auskunftsrecht über die persönlichen Verhältnisse seines
Kindes vorgesehen ist; s. → *Auskunft über die persönlichen Verhältnisse des Kindes* Rn 1 f). Es soll der mit
Art. 8 EMRK nicht zu vereinbarende Zustand beseitigt werden, dass der leibliche Vater, der keine enge
Bezugsperson des Kindes ist, auch dann kategorisch und ohne Prüfung des Kindeswohls vom Umgang mit
seinem Kind ausgeschlossen ist, wenn ihm der Umstand, dass eine sozial-familiäre Beziehung nicht aufgebaut wurde, nicht zuzurechnen ist (BT-Drucks. 17/12163 vom 25.1.2013, Begründung zum Gesetzentwurf
der Bundesregierung, S. 9).

Das Umgangsrecht des leiblichen Vaters bei bestehender Vaterschaft eines anderen Mannes (rechtlicher **113**
Vater) setzt gem. dem neuen § 1686 a BGB voraus, dass bereits ein **rechtlicher Vater vorhanden** ist, der
leibliche Vater ein ernsthaftes Interesse an dem Kind gezeigt hat und dass der Umgang dem Wohl des Kindes dient.

Fehlt ein rechtlicher Vater, bleibt dem „(putativ-)biologischen" Vater die Möglichkeit, die Vaterschaft **114**
klären zu lassen und damit das Recht nach § 1684 BGB zu erlangen oder bei Vorliegen der Voraussetzungen des § 1685 BGB Umgang als enge Bezugsperson zu fordern. Letzteres dürfte keine praktische Relevanz haben, da der am Umgang und damit am Kind interessierte Vater auch seine rechtliche Vaterstellung
anstreben dürfte. Beim Fehlen eines rechtlichen Vaters kann ihm das nicht verwehrt werden (und soll wohl
auch nicht), weil andernfalls die Mutter die Möglichkeit der „Begründung der Federstrich-Vaterschaft …
durch kollusive Anerkennung" (AG Holzminden 2.9.2010 – 12 F 332/10 AB) wählen wird (eine solche
Konstellation lag auch dem zu § 1600 Abs. 1 Nr. 2 BGB ergangenen Beschluss des Bundesgerichtshofs
vom 15.5.2013 – XII ZB 49/11 zugrunde).

115 Unklar ist, **welcher Umgang** dem leiblichen Vater, der die Voraussetzungen des § 1685 BGB erfüllt, zusteht. Der Gesetzentwurf erweckt aufgrund der Überschrift und der gleichzeitigen Regelung von Umgangs- und Auskunftsrecht in einer eigenen, neuen Vorschrift den Eindruck einer Spezialvorschrift gegenüber § 1685 BGB für den vom rechtlichen Vater verschiedenen leiblichen Vater. Auch soll nach der Begründung zum Gesetzentwurf deutlich werden, „dass für biologische Väter Sonderregeln gelten" (BT-Drucks. 17/12163 vom 25.1.2013, Begründung zum Gesetzentwurf der Bundesregierung, S. 9). An anderer Stelle ist allerdings die Rede davon, dass der leibliche Vater ein Umgangsrecht künftig nicht nur bei bestehender sozial-familiärer Beziehung haben soll, was dafür spricht, dass der leibliche Vater, der die Voraussetzungen des § 1685 BGB erfüllt, den Umgang auch nach dieser Vorschrift erhält. Würde § 1686 a BGB die Vorschrift des § 1685 BGB verdrängen, hätte das für den unstreitig leiblichen Vater, der Bezugsperson iSd § 1685 BGB war, zur Konsequenz, dass er zuvor seine Vaterschaft rechtlich feststellen müsste. Dies kann nicht gewollt sein.

116 Die **Klärung der Vaterschaft** erfolgt **inzident** im Rahmen des Umgangsverfahrens. Dabei wird die leibliche Vaterschaft nur als Vorfrage geprüft. Dies kann nach dem ebenfalls durch das Gesetz zur Stärkung der Rechte des leiblichen, nicht rechtlichen Vaters eingeführten § 167 a Abs. 2, 3 FamFG im Wege förmlicher Beweisaufnahme durch Einholung eines Abstammungsgutachtens geschehen oder durch Verwertung eines von Beteiligten selbst erholten Gutachtens erfolgen.

117 Zulässigkeitsvoraussetzung für den Antrag auf Umgang gem. § 1686 a BGB ist gem. § 167 a FamFG die **eidesstattliche Versicherung** des Antragstellers, der Mutter des Kindes während der Empfängniszeit beigewohnt zu haben, was dem § 1600 Abs. 1 Nr. 2 BGB mit derselben Intention nachgebildet ist.

118 Weitere Voraussetzung für ein Umgangsrecht des leiblichen Vaters ist, dass er **ernsthaftes Interesse** an dem Kind gezeigt hat. Der ursprüngliche Entwurf der Bundesregierung hat noch von „nachhaltigem" Interesse gesprochen. Die Änderung beruht auf der Beschlussempfehlung des Rechtsausschusses, da die Formulierung „nachhaltiges Interesse" in familienrechtlichen Kontexten weniger gebräuchlich sei (BT-Drucks. 17/13269 vom 25.4.2013). Damit will der Gesetzgeber dem Umstand gerecht werden, dass Rechte anderer Betroffener von nicht minderem Rang gleichermaßen auf dem Spiel stehen.

119 Für diese zurückhaltende Einschätzung sprechen auch folgende Umstände: In der weiteren Begründung des Gesetzentwurfs formuliert der Gesetzgeber **weitere Hürden**. Es sei „unter Berücksichtigung der konkreten familiären Begebenheiten insbesondere auch zu prüfen, ob und gegebenenfalls inwieweit Umgangskontakte mit einem gewissermaßen zweiten, ausschließlich auf der biologischen Abstammung beruhenden Vater für das Kind eine seelische Belastung darstellen". Ferner sei zu prüfen, „ob das Kind dadurch in einer dem Kindeswohl abträglichen Weise verunsichert wird, inwieweit die Kindesmutter und der biologische Vater gegebenenfalls ihre Konflikte nach der Trennung begrenzen können und wie der Umgang im Interesse einer gesunden Persönlichkeitsentwicklung und der Identitätsfindung des Kindes zu bewerten ist". Auch seien zu beurteilen: die Frage der Kindeswohldienlichkeit je nach familiärer Situation, Stabilität und Belastbarkeit des Familienverbands, die Beziehungskonstellation bzw das Konfliktniveau zwischen den betroffenen Erwachsenen, das Alter und die Resilienz des Kindes, der Grad der Bindung des Kindes an seine rechtlich-sozialen Eltern, die Dauer der Kenntnis von der Existenz eines biologischen Vaters etc." (BT-Drucks. 17/12163 vom 25.1.2013, Begründung zum Gesetzentwurf der Bundesregierung, S. 13). Symptomatisch erscheint auch die Ausgangshaltung des Gesetzgebers, dem biologischen Vater weiterhin die Anfechtung der Vaterschaft bei bestehender sozial-familiärer Beziehung zum rechtlichen Vater zu verweigern und ihm auch nicht die Möglichkeit zu geben, seine Vaterschaft über § 1598 a BGB zu klären.

120 Im Verhältnis zum **umgangsunwilligen Vater** hat das Bundesverfassungsgericht dem Interesse des Kindes am Umgang aufgrund der Bedeutung für seine Persönlichkeitsentwicklung ein erheblich größeres Gewicht beigemessen als dem gegenläufigen Interesse des Vaters (BVerfG 1.4.2008 – 1 BvR 1620/04, FamRZ 2008, 845). Das sollte auch in Bezug auf das Umgangsrecht des leiblichen Vaters, dem nach der gesetzlichen Neuregelung kein gleichlautendes Recht des Kindes gegenübersteht, nicht unbeachtet bleiben.

Die **Reihenfolge der Prüfung**, ob also zunächst die biologische Vaterschaft oder die Frage des Kindes- 121
wohls geprüft wird, steht im Ermessen des Gerichts.

Für den Umfang und die Ausgestaltung des Umgangsrechts selbst gelten § 1684 Abs. 2–4 BGB entspre- 122
chend, wobei eine Umgangspflegschaft nur unter den Voraussetzungen des § 1666 Abs. 1 BGB angeordnet
werden kann (§ 1686 a Abs. 2 BGB).

III. Verfahrenshinweise

1. Zuständigkeit

Für Verfahren den Umgang betreffend ist grundsätzlich das Familiengericht örtlich zuständig, in dessen 123
Bezirk das Kind seinen **gewöhnlichen Aufenthalt** (s. → *Gewöhnlicher Aufenthalt*) hat (§ 152 Abs. 2
FamFG), es sei denn, es ist eine Ehesache anhängig. In diesem Fall wäre für gemeinschaftliche Kinder der
Ehegatten das Gericht zuständig, bei dem die Ehesache im ersten Rechtszug anhängig ist oder war (§ 152
Abs. 1 FamFG). Bei nachfolgender Anhängigkeit der Ehesache ist das Umgangsverfahren an das Gericht
der Ehesache von Amts wegen abzugeben (§ 153 FamFG). Wenn der nicht allein aufenthaltsbestimmungs-
berechtigte Elternteil den Aufenthalt des Kindes einseitig, dh ohne vorherige Zustimmung des anderen Elternteils, ändert, kann das jetzt zuständige Gericht das Verfahren gem. § 154 FamFG an das früher zuständig gewesene Gericht verweisen und so einer **Manipulierung des Gerichtsstands begegnen**.

Das gerichtliche Verfahren wird durch den **Antrag eines Beteiligten** oder **von Amts wegen** eingeleitet. 124
Ein Amtsverfahren kann auf der **Anregung des Jugendamtes nach § 8 a SGB VIII** beruhen oder der
Kenntnis des Gerichts, zB aus einem anderen Verfahren, wie sich aus § 156 Abs. 3 FamFG ergibt. So kann
das Gericht nicht nur das Umgangsrecht beschneidende Maßnahmen nach § 1684 Abs. 3 und 4 BGB anordnen, sondern auch den Umgang positiv regeln, beispielsweise begleitend zu einer **Herausnahmeentschei-
dung** nach § 1666 BGB oder einer **Verbleibensanordnung** nach § 1632 Abs. 4 BGB.

2. Beteiligte

Beteiligte sind nach § 7 Abs. 2 FamFG die minderjährigen Kinder in allen ihre Person betreffenden Verfah- 125
ren. Soweit das Kind nicht verfahrensfähig ist, was nach § 9 Abs. 1 FamFG regelmäßig der Fall sein wird,
wird es von dem oder den Sorgeberechtigten vertreten, im Regelfall also seinen Eltern (§ 9 Abs. 2 FamFG,
§ 1629 Abs. 1 BGB). Bei Vorliegen eines **erheblichen Interessengegensatzes** zwischen Eltern und Kind,
ist ihm (zwingend) vom Gericht ein **Verfahrensbeistand** als Interessenvertreter zu bestellen, wenngleich
dieser nach § 158 Abs. 4 S. 6 FamFG nicht gesetzlicher Vertreter des Kindes ist (BGH 7.9.2011 – XII ZB
12/11, FamRZ 2011, 1788; 18.1.2012 – XII ZB 489/11, NJW 2012, 1150).

Die **Eltern** oder sonstige Umgangsberechtigte, deren Rechte durch das Verfahren unmittelbar betroffen 126
sind, sind ebenfalls Verfahrensbeteiligte, ebenso der **Verfahrensbeistand** (§ 158 Abs. 3 S. 2 FamFG).

Das **Jugendamt** wird nicht bereits dadurch Beteiligter, dass es gem. § 162 FamFG anzuhören ist, es ist 127
aber auf seinen Antrag zu beteiligen (§ 162 Abs. 2 FamFG). Lebt das Kind seit längerer Zeit in Familienpflege, kann das Gericht die Pflegeperson als Beteiligte hinzuziehen (§ 161 Abs. 1 FamFG).

3. Amtsermittlung

Der Antragsteller muss **keinen konkreten Antrag** stellen (OLG Stuttgart 10.1.2007 – 17 UF 190/06, 128
FamRZ 2007, 1682). Andererseits ist das Gericht an einen gleichwohl gestellten Antrag ebenso wenig ge-
bunden wie an dessen Rücknahme, da das Verfahren auch von Amts wegen eingeleitet werden kann (§ 22
Abs. 4 FamFG).

Im Umgangsverfahren gilt der **Amtsermittlungsgrundsatz**. Das Gericht hat nach § 26 FamFG die zur 129
Feststellung der entscheidungserheblichen Tatsachen erforderlichen Ermittlungen durchzuführen.

Das Gericht hat das Verfahren so zu gestalten, dass der Schutz der Grundrechte der einzelnen Beteiligten 130
sichergestellt ist. Dafür muss es **konkrete Feststellungen** treffen, um eine **zuverlässige Entscheidungs-**

grundlage zu erhalten. Schematische Regelungen verbieten sich. Das Gericht hat unter Berücksichtigung aller Umstände des Einzelfalls die dem Wohl des Kindes entsprechende Umgangsregelung zu treffen. Es genügt dafür nicht, zur Begründung der getroffenen Umgangsregelung auf die Spruchpraxis des Gerichts in vergleichbaren Fällen und auf eine Zitatstelle in einem BGB-Kommentar zu verweisen (BVerfG 23.7.2007 – 1 BvR 156/07, FamRZ 2007, 1078).

131 **a) Anhörungen.** In erster Linie sind Eltern (§ 160 FamFG), Kind (§ 159 FamFG), Jugendamt (§ 162 Abs. 1 FamFG) und bei länger bestehender Familienpflege die Pflegeperson (§ 161 Abs. 2 FamFG) persönlich anzuhören. Insbesondere die Anhörung des Kindes, die wegen der Schwere des Eingriffs in das vom Grundgesetz geschützte Umgangsrecht erforderlich ist, soll dem Gericht einen **eigenen Eindruck von den Bindungen des Kindes** verschaffen (BVerfG 5.12.2008 – 1BvR 746/08, FamRZ 2009, 399) und eine zuverlässige Grundlage für eine am Kindeswohl orientierte Entscheidung schaffen.

132 Die Anhörung von Kindern ab 14 Jahren ist nach § 159 Abs. 1 FamFG – mit Ausnahme von Verfahren, die ausschließlich das Vermögen der Kinder betreffen – zwingend. Kinder unter 14 Jahren sind nach Abs. 2 anzuhören, wenn ihre **Neigungen, Bindungen und ihr Wille für die Entscheidung von Bedeutung** sind oder wenn eine persönliche Anhörung aus sonstigen Gründen angezeigt ist. Nach mittlerweile als gefestigt anzusehender Rechtsprechung des Bundesverfassungsgerichts hat eine **persönliche Anhörung stets ab einem Alter des Kindes von drei Jahren** durch den Richter persönlich zu erfolgen (BVerfG 14.7.2010 – 1 BvR 3189/09, FamRZ 2010, 1622).

133 Der dadurch ermittelte Wille des Kindes ist zu berücksichtigen, soweit das mit seinem Wohl vereinbar ist. Das Kind macht mit der Kundgabe seines Willens, der Ausdruck von Bindungen zu einem Elternteil sein kann, von seinem **Selbstbestimmungsrecht** Gebrauch. Zwar hat der Wille eines Kleinkindes eher geringes Gewicht, er gewinnt aber mit zunehmendem Alter vermehrt an Bedeutung (BVerfG 18.5.2009 – 1 BvR 142/09, FamRZ 2009, 1389). Doch kann auch ein von einem Kleinkind ausdrücklich oder indirekt geäußerter Wunsch, zB nach Übernachtungen, Ausdruck von Bindungen zum Umgangsberechtigten sein, die einen entsprechenden Umgang geboten erscheinen lassen (BVerfG 23.3.2007 – 1 BvR 156/07, FamRZ 2007, 1078).

134 Umgekehrt können gegenteilige Äußerungen ein Indiz dafür sein, dass der gewünschte Umgang noch verfrüht wäre. Die Anhörung des Kindes unterliegt nicht der Disposition der Eltern. Dass die Eltern die Anhörung des Kindes nicht wünschen, darf nicht dazu führen, dass das Verfahren über den Kopf des Kindes hinweg geführt wird (OLG Oldenburg 6.7.2009 – 13 UF 54/09, FamRZ 2010, 44).

135 Von der Anhörung des Kindes darf nur aus **schwerwiegenden Gründen** abgesehen werden. Eine bei Gefahr im Verzug unterbliebene Anhörung ist unverzüglich nachzuholen (Abs. 3). Das Kind soll über Gegenstand, Ablauf und möglichen Ausgang des Verfahrens in altersangemessener Weise informiert werden und Gelegenheit zur Äußerung haben (Abs. 4 S. 1, 2).

136 Die **Gestaltung der Anhörung** steht unter Beachtung dieser Vorgaben im Übrigen im Ermessen des Gerichts (Abs. 4 S. 4). Sie soll aber in **Anwesenheit des Verfahrensbeistands** stattfinden, wenn einer bestellt worden ist (Abs. 4 S. 3). Eine dem § 278 Abs. 1 S. 3 FamFG entsprechende Vorschrift, wonach die Anhörung in der üblichen Umgebung des Betroffenen stattfinden soll, enthält das FamFG für Kindschaftssachen nicht. Es empfiehlt sich aber, Kinder in einem gesonderten Termin und in Abwesenheit der (Pflege-)Eltern anzuhören (Grabow in: VerfFamR § 3 B Rn 234).

137 Die Eltern werden in der mündlichen Verhandlung angehört. Die Anhörung des Jugendamtes ist gesetzliche Pflicht, deren Verletzung ein Verfahrensfehler ist, der zur Aufhebung der Entscheidung führen kann (Grabow in: VerfFamR § 3 B Rn 227).

138 **b) Verfahrensbeistand.** Das Gericht hat dem Kind einen Verfahrensbeistand zu bestellen, wenn dies zur Wahrnehmung seiner Interessen erforderlich ist (§ 158 FamFG), was in der Regel der Fall ist in den in Abs. 2 genannten Fällen und hier nach Nr. 5 insbesondere dann, wenn der **Ausschluss oder eine wesentliche Beschränkung des Umgangsrechts** in Betracht kommt. Die Bestellung eines Verfahrensbeistandes

kann auch erforderlich sein, um den Willen des Kindes in Erfahrung zu bringen (BVerfG 14.7.2010 – 1 BvR 3189/09, FamRZ 2010, 1622). Sieht das Gericht in diesen Fällen gleichwohl von der Bestellung eines Verfahrensbeistands ab, hat es dies in der Endentscheidung zu begründen (§ 158 Abs. 3 S. 3 FamFG).

Der Verfahrensbeistand wird mit seiner Bestellung **Beteiligter** (§ 158 Abs. 3 S. 2 FamFG), aber nicht **ge-** 139 **setzlicher Vertreter** (§ 158 Abs. 4 S. 6 FamFG). Er kann aber im Interesse des Kindes Rechtsmittel einlegen (§ 158 Abs. 4 S. 5 FamFG). Die Anhörung des Kindes soll in seiner Anwesenheit stattfinden (§ 159 Abs. 4 S. 3 FamFG).

c) Beweisaufnahme. Wenn das Gericht nicht anderweit über eine möglichst zuverlässige Entscheidungs- 140 grundlage verfügt, hat es im Rahmen der Amtsermittlung ein **Sachverständigengutachten** einzuholen (BVerfG 18.5.2009 – 1 BvR 142/09, FamRZ 2009, 1389; 14.7.2010 – 1 BvR 3189/09, FamRZ 2010, 1622). Bei der Anordnung schriftlicher Begutachtung setzt es dem Sachverständigen eine Frist (§ 163 Abs. 1 FamFG). Ferner kann es anordnen, dass der Sachverständige auf die **Herstellung des Einvernehmens** zwischen den Beteiligten hinwirken soll (§ 163 Abs. 2 FamFG). Die Eltern sollen nach § 27 Abs. 1 FamFG mitwirken. Eine Entscheidung ohne Einholung eines Sachverständigengutachtens ist danach lediglich bei einfachen Sachverhalten ohne Grundrechtsverstoß möglich (OLG Bamberg 2.12.2009 – 7 UF 281/09, FamRZ 2010, 741).

Allerdings kann niemand gezwungen werden, sich in einem Kindschaftsverfahren (entschieden zu § 1666 141 BGB) körperlich oder psychiatrisch/psychologisch untersuchen zu lassen, da es hierfür keine Rechtsgrundlage gibt und die sachverständige Exploration den **Schutzbereich des allgemeinen Persönlichkeitsrechts** berührt (BGH 17.2.2010 – XII ZB 68/09, NJW 2010, 1351). Das macht die Begutachtung zwar nicht unmöglich aber mühsamer.

d) Beschleunigungsgebot. In Umgangssachen gilt das **Vorrang- und Beschleunigungsgebot** (§ 155 142 FamFG), um einer Entfremdung zwischen Kind und Umgangsberechtigtem und damit Erschwerung des Umgangs zu begegnen. Auch dies hat Verfassungsrang, denn Art. 2 Abs. 1 iVm Art. 20 Abs. 3 GG begründet einen **Anspruch auf effektiven Rechtsschutz**, der gebietet, dass strittige Rechtsverhältnisse in angemessener Zeit geklärt werden.

Im Falle einer völlig unzumutbaren und auf Rechtsverweigerung hinauslaufenden Verzögerung ist trotz 143 fehlender gesetzlicher Grundlage die **Untätigkeitsbeschwerde** zulässig (BVerfG 24.7.2008 – 1 BvR 547/06, FamRZ 2008, 2258).

Um dem Beschleunigungsgebot nachzukommen hat das Gericht spätestens einen Monat nach Beginn des 144 Verfahrens einen **Erörterungstermin** durchzuführen, an dem Jugendamt und sämtliche verfahrensfähige Beteiligte teilnehmen sollen. Die Verlegung des Termins ist nur aus zwingenden Gründen zulässig. Der Verlegungsgrund ist mit dem Verlegungsgesuch glaubhaft zu machen.

Das Bundesverfassungsgericht hält eine **Gesamtdauer des Umgangsverfahrens** von zwei Jahren und 145 sechs Monaten in der Hauptsache und zwei Jahren fünf Monaten im einstweiligen Umgangsverfahren für zu lang, da dies zu einem faktischen Umgangsausschluss führt (BVerfG 24.7.2008 – 1 BvR 547/06, FamRZ 2008, 2258). Eine Verfahrensdauer von bis zu dreieinhalb Jahren über zwei Instanzen hat der Europäische Gerichtshof für Menschenrechte als innerhalb angemessener Frist angesehen, nicht aber die anschließende Dauer des Verfassungsbeschwerdeverfahrens von weiteren vier Jahren (EGMR 20.1.2011 – Individualbeschwerden Nr. 21980/06, 26944/07 und 36948/07, FamRZ 2011, 533).

e) Vergleich. Hat das Gericht dem gesetzlichen Auftrag gem. § 156 Abs. 1 FamFG folgend erfolgreich auf 146 ein Einvernehmen der Beteiligten hingewirkt, ist die Regelung als Vergleich aufzunehmen, wenn das Gericht sie billigt, was stets der Fall ist, wenn die Umgangsregelung dem Kindeswohl nicht widerspricht (§ 156 Abs. 2 FamFG). Erst durch die gerichtliche Billigung, die durch Beschluss erfolgt, wird das Verfahren beendet. **Vollstreckungstitel** ist der gerichtlich gebilligte Vergleich (§ 86 Abs. 1 Nr. 2 FamFG).

147 In einen gerichtlich gebilligten Vergleich zur Regelung des Umgangs ist ebenso wie in den Beschluss, der die Regelung des Umgangs anordnet, eine **Belehrung gemäß § 89 Abs. 2 FamFG** aufzunehmen, mit der auf die Folgen einer Zuwiderhandlung gegen den Vollstreckungstitel hingewiesen wird. Sie ist Voraussetzung für eine Vollstreckung der Umgangsvereinbarung und kann in einem gesonderten Beschluss nachgeholt werden (BVerfG 9.3.2011 – 1 BvR 752/10, FamRZ 2011, 957–958) (s. → *Vereinbarungen zum elterlichen Sorge- und Umgangsrecht* Rn 26, 29 ff).

148 **f) Vollstreckung.** Umgangstitel nach § 86 FamFG, also gerichtliche Beschlüsse und gerichtlich gebilligte Vergleiche gem. § 156 FamFG, werden nach § 89 FamFG mittels Ordnungsgeld und Ordnungshaft vollstreckt (s. → *Vollstreckung in Familiensachen* Rn 12 ff; s. → *Durchsetzung des Umgangsrechts* Rn 14 ff).

149 **g) Einstweiliger Rechtsschutz.** Einstweiliger Rechtsschutz wird auf Antrag oder von Amts wegen in einem selbstständigen Verfahren gem. §§ 49 ff FamFG gewährt, wenn ein **dringendes Bedürfnis für ein sofortiges Tätigwerden** besteht (s. → *Einstweiliger Rechtsschutz* Rn 36 ff). In § 156 FamFG sind Fälle für ein Tätigwerden von Amts wegen geregelt, nämlich das Fehlschlagen der Bemühungen um Einvernehmen (Abs. 3 S. 1) sowie die Anordnung der Teilnahme an Beratung oder der schriftlichen Begutachtung (Abs. 3 S. 2).

150 **h) Verfahrenskostenhilfe.** Verfahrenskostenhilfe ist einem Beteiligten in der Regel zu bewilligen. Nach § 76 Abs. 1 FamFG gelten die Vorschriften der ZPO entsprechend, soweit die §§ 77 f ZPO nichts Abweichendes bestimmen. Verfahrenskostenhilfe darf nur verweigert werden, wenn ein Erfolg in der Hauptsache zwar nicht schlechthin ausgeschlossen, die Erfolgschance aber nur eine geringe ist (BVerfG 5.12.2008 – 1 BvR 746/08, FamRZ 2009, 399).

151 Ob Anträge zur Regelung des Umgangsrechts **ohne vorherige Bemühung des Jugendamts** mutwillig sind, wird von den Obergerichten unterschiedlich entschieden. Das OLG Stuttgart vertritt diese Ansicht mit der Begründung, dass die Nutzung außergerichtlicher Vermittlungsmöglichkeiten dem Willen des Gesetzgebers entspricht, wie sich aus § 15 a EGZPO iVm den Schlichtungsgesetzen der Länder ergebe (OLG Stuttgart 7.8.2008 – 16 WF 194/08, FamRZ 2009, 149; ebenso Brandenburgisches OLG 19.7.2007 – 9 WF 197/07, FamRZ 2008, 70 und OLG Saarbrücken 25.8.2009 – 9 WF 77/09, FamRZ 2010, 310). Der Antragsteller ist danach **gehalten, von mehreren gleichwertigen verfahrensrechtlichen Wegen denjenigen zu beschreiten, der die geringsten Kosten verursacht**. Da ein Rechtsanspruch auf Beratung durch das Jugendamt nach § 18 SGB VIII besteht, ist es einem Beteiligten zuzumuten, zunächst auf diese Weise den Versuch einer gütlichen Einigung zu unternehmen, bevor er staatliche Verfahrenskostenhilfe in Anspruch nimmt.

152 Demgegenüber meint das OLG München, dass Eltern zwar einen Anspruch auf Beratung und Unterstützung bei der Ausübung des Umgangsrechts haben, jedoch hierzu nicht verpflichtet sind. Die Entscheidung, ob im ungünstigsten Fall hingenommen wird, dass die Beratung erfolglos bleibt und in dieser Zeit kein Umgang stattfindet, muss den Eltern überlassen bleiben (OLG München 26.11.2007 – 6 WF 1792/07, FamRZ 2008, 1089). Im **Interesse eines effektiven, dh baldigen Rechtsschutzes** sollte dieser Meinung gefolgt werden, zumal die Wege nicht gleichwertig sind. Denn die grundsätzlich wünschenswerte Beratung beim Jugendamt verschafft dem antragstellenden Umgangsberechtigten keine vollstreckbare Regelung.

153 Da in Kindschaftssachen die Vertretung durch einen Rechtsanwalt nicht vorgeschrieben ist, kommt die **Beiordnung eines Anwaltes** bei Verfahrenskostenhilfe gem. § 78 Abs. 2 FamFG nur bei schwieriger Sach- und Rechtslage in Betracht, was nicht auf besonders gelagerte Fälle zu beschränken ist. Allgemein wird angenommen, dass es genügt, wenn allein die Sachlage oder allein die Rechtslage schwierig ist.

154 Die **Sachlage ist dann schwierig**, wenn der Vater sein Kind schon seit mehr als fünf Monaten nicht mehr gesehen hat. Von einer **schwierigen Rechtslage** ist auszugehen, wenn längere Zeit – mehr als fünf Monate – kein Kontakt zwischen dem Umgangsberechtigten und dem Kind stattgefunden hat, bei einem Aufenthalt des Kindes im Haushalt des Umgangsberechtigten eine Kindeswohlgefährdung im Raum steht und die An-

ordnung von begleitetem Umgang ernsthaft in Betracht kommt (OLG Schleswig 23.2.2011 – 10 WF 29/11, FamRZ 2011, 1241).

Andererseits ist die Beiordnung dann entbehrlich, wenn nur noch eine außergerichtlich bereits vereinbarte **155** Regelung gerichtlich protokolliert werden soll. Dagegen handelt es sich bei einer kompletten Umgangsverweigerung gegenüber dem inhaftierten Vater nicht um einen einfach gelagerten Fall (OLG München 25.2.2011 – 33 WF 328/11, FamRZ 2011, 1240 f).

4. Vermittlungsverfahren

Wie schon § 52 a FGG so sieht auch das FamFG in § 156 ein Verfahren vor, in dem auf Antrag eines El- **156** ternteils zwischen den Eltern vermittelt wird, wenn ein Elternteil geltend macht, dass der andere die **Durchführung des Umgangs**, der in einer gerichtlichen Entscheidung geregelt oder in einem gerichtlich gebilligten Vergleich vereinbart worden ist, **vereitelt oder erschwert**. Das Vermittlungsverfahren ist damit aber nur für das elterliche Umgangsrecht, nicht das des Kindes oder der in § 1685 BGB aufgeführten Bezugspersonen vorgesehen (s. → *Durchsetzung von Umgangsregelungen* Rn 27 ff).

5. Verfahrenskosten

a) Verfahrenswert. In Umgangsverfahren gilt gem. § 45 Abs. 1 FamGKG – nach § 23 RVG auch für die **157** Rechtsanwaltsgebühren – ein **Regelwert von 3.000 EUR**, unabhängig davon, wie viele Kinder das Verfahren betrifft (Abs. 2). Das Gericht kann einen höheren oder niedrigeren Wert festsetzen, wenn der Regelwert nach den Umständen des Einzelfalles unbillig ist. Als Kriterien hierfür gelten Umfang und Schwierigkeit des Verfahrens, aber auch ein besonders niedriges Einkommen der Beteiligten. Eine Anhebung des Verfahrenswertes kommt dann in Betracht, wenn ein schriftliches Sachverständigengutachten erholt wird, aber auch wenn das Verfahren mehrere Anhörungstermine erfordert (OLG Celle 11.2.2011 – 10 WF 399/10, NJW 2011, 1373 ff).

Der Wert ist im Verfahren der **einstweiligen Anordnung** in der Regel zu ermäßigen, und zwar auf die **158** Hälfte des Wertes der Hauptsache (§ 41 FamGKG). Wird jedoch ein Hauptsacheverfahren überflüssig, weil in dem Verfahren der Umgang in einer Vereinbarung endgültig geregelt wird, entfällt die Ermäßigung (OLG Nürnberg 15.9.2010 – 7 WF 1194/10, FamRZ 2011, 756 f).

Im **Vollstreckungsverfahren** ist lediglich eine Wertfestsetzung für die Rechtsanwaltsgebühren nach § 33 **159** Abs. 1 RVG erforderlich, da für die Gerichtskosten eine Festgebühr anfällt (s. Rn 160), so dass eine Wertfestsetzung gem. § 55 FamGKG nicht erfolgt. Für die Vollstreckung im Umgangsverfahren bestimmt sich der Gegenstandswert gem. § 25 Abs. 1 Ziff. 3 RVG nach dem Wert, den die zu vollstreckende Handlung für den Gläubiger hat, wobei streitig ist, was man darunter zu verstehen hat. Die Meinungen reichen von der Gleichsetzung mit dem Interesse des Gläubigers in der Hauptsache über den Ansatz eines Bruchteils des Wertes der Hauptsache, wobei überwiegend eine Spanne von 1/5 bis 1/3 vertreten wird, bis zur Bemessung der Umstände des jeweiligen Einzelfalles, insbesondere der Schwere des Verstoßes, der Gefahr weiterer Wiederholungen sowie des Grades des Verschuldens des Schuldners unter Ausschluss jeder schematischen Betrachtung (OLG Celle 23.4.2009 – 13 W 32/09, OLGR Celle 2009, 657 f). Dabei wird teilweise zwischen Ordnungs- und Zwangsmitteln (nach ZPO) unterschieden (OLG Saarbrücken 19.8.2009 – 5 W 181/09). Bei der Vollstreckung einer Umgangsregelung soll ebenfalls im Regelfall von einem Bruchteil des Wertes der Hauptsache auszugehen sein, der je nach den Umständen des Einzelfalls zu erhöhen oder zu ermäßigen ist (OLG München 10.3.2011 – 33 WF 430/11, FamRZ 2011, 1686 ff).

b) Gebühren und Vergütung. aa) Gerichtsgebühren. An Gerichtsgebühren fällt nach Nr. 1310 KV **160** FamGKG für das Verfahren in der 1. Instanz eine 0,5 Verfahrensgebühr an. Im Beschwerdeverfahren entsteht nach Nr. 1314 KV FamGKG eine 1,0 Verfahrensgebühr, die sich auf 0,5 ermäßigt, wenn das Verfahren ohne Endentscheidung beendet wird, und im Rechtsbeschwerdeverfahren nach Nr. 1316 KV FamGKG eine 1,5 Verfahrensgebühr, die sich – je nach Zeitpunkt der Rücknahme der Rechtsbeschwerde oder des

Treu

Antrages – auf 0,5 oder 1,0 ermäßigt. Für die Vollstreckung nach §§ 86 ff FamFG entsteht nach Nr. 1602 KV FamFG eine Festgebühr von 15 EUR je Anordnung.

161 **bb) Rechtsanwaltsvergütung.** Die Rechtsanwaltsvergütung besteht in der 1. Instanz aus einer 1,3 Verfahrensgebühr nach VV 3100 RVG und einer 1,2 Terminsgebühr nach VV 3104 RVG, im Beschwerdeverfahren aus einer 1,6 Verfahrensgebühr nach VV 3200 RVG und einer 1,2 Terminsgebühr nach VV 3202 RVG und im Verfahren über Rechtsbeschwerden aus einer 2,3 Verfahrensgebühr nach VV 3208 RVG und einer 1,5 Terminsgebühr nach VV 3210 RVG.

162 Die Verfahrensgebühr für ein **Vermittlungsverfahren** nach § 165 FamFG wird nach VV 3100 Abs. 3 RVG auf die Verfahrensgebühr für ein sich anschließendes Verfahren angerechnet.

163 Wirkt der Rechtsanwalt beim Abschluss eines gerichtlich gebilligten **Vergleiches** oder an einer Vereinbarung, über deren Gegenstand nicht vertraglich verfügt werden kann, wenn hierdurch eine gerichtliche Entscheidung entbehrlich wird oder wenn die Entscheidung der Vereinbarung folgt, mit, entsteht zusätzlich eine Einigungsgebühr in 1. Instanz in Höhe von 1,0 nach VV 1000, 1003 RVG, in 2. und 3. Instanz in Höhe von 1,3 nach VV 1000, 1004 RVG.

164 **c) Kostenvorschuss.** Die Tätigkeit des Familiengerichts darf nicht von der Sicherstellung oder Zahlung der Kosten abhängig gemacht werden. Ein Kostenvorschuss kann nicht verlangt werden (s. → *Familiengerichtliches Verfahren* Rn 136 ff). Grenze hierfür sind die Regelungen von ZPO, FamFG und FamGKG. Der antragstellende Elternteil ist nicht Kostenschuldner gem. §§ 14 Abs. 3, 21 FamGKG. Das Umgangsverfahren kann nicht nur auf Antrag, sondern auch von Amts wegen eingeleitet werden, so dass § 21 FamGKG nicht anwendbar ist (OLG Saarbrücken 10.10.2011 – 6 WF 104/11, FuR 2012, 560 f).

IV. Nebengebiete

1. Steuerrecht

165 Kosten, die durch die Ausübung des Umgangsrechts anfallen, stellen steuerrechtlich **keine außergewöhnlichen Aufwendungen** nach § 33 EStG dar. So hat es der Bundesfinanzhof mehrfach entschieden. Soweit die Kosten einem Elternteil entstehen, sind sie durch die Regelungen des Familienleistungsausgleichs abgegolten (BFH 11.1.2011 – VI B 60/10, FamRZ 2011, 641; 27.9.2007 – III R 55/05; s. → *Umgangskosten* Rn 21 ff).

2. Sozialhilfe und Umgang

166 Fahrtkosten zur Wahrnehmung des Umgangsrechts können nach § 21 Abs. 6 SGB II als Mehrbedarf geltend gemacht werden, wenn im Einzelfall ein unabweisbarer, laufender und besonderer Bedarf besteht (LSG Baden-Württemberg 3.8.2010 – L 13 AS 3318/10).

167 Für die zusätzlichen Lebenshaltungskosten in den Zeiten, in denen sich die Kinder bei dem Hilfeempfänger aufhalten, gilt § 7 Abs. 3 Nr. 4 SGB II (s. → *Umgangskosten* Rn 25 ff).

220. Unbenannte Zuwendungen

Knahn

I. Einführung 1
II. Begriff 3
 1. Definition 3
 2. Abgrenzung 4
  a) Schenkung 5
  b) Darlehen 6

 c) Treuhandverhältnisse 7
 d) Ehegatteninnengesellschaft 8
 e) Ehebezogene Arbeitsleistungen 10
III. Folgen beim Scheitern der Ehe 11
 1. Berücksichtigung im Zugewinn 11
 2. Rückabwicklung 13

I. Einführung

Ehegatten wenden sich während der Ehe häufig Vermögenswerte zu, ohne dabei rechtliche Verpflichtungen in Form einer Gegenleistung ausdrücklich zu vereinbaren. Dem liegt meist die unausgesprochene Erwartung zugrunde, den Zuwendungsgegenstand im Rahmen der ehelichen Lebensgemeinschaft mit nutzen zu können. Bei diesen Zuwendungen handelt es sich nicht um echte Schenkungen gem. § 516 BGB, sondern um unbenannte Zuwendungen (auch ehebedingte oder ehebezogene Zuwendungen), ein Rechtsgeschäftstyp, der durch den Bundesgerichtshof in Rechtsfortbildung geschaffen wurde (BGH 26.11.1981 – IX ZR 91/80, NJW 1982, 1093). Der Begriff der unbenannten Zuwendung (s. Rn 3) ist daher **von der Schenkung und anderen Zuwendungen abzugrenzen** (s. Rn 4 ff). Ein **Ausgleich** für die unbenannte Zuwendung im Falle des Scheiterns der Ehe findet nur über das Güterrecht statt (s. Rn 11 ff). Ausnahmsweise kommt ein Anspruch wegen **Wegfalls der Geschäftsgrundlage** gem. § 313 BGB in Betracht (s. Rn 13 ff). 1

Die Besonderheiten der unbenannten Zuwendung wirken aber nur im Innenverhältnis der Ehegatten als Billigkeitskorrektiv hinsichtlich Vermögensentwicklungen der Ehegatten, die durch das eheliche Güterrecht nicht befriedigend gelöst werden können. Gegenüber Dritten entfaltet die ehebezogene Zuwendung keine spezielle Wirkung und wird wie eine normale Schenkung behandelt (NK-BGB/Heiß § 1372 BGB Rn 29). 2

II. Begriff

1. Definition

Unbenannte Zuwendungen sind Zuwendungen, die der ehelichen Lebensgemeinschaft dienen, sie sind keine Schenkungen (Palandt/Weidenkaff § 516 BGB Rn 10). Nach ständiger Rechtsprechung des Bundesgerichtshofes liegt eine unbenannte Zuwendung vor, wenn ein Ehegatte dem anderen einen Vermögenswert um der Ehe willen und als **Beitrag zur Verwirklichung und Ausgestaltung, Erhaltung oder Sicherung der ehelichen Lebensgemeinschaft** zukommen lässt, wobei er die Vorstellung oder Erwartung hegt, dass die eheliche Lebensgemeinschaft Bestand haben und er innerhalb dieser Gemeinschaft am Vermögenswert und dessen Früchten weiter teilhaben werde (BGH 28. 3. 2006 – X ZR 85/04, NJW 2006, 2330). Maßgebend ist damit für die ehebezogene Zuwendung, dass der Zuwendende diese in **Erwartung des Bestandes der Ehe** gemacht hat. Im Unterschied zur Schenkung fehlt der unbenannten Zuwendung die subjektiven Unentgeltlichkeit (NK-BGB/Heiß § 1372 BGB Rn 27). 3

2. Abgrenzung

Die Bezeichnung durch die Ehegatten selbst (in Verträgen, Buchhaltungs- oder Steuerunterlagen) ist lediglich ein **Indiz** für die Abgrenzung. Entscheidend ist der objektive rechtliche Charakter der familieninternen Zahlungsvorgänge (HK-FamR/Brandt Schwerpunktbeitrag 1: Ehebezogene Zuwendungen Rn 23). Allerdings ist zu bemerken, dass der Wortwahl in notariellen Urkunden wegen der enthaltenen Richtigkeitsvermutung auch hinsichtlich des rechtsgeschäftlichen Inhalts eine erhebliche Beweiskraft zukommt (NK-BGB/Heiß § 1372 BGB Rn 28). 4

a) Schenkung. Eine echte Schenkung gem. § 516 BGB liegt vor, wenn nach dem Willen beider Ehepartner etwas freigebig und uneigennützig dem Zuwendungsempfänger zu dessen uneingeschränkter Disposition geleistet wird, ohne die Erwartung weiterer Teilhabe des Zuwendenden und unabhängig vom Fortbe- 5 stand der Ehe (HK-FamR/Brandt Schwerpunktbeitrag 1: Ehebezogene Zuwendungen Rn 20). Dabei erfolgt die Abgrenzung anhand der Zweckrichtung der Zuwendung. Die Übertragung größerer Vermögenswerte in der Ehe erfolgt regelmäßig um der Ehe willen und als Beitrag zur Verwirklichung und Ausgestaltung, Erhaltung oder Sicherung der ehelichen Lebensgemeinschaft, weshalb im Zweifel von einer ehebedingten Zuwendung auszugehen ist (BGH 30.6.1993 – XII ZR 210/91, NJW-RR 1993, 1410).

6 **b) Darlehen.** Die Rechtsprechung stellt hohe Anforderungen, wenn Ehegatten untereinander die Rückgewähr von Geld- oder Sachdarlehen verlangen, da sich Ehegatten in der Regel Geld- oder Sachleistungen ohne Pflicht zur Rückerstattung zuwenden (OLG Schleswig 19.8.1987 – 15 W 3/87, FamRZ 1988, 165). Der Darlehensgeber trägt daher die volle Darlegungs- und Beweislast, dass bei Hingabe der Leistung ein eindeutiger **Rechtsbindungswille** bzgl der Pflicht zur Rückgewährung nach Zeitablauf oder Kündigung vorliegt (OLG Karlsruhe 19.12.2003 – 2 UF 95/03, FamRZ 2004, 1028).

7 **c) Treuhandverhältnisse.** Gleiches gilt für Vermögensverlagerungen zwischen Ehegatten mit treuhänderischem Einschlag (HK-FamR/Brandt Schwerpunktbeitrag 1: Ehebezogene Zuwendungen Rn 26). Der Rückfordernde trägt die Darlegungs- und Beweislast für das Bestehen einer wirksamen Treuhandabrede in Form einer vertraglich begründeten Verpflichtung zur Rückübertragung und für die Beendigung des Treuhandverhältnisses (Haußleiter/Schulz Kap. 6 Rn 349).

8 **d) Ehegatteninnengesellschaft.** Eine Gesellschaft bürgerlichen Rechts, idR in Form einer Innengesellschaft kann durch die Ehegatten (auch stillschweigend, HK-FamR/Brandt Schwerpunktbeitrag 2: Ehegatteninnengesellschaft Rn 11 ff) begründet werden, wenn sie durch beiderseitige Leistungen einen über den typischen Rahmen der ehelichen Lebensgemeinschaft **hinausgehenden Zweck** verfolgt haben, zB durch Einsatz von Vermögenswerten und Arbeitsleistung gemeinsam ein Unternehmen oder Immobilienvermögen aufgebaut oder eine berufliche oder gewerbliche Tätigkeit ausgeübt haben, und ihnen nach ihrer Vorstellung der Ertrag oder die geschaffenen Werte gemeinschaftlich zustehen sollen (BGH 30.6.1999 – XII ZR 230/96, NJW 1999, 2962).

9 Bei mehrmaliger Zuwendung von Vermögenswerten kann von einer Ehegatteninnengesellschaft ausgegangen werden, in der das Ziel einer über den Zweck der Verwirklichung der ehelichen Lebensgemeinschaft hinausgehenden gemeinsamen Vermögensbildung in der Weise verwirklicht wird, dass ein Ehegatte über Jahre hinweg nennenswerte Geld- und Sachleistungen zu dem Vermögen beiträgt, das formal allein dem anderen Ehegatten zusteht (BGH 30.6.1999 – XII ZR 230/96, NJW 1999, 2962).

10 **e) Ehebezogene Arbeitsleistungen.** Arbeitsleistungen eines Ehegatten im Zusammenhang mit dem Eigenheim oder dem Betrieb des anderen Ehegatten stellen keine unbenannte Zuwendung dar und können nicht als Innengesellschaft behandelt werden, wenn eine gleichberechtigte partnerschaftliche Zusammenarbeit fehlt oder keine über die Verwirklichung der ehelichen Lebensgemeinschaft hinausgehenden Ziele verfolgt werden (HK-FamR/Brandt Schwerpunktbeitrag 1: Ehebezogene Zuwendungen Rn 30). Der Bundesgerichtshof geht in diesen Fällen von einem konkludent geschlossenen **familienrechtlichen Kooperationsvertrag** aus, auf den die Grundsätze der unbenannten Zuwendung übertragen werden (BGH 13.7.1994 – XII ZR 1/93, NJW 1994, 2545). Ehebezogene Arbeitsleistungen werden daher im Fall der Zugewinngemeinschaft wie unbenannte Zuwendungen nur güterrechtlich ausgeglichen werden.

III. Folgen beim Scheitern der Ehe

1. Berücksichtigung im Zugewinn

11 Die unbenannte Zuwendung stellt keine Schenkung dar und fällt somit **nicht unter die Privilegierung des § 1374 Abs. 2 BGB** (s. → *Anfangsvermögen* Rn 7 ff). Der zuwendende Ehegatte erhält somit wertmäßig im Regelfall einen Teil seiner Zuwendung zurück. Erhält er dadurch die Hälfte des Werts der Zuwendung rechnerisch zurück, ist die eingetretene Vermögenslage nicht schlechthin unangemessen und untragbar und bedarf deshalb im Regelfall ebenfalls keiner Korrektur (BGH 7.9.2005 – XII ZR 209/02, NJW 2005, 3710).

Unbenannte Zuwendungen sind auch **Zuwendungen im Sinne von § 1380 BGB**, da die objektive Unent- 12
geltlichkeit insoweit ausreichend ist (Haußleiter/Schulz Kap. 1 Rn 378). Sie können daher grundsätzlich als
Vorausempfang gem. § 1380 BGB auf die Zugewinnausgleichsforderung angerechnet werden (BGH
20.12.2000 – XII ZR 237/98, NJW 2001, 2254).

2. Rückabwicklung

Leben die Ehegatten im gesetzlichen Güterstand der Zugewinngemeinschaft, kommt eine Rückabwicklung 13
oder ein Wertausgleich für die unbenannte Zuwendung nicht in Betracht, da diese **grundsätzlich nur güterrechtlich auszugleichen** ist (Palandt/Grüneberg § 313 BGB Rn 51). Ein Ausgleichsanspruch nach den
Regeln über den Wegfall der Geschäftsgrundlage ist ausnahmsweise möglich, wenn besondere Umstände
den güterrechtlichen Ausgleich als nicht tragbare Lösung erscheinen lassen (BGH 23.4.1997 – XII ZR
20/95, NJW 1997, 2747). Dies ist auch dann nicht der Fall, wenn der Wert der Zuwendung den Betrag
übersteigt, den der Zuwendungsempfänger ohne die Zuwendung als Zugewinnausgleichsanspruch geltend
machen könnte (BGH 26.11.1981 – IX ZR 91/80, NJW 1982, 1093).

Kommt ausnahmsweise eine Anspruch aus § 313 BGB in Betracht, ist in der Regel die dingliche Rechtssi- 14
tuation hinzunehmen und die Rückabwicklung gegen einen **Ausgleich in Geld** zumutbar, wobei der Ausgleichsanspruchs der Höhe nach auf die noch im Vermögen des Empfängers vorhandene Vermögensmehrung beschränkt wird (BGH 8.7.1982 – IX ZR 99/80, NJW 1982, 2236). Bei Ausgleichsansprüchen aus
einem familienrechtlichen Kooperationsvertrag wegen Arbeitsleistungen eines Ehegatten (s. Rn 10) wird
der Anspruch durch die Summe der nach Stundenzahl und Stundensatz errechneten Arbeitskosten, höchstens jedoch durch den Betrag, den sich der andere Ehegatte erspart hat, begrenzt (BGH 13.7.1994 – XII ZR
1/93, NJW 1994, 2545). Eine **Rückgabe des zugewandten Gegenstandes** kommt ausnahmsweise nur in
Betracht, wenn dadurch ein untragbarer, mit den Grundsätzen von Treu und Glauben unvereinbarer Zustand vermieden werden kann (HK-FamR/Brandt Schwerpunktbeitrag 1: Ehebezogene Zuwendungen
Rn 62 ff).

Der Ehegatte, der die unbenannte Zuwendung zurückfordert, muss darlegen und beweisen, dass der Zu- 15
wendung die Vorstellung und Erwartung zugrunde lag, die eheliche Lebensgemeinschaft werde Bestand
haben (BGH 8.11.2002 – V ZR 398/01, NJW 2003, 510), und dass das Ergebnis des Zugewinnausgleichs
unter Berücksichtigung der Zuwendung schlechthin unangemessen und unzumutbar ist (BGH 21.10.1992 –
XII ZR 182/90, NJW 1993, 385).

Knahn

221. Unbilligkeit (Verwirkung)

Schausten

I. Einführung 1
II. Materielle Grundlagen 2
III. Darlegungs- und Beweislast 4
IV. Rechtsfolgen 5
V. Die einzelnen Härtegründe 8
  1. Nr. 1: Kurze Ehedauer 8
  2. Nr. 2: Verfestigte Lebensgemeinschaft 10
  3. Nr. 3: Verbrechen oder schwere vorsätzliche
    Vergehen gegen den Verpflichteten 17
  4. Nr. 4: Verwirkung wegen mutwilliger Herbei-
    führung der Bedürftigkeit 19

5. Nr. 5: Verwirkung wegen Gefährdung der Vermögensinteressen des Verpflichteten 22
6. Nr. 6: Grobe Unterhaltspflichtverletzung vor der
  Trennung 24
7. Nr. 7: Verwirkung wegen schwerwiegendem
  einseitigem Fehlverhalten 25
8. Nr. 8: Verwirkung wegen eines anderen schwerwiegenden Grundes 28

I. Einführung

1 Ein Unterhaltsanspruch ist gem. § 1579 BGB zu versagen, herabzusetzen oder zeitlich zu begrenzen, soweit die Inanspruchnahme des Verpflichteten auch unter Wahrung der Belange eines dem Berechtigten zur Pflege und Erziehung anvertrauten gemeinschaftlichen Kindes grob unbillig wäre, wenn einer der in den Nr. 1–8 aufgeführten Härtegründe vorliegt.

II. Materielle Grundlagen

2 Bei der Prüfung der Voraussetzungen ist eine **zweistufige Billigkeitsabwägung** vorzunehmen:

1. Zunächst ist der konkrete Härtegrund zu ermitteln und festzustellen.
2. Sodann ist zu prüfen, ob die Inanspruchnahme des Pflichtigen aufgrund des Verwirkungstatbestands auch unter Berücksichtigung der Belange eines gemeinschaftlichen Kindes grob unbillig erscheint.

3 Unterhaltszahlungen sind dann grob unbillig, wenn zwischen dem Verhalten, das den Verwirkungsgrund bildet, und der **ehelichen Solidarität und Loyalität**, die Grundlage des Unterhaltsanspruchs sind, ein so **krasses Missverhältnis** besteht, dass die weitere Zahlung von Unterhalt unzumutbar erscheint. Bei der vorzunehmenden Gesamtabwägung sind die wirtschaftlichen und die persönlichen Verhältnisse sowie die aktuelle Lebenssituation der Beteiligten zu berücksichtigen; die Schwere des Verwirkungsgrundes, die Auswirkungen der die Verwirkung auslösenden Handlung für den Verpflichteten, aber auch die Dauer der Ehe und die Ehebedingtheit der Bedürftigkeit.

III. Darlegungs- und Beweislast

4 Der Unterhaltsschuldner trägt die Darlegungs- und Beweislast für die tatsächlichen Voraussetzungen des Ausschlussgrundes, weil es sich bei § 1579 BGB um eine ihm günstige **rechtsvernichtende Einwendung** handelt. Weil es sich um eine Einwendung handelt, ist die Vorschrift im Verfahren von Amts wegen zu beachten, wenn seitens des Unterhaltsschuldners entsprechende Tatsachen vorgetragen werden.

IV. Rechtsfolgen

5 Ist ein Verwirkungstatbestand gegeben und die weitere Unterhaltszahlung auch unter **Berücksichtigung der Belange gemeinschaftlicher Kinder** grob unbillig, kann der Unterhaltsanspruch ausgeschlossen, in der Höhe herabgesetzt oder zeitlich begrenzt werden.

6 Betreut der Berechtigte beispielsweise ein gemeinschaftliches Kind, führt dies bei Vorliegen der sonstigen Voraussetzungen der Verwirkung regelmäßig dazu, dass der Unterhaltsanspruch nicht vollständig versagt, sondern der **Unterhaltsbedarf des Berechtigten auf das Existenzminimum** eines unterhaltsberechtigten Ehegatten im Sinne von B. V. der Düsseldorfer Tabelle festgesetzt wird; dies entspricht derzeit für einen erwerbstätigen Ehegatten 1.000 EUR, für ein nichterwerbstätigen Ehegatten 800 EUR. Auf diesen Unterhaltsbedarf sind dann die tatsächlich erzielten oder erzielbaren Einkünfte des Berechtigten anzurechnen.

Wurde der grundsätzlich bestehende Unterhaltsanspruch des Berechtigten im Hinblick auf eine verfestigte 7
Lebensgemeinschaft im Sinne des § 1579 Nr. 2 BGB ganz oder teilweise als verwirkt angesehen, kann der
Unterhaltsanspruch bei **Wegfall der verfestigten Lebensgemeinschaft** grundsätzlich wieder in voller Hö-
he aufleben (OLG Hamm 7.7.2006 – 11 UF 2/06, NJW-RR 2007, 583); dies bedarf aber einer umfassenden
Zumutbarkeitsprüfung (BGH 13.7.2011 – XII ZR 84/09, NJW 2011, 3089).

V. Die einzelnen Härtegründe

1. Nr. 1: Kurze Ehedauer

Von einer kurzen Ehedauer ist in der Regel dann auszugehen, wenn die Ehe zwischen der standesamtlichen 8
Eheschließung und der Rechtshängigkeit des Scheidungsantrags nicht mehr als **zwei Jahre** gedauert hat.
Bei einem Zeitraum von zwei bis fünf Jahren Ehedauer kann immer noch eine kurze Ehe in Betracht kommen, hier sind aber die durch die Ehe bewirkten Veränderungen in den Lebensumständen der Ehegatten zu
berücksichtigen.

Die Zeiten der Kinderbetreuung sind – entgegen der früheren Formulierung des Härtegrundes – nicht mehr 9
der Ehezeit hinzuzurechnen, sondern nur noch im Rahmen der Billigkeitsabwägung zu berücksichtigen.

2. Nr. 2: Verfestigte Lebensgemeinschaft

Dieser Härtegrund wurde durch das Änderungsgesetz zum 1.1.2008 neu in die Liste der Härtegründe auf- 10
genommen, vorher war dieser Härtegrund unter die damalige Nr. 7 des § 1579 BGB aF subsumiert worden;
da der Gesetzgeber mit diesem neu geschaffenen Härtegrund **keine Veränderung der bestehenden
Rechtsprechung** erreichen wollte, kann die frühere Rechtsprechung der Gerichte weiter herangezogen
werden (BGH 13.7.2011 – XII ZR 84/09, NJW 2011, 3089; 5.10.2011 – XII ZR 117/09, NJW 2011, 3712).

Das Gesetz selbst gibt **keine Definition** vor, was unter einer verfestigten Lebensgemeinschaft zu verstehen 11
ist. Die Rechtsprechung sieht eine verfestigte Lebensgemeinschaft (früher: eheähnliche Lebensgemeinschaft) in der Regel als gegeben an, wenn objektive, nach außen tretende Umstände wie ein über einen längeren Zeitraum gemeinsam geführter Haushalt, das Erscheinungsbild in der Öffentlichkeit, größere gemeinsame Investitionen wie der gemeinschaftliche Erwerb einer Immobilie oder die Dauer der Verbindung
einen entsprechenden Rückschluss zulassen.

Eine verfestigte Lebensgemeinschaft setzt nach der Rechtsprechung **in der Regel einen Zeitraum von** 12
mindestens zwei bis drei Jahren voraus, sofern keine anderen objektiven Kriterien wie insbesondere der
gemeinschaftliche Erwerb einer Immobilie oder die Geburt eines gemeinschaftlichen Kindes bereits früher
auf eine Verfestigung der Lebensgemeinschaft schließen lassen.

Für die Annahme einer verfestigten Lebensgemeinschaft ist es **nicht zwingend Voraussetzung**, dass die 13
Beteiligten in einer **gemeinsamen Wohnung** leben (OLG Düsseldorf 4.4.2012 – 5 UF 238/08). Fehlt es
allerdings an diesem Umstand, dann kommt es für die Annahme einer verfestigten Lebensgemeinschaft
umso mehr auf die Erkennbarkeit der Beziehung in der Öffentlichkeit an. Entscheidend ist dann vor allem
der Freizeitbereich: Besuchen die Partner gemeinsam Feste, treten sie insbesondere bei Familienfeierlich-
keiten gemeinsam auf? Treiben die Partner gemeinsam Sport? Fahren sie gemeinsam in Urlaub? Wie werden die Urlaubsreisen finanziert? Benutzen die Partner wechselseitig ihre Fahrzeuge? Werden die Kinder
aus der geschiedenen Ehe in die Unternehmungen der neuen Partner eingebunden? Gehen Nachbarn,
Freunde, Bekannte und Verwandte der Partner davon aus, dass die beiden als Paar auftreten?

Besonders problematisch kann es werden, wenn die neuen Partner keine gemeinsame Wohnung haben und 14
sich darauf berufen, sie hätten ihre **Beziehung bewusst auf Distanz** angelegt; beispielsweise weil sie ein
engeres Zusammenleben aufgrund negativer Partnerschaftserfahrungen nicht wünschen. Eine derartige subjektiv in Anspruch genommene Distanz zu dem neuen Partner, die in der tatsächlichen Lebensgestaltung
nicht zum Ausdruck kommt, kann aber nach Auffassung der Rechtsprechung keine Berücksichtigung finden (BGH 24.10.2001 – XII ZR 284/99, NJW 2002, 217).

15 Die Annahme einer verfestigten Lebensgemeinschaft scheitert nicht daran, dass es sich bei den neuen Partnern um eine **gleichgeschlechtliche Lebensgemeinschaft** handelt. Andererseits ist allein der Umstand, dass der geschiedene Ehegatte sich einem gleichgeschlechtlichen Partner zuwendet, als solches kein Grund für die Annahme einer Verwirkung des nachehelichen Unterhalts.

16 Ein nach § 1579 Nr. 2 BGB beschränkter oder versagter nachehelicher Unterhaltsanspruch kann grundsätzlich wieder aufleben, wobei es einer umfassenden Zumutbarkeitsprüfung unter Berücksichtigung aller Umstände bedarf. Bei Beendigung der verfestigten Lebensgemeinschaft lebt ein versagter Unterhaltsanspruch regelmäßig im Interesse gemeinsamer Kinder als Betreuungsunterhalt wieder auf. Für andere Unterhaltstatbestände gilt dies nur dann, wenn trotz der für eine gewisse Zeit verfestigten neuen Lebensgemeinschaft noch ein Maß an nachehelicher Solidarität geschuldet ist, das im Ausnahmefall eine weitergehende nacheheliche Unterhaltspflicht rechtfertigen kann (BGH 13.7.2011 – XII ZR 84/09, FamRZ 2011, 1498).

3. Nr. 3: Verbrechen oder schwere vorsätzliche Vergehen gegen den Verpflichteten

17 Hier muss es sich um **gravierende Straftaten** handeln; vorausgesetzt wird ein schuldhaftes Verhalten des Unterhaltsberechtigten. In der Vergangenheit hat die Rechtsprechung eine Verwirkung angenommen bei einer **gefährlichen Körperverletzung** (OLG Koblenz 22.9.1997 – 13 UF 297/97, FamRZ 1998, 745), bei **schweren Verleumdungen** des Unterhaltsschuldners (BGH 16.9.1981 – IVb ZR 692/80, NJW 1982, 100), der Abgabe einer falschen eidesstattlichen Versicherung im Zusammenhang mit der Zahlung eines Prozesskostenvorschusses oder bei Vermögensdelikten gegen den Unterhaltsschuldner (OLG Karlsruhe 4.5.2000 – 2 UF 178/99, FamRZ 2001, 833; OLG Hamm 30.5.2001 – 10 UF 70/00, FF 2001, 211).

18 Häufig kommt es in der Praxis auch **im Rahmen von Unterhaltsverfahren** zu einem vollendeten oder versuchten **Prozessbetrug** des Berechtigten, beispielsweise weil er seine Einkünfte ganz oder teilweise verschweigt. Dabei kommt es nicht darauf an, ob es sich um Einkünfte aus überobligatorischer Tätigkeit handelt, denn letztlich ist es der Beurteilung des Tatrichters überlassen, ob und ggf in welchem Umfang derartige Einkünfte bei der Unterhaltsberechnung zu berücksichtigen sind. Vor dem Hintergrund, dass nur schwere vorsätzliche Vergehen die Verwirkung des Unterhalts rechtfertigen, ist in diesem Zusammenhang auch zu prüfen, wie hart das Verschweigen der Einkünfte den Unterhaltsschuldner trifft bzw getroffen hat.

4. Nr. 4: Verwirkung wegen mutwilliger Herbeiführung der Bedürftigkeit

19 Mutwilligkeit liegt immer dann vor, wenn der Berechtigte seine Bedürftigkeit vorsätzlich oder zumindest leichtfertig herbeigeführt hat; normale Fahrlässigkeit reicht hier nicht aus. Das zur Bedürftigkeit führende Verhalten muss zudem unterhaltsbezogen sein. Unterhaltsbezogen ist das Verhalten des Verpflichteten jedenfalls dann, wenn er die Möglichkeit des Eintritts der Bedürftigkeit als Folge seines Handelns erkennen kann und sich gleichwohl nicht gegen dieses Handeln entscheidet.

20 In der Praxis werden hier häufig **Suchterkrankungen** eine Rolle spielen. Dabei ist zu berücksichtigen, dass gerade bei Suchtkranken die Möglichkeit der Einsicht gemindert, wenn nicht gar ausgeschlossen ist – aufgrund dessen ist in der Vielzahl dieser Fälle nicht die Möglichkeit gegeben, eine Verwirkung des Unterhalts zu erreichen.

21 Andere Fälle der mutwillig herbeigeführten Bedürftigkeit sind beispielsweise die **zweckwidrige Verwendung von Vorsorgeunterhalt**, die Nichtgeltendmachung aussichtsreicher Rentenansprüche, eine leichtfertig verursachte Kündigung der Arbeitsstelle oder auch die Nichtverwertung einer Immobilie.

5. Nr. 5: Verwirkung wegen Gefährdung der Vermögensinteressen des Verpflichteten

22 Setzt sich der Berechtigte über schwerwiegende Vermögensinteressen des Verpflichteten mutwillig hinweg, kann dies zu einer Verwirkung des Unterhaltsanspruchs führen. Es reicht eine Gefährdung des Vermögens des Verpflichteten, eine konkret eingetretene Schädigung ist nicht erforderlich.

23 Hierher gehören insbesondere die Fälle, in denen der Berechtigte den Verpflichteten bei dessen **Arbeitgeber anschwärzt** und dabei in Kauf nimmt, dass der Berechtigte seinen Arbeitsplatz verliert, wissentlich

falsche oder leichtfertige Strafanzeigen zum Beispiel wegen Pflichtverletzung oder sexuellen Missbrauchs (OLG Schleswig-Holstein 21.12.2012 – 10 UF 81/12, NJW-RR 2013, 517).

6. Nr. 6: Grobe Unterhaltspflichtverletzung vor der Trennung

Hat der berechtigte Ehegatte längere Zeit vor der Trennung seine Pflicht, zum Familienunterhalt beizutra- 24
gen, gröblich verletzt, kann dies die Verwirkung des Unterhaltsanspruchs nach sich ziehen. Diese Vorschrift spielt in der Praxis keine allzu große Rolle.

7. Nr. 7: Verwirkung wegen schwerwiegendem einseitigem Fehlverhalten

Anwendungsfall der Nr. 7 sind die **Verstöße gegen die eheliche Treuepflicht**. Danach kann ein schwer- 25
wiegendes Fehlverhalten darin liegen, dass der berechtigte Ehegatte sich gegen den Willen des anderen Ehegatten von der Ehe abwendet und ein länger andauerndes intimes Verhältnis zu einem neuen Partner aufnimmt (wobei es unerheblich ist, ob es sich dabei um ein homo- oder heterosexuelles Verhältnis handelt) oder dass der berechtigte Ehegatte intime Beziehungen mit wechselnden Partnern aufnimmt.

Es muss sich immer um ein einseitiges Fehlverhalten des berechtigten Ehegatten handeln – hat beispiels- 26
weise der Verpflichtete selbst mehrfach Ehebruch begangen, stellt dies die Einseitigkeit ernsthaft infrage.

Andere schwerwiegende Gründe können beispielsweise das **Unterschieben eines außerehelich gezeugten** 27
Kindes (BGH 15.2.2012 – XII ZR 137/09, NJW 2012, 1443), ein Rachefeldzug des Berechtigten gegen den Verpflichteten oder auch die fortgesetzte, massive schuldhafte Vereitelung des Umgangsrechts sein.

8. Nr. 8: Verwirkung wegen eines anderen schwerwiegenden Grundes

Dieser **Auffangtatbestand** soll andere Fälle subjektiver und objektiver Unzumutbarkeit erfassen, wenn sie 28
von gleichem Gewicht sind, wie das Fehlverhalten in Nr. 2 bis 7, so dass diesen Tatbeständen eine exemplarische Funktion zukommt. Eine Einengung auf allein objektiv unzumutbare Sachverhalte lässt sich nicht daraus herleiten, dass schuldhaftes Verhalten in den Härtegründen Nr. 3 bis 7 umschrieben ist. Der Auffangcharakter spricht dafür, alle in diesen Härtegründen nicht erfassten aber gleichgewichtigen Umstände einzubeziehen.

Das Erfordernis der Verfestigung bei den Lebensgemeinschaften in § 1579 Nr. 2 BGB lässt Konstellationen 29
zu, die vor dieser Schwelle angesiedelt sind und zu einer Verwirkung führen können. Mit der Schaffung eines eigenständigen Härtegrundes ist keine abschließende Regelung der Problematik „Lebensgemeinschaften" erfolgt, vielmehr sollten deren klassische Erscheinungsformen ausdrücklich im Gesetzestext erwähnt werden. Daneben verbleiben Fallgestaltungen aus dem Katalog der Rechtsprechung, die weiterhin unter den Auffangtatbestand zu subsumieren sind.

Verhaltensweisen, die die Anwendung des § 1579 Nr. 7 BGB rechtfertigen, führen zur Verwirkung iSd 30
§ 1579 Nr. 8 BGB, wenn sie nach der Ehe fortgesetzt werden. Hat der unterhaltsberechtigte Ehegatte vor der Scheidung eine eheähnliche Gemeinschaft mit einem anderen Partner aufgenommen, die die Voraussetzungen des § 1579 Nr. 7 BGB erfüllt und hat dies dazu geführt hat, den Anspruch auf Trennungsunterhalt zu versagen oder zu kürzen, dann erfüllt sein Verhalten auch die Voraussetzungen der Härteregelung der Nr. 8 hinsichtlich des nachehelichen Unterhalts, wenn die ehezerstörende Beziehung nach der Scheidung fortgesetzt wird. Der nacheheliche Unterhalt kann dann versagt oder gekürzt werden, ohne dass es auf die **Leistungsfähigkeit des Partners** ankommt. Es bedarf der ausdrücklichen Darlegung und Feststellung, dass diese Beziehung auch nach der Scheidung noch besteht; auf eine dahin gehende Vermutung kann sich der Unterhaltspflichtige nicht berufen. Hat sich diese Beziehung verfestigt, ist von diesem Zeitraum an in der Regel auch der Tatbestand des § 1579 Nr. 2 BGB erfüllt.

Zur Verwirkung führen kann auch, wenn der Unterhaltsberechtigte in einer eheähnlichen – noch nicht ver- 31
festigten – Gemeinschaft lebt und bewusst von einer Eheschließung absieht, um den Verlust des Unterhaltsanspruchs nach § 1586 Abs. 1 BGB zu vermeiden. Allerdings wird diese Fallgestaltung die Ausnahme

sein, weil der beweisbelastete Unterhaltspflichtige, den Nachweis für eine solche Motivation angesichts der Vielzahl von plausiblen Gründen in der Regel nicht wird führen können.

32 Sind mit der Beziehung des Unterhaltsberechtigten zu dem neuen Lebensgefährten **besonders kränkende oder sonst anstößige Begleitumstände** verbunden, die den Verpflichteten in außergewöhnlicher Weise treffen, ihn in der Öffentlichkeit bloßstellen oder sonst in seinem Ansehen schädigen, so kann auch dies den Verwirkungstatbestand erfüllen. Das Tatbestandsmerkmal „verfestigte Lebensgemeinschaft" muss deswegen nicht erfüllt sein.

222. Unfallversicherung

Conradis

I. Einführung................................... 1   II. Hinterbliebenenrente........................... 2

I. Einführung

Ansprüche aus der gesetzlichen Unfallversicherung haben nur wenige Berührungspunkte mit dem Famili- 1
enrecht. Lediglich zu erwähnen ist, dass die Mitversicherung des Ehegatten im landwirtschaftlichen Unternehmen nach § 2 Abs. 1 Nr. 5 a SGB VII mit der Rechtskraft der Scheidung entfällt. Von Bedeutung sind
hingegen die Besonderheiten der Hinterbliebenenrente nach einer Scheidung.

II. Hinterbliebenenrente

Geschiedene Ehegatten können den Anspruch auf **Witwen- bzw Witwerrente** haben, wenn der frühere 2
Ehegatte aufgrund eines Arbeitsunfalls oder aufgrund einer Berufskrankheit gestorben ist. Dem geschiedenen, früheren Ehegatten des Verstorbenen wird eine solche Rente auf Antrag bewilligt, und zwar vom Beginn des Monats an, der der Antragstellung folgt (§ 72 Abs. 2 SGB VII). Voraussetzung ist jedoch, dass der
Versicherte dem geschiedenen Ehegatten während des letzten Jahres vor dem Tod Unterhalt geleistet hat
oder dem früheren Ehegatten im letzten wirtschaftlichen Dauerzustand vor dem Tod des Versicherten ein
Anspruch auf Unterhalt zustand (§ 66 Abs. 1 SGB VII). Diese Vorschrift ist vergleichbar mit der Regelung
des § 243 SGB VI für die gesetzliche Rentenversicherung für solche Ehegatten, die vor dem 1.7.1977 geschieden wurden, bei denen also im Scheidungsverfahren kein Versorgungsausgleich durchgeführt wurde
(s. → *Rentenversicherung* Rn 8). Entscheidend ist auch hier, dass als Unterhalt bzw Unterhaltsanspruch nur
ein solcher Betrag angesehen wird, der mindestens 25 % des Mindestbedarfs nach den Regelungen des
SGB XII beträgt.

Sind **mehrere Berechtigte** vorhanden, erhält jeder von ihnen den Teil der Rente, der im Verhältnis zu den 3
anderen Berechtigten der Dauer seiner Ehe mit dem Versicherten entspricht (§ 66 Abs. 2 SGB VII). In diese
Berechnung sind nicht nur die geschiedenen Ehegatten einzubeziehen, sondern auch der Witwer bzw die
Witwe. Stirbt beispielsweise ein Versicherter, der zehn Jahre in der ersten Ehe, fünf Jahre in der zweiten
und sodann ein Jahr in der dritten Ehe verheiratet war, und war er beiden geschiedenen Ehegatten unterhaltspflichtig, so erhält die erste Ehefrau 10/16, die zweite 5/16 und die Witwe lediglich 1/16 der Witwenrente. Es wird also allein die Ehedauer berücksichtigt, demgegenüber wird nicht das Verhältnis der Unterhaltsleistungen berücksichtigt, auch wenn die Höhe der aufgeteilten Renten in einem offensichtlichen Missverhältnis zu dem zuvor gezahlten Unterhalt steht (BSG 12.11.1980 – 1 RA 95/79, BSGE 51, 1).

Auf diese Rente für geschiedene Ehegatten besteht nur Anspruch, solange diese **nicht wieder geheiratet** 4
haben (für die gleichlautende Vorschrift in der Rentenversicherung: BSG 20.10.2004 – B 5 RJ 39/03 R;
Lauterbach, Unfallversicherung, § 66 SGB VII Rn 6). Ansonsten besteht der Anspruch zeitlich unbegrenzt,
wobei jedoch in § 66 Abs. 1 SGB VII folgende Ausnahme gemacht wird: Beruht der Unterhaltsanspruch
auf den §§ 1572, 1573, 1575, 1576 BGB, wird die Rente nur solange gezahlt, wie der frühere Ehegatte ohne den Versicherungsfall unterhaltsberechtigt gewesen wäre. Diese Befristung kann nicht auf einen Unterhaltsanspruch gemäß § 1570 BGB angewendet werden (BSG 30.1.2007 – B 2 U 22/05 R, NZS 2007, 665).

Weiterhin kann eine **Witwen- oder Witwerrente wieder aufleben**. Entsprechend der Regelung in § 46 5
Abs. 3 SGB VI für die Rentenversicherung (s. → *Rentenversicherung* Rn 6) ist in § 65 Abs. 5 SGB VII
geregelt, dass die Witwen- bzw Witwerrente an den überlebenden Ehegatten, der wieder geheiratet hat, gezahlt werden kann, wenn die erneute Ehe aufgelöst ist und im Zeitpunkt der Wiederheirat Anspruch auf
eine solche Rente bestand. Allerdings werden für denselben Zeitraum bestehende Ansprüche auf Witwen-

rente oder Witwerrente, auf Versorgung, auf Unterhalt oder sonstige Rente nach dem letzten Ehegatten angerechnet, es sei denn, dass die Ansprüche nicht zu verwirklichen sind (§ 65 Abs. 5 SGB VII). Hier stellt sich das gleiche Problem der Obliegenheit, Unterhaltsansprüche geltend zu machen, wie in der Rentenversicherung (s. → *Rentenversicherung* Rn 6).

223. Unterhaltsabänderung

Finke

I. Einführung	1	3. Beweislast	32	
II. Abänderung von gerichtlichen Unterhaltstiteln nach § 238 FamFG	2	III. Abänderung von Vergleichen und Urkunden nach § 239 FamFG	33	
1. Zulässigkeit	2	1. Zulässigkeit der Abänderung	34	
a) Abgrenzung gegenüber anderen Verfahren	2	a) Abänderung von Vergleichen	36	
aa) Leistungs- oder Nachforderungsantrag	3	b) Abänderung von Urkunden	41	
bb) Bereicherungs- oder Schadensersatzanspruch	6	2. Begründetheit des Abänderungsantrags	44	
cc) Vollstreckungsabwehrantrag	8	a) Abänderung von Vergleichen	44	
b) Wesentliche Veränderung der zugrunde liegenden Verhältnisse	9	b) Abänderung von Urkunden	46	
c) Präklusion von Abänderungsgründen	12	IV. Abänderung von Kindesunterhaltstiteln nach § 240 FamFG	49	
d) Zeitgrenze für die rückwirkende Abänderung	26	1. Zulässigkeit der Abänderung	50	
2. Begründetheit des Abänderungsbegehrens	29	2. Rückwirkung der Abänderung	52	

I. Einführung

Die Abänderung von Unterhaltstiteln ist für das Unterhaltsrecht von besonderer Bedeutung, da diese Titel 1 regelmäßig von längerer Dauer sind und daher oft eine Anpassung verlangen. Dies ist der Fall, wenn sich die zugrunde gelegten Verhältnisse wesentlich geändert haben. Das FamFG trifft unter Aufgabe der früher auch für das Unterhaltsrecht geltenden allgemeinen Abänderungsregelung bei Titeln mit wiederkehrenden Leistungen eine Spezialregelung für Unterhaltssachen, wobei diese Regelung zur Gewährleistung einer besseren Übersichtlichkeit auf mehrere Bestimmungen, nämlich die §§ 238–240 FamFG verteilt worden ist. Die noch im Gesetzesentwurf (BT-Drucks. 16/6308, 50, 257) vorgesehene Härteklausel, die eine Fehlerkorrektur aus Billigkeitsgründen unbeschadet einer etwaigen Präklusion ermöglichen sollte, ist im Laufe des Gesetzgebungsverfahrens aufgegeben worden. Grund hierfür war die Befürchtung, dass hierdurch ein höheres Streitpotential geschaffen werden und damit eine höhere Belastung der Gerichte eintreten könnte (BT-Drucks. 16/9733, 296). Die danach noch verbliebenen Unterschiede gegenüber dem ebenfalls seit dem 1.9.2009 geänderten § 323 ZPO, der seither nur noch außerhalb des Unterhaltsrechts Anwendung findet, sind gering.

II. Abänderung von gerichtlichen Unterhaltstiteln nach § 238 FamFG

1. Zulässigkeit

a) Abgrenzung gegenüber anderen Verfahren. Die Anwendung des § 238 FamFG setzt zunächst voraus, dass die **Abänderung einer gerichtlichen Entscheidung** begehrt wird. Um die Abänderung einer gerichtlichen Entscheidung handelt es sich auch in dem Fall, dass eine ursprünglich im Wege des Vergleichs titulierte Unterhaltsverpflichtung bereits durch eine gerichtliche Entscheidung abgeändert worden ist (BGH 20.2.2008 – XII ZR 101/05, NJW 2008, 1525). Ob dies auch dann gilt, wenn das vorangegangene Abänderungsbegehren durch eine gerichtliche Entscheidung abgewiesen worden ist, oder ob die Regeln über die Abänderung eines Vergleichs nach § 239 FamFG – dh ohne Zeitschranke und Präklusion – anzuwenden sind, hat der Bundesgerichtshof bislang offen gelassen (BGH 23.11.1994 – XII ZR 168/93, NJW 1995, 534; zuletzt BGH 29.6.2011 – XII ZR 157/09, NJW 2011, 3645). Die Statthaftigkeit eines Abänderungsbegehrens hängt weiter davon ab, ob dasselbe Ziel in einem anderen Verfahren verfolgt werden kann und dieses einen Abänderungsantrag ausschließt. Es gibt zahlreiche Fallgestaltungen, bei denen sich die Frage der Vorrangigkeit anderer Verfahren stellt. Die Abgrenzung ist wie folgt vorzunehmen:

aa) Leistungs- oder Nachforderungsantrag. Ist der Unterhaltsanspruch ausdrücklich nur zum Teil tituliert, so kann der Berechtigte nur mit dem Leistungsantrag in Form des Nachforderungsantrags weiteren Unterhalt titulieren lassen mit der Folge, dass ggf zwei Titel vorliegen. Ein solcher Antrag kommt insbesondere dann in Betracht, wenn in einem früheren Verfahren lediglich der streitige Spitzenbetrag **über einen freiwillig gezahlten Sockelbetrag hinaus** (anders dagegen, wenn der Titel auf den vollen Betrag abzüglich bestimmter gezahlter Beträge lautet) tituliert war (BGH 7.12.1994 – XII ZB 112/94, FamRZ 1995, 730). Der Unterhaltsanspruch wird unabhängig von den Feststellungen in einem früheren Verfahren neu ermittelt, so dass eine Präklusion von Alttatsachen nach § 238 Abs. 2 FamFG nicht stattfindet.

4   Der Leistungsantrag ist auch dann die richtige Verfahrensart, wenn der Unterhaltsantrag in einem früheren gerichtlichen Verfahren abgewiesen worden war (BGH 3.11.2004 – XII ZR 120/02, NJW 2005, 142), und zwar auch dann, wenn bei einer dem Antrag stattgebenden Entscheidung für die Vergangenheit für die Zukunft eine vollständige Abweisung erfolgt ist (BGH 3.11.2004 – XII ZR 120/02, NJW 2005, 142). Ist dagegen der bisher aufgrund einer gerichtlichen Entscheidung geschuldete Unterhalt im Abänderungsverfahren vollständig aberkannt worden, so kann ein erneuter Unterhaltsanspruch nur mit einem Abänderungsantrag verfolgt werden (BGH 30.1.1985 – IVb ZR 63/83, NJW 1985, 1345). Ein Leistungsantrag kann **in einen Abänderungsantrag umgedeutet** werden, wobei maßgeblich auf das in der Antragsbegründung bezeichnete Ziel und nicht allein auf den Wortlaut des Antrags abzustellen ist (BGH 6.11.1991 – XII ZR 240/90, NJW 1992, 438). Dasselbe gilt umgekehrt für die Umdeutung eines Abänderungsantrags in einen Leistungsantrag (BGH 1.6.1983 – IVb ZR 365/81 = NJW 1983, 2200).

5   Hat der Berechtigte im Vorverfahren einen zu geringen Unterhalt gefordert und tituliert erhalten, ohne dass er sein Unterhaltsbegehren ausdrücklich oder zumindest zweifelsfrei erkennbar als Teilantrag verfolgt hat, so kann er den Mehrbetrag nur in einem Abänderungsverfahren geltend machen, wobei dies aufgrund anderer Umstände eröffnet sein müsste, da er mit der Berufung auf die zu geringe Forderung ausgeschlossen wäre, da es sich hierbei um keine nachträgliche Änderung der Entscheidungsgrundlage handelt (s. Rn 31).

6   **bb) Bereicherungs- oder Schadensersatzanspruch.** Ohne Rechtsgrund gezahlter Unterhalt kann nach §§ 812 ff BGB zurückverlangt werden. Soweit der Unterhalt aufgrund eines vollstreckbaren Titels gezahlt worden ist, bedarf es hierzu zunächst der Beseitigung des Titels durch einen erfolgreichen Abänderungsantrag. Dieser kann zur Minderung des Kostenrisikos mit einem hilfsweise, dh für den Fall des Obsiegens, mit dem Abänderungsantrag geltend gemachten Bereicherungsantrag verbunden werden (BGH 22.4.1998 – XII ZR 221/96, NJW 1998, 2433). Nach früherem Recht war dies die einzige Möglichkeit, dem **Einwand der Entreicherung** nach § 818 Abs. 3 BGB zu begegnen. Da mit der Neuregelung in § 241 FamFG die **verschärfte Haftung** nach § 818 Abs. 4 BGB mit Rechtshängigkeit des Abänderungsantrags eintritt, kann nunmehr auch mit einem erst später, nach erfolgreichem Abänderungsverfahren gestellten Zahlungsantrag nach §§ 812 ff BGB die Rückzahlung des Unterhalts verlangt werden, ohne dass der Gegner sich auf Entreicherung berufen kann.

7   Der Unterhaltsschuldner kann ohne ein vorheriges oder gleichzeitiges Abänderungsverfahren den Unterhalt als **Schadenersatz** nach § 826 BGB zurückverlangen, soweit dieser von ihm auf einen durch Vorspiegelung falscher oder Verschweigen richtiger Tatsachen erschlichenen Titel gezahlt worden ist. Das gilt auch dann, wenn der Gläubiger den Unterhalt entgegen genommen hat, obwohl ihm bekannt war, dass dieser aufgrund wesentlicher Änderungen in seiner Sphäre nicht bzw nicht mehr in dieser Höhe geschuldet wurde. Voraussetzung ist in diesem Fall weiter die Verletzung einer Verpflichtung des Gläubigers zur ungefragten Information des Schuldners (BGH 25.11.1987 – IVb ZR 96/86, NJW 1988, 965).

8   **cc) Vollstreckungsabwehrantrag.** Bei der Änderung von Umständen, die nicht die Grundlagen des Unterhaltsanspruchs, sondern **rechtsvernichtende bzw rechtsbeschränkende Einwendungen** hiergegen betreffen (zB Verzicht, Erfüllung, Wegfall wegen Zeitablaufs), kommt nur der Vollstreckungsabwehrantrag nach § 113 Abs. 1 FamFG iVm § 767 ZPO in Betracht, während ein Abänderungsantrag nicht statthaft ist. Anders als bei der mit dem Abänderungsantrag verfolgten Anpassung des Titels an die geänderten wirtschaftlichen Verhältnisse ist der Vollstreckungsabwehrantrag auf die Beseitigung der Vollstreckbarkeit eines bestehenden Titels gerichtet. Trotz dieser relativ klaren theoretischen Abgrenzung bereitet die Zuordnung von Sachverhalten zu der jeweiligen Verfahrensform im konkreten Fall nicht selten Schwierigkeiten (BGH 8.6.2005 – XII ZR 294/02, NJW 2005, 2313 bei Rentenbezug des Unterhaltsschuldners vor und nach Rechtshängigkeit des Antrags; 30.5.1990 – XII ZR 57/89, NJW-RR 1990, 1410 bei Vorliegen eines Verwirkungstatbestandes). Wegen der Abgrenzungsschwierigkeiten lässt der Bundesgerichtshof eine Umdeutung der sich gegenseitig ausschließenden Anträge zu (BGH 6.11.1991 – XII ZR 240/90, NJW 1992, 438)

und regt an, sie im Zweifel als Haupt- und Hilfsantrag zu stellen (BGH 29.11.2000 – XII ZR 165/98, NJW 2001, 828).

b) Wesentliche Veränderung der zugrunde liegenden Verhältnisse. Nach § 238 Abs. 1 S. 2 FamFG er- 9
fordert die Zulässigkeit des Abänderungsantrags eine wesentliche Veränderung der der früheren Entscheidung zugrunde liegenden tatsächlichen und rechtlichen Verhältnisse. Eine solche Veränderung liegt immer dann vor, wenn die frühere Entscheidung auf einer **unzutreffenden Prognose** der zukünftigen Entwicklung der für den Unterhaltsanspruch maßgebenden Verhältnisse beruhte. Das ist regelmäßig der Fall, wenn sich die in der Entscheidung für die Zukunft zugrunde gelegten tatsächlichen (dh die persönlichen und wirtschaftlichen) Verhältnisse (Einkommenserhöhungen bzw -minderungen, Wegfall oder Hinzutreten von Verbindlichkeiten) oder die rechtlichen Verhältnisse (aufgrund von Änderungen des Gesetzes oder der höchstrichterlichen Rechtsprechung) verändert haben. Eine fehlerhafte Ermittlung der seinerzeit aktuellen Verhältnisse (zB aufgrund der Nichtberücksichtigung von Teilen des Einkommens des Unterhaltsschuldners oder einer nicht vorgetragenen weiteren Unterhaltsverpflichtung) und die hierauf beruhende unzutreffende Prognose für die Folgezeit können dagegen eine Abänderung nicht rechtfertigen, da keine Änderung der Verhältnisse eingetreten ist. Es findet im Abänderungsverfahren **keine Fehlerkorrektur** hinsichtlich der früheren Entscheidung statt.

Das Erfordernis der Wesentlichkeit der Veränderung soll die Zulässigkeit des Abänderungsverfahrens zur 10
Vermeidung von Verfahren, die selbst bei einem vollen Obsiegen des Antragstellers nur zu einem geringfügig anderen Ergebnis führen als der bisherige Unterhaltstitel, beschränken. Die **Wesentlichkeitsgrenze**, ab der die behaupteten Veränderungen zu einem Ergebnis führen, das unter Berücksichtigung der beiderseitigen wirtschaftlichen Belange der Beteiligten erheblich ist, wird in der Praxis bei einer Abweichung vom bisherigen Unterhaltsanspruch von mindestens 10 % angenommen. Dabei besteht Einigkeit darüber, dass es sich hierbei nur um einen Richtwert handelt, von dem im Einzelfall abgewichen werden kann und muss. Eine schematische Anwendung des Richtwertes verbietet sich insbesondere bei engen wirtschaftlichen Verhältnissen, bei denen eine Veränderung des Unterhaltsanspruchs für beide oder zumindest einen Beteiligten auch um weniger als 10 % erhebliche Bedeutung haben kann. Die Wesentlichkeitsgrenze ist daher flexibel zu handhaben (BGH 29.1.1992 – XII ZR 239/90, NJW 1992, 1621: Grenze bei engen Verhältnissen deutlich unter 10 %; OLG Hamm 11.8.2006 – 11 UF 25/06, NJW 2007, 1217 sowie OLG Naumburg 14.1.2010 – 3 WF 262/09, NJW-Spezial 2010, 389 jeweils bei tituliertem Unterhalt unterhalb des Existenzminimums bzw Mindestbedarfs; JH/Brudermüller § 238 FamFG Rn 74).

Als mögliche **Abänderungsgründe** kommen insbesondere in Betracht: 11

– Einkommensänderungen, einschließlich der veränderten steuerlichen Veranlagung (zur Bedeutung der Vorhersehbarkeit der Veränderungen s. Rn 20);
– Hinzutreten oder Wegfall von Verbindlichkeiten einschließlich weiterer Unterhaltsverpflichtungen, die den Bedarf oder zumindest die Leistungsfähigkeit beeinflussen können;
– Bedarfsänderungen, zB beim Kindesunterhalt durch neue Altersstufe oder sonstige Änderung der Tabellenbedarfsbeträge, wobei die Änderung der Unterhaltstabelle die tatsächlich eingetretene Veränderung der Lebenshaltungskosten widerspiegelt (BGH 23.11.1994 – XII ZR 168/93, FamRZ 1995, 221);
– Änderungen der Gesetzeslage oder der höchstrichterlichen Rechtsprechung. Aus jüngerer Zeit ist hier die Entscheidung zur Verfassungswidrigkeit der sog. Drittelmethode sowie der Auslegung des § 1578 BGB durch die Rechtsprechung des Bundesgerichtshofs zu den sog. wandelbaren Lebensverhältnissen von Bedeutung (BVerfG 25.1.2010 – 1 BvR 918/10, FamRZ 2011, 437). Hinsichtlich der Auswirkung der Änderung der Rechtsprechung des Bundesgerichtshofs zur Begrenzung des Unterhalts nach § 1573 Abs. 5 BGB aF für die nachträgliche Beschränkung von Unterhaltstiteln aus der Zeit vor dem 1.1.2008 s. Rn 24.

c) Präklusion von Abänderungsgründen. Das Abänderungsbegehren kann nach § 238 Abs. 2 FamFG 12
nicht auf Gründe, dh Tatsachen und sonstige Umstände gestützt werden, die vor dem Schluss der Tatsachenverhandlung des vorausgegangenen Verfahrens entstanden sind. Andernfalls würde es sich um eine wegen der Durchbrechung der Rechtskraft unzulässige Korrektur der früheren gerichtlichen Entscheidung

handeln. Durch die bei der Neuregelung erfolgte Formulierung wird gegenüber dem ansonsten inhaltsgleichen § 323 Abs. 2 ZPO aF deutlich, dass die **Präklusion nicht nur die Frage der Zulässigkeit** des Antrags, sondern auch dessen **Begründetheit** betrifft. Wird die für die Zulässigkeit ausreichende Behauptung einer neuen Tatsache nicht bewiesen, so ist der Antrag als unbegründet abzuweisen, selbst wenn die im Rahmen der Begründetheit des Abänderungsbegehrens in beschränktem Umfang zulässige Berücksichtigung von sog. Alttatsachen (s. Rn 31) zu einer wesentlichen Änderung des titulierten Unterhaltsanspruchs führen würde.

13 Ob von der **Zurückweisung eines Abänderungsantrags in einem vorangegangenen Verfahren** eine Präklusionswirkung ausgeht, hängt davon ab, in welchem Umfang der Nichterfolg des früheren Abänderungsbegehrens darauf beruht, dass das Gericht seinerzeit die dem Unterhaltstitel zugrunde liegenden Verhältnisse überprüft und abweichende Feststellungen bzw Prognosen getroffen hat. Soweit dies nicht der Fall ist und insbesondere keine Prognosen getroffen worden sind, besteht keine Präklusion, da diese nicht weiter gehen kann als die Rechtskraftwirkung der negativen Abänderungsentscheidung (BGH 7.12.2011 – XII ZR 159/09, NJW 2012, 923 für den Umfang der Erwerbsobliegenheit des Berechtigten bei Zurückweisung des vorangegangenen Abänderungsbegehrens des Pflichtigen mangels schlüssiger Darlegung des eigenen Einkommens).

14 Sind im Vortitel **fiktive Verhältnisse** zugrunde gelegt worden, so ist eine Abänderung nur zulässig, soweit der Antragsteller darlegt, dass die Grundlagen für die Fiktion nicht mehr vorliegen bzw sich geändert haben. Die Abänderung eines wegen **mutwilliger Aufgabe einer Arbeitsstelle** auf fiktiver Grundlage ergangenen Unterhaltsurteils ist nicht bereits mit der Behauptung zulässig, der Abänderungskläger genüge inzwischen seiner Erwerbsobliegenheit, verdiene aber weniger als zuvor. Erforderlich ist vielmehr, dass der Abänderungskläger geltend macht, er habe die frühere Arbeitsstelle inzwischen aus anderen Gründen verloren (BGH 20.2.2008 – XII ZR 101/05, NJW 2008, 1525).

15 Davon zu unterscheiden ist der Fall, dass die Fiktion wegen **Verstoßes gegen die Erwerbsobliegenheit** erfolgt ist (zu dieser Unterscheidung vgl BGH aaO). Kommt der Beteiligte, bei dem es sich sowohl um den Unterhaltsschuldner als auch den Unterhaltsgläubiger handeln kann, in der Folgezeit seiner Erwerbsobliegenheit in ausreichendem Maß nach, so kann er nach überwiegender Auffassung mit der Abänderung geltend machen, dass sich die frühere Prognose durch sein tatsächlich erzieltes Einkommen als falsch erwiesen habe (OLG Hamm 25.6.2008 – 10 UF 12/08, FamRZ 2008, 2216). Dies ist allerdings insofern problematisch, als Anhaltspunkte dafür, dass die Prognose möglicherweise unzutreffend war, nicht auf einer Änderung der tatsächlichen Verhältnisse beruhen muss, wie sie § 238 Abs. 2 FamFG verlangt (JH/Brudermüller § 238 FamFG Rn 38; Graba, Die Abänderung von Unterhaltstiteln, 4. Aufl. 2011 Rn 368 f). Dies ist nur dann der Fall, wenn die geringeren tatsächlichen Einkünfte auf einem Nachlassen der individuellen Leistungskraft oder einer veränderten Arbeitsmarktsituation gegenüber dem Zeitpunkt der Prognose beruhen. Der Einwand, die Fiktion sei von Anfang an zu hoch gewesen, ist dagegen ausgeschlossen.

16 Die in der Rechtsprechung und Literatur streitige Frage, worauf bei der Abänderung einer rechtskräftig gewordenen Versäumnisentscheidung abzustellen ist, hat der Bundesgerichtshof entschieden (BGH 12.5.2010 – XII ZR 98/08, NJW 2010, 2437). Danach erlaubt die behauptete Änderung der in dem **Versäumnisbeschluss** zugrunde gelegten (fingierten) Verhältnisse keine Abänderung nach § 238 FamFG. Diese ist vielmehr nur dann und insoweit möglich, als sich die seinerzeit gegebenen **tatsächlichen Verhältnisse** wesentlich geändert haben.

17 Der vom Bundesgerichtshof (aaO) entschiedene Sachverhalt zeigt, zu welchem für den Pflichtigen kaum nachvollziehbaren und unbilligen Ergebnis eine solche rechtliche Beurteilung führen kann, wenn er eine Versäumnisentscheidung gegen sich ergehen lässt, in der bessere wirtschaftliche Verhältnisse zugrunde gelegt werden, als dies tatsächlich der Fall ist. Der Titel aus der Versäumnisentscheidung beruhte auf einem von den Berechtigten in der Antragsschrift behaupteten Nettoeinkommen von monatlich 2.225 EUR, während es sich bis zum Schluss der mündlichen Verhandlung aufgrund des Wegfalls des Verheiratetenzuschlags und des Splittingvorteils nur auf 1.835 EUR und danach – aber noch vor Ablauf der Einspruchsfrist gegen die Versäumnisentscheidung – aufgrund des Wegfalls des Ortszuschlags für die Kinder nur noch auf

Finke

1.524 EUR belief. Sein Abänderungsbegehren stützte der Pflichtige auf ein mit mtl. 1.560 EUR belegtes Nettoeinkommen. Der Bundesgerichtshof hat die Verwerfung der Abänderungsklage als unzulässig durch die Vorinstanzen bestätigt, da das tatsächliche Einkommen des Pflichtigen gegenüber dem Zeitpunkt des Erlasses des Versäumnisurteils nicht geringer geworden sei. Das tatsächlich niedrigere Einkommen schon bei Erlass des Versäumnisurteils habe er bis spätestens zum Ablauf der Einspruchsfrist geltend machen müssen. Wenn er dies versäumt habe, stehe ihm die Abänderungsklage nur noch zur Verfügung, wenn und soweit sein Einkommen unter 1.524 EUR liege. Der Bundesgerichtshof begründet dieses Ergebnis damit, dass im Abänderungsverfahren keine Totalrevision der früheren Entscheidung und insbesondere keine Korrektur von Fehlern dieser Entscheidung (Zugrundelegung eines unrichtigen Sachverhalts) möglich sei.

In einer späteren Entscheidung hat der Bundesgerichtshof deutlich gemacht, dass die Präklusion bei der Zulässigkeit dazu führt, dass die präkludierten Umstände auch bei der aufgrund anderer Umstände zulässigen Abänderung – im Wege einer Annexkorrektur – keine Berücksichtigung im Rahmen der Begründetheit finden können (BGH 2.6.2010 – XII ZR 160/08, NJW 2010, 2515). Es bestünden auch keine verfassungsrechtlichen Probleme, da der Unterhaltsschuldner vor einer existenzbedrohenden Inanspruchnahme durch die Pfändungsfreigrenzen des § 850 c ZPO hinreichend geschützt sei. Dies bedeutet, dass der Pflichtige in dem Ausgangsfall, der nach Zahlung des Unterhalts für seine vier Kinder erheblich unter dem notwendigen Selbstbehalt liegt, auf Dauer keine Möglichkeit hat, die in der Sache unzutreffende Unterhaltsfestsetzung zu korrigieren. Dies macht deutlich, wie dringend erforderlich die in dem Entwurf des FamFG zunächst vorgesehene Härtefallregelung gewesen wäre (s. Rn 1; vgl auch die Kritik am Ergebnis der Entscheidung des Bundesgerichtshofs von Norpoth NJW 2010, 2440 mit dem Vorschlag einer Befristung der Geltungsdauer falscher Unterhaltstitel). **18**

Bei einer aufgrund eines **Anerkenntnisses** ergangenen gerichtlichen Titulierung des Unterhalts besteht hinsichtlich der Präklusion nach § 238 Abs. 2 FamFG eine ähnliche Problematik wie vorstehend für die Versäumnisentscheidung dargelegt. Auch hier kann sich der Antragsgegner des Vorverfahrens, der dort den Unterhaltsanspruch anerkannt hat, zur Begründung seines späteren Abänderungsbegehrens nicht darauf berufen, sein Einkommen sei niedriger als das beim Anerkenntnis zugrunde gelegte Einkommen, soweit dies schon seinerzeit der Fall war (BGH 4.7.2007 – XII ZR 251/04, NJW 2007, 2921). Hinsichtlich der Bindung an die tatsächlichen Grundlagen des Anerkenntnisses im Rahmen der Begründetheit eines zulässigerweise eröffneten Abänderungsbegehrens s. Rn 31. **19**

Die Präklusionswirkung betrifft auch Tatsachen, die der Antragsteller des jetzigen Verfahrens als Antragsgegner in einem früheren Verfahren nicht geltend gemacht hat. Dabei kommt es nicht einmal darauf an, ob ihm diese Tatsachen bekannt waren und er es in vorwerfbarer Weise unterlassen hat, sie in das frühere Unterhaltsverfahren einzuführen. Für die Präklusionswirkung maßgeblich ist der **Zeitpunkt des objektiven Vorliegens der Umstände** und nicht der Kenntnis hiervon (BGH 21.5.1973 – II ZR 22/72, NJW 1973, 1328 für die gleiche Sachlage bei § 767 Abs. 2 ZPO; OLG Hamm 17.6.2002 – 6 UF 229/01, FamRZ 2003, 460; MüKo-ZPO/Gottwald § 322 ZPO Rn 129 ff). Beruht die Unkenntnis auf einer **Täuschung** des anderen Beteiligten, so kann der demzufolge in dem früheren Verfahren nicht vorgetragene Umstand bei Fortdauer der Täuschung in einem späteren Abänderungsverfahren geltend gemacht werden (BGH 30.5.1990 – XII ZR 57/89, NJW-RR 1990, 1410). Andererseits reicht die bloße **Vorhersehbarkeit** der künftigen Änderung nicht aus, solange ihr tatsächliches Eintreten noch von anderen Entwicklungen beeinflusst werden kann (BGH 21.2.2001 – XII ZR 276/98, NJW-RR 2001, 937) und nicht vom bloßen Zeitablauf abhängig ist. **20**

Die Frage, mit welcher Sicherheit eine künftige Entwicklung im Zeitpunkt der (früheren) gerichtlichen Entscheidung vorhersehbar war, ist von Bedeutung für den Zeitpunkt, bis zu dem spätestens eine Beschränkung des Unterhaltsanspruchs nach § 1578 b BGB hätte geltend gemacht werden müssen. Es ist hier hinsichtlich Befristung und Herabsetzung zu differenzieren. Eine **Befristung** scheidet aus, solange das dauerhafte Vorliegen eines ehebedingten Nachteils noch nicht sicher beurteilt werden kann, wie dies der Fall ist bei aktuell bestehenden Nachteilen beim erzielbaren Einkommen und Unsicherheit darüber, ob bzw in welchem Umfang dieser Nachteil durch die künftige berufliche Entwicklung des unterhaltsberechtigten Ehegatten behoben werden kann. Daher kann insbesondere der Betreuungsunterhalt nach § 1570 BGB regel- **21** mäßig nicht nach § 1578 b Abs. 2 BGB befristet werden (BGH 21.4.2010 – XII ZR 134/08, NJW 2010, 2277). Der Befristungseinwand kann deshalb noch zu einem späteren Zeitpunkt (Wegfall des Betreuungsunterhalts) geltend gemacht werden.

22 Dagegen kommt auch bei Vorliegen ehebedingter Nachteile eine **Herabsetzung** bis auf den – ohne die Ehe – angemessenen Unterhaltsbedarf nach § 1578 b Abs. 1 BGB zuzüglich des auf den ehebedingten Nachteil entfallenden Bedarfs nach den Umständen des Einzelfalls schon zu einem früheren Zeitpunkt in Betracht (BGH 12.1.2011 – XII ZR 83/08, NJW 2011, 670). Da die materielle Rechtskraft einer Entscheidung, die dies verkennt, nur so weit geht, als die Entscheidung eine abschließende Beurteilung der gegenwärtigen Sachlage und der zuverlässig voraussehbaren Umstände enthält, wird durch sie eine spätere Abänderung unter Berücksichtigung des Einwandes nach § 1578 b BGB insbesondere dann nicht ausgeschlossen, wenn zunächst bestehende ehebedingte Nachteile später ganz oder teilweise entfallen sind (BGH 12.1.2011 – XII ZR 83/08, NJW 2011, 670). Ist das Gericht also im Vorverfahren davon ausgegangen, dass eine Herabsetzung oder Befristung „derzeit noch nicht" möglich war, so liegt hierin ein **Vorbehalt** einer künftigen Abänderungsmöglichkeit. Unabhängig davon, ob dieser Vorbehalt zu Recht erfolgt ist, ist damit die Möglichkeit einer künftigen Abänderung unter Berücksichtigung des Begrenzungseinwands nach § 1578 b BGB weiterhin offen. Diese kann entweder im Rahmen einer „Annexkorrektur" (s. Rn 30) bei einer aufgrund anderer Umstände eröffneten Abänderung oder bei Änderungen hinsichtlich der tatsächlichen Voraussetzungen für die Billigkeitsabwägung nach § 1578 b BGB im Wege eines unmittelbar hierauf gestützten Abänderungsbegehrens (BGH 26.5.2010 – XII ZR 143/08, NJW 2010, 2349; Graba NJW 2012, 2117).

23 Ist ein **vorangegangener Abänderungsantrag ohne Prüfung des Begrenzungseinwands zurückgewiesen** worden (wegen angeblich fehlender Schlüssigkeit ohne die Darlegung des aktuellen Einkommens des Antragstellers), so ist der Antragsteller in einem neuen Abänderungsverfahren mit dem Begrenzungseinwand nicht präkludiert, weil die Präklusion nach § 238 Abs. 2 FamFG nicht weiter geht als die Rechtskraft der früheren Entscheidung (BGH 7.12.2011 – XII ZR 159/09, NJW 2012, 923).

24 Hinsichtlich der Begrenzungsmöglichkeit nach § 1578 b BGB gegenüber **Titeln aus der Zeit vor dem 1.1.2008** verneint der Bundesgerichtshof eine Präklusion für Titel, die vor dem 12.4.2006 (Änderung der Rechtsprechung zu § 1573 Abs. 5 BGB aF durch BGH 12.4.2006 – XII ZR 240/03, NJW 2006, 2401) geschaffen worden sind, während er sie für Titel aus der Zeit danach bejaht (BGH 18.11.2009 – XII ZR 65/09, NJW 2010, 365 für Aufstockungsunterhalt; anders dagegen BGH 23.11.2011 – XII ZR 47/10, NJW 2012, 309 für einen Anspruch auf Altersunterhalt, der in einem früheren Abänderungsverfahren lediglich hätte herabgesetzt, jedoch nicht befristet werden können). Gegen die Annahme eines solchen Stichtages spricht, dass die Änderung der Rechtsprechung vom Bundesgerichtshof nicht als solche gekennzeichnet wurde und sich – anders als die Surrogatsrechtsprechung – erst im Laufe eines längeren Zeitraumes entwickelt hat, indem sie schließlich auch Fälle der nicht nur vorübergehenden Kindesbetreuung mit einbezog, obwohl diese nach dem Gesetzeswortlaut in der Regel hiervon ausgeschlossen waren (OLG Düsseldorf 16.12.2009 – 8WF 185/09, NJW 2010, 1085; gegen eine solche Differenzierung BGH 29.9.2010 – XII ZR 205/08, NJW 2010, 3582). Auf keinen Fall kann der 12.4.2006 als Stichtag angesehen werden, da die Entscheidung zu diesem Zeitpunkt noch nicht veröffentlicht und damit allgemein zugänglich war. Soweit man der nicht unbedenklichen Auffassung des Bundesgerichtshofs zur Präklusion in diesem Fall folgt, dürfte eher auf die Zeit der Veröffentlichung der Entscheidung vom 12.4.2006 in den gängigen Fachzeitschriften ab Juli 2006 abzustellen sein.

25 Eine **Verschiebung der Zeitgrenze** für die Präklusionswirkung über den nach § 238 Abs. 2 FamFG maßgeblichen Schluss der Tatsachenverhandlung hinaus findet in zwei Fällen statt:

– **Einspruch gegen eine Versäumnisentscheidung** nach § 113 Abs. 1 FamFG iVm § 338 ZPO. Innerhalb der Einspruchsfrist eingetretene Veränderungen können ausschließlich im Wege der Einlegung eines Einspruchs verfolgt werden, während nach Ablauf dieser Frist eingetretene Umstände mit dem Abänderungsantrag geltend gemacht werden können (BGH 12.5.2010 – XII ZR 98/08, NJW 2010, 2437). Der Abänderungsantrag des Antragsgegners im Vorverfahren kann also nicht darauf gestützt werden,

Finke

dass die im Zeitpunkt der Säumnisentscheidung als zugestanden unterstellten Verhältnisse tatsächlich nicht vorgelegen hätten.

– Solange eine **Beschwerde** gem. § 58 FamFG gegen die Hauptsacheentscheidung möglich ist, besteht für die innerhalb der Beschwerdefrist auftretenden Veränderungen die Wahlmöglichkeit zwischen der Einlegung des Rechtsmittels oder dem Abänderungsantrag. Diese Wahlmöglichkeit entfällt, wenn der Gegner das Rechtsmittel eingelegt hat. In diesem Fall kann der andere Verfahrensbeteiligte die nachträglich eingetretenen Veränderungen nur noch mit der **Anschlussbeschwerde** gem. § 66 FamFG geltend machen (BGH 6.11.1985 – IVb ZR 74/84, FamRZ 1986, 43). Unterlässt der Beteiligte die Anschlussbeschwerde, so ist er mit den Umständen, die er hiermit zu seinen Gunsten hätte geltend machen können, präkludiert, dh er kann hierauf ein späteres Abänderungsbegehren nicht stützen. Es besteht aber unter besonderen Voraussetzungen die Möglichkeit, diese Umstände in einem aufgrund anderer Änderungen eröffneten Abänderungsverfahren zu berücksichtigen (s. Rn 30). Zur sog. **Vorwirkung** im Falle der Unzulässigkeit der Anschlussbeschwerde bei Zurücknahme des Hauptrechtsmittels s. Rn 28.

d) Zeitgrenze für die rückwirkende Abänderung. Nach § 238 Abs. 3 S. 1 FamFG kann ein durch gerichtliche Entscheidung geschaffener Unterhaltstitel grundsätzlich nur für die Zeit ab **Rechtshängigkeit** des Abänderungsantrags abgeändert werden. Damit wird das Vertrauen in den Bestand der gerichtlichen Entscheidung geschützt. Die Stellung eines Verfahrenskostenhilfeantrags für einen beabsichtigten Abänderungsantrag ist nicht geeignet, diese Wirkung der Rechtshängigkeit zu erreichen (BGH 20.1.1982 – IVb ZR 651/80, NJW 1982, 1050; aA MüKo-ZPO/Gottwald § 323 Rn 110). Allerdings dürfte dies meist auch gar nicht erforderlich sein, da bei einer vorangegangenen sog. **Stufenmahnung** (Aufforderung zur Auskunftserteilung zum Zweck der Geltendmachung von Unterhalt) oder bei einem auf sonstige Weise eingetretenen **Verzug** die weitere Regelung nach § 238 Abs. 3 S. 2 FamFG eingreift, die abweichend von dem Grundsatz der Rechtshängigkeit des Abänderungsbegehrens eine Abänderung bereits ab dem Zeitpunkt der Aufforderung zur Auskunftserteilung bzw des Verzuges zulässt. **26**

Die Ausweitung dieser früher nur für den Unterhaltsberechtigten bestehenden Möglichkeit der rückwirkenden Abänderung durch das FamFG auf den Fall eines **Herabsetzungsverlangens** des Unterhaltspflichtigen hat zu der lange geforderten Gleichbehandlung der Beteiligten geführt. Ab dem Beginn des auf das Auskunftsbegehren folgenden Monats kann die Herabsetzung der Unterhaltsverpflichtung verlangt werden, jedoch mit der Einschränkung, dass dies maximal für die Zeitdauer von einem Jahr vor Rechtshängigkeit des Abänderungsantrags möglich ist (§ 238 Abs. 3 S. 4 FamFG). Dies bedeutet keine Schlechterstellung gegenüber dem Unterhaltsgläubiger beim Erhöhungsverlangens, da dort eine Beschränkung der rückwirkenden Abänderung durch eine Verwirkung des Unterhaltsanspruchs nach § 242 BGB möglich ist, die in der Regel anzunehmen ist, wenn der Unterhaltsanspruch (hier dessen Erhöhung) länger als ein Jahr nicht verfolgt worden ist. Nach OLG Celle 5.7.2010 – 10 WF 209/10, NJW-RR 2010, 1517 kommt eine weitere Einschränkung der rückwirkenden Geltendmachung von Abänderungsansprüchen unter dem Gesichtspunkt der Verfahrenskostenhilfe in Betracht. Diese soll wegen Mutwilligkeit der Rechtsverfolgung zu versagen sein, soweit durch die Gegenstandswerterhöhung für den rückständigen Betrag gemäß § 51 Abs. 2 FamGKG erhebliche Mehrkosten dadurch entstehen, dass der Antragsteller ohne nachvollziehbaren Grund nicht zeitnah nach einem Auskunfts- oder Verzichtsverlangen einen das Verfahren einleitenden Antrag bei Gericht gestellt hat. **27**

Die Rechtsprechung lässt eine weitere Ausnahme von der Zeitschranke des § 238 Abs. 3 FamFG bzw des § 323 Abs. 3 ZPO für den Fall zu, dass die mit einer durch Rücknahme des Hauptrechtsmittels **unzulässig** gewordenen Anschlussbeschwerde/-berufung verfolgte Abänderung erst in einem neuen Verfahren mit einem selbstständigen Abänderungsantrag geltend gemacht werden kann. Bei einer solchen Sachlage ist die Abänderung rückwirkend ab dem Zeitpunkt der Rechtshängigkeit der früheren Anschlussbeschwerde möglich, die somit zu einer sog. **Vorwirkung** führt (BGH 16.3.1988 – IVb ZR 36/87, NJW 1988, 1374). Voraussetzung ist jedoch, dass der Abänderungsantrag in einem engen zeitlichen Zusammenhang mit der Erledigung des Hauptrechtsmittels erfolgt. **28**

2. Begründetheit des Abänderungsbegehrens

29   Die **wesentliche Veränderung** der der Entscheidung im Vorverfahren zugrunde liegenden tatsächlichen und rechtlichen Verhältnisse ist nicht nur im Rahmen der Zulässigkeit des Abänderungsbegehrens von Bedeutung, sondern auch bei dessen Begründetheit. Während bei der Zulässigkeit die Behauptung solcher Umstände ausreicht, muss für die Begründetheit deren Vorliegen im Streitfall bewiesen werden. Die Präklusion von Umständen nach § 238 Abs. 2 FamFG im Rahmen der Zulässigkeit führt dazu, dass diese Umstände als sog. Alttatsachen im Rahmen der Begründetheit auch dann keine Berücksichtigung finden dürfen, wenn der Abänderungsantrag aufgrund anderer – nicht präkludierter – Umstände zulässig ist (BGH 26.11.1986 – IVb ZR 91/85 = FamRZ 1987, 257; 2.6.2010 – XII ZR 160/08, NJW 2010, 2515).

30   Der Grundsatz der **Nichtberücksichtigung von Alttatsachen** bei der Begründetheit eines Abänderungsbegehrens beruht auf der vom Bundesgerichtshof vertretenen Rechtskrafttheorie, nach der eine Korrektur einer bereits bei ihrem Erlass fehlerhaften Entscheidung (im Gegensatz zu einer sich später als fehlerhaft erweisenden Prognose) im Abänderungsverfahren nicht zulässig ist, wenn die Entscheidung rechtskräftig geworden ist (BGH 15.10.1986 – ZR 78/85, NJW 1987, 1201). Aus diesem Ansatz ergeben sich auch bestimmte **Ausnahmen:**

–   Der **Abänderungsgegner** kann zu der von ihm verfolgten Verteidigung des Titels sog. Alttatsachen vortragen, da durch ihre Berücksichtigung im Abänderungsverfahren die Rechtskraft der früheren Entscheidung nicht berührt wird (BGH 15.10.1986 – ZR 78/85, NJW 1987, 1201 hinsichtlich der Berücksichtigung eines im Vorverfahren als Einkommensposition „vergessenen" Pflegegeldes bei Abänderungsklage und Abänderungswiderklage). So kann er zB den Titel mit der Berufung auf den im früheren Verfahren nicht geforderten Vorsorgeunterhalt oder aus sonstigen Gründen zu gering zugesprochenen Unterhalt verteidigen.

–   Der **Antragsteller** kann in einem aufgrund anderer Tatsachen zulässigen Abänderungsverfahren solche Alttatsachen im Rahmen der Begründetheit geltend machen, deren Berücksichtigung nicht zu einer Durchbrechung der Rechtskraft der früheren Entscheidung führt (Annexkorrektur, s. Rn 22).

–   Hat zB der jetzige Antragsteller des Abänderungsverfahrens in einem früheren vom Gegner angestrengten Abänderungsverfahren, welches das Ziel der Erhöhung des Unterhaltsanspruchs hatte, den **Beschränkungseinwand nach § 1578 b BGB nicht erhoben**, obwohl dessen Voraussetzungen vorlagen, und ist das Erhöhungsverlangen aus anderen Gründen ohne Erfolg geblieben, so kann er sich auf den Einwand in dem jetzigen Abänderungsverfahren dennoch berufen. Er kann hiermit allein zwar wegen § 238 Abs. 2 FamFG nicht die Zulässigkeit des Abänderungsbegehrens erreichen, da er diesen Einwand in dem früheren Abänderungsverfahren im Wege des Abänderungsgegenantrags hätte geltend machen können. Jedoch kann der Antragsteller bei einer aus einem anderen Grund zulässigen Abänderung diese auch auf den „alten" Einwand stützen, da sich die Rechtskraft der Entscheidung in dem früheren Verfahren, bei dem es allein um die Berechtigung des erfolglos gebliebenen Erhöhungsverlangens des Gegners ging, nicht auf die Berechtigung des jetzigen Herabsetzungsverlangens erstreckt (BGH 17.5.2000 – XII ZR 88/98, NJW 2000, 3789; 1.10.1997 – XII ZR 49/96, NJW 1998, 161; in der Entscheidung BGH 29.5.2013 – XII ZB 374/11 ist offen gelassen worden, ob an dieser Rechtsprechung noch festzuhalten ist oder die Abänderung auch ohne „Annex", dh ohne Vorliegen eines weiteren Abänderungsgrundes, möglich sein soll; vgl auch Rn 39 hinsichtlich der gleichen Problematik bei einem Vergleich als Ursprungstitel). Bei einem nur teilweisen Erfolg des früheren Heraufsetzungsverlangens wäre dies indes nicht mehr der Fall, so dass der Einwand des § 1587 b BGB im neuen Abänderungsverfahren keine Berücksichtigung mehr finden könnte.

–   Unter den gleichen Voraussetzungen können Umstände berücksichtigt werden, die in einem früheren Verfahren mit einer **Anschlussbeschwerde** hätten geltend gemacht werden müssen. Unterlässt zB der Berechtigte eine Anschlussbeschwerde, obwohl er nach den Umständen bei Schluss der Verhandlung in der Beschwerdeinstanz höheren Unterhalt hätte fordern können, als ihm durch die vom Gegner angefochtene erstinstanzliche Entscheidung zugesprochen worden war, dann kann er den höheren Unterhalt in einem aufgrund anderer Umstände eröffneten Abänderungsverfahren geltend machen. Dass dies auf Alttatsachen beruht, steht nicht entgegen, solange die Rechtskraft der Entscheidung im früheren Verfahren nicht entgegensteht. Sind zB im früheren Verfahren die geforderten 500 EUR zugesprochen worden, so bezieht sich die Rechtskraft dieser Entscheidung darauf, dass 500 EUR Unterhalt geschuldet werden, nicht aber darauf, ob ein höherer Betrag geschuldet wird.

– Die vorstehenden Überlegungen gelten auch dann, wenn in dem Vorverfahren ein **zu geringer Unterhalt** gefordert worden und zugesprochen worden ist (BGH 11.1.1984 – IVb ZR 10/82, NJW 1984, 1458). Die zu geringe Forderung entfaltet unter der Voraussetzung, dass sie im Vorverfahren ohne teilweise Abweisung des Antrags zugesprochen worden ist, keine Bindungswirkung im Rahmen der Begründetheit eines späteren Abänderungsverfahrens. Dies gilt auch dann, wenn die zu geringe Forderung darauf beruht, dass es der Berechtigte unterlassen hat, den Vorsorgeunterhalt, bei dem es sich um einen unselbstständigen Bestandteil des Gesamtunterhalts handelt (s. → *Altersvorsorgeunterhalt* Rn 4), geltend zu machen. Diesen kann er in einem aufgrund anderer Umstände eröffneten Abänderungsverfahren verlangen (BGH 3.4.1985 – IVb ZR 19/84, NJW 1985, 1701). Zu beachten ist, dass in dem vom Bundesgerichtshof entschiedenen Fall im Vorverfahren der Elementarunterhalt in dem geforderten Umfang zugesprochen worden war. Bei einer teilweisen Abweisung des Unterhaltsantrags wäre es dem Berechtigten wegen der Rechtskraftwirkung der früheren Entscheidung, nach welcher der Berechtigte keinen weiteren als den ihm zugesprochenen Unterhalt verlangen konnte, versagt, in einem Abänderungsverfahren gestützt auf die Forderung von Vorsorgeunterhalt weiteren Unterhalt zu verlangen.

– Sowohl für den Antragsteller als auch den Antragsgegner des Abänderungsverfahrens gelten die vorstehenden Ausnahmen von dem Ausschluss der Berücksichtigung von Alttatsachen nur dann, wenn diese **Tatsachen nicht bereits Gegenstand des früheren Verfahrens gewesen sind** oder aber das Gericht ihnen keine Bedeutung beigemessen hat (BGH 15.10.1986 – ZR 78/85, NJW 1987, 1201 zum „vergessenen" Pflegegeld).

Soweit das Gericht eine wesentliche Veränderung iSd § 238 Abs. 1 FamFG feststellt, hat eine **Anpassung** 31 **unter Wahrung der Grundlagen der früheren Entscheidung** zu erfolgen, dh keine freie Neufestsetzung des Unterhaltsanspruchs, sondern seine Bestimmung unter Beachtung der Bindungen an die frühere Entscheidung und deren nicht veränderte Grundlagen. Hinsichtlich der **Bindungswirkung der früheren Entscheidung** gilt:

– Keine Bindung besteht hinsichtlich der Berechnungsmethode im Vorverfahren (BGH 26.11.1986 – IVb ZR 91/85, FamRZ 1987, 257). Dies gilt zB auch für die Berechnungsweise bei der Ermittlung des geldwerten Vorteils des mietfreien Wohnens (BGH 29.6.1994 – XII ZR 79/93, NJW-RR 1994, 1155).

– Eine zu geringe Unterhaltsforderung im Vorverfahren entfaltet ebenso wenig wie die Nichtforderung von Vorsorgeunterhalt eine Bindungswirkung, soweit im Vorverfahren dem Antrag in vollem Umfang stattgegeben worden ist (s. Rn 5).

– Hat das Gericht dem unterhaltsberechtigten Ehegatten im Vorprozess keine zusätzlichen Erwerbseinkünfte fiktiv zugerechnet und damit nach § 1577 Abs. 1 BGB zugleich entschieden, dass er seiner Erwerbsobliegenheit genügt hat, ist diese Feststellung auch im Abänderungsverfahren maßgebend. Der Unterhaltsverpflichtete kann deshalb nicht einwenden, der Unterhaltsberechtigte erleide bei Aufnahme der ihm obliegenden Erwerbstätigkeit keinen ehebedingten Nachteil, weshalb eine Befristung des Unterhalts aus diesem Gesichtspunkt ausscheidet. Etwas anders gilt nur, wenn der Unterhaltsverpflichtete eine wesentliche Veränderung der Verhältnisse dargetan hat, die eine solche Obliegenheit im Nachhinein begründen könnte (BGH 27.1.2010 – XII ZR 100/08, NJW 2010, 1595).

– Bei einer **Versäumnisentscheidung** im Vorverfahren können Änderungen nur berücksichtigt werden, soweit sie nach Ablauf der Einspruchsfrist des § 339 ZPO eingetreten sind. Insoweit tritt die bereits im Rahmen der Zulässigkeit des Abänderungsbegehrens erörterte Präklusionswirkung ein, die auch bei der Begründetheit zu beachten ist. Sind nach dem genannten Zeitpunkt Änderungen eingetreten, die ein Abänderungsbegehren ermöglichen, so findet keine von dem früheren Titel losgelöste Neuberechnung des Unterhalts statt. Vielmehr besteht eine Bindung an die nach § 331 Abs. 1 ZPO als zugestanden unterstellten Verhältnisse einschließlich deren Bewertungen (wie zB der Umfang des einzusetzenden Ein-

Finke   1227

kommens bzw Vermögens sowie der abzusetzenden Belastungen). Eine Änderung ist nur in dem Umfang möglich, in dem die zu berücksichtigenden neuen Umstände auf der Grundlage des alten Titels zu einem Unterhaltsanspruch führen, der wesentlich von dem titulierten Anspruch abweicht. Bezogen auf die Entscheidung BGH 12.5.2010 – XII ZR 98/08, NJW 2010, 2437, deren Sachverhalt bereits im Rahmen der Zulässigkeit der Abänderung dargestellt worden ist (s. Rn 16), bedeutet dies, dass bei einem aktuellen Einkommen, welches das tatsächliche Einkommen im Zeitpunkt des Verstreichens der Einspruchsfrist um 200 EUR unterschreitet (1.324 EUR statt 1.524 EUR), in die Unterhaltsberechnung ein um 200 EUR geringeres Einkommen als bei Erlass der Versäumnisentscheidung als zugestanden fingiert (2.025 EUR statt 2.225 EUR) einzustellen ist.

– Auch bei einer aufgrund eines **Anerkenntnisses** ergangenen Entscheidung im Vorverfahren ist auf die dem Anerkenntnis zugrunde liegenden tatsächlichen Verhältnisse abzustellen (BGH 4.7.2007 – XII ZR 251/04, NJW 2007, 2921 mwN auch zur Gegenmeinung. Lässt sich die Ermittlung des anerkannten Unterhaltsbetrages nicht feststellen, muss der Unterhalt aufgrund der gesetzlichen Vorschriften neu berechnet werden (BGH 4.7.2007 – XII ZR 251/04, NJW 2007, 2921).

3. Beweislast

32 Der Antragsteller hat im Abänderungsverfahren **sämtliche Umstände**, die für die Bemessung des Unterhaltsanspruchs maßgeblich sind und bei denen sich Änderungen ergeben haben, darzulegen und zu beweisen (BGH 15.10.1986 – IVb ZR 78/85, NJW 1987, 1201). Dies gilt auch für Umstände, die bei der Titulierung des Anspruchs von der Gegenseite darzulegen und zu beweisen waren. So trifft den Gläubiger, dessen Anspruch im vorangegangenen Verfahren mit Rücksicht auf die teilweise Leistungsunfähigkeit des Schuldners reduziert worden ist, bei einem späteren Erhöhungsverlangen die Darlegungs- und Beweislast hinsichtlich einer gestiegenen Leistungsfähigkeit des Schuldners (OLG Hamburg 9.5.1989 – 12 WF 35/89, FamRZ 1989, 885). Umgekehrt hat der Schuldner als Antragsteller im Abänderungsverfahren zB darzulegen, dass der Berechtigte jetzt abweichend von der Prognose bei der früheren Entscheidung mehr verdienen kann, weil ihn die gesundheitlichen Einschränkungen nicht mehr bzw nur noch in geringerem Maße daran hindern (in weiterem Umfang) erwerbstätig zu sein. Damit trägt er auch das Risiko, mit seinem Abänderungsbegehren nicht bzw nicht in dem erhofften Umfang durchzudringen, wenn Zweifel verbleiben, ob sich der Gesundheitszustand des Antragsgegners entsprechend gebessert hat oder die unterlassenen Therapiemaßnahmen für eine fehlende Besserung ursächlich waren.

Ausnahmen von diesem Grundsatz gelten dann, wenn der Gegner des Abänderungsbegehrens zur Verteidigung seines titulierten Anspruchs

– sich auf einen anderen Unterhaltstatbestand (zB Krankheitsunterhalt statt Betreuungsunterhalt) beruft;
– sich bei gleichbleibender Anspruchsgrundlage auf eine völlig geänderte Situation stützt, die zB bei Forderung von Kindesunterhalt mit Eintritt der Volljährigkeit gegeben sein soll, was zweifelhaft erscheint (für eine Darlegungs- und Beweislast des Kindes OLG Brandenburg 30.6.2003 – 9 WF 89/03, FamRZ 2004, 210; OLG Hamm 19.7.2002 – 11 UF 432/01, FamRZ 2003, 1025; aA OLG Zweibrücken 15.12.1999 – 5 UF 114/99, FamRZ 2001, 249; Gerhardt/v.Heintschel-Heinegg/Klein VI Rn 973; MüKo-ZPO/Gottwald § 323 Rn 64). Die Problematik ist einfacher und dogmatisch zutreffender zu lösen über die sekundäre Darlegungslast bzw das substanziierte Bestreiten, welches von dem nicht darlegungspflichtigen Beteiligten verlangt wird, wenn der andere Beteiligte Umstände aus der Sphäre des Gegners darlegen muss.

III. Abänderung von Vergleichen und Urkunden nach § 239 FamFG

33 Mit der Neuregelung der Abänderung von vollstreckbaren Unterhaltsvergleichen sowie vollstreckbaren Unterhaltsurkunden durch das FamFG ist keine Änderung gegenüber der früheren Rechtslage eingetreten. Durch diese selbstständige Abänderungsregelung soll deutlicher als bisher werden, dass in verfahrensrechtlicher Hinsicht unterschiedliche Voraussetzungen gegenüber der Abänderung einer gerichtlichen Entscheidung gelten. Die Abänderung eines Vergleichs oder einer vollstreckbaren Urkunde unterliegt **verfahrensrechtlich weder einer Wesentlichkeits- noch einer Zeitgrenze**.

Finke

1. Zulässigkeit der Abänderung

Jeder Beteiligte des Unterhaltsrechtsverhältnisses kann die Abänderung eines gerichtlichen **Vergleichs** 34
nach § 794 Abs. 1 Nr. 1 ZPO – in entsprechender Anwendung auch eines Anwaltsvergleichs (§ 796 a ZPO)
– oder einer vollstreckbaren Urkunde beantragen. Zu den **vollstreckbaren Urkunden** iSd § 794 Abs. 1
Nr. 5 ZPO zählen neben den notariellen Urkunden die Jugendamtsurkunden (§§ 59 Abs. 1 S. 1 Nr. 3, 60
SGB VIII). Für die Zulässigkeit reicht es aus, wenn **Tatsachen** vorgetragen werden, **die eine Abänderung
rechtfertigen** (§ 239 Abs. 1 S. 2 FamFG). Ob diese Tatsachen zu einer Änderung der titulierten Unterhaltsverpflichtung führen oder ob sie bereits bei Abschluss des Vergleichs bzw der Errichtung der Urkunde hätten berücksichtigt werden können und deshalb jetzt nicht mehr zu berücksichtigungsfähig sind, ist ausschließlich eine Frage der Begründetheit des Abänderungsbegehrens, die sich nach § 239 Abs. 2 FamFG
nach den Vorschriften des bürgerlichen Rechts richtet (§§ 119 ff, 125, 133, 134, 157, 242, 313 BGB). Wegen des Fehlens einer Zeitgrenze gem. § 238 Abs. 3 FamFG kann ein rückwirkender Abänderungsantrag
nicht im Rahmen der Zulässigkeit beschränkt werden. Eine Einschränkung findet auch insoweit allein nach
den Bestimmungen des materiellen Unterhaltsrechts statt (Verzug bei Erhöhungsverlangen bzw Vertrauensschutz bei Herabsetzungsverlangen).

Ist die vollstreckbare Unterhaltsvereinbarung **bereits durch eine gerichtliche Entscheidung abgeändert** 35
worden, so richtet sich eine erneute Abänderung nach § 238 FamFG (s. Rn 2). Dies gilt ausnahmsweise
nicht, wenn in der vorangegangenen gerichtlichen Entscheidung keine Prognose zum Fortbestand des Unterhaltsanspruch getroffen worden ist, sondern der Abänderungsantrag aus einem anderen Grund (angeblich fehlende Schlüssigkeit mangels Vortrags des Antragstellers zu seinem eigenen Einkommen) zurückgewiesen worden ist (BGH 7.12.2011 – XII ZR 159/09, NJW 2012, 923).

a) Abänderung von Vergleichen. Ist in einem pauschalen Unterhaltsvergleich **keine Geschäftsgrundla-** 36
ge niedergelegt, kann dies für einen Ausschluss der Anpassung an die abweichenden tatsächlichen Verhältnisse bei Vertragsschluss sprechen. Die Abänderbarkeit wegen Änderung der Geschäftsgrundlage (§ 313
BGB) durch geänderte tatsächliche Verhältnisse seit Vertragsschluss oder durch eine Änderung des Gesetzes oder der höchstrichterlichen Rechtsprechung ist dadurch aber regelmäßig nicht ausgeschlossen (BGH
25.11.2009 – XII ZR 8/08, NJW 2010, 440). Soll die Vereinbarung für eine bestimmte Zeit nicht abänderbar sein und sich der Unterhalt danach nach den gesetzlichen Bestimmungen richten, so fehlt ihr trotz Fortgeltung des Titels nach dem vereinbarten Zeitablauf eine bindende Regelung, weshalb sie frei abänderbar
ist (BGH 5.12.2012 – XII ZB 670/10, FamRZ 2013, 274).

Ergibt sich aus der Vereinbarung ausdrücklich bzw im Wege der Auslegung, dass sie **nicht abänderbar** 37
sein soll, so kann bei Überschreiten der absoluten Opfergrenze ausnahmsweise doch eine Abänderung in
Betracht kommen. Diese **Opfergrenze** wird durch das Existenzminimum des Unterhaltsschuldners bestimmt. Ist dies bei weiterer uneingeschränkter Unterhaltsbelastung gefährdet, so soll die Berufung auf die
vertragliche Verpflichtung treuwidrig sein (OLG Köln 11.11.1989 – 25 UF 62/88, FamRZ 1989, 637; OLG
Saarbrücken 2.10.2003, – 6 UF 22/03, FUR 2004, 245). Nach anderer Auffassung besteht hier keine Notwendigkeit der Abänderung des Titels, um die Sicherung des Existenzminimums des Schuldners zu gewährleisten, da dies bereits durch den Pfändungsschutz nach § 850 c ZPO erreicht wird (OLG Karlsruhe
4.9.1997 – 2 UF 170/96, FamRZ 1998, 1436). **Treuwidrig** soll die Berufung eines Beteiligten auf einen
vereinbarten Unterhaltsverzicht sein, wenn dem Verzicht die Erwartung zugrunde lag, den Lebensbedarf
eines Ehegatten aus den Einkünften aus einem (übertragenen) Vermögensgegenstand dauerhaft finanzieren
zu können und sich diese Erwartung später ohne Verschulden des Berechtigten als falsch erwiesen hat
(Musielak/Borth § 239 FamFG Rn 14).

Für die Abänderung eines Prozessvergleichs über nacheheliche Unterhalt wegen **Befristung** oder **Herab-** 38
setzung kommt es vorrangig darauf an, inwiefern der Vergleich im Hinblick auf die spätere Befristung eine
bindende Regelung enthält. Mangels einer entgegenstehenden ausdrücklichen oder konkludenten vertraglichen Regelung ist jedenfalls bei der erstmaligen Festsetzung des nachehelichen Unterhalts im Zweifel davon auszugehen, dass die Parteien die spätere Befristung des Unterhalts offen halten wollen. Eine Abänderung des Vergleichs ist insoweit auch ohne Änderung der tatsächlichen Verhältnisse und ohne Bindung an

den Vergleich möglich (BGH 26.5.2010 – XII ZR 143/08, NJW 2010, 2349; BGH 5.12.2012 – XII ZB 670/10, FamRZ 2013, 274). Der Pflichtige wird hierdurch gegenüber der vergleichbaren Situation bei der Abänderung eines Unterhaltstitels aufgrund einer gerichtlichen Entscheidung (s. Rn 30) besser gestellt.

39 Enthält ein Unterhaltsvergleich eine Regelung, wonach „einer Partei das Recht vorbehalten ist, im Falle einer Abänderung die Befristung oder Herabsetzung der Ehegattenunterhaltsverpflichtung geltend zu machen", so kann er ohne eine Fristsetzung für die Geltendmachung des **Vorbehalts** an sich jederzeit die Begrenzung des Anspruchs nach § 1578 b BGB verfolgen. § 239 FamFG setzt nicht voraus, dass seit der Vereinbarung des Vorbehalts tatsächliche Änderungen eingetreten sind (BGH 26.5.2010 – XII ZR 143/08, NJW 2010, 2349). Dies wird von denjenigen verkannt, die eine Abänderung unter Berücksichtigung des Begrenzungseinwands nur zulassen wollen, wenn aus einem anderweitigen Grund eine Abänderung vorzunehmen ist(OLG Celle 5.1.2012 – 10 UF 235/11, NJW-RR 2012, 969; OLG Karlsruhe 12.11.2009 – 2 UF 95/09, FamRZ 2010, 1253). Der BGH verlangt allerdings wegen des Schutzes des Vertrauens des Unterhaltsgläubigers eine gewisse Mindestdauer, vor deren Ablauf ein Abänderungsbegehren treuwidrig sein soll (BGH 26.5.2010 – XII ZR 143/08, NJW 2010, 2349). Soweit ein vorangegangenes Abänderungsverfahren erfolglos geblieben ist und hierbei die Möglichkeit der Anspruchsbegrenzung geprüft worden ist, kann ein erneutes Abänderungsverfahren nicht mehr auf den Begrenzungseinwand gestützt werden. Dies gilt auch bei einem Vorbehalt im ursprünglichen Vergleich, den Begrenzungseinwand später geltend machen zu können, da dieser nicht über das erste gerichtliche Abänderungsverfahren hinaus wirkt (BGH 23.5.2012 – XII ZR 147/10 – NJW 2012, 2514). Ist das vorangegangene Abänderungsbegehren mit dem Ziel der Herabsetzung des Unterhalts ohne Prüfung des Begrenzungseinwands erfolglos geblieben, so kann dieser Einwand in einem nachfolgenden Abänderungsverfahren geltend gemacht werden, und zwar ohne Vorliegen sonstiger Abänderungsgründe (Annexkorrektur), da mangels Rechtskraftwirkung der abweisenden Vorentscheidung die Präklusion nach § 238 Abs. 2 FamFG nicht eingreift (BGH 29.5.2013 – XII ZB 374/11, NJW 2013, 2358).

40 Die Änderung der Rechtslage als solche rechtfertigt nicht in jedem Fall die Abänderung der in einem Unterhaltsvergleich getroffenen Regelung. So kann ein Abänderungsbegehren nicht auf die durch das UÄndG veränderten Kriterien für den Betreuungsunterhalt gestützt werden, wenn zuvor ein Ehevertrag wegen Einschränkung des Betreuungsunterhalts auf der Grundlage des nach der früheren Rechtslage geltenden „Altersphasenmodells" für nichtig erklärt worden ist. Dies folgt daraus, dass es für die Frage der Nichtigkeit auf Rechtslage, Vorstellungen und Absichten der Parteien im Zeitpunkt des Vertragsschlusses ankommt (OLG Hamm 26.8.2009 – 5 UF 25/09, NJW 2010, 947).

41 **b) Abänderung von Urkunden.** Trotz der gesonderten Regelung, welche die Abänderung von Vergleichen und vollstreckbaren Urkunden im FamFG erfahren hat, ist die Frage, ob bei **einseitig errichteten Urkunden**, die also nicht auf einer Vereinbarung zwischen Unterhaltsgläubiger und -schuldner beruhen, nur ein Abänderungsbegehren zulässig ist oder daneben auch bei Forderung höheren Unterhalts ein Zusatzleistungsantrag in Betracht kommt, weiterhin nicht abschließend beantwortet. In BGH 29.10.2003 – XII ZR 115/01, NJW 2003, 3770 war dies noch offen geblieben; nach BGH 3.12.2008 – XII ZR 182/06, NJW 2009, 1410 kommt dagegen ein (Zusatz-)Leistungsantrag nur in Betracht, wenn feststeht, dass in der Urkunde ein Teilbetrag tituliert worden ist, wobei hierfür die Sicht desjenigen maßgeblich ist, der den Titel errichtet hat. Im Zweifel geht die Vermutung dahin, dass der volle Unterhalt tituliert ist, was zur Folge hat, dass das Abänderungsverfahren nach § 238 FamFG die richtige Verfahrensart ist. Tituliert der Pflichtige den Kindesunterhalt in statischer Weise statt der vom Berechtigten geforderten dynamischen Form, so kann der Berechtigte die Abänderung der Urkunde nach § 239 FamFG verlangen (OLG Hamm 20.9.2010 – 13 WF 207/10, FamRZ 2011, 1158).

42 Mit der Entscheidung für das Abänderungsverfahren bei einseitig errichteten Urkunden ist indes noch nichts über die Voraussetzungen gesagt, unter denen eine Abänderung erfolgt. Liegt der Jugendamtsurkunde eine **Vereinbarung der Beteiligten** zugrunde, können diese sich davon nicht frei lösen, sondern sind im Rahmen der Abänderung auf die Grundsätze des Wegfalls der Geschäftsgrundlage (§ 313 BGB) verwiesen (BGH 2.10.2002 – XII ZR 346/00, NJW-RR 2003, 433). Die Zulässigkeit des Abänderungsbegehrens er-

fordert die Darlegung des Antragstellers, dass sich die Verhältnisse gegenüber den von den Beteiligten zugrunde gelegten geändert haben. Dass die tatsächlichen Verhältnisse bereits im Zeitpunkt der Vereinbarung den dort zugrunde gelegten nicht entsprachen, rechtfertigt nur dann eine Abänderung, wenn die Geschäftsgrundlage von Anfang an gefehlt hat (s. Rn 44). Die Zulässigkeit eines Abänderungsantrags kann auch daran scheitern, dass dies nach der Vereinbarung der Beteiligten ausgeschlossen ist bzw das Vorliegen der von ihnen hierfür bestimmten Voraussetzungen nicht dargelegt worden ist. Soweit vor der Erstellung einer Jugendamtsurkunde die Höhe des Unterhaltsanspruchs auf der Grundlage der Angaben des Pflichtigen durch das Jugendamt ermittelt und dies gesondert dokumentiert worden ist, kann eine Vereinbarung nur dann angenommen werden, wenn der Berechtigte bzw dessen Vertreter diese Ermittlung des Anspruchs ausdrücklich oder konkludent gebilligt hat.

Fehlt es an einer Vereinbarung, besteht für die Zulässigkeit des Abänderungsantrags eines Unterhalts- **43** gläubigers praktisch kein Unterschied zum Leistungsantrag (BGH 3.12.2008 – XII ZR 182/06, NJW 2009, 1410). Dementsprechend muss hier keine Änderung gegenüber den tatsächlichen Verhältnissen bei Errichtung der Urkunde dargelegt werden. Vielmehr ist ausreichend, wenn vom Antragsteller dargelegt wird, dass der titulierte Unterhalt auf der Grundlage der aktuellen tatsächlichen Verhältnisse zu ändern ist. Anders verhält sich dies dagegen für den Unterhaltsschuldner, der an sein **Schuldanerkenntnis** gebunden ist. Dieser kann nicht die Abänderung seines Anerkenntnisses in Form der vollstreckbaren Verpflichtungserklärung verlangen mit der Begründung, nach den derzeitigen Verhältnissen schulde er keinen bzw nur einen geringeren Unterhalt als den titulierten Betrag. Er hat vielmehr darzulegen, dass die Verhältnisse sich gegenüber dem Zeitpunkt der Errichtung der Urkunde geändert haben und dies eine Herabsetzung der Unterhaltsverpflichtung rechtfertigt (BGH 4.5.2010 – XII ZR 70/09, NJW 2011, 1874). Erkennt der Antragsgegner im Unterhaltsverfahren einen Teilbetrag an und bringt er eine außergerichtlich erstellte vollstreckbare Urkunde hierüber bei, so muss der Antragsteller seinen Leistungsantrag auf einen Abänderungsantrag umstellen, wenn der anerkannte Betrag aus der Sicht des Anerkennenden den vollen Unterhaltsbetrag darstellt (s. Rn 41). Dies führt dazu, dass der Antragsteller dann einen ihm zustehenden einheitlichen Unterhaltstitel erhält (BGH 2.10.2002 – XII ZR 346/00, NJW-RR 2003, 433 auch zur Frage der Kostentragung bei einem Teilanerkenntnis).

2. Begründetheit des Abänderungsantrags

a) Abänderung von Vergleichen. Nach § 313 Abs. 1 BGB kann der Antragsteller bei einer Störung der **44** Geschäftsgrundlage eine Anpassung einer getroffenen Vereinbarung verlangen. Eine Störung der Geschäftsgrundlage ist gegeben,

– wenn sich Umstände, die zur **Grundlage der Vereinbarung** geworden sind, **nachträglich schwerwiegend verändert** haben und die Beteiligten bei Kenntnis der späteren Änderungen die Vereinbarung nicht oder mit einem anderen Inhalt geschlossen hätten. Voraussetzung ist die Darlegung der Geschäftsgrundlage durch den das Abänderungsverfahren betreibenden Beteiligten. Dies kann bei Fehlen entsprechender Angaben in dem Vergleich auch im Wege der Auslegung erfolgen. Lässt sich die Grundlage auch bei Ausschöpfung aller Möglichkeiten (Auswertung vorhandener Vertragsentwürfe bzw vorangegangener Korrespondenz) nicht feststellen, so kommt eine Neuberechnung des Unterhalts nach den gesetzlichen Bestimmungen in Betracht, soweit die Beteiligten den gesetzlichen Unterhalt regeln wollten, was im Zweifel anzunehmen ist. Neben tatsächlichen Veränderungen kann auch die Änderung der Rechtslage oder der höchstrichterlichen Rechtsprechung zu einer Störung der Geschäftsgrundlage führen. Haben die Beteiligten eine Befristung nach § 1587 b Abs. 2 BGB nicht vorgenommen, aber auch nicht ausdrücklich oder konkludent ausgeschlossen, so spricht dies im Zweifel für die Möglichkeit, diesen Aspekt bei einer späteren Anpassung der Unterhaltsvereinbarung zu berücksichtigen (s. Rn 38).

– wenn die **Geschäftsgrundlage von Anfang an gefehlt hat,** da wesentliche Vorstellungen der Parteien, die Grundlage der Vereinbarung geworden sind, sich nachträglich als falsch herausgestellt haben (§ 313 Abs. 2 BGB). Auch dies rechtfertigt unter den vorstehenden Voraussetzungen die Abänderung. Es handelt sich um den Fall des Fehlens der subjektiven Geschäftsgrundlage bzw des beiderseitigen Irrtums bei Vertragsschluss, während der bloß einseitige Irrtum einer Vertragspartei über die Vertragsgrundlage unbeachtlich ist. Beim beiderseitigen Irrtum stellt sich die Frage, ob die Vertragspartei, für welche die Nichtberücksichtigung der falschen Vertragsgrundlage nachteilig ist, sich hierauf in Kenntnis der wahren Umstände bei Vertragsschluss redlicherweise hätte einlassen müssen.

In allen Fällen muss hinzukommen, dass dem **Antragsteller ein Festhalten an der Vereinbarung** unter Berücksichtigung der Umstände des Einzelfalles und unter Beachtung der vertraglichen oder gesetzlichen Risikoverteilung **nicht zugemutet werden kann.** Es ist eine Billigkeitsabwägung vorzunehmen danach, ob dem Antragsteller unter Berücksichtigung der von ihm zu tragenden Risiken ein Festhalten an dem Vertrag nach Treu und Glauben zuzumuten ist.

45   Liegen die Abänderungsvoraussetzungen vor, so ist – ähnlich wie bei der Abänderung von Unterhaltstiteln, die auf gerichtlichen Entscheidungen beruhen – eine freie Abänderbarkeit des Vergleichs nicht möglich. Es besteht vielmehr eine weitere Bindung an die Grundlagen der Vereinbarung, die von der Änderung nicht betroffen sind. Das bedeutet, dass eine dementsprechende **Anpassung der Vereinbarung** zu erfolgen hat, so dass zB ein von der Bedarfsbestimmung nach den gesetzlichen Regelungen abweichender Bedarfsmaßstab beizubehalten ist. Bei einer einseitig errichteten Urkunde kommt allenfalls eine Bindung des hieraus Verpflichteten in Betracht, während für den Berechtigten keine Bindungswirkung besteht.

46   **b) Abänderung von Urkunden.** Für die Voraussetzungen, unter denen eine Abänderung einer in einer vollstreckbaren Urkunde titulierten Unterhaltsverpflichtung möglich ist, bzw hinsichtlich der Frage, ob und ggf in welchem Umfang eine Bindungswirkung von der Urkunde ausgeht, sind die bereits im Rahmen der Zulässigkeit vorgenommenen Differenzierungen danach, ob der einseitigen Verpflichtung eine Vereinbarung der Beteiligten zugrunde liegt, erneut von maßgeblicher Bedeutung. Kann eine **zumindest konkludente Vereinbarung** der Beteiligten im Zusammenhang mit der Errichtung der Urkunde durch den Unterhaltspflichtigen festgestellt werden, so gelten für die Abänderung die gleichen Kriterien wie für die Abänderung von vollstreckbaren Vergleichen (s. Rn 36 ff).

47   **Fehlt es dagegen an einer Vereinbarung,** so ist hinsichtlich der Bindungswirkung des Anerkenntnisses in der Urkunde zwischen dem Unterhaltspflichtigen und dem Unterhaltsberechtigten zu unterscheiden. Der Unterhaltsberechtigte, der an der Vorbereitung und Errichtung der Urkunde nicht mitgewirkt und deren Inhalt auch nicht zugestimmt hat, ist materiellrechtlich nicht daran gebunden und kann deshalb uneingeschränkt Abänderung auf der Grundlage der aktuellen Einkommens- und Vermögensverhältnisse verlangen (BGH 29.10.2003 – XII ZR 115/01, NJW 2003, 3770; Wendl/Dose § 10 Rn 168). Ob und in welchem Umfang dagegen für den Unterhaltspflichtigen eine Bindung an den von ihm errichteten Titel besteht, hatte der Bundesgerichtshof zunächst offen gelassen (BGH 29.10.2003 – XII ZR 115/01, NJW 2003, 3770; 3.12.2008 – XII ZR 182/06, FamRZ 2009, 314). Die in einer weiteren Entscheidung im Rahmen der Zulässigkeit verlangte Darlegung einer Veränderung der Verhältnisse gegenüber dem Zeitpunkt der Errichtung der Urkunde durch den Pflichtigen (BGH 14.2.2007 – XII ZB 171/06, NJW-RR 2007, 779) sprach bereits für eine **Bindung des Pflichtigen**, da eine entsprechende Beschränkung bei der Zulässigkeit der Abänderung konsequenterweise dazu führen muss, dass bei einer aufgrund anderer Umstände eröffneten Zulässigkeit der Abänderung auch im Rahmen der Begründetheit nur diese Umstände berücksichtigt werden können. Dies hat der Bundesgerichtshof nunmehr ausdrücklich bestätigt (BGH 4.5.2011 – XII ZR 70/09, NJW 2011, 1874). Er geht dabei von einem in der Urkunde liegenden Schuldanerkenntnis des Pflichtigen aus, dessen Abänderung zulasten des Berechtigten die Darlegung und ggf den Nachweis geänderter Umstände gegenüber dem Zeitpunkt der Abgabe dieses Anerkenntnisses voraussetzt.

48   Hat zB der Schuldner in der von ihm ohne Absprache mit dem Gläubiger errichteten Urkunde den Kindesunterhalt nach dem Bedarf einer höheren Einkommensgruppe anerkannt, als dies seinem Einkommen entsprochen hätte, oder hat er bestimmte Verbindlichkeiten nicht einkommensmindernd berücksichtigt, obwohl dies möglich gewesen wäre, so ist er hieran auch bei einer Anpassung des Titels aufgrund einer inzwischen eingetretenen Einkommensminderung gebunden. Die Fortschreibung der früheren Verhältnisse findet im Abänderungsverfahren ihre Grenze erst bei Beeinträchtigung der Leistungsfähigkeit, dh bei Unterschreitung des Selbstbehalts des Schuldners. Die hier angenommene Bindungswirkung eines Anerkennt-

nisses entspricht der Beurteilung der Bindungswirkung einer Versäumnisentscheidung (s. Rn 31). Materielle Grundlage der Abänderung von einseitig errichteten Urkunden ist § 242 BGB. Der Pflichtige kann Abänderung seines Anerkenntnisses verlangen, wenn und soweit ihm wegen der Änderung der maßgeblichen Umstände ein Festhalten an der Verpflichtung nach Treu und Glauben nicht mehr zumutbar ist, wobei die beiderseitigen Belange abzuwägen sind.

IV. Abänderung von Kindesunterhaltstiteln nach § 240 FamFG

Die Abänderung von Kindesunterhaltstiteln nach § 253 FamFG aus dem vereinfachten Verfahren sowie **49** nach § 237 FamFG aus dem Abstammungsverfahren entspricht weitgehend der früher im Rahmen des vereinfachten Verfahrens vorgesehenen Korrekturklage nach § 654 ZPO aF, jedoch mit der Einschränkung, dass ein bereits beantragtes streitiges Verfahren gem. § 255 FamFG (§ 651 ZPO aF) vorrangig ist. Wegen der fehlenden Bindung an den abzuändernden Titel sowie der fehlenden Präklusion des Vorbringens des Antragstellers unterscheidet sich die Abänderung deutlich von den Regelungen nach §§ 238, 239 FamFG. Von seiner Zielsetzung (Korrekturmöglichkeit im Hinblick auf die Einschränkung von Einwendungen im Vorverfahren) und von seiner Ausgestaltung her gleicht das Verfahren eher der originären Titulierung des Unterhalts im gerichtlichen Verfahren.

1. Zulässigkeit der Abänderung

Ein **im vereinfachten Verfahren** nach §§ 249 ff FamFG **ergangener Titel** betreffend den Unterhalt eines **50** minderjährigen Kindes ist hinsichtlich der Höhe des festsetzbaren Unterhalts sowie hinsichtlich der Einwendungen des Schuldners beschränkt. Diese Beschränkung ist die notwendige Konsequenz aus der Absicht, eine schnelle Titulierung zu ermöglichen. Entspricht das auf diese Weise zustande gekommene Ergebnis nicht den konkreten Verhältnissen, so steht es sowohl dem Unterhaltsgläubiger als auch dem Schuldner frei, es durch einen anderen Titel ersetzen zu lassen, welcher der jeweiligen Interessenlage besser gerecht wird. Hierzu stehen das **streitige Verfahren** nach § 255 FamFG oder die **Abänderung** nach § 240 FamFG zur Verfügung. Sind die Voraussetzungen für beide Verfahren gegeben, so besteht für die Beteiligten ein **Wahlrecht**, in welcher Weise sie vorgehen. Hat dagegen einer der Beteiligten von seinem Wahlrecht Gebrauch gemacht und das streitige Verfahren beantragt, so ist dieses Verfahren vorrangig und eine Abänderung nach § 240 FamFG nicht statthaft. Das streitige Verfahren seinerseits ist wiederum beschränkt auf den Fall, dass auf zu berücksichtigende Einwendungen des Antragsgegners im vereinfachten Verfahren eine Unterhaltsfestsetzung ganz oder teilweise abgelehnt worden ist. Diese verfahrensrechtlichen Regelungen gelten in gleicher Weise, wenn der **Mindestunterhalt** eines minderjährigen Kindes gem. § 237 FamFG **im Abstammungsverfahren festgesetzt** worden ist.

Da eine **Präklusionsregelung fehlt**, können beide Seiten Tatsachen vorbringen, unabhängig davon, ob dies **51** schon im vorangegangenen vereinfachten Verfahren bzw dem Abstammungsverfahren möglich war. Hinsichtlich der **Darlegungs- und Beweislast** gelten dieselben Grundsätze wie bei der erstmaligen Titulierung des Unterhalts. Das berechtigte Kind hat seinen über den Mindestunterhalt hinausgehenden Bedarf darzulegen und zu beweisen, während dies dem Unterhaltsschuldner hinsichtlich seiner fehlenden oder eingeschränkten Leistungsfähigkeit obliegt (OLG Hamm 28.11.2003 – 11 UF 72/03, FamRZ 2004, 1588 zu der vergleichbaren Regelung in § 654 ZPO aF). Hat das Kind zB im vereinfachten Verfahren mehr als den Mindestunterhalt erhalten, muss es bei einem Abänderungsantrag des Unterhaltsschuldners seinen den Mindestunterhalt übersteigenden Bedarf nachweisen. Wegen der mit der Regelung beabsichtigten Korrekturmöglichkeit bedarf es auch nicht der Darlegung einer nachträglichen Änderung der für den Unterhaltsanspruch maßgeblichen Verhältnisse.

2. Rückwirkung der Abänderung

Die Abänderung des Unterhaltstitels, dh **Erhöhung** des Unterhaltsbetrages, steht dem Gläubiger verfahrensrechtlich immer offen. Eine Grenze ergibt sich allein aus dem materiellen Recht (Verzug). Demgegenüber kann der Schuldner grundsätzlich erst ab Rechtshängigkeit seines Abänderungsantrages eine Herabsetzung verlangen. Ausnahmsweise ist die **Herabsetzung** des Unterhalts rückwirkend zulässig, **52**

– wenn vom Schuldner der Herabsetzungsantrag innerhalb eines Monats nach Rechtskraft des Unterhalts-titels aus dem vereinfachten Verfahren bzw dem Abstammungsverfahren gestellt wird;

– wenn der Gläubiger innerhalb eines Monats nach Rechtskraft des Unterhaltstitels aus dem vereinfach-ten Verfahren einen Erhöhungsantrag anhängig gemacht hat und der Schuldner bis spätestens zum En-de des Verfahrens einen Herabsetzungsantrag stellt, der dann unabhängig ist von der Aufrechterhaltung des Erhöhungsantrags des Gläubigers.

Weitere Ausnahmen sind in § 240 Abs. 2 S. 3 u. 4 FamFG vorgesehen. Danach ist beim Herabsetzungsver-langen auf den Monatsersten nach dem Zugang des Auskunfts- oder Verzichtsverlangens beim Gläubiger abzustellen. Außerdem ist die Rückwirkung aufgrund der Verweisung auf § 238 Abs. 3 S. 4 FamFG auf den Zeitraum von einem Jahr vor Rechtshängigkeit des Abänderungsantrags beschränkt.

224. Unterhaltsabfindung

Schausten

I. Materielle Grundlagen 1
  1. Wichtiger Grund 2
  2. Keine unbillige Belastung 3
  3. Höhe der Abfindung 4
II. Rechtsfolgen 5
III. Verfahrensrechtliche Hinweise 9

I. Materielle Grundlagen

Gemäß § 1585 Abs. 2 BGB kann der Unterhaltsberechtigte statt einer laufenden Unterhaltszahlung eine **1** **Kapitalabfindung** verlangen, wenn ein wichtiger Grund vorliegt und der Verpflichtete dadurch nicht unbillig belastet wird. Ein wichtiger Grund kann sowohl auf Seiten des Unterhaltsberechtigten, als auch auf Seiten des Verpflichteten vorliegen.

1. Wichtiger Grund

Ein wichtiger Grund **auf Seiten des Berechtigten** könnte beispielsweise darin liegen, dass er beabsichtigt **2** auszuwandern oder eine größere Geldsumme benötigt, um sich selbstständig zu machen. Eine beabsichtigte Wiederverheiratung des Berechtigten stellt hingegen keinen wichtigen Grund dar (NK-BGB/Lier/Sanders § 1585 BGB Rn 14).

Ein wichtiger Grund **auf Seiten des Verpflichteten** dürfte gegeben sein, wenn Zweifel an der zukünftigen Leistungsfähigkeit oder -willigkeit bestehen. Hat der Verpflichtete beispielsweise in der Vergangenheit schon Vermögen verschwendet, oder nur unregelmäßig gezahlt, oder erscheint die Durchsetzung des Unterhaltsanspruchs als schwierig, weil der Unterhaltsschuldner regelmäßig seinen Wohnsitz wechselt oder denselben ins Ausland verlegt, sind dies Indizien für einen fehlenden Leistungswillen, der möglicherweise die Anordnung einer Kapitalabfindung rechtfertigen kann. Teilweise wird auch vertreten, dass die anstehende Wiederheirat des Unterhaltspflichtigen wegen der in § 1582 BGB geregelten Rangverhältnisse oder die Geburt eines weiteren Kindes des Unterhaltsverpflichteten, eine Annahme eines weiteren Kindes an Kindes statt oder die Anerkennung einer Vaterschaft durch den Unterhaltsverpflichteten einen wichtigen Grund für das Verlangen nach einer Kapitalabfindung darstellen können (jurisPK-BGB/Kersting § 1585 BGB Rn 13). Dieser Auffassung ist jedoch nicht zuzustimmen, weil dann entgegen dem Regelungsgehalt des § 1609 BGB der geschiedene Ehegatte bevorzugt würde (NK-BGB/Lier/Sanders § 1585 BGB Rn 14).

2. Keine unbillige Belastung

Der Verpflichtete darf durch die Kapitalabfindung nicht unbillig belastet werden. Eine unbillige Belastung **3** wäre gegeben, wenn er zur Erfüllung der Verpflichtung **Vermögenswerte verlustbringend veräußern** müsste. Hingegen kann eine Kreditaufnahme dem Verpflichteten möglicherweise zumutbar sein, soweit dadurch die Erfüllung anderer Verbindlichkeiten, insbesondere anderer Unterhaltsverpflichtungen, nicht beeinträchtigt wird.

3. Höhe der Abfindung

Für die Höhe der Kapitalabfindung kann auf die allgemeinen **Grundsätze für die Kapitalisierung** von **4** Renten zurückgegriffen werden. Als weitere Bemessungskriterien kommen insbesondere die voraussichtliche Entwicklung der Bedürftigkeit des Berechtigten und der Leistungsfähigkeit des Verpflichteten, die Lebenserwartung der Beteiligten, die Möglichkeiten der Begrenzung und Befristung des Unterhaltsanspruchs in Betracht.

II. Rechtsfolgen

Sobald der Anspruch auf Kapitalabfindung feststeht, beispielsweise durch Abschluss eines entsprechenden **5** Vertrags oder durch Rechtskraft eines entsprechenden Urteils, erlischt der Anspruch auf nacheheliche Unterhalt.

6 **Ändern** sich nach der Kapitalabfindung die **tatsächlichen oder rechtlichen Verhältnisse**, hat dies grundsätzlich **keine Auswirkung** auf die gezahlte Abfindung, die Grundsätze über den Wegfall der Geschäftsgrundlage sind nicht anwendbar. Verschlechtert sich die wirtschaftliche Lage des Unterhaltsberechtigten, führt dies nicht dazu, dass der Unterhaltsanspruch wieder auflebt – ebenso wenig hat andererseits eine baldige Wiederheirat des Berechtigten keinen Einfluss auf den Abfindungsanspruch. **Ausnahmsweise** können sich Auswirkungen ergeben, wenn der Berechtigte den Verpflichteten über den Grund des Abfindungsverlangens oder die Kriterien zur Bemessung der Abfindung getäuscht hat.

7 Der Abfindungsanspruch ist **kein Unterhaltsanspruch** mehr – deshalb sind auf ihn die Vorschriften über den Pfändungsschutz (§ 95 Abs. 1 FamFG, § 850 b ZPO) und das Pfändungsvorrecht (§ 850 d ZPO) nicht anwendbar. Der Anspruch ist abtretbar und pfändbar. Ein geschiedener Beamter hat keinen Anspruch auf den Familienzuschlag der Stufe 1, wenn seine Pflicht zum Unterhalt aus seiner Ehe durch Kapitalabfindung erloschen ist (BVerwG 30.1.2003 – 2 C 5/02, NJW 2003, 1886).

8 Die Abfindung der Unterhaltsansprüche des geschiedenen oder getrennt lebenden Ehegatten fällt daher auch dann unter **§ 33 a Abs. 1 EStG**, wenn der Steuerpflichtige dazu verpflichtet ist (BFH 19.6.2008 – III R 57/05, NJW 2009, 623).

III. Verfahrensrechtliche Hinweise

9 Für den **Streitwert** ist auf das im Streit befindliche Rechtsverhältnis, hier die gesetzliche Unterhaltsverpflichtung, abzustellen. Deren Wert wird durch § 17 Abs. 1 GKG bestimmt. Dies gilt auch dann, wenn die Parteien zur Abgeltung einer gesetzlichen Unterhaltsverpflichtung einen Kapitalbetrag vereinbaren, der über dem Wert des Jahresbetrags der geschuldeten Unterhaltsrente liegt (OLG Nürnberg 20.10.1980 – 7 WF 2433/80; OLG Düsseldorf 15.2.1991 – 3 WF 29/91, JurBüro 1992, 51).

225. Unterhaltsanspruch des nichtehelichen Elternteils

Schausten

I. Einführung	1		4. Bedürftigkeit	25
II. Materielle Grundlagen	4		5. Leistungsfähigkeit	28
1. Anspruchsgrundlagen	4		6. Verwirkung	30
2. Anspruchsgegner	12		7. Verzug	34
3. Unterhaltsbedarf	13	III.	Verfahrensrechtliche Hinweise	35
a) Elementarunterhalt	14		1. Befristung des Unterhaltsanspruchs	35
b) Kranken- und Pflegevorsorgeunterhalt	19		2. Darlegungs- und Beweislast	36
c) Altersvorsorgeunterhalt	20			

I. Einführung

Die verschiedenen Unterhaltsansprüche eines nichtehelichen Elternteils sind in § 1615 l BGB geregelt. Der 1 in der Praxis am häufigsten vorkommende Unterhaltsanspruch wegen Betreuung eines Kindes wurde im Zuge der zum 1.8.2008 in Kraft getretenen Unterhaltsreform weitestgehend dem § 1570 BGB angepasst. Vorausgegangen war dem die **Entscheidung des Bundesverfassungsgerichts**, in der das Gericht feststellte, dass es gegen Art. 6 Abs. 5 GG verstoße, wenn die Dauer eines Unterhaltsanspruchs wegen der Betreuung eines Kindes danach bestimmt wird, ob es sich um ein eheliches oder ein nichteheliches Kind handelt (BVerfG 28.7.2007 – 1 BvL 9/04, NJW 2007, 1735).

Neben dem **Betreuungsunterhalt** spielen die weiteren Unterhaltstatbestände in der Praxis keine wesentli- 2 che Rolle. Der Anspruch der – angehenden – Mutter gegen den Vater auf **Unterhalt während der Dauer von sechs Wochen vor und acht Wochen nach der Geburt** (§ 1615 l Abs. 1 S. 1 BGB) entfällt häufig wegen mangelnder Bedürftigkeit der Kindesmutter, da diese Anspruch auf Lohnfortzahlung oder Mutterschaftsgeld hat. Der Anspruch auf **Übernahme von Schwangerschafts- und Entbindungskosten** (§ 1615 l Abs. 1 S. 2 BGB) entfällt in der Regel wegen entsprechender Krankenversicherungsleistungen, die die Bedürftigkeit der Kindesmutter entfallen lassen. Der Anspruch nach § 1615 m BGB auf **Zahlung der Beerdigungskosten** durch den Kindesvater, wenn die Mutter infolge der Schwangerschaft oder der Entbindung verstirbt, hat in der Praxis ebenfalls keine große Bedeutung – auch deshalb, weil der Kindesvater gegenüber den Erben der Mutter nur subsidiär haftet, soweit diese zur Bezahlung der Kosten nicht in der Lage sind.

Im Folgenden werden daher nur die in der Praxis bedeutsamen Ansprüche behandelt, bei denen entweder 3 die Mutter einer Erwerbstätigkeit nicht nachgeht, weil sie infolge der Schwangerschaft oder einer durch die Schwangerschaft oder die Entbindung verursachten Krankheit dazu außer Stande ist bzw bei denen ein Elternteil wegen der Pflege oder Erziehung des Kindes ganz oder teilweise nicht erwerbstätig ist – dieser Unterhaltsanspruch kann sowohl von der Mutter als auch dem Vater geltend gemacht werden.

II. Materielle Grundlagen

1. Anspruchsgrundlagen

Ein Anspruch gem. § 1615 l Abs. 2 S. 1 BGB wegen **krankheitsbedingter Arbeitsunfähigkeit** setzt zu- 4 mindest die Mitursächlichkeit einer durch die Schwangerschaft oder die Entbindung verursachten Krankheit voraus. Hingegen scheidet ein solcher Anspruch aus, wenn die Arbeitsunfähigkeit auf einer schwangerschaftsunabhängigen Erkrankung beruht (BGH 21.1.1998 – XII ZR 85/96, NJW 1998, 1309).

Mit der Regelung des **Basisunterhalts** bis zur Vollendung des dritten Lebensjahres des Kindes in § 1615 l 5 Abs. 2 S. 3 BGB hat der Gesetzgeber dem betreuenden Elternteil die freie Entscheidung eingeräumt, ob er das Kind in dessen ersten drei Lebensjahren in vollem Umfang selbst betreuen oder andere Betreuungsmöglichkeiten in Anspruch nehmen will (BGH 17.6.2009 – XII ZR 102/08, FamRZ 2009, 1391).

Für die Zeit **ab Vollendung des dritten Lebensjahres** steht dem betreuenden Elternteil nach der gesetzli- 6 chen Neuregelung aber nur noch dann ein fortdauernder Anspruch auf Betreuungsunterhalt zu, wenn dies der Billigkeit entspricht (§ 1615 l Abs. 2 S. 4 BGB). Damit verlangt die Neuregelung allerdings keinen abrupten Wechsel von der elterlichen Betreuung zu einer Vollzeiterwerbstätigkeit (BT-Drucks. 16/6980, 9). Insbesondere nach Maßgabe der im Gesetz ausdrücklich genannten kindbezogenen Gründe ist unter Berücksichtigung der bestehenden Möglichkeiten der Kinderbetreuung (§ 1615 l Abs. 2 S. 5 BGB) ein **gestufter Übergang bis hin zu einer Vollzeiterwerbstätigkeit** möglich. Zudem können auch individuelle Umstände auf Seiten des Kindes, zB eine Behinderung oder schwere Erkrankung, eine Fortdauer des Betreuungsbedarfs begründen (BGH 17.6.2008 – XII ZR 109/05, NJW 2008, 3125).

7 § 1615 l Abs. 2 S. 5 BGB lässt eine Verlängerung des Unterhaltsanspruchs „insbesondere" aus kindbezogenen Gründen zu. Daraus wird gefolgert, dass auch im Rahmen des § 1615 l BGB **elternbezogene Gründe** eine Verlängerung des Betreuungsunterhalts über das dritte Lebensjahr des Kindes hinaus begründen können. Das kann etwa dann gelten, wenn die Eltern mit ihrem gemeinsamen Kind zusammengelebt haben und außerdem ein **besonderer Vertrauenstatbestand** als Nachwirkung dieser Familie entstanden ist (BGH 13.1.2010 – XII ZR 123/08, NJW 2010, 1138). Dabei ist allerdings stets zu beachten, dass die gesetzliche Regel, wonach der Betreuungsunterhalt grundsätzlich nur für drei Jahre geschuldet ist und eine Verlängerung über diesen Zeitraum hinaus ausdrücklich begründet werden muss, nicht in ihr Gegenteil verkehrt werden darf (BGH 17.6.2008 – XII ZR 109/05, NJW 2008, 3125). Nach Auffassung des OLG Nürnberg können Probleme, die einer Studentin aus Anlass einer Schwangerschaft während des Studiums erwachsen, elternbezogene Gründe für eine Verlängerung des Unterhaltsanspruchs bilden (OLG Nürnberg 13.8.2009 – 10 UF 360/09, NJW 2010, 1084).

8 Bei der **Erwerbsobliegenheit** des betreuenden Elternteils ist zudem zu berücksichtigen, ob der ihm neben oder nach der Erziehung und Betreuung in staatlichen Einrichtungen verbleibende Anteil an der **Betreuung und Erziehung** des Kindes in Verbindung mit einer vollschichtigen Erwerbstätigkeit zu einer **überobligationsmäßigen Belastung** führen würde. Selbst wenn ein Kind ganztags fremdbetreut wird, kann sich danach noch weiterer Betreuungsbedarf ergeben, dessen Umfang insbesondere unter Berücksichtigung des Alters des Kindes zu bewerten sein dürfte. Denn gerade kleinere Kinder bedürfen der Beaufsichtigung und Anleitung, sie wollen unterhalten und „bespielt" werden.

9 Zudem können **Freizeitaktivitäten** der Kinder, zu denen sie von dem betreuenden Elternteil gebracht und abgeholt werden müssen, einen Betreuungsbedarf begründen. Hierbei ist aber zu prüfen, ob die Begleitung durch den betreuenden Elternteil erforderlich ist – auch dies ist sicher abhängig vom Alter des jeweiligen Kindes und der Erreichbarkeit der Freizeitstätte. Nur eine Berücksichtigung derartiger Zeiten im Rahmen der elternbezogenen Gründe gewährleistet, dass die Kinder nicht indirekt gezwungen werden, solche Freizeitaktivitäten aufzugeben, weil der betreuende Elternteil mit der Begleitung einerseits und seiner Erwerbsobliegenheit andererseits überlastet ist. Liegen solche Freizeitaktivitäten, die die Begleitung des Elternteils erfordern, zudem in Zeiten, in denen eigentlich eine Fremdbetreuung des Kindes möglich wäre, der Elternteil also berufstätig sein könnte, schränkt dieser Zeitraum die Erwerbsmöglichkeit des betreuenden Elternteils entsprechend ein, da andernfalls das Kind seine Freizeitaktivität zugunsten des geringeren Unterhaltsanspruchs des betreuenden Elternteils aufgeben müsste – dies kann nicht im Interesse des Kindeswohls liegen.

10 Häufig entsteht zwischen den Eltern Streit, ob die Kinder bestimmte Freizeitaktivitäten ausüben sollen oder nicht. Für Freizeitaktivitäten, die die Kinder bereits während des Zusammenlebens der Eltern ausgeübt haben, dürfte außer Frage stehen, dass die dafür notwendigen Begleitzeiten des betreuenden Elternteils seine Erwerbsobliegenheit entsprechend einschränken. Bei Freizeitaktivitäten, die das Kind nach der Trennung – oder im Falle einer niemals bestehenden Lebensgemeinschaft – zu irgendeinem Zeitpunkt seiner Kindheit aufnimmt, wird zu prüfen sein, ob diese Aktivität den Interessen des Kindes entspricht. Wird diese Frage bejaht, sind die **Begleitzeiten** zu berücksichtigen. Wechselt das Kind häufiger seine Aktivitäten, kann dies der Erkundung seiner eigenen Interessen und Fertigkeiten dienen.

11 Andererseits schränken solche „Betreuungszeiten" eines Kindes, die im Rahmen der **Erbringung des Naturalunterhalts** geschuldet werden, nicht die Erwerbsobliegenheit des betreuenden Elternteils ein. Dazu gehören alle Tätigkeiten, die mit der Versorgung des Kindes zusammenhängen, also insbesondere die Be-

schaffung und Vorbereitung des Essens, der Kauf von Kleidung, die Aufsicht und Betreuung bei der Reinigung und Pflege des Kindes etc. Selbstverständlich nehmen solche Tätigkeiten auch viel Zeit in Anspruch, sie werden aber von dem betreuenden Elternteil bereits im Rahmen der Erbringung des Naturalunterhalts geschuldet, die dafür aufgewendeten Zeiten vermindern nicht die Erwerbsmöglichkeiten.

2. Anspruchsgegner

Anspruchsgegner ist der **Vater** des Kindes. Vater des Kindes ist, wessen Vaterschaft gem. § 1592 Nr. 2   **12** BGB anerkannt oder gem. § 1600 d Abs. 1 und 2 BGB rechtskräftig festgestellt ist. Tatbestandsmerkmal ist also die bestehende Vaterschaft des Unterhaltspflichtigen. Es ist umstritten, wie mit den Fällen umzugehen ist, in denen die Vaterschaft nicht feststeht. Mehrheitlich wird die Möglichkeit einer inzidenten Feststellung in dem Unterhaltsverfahren bejaht, wenn die Vaterschaft unstreitig ist (zustimmend: OLG Schleswig 19.12.2007 – 15 UF 142/07, FamRZ 2008, 2057; OLG Zweibrücken 5.8.1997 – 5 UF 126/96, NJW 1998, 318; Gerhardt/von Heintschel-Heinegg/Klein/Gerhardt Teil 6 Rn 209 b; Palandt/Diederichsen § 1615 l BGB Rn 3; Wever FF 2000, 20; ablehnend: Huber FPR 2005, 189, 190; Schilling FamRZ 2006, 1, 7).

3. Unterhaltsbedarf

Das Maß des nach § 1615 l Abs. 2 BGB zu gewährenden Unterhalts bestimmt sich nach der **Lebensstel-**   **13** **lung des Unterhaltsberechtigten** (§ 1615 l Abs. 3 S. 1 iVm § 1610 Abs. 1 BGB).

a) Elementarunterhalt. Anders als beim Ehegattenunterhalt, bei dem der Bedarf von den ehelichen Le-   **14** bensverhältnissen bestimmt wird, sind die wirtschaftlichen Verhältnisse des unterhaltspflichtigen Elternteils für die Bedarfsbemessung nicht maßgebend. Ausschlaggebend ist vielmehr, wie sich die **wirtschaftlichen Verhältnisse des Unterhaltsberechtigten bis zur Geburt** des Kindes entwickelt hatten. Dabei ist danach zu differenzieren, ob er über eigenes Einkommen verfügte, Unterhalt bezogen oder staatliche Hilfen – etwa in Form von Sozialhilfeleistungen – in Anspruch genommen hat (BGH 16.7.2008 – XII ZR 109/05, NJW 2008, 3125).

War der betreuende Elternteil bis zur Geburt des Kindes **erwerbstätig**, bemisst sich seine Lebensstellung   **15** nach seinem nachhaltig erzielten Einkommen. Der Unterhaltsbedarf ist deshalb an diesem Einkommensniveau auszurichten. Dies darf allerdings nach Auffassung des Bundesgerichtshofs nicht dazu führen, dass dem Unterhaltsberechtigten insgesamt mehr zur Verfügung steht als dem Verpflichteten verbleibt. In diesem Fall sei der Unterhaltsbedarf durch den **Grundsatz der Halbteilung** begrenzt (BGH 15.12.2004 – XII ZR 121/03, NJW 2005, 818).

War der Unterhaltsberechtigte im Zeitpunkt der Geburt des nichtehelichen Kindes verheiratet oder geschie-   **16** den und stand ihm ein **Unterhaltsanspruch** gegen den (früheren) Ehegatten zu, richtet sich der Unterhaltsbedarf nach den ehelichen Lebensverhältnissen der (geschiedenen) Ehe. Dieser Anspruch auf Quotenunterhalt aus der (früheren) Ehe im Zeitpunkt der Geburt des nichtehelichen Kindes bestimmt somit auch den Unterhaltsbedarf für den Anspruch aus § 1615 l Abs. 2 BGB (BGH 17.1.2007 – XII ZR 104/03, NJW 2007, 2409). Auch dieser Unterhaltsbedarf wird durch den **Halbteilungsgrundsatz** begrenzt (BGH 16.7.2008 – XII ZR 109/05, NJW 2008, 3125).

Der Unterhaltsbedarf muss **zumindest das Existenzminimum** des Berechtigten abdecken (BGH   **17** 16.12.2009 – XII ZR 50/08, NJW 2010, 937). Dabei darf unterhaltsrechtlich davon ausgegangen werden, dass das Existenzminimum dem notwendigen Selbstbehalt eines Nichterwerbstätigen entspricht (seit dem 1.1.2013 ein Betrag von 800 EUR). Dieser Mindestbedarf ist auch dann zu berücksichtigen, wenn die tatsächlich erzielten Einkünfte des Unterhaltsberechtigten vor der Geburt des Kindes geringer waren.

Befindet sich die betreuende Mutter noch in der **Berufsausbildung**, kann dies einer vollschichtigen Tätig-   **18** keit gleichkommen. Der Mindestbedarf richtet sich dann nach dem notwendigen Selbstbehalt für Erwerbstätige und nicht lediglich nach demjenigen für Nichterwerbstätige (OLG Hamm 3.11.2010 – 8 UF 138/10, NJW-RR 2011, 868).

19 **b) Kranken- und Pflegevorsorgeunterhalt.** Kranken- und Pflegevorsorgeunterhalt wird **zusätzlich** zu dem Elementarunterhalt geschuldet (BGH 16.12.2009 – XII ZR 50/08, NJW 2010, 937).

20 **c) Altersvorsorgeunterhalt.** Altersvorsorgeunterhalt wird nach hM nicht geschuldet (OLG Hamm 4.11.2004 – 3 UF 555/01, NJW 2005, 297, 298; MüKo/Born § 1615 l BGB Rn 41; Palandt/Diederichsen § 1615 l BGB Rn 25; Schnitzler/Wever § 10 Rn 62; JH/Graba § 1615 l BGB Rn 8; Heiß/Born/Heiß 14. Kap. Rn 71 a), weil der Altersvorsorgeunterhalt im Ehegattenunterhalt aufgrund der Sondervorschriften der §§ 1361 Abs. 1 S. 2, 1578 Abs. 3 BGB geschuldet werde. Eine andere Meinung im Schrifttum (Maurer in: Göppinger/Wax Rn 1332; Borth in: Schwab Rn 1419, Erman/Hammermann § 1615 l BGB Rn 28) hält eine analoge Anwendung dieser Vorschriften für möglich, wobei darauf hingewiesen wird, dass der Anspruch mit den Entgeltpunkten, die der Berechtigte aufgrund der Kinderbetreuung erhält (vgl §§ 56, 70 Abs. 2 SGB IV, wonach für die ersten drei Jahre wegen Kindererziehung Anwartschaften in der gesetzlichen Rentenversicherung in Höhe des Durchschnittseinkommens aufgebaut werden), verrechnet werden soll.

21 Der zuletzt dargestellten Auffassung ist im Ergebnis der Vorzug zu geben. Gemäß § 1610 BGB bestimmt sich der Bedarf nach der Lebensstellung des Bedürftigen (angemessener Unterhalt). Die **Lebensstellung** eines vor der Geburt des Kindes erwerbstätigen Elternteils ist aber in der Regel, jedenfalls bei sozialversicherungspflichtigen Erwerbstätigen, auch durch den **Erwerb von Rentenanwartschaften** geprägt. Dementsprechend gehören die Kosten der Alters- und Erwerbsunfähigkeitsvorsorge im Rahmen des § 1610 BGB unmittelbar zum Bedarf des Unterhaltsberechtigten, es bedarf hier auch keiner analogen Anwendung der Vorschriften der §§ 1361 Abs. 1 S. 2 BGB oder § 1578 Abs. 3 BGB. Sofern die hM darauf abstellt, dass im Rahmen des § 1615 l BGB kein Altersvorsorgeunterhalt zu gewähren wäre, weil diese Sondervorschriften im Verwandtenunterhalt nicht existierten, verkennt die hM, dass bereits gesetzlich der Bedarf eines Ehegatten anders definiert ist, dieser orientiert sich nämlich nicht an der Lebensstellung des Bedürftigen, sondern an den ehelichen Lebensverhältnissen. Im Übrigen ist die herrschende Auffassung in ihrer Argumentation inkonsistent, wenn sie zwar einerseits dem betreuenden Elternteil auch im Rahmen des § 1615 l BGB einen Kranken- und Pflegevorsorgeunterhalt zuspricht, der ebenso wenig im Rahmen des Verwandtenunterhalts gesetzlich ausdrücklich erwähnt wird wie der Altersvorsorgeunterhalt, andererseits aber den Altersvorsorgeunterhalt gerade mit dem Argument ablehnt, dieser sei in den Vorschriften zum Verwandtenunterhalt nicht ausdrücklich normiert.

22 Zudem gibt der Umstand, dass sich durch die Unterhaltsreform die Dauer des Unterhaltsanspruchs nach § 1615 l BGB in der Regel über einen Zeitraum von drei Jahren hinaus verlängern wird, Anlass zu einer Überprüfung der bisher hM. In der Vergangenheit war es so, dass der Unterhaltsanspruch gem. § 1615 l BGB aF in der Regel auf die ersten drei Lebensjahre des Kindes begrenzt war, nur in ganz wenigen Ausnahmefällen kam es zu einem darüber hinausgehenden Unterhaltsanspruch. Für diesen Zeitraum erwarben die Mütter wegen der Betreuung des Kindes Anwartschaften in der gesetzlichen Rentenversicherung in Höhe des Durchschnittseinkommens aller sozialversicherungspflichtig Tätigen.

23 Mit der Neuregelung durch die Unterhaltsreform dürfte sich die Zahl der Fälle, in denen die Kindesmutter auch über die Vollendung des dritten Lebensjahres des Kindes hinaus Unterhalt beanspruchen kann, deutlich erhöhen. Nach der Vollendung des dritten Lebensjahres des Kindes erhalten die Mütter aber nicht mehr automatisch Anwartschaften in der gesetzlichen Rentenversicherung wegen Kindererziehungszeiten, so dass sie in all den Fällen, in denen sie wegen der Betreuung des Kindes keine Vollzeittätigkeit in ihrem ursprünglichen Beruf ausüben können, deutliche **Einbußen in ihrer Altersvorsorge** hinzunehmen haben. Es ist nicht ersichtlich, warum die betreuenden Mütter diesen Nachteil alleine tragen sollen, wenn der Kindesvater unter Berücksichtigung seiner Leistungsfähigkeit und des Halbteilungsgrundsatzes in der Lage wäre, neben dem Elementarunterhalt auch Altersvorsorgeunterhalt zu zahlen. Zudem ist es gesellschaftspolitisch wünschenswert, dass auch die Mütter nichtehelich geborener Kinder trotz der Betreuung des Kindes keine oder nur möglichst geringe Einbußen in ihrer persönlichen Vorsorgebiografie erleiden.

24 Im Ergebnis wird daher diesseits die Auffassung vertreten, dass der **Altersvorsorgeunterhalt unmittelbarer Bestandteil des Unterhaltsbedarfs** nach § 1610 BGB ist. Soweit der betreuende Elternteil gemäß der §§ 56, 70 Abs. 2 SGB IV Entgeltpunkte in der gesetzlichen Rentenversicherung erwirbt, sind diese bei der

Bemessung des Altersvorsorgeunterhalts zu berücksichtigen, dessen Höhe ausgehend von dem festgestellten Elementarunterhalt des betreuenden Elternteils zu berechnen ist. Eine Korrekturberechnung wie im Ehegattenunterhalt, bei der der Altersvorsorgeunterhalt von dem unterhaltsrechtlich relevanten Einkommen des unterhaltspflichtigen Ehegatten in Abzug gebracht wird, ist hier nicht erforderlich.

4. Bedürftigkeit

Auf den Bedarf ist das **Elterngeld** wegen seiner Funktion als Lohnersatzleistung, soweit es über den Mindestbetrag gem. § 11 BEEG in Höhe von derzeit 300 EUR hinausgeht, anzurechnen (BGH 10.11.2010 – XII ZR 37/09, NJW 2011, 70; Justin FamRZ 2011, 433). 25

Hat die unterhaltsberechtigte Kindesmutter für den Anspruchszeitraum ihren Lebensunterhalt mithilfe der ihr von der Agentur für Arbeit – wegen fehlerhaft unterbliebener Überleitungsanzeige – ohne Rückforderungsabsicht zur Verfügung gestellten **SGB II-Leistungen** bestritten, hat eine Anrechnung dieser Leistungen auf den Bedarf zu erfolgen (OLG Brandenburg 13.11.2012 – 10 UF 226/11). 26

Im Rahmen des Betreuungsunterhalts gem. § 1615 l Abs. 2 BGB wird der betreuenden Mutter in den ersten drei Lebensjahren des Kindes ausnahmslos keine Erwerbstätigkeit zugemutet. Ist sie gleichwohl – **überobligatorisch** – erwerbstätig, ist in entsprechender Anwendung von § 1577 Abs. 2 S. 2 BGB nach Billigkeitsgesichtspunkten über den Umfang der Anrechnung ihres Einkommens auf den Bedarf zu entscheiden (OLG Hamm 3.11.2010 – 8 UF 138/10, NJW-RR 2011, 868). 27

5. Leistungsfähigkeit

Der Selbstbehalt gegenüber dem Unterhaltsanspruch nach § 1615 l BGB entspricht dem **angemessenen Selbstbehalt** gegenüber Ehegatten, derzeit also ein Betrag in Höhe von 1.100 EUR (vgl D. II. der Düsseldorfer Tabelle). 28

Ist der Unterhaltspflichtige als Arzt voraussichtlich nur vorübergehend arbeitslos, kann es ihm zumutbar sein, den Unterhalt gem. § 1615 l Abs. 2 BGB aus dem Stamm seines Vermögens zu bestreiten (OLG Hamm 3.11.2010 – 8 UF 138/10, NJW-RR 2011, 868). 29

6. Verwirkung

Maßgebliche Bestimmung für eine Verwirkung des Anspruchs eines nichtehelichen Elternteils ist – wie sich aus der Verweisung in § 1615 l Abs. 3 S. 1 BGB ergibt – § 1611 BGB. 30

Trotz der Nähe des § 1615 l BGB zum nachehelichen Betreuungsunterhalt kommt eine **analoge Anwendung des in § 1579 Nr. 2 BGB** geregelten Falls der verfestigten Lebensgemeinschaft nach einer verbreiteten Auffassung nicht in Betracht. Ein wesentlicher Grund hierfür liegt darin, dass der Gesetzgeber zwar die Voraussetzungen des Betreuungsunterhaltsanspruchs nach § 1615 l BGB denen des § 1570 BGB angeglichen, gleichzeitig aber in Kenntnis der Diskussion (Peschel-Gutzeit FPR 2005, 344) über die Verwirkungsproblematik es bei der Verweisung auf den § 1611 BGB belassen hat. Darüber hinaus wird vielfach auch die Auffassung vertreten, die Verwirkung wegen einer verfestigten Lebensgemeinschaft mache nur für den Ehegattenunterhalt Sinn. Voraussetzung für die Versagung eines Unterhaltsanspruchs sei die endgültige Herauslösung des geschiedenen Ehegatten aus der **nachehelichen Solidarität**. Eine analoge Anwendung passe nicht auf den Fall des § 1615 l BGB, da dieser ein Zusammenleben der Partner und eine daraus resultierende engere Verbundenheit nicht voraussetze (OLG Nürnberg 28.8.2010 – 10 UF 702/10, NJW 2011, 939). 31

Diese Auffassung ist nicht unbestritten (OLG Hamm 3.11.2010 – 8 UF 138/10, NJW-RR 2011, 868). Auch der Bundesgerichtshof tendiert wohl zu der Auffassung, dass auch im Rahmen des Unterhaltsanspruchs nach § 1615 l BGB das Vorliegen einer neuen verfestigten Lebensgemeinschaft des Unterhaltsberechtigten einen Verwirkungsgrund darstellen kann (BGH 16.7.2008 – XII ZR 109/05, NJW 2008, 3125). 32

Schausten

33   Der Anspruch nach § 1615 l BGB erlischt, wenn der Unterhaltsberechtigte heiratet (BGH 17.11.2004 – XII ZR 183/02, NJW 2005, 503), in diesen Fällen soll der **§ 1586 Abs. 1 BGB entsprechend anwendbar** sein.

7. Verzug

34   Für den Verzug gelten die allgemeinen Regelungen gem. § 1613 BGB. Der Hinweis des ausdrücklich **als Beistand eines Kindes tätigen Jugendamts** an den hinsichtlich des Kindesunterhalts auf Auskunft in Anspruch genommenen Vater am Ende des Aufforderungsschreibens, auch die Kindesmutter wolle nach § 1615 l BGB Betreuungsunterhalt geltend machen und das Jugendamt werde daher die Höhe dieses Anspruchs ebenfalls errechnen und mitteilen, schafft nicht die Voraussetzungen nach § 1613 Abs. 1 BGB für eine Geltendmachung des Betreuungsunterhalts für die Vergangenheit (OLG Celle 12.5.2011 – 10 WF 135/11, FamFR 2011, 294).

      Der Anspruch auf Betreuungsunterhalt der nicht mit dem Vater des Kindes verheirateten Mutter kann gem. § 1615 l BGB rückwirkend für ein Jahr nach Entstehung des Anspruchs ohne die verzugsbegründenden Voraussetzungen des § 1613 Abs. 1 BGB verlangt werden (OLG Köln 17.4.2012 – 4 UF 277/11, FamRZ 2013, 45).

III. Verfahrensrechtliche Hinweise

1. Befristung des Unterhaltsanspruchs

35   Die Frage, ob bei einer gerichtlichen Entscheidung über den Unterhalt nach § 1615 l Abs. 2 BGB vor der Vollendung des dritten Lebensjahres des Kindes eine Befristung vorzunehmen ist, wird nicht einheitlich beantwortet. Teilweise wird eine zeitliche Begrenzung mit der Begründung abgelehnt, im Zeitpunkt der gerichtlichen Entscheidung seien die Umstände, die für eine Verlängerung der Unterhaltspflicht zu berücksichtigen seien, noch nicht hinreichend erkennbar (Borth, Unterhaltsrechtsänderungsgesetz, Rn 364, 383). Nach einer anderen Auffassung ist eine Befristung vorzunehmen, wenn nicht im Zeitpunkt der Entscheidung positiv festgestellt werden kann, dass die Billigkeitsvoraussetzungen für einen verlängerten Anspruch nach § 1615 l Abs. 2 S. 4 BGB vorliegen, wobei eine hinreichend sichere Prognose ausreichen soll (OLG Bremen 20.2.2008 – 4 WF 175/07, FamRZ 2008, 1281; Schilling FPR 2008, 27, 30).

2. Darlegungs- und Beweislast

36   Für die Voraussetzungen einer Verlängerung des Betreuungsunterhalts über die Dauer von drei Jahren hinaus trägt der Unterhaltsberechtigte die Darlegungs- und Beweislast. Er hat also zunächst darzulegen und zu beweisen, dass **keine kindgerechte Einrichtung** für die Betreuung des gemeinsamen Kindes zur Verfügung steht oder dass aus besonderen Gründen eine persönliche Betreuung erforderlich ist. Auch Umstände, die aus **elternbezogenen Gründen** zu einer eingeschränkten Erwerbspflicht und damit zur Verlängerung des Betreuungsunterhalts führen können, hat der Unterhaltsberechtigte darzulegen und zu beweisen (BGH 13.1.2010 – XII ZR 123/08, NJW 2010, 1138).

226. Unterhaltsbegrenzung

Schausten

I. Einführung...................................... 1
II. Materielle Grundlagen......................... 2
III. Übergangsfrist................................ 8
IV. Ehebedingter Nachteil......................... 10
V. Verhältnis von Begrenzung und Befristung...... 13
VI. Bedarfsbemessung.............................. 14
1. Rechtsprechung............................... 14
2. Eigene Auffassung zu der Bedarfsbemessung... 19

VII. Darlegungs- und Beweislast für ehebedingte
Nachteile....................................... 28
VIII. Wichtige Entscheidungen der Obergerichte..... 35
1. Zur Darlegungs- und Beweislast............... 35
2. Zur Begrenzung des Altersunterhalts........... 38
3. Zur Begrenzung des Krankheitsunterhalts....... 40
4. Zur Begrenzung des Aufstockungsunterhalts.... 43
IX. Verfahrensrechtliche Hinweise................. 45

I. Einführung

Die bis zum 1.1.2008 in § 1573 Abs. 5 BGB aF sowie in § 1578 Abs. 1 BGB aF vorgesehenen Möglichkeiten der Befristung und Begrenzung sind entfallen und in dem neu formulierten, **alle Unterhaltstatbestände** erfassenden § 1578 b BGB eigenständig geregelt. Ziel ist es, die Unterhaltsansprüche, unter **Heranziehung objektiver Billigkeitsmaßstäbe**, zu beschränken und die Zuerkennung von Unterhaltsansprüchen mit der Frage zu koppeln, inwieweit sie erforderlich sind, um ehebedingte Nachteile zu kompensieren. **1**

II. Materielle Grundlagen

Ein Anspruch auf nachehelichen Unterhalt ist nach § 1578 b BGB der Höhe nach (Abs. 1) oder zeitlich (Abs. 2) zu begrenzen, wenn ein unbegrenzter Unterhaltsanspruch unbillig wäre. Die Kriterien für die Billigkeitsabwägung ergeben sich in beiden Fällen aus den Gesichtspunkten für die **Herabsetzung des Unterhaltsanspruchs auf den angemessenen Lebensbedarf** nach § 1578 b Abs. 1 S. 2, 3 BGB, die nach § 1578 b Abs. 2 S. 2 BGB entsprechend auch auf die **Befristung** des Unterhaltsanspruchs anzuwenden sind. **2**

Danach ist bei der **Billigkeitsabwägung** für eine Herabsetzung oder zeitliche Begrenzung des nachehelichen Unterhalts zu berücksichtigen, inwieweit durch die Ehe Nachteile im Hinblick auf die Möglichkeit eingetreten sind, für den eigenen Unterhalt zu sorgen. Wie schon nach der Rechtsprechung des Bundesgerichtshofs zu § 1573 Abs. 5 BGB aF schränken solche ehebedingten Nachteile regelmäßig auch nach der Neufassung des § 1578 b BGB die Möglichkeit einer Befristung und Begrenzung des nachehelichen Unterhalts ein. Solche Nachteile können sich nach § 1578 b Abs. 1 S. 3 BGB vor allem aus der Dauer der Pflege oder Erziehung eines gemeinschaftlichen Kindes oder aus der Gestaltung von Haushaltsführung und Erwerbstätigkeit während der Ehe ergeben. **3**

Mit der zum 1.3.2013 in Kraft getretenen Änderung des § 1578 b Abs. 1 S. 2 BGB (BGBl. I 2013, 273) hat der Gesetzgeber klargestellt, dass unabhängig von durch die Ehe eingetretenen Nachteilen auch die **Dauer der Ehe** als solche ein Billigkeitsgesichtspunkt sein kann, der einer Begrenzung des nachehelichen Unterhaltsanspruchs entgegensteht. In der Gesetzesbegründung wird dazu ausdrücklich hervorgehoben, dass die tatbestandliche Neufassung des § 1578 b Abs. 1 BGB eine (lediglich) klarstellende Funktion erfüllt, um einer - dem Willen des Gesetzgebers der Unterhaltsrechtsreform 2008 nicht entsprechenden und auch vom Bundesgerichtshof missbilligten - Praxis entgegenzuwirken, beim Fehlen ehebedingter Nachteile automatisch zu einer Begrenzung des Unterhaltsanspruches zu gelangen, ohne bei der Billigkeitsabwägung die sonstigen Umstände des Einzelfalls, darunter insbesondere die lange Ehedauer, zu berücksichtigen (BT-Drucks. 17/11885, 5 f; BGH 20.3.2013 – XII ZR 72/11, FamRZ 2013, 853).

Im Rahmen des **Betreuungsunterhalts** nach § 1570 BGB führt etwa eine fehlende oder eingeschränkte Erwerbsmöglichkeit wegen Betreuung eines gemeinsamen Kindes zu einem ehebedingten Nachteil, der regelmäßig unterhaltsrechtlich auszugleichen ist. Auch bei der Entscheidung über eine Begrenzung oder Befristung des **Unterhalts wegen Alters** nach § 1571 BGB ist zu berücksichtigen, ob der unterhaltsberechtigte Ehegatte trotz eines durchgeführten Versorgungsausgleichs geringere Renteneinkünfte erzielt, als er ohne die Ehe und die Erziehung der gemeinsamen Kinder erzielen würde. Beim **Krankheitsunterhalt** nach § 1572 BGB, bei dem die Krankheit regelmäßig nicht ehebedingt ist, kann sich ein ehebedingter Nachteil **4** nur daraus ergeben, dass ein Unterhaltsberechtigter aufgrund der Rollenverteilung in der Ehe nicht ausreichend für den Fall der krankheitsbedingten Erwerbsminderung vorgesorgt hat und seine Rente wegen Erwerbsminderung infolge der Ehe und Kindererziehung geringer ist, als sie ohne die Ehe wäre. Insoweit entsprechen sich der Krankheitsunterhalt nach § 1572 BGB und der Altersunterhalt nach § 1571 BGB. In beiden Fällen ist allerdings zu berücksichtigen, dass der Ausgleich unterschiedlicher Vorsorgebeiträge vornehmlich Aufgabe des Versorgungsausgleichs ist, durch den die Interessen des Unterhaltsberechtigten regelmäßig ausreichend gewahrt werden (BGH 4.8.2010 – XII ZR 7/09, NJW 2010, 3097).

5   § 1578 b BGB beschränkt sich nach dem Willen des Gesetzgebers nicht auf die Kompensation ehebedingter Nachteile oder die besondere Verantwortung aufgrund langer Ehedauer, sondern berücksichtigt auch eine darüber hinausgehende **nacheheliche Solidarität** (BT-Drucks. 16/1830, 19). Denn indem § 1578 b Abs. 1 S. 2 BGB „insbesondere" auf die genannten Billigkeitsgründe abstellt, schließt er andere Gesichtspunkte für die Billigkeitsabwägung nicht aus. Dieser Umstand gewinnt besonders beim nachehelichen Unterhalt gem. § 1572 BGB wegen einer Krankheit, die regelmäßig nicht ehebedingt ist, an Bedeutung.

6   Bei **bestehenden ehebedingten Nachteilen** ist eine Befristung des nachehelichen Unterhalts regelmäßig nicht auszusprechen. Eine Befristung trotz fortbestehender ehebedingter Nachteile kommt nur unter außergewöhnlichen Umständen in Betracht. Im Fall einer chronischen Erkrankung ist bei der Frage einer zeitlichen Begrenzung eines Anspruchs auf nachehelichen Unterhalt aus § 1572 BGB auch zu berücksichtigen, ob der Anspruchsberechtigte nach gegenwärtiger Prognose jemals in der Lage sein wird, seine wirtschaftliche Situation durch eine eigene Berufstätigkeit zu verbessern (OLG Hamm 18.6.2009 – 2 UF 6/09, NJW-RR 2010, 577). Einer unter Berücksichtigung der individuellen Umstände der Ehe gebotenen Befristung nach § 1578 b Abs. 2 BGB steht nicht entgegen, dass der angemessene Lebensbedarf iSv § 1578 b Abs. 1 BGB (hier: Existenzminimum für Nichterwerbstätige) nicht durch eigene Einkünfte des Unterhaltsberechtigten sichergestellt werden kann (OLG Düsseldorf 27.1.2011 – 7 UF 125/10, FamFR 2011, 127). Ist nicht zu erwarten, dass eine über 50 Jahre alte Unterhaltsberechtigte unter Berücksichtigung ihrer bisherigen beruflichen Entwicklung in Verbindung mit gesundheitlichen Einschränkungen auf dem Arbeitsmarkt zeitnah eine auskömmliche Vollerwerbstätigkeit zu finden vermag, kann die Unterhaltsverpflichtung im Einzelfall auf drei Jahre zu begrenzen sein (OLG Frankfurt/M. 13.8.2008 – 5 UF 185/07, NJW 2008, 3440).

Trotz der Regelung in § 1578 b Abs. 1 S. 2 BGB, dass die Dauer der Ehe auch ohne ehebedingte Nachteile einer Begrenzung des Unterhaltsanspruchs entgegenstehen kann, bedeutet dies im Umkehrschluss nicht, dass eine Begrenzung des Unterhaltsanspruchs bei Ehen von langer Dauer nicht in Betracht kommt. Insbesondere wenn die Ehegatten während der Ehe beide ununterbrochen einer vollschichtigen Tätigkeit nachgegangen sind, kann trotz langer Ehedauer eine Befristung in Betracht kommen (BGH 6.10.2010 – XII ZR 202/08, FamRZ 2010, 1971).

7   Eine im Fall einer Unterhaltsversagung eintretende oder erweiterte **Sozialleistungsbedürftigkeit** schließt eine Befristung nach § 1578 b Abs. 2 BGB nicht notwendig aus. Vielmehr nimmt das Gesetz durch die Möglichkeit der Befristung des nachehelichen Unterhalts in Kauf, dass der Unterhaltsberechtigte infolge der Unterhaltsbefristung sozialleistungsbedürftig wird und somit die Unterhaltsverantwortung des geschiedenen Ehegatten durch eine staatliche Verantwortung ersetzt wird (BGH 28.4.2010 – XII ZR 141/08, NJW-RR 2010, 1009).

III. Übergangsfrist

8   Für die Ermittlung der Übergangsfrist, nach der der Unterhaltsanspruch der Höhe nach begrenzt oder zeitlich befristet werden kann, kommt es auf den **Zeitraum** an, den der Unterhaltsberechtigte nach objektiven Kriterien benötigt, sich auf die **veränderte Unterhaltssituation einzustellen** (BGH 14.11.2007 – XII ZR 16/07, FamRZ 2008, 134).

9   Der **Ehedauer** kommt für die Bestimmung der Übergangsfrist durch eine wirtschaftliche Verflechtung, die insbesondere durch Aufgabe einer eigenen Erwerbstätigkeit wegen der Betreuung gemeinsamer Kinder oder der Haushaltsführung eintreten kann, **besonderes Gewicht** zu (BGH 11.8.2010 – XII ZR 102/09,

NJW 2010, 3372). Die Dauer der Übergangsfrist kann allerdings nicht schematisch an der Ehedauer orientiert werden; gleichwohl hat die Ehedauer für den Umfang der nachwirkenden unterhaltsrechtlichen Verantwortung der Ehegatten füreinander Bedeutung. Sie bietet einen kalendermäßig greifbaren und daher ansatzweise konkreten Maßstab für die Bemessung des Umstellungszeitraums, der sich damit meistens als **Bruchteil der Ehezeit** darstellen wird (OLG Celle 2.10.2008 – 17 UF 97/08, NJW 2009, 521). Kriterien für die Bemessung der Übergangsfrist sind beispielsweise:

- das Alter des Unterhaltsberechtigten (OLG Celle 2.6.2008 – 17 WF 66/08, NJW 2008, 2449),
- die Vermittelbarkeit des Unterhaltsberechtigten auf dem Arbeitsmarkt,
- **anerkennenswerte finanzielle Dispositionen** des Unterhaltsberechtigten, welche es nicht zumutbar erscheinen lassen, den Lebenszuschnitt an die eigenen beruflichen Existenzgrundlagen anzupassen (OLG Saarbrücken 9.4.2008 – 9 UF 4/06, FamRZ 2009, 349; OLG Karlsruhe 15.7.2009 – 18 UF 10/09, NJW-RR 2010, 721),
- die **Dauer der bisherigen Unterhaltszahlungen**, auch unter Berücksichtigung des Trennungsunterhalts (OLG Celle 2.6.2008 – 17 WF 66/08, NJW 2008, 2449),
- die Einkommensverhältnisse des Unterhaltspflichtigen (OLG Celle 2.6.2008 – 17 WF 66/08, NJW 2008, 2449),
- die beiderseitigen Vermögensverhältnisse (OLG Celle 2.6.2008 – 17 WF 66/08, NJW 2008, 2449),
- die zukünftige Versorgungssituation des Unterhaltsberechtigten (BGH 11.8.2010 – XII ZR 102/09, NJW 2010, 3372),
- die persönliche Situation des Unterhaltsverpflichteten, insbesondere eine neue Eheschließung oder weitere Unterhaltsverpflichtungen gegenüber Kindern (OLG Hamburg 13.5.2008 – 2 UF 19/07, FamRZ 2009, 781).

IV. Ehebedingter Nachteil

Ehebedingte Nachteile sind insbesondere **Erwerbsnachteile**, die durch die von den Ehegatten praktizierte **10** Rollenverteilung während der Ehe entstanden sind (BGH 16.2.2011 – XII ZR 108/09, NJW 2011, 1067). Dazu genügt es, wenn ein Ehegatte sich entschließt, seinen Arbeitsplatz aufzugeben, um die Haushaltsführung und Kinderbetreuung zu übernehmen. Ab welchem Zeitpunkt die Rollenverteilung praktiziert wird, ist nicht von Bedeutung. Es kommt insbesondere nicht darauf an, ob die Ehegatten die **Rollenverteilung** zu Beginn der Ehe, bei Geburt eines Kindes oder erst später planten oder praktizierten. Einem ehebedingten Nachteil steht demnach nicht entgegen, dass ein Ehegatte den Entschluss zur Aufgabe seines Arbeitsplatzes erst traf, als ein gemeinsames Kind bereits vier oder fünf Jahre alt war. Übernimmt dieser Ehegatte – ggf trotz diverser Nebentätigkeiten – die überwiegende Betreuung des gemeinsamen Kindes und des Haushalts, kann von einem auf der praktizierten Rollenverteilung beruhenden Erwerbsnachteil ausgegangen werden. Dabei kommt es auf die Frage, ob die Aufgabe des Arbeitsplatzes **im Einvernehmen** mit dem anderen Ehegatten oder gegen dessen Willen erfolgte, im Regelfall nicht an. Nach dem Wortlaut des Gesetzes ist auf die tatsächliche Gestaltung von Kinderbetreuung und Haushaltsführung abzustellen. Es handelt sich bei den in § 1578 b BGB aufgeführten Kriterien um objektive Umstände, denen **kein Unwerturteil** und keine subjektive Vorwerfbarkeit anhaftet. Dementsprechend sollte in derartigen Verfahren auch keine Aufarbeitung ehelichen Fehlverhaltens stattfinden; der Einwand des anderen Ehegatten, dass er den Unterhaltsberechtigten während der Ehe zur Berufstätigkeit angehalten habe, ist regelmäßig unbeachtlich (BGH 20.10.2010 – XII ZR 53/09, FamRZ 2010, 2059).

Ein ehebedingter Nachteil liegt nur dann nicht vor, wenn die Ehegestaltung für den Erwerbsnachteil **nicht 11 ursächlich** geworden ist. Das wäre der Fall, wenn ein Ehegatte seinen Arbeitsplatz ausschließlich aus Gründen aufgegeben oder verloren hätte, die außerhalb der Ehegestaltung liegen, so etwa aufgrund einer von ihm persönlich beschlossenen beruflichen Neuorientierung oder wegen einer **betriebs- oder krankheitsbedingten Kündigung** seitens des Arbeitgebers. In diesem Fall würde es an einem ehebedingten Nachteil fehlen, wenn der Erwerbsnachteil auch ohne die Ehe und die mit ihr verbundene Rollenverteilung eingetreten wäre.

12   Besteht für eine geschiedene Ehefrau die Notwendigkeit zum Abschluss einer **privaten Krankenversicherung**, um den Umfang ihres aus der Ehe gewohnten Versicherungsschutzes aufrechtzuerhalten, kann in den hierdurch ausgelösten Mehrkosten ein fortwirkender ehebedingter Nachteil liegen (OLG Hamm 18.6.2009 – 2 UF 6/09, NJW-RR 2010, 577).

V. Verhältnis von Begrenzung und Befristung

13   Gemäß § 1578 b Abs. 3 BGB können die Herabsetzung und die zeitliche Begrenzung des Unterhaltsanspruchs **miteinander verbunden** werden. Das Gericht kann also zuerst den Unterhaltsanspruch auf den angemessenen Lebensbedarf des Unterhaltsberechtigten herabsetzen und gleichzeitig den Unterhaltsanspruch auf einen späteren Zeitpunkt endgültig befristen.

VI. Bedarfsbemessung

1. Rechtsprechung

14   Der Maßstab des angemessenen Lebensbedarfs, der nach § 1578 b BGB regelmäßig die Grenze für die Herabsetzung des nachehelichen Unterhalts bildet, bemisst sich nach dem Einkommen, das der unterhaltsberechtigte Ehegatte **ohne die Ehe und Kindererziehung** aus eigenen Einkünften zur Verfügung hätte. Aus dem Begriff der Angemessenheit folgt aber zugleich, dass der nach § 1578 b BGB herabgesetzte Unterhaltsbedarf jedenfalls das **Existenzminimum** des Unterhaltsberechtigten erreichen muss (BGH 17.2.2010 – XII ZR 140/08, NJW 2010, 1598).

15   Dabei ist auch auf die **konkrete Lebenssituation** des Unterhaltsberechtigten abzustellen. Ist der Unterhaltsberechtigte erwerbsfähig, ist bei der Ermittlung des angemessenen Lebensbedarfs auf das Einkommen abzustellen, das er ohne die Unterbrechung der Erwerbstätigkeit durch die Ehe oder die Kindererziehung erzielen könnte (BGH 14.10.2009 – XII ZR 146/08, FamRZ 2009, 1990).

16   Beim **Krankheitsunterhalt** kann nur auf das Einkommen abgestellt werden, das der Unterhaltsberechtigte ohne die Ehe und Kindererziehung im Falle seiner Krankheit zur Verfügung hätte. Denn wenn er auch ohne die Ehe nicht zu einer Erwerbstätigkeit in der Lage wäre, kann nicht auf ein fiktives Einkommen abgestellt werden, das ein gesunder Unterhaltsberechtigter erzielen könnte. Falls die Krankheit – wie regelmäßig – nicht ehebedingt ist, ergibt sich der angemessene Lebensbedarf iSv § 1578 b Abs. 1 S. 1 BGB bei vollständiger Erwerbsunfähigkeit also aus der Höhe der Erwerbsunfähigkeitsrente, wobei auch hier von der tatsächlichen Rente nach Durchführung des Versorgungsausgleichs auszugehen ist. Nur wenn der Unterhaltsberechtigte noch teilweise erwerbsfähig ist, kann daneben auf Erwerbseinbußen als ehebedingten Nachteil abgestellt werden.

17   Ist der Unterhaltsberechtigte hingegen bereits **Rentner**, kann lediglich auf das Renteneinkommen abgestellt werden, wobei von der tatsächlichen Rente nach durchgeführtem Versorgungsausgleich auszugehen ist.

18   Der am Existenzminimum orientierte **Mindestbedarf** bemisst sich nach dem Betrag, der einem nicht erwerbstätigen Unterhaltspflichtigen als notwendiger Selbstbehalt zur Verfügung steht und gegenwärtig nach der Düsseldorfer Tabelle und den unterhaltsrechtlichen Leitlinien der Oberlandesgerichte **800 EUR** beträgt. Soweit der notwendige Selbstbehalt eines Erwerbstätigen mit gegenwärtig 1.000 EUR darüber hinausgeht, schließt er einen Erwerbsanreiz ein, der auf Seiten des Unterhaltspflichtigen seine Berechtigung hat, aber nicht in gleicher Weise auf den Unterhaltsberechtigten übertragen werden kann (BGH 17.2.2010 – XII ZR 140/08, NJW 2010, 1598).

2. Eigene Auffassung zu der Bedarfsbemessung

19   In den Fällen, in denen eine dauerhafte Teilhabe des unterhaltsberechtigten Ehegatten an dem nach den ehelichen Lebensverhältnissen bemessenen Bedarf auch durch die nacheheliche Solidarität nicht gerechtfertigt ist, dieser Ehegatte aber durch die Gestaltung von Haushaltsführung oder Kindererziehung während

Schausten

der Ehe Nachteile in seinem beruflichen Fortkommen erlitten hat, ist diesem Ehegatten dieser Nachteil grundsätzlich auf Dauer auszugleichen. Dabei errechnet sich nach der oben zitierten BGH-Rechtsprechung der ehebedingte Nachteil aus der **Differenz zwischen dem Einkommen**, welches der Ehegatte tatsächlich erzielt bzw unter Berücksichtigung seiner Erwerbsobliegenheit erzielen könnte, und dem Einkommen, welches dieser Ehegatte erzielen könnte, wenn man sich die Ehe hinwegdenken würde.

An einem konkreten Beispiel verdeutlicht: Die F erzielt bereinigte Einkünfte in Höhe von 1.200 EUR. Auf- **20** grund der während der Ehe praktizierten Rollenverteilung hat die Ehefrau mehrere Jahre in ihrem ursprünglich erlernten Beruf ausgesetzt. Wenn Sie ununterbrochen in diesem Beruf tätig geblieben wäre, würden sich ihre Einkünfte heute auf 1.600 EUR belaufen. Ihr ehebedingter Nachteil beläuft sich also auf 400 EUR. Die Einkünfte des Ehemannes belaufen sich auf bereinigte 2.400 EUR.

In einem solchen Fall würde die Rechtsprechung regelmäßig zu dem Ergebnis kommen, dass der Ehemann **21** für einen Übergangszeitraum den Unterhalt nach den ehelichen Lebensverhältnissen in Höhe der hälftigen Differenz der Einkünfte, hier also 600 EUR, zahlen müsste; anschließend würde der Unterhaltsanspruch auf ihren angemessenen Bedarf, hier also 400 EUR herabgesetzt, eine Befristung dieses Unterhaltsanspruchs käme nur bei Vorliegen besonderer Umstände in Betracht.

Dieses Ergebnis wird allseits als angemessen betrachtet. Aus der **Sicht des Unterhaltsberechtigten** erfolgt **22** ein Ausgleich der durch die Ehe bedingten Nachteile, er steht also genau so, wie er stehen würde, wenn man sich die Ehe hinwegdenken würde.

Aus der Sicht des Unterhaltsberechtigten mag dies auf den ersten Blick auch als angemessen erscheinen; **23** möglicherweise freut er sich sogar, weil er 200 EUR weniger als die Hälfte der Differenz der Einkünfte zahlen muss – gegenüber der früheren Rechtslage, bei der selbst eine Herabsetzung des Aufstockungsunterhalts nur ausnahmsweise in Betracht kam, sicher ein Fortschritt für den Unterhaltsverpflichteten. Diese Einschätzung des Unterhaltspflichtigen dürfte sich aber ändern, wenn man den Sachverhalt etwas präzisiert: Es sei unterstellt, dass der Unterhaltspflichtige am Ende der Ehe, genau das gleiche Einkommen erzielt, wie er bei Eheschließung erzielt hat, nämlich 2.400 EUR.

Betrachtet man jetzt die Unterhaltsverpflichtung aus der Sicht des Unterhaltspflichtigen, ergibt sich folgen- **24** des Bild: Der Unterhaltsberechtigte, der den ehebedingten Nachteil erlitten hat, erhält diesen ausgeglichen und er steht unter Berücksichtigung seiner eigenen Einkünfte von 1.200 EUR und der Unterhaltszahlung von 400 EUR genau so, wie er stehen würde, wenn man sich die Ehe hinwegdenkt. Der Unterhaltspflichtige aber, der eigentlich gar keinen ehebedingten Nachteil erlitten hat, hat aufgrund der Ehe einen Nachteil von 400 EUR, den er nicht hätte, wenn man sich die Ehe hinwegdenkt. Würde man sich nämlich bei ihm die Ehe hinwegdenken, hätte er Einkünfte von 2.400 EUR – weil er aber verheiratet gewesen ist, zahlt er 400 EUR Unterhalt und hat selbst nur noch 2.000 EUR zur Verfügung: So wird aus dem vermeintlichen ehebedingten Nachteil des Unterhaltsberechtigten der **ehebedingte Nachteil des Unterhaltspflichtigen**.

Dieses Ergebnis ist offensichtlich nicht gerecht. Nun könnte man einwenden, dass der unterhaltspflichtige **25** Ehegatte diesen ehebedingten Nachteil hinnehmen muss, weil seine eigentliche Unterhaltsverpflichtung unter Berücksichtigung der ehelichen Lebensverhältnisse und des Anspruchs auf Teilhabe an dem während der Ehe gemeinsam Erwirtschafteten eigentlich um 200 EUR höher wäre. Doch dieses Argument greift nicht durch: Denn zur Anwendung des § 1578 b BGB gelangt die Rechtsprechung ja nur dann, wenn die gleiche Teilhabe an den ehelichen Lebensverhältnissen unbillig wäre. Mit anderen Worten: Eine Herabsetzung des Unterhalts setzt ja gerade voraus, dass der unterhaltsberechtigte Ehegatte nicht mehr an den ehelichen Lebensverhältnissen teilhaben soll.

Gerecht wäre es nach der hier vertretenen Auffassung, diesen **ehebedingten Nachteil zwischen den Ehe-** **26** **gatten aufzuteilen**. Dies entspräche im Übrigen auch dem Gedanken, mit dem der Bundesgerichtshof in anderem Zusammenhang argumentiert: So entscheidet der Bundesgerichtshof in ständiger Rechtsprechung, dass die geringeren Rentenanwartschaften, die ein Ehegatte aufgrund von Haushaltsführung und/oder Kindererziehung und dem damit verbundenen Berufsausstieg im Vergleich mit einer fortdauernden Berufstätigkeit erleidet, grundsätzlich keinen ehebedingten Nachteil darstellt, wenn ein Ausgleich über den Versorgungsausgleich erfolgt.

27 Aufgabe der gesetzlichen Ausgleichssysteme Unterhalt, Zugewinnausgleich und Versorgungsausgleich ist es, dass beide Ehegatten an den während der Ehe erworbenen Vor- und erlittenen Nachteilen jeweils hälftig beteiligt werden. Deshalb ist der angemessene Unterhalt im Sinne des § 1578 b BGB des unterhaltsberechtigten Ehegatten auf einen Bedarf herabzusetzen, der der Summe aus seinem – tatsächlichen oder fiktiven – Einkommen und dem hälftigen ehebedingten Nachteil entspricht.

VII. Darlegungs- und Beweislast für ehebedingte Nachteile

28 Der **Unterhaltsschuldner**, der sich mit der Befristung auf eine prozessuale Einwendung beruft, trägt die Darlegungs- und Beweislast hinsichtlich der für eine Befristung sprechenden Tatsachen. In die Darlegungs- und Beweislast des Unterhaltspflichtigen fällt grundsätzlich auch der Umstand, dass dem Unterhaltsberechtigten keine ehebedingten Nachteile im Sinne von § 1578 b BGB entstanden sind.

29 Die dem Unterhaltspflichtigen obliegende Darlegungs- und Beweislast erfährt jedoch **Erleichterungen** nach den von der Rechtsprechung zum **Beweis negativer Tatsachen** entwickelten Grundsätzen.

30 Nach der ständigen Rechtsprechung des Bundesgerichtshofs (BGH 26.10.2011 – XII ZR 162/09, NJW 2012, 74) trifft den Prozessgegner der für eine negative Tatsache beweisbelasteten Partei eine **sog. sekundäre Darlegungslast**. Dadurch soll eine unbillige Belastung der beweispflichtigen Partei vermieden werden. Der Umfang der sekundären Darlegungslast richtet sich nach den Umständen des Einzelfalls. Die Darlegungen müssen so konkret sein, dass der beweisbelasteten Partei eine Widerlegung möglich ist.

31 Diese Grundsätze sind auf die Darlegung ehebedingter Nachteile im Sinne von § 1578 b BGB ebenfalls anzuwenden. Würde den Unterhaltspflichtigen die uneingeschränkte Darlegungs- und Beweislast treffen, so müsste er sämtliche auch nur theoretisch denkbaren und nicht näher bestimmten Nachteile widerlegen, die aufgrund der Rollenverteilung innerhalb der Ehe möglicherweise entstanden sind. Das würde in Anbetracht dessen, dass die Tatsachen zur hypothetischen beruflichen Entwicklung den persönlichen Bereich des Unterhaltsberechtigten betreffen, zu einer **unbilligen Belastung des Unterhaltspflichtigen** führen.

32 Soweit der Bundesgerichtshof in der Vergangenheit für den Fall, dass der Unterhaltsberechtigte eine ehebedingt unterbrochene Erwerbstätigkeit nach der Scheidung wieder aufnehmen konnte, erwähnt hat, dass den Unterhaltsberechtigten dafür, dass ihm dennoch ehebedingte Nachteile entstanden seien, neben der Darlegungslast auch die Beweislast treffe, hält er daran nicht fest. Für eine mit weiter reichenden Folgen verbundene Beweislastumkehr fehlt es nach der geltenden Gesetzeslage und dem Regel-Ausnahme-Verhältnis von Unterhaltspflicht und Unterhaltsbegrenzung, das auch durch das Unterhaltsrechtsänderungsgesetz vom 21.12.2007 nicht verändert worden ist, an einer hinreichenden Rechtfertigung, zumal den Beweisschwierigkeiten des Unterhaltspflichtigen bereits durch die **sekundäre Darlegungslast** des Unterhaltsberechtigten wirksam zu begegnen ist.

33 Die sekundäre Darlegungslast hat im Rahmen von § 1578 b BGB zum **Inhalt**, dass der Unterhaltsberechtigte die Behauptung, es seien keine ehebedingten Nachteile entstanden, substantiiert bestreiten und seinerseits darlegen muss, welche konkreten ehebedingten Nachteile entstanden sein sollen. Erst wenn das Vorbringen des Unterhaltsberechtigten diesen Anforderungen genügt, müssen die vorgetragenen ehebedingten Nachteile vom Unterhaltspflichtigen widerlegt werden.

34 Anders verhält es sich indes bei einem **behaupteten beruflichen Aufstieg**. Hier muss der Unterhaltsberechtigte darlegen – und ggf auch beweisen, aufgrund welcher Umstände (wie etwa Fortbildungsbereitschaft, bestimmte Befähigungen, Neigungen Talente etc.) er eine entsprechende Karriere gemacht hätte (BGH 20.10.2010 – XII ZR 53/09, NJW 2010, 3653).

VIII. Wichtige Entscheidungen der Obergerichte

1. Zur Darlegungs- und Beweislast

– **BGH 20.10.2010 – XII ZR 53/09, NJW 2010, 3653:** Der Unterhaltsberechtigte kann im Einzelfall sei- 35
ner – sekundären – Darlegungslast genügen, wenn er vorträgt, dass in dem von ihm erlernten Beruf
Gehaltssteigerungen in einer bestimmten Höhe mit zunehmender Berufserfahrung bzw Betriebszugehörigkeit **üblich** sind.

Bei feststehenden Nachteilen ist eine exakte Feststellung zum hypothetisch erzielbaren Einkommen des
Unterhaltsberechtigten nicht notwendig. Die Tatsachengerichte können sich bei geeigneter Grundlage
einer **Schätzung entsprechend § 287 ZPO** bedienen. Das Gericht muss in der Entscheidung jedoch die
tatsächlichen Grundlagen seiner Schätzung und ihre Auswertung in objektiv nachprüfbarer Weise angeben.

– **OLG Celle 6.7.2010 – 10 UF 64/10, NJW-RR 2011, 364:** Die vom Bundesgerichtshof entwickelten 36
Grundsätze zur Darlegungs- und Beweislast ehebedingter Nachteile gelten auch, soweit der Unterhaltsverpflichtete geltend macht, tatsächlich fortwirkende Nachteile seien nicht mehr als ehebedingt anzusehen, da es der Unterhaltsberechtigten nach der Trennung möglich gewesen wäre (und sie die Obliegenheit getroffen hätte), diese **Nachteile zwischenzeitlich vollständig auszugleichen.**

– **BGH 24.3.2010 – XII ZR 175/08, NJW 2010, 1813:** Im Rahmen der Herabsetzung und zeitlichen Be- 37
grenzung des Unterhalts ist der **Unterhaltspflichtige** für die Tatsachen darlegungs- und beweisbelastet,
die für eine Befristung sprechen.

Hinsichtlich der Tatsache, dass ehebedingte Nachteile nicht entstanden sind, trifft den Unterhaltsberechtigten aber nach den Regeln zum Beweis negativer Tatsachen eine **sog. sekundäre Darlegungslast**
(Klarstellung der Senatsurteile vom 14.11.2007, XII ZR 16/07, FamRZ 2008, 134; vom 16.4.2008, XII
ZR 107/06, FamRZ 2008, 1325; vom 14.10.2009, XII ZR 146/08, FamRZ 2009, 1990 und vom
28.3.1990, XII ZR 64/89, FamRZ 1990, 857).

Der **Unterhaltsberechtigte** muss die Behauptung, es seien keine ehebedingten Nachteile entstanden,
substanziiert bestreiten und seinerseits darlegen, welche konkreten ehebedingten Nachteile entstanden sein sollen. Erst wenn das Vorbringen des Unterhaltsberechtigten diesen Anforderungen genügt,
müssen die vorgetragenen ehebedingten Nachteile vom Unterhaltspflichtigen widerlegt werden.

2. Zur Begrenzung des Altersunterhalts

– **BGH 4.8.2010 – XII ZR 7/09, NJW 2010, 3097:** Bei der Frage, ob ehebedingte Nachteile im Sinne 38
des § 1578 b Abs. 1 BGB vorliegen, ist der **Ausgleich unterschiedlicher Vorsorgebeiträge** vornehmlich Aufgabe des Versorgungsausgleichs, durch den die Interessen des Unterhaltsberechtigten regelmäßig ausreichend gewahrt werden (im Anschluss an Senatsurteile vom 16.4.2008, XII ZR 107/06,
FamRZ 2008, 1325 und vom 25.6.2008, XII ZR 109/07, FamRZ 2008, 1508). Das gilt nicht, wenn die
vom Unterhaltsberechtigten aufgrund der ehelichen Rollenverteilung erlittene Einbuße bei seiner Altersvorsorge durch den Versorgungsausgleich nicht vollständig erfasst wird, weil der Unterhaltspflichtige nur für einen geringen Teil der Ehezeit Rentenanwartschaften erworben hat.

Auch im Rahmen des Altersunterhalts bestimmt sich der **Maßstab des angemessenen Lebensbedarfs**,
der nach § 1578 b BGB regelmäßig die Grenze für die Herabsetzung des nachehelichen Unterhalts bildet, nach dem Einkommen, das der unterhaltsberechtigte Ehegatte ohne die Ehe und Kindererziehung
aus eigenen Einkünften zur Verfügung hätte. Dabei ist auf die konkrete Lebenssituation des Unterhaltsberechtigten abzustellen. Aus dem Begriff der Angemessenheit folgt aber zugleich, dass der nach
§ 1578 b BGB herabgesetzte Unterhaltsbedarf jedenfalls das Existenzminimum des Unterhaltsberechtigten erreichen muss.

39 – **OLG Karlsruhe 8.4.2010 – 2 UF 147/09, FamRZ 2010, 1252**: **Ehebedingte Nachteile**, die nach § 1578 b BGB bei der Prüfung der Herabsetzung/Begrenzung eines Anspruchs auf Altersunterhalt zu berücksichtigen sind, können auch darin liegen, dass es der unterhaltsberechtigten Ehefrau nach der Scheidung infolge teilweise ehebedingter Erkrankung und ehebedingter beruflicher Abstinenz nicht mehr gelungen ist, eine rentenversicherungspflichtige Tätigkeit zu finden und so ihre Altersversorgung weiter aufzubauen.

Der Annahme ehebedingter Nachteile steht in diesem Fall nicht entgegen, dass die Ehefrau nach der Scheidung bis zum Erreichen des Rentenalters zwar Unterhalt, nicht jedoch Altersvorsorgeunterhalt erhalten hat.

3. Zur Begrenzung des Krankheitsunterhalts

40 – **BGH 30.6.2010 – XII 9/09, NJW 2010, 2953**: § 1578 b BGB ist – auch – im Hinblick auf die Befristung des Krankheitsunterhalts nicht wegen Unbestimmtheit verfassungswidrig.

Die **Krankheit** des unterhaltsbedürftigen Ehegatten stellt **regelmäßig keinen ehebedingten Nachteil** dar. Das gilt auch dann, wenn eine psychische Erkrankung durch die Ehekrise und Trennung ausgelöst worden ist.

Dass der Unterhalt nach der bis zum Dezember 2007 geltenden Rechtslage tituliert ist, ist als ein den Vertrauensschutz des Unterhaltsberechtigten verstärkendes Element bereits im Rahmen der Entscheidung über die Befristung des Unterhalts zu berücksichtigen. Im Rahmen der umfassenden Interessenabwägung ist auch die gesetzliche Bewertung zur Zumutbarkeit einer Abänderung nach § 36 Nr. 1 EGZPO zu beachten.

41 – **BGH 17.2.2010 – XII ZR 140/08, NJW 2010, 1598**: Im Rahmen der **Billigkeitsentscheidung** über eine Herabsetzung oder zeitliche Begrenzung des nachehelichen Unterhalts ist vorrangig zu berücksichtigen, inwieweit durch die Ehe Nachteile im Hinblick auf die Möglichkeit eingetreten sind, für den eigenen Unterhalt zu sorgen. § 1578 b BGB beschränkt sich allerdings nicht auf die Kompensation ehebedingter Nachteile, sondern berücksichtigt auch eine darüber hinausgehende **nacheheliche Solidarität**.

Der **Maßstab des angemessenen Lebensbedarfs**, der nach § 1578 b BGB regelmäßig die Grenze für die Herabsetzung des nachehelichen Unterhalts bildet, bemisst sich nach dem Einkommen, das der unterhaltsberechtigte Ehegatte ohne die Ehe und Kindererziehung aus eigenen Einkünften zur Verfügung hätte. Dabei ist auch auf die konkrete Lebenssituation des Unterhaltsberechtigten abzustellen. Beim Krankheitsunterhalt kann deswegen nur auf das Einkommen abgestellt werden, das der Unterhaltsberechtigte ohne die Ehe und Kindererziehung im Falle seiner Krankheit zur Verfügung hätte. Aus dem Begriff der Angemessenheit folgt aber zugleich, dass der nach § 1578 b BGB herabgesetzte Unterhaltsbedarf jedenfalls das Existenzminimum des Unterhaltsberechtigten erreichen muss.

42 – **OLG Hamm 11.1.2010 – 4 UF 107/09, NJW 2010, 1152**: Der nacheheliche Unterhalt wegen Krankheit nach § 1572 Nr. 2 BGB kann gem. § 1578 b Abs. 2 BGB zeitlich befristet werden, wenn der **Anspruch auf die Rente wegen teilweiser oder voller Erwerbsminderung** gem. § 43 Abs. 1, Abs. 2 SGBVI durch eine Erwerbstätigkeit nach Beendigung der Betreuung und Erziehung eines gemeinsamen Kindes hätte erworben werden können.

4. Zur Begrenzung des Aufstockungsunterhalts

43 – **BGH 29.9.2010 – XII ZR 205/08, NJW 2010, 3582**: Wurde ein Anspruch auf Aufstockungsunterhalt gem. § 1573 Abs. 2 BGB nach Veröffentlichung des Senatsurteils vom 12.4.2006 (XII ZR 240/03, FamRZ 2006, 1006) durch Urteil festgelegt, so ergibt sich weder aus der anschließenden Senatsrechtsprechung noch aus dem Inkrafttreten des § 1578 b BGB am 1.1.2008 eine **wesentliche Änderung der rechtlichen Verhältnisse**. Auch § 36 Nr. 1 EGZPO bietet in diesem Fall keine eigenständige Abände-

rungsmöglichkeit (im Anschluss an Senatsurteil, BGH 18.11.2009 – XII ZR 65/09, BGHZ 183, 197 = FamRZ 2010, 111).Das gilt auch dann, wenn aus der Ehe Kinder hervorgegangen sind, die von der Unterhaltsberechtigten betreut wurden.

– **BGH 26.5.2010 – XII ZR 143/08, NJW 2010, 2349**: Für die **Abänderung eines Prozessvergleichs**   44
über nachehelichen Unterhalt wegen Unterhaltsbefristung kommt es vorrangig darauf an, inwiefern der Vergleich im Hinblick auf die spätere Befristung eine bindende Regelung enthält. Mangels einer entgegenstehenden ausdrücklichen oder konkludenten vertraglichen Regelung ist jedenfalls bei der erstmaligen Festsetzung des nachehelichen Unterhalts im Zweifel davon auszugehen, dass die Parteien die spätere Befristung des Unterhalts offenhalten wollen. Eine Abänderung des Vergleichs ist insoweit auch ohne Änderung der tatsächlichen Verhältnisse und ohne Bindung an den Vergleich möglich.

§ 36 EGZPO regelt lediglich die Abänderung solcher Unterhaltstitel und -vereinbarungen, deren Grundlagen sich durch das Unterhaltsrechtsänderungsgesetz vom 21.12.2007 geändert haben. Bei der Abänderung einer vor dem 1.1.2008 geschlossenen Vereinbarung zum Aufstockungsunterhalt ist das nicht der Fall.

IX. Verfahrensrechtliche Hinweise

Grundsätzlich ist der Einwand der Befristung oder Begrenzung des Unterhaltsanspruchs **bereits im Aus-**   45
gangsverfahren geltend zu machen; dies gilt jedenfalls dann, wenn sämtliche relevanten Umstände eingetreten oder zuverlässig voraussehbar sind. Zuverlässig voraussehbar sind solche relevanten Umstände aber nur, wenn sie – etwa wie das Alter der Kinder – vom bloßen Zeitablauf abhängen. Kann im Zeitpunkt der abzuändernden Entscheidung hingegen noch nicht abschließend beurteilt werden, ob beispielsweise das Einkommen aus einer neu aufgenommenen Vollzeittätigkeit die ehebedingten Nachteile vollständig und nachhaltig ausgleicht, sind die Voraussetzungen einer Befristung oder Begrenzung noch nicht erfüllt, was eine – spätere – **Präklusion** mit solchen Umständen ausschließt (BGH 28.2.2007 – XII ZR 37/05, NJW 2007, 1961). Daraus, dass eine abschließende Entscheidung über die Folgen des § 1578 b BGB noch nicht möglich ist, folgt aber nicht, dass eine Entscheidung darüber vollständig zurückgestellt werden darf. Vielmehr muss das Gericht insoweit entscheiden, als eine Entscheidung aufgrund der gegebenen Sachlage und der zuverlässig voraussehbaren Umstände möglich ist (BGH 14.4.2010 – XII ZR 89/08, FamRZ 2010, 869). Das gilt insbesondere für eine bereits mögliche Entscheidung über die Herabsetzung nach § 1578 b Abs. 1 BGB. Die materielle Rechtskraft einer solchen Entscheidung und die mit ihr verbundenen Präklusionsfolgen gehen dann nur so weit, als die Entscheidung eine abschließende Beurteilung der gegenwärtigen Sachlage und der zuverlässig voraussehbaren Umstände enthält. Ein auf dieser Grundlage ergangenes Urteil schließt eine spätere Abänderung insbesondere dann nicht aus, wenn zunächst bestehende ehebedingte Nachteile später ganz oder teilweise entfallen sollten (BGH 12.1.2011 – XII ZR 83/08, NJW 2011, 670).

Die zum 1.3.2013 erfolgte Aufnahme der langen Ehedauer als gesondertes Billigkeitskriterium gibt keinen Anlass zu **Abänderung bestehender Titel** über den nachehelichen Unterhalt, da es sich dabei nach Aussage des Gesetzgebers nur um eine Klarstellung des ursprünglich Gewollten handelt und der Bundesgerichtshof (BGH 26.11.2008 – XII ZR 131/07, FamRZ 2009, 406) in ständiger Rechtsprechung bereits den Gesichtspunkt der nachehelichen Solidarität als gesonderten Prüfungspunkt angenommen hat (vgl Borth FamRZ 2013, 165: „Ausweitung des Schutzes des nachehelichen Unterhalts bei langer Ehedauer").

Eines **ausdrücklichen Antrags** hinsichtlich einer Begrenzung oder Befristung des Unterhaltsanspruchs be-   46
darf es nicht, da es sich bei § 1578 b BGB um eine Einwendung handelt, über deren Rechtsfolgen das Gericht von sich aus zu entscheiden hat, wenn die Voraussetzungen schriftsätzlich vorgetragen sind. Ungeachtet dessen wird teilweise empfohlen, die Begrenzung oder Befristung im Rahmen eines Hilfsantrags in das Verfahren einzuführen.

227. Unterhaltsberechnung

Hamm

I. Ehegattenunterhalt nach Additionsmethode.....	1	V. Verfahrenskostenvorschuss...................	5
II. Konkrete Bedarfsberechnung...................	2	VI. Unterhalt nach § 1615 l BGB..................	6
III. Ehegattenunterhalt mit Wohnwert.............	3	VII. Ehegattenunterhalt bei Karrieresprung.........	7
IV. Ehegattenunterhalt mit Altersvorsorgeunterhalt	4		

I. Ehegattenunterhalt nach Additionsmethode

1 Bei dieser Beispielsberechnung verfügen der Unterhaltsverpflichtete über ein monatliches bereinigtes Nettoerwerbseinkommen in Höhe von 2.900 EUR und die Unterhaltsberechtigte in Höhe von 300 EUR. Die bei der Unterhaltsberechtigten lebenden Kinder sind sieben und vier Jahre alt.

bereinigtes Einkommen des Unterhaltsverpflichteten	2.900 EUR
abzüglich Kindesunterhalt Kind 7 Jahre	
(Einkommensstufe 5 abzüglich einer Stufe wegen Unterhaltsmehrbelastung, somit Stufe 4)	
Zahlbetrag nach Abzug des hälftigen Kindergeldes	– 327 EUR
abzüglich Kindesunterhalt Kind 4 Jahre	
(Einkommensstufe 5 abzüglich einer Stufe wegen Unterhaltsmehrbelastung, somit Stufe 4)	
Zahlbetrag nach Abzug des hälftigen Kindergeldes	– 272 EUR
Zwischenergebnis	**2.301 EUR**
abzüglich 1/10 Erwerbstätigenbonus	– 230 EUR
Ergebnis	**2.071 EUR**
bereinigtes Einkommen der Unterhaltsberechtigten	300 EUR
abzüglich 1/10 Erwerbstätigenbonus	– 30 EUR
Ergebnis	**270 EUR**
Summe beider Einkommen	2.341 EUR
geteilt durch 2 = Bedarf	1.171 EUR
abzüglich Einkommen Unterhaltsberechtigte	– 270 EUR
Ergebnis = Anspruch der Unterhaltsberechtigten	**901 EUR**

II. Konkrete Bedarfsberechnung

2 Beispielsrechnung anhand der üblicherweise auftretenden Bedarfspositionen:

Miete zuzüglich Nebenkosten	1.950 EUR
Stadtwerke München (Strom, Gas)	+ 57 EUR
Telefon Festnetz	+ 90 EUR
Handy	+ 90 EUR
Auto, Versicherung, Steuern und Reparaturrücklage	+ 250 EUR
Benzin	+ 100 EUR
Versicherungen (Hausrat, Haftpflicht)	+ 20 EUR
Kranken- und Pflegeversicherung	+ 480 EUR
Haushaltshilfe/Fensterputzer	+ 400 EUR
Lebensmittel einschließlich Getränke und Wein	+ 800 EUR
Kleidung, Schuhe, Taschen	+ 500 EUR
Friseur, Kosmetik	+ 150 EUR
Restaurantbesuche	+ 120 EUR
Kino, Theater, Konzerte	+ 100 EUR
Urlaub	+ 500 EUR
Yogakurs	+ 80 EUR
Golf	+ 200 EUR
Geschenke, Dekorationsartikel	+ 50 EUR

Reinigung, Schuster	+ 50 EUR
Lebensversicherung (Altersvorsorge)	+ 500 EUR
Summe	**6.487 EUR**

(s. → *Sättigungsgrenze/konkrete Einzelbedarfsberechnung*)

III. Ehegattenunterhalt mit Wohnwert

Der Unterhaltsverpflichtete verfügt über ein monatliches Nettoeinkommen aus Erwerbstätigkeit in Höhe **3** von 2.900 EUR, die Unterhaltsberechtigte in Höhe von 1.000 EUR. Ein Scheidungsverfahren ist noch nicht rechtshängig, weshalb der Wohnwert mit der angemessenen Miete in Ansatz gebracht wird. Der Unterhaltsverpflichtete zahlt hierfür Zins und Tilgung von 380 EUR sowie die Hauslasten.

Einkommen Unterhaltsverpflichteter	2.900 EUR
abzüglich 5% berufsbedingte Aufwendungen	– 145 EUR
Zwischenergebnis	**2.755 EUR**
abzüglich 1/10 Erwerbstätigenbonus	– 275 EUR
Zwischenergebnis	**2.480 EUR**
Einkommen Unterhaltsberechtigte	1.000 EUR
abzüglich 5% berufsbedingte Aufwendungen	– 50 EUR
Zwischenergebnis	**950 EUR**
abzüglich 1/10 Erwerbstätigenbonus	– 95 EUR
Zwischenergebnis	**855 EUR**
bereinigtes Einkommen Unterhaltsverpflichteter	2.480 EUR
zuzüglich bereinigtes Einkommen Unterhaltsberechtigte	+ 855 EUR
zuzüglich Wohnwert	+ 700 EUR
abzüglich Zins- und Tilgung	– 380 EUR
abzüglich Hauslasten	– 40 EUR
Summe	**3.615 EUR**
geteilt durch 2 = Bedarf	1.807,50 EUR
abzüglich Einkommen Unterhaltsberechtigte	– 855 EUR
abzüglich Wohnwert	– 700 EUR
Ergebnis	**252,50 EUR**
Anspruch	253 EUR

(s. → *Bedarfsermittlung* Rn 11 ff)

IV. Ehegattenunterhalt mit Altersvorsorgeunterhalt

Der Unterhaltsverpflichtete hat ein bereinigtes Nettoeinkommen nach Abzug des Kindesunterhalts von **4** 2.500 EUR. Die Unterhaltsberechtigte ist wegen Kinderbetreuung nicht erwerbstätig.

bereinigtes Nettoeinkommen Unterhaltsverpflichteter	2.500 EUR
abzüglich 1/10 Erwerbstätigenbonus	– 250 EUR
Zwischenergebnis	**2.250 EUR**
Einkommen der Unterhaltsberechtigten	0 EUR
Summe beider Einkommen	2.250 EUR
geteilt durch 2 = Bedarf	1.125 EUR
Rohunterhalt = Nettobemessungsgrundlage nach Bremer Tabelle (2011)	1.125 EUR
Zuschlag: 20 %	1.350 EUR
hieraus 19,9 % = Altersvorsorgeunterhalt	269 EUR

bereinigtes Nettoeinkommen des Unterhaltsverpflichteten	2.500 EUR
abzüglich Altersvorsorgeunterhalt	− 269 EUR
Zwischenergebnis	**2.231 EUR**
abzüglich 1/10 Erwerbstätigenbonus	− 223 EUR
Zwischenergebnis	**2.008 EUR**
Einkommen der Unterhaltsberechtigten	0 EUR
Summe beider Einkommen	2.008 EUR
geteilt durch 2 = Bedarf	1.004 EUR
Anspruch Elementarunterhalt	1.004 EUR
Anspruch Altersvorsorgeunterhalt	269 EUR
Summe	**1.273 EUR**

(s. → *Altersvorsorgeunterhalt*)

V. Verfahrenskostenvorschuss

5 Für die Berechnung des Verfahrenskostenvorschusses ist für das beabsichtigte Verfahren der vorläufige Gegenstandswert zu ermitteln, aus dem sich dann der Verfahrenskostenvorschuss errechnet.

vorläufiger Gegenstandswert	20.664 EUR
1,3 Verfahrensgebühr gem. Nr. 3100 VV RVG	964,60 EUR
1,2 Terminsgebühr gem. Nr. 3104 VV RVG	+ 890,40 EUR
Post- und Telekommunikationsentgelte gem. Nr. 7002 VV RVG	+ 20,00 EUR
Zwischensumme	**1.635 EUR**
19 % Mehrwertsteuer gem. Nr. 7008 VV RVG	+ 310,65 EUR
Zwischensumme	**1.945,65 EUR**
vorgelegte Gerichtskosten	+ 1.035 EUR
Summe	**2.809,65 EUR**

(s. → *Mehrbedarf und Sonderbedarf beim Ehegattenunterhalt* Rn 8 ff)

VI. Unterhalt nach § 1615 l BGB

6 Die Kindsmutter beendet wegen der Kindesbetreuung ihre Berufstätigkeit. Sie hatte vorher ein Nettoeinkommen von 1.000 EUR monatlich. Sie verlangt Unterhalt vom Kindsvater für sich und das zweijährige Kind. Der Kindsvater hat ein bereinigtes Nettoeinkommen von 2.400 EUR.

Für den Anspruch nach § 1615 l BGB ergäbe sich generell folgende Berechnung:

bereinigtes Einkommen Kindsvater	2.400 EUR
Kindesunterhalt nach Gruppe 4 der Düsseldorfer Tabelle	273 EUR
(hälftiges Kindergeld iHv 92 EUR bereits abgezogen = Zahlbetrag)	
Unterhalt nach § 1615 l BGB	1.000 EUR

Kontrollberechnung:

Obergrenze ist der Grundsatz der Halbteilung	
Einkommen Kindsvater	2.400 EUR
abzüglich Kindesunterhalt 4. Gruppe der Düsseldorfer Tabelle	− 273 EUR
Zwischenergebnis	**2.127 EUR**
abzüglich 1/10 Erwerbsanreiz	− 213 EUR
Zwischenergebnis	**1.914 EUR**
Daraus die Hälfte ist der Bedarf und mangels eigenem Einkommen auch der Unterhaltsanspruch	**957 EUR**

Da der Unterhaltsanspruch gemäß § 1615 l BGB durch den Grundsatz der Halbteilung nach oben hin begrenzt ist, beträgt er 957 EUR.

(s. → *Bedarfsermittlung* Rn 52 ff)

VII. Ehegattenunterhalt bei Karrieresprung

Die Ehe des Unterhaltsverpflichteten mit der unterhaltsberechtigten Ehefrau (F 1) wurde im Januar 2008 **7**
geschieden. Aus der Ehe ist ein Kind K 1 im Alter von jetzt zwölf Jahren hervorgegangen, das bei F 1 lebt,
die erwerbsunfähig ist. M erzielte bei Scheidung ein bereinigtes monatliches Nettoeinkommen von
2.800 EUR. Der Unterhalt wurde bei Scheidung wie folgt berechnet:

Kindesunterhalt für K 1 nach Düsseldorfer Tabelle	453 EUR
abzüglich hälftiges Kindergeld	– 82 EUR
Zahlbetrag	**371 EUR**
bereinigtes Nettoeinkommen M	2.800 EUR
abzüglich Zahlbetrag Kindesunterhalt	– 371 EUR
Zwischenergebnis	**2.429 EUR**
abzüglich 1/10 Erwerbsanreiz	– 243 EUR
Summe	**2.186 EUR**
Daraus die Hälfte ist der Bedarf und der Unterhaltsanspruch von F 1, somit	**1.093 EUR**

Im Jahr 2009 erzielte M aufgrund eines Karrieresprungs ein bereinigtes monatliches Nettoeinkommen von
6.000 EUR. Er ist mit F 2 verheiratet. Aus der neuen Ehe ist ein Kind K 2 hervorgegangen. F 1 und F 2
sind gleichrangig (s. → *Mehrere Bedürftige/Drittelmethode* Rn 20; s. → *Eheliche Lebensverhältnisse*
Rn 6).

Unterhaltsberechnung:

bereinigtes Einkommen M	6.000 EUR
abzüglich Kindesunterhalt K 1 entsprechend Einkommensgruppe 10 der Düsseldorfer Tabelle	– 522 EUR
abzüglich Kindesunterhalt K 2 entsprechend Einkommensgruppe 10 der Düsseldorfer Tabelle	– 368 EUR
Zwischenergebnis	**5.110 EUR**
abzüglich 1/10 Erwerbsanreiz	– 511 EUR
Summe	**4.599 EUR**

Aufteilung im Verhältnis 1 : 1 : 1→ M : F 1 : F 2.

F 1	1.533 EUR
F 2	1.533 EUR
M	1.533 EUR

Ergebnis:

Es verbleibt für F 1 bei dem bei Scheidung errechneten Ehegattenunterhalt. Eine Änderung durch die neuen
Unterhaltspflichten des M ergibt sich nicht, da F 1 bei Berücksichtigung des Einkommens aufgrund des
Karrieresprungs von M einen höheren Unterhalt erhielte.

(s. → *Eheliche Lebensverhältnisse* Rn 9 ff)

228. Unterhaltsprivileg

Hoenes

I. Einführung... 1   III. Anpassung wegen Unterhalt.................... 3
II. Anpassungsfähige Anrechte..................... 2

I. Einführung

1 Da im Versorgungsausgleich im Regelfall die Anrechte geteilt werden, gehen mit der Teilung in Bezug auf das übertragene Teilanrecht auch die Risiken, die einem Anrecht typischerweise innewohnen, wie zum Beispiel das Invaliditätsrisiko und Todesfallrisiko, auf das Leben des Ausgleichsberechtigten über. Eine **Anpassung nach der Teilung** ist deshalb in der Regel für den Versorgungträger nicht kostenneutral. Man hat daher diese Möglichkeiten bei einem Versorgungsausgleich nach dem ab dem 1.9.2009 geltenden Recht generell sehr eingeschränkt. Anpassungsmöglichkeiten gibt es nur bei den **Regelsicherungssystemen** (s. Rn 2). Eine **Anpassung wegen Unterhalts** ist auch nach neuem Recht möglich, der Umfang ist gegenüber dem alten Recht jedoch stark eingeschränkt.

II. Anpassungsfähige Anrechte

2 Eine **Anpassung nach Rechtskraft** ist nur noch bei den Regelsicherungssystemen möglich, diese sind in § 32 VersAusglG abschließend aufgelistet. Es handelt sich hierbei um die gesetzliche Rentenversicherung einschließlich der Höherversicherung, die Beamtenversorgung oder eine andere Versorgung, die zur Versicherungsfreiheit nach § 5 Abs. 1 SGB VI führt, berufsständische oder andere Versorgungen, die nach § 6 Abs. 1 Nr. 1 oder Nr. 2 SGB VI zu einer Befreiung von der Sozialversicherungspflicht führen können, die Alterssicherung der Landwirte und die Versorgungssysteme der Abgeordneten und der Regierungsmitglieder im Bund und in den Ländern. Bei allen Anrechten, die nicht unter die Regelung des § 32 VersAusglG fallen, ist eine Anpassung nach Rechtskraft nicht möglich. Hierzu gehören alle privatrechtlich-organisierten betrieblichen und privaten Versorgungssysteme. Auch bei der Zusatzversorgung des öffentlichen Dienstes handelt es sich um privatrechtliche Versorgungsträger; auch bei diesen Anrechten ist daher eine Anpassung nach Rechtskraft nicht möglich.

III. Anpassung wegen Unterhalt

3 Mit der Durchführung des Versorgungsausgleichs wird die Rentenanwartschaft oder die laufende Rente beim Ausgleichpflichtigen sofort gekürzt. Die Zeit, in der der Ausgleichpflichtige seine Rente bezieht, der Ausgleichsberechtigte aber noch keinen Anspruch hat, kann daher eine Phase sein, in der den geschiedenen Eheleuten insgesamt vorübergehend sehr viel geringere Einkünfte zur Verfügung stehen als vorher und nachher. Für diese Fälle sieht § 33 Abs. 1 VersAusglG als Härtefallregelung vor, dass die **Kürzung** durch den Versorgungsausgleich in Höhe des Unterhaltsanspruchs **ausgesetzt** werden kann (Borth, Versorgungsausgleich, 6. Auflage 2011, Rn 957). Voraussetzung ist, dass der Ausgleichsberechtigte aus dem Anrecht noch keine laufende Versorgung erhalten kann und ohne die Kürzung durch den Versorgungsausgleich einen **gesetzlichen Unterhaltsanspruch** hätte. Die Aussetzung der Kürzung erfolgt nur auf **Antrag** (Borth, Versorgungsausgleich, 6. Aufl. 2011, Rn 959 ff).

4 Eine Aussetzung kommt nur für Anrechte in Betracht, bei denen die **Kürzung** zum Ende der Ehezeit bei einer Rente als maßgebliche Bezugsgröße mindestens 2 %, in allen anderen Fällen als Kapitalwert mindestens 240 % der monatlichen Bezugsgröße nach § 18 Abs. 1 SGB IV betrug (2013: 53,90 EUR bzw 6.468 EUR). Anrechte, die weniger gekürzt wurden, kommen für eine Aussetzung der Kürzung nicht in Betracht.

5 Der Kürzung ist nach § 33 Abs. 3 VersAusglG nur in **Höhe des Unterhaltsanspruchs** auszusetzen, höchstens jedoch in Höhe der Differenz der beiderseitigen Ausgleichswerte aus den anpassungsfähigen Anrechten, aus denen die ausgleichpflichtige Person eine laufende Versorgung bezieht. Bei dem Unterhaltsan-

spruch muss es sich um einen gesetzlichen Anspruch handeln. Ein rein vertraglich vereinbarter Unterhaltsanspruch genügt nicht (Borth, Versorgungsausgleich, 6. Aufl. 2011, Rn 963 ff). Über die Höhe der Aussetzung der Kürzung entscheidet das **Familiengericht**. Gleiches gilt für jede Änderung gemäß § 34 Abs. 6 S. 2 VersAusglG.

Fließen der ausgleichspflichtigen Person **mehrere Versorgungen** zu, ist nach **billigem Ermessen** zu ent- 6 scheiden, welche Kürzung ausgesetzt wird (§ 33 Abs. 4 VersAusglG). Die Aussetzung beginnt in dem Monat, der dem Zeitpunkt der Antragstellung folgt (§ 34 Abs. 3 VersAusglG). Der Ausgleichspflichtige muss den Versorgungsträger über Änderungssachverhalte informieren (§ 34 Abs. 5 VersAusglG), über den Wegfall der Anpassung entscheidet der Versorgungsträger (§ 34 Abs. 6 S. 1 VersAusglG) (Borth, Versorgungsausgleich, 6. Aufl. 2011, Rn 977 ff).

229. Unterhaltsrückstand

Schausten

1 Für die Vergangenheit kann der rückständige Unterhalt **bei allen Unterhaltsarten** ab Rechtshängigkeit, ab Verzug und ab Zugang eines Auskunftsbegehrens zum Zweck der Prüfung eines Unterhaltsanspruchs begehrt werden. Die früher teilweise erforderliche Stufenmahnung gehört damit auch der Vergangenheit an. Dies ergibt sich für den Verwandtenunterhalt aus § 1613 BGB, für den Familienunterhalt aus der Verweisung in § 1360 a Abs. 3 BGB und beim Trennungsunterhalt aus der Verweisung in § 1361 Abs. 4 S. 4 BGB, die beide auf den § 1613 BGB verweisen. Gleiches gilt für den Anspruch nicht verheirateter Eltern aus Anlass der Geburt eines Kindes gem. § 1615 l Abs. 3 S. 1 BGB. Für den nachehelichen Ehegattenunterhalt findet sich die entsprechende Regelung in § 1585 b Abs. 2 BGB.

2 Bei allen Unterhaltsarten (seit dem Inkrafttreten der Unterhaltsreform zum 1.1.2008 auch für den nachehelichen Ehegattenunterhalt) kann der Unterhalt ab **dem Ersten des Monats** verlangt werden, in dem entweder Rechtshängigkeit oder Verzug eintraten oder das Auskunftsbegehren bezüglich der Geltendmachung von Unterhalt dem Unterhaltsschuldner zuging; Voraussetzung ist allerdings, dass der Unterhaltsanspruch dem Grunde nach bereits bestand (vgl § 1613 Abs. 1 S. 2 BGB).

3 Darüber hinaus kann Verwandtenunterhalt, Familien- und Trennungsunterhalt und der Unterhalt nicht verheirateter Eltern aus Anlass der Geburt eines Kindes auch **für die Vergangenheit** verlangt werden, wenn er entweder aus rechtlichen Gründen oder aus tatsächlichen Gründen, die in den Verantwortungsbereich des Schuldners fallen, nicht vorher geltend gemacht werden konnte (vgl § 1613 Abs. 2 Nr. 2 a und 2 b BGB). Zu den rechtlichen Gründen zählt insbesondere eine zunächst notwendige Vaterschaftsfeststellung, zu den tatsächlichen, vom Schuldner zu verantwortenden Gründen, insbesondere ein Auslandsaufenthalt oder der unbekannte Aufenthalt.

4 Nachehelicher Unterhalt kann bei Verzug für eine **mehr als ein Jahr vor Rechtshängigkeit** liegende Zeit nur dann verlangt werden, wenn sich der Verpflichtete **absichtlich seiner Leistung entzogen** hat (§ 1585 b Abs. 3 BGB). Reicht der Berechtigte allerdings einen Verfahrenskostenhilfeantrag mit einem schlüssigen Antragsentwurf ein, über den das Gericht trotz regelmäßiger Erinnerung erst nach ca. acht Monaten entscheidet, ist § 167 ZPO mit der Folge anwendbar, dass die Frist des § 1585 b Abs. 3 BGB nicht vom Zeitpunkt der Rechtshängigkeit, sondern von der Anbringung des Verfahrenskostenhilfeantrags zu berechnen ist (OLG Hamm 10.11.2006 – 7 WF 166/06, FamRZ 2007, 1468). Für den **absichtlichen Leistungsentzug** genügt jedes zweckgerichtete Verhalten des Unterhaltsschuldners, welches geeignet ist, die zeitnahe Realisierung der Unterhaltsschuldner zu verhindern oder wesentlich zu erschweren (BGH 5.10.1988 – IVb ZR 91/87, NJW 1989, 526). Die Darlegungs- und Beweislast für den absichtlichen Leistungsentzug hat der Berechtigte; es reicht jedoch aus, wenn er solche Umstände vorträgt, die nach der allgemeinen Lebenserfahrung den Rückschluss auf ein Entziehen des Schuldners zulassen; sind diese Voraussetzungen erfüllt, muss der Schuldner die gegen ihn sprechende Vermutung entkräften, indem er Tatsachen darlegt und beweist, die den Anschein eines absichtlichen Verhaltens entkräften.

5 Werden **Unterhaltsansprüche auf den Sozialhilfeträger übergeleitet** oder gehen diese auf ihn über, kann der Unterhalt darüber hinaus auch ab dem Zugang der sog. **Rechtswahrungsanzeige** verlangt werden. Dabei reicht es aus, wenn dem Unterhaltsschuldner schriftlich mitgeteilt wird, dass der Sozialhilfeträger Hilfe gewährt, in der Rechtswahrungsanzeige muss kein Betrag, auf den der Schuldner in Anspruch genommen werden soll, beziffert werden. Eine Rechtswahrungsanzeige im Sinne von § 33 Abs. 3 SGB II wirkt grundsätzlich nur für künftig fällig werdende Unterhaltsansprüche. Soweit die Voraussetzungen für die Durchsetzung rückständigen Unterhalts nach bürgerlichem Recht gegeben sind, weil zB der Hilfeempfänger selbst Auskunft zur Durchsetzung seiner Ansprüche verlangt hat, wirkt dies zugunsten der sozialrechtlichen Leistungsträger, weil der gesetzliche Forderungsübergang sich auf alle Rückstände erstreckt (AG Flensburg 10.8.2012 – 92 F 328/10, SchlHA 2013, 253).

Bei einem **Stufenantrag** in einem gerichtlichen Unterhaltsverfahren tritt bereits mit Zustellung des Antrags   6
auch für den mit dem Auskunftsbegehren verbundenen unbezifferten Unterhaltsantrag Rechtshängigkeit
ein (BGH 15.11.1989 – IVb ZR 3/89, NJW-RR 1990, 323). Hingegen führt die formlose Übersendung eines Antrags auf Verfahrenskostenhilfe für einen beabsichtigten Stufenantrag mit unbezifferter Unterhaltsforderung nicht zur Rechtshängigkeit, allerdings steht die Übersendung des Antrags einer Mahnung gleich,
weshalb ab diesem Zeitpunkt (bzw ab dem Ersten des Monats, in dem die Zusendung erfolgt) der Unterhaltsrückstand verlangt werden kann (BGH 15.11.1989 – IVb ZR 3/89, NJW-RR 1990, 323).

Für das **Auskunftsbegehren** als Voraussetzung für die Möglichkeit, später rückständigen Unterhalt geltend   7
machen zu können, reicht es aus, dass diese Auskunft zum Zwecke der Geltendmachung von Unterhaltsansprüchen verlangt wurde. Da es sich bei dem Auskunftsbegehren regelmäßig um ein außergerichtliches
Schreiben handelt, ist es wichtig, dass der **Zugangszeitpunkt** seitens des Berechtigten eindeutig **nachgewiesen** werden kann. Hat der Berechtigte den Unterhaltsschuldner zum Zwecke der Geltendmachung des
Unterhaltsanspruchs nur aufgefordert, über seine Einkünfte und sein Vermögen Auskunft zu erteilen, kann
er, nachdem die Auskunft erteilt ist, die Wirkungen dieser Aufforderung nur dadurch aufrechterhalten, dass
er nunmehr zeitnah den Unterhaltsschuldner zur Zahlung eines bezifferten Unterhalts auffordert; eine Bezifferung nach zwei Jahren reicht nicht mehr aus (OLG Karlsruhe 16.2.2006 – 16 WF 26/06, NJW-RR
2006, 872).

Zu den Voraussetzungen s. → *Verzug mit Unterhaltszahlungen.*   8

230. Unterhaltsverzicht

Schausten

I. Einführung	1	III. Regelungsgehalt des § 1585 c BGB	11
II. Regelungsgehalt des § 1614 BGB	2	IV. Inhaltskontrolle der Vereinbarung	12
1. Überblick	2	1. Materielle Rechtslage	12
2. Einzelheiten zum Verzichtsverbot	4	2. Wirksamkeits- und Ausübungskontrolle	16
3. Vorauszahlungsrisiko (Abs. 2)	9	3. Rechtsprechung	18
4. Prozessuale Hinweise	10	V. Prozessuale Hinweise	19

I. Einführung

1 Bei der Prüfung, ob ein Verzicht auf Unterhalt möglich oder wirksam ist, muss zwischen den Vorschriften des § 1585 c BGB für den **nachehelichen Ehegattenunterhalt** (s. → *Vereinbarungen zum nachehelichen Unterhalt*) und des § 1614 BGB für den **Verwandtenunterhalt** (s. → *Vereinbarungen zum Kindesunterhalt*) unterschieden werden.

II. Regelungsgehalt des § 1614 BGB

1. Überblick

2 Bei der Vorschrift handelt es sich um ein **gesetzliches Verbot**, eine gegen das Verzichtsverbot verstoßende Vereinbarung ist gem. §§ 134, 139 BGB nichtig. Der Regelungsgehalt der Vorschrift ist nicht disponibel (HK-FamR/Pauling § 1614 BGB Rn 1).

3 Über entsprechende **Verweisungen** ist § 1614 BGB auch auf den Anspruch auf Familienunterhalt (§ 1360 a Abs. 3 BGB), den Anspruch auf **Trennungsunterhalt** (§ 1361 Abs. 4 BGB), den Unterhaltsanspruch während einer bestehenden **Lebenspartnerschaft** (§ 5 Abs. 2 LPartG), den Trennungsunterhaltsanspruch zwischen Lebenspartnern (§ 12 S. 2 LPartG) sowie den **Unterhaltsanspruch aus Anlass der Geburt** (§ 1615 l Abs. 3 S. 1 BGB) anzuwenden.

2. Einzelheiten zum Verzichtsverbot

4 Das Verzichtsverbot betrifft nur **Ansprüche auf künftigen Unterhalt**, auf bereits entstandene Unterhaltsansprüche kann hingegen verzichtet werden. Das Verbot, auf künftigen Unterhalt zu verzichten, schließt vergleichsweise Regelungen, die **bestehende Ansprüche** in einem noch angemessenen Rahmen **verkürzen**, nicht aus. Dabei sind Unterschreitungen des gesetzlichen Unterhaltsanspruchs in der Größenordnung von bis zu 20 % unproblematisch (OLG Düsseldorf 19.6.2000 – 5 WF 114/00, NJWE-FER 2000, 307), während Verkürzungen um mehr als ein Drittel nicht mehr hinzunehmen sind. Im Bereich dazwischen bedarf es einer Abwägung nach den Umständen des Einzelfalls (OLG Hamm 15.3.2006 – 11 WF 47/06, NJW 2006, 3012).

5 Von dem Unterhaltsverzicht zu **unterscheiden** sind Unterhaltsvereinbarungen über die **Freistellung eines Elternteils** durch den anderen. Bei elterlichen Vereinbarungen zu Fragen des Kindesunterhalts (s. → *Vereinbarungen zum Kindesunterhalt*) handelt es sich regelmäßig um einen Vertrag zwischen den Eltern, der nur zwischen ihnen, nicht aber für und gegen das Kind Rechtswirkungen zu entfalten vermag (BGH 25.2.1987 – IVb ZR 96/85, NJW-RR 1987, 709). Derartige Vereinbarungen beinhalten lediglich, dass sich ein Elternteil gegenüber dem anderen verpflichtet, den gesamten Unterhalt für das Kind allein zu bezahlen. Das Kind ist hieran nicht gebunden und kann trotzdem den Kindesunterhalt einklagen (OLG Jena 3.7.2008 – 1 UF 141/08, NJW-RR 2008, 1678), auch wenn das Verfahren seitens des Elternteils, der den anderen von den Kindesunterhaltsansprüchen freigestellt hat, in gesetzlicher Prozessstandschaft oder als gesetzlicher Vertreter des Kindes geführt wird (OLG Stuttgart 8.2.2006 – 18 WF 257/05, NJW-RR 2007, 151).

6 Freistellungsvereinbarungen in einem **Scheidungsfolgenvergleich**, in denen sich einer der Ehegatten verpflichtet, den Unterhalt für das gemeinschaftliche Kind allein aufzubringen, sind grundsätzlich nicht wegen Verstoßes gegen § 1614 BGB unwirksam. Zu berücksichtigen ist aber die Rechtsprechung des Bundesver-

fassungsgerichts: Soll nach dem Willen der Eltern im Falle der Scheidung ein Elternteil die alleinige Sorge für das gemeinsame Kind tragen sowie dessen Betreuung übernehmen und vereinbaren die Eltern für diesen Fall eine Freistellung des nicht betreuenden Elternteils vom Kindesunterhalt durch den Betreuenden, werden sie ihrer Verantwortung dem Kinde gegenüber nicht gerecht und gefährden dessen Wohl, wenn dadurch eine den **Interessen des Kindes** entsprechende Betreuung und ein den Verhältnissen beider Eltern angemessener Barunterhalt nicht mehr sichergestellt sind. Nur wenn dem sorgenden Elternteil ein Einkommen verbleibt, das den angemessenen Lebensunterhalt des Kindes, den eigenen Unterhalt und die Betreuungskosten deckt, ist eine durch die Freistellungsabrede eintretende Beeinträchtigung der Kindesinteressen auszuschließen (BVerfG 6.2.2001 – 1 BvR 12/92, NJW 2001, 957).

Aus einer von den Eltern vereinbarten **Begrenzung des Kindesunterhalts**, kann auf ein – konkludentes – 7
Freistellungsversprechen des die Kinder betreuenden Elternteils zugunsten des anderen Elternteils (über die Differenz zum gesetzlichen Unterhalt) nicht allein deswegen geschlossen werden, weil dem betreuenden Elternteil bewusst war, dass der gesetzliche Unterhalt durch die Vereinbarung nicht ausgeschöpft wird (BGH 4.3.2009 – XII ZR 18/08, NJW 2009, 1667).

Da der **Anspruch auf Freistellung** von einer Unterhaltpflicht selbst **kein Unterhaltsanspruch** ist, han- 8
delt es sich bei einer Freistellungsabrede nicht um eine Unterhaltsvereinbarung im eigentlichen Sinne. Daher können auch die Grundsätze über die vertragliche Bemessung des Unterhalts und die Anpassung von Unterhaltsvereinbarungen an veränderte Verhältnisse nicht unmittelbar angewendet werden, wenn die Anpassung einer Freistellungsvereinbarung in Rede steht. Die allgemeinen Regeln über das Fehlen und den Wegfall der Geschäftsgrundlage gelten aber auch für die Freistellungsvereinbarungen, denn sie sind als Ausprägung des § 242 BGB ebenso wie für schuldrechtliche Verträge auch für Verträge des Familienrechts anwendbar. Nach den Grundsätzen des Wegfalls der Geschäftsgrundlage kann deshalb eine **Anpassung einer Freistellungsabrede** dahin in Betracht kommen, dass der Freistellungsanspruch erloschen ist (OLG Köln 23.11.1994 – 27 UF 48/94, NJW-RR 1995, 1474).

3. Vorauszahlungsrisiko (Abs. 2)

Derjenige, der einem Verwandten oder seinem Ehegatten während bestehender Ehe zum Unterhalt ver- 9
pflichtet ist, handelt auf eigene Gefahr, wenn er Vorauszahlungen auf den Unterhalt für mehr als drei Monate leistet (§§ 1614 Abs. 2, 760 Abs. 2, 1361 Abs. 4, 1360 a Abs. 3 BGB). Leistet er Vorauszahlungen für einen längeren Zeitraum und benötigt der Unterhaltsberechtigte nach Ablauf von drei Monaten erneut Mittel für seinen Lebensunterhalt, etwa weil er sich die Vorauszahlungen nicht richtig eingeteilt oder sie verschwendet hat oder weil ihm das Geld abhanden gekommen ist, so muss der Unterhaltsverpflichtete erneut leisten (BGH 16.6.1993 – XII ZR 6/92, NJW 1993, 2105).

4. Prozessuale Hinweise

Die Vereinbarung einer Freistellung von Kindesunterhaltszahlungen kann in dem Unterhaltsprozess des 10
Kindes nicht im Wege der Widerklage gegen den das Kind gesetzlich vertretenden Ehegatten geltend gemacht werden. Insoweit handelt es sich um eine sog. **isolierte Drittwiderklage**, die durch § 33 ZPO nicht abgedeckt und grundsätzlich unzulässig ist (OLG Düsseldorf 14.1.1999 – 3 WF 240/98, FamRZ 1999, 1665).

III. Regelungsgehalt des § 1585 c BGB

Gemäß § 1585 c BGB können die Ehegatten Vereinbarungen über den **nachehelichen Ehegattenunterhalt** 11
treffen (s. → *Vereinbarungen zum nachehelichen Unterhalt*). Wenn eine solche Vereinbarung vor Rechtskraft der Ehescheidung getroffen wird, bedarf sie der notariellen Beurkundung; diese kann durch gerichtliche Protokollierung in einem Verfahren in Ehesachen vor dem Prozessgericht protokolliert werden. Ein Verzicht auf den zukünftigen nachehelichen Ehegattenunterhalt ist – anders als beim Verwandten- und Trennungsunterhalt – grundsätzlich möglich. Für Mustervereinbarungen s. → *Vereinbarungen zum nachehelichen Unterhalt* Rn 3 ff.

IV. Inhaltskontrolle der Vereinbarung

1. Materielle Rechtslage

12 Bis in das Jahr 2001 hinein ging die Rechtsprechung davon aus, dass die Ehegatten bezüglich des nachehelichen Unterhalts volle Vertragsfreiheit haben (BGH 2.10.1996 – XII ZB 1/94, NJW 1997,192): Eine besondere Inhaltskontrolle, ob die Regelung angemessen ist, fand – abgesehen von Vereinbarungen nach § 1587 o BGB – nicht statt. Der Verzicht auf nachehelichen Unterhalt berühre nicht einen Kernbereich der Ehe (BGH 24.4.1985 – IVb ZR 22/84, FamRZ 1985, 788). Auch werde das Wesen der Ehe nicht dadurch mitbestimmt, dass eine „wirtschaftliche Lebensgemeinschaft" entstehe oder dass die Ehegatten bei Auflösung der Ehe an den während ihres Bestehens eingetretenen vermögensrechtlichen Veränderungen beteiligt würden.

13 Erst **zwei grundlegende Entscheidungen** des Bundesverfassungsgerichts (BVerfG 6.2.2001 – 1 BvR 12/92, NJW 2001, 957; 29.3.2001 – 1 BvR 1766/92, NJW 2001, 2248) zwangen die Rechtsprechung zu einer Änderung dieser Auffassung: Der Staat habe der Freiheit der Ehegatten, ihre ehelichen und rechtlichen Beziehungen durch Vertrag zu gestalten, dort Grenzen zu setzen, wo der Vertrag nicht Ausdruck und Ergebnis gleichberechtigter Lebenspartnerschaft sei, sondern eine einseitige Dominanz eines Ehegatten widerspiegele (s. → *Vereinbarungen zum nachehelichen Unterhalt*).

14 Auch weiterhin vertritt die Rechtsprechung die Auffassung, dass die gesetzlichen Regelungen über nachehelichen Unterhalt, Zugewinn und Versorgungsausgleich **grundsätzlich** der **vertraglichen Disposition** der Ehegatten unterliegen; einen unverzichtbaren Mindestgehalt an Scheidungsfolgen zugunsten des berechtigten Ehegatten kennt das geltende Recht nicht (BGH 11.2.2004 – XII ZR 265/02, NJW 2004, 930). Diese grundsätzliche Disponibilität der Scheidungsfolgen darf indes nicht dazu führen, dass der Schutzzweck der gesetzlichen Regelungen durch vertragliche Vereinbarungen beliebig unterlaufen werden kann. Nach Auffassung der Rechtsprechung wäre dies dann der Fall, wenn dadurch eine evident einseitige und durch die individuelle Gestaltung der ehelichen Lebensverhältnisse nicht gerechtfertigte Lastenverteilung entstünde, die für den belasteten Ehegatten als unzumutbar erscheint. Der Bundesgerichtshof zieht daraus die Schlussfolgerung, dass die Belange des belasteten Ehegatten einer umso genaueren Prüfung bedürfen, je unmittelbarer die vertragliche Regelung in den sog. **Kernbereich des Scheidungsfolgenrechts** eingreift (s. → *Inhalts- und Ausübungskontrolle*).

15 Bei der Ausrichtung am Kernbereich der Scheidungsfolgen kann für deren Disponibilität eine Abstufung vorgenommen werden, die sich danach bemisst, welche Bedeutung die jeweilige Regelung für den Berechtigten in seiner jeweiligen Lebenssituation hat. Diese **Abstufung** hat die Rechtsprechung seither im Wesentlichen wie folgt vorgenommen, wobei die Scheidungsfolgen der vertraglichen Disposition umso weiter zugänglich sind, je höher ihre Stufe ist:

– 1. Stufe: der Betreuungsunterhalt gem. § 1570 BGB;
– 2. Stufe: der Krankheitsunterhalt gem. § 1572 BGB, der Altersunterhalt gem. § 1571 BGB und der Versorgungsausgleich wegen seiner Funktion als vorweggenommener Altersunterhalt;
– 3. Stufe: der Unterhalt wegen Erwerbslosigkeit gem. § 1573 Abs. 1 BGB;
– 4. Stufe: der Kranken- und Altersvorsorgeunterhalt gem. § 1578 Abs. 2, § 1578 Abs. 3 BGB;
– 5. Stufe: der Aufstockungsunterhalt gem. § 1573 Abs. 2 BGB, der Ausbildungsunterhalt gem. § 1575 BGB;
– 6. Stufe: der Zugewinnausgleich.

2. Wirksamkeits- und Ausübungskontrolle

16 Die nach der Kernbereichslehre vorzunehmende richterliche Inhaltskontrolle unterscheidet zwischen der Wirksamkeitskontrolle und der Ausübungskontrolle (s. → *Inhalts- und Ausübungskontrolle*). Im Rahmen der Wirksamkeitskontrolle wird die **Sittenwidrigkeit der ehevertraglichen Regelungen** anhand der gesamten Umstände bei Abschluss der Vereinbarung geprüft (HK-FamR/Lier/Sanders § 1585 c BGB Rn 13).

Dabei ist in der Regel die gesamte Vereinbarung als nichtig anzusehen, wenn sich die Sittenwidrigkeit einzelner Klauseln ergibt (BGH 17.5.2006 – XII ZB 250/03, NJW 2006, 2331).

Ergibt die Wirksamkeitskontrolle nicht, dass die Vereinbarung als nichtig anzusehen ist, ist im Rahmen der **17** Ausübungskontrolle zu überprüfen, ob sich nunmehr – im Zeitpunkt des Scheiterns der Lebensgemeinschaft – aus der vertraglichen Regelung der Scheidungsfolge eine **evident einseitige Lastenverteilung** ergibt, die hinzunehmen für den belasteten Ehegatten unzumutbar ist (s. → *Inhalts- und Ausübungskontrolle* Rn 10; BGH 11.2.2004 – XII ZR 265/02, NJW 2004, 930). Stellt sich im Rahmen der Ausübungskontrolle heraus, dass eine unzumutbare einseitige Lastenverteilung gegeben ist, ist die vertragliche Vereinbarung grundsätzlich nur **insoweit anzupassen**, dass die als ehebedingt anzusehenden Nachteile des belasteten Ehegatten ausgeglichen werden (BGH 28.11.2007 – XII ZR 132/05, NJW 2008, 1080).

3. Rechtsprechung

– **OLG Köln 2.10.2009 – 4 WF 110/09, FamFR 2010, 23:** **18**
   1. Bei Eheverträgen ist im Rahmen einer **Wirksamkeitskontrolle** zu prüfen, ob die Vereinbarung schon im Zeitpunkt ihres Zustandekommens offenkundig zu einer derart einseitigen Lastenverteilung für den Scheidungsfall führt, dass ihr wegen Verstoßes gegen die guten Sitten die Anerkennung der Rechtsordnung ganz oder teilweise mit der Folge zu versagen ist, dass an ihre Stelle die gesetzlichen Regelungen treten, wobei eine Gesamtwürdigung erforderlich ist, die auf die individuellen Verhältnisse beim Vertragsabschluss abstellt.
   2. Zum **Kernbereich der Scheidungsfolgen** gehört in erster Linie der Betreuungsunterhalt. Haben Parteien die Zahlung von Betreuungsunterhalt, dessen Höhe sich an den Lebenshaltungskosten orientiert, bis zum Alter der Kinder von knapp 14 und zwölf Jahren vereinbart, wurde die wesentliche Betreuungszeit der Kinder abgedeckt.
   3. Der **Unterhaltsanspruch wegen Alters und Krankheit** unterliegt nicht einem grundsätzlichen Ausschluss der vertraglichen Disposition.
   4. Nach denselben Kriterien wie bei einem Verzicht auf Altersunterhalt müssen Vereinbarungen über den **Versorgungsausgleich** geprüft werden, da dieser als vorweggenommener Altersunterhalt zu verstehen ist.

– **OLG Hamm 30.1.2009 – 10 UF 284/07, FamRZ 2009, 1678:** Ein Ehevertrag, bei dessen Abschluss sich die Ehefrau wegen Betreuung eines Kleinkindes und Arbeitslosigkeit in einer **unterlegenen Verhandlungsposition** befand, und in dem sämtliche nacheheliche Rechte der Ehefrau ausgeschlossen wurden, nämlich sowohl der Anspruch auf Versorgungsausgleich und Durchführung des Zugewinnausgleichs als auch jegliche Art von Unterhaltsansprüchen und damit insbesondere auch der zum Kernbereich des gesetzlichen Scheidungsfolgenrechts gehörende Anspruch auf Betreuungsunterhalt, ist insgesamt **wegen Sittenwidrigkeit nichtig**, wenn die Nachteile der Ehefrau durch keinerlei ihr günstige Regelungen abgemildert werden, und dem Ehemann keine die Benachteiligung der Ehefrau rechtfertigenden berechtigten Belange bzw subjektiven Beweggründe zugute kommen.

– **BGH 5.11.2008 – XII ZR 157/06, NJW 2009, 842:**
   1. Eine **Inhaltskontrolle** von Eheverträgen kann **nicht nur zugunsten** des unterhaltbegehrenden Ehegatten veranlasst sein, sondern im Grundsatz auch zugunsten des auf Unterhalt in Anspruch genommenen Ehegatten.
   2. Für die Beurteilung, ob die subjektiven Elemente der Sittenwidrigkeit eines Ehevertrages vorliegen, kann jedenfalls dann nicht auf konkrete Feststellungen hierzu verzichtet werden, wenn ein Ehegatte dem anderen Leistungen verspricht, für die es keine gesetzliche Grundlage gibt. In solchen Fällen scheidet eine tatsächliche Vermutung für eine **Störung der Vertragsparität** aus.
   3. Eine Unterhaltsvereinbarung kann **sittenwidrig** sein, wenn die Ehegatten damit auf der Ehe beruhende Familienlasten zum **Nachteil des Sozialleistungsträgers** regeln. Das kann auch dann der Fall sein, wenn durch die Unterhaltsabrede bewirkt wird, dass der über den gesetzlichen Unterhalt

hinaus zahlungspflichtige Ehegatte finanziell nicht mehr in der Lage ist, seine eigene Existenz zu sichern und deshalb ergänzender Sozialleistungen bedarf.

– **OLG Celle 22.10.2007 – 19 UF 188/06, FamRZ 2008, 1191**: Haben die Ehegatten in einem notariellen Ehevertrag für den Fall der Scheidung in einer Scheidungsfolgenvereinbarung die Gütertrennung vereinbart, den Versorgungsausgleich ausgeschlossen und schließlich wechselseitig auf nachehelichen Unterhalt verzichtet, dann begründet die vorzunehmende richterliche Wirksamkeitskontrolle des Vertragsinhalts nicht dessen Sittenwidrigkeit infolge einer im Zeitpunkt des Vertragsabschlusses bestehenden **Schwangerschaft der Ehefrau**, da die Vereinbarung schon im Zeitpunkt ihres Zustandekommens offenkundig nicht zu einer evident einseitigen Lastenverteilung im Scheidungsfall führt.

– **OLG München 24.4.2007 – 4 UF 330/06**: Sind die Parteien durch den Notar ausführlich auf die Folgen des (teilweisen) Verzichts auf den Versorgungsausgleich und den Unterhalt hingewiesen worden, haben sie weder ein Rücktrittsrecht noch eine Ausgleichszahlung vereinbart und war die Partei, die sich auf die Unwirksamkeit des Ehevertrages beruft, bei Vertragsabschluss nicht in einer Drucksituation und in der Lage, die Folgen der Regelungen zu übersehen, ist von der **Wirksamkeit des Vertrages** auszugehen.

– **BGH 28.3.2007 – XII ZR 130/04, NJW 2007, 2851**: Eine Vereinbarung, nach welcher der **Betreuungsunterhalt** bereits dann entfallen soll, wenn das jüngste Kind das 6. Lebensjahr vollendet hat, ist nicht schlechthin sittenwidrig; entscheidend sind vielmehr die Umstände des Einzelfalles.

– **BGH 28.2.2007 – XII ZR 165/04, NJW 2007, 2848**:

1. Ein Ehevertrag, durch den der vereinbarte nacheheliche Unterhalt nach den **Einkommensverhältnissen bei Vertragsschluss** bemessen worden ist, ist nicht deshalb unwirksam, weil darin eine Anpassung an künftige Einkommenssteigerungen des Unterhaltspflichtigen ausgeschlossen wurde. Auch eine richterliche Vertragsanpassung nach § 242 BGB ist im Fall späterer Einkommenssteigerungen nicht gerechtfertigt.

2. Sind die Ehegatten bei der Bemessung des nachehelichen Unterhalts davon ausgegangen, dass der voraussichtlich unterhaltsberechtigte Ehegatte in der Ehe die Haushaltsführung und Kindesbetreuung mit einer teilweisen Erwerbstätigkeit verbinden werde, so kommt, wenn dieser Ehegatte in der Ehe nicht erwerbstätig ist, eine richterliche Vertragsanpassung nur in Betracht, wenn die vorgestellte, aber nicht verwirklichte Teilerwerbstätigkeit dieses Ehegatten erheblich sein sollte und ihm ein unverändertes Festhalten am Ehevertrag deshalb nicht zumutbar ist.

3. Die **richterliche Vertragsanpassung** führt in einem solchen Fall nur in dem Umfang zu einer Anhebung des vereinbarten Unterhalts, in dem der unterhaltsberechtigte Ehegatte nach den Vorstellungen der Ehegatten im Zeitpunkt des Vertragsschlusses einer Teilerwerbstätigkeit hätte nachgehen sollen; hinsichtlich des Teils seiner Arbeitskraft, den dieser Ehegatte nach den dem Vertrag zugrunde liegenden Vorstellungen der Ehegatten auf die Haushaltsführung und Kindesbetreuung hätte verwenden sollen, bewendet es dagegen bei der ehevertraglichen Unterhaltsregelung.

4. Durch die richterliche Vertragsanpassung darf der Ehegatte nicht besser gestellt werden, als er sich ohne die Ehe und seinen mit dieser einhergehenden Erwerbsverzicht stünde.

– **OLG Hamm 7.2.2007 – 5 UF 111/06, FuR 2007, 177**:

1. Die vertragliche **Beschränkung des Betreuungsunterhalts** auf den Zeitpunkt der Vollendung des 14. Lebensjahres des jüngsten Kindes stellt eine erhebliche Einschränkung des gesetzlichen Anspruchs auf Betreuungsunterhalt dar, die auch elementare Kindesbelange betrifft. Diese Regelung benachteiligt den unterhaltsberechtigten Ehegatten in sittenwidriger Weise.

2. Die vertragliche **Herabsetzung des Betreuungsunterhalts** auf einen geringeren Betrag als dem erzielbaren Einkommen des Unterhaltsberechtigten führt ebenfalls zu einer sittenwidrigen Benachteiligung des Unterhaltsberechtigten, wenn diese nicht durch die weiteren Regelungen des Ehevertrags in angemessener Weise kompensiert wird.

– **OLG München 12.12.2006 – 2 UF 1148/06, FamRZ 2007, 1244**: Ein Ehevertrag zwischen einem Deutschen und einer russischen Staatsangehörigen ist sittenwidrig und insgesamt nichtig, wenn durch die weitgehende **Einschränkung des Kindesbetreuungsunterhalts** und den gänzlichen **Ausschluss des Versorgungsausgleichs** eine einseitige Schlechterstellung der Ehefrau herbeigeführt wird, die Einseitigkeit dieser vertraglichen Regelungen durch den sonstigen Inhalt des Ehevertrages noch verstärkt wird (vereinbarte Gütertrennung, vollständiger Ausschluss sonstiger Unterhaltsansprüche und Regelung der Zuweisung der Ehewohnung sowie Hausratsverteilung zulasten der Ehefrau) und die Ehefrau sich beim Vertragsschluss in einer erheblich **schwächeren wirtschaftlichen Position** sowie einer erheblichen Drucksituation befand, weil wegen der ablaufenden Aufenthaltserlaubnis eine schnelle Heirat erforderlich war.

– **OLG Saarbrücken 5.12.2006 – 2 UF 18/06, NJW-RR 2007, 654:**

1. Ein im notariellen Ehevertrag vereinbarter **Globalverzicht** auf den Versorgungsausgleich sowie jeglichen nachehelichen Unterhalt einschließlich des Betreuungsunterhalts und des Altersvorsorgeunterhalts, der als Bestandteil des Lebensbedarfs dann gleichen Rang mit dem jeweiligen Unterhaltstatbestand haben kann, wenn damit ehebedingte Nachteile ausgeglichen werden sollen, hält einer Inhaltskontrolle nicht stand, wenn dadurch Regelungen (und zwar auch aus dem Kernbereich des gesetzlichen Scheidungsfolgenrechts) ganz oder zu ganz erheblichen Teilen abbedungen sind, ohne dass der hierdurch bedingte Nachteil durch anderweitige Vorteile gemildert oder durch besondere Umstände gerechtfertigt wird.

2. Dies ist nach der gebotenen **Gesamtwürdigung** der individuellen Verhältnisse der Ehegatten dann anzunehmen, wenn nach dem geplanten Zuschnitt der Ehe der Ehemann weiter seiner Erwerbstätigkeit nachgehen und damit als Alleinverdiener das Familieneinkommen erzielen sowie Rentenanwartschaften erwerben sollte, während eine nennenswerte Erwerbstätigkeit der im Übrigen auch nicht erkennbar über Vermögen verfügenden Ehefrau, die arbeitslos und ohne abgeschlossene Berufsausbildung war und bereits das bei ihr lebende sechsjährige Kind aus einer früheren Verbindung zu betreuen hatte, wegen der von ihr zu übernehmenden Haushaltsführung und der Betreuung des erwarteten gemeinsamen Kindes zum Zeitpunkt des Vertragsschlusses nicht geplant war und bis auf Weiteres auch nicht erwartet werden konnte.

– **BGH 22.11.2006 – XII ZR 119/04, NJW 2007, 907:** Zur **Unwirksamkeit** eines ehevertraglichen Unterhaltsverzichts, durch den sich ein Ehegatte von jeder Verantwortung für seinen **aus dem Ausland eingereisten Ehegatten** freizeichnet, wenn dieser seine bisherige Heimat endgültig verlassen hat, in Deutschland (jedenfalls auch) im Hinblick auf die Eheschließung ansässig geworden ist und schon bei Vertragsschluss die Möglichkeit nicht fern lag, dass er sich im Falle des Scheiterns der Ehe nicht selbst werde unterhalten können.

– **BGH 25.10.2006 – XII ZR 144/04, NJW 2007, 904:** Zur Frage, unter welchen Voraussetzungen ein ehevertraglicher Verzicht auf nachehelichen Unterhalt den **Träger der Sozialhilfe belastet** und deshalb nach § 138 Abs. 1 BGB sittenwidrig ist.

V. Prozessuale Hinweise

Der Beteiligte, der sich auf die Unwirksamkeit der ehevertraglichen Vereinbarung oder die Notwendigkeit einer Anpassung beruft, hat die entsprechenden Umstände darzulegen und zu beweisen. 19

231. Unterhaltsvorschuss

Conradis

I. Einführung 1
II. Gesetzliche Regelung des Unterhaltsvorschusses 3
  1. Personenstand des Elternteils 3
  2. Höhe der Leistung 6
  3. Ausbleiben des Unterhalts 8

4. Betreuung durch getrennt lebenden Elternteil ... 12
5. Unterhaltszahlung an die Unterhaltsvorschusskasse 14
III. Verfahrensfragen 15

I. Einführung

1   Der Unterhaltsvorschuss – im Unterhaltsvorschussgesetz (UVG) als Unterhaltsleistung bezeichnet – stellt eine Sozialleistung für Kinder dar, die noch nicht das zwölfte Lebensjahr vollendet haben und bei einem **alleinstehenden Elternteil** leben. Auch wenn es Ziel des Gesetzes ist, die alleinstehenden Elternteile zu entlasten, so handelt es sich doch um eine Leistung, die **an die Kinder** erbracht wird. Insoweit unterscheidet sich diese Sozialleistung vom Kindergeld und vom Elterngeld, welche den Elternteilen zustehen. Allerdings wird in § 2 UVG eine Anrechnung des Kindergeldes – welches der Elternteil erhält – auf die Leistung nach dem UVG vorgenommen.

2   Ein Anspruch auf Unterhaltsvorschussleistungen kann bei einer Trennung von Ehegatten entstehen, wenn der andere Elternteil keinen oder einen zu geringen Unterhalt zahlt. Von erheblicher praktischer Bedeutung ist die Tatsache des **Übergangs der Ansprüche** auf die Unterhaltsvorschusskasse (s. → *Übergang von Unterhaltsansprüchen*).

II. Gesetzliche Regelung des Unterhaltsvorschusses

1. Personenstand des Elternteils

3   Erste Anspruchvoraussetzung ist der Personenstand des Elternteils, bei dem das Kind lebt. Der Elternteil muss ledig, verwitwet oder geschieden sein. Ist der Elternteil verheiratet, muss er von seinem Ehegatten dauernd getrennt leben. Damit sind Kinder vom Unterhaltsvorschuss ausgeschlossen, wenn der Elternteil heiratet und mithin das Kind in einer Familie mit einem **Stiefelternteil** lebt. Die verfassungsrechtlichen Bedenken wurden vom Bundesverfassungsgericht (3.3.2004 – 1 BvL 13/00, BVerfGK 3, 22 Nr. 5) nicht geteilt.

4   Ob ein Elternteil als **dauernd getrennt lebend** zu betrachten ist, richtet sich nach der familienrechtlichen Auslegung (s. → *Getrenntleben*). Es muss also nach dieser Vorschrift entweder ein dauerndes Getrenntleben im Sinne des § 1567 BGB vorliegen oder eine tatsächliche Trennung unter den dort genannten Umständen. Getrenntleben im Sinne dieser Vorschrift ist auch innerhalb einer Wohnung möglich, wenn die im Familienrecht aufgestellten Voraussetzungen vorliegen, also insbesondere eine getrennte Haushaltsführung vorliegt. Darüber hinaus gilt ein verheirateter Elternteil, bei dem das Kind lebt, auch dann als getrennt lebend, wenn sein Ehegatte wegen Krankheit oder Behinderung oder aufgrund gerichtlicher Anordnung für voraussichtlich wenigstens sechs Monate in einer Anstalt untergebracht ist (§ 1 Abs. 2 UVG).

5   Ein Kind lebt jedoch auch dann nur bei einem Elternteil, wenn die Mutter mit dem biologischen Vater zusammenlebt, der nicht der gesetzliche Vater ist (VG Freiburg 5.3.2008 – 7 K 1405/06, FamRZ 2009, 258). Großeltern hingegen haben keinen Anspruch, auch wenn das Kind dauernd bei ihnen lebt.

2. Höhe der Leistung

6   Seit der Neufassung aufgrund der Änderung des Unterhaltsrechts zum 1.1.2008 sind die unterschiedlichen Beträge in den alten und neuen Bundesländern aufgehoben worden. Es gibt zwei Beträge, die sich nach dem Lebensalter des Kindes unterscheiden. Zur Berechnung wird auf den **Mindestunterhalt** nach § 1612 a BGB verwiesen. Dieser richtet sich nach dem sächlichen Existenzminimum des Kindes nach § 32 Abs. 6 S. 1 EStG. Hierbei sind in der ersten Altersstufe 87 %, in der zweiten 100 % zugrunde zu legen und dieser

Betrag ist zu verdoppeln. Seit dem 1.1.2010 beträgt das Existenzminimum 2.184 EUR, so dass sich ein Betrag von 364 EUR ergibt, für jüngere Kinder 317 EUR. Hierauf ist das Kindergeld für das erste Kind anzurechnen, so dass seit 1.1.2010 folgende Beträge gelten:

Kind bis zur Vollendung des sechsten Lebensjahres	133 EUR
Kind bis zur Vollendung des zwölften Lebensjahres	180 EUR

Auf diese Beträge sind Unterhaltszahlungen und Waisenbezüge anzurechnen (§ 2 Abs. 3 UVG). Die Zahlungen erfolgen für längstens **72 Monate**. Ein Anspruch auf die Leistung nach dem UVG besteht unabhängig davon, wie hoch das Einkommen oder Vermögen der Person ist, bei der das Kind lebt. **7**

3. Ausbleiben des Unterhalts

Der Unterhaltsvorschuss soll eintreten, wenn der **Unterhalt ganz oder teilweise ausbleibt** oder nicht rechtzeitig gezahlt wird. Dem gleichgestellt werden Waisenbezüge und die in § 2 Abs. 3 Nr. 2 UVG genannten Schadensersatzansprüche. Der Ausfall des Unterhalts wird nur bis zu der Höhe ausgeglichen, in der ein Anspruch auf Leistungen nach § 2 Abs. 1 und 2 UVG besteht. Ein darüber hinausgehender Unterhaltsanspruch bleibt vom UVG unberührt. **8**

Eine **nicht ausreichende Zahlung** von Unterhalt nach dieser Vorschrift liegt auch dann vor, wenn der Unterhaltspflichtige wegen mangelnder Leistungsfähigkeit keinen oder nur geringeren Unterhalt zahlen muss als die Beträge nach § 2 Abs. 1 und 2 UVG. Eine nicht regelmäßige Zahlung liegt vor, wenn der Unterhalt nicht im Fälligkeitsmonat gezahlt wird. Auch wenn der Unterhalt tituliert ist, die Zwangsvollstreckung jedoch nicht oder nur teilweise erfolgreich ist, liegt keine regelmäßige Zahlung vor, so dass die Voraussetzung für einen Anspruch vorliegt. Als Unterhalt gilt nur eine Geldzahlung, andere Arten von geldwerten Leistungen sind nicht als Unterhalt zu werten (Grube, UVG, 2009, § 1 UVG Rn 61 f). **9**

Es liegt hingegen kein **Ausbleiben von Unterhalt** vor, wenn nach der Trennung **jeweils ein Kind bei den Elternteilen lebt** und dort vollständig versorgt wird und die Eltern vereinbart haben, dass für die Kinder jeweils kein Unterhalt gezahlt wird (VGH Hessen 1.7.2004 – 10 UZ 1802/03, FamRZ 2005, 483). Jedes Kind wird so behandelt, als wenn jeweils der andere Elternteil mindestens Unterhalt in Höhe der Unterhaltsleistung erbringt. Sofern ein Elternteil leistungsunfähig wird, gilt dies jedoch nicht. Lebt das Kind abwechselnd bei beiden Elternteilen (**Wechselmodell**) und wird daher kein Barunterhalt gezahlt, liegt kein Ausbleiben von Unterhalt von dem anderen Elternteil vor (VGH Baden-Württemberg 8.11.1995 – 6 S 1945/95, FamRZ 1996, 901). Wird ein Kind aufgrund anonymer **Samenspende** geboren, können nach Ansicht des VG Frankfurt (VG Frankfurt 23.2.2011 – 3 K 4145/10, NJW 2011, 2063) keine Leistungen bewilligt werden, weil die Leistungsgewährung ein planwidriges Ausbleiben des Unterhaltsanspruchs gegen den anderen Elternteil voraussetzt. Der Auffassung, dass als ungeschriebenes Tatbestandsmerkmal das Ausbleiben des Unterhalts **planwidrig** sein muss, kann nicht gefolgt werden, da sich ein solches Prinzip nicht aus dem Gesetzeswortlaut ergibt und diese Einschränkung dem Gebot des § 2 Abs. 2 SGB I widerspricht, wonach bei der Auslegung des Gesetzes die sozialen Rechte möglichst weitgehend verwirklicht werden sollen. Das Bundesverwaltungsgericht (BVerwG 16.5.2013, 5 C 28.12) hat in der Revisionsentscheidung zum VG Frankfurt diesem insoweit weidersprochen, als es das Merkmal der Planwidrigkeit nicht anerkannt hat. Im Ergebnis lehnt es in diesem Fall jedoch ebenfalls einen Anspruch ab, wobei es sich auf eine analoge Anwendung von § 1 Abs. 3 stützt. **10**

Wird die Unterhaltspflicht durch **Vorauszahlung** erfüllt, besteht nach § 1 Abs. 4 UVG kein Anspruch auf Unterhaltsvorschussleistungen, da für die Monate, für die im Voraus geleistet wurde, der Unterhalt nicht ausbleibt. Ist der durch die Vorauszahlung geleistete Unterhalt niedriger als der nach § 2 Abs. 1 und 2 UVG zu leistende Unterhaltsvorschuss, besteht ein Anspruch auf die monatliche Differenz. **11**

4. Betreuung durch getrennt lebenden Elternteil

Ein weiteres Problem, das bei einer Trennung von Ehegatten auftreten kann, betrifft die Frage, ob das Kind wirklich **nur bei einem Elternteil lebt**. Problematisch kann dies sein, wenn sich die Eltern die Betreuung **12** des Kindes zeitlich etwa je zur Hälfte teilen. Ist in einem derartigen Fall nicht eindeutig festzustellen, bei welchem Elternteil das Kind seinen Lebensmittelpunkt hat, so ist der Anspruch auf UVG-Leistung für das Kind jedenfalls dann auszuschließen, wenn das Kind regelmäßig jeweils drei bis vier Tage in der Woche bei jedem Elternteil lebt. Das Bundessozialgericht hat für den Fall, dass ein Kind jeweils eine Woche bei dem einen und die andere Woche bei dem anderen Elternteil lebt, den Mehrbedarfszuschlag für Alleinerziehende nach dem SGB II jeweils zur Hälfte zugesprochen (BSG 3.3.2009 – B 4 AS 50/07, FamRZ 2009, 1214); eine Übertragung dieser Entscheidung auf das UVG liegt nahe.

13 Der Anspruch ist weiterhin dann ausgeschlossen, wenn das Kind nicht überwiegend bei einem Elternteil lebt, sondern **anderweitig versorgt** wird. Ist ein Kind bei der Großmutter, bei Pflegeeltern oder bei anderen untergebracht und hält sich der alleinstehende Elternteil nur vorübergehend dort auf, findet eine Betreuung durch dritte Personen statt, so dass das Kind nicht bei seinem Elternteil lebt. Andererseits hat das Kind seines Lebensmittelpunkt bei dem Elternteil auch dann, wenn es für einen Teil des Tages im Kindergarten, bei Verwandten oder bei einer Tagesmutter untergebracht wird, auch wenn dies an manchen Tagen über Nacht der Fall ist. Erhält jedoch ein Kind Hilfe zur Erziehung nach dem SGB VIII (Vollzeitpflege nach § 33 SGB VIII oder Heimerziehung nach § 34 SGB VIII), kann kein Leben bei dem Elternteil mehr angenommen werden.

5. Unterhaltszahlung an die Unterhaltsvorschusskasse

14 Wird während des Bezuges von Leistungen nach dem UVG Unterhalt vom Unterhaltspflichtigen durchgesetzt, kann dieser die Beträge an die Unterhaltsvorschusskasse zahlen. Für die Leistungsempfänger wird dies zuweilen gewünscht, weil es einfacher ist, die regelmäßige sichere Zahlung von der Unterhaltsvorschusskasse zu erhalten, auch wenn der Unterhaltspflichtige mehr oder weniger regelmäßig seinen Unterhaltspflichten nachkommt. In solchen Fällen gilt, dass nach § 3 UVG Unterhaltsleistungen für längstens 72 Monate gezahlt werden und dass die **Monate „verbraucht" werden**, auch wenn eine volle Erstattung durch den Unterhaltspflichtigen an die Unterhaltsvorschusskasse erfolgt (BVerwG 5.7.2007 – 5 C 40.06, NJW 2007, 3143). In geeigneten Fällen ist es daher sinnvoll, die UVG-Leistung nicht in Anspruch zu nehmen, sondern selbst den Unterhaltsanspruch zu vollstrecken, um ggf später noch die Möglichkeit zu haben, die Leistung wieder beantragen zu können. Sofern eine Aufhebung und Rückerstattung nach § 5 UVG erfolgt, ist diese Zeit jedoch nicht in die Leistungshöchstdauer einzubeziehen (BVerwG 5.7.2007 – 5 C 40.06, NJW 2007, 3143).

III. Verfahrensfragen

15 Die zuständige Stelle wird durch Landesrecht bestimmt (§ 9 Abs. 1 UVG), oft ist es das **Jugendamt**. Der Elternteil, bei dem das Kind lebt, ist berechtigt, den Anspruch in eigenem Namen geltend zu machen; dies ergibt sich aus § 9 Abs. 1 UVG (OVG Bautzen 16.3.2011 – 5 D 181/10, NJW 2011, 2457). Über den Antrag wird schriftlich entschieden (§ 9 Abs. 2 UVG). Ein Bemühen um die Unterhaltsdurchsetzung ist – bis auf die nachstehende Ausnahme – nicht mehr erforderlich. Lediglich soweit rückwirkend UVG geltend gemacht wird – was jetzt nur noch für einen Monat möglich ist –, wird der Nachweis von Eigenbemühungen verlangt (§ 4 UVG). Der Grund hierfür: Bei eigenen Bemühungen liegen zumeist die Voraussetzungen des § 1613 BGB vor, so dass dann der Unterhalt auch rückwirkend gerichtlich durch die Unterhaltsvorschusskasse durchgesetzt werden kann.

16 Da es sich um eine Leistung an das Kind handelt, ist der Antrag für das Kind – vertreten durch den Elternteil – zu stellen. Ob ein Elternteil die Leistung auch im eigenen Namen geltend machen kann, wie zT angenommen wird (OVG Bautzen 16.3.2011 – 5 D 181/10, NJW 2011, 2457), erscheint zweifelhaft; um auf der sicheren Seite zu sein, sollte der Antrag (auch) im Namen des Kindes gestellt werden.

17 Für **Aufhebung und Rückforderung** gilt die Sondervorschrift des § 5 UVG. Nach § 5 Abs. 2 UVG kann die Leistung auch ohne Verschulden des Berechtigten zurückverlangt werden, wenn Unterhalt oder Waisenrente gezahlt wurde. Dies gilt auch, falls die Zahlung an den zunächst vorleistenden Sozialhilfeträger erbracht wird (BVerwG 23.11.1995 – 5 C 29.93, FEVS 46, 353). Zu beachten ist, dass sich § 5 Abs. 1 UVG

an den Elternteil richtet, Abs. 2 an das Kind. Bei verspäteter Unterhaltszahlung wird diese bis zur Bescheiderteilung als Zahlung für den jeweiligen Monat im Sinne des § 2 Abs. 3 UVG angesehen mit der Folge, dass insoweit der Unterhalt angerechnet wird und ein Rückforderungsanspruch besteht.

Für das Verwaltungsverfahren gelten im Übrigen SGB I und X ohne Einschränkung. Der Rechtsweg geht **18** zum **Verwaltungsgericht**. Es besteht Gerichtskostenfreiheit nach § 188 VwGO (BVerwG 14.10.1993 – 5 C 10.91, FEVS 44, 397).

Nach dem neu eingeführten § 6 Abs. 6 UVG wird die Möglichkeit des **unmittelbaren Kontoabrufs** einge- **19** führt. Die zuständigen Stellen dürfen das Bundeszentralamt für Steuern ersuchen, bei den Kreditinstituten die nach § 93 b Abs. 1 AO bezeichneten Daten nach § 24 c Abs. 1 KWG abzurufen. Nach § 6 Abs. 7 UVG hat der Elternteil das Recht, einen Antrag auf Bekanntgabe der Daten zu stellen, die nach Abs. 1, 2 und 6 erhoben werden. Damit soll die Möglichkeit für den Elternteil, einen Unterhaltsanspruch für das Kind durchzusetzen, erleichtert werden.

232. Unternehmensbewertung

Rakete-Dombek

I. Einführung 1   II. Bewertungsmethoden 2

I. Einführung

1 Bei der Unternehmensbewertung im Rahmen des § 1376 BGB für die Ermittlung des Endvermögens (s. → *Endvermögen*) ist in gleicher Weise wie bei der Bewertung von anderen Vermögensgegenständen von der Rechtsprechung des Bundesgerichtshofs auszugehen, wonach der **„wahre und wirkliche Wert"** zu ermitteln ist (BGH in st. Rspr 24.10.1990 – XII ZR 101/89, NJW 1991, 1547; 23.10.1985 – IVb ZR 62/84, NJW-RR 1986, 226; 7.5.1986 – IVb ZR 42/85, NJW-RR 1986, 1066). Das BGB kennt keine allgemeine Definition für die Bewertung von Vermögensgegenständen. Es bleibt Aufgabe der Rechtsprechung, den Begriff des „Wertes" iSd § 1376 BGB auszufüllen.

Da die Wertermittlung eine streitentscheidende Tatsache ist, hat der **Tatrichter**, sachverständig beraten, die Bewertungsmethode auszuwählen. Die Auswahl der Bewertungsmethode darf nicht dem Sachverständigen überlassen bleiben; der Tatrichter hat dem Sachverständigen vor dessen Tätigkeitsaufnahme eine konkrete Bewertungsmethode vorzugeben (Kuckenburg FPR 2009, 290). Damit werden die umstrittenen Bewertungsfragen weitgehend der Revisionsprüfung entzogen (J.Mayer in: BeckOK § 1376 BGB Rn 3). Die Bewertung unterschiedlicher Vermögensgegenstände führt auch zum Gebrauch unterschiedlicher Bewertungsregeln. Jeder Vermögenswert hat spezifische wertbildende Faktoren, die auch individuell zu gewichten sind, um den „vollen" Wert zu erfassen. Als besonders komplex ist die Unternehmensbewertung hervorzuheben, die wegen der Bewertungsmethoden aus der **Betriebswirtschaftslehre** für den Juristen nur schwer zugänglich ist (Kuckenburg FPR 2009, 290).

II. Bewertungsmethoden

2 Die Bewertung von Unternehmen ist immer dann erforderlich, wenn ein Unternehmen oder Teile davon in das Vermögen eines oder beider Ehegatten fallen. Das kann der Betrieb eines **Einzelunternehmers** sein wie auch eine Unternehmensbeteiligung an einer **nicht börsennotierten Personen- oder Kapitalgesellschaft**. Maßgeblich für die Wertermittlung sind die am Stichtag bekannten Unternehmenswerte. Nach dem Stichtag gewonnene Erkenntnisse sind grundsätzlich nicht zu berücksichtigen.

Bei **börsennotierten Unternehmen** ist eine Unternehmensbewertung nicht erforderlich, da hier die Anteile in Form der gehaltenen Aktien nach dem mittleren Tageskurs am Stichtag zu bewerten sind (Haußleiter/Schulz Kap. 1 Rn 172). Kursschwankungen sind hinzunehmen. Bei starken Kursschwankungen will Schröder (in: Schröder/Bergschneider FamVermR Rn 4.337) die Kursentwicklung über einen längeren Zeitraum hinweg berücksichtigen. Im Einzelfall kann mit § 1381 BGB eventuell entstehenden Härten Rechnung getragen werden (Bergschneider in: Schröder/Bergschneider FamVermR Rn 4.337).

Einigkeit besteht darin, dass das Unternehmen im Ganzen als wirtschaftliche Einheit zu bewerten ist und nicht als Summe der einzelnen Wirtschaftsgüter. Ein (kalkulatorischer) Unternehmerlohn ist bei der Bewertung des Unternehmens abzuziehen. Für die Bewertung kommt in erster Linie der Substanzwert zusammen mit dem ideellen Unternehmenswert (Goodwill) oder der Ertragswert in Betracht, auch eine **Mischform** zwischen beiden ist möglich. Die sog. **Mittelwertmethode** setzt sich aus dem rechnerisches Mittel aus Substanz- und Ertragswert zusammen. Die Mittelwertmethode (Stuttgarter Verfahren) ist aus betriebswirtschaftlicher Sicht jedoch überholt (J.Mayer in: BeckOK § 1376 BGB Rn 11) und nicht zu verwenden. Nicht möglich ist die Heranziehung des **Bilanzwertes**, da dies zu einer Unterbewertung führen würde.

Die Urteile des Bundesgerichtshofs vom 2.2.2008 (XII ZR 45/06, NJW 2008, 1221) und vom 9.2.2011 (XII ZR 40/09, NJW 2011, 999) haben weitere Vorgaben erteilt, innerhalb derer sich die Bewertung inhabergeprägter Unternehmen und freiberuflicher Praxen zu bewegen hat, um einen akzeptablen Verkehrswert zu finden. In diesen beiden Urteilen hat der Bundesgerichtshof detailliert die Art und Weise der Ermittlung des Goodwill (Rn 5) beschrieben und der Praxis damit wichtige Hinweise und Anleitungen gegeben.

Die Heranziehung des Ertragswertes wird bei der Unternehmensbewertung, teilweise mit Korrekturen „modifizierter Ertragswert" (BGH 6.2.2008 – XII ZR 45/06, NJW 2008, 1221; 9.2.2011 – I ZR 40/09, NJW 2011, 999), am häufigsten angewandt. **3**

Bei der Ermittlung des **Ertragswertes** eines Unternehmens durch Kapitalisierung des Gewinns ist rechnerisch vom Kapitalwert einer immerwährenden Rente auszugehen. Hierbei kommt insbesondere der Wahl des Kapitalisierungsfaktors erhebliche Bedeutung zu, der in Bezug auf Unternehmen ggf zu korrigieren ist. Je höher der Kapitalisierungszinssatz desto niedriger der Ertragswert. Der **Ertragswert** wird somit definiert (Haußleiter/Schulz Kap. 1 Rn 122) als

– der kapitalisierte, in eine Geldsumme umgerechnete Wert der mit dem Unternehmen erzielbaren Nutzungen und Erträge,
– Barwert der zukünftigen Überschüsse der Einnahmen über die Ausgaben („ewige Rente"),
– Barwert aller künftigen entnahmefähigen Erträge,
– Summe aller auf den Bewertungsstichtag abgezinsten künftigen Erfolge (Barwerte), die man mit dem Unternehmen im Laufe seiner Existenz noch erwirtschaften kann.

Hinsichtlich des nichtbetriebsnotwendigen Vermögens ist jedoch grds. der **Liquidationswert** anzusetzen (Haußleiter/Schulz Kap. 1 Rn 144).

Als allgemeiner Standard für die Unternehmensbewertung haben sich die vom Hauptfachausschuss des Instituts der Wirtschaftsprüfer [IDW] verabschiedeten **„Grundsätze zur Durchführung von Unternehmensbewertungen (IDW S 1)"** durchgesetzt. Danach wird der Wert eines Unternehmens durch Diskontierung der den Unternehmenseignern zukünftig zufließenden finanziellen Überschüsse, die aus den künftigen handelsrechtlichen Erfolgen abgeleitet werden, ermittelt. **4**

Zu prüfen ist regelmäßig auch, ob es für den bewerteten Vermögensgegenstand auch einen **Markt** gibt. Andernfalls ist nach der Sach- oder Substanzwertmethode vorzugehen. Bei der Ertragswertmethode ist daher der Wert zu ermitteln, den ein potenzieller Erwerber für das Unternehmen am Markt bezahlt (OLG Dresden 17.1.2008 – 21 UF 447/07, FamRZ 2008, 1857).

Bei stark personenbezogenen Unternehmen, Handwerksbetrieben und freiberuflichen Praxen erbringt der Inhaber eine höchstpersönliche Leistung, die in ihrem Ausmaß für den Geschäftserfolg ausschlaggebend ist, weshalb der Substanzwert allein nicht maßgeblich sein kann. Daher kommt idR in diesen Fällen der „Goodwill" (auch Firmenwert, Geschäftswert, teilweise auch innerer Wert oder Praxiswert genannt) als erheblicher, wertbildender Faktor für die Bewertung hinzu. **5**

Der **innere, ideelle Wert** wird als **Goodwill** bezeichnet. Dabei handelt es sich um den Betrag, den der Käufer über den Sachwert eines Unternehmens hinaus im Hinblick auf künftige Gewinne zu zahlen bereit ist. Der Goodwill ist somit die Differenz zwischen Ertragswert und Substanzwert. Bei einem gerade gegründeten Unternehmen fehlt er idR, da er sich auf den „guten Ruf" eines Unternehmens, dessen Kundenstamm, etc. gründet. Wird das Ertragswertverfahren angewandt, scheidet daneben ein Goodwill aus.

Bei der Bewertung **freiberuflicher Praxen** lehnen die Gerichte – entgegen der überwiegenden Praxis der Sachverständigen – die reine Ertragswertmethode idR ab. Sie ermitteln den Wert aus dem Substanzwert und rechnen den „Goodwill" hinzu (vgl BGH 6.2.2008 – XII ZR 45/06, NJW 2008, 1221). Der neben dem Substanzwert vorhandene Goodwill gründet sich auf immaterielle Faktoren wie Standort, Art und Zusammensetzung der Mandanten/Patienten, der Konkurrenzsituation und ähnlichen Faktoren, soweit sie auf einen Nachfolger übertragbar sind. Der Betrieb hat danach einen eigenen Marktwert. Mit dem Goodwill bezahlt der Käufer einer freiberuflichen Praxis die Chance, die Mandanten des bisherigen Praxisinhabers oder Teilhabers zu übernehmen und auf dem vorhandenen Bestand und der gegebenen Konkurrenzsituation aufbauen zu können. Auch die Bewertungsgrundsätze der entsprechenden Berufsvertretungen (Ärztekammer, Rechtsanwaltkammer) können zu Grunde gelegt werden. Begründet wird der Ansatz des Goodwills damit, dass sich die sonst anzustellende Ertragswertprognose nicht von der Person des Inhabers trennen lasse, andererseits aber die Erwartung künftigen Einkommens, die der individuellen Arbeitskraft des Inhabers zuzurechnen ist, nicht maßgebend sein kann, weil es beim Zugewinn nur auf das am Stichtag vorhandene Vermögen ankäme. Der Bundesgerichtshof hat aber in seiner bisherigen Rechtsprechung eine **modifizierte Ertragswertmethode** gebilligt, die sich an den durchschnittlichen Erträgen orientiert und davon einen individuellen Unternehmerlohn des Inhabers absetzt (BGH 9.2.2011 – XII ZR 40/09, NJW 2011, 999), der sich nach dem konkreten Arbeitseinsatz bemisst. Je höher der Arbeitseinsatz desto höher der fiktive Unternehmerlohn, desto niedriger also der Unternehmenswert. Es ist daher zu erwarten, dass die Bestimmung des abzusetzenden Arbeitslohnes der Praxis zahlreiche Probleme bereiten und hoch umstritten sein wird (Hoppenz, Anm. zu BGH vom 6.2.2008 – XII ZR 45/06, FamRZ 2008, 761). Der Bundesgerichtshof will ein (kalkulatorisches) Arbeitseinkommen als Ausgangswert nehmen, welches im Einzelfall durch Zu- oder Abschläge verfeinert werden muss. Dazu, welche Zu- oder Abschläge das sein können und wie sie zu gewichten sind, schweigt sich der Bundesgerichtshof allerdings aus.

Es ist nicht nur der „objektgebundene, vom Inhaber ablösbare Goodwill", sondern auch der am Bewertungsstichtag jeweils vorhandene höhere „subjektgebundene Goodwill" für die Bewertung heranzuziehen. Etwas anderes gilt nur, wenn es bedingt durch den Zugewinnausgleich zu einem „zwangsweisen" Verkauf kommt. Dann ist der Liquidationswert anzusetzen.

Das sog „**Doppelverwertungsverbot**" (→ *Doppelverwertungsverbot* Rn 6) steht dabei nach richtiger Auffassung der Berücksichtigung des Goodwill nicht entgegen (BGH 9.2.2011 – XII ZR 40/09, NJW 2011, 999).

6 Der **Sach- oder Substanzwert** bei Unternehmen ist der Wert aller dem Unternehmen eingegliederten Sachen, Rechte und sonstiger Positionen, wie etwa der Forderungen und stillen Reserven sowie aller Patente, Lizenzen, Urheber- und Verlagsrechte, behördliche Konzessionen usw. Die stillen Reserven sind einzubeziehen, indem man sie fiktiv auflöst. Wertmindernd zu berücksichtigen sind auch fiktiv anfallende Steuern und alle sonst bei der Veräußerung anfallenden Kosten.

7 Die Untergrenze für die Bewertung von Unternehmen und Beteiligungen muss jedoch immer der **Liquidationswert** sein. Nur ausnahmsweise kann der **Liquidationswert auch dann** herangezogen werden, wenn das Unternehmen aufgelöst wird oder das Unternehmen nur von dem Ehegatten und nicht von einem Dritten betrieben werden kann. Der Liquidationswert ist idR der **unterste Wert** für eine Unternehmensbewertung. Nur in Ausnahmefällen kann ein noch niedrigerer Ertragswert als Bewertungsgrundlage herangezogen werden, wenn der Unternehmer das geringwertige Unternehmen fortführt, weil ein legitimes Erhaltungsinteresse besteht und die Fortführung des Betriebes nicht wirtschaftlich oder unternehmerisch völlig unsinnig ist.

8 Wie eine **Differenz** sich in dem schließlich auf den im Endvermögen anzusetzenden Wert auswirkt, wenn im Zugewinnausgleichsverfahren noch keine Entscheidung ergangen ist, ein vom Sachverständigen bezogen auf den Stichtag ermittelter Wert sich aber deutlich von dem zwischenzeitlich erzielten Erlös einer Veräußerung des Unternehmens unterscheidet, ist höchstrichterlich noch nicht entschieden. Das OLG Dresden (17.1.2008 – 21 UF 447/07, FamRZ 2008, 1857) hat – ohne weitere Begründung – den von einem Sachverständigen ermittelten stichtagsbezogenen Wert einer Unternehmensbeteiligung in der Vermögensbilanz angesetzt, obwohl die Beteiligungen innerhalb von 24 Tagen nach dem Stichtag einen Verkaufserlös von rund einer Million mehr erbracht hatten. Diese erhebliche Differenz wurde nicht beachtet. Der erzielte Verkaufspreis ist jedoch immer auch ein wichtiges Indiz für den wahren Marktwert. Bei einer zeitnahen Veräußerung zum maßgeblichen Stichtag ist der in der Vermögensbilanz am Stichtag anzusetzende Wert daher ggf zu korrigieren (Schröder Rn 135).

9 Um den „vollen, wirklichen" Wert eines Vermögensgegenstandes zu erfassen, wird der Verkaufsfall fingiert. Unabhängig davon, ob der Vermögensgegenstand weiterhin im Vermögen verbleibt, oder aber tatsächlich veräußert wird, ist dessen Wert um eine „**latente Steuerlast**" wie im Verkaufsfall zu mindern. Hieran hält der Bundesgerichtshof fest, wie er betont.

Der mindernde Ansatz der latenten Steuerlast gilt nicht nur in Fällen, in denen eine Veräußerung tatsächlich beabsichtigt ist, vielmehr handelt es sich um eine Konsequenz der Bewertungsmethode, wenn sie den Wert danach ermittelt, welcher Erlös bei einer Veräußerung zu erzielen wäre. Es darf dann nicht außer Betracht bleiben, dass wegen der damit verbundenen Auflösung der stillen Reserven dem Verkäufer wirtschaftlich nur der um die fraglichen Steuern verminderte Erlös verbleibt. Insoweit geht es um unvermeidbare Veräußerungskosten (BGH 2.2.2011 – XII ZR 185/08, NJW 2011, 2572).

Der Bundesgerichtshof hält es nun ausdrücklich auch aus Gründen der Gleichbehandlung für geboten, eine latente Steuerlast auch bei der Bewertung anderer Vermögensgegenstände (etwa bei Grundstücken, Wertpapieren oder Lebensversicherungen) dann zu berücksichtigen, wenn deren Veräußerung – bezogen auf die Verhältnisse am Stichtag und ungeachtet einer bestehenden Veräußerungsabsicht – eine Steuerpflicht auslösen würde (BGH 2.2.2011 – XII ZR 185/08, NJW 2011, 2572).

233. Verbindlichkeiten im Unterhalt

Poppen

I. **Grundsatz**	1	5. Darlegungs- und Beweislast	16
II. **Ehegattenunterhalt**	2	III. **Verwandtenunterhalt**	17
1. Wandelbare eheliche Lebensverhältnisse	2	1. Grundsatz	17
2. Kredite bis zur Trennung	4	2. Unterhalt minderjähriger Kinder	18
3. Kredite nach Trennung und Scheidung	7	a) Mindestunterhalt	18
4. Zins- und Tilgungsleistungen	11	b) Unterhalt über dem Mindestunterhalt	21
a) Berücksichtigungsfähigkeit	11	c) Kosten des Umgangs	22
b) Gesamtschuldnerausgleich	14	3. Elternunterhalt	23
c) Doppelverwertungsverbot	15		

I. Grundsatz

1 Verbindlichkeiten sind bei der **Bedarfsermittlung** und bei der Bestimmung der **Bedürftigkeit/Leistungsfähigkeit** des Unterhaltsberechtigten/-verpflichteten grundsätzlich zu berücksichtigen. Die jeweiligen Unterhaltsleitlinien enthalten dazu Regelungen in Ziffer 10.4. Differenziert wird bei der **Berücksichtigungsfähigkeit** von Verbindlichkeiten nach der Art der Verbindlichkeiten und im Rahmen welchen Unterhaltsanspruchs die Schulden berücksichtigt werden sollen. Zu berücksichtigen ist nur ein **tatsächlicher Schuldabtrag**. Nur dann, wenn von einer Einkommensfiktion ausgegangen wird, kann im Rahmen dieser Fiktion auch ein fiktiver Schuldabtrag berücksichtigt werden (FAKomm-FamR/Kleffmann, Grundlagen der Einkommensermittlung Rn 181).

II. Ehegattenunterhalt

1. Wandelbare eheliche Lebensverhältnisse

2 Nach der Rechtsprechung des **Bundesgerichtshofs** zu den wandelbaren ehelichen Lebensverhältnissen waren Verbindlichkeiten im Rahmen des Ehegattenunterhalts schon bei der Bestimmung des Bedarfs nach den ehelichen Lebensverhältnissen zu berücksichtigen. Eine gesonderte Prüfung bei der Leistungsfähigkeit war deshalb nicht erforderlich. Darauf, zu welchem **Zeitpunkt** die Verbindlichkeiten begründet worden sind, kam es nicht an. Berücksichtigungsfähig waren sowohl während der Ehe als auch nach Trennung und ggf nach der Scheidung aufgenommene Verbindlichkeiten. Der bedürftige Ehegatte partizipiert nicht nur an Einkommenserhöhungen des Pflichtigen, sondern er muss auch Einkommensminderungen mittragen, sofern es sich nicht um **vorwerfbare Einkommensminderungen** handelt (BGH 6.2.2008 – XII ZR 14/06, NJW 2008, 1663).

3 Das **Bundesverfassungsgericht** hat diese Rechtsprechung im Hinblick auf das Zusammentreffen von Unterhaltsansprüchen des aktuellen Ehegatten mit denen eines geschiedenen Ehegatten (Dreiteilungsmethode) für verfassungswidrig erklärt (BVerfG 25.1.2011 – 1 BvR 918/10, NJW 2011, 836). Danach ist grundsätzlich für die Bemessung des Unterhaltsbedarfs auf die **ehelichen Lebensverhältnisse**, dh die Verhältnisse zum Zeitpunkt der Rechtskraft der Ehescheidung, abzustellen. Veränderungen der Lebensverhältnisse des Unterhaltsschuldners nach Rechtskraft der Ehescheidung können allein im Rahmen der Prüfung der Leistungsfähigkeit des Unterhaltsschuldners berücksichtigt werden. Etwas anderes gilt nur für Entwicklungen, die schon die Ehe geprägt haben und in ihr angelegt worden sind (so auch früher BGH 27.11.1985 – IVb ZR 78/84, NJW 1986, 720). Für Verbindlichkeiten bedeutet dies, dass sie nur dann die fortgeschriebenen ehelichen Lebensverhältnisse prägen können, wenn sie ein **Surrogat** bereits in der Ehe **vorhandener Verbindlichkeiten** darstellen. Im Übrigen ist bei der Prüfung der Leistungsfähigkeit danach zu fragen, ob die Aufnahme von neuen Verbindlichkeiten **unumgänglich** war (Götz/Brudermüller NJW 2011, 801, 805). Da auch nach der Rechtsprechung des Bundesgerichtshofs zu den wandelbaren ehelichen Lebensverhältnissen neue Verbindlichkeiten nur zu berücksichtigen waren, wenn die Aufnahme unumgänglich war, ändert sich durch die Rechtsprechung des Bundesverfassungsgerichts in der Sache nichts.

2. Kredite bis zur Trennung

In jedem Fall zu berücksichtigen sind Verbindlichkeiten, die **bis zur Trennung** begründet worden sind. 4
Die Mittel, die für die Rückführung dieser Verbindlichkeiten benötigt wurden, standen zum Lebensunterhalt nicht zur Verfügung (BGH 25.10.1995 – XII ZR 247/94, NJW-RR 1996, 321). Insoweit kommt es nicht darauf an, ob beide Ehepartner die **Verpflichtung** im **Außenverhältnis** begründet haben oder einer der Ehepartner den Kredit allein aufgenommen hat; für allein aufgenommene Darlehen wird die Einvernehmlichkeit der Darlehensaufnahme vermutet (JH/Büttner § 1361 BGB Rn 82; OLG München 24.6.1994 – 12 UF 895/94, NJW-RR 1995, 1159).

Für die Berücksichtigung spielt es auch keine Rolle, wer bei einem **Konsumkredit** den angeschafften Ge- 5
genstand nach der Trennung behalten hat. Der Ausgleich der bei den Ehegatten verbliebenen Vermögenswerte ist dem Güterrecht vorbehalten. Eine Ausnahme gilt allein, wobei ein strenger Maßstab anzulegen ist, für leichtfertig von einem Ehegatten für **luxuriöse Zwecke** oder ohne verständlichen Grund eingegangene Verbindlichkeiten (BGH 25.10.1995 – XII ZR 247/94, NJW-RR 1996, 321). Nicht berücksichtigt worden ist ein Kredit für die Anschaffung eines zweiten Motorrads (OLG Düsseldorf 7.12.2006 – 9 UF 67/06, NJW-RR 2007, 794). In derartigen Fällen kann eine Obliegenheit bestehen, den Gegenstand zu veräußern und aus dem Erlös den Kredit zurückzuführen.

Typisch ehebedingte Verbindlichkeiten sind Verbindlichkeiten, die ein Ehegatte **vor der Ehe** begründet hat 6
und die während der Ehe bedient wurden (BGH 7.10.1981 – IVb ZR 598/80, NJW 1982, 232). Zu berücksichtigen sind auch Kredite wegen der Überziehung des Girokontos bis zur Trennung und Steuerschulden aus Veranlagungszeiträumen bis zur Trennung (Wendl/Dose/Gerhardt § 1 Rn 1084).

3. Kredite nach Trennung und Scheidung

Nach der Trennung/Scheidung begründete **neue Verbindlichkeiten** sind zu berücksichtigen, wenn die 7
Aufnahme **unumgänglich** war. Dabei gilt ein strenger Maßstab. Ob Verbindlichkeiten zu berücksichtigen sind, hängt von Art, Anlass und Entstehungszeitpunkt der Verbindlichkeiten ab. Es dürfen **keine anderen Mittel** zur Deckung notwendiger Ausgaben, etwa Rücklagen, vorhanden gewesen sein (Gerhardt/von Heintschel-Heinegg/Klein/Gerhardt 6. Kapitel Rn 178). So können Schulden, die zur Begleichung von Erbschaftssteuern begründet worden sind, deshalb nicht berücksichtigt werden, weil die Steuern aus der Erbschaft aufzubringen sind (OLG Köln 16.10.2007 – 4 UF 19/07, FamRZ 2008, 1536).

Die Kreditaufnahme muss für einen **nachvollziehbaren Bedarf** erfolgt sein. Berücksichtigungsfähig sind 8
danach Verbindlichkeiten für **trennungsbedingte Aufwendungen**, wie Umzugskosten, Mietkautionszahlungen und Aufwendungen für die Ersatzbeschaffung von Haushaltsgegenständen (JH/Büttner § 1361 BGB Rn 82). Unberücksichtigt bleiben müssen nach der Trennung zur Vermögensbildung oder zu Spekulationszwecken eingegangene Verbindlichkeiten.

Nicht berücksichtigt werden können Verbindlichkeiten zur Bestreitung von **Verfahrenskosten** im Zusam- 9
menhang mit der Trennung und der Scheidung. Diese Kosten sind aus dem Selbstbehalt zu tragen bzw durch die Ansprüche auf Verfahrenskostenvorschuss und Verfahrenskostenhilfe zu finanzieren (Wendl/Dose/Gerhardt § 1 Rn 1098). Würden derartige Verbindlichkeiten berücksichtigt, könnte dies dazu führen, dass gerichtliche Kostenentscheidungen konterkariert werden. Allenfalls berücksichtigungsfähig sind die unvermeidlichen **Kosten des eigentlichen Scheidungsverfahrens** in angemessenen Raten (OLG Karlsruhe 19.11.1987 – 2 UF 12/87, FamRZ 1988, 400; aA OLG Hamm 23.8.1993 – 4 UF 418/92, NJW-RR 1994, 707: Verweis auf den Selbstbehalt).

Nicht berücksichtigungsfähig sind Verbindlichkeiten, die zur **Finanzierung einer Zugewinnausgleichs-** 10
zahlung begründet worden sind (BGH 5.4.2000 – XII ZR 96/98, NJW 2000, 2349). Anderenfalls würde der andere Ehegatte die Auszahlung seines Zugewinnausgleichsanspruchs über eine Unterhaltsreduzierung mitfinanzieren.

4. Zins- und Tilgungsleistungen

11 **a) Berücksichtigungsfähigkeit.** Soweit Verbindlichkeiten berücksichtigungsfähig sind, sind sowohl Zins- als auch Tilgungsleistungen zu berücksichtigen (BGH 28.3.2007 – XII ZR 21/05, NJW 2007, 1974; s. → *Zins- und Tilgungsleistungen*). Etwas anderes gilt allein für Tilgungsleistungen bei Krediten, die der **einseitigen Vermögensbildung** eines Ehepartners dienen. Bei derartigen Verbindlichkeiten sind, wenn die Eheleute im gesetzlichen Güterstand leben, Tilgungsleistungen ab **Rechtshängigkeit des Scheidungsantrags** und bei Vereinbarung der Gütertrennung nur noch ab der endgültigen Trennung zu berücksichtigen (BGH 5.3.2008 – XII ZR 22/06, NJW 2008, 1946). Eine Ausnahme gilt nur insoweit, als die Tilgung als zulässige **private Altersvorsorge** angesehen werden kann (s. → *Private Altersvorsorge Rn 6*). Nach der Rechtsprechung des Bundesgerichtshofs hat der Umstand, dass kein Ehegatte die einseitige Vermögensbildung des anderen finanzieren muss, Vorrang vor dem Gesichtspunkt, dass auch die Mittel für die Tilgung derartiger Darlehen in der Ehe nicht zur Lebensführung zur Verfügung standen.

12 Dienen Verbindlichkeiten der **gemeinsamen Vermögensbildung**, etwa die Abzahlung eines Darlehens für eine gemeinsame Immobilie, sind die Tilgungsleistungen auch über den Zeitpunkt der Zustellung des Scheidungsantrags und die Rechtskraft der Ehescheidung hinaus zu berücksichtigen (BGH 28.3.2007 – XII ZR 21/05, NJW 2007, 1974). Die mit der Tilgung verbundene Vermögensbildung kommt beiden Ehegatten zugute.

13 Soweit Verbindlichkeiten berücksichtigungsfähig sind, kann eine Tilgung nur im Rahmen eines **vernünftigen Tilgungsplans** berücksichtigt werden (OLG Celle 4.7.2001 – 21 UF 7/01, FamRZ 2002, 887). Ggf ist eine Tilgungsstreckung vorzunehmen. Dabei kann nach der Trennung aber auch eine höhere Rückführung der Kredite angemessen sein, als sie in der Ehe vorgenommen worden ist. Waren in der Ehe nur Beträge durch die Gläubiger pfändbar, die nicht einmal zum **Ausgleich der laufenden Zinsen** ausreichten, kann es nach der Trennung angemessen sein, dem Unterhaltspflichtigen auch eine Tilgung zu ermöglichen und deshalb nach der Trennung einen höheren Schuldabtrag als während der Ehe zu berücksichtigen (BGH 7.4.1982 – IVb ZR 681/80, NJW 1982, 1641).

14 **b) Gesamtschuldnerausgleich.** Werden im Rahmen der Unterhaltsberechnung Zins und Tilgung berücksichtigt, stellt diese Verrechnung beim Ehegattenunterhalt zugleich eine **anderweitige Bestimmung** im Sinne des § 426 Abs. 1 BGB dar. Neben der Verrechnung im Unterhalt scheidet ein Gesamtschuldnerausgleich aus (s. → *Gesamtschuldnerausgleich und Unterhalt Rn 3 ff*).

15 **c) Doppelverwertungsverbot.** Bei der Berücksichtigung von Verbindlichkeiten darf es nicht zu einer Doppelverwertung kommen. Dabei kann es insbesondere bei der Berücksichtigung von Tilgungsleistungen zu einer doppelten Berücksichtigung sowohl im Unterhalt als auch im Zugewinnausgleich kommen. Eine derartige unzulässige Doppelverwertung ist allerdings ausgeschlossen, wenn die Tilgungsleistungen bei der Unterhaltsbemessung nicht mehr berücksichtigt werden, sobald sie zu einer **einseitigen Vermögensbildung** bei dem Unterhaltsberechtigten oder -verpflichteten führen. Werden die Tilgungsleistungen richtigerweise bei Ehepartnern, die im gesetzlichen Güterstand leben, ab Zustellung des Scheidungsantrags nicht mehr berücksichtigt, ist damit die Gefahr einer unzulässigen Doppelverwertung gebannt (s. → *Doppelverwertungsverbot Rn 7*).

5. Darlegungs- und Beweislast

16 Die Darlegungs- und Beweislast für die Umstände des Entstehens und den laufenden Abtrag von Verbindlichkeiten trägt derjenige, der sich auf die Minderung seiner Einkünfte beruft (BGH 25.10.1995 – XII ZR 247/94, NJW-RR 1996, 321).

III. Verwandtenunterhalt

1. Grundsatz

17 Beim **Kindes- und Verwandtenunterhalt** entscheidet über die Berücksichtigungsfähigkeit von Verbindlichkeiten eine umfassende Interessenabwägung. Dabei kommt es auf den Zweck der Verbindlichkeiten,

den Zeitpunkt und die Art ihrer Entstehung, die Kenntnis des Unterhaltsverpflichteten von Grund und Höhe der Unterhaltsschuld und sonstige Umstände des Einzelfalls an (BGH 18.3.1992 – XII ZR 1/91, NJW 1992, 1624).

2. Unterhalt minderjähriger Kinder

a) Mindestunterhalt. Im Rahmen des Unterhaltsanspruchs minderjähriger Kinder führt diese Interessen- **18** abwägung vor dem Hintergrund der **verschärften Haftung** nach § 1603 Abs. 2 S. 1 BGB dazu, dass Verbindlichkeiten, solange der Mindestunterhalt nicht gesichert ist, nur sehr eingeschränkt berücksichtigt werden können. Dabei ist auch maßgeblich, dass Kinder – anders als Ehegatten – keinen Einfluss auf die Entstehung der Schuld haben. So hat der Bundesgerichtshof zB monatliche Raten von 35 EUR für die Anschaffung einer Küche nicht berücksichtigt, weil diese Kosten aus dem Selbstbehalt aufzubringen sind (BGH 3.12.2008 – XII ZR 182/06, NJW 2009, 1410). Zu berücksichtigen sind allerdings Verbindlichkeiten, die die Eltern einvernehmlich begründet haben; das Kind leitet seine Lebensstellung von seinen Eltern ab und muss daher solche Einschränkungen hinnehmen (BGH 6.2.2002 – XII ZR 20/00, NJW 2002, 1269).

Ist ein Unterhaltsverpflichteter überschuldet, kann die Obliegenheit bestehen, ein **Verbraucherinsolvenz-** **19** **verfahren** einzuleiten (BGH 23.2.2005 – XII ZR 114/03, NJW 2005, 1279). Durch die Restschuldbefreiung nach § 300 InsO muss eine dauerhafte Sicherung des Mindestunterhalts erreichbar sein (s. → *Obliegenheit zur Verbraucherinsolvenz* Rn 4 ff). Diese Obliegenheit besteht gegenüber Unterhaltsansprüchen minderjähriger Kinder und privilegierter Volljähriger (BGH 12.12.2007 – XII ZR 23/06, NJW 2008, 851). Beim **Trennungs- und nachehelichem Unterhalt** besteht keine derartige Obliegenheit (s. → *Obliegenheit zur Verbraucherinsolvenz* Rn 9 ff). Bei der Unterhaltsberechnung ist als verfügbares Einkommen der nach § 100 InsO ermittelte Betrag zu berücksichtigen. Die Verbindlichkeiten bleiben außer Betracht.

In derartigen Fällen kann auch der betreuende Elternteil verpflichtet sein, den Barunterhalt ganz oder teil- **20** weise zu übernehmen. Insoweit besteht eine **subsidiäre Haftung** des betreuenden Elternteils (§ 1603 Abs. 2 S. 3 BGB; s. → *Ersatzhaftung* Rn 1, 4; s. → *Kindesunterhalt Minderjähriger* Rn 22 ff).

b) Unterhalt über dem Mindestunterhalt. Ist der Mindestunterhalt sichergestellt, gelten **weniger stren-** **21** **ge Maßstäbe**. Da ein minderjähriges Kind seine Lebensstellung von seinen Eltern ableitet, muss es bei der Unterhaltshöhe Einschränkungen hinnehmen, die Folge der Begründung von Verbindlichkeiten durch die Eltern sind (BGH 25.10.1995 – XII ZR 247/94, NJW-RR 1996, 321). Auch gegenüber **volljährigen Kindern** gelten weniger strenge Maßstäbe, weil keine gesteigerte Unterhaltsverpflichtung gemäß § 1603 Abs. 2 BGB besteht.

c) Kosten des Umgangs. Nicht abzugsfähig sind grundsätzlich die **Kosten der Ausübung des Umgangs-** **22** **rechts** (BGH 9.11.1994 – XII ZR 206/93, NJW 1995, 717). Das Umgangsrecht ist eine **höchstpersönliche Verpflichtung** des Berechtigten (§ 1684 BGB). Deshalb muss der Unterhaltspflichtige diese Kosten im allgemeinen aus dem Selbstbehalt tragen. Wenn dem Unterhaltspflichtigen das **anteilige Kindergeld** gemäß § 1612 b Abs. 5 BGB ganz oder teilweise nicht zugute kommt und ihm keine über den notwendigen Selbstbehalt hinausgehenden Mittel verbleiben, kann der Selbstbehalt maßvoll erhöht oder das unterhaltsrelevante Einkommen wegen der Umgangskosten gemindert werden (BGH 23.2.2005 – XII ZR 56/02, NJW 2005, 1493). Sowohl die Umgangskosten als auch die Mehrkosten wegen des Lebensunterhalts der Kinder durch die Ausübung des Umgangsrechts können **Ansprüche nach dem SGB II** begründen (LSG Baden-Württemberg – L 13 AS 3318/10, FamRZ 2010, 1774; BSG 2.7.2009 – B 14 AS 75/08, NJW 2010, 2381; s. → *Umgangskosten*).

3. Elternunterhalt

Beim Elternunterhalt gilt der **großzügigste Maßstab**. Der Elternunterhalt ist nach § 1609 Nr. 6 BGB eine **23** der am schwächsten ausgestalteten Unterhaltsverpflichtungen. Gegenüber dem Unterhaltsanspruch der Eltern sind Verbindlichkeiten grundsätzlich zu berücksichtigen. Insbesondere sind Zinsleistungen für eine selbst genutzte Immobilie abzusetzen, die Tilgungsleistungen ggf als ergänzende Altersvorsorge bis zur

Höhe von 5 % des Bruttoeinkommens (BGH 19.3.2003 – XII ZR 123/00, NJW 2003, 2306; s. → *Private Altersvorsorge* Rn 3, 6). Ein strengerer Maßstab gilt allein bei Verbindlichkeiten, die nach **Bekanntwerden der Unterhaltsverpflichtung** eingegangen worden sind (FAKomm-FamR/Kleffmann, Grundlagen der Einkommensermittlung Rn 185).

234. Verbleibensanordnungen

Knahn

I. Einführung...................................... 1
II. Verbleibensanordnungen...................... 3
  1. Verbleibensanordnung zugunsten einer Pflege-
    person.. 3
    a) Abgrenzung zu Maßnahmen nach
      § 1666 BGB................................ 4
    b) Voraussetzungen......................... 5
      aa) Familienpflege........................ 5

      bb) Dauer des Pflegeverhältnisses........... 6
      cc) Herausgabeverlangen.................. 7
      dd) Kindeswohlgefährdung und verfassungs-
         rechtliche Vorgaben.................... 8
  2. Verbleibensanordnung gem. § 1682 BGB....... 12
    a) Bezugspersonen............................ 12
    b) Voraussetzungen.......................... 13
III. Beteiligung im familiengerichtlichen Verfahren. 16

I. Einführung

Die Personensorge umfasst gem. § 1632 Abs. 1 BGB das Recht, die Herausgabe des Kindes von demjenigen zu verlangen, der es den sorgeberechtigten Eltern oder eines allein sorgeberechtigten Elternteils widerrechtlich vorenthält (s. → *Kindesherausgabe*). In Fällen, in denen das Kind sich nicht (mehr) bei dem oder den Aufenthaltsbestimmungsberechtigten aufhält, sondern in einem anderen Familienverband seine Bezugswelt gefunden hat und dem Inhaber der elterlichen Sorge entfremdet ist, kommt es zum Konflikt des Kindeswohls mit den gem. Art. 6 Abs. 2, 3 GG geschützten Elternrechten. Ist das Kindeswohl durch die Herausnahme gefährdet, so müssen die Elternrechte ggf zurücktreten (BT-Drucks. 13/4899, 104). **1**

Das Familiengericht kann in diesen Fällen Verbleibensanordnungen

- zugunsten von Pflegepersonen gem. § 1632 Abs. 4 BGB (s. Rn 3 ff),
- zugunsten desjenigen, dessen für das Kind sorgeberechtigter Ehegatte oder Lebenspartner verstorben oder an der Ausübung der elterlichen Sorge verhindert ist, gem. § 1682 S. 1 BGB (s. Rn 12 ff) oder
- zugunsten der Großeltern und volljährigen Geschwistern gem. § 1682 S. 2 BGB (s. Rn 12 ff)

treffen.

Die Verbleibensanordnung lässt die Widerrechtlichkeit des Vorenthaltens gem. § 1632 Abs. 1 BGB entfallen, so dass die Eltern trotz Sorgerecht die Herausgabe des Kindes nicht verlangen können (NK-BGB/Rakete-Dombek § 1632 BGB Rn 16). **2**

II. Verbleibensanordnungen

1. Verbleibensanordnung zugunsten einer Pflegeperson

Lebt ein Kind in Familienpflege (s. → *Pflegefamilie* Rn 2 ff) kann das Familiengericht auf Antrag einer Pflegeperson oder von Amts wegen anordnen, dass das Kind bei der Pflegeperson verbleibt, wenn und solange das **Kindeswohl durch die Wegnahme gefährdet** würde (§ 1632 Abs. 4 BGB). **3**

a) Abgrenzung zu Maßnahmen nach § 1666 BGB. Stehen die Erziehungsfähigkeit der sorgeberechtigten Eltern und nicht die Bindungen des Kindes zu den Pflegeeltern im Vordergrund der zu beantworteten Frage über den weiteren Aufenthalt des Kindes, kommt eine Verbleibensanordnung nach § 1632 Abs. 4 BGB nicht in Betracht. **Vorrangig** zu einer Verbleibensanordnung ist zu prüfen, ob der Entzug des Sorgerechts nach § 1666 BGB und die Übertragung auf den nichtehelichen Vater nach § 1680 Abs. 3, Abs. 2 S. 2 BGB zugunsten des bislang nicht sorgeberechtigten Vaters in Betracht kommt, wenn aus Gründen des Kindeswohls eine langfristige Entscheidung angezeigt ist (NK-BGB/Rakete-Dombek § 1632 BGB Rn 16). Die Verbleibensanordnung stellt im Verhältnis zum Entzug des Sorgerechts das **mildere Mittel** dar (HK-FamR/Hüßtege BGB § 1632 BGB Rn 3). Eine erlassene Verbleibensanordnung schließt aber nicht die zusätzliche Entziehung des Sorgerechts aus, wenn das Pflegeverhältnis durch die Eltern auf sonstige Art gestört wird und die Pflegeeltern in die Lage versetzt werden sollen, das Kind umfassend zu erziehen (Palandt/Götz § 1632 BGB Rn 19). **4**

5 **b) Voraussetzungen. aa) Familienpflege.** Ein Kind lebt in Familienpflege, wenn es Pflege und Erziehung in einer anderen als seiner Herkunftsfamilie, auch durch eine Einzelperson, erfährt (Palandt/Götz Vor § 1626 BGB Rn 17). Bei der Anwendung von § 1632 Abs. 4 BGB kommt es nicht darauf an, ob ein Pflegeverhältnis im Rahmen der Vollzeitpflege gem. § 33 SGB VIII vorliegt. Eine Verbleibensanordnung kann bei allen **faktischen Pflegeverhältnissen familienähnlicher Art** (s. → *Pflegefamilie* Rn 3 ff) getroffen werden (NK-BGB/Rakete-Dombek § 1632 BGB Rn 17).

6 **bb) Dauer des Pflegeverhältnisses.** Voraussetzung für eine Verbleibensanordnung ist, dass das Kind **seit längerer Zeit** in der Pflegefamilie lebt. Der Begriff ist dabei nicht an absoluten Maßstäben, sondern vielmehr an dem kindlichen Zeitgefühl, der individuellen Bindungsfähigkeit und Bindungsbereitschaft des Kindes und auch an der Erreichbarkeit der Eltern auszurichten. Entscheidend ist nicht die objektive Dauer des Pflegeverhältnisses, sondern die Verwurzelung des Kindes in der Pflegefamilie, die Möglichkeit des Kindes, zu der Pflegeperson und seinem sozialen Umfeld engere Bindungen entwickeln zu können (NK-BGB/Rakete-Dombek § 1630 BGB Rn 14). Es ist daher möglich, dass selbst bei mehrjähriger Familienpflege die Voraussetzung noch nicht erfüllt ist, bei einem einjährigen Kind aber bereits sechs Monate ausreichend sind (Palandt/Götz § 1632 BGB Rn 13).

7 **cc) Herausgabeverlangen.** Zweck der Verbleibensanordnung ist, der Pflegefamilie Schutz vor einem Herausgabeverlangen nach § 1632 Abs. 1 BGB der Eltern zu bieten. Die Vorschrift muss aber auch ergänzend gegenüber Herausgabeverlangen durch Pfleger oder Vormund angewendet werden (Palandt/Götz § 1632 BGB Rn 13). Ein **Rechtsschutzbedürfnis** für den Erlass einer Verbleibensanordnung besteht nicht nur dann, wenn der Inhaber der elterlichen Sorge **ernsthaft die Herausgabe verlangt** (NK-BGB/Rakete-Dombek § 1632 BGB Rn 19), sondern auch schon dann, wenn mit einiger Wahrscheinlichkeit mit dem Herausgabeverlangen des Sorgeberechtigten zu rechnen ist (OLG Brandenburg 9.3.2006 – 15 WF 103/06, FamRZ 2006, 1132) oder der Sorgeberechtigte nicht zu einer verbindlichen Erklärung bezüglich des Verbleibens bereit ist (OLG Celle 25.8.2006 – 10 UF 127/06, FamRZ 2007, 659).

8 **dd) Kindeswohlgefährdung und verfassungsrechtliche Vorgaben.** Voraussetzung für eine Verbleibensanordnung ist gem. § 1632 Abs. 4 BGB, dass durch die Wegnahme infolge eines Herausgabeverlangens das Kindeswohl gefährdet wäre (s. → *Kindeswohlgefährdung*).

Grundsätzlich ist eine gerichtliche Entscheidung, die die Trennung von Eltern und Kind aufrechterhält, mit den in Art. 6 Abs. 2, 3 GG garantierten Elternrechten nur dann vereinbar, wenn neben der Kindeswohlgefährdung ein **schwerwiegendes, nicht zwingend verschuldetes Fehlverhalten** der Eltern vorliegt (BVerfG 23.8.2006 – 1 BvR 476/04, FamRZ 2006, 1593). Das elterliche Fehlverhalten muss so schwer wiegen, dass das Kind in seinem körperlichen, geistigen oder seelischen Wohl **nachhaltig gefährdet** ist. Die Trennung darf daher nur unter strikter Beachtung des Grundsatzes der Verhältnismäßigkeit erfolgen, welchem bei Fällen nach § 1666 BGB durch die Regelung des § 1666 a BGB Rechnung getragen wird (BVerfG 17.2.1982 – 1 BvR 188/80, FamRZ 1982, 567).

9 Die Besonderheit der Verbleibensanordnung ist aber, dass sie nur dann zum Tragen kommt, wenn das Pflegeverhältnis längere Zeit (s. Rn 6) andauert und damit auch die Trennung bereits längere Zeit besteht. Die Aufrechterhaltung der Trennung wiegt dabei hinsichtlich der Eingriffsintensität gleichermaßen schwer wie die Trennung selbst. Allerdings ist nun aufgrund der Dauer nicht mehr hauptsächlich auf die Trennung von den Eltern, sondern auf die Wegnahme von den Pflegeeltern abzustellen (NK-BGB/Rakete-Dombek § 1632 BGB Rn 20).

Eine Verbleibensanordnung gem. § 1632 Abs. 4 BGB kann daher in Ausnahme zu den oben genannten Grundsätzen **allein aufgrund der Dauer des Pflegeverhältnisses** getroffen werden, wenn bei Herausgabe des Kindes an seine Eltern eine **schwere und nachhaltige Störung** des körperlichen oder seelischen Wohlbefindens des Kindes zu erwarten ist (BVerfG 17.10.1984 – 1 BvR 284/84, FamRZ 1985, 39). Die Trennung von der Pflegeperson, die regelmäßig eine erhebliche psychische Belastung bedeutet, kann allein aber nicht ausreichen, eine Verbleibensanordnung zu rechtfertigen, weil andernfalls die Zusammenführung von

Kind und Eltern immer dann ausgeschlossen wäre, wenn das Kind seine „sozialen Eltern" gefunden hätte (BVerfG 1.3.1990 – 1 BvR 1603/89, FamRZ 1990, 487).

Zwar können Elternrechte gem. Art. 6 Abs. 1, 3 GG zum Schutz des Pflegefamilienverbundes auch Pflege- **10** eltern zugutekommen. Im Verhältnis zu dem grundrechtlichen Schutz der Eltern haben diese aber geringeres Gewicht, so dass den Pflegeeltern grundsätzlich zuzumuten ist, den mit der Trennung verbundenen Verlust zu ertragen. Ein Verstoß gegen die Grundrechte der Pflegeeltern aus Art. 6 Abs. 1, 3 GG kann ausnahmsweise angenommen werden, wenn die Pflegeeltern während einer jahrelangen Dauerpflege das Kind betreut haben und andere ins Gewicht fallende Umstände von Verfassungs wegen eine Auflösung der Pflegefamilie verbieten (BVerfG 23.8.2006 – 1 BvR 476/04, FamRZ 2006, 1593).

Voraussetzung für eine verfassungsgemäße Verbleibensanordnung ist es, dass das mit der Sache befasste **11** Gericht das Verfahren derart gestaltet, dass eine möglichst zuverlässige Grundlage für eine am Kindeswohl orientierte Entscheidung erlangt werden kann, die im Einzelfall die Durchsetzung der materiellen Grundrechtspositionen ermöglicht und eine **praktische Konkordanz** der Grundrechte herbeiführt (BVerfG 18.2.1993 – 1 BvR 692/92, NJW 1993, 2671).

2. Verbleibensanordnung gem. § 1682 BGB

a) Bezugspersonen. Gem. § 1682 S. 1 BGB kann eine Verbleibensanordnung zugunsten des Ehegatten ei- **12** nes ursprünglich (mit-)sorgeberechtigten Elternteils ergehen, wenn der Elternteil aufgrund tatsächlicher Gründe an der Ausübung der elterlichen Sorge verhindert ist oder seine elterliche Sorge ruht (s. → *Ruhen des Sorgerechts*) und der andere Elternteil die elterliche Sorge gem. § 1678 BGB alleine ausübt. Gleiches gilt, wenn der bislang (mit-)sorgeberechtigte Elternteil verstorben ist und der andere Elternteil die elterliche Sorge gem. §§ 1680, 1682 BGB alleine ausübt.

Eine Verbleibensanordnung kann unter den genannten Voraussetzungen auch zugunsten eines Lebenspartners, der Großeltern oder volljähriger Geschwister ergehen (§ 1682 S. 2 BGB), hingegen nicht zugunsten eines nichtehelichen Lebensgemeinschaftspartners (NK-BGB/Kleist § 1682 BGB Rn 2).

b) Voraussetzungen. Voraussetzung für eine Verbleibensanordnung nach § 1682 BGB ist, dass das Kind **13** **längere Zeit** in dem gemeinsamen Haushalt des Elternteils und der genannten Personen gelebt hat. Bereits aus der Überschrift des § 1682 BGB „Verbleibensanordnung zugunsten von Bezugspersonen" ist ersichtlich, dass das Zusammenleben des Kindes im Haushalt des (bis dato) sorgeberechtigten Elternteils und der anderen Person dazu geführt haben muss, dass diese zur **Bezugsperson** geworden ist (NK-BGB/Kleist § 1682 BGB Rn 3). Der im Rahmen der Verbleibensanordnung gem. § 1632 Abs. 4 BGB (s. Rn 6) dargelegte Maßstab gilt auch hier. Entscheidend ist daher nicht die objektive Dauer des Zusammenlebens, sondern die Verwurzelung des Kindes in dem Haushalt, die Möglichkeit des Kindes, zu der anderen Person und seinem sozialen Umfeld engere Bindungen entwickeln zu können.

Ein **Rechtsschutzbedürfnis** für eine Verbleibensanordnung nach § 1682 BGB liegt wenigstens vor, wenn **14** mit einiger Wahrscheinlichkeit mit dem Herausgabeverlangen des Sorgeberechtigten zu rechnen ist (s. Rn 7).

Voraussetzung für eine Verbleibensanordnung ist außerdem, dass durch die Wegnahme infolge eines Her- **15** ausgabeverlangens **das Kindeswohl gefährdet** wäre (s. → *Kindeswohlgefährdung* Rn 8 ff). Da es sich um dieselbe Eingriffsintensität handelt, sind die oben dargestellten **verfassungsrechtlichen Vorgaben** (s. Rn 8 ff) ebenfalls einzuhalten.

III. Beteiligung im familiengerichtlichen Verfahren

Pflege- und Bezugspersonen, die eine Verbleibensanordnung gem. § 1632 Abs. 4 oder § 1682 BGB bean- **16** tragen, sind als **Antragssteller** immer **Verfahrensbeteiligte** gem. § 7 Abs. 1 FamFG. Sie sind gem. § 34 Abs. 1 FamFG **persönlich anzuhören**, wenn dies zur Gewährleistung ihres rechtlichen Gehörs erforderlich

ist. Pflegepersonen sind gem. § 161 Abs. 2 FamFG stets (aber nicht zwingend persönlich) anzuhören (s. →
Pflegefamilie Rn 22).

17 Wurde das Verfahren ohne Antragstellung durch Pflege- oder Bezugspersonen **von Amts wegen** betrieben
(etwa durch eine Anregung des Jugendamts), ergibt sich deren Beteiligtenstellung nicht aus § 7 Abs. 2 Nr. 1
FamFG, da eine unmittelbare Beeinträchtigung eines subjektiven Rechts (HK-ZPO/Kemper § 7 FamFG
Rn 7) nicht vorliegt. Für Pflegepersonen bleibt die Möglichkeit der Kann-Beteiligung gem. §§ 7 Abs. 3,
161 Abs. 1 FamFG (s. → *Pflegefamilie* Rn 21). Da die Verbleibensanordnung zugunsten von Pflege- und
Bezugspersonen jedenfalls deren Bereitschaft zur weiteren Pflege und Erziehung des Kindes voraussetzt,
wird eine Anhörung im Rahmen der Amtsaufklärung gem. § 26 FamFG unumgänglich sein. Eine Beteiligung folgt daraus aber nicht (§ 7 Abs. 4 FamFG).

18 Die **Eltern** sind gem. § 7 Abs. 2 Nr. 1 FamFG stets als Verfahrensbeteiligte hinzuzuziehen, da in ihre Rechte eingegriffen wird.

235. Verbraucherpreisindex

Caspary

Nach dem Bundesgerichtshof darf der nur scheinbare bzw unechte Zugewinn, der sich allein aus der nominellen Wertsteigerung infolge der Geldentwertung ergibt, beim Zugewinnausgleich nicht berücksichtigt werden. Um diesen scheinbaren Zugewinn zu eliminieren, muss das Anfangsvermögen (s. → *Anfangsvermögen* Rn 22 f)mit dem Endvermögen vergleichbar gemacht werden, indem es mithilfe des vom Statistischen Bundesamt veröffentlichten allgemeinen Verbraucherpreisindexes für Deutschland hochgerechnet wird, und zwar nach der **Formel** Anfangsvermögen mal Preisindex, der für den Stichtag Endvermögen maßgeblich ist, geteilt durch den Preisindex, der für den Stichtag Anfangsvermögen maßgeblich ist (BGH 13.10.1983 – IX ZR 106/82, FamRZ 1984, 31; 14.11.1973 – IV ZR 147/72, BGHZ 61, 385). Nach allgemeiner Meinung soll es genügen, den Jahresindex anzugeben. Genauer ist allerdings der Monatsindex. Vor allen Dingen bei größeren Ausgleichsbeträgen können sich erhebliche Differenzen ergeben. **1**

Vorgeschlagen wird, bei **Immobilien** nicht den Verbraucherpreisindex, sondern den Baukostenindex heranzuziehen, da dieser die Wertentwicklung bei Immobilien genauer abbilde (Kogel Rn 147 ff). Das ist erwägenswert (Haußleiter/Schulz Kap. 1 Rn 60). Geht es um im Ausland belegene Vermögenswerte, ist der dortige Kaufkraftschwund für die Hochrechnung maßgeblich (AG Bad Säckingen 23.10.1995 – 2 F 112/91, FamRZ 1997, 611). **2**

Vorsicht ist geboten, wenn das **Anfangsvermögen vor 1991** erworben worden ist. Das Statistische Bundesamt hat im Januar 2000 die bis dahin gültigen Indices für das frühere Bundesgebiet und die neuen Bundesländer für ungültig erklärt und durch den einheitlich für das gesamte Bundesgebiet geltenden allgemeinen Verbraucherpreisindex ersetzt, und zwar rückwirkend ab 1991. Für Erwerbsvorgänge vor 1991 muss daher noch auf die alten Verbraucherpreisindices für das alte Bundesgebiet und die neuen Bundesländer abgestellt werden, wobei die Umrechung in mehreren Schritten erfolgen muss, indem die verschiedenen Indices hintereinander geschaltet werden (vgl zur Berechnung Kogel Rn 155 ff; Naucke/Lömker NJW 2003, Heft 30, S. XIV; Gutdeutsch FamRZ 2003, 1061). **3**

Aber auch wenn das Anfangsvermögen nach 1991 erworben worden ist, kann es im Einzelfall für den nicht über Anfangsvermögen verfügenden Ehegatten günstiger sein, mit den verketteten Indices zu rechnen, insbesondere wenn der **Vermögenserwerb in den neuen Bundesländern** erfolgte. Hier sind die Abweichungen erheblich, weil der Verbraucherpreisindex am Anfang zwar niedriger als in den alten Bundesländern lag, dann aber deutlich stärker angestiegen ist (vgl zu den Einzelheiten Kogel Rn 158 ff; OLG Jena 8.11.2004 – 1 WF 309/02, FamRZ 2005, 1186; aA OLG Brandenburg 16.2.2004 – 10 WF 20/04, FamRZ 2006, 624). **4**

Streitig ist, ob auch **negatives Anfangsvermögen indexiert** werden muss. Die hM bejaht dies unter Hinweis darauf, dass Schulden im Anfangsvermögen nicht gleich belastend sind wie im Endvermögen, da der mit dem Schuldenabtrag verbundene Konsumverzicht aufgrund der Geldentwertung am Ende geringer als am Anfang der Ehe ausfalle (Gutdeutsch FPR 2009, 277; Götsche ZFE 2009, 277; Heiß FamFR 2009, 1; Büte NJW 2009, 2776; MüKo/Koch § 1376 BGB Rn 11; JH/Jaeger § 1376 BGB Rn 25). Die Gegenansicht stellt darauf ab, dass Schulden mit der Geldentwertung nicht wachsen und lediglich nominal zurückzuzahlen seien (Klein FuR 2010, 122). Allerdings soll durch die Indexierung nicht die reale Wertentwicklung eines einzelnen Vermögensgegenstandes erfasst, sondern Anfangs- und Endvermögen vergleichbar gemacht werden. Das spricht dafür, auch negatives Anfangsvermögen, also Schulden, zu indexieren (vgl Gutdeutsch FPR 2009, 277). **5**

6   Soweit Schenkungen, Erbschaften und Ausstattungen nach § 1374 Abs. 2 BGB dem Anfangsvermögen hin-
    zuzurechnen sind, ist für die Indexierung auf den am **Tag der Zuwendung** geltenden Verbraucherpreisin-
    dex abzustellen (BGH 20.5.1987 – IVb ZR 62/86, FamRZ 1987, 791). Sodann ist der indexierte Wert mit
    dem indexierten Anfangsvermögen zusammenzurechnen. Entsprechend ist für den unwahrscheinlichen Fall
    zu verfahren, dass negatives privilegiertes Vermögen vorliegt.

236. Vereinbarungen mit Auslandsbezug

Reetz

I. Ehewirkungsstatut 1
  1. Allgemeines 1
  2. Voraussetzungen und Anwendungsbereich 2
II. Güterstatut 7
  1. Allgemeines 7
  2. Rechtswahl nach Art. 15 Abs. 2 u. 3 EGBGB 10
  3. Rechtswahl nach
    Art. 15 Abs. 2 Nr. 1 u. 2 EGBGB 17

4. Beschränkte Rechtswahl nach Art. 15 Abs. 2
   Nr. 3 EGBGB (unbewegliches Vermögen) 19
5. Güterrechtsregister 22
III. Versorgungsausgleich (zugleich „Scheidungssta-
   tut") 23
IV. Nachehelicher Unterhalt 32

I. Ehewirkungsstatut

1. Allgemeines

Nach Art. 14 Abs. 2 u. 3 EGBGB können die Ehegatten – unter äußerst engen Voraussetzungen – für die **1** allgemeinen Wirkungen ihrer Ehe („**Ehewirkungsstatut**") das maßgebliche Recht wählen. Die inländisch vorgenommene Rechtswahl bedarf der **notariellen Beurkundung nach § 1410 BGB** (Art. 14 Abs. 4 S. 1 EGBGB) bei **gleichzeitiger Anwesenheit der Beteiligten**, was allerdings rechtsgeschäftliche Vertretung nicht ausschließt (Palandt/Thorn Art. 14 EGBGB Rn 14). Die Nichteinhaltung der Form führt nach § 125 BGB insgesamt zur Nichtigkeit der Rechtswahl (OLG Düsseldorf 29.11.1994 – 1 UF 47/94, FamRZ 1995, 932). Die Wahlmöglichkeiten nach Art. 14 Abs. 2 u. 3 EGBGB verstehen sich als Ergänzung zu Art. 14 Abs. 1 EGBGB, also als Ergänzung der gesetzlichen Anknüpfungsleiter. Die Wahl des Ehewirkungsstatuts ist im Übrigen nur einheitlich für alle allgemeinen Ehewirkungen möglich; die Wahl einzelner, ggf günstigerer Ehewirkungen ist nicht möglich. Für die Rechtswahl der Namensführung der Ehegatten gilt Art. 10 Abs. 2 EGBGB und für die des Familiennamens der ehegemeinsamen Kinder wiederum Art. 10 Abs. EGBGB. Die ehevertraglich herbeigeführte Rechtswahl unterliegt den **Grundsätzen der richterlichen Inhaltskontrolle**.

2. Voraussetzungen und Anwendungsbereich

Der enge Anwendungsbereich der vertraglichen Rechtswahl ist unter den nachfolgenden **Voraussetzungen 2** eröffnet:

- Wahl des Staates der **gemeinsamen Staatsangehörigkeit** (auch wenn bei einem Ehegatten nicht die effektive) und nicht bereits eine Anknüpfung nach Art. 14 Abs. 1 Nr. 1 EGBGB gegeben ist.
- Wahl des Staates, dem **einer der Ehegatten angehört** und nicht bereits eine Anknüpfung nach Art. 14 Abs. 1 EGBGB vorliegt und keiner von beiden dem Staat angehört, in dem beide den gewöhnlichen Aufenthalt haben.
- Wahl des Staates, dem **einer der Ehegatten angehört** und nicht bereits eine Anknüpfung nach Art. 14 Abs. 1 Nr. 1 EGBGB vorliegt und die Ehegatten ihren gewöhnlichen Aufenthalt nicht in demselben Staat haben.

Die Rechtswahl kann ohne Vorliegen der vorgenannten Voraussetzungen **vorsorglich** zu einem vorverla- **3** gerten Zeitpunkt vorgenommen werden (Palandt/Thorn Art. 14 EGBGB Rn 11). Im Übrigen erlangt die Wahl **Wirksamkeit ab dem Zeitpunkt der Vornahme** für die Zukunft. Die Rechtswahl verliert ihre Wirkung, wenn die Ehegatten eine gemeinsame Staatsangehörigkeit erlangen (Palandt/Thorn Art. 14 EGBGB Rn 15).

Der Anwendungsbereich der Rechtswahl zu den allgemeinen Ehewirkungen betrifft **direkt** das Recht der **4** ehelichen Lebensgemeinschaft (auch das Recht der sog. Morgengabe – BGH 9.12.2009 – XII ZR 107/08, FamRZ 2010, 537), der sog. Schlüsselgewalt, der Auskunftsrechte, der Zuweisung von Haushaltsgegenständen und der Ehewohnung. **Indirekt** beeinflusst die Rechtswahl das Ehegüterstatut (Art. 15 EGBGB), das Versorgungsausgleichsstatut (Art. 17 Abs. 3 EGBGB), das Unterhaltsstatut (Art. 18 Abs. 4, 17 Abs. 1

EGBGB), das Abstammungsstatut (Art. 19 Abs. 1 EGBGB), die Annahme eines Kindes (Art. 22 EGBGB) und ganz allgemein das Scheidungsstatut (Art. 17 Abs. 1 EGBGB)

5 Da der **Notar** regelmäßig das ausländische Ehewirkungsrecht inhaltlich nicht kennt und beurkundungsrechtlich auch nicht kennen muss (§ 17 Abs. 3 BeurkG), kann er nicht zu den Rechtsfolgen der Beendigung des ausländischen Ehewirkungsrechts beraten und belehren. Den Notar treffen keine Belehrungspflichten, inwieweit die Rechtswahl in das deutsche Recht im Ausland, insbesondere nach dem Recht, aus dem heraus gewechselt werden soll, anerkannt wird. Natürlich hat der Notar über das deutsche Ehewirkungsrecht in vollem Umfang zu beraten (§ 17 Abs. 1 u. 2 BeurkG).

▶ **Muster: Vorsorgende Rechtswahl nach Art. 14 Abs. 3 S. 1 Nr. 2 EGBGB, weil der gewöhnliche Aufenthalt zurzeit der Eheschließung ungesichert ist (allgemeine Ehewirkungen gem. Art. 14 Abs. 1 Nr. 2 EGBGB)**

Teil I Sachstand

Die Beteiligten erklärten zunächst:

Wir beabsichtigen, die Ehe miteinander zu schließen. Herr ... besitzt ausschließlich die deutsche Staatsangehörigkeit; Frau ... ausschließlich die österreichische Staatsangehörigkeit. Herr ... wird voraussichtlich zum Zeitpunkt der Eheschließung seinen Wohnsitz und seinen gewöhnlichen Aufenthalt in der Bundesrepublik Deutschland in Köln, Frau ... ihren Wohnsitz und ihren gewöhnlichen Aufenthalt jedoch in der Republik Österreich in Salzburg innehaben.

Wir wollen eine Rechtswahl dahin gehend treffen, dass für die **allgemeinen Wirkungen** unserer künftigen Ehe möglichst weitgehend das Recht der Bundesrepublik Deutschland Anwendung findet.

Teil II Ehevertrag

Wir schließen folgenden **Ehevertrag**:

§ 1 Rechtswahl zu den allgemeinen Wirkungen unserer Ehe

(1) Wir wählen hiermit gemäß Art. 14 Abs. 3 S. 1 Nr. 2 EGBGB für die allgemeinen Wirkungen unserer Ehe das Recht der Bundesrepublik Deutschland, also deutsches Recht.

Diese Rechtswahl ist zulässig, weil wir verschiedene Staatsangehörigkeiten besitzen und unseren gewöhnlichen Aufenthalt zum Zeitpunkt unserer Eheschließung voraussichtlich nicht in demselben Staat haben.

(2) Der Notar hat uns darüber belehrt, dass wir für den Fall, dass wir unseren gemeinsamen gewöhnlichen Aufenthalt zum Zeitpunkt der Eheschließung in der Bundesrepublik Deutschland haben, die allgemeinen Wirkungen unserer Ehe vom Zeitpunkt unserer Eheschließung ab gemäß Art. 14 Abs. 1 Ziff. 2 EGBGB dem Recht der Bundesrepublik Deutschland unterliegen.

(3) Die vorstehend jeweils getroffene Rechtswahl soll nach Möglichkeit auch in jedem Ausland wirken.

(4) Der Notar hat uns darauf hingewiesen,

– welche Regelungsbereiche vom Ehewirkungsstatut erfasst werden,
– dass der Notar ausländische Rechtsordnungen nicht kennen muss, er über den Inhalt des durch Rechtswahl ausgeschalteten fremden Rechts nicht belehrt und insoweit auch keine Beratung oder Betreuung übernommen hat,
– dass die Wirkungen einer Rechtswahl nach Art. 14 Abs. 3 S. 2 EGBGB enden, wenn die Ehegatten eine gemeinsame Staatsangehörigkeit erlangen,
– dass die Rechtswahl mittelbar Auswirkungen auf das Recht der Scheidung und der Scheidungsfolgen einschließlich des nachehelichen Unterhalts und des Versorgungsausgleichs haben kann,
– dass die Rechtswahl zu den allgemeinen Ehewirkungen grundsätzlich keinen Einfluss auf das eheliche Güterrecht hat,
– dass die Rechtswahl in das Güterrechtsregister eingetragen werden kann,
– dass sich die Rechtswahl nicht auf das Namensrecht und nicht auf das Kindschaftsstatut bezieht,
– dass die Rechtswahl außerhalb der Bundesrepublik Deutschland möglicherweise keine Anerkennung finden wird. ◀

Eine Rechtswahl nach Art. 14 Abs. 3 EGBGB hat in der Praxis eine gewisse Bedeutung, wenn Ehegatten 6
mit unterschiedlicher Staatsangehörigkeit ihren gemeinsamen gewöhnlichen Aufenthalt zunächst in einem
dritten Staat haben, die Anwendung des Rechts dieses Staates (nach Art. 14 Abs. 1 Nr. 2 EGBGB) aber
nicht gewünscht wird, etwa weil die Ehegatten zu einem absehbar späteren Zeitpunkt nach Deutschland zurückkehren wollen.

▶ **Muster: Rechtswahl nach Art. 14 Abs. 2 oder Abs. 3 EGBGB**

Teil I Sachstand

Die Beteiligten erklärten zunächst:

Der Ehemann ist deutscher Staatsangehöriger, die Ehefrau ist französische Staatsangehörige. Die Ehefrau
ist der deutschen Sprache mächtig.

Wir haben vor einem Monat in Brasilien die Ehe geschlossen; wir haben dort unseren gemeinsamen gewöhnlichen Aufenthalt. Nach Beendigung unserer beruflichen Tätigkeit in Brasilien beabsichtigen wir, in
die Bundesrepublik Deutschland zurückzukehren.

Wir gehen davon aus, dass die allgemeinen Wirkungen unserer Ehe dem brasilianischen Recht unterliegen.

Wir wünschen für die **allgemeinen Wirkungen unserer Ehe** die Anwendung deutschen Rechts.

Teil II Ehevertrag

Wir schließen folgenden **Ehevertrag**:

§ 1 Rechtswahl zu den allgemeinen Wirkungen unserer Ehe

(1) Wir wählen für die allgemeinen Wirkungen unserer Ehe das Recht der Bundesrepublik Deutschland.
Uns ist bekannt, dass die Wirkungen der Rechtswahl enden, wenn wir eine gemeinsame Staatsangehörigkeit erlangen.

(2) Unabhängig von der vorstehenden Rechtswahl wählen wir für die güterrechtlichen Wirkungen unserer Ehe das Recht der Bundesrepublik Deutschland. Wir wollen im gesetzlichen Güterstand der Zugewinngemeinschaft nach deutschem Recht leben. Über die Bedeutung des Güterstandes der Zugewinngemeinschaft sind wir vom Notar belehrt worden.

(3) Diese Rechtswahl soll nach Möglichkeit nicht nur im Inland wirken. Der Notar hat uns darauf hingewiesen, dass er keine Aussage darüber machen kann, ob die vorstehenden Vereinbarungen auch in dem
Staat, in dem wir unseren gewöhnlichen Aufenthalt haben, insbesondere auch im Fall einer Scheidung
der Ehe, als gültig anerkannt werden.

(4) Der Notar hat uns darauf hingewiesen, ... ◀

II. Güterstatut

1. Allgemeines

Die **güterrechtlichen Wirkungen der Ehe** unterliegen nach Art. 15 Abs. 1 EGBGB dem zum Zeitpunkt 7
der Eheschließung für die allgemeinen Wirkungen der Ehe maßgebenden Recht (**Ehewirkungsstatut**). Damit ist insoweit auf die „Anknüpfungsleiter" nach Art. 14 Abs. 1 EGBGB verwiesen. Die Art der zeitpunkt-
bezogenen Verweisung schließt eine Anknüpfung an die **letzte gemeinsame Staatsangehörigkeit** oder den
letzten gemeinsamen gewöhnlichen Aufenthalt aus.

Maßgebend ist vielmehr: 8

– die gemeinsame **effektive Staatsangehörigkeit**,
– hilfsweise der **gewöhnliche Aufenthalt beider Ehegatten**,
– hilfsweise zuletzt das Recht der gemeinsamen **engsten Verbindung**,

jeweils bei der Eheschließung.

9 Das einmal wirksam begründete Güterrechtsstatut bleibt grundsätzlich unwandelbar bestehen, und zwar selbst dann, wenn die Staatsangehörigkeit wechselt oder der Wohnsitz oder der gewöhnliche Aufenthalt verlegt wird (**Unwandelbarkeit des Güterstatuts**). Dies bedeutet, dass ein später, nämlich nach Begründung des Güterstatus eingebürgerter Ausländer, der bei seiner Heirat in seinem Heimatland wohnte, das ausländische Güterrechtsstatut behält und auch an dessen Rechtsentwicklung teilnimmt (vgl Langenfeld, Handbuch, 6. Aufl. 2011, Rn 376).

2. Rechtswahl nach Art. 15 Abs. 2 u. 3 EGBGB

10 Nach Art. 15 Abs. 2–4 EGBGB können die Ehegatten anstelle des gesetzlichen Güterrechtsstatuts **ehevertraglich** und **beurkundungspflichtig** das Recht desjenigen Staates wählen,

– dem einer von ihnen angehört,
– in dem einer von ihnen seinen gewöhnlichen Aufenthalt hat,
– in dem sich unbewegliches Vermögen befindet (**Recht des Lageorts**).

Mit Wirkung für die Zukunft kann die Rechtswahl jederzeit aufgehoben oder geändert werden.

11 Die in Deutschland vorgenommene Rechtswahl bedarf, wie die Wahl des Ehewirkungsstatuts, der **notariellen Beurkundung nach § 1410 BGB** (Art. 15 Abs. 3, 14 Abs. 4 EGBGB), also der Beurkundung bei **gleichzeitiger Anwesenheit der Beteiligten**, was wiederum Vertretung nicht ausschließt (Palandt/Thorn Art. 15 EGBGB Rn 23).

12 In der Praxis wird die Rechtswahl regelmäßig mit weiteren typischen Vereinbarungen aus dem Bereich vorsorgender oder scheidungsbezogener Eheverträge verbunden. Eine isolierte Rechtswahl, ohne weitere ehevertragliche Regelungen, findet gelegentlich im Anwendungsbereich des Art. 15 Abs. 2 Nr. 3 EGBGB beim Erwerb von Immobilien statt.

13 Die Rechtswahl bewirkt, dass sich sämtliche, und nicht etwa nur selektiv günstige, (güterrechtliche) Wirkungen der Ehe nach dem Recht des gewählten Staates richten. Wählen die Ehegatten wirksam deutsches Recht, gilt das gesamte Ehegüterrecht nach dem BGB, einschließlich des Ehevertragsrechts.

14 Der **Statutenwechsel** kann **nur mit Wirkung für die Zukunft** und nicht mit Wirkung auf einen Zeitpunkt vor Beurkundung gewählt werden. Wird – wie zumeist – deutsches Güterrecht gewählt, unterfällt auch das beim Statutenwechsel bereits vorhandene Vermögen dem deutschen Güterstand. Lebten die Ehegatten in einem ausländischen Güterstand, der gütergemeinschaftliche Züge aufweist, bleibt das nach dem ausländischen Recht entstandene Gesamtgut beim Übergang in die Zugewinngemeinschaft (oder Gütertrennung) nach deutschem Recht als solches unberührt, es müsste auseinandergesetzt werden, falls die Ehegatten dies anstreben. Sonder- und Vorbehaltsgut werden jeweils persönliches Vermögen. Die Ehegatten können bei der Wahl des Güterstandes der Zugewinngemeinschaft nach deutschem Recht als maßgeblichen Stichtag für den Beginn ihrer Zugewinnehe ehevertraglich den Zeitpunkt ihrer Eheschließung vereinbaren. Der Sache nach handelt es sich lediglich um eine zulässige Vereinbarung zur Berechnung des Anfangsvermögens und nicht um eine Vorverlagerung des Güterstandes.

15 Da der Notar das Recht des ausländischen Güterstandes, der durch die Güterstandswahl für die Zukunft beendet wird, regelmäßig inhaltlich nicht kennt und beurkundungsrechtlich auch nicht kennen muss (§ 17 Abs. 3 BeurkG), kann er nicht zum möglichen Entstehen von Ausgleichs- und Auseinandersetzungsansprüchen beraten und belehren. Den Notar treffen auch im Bereich des Güterrechts keine Belehrungspflichten, inwieweit die Rechtswahl in das deutsche Recht im Ausland, insbesondere nach dem Recht, aus dem heraus gewechselt werden soll, anerkannt wird. Soweit solche Fragen, die sich nach ausländischem IPR richten, nicht vorweg von den Ehegatten aufgeklärt worden sind, besteht die Gefahr, dass die Rechtswahl zu einem sog. „hinkenden" Vertrag wird, der im Ausland gerade keine Anerkennung findet. Über diese Gefahren sollte der Notar belehren.

16 Natürlich hat der Notar über den Inhalt und die Wirkungen des deutschen Güterstandes, zumal eines durch seine Urkunde herbeigeführten Wahlgüterstandes, in vollem Umfang zu beraten (§ 17 Abs. 1 u. 2 BeurkG).

3. Rechtswahl nach Art. 15 Abs. 2 Nr. 1 u. 2 EGBGB

Nach Art. 15 Abs. 2 Nr. 1 u. 2 EGBGB können Ehegatten verschiedener Staatsangehörigkeiten eines ihrer **17** beiden Heimatrechte oder das Recht ihres gewöhnlichen (auch beiderseitigen – Langenfeld Rn 383) Aufenthalts wählen. Dies führt vor einem deutschen Notar regelmäßig zur Wahl des deutschen Rechts. Die Motive zur Rechtswahl sind unterschiedlich. Beiderseits ausländische Ehegatten wählen das deutsche Recht, wenn sie in Deutschland bleiben wollen. Bei in Deutschland geborenen Ausländern kann die Bindung zum Land ihrer Staatsangehörigkeit verloren gegangen sein.

Unklar ist die Rechtslage bei sog. **Doppelstaatern**: Können Doppelstaater nach Art. 15 Abs. 2 Nr. 1 **18** EGBGB nur das Recht der nach Art. 5 Abs. 1 S. 1 EGBGB maßgeblichen, effektiven Staatsangehörigkeit zum Zeitpunkt der Eheschließung (JH/Henrich Art. 15 EGBGB Rn 4) oder auch das andere Heimatrecht wählen (so MüKo/Siehr Art. 15 EGBGB Rn 25 ff)? Das Personalstatut des Art. 5 Abs. 1 EGBGB geht jedenfalls davon aus, dass bei Doppelstaatern das Recht desjenigen Staates anzuwenden ist, dem der Doppelstaater, insbesondere durch seinen gewöhnlichen Aufenthalt, am engsten verbunden ist. Ist der Doppelstaater auch Deutscher, geht deutsches Recht vor (Art. 5 Abs. 1 S. 2 EGBGB).

▶ **Muster: Rechtswahl nach Art. 15 Abs. 2 Nr. 1 oder 2 EGBGB für die güterrechtlichen Wirkungen der Ehe; deutsches Recht mit Gütertrennung – ausführlich**

Teil I Sachstand

Die Beteiligten erklärten zunächst:

Wir haben am ... in der Bundesrepublik Deutschland vor dem Standesbeamten in ... die Ehe miteinander geschlossen. Im Zeitpunkt der Eheschließung hatte Herr ... ausschließlich die niederländische Staatsangehörigkeit, Frau ... ausschließlich die deutsche Staatsangehörigkeit. Wir besitzen beide auch derzeit ausschließlich die vorgenannten Staatsangehörigkeiten. Unseren ersten und auch derzeitigen ehelichen Wohnsitz und unseren ersten gemeinsamen gewöhnlichen Aufenthalt zur Zeit der Eheschließung haben wir in der Bundesrepublik Deutschland in ... genommen.

Wir haben bisher einen Ehevertrag nicht abgeschlossen und auch eine Rechtswahl bezüglich der allgemeinen Wirkungen unserer Ehe und/oder der güterrechtlichen Wirkungen unserer Ehe nicht getroffen.

Es ist uns nicht bekannt, in welchem gesetzlichen Güterstand wir leben.

Wir wollen nunmehr für unsere Ehe den Güterstand der Gütertrennung nach dem Recht der Bundesrepublik Deutschland, nämlich nach § 1414 BGB vereinbaren.

Der Notar hat uns darüber belehrt, dass möglicherweise die vorbezeichnete Rechtswahl und die Vereinbarung des Güterstandes der Gütertrennung außerhalb des Geltungsbereichs der Gesetze der Bundesrepublik Deutschland nicht anerkannt wird. Die Möglichkeit, dass der nachstehende Ehevertrag außerhalb des Geltungsbereichs der Gesetze der Bundesrepublik Deutschland nicht anerkannt wird, nehmen wir in Kauf.

II.

Wir schließen hiermit folgenden **Ehevertrag**:

§ 1

(1) Wir wählen hiermit nach Art. 15 Abs. 2 EGBGB für die güterrechtlichen Wirkungen unserer Ehe das Recht der Bundesrepublik Deutschland in der Form des Güterstands der Gütertrennung nach § 1414 BGB.

(2) Hilfsweise und ergänzend, also auch soweit die im vorstehenden Abs. (1) getroffene Rechtswahl nicht reichen sollte, vereinbaren wir hiermit, dass jedem Ehegatten an seinem gegenwärtigen und künftigen Vermögen aller Art, seinen Einkünften oder sonstigem Gut, woraus es auch immer besteht oder bestehen wird, die alleinigen Rechte zustehen, vor allem die auf Eigentum, Verwaltung, Nutznießung und Verfügung; jede Art einer Güter-, Fahrnis- oder Errungenschaftsgemeinschaft, eheliche Gesellschaft, Güterzuwachsgemeinschaft, Zugewinngemeinschaft und dergl., einschließlich aller güterrechtlich bedingten Erbrechtserhöhungen (zB § 1371 Abs. 1 BGB) sind ausgeschlossen; Heiratsgut, Familiengut und dergl. sind ebenfalls ausgeschlossen.

Reetz

(3) Die vorbezeichneten Vereinbarungen gelten für unsere Ehe ohne Rücksicht auf gegenwärtige oder künftige Staatsangehörigkeiten, Wohnsitze, Aufenthalte aller Art und ohne Rücksicht darauf, welches Güterrecht jeweils maßgebend wäre, und einheitlich ohne Rücksicht darauf, wo bewegliche oder unbewegliche Gegenstände aller Art jeweils sich befinden oder befinden werden oder Einkünfte und dergl. erzielt werden.

(4) Wir vereinbaren, dass dieser Ehevertrag nach Möglichkeit auch außerhalb der Bundesrepublik Deutschland gelten soll.

... *(Belehrungen)* ◄

4. Beschränkte Rechtswahl nach Art. 15 Abs. 2 Nr. 3 EGBGB (unbewegliches Vermögen)

19 Praxisrelevant ist die Rechtswahl nach Art. 15 Abs. 2 Nr. 3 EGBGB. Hiernach kann „für unbewegliches Vermögen das **Recht des Lageorts**" (auch „**Belegenheitsort**" oder lex rei sitae), also mit Bezug zu Immobilien in Deutschland, das deutsche Güterrecht gewählt werden. Der Anwendungsbereich liegt vor allem beim Grundstückserwerb durch einseitig oder beidseitig ausländische Ehegatten in Deutschland. Durch eine „vorgeschaltete" Rechtswahl nach Art. 15 Abs. 2 Nr. 3 EGBGB entfallen schwierige Feststellungen zum ausländischen Güterstand, die geeignet sind, die Abwicklung von Grundstückskaufverträgen erheblich zu verzögern. So beispielsweise Probleme zur Feststellung des richtigen Berechtigten der Auflassung und Vormerkung nach §§ 883, 925 BGB oder des in das Grundbuch einzutragenden korrekten Gemeinschaftsverhältnisses nach § 47 Abs. 1 GBO. Im Übrigen empfiehlt die Praxis im Rahmen des Art. 15 Abs. 2 Nr. 3 EGBGB grundsätzlich, die Gütertrennung nach deutschem Recht zu vereinbaren; sie hält es für unangemessen und unzweckmäßig, aus Anlass eines Grundbesitzerwerbs die komplizierte Zugewinngemeinschaft oder gar die noch kompliziertere Gütergemeinschaft zu vereinbaren (so zu Recht Langenfeld Rn 387).

20 Unklar ist hingegen der Begriff des „unbeweglichen Vermögens", weil eine Legaldefinition fehlt. Gemeint sind Grundstücke, grundstücksgleiche Rechte (Erbbaurechte, Wohnungs- und Teileigentum) sowie beschränkte dingliche Rechte an diesen Rechten, also auch Grundpfandrechte. Streitig ist, ob sich der Begriff „unbewegliches Vermögen" auch auf schuldrechtliche Verschaffungsansprüche, auf unbewegliches Vermögen und auf Anteile an Erbengemeinschaften bzw Gesellschaften mit Grundbesitz bezieht (dagegen Palandt/Thorn Art. 15 EGBGB Rn 22; dafür Reithmann DNotZ 2004, 479).

21 Ungeklärt ist zudem die Frage, ob die Rechtswahl nach Art. 15 Abs. 2 Nr. 3 EGBGB nur für das gesamte im gewählten Staat, also für das gesamte in Deutschland belegene unbewegliche Vermögen, getroffen werden kann (so beispielsweise Langenfeld FamRZ 1987, 9, 13), oder ob dies auch selektiv für einzelne Rechte von Fall zu Fall möglich ist (Palandt/Thorn Art. 15 EGBGB Rn 22). Die letztere Ansicht dürfte die herrschende Meinung sein, wobei allerdings einschränkend für die einzelnen in Deutschland belegenen Rechte bei der Wahl deutschen Güterrechts nur ein einheitlicher deutscher Güterstand gewählt werden kann (LG Mainz 14.12.1992 – 8 T 143/92, DNotZ 1994, 564 mit abl. Anm. Schotten).

▶ **Muster: Rechtswahl nach Art. 15 Abs. 2 Nr. 3 EGBGB (Lageort); deutsches Recht mit Gütertrennung – ausführlich**

Teil I Sachstand

Die Beteiligten erklärten zunächst:

Wir haben am ... in Frankreich vor dem Standesbeamten in ... die Ehe miteinander geschlossen. Im Zeitpunkt der Eheschließung und auch derzeit hat Herr ... ausschließlich die deutsche Staatsangehörigkeit und Frau ... ausschließlich die französische Staatsangehörigkeit.

Den ersten ehelichen Wohnsitz und den gemeinsamen gewöhnlichen Aufenthalt zur Zeit der Eheschließung und auch derzeit haben wir in der Bundesrepublik Deutschland in ... genommen.

Wir haben bisher einen Ehevertrag nicht abgeschlossen und auch eine ausdrückliche Rechtswahl für die allgemeinen Wirkungen und/oder die güterrechtlichen Wirkungen unserer Ehe nicht getroffen.

Wir wollen gemeinsam das nachgenannte, in Köln gelegene Grundstück erwerben. Der Notar hat uns darauf hingewiesen, dass er die Frage, ob wir im gesetzlichen Güterstand nach französischem Recht oder im gesetzlichen Güterstand nach deutschem Recht leben, nicht ohne weitere Ermittlungen, insbesondere die Einholung eines Rechtsgutachtens eines Universitätsinstituts für ausländisches und internationales Privatrecht, klären kann, dass aber unabhängig davon eine rechtlich zutreffende Einigung über den Eigentumsübergang (Auflassung) nach vorheriger beschränkter Rechtswahl im Sinne von Art. 15 Abs. 2 Nr. 3 EGBGB möglich ist.

Teil II Ehevertrag

Wir schließen folgenden **Ehevertrag**:

§ 1 Rechtswahl

(1) Wir wählen gemäß Art. 15 Abs. 2 Nr. 3 EGBGB für die güterrechtlichen Wirkungen unserer Ehe für unser gesamtes in der Bundesrepublik Deutschland belegenes, jetziges und zukünftiges unbewegliche Vermögen das deutsche Recht in der Form der Gütertrennung nach § 1414 BGB. Bei diesem Güterstand soll es verbleiben, und zwar nach Maßgabe der jetzt geltenden gesetzlichen Bestimmungen und mit allen zukünftigen Änderungen des Güterstandes der Gütertrennung.

(2) Der Notar hat uns über die Grundzüge des Güterstandes der Gütertrennung sowie insbesondere auch über die mit einer Güterrechtsspaltung verbundenen rechtlichen Probleme belehrt.

(3) Wir beantragen die Eintragung der vorbezeichneten Rechtswahl in das für unseren jeweiligen Wohnsitz zuständige Güterrechtsregister, behalten uns jedoch die Bestimmung für die Einreichung des Antrags vor.

§ 2

Die vorstehenden Vereinbarungen sollen, soweit rechtlich zulässig, jedenfalls mit schuldrechtlicher Wirkung ab Beginn unserer Ehe gelten; soweit nach dem für unsere Ehe bisher geltenden Güterrecht in der Bundesrepublik Deutschland gelegenes unbewegliches Vermögen besteht, gebührt uns dieses ab Beginn unserer Ehe zu Miteigentum je zur Hälfte; wir sind verpflichtet, den dazu etwa notwendigen Vollzug durchzuführen. ◄

5. Güterrechtsregister

Den **Schutz Dritter** bei (Fort-)Geltung eines ausländischen Güterrechtsstatuts in Deutschland gewährt 22 Art. 16 EGBGB. Das ausländische Güterstatut ist wie ein vertragsgemäßer Güterstand zu behandeln; es ist in das Güterrechtsregister **eintragungsfähig**. Anders als bei Eheverträgen ohne Auslandsberührung empfiehlt sich bei Eheverträgen mit Auslandsberührung die Eintragung, um eine etwa nach ausländischem Recht bestehende Publikationspflicht – jedenfalls in Deutschland – zu erfüllen.

III. Versorgungsausgleich (zugleich „Scheidungsstatut")

Fälle zur Anwendung der Sachnormen des **Versorgungsausgleichs mit Auslandsberührung** regelt 23 **Art. 17 Abs. 3 S. 1 EGBGB** über eine Anknüpfung an das **Scheidungsstatut** nach Art. 17 Abs. 1 EGBGB, das nunmehr auch in seinem Wortlaut, nämlich seit dem Inkrafttreten des Anpassungsgesetzes zum EGBGB (Art. 1 des Gesetzes vom 23.1.2013 – BGBl. I, 101) nicht mehr an das **Ehewirkungsstatut** (Art. 14 EGBGB) weiterverweist. Das derart für den Versorgungsausgleich maßgebliche Scheidungsstatut wird allerdings nicht erst seit der innerstaatlichen Umsetzung vom 23.1.2013, sondern bereits **seit dem 21.6.2012** über die EU-Verordnung Nr. 1259/2010 (**Rom III-VO**) bestimmt (s. DNotI-Report 2012, 90; Palandt/Thorn Art. 17 EGBGB Rn 4 a; Kohler/Pintens FamRZ 2011, 1433; Becker NJW 2011, 1543; Helms FamRZ 2011, 1765; Rieck FPR 2011, 498). Sie knüpft nicht mehr an das Recht der Ehewirkungen an und hatte durch ihre Kollisionsnormen die Regelung des Art. 17 Abs. 1 EGBGB aF bereits verdrängt (vgl Art. 4 Rom III-VO). Die Frage der internationalen Zuständigkeit deutscher Gerichte regelt § 102 bzw § 98 Abs. 2 FamFG.

Die Rom III-VO enthält zu der hier allein interessierenden Scheidungsfolge des „Versorgungsausgleichs" 24 keine unmittelbar geltenden Regelungen zur Bestimmung des anwendbaren Rechts (vgl insoweit den Negativkatalog in Art. 1 Abs. 2 lit. e) Rom III-VO). Dass die VO für den Versorgungsausgleich dennoch maßgeblich ist, ist allein eine Folge der Anknüpfung, die durch das deutsche IPR vorgenommen wird (Art. 3 Nr. 1 d) iVm Art. 17 Abs. 3 S. 1 Hs 1EGBGB). Die Anknüpfung über Art. 17 Abs. 3 S. 1 Hs 1 EGBGB ist eine nationale Entscheidung des teilnehmenden Mitgliedstaates Deutschland. Nach der objektiven **Anknüpfungsleiter** des Art. 3 Nr. 1 d) EGBGB iVm Art. 8 Rom III-VO findet ein Systemwechsel vom Vorrang der Anknüpfung an das „**Heimatrecht**" der Ehegatten zum Recht des „**gewöhnlichen Aufenthalts**", also regelmäßig an das **deutsche Recht** statt.

25   Handelt es sich, wie häufig in der notariellen Praxis, bei **beiden Ehegatten** um **ausländische Staatsangehörige mit ausschließlich gemeinsamer Staatsangehörigkeit**, war bis zum 21.6.2012, anders als heute, über Art. 14 Abs. 1 Nr. 1 EGBGB das beiderseitige, gemeinsame Heimatrecht der Eheleute für das Scheidungsstatut und damit auch für das Versorgungsausgleichsstatut maßgebend. Eine Rechtswahl wegen der allgemeinen Wirkungen der Ehe kam, gerade wegen der gemeinsamen Staatsangehörigkeit, von vornherein kaum in Betracht. Nunmehr führt auch diese Ehekonstellation über Art. 3 Nr. 1 d) EGBGB iVm Art. 8 lit. a) Rom III-VO zur Anwendung deutschen Rechts und damit indirekt zum deutschen Versorgungsausgleichsstatut. Eine Anknüpfung an die gemeinsame Staatsangehörigkeit kommt nur noch subsidiär (und wenn keine – nunmehr leicht mögliche – Rechtswahl vorliegt) über Art. 3 Nr. 1 d) EGBGB iVm Art. 8 lit. c) Rom III-VO, also jenseits der vorrangigen **Anknüpfungstatbestände des „gewöhnlichen Aufenthalts"** (= Art. 8 lit. a) u. b) Rom III-VO) in Betracht.

26   Der Versorgungsausgleich ist von dem berufenen deutschen Familiengericht **von Amts wegen** jedoch nicht schon dann durchzuführen, wenn nach dem maßgeblichen Versorgungsausgleichsstatut deutsches Recht anzuwenden ist, sondern nur dann, wenn (**kumulativ**) auch das **Heimatrecht wenigstens eines der Ehegatten den Versorgungsausgleich kennt** (vgl Art. 17 Abs. 3 S. 1 Hs 2 EGBGB). Die Ehegatten sollen sich das deutsche „Teilhabesystem" für Altersvorsorgeanrechte nicht aufzwingen lassen müssen, wenn keines der beiden betroffenen Heimatrechte den Ausgleich in vergleichbarer Weise handhabt. Nach der angepassten Fassung des Art. 17 Abs. 3 EGBGB ist es bei dieser Rechtslage, also der „**Heimatstaatenklausel**", auch nach Inkrafttreten der Rom III-VO verblieben. Damit bleibt trotz der Hinwendung zum Vorrang des „gewöhnlichen Aufenthalts" über die Rom III-VO in einem nicht unerheblichen Umfang die **Bedeutung des „Heimatrechts" der Ehegatten** bestehen. An das „**Kennen" nach Art. 17 Abs. 3 S. 1 Hs 2 EGBGB** sind freilich keine allzu großen Anforderungen geknüpft. Hiervon kann man bereits ausgehen, wenn das dortige Ausgleichsystem innerstaatlich wie ein „schuldrechtlicher Wertausgleich" (vgl §§ 20 VersAusglG) eingeordnet werden könnte und in dem ausländischen Ausgleichsystem wiederum ausländische Anrechte, also im Zweifel auch die deutschen, mitberücksichtigt werden würden (BGH 11.2.2009 – XII ZB 184/04, FamRZ 2009, 681 „Niederlande"). Das Heimatrecht muss die funktional vergleichbaren Regelungen im Sachrecht selbst enthalten. Nicht ausreichend ist allerdings ein **rein unterhalts- oder güterrechtsähnlicher Ausgleich von Altersvorsorgeanrechten**, den viele ausländische Rechtsordnungen funktional bevorzugen.

27   Eine praxisbedeutsame Norm zur Anwendung deutschen Sachrechts jenseits der Anknüpfung an das Scheidungsstatut oder eine Rechtswahl ist **Art. 17 Abs. 3 S. 2 EGBGB** (sog. „regelwidriger Versorgungsausgleich"). Auf **Antrag** eines der Ehegatten, der weder fristgebunden ist, noch zwingend vor oder während des Scheidungsverfahrens gestellt sein muss, ist der Versorgungsausgleich nach deutschem Recht dennoch durchzuführen, wenn einer der Ehegatten, insbesondere der ausgleichspflichtige Ehepartner, inländische („deutsche") Versorgungsanrechte während der Ehe erworben hat, und die Durchführung des Ausgleichs im Hinblick auf die beiderseitigen Verhältnisse der Billigkeit nicht widerspricht (**„Billigkeits- bzw Härtefallprüfung**"). Eine Verjährung nach § 194 Abs. 2 BGB ist ausgeschlossen.

28   Eine **direkte Rechtswahlmöglichkeit** zum Versorgungsausgleichsstatut besteht nach deutschem IPR nicht. Da sich die Wirksamkeit von vertraglichen Regelungen zum Versorgungsausgleich in Fällen mit Auslandsbezug jedoch grundsätzlich nach dem **Scheidungsstatut** richtet, obwohl dieses bei Abschluss eines **vorsorgenden Ehevertrages** naturgemäß noch gar nicht feststeht, kann über eine notariell zu beurkundende Rechtswahl zum Scheidungsstatut (vgl **Art. 46 d Abs. 1 EGBGB iVm Art. 5 u. 7 Rom III-VO**) **indirekt**,

nämlich über Art. 17 Abs. 3 S. 1 EGBGB die Anwendung deutschen Sachrechts herbeigeführt werden. Selbstverständlich ist dies auch in einer **scheidungsbezogenen Vereinbarung** möglich. Eine wirksame **Rechtswahl hat Vorrang** vor der objektiven Anknüpfungsleiter nach Art. 8 lit. a) bis d) Rom III-VO.

Nach Art. 17 Abs. 3 S. 1, 46 d EGBGB iVm Art. 5 Rom III-VO können die Ehegatten dem Umfang nach   29
weiter als bisher das von ihnen bevorzugte **Scheidungsstatut** rechtsgeschäftlich vereinbaren (= **Rechts-wahl**). Dabei kann es sich um das Recht des Staates handeln:

– in dem die Ehegatten zum Zeitpunkt der Rechtswahl ihren **gewöhnlichen Aufenthalt haben** (Art. 5 Abs. 1 a) Rom III-VO), oder
– in dem die Ehegatten **zuletzt** ihren **gewöhnlichen Aufenthalt hatten**, sofern einer von ihnen zum Zeit-punkt der Rechtswahl dort noch seinen gewöhnlichen Aufenthalt hat (Art. 5 Abs. 1 b) Rom III-VO), oder
– dessen **Staatsangehörigkeit** einer der Ehegatten zum Zeitpunkt der Rechtswahl besitzt (Art. 5 Abs. 1 c) Rom III-VO), oder
– in dem sich das **angerufene Gericht** befindet (Art. 5 Abs. 1 d) Rom III-VO).

In einer Urkunde, die eine Rechtswahl umfasst, sollten die Voraussetzungen der Anknüpfung wenigstens kurz dargestellt werden, soweit sie sich nicht aus den sonstigen Angaben entnehmen lassen.

Nach Art. 5 Abs. 2 Rom III-VO ist der Abschluss oder die Änderung einer bereits bestehenden „Rechts-   30
wahlvereinbarung" **jederzeit**, spätestens jedoch bis zum Zeitpunkt der Anrufung des Gerichts, möglich (s. auch Art. 17 Abs. 1 EGBGB aF). Der durch das deutsche Anpassungsgesetz eingeführte **Art. 46 d Abs. 2 EGBGB** hat in zeitlicher Hinsicht die Möglichkeit zur Rechtswahl bis auf den Schluss der mündlichen Verhandlung im ersten Rechtszug verlängert; dies hat Bedeutung für scheidungsbezogene Vereinbarungen, die bis zur Entscheidung über den Versorgungsausgleich sinnvoll sein können. Die Rechtswahl bedarf nach Art. 7 Abs. 1 Rom III-VO lediglich der Schriftform, der Datierung und der Unterzeichnung durch beide Ehegatten. Allerdings gelten vorrangig die schärferen **Formvorschriften** der jeweils teilnehmenden Mit-gliedstaaten, so dass in Deutschland die **notarielle Beurkundung** erforderlich ist. Die **Beurkundungsbe-dürftigkeit** ist durch **Art. 46 d Abs. 1 EGBGB** aufgrund der Ermächtigung in Art. 5 Abs. 3 S. 1 Rom III-VO seit dem 23.1.2013 eingeführt worden.

Durchaus unangenehme Überraschungen kann die Anknüpfungsleiter des Art. 8 Rom III-VO für **aus-   31
schließlich deutsche Ehegatten** herbeiführen, die berufsbedingt oder aus sonst einem beliebigen Grund in das Ausland verziehen und dort ihren Wohnsitz oder gewöhnlichen Aufenthalt nehmen. Haben diese Ehe-gatten zuvor einen **vorsorgenden Ehevertrag** mit Regelungen zum Versorgungsausgleich beurkundet oder wollen sie einen solchen beurkunden lassen, käme es im Fall der Scheidung ohne eine Rechtswahl wegen der **Verlegung des gewöhnlichen Aufenthalts** aus deutscher Sicht und natürlich auch aus der Sicht der teilnehmenden Mitgliedstaaten der Rom III-VO, zur Anwendung des dortigen, also ausländischen Schei-dungsstatuts. Soweit ein deutsches Familiengericht international zuständig wird, hilft im hiesigen Zusam-menhang nur noch der antragsgebundene „regelwidrige Versorgungsausgleich" nach Art. 17 Abs. 3 S. 2 EGBGB. Es ist daher **aus der Sicht des Notars**, der eine Vereinbarung zum Versorgungsausgleich beur-kundet, zu bedenken, ob er nicht – möglicherweise sogar regelmäßig – eine vorsorgliche Rechtswahl zum „gewohnten" deutschen Scheidungsstatut, von dem beispielsweise auch der Getrenntlebenunterhalt ab-hängt, empfiehlt.

▶ **Muster: Vorsorgliche Rechtswahl gem. Art. 17 Abs. 3 S. 1, 46 d EGBGB iVm Art. 5 Abs. 1 Rom III-VO für nicht auszuschließenden „Wegzug" aus Deutschland**

§ 1 Vorsorgliche Rechtswahl zum Scheidungsstatut

(1) Die Beteiligten erklärten zunächst:

Wir wählen hiermit als das auf die Ehescheidung und die Folgen des Getrenntlebens anwendbare Recht bereits heute das Recht der Bundesrepublik Deutschland; dies gilt somit auch für den Versorgungsaus-gleich. Diese Rechtswahl soll insbesondere auch dann Bestand haben, wenn wir unseren gewöhnlichen Aufenthalt in das Ausland verlegen.

(2) Der Notar hat uns über die Folgen einer Rechtswahl zum „Scheidungsstatut" ausdrücklich belehrt; uns ist insbesondere bekannt, dass für den Fall, dass unsere Ehe nicht in Deutschland geschieden wird, auch ausländisches Recht zur Anwendung kommen kann. ◄

IV. Nachehelicher Unterhalt

32 Für das Recht des nachehelichen **Unterhalts mit Auslandsberührung** gilt das Haager Protokoll über das auf Unterhaltspflichten anzuwendende Recht (Haager Unterhaltsprotokoll – HUP). Maßgebende Anknüpfung ist der gewöhnliche Aufenthalt (Art. 3 HUP), soweit nicht die besonderen Regelungen des Art. 5 HUP vorgehen. Zwingend ist die Anwendbarkeit der Grundsätze zur Unterhaltsbemessung nach Bedürftigkeit und Leistungsfähigkeit (Art. 14 HUP). Die ehevertragliche Rechtswahl im Bereich des nachehelichen Unterhalts soll anders als im Hinblick auf Art. 18 Abs. 4 EGBGB aF (vgl Mankowski FuR 1997, 316) im Rahmen des Art. 8 HUP möglich sein.

Reetz

237. Vereinbarungen zum elterlichen Sorge- und Umgangsrecht

Reetz

I. Ausgangslage	1	d) Abreden zum Sorgerecht und „Betreuungs-	
II. Vereinbarungen zur elterlichen Sorge	2	modell" der Eltern	15
1. Gemeinsames elterliches Sorgerecht	2	e) Partielles Sorgerecht aufgrund vertraglicher	
a) Miteinander verheiratete Eltern	2	Vereinbarung	17
b) Nicht miteinander verheiratete Eltern	4	f) Weitergehende Vereinbarungen zum Sorge-	
2. Aufspaltung des Sorgerechts	6	recht	18
3. Alleiniges Sorgerecht eines Elternteils	7	6. Vertretung des minderjährigen Kindes als Teil	
4. Ausnahmsweise kein Sorgerecht der Eltern	9	der Vermögenssorge	21
5. Vertragliche Vereinbarungen zum Sorgerecht	10	a) Grundsatz	21
a) Grundsatz	10	b) Vertretung durch beide Eltern	22
b) „Bestätigende" Abrede in einer Scheidungs-		c) Vertretung durch einen Elternteil	25
folgenvereinbarung	13	III. Vereinbarungen zum elterlichen Umgangsrecht	26
c) Abrede zur Übertragung des Sorgerechts in			
einer Scheidungsfolgenvereinbarung	14		

I. Ausgangslage

Das gültige Recht über das elterliche Sorge- und Umgangsrecht beruht wesentlich auf dem Gesetz zur Reform des Kindschaftsrechts und dem Gesetz zur Stärkung der Rechte des leiblichen, nicht rechtlichen Vaters (KindRG – BGBl. I 1997, 2942 – vgl hierzu Zimmermann DNotZ 1998, 404; G v. 16.4.2013, BGBl. I 2013, 795; Bezüge zur vertraglichen Gestaltung: Wegmann MittBayNot 1998, 308). **1**

II. Vereinbarungen zur elterlichen Sorge

1. Gemeinsames elterliches Sorgerecht

a) Miteinander verheiratete Eltern. Den miteinander verheirateten Eltern steht das Sorgerecht für ihre **2** gemeinschaftlichen Kinder gemeinsam zu; es umfasst sowohl die Personen- als auch die Vermögenssorge. Das Sorgerecht beinhaltet die rechtsgeschäftliche Vertretung des Kindes. Eltern haben im Übrigen nicht nur das Recht, sondern die Pflicht, für das minderjährige gemeinsame Kind zu sorgen (§ 1626 Abs. 1 BGB).

Dauerndes Getrenntleben und/oder Scheidung verändern die einmal begründete gemeinschaftliche Sorge **3** für das gemeinsame Kinder nicht (s. → *Elterliches Sorgerecht* Rn 10), wenn und soweit kein Elternteil einen Antrag zur abweichenden familiengerichtlichen Entscheidung nach § 1671 Abs. 2 BGB stellt. Eine solche Übertragung des Sorgerechts setzt voraus, dass entweder der andere Ehegatte zustimmt und das mindestens vierzehnjährige Kind dem nicht widerspricht (Nr. 1), oder aber es ist zu erwarten, dass die Aufhebung der gemeinsamen Sorge dem Wohl des Kindes am besten entspricht (Nr. 2). Der andere Ehegatte verliert in einem solchen Fall sein gesamtes Sorgerecht; es bleiben ihm nur sein Umgangs- und Auskunftsrecht (§§ 1684, 1686 BGB). Der Bundesgerichtshof verlangt im Übrigen für die Beibehaltung der gemeinsamen Sorge ein Mindestmaß an Konsens- und Kooperationsbereitschaft der Eltern und stellt in einer Gesamtschau darauf ab, welche Auswirkungen die mangelnde Einigungsfähigkeit auf das Wohl und die Entwicklung des Kindes haben wird (BGH 29.9.1999 – XII ZB 3/99, FamRZ 1999, 1646; OLG München 24.7.2001 – 26 UF 664/01, FamRZ 2002, 189). Das Bundesverfassungsgericht spricht von einer „tragfähigen sozialen Beziehung der Eltern" (BVerfG 18.12.2003 – 1 BvR 1140/03, FamRZ 2004, 354).

b) Nicht miteinander verheiratete Eltern. Den **nicht miteinander verheirateten Eltern** steht das Sor- **4** gerecht nur dann gemeinsam zu, wenn sie eine entsprechende **Sorgeerklärung** (s. hierzu Muster nichteheliche Lebensgemeinschaft Rn 15) in notariell oder durch das Jugendamt beurkundeter Form abgeben (§ 1626 a Abs. 1 Nr. 1 BGB) oder einander heiraten (§ 1626 a Abs. 1 Nr. 2 BGB) oder das Familiengericht sie überträgt (§ 1626 a Abs. 1 Nr. 3 BGB). Das Familiengericht überträgt auf Antrag eines Elternteils (zumeist des leiblichen Vaters) die elterliche Sorge oder einen Teil der elterlichen Sorge beiden Eltern gemeinsam, wenn die Übertragung dem Kindeswohl nicht widerspricht; wobei grundsätzlich vermutet wird, dass die gemeinsame elterliche Sorge dem Kindeswohl gerade nicht widerspricht (so die Rechtslage seit dem 19.5.2013 durch Gesetz v. 16.4.2013, BGBl. I 2013, 795, zuvor bereits BVerfG 21.7.2010 – 1 BvR 420/09, NJW 2010, 3008; EGMR 3.12.2009 – 22028/04, FamRZ 2010, 103).

5 Im Falle der **Trennung der nicht miteinander verheirateten Eltern**/Lebenspartner bleibt jedenfalls ein zuvor begründetes, gemeinsames Sorgerecht bestehen; das Alleinentscheidungsrecht in Angelegenheiten des täglichen Lebens steht dem betreuenden Elternteil allein zu (§ 1687 BGB).

2. Aufspaltung des Sorgerechts

6 In den nachfolgenden Fällen kann es zu einer Aufspaltung der grundsätzlich gemeinsamen elterlichen Sorge kommen:

– **§ 1687 Abs. 1 S. 2 u. S. 4 BGB** gibt dem Elternteil, in dessen Obhut sich das Kind mit Zustimmung des anderen Elternteils befindet, die Befugnis zur alleinigen Entscheidung in **Angelegenheiten des täglichen Lebens** (Definition: § 1687 Abs. 1 S. 3 BGB);

– **§ 1628 BGB:** Erzielen die Eltern **in einer einzelnen Angelegenheit** oder in einer bestimmten Art von Angelegenheiten der elterlichen Sorge, deren Regelung für das Kind von Bedeutung ist, kein Einvernehmen, kann das Familiengericht – antragsgebunden – insoweit das Sorgerecht einem Elternteil übertragen.

– **§ 1629 Abs. 1 S. 4 BGB** gewährt jedem Elternteil ein „Notvertretungsrecht" für das Kind **bei Gefahr in Verzug**.

– **§ 1629 Abs. 2 S. 2 BGB** gewährt dem „Obhuts-Elternteil" das alleinige Recht zur Geltendmachung von Unterhaltsansprüchen des minderjährigen Kindes gegen den barunterhaltspflichtigen Elternteil.

3. Alleiniges Sorgerecht eines Elternteils

7 Konstellationen des alleinigen Sorgerechts eines Elternteils können – nachdem zuvor ein gemeinsames Sorgerecht beider Eltern bestand – entstehen, wenn

– der andere, zunächst **sorgeberechtigte Elternteil verstorben** (§ 1680 Abs. 1 BGB; s. → *Elterliches Sorgerecht* Rn 20) oder nach Maßgabe des Verschollenheitsgesetzes für tot erklärt ist (§§ 1677, 1681 Abs. 1 S. 1 BGB);

– einem Elternteil die elterliche Sorge entzogen wird (§ 1680 Abs. 3 1. Alt. BGB);

– die **elterliche Sorge des anderen Elternteils** nach §§ 1673–1675 BGB **ruht** (§ 1678 BGB: „tatsächliche Verhinderung und Ruhen");

– das **Sorgerecht durch das Familiengericht** nach §§ 1671, 1672 BGB bei getrennt lebenden Eltern (§ 1567 BGB) einem Elternteil durch das Familiengericht allein **übertragen** worden ist.

8 Bei **nicht miteinander verheirateten Eltern** ist **allein die Mutter sorgeberechtigt** (§ 1626 a Abs. 1 Nr. 1, Abs. 2 BGB), wenn keine **Sorgeerklärung** abgeben wird (§§ 1626 a ff BGB), die leiblichen Eltern einander nicht heiraten (§ 1626 a Abs. 1 Nr. 2 BGB) und auch kein Antrag eines Elternteils an das Familiengericht zur Herstellung der gemeinsamen Sorge gestellt oder einem solchen Antrag nicht stattgegeben wird (vgl nunmehr § 1626 a Abs. 1 Nr. 3 BGB und zuvor bereits BVerfG 21.7.2010 – 1 BvR 420/09, NJW 2010, 3008). Gem. § 1687 b BGB hat der Ehegatte eines allein sorgeberechtigten Elternteils ein sogenanntes „kleines Sorgerecht" (s. → *Elterliches Sorgerecht* Rn 19).

4. Ausnahmsweise kein Sorgerecht der Eltern

9 Erwirbt das minderjährige Kind Vermögen von Todes wegen oder unter Lebenden unentgeltlich und bestimmt der Erblasser (Zuwendende) nach § 1638 BGB, dass das derart erworbene Vermögen nicht von den an sich vermögenssorgeberechtigten Eltern (oder von einem Elternteil, vgl § 1638 Abs. 3 BGB) verwaltet werden soll, erstreckt sich insoweit das Sorgerecht und die damit verbundene Vertretungsmacht der Eltern nicht auf dieses Vermögen einschließlich dessen Surrogate. Es kommt insoweit zu einem Pflegschaftsfall nach § 1909 Abs. 1 BGB.

5. Vertragliche Vereinbarungen zum Sorgerecht

a) Grundsatz. Grundsätzlich gilt, dass (vertragliche) Vereinbarungen und Abreden der Eltern unter Be- 10
achtung des Kindeswohls auch im Bereich der elterlichen Sorge und des Umgangsrechts zulässig und gewollt sind (s. → *Elterliches Sorgerecht* Rn 11). Insbesondere die **inhaltliche Ausgestaltung der elterlichen Sorge** (und des Umgangsrechts) ist nicht allein oder zuerst eine Angelegenheit scheidungsbezogener
gerichtlicher Entscheidung, sondern grundrechtlich geschütztes Elternrecht (Art. 6 Abs. 3 GG).

Vertraglich kann eine Veränderung des gemeinsamen Sorgerechts nicht herbeigeführt werden. Die Eltern 11
können somit das Sorgerecht nicht übertragen und auch nicht vertraglich darauf verzichten. Statusverände-
rungen bedürfen der familiengerichtlichen Entscheidung. **Vereinbarungen zur inhaltlichen Gestaltung
des Sorgerechts** der Eltern richten sich im Übrigen danach, ob

– gemeinsame elterliche Sorge (§ 1626 BGB) oder
– alleinige elterliche Sorge eines Elternteils

besteht oder herbeigeführt werden soll (vgl auch § 1671 BGB). Ferner ist zu unterscheiden, ob die Eltern
miteinander verheiratet sind oder nicht.

In **qualifizierten Scheidungsfolgenvereinbarungen** zur Herbeiführung einer einvernehmlichen Scheidung 12
(§ 1566 Abs. 1 BGB) sollten die Ehegatten in der Antragsschrift zum Familiengericht nach § 133 Abs. 1
Nr. 2 FamFG entweder übereinstimmend erklären, dass Sorge- und Umgangsrechtsanträge nicht gestellt
werden, weil die Ehegatten (Eltern) über die elterliche Sorge und den Umgang mit dem gemeinsamen Kind
bereits einvernehmlich „Regelungen getroffen haben", oder aber Anträge zu einer abweichenden gerichtlichen Regelung stellen und die **Zustimmung des anderen Ehegatten** hierzu abgeben. Abändernde Erklärungen können im Übrigen ebenfalls Inhalt einer notariellen Scheidungsfolgenvereinbarung sein.

b) „Bestätigende" Abrede in einer Scheidungsfolgenvereinbarung. Zumeist, das heißt im „Normal- 13
fall", bleibt es – wie bereits angedeutet – auch nach einer Trennung und/oder Scheidung der Eltern bei der
gesetzlichen **Regel der gemeinsamen elterlichen Sorge**, wenn eine solche bereits vorher bestand. Irgend-
eine Antragstellung im Rahmen des Scheidungsverfahrens ist nicht erforderlich. Die Ehegatten können allerdings „bestätigende" und „beruhigende" Regelungen in eine qualifizierte Scheidungsfolgenvereinbarung
aufnehmen. Bei der unveränderten Beibehaltung der gemeinsamen elterlichen Sorge können „bestätigende"
Vereinbarungen zudem dazu verwendet werden, die **Angelegenheiten von erheblicher Bedeutung für
das Kind** (§ 1687 Abs. 1 S. 1 BGB) genauer zu definieren. In solchen Angelegenheiten müssen die Eltern
nämlich in jedem Einzelfall gegenseitiges Einvernehmen – unter Beachtung des Kindeswohls – herstellen
(vgl Bergschneider, Verträge in Familiensachen, 4. Aufl. 2010, Rn 255 f, 259 b):

▶ **Muster: Vertragliche Regelungen zur „Bestätigung" des gemeinsamen Sorgerechts in einer
Scheidungsfolgenvereinbarung**

(1) Die elterliche Sorge über das gemeinsame Kind ..., die sowohl die Personen- als auch die Vermögenssorge umfasst, steht uns gemeinsam zu. Wir verpflichten uns, einen hiervon abweichenden Antrag für
den Fall der Scheidung unserer Ehe nicht zu stellen, auch nicht im Hinblick auf Teilbereiche der elterlichen
Sorge. Wir wollen die elterliche Sorge auch nach Trennung und Scheidung unserer Ehe in vollem Umfang
gemeinsam unter Beachtung des Kindeswohls ausüben.

(2) Zur näheren inhaltlichen Ausgestaltung der elterlichen Sorge (und des Umgangsrechts) vereinbaren
wir:

Unser gemeinsames Kind ... nimmt nach unserer übereinstimmenden Entscheidung seinen gewöhnlichen
Aufenthalt bei der Mutter/dem Vater (Obhuts-Elternteil).

Die Mutter/Der Vater trifft die Entscheidungen in Angelegenheiten des täglichen Lebens. Für diese Angelegenheiten erteilt der Ehemann/die Ehefrau vorsorglich der Ehefrau/dem Ehemann hiermit Vollmacht
zur Alleinvertretung des Kindes im Rechtsverkehr.

Bei allen weitergehenden Entscheidungen, die das Kind betreffen, ist das gegenseitige Einvernehmen beider Eltern erforderlich und es besteht kein Alleinvertretungsrecht. Hierzu zählen wir nach unserem Betreuungs- und Erziehungskonzept insbesondere Entscheidungen über: ... ◀

14 **c) Abrede zur Übertragung des Sorgerechts in einer Scheidungsfolgenvereinbarung.** Die miteinander verheirateten Eltern können im Rahmen einer Scheidungsfolgenvereinbarung, immer unter Beachtung des Kindeswohls und idealerweise gekoppelt mit einer Umgangsregelung, die **Übertragung des Sorgerechts** durch das Familiengericht auf einen von ihnen beantragen:

▶ **Muster: Vertragliche Regelungen zur Übertragung des Sorgerechts in einer Scheidungsfolgenvereinbarung**

(...) Die Ehegatten sind sich darüber einig, dass im Rahmen der Scheidung ihrer Ehe der Ehefrau die alleinige umfassende elterliche Sorge für die gemeinsamen Kinder ..., geboren am ..., und ..., geboren am ..., unter Beachtung des Kindeswohls übertragen werden soll. Die Ehefrau wird einen entsprechenden Antrag bei dem zuständigen Familiengericht stellen.

(...) Der Ehemann, nämlich ..., stimmt diesem Antrag bereits heute und durch diese Urkunde zu und verpflichtet sich zugleich, eine solche Zustimmung im Verfahren zur Übertragung des Sorgerechts ggf zu wiederholen. Irgendwelche Gegenleistungen oder Verknüpfungen mit anderen Regelungen dieser Scheidungsfolgenvereinbarung sind für die Übertragung des Sorgerechts nicht vereinbart.

(...) *(ggf Umgangsrecht)* ◀

15 **d) Abreden zum Sorgerecht und „Betreuungsmodell" der Eltern.** Grundlage jeder vertraglichen Abrede über das Sorgerecht, also auch für „bestätigende Vereinbarungen" oder zur „Übertragung auf einen Elternteil", ist das von den Eltern gewählte **Betreuungsmodell** (vgl Langenfeld, Handbuch der Eheverträge und Scheidungsvereinbarungen, 6. Aufl. 2011, Rn 860; Reimann in: Brambring/Jerschke, Beck'sches Notar-Handbuch, B III Rn 8 ff; Münch, Ehebezogene Rechtsgeschäfte, 3. Aufl. 2011, Rn 3571 ff). Als Betreuungsmodelle kommen erfahrungsgemäß in Betracht (vgl Münch Rn 3571; Langenfeld Rn 860 ff):

– Normalfall **Residenz- oder Eingliederungsmodell**: Das Kind lebt ständig bei einem Elternteil und bei dem anderen Elternteil hat es ein Besuchsrecht inne; eine Umgangsregelung ist angezeigt;

– Ausnahmefall **Wechsel- oder Pendelmodell** (vgl Bergschneider Rn 261): Das Kind lebt abwechselnd und gleichmäßig bei Vater oder Mutter, ein Obhuts-Elternteil wird nicht bestimmt (skeptisch OLG Koblenz 12.1.2010 – 11 UF 251/09, FamRZ 2010, 738); vielfältige Regelungen zum Unterhalt und zum gleichwertigen Aufenthalt sind notwendig;

– Ausnahmefall **Nestmodell**: Das Kind lebt in einem eigenen Haushalt und wird dort abwechselnd von Vater oder Mutter betreut.

16 Das von den Eltern bestimmte und umgesetzte **Betreuungsmodell** stellt zunächst eine verbindliche Sorgerechtsentscheidung über den gewöhnlichen Aufenthalt des Kindes (**Obhut**) dar, wobei eine nachträglich einseitige Änderung des vereinbarten gewöhnlichen Aufenthaltsorts der Kinder nicht mehr möglich ist (OLG Stuttgart 9.9.1998 – 17 UF 309/98, FamRZ 1999, 39, 40). Die Folgen betreffen zunächst die **Barunterhaltspflicht gegenüber dem Kind**. Barunterhaltspflichtig ist nämlich derjenige Ehegatte, der nicht die Obhut über das Kind innehat (§ 1606 Abs. 3 S. 2 BGB) und deswegen keinen grundsätzlich gleichwertigen Naturalunterhalt leistet. Zudem ist der Obhuts-Elternteil allein zur **Geltendmachung von Unterhaltsansprüchen (Standschaft)** nach § 1629 Abs. 2 S. 2 BGB berechtigt. Schließlich determiniert das Betreuungsmodell das Vertretungsrecht auf Grundlage der §§ 1687 Abs. 1 S. 2 u. S. 4, 1629 Abs. 2 S. 2 BGB.

▶ **Muster: Vertragliche Regelungen zum „Wechselmodell" in einer Scheidungsfolgenvereinbarung**

§ ... Umgangs- und Sorgerecht

(1) Die elterliche Sorge für unsere beiden Kinder, ... und ..., soll auch nach der Scheidung beiden Eltern gemeinsam zustehen. Hiervon abweichende Anträge auf Übertragung der elterlichen Sorge oder eines Teils der elterlichen Sorge auf nur einen Elternteil werden wir nicht stellen.

(2) Wir sind uns darüber einig, dass wir unsere beiden Kinder im sogenannten „Wechselmodell" betreuen werden, so dass beide Kinder für etwa gleich lange Zeiträume im Wechsel bei einem jeden von uns leben.

Reetz

Ein Schwerpunkt der Betreuung bei nur einem Elternteil besteht nicht; keiner der Elternteile hat die Obhut über die Kinder im Sinne des § 1629 Abs. 2 S. 2 BGB allein inne. Jedem unserer Kinder stehen bei jedem der Elternteile die seinem Entwicklungsstand und seinen Bedürfnissen entsprechenden Räumlichkeiten und Ausstattungen zur Verfügung.

Über längere Aufenthalte der Kinder bei einem Elternteil, beispielsweise anlässlich eines Urlaubs sowie des Verbringens von Feiertagen, werden wir uns im Einzelfall untereinander und mit den Kindern abstimmen und einigen; in der Regel soll dies ebenfalls im Wechsel stattfinden.

Die Eltern verpflichten sich gegenseitig, alle für die Ausgestaltung des von ihnen gewählten Betreuungs- und Erziehungsmodells („Wechselmodell") notwendigen Voraussetzungen zu schaffen und aufrecht zu erhalten sowie insgesamt partnerschaftlich miteinander im Gespräch zu bleiben und eventuell wandelnde Bedürfnisse der Kinder gemeinsam zu deren Wohl zu berücksichtigen.

(4) Eine weitergehende Umgangsregelung wollen wir im Hinblick auf das von uns gewählte Betreuungs- und Erziehungsmodell („Wechselmodell") derzeit nicht treffen.

(...) *(ggf Vollmachten; Kindesunterhalt; Kindergeld; Kosten)* ◄

e) Partielles Sorgerecht aufgrund vertraglicher Vereinbarung. Nach § 1671 BGB können einem Elternteil einzelne Teile der elterlichen Sorge allein übertragen werden (sog. **partielle Alleinsorge**). Dies gilt beispielsweise für das Aufenthaltsbestimmungsrecht (vgl OLG Nürnberg 23.2.1999 – 11 UF 4062/98, FamRZ 1999, 1160; OLG Zweibrücken 17.8.2000 – 5 UF 66/99, FamRZ 2001, 184). Umgekehrt kann bei grundsätzlicher Auflösung der gemeinsamen Sorge ein Teilbereich in der gemeinsamen Sorge der Eltern verbleiben (sog. **partielle gemeinsame elterliche Sorge**). Auch dies kann zB die Aufenthaltsbestimmung sein, um auf diese Weise zu verhindern, dass das Kind von einem Elternteil ins Ausland verbracht wird (OLG Hamm 17.11.1998 – 2 WF 415/98, FamRZ 1999, 393). Eine vertragliche Regelung im Bereich des partiellen Sorgerechts kann nicht mehr als eine Anregung für das Familiengericht darstellen. **17**

▶ **Muster: Vertragliche Regelungen zur Herbeiführung der „partiellen Alleinsorge"**

(1) Wir sind uns darüber einig, bei dem Familiengericht für unser Kind/unsere Kinder, ..., geboren am ..., und ..., geboren am ..., die Übertragung des Sorgerechts in folgenden Angelegenheiten allein auf die Mutter *(oder:* den Vater*)* zu beantragen, nämlich:
- die Bestimmung des gewöhnlichen Aufenthaltes,
- die Bestimmung des Umgangs mit Wirkung für und gegen Dritte,
- die Gesundheitsvorsorge und
- die religiöse Erziehung

und in nachfolgenden Angelegenheiten allein auf den Vater *(oder:* die Mutter*)* zu beantragen, nämlich:
- die Vermögenssorge,

... (weitere Angelegenheiten).

(2) Wir verpflichten uns gegenseitig, zu Anträgen eines jeden von uns gegenüber dem Familiengericht nach Maßgabe des Abs. (1) unverzüglich die jeweilige uneingeschränkte Zustimmung in der dazu notwendigen Form zu erklären.

(3) Soweit durch unsere Anträge keine Aufteilung der elterlichen Sorge erfolgt, bleibt es bei unserer gemeinsamen elterlichen Sorge ... *(mit weiteren Regelungen wie zur gemeinsamen elterlichen Sorge).*

(4) Wir verpflichten uns gegenseitig, den jeweils anderen von uns über bevorstehende Entscheidungen in den uns allein übertragenen Sorgerechtsbereichen, die für unser Kind/unsere Kinder von erheblicher Bedeutung sind, rechtzeitig zu unterrichten und uns jederzeit Auskunft über die persönlichen Verhältnisse unseres Kindes/unserer Kinder zu geben. ◄

f) Weitergehende Vereinbarungen zum Sorgerecht. Ob weitergehende vertragliche Abreden zum Sorgerecht (in einer Scheidungsvereinbarung), beispielsweise zu Einzelheiten der Erziehung oder zur Aufteilung einzelner Bereiche der elterlichen Sorge, zweckmäßig und rechtsverbindlich sind, ist zweifelhaft (vgl DNotI-Report 2000, 199). Sorgerechtsvereinbarungen unterliegen – soweit man von einer Zulässigkeit aus- **18**

geht – zur Wahrung des Kindeswohls der Abänderbarkeit oder Aufhebbarkeit durch das Familiengericht (ausdrücklich OLG Hamm 14.2.2000 – 6 UF 141/99, FamRZ 2000, 1039).

19 Verbindlich ist jedenfalls die vertragliche **Festlegung des Aufenthalts des gemeinsamen Kindes** („Obhut" – vgl OLG Stuttgart 9.9.1998 – 17 UF 309/98, FamRZ 1999, 39; OLG Rostock 25.5.2000 – 10 UF 126/00, FamRZ 2001, 642, 643). Auch in einem nachfolgenden Sorgerechtsstreit kann die in einer Scheidungsvereinbarung zunächst gefundene Einigung der Eltern von Bedeutung sein (Palandt/Götz § 1671 BGB Rn 19 zum Wechselmodell). Die Vereinbarung von **vertraglichen Gegenleistungen oder Sanktionen**, wie beispielsweise die Vereinbarung von **Vertragsstrafen** für den Fall des Widerrufs der Zustimmung zur Übertragung des Sorgerechts oder des Stellens von abweichenden Sorgerechtsanträgen, sollte vermieden werden. Das Sorgerecht ist grundsätzlich jeder Kommerzialisierung entzogen; das gilt insbesondere für Verknüpfungen mit Abreden zum Kinderunterhalt (vgl BGH 5.9.1985 – IVb ZR 49/84, FamRZ 1986, 444).

20 Soweit insgesamt sachliche Abgrenzungsfragen und das Problem des Nachweises der Vertretungsmacht bestehen können, sind im Übrigen entsprechende **Vollmachten** der Eltern empfehlenswert (Hoffmann ZKJ 2009, 156; Geiger/Kirsch FamRZ 2009, 1879).

6. Vertretung des minderjährigen Kindes als Teil der Vermögenssorge

21 **a) Grundsatz.** Die elterliche Sorge umfasst als Teil der Vermögenssorge auch die (gesetzliche) Vertretung des Kindes im rechtsgeschäftlichen und prozessualen Bereich (§ 1629 Abs. 1 S. 1 BGB). Soweit die elterliche Sorge reicht, geben die Eltern im Namen des Kindes mit Wirkung für und gegen dieses Willenserklärungen und Verfahrenserklärungen ab und nehmen solche entgegen (§ 164 Abs. 1, 3 BGB). Seit 1999 ist durch das Minderjährigenhaftungsbeschränkungsgesetz die Haftung Minderjähriger für Verbindlichkeiten, die auf ein Tätigwerden ihrer gesetzlichen Vertreter beruhen, begrenzt. Sie müssen solche Verbindlichkeiten nur erfüllen, soweit ihnen das aus einem bei Eintritt ihrer Volljährigkeit vorhandenen Vermögen möglich ist (vgl § 1629 a BGB).

22 **b) Vertretung durch beide Eltern.** Das gesetzliche Vertretungsrecht steht den Eltern, wenn ihnen die elterliche Sorge gemeinsam zusteht, gemeinschaftlich zu (§ 1629 Abs. 1 S. 2 BGB – **Grundsatz der Gesamtvertretung**). Es kommt in diesem Zusammenhang nicht darauf an, ob das Kind bei den Eltern, bei Verwandten, Bekannten, Pflegeeltern oder in einem Heim lebt. Auch den getrennt lebenden oder geschiedenen Eltern steht das Sorgerecht und damit auch das gesetzliche Vertretungsrecht für ihr gemeinsames Kind gemeinschaftlich zu, solange das Familiengericht die elterliche Sorge nicht einem von ihnen allein überträgt (§ 1671 BGB).

23 Gemeinsames Vertretungsrechts **durch beide Elternteile** liegt auch vor, wenn ein Elternteil zugleich für den anderen als Untervertreter handelt und hierzu von diesem bevollmächtigt ist. Die Erteilung einer **unwiderruflichen Generalvollmacht** durch einen Elternteil zugunsten des anderen zur (alleinigen) Vertretung des gemeinsamen Kindes ist hingegen unzulässig, da der Verzicht auf wesentliche Bestandteile der elterlichen Sorge grundsätzlich nicht **zulässig** ist. Nicht ausgeschlossen ist es, dass ein Elternteil dem anderen Elternteil für eine bestimmte Art von Rechtsgeschäften Vollmacht erteilt (Art- und Gattungsvollmachten). Dies kann auch in einer Scheidungsfolgenvereinbarung geschehen.

24 Beim **Empfang von Willenserklärungen**, die gegenüber einem minderjährigen Kind abgegeben werden, genügt für deren Wirksamwerden die Abgabe gegenüber einem vertretungsberechtigten Elternteil (§ 1629 Abs. 1 S. 2 BGB, § 170 Abs. 3 ZPO – Alleinvertretungsfall).

25 **c) Vertretung durch einen Elternteil.** Ist hingegen nur ein Elternteil sorgeberechtigt, ist dieser Elternteil im Bereich rechtsgeschäftlicher Vertretung auch alleinvertretungsberechtigt für das Kind.

III. Vereinbarungen zum elterlichen Umgangsrecht

§ 1684 BGB gewährt dem Kind das **Recht auf Umgang** mit jedem Elternteil und verpflichtet und berech- **26** tigt jeden Elternteil zum Umgang. Umgang mit dem eigenen Kind ist nicht nur Recht, sondern auch **Pflicht** eines jeden Elternteils.

Vereinbarungen der Eltern über den Umgang mit ihrem gemeinsamen Kind sind zulässig und zwischen ihnen grundsätzlich bindend. Dies gilt jedenfalls solange, bis die Eltern selbst oder im Zweifel das Familiengericht eine abweichende Regelung hierzu trifft. Der **einseitige Widerruf eines Elternteils** ist unwirksam (KG 29.8.1980 – 17 UF 2814/80, FamRZ 1980, 1156, 1157; vgl auch Palandt/Götz § 1684 BGB Rn 40). Gegenüber der **gerichtlichen Umgangsregelung** ist die Vereinbarung der Eltern als Ausdruck ihres Elternrechts (Art. 6 Abs. 3 GG) vorrangig. Maßgebend für den Bestand einer Umgangsregelung ist aber immer das **Kindeswohl**, wobei auch ein etwa entgegenstehender Wille des Kindes einzubeziehen ist.

Die (vertragliche) Einschränkung oder gar ein gänzlicher Ausschluss des Umgangsrechts (Verzichtsverein- **27** barung) ist vor dem Hintergrund des Art. 6 Abs. 3 GG grundsätzlich unzulässig (BGH 23.5.1984 – IVb ZR 9/83, FamRZ 1984, 778, 779) und wohl nur dann ausnahmsweise zulässig, wenn nach den Umständen des Einzelfalls der Schutz des Kindes dies erfordert, um eine Gefährdung seiner seelischen oder körperlichen Entwicklung abzuwehren (vgl BVerfG 26.9.2006 – 1 BvR 1827/06, FamRZ 2007, 105). Immer **unzulässig** (§ 138 Abs. 1 BGB) ist die Verknüpfung der Regelungen zum Umgang mit anderen Scheidungsfolgen, insbesondere **als Gegenleistung für ein Entgegenkommen** beim Unterhalt oder Versorgungs- und Vermögensausgleich (BGH 23.5.1984 – IVb ZR 9/83, FamRZ 1984, 778, 779). Auch die Vereinbarung von **Vertragsstrafen** ist als Teil der unzulässigen Kommerzialisierung des Umgangsrechts **unzulässig**.

Eine **gerichtliche Genehmigung** für Vereinbarungen zum Umgangsrecht kennt das Recht nicht,Umgangs- **28** vereinbarungen werden aber erst durch eine gerichtliche Bestätigung vollstreckbar (OLG Karlsruhe 13.10.1998 – 16 WF 98/98, FamRZ 1999, 325; Palandt/Götz § 1684 BGB Rn 40). Andererseits kann eine (vertragliche) Umgangsregelung, die dem Vater Übernachtungs- und Ferienzeiten mit dem Kind versagt, eine Verletzung seines grundrechtlich geschützten Elternrechts sein (vgl BVerfG 26.9.2006 – 1 BvR 1827/06, FamRZ 2007, 105). Im Einzelfall kann die **Geschäftsgrundlage** (§ 313 BGB) einer ehevertraglich getroffenen Umgangsregelung entfallen (OLG Zweibrücken 28.7.1998 – 5 UF 20/98, FamRZ 1998, 1465).

Vereinbarungen über die Ausgestaltung des Umgangsrechts sind **nicht vollstreckbar** (OLG Koblenz **29** 5.10.1995 – 15 WF 968/95, FamRZ 1996, 560; Palandt/Götz § 1684 BGB Rn 40). Etwas anderes gilt für familiengerichtliche Entscheidungen über das Umgangsrecht nach § 1684 Abs. 3 BGB. Wird eine vertragliche Umgangsregelung nach § 156 Abs. 2 FamFG zum **gerichtlich gebilligten Vergleich**, wird die Umgangsregelung zugleich zum Vollstreckungstitel (§ 86 Abs. 1 Nr. 2 FamFG). Die Vollstreckung erfolgt nach §§ 88 ff FamFG in Form von Ordnungsgeld oder sogar Ordnungshaft. Im Sinne des Kindes wird das Gericht zunächst Umgangspflegschaft nach § 1684 Abs. 3 BGB anordnen.

Inhaltlich können die Eltern alle Umgangsregelungen treffen, die auch das Familiengericht anordnen **30** könnte (Staudinger/Rauscher § 1684 BGB Rn 118). Die Regelungen zum Umgangsrecht richten sich dabei nach dem gewählten **Betreuungsmodell**. Werden Umgangsvereinbarungen getroffen, sollten sie möglichst konkrete und **präzise Verpflichtungen** enthalten (OLG Frankfurt/M. 14.1.1999 – 3 UF 309/98, FamRZ 1999, 617, 618).

Die **Kosten des Umgangs** hat grundsätzlich der umgangsberechtigte Elternteil selbst und allein zu tragen; **31** sie können weder zulasten der Bedarfsfeststellung des Kindes noch des anderen, ggf unterhaltsberechtigten Elternteils, geltend gemacht werden. Das gilt auch bei zeitlich ausgedehntem Aufenthalt beim barunterhaltspflichtigen Elternteil; die Rechtsprechung lässt nur unter besonderen Umständen Ausnahmen zu (OLG Hamm 26.2.1993 – 1 UF 429/92, FamRZ 1994, 529). Der BGH (BGH 23.2.2005 – XII ZR 56/02, FamRZ 2005, 706) hat entschieden, dass der barunterhaltspflichtige Elternteil die angemessenen Kosten des Umgangs mit seinem Kind dann zu einer maßvollen Erhöhung des Selbstbehalts oder einer entsprechenden Minderung des unterhaltsrelevanten Einkommens ansetzen kann, wenn er die Kosten nicht aus den Mitteln

Reetz

bestreiten kann, die ihm über den notwendigen Selbstbehalt hinaus verbleiben. **Kostentragungsregelungen zwischen den Eltern** sind selbstverständlich zulässig.

32   Wird beantragt, einem Ehegatten allein die elterliche Sorge zu übertragen, so ist bei einer einvernehmlichen Scheidung zugleich ein Antrag über die Regelung des Umgangsrechts mit Zustimmung des anderen Ehegatten zu stellen.

33   **Regelungspunkte einer Umgangsvereinbarung** sind regelmäßig:
   –   Besuchstage und -dauer,
   –   Häufigkeit des Umgangs bzw Besuchsabstände,
   –   Wochenenden und Ferien,
   –   Örtlichkeit des Umgangs,
   –   Modalitäten des Abholens und Zurückbringens,
   –   Beaufsichtigung bei Schularbeiten; Förderung,
   –   Telefonkontakt zu den Kindern außerhalb des realen Umgangs,
   –   Tragung der Kosten (vgl OLG Zweibrücken 28.7.1998 – 5 UF 20/98, FamRZ 1998, 1465),
   –   ggf Aufnahme einer Schiedsklausel (Vermittlung des Jugendamtes),
   –   ggf begleiteter Umgang gem. § 1684 Abs. 4 S. 3 BGB (vgl Stieghorst ZFE 2002, 236).

▶ **Muster: Vertragliche Umgangsregelung**

(...) Zwischen ... und ... soll unter Berücksichtigung des Wunsches des Kindes und jeweils in Abstimmung mit ihm ein ständiger Kontakt gewährleistet sein. Ohne weitergehende Kontakte damit zu beschränken, ist der Vater berechtigt,
   –   das Kind jedes zweite Wochenende bei sich zu haben und
   –   mit dem Kind seinen hälftigen Jahresurlaub zu verbringen.

(...) Weitergehende und genaue Regelungen zu Besuchstagen und -dauer, zur Örtlichkeit des Umgangs, zu den Modalitäten des Abholens und Zurückbringens und zu den Kosten des Umgangs wollen wir nicht vereinbaren, weil wir dies auf der Grundlage der derzeit geübten Praxis für nicht erforderlich halten. ◀

▶ **Muster: Vertragliche Umgangsregelung (ausführlich)**

(...) Zwischen ... und ... soll unter Berücksichtigung der Wünsche und Bedürfnisse des gemeinsamen Kindes ... und jeweils in Abstimmung mit ihm ein regelmäßiger Kontakt gewährleistet sein. Der Vater hat daher das Recht und auch die Pflicht, unsere Kinder ... an jedem zweiten Wochenende jeweils von Samstag 10.00 Uhr bis Sonntag 18.00 Uhr sowie am 2. Weihnachtsfeiertag, Ostermontag und Pfingstmontag von 10.00 Uhr bis 18.00 Uhr zu sich zu nehmen. Ferner verbringt der Vater die ersten drei Wochen der Sommerferien mit dem Kind.

Die Höhe der baren Unterhaltsverpflichtungen gegenüber dem Kind wird durch den Umgang und die Kosten des Umgangs nicht berührt. Die Mutter, bei der sich das Kind bestimmungsgemäß aufhält, verpflichtet sich, das Kind zu Beginn der jeweils vereinbarten Umgangszeiten zur Abholung durch den Vater bereit zu halten.

(...) Muss ein Wochenend- oder Ferientermin wegen eines wichtigen Grundes, der aus der Sphäre eines Elternteils oder des Kindes herrührt, ausfallen, wird der Umgang am darauffolgenden Wochenende bzw in den nächsterreichbaren Schulferien nachgeholt.

(...) Der Vater holt die Kinder ... bei der Mutter ab und bringt sie auch wieder zur Mutter zurück; die hierdurch entstehenden Kosten und auch alle weiteren Kosten des Umgangs trägt jeder Elternteil selbst.

(...) Während der Ausübung seines Umgangsrechts steht dem Vater das Recht zu, den Umgang des Kindes mit Dritten zu bestimmen.

(...) Beide Elternteile verpflichten sich, den Kontakt und den Umgang des Kindes mit den beiderseitigen Großeltern und zu weiteren beiderseitigen Verwandten in vollem Umfang aufrecht zu erhalten, soweit dies das Wohl des Kindes nicht beeinträchtigt. ◀

238. Vereinbarungen zum Güterstand

Reetz

I. Ausgangslage 1
II. Zugewinngemeinschaft 3
  1. Überblick 3
    a) Grundstrukturen des Zugewinnausgleichs 3
    b) Tod eines Ehegatten 7
  2. Richtiger Güterstand? 10
  3. Vertragliches Modifizieren der Zugewinnge-
    meinschaft 11
    a) Vertragsfreiheit und ihre Grenzen im Güter-
      recht 11
    b) Ausschluss des lebzeitigen Zugewinnaus-
      gleichs 14
    c) Vereinbarungen über die Berechnung des
      Zugewinnausgleichs 21
      aa) „Herausnahme" von Vermögenswerten . 21
      bb) Festlegen des Anfangs- und Endvermö-
        gens 23
      cc) Vereinbarung zur Ausgleichsquote 27
      dd) Ausgestaltung der Zugewinnausgleichs-
        forderung 28

    d) Güterstandsvereinbarungen und § 5 ErbStG .. 30
      aa) Besteuerung der Ausgleichsforderung ... 30
      bb) Ausgleichsmodell: Güterstandsschaukel 34
      cc) Vertraglicher Güterstandswechsel und
        Pflichtteilsrecht 39
III. Gütertrennung 40
  1. Überblick 40
    a) Entstehen der Gütertrennung 40
    b) Gesetzliche Regelung 41
  2. Richtiger Güterstand? 42
    a) Vor- und Nachteile 42
    b) Motive für die Gütertrennung und Fehlvor-
      stellungen 44
    c) Gestaltungsüberlegungen 47
IV. Gütergemeinschaft 50
  1. Entstehen der Gütergemeinschaft 50
  2. Vor- und Nachteile 53
  3. Gestaltungsüberlegungen 56
  4. Belehrung durch den Notar 59

I. Ausgangslage

Güterrecht bezeichnet diejenigen familienrechtlichen Vorschriften, die die vermögensrechtlichen Beziehungen der Ehegatten untereinander und zu Dritten für die Dauer der Ehe und deren Abwicklung bei Beendigung eines Güterstandes regeln; sie unterliegen vielfach vertraglichen Vereinbarungen. **1**

Folgende Güterstände sind – auch aus gestalterischer Sicht – zu unterscheiden: **2**

- **Zugewinngemeinschaft**, §§ 1363–1390 BGB (gesetzlicher Güterstand, vertraglich modifizierbar);
- **Gütertrennung**, § 1414 BGB (subsidiärer gesetzlicher und vertraglicher Wahlgüterstand; s. → *Gütertrennung* Rn 1);
- **Gütergemeinschaft**, §§ 1415–1482 BGB (vertraglicher Wahlgüterstand);
- **Deutsch-Französischer Wahlgüterstand** (am 1.5.2013 ist dieser vertragliche Güterstand der Wahl-Zugewinngemeinschaft in Kraft getreten; vgl Braun MittBayNot 2012, 89);
- Sonderform: **fortgesetzte Gütergemeinschaft**, §§ 1483–1518 BGB (kaum Praxisrelevanz).

II. Zugewinngemeinschaft

1. Überblick

a) Grundstrukturen des Zugewinnausgleichs. Der Zugewinn bildet den in einer Geldsumme ausgedrückten Wertunterschied zwischen dem Endvermögen (§ 1375 BGB) und dem Anfangsvermögen (§ 1374 BGB) des Ehegatten, § 1373 BGB. Es handelt sich nicht um ein Sondervermögen des betreffenden Ehegatten, sondern um einen **reinen Rechnungsposten**. Das geltende Recht kennt sowohl positives wie negatives Endvermögen und Anfangsvermögen. Es gilt das **Stichtagsprinzip** mit folgenden Auswirkungen: Bei der Bemessung (Bewertung) des Anfangs- wie des Endvermögens sind grundsätzlich die am jeweiligen Stichtag bei einem Ehegatten vorhandenen geldwerten, rechtlich geschützten Positionen anzusetzen (vgl etwa BGH 27.8.2003 – XII ZR 300/01, FamRZ 2003, 1544). **3**

Nachträgliche Veränderungen haben auf die Feststellung des Anfangs- und Endvermögens keinen Einfluss. Die Stichtagsregelung ist beim Anfangs- wie beim Endvermögen jedoch nicht zwingend. **Vereinbarungen durch Ehevertrag** nach §§ 1408, 1410 BGB sind möglich (vgl BGH 1.4.1998 – XII ZR 278/96, FamRZ 1998, 903 zum Anfangsvermögen). **4**

5 Die Zugewinngemeinschaft beginnt kraft Gesetzes mit der **Eheschließung**, soweit kein anfänglich wirksamer, abweichender Wahlgüterstand ehevertraglich vereinbart ist, ansonsten mit ihrem vereinbarten **Wirksamwerden im Rahmen eines Ehevertrages**.

6 Relevante **Strukturmerkmale** der Zugewinngemeinschaft sind aus vertragsgestaltender Sicht (vgl insgesamt: Münch, Ehebezogene Rechtsgeschäfte, 3. Aufl. 2011, Rn 1 ff; s. → *Zugewinngemeinschaft*):

- **kein ehegemeinschaftliches (Sonder- oder Gemeinschafts-)Vermögen** aus rein güterrechtlichem Rechtsgrund. Dies gilt auch für Vermögensgegenstände, die ein oder beide Ehegatten nach der Eheschließung erwerben (§ 1363 Abs. 2 BGB). Es gibt nur das Vermögen des Ehemannes und das Vermögen der Ehefrau (Miteigentums- oder Gesamthandserwerb der Ehegatten nach den allgemeinen Regeln – wie unter Fremden – ist natürlich möglich);

- **selbstständige Vermögensverwaltung** des Eigentümer-Ehegatten (§§ 1363 Abs. 2, 1364 BGB). Ausnahme: Verfügung (und Verpflichtung) über das Vermögen im Ganzen oder nahezu im Ganzen sowie über Haushaltsgegenstände (§§ 1365, 1369 BGB);

- **keine gesetzliche Mithaftung** für die vor und während der Ehe entstandenen Verbindlichkeiten des anderen Ehegatten. Ausnahme: § 1357 BGB – „Geschäfte zur Deckung des Lebensbedarfs" = güterstandsunabhängig);

- **uneingeschränkte Nutzung** des jeweiligen Vermögens beim Eigentümer-Ehegatten (Pflicht zum Familienunterhalt bleibt unberührt, §§ 1360, 1360 a BGB);

- **Zugewinnausgleich** mit der Beendigung des Güterstandes (§ 1363 Abs. 2 S. 2 BGB). Derjenige Ehegatte, der während des Güterstands einen geringeren Zugewinn erzielt hat, erhält bei Beendigung des Güterstandes einen **schuldrechtlichen**, auf eine Geldleistung gerichteten **Ausgleichsanspruch** in Höhe der Hälfte des rechnerischen Überschusses des anderen Ehegatten (§ 1378 Abs. 1 BGB);

- **Besitzverhältnisse**: kein spezifisch güterrechtlicher Einfluss auf die Besitzrechtsverhältnisse;

- **allgemeines Vermögensrecht** zwischen den Ehegatten wie im Verhältnis zu Dritten (Arbeits- oder Auftragsverhältnisse, Schadensersatz- oder Bereicherungsansprüche oder Gesamtschuldnerausgleich bleiben durch Güterstand unberührt; §§ 1353, 1359 BGB bleiben unberührt);

- **Vollstreckungsrecht**: zugunsten von Gläubigern gelten § 1362 BGB, § 739 ZPO;

- **Anrechte, die durch Versorgungsausgleich** (§ 1587 BGB iVm § 1 VersAusglG) ausgeglichen werden: unterliegen nicht dem Zugewinnausgleich;

- **Haushaltsgegenstände**: unterliegen nicht dem Zugewinnausgleich (BGH 1.12.1983 – IX ZR 41/83, NJW 1984, 484 = BGHZ 89, 137, 145).

7 **b) Tod eines Ehegatten.** Besonderheiten gelten für die Beendigung der Zugewinngemeinschaft durch den Tod eines Ehegatten. Wird der überlebende Ehegatte Erbe oder Vermächtnisnehmer des vorverstorbenen Ehegatten, erhält er grundsätzlich eine pauschale Erbteilerhöhung um ein Viertel am Nachlass seines verstorbenen Ehegatten (§ 1371 Abs. 1 BGB – sog. „erbrechtliche Lösung"). Schlägt der länger lebende Ehegatte aus, kommt es zum rechnerisch zu ermittelnden Zugewinnausgleich (§ 1371 Abs. 3 BGB – sog. „güterrechtliche Lösung"); der **Pflichtteil der Kinder/Abkömmlinge** bleibt idR niedriger.

8 Kernstück des Zugewinnausgleichs ist die als starrer Schematismus konzipierte sog. **Ausgleichsbilanz**; vielfach nehmen ehevertragliche Vereinbarungen Einfluss auf diese Zugewinnausgleichsbilanz.

9 Die sich nach Maßgabe der Ausgleichsbilanz ergebende **Ausgleichsforderung** wird erst ab dem Tag der Rechtskraft des Scheidungsurteils, bei vorzeitigem Zugewinnausgleich gemäß § 1388 BGB am Tag des Eintritts der Rechtskraft des Urteils über den vorzeitigen Zugewinnausgleich, in einer Summe und voller Höhe fällig (Verzinsung nach § 291 BGB nicht vor Beendigung des Güterstandes).

2. Richtiger Güterstand?

10 Richtiger Güterstand ist die Zugewinngemeinschaft für die überwiegende Zahl der sog. **Alleinverdienerehen** (früher auch als „Hausfrauenehe" bezeichnet) und diejenigen Ehemodelle, bei denen sich jedenfalls der Vermögenserwerb typischerweise innerhalb und als Ausdruck der ehelichen Lebensgemeinschaft vollzieht (vgl Schwab, in: Schwab, Handbuch des Scheidungsrechts, 6. Aufl. 2010, VII Rn 5). Ohne vertragli-

che Modifikationen passt die Zugewinngemeinschaft regelmäßig nicht, wenn Vermögensveränderungen (-zuwachs) in Bereichen entstehen, die außerhalb eines ehebedingten Ausgleichs, der sich durch Teilhabe rechtfertigt, erzielt werden, so etwa in sog. **Unternehmerehen** (BGH 26.3.1997 – XII ZR 250/95, NJW 1997, 2239; ähnlich die Problemlage bei **Freiberuflerehen**) oder auch in jeder Art von **Vermögensdiskrepanzehen**.

3. Vertragliches Modifizieren der Zugewinngemeinschaft

a) Vertragsfreiheit und ihre Grenzen im Güterrecht. Die **gestalterische Freiheit** ergibt sich bereits **11** einfachgesetzlich aus den erkennbar nicht limitiert angelegten Wahlgüterständen. Der Zugewinnausgleich gehört infolge dessen auch nicht zum Kernbereich des Scheidungsfolgenrechts und „erweist sich ehevertraglicher Disposition am weitesten zugänglich" (BGH 11.2.2004 – XII ZR 265/02, BGHZ 158, 81 ff = FamRZ 2004, 601, 605, 608; OLG Hamm 8.6.2005 – 11 UF 6/05, FamRZ 2006, 337). Im Einzelfall kommt es zur **Inhaltskontrolle** als Teil einer Gesamtschau ehevertraglicher Regelungen, weshalb auch der Vertragsgestalter keine isolierte Betrachtung anstellen sollte.

Im Übrigen ist die praktische Bedeutung einer Frage nach dem **Typenzwang der Güterstände** und sich **12** möglicherweise daraus ergebenden Schranken der vertraglichen Modifikation gering (MüKo/Kanzleiter § 1408 BGB Rn 13). Die vertragliche Gestaltung darf den Güterstand im Ergebnis nicht vollständig denaturieren (s. OLG Saarbrücken OLGReport 1999, 133). Damit ist der Gestaltungsspielraum sehr weit. Der Bundesgerichtshof unterstreicht sogar die Notwendigkeit einer Anpassung der typisierenden gesetzlichen Regelung an die individuellen Eheverhältnisse (BGH 26.3.1997 – XII ZR 250/95, NJW 1997, 2239, 2241).

Unzulässig sind im Rahmen des Güterstandes der Zugewinngemeinschaft: **13**

– Vereinbarung von personen- oder objektbezogenen **Mischgüterständen** (MüKo/Kanzleiter § 1408 BGB Rn 13);

– Erhöhung – nicht etwa Herabsetzung – des zusätzlichen Viertels bei der erbrechtlichen Lösung des § 1371 Abs. 1 BGB (**Ehegattenerbrecht**);

– Ausschluss oder Modifizierung des **Ausbildungsanspruchs** des § 1371 Abs. 4 BGB (MüKo/Koch § 1371 BGB Rn 87);

– Ausschluss oder Modifizierung des **§ 1378 Abs. 2 BGB** (Schutz von Drittinteressen: MüKo/Koch § 1378 BGB Rn 36).

b) Ausschluss des lebzeitigen Zugewinnausgleichs. Durch ehevertraglichen Ausschluss (oder Modifika- **14** tion) des Zugewinnausgleichs für bestimmte Fälle oder bestimmte Zeiträume lassen sich nachteilige Wirkungen des Zugewinnausgleichs vermeiden. Hierbei spielt der zulässige, **vollständige Ausschluss** des Zugewinnausgleichs (§ 1414 S. 2 BGB) in der Praxis eine untergeordnete Rolle. Die in der Vertragspraxis überwiegende Gestaltung ist demgegenüber die des ebenfalls zulässigen (MüKo/Kanzleiter § 1408 BGB Rn 14) Ausschlusses des lebzeitigen Zugewinnausgleichs bei Scheidung der Ehe, während es für den Todesfall beim Zugewinnausgleich bleiben soll. Diese einschränkende Ausschlussgestaltung erhält die **erbschaftsteuerlichen Vorteile** des § 5 ErbStG und des erhöhten **Ehegattenerbteils**; sie eignet sich daher auch für viele Fallgruppen, in denen von den Ehegatten voreilig eine Gütertrennung gewollt ist. Der **vorzeitige Zugewinnausgleich** (§§ 1385, 1386 BGB) sollte von der Ausschlussgestaltung umfasst sein.

Sollen die **erbschaftsteuerlichen Vorteile** erhalten bleiben, die unter Lebenden ein vertraglich herbeige- **15** führter **Güterstandswechsel** in die Gütertrennung ermöglichen, sollte für den Fall der Beendigung des Güterstands durch Ehevertrag der Zugewinnausgleich vorbehalten bleiben.

▶ **Muster: Ausschluss des lebzeitigen Zugewinnausgleichs**

(1) Der gesetzliche Güterstand der Zugewinngemeinschaft soll für unsere Ehe mit folgender Abweichung gelten:

(2) Für den Fall, dass unsere Ehe auf andere Weise als durch den Tod eines Ehegatten aufgelöst wird, insbesondere im Falle der Scheidung unserer Ehe, schließen wir den Ausgleich des Zugewinns vollständig aus. Dies gilt auch für jeden Fall eines vorzeitigen Zugewinnausgleichs. Für den Fall der Auflösung unse-

rer Ehe durch den Tod eines Ehegatten soll es hingegen beim Zugewinnausgleich gemäß § 1371 BGB durch Erbteilerhöhung oder güterrechtliche Lösung verbleiben.

(3) Keiner von uns soll den Verfügungsbeschränkungen der §§ 1365, 1369 BGB unterliegen. ◄

16   Der lebzeitige Ausschluss des Zugewinnausgleichs kann auch derart vereinbart werden, dass er nur dann gilt, wenn sich ein Ausgleichsanspruch zugunsten eines der Ehegatten ergibt (vgl etwa Münch, Ehebezogene Rechtsgeschäfte, 3. Aufl. 2011, Rn 955 mit Muster). Sinnvoll ist es im Übrigen, regelmäßig zugleich die **Verfügungsbeschränkungen** der §§ 1365 ff BGB **auszuschließen**.

17   Der Ausschluss des lebzeitigen Zugewinnausgleichs stellt **keine Beendigung der Zugewinngemeinschaft als Güterstand** dar; daher sollte ein **Verzicht** auf einen möglicherweise bereits in der Vergangenheit entstandenen (fiktiven) Zugewinn angesprochen werden (vgl Münch Rn 950 mit Muster).

18   Als weitere Varianten kommen in Betracht:
   –   Die Beteiligten können Vereinbarung über **auflösende Bedingungen** oder ein **Rücktrittsrecht** für Fälle einer erhöhten Schutzbedürftigkeit des anderen Ehegatten und/oder der erheblichen Veränderung des der Gestaltung **zugrunde liegenden Ehetypus** gegenüber dem **gelebten Ehetypus** treffen. Bei einem Rücktrittsvorbehalt sollte eine Frist zur Erklärung des Rücktritts vorgesehen werden, da der Rücktritt ansonsten noch im Scheidungsfall erklärt werden kann.
   –   Festlegen von klar definierten **Ausgleichszeiträumen**, die nach Vorstellung der Ehegatten für einen Zugewinnausgleich infrage kommen (bspw Zeiträume der einvernehmlichen Berufsaufgabe; Kinderbetreuung etc.) und sich dadurch Nachteile in der Möglichkeit zum Vermögensaufbau ergeben.
   –   Die Vereinbarung einer begrenzend wirkenden **Höchstsumme** (ggf wertgesichert) des Zugewinnausgleichs, der sich zudem nach der Ehezeit staffeln ließe. Vermieden werden sollte hingegen die Vereinbarung von Mindestsummen.
   –   Möglich ist auch eine Befristung des Ausschlusses des Zugewinnausgleichs für den Fall einer sehr baldigen Scheidung („Zugewinngemeinschaft auf Probe"; „Ehe auf Probe").

▶ **Muster: Festlegung ausscheidbarer Ausgleichszeiträume (Geburt und Betreuung gemeinsamer Kinder)**

(1) ... (3) [s. Muster Rn 15]

(4) Abweichend von Abs. (2) soll der Zugewinnausgleich jedoch für solche Zeiträume unserer Ehe nach den gesetzlichen Bestimmungen durchgeführt werden, in denen ein Ehegatte ab der Geburt eines gemeinsamen Kindes bis längstens zur Vollendung von dessen ... Lebensjahres seine ausgeübte Erwerbstätigkeit wegen dessen Betreuung aufgibt (oder auf weniger als die Hälfte der durchschnittlichen Wochenarbeitszeit reduziert). Der Ausgleichszeitraum endet vorzeitig mit der Wiederaufnahme der Erwerbstätigkeit durch den betreuenden Elternteil im Umfang vor dessen Unterbrechung.

(5) Für die Feststellung und Bewertung des Anfangsvermögens soll der Zeitpunkt der Aufgabe (bzw die Einschränkung der ausgeübten Erwerbstätigkeit) maßgeblich sein; für die des Endvermögens der Zeitpunkt der Wiederaufnahme (bzw des Wegfalls der Einschränkung). Die vereinbarten Stichtage gelten auch für die Hinzurechnung zum Anfangs- und Endvermögen nach den §§ 1374 Abs. 2, 1375 Abs. 2 BGB. Wir verpflichten uns gegenseitig, zu den vereinbarten Stichtagen jeweils ein Vermögensverzeichnis aufzustellen.

(6) Der Notar hat uns darüber belehrt, dass .... ◄

19   Vorsicht ist geboten bei der **Vereinbarung von Ausgleichsleistungen ohne realen Güterstandswechsel**. Hierbei soll beispielsweise für den Ausschluss des lebzeitigen Zugewinnausgleichs als Kompensation ein vermeintlich oder tatsächlich berechneter Ausgleich nach dem System der Ausgleichsbilanz geleistet werden (sog. „fliegender Zugewinnausgleich"), ohne dass der Güterstand real beendet wird. Eine solche Leistung auf eine fiktive Beendigung des Güterstandes erfolgt unentgeltlich und unterliegt grundsätzlich der Schenkungsteuer (BFH 24.8.2005 – II R 28/02, ZEV 2006, 41; FG Köln 4.6.2002 – 9 K 2513/98, FG 2002, 1254 m.Anm. Jülicher ZErb 2003, 10; Münch StB 2003, 130 ff).

Die Ehegatten können die Durchführung des Zugewinnausgleichs wohl auch vom **Scheidungsverschulden**   20
bzw der Aufhebung der ehelichen Lebensgemeinschaft abhängig machen (vgl Gutachten, DNotI-Report
2000, 173, 174).

c) Vereinbarungen über die Berechnung des Zugewinnausgleichs. aa) „Herausnahme" von Vermö-   21
genswerten. Der völlige Ausschluss des Zugewinnausgleichs kann nach dem gelebten Ehetypus eine zu
deutliche Bevorzugung des begünstigten Ehegatten darstellen und den wirtschaftlich schwächeren Ehegatten von der Wertentwicklung des gemeinschaftlich empfundenen Vermögens im Übermaß ausschließen.
Dem wirkt in gewissem Umfang die gezielte Herausnahme von einzelnen Vermögensgegenständen oder
Sachgesamtheiten aus dem Zugewinnausgleich entgegen. Typische Gestaltungen dieser Art sind die „Herausnahme" einer **Immobilie**, eines **Unternehmens**/einer Unternehmensbeteiligung (vgl Plate MittRhNotK
1999, 257; Bergschneider, Verträge in Familiensachen, 4. Aufl. 2010, Rn 553; BGH 26.3.1997 – XII ZR
250/95, NJW 1997, 2239), des **ererbten Vermögens** oder einer Sammlung. Eine solche „Herausnahme"-
Vereinbarung darf nicht mit dem sog. **„privilegierten Vermögen"** nach § 1374 Abs. 2 BGB verwechselt
werden, wiewohl auch bezogen auf diese Fälle eine „Herausnahme" vereinbart werden kann, um solches
Vermögen mit seiner Wertentwicklung (insb. der tatsächlichen Wertsteigerung) während der Ehe, also bis
zur Feststellung des Endvermögens, auszuschalten.

Die „Herausnahme" eines Vermögensgegenstandes bedeutet die vollständige **Nichtberücksichtigung im**   22
Anfangs- und Endvermögen im Rahmen der Zugewinnausgleichsbilanz, wodurch bei dem privilegierten
Ehegatten **unterschiedliche Vermögenssphären** entstehen. Das Bestehen unterschiedlicher Vermögenssphären eröffnet vielfältige **Manipulationsmöglichkeiten** (vgl bereits Mayer DStR 1993, 991; Münch
Rn 981 ff) und zugleich erhebliche **Nachweisprobleme**, die sich kaum mit den lediglich stichtags- und
eben nicht verlaufsbezogenen **Auskunftspflichten** nach § 1379 BGB beheben lassen. Auf die nicht unbe-
deutende Manipulationsgefahr ist durch den Notar in geeigneter Form hinzuweisen (vgl Münch NotBZ
2003, 125, 134 mit Mustern). Bei der vertraglichen Gestaltung sind folgende Probleme besonders zu bedenken:

– Schwierigkeiten bereitet die erforderliche **Bestimmtheit** des herausgenommenen Vermögensgegenstandes bzw der Sachgesamtheit, insbesondere die Begriffe „Unternehmen" und „Betriebsvermögen"
  sind insgesamt mit definitorischen Unsicherheiten behaftet (vgl Münch NotBZ 2003, 125, 128 ff). Gehören beispielsweise bei Personengesellschaften nur notwendiges oder auch gewillkürtes Betriebsvermögen, das Sonderbetriebsvermögen, die Konten der Gesellschafter uÄ zum Begriff des Unternehmens
  und Betriebsvermögens? Wie sind später gegründete Tochterfirmen zu behandeln?
– Wie ist die **Umschichtung** der herausgenommenen Vermögensgegenstände, zB eine Unternehmensumwandlung oder das Erbringen von Versicherungsleistungen zu definieren und zu behandeln? (Stichwort
  „Surrogate"-Herausnahme = die Behandlung von Ersatzgegenständen). Soll auch der **endgültig ver-**
  bleibende Verkaufserlös als Surrogat aus einer Unternehmensveräußerung herausgenommen sein oder
  richtet sich die vertraglich vereinbarte Surrogation vordringlich nach dem Schutzzweck der Herausnahme, beispielsweise dem Schutz der Unternehmertätigkeit oder der Befolgung von sog. Güterstandsklau-
  seln in Gesellschaftsverträgen?
– Herausnahme und klare Abgrenzung der den herausgenommenen Vermögengegenständen zuzurechnenden, **korrespondierenden Verbindlichkeiten** (Plate MittRhNotK 1999, 257, 265).
– Das Risiko von **Vermögensverlusten** und negativer Gesamtbewertung des ausgleichsfreien Vermögens muss immer und ausschließlich den herausnehmenden Ehegatten treffen; es darf keine Saldierung
  mit dem auszugleichendem Vermögen möglich sein (J. Mayer in: Limmer/Hertel/Frenz/Mayer, Würzburger Notarhandbuch, 2. Aufl. 2010, Teil 3 Rn 82).
– Erforderlich sind Bestimmungen zur **Behandlung von Erträgen** aus dem herausgenommenen Vermögen: Ab welchem Zeitpunkt gelten Erträge beispielsweise als nicht mehr unternehmensbezogen und unterliegen damit grundsätzlich dem Ausgleich? Soll es zulässig sein, dass Erträge ganz oder teilweise
  ausgleichsfrei in den Herausnahmegegenstand reinvestiert werden dürfen (= Aufwendung)? Sollen **zu-**
  lässige Reinvestitionen ggf nur in unternehmerisch/betriebswirtschaftlich nachvollziehbarer Weise
  zum Zwecke der Erhaltung, Wiederherstellung oder Verbesserung des herausgenommenen Vermögens

vorgenommen werden dürfen (enorme Nachweisprobleme!)? Soll ggf eine begrenzende Verpflichtung aufgenommen werden, wonach Erträge – zumindest teilweise – zum **Familienunterhalt** beizutragen haben (Bergschneider Rn 557, 145 ff).

– Regelungsbedarf besteht auch bei **Aufwendungen (Verwendungen)** durch den begünstigten Ehegatten aus Mitteln, die definitionsgemäß dem Zugewinnausgleich unterliegen (Münch Rn 990 ff). Sollen solche Aufwendungen ab einem zu definierenden Zeitpunkt vor der Scheidung dem Endvermögen des begünstigten Ehegatten analog § 1375 Abs. 2 BGB hinzugerechnet werden (vgl auch Langenfeld, Handbuch der Eheverträge und Scheidungsvereinbarungen, 6. Aufl. 2011, Rn 218; für ein Verbot solcher Aufwendungen: Kanzleiter/Wegmann, Vereinbarungen unter Ehegatten, 7. Aufl. 2008, Rn 171)?

– Regelungsbedürftig sind Fälle der **Aufwendungen durch den nicht begünstigten Ehegatten** in den herausgenommenen Vermögensgegenstand. Sollen solche Aufwendungen analog § 1375 Abs. 2 BGB dem Endvermögen des begünstigten Ehegatten hinzugerechnet werden (was nachteilig ist, falls solche Aufwendungen aus dem Anfangsvermögen erfolgen) oder sollten solche Aufwendungen ausschließlich darlehensweise hingegeben werden und die Rückzahlung im Scheidungsfall je nach Mittelherkunft außerhalb des Zugewinnausgleichs erfolgen?

– „**Umkehrfälle**": Infolge der Herausnahme von Vermögensgegenständen kann es rechnerisch zur Umkehr der Ausgleichsrichtung beim Zugewinnausgleich kommen (vgl Münch Rn 993), die vertraglich verhindert werden muss.

– Regelungsbedürftig ist, inwieweit „**ausgleichsfreies Vermögen**" gleichwohl als „**vorhandenes Vermögen**" iSd § 1378 Abs. 2 BGB zu behandeln ist. Eine entsprechende Klausel kann Bedeutung erlangen, wenn Aufwendungen in herausgenommenes Vermögen zwar vereinbarungsgemäß dem Endvermögen zugerechnet werden, das ausgleichspflichtige (End-)Vermögen aber nicht zur Leistung der Ausgleichsforderung ausreicht (vgl hierzu Münch Rn 998 mit Muster).

Als weitere **Störfälle** können im Einzelfall hinzutreten:

– **schuldrechtliche Ausgleichsansprüche** zwischen Ehegatten aus Ehegattenmitarbeit im ausgleichsfreien Unternehmen;

– **Unterhaltsansprüche,** insbesondere wenn diese in erheblichem Umfang aus den Erträgen des ausgleichsfreien Vermögens herrühren;

– **Pflichtteilsansprüche** des überlebenden Ehegatten, wenn dieser den ausgleichsfreien Gegenstand nicht von Todes wegen erlangen soll;

– Lösung: (ggf gegenständlich beschränkter) Pflichtteilsverzicht.

▶ **Muster: Modifizierte Zugewinngemeinschaft (Herausnahme von GmbH-Geschäftsanteilen)**

(1) Der gesetzliche Güterstand der Zugewinngemeinschaft soll für unsere Ehe mit folgender Abweichung gelten:

(2) Herr ... ist als Gesellschafter mit einem Geschäftsanteil im Nennbetrag von ... EUR an der im Handelsregister des Amtsgerichts ... noch einzutragenden Gesellschaft mit beschränkter Haftung unter der Firma ... GmbH mit dem Sitz in ..., deren Stammkapital ... EUR beträgt, beteiligt.

(3) Wird der Güterstand der Zugewinngemeinschaft auf andere Weise als durch den Tod eines von uns beendet, wird insbesondere unsere Ehe geschieden, so soll bei der Ermittlung des Zugewinnausgleichsanspruchs vollständig außer Betracht bleiben:

– die derzeitige und auch jede künftige Beteiligung sowie alle Rechte und Ansprüche des Herrn ... an der vorgenannten Gesellschaft mit beschränkter Haftung, einschließlich des jeweiligen Unternehmens-/Geschäftswertes,

– jede andere Art der Unternehmensbeteiligung oder Mitunternehmerschaft, bei der nach dem Inhalt des jeweiligen Gesellschaftsvertrages jeder Gesellschafter verpflichtet ist, seine Beteiligung bei der Ermittlung des Zugewinns auszuschließen,

– nachstehend auch zusammenfassend „**herausgenommenes Vermögen** oder **herausgenommene Vermögensgegenstände**" genannt.

(4) Bei der Ermittlung des Anfangs- und Endvermögens des Herrn ... soll dementsprechend der herausgenommene Vermögensgegenstand auch dann nicht angesetzt werden, wenn sich dessen Wert, gleichviel

aus welchem Grund, bis zum Zeitpunkt der Ermittlung des Endvermögens vermindert oder erhöht hat oder insgesamt negativ ist. Auch sämtliche mit den herausgenommenen Vermögensgegenständen im Zusammenhang stehenden **Verbindlichkeiten** sind bei der Ermittlung des Zugewinns nicht zu berücksichtigen.

(5) Bei der Ermittlung des Zugewinnanspruchs sollen ferner in gleicher Weise alle Vermögensgegenstände des Herrn ... außer Betracht bleiben, die als **Surrogate** der herausgenommenen Vermögensgegenstände angesehen werden können. Dies gilt insbesondere für Beteiligungen nach einer Unternehmensumwandlung, die Beteiligung an Tochterunternehmen und den Erwerb von Vermögensgegenständen, die Ersatz für die Zerstörung, Beschädigung oder Entziehung darstellen oder die ansonsten durch ein Rechtsgeschäft erworben werden, das sich auf die herausgenommenen Vermögensgegenstände bezieht. Nicht von der Herausnahme umfasst ist ein endgültig erzielter **Veräußerungserlös**, der sodann bestimmungsgemäß vermögensverwaltend behandelt wird.

(6) Bei dem Ausgleich des Zugewinns sollen sämtliche **Erträge**, die aus den herausgenommenen Vermögensgegenständen, gleichviel aus welchem Grund, fließen, außer Betracht bleiben, soweit solche Erträge in das oder die Unternehmen/Gesellschaften investiert werden und soweit solche Investitionen nicht innerhalb von ... Jahren vor dem Eintritt des Getrenntlebens der Ehegatten erfolgen. Werden Erträge nicht oder nicht nach Maßgabe dieser Vereinbarung auf das ausgleichsfreie Vermögen verwandt, unterliegen sie dem Zugewinnausgleich. Die Verpflichtung zur Gewährung des Familienunterhalts bleibt unberührt.

(7) Macht Herr ... aus seinem grundsätzlich dem Zugewinnausgleich unterliegenden Vermögen **Aufwendungen** zugunsten herausgenommener Vermögensgegenstände, so werden diese mit ihrem Wert zum Zeitpunkt der Vornahme der Aufwendung seinem Endvermögen hinzugerechnet. Sie unterliegen sodann, um den Geldwertverfall berichtigt, der Berechnung des Zugewinnausgleichs. Diese Regelung gilt auch, soweit es sich um Gesellschafterdarlehen handelt, die eigenkapitalersetzend wirken.

Macht Frau ... **Aufwendungen** auf ausgleichsfreie Vermögensgegenstände ihres Ehegatten, sind ihm diese darlehensweise zur Verfügung gestellt. Für ein solches Darlehen gelten die Vereinbarungen bei Hingabe der Darlehenssumme, ersatzweise wird das Darlehen zur Rückzahlung fällig mit der Veräußerung des ausgleichsfreien Vermögensgegenstandes, oder wenn zwischen den Eheleuten das Getrenntleben eingetreten ist, spätestens jedoch mit Stellung eines Scheidungsantrags. Bis zur Fälligkeit ist das Darlehen nicht zu tilgen und unverzinslich. Sicherheiten können ... verlangt werden. Erfolgen Aufwendungen aus dem Anfangsvermögen der Frau ..., gelten sowohl der Rückzahlungsanspruch als auch der zurückgezahlte Betrag als Anfangsvermögen.

(8) Zur Befriedigung der sich etwa ergebenden Zugewinnausgleichsforderung der Frau ... gilt herausgenommenes Vermögen im Sinne von § 1378 Abs. 2 BGB als **vorhandenes Vermögen**. Soweit Frau ... bei Scheidung der Ehe Zugewinnausgleich beansprucht, ist die **Zwangsvollstreckung** durch sie wegen der Beitreibung der Ausgleichsforderung in nach dieser Urkunde herausgenommene Vermögensgegenstände erst dann und insoweit zulässig, als die Vollstreckung in ausgleichspflichtiges Vermögen nicht zum Erfolg geführt hat oder unzumutbar ist.

(9) Sämtliche Gegenstände des herausgenommenen Vermögens einschließlich sämtlicher an ihre Stelle tretenden Surrogatsgegenstände und alle Erträge hieraus sollen der **Verfügungsbeschränkung** des § 1365 BGB nicht unterliegen. Im Übrigen sollen für unsere Ehe die Vorschriften über den gesetzlichen Güterstand der Zugewinngemeinschaft nach den Vorschriften der §§ 1363 ff BGB gelten.

(10) Die Ehegatten sind gegenseitig umfassend – und nicht lediglich stichtagsbezogen – zur **Auskunft** und Belegübergabe über alle Vorgänge während der Ehe verpflichtet, die zur Berechnung einer Zugewinnausgleichsforderung nach diesem Vertrag erforderlich sein könnten; dies gilt insbesondere bei Aufwendungs- und Surrogationsfällen.

(11) Ein Ehegatte ist nicht verpflichtet, seinen Zugewinn auszugleichen, wenn er unter Berücksichtigung der nach Maßgabe dieses Vertrages vom Zugewinn ausgenommenen Vermögensgegenstände des anderen Ehegatten nicht zur Ausgleichung verpflichtet wäre. ◄

bb) Festlegen des Anfangs- und Endvermögens. Anfangsvermögen ist dasjenige Vermögen, das einem Ehegatten nach Abzug der Verbindlichkeiten am Stichtag, nämlich beim Eintritt des Güterstandes, dh im Regelfall bei Eheschließung (§ 1310 Abs. 1 BGB), gehört, § 1374 Abs. 1 BGB. Verbindlichkeiten können **23**

in voller Höhe, also nicht nur bis zur Grenze des Aktivvermögens, abgezogen werden. Der Zugewinn kann demnach höher als das Endvermögen sein, weshalb die **Kappungsgrenze** nach § 1374 Abs. 2 BGB eine zunehmende Rolle spielt. Bedeutsam wird dies beispielsweise, wenn während der Ehe zugewinnwirksam **voreheliche Schulden** eines Ehegatten abgebaut wurden.

24 Die Ehegatten können den **Bestand und Wert des Anfangsvermögens** in einem Verzeichnis gemeinsam feststellen (vgl Langenfeld Rn 262). Dies erzeugt im Verhältnis der Ehegatten zueinander die Vermutung der Richtigkeit. Ansonsten gilt die widerlegliche Vermutungswirkung des § 1377 Abs. 3 BGB. Soll mit einem **Vermögensverzeichnis** ggf die Vermutungswirkung des § 1362 Abs. 1 S. 1 BGB und die Gewahrsamsfiktion des § 739 ZPO widerlegt werden und erkennt der Notar, dass genau dies zur Vollstreckungsvereitelung (§ 288 StGB) dienen soll, muss er die Beurkundung verweigern (vgl O. Schwarz DNotZ 1995, 115, 124).

25 Die Ehegatten können **ehevertragliche Vereinbarungen über das Anfangsvermögen** treffen, die den Wert des Anfangsvermögens im Verhältnis der Ehegatten untereinander verbindlich und auch abweichend von den tatsächlichen Verhältnissen festlegen (vgl BGH 1.4.1998 – XII ZR 278/96, FamRZ 1998, 903). Sie können sogar einen Berechnungsstichtag vor Eheschließung als maßgeblich vereinbaren. Hierbei bewirkt eine rechnerische Erhöhung der Werte des Anfangsvermögens die Verringerung des Zugewinns und umgekehrt. Da im Zugewinnausgleich Anfangs- und Endvermögen reine Rechengrößen darstellen, sind Vereinbarungen über Wert oder Bewertung (oder den Stichtag) wichtiger als die bloße Auflistung von einzelnen Vermögensgegenständen. Anwendungsbereiche solcher Vereinbarungen sind die Einbeziehung **vorehelicher Wertschöpfungen** in den Ausgleich (vgl Grziwotz FamRB 2002, 250; Mayer ZEV 1999, 384, 387; Langenfeld Rn 266) oder die **Herausnahme von Wertsteigerungen** (Langenfeld Rn 270; Werner DNotZ 1976, 66, 87) von Vermögensgegenständen des Anfangsvermögens bzw des privilegierten Erwerbs nach § 1374 Abs. 2 BGB.

26 Abweichend von den gesetzlichen Bestimmungen (§§ 1375, 1386 BGB) und den tatsächlichen Verhältnissen können die Ehegatten auch den **Bestand und den Wert des Endvermögens** untereinander **ehevertraglich festlegen**. Dies kann bewirkt werden durch die Herausnahme bestimmter Vermögensgegenstände aus der Bestimmung des Endvermögens, die Vereinbarungen von Wertansätzen, das Festlegen von Bewertungsgrundsätzen oder auch das **Festlegen eines Höchstbetrags** (vgl Langenfeld Rn 281). Wird ein Höchstbetrag vereinbart, ist dieser richtigerweise mit einer **Wertsicherungsklausel** zu versehen.

27 **cc) Vereinbarung zur Ausgleichsquote.** Übersteigt der Zugewinn des einen Ehegatten den Zugewinn des anderen, steht die Hälfte des Überschusses (= Ausgleichsquote) dem anderen als **Ausgleichsforderung** zu, § 1378 Abs. 1 BGB. Vereinbarungen über die Ausgleichsquote des § 1378 Abs. 1 BGB (1/2 des Zugewinnüberschusses) durch Vereinbarung der Ehegatten sind zulässig (vgl BGH 16.12.1982 – IX ZR 90/81, DNotZ 1983, 753 = BGHZ 86, 143, 151). Infrage kommen beispielsweise Gestaltungen zur Staffelung der Ausgleichquote nach der Höhe des Zugewinns, der Ehedauer (**Periodisierung** – vgl Wegmann, Eheverträge, Rn 108 f) oder die einseitige **Herabsetzung der Quote**.

▶ **Muster: Modifizierte Zugewinngemeinschaft – Ausgleichsquote**

(1) Der gesetzliche Güterstand der Zugewinngemeinschaft soll für unsere Ehe mit folgender Abweichung gelten:

(2) Für den Fall, dass unsere Ehe auf andere Weise als durch den Tod eines Ehegatten aufgelöst wird, insbesondere im Falle der Scheidung unserer Ehe, soll die Ausgleichsquote abweichend von den gesetzlichen Bestimmungen des § 1378 Abs. 1 BGB ein Drittel betragen. Übersteigt daher der Zugewinn des einen Ehegatten den des anderen, steht dem Berechtigten lediglich ein Drittel des Überschusses als Ausgleichsforderung zu. ◀

28 **dd) Ausgestaltung der Zugewinnausgleichsforderung.** Möglich und **beurkundungspflichtig** sind vertragliche Vereinbarungen zur Ausgestaltung der Zugewinnausgleichsforderung, die mit Beendigung des Güterstands sofort fällig wird (§ 1378 Abs. 3 S. 1 BGB); dies können sein:

Reetz

- verzinsliche **Stundung der Zugewinnausgleichsforderung** durch vereinbarte Verlängerung der Ver- 29 jährungsfrist (Münch Rn 1090);
- **Ratenzahlung**, beispielsweise bei hohen Ausgleichsforderungen oder wenn der Zugewinn im Wesentlichen aus „angesparten", aber noch nicht fälligen Versicherungen besteht, über die der Schuldner vor Eintritt des Versicherungsfalls nicht verfügen kann;
- **Ausgleich durch Sachleistungen**, indem der Schuldner an Erfüllung statt Grundbesitz (Münch Rn 1098), Gesellschaftsanteile oder andere Vermögenswerte überträgt;
- **Sicherung** des (künftigen) Ausgleichsanspruchs.

d) Güterstandsvereinbarungen und § 5 ErbStG. aa) Besteuerung der Ausgleichsforderung. Wird ei- 30 ne „Zugewinnausgleichsehe" nicht durch den Tod eines Ehegatten, sondern **durch Scheidung oder ehevertraglich** durch einen Güterstandswechsel beendet, entsteht kraft Gesetzes die Zugewinnausgleichsforderung (§ 1378 Abs. 3 S. 1 BGB). Soweit der Ausgleichspflichtige auf genau diesen gesetzlich entstehenden Anspruch leistet, bleibt die Leistung bei dem berechtigten Ehegatten in vollem Umfang schenkungssteuerfrei (§ 5 Abs. 2 ErbStG), weil sie nicht freigiebig erfolgt. **Steuerschädlich** ist hingegen ein **sog. „periodischer Zugewinnausgleich"** (auch „vorweggenommener" oder „fliegender" Zugewinnausgleich genannt) ohne zivilrechtliche Beendigung der Zugewinngemeinschaft durch einen Güterstandswechsel. Damit entfallen regelmäßig Vertragsmodelle, die zwischen den Ehegatten eine „latente" Zugewinnforderung während der laufenden Ehe ausgleichen sollen (BFH 24.8.2005 – II R 28/02, ZEV 2006, 41; vgl zudem FG Köln FG 2002, 1254 m.Anm. Jülicher ZErb 2003, 10); eine solche Leistung ist freigiebig.

Wird die **Zugewinngemeinschaft ehevertraglich mit Rückwirkung** vereinbart, ist der güterrechtliche, 31 quasi nachträglich entstehende Zugewinnausgleichsanspruch nach **§ 5 Abs. 2 ErbStG** auch insoweit steuerfrei, als dessen Berechnung von den gesetzlichen Vorgaben der §§ 1373–1383, 1390, 1408 BGB abweicht (FG Düsseldorf 14.6.2006 – 4 K 7107/02 Erb, RNotZ 2007, 55; Wälzholz FamRB 2006, 27, 30). **Zivilrechtlich** ist die rückwirkende Vereinbarung der Zugewinngemeinschaft **zulässig**, wobei es sich der Sache nach um eine vertragliche Vereinbarung zum Anfangsvermögen handelt (vgl DNotI-Report 1996, 133 mwN). Die zivilrechtlich zulässige, rückwirkende Vereinbarung der Zugewinngemeinschaft ist im Rahmen des § 5 ErbStG erbschaftsteuerrechtlich anzuerkennen (FG Düsseldorf 14.6.2006 – 4 K 7107/02 Erb, RNotZ 2007, 55 m.Anm. Thouet).

Erfolgt der pauschalierte **Zugewinnausgleich beim Tode eines Ehegatten** nach §§ 1931 Abs. 3, 1371 32 Abs. 1 BGB, bleibt der Erwerb ebenfalls erbschaftsteuerfrei. Hierbei sind allerdings abweichende ehevertragliche Vereinbarungen unbeachtlich (§ 5 Abs. 1 S. 2 ErbStG). Insbesondere gilt nach § 5 Abs. 1 S. 4 ErbStG als Zeitpunkt des Eintritts des Güterstandes (= Anfangsvermögen) der **Tag des Ehevertragsschlusses**, wodurch eine rückwirkende Güterstandsänderung erbschaftsteuerlich obsolet wird. Auf den Anwendungsbereich des § 5 Abs. 2 ErbStG, also den Zugewinnausgleich unter Lebenden, lässt sich diese einschränkende Handhabung hingegen nicht übertragen.

Es wird oftmals übersehen, dass sich die Erbschaftsteuerbelastungen über § 5 Abs. 2 ErbStG reduzieren las- 33 sen: Schlägt der überlebende Ehegatte die Erbschaft aus und kommt es daher nach § 1371 Abs. 2 BGB zur **sog. güterrechtlichen Lösung**, gehört die Ausgleichsforderung im vollen Umfang zum steuerfreien Erwerb von Todes wegen.

bb) Ausgleichsmodell: Güterstandsschaukel. Die sog. Güterstandsschaukel ist das Hintereinanderschal- 34 ten von vertraglich herbeigeführten, realen Güterstandswechseln mit der Folge des Entstehens einer Zugewinnausgleichsforderung. Die Schaukel dient letztlich dazu, zwischen den Ehegatten während der Ehe einen (steuerfreien) Vermögensausgleich herbeizuführen. Folgende „Schaukeln" werden praktiziert:

- Zugewinngemeinschaft – Gütertrennung (= Ausgleich) – Zugewinngemeinschaft oder
- Gütertrennung – rückwirkende Zugewinngemeinschaft – Gütertrennung (= Ausgleich).

Beispiel 1: Die seit Eheschließung in Zugewinngemeinschaft lebenden Ehegatten vereinbaren ehevertrag- 35 lich Gütertrennung (= Ausgleich) und möglichst sofort wieder, rückwirkend auf den Zeitpunkt des Eintritts der Gütertrennung (oder der Eheschließung), die Zugewinngemeinschaft; sie wollen auf das entstandene Zugewinnausgleichsvolumen § 5 Abs. 2 ErbStG anwenden.

36 Auf diese Variante der Güterstandsschaukel ist § 5 Abs. 2 ErbStG anzuwenden; der Ausgleich erfolgt steuerfrei. Die Aufnahme beider Güterstandswechsel in eine einzige Urkunde ist hingegen nicht zu empfehlen (statt aller Wachter FR 2006, 42, 44), insbesondere hat sich der Bundesfinanzhof insoweit zur Frage eines Gestaltungsmissbrauchs (§ 42 AO) bisher nicht geäußert.

37 **Beispiel 2:** Die seit Eheschließung in Gütertrennung lebenden Ehegatten vereinbaren ehevertraglich rückwirkend (zB auf den Tag der Eheschließung) die Zugewinngemeinschaft und möglichst sofort wieder Gütertrennung; sie wollen auf das entstandene Zugewinnausgleichsvolumen § 5 Abs. 2 ErbStG anwenden.

38 Für die Variante der Schaukel aus der Gütertrennung in eine zwischengeschaltete, rückwirkend vereinbarte Zugewinngemeinschaft und wieder zurück in die Gütertrennung ist Anerkennung nicht gesichert. Argumente aus der Entscheidung des BFH (24.8.2005 – II R 28/02, ZEV 2006, 41) sprechen jedoch eher für einen steuerfreien Ausgleich (s. → *Ehegattenerbrecht* Rn 24 ff).

39 **cc) Vertraglicher Güterstandswechsel und Pflichtteilsrecht.** Der Ausgleich des Zugewinns ist grds. pflichtteilsfest und **keine Schenkung nach § 2325 BGB** (vgl Brambring ZEV 1996, 248, 252). Allerdings kann der mehrmalige Wechsel des Güterstandes nach einem einheitlichen Gesamtplan missbräuchlich sein (BGH 24.5.2012 – IX ZR 168/11, NJW 1992, 558 zur Gütergemeinschaft; (s. → *Ehegattenerbrecht* Rn 24 ff). Die **rückwirkende Vereinbarung der Zugewinngemeinschaft** ist pflichtteilsrechtlich nicht anerkennungsfähig (OLG Oldenburg 26.9.1995 – 5 U 67/95, FamRZ 1996, 1505).

III. Gütertrennung

1. Überblick

40 **a) Entstehen der Gütertrennung.** Die Gütertrennung entsteht als Vertragsgüterstand:
- ausdrücklich durch beurkundungspflichtigen Ehevertrag (§§ 1408, 1410 BGB);
- als **subsidiärer gesetzlicher Güterstand** infolge von:
  - Aufhebung der Zugewinngemeinschaft (§ 1414 BGB),
  - Aufhebung der Gütergemeinschaft (§ 1414 BGB),
  - vollständigem Ausschluss des Zugewinns (§ 1414 BGB),

  jeweils **mangels abweichender Vereinbarung** der Ehegatten (§ 1414 BGB = Auslegungsregelung) und durch
  - rechtskräftiges Urteil auf vorzeitigen Zugewinnausgleich (§ 1388 BGB),
  - Aufhebung der Gütergemeinschaft (§§ 1449 Abs. 1, 1470 Abs. 1 BGB).

▶ **Muster: Anfängliche Vereinbarung einer Gütertrennungsehe**

§ ... Gütertrennung

(1) Wir vereinbaren hiermit, dass für unsere Ehe seit dem Tage der Eheschließung der Güterstand der **Gütertrennung** gemäß § 1414 BGB gelten und jede Zugewinngemeinschaft ausgeschlossen sein soll.

(2) Der Notar hat uns über die Bedeutung des gesetzlichen Güterstandes der Zugewinngemeinschaft, die Vereinbarung der Gütertrennung und die damit verbundenen Folgen belehrt. Er hat uns insbesondere darauf hingewiesen, dass ein ehezeitbezogener Ausgleich des beiderseitigen Zugewinns bei Beendigung der Ehe, insbesondere nach einer Scheidung, nicht stattfindet und dass sich zudem das gesetzliche Erbrecht und das Pflichtteilsrecht vermindern können. Uns ist bekannt, dass durch die Vereinbarung der Gütertrennung im Scheidungsfall nicht zugleich der Versorgungsausgleich und ein nachehelicher Unterhalt ausgeschlossen sind, sondern hierzu gesonderte Vereinbarungen getroffen werden müssen.

(3) Jeder von uns ist berechtigt, ohne Zustimmung des anderen über sein Vermögen im Ganzen, auch über die ihm gehörenden Gegenstände des ehelichen Haushalts, frei zu verfügen. ◀

b) Gesetzliche Regelung. Im Güterstand der Gütertrennung (§ 1414 BGB) bestehen zwischen den Ehegat- 41 ten keine güterrechtlichen Verbindungen, obwohl sie sich vermögensrechtlich nicht etwa wie Unverheirate-te gegenüberstehen (Palandt/Brudermüller Vor § 1414 BGB Rn 1). Es gelten die allgemeinen Vorschriften über die Ehewirkungen nach den §§ 1353 ff BGB (Ehegattenunterhalt, Schlüsselgewalt, Pflicht zur Haus-haltsführung und Mitarbeit u.a.). Die aus vertragsgestaltender Sicht relevanten **Strukturmerkmale** der Gü-tertrennung stimmen iÜ mit denen der Zugewinngemeinschaft (s. Rn 6), mit Ausnahme der nachfolgenden, überein:

– die Beendigung führt zu **keiner (schuldrechtlichen) Vermögensteilhabe** durch Ausgleichsleistungen,
– jeder Ehegatte ist aus güterrechtlicher Sicht **frei verfügungsberechtigt,** die §§ 1365, 1369 BGB gelten nicht (s. → *Gütertrennung* Rn 4),
– keine Erhöhung des **Ehegattenerbteils** wie bei § 1371 Abs. 1 BGB.

2. Richtiger Güterstand?

a) Vor- und Nachteile. Vorteile der Gütertrennung sind deren rechtliche Klarheit und Einfachheit im ehe- 42 lichen Vermögensbereich und die Vermeidung von Liquiditätsproblemen bei Beendigung der Ehe. In der täglichen Kreditpraxis verzichten Banken bei Gütertrennung regelmäßig auf die standardmäßige Mitver-pflichtung des Ehegatten. **Nachteilig** kann sich auswirken, dass die Gütertrennung

– keinen rechtsgeschäftlichen, gemeinschaftlichen Vermögenserwerb (Miteigentum; Gesamthandseigen-tum) verhindert und es bei Beendigung der Ehe dann doch zu einer Vermögensauseinandersetzung kommen kann;
– einer **„sorgfältigen" Vermögenszuordnung** unter den Ehegatten beim Erwerb bedarf;
– zum **Verlust des Erbschaftsteuer-Freibetrags** nach § 5 Abs. 1 ErbStG führt (rückwirkende Vereinba-rung der Zugewinngemeinschaft wird erbschaftsteuerlich nicht anerkannt, § 5 Abs. 1 S. 4 ErbStG);
– zu **keiner pauschalen Erhöhung** des **Ehegattenerbteils** (§ 1371 Abs. 1 BGB) führt;
– für den überlebenden Ehegatten **pflichtteilsrechtlich nachteilig** sein kann.

Die Gütertrennung führt zur vermehrten Bedeutung des sog. **Nebengüterrechts**, also **schuldrechtlicher** 43 **Ausgleichsansprüche** der Ehegatten untereinander (vgl Münch Rn 1364 ff). Dies betrifft vor allem An-sprüche aus:

– „unbenannten Zuwendungen" (zuletzt BGH 3.2.2010 – XII ZR 189/06, NJW 2010, 2201 – „Schwieger-elternzuwendung");
– Innengesellschaften (BGH 25.6.2003 – XII ZR 161/01, FamRZ 2003, 1454 u. zuvor NJW 1999, 2962);
– Kooperations- bzw familienrechtlichen Verträgen eigener Art, insbesondere wegen des Wegfalls von deren Geschäftsgrundlage (§ 313 BGB);
– Gesamtschuldnerausgleich (BGH 14.10.1987 – IVb ZR 80/86, FamRZ 1988, 596);
– Ehegattenarbeitsverhältnissen (Mitarbeit im Betrieb des Ehegatten – BGH 13.7.1994 – XII ZR 1/93, FamRZ 1994, 1167).

Es existiert eine Vielzahl von Gestaltungsvorschlägen (vgl Münch Rn 1397 ff mwN).

b) Motive für die Gütertrennung und Fehlvorstellungen. Da zur Gütertrennung die Vorstellungen der 44 Beteiligten und die tatsächlich bewirkten Rechtsfolgen stark differieren, besteht erheblicher Belehrungsbe-darf. Zumeist können Eheverträge zur **modifizierten Zugewinngemeinschaft** gleichzeitig die Vorteile ei-ner Gütertrennung erhalten und deren Nachteile vermeiden. Die Motivlage der Beteiligten ist daher präzise aufzuklären; **Fehlvorstellungen im Verhältnis zur Zugewinngemeinschaft** betreffen vor allem:

– **Haftung** („überschuldeter Ehegatte"): gerade keine gesetzliche Mithaftung für voreheliche oder ehe- 45 zeitbezogene Verbindlichkeiten des anderen Ehegatten in der Zugewinngemeinschaft;
– **Zwangsvollstreckung:** Vermutungswirkungen des § 1362 Abs. 1 BGB und des § 739 ZPO gelten un-abhängig vom Güterstand;

– **Trennung des Vermögens** („klare Verhältnisse"): Ausreichend wäre ein „Ausschluss des lebzeitigen Zugewinnausgleichs" (s. Rn 15) oder eine „Herausnahme von Vermögensgegenständen aus dem Zugewinnausgleich" (s. Rn 23), ggf mit gegenständlich beschränktem Pflichtteilsverzicht;

– **Schutz von Familienvermögen:** s. zuvor;

– **erbrechtliche Nachteile:** lassen sich bereits einseitig durch **Verfügung von Todes wegen** ausgleichen, nicht jedoch die pflichtteilsrechtlichen Konsequenzen;

– **Pflichtteil des überlebenden Ehegatten:** lassen sich die Regelungsziele nicht gleichwertig in der Zugewinngemeinschaft erreichen, muss das Pflichtteilsrecht des überlebenden Ehegatten angesprochen werden;

– **Altersversorgung:** Anrechte, die nicht dem VersAusglG unterliegen, insb. Kapitallebensversicherungen, unterfallen zwar dem Zugewinnausgleich, sind jedoch in der Gütertrennung dem anderen Ehegatten entzogen.

46 Sinnvoll und praxisrelevant ist die Vereinbarung **Gütertrennung zur Scheidungsvorbereitung** („Scheidungsvereinbarung") oder für den Fall des **dauernden Getrenntlebens** („Getrenntlebensvereinbarung"). Sie führt jeweils zu einem Vorverlegen des Stichtags für die Bestimmung des Endvermögens (§ 1375 BGB) gegenüber der Rechtshängigkeit des Scheidungsantrags (§ 1384 BGB) und regelt eine Scheidungsfolge, nämlich die güterrechtsbezogene Vermögensauseinandersetzung, endgültig.

47 **c) Gestaltungsüberlegungen. Güterrechtliche Vereinbarungen** sind im Bereich der Gütertrennung **ausgeschlossen**; die Gütertrennung kann inhaltlich nicht modifiziert werden (OLG Schleswig 10.4.1995 – 2 W 138/94, NJW-RR 1996, 134; DNotI-Report 2000, 191, 192, s. → *Gütertrennung* Rn 7). Unbeschadet bleibt die Möglichkeit zur Vereinbarung von **Rücktrittsvorbehalten** oder **auflösenden Bedingungen** zB für den Fall, dass aus der Ehe gemeinschaftliche Kinder hervorgehen (Münch Rn 909). Praktische Fragen ergeben sich zudem mit Blick auf die

– Eintragung in das **Güterrechtsregister** (Wirkungen des § 1412 BGB);
– Errichtung eines **Vermögensverzeichnisses**.

48 Wird während der laufenden Ehe insbesondere **aus der Zugewinngemeinschaft in die Gütertrennung** gewechselt, ist zu regeln, ob und ggf inwieweit auf die gesetzlich entstandene **Zugewinnausgleichsforderung** verzichtet, gezahlt oder ob sie an Erfüllungs statt abgegolten werden soll (vgl Kanzleiter/Wegmann, Vereinbarungen unter Ehegatten, 2008, Rn 25 – Grundstückszuwendung). Wird **aus der Gütergemeinschaft in die Gütertrennung** gewechselt, ist die Auseinandersetzung des ehelichen Gesamtguts zu beachten.

49 **Im Rahmen der Gütertrennung** steht es den Ehegatten zudem frei, **für den Fall einer Scheidung** verschiedenartige Leistungs- bzw Zahlungspflichten zu begründen; das Verbot der Mischgüterstände steht dem nicht entgegen (DNotI-Report 2000, 191, 192). Zu einer Erschwerung der Ehescheidung dürfen solche Anspruchsbegründungen hingegen nicht führen. Auch bei Begründung der Gütertrennung als Güterstand der Ehe „von Anfang an" können **Vereinbarungen von Ausgleichsleistungen** abgeschlossen werden. Diese Ansprüche können „zugewinnähnlich" und verfahrensrechtlich unabhängig ausgestaltet sein (zum Verzicht auf den Zugewinnausgleichsanspruch gegen Abfindung s. etwa Kapp/Ebeling, ErbStG, Loseblatt, Stand: Dezember 2011, § 5 Rn 82).

IV. Gütergemeinschaft

1. Entstehen der Gütergemeinschaft

50 Die Gütergemeinschaft (§§ 1415–1482 BGB) ist ausschließlich **Vertragsgüterstand**, notarielle Beurkundung ist erforderlich (vgl etwa Langenfeld Rn 314 ff; Münch Rn 921; Mai BWNotZ 2003, 55, s. → *Gütergemeinschaft* Rn 1). Die **Aufhebung der Gütergemeinschaft** führt zur Gütertrennung (§ 1414 S. 2 BGB); die Zugewinngemeinschaft muss ausdrücklich vereinbart werden. Die Gütergemeinschaft ist gekennzeichnet durch (s. → *Gütergemeinschaft* Rn 3):

– gesamthänderisch gebundenes, gemeinschaftliches Vermögen beider Ehegatten, das sog. **Gesamtgut** 51 (§ 1416 BGB); das Gesamtgut wird durch einen der Ehegatten (Gesamtgutsverwalter, §§ 1422 ff BGB) oder durch beide Ehegatten gemeinschaftlich (§§ 1450 ff BGB) verwaltet;
– getrenntes, „eigenes" Vermögen jedes Ehegatten, das sog. **Sondergut** (§ 1417 BGB) an nicht durch Rechtsgeschäft übertragbaren Gegenständen; dieses verwaltet der Ehegatte **für Rechnung des Gesamtguts**;
– vom Gesamtgut ausgeschlossenes, sog. **Vorbehaltsgut** (§ 1418 BGB); es entsteht durch entsprechende ehevertragliche Vereinbarung, Bestimmung eines zuwendenden Dritten oder infolge Surrogation.

Zusammenfassend sind somit **fünf Sondervermögen** denkbar.

Komplex sind die **gesetzlichen Haftungsregeln** des ehelichen Gesamtguts für **Gesamtgutsverbindlich-** 52 **keiten** (§§ 1437 ff, 1459 ff BGB). Hierzu gehören alle bei Beginn der Gütergemeinschaft vorhandenen Schulden und die während der Gütergemeinschaft kraft Gesetzes entstehenden Verbindlichkeiten (zB Delikt). Daneben besteht die **persönliche Haftung** des verwaltenden Ehegatten für die Gesamtgutsverbindlichkeiten (für den Gesamtgutsverwalter nach § 1437 Abs. 2 BGB, bei gemeinschaftlicher Verwaltung für beide Ehegatten nach § 1459 Abs. 2 BGB) mit seinem Vorbehalts- und Sondergut. Nach der **Beendigung der Gütergemeinschaft** entsteht eine Abwicklungsgemeinschaft mit Fortbestand des Gesamtguts und gemeinschaftlicher Verwaltung beider Ehegatten (§ 1472 Abs. 1 BGB). Die Auseinandersetzung erfolgt nach den §§ 1471 ff BGB.

2. Vor- und Nachteile

Die Gütergemeinschaft, die in der Praxis eine untergeordnete Rolle spielt (MüKo/Kanzleiter § 1408 BGB 53 Rn 20 mit sorgfältiger Analyse der Vor- und Nachteile), kann mit **Nachteilen** verbunden sein (zusammenfassend: Münch Rn 361):
– **weitreichende Haftung**,
– **komplexe Rechtslage,** insb. die Ausgestaltung der Verwaltungsregelung und Abgrenzung der Vermögensmassen,
– **Zwang** zum **gemeinschaftlichen Handeln** bei gemeinschaftlicher Verwaltung (§ 1450 BGB),
– **Auseinandersetzung** des Gesamtguts bei Beendigung der Gütergemeinschaft,
– **keine Erbteilserhöhung**, es bleibt vielmehr bei § 1931 BGB,
– ggf **niedriger Pflichtteil** des überlebenden Ehegatten,
– **Betriebsvermögen** im Gesamtgut führt regelmäßig zur Mitunternehmerschaft (§ 15 Abs. 1 Nr. 2 EStG – bereits BFH BStBl. III 1966, 277),
– insgesamt viele **Zweifelsfragen**.

Die Gütergemeinschaft kann **Vorteile** haben: 54
– Verhindern **einseitiger Verfügungen** über das Gesamtgut (bei gemeinschaftlicher Verwaltung),
– keine Gefahr der jederzeit verlangbaren Auseinandersetzung der Gemeinschaft (§§ 749, 753 BGB).

Die Verfügungsbeschränkungen wirken aber nur dann gegen Dritte, wenn die Gütergemeinschaft in das **Güterrechtsregister** eingetragen ist (§ 1412 BGB, s. → *Gütergemeinschaft* Rn 9).

Bei einseitigen Pflichtteilsberechtigten („einseitige Kinder") kann die Vereinbarung von Gütergemein- 55 schaft wiederum zur **Reduzierung von Pflichtteilsansprüchen** genutzt werden. Die Begründung der Gütergemeinschaft führt nämlich trotz des Vermögenszuwachses bei dem weniger einbringenden Ehegatten nicht zu einer pflichtteilsergänzungspflichtigen Schenkung (vgl BGH 27.11.1991 – IV ZR 266/90, DNotZ 1992, 503; Wegmann ZEV 1996, 201, 203 ff).

3. Gestaltungsüberlegungen

Es können im Rahmen der Gütergemeinschaft Modifikationen des Innenverhältnisses der Ehegatten unter- 56 einander, nicht aber im Außenverhältnis zulasten Dritter vorgenommen werden. Im Interesse des Rechtsverkehrs kann die Haftung nicht eingeschränkt oder die Verfügungsbeschränkungen (§§ 1423 ff BGB) nicht erweitert werden. **Zulässig** sind hingegen (Muster bei: Münch Rn 920):

57 – Vereinbarung von genau bezeichnetem **Vorbehaltsgut** (§ 1418 Abs. 2 Nr. 1 BGB mit Güterrechtsregister-Eintragung);

– die **Alleinverwaltung** durch einen Ehegatten (sog. Gesamtgutsverwalter, § 1422 BGB), so dass dieser nur gewissen Verfügungsbeschränkungen, insbesondere bei Grundbesitz, unterliegt (§§ 1423–1425 BGB), die wohl abdingbar sind (MüKo/Kanzleiter § 1408 BGB Rn 16). Die **Erteilung von Vollmachten** erscheint hingegen **vorzugswürdig** (vgl Langenfeld Rn 327 ff);

– (vorsorgende) Vereinbarungen zur **Auseinandersetzung des Gesamtguts**. Zwingend sind die §§ 1479, 1480 BGB und andere Haftungsbestimmungen zugunsten Dritter. Das Recht, nach Beendigung der Gütergemeinschaft die Auseinandersetzung des Gesamtguts zu verlangen (§ 1471 BGB), kann, vorbehaltlich § 749 Abs. 2 und 3 BGB, auf Zeit/dauernd ausgeschlossen werden (Palandt/Brudermüller § 1471 BGB Rn 1);

– Regelungen zum bedeutsamen **Übernahmerecht** nach § 1477 Abs. 2 S. 2 BGB und die **Wertersatzansprüche** nach §§ 1477 Abs. 2, 1478 Abs. 1 BGB (vgl Langenfeld Rn 335).

58 Wird das gesamte voreheliche Vermögen beider Ehegatten zum Vorbehaltsgut gemacht, führt dies faktisch zum Güterstand der **Errungenschaftsgemeinschaft** (Münch Rn 923); wird das gesamte voreheliche unbewegliche Vermögen zum Vorbehaltsgut gemacht, führt dies faktisch zu einer **Fahrnisgemeinschaft** (Münch Rn 929).

4. Belehrung durch den Notar

59 Über die rechtliche Tragweite des Güterstands der Gütergemeinschaft hat der Notar zu belehren (Armbrüster, in: Huhn/v. Schuckmann/Armbrüster, BeurkG, 5. Aufl. 2009, § 17 Rn 125), insbesondere über **Haftungsfolgen**. Jedoch besteht über den Umfang des **Sonderguts** (§ 1417 BGB) keine Belehrungspflicht des Notars. Wird ein **Alleinverwaltungsrecht** vereinbart, so hat er auf die Verfügungsbeschränkungen des Gesamtgutverwalters hinzuweisen.

239. Vereinbarungen zum Kindesunterhalt

Reetz

I. Ausgangslage	1	VII. Vollstreckungsunterwerfung; Abänderbarkeit	21
II. Bedarf des Kindes	8	VIII. Auskunftsverlangen	24
1. Bedarf	8	IX. Vertretung und Unterhaltsvereinbarungen	
2. Mehrbedarf	9	zugunsten des Kindes	26
3. Betreuungskosten	11	X. Unterhaltsverzicht	28
4. Sonderbedarf	12	XI. Freistellungsvereinbarung	29
III. Berechnungsgrundlage und Unterhaltshöhe	13	XII. Unterhalt des volljährigen Kindes	30
IV. Mindestunterhalt	14	1. Allgemeines	30
V. Kindergeldverrechnung und Zahlbetrag	15	2. Privilegierte Volljährige	31
VI. Dynamisierter Unterhalt minderjähriger, unver-		3. Nicht privilegierte Volljährige	34
heirateter Kinder	18		

I. Ausgangslage

In **Scheidungs- und Getrenntlebensvereinbarungen** besteht Bedarf für Regelungen zum Unterhalt ge- **1** meinsamer Kinder der Ehegatten, die sich nach der Trennung der Eltern regelmäßig bei einem der Elternteile (zumeist der Mutter) aufhalten und von diesem, solange sie minderjährig sind, betreut werden. Der **Scheidungsantrag** hat nach § 133 Abs. 1 Nr. 2 FamFG eine Erklärung des Antragstellers darüber zu enthalten, ob die Eheleute Einvernehmen u.a. über den Kindesunterhalt herbeigeführt haben. Ein solches Einvernehmen kann eine vertragliche, ggf beurkundete Vereinbarung der Eltern sein. Dabei konkretisiert eine solche Vereinbarung den grundsätzlich unverzichtbaren (§ 1614 BGB) gesetzlich geschuldeten Kindesunterhalt, also regelmäßig den sog. „Barunterhalt" als eine wiederkehrende Geldleistung. Über den festgelegten Barunterhalt wird regelmäßig eine **vollstreckbare Urkunde** (§ 794 Abs. 1 Nr. 5 ZPO) errichtet, aus der sich u.a. die Fälligkeit (monatlich im Voraus, § 1612 Abs. 3 S. 1 BGB), die Zahlungsform und der Zahlungsempfänger (betreuender oder Obhuts-Elternteil) eindeutig ergeben sollte.

Vereinbarungen zum Kindesunterhalt sind **grundsätzlich nicht beurkundungspflichtig**. Eine Beurkun- **2** dungsbedürftigkeit kann möglicherweise im Zusammenhang mit Vereinbarungen zum nachehelichen Unterhalt entstehen, wenn der vereinbarte Kindesunterhalt bei der Bildung der Bemessungsgrundlage des nachehelichen Unterhalts zu berücksichtigen ist (§ 1585 c S. 2 BGB). Eine (Mit-)Beurkundung sollte sicherheitshalber erfolgen, soweit nicht bereits anderweitig ein Titel vorliegt, der verweisfähig ist. Außerhalb einer notariell beurkundeten Vereinbarung über die Erstfestsetzung des Kindesunterhalts spielt in der Praxis vor allem die sog. **Jugendamtsurkunde** eine erhebliche Rolle (§§ 59, 60 SGB VIII).

§ 1601 BGB ist **Anspruchsgrundlage** für Unterhaltsansprüche auf Kindesunterhalt und besteht natürlich **3** auch zugunsten eines angenommenen Kindes (vgl §§ 1754, 1770 BGB). Der Anspruch richtet sich gegen jeden der beiden Elternteile (anteilig) und besteht regelmäßig fort bis zum Eintritt der Volljährigkeit bzw bis zur Beendigung einer angemessenen Ausbildung und in Einzelfällen darüber hinaus.

Zwischen dem **Unterhaltsanspruch minderjähriger** und **volljähriger Kinder** bestehen gravierende Un- **4** terschiede. Diese ergeben sich aus den §§ 1602 Abs. 2, 1603 Abs. 2, 1606 Abs. 3 S. 2, 1609 Abs. 1 und 2, 1611 Abs. 2, 1612 Abs. 2 S. 3, 1612 a Abs. 1 BGB. Der Anspruch des minderjährigen, unverheirateten Kindes hat den besten Rang (§ 1609 Nr. 1 BGB) und es muss sein Vermögen zur Deckung seines Unterhalts nicht einsetzen, solange die Eltern leistungsfähig sind (§ 1603 Abs. 2 BGB). Den Unterhaltspflichtigen treffen verstärkte Erwerbsobliegenheiten und ein höheres Maß an unterhaltsrelevanten Anstrengungen. Die unterschiedliche Ausgestaltung des Unterhaltsanspruchs beseitigt nicht dessen grundsätzliche Identität; prozessual handelt es sich beim Übergang vom Unterhalt für das minderjährige zum volljährigen Kind um denselben Streitgegenstand (BGH 21.3.1984 – IVb ZR 72/82, FamRZ 1984, 682, 683). Das hat auch für die vertragliche Praxis Bedeutung. Die **Vereinbarung zum Kindesunterhalt** sollte **nicht zeitlich auf die Volljährigkeit begrenzt** werden. Ist nämlich das Kind weiterhin unterhaltsberechtigt, handelt es sich beim Eintritt der Volljährigkeit bestenfalls um einen Abänderungsfall.

5 **Besonderheiten bei der Vereinbarung zum Kindesunterhalt** ergeben sich aus dem **Verzichtsverbot** für künftigen Unterhalt (§ 1614 Abs. 1 BGB), der eingeschränkten Erfüllungswirkung von Vorausleistungen (§ 1614 Abs. 2 BGB), dem Aufrechenbarkeits- (§ 394 BGB), Abtretbarkeits- (§ 400 BGB) und Verpfänd-barkeitsausschluss (§ 1274 Abs. 2 BGB), den zivilrechtlichen Sanktionsvorschriften (§§ 1495 Nr. 2, 1666 Abs. 2, 2333 Nr. 4, 2334 BGB), dem Ersatz mittelbaren Schadens im Deliktsrecht (§ 844 Abs. 2 BGB) und nicht zuletzt dem Straftatbestand der Unterhaltsentziehung (§ 170 StGB).

6 Die **Gewährung des Unterhalts** (§ 1612 Abs. 1 BGB) erfolgt entweder durch Erbringen von **Naturalun-terhalt** des betreuenden Elternteils als Pflege, Erziehung, freie Kost, Unterbringung, Kleidung etc. (Min-derjährige – § 1606 Abs. 3 S. 2 BGB) oder durch die Zahlung einer Geldrente („**Barunterhalt**"). Der Natu-ralunterhalt ist ohne Beurteilung seiner Güte im Einzelfall immer gleichwertig und gleichrangig zum Bar-unterhalt. Lebt das minderjährige Kind mit deren Zustimmung ausnahmsweise nicht im Haushalt der Eltern oder in der Obhut eines Elternteils (Internat, Pflegefamilie), sind beide Elternteile anteilig – nicht gesamt-schuldnerisch – barunterhaltspflichtig.

7 Wie die Gewährung des Unterhalts erfolgt, regelt das Unterhaltsbestimmungsrecht der sorgeberechtigten Eltern eines unverheirateten, minderjährigen Kindes (§ 1612 Abs. 1 und 2 BGB). Leben die Eltern getrennt oder geschieden, liegt das Bestimmungsrecht bei dem ggf allein sorgeberechtigten Elternteil und im Falle des gemeinsamen Sorgerechts beim **obhutsberechtigten Elternteil**. Aus einer notariellen Urkunde zum Kindesunterhalt sollten sich die **Obhutsverhältnisse des Kindes** ergeben.

▶ **Muster: Notarielle Vereinbarung der Eltern über dynamisierten, vollstreckbaren Kindesunterhalt (§§ 1601 ff, 328 BGB iVm § 794 Abs. 1 Nr. 5 ZPO)**

Die Erschienenen erklärten:

Aus unserer Ehe ist ein gemeinschaftliches Kind hervorgegangen, nämlich ..., geboren am ... Das minder-jährige Kind lebt seit unserer Trennung bei der Mutter und wird von ihr betreut.

Wir schließen hiermit den nachstehenden Unterhaltsvertrag:

Kindesunterhalt

(1) Herr ... verpflichtet sich, für das aus der gemeinsamen Ehe hervorgegangene Kind ..., geboren am ..., jeweils monatlich im Voraus bis spätestens zum ersten Kalendertag eines jeden Monats zu Händen der Mutter 120 % – einhundertzwanzig vom Hundert – des jeweiligen Mindestunterhalts gem. § 1612 a Abs. 1 BGB zu leisten. Dies entspricht derzeit einem Betrag (Tabellenunterhalt der Düsseldorfer Tabelle, Stand: ...) in Höhe von ... EUR.

Der Unterhalt einer höheren Altersstufe ist ab dem Beginn des Monats zu zahlen, in dem das Kind das betreffende Lebensjahr vollendet, somit ab ...

Rückständige Unterhaltsleistungen sind ab dem zweiten Kalendertag des Fälligkeitsmonats mit dem ge-setzlichen Verzugszins zu verzinsen. Der Ehemann schuldet im Übrigen den Unterhalt in gesetzlicher Hö-he.

(2) Das staatliche Kindergeld (§ 66 EStG, § 6 BKGG) ist bei der Bemessung des zu zahlenden Kindesunter-halts noch nicht berücksichtigt; es ist jeweils nach Maßgabe des § 1612 b BGB auf den Tabellenunterhalt (Bedarf) anzurechnen und fließt der betreuenden Mutter zu; der barunterhaltspflichtige Herr ... ist dem-zufolge berechtigt, von dem Tabellenunterhalt von derzeit ... EUR die Hälfte des bezogenen Kindergeldes, also derzeit ... EUR monatlich, anzurechnen (bedarfsmindernder Vorwegabzug).

Der monatliche **Zahlbetrag** beträgt somit derzeit: ...

(3) Durch die vorstehenden Vereinbarungen zwischen den Eheleuten ... soll das gemeinsame Kind ... einen eigenen unmittelbaren Zahlungsanspruch gegen seinen Vater, Herrn ..., erlangen (§ 328 BGB).

(4) Herr ... unterwirft sich wegen seiner Zahlungsverpflichtungen zum Kindesunterhalt nach Abs. 1 und wegen der Verpflichtung zur Zahlung eines monatlichen Unterhalts in Höhe von 120 % – einhundert-zwanzig vom Hundert – des jeweiligen Mindestunterhalts der jeweiligen Altersstufe nach § 1612 a Abs. 1 BGB gegenüber seinem Kind der sofortigen Zwangsvollstreckung in sein gesamtes Vermögen und zwar in

der Weise, dass auch die Mutter, Frau ..., berechtigt sein soll, die Vollstreckung bis zum ... (Vollendung des 18. Lebensjahres des unterhaltsberechtigten Kindes) im eigenen Namen zu betreiben. Eine vollstreckbare Ausfertigung dieser Urkunde kann jederzeit auf Antrag erteilt werden.

(5) Der Notar hat uns darüber belehrt, dass unser Kind unabhängig von den vorstehend getroffenen Vereinbarungen seinen vollen gesetzlichen Unterhaltsanspruch behält und dass ein gänzlicher oder teilweiser Verzicht auf diesen gesetzlichen Unterhaltsanspruch nicht zulässig ist (§ 1614 BGB). ◄

II. Bedarf des Kindes

1. Bedarf

Grundlage einer Vereinbarung zum Kindesunterhalt ist dessen **Bedarf** und **Bedürftigkeit** (s. → *Kindesunterhalt Minderjähriger* Rn 2 ff und 12 ff), wenn das Kind also außerstande ist, sich aus eigenen Mitteln selbst zu unterhalten. Der Bedarf des Kindes umfasst dabei die Kosten seiner Erziehung, der angemessenen Berufsausbildung, die Kosten für Unterkunft, Verpflegung, Kleidung, Ferien, Krankenfürsorge sowie musische und sportliche Interessen (BGH 6.2.2008 – XII ZR 14/06, NJW 2008, 1663 = BGHZ 175, 182 – vgl auch § 1610 Abs. 1 u. 2 BGB). Der Bedarf des Minderjährigen wird geprägt durch sein „Kindsein", er leitet seine Lebensstellung vollständig von derjenigen der Eltern ab (BGH 6.2.2002 – XII ZR 20/00, FamRZ 2002, 536, 539). Der **Mindestbedarf** (= Mindestunterhalt in Geld) ergibt sich aus der Dynamisierungsvorschrift des § 1612 a BGB. Das Gesetz knüpft zu dessen Festlegung an das Einkommensteuerrecht an. Bedarfsmindernd ist das **staatliche Kindergeld** zu verwenden (§ 1612 b BGB; s. → *Kindesunterhalt Minderjähriger* Rn 13). Schließlich muss sich der Minderjährige auch die eigenen Einkünfte bedarfsdeckend – anteilig – anrechnen lassen (§ 1602 Abs. 1 BGB); hierfür gilt die **Anrechnungsmethode**. Solche Einkünfte können beispielsweise die **Lehrlingsvergütungen**, Zinsen oder sonstige Vermögenseinkünfte sein.

8

2. Mehrbedarf

In den Tabellensätzen der Düsseldorfer Tabelle (www.olg-duesseldorf.nrw.de) sind über den Mindestbedarf hinausgehende, regelmäßig wiederkehrende und voraussehbare Mehrkosten, wie zB bei Unterbringung in einer **Privatschule**, einem **Internat**, der Gewährung von Nachhilfeunterricht oder die Kosten für den **Ausgleich einer Behinderung des Kindes,** nicht enthalten. Solche regelmäßigen Kosten ergeben Mehrbedarf (s. → *Kindesunterhalt Minderjähriger* Rn 8). Dieser Mehrbedarf kann unterhaltserhöhend angesetzt werden, wenn die kostenverursachende Maßnahme sachlich begründet ist.

9

Für jeden Mehrbedarf des Kindes sind **beide Elternteile anteilig** – nicht etwa gesamtschuldnerisch – **heranzuziehen** (§ 1606 Abs. 3 BGB), soweit beide leistungsfähig sind. Im Einzelfall kann es schwierig sein, den Mehrbedarf des Kindes von berufsbedingten Aufwendungen des kinderbetreuenden, erwerbstätigen Elternteils abzugrenzen oder die anteilige Haftung der Eltern festzustellen. Hier können vertragliche Regelungen zwischen den Eltern abhelfen, in denen sich insbesondere großzügige, abweichende Regelungen von der anteiligen Haftung festlegen lassen. Mehrbedarf sollte in der Unterhaltsvereinbarung nicht in den regelmäßigen Kindesunterhalt einberechnet werden.

10

3. Betreuungskosten

Werden minderjährige Kinder, die noch keine allgemeinbildende Schule besuchen, in einem Kindergarten, einer Kindertagesstätte, einer vergleichbaren Einrichtung oder nach einem sonstigen Modell „fremdbetreut", stellt sich zwischen den Eltern die Frage, wer die Kosten für eine solche Fremdbetreuung zu tragen hat und welche Betreuungsmodelle unterhaltsrechtlich gleich zu behandeln sind. Nach derzeitiger Ansicht des Bundesgerichtshofs (BGH 26.11.2008 – XII ZR 65/07, FamRZ 2009, 962) sind die für den Kindergartenbesuch anfallenden Beiträge bzw vergleichbare Aufwendungen für die Betreuung eines Kindes in einer kindgerechten Einrichtung **als Mehrbedarf des Kindes** zu verstehen und nicht, auch nicht zum Teil, im Tabellenunterhalt nach der Düsseldorfer Tabelle enthalten. Vertragliche Vereinbarungen der Eltern sind möglich.

11

▶ **Muster: Notarielle Vereinbarung der Eltern über Mehrbedarf**

(...) **Mehrbedarf**

Zusätzlich zu dem vorbezeichneten Unterhalt (Tabellenunterhalt), verpflichtet sich Herr ..., für sein Kind ... zunächst bis zur Einschulung in die Regelschule, also bis einschließlich ..., einen zweckgebundenen Unterhaltsbetrag wegen Mehrbedarfs für die Beiträge zur ganztägigen Betreuung im Kindergarten bis zu einer Höhe von monatlich ... EUR als statischen Zuschlag zum Fälligkeitszeitpunkt (des regelmäßigen Unterhalts) zu zahlen. Dieser Zuschlag bleibt auch im Falle einer Abänderung des regelmäßigen Unterhalts unverändert. Von jeder Ausgleichspflicht entsprechend einer eventuell bestehenden anteiligen Haftung wird die Mutter freigestellt. Frau ... verpflichtet sich, Herrn ... unverzüglich zu unterrichten, wenn sich die Kindergartenbeitragspflicht vermindert oder ganz wegfällt. ◀

4. Sonderbedarf

12 Im Gegensatz zum Mehrbedarf, bei dem es sich um regelmäßig anfallende und voraussehbare erhöhte Kosten handelt, liegt nach § 1613 Abs. 2 Nr. 1 BGB Sonderbedarf (s. → *Kindesunterhalt Minderjähriger* Rn 8) bei unregelmäßigem, außergewöhnlich hohem Bedarf vor; das sind **einmalig auftretende Zahlungen**. Ein solcher Bedarf muss demnach überraschend und der Höhe nach nicht abschätzbar auftreten; Sonderbedarf ist der **Ausnahmefall**. Wie beim Mehrbedarf haften die Eltern für ihn **anteilig** nach § 1606 Abs. 3 S. 1 BGB. Typische Beispiele für Sonderbedarf sind Krankheitskosten, kieferorthopädische Behandlung (OLG Celle 4.12.2007 – 10 UF 166/07, NJW-RR 2008, 378), Kosten der Konfirmation (aA BGH 15.2.2006 – XII ZR 4/04, NJW 2006, 1509) oder Kommunion oder Kosten einer Klassenfahrt (OLG Hamm 5.4.2004 – 11 WF 62/04, NJW-RR 1446, zur Vorhersehbarkeit BGH 15.2.2006 – XII ZR 4/04, NJW 2006, 1509).

III. Berechnungsgrundlage und Unterhaltshöhe

13 In der Praxis steht die Frage der konkreten Höhe des zu leistenden Barunterhalts auf der Grundlage seines Bedarfs im Vordergrund. Zur maßgebenden Bedarfs- und Unterhaltsfeststellung ist deshalb zunächst das unterhaltsrelevante Nettoeinkommen des Pflichtigen (regelmäßig des Vaters) zu ermitteln. Es besteht typischerweise aus Erwerbseinkünften, Vermögenserträgen und sonstigen Einkünften, wie beispielsweise Sozialversicherungsrenten, dem Vorteil aus begrenztem Realsplitting, Steuererstattungen etc. Die Praxis entnimmt sodann die für den Unterhalt maßgeblichen Bedarfssätze der Düsseldorfer Tabelle sowie den einschlägigen Anmerkungen der „Unterhaltsrechtlichen Leitlinien" der Oberlandesgerichte. Im Idealfall sollten die **wesentlichen Berechnungsgrundlagen** im Hinblick auf eine spätere Abänderung nach § 231 Abs. 1 Nr. 1 FamFG iVm § 239 FamFG aus der Urkunde selbst erkennbar sein. Bei strittigen Einkommensberechnungen, etwa bei Selbstständigen und Freiberuflern, kann eine vergleichsweise Bestimmung des bereinigten Nettoeinkommens vorgenommen werden, soweit die Grenzen des § 1614 Abs. 1 BGB beachtet werden.

▶ **Muster: Notarielle Vereinbarung der Eltern über unterhaltsrelevante Berechnungsgrundlagen**

(...) Bei der Ermittlung des Prozentsatzes sind die Ehegatten nach ausschließlich eigenen Angaben davon ausgegangen, dass das bereinigte monatliche Nettoeinkommen des Unterhaltspflichtigen unter Einbeziehung nur einmaliger Zahlungen wie Urlaubs- und Weihnachtsgeld im Jahresdurchschnitt ... EUR monatlich beträgt.

(...) Die Steuerlast wurde nach Steuerklasse ... und unter Berücksichtigung eines abzugsfähigen Realsplittingbetrages iHv ... EUR errechnet. Das sich unter Berücksichtigung aller gesetzlichen Abzüge ergebende Einkommen von ... EUR haben die Ehegatten um
– berufsbedingte Aufwendungen iHv ... EUR (= 5 %),
– monatlich an die ... Bank zu zahlende Raten iHv ... EUR,
– monatlich an die ... Lebensversicherungs-AG zu zahlende Beiträge iHv ... EUR,
– zu zahlende Raten iHv ... EUR

vermindert.

Reetz

(...) Der Notar hat die ihm von den Beteiligten gemachten vorstehend wiedergegebenen Angaben nicht auf ihre Richtigkeit überprüfen können; er hat auf die Bedeutung der Angaben hingewiesen. ◀

IV. Mindestunterhalt

§ 1612 a Abs. 1 BGB regelt den **Mindestunterhalt (= Mindestbedarf) für minderjährige Kinder**. Die **14** Höhe des Mindestunterhalts ergibt sich in der Art einer dynamischen Verweisung aus dem doppelten Freibetrag des sächlichen Existenzminimums eines Kindes (Kinderfreibetrag) nach § 32 Abs. 6 S. 1 EStG. Nach § 1612 a Abs. 1 Nr. 2 BGB ist ein Zwölftel des doppelten Jahresbetrages der monatliche Mindestunterhalt des minderjährigen Kindes in der **zweiten Altersstufe** (= 364 EUR). Für die **erste Altersstufe** beläuft sich der Mindestunterhalt auf 87 % davon (= 317 EUR), in der **dritten Altersstufe** auf 117 % davon (= 426 EUR). Dem entspricht insgesamt die erste Einkommensstufe der Düsseldorfer Tabelle. Der alters- und einkommensabhängig zu ermittelnde Unterhalt des Kindes ergibt sich anhand der jeweils einschlägigen Einkommensstufe der Düsseldorfer Tabelle, ausgedrückt als Prozentsatz des Mindestunterhalts. Das Verständnis der Düsseldorfer Tabelle ist für die Vereinbarung dynamischer Titel wesentlich.

V. Kindergeldverrechnung und Zahlbetrag

Staatliches Kindergeld ist Teil des Familienleistungsausgleichs, der vorrangig durch das Einkommensteuer- **15** recht verwirklicht wird (§§ 62 ff EStG – zu Besonderheiten nach dem BKGG: Erman/Hammermann § 1612 b BGB Rn 3). Es beträgt derzeit für das 1. und 2. Kind 184 EUR, für das 3. Kind 190 EUR und ab dem 4. Kind 215 EUR. Es wird regelmäßig von dem betreuenden Elternteil (§ 64 Abs. 2 S. 1 EStG) bezogen, steht jedoch, unabhängig vom Einkommen der Elternteile, jedem von ihnen zur Hälfte zu und soll zweckgebunden das Existenzminimum des Kindes sichern. Auch wenn Kindergeld bedarfsmindernd wirkt, gilt es weder bei den Eltern noch beim Kind als Einkommen. Ein höherer Familienlastenausgleich kann sich im Einzelfall aus § 31 S. 1 EStG ergeben, nämlich aus den beiden Eltern zustehenden Freibeträgen des § 32 Abs. 6 EStG.

Bezieht der barunterhaltspflichtige Elternteil das Kindergeld fehlerhaft, erhöht sich der Kindesunterhalt um **16** die Hälfte des Kindergelds. Ein **fehlerhafter Kindergeldbezug** sollte nicht durch eine notarielle Vereinbarung herbeigeführt werden, weil die Bezugsberechtigung öffentlich-rechtlich geregelt und nicht disponibel ist.

Die Kindergeldanrechnung auf den Unterhaltsbetrag bestimmt sich nach § 1612 b BGB. Danach ist das **17** **Kindergeld zur Deckung des Barbedarfs des Kindes zu verwenden** und somit unterhaltsrechtlich **zweckgebunden**; es mindert (regelmäßig in Höhe der Hälfte des Kindergeldes) den Barbedarf. Damit wird das zu berücksichtigende Kindergeld letztlich wie Einkommen des Kindes angesehen. Sowohl das minderjährige als auch das volljährige Kind haben gegen den Bezugsberechtigten einen Anspruch auf Verwendung des zu berücksichtigenden Kindergeldes für ihren Bedarf. Aus der Verrechnung des Kindergeldes mit dem tabellenmäßigen Kindesunterhalt ergibt sich für den barunterhaltspflichtigen Elternteil der tatsächlich geschuldete **Zahlbetrag** (siehe: „Tabelle Zahlbeträge" als Anhang zur Düsseldorfer Tabelle). Die Kindergeldanrechnung kann durch Vereinbarung der Eltern auch zur Verstärkung der finanziellen Situation des betreuenden Elternteils und des bei ihm lebenden Kindes unterbleiben. Der Verpflichtete zahlt dann den vollen Tabellenunterhalt.

▶ **Muster: Notarielle Vereinbarung der Eltern über Nichtanrechnung des Kindergeldes**

(...) Das staatliche Kindergeld steht ... anrechnungsfrei ... zu. ◀

VI. Dynamisierter Unterhalt minderjähriger, unverheirateter Kinder

§ 1612 a BGB ermöglicht jenseits der Anwendung des § 231 Abs. 1 Nr. 1 FamFG iVm § 239 FamFG eine **18** Dynamisierung **notarieller Unterhaltstitel zum Kindesunterhalt** (vgl § 794 Abs. 1 Nr. 5 ZPO). Hierzu muss der Unterhalt allerdings **als Prozentsatz des jeweiligen Mindestunterhalts** gem. § 1612 a Abs. 1 BGB tituliert werden. Ändern sich nachfolgend der Mindestunterhalt durch gesetzliche Anpassung und/

oder zwangsläufig das Alter des Unterhaltsberechtigten (aber auch die Höhe des staatlichen Kindergeldes), ist der titulierte Prozentsatz auf den neuen Mindestunterhalt und/oder die veränderte Altersgruppe des Unterhaltsberechtigten anzuwenden (Automatismus und Titelerhalt). Allerdings kann das minderjährige Kind von dem barunterhaltspflichtigen Elternteil, mit dem es nicht in einem Haushalt lebt, auf insgesamt drei Wegen seinen Unterhaltsanspruch geltend machen, wobei nur die **Titulierung eines Prozentsatzes des Mindestunterhalts** gem. § 1612 a Abs. 1 BGB dynamisierungstauglich ist:

- durch einen genau bezifferten, **statischen Unterhaltsbetrag**;
- durch den Mindestunterhalt oder einen Prozentsatz des Mindestunterhalts gem. § 1612 a Abs. 1 BGB **für die derzeitige** (also nur beschränkt auf eine) **Altersgruppe**;
- durch den Mindestunterhalt oder einen Prozentsatz des Mindestunterhalts gem. § 1612 a Abs. 1 BGB für alle Altersgruppen bis zum 18. Lebensjahr (**voll dynamisiert**).

19 Wird der **Prozentsatz des Mindestunterhalts** gem. § 1612 a Abs. 1 BGB tituliert, ist eine genaue Bezifferung des Unterhalts nach den zur Zeit der Errichtung der notariellen Urkunde geltenden Beträgen aus materiellrechtlichen Gründen nicht erforderlich, zur Klarstellung und im Informationsinteresse der Eltern/Kinder aber empfehlenswert.

20 Dynamisierter Unterhalt kann ausschließlich für die Unterhaltsansprüche minderjähriger Kinder (vgl § 1612 a Abs. 1 BGB), nicht jedoch für volljährige Kinder und schon gar nicht für Ehegatten tituliert werden. In die **4. Altersstufe der Düsseldorfer Tabelle**, die keine Anknüpfung zum gesetzlich festgelegten Mindestunterhalt hat, findet keine Anpassung auf der Grundlage der Dynamisierungsregelung statt. Jedoch bleibt auch nach **Eintritt der Volljährigkeit** der aus der Zeit der Minderjährigkeit stammende Titel wirksam (§ 798 a ZPO). Für eine Abänderung nach Maßgabe der 4. Altersstufe der Düsseldorfer Tabelle stehen also ausschließlich **§ 239 FamFG** oder eine abändernde Vereinbarung zur Verfügung.

▶ **Muster: Notarielle Vereinbarung der Eltern über Dynamisierung bei zwei Kindern (ausführlich)**

(...) *(Zahlungsverpflichtung zu Händen des Obhuts-Elternteils zugunsten der Kinder etc.)*

(...) Der jeweilige Unterhalt ist dynamisiert. Der Unterhalt einer höheren Altersstufe nach § 1612 a Abs. 1 BGB und/oder eines höheren Mindestunterhalts ist ab dem Beginn des Monats zu zahlen, in dem das jeweilige gemeinsame Kind das betreffende Lebensjahr vollendet oder der Mindestunterhalt erhöht wird.

An die Stelle des vorstehenden Unterhalts tritt für unser Kind ... demnach
- ab dem 1. ... ein Betrag in Höhe von ... % des jeweiligen Mindestunterhalts nach § 1612 a Abs. 1 BGB der **zweiten Altersstufe** und
- ab dem 1. ... ein Betrag in Höhe von ... % des jeweiligen Mindestunterhalts nach § 1612 a Abs. 1 BGB der **dritten Altersstufe** und
  für unser Kind ...
- ab dem 1. ... ein Betrag in Höhe von ... % des jeweiligen Mindestunterhalts nach § 1612 a Abs. 1 BGB der **dritten Altersstufe**.

Der jeweilige Zahlbetrag ist unter bedarfsminderndem Vorwegabzug des hälftigen staatlichen Kindergeldes (§ 66 EStG, § 6 BKGG) für ein erstes und zweites Kind zu errechnen.

(...) Herr ... schuldet mindestens den gesetzlich zu leistenden Kindesunterhalt. Die Ehefrau, bei der die Kinder entsprechend der einvernehmlichen Entscheidung der Eltern leben, bezieht das gesetzliche Kindergeld für ein erstes und zweites Kind in voller Höhe; es ist nach Maßgabe des § 1612 b Abs. 1 BGB jeweils zur Hälfte zur Deckung des Barbedarfs des Kindes zu verwenden. ◀

VII. Vollstreckungsunterwerfung; Abänderbarkeit

21 Die notarielle Urkunde über den Kindesunterhalt ist nach **§ 794 Abs. 1 Nr. 5 ZPO** nur dann ein geeigneter Titel, wenn sich der Schuldner, also regelmäßig der Vater, in ihr der **sofortigen Zwangsvollstreckung** unterwirft. Vollstreckungsfähig und dem Bestimmtheitsgrundsatz genügend ist nur der Unterhaltstitel, der den zu leistenden Unterhaltsbetrag für den (jeden) einzelnen Berechtigten ausweist und dessen Berechnung sich aus der Urkunde selbst ergibt. Vermieden werden sollte es deshalb, einen gemeinsamen Unterhalts-

zahlbetrag für mehrere Kinder und/oder den Ehegatten in einem Betrag auszuweisen. Das nachfolgende Formular nennt den Tabellenunterhalt nach der Düsseldorfer Tabelle, nicht den um den hälftigen Kindergeldbetrag verminderten Zahlbetrag. Der sich aus dem Mindestunterhalt ergebende Tabellenunterhalt ist ein Höchstbetrag; die Vollstreckung darf natürlich nur in der jeweils tatsächlich geschuldeten Höhe, was zumeist der Zahlbetrag ist, erfolgen.

Die **Abänderbarkeit** (§ 231 Abs. 1 Nr. 1 FamFG iVm § 239 FamFG) unterhaltsrechtlicher Titel, zu denen   22
auch die vollstreckbare, notarielle Urkunde zählt, ist trotz der Möglichkeit der Dynamisierung erforderlich, weil Veränderungen der wirtschaftlichen Verhältnisse (zB Leistungsfähigkeit des Schuldners, Wegfall der Bedürftigkeit) von der Dynamisierung nicht erfasst werden.

Der **Kindesunterhalt** kann auch als **statischer Betrag** ausgewiesen und für vollstreckbar erklärt werden.   23
Dies kommt beispielsweise für Fälle des Mehr- oder Sonderbedarfs in Betracht.

▶ **Muster: Notarielle Vereinbarung der Eltern über statischen Unterhalt**

(...) Herr ... unterwirft sich wegen seiner nach Abs. (...) übernommenen Zahlungsverpflichtungen gegenüber seinem Sohn ... der sofortigen Zwangsvollstreckung in sein gesamtes Vermögen und zwar in der Weise, dass auch die betreuende Mutter, Frau ..., berechtigt sein soll, die Vollstreckung bis zum .... (Vollendung des 18. Lebensjahres des unterhaltsberechtigten Kindes) im eigenen Namen zu betreiben. Eine vollstreckbare Ausfertigung dieser Urkunde kann jederzeit auf Antrag erteilt werden. ◀

VIII. Auskunftsverlangen

Nach §§ 1605 Abs. 1, 242 BGB sind die Beteiligten des Unterhaltsrechtsverhältnisses einander verpflichtet,   24
auf Verlangen über ihre Einkünfte und ihr Vermögen Auskunft zu erteilen. Die Auskunftspflicht besteht somit auf Seiten des Verpflichteten und des Berechtigten. Nach § 1605 Abs. 2 BGB kann jeweils erneute Auskunft verlangt werden, wenn **zwei Jahre seit der letztmaligen Auskunftserteilung** oder seit Abschluss einer Unterhaltsvereinbarung („**Sperrfrist**") abgelaufen sind oder glaubhaft gemacht wird, dass der Verpflichtete wesentlich höhere Einkünfte erzielt hat als zunächst angegeben. Die Vorlage von Belegen kann verlangt und sollte in einer Unterhaltsvereinbarung gesondert geregelt werden.

Nicht gesetzlich geregelt ist die Frage, wann eine **Pflicht zur unaufgeforderten Information** besteht. Die   25
Rechtsprechung nimmt eine solche Verpflichtung an, wenn das Schweigen als evident unredlich zu werten ist, weil der Unterhaltsberechtigte die Änderung weder erwarten noch erkennen konnte und deshalb von einer förmlichen Auskunft abgesehen hat. Die Pflicht zur ungefragten Offenbarung von Einkommensveränderungen besteht natürlich auch während der Verhandlungen zur Herbeiführung einer Unterhaltsvereinbarung (OLG Köln 5.2.2003 – 26 UF 15/02, FamRZ 2003, 1960, 6; BGH 19.5.1999 – XII ZR 210–97, NJW 1999, 2804 zum nachehelichen Unterhalt). Da eine Abgrenzung im Einzelfall streitträchtig ist, kann eine Unterhaltsvereinbarung Kriterien der unaufgeforderten Informationspflicht festlegen.

▶ **Muster: Notarielle Vereinbarung der Eltern über statischen Unterhalt**

(...) **Auskunft**

a) Die Ehegatten verpflichten sich wechselseitig, sich unverzüglich und ohne dass es einer vorherigen Aufforderung durch den jeweils anderen bedarf, über wesentliche Veränderungen in den Einkommens- und/oder Vermögensverhältnissen des barunterhaltspflichtigen Elternteils und/oder der Kinder zu unterrichten. Als wesentlich gelten dabei insbesondere Veränderungen in den bereinigten Nettoeinkünften des Unterhaltspflichtigen und der Unterhaltsberechtigten um mehr als 10 % oder der erstmalige Bezug einer regelmäßigen Vergütung von mehr als 150 EUR monatlich durch den Unterhaltsberechtigten.

b) Eine Unterrichtung hat in jedem Fall, also auch ohne Veränderungen nach lit. a) zum 1. ... und danach jeweils nach Ablauf von ... Monaten unter Vorlage von Einkommensteuerbescheiden, -erklärungen oder geeigneten Einkünftebelegen für die jeweils abgelaufenen ... Veranlagungszeiträume zu erfolgen.

c) Bei schuldhafter Verletzung der hier eingegangenen Auskunftspflichten ist ein überzahlter Unterhalt – unter Ausschluss der Entreicherungsabrede – zu erstatten bzw zu ersetzen und zu wenig gezahlter Unterhalt zu leisten.

... (ggf Verzinsung uÄ) ◄

IX. Vertretung und Unterhaltsvereinbarungen zugunsten des Kindes

26 Minderjährige Kinder werden grundsätzlich von ihren geschiedenen Eltern gemeinschaftlich vertreten, § 1629 Abs. 1 S. 2 BGB – Gesamtvertretung –, es sei denn, einem Elternteil steht das elterliche Sorgerecht allein zu (§ 1629 Abs. 1 S. 3 BGB). § 1629 Abs. 3 S. 1 BGB führt für das gerichtliche Geltendmachen des Unterhalts während der Anhängigkeit einer Ehesache oder des Getrenntlebens der Eltern zur **Prozessstandschaft**. Durch diese Regelung soll verhindert werden, dass das Kind in den Elternstreit oder das Scheidungsverfahren hineingezogen wird. Der die **Obhut** ausübende Elternteil handelt nach § 1629 Abs. 3 S. 1 BGB im eigenen Namen als Prozessstandschafter des Kindes. Soll das Kind selbst berechtigt werden, muss bei notarieller Beurkundung die Vertretung des Kindes entweder offen erfolgen oder ein **echter Vertrag zugunsten Dritter** – hier des Kindes – geschlossen werden, wobei sich in der Praxis die letzte Variante durchgesetzt hat.

27 Der **Vertrag zugunsten Dritter** konkretisiert den gesetzlichen Unterhaltsanspruch des Kindes. Hierbei muss die vertragliche Begründung eines eigenen Forderungsrechts für das Kind deutlich zum Ausdruck kommen. Nach der Auslegungsregel des § 335 BGB hat im Zweifel auch der sorge- und obhutberechtigte Ehegatte als **Versprechensempfänger** das Recht und den Anspruch, Leistung an das Kind zu verlangen. Daher ist klarzustellen, wem gegenüber die **Zwangsvollstreckungsunterwerfung** (§ 794 Abs. 1 Nr. 5 ZPO) erklärt wird und wer das Recht auf Erteilung einer vollstreckbaren Ausfertigung hat (bei einem Vertrag zugunsten Dritter besitzt der begünstigte Dritte keinen gesetzlichen Anspruch auf Erteilung einer Ausfertigung, vgl dazu § 51 Abs. 1 Nr. 1 BeurkG). Ist der vertraglich vereinbarte Unterhalt geringer als der gesetzlich geschuldete, schränkt der Vertrag zugunsten Dritter den gesetzlichen Unterhaltsanspruch des Kindes nicht ein (möglich bleibt beispielsweise die Vereinbarung einer Freistellungsverpflichtung hinsichtlich des überschießenden Betrages: vgl BGH 4.3.2009 – XII ZR 18/08, FamRZ 2009, 768). Da ein gesetzlicher und ein vertraglicher Unterhaltsanspruch nebeneinander bestehen, kann angesprochen werden, auf welche Schuld letztlich geleistet wird.

X. Unterhaltsverzicht

28 Auf Kindesunterhalt kann für die Vergangenheit, **nicht** dagegen **für die Zukunft**, auch nicht teilweise verzichtet werden (**§ 1614 BGB**). Das gilt nicht ausnahmslos. Vereinbaren die Eltern, dass eine Höherstufung nach der Düsseldorfer Tabelle unterbleibt oder der geschuldete Unterhalt um bis zu einem Fünftel niedriger geleistet werden soll, ist dies kein Verstoß gegen § 1614 BGB (OLG Hamm 1.6.1981 – 4 UF 91/80, FamRZ 1981, 869; OLG Köln 30.11.1982 – 4 UF 214/82, FamRZ 1983, 750). Von einem unzulässigen Teilverzicht ist allerdings dann auszugehen, wenn die Sätze nach der Düsseldorfer Tabelle um mehr als ein Drittel unterschritten werden (vgl OLG Köln 30.11.1982 – 4 UF 214/82, FamRZ 1983, 750), wobei dies nicht als pauschale Dispositionsgrenze missverstanden werden darf. Über die Gefahren eines jeden, auch nur teilweisen Unterhaltsverzichts ist immer zu belehren.

▶ **Muster: Belehrung zum Unterhaltsverzicht**

Der Notar hat uns darüber belehrt, dass unseren Kindern unabhängig von den vorstehend getroffenen Vereinbarungen der volle gesetzliche Unterhalt zusteht und dass ein gänzlicher oder teilweiser Verzicht auf zukünftigen Unterhalt unzulässig ist (§ 1614 BGB). ◄

XI. Freistellungsvereinbarung

29 Vom Unterhaltsverzicht zu unterscheiden sind vielfach verwendete Vereinbarungen der Eltern untereinander über die (finanzielle) Freistellung eines Elternteils durch den anderen. **Freistellungsvereinbarungen**

sind zulässig, denn sie bedeuten lediglich, dass sich ein Elternteil verpflichtet, ganz oder teilweise den Kindesunterhalt ohne Ausgleich durch den anderen zu leisten. Das unterhaltsberechtigte **Kind ist hieran nicht gebunden**, sein gesetzlicher Unterhaltsanspruch bleibt unberührt. Die Freistellungsverpflichtung sollte ggf für den Fall auflösend bedingt gestaltet werden, dass das unterhaltsberechtigte Kind seinen Aufenthalt (Obhutswechsel) beim freistellenden Elternteil nimmt und/oder falls eine Abänderung der Sorgerechtsregelung erfolgt.

▶ **Muster: Freistellungsvereinbarung**

(...) Herr ... und Frau ... vereinbaren hiermit, dass Frau ... ihren geschiedenen/von ihr getrennt lebenden Ehemann auf die Dauer von ... Jahren nach Abschluss dieses Vertrages (bis zum ...) von der Leistung von Kindesunterhalt für den gemeinsamen Sohn ..., geboren am ..., freistellt und freihält *(ggf Vereinbarung auflösender Bedingungen, Verknüpfung mit anderen Leistungen etc.).*

(...) Wir sind uns darüber einig, dass diese Freistellungsvereinbarungen keine nachteilige Wirkung auf die Betreuung unseres Sohnes hat, insbesondere nicht zu einer erweiterten Erwerbstätigkeit der das Kind betreuenden Mutter führt und insgesamt mit dem Wohl des Kindes vereinbar ist. ◀

XII. Unterhalt des volljährigen Kindes

1. Allgemeines

Bei volljährigen Kindern unterscheidet das Gesetz (§ 1602 Abs. 1 BGB)   30
– volljährige unverheiratete Kinder in allgemeiner Schulausbildung, die das 21. Lebensjahr noch nicht vollendet haben und bei den Eltern oder einem Elternteil leben (im Folgenden kurz „privilegierte Volljährige" genannt);
– volljährige unverheiratete Kinder in der Vorbereitung auf einen konkreten Beruf (Berufsausbildung) sowie
– volljährige unverheiratete Kinder, die eine Berufsausbildung nicht aufgenommen, abgebrochen oder abgeschlossen haben.

2. Privilegierte Volljährige

Privilegierte Volljährige (§§ 1602 Abs. 1, 1603 Abs. 2 S. 2 BGB) sind minderjährigen Kindern unterhalts-   31
rechtlich in einzelnen Belangen gleichgestellt. Ihnen gegenüber kann sich der Unterhaltsverpflichtete lediglich auf den kleinen (notwendigen) Selbstbehalt von derzeit 770 EUR bei Nichterwerbstätigkeit und 900 EUR bei Erwerbstätigkeit berufen. Ihnen gegenüber bestehen, wie gegenüber Minderjährigen, erhöhte Pflichten zur Ausschöpfung ihrer Arbeitskraft und der Unterhaltsanspruch ist rangprivilegiert (§ 1609 Nr. 1 BGB). Die **unterhaltspflichtigen Eltern haften anteilig** entsprechend ihrer Leistungsfähigkeit und haben beide den Unterhalt bar, nämlich als Geldrente zu leisten.

Beispiel: Anteilige Haftung der Eltern gegenüber privilegiertem volljährigem Kind   32

V, der unterhaltsrelevante bereinigte Erwerbseinkünfte in Höhe von monatlich 1.750 EUR bezieht, zahlte bislang für sein einziges Kind K, das bei der nicht mehr unterhaltsberechtigten M lebt, 17 Jahre alt ist und noch die allgemeinbildende Schule besucht, wegen Höhergruppierung um eine Stufe entsprechend der Stufe 3 der Düsseldorfer Tabelle (Stand 1.1.2013, Kindergeld bereits abgezogen) **377 EUR Zahlbetrag**. M hat unterhaltsrelevante bereinigte Erwerbseinkünfte von 1.550 EUR. Am 1.6.2012 stellt V seine Unterhaltszahlungen ein, weil K volljährig geworden ist.

Lösung: K ist bedürftig (§§ 1602 Abs. 1, 1603 Abs. 2 S. 2 BGB), V ist iHv 800 EUR leistungsfähig (1.750 EUR ./. 950 EUR [notwendiger Eigenbedarf des Erwerbstätigen = Selbstbehalt]). M ist iHv 600 EUR leistungsfähig (1.550 EUR ./. 950 EUR [notwendiger Eigenbedarf Erwerbstätiger = Selbstbehalt]). M und V sind beide gegenüber einem Volljährigen anteilig nach Leistungsfähigkeit barunterhaltspflichtig.

Bedarf (vgl Anm. 7 zur Düsseldorfer Tabelle, Stand: 1.1.2013) = 4. Altersstufe der Düsseldorfer Tabelle (ab 18 Jahre). Unterhaltsbemessung = zusammengerechnete relevante Einkommen der Eltern = 3.300 EUR. Tabellenbetrag ohne Höherstufung abzüglich gesamtes bedarfsminderndes Kindergeld (625 EUR./. 184 EUR = 441 EUR = **ungedeckter Restbedarf** [Einkommensgruppe 6 der Düsseldorfer Tabelle, keine Höherstufung]).

Unterhaltslast der Eltern gem. **§ 1606 Abs. 3 BGB** anteilig nach ihren Einkommen, also V = 800 EUR (Verteilungsmasse) und M = 600 EUR (Verteilungsmasse), zusammengerechnet 1.400 EUR.

Haftungsquote V: (800 EUR Verteilungsmasse x 100) : 1.400 EUR = 57,1 %.
57,1 % von 441 EUR = 252 EUR (gerundet).

Haftungsquote M: (600 EUR Verteilungsmasse x 100) : 1.400 EUR = 42,9 %.
42,9 % von 441 EUR = 189 EUR (gerundet).

Zusammenrechnung: 252 EUR + 189 EUR + 184 EUR = 625 EUR.

▶ **Muster: Unterhaltsvereinbarung bei anteiliger Haftung der Eltern gegenüber privilegiertem volljährigen Kind**

(1) Wir, die Eltern unseres volljährigen Kindes ..., geboren am ..., das noch die allgemeinbildende Schule besucht, vereinbaren hiermit, diesem einen monatlichen Unterhalt von 128 % – einhundertachtundzwanzig vom Hundert – des Mindestunterhalts nach § 1612 a Abs. 1 BGB iVm der sechsten Altersstufe nach der Düsseldorfer Tabelle (Stand: 1.1.2013), also einen Tabellenbetrag in Höhe von 625 EUR – in Worten sechshundertfünfundzwanzig Euro – und einen Zahlbetrag in Höhe von 441 EUR – in Worten: vierhunderteinundvierzig Euro – zu schulden.

Von dem Zahlbetrag entfallen anteilig
– 57,1 % (oder: 252 EUR) anteilig auf den Vater und
– 42,9 % (oder: 189 EUR) anteilig auf die Mutter.

Von einem eventuell darüber hinausgehenden Unterhaltsanspruch von ... stellt Herr ... Frau ... im Innenverhältnis frei.

(2) Der geschuldete Zahlbetrag ist monatlich im Voraus zum Ersten eines jeden Monats erstmals am ... auf ein noch zu benennendes Konto unseres Kindes ... zu zahlen (Gutschrift). Unser Kind erhält aus dieser Vereinbarung einen unmittelbaren Anspruch, Leistung an sich verlangen zu können (§ 328 Abs. 1 BGB); das Recht von Frau ..., den Unterhalt zur Leistung an das Kind fordern zu können, bleibt bestehen.

(3) Zwischen uns besteht zudem Einigkeit darüber, dass Frau ... ihre Unterhaltsverpflichtung gegenüber dem Kind in voller Höhe und solange dadurch erfüllt, dass das Kind weiterhin in ihrem Haushalt lebt.

(4) Das jeweilige staatliche Kindergeld (derzeit 184 EUR), das noch von Frau .... bezogen wird, ist unserem Kind ... in voller Höhe in bar und zur Deckung seines Bedarfs zu überlassen. Es ist bei der Berechnung des nach Abs. 1 geschuldeten Zahlbetrages bereits bedarfsmindernd abgezogen.

(5) Diese Vereinbarung endet (auflösende Bedingung), wenn unser Kind das 21. Lebensjahr vollendet hat ([Datum]) oder seine allgemeine Schulausbildung – aus welchem Grund auch immer – tatsächlich beendet oder nicht mehr im Haushalt seiner Mutter wohnt. Für den Fall des Bedingungseintritts verpflichten wir uns bereits heute, eine abgeänderte Vereinbarung zu treffen.

... (ggf Vollstreckungsunterwerfung zugunsten des Kindes nach § 328 BGB, Verzug, Rückstand, Abänderbarkeit, Auskunft usw) ◀

33   Eine **Dynamisierung** (§ 1612 a BGB) des Unterhalts volljähriger Kinder ist **ausgeschlossen**.

3. Nicht privilegierte Volljährige

34   Der Unterhaltsanspruch **nicht privilegierter volljähriger Kinder während der Ausbildung** umfasst nach § 1610 Abs. 2 BGB die Kosten einer angemessenen Vorbildung zu einem Beruf (zB Ausgaben im Rahmen

der Lehre oder des Studiums, Studiengebühren usw). Besonders streitbefangen ist der Fortbestand der Unterhaltspflicht bei Abbruch der Erstausbildung und anschließender neuer Ausbildung.

Der Unterhaltsanspruch **nicht privilegierter volljähriger Kinder außerhalb einer Ausbildung** (§ 1602 **35** Abs. 1 BGB) kann nach Abschluss einer Berufsausbildung, nach Abbruch einer Ausbildung ohne besonderen Grund oder nach Schulabgang ohne Aufnahme einer weiteren Ausbildung und Aufnahme einer eigenen bedarfsdeckenden Erwerbstätigkeit entstehen. Die Eltern können sich gegenüber dem Unterhaltsverlangen des Kindes auf dessen umfassende Erwerbsobliegenheit berufen.

240. Vereinbarungen zum nachehelichen Unterhalt

Reetz

I. Verzicht auf nachehelichen Unterhalt (§ 1585 c BGB) 1	b) Vereinbarungen zum kind- und elternbezogenen Betreuungsunterhalt 25
1. Vereinbarungsfreiheit, Form und Wirksamkeit .. 1	3. Scheidungsbezogene Vereinbarung 28
2. Interessenlage bei Verzichtsvereinbarungen 2	a) Vorüberlegung und Allgemeines 28
3. Verzichtsvorbehalt: „für den Fall der Not" 4	b) Überobligationsmäßige Erwerbstätigkeit und Kindesbetreuung 30
II. Verzichts-Modifikationen (§§ 1585 c, 1570 ff BGB) 5	c) Befristung des Betreuungsunterhalts 31
1. Modifikationen des nachehelichen Unterhalts ... 6	d) Höhenmäßige Begrenzung (= Herabsetzung) des Betreuungsunterhalts 33
2. Auflösend bedingter Verzicht (Kind); Rücktrittsvorbehalt 7	e) Berechnungsgrundlage 35
3. Befristeter Unterhaltsverzicht („Frühscheidung") mit „Kernbereichsvorbehalten" 9	f) Anschlussunterhalt 36
4. Vereinbarung mit wertgesichertem Höchstbetrag/Höchstgrenze 15	**IV. Vereinbarung zum Aufstockungsunterhalt** 37
III. Vereinbarungen zum Betreuungsunterhalt (§ 1570 BGB) 17	1. Altersvorsorge- und Kranken-/Pflegevorsorgeunterhalt 44
1. Betreuungsunterhalt 17	2. Konkrete Bedarfsberechnung; relative Sättigungsgrenze 46
2. Vorsorgende Vereinbarung 23	3. Begrenzung, Befristung und Abänderung 47
a) Vereinbarungen zum elterlichen Betreuungsmodell 23	4. Übergangsfrist und Vertrauenstatbestand 49

I. Verzicht auf nachehelichen Unterhalt (§ 1585 c BGB)

1. Vereinbarungsfreiheit, Form und Wirksamkeit

1 Nach § 1585 c S. 1 BGB können die Ehegatten über die Unterhaltspflicht für die Zeit nach der Scheidung **Vereinbarungen** treffen. Der Abschluss solcher Vereinbarungen ist bereits vor der Eheschließung und jederzeit während der Ehe möglich. Werden Unterhaltsvereinbarungen **vor der Rechtskraft der Scheidung** getroffen, bedürfen sie nach § 1585 c S. 2 BGB der **notariellen Beurkundung**. Eine unter Verstoß gegen § 1585 c S. 2 BGB zustande gekommene Vereinbarung ist nach § 125 BGB unwirksam. In den Anwendungsbereich der Formvorschrift fallen alle unterhaltsrelevanten Abreden der Ehegatten, etwa über einen ganzen oder teilweisen Verzicht, über Erwerbsobliegenheiten, Fremdbetreuung der Kinder, Unterhaltsbemessung, steuerliche Angelegenheiten und auch jede andere Vereinbarung mit Auswirkungen auf den Nachscheidungsunterhalt. Nicht formbedürftig sind Vereinbarungen über den Unterhalt nach § 1615 l BGB oder den Trennungsunterhalt (also auch in komplexen Getrenntlebenvereinbarungen).

2. Interessenlage bei Verzichtsvereinbarungen

2 Der **gänzliche Verzicht** auf nachehelichen Unterhalt (§§ 1585 c, 1570 ff BGB) ist und bleibt eine der meist **nachgefragten Gestaltungen** in der notariellen Praxis, wobei die erste Nachfrage nicht immer das Ergebnis der Beratung und der Beurkundung vorwegnehmen muss.

3 Der vollständige und gegenseitige Unterhaltsverzicht ist als Gestaltung sachgerecht bei einer **Doppelverdienerehe**, die kinderlos ist und es auch bleiben wird („double income no kids"), bei einer Eheschließung im fortgeschrittenen Alter oder bei vermögenden Ehegatten, schließlich auch bei berufstätigen Ehegatten, die sich getrennt haben. Selbstverständlich kann auch einseitig, also durch einen Ehegatten, auf nachehelichen Unterhalt verzichtet werden. **Ungeeignet** ist der Verzicht regelmäßig, wenn bereits gemeinsame Kinder vorhanden sind oder ein konkreter oder auch nur diffuser Kinderwunsch vorhanden ist. Vorherrschendes Motiv beiderseits berufstätiger Ehegatten ist häufig die Befürchtung, nach Scheitern der Ehe auf unbestimmte Zeit Unterhalt nach den ehelichen Lebensverhältnissen (§ 1578 BGB) zahlen zu müssen und somit die Ehe quasi finanziell fortsetzen zu sollen.

▶ **Muster: Vollständiger und gegenseitiger Unterhaltsverzicht**

Die Erschienenen erklärten:

Wir haben am ... vor dem Standesbeamten in ... die Ehe geschlossen. Wir sind deutsche Staatsangehörige. Wir leben im gesetzlichen Güterstand der Zugewinngemeinschaft. Unsere Ehe ist kinderlos, ein Kinderwunsch besteht nicht. Wir sind beide unselbstständig berufstätig und verfügen beide über überdurchschnittliche Erwerbseinkünfte, aus denen ein jeder von uns seinen Lebensunterhalt und seine Altersversorgung sicherstellen kann. Wir werden beide berufstätig bleiben. Das Entstehen ehebedingter Nachteile in unserer ferneren beruflichen Fortentwicklung können wir nicht erkennen.

Wir schließen folgenden **Ehevertrag**:

(1) Für den Fall der Scheidung unserer Ehe vereinbaren wir den gegenseitigen und vollständigen Verzicht auf die Gewährung jeglichen nachehelichen Unterhalts nach allen gesetzlichen Unterhaltstatbeständen und auch in unvorhersehbaren oder außergewöhnlichen Fällen oder Umständen.

Wir nehmen den vorstehend erklärten Verzicht hiermit wechselseitig an.

(2) Der Notar hat uns über die Folgen dieses Unterhaltsverzichts belehrt, insbesondere darüber, dass ein jeder von uns nach Scheidung der Ehe selbst in vollem Umfang und ohne Rücksicht auf die ehelichen Lebensverhältnisse für seinen Unterhalt zu sorgen hat. Der Notar hat uns ferner darauf hingewiesen, dass der vorstehende Verzicht, sofern er Dritte benachteiligt, nichtig oder im Einzelfall ein Berufen auf Verzichte unzulässig sein kann. Zudem kann die Unterhaltsvereinbarung insbesondere bei einer wesentlichen Veränderung der Lebensumstände der richterlichen Inhaltskontrolle und Anpassung unterliegen.

(3) Eine Vereinbarung zum Güterrecht und zum Versorgungsausgleich wollen wir nicht treffen. ◄

3. Verzichtsvorbehalt: „für den Fall der Not"

Häufig wird in einem Unterhaltsverzicht, wie er dem Muster entspricht, der „Fall der Not" („Notunterhalt"   **4** oder „Unterhalt für den Notfall") vorbehalten oder genau umgekehrt explizit ausgeschlossen. Der Regelungsgehalt solcher Formulierungen bleibt unklar (zur Auslegung MüKo/Maurer § 1585 c BGB Rn 23). Der **„Fall der Not"** könnte tatbestandliche Voraussetzung des Entstehens eines Unterhaltsanspruchs oder seine höhenmäßige Begrenzung sein. Soll eine höhenmäßige Begrenzung gemeint sein, wird der geschuldete Betrag oftmals mit einem nicht näher erkennbaren „Sozialhilfesatz" oder dem notwendigen Eigenbedarf (Selbstbehalt) eines Nichterwerbstätigen iSd Unterhaltsleitlinien (vgl Düsseldorfer Tabelle Teil A, Anm. 5, Stand 1.1.2013 = 800 EUR) gleichgesetzt. Die Vereinbarung eines Vorbehalts „für den Fall der Not" als Untergrenze und Rettungsanker in einem Unterhaltsverzicht zu den Unterhaltstatbeständen der §§ 1570 Abs. 1 und 2, 1571, 1572 BGB sollte angesichts der hohen Einstufung dieser Tatbestände in der Kernbereichsbetrachtung des Bundesgerichtshofs vermieden werden. Die Untergrenze eines Unterhaltsanspruchs **(Mindestunterhalt)** sollte, wie bei Vereinbarung einer Höchstgrenze, eindeutig beziffert oder bestimmbar sein und sich an den Maßgaben des Bedarfs orientieren (vgl beispielsweise § 1578 b BGB – „angemessener Bedarf").

II. Verzichts-Modifikationen (§§ 1585 c, 1570 ff BGB)

▶ **Muster: Auflösend bedingter Verzicht (Kind); Rücktrittsvorbehalt**   **5**

Die Erschienenen erklärten:

Wir haben am ... vor dem Standesbeamten in ... die Ehe geschlossen. Wir sind deutsche Staatsangehörige. Wir leben im gesetzlichen Güterstand der Zugewinngemeinschaft. Unsere Ehe ist bisher kinderlos, einen Kinderwunsch schließen wir für die Zukunft allerdings nicht aus. Wir sind beide unselbstständig berufstätig und verfügen beide über Erwerbseinkünfte, aus denen ein jeder von uns seinen Lebensunterhalt und seine Altersversorgung sicherstellen kann.

Wir schließen folgenden **Ehevertrag**:

(1) Für den Fall der Scheidung unserer Ehe vereinbaren wir den gegenseitigen und vollständigen Verzicht auf die Gewährung jeglichen nachehelichen Unterhalts nach allen gesetzlichen Unterhaltstatbeständen und auch in unvorhersehbaren oder außergewöhnlichen Fällen oder Umständen.

Wir nehmen den vorstehend erklärten Verzicht hiermit wechselseitig an.

(2) Der Unterhaltsverzicht wird auflösend bedingt vereinbart. Sollte wegen der Geburt eines gemeinsamen Kindes einer von uns seine Berufstätigkeit ganz oder teilweise aufgeben, steht ihm nach Scheidung der Ehe Unterhalt nach den gesetzlichen Vorschriften zu.

(3) Der Notar hat uns über die Folgen dieses Unterhaltsverzichts belehrt, insbesondere darüber, dass ein jeder von uns nach Scheidung einer kinderlos gebliebenen Ehe selbst in vollem Umfang und ohne Rücksicht auf die ehelichen Lebensverhältnisse für seinen Unterhalt zu sorgen hat. Der Notar hat uns ferner darauf hingewiesen, dass der vorstehende Verzicht, sofern er Dritte benachteiligt, nichtig oder im Einzelfall ein Berufen auf Verzichte unzulässig sein kann. Zudem kann die Unterhaltsvereinbarung, insbesondere bei einer wesentlichen Veränderung der Lebensumstände, der richterlichen Inhaltskontrolle und Anpassung unterliegen.

(4) Eine Vereinbarung zum Güterrecht und zum Versorgungsausgleich wollen wir nicht treffen. ◄

1. Modifikationen des nachehelichen Unterhalts

6 Anstelle eines gänzlichen und vorbehaltlosen Unterhaltsverzichts vereinbaren die Ehegatten in vorsorgenden Eheverträgen in zunehmendem Maße Verzichte, die dennoch für bestimmte Fälle eine Unterhaltsgewährung vorbehalten. Verzichte werden dann typischerweise **zeitlich befristet**, **aufschiebend** oder **auflösend bedingt**, unter **Rücktrittsvorbehalte** gestellt oder insgesamt auf Teile der Unterhaltsberechtigung beschränkt. Von erheblicher Bedeutung sind auch Vereinbarungen zur inhaltlichen Ausgestaltung eines möglicherweise entstehenden Nachscheidungsunterhalts, insbesondere durch die **Modifikation einzelner Unterhaltstatbestände** und vor allem durch die Begrenzung eines künftigen Unterhaltsanspruchs nach Höhe und Dauer der Leistungsgewährung. Problematisch ist, dass bei kurzen Kinderbetreuungszeiten die durch den Bedingungseintritt (oder einen Rücktritt) entstandene Unterhaltspflicht als zu weitgehend empfunden wird, wenn im Ergebnis ehebedingte Nachteile nicht bestehen bleiben (vgl auch § 1578 b BGB). Das Interesse der Ehegatten an **modifizierenden Vereinbarungen** liegt immer in der Berechenbarkeit der finanziellen Belastung einerseits und der Vermeidung von nachehelich bestehen bleibenden Nachteilen andererseits.

2. Auflösend bedingter Verzicht (Kind); Rücktrittsvorbehalt

7 Das Muster beinhaltet eine typische und zugleich die wichtigste auflösende Bedingung zum gänzlichen Unterhaltsverzicht, nämlich die **Geburt eines gemeinsamen Kindes**. Der Eintritt der Bedingung führt zum gesetzlichen Nachscheidungsunterhalt ohne Beschränkung auf bestimmte Unterhaltstatbestände, also nicht nur wegen der Betreuung und Erziehung nach § 1570 BGB. Wählt man eine solche Variante, sollte die auflösende Bedingung wegen der hohen „Kernbereichsbedeutung" des Betreuungsunterhalts mE nicht notwendig an die Aufgabe der Erwerbstätigkeit nach einer bestimmten Zahl der Arbeitsstunden/Wochenstunden oder von der Dauer der täglichen Betreuung abhängig gemacht werden. Wenn eine differenziertere Lösung gewünscht wird, kann diese sinnvollerweise nur bei der Modifikation der Unterhaltsgewährung nach Dauer und Zeit und ggf unter Berücksichtigung von Ausgestaltungen einzelner Unterhaltstatbestände ansetzen.

8 Die Vereinbarung eines Rücktrittsvorbehalts kommt unter inhaltlich vergleichbaren Umständen wie die Vereinbarung von Bedingungen oder Befristungen in Betracht. Die Rechtsfolgen treten allerdings nicht automatisch und unabhängig vom Willen der Vertragsschließenden ein (**„Bedingungsautomatik"**), was den Berechtigten einerseits in eine Entscheidungssituation zwingt oder sogar die „Gefahr des Vergessens" des Rücktrittsrechtes in sich birgt. Andererseits erlaubt das vorbehaltene Rücktrittsrecht aber ein flexibles Reagieren des Rücktrittsbegünstigten. Aus Beweisgründen sollte für die Rücktrittserklärung die Form der no-

Reetz

tariellen Beurkundung vorgesehen werden (Brambring, Vermögenszuordnung unter Ehegatten, 6. Aufl. 2008, Rn 118 mwN).

3. Befristeter Unterhaltsverzicht („Frühscheidung") mit „Kernbereichsvorbehalten"

Der nachfolgende Formularvorschlag beinhaltet neben dem **Unterhaltsverzicht wegen kurzer Ehedauer** 9 den wichtigen **„Kernbereichsvorbehalt"** für Betreuungsunterhalt in differenzierter Ausgestaltung. Die „kurze Ehedauer" orientiert sich an den Vorstellungen der Ehegatten und ist eine ehevertragliche Ausgestaltung des § 1579 Nr. 1 BGB. Der Umstand, dass die vertraglich vorgesehene Frist über den Zeitrahmen hinausgeht, für den der Bundesgerichtshof eine „kurze Ehedauer" bejaht hat (vgl etwa BGH 9.7.1986 – IVb ZR 39/85, FamRZ 1986, 886, 887: bis drei Jahre), steht einer individuellen Ausweitung dieser Frist nicht entgegen (vgl BGH 9.7.2008 – XII ZR 6/07, NJW 2008, 3426). Die auch von § 1579 Nr. 1 BGB besonders geschützten Kindesbelange sind allerdings bei einer Vertragsgestaltung genauso sachgerecht zu berücksichtigen wie die Besonderheiten der Kernbereichsrechtsprechung zu den §§ 1571, 1572 BGB.

Im Bereich des **einheitlichen Betreuungsunterhalts** unterscheidet das Muster zwischen Basisunterhalt 10 (§ 1570 Abs. 1 S. 1 BGB), **rein kindbezogenen** und sodann **elternbezogenen Verlängerungsmöglichkeiten** (§ 1570 Abs. 1 S. 2, Abs. 2 BGB). Das Maß des Unterhalts soll zunächst an den ehelichen Lebensverhältnissen (§ 1578 Abs. 1 BGB) orientiert und später auf den „angemessenen Unterhalt" nach der Lebensstellung der Berechtigten (§ 1578 b Abs. 1 S. 1 BGB) reduziert werden. Da der Anspruchsberechtigte wegen einer verlängerten Unterhaltsgewährung (§ 1570 Abs. 1 S. 2, Abs. 2 BGB) darlegungs- und beweispflichtig ist, sollte der vorsorgende Ehevertrag nicht versehentlich zu einer **Umkehr der Darlegungs- und Beweislast** führen. § 1578 b BGB wird, soweit überhaupt anwendbar, abbedungen, weil die Vereinbarungen die Höhe der Unterhaltsgewährung selbstständig und vorrangig festlegen:

▶ **Muster: Befristeter Unterhaltsverzicht („Frühscheidung") mit „Kernbereichsvorbehalten"**

(1) Für den Fall, dass einer von uns vor Ablauf von fünf Jahren seit Eheschließung Antrag auf Scheidung unserer Ehe stellt, der zur Scheidung führt, vereinbaren wir den gegenseitigen und vollständigen Verzicht auf die Gewährung jeglichen nachehelichen Unterhalts nach allen gesetzlichen Unterhaltstatbeständen und auch in unvorhersehbaren oder außergewöhnlichen Fällen oder Umständen. Wir nehmen den vorstehend erklärten Verzicht hiermit wechselseitig an.

(2) Von dem nach Abs. 1 vereinbarten Unterhaltsverzicht nicht erfasst und daher vorbehalten bleibt:

a) der kindbezogene Betreuungsunterhalt nach § 1570 Abs. 1 BGB nach Maßgabe der gesetzlichen Vorschriften. Der Vorbehalt gilt ausdrücklich auch für eine verlängerte, kindbezogene Unterhaltsgewährung nach Ablauf von drei Jahren nach der Geburt eines gemeinsamen Kindes.

b) der verlängerte, elternbezogene Betreuungsunterhalt nach § 1570 Abs. 2 BGB. Eine elternbezogene Verlängerung der Unterhaltsgewährung ist ohne Nachweis immer dann gegeben, wenn der betreuende Elternteil seine Erwerbstätigkeit mehr als ... Jahre unterbrochen hat. Wir begrenzen eine verlängerte, elternbezogene Unterhaltsgewährung auf die Dauer von ... Jahren im Anschluss an den kindbezogenen Betreuungsunterhalt.

(3) Für den Zeitraum einer Unterhaltsgewährung als Basisunterhalt nach § 1570 Abs. 1 S. 1 BGB bestimmt sich das Maß des Unterhalts nach den ehelichen Lebensverhältnissen und umfasst den gesamten Bedarf; danach ist die Höhe des Unterhalts auf den erlernten bzw den mit höherem Einkommen verbundenen ausgeübten Beruf des unterhaltsberechtigten Ehegatten beschränkt.

Die Anwendung des § 1578 b BGB schließen wir für den Bereich der Herabsetzung aus, weil die vertragliche Regelung das Maß der Billigkeit der Unterhaltsgewährung insoweit abschließend regelt. Eine Umkehr der Darlegungs- und Beweislast ist mit dieser Unterhaltsvereinbarung nicht verbunden. ◀

Das vorstehende Muster kann in Abs. 2 nach den individuellen Verhältnissen der Ehegatten mit weiteren 11 **Verzichtsausnahmen und Vorbehalten** zu einzelnen Unterhaltstatbeständen angepasst und erweitert werden. Infrage kommen insbesondere solche Unterhaltstatbestände, die wie diejenigen wegen Alters (§ 1571 BGB) und wegen Krankheit (§ 1572 BGB) auf der 2. Stufe der Kernbereichslehre angesiedelt sind. Hierbei handelt es sich zudem um **typische Anschlusstatbestände** mit den Einsatzzeitpunkten nach einer Unterhaltsgewährung wegen Kindesbetreuung bzw wegen Krankheit (§§ 1571 Nr. 2, 1572 Nr. 2 BGB):

▶ **Muster: Ergänzung zu Kernbereichsvorbehalten I**

c) der Unterhalt wegen Alters (§ 1571 BGB) oder wegen Krankheit oder Gebrechens (§ 1572 BGB), jedoch jeweils nur mit den Einsatzzeitpunkten Scheidung oder als Anschlussunterhalt mit dem Ende der Betreuung eines gemeinschaftlichen Kindes sowie im Falle des Unterhalts wegen Alters mit dem weiteren Einsatzzeitpunkt bei Wegfall des Unterhalts wegen Krankheit oder Gebrechens. ◀

12 Denkbar ist auch eine befristete Erweiterung der vorbehaltenen Unterhaltstatbestände um **Anschlussunterhalt** bis zur Erlangung einer angemessenen Erwerbstätigkeit (§§ 1573 Abs. 1, 1574 BGB) und/oder wegen Ausbildung, Fortbildung und Umschulung (§ 1575 BGB). Diese **Unterhaltstatbestände** sind neben der verlängerten Gewährung des Betreuungsunterhalts in besonderer Weise geeignet, dem betreuenden Ehegatten Sicherheit für eine qualifizierte Wiedereingliederung in ein nachhaltiges Erwerbsleben zu geben:

▶ **Muster: Ergänzung zu Kernbereichsvorbehalten II**

c) im Anschluss an Betreuungsunterhalt (§ 1570 Abs. 1 und 2 BGB), Unterhalt bis zur Erlangung angemessener Erwerbstätigkeit (§ 1573 Abs. 1 BGB) und/oder Unterhalt wegen Ausbildung, Fortbildung und Umschulung (§ 1575 BGB), jedoch befristet auf eine Dauer von ... Jahren. ◀

13 Die in Abs. 3 des Musters enthaltene Herabsetzung des Unterhalts auf den **„angemessenen Unterhalt"** nach der Lebensstellung des Berechtigten (vgl § 1578 b Abs. 1 S. 1 BGB und zudem § 1615 l Abs. 2 S. 1 BGB) kann auch zu einem späteren Zeitpunkt als dem des zeitlichen Ablaufes des Basisunterhalts nach § 1570 Abs. 1 S. 1 BGB gewählt und mehrfach gestaffelt vereinbart werden. Nach Maßgabe der im Gesetz genannten kindbezogenen (§ 1570 Abs. 1 S. 3 BGB) und elternbezogenen (§ 1570 Abs. 2 BGB) Billigkeitserwägungen ist ein **„gestufter Übergang"** bis hin zu einer korrespondierenden Vollzeiterwerbstätigkeit in besonderem Maße sachgerecht und empfehlenswert (vgl BGH 18.3.2009 – XII ZR 74/08, FamRZ 2009, 770).

▶ **Muster: Ergänzung zu Kernbereichsvorbehalten III**

(3) Für den Zeitraum einer Unterhaltsgewährung aus kindbezogenen Gründen (§ 1570 Abs. 1 BGB) vereinbaren wir als Maß des Unterhalts die ehelichen Lebensverhältnisse; die Unterhaltsgewährung umfasst den gesamten Bedarf. Soweit daran anschließend nach den Gesetzlichen Vorschriften eine rein elternbezogene Verlängerung der Unterhaltsgewährung oder eine Unterhaltsgewährung nach anderen Anschlusstatbeständen in Betracht kommt, reduziert sich die Höhe eines etwa zu zahlenden Unterhalts für die Dauer eines Jahres um 25 % und sodann auf den angemessenen Unterhalt nach der Lebensstellung der Berechtigten.

Die Anwendung des § 1578 b BGB schließen wir für den Bereich der Herabsetzung aus, weil die vertragliche Regelung das Maß der Billigkeit der Unterhaltsgewährung insoweit abschließend regelt. Eine Umkehr der Darlegungs- und Beweislast ist mit dieser Unterhaltsvereinbarung nicht verbunden. ◀

14 Im Anschluss oder auch gleichzeitig neben einem Anspruch auf Betreuungsunterhalt, auf Unterhalt wegen Alters nach § 1571 BGB und Krankheit nach § 1572 BGB kommt vielfach ein Anspruch auf **Aufstockungsunterhalt** nach § 1573 Abs. 3 BGB in Betracht. Diese Rechtslage gilt auch nach der Unterhaltsrechtsreform 2008 fort (BGH 18.3.2009 – XII ZR 74/08, FamRZ 2009, 770). **„Gleichzeitiger"** Aufstockungsunterhalt entsteht bei Teilerwerbstätigkeit des Berechtigten in Höhe der Differenz des eigentlich erzielbaren Vollerwerbseinkommens zum vollen Unterhalt nach den ehelichen Lebensverhältnissen (§ 1578 BGB). In einer Unterhaltsvereinbarung können Bestand und Umfang des relativ rangniedrigen Aufstockungsunterhalts (4. Stufe der Kernbereichslehre) zwischen den Ehegatten klargestellt werden:

▶ **Muster: „Gleichzeitiger Aufstockungsunterhalt" I**

(4) Von dem Verzicht ist ausdrücklich jede Art Aufstockungsunterhalt (§ 1573 Abs. 2 u. 3 BGB) umfasst, unabhängig davon, ob ein solcher im Anschluss oder gleichzeitig neben Leistungen nach den vorbehaltenen Unterhaltstatbeständen zu gewähren wäre. ◀

4. Vereinbarung mit wertgesichertem Höchstbetrag/Höchstgrenze

Vielfach wünschen die Ehegatten die Vereinbarung von „Höchstbeträgen", ggf kombiniert mit einer festge- 15
legten Dauer der Unterhaltsgewährung („Befristung") für den besserverdienenden Unterhaltsschuldner.
Auch für den Berechtigten bedeutet die **Vereinbarung von Höchstbeträgen** Kalkulationssicherheit.

Die **Festlegung des Höchstbetrages** sollte regelmäßig zumindest den „angemessenen Unterhalt" nach der 16
Lebensstellung des Berechtigten im Auge behalten und nicht zu „kleinlich" vereinbart werden; die Grenze
des „Mindestbedarfs" und damit eines „Mindestunterhalts" ist zu beachten (vgl BGH 16.12.2009 – XII ZR
50/08, FamRZ 2010, 357; BGH 13.1.2010 – XII ZR 123/08, FamRZ 2010, 444, 445). Auch bei kinderloser
Ehe kann die Berufung des unterhaltspflichtigen Ehegatten auf den Unterhaltsverzicht rechtsmissbräuchlich sein, wenn der nun unterhaltsbedürftige Ehegatte faktisch oder sogar einvernehmlich mit dem begünstigten Ehegatten seine berufliche Tätigkeit während der Ehe aufgegeben oder entscheidend verringert hat.
Das Muster stellt im Übrigen klar, dass der Höchstbetrag im Zweifel den Gesamtunterhalt abdeckt. Wegen
der ungewissen Entwicklung des Geldwertes ist der bezifferte **Höchstbetrag wertgesichert**:

▶ **Muster: Wertgesicherte/r Höchstbetrag/Höchstgrenze**

(1) Soweit dem Grunde nach eine gesetzliche Pflicht zur Zahlung nachehelichen Unterhalts besteht, verpflichtet sich Herr ... gegenüber seiner Ehefrau, ihr ab dem Monatsersten, der auf die Rechtskraft der
Scheidung ihrer Ehe folgt, monatliche Unterhaltsleistungen bis zu einem Höchstbetrag von ... EUR jeweils
am Ersten eines jeden Monats im Voraus (Wertstellung) zu zahlen. (ggf: Der Unterhalt wird für die
Höchstdauer von ... Jahren gewährt.)

Der Betrag beinhaltet jede Art von Kranken- und Altersvorsorgeunterhalt oder Mehrbedarf. Wir nehmen
einen etwa mit dieser Vereinbarung verbundenen Verzicht wechselseitig an.

(2) Mit der Vereinbarung eines Höchstbetrages (und einer Höchstdauer) ist kein Anspruch auf Zahlung
nachehelichen Unterhalts in der vereinbarten Höhe (oder für die vereinbarte Höchstdauer) verbunden;
maßgebend sind vielmehr die gesetzlichen Bestimmungen. Nur wenn der zu leistende Unterhalt den vorstehend vereinbarten Höchstbetrag übersteigt (oder ein solcher Unterhalt länger als die vereinbarte
Höchstdauer zu gewähren wäre), wird dieser durch den Höchstbetrag (bzw die Höchstdauer) begrenzt
und auf weitergehende Unterhaltsleistungen verzichtet.

(3) Der Höchstbetrag soll wertgesichert sein: Der Höchstbetrag erhöht oder vermindert sich in demselben
prozentualen Verhältnis, in dem sich der vom Statistischen Bundesamt für jeden Monat festgestellte und
veröffentlichte Verbraucherpreisindex für Deutschland (Basisjahr 2005 = 100 Punkte) bezogen auf den
Tag der heutigen Beurkundung gegenüber den nachstehend genannten Stichtagen erhöht oder verringert.

Eine Erhöhung oder Verminderung des Höchstbetrags tritt erstmals zum 1. des Monats, der der Rechtskraft der Ehescheidung folgt, ein und danach jeweils wieder, wenn sich der Verbraucherpreisindex gegenüber dem für die letzte Festlegung des Höchstbetrages maßgeblichen Stand um 10 % nach oben oder unten verändert hat. ◀

III. Vereinbarungen zum Betreuungsunterhalt (§ 1570 BGB)

1. Betreuungsunterhalt

Der Unterhalt des die gemeinsamen Kinder betreuenden Elternteils (also zumeist der Mutter) ist der kom- 17
plexeste Regelungsgegenstand zum Nachscheidungsunterhalt, sowohl bei vorsorgenden als auch bei scheidungsbezogenen Vereinbarungen. Die hohe Wertigkeit des kindbezogenen Betreuungsunterhalts resultiert
aus seiner **Drittschutzfunktion**; er dient neben dem betreuenden Elternteil immer auch dem Kind in seiner
Entwicklung.

Kind- oder elternbezogene Gründe, die zu einer Verlängerung des Betreuungsunterhalts über die Voll- 18
endung des dritten Lebensjahres hinaus aus Gründen der Billigkeit führen könnten, sind vom Unterhaltsberechtigten darzulegen und gegebenenfalls zu beweisen (BGH 18.3.2009 – XII ZR 74/08, FamRZ 2009,
770; 16.7.2008 – XII ZR 109/05, FamRZ 2008, 1739; 15.9.2010 – XII ZR 20/09, FamRZ 2010, 1880). Die

notarielle Urkunde sollte daher nicht zu einer Umkehr der Beweislast führen, wenn Betreuungsunterhalt (zunächst) ohne zeitliche und höhenmäßige Begrenzung gewährt wird.

19 Der **Ablauf** der drei Jahre des **Basisunterhalts** nach § 1570 Abs. 1 S. 1 BGB bedeutet, unabhängig vom Vorliegen der Voraussetzungen zur einzelfallbezogenen Verlängerung, nicht das sofortige Ende jeder Unterhaltspflicht. Das Gesetz mutet keinen abrupten Übergang auf eine Vollzeittätigkeit zu, sondern in der Regel nur einen **stufenweisen Übergang** (vgl etwa BGH 17.6.2009 – XII ZR 102/08, FamRZ 2009, 1391; 30.3.2011 – XII ZR 3/09, FamRZ 2011, 791). Auch diesen Übergang kann eine Unterhaltsvereinbarung gestalten. Für den Zuschnitt der Übergangsregelung ist dabei nicht schematisch auf das Alter des Kindes abzustellen; individuelle Erwägungen sollten im Vordergrund stehen. Diese werden häufig in ein individuelles, auf das Kind zugeschnittenes, „vertragliches Altersphasenmodell" führen, die unter dem Vorbehalt der Belange des Kindeswohls stehen.

20 Für die Berücksichtigung rein **elternbezogener Verlängerungsmöglichkeiten** (§ 1570 Abs. 2 BGB) spricht im eigentlichen Sinne nur das Schutzgut der nachehelichen Solidarität. Maßgeblich ist dabei das in der Ehe gewachsene Vertrauen in die vereinbarte und vor allem auch die praktizierte Rollenverteilung sowie die vor der Trennung der Ehegatten gemeinsam geschaffene Ausgestaltung der Kinderbetreuung (vgl BGH 18.3.2009 – XII ZR 74/08, FamRZ 2009, 770). Damit stellt die „gelebte Ehe" den Anknüpfungspunkt für ein schutzwürdiges Vertrauen in eine jedenfalls zeitlich befristete Fortgeltung der durch sie geschaffenen Zustände und Lebenswirklichkeiten dar. Maßgeblich ist, auch bei vertraglichen Gestaltungen, die sachgerechte Würdigung des Einzelfalls.

21 § 1570 Abs. 1 BGB hat für Kinder ab Vollendung des dritten Lebensjahres den Vorrang der persönlichen Betreuung gegenüber anderen kindgerechten Fremdbetreuungsmöglichkeiten aufgegeben (BGH 30.3.2011 – XII ZR 3/09, FamRZ 2011, 791). Der Wegfall des Vorrangs der persönlichen Betreuung führt – zumindest aus unterhaltsrechtlicher Sicht – konsequent zur **Obliegenheit der Inanspruchnahme kindgerechter Betreuungsmöglichkeiten**, soweit dies mit dem Kindeswohl vereinbar ist. Arbeitet der betreuende Elternteil während der ersten drei Lebensjahre des Kindes, ist dies stets **überobligatorisch**, so dass er sie in dieser Zeit auch wieder aufgeben kann. Ein Einkommen aus überobligatorischer Tätigkeit muss er sich regelmäßig nur in beschränktem Umfang zurechnen lassen (BGH 18.3.2009 – XII ZR 74/08, FamRZ 2009, 770). Gerade Fragen der Zurechnung von Einkünften aus überobligatorischer Tätigkeit können durch Vereinbarung der Ehegatten sinnvoll geregelt werden; dies kann für die „Eingliederung" in nachhaltige Erwerbsverhältnisse bedeutsam sein. Auch der Umfang von Erwerbsobliegenheiten lässt sich vertraglich festlegen.

22 Der Bundesgerichtshof ist der Überzeugung, dass jenseits von grundsätzlich geeigneten Betreuungseinrichtungen auch der barunterhaltspflichtige Elternteil als „passende" Betreuungsperson infrage kommen kann, wenn er dies ernsthaft und verlässlich anbietet und dies dem Kindeswohl nicht entgegensteht (BGH 15.9.2010 – XII ZR 20/09, FamRZ 2010, 1880). Von einer **„Kindeswohladäquanz"** kann ausgegangen werden, wenn bereits eine hieran orientierte Umgangsregelung vorhanden ist. Man ist als Notar geneigt, in vielen Fällen eine solche Regelung durch Vereinbarung „vorsorgend" auszuschließen (s. etwa den Fall BGH 1.6.2011 – XII ZR 45/09, FamRZ 2011, 1209). Umstritten, aber vertraglich regelbar ist im Übrigen die Geeignetheit „betagter Großeltern" als adäquate Betreuungsmöglichkeit.

2. Vorsorgende Vereinbarung

23 **a) Vereinbarungen zum elterlichen Betreuungsmodell.** Seit der Unterhaltsrechtsreform 2008 sind die **Anforderungen** an Vereinbarungen zum Betreuungsunterhalt nach Maßgabe des § 1570 BGB **deutlich gestiegen**. Detaillierte Regelungen können bereits in vorsorgenden Vereinbarungen zur Absicherung des betreuenden Elternteils durch eine bewusst hingenommene Ausdehnung des Leistungsumfangs aufgenommen werden. Die autonomen Entscheidungen der Eltern sind im Rahmen der Billigkeit und unter Beachtung der Belange des Kindes zu berücksichtigen. Hierbei steht die Einzelfallgestaltung und nicht etwa die Verwendung schematischer Muster zu Altersgrenzen der Kinder („altes Altersphasenmodell"), zu Erwerbsobliegenheiten und zu Unterhaltshöhen im Vordergrund. Maßgebend sind die individuellen Verhältnisse

und Vorstellungen der Ehegatten vom Zusammenleben und der Verantwortung für gemeinsame Kinder und zur Anrechnung von Einkünften des betreuenden Ehegatten (grundlegend BGH 18.3.2009 – XII ZR 74/08, FamRZ 2009, 770).

Das nachfolgende Muster will lediglich eine Verstärkung der Stellung der betreuenden Ehefrau gegenüber der gesetzlichen Regelung zum Basisunterhalt nach § 1570 Abs. 1 S. 1 BGB und eine individuelle Ausgestaltung der Verlängerungsmöglichkeit zur Unterhaltsgewährung nach § 1570 Abs. 1 S. 2 BGB herstellen. Die Verstärkung (besser: Stabilisierung) liegt insbesondere in der Vereinbarung eines abweichenden Modells der persönlichen Betreuung gemeinsamer Kinder über die Vollendung des dritten Lebensjahres hinaus, des korrespondierenden Rechts zur Aufgabe der ausgeübten Erwerbstätigkeit, des Hinausschiebens von Erwerbsobliegenheiten und des Verzichts auf die Pflicht zur Aufnahme einer angemessenen Erwerbstätigkeit (§ 1574 BGB). 24

▶ **Muster: Vorsorgende Vereinbarung zum nachehelichen Betreuungsunterhalt (§§ 1585 c, 1570 BGB) – stabilisierend**

(1) Für den Fall der Scheidung unserer Ehe soll der Unterhalt grundsätzlich nach den gesetzlichen Vorschriften geleistet werden.

(2) Wir vereinbaren bereits heute als Inhalt unseres Ehe-, Betreuungs- und Erziehungsmodells und mit Wirkung über eine Trennung und Scheidung unserer Ehe hinaus, dass die Ehefrau zugleich mit der Geburt eines gemeinsamen Kindes einseitig berechtigt ist, ihre sodann ausgeübte Erwerbstätigkeit vollständig aufzugeben und sich ausschließlich der Betreuung und Erziehung des oder der gemeinsamen Kinder zu widmen. Als Inhalt unseres elterlichen Erziehungs- und Betreuungskonzepts vereinbaren wir zudem, dass es der Billigkeit und somit den Belangen gemeinsamer Kinder nach unseren Vorstellungen nicht entspricht, die betreuende Ehefrau nach Aufgabe ihrer Erwerbstätigkeit auf eine, auch nur teilweise Erwerbsobliegenheit vor Vollendung des ... Lebensjahres unseres jüngsten gemeinsamen Kindes zu verweisen und/oder aus rein unterhaltsrechtlicher Sicht angebotene Fremdbetreuungsmöglichkeiten in Anspruch nehmen zu müssen.

(3) Die kinderbetreuende Ehefrau ist nach Vollendung des ... Lebensjahres unseres jüngsten gemeinsamen Kindes nicht verpflichtet, ihre früher ausgeübte (angemessene) Erwerbstätigkeit wieder aufzunehmen, wenn dies den sozialen Lebensverhältnissen der Ehe nicht entspricht.

(Alternativ:)

(3) Die kinderbetreuende Ehefrau ist nach Vollendung des ... Lebensjahres unseres jüngsten gemeinsamen Kindes verpflichtet, wieder ihre früher ausgeübte (angemessene) Erwerbstätigkeit als ... oder eine sonstige, ausbildungsentsprechende Erwerbstätigkeit aufzunehmen, und zwar auch dann, wenn dies den ehelichen Lebensverhältnissen nicht mehr entspricht.

(4) § 239 FamFG ist anwendbar, insbesondere soweit der Unterhaltsverpflichtete nach Abschluss dieses Vertrages anerkennungsfähig weniger leistungsfähig wird und/oder in dem Umfang, in dem diese Unterhaltsvereinbarung zu einer Beeinträchtigung von Berechtigten nach § 1609 Nr. 1 BGB führen würde.

Diese Unterhaltsvereinbarung führt nach dem Willen der Beteiligten nicht zu einer Umkehr der Darlegungs- und Beweislast.

(5) Der Notar hat uns über die Folgen der vorstehenden Unterhaltsvereinbarung belehrt. Uns ist bekannt, dass

- im Falle der Scheidung unserer Ehe der Grundsatz der Eigenverantwortung und Unterhaltsgewährung nach Leistungsfähigkeit gilt,
- die vorliegende Unterhaltsvereinbarung zu einer deutlichen Ausdehnung der Unterhaltsgewährung führen kann,
- bei Vorhandensein mehrerer Unterhaltsberechtigter und für den Fall, dass der Unterhaltsverpflichtete außerstande ist, allen den vollen Unterhalt zu gewähren, insbesondere seine minderjährigen Kinder oder diese betreuende Elternteile bevorrechtigt sind (§ 1609 BGB).

(6) Eine Vereinbarung zum Güterrecht und zum Versorgungsausgleich wollen wir nicht treffen. ◀

Reetz

25 **b) Vereinbarungen zum kind- und elternbezogenen Betreuungsunterhalt.** Vereinbarungen zum kind- und elternbezogenen Betreuungsunterhalt können durch Festlegung eines vertraglichen „Altersphasenmodells" mit weiteren komplexen Regelungen sowie Teilverzichten und ausführlichen Belehrungen vermittelt werden. In der nachfolgenden Erweiterung des vorangehenden Musters entscheiden sich die Ehegatten im Bereich des Betreuungsunterhalts für ein individuelles, vertragliches Altersphasenmodell, das ebenso das **alte „Altersphasenmodell"** sein kann, und treffen vorsorgend abweichende Regelungen für den „Mehrkind-Fall". Soweit die individuelle Ausgestaltung zum Unterhalt auch eine schrittweise Herabsetzung der Leistungsbeträge enthält, kann sich eine Abweichung von der Herabsetzungsvorschrift des § 1578 b BGB ergeben; hierauf sollte ebenso eingegangen werden wie auf andere Abänderungsfälle.

26 Wirkt die Unterhaltsvereinbarung leistungsausdehnend, hat das für den Berechtigten nur solange und insoweit einen Vorteil, als der Verpflichtete auch nach einem späteren Hinzutreten **familienfremder Unterhaltsberechtigter** (zB zweite Ehe mit Kindern oder Unterhaltspflicht nach § 1615 l BGB) noch leistungsfähig ist. Hierbei ist zu beachten, dass sich das Hinzukommen weiterer Unterhaltsberechtigter nicht mehr auf der Ebene der Bedarfsfeststellung auswirkt und zu Einschränkungen versprochener oder jedenfalls vorgestellter Leistungen führen kann. Eine gerichtlich anerkannte unterhaltsrechtliche Lösung dieser Problematik steht noch aus. Im Übrigen stellt die durch eine Unterhaltsvereinbarung begründete „Verstärkung" gegenüber einem nachfolgenden Ehegatten regelmäßig keine irgendwie geartete Sittenwidrigkeit dar; vielmehr wird von eheprägenden Abzugsposten bei der Bedarfsfeststellung auszugehen sein.

27 Für den Zeitraum nach einer kind- und/oder elternbezogenen Unterhaltsgewährung (§ 1570 Abs. 1 u. 2 BGB) können unter Beachtung der entsprechenden Einsatzzeitpunkte Anschlussunterhaltstatbestände zur weiteren Anspruchsbegründung infrage kommen. Im Muster ist insoweit ein Unterhaltsverzicht vereinbart, der ggf um kernbereichsrelevante Vorbehalte (zB wegen Alters oder Krankheit) erweitert werden kann.

▶ **Muster: Vorsorgende Vereinbarung – komplexes Altersphasenmodell – stabilisierend**

(1) Soweit kindbezogener Betreuungsunterhalt zu gewähren ist, ist dieser nach den ehelichen Lebensverhältnissen in voller Höhe unter vorrangiger Berücksichtigung der Billigkeit und der Belange unseres gemeinsamen Kindes (§ 1570 Abs. 1 S. 2 u. 3 BGB) zu zahlen:
a) bis zur Vollendung seines achten Lebensjahres,
b) bis zur Vollendung seines zwölften Lebensjahres sodann als um ... % verminderter Betrag des vollen Unterhalts und daran anschließend
c) bis zur Vollendung seines sechzehnten Lebensjahres als um insgesamt ... % verminderter Betrag des vollen Unterhalts.

Betreut die Ehefrau mehr als ein gemeinsames Kind, verlängert sich die Unterhaltsgewährung nach lit. a) bis das jüngste unserer Kinder das elfte Lebensjahr und nach lit. b) das vierzehnte Lebensjahr vollendet hat.

(2) Eine abweichende Bemessung des Unterhalts aus rein kindbezogenen Gründen bleibt vorbehalten. Eine abweichende zeitliche Begrenzung des Unterhalts nach § 1578 b BGB wird im Rahmen des hier vereinbarten Altersphasenmodells ausgeschlossen, weil dieses das Maß der Billigkeit der Unterhaltsgewährung selbstständig festlegt.

Auf eine verlängerte, elternbezogene Unterhaltsgewährung nach Maßgabe des § 1570 Abs. 2 BGB verzichten die Ehegatten wechselseitig, soweit dadurch die Dauer einer Unterhaltsgewährung von ... Jahren seit Rechtskraft der Scheidung überschritten würde.

(3) Als Inhalt unseres elterlichen Erziehungs- und Betreuungskonzepts vereinbaren wir, dass es der Billigkeit und den Belangen gemeinsamer Kinder nicht entspricht, den betreuenden Ehegatten auf die Inanspruchnahme von Fremdbetreuungsmöglichkeiten bis zur Vollendung des achten Lebensjahres des Kindes zu verweisen.

(4) § 239 FamFG ist anwendbar, insbesondere soweit der Unterhaltsverpflichtete nach Abschluss dieses Vertrages anerkennungsfähig weniger leistungsfähig wird und/oder in dem Umfang, in dem diese Unterhaltsvereinbarung zu einer Beeinträchtigung von Berechtigten nach § 1609 Nr. 1 BGB führen würde. Gegenüber der Ehefrau kann sich der Ehemann im Rahmen seiner Leistungsfähigkeit jeweils nur auf den

sog. notwendigen Eigenbedarf (Selbstbehalt) eines erwerbstätigen Unterhaltspflichtigen (derzeit 930 EUR nach den Anm. zur Düsseldorfer Tabelle), wie er gegenüber minderjährigen, unverheirateten Kindern bestünde, berufen, wenn und soweit familienfremde Unterhaltsberechtigte hinzutreten.

Diese Unterhaltsvereinbarung führt nach dem Willen der Beteiligten nicht zu einer Umkehr der Darlegungs- und Beweislast.

(5) Für den Zeitraum im Anschluss an die Unterhaltsgewährung nach § 1570 BGB vereinbaren wir gegenseitigen und vollständigen Verzicht auf die Gewährung jeglichen nachehelichen Unterhalts nach allen gesetzlichen Unterhaltstatbeständen und auch in unvorhersehbaren oder außergewöhnlichen Fällen oder Umständen. Wir nehmen den vorstehend erklärten Verzicht und jeglichen Verzicht auf Mehrleistung hiermit wechselseitig an.

(ggf weitere, kernbereichsrelevante Vorbehalte)

(6) Der Notar hat uns über die Folgen der Unterhaltsvereinbarung eingehend belehrt. Uns ist bekannt, dass

– im Falle der Scheidung unserer Ehe der Grundsatz der Eigenverantwortung und Unterhaltsgewährung nach Leistungsfähigkeit gilt,
– die vorliegende Unterhaltsvereinbarung nicht nur Verzichtscharakter hat, sondern auch zu einer Ausdehnung der Unterhaltsgewährung führen kann,
– bei Vorhandensein mehrerer Unterhaltsberechtigter und für den Fall, dass der Unterhaltsverpflichtete außerstande ist, allen den vollen Unterhalt zu gewähren, insbesondere seine minderjährigen Kinder oder die diese betreuenden Elternteile bevorrechtigt sind (§ 1609 BGB).

Der Notar hat uns ferner darauf hingewiesen, dass ein vorstehend vereinbarter Verzicht, sofern er Dritte benachteiligt, nichtig oder im Einzelfall ein Berufen auf Verzichte unzulässig sein kann. Zudem können die Unterhaltsvereinbarung, Teile davon und im Wege einer Gesamtschau auch andere Regelungen dieses Vertrages der richterlichen Inhaltskontrolle und Anpassung unterliegen. ◄

3. Scheidungsbezogene Vereinbarung

a) Vorüberlegung und Allgemeines. Dem nachfolgenden Muster liegt ein typischer Sachverhalt und die daraus abgeleitete Interessenlage zugrunde: Aus der Ehe sind zwei gemeinsame Kinder hervorgegangen, die beide bereits älter als drei Jahre alt, aber weiterhin betreuungsbedürftig sind (Fall: **kindbezogener, verlängerter Betreuungsunterhalt**, § 1570 Abs. 1 S. 2 BGB) und vormittags während der intakten Ehe eine örtliche Kindertagesstätte besuchen. Die betreuende Mutter geht einer Teilzeittätigkeit nach. Beide getrennt lebenden Eltern wollen im Zusammenhang einer Scheidungsvereinbarung eine zeitlich verlässliche Unterhaltsregelung auf Grundlage ihrer Betreuungsvorstellungen schließen. **28**

▶ **Muster: Scheidungsvereinbarung zum nachehelichen Betreuungsunterhalt – stabilisierend (ausführlich)**

Wir haben am ... vor dem Standesbeamten in ... die Ehe geschlossen. Wir leben seit dem ... getrennt im Sinne des § 1567 BGB und beabsichtigen, uns scheiden zu lassen. Wir leben im gesetzlichen Güterstand der Zugewinngemeinschaft.

Aus unserer Ehe sind zwei gemeinsame Kinder, nämlich .... und ..., hervorgegangen, die vier und fünf Jahre alt sind. Beide Kinder besuchen derzeit vormittags die örtliche Kindertagesstätte. Frau ... geht einer Teilzeittätigkeit (... Wochenstunden) in ihrem erlernten und vor der Geburt des ältesten Kindes ausgeübten Beruf nach.

Wir schließen folgende Vereinbarung über **nachehelichen Unterhalt:**

(1) Herr ... verpflichtet sich gegenüber Frau ..., ihr ab dem Monatsersten, der auf die Rechtskraft der Scheidung ihrer Ehe folgt, monatliche Unterhaltsleistungen in Höhe von ... EUR –, jeweils am Ersten eines jeden Monats im Voraus (Gutschrift) auf das Konto-Nr. ... bei der ... (BLZ ...) zu zahlen.

Der vereinbarte Unterhalt wird

- als verlängerter Betreuungsunterhalt (§ 1570 Abs. 1 S. 2 BGB) und – soweit ein solcher zugleich zu leisten wäre –
- als Aufstockungsunterhalt (§ 1573 Abs. 2 BGB) geleistet und umfasst jeden etwa zu leistenden Elementar-, Krankenvorsorge- und Altersvorsorgeunterhalt.

(2) Die Höhe des Unterhalts wurde von den Ehegatten oberhalb des „angemessenen Bedarfs" nach der Lebensstellung der Berechtigten und ihrer beruflichen Ausbildung festgelegt. Die gleichzeitige Beanspruchung der Berechtigten durch ihre Erwerbstätigkeit und die verbleibende Kinderbetreuung ist berücksichtigt.

(3) Rückständige Leistungen sind ab dem zweiten Kalendertag des jeweiligen Fälligkeitsmonats mit fünf Prozentpunkten über dem jeweils geltenden Basiszinssatz jährlich zu verzinsen.

(4) Herr ... unterwirft sich wegen seiner im vorstehenden Abs. 1 eingegangenen monatlichen Zahlungsverpflichtungen gegenüber der Ehefrau, Frau ..., der sofortigen Zwangsvollstreckung in sein gesamtes Vermögen.

Eine vollstreckbare Ausfertigung dieser Urkunde kann wegen bereits fällig gewordener Leistungen jederzeit auf Antrag und ohne weiteren Nachweis der die Fälligkeit begründenden Tatsachen erteilt werden.

(5) Die Ehegatten vereinbaren bereits heute und für den Fall der Scheidung ihrer Ehe nicht einseitig widerrufbar, dass der nach Abs. 1 zu leistende Unterhalt unter Berücksichtigung der Belange der gemeinsamen Kinder und der Billigkeit (§ 1570 Abs. 1 S. 2 u. 3 BGB) bis zur Vollendung des ... Lebensjahres des jüngsten gemeinsamen Kindes in der festgelegten Höhe zu zahlen ist. Eine Herabsetzung des Unterhalts nach § 1578 b BGB wird für den vorbenannten Zeitraum ausgeschlossen, weil diese Vereinbarung das Maß der Billigkeit der Unterhaltsgewährung selbstständig festlegt.

(6) Über eine verlängerte, elternbezogene Unterhaltsgewährung nach Maßgabe des § 1570 Abs. 2 BGB soll durch diese Unterhaltsvereinbarung nicht entschieden werden; die Geltendmachung bleibt vorbehalten. § 239 FamFG ist anwendbar, soweit aus kind- oder elternbezogenen Gründen eine verlängerte Unterhaltsgewährung erforderlich ist und/oder in dem Umfang, in dem diese Unterhaltsvereinbarung zu einer Beeinträchtigung von Berechtigten nach § 1609 Nr. 1 BGB führen würde.

Diese Unterhaltsvereinbarung führt zu keiner Umkehr der Darlegungs- und Beweislast.

(7) Für den Zeitraum im Anschluss an die Unterhaltsgewährung nach § 1570 Abs. 1 u. 2 BGB, ggf in Verbindung mit § 1573 Abs. 2 BGB, vereinbaren die Ehegatten den gegenseitigen und vollständigen Verzicht auf die Gewährung jeglichen nachehelichen Unterhalts nach allen gesetzlichen Unterhaltstatbeständen und auch in unvorhersehbaren oder außergewöhnlichen Fällen oder Umständen. Die Beteiligten nehmen den vorstehend erklärten Verzicht hiermit wechselseitig an.

(8) ... *(Belehrungen)* ◄

29 Obwohl das pauschale **alte Altersphasenmodell** keine geeignete Grundlage der verlängerten Unterhaltsgewährung mehr ist, können die Eltern genau dieses oder ein verändertes Modell nach Maßgabe ihrer Erziehungs- und Betreuungsvorstellungen vertraglich vereinbaren. Das **vereinbarte Altersphasenmodell** ist im Idealfall nichts anderes als das Ergebnis einer zuvor von den Eltern anzustellenden Prognose über die Betreuungsbedürftigkeit ihres Kindes auf der Grundlage seiner Entwicklung:

▶ **Muster: Scheidungsvereinbarung zum nachehelichen Betreuungsunterhalt – Alternative**

(1) ... (4)

(5) Die Ehegatten vereinbaren bereits heute und für den Fall der Scheidung ihrer Ehe nicht einseitig widerrufbar, dass der nach Abs. 1 geschuldete Unterhalt unter Berücksichtigung der Billigkeit und der Belange unserer gemeinsamen Kinder (§ 1570 Abs. 1 S. 2 u. 3 BGB) zu zahlen ist:

a) bis zur Vollendung seines achten Lebensjahres in voller Höhe,
b) bis zur Vollendung seines zwölften Lebensjahres sodann als um ... % verminderter Betrag und daran anschließend
c) bis zur Vollendung seines sechzehnten Lebensjahres als um insgesamt ... % verminderter Betrag.

Daran anschließend bleibt eine erneute Bemessung des Unterhalts aus kindbezogenen Gründen vorbehalten, wenn es einer weitergehenden Betreuung bedarf. Eine Herabsetzung des Unterhalts nach § 1578 b BGB schließen wir bis zur Vollendung des … Lebensjahres unseres vorgenannten Kindes aus, weil diese Vereinbarung das Maß der Billigkeit der Unterhaltsgewährung selbstständig festlegt. ◀

b) Überobligationsmäßige Erwerbstätigkeit und Kindesbetreuung. Eine ganztägige, kindgerechte 30 Fremdbetreuung muss nicht zwangsläufig zu einer vollschichtigen Erwerbsobliegenheit führen. Eine nach den Maßstäben der §§ 1570, 1574 BGB ausgeübte oder verlangte Erwerbstätigkeit kann neben einer **qualifizierten Fremdbetreuung** zusammen mit dem dennoch verbleibenden persönlichen Anteil an der Betreuung im Ergebnis zu einer überobligationsmäßigen Belastung führen (BGH 17.6.2009 – XII ZR 102/08, FamRZ 2009, 1391; 24.6.2009 – XII ZB 160/07, FamRZ 2009, 1739; 18.3.2009 – XII ZR 74/08, FamRZ 2009, 770 und bereits BGH 16.7.2008 – XII ZR 109/05, FamRZ 2008, 1739, 1748 f), die ihrerseits wiederum negative Auswirkungen auf das Kindeswohl entfalten kann. Das nachfolgende Muster stellt klar, dass die Gefahren überobligationsmäßiger Belastungen gesehen und mitgeregelt sind.

c) Befristung des Betreuungsunterhalts. Dem betreuenden Elternteil steht der Anspruch auf Betreuungs- 31 unterhalt für mindestens drei Jahre nach der Geburt mit Verlängerungsmöglichkeit aus kind- und elternbezogenen Gründen zu (§ 1570 Abs. 1 S. 1 BGB). Schwierig zu beantworten ist somit die Frage, inwieweit die Leistungsdauer bereits **in einer notariellen Urkunde** aus der Systematik des § 1570 Abs. 1 u. 2 BGB heraus zeitlich zu begrenzen ist oder überhaupt begrenzt werden sollte (s. BGH 17.6.2009 – XII ZR 102/08, FamRZ 2009, 1391).

Aus der Sicht des Notars kommt eine zeitlich begrenzte Anspruchsbegründung wohl nur in Betracht, wenn 32 im Zeitpunkt der Beurkundung absehbar keine kind- oder elternbezogenen Verlängerungsgründe vorliegen oder eine Begrenzung von den Ehegatten ausdrücklich gewünscht wird. Im Bereich der elternbezogenen Verlängerung dürfte die Disponibilität weiter gehen; hier geht es nicht mehr um die Belange der Kinder.

d) Höhenmäßige Begrenzung (= Herabsetzung) des Betreuungsunterhalts. Neben der immanenten 33 zeitlichen Begrenzung des Betreuungsunterhalts nach § 1570 BGB kommt eine vertragliche Begrenzung (= Herabsetzung) der Höhe vom eheangemessenen Unterhalt in Anlehnung an § 1578 Abs. 1 BGB auf einen „angemessenen Unterhalt" nach der eigenen Lebensstellung des Berechtigten in Betracht (vgl § 1578 b Abs. 1 BGB). Insoweit ist § 1570 BGB nicht lex specialis (vgl BGH 6.5.2009 – XII ZR 114/08, FamRZ 2009, 1124; 21.4.2010 – XII ZR 134/08, FamRZ 2010, 1050; 15.9.2010 – XII ZR 20/09, FamRZ 2010, 1880). In jedem Fall setzt eine höhenmäßige Begrenzung voraus, dass die notwendige Betreuung gemeinsamer Kinder trotz abgesenkten Unterhaltsbedarfs sichergestellt und das Kindeswohl nicht beeinträchtigt ist (vgl BGH 18.3.2009 – XII ZR 74/08, FamRZ 2009, 770; 15.9.2010 – XII ZR 20/09, FamRZ 2010, 1880).

▶ **Muster: Scheidungsvereinbarung zum nachehelichen Betreuungsunterhalt – Alternative**

(1) …

(2) Die Höhe des Unterhalts wurde von den Ehegatten einvernehmlich unterhalb des „eheangemessenen Bedarfs" von ca. … EUR, jedoch höher als der „angemessene Bedarf" nach der Lebensstellung der Berechtigten festgelegt. Maßgeblich sind insoweit die Einkommensverhältnisse einer Einzelhandelsfachverkäuferin mit … Jahren Berufserfahrung.

Die gleichzeitige Beanspruchung der Berechtigten durch ihre Erwerbstätigkeit und die verbleibende Kindesbetreuung sind berücksichtigt. ◀

Das Herabsetzen der Höhe des Unterhalts kann auch zeitlich gestaffelt erfolgen, um dem betreuenden El- 34 ternteil den Übergang auf die veränderten wirtschaftlichen Lebensumstände des Alleinerziehens zu erleichtern:

▶ **Muster: Scheidungsvereinbarung zum nachehelichen Betreuungsunterhalt – Alternative**

(1) ...

(2) Der nach Abs. 1 zu leistende monatliche Unterhalt wird in der vereinbarten Höhe für die Dauer von ... Jahren seit der Rechtskraft der Scheidung geschuldet. Danach vermindert sich ein etwa nach dem Gesetz noch geschuldeter Unterhalt auf einen monatlich zu leistenden Betrag von ... EUR.

Dies entspricht nach den Vereinbarungen der Ehegatten dem „angemessenen Bedarf" nach der Lebensstellung der Berechtigten. Die gleichzeitige Beanspruchung der Berechtigten durch ihre Erwerbstätigkeit und die verbleibende Kindesbetreuung ist berücksichtigt. ◀

35 **e) Berechnungsgrundlage.** Im Idealfall sollten die wesentlichen Berechnungsgrundlagen, die der Berechnung des Quotenunterhalts zugrunde liegen, im Hinblick auf eine spätere Abänderung (§ 239 FamFG) aus der Urkunde erkennbar sein:

▶ Der Unterhaltsbemessung nach Abs. 1 liegen folgende Einkünfte und Ausgaben zugrunde: .... ◀

36 **f) Anschlussunterhalt.** Klärungsbedürftig ist auch im Zusammenhang mit der vorrangigen Regelung des Betreuungsunterhalts das Eingreifen von sog. Anschlussunterhaltstatbeständen mit dem Einsatzzeitpunkt (s. → *Nachehelicher Unterhalt* Rn 6) nach Beendigung der Pflege und Erziehung des gemeinschaftlichen Kindes. Hierher gehören zunächst die immerhin in der zweiten Stufe des Kernbereichs des Scheidungsfolgenrechts angesiedelten **Unterhaltstatbestände wegen Krankheit oder Gebrechen (§ 1571 Nr. 2 BGB) oder wegen Alters (§ 1572 Nr. 2 BGB),** wobei Letzterer auch als Anschlussunterhalt nach Krankheit zu gewähren sein kann. Anschlussunterhalt wegen Erwerbslosigkeit (§ 1573 Abs. 1 u. 2 BGB) und/oder wegen Aus- und Fortbildung (§ 1575 BGB) kann sinnvollerweise als **„Wiedereinstiegshilfe"** in die Erwerbstätigkeit zu gewähren sein; möglich sind zeitliche und betragsmäßige Modifikationen oder im Einzelfall der Verzicht auf die Gewährung von Anschlussunterhalt:

▶ **Muster: Scheidungsvereinbarung zum nachehelichen Betreuungsunterhalt – Alternative**

(1) ... (6)

(7) Für die Zeit im Anschluss an die Leistung von Betreuungsunterhalt nach § 1570 Abs. 1 u. 2 BGB vereinbaren die Ehegatten den gegenseitigen und vollständigen Verzicht auf die Gewährung jeglichen nachehelichen Unterhalts nach allen gesetzlichen Unterhaltstatbeständen und auch in unvorhersehbaren oder außergewöhnlichen Fällen oder Umständen. Hiervon ausgenommen ist wiederum Anschlussunterhalt wegen Alters (§ 1571 BGB) und wegen Krankheit oder Gebrechens (§ 1572 BGB) sowie im Falle des Unterhalts wegen Alters mit dem weiteren Einsatzzeitpunkt bei Wegfall des Unterhalts wegen Krankheit oder Gebrechens. Die Beteiligten nehmen den vorstehend erklärten Verzicht hiermit wechselseitig an. ◀

IV. Vereinbarung zum Aufstockungsunterhalt

37 Insbesondere der sog. Aufstockungsunterhalt (§ 1573 Abs. 2, 3 BGB) eignet sich, wenn die Begrenzungsvorschriften nicht berücksichtigt werden, zur Perpetuierung von Zahlungspflichten nach den ehelichen Lebensverhältnissen (vgl § 1578 Abs. 1 BGB); daher gilt ihm auch in der Vertragsgestaltung regelmäßig besondere Beachtung.

38 Der Aufstockungsunterhalt wird geschuldet, wenn die Einkünfte des Berechtigten nicht den Bedarf nach den ehelichen Lebensverhältnissen (§ 1578 Abs. 1 BGB) decken, obwohl dieser der Ausübung einer angemessenen Erwerbstätigkeit nachgeht. Als Einsatzzeitpunkte kommen insbesondere der zeitliche Zusammenhang mit der Scheidung in Betracht, genauso aber als **Anschlussunterhalt** der Wegfall der Leistungsvoraussetzungen nach den Unterhaltstatbeständen gem. §§ 1570–1572, 1573 Abs. 1 und 4, 1575, 1576 BGB (s. § 1573 Abs. 1 und 3 BGB) bzw das Einsetzen von Erwerbsobliegenheiten des Unterhaltsberechtigten.

39 Aufstockungsunterhalt wird in vielen Fällen auch bei **Teilerwerbstätigkeit** des Berechtigten (= Einsetzen einer Erwerbsobliegenheit) gleichzeitig und neben §§ 1570–1572 BGB als „ergänzender Aufstockungsunterhalt" entstehen, soweit die Summe aus den eigenen tatsächlichen Einkünften und den hochgerechneten

Einkünften aus einer Vollzeiterwerbstätigkeit den eheangemessenen Bedarf (§ 1578 Abs. 1 BGB) nicht erreichen (zur Abgrenzung der Tatbestände BGH 14.4.2010 – XII ZR 89/08, FamRZ 2010, 869).

▶ **Muster: Nachehelicher Aufstockungsunterhalt**

Die Erschienenen erklärten:

Wir haben am ... vor dem Standesbeamten in ... die Ehe geschlossen. Wir leben seit dem ... getrennt im Sinne des § 1567 BGB und beabsichtigen, uns scheiden zu lassen. Wir leben im gesetzlichen Güterstand der Zugewinngemeinschaft.

Aus unserer Ehe sind keine gemeinsamen Kinder hervorgegangen. Die Ehefrau ist vollschichtig als ... berufstätig; der Ehemann war bei Eingehen der Ehe Student und hat vor ... Jahren sein Studium abgeschlossen. Eine ausbildungsentsprechende Erwerbstätigkeit hat er seitdem nicht aufgenommen; er hat vielmehr als ... gearbeitet und ist derzeit arbeitssuchend.

...

Wir schließen folgende Vereinbarung über **nachehelichen Unterhalt**:

(1) Frau ... verpflichtet sich gegenüber Herrn ..., ihm ab dem Monatsersten, der auf die Rechtskraft der Scheidung ihrer Ehe folgt, monatliche Unterhaltsleistungen in Höhe von ... EUR, jeweils am Ersten eines jeden Monats im Voraus (Gutschrift), längstens bis zum ... als Unterschiedsbetrag zwischen deren Einkünften und dem vollen Unterhalt gem. § 1573 Abs. 2 BGB (Aufstockungsunterhalt) auf das Konto Nr. ... bei der ... (BLZ ...) zu zahlen.
Der vereinbarte Unterhalt umfasst jeden Elementar-, Krankenvorsorge- und Altersvorsorgeunterhalt.

(2) Herr ... verzichtet darüber hinaus auf alle weitergehenden Ansprüche auf nachehelichen Unterhalt nach allen gesetzlichen Unterhaltstatbeständen und auch in unvorhersehbaren oder außergewöhnlichen Fällen oder Umständen; dies umfasst auch höhere Einzelleistungen als nach vorstehendem Abs. 1 vereinbart. Frau ... nimmt den vorstehend erklärten Verzicht hiermit an.

(3) Herr ... nimmt derzeit an einer Umschulungsmaßnahme der Agentur für Arbeit zum ... teil. Die Unterhaltsverpflichtung der Ehefrau endet mit Aufnahme einer Erwerbstätigkeit des Ehemanns im Umfang von ... Std./Woche, spätestens jedoch am .... Für die Folgezeit gilt der Unterhaltsverzicht nach Abs. 2. ◀

Das nachfolgende Muster regelt den **zeitlich befristeten Aufstockungsunterhalt** als den infrage kommenden Unterhaltstatbestand für eine kinderlos gebliebene und nunmehr gescheiterte „Frühehe", bei der der Mann nach dem Abschluss seiner Ausbildung unregelmäßig, die Frau hingegen nachhaltig und für die ehelichen Lebensverhältnisse maßgebend erwerbstätig war und ist. **40**

▶ **Muster: Angemessener Gesamtunterhaltsbedarf eines Studierenden**

(1) Frau ... verpflichtet sich gegenüber Herrn ..., ihm ab dem Monatsersten, der auf die Rechtskraft der Scheidung ihrer Ehe folgt, monatliche Unterhaltsleistungen in Höhe von ... EUR, jeweils am Ersten eines jeden Monats im Voraus (Gutschrift), längstens bis zum ..., als „angemessenen Unterhalt" nach der Lebensstellung als Student mit eigenem Hausstand entsprechend Anm. 7 zu Teil A der Düsseldorfer Tabelle gem. § 1573 Abs. 2 BGB (Aufstockungsunterhalt) auf das Konto Nr. ... bei der ... (BLZ ...) zu zahlen. ◀

Der **„angemessene Unterhalt"** nach der Lebensstellung des Berechtigten (vgl § 1578 b Abs. 1 S. 1 BGB) **41** kann sich natürlich auch aus anderen Erwerbsbiographien als derjenigen eines Studenten ergeben:

▶ **Muster: „Angemessener Unterhalt"**

(1) Herr ... verpflichtet sich gegenüber Frau ..., ihr ab dem Monatsersten, der auf die Rechtskraft der Scheidung ihrer Ehe folgt, monatliche Unterhaltsleistungen in Höhe von ... EUR, jeweils am Ersten eines jeden Monats im Voraus (Gutschrift), längstens bis zum ..., als „angemessenen Unterhalt" nach der Lebensstellung als Beamtin im Landesdienst des Bundeslandes ... der Besoldungsgruppe ... unter Berücksichtigung der familiären Verhältnisse und einem Dienstalter berechnet ab Vollendung des 21. Lebensjahres gem. § 1573 Abs. 2 BGB (Aufstockungsunterhalt) auf das Konto Nr. ... bei der ... (BLZ ...) zu zahlen. ◀

42 Der „angemessene Unterhalt" nach dem Maßstab des „angemessenen Lebensbedarfs", der nach § 1578 b Abs. 1 S. 1 BGB regelmäßig die Grenze für eine gerichtliche, nicht notwendig auch vertragliche Herabsetzung des nachehelichen Unterhalts bildet, bemisst sich regelmäßig nach dem Einkommen, das der Berechtigte ohne die Ehe und Kindererziehung aus eigenen Einkünften nachhaltig hätte erzielen können („parallele Erwerbsbiographie", s. auch BGH 4.8.2010 – XII ZR 7/09, FamRZ 2010, 1633; 30.3.2011 – XII ZR 63/09, FamRZ 2011, 875). Für einen erwerbsfähig Unterhaltsberechtigten ist das „fiktive" Einkommen maßgebend, das er ohne die Unterbrechung der Erwerbstätigkeit durch seine Eheschließung und die Kinderbetreuung erzielen könnte.

43 Sowohl beim Betreuungsunterhalt der nicht verheirateten Mutter (§ 1615 BGB) als auch beim Nachscheidungsunterhalt (§§ 1569 ff BGB) ist von einem Unterhaltsbedarf auszugehen, der das **Existenzminimum** nicht unterschreiten darf (zum Mindestbedarf: BGH 16.12.2009 – XII ZR 50/08, FamRZ 2010, 357; 13.1.2010 – XII ZR 123/08, FamRZ 2010, 444, 445); diese Grenze wird die Vertragsgestaltung zu beachten haben. Die Untergrenze in Unterhaltsvereinbarungen kann mit dem notwendigen Selbstbehalt eines nicht erwerbstätigen Unterhaltspflichtigen pauschaliert werden, der sich gegenwärtig nach Teil B, Anm. V Nr. 2 der Düsseldorfer Tabelle (Stand: 1.1.2013 = derzeit 800 EUR) und den Leitlinien der Oberlandesgerichte richtet.

1. Altersvorsorge- und Kranken-/Pflegevorsorgeunterhalt

44 Im Quoten-Elementarunterhalt sind die Kosten einer angemessenen Alters-, Kranken- und Pflegeversicherung nicht enthalten. § 1578 Abs. 3 BGB (vgl auch § 1361 Abs. 1 S. 2 BGB) beinhaltet deshalb als unselbstständigen Teil des Unterhaltsanspruchs – neben dem Elementarunterhalt – den Anspruch auf Leistung der Kosten für eine eheangemessene Versicherung für den Fall des Alters, der Berufs- oder Erwerbsunfähigkeit **(Altersvorsorgeunterhalt – AVU)**. § 1578 Abs. 2 BGB enthält, ebenfalls als unselbstständigen Teil des Unterhalts, den Anspruch wegen einer angemessenen Versicherung für den Fall der Krankheit **(Krankenversicherungsunterhalt – KVU)**. Angemessen ist jeweils eine Versicherung, die der nach den ehelichen Lebensverhältnissen gleichwertig ist. Der Anspruch auf KVU entfällt, wenn der Unterhaltsberechtigte selbst erwerbstätig ist und einen eigenen Krankenversicherungsschutz besitzt.

45 Das nachfolgende Muster umfasst Vereinbarungen zum Unterhalt einschließlich des konkret berechneten Elementar- und Altersvorsorgeunterhalts (Berechnungs- und Tabellenstand: 1.1.2013):

▶ **Muster: Konkret berechneter Elementar- und Altersvorsorgeunterhalt**

(1) Frau ... verpflichtet sich gegenüber Herrn ..., ihm ab dem Monatsersten, der auf die Rechtskraft der Scheidung ihrer Ehe folgt, monatliche Unterhaltsleistungen in Höhe von ... EUR, jeweils am Ersten eines jeden Monats im Voraus (Gutschrift) auf das Konto Nr. ... bei der ... (BLZ ...) zu zahlen.

Der vereinbarte Unterhalt wird als Unterhalt wegen Krankheit (§ 1572 BGB) und – soweit ein solcher zugleich zu leisten wäre – als Aufstockungsunterhalt (§ 1573 Abs. 2 BGB) geleistet und umfasst
– den Elementarunterhalt iHv ... EUR
– sowie den Altersvorsorgeunterhalt iHv ... EUR.

(2) Der Bemessung des Unterhalts liegt folgende Berechnung zugrunde: ... ◀

2. Konkrete Bedarfsberechnung; relative Sättigungsgrenze

46 Sind die Einkünfte des Verpflichteten überdurchschnittlich, ist regelmäßig eine konkrete Bedarfsberechnung durchzuführen, weil zu vermuten ist, dass das verfügbare Einkommen nicht nur der Lebensführung diente, sondern auch der Vermögensbildung. Die „relative Sättigungsgrenze" wird in der Praxis der Oberlandesgerichte unterschiedlich gehandhabt, wobei sich in den meisten Leitlinien pauschale Hinweise finden. Eine konkrete Berechnung des Bedarfs erscheint bei Überschreiten der höchsten Einkommensgruppe der Düsseldorfer Tabelle sachgerecht. Eine solche konkrete Bedarfsberechnung zur Bestimmung des Unterhalts kann natürlich auch Gegenstand einer Unterhaltsvereinbarung sein.

▶ **Muster: Konkrete Berechnung**

(1) ...

(2) Aufgrund der überdurchschnittlichen, unterhaltsrelevanten Einkünfte des Ehemanns wurde der Unterhalt einvernehmlich nach dem konkreten Bedarf der Berechtigten berechnet; hierfür sind folgende Positionen in Ansatz gebracht:

– Wohnbedarf	600 EUR
– Krankenversicherung	200 EUR
– Altersvorsorge	280 EUR
– Versicherungen	30 EUR
– Rundfunk, Telefon	50 EUR
– Halten eines Pkw	250 EUR
– Kosmetik und Friseur	100 EUR
– Kleidung	300 EUR
– Allgemeine Verpflegung	500 EUR
– Theater und Kultur	50 EUR
– Urlaubsreisen	150 EUR
– Putzfrau	100 EUR
– Rücklagen für Hausrat	100 EUR
– konkreter Gesamtbedarf	2.710 EUR

Unter Berücksichtigung eines Betrages für sonstige Rücklagen vereinbaren wir einen Zahlbetrag von 2.800 EUR.

(3) Der Bemessung des Unterhalts liegt folgendes bereinigte (unterhaltsrelevante) Nettoeinkommen des Ehemannes zugrunde: .... ◀

3. Begrenzung, Befristung und Abänderung

Sind die für eine Begrenzung ausschlaggebenden Umstände im Zeitpunkt des Vertragsschlusses bereits zuverlässig erkennbar, sollte die Frage der Begrenzung nicht etwa einer späteren Abänderung nach § 231 Abs. 1 Nr. 1 FamFG iVm § 239 FamFG vorbehalten bleiben, sondern unbedingt schon in der Urkunde (= Ausgangstitel) selbst vereinbart werden. Ob die für die Begrenzung ausschlaggebenden Umstände bereits zuverlässig erkennbar sind, lässt sich wiederum nur unter Berücksichtigung aller Umstände des Einzelfalles nach intensiven Beratungsgesprächen beantworten. Im Zweifel kann der Unterhalt zunächst unbefristet, aber unter dem Vorbehalt einer späteren Abänderung vereinbart werden. Auch die umgekehrte Vorgehensweise ist denkbar. Danach kann der Unterhaltsanspruch zunächst für eine bestimmte Dauer gewährt werden, gleichwohl aber eine Verlängerung vorbehalten bleiben. Abänderungsvorbehalte können zudem mit Betrags- und/oder Zeitvorgaben verbunden werden. **47**

▶ **Muster: Abänderung I**

(...) Herabsetzung und zeitliche Begrenzung des Unterhaltsanspruchs richten sich nach § 1578 b BGB und sollen der Abänderung vorbehalten bleiben. Die Abänderung kann jedoch nicht vor Ablauf von ... Monaten/Jahren seit Rechtskraft der Ehescheidung verlangt und im Falle der Herabsetzung nur bis zu einer Grenze von ... % des nach dieser Urkunde vereinbarten Unterhaltsbetrages (und unter Einbeziehung der Wertsicherung) erfolgen. ◀

Die **Präklusionswirkungen** nach § 238 Abs. 2 FamFG sind auf Unterhaltsvereinbarungen nicht anwendbar (s. § 239 FamFG). Eine Urkunde über den Nachscheidungsunterhalt ist kein Urteil in einem gerichtlichen Ausgangsverfahren. Gleichwohl darf dies nicht dazu führen, dass erkennbare Umstände zur Begrenzung in der Ausgangsbeurkundung nicht beachtet werden. Andererseits können die Beteiligten auch eine Präklusion, die § 238 Abs. 2 FamFG nachgebildet ist, vertraglich vereinbaren: **48**

▶ **Muster: Abänderung II**

(...) Herabsetzung und zeitliche Begrenzung des Unterhalts richten sich zukünftig nach § 1578 b BGB und sollen der Abänderung vorbehalten bleiben. Die Ehegatten vereinbaren bereits heute, dass eine gerichtliche oder vertragliche Abänderung ausgeschlossen ist, wenn und soweit Abänderungsgründe nicht erst nach Errichtung dieser Urkunde entstanden sind. ◄

Bleibt eine spätere Begrenzung des Unterhalts nach dem Inhalt der Vereinbarung vorbehalten, ist zu beachten, dass die Darlegungs- und Beweislast für Tatsachen, die eine nachträgliche Befristung oder Beschränkung bewirken sollen, grundsätzlich der Unterhaltsverpflichtete zu tragen hat (vgl BGH 25.6.2008 – XII ZR 109/07, FamRZ 2008, 1508, 1510).

4. Übergangsfrist und Vertrauenstatbestand

49 Selbst wenn eine an den ehelichen Lebensverhältnissen orientierte Bemessung des Unterhalts wegen fehlender ehebedingter Nachteile unter Wahrung der nachehelichen Solidarität und der Belange gemeinschaftlicher Kinder unbillig wäre, bedeutet das nicht, dass die Leistung des Nachscheidungsunterhalts abrupt eingestellt oder auf den angemessenen Unterhalt gekürzt werden müsste. Im Rahmen einer vertraglich vereinbarten Herabsetzung oder zeitlichen Begrenzung des Unterhalts sollte das Vertrauen des Unterhaltsberechtigten auf die Fortdauer der gelebten Lebensverhältnisse deshalb angemessen berücksichtigt werden. Dem unterhaltsberechtigten Ehegatten sollte genügend Zeit verbleiben, seinen Lebensstandard von einem höheren auf einen Bedarf abzusenken, der lediglich ehebedingte Nachteile ausgleicht, also einem Einkommen entspricht, das der Berechtigte ohne Kindererziehungszeiten und ohne die Ehe selbst erzielt haben würde (= angemessener Lebensbedarf iSd § 1578 b BGB, s. auch BGH 26.9.2007 – XII ZR 15/05, FamRZ 2007, 2052). Die Vertragsgestaltung kann insbesondere Stufenmodelle zu einem verträglichen **„Abschmelzen"** **des Unterhalts** verwenden.

▶ Muster: Abschmelzender Unterhalt

(1) ... (4)

(5) Die Ehegatten vereinbaren, dass sich der nach Abs. 1 zu gewährende Unterhalt unter Berücksichtigung der Billigkeit, insbesondere der Dauer der Ehe, der gemeinsamen Wirtschaftsführung, der bei Eheschließung vorhandenen Einkommensdifferenzen und der fortgeführten Erwerbstätigkeit der Berechtigten während der gesamten Ehedauer bis zum Eintritt des Getrenntlebens wie folgt reduziert:

a) nach Ablauf von ... Monaten nach rechtskräftiger Scheidung auf ... % des nach Abs. 1 vereinbarten Unterhalts,

b) nach Ablauf von ... Monaten nach rechtskräftiger Scheidung auf ... % des nach Abs. 1 vereinbarten Unterhalts.

Nach insgesamt ... Monaten/Jahren entfällt jede Art der Unterhaltsgewährung; die Ehegatten vereinbaren insoweit den gegenseitigen und vollständigen Verzicht auf die Gewährung jeglichen nachehelichen Unterhalts nach allen gesetzlichen Unterhaltstatbeständen und auch in unvorhersehbaren oder außergewöhnlichen Fällen oder Umständen. Die Beteiligten nehmen den vorstehend erklärten Verzicht hiermit wechselseitig an.

Eine weitergehende Herabsetzung und/oder zeitliche Begrenzung des Unterhalts nach § 1578 b BGB schließen wir aus, weil diese Vereinbarung das Maß der Billigkeit der Unterhaltsgewährung selbstständig festlegt und ehebedingte Nachteile nicht bestehen. Die Anwendung des § 239 FamFG wird ausgeschlossen. ◄

241. Vereinbarungen zum Versorgungsausgleich

Reetz

I. Gesetz zur Strukturreform des Versorgungsausgleichs (VAStrRefG) 1
II. Vereinbarungen in vorsorgenden und scheidungsbezogenen Verträgen 2
  1. Allgemeines, Rechtsgrundlage, Zeitpunkt 2
  2. Formelle Wirksamkeitsvoraussetzungen, Beur-
    kundungspflicht (§ 7 VersAusglG) 5
  3. Regelbeispiele; Bindung des Familiengerichts
    (§ 6 VersAusglG) 7
  4. Grenzen der Modifikationsbefugnis 11
    a) Ausgangspunkt: Inhaltskontrolle von Ehever-
      trägen 11
    b) Beschränkte Vereinbarungsmöglichkeiten zu
      Ausgleichswegen (§ 8 Abs. 2 VersAusglG) .. 13
  5. Bedingungen, Befristungen und Rücktrittsvorbe-
    halte 14
  6. Aufhebung und Änderung von bestehenden Ver-
    einbarungen 15
III. Übersicht zu Vereinbarungsmöglichkeiten 18
IV. Regelbeispiele zu Vereinbarungsmöglichkeiten
(§ 6 Abs. 1 VersAusglG) 19
  1. Einbeziehung in die Regelung der ehelichen
    Vermögensverhältnisse
    (§ 6 Abs. 1 Nr. 1 VersAusglG) 19
  2. Ausschluss des Versorgungsausgleichs
    (§ 6 Abs. 1 Nr. 2 VersAusglG) 20
    a) Entschädigungsloser Totalausschluss 20
    b) Einseitiger (vollständiger) Ausschluss 21
    c) Ausschluss gegen Gegenleistungen (Aus-
      gleich/Kompensation) 23
  3. Vereinbarungen des schuldrechtlichen Versor-
    gungsausgleichs
    (§ 6 Abs. 1 S. 2 Nr. 3 VersAusglG) 26

V. Weitere Modifikationen zum Versorgungsausgleich 28
  1. Vereinbarungen zur kurzen Ehedauer
    (§ 3 Abs. 3 VersAusglG) 28
  2. Beschränkung auf den Ausgleich „ehebedingter
    Nachteile" 31
  3. Ausschluss des Wertausgleichs einzelner
    Anrechte 32
  4. Abänderung der Ausgleichsquote
    (des Ausgleichswerts) 33
  5. Abänderung des Ausgleichszeitraums („verein-
    barte Ehezeit") 35
VI. Verrechnungsvereinbarung 38
VII. Vereinbarung von Bedingungen, Befristungen
und Rücktrittsvorbehalten 39
VIII. Erwerb von Anrechten „durch Arbeit" oder
„mithilfe des Vermögens" 42
IX. Erwerb von Anrechten mit Mitteln aus Anfangsvermögen oder aus sog. privilegiertem Vermögen nach § 1374 Abs. 2 BGB 45
X. Externe Teilung als Vereinbarungsgegenstand .. 47
XI. Bewertung und korrespondierender Kapitalwert (§ 47 VersAusglG) 52
  1. Ausgangspunkt 52
  2. „Korrespondierender Kapitalwert" als Hilfs-
    größe 56
  3. Korrespondierender Kapitalwert in Vereinbarun-
    gen (§ 47 Abs. 6 VersAusglG) 58
XII. Vereinbarter Ausschluss der Abänderung
(§ 227 Abs. 2 FamFG) 59

I. Gesetz zur Strukturreform des Versorgungsausgleichs (VAStrRefG)

Durch das Gesetz zur Strukturreform des Versorgungsausgleichs (VAStrRefG), das am 1.9.2009 in Kraft 1
getreten ist (BGBl. I 2009, 700), **sind Art und Weise der Teilhabe an ehezeitbezogenen Anrechten der
Altersvorsorge** grundlegend geändert worden (s. → *Versorgungsausgleich*). Das FamFG hat das besondere Verfahrensrecht des Versorgungsausgleichs in den §§ 217 ff FamFG zusammengefasst. Für Lebenspartnerschaften nach dem LPartG ist der Versorgungsausgleich schon mit Wirkung seit dem 1.1.2005 eingeführt worden (§§ 20, 21 Abs. 4 LPartG). Das VersAusglG ist vereinbarungsfreundlich ausgestaltet und hat
den Beteiligten die Dispositionsbefugnis über ihre Anrechte zur Altersversorgung wiedergegeben.

II. Vereinbarungen in vorsorgenden und scheidungsbezogenen Verträgen

1. Allgemeines, Rechtsgrundlage, Zeitpunkt

Die Ehegatten können den Wertausgleich einzelner, einer Vielzahl oder insgesamt aller dem Versorgungs- 2
ausgleich unterfallender Anrechte mittels (vorsorgenden) Ehevertrags iSd § 1408 Abs. 1 BGB oder durch
eine Scheidungsvereinbarung **ausschließen oder inhaltlich modifizieren**; die Vereinbarungsfreiheit ergibt
sich einfachgesetzlich aus § 6 Abs. 1 S. 1 VersAusglG. § 1408 Abs. 2 BGB verweist für eine Regelung im
Rahmen eines Ehevertrags wegen der näheren Anforderungen an Form und Inhalt auf die §§ 6–8
VersAusglG.

Vorsorgende Eheverträge und **scheidungsbezogene Vereinbarungen** mit Bezug zum Versorgungsaus- 3
gleich sind, abgesehen von den Formvorschriften in § 7 Abs. 1 und 3 VersAusglG, gleich zu behandeln; die

Rechtsgrundlagen für ihre Beurteilung sind einheitlich. Insbesondere unterliegen sie einheitlich und ausschließlich der allgemeinen Inhaltskontrolle nach § 8 Abs. 1 VersAusglG; zeitpunktbezogene Unterschiede der Prüfungsdichte durch das Familiengericht kennt das VersAusglG nicht mehr.

4 Vereinbarungen über den Versorgungsausgleich können **in zeitlicher Hinsicht** getroffen werden:
- jederzeit während der intakten ehelichen Lebensgemeinschaft,
- während oder zu Beginn des Getrenntlebens (mit oder ohne konkrete Scheidungsabsicht),
- als Teil einer Vereinbarung für das auf Dauer angelegte Getrenntleben („Getrenntlebenvereinbarung"),
- in einer konkreten Krise der Ehe (auch ohne Getrenntleben der Ehegatten und ohne konkrete Scheidungsabsicht – „Krisenehevertrag"),
- bei Vorliegen einer konkreten Scheidungsabsicht als Teile einer Scheidungsvereinbarung,
- vor und auch nach Rechtsanhängigkeit des Scheidungsantrags bis zur Rechtskraft über den Wertausgleich (in Bezug auf jedes einzelne Anrecht), ggf in der Rechtsmittelinstanz,
- nach Rechtskraft der Scheidung, wenn und solange das Familiengericht über den Wertausgleich noch nicht rechtskräftig entschieden hat (zB Verfahren nach § 140 FamFG abgetrennt),
- nach rechtskräftiger Entscheidung über den Wertausgleich von Anrechten, die noch nach Scheidung schuldrechtlich auszugleichen sind (§ 19 VersAusglG),
- nach rechtskräftiger Entscheidung im Abänderungsverfahren nach § 225 FamFG in Bezug auf das abzuändernde Anrecht,
- nach rechtskräftiger Entscheidung im Änderungsverfahren nach § 51 VersAusglG,
- nach rechtskräftiger Entscheidung zur Abwendung oder Kompensation eines Verfahrens nach § 225 FamFG und
- vor der Ehe zwischen den zukünftigen Ehegatten (Verlobten).

Im letzteren Fall werden die ehevertraglichen Vereinbarungen jedoch erst aufschiebend bedingt (§ 158 Abs. 1 BGB) mit der Eheschließung wirksam (Palandt/Brudermüller § 1408 BGB Rn 12 mwN). Die **Rücknahme des Scheidungsantrags** aufgrund einer Versöhnung der Ehegatten kann zu einem Wegfall der Geschäftsgrundlage der scheidungsbezogenen Vereinbarung führen (§ 313 BGB).

2. Formelle Wirksamkeitsvoraussetzungen, Beurkundungspflicht (§ 7 VersAusglG)

5 Schließen die Ehegatten eine **Vereinbarung über den Versorgungsausgleich,** bevor das Familiengericht über den Wertausgleich rechtskräftig entschieden hat, so bedarf die Vereinbarung wegen ihrer potenziell weitreichenden Folgen für die Altersversorgung, zudem wegen ihrer vermögensrechtlichen Komponente und nicht zuletzt mit Rücksicht auf die jeweils betroffenen Versichertengemeinschaften, zu ihrer Wirksamkeit der **notariellen Beurkundung** (§ 7 Abs. 1 oder 3 VersAusglG ggf iVm § 1410 BGB). Der Formzwang ist selbstverständlich nicht abdingbar.

6 Der über § 7 Abs. 3 VersAusglG anwendbare § 1410 BGB verbietet bei Vereinbarungen zum Versorgungsausgleich im Rahmen von Eheverträgen die sukzessive Beurkundung nach § 128 BGB, also die Aufspaltung in Angebot und Annahme (JH/Hahne § 7 VersAusglG Rn 3). Gleichzeitige Anwesenheit der beteiligten Ehegatten (Verlobten) bedeutet hingegen nicht deren persönliche Anwesenheit (= keine Höchstpersönlichkeit). Rechtsgeschäftliche Stellvertretung (§§ 164 ff BGB) ist demnach auch im Anwendungsbereich der strengeren Formvorschrift des § 1410 BGB zulässig (Palandt/Brudermüller § 1410 BGB Rn 1).

3. Regelbeispiele; Bindung des Familiengerichts (§ 6 VersAusglG)

7 Die Regelbeispiele des § 6 Abs. 1 S. 2 Nr. 1–3 VersAusglG nennen vertragliche Vereinbarungsvarianten der bereits vor Inkrafttreten des VersAusglG geübten Gestaltungspraxis. Der Gesetzgeber sichert damit den zum 1.9.2009 bestehenden Gestaltungsspielraum für die Zukunft ab (Wick FPR 2009, 219, 220). Auch wenn § 6 Abs. 1 S. 2 VersAusglG primär und zu Recht eine gegenleistungsbezogene Regelungsbefugnis der Ehegatten anspricht, sind **Ausschluss oder Modifikation** dennoch grundsätzlich **unabhängig von einer Gegenleistung,** Abfindung oder Gesamtvermögensregelung zulässig. Maßgeblich ist deshalb zunächst

der Wille der Ehegatten und die weite Vertragsfreiheit nach § 6 Abs. 1 S. 1 VersAusglG. Das Regulativ ist allein die Inhaltskontrolle nach § 8 Abs. 1 VersAusglG.

Nach der vereinbarungsfreundlichen Konzeption des VersAusglG ist das **Familiengericht** an ehevertragli- **8** che Vereinbarungen über den Versorgungsausgleich **gebunden** und hat den Ausgleich nach Maßgabe der von den Ehegatten getroffenen Vereinbarungen durchzuführen oder gerade nicht durchzuführen, wenn die **Vereinbarungen wirksam** (Inhaltskontrolle) und vor allem auch tatsächlich **vollziehbar** sind (§ 6 Abs. 2 VersAusglG; vgl auch Hahne FamRZ 2009, 2041, 2047; JH/Hahne § 8 VersAusglG Rn 1). Ein wirksamer Ausschluss, Teilausschluss oder eine Modifikation führen zu einem kongruent verringerten oder veränderten Ausgleich (Wick FPR 2009, 219, 222). Haben die Ehegatten wirksam Regelungen zur internen oder – unter Mitwirkung der Versorgungträger – externen Teilung vereinbart, führt das Familiengericht diese durch seine Entscheidung rechtsgestaltend durch. Vereinbaren die Ehegatten nach § 6 Abs. 1 S. 2 Nr. 3 VersAusglG den Ausgleich nach Scheidung (schuldrechtlicher Versorgungsausgleich), führt das Familiengericht keinen Ausgleich bei Scheidung herbei. Auch hier bindet die rechtskräftige Entscheidung wiederum die Beteiligten, vor allem auch die Versorgungträger. Kommt das Familiengericht zu der Überzeugung, die Vereinbarung sei ganz oder teilweise unwirksam, liegt natürlich insoweit keine Bindung vor.

Die materiellrechtliche **Bindung** des Gerichts hat der Gesetzgeber **verfahrensrechtlich verstärkt**: Haben **9** die Ehegatten den Versorgungsausgleich nämlich wirksam vertraglich ausgeschlossen, muss die familiengerichtliche Entscheidung dies im Tenor ausdrücklich und rechtskraftfähig feststellen (**§ 224 Abs. 3 FamFG**). Das Gleiche gilt, wenn das Gericht eine ganze oder teilweise Unwirksamkeit annimmt und deshalb den Ausgleich durchführt oder die Vereinbarung anpasst.

Vollziehbar (= durchsetzbar) ist eine notarielle Vereinbarung allerdings nur, wenn die Vorschriften des **10** Gesetzes oder die Satzungen der Versorgungträger (also deren Binnenrecht) die vertraglich gewollten Regelungen zulassen oder die beteiligten Versorgungträger zustimmen (vgl § 8 Abs. 2 VersAusglG).

4. Grenzen der Modifikationsbefugnis

a) Ausgangspunkt: Inhaltskontrolle von Eheverträgen. (Ehe-)Vertragliche Regelungen zum Versor- **11** gungsausgleich, gleichgültig, wann immer sie im Laufe der Ehe und ggf sogar bis zur nachgelagerten gerichtlichen Entscheidung über den Wertausgleich abgeschlossen werden, müssen nach § 8 Abs. 1 VersAusglG (und § 6 Abs. 2 VersAusglG) einer richterlichen Wirksamkeits- und Ausübungskontrolle gemäß den §§ 138, 242, 313 BGB standhalten (s. → *Inhalts- und Ausübungskontrolle Rn 23 ff*).

Nach der **Kernbereichslehre** des Bundesgerichtshofs gehört der Versorgungsausgleich infolge seiner sozi- **12** al realitätsbezogenen Einordnung wie der Unterhalt wegen Alters (§ 1571 BGB) auf die **zweite Stufe** (BGH 6.10.2004 – XII ZB 110/99, FamRZ 2005, 26; 6.10.2004 – XII ZB 57/03, FamRZ 2005, 185). Wegen dieser hohen Einstufung werden jedenfalls Vereinbarungen zum (entschädigungslosen) Totalausschluss des Wertausgleichs im Rahmen der Inhaltskontrolle denselben Kriterien wie ein Verzicht auf Altersunterhalt unterliegen.

b) Beschränkte Vereinbarungsmöglichkeiten zu Ausgleichswegen (§ 8 Abs. 2 VersAusglG). Ohne Zu- **13** stimmung des jeweils beteiligten Versorgungträgers können die Ehegatten **keine vollziehbare Vereinbarung** darüber treffen, ob und wie ein Anrecht abweichend von den gesetzlichen Teilungsregelungen intern oder extern („**Ausgleichswege**" nach §§ 10 ff, 14 ff VersAusglG) geteilt wird. Es gibt also kein freies Wahlrecht der Ehegatten über die Ausgleichswege, Teilungs- und Übertragungsformen. § 8 Abs. 2 VersAusglG stellt daher klar, dass eine Übertragung und Begründung von Versorgungen durch eine Vereinbarung der Ehegatten untereinander nur in Übereinstimmung mit dem Binnenrecht der Versorgungträger (also der Versorgungsordnung/-satzung uÄ) und deren Zustimmung erfolgen kann.

5. Bedingungen, Befristungen und Rücktrittsvorbehalte

Die Vereinbarung von Bedingungen, Befristungen und Rücktrittsvorbehalten ist zulässig und weithin übli- **14** che Gestaltungspraxis. Solche Vereinbarungen dürfen aber nicht dazu führen, dass nach rechtskräftiger

Entscheidung und Vollzug des Wertausgleichs durch das Familiengericht (vgl auch § 224 Abs. 3 FamFG) Veränderungen am Ergebnis des durchgeführten Ausgleichs herbeigeführt werden sollen.

6. Aufhebung und Änderung von bestehenden Vereinbarungen

15 Die Ehegatten können ihre Vereinbarung über den Versorgungsausgleich bis zum Eintritt der Rechtskraft der familiengerichtlichen Entscheidung jederzeit **einvernehmlich durch Vertrag** verändern (vgl OLG Karlsruhe 1.3.2004 – 16 UF 180/03, FamRZ 2004, 1972). Andererseits können die Ehegatten eine **gerichtliche Abänderung** ihrer Vereinbarung nach § 227 Abs. 2 Hs 2 FamFG vertraglich bindend ausschließen.

16 Auch die Veränderungs- bzw Aufhebungsvereinbarung zum bereits ehevertraglich modifizierten oder gänzlich ausgeschlossenen Versorgungsausgleich bedarf der **notariellen Beurkundung**, wenn eine solche Änderung oder Aufhebung geschlossen wird, bevor das Familiengericht über den Wertausgleich rechtskräftig (und damit rechtsgestaltend) entschieden hat (§ 7 Abs. 1 und 3 VersAusglG iVm § 1410 BGB). Ob das allerdings wirklich für eine **vorbehaltlose und vollständige Aufhebung** gilt, ist indes **ungewiss**.

17 Nach der (rechtskräftigen) Durchführung des Wertausgleichs durch das Familiengericht (vgl auch § 224 Abs. 3 FamFG) aufgrund einer nach § 6 Abs. 2 VersAusglG bindenden vertraglichen Regelung sind zugunsten des Ausgleichsberechtigten regelmäßig unverzichtbare Anrechte und zulasten des Ausgleichsverpflichteten wirksame Kürzungen vorgenommen worden, die durch vertragliche Aufhebung oder Veränderung nicht mehr rückgängig gemacht oder abgeändert werden können (vgl auch Kemper, Versorgungsausgleich, 2011, Kap. VII Rn 7).

III. Übersicht zu Vereinbarungsmöglichkeiten

18 Anhand des § 6 Abs. 1 VersAusglG und der in der Praxis üblichen Fallgruppenbildung lassen sich die Vereinbarungsmöglichkeiten zum Versorgungsausgleich wie folgt zusammenfassen:

Übersicht:

– **Totalausschluss** (unter Bedingung, Befristung oder Rücktrittsvorbehalt),
– **Totalausschluss bei kurzer Ehedauer** (auch über drei Jahre hinaus, vgl § 3 Abs. 3 VersAusglG),
– **einseitiger** Totalausschluss,
– **Teilausschluss** – verschiedene Modifikation, zB:
    – Herausnahme einer oder einzelner Anrechte,
    – Herausnahme einer oder einzelner Versorgungsarten (früher zB als Herausnahme von „Randversorgungen" bezeichnet),
– Begrenzung des Wertausgleichs einzelner oder aller Anrechte,
– Abänderung der **Ausgleichsquote**,
– Ausgleich beschränkt auf „**ehebedingte** (Versorgungs-)**Nachteile**",
– Veränderung des **Ausgleichszeitraums** (zB „fiktives Ehezeitende"),
– **Saldierungsvereinbarungen** (= Verrechnungsvereinbarung, auch außerhalb des § 10 Abs. 2 VersAusglG) mit und ohne Überschussausgleich,
– wertmäßige Einbeziehung **nicht ausgleichsreifer Anrechte**,
– limitierte Vereinbarungsmöglichkeit der oder zur **externen Teilung**,
– Vereinbarung und Gestaltung des **schuldrechtlichen Ausgleichsanspruchs**,
– **übergreifende Fragen:**
    – **Kompensation** und **Abfindung** (= Gegenleistung), **Verknüpfung,**
    – wertäquivalente oder wertdifferente Gegenleistung,
    – frei disponierbare Gegenleistung,
    – versorgungsgeeignete Gegenleistung,
    – modifizierter nachehelicher Unterhalt (wenig geeignet),
    – Zugewinnausgleichsforderung,
    – teilweise Einbeziehung in die Vermögensregelung,

- Gesamtvermögensregelung, -auseinandersetzung,
- Gesamtregelung der Scheidungsfolgen,
- **Verknüpfungsvereinbarung,**
- **Bedingungen**, **Befristungen** oder **Rücktrittsvorbehalte**,
- Abänderbarkeit

(s. auch Langenfeld Rn 590).

IV. Regelbeispiele zu Vereinbarungsmöglichkeiten (§ 6 Abs. 1 VersAusglG)

1. Einbeziehung in die Regelung der ehelichen Vermögensverhältnisse (§ 6 Abs. 1 Nr. 1 VersAusglG)

Nach dem Regelbeispiel des § 6 Abs. 1 Nr. 1 VersAusglG können (und sollen) Ehegatten den Versorgungs- 19
ausgleich in eine Vereinbarung über die „ehelichen Vermögensverhältnisse" (= Auseinandersetzung des
ehelichen Vermögens, einschließlich Zugewinnausgleich; zur Bedeutung der nachgelagerten Besteuerung
s. → *Versorgungsausgleich* Rn 25) einbeziehen.

▶ **Muster: Versorgungsausgleich innerhalb der Regelungen der Vermögensverhältnisse**

(nach Hauß/Eulering, Versorgungsausgleich, 2009, Rn 163)

1. Vorbemerkung:
   Wir haben am ... geheiratet und leben seit dem ... voneinander getrennt. Wir betrachten unsere Ehe
   als gescheitert und möchten geschieden werden. Aus unserer Ehe ist das Kind ..., geb. am ..., hervorgegangen. Dieses ist überwiegend vom Vater versorgt worden, der deswegen im Zeitraum von ... bis ...
   lediglich halbschichtig gearbeitet hat. Wir sind jedoch beide jetzt wieder vollschichtig berufstätig und
   wollen dies auch bleiben.
   Der Ehemann hat nach Auskunft der DRV vom ... eine monatliche Versorgungserwartung bei Fortsetzung seiner bisherigen sozialversicherungspflichtigen Beschäftigung von ... EUR, die Ehefrau von ...
   EUR.
   ... (Mitteilung weiterer Versorgungsträger)
   Die Auskünfte der DRV vom ..., der ... und ... werden dieser Urkunde als Anlage beigefügt.
2. Wir treffen zum Versorgungsausgleich folgende Regelung:
   a) der beiderseits vorhandene Ehezeitanteil der gesetzlichen Rentenversicherung soll im Wertaus-
       gleich bei der Scheidung durch interne Teilung und Verrechnung ausgeglichen werden;
   b) die Ehefrau überträgt die auf ihren Namen abgeschlossene Lebensversicherung bei der ..., Vers.-
       Nr. ... (Rückkaufswert am für uns maßgeblichen Stichtag, dem ..., ... EUR) mit Zustimmung des Ver-
       sicherungsunternehmens auf den Ehemann;
   c) die zugunsten des Ehemannes abgeschlossene „Riester"-Versorgung bei der ... (Deckungskapital
       am ... ... EUR) wird nicht ausgeglichen;
   d) die zugunsten der Ehefrau bei ... bestehende betriebliche Altersversorgung mit einem korrespon-
       dierenden Kapitalwert zum ... von ... wird nicht ausgeglichen;
   e) die Ehefrau überträgt das Eigentum an dem in ihrem Eigentum stehenden Pkw ... Typ ... mit
       Rechtskraft der Ehescheidung auf den Ehemann, der bereits im Besitz des Fahrzeuges ist (Zeitwert
       am ... ... EUR).
3. Darüber hinaus sind wir einig, dass keiner der Ehegatten einen Zugewinn erzielt hat oder ein weiterer
   Vermögens- und Versorgungsausgleich stattfinden soll. ◀

2. Ausschluss des Versorgungsausgleichs (§ 6 Abs. 1 Nr. 2 VersAusglG)

a) Entschädigungsloser Totalausschluss. Das **Regelbeispiel** des § 6 Abs. 1 Nr. 2 VersAusglG umfasst 20
die Befugnis der Vertragschließenden, den Versorgungsausgleich ganz oder teilweise, bedingungs- und
entschädigungslos auszuschließen. Gerade der gänzliche Ausschluss erscheint jedoch insgesamt nur ehe-
typbezogen empfehlenswert. Das Fehlen jeder Kompensation wird immer erhebliche Bedeutung im Rahmen der Anwendung des § 8 Abs. 1 VersAusglG iVm §§ 138, 242, 313 BGB haben und regelmäßig zu
Problemen führen. Ehevertragstypen des entschädigungslosen Totalverzichts können sein:

- Ehegatten (gleich welchen Alters) mit ausreichender „versorgungsgeeigneter" Vermögenslage,

– Ehegatten mit einseitigem Anrechteaufbau – der dem Versorgungsausgleich unterliegt –, während der andere Ehegatte überwiegend Altersvorsorge durch Vermögensaufbau betreibt und entweder Gütertrennung oder den Ausgleich des Zugewinns ausgeschlossen hat (Fall: Unternehmerehe oder Vermögensdiskrepanzehe),

– partnerschaftliche Doppelverdienerehe (oft als Erstehe) ohne Kinderwunsch,

– späte Heirat (auch späte Zweitehe) mit jeweils ausgebauter Versorgung beider Ehegatten.

▶ **Muster: Totalausschluss des Versorgungsausgleichs (mit Hinweis und Belehrung)**

(1) Wir vereinbaren hiermit, dass der Versorgungsausgleich nach dem VersAusglG, also jede Art einer Teilhabe an in der Ehezeit erworbenen oder ausgebauten Anrechten der Altersversorgung des jeweils anderen Ehegatten, im Falle der Scheidung unserer Ehe vollständig ausgeschlossen wird.

(2) Der Notar hat uns über die Bedeutung des Versorgungsausgleichs, die Tragweite des gänzlichen Ausschlusses und die Folgen eines solchen Ausschlusses für die soziale, insb. die Alterssicherung nach einer Scheidung belehrt. Es ist uns bekannt, dass bei Wirksamkeit des vorstehend vereinbarten Ausschlusses die von einem jeden von uns erworbenen Ehezeitanteile von Anrechten, also Anwartschaften auf zukünftige oder bereits laufende Versorgungen, nicht aufgeteilt oder verrechnet werden.

(3) Der Notar hat uns ferner darauf hingewiesen, dass der vorstehend vereinbarte Verzicht, sofern er Dritte benachteiligt, nichtig oder im Einzelfall ein Berufen auf Verzichte unzulässig sein kann. Zudem unterliegen die Vereinbarung zum Versorgungsausgleich, Teile davon und im Wege einer Gesamtschau auch andere Regelungen dieses Vertrages bei Scheidung der Ehe der richterlichen Inhaltskontrolle und ggf auch der Anpassung. ◀

21 **b) Einseitiger (vollständiger) Ausschluss.** Neben der Möglichkeit, den Versorgungsausgleich gegenseitig und vollständig auszuschließen, kommt in der Praxis der lediglich einseitige (vollständige) Ausschluss als Regelungsvariante in Betracht. In der Praxis sind zumeist Fälle **disparitätischer Altersvorsorge** betroffen (Münch, Ehebezogene Rechtsgeschäfte, 3. Aufl. 2011, Rn 3064), in denen ein Ehegatte über auszugleichende Anrechte iSd § 2 VersAusglG verfügt, während der andere Ehegatte seine Altersvorsorge überwiegend durch nicht ausgleichsfähige Kapitallebensversicherungen, Immobilien oder andere Arten der Vermögensvorsorge für das Alter sichergestellt hat oder sicherstellen will (Beispiel: **Unternehmerehe**, **Ehe von Selbstständigen** oder **Vermögensdifferenzehe**). Oftmals haben die Ehegatten in einer solchen Ausgangslage zugunsten des kapitalbildenden Ehegatten Gütertrennung oder jedenfalls den Ausschluss lebzeitigen Zugewinnausgleichs miteinander vereinbart; die Einbeziehung des Versorgungsausgleichs ist in derartigen Konstellationen oftmals sogar geboten. Anderseits bedarf es auch sachgerechter **Verknüpfungsvereinbarungen** oder der **Vereinbarung von Rücktrittsrechten**, wenn beispielsweise das Vorhaben eines Ehegatten, die Altersvorsorge überwiegend durch Vermögensaufbau sicherzustellen, im Laufe der Ehe scheitert.

▶ **Muster: Einseitiger vollständiger Ausschluss des Versorgungsausgleichs**

(1) Der Versorgungsausgleich nach dem VersAusglG soll im Fall der Scheidung unserer Ehe nur einseitig, das heißt nur zulasten von ehezeitbezogenen Anrechten des Ehemanns stattfinden. Der Ehemann verzichtet seinerseits auf die Geltendmachung von Ansprüchen auf Wertausgleich jeglicher Art in Bezug auf alle Anrechte seiner Ehefrau. Die Ehefrau nimmt den vorstehenden Verzicht hiermit an.

(2) ... (Belehrungen) ◀

22 Das vorgenannte Muster geht in seinen Auswirkungen über diejenigen Vereinbarungen hinaus, die nach dem bis zum 1.9.2009 geltenden System des „Einmalausgleichs" nur dann einen einseitigen Ausgleich vorsahen, wenn nach dem Ergebnis der Ausgleichsbilanz derjenige Ehegatte, der seine Altersvorsorge nicht primär durch Vermögensaufbau o.Ä. organisierte, der insgesamt Ausgleichsberechtigte gewesen wäre. Damit war der einseitige Verzicht auf Versorgungsausgleich abhängig von der Ausgleichsrichtung nach Saldierung aller bewerteten Anrechte.

23 **c) Ausschluss gegen Gegenleistungen (Ausgleich/Kompensation).** Vielfach wird, insbesondere bei den verschiedenen Typen der sog. „Differenz-" oder „Diskrepanzehen", zum Ausgleich für einen gänzlichen oder teilweisen Ausschluss des Versorgungsausgleichs eine Gegenleistung als Kompensation des Aus-

gleichspflichtigen vereinbart (s. auch § 8 Abs. 1 VersAusglG). Solche Gegenleistungen können ganz oder teilweise Altersversorgungs- („**Versorgungsgeeignetheit**") oder auch reinen Abfindungscharakter ohne weitere Festlegung eines Verwendungszwecks haben. **Typische Gegenleistungen** sind Grundstücksübertragung („Scheidungsimmobilie"), Einräumung von (dinglich gesicherten) Nutzungsrechten, Überlassung wertvoller Haushaltsgegenstände, einmalige Kapitalabfindung, Übertragung oder Aufbau einer Lebensund/oder Rentenversicherung, Auf- oder Ausbau einer Altersversorgung durch Beitragsentrichtung (zB in die gRV); Übernahme/Befreiung von Verbindlichkeiten usw.

Nach gefestigter Rechtsprechung des Bundesfinanzhofs (vgl zuletzt BFH 4.3.2011 – VI R 59/10, DStR **24** 2011, 1123) sind tatsächlich geleistete Kompensations- bzw Ausgleichszahlungen für einen gänzlichen oder teilweisen Verzicht auf den (einzelanrechtsbezogenen) Versorgungsausgleich grundsätzlich als vorab entstandene **Werbungskosten** (§ 9 Abs. 1 S. 1 EStG) steuerlich sofort absetzbar, wenn ein zum Versorgungsausgleich verpflichteter Ehegatte solche Zahlungen aufgrund einer Scheidungsvereinbarung (früher § 1587 o BGB aF) an den anderen Ehegatten leistet, um die Kürzung seiner eigenen Versorgungsbezüge zu vermeiden.

▶ **Muster: Dynamische Lebensversicherung auf monatlicher Beitragsbasis als Gegenleistung in einem vorsorgenden Ehevertrag**

(1) Die Ehefrau verpflichtet sich, zur Sicherung ihrer Versorgung innerhalb von … Monaten nach Beurkundung dieses Ehevertrages als Versicherungsnehmerin, versicherte Person und Bezugsberechtigte bei einer Versicherung ihrer Wahl eine dynamische Lebensversicherung mit Kapitalwahlrecht abzuschließen.

(2) Versicherungsfall und Versicherungssumme: Als Versicherungsfall soll vereinbart werden: das Ableben der Ehefrau bzw im Erlebensfall die Vollendung ihres 60. Lebensjahres. Die Versicherungssumme ist so festzusetzen, dass sich die Rente bei Ausübung des Rentenwahlrechts gegenwärtig auf … EUR belaufen würde. Gewinnanteile sind zur Erhöhung der Versicherungsleistung zu verwenden.

(3) Der Ehemann ist als Gegenleistung für den nach § … dieser Urkunde vereinbarten Ausschluss des Versorgungsausgleichs verpflichtet, die jeweils vertraglich geschuldeten Prämien rechtzeitig und mit schuldbefreiender Wirkung für seine Ehefrau an den Versicherer zu leisten.

(4) Für den Fall, dass der Ausschluss des Versorgungsausgleichs durch das Familiengericht im Falle der Scheidung für unwirksam oder nicht durchführbar erklärt werden sollte oder die Ehefrau vor Vollendung ihres 60. Lebensjahrs verstirbt, ist der Ehemann als unwiderruflicher Bezugsberechtigter zu bestimmen. Im Übrigen bedarf jede Bestimmung des Bezugsrechts der vorherigen Zustimmung des Ehemanns.

(5) Scheidung der Ehe: Für den Fall einer Scheidung der Ehe ist die Ehefrau verpflichtet, die vertraglich geschuldeten Prämienzahlungen anstelle des Ehemanns selbst an den Versicherer zu erbringen; zudem entfällt das Rücktrittsrecht/die Regelung über die aufschiebende Bedingung nach Abs. … Im Übrigen unterliegen der Lebensversicherungsvertrag und alle Rechte oder Anrechte daraus nach den Vereinbarungen der Ehegatten weder einem Wertausgleich nach dem VersAusglG noch einem etwaigen Zugewinnausgleich.

(6) Streitfall: Im Streitfall über Höhe, Ausgestaltung und ggf die Rückabwicklung von Versicherungen nach dieser Vereinbarung entscheidet ein durch den Präsidenten der Industrie- und Handelskammer zu Köln zu benennender Versicherungssachverständiger, dessen Entscheidung für beide Vertragsbeteiligten verbindlich ist.

(7) Rücktritt: Bei einem Zahlungsverzug des Ehemanns, der in der Summe mehr als drei Monatsprämien beträgt, ist die Ehefrau berechtigt, vom Ausschluss des Versorgungsausgleichs nach § … dieser Urkunde insgesamt und vollständig zurückzutreten. Die Rücktrittserklärung ist zur Urkunde eines Notars zu erklären und dem Ehemann zuzustellen. Für die Rechtzeitigkeit des Rücktritts kommt es auf den Zeitpunkt der Beurkundung der Erklärung an. Andere Regelungen dieses Ehevertrages bleiben von dem Rücktritt unberührt. ◀

▶ **Muster: Kapitalabfindung als Gegenleistung**

(1) Wir vereinbaren hiermit, dass der Versorgungsausgleich nach dem VersAusglG, also jede Art einer Teilhabe an in der Ehezeit erworbenen oder ausgebauten Anrechten der Altersversorgung des jeweils anderen Ehegatten, im Falle der Scheidung unserer Ehe vollständig ausgeschlossen wird.

(2) Der Ehemann verpflichtet sich gegenüber seiner Ehefrau, dieser als Ausgleich für den vereinbarten Verzicht einen einmaligen Kapitalbetrag in Höhe von ... EUR zu zahlen. Der geschuldete Kapitalbetrag soll nach dem Willen der Eheleute versorgungsgeeignet verwendet werden, wobei der Berechtigten das alleinige Wahlrecht für Anlageformen zusteht.

(3) Die Zahlungsverpflichtung des Ehemanns gilt unabhängig von der Höhe tatsächlicher Ausgleichswerte und unabhängig davon, ob die Ehefrau im Vergleich zu ihrem Ehemann weniger oder insgesamt sogar mehr Anrechte, also Anwartschaften auf zukünftige oder bereits laufende Versorgungen, erworben hat.

... *(Fälligkeit, weitere Zahlungsvereinbarungen, Zwangsvollstreckung)* ◀

25　Die Gegenleistung für den vollständigen oder teilweisen Verzicht auf die Durchführung des Versorgungsausgleichs kann auch in der **Beitragsentrichtung, Höherversicherung oder freiwilligen Weiterversicherung in der gesetzlichen Rentenversicherung** liegen (vgl OLG Celle 22.10.2007 – 19 UF 188/06, FamRZ 2008, 1191, 1192). Der Fall der baren Beitragsentrichtung in die gRV als Gegenleistung für das Unterbleiben der Realteilung eines, mehrerer oder aller Anrechte des Ausgleichspflichtigen ist allerdings genau zu unterscheiden von einer vereinbarten „externen Teilung" mit der Zielversorgung der gRV. Für den Fall der Beitragsentrichtung ist eine Zustimmung des jeweiligen Trägers der gRV nicht erforderlich (vgl § 187 Abs. 1 Nr. 2 b SGB VI). Nach § 187 Abs. 5 SGB VI gelten Beiträge als zum Ehezeitende gezahlt, wenn sie bis zum Ende des dritten Monats seit Zugang der Rechtskraftmitteilung des Scheidungsurteils entrichtet werden.

3.　Vereinbarungen des schuldrechtlichen Versorgungsausgleichs (§ 6 Abs. 1 S. 2 Nr. 3 VersAusglG)

26　§ 6 Abs. 1 S. 2 Nr. 3 VersAusglG sieht ausdrücklich vor, dass sich die Ehegatten den schuldrechtlichen Ausgleich ihrer Anrechte durch Vereinbarung vorbehalten, also auf einen Ausgleich nach Scheidung der Ehe verschieben können (s. → *Schuldrechtlicher Versorgungsausgleich*). Hierdurch wird der Wertausgleich durch Realteilung von einzelnen oder einer Vielzahl von Anrechten bei Scheidung oder späterer Ausgleichsreife vermieden; eine tatsächliche Durchführung bei den Versorgungträgern findet nicht statt. Ein Vorbehalt zur schuldrechtlichen Ausgleichsrente kann im Rahmen einer **Scheidungsvereinbarung** und ebenso in einem **vorsorgenden Ehevertrag** vorgesehen sein. Die einzelnen gesetzlichen Regelungen zur inhaltlichen Ausgestaltung des schuldrechtlichen Ausgleichs (§§ 20 ff VersAusglG) sind ihrerseits disponibel.

27　Der Anwendungsbereich des § 6 Abs. 1 S. 2 Nr. 3 VersAusglG dürfte gering bleiben; die **Nachteile** sind erheblich:
  – der Berechtigte erlangt kein eigenes Anrecht gegenüber dem Versorgungsträger;
  – Voraussetzung des „doppelten Rentenfalls";
  – mangelnde „dingliche" Absicherung der schuldrechtlichen Ausgleichsrente;
  – rein schuldrechtlicher, unterhaltsähnlicher Charakter des Anspruchs gegen den ehemaligen Ehegatten;
  – Antragsgebundenheit bei Durchführung des schuldrechtlichen Ausgleichs (§ 223 FamFG);
  – Neuregelung zum Abzug von Sozialversicherungsbeiträgen (§§ 20 Abs. 1 S. 1, 22 S. 2 VersAusglG);
  – Wegfall der sog. „verlängerten Ausgleichszahlung" nach § 25 Abs. 2 VersAusglG.

V.　Weitere Modifikationen zum Versorgungsausgleich

1.　Vereinbarungen zur kurzen Ehedauer (§ 3 Abs. 3 VersAusglG)

28　Nach § 3 Abs. 3 VersAusglG findet der Versorgungsausgleich bei einer „kurzen" Ehezeit von bis zu drei Jahren nur dann statt, wenn ein Ehegatte (oder beide Ehegatten) dies **ausdrücklich beantragt** haben und kein „Bagatellfall" nach § 18 VersAusglG vorliegt.

Die Ehegatten können ehevertraglich ausschließen, dass entsprechende Ausgleichsanträge gestellt werden. **29** Sie können genauso umgekehrt vereinbaren, dass entsprechende Ausgleichsanträge gestellt werden sollen. Die Ehegatten können den „Trotzdem-Ausgleich" auch lediglich im Hinblick auf einzelne Anrechte vereinbaren (Bergschneider, Verträge in Familiensachen, Rn 909).

▶ **Muster: Verzicht auf Antragsrecht (§ 3 Abs. 3 VersAusglG)**

(...) Wir vereinbaren hiermit, dass der Versorgungsausgleich nach dem VersAusglG auch im Falle der Scheidung unserer Ehe innerhalb von drei Jahren seit dem Tage der Eheschließung durchgeführt werden soll. Wir verpflichten uns bereits heute, bei dem Familiengericht einen entsprechenden Antrag zu stellen. Der Notar hat uns über die „Bagatellgrenzen" nach § 18 VersAusglG belehrt. ◀

▶ **Muster: Durchführung trotz kurzer Ehedauer (einzelnes Anrecht)**

(...) Wir vereinbaren hiermit, dass der Versorgungsausgleich nach dem VersAusglG auch im Falle der Scheidung unserer Ehe innerhalb von drei Jahren seit dem Tage der Eheschließung jedenfalls für den Anrechteerwerb des Ehemanns in der gesetzlichen Rentenversicherung ... durchgeführt werden soll. Herr ... verpflichtet sich bereits heute, bei dem Familiengericht einen entsprechenden Antrag zu stellen. Der Notar hat uns über die „Bagatellgrenzen" nach § 18 VersAusglG belehrt. ◀

Auch eine abweichende, insbesondere **ausdehnende ehevertragliche Vereinbarung** über die gesetzlich **30** vorgesehene Dreijahresgrenze hinaus kommt in Betracht („**Mindestehedauer**" oder „**Ehe auf Probe**").

2. Beschränkung auf den Ausgleich „ehebedingter Nachteile"

Es ist möglich, abweichend vom Halbteilungsgrundsatz und im Hinblick auf jedes Anrecht jedes Ehegat- **31** ten, den Ausgleich in der Gesamtbetrachtung derart zu gestalten, dass nur „**ehebedingte (Versorgungs-)Nachteile**" zu kompensieren sind. Eine solche Regelung kann sowohl Gegenstand eines vorsorgenden Ehevertrages als auch einer Scheidungsvereinbarung sein; sie steht der gerichtlichen Anpassung von Verzichtsvereinbarungen im Wege der Ausübungskontrolle (§ 8 Abs. 1 Alt. 2 VersAusglG iVm §§ 242, 313 BGB) als Teil der Inhaltskontrolle von Eheverträgen nahe. Nach Handhabung der Rechtsprechung ist es regelmäßig sachgerecht, einen **Versorgungsnachteil infolge abweichender Lebensgestaltung** gegenüber der vorgestellten Lebensplanung im Zeitpunkt des Vertragsschlusses, nicht etwa den vollen Versorgungsausgleich durchzuführen, sondern lediglich die festzustellenden ehebedingten (Versorgungs-)Nachteile des benachteiligten Ehegatten auszugleichen. Die Rechtsprechung benutzt hierzu als Maßstab der Anpassung eine „**hypothetische Versorgungsbiographie**" (unter Einbeziehung typischer Karriereentwicklungen) des benachteiligten Ehegatten, die anhand von Rentenberechnungen – im Zweifel gutachterlich – aufzustellen ist (vgl BGH 28.11.2007 – XII ZR 132/05, FamRZ 2008, 582). Die Obergrenze des Ausgleichs ist hierbei die Höhe des Anspruchs bei uneingeschränkter Durchführung des Versorgungsausgleichs.

▶ **Muster: Ausgleich beschränkt auf „ehebedingte Nachteile" in die gesetzliche Rentenversicherung als Zielversorgungsträger (vorsorgender Ehevertrag)**

(...) Vorbemerkung: ... Beide Ehegatten beabsichtigen entsprechend ihren Vorstellungen einer „partnerschaftlichen Doppelverdienerehe" über die Dauer ihrer Ehe berufstätig zu bleiben und jeweils eigene Anrechte zu erwerben oder auszubauen. (...)

(...) Versorgungsausgleich: Der Versorgungsausgleich nach dem VersAusglG soll im Fall der Scheidung der Ehe nur einseitig, das heißt zulasten von Anrechten des Ehemanns stattfinden. Der Ehemann verzichtet seinerseits auf die Geltendmachung von Ansprüchen auf Wertausgleich jeglicher Art und in Bezug auf alle gesetzlich dem Versorgungsausgleich unterliegenden Anrechte seiner Ehefrau.

(...) Der Ausgleich soll derart durchgeführt werden, dass die Ehefrau so viele Entgeltpunkte in der gesetzlichen Rentenversicherung übertragen erhält oder erwirbt, wie sie beim Ehezeitende unter Anrechnung aller von ihr bereits erworbenen Entgeltpunkte innehaben würde, wenn sie ihre Berufstätigkeit als ... in unverändertem Umfang unter Berücksichtigung regelmäßiger Beförderungen fortgesetzt haben würde.

Hierbei steht es dem Ehemann frei, ob er dies durch interne oder externe Teilung eigener Anrechte oder durch Beitragszahlung bewirkt.

... ◀

3. Ausschluss des Wertausgleichs einzelner Anrechte

32 Die Eheleute können auf den Ausgleich einzelner Anrechte, beispielsweise von Betriebsrenten und Anrechten aus der privaten Vorsorge, verzichten, es aber gleichzeitig beim Ausgleich der Anrechte zB aus der gRV belassen. Bei Wirksamkeit der Vereinbarung führt das Familiengericht den Wertausgleich nur bei Anrechten der gRV durch. Da die Ehegatten unter Anwendung des **Einzelausgleichs** nach dem VersAusglG eine **deutlich erhöhte Dispositionsbefugnis** erlangt haben, können sie nunmehr jedes einzelne Anrecht danach bewerten, inwieweit für sie oder einen von ihnen eine Realteilung sinnvoll ist. Sie können insbesondere berücksichtigen, inwieweit abgedeckte Risiken und absehbare Wertentwicklungen aus dem geteilten Anrecht für den Ausgleichsberechtigten brauchbar sind (Bergschneider/Weil, Form. K.I.5. Anm. 1). Grundsätzlich kann die Herausnahme mit und gegen die Gewährung einer **Gegenleistung** erfolgen.

▶ **Muster: Ausschluss des Wertausgleichs einzelner Anrechte (bzw Ausschluss aller Anrechte mit benannten Ausnahmen)**

(1) Der Versorgungsausgleich soll im Fall der Scheidung unserer Ehe jeweils nur für Ehezeitanteile von Anrechten aus der gesetzlichen Rentenversicherung (... und der Beamtenversorgung ... oder anderer Versorgungsträger ...) stattfinden. Auf jeglichen Ausgleich aller anderen Anrechte verzichten wir vollständig und gegenseitig. Eine Gegenleistung für den Verzicht soll jeweils nicht erbracht werden.

(2) ... ◀

▶ **Muster: Ausschluss des Wertausgleichs einzelner Anrechte gegen Zahlung eines Ausgleichsbetrags (Maßstab: korrespondierender Kapitalwert) in einer Scheidungsvereinbarung**

(1) Der Versorgungsausgleich nach dem VersAusglG soll im Fall der Scheidung unserer Ehe nur und ausschließlich für Ehezeitanteile von Anrechten aus der gesetzlichen Rentenversicherung stattfinden. Die Bewertungen der von uns in der Ehezeit erworbenen Anrechte sind uns nach Auskunftserteilung der Versorgungträger bekannt.

(2) Darüber hinaus haben wir nach den Auskünften der jeweiligen Versorgungträger vom ..., von denen jeweils eine Abschrift dieser Urkunde beigefügt wird, in der Ehezeit folgende Anrechte aus betrieblicher Altersvorsorge erworben:

– Herr ... bei der ...-Versicherungs-AG Anrechte iHv ... EUR (korrespondierender Kapitalwert),
– Frau ... bei der ...-Versicherung Anrechte iHv ... EUR (korrespondierender Kapitalwert).

Zum Ausgleich der vorgenannten Anrechte vereinbaren wir unter Zugrundelegung des jeweiligen von den Versorgungträgern mitgeteilten korrespondierenden Kapitalwerts, den Ausgleich durch Zahlung eines Einmalbetrages herbeizuführen.

(3) Herr ... verpflichtet sich daher, seiner Ehefrau, Frau ..., die Hälfte des entsprechenden Unterschiedsbetrags der beiden korrespondierenden Kapitalwerte zu zahlen, das sind ... EUR.

(4) ... *(Fälligkeit, weitere Zahlungsvereinbarungen, Zwangsvollstreckung).*

(5) Der Notar hat darüber belehrt, dass der Kapitalwert, der korrespondierende Kapitalwert oder andere Wertangaben von Versorgungsträgern lediglich ausgleichsrechtliche Hilfswerte darstellen, die dem tatsächlichen Wert eines Anrechts möglicherweise nicht entsprechen und die angegebenen Werte auch nicht schematisch miteinander verglichen werden können. Dies gilt selbst für einen Vergleich von Werten für Anrechte gleicher Art. Bei der Ermittlung des tatsächlichen Wertes eines Anrechts würden deshalb wertbildende Faktoren wie beispielsweise Leistungsumfang, Dynamisierung, Absicherung und Altersgrenzen für einen Bezug der Versorgung mitberücksichtigt. Für derartige Feststellungen ist – wie dies § 47 Abs. 6 VersAusglG ausdrücklich für Vereinbarungen über den Versorgungsausgleich vorsieht – die Einholung eines Gutachtens zur Bestimmung des tatsächlichen Werts empfehlenswert.

Die Ehegatten erklären, dass sie dennoch die Angaben über erworbene Anrechte, insbesondere den Ausgleichswert, wie sie von den Versorgungträgern mitgeteilt wurden, bei ihrer vertraglichen Vereinbarung rechnerisch zugrunde legen wollen. Die Ermittlung der versicherungsmathematischen Barwerte soll unterbleiben. ◄

4. Abänderung der Ausgleichsquote (des Ausgleichswerts)

Im Falle erheblicher Differenzen der Ausgleichswerte aller Anrechte zwischen Ehegatten, wie **beispielsweise in der Einkommensdifferenzehe** oder, wenn ein Ehegatte schon immer – und nicht ehebedingt – einer reduzierten Erwerbstätigkeit nachgeht und in der Ehe nachgehen will, kann durch eine ehevertragliche Vereinbarung nach § 7 Abs. 1 u. 3 VersAusglG iVm § 1410 BGB eine einseitige Abänderung der Ausgleichsquote zugunsten des bessergestellten Ehegatten oder die Festsetzung eines (jeweiligen) Ausgleichswertes eine sinnvolle Gestaltung sein. Zulässig ist hierbei insbesondere die **Reduzierung der Ausgleichsquote,** wobei dies für einzelne, eine Mehrzahl oder alle Anrechte vereinbart werden kann.   33

▶ **Muster: Abänderung der Ausgleichsquote**

(...) Wir vereinbaren hiermit, dass der Versorgungsausgleich nach dem VersAusglG im Falle der Scheidung unserer Ehe für alle Ehezeitanteile von erworbenen Anrechten nach den gesetzlichen Regelungen durchgeführt wird. Abweichend von § 1 Abs. 2 VersAusglG steht dem ausgleichsberechtigten Ehemann, bezogen auf jedes einzelne, von seiner Ehefrau erworbene Anrecht, jedoch nicht die Hälfte des Ehezeitanteils, sondern lediglich ein Drittel als Ausgleichswert zu. Der Ehemann nimmt einen darin liegenden Verzicht hiermit an. ◄

Eine Quotenreduzierung zugunsten lediglich eines Ehegatten bewirkt eine einseitige Stärkung seiner Altersvorsorge.   34

5. Abänderung des Ausgleichszeitraums („vereinbarte Ehezeit")

Eine weitere, oft verwendete ehevertragliche Gestaltungsvariante ist und bleibt die Abänderung des Ausgleichszeitraums: Hierbei handelt es sich zumeist, jedoch nicht ausschließlich, um Abreden der Ehegatten, nach denen für den Fall der Scheidung als **fiktives Ehezeitende** ein vor der Rechtskraft der Scheidung liegender, gemeinsam vereinbarter **Stichtag** (zB Geburt eines Kindes, unverschuldete Arbeitslosigkeit, Eintritt des Getrenntlebens) maßgebend sein soll. Eine solche Modifizierung ist zulässig (Palandt/Brudermüller § 8 VersAusglG Rn 2).   35

In gleichem Maße wie die Vereinbarung eines „fiktiven Ehezeitendes" zulässig ist, gilt dies auch für die Variante der Vereinbarung eines **fiktiven Ehezeitbeginns** auf einen Stichtag **nach** dem Tag der Eheschließung. Zulässig ist es zudem, den Versorgungsausgleich allein bezogen auf einen zeitlich begrenzten **Teilabschnitt innerhalb der Ehe,** also zeitraumbezogen durchzuführen. Nicht möglich ist es hingegen, bei dem Berechtigten ein früheres Ehezeitende (oder einen späteren Ehezeitbeginn) als bei dem Verpflichteten zu vereinbaren.   36

Die Berechnung des Ausgleichswertes wird bei der ehevertraglichen Vereinbarung eines fiktiven Zeitpunktes (zB Trennungstag als Ehezeitende) dadurch bewirkt, dass das auf die gesamte Ehezeit entfallende Anrecht **um diejenigen Anteile zu bereinigen** ist, die tatsächlich in der Zeitspanne nach dem vereinbarten Tag (= fiktives Ehezeitende) bis zum tatsächlichen Ehezeitende erworben worden sind (besonders deutlich BGH 4.10.1989 – IVb ZB 106/88, NJW 1990, 1363, 1364 f; OLG Frankfurt/M. 6.6.1995 – 3 UF 52/95, FamRZ 1996, 550). Eine **pauschalierende Berechnung** des Ausgleichsbetrages im Wege des gleichmäßigen, zeitanteiligen Abzugs (Zeit/Zeit-Verhältnis) findet demnach grundsätzlich nicht statt.   37

▶ **Muster: Festlegung eines ausscheidbaren Ausgleichszeitraums (bestimmtes Datum, zB Eintritt des Getrenntlebens)**

(1) Wir vereinbaren hiermit, dass der Versorgungsausgleich nach dem VersAusglG im Falle der Scheidung unserer Ehe mit der Maßgabe durchgeführt wird, dass die auf die gesamte Ehezeit nach § 3 Abs. 1 VersAusglG entfallenden Anrechte, also bestehende Anwartschaften auf Versorgung und Ansprüche auf laufende Versorgungen, jeweils um diejenigen Anteile zu bereinigen sind, die ab dem Monatsersten vor

Eintritt des Getrenntlebens zwischen uns (also ab dem ...), von einem jeden von uns erworben worden sind; nur die sodann verbleibenden Anrechte sollen somit ausgeglichen werden. Wir nehmen den teilweisen Verzicht gegenseitig an.

(2) ... *(Belehrung)* ◀

VI. Verrechnungsvereinbarung

38   In Anlehnung an § 10 Abs. 2 VersAusglG können die Ehegatten bei **gleichartigen Anrechten** eine Saldierungs- oder Verrechnungsabrede treffen; damit nehmen sie ggf die rechnerische Umsetzung des Versorgungsträgers nach rechtskräftiger Entscheidung durch das Familiengericht vorweg. Auch außerhalb des Anwendungsbereichs des § 10 Abs. 2 VersAusglG können die Ehegatten „nicht gleichartige Anrechte", beispielsweise auf der Basis der von den Versorgungsträgern angegebenen Kapitalwerte oder korrespondierenden Kapitalwerte, verrechnen.

▶ **Muster: Ausschluss des Wertausgleichs von Anrechten der landesrechtlichen Beamtenversorgung zur Verhinderung der externen Teilung (Maßstab: korrespondierender Kapitalwert)**

(1) Der Versorgungsausgleich nach §§ 1 ff VersAusglG soll im Fall der Scheidung unserer Ehe nur für Ehezeitanteile von Anrechten aus der gesetzlichen Rentenversicherung und der ... stattfinden. Die Bewertungen der von uns in der Ehezeit erworbenen Anrechte sind uns insoweit bekannt.

(2) Darüber hinaus haben wir beide als Landesbeamte des Bundeslandes NRW und nach den schriftlichen Auskünften der jeweils zuständigen ... vom ... – von denen jeweils eine Abschrift dieser Urkunde beigefügt wird –, in der Ehezeit folgende Anrechte auf den Bezug von Altersruhegehalt erworben:

– Herr ... Anrechte von monatlich ... EUR, mit einem korrespondierenden Kapitalwert von ... EUR,
– Frau ... Anrechte von monatlich ... EUR, mit einem korrespondierenden Kapitalwert von ... EUR.

Zum Ausgleich der vorgenannten Anrechte aus der landesrechtlichen Beamtenversorgung und zur Vermeidung der externen Teilung in die gesetzliche Rentenversicherung vereinbaren wir unter Zugrundelegung der mitgeteilten korrespondierenden Kapitalwerte, den Ausgleich durch Zahlung eines Einmalbetrages nach rechnerischer Saldierung herbeizuführen.

(3) ... ◀

VII. Vereinbarung von Bedingungen, Befristungen und Rücktrittsvorbehalten

39   Totalausschluss, Teilausschluss oder Modifikationen des Versorgungsausgleichs können in ihrer Wirksamkeit von zukünftigen Ereignissen abhängig gemacht oder für einseitige Einwirkungsmöglichkeiten der Beteiligten zugänglich erhalten werden. Gestaltungsmittel sind auch nach Maßgabe des VersAusglG zulässigerweise Bedingungen, Befristungen oder Rücktrittsvorbehalte.

40   Typische **auflösende** (§ 158 Abs. 2 BGB) oder **aufschiebende Bedingungen** (§ 158 Abs. 1 BGB) sind:

– Aufgabe oder Reduzierung der Erwerbstätigkeit wegen der **Geburt und Betreuung gemeinsamer Kinder**,
– erheblicher **Vermögenszuwachs** (zB Erlangung einer absehbaren Erbschaft) zugunsten eines Ehegatten,
– Aufgabe der Erwerbstätigkeit **im ausdrücklichen Einvernehmen** oder mit Duldung des anderen Ehegatten (sehr gute, einseitige Einkommensverhältnisse),
– Aufgabe der Erwerbstätigkeit wegen der **Pflege naher Angehöriger**,
– einer der Ehegatten **reduziert** (im Einvernehmen oder ohne Einvernehmen des anderen Ehegatten) seine **wöchentliche Arbeitszeit** um eine bestimmte Stundenzahl,
– einer der Ehegatten wird (ggf amtlich festgestellt) **erwerbsunfähig** oder ist in seiner **Erwerbsfähigkeit erheblich gemindert**,
– **Nichterreichen** einer bestimmten **Versorgungshöhe**,
– **Nichterfüllung** oder mangelnde Werthaltigkeit vereinbarter **Gegenleistungen**,

- **kurze** – vertraglich definierte – **Ehedauer**, abweichend von der Dreijahresgrenze des § 3 Abs. 3 VersAusglG.

▶ **Muster: Auflösend bedingter Verzicht (einseitige, jedoch einverständliche Berufsaufgabe)**

(1) Wir vereinbaren hiermit, dass der Versorgungsausgleich nach dem VersAusglG im Falle der Scheidung unserer Ehe vollständig und in jeder Ausgleichsrichtung ausgeschlossen ist. Der **Ausschluss ist auflösend bedingt** vereinbart. Der Ausschluss wird rückwirkend auf den Zeitpunkt des Beginns der Ehezeit unwirksam, wenn

- aus unserer Ehe ein oder mehrere gemeinsame Kinder hervorgehen und einer von uns deshalb seine ausgeübte Erwerbstätigkeit (auch nur vorübergehend) aufgibt oder auf weniger als die Hälfte der durchschnittlichen Wochenarbeitszeit reduziert,
- einer von uns seine ausgeübte Erwerbstätigkeit – gleich aus welchem Grund – im ausdrücklichen (schriftlichen) Einverständnis mit dem Ehegatten mehr als ein Jahr lang nicht mehr ausübt oder auf weniger als die Hälfte der durchschnittlichen Wochenarbeitszeit reduziert;
- einer von uns amtlich festgestellt erwerbsunfähig ist.

Eine einvernehmliche Aufgabe oder Reduzierung der Erwerbstätigkeit nach dieser Vereinbarung liegt nur dann vor, wenn sie von beiden Ehegatten schriftlich festgestellt wird. Die gesetzlichen Regelungen zur kurzen Ehezeit und Geringfügigkeit nach §§ 3 Abs. 3, 18 VersAusglG bleiben unberührt. ◀

Die **Vereinbarung eines Rücktrittsvorbehalts** kommt unter inhaltlich vergleichbaren Umständen wie die 41 Vereinbarung von Bedingungen oder Befristungen in Betracht. Die Rechtsfolgen treten allerdings nicht automatisch und unabhängig vom Willen der Vertragschließenden, und deshalb flexibler, ein (**keine Bedingungsautomatik**).

VIII. Erwerb von Anrechten „durch Arbeit" oder „mithilfe des Vermögens"

Nach § 2 Abs. 2 Nr. 1 VersAusglG sind nur solche Anrechte ausgleichs- und teilungspflichtig, die während 42 der Ehezeit „durch Arbeit" oder „mithilfe des Vermögens" geschaffen oder aufrechterhalten wurden, ohne dass das Gesetz im zweiten Fall nach der Herkunft des Vermögens oder nach dem Zeitpunkt seines Erwerbs differenziert. Selbst wenn der ausgleichspflichtige Ehegatte seine Beiträge mit Mitteln leistet, die der ausgleichsberechtigte Ehegatte in der Ehezeit zur Verfügung gestellt hat, ist der Wertausgleich durchzuführen. Werden ehezeitbezogene Anrechte mit **Mitteln aus einem Darlehen** geschaffen oder aufrechterhalten, unterfallen auch diese regelmäßig dem Versorgungsausgleich (vgl OLG Koblenz 20.12.2000 – 13 UF 548/00, FamRZ 2001, 1221; Palandt/Brudermüller § 2 VersAusglG Rn 6).

Haben sich die Ehegatten im Vorfeld der Scheidung vermögensrechtlich vollständig auseinandergesetzt 43 und sodann **mit Mitteln aus der Auseinandersetzung Anrechte erworben**, unterfallen diese nicht dem Wertausgleich (vgl Rauscher DNotZ 2012, 708, 710). Das Gleiche soll auch dann gelten, wenn ein Ehegatte zeitlich nach vertraglich vereinbarter Gütertrennung eine private Rentenversicherung mit Mitteln seines Privatvermögens begründet; diese Anrechte sind nicht in den Wertausgleich einzubeziehen (str., s. aber OLG Hamm 9.11.2005 – 11 UF 82/05, FamRZ 2006, 795, 796).

Ungeklärt, aber einer vertraglichen Regelung zugänglich, ist die Behandlung von Anrechten, die zwar be- 44 reits vor der Eheschließung erworben worden sind, deren **Dynamisierungszuwachs** (Zinsanteile auf vorehelich erworbene Anrechtsteile) jedoch während der Ehezeit entsteht (vgl Hauß/Eulering, Versorgungsausgleich, 2009, Rn 519; Kemper Kap. VI Rn 62 mwN).

IX. Erwerb von Anrechten mit Mitteln aus Anfangsvermögen oder aus sog. privilegiertem Vermögen nach § 1374 Abs. 2 BGB

Nach ständiger Rechtsprechung des Bundesgerichtshofs (zuletzt 30.3.2011 – XII ZB 54/09, FamRZ 2011, 45 877) gilt, dass auch alle diejenigen Anrechte in den Versorgungsausgleich einzubeziehen sind, die der ausgleichspflichtige Ehegatte in der Ehezeit mithilfe seines **bei Eheschließung bereits vorhandenen Vermögens** erworben hat. Betrachtet man diese Rechtsprechung unter dem Aspekt des Zugewinnausgleichs, bedeutet dies, dass der ausgleichpflichtige Ehegatte die während der Ehezeit aus Mitteln seines Anfangsvermögens im Sinne des § 1374 BGB erworbenen Anrechte über den Versorgungsausgleich dennoch auszugleichen hat. Dies kann ehevertraglich verhindert werden.

▶ **Muster: Herausnahme von Anrechten, die (auch) mit Mitteln aus Anfangsvermögen finanziert sind**

(1) Der Ehemann .../Die Ehefrau ... hat bereits vor Eheschließung bei der ...-Versicherung als Versicherungsnehmer, versicherte Person und Bezugsberechtigter eine dynamische Rentenversicherung ohne Kapitalwahlrecht mit einem Deckungskapital von ... EUR erworben (Versicherungs-Nr. ...) sowie eine Zusatzversicherung bei Erwerbsminderung abgeschlossen.

(2) Der Versorgungsausgleich soll im Fall der Scheidung unserer Ehe bei dem vorgenannten, kapitalgedeckten Anrecht derart durchgeführt werden, dass diejenigen Erhöhungen des Deckungskapitals, die aus der Verzinsung oder anderen vertraglich vereinbarten Gutschriften bezogen auf das voreheliche Deckungskapital (anteilige Gutschriften, Zins- und Zinseszins uÄ) stammen, herausgerechnet werden. Auf jeglichen Ausgleich solcher Teile von Anrechten verzichten wir vollständig und gegenseitig. ◀

46   Auch diejenigen Anrechte sind „**mithilfe des Vermögens**" (§ 2 Abs. 2 Nr. 1 VersAusglG) erworben und deshalb ausgleichs- und teilungspflichtig, für die ein **Dritter** die Mittel zum Erwerb unmittelbar an den ausgleichspflichtigen Ehegatten leistet (zB schenkt) und dieser dann während der Ehezeit aus diesen Mitteln (freiwillige) oder regelmäßige Beitragszahlungen an den Versorgungsträger erbringt (vgl OLG Koblenz 7.7.2004 – 7 WF 623/04, FamRZ 2005, 1255). Das soll selbst dann gelten, wenn der Dritte **zweckgebunden geleistet** hat (Palandt/Brudermüller § 2 VersAusglG Rn 6; anders und überzeugend OLG Köln 28.10.1983 – 4 UF 163/83, FamRZ 1984, 64) oder die Mittel aus einer Erbschaft, also von Todes wegen, erlangt worden sind (BGH 8.10.1986 – IVb ZB 133/85, FamRZ 1987, 48). Anrechte, die mit Mitteln aus vorweggenommener Erbfolge geschaffen oder erhalten werden, sind ebenso in den Versorgungsausgleich einzubeziehen (OLG Koblenz 7.7.2004 – 7 WF 623/04, FamRZ 2005, 1255). Auch insoweit kann eine ehevertragliche Regelung getroffen werden.

X.   Externe Teilung als Vereinbarungsgegenstand

47   Der **ausgleichsberechtigte Ehegatte** kann mit dem **Versorgungsträger des ausgleichpflichtigen Ehegatten** den Ausgleichsweg der externen Teilung vereinbaren (§ 14 Abs. 2 Nr. 1 VersAusglG; s. → *Externe Teilung*). Vereinbarungsgegenstand kann eine einzelne oder auch eine Vielzahl von auszugleichenden Anrechten sein, die eigentlich der internen Teilung unterliegen. Als vereinbarungsberechtigte Versorgungsträger kommen wohl nur die berufsständischen, betrieblichen und privaten in Betracht; die Versorgungsträger der Regelsicherungssysteme (§ 2 Abs. 1 VersAusglG) sind wohl nicht berechtigt, einem anderen als dem Ausgleichsweg der internen Teilung zuzustimmen.

48   Die Vereinbarung nach § 14 Abs. 2 Nr. 1 VersAusglG bedarf, wie auch jede vertragliche Vereinbarung der Ehegatten untereinander, der **rechtsgestaltenden Umsetzung** durch das Familiengericht (§ 224 Abs. 1 FamFG). Zugleich sollte der ausgleichsberechtigte Ehegatte den **Zielversorgungträger festlegen**. Die Vereinbarung nach § 14 Abs. 2 Nr. 1 VersAusglG ist im Übrigen bedingungsfreundlich. Einer Mitwirkung des ausgleichspflichtigen Ehegatten bedarf es für den Fall einer Vereinbarung nach § 14 Abs. 2 Nr. 1 VersAusglG nur, wenn die externe Teilung für ihn zu negativen steuerlichen Folgen führen kann (§ 15 Abs. 3 VersAusglG).

49   Die Vereinbarung nach § 14 Abs. 2 Nr. 1 VersAusglG bedarf verfahrensrechtlich der Schriftform, hingegen liegt **kein Fall des § 7 VersAusglG** (notarielle Beurkundung) vor.

50   Es kann für Ehegatten, oder jedenfalls für einen von ihnen, von Interesse sein, bestehende Anrechte im Wege der externen Teilung „aufzufüllen" oder zu begründen, anstatt in Höhe des Ausgleichwerts Anrechte durch interne Teilung bei dem Versorgungträger des ausgleichpflichtigen Ehegatten zu erwerben. Die Ehegatten können deshalb die Frage des **Ausgleichsweges** auch zum Gegenstand von Verabredungen untereinander machen. Die Festlegung der „externen Teilung" als „bevorzugter" Ausgleichsweg wäre dann Gegen-

stand einer beurkundungspflichtigen (ehevertraglichen) Vereinbarung (§§ 6–8 VersAusglG) der Ehegatten (JH/Holzwarth § 14 VersAusglG Rn 11).

Die Ehegatten haben allerdings **kein freies Wahlrecht** zwischen den Ausgleichswegen der internen und 51 externen Teilung; die **externe Teilung** hat **Ausnahmecharakter** (s. → *Externe Teilung* Rn 2). Die Durchführbarkeit der Vereinbarung steht unter dem Vorbehalt des § 8 Abs. 2 VersAusglG. Danach können die Ehegatten durch Vereinbarungen nur dann Anrechte extern übertragen oder begründen, wenn das maßgebliche **Binnenrecht des Versorgungsträgers** des Ausgleichspflichtigen dies auch zulässt und seinerseits zustimmt (vgl JH/Holzwarth § 14 VersAusglG Rn 11). Vereinbarungen dieser Art dürften Ausnahmecharakter haben (s. Muster zum Anrecht auf Betriebsrente: Münch, Ehebezogene Rechtsgeschäfte, 3. Aufl. 2011, Rn 3183).

XI. Bewertung und korrespondierender Kapitalwert (§ 47 VersAusglG)

1. Ausgangspunkt

Das jeweils zum Ausgleich kommende Anrecht bzw dessen **Ehezeitanteil** wird nach §§ 39 ff VersAusglG 52 ermittelt und bewertet. Nach der Konzeption durch das VersAusglG ist damit jedoch **keine objektive Wertermittlung** unter Verwendung einer auf Vergleichbarkeit zu anderen Anrechten angelegten Berechnung (zB unter Verwendung der Barwert-Verordnung) gemeint. Die Höhe des auszugleichenden Anrechts wird nicht mehr zwangsläufig in einem Rentenbetrag (einer Monatsrente) oder einem Kapitalwert (s. aber § 5 Abs. 4 VersAusglG) ausgedrückt. Maßgeblich sind vielmehr allein die Bemessungs- bzw Bezugsgrößen, in denen der einzelne Versorgungsträger sein Anrecht darstellt.

Das Instrument des korrespondierenden Kapitalwerts ist eine **Neuerung** des VersAusglG (s. → *Korrespon-* 53 *dierender Kapitalwert*; Kemper Kap. VI Rn 165), die gerade im Zusammenhang **vertraglicher Gestaltung**, insbesondere bei scheidungsnahen Vereinbarungen, wichtig wird. Die Eheleute (ihre Berater) und das Familiengericht sollen im Rahmen der (vermögensrechtlichen) Auseinandersetzung der Ehe (vgl § 6 Nr. 1 VersAusglG) und ehevertraglicher Vereinbarungen alle Altersvorsorgeanrechte in der für alle verständlichen Währung „Geld" erfassen, um aufgrunddessen über sie disponieren zu können.

Die Bedeutung der Angabe eines Kapitalbetrages wird evident, wenn die Ehegatten beispielsweise eine 54 qualifizierte (vertragliche) Regelung zum Versorgungsausgleich, im Zusammenhang einer scheidungsbezogenen Vereinbarung mit dem Charakter einer **Gesamtvermögensregelung** treffen, wie sie § 6 Abs. 1 S. 2 Nr. 1 VersAusglG ausdrücklich vorsieht. Hier sind vergleichsfähige Wertangaben in Geld erforderlich. Wird demnach der Ausgleichswert nach § 5 Abs. 1, 3 VersAusglG durch den Versorgungsträger nicht bereits als Kapitalwert angegeben, wie zB bei der umlagefinanzierten gRV oder der Beamtenversorgung, kann hier nur der korrespondierende Kapitalwert weiterhelfen. Bei der Vorbereitung solcher Vereinbarungen bietet es sich daher an, entsprechende Auskünfte der Versorgungsträger einzuholen und diese Angaben zum Bestandteil der Verhandlung zwischen den Beteiligten zu machen.

Auf der Grundlage von Barwertangaben bzw des korrespondierenden Kapitalwerts könnte – unter Vorbe- 55 halten – sogar eine **individuelle Versorgungsbilanz** der Ehegatten erstellt werden (so bereits BT-Drucks. 16/10144, 50), um feststellen zu können, wer betragsmäßig der **insgesamt Ausgleichspflichtige** ist. Damit ließe sich eine vergleichsweise ähnliche Betrachtung des Versorgungsausgleichs herstellen, wie sie vor der Reform im System des „Einmalausgleichs" bestanden hatte.

2. „Korrespondierender Kapitalwert" als Hilfsgröße

Der durch den Versorgungsträger pflichtgemäß ermittelte und schließlich mitgeteilte korrespondierende 56 Kapitalwert eines Anrechts hat für die Beteiligten keinerlei Bindungswirkung, sondern zunächst nur die Bedeutung eines **zu überprüfenden Vorschlags** für die Bestimmung des Ausgleichswertes (Beispiele bei: Hauß/Eulering, Versorgungsausgleich, Rn 277 ff). Bereits § 47 Abs. 1 VersAusglG enthält insoweit einen wichtigen, relativierenden **Warnhinweis**. Danach ist der korrespondierende Kapitalwert lediglich eine Hilfsgröße für Fälle, in denen der Ausgleichswert nicht bereits als Kapitalwert dargestellt ist. Der korrespondierende Kapitalwert ist nämlich nicht geeignet, den wahren Wert einer Versorgung abzubilden (s. → *Korrespondierender Kapitalwert* Rn 2).

57 § 47 Abs. 2 VersAusglG bestimmt für die Berechnung des korrespondierenden Kapitalwerts vielmehr, dass er dem Betrag entspricht, den die ausgleichspflichtige Person – und nicht etwa die ausgleichsberechtigte Person – aufzuwenden hätte, wenn bei dem betroffenen Versorgungsträger für den Ausgleichspflichtigen ein Anrecht in Höhe des Ausgleichswertes begründet werden sollte. Man kann also zu Recht von einem **„Einkaufspreis" des ausgleichspflichtigen Ehegatten** sprechen. Der mitgeteilte „korrespondierende Kapitalwert" sagt demnach auch nichts darüber aus, wie hoch die aus dem entsprechenden Anrecht fließende Versorgung sein wird. Sind die Beteiligten an der „baren Rente" interessiert, kann es angeraten sein, eine von den Beteiligten selbst in Auftrag zu gebende, vorbereitende versicherungsmathematische Bewertung vornehmen zu lassen (vgl Kemper Kap. VI Rn 167). Lässt sich der korrespondierender Kapitalwert nach § 47 Abs. 2–4 VersAusglG nicht ermitteln, ist durch den Versorgungsträger der **Barwert** nach versicherungsmathematischen Grundsätzen anzugeben (§ 47 Abs. 5 VersAusglG).

3. Korrespondierender Kapitalwert in Vereinbarungen (§ 47 Abs. 6 VersAusglG)

58 § 47 Abs. 6 VersAusglG stellt unter anderem für den Fall der im hiesigen Zusammenhang primär interessierenden Vereinbarungen zum Versorgungsausgleich nach § 6 VersAusglG klar, dass bei einem Wertvergleich auch andere Faktoren als der „Einkaufswert" in das Versorgungssystem des auszugleichenden Anrechts, nämlich **wertbildende Faktoren zu berücksichtigen** sind (Wick FPR 2009, 219, 222). Dies relativiert die Bedeutung des korrespondierenden Kapitalwertes auf der Basis des § 47 Abs. 2–4 VersAusglG für **Vereinbarungen über den Wertausgleich**, zumal das Familiengericht für seine Beurteilung im Rahmen der **Inhaltskontrolle** nach § 8 Abs. 1 VersAusglG unter Berücksichtigung des Normwortlauts auf eine Ausgleichsbilanz nach § 47 Abs. 6 VersAusglG zurückgreifen wird.

▶ **Muster: Allgemeine Belehrung über „Fehlvorstellungen der Vergleichbarkeit" von Angaben der Versorgungsträger über Kapitalwert, korrespondierenden Kapitalwert, Zeitwert (Rückkaufwert) usw**

(...) Der Notar hat darüber belehrt, dass der Kapitalwert, der korrespondierende Kapitalwert oder andere Barwertangaben von Versorgungsträgern lediglich ausgleichsrechtliche Hilfswerte darstellen, die dem tatsächlichen Wert eines Anrechts möglicherweise nicht entsprechen, und die angegebenen Werte auch nicht schematisch miteinander verglichen werden können. Dies gilt selbst für einen Vergleich von Werten für Anrechte gleicher Art. Bei Wertvergleichen von Anrechten würden deshalb wertbildende Faktoren wie beispielsweise Leistungsumfang, Dynamisierung, Absicherung und Altersgrenzen für einen Bezug der Versorgung mitberücksichtigt. Für derartige Feststellungen ist – wie dies § 47 Abs. 6 VersAusglG ausdrücklich für Vereinbarungen über den Versorgungsausgleich vorsieht – die Einholung eines Gutachtens zur Bestimmung des tatsächlichen Werts empfehlenswert.

(...) Die Ehegatten erklären, dass sie dennoch die Angaben über erworbene Anrechte, insbesondere den Ausgleichswert, wie sie von den Versorgungsträgern mitgeteilt werden, bei ihrer vertraglichen Vereinbarung rechnerisch zugrunde legen wollen. Eine weiter gehende Ermittlung versicherungsmathematischer Barwerte und/oder die vollständige Berücksichtigung wertbildender Faktoren soll unterbleiben. ◀

XII. Vereinbarter Ausschluss der Abänderung (§ 227 Abs. 2 FamFG)

59 Das Abänderungsverfahren bezieht sich nach dem VersAusglG nur noch auf das jeweils betroffene Einzelanrecht, es gilt also nunmehr der Grundsatz der **Einzelbetrachtung**. Das gilt grundsätzlich auch im Rahmen der Abänderung von Vereinbarungen zum Versorgungsausgleich.

60 Bei Vereinbarungen über den Versorgungsausgleich können Regelungen zum **Gebrauch oder Nichtgebrauch der Abänderbarkeit** erfolgen (§ 227 Abs. 2 iVm §§ 225, 226 FamFG).

▶ **Muster: Ausschluss der Abänderbarkeit**

hier: Totalausschluss für alle Anrechte

(...) Wir schließen eine nachträgliche gerichtliche Abänderung unserer vorstehenden Vereinbarung oder des durchgeführten Wertausgleichs nach § 227 Abs. 2 aus. Der Notar hat uns über die gesetzlichen Voraussetzungen einer nachträglichen Abänderung belehrt.

hier: Abänderung mit veränderten Wesentlichkeitsgrenzen unter Bezug auf § 32 Abs. 2 VersAusglG

(...) Eine Abänderung der Vereinbarungen über den Versorgungsausgleich und den Wertausgleich durch das Familiengericht nach § 227 Abs. 2 FamFG soll nach Maßgabe des Gesetzes nur dann erfolgen, wenn durch das Eintreten nachträglicher Umstände für das jeweilige Anrecht die Wesentlichkeitsgrenzen des § 32 Abs. 2 VersAusglG anstelle des § 225 Abs. 3 FamFG überschritten sind.

hier: Totalausschluss mit Ausnahme eines Anrechts

(...) Wir schließen eine nachträgliche gerichtliche Abänderung unserer vorstehenden Vereinbarung oder des durchgeführten Wertausgleichs nach § 227 Abs. 2 FamFG aus. Der Notar hat uns über die gesetzlichen Voraussetzungen einer nachträglichen Abänderung belehrt. Von diesem Ausschluss ausgenommen sind die Anrechte bei ... (= Anrecht iSd § 32 VersAusglG); hier soll eine Anpassung nach Maßgabe des Gesetzes erfolgen können. ◀

242. Vereinbarungen zur eheähnlichen Lebensgemeinschaft (Partnerschaftsvertrag)

Reetz

I. Allgemeines; anwendbares Recht	1	1. Ausgangslage	24
II. Partnerschaftsvertrag	5	2. Schenkungswiderruf	25
III. Unterhalt	7	3. Gesellschaftsrechtlicher Ausgleichsanspruch, §§ 730, 733 Abs. 2 BGB (Innengesellschaft)	26
IV. Kein Versorgungsausgleich; Altersvorsorge	8	4. Bereicherungsausgleich	31
V. Mietwohnung und (dingliches) Wohnrecht	10	5. Wegfall der Geschäftsgrundlage	35
VI. Vermögenszuordnung	13	6. (Mit-)Haftung für gemeinsame Verbindlichkeiten oder solche des Lebenspartners	36
VII. Gemeinsame Kinder: Vaterschaft; Sorgerecht; Umgangsrecht	14	7. Vollmachten, Betreuungsverfügung	38
VIII. Erbrecht: Testament und Erbvertrag	18		
IX. Auseinandersetzung bei Beendigung der neL	24		

I. Allgemeines; anwendbares Recht

1 Da eine gesetzliche Definition der eheähnlichen Lebensgemeinschaft (nichtehelichen Lebensgemeinschaft; Ehe ohne Trauschein; „neL") fehlt, ergibt sie sich zunächst aus der Abgrenzung zur Ehe und der von den Partnern zumeist gewollten **relativen rechtlichen Unverbindlichkeit** einer solchen Lebensbeziehung. Merkmale der neL sind:

– Lebensgemeinschaft zwischen Mann und Frau oder zwischen gleichgeschlechtlichen Partnern (nicht nach LPartG verpartnert),

– grds. auf Dauer angelegt,

– keine weitere Lebensgemeinschaft gleicher oder vergleichbarer Art,

– Verdichtung über eine reine Haushalts- und Wirtschaftsgemeinschaft („WG") hinaus (vgl BVerfG 17.11.1992 – 1 BvL 8/87, NJW 1993, 643; BVerwG 17.5.1995 – 5 C 16/93, NJW 1995, 2802).

– innere Bindungen im Sinne einer Verantwortungs- und Einstehensgemeinschaft,

– jederzeit und ohne Einhaltung von Fristen einseitig beendbar (Palandt/Brudermüller Einl. vor § 1297 BGB Rn 11).

2 Die **Begründung der neL** ist ein tatsächlicher Vorgang und kommt typischerweise durch „Zusammenziehen" zustande; sie endet durch Heirat, Tod oder Trennung.

3 Die neL unterliegt weder unmittelbar noch mittelbar dem Schutzbereich des Art. 6 Abs. 1 GG; der grundrechtliche Schutz wird über Art. 2 Abs. 1 GG iVm Art. 1 Abs. 1 GG gewährleistet (BVerfG NJW 1993, 643, 646; vgl auch Art. 26 Abs. 2 BbgVerf; Art. 12 Abs. 2 BerlVerf). Die Vorschriften über das **Verlöbnis** (§§ 1297–1302 BGB) sind auf die neL nicht, auch nicht entsprechend, anwendbar. **Analog anwendbar** sind beispielsweise:

– § 563 Abs. 2 S. 1 BGB (Familienangehörige – BGH 13.1.1993 – VIII ARZ 6/92, NJW 1993, 999),

– § 1359 BGB (eigenübliche Sorgfalt – OLG Karlsruhe 18.12.1991 – 1 U 114/91, FamRZ 1992, 940),

– § 1093 Abs. 2 BGB (dingl. Wohnungsrecht – BGH 7.5.1982 – V ZR 58/81, FamRZ, 82, 774 = BGHZ 84, 36),

– § 1969 BGB (Wohnung – OLG Düsseldorf 14.12.1982 – 21 U 120/82, FamRZ 1983, 274).

4 **Nicht analogiefähig** sind die **Eigentumsvermutung** zugunsten des Gläubigers nach § 1362 BGB, § 739 ZPO (BGH 14.12.2006 – IX ZR 92/05, NJW 2007, 992; anders AG Eschweiler FamRZ 1992, 942; kritisch Palandt/Brudermüller Einl vor § 1297 BGB Rn 28) und andere **Normen zum Kernbereich der ehelichen Lebensgemeinschaft**, auch nicht § 1357 BGB („Schlüsselgewalt" – OLG Hamm 28.9.1988 – 11 U 39/88, MDR 1989, 271) und § 844 BGB. In sozialrechtlichen Vorschriften oder im Unterhaltsrecht findet sich die nichteheliche Lebensgemeinschaft vielfach in Begriffen wie „häusliche Gemeinschaft", „auf Dauer angelegter gemeinsamen Haushalt", „verfestigte Lebensgemeinschaft" oder „Bedarfsgemeinschaft" wieder, und zwar zumeist mit für die Betroffenen nachteiligen Rechtsfolgen (zB § 20 SGB XII, §§ 193 Abs. 2, 194 SGB III, §§ 5 Abs. 3 S. 6, 6 Abs. 3 S. 2, 12 Abs. 1 BErzGG, § 138 Abs. 1 Nr. 1 und 3 InsO, § 3 Abs. 2 S. 1

AnfG, § 1579 Nr. 2 BGB, § 2 Abs. 1 GewSchG). Auch das **Familienprivileg** nach § 67 Abs. 2 VVG und § 116 Abs. 6 SGB X erstreckt sich nicht auf die Partner einer eheähnlichen Lebensgemeinschaft (vgl BGH 1.12.1987 – VI ZR 50/87, NJW 1988, 1091 = BGHZ 102, 257).

▶ **Muster: Klarstellende Vereinbarung zum Haftungsmaßstab**

Die Lebenspartner haften für Schäden des jeweils anderen Partners, die auf dem nichtehelichen Zusammenleben beruhen, nur für diejenige Sorgfalt, die sie in eigenen Angelegenheiten anzuwenden pflegen (§ 277 BGB). ◀

▶ **Muster: Klarstellende Vereinbarung zur Beendigung der Lebensgemeinschaft**

Die Lebensgemeinschaft kann jederzeit von jedem von uns ohne Angabe von Gründen beendet werden.

... (möglicherweise Formvereinbarungen, Schriftlichkeit) ◀

II. Partnerschaftsvertrag

Der Partnerschaftsvertrag der Nichtverheirateten will regelmäßig die ansonsten für das Zusammenleben 5 und für eine Trennung anzuwendenden allgemeinen Vorschriften des BGB angemessen verändern, um einer faktisch entstandenen Versorgungs- und Einstehensgemeinschaft gerecht zu werden. Solche vertraglichen Regelungen können dem positiven Eherecht nachgebildet sein. Die Vereinbarung von **Vertragsstrafen** oder vergleichbaren Sanktionen für den Fall der (möglicherweise schuldhaften) Beendigung der Lebensgemeinschaft sollte immer vermieden werden, ein Verstoß gegen § 138 BGB ist zu befürchten. Demgegenüber sind Vereinbarungen von tatsächlich nachteilsausgleichenden Abfindungszahlungen möglich. Partnerschaftsverträge sind hingegen nicht deshalb unwirksam, weil einer oder beide Partner zum Abschlusszeitpunkt noch mit ihrem Ehepartner verheiratet sind (OLG Hamm 20.4.1999 – 29 U 186/99, FamRZ 2000, 95) und aus der Vereinbarung keine feindliche Gesinnung gegenüber dem „Noch-Ehegatten" des Lebenspartners zum Ausdruck kommt (vgl OLG Düsseldorf 25.2.2002 – 9 U 140/01, ZEV 2003, 34).

Partnerschaftsverträge sind **nicht formbedürftig**. Kraft Sachzusammenhangs entsteht allerdings eine Ge- 6 samtformbedürftigkeit bei der Mitbeurkundung einer Verpflichtung zur Übertragung oder zum Erwerb des Eigentums an einem Grundstück (§ 311 b Abs. 1 S. 1 BGB), wenn die Regelungsteile miteinander stehen und fallen sollen.

III. Unterhalt

Dem nichtehelichen Lebenspartner steht grundsätzlich **kein gesetzlich verankerter Unterhaltsanspruch** 7 (Ausnahme: § 1615 l BGB) gegen seinen Partner zu. Die Vorschriften über den ehelichen, den Getrenntleben- und nachehelichen Unterhalt (§§ 1360, 1360 a, 1361, 1569 f BGB; § 16 LPartG) sind weder direkt noch analog anwendbar. Unbenommen bleibt die Möglichkeit der **vertraglichen Begründung** von Unterhaltsrechtsverhältnissen, auch in Anlehnung an das gesetzliche Unterhaltsrecht der Ehegatten. Hierfür besteht insbesondere dann ein Bedürfnis, wenn einer der Partner „gemeinschaftsbedingte Nachteile" in seiner Erwerbsbiographie hinnimmt. Vollkommen unberührt bleibt natürlich der eigenständige **Unterhaltsanspruch des nichtehelichen Kindes** (§§ 1601 ff BGB) gegen den nichtbetreuenden Elternteil einer neL.

IV. Kein Versorgungsausgleich; Altersvorsorge

Zwischen den nichtehelichen Lebenspartnern findet bei Beendigung der neL **kein Versorgungsausgleich** 8 statt, § 1587 BGB iVm §§ 1 ff VersAusglG; § 20 LPartG ist nicht anwendbar. Auch ist es verfassungsgemäß, dass kinderlosen Lebenspartnern **keine Witwen- oder Witwerrentenansprüche** zustehen (BVerfG 30.7.2003 – 1 BvR 1587/99, NJW 2003, 3691). Partnerschaftsvertraglich kann zur Nachteilsausgleichung Vorsorge durch Abschluss von **privaten Kapitallebensversicherungen** mit Rentenwahlrecht und/oder durch **freiwillige Versicherung in der gesetzlichen Rentenversicherung** getroffen werden (zu steuerlichen Folgen vgl BFH BStBl. 2001 II, 204). Hierfür besteht dann ein Bedürfnis, wenn einer der Partner gemeinschaftsbedingt Nachteile in seiner Versorgungsbiographie in Kauf nimmt.

▶ **Muster: Private (Kapital-)Lebensversicherung als Nachteilsausgleich**

(1) Herr ... ist verpflichtet, zur Sicherung der Versorgung der Frau ... und als Ausgleich für die einvernehmliche Aufgabe ihrer Berufstätigkeit seit ... für Frau ... bei der ...-Versicherung eine dynamische Lebensversicherung auf sein Ableben, spätestens auszahlbar bei Vollendung des ... Lebensjahres der Frau ..., in Form der Kapitalversicherung mit Rentenwahlrecht abzuschließen. Herr ... verpflichtet sich, während der gesamten Laufzeit des Versicherungsvertrages seine versicherungsrechtlichen Gestaltungsrechte, insbesondere zur Kündigung oder Beitragsfreistellung, nur bei einem vorzeitigen Ableben von Frau ... und nach Maßgabe dieses Vertrages auszuüben.

(2) Durch eine Berufsunfähigkeitszusatzversicherung auf Beitragsfreiheit ist sicherzustellen, dass die Lebensversicherung bei Berufsunfähigkeit von Herrn ... beitragsfrei wird. Die Versicherung wird ebenfalls bei vorzeitigem Tod von Herrn ... beitragsfrei.

(3) Der Kapitalbetrag der Lebensversicherung ist so festzusetzen, dass sich die Rente bei Ausübung des Rentenwahlrechts gegenwärtig auf ... EUR belaufen würde. Herr ... ist verpflichtet, die jeweiligen Beiträge zu der Lebensversicherung rechtzeitig nach den Maßgaben des Versicherungsvertrages zu entrichten. Bei Verzug von mehr als drei Monaten ist Frau ... berechtigt, einen einmaligen Ablösebetrag in einer Summe iHv ... EUR zu verlangen.

... (Ggf Wertsicherung, Sicherstellung und Vollstreckungsunterwerfung)

(4) Für den Fall des Versterbens von Frau ... vor Auszahlung bei Vollendung des ... Lebensjahrs ist ein bedingtes Bezugsrecht von Herrn ... zu vereinbaren. Der Rückgewähranspruch gezahlter Beiträge bei Ausüben des Rentenwahlrechts und beim Ableben von Frau ... nach Rentenbeginn steht Herrn ... oder dessen Erben zu. Im Übrigen ist das Bezugsrecht von Frau ... unwiderruflich und nicht abtretbar.

(5) ... *(Ggf Schiedsklausel)* ◀

9　Das Einräumen eines **dinglichen Wohnungsrechts** oder eines **Nießbrauchsrechts** (aufschiebend bedingt unter Lebenden oder vermächtnisweise durch Testament) zugunsten des (längstlebenden) Lebenspartners an der gemeinsam bewohnten Wohnung, deren Alleineigentümer der vorversterbende Lebenspartner ist, kann Teil aktiver Altersvorsorge sein (vgl LG Lüneburg 9.2.1990 – 4 T 197/89, NJW-RR 1990, 1037; s. auch BGH 30.4.2008 – XII ZR 110/06, FamRZ 2008, 1404).

▶ **Muster: Aufschiebend bedingte Zuwendung eines Wohnungsrechts (§ 1093 BGB) – ausführlich**

Die Beteiligten erklärten:

I.　Vorbemerkung

(1) Im Grundbuch des Amtsgerichts ... von ..., Blatt ..., ist als Eigentümer des dort verzeichneten Grundbesitzes Gemarkung ..., Flur ..., Flurstück ..., der eingangs genannte Herr ... eingetragen.

(2) Der vorgenannte Grundbesitz ist in Abt. II und III des Grundbuchs wie folgt belastet: ...

(3) Herr ... will seiner eingangs genannten Lebensgefährtin, Frau ..., nach näherer Maßgabe dieser Urkunde ein aufschiebend bedingtes Wohnungsrecht gem. § 1093 BGB an der im Erdgeschoss des Hauses ... gelegenen, gesamten Wohnung einräumen und sämtliche zu dieser Wohnung gehörenden Einrichtungsgegenstände sowie den Hausrat auf Frau ... aufschiebend bedingt zu Alleineigentum übertragen.

II.　Die Beteiligten schließen deshalb folgenden Vertrag:

§ 1 Wohnungsrecht

(1) Herr ... räumt hiermit der dies annehmenden Frau ... unter der aufschiebenden Bedingung, dass Frau ... ihn überlebt, an der im Erdgeschoss des Hauses ... gelegenen Wohnung ein lebenslängliches Wohnungsrecht gem. § 1093 BGB ein.

Das Wohnungsrecht umfasst sämtliche Räume im Erdgeschoss des Hauses auf dem vorgenannten Grundbesitz, nämlich: ...

Die Berechtigte ist auch befugt, sämtliche Eingänge zum Haus, Garten und Keller sowie den Garten und alle zum gemeinschaftlichen Gebrauch bestimmten Anlagen und Einrichtungen mitzubenutzen. Die Ausübung des Wohnungsrechts darf im Übrigen anderen Personen weder entgeltlich noch unentgeltlich überlassen werden.

(2) Für das Wohnungsrecht soll mit schuldrechtlicher Wirkung Folgendes gelten:

Für die Bestellung hat Frau ... eine Gegenleistung nicht zu erbringen.

Die anteiligen Kosten für Strom-, Wasser- und Wärmeverbrauch der dem Wohnungsrecht unterliegenden Räume trägt die Wohnungsberechtigte.

§ 2 Wohnungseinrichtung

(1) Herr ... überträgt ferner der dies annehmenden Frau ... unter der aufschiebenden Bedingung, dass Frau ... ihn überlebt, sämtliche in seiner Wohnung, in folgenden Räumen ... befindlichen Einrichtungsgegenstände und den gesamten dort befindlichen Hausrat zu Alleineigentum, und zwar sowohl an denjenigen vorbezeichneten Gegenständen, die sich zurzeit in der vorgenannten Wohnung befinden, als auch an solchen Gegenständen, die künftig in die vorgenannte Wohnung eingebracht werden, ohne dass es eines weiteren Übertragungsaktes bedarf.

Klarstellend erklärt Herr ..., dass sich die vorbezeichnete Übertragung nicht auf alle übrigen ihm gehörenden Gegenstände und Vermögenswerte, insbesondere nicht auf Geld, Wertpapiere, Sparbücher und Schmuck sowie die in anderen Räumlichkeiten des Hauses ... befindlichen beweglichen Sachen und Vermögenswerte bezieht.

(2) Herr ... und Frau ... sind sich darüber einig, dass das Eigentum an den vorgenannten Gegenständen unter der genannten aufschiebenden Bedingung auf Frau ... übergeht.

Die Übergabe wird dadurch ersetzt, dass Herr ... sich und seine Erben hiermit verpflichtet, die übereigneten Gegenstände für Frau ... zu verwahren.

§ 3 Zuwendungszweck und Rücktrittsrecht

(1) Die in dieser Urkunde vereinbarten Zuwendungen dienen der Alterssicherung von Frau ... und haben ihren Rechtsgrund in der zwischen Herrn ... und Frau ... bestehenden nichtehelichen Lebensgemeinschaft.

(2) Herr ... ist berechtigt, durch einseitige schriftliche Erklärung gegenüber Frau ... von dem in dieser Urkunde abgeschlossenen Vertrag zurückzutreten, für den Fall, dass die nichteheliche Lebensgemeinschaft auf andere Weise als durch den Tod eines Partners beendet werden sollte.

§ 4 Grundbucherklärungen

(1) Die Beteiligten bewilligen hiermit die Eintragung des in § 1 Abs. 1 dieser Urkunde näher bezeichneten aufschiebend bedingten Wohnungsrechts gem. § 1093 BGB zugunsten von Frau ... in das Grundbuch.

(2) Das aufschiebend bedingte Wohnungsrecht soll Rang an erster Stelle in Abt. II und III des Grundbuchs erhalten. Diese Rangbestimmung steht der Eintragung des Wohnungsrechts an zunächst rangbereiter Stelle nicht entgegen (Löschungserleichterung). ◀

V. Mietwohnung und (dingliches) Wohnrecht

Haben die nichtehelichen Lebenspartner **Wohnraum als „Mitmieter" gemeinsam gemietet**, kann der   10 überlebende Lebenspartner, unabhängig von seiner evtl Erbenstellung, nach § 563 a BGB das Mietverhältnis allein fortsetzen. Er hat das Recht zur fristgebundenen außerordentlichen Kündigung nach § 563 a Abs. 2 BGB. § 563 Abs. 1 S. 2 u. Abs. 2 S. 4 BGB gewährt einem Nichtmieter-Lebenspartner ein **Eintrittsrecht** in den Mietvertrag bei Tod des Mieter-Lebenspartners, wenn die Wohnung der Mittelpunkt der gemeinsamen Lebens- und Wirtschaftsführung war. Trennen sich die Lebenspartner und sind Mitmieter der gemeinsamen Wohnung, entsteht nach § 730 Abs. 1 BGB ein Anspruch gegen den Lebenspartner auf **Mitwirkung zur Abgabe einer Kündigung** zum nächstmöglichen Kündigungstermin (OLG Düsseldorf 2.5.2007 – I-10 W 29/07, FamRZ 2008, 154; OLG Oldenburg 27.11.2007 – 2 W 116/07, FamRZ 2008, 155). Die Mitwirkungsverpflichtung zur Abwicklung eines gemeinsamen Mietverhältnisses kann Gegenstand eines Partnerschaftsvertrages sein; ebenso der Schutz der gemeinsamen Wohnung als **räumlich-gegenständlicher Bereich der Lebensführung.**

11   Der Inhaber eines **dinglichen Wohnungsrechts** nach § 1093 BGB ist befugt, den Partner einer neL in die Wohnung aufzunehmen, wenn das Verhältnis auf Dauer angelegt ist (BGH 7.5.1982 – V ZR 58/81, NJW 82, 1868 = BGHZ 84, 36). Das dingliche Wohnungsrecht erlischt jedoch vollständig, wenn der berechtigte Lebenspartner verstirbt (§§ 1093, 1090 Abs. 2, 1061 BGB).

12   § 2 **GewSchG** enthält einen auch innerhalb der neL anwendbaren Anspruch auf Wohnungsüberlassung bei vorsätzlicher und widerrechtlicher Körper-, Gesundheits- oder Freiheitsverletzung (vgl Brudermüller WuM 2003, 250).

VI. Vermögenszuordnung

13   Begründung und Bestand einer neL haben auf die Vermögenszuordnung zwischen den Lebenspartnern grundsätzlich keinen Einfluss. Jeder der Lebenspartner bleibt Eigentümer derjenigen Sache, die er in die neL eingebracht oder während deren Bestehen zu Alleineigentum erworben hat. Erwerben Lebensgefährten gemeinsam, nimmt die Rechtsprechung im Zweifel – unabhängig von der Mittelherkunft – Miteigentumserwerb zu je $1/_2$ Anteil an. Leben die nichtehelichen Lebenspartner im Haus (oder im Wohnungseigentum) eines von ihnen, ist der andere **nach einer Trennung zum Auszug** verpflichtet; Nutzungsrechte verbleiben nicht (BGH 30.4.2008 – XII ZR 110/06, FamRZ 2008, 1404). An **Haushaltsgegenständen** und anderen gemeinsam genutzten Gegenständen ist regelmäßig – unabhängig von der Eigentumszuordnung – Mitbesitz eingeräumt. Es gilt sodann die **Miteigentumsvermutung des § 1006 BGB**. Es kann nicht ohne Weiteres angenommen werden, dass der ehemalige Lebenspartner, der einen „gemeinsam" erworbenen Vermögensgegenstand nach der Trennung mitnimmt, an diesem **Alleinbesitz** eingeräumt bekommen hat (OLG Hamm 7.6.2002 – 29 U 1/02, FamRZ 2003, 529; s. auch AG Walsrode NJW-RR 2004, 365 zu Haustieren). Es empfehlen sich zumindest **klarstellende Regelungen in einem Partnerschaftsvertrag**:

▶ **Muster: Vermögenszuordnung (klarstellend)**

(...) Die im Allein- oder Miteigentum eines jeden Lebenspartners befindlichen Vermögensgegenstände verbleiben dem bisherigen Eigentümer zur unveränderten Berechtigung; die Begründung der Lebensgemeinschaft soll an den bestehenden Eigentumsverhältnissen nichts verändern. Dies gilt auch für alle in den gemeinsamen Haushalt eingebrachten Gegenstände. Jede Einbringung von Gegenständen in den gegenständlichen Bereich der gemeinsamen Lebensführung erfolgt nur zur Nutzung; Mitbesitz wird eingeräumt.

(...) Soweit bewegliche Sachen und Gegenstände, insbesondere solche des Hausrats, gemeinsam angeschafft und finanziert werden, soll hieran hälftiges Miteigentum begründet werden, wenn und soweit bei der Anschaffung nichts anderes vereinbart wird. Zu Beweiszwecken ist ein Vermögensverzeichnis zu errichten. ◀

VII. Gemeinsame Kinder: Vaterschaft; Sorgerecht; Umgangsrecht

14   Haben die Partner der neL gemeinsame Kinder, ist der biologische Vater nur dann Vater im Rechtssinne, wenn er seine Vaterschaft anerkennt (§ 1592 Nr. 2 BGB) oder eine **gerichtliche Vaterschaftsfeststellung** erfolgt (§§ 1592 Nr. 3, 1600 d BGB); eine gesetzlich vermittelte Vaterschaftsvermutung, die an das nichteheliche Zusammenleben anknüpft, fehlt.

15   Den nicht miteinander verheirateten Eltern steht das Sorgerecht gemeinsam zu, wenn sie eine entsprechende **Sorgeerklärung** in notariell oder durch das Jugendamt beurkundeter Form abgeben (§§ 1626 a ff BGB; s. → *Nichteheliche Lebensgemeinschaft* Rn 15) oder einander heiraten (§ 1626 a Abs. 1 BGB); auf ein Zusammenleben der Eltern kommt es indes nicht an. Wird eine Sorgeerklärung nicht abgegeben, ist **allein die Mutter sorgeberechtigt** (§ 1626 a Abs. 2 BGB), wobei nach Maßgabe der Rechtsprechung des Bundesverfassungsgerichts (BVerfG 21.7.2010 – 1 BvR 420/0, FamRZ 2010, 1403) das Familiengericht den Eltern auf Antrag eines Elternteils die elterliche Sorge oder einen Teil davon gemeinsam überträgt, soweit zu erwarten ist, dass dies dem Kindeswohl entspricht (s. auch BVerfG 29.1.2003 – 1 BvL 20/99, 1 BvR 933/01, NJW 2003, 955; EGMR 3.12.2009 – 22028/04, FamRZ 2010, 103). Im Falle der Trennung der nicht miteinander verheirateten Eltern/Lebenspartner bleibt jedenfalls ein zuvor begründetes, gemeinsames Sorge-

recht bestehen; das **Alleinentscheidungsrecht in Angelegenheiten des täglichen Lebens** steht dem betreuenden Elternteil allein zu (§ 1687 BGB). Stirbt ein Elternteil, verbleibt das Sorgerecht allein bei dem überlebenden Elternteil (§ 1680 Abs. 1 BGB). Es wird dem überlebenden, bisher nicht sorgeberechtigten Elternteil übertragen, wenn bis zu deren Ableben die Mutter allein sorgeberechtigt war und die Übertragung dem Wohl des Kindes dient (§ 1680 Abs. 2 S. 2 bzw Abs. 3 BGB).

▶ **Muster: Sorgeerklärung (notarielle Beurkundung)**

Sorgeerklärung

Die Erschienenen erklärten:

§ 1 Vorbemerkung

(1) Wir, Frau ... und Herr ..., sind nicht miteinander verheiratet. Wir sind die Eltern des am in ... geborenen Kindes ... (Geburtsregister-Nr. ... des Standesamtes ...).

Den vorstehenden Namen trug das Kind auch bei seiner Geburt.

(2) Herr ... hat mit Zustimmung von Frau ... bereits am ... die Vaterschaft anerkannt.

(3) Ich, die Mutter, versichere, dass eine gerichtliche Entscheidung über die elterliche Sorge nach den §§ 1671, 1672 BGB nicht getroffen oder eine solche Entscheidung nach § 1696 Abs. 1 BGB nicht geändert worden ist.

§ 2 Sorgeerklärung

(1) *(ggf.)* Ich nehme Bezug auf die Sorgeerklärung des vorgenannten Herrn ..., die enthalten ist in der Urkunde vom ... des Notars ....

Wir erklären übereinstimmend und ohne jeden Vorbehalt, dass wir, die leiblichen Eltern unseres Kindes ..., geboren am ..., für dieses die elterliche Sorge gemeinsam übernehmen wollen. Ich, die Mutter des vorgenannten Kindes, will die elterliche Sorge für das Kind gemeinsam mit dem Vater, Herrn ..., ausüben. Ich, der Vater des vorgenannten Kindes, will die elterliche Sorge für das Kind gemeinsam mit der Mutter, Frau ..., ausüben.

(2) Das Kind ... führt bisher den Namen seiner Mutter. Wir bestimmen als Namen des Kindes den Namen seines Vaters.

(3) Der Notar hat sich von der Geschäftsfähigkeit der Beteiligten überzeugt.

(4) Der Notar hat die Erschienene darauf hingewiesen, dass eine Sorgeerklärung unter einer Bedingung oder eine Zeitbestimmung unwirksam ist und die gemeinsame Sorge nur in Ausnahmefällen auf Antrag eines Elternteils durch das Familiengericht aufgehoben werden kann. Ein einseitiger Widerruf der Sorgeerklärung ist nicht möglich. Sie kann im Übrigen nur einmal abgegeben werden.

(5) Wir sind darüber belehrt worden, dass wir durch die Sorgeerklärung die Pflicht und das Recht haben, für das minderjährige Kind zu sorgen, und die elterliche Sorge die Sorge für die Person des Kindes (Personensorge) und das Vermögen des Kindes (Vermögenssorge) umfasst. Wir vertreten künftig das Kind gemeinschaftlich.

§ 3 Hinweise, Schlussbestimmungen

(1) Wir beantragen, einem jeden von uns eine Ausfertigung der Niederschrift zu erteilen, und eine beglaubigte Abschrift an das für den Geburtsort des Kindes zuständige Jugendamt zu übersenden.

(2) ... ◀

▶ **Muster: Vormundbenennung des Lebenspartners, Ausschluss des biologischen Vaters (Verfügung von Todes wegen; Testamentsform)**

Vormundbenennung

(1) Für den Fall meines Todes benenne ich nach Maßgabe des § 1777 Abs. 3 BGB für die Dauer der Minderjährigkeit meiner Tochter ... meinen Lebenspartner, Herrn ..., geboren am ..., wohnhaft in ..., zum Vormund, und zwar in allen denkbaren Wirkungskreisen.

(2) Sollte Herr ... vor oder nach der Übertragung der Vormundschaft aus irgendeinem Grund als Vormund wegfallen (auch soweit dies nur für einzelne Angelegenheiten oder einen bestimmten Kreis von Angelegenheiten zuträfe), so benenne ich ersatzweise Herrn ..., geboren am ..., wohnhaft in ..., zum alleinigen Vormund.

(3) Weitere Ersatzvormünder will ich derzeit nicht benennen.

(4) Der benannte Vormund ist im Rahmen der Vermögenssorge von der Pflicht zur mündelsicheren Geldanlage und der Rechnungslegung gegenüber dem Familiengericht befreit.

(5) Für den Fall meines Todes ordne ich ferner nach Maßgabe der §§ 1782 Abs. 1 und 2, 1777 BGB für die Dauer der Minderjährigkeit meiner Tochter an, dass der biologische Vater meiner Tochter, Herr ..., geboren am ..., und dessen Verwandte von der Vormundschaft ausgeschlossen sind.

(6) Der Notar hat mich darüber belehrt, dass die Benennung und der Ausschluss eines Vormundes durch Anordnung in diesem Testament nur dann wirksam sind, wenn ich zum Zeitpunkt meines Todes noch sorgeberechtigt im Sinne des § 1777 Abs. 1 BGB bin. ◄

16   Jeder Elternteil ist, unabhängig von der Frage des Sorgerechts und des Bestandes der neL, zum **Umgang mit dem Kind** verpflichtet und berechtigt (§ 1684 BGB; vgl EGMR 8.7.2003 – 30943/96, FamRZ 2004, 337; s. → *Nichteheliche Lebensgemeinschaft* Rn 16). Die einseitige Benennung des Lebenspartners und der Ausschluss eines Vormundes durch Anordnung in einer Verfügung von Todes wegen ist nur dann wirksam möglich, wenn der anordnende Lebenspartner zum Zeitpunkt seines Todes allein sorgeberechtigt iSd § 1777 Abs. 1 BGB ist.

17   Steht den nicht miteinander verheirateten Eltern das gemeinsame Sorgerecht zu, können sie durch Erklärung gegenüber dem Standesamt den Namen der Mutter oder des Vaters zum **Geburtsnamen des Kindes** bestimmen (§ 1617 Abs. 1 S. 1 BGB). Wird die gemeinsame Sorge später begründet, kann der Name des Kindes geändert werden (§ 1617 b Abs. 1 BGB). Es gilt der Grundsatz der Einheitlichkeit der Geschwisternamen, und zwar auch bei Hinzutreten weiterer Kinder (§ 1617 Abs. 1 S. 3 BGB). Auch ohne gemeinsames Sorgerecht können die Partner im Einigungswege dem gemeinsamen Kind als Geburtsnamen den Namen des nichtsorgeberechtigten, einwilligenden Elternteils erteilen und insoweit vom faktischen Grundsatz des Mutternamens (§ 1617 a Abs. 1 BGB) abweichen. **Kombinationsnamen** sind unzulässig.

VIII.   Erbrecht: Testament und Erbvertrag

18   Dem nichtehelichen Lebenspartner, der nicht ausnahmsweise mit seinem Partner auch verwandt ist, steht **keinerlei gesetzliches Erbrecht (und Pflichtteilsrecht)** am Nachlass des vorverstorbenen Lebenspartners zu; die §§ 1924 ff, 1931 BGB sind nicht anwendbar. Auch die Regelungen zum „**Voraus**" (§ 1932 BGB; § 11 Abs. 1 S. 4 u. 5 LPartG) und „**Dreißigsten**" für Familienangehörige (§ 1969 BGB; str.) sind auf nichteheliche Partner nicht anwendbar. Im Falle einer langjährigen, gefestigten nichtehelichen Lebens- und Wirtschaftsgemeinschaft besteht hingegen regelmäßig ein Bedürfnis nach gegenseitiger Absicherung der Lebenspartner im Erbfall. Ggf entspricht es auch dem Interesse der Partner, dass gemeinsame oder einseitige Kinder des nichtehelichen Lebenspartners Erben des Längstlebenden werden (Fallgruppe: Zusammenleben älterer Menschen, die beide finanziell abgesichert sind).

19   Soweit die nichtehelichen Lebenspartner nicht aus anderen Gründen daran gehindert sind (zB bestehende erbvertragliche Bindungen mit Dritten), können sie **einseitige testamentarische Verfügungen von Todes wegen** zugunsten des jeweiligen Lebenspartners oder Dritter treffen (vgl OLG Düsseldorf 3.12.1997 – 3 Wx 278/97, FamRZ 1998, 583). Hiergegen sprechen auch dann keine Bedenken, wenn der verfügende Lebenspartner noch verheiratet oder verpartnert ist (vgl BGH 28.9.1990 – V ZR 109/89, NJW 1991, 830 = BGHZ 112, 259 bei lebzeitigen Zuwendungen; BayObLG 24.7.2001 – 1Z BR 20/01, FamRZ 2002, 915). Bei der Erbeinsetzung des nichtehelichen Lebenspartners oder auch seiner Angehörigen ist die Anwendung des § 2069 BGB fraglich (vgl BayObLG NJW-FER 2000, 319), eine ausdrückliche **Ersatzerbeneinsetzung** ist ratsam (Grziwotz in: Brambring/Jerschke, Beck'sches Notarhandbuch, 5. Aufl. 2009, B IV Rn 42).

Die tatsächlich wirkenden Schranken der Testierfreiheit gelten für die neL wie unter fremden Dritten. Hier-   20
zu zählt das Pflichtteilsrecht. Die Berücksichtigung der **Pflichtteilsansprüche von Abkömmlingen** bedeutet für die nichtehelichen Lebenspartner, dass sie als Erblasser nur über die Hälfte ihres Vermögens tatsächlich von Todes wegen frei bestimmen können. Bei lebzeitigen, sog. unbenannten Zuwendungen oder echten Schenkungen des Erblassers an seinen nichtehelichen Partner können **Pflichtteilsergänzungsansprüche** der Abkömmlinge, des Ehegatten oder der Eltern des Verstorbenen gegen den Lebenspartner entstehen
(§§ 2325 ff BGB).

Die Errichtung eines Testaments erfolgt nach den allgemeinen Regeln (**notarielle Niederschrift** nach   21
§ 2231 BGB oder **eigenhändig** nach § 2247 BGB; zu Einzelheiten und Gestaltungsstrategien bereits Grziwotz ZEV 1994, 272). Den nichtehelichen Lebenspartnern steht als Testamentsform das **gemeinschaftliche
Testament nicht** zur Verfügung (beachte § 2265 BGB; BGH NJW-RR 1987, 1710); sie müssen einen
Erbvertrag (§§ 2274 ff BGB) schließen, wenn sie vertragsmäßig bindende Verfügungen treffen wollen.
Ein nichtiges, gemeinschaftliches Testament kann nicht durch spätere Heirat „geheilt" werden. Im Einzel-
fall ist die Umdeutung unwirksamer gemeinschaftlicher Testamente in ein Einzeltestament bei sonstiger
Beachtung der Formerfordernisse möglich (vgl OLG Braunschweig 21.4.2005 – 2 W 225/04, ZEV 2005,
484).

Die **Beendigung der nichtehelichen Lebensgemeinschaft** führt idR nicht zur Unwirksamkeit **vertragsge-   22
mäß getroffener Verfügungen in einem Erbvertrag** (keine entsprechende Anwendbarkeit der §§ 2077,
2279 BGB oder des § 10 Abs. 3 LPartG, vgl OLG Celle 23.6.2003 – 6 W 45/03, NJW-RR 2003, 1304). Im
Einzelfall sollten vertragsgemäß getroffene Verfügungen daher **auflösend bedingt** ausgestaltet sein. Es ist
zur Klarstellung empfehlenswert, § 2077 BGB oder § 10 Abs. 3 LPartG, bei einer Scheidung/Aufhebung
einer später eingegangenen Ehe oder Lebenspartnerschaft für anwendbar zu erklären. Enthält der zwischen
den nichtehelichen Lebenspartnern abgeschlossene Erbvertrag keinen **Rücktrittsvorbehalt** (§ 2293 BGB),
bestehen wenig Aussichten, sich wegen der enttäuschten Erwartung auf Fortsetzung der Lebensgemeinschaft einseitig von dem Erbvertrag zu lösen (DNotI-Report 2003, 162).

▶ **Muster: Erbvertrag (notarielle Form): Fortgeltungsanordnung, Rücktrittsvorbehalt, Anfechtungs-
ausschluss, Klarstellungsregelungen**

Erbvertrag

(...) Erb-, Ersatzerb- und ggf Schlusserbeneinsetzung *(ggf weitere Anordnungen)*

(...) Die in diesem Erbvertrag angeordneten Erb- und Ersatzerbeinsetzungen und ... sind vertragsmäßig getroffen.

(...) Wir nehmen alle in diesem Erbvertrag abgegebenen Erklärungen hiermit wechselseitig an.

(...) Der Notar hat uns über die Vorschriften belehrt, nach denen dieser Erbvertrag aufgehoben oder geändert werden kann. Er hat uns insbesondere auf die bei einem Erbvertrag eintretenden Bindungswirkungen hingewiesen.

(...) Ein jeder von uns behält sich vor, zu Lebzeiten von uns beiden durch einseitige Erklärung jederzeit ohne Angabe von Gründen von diesem Erbvertrag zurückzutreten. Uns ist bekannt, dass die Rücktrittserklärung der notariellen Beurkundung bedarf und dem anderen Teil mit einer Ausfertigung der Niederschrift
über den Rücktritt mitzuteilen ist.

(...) Der Überlebende von uns behält sich ferner vor, nach dem Ableben des Zuerstversterbenden von uns
auch anders als in diesem Erbvertrag geschehen zu verfügen, und zwar sowohl durch Rechtsgeschäfte
unter Lebenden als auch durch Verfügungen von Todes wegen.

(...) Wir verzichten hiermit gegenseitig auf künftige Anfechtungsrechte gem. §§ 2078, 2079 BGB, und zwar
auch bezüglich solcher Umstände, mit denen wir nicht rechnen oder die wir nicht voraussehen konnten.

(...) Dieser Erbvertrag soll auch bei einer etwaigen künftigen Eheschließung von uns in vollem Umfang
bestehen bleiben, insbesondere auch das im vorstehenden Abs. (...) vereinbarte Rücktrittsrecht und der im
vorstehenden Abs. (...) vereinbarte Änderungsvorbehalt. Im Falle einer etwaigen Eheschließung und einer

späteren Scheidung soll dieser Erbvertrag nach den gesetzlichen Vorschriften (§§ 2077, 2279 BGB) unwirksam werden.

(...) Der Notar hat uns eingehend über ... belehrt. ◀

23 **Erbschaft- und schenkungsteuerrechtlich** ist der überlebende Lebenspartner einer neL gegenüber Ehegatten oder Lebenspartnern nach dem LPartG erheblich schlechter gestellt. Hierbei ist es unerheblich, ob die neL tatsächlich als Familie mit oder ohne (gemeinsame) Kinder gelebt hat. Es gelten:

– Steuerklasse III (Eingangssteuersatz: 30 % ab 20.000 EUR);
– allgemeiner Freibetrag iHv 20.00 EUR (§ 16 Abs. 1 Nr. 5 ErbStG);
– Freibetrag iHv 12.000 EUR (§ 13 ErbStG) für Hausrat.

Im Anwendungsbereich der **Grunderwerbsteuer** besteht bei einer neL (mit Kindern) keine Steuerbefreiung analog zu § 3 Nr. 4 GrEStG (BFH 25.4.2001 – II R 72/00, NJW 2001, 2655).

IX. Auseinandersetzung bei Beendigung der neL

1. Ausgangslage

24 Bei der trennungsbedingten, vermögensrechtlichen Auseinandersetzung der neL gibt es kein „Gesamtabrechnungssystem", die gesetzlichen Vorschriften über den Zugewinnausgleich (§§ 1372 ff BGB) sind auf die neL nicht, auch nicht analog, anwendbar (BGH 23.2.1981 – II ZR 124/80, FamRZ 1981, 530; 6.10.2003 – II ZR 63/02, FamRZ 2004, 94). Ein besonderer, stillschweigend zustande gekommener „Zusammenlebensvertrag" existiert regelmäßig nicht. Ausgangspunkt der Rechtsprechung (zuletzt unter Verweis auf seine st. Rspr BGH 21.7.2003 – II ZR 249/01, FamRZ 2003, 1542) zur vermögensrechtlichen Auseinandersetzung der neL bleibt die Auffassung von einer Dominanz rein persönlicher Beziehungen gegenüber gestalteten Rechtsbeziehungen. Wenn überhaupt, dann kommen **allgemeine zivilrechtliche Abwicklungsvorschriften** zur Anwendung (s. → *Nichteheliche Lebensgemeinschaft* Rn 127 ff). Hieraus folgt, dass beim Erwerb von Immobilien, bei größeren Investitionen oder beim gemeinsamen Aufbau eines Unternehmens uÄ eine **vertragliche Regelung für den Fall der Trennung** der Lebenspartner dringend erforderlich ist. Hieran ändert die neuere Rechtsprechung des Bundesgerichtshofs (BGH 9.7.2008 – XII ZR 179/05, DNotZ 2009, 52) zur Anwendbarkeit des Bereicherungsrechts und des Wegfalls der Geschäftsgrundlage nichts.

▶ **Muster: Auseinandersetzung der gemeinsamen Immobilie gegen Herauszahlung**

(...) Herr ... hat in der Urkunde des amtierenden Notars vom ... – U.R. Nr. ... für 2011 ... – den im Grundbuch des Amtsgerichts ... von ..., Blatt ..., näher bezeichneten Grundbesitz Gemarkung ..., Flur ..., Flurstück ..., mit einem auf dem vorbezeichneten Grundbesitz zu errichtenden Einfamilienhaus zu Alleineigentum erworben. In diesem Einfamilienhaus führen wir den gemeinsamen Haushalt unserer auf Dauer angelegten nichtehelichen Lebensgemeinschaft.

(...) Sollte unsere nichteheliche Lebensgemeinschaft endgültig beendet sein, verpflichtet sich Herr ..., an Frau ... einen Geldbetrag iHv 1/4 – einem Viertel – des Verkehrswerts des vorbezeichneten Grundbesitzes nebst aufstehenden Gebäuden, allen sonstigen wesentlichen Bestandteilen und allem gesetzlichen Zubehör zu zahlen, wie er sich im Zeitpunkt der Beendigung der Lebensgemeinschaft ergibt.

Sollte der Grundbesitz in diesem Zeitpunkt mit Grundpfandrechten belastet sein, durch die Darlehen im Zusammenhang mit dem Erwerb des vorbezeichneten Grundbesitzes und der Errichtung/Erhaltung der vorgenannten Aufbauten entstanden sind, sind die gesicherten Verbindlichkeiten vorab von dem zu ermittelnden Verkehrswert abzuziehen.

(...) Der vorbezeichnete Zahlungsanspruch besteht im Fall der Beendigung unserer Lebensgemeinschaft, gleichviel, wer die Trennung verursacht oder verschuldet hat, und gleichviel, wie lange unsere nichteheliche Lebensgemeinschaft bestanden hat. Der Zahlungsanspruch gleicht im Übrigen alle von Frau ... während der Dauer der Lebensgemeinschaft erbrachten Zuwendungen, Leistungen und Aufwendungen endgültig aus, gleichgültig ob und in welchem Umfang solche jemals erbracht worden sind oder werden.

(...) Die im vorstehenden Abs. (...) vereinbarte Verpflichtung des Herrn ... soll sich auf alle Vermögensgegenstände erstrecken, die als Ersatzgegenstand an die Stelle des in dieser Urkunde näher bezeichneten Grundbesitzes nebst aufstehenden Gebäuden, allen sonstigen wesentlichen Bestandteilen und allem gesetzlichen Zubehör treten, insbesondere was aufgrund eines hierzu gehörenden Rechts oder als Ersatz für die Zerstörung, Beschädigung oder Entziehung der vorgenannten Vermögensgegenstände oder durch ein Rechtsgeschäft von Herrn ... erworben wird, das sich auf die erwähnten Vermögensgegenstände bezieht. Umfasst ist insbesondere auch der Veräußerungserlös.

(...) Schiedsgutachten (§§ 317 ff BGB)

(...) Der an Frau ... gemäß den vorstehenden Vereinbarungen zu zahlende Betrag ist einen Monat nach Beendigung der Lebensgemeinschaft fällig und zahlbar; er ist ab diesem Zeitpunkt mit ... % jährlich über dem Basiszinssatz zu verzinsen. Die Zinsen sind mit demjenigen Betrag, für den sie geschuldet werden, fällig und zahlbar. Eine Sicherstellung des zu zahlenden Betrages soll derzeit nicht erfolgen.

(...) Eine Aufstellung unseres beiderseitigen Vermögens soll in dieser Urkunde nicht erfolgen. ◄

2. Schenkungswiderruf

Zuwendungen unter den Partnern einer neL, die nicht aus gewöhnlichen Anlässen (Geburtstag, Geburt ge- **25** meinsamer Kinder etc.) oder sozialer Konvention erbracht werden, sind regelmäßig nicht freigiebig iSd Schenkungsrechts; sie dienen vielmehr der **Verwirklichung und Gestaltung der nichtehelichen Lebensgemeinschaft** oder haben unterhaltsrechtlichen Charakter. Die Grundsätze der sog. „ehebedingten Zuwendungen" sind als „**unbenannte Zuwendungen**" auf die Rechtsbeziehungen innerhalb der neL anwendbar (BGH 30.7.2008 – XII ZR 150/06, FamRZ 2008, 1821). Unabhängig davon, ob im Einzelfall eine freigiebige Schenkung und eine unbenannte Zuwendung vorliegen, führt die Trennung der Lebenspartner regelmäßig nicht zu den **Widerrufsvoraussetzungen** nach §§ 530 Abs. 1, 531 Abs. 2, 812 Abs. 1 S. 2 Alt. 1, 818 BGB; es fehlt am groben Undank, wenn keine besonderen „Trennungsumstände", die eine schwere Verfehlung oder einen groben Vertrauensbruch darstellen, hinzutreten (vgl BGH 28.9.1990 – V ZR 109/89, FamRZ 1991, 168 = BGHZ 112, 259). Schenkungsrecht spielt tatsächlich eine untergeordnete Rolle.

3. Gesellschaftsrechtlicher Ausgleichanspruch, §§ 730, 733 Abs. 2 BGB (Innengesellschaft)

Von einer **gesellschaftsrechtlichen Verbindung der Lebenspartner**, die zur direkten Anwendung der **26** Abwicklungsregelungen nach §§ 730 ff BGB führen würde, kann im Falle einer neL dann ausgegangen werden, wenn der „**Zweck (§ 705 BGB) der Verbindung**" über die reine Verwirklichung des nichtehelichen Zusammenlebens in seiner von den Partnern gewollten Ausgestaltung hinausgeht (BGH 13.4.2005 – XII ZR 296/00, FamRZ 2005, 1151 f). Das bloße Zusammenleben als solches ist, wie zwischen Ehegatten, jedenfalls kein tauglicher Gesellschaftszweck.

Anders als Ehegatten sind Partner der neL nicht zur Lebensgemeinschaft, zur Rücksichtnahme bei der **27** Wahl und Ausübung einer Erwerbstätigkeit und auch nicht dazu verpflichtet, durch ihre Arbeit und mit ihrem Vermögen die Familie angemessen zu unterhalten (§§ 1353 Abs. 1 S. 1, 1356 Abs. 1 S. 2, 1360 BGB). Bei der neL besteht hingegen auch kein gesetzlich vorgegebener (güterrechtlicher) Ausgleichsmechanismus. Das ermöglicht nach neuerer Rechtsprechung des Bundesgerichtshofs wiederum eine insgesamt großzügigere Anwendung gesellschaftsrechtlicher Auseinandersetzungsregeln (vgl BGH 9.7.2008 – XII ZR 179/05, FamRZ 2008, 1822, 1824 m.Anm. Grziwotz). Der gesellschaftsrechtliche Ausgleich kommt dennoch nur dann in Betracht, wenn die Partner einer neL **ausdrücklich** oder durch **schlüssiges Verhalten** einen entsprechenden Gesellschaftsvertrag geschlossen haben (BGH 31.10.2007 – XII ZR 261/04, FamRZ 2008, 247). Gerade aber weil die neL vom Ansatz her eine Verbindung ohne spezifischen Rechtsbindungswillen darstellt, scheint die Anwendung gesellschaftsrechtlicher Regelungen sinnvoll (vgl BGH 28.9.2005 – XII ZR 189/02, DNotZ 2006, 531 = BGHZ 165, 1, 10).

Eine **ausreichende Zwecksetzung (§ 705 BGB)** kann bereits in der Absicht liegen, mit dem Erwerb eines **28** Vermögensgegenstands, etwa einer Immobilie, einen – wenn auch nur wirtschaftlich – gemeinschaftlichen Wert zu schaffen, der von ihnen für die Dauer der Partnerschaft nicht nur gemeinsam genutzt werden, sondern ihnen nach ihrer Vorstellung auch gemeinsam gehören sollte (BGH 31.10.2007 – XII ZR 261/04, FamRZ 2008, 247).

29 Vom Zustandekommen eines Gesellschaftsvertrages zwischen den Lebenspartnern durch schlüssiges Verhalten kann dennoch nicht schematisch ausgegangen werden (OLG Naumburg 17.9.2002 – 8 W 9/02, NJW-RR 2003, 578). Häufig liegen starke Indizien für gesellschaftsrechtlich relevante Vorgänge vor, wenn zB ein Hausbau auf dem Grundstück eines Partners unter finanzieller oder arbeitsmäßiger Beteiligung des andern erfolgt (vgl BGH 31.10.2007 – XII ZR 261/04, FamRZ 2008, 247). Erhebliches Gewicht für die Annahme gesellschaftsrechtlicher Verbindung hat es, auf welche Art und Weise die dingliche Zuordnung „gemeinsam" angeschaffter Gegenstände erfolgt; maßgebend sind die **Gesamtumstände der Güteranschaffung** und deren Finanzierung und/oder das Erbringen finanzierungsadäquater Leistungen (Planung, Umfang und Dauer des Zusammenwirkens, einzelne Absprachen, Rollenverteilung in der neL, Höhe finanzieller Beiträge, Herkunft von Finanzmitteln etc.). Der Bundesgerichtshof (vgl BGH 25.9.1997 – II ZR 269/96, FamRZ 1997, 1533; 30.6.1999 – XII ZR 230–96, NJW 1999, 2962) hat in der Vergangenheit ohne Weiteres gesellschaftsrechtliche Abwicklungsvorschriften zur Anwendung gebracht, wenn folgende Voraussetzungen vorliegen:

– dauerhafte Trennung der Partner einer zuvor tatsächlich gelebten nichtehelichen Lebensgemeinschaft,
– keine vertragliche Einzelfallregelung (zB Darlehensvertrag etc.),
– Anschaffung eines Vermögenswerts von erheblicher wirtschaftlicher Bedeutung (zB Immobilie, Betrieb),
– beide Lebenspartner haben Beiträge (zB Geld, Arbeitsleistungen) geleistet,
– Vorstellung der Lebenspartner von der gemeinsamen Inhaberschaft des Vermögenswertes.

30 Die **Anwendung der gesellschaftsrechtlichen Abwicklungsvorschriften (§§ 730, 733 Abs. 2 BGB)** führt auf der Rechtsfolgenseite zum Ausgleich in Geld (vgl BGH 2.5.1983 – II ZR 148/82, NJW 1983, 2375); sie ist möglicherweise auf Fälle der Einkünfteerzielung (Unternehmen, Miethäuser) beschränkt (vgl BGH 9.7.2008 – XII ZR 179/05, DNotZ 2009, 52; BGH 9.7.2008 – XII ZR 39/06, NJW 2008, 3282). Zur Vermeidung unvorhersehbarer Ergebnisse sind vertragliche Regelungen vorzugswürdig.

4. Bereicherungsausgleich

31 Die neL als solche und deren Verwirklichung **kann Rechtsgrund für Zuwendungen** unter den Lebenspartnern sein. Die Rückforderung der geleisteten Beiträge (Geld-, Vermögens- oder Arbeitsleistungen, auch Haushaltsführung) wegen **Zweckfortfalls** (§ 812 Abs. 1 S. 2 Alt. 2 BGB) kommt dennoch regelmäßig nicht in Betracht, weil die geleisteten Beiträge – jedenfalls bis zur Trennung – dem Leistungszweck, nämlich der Verwirklichung der Lebensgemeinschaft, gedient haben (uneinheitlich, vgl OLG Nürnberg 17.12.1998 – 8 U 993/98, FamRZ 2000, 97). Auch ungleiche, in der Vergangenheit geleistete Beiträge sind dabei Ausdruck faktischer Solidarität, nicht jedoch die Erfüllung von Rechtspflichten (vgl BGH 25.9.1997 – II ZR 269/96, FamRZ 1997, 1533).

32 Für künftig, also **nach der Beendigung der neL** noch fällig werdende Raten besteht eine Freistellungsverpflichtung (nach Auftragsrecht oder GoA: §§ 662, 670 BGB oder §§ 677, 683, 670 BGB) des Partners, in dessen wirtschaftlichem Interesse die Kreditaufnahme lag oder der den kreditfinanzierten Gegenstand bei der Auseinandersetzung der Lebenspartner „übernimmt" (OLG Hamm 19.10.1999 – 29 U 7/99, FamRZ 2001, 95).

33 In Abkehr von der Rechtsprechung des „Ausgleichsverbots" kann sich für bereits erbrachte Leistungen eine rückforderungsrelevante Zwecksetzung bei Beendigung einer nichtehelichen Lebensgemeinschaft für solche Zuwendungen oder Arbeitsleistungen ergeben, die über dasjenige hinausgehen, was die Gemeinschaft Tag für Tag benötigt (hier: Bau eines selbstgenutzten Hauses). Der Bundesgerichtshof fordert hierzu das Bestehen einer konkreten Zweckabrede, die dann vorliegen kann, wenn ein Partner das Vermögen des anderen in der Erwartung vermehrt, an dem erworbenen Gegenstand langfristig partizipieren zu können (vgl BGH 9.7.2008 – XII ZR 179/05, DNotZ 2009, 52 m.Anm. Löhnig; OLG Düsseldorf 23.10.2008 – 13 U 60/08, FamRZ 2009, 1219).

Da auch die Anwendung des Bereicherungsrechts als Ausgleichsmechanismus im Einzelfall vage ist, sind 34
vertragliche Regelungen wiederum vorzugswürdig.

5. Wegfall der Geschäftsgrundlage

Die Fortdauer oder Fortsetzung einer neL war nach Auffassung des Bundesgerichtshofs regelmäßig auch 35
nicht Geschäftsgrundlage (§ 313 BGB) für die Erbringung von Leistungen während der tatsächlich gelebten
Gemeinschaft (vgl BGH 6.10.2003 – II ZR 63/02, FamRZ 2004, 94; 18.9.1997 – IX ZR 283/96, NJW
1997, 3372). Nunmehr (vgl hierzu BGH 9.7.2008 – XII ZR 179/05, DNotZ 2009, 52 m.Anm. Löhnig; s. →
Nichteheliche Lebensgemeinschaft Rn 82 ff) kommen nach der Beendigung einer neL, für den Fall, dass
wesentliche Beiträge eines Partners, mit denen ein Vermögenswert von erheblicher wirtschaftlicher Bedeutung (zB Wohnhaus) geschaffen wurde, dessen Alleineigentümer der andere Partner ist, nicht nur gesellschaftsrechtliche Ausgleichsansprüche, sondern auch Ansprüche nach den Grundsätzen über den Wegfall
der Geschäftsgrundlage in Betracht. Solche Ansprüche entstehen, wenn gemeinschaftsbezogenen Zuwendungen die Vorstellung oder Erwartung zugrunde lag, die Lebensgemeinschaft werde Bestand haben. Eine
Rückforderung nach §§ 313, 346 ff BGB, die reine Billigkeitskorrektur ist, setzt zusätzlich **Unzumutbarkeit der eingetretenen Eigentumsverhältnisse** voraus und hat regelmäßig nicht zur Folge, dass sämtliche
Zuwendungen bei Scheitern der Beziehung auszugleichen wären (vgl BGH 9.7.2008 – XII ZR 179/05,
DNotZ 2009, 52).

▶ **Muster: Abwicklung von Zu-, Auf- und Verwendungen oder Leistungen (klarstellend)**

(...) Zu-, Auf- oder Verwendungen sowie Leistungen jeglicher Art, insbesondere solche mit Dienstleis-
tungscharakter, an oder zugunsten des Lebenspartners bzw zugunsten des gemeinsamen Haushalts, die
während des Bestandes der nichtehelichen Lebensgemeinschaft erbracht werden, sind nach deren Beendigung nicht gegeneinander aufzurechnen und auszugleichen, soweit in diesem Vertrag oder bei Leistungserbringung nicht ausdrücklich etwas anderes vereinbart worden ist. Dies gilt auch für den Fall, dass
solche Leistungen diejenigen des anderen übersteigen; sie gelten insoweit als zur Verwirklichung der Lebensgemeinschaft erbracht und gleichwertig. ◀

6. (Mit-)Haftung für gemeinsame Verbindlichkeiten oder solche des Lebenspartners

Die Mithaftung oder alleinige Haftung für Verbindlichkeiten des Lebenspartners kommt im Außenverhält- 36
nis, also gegenüber dem Gläubiger, nur durch eine rechtsgeschäftliche (Mit)-Verpflichtung als Schuldner
infrage. Dies sind: gemeinsame Kreditaufnahme, Schuldbeitritt oder Übernahme einer Bürgschaft. Die neL
als solche begründet jedenfalls keine (Mit-)Verpflichtung oder Haftung. Verpflichten sich die Lebenspartner gemeinsam, haften sie regelmäßig als **Gesamtschuldner.**

Mitverpflichtet ist der Schuldner für **Darlehensverbindlichkeiten** seines Lebenspartners gegenüber Kre- 37
ditinstituten jedoch dann nicht, wenn er ein eigenes Interesse an der ursprünglichen Kreditgewährung hat
und über die Auszahlung und Verwendung der Darlehensvaluta mitentscheiden durfte. Die Rechtsprechung
des Bundesgerichtshofs zur ggf **sittenwidrig eingegangenen Bürgschaft** finanziell überforderter Ehegatten findet entsprechende Anwendung, wenn Hauptschuldner und Bürge (Mitverpflichteter) durch eine eheähnliche Lebensgemeinschaft verbunden sind (Grziwotz, Nichteheliche Lebensgemeinschaft, 4. Aufl. 2006,
§ 21 Rn 22 mwN).

7. Vollmachten, Betreuungsverfügung

Die Erteilung von Vollmachten zur Vornahme rechtsgeschäftlicher Erklärungen während bestehender Le- 38
benspartnerschaft ist in Einzelfällen oder auch als Generalvollmacht sinnvoll. Die Erteilung von **Vorsorgevollmachten für den Lebenspartner** für den Fall der Krankheit, Gebrechlichkeit oder Betreuungsbedürftigkeit ist ebenfalls sinnvolle Vorsorge und Ausdruck des Selbstbestimmungsrechts und der Subsidiarität
im Betreuungsrecht (§ 1896 Abs. 2 S. 2 BGB; vgl Perau MittRhNotK 1996, 285, 292); die Erteilung ist
aber im Einzelfall genau abzuwägen. Konfliktsituationen können entstehen, wenn insbesondere leibliche
Kinder eines Lebenspartners aus einer vorangegangenen Verbindung bei der Bevollmächtigung übergangen werden oder die Vollmachtserteilung gar gegen die Abkömmlinge gerichtet ist. Die unstreitige Berech-

tigung zur Vollmachtserteilung zugunsten des Lebenspartners erwächst demgegenüber aus dem Bedürfnis nach Versorgung und Zuwendung für Fälle einer künftigen **Geschäftsunfähigkeit** oder **Hilfsbedürftigkeit**. Maßgebend für die Auswahl des Bevollmächtigten sollte allein der personengebundene Vertrauenscharakter der Vollmachtserteilung sein. Findet zugunsten des Lebenspartners keine Bevollmächtigung statt, besteht nicht einmal ein Auskunftsanspruch bei Vornahme jeglicher Art von ärztlicher Heilbehandlung (ärztliche Schweigepflicht).

39 Nach § 1901 Abs. 2 S. 2 BGB kann der (zukünftig) zu betreuende Lebenspartner seine Vorstellungen einer Lebensführung nach Eintritt des Betreuungsfalles durch **Betreuungsverfügungen** autonom bestimmen. Solche Anordnungen sind für den Betreuer und das Betreuungsgericht maßgebend, soweit sie dem Betreuer zumutbar sind und dem Wohl des Betreuten nicht zuwider laufen. Betreuungsverfügungen sind nach § 1901 a BGB bei Bekanntwerden des Betreuungsverfahrens beim Betreuungsgericht abzuliefern. In einer vorsorgenden Betreuungsverfügung kann die Person eines Betreuers zur Bestellung durch das Betreuungsgericht benannt werden (§ 1897 Abs. 4 BGB). Der nichteheliche Lebenspartner wird im Gegensatz zum Ehegatten oder Lebenspartner nach dem LPartG häufig nicht zum Betreuer seines Partners bestellt (Grziwotz in: Beck'sches Notarhandbuch, B IV Rn 24 mwN). Betreuungsverfügungen zur Benennung des Lebenspartners sind daher besonders zu empfehlen, sie können beispielsweise in Vorsorgevollmachten und/oder Patientenverfügungen integriert werden.

243. Vereinbarungen zur eingetragenen Lebenspartnerschaft

Reetz

I. Allgemeines	1		b) Adoption	19
1. Begründungsvoraussetzungen	2	VI.	Erbrecht	21
2. Begründungserklärungen	6		1. Allgemeines	21
II. Lebenspartnerschaftsvertrag	8		2. Pflichtteilsrecht	25
III. Vermögensrechtliche Wirkungen der eingetragenen Lebenspartnerschaft	12	VII.	Getrenntleben	26
1. Güterrecht	12	VIII.	Aufhebung der eingetragenen Lebenspartnerschaft („Entpartnerung")	31
2. Allgemeine (vermögensrechtliche) Wirkungen	13	IX.	Folgen der Aufhebung	32
IV. Laufender Unterhalt in der Lebenspartnerschaft	14		1. Allgemeines; Versorgungsausgleich; Haushaltsgegenstände und gemeinsame Wohnung	32
V. Personenrechtliche Wirkungen der eingetragenen Lebenspartnerschaft	15		2. Nachpartnerschaftlicher Unterhalt	33
1. Namensrecht	15		3. Vereinbarungen zum nachpartnerschaftlichen Unterhalt	35
2. Eingetragene Lebenspartnerschaft und Kinder	17	X.	Auslandsberührung	37
a) Sorgerecht, Einbenennung, Umgangsrecht	17			

I. Allgemeines

„Eingetragene Lebenspartnerschaft" (zur Geschichte der Lebenspartnerschaft s. → *Eingetragene Lebens-* **1** *partnerschaft* Rn 1 ff) ist ein **statusbegründender Vertrag** zweier gleichgeschlechtlicher Personen, durch den sie rechtlich konstitutiv und verbindlich erklären, miteinander eine **Partnerschaft auf Lebenszeit** führen zu wollen; damit ist eine der Ehe ähnliche **Einstehens- und Verantwortungsgemeinschaft** gemeint (vgl HK-LPartR/Kemper § 2 LPartG Rn 10). Anders als nach § 1353 BGB sind Lebenspartner nicht zur Herstellung einer Lebens- oder Haushalts- und Geschlechtsgemeinschaft verpflichtet (vgl Schnitzler/Grziwotz § 27 Rn 115). Die Lebensgestaltung ist – wie auch in der Lebenswirklichkeit der Ehe – weitestgehend den Lebenspartnern überlassen und kann vertraglich geregelt werden. Hierunter fallen Fragen wie die Wahl eines gemeinsamen oder getrennten Wohnsitzes, die Übernahme von Haushaltstätigkeiten, Kinderbetreuung oder auch sexuelle Verhaltensweisen. Die lebenspartnerschaftliche Lebenssphäre genießt, wie die Ehe, den **Schutz des sog. „räumlich-gegenständlichen Bereichs"** (HK-LPartR/Kemper § 2 LPartG Rn 20).

1. Begründungsvoraussetzungen

Die rechtsgestaltenden Erklärungen zur Begründung der Lebenspartnerschaft sind vor der zuständigen Be- **2** hörde (s. die landesrechtlichen Ausführungsbestimmungen; vgl auch § 23 LPartG) **höchstpersönlich** und bei **gleichzeitiger Anwesenheit** abzugeben (§ 1 Abs. 1 S. 1 LPartG; s. → *Eingetragene Lebenspartnerschaft* Rn 6 ff). Nach § 1 Abs. 2 ist jede Art von Vertretung (gesetzliche oder gewillkürte) bei der Begründung ausgeschlossen. Die eingetragene Lebenspartnerschaft können nur und ausschließlich **zwei Personen gleichen Geschlechts** eingehen (§ 1 Abs. 1 S. 1 LPartG); eine bestimmte sexuelle Ausrichtung der Partner ist nicht Tatbestandsvoraussetzung. Verschiedengeschlechtliche Partner einer nichtehelichen oder eheähnlichen Lebensgemeinschaft oder zwei zusammenlebende Verwandte verschiedenen Geschlechts können hingegen keine eingetragene Lebenspartnerschaft eingehen. Auch eine eingetragene Lebenspartnerschaft von mehr als zwei Personen ist ausgeschlossen.

Die Lebenspartner müssen, anders als bei einer Eheschließung (Ehefähigkeit, § 1303 Abs. 2 BGB – kritisch **3** Finger FPR 2000, 291; Grziwotz DNotZ 2001, 280), **beide volljährig** sein (§ 11 Abs. 1 Nr. 1 LPartG). Eine bestimmte Staatsangehörigkeit oder ein besonderer Aufenthaltsstatus sind keine Voraussetzung für die Begründung der eingetragenen Lebenspartnerschaft.

Beide Partner der eingetragenen Lebenspartnerschaft müssen **geschäftsfähig** sein (§ 104 BGB). Im Falle **4** des § 105 BGB ist eine Erklärung durch den Betreuer wegen des absoluten Vertretungsverbots ausgeschlossen (§ 1 Abs. 1 S. 1 LPartG). Der Einwilligungsvorbehalt (§ 1903 Abs. 2 BGB) erstreckt sich nicht auf die Begründung einer eingetragenen Lebenspartnerschaft; der Betreute kann ohne jede Mitwirkung des Betreuers oder des Betreuungsgerichts eine eingetragene Lebenspartnerschaft eingehen.

5 Die Verpartnerungswilligen dürfen zum Zeitpunkt der Begründung ihrer eingetragenen Lebenspartner-
schaft **nicht verheiratet** sein oder eine **bestehende Lebenspartnerschaft** führen (§ 1 Abs. 2 Nr. 1
LPartG). Seit dem 1.1.2005 gilt ein **Eheverbot** bei bestehender eingetragener Lebenspartnerschaft (§ 1306
BGB); bis dahin wurde die eingetragene Lebenspartnerschaft mit Eingehen der Ehe eines Lebenspartners
gesetzlich aufgelöst. Künftige Lebenspartner dürfen nicht in gerader Linie miteinander verwandt (§ 1
Abs. 2 Nr. 2 LPartG) oder **vollbürtige/halbbürtige Geschwister** sein (§ 1 Abs. 2 Nr. 3 LPartG). Die Eheverbote nach §§ 1307 S. 2, 1308 BGB gelten nicht. Die §§ 1297–1302 BGB (Eheversprechen; Verlöbnis)
gelten entsprechend.

2. Begründungserklärungen

6 Die eingetragene Lebenspartnerschaft wird durch gegenseitige, rechtsgestaltende und verpflichtende Erklärungen beider Partner, miteinander eine **Partnerschaft auf Lebenszeit** führen zu wollen, begründet (Begründungserklärung – § 1 Abs. 2 Nr. 4 LPartG iVm § 2 LPartG). Sie richtet sich jeweils an den anderen
Partner und begründet die Vermutung, dass das Erklärte zwischen den Lebenspartnern auch tatsächlich gewollt ist (Palandt/Brudermüller § 1 LPartG Rn 4). Eine Erklärung über ihren **Vermögensstand** (= Güterstand) muss seit dem 1.1.2005 nicht mehr abgegeben werden. Angaben hierüber sind sinnvoll, wenn zuvor
ein güterrechtlicher Lebenspartnerschaftsvertrag abgeschlossen wurde.

7 Die **Begründungserklärung** kann nicht unter einer Bedingung oder Zeitbestimmung abgegeben werden
(§ 1 Abs. 1 S. 2 LPartG). Nach § 1 Abs. 2 Nr. 4 LPartG bedarf die wirksame Begründung der eingetragenen
Lebenspartnerschaft dem erklärten Einigsein über die Verpflichtung zur gegenseitigen Fürsorge und Unterstützung, zur gemeinsamen Lebensgestaltung und zum Tragen von Verantwortung füreinander (vgl § 2
LPartG, s. auch § 1314 Abs. 2 Nr. 5 BGB).

II. Lebenspartnerschaftsvertrag

8 Die Lebenspartner können ihre güter-, versorgungsausgleichs-, unterhaltsrechtlichen und anderen lebens-
partnerschaftlichen Verhältnisse durch Vertrag (Lebenspartnerschaftsvertrag) regeln. Die §§ 1409–1563
BGB gelten entsprechend (§ 7 LPartG; s. auch § 20 Abs. 3 und 4 LPartG). **Regelungsgegenstände** und
Motivlagen für lebenspartnerschaftsvertragliche Regelungen entsprechen denjenigen der vorsorgenden
Eheverträge und Scheidungsvereinbarungen von Ehegatten. Es geht regelmäßig um (vgl Grziwotz in:
Brambring, Beck'sches Notarhandbuch, 5. Aufl. 2009, B II Rn 5):

– Sicherung des sozial schwächeren Partners bei einer Trennung, „Entpartnerung" und Tod des Lebenspartners;
– Rückabwicklung von Zuwendungen bei Trennung und „Entpartnerung";
– Ersatz fehlender gesetzlicher Regelungen (insb. im Vergleich zur Ehe);
– Stellung von in den Haushalt aufgenommenen dritten Personen (insb. einseitiger Kinder eines Lebenspartners);
– erbrechtskorrigierende Regelungen (unter Einbeziehung der Erbschaftsteuerbelastung und des gesetzlichen Erb- und Pflichtteilsrechts).

9 Partnerschaftsvertragliche Vereinbarungen sind in vielen Regelungsbereichen **nicht formbedürftig**. In gesetzlich angeordneten Fällen ist die Einhaltung der notariellen Form über § 7 S. 2 LPartG und § 20 Abs. 4
LPartG erforderlich: § 1410 BGB (Vereinbarungen zum Güterrecht); § 1378 Abs. 3 S. 2 BGB (Ausgleich
des Zugewinns); § 1585 c S. 2 BGB (Vereinbarungen zum Unterhalt vor Aufhebung der Lebenspartnerschaft); § 7 Abs. 1 und 3 VersAusglG (Versorgungsausgleich). Eine Beurkundungspflicht kann sich auch
aus § 2276 BGB (Erbvertrag), § 2348 BGB (Erbverzichtsvertrag), § 125 S. 2 BGB (kraft Parteivereinbarung), § 794 Abs. 1 Nr. 5 ZPO (vollstreckbarer Unterhaltstitel) ergeben, soweit solche Regelungsgegenstände Teil partnerschaftsvertraglicher Vereinbarungen werden. **Formbedürftigkeit** besteht insgesamt bei
gleichzeitiger Mitbeurkundung einer Verpflichtung zur Übertragung oder zum Erwerb des Eigentums an
einem Grundstück (§ 311 b Abs. 1 S. 1 BGB mit Heilungsmöglichkeit gem. § 311 b Abs. 1 S. 2 BGB), wenn
die Regelungsteile miteinander stehen und fallen sollen.

Einzelne Regelungsbereiche des vorsorgenden Lebenspartnerschaftsvertrages werden regelmäßig anhand der **Typen von Lebenspartnerschaften** – in Anlehnung an die ehevertragliche Typenlehre – (vgl hierzu Langenfeld Rn 18 ff mwN) individueller und damit praxisorientierter zu ermitteln sein.   10

Auch wenn die eingetragene Lebenspartnerschaft trotz fehlender Verankerung in den Schutzbereich des Art. 6 GG fällt, ist die Übertragbarkeit der Grundsätze zur eingeschränkten Gestaltungsfreiheit von Eheverträgen auf Lebenspartnerschaftsverträge möglicherweise dogmatisch nicht ausreichend erklärt. Im Hinblick auf die Regelungsschwerpunkte **nachpartnerschaftlicher Unterhalt** und **Versorgungsausgleich** (vgl BGH FamRZ 2004, 601; FamRZ 2005, 26) unterliegen auch die Lebenspartnerschaftsverträge der **Wirksamkeitskontrolle** (§ 138 BGB; § 8 Abs. 1 VersAusglG) und zudem der nachgelagerten richterlichen **Ausübungskontrolle** (§§ 313, 242 BGB; § 8 Abs. 1 VersAusglG). Hierbei erfolgt die Ausübungskontrolle bezogen auf die tatsächlichen Verhältnisse und den Zeitpunkt der Scheidung; sie bezieht die Gesamtheit der ehevertraglichen Regelungen in die Bewertung mit ein und kann im Ergebnis zur **richterlichen Anpassung** getroffener Vereinbarungen führen.   11

III. Vermögensrechtliche Wirkungen der eingetragenen Lebenspartnerschaft

1. Güterrecht

Die Lebenspartner leben im **Güterstand der Zugewinngemeinschaft** (zusammenfassend s. → *Eingetragene Lebenspartnerschaft* Rn 24 ff), wenn sie nicht durch Lebenspartnerschaftsvertrag (§ 7 LPartG) etwas anderes vereinbaren; die §§ 1363 Abs. 2, 1364–1390 BGB gelten entsprechend (§ 6 LPartG). Lebenspartnerschaftsverträge können in das Güterrechtsregister eingetragen werden (§ 7 S. 2 LPartG, §§ 1412, 1558 ff BGB). **Gütertrennung** und **Gütergemeinschaft** können als Wahlgüterstände lebenspartnerschaftsvertraglich begründet werden (zu den sog. „**Altlebenspartnerschaften**" in Form der Ausgleichsgemeinschaft und Vermögenstrennung vgl Mayer ZEV 2001, 169; Rieger FamRZ 2001, 1497).   12

▶ **Muster: Ausschluss des Zugewinnausgleichs bei Aufhebung**

(...) Der gesetzliche Güterstand der Zugewinngemeinschaft soll für unsere Lebenspartnerschaft mit folgender Abweichung gelten:

(...) Für den Fall, dass unsere Lebenspartnerschaft auf andere Weise als durch den Tod eines Lebenspartners aufgelöst wird, insbesondere im Falle der Aufhebung der Lebenspartnerschaft, schließen wird den Ausgleich des Zugewinns vollständig aus. Dies gilt auch für den vorzeitigen Zugewinnausgleich.

Klarstellend wird vermerkt, dass es für den Fall der Auflösung unserer Lebenspartnerschaft durch den Tod eines von uns bei dem Zugewinnausgleich gem. § 1371 BGB verbleibt.

(...) Keiner von uns beiden soll den Verfügungsbeschränkungen der §§ 1365, 1369 BGB unterliegen.

(...) Schenkungen oder sonstige Zuwendungen eines Lebenspartners an den anderen können bei Aufhebung der Lebenspartnerschaft, gleichviel aus welchem Grunde, nicht zurückgefordert werden. Dies gilt unabhängig davon, wer von uns das Scheitern unserer Lebenspartnerschaft verursacht und verschuldet hat. Die Rückforderung ist nur dann möglich, wenn sie bei der Zuwendung ausdrücklich vorbehalten wurde.

(...) Im Übrigen sollen die Vorschriften über den gesetzlichen Güterstand der Zugewinngemeinschaft gelten.

(...) Eine Aufstellung unseres derzeitigen Vermögens soll nicht erfolgen. ◀

▶ **Muster: Gütertrennung durch Lebenspartnerschaftsvertrag**

§ ... Gütertrennung

Wir vereinbaren hiermit, dass für die fernere Dauer unsere Lebenspartnerschaft ab dem heutigen Tag der Güterstand der **Gütertrennung** gem. § 7 Abs. 2 LPartG iVm § 1414 BGB gelten und jede Zugewinngemeinschaft ausgeschlossen sein soll.

(2) Der Notar hat uns über die Bedeutung des gesetzlichen Güterstandes der Zugewinngemeinschaft, die Vereinbarung der Gütertrennung und die damit verbundenen Folgen belehrt. Er hat uns insbesondere darauf hingewiesen, dass durch die Vereinbarung der Gütertrennung ein Ausgleich des Zugewinns bei tatsächlicher Beendigung der Lebenspartnerschaft, insbesondere nach deren Aufhebung, nicht stattfindet, und dass sich das gesetzliche Erbrecht und das Pflichtteilsrecht vermindern können.

(3) Zuwendungen eines Partners an den anderen können bei Aufhebung der Lebenspartnerschaft nicht zurückgefordert werden, wobei die Partner den Fortbestand der Lebenspartnerschaft in keiner Weise als Geschäftsgrundlage betrachten. Dies gilt unabhängig davon, wer von den Lebenspartnern das Scheitern der Lebenspartnerschaft verursacht und verschuldet hat. Jede Art von Rückforderung oder Wertersatz soll nur dann möglich sein, wenn sie bei der Zuwendung schriftlich vorbehalten wurde.

(4) Wir verzichten hiermit wechselseitig auf jegliche in der Vergangenheit entstandenen Ansprüche auf Ausgleich des Zugewinns oder andere Wertersatz- oder Ausgleichsansprüche jeglicher Art und aus jeglichem Rechtsgrund. Dies gilt auch für Ausgleichsansprüche, die etwa aus einer zwischen uns bestehenden Innengesellschaft oder einem „Kooperationsvertrag" o.Ä. bereits entstanden sind oder noch entstehen werden. Wir nehmen diesen Verzicht wechselseitig an. ◄

2. Allgemeine (vermögensrechtliche) Wirkungen

13 § 4 LPartG entspricht als Regelung des **Haftungsmaßstabs** der Lebenspartner untereinander § 1359 BGB. Damit gilt der Grundsatz „diligentia quam in suis" (vgl § 277 BGB). Die Haftung wegen grober Fahrlässigkeit bleibt unberührt. § 8 Abs. 2 LPartG erklärt die Vorschriften zur sog. **Schlüsselgewalt** (§ 1357 BGB) und § 8 Abs. 1 LPartG die Gläubigerschutzvorschrift des § 1362 BGB für entsprechend anwendbar. Seit dem 1.1.2005 sind auch die Verfügungsbeschränkungen nach §§ 1365, 1369 BGB auf Lebenspartner, die im Güterstand der Zugewinngemeinschaft leben, anwendbar (§ 6 Abs. 2 LPartG).

▶ **Muster: Regelung zur Befreiung von güterrechtlichen Verfügungsbeschränkungen**

(im Zusammenhang mit einer notariellen Beurkundung)

(...) Die Verfügungsbeschränkungen des § 6 LPartG iVm §§ 1365 ff, 1369 ff BGB sollen während des Bestehens unserer Lebenspartnerschaft keine Anwendung finden. Jeder von uns beiden ist somit berechtigt, ohne Zustimmung des anderen Partners über sein Vermögen im Ganzen oder nahezu sein gesamtes Vermögen und auch über ihm gehörende Gegenstände des gemeinsamen Haushaltes frei zu verfügen. ◄

IV. Laufender Unterhalt in der Lebenspartnerschaft

14 Die Lebenspartner sind einander verpflichtet, durch ihre Arbeit und mit ihrem Vermögen die partnerschaftliche Lebensgemeinschaft angemessen zu unterhalten (§ 5 LPartG iVm §§ 1360 S. 2, 1360 a, 1360 b BGB, § 16 Abs. 2 LPartG). Die Verweisung in § 5 S. 2 LPartG auf § 1360 a Abs. 2 S. 1 BGB führt dazu, dass sich der Unterhalt danach **bemisst**, was zur Deckung der Haushaltskosten und der persönlichen Bedürfnisse der Lebenspartner erforderlich ist. Maßstab ist die Angemessenheit unter Berücksichtigung der „gemeinsamen Lebensgestaltung". Vertragliche Regelungen zum laufenden Unterhalt spielen in der Vertragspraxis keine Rolle.

V. Personenrechtliche Wirkungen der eingetragenen Lebenspartnerschaft

1. Namensrecht

15 Auch das Namensrecht der eingetragenen Lebenspartnerschaft entspricht im Wesentlichen demjenigen der Ehe, jedoch ohne den gesetzlichen Aufruf zur Namenseinheit (s. → *Eingetragene Lebenspartnerschaft* Rn 13 ff). Die Lebenspartner können demnach einen gemeinsamen Namen als „**Lebenspartnerschaftsname**" (§ 3 Abs. 1 LPartG; ausführlich Seeger MittBayNot 2002, 229) bestimmen; bestimmen sie nichts, führen sie ihre bisherigen Namen weiter. Nach **Beendigung** der eingetragenen Lebenspartnerschaft behält jeder der ehemaligen Lebenspartner den Lebenspartnerschaftsnamen, wenn er nicht durch ausdrückliche Erklärung seinen Geburtsnamen oder seinen früheren Namen wieder annimmt. Er kann seinen Geburtsnamen oder seinen früheren Namen auch dem Lebenspartnerschaftsnamen voranstellen oder anfügen (vgl auch

§ 1355 BGB). In jeder Kombination sind allerdings Namen, die aus mehr als zwei Namen zusammengesetzt sind, unzulässig (§ 3 Abs. 2 S. 3 LPartG). Der durch eine frühere eingetragene Lebenspartnerschaft erworbene Name eines Lebenspartners kann in dessen neuer Lebenspartnerschaft ebenfalls zum Lebenspartnerschaftsnamen bestimmt werden.

Der Lebenspartnerschaftsname unterliegt grundsätzlich der **vertraglichen Disposition** (BGH FamRZ 2008, 1183; Seeger MittBayNot 2002, 229, 238 f mwN). Das gilt sowohl für Regelungen zu einem gemeinsamen Lebenspartnerschaftsnamen als auch zum Begleitnamen. Die Lebenspartner können sich, beispielsweise in einem Lebenspartnerschaftsvertrag, verpflichten, im Falle der **Aufhebung** der eingetragenen Lebenspartnerschaft den „fremden" Namen des Lebenspartners, der der gemeinsame Lebenspartnerschaftsname ist, wieder abzulegen (BGH FamRZ 2008, 859; LG Bonn FamRZ 2008, 1183). Das gilt auch vor dem Hintergrund, dass der angenommene Lebenspartnerschaftsname Teil und Ausdruck der eigenen Persönlichkeit des Namensträgers ist (BVerfG FamRZ 2004, 515, 516). Vermieden werden sollte, dass für das Ablegen des Lebenspartnerschaftsnamens ein Entgelt gezahlt oder eine andere Gegenleistung erbracht wird (vgl BGH FamRZ 2008, 1183 f mwN). 16

▶ **Muster: Vereinbarung zum Lebenspartnerschaftsnamen**

Wir, ... und ..., sind uns darüber einig, bei Begründung unserer eingetragenen Lebenspartnerschaft den Geburtsnamen von ..., nämlich ..., zu unserem gemeinsamen Lebenspartnerschaftsnamen im Sinne des § 3 Abs. 1 LPartG gegenüber der zuständigen Behörde durch Erklärung zu bestimmen.

Herr ... verpflichtet sich bereits heute, den bestimmten Lebenspartnerschaftsnamen unverzüglich nach Rechtskraft eines Urteils, durch das die Aufhebung der Lebenspartnerschaft ausgesprochen wird, abzulegen und sodann seinen Geburtsnamen ... oder einen anderen zulässigerweise von ihm zu bestimmenden Namen zu führen. Der Name ... darf von ihm nicht fortgeführt werden.

Im Hinblick darauf, dass auch der angenommene Lebenspartnerschaftsname Teil und Ausdruck der eigenen Persönlichkeit des Namensträgers wird, stellen wir bereits heute fest, dass für das vereinbarte Ablegen des Lebenspartnerschaftsnamens nach Maßgabe dieses Vertrages weder ein Entgelt noch eine sonstige Gegenleistung geschuldet wird. ◀

2. Eingetragene Lebenspartnerschaft und Kinder

a) Sorgerecht, Einbenennung, Umgangsrecht. Begründet ein allein sorgeberechtigter Elternteil eine eingetragene Lebenspartnerschaft, steht dem Lebenspartner **im Einvernehmen** mit dem sorgeberechtigten Elternteil die Befugnis zur Mitentscheidung in Angelegenheiten des täglichen Lebens des Kindes zu (§ 9 Abs. 1 LPartG – sog. **„kleines" Sorgerecht**, s. → *Eingetragene Lebenspartnerschaft* Rn 34); sorgeberechtigt ist der Lebenspartner hingegen nicht. Das „kleine" Sorgerecht der eingetragenen Lebenspartnerschaft ist § 1687 b BGB nachgebildet. Die Mitentscheidungsbefugnis gilt nur solange die Lebenspartner nicht nur vorübergehend getrennt leben. Sollen dem Lebenspartner Entscheidungsmöglichkeiten, die über die **Angelegenheiten des täglichen Lebens** des Kindes hinausgehen, ermöglicht werden, bedarf es einer Vollmachterteilung durch den sorgeberechtigten Elternteil. Die **Einbenennung** des unverheirateten Stiefkindes ist möglich (§ 9 Abs. 5 LPartG, § 1618 S. 1–6 BGB). 17

§ 1685 Abs. 2 BGB gewährt dem Lebenspartner oder früheren Lebenspartner, wenn er für das Kind des Lebenspartners **tatsächliche Verantwortung** (sozial-familiäre Bindung) trägt oder getragen hat, ein **Umgangsrecht**, wenn dies dem Wohl des Kindes dient (§ 1685 Abs. 2 S. 1 BGB). Vertragliche **Vereinbarungen zum Umgangsrecht** sind möglich. Von der Übernahme tatsächlicher Verantwortung kann im Übrigen gesprochen werden, wenn der Lebenspartner mit dem Kind längere Zeit in häuslicher Gemeinschaft gelebt hat. Der Kindeswille ist wie bei § 1684 BGB zu beachten. Gegebenenfalls ist ein Sachverständigengutachten einzuholen (vgl OLG Karlsruhe FamRZ 2002, 1210 f). 18

b) Adoption. Das Lebenspartnerschaftspaar kann ein fremdes Kind **nicht gemeinschaftlich annehmen** (§ 9 Abs. 6, 7 LPartG iVm § 1741 Abs. 2 BGB, s. → *Eingetragene Lebenspartnerschaft* Rn 41). Möglich ist hingegen die **Einzeladoption** eines fremden Kindes durch einen Lebenspartner; hierfür ist wiederum die 19

Einwilligung des anderen Lebenspartners erforderlich (§ 9 Abs. 6 LPartG, § 1749 Abs. 1 S. 2 und 3, Abs. 3 BGB). Die Adoption kann als solche nicht Vertragsgegenstand der Lebenspartner sein.

20 Der Lebenspartner kann das leibliche Kind seines Lebenspartners annehmen (§ 9 Abs. 7 S. 1 LPartG); es gelten insoweit die Regeln für die eheliche **Stiefkindadoption** (vgl Kornmacher FamRB 2005, 22, 25) entsprechend. Der adoptierende Lebenspartner muss demnach mindestens das 21. Lebensjahr vollendet haben (§ 9 Abs. 7 LPartG, §§ 1743 S. 1, 1741 Abs. 2 S. 3 BGB). Neben dem anderen Lebenspartner (§ 9 Abs. 6 LPartG) müssen auch der andere Elternteil des zu adoptierenden Kindes und das Kind selbst (§ 1746 BGB) zustimmen. Ist das Kind noch keine 14 Jahre alt oder geschäftsunfähig, kann eine solche Zustimmung nur durch den gesetzlichen Vertreter, bei gemeinsamer elterlicher Sorge nur durch beide Elternteile gemeinsam erfolgen (§ 1746 Abs. 1 BGB). Adoptionsantrag und alle erforderlichen Zustimmungserklärungen sind notariell zu beurkunden und gegenüber dem Familiengericht abzugeben (§ 1750 Abs. 1 BGB). Die Stiefkindadoption ist allerdings nicht möglich, wenn das Kind zuvor von dem anderen Lebenspartner (allein) adoptiert worden ist (sog. unzulässige **Sukzessivadoption**).

VI. Erbrecht

1. Allgemeines

21 § 10 LPartG stellt für die Lebenspartnerschaft weitestgehend die gleiche erbrechtliche Rechtslage her wie das BGB für die Bürgerliche Ehe (s. → *Eingetragene Lebenspartnerschaft* Rn 42 ff).

22 Bestand die Lebenspartnerschaft beim Erbfall noch, lassen Abs. 1 und 2 des § 10 LPartG ein **gesetzliches Erbrecht des überlebenden Partners** entsprechend den §§ 1931, 1934 Abs. 1 S. 1, Abs. 2 BGB entstehen. Dem Lebenspartner steht neben Erben der 1. Ordnung (§ 1924 Abs. 1 BGB) ein Erbteil von $^1/_4$ zu, neben Erben der 2. Ordnung (§ 1925 BGB) oder neben Großeltern von $^1/_2$. Sind weder Verwandte der 1. noch der 2. Ordnung noch Großeltern vorhanden, erhält der überlebende Lebenspartner die gesamte Erbschaft (§ 10 Abs. 2 LPartG). Die §§ 1931 Abs. 1 S. 2, 1934 BGB sind durch § 10 LPartG übernommen worden. Bei der **Zugewinngemeinschaft** erhöht sich das Erbrecht nach § 1371 BGB noch um $^1/_4$ (§ 6 S. 2 LPartG). Bei **Gütertrennung** trifft § 10 Abs. 2 S. 2 LPartG die gleiche Anordnung wie § 1931 Abs. 4 BGB.

23 Den **Ausschluss des Lebenspartnererbrechts** regelt § 10 Abs. 3 LPartG vergleichbar dem § 1933 BGB. Anders als in § 1933 S. 2 BGB schließt der Wortlaut des § 10 Abs. 3 LPartG das Erbrecht nicht für den Fall aus, dass ein Lebenspartner die Aufhebung der Lebenspartnerschaft wegen Willensmängeln beantragt. In § 10 Abs. 3 LPartG fehlt im Übrigen der ausdrückliche Hinweis auf den Ausschluss des Voraus (vgl § 1933 S. 1 BGB). Die Vorschriften nach § 10 Abs. 1 S. 3–5 LPartG regeln das Recht des **Voraus** wie § 1932 BGB.

24 Den Lebenspartnern steht als Testamentsform das **gemeinschaftliche Testament** mit allen entsprechenden Rechtsfolgen zur Verfügung (§ 10 Abs. 4 S. 1 LPartG iVm §§ 2266–2272 BGB). Die Lebenspartner können in der erleichterten, privatschriftlichen Form nach § 2267 BGB testieren und nach Maßgabe der §§ 2269 ff BGB wechselbezüglich bindende Verfügungen treffen (Gestaltungshinweise: Dickhuth-Harrach FamRZ 2005, 1139). Die Auflösung der Lebenspartnerschaft führt idR zur Unwirksamkeit bei testamentarischer Erbeinsetzung des Lebenspartners (§ 10 Abs. 5 LPartG iVm §§ 2077, 2268 BGB), es sei denn, dass ein anderer Wille des Erblassers festzustellen ist. § 2077 Abs. 1 S. 2 und 3, Abs. 2 BGB sind entsprechend anwendbar.

2. Pflichtteilsrecht

25 Hat der Erblasser seinen überlebenden Lebenspartner durch Verfügung von Todes wegen ausdrücklich oder konkludent enterbt, kann dieser von den Erben seinen Pflichtteil in Höhe der Hälfte des Wertes seines gesetzlichen Erbteils verlangen (§ 10 Abs. 6 S. 1 LPartG). Die §§ 2303 ff BGB gelten entsprechend mit der Maßgabe, dass der Lebenspartner **wie ein Ehegatte** zu behandeln ist (§ 10 Abs. 6 S. 2 LPartG; s. bereits Leipold ZEV 2001, 218). Durch das Pflichtteilsrecht ist im Übrigen die Testierfreiheit des verfügenden Le-

benspartners eingeschränkt, während zugleich erbschaftsteuerliche Privilegien, die einem pflichtteilsberechtigten Ehegatten zukommen, dem Lebenspartner verwehrt bleiben (vgl Kaiser FPR 2005, 286).

VII. Getrenntleben

Das Getrenntleben der Lebenspartner ist Voraussetzung der Lebenspartnerschaftsaufhebung (§ 15 Abs. 2 **26** LPartG), obwohl das Zusammenleben der Lebenspartner gerade keine Voraussetzung der eingetragenen Lebenspartnerschaft ist. Normzweck ist es (vgl § 1361 BGB), die noch nicht endgültig gelösten Personen- und Rechtsbindungen durch Wahrung der wirtschaftlichen Rahmenbedingungen für den weniger leistungsfähigen Partner aufrecht zu erhalten.

Die für den **Unterhaltsanspruch bei Getrenntleben** geltenden Regelungen entsprechen § 1361 BGB (§ 12 **27** LPartG). Die Trennung der Lebenspartner führt zur Umwandlung des wechselseitigen partnerschaftlichen Unterhalts in einen einseitigen Anspruch des unterhaltsberechtigten Lebenspartners auf **Barunterhalt** in Form einer monatlich im Voraus zu leistenden Rente. Der Anspruch ist güterstandsunabhängig. Getrenntlebensunterhalt und nachpartnerschaftlicher Unterhalt sind nicht identisch und verfahrensrechtlich unterschiedliche Streitgegenstände. Die Billigkeitsklauseln des § 1579 BGB sind auf den Getrenntlebensunterhalt der Lebenspartner entsprechend anwendbar. Getrenntlebensunterhalt umfasst den Vorsorgeunterhalt wegen Krankheit und Alters (§ 1578 Abs. 2, 3 BGB). Es kann Unterhalt für die Vergangenheit verlangt werden (§ 1361 Abs. 4 BGB iVm §§ 1613 Abs. 1, 1360 a Abs. 3 BGB). Für Sonderbedarf gilt § 1613 Abs. 2 BGB. Rangfragen sind in § 16 Abs. 2 LPartG geregelt.

Vereinbarungen über den Getrenntlebensunterhalt sind grundsätzlich möglich, sie unterliegen gemäß **28** §§ 1361 Abs. 3, 1360 a Abs. 3 BGB allerdings der Sperre des § 1614 BGB. Die Formvorschrift des § 1585 c S. 2 BGB ist nicht anwendbar. Nach § 1614 BGB kann für die Zukunft auf Unterhalt nicht verzichtet werden, wohl aber für die Vergangenheit. Vertragliche Regelungen können demnach die gesetzlichen Ansprüche nur im Rahmen der Angemessenheit konkretisieren und nur wenig modifizieren (vgl BGH FamRZ 1984, 997, 999; OLG Celle FamRZ 1992, 42). Möglich ist die inhaltliche Ausgestaltung des Anspruchs auf Getrenntlebensunterhalt.

§ 1614 BGB gilt auch dann, wenn für den Unterhaltsverzicht eine **Abfindung** vereinbart wurde. Sicher- **29** heitshalber (wie immer einzelfallabhängig) sollte die Leistung einer Abfindung im Zusammenhang mit Unterhaltsverzichten unter der aufschiebenden Bedingung vereinbart werden, dass der Unterhaltsgläubiger entweder keine Ansprüche auf Unterhalt geltend macht oder der Verzicht im vereinbarten Umfang bestehen bleibt.

▶ **Muster: Unterhaltsvereinbarung bei Getrenntleben der Lebenspartner**

(...) Wir beabsichtigen, die zwischen uns am ... vor dem Standesbeamten des Standesamts in ... begründete Lebenspartnerschaft nach dem LPartG aufheben zu lassen und leben seit ... getrennt.

(...) Für die Dauer unseres Getrenntlebens treffen wir in Ausgestaltung des gesetzlichen Anspruchs folgende Unterhaltsvereinbarung:

(...) Herr ... zahlt an Herrn ... einen Getrenntleben-Unterhaltsbetrag

a) iHv ... EUR als endgültigen Elementarunterhalt;
b) iHv ... EUR als Vorsorgeunterhalt (gem. Bremer Tabelle idF vom ...).

Der gesamte Unterhaltsbetrag ist monatlich im Voraus jeweils am dritten Werktag eines jeden Kalendermonats vollständig zahlbar und fällig. Er ist erstmals für den Monat ... im Jahr ... auf ein von Herrn ... noch zu benennendes Konto zu zahlen (Gutschrift). Die Zahlungspflicht endet mit dem Monat, der auf die rechtskräftige Aufhebung unserer Lebenspartnerschaft folgt. Rückständige Unterhaltsleistungen sind ab dem vierten Kalendertag des jeweiligen Fälligkeitsmonats mit fünf Prozentpunkten über dem Basiszinssatz jährlich zu verzinsen.

(...) Wegen vorgenannter Verpflichtung zur Zahlung eines monatlichen Unterhaltsbetrages von ... EUR unterwirft sich Herr ... gegenüber Herrn ... der sofortigen Zwangsvollstreckung aus dieser Urkunde in sein gesamtes Vermögen. Herrn ... ist jederzeit auf einseitigen Antrag hin vollstreckbare Ausfertigung der Urkunde zu erteilen, ohne dass es des Nachweises der die Fälligkeit begründenden Tatsachen bedarf.

(...) Der Berechnung des vorgenannten Unterhaltsbetrages haben die Lebenspartner das derzeitige Einkommen des Herrn ... unter Berücksichtigung der Steuerklasse ... und der üblichen Sozialversicherungsbeiträge sowie einen pauschalen Abzug für berufsbedingte Aufwendungen von 5 % zugrunde gelegt. Herr ... ist derzeit ohne Beschäftigung und eigenes, anrechenbares Einkommen. Die Differenz zwischen dem zuvor festgelegten Betrag und einem rechnerisch unter Zugrundelegung der 3/7-Teilung ermittelten Ergebnis – hier ... % Abweichung *(Achtung: nicht mehr als 10–15 % Differenz zum gesetzlich geschuldeten Unterhalt)* – sehen die Beteiligten als angemessene Anpassung an die Lebensverhältnisse ihrer Lebenspartnerschaft an.

(...) Das Unterhaltsrechtsverhältnis richtet sich im Übrigen nach dem Gesetz. Auf diese Unterhaltsvereinbarung ist § 239 FamFG anwendbar. ◄

30 Die Vorschrift über die Verteilung der **Haushaltsgegenstände** und die **Wohnungszuweisung bei Getrenntleben** (§§ 13, 14 LPartG) sind §§ 1361 a, 1361 b BGB nachgebildet. Der Begriff „Ehewohnung" ist durch „gemeinsame Wohnung" ersetzt.

VIII. Aufhebung der eingetragenen Lebenspartnerschaft („Entpartnerung")

31 Die den §§ 1564 S. 1, 1566 BGB nachgebildeten Voraussetzungen der Aufhebung einer eingetragenen Lebenspartnerschaft regelt § 15 Abs. 2 LPartG. Anknüpfungstatbestand ist das Getrenntleben (vgl § 1567 Abs. 1 BGB). Die Trennungsdauer beträgt ein bzw drei Jahre, wobei die eingetragene Lebenspartnerschaft dann aufgehoben wird, wenn sie **gescheitert** ist (vgl § 1565 Abs. 1 BGB). Unter den engen Voraussetzungen außergewöhnlicher Umstände und nach Abwägung der gegensätzlichen Belange der Lebenspartner kann, wie es auch § 1568 Alt. 2 BGB festlegt, gem. § 15 Abs. 3 LPartG ausnahmsweise die Aufrechterhaltung der eingetragenen Lebenspartnerschaft wegen **schwerer Härte** verlangt werden. Eine sog. Nichtfortsetzungserklärung, wie sie noch das LPartG 2001 kannte, ist nicht mehr Tatbestandsvoraussetzung der Aufhebung der eingetragenen Lebenspartnerschaft (vgl § 21 LPartG).

IX. Folgen der Aufhebung

1. Allgemeines; Versorgungsausgleich; Haushaltsgegenstände und gemeinsame Wohnung

32 Die Folgen der Aufhebung sind dem Scheidungsfolgenrecht nachgebildet:

Seit dem 1.1.2005 besteht ein Anspruch auf Durchführung des **Versorgungsausgleichs** (§ 20 LPartG); hierfür gelten die Vorschriften des VersAusglG (§ 20 Abs. 1–3 LPartG; vgl Stüber FamRZ 2005, 576).

Für die Aufteilung bzw Zuweisung der **Haushaltsgegenstände** und die Behandlung der gemeinsamen Wohnung anlässlich der Aufhebung der Lebenspartnerschaft verweist § 17 LPartG auf die §§ 1568 a, 1568 b BGB. Damit erfolgt auch der Ausgleich der wesentlichen Gegenstände des gemeinschaftlichen Zusammenlebens außerhalb des Güterrechts. Nach **§ 1568 b Abs. 1 BGB** kann – außerhalb einer vertraglichen Vereinbarung – jeder der Lebenspartner verlangen, dass ihm der jeweils andere anlässlich der Aufhebung der Lebenspartnerschaft die im gemeinsamen Eigentum stehenden Haushaltsgegenstände überlässt und übereignet, wenn er auf deren Nutzung unter Berücksichtigung des Wohls der im Haushalt lebenden Kinder und der Lebensverhältnisse der Lebenspartner in stärkerem Maße angewiesen ist als der andere Lebenspartner oder wenn dies aus anderen Gründen der Billigkeit entspricht. Einen ähnlichen Zuteilungsmaßstab begründet **§ 1568 a Abs. 1 BGB** entsprechend für die **gemeinsame Wohnung**.

2. Nachpartnerschaftlicher Unterhalt

33 Wenn und soweit ein Lebenspartner nach der Aufhebung der Lebenspartnerschaft für seinen eigenen Unterhalt nicht selbst aufkommen kann, ist er nach Maßgabe des § 16 LPartG und der Verweisungen in das Unterhaltsrecht des BGB berechtigt, von dem anderen Lebenspartner den **nach den Lebensverhältnissen der Lebenspartnerschaft** angemessenen Unterhalt zu verlangen. § 16 LPartG selbst stellt keine An-

spruchsgrundlage dar, diese ergibt sich vielmehr enumerativ aus den in Verweisung genommenen **Unterhaltstatbeständen des BGB**. Die Verweisung nach Abs. 1 erfolgt mit Ausnahme des § 1582 BGB. Nach § 16 Abs. 2 LPartG stehen nachpartnerschaftliche Unterhaltsansprüche nicht auf derselben **Rangstufe** wie nacheheliche Unterhaltsansprüche von Ehegatten (kritisch Stüber FamRZ 2005, 574). Im Übrigen gelten die allgemeinen unterhaltsrechtlichen Grundsätze. Das **Maß der Unterhaltsgewährung**, nämlich der **Bedarf**, richtet sich nach § 1578 BGB. Der Unterhalt wird unter Berücksichtigung der **Bedürftigkeit** des Berechtigten und der **Leistungsfähigkeit** des Verpflichteten durch Zahlung einer wiederkehrenden monatlichen Geldrente gewährt (§ 1585 Abs. 1 S. 1 BGB), ausnahmsweise auch durch Kapitalabfindung (§ 1585 Abs. 2 BGB). Die gesetzlichen Regelungen zur **Befristung** und **höhenmäßigen Begrenzung** nach § 1578 b BGB sind zu beachten.

Über die Verweisung des § 16 Abs. 1 LPartG auf § 1578 Abs. 2 und 3 BGB (voller Bedarf) umfasst der **34** nachpartnerschaftliche Unterhaltsanspruch auch den unselbstständigen Anspruch auf **Kranken-, Pflege- und Altersvorsorgeunterhalt**. Nach § 1579 BGB kann der nachpartnerschaftliche Unterhaltsanspruch wegen **grober Unbilligkeit** zu versagen, herabzusetzen oder zeitlich zu begrenzen sein. Dies gilt insbesondere für die Fälle einer lediglich „kurzen Dauer" der Lebenspartnerschaft (§ 1579 Nr. 1 BGB) oder des Eingehens einer verfestigten Lebensgemeinschaft durch den Unterhaltsberechtigten mit einem Dritten (§ 1579 Nr. 2 BGB). Die Unterhaltspflicht erlischt mit der Wiederverpartnerung/Wiederverheiratung oder dem Tode des Unterhaltsberechtigten (§ 1586 BGB). Rückständiger Unterhalt verjährt in drei Jahren (§§ 195, 197 Abs. 2 BGB).

3. Vereinbarungen zum nachpartnerschaftlichen Unterhalt

Vertragliche Vereinbarungen zum nachpartnerschaftlichen Unterhalt sind möglich (§ 16 Abs. 1 LPartG, **35** § 1585 c BGB). Nach § 1585 c S. 2 BGB besteht **Beurkundungspflicht**. Grundsätzlich ist auch der **Verzicht** auf den nachpartnerschaftlichen Unterhalt möglich. Unterhaltsrechtliche Vereinbarungsmöglichkeiten sind (stichwortartig):

– vollständiger gegenseitiger oder einseitiger Verzicht (ggf auflösend oder aufschiebend bedingt; Rücktrittsvorbehalte; Gegenleistungen),
– Verzicht/Teilverzicht auf Unterhalt nach bestimmten Unterhaltstatbeständen,
– zeitliche Begrenzung der Unterhaltspflicht („Höchstdauer der Unterhaltsgewährung", vgl § 1578 b BGB),
– Begrenzung der Unterhaltshöhe („Höchstgrenze der Unterhaltsleistung", vgl § 1578 b BGB),
– Vereinbarungen zu Sonder- und Mehrbedarf oder zu Einsatzzeitpunkten,
– Vereinbarungen zum Altersvorsorge-, Krankenvorsorge- und Pflegeunterhalt,
– Vereinbarung zu Bemessungsgrundlagen (Einkünfte, berufsbedingte Aufwendungen, Vorsorgeaufwendungen, Schulden etc.),
– Vereinbarung zur angemessenen Erwerbstätigkeit (des Unterhaltsschuldners und -gläubigers, vgl § 1574 BGB),
– Verzicht auf Unterhalt bei Eingehen einer verfestigten Lebensgemeinschaft (§ 1579 Nr. 2 BGB),
– Ausschluss des § 1586 b BGB (Tod des Verpflichteten).

▶ **Muster: Gegenseitiger vollständiger Unterhaltsverzichtvertrag (vorsorgende Vereinbarung; notarielle Form)**

Die Erschienenen erklärten:

Wir haben am ... vor dem Standesbeamten in ... die eingetragene Lebenspartnerschaft nach dem LPartG begründet. Wir sind deutsche Staatsangehörige. Wir leben im gesetzlichen Güterstand der Zugewinngemeinschaft. Wir sind beide unselbstständig berufstätig und verfügen beide über überdurchschnittliche Erwerbseinkünfte, aus denen ein jeder von uns seinen Lebensunterhalt und seine Altersversorgung sicherstellen kann. Wir werden nach unseren Vorstellungen für das lebenspartnerschaftliche Zusammenleben beide berufstätig bleiben. Das Entstehen von durch unsere Lebenspartnerschaft bedingten Nachteilen in unserer zukünftigen beruflichen Fortentwicklung können wir nicht erkennen.

Wir schließen folgenden **Unterhaltsverzichtsvertrag**:

(1) Für den Fall der Aufhebung unserer Lebenspartnerschaft vereinbaren wir den gegenseitigen und vollständigen Verzicht auf die Gewährung jeglichen nachpartnerschaftlichen Unterhalts nach allen gesetzlichen Unterhaltstatbeständen und auch in unvorhersehbaren oder außergewöhnlichen Fällen oder Umständen.

Wir nehmen den vorstehend erklärten Verzicht hiermit wechselseitig an.

(2) Der Notar hat uns über die Folgen dieses Unterhaltsverzichts belehrt, insbesondere darüber, dass ein jeder von uns nach Aufhebung der Lebenspartnerschaft selbst in vollem Umfang und ohne Rücksicht auf die lebenspartnerschaftlichen Lebensverhältnisse für seinen Unterhalt zu sorgen hat. Der Notar hat uns ferner darauf hingewiesen, dass der vorstehende Verzicht, sofern er Dritte benachteiligt, nichtig oder im Einzelfall ein Berufen auf Verzichte unzulässig sein kann. Zudem kann die Unterhaltsvereinbarung insbesondere bei einer wesentlichen Veränderung der Lebensumstände der richterlichen Inhaltskontrolle und Anpassung unterliegen.

(3) Eine Vereinbarung zum Güterrecht und zum Versorgungsausgleich wollen wir nicht treffen. ◀

▶ **Muster: Eingeschränkter Unterhaltsverzicht; Beschränkung auf Existenzminimum nach der „Düsseldorfer Tabelle"**

(...) Für den Fall der Aufhebung unserer Lebenspartnerschaft vereinbaren wir, dass der Unterhaltsanspruch desjenigen Lebenspartners, der nach den gesetzlichen Vorschriften unterhaltsberechtigt ist, der Höhe nach auf den notwendigen Bedarf eines erwerbstätigen „Ehegatten" nach Abschnitt B V der Düsseldorfer Tabelle in der zur jeweiligen Fälligkeit des Unterhaltsbetrages anwendbaren Fassung (oder, sofern ein solcher Tabelleneintrag nicht fortgeführt wird, der an dessen Stelle tretende Wert, der regelmäßig von der Rechtsprechung des OLG Köln angenommen wird) beschränkt wird; dieser Betrag beläuft sich zurzeit auf ... EUR – ... Euro.

Ist der nach Maßgabe des Gesetzes geschuldete Unterhalt des Berechtigten niedriger als dieser Betrag, so ist lediglich der gesetzlich geschuldete Unterhaltsbetrag geschuldet; ist er höher, tritt der Betrag nach der „Düsseldorfer Tabelle" an die Stelle des gesetzlich geschuldeten Betrags (Höchstbetrag). Wir verzichten gegenseitig auf alle über diese Vereinbarung hinausgehenden Ansprüche auf nachpartnerschaftlichen Unterhalt und nehmen diesen Verzicht gegenseitig an. ◀

▶ **Muster: Begrenzung des Aufstockungsunterhalts (Höchstdauer und -grenze)**

(...) Soweit einer der Lebenspartner dem jeweils anderen Lebenspartner jetzt oder zu einem zukünftigen Einsatzzeitpunkt Aufstockungsunterhalt nach Maßgabe der gesetzlichen Voraussetzungen des § 1573 Abs. 2 BGB schuldet oder schulden sollte, besteht ein solcher Anspruch in gesetzlicher Höhe lediglich für das/die ... Jahr/e nach dem Tag der Rechtskraft der Aufhebung der Lebenspartnerschaft bzw dem Eintritt der Anspruchsvoraussetzungen zu einem nachfolgenden Einsatzzeitpunkt.

Nach Ablauf des/der ... Jahr/e bis zum Ablauf von weiteren ... Jahren wird der Betrag auf die Hälfte des vollen, gesetzlich geschuldeten Aufstockungsunterhalts, höchstens jedoch ... EUR monatlich (Höchstgrenze), herabgesetzt. Hiernach besteht kein Anspruch auf Aufstockungsunterhalt mehr.

(...) Die vorstehende Regelung tritt an die Stelle von § 1578 b BGB, der daneben nicht anwendbar sein soll; sie wirkt nicht schuldumschaffend. Die Lebenspartner verzichten gegenseitig auf über diese Regelung hinausgehende Ansprüche auf Aufstockungsunterhalt und nehmen diesen Verzicht gegenseitig an. Ansprüche nach anderen Unterhaltstatbeständen werden durch diese Vereinbarung nicht berührt. ◀

36 **Verstirbt der Unterhaltsverpflichtete** nach Rechtshängigkeit des Aufhebungsverfahrens, richten sich die Unterhaltsansprüche des überlebenden Lebenspartners nach den §§ 1569–1586 b BGB (§ 1933 S. 3 BGB). Verpflichtungen zur Zahlung nachpartnerschaftlichen Unterhalts gehen gem. § 1586 b BGB mit dem Tode des Verpflichteten auf die Erben als Nachlassverbindlichkeit über, der Höhe nach beschränkt auf den Betrag, der dem Pflichtteil entspricht, der dem Berechtigten zustünde, wenn die Lebenspartnerschaft nicht aufgehoben worden wäre (also ohne zusätzliches Viertel).

X. Auslandsberührung

Art. 17 b EGBGB (zuletzt geänd. mit Wirkung vom 1.9.2009 durch das Gesetz vom 3.4.2009 [BGBl. I, **37** 700]) regelt die Lebenspartnerschaftsfälle mit Auslandsberührung (allseitige Kollisionsnorm – **Partnerschaftsstatut**). Nach Art. 17 b Abs. 1 EGBGB unterliegen die Begründung, die allgemeinen und die güterrechtlichen Wirkungen sowie die Aufhebung (einschließlich Versorgungsausgleich) der eingetragenen Lebenspartnerschaft dem Recht des sog. registerführenden Staates (lex loci celebrationis). Unterhalts- und Erbrecht sind für den Regelfall ausdrücklich ausgenommen. Gleiches gilt für das Namensrecht der Lebenspartner; hierfür gilt nicht das Partnerschaftsstatut, sondern Art. 10 Abs. 1 EGBGB (gesondertes Namensstatut). Nach Art. 17 b Abs. 3 EGBGB ersetzt die in einem anderen Staat später eingetragene Lebenspartnerschaft die Wirkungen einer davor begründeten (deutschen) Lebenspartnerschaft. Art. 17 b Abs. 4 EGBGB bestimmt zum Schutz des inländischen Rechtsverkehrs, dass die Wirkungen einer **im Ausland eingetragenen Lebenspartnerschaft** nicht weiter gehen als die einer nach den Vorschriften des deutschen LPartG begründeten eingetragenen Lebenspartnerschaft (besondere ordre-public-Klausel).

244. Vereinbarungen zur Namensführung (Familienname oder Ehename)

Reetz

I. Einführung 1
II. Grundzüge 2
  1. Wahl des gemeinsamen Ehenamens 2
  2. Doppelnamen eines Ehegatten 11

3. Wahlmöglichkeiten bei Beendigung der Ehe 13
4. Untersagung der Fortführung des Ehenamens
    durch Ehevertrag 15

I. Einführung

1 Nach dem ursprünglichen Konzept des Gesetzgebers trugen Ehegatten zwingend als einheitlichen Ehenamen ("Familiennamen") den Namen des Mannes. Diese Regelung war mit dem Gleichbehandlungsgrundsatz nach Art. 3 Abs. 2 GG unvereinbar. Seit dem 1. Eherechtsreformgesetz (1976) gilt der Grundsatz des **Wahlrechts zwischen dem Namen des Mannes oder der Frau als gemeinsamem Ehenamen.** Konnte zwischen den Ehegatten zunächst keine Einigung hergestellt werden, war vorgesehen, dass der Mannesname Ehename wurde. Auch diese Regelung war erkennbar gleichheitswidrig (BVerfG 5.3.1991 – 1 BvL 83/86, FamRZ 1991, 535), weshalb folgerichtig durch das Familiennamensrechtsgesetz, das am 1.4.1994 in Kraft getreten ist, eine Rechtslage geschaffen wurde, nach der die zwingende Namensgleichheit von Ehegatten abgeschafft ist.

II. Grundzüge

1. Wahl des gemeinsamen Ehenamens

2 Nach 1355 Abs. 1 S. 1 BGB sollen die Ehegatten einen gemeinsamen Familiennamen bestimmen; hierbei handelt es sich um ein Rechtsgeschäft. Der gemeinsame Ehename ist jedoch **keineswegs zwingend.** "Namensgleichheit" der Ehegatten hat quasi gesetzlichen Modellcharakter. Es steht den Ehegatten jedoch frei, nach der Eheschließung **ihren jeweiligen eigenen Namen ("Nachnamen") fortzuführen** (§ 1355 Abs. 1 S. 3 BGB), und zwar ohne jede Art eines Zusatzes, der das "Verheiratetsein" erkennen lassen müsste.

3 Wollen die Ehegatten **einvernehmlich** einen **gemeinsamen Ehenamen bestimmen**, wird, unabhängig von der zugrundeliegenden Vereinbarung, die auch Gegenstand eines Ehevertrages sein kann, eine dahin gehende **Erklärung** zumeist bei der Eheschließung **gegenüber dem Standesbeamten** abgegeben (§ 1355 Abs. 3 S. 1 BGB). Die **jederzeitige Nachholung** der Wahl eines gemeinsamen Ehenamens im Laufe der Ehe ist möglich (s. → *Ehename* Rn 3). Solche bedingungsfeindlichen Erklärungen, die nicht unmittelbar gegenüber dem Standesbeamten bei Eheschließung abgegeben werden, bedürfen der **öffentlichen Beglaubigung** (§ 1355 Abs. 3 S. 2 BGB), für die auch der **Notar** zuständig ist.

▶ **Muster: Erklärung über die Bestimmung des Ehenamens nach Heirat**

An das Standesamt ...

Wir, die Eheleute Herr A. YYY und Frau B. YYY, geb. ZZZ, haben am ... (Datum) vor dem Standesbeamten in ... (Ort) die Ehe geschlossen. Einen Ehenamen haben wir bisher nicht bestimmt. Wir bestimmen hiermit den Geburtsnamen der Ehefrau, das ist der Name ZZZ, zu unserem Ehenamen.

..., den ...

Unterschrift

(Beglaubigungsvermerk) ◀

4 Als Ehename kann gewählt werden (§ 1355 Abs. 2 BGB):

a) Name des Mannes oder
b) Name der Frau.

5 Die **Wahl eines gemeinsamen Doppelnamens** ist demgegenüber **nicht möglich** (s. → *Ehename* Rn 10). Herr X und Frau Z können demnach nicht "X-Z" als gemeinsamen Ehenamen wählen. Das BVerfG hat

diese Regelung aus verfassungsrechtlicher Sicht gebilligt (BVerfG 7.2.2002 – 1 BvR 745/99, FamRZ 2002, 530).

Hinweis: Haben die Ehegatten einen gemeinsamen Ehenamen bestimmt, ist dieser zugleich der **Familienname des gemeinschaftlichen Kindes** (§ 1616 BGB).

Nach § 1355 Abs. 2 BGB ist Ehename   6

a) der **Geburtsname** eines Ehegatten oder

b) der **zurzeit der Erklärung über die Bestimmung des Ehenamens geführte Name** des Mannes oder der Frau; dieser muss nicht mit dem Geburtsnamen übereinstimmen.

Vor 2005 war es lediglich möglich, einen der Geburtsnamen zum Ehenamen zu bestimmen. Unter dem sog.   7
Geburtsnamen versteht § 1355 Abs. 6 BGB denjenigen (Nach-)Namen, der jeweils in der Geburtsurkunde eines Ehegatten zum Zeitpunkt der Erklärung gegenüber dem Standesbeamten als Name des Ehegatten eingetragen ist. Das ist der **vor der ersten Eheschließung getragene Name** des jeweiligen Ehegatten. Änderungen, die sich nicht aus der Geburtssituation ableiten lassen, sind ausnahmsweise denkbar durch nachträgliches Entstehen eines gemeinsames Sorgerechts der Eltern (§ 1617 b BGB), Namensänderung der Eltern, die sich auf das Kind erstreckte (§ 1617 c BGB), oder durch Annahme als Kind (Adoption – § 1757 BGB).

Hinweis: § 1355 Abs. 2 BGB erlaubt, den **zum Zeitpunkt der Eheschließung tatsächlich geführten Namen** zum Ehenamen zu machen; dies kann auch der „erheiratete" Namen sein.

Beispiel: Petra Müller heiratet den Grafen von Mohrenstein; sie heißt nach Eheschließung Petra Gräfin   8
von Mohrenstein. Die Ehe wird geschieden, dennoch behält Petra den „adeligen" Ehenamen gern. In ihrer nächsten Ehe heiratet sie den Scheidungsgrund Thomas Toll. Petra will weiterhin „adelig" bleiben und die ehebedingt erworbenen Adelsprädikate, die nur noch einfache Namensbestandteile sind, zum Ehenamen mit Herrn Toll bestimmen. Auch das gemeinsame Kind soll von Mohrenstein heißen.

Nach der Rechtslage vor 2005 wäre die Namenswahl nach dem vorgenannten Beispiel nicht möglich gewe-   9
sen; der „**erheiratete Name**" sollte nicht gegen den Willen des Namensgebers in eine andere Ehe übertragen werden können. Das Namensrecht war insoweit eine Fortsetzung des Abstammungsprinzips. Zudem sollten Missbrauchsfälle im Sinne eines verdeckt betriebenen Namenshandels verhindert werden. Dem ist das Bundesverfassungsgericht in seiner Entscheidung vom 18.2.2004 (BVerfG 18.2.2004 – 1 BvR 193/97, FamRZ 2004, 515) entgegen getreten.

Das Bundesverfassungsgericht (BVerfG 18.2.2004 – 1 BvR 193/97, FamRZ 2004, 515) sah eine faktische   10
Benachteiligung von Frauen, da rechtstatsächlich überwiegend der Name des Mannes der gemeinsame Ehename wurde (und wird) und deswegen typischerweise Frauen im Zuge einer Scheidung zum „Ablegen" eines möglicherweise über Jahre hinweg getragenen Namens gezwungen sind (Art. 3 Abs. 2 GG). Zudem nehme auch der erheiratete Name **am verfassungsrechtlich geschützten Kernbestand des Persönlichkeitsrechts** teil (Art. 2 Abs. 1, 1 Abs. 1 GG). Der Ehename ist nicht etwa durch Heirat lediglich geliehen oder vorläufig erlangt bzw auf eine weniger schützenswerte Art und Weise als durch Geburt erworben. Der Ehename wird zum eigenen Namen seines neuen Trägers und damit zum Teil seiner Persönlichkeit. Aus den zitierten Gründen genießt damit der erheiratete Name über die Dauer der Ehe hinweg den Schutz der Art. 2 Abs. 1, 1 Abs. 1 GG. Der Name hat potenziell identifikatorische Wirkung und kann auch Teil einer beruflichen „Marke" sein. Eine Einschränkung der Ehenamenswahl auf den Geburtsnamen hätte somit Entziehungscharakter, was insgesamt und nach Abwägung durch das Bundesverfassungsgericht unverhältnismäßig ist.

Die Liberalisierung des Namensrechts im BGB hat im Übrigen die restriktive verwaltungsgerichtliche Handhabung des Namensänderungsrechts im Bereich von Adelsprädikaten, die nur noch Namensbestandteil sind, nicht verändert (vgl BVerwG 11.12.1996 – 6 C 2/96, NJW 1997, 1594 st. Rspr; zuletzt VG Berlin 21.5.2010 – 3 K 9/09).

Hinweis: Die **Weitergabe „erheirateter Namen"** in die Nachfolgeehe ist selbst gegen den Willen des Namensgebers möglich.

2. Doppelnamen eines Ehegatten

11 Der Ehegatte, dessen Name nicht Ehename wird, hat die Option, seinen bisherigen Namen bzw seinen Geburtsnamen dem Ehenamen voranzustellen oder anzufügen, um so einen **Doppelnamen** zu bilden (§ 1355 Abs. 4 S. 1 BGB). Bestimmen demnach Herr MMM und Frau FFF den Namen MMM zum Ehenamen, so kann die Frau wählen, ob sie MMM, MMM-FFF oder FFF-MMM heißen will. Sollte FFF ein Name der Ehefrau sein, der bereits aus einer vorangegangenen Ehe stammt (= erheirateter Name) und war ihr Geburtsname YYY, so kann sie alternativ auch diesen Namen, nämlich ihren Geburtsnamen YYY in den Doppelnamen einfügen und sich MMM-YYY oder YYY-MMM nennen. Hatte sich die Ehefrau in der Vorehe für einen Doppelnamen entschieden (zB BBB-YYY), kann an diesen **Doppelnamen der Frau** bei der Verheiratung mit Herrn MMM nicht mehr zusätzlich der Name MMM angehängt werden (§ 1355 Abs. 4 S. 3 BGB). Es kann dann nur der Name BBB (= erheirateter Teil des Doppelnamens) oder der Name YYY (= Geburtsname) mit dem Ehenamen MMM kombiniert werden. Schließlich kann auch dann kein Doppelname gewählt werden, wenn bereits der Ehename aus mehreren Namen besteht, § 1355 Abs. 4 S. 2 BGB (vgl BVerfG 5.5.2009 – 1 BvR 1155/03, FamRZ 2009, 939).

12 Die **Festlegung des Namenszusatzes** erfolgt ebenfalls durch Erklärung gegenüber dem Standesbeamten (§ 1355 Abs. 4 S. 1 BGB). Die Erklärung kann jederzeit nachgeholt werden. Die Erklärung über den Doppelnamen kann zudem später widerrufen werden (§ 1355 Abs. 4 S. 4 BGB); der Widerruf ist jedoch sodann endgültig.

3. Wahlmöglichkeiten bei Beendigung der Ehe

13 Die Beendigung der Ehe durch Tod, **Scheidung** oder ausnahmsweise Aufhebung bleibt **für den gemeinsamen Namen folgenlos** (s. → Ehename Rn 14 f). Grundsätzlich führt auch derjenige Ehegatte, der den Namen durch Heirat erworben hat, den zu diesem Zeitpunkt geführten Ehenamen fort. Der geschiedene Ehegatte kann abweichend davon zu seinem vor der Eheschließung geführten Namen zurückkehren; das kann auch ein durch eine Vorehe erheirateter Name sein. Er kann schließlich seinen **Geburtsnamen wieder annehmen**. Es besteht auch die Möglichkeit, erstmalig bei Beendigung der Ehe einen Doppelnamen zu bilden (§ 1355 Abs. 5 S. 2 BGB).

14 Wurde der Name des Ehemanns, MMM, als Ehename gewählt, kann die Frau MMM, geb. YYY, gesch. FFF nach der Scheidung entweder

a) weiterhin MMM heißen oder

b) zu ihrem Geburtsnamen YYY zurückkehren oder

c) zu dem aus der Vorehe stammenden Namen FFF

zurückkehren.

▶ **Muster: Erklärung des Witwers über die Wiederannahme des Geburtsnamens**

An das Standesamt …

Durch Erklärung gegenüber dem Standesbeamten in … (Ort) vom … (Datum) haben meine am … in … verstorbene Ehefrau B. YYY und ich, A. YYY, geb. ZZZ, den Geburtsnamen meiner Ehefrau, nämlich den Namen YYY, als Ehenamen bestimmt. Zurzeit führe ich diesen Ehenamen ohne Hinzufügung eines Begleitnamens.

Ich erkläre hiermit, dass ich nunmehr meinen Geburtsnamen ZZZ wieder annehme.

…, den …

Unterschrift

(Beglaubigungsvermerk) ◀

▶ **Muster: Namensänderung nach Ehescheidung**

An das Standesamt ...

Durch rechtskräftiges Urteil des Familiengerichts ... (Ort) vom ... (Datum), Az ... – hier in Ausfertigung beigefügt – ist meine am ... in ... geschlossene Ehe mit Frau B. ZZZ, ... (Anschrift) geschieden worden.

Anstelle des von mir derzeit geführten Ehenamens Freundlich nehme ich hiermit meinen bis zur Bestimmung des Ehenamens geführten Namen YYY wieder an.

..., den ...

Unterschrift

(Beglaubigungsvermerk) ◀

4. Untersagung der Fortführung des Ehenamens durch Ehevertrag

Fraglich ist, ob einem ehemaligen Ehegatten untersagt werden kann, den erheirateten Namen nach Beendigung der Ehe weiterhin zu führen, und ob die **Untersagung ehevertraglich vereinbart** werden kann (s. → *Ehename* Rn 20). Mit anderen Worten: Können die Ehegatten bereits bei Eheschließung (oder zu einem späteren Zeitpunkt während der Ehe) in einem Ehevertrag denjenigen Ehegatten, dessen Name nicht zum Ehenamen bestimmt worden ist, verpflichten, im Falle der Scheidung seinen Geburtsnamen oder den von ihm bis zur Bestimmung des Ehenamens geführten Namen wieder anzunehmen?   **15**

Die Rechtsprechung (BGH 6.2.2008 – XII ZR 185/05, FamRZ 2008, 859; LG Bonn 13.11.2007 – 9 O 260/07, FamRZ 2008, 1183) beurteilt solche Vereinbarungen, obwohl sie das Persönlichkeitsrecht betreffen, nicht als sittenwidrig; sie sind deshalb möglich. Ob dies auch gilt, wenn für den Verzicht auf die Fortführung des Ehenamens ein **Entgelt** gezahlt werden muss, ist nicht entschieden. Dennoch sollte eine direkte oder indirekte Entgeltlichkeit vermieden werden.   **16**

245. Vereitelung des Umgangsrechts

Treu

I. Einführung	1	a)	Gerichtliche Umgangsregelung	15
II. Gesetzliche Regelung	3	b)	Vollstreckungsmaßnahmen	22
1. Grundsätzliches	3	c)	Vermittlungsverfahren	27
2. Erscheinungsformen den Umgang vereitelnden		d)	Finanzielle Sanktionen	30
Verhaltens	6	e)	Sorgerechtliche Maßnahmen	34
3. Rechtsfolgen	13	**III. Verfahrenshinweise**		41

I. Einführung

1 Gründe für eine Störung des Umgangs können bei jeder der am (elterlichen) Umgang beteiligten Personen liegen: dem Elternteil, bei dem das Kind lebt und der den Umgang zuzulassen hat, dem Elternteil, dem das Umgangsrecht zusteht, und dem betroffenen Kind selbst. Üblicherweise wird nur die **Verweigerung des Umgangs von Seiten des Aufenthaltselternteils** als Umgangsvereitelung bezeichnet, wenngleich auch in der Umgangsverweigerung des umgangsberechtigten (und verpflichteten) Elternteils eine Vereitelung des Umgangsrechts, nämlich desjenigen des Kindes, liegt. Dieses Verständnis liegt auch der Regelung des § 165 FamFG (Vermittlungsverfahren) zugrunde.

2 Seit mit dem am 1.7.1998 in Kraft getretenen Gesetz zur Reform des Kindschaftsrechts vom 16.12.1997 das Recht des Kindes auf Umgang mit jedem Elternteil normiert worden ist, ist das Kind nicht mehr lediglich Objekt des elterlichen Umgangs (NK-BGB/Peschel-Gutzeit § 1684 BGB Rn 11), sondern hat eine Subjektstellung auch in der Beziehung zu seinen Eltern (Gernhuber/Coester-Waltjen, Familienrecht, § 66 Rn 2). In §§ 1684, 1626 BGB kommt eine „gewachsene Einsicht in die Bedeutung des Umgangsrechts eines Kindes mit beiden Elternteilen" zum Ausdruck (BVerfG 8.12.2005 –2 BvR 1001/04, FamRZ 2006, 187). Unterbindet ein Elternteil den Kontakt zwischen dem anderen Elternteil und dem gemeinsamen Kind, vereitelt er nicht nur das Umgangsrecht des anderen, sondern auch das des Kindes. Damit **missbraucht er sein Elternrecht** (Klenner FamRZ 1995, 1529).

II. Gesetzliche Regelung

1. Grundsätzliches

3 Das Umgangsrecht ist **originäres Elternrecht** und unabhängig von dem familiären Status, der Sorgerechtslage, dem Willen des betreuenden Elternteils oder einer gerichtlichen Entscheidung im Sinne einer Zuweisung. Nicht einmal der allein sorgeberechtigte Elternteil kann es einseitig bestimmen (OLG Hamm 13.7.2010 – 2 UF 277/09, NJW-RR 2011, 150). Den Umgang nach eigenem Gutdünken zu gewähren (oder auch nicht), ist ihm verwehrt.

4 Grundsätzlich ist der Umgang deshalb **im Einvernehmen der Sorge- und Umgangsberechtigten** auszuüben. Wenn es den Eltern nicht gelingt, ein solches Einvernehmen zu erzielen, hat das Familiengericht gem. § 1684 Abs. 3 S. 1 BGB zu entscheiden und die Ausübung des Umgangsrechts zu regeln. Es hat dabei die beiderseitigen Grundrechtspositionen der Eltern und das Wohl des Kindes, das ebenfalls Grundrechtsträger ist, zu berücksichtigen und sich um eine Konkordanz der verschiedenen Grundrechte zu bemühen (BVerfG 5.2.2002 – 1 BvR 2029/00, FamRZ 2002, 809).

5 Ausgehend von der in § 1684 Abs. 2 BGB geregelten Wohlverhaltenspflicht hat der betreuende Elternteil den persönlichen Umgang des Kindes mit dem anderen Elternteil zu ermöglichen und hierfür erzieherisch auf das Kind einzuwirken, damit psychische Widerstände des Kindes gegen den Umgang mit dem anderen Elternteil abgebaut werden und das Kind eine positive Einstellung dazu (zurück) gewinnt. Er hat nicht nur jede negative Beeinflussung des Kindes zu unterlassen, sondern Kontakte mit dem anderen Elternteil positiv zu fördern (Saarländisches OLG 16.11.2011 – 6 UF 126/11, FamRZ 2011, 884).

2. Erscheinungsformen den Umgang vereitelnden Verhaltens

Umgangsvereitelung ist jedes Verhalten des betreuenden Elternteils, mit dem **Umgangskontakte** zwischen 6
dem anderen Elternteil und dem Kind **verhindert** werden und das **sachfremd und kindswohlwidrig moti-**
viert ist. Es kann im rein faktischen Bereich oder im psychisch-emotionalen Bereich liegen (Haußleiter
NJW-Spezial 2007, 151).

Finden an den Umgangsterminen immer wieder andere Unternehmungen statt, werden etwa Reisen oder 7
Verwandtschaftsbesuche unternommen, Freunde des Kindes eingeladen oder attraktive Ausflüge für den
Rest der Familie geplant, oder erkrankt das Kind regelmäßig kurzfristig, kann unschwer auf die dahinter
stehende Absicht geschlossen werden (HK-ZPO/Kemper § 165 FamFG Rn 5).

Umzug oder Auswanderung des betreuenden Elternteiles mit dem Kind stellen eine starke Belastung dar 8
und können dazu führen, dass der Umgang für den nichtsorgeberechtigten Elternteil unzumutbar und damit
faktisch vereitelt wird, insbesondere dann, wenn er nur unter einem erheblichen Zeit- und Kostenaufwand
ausgeübt werden kann, was bei der gerichtlichen Ausgestaltung des Umgangs zu berücksichtigen ist
(BVerfG 5.2.2002 – 1 BvR 2029/00, FamRZ 2002, 809). Gleichwohl kommt der Aufrechterhaltung der Beziehungen des Kindes zum Umgangsberechtigten **keine Sperrwirkung für Ortsveränderungen** zu, die zu
einer erheblichen Beeinträchtigung der Umgangskontakte führen können (BGH 28.4.2010 – XII ZB 81/09,
FamRZ 2010, 1060).

Im **psychisch-emotionalen Bereich** lässt sich ohne Probleme aktiv gegen die Person des anderen Eltern- 9
teils gerichtetes Verhalten, das das Kind gegen den Umgang einnimmt, als Vereitelungsverhalten einord-
nen. Dazu zählen im Beisein des Kindes offen gezeigte Feindseligkeit, Herabsetzungen des anderen oder
seiner Familie und Verunglimpfungen, die sich im Extremfall in wider besseres Wissen erhobenen strafrechtlichen Vorwürfen bis hin zu Anzeigen äußern können (OLG München 14.2.2006 – 4 UF 193/05,
FamRZ 2006, 1605). In die gleiche Richtung weist es, wenn das **Kind in die elterlichen Streitigkeiten**
einbezogen und über den Stand der Auseinandersetzung und etwaiger gerichtlicher Verfahren auf dem
Laufenden gehalten wird (OLG München 15.5.2003 – 12 UF 1300/02, FamRZ 2003, 1955).

Schwieriger ist dagegen der Nachweis zu führen, wenn die Einflussnahme des betreuenden Elternteiles 10
nicht so offensichtlich stattfindet. Einziger Anknüpfungspunkt ist dann die **Verweigerungshaltung des**
Kindes, für die es (nachvollziehbare) Gründe auch oder allein in der Person oder dem Verhalten des Umgangsberechtigten oder in der Beziehung des Kindes zu ihm geben kann. In diesem Fall hat allerdings der
betreuende Elternteil die Pflicht, auf das Kind erzieherisch einzuwirken. Es genügt deshalb bereits für einen Verstoß gegen die Wohlverhaltenpflicht und stellt eine Umgangsvereitelung dar, wenn der betreuende
Elternteil es dem Kind freistellt, den anderen zu treffen (NK-BGB/Peschel-Gutzeit § 1685 BGB Rn 28).

Die **subtile Beeinflussung des Kindes** durch verdeckte Signale, wodurch die eigene ablehnende Haltung 11
gegen den anderen Elternteil auf das Kind übertragen wird, ist in gleicher Weise geeignet, das Kind in einen Loyalitätskonflikt zu bringen mit der Folge, dass es sich von dem anderen abwendet und den Umgang
(wunschgemäß) verweigert wird, zumindest um seine Ruhe zu haben (HK-FamR/Schmid § 1684 BGB
Rn 3). In schweren Fällen wird es die ablehnende Haltung übernehmen und verinnerlichen (Klenner
FamRZ 1995, 1529).

Ob es sich im Einzelfall um das viel zitierte „PAS" = Parental Alienation Syndrome (Brandenburgisches 12
OLG 21.11.2001 – 9 UF 219/01, FamRZ 2002, 975) handelt, kann dahinstehen, wenn mit der Erkenntnis
hierzu keine klaren Sanktionen verbunden sind. Denn aus Sicht des Kindes, auf dessen Wohl es alleine ankommt (§ 1697 a BGB), ist es unwichtig, ob seine Beziehung zu dem getrennt lebenden Elternteil von dem
betreuenden Elternteil aus einer überängstlichen Haltung heraus gestört wird, geprägt von den (jedenfalls
zuletzt) negativen Erfahrungen am Ende der elterlichen Beziehung, aus Rachegefühlen (Saarländisches
OLG 24.1.2011 – 6 UF 116/10, FamRZ 2011, 178), gekränkter Eitelkeit und der Unfähigkeit, die eigenen
negativen Gefühle den Bedürfnissen des Kindes, insbesondere dem **Bedürfnis des Kindes nach ungestör-**
tem Umgang mit dem anderen, nachzuordnen, der Unfähigkeit, die eigene starre Haltung in Frage zu
stellen, Verlustängsten oder aufgrund einer psychischen Erkrankung des betreuenden Elternteils.

3. Rechtsfolgen

13 Die bei Umgangsvereitelung zu verhängenden Sanktionen hängen von der **Schwere der Pflichtverletzung** und ihren **Folgen für das Kind** ab (Haußleiter NJW-Spezial 2007, 151), müssen sich aber unter Beachtung des geltenden Verhältnismäßigkeitsgrundsatzes ebenso an der zu treffenden Erfolgsprognose orientieren. Andernfalls bestünde die Gefahr, dass über Jahre hinweg die verschiedenen Sanktionsstufen nacheinander abgearbeitet werden, bis am Ende das Kind dem Umgangsberechtigten völlig entfremdet in das Erwachsenenleben starten kann.

14 Hat das Gericht das Umgangsrecht geregelt, bei Anlass auch Anordnungen zur Erfüllung der Wohlverhaltenspflicht getroffen, ggf begleiteten Umgang oder eine Umgangspflegschaft angeordnet, kann es erwarten, dass sich der betreuende Elternteil, wenn nicht einsichtig, so doch rechtstreu verhält, und die gerichtliche Entscheidung befolgt. Kommt es anders, so wird zunächst die Vollstreckung gem. § 89 FamFG in Betracht kommen oder die Einleitung eines Vermittlungsverfahrens, stattdessen oder auch daneben finanzielle Sanktionen und schließlich die Aufenthalts- bzw Sorgerechtsfrage zu überprüfen sein. Letzteres kann auch als erste gerichtliche Maßnahme geboten sein, um dem Kind einen langen **Leidensweg** mit zunehmenden seelischen Belastungen bis hin zu möglichen psychischen Erkrankungen (Klenner FamRZ 1995, 1529) zu ersparen.

15 **a) Gerichtliche Umgangsregelung.** Ein Verstoß des Betreuungselternteils gegen die Wohlverhaltenspflicht kann zur wiederholten, aber auch zur erstmaligen Anrufung des Gerichts führen. Entsprechend wird das Gericht zunächst lediglich das Umgangsrecht regeln, kann bei Anlass aber bereits bei der ersten gerichtlichen Entscheidung gleichzeitig mit der Umgangsregelung, andernfalls in späteren Entscheidungen, weiter gehende Anordnungen treffen.

16 So kann es gegenüber dem betreuenden Elternteil **konkrete Anordnungen zur Erfüllung der Wohlverhaltenspflicht** gem. § 1684 Abs. 3 S. 2 BGB treffen und ihm **Verhaltensauflagen** erteilen, etwa Gespräche über den anderen Elternteil, insbesondere solche mit negativem Inhalt, im Beisein des Kindes zu unterlassen oder zu unterbinden oder auch mit dem Kind über die elterlichen Auseinandersetzungen nicht mehr zu sprechen und ihm die Schriftsätze der Anwälte oder die gerichtlichen Protokolle nicht zu zeigen. Es handelt sich um die **schwächste Maßnahme**, die eher **Signalwirkung** haben und für sich allein kaum genügen wird, um den unwilligen Elternteil dazu zu bringen, den ungestörten Umgang des Kindes mit dem anderen Elternteil zu gewährleisten. Es ist kaum zu überprüfen, ob der Elternteil sich an die Auflagen hält.

17 Die **Anordnung begleiteten Umgangs** kommt grundsätzlich eher bei einer Verletzung der Wohlverhaltenspflicht durch den Umgangsberechtigten in Betracht, da sie das Umgangsrecht einschränkt. Sie kann aber geboten sein, um für eine – eher kurz zu bemessende – Übergangszeit **Bedenken auf Seiten des betreuenden Elternteils** gegen die Kindeswohldienlichkeit des Umgangs zu zerstreuen. Hier besteht allerdings die Gefahr, dass der betreuende Elternteil auf Zeit spielt und den Umgang weiter hinauszögert (OLG München 15.5.2003 – 12 UF 1300/02, FamRZ 2003, 1955).

18 Auch erscheint fraglich, ob allein der **Gewöhnungseffekt** ausreicht, um eine grundlegende Änderung in der Haltung des sperrigen Elternteils zu bewirken. Nicht zuletzt um die Sprachlosigkeit zwischen den Eltern zu beenden (Klenner FamRZ 1995, 1529), besteht in solchen Fällen Anlass, sie gem. § 156 Abs. 1 S. 4 FamFG zur Teilnahme an einer Beratung durch die Beratungsstellen und -dienste der Träger der Kinder- und Jugendhilfe nach § 156 Abs. 1 S. 2 FamFG zu verpflichten.

19 Schließlich ist die Einrichtung einer **Umgangspflegschaft** in Betracht zu ziehen, die mit den vorstehenden Anordnungen kombiniert werden kann (OLG Düsseldorf 25.10.2010 – 4 UF 252/09, FamRZ 2011, 822) und gegenüber anderen das Sorgerecht beschränkenden Maßnahmen nicht nur als das mildere Mittel, sondern vom Gesetz vor allem für den Fall der Umgangsverweigerung durch einen Elternteil und die damit verbundene Kindeswohlbeeinträchtigung als geeignete Maßnahme vorgesehen ist (BGH 26.10.2011 – XII ZB 247/11, FamRZ 2012, 99; s. → *Umgangspflegschaft* Rn 3 ff).

Weiter gehende Maßnahmen kann das Gericht nicht veranlassen. Insbesondere kann es die Eltern oder den   20
sich weigernden Elternteil nicht zur Aufnahme einer Psychotherapie verpflichten, mag die Notwendigkeit
dazu auch naheliegen oder aufgrund eines Sachverständigengutachtens feststehen. Das Gesetz enthält hierfür keine Grundlage. Eine solche Anordnung greift in das Recht auf Achtung der Privatsphäre ein und verletzt den von der Anordnung Betroffenen in seinem Grundrecht aus Art. 2 Abs. 1 iVm Art. 1 Abs. 1 GG
(BVerfG 1.12.2010 – 1 BvR 1752/10, FamRZ 2011, 179). Das Gericht kann lediglich unter Hinweis auf
die Notwendigkeit eine **Therapie** anregen und sich vorbehalten, weiter gehende Maßnahmen zu ergreifen,
falls sich die Situation für das Kind nicht verbessert.

Die mitunter gewählte Lösung, den Umgang (befristet) auszusetzen, damit das Kind zur Ruhe kommt   21
(Saarländisches OLG 24.1.2011 – 6 UF 116/10, FamRZ 2011, 1409), ist jedoch in Frage zu stellen. Worauf
sich die Erwartung stützt, dass der betreuende Elternteil in der Zwischenzeit seine Verweigerungshaltung
aufgibt und das Kind Abstand von seinen negativen Empfindungen gegenüber dem anderen gewinnt, ist
nicht ersichtlich. Im Gegenteil schreitet die Entfremdung zwischen Kind und anderem Elternteil fort und
verfestigt sich. Wenn das Kind an dem Konflikt zu zerbrechen droht, stellt sich die Frage, ob der (bisher
noch betreuende und den anderen ausgrenzende) Elternteil dem Kind gut tut.

b) Vollstreckungsmaßnahmen. Die Vollstreckung des Umgangstitels, die nach § 89 FamFG mittels Ord-   22
nungsgeld und Ordnungshaft sowie Anwendung unmittelbaren Zwangs erfolgt, zählt auch nach der Neuregelung durch das FamFG zu den **schwächeren Rechtsfolgen** in Fällen der Umgangsvereitelung. Fraglich
ist bereits, ob der Umgangsverweigerer durch ein Ordnungsmittel eher erreicht wird als durch das Zwangsmittel nach alter Rechtslage. Dass Ordnungsmittel nach der Vorstellung des Gesetzgebers leichter verhängt
werden können als Zwangsmittel, lässt diesen Schluss noch nicht zu. Es erscheint eher als Ausnahme,
wenn finanzieller Druck den Verweigerer erreicht (Saarländisches OLG 16.11.2011 – 6 UF 126/11,
FamRZ 2012, 884). Denn sein Verhalten erscheint in hohem Maße irrational.

Die Anordnung von Zwangsgeld, das angesichts der **hohen Verfahrenskostenhilfequote** in Familiensa-   23
chen in einer großen Zahl von Fällen nicht eintreibbar sein dürfte (Gerhardt/von Heintschel-Heinegg/Klein/
Büte, 4. Kapitel Rn 419), erscheint wenig überzeugend und führt eher zu dem Ergebnis, dass der Umgangsverweigerer sich in seiner uneinsichtigen Haltung gestärkt erlebt.

Die effektivste Vollstreckungsmaßnahme – die Anwendung unmittelbaren Zwangs – ist demgegenüber   24
nachrangig und darf ohnedies, zu Recht, nicht gegen das Kind zu dessen **Herausgabe für den Umgang**
angeordnet werden (§ 90 Abs. 2 S. 1 FamFG).

Außerdem erscheint die Hürde, die der den Umgang verweigernde Elternteil nehmen muss, um die Vermu-   25
tung einer schuldhaften Zuwiderhandlung zu entkräften (§ 89 Abs. 4 FamFG), verhältnismäßig niedrig. Jedenfalls steht die Anordnung von **Ordnungsmitteln** im pflichtgemäßen **Ermessen** des Gerichts und unter
dem Vorbehalt der Kindeswohldienlichkeit (OLG Celle 12.8.2011 – 10 WF 246/11, ZKJ 2011, 433), was
die Effizienz der Vollstreckung ebenfalls schwächt.

Schließlich darf die Dynamik von Umgangsstreitigkeiten, die in der Verweigerung seitens des betreuenden   26
Elternteils gipfeln, nicht verkannt werden. Sie setzen sich in gleicher Weise im Vollstreckungsverfahren
fort, ohne dass sich an der Haltung der Eltern etwas ändert, zumal die Anordnung von Ordnungsmitteln
ausscheidet, wenn feststeht, dass eine Abänderung der zu vollstreckenden Umgangsregelung wegen zwischenzeitlich eingetretener Veränderungen iSd § 1696 BGB veranlasst wäre (OLG Celle 12.8.2011 – 10
WF 246/11, ZKJ 2011, 433). Die Vollstreckung ist deshalb nicht das Mittel der Wahl, um auf Umgangsvereitelung mit dem Ziel, den Umgang zu ermöglichen, zu reagieren, wohl aber im Hinblick auf den **Sanktionscharakter der Ordnungsmittel**.

c) Vermittlungsverfahren. Das Vermittlungsverfahren, das nur auf Antrag eines Elternteiles durchgeführt   27
wird, ist in der Praxis wenig effektiv, wenn die Beteiligten sich unverändert als Kontrahenten im Kampf
um das Kind begegnen, ohne dass ein **Strategiewechsel** stattfindet.

28 Da das Vermittlungsverfahren ebenfalls auf ein Einvernehmen der Eltern über die Ausübung des Umgangs abzielt, wird im vordergründig günstigsten Fall ein (erneuter) gerichtlich gebilligter (OLG Celle 12.8.22011 – 10 WF 246/11) Vergleich erreicht, der aber im Ernstfall ebenso wenig zum Umgang führt wie die vorherigen Bemühungen von Gericht, Jugendamt und Verfahrensbeistand. Einer etwaigen **Verzögerungstaktik des Umgangsverweigerers** wäre damit wiederum Vorschub geleistet.

29 Praktischen Nutzen kann das Vermittlungsverfahren auf dem (langen) Weg zum Umgang dadurch haben, dass bei Scheitern aller Einigungsbemühungen oder dem Ausbleiben eines Elternteils im Termin weitere Maßnahmen gem. § 165 Abs. 5 FamFG bis hin zu Maßnahmen in Bezug auf die Sorge von Amts wegen zu prüfen sind. Hierauf werden die Eltern bereits in der Ladung hingewiesen (§ 165 Abs. 2 S. 3 FamFG).

30 **d) Finanzielle Sanktionen.** Unabhängig davon können Vereitelungshandlungen für den betreuenden Elternteil **unterhaltsrechtliche Konsequenzen** haben. Sie können den Verwirkungstatbestand des § 1579 S. 1 Nr. 7 BGB erfüllen (BGH 14.3.2007 – XII ZR 158/04, NJW 2007, 1969). Außerdem kommen Schadensersatzansprüche des anderen Elternteils in Betracht (BGH 19.6.2002 – XII ZR 173/00, NJW 2002, 2566).

31 Eine fortgesetzte massive und schuldhafte Vereitelung des Umgangsrechts als solche führt zum Ausschluss des Unterhaltsanspruchs nach § 1579 BGB, wenn das **Fehlverhalten** als **schwerwiegend** zu qualifizieren ist. Allein die ablehnende Haltung des Kindes genügt dafür nicht, wenn nicht auszuschließen ist, dass sie zumindest auch auf das Verhalten des Umgangsberechtigten zurückzuführen ist, dessen Bemühungen um das Kind unklar sind (BGH 14.3.2007 – XII ZR 158/04, NJW 2007, 1969).

32 Das völlige Vereiteln des Umgangsrechts des anderen, der sich „in jeglicher Weise um das Kind bemüht" hat, und bereit war, auch große Wege in Kauf zu nehmen, durch eine Blockadehaltung des Unterhalt begehrenden Elternteiles ist ein grobes Fehlverhalten (Brandenburgisches OLG 12.1.2011 – 9 WF 383/09, FamFR 2011, 79). Schon das allein kann zum **vollständigen Verlust des Unterhaltsanspruchs** führen. Daneben kann das konkrete Vereitelungsverhalten den Tatbestand des § 1579 Nr. 3 BGB erfüllen, wenn es ein schweres vorsätzliches Vergehen gegen den anderen darstellt. Dies ist der Fall, wenn der Betreuungselternteil schuldhaft wiederholt schwerwiegende Beleidigungen und nicht haltbare Anschuldigungen gegen den anderen erhebt wie den trotz eines entgegenstehenden Gutachtens aufrecht erhaltenen Vorwurf des sexuellen Missbrauchs (OLG München 14.2.2006 – 4 UF 193/05, FamRZ 2006, 1605).

33 Entstehen dem Umgangsberechtigten aufgrund des nicht in der vom Gericht festgelegten Weise gewährten Umgangs **Mehraufwendungen**, kann er vom anderen Elternteil **Schadenersatz** verlangen. Der BGH lässt offen, ob sich ein solcher Schadenersatzanspruch aus § 823 Abs. 1 BGB ergibt, weil das Umgangsrecht als absolutes Recht angesehen wird, und stützt ihn auf § 280 BGB. Denn das Recht zum Umgang mit dem Kind begründet zwischen den Eltern ein **gesetzliches Rechtsverhältnis familienrechtlicher Art**, das durch § 1684 Abs. 2 S. 1 BGB näher ausgestaltet wird und an dem das Kind als Begünstigter teilhat. Da grundsätzlich der Umgangsberechtigte die mit der Ausübung des Umgangsrechts verbundenen Kosten zu tragen hat, hat der andere die Pflicht, bei der Gewährung des Umgangs auf dessen Vermögensbelange Rücksicht zu nehmen und den Umgang nicht durch die Auferlegung unnötiger Vermögensopfer zu erschweren oder für die Zukunft zu verleiden. Eine Verletzung dieser Verpflichtung kann deshalb als positive Forderungsverletzung Schadenersatzpflichten gegenüber dem umgangsberechtigten Elternteil auslösen (BGH 19.6.2002 – XII ZR 173/00, NJW 2002, 2566). Für diese Lösung spricht nicht zuletzt die Beweislastumkehr in § 280 Abs. 1 S. 2 BGB (Steinberger/Lecking MDR 2009, 960).

34 **e) Sorgerechtliche Maßnahmen.** Lässt der betreuende Elternteil den Umgang des anderen mit dem Kind nicht zu und widersetzt sich womöglich (rechtskräftigen) gerichtlichen Entscheidungen, stellt er damit seine Erziehungsfähigkeit in Frage, denn zur Erziehungseignung von Eltern gehört **Bindungstoleranz**, um dem Kind in seiner weiteren Entwicklung die nötige Bindungssicherheit zu vermitteln (BGH 26.10.2011 – XII ZB 247/11, FamRZ 2012, 99). In Ansehung der gesetzlichen Wertung in § 1626 Abs. 3 S. 1 BGB, wonach der Umgang mit beiden Elternteilen zum Wohl des Kindes gehört, ist das Verweigerungsverhalten

auch unter dem Gesichtspunkt der **Kindeswohlgefährdung** zu betrachten (OLG Rostock 30.6.2011 – 10 UF 126/11, FamRZ 2011, 1873).

Das Familiengericht hat dann auch ohne Antrag des Umgangsberechtigten Anlass, die Sorgerechtsfrage, je- 35 denfalls aber die Aufenthaltsfrage, von Amts wegen zu überprüfen (§ 1666 BGB). Maßgebliches Kriterium für die zu treffende Entscheidung ist das Kindeswohl und nicht eine Sanktionierung des Elternteils (BVerfG 18.5.2009 – 1 BvR 142/09, FamRZ 2009, 1389).

Begehren beide Eltern das Sorgerecht, so ist zunächst gem. **§ 1671 Abs. 2 Nr. 2 BGB** zu prüfen, ob die 36 Aufhebung der gemeinsamen elterlichen Sorge dem Wohl des Kindes am besten entspricht. In einem zweiten Schritt wird dann geprüft, auf welchen Elternteil die elterliche Sorge zu übertragen ist. Die Abwägung der verschiedenen Kriterien im Rahmen der Kindeswohlprüfung, die neben der Erziehungseignung der Eltern auch die Bindungen des Kindes, das Förderungs- und das Kontinuitätsprinzip sowie den Kindeswillen, soweit er beachtlich ist, umfasst, kann dazu führen, dass dem Verweigerer die elterliche Sorge oder zumindest das Aufenthaltsbestimmungsrecht übertragen wird (BGH 12.12.2007 – XII ZB 185/05, FamRZ 2008, 592).

Es verwundert jedoch, dass Gesichtspunkte wie die Kontinuität oder die Betreuungssituation die für das 37 Kind sehr schwerwiegenden Defizite des bisherigen (und demnach auch künftigen) Betreuungselternteils, die zum Kontaktabbruch führen und das **Kind in seiner seelischen Entwicklung schwer belasten bis gefährden**, überwiegen sollen (Saarländisches OLG 16.11.2011 – 6 UF 126/11, FamRZ 2012, 884). Dass Kinder schon bislang ihren Lebensmittelpunkt bei dem bindungsintoleranten Elternteil haben, muss nicht bedeuten, dass es dabei zu bleiben hat (KG Berlin 10.5.2010 – 19 UF 7/09, FamRZ 2011, 122), es gibt vielmehr Anlass eben dies zu überprüfen. Andernfalls wäre die Ausgrenzung des anderen garantiert. Auch erscheint eine Erziehungshaltung, die die Bedürfnisse des Kindes den eigenen negativen Empfindungen in Bezug auf den anderen nachordnet und so auch die **freie Entwicklung des Kindes** entgegen § 1626 Abs. 2 S. 1 BGB behindert, als bedenklich und nicht dem Kindeswohl entsprechend.

Infrage zu stellen ist in diesem Zusammenhang auch die **Bewertung von Bindung und Kindeswille**. Letz- 38 terer ist im Spannungsfeld der Eltern nicht frei, unbeeinflusst und unabhängig von der ausgrenzenden Haltung des Betreuungselternteils entstanden und deshalb nicht beachtlich. Die Ablehnung des anderen Elternteils resultiert aus der dem Kind vermittelten Haltung des Betreuungselternteils und wird schließlich auch vom Kind so geäußert, mitunter auch verinnerlicht (Klenner FamRZ 1995, 1529). Ähnlich verhält es sich mit der Bindung an den Betreuungselternteil. Eine unsichere Bindung oder auch eine Angstbindung schadet dem seelischen Wohl des Kindes.

Die Gefahr eines Schadens in der seelischen Entwicklung wie reaktive Depression oder psychische Depri- 39 vation im Kindesalter (Klenner FamRZ 1995, 1529) wird dabei zu gering eingeschätzt. Auch unterhalb der Schwelle des § 1666 BGB sollte deshalb stets ernsthaft in Betracht gezogen werden, die elterliche Sorge dem bisherigen Umgangselternteil zu übertragen, **insbesondere wenn dieser keine Erziehungsdefizite aufweist** (AG München 25.11.2009 – 551 F 5932/09, FamFR 2010, 22).

Ergibt die Prüfung tatsächlich die (nahe liegende) Kindeswohlgefährdung (KG Berlin 18.6.2010 – 10 UF 40 22/10, FamRZ 2010, 1749), erscheint es auch ohne Sanktionierungsgedanken geradezu absurd, das Kind in diesem Umfeld zu lassen und dem den Umgang störenden Elternteil auch noch das Sorgerecht zu übertragen. „Geschafft!" mag man denken. Andererseits erschließt sich auch nicht, weshalb im Fall dann doch gezogener Konsequenzen einer **Heimunterbringung** gegenüber der Sorgerechtsübertragung auf den Umgangselternteil der Vorrang eingeräumt wird (BGH 26.10.2011 – XII ZB 247/11, FamRZ 2012, 99).

III. Verfahrenshinweise

Kindschaftsverfahren, in denen eine Umgangsverweigerung im Raum steht, bedürfen ungeachtet des ohne- 41 hin geltenden Beschleunigungsgedankens angesichts der dem Kind drohenden irreversiblen Folgen für die

Beziehung zum anderen der **besonderen Beschleunigung** (EGMR 10.2.2011 – 1521/06, FamRZ 2011, 1125).

42 In Kindschaftssachen, vor allem solchen, die die Entziehung der elterlichen Sorge betreffen, werden besondere Anforderungen an die tatrichterliche Sachaufklärung gestellt, so dass insbesondere die zur Verfügung stehenden **Aufklärungs- und Prüfungsmöglichkeiten ausgeschöpft** werden müssen (BGH 26.10. 2011 – XII ZB 247/11, FamRZ 2012, 99). Dazu zählt vor allem die psychologische Begutachtung des Kindes. Weigert sich der betreuende (sorgeberechtigte) Elternteil, das Kind der Begutachtung zuführen zu lassen, ist ihm diesbezüglich das Aufenthaltsbestimmungsrecht zu entziehen (OLG Rostock 30.6.2011 – 10 UF 126/11, FamRZ 2011, 1873).

43 Das Sorgerecht kann dem Umgangsverweigerer bei Annahme einer Kindswohlgefährdung nur dann im Wege der einstweiligen Anordnung entzogen werden, wenn ein Eilbedürfnis besteht (KG Berlin 18.6.2010 – 19 UF 22/10, FamRZ 2010, 1749).

246. Verfahrensbeistand

Stockmann

I. Allgemein 1
II. Bestellung 3
  1. Beginn und Dauer der Bestellung 3
  2. Kein Rechtsbehelf gegen die Bestellung 6
  3. Aufhebung bzw Ende der Bestellung 7
III. Auswirkungen der Bestellung 9
IV. Rolle im Verfahren 11
  1. Auswirkungen der Bestellung auf Eltern und
    Kind 11
  2. Aufgaben und Befugnisse des Verfahrensbei-
    standes 12
    a) Grundsätzliche Interessenvertretung des Kin-
      des 12

    b) Weitere Aufgaben durch gerichtliche Über-
      tragung 19
    c) Befugnisse im Verfahren 20
V. Fallgestaltungen für die Bestellung 22
  1. Regelbeispiele 22
  2. Absehen von der Bestellung 28
VI. Vergütung des Verfahrensbeistandes 32
  1. Kostenerstattung und Rückgriff der Staatskasse . 32
  2. Vergütung des nicht berufsmäßigen Verfahrens-
    beistandes 34
  3. Vergütung des berufsmäßigen Verfahrensbei-
    standes 35

I. Allgemein

Durch das FamFG wurde mit dem Verfahrensbeistand ein spezieller **Interessenvertreter des Kindes** geschaffen, der zwar dessen Interessen im gerichtlichen Verfahren zur Geltung bringen soll, ohne jedoch ein zusätzlicher gesetzlicher Vertreter des Minderjährigen zu sein. Deswegen wurde er nicht wie der von 1998–2009 in § 50 FGG installierte „Verfahrenspfleger" als Pfleger ausgestaltet, dessen Bestellung gem. § 1909 Abs. 1 S. 1 BGB einen Eingriff in das Sorgerecht voraussetzt (zur „Entstehungsgeschichte" des Verfahrensbeistandes s. HK-FamFG/Völker/Clausius § 158 FamFG Rn 1 ff). **1**

Eine Festlegung der **persönlichen und fachlichen Anforderungen** an die Person des Verfahrensbeistandes hat der Gesetzgeber auch im Zuge der Neuregelung des ursprünglich als „Anwalt des Kindes" vorgesehenen Interessenvertreters des Kindes nicht vorgenommen. Es ist daher Aufgabe des die Bestellung vornehmenden Richters, je nach spezieller Fallsituation eine konkret geeignete Person auszuwählen. Dabei ist der Gegenstand des Verfahrens zu berücksichtigen. Ein Rechtsanwalt wird etwa dann vorzugsweise infrage kommen, wenn nicht einfache rechtliche Gesichtspunkte zu berücksichtigen sind. Geht es hingegen überwiegend darum, die Beteiligten auf dem Weg zu einer einvernehmlichen Regelung (§ 158 Abs. 4 S. 3 FamFG) unterstützend zu begleiten, wird eine Person mit psychologischen oder pädagogischen Fähigkeiten auszuwählen sein (vgl hierzu auch HK-FamFG/Völker/Clausius § 158 FamFG Rn 4). **2**

II. Bestellung

1. Beginn und Dauer der Bestellung

Bestellt wird der Verfahrensbeistand durch das Gericht, § 158 Abs. 1 FamFG. In der Regel wird dies bereits im erstinstanzlichen Verfahren beim Familiengericht der Fall sein. Die Bestellung muss **so früh wie möglich** erfolgen, damit sein Einfluss auf den Verfahrensfortgang noch effektiv ausfällt. Eine verspätete Bestellung stellt einen Verfahrensfehler dar, auf den die Beschwerde gestützt werden kann (vgl HK-FamFG/Völker/Clausius § 159 FamFG Rn 13). Jedoch wird eine rein schematische Vorgehensweise, wie eine regelmäßige Bestellung bereits bei Verfahrenseingang, den Interessen der Beteiligten (vgl Rn 32 hinsichtlich der Kostentragung) nicht gerecht. Es sollte der Ablauf des nach § 155 Abs. 2 S. 1 FamFG umgehend anzusetzenden Erörterungstermins abgewartet werden. Wird in diesem bereits eine Einigung erzielt, erübrigt sich nicht nur das weitere Verfahren, sondern auch ein Tätigwerden des Verfahrensbeistandes (so auch Prütting/Helms/Stößer § 158 FamFG Rn 14). **3**

Vor der Bestellung sollte grundsätzlich **rechtliches Gehör** gewährt werden (vgl HK-FamFG/Völker/ Clausius § 158 FamFG Rn 16). Dieses sollte sich auch auf die Person beziehen, die das Gericht auszuwählen beabsichtigt. **4**

Jedoch kann es das Beschleunigungsgebot des § 155 Abs. 1 FamFG im Einzelfall rechtfertigen, den Verfahrensbeistand ohne vorherige Anhörung der Beteiligten zu bestellen, insbesondere, wenn sich die Notwendigkeit einer Bestellung aufdrängt.

5   Die Bestellung wirkt bis zum rechtskräftigen Abschluss des Verfahrens, § 158 Abs. 6 FamFG. Es ist nicht ausgeschlossen, dass das Rechtsmittelgericht eine Bestellung vornimmt, wenn erst dort die Voraussetzungen (vgl Rn 23 ff) eintreten sollten.

2.   Kein Rechtsbehelf gegen die Bestellung

6   § 158 Abs. 3 S. 4 FamFG stellt klar, dass die Entscheidung über die Bestellung oder Aufhebung der Bestellung eines Verfahrensbeistands sowie über die Ablehnung einer derartigen Maßnahme **nicht selbstständig anfechtbar** ist. Durch den Ausschluss der selbstständigen Anfechtbarkeit verspricht sich der Gesetzgeber die Verhinderung von Verfahrensverzögerungen. Nach der Begründung des Regierungsentwurfs rechtfertigt der Gesichtspunkt einer möglichen Kostenbelastung beispielsweise der Eltern eine Anfechtbarkeit nicht. Allerdings kann ein **Rechtsmittel gegen die Endentscheidung** damit begründet werden, dass das Gericht einen Verfahrensbeistand zu Unrecht bestellt oder abberufen hat oder dass es die Bestellung eines Verfahrensbeistandes zu Unrecht unterlassen oder abgelehnt hat, § 58 Abs. 2 FamFG.

3.   Aufhebung bzw Ende der Bestellung

7   Die Fälle, in denen die Bestellung des Verfahrensbeistandes kraft Gesetzes endet, sind in § 158 Abs. 6 FamFG aufgeführt: Das Gericht kann einmal die **Bestellung** des konkreten Verfahrensbeistandes wieder **aufheben**. Dies wird aber nur die Fälle betreffen, in denen sich herausstellt, dass der ausgewählte Verfahrensbeistand sich als ungeeigneter Interessenvertreter des Kindes erweist. Dann kann ihn das Familiengericht durch eine andere Person ersetzen (vgl JH/Menne § 158 FamFG Rn 23).

Die gänzliche **Aufhebung der Verfahrensbeistandschaft**, weil das Gericht etwa nachträglich die Bestellungsvoraussetzungen des § 158 Abs. 2 FamFG verneint, dürfte kaum sinnvoll sein. Denn der zunächst bestellte berufsmäßige Verfahrensbeistand hat sich bereits die in § 158 Abs. 7 FamFG geregelte Pauschalvergütung durch seine bisherige Tätigkeit in vollem Umfang verdient (vgl Rn 35, 37). Dann spricht aber kaum etwas dagegen, ihn auch noch weiter tätig sein zu lassen, selbst wenn man jetzt die Notwendigkeit der Bestellung verneinen sollte.

8   Ansonsten endet die Bestellung kraft Gesetzes mit **Rechtskraft** der das Verfahren abschließenden Entscheidung, § 158 Abs. 6 Nr. 1 FamFG. Daraus folgt, dass der vom Familiengericht für das Verfahren in der ersten Instanz bestellte Verfahrenspfleger automatisch auch in den Rechtsmittelinstanzen weiter tätig ist.

Die Bestellung endet auch bei einem sonstigen **Abschluss des Verfahrens**, etwa durch Vergleich oder Antragsrücknahme, § 158 Abs. 6 Nr. 2 FamFG, oder dann, wenn nunmehr die Interessen des Kindes durch einen Rechtsanwalt oder durch einen anderen geeigneten Verfahrensbevollmächtigten angemessen vertreten werden, § 158 Abs. 5 FamFG (vgl auch Rn 30).

III.   Auswirkungen der Bestellung

9   Durch seine Bestellung wird der Verfahrensbeistand kraft Gesetzes als **Beteiligter** zum Verfahren hinzugezogen, § 158 Abs. 3 S. 2 FamFG. Aufgrund der dadurch erlangten Beteiligtenstellung ist zB die Wirksamkeit eines gerichtlich gebilligten Vergleiches nach § 156 Abs. 2 FamFG davon abhängig, dass der Verfahrensbeistand diesem Vergleich zustimmt.

10   Infolge der ausdrücklichen Bestimmung des § 158 Abs. 8 FamFG dürfen dem Verfahrensbeistand **keine Kosten auferlegt** werden. Andernfalls wäre er an der eigenverantwortlichen Interessenvertretung für das Kind gehindert.

Den in der ursprünglichen Fassung des FamFG enthaltenen redaktionellen Fehler, dass in den Normen für den Verfahrensbeistand in Abstammungs- und in Adoptionsverfahren (§§ 174, 191 FamFG) nicht auf § 158

Abs. 8 FamFG verwiesen wurde, hat der Gesetzgeber mit Wirkung vom 1.1.3013 beseitigt. Die Verfahrensbeistände in diesen Verfahren dürfen nicht durch die drohende Gefahr persönlicher Kostenhaftung an ihrer unabhängigen Tätigkeit gehindert werden.

IV. Rolle im Verfahren

1. Auswirkungen der Bestellung auf Eltern und Kind

Da der Verfahrensbeistand **kein gesetzlicher Vertreter** ist, § 158 Abs. 4 S. 5 FamFG, bleibt die gesetzliche 11
Vertretungsbefugnis der Eltern auch im Falle seiner Bestellung uneingeschränkt bestehen. Auch wird durch die Bestellung für einen verfahrensfähigen Minderjährigen (etwa für ein Kind im Sorgerechtsverfahren, das das 14. Lebensjahr bereits vollendet hat) dessen Verfahrensfähigkeit nicht beeinträchtigt. § 9 Abs. 5 FamFG verweist zwar auf § 53 ZPO. Die dortige Regelung setzt aber die Vertretung durch einen Pfleger voraus. Dies ist der Verfahrensbeistand gerade nicht (vgl auch Heiter FamRZ 2009, 85).

2. Aufgaben und Befugnisse des Verfahrensbeistandes

a) Grundsätzliche Interessenvertretung des Kindes. Aufgabe des Verfahrensbeistands ist es, die **Inter-** 12
essen des Kindes festzustellen und im gerichtlichen Verfahren **zur Geltung zu bringen**, § 158 Abs. 4 S. 1 FamFG (vgl HK-FamFG/Völker/Clausius § 158 FamFG Rn 17 ff). Betrifft das Verfahren **mehrere Kinder**, kann im Regelfall ein und derselbe Verfahrensbeistand für mehrere oder alle Kinder bestellt werden. Die Geschwisterkinder stehen sich im Verfahren – trotz unterschiedlicher Vorstellungen und Interessen – nicht als Widerpart gegenüber (BGH 15.9.2010 – XII ZB 209/10, NJW 2010, 3446; 15.9.2010 – XII ZB 268/10, NJW 2010, 3449). Zulässig und im Einzelfall geboten kann es aber auch sein, jedem Kind einen eigenen Verfahrensbeistand zu bestellen.

Zur Erfüllung seiner Aufgaben hat der Verfahrensbeistand notwendigerweise mit dem Kind Kontakt aufzu- 13
nehmen und dessen Willen und Neigungen zu ermitteln. Er ist aber **kein bloßes Sprachrohr** des Kindes, sondern hat dessen objektive Interessen zu ermitteln und zu vertreten (vgl HK-FamFG/Völker/Clausius § 158 FamFG Rn 17).

Da das Interesse des Kindes in einem Spannungsfeld mit den Interessen der anderen Beteiligten stehen kann, hat er auch diese zur Kenntnis zu nehmen und zu berücksichtigen. Die Interessen der anderen Beteiligten kann er regelmäßig im Wege der Akteneinsicht erfahren.

Da die zu den Akten gelangenden Schriftsätze aber nicht in jedem Fall den Kern des Zwistes der Beteilig- 14
ten erkennen lassen, erscheinen auch **Gespräche mit den Eltern und weiteren Personen** erforderlich. Zwar geht das Gesetz in § 158 Abs. 4 S. 3 FamFG davon aus, dass solche Gespräche nur „im Einzelfall" erforderlich sind und dass dafür ein besonderer Auftrag durch das Gericht zu erteilen ist. Die gerichtliche Praxis sieht aus der vorstehend wiedergegebenen Erkenntnis jedoch überwiegend die Notwendigkeit solcher Gespräche als gegeben an und weist dem Verfahrensbeistand deshalb diese Aufgaben regelmäßig zu (vgl hierzu Bork/Jacoby/Schwab/Zorn § 158 FamFG Rn 18).

§ 158 Abs. 4 S. 2 FamFG gibt ihm weiter die Aufgabe, das Kind auch über den Gegenstand, den Ablauf 15
und den möglichen Ausgang des Verfahrens in geeigneter Weise zu informieren. Hierbei ist natürlich auf die durch das Alter bedingte Verständnisfähigkeit des Kindes Rücksicht zu nehmen. Bei einem Säugling oder Kleinstkind wird diese Unterrichtungsaufgabe nicht zu erfüllen sein.

Als Verfahrensbeteiligter ist er zu jedem Verhandlungstermin des Gerichts zu laden, § 32 Abs. 1 FamFG. 16
Darüber hinaus gibt ihm das Gesetz ein Anwesenheitsrecht bei der gerichtlichen Anhörung des Kindes, § 159 Abs. 4 S. 3 FamFG (s. auch Rn 20).

Damit kann durch die Bestellung des Verfahrensbeistands das Problem des **Interessengegensatzes** zwi- 17
schen dem Minderjährigen und seinem gesetzlichen Vertreter teilweise **gelöst** werden: Die Interessen des Kindes werden im Kindschaftsverfahren durch den Verfahrensbeistand wahrgenommen, § 158 Abs. 1 FamFG. Dieser kann gem. § 158 Abs. 4 S. 5 FamFG Rechtsmittel einlegen (s. Rn 21).

18   Während nach dem Inkrafttreten des FamFG eine starke Meinung die Auffassung vertreten hat, für das nicht verfahrensfähige minderjährige Kind (vgl § 9 Abs. 2 FamFG) müsste, wenn ein Interessengegensatz im Raum steht, ein Ergänzungspfleger als gesetzlicher Vertreter bestellt werden, hält der Bundesgerichtshof (7.9.2011 – XII ZB 12/11, NJW 2011, 3454) dies für Kindschaftsverfahren nicht für erforderlich: Ein Interessengegensatz zwischen Eltern und Kind könne durch die Bestellung eines Verfahrensbeistandes aufgelöst werden (s. → *Beteiligte* Rn 34). Hingegen bleibt es nach einer anderen Entscheidung des Bundesgerichtshofs (21.3.2012 – XII ZB 436/11, FamRZ 2012, 856) in Abstammungsverfahren bei der Notwendigkeit, einen Ergänzungspfleger zu bestellen.

19   **b) Weitere Aufgaben durch gerichtliche Übertragung.** Das Gericht kann dem Verfahrensbeistand gem. § 158 Abs. 4 S. 3 FamFG auch **zusätzliche Aufgaben** übertragen, wie zB Gespräche mit den Eltern und anderen Bezugspersonen zu führen sowie am Zustandekommen einer einvernehmlichen Regelung mitzuwirken. Dabei hat das Gericht mit der Bestellung den Umfang der Beauftragung des Verfahrensbeistandes konkret festzulegen und die Zuweisung der zusätzlichen Aufgaben zu begründen, § 158 Abs. 4 S. 4 FamFG (vgl hierzu Rn 14).

20   **c) Befugnisse im Verfahren.** Der Verfahrensbeistand hat grundsätzlich ein **Anwesenheitsrecht bei der persönlichen Anhörung des Kindes** durch das Gericht, § 159 Abs. 4 S. 3 FamFG. Diese vom Gesetz verordnete Praxis ist äußerst sachgerecht: Der Verfahrensbeistand kennt das Kind idR aus seinen bisherigen Kontakten und kann dadurch die mit der Anhörung verbundenen Belastungen zumindest minimieren.

21   Dem Verfahrensbeistand kommen wegen seiner Stellung als Beteiligter alle einem solchen zustehenden Rechte und Pflichten im Verfahren zu. Ausdrücklich nennt § 158 Abs. 4 S. 5 FamFG, dass er im Interesse des Kindes **Rechtsmittel einlegen** kann. Die Einlegung des Rechtsmittels erfolgt, trotz der Interessenwahrnehmung für das Kind, im eigenen Namen. Diese spezielle Beschwerdebefugnis führt dazu, dass der Verfahrensbeistand nicht die durch die Norm des § 59 Abs. 1 FamFG an sich erforderliche Geltendmachung eigener Rechte vorbringen muss.

V. Fallgestaltungen für die Bestellung

1. Regelbeispiele

22   Erfordert die Wahrnehmung der Interessen des Kindes im familiengerichtlichen Verfahren die Bestellung eines Verfahrensbeistandes, so ist das Familiengericht grundsätzlich hierzu verpflichtet (vgl HK-FamFG/Volker/Clausius § 158 FamFG Rn 4). Diese Verpflichtung ist wegen des Grundrechtsschutzes des Kindes und seines Anspruchs auf rechtliches Gehör auch verfassungsrechtlich begründet (VerfG Brandenburg 30.9.2010 – 32/10, FamRZ 2011, 305; zu den Fällen, in denen von der Bestellung abgesehen werden kann, s. Rn 28 ff).

23   Der Gesetzgeber hat durch die Darstellung von Regelbeispielen die Bestellung eines Verfahrensbeistandes insbesondere in folgenden Fällen vorgesehen:

Nach **§ 158 FamFG in Kindschaftsverfahren**:

– Bei einem erheblichen Interessengegensatz zwischen dem Kind und seinem gesetzlichen Vertreter, Abs. 2 Nr. 1. Dies ist noch nicht der Fall, wenn die Eltern widerstreitende Anträge stellen. Es muss hinzukommen, dass eines der widerstreitenden Begehren den Interessen des Kindes konkret zuwiderlaufen würde.

– In Verfahren nach §§ 1666, 1666 a BGB, wenn die Entziehung der Personensorge in Betracht kommt, Abs. 2 Nr. 2, denn dann steht ein gravierendes elterliches Fehlverhalten im Raum.

– Wenn eine Trennung des Kindes von der Person erfolgen soll, in deren Obhut es sich befindet, Abs. 2 Nr. 3. Dies betrifft jeden Obhutswechsel eines Kindes, also auch zwischen den beiden Elternteilen (vgl HK-FamFG/Völker/Clausius § 158 FamFG Rn 8).

– In Verfahren, die die Herausgabe des Kindes oder eine Verbleibensanordnung zum Gegenstand haben, Abs. 2 Nr. 4.

Stockmann

– Wenn der Ausschluss oder eine wesentliche Beschränkung des Umgangsrechts in Betracht kommt, Abs. 2 Nr. 5.

Diese Beispiele stellen **keinen abschließenden Katalog** dar. So kann sich die Notwendigkeit des Verfah- **24** rensbeistandes auch dadurch ergeben, dass zwischen den Interessen des Kindes und dem seiner gesetzlichen Vertreter zwar kein erheblicher Interessengegensatz besteht, die Eltern aber mit der Vertretung des Kindes intellektuell überfordert sind (so Bork/Jacoby/Schwab/Zorn § 158 FamFG Rn 5).

Die vorstehenden Fälle betreffen Bereiche der **Personensorge**. § 158 Abs. 1 FamFG spricht ausdrücklich **25** von Verfahren, die die Person des Kindes betreffen. Gleichwohl muss mE diese Norm auch anwendbar sein in Verfahren, die die **Vermögenssorge des Kindes** betreffen. Wenn der Verfahrensgegenstand beispielsweise ein beabsichtigter Entzug der Vermögenssorge oder die Genehmigung eines Vermögensgeschäftes ist, kann ein Interessengegensatz zwischen Kind und Eltern gegeben sein. Dann ist – über den Wortlaut des § 158 Abs. 1 FamFG hinaus – ebenfalls ein Verfahrensbeistand zu bestellen. Die Norm ist – um eine praktikable Lösung der Konfliktproblematik zu ermöglichen – mE daher so auszulegen, dass sie in Personensorgefällen in den aufgeführten Regelbeispielen generell die Pflegerbestellung vorschreibt, im Bereich der Vermögenssorge dem Gericht die Bestellung eines Verfahrensbeistandes aber nicht verwehrt. Nicht erfasst werden nur solche Verfahren, die ausschließlich vermögensrechtliche Angelegenheiten betreffen (BGH 7.9.2011 – XII ZB 12/11, NJW 2011, 3454).

Nach **§ 174 FamFG in Abstammungsverfahren**: Die Norm verweist teilweise auf § 158 FamFG. Auch **26** hier ist die Bestellung eines Verfahrensbeistandes verpflichtend für den Fall vorgesehen, dass dies das Gericht zur Wahrnehmung der Interessen des minderjährigen Beteiligten im Abstammungsverfahren für erforderlich hält. Voraussetzung ist wie in Kindschaftssachen ein erheblicher Gegensatz zwischen den Interessen des Minderjährigen und seiner gesetzlichen Vertreter. Jedoch kann der Verfahrensbeistand nicht nur für die Wahrnehmung der Interessen des Kindes, sondern auch für die der minderjährigen Mutter oder die des minderjährigen Vaters bestellt werden. Borth (Musielak/Borth/Borth § 174 FamFG Rn 2) hält einen die Bestellung eines Verfahrensbeistandes rechtfertigenden Interessenkonflikt dann für gegeben, wenn der Vater seine Vaterschaft nach § 1600 Abs. 1 Nr. 1 BGB anficht. Zu der Frage, ob neben einem Ergänzungspfleger noch ein Verfahrensbeistand erforderlich ist, s. Rn 28.

Nach **§ 191 FamFG in Adoptionsverfahren**: Die Norm verweist teilweise auf § 158 FamFG. Hier ist die **27** Bestellung eines Verfahrensbeistandes für den Fall vorgesehen, dass dies das Gericht zur Wahrnehmung der Interessen des minderjährigen Beteiligten im Adoptionsverfahren für erforderlich hält (vgl HK-FamFG/ Fritsche § 191 FamFG Rn 1 ff). Als minderjähriger Beteiligter wird in der Praxis nur das anzunehmende minderjährige Kind infrage kommen (zu den einzelnen Fallgestaltungen vgl Bork/Jacoby/Schwab/Sonnenfeld § 191 FamFG Rn 7 ff).

2. Absehen von der Bestellung

Fallgestaltungen: **28**

– Eine Bestellung wird dann unterbleiben können, wenn das **verfahrensfähige Kind** (vgl § 9 Abs. 1 Nr. 3 FamFG) selbst und unbeeinflusst in der Lage ist, seine Interessen zu erkennen und in dem Verfahren angemessen zu artikulieren (vgl Prütting/Helms/Stößer § 158 FamFG Rn 6). Ferner sind die Voraussetzungen für die Bestellung bereits tatbestandlich dann nicht gegeben, wenn der Verfahrensgegenstand **keine erheblichen Entscheidungen für das Kind** betrifft oder alle Beteiligten **gleichgerichtete Interessen** verfolgen.

– Ist für das Kind ein Ergänzungspfleger bestellt, so ist dieser in seinem Aufgabenkreis gesetzlicher Vertreter, § 1909 Abs. 1 S. 1 BGB, und nimmt als solcher dessen Interessen wahr. Ein Verfahrensbeistand ist dann nicht mehr erforderlich (so auch Stößer FamRZ 2012, 862).

– In Verfahren der einstweiligen Anordnung kann ein Zielkonflikt zwischen dem Beschleunigungsgebot **29** und der Bestellung eines Verfahrensbeistandes eintreten. Im Einzelfall kann dies dazu führen, dass von der Bestellung eines Verfahrensbeistandes abgesehen werden kann (OLG Saarbrücken 25.5.2011 – 6 UF 76/11, FamFR 2011, 332; vgl hierzu HK-FamFG/Völker/Clausius § 158 FamFG Rn 15).

30 – Nach § 158 Abs. 5 FamFG soll die Bestellung auch dann unterbleiben, wenn das Kind durch einen Verfahrensbevollmächtigten, zB einen Rechtsanwalt, vertreten wird. Hier hat das Gericht aber die Aufgabe, zu prüfen, ob dieser Anwalt tatsächlich die Interessen des Kindes vertritt und nicht nur diejenigen des gesetzlichen Vertreters, der ihm das Mandat im Namen des Kindes erteilt hat (vgl hierzu auch Bork/Jacoby/Schwab/Zorn § 158 FamFG Rn 23).

31 – Sollte das Gericht von der Bestellung eines Verfahrensbeistandes absehen, obwohl ein Regelbeispiel nach § 158 Abs. 2 FamFG vorliegt (vgl Rn 23), so ist diese Vorgehensweise in der Endentscheidung zu begründen, § 158 Abs. 3 S. 3 FamFG. Gegebenenfalls kann das Unterbleiben der Bestellung als Verfahrensfehler gerügt werden (vgl Rn 6).

VI. Vergütung des Verfahrensbeistandes

1. Kostenerstattung und Rückgriff der Staatskasse

32 Der Verfahrensbeistand wird zunächst in jedem Fall aus der Staatskasse honoriert. Allerdings zählt seine Vergütung in voller Höhe zu den Verfahrensauslagen, KV Nr. 2013 FamGKG, die somit – je nach dem Inhalt der Kostenentscheidung (§ 81 FamFG) – von den Beteiligten zu erstatten sind, § 24 FamGKG. Zu beachten ist aber auch, dass der Antragsteller gem. § 21 FamGKG grundsätzlich Kostenschuldner ist und dass dieser deshalb, auch im Falle einer für ihn positiven Kostenentscheidung, gem. § 24 Abs. 2 FamGKG dann herangezogen werden kann, wenn die Vollstreckung der Staatskasse gegen den Erstschuldner erfolglos geblieben ist oder aussichtslos erscheint (vgl HK-FamGKG/Volpert § 26 FamGKG Rn 41 ff).

33 Hinsichtlich der konkreten Vergütung des Verfahrensbeistandes ist zu differenzieren, ob er diese Tätigkeit berufsmäßig ausübt oder nicht.

2. Vergütung des nicht berufsmäßigen Verfahrensbeistandes

34 Der in der Praxis wohl selten vorkommende Fall der nicht berufsmäßigen Tätigkeit des Verfahrensbeistandes führt gem. § 158 Abs. 7 S. 1 FamFG zur Anwendung der in § 277 FamFG enthaltenen Vergütungsregelung für den nicht berufsmäßigen Verfahrenspfleger in Betreuungssachen. Er erhält damit nur Aufwendungsersatz nach §§ 1835, 1836 BGB. Eine Vergütung gewährt ihm das Gesetz nicht, auch nicht in Form einer Aufwandsentschädigung nach § 1835 a BGB. Auf diese Norm verweist § 277 FamFG gerade nicht.

3. Vergütung des berufsmäßigen Verfahrensbeistandes

35 Der berufsmäßig tätige Verfahrensbeistand erhält gem. § 158 Abs. 7 FamFG für jeden Rechtszug eine pauschale einmalige Vergütung von 350 EUR. Für den Fall der Übertragung zusätzlicher Aufgaben nach § 158 Abs. 4 S. 3 FamFG (s. Rn 19) erhöht sich diese Vergütung auf 550 EUR. Damit sollen alle Aufwendungen, so auch Telefonkosten und Umsatzsteuer, abgegolten sein (hinsichtlich der Fahrtkosten s. Rn 38). Diese Regelung wurde im Gesetzgebungsverfahren auf Betreiben der Bundesländer in das FamFG eingefügt, um deren Justizhaushalte zu schonen.

36 Da mit dieser Kostendeckelung in vielen Fällen keine sachgemäße Interessenvertretung des Kindes möglich ist, wurde der Bundesgerichtshof bald mit deren Überprüfung konfrontiert. Er hat es in seinen daraufhin ergangenen Entscheidungen (15.9.2010 – XII ZB 209/10, NJW 2010, 3446; 15.9.2010 – XII ZB 268/10, NJW 2010, 3449) dahingestellt sein lassen, ob diese Pauschalregelung angemessen ist, wenn der Verfahrensbeistand nur für ein Kind bestellt wird. Er hat aber folgende Klarstellungen vorgenommen: Wird der Verfahrensbeistand für mehrere Kinder tätig, steht ihm die Vergütung für jedes Kind gesondert zu. Ihm steht die Vergütung jeweils auch dann gesondert zu, wenn er im Verfahren der einstweiligen Anordnung und der Hauptsache bestellt worden ist (BGH 17.11.2010 – XII ZB 478/10, NJW 2011, 455). Gleiches gilt für die Bestellung in parallelen Verfahren des Sorgerechts und der Genehmigung einer Unterbringung nach § 1631 b BGB (BGH 19.1.2011 – XII ZB 486/10, NJW 2011, 1451). Erfolgt die Bestellung für den Streit

um das Sorge- und um das Umgangsrecht jedoch innerhalb des (gleichen) Scheidungsverbundverfahrens, so soll nur die einmalige Vergütung anfallen (OLG München 30.7.2012 – 11 WF 1138/12, NJW 2012, 3735).

Der Anspruch auf die Fallpauschale entsteht in dem Moment, in dem der Verfahrensbeistand mit der Wahr-   37
nehmung seiner Aufgaben (§ 158 Abs. 4 FamFG) begonnen hat. Die Entgegennahme des Bestellungsbe-
schlusses ist aber noch nicht ausreichend. Da der Gesetzgeber sich bewusst für eine Pauschalvergütung und
nicht (wie etwa beim Verfahrenspfleger in Betreuungssachen nach § 277 FamFG) für eine aufwandsbezo-
gene Entschädigung entschieden hat, ist es für das Entstehen der Fallpauschale unerheblich, in welchem
Umfang der Verfahrensbeistand bereits tätig geworden ist.

Der Verfahrensbeistand hat neben der in § 158 Abs. 7 S. 2 und 3 FamFG geregelten Vergütungspauschale   38
keinen weiteren Anspruch auf Erstattung der Fahrtkosten. Dies ergibt sich aus einem Vergleich des § 158
Abs. 7 S. 4 FamFG mit der Vorschrift des § 277 FamFG, der die Vergütung und den Aufwendungsersatz
des Verfahrenspflegers in Betreuungssachen regelt (vgl OLG Rostock 22.3.2010 – 10 WF 1/10, FamRZ
2010, 1181).

Der Bundesgerichtshof hat in den unter Rn 36 angeführten Entscheidungen jedoch angemerkt, dass die Regelung des § 158 Abs. 7 S. 4 FamFG in Einzelfällen zu unbilligen Ergebnissen führen kann, nämlich dann,
wenn – etwa im ländlichen Bereich – erhebliche **Fahrtkosten** für den Verfahrensbeistand anfallen.

247. Verfahrenskostenhilfe (VKH)

Stockmann

I. In Ehe- und Familienstreitsachen 1
II. In Nichtstreitverfahren 3
  1. Grundsätzliche Verweisung auf die Regeln der
    ZPO 3
  2. Besonderheiten der VKH gegenüber der PKH . . . 4
    a) VKH möglich für alle Beteiligte 5

    b) Beiordnung eines Rechtsanwalts in Nicht-
      streitverfahren (§ 78 FamFG) 7
      aa) In Verfahren mit Anwaltszwang 7
      bb) In Verfahren ohne Anwaltszwang 8
III. Rechtsbehelfe 15

I. In Ehe- und Familienstreitsachen

1   In Ehe- und Familienstreitsachen werden wegen § 113 Abs. 1 S. 1 FamFG die für Nichtstreitverfahren in den §§ 76 ff FamFG enthaltenen speziellen Regeln der Verfahrenskostenhilfe nicht angewendet. In diesen Bereichen erfolgt eine **direkte Anwendung der Bestimmungen der §§ 114 ff ZPO** für die Prozesskostenhilfe (PKH) (vgl zur PKH im Einzelnen HK-ZPO/Pukall §§ 114–127 a ZPO).

2   Trotz der direkten Anwendung der für die Prozesskostenhilfe vorgesehenen Normen der ZPO soll gleichwohl – wegen der Vorgaben über den Sprachgebrauch in § 113 Abs. 5 Nr. 1 FamFG – in Familiensachen die Terminologie „Verfahrenskostenhilfe" verwendet werden (so BGH 18.5.2011 – XII ZB 265/11, NJW 2011, 2434, Rn 8).

II. In Nichtstreitverfahren

1. Grundsätzliche Verweisung auf die Regeln der ZPO

3   Das FamFG enthält in den §§ 76 ff einen eigenen Abschnitt über die VKH. Dieser gilt ausschließlich für die Nichtstreitverfahren. Dabei erklärt § 76 Abs. 1 S. 1 FamFG die §§ 114 ff ZPO für entsprechend anwendbar. Es können daher die bekannten Grundsätze der PKH angewendet werden (vgl zur PKH im Einzelnen HK-ZPO/Pukall §§ 114–127 a ZPO sowie HK-FamFG/Harms § 76 FamFG Rn 3 ff).

2. Besonderheiten der VKH gegenüber der PKH

4   Unterschiede zur PKH gibt es im Wesentlichen in folgenden Fragen:

5   **a) VKH möglich für alle Beteiligte.** Der sachliche Anwendungsbereich der VKH erfasst alle Beteiligten iSv § 7 FamFG (s. → *Beteiligte* Rn 5 ff) (so auch Zöller/Geimer § 76 FamFG Rn 3; Keidel/Zimmermann § 76 FamFG Rn 7).

Götsche (FamRZ 2009, 383), Fölsch (Das neue FamFG in Familiensachen, 2. Aufl. 2009, § 8 Rn 32) und Schulte-Bunert (Das neue FamFG, 2. Aufl. 2009, Rn 311) wollen die Beteiligten nach § 7 Abs. 3 FamFG, die nicht in eigenen Rechten beeinträchtigt sind, sondern wegen der persönlichen Nähe zu einem materiell Beteiligten Verfahrensbeteiligte werden können (zB der mit den Kindern in einem Familienverband lebende Partner des gesetzlichen Vertreters in Verfahren nach § 1666 BGB), nicht in den Genuss der VKH kommen lassen. Götsche und Fölsch beziehen sich dabei auf eine entsprechende Passage in der Begründung des Regierungsentwurfs. Dieser Entwurf ist aber gerade nicht Gesetz geworden. Aus dem Gesetz lässt sich nach der hier vertretenen Ansicht keine Beschränkung der VKH auf einen bestimmten Kreis von Beteiligten entnehmen.

6   Durch die entsprechende Anwendung des § 114 Abs. 1 ZPO erhält der Beteiligte aber nur dann VKH, wenn die beabsichtigte Rechtsverfolgung oder Rechtsverteidigung hinreichende Aussicht auf Erfolg bietet und nicht mutwillig erscheint.

7   **b) Beiordnung eines Rechtsanwalts in Nichtstreitverfahren (§ 78 FamFG). aa) In Verfahren mit Anwaltszwang.** Einem Beteiligten ist selbstverständlich dann ein Rechtsanwalt beizuordnen, wenn im Verfahren Anwaltszwang besteht. Diese Konstellation kann sich wegen § 114 Abs. 2 FamFG nur in den Nichtstreitverfahren **beim Bundesgerichtshof** stellen: In Ehe- und Familienstreitverfahren besteht zwar bereits

in den unteren Instanzen Anwaltszwang, doch gilt wegen § 113 Abs. 1 FamFG in diesen Verfahren § 78 FamFG gerade nicht. In den übrigen Verfahrensgegenständen außerhalb der Familiensachen besteht kein Anwaltszwang.

bb) In Verfahren ohne Anwaltszwang. Besteht kein Anwaltszwang, ist gem. § 78 Abs. 2 FamFG ein An- 8 walt beizuordnen, wenn wegen der Schwierigkeit der Sach- und Rechtslage die anwaltliche Vertretung erforderlich erscheint. Gegenüber dem Wortlaut des § 121 Abs. 2 ZPO bestehen also **verschärfte Anforderungen**. In den ersten Entscheidungen der Oberlandesgerichte nach Inkrafttreten des FamFG wurde diese Norm sehr unterschiedlich ausgelegt. Der Bundesgerichtshof hat mit der Entscheidung vom 23.6.2010 (XII ZB 232/09, NJW 2010, 3029) Klarheit geschaffen:

Bei der Bemessung der **Schwierigkeit der Sach- und Rechtslage** ist nach § 78 Abs. 2 FamFG nicht nur 9 auf die Ermittlung der tatsächlichen Umstände, sondern auch auf die rechtliche Einordnung abzustellen. Jeder der genannten Umstände, die Schwierigkeit der Sachlage oder die Schwierigkeit der Rechtslage, kann also für sich allein die Beiordnung eines Rechtsanwalts im Rahmen der bewilligten Verfahrenskostenhilfe erforderlich machen (BGH 23.6.2010 – XII ZB 232/09, NJW 2010, 3029).

Das Bundesverfassungsgericht hat bereits wiederholt darauf hingewiesen, dass ein pauschaliertes Abstellen 10 auf den Amtsermittlungsgrundsatz gegen das Prinzip der Rechtsschutzgleichheit verstößt. Die Rolle eines Beteiligten im familiengerichtlichen Amtsverfahren kann nicht darauf reduziert werden, einerseits Sachanträge zu stellen, um im Folgenden mangels eigener Fähigkeiten zur Verfahrensgestaltung Objekt des Verfahrens zu sein (BGH 23.6.2010 – XII ZB 232/09, NJW 2010, 3029; vgl HK-FamFG/Harms Vor §§ 76–78 FamFG Rn 6).

Selbst wenn der **Grundsatz der Waffengleichheit** nach dem Willen des Gesetzgebers kein allein entschei- 11 dender Gesichtspunkt für die Beiordnung eines Rechtsanwalts sein soll, kann der Umstand der anwaltlichen Vertretung anderer Beteiligter gleichwohl ein Kriterium für die Erforderlichkeit zur Beiordnung eines Rechtsanwalts wegen der Schwierigkeit der Sach- oder Rechtslage sein (BGH 23.6.2010 – XII ZB 232/09, NJW 2010, 3029). Diesbezüglich Zurückhaltung zeigt das OLG Celle (25.7.2011 – 10 WF 220/11, MDR 2011, 1178), das auch in dieser Situation die Schwierigkeit der Sach- und Rechtslage in den Vordergrund stellt (vgl hierzu Bastian-Holler FamFR 2011, 425).

Die Erforderlichkeit der anwaltlichen Vertretung beurteilt sich nach den Umständen des Einzelfalles. Die 12 gebotene **einzelfallbezogene Prüfung** lässt eine Herausbildung von Regeln, nach denen der mittellosen Partei für bestimmte Verfahren immer oder grundsätzlich ein Rechtsanwalt beizuordnen ist, nur in engen Grenzen zu (BGH 23.6.2010 – XII ZB 232/09, NJW 2010, 3029). Das OLG Schleswig (13.10.2010 – 13 WF 134/10, NJW-RR 2011, 506) hält unter Bezugnahme auf die Entscheidung des Bundesgerichtshofs jedoch in Abstammungssachen wegen der nicht einfachen Rechtslage (Bewertung der rechtsmedizinischen Gutachten) eine anwaltliche Vertretung generell für angezeigt.

Bei der Bemessung der Schwierigkeit der Sach- und Rechtslage iSv § 78 Abs. 2 FamFG sind aber auch 13 **subjektive Umstände** des betreffenden Beteiligten zu berücksichtigen. Für die Entscheidung ist somit regelmäßig neben dem Umfang und der Schwierigkeit der konkreten Sache auch die Fähigkeit des Beteiligten maßgeblich, sich mündlich oder schriftlich auszudrücken. Dies beruht auf der ständigen Rechtsprechung des Bundesverfassungsgerichts, wonach für die Anwaltsbeiordnung im Rahmen einer bewilligten Verfahrenskostenhilfe entscheidend darauf abzustellen ist, ob ein bemittelter Rechtsuchender in der Lage des Unbemittelten vernünftigerweise einen Rechtsanwalt mit der Wahrnehmung seiner Interessen beauftragt hätte (BGH 23.6.2010 – XII ZB 232/09, NJW 2010, 3029).

Als Folge des Hinweises des Bundesgerichtshofs auf die individuellen Verhältnisse sind von der Recht- 14 sprechung zahlreiche Einzelfallentscheidungen ergangen. Eine tabellarische Übersicht über diejenigen, die Kindschaftssachen betreffen, bietet Nickel (NJW 2011, 1117).

III. Rechtsbehelfe

15 Die Frist für die „sofortige" Beschwerde gegen Entscheidungen betreffend VKH beträgt einheitlich, dh sowohl für Ehe- und Familienstreitsachen als auch für Nichtstreitverfahren, **einen Monat**, § 127 Abs. 2 S. 3 ZPO iVm § 76 Abs. 2 FamFG. Es handelt sich dabei um die **sofortige Beschwerde nach §§ 567 ff ZPO**. Gegen die Entscheidung des Beschwerdegerichts ist keine Rechtsbeschwerde zum Bundesgerichtshof gegeben, es sei denn, das Beschwerdegericht hätte eine solche ausdrücklich zugelassen, § 567 Abs. 1 Nr. 2 ZPO. Die Nichtzulassungsbeschwerde ist gem. § 544 Abs. 1 S. 1 ZPO ausschließlich gegen Berufungsurteile eröffnet, nicht aber gegen Entscheidungen, die in Beschlussform ergehen (vgl BGH 13.7.2011 – IX ZA 77/11, FamRZ 2011, 1582).

248. Verfahrenskostenvorschuss

Schausten

I. Einführung 1
II. Verfahrenskostenvorschuss unter Ehegatten/
Lebenspartnern 3
  1. Anspruchsgrundlagen 3
  2. Bedürftigkeit des Berechtigten 8
  3. Rechtsstreit in einer persönlichen Angelegenheit 12
  4. Hinreichende Erfolgsaussicht 17

  5. Umfang des Anspruchs 18
  6. Leistungsfähigkeit des Verpflichteten 22
III. Anspruch minderjähriger Kinder 24
IV. Anspruch volljähriger Kinder 25
V. Rückzahlungsanspruch 26
VI. Verfahrenshinweise 28

I. Einführung

Der Anspruch auf Verfahrenskostenvorschuss ist ein Teilbereich der Unterhaltspflicht, es handelt sich da- **1** bei um Sonderbedarf (BGH 4.8.2004 – XII ZA 6/04, NJW-RR 2004, 1662).

Ein bestehender Anspruch auf Verfahrenskostenvorschuss stellt Vermögen im Sinne des § 115 Abs. 2 ZPO **2** dar und verhindert so mangels Bedürftigkeit die Bewilligung von Prozesskostenhilfe bzw Verfahrenskostenhilfe. Ein Anspruch auf einen Verfahrenskostenvorschuss ist allerdings bei der Prüfung der Bedürftigkeit nur zu berücksichtigen, wenn er rechtlich unzweifelhaft besteht und darüber hinaus kurzfristig einigermaßen sicher durchsetzbar ist (OLG Düsseldorf 15.12.1989 – 3 W 579/89, FamRZ 1990, 420).

II. Verfahrenskostenvorschuss unter Ehegatten/Lebenspartnern

1. Anspruchsgrundlagen

Zwischen nicht getrennt lebenden Ehegatten besteht im Rahmen des Familienunterhalts gem. § 1360 a **3** Abs. 4 BGB ein Anspruch auf Verfahrenskostenvorschuss. Gleiches gilt gemäß § 5 S. 2 LPartG für Lebenspartner.

Getrennt lebende Ehegatten haben ebenfalls einen Anspruch auf Verfahrenskostenvorschuss gegen den an- **4** deren Ehegatten (§ 1361 Abs. 4 S. 4 iVm § 1360 a Abs. 4 BGB); Gleiches gilt für getrennt lebende Lebenspartner, wie sich aus der Verweisung in § 12 S. 2 LPartG ergibt.

Für die **Zeit nach rechtskräftiger Scheidung** der Ehe bzw rechtskräftiger Aufhebung der Lebenspartner- **5** schaft existiert keine gesetzliche Regelung, die mit der Regelung in § 1360 a Abs. 4 BGB vergleichbar wäre. Der Anspruch lässt sich auch nicht aus § 1578 Abs. 1 S. 2 BGB herleiten, wonach der Unterhaltsanspruch des geschiedenen Ehegatten den gesamten Lebensbedarf umfasst. Inhaltlich bedeutet dies nichts anderes als das, was auch sonst im Unterhaltsrecht das Maß des geschuldeten angemessenen Unterhalts bestimmt. Die Regelungen in § 1360 a BGB und § 1361 BGB verwenden den gleichen Begriff, in beiden Vorschriften wird der Anspruch auf einen Verfahrenskostenvorschuss jedoch ausdrücklich daneben erwähnt. Deshalb lässt sich aus der Fassung des § 1578 BGB, der sich zur Vorschusspflicht weder unmittelbar noch durch Verweisung verhält, eher schließen, dass der Gesetzgeber einen solchen Anspruch dem geschiedenen Ehegatten gerade nicht gewähren wollte (BGH 9.11.1983 – IVb ZR 14/83, NJW 1984, 291).

Die **unterschiedliche Rechtslage** bezüglich des Verfahrenskostenvorschussanspruchs zwischen der Zeit **6** bis zur rechtskräftigen Ehescheidung und der Zeit danach ist bei der Beratung, ob Folgesachen wie der Zugewinnausgleich oder der nacheheliche Ehegattenunterhalt im Verbund mit dem Scheidungsverfahren geführt werden oder nach rechtskräftigem Abschluss des Scheidungsverfahrens eingeleitet werden, in die Entscheidungsfindung mit einzubeziehen.

Neben der bestehenden Ehe bzw Lebenspartnerschaft verlangt der Verfahrenskostenvorschussanspruch, **7** dass der Anspruchsteller **nicht in der Lage ist, die Kosten eines Rechtsstreits zu tragen**, der eine persönliche Angelegenheit betrifft, und dies der Billigkeit entspricht. Besonders geregelt ist, dass auch die Kosten der Verteidigung in einem Strafverfahren, das gegen den Ehegatten gerichtet ist, einen Verfahrenskostenvorschuss begründen können.

2. Bedürftigkeit des Berechtigten

8 Der den Verfahrenskostenvorschuss verlangende Ehegatte muss also bedürftig sein.

9 Dabei ist zuerst auf das **eigene Einkommen** des Anspruchstellers abzustellen. Daraus hat er die Kosten des Rechtsstreits selbst zu tragen ohne seinen eigenen angemessenen Unterhalt nicht nur unerheblich zu gefährden (NK-BGB/Kaiser § 1360 a BGB Rn 50).

10 Er ist auch verpflichtet, **eigenes Vermögen** für die Führung des Verfahrens einzusetzen. Die Grenze für den Einsatz des Vermögens entspricht nicht der bei der Verfahrenskostenhilfe, die auf § 90 SGB XII verweist (OLG Frankfurt 31.1.1986 – 5 WF 38/86). Der Anspruch auf Verfahrenskostenvorschuss aus § 1360 a BGB setzt zum einen die Bedürftigkeit des Anspruchstellenden und zum anderen die Leistungsfähigkeit des in Anspruch genommenen Ehegatten voraus. Für beides ist der Gesichtspunkt der Billigkeit maßgebend, wobei die Bedürftigkeit des einen Ehegatten unter Berücksichtigung der Leistungsfähigkeit des anderen zu beurteilen ist: Je leistungsfähiger der verpflichtete Ehegatte ist, umso geringere Anforderungen sind an die Bedürftigkeit des Berechtigten zu stellen (OLG Köln 6.3.2002 – 27 UF 182/01, NJW-RR 2002, 1585). In der Konsequenz ist dem anspruchstellenden Ehegatten gegebenenfalls deutlich **mehr als das Schonvermögen** iSd § 90 SGB XII zu belassen, wenn der andere Ehegatte über ein entsprechend höheres Vermögen verfügt.

11 Allerdings bedeutet dies nicht, dass immer dann, wenn das Vermögen des anderen Ehegatten höher ist als das des Berechtigten, ein Verfahrenskostenvorschuss zu leisten ist. Hier hat unter dem Gesichtspunkt der Billigkeit eine Abwägung stattzufinden. Gegen den Einsatz des Vermögens des Berechtigten kann auch sprechen, dass es dem Berechtigten derzeit wirtschaftlich nicht zumutbar ist, das Vermögen zu verwerten.

3. Rechtsstreit in einer persönlichen Angelegenheit

12 Es muss sich um einen Rechtsstreit in einer persönlichen Angelegenheit des berechtigten Ehegatten handeln. Rechtsprechung und Literatur tun sich seit jeher schwer, den Begriff der „persönlichen Angelegenheit" allgemeingültig zu definieren.

13 Einigkeit besteht dahin gehend, dass darunter jedenfalls Rechtsstreitigkeiten um materielle und immaterielle Rechte fallen, die die Person des Berechtigten unmittelbar betreffen. Dazu zählen insbesondere die in **§ 823 Abs. 1 BGB genannten Schutzgüter** Leben, Körper, Gesundheit und Freiheit, aber auch Streitigkeiten um die Ehre, das allgemeine Persönlichkeitsrecht, das Namensrecht (insbesondere den Missbrauch des Ehe- und Geburtsnamens), das Recht am eigenen Bild, den Personenstand und um den Status in Abstammungssachen, etwa das Kind im Ehelichkeitsanfechtungsverfahren (NK-BGB/Kaiser § 1360 a BGB Rn 44).

14 Einigkeit besteht ferner, dass ein Anspruch auf Verfahrenskostenvorschuss für alle Verfahren besteht, die als **Familiensachen im Sinne des § 111 FamFG** anzusehen sind. Es war lange Zeit umstritten, ob der Anspruch auf Verfahrenskostenvorschuss auch den **neuen Ehegatten** trifft, wenn der andere Ehegatte einen Rechtsstreit gegen den früheren Ehegatten führt, beispielsweise wegen eines Zugewinnausgleichsanspruchs. Durch die Oberlandesgerichte wurde eine solche Vorschusspflicht teilweise bejaht, teilweise verneint. Die Literatur sprach sich überwiegend gegen eine Vorschusspflicht aus. Begründet wurde dies teilweise damit, dass es sich beispielsweise bei einem Zugewinnausgleichsanspruch zwar ursprünglich um eine persönliche Angelegenheit gehandelt habe, diese Qualifizierung aber mit rechtskräftiger Scheidung weggefallen sei; andere begründeten ihre Auffassung damit, eine Vorschusspflicht bestehe schon deshalb nicht, weil der Anspruch seine Wurzeln nicht in der aktuellen Ehe habe. Teilweise wurde auch die Auffassung vertreten, es sei unbillig, dem neuen Ehegatten aufzugeben, die Altlasten des Partners aus dessen früherer Ehe zu finanzieren. Der Bundesgerichtshof hat nunmehr entschieden, dass auch in solchen Angelegenheiten gegen den früheren Ehegatten ein Anspruch auf Verfahrenskostenvorschuss gegen den neuen Ehegatten besteht, die dagegen gerichteten Einwände seitens der Literatur hat er zurückgewiesen (BGH 25.11.2009 – XII ZB 46/09, NJW 2010, 372).

Schausten

Auch auf **vermögensrechtliche Leistungen gerichtete Ansprüche** können zu den persönlichen Angele- 15
genheiten eines Ehegatten gehören, dies gilt insbesondere dann, wenn sie ihre Wurzeln in der Lebensgemeinschaft der Ehegatten haben. Andererseits gehören Verfahren, die nur dem allgemeinen wirtschaftlichen Interesse eines Ehegatten dienen, nicht zu den persönlichen Angelegenheiten. Zu solchen Verfahren
gehören beispielsweise die Geltendmachung erbrechtlicher Ansprüche (OLG Düsseldorf 1.8.1960 – 7 U
69/60, NJW 1960, 2189) oder Ansprüche nach Pflichtteilsrecht (OLG Köln 26.4.1989 – 2 W 60/89, NJW-
RR 1989, 967), die Geltendmachung gesellschaftsrechtlicher Ansprüche (BGH 30.1.1964 – VII ZR 5/63,
BGHZ 41, 104 ff) oder auch die Rückforderung von Sozialhilfe (VG Sigmaringen 4.2.2004 – 2 K 236/02,
FamRZ 2004, 1653). Bei vermögensrechtlichen Streitigkeiten mit einem Dritten ist eine persönliche Angelegenheit nur dann zu bejahen, wenn der Rechtsstreit eine genügend enge Verbindung zur Person des be-
troffenen Ehegatten aufweist.

Die Rechtsprechung hat in folgenden Fällen auch einen **Anspruch auf Prozesskostenvorschuss bejaht**: 16
– bei Klagen auf Renten, insbesondere aus der Sozialversicherung, etwa um eine Berufs- oder Erwerbsunfähigkeitsrente (BSG 22.12.1959 – 3 RJ 184/59, NJW 1960, 502);
– für arbeitsrechtliche Bestandstreitigkeiten, etwa für Kündigungsschutzklagen (BAG 5.4.2006 – 3 AZB
   61/04, FamRZ 2006, 1117);
– im Strafverfahren für die Erhebung der Nebenklage (BGH 13.1.1993 – 5 StR 669/92, NStZ 1993, 351);
– für verwaltungsrechtliche Streitigkeiten über eine Aufenthaltserlaubnis (OVG Niedersachsen 29.5.2002
   – 12 PA 462/02, NJW 2002, 2489; Hessischer VGH v. 27.2.1990 – 12 TH 2402/89, NVwZ-RR 1990,
   518);
– für Streitigkeiten über das Bestehen einer Abschlussprüfung als Voraussetzung für eine Berufsausübung (OVG Münster v. 26.11.1998 – 19 E 612/98, FamRZ 2000, 21);
– für Zustimmungsersetzungsverfahren nach § 103 Abs. 2 BetrVG (BAG 29.10.2007 – 3 AZB 25/07,
   NJW 2008, 1400).

4. Hinreichende Erfolgsaussicht

Ein Verfahrenskostenvorschussanspruch gegen den Ehegatten nach Maßstab der Billigkeit setzt die hinrei- 17
chende Erfolgsaussicht der beabsichtigten Rechtsverfolgung in einer persönlichen Angelegenheit nach dem
Maßstab des Verfahrenskostenhilfeverfahrens voraus. Dabei ist es Sache des Unterhaltsberechtigten, die
Erfolgsaussichten seines Prozesses schlüssig darzulegen und hierfür Beweis anzutreten. Das gilt jedenfalls
für alle Verfahren, in denen es auf eine Prüfung der Erfolgsaussicht ankommt. Anderes kann in Status- und
Strafverfahren gelten (BGH 7.2.2001 – XII ZB 2/01).

5. Umfang des Anspruchs

Geschuldet wird ein Vorschuss auf die **Kosten des Rechtsstreits**. Daraus folgt bereits, dass der Vorschuss- 18
anspruch nach Abschluss des gerichtlichen Verfahrens oder auch der jeweiligen Instanz nur dann noch verlangt werden kann, wenn der Pflichtige vorher bereits in Verzug gesetzt worden war (OLG Karlsruhe
24.11.1988 – 2 UF 279/97, FamRZ 2000, 431).

Geschuldet wird der Vorschuss für **gerichtliche Verfahren aller Art**, insbesondere für Streitigkeiten vor 19
den Zivilgerichten, den Arbeitsgerichten, den Sozialgerichten, den Finanzgerichten, den Verwaltungsgerichten oder den Strafgerichten.

Der **Höhe** nach umfasst der Anspruch die zu erwartenden Verfahrenskosten. Eingeschlossen sind die Ge- 20
bühren, die das Gericht und der Rechtsanwalt in dem gerichtlichen Verfahren voraussichtlich verlangen
können. Sollten im Verlaufe des Rechtsstreits weitere Kosten entstehen, beispielsweise durch die Einholung von **Sachverständigengutachten**, umfasst der Vorschussanspruch auch solche Kosten, die aber – wie
oben bereits ausgeführt – vor Abschluss der Instanz geltend gemacht werden müssen.

Die **Kosten eines Rechtsanwalts** sind nur dann von dem Vorschussanspruch umfasst, wenn die Einschal- 21
tung des Rechtsanwalts erforderlich und nicht unbillig ist. Dies gilt jedenfalls dann, wenn für das Verfahren

Anwaltszwang herrscht. In den anderen Verfahren richtet sich die Erforderlichkeit nach der Schwierigkeit und der wirtschaftlichen Bedeutung der Sache und der Leistungsfähigkeit des Verpflichteten (NK-BGB/ Kaiser § 1360 a BGB Rn 51). Nicht zu den Kosten des Rechtsstreits gehören die **vorgerichtlich angefallenen Anwaltskosten**.

6. Leistungsfähigkeit des Verpflichteten

22 Der auf Zahlung des Verfahrenskostenvorschusses in Anspruch genommene Ehegatte muss leistungsfähig sein. Ihm muss in jedem Fall der **Selbstbehalt** verbleiben, der ihm unterhaltsrechtlich gegenüber dem Anspruchsteller zustünde (BGH 4.8.2004 – XII ZA 6/04, NJW-RR 2004, 1662). Dabei sind nicht nur die Mindestselbstbehaltssätze zu berücksichtigen, sondern auch der Halbteilungsgrundsatz (OLG Köln 29.8.2012 – 4 UF 6/12, FamRZ 2013, 393): Dies führt dazu, dass in den Fällen, in denen sämtliche Einkünfte der Beteiligten eheprägend sind und der **Unterhalt nach einer Quote** berechnet wird, nicht zusätzlich Verfahrenskostenvorschuss verlangt werden kann.

23 Ein Anspruch auf Verfahrenskostenvorschuss ist dann nicht gegeben, wenn der Verpflichtete selbst **Verfahrenskostenhilfe ohne Ratenzahlung** erhalten würde (BGH 4.8.2004 – XII ZA 6/04, NJW-RR 2004, 1662). In der Rechtsprechung und der Literatur ist allerdings umstritten, ob ein Verfahrenskostenvorschuss auch dann geschuldet ist, wenn der Vorschusspflichtige den gesamten Betrag zwar nicht in einer Summe zahlen kann, aber zu **Ratenzahlungen** in der Lage ist. Teilweise wird die Verpflichtung zur Zahlung eines Verfahrenskostenvorschusses in Raten unter bestimmten Voraussetzungen als unbillig angesehen (Wendl/ Dose, 8. Aufl.; Scholz § 6 Rn 30). Überwiegend wird inzwischen allerdings vertreten, dass bei eingeschränkter Leistungsfähigkeit nach unterhaltsrechtlichen Maßstäben zu prüfen ist, ob er den Vorschuss ohne Gefährdung seines eigenen Selbstbehalts **ratenweise leisten** kann. Dieser Auffassung hat der BGH sich angeschlossen (BGH 4.8.2004 – XII ZA 6/04, NJW-RR 2004, 1662).

III. Anspruch minderjähriger Kinder

24 Auch wenn eine gesetzliche Regelung des Anspruchs auf Verfahrenskostenvorschuss zwischen Eltern und ihren minderjährigen Kindern nicht existiert, ist es allgemeine Auffassung, dass dieser als **Unterfall des Sonderbedarfs** verlangt werden kann; so ist der Kostenvorschuss explizit in Ziffer 12.4 der Leitlinien des OLG Düsseldorf als Zusatzbedarf erwähnt. Dabei ist zu berücksichtigen, dass nicht nur der barunterhaltspflichtige Elternteil für den Verfahrenskostenvorschuss haftet, sondern ebenfalls der das Kind betreuende Elternteil (AG Bergisch Gladbach 5.12.1982 – 28 F 301/82, DAVorm 1983, 141). Hinsichtlich der weiteren Voraussetzungen kann auf die Ausführungen zu dem Verfahrenskostenvorschuss unter Ehegatten Bezug genommen werden (Rn 8 ff).

IV. Anspruch volljähriger Kinder

25 Auch für volljährige Kinder fehlt eine ausdrückliche gesetzliche Regelung, aus der sich ein Anspruch auf Verfahrenskostenvorschuss eindeutig herleiten ließe. Dementsprechend wird teilweise die Auffassung vertreten, volljährige Kinder hätten keinen Anspruch auf Verfahrenskostenvorschuss. Überwiegend wird aber vertreten, dass ein Anspruch dann besteht, wenn das Kind noch keine eigene Lebensstellung erlangt hat; dieser Auffassung hat sich der BGH angeschlossen: Eltern schulden in **entsprechender Anwendung des § 1360 a Abs. 4 BGB** auch ihren volljährigen Kindern einen Vorschuss für die Kosten eines Rechtsstreits in persönlichen Angelegenheiten, wenn die Kinder wegen der Fortdauer ihrer Ausbildung **noch keine eigene Lebensstellung** erreicht haben (BGH 23.3.2005 – XII ZB 13/05, NJW 2005, 1722). Hinsichtlich der weiteren Voraussetzungen kann auf die Ausführungen zu dem Verfahrenskostenvorschuss unter Ehegatten Bezug genommen werden (Rn 8 ff).

V. Rückzahlungsanspruch

26 Der Verfahrenskostenvorschuss kann zurückgefordert werden, wenn die Voraussetzungen, unter denen er verlangt werden konnte, nicht mehr bestehen, insbesondere weil sich die wirtschaftlichen Verhältnisse des

Empfängers wesentlich gebessert haben (HK-FamR/Triebs § 1360 a BGB Rn 27); ferner, wenn die Rückzahlung aus anderen Gründen der Billigkeit entspricht (BGH 14.2.1990 – XII ZR 39/89, NJW 1990, 1476). Ein anderer Grund kann insbesondere dann vorliegen, wenn sich im Nachhinein herausstellt, dass die **Voraussetzungen** für die Gewährung des Vorschusses tatsächlich **nicht gegeben** waren.

Der Rückforderungsanspruch wird von der Rechtsprechung nicht auf § 812 BGB gestützt, weshalb sich der   27
Vorschussempfänger auch nicht auf die §§ 814, 818 Abs. 3 BGB berufen kann.

VI. Verfahrenshinweise

Der Anspruch auf Verfahrenskostenvorschuss kann in einem selbstständigen Anordnungsverfahren durch   28
eine einstweilige Anordnung gem. § 246 FamFG gerichtlich geltend gemacht werden; die Anhängigkeit eines Hauptsacheverfahrens ist dafür nicht mehr erforderlich. Zuständig für den Anspruch ist das Amtsgericht als Familiengericht (§§ 23 a Abs. 1 Nr. 1, 23 b Abs. 1 GVG). Es ist auch nicht ausgeschlossen, den Anspruch auf Verfahrenskostenvorschuss in einem eigenständigen Hauptsacheverfahren geltend zu machen, dagegen spricht regelmäßig nur die Eilbedürftigkeit. Der Verfahrenswert im Verfahren der Einstweiligen Anordnung auf Verfahrenskostenvorschuss ist regelmäßig mit der Hälfte des Wertes der entsprechenden Hauptsache (hier: der bezifferten Forderung) zu bewerten (OLG Celle 9.6.2013 – 10 WF 230/13).

249. Verfügungen von Todes wegen

Schwarz

I. Unterscheidung nach der Bindungswirkung 2
  1. Testament 2
  2. Gemeinschaftliches Testament 4
  3. Erbvertrag 7
II. Testierfähigkeit des Erblassers 8
  1. Unterfall der Geschäftsfähigkeit 8
  2. Minderjährige 9

  3. Betreute Personen 10
  4. Gemeinschaftliches Testament/Erbvertrag 11
III. Persönliche Errichtung der Verfügung von
     Todes wegen 13
  1. Höchstpersönliches Rechtsgeschäft 13
  2. Keine Fremdbestimmung 15

1 Der Erblasser kann sich zur Verfügung über sein Vermögen von Todes wegen zweier vom Gesetz vorgegebener Formen bedienen: des Testaments (§ 1937 BGB) und des Erbvertrags (§ 1941 BGB).

I. Unterscheidung nach der Bindungswirkung

1. Testament

2 Testament gleich einseitige Verfügung von Todes wegen (§ 1937 BGB): Der **Widerruf** durch den Erblasser ist hier uneingeschränkt zulässig. Es besteht **keine Bindungswirkung**. Der Widerruf kann erfolgen durch

– Testament (§§ 2254, 2258 BGB),
– Vernichtung oder Veränderung der Testamentsurkunde (§ 2255 BGB),
– beim öffentlichen Testament durch Rücknahme aus der amtlichen Verwahrung (§ 2256 BGB).

3 **Hinweis:** Diese Widerrufsfiktion gilt bei einem eigenhändigen Testament nicht, auch wenn es nach § 2248 BGB in amtliche Verwahrung gegeben wurde (§ 2256 Abs. 3 BGB).

2. Gemeinschaftliches Testament

4 Das gemeinschaftliche Testament (s. → *Gemeinschaftliches Testament*) ist eine letztwillige Verfügungsmöglichkeit von **Ehegatten** (§ 2265 BGB). Verfügungen, die nicht der Wechselbezüglichkeit unterliegen, zB die Anordnung der Testamentsvollstreckung, sind jederzeit frei widerruflich. Soweit es sich um wechselbezügliche Verfügungen handelt (§ 2270 Abs. 1, 2 BGB), ist der **Widerruf** durch einen Ehegatten zu Lebzeiten des anderen zulässig. Das Widerrufsrecht erlischt mit dem Tode des anderen Ehegatten (§ 2271 Abs. 2 BGB). Die **Wechselbezüglichkeit** von Verfügungen kann sich nur auf

– Erbeinsetzungen,
– Vermächtnisse (s. → *Vermächtnis*) oder
– Auflagen (s. → *Auflagen*)

beziehen (§ 2270 Abs. 3 BGB).

5 Der Widerruf ist nach § 2271 Abs. 1 S. 1 BGB an die Form gebunden, die für den Rücktritt von einem Erbvertrag gilt (§ 2296 BGB). Der Rücktritt ist danach persönlich zu erklären. Er erfolgt durch Erklärung gegenüber dem Ehepartner. Diese Erklärung bedarf der notariellen Beurkundung.

6 Nach dem Tode eines Ehegatten kann der überlebende Ehegatte eine wechselbezügliche Verfügung dadurch aufheben, dass er das ihm Zugewendete ausschlägt (§ 2271 Abs. 2 S. 1 BGB).

3. Erbvertrag

7 Die **größte Bindungswirkung** besteht beim Erbvertrag (s. → *Erbvertrag*). Er ist eine vertragliche Verfügung von Todes wegen über eine Erbeinsetzung, eine Anordnung von Vermächtnissen oder Auflagen (§ 1941 BGB). Soweit sich der Erblasser erbvertraglich gebunden hat, ist ein Widerruf unzulässig, § 2289 Abs. 1 BGB.

II. Testierfähigkeit des Erblassers

1. Unterfall der Geschäftsfähigkeit

Die Testierfähigkeit (§ 2229 BGB) ist eine besondere Art der Geschäftsfähigkeit (NK-BGB/Beck § 2229 **8** BGB Rn 1). Jeder Geschäftsfähige ist auch testierfähig, während dem Geschäftsunfähigen die Testierfähigkeit fehlt (§ 2229 Abs. 4 BGB).

2. Minderjährige

Bei beschränkter Geschäftsfähigkeit: Ein Minderjähriger, der das 16. Lebensjahr vollendet hat, ist **testier-** **9** **fähig** (§ 2229 Abs. 1 BGB). Er kann jedoch kein eigenhändiges Testament errichten (§ 2247 Abs. 4 BGB). Der Minderjährige kann das Testament vielmehr nur durch mündliche Erklärung oder durch Übergabe einer offenen Schrift gegenüber dem Notar errichten (§§ 2232, 2233 BGB). Sinn dieser Regelung ist, dem Minderjährigen eine Amtsperson beratend zur Seite zu stellen.

3. Betreute Personen

Bei Volljährigen: Die Bestellung eines Betreuers hat keine Auswirkungen auf die Testierfähigkeit des Be- **10** treuten (HK-BGB/Hoeren § 2229 BGB Rn 6). Besteht für den Erblasser eine Betreuung (§ 1896 BGB), so kann aus seiner Betreuungsbedürftigkeit nicht auf seine Testierunfähigkeit geschlossen werden. Im Gegenteil besteht auch für den Betreuten die **Vermutung seiner Testierfähigkeit**. Eine Testierunfähigkeit ist nur aus der allgemeinen Regelung des § 2229 Abs. 4 BGB zu entnehmen. Der Betreute kann also wirksam ein Testament errichten, es sei denn, er ist geschäftsunfähig (§§ 104 Nr. 2, 2229 Abs. 4 BGB). Die Wirksamkeit des Testaments eines Betreuten ist nicht von der Einwilligung des Betreuers abhängig. Zwar sieht § 1903 Abs. 1 BGB einen Einwilligungsvorbehalt zu Willenserklärungen des Betreuten vor, falls dies zur Abwendung einer erheblichen Gefahr für die Person oder das Vermögen des Betreuten erforderlich ist. Der Einwilligungsvorbehalt kann sich aber nach § 1903 Abs. 2 BGB nicht auf Verfügungen von Todes wegen erstrecken.

Hinweis: Nach dem bis zum 31.12.1991 geltenden Recht der Entmündigung war das Testament eines Entmündigten in jedem Fall unwirksam, selbst wenn der Erblasser es in einem „lichten Augenblick" errichtet haben sollte. Das von einem entmündigten Erblasser vor dem 1.1.1992 errichtete Testament ist und bleibt auch nach dem 1.1.1992 unwirksam (auch wenn die bisherigen Vormundschaften über Volljährige zum 1.1.1992 zu Betreuungen wurden). Denn: Die Fähigkeit zur Errichtung einer Verfügung von Todes wegen beurteilt sich nach dem zur Zeit der Errichtung geltenden Recht. Die kraft Gesetzes erfolgte Umwandlung der Entmündigung in eine Betreuung hat keine rückwirkende und damit keine heilende Kraft.

4. Gemeinschaftliches Testament/Erbvertrag

Für das gemeinschaftliche Testament der Ehegatten gelten hinsichtlich der Testierfähigkeit keine Beson- **11** derheiten.

Beim Erbvertrag ist jedoch unbeschränkte Geschäftsfähigkeit des Erblassers erforderlich, § 2275 Abs. 1 **12** BGB. Ausnahme: bei Eheleuten genügt beschränke Geschäftsfähigkeit bei Zustimmung des gesetzlichen Vertreters (§ 2275 Abs. 2 BGB).

III. Persönliche Errichtung der Verfügung von Todes wegen

1. Höchstpersönliches Rechtsgeschäft

Für das Testament geregelt in § 2064 BGB; für den Erbvertrag geregelt in § 2274 BGB. **13**

Eine **Stellvertretung** ist **unzulässig** (HK-BGB/Hoeren § 2064 BGB Rn 1). **14**

2. Keine Fremdbestimmung

15 Es darf keine Bestimmung durch Dritte erfolgen. Eine Verfügung, deren Geltung von der Willensentscheidung eines Dritten abhängt, kann gegen das Verbot der Stellvertretung verstoßen. § 2065 BGB will erreichen, dass der Erblasser über das Schicksal seines Vermögens selbst entscheidet; er soll die Entscheidung nicht aus Unentschlossenheit oder Verantwortungsscheu einem Dritten überlassen.

16 **Beispiel:** E setzt S zum Erben unter der Bedingung ein, dass sein Freund F nach Eintritt des Erbfalls zustimmt. Das Testament ist unwirksam. Es verstößt gegen § 2065 Abs. 1 BGB.

17 Aber nicht alle Verfügungen, deren Gültigkeit vom Willen eines Dritten abhängen, sind nach § 2065 Abs. 1 BGB unwirksam. Hat der Erblasser bezüglich der Geltung der Verfügung einen bestimmten Willen gehabt, so verstößt es nicht gegen § 2065 Abs. 1 BGB, wenn er die Gültigkeit von dem Tun oder Unterlassen eines Dritten abhängig macht. Eine solche Wollensbedingung ist insbesondere dann zulässig, wenn der Erblasser an dem Verhalten des Dritten ein selbstständiges Interesse hat oder er den Inhalt seiner letztwilligen Verfügung auf die Sachlage abstellen will, die durch das als Bedingung gesetzte Tun oder Unterlassen verwirklicht wird.

18 **Beispiel:** E setzt seinen Neffen als Erben ein unter der Bedingung, dass dessen Ehefrau den E im Alter pflegt. Diese Verfügung ist wirksam, obwohl ihre Geltung von dem Willen der Ehefrau abhängt.

19 Nach § 2065 Abs. 2 BGB kann der Erblasser die Bestimmung der Person, die eine Zuwendung erhalten soll, sowie die Bestimmung des Gegenstandes der Zuwendung nicht einem anderen überlassen. Eine unzulässige Vertretung im Willen liegt jedoch nicht vor, wenn der Erblasser objektive Kriterien aufstellt, nach denen der Dritte die Bestimmung des Erben vornehmen kann (NK-BGB/Beck § 2065 BGB Rn 9).

20 **Beispiel:** Der Goldschmied G bestimmt in seinem Testament, dass derjenige seiner Söhne sein Erbe sein soll, der Goldschmiedemeister wird. Sollte das bei mehreren Söhnen der Fall sein, wird der älteste von ihnen Erbe. Die Feststellung, wer danach Erbe ist, soll der Freund Fritz treffen.

Lösung: Diese Verfügung ist wirksam. Der Dritte bestimmt nicht aufgrund seines subjektiven Ermessens den Erben, er bezeichnet ihn nur entsprechend den objektiven Voraussetzungen, die aus dem Testament zu entnehmen sind. Der Dritte hat kein Auswahlermessen. Der Erblasser hat seinen Erben zwar nicht namentlich genannt, aber doch so beschrieben, dass jeder ermitteln kann, wer Erbe ist. Die Feststellung des Freundes Fritz ist an sich entbehrlich (BGH 18.11.1954 – IV ZR 152/54, BGHZ 15, 199).

250. Verjährung des Zugewinns

Caspary

Seit dem 1.1.2010 gilt auch für alle familienrechtlichen Ansprüche die **regelmäßige Verjährungsfrist von** **1** **drei Jahren** gemäß § 195 BGB. Die Frist beginnt nach § 199 Abs. 1 Nr. 1 und 2 BGB mit dem Schluss des Jahres, in dem der Anspruch entstanden ist und in dem der Gläubiger von dem Anspruch sowie der Person des Schuldners Kenntnis erlangt hat oder ohne grobe Fahrlässigkeit hätte erlangen müssen. Da der Anspruch auf Zugewinnausgleich erst mit Rechtskraft der Scheidung entsteht, kann er somit frühestens drei Jahre nach dem Ende des Jahres, in dem die Scheidung rechtskräftig geworden ist, verjähren. Allerdings ist ohnehin die Verjährung aller Ansprüche zwischen Ehegatten gemäß § 207 BGB gehemmt, solange die Ehe besteht.

Nach Rechtskraft der Scheidung entfällt der **Hemmungstatbestand des § 207 BGB**. Eine Hemmung der **2** Verjährung kann dann nur noch nach den allgemeinen Vorschriften bewirkt werden, insbesondere also wegen Verhandlungen nach § 203 BGB und infolge gerichtlicher Geltendmachung des Anspruchs nach § 204 Nr. 1 BGB. Sofern die Verjährung durch die gerichtliche Geltendmachung des Anspruchs gehemmt werden soll, ist zu beachten, dass bei Teilklagen die Hemmung nur den eingeklagten Teil des Anspruchs erfasst (BGH 9.1.2008 – XII ZR 33/06, FamRZ 2008, 675). Außerdem muss das Verfahren durchgehend betrieben werden, um sich die Unterbrechungs- bzw Hemmungswirkung zu erhalten (OLG Celle 24.10.2006 – 10 UF 53/06, FamRZ 2007, 1101). Liegen die Auskünfte noch nicht vor, muss eine Stufenantragklage gestellt werden, da ein reiner Auskunftsantrag die Verjährung nicht unterbricht bzw hemmt (BGH 26.6.1996 – XII ZR 38/95, FamRZ 1996, 1271; OLG Celle 3.3.1995 – 15 UF 222/94, FamRZ 1996, 678). Dabei sollte der richtige **Stichtag** angegeben werden, um die Unterbrechung bzw Hemmung der Verjährung zu erreichen (OLG Hamm 15.11.1995 – 33 U 76/94, FamRZ 96, 864; aA KG 17.4.2000 – 16 UF 8082/99, FamRZ 2001, 105; OLG Zweibrücken 16.1.2001 – 5 UF 89/00, NJW-RR 2001, 865).

Für Altfälle gilt die **Übergangsvorschrift** des Art. 229 § 23 EGBGB. Danach gilt für alle am 1.1.2010 be- **3** stehenden und nicht verjährten Ansprüche das neue Verjährungsrecht, es sei denn, nach altem Recht wäre die Verjährung früher abgelaufen als nach neuem Recht. Das dürfte bei Ansprüchen auf Zugewinnausgleich in der Regel der Fall sein, wenn die Ehe vor dem 1.1.2010 rechtskräftig geschieden worden ist, da nach Art. 229 § 23 Abs. 2 S. 1 EGBGB bei Anwendung des neuen Rechts die Verjährungsfrist frühestens am 1.1.2010 zu laufen beginnt, wohingegen nach altem Recht Ansprüche auf Zugewinnausgleich innerhalb von drei Jahren ab Beendigung des Güterstandes verjährten, wobei allerdings der Ehegatte wissen musste, dass der Güterstand beendet ist (§ 1378 Abs. 4 BGB aF).

251. Verjährung von Unterhaltsansprüchen

Schausten

I. Einführung...................................... 1   III. Wirkung der Verjährungshemmung............. 10
II. Hemmung der Verjährung..................... 3   IV. Neubeginn der Verjährung.................... 11

I. Einführung

1 Auch für Unterhaltsansprüche gelten die allgemeinen Verjährungsregelungen. Demnach verjähren nicht titulierte Unterhaltsansprüche **nach Ablauf von drei Jahren** (§ 195 BGB). Das gilt auch für Ansprüche auf Sonder- und Mehrbedarf und andere unterhaltsrechtliche Ansprüche, wie beispielsweise den Nachteilsausgleich nach Durchführung des begrenzten Realsplittings oder den familienrechtlichen Ausgleichsanspruch. Die Verjährung **beginnt** gem. § 199 Abs. 1 Nr. 2 BGB nicht mit der Entstehung des Anspruchs, sondern erst **mit dem Schluss des Jahres**, in dem der Anspruch entstanden ist und der Gläubiger von ihm erfahren hat oder Kenntnis hätte haben können. Dementsprechend beginnt die Verjährungsfrist für alle unterjährig entstandenen Unterhaltsansprüche einheitlich am 31.12. des jeweiligen Kalenderjahres.

2 Sind die **Unterhaltsansprüche tituliert**, ist zwischen den Ansprüchen, die zum Zeitpunkt der Titulierung bereits fällig waren, und denen, die erst danach fällig wurden, zu unterscheiden. Für die zum Zeitpunkt der Titulierung bereits fälligen Ansprüche gilt die 30-jährige Verjährungsfrist des § 197 BGB, während für die erst nach der Titulierung fällig werdenden Ansprüche die Regelung des § 195 BGB gilt, also die regelmäßige Verjährungsfrist von drei Jahren (§ 197 Abs. 2 BGB).

II. Hemmung der Verjährung

3 Bereits **außergerichtliche Vergleichsverhandlungen** zwischen den Beteiligten über den Anspruch oder die den Anspruch begründenden Umstände hemmen die Verjährung, bis der eine oder der andere Teil die Fortsetzung der Verhandlungen verweigert (§ 203 BGB). Endet die Hemmung, tritt die Verjährung frühestens drei Monate danach ein.

4 Die Verjährung kann ferner insbesondere durch **Klageerhebung** (§ 204 Abs. 1 Nr. 1 BGB), durch Zustellung des Antrags im vereinfachten Verfahren über den Unterhalt Minderjähriger (§ 204 Abs. 1 Nr. 2 BGB), durch Zustellung des Mahnbescheids (§ 204 Abs. 1 Nr. 3 BGB) oder durch Zustellung eines Antrags auf Arrest, einstweilige Verfügung oder einstweilige Anordnung (§ 204 Abs. 1 Nr. 9 BGB) gehemmt werden.

5 Gemäß § 204 Abs. 1 Nr. 14 BGB wird die Verjährung durch die Veranlassung der Bekanntgabe des **erstmaligen Antrags auf Gewährung von Prozesskostenhilfe** oder Verfahrenskostenhilfe gehemmt; wird die Bekanntgabe demnächst im Sinne von § 167 ZPO (dazu auch: OLG Brandenburg 17.7.2008 – 10 WF 139/08, FamRZ 2009, 800) nach der Einreichung des Antrags veranlasst, so tritt die Hemmung der Verjährung bereits mit der Einreichung ein. Voraussetzung für diese Wirkung ist, dass der Antrag ordnungsgemäß begründet und vollständig ist (BGH 8.2.1995 – XII ZR 24/94, NJW-RR 1995, 770), insbesondere also die für die Prüfung der persönlichen und wirtschaftlichen Verhältnisse erforderlichen Belege beigefügt werden. Wenn der Antrag auf Bewilligung von Prozess- oder Verfahrenskostenhilfe zurückgewiesen wird, muss der Antragsteller Beschwerde einlegen, um die Wirkungen aufrecht zu erhalten.

6 **Sechs Monate** nach der rechtskräftigen Entscheidung (§ 204 Abs. 2 BGB) oder einer anderweitigen Beendigung des eingeleiteten Verfahrens endet die Hemmung.

7 Darüber hinaus ist die Verjährung von Ehegattenunterhaltsansprüchen gehemmt, solange die **Ehe besteht** (§ 207 Abs. 1 S. 1 BGB), diese Regelung gilt auch für Lebenspartnerschaften. Die Ehe besteht bis zur Rechtskraft des Scheidungsausspruchs.

8 Für Ansprüche zwischen einem Kind und seinen Eltern oder dem Ehegatten oder Lebenspartner eines Elternteils ist die Verjährung von Ansprüchen bis zur **Vollendung des 21. Lebensjahres** des Kindes gehemmt (§ 207 Abs. 1 S. 2 Nr. 2 BGB); wird die Ehe des Elternteils vor der Vollendung des 21. Lebensjah-

res des Kindes beendet, endet mit der Beendigung dieser Ehe auch die Hemmung der Verjährung. Gehen die Unterhaltsansprüche des Kindes auf einen Dritten über, insbesondere den Sozialhilfeträger, endet die Hemmung der Verjährung mit dem Übergang des Anspruchs und die normalen Verjährungsfristen beginnen zu laufen (BGH 23.8.2006 – XII ZR 26/04, NJW 2006, 3561). Die der Wahrung des Familienfriedens dienende Bestimmung greift nicht mehr ein, wenn die in Frage stehenden Ansprüche auf einen Dritten übergegangen sind.

Der Umstand, dass die Verjährung der Unterhaltsansprüche eines minderjährigen Kindes gegenüber seinen Eltern bis zum 21. Lebensjahr des Kindes gehemmt ist, steht der Annahme einer **Verwirkung** nicht entgegen, wenn aus besonderen Gründen die Voraussetzungen sowohl des Zeit- als auch des Umstandsmoments erfüllt sind (OLG Frankfurt/M. 31.8.2006 – 5 WF 233/05, OLGReport Frankfurt 2007, 320). **9**

III. Wirkung der Verjährungshemmung

Gemäß § 209 BGB bewirkt die Hemmung, dass der Zeitraum, währenddessen die Verjährung gehemmt ist, in die Verjährungsfrist nicht eingerechnet wird. **10**

IV. Neubeginn der Verjährung

Die Verjährung beginnt gem. § 212 BGB erneut, wenn der Schuldner dem Gläubiger gegenüber den Anspruch durch Abschlagszahlung, Zinszahlung, Sicherheitsleistung oder in anderer Weise anerkennt oder eine gerichtliche oder behördliche Handlung vorgenommen oder beantragt wird. Wird die Vollstreckungshandlung auf Antrag des Gläubigers oder mangels der gesetzlichen Voraussetzungen aufgehoben, beginnt die Verjährung nicht neu; Gleiches gilt, wenn dem Antrag auf Vornahme einer Handlung nicht stattgegeben oder der Antrag vor der Vollstreckungshandlung zurückgenommen oder die Vollstreckungshandlung aufgehoben wird. **11**

252. Verlöbnis

Vlassopoulou

I. Einführung	1	d) Weitere Ansprüche	17	
II. Materielles Recht	2	3. Rückgabe der Geschenke (§ 1301 BGB)	18	
1. Voraussetzungen und Inhalt des Verlöbnisses		4. Verjährung der Ansprüche	23	
(§ 1297 BGB)	2	5. Verlöbnis/Heirat	24	
a) Voraussetzungen	2	III. Verfahrenshinweise	25	
b) Inhalt	7	1. Familienstreitsache (§ 266 Abs. 1 Nr. 1 FamFG)	25	
2. Schadensersatz bei Rücktritt (§ 1298 BGB)	9	2. Beweislast	27	
a) Ersatzpflicht/Grundsätze		IV. Nebengebiete	28	
(§ 1298 Abs. 1, 2 BGB)	9	1. Erbrecht	28	
b) Kein Schadensersatz bei wichtigem Grund		2. Zivil- und Strafprozessrecht	29	
(§ 1298 Abs. 3 BGB)	14	3. Strafrecht	30	
c) Rücktritt aus Verschulden des anderen		4. Steuerrecht	31	
(§ 1299 BGB)	16	V. Internationales Privatrecht	32	

I. Einführung

1 Was ein Verlöbnis ist, steht nicht im BGB. Vielmehr wird geregelt, welche Ansprüche bestehen, wenn das Verlöbnis nicht durch die beabsichtigte Eheschließung, sondern auf andere Weise beendet wird (§§ 1298 ff BGB). Nach hM ist das Verlöbnis ein **familienrechtlicher Vertrag**, der auf die Ehe hin ausgerichtet ist (Palandt/Brudermüller Vor § 1297 BGB Rn 1). Es besteht im ernsthaften wechselseitigen Versprechen zweier Personen, künftig die Ehe miteinander einzugehen (NK-BGB/Kaiser § 1297 BGB Rn 8).

II. Materielles Recht

1. Voraussetzungen und Inhalt des Verlöbnisses (§ 1297 BGB)

2 **a) Voraussetzungen.** Im Inland ist die Eheschließung nur zwischen Mann und Frau zulässig (s. → *Eheschließung im Inland* Rn 1). Dementsprechend können sich nur Mann und Frau verloben (zu dem Versprechen, eine Lebenspartnerschaft zu begründen, s. → *Eingetragene Lebenspartnerschaft* Rn 10).

3 Das Verlöbnis ist nicht formbedürftig. Es setzt auch nicht die Einhaltung irgendwelcher Förmlichkeiten (Ringwechsel, Verlobungsanzeige, Verlobungsfeier) voraus.

4 Als höchstpersönliches Rechtsgeschäft kann die Verlobungserklärung nicht durch einen Vertreter erfolgen. Anders als die Erklärung zur Eheschließung (s. → *Eheschließung im Inland* Rn 2) kann das mit der Verlobung abgegebene **Eheversprechen** unter eine aufschiebende oder auflösende Bedingung gestellt werden, zB den Abschluss eines Ehevertrages, die Bedingung einer Berufsausbildung, die Wahl eines bestimmten Familiennamens.

5 Nach hM setzt die Verlobung die **Geschäftsfähigkeit** beider Verlobten voraus. Kinderverlobungen können sittenwidrig sein. Sittenwidrig soll auch das Verlöbnis mit Verheirateten oder mit einem Verlobten sein (zu der Sittenwidrigkeit s. NK-BGB/Kaiser § 1297 BGB Rn 9).

6 Ein Verlöbnis ist nichtig, wenn es gegen ein gesetzliches Verbot nach § 134 BGB verstößt, zB gegen das Verbot der Verwandtschaft. Die Nichtigkeit des Verlöbnisses schließt eine analoge Anwendung der §§ 1298 f BGB nicht aus.

7 **b) Inhalt.** Das Verlöbnis begründet die **Verpflichtung** zur Eheschließung. Die Erfüllung der Verpflichtung zur Eheschließung ist jedoch ausgeschlossen. Die Verpflichtung ist nicht einklagbar. Ebenso ist das Versprechen, eine Vertragsstrafe für die unterbliebene Eheschließung zu leisten, nichtig (§ 1297 BGB). Das entspricht dem Grundsatz der Eheschließungsfreiheit (Art. 6 Abs. 1 GG).

8 Die Verlobung führt nicht zu einer Unterhaltspflicht oder einem güterrechtlichen Ausgleich, ebenso wenig zu einer Schlüsselgewalt der Verlobten (s. → *Schlüsselgewalt* Rn 2). Allerdings knüpft der Gesetzgeber an den Bruch des Verlöbnisses eine Ersatz- und Rückgabepflicht.

2. Schadenersatz bei Rücktritt (§ 1298 BGB)

a) Ersatzpflicht/Grundsätze (§ 1298 Abs. 1, 2 BGB). Den Verlobten, der von dem Verlöbnis zurücktritt, **9** trifft eine Ersatzpflicht (§ 1298 Abs. 1 und 2 BGB). Der Rücktritt erfolgt durch einseitige, empfangsbedürftige Willenserklärung, die auch stillschweigend (zB Abbruch des Verkehrs, Einstellung des Briefwechsels) abgegeben werden kann (Palandt/Brudermüller § 1298 BGB Rn 1). Der zurücktretende Verlobte ist zum Schadenersatz wegen Nichterfüllung des Eheversprechens verpflichtet. Zu ersetzen ist nicht das Erfüllungsinteresse, sondern das begrenzte negative Interesse. Gläubiger ist – anders als bei einem sonstigen Rücktritt – nicht nur der andere Verlobte, sondern auch dessen Eltern sowie dritte Personen, die anstelle der Eltern gehandelt haben. Ersetzt werden nicht alle Vermögensnachteile infolge des Verlöbnisses, sondern nur der Schaden, der durch die in Erwartung der Ehe gemachten Aufwendungen oder eingegangenen Verbindlichkeiten entstanden ist (§ 1298 Abs. 1 S. 1 BGB).

Dem anderen Verlobten gegenüber wird darüber hinaus Ersatz des Schadens geschuldet, den dieser da- **10** durch erleidet, dass er in Erwartung der Ehe sonstige Maßnahmen bzgl seines Vermögens oder seiner Erwerbsstellung getroffen hat (§ 1298 Abs. 1 S. 2 BGB).

Geschuldet wird lediglich der Ersatz der in Erwartung der Ehe, dh im Vertrauen auf die spätere Eheschlie- **11** ßung, entstandenen **materiellen Nachteile**. Denn die Verlobung bietet keine Garantie für die spätere Heirat.

Die durch Aufwendungen, die Eingehung von Verbindlichkeiten oder Maßnahmen entstandenen Kosten **12** müssen nicht nur in Erwartung der Ehe erfolgt, sondern auch den Umständen nach angemessen gewesen sein. Die Angemessenheit richtet sich nach den Umständen des Einzelfalles. Maßgeblich sind die Vermögensverhältnisse der Verlobten und insbesondere die Frage, wie nah und wie sicher die beabsichtigte Eheschließung bevorsteht.

Aufwendungen in Erwartung der Ehe sind beispielsweise Anschaffungen aller Art im Hinblick auf die **13** Errichtung eines Haushalts oder Aufwendungen für die Hochzeitsfeier. Dagegen wird **kein Ersatz** geschuldet für Aufwendungen, die nur anlässlich des Verlöbnisses erfolgten, wie zB Bewirtungskosten, der Nutzungswert einer Wohnungsüberlassung, ebenso wenig Sterilisationskosten oder Verdienstausfall durch Schwangerschaft. Nicht ersatzfähig sind Kosten für das voreheliche Leben oder das Leben in nichtehelicher Lebensgemeinschaft, wie die Aufgabe des Berufs, der bisherigen Wohnung, der Unterhaltsverzicht gegenüber dem früheren Ehegatten.

b) Kein Schadenersatz bei wichtigem Grund (§ 1298 Abs. 3 BGB). Keine Ersatzpflicht trifft den Ver- **14** lobten, der nicht grundlos, sondern aus wichtigem Grund vom Verlöbnis zurücktritt (§ 1298 Abs. 3 BGB). Streitig ist, ob der Begriff „wichtiger Grund" eng oder weit auszulegen ist. Richtig ist die Auffassung, dass der Begriff weit auszulegen ist. Die §§ 1298, 1299 BGB sind kaum zeitgemäß. Dass es nicht zur Heirat kommt, ist das Risiko, das jeder Verlobte mit der Verlobung übernimmt und welches durch den Schadenersatz nach §§ 1298 f BGB ausgeglichen werden soll (NK-BGB/Kaiser §§ 1298, 1299 BGB Rn 21).

Wichtige Gründe sind alle Gründe, die zur Anfechtung wegen Irrtums oder arglistiger Täuschung berech- **15** tigen würden (Palandt/Brudermüller § 1298 BGB Rn 9), zB Täuschungen in der Person des anderen Verlobten wie Unfruchtbarkeit, Impotenz oder erbliche Belastungen. Auch ein **Fehlverhalten** des anderen Verlobten, wie der Bruch der Verlöbnistreue, berechtigt zum Rücktritt (s. NK-BGB/Kaiser §§ 1298, 1299 BGB Rn 26).

c) Rücktritt aus Verschulden des anderen (§ 1299 BGB). Eine Schadenersatzpflicht gem. § 1298 Abs. 1, **16** 2 BGB trifft auch den Verlobten, der den Rücktritt des anderen durch ein **Verschulden** veranlasst, das einen wichtigen Grund für den Rücktritt bildet (§ 1299 BGB). Der Unterschied besteht darin, dass der zurücktretende Verlobte den Schadenersatzanspruch hat.

d) Weitere Ansprüche. §§ 1297 f verdrängen als Spezialregelungen andere Ansprüche, insb. wegen Leis- **17** tungsstörung. Dagegen bleibt das Deliktrecht anwendbar (NK-BGB/Kaiser §§ 1298, 1299 BGB Rn 37 f).

3. Rückgabe der Geschenke (§ 1301 BGB)

18 Kommt es nicht zu der Eheschließung, kann jeder Verlobte vom anderen die Rückgabe der Geschenke und desjenigen verlangen, was er ihm zum Zeichen des Verlöbnisses gegeben hat (§ 1301 S. 1 BGB). Für die Herausgabe der Geschenke verweist die Vorschrift auf die Ansprüche wegen ungerechtfertigter **Bereicherung** (§§ 812 ff BGB).

Voraussetzungen des Anspruchs sind ein gültiges Eheversprechen zum Zeitpunkt der Schenkung und das Unterbleiben der Eheschließung aus irgendeinem Grund. Der Anspruch entsteht in jedem Fall, in dem das Verlöbnis endet, und auch zugunsten desjenigen, den die Schuld am Ende des Verlöbnisses trifft.

19 Nach hM ist der Begriff „**Geschenke**" weit auszulegen. Er umfasst alle Zuwendungen, die mit der Auflösung des Verlöbnisses ihre Grundlage verlieren. Dagegen fallen nicht unter den Begriff „Geschenke" Zuwendungen, die die Verlobten einander im Rahmen einer nichtehelichen Gemeinschaft gemacht haben, wie Unterhaltsbeiträge zur Lebensgemeinschaft, die Einräumung der Mitbenutzung an der Wohnung und an Haushaltsgegenständen, weil solche Leistungen nicht in Erwartung der Ehe, sondern im Hinblick auf das gegenwärtige Zusammenleben erbracht wurden (BGH 13.4.2000 – XII ZR 296/00, NJW-RR 2005, 1089).

20 Der Herausgabeanspruch steht nur den Verlobten zu und gilt nicht für Geschenke anderer Personen. Die Eltern können Rückforderungsansprüche aus anderen Rechtsgründen oder aus § 812 Abs. 1 S. 2 Alt. 2 BGB haben (OLG Köln 8.4.1994 – 20 UF 226/92, NJW-RR 1994, 1026: „Brautgeld").

21 Bei Beendigung des Verlöbnisses durch den **Tod** ist im Zweifel anzunehmen, dass eine Rückforderung ausgeschlossen ist (§ 1301 S. 2 BGB).

22 Zugunsten der Verlobten bleiben neben § 1301 BGB auch Ansprüche aus §§ 527 ff BGB oder aus §§ 812 ff BGB anwendbar (zB gegen den Heiratsschwindler). Das kann in der Praxis wegen der unterschiedlichen Verjährungsfristen von Bedeutung sein.

4. Verjährung der Ansprüche

23 Die Ansprüche aus dem Verlöbnis gem. §§ 1298–1301 BGB verjähren in drei Jahren, beginnend mit der Auflösung des Verlöbnisses (§ 1302 BGB).

5. Verlöbnis/Heirat

24 Bei Zuwendungen, die Ehegatten bereits in der Verlobtenzeit einander gewähren, kann ein den Zugewinnausgleich ergänzender Ausgleichsanspruch bestehen (BGH 2.10.1991 – XII ZR 145/90, NJW 1992, 427).

III. Verfahrenshinweise

1. Familienstreitsache (§ 266 Abs. 1 Nr. 1 FamFG)

25 Ansprüche zwischen miteinander Verlobten oder ehemals Verlobten sind Familienstreitsachen (§ 112 Nr. 3 FamFG) und gehören zu den sonstigen Familiensachen gem. § 266 Abs. 1 Nr. 1 FamFG (s. → *Familiengerichtliches Verfahren* Rn 14 f). Der Begriff „Ansprüche" ist weit auszulegen. Er umfasst auch dingliche Rechte. Familiensache ist daher auch der Rechtsstreit ehemals Verlobter um das Eigentum an einem während der Verlobungszeit angeschafften Pkw (LG Mainz 16.5.2011 – 3 O 50/12, FamRZ 2013, 68).

26 § 120 Abs. 3 FamFG über die Nichtvollstreckbarkeit der Verpflichtung zur Eingehung einer Ehe kommt, da nach § 1297 Abs. 1 BGB der Antrag auf Eingehung einer Ehe unzulässig ist, nur bei ausländischen Entscheidungen zur Anwendung.

2. Beweislast

27 Bei dem Schadenersatzanspruch trägt gem. § 1298 BGB der **Antragsteller** die Darlegungs- und Beweislast für das Vorliegen eines wirksamen Verlöbnisses, den Rücktritt des anderen, den Schaden und die Ange-

messenheit. Die Beweislast für das Vorliegen des wichtigen Grundes trägt der Verlobte, der vom Verlöbnis zurücktritt.

Ähnliches gilt für einen Schadenersatzanspruch gem. § 1299 BGB mit dem Unterschied, dass der Antragsteller zusätzlich beweisen muss, dass er aus einem wichtigen Grund zurückgetreten ist, den der andere schuldhaft veranlasst hat. Bei der Rückgabe von Geschenken trägt der Antragsteller die Beweislast für das Verlöbnisgeschenk und die Beendigung des Verlöbnisses.

IV. Nebengebiete

1. Erbrecht

Das Erbrecht behandelt **Verlobte** zum Teil wie Eheleute, vgl §§ 2077, 2279 (letztwillige Verfügungen),   28
2275, 2276, 2290 (Erbvertrag), 2347, 2351, 2352 (Erbverzicht) BGB.

2. Zivil- und Strafprozessrecht

Das Zivil- und Strafprozessrecht geben den Verlobten ein **Zeugen-, Auskunfts- und Gutachtenverweige-**   29
rungsrecht (§§ 383 Nr. 1, 385 Abs. 1, 408 Abs. 1 ZPO, auf die auch § 29 Abs. 2 FamFG verweist; §§ 52
Abs. 1 Nr. 1, 55, 61 Nr. 2, 63, 76 StPO). Ein Zeugnisverweigerungsrecht besteht aber nicht, wenn der Verlobte verheiratet ist (BVerfG 21.2.1987 – 2 BvR 744/87, NJW 1987, 2807).

3. Strafrecht

Der Verlobte ist Angehöriger iSv § 11 Abs. 1 Nr. 1 a StGB.   30

4. Steuerrecht

Ein Verlobter kann die **Unterhaltsgewährung** an den Verlobten als außergewöhnliche Belastung (s. →   31
Außergewöhnliche Belastung Rn 8) gem. § 33 a Abs. 1 S. 2 EStG geltend machen (BFH 29.5.2008 – III R
23/07, NJW 2009, 622).

Erbschaftsteuerrechtlich sind Verlobte Eheleuten nicht gleichgestellt (BFH 23.3.1998 – II R 26/96, NJW-
RR 1999, 1).

V. Internationales Privatrecht

Eine kollisionsrechtliche Vorschrift gibt es für das Verlöbnis nicht. Die Frage, nach welchem Recht die Be-   32
gründung und die Rechtsfolgen der Auflösung des Verlöbnisses maßgeblich sein sollen, bedarf der vorherigen **Qualifikation** (s. → *Eheschließung mit Ausländern* Rn 7) des Verlöbnisses. Ist das Verlöbnis eine familienrechtliche oder eine schuldrechtliche Sonderbeziehung? Aus der Sicht der (deutschen) lex fori ist das Verlöbnis ein familienrechtlicher Vertrag (s. Rn 1). Die Voraussetzungen zur Eingehung eines Verlöbnisses können folglich nicht anders als die Voraussetzungen zur Eheschließung geregelt werden. Nach ständiger Rechtsprechung ist auf die Eingehung des Verlöbnisses Art. 13 Abs. 1 EGBGB analog anzuwenden. Das bedeutet, dass die Wirksamkeitsvoraussetzungen des Verlöbnisses sich nach dem Eheschließungsstatut, dh nach dem Heimatrecht beider Verlobten richten (s. → *Eheschließung mit Ausländern* Rn 3). Die Form des Verlöbnisses richtet sich wie bei der Eheschließung nach Art. 11 EGBGB, die Geschäftsfähigkeit nach Art. 7 EGBGB. Art. 13 Abs. 3 EGBGB (s. → *Eheschließung im Inland* Rn 14 ff) ist irrelevant, weil das Verlöbnis nach (deutschem) materiellen Recht nicht formbedürftig ist (s. Rn 3).

Streitig ist, nach welchem Recht sich die **Rechtsfolgen der Auflösung** des Verlöbnisses richten. Nach dem   33
BGH sind die Wirkungen des Verlöbnisbruchs als solche nach dem Heimatrecht des Verpflichteten zu beurteilen (BGH 13.4.2005 – XII ZR 296/00, NJW-RR 2005, 1089). Richtig ist die Auffassung, wonach auf die Folgen des Verlöbnisses Art. 14 Abs. 1 EGBGB, dh das **Ehewirkungsstatut** (s. → *Eheliche Lebensgemeinschaft* Rn 28 ff), analog anzuwenden ist. Es ist aus heutiger Sicht nicht nachvollziehbar, warum sich

bei unterschiedlicher Staatsangehörigkeit der Verlobten die Folgen des Verlöbnisbruchs nach dem Heimatrecht des Beklagten beurteilen sollen (s. Andrae § 9 Rn 17).

34   Auf deliktische Schadenersatzansprüche aus dem Verlöbnis ist die **Rom II-VO** anzuwenden. In allen Fällen ist die Anwendung ausländischen Rechts wegen Verstoßes gegen die öffentliche Ordnung (ordre public) wie bei einem Zwang zur Eheschließung zu versagen (Art. 6 EGBGB; Art. 26 VO (EG) Nr. 864/2007; Palandt/Thorn Art. 13 EGBGB Rn 30).

Vlassopoulou

253. Vermächtnis

Schwarz

Der Erblasser kann jemandem – ohne ihn als Erben einzusetzen – **bestimmte Vermögensgegenstände zu-** 1 **wenden** (§§ 1939, 1941 BGB). Dieser schuldrechtliche Verschaffungsanspruch des Bedachten gegen den Beschwerten ist in den §§ 2147 ff BGB als Vermächtnis geregelt (HK-BGB/Hoeren § 2147 BGB Rn 3). Kraft der Vermutung des § 2147 S. 2 BGB ist mangels anderer Bestimmung der Erbe mit der Erfüllung des Vermächtnisses beschwert.

Regelmäßig fällt das Vermächtnis mit dem Erbfall an, § 2176 BGB (**Entstehung**). Der Anfall kann jedoch 2 vom Erblasser auch anderweitig durch aufschiebende Bedingungen oder Befristungen gestaltet und geregelt werden (§ 2177 BGB).

Der Vermächtnisnehmer kann das Vermächtnis ausschlagen. Hat er das Vermächtnis hingegen angenom- 3 men, so ist nach § 2180 Abs. 1 BGB eine Ausschlagung nicht mehr möglich. Die Ausschlagung kann formlos erklärt werden. Sie ist auch nicht fristgebunden (BGH 12.1.2011 – IV ZR 230/09, MDR 2011, 304).

Hinweis: Wird das Vermächtnis erst beim **Tod** des Beschwerten fällig, so wird es entsprechend einer Nacherbschaft behandelt (ErbStG). Folge: Etwaige Erbschaftsteuerfreibeträge nach dem Erstversterbenden werden nicht ausgeschöpft. Deshalb: Unter erbschaftsteuerlichen Aspekten die Fälligkeit nicht an den Tod des Beschwerten, sondern an einen sonstigen Zeitpunkt knüpfen (sogenanntes „betagtes Vermächtnis").

Nach § 2160 BGB ist ein Vermächtnis unwirksam, wenn der Bedachte zur Zeit des Erbfalls nicht mehr 4 lebt. Der Erblasser kann durch Bestimmung eines Ersatzvermächtnisnehmers für diesen Fall Vorsorge treffen (§ 2190 BGB). Gemäß § 2190 BGB gelten die Vorschriften über den Ersatzerben (§§ 2097, 2098, 2099 BGB) entsprechend.

Das Vermächtnis kann in einem gemeinschaftlichen **Testament** (s. → *Gemeinschaftliches Testament*; 5 § 2270 Abs. 3 BGB) oder **Erbvertrag** (s. → *Erbvertrag*; § 2278 Abs. 2 BGB) bindend angeordnet werden.

Im Gegensatz zur Erbenbenennung nach § 2065 Abs. 2 BGB ist nicht erforderlich, dass der Erblasser die 6 Person des Bedachten selbst bestimmt. Gemäß § 2151 Abs. 1 BGB kann der Erblasser dies einem Beschwerten oder einem Dritten überlassen, sofern er den als Vermächtnisnehmer in Betracht kommenden Personenkreis hinreichend abgegrenzt und bestimmt hat. Die Auswahl selbst kann dann dem freien Belieben eines Dritten überlassen bleiben.

Folgende **Vermächtnisarten** sind zu unterscheiden (HK-BGB/Hoeren § 2147 BGB Rn 9): 7

– Bei einem **Wahlvermächtnis** (§ 2154 BGB) soll der Vermächtnisnehmer nur einen von mehreren Gegenständen erhalten. Das Wahlrecht kann dem Beschwerten, einem Dritten oder dem Bedachten eingeräumt werden. Im Zweifel ist der Beschwerte wahlberechtigt (§ 262 BGB).
– Bei einem **Gattungsvermächtnis** (§ 2155 BGB) beschränkt sich der Erblasser darauf, den Gegenstand nur der Gattung nach zu bestimmen. Der Bedachte kann eine seinen persönlichen Verhältnissen entsprechende Sache fordern. Auch hier kann die Bestimmung dem Beschwerten, dem Dritten oder dem Bedachten überlassen werden.
– Bei einem **Zweckvermächtnis** (§ 2156 BGB) bestimmt der Erblasser den Zweck des Vermächtnisses und überlässt die Bestimmung im Einzelnen dem billigen Ermessen des Beschwerten oder eines Dritten. Auf den Vermächtnisnehmer kann das Bestimmungsrecht hier nicht übertragen werden.
– Wird ein bestimmter Gegenstand vermacht, so liegt ein **Stückvermächtnis** vor. Gehört der vermachte Gegenstand beim Erbfall nicht mehr zum Nachlass, greift grds. die Vermutung der Unwirksamkeit (§ 2169 Abs. 1 BGB). Bei Zerstörung oder Beschädigung der Sache gilt im Zweifel der Wertersatzanspruch als vermacht (§ 2169 Abs. 3 BGB).
– Ist der Gegenstand auch zugewendet für den Fall, dass er nicht zur Erbschaft gehört, liegt ein sogenanntes **Verschaffungsvermächtnis** (§ 2169 Abs. 1 BGB) vor. Der Beschwerte hat dann den Gegen-

stand dem Bedachten zu verschaffen (§ 2170 Abs. 1 BGB) bzw gemäß § 2170 Abs. 2 BGB Wertersatz zu leisten.

– Hat der Beschwerte einen Anspruch auf Übertragung einer vermachten Forderung, so handelt es sich um ein **Forderungsvermächtnis** (§ 2173 BGB). Der Anspruch bezieht sich auf die Übertragung der Forderung nach § 398 BGB mit Zinsen (§ 2184 BGB) und Nebenrechten (§§ 401, 402 BGB).

– Ist der Vermächtnisnehmer seinerseits mit einem Vermächtnis belastet, liegt ein **Untervermächtnis** (§ 2186 BGB) vor. Eine Verpflichtung zur Erfüllung besteht erst dann, wenn der Vermächtnisnehmer die Erfüllung des ihm zugewendeten Vermächtnisses verlangen kann.

– Es besteht auch die Möglichkeit, Personen nacheinander als Vermächtnisnehmer einzusetzen. Es handelt sich dann um ein **Nachvermächtnis** (§ 2191 BGB). Das Vor-/Nachvermächtnis entspricht der Vor-/Nacherbfolge. Im Gegensatz zum Untervermächtnis betrifft das Nachvermächtnis denselben Gegenstand. Auf Nachvermächtnisse finden die für die Einsetzung eines Nacherben geltenden Vorschriften entsprechende Anwendung (§ 2191 Abs. 2 BGB). Das Nachvermächtnis fällt dem Nachvermächtnisnehmer zu dem vom Erblasser bestimmten Zeitpunkt bzw dem Tod des Vorvermächtnisnehmers an. Entsprechend der Vor- bzw Nacherbschaft wird mit dem Vor-/Nachvermächtnis die Erhaltung des Vermögens innerhalb eines bestimmten Personenkreises, regelmäßig der Familie, bezweckt. Anders als bei der Vorerbschaft/Nacherbschaft ist der Nachvermächtnisnehmer vor lebzeitigen Verfügungen des Vorvermächtnisnehmers allerdings nicht ausreichend geschützt. Bei Vereitelung des Anspruchs des Nachvermächtnisnehmers besteht lediglich ein Schadensersatzanspruch.

– Wird dem Vermächtnisnehmer der gesamte oder nahezu gesamte Nachlass zugewandt, so spricht man von einem sogenannten **Universalvermächtnis**. Häufig wird dieses Universalvermächtnis gewählt, um eine umfassende Vermögenszuwendung wirtschaftlich gleichermaßen wie bei einem Erben zu ermöglichen, dabei aber – unter Ausschaltung des § 2065 Abs. 2 BGB – die Bestimmung der Person des Begünstigten einem Dritten überlassen zu können. Andres als beim Universalvermächtnis ist bei der Erbeinsetzung eine Drittbestimmung nicht zulässig.

– An Stelle des gesamten Nachlasses kann der Erblasser dem Bedachten auch einen Bruchteil seines Vermögens zuwenden. Es handelt sich dann um ein **Quotenvermächtnis**.

8 Ob der Erblasser eine Erbeinsetzung oder ein Vermächtnis gewollt hat, hängt davon ab, ob das Ziel eine unmittelbare Nachlassbeteiligung oder lediglich ein schuldrechtlicher Anspruch ist. Werden nur einzelne Gegenstände zugewendet, so soll **im Zweifel keine Erbeinsetzung**, sondern ein Vermächtnis vorliegen (§ 2087 Abs. 2 BGB). Handelt es sich allerdings um das Vermögen oder einen Bruchteil des Vermögens, so ist nach der Auslegungsregel des § 2087 Abs. 1 BGB eine Erbeinsetzung gegeben.

254. Vermögenssorge

Seebach

I. Allgemeines.................................... 1
II. Vermögenssorge.............................. 5
  1. Inhalt... 5
  2. Einschränkungen der Vermögenssorge.......... 11
  3. Gefährdung................................. 13

a) Allgemeines............................... 13
b) Regelbeispiele............................. 18
c) Sonstige Gefährdungsursachen.............. 21
d) Maßnahmen gegen Dritte................... 24
III. Verfahrenshinweise........................... 25

I. Allgemeines

Die Vermögenssorge als **Teil der elterlichen Sorge** gem. § 1626 BGB umfasst die tatsächlichen und recht- **1** lichen Maßnahmen und Handlungen der Eltern, die darauf gerichtet sind, das **Kindesvermögen zu erhalten, zu verwerten und zu vermehren** (HK-FamR/Schmid § 1626 BGB Rn 6). Vermögenssorge kann hierbei auch als Oberbegriff für die Regelungsbefugnis der Eltern hinsichtlich der vertraglichen Angelegenheiten des Kindes angesehen werden (NK-BGB/Heitmann § 1896 BGB Rn 25). Personen- und Vermögenssorge können nicht immer trennscharf voneinander abgegrenzt werden. Es gibt in vielen Bereichen Überschneidungen (NK-BGB/Rakete-Dombek § 1626 BGB Rn 14). So wird die Regelung der persönlichen Angelegenheiten des Kindes zwangsläufig Einfluss haben auf dessen vorhandenes Vermögen (HK-BGB/Kemper § 1626 BGB Rn 9).

Auch im Bereich der Vermögenssorge gilt, wie im Gesamtbereich der elterlichen Sorge, das Kriterium des **2** **Kindeswohls als Maßstab** des elterlichen Handelns (NK-BGB/Rakete-Dombek § 1626 BGB Rn 12). Ein mit der Verwaltung des Vermögens des Kindes einhergehendes Eigeninteresse der Eltern schadet jedoch nicht.

Mit dem Ende des Sorgerechts, zB durch Volljährigkeit des Kindes (s. → *Elterliches Sorgerecht* Rn 3), **3** oder bei einem Ruhen der elterlichen Sorge (s. → *Ruhen der elterlichen Sorge*), haben die Eltern dem Kind das Vermögen herauszugeben und auf Verlangen über die Verwaltung Rechenschaft gem. § 1698 BGB abzulegen (NK-BGB/Rakete-Dombek § 1626 BGB Rn 12).

Die elterliche Vermögenssorge unterliegt **Beschränkungen** (s. Rn 11), in Einzelfällen kann den Eltern die **4** Vermögenssorge durch das Familiengericht nach §§ 1666, 1666 a, 1667 BGB entzogen werden (s. Rn 13).

II. Vermögenssorge

1. Inhalt

Unter Vermögenssorge versteht man die grundsätzlich unentgeltliche Verwaltung des Kindesvermögens als **5** **fremdnützige Verwaltung** mit dem Ziel der Bewahrung des Kindesvermögens zum Nutzen des Kindes (NK-BGB/Rakete-Dombek § 1626 BGB Rn 12). Zum Kindesvermögen können u.a. Wertpapiere, Konten, Renten, Grundbesitz, Forderungen, auch Unterhaltsforderungen des Kindes, ferner Einkünfte aus Arbeit oder selbstständigem Geschäftsbetrieb gehören. Gem. § 1642 BGB ist bei der Verwaltung von Geldvermögen des Kindes durch die Eltern der **Grundsatz der wirtschaftlichen Vermögensverwaltung** zu beachten (NK-BGB/Rakete-Dombek § 1626 BGB Rn 12).

Die Eltern können im Rahmen der Vermögenssorge offen als **Vertreter des Kindes** gem. § 164 BGB oder **6** verdeckt für das Kind nach § 1646 BGB tätig werden (s. → *Gesetzliche Vertretung Minderjähriger* Rn 11).

Bei Erwerb von Todes wegen, anlässlich eines Sterbefalls, bei Abfindungen, die anstelle von Unterhalt ge- **7** währt werden sowie bei unentgeltlichen Zuwendungen sind die Eltern verpflichtet, ein Vermögensverzeichnis anzulegen, § 1640 Abs. 1 BGB.

Bei besonders wichtigen Rechtsgeschäften bedarf es der **Genehmigung durch das Familiengericht** nach **8** § 1643 BGB (HK-FamR/Schmid § 1638 BGB Rn 2). § 1644 BGB ergänzt diese Norm hinsichtlich der Überlassung von Vermögen (NK-BGB/Rakete-Dombek § 1644 BGB Rn 1). Ohne gerichtliche Erlaubnis soll darüber hinaus kein weiteres Erwerbsgeschäft begonnen werden, § 1645 BGB (NK-BGB/Rakete-Dombek § 1645 BGB Rn 1).

9 Beträge, die dem Kind durch die Eltern nach § 110 BGB zugewendet werden („**Taschengeldparagraf**"), unterliegen nicht deren Verwaltung (NK-BGB/Rakete-Dombek § 1626 BGB Rn 12).

10 Zum Kindesvermögen gehörende Sachen können von den Eltern in Besitz genommen werden, so dass ein sogenanntes **gesetzliches Besitzmittlungsverhältnis** begründet wird. Insoweit spricht man von der tatsächlichen Vermögenssorge (HK-FamR/Schmid § 1626 BGB Rn 6). Mit zunehmendem Alter und damit einhergehender Selbstständigkeit des Kindes erlangt dieses unmittelbaren Besitz an seinen Sachen (NK-BGB/Rakete-Dombek § 1626 BGB Rn 12).

2. Einschränkungen der Vermögenssorge

11 Die elterliche Vermögenssorge unterliegt **Beschränkungen** nach § 1638 BGB hinsichtlich unentgeltlicher Zuwendungen durch einen Dritten an das Kind. Hiernach kann die **Vermögensverwaltung** der Kindeseltern durch den Erblasser oder den unentgeltlich Zuwendenden eingeschränkt werden (NK-BGB/Rakete-Dombek § 1626 BGB Rn 13, § 1638 BGB Rn 3). Der Kernbereich des verfassungsrechtlich geschützten Elternrechts ist nicht erfasst.

12 Ferner gilt gem. § 181 BGB das **Verbot des Insichgeschäfts**. Weitere Beschränkungen ergeben sich aus § 1641 BGB für Schenkungen in Vertretung des Kindes mit entsprechenden Ausnahmen, aus § 1667 BGB aufgrund gerichtlicher Beschränkungen (s. Rn 15), aus §§ 1666, 1667 BGB (s. Rn 13 ff) sowie aus § 1639 BGB aufgrund von Anordnungen des Erblassers oder Zuwendenden (HK-FamR/Schmid § 1638 BGB Rn 1).

3. Gefährdung

13 a) **Allgemeines.** § 1666 Abs. 1 BGB gilt als Generalklausel auch hinsichtlich des Kindesvermögens (NK-BGB/Rakete-Dombek § 1626 BGB Rn 13). Schwerwiegendster Eingriff in die Vermögenssorge der Eltern ist die gänzliche oder teilweise Entziehung der elterlichen Sorge im Bereich der Vermögenssorge (NK-BGB/Rakete-Dombek § 1666 BGB Rn 23). Wie auch im Bereich der Personensorge kommt eine vollständige Entziehung der Vermögenssorge nur als äußerstes Mittel in Betracht, wenn sonstige Maßnahmen nicht ausreichen, um die Gefährdung zu beseitigen (Maier in: FormFamR § 6 Rn 292). Der Verhältnismäßigkeitsgrundsatz ist zu beachten (s. → *Kindeswohlgefährdung* Rn 22). Eine erhebliche Gefährdung muss drohen, aber noch nicht eingetreten sein.

14 Die Ausführungen zu § 1666 Abs. 1 BGB gelten uneingeschränkt auch im Bereich der Vermögenssorge (s. → *Kindeswohlgefährdung*). **Schutzobjekt ist das Vermögen des Kindes** in seiner Gesamtheit. In der Regel werden vor einer Entziehung der Vermögenssorge mildere Maßnahmen nach § 1667 BGB erforderlich und notwendig sein (NK-BGB/Rakete-Dombek § 1666 BGB Rn 23). Hiernach kann eine gerichtliche Anordnung dahin gehend erfolgen, dass die Eltern ein Verzeichnis des Vermögens des Kindes einreichen und über die Verwaltung Rechnung legen müssen, § 1667 Abs. 1 BGB. Daneben sind auch Maßnahmen nach § 1666 BGB möglich im Sinne von Ge- und Verboten sowie Auflagen und Weisungen.

15 Nach § 1667 Abs. 2 BGB kann das Gericht Anordnungen treffen hinsichtlich der Anlage von Geld, ferner ist die **Auferlegung von Sicherheitsleistungen** möglich, § 1667 Abs. 3 BGB (NK-BGB/Rakete-Dombek § 1667 BGB Rn 6; HK-FamR/Schmid § 1667 BGB Rn 2; Palandt/Götz § 1667 BGB Rn 4).

16 Ist der **Gesamtbereich der elterlichen Sorge** oder sind wesentliche Teile der elterlichen Sorge entzogen und auf das Jugendamt übertragen worden, so soll davon ausgegangen werden können, dass auch die Vermögenssorge entzogen werden kann, da das Verhältnis zwischen Kind und Eltern zerrüttet sei und sich dies auch auf die Vermögenssorge auswirke. Tatsächlich wird dies häufig beim Gesamtentzug der elterlichen Sorge so angenommen werden können (NK-BGB/Rakete-Dombek § 1666 a BGB Rn 7). In der gerichtlichen Praxis kommt es nur in Ausnahmefällen zu einem Entzug der gesamten elterlichen Sorge. Dies ist

dem verfassungsrechtlich geschützten Elternrecht geschuldet. Wird jedoch der Gesamtbereich der elterlichen Sorge entzogen, so ist hiervon sowohl die Personen- als auch die Vermögenssorge betroffen. Im gerichtlichen Beschluss ist jedoch der Entzug der verschiedenen Bereiche auch gesondert zu begründen (BayObLG 2.10.1998 – 1 ZBR 91-98, NJW 1999, 293). Werden hingegen lediglich Teilbereiche der elterlichen Sorge, wie häufig das Aufenthaltsbestimmungsrecht, entzogen, so ist zu prüfen, ob das **Kindesvermögen durch die Eltern gefährdet** ist (HK-FamR/Schmid § 1666 BGB Rn 18).

Eine Gefährdung des Kindesvermögens liegt vor, wenn ohne das Eingreifen des Familiengerichts das Vermögen in einer Weise vermindert oder nicht vergrößert wird, wie es sich nach den **betriebswirtschaftlichen Grundsätzen** über eine vernünftige Vermögensanlage und den in §§ 1639 ff BGB niedergelegten Einzelpflichten verhindern ließe (HK-FamR/Schmid § 1666 BGB Rn 16). **17**

b) Regelbeispiele. In § 1666 Abs. 2 BGB sind Regelbeispiele formuliert, die eine **Indizwirkung** haben im Hinblick auf das Vorliegen einer Vermögensgefährdung des Kindes. So ist eine Verletzung der mit der Vermögenssorge verbundenen Pflichten ein Regelbeispiel für das Vorliegen einer derartigen Gefährdung. Dies kann der Fall sein, wenn Vermögen des Kindes mit dem der Eltern vermischt wird. Auch Schuldentilgung der Eltern mit Kindesvermögen oder Abhebung des Sparvermögens des Kindes und Verwendung für eigene Zwecke stellt eine Vermögensgefährdung dar (HK-FamR/Schmid § 1666 BGB Rn 18). **18**

Eine solche Pflichtverletzung kann in einer **übermäßigen Risikobereitschaft** der Eltern liegen oder bei Verstößen gegen § 1645 BGB (NK-BGB/Rakete-Dombek § 1666 BGB Rn 17). Neben diesen oftmals eindeutigen Fällen kann eine Gefährdung auch in der **unterlassenen Vermögensvermehrung** liegen, wenn die üblichen Möglichkeiten ungenutzt bleiben. Ein vorwerfbares Unterlassen kann in dem Nichtabschluss einer nach den Umständen erforderlichen Haftpflichtversicherung zu sehen sein (NK-BGB/Rakete-Dombek § 1666 BGB Rn 12). **19**

Ferner stellt die **Nichtbefolgung gerichtlicher Anordnungen** (Maier in: FormFamR § 6 Rn 292) ein Regelbeispiel einer Gefährdung dar. Dies ist konsequent insoweit, als gerichtliche Maßnahmen nach § 1667 BGB grundsätzlich Voraussetzung sind, bevor ein Entzug nach § 1666 BGB in Betracht kommt (Palandt/Götz § 1666 BGB Rn 26). **20**

c) Sonstige Gefährdungsursachen. Zahlreiche weitere Handlungen oder Unterlassungen der Eltern sind denkbar, die eine Gefährdung des Kindesvermögens darstellen können. So kann die Vermögenssituation oder der **Vermögensverfall bei den Eltern** (Palandt/Götz § 1666 BGB Rn 27) oder bei einem Elternteil eine drohende Verletzung der Vermögensbetreuungspflicht darstellen, wenn die Eltern in **beengten wirtschaftlichen Verhältnissen** leben (NK-BGB/Rakete-Dombek § 1666 BGB Rn 19) und weitere Faktoren, wie zB Alkoholabhängigkeit, hinzukommen (KG Berlin 5.6.2009 – 13 UF 113/08, FamRZ 2009, 2102). Insoweit ist jedoch Zurückhaltung geboten, da natürlich nicht alleine aufgrund der wirtschaftlichen Situation der Eltern in deren Elternrechte eingegriffen werden darf. Konkrete Anhaltspunkte für eine Gefährdung des Kindesvermögens müssen vorliegen (HK-FamR/Schmid § 1666 BGB Rn 20; Palandt/Götz § 1666 BGB Rn 23). **21**

Auch die Tatsache, dass ein Elternteil hinsichtlich der Regelung von Vermögensangelegenheiten **unter Betreuung** steht, kann eine Gefährdung des Kindesvermögens darstellen. Hierfür spricht, dass der Elternteil sich um eigene wirtschaftliche Belange nicht kümmern kann, während die Verwaltung des Kindesvermögens in seinen Händen verbleibt. Allerdings ist auch hier die konkrete Einzelfallprüfung erforderlich, da insbesondere geprüft werden muss, ob und in welcher Form Kindesvermögen vorhanden ist (OLG Karlsruhe 8.1.2010 – 18 UF 124/08, RPfleger 2010, 369). **22**

Ferner kann auch das **Verhalten eines Dritten** zu Maßnahmen nach § 1666 BGB führen (s. → *Kindeswohlgefährdung* Rn 17), wenn die Eltern nicht bereit oder geeignet sind, Gefährdungen durch diesen Dritten zu verhindern (HK-FamR/Schmid § 1666 BGB Rn 20). **23**

d) Maßnahmen gegen Dritte. Nach § 1666 Abs. 4 BGB sind in Angelegenheiten der Personensorge auch Maßnahmen und Anordnungen des Gerichts mit Wirkung gegen Dritte möglich (s. → *Kindeswohlgefähr-* **24**

dung Rn 26). Diese Norm betrifft ausschließlich den Bereich der Personensorge und ist auf die Vermögenssorge daher nicht, auch nicht entsprechend, anwendbar. Der Gesetzgeber hat insoweit die zivilrechtlichen Rechtsschutzmöglichkeiten für ausreichend erachtet (NK-BGB/Rakete-Dombek § 1666 BGB Rn 23).

III. Verfahrenshinweise

25 Bei den Angelegenheiten betreffend die Vermögenssorge handelt es sich entsprechend um Kindschaftssachen. Maßnahmen nach § 1666 BGB fallen hierbei in die Zuständigkeit des Richters, während Maßnahmen nach § 1667 BGB durch den Rechtspfleger erfolgen. Hinsichtlich vermögensrechtlicher Fragen betreffend die Verwaltung von Kindesvermögen handelt es sich insoweit um sonstige Familiensachen nach §§ 111 Nr. 1, 266 FamFG (Grabow in: VerfFamR § 3 Rn 7). Diese Ansprüche, insbesondere Schadensersatzansprüche, müssen ihre Grundlage gerade im Eltern-Kind-Verhältnis haben (HK-FamFG/Kemper § 266 FamFG Rn 9).

26 Grundsätzlich vertreten die Eltern ihr Kind in Rechtsstreitigkeiten (s. → *Gesetzliche Vertretung Minderjähriger* Rn 24). Diese Vertretungsbefugnis ist eingeschränkt gem. §§ 1629 Abs. 2, 1641, 1642, 1643, 1649 BGB (HK-FamR/Schmid § 1626 BGB Rn 7).

Seebach

255. Versöhnung

Perleberg-Kölbel

I. Einführung...................................... 1
II. Familienrechtliche Aspekte.................... 3
  1. Getrenntleben............................... 3
  2. Versöhnung.................................. 8
III. Steuerrechtliche Aspekte...................... 9

1. Dauerndes Getrenntleben...................... 9
2. Wiederaufnahme der ehelichen Lebens- und
   Wirtschaftsgemeinschaft....................... 11
3. Dauer eines erneuten Zusammenlebens......... 14

I. Einführung

Eine Versöhnung von Ehegatten wirkt sich im Familienrecht zB beim Unterhalt, § 1361 BGB, bei der **1** Hausratsverteilung, § 1361 a BGB, bei der Auskunft über das Vermögen zum Trennungszeitpunkt, § 1379 BGB, und beim Getrenntleben, § 1567 BGB, aus. Im Steuerrecht ist eine Versöhnung Vorrausetzung für eine **erneute Wahl der Ehegattenveranlagung**.

Häufig weichen die Angaben der Ehegatten zum Getrenntleben und zu einer Versöhnung gegenüber dem **2** Familiengericht und der Finanzbehörde voneinander ab. Es gilt, die Unterscheidungen im Familien- und Steuerrecht zu beachten. Anders als in § 1567 Abs. 2 BGB unterbricht der Versöhnungsversuch das steuerlich dauernde Getrenntleben (Schmidt/Seeger, EStG, 32. Aufl. 2013, § 26 EStG Rn 10; Liebelt NJW 1994, 609).

II. Familienrechtliche Aspekte

1. Getrenntleben

Voraussetzung für eine Versöhnung ist zunächst das ursprüngliche Bestehen einer häuslichen Gemein- **3** schaft, dh einer **Haushalts- und Wirtschaftsgemeinschaft**, die durch das Getrenntleben aufgehoben worden ist (Palandt/Brudermüller, § 1567 BGB Rn 2).

Mit der Trennung iSd § 1567 BGB wird der **Familienverbund** aufgelöst. Es ist auf das Gesamtbild der **4** äußeren erkennbaren Merkmale abzustellen, ob eine häusliche Gemeinschaft aufgelöst worden ist oder nicht. Zu einer objektiven Trennung muss ein subjektiver Trennungswille hinzutreten (Palandt/Brudermüller § 1567 BGB Rn 5; PWW/Weinreich § 1567 BGB Rn 5), wobei diese Feststellung leicht zu treffen ist, wenn der scheidungswillige Ehegatte von dem anderen aufgefordert worden ist, die eheliche Lebensgemeinschaft wieder herzustellen, sich darauf jedoch weigert (Weinreich/Klein/von Heintschel-Heinegg, Kap. 2 Rn 67).

Die Trennung einer Haushalts- und Wirtschaftsgemeinschaft besteht zunächst bei einer Trennung innerhalb **5** der ehelichen Wohnung. Beide Ehegatten leben zwar in der gleichen Wohnung, es wird aber kein gemeinsamer Haushalt mehr geführt. Werden wegen der Kinder gemeinsame Mahlzeiten eingenommen, Gespräche geführt oder Unternehmungen unternommen, spricht dies nicht gegen ein Getrenntleben (PWW/Weinreich, § 1567 BGB Rn 2 ff). Ein gelegentliches Zusammentreffen der Ehegatten ist ein bloßes räumliches Nebeneinander, weil es keine persönlichen Beziehungen mehr gibt. Es handelt sich um eine **Trennung von Tisch und Bett** (BGH 11.4.1979 – IV ZR 77/78, NJW 1979, 1360).

Die Aufgabe der ehelichen Gemeinschaft muss selbst gewollt sein. Der Trennungswille muss dabei eindeu- **6** tig und unmissverständlich zum Ausdruck kommen. Die Äußerung des Trennungswillens ist keine Willenserklärung und es kommt daher nicht auf eine etwaig bestehende Geschäftsunfähigkeit an (PWW/Weinreich, § 1567 BGB Rn 8).

Eine vom **staatlichen Zwang durchgeführte Trennung** (Inhaftierung) wird ebenso wenig von einem **7** Trennungswillen geführt wie eine vorgenommene Unterbringung eines Ehegatten in einem **Pflegeheim** (Palandt/Brudermüller § 1567 BGB Rn 2).

2. Versöhnung

8 Nur das gemeinsame Abstandnehmen von einer Trennung führt zu einer Versöhnung. Dient ein erneutes Zusammenleben dazu, die Ehe zu retten, wird das Getrenntleben unterbrochen. Ein **Zusammenleben über kürzere Zeit** unterbricht oder hemmt die Frist von § 1566 BGB (ein Jahr) nicht. Hinsichtlich des Begriffs „kürzere Zeit" wird eine Obergrenze von drei Monaten angenommen (OLG Düsseldorf 11.5.1994 – 2 WF 79/94, FamRZ 1995, 96). Wenn die Ehegatten die Haushalts- und Wirtschaftsgemeinschaft wieder aufnehmen, wird die Trennungsfrist nicht unterbrochen. Sie läuft vielmehr weiter. So soll eine Versöhnung erleichtert werden. Ein gemeinsamer **Urlaub** reicht nicht aus (Palandt/Brudermüller § 1567 BGB Rn 7; PWW/Weinreich, § 1567 BGB Rn 12).

Haben die Ehegatten nach eingeleitetem Scheidungsverfahren ihre wechselseitigen Scheidungsanträge zurückgenommen, liegt darin eine endgültige Versöhnung, sodass im Falle eines erneuten Scheidungsbegehrens die Trennungsfristen neu zu laufen beginnen (OLG Bremen 2.5.2012 – 4 WF 40/12, FamRZ 2013, 301; Kemper FamRB 2012, 302).

III. Steuerrechtliche Aspekte

1. Dauerndes Getrenntleben

9 Voraussetzungen für eine Ehegattenveranlagung iSv § 26 Abs. 1 EStG ist, dass die Ehegatten im VZ nicht dauernd getrennt gelebt haben (*s. → Steuerveranlagung* Rn 8 ff). In der Regel wird bei Ehegatten vermutet, dass sie nicht dauernd getrennt leben. Dem räumlichen Zusammenleben der Ehegatten kommt zwar eine besondere Bedeutung zu (BFH 15.6.1973 – VI R 150/69, BStBl. II, 640; 13.12.1985 – VI R 190/82, BStBl. II 1986, 486; 18.7.1985 – VI R 100/83, BFH/NV 1987, 431), generell können Ehegatten aber auch dann veranlagt werden, wenn sie räumlich getrennt voneinander wohnen (BFH 18.7.1985 – VI R 100793, BFH/NV 1987, 431). Es ist auf das **Gesamtbild** abzustellen.

10 Ein dauerndes Getrenntleben liegt dann vor, wenn die **Lebens- und Wirtschaftsgemeinschaft endgültig aufgehoben** worden ist. In diesem Fall erledigen die Ehegatten nicht mehr die sie gemeinsam berührenden Fragen des Zusammenlebens, wie zB die Verwendung des für den Familienunterhalt zur Verfügung stehenden Einkommens (BFH 18.7.1996 – III R 90795, BFH/NV 1997, 139). Die Feststellungen hierzu hat die Finanzbehörde von Amts wegen zu treffen. Zu den Indizien für die Aufgabe des Familienwohnsitzes eines Piloten siehe: FG Kassel 8.3.2012 – 3 K 3210/09.

2. Wiederaufnahme der ehelichen Lebens- und Wirtschaftsgemeinschaft

11 Im Gegensatz zu § 1567 BGB unterbricht auch ein gescheiterter Versöhnungsversuch das dauernde Getrenntleben.

12 Eine Rückkehr zur Ehegattenveranlagung nach einer Trennung ist immer möglich. Voraussetzung ist, dass die Ehegatten wieder dauerhaft einen gemeinsamen Haushalt führen. Ein kurzzeitiges Zusammenleben iSv § 1567 Abs. 2 BGB, das der Versöhnung dienen soll, ist ohne Bedeutung bei der Frage der Veranlagung der Ehegatten. Wird eine räumliche Trennung von einem freiwilligen Willen getragen, der aber nur vorübergehend ist, besteht eine widerlegbare Vermutung dafür, dass die Ehegatten die Ehe aufrechterhalten und die volle eheliche Lebens- und Wirtschaftsgemeinschaft aufnehmen wollen.

13 Es muss zu einer **tatsächlichen Wiederaufnahme** einer auf Dauer angelegten ehelichen Lebens- und Wirtschaftsgemeinschaft kommen. Das Verleben eines gemeinsamen Urlaubs im gleichen Hotelzimmer ist noch kein Versöhnungsversuch (Weinreich/von Heintschel-Heinegg/Klein/Kuckenburg/Perleberg-Kölbel, 13. Kap. Rn 258). Die Wiederaufnahme der dauerhaft angelegten ehelichen Lebens- und Wirtschaftsgemeinschaft bewirkt ein nicht dauerndes Getrenntleben vom ersten Tag an.

3. Dauer eines erneuten Zusammenlebens

Ein Versöhnungsversuch muss mindestens eine Dauer von **drei bis vier Wochen** erreichen (JH/Büttner, **14** § 1361 BGB Rn 141; Hausmann FamRZ 2002, 1612).

Die Rechtsprechung geht von unterschiedlichen Zeiträumen des erneuten Zusammenlebens von einem Mo- **15** nat bis zu sieben Wochen aus (Hess. FG 14.4.1988 – 9 K 70/85, EFG 1988, 63: **sieben Wochen**; FG Münster 22.3.1996 – 14 K 3008/94 E, EFG 1996, 921: **sechs Wochen**; FG Köln 21.12.1993 – 2 K 4543/92, EFG 1994, 771: **drei bis vier Wochen**; FG Nürnberg 7.3.2005 – VI 160/2004, DStRE 2004, 938: über **einen Monat**). Wird ein drei bis vier wöchiger Versöhnungsversuch über die **Jahreswende** geführt, besteht für den Veranlagungszeitraum des Beginns des Versöhnungsversuchs das Recht der Zusammenveranlagung und für den Folgeveranlagungszeitraum des Folgejahres.

Weil der inneren Einstellung der Ehegatten zur ehelichen Lebensgemeinschaft eine entscheidende Bedeu- **16** tung zukommt, ist ein gescheiterter Versöhnungsversuch aktenkundig zu machen. Nach dem FG Nürnberg (7.3.2005 – VI 160/2004, DStRE 2004, 938) handelt es sich hierbei um objektiv schwer nachprüfbare **innere Vorgänge in der Ehegattensphäre**. Es ist daher auf die äußeren erkennbaren Umstände abzustellen.

Haben die Eheleute zwischenzeitlich wieder zusammengelebt, trägt der Antragsgegner die **Beweislast** dafür, dass dieses Zusammenleben nicht nur der Versöhnung dienen sollte, sondern zu einer echten Aussöhnung geführt hat (PWW/Weinreich, § 1567 BGB Rn 15).

256. Versorgungsausgleich

Hoenes

I. Einleitung	1	IX. Tenor	17
II. Anrechte im Versorgungsausgleich	4	X. Vereinbarungen zum Versorgungsausgleich	24
III. Kapitalzusagen	8	1. Einbezug in die Regelung der ehelichen Vermögensverhältnisse	24
IV. Ausgleichswert	12		
V. Grundsätze für den Wertausgleich	13	2. Ausschluss oder Teilausschluss des Versorgungsausgleichs	26
VI. Wertausgleich bei Scheidung	14		
VII. Wertausgleich nach der Scheidung	15	3. Berücksichtigung von Versorgungsanrechten im schuldrechtlichen Versorgungsausgleich	30
VIII. Härteregelung	16		

I. Einleitung

1 Durch den Versorgungsausgleich werden bei einer Scheidung die von den Eheleuten während der Ehezeit erworbenen **Versorgungsanrechte** zwischen den Eheleuten aufgeteilt. Entsprechendes gilt bei der Aufhebung einer Lebenspartnerschaft. Mit dem am 8.4.2009 verkündeten Gesetz zur Strukturreform des Versorgungsausgleichs (VAStrRefG) wurde der Versorgungsausgleich auf eine völlig neue Grundlage gestellt mit dem Ziel, ihn gerechter, einfacher und verständlicher zu gestalten. Dies soll erreicht werden, indem nach Möglichkeit jedes einzelne Anrecht in sich geteilt wird (interne Teilung) (s. → *Interne Teilung*). Nur in Ausnahmefällen soll für den Ausgleichsberechtigten ein Anrecht bei einem anderen Versorgungsträger begründet (externe Teilung) (s. → *Externe Teilung*) oder ein Anrecht in den schuldrechtlichen Versorgungsausgleich verwiesen werden (s. → *Schuldrechtlicher Versorgungsausgleich*).

2 Für die Teilung eines jeden Anrechts gilt der Grundsatz der **Halbteilung** (§ 1 VersAusglG), dh die während der Ehezeit erworbenen Anteile von Anrechten sind **jeweils** hälftig zwischen den Eheleuten aufzuteilen. Die hierfür maßgebliche **Ehezeit** beginnt mit dem ersten Tag des Monats, in dem die Ehe geschlossen wurde, und endet am letzten Tag des Monats vor Zustellung des Scheidungsantrags (§ 3 Abs. 1 VersAusglG). Bei einer **Ehezeit von bis zu drei Jahren** (kurze Ehezeit) findet ein Versorgungsausgleich nur statt, wenn ein Ehegatte dies beantragt (§ 3 Abs. 3 VersAusglG).

3 In der bisherigen Praxis hat dieses zunächst sehr einfach und gerecht erscheinende Verfahren zahlreiche Probleme aufgeworfen. Zunächst sahen sich die Versorgungsträger vor die nicht einfache Aufgabe gestellt, eine den Vorschriften des VersAusglG genügende Teilung der Anrechte im Rahmen der für sie geltenden gesetzlichen Vorschriften umzusetzen. Nachdem dieser Prozess nun weitgehend abgeschlossen ist, werden zunehmend die Folgen der Teilungen für die Eheleute sichtbar. Hier zeichnen sich derzeit vor allem folgende **Problembereiche** ab: den Eheleuten geht häufig wertvoller **Risikoschutz** verloren (s. → *Risikoschutz im Versorgungsausgleich*), **externe Teilungen** spielen zahlenmäßig und vor allem wirtschaftlich eine sehr viel größere Rolle als erwartet (s. → *Externe Teilung*), eine angemessene Berücksichtigung von **Wertänderungen** der Ausgleichswerte zwischen Ende der Ehezeit und Umsetzungszeitpunkt der Teilung konnte bisher erst teilweise durch die Rechtsprechung des Bundesgerichtshofs gewährleistet werden (s. → *Zinsen im Versorgungsausgleich*), **ausländische, zwischenstaatliche oder überstaatliche Versorgungen** können nicht geteilt werden (s. → *Ausländische Rentenanrechte*). Auf der anderen Seite räumt das VersAusglG den Eheleuten weitreichende Dispositionsbefugnisse ein, so dass in vielen Fällen unerwünschte Folgen von Teilungen durch geeignete **Vereinbarungen** gem. §§ 6–8 VersAusglG vermieden werden können (s. → *Vereinbarungen zum Versorgungsausgleich*). Bedenkt man, dass die Versorgungsanrechte in den meisten Ehen den überwiegenden Anteil des in der Ehe erworbenen Vermögens darstellen und dass ein sorgloser Umgang mit diesen Anrechten ein auskömmliches Einkommen der Ehegatten in der gesamten Rentenphase, dh unter Umständen über einen Zeitraum von mehreren Jahrzehnten, gefährden kann, wird klar, welche wirtschaftliche Bedeutung der Versorgungsausgleich hat. Ein sorgsamer Umgang mit diesen Werten sollte daher selbstverständlich sein. Für die Praxis bedeutet dies, dass eine Umsetzung der Vorschläge der Versorgungsträger nicht erfolgen sollte, ohne dass die Auswirkungen auf die Versorgung der Eheleute im Einzelfall und unter den für eine Versorgung maßgeblichen Aspekten beachtet werden. Ggf sollte von der

Möglichkeit, unerwünschte Folgen des Versorgungsausgleichs durch eine geeignete Vereinbarung zu vermeiden, Gebrauch gemacht werden.

II. Anrechte im Versorgungsausgleich

Welche **Anrechte im Versorgungsausgleich** auszugleichen sind, regelt § 2 VersAusglG. Ein Anrecht im **4** Sinne des Versorgungsausgleichsgesetzes ist eine **Anwartschaft auf Versorgung** oder eine **laufende Versorgung**, unabhängig davon, ob diese im Inland oder im Ausland erworben wurde. Unter **Versorgung** versteht man in diesem Zusammenhang Leistungen, die im Alter oder bei Invalidität zum Lebensunterhalt des Berechtigten beitragen, oder nach seinem Tod zu dem seiner Hinterbliebenen. Von einer **Anwartschaft auf Versorgung** spricht man solange noch kein **Versorgungsfall** (das ist ein Ereignis, das die Zahlung von Versorgungsleistungen auslöst) eingetreten ist, also solange noch keine Leistungen erbracht werden. Ein **Anspruch auf Versorgung** ist nach Eintritt eines Versorgungsfalles gegeben, also dann, wenn bereits Leistungen erbracht werden. Im Versorgungsausgleich sind sowohl Anwartschaften als auch Ansprüche auf Versorgungen auszugleichen.

Zu den im Inland erworbenen Anrechten auf Versorgung zählen nach § 2 Abs. 1 VersAusglG zB Anrechte **5** der **gesetzlichen Rentenversicherungen**, der **Beamtenversorgung**, **berufsständische Versorgungen**, **betriebliche Altersversorgung** und **private Alters- und Invaliditätsvorsorge**. Diese Aufzählung ist nicht abschließend.

Welche Voraussetzungen ein Anrecht erfüllen muss, um im Versorgungsausgleich Berücksichtigung zu **6** finden, regelt § 2 Abs. 2 VersAusglG. Danach muss es durch **Arbeit oder Vermögen** geschaffen oder aufrechterhalten worden sein, der **Absicherung im Alter oder bei Invalidität** dienen und auf eine Rente gerichtet sein. Bei Anrechten **im Sinne des Betriebsrentengesetzes** (s. Rn 8) oder des **Altersvorsorgeverträge-Zertifizierungsgesetzes** kommt es auf die Leistungsform nicht an. Diese Anrechte sind auch auszugleichen, wenn sie Leistungen in Form einer **Kapitalzahlung** gewähren. Im Einzelfall kann eine Abgrenzung, ob ein Anrecht auf eine Leistung die Kriterien des § 2 Abs. 2 VersAusglG erfüllt, schwierig sein. Eine Auflistung, welche Anrechte im Versorgungsausgleich auszugleichen sind und welche nicht, findet sich bei Ruland (Ruland, Versorgungsausgleich, 3. Aufl. 2011, Rn 145–173 und Rn 193–194).

Für die Berücksichtigung im Versorgungsausgleich ist es nach § 2 Abs. 3 VersAusglG unerheblich, ob zum **7** Ende der Ehezeit zeitliche Voraussetzungen für einen Leistungsanspruch, wie zum Beispiel die Erfüllung einer **Wartezeit**, eine **Mindestbeschäftigungszeit**, eine **Mindestversicherungszeit** oder Ähnliches erfüllt sind (HK-VersAusglR/Götsche § 2 Rn 65 ff).

III. Kapitalzusagen

Ein Anrecht ist nach § 2 Abs. 2 Nr. 3 VersAusglG nur auszugleichen, wenn es auf eine Rente gerichtet ist. **8** Eine Ausnahme bilden Anrechte im Sinne des Betriebsrentengesetzes und des Altersvorsorgeverträge-Zertifizierungsgesetzes. Diese Anrechte sind unabhängig von der Leistungsform auszugleichen.

Welche Kapitalzusagen im Versorgungsausgleich zu berücksichtigen sind, ist strittig, denn die Formulie- **9** rung „im Sinne des Betriebsrentengesetzes" lässt einigen Interpretationsspielraum offen. Das Betriebsrentengesetz ist ein Arbeitnehmerschutzgesetz und legt die arbeitsrechtlichen Mindestnormen für betriebliche Altersversorgung fest. Darüber hinaus enthält es aber zB auch eine Definition der Durchführungswege für betriebliche Altersversorgung. Diese Durchführungswege stehen auch Personengruppen offen und werden von ihnen genutzt, für die die arbeitsrechtlichen Schutzbestimmungen des Gesetzes nicht gelten (**Unternehmer** und Arbeitnehmer mit einem Beschäftigungsverhältnis bei einem ausländischen Unternehmen, das nicht deutschem Arbeitsrecht unterliegt) oder nur teilweise gelten (Arbeitnehmer, die ihre Zusage über einen Tarifvertrag erhalten haben). Die Frage ist daher, ob zB auch Anrechte von Unternehmern unter die Regelung des § 2 Abs. 2 Nr. 3 VersAusglG fallen. Die Anrechte dieser Personengruppen gelten ebenfalls als betriebliche Altersversorgung, sie dienen in gleicher Weise der Versorgung im Alter, bei Invalidität oder Tod, sie bedienen sich der im Betriebsrentengesetz definierten Durchführungswege, ihre Leistungen sind in wesentlichen Punkten gestaltet wie Anrechte, bei denen alle Schutzbestimmungen des Betriebsrentengesetzes greifen. Es sprechen daher dieselben Gründe für eine Berücksichtigung der Anrechte im Versorgungsausgleich wie bei vergleichbaren Anrechten abhängiger Arbeitnehmer. Eine Berücksichtigung dieser Anrechte im Zugewinnausgleich würde in der Praxis zudem größte Probleme bereiten. In vielen Fällen ist die Unternehmereigenschaft nicht durchgängig während der gesamten Zeit der Unternehmenszugehörigkeit gegeben. Ändern sich zB die Beteiligungsverhältnisse oder auch nur die tatsächlichen Machtverhältnisse in einer GmbH, kann ein Gesellschafter-Geschäftsführer hierdurch eine beherrschende Position und damit die Unternehmereigenschaft erhalten oder aber verlieren. Eine bestehende Pensionszusage läuft hierbei meist unverändert weiter. Nur bezüglich der arbeitsrechtlichen Schutzbestimmungen ändert sich ab diesem Zeitpunkt der Status, entweder entfällt oder entsteht der Schutz für die künftige Betriebszugehörigkeit, er gilt dann also nur für einen Teil des Anrechts. Festgestellt wird dies jedoch erst, wenn sich hierfür die Notwendigkeit ergibt. Betrachtet man es nicht als zulässig, das gesamte Anrecht im Versorgungsausgleich zu berücksichtigen, muss man es fiktiv in Teilanrechte aufteilen, von denen dann eins im Versorgungsausgleich, das andere im Zugewinnausgleich zu berücksichtigen ist. Schon diese Aufteilung wäre ein Problem, da zB die Ehezeit jeweils anders geregelt ist. Um insgesamt überhaupt 100% des Anrechts berücksichtigen zu können, müsste man sich festlegen, welche Definition der Ehezeit für die Aufteilung maßgeblich sein soll. Hinzu käme das Problem, dass die Übergänge zwischen Unternehmer- und Arbeitnehmerstatus zeitlich nicht immer klar bestimmt sind, insbesondere wenn die tatsächliche Einflussnahme auf die Geschicke der Gesellschaft das maßgebliche Abgrenzungskriterium ist. Der ausgleichsberechtigte Ehegatte würde zudem benachteiligt, da eine Teilung des Anrechts nur im Versorgungsausgleich möglich ist. Er könnte also kein eigenes Versorgungsanrecht erhalten. Damit würde ihm ggf zB die hohe Verzinsung einer betrieblichen Direktzusage entgehen und der Risikoschutz, der dem eigenen Anrecht innewohnen würde. Die Berücksichtigung der Unternehmerversorgung im Zugewinnausgleich wäre aus den genannten Gründen schwer praktikabel, ohne einen ersichtlichen Vorteil zu bringen (anders HK-VersAuglR/Götsche § 2 Rn 62).

Hinweis: Ob Gesellschafter-Geschäftsführer einer GmbH als abhängige Arbeitnehmer eingestuft werden oder als Unternehmer hängt von den Beteiligungsverhältnissen und vom der tatsächlichen Einfluss auf die Geschicke der Gesellschaft ab. Nur wer nach diesen Kriterien als „beherrschend" angesehen wird, ist als Unternehmer einzustufen. Alle anderen Gesellschafter-Geschäftsführer fallen unter die Regelungen des Betriebsrentengesetzes. Ob und ggf für welche Zeiträume der Unternehmerstatus gegeben ist oder war, muss mit einem Fachmann abgeklärt werden, zB dem Steuerberater.

10 Anrechte im Sinne des **Altersvorsorgeverträge-Zertifizierungsgesetzes** sind alle Riester-Verträge und Rürup-Verträge (Basisrente). Sie sind unabhängig von ihrer Ausgestaltung im Versorgungsausgleich zu berücksichtigen (Ruland, Versorgungsausgleich, 3. Aufl. 2011, Rn 319).

Private Kapitallebensversicherungen unterliegen nicht dem Versorgungsausgleich. Bei Optionsrechten kommt des darauf an, ob diese ausgeübt wurden und ggf wann. Zu den verschiedenen Fallgruppen s. HK-VersAuglR/Götsche § 2 Rn 73 ff).

11 Im Hinblick auf **ausländische, zwischenstaatliche und überstaatliche Anrechte** ist zu beachten, dass die Berücksichtigung von Kapitalzusagen nach § 2 Abs. 2 Nr. 3 Hs 2 VersAusglG auf Anrechte im Sinne des Betriebsrentengesetzes beschränkt ist. In vielen Ländern sind in der betrieblichen Altersversorgung Kapitalzusagen gebräuchlich. Häufig sind hierfür erhebliche Vermögenswerte reserviert. Ein Zugriff hierauf ist in der Regel vor Eintritt des Versorgungsfalles nicht möglich und die Höhe der künftigen Leistung ist häufig ungewiss, weil sie von der künftigen Entwicklung der Kapitalmärkte abhängt. Eine Berücksichtigung im Zugewinnausgleich ist daher ebenso problematisch wie bei inländischen Anrechten (s. → *Ausländische Rentenanrechte* Rn 6). Es wäre daher wünschenswert, wenn die Formulierung „im Sinne des Betriebsrentengesetzes" so umfassend interpretiert werden könnte, dass auch ausländische Kapitalzusagen auf betriebliche Altersversorgung im Versorgungsausgleich berücksichtigt werden können.

IV. Ausgleichswert

Anders als in dem bis zum 31.8.2009 geltenden Recht erfolgt die Teilung im Versorgungsausgleich nach 12 derzeitigem Recht meist nicht mehr auf der Basis von Rentenbeträgen. Maßstab für die Berechnung des Ehezeitanteils und des Ausgleichswertes ist nach § 5 Abs. 1 VersAusglG vielmehr eine für das jeweilige Anrecht maßgebliche Bezugsgröße. Maßgebliche Bezugsgrößen können neben den Rentenbeträgen zum Beispiel Entgeltpunkte, Punktbemessungsgrößen, Deckungskapitalien, versicherungsmathematische Barwerte, zu einem späteren Zeitpunkt fällig werdende Kapitalzahlungen, Fondsanteile und vieles mehr sein. Diese Bezugsgrößen unterscheiden sich in vielerlei Hinsicht. Bei manchen dieser Bezugsgrößen, zB bei Entgeltpunkten, führt eine Teilung auf Basis eines auf das Ende der Ehezeit berechneten Ausgleichswertes in der Regel auch dann noch halbwegs zu einer Halbteilung, wenn die Umsetzung erst zu einem späteren Zeitpunkt erfolgt; bei anderen Bezugsgrößen ist dies nicht der Fall, zB bei einem Deckungskapital, einem versicherungsmathematischen Barwert, einem Übertragungswert nach § 4 Abs. 5 Betriebsrentengesetz oder dem Wert von Fondsanteilen. Diese Größen sind Stichtagsgrößen. Bei Anrechten mit einer dieser Bezugsgrößen kann bei einer externen Teilung eine **Halbteilung** nur erreicht werden, wenn der Stichtag, zu dem der Wert ermittelt wurde, mit dem Stichtag der Umsetzung der Teilung übereinstimmt oder wenn der auf das Ende der Ehezeit ermittelte Wert in geeigneter Weise angepasst wird. In allen anderen Fällen wird die Halbteilung mit Sicherheit verfehlt oder, wenn die Bezugsgröße der Wert von Fondsanteilen ist, allenfalls zufällig erreicht. Die Rechtsprechung hat inzwischen diesem Umstand teilweise Rechnung getragen. So hat für Anrechte, bei denen der Ausgleichswert durch Abzinsung ermittelt wird, der Bundesgerichtshof inzwischen entschieden, dass der Ausgleichswert bei einer externen Teilung für den Zeitraum zwischen dem Ende der Ehezeit und der Rechtskraft mit dem **Rechnungszins** zu verzinsen ist (zB BGH 7.9.2011 – XII ZB 546/10, FamFR 2011, 514; 6.2.2013 – XII ZB 204/11, FamFR 2013, 178). Dies betrifft Ausgleichswerte, bei denen die Bezugsgröße ein Deckungskapital, ein versicherungsmathematischer Barwert oder ein Übertragungswert nach § 4 Abs. 5 Betriebsrentengesetz ist. Erbrachte Leistungen können berücksichtigt werden, die Modalitäten hierfür regelt der Beschluss jedoch nicht.

Auch zu der Berücksichtigung der **Wertentwicklung von Fondsanteilen** hat der Bundesgerichtshof entschieden (BGH 29.2.2012 – XII ZB 609/10, FamFR 2012, 206). Hat der Wert der Fondsanteile sich seit dem Ende der Ehezeit verringert, ist bei einer externen Teilung nur der verringerte Ausgleichswert zu zahlen. An einer Erhöhung des Wertes soll der ausgleichsberechtigte Ehegatte hingegen nicht teilhaben. Eine offene Tenorierung, die viele praktische Probleme der Wertanpassung beseitigen könnte, lässt der Bundesgerichtshof nicht zu.

V. Grundsätze für den Wertausgleich

Grundsätzlich sieht § 9 VersAusglG für Anrechte, die im Versorgungsausgleich zu berücksichtigen sind 13 (s. Rn 4), einen Wertausgleich durch eine **Teilung** bezogen auf den Zeitpunkt der Scheidung vor. Eine Teilung unterbleibt, soweit die Eheleute nach den Vorschriften der §§ 6-8 VersAusglG eine anderweitige **Vereinbarung** getroffen haben (s. → *Vereinbarungen zum Versorgungsausgleich*) oder einem Anrecht zum Zeitpunkt der Scheidung die **Ausgleichsreife** fehlt (s. → *Ausgleichsreife*). Unterbleibt die Teilung wegen fehlender Ausgleichsreife, kann der Ausgleich später ggf im Wege des **schuldrechtlichen Versorgungsausgleichs** (s. → *Schuldrechtlicher Versorgungsausgleich*) erfolgen. Ein Wertausgleich soll nicht vorgenommen werden, wenn gleichwertige Anrechte nur einen geringen Wertunterschied oder einzelne Anrechte nur einen geringen Ausgleichswert haben (s. → *Geringfügige Anrechte im Versorgungsausgleich*).

VI. Wertausgleich bei Scheidung

Für einen Wertausgleich bei Scheidung kommen zwei verschiedene Teilungsverfahren in Betracht, die **interne Teilung** (s. → *Interne Teilung*) und die **externe Teilung** (s. → *Externe Teilung*). Bei der internen Teilung wird für den ausgleichsberechtigten Ehegatten beim Versorgungsträger des auszugleichenden Anrechts ein eigenständiges Anrecht begründet. Diese Form des Ausgleichs soll nach § 9 Abs. 2 VersAusglG den Vorrang haben. Bei einer externen Teilung, die auf Ausnahmefälle beschränkt sein soll, wird für den

Ausgleichsberechtigten ein Anrecht bei einem anderen Versorgungsträger (s. → *Externe Teilung* Rn 3) begründet. Eine Teilung in der Form, dass für den Ausgleichsberechtigten ein Anrecht bei demselben Versorgungsträger begründet wird, das den Anforderungen des § 11 VersAusglG nicht genügt, ist nach dem Wortlaut des Gesetzes nicht möglich. Dennoch könnte eine Teilung in dieser Form sowohl für den Ausgleichsberechtigten als auch für den Versorgungsträger sehr sinnvoll sein, denn sie würde es dem Versorgungsträger zB ermöglichen, mehrere Teilanrechte für den Ausgleichsberechtigten in einem Anrecht zu bündeln. Das OLG Frankfurt/M. sieht dies offenbar als eine zulässige Möglichkeit an (14.2.2011 – 2 UF 358/10, FamRZ 2011, 179). Möglicherweise würden Versorgungsträger teilweise auch auf eine externe Teilung verzichten, wenn es ihnen möglich wäre, für den Ausgleichsberechtigten ein Anrecht unter einem anderen Tarif einzurichten. Auch wenn ein solches Anrecht die Anforderungen des § 11 VersAusglG nicht genügen würde, könnte der Ausgleichsberechtigte möglicherweise aus einem solchen Anrecht deutlich höhere Leistungen beziehen als bei einer externen Teilung.

VII. Wertausgleich nach der Scheidung

15 Findet ein Wertausgleich bei Scheidung nicht statt, so kann er später, wenn beide Eheleute die Voraussetzungen für einen Rentenbezug erfüllt haben, im Wege des schuldrechtlichen Ausgleichs (s. → *Schuldrechtlicher Versorgungsausgleich*) erfolgen.

Hinweis: Wegen des unter Umständen sehr langen Zeitraums, der vergeht, bis der schuldrechtliche Ausgleich geltend gemacht werden kann, muss damit gerechnet werden, dass der Versorgungsträger die Daten zu einer Berechnung oder Überprüfung des Ausgleichswertes dann nicht mehr verfügbar haben wird. Auch wenn die Höhe des Ausgleichswertes für den Versorgungsausgleich zunächst nicht von Bedeutung ist, muss daher bei diesen Anrechten darauf geachtet werden, dass bei Durchführung des Versorgungsausgleichs vollständige Unterlagen vorliegen (Name und Anschrift des Versorgungsträgers, Vertragsgrundlagen (zB Versorgungszusage, Betriebsvereinbarung oder Versicherungsvertrag), nach Möglichkeit Berechnung des Ehezeitanteils und des Ausgleichswertes, ansonsten alle Bemessungsgrößen).

VIII. Härteregelung

16 Ein Versorgungsausgleich findet gemäß § 27 S. 1 VersAusglG ausnahmsweise nicht statt, wenn er **grob unbillig** wäre. Hierbei kommt es auf die gesamten Umstände des Einzelfalles an. Die Regelung gilt sowohl für den Wertausgleich nach Scheidung als auch für den schuldrechtlichen Versorgungsausgleich und das Abänderungsverfahren (§ 226 Abs. 3 FamFG). Mit der Neuregelung ist keine Änderung materiellen Rechts verbunden. In der Praxis kann daher auf die bislang entwickelten Fallgruppen zurückgegriffen werden (Ruland, Versorgungsausgleich, 3. Aufl. 2011, Rn 776 ff).

IX. Tenor

17 Nach § 38 Abs. 2 Nr. 3 FamFG muss ein Beschluss zu einem Versorgungsausgleich einen Tenor enthalten. Eine geeignete Formulierung ist sowohl für die Versorgungsträger als auch für die Eheleute von großer Bedeutung. Sie muss präzise genug gefasst sein, dass die Teilung von den **Versorgungsträgern vollzogen** werden kann und die Parteien ggf ihre **Ausgleichsansprüche nach Scheidung** geltend machen können (s. Rn 17).

18 Bei einer **internen Teilung** nach § 10 VersAusglG ist es daher geboten, im Tenor der gerichtlichen Entscheidung die **Fassung oder das Datum der Versorgungsregelung** zu benennen, die dieser Entscheidung zu Grunde liegt (BGH 26.1.2011 – XII ZB 504/10, FamRZ 2011, 547 ff). In der Praxis wird häufig von den Versorgungsträgern in der Auskunft auch ein Vorschlag für eine Tenorierung unterbreitet. Ohne dass das Gericht ersichtlich von dem Vorschlag des Versorgungsträgers abweichen möchte, wird der vom Versorgungsträger vorgeschlagene Tenor oft nur in abgewandelter oder abgekürzter Form übernommen. Damit ist der Tenor häufig nicht eindeutig. In der betrieblichen Altersversorgung und bei privaten Lebensversicherungen gibt es oft eine große Anzahl verschiedener Versorgungsregelungen bzw Versicherungstarife, über die nur der Versorgungsträger einen Überblick haben kann. Entsprechend kann auch nur er beurteilen, wel-

Hoenes

che Angaben genau erforderlich sind, um eine Versorgungsregelung oder einen Tarif eindeutig zu benennen. Nur wenn die Bezeichnung des Versorgungsträgers für ein Anrecht genau in den Tenor des Beschlusses übernommen wird, ist die für den Vollzug und eine Bilanzierung erforderliche Bestimmtheit der Beschlussformel gewährleistet. Außerdem kann das Gericht nur so klarstellen, welche konkrete Fassung der Versorgungsregelung es nach § 11 Abs. 1 VersAusglG geprüft und für in Ordnung befunden hat (s. Holzwarth in: Anmerkungen zu BGH 26.1.2011 – XII ZB 504/10, FamRZ 2011, 547 ff).

Bei einem gesetzlichen Rentenanrecht hält der Bundesgerichtshof die **nähere Bezeichnung der Rechts-** **19** **grundlage** im Tenor für entbehrlich, weil sich das aus der Übertragung von Entgeltpunkten folgende Recht aus dem Gesetz ergibt. Bei untergesetzlichen Versorgungsregelungen hält er die Angabe der maßgeblichen Versorgungsregelungen aber für zweckmäßig oder sogar geboten, um den konkreten Inhalt des für den ausgleichsberechtigten Ehegatten bei dem Versorgungsträger geschaffenen Anrechts klarzustellen. Außerdem stellt der Bundesgerichtshof in dem genannten Urteil die Verpflichtung des Gerichts fest, bei untergesetzlichen Versorgungsregelungen zu prüfen, ob die Versorgungsregelung den Anforderungen des § 11 Abs. 1 VersAusglG genügt und damit die gleichmäßige Teilhabe der Ehegatten an dem Anrecht sichergestellt ist.

Bei Direktzusagen der **betrieblichen Altersversorgung** ist es für den Versorgungträger wichtig, dass er **20** die Anrechte in der Steuerbilanz entsprechend den jeweiligen Vorschriften berücksichtigen kann. Bei Direktzusagen und Unterstützungskassenzusagen ist eine Voraussetzung hierfür, dass die Zusage schriftlich erteilt ist (**Schriftformerfordernis**). Dies sieht die Finanzverwaltung bei einem im Rahmen eines Versorgungsausgleichs zu begründenden Anrechts nur dann als gegeben, wenn aus dem Beschluss des Familiengerichts Art und Umfang der Versorgung der ausgleichsberechtigten Person eindeutig hervorgehen (BMF-Schreiben vom 12.11.2010, IV C 6 –S2144-c/07/10001).

Bei externen Teilungen ist zur Wahrung **der Halbteilung** die Rechtsprechung des Bundesgerichtshofs zur **21** Wertanpassung des Ausgleichswertes (Verzinsung, erbrachte Leistungen und Wertänderung von Fondsanteilen) zu beachten (BGH 7.9.2011 – XII ZB 546/10, FamFR 2011, 514; BGH 29.2.2012 – XII ZB 609/10, FamFR 2012, 206). Ist die gesetzliche Rentenversicherung Zielversorgung, ist seit Einführung des § 76 Abs. 4 SGB VI am 1.1.2013 in das Sozialgesetzbuch die Verzinsung des Ausgleichswertes für den Ausgleichsberechtigten ebenfalls von Bedeutung. Außerdem muss nach § 14 VersAusglG die vom ausgleichsberechtigten Ehegatten gewählte **Zielversorgung** eindeutig benannt sein.

Ausgleichsansprüche, die dem **Wertausgleich nach Scheidung (schuldrechtlicher Versorgungsaus-** **22** **gleich)** verbleiben, muss das Gericht nach § 224 Abs. 4 FamFG in der Begründung benennen. Eine vollständige Auflistung aller verbleibenden Ausgleichsansprüche ist daher unerlässlich. Hierbei sind auch Teilansprüche zu benennen, die zum Ende der Ehezeit noch nicht feststehen und daher nicht berücksichtigt werden können. Dies betrifft zB alle Anrechte bei ausländischen, zwischenstaatlichen und überstaatlichen Versorgungsträgern und häufig auch Teilansprüche in der betrieblichen Altersversorgung. Nicht ausgeglichene Teilansprüche der betrieblichen Altersversorgung sind den Laien oft nicht ersichtlich, oder es bedürfte eines eingehenden Studiums der Teilungsordnung, um sie herauszufinden. Es wäre daher wünschenswert, wenn die Versorgungsträger verpflichtet werden könnten, die diese im Ausgleichsbetrag nicht berücksichtigten Teilanrechte ausdrücklich zu benennen, von materieller Bedeutung kann hier zB die Anwartschaftsdynamik bei endgehaltsabhängigen Direktzusagen der betrieblichen Altersversorgung sein (s. → *Betriebliche Altersversorgung*).

Eine Beschlussformel, die Ausgleichswerte betragsmäßig festschreibt, erlaubt es nicht, Änderungen zwi- **23** schen dem Ende der Ehezeit und der Rechtskraft der Entscheidung so zu berücksichtigen, dass die Eheleute nach der Teilung so gestellt sind, als wäre die Teilung bereits zum Ende der Ehezeit erfolgt. Teilweise sieht die Rechtsprechung des Bundesgerichtshofs eine Berücksichtigung des Zinseffekts und die Berücksichtigung von Wertänderungen von Fondsanteilen vor (s. Rn 18). Eine vollständige Berücksichtigung über eine sogenannte **offene Beschlussfassung** (s. Borth FamRZ 2011, 337 ff; Gutdeutsch/Hoenes/Norpoth FamRZ 2012, 597) lehnt der Bundesgerichtshof jedoch bislang ab.

X. Vereinbarungen zum Versorgungsausgleich

1. Einbezug in die Regelung der ehelichen Vermögensverhältnisse

24 In § 6 Abs. 1 Nr. 1 VersAusglG erlaubt ausdrücklich die Einbeziehung von Versorgungsanrechten in die Regelung der **ehelichen Vermögensverhältnisse**. Als Grundlage hierfür kann der Wert des Ehezeitanteils als Kapitalbetrag herangezogen werden, den der Versorgungsträger für den Versorgungsausgleich entweder als Ausgleichswert oder als korrespondierenden Kapitalwert mitgeteilt hat. Hierbei ist jedoch zu beachten, dass die für den Versorgungsausgleich ermittelten Ausgleichswerte und korrespondierenden Kapitalwerte **Bruttowerte** sind, die in dieser Höhe nicht auf der Vermögensebene zur Verfügung stehen werden. Die Versorgungssysteme in Deutschland werden inzwischen alle nachgelagert besteuert oder werden zumindest allmählich in die nachgelagerte Besteuerung überführt, Versorgungsleistungen müssen daher grundsätzlich mit dem persönlichen Steuersatz in der Rentenphase versteuert werden. Aufgrund von Übergangsregelungen können einzelne Anrechte teilweise von der Besteuerung ausgenommen sein; dies wäre im Einzelfall zu prüfen. Außerdem sind auf die Versorgungsleistungen Kranken- und Pflegeversicherungsbeiträge zu entrichten, und zwar der volle Beitragssatz. Bei der gesetzlichen Rentenversicherung reduziert sich die Belastung um die Erstattung der gesetzlichen Rentenversicherung, bei der Beamtenversorgung ist wegen der Beihilfe keine volle Absicherung nötig. In den meisten Fällen liegt die Steuer- und Abgabenbelastung zwischen etwa 30% und 45% der Versorgungsleistung. Bleibt dies bei der Verrechnung von Versorgungsanrechten mit Vermögenswerten unberücksichtigt, wird der Inhaber der Versorgungsanrechte insofern benachteiligt, als er einen Ausgleich für Werte zahlen muss, die ihm auf der Vermögensebene nie zur Verfügung stehen werden. Dies kann vermieden werden, indem nur die geeignet geschätzten **Nettowerte** in Ansatz gebracht werden (s. → *Steuern und Sozialabgaben im Versorgungsausgleich* Rn 2).

25 Versorgungsanrechte sollten nicht aufgegeben werden, soweit sie für die spätere Versorgung benötigt werden. Für eine Versorgung reicht es nicht, dass insgesamt hinreichende Vermögenswerte vorhanden sind. Es muss auch gewährleistet sein, dass in jeder Lebensphase die für den Lebensunterhalt nötige Liquidität, dh hinreichend hohe Barmittel, zur Verfügung stehen (→ *Risikoabsicherung im Versorgungsausgleich*). Durch eine Immobilie ist dies zB häufig nicht gewährleistet, da nicht gesichert ist, dass sie im Bedarfsfall verkäuflich ist. Außerdem ist zu bedenken, dass eine lebenslängliche Rente auch eine Absicherung für den Fall einer überdurchschnittlich langen Lebensdauer beinhaltet. Bei einer Finanzierung der Altersversorgung durch Kapitalanlagen ist diese Absicherung nicht gegeben.

2. Ausschluss oder Teilausschluss des Versorgungsausgleichs

26 Einzelne Anrechte können nach § 6 Abs. 1 Nr. 2 VersAusglG **ganz oder teilweise** vom Versorgungsausgleich **ausgeschlossen werden** (s. → *Vereinbarungen zum Versorgungsausgleich* Rn 18 ff; Borth, Versorgungsausgleich, 6. Aufl. 2011, Rn 916 f). So ist es zB möglich, bestimmte Zeiträume aus dem Versorgungsausgleich auszunehmen. Das Ehezeitende kann jedoch nicht verlegt werden (Borth, Versorgungsausgleich, 6. Aufl. 2011, Rn 917). Das bedeutet, dass bei der Berechnung des Ausgleichswertes die Bemessungsgrundlagen zum Ende der Ehezeit maßgeblich sind. Auf diesen Zeitpunkt ist auch die Berechnung des Ausgleichswertes und ggf des korrespondierenden Kapitalwertes vorzunehmen. In der Praxis wird dies oft nicht beachtet. Auf die Höhe des Ausgleichswertes kann dies insbesondere dann gravierende Auswirkungen haben, wenn es sich hierbei um ein Deckungskapital oder einen (versicherungsmathematischen) Barwert handelt. Die Bewertung auf den falschen Stichtag wirkt sich in diesen Fällen genauso aus wie die verspätete Umsetzung einer externen Teilung (s. → *Zinsen im Versorgungsausgleich* Rn 2).

27 Nicht zulässig sind **Vereinbarungen zulasten eines Versorgungsträgers**, so kann zum Beispiel die Übertragung eines Anteils, der den Ausgleichswert übersteigt, ohne Zustimmung des Versorgungsträgers nicht wirksam vereinbart werden.

28 Auch eine Verrechnung von Anrechten ist möglich. So können zum Beispiel unnötige Teilungskosten vermieden werden, es kann vermieden werden, dass sich die Anzahl der Anrechte unnötig erhöht, bei Direktzusagen der betrieblichen Altersversorgung kann der Wegfall der Anwartschaftsdynamik vermieden werden usw. Ein Grund, der besonders schwer wiegen kann, ist der Erhalt der Risikoabsicherung (s. Rn 8). Als

Basis für die Verrechnung steht bei jedem Anrecht ein Kapitalwert zur Verfügung, der den Wert des auszugleichenden Anrechts zum Ende der Ehezeit widerspiegelt. Dies kann der Ausgleichswert oder der korrespondierende Kapitalwert sein. Hierzu ist jedoch anzumerken, dass diese Werte auf sehr unterschiedliche Weise ermittelt werden und nicht unbedingt vergleichbar sind. Im Einzelfall sind daher eventuell Anpassungen vorzunehmen. Hierbei muss man sich jedoch darüber im Klaren sein, dass Versorgungsanrechte von ihrem Charakter her sehr unterschiedlich sein können und in vielen Fällen ein zuverlässiger Wertevergleich daran scheitert, dass der Wert von künftigen Entwicklungen abhängt, die nicht vorhersehbar sind. Wichtige Faktoren sind hier die künftige Dynamik, sowohl in der Anwartschafts- als auch in der Leistungsphase, und die Sicherheit eines Anrechts. Auch bezüglich der Belastung mit Steuern und Sozialabgaben können sich Anrechte ganz maßgeblich unterscheiden (s. → *Steuern und Sozialabgaben im Versorgungsausgleich*). All diese Faktoren sollten bei einer Vereinbarung unbedingt mit in Betracht gezogen werden, wenn es um Anrechte geht, die für die Eheleute eine substantielle Bedeutung haben.

Bei der Teilung aller Anrechte, so wie sie das VersAusglG als Regelfall vorsieht, wird oft eine ausreichen- **29** de Absicherung für den Fall der **Invalidität** zunichte gemacht. Teilweise gilt dies auch für die Absicherung der Kinder im Todesfall über **Waisenrenten**. In vielen Fällen lässt sich dies durch eine geeignete Vereinbarung leicht vermeiden, indem nicht alle Anrechte geteilt werden, sondern stattdessen teilweise eine Verrechnung vorgenommen wird. Es ist daher dringend geboten, die Auswirkungen eines Versorgungsausgleichs auch unter dem Aspekt der Risikoabsicherung bei Invalidität und Tod zu betrachten und ggf zu versuchen, unliebsame Einschnitte in die Risikoabsicherung durch geeignete Vereinbarungen zu vermeiden (s. → *Risikoschutz im Versorgungsausgleich*).

3. Berücksichtigung von Versorgungsanrechten im schuldrechtlichen Versorgungsausgleich

Es ist möglich zu vereinbaren, dass Anrechte dem **Wertausgleich nach Scheidung** (schuldrechtlicher Ver- **30** sorgungsausgleich) vorbehalten bleiben. Dies kann zB sinnvoll sein, wenn einer der Ehegatten bereits Versorgungsleistungen bezieht, während der andere Ehegatte noch keine Ansprüche auf Versorgungsleistungen hat. Eine sofortige Teilung der Anrechte führt in diesen Fällen zu einer vorübergehenden Versorgungslücke, wenn kein hinreichender Ausgleich durch eine Anpassung nach Rechtskraft nach §§ 32–38 VersAusglG erfolgen kann, denn einem Ehegatten werden seine Leistungen sofort gekürzt, ohne dass dem anderen Ehegatten bereits Leistungen aus diesen Anrechten zufließen. Diese Versorgungslücke kann vermieden werden, indem ein schuldrechtlicher Ausgleich dieser Anrechte vereinbart wird. Hierbei sind jedoch die Risiken für den Ausgleichsberechtigten zu bedenken. Hat der Ausgleichspflichtige die Möglichkeit, eine Kapitalzahlung in Anspruch zu nehmen, muss ausdrücklich vereinbart werden, dass im Falle der Kapitalzahlung der Ausgleich über eine Kapitalzahlung gem. § 22 VersAusglG festgelegt ist und durch eine entsprechende Abtretung gesichert wird (Borth, Versorgungsausgleich, 6. Aufl. 2011, Rn 919). Zu beachten ist auch, dass bei einer vertraglich vereinbarten schuldrechtlichen Rente der ausgleichsberechtigte Ehegatte nach § 25 Abs. 2 VersAusglG nicht an der Hinterbliebenenversorgung teilhat, dh er kann keine verlängerte schuldrechtliche Ausgleichsrente gegenüber dem Versorgungsträger geltend machen, auch wenn er die sonstigen Anspruchsvoraussetzungen erfüllt.

257. Verwandtenerbrecht

Schwarz

I. Grundprinzipien der Verwandtenerbfolge 2
  1. Ordnungs- oder Parentelsystem 2
  2. Stamm- bzw Linienprinzip 4
  3. Repräsentationsprinzip 7
  4. Grad- oder Gradualsystem 8
  5. Gesetzliches Erbrecht des Staates 9
II. Erbrecht bei Adoption 10
  1. Neuregelung des Adoptionsrechts zum 1.1.1977 11

2. Regelung bis zum 31.12.1976 16
3. Steuerrechtliche Besonderheit 21
4. Gestaltungsfragen 22
III. Erbrecht des nichtehelichen Kindes 23
  1. Entwicklung 23
  2. Rechtslage in den neuen Bundesländern 31
  3. Aktuelle Rechtsprechung/Gesetzgebung 33

1   Eine wesentliche Schnittstelle zwischen Familienrecht und Erbrecht stellt das Verwandtenerbrecht (s. →
Verwandtschaft) innerhalb der gesetzlichen Erbfolge dar (§§ 1924 ff BGB). In § 1589 BGB ist die Verwandtschaft als Blutsverwandtschaft definiert. Für das Verwandtenerbrecht ist jedoch die rechtlich anerkannte Verwandtschaft maßgeblich, welche von der Blutsverwandtschaft abweichen kann (HK-BGB/Hoeren § 1924 BGB Rn 7).

I. Grundprinzipien der Verwandtenerbfolge

1. Ordnungs- oder Parentelsystem

2   Für die gesetzliche Erbfolge der Verwandten unterteilt das Gesetz diese in Ordnungen:

- **Erben der ersten Ordnung** sind die Abkömmlinge des Erblassers, unabhängig davon, ob sie ehelich oder unehelich geboren sind oder adoptiert wurden; das sind die Kinder, Enkel, Urenkel usw (§ 1924 BGB);
- **Erben der zweiten Ordnung** sind die Eltern des Erblassers und deren Abkömmlinge; das sind Geschwister, Neffen und Nichten usw. (§ 1925 BGB);
- **Erben der dritten Ordnung** sind die Großeltern des Erblassers und deren Abkömmlinge; das sind Tante, Onkel, Cousins (Vettern) und Cousinen usw. (§ 1926 BGB);
- **Erben der vierten Ordnung** sind die Urgroßeltern des Erblassers und deren Abkömmlinge (§ 1928 BGB);
- **Erben der fünften und ferneren Ordnungen** sind die weiter entfernten Voreltern des Erblassers und deren Abkömmlinge.

3   Wesentlicher Grundsatz: Nach § 1930 BGB schließen Erben einer vorhergehenden Ordnung solche einer entfernteren Ordnung von der Erbfolge aus. Dadurch erfolgt eine erste Eingrenzung des erbberechtigten Personenkreises.

2. Stamm- bzw Linienprinzip

4   Sind **Erben der ersten Ordnung** vorhanden, so erfolgt die Ermittlung der Erben zunächst nach Stämmen. Jedes Kind des Erblassers bildet einen Stamm, zu dem auch seine jeweiligen Abkömmlinge zählen (§ 1924 Abs. 3 BGB). **Die Stämme erben je zu gleichen Teilen** (§ 1924 Abs. 4 BGB). Bei zwei Kindern also je zu 1/2, bei drei Kindern je zu 1/3 usw.

5   Bei den **Erben der zweiten und dritten Ordnung** wird vor dem Stamm- das **Linienprinzip** angewandt. Die Linie ist die vom Erblasser aus betrachtete Abstammung von den Eltern bzw Großeltern. Sie wird von der Mutter als eine mütterliche und vom Vater als eine väterliche Linie vermittelt. Die Eltern des Erblassers erben zu gleichen Teilen, also zu je 1/2 (§ 1925 Abs. 2 BGB). Lebt nur noch ein Elternteil, erbt er zu 1/2, an die Stelle des vorverstorbenen Elternteils treten dessen Abkömmlinge, wieder zu jeweils gleichen Teilen (§ 1925 Abs. 3 S. 1 BGB). Sind Abkömmlinge nicht vorhanden, so erbt der überlebende Teil allein (§ 1925 Abs. 3 S. 2 BGB).

In der **dritten Ordnung** sind es dann vier Stammeltern, zwei in der mütterlichen Linie, zwei in der väterli- 6
chen Linie. **Großeltern erben zu gleichen Teilen** (§ 1926 Abs. 2 BGB). An die Stelle eines vorverstorbenen Großelternteils treten dessen Abkömmlinge. Sind Abkömmlinge nicht vorhanden, so fällt der Anteil
dem anderen Teil des Großelternpaars (wenn dieser nicht mehr lebt dessen Abkömmlingen) zu (§ 1926
Abs. 3 BGB). Lebt ein Großelternpaar nicht mehr und sind von ihnen auch keine Abkömmlinge vorhanden,
so erben die anderen Großeltern oder deren Abkömmlinge allein (§ 1926 Abs. 4 BGB).

3. Repräsentationsprinzip

Das Repräsentationsprinzip gilt **innerhalb eines Stammes**. Es besagt, dass lebende Stammeltern ihre 7
Nachkommen von der Erbfolge ausschließen (§§ 1924 Abs. 2, 1925 Abs. 2, 1926 Abs. 2 BGB). Abkömm-
linge treten an die Stelle des jeweils weggefallenen Elternteils (Eintrittsrecht gem. §§ 1924 Abs. 3, 1925
Abs. 3, 1926 Abs. 3 BGB).

Ausnahme: Der Erbverzicht eines Abkömmlings oder Seitenverwandten erstreckt sich grundsätzlich auf
den ganzen Stamm (§ 2349 BGB).

4. Grad- oder Gradualsystem

Das Gradsystem gilt ab der **vierten Ordnung** anstelle der Erbfolge nach Linien und Stämmen, §§ 1928 8
Abs. 3, 1929 BGB. Das bedeutet, dass der gradmäßig nähere Verwandte die entfernteren Verwandten von
der Erbfolge ausschließt. Nach § 1589 S. 3 BGB bestimmt sich der Verwandtschaftsgrad nach Zahl der sie
vermittelnden Geburten.

5. Gesetzliches Erbrecht des Staates

Sind keine Verwandten und kein Lebenspartner oder Ehegatte vorhanden, so greift das gesetzliche Erbrecht 9
des Staates (§ 1936 BGB). Für den Fiskus besteht als gesetzlichem Erben kein Ausschlagungsrecht (§ 1942
Abs. 2 BGB). Dafür ist die Geltendmachung der Haftungsbeschränkung erleichtert (§ 2011 BGB, § 780
Abs. 2 ZPO). Mit dem zum 1.1.2010 in Kraft getretenen ErbVerjÄndG vom 24.9.2009 (BGBl. I, 2142)
wurde klargestellt, dass bei Wohnsitz oder Aufenthalt in einem Bundesland der Erblasser von dem betreffenden Bundesland, ansonsten dem Bund beerbt wird. Dies gilt auch für ausländische Erblasser, sofern
ganz oder für Teile des Nachlasses deutsches Recht anzuwenden ist.

II. Erbrecht bei Adoption

Eine für das Erbrecht relevante Verwandtschaft kann auch durch Adoption (s. → *Verwandtschaft* Rn 6 ff) 10
nach den §§ 1741 ff BGB begründet werden (NK-BGB/Hoeren § 1924 BGB Rn 8). Hier ist zum einen danach zu differenzieren, wann die Adoption erfolgte. Denn durch das Adoptionsgesetz hatte das Adoptions-
recht zum 1.1.1977 zahlreiche Änderungen erfahren. Des Weiteren ist zu unterscheiden zwischen der Adoption Volljähriger und der Adoption Minderjähriger.

1. Neuregelung des Adoptionsrechts zum 1.1.1977

Bei einer **Minderjährigenadoption** steht dem angenommenen Kind ein gesetzliches Erbrecht sowohl ge- 11
gen den Annehmenden als auch dessen Verwandten zu (NK-BGB/Kroiß § 1924 BGB Rn 14).

Das Adoptivkind hat damit ein gesetzliches Erbrecht auch gegenüber den Eltern und den Großeltern des 12
Annehmenden (sog. **Volladoption**). Demgegenüber erlöschen die Verwandtschaftsbeziehungen des Adop-
tivkindes zu seiner Ursprungsfamilie (§ 1755 BGB). Insoweit entfällt dann auch das gesetzliche Erbrecht.
Ausnahmen dazu bestehen bei einer Verwandten-, Verschwägerten- und Stiefkindadoption (§§ 1755
Abs. 2, 1756 Abs. 1, 2 BGB). In diesen Fällen bleiben gesetzliches Erb- und Pflichtteilsrecht erhalten.

Beispiel: Aus der Ehe von A und B gingen der Sohn S, geb. am 23.4.1964, und die Tochter T, geb. am 13
11.2.1980, hervor. C adoptierte die T am 1.2.1990. Die B verstirbt am 10.3.2001. Hat die T ein Erbrecht
nach B?

Lösung: Nein, nach § 1755 BGB ist das Erbrecht erloschen.

14 Bei einer **Volljährigenadoption** hat das angenommene Kind ein gesetzliches Erb- und Pflichtteilsrecht nur gegenüber seinen Adoptiveltern, nicht hingegen gegenüber den Verwandten der Adoptiveltern (§ 1770 Abs. 1 BGB). Das angenommene Kind bleibt aber gegenüber seinen natürlichen Verwandten weiterhin erb- und pflichtteilsberechtigt (§ 1770 Abs. 2 BGB). Das Verwandtschaftsband zu Blutsverwandten wird also nicht durchschnitten (HK-BGB/Hoeren § 1924 Rn 8). Allerdings können in Ausnahmefällen auch für die Adoption Volljähriger aufgrund Anordnung des Familiengerichts die vollen Rechtsfolgen der Adoption von Minderjährigen gelten (vgl § 1772 BGB).

15 **Beispiel:** Aus der Ehe A und B gingen der Sohn S, geb. am 23.4.1964, und die Tochter T, geb. am 11.2.1965, hervor. C adoptierte die T am 1.2.1990. Die B verstirbt am 10.3.2001. Hat die T ein Erbrecht nach B?

Lösung: Ja, nach § 1770 Abs. 2 BGB bleibt das Erbrecht hier bestehen.

2. Regelung bis zum 31.12.1976

16 Eine Annahme an Kindes Statt (die durch notariellen Kindesannahmevertrag erfolgte) hatte nach altem Recht das Verwandtschaftsband zu den natürlichen Eltern und Verwandten nicht aufgelöst (NK-BGB/Kroiß § 1924 BGB Rn 12). Regelfall war die Minderjährigenadoption, bei einer Volljährigenadoption war eine Befreiung erforderlich (musste sittlich gerechtfertigt sein). Das Adoptivkind behielt sein Erb- und Pflichtteilsrecht gegenüber den Blutsverwandten. Durch die Adoption erwarb das Kind aber zusätzlich ein Erb- und Pflichtteilsrecht am Annehmenden, sofern das Erbrecht im Adoptionsvertrag nicht ausgeschlossen war. Kein Erb- und Pflichtteilsrecht erwarb das adoptierte Kind gegenüber den Verwandten des/der Annehmenden. Für den Annehmenden selbst wurde ein Erbrecht nach dem Kind nicht begründet (§ 1759 BGB aF).

17 Für Adoptionen, die bis zum 31.12.1976 wirksam geworden sind, kann heute nach wie vor noch altes Recht gelten (NK-BGB/Kroiß § 1924 BGB Rn 12). Denn Art. 12 des Adoptionsgesetzes vom 2.7.1976 (BGBl. I, 1749) sieht insoweit Übergangsregelungen vor.

18 War das Adoptivkind am 1.1.1977 bereits **volljährig**, so unterliegt die Adoption den Rechtswirkungen einer Volljährigenadoption neuen Rechts.

Hinweis: Ist der Annehmende vor dem 1.1.1977 verstorben, so finden die bis zum 31.12.1976 gültigen Vorschriften Anwendung, dh das Verwandtschaftsband zu den leiblichen Eltern blieb erhalten und damit auch das gesetzliche Erb- und Pflichtteilsrecht des Kindes zu ihnen. War im Kindesannahmevertrag das Erbrecht des Adoptivkindes am Annehmenden ausgeschlossen, so gilt dieser Ausschluss weiter.

19 War das Adoptivkind am 1.1.1977 noch **minderjährig**, so findet ab dem 1.1.1978 das neue Recht der Minderjährigen-Volladoption Anwendung. Für die Zeit bis 31.12.1977 gelten die bisherigen Vorschriften.

Hinweis: Ist der Annehmende vor dem 1.1.1977 verstorben, so gelten die bis zum 31.12.1976 gültigen Vorschriften. Ferner konnte jeder an der Adoption Beteiligte bis zum 31.12.1977 eine einseitige Erklärung gegenüber dem Amtsgericht Berlin-Schöneberg des Inhalts abgeben, dass die Rechtswirkungen über die Volladoption nicht eintreten sollen (Art. 12 Abs. 2 und 3 Adoptionsgesetz). Wurde ein Kind vor dem 1.1.1977 adoptiert und war es zu diesem Zeitpunkt noch minderjährig, sollte deshalb vorsorglich eine Auskunft bei seinem Geburtsstandesamt eingeholt werden, um festzustellen, ob es wirklich voll erbberechtigt ist oder nicht.

20 **Beispiel:** Aus der Ehe A und B gingen der Sohn S, geb. am 23.4.1944, und die Tochter T, geb. am 11.2.1952, hervor. C adoptierte die T am 11.2.1972. Die B verstirbt am 10.3.1976. Hat die T ein Erbrecht nach B?

Lösung: Damals Minderjährigenadoption (da noch nicht 21 Jahre alt). Nach Art. 12 § 1 Abs. 4 AdG gelten die alten Vorschriften: Das leibliche Verwandtschaftsverhältnis bleibt bestehen. T ist damit gesetzliche Erbin.

3. Steuerrechtliche Besonderheit

Nach § 15 Abs. 1 a ErbStG gelten die Steuerklassen I und II Nr. 1– 3 ErbStG auch dann, wenn durch An- 21
nahme als Kind die Verwandtschaft nach den Regeln des BGB erloschen ist.

4. Gestaltungsfragen

Bei der Adoption mit „schwacher Wirkung" bleiben zwischen den Angenommenen und den leiblichen Ver- 22
wandten gegenseitige Erb- und Pflichtteilsrechte bestehen. Bei kinderlosem Ableben des Angenommenen
würde das vom Annehmenden ererbte Vermögen an die Blutsverwandtschaft aufsteigender Linie des Adoptierten weitervererbt. Das ist häufig nicht gewollt. **Regelungsmöglichkeiten**:

– (Durch Ausspruch der Adoption aufschiebend bedingter) Erbvertrag zwischen Angenommenen als Erblasser und Annehmenden, in dem Adoptierter seine leiblichen Verwandten von der Erbschaft ausschließt. Problem: Pflichtteilsrecht der leiblichen Eltern des Adoptierten bleibt bestehen.
– Annehmender setzt in Verfügung von Todes wegen den Adoptierten nur zu (ggf befreiten) Vorerben
  ein. Nacherben zB jemand aus der Familie des Annehmenden. Durch die Nacherbeneinsetzung wird
  verhindert, dass über Pflichtteilsansprüche auf das „fremde" Vermögen zugegriffen wird. Denn die
  Vorerbmasse gehört nicht zum vererbbaren Vermögen des Angenommenen.
– Einsetzung des Adoptierten zu Vollerben. Bei kinderlosem Versterben (= aufschiebend bedingt) bei
  Tod fällig werdendes Vermächtnis zugunsten Personen aus Familie des Annehmenden.

III. Erbrecht des nichtehelichen Kindes
1. Entwicklung

Das nichteheliche Kind hat seit dem 1.4.1998 bei der gesetzlichen Erbfolge grundsätzlich **volles Erbrecht**. 23

Ein nichteheliches Kind, dessen Vater vor dem 1.7.1970 verstorben war, hatte damals kein Erbrecht nach 24
seinem Vater. Das nichteheliche Kind und dessen Vater galten als „nicht verwandt" (§ 1589 Abs. 2 BGB in
der Fassung bis zum 30.6.1970).

Durch das am 1.7.1970 in Kraft getretene Gesetz über die rechtliche Stellung der nichtehelichen Kinder 25
(BGBl. I 1969, 1243) wurde der § 1589 Abs. 2 BGB aufgehoben und das nichteheliche Kind mit seinem
Vater verwandt, damit auch erb- und pflichtteilsberechtigt (s. → *Nichteheliche Lebensgemeinschaft* Rn 15).
Hiervon gab es jedoch **Ausnahmen**, wenn der Vater des nichtehelichen Kindes (Gleiches galt auch beim
Tod von väterlichen Verwandten) zwischen dem 1.7.1970 (Inkrafttreten des Nichtehelichengesetzes) und
dem 31.3.1998 verstorben war und außer dem nichtehelichen Kind auch eheliche Kinder und/oder die Ehefrau des Vaters erbberechtigt waren. Dann stand dem nichtehelichen Kind anstelle seines gesetzlichen Erbteils lediglich ein auf Geld gerichteter Erbersatzanspruch in Höhe des Wertes des Erbteils zu (seinerzeitiger
§ 1934 a BGB). Dies galt aber nicht für nichteheliche Kinder, die am 1.7.1970 bereits volljährig waren, also
vor dem 1.7.1949 geboren waren. Für sie verblieb es nach Art. 12 § 10 Nichtehelichengesetz (NEhelG) bei
der alten Rechtslage, sie waren vom Erbrecht ausgeschlossen. Diese Regelung wurde mehrfach als verfassungsgemäß angesehen (u.a. BVerfG 20.11.2003 – 1 BvR 2257/03, FamRZ 2004, 433; 14.10.2004 – 2 BvR
1481/04, NJW 2004, 3407).

Nach dem bis zum 1.4.1998 geltenden § 1934 e BGB konnte ein nichteheliches Kind (zwischen dem 21. 26
und 27. Lebensjahr) von seinem Vater einen vorzeitigen Erbausgleich verlangen. Ein solcher vorzeitiger
Erbausgleich beseitigte alle auf der väterlichen Verwandtschaft beruhenden Erbrechtsbeziehungen.

Die Regelung, wonach dem nichtehelichen Kind nach seinem Vater (nach der Mutter bestand schon immer 27
ein volles Erbrecht, vgl § 1705 BGB aF) nur ein Erbersatzanspruch gegen den Erben zustand, ist seit

1.4.1998 durch das **Erbrechtsgleichstellungsgesetz** (BGBl. I 1997, 2968) aufgehoben. Eheliche und nicht-eheliche Kinder (seit der Kindschaftsrechtsreform terminologisch richtig „Kinder nicht miteinander verhei-rateter Eltern") erben seitdem in gleichem Umfang. Vor dem 1.7.1949 geborene nichteheliche Kinder blie-ben aber weiterhin vom Erbrecht ausgeschlossen. Sie waren nicht zur gesetzlichen Erbfolge berufen und damit auch nicht pflichtteilsberechtigt.

28 Der Vater konnte mit seinem vor dem 1.7.1949 geborenen nichtehelichen Kind einen Vertrag schließen, wonach diesem das volle gesetzliche Erbrecht zustehen soll (NK-BGB/Kroiß § 1924 BGB Rn 9). Dieser sog. **Gleichstellungsvertrag** bedurfte der notariellen Form. Diese Möglichkeit wurde durch das am 1.7.1998 in Kraft getretene Kindschaftsrechtsreformgesetz (BGBl. I 1997, 2942) geschaffen (Art. 14 § 3 KindRG). Vater und nichteheliches Kind bedurften zur Wirksamkeit des Vertrages allerdings der Zustim-mung ihres jeweiligen Ehegatten. Auch diese Zustimmungserklärung war notariell beurkundungsbedürftig. Aufgrund eines solchen Gleichstellungsvertrages hatten die vor dem 1.7.1949 geborenen nichtehelichen Kinder dann die gleiche Stellung wie eheliche Kinder. Konsequenz war, dass die anderen Kinder des Erb-lassers dann weniger erbten.

29 **Beispiel:** Der Erblasser hinterlässt ein vor dem 1.7.1949 geborenes nichteheliches Kind und zwei eheliche Kinder. Nach dem 1.7.1998 hat er mit dem nichtehelichen Kind einen Gleichstellungsvertrag geschlossen. Konsequenz: Ohne Gleichstellungsvertrag hätte das nichteheliche Kind nichts geerbt. Erben wären nur die beiden ehelichen Kinder zu je 1/2 geworden. Nunmehr sind alle drei Kinder gesetzliche Erben zu je 1/3 (§ 1924 Abs. 1 und 3 BGB). Mit Abschluss des Vertrages wird nicht nur ein gesetzliches Erbrecht für das Kind an seinem Vater geschaffen, sondern auch umgekehrt ein gesetzliches Erbrecht des Vaters an seinem Kind (der Vater gehört zu den Erben der zweiten Ordnung).

30 Diese Möglichkeit einer Gleichstellungsvereinbarung ist durch das Zweite Gesetz zur erbrechtlichen Gleichstellung nichtehelicher Kinder vom 12.4.2011 (BGBl. I, 615) mit Wirkung ab dem 16.4.2011 entfal-len (siehe Art. 5 des Gesetzes). Ab diesem Zeitpunkt bestand aufgrund der gesetzlichen Gleichstellung künftig kein Regelungsbedürfnis mehr.

2. Rechtslage in den neuen Bundesländern

31 In der **ehemaligen DDR** waren nichteheliche Kinder erbrechtlich im Verhältnis zu ihrem Vater den eheli-chen Kindern gleichgestellt. Dies galt für Erbfälle ab dem 1.4.1966 (Inkrafttreten des FGB und EGFGB) uneingeschränkt für Kinder, die beim Erbfall noch minderjährig waren, für Volljährige nur unter bestimm-ten Voraussetzungen. Volljährige nichteheliche Kinder waren erbrechtlich seit dem 1.1.1976 (Inkrafttreten des ZGB-DDR) den ehelichen Kindern gleichgestellt. Vor dem 3.10.1990 geborene nichteheliche Kinder behielten die Erbberechtigung nach ihrem Vater auch weiterhin. Dies gilt für vor dem 1.7.1949 geborene Kinder jedoch nur, wenn ihr Vater am 2.10.1990 seinen gewöhnlichen Aufenthalt in der DDR hatte. Aus Gründen des Bestandsschutzes werden diese Kinder, für die das Erbrecht der ehemaligen DDR gegolten hätte, auch nach der Wiedervereinigung erbrechtlich wie eheliche Kinder behandelt (BVerfG 20.11.2003 – 1 BvR 2257/03, FamRZ 2004, 433).

32 Die Ungleichbehandlung der vor dem 1.7.1949 im Gebiet der früheren Bundesrepublik geborenen nicht-ehelichen Kinder, welche kein gesetzliches Erbrecht nach ihrem Vater haben, mit vor dem 1.7.1949 in den neuen Bundesländern geborenen nichtehelichen Kindern, welchen volles gesetzliches Erbrecht zukommt, wenn ihr Vater am 2.10.1990 seinen gewöhnlichen Aufenthalt in den neuen Bundesländern hatte, wurde als verfassungsgemäß angesehen. Das Vertrauen des Erblassers darauf, dass die frühere Rechtslage sich nicht noch einmal ändern würde, sei schutzwürdig (siehe u.a. BVerfG 20.11.2003 – 1 BvR 2257/03, FamRZ 2004, 433).

3. Aktuelle Rechtsprechung/Gesetzgebung

33 Der Europäische Gerichtshof für Menschenrechte (EGMR) hatte in seinem Urteil vom 28.5.2009 entschie-den, dass die Regelung des Art. 12 § 10 Abs. 2 S. 1 des Gesetzes über die Stellung der nichtehelichen Kin-

der vom 19.8.1969 (NEhelG) **gegen das Diskriminierungsverbot des Art. 14 iVm Art. 8 EMRK verstößt** (EGMR 28.5.2009 – 3545/04, FamRZ 2009, 1293; ZEV 2009, 510). Nach Art. 12 § 10 Abs. 2 S. 2
des NEhelG war nichtehelichen Kindern, die vor dem 1.7.1949 geboren waren, kein gesetzliches Erb- und
Pflichtteilsrecht im Verhältnis zu ihrem Vater und ihren väterlichen Verwandten zugestanden. Etwas anderes galt nur für die nichtehelichen Kinder, denen die unter der seinerzeitigen Geltung des ehemaligen DDR-
Rechts erworbenen Erbaussichten auch nach der Wiedervereinigung erhalten blieben (Art. 235 § 1 Abs. 2
EGBGB). Die regelmäßig vorgebrachten Rügen der Verfassungswidrigkeit dieser Schlechterstellung der
nichtehelichen Kinder gegenüber den ehelichen Kindern (Art. 3, 6 Abs. 5 GG) wurden über Jahrzehnte von
der deutschen Rechtsprechung unter Hinweis auf den Vertrauensschutz der Väter und ihrer ehelichen Abkömmlinge als unbegründet zurückgewiesen (u.a. BVerfG 20.11.2003 – 1 BvR 2257/03, FamRZ 2004,
433; 14.10.2004 – 2 BvR 1481/04, NJW 2004, 3407).

Der EGMR wies darauf hin, dass eine Diskriminierung von nichtehelichen Kindern gegenüber ehelichen 34
Kindern nur bei schwerwiegenden Gründen zu rechtfertigen sei. Dazu reichten Vertrauens- und Bestands-
schutzrechte nicht aus. Nach Ansicht des EGMR beruhte die maßgebliche Leitentscheidung des Bundes-
verfassungsgerichts aus dem Jahre 1977 auf überholten Vorstellungen (BVerfG 8.12.1976 – 1 BvR 810/70,
NJW 1977, 1677). Aufgrund dieser der EMRK widersprechenden Gesetzgebung der Bundesrepublik
Deutschland bestand eine Schadenersatzpflicht gegenüber der Beschwerdeführerin (Art. 41 EMRK).

Als Folge dieser Entscheidung des Europäischen Gerichtshofs für Menschenrechte legte das BMJ den Ent- 35
wurf eines Zweiten Gesetzes zur erbrechtlichen Gleichstellung nichtehelicher Kinder vor (BMJ 22.1.2010,
IA1-3480/4-12889/2009). In diesem Entwurf war vorgesehen, dass die nichtehelichen Kinder bei der gesetzlichen Erbfolge im Verhältnis zur Ehefrau/zum Lebenspartner ihres Vaters Nacherben werden. Damit
war eine entsprechende Gleichstellung ehelicher und nichtehelicher Kinder jedoch nicht erreicht. Ein sachlicher Grund, nichteheliche Kinder gegenüber den ehelichen schlechter zu stellen, wenn die Ehefrau bzw.
der eingetragene Lebenspartner noch leben, war nicht erkennbar. Diese Nacherbenregelung wurde deshalb
im weiteren Verfahren auch wieder verworfen. Ein neuer Gesetzentwurf der Bundesregierung zum
1.7.2010 sah für nach dem 28.5.2009 eingetretene bzw noch eintretende Erbfälle ein vollständiges wechselseitiges gesetzliches Erbrecht des nichtehelichen Kindes und seiner Verwandten im Verhältnis zur väterlichen Verwandtschaft vor. Allerdings sollte dies wiederum dann nicht gelten, wenn sowohl das Kind wie
auch Vater und Mutter bereits vor dem 29.5.2009 verstorben waren. Für diesen Fall sollte es bei der früheren Rechtslage bleiben. Diese Einschränkung wurde in der Endfassung dann aber wieder ersatzlos gestrichen (BT-Drucks. 17/4776, 17). Am 15.4.2011 schließlich ist rückwirkend zum 29.5.2009 das **Zweite Gesetz zur erbrechtlichen Gleichstellung nichtehelicher Kinder**, zur Änderung der Zivilprozessordnung
und der Abgabenordnung vom 12.4.2011 in Kraft getreten (BGBl. I 2011, 615). Nun gilt für alle nach dem
28.5.2009 eingetretenen und noch eintretenden Erbfälle ein **unbeschränktes wechselseitiges Erbrecht** im
Vater-Kind-Verhältnis unter Einschluss der Verwandten des Kindes und der väterlichen Verwandtschaft.
Mit der rückwirkenden Aufhebung der Stichtagsregelung konnte auch die beitrittsbedingte Vorschrift des
Art. 235 § 1 Abs. 2 EGBGB zum 29.5.2009 (rückwirkend) entfallen. Art. 12 § 10 a NEhelG (erbrechtliche
Gleichstellungsvereinbarung) trat erst mit Wirkung ab dem 16.4.2011 in Kraft, um nach dem 28.5.2009
abgeschlossenen Gleichstellungsvereinbarungen nicht die Grundlage zu entziehen.

Ein Erbschein, der zwischen dem 29.5.2009 und dem Tag der Verkündung des Gesetzes ausgefertigt wur- 36
de, soll nur auf Antrag eines Beteiligten des Erbscheinsverfahrens oder des nichtehelichen Kindes eingezogen und neu ausgestellt werden. An sich haben Nachlassgerichte unrichtige Erbscheine zwar von Amts wegen einzuziehen (§ 2361 BGB). Da der Nichtehelichenstatus im Erbscheinsverfahren regelmäßig nicht bekannt ist, müssten deshalb von Amts wegen alle ab dem 29.5.2009 erteilten Erbscheine vorsorglich überprüft werden. Dies wäre jedoch unverhältnismäßig, weshalb im Gesetz ein entsprechendes Antragserfordernis aufgenommen wurde.

Das Gesetz regelt wie gesagt nur **Erbfälle ab dem 29.5.2009**. Es besteht die Gefahr, dass der Europäische 37
Gerichtshof für Menschenrechte im Rahmen einer erneuten Individualbeschwerde bei den von dem Reformgesetz nicht erfassten, vor dem 29.5.2009 liegenden Erbfällen mangels unbegrenzter Rückwirkung er-

neut eine konventionswidrige Diskriminierung (Art. 8, Art. 14 EMRK) feststellt (s. dazu Krug ZEV 2010, 505). Denn in dem vom EGMR entschiedenen Fall war der Erbfall ebenfalls bereits vor dem 28.5.2009 eingetreten.

Schwarz

258. Verwandtschaft

Hoffmann

I. Verwandtschaft, Familie und Schwägerschaft ...	1	2. Geschwisterverhältnis	17
1. Verwandtschaft, Familie	1	V. Ende rechtlicher Verwandtschaft	19
2. Schwägerschaft	2	VI. Biologische Verwandtschaft im Familienrecht ...	21
II. Entstehen rechtlicher Verwandtschaft	3	1. Klärung der biologischen Verwandtschaft	21
1. Mutter-Kind-Verhältnis	3	2. Umgangsrecht biologischer Eltern und Anspruch	
2. Vater-Kind-Verhältnis	5	auf Auskunft über die persönlichen Verhältnisse	
3. Vater bzw Mutter kraft Adoption	6	des Kindes	23
III. Zivilrechtliche Folgen eines Eltern-Kind-		3. Elternschaftsanfechtung durch biologische	
Verhältnisses	9	Eltern	25
IV. Zivilrechtliche Folgen anderer Verwandt-		VII. Besonderheiten bei gleichgeschlechtlichen	
schaftsverhältnisse	15	Lebenspartnerschaften	27
1. Großeltern-Enkel-Verhältnis	15		

I. Verwandtschaft, Familie und Schwägerschaft

1. Verwandtschaft, Familie

In **gerader Linie** rechtlich verwandt sind Personen, deren eine von der anderen abstammt (§ 1589 Abs. 1 **1** S. 1 BGB). Die Abstammung bezieht sich dabei auf die rechtliche Abstammung und nicht auf die biologische Abstammung. Personen, die nicht in gerader Linie verwandt sind, aber von derselben dritten Person abstammen, sind in der **Seitenlinie** rechtlich verwandt, etwa Geschwister und Halbgeschwister (§ 1589 Abs. 1 S. 2 BGB). Der Grad der rechtlichen Verwandtschaft bestimmt sich nach der Zahl der sie vermittelnden Geburten (§ 1589 Abs. 1 S. 3 BGB).

Nicht jede verwandtschaftliche Beziehung im Sinne des BGB wird durch Art. 6 GG geschützt. Art. 6 Abs. 2 GG bezieht sich allein auf das Verhältnis zwischen Eltern und Kindern, Art. 6 Abs. 1 GG in seiner derzeitig überwiegenden Auslegung nur auf den Familienverband zwischen Eltern und Kindern. Allerdings fallen in den **Schutzbereich** von Art. 6 Abs. 2 GG auch die biologischen Eltern eines Kinds und schützt Art. 6 Abs. 1 GG auch die soziale Familie, etwa die Pflegefamilie. Hingegen liegt Art. 8 EMRK und Art. 7 GRCh der EU ein weiterer Familienbegriff zugrunde, der zumindest auch Großeltern und Geschwister umfasst (ausführlich zu Art. 7 GrdRCH, Art. 8 EMRK und Art. 6 Abs. 1 GG Jarass FamRZ 2012, 1181; zu Art. 8 EMRK und der Rechtsprechung des EGMR Löhnig/Preisner FamRZ 2012, 489; Wellenhofer FamRZ 2012, 828). Bei der Auslegung des deutschen Rechts ist dieser Unterschied zu beachten.

2. Schwägerschaft

Die **Verwandten eines Ehegatten** sind mit dem anderen Ehegatten verschwägert (§ 1590 Abs. 1 BGB). Ob **2** eine Schwägerschaft in gerader Linie oder in Seitenline besteht sowie der Grad der Schwägerschaft bestimmen sich nach der Linie und dem Grade der sie vermittelnden Verwandtschaft. Die Schwägerschaft besteht fort, wenn die Ehe, durch die sie begründet wurde, aufgelöst ist (§ 1590 Abs. 2 BGB). Das Bestehen einer Schwägerschaft ist etwa bedeutsam für das Bestehen von Zeugnisverweigerungsrechten in gerichtlichen Verfahren (§ 52 Abs. 1 Nr. 3 StPO, § 383 Abs. 1 Nr. 3 ZPO).

II. Entstehen rechtlicher Verwandtschaft

1. Mutter-Kind-Verhältnis

Rechtliche Mutter eines Kindes wird nach deutschem Recht die Frau, die das Kind **geboren** hat (§ 1591 **3** BGB; s. → *Mutterschaft*). Die rechtliche Mutterschaft entsteht im Moment der Geburt **kraft Gesetzes**. Da es keines gesonderten Anerkennungsakts bedarf, um rechtliche Mutter eines Kindes zu werden, hat auch das anonym geborene oder in einer Babyklappe abgelegte Kind eine rechtliche Mutter, nur deren Identität ist nicht bekannt. Das Verweigern der Eintragung einer der Partnerinnen einer eingetragenen Lebenspartnerschaft in die Geburtsurkunde eines von der anderen Partnerin zur Welt gebrachten Kindes verletzt keine Grund- oder Menschenrechte (BVerfG 2.7.2010 – 1 BvR 666/10, NJW 2011, 988).

4   Die **biologische Mutter**, hier gemeint als die Frau, von der die Eizelle stammt, die nie rechtliche Mutter des Kinds war, steht nach dem derzeitigen deutschen Recht in keiner familienrechtlichen Beziehung zum Kind und kann als biologische Mutter gegenüber dem Kind daher keine familienrechtlichen Rechte geltend machen bzw Pflichten besitzen. Auch eine Nachbeurkundung der Geburt des von einer Leihmutter ausgetragenen und geborenen Kindes mit deutschen biologischen Eltern und gewöhnlichem Aufenthalt in Deutschland kann nicht erfolgen (OLG Stuttgart 7.2.2012 – 8 W 46/12, FamRZ 2012, 1740; Nichtannahme der Verfassungsbeschwerde gegen die Entscheidung des OLG Stuttgart wegen mangelnder Substantiierung BVerfG 22.8.2012 – 1 BvR 573/12, NJW-RR 2013, 1). Die biologischen Eltern können die rechtliche Elternschaft nur durch eine Adoption herbeiführen.

2. Vater-Kind-Verhältnis

5   Rechtlicher Vater eines Kindes ist der Mann, der zum Zeitpunkt der Geburt mit der Mutter des Kindes **verheiratet** ist (§ 1592 Nr. 1 BGB), der die Vaterschaft **anerkannt** hat (§ 1592 Nr. 2 BGB; s. → *Anerkennung der Vaterschaft*) bzw dessen Vaterschaft **gerichtlich** festgestellt ist (§§ 1592 Nr. 3, 1600 d BGB; s. → *Feststellung der Vaterschaft*). Das BGB orientiert sich demnach bei der rechtlichen Vaterschaft ebenso wie bei der Mutterschaft nicht primär an der biologischen Verwandtschaft. Allein durch eine Eheschließung nach der Geburt wird der biologische Vater des Kindes nicht zu dessen rechtlichem Vater. Nach derzeitigem Recht hat jedes Kind zudem in einem Moment nur einen rechtlichen Vater. Ein Vaterschaftsanerkenntnis wird daher nur wirksam, wenn keine Vaterschaft eines anderen Manns besteht (§ 1594 Abs. 2 BGB). Ein allein biologischer Vater hat jedoch unter bestimmten Voraussetzungen ein Umgangs- und Auskunftsrecht (§ 1686 a BGB).

3. Vater bzw Mutter kraft Adoption

6   Das deutsche Recht kennt nur die **Volladoption Minderjähriger**. Mit Rechtskraft des familiengerichtlichen Annahmebeschlusses (§ 1752 Abs. 1 BGB) erhält das Kind kraft Gesetzes die Stellung als rechtliches Kind des Annehmenden (§ 1754 Abs. 2 BGB). Bei einer Annahme durch Ehegatten wird es – auch im Rahmen einer Stiefkindadoption – gemeinschaftliches Kind der Eheleute (§ 1754 Abs. 1 BGB). Es entsteht demnach ein umfassendes gesetzliches Verwandtschaftsverhältnis zwischen den Annehmenden, deren Verwandten und dem Kind. Abweichende Vereinbarungen sind unwirksam. Die Regelungen gelten bei der Stiefkindadoption durch den Partner einer Lebenspartnerschaft entsprechend (§ 9 Abs. 7 S. 2 LPartG). Mit der Annahme eines Minderjährigen erlöschen zugleich alle Verwandtschaftsverhältnisse im Sinne des BGB zwischen dem Kind und seinen Abkömmlingen zu seinen bisherigen rechtlichen Eltern und deren Verwandten (§ 1755 Abs. 1 BGB). Es besteht daher auch zwischen Geschwistern kein Umgangsrecht mehr (OLG Dresden 12.10.2011 – 21 UF 581/11, 21 UF 0581/11, FamRZ 2012, 1153).

7   Zu der Frage, in welchem Umfang die abgebenden rechtlichen Eltern nach einer Annahme des Kindes dann, wenn sie auch biologische Eltern des Kindes sind, Rechte aus Art. 6 Abs. 2 GG geltend machen können, liegen keine Entscheidungen des Bundesverfassungsgerichts vor. Bestimmte Rechte nach einer Annahme können sich aus einer sozialen Elternschaft vor der Annahme ergeben (§ 1685 Abs. 2 BGB).

8   Das deutsche Recht spricht der Adoption eines **Volljährigen** hingegen grundsätzlich nur **schwache Wirkungen** zu: Durch die Adoption wird der Angenommene zwar Kind der Annehmenden bzw bei Annahme des Kindes des eigenen Ehegatten gemeinschaftliches Kind der Eheleute und seine vor oder nach der Annahme geborenen Kinder Enkelkinder des oder der Annehmenden (§ 1767 Abs. 2 BGB). Im Übrigen erstreckt sich die Annahme jedoch nicht auf die Verwandten des oder der Annehmenden, so dass der Angenommene und seine Abkömmlinge nicht verwandt mit den Verwandten des oder der Annehmenden werden (§ 1770 Abs. 1 S. 1 BGB). Zugleich werden die aus der Abstammung herrührenden Verwandtschaftsverhältnisse des Angenommenen und seiner Abkömmlinge zu ihren Verwandten durch die Annahme grundsätzlich nicht berührt (§ 1770 Abs. 2 BGB). Daher bleiben etwa gegenseitige Unterhaltspflichten im Prinzip bestehen. Nur unter engen Voraussetzungen kommt eine Volladoption Volljähriger in Betracht (§ 1772 BGB). In den letzten Jahren ist die Anzahl an Adoptionen Volljähriger erheblich gewachsen.

III. Zivilrechtliche Folgen eines Eltern-Kind-Verhältnisses

Nach § 1601 BGB sind rechtliche Eltern (s. → *Kindesunterhalt*) und ihr Kind (s. → *Elternunterhalt*) als 9
Verwandte in gerader Linie verpflichtet, einander **Unterhalt** zu gewähren, wenn einer von ihnen bedürftig
(§ 1602 BGB) und der andere leistungsfähig ist (§ 1603 BGB). Rechtliche Eltern und Kinder sind einander
auch in anderen Lebensbereichen **Beistand** und Rücksicht schuldig (§ 1618 a BGB). Rechtliche Eltern haben zudem die Pflicht und das Recht, für die Person und für das Vermögen ihres minderjährigen Kindes zu
sorgen (§ 1626 Abs. 1 BGB).

Rechtliche Väter sind kraft Gesetzes zur **gemeinsamen elterlichen Sorge** (s. → *Elterliches Sorgerecht*) be- 10
fugt, wenn sie im Moment der Geburt mit der Mutter des Kindes verheiratet sind (§ 1626 Abs. 1 BGB). Sie
werden kraft Gesetzes zur elterlichen Sorge befugt, wenn sie die Mutter des Kindes heiraten (§ 1626 a
Abs. 1 Nr. 2 BGB). Im Übrigen erhalten sie die elterliche Sorge gemeinsam mit der Mutter des Kindes,
wenn sie und die Mutter Erklärungen zur gemeinsamen Sorge abgeben (§ 1626 a Abs. 1 Nr. 1 BGB) oder
das Familiengericht ihnen die gemeinsame elterliche Sorge überträgt (§ 1626 a Abs. 1 Nr. 3 BGB). In der
letztgenannten Konstellation kann eine gemeinsame elterliche Sorge demnach auch gegen den erklärten
Willen eines Elternteils – des Vaters oder der Mutter – entstehen. Das Familiengericht überträgt die elterliche Sorge oder einen Teil der elterlichen Sorge auf Antrag eines Elternteils beiden Eltern dann gemeinsam,
wenn die Übertragung dem Kindswohl nicht widerspricht (§ 1626 a Abs. 2 BGB; EGMR 3.12.2009 –
22028/04, FamRZ 2010, 103; BVerfG 21.7.2010 – 1 BvR 420/09, FamRZ 2010, 1403 = JAmt 2010, 313).

Daneben bestehen Sonderregelungen für das Begründen von elterlicher Sorge des rechtlichen Vaters eines 11
Kindes nach dem Tod einer alleinsorgeberechtigten Kindesmutter (§ 1680 Abs. 2 BGB) bzw nach dem Entzug (von Teilen) der elterlichen Sorge (§ 1680 Abs. 3 BGB), bei tatsächlicher Verhinderung bzw bei Ruhen
der elterlichen Sorge der Kindesmutter (§ 1678 Abs. 2 BGB) sowie im Hinblick auf die (teilweise) Übertragung der alleinigen elterlichen Sorge auf den Kindesvater (§ 1671 BGB).

Aus einem Eltern-Kind-Verhältnis ergibt sich ein Recht und eine Pflicht zum **Umgang** der Eltern mit dem 12
Kind ebenso wie des Kindes mit jedem Elternteil (§ 1684 Abs. 1 BGB; s. → *Umgangsrecht*). Das elterliche
Umgangsrecht und die elterliche Umgangspflicht bestehen unabhängig davon, ob ein Elternteil zur elterlichen Sorge befugt ist oder jemals war. Angesichts dieser Rechte kann auch bei alleiniger elterlicher Sorge
nicht mehr von einem Umgangsbestimmungsrecht des Sorgeberechtigten im engeren Sinne bezogen auf
den anderen Elternteil gesprochen werden (OLG Celle 16.12.2010 – 10 UF 253/10, FamRZ 2011, 574).
Aufgrund der Befugnis zur Bestimmung des Aufenthalts des sorgeberechtigten Elternteils kann andererseits ein nicht zur Sorge berechtigter Elternteil sein Umgangsrecht nur im Einvernehmen mit dem sorgeberechtigten Elternteil ausüben. Bei dauerhaften Konflikten kann eine familiengerichtliche Entscheidung über
den Umfang des Umgangs und seine Ausübung erforderlich werden (§ 1684 Abs. 3 BGB).

Die Verpflichtung zum Umgang verstößt nicht gegen das allgemeine Persönlichkeitsrecht (Art. 2 Abs. 1, 13
Art. 1 Abs. 1 GG) eines Elternteils. Vor einer **zwangsweisen Durchsetzung** ist jedoch festzustellen, ob
auch ein mit Zwang durchgesetzter Umgang dem Wohl des Kindes dient (BVerfG 1.4.2008 – 1 BvR
1620/04, NJW 2008, 1287). Die zwangsweise Durchsetzung eines Umgangsrechts gegenüber dem Kind ist
unzulässig (§ 90 Abs. 2 S. 1 FamFG).

Kinder sind gesetzliche **Erben erster Ordnung** ihrer Eltern (§ 1924 Abs. 1 BGB). Zudem besitzen Kinder, 14
wenn sie durch Verfügung von Todes wegen von der Erbfolge ausgeschlossen sind, das Recht auf einen
Pflichtteil, der in der Hälfte des gesetzlichen Erbteils besteht (§ 2303 Abs. 1 BGB). Eltern sind gesetzliche
Erben zweiter Ordnung ihrer Kinder (§ 1925 Abs. 1 BGB). Auch Eltern haben ein Pflichtteilsrecht, wenn
sie durch Verfügung von Todes wegen von der Erbfolge ausgeschlossen sind (§ 2303 Abs. 2 BGB).

IV. Zivilrechtliche Folgen anderer Verwandtschaftsverhältnisse

1. Großeltern-Enkel-Verhältnis

15 Aufgrund der Verwandtschaft in gerader Linie bestehen auch zwischen Großeltern und Enkeln **Unterhaltspflichten** (§ 1601 BGB), jedoch nachrangig gegenüber Unterhaltspflichten zwischen Eltern und Kindern (§ 1606 BGB). Großeltern besitzen zudem ein Umgangsrecht mit ihrem Enkel, wenn der **Umgang der Großeltern** mit dem Kind dem Wohl des Kindes dient (§ 1685 Abs. 1 BGB). Allein das Verwandtschaftsverhältnis begründet keine Vermutung einer Kindeswohldienlichkeit des Umgangs. Diese ist vielmehr im Einzelfall positiv festzustellen (OLG Brandenburg 17.5.2010 – 10 UF 10/10, FamRZ 2010, 1991). Dabei ist es Sache der Großeltern, schlüssig darzutun und notfalls zu beweisen, dass ein Umgang dem Wohl des Kindes dient (OLG Brandenburg 31.3.2010 – 9 UF 176/09, FamRZ 2010, 428). Bei der Kindswohldienlichkeit ist zu prüfen, ob ein zusätzlicher Umgang des Kindes mit seinen Großeltern neben dem bereits ausreichend geregelten Umgang des Kindes mit seinem Vater eine Überforderung für das Kind darstellt (OLG Hamm 23.2.2011 – II-8 WF 27/11, 8 WF 27/11, FamRZ 2011, 1154). Enkel haben kein Recht auf Umgang mit ihren Großeltern. Andere Verwandte des Kindes, etwa eine Tante, haben keinen Anspruch auf Umgang zum Aufbau einer sozial-familiären Beziehung mit dem Kind (OLG Bremen 27.8.2012 – 4 UF 89/12, FamFR 2012, 498).

16 Enkel sind gesetzliche **Erben erster Ordnung** ihrer Großeltern (§ 1924 Abs. 1 BGB). Sie sind jedoch von der Erbfolge ausgeschlossen, wenn zum Zeitpunkt des Erbfalls ihr die Abstammung vermittelnder Elternteil noch lebt (§ 1924 Abs. 2, 3 BGB). Großeltern sind gesetzliche **Erben dritter Ordnung** ihrer Enkel (§ 1926 Abs. 1 BGB).

2. Geschwisterverhältnis

17 Da (Halb-)Geschwister in Seitenlinie miteinander verwandt sind, sind sie einander **nicht** zum **Unterhalt** verpflichtet (§ 1601 BGB). (Halb-)Geschwister haben miteinander ein **Umgangsrecht**, wenn dies ihrem Wohl dient (§ 1685 Abs. 1 BGB).

18 (Halb-)Geschwister sind zueinander gesetzliche **Erben zweiter Ordnung** (§ 1925 Abs. 1 BGB). Leben zur Zeit des Erbfalls die Eltern, so erben sie jedoch allein (§ 1925 Abs. 2 BGB). Lebt zur Zeit des Erbfalls der Vater oder die Mutter nicht mehr, so treten an die Stelle des Verstorbenen dessen Abkömmlinge (§ 1925 Abs. 3 S. 1 BGB).

V. Ende rechtlicher Verwandtschaft

19 Das Verwandtschaftsverhältnis zwischen einer rechtlichen Mutter und ihrem Kind endet nur bei einer Adoption des Kindes durch Dritte (§ 1755 Abs. 1 BGB), dann jedoch unabhängig davon, ob die Identität der Mutter jemals festgestellt wurde. Die Mutterschaft kann nicht angefochten werden.

20 Auch das Verwandtschaftsverhältnis zwischen einem rechtlichen Vater und seinem Kind endet durch die Adoption (§ 1755 Abs. 1 BGB). Die rechtliche Vaterschaft eines Mannes endet ferner, wenn er, die Mutter oder das Kind seine **Vaterschaft** erfolgreich **anfechten** (§ 1600 Abs. 1 Nr. 1, 3, 4 BGB; s. → *Anfechtung der Vaterschaft*), und in Folge in einem familiengerichtlichen Verfahren festgestellt wurde, dass der rechtliche Vater nicht auch der biologische Vater des Kindes ist (§ 1599 Abs. 1 BGB). Der biologische Vater eines Kindes kann die Vaterschaft des rechtlichen Vaters anfechten, wenn zwischen dem Kind und seinem rechtlichen Vater keine sozial-familiäre Beziehung besteht (§ 1600 Abs. 1 Nr. 2, Abs. 2, 4 BGB). Die Anfechtung der Vaterschaft steht in dieser Konstellation grundsätzlich auch dem Samenspender offen, wenn kein Fall der konsentierten heterologen Insemination iSv § 1600 Abs. 5 BGB vorliegt (BGH 15.5.2013 – XII ZR 49/11). Binnen eines Jahres besteht zudem eine Anfechtungsmöglichkeit für die zuständige Behörde bei einer Vaterschaft kraft Anerkennung, wenn zwischen dem rechtlichen Vater und dem Kind keine sozial-familiäre Beziehung besteht und durch die Anerkennung rechtliche Voraussetzungen für einen Aufenthalt des Kindes oder eines Elternteils geschaffen werden sollen (§ 1600 Abs. 1 Nr. 5, Abs. 3, 4 BGB). Der BGH (27.6.2012 – XII ZR 90/10, FamRZ 2012, 1489) hat dem BVerfG die Frage vorgelegt, ob diese

Hoffmann

Regelung, da sich das behördliche Anfechtungsrecht ausschließlich auf nichteheliche Kinder beziehe, mit Art. 6 Abs. 5 GG vereinbar und daher verfassungskonform sei. Die Vaterschaft kann im Übrigen grundsätzlich nur **binnen zwei Jahren** ab dem Zeitpunkt angefochten werden, in dem der Anfechtungsberechtigte von den Umständen erfährt, die gegen die Vaterschaft sprechen (§ 1600 b Abs. 1 S. 1, Abs. 6 BGB). Von der Anfechtung ausgeschlossen ist der rechtliche Vater eines Kindes, das mit seiner Einwilligung und der der Mutter durch künstliche Befruchtung mittels Samenspende eines Dritten gezeugt wurde (§ 1600 Abs. 5 BGB). Dies gilt auch, wenn zudem eine nach deutschem Recht unzulässige Leihmutterschaft mit einer ebenfalls nach deutschem Recht unzulässigen Eizellenspende vorliegt (OLG Hamburg 23.4.2012 – 12 UF 180/11, NJW-RR 2012, 1286). Nach erfolgreicher Vaterschaftsanfechtung hat der ehemalige rechtliche Vater gegenüber der Kindesmutter einen Anspruch auf Auskunft über die Person des biologischen Vaters, wenn sie den Mann zur Abgabe eines Vaterschaftsanerkenntnisses veranlasst hat (BGH 9.11.2011 – XII ZR 136/09, NJW 2012, 450).

VI. Biologische Verwandtschaft im Familienrecht

1. Klärung der biologischen Verwandtschaft

Zur Klärung der biologischen Verwandtschaft eines Kindes können der rechtliche Vater jeweils von der   21
Mutter (einschränkend OLG Brandenburg 28.6.2010 – 9 WF 272/08, FamRZ 2010, 1817) und dem Kind, die Mutter jeweils vom rechtlichen Vater und dem Kind und das Kind jeweils von beiden rechtlichen Elternteilen verlangen, dass diese **in eine genetische Abstammungsuntersuchung einwilligen** und die Entnahme einer für die Untersuchung geeigneten genetischen Probe dulden (§ 1598 a Abs. 1 S. 1 BGB). Personen außerhalb eines rechtlichen Eltern-Kind-Verhältnisses sind nicht zur Beantragung eines derartigen Verfahrens befugt (OLG Karlsruhe 17.7.2009 – 2 UF 49/09, NJW-RR 2010, 365) und können nicht zur Einwilligung und Duldung verpflichtet werden (OLG Frankfurt 6.5.2009 – 1 UF 68/09, ZKJ 2010, 72). Auch aus der EMRK ergibt sich keine Verpflichtung, eine isolierte Feststellung der biologischen Vaterschaft zu ermöglichen (EGMR 22.3.2012 – 23338/09, FamRB 2012, 243; OLG Nürnberg 6.11.2012 – 11 UF 1141/12, FamRZ 2013, 227). Der Anspruch auf Klärung der Vaterschaft ist unbefristet (OLG München 14.6.2011 – 33 UF 772/11, FamRZ 2011, 1878). Daher besteht ein Anspruch auf Vaterschaftsklärung auch dann, wenn die Frist zur Anfechtung der rechtlichen Vaterschaft bereits verstrichen ist (OLG Karlsruhe 8.5.2012 – 2 WF 93/12, FamRZ 2012, 1734).

Die Mutter eines Kindes ist gegenüber dem Kind zur **Auskunft** darüber verpflichtet, welcher Mann sein   22
biologischer Vater ist bzw welche Männer als biologische Väter in Betracht kommen (s. → *Kenntnis der Abstammung*). Dieser Anspruch ist vollstreckbar (BGH 3.7.2008 – 1 ZB 87/06, NJW 2008, 2919; OLG Hamm 16.1.2001 – 14 W 129/99, NJW 2001, 1870). Auch das Interesse des durch eine heterologe Insemination gezeugten Kindes, seine genetische Abstammung zu erfahren, kann im Rahmen der vorzunehmenden Abwägung höher zu bewerten sein als die Interessen des Arztes und des Samenspenders an einer Geheimhaltung der Spenderdaten. In diesem Fall kann das Kind dann von dem behandelnden Arzt Auskunft über seine genetische Abstammung verlangen (OLG Hamm 6.2.2013 – 14 U 7/12, FamRZ 2013, 637).

2. Umgangsrecht biologischer Eltern und Anspruch auf Auskunft über die persönlichen Verhältnisse des Kindes

Biologische Eltern können ein **Umgangsrecht** als **Bezugsperson** besitzen (§ 1685 Abs. 2 BGB). Ein ent-   23
sprechendes Umgangsrecht setzt voraus, dass sie als enge Bezugspersonen für das Kind tatsächliche Verantwortung tragen oder getragen haben, also eine sozial-familiäre Beziehung besteht. Aus diesem Umgangsrecht kann sich ein ausländerrechtlicher Duldungsgrund bzw ein Abschiebungsverbot für den de-facto-Vater ergeben (OVG Sachsen 23.11.2009 – 3 B 478/09; OVG Hamburg 17.6.2008 – 4 Bs 76/08, FamRZ 2009, 334).

Nach § 1686 a Abs. 1 Nr. 1 BGB in der Fassung des Gesetzes zur Stärkung der Rechte leiblicher, aber nicht   24
rechtlicher Väter hat ein biologischer Vater, der ein ernsthaftes Interesse an dem Kind gezeigt hat, solange die rechtliche Vaterschaft eines anderen Manns besteht, ein Recht auf Umgang mit dem Kind, wenn der

Umgang dem Kindswohl dient (EGMR 15.9.2011 – 17080/07, FamRZ 2011, 1715; EGMR 21.12.2010 – 20578/07, FamRZ 2011, 269; zur Kindeswohldienlichkeit vgl OLG Bamberg 20.12.2012 – 2 UF 210/11, FamRZ 2013, 710). Er hat zudem nach § 1686 a Abs. 1 Nr. 2 BGB, wenn er ein ernsthaftes Interesse an dem Kind gezeigt hat und solange die rechtliche Vaterschaft eines anderen Mannes besteht, ein Recht auf Auskunft über die persönlichen Verhältnisse des Kinds, soweit er ein berechtigtes Interesse an der Auskunft hat und diese dem Wohl des Kinds nicht widerspricht. Beide Ansprüche bestehen unabhängig voneinander. Die Klärung der Frage, ob der ein Recht auf Umgang oder Auskunft geltend machende Mann der biologische Vater des Kindes ist, ist keine Abstammungssache, sondern ist inzident im Umgangs- oder Auskunftsverfahren des (mutmaßlichen) biologischen Vaters zu prüfen. Beide Verfahren sind Antragsverfahren (vgl insgesamt Hoffmann FamRZ 2013, 1077).

3. Elternschaftsanfechtung durch biologische Eltern

25 Der biologische Vater eines Kindes ist nach § 1600 Abs. 1 Nr. 2 BGB zur Anfechtung der Vaterschaft des rechtlichen Vaters des Kindes berechtigt, wenn zwischen dem Kind und seinem rechtlichen Vater keine sozial-familiäre Beziehung besteht oder im Zeitpunkt seines Todes bestanden hat, § 1600 Abs. 2, Abs. 4 BGB. Die Anfechtung der Vaterschaft steht in dieser Konstellation grundsätzlich auch dem Samenspender offen, wenn kein Fall der konsentierten heterologen Insemination iSv § 1600 Abs. 5 BGB vorliegt (BGH 15.5.2013 – XII ZR 49/11). Die eingeschränkte Möglichkeit zur Vaterschaftsanfechtung verstößt nicht gegen Art. 8 EMRK (EGMR 22.3.2012 – 23338/09, FamRB 2012, 243; EGMR 22.3.2012 – 45071/09, FamRB 2012, 243; OLG Nürnberg 6.11.2012 – 11 UF 1141/12, FamRZ 2013, 227; insgesamt Wellenhofer FamRZ 2012, 828).

26 Ob in einem Verfahren auf Anfechtung der Vaterschaft durch den potenziellen biologischen Vater vor der Einholung eines Abstammungsgutachtens die weiteren Anfechtungsvoraussetzungen festgestellt werden, liegt im Ermessen des Familiengerichts. Der potenzielle biologische Vater hat im Rahmen seiner Wahrnehmungsmöglichkeiten konkrete Tatsachen dafür vorzutragen, dass zwischen dem rechtlichen Vater und seinem Kind eine sozial-familiäre Beziehung nicht besteht (OLG Celle 22.7.2011 – 15 UF 85/11, FamRZ 2012, 564). Dabei setzt die einer Vaterschaftsanfechtung entgegenstehende sozial-familiäre Beziehung iSd § 1600 Abs. 4 BGB zwischen dem Kind und dem rechtlichen Vater voraus, dass der rechtliche Vater die tatsächliche Verantwortung für das Kind nicht nur übernommen hat, sondern auch in einer Weise trägt, die auf Dauer angelegt erscheint (OLG Celle 8.3.2011 – 15 UF 238/10, FPR 2011, 407). Besteht keine sozial-familiäre Beziehung zwischen dem Kind und seinem rechtlichen Vater, sind Mutter und Kind verpflichtet, in eine Begutachtung der Abstammung einzuwilligen (KG Berlin 26.3.2012 – 3 WF 1/12, FamRZ 2012, 1739).

VII. Besonderheiten bei gleichgeschlechtlichen Lebenspartnerschaften

27 Es fragt sich, ob bei einem während einer eingetragenen Lebenspartnerschaft (s. → *Eingetragene Lebenspartnerschaft*) geborenen Kind die Frau, die das Kind nicht gebärt, ebenso wie ein Ehemann in das **Geburtenregister** einzutragen ist. Dies ist nach Ansicht des Bundesverfassungsgerichts (BVerfG 2.7.2010 – 1 BvR 666/10, NJW 2011, 988) nicht der Fall: Das Verweigern der Eintragung der das Kind nicht gebärenden Frau in einer eingetragenen Lebenspartnerschaft in die Geburtsurkunde eines von ihrer Partnerin zur Welt gebrachten Kindes verletze weder Grund- noch Menschenrechte der das Kind gebärenden Frau noch ihrer Partnerin oder der Lebensgemeinschaft der Frauen mit dem Kind insgesamt. Ein Verstoß gegen das Gleichbehandlungsgebot (Art. 3 Abs. 1 GG) läge nicht vor, da relevante Unterschiede zur Vergleichsgruppe „Abstammungsvermutung für Ehegatten" bestehen würden. Das BVerfG ist jedoch gleichwohl der Ansicht, dass es die Gleichgeschlechtlichkeit zweier Personen nicht ausschließe, beide als Elternteile iSd Art. 6 Abs. 2 S. 1 GG anzusehen (BVerfG 19.2.2013 – 1 BvL 1/11, 1 BvR 3247/09, FamRZ 2013, 521).

28 Nach § 9 Abs. 7 LPG kann ein Lebenspartner ein Kind seines Lebenspartners allein annehmen. Die Folgen dieser Annahme entsprechen denen einer Stiefkindadoption in einer Ehe. Das Fehlen einer derartigen Möglichkeit in einem nationalen Recht verstößt gegen Art. 8, Art. 14 EMRK (EuGHMR 19.2.2012 – 19010/07,

Hoffmann

FamRZ 2013, 763). Es ist verfassungswidrig, dass es sich nach § 9 Abs. 7 LPG – anders als bei einer Annahme durch einen Ehegatten (§ 1742 BGB) – insoweit nicht um ein von dem Lebenspartner angenommenes Kind handeln kann, eine **Sukzessivannahme** in einer Lebenspartnerschaft nach dieser Regelung ist nicht möglich (vgl BVerfG 19.2.2013 – 1 BvL 1/11, 1 BvR 3247/09, FamRZ 2013, 521; zu den Entscheidungen des BVerfG und des EuGHMR insgesamt Maurer FamRZ 2013, 752). Das BVerfG hat dem Gesetzgeber einer Frist zur Neuregelung bis zum 30.6.2014 gesetzt. Es wurde dem BVerfG zudem die Frage vorgelegt, ob das Verbot der gemeinschaftlichen Adoption durch Lebenspartner nach § 1741 Abs. 2 S. 1 BGB, § 9 Abs. 6, Abs. 7 LPG verfassungswidrig ist (AG Schöneberg 11.3.2013 – 24 F 172/12, NJW 2013, 1840).

Ebenso gesteht die Rechtsprechung der Lebenspartnerin eines in einer Lebenspartnerschaft geborenen Kindes nur ein **Umgangsrecht** als Bezugsperson nach § 1685 Abs. 2 BGB und nicht als Elternteil nach § 1684 Abs. 1 BGB zu (OLG Karlsruhe 16.11.2010 – 5 UF 217/10, NJW 2011, 1012). 29

259. Verzug mit Unterhaltszahlungen

Schausten

I. Einführung	1	3. Zugang der Mahnung	8
II. Verzug nach § 286 Abs. 1 BGB	2	4. Andere Formen der Mahnung	10
1. Bestimmtheit der Mahnung	3	III. Verzug ohne Mahnung nach § 286 Abs. 2 BGB	11
2. Zeitpunkt der Mahnung	7		

I. Einführung

1 Der Verzug als Voraussetzung für die Geltendmachung von Unterhaltsansprüchen für die Vergangenheit ist in der Praxis nur dann relevant, wenn der Geltendmachung des Unterhalts kein Auskunftsbegehren (s. → *Auskunftsanspruch*) des Berechtigten vorausging. War dies aber der Fall, dann kann der Unterhalt ab dem Ersten des Monats verlangt werden, in dem das Auskunftsbegehren dem Schuldner zugegangen ist – soweit zu diesem Zeitpunkt bereits die Voraussetzungen für die Unterhaltsverpflichtung gegeben waren.

II. Verzug nach § 286 Abs. 1 BGB

2 Voraussetzung für den Verzug ist eine wirksame Mahnung nach Fälligkeit. Solange die anspruchsbegründenden Voraussetzungen eines Unterhaltsanspruchs fortbestehen, braucht eine Mahnung **nicht periodisch wiederholt** zu werden, um den Schuldner wegen der wiederkehrenden Unterhaltsleistungen in Verzug zu setzen (BGH 13.1.1988 – IVb ZR 7/87, NJW 1988, 1137).

Verzug setzt ein **Verschulden** des Schuldners voraus, mangelnde Leistungsfähigkeit oder ein Rechtsirrtum über das Bestehen der Unterhaltsverpflichtung schließen das Verschulden in der Regel nicht aus (HK-FamR/Pauling § 1613 BGB Rn 6).

1. Bestimmtheit der Mahnung

3 Die Mahnung setzt bei familienrechtlichen Unterhaltsschulden voraus, dass dem Schuldner seine Verpflichtung nicht nur nach ihrer Existenz, sondern auch nach ihrem Umfang, also nach der **Höhe des geschuldeten Betrags** bekannt war; dementsprechend muss die Mahnung des Unterhaltsberechtigten die geschuldete Leistung der Höhe nach im Regelfall genau bezeichnen (BGH 26.5.1982 – IVb ZR 715/80, NJW 1982, 1983). Nicht ausreichend ist, dass ein Schuldner, dem Kindesunterhalt und eigenes Nettoeinkommen bekannt sind, den Kindesunterhalt unter Inanspruchnahme fachkundiger Hilfe oder Beratung ziffernmäßig selbst ermitteln oder über das Einkommensteuergesetz oder die Düsseldorfer Tabelle den Mindestunterhalt feststellen kann (OLG Saarbrücken 1.3.2010 – 9 WF 127/09, MDR 2010, 815). Wird Unterhalt für **mehrere Unterhaltsgläubiger** verlangt, ist in der Mahnung für jeden der Gläubiger ein konkreter Betrag auszuweisen, damit diese wirksam ist (OLG Hamm 27.5.1994 – 11 UF 393/94, FamRZ 1995, 106).

4 Zudem muss sich aus der Mahnung mit hinreichender Bestimmtheit ergeben, **ab wann** der geltend gemachte Unterhalt verlangt wird (OLG Karlsruhe 14.7.1997 – 2 WF 65/97, FamRZ 1998, 742).

5 Die Aufforderung, in Zukunft Erwerbsbemühungen zu entfalten, ist nicht der konkreten Aufforderung zur Erbringung von Kindesunterhalt gleichzusetzen und stellt deshalb keine verzugsbegründende Mahnung im Sinne des § 286 BGB dar; ebenso wenig hat die Aufforderung, im Hinblick auf die gesteigerte Erwerbsobliegenheit des § 1603 BGB entsprechende Bemühungen zu entfalten und diese zu belegen, nicht die Wirkung der sog. Stufenmahnung iSv § 1613 Abs. 1 S. 1 BGB (OLG Hamm 14.8.2009 – 13 UF 83/09, FamRZ 2010, 383).

6 Eine **Zuvielforderung** in der Mahnung ist unschädlich. Die Forderung einer **geringeren Summe** begründet hingegen keinen Verzug auf einen höheren als den begehrten Betrag (BGH 26.5.1982 – IVb ZR 715/80, NJW 1982, 1983). Letzteres gilt auch dann, wenn der Aufforderung zur Zahlung eines bestimmten Betrages ein Auskunftsbegehren voranging (BGH 7.11.2012 – XII ZB 229/11, FamRZ 2013, 109).

2. Zeitpunkt der Mahnung

Für die Wirksamkeit muss die Mahnung **nach Fälligkeit** erfolgen. Dementsprechend wäre eine Mahnung 7 bezüglich **Trennungsunterhalt**, die vor der Trennung der Beteiligten erfolgt, unwirksam (HK-FamR/ Pauling § 1613 BGB Rn 7); Gleiches gilt für eine Mahnung bezüglich des **nachehelichen Unterhalts**, die vor Rechtskraft der Scheidung erfolgt.

3. Zugang der Mahnung

Der Gläubiger muss ggf den Zugang der Mahnung beim Schuldner beweisen. Wird dem Schuldner eine 8 Mahnung an eine **nicht zutreffende Anschrift** übersandt, kann dies nicht die Verzugswirkungen auslösen; dies gilt jedenfalls dann, wenn der Schuldner sich ordnungsgemäß angemeldet hat (OLG Naumburg 6.8.2007 – 3 WF 233/07, FamRZ 2007, 2086).

Beim **Kindesunterhalt Minderjähriger** erfordert eine wirksame Mahnung, dass der Elternteil, der die An- 9 sprüche geltend macht, das Kind kraft Gesetzes (§ 1629 Abs. 2 S. 2 BGB) oder kraft rechtsgeschäftlich wirksam erteilter Vollmacht vertreten kann (OLG Düsseldorf 3.3.1999 – 3 WF 187/99, FamRZ 2000, 442). Nach **Eintritt der Volljährigkeit** eines Kindes kann das Jugendamt nicht mehr als Beistand und damit als gesetzlicher Vertreter des Kindes tätig werden. Übersendet das Jugendamt lediglich eine Berechnung, aus der sich der für das volljährige Kind zu zahlende Unterhalt ergibt, liegt eine Mahnung nicht vor (OLG Brandenburg 28.6.2006 – 10 WF 107/06, NJW-RR 2007, 75). Berechnet das Jugendamt im Zusammenhang mit einer Beistandschaft für ein minderjähriges Kind auch den **Unterhaltsanspruch einer Mutter gegen den nichtehelichen Vater**, wird es nicht als gesetzlicher Vertreter der Mutter tätig, so dass in der Berechnung auch keine Mahnung zu sehen ist (OLG Brandenburg 15.12.2005 – 10 WF 277/05, FamRZ 2006, 1784).

4. Andere Formen der Mahnung

Der Mahnung steht der Zugang eines Verfahrenskostenhilfegesuchs bzgl eines Unterhaltsverfahrens, der 10 Zugang eines Antrages auf Erlass einer einstweiligen Anordnung, der formlose Zugang einer Antrags-schrift und die Zustellung eines Stufen- oder Leistungsantrags auf Zahlung von Unterhalt gleich (HK-FamR/Pauling § 1613 BGB Rn 11 u. 13 mwN).

III. Verzug ohne Mahnung nach § 286 Abs. 2 BGB

Eine Mahnung kann entbehrlich sein, wenn der Schuldner Unterhaltsleistungen **eindeutig und endgültig** 11 **verweigert**, was auch schon in der unvermittelten Einstellung bisher regelmäßig erbrachter Zahlungen ge-sehen werden kann (OLG Saarbrücken 1.3.2010 – 9 WF 127/09, MDR 2010, 815). Ein Unterhaltsschuld-ner, der seine Zahlungen ohne berechtigten Grund von sich aus einstellt, gerät vom Zeitpunkt der Einstel-lung an in Höhe der bisherigen Unterhaltsleistungen auch ohne Mahnung in Verzug, sofern sich aus den früher geleisteten Zahlungen ergibt, dass der Schuldner Grund und Höhe des gegen ihn erhobenen An-spruchs kannte (OLG Brandenburg 16.7.2001 – 10 WF 135/00, NJW-RR 2002, 870).

Der Schuldner gerät auch ohne Mahnung dann in Verzug, wenn er sich auf eine **Mediation** über die Höhe 12 der Unterhaltszahlung mit dem Unterhaltsgläubiger einlässt (AG Itzehoe 22.1.2003 – 77 F 380/01, FamRZ 2004, 58). Der Umstand, dass sich der Unterhaltsschuldner grundsätzlich zur Zahlung bereit erklärt hat, be-gründet noch keinen Verzug (OLG Frankfurt/M. 16.12.1998 – 2 UF 96/98, FamRZ 2000, 113).

260. Vollstreckung in Familiensachen

Stockmann

I. Überblick... 1
II. Vollstreckung in Nichtstreitverfahren........... 2
  1. Vollstreckung von Endentscheidungen in Nicht-
    streitverfahren................................. 3
    a) Zur Vollstreckung geeignete Vollstreckungs-
       titel.................................... 3
    b) Beginn der Vollstreckbarkeit............... 5
      aa) Regelfall der Wirksamkeit.............. 5
      bb) Vollstreckbarkeit ausnahmsweise erst
         mit Rechtskraft...................... 6
    c) Vollstreckungsverfahren................... 7
    d) Vollstreckung von Entscheidungen über die
       Herausgabe von Personen und die Regelung
       des Umgangs (§§ 88 ff FamFG)............. 12
      aa) Allgemein............................ 12
      bb) Voraussetzungen für die Vollstreckung
         des Umgangsrechts................... 18

(1) Bestimmtheit des Vollstreckungstitels. 18
(2) Schuldhafter Verstoß gegen Verpflich-
    tung.................................. 21
(3) Durchführung der Vollstreckung im
    Einzelnen............................. 25
    e) Vollstreckung in sonstigen Fällen............ 29
      aa) Fallgestaltungen...................... 29
      bb) Auf die Vollstreckung nach § 95 FamFG
         anwendbare Bestimmungen............ 30
      cc) Vollstreckung in Verfahren nach dem
         Gewaltschutzgesetz und in Ehewoh-
         nungssachen......................... 32
  2. Vollstreckung von verfahrensleitenden Anord-
    nungen....................................... 33
III. Vollstreckung in Ehe- und Familienstreitsachen 35
  1. Vollstreckung von Endentscheidungen.......... 35
  2. Vollstreckung verfahrensleitender Anordnungen 42

I. Überblick

1 Grundsätzlich zu den Voraussetzungen der Vollstreckung s. → *Vollstreckungsvoraussetzungen*.

Auch hinsichtlich der Vollstreckung ist eine Unterscheidung zwischen Ehe- und Familienstreitsachen einerseits und Nichtstreitsachen andererseits erforderlich. Daneben ist zu differenzieren, ob die zu vollstreckende Entscheidung eine den Verfahrensgegenstand erledigende Endentscheidung ist oder ob sie lediglich verfahrensleitende Entscheidungen betrifft.

Zu den verfahrensabschließenden Endentscheidungen gehören auch die Endentscheidungen im Verfahren der einstweiligen Anordnung, weil durch diese das eigenständige Verfahren des einstweiligen Rechtsschutzes beendet wird (Rn 3; HK-FamFG/Schreiber § 35 FamFG Rn 2).

II. Vollstreckung in Nichtstreitverfahren

2 Für Nichtstreitverfahren finden sich die Normen der Vollstreckung im FamFG. Teilweise wird von dort aus auf einige Vorschriften der ZPO verwiesen.

1. Vollstreckung von Endentscheidungen in Nichtstreitverfahren

3 **a) Zur Vollstreckung geeignete Vollstreckungstitel.** In § 86 FamFG sind die geeigneten Vollstreckungstitel aufgeführt, s. → *Vollstreckungstitel*. Dies sind:

- **gerichtliche Endentscheidungen** (Beschlüsse). Hierzu zählen auch Kostenfestsetzungsbeschlüsse und die Endentscheidungen in Verfahren der einstweiligen Anordnung (Prütting/Helms/Stößer § 86 FamFG Rn 14; Thomas/Putzo/Hüßtege § 86 FamFG Rn 3; verfehlt zu den einstweiligen Anordnungen HK-FamFG/von Harbou § 86 FamFG Rn 5).
- **gerichtlich gebilligte Vergleiche** in Kindschaftssachen nach § 156 Abs. 2 FamFG. Aus außergerichtlichen Vereinbarungen der Beteiligten, zB betreffend des Umgangs, ist eine Vollstreckung nicht möglich.
- die in § 704 ZPO genannten **Vollstreckungstitel**, soweit die Beteiligten über den Gegenstand des Verfahrens verfügen können. Dies wird nur Ehewohnungs- und Hausratssachen betreffen. Die übrigen Verfahrensgegenstände in Nichtstreitverfahren stehen regelmäßig nicht zur Disposition der Beteiligten. Für die disponiblen Familienstreitsachen gelten besondere Regelungen (Rn 35 ff).

4 Die Vollstreckung setzt voraus, dass diese Titel hinsichtlich ihres Inhaltes bestimmt und konkret sind. Zu den sich hieraus ergebenden speziellen Anforderungen beim Umgangsrecht s. Rn 18 ff.

b) Beginn der Vollstreckbarkeit. aa) Regelfall der Wirksamkeit. Nach § 86 Abs. 2 FamFG werden die 5
Beschlüsse **mit Wirksamwerden vollstreckbar**. In Nichtstreitverfahren tritt die Wirksamkeit idR mit Bekanntgabe der Entscheidung an den Beteiligten ein, für den sie nach seinem wesentlichen Inhalt bestimmt
ist, § 40 Abs. 1 FamFG. Es wird also nicht an die formelle Rechtskraft angeknüpft.

Es ist zu beachten, dass die Bekanntgabe gem. § 15 Abs. 2 FamFG erst dann erfolgt, wenn die schriftliche
Entscheidung bekanntgegeben ist.

bb) Vollstreckbarkeit ausnahmsweise erst mit Rechtskraft. Jedoch bestehen auch folgende Ausnah- 6
men, in denen die **Wirksamkeit erst mit Rechtskraft** eintritt, s. → *Sofortige Wirksamkeit* Rn 3 ff:

– Entscheidungen in Abstammungssachen, § 184 FamFG;
– Entscheidungen in Gewaltschutzsachen, § 216 Abs. 1 S. 1 FamFG. Nach § 216 Abs. 1 S. 2 FamFG soll
  das Gericht aber die sofortige Wirksamkeit anordnen.
– Beschlüsse, die die Genehmigung eines Rechtsgeschäfts zum Gegenstand haben (§ 40 Abs. 2 FamFG);
– Beschlüsse, durch die die Ermächtigung oder die Zustimmung eines anderen zu einem Rechtsgeschäft
  ersetzt wird (§ 40 Abs. 3 Alt. 1 FamFG);
– Entscheidungen betreffend die Schlüsselgewalt eines Ehegatten oder Lebenspartners nach § 1357
  Abs. 2 S. 1 BGB (§ 40 Abs. 3 Alt. 2 FamFG).

In den beiden letztgenannten Fällen kann das Familiengericht jedoch die sofortige Vollziehbarkeit des Beschlusses anordnen, § 40 Abs. 3 S. 2 FamFG, s. → *Sofortige Wirksamkeit* Rn 13.

c) Vollstreckungsverfahren. Handelt es sich bei dem Hauptsacheverfahren um ein Amtsverfahren, so ist 7
die Vollstreckung von Amts wegen einzuleiten, § 87 Abs. 1 S. 1 FamFG. Im Übrigen ist ein Antrag eines
Berechtigten, dh eines Beteiligten, der geltend macht, ein sich aus dem Titel ergebendes Recht zu haben,
erforderlich.

Vollstreckungsvoraussetzung ist, dass der Vollstreckungstitel bereits zugestellt ist oder dass er spätestens 8
mit Beginn der Vollstreckung zugestellt wird, § 87 Abs. 2 FamFG.

Weigert sich das Gericht, Vollstreckungshandlungen durchzuführen, so kann der Berechtigte hiergegen **so-** 9
fortige Beschwerde in entsprechender Anwendung der §§ 567–572 ZPO einlegen, § 87 Abs. 4 FamFG.
Der gleiche Rechtsbehelf steht dem Vollstreckungsschuldner gegen die Vollstreckungsanordnung des Gerichts zur Verfügung.

Gerichtsintern ist hinsichtlich der Vollstreckung in Nichtstreitverfahren nicht das Vollstreckungsgericht zu- 10
ständig, sondern diejenige Abteilung des Gerichts, die für die Sachentscheidung zuständig ist, in Familiensachen also das Familiengericht. Diese Zuständigkeit des Familiengerichts für die Vollstreckung besteht
auch dann, wenn der vollstreckbare Titel erst in einer höheren Instanz geschaffen wurde.

Das Vollstreckungsverfahren nach §§ 86 ff FamFG ist ein neues Verfahren (BGH 17.8.2011 – XII ZB 11
621/10, NJW 2011, 3163). Daher ist die **örtliche Zuständigkeit** neu zu bestimmen (OLG Karlsruhe
19.2.2010 – 5 WF 28/10, NJW 2010, 1976). Hierzu finden die allgemeinen Bestimmungen über die örtliche Zuständigkeit in selbstständigen Familienverfahren Anwendung, s.→ *Familiengerichtliches Verfahren*
Rn 38 ff, zB § 152 FamFG für Kindschaftssachen oder § 232 FamFG für Unterhaltssachen (vgl Prütting/
Helms/Stößer § 87 FamFG Rn 6).

d) Vollstreckung von Entscheidungen über die Herausgabe von Personen und die Regelung des Um- 12
gangs (§§ 88 ff FamFG). aa) Allgemein. Örtlich zuständig für die Vollstreckung in diesen Fällen ist dasjenige Gericht, in dessen Bezirk die Person, um deren Herausgabe es (gegebenenfalls nur zur Durchführung des Umgangs) geht, bei Beginn der Vollstreckung ihren gewöhnlichen Aufenthalt hat. § 88 Abs. 1
FamFG wiederholt noch einmal diese Zuständigkeit, die sich bereits aus der grundsätzlichen Anwendung
des § 152 Abs. 2 FamFG ergeben würde (Rn 11). Zum Begriff des gewöhnlichen Aufenthalts s. → *Ge-*
wöhnlicher Aufenthalt Rn 8 ff.

Es sei noch einmal darauf hingewiesen, dass die Vollstreckung nicht in jedem Fall durch das gleiche örtliche Gericht erfolgt, das die Ausgangsentscheidung erlassen hat. Da das Vollstreckungsverfahren ein neues Verfahren ist, wird die **örtliche Zuständigkeit** bei dessen Beginn **neu bestimmt** (Rn 11).

13 Als Maßnahmen der Vollstreckung sehen die §§ 88 ff FamFG idR **Ordnungsgeld und Ordnungshaft** für den Fall der Zuwiderhandlung gegen einen Vollstreckungstitel vor. Im Gegensatz zum früheren § 33 FGG kann nicht nur künftiges Wohlverhalten erzwungen, sondern auch vergangenes Fehlverhalten geahndet werden. Ebenso kommt die Anwendung unmittelbaren Zwangs in Frage, allerdings dann nicht, wenn das Kind zum Umgangsrecht herausgegeben werden soll, § 90 Abs. 2 S. 1 FamFG.

14 Die Verhängung eines Ordnungsmittels nach § 89 FamFG setzt voraus, dass in dem Beschluss, in dem die Sachentscheidung (Anordnung der Herausgabe, Regelung des Umgangs) getroffen wurde, bereits auf die Folgen der Zuwiderhandlung hingewiesen wurde.

15 Dies macht bei der **Vollstreckung aus Titeln, die vor dem 1.9.2009 geschaffen wurden**, ein Problem: Diese Titel enthalten den Hinweis nicht, weil er nach der damaligen Rechtslage nicht erforderlich war. Da das Vollstreckungsverfahren jedoch ein eigenständiges Verfahren ist, ist auf ein solches, das nach dem 1.9.2009 eingeleitet wurde, das neue Recht anzuwenden (BGH 17.8.2011 – XII ZB 621/10, NJW 2011, 3163). In einem solchen Fall ist (entgegen vereinzelter Literaturstimmen) ein nachträglicher Hinweis zulässig (BGH 17.8.2011 – XII ZB 621/10, NJW 2011, 3163). In dem angeführten Verfahren hat der Bundesgerichtshof den Hinweis selbst im Rechtsbeschwerdeverfahren erteilt.

Die weiter gehende Ansicht des OLG Karlsruhe (8.4.2010 – 2 WF 40/10, NJW 2010, 2142), wonach die Vollstreckung auch dann zulässig sei, wenn kein nachträglicher Hinweis zu den Alttiteln ergangen ist, wurde jedoch vom Bundesgerichtshof abgelehnt.

16 Da Art. 13 Abs. 1 GG die Unverletzlichkeit der Wohnung verfassungsrechtlich garantiert, ist für den Fall, dass zum Zwecke der Vollstreckung beim Verpflichteten ohne dessen Willen eine **Wohnungsdurchsuchung** durchgeführt werden soll, idR ein richterlicher Durchsuchungsbeschluss erforderlich, § 91 FamFG (vgl HK-FamFG/Völker/Clausius § 91 FamFG Rn 1 ff).

17 Unter den in § 93 FamFG aufgeführten Voraussetzungen kann das nach § 88 Abs. 1 FamFG zuständige Gericht die Vollstreckung einstellen oder beschränken (vgl HK-FamFG/Völker/Clausius § 93 FamFG Rn 1 ff).

18 **bb) Voraussetzungen für die Vollstreckung des Umgangsrechts. (1) Bestimmtheit des Vollstreckungstitels.** Für die Vollstreckung von Umgangstiteln gilt das in Rn 4 beschriebene Erfordernis, dass er einen **konkreten und bestimmten Inhalt** haben muss. In der Praxis befinden sich die am Umgangsverfahren beteiligten Juristen jedoch regelmäßig in einem **Dilemma**: Ihnen ist bekannt, dass eine – auch fallweise – einvernehmliche Regelung der Beteiligten idR dem Kindeswohl förderlicher ist, als eine starre, keinen Spielraum für Besonderheiten lassende gerichtliche Festlegung. Deswegen neigen sie oft dazu, Vereinbarungen mit wagem und unkonkretem Inhalt („… nach Absprache der Beteiligten …") zu akzeptieren. Andererseits ist ihnen auch bekannt, dass nur konkrete Festlegungen im Wege der Vollstreckung durchsetzbar sind. Entspricht die Regelung nicht dem Bestimmtheitserfordernis, muss der Titel neu geschaffen werden.

19 Das Bestimmtheitserfordernis verlangt, dass **Art, Ort und Zeit des Umgangs** sich direkt aus dem Titel entnehmen lassen (zB OLG Celle 16.12.2005 – 12 WF 141/05, FamRZ 2006, 556). Allgemeine Regelungen (zB: „Einmal im Monat für die Dauer von drei Stunden …") reichen nicht aus. Spangenberg (FamRZ 2007, 13) kritisiert diese Anforderung der hM mit schlüssigen und praxisbezogenen Argumenten. Eine Änderung der Rechtsprechung zu dieser Frage ist gleichwohl nicht zu erwarten.

20 Das OLG Saarbrücken (27.7.2007 – 9 WF 97/07, FamRZ 2007, 2095) hält folgende, in der Praxis nicht selten verwendete Formulierung für nicht ausreichend: „Der Kindesvater hat das Recht und die Pflicht, das Kind jeden Sonntag von 14.00 Uhr bis 18.00 Uhr zu Besuchszwecken zu sich zu nehmen. Der Neffe der Kindesmutter ist bereit, das Kind an der Wohnungstür der Kindesmutter abzuholen und es zum Kindesva-

ter, der vor der Hauseingangstür warten wird, zu bringen." In der gerichtlichen Verfügung sei den Beteiligten keine bestimmte Verpflichtung auferlegt. Deshalb läge keine vollzugsfähige Entscheidung vor.

Völker (in: jurisPR-FamR 20/2007, Anm. 2) schlägt deshalb folgende Formulierung vor:

„1. Der Kindesvater hat die Pflicht und das Recht, mit seinem Kind alle 14 Tage – beginnend mit dem 6. Oktober 2007 – von samstags 10.00 Uhr bis sonntags 18.00 Uhr Umgang zu pflegen.

2. Der Vater hat das Kind pünktlich zu Beginn eines jeden Umgangs am Wohnsitz der Mutter abzuholen und es von ihr entgegenzunehmen. Die Mutter hat das Kind pünktlich zu Beginn eines jeden Umgangs an ihrem Wohnsitz an den Vater zu übergeben. Der Vater hat das Kind pünktlich zum Ende eines jeden Umgangs an den Wohnsitz der Mutter zurückzubringen und es ihr zu übergeben. Die Mutter hat das Kind pünktlich zum Ende eines jeden Umgangs an ihrem Wohnsitz entgegenzunehmen."

(2) Schuldhafter Verstoß gegen Verpflichtung. Die Verpflichtung muss **allein vom Willen des Beteiligten abhängen**, setzt also einen schuldhaften Verstoß gegen eigene Verhaltenspflichten voraus. Dies spricht § 89 Abs. 4 S. 1 FamFG ausdrücklich an. Danach unterbleibt die Festsetzung des Ordnungsmittels dann, wenn der Verpflichtete Gründe vorträgt, aus denen sich ergibt, dass er die Zuwiderhandlung nicht zu vertreten hat. Aus dieser Norm folgt auch, dass trotz des grundsätzlich in Nichtstreitverfahren geltenden Amtsermittlungsprinzips (§ 26 FamFG) den Umgangspflichtigen die **Feststellungslast** dafür trifft, dass er die Zuwiderhandlung nicht zu vertreten hat. Sein Verschulden wird zunächst vermutet. Der Verpflichtete muss nachweisen, dass er seiner Wohlverhaltenspflicht nach § 1684 Abs. 2 BGB genügt hat (OLG Karlsruhe 5.5.2011 – 5 WF 51/11, FamRZ 2011, 1669; vgl auch Zöller/Feskorn § 89 FamFG Rn 14; Thomas/Putzo/Hüßtege § 89 FamFG Rn 9; Clausius in: jurisPR-FamR 3/2011 Anm. 1. Verfassungsrechtliche Bedenken gegen die Verschuldensvermutung äußert Bork/Jacoby/Schwab/Althammer § 89 FamFG Rn 10). **21**

An den Sachvortrag des Umgangsverpflichteten, den Verstoß nicht vertreten zu müssen, sind hohe Anforderungen zu stellen. Unklarheiten gehen zu seinen Lasten (HK-FamFG/Völker/Clausius § 89 FamFG Rn 22).

Kein Verschulden dürfte dann gegeben sein, wenn sich das Kind nicht in der Einflusssphäre des Beteiligten befindet, sondern in der eines Dritten, der der Verpflichtung nicht nachkommt. Die Voraussetzung ist auch dann nicht gegeben, wenn sich ein größeres Kind trotz angemessener erzieherischer Einwirkung des Umgangsverpflichteten weigert, den Umgang durchzuführen (OLG Karlsruhe 5.2.2001 – 2 WF 129/00, FPR 2002, 103). Streitig ist allerdings, bis zu welchem Alter von einer positiven **Einflussnahme auf das Kind** durch den Sorgeberechtigten mit dem Ziel der Durchführung des Umgangs ausgegangen werden kann. Bei Kindern bis zu ca. 10 Jahren dürfte aber davon auszugehen sein, dass mit erzieherischen Mitteln die Durchsetzung des Umgangs erreicht werden kann (OLG Karlsruhe 26.10.2004 – 2 WF 176/04, FamRZ 2005, 1698; 5.5.2011 – 5 WF 51/11; Stockmann in: jurisPR-FamR 11/2005 Anm. 2). **22**

Hat der Umgangspflichtige alles objektiv Zumutbare getan und weigert sich das Kind weiterhin, sind Zwangsmaßnahmen weder gegen den Elternteil noch gegen das Kind zulässig.

Die durchzusetzende Verpflichtung darf **nicht** durch zwischenzeitlich eingetretene Umstände **inhaltlich überholt** worden sein. Es würde nicht dem Kindeswohl entsprechen, eine Verpflichtung durchzusetzen, die die Interessen der Kinder nicht (mehr) ausreichend berücksichtigt. In einem solchen Fall hat das Familiengericht eine Abänderung der ursprünglichen Verpflichtung vorzunehmen, gegebenenfalls von Amts wegen nach § 1696 Abs. 1 BGB (OLG Frankfurt 28.11.2008 – 1 WF 200/08, FamRZ 2009, 796). **23**

Im Gegensatz zur früheren Regelung ist die Vollstreckungsmaßnahme nicht mehr ausdrücklich anzudrohen. Allerdings hat bereits der Umgangsbeschluss auf die **Folgen der Zuwiderhandlung** gegen den Vollstreckungstitel **hinzuweisen**, § 89 Abs. 2 FamFG. Zudem ist der Verpflichtete vor der Festsetzung des Ordnungsmittels zu hören, § 92 Abs. 1 S. 1 FamFG. **24**

25 **(3) Durchführung der Vollstreckung im Einzelnen.** Zu beachten ist, dass das Ordnungsgeld nunmehr nicht mehr ein Beugemittel zur Erzwingung einer Handlung ist, sondern eine **„Strafe" für ein unbotmäßiges Verhalten** darstellt.

Im Hinblick auf die Entscheidung des Bundesverfassungsgerichts (1.4.2008 – 1 BvR 1620/04, NJW 2008, 1287), nach der eine zwangsweise Durchsetzung des Umgangsrechts eines umgangspflichtigen Elternteils zu unterbleiben hat, wenn nicht im konkreten Fall hinreichende Anhaltspunkte dafür vorliegen, dass der erzwungene Umgang dem Kindeswohl dient, hat der Gesetzgeber die Anordnung von Ordnungsmitteln in § 89 Abs. 1 FamFG in das gerichtliche Ermessen gestellt. Im Regelfall ist dieses Ermessen auf Null reduziert. Grundsätzlich hat im Vollstreckungsverfahren keine erneute Prüfung der Rechtmäßigkeit des zu vollstreckenden Beschlusses zu erfolgen.

26 Die **Vollstreckung des Ordnungsgeldes** erfolgt durch die Gerichtskasse als Einziehungsbehörde. Vollstreckungsbehörde ist das Familiengericht und hier der Rechtspfleger, § 31 Abs. 2, 3 RPflG. Zur Vollstreckung im Einzelnen s. HK-FamFG/Völker/Clausius § 89 FamFG Rn 10 ff. Zur Einstellung der Vollstreckung s. → *Einstellung und Beschränkung der Zwangsvollstreckung* Rn 25 ff.

27 Die **Festsetzung von Haft** ist nach § 89 FamFG unter deutlich einfacheren Voraussetzungen möglich als nach den früheren Bestimmungen (HK-FamFG/Völker/Clausius § 89 FamFG Rn 11 ff).

28 **Gewalt gegen einen Elternteil** könnte gem. § 90 FamFG angewendet werden (HK-FamFG/Völker/Clausius § 90 FamFG Rn 1 ff). Eine **Gewaltanwendung gegen das Kind** verbietet jedoch § 90 Abs. 2 S. 1 FamFG, sofern die Herausgabe zum Zweck der Durchsetzung des Umgangsrechts erfolgen soll (HK-FamFG/Völker/Clausius § 90 FamFG Rn 7 ff). In der Praxis scheiden daher Gewaltmaßnahmen in Umgangssachen regelmäßig aus.

Bei der zwangsweisen Vollziehung von Umgangsentscheidungen ist jeweils zu berücksichtigen, dass beim Vollzug, aber auch bereits bei der Androhung der Maßnahme, auf die Belange des Kindes Rücksicht zu nehmen ist. Daraus folgt, dass eine zwangsweise Umsetzung der Entscheidung dann ausscheidet, wenn sich ergibt, dass die Umgangsregelung aus Gründen des Kindeswohls aufzuheben wäre (OLG Karlsruhe 12.2.2007 – 20 WF 5/07, FamRZ 2007, 1180).

29 **e) Vollstreckung in sonstigen Fällen. aa) Fallgestaltungen.** In § 95 FamFG werden die Fallgestaltungen genannt, die infrage kommen:
- wegen einer **Geldforderung.** Diese Fallgestaltung betrifft nur Geldforderungen in Nichtstreitverfahren, zB im Rahmen des schuldrechtlichen Versorgungsausgleichs nach § 20 VersAusglG oder aufgrund von Kostenfestsetzungsbeschlüssen. Die Vollstreckung in Familienstreitsachen, betreffend Ansprüche aus Unterhalt, Güterrecht oder in sonstigen Familiensachen des § 266 FamFG richtet sich wegen § 113 Abs. 1 FamFG direkt nach den Vollstreckungsbestimmungen der ZPO (Rn 35 ff).
- **Herausgabe einer Sache**; zB Hausratsgegenstände oder die zum persönlichen Gebrauch eines Kindes bestimmten Sachen.
- zur **Vornahme einer Handlung**; zB zur Auskunftserteilung gem. § 1686 BGB über die persönlichen Verhältnisse des Kindes.
- zur **Erzwingung von Duldungen und Unterlassungen**; zB bei der Durchsetzung von Nebenregelungen im Zusammenhang mit der Umsetzung des Umgangsrechts.
- Eine spezielle Regelung enthält § 96 a FamFG für die **Duldung einer Probeentnahme zur Durchführung einer DNS-Analyse**, gem. § 1598 a BGB: Die Vollstreckung ist dann nicht zulässig, wenn die Art der Probeentnahme der zu untersuchenden Person nicht zugemutet werden kann. Es ist jedoch kaum ein praktischer Fall denkbar, in dem die nach den anerkannten Grundsätzen der Wissenschaft durchzuführende Probeentnahme (§ 1598 a Abs. 1 S. 2 BGB) die Zumutbarkeitsgrenze tangieren kann, zumal in der Regel ein Wattebauschabstrich der Mundschleimhaut ausreichend ist. Es müssten durch die Entnahme gesundheitliche Schäden zu befürchten sein.
- zur **Abgabe einer Willenserklärung**; betroffen ist wiederum nur die Vollstreckung von Willenserklärungen im Bereich der Nichtstreitverfahren.

bb) Auf die Vollstreckung nach § 95 FamFG anwendbare Bestimmungen. § 95 FamFG verweist hin- 30
sichtlich der vorgenannten Fälle auf die Vollstreckungsbestimmungen der ZPO und damit auch die dortigen Regelungen hinsichtlich der Einstellung der Vollstreckung, s. → *Einstellung und Beschränkung der
Zwangsvollstreckung* Rn 29 ff.

Das **zuständige Gericht** ergibt sich aus den Vollstreckungsbestimmungen der ZPO. Dies kann nach § 828 31
ZPO, wenn es um die Zwangsvollstreckung in Forderungen und andere Vermögensrechte geht, das Vollstreckungsgericht sein. In den Fällen der §§ 887 Abs. 1, 888 Abs. 1 S. 1 ZPO ist es aber das Gericht, das die
zu vollstreckende Hauptsacheentscheidung erlassen hat. Innerhalb des Gerichts kann die funktionelle Zuständigkeit des Rechtspflegers im Rahmen des § 3 Nr. 2 a RPflG gegeben sein.

cc) Vollstreckung in Verfahren nach dem Gewaltschutzgesetz und in Ehewohnungssachen. § 96 32
FamFG eröffnet dem Berechtigten in diesen Fällen die Möglichkeit, neben der Vollstreckung nach §§ 890,
891 ZPO bei einer andauernden Zuwiderhandlung den Gerichtsvollzieher hinzuzuziehen.

2. Vollstreckung von verfahrensleitenden Anordnungen

Entscheidungen in Nichtstreitverfahren, die keine verfahrensabschließenden Beschlüsse, also keine Endent- 33
scheidungen sind, sondern nur verfahrensleitende Anordnungen treffen (zB Verpflichtung eines Ehegatten,
gem. § 220 Abs. 3 FamFG bei der Kontenklärung im Rahmen des Versorgungsausgleichs mitzuwirken oder
zur Erstellung eines Vermögensverzeichnisses nach § 1640 BGB), unterliegen nicht der Vollstreckung nach
§§ 86 ff FamFG, sondern sind nach § 35 FamFG zu vollstrecken. Diese Vollstreckung erfolgt durch Festsetzung von Zwangsgeld, ersatzweise Anordnung von Zwangshaft. Sie ist von Amts wegen einzuleiten,
und zwar auch in Antragsverfahren. Mit der Vollstreckung in diesen Fällen soll die Fortführung des gerichtlichen Verfahrens herbeigeführt werden (HK-FamFG/Schreiber § 35 FamFG Rn 4). Zuständig ist das
jeweils mit der Sache befasste Gericht.

Zu den **Voraussetzungen für die Vollstreckung** und die dabei gegebenen rechtlichen Möglichkeiten in
diesen Fällen vgl HK-FamFG/Schreiber § 35 FamFG Rn 5 ff.

Gegen den Beschluss, durch den die Vollstreckungsmaßnahme angeordnet oder abgelehnt wird, ist die **so-** 34
fortige Beschwerde entsprechend §§ 567–572 ZPO gegeben, § 35 Abs. 5 FamFG. Sie hat gem. § 570
Abs. 1 ZPO aufschiebende Wirkung.

III. Vollstreckung in Ehe- und Familienstreitsachen

1. Vollstreckung von Endentscheidungen

Für diese Verfahren gelten die vorgenannten Regelungen der §§ 86–96 a FamFG nicht. § 113 Abs. 1 35
FamFG verweist stattdessen auf die Vollstreckungsvorschriften der ZPO. Neben § 113 Abs. 1 S. 2 FamFG
bringt dies § 120 Abs. 1 FamFG nochmals zum Ausdruck. Deswegen ist für die Vollstreckung in solchen
Verfahren (zB von Unterhaltsentscheidungen) eine Vollstreckungsklausel und die Zustellung des Titels erforderlich. Speziell zur Vollstreckung von Unterhaltsansprüchen s. → *Vollstreckung von Unterhaltsansprüchen.*

Voraussetzung für die Vollstreckung in diesen Verfahren ist, dass die **Endentscheidung wirksam** ist. 36
Diese Wirksamkeit tritt nach § 116 Abs. 2 (betreffend Ehesachen) und Abs. 3 (betreffend Familienstreitsachen) **mit Rechtskraft** ein. In Familienstreitsachen kann das Gericht die **sofortige Wirksamkeit** anordnen,
in Unterhaltssachen soll dies nach der Vorstellung des Gesetzgebers grundsätzlich erfolgen, § 116 Abs. 3
S. 2 und 3 FamFG.

Diese spezielle Möglichkeit tritt in Familienstreitsachen an die Stelle der Regelungen der ZPO über die
vorläufige Vollstreckbarkeit. §§ 708 ff ZPO kommen daher trotz der allgemeinen Verweisung des § 113
Abs. 1 FamFG nicht zur Anwendung (vgl HK-FamFG/Kemper § 120 FamFG Rn 5, s. → *Sofortige Wirksamkeit* Rn 1 ff, Rn 11 ff. Formulierungsbeispiele hinsichtlich Unterhaltsansprüchen s. → *Sofortige Wirksamkeit* Rn 15 f).

37 Will der Antragsgegner den **Eintritt der sofortigen Wirksamkeit verhindern**, so bestehen für ihn folgende Möglichkeiten:

– Antrag beim Ausgangsgericht nach § 120 Abs. 2 S. 1 FamFG, die Vollstreckung einzustellen oder zu
beschränken (s. → *Einstellung und Beschränkung der Vollstreckung* Rn 6 ff).

Dieser Antrag muss jedoch vor Schluss der mündlichen Verhandlung gestellt werden, auf die der Beschluss ergeht (Helms in: Prütting/Helms § 120 FamFG Rn 10; Keidel/Weber § 120 FamFG Rn 14).

38 – Einlegung eines Rechtsmittels gegen die Ausgangsentscheidung verbunden mit dem Antrag an das
Rechtsmittelgericht, gem. § 64 Abs. 3 FamFG im Wege der einstweiligen Anordnung die Vollziehung
der Ausgangsentscheidung auszusetzen. Für diesen Fall stellt die spezielle Norm des § 120 Abs. 2 S. 3
FamFG die Anforderung auf, dass die Einstellung der Vollstreckung nur dann erfolgt, wenn der
Schuldner glaubhaft macht, dass die Vollstreckung ihm einen nicht zu ersetzenden Nachteil bringen
würde (s. → *Einstellung und Beschränkung der Vollstreckung* Rn 13 ff).

Ein Antrag auf Einstellung der Vollstreckung nach § 120 Abs. 2 S. 3 FamFG in der Beschwerdeinstanz
ist nach zutreffender Ansicht nicht schon deshalb unzulässig, weil der den Antrag stellende Beteiligte
in erster Instanz keinen Antrag nach § 120 Abs. 2 S. 2 FamFG gestellt hat (OLG Bremen 21.9.2010 – 4
UF 94/10, FamRZ 2011, 322; OLG Rostock 7.3.2011 – 10 UF 219/10, FamFR 2011, 306; aA OLG
Frankfurt/M. 22.2.2011 – 3 UF 460/10, NJW-RR 2011, 1303).

39 Das **Verhältnis zwischen § 120 Abs. 3 S. 2 und § 64 Abs. 3 FamFG** wird – soweit ersichtlich – nirgends
klar dargestellt. Man könnte auf den Gedanken kommen, es handle sich um zwei nebeneinander bestehende
Möglichkeiten: Der Schuldner könnte entweder eine einstweilige Anordnung nach § 64 Abs. 3 FamFG beantragen oder einen Antrag nach § 719 ZPO stellen. Dies ist jedoch nicht der Fall:

40 Man muss sich klar machen, dass § 64 Abs. 3 FamFG eine Regelung ist, die für alle Verfahren nach dem
FamFG gilt: Das Beschwerdegericht ist stets befugt, die Vollziehung des angegriffenen Beschlusses auszusetzen.

§ 120 Abs. 3 S. 2 FamFG betrifft die Fälle der Wiedereinsetzung in den vorigen Stand, die Wiederaufnahme des Verfahrens, die Gehörsrüge, die Fortsetzung des Verfahrens nach einer Vorbehaltsentscheidung
und die Einlegung eines Rechtsmittels in Familienstreitsachen. Für diese Fallgestaltungen wird die Einstellung der Zwangsvollstreckung an besondere Voraussetzungen geknüpft.

§ 64 Abs. 3 und § 120 Abs. 3 S. 2 FamFG überschneiden sich somit dann, wenn über eine Beschwerde in
einer Familienstreitsache zu entscheiden ist: § 64 Abs. 3 FamFG gibt dann generell die verfahrensmäßige
Befugnis, im Wege der einstweiligen Anordnung die Vollziehung des angegriffenen Beschlusses auszusetzen, § 120 Abs. 3 S. 2 FamFG stellt dann durch die Bezugnahme auf § 120 Abs. 2 S. 2 FamFG die Voraussetzungen hierfür auf.

Gebührenrechtlich stellen die Anträge auf vorläufige Einstellung der Zwangsvollstreckung oder auf Aussetzung der Vollziehung nur dann gesonderte Verfahren dar, wenn eine abgesonderte mündliche Verhandlung hierüber stattfindet, § 19 Abs. 1 S. 2 Nr. 11 RVG. Ohne eine solche Verhandlung wird der Antrag
durch die in der Hauptsache verdienten Gebühren abgegolten (OLG Karlsruhe 13.2.2012 – 18 WF 169/11,
NJW-Spezial 2013, 443).

41 In den beiden vorstehend aufgezeigten Fallgestaltungen des § 120 Abs. 2 FamFG ist Voraussetzung für die
Einstellung oder Beschränkung der Vollstreckung, dass der Schuldner glaubhaft macht, dass die Vollstreckung ihm einen **nicht zu ersetzenden Nachteil** bieten würde. In Abweichung von der früheren strengeren
Rechtsprechung hat der Bundesgerichtshof (30.1.2007 – X ZR 147/06, NJW-RR 2007, 1138) es als solchen
Grund genügen lassen, dass der Gläubiger voraussichtlich wegen **Mittellosigkeit** nicht in der Lage sein
wird, den vollstreckten Betrag zurückzuzahlen (so auch OLG Hamm 28.12.2011 – 8 UF 137/11, FamFR
2012, 496), s. → *Einstellung und Beschränkung der Vollstreckung* Rn 9.

2. Vollstreckung verfahrensleitender Anordnungen

Bezüglich dieser Entscheidungen ist wegen der Verweisung des § 113 Abs. 1 S. 1 FamFG die Bestimmung **42** des § 35 FamFG, die für Nichtstreitverfahren gilt (Rn 33), nicht anwendbar. Es sind die entsprechenden Bestimmungen der ZPO anzuwenden. Hierbei handelt es sich zB um § 390 ZPO und um §§ 883 ff ZPO. Ob für die Einleitung der Vollstreckungsmaßnahme ein Antrag erforderlich ist, ergibt sich aus der jeweiligen Norm. Zuständig ist das jeweils mit der Sache befasste Gericht.

Gegen den Beschluss, durch den eine solche Vollstreckungsmaßnahme angeordnet oder abgelehnt wird, ist **43** die **sofortige Beschwerde** nach §§ 567–572 ZPO gegeben. Diese hat aufschiebende Wirkung, § 570 Abs. 1 ZPO.

261. Vollstreckung von Unterhaltsansprüchen

Grandel

I. Einleitung.. 1
1. Vorratspfändung und Vorauspfändung.......... 2
2. Pfändungsgrenzen............................. 7
   a) Notwendiger Unterhalt des Schuldners...... 8
   b) Gleich- und vorrangige Unterhaltsberechtigte
      des Schuldners............................ 12
   c) Hälfte des nach § 850 a ZPO unpfändbaren
      Betrages.................................. 13

d) Obergrenze des § 850 c ZPO................. 14
e) Unterhaltsrückstände....................... 15
3. Rangfolge bei Pfändung durch mehrere Gläubiger.. 17
II. Pfändung sonstiger Einkünfte................. 21
III. Kontenpfändung............................. 26

I. Einleitung

1 Da bei der Vollstreckung von Unterhaltsansprüchen in das bewegliche oder Immobilienvermögen des Schuldners keine Besonderheiten gegenüber der Vollstreckung anderer titulierter Ansprüche bestehen, beschränken sich die nachfolgenden Ausführungen auf die **Vollstreckung in Geldforderungen**, als die für die Praxis bedeutsamste Vollstreckungsmaßnahme.

1. Vorratspfändung und Vorauspfändung

2 Abweichend von der allgemeinen Vollstreckungsvoraussetzung, dass die Zwangsvollstreckung eines Anspruchs, der von dem Eintritt eines Kalendertages abhängig ist, erst begonnen werden darf, wenn der Termin abgelaufen ist (§ 751 Abs. 1 ZPO), erlaubt § 850 d Abs. 3 ZPO für Unterhaltsansprüche die sogenannte Vorratspfändung. Die Forderungspfändung kann auch **wegen erst künftig fällig werdender Unterhaltsraten** durchgeführt werden. **Voraussetzung** dazu ist:

– Der Pfändungs- und Überweisungsbeschluss wird zur Durchsetzung von Unterhaltsansprüchen beantragt, die kraft Gesetzes einem Verwandten, (früheren) Ehegatten, (früheren) Lebenspartners oder einem Anspruchsberechtigten aus §§ 1615 l, 1615 n BGB zustehen. Das gilt auch für Renten aus Körperverletzungen. Privilegiert werden nur gesetzliche Unterhaltsansprüche. Dazu zählen auch vertraglich vereinbarte Unterhaltszahlungen, wenn sie die gesetzlichen Ansprüche ausgestalten, nicht aber, wenn vom Gesetz losgelöste Zahlungen vereinbart werden, die den gesetzlich geschuldeten Betrag übersteigen (zB Leibrenten). Gesetzlich gar nicht vorgesehene Unterhaltpflichten, wie zB Unterhalt für die nichteheliche Lebensgefährtin, fallen genauso wenig darunter wie Kapitalabfindungen, auch wenn sie ratenweise bezahlt werden (Musielak/Becker § 850 d ZPO Rn 2; HK-ZPO/Kemper § 850 d ZPO Rn 4). Dagegen gehört der Verfahrenskostenvorschuss dazu, weil er eine spezielle Form des Unterhaltsanspruchs ist. Ebenso gehören dazu die Kosten der Zwangsvollstreckung.

– Bei Erlass des Pfändungs- und Überweisungsbeschlusses muss mindestens eine Unterhaltsrate fällig sein und noch zur Zahlung offen stehen als Indiz für zukünftigen Zahlungsverzug. § 850 d Abs. 3 ZPO erlaubt die Vorratspfändung nur „zugleich" mit der Pfändung bereits fälliger Ansprüche und nicht isoliert davon (OLG Düsseldorf 22.7.1983 – 3 W 153/83, WM 1983, 1069); zur Abgrenzung von der Vorauspfändung s. Rn 5.

3 Es entsteht mit der Zustellung des Pfändungs- und Überweisungsbeschlusses an den Drittschuldner ein **Pfändungspfandrecht** (§ 804 ZPO) gleichen Ranges auch an zukünftigen Ansprüchen des Schuldners gegen den Drittschuldner. Es geht dem Rang späterer Pfändungen vor (Büttner FamRZ 1994, 1433, 1437).

4 Die Vorratspfändung aus § 850 d Abs. 3 ZPO ist zu unterscheiden von der Vorauspfändung.

5 Die **Vorauspfändung** (Dauerpfändung) wurde von der Praxis entwickelt. Sie ist für alle wiederkehrenden Ansprüche zulässig, also nicht auf Unterhaltsansprüche beschränkt. Es handelt sich um eine aufschiebend bedingte Pfändung wegen der jeweils künftig fällig werdenden wiederkehrenden Zahlungsrate (HK-ZV/Bendtsen § 829 ZPO Rn 56; BGH 31.10.2003 – IX a ZB 200/03, NJW 2004, 369). Voraussetzung ist wie bei der Vorratspfändung, dass die Vollstreckungsforderung zumindest teilweise bereits fällig ist (Musielak/Becker § 850 d ZPO Rn 20). Im Gegensatz zur Vorratspfändung entfaltet sie ihre Wirkung immer erst bei

Grandel

Fälligkeit der jeweiligen Unterhaltsrate, wahrt also nicht den Rang zur Zeit der Zustellung des Pfändungsbeschlusses und bewirkt keine dauernde Kontosperre. Der Schuldner darf allerdings in Höhe des gepfändeten Betrages zwischen dem jeweiligen Eintritt der Pfändungswirkung und der Auszahlung des Betrages nicht verfügen (BGH 31.10.2003 – IX a ZB 200/03, NJW 2004, 369; Cirullies, Vollstreckung in Familiensachen, 2009, Rn 197).

Die Vorauspfändung muss als solche im Antrag und im Pfändungs- und Überweisungsbeschluss kenntlich   6
gemacht werden. Es muss also ersichtlich sein, dass die Pfändung auch wegen der erst nach seinem Erlass fällig werdenden Raten des titulierten Anspruchs erfolgt (Musielak/Becker § 850 d ZPO Rn 21). Die Vorratspfändung erfasst nur das Arbeitseinkommen des Schuldners und die nach § 850 Abs. 3 ZPO gleichgestellten Bezüge. Andere regelmäßige Einkünfte des Schuldners (zB Einkünfte aus Vermietung und Verpachtung) können nur über die Vorauspfändung erfasst werden.

2. Pfändungsgrenzen

Wegen der in § 850 d Abs. 1 ZPO genannten Unterhaltsansprüche sind das Arbeitseinkommen des Schuld-   7
ners und die in § 850 a Nr. 1, 2 und 4 ZPO genannten, eigentlich unpfändbaren Bezüge ohne die Einhaltung der in § 850 c ZPO geregelten allgemeinen Pfändungsfreigrenzen pfändbar (§ 850 d Abs. 1 ZPO). § 850 d Abs. 1 S. 2–4 ZPO regeln, welcher monatliche Betrag dem Schuldner als pfandfrei gegenüber den privilegierten Unterhaltsgläubigern verbleiben muss. Der **Betrag** muss im Pfändungsbeschluss vom Vollstreckungsgericht **beziffert** werden. Folgende Kriterien sind maßgebend:

a) Notwendiger Unterhalt des Schuldners. Dem Schuldner muss sein eigener notwendiger Unterhalt be-   8
lassen werden. Der Betrag orientiert sich nicht an den unterhaltsrechtlichen Selbstbehaltsbeträgen in den Leitlinien der Oberlandesgerichte. Sonst wäre in vielen Fällen auch keine Vollstreckung rückständigen Unterhalts mehr möglich. Maßgebend ist vielmehr der notwendige Lebensunterhalt im Sinne der **Kapitel 3 und 11 SGB XII** (BGH 12.12.2007 – VII ZB 38/07, NJW-RR 2008, 733; 18.7.2003 – IXa ZB 151/03, NJW 2003, 2918) bezogen auf die Kosten für Lebensunterhalt am Wohnort des Schuldners nach den örtlichen Regelsätzen (§ 28 SGB XII).

Insbesondere die **Mietkosten** können regional sehr unterschiedlich hoch sein. Für berufsbedingte Mehrauf-   9
wendungen ist ein Mehrbedarfszuschlag von 25 % zu berücksichtigen. Auch beim erwerbsfähigen Schuldner sind nicht die Vorschriften des SGB II zugrunde zu legen, sondern das SGB XII (BGH 5.8.2010 – VII ZB 17/09, FamRZ 2010, 1798).

Daher sind Zuschläge und Mehrbedarfsbeträge (zB § 24 SGB II) nicht relevant (HK-ZV/Meller-Hannich   10
§ 850 d ZPO Rn 17 mwN). Im Rahmen dieser Vorgaben bleibt Raum für Ermessensentscheidungen (LG Konstanz 14.4.2004 – 2 T 247/04, FamRZ 2005, 470; HK-ZV/Meller-Hannich § 850 d ZPO Rn 15). Nach § 28 Abs. 1 S. 1 SGB XII kann der Bedarf des notwendigen Lebensunterhalts abweichend von den Regelsätzen festgelegt werden, wenn er im Einzelfall seiner Höhe nach unabweisbar von einem durchschnittlichen Bedarf abweicht. Das kann der Fall sein, wenn Kosten eines Umgangsrechts entstehen (BGH 5.8.2010 – VII ZB 17/09, FamRZ 2010, 1798).

Auf Antrag des Schuldners kann weiterer Bedarf im Rahmen des §§ 850 f ZPO berücksichtigt werden (zB   11
besondere Aufwendungen bei Krankheit).

b) Gleich- und vorrangige Unterhaltsberechtigte des Schuldners. Neben seinem eigenen notwendigen   12
Lebensbedarf ist dem Schuldner zusätzlich der Betrag zu belassen, den er zur Erfüllung seiner laufenden Unterhaltspflichten gegenüber dem Gläubiger vorgehenden oder gleichrangigen Unterhaltsberechtigten benötigt. Die Höhe des Betrages für anderweitige Unterhaltspflichten ist nach den Umständen des Einzelfalles zu bestimmen, nicht nach festen Sätzen (BGH 4.10.2005 – VII ZB 24/05, FamRZ 2006, 203; 5.4.2005 – VII ZB 28/05, FamRZ 2005, 1085). Verfügt die Ehefrau des Schuldners zB über eigene Einkünfte von ca. 400 EUR und erhält sie das Kindergeld, kann sie in der Einzelfallbeurteilung als anderweitig Unterhaltsberechtigte gegebenenfalls außer Betracht bleiben (Cirullies Rn 190; HK-ZPO/Kemper § 850 c ZPO Rn 13; AG Schorndorf 19.5.2008 – 1 M 3033/07, JurBüro 2008, 551). Der Gläubiger sollte beim Pfändungsantrag

schon auf das Einkommen des weiteren Unterhaltsberechtigten hinweisen. Die Berücksichtigung weiterer Unterhaltspflichten setzt voraus, dass der Schuldner auch tatsächlich Unterhalt leistet. Dazu ist nicht erforderlich, dass er die anderweitige Unterhaltsverpflichtung in voller Höhe erfüllt, da im Vollstreckungsverfahren der Streit über die Höhe der Unterhaltsverpflichtung nicht geführt werden soll. Andererseits genügt es nicht, dass der Schuldner nur geringfügige Zahlungen leistet, um eine weitere Unterhaltspflicht berücksichtigt zu bekommen (HK-ZV/Meller-Hannich § 850 c ZPO Rn 7). Auch dazu kann der Gläubiger gegebenenfalls im Pfändungsantrag schon Ausführungen machen.

13 **c) Hälfte des nach § 850 a ZPO unpfändbaren Betrages.** Dem Schuldner muss außerdem von den Bezügen nach § 850 a Nr. 1, 2 und 4 ZPO (Mehrarbeitsvergütung, Urlaubsgeld, Weihnachtsgeld, Zuwendungen zu Betriebsjubiläen oder für langjährige Betriebszugehörigkeit) die Hälfte des nach § 850 a ZPO unpfändbaren Betrages verbleiben. Für die Überstundenvergütung bestimmt § 850 a Nr. 1 ZPO, dass die Hälfte davon unpfändbar ist. § 850 d Abs. 1 S. 2 ZPO reduziert diesen pfändungsfreien Betrag auf 1/4 der Überstundenvergütung.

14 **d) Obergrenze des § 850 c ZPO.** Zur Klarstellung bestimmt § 850 d Abs. 1 S. 3 ZPO, dass dem Schuldner gegenüber privilegierten Unterhaltsgläubigern kein höherer pfändungsfreier Betrag verbleiben darf als gegenüber nicht privilegierten Gläubigern aus § 850 c ZPO.

15 **e) Unterhaltsrückstände.** Wird wegen Unterhaltsrückständen vollstreckt, deren Fälligkeit länger als ein Jahr zurückliegt, gelten die allgemeinen Pfändungsfreigrenzen des § 850 c ZPO. Die Jahresfrist wird rückgerechnet ab der Stellung des Antrags auf Erlass des Pfändungs- und Überweisungsbeschlusses. Das gilt nur dann nicht, wenn nach Lage der Verhältnisse anzunehmen ist, dass sich der Schuldner absichtlich seiner Zahlungspflicht entzogen hat (§ 850 d Abs. 1 S. 4 ZPO). Der Gläubiger muss im Antrag die Tatsachen, aus denen sich die **Entziehungsabsicht** ergibt, nicht vortragen, das Vollstreckungsgericht hat sie nicht zu prüfen (Musielak/Becker § 850 d ZPO Rn 12; HK-ZPO/Kemper § 850 d ZPO Rn 9; aA MüKo-ZPO/Smid § 850 d ZPO Rn 28).

16 Der Schuldner wird in der Regel vor Erlass des Pfändungsbeschlusses nicht angehört, kann aber gegen den Pfändungsbeschluss **Erinnerung** (§ 766 ZPO) einlegen. Er trägt dann die Darlegungs- und Beweislast dafür, dass er sich der Zahlungspflicht nicht absichtlich entzogen hat (BGH 21.12.2004 – IX a ZB 273/03, NJW-RR 2005, 718).

3. Rangfolge bei Pfändung durch mehrere Gläubiger

17 Grundsätzlich gilt in der Einzelvollstreckung das Prioritätsprinzip (§ 804 Abs. 3 ZPO). Eine nachfolgende Vollstreckung wegen Unterhaltsforderungen hat keinen Vorrang. Der Pfändungsfreibetrag ist jedoch gegenüber nicht privilegierten Gläubigern höher als gegenüber Unterhaltsgläubigern. Dieser Differenzbetrag wird zugunsten des Unterhaltsgläubigers von seiner Pfändung erfasst, selbst wenn sonstige Gläubiger zeitlich vor ihm einen Pfändungs- und Überweisungsbeschluss erwirkt hatten (§ 850 e Nr. 4 ZPO). Die Verrechnung nimmt auf Antrag das Vollstreckungsgericht vor.

18 Pfänden mehrere Unterhaltsgläubiger, ist § 850 d Abs. 2 ZPO zu beachten, der das **Prioritätsprinzip durchbricht**. Bei Unterhaltsgläubigern untereinander ist nicht von Bedeutung, wessen Pfändungsbeschluss zuerst zugestellt wurde, sondern welchen Rang die Unterhaltsgläubiger untereinander gemäß § 1609 BGB bzw § 16 LPartG haben. Die Anwendung der Vorschrift ist in der Praxis nicht unproblematisch, zB wenn es um die Feststellung geht, ob ein volljähriges Kind privilegiert iSd § 1603 Abs. 2 S. 2 BGB ist, eine Ehefrau wegen Kinderbetreuung unterhaltsberechtigt ist oder ob eine Ehe von langer Dauer gemäß § 1609 Nr. 2 BGB vorliegt, wobei ehebedingte Nachteile iSd § 1578 b BGB zu berücksichtigen sind (vgl Graba FamRZ 2008, 1217, 1222). Die Praxis behilft sich mit pauschalen Bewertungen (lange Ehe mit mehr als 15 Jahren: BGH 30.7.2008 – XII ZR 177/08, NJW 2008, 3213; OLG Celle v. 10.10.2008 – 10 WF 322/08, NJW-RR 2009, 146 oder bei mehr als zehn Jahren, BLAH/Hartmann § 850 d ZPO Rn 5).

Grandel

Gleichrangige Unterhaltsgläubiger kommen gegebenenfalls anteilig zum Zug, wobei streitig ist, ob die 19 Anteile nach Köpfen (so Behr RPfleger 2005, 498) oder im Verhältnis der Forderungshöhen zu berechnen sind (so OLG Frankfurt/M. 13.7.1999 – 26 W 52/99, FamRZ 2000, 614; Stöber Rn 1100).

Der Pfändungs- und Überweisungsbeschluss kann auf Antrag vom Vollstreckungsgericht gemäß § 850 g 20 ZPO geändert und der aktuellen Rangsituation angepasst werden (HK-ZV/Meller-Hannich § 850 d ZPO Rn 26; Thomas/Putzo/Seiler § 850 d ZPO Rn 9).

II. Pfändung sonstiger Einkünfte

Die in § 850 b ZPO genannten Einkünfte des Schuldners können wie Arbeitseinkommen nur dann gepfän- 21 det werden, wenn die Voraussetzungen des § 850 b Abs. 2 ZPO gegeben sind (vergebliche bzw aussichtslose Vollstreckung und Billigkeitsprüfung).

Ansprüche auf **Sozialleistungen** als laufende Geldleistungen können gemäß § 54 Abs. 4 SGB I wegen ge- 22 setzlicher Unterhaltsansprüche ohne zusätzliche Billigkeitsprüfung wie Arbeitseinkommen gepfändet werden. Elterngeld ist in Höhe des jeweiligen Sockelbetrages nicht pfändbar, auch nicht Mutterschaftsgeld, Wohngeld und Geldleistungen, die dafür bestimmt sind, den durch einen Körper- oder Gesundheitsschaden bedingten Mehraufwand auszugleichen.

Infolge der Verweisung auf die Vorschriften über die Pfändung von Arbeitseinkommen ist auch § 850 d 23 ZPO anwendbar (Musielak/Becker § 850 b ZPO Rn 12; Gerhardt/von Heintschel-Heinegg/Klein/Perleberg-Kölbel Kap. 18 Rn 82). Die Pfändung von **Altersrenten** und steuerlich gefördertem Altersvorsorgevermögen ist unter den besonderen Voraussetzungen der §§ 851 c, 851 d ZPO möglich mit Verweisung auf die Regelungen zur Pfändung von Arbeitseinkommen.

Steuererstattungsansprüche können erst gepfändet werden, wenn sie entstanden sind (§ 46 Abs. 6 S. 1 24 AO). Ansprüche auf Einkommensteuerrückzahlungen entstehen erst mit Ablauf des Veranlagungsjahres (§ 25 Abs. 1 EStG), also erst zum Ablauf des 31.12. des Jahres. Es kann aber nicht erzwungen werden, dass der Schuldner eine nicht notwendige Steuererklärung einreicht. Auch eine Ersatzvornahme ist nicht zulässig (BGH 27.3.2008 – VII ZB 70/06, FamRB 2008, 240).

Für sonstige Vergütungen für geleistete Arbeit gilt es § 850 i ZPO zu beachten. Pfändungsschutz bei Miet- 25 und Pachteinnahmen gewährt § 851 b ZPO und für Altersrenten und gefördertes Altersvorsorgevermögen § 851 d ZPO.

III. Kontenpfändung

Zum 1.7.2010 hat der Gesetzgeber mit der Neufassung des § 850 k ZPO das sogenannte **Pfändungsschutz-** 26 **konto** (P-Konto) eingeführt (s. → *Pfändungsschutzkonto*).

Soweit es sich beim gepfändeten Konto nicht um ein P-Konto handelt, ist § 850 Abs. 1 iVm § 833 a ZPO zu 27 beachten (s. Gesetz zur Reform des Kontopfändungsschutzes v. 7.7.2009, BGBl. I, 1707). Seit 1.1.2012 umfasst die Pfändung des Guthabens eines Kontos bei einem Kreditinstitut das am Tag der Zustellung des Pfändungsbeschlusses an das Kreditinstitut bestehende Guthaben und die Tagesguthaben der auf die Pfändung folgenden Tage (§ 833 a ZPO). Der Vollstreckungsschutz aus § 833 a Abs. 2 ZPO aF ist entfallen. Die Pfändung des Guthabens umfasst das aktuelle Guthaben und künftige Salden einschließlich eines Rechnungsabschlusssaldos. Um Vollstreckungsschutz zu erlangen, muss der Schuldner das Girokonto zu einem Pfändungsschutzkonto gemäß § 850 k ZPO umwandeln.

262. Vollstreckungstitel

Grandel

I. Einführung	1	5. Vollstreckungstitel gemäß § 794 ZPO	9
II. Vollstreckungstitel des FamFG		III. Vollstreckungstitel der ZPO in Ehe- und Famili-	
(Endentscheidungen)	3	enstreitsachen	12
1. Gerichtliche Beschlüsse als Endentscheidungen	4	IV. Verfahrensleitende Anordnungen, § 35 FamFG	13
2. Gerichtliche Beschlüsse mit verfahrensab-		1. Allgemeine Voraussetzungen	13
schließenden Entscheidungen	5	2. Zuständigkeit	15
3. Kostenfestsetzungsbeschlüsse	6	3. Inhalt der Anordnung	16
4. Gerichtlich gebilligter Vergleich	8	4. Rechtsmittel	22

I. Einführung

1 Während nach altem Recht in § 33 FGG aF die Vollstreckung in Angelegenheiten der freiwilligen Gerichtsbarkeit nur lückenhaft geregelt war, sind die allgemeinen Vollstreckungsvoraussetzungen **im FamFG umfassend normiert**. Auch in der Vollstreckung ist zwischen Verfahren nach der ZPO und Verfahren der freiwilligen Gerichtsbarkeit zu unterscheiden. Zudem ist die Vollstreckung verfahrensleitender gerichtlicher Anordnungen während des Erkenntnisverfahrens (zB Auskunftsverpflichtung in Versorgungsausgleichssachen) in § 35 FamFG geregelt. Danach unterscheiden sich die anzuwendenden Vorschriften, wie folgender **Überblick** zeigt:

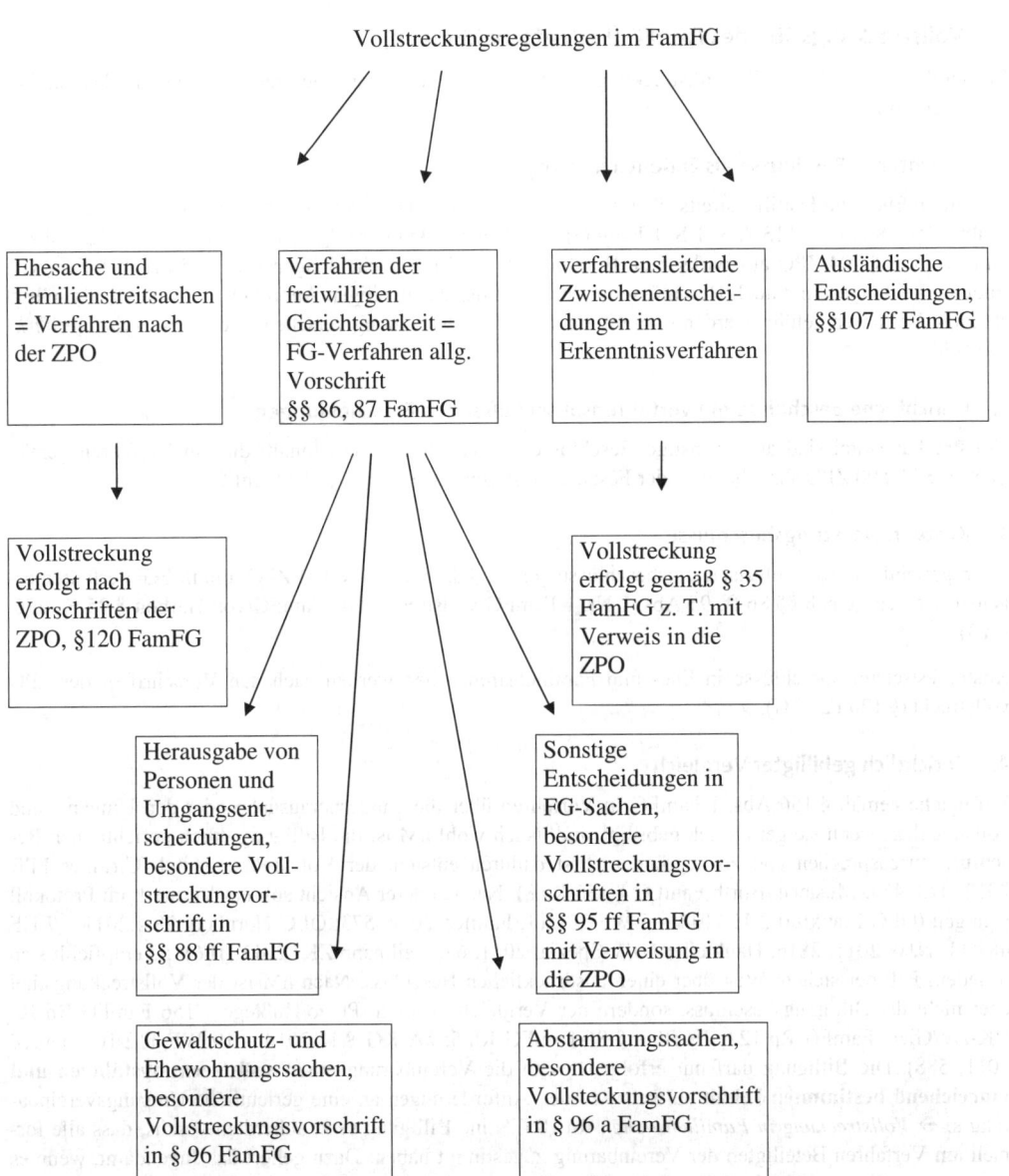

Für die Vollstreckung muss ein **Vollstreckungstitel** vorliegen. Er muss vollstreckbar, dh wirksam sein, 2
und es müssen die sonstigen Vollstreckungsvoraussetzungen erfüllt sein (s. → *Vollstreckungsvoraussetzungen*). Vom Fall des § 35 FamFG abgesehen, erfolgt die Vollstreckung in Familiensachen aus Endentscheidungen. Vollstreckungstitel sind solche, die unter der Geltung des FamFG entstanden sind. Vollstreckbar
sind außerdem Alttitel und unter besonderen Voraussetzungen auch ausländische Titel (s. → *Ausländische
Unterhaltstitel*).

II. Vollstreckungstitel des FamFG (Endentscheidungen)

3 In Familiensachen findet die Vollstreckung aus folgenden Titeln statt, die unter Anwendung des FamFG entstanden sind.

1. Gerichtliche Beschlüsse als Endentscheidungen

4 Sowohl in Ehe- und Familienstreitsachen als auch in FG-Familiensachen entscheidet das Gericht durch Beschluss (§§ 38 Abs. 1, 113 Abs. 1 S. 1 FamFG). Die Vollstreckung erfolgt gemäß § 86 ff und § 120 Abs. 1 FamFG iVm § 704 ZPO aus wirksamen Beschlüssen, die Endentscheidungen sind (§ 58 Abs. 1 FamFG). Endentscheidungen sind auch Beschlüsse in Verfahren der einstweiligen Anordnung, soweit sie als selbstständige Verfahren geführt werden und mit einer Kostenentscheidung versehen sind (s. → *Sofortige Wirksamkeit*).

2. Gerichtliche Beschlüsse mit verfahrensabschließenden Entscheidungen

5 Vollstreckungstitel sind auch sonstige Beschlüsse mit vollstreckbarem Inhalt, die ein Verfahren gemäß §§ 887, 888, 890 ZPO abschließen, oder Festsetzungsbeschlüsse gemäß § 253 FamFG.

3. Kostenfestsetzungsbeschlüsse

6 Auch gerichtliche Kostenfestsetzungsbeschlüsse gemäß § 85 FamFG, § 104 ZPO, die in FG-Verfahren ergehen, werden gemäß §§ 86 ff, 95 Abs. 1 Nr. 1 FamFG vollstreckt (HK-FamFG/von Harbou § 95 FamFG Rn 3).

7 Kostenfestsetzungsbeschlüsse in Ehe- und Familienstreitsachen werden nach den Vorschriften der ZPO vollstreckt (§ 120 FamFG).

4. Gerichtlich gebilligter Vergleich

8 Vergleiche gemäß § 156 Abs. 1 FamFG in Verfahren über die Kindesherausgabe oder den Umgang sind vollstreckbar, wenn sie gerichtlich gebilligt sind. Nach wohl hM ist die Billigung durch gerichtlichen **Beschluss** auszusprechen und zu begründen. Erst dadurch entsteht der Vollstreckungstitel (Cirullies FPR 2012, 473, 474; Musielak/Borth FamFG § 156 Rn 8). Nach anderer Ansicht soll ein Vermerk im Protokoll genügen (OLG Frankfurt 2.11.2011 – 5 WF 151/11, FamRZ 2012, 573; OLG Nürnberg 28.4.2011 – 7 UF 487/11, NJW 2011, 2816; Haußleiter NJW-Spezial 2011, 68; Heilmann ZKJ 2011, 106). Es empfiehlt sich in jedem Fall der sichere Weg über einen ausdrücklichen Beschluss. Nach hM ist der Vollstreckungstitel aber nicht der Billigungsbeschluss, sondern der Vergleich (Thomas/Putzo/Hüßtege § 156 FamFG Rn 10; HK-ZV/Giers FamFG Rn 122; JH/Büte § 86 FamFG Rn 5; aA KG 8.11.2010 – 19 WF 112/10, FamRZ 2011, 588). Die Billigung darf nur erfolgen, wenn die Vereinbarung **einen vollstreckungsfähigen und hinreichend bestimmten Inhalt** aufweist; zu den Anforderungen an eine gerichtliche Umgangsvereinbarung s. → *Vollstreckung in Familiensachen* Rn 18 ff. Eine Billigung setzt außerdem voraus, dass alle formell am Verfahren Beteiligten der Vereinbarung zugestimmt haben: Dazu gehört das Jugendamt, wenn es einen Antrag gem. § 162 Abs. 2 FamFG auf Beteiligung am Verfahren gestellt hat. Dazu gehören zwingend der bestellte Verfahrensbeistand sowie das Kind, wenn es 14 Jahre oder älter ist (§ 9 Nr. 3 FamFG, s. auch Musielak/Borth § 156 FamFG Rn 9). Sonst ist die Vereinbarung nicht wirksam und nicht vollstreckungsfähig (Cirullies FPR 2012, 473, 474 f; Musielak/Borth § 156 FamFG Rn 9). Sinnvoll und praxistauglich ist diese Regelung nicht. Es sollte ausreichend sein, wenn die beteiligten Eltern und das Gericht die Vereinbarung billigen. In der Praxis wird kaum ein Fall denkbar sein, in dem das Jugendamt oder ein Verfahrensbeistand ihre Zustimmung verweigern werden. Nicht selten ist der Vertreter des Jungendamtes trotz förmlicher Beteiligung nicht oder nicht bis zum Schluss der mündlichen Verhandlung anwesend. Ähnliches kann bei Terminkollisionen beim Verfahrensbeistand der Fall sein. Die Belange des verfahrensbeteiligten Kindes können vom Gericht berücksichtigt werden. Im Übrigen besteht ein Beschwerderecht. Häufig geht schon aus der Formulierung des Billigungsbeschlusses in der Praxis gar nicht hervor, welche Beteiligten anwesend waren und die Billigung erklärt haben. In den Billigungsbeschluss sind auch die **Warnhinweise**,

die § 89 Abs. 2 FamFG verlangt, aufzunehmen. Sie sind Vollstreckungsvoraussetzung, können aber auch nachgeholt werden (s. → *Vollstreckungsvoraussetzungen*).

5. Vollstreckungstitel gemäß § 794 ZPO

Vollstreckungstitel sind auch Titel im Sinne des § 794 ZPO in FG-Verfahren mit der Einschränkung, dass 9 die Beteiligten über den Gegenstand des Verfahrens verfügen können. Hauptanwendungsfälle sind gerichtliche Vergleiche gemäß §§ 36 Abs. 1 S. 1, 86 Abs. 1 Nr. 3 FamFG, § 794 Abs. 1 Nr. 1 ZPO. Praktisch wichtig sind **Vereinbarungen über Ausgleichszahlungen im Rahmen des Versorgungsausgleichs** und in **Ehewohnungs- und Haushaltssachen**.

Vollstreckungstitel sind auch vollstreckbare notarielle Urkunden iSd § 794 Abs. 1 Nr. 5 ZPO, bei Gericht 10 niedergelegte, für vollstreckbar erklärte Anwaltsvergleiche iSd §§ 794 Abs. 1 Nr. 4 b, 796 b ZPO und in Verwahrung genommene und für vorläufig vollstreckbar erklärte Mediationsvereinbarungen iSd §§ 794 Abs. 1 Nr. 4 b, 796 d ZPO.

Die Einschränkung des § 86 Abs. 1 Nr. 3 FamFG gilt für alle Titel aus § 794 ZPO in FG-Familiensachen. 11 Ein Vollstreckungsbescheid als Titel (§ 794 Abs. 1 Nr. 4 ZPO) ist in Fällen des § 95 Abs. 1 Nr. 1 FamFG denkbar.

III. Vollstreckungstitel der ZPO in Ehe- und Familienstreitsachen

§ 120 FamFG verweist für die Vollstreckung auf die Vorschriften der ZPO, somit auch auf die Vollstre- 12 ckungstitel der ZPO. Die Einschränkungen aus §§ 36, 86 Abs. 1 Nr. 3 FamFG gelten für sie nicht. Die wesentlichen **Vollstreckungstitel** sind:

– gerichtliche Beschlüsse als Endentscheidungen (s. Rn 4);
– Kostenfestsetzungsbeschlüsse, §§ 104 ZPO, 794 Abs. 1 Nr. 2 ZPO;
– gerichtliche Vergleiche, § 794 Abs. 1 Nr. 1 ZPO;
– notarielle Urkunden, § 794 Abs. 1 Nr. 5 ZPO;
– vollstreckbar erklärte Anwaltsvergleiche, Mediationsvereinbarungen, § 794 Abs. 1 Nr. 4 b;
– Vollstreckungsbescheide, § 794 Nr. 4 ZPO;
– Arrestbeschlüsse, §§ 922, 929 ZPO;
– europäischer Zahlungsbefehl, § 794 Abs. 1 Nr. 6 ZPO, Art. 12, 18 EuMVVO.
– Europäische Zahlungsbefehle, die im Ursprungsland gemäß Art. 18 EuMVVO für vollstreckbar erklärt wurden, sind in Deutschland vollstreckbar, ohne dass eine Vollstreckungsklausel im Inland erteilt werden muss, § 1093 ZPO.

IV. Verfahrensleitende Anordnungen, § 35 FamFG

1. Allgemeine Voraussetzungen

Gerichtliche Anordnungen gegen Beteiligte oder Dritte im laufenden Erkenntnisverfahren (Zwischenent- 13 scheidungen) in FG-Familiensachen (nicht in Ehe- und Familienstreitsachen anwendbar) werden gemäß § 35 FamFG durch **Zwangsgeld, ersatzweise Zwangshaft,** vollstreckt. Außerdem sind Anordnungen gemäß §§ 883, 886, 887 ZPO möglich.

Die Vorschrift erfasst zB angeordnete **Auskunftspflichten in Versorgungsausgleichssachen** (§ 220 14 FamFG). Anordnungen des Gerichts sind nicht oder modifiziert vollstreckbar, soweit das Gesetz etwas anderes bestimmt. Die Festsetzung von Zwangsgeld setzt ein schuldhaftes Verhalten voraus. Das Zwangsgeld hat keinen Sanktions-, sondern einen Beugecharakter, so dass die Zwangsmaßnahme zu unterbleiben hat, wenn der gerichtlichen Anordnung entsprochen wird.

2. Zuständigkeit

15 Für die Festsetzung von Zwangsgeld ist der Rechtspfleger zuständig, soweit er das dazugehörige Verfahren führt, ansonsten der Richter; für die Verhängung von Zwangshaft und die Anordnung nach § 35 Abs. 4 S. 1 FamFG ist stets der Richter zuständig.

3. Inhalt der Anordnung

16 Die Festsetzung von Zwangsmitteln dient der Durchsetzung einer unvertretbaren oder vertretbaren Handlung des Verpflichteten. Damit der Beschluss später vollziehbar ist, muss darin die verlangte **Mitwirkungshandlung genau bezeichnet** sein.

17 ▶ **Formulierungsbeispiel:**
Der Antragsgegner wird verpflichtet, den ihn mit Schreiben des Gerichts vom ... übersandten Fragebogen zu den in der Zeit von ... bis ... erlangten Versorgungsanwartschaften bis spätestens ... (Eingang bei Gericht) auszufüllen und unterzeichnet an das Gericht zurückzuleiten und zu versichern, dass die darin gemachten Angaben vollständig sind. ◀

18 § 35 Abs. 2 FamFG verlangt außerdem, dass auf die **Folgen der Zuwiderhandlung** gegen die Anordnung hingewiesen wird. Der Hinweis muss jedenfalls die Höchstsumme des Zwangsgeldes und die Höchstdauer der Zwangshaft (§§ 802 g, 802 j ZPO, § 35 Abs. 3 S. 2 FamFG: sechs Monate) umfassen. Kommen neben oder anstelle eines Zwangsgelds Anordnungen auf Wegnahme einer Sache oder die Ersatzvornahme einer vertretbaren Handlung in Betracht (§§ 883, 886, 887 ZPO, § 35 Abs. 4 FamFG), muss auch darauf hingewiesen werden (Prütting/Helms/Stößer § 35 FamFG Rn 13). Dabei genügt aber die gemäß § 35 Abs. 4 S. 2 FamFG, § 891 S. 2 ZPO notwendige Anhörung (HK-ZV/Giers FamFG Rn 21). Ist der Hinweis im Beschluss zur Mitwirkungshandlung vergessen, kann er nachgeholt werden (HK-ZV/Giers FamFG Rn 16 mwN; anders tendierend wohl OLG München 5.2.2010 – 34 Wx 128/09, NJW-RR 2010, 1603).

19 ▶ **Formulierungsbeispiel:**
Für den Fall der Zuwiderhandlung gegen die in Ziff. ... enthaltene Anordnung kann gegen den Verpflichteten Zwangsgeld von bis zu 25.000 EUR und für den Fall, dass dieses nicht beigetrieben werden kann, Zwangshaft von bis zu sechs Monaten festgesetzt werden. Verspricht die Anordnung eines Zwangsgeldes keinen Erfolg, soll das Gericht Zwangshaft anordnen. Neben oder anstelle von Zwangsgeld/Zwangshaft, kommt auch die Anordnung der Wegnahme einer beweglichen Sache, die Pfändung und Überweisung eines Herausgabeanspruchs gegen Dritte oder die Anordnung einer Ersatzvornahme auf Kosten des Verpflichteten in Betracht. ◀

20 Die Festsetzung des Zwangsgeldes kann wiederholt werden, bis der Anordnung nachgekommen wird. Seine Höhe orientiert sich an der Bedeutung des Verfahrens und der Dringlichkeit der Vornahme der Mitwirkungshandlung, der Einstellung des Verpflichteten und den wirtschaftlichen Verhältnissen (HK-FamFG/Schreiber § 35 FamFG Rn 15).

21 In dem Beschluss sind dem Verpflichteten die Kosten des Festsetzungsverfahrens aufzuerlegen (§§ 35 Abs. 3 S. 2, 81 ff FamFG). Bei Anordnungen nach § 35 Abs. 4 FamFG sind ihm auch die Kosten des Anordnungsverfahrens aufzubürden (§ 35 Abs. 4 S. 2 FamFG, §§ 891, 91 ff ZPO). Die gerichtlichen Kosten der Durchführung der Zwangsmaßnahme trägt der Verpflichtete auch ohne ausdrückliche Anordnung gemäß § 24 Nr. 4 FamGKG.

4. Rechtsmittel

22 Gegen den Beschluss der Anordnung von Zwangsmaßnahmen ist **sofortige Beschwerde** mit der Zweiwochenfrist statthaft (§ 35 Abs. 5 FamFG, § 569 Abs. 1 S. 1 ZPO). Die Beschwerde hat wegen der Verweisung auf § 570 Abs. 1 ZPO aufschiebende Wirkung (§ 35 Abs. 5 FamFG).

263. Vollstreckungsvoraussetzungen

Grandel

I. Einführung	1		f) Rechtsbehelfe bei fehlerhafter Zustellung	21
II. Allgemeine Vollstreckungsvoraussetzungen	3		III. Vollstreckungsklausel	23
1. Vollstreckungstitel	5		1. FG-Familiensachen	25
2. Vollstreckbarkeit des Titels	7		2. Ehe- und Familiensachenstreitsachen	28
a) FG-Familiensachen	8		IV. Amts- und Antragsverfahren	30
b) Ehe- und Familienstreitsachen	9		V. Besondere Vollstreckungsvoraussetzungen	31
3. Zustellung des Vollstreckungstitels	10		1. Vollstreckung gemäß §§ 86–94 FamFG	31
a) FG-Familiensachen	12		a) Anwendbarkeit des § 750 Abs. 2 ZPO	31
b) Familienstreitsachen	15		b) Gerichtlicher Hinweis vor Anordnung von	
c) Vorpfändung	18		Ordnungsmitteln (§ 89 FamFG)	32
d) Verzicht auf die Zustellung	19		2. Vollstreckung nach den Vorschriften der ZPO	37
e) Mängel der Zustellung	20			

I. Einführung

Die Regelungen zur Vollstreckung familienrechtlicher Entscheidungen im FamFG sind zu Recht als **1**
„höchst kompliziert" (Zimmermann, Das neue FamFG, 2009, Rn 244) bezeichnet worden. Das FamFG
schafft keine einheitlichen Vollstreckungsvorschriften, die für alle Verfahrensarten anwendbar sind. Es
bleibt vielmehr bei der **grundsätzlichen Trennung** zwischen der Vollstreckung von Familienstreitsachen
(frühere ZPO-Familiensachen) und den FG-Familiensachen (frühere FGG-Verfahren). Folgende **Weichen-
stellung** ist zu unterscheiden:

– Für **Ehe- und Familienstreitsachen** verweist § 120 Abs. 1 FamFG auf die Vorschriften der ZPO über
die Zwangsvollstreckung.
– In **den FG-Familiensachen** gemäß § 111 Nr. 1–7 FamFG sind grundsätzlich ebenfalls gemäß § 95
Abs. 1 FamFG die Vorschriften der ZPO für die Vollstreckung anwendbar, soweit es sich um die Vollstreckung

   – wegen einer Geldforderung,
   – zur Herausgabe einer beweglichen oder unbeweglichen Sache,
   – zur Vornahme einer vertretbaren oder nicht vertretbaren Handlung,
   – zur Erzwingung von Duldungen oder Unterlassungen,
   – zur Abgabe einer Willenserklärung

handelt.
– In FG-Familiensachen, bei denen es um die Herausgabe von Personen oder die Regelung des Umgangs
geht (**Kindschaftssachen** gemäß § 111 Nr. 2 FamFG), enthalten die §§ 88 ff FamFG spezielle Regelun-
gen zur Vollstreckung verfahrensabschließender Beschlüsse (s. → *Vollstreckung in Familiensachen*
Rn 12 ff).
– Für **Gewaltschutzsachen** gemäß § 210 FamFG und in Ehewohnungssachen gemäß § 200 Abs. 1
FamFG enthält § 96 FamFG besondere Vollstreckungsregelungen. Der Berechtigte kann neben der
Möglichkeit aus § 95 Abs. 1 Nr. 4 FamFG, § 890 ZPO, ein Ordnungsgeld, ersatzweise Ordnungshaft,
festsetzen zu lassen, einen Gerichtsvollzieher zur Beseitigung einer bestehenden Zuwiderhandlung hin-
zuziehen. Hauptfall dürfte sein, dass ein Beteiligter seiner Verpflichtung, die Ehewohnung zu verlas-
sen, nicht nachkommt.
– Für die Vollstreckung **ausländischer Entscheidungen** enthält § 110 FamFG eine spezielle Regelung.
Sie erfüllt dieselbe Funktion wie §§ 722, 723 ZPO (Kemper in: HK-FamFG § 110 FamFG Rn 1; Mu-
sielak/Borth § 110 FamFG Rn 1).
– Für FamFG-Sachen enthält § 35 FamFG eine spezielle Vollstreckungsregelung, wenn ein **Beteiligter
Anordnungen des Gerichts verfahrensleitender Art** nicht nachkommt. Es geht dabei nicht um die
Vollstreckung von Endentscheidungen, sondern um die Durchsetzung von Anordnungen während des
laufenden gerichtlichen Verfahrens, zB bei verfahrensrechtlichen Auskunftspflichten des § 220

FamFG. Spezielle Regelungen, zB §§ 33 Abs. 3, 235 Abs. 4 FamFG gehen dem § 35 FamFG vor. Zur Übersicht über die anwendbaren Verfahrensvorschriften s. auch HK-ZV/Giers FamFG Vor Rn 1.

2   Das Vollstreckungsverfahren ist ein **selbstständiges Verfahren**. Daher gilt auch für Alttitel, die aus dem bis zum 31.8.2009 geltenden Recht entstanden sind, und für Vollstreckungsverfahren nach dem 1.9.2009 das neue Vollstreckungsrecht (OLG Stuttgart 17.3.2010 – 16 WF 41/10, FamRZ 2010, 1594; OLG Karlsruhe 8.4.2010 – 2 WF 40/10, FamRZ 2010, 1366).

II. Allgemeine Vollstreckungsvoraussetzungen

3   Die allgemeinen Vollstreckungsvoraussetzungen (s. → *Vollstreckung in Familiensachen*) sind in FG-Verfahren und ZPO-Verfahren im Wesentlichen identisch:

– Es muss ein vollstreckbarer **Titel** vorliegen (§ 86 Abs. 1 FamFG).
– Der Titel muss vor oder gleichzeitig mit der Vollstreckung **zugestellt** sein (§ 87 Abs. 2 FamFG).
– Die **Vollstreckungsklausel** muss erteilt sein, falls sie erforderlich ist (§ 86 Abs. 3 FamFG).

4   Für die Vollstreckung nach den Regeln der ZPO folgt das Gleiche aus § 750 ZPO. Im Einzelnen:

1. Vollstreckungstitel

5   In FG-Familiensachen zählt § 86 FamFG die Vollstreckungstitel auf. In Ehesachen und Familienstreitsachen sind Endentscheidungen vollstreckbar (§ 120 Abs. 2 S. 1 FamFG). Endentscheidungen sind Beschlüsse, durch die der Verfahrensgegenstand ganz oder teilweise erledigt wird (§ 38 Abs. 1 S. 1 FamFG). Hinzu kommen die weiteren Vollstreckungstitel aus § 794 ZPO.

6   Vollstreckungstitel sind (s. → *Vollstreckungstitel*):

– In Familiensachen des § 111 FamFG:
  – Gerichtliche Beschlüsse, die Endentscheidungen iSd § 58 Abs. 1 S. 1 FamFG sind. Endentscheidungen sind auch einstweilige Anordnungen (§ 63 Abs. 2 Nr. 1 FamFG) oder Kostenfestsetzungsbeschlüsse (§ 85 FamFG).
  – Gerichtlich gebilligte Vergleiche gemäß § 156 Abs. 2 FamFG, also Vereinbarungen in Umgangsverfahren oder Verfahren auf Herausgabe des Kindes bei Zustimmung aller Verfahrensbeteiligten, s. → *Vollstreckungstitel* Rn 8.
  – Sonstige Vergleiche iSd § 794 Abs. 1 Nr. 1 ZPO, soweit die Beteiligten über den Gegenstand des Verfahrens verfügen können (§ 86 Abs. 1 Nr. 3 FamFG). Als Beispiel sind Vereinbarungen zur Aufteilung von Haushaltssachen oder zur Räumung der Ehewohnung zu nennen.
  – Sonstige Vollstreckungstitel iSd § 794 ZPO, soweit die Beteiligten über den Gegenstand des Verfahrens verfügen können (§ 86 Abs. 1 Nr. 3 FamFG). Denkbar sind zB notarielle Urkunden iSd § 794 Nr. 5 ZPO, in denen sich ein Beteiligter mittels Zwangsvollstreckungsunterwerfung zur Zahlung einer schuldrechtlichen Ausgleichsrente gemäß § 20 Abs. 1 VersAusglG verpflichtet.
– In Ehesachen und Familienstreitsachen:
  – Gerichtliche Endentscheidungen (Urteile in Altverfahren, Beschlüsse iSd § 120 Abs. 2 FamFG). Dazu zählen auch einstweilige Anordnungen.
  – Die sonstigen Vollstreckungstitel des § 794 ZPO.

2. Vollstreckbarkeit des Titels

7   Entscheidungen sind sowohl in FG-Familiensachen als auch in Ehe- und Familienstreitsachen mit ihrem Wirksamwerden vollstreckbar (vgl § 86 Abs. 2 S. 2 FamFG bzw § 120 Abs. 2 S. 1 FamFG). Gänzlich unterschiedlich ist jedoch geregelt, wann die **Wirksamkeit** einer Entscheidung eintritt:

8   **a) FG-Familiensachen.** In FG-Familiensachen wird eine Endentscheidung grundsätzlich **mit der Bekanntgabe** an die Beteiligten wirksam, für den sie ihrem wesentlichen Inhalt nach bestimmt ist (§ 40 Abs. 1 FamFG). Die Bekanntgabe erfolgt entweder durch förmliche Zustellung gemäß §§ 166 ff ZPO iVm

§ 15 Abs. 2 S. 1 FamFG oder durch Aufgabe zur Post, wobei das Schriftstück bei Versendung im Inland drei Tage nach der Aufgabe zur Post als bekanntgegeben gilt, es sei denn, der Beteiligte macht glaubhaft, dass ihm das Schriftstück nicht oder erst später zugegangen ist (§ 15 Abs. 2 S. 2 FamFG). Welche Form der Bekanntgabe gewählt wird, liegt im Ermessen des Gerichts, wenn nicht spezielle Vorschriften im Einzelfall eine besondere Form der Bekanntmachung vorschreiben (Musielak/Borth § 15 FamFG Rn 3). So verlangt § 41 Abs. 1 S. 2 FamFG zB die förmliche Zustellung eines anfechtbaren Beschlusses an den Beschwerdebeteiligten. Aber auch in diesen Fällen wird der Beschluss durch Aufgabe zur Post nach der Dreitagesfrist wirksam. Die verbindliche Zustellung nach § 41 Abs. 1 S. 2 FamFG dient nämlich nur dem Nachweis des Zugangs, ist aber nicht Voraussetzung für die wirksame Bekanntgabe und damit auch keine Vollstreckungsvoraussetzung (Prütting/Helms/Abramenko § 40 FamFG Rn 3 und § 41 Rn 11 ff).

Der Beschluss erlangt hingegen keine Wirksamkeit, wenn die Bekanntgabe nicht die Vorgaben des § 15 Abs. 2 FamFG einhält (zB bei Übersendung per Fax oder E-Mail) (vgl Prütting/Helms/Abramenko § 40 FamFG Rn 4). Dann fehlt auch die Vollstreckungsvoraussetzung. § 40 FamFG erfährt jedoch in den Familiensachen eine Reihe von Durchbrechungen. In folgenden Verfahren wird der Beschluss **erst mit Rechtskraft wirksam**:

- Abstammungssachen, § 184 S. 1 FamFG;
- Adoptionssachen, § 198 Abs. 1 FamFG;
- Ehewohnungssachen, § 209 Abs. 2 FamFG;
- Haushaltssachen, § 209 Abs. 2 FamFG;
- Gewaltschutzsachen, § 216 Abs. 1 FamFG;
- Versorgungsausgleichssachen, § 224 Abs. 1 FamFG;
- Beschluss, der die Genehmigung eines Rechtsgeschäft zum Gegenstand hat, § 40 Abs. 2 FamFG.

In diesen Fällen kann die Wirksamkeit vor Rechtskraft des Beschlusses nur eintreten, wenn eine sofortige Wirksamkeit der Entscheidung angeordnet werden kann (s. → *Sofortige Wirksamkeit*).

b) Ehe- und Familienstreitsachen. In Ehe- und Familienstreitsachen werden Endentscheidungen grund- 9 sätzlich erst mit Eintritt der formellen Rechtskraft wirksam (§ 116 Abs. 2, 3 FamFG). Um eine vorläufige Vollstreckbarkeit zu ermöglichen, kann das Gericht in Familienstreitsachen die sofortige Wirksamkeit anordnen. In Unterhaltssachen soll im Falle einer Zahlungsverpflichtung die sofortige Wirksamkeit angeordnet werden (§ 116 Abs. 3 FamFG) (s. → *Sofortige Wirksamkeit*). Auch Versäumnisbeschlüsse werden erst mit Rechtskraft wirksam, eine vorzeitige Vollstreckbarkeit bedarf der Anordnung einer sofortigen Wirksamkeit (Musielak/Borth § 116 FamFG Rn 4). In Verbundverfahren werden die Entscheidungen in Folgesachen nicht vor Rechtskraft der Scheidung wirksam (§ 148 FamFG). Dies gilt sowohl für Folgesachen, die FG-Familiensachen sind, als auch für Familienstreitsachen (Prütting/Helms/Helms § 116 FamFG Rn 13). Daraus folgt, dass eine Vollstreckung einer Folgesachenentscheidung vor Rechtskraft des Scheidungsausspruchs nicht zulässig ist. Auch die **Anordnung der sofortigen Wirksamkeit** muss so gefasst sein, dass sie nur den Zeitraum nach Rechtskraft der Scheidung erfasst (Musielak/Borth § 148 FamFG Rn 6; Prütting/ Helms/Helms § 116 FamFG Rn 29; Thomas/Putzo/Hüßtege § 148 FamFG Rn 5; HK-ZV/Giers FamFG Rn 58). Ist die Formulierung, in der die sofortige Wirksamkeit angeordnet wurde, nicht in diesem Sinne beschränkt, ist sie dennoch so auszulegen (HK-ZV/Giers FamFG Rn 58). Die Vollstreckungsklausel (§ 120 Abs. 1 FamFG, § 724 ZPO) darf erst nach Rechtskraft der Scheidung erteilt werden (Prütting/Helms/Helms § 116 FamFG Rn 29). Für die Schwebezeit können einstweilige Anordnungen erforderlich sein (HK-FamFG/Kemper § 148 FamFG Rn 6).

Der Nachweis der Wirksamkeit der Endentscheidung erfolgt durch ein **gerichtliches Rechtskraftzeugnis** (§ 706 ZPO iVm § 120 Abs. 1 FamFG), das auf Antrag erteilt wird. Der Antrag ist formlos ohne Anwaltszwang möglich (§ 78 Abs. 3 ZPO). In Ehesachen wird das Rechtskraftzeugnis von Amts wegen erteilt (§ 46 S. 3 FamFG).

Die **Zustellung** kann schon als Form der Bekanntgabe gemäß §§ 15 Abs. 2 S. 1, 41 Abs. 1 S. 2 FamFG erfolgt sein. Eine gesonderte Zustellung ist gem. § 87 Abs. 2 FamFG erforderlich, wenn die Bekanntgabe nur durch Aufgabe zur Post (§ 15 Abs. 2 S. 1 FamFG) oder durch Verkündung (§ 41 Abs. 2 S. 1 FamFG) erfolgt ist.

3. Zustellung des Vollstreckungstitels

10 Für die FG-Familiensache regelt § 87 Abs. 2 FamFG im Grundsatz, dass die Vollstreckung nur beginnen darf, wenn der Beschluss bereits zugestellt ist oder gleichzeitig zugestellt wird. Die Vorschrift entspricht § 750 Abs. 1 S. 1 ZPO, der nach § 120 Abs. 1 FamFG für die Familienstreitsachen maßgebend ist.

11 Der Wortlaut beider Vorschriften ist auf „Beschlüsse" bzw „Urteile" beschränkt. So wie § 750 ZPO grundsätzlich **für alle Titel** gilt, die nach der ZPO vollstreckt werden (§ 795 S. 1 ZPO), ist auch § 87 Abs. 2 FamFG für jeden nach dem FamFG möglichen Vollstreckungstitel anzuwenden (HK-ZV/Giers FamFG Rn 132). Zustellungsadressat ist der Schuldner; bei Gesamtschuldnern muss an jeden zugestellt werden, da die Zustellung an nur einen nicht gegen die anderen Gesamtschuldner wirkt (HK-ZV/Giers § 750 ZPO Rn 18).

12 **a) FG-Familiensachen.** Bei Endentscheidungen in Ehewohnungs- und Haushaltssachen kann das Gericht zusammen mit dem Ausspruch der sofortigen Wirksamkeit der Entscheidung (s. → *Sofortige Wirksamkeit*) anordnen, dass die **Vollstreckung schon vor der Zustellung** des Beschlusses an den Antragsgegner zulässig ist (§ 209 Abs. 3 S. 1 FamFG). Konsequenterweise tritt die Wirksamkeit der Entscheidung, die ja wiederum ihrerseits Voraussetzung der Zwangsvollstreckung ist, bereits dann ein, wenn die Entscheidung der Geschäftsstelle des Gerichts zur Bekanntmachung übergeben wird. Dieser Zeitpunkt muss auf der Entscheidung vermerkt werden (§ 209 Abs. 3 S. 2, 3 FamFG). Praktisch relevant kann es beispielsweise bei der Anordnung einer Benutzungsregelung der Ehewohnung werden. Allerdings ist für diese Anordnung ein **besonderes Regelungsbedürfnis** zu fordern, in der Regel also ein Gewalthintergrund (Musielak/Borth § 209 FamFG Rn 15; HK-ZPO/Kemper § 209 FamFG Rn 13).

13 Eine entsprechende Regelung sieht § 216 Abs. 2 FamFG für **Gewaltschutzsachen** vor. Vollstreckungsrechtlich macht es daher im Gegensatz zum alten Recht keinen Unterschied mehr, ob die Zuweisung der Ehewohnung über § 1361 b BGB oder nach dem GewSchG erfolgt.

14 Abweichend von § 87 Abs. 2 FamFG, der grundsätzlich auch für einstweilige Anordnungen gilt, ermöglicht es § 53 Abs. 2 FamFG dem Gericht, die **Vollstreckung einer einstweiligen Anordnung** vor der Zustellung der Entscheidung an den Verpflichteten zuzulassen. Das gilt für einstweilige Anordnungen in Gewaltschutzsachen (wie schon § 64 b Abs. 3 S. 3 FGG aF) und für alle anderen einstweiligen Anordnungen, in denen ein besonderes Bedürfnis dafür besteht, zB bei einer einstweiligen Anordnung, in der die Herausgabe eines Kindes angeordnet wird und bei der ansonsten belastende Situationen entstehen können (vgl Prütting/Helms/Stößer § 53 FamFG Rn 5). Auch hier gilt, dass im Falle der Zulassung der Vollstreckung vor der Zustellung die einstweilige Anordnung mit der Übergabe an die Geschäftsstelle wirksam wird (§ 53 Abs. 2 S. 2 FamFG). Die Zustellung in FG-Familiensachen erfolgt in der Regel von Amts wegen. Es gibt aber auch Fälle der Zustellung durch den Beteiligten, zB bei der einstweiligen Anordnung in Gewaltschutzsachen. Der Antrag auf Erlass einer einstweiligen Anordnung gilt dann zugleich als Antrag zur Zustellung durch den Gerichtsvollzieher, der über die Geschäftsstelle weitergegeben wird (§ 214 Abs. 2 S. 2 FamFG). Dafür gelten die Vorschriften der Parteizustellung der ZPO (§§ 191–195 ZPO) entsprechend gemäß § 15 Abs. 2 S. 1 FamFG.

15 **b) Familienstreitsachen.** Es gelten **die Vorschriften der ZPO** zur Zwangsvollstreckung (s. auch → *Vollstreckung in Familiensachen* Rn 35 ff). Die Vollstreckung darf grundsätzlich nur beginnen, wenn der Titel bereits zugestellt ist oder gleichzeitig zugestellt wird (§§ 750 Abs. 1 S. 1, 795 S. 1 ZPO, § 120 Abs. 1 FamFG). **Zustellung** ist die Bekanntgabe des Titels an eine Person, in der in den §§ 166 ff ZPO bestimmten Form (§ 166 Abs. 1 ZPO).

16 Grundsätzlich müssen alle vollstreckbaren Titel in Familienstreitsachen zugestellt werden, nicht nur Beschlüsse, auch gerichtliche Vergleiche, Vollstreckungsbescheide, notarielle Urkunden. Zwei **Ausnahmen vom Zustellungserfordernis** sind zu beachten:

– **Arreste und einstweilige Verfügungen** können wegen der besonderen Eilbedürftigkeit vor ihrer Zustellung bereits vollzogen werden (§ 929 Abs. 3 S. 1, § 936 ZPO). Dabei sind jedoch zwei besondere Fristen zu beachten. Die Vollziehung ist unwirksam, wenn die Zustellung nicht binnen einer Woche nach der Vollziehung nachgeholt wird. Mit „Vollziehung" ist hier (anders als in § 929 Abs. 2 ZPO) der erfolgte Zugriff auf das Schuldnervermögen gemeint (HK-ZV/Haertlein § 929 ZPO Rn 25). Bei der Mobilienpfändung ist das der Zeitpunkt der Pfändung durch den Gerichtsvollzieher, bei Erlass eines Pfändungs- und Überweisungsbeschlusses der Zeitpunkt der Zustellung an den Drittschuldner (§§ 930, 829 Abs. 3 ZPO). Bei der Arresthypothek (§ 932 ZPO) beginnt die Zustellungsfrist allerdings nicht erst mit der Eintragung ins Grundbuch, sondern mit Eingang des Antrags beim Grundbuchamt, weil ab diesem Zeitpunkt der Rang der Eintragung bereits gesichert ist (HK-ZV/Haertlein § 929 ZPO Rn 26; HK-ZPO/Kemper § 932 ZPO Rn 8; MüKo-ZPO/Drescher § 932 ZPO Rn 7).

– Außerdem muss die **Zustellung vor Ablauf der allgemeinen einmonatigen Vollziehungsfrist** aus § 929 Abs. 2 ZPO erfolgen (§ 929 Abs. 3. S. 2 ZPO). Die Zustellung erfolgt als Parteizustellung gemäß §§ 191 ff ZPO. Die allgemeine Vollziehungsfrist von einem Monat beginnt mit der Verkündung, Aushändigung bzw Zustellung von Arrest/einstweiliger Verfügung. Eine Verlängerung dieser gesetzlichen Frist ist nicht möglich. Es gibt auch keine Wiedereinsetzungsmöglichkeit. Innerhalb der Vollziehungsfrist muss die Vollziehung beantragt, aber nicht abgeschlossen sein. Sie muss nur ohne eine vom Gläubiger zu vertretende Verzögerung eingeleitet sein (BGH 25.10.1990 – IX ZR 211/89, NJW 1991, 496; 15.12.2005 – I ZB 63/05, NJW 2006, 1290). Eine Vorpfändung (§ 845 ZPO) reicht aus (HK-ZV/Haertlein § 929 ZPO Rn 4), die bloße Zustellung des Titels nicht.

Es ist möglich, innerhalb der Monatsfrist eine weitere neue Vollziehungsmaßnahme einzuleiten und/oder **17** den Arrest/die einstweilige Verfügung neu zuzustellen. Nach **Ablauf der Vollziehungsfrist** dürfen zwar noch Mängel einer fehlerhaften, aber nicht unwirksamen Vollstreckung behoben werden, eine fehlerhafte Pfändung wiederholt werden oder vorangegangene Vollziehungsmaßnahmen fortgesetzt werden, die aufeinander aufbauen (Antrag zur Abgabe der eidesstattlichen Versicherung nach erfolglosem Pfändungsauftrag an den Gerichtsvollzieher). Es dürfen aber nach Fristablauf keine neuen eigenständigen Vollziehungsmaßnahmen beauftragt werden (zB Antrag auf Erlass eines Pfändungs- und Überweisungsbeschlusses nach erfolglosem Pfändungsversuch durch den Gerichtsvollzieher; s. BGH 25.10.1990 – IX ZR 211/89 NJW 1991, 496). Es kann jedoch ein neuer Arrestantrag gestellt werden, wenn die Arrestvoraussetzungen noch gegeben sind. Nach anderer Ansicht reicht ein fristgerechter Vollstreckungsantrag für andere, erst nach Fristablauf in Auftrag gegebene Vollstreckungsmaßnahmen aus (MüKo-ZPO/Drescher § 929 ZPO Rn 10; Schilken in: Gaul/Schilken/Becker-Eberhard, Zwangsvollstreckungsrecht, 12. Aufl. 2010, § 78 I 1).

c) Vorpfändung. Sie setzt keine vorherige Zustellung des Titels an den Schuldner voraus (§ 845 Abs. 1 **18** S. 3 ZPO) (s. → *Vorpfändung*).

d) Verzicht auf die Zustellung. Nach herrschender Meinung ist ein Verzicht des Schuldners auf das Er- **19** fordernis der Zustellung im Vorhinein **nicht wirksam**, da diese Vollstreckungsvoraussetzung nicht zur Disposition der Beteiligten steht (Lackmann, Zwangsvollstreckungsrecht, 2010, Rn 78; HK-ZPO/Kindl § 750 ZPO Rn 13; MüKo-ZPO/Hessler § 750 ZPO Rn 86; Thomas/Putzo/Seiler § 750 ZPO Rn 1; aA Zöller/Stöber § 750 ZPO Rn 22). Ein nachträglicher Verzicht soll dagegen möglich sein. Da Mängel der Zustellung nicht zur Unwirksamkeit, sondern nur zur Anfechtbarkeit der Vollstreckungshandlung führen, obliegt es der Entscheidung des Schuldners, ob er dagegen vorgeht. Daher soll auch ein nachträglicher Verzicht auf das Erfordernis der Zustellung möglich sein (HK-ZPO/Kindl § 750 ZPO Rn 13; Musielak/Lackmann § 750 ZPO Rn 15).

e) Mängel der Zustellung. Zustellungsmängel führen nach ganz herrschender Meinung nicht zur Nichtig- **20** keit der Vollstreckungsmaßnahme, sondern machen sie nur **anfechtbar** (BGH 16.2.1976 – II ZR 171/74, BGHZ 66, 79; Musielak/Lackmann § 750 ZPO Rn 19). Der Mangel kann durch eine nachträgliche ordnungsgemäße Zustellung geheilt werden (BGH 16.2.1976 – II ZR 171/74, BGHZ 66, 79; HK-ZV/Giers § 750 ZPO Rn 21). Eine **Heilung** ist unter den Voraussetzungen des § 189 ZPO möglich. Dazu muss eine Zustellung durch das zuständige Organ angeordnet worden und das Schriftstück dem Schuldner tatsächlich zugegangen sein (Thomas/Putzo/Hüßtege § 189 ZPO Rn 7 f). Mit der Heilung entfällt die Anfechtbarkeit. Bei einem zeitlichen Zusammentreffen mit gleichgerichteten Vollstreckungsmaßnahmen Dritter (zB Pfändung durch mehrere Gläubiger) stellt sich für den Rang des jeweiligen Pfändungspfandrechts (§ 804 ZPO) die Frage, ob die Heilung ex tunc oder ex nunc wirkt. Da die fehlerhafte Vollstreckungsmaßnahme dem Gläubiger keine Vorzugstellung gegenüber den anderen Gläubigern gewähren soll, tritt die Heilung nach herrschender Meinung nur für die Zukunft ein (Thomas/Putzo/Seiler Vor § 704 ZPO Rn 59). Nach anderer Ansicht soll eine Heilung ex tunc eintreten. Begründet wird dies damit, dass der anfechtbare Vollstreckungsakt von Anfang an wirksam sei, lediglich auflösend bedingt durch die Möglichkeit der Anfechtung. Infolge der Heilung entfalle diese auflösende Bedingung, so dass der Vollstreckungsakt nach dem Rechtsgedanken der §§ 158 Abs. 2, 161 Abs. 2 BGB von Anfang an wirksam sei.

21 **f) Rechtsbehelfe bei fehlerhafter Zustellung.** Bei fehlerhafter Zustellung und sonstigen Mängeln der Zwangsvollstreckung können der Schuldner oder ein Dritter, der durch die Zwangsvollstreckung in seinen Rechten beeinträchtigt ist, gegen die Maßnahmen des Gerichtsvollziehers oder Vollstreckungsmaßnahmen des Vollstreckungsgerichts (Pfändungs- und Überweisungsbeschluss des Rechtspflegers) **Erinnerung** gemäß § 766 ZPO einlegen (hM, vgl Thomas/Putzo/Seiler § 766 ZPO Rn 2).

22 Gegen Entscheidungen des Vollstreckungsgerichts, die über bloße Vollstreckungsmaßnahmen hinausgehen (zB Erlass des Pfändungs- und Überweisungsbeschlusses erst nach vorheriger Anhörung des Schuldners; Abhilfeentscheidungen des Rechtspflegers), ist die sofortige Beschwerde gemäß § 793 ZPO statthaft (zur Abgrenzung von § 766 ZPO und § 793 ZPO s. Thomas/Putzo/Seiler § 830 ZPO Rn 54 ff; HK-ZV/Sternal § 766 ZPO Rn 12 ff).

III. Vollstreckungsklausel

23 Die Vollstreckungsklausel bescheinigt die Vollstreckungsreife des Titels. Für die Erteilung der Klausel sind die §§ 724 ff ZPO auch in FG-Familiensachen entsprechend anwendbar (Prütting/Helms/Stößer § 86 FamFG Rn 23). Zuständig ist die **Geschäftsstelle des Gerichts** des ersten Rechtszuges. Wenn das Verfahren bei einem höheren Gericht anhängig ist, wird sie von der Geschäftsstelle dieses Gerichts erteilt (§ 724 Abs. 2 ZPO).

24 Inwieweit eine Vollstreckungsklausel erforderlich ist, ist unterschiedlich geregelt, je nachdem, ob die Zwangsvollstreckung aus den Vorschriften des FamFG oder der ZPO erfolgt:

1. FG-Familiensachen

25 Gemäß § 86 Abs. 3 FamFG ist eine Vollstreckungsklausel **nicht erforderlich**, wenn die Vollstreckung durch das Gericht erfolgt, das den Titel erlassen hat. Das erfasst im Wesentlichen die Vollstreckung von Entscheidungen über die Herausgabe von Personen und die Regelung des Umgangs gemäß § 88 FamFG. Auch hier bedarf es jedoch in bestimmten Fällen der Vollstreckungsklausel. Zuständig für die Vollstreckung solcher Entscheidungen ist das Gericht des gewöhnlichen Aufenthaltsortes des Kindes (§ 88 Abs. 1 FamFG). Zieht das Kind vor der Vollstreckung in einen anderen Gerichtsbezirk, wird die Vollstreckungsklausel erforderlich. Eine Vollstreckungsklausel ist auch notwendig, wenn ein Beteiligter selbst vollstreckt (Erteilung eines Pfändungsauftrages) oder ein anderes Vollstreckungsorgan tätig wird, insbesondere in Fällen des § 95 FamFG (Vollstreckungsgericht bei Antrag auf Erlass eines Pfändungs- und Überweisungsbeschlusses, Grundbuchamt).

26 **Einstweilige Anordnungen** bedürfen grundsätzlich keiner Vollstreckungsklausel (§ 53 Abs. 1 FamFG). Anders ist es, wenn die Vollstreckung für oder gegen einen anderen als den im Beschluss bezeichneten Beteiligten erfolgen soll (§ 53 Abs. 1 FamFG). Diese Regelung entspricht dem § 929 Abs. 1 ZPO für Arrest und einstweilige Verfügung.

27 Problematisch ist bei der einstweiligen Anordnung das Verhältnis von § 86 Abs. 3 FamFG zu § 53 Abs. 1 FamFG. Zum Teil wird vertreten, dass § 86 Abs. 3 FamFG vorrangig sei. Wenn die Vollstreckung der einstweiligen Anordnung durch das erlassende Gericht erfolgt, wäre auch dann keine Vollstreckungsklau-

sel erforderlich, wenn die Vollstreckung für oder gegen einen anderen als im Beschluss bezeichneten Beteiligten erfolgt. § 53 Abs. 1 FamFG will nach dieser Ansicht die Klauselpflicht einschränken und nicht erweitern (so HK-ZV/Giers FamFG Rn 130; Cirullies, Vollstreckung in Familiensachen, 2009, Rn 523; HK-FamFG/Stockmann § 53 FamFG Rn 2; HK-ZPO/Kemper § 53 FamFG Rn 2; Prütting/Helms/Stößer § 53 FamFG Rn 3; Klein FuR 2009, 241, 250). Nach anderer Ansicht ist § 53 FamFG als zusätzliche selbstständige Voraussetzung anzusehen (Musielak/Borth § 86 FamFG Rn 7).

2. Ehe- und Familiensachenstreitsachen

Es gelten für Hauptsacheentscheidungen die Vorschriften der ZPO (§ 120 Abs. 1 FamFG). Danach bedarf   28
grundsätzlich die Vollstreckung aus jedem Titel der **Vollstreckungsklausel** (§§ 724 Abs. 1, 750 Abs. 1, 795 ZPO).

Davon gibt es folgende **Ausnahmen**:   29

- Vollstreckungsbescheid, wenn für oder gegen die darin genannten Personen vollstreckt wird (§ 796 Abs. 1 ZPO);
- Arrest und einstweilige Verfügungen, wenn für oder gegen die darin genannten Personen vollstreckt wird (§§ 929 Abs. 1, 936 ZPO);
- Haftbefehl gemäß § 901 ZPO;
- Kostenfestsetzungsbeschluss, der auf das Urteil gesetzt ist, praktisch bedeutungslos (§§ 105 Abs. 1, 795 a ZPO);
- Überweisungsbeschluss gemäß § 836 Abs. 3 S. 3 ZPO für die Vollstreckung auf Herausgabe von Urkunden;
- Pfändungsbeschluss, auf dessen Grundlage der Hypothekenbrief zum Zwecke der Ablieferung an den Gläubiger weggenommen wird (§ 830 Abs. 1 S. 2 ZPO).
- Für die einstweilige Anordnung gilt auch in Familienstreitsachen § 53 Abs. 1 FamFG. Eine Vollstreckungsklausel ist nicht erforderlich, es sei denn, die Vollstreckung richtet sich für oder gegen einen anderen als in der einstweiligen Anordnung bezeichneten Beteiligten. Diese Konstellation kann sich ergeben, wenn zB der betreuende Elternteil in gesetzlicher Verfahrensstandschaft eine einstweilige Anordnung erwirkt hat und später die Voraussetzungen der Verfahrensstandschaft wegfallen (vgl Musielak/Borth § 53 FamFG Rn 2). Dort ist auch der Fall der Rechtsnachfolge gemäß § 727 ZPO als Beispiel genannt.

IV. Amts- und Antragsverfahren

Erfolgt die Vollstreckung nach den Vorschriften der ZPO, also in Familienstreitsachen und in FG-   30
Familiensachen des § 95 FamFG, kommt sie nur auf Antrag des Gläubigers in Gang (vgl § 754 ZPO). In FG-Familiensachen, die auch von Amts wegen eingeleitet werden können (zB Verfahren auf Kindesherausgabe), kann auch die Vollstreckung von Amts wegen erfolgen. In diesen Fällen bestimmt das Gericht, welche Vollstreckungsmaßnahme ausgewählt wird (§ 87 Abs. 1 FamFG). Daneben gibt es ein Antragsrecht des Berechtigten (§ 87 Abs. 1 S. 2 FamFG).

V. Besondere Vollstreckungsvoraussetzungen

1. Vollstreckung gemäß §§ 86–94 FamFG

a) Anwendbarkeit des § 750 Abs. 2 ZPO. Soweit eine **qualifizierte Vollstreckungsklausel** erforderlich   31
ist, zB gemäß § 53 Abs. 1 FamFG, ist fraglich, ob § 750 ZPO entsprechend zu beachten ist, dh, ob die vollstreckbare Ausfertigung (Beschluss mit Vollstreckungsklausel) der einstweiligen Anordnung vor oder mit Beginn der Vollstreckung zugestellt werden muss (so HK-ZV/Giers FamFG Rn 135). In Vollstreckungen zur Kindesherausgabe oder zum Umgang wird der Fall einer Rechtsnachfolge aber nicht relevant werden. In den übrigen Vollstreckungen nach §§ 95 ff FamFG gilt § 750 Abs. 2 ZPO ohnehin kraft Verweisung in § 95 Abs. 1 FamFG.

32 **b) Gerichtlicher Hinweis vor Anordnung von Ordnungsmitteln (§ 89 FamFG).** Anders als bei § 890 Abs. 2 ZPO setzt die Anordnung von Ordnungsmitteln gemäß § 89 FamFG nicht deren vorherige Androhung voraus. Wegen des strafähnlichen Sanktionscharakters des Ordnungsgeldes muss jedoch ein **schuldhaftes Verhalten** gegeben sein. Daher muss der Herausgabe- bzw Umgangsbeschluss gemäß § 89 Abs. 2 FamFG auf die Folgen der Zuwiderhandlung hinweisen. Der **Hinweis** kann auch nachträglich erfolgen. Verstöße sind aber nur für die Zeit nach der Erteilung des Hinweises sanktionierbar (OLG Karlsruhe 19.2.10 – 5 WF 28/10, NJW 2010, 1976; HK-ZV/Giers FamFG Rn 137). Eine Androhung von Ordnungsmitteln in Alttiteln gemäß § 33 FGG aF ersetzt den Warnhinweis nach § 89 Abs. 2 FamFG nicht (BGH 17.8.2011 – XII ZB 621/10, NJW 2011, 3163; OLG Stuttgart 17.3.2010 – 16 WF 41/10, FamRZ 2010, 1594; OLG Koblenz 10.6.2010 – 13 WF 326/10, FamRZ 2010, 1930; HK-FamFG/Völker/Clausius § 89 FamFG Rn 19, Musielak/Borth § 89 FamFG Rn 1; HK-ZV/Giers FamFG Rn 138; aA OLG Karlsruhe 8.4.2010 – 2 WF 40/10, NJW 2010, 2142).

33 Auch für die Vollstreckung gerichtlich gebilligter **Vergleiche** (§§ 156 Abs. 2, 86 Abs. 1 Nr. 2 FamFG) bedarf es des **Warnhinweises**, der vom Gericht zweckmäßigerweise im Anschluss an die Billigungsentscheidung erfolgt (BVerfG 9.3.2011 – 1 BvR 752/10, NJW 2011, 2347; OLG Karlsruhe 8.4.2010 – 2 WF 40/10, FamRZ 2010, 1366; OLG Stuttgart 17.3.2010 – 16 WF 41/10, FamRZ 2010, 1594; Musielak/Borth § 89 FamFG Rn 6; Cirullies FPR 2012, 473, 474; Schlunder FamRZ 2010, 1636, 1638). Wird dies vergessen, kann Antrag auf Nachholung des gerichtlichen Hinweises in Form eines gesonderten Beschlusses gestellt werden (BVerfG 9.3.2011 – 1 BvR 752/10, NJW 2011, 2347). Nach Musielak/Borth § 89 FamFG Rn 7 kann der Billigungsbeschluss bei Unterbleiben des Warnhinweises sogar mit der sofortigen Beschwerde (§ 87 Abs. 4 FamFG) angefochten werden, auch wenn der Warnhinweis selbst nicht selbstständig anfechtbar ist. Die unmittelbare Beschwer liege darin, dass der mit § 89 Abs. 2 FamFG gewollte Beschleunigungszweck verfehlt würde. Ein Rechtsschutzbedürfnis für eine solche Beschwerde ist aber nicht gegeben, da ein Antrag auf Nachholung des Hinweises möglich ist.

34 Inhaltlich fordert die Rechtsprechung, dass auf die möglichen Ordnungsmittel und das gesetzliche Höchstmaß hingewiesen wird. Ordnungsgeld und Ersatzordnungshaft dürfen kumulativ, Ordnungsgeld und Ordnungshaft nur alternativ aufgeführt werden (BGH 23.10.2003 – I ZB 45/02, NJW 2004, 506).

35 Eine mögliche Formulierung lautet:

▶ 1. ... (Umgangsregelung, die in vollstreckbarer Weise hinreichend bestimmt formuliert sein muss, vgl BGH 1.2.2012 – XII ZB 188/11, FamRZ 2012, 533)

2. Der Verpflichtete wird darauf hingewiesen, dass für jeden Fall einer Zuwiderhandlung gegen die unter Nr. 1 geregelte(n) Verpflichtung(en) ein Ordnungsgeld bis zu 25.000 EUR und für den Fall, dass dieses nicht beigetrieben werden kann, Ordnungshaft bis zu sechs Monaten verhängt werden kann. Verspricht die Anordnung eines Ordnungsgeldes keinen Erfolg, kann das Gericht Ordnungshaft anordnen. ◀

36 Vor der Festsetzung von Ordnungsmitteln muss dem **Verpflichteten rechtliches Gehör** gewährt werden, § 92 Abs. 1 FamFG. Zum notwendigen Verschulden s. → *Vollstreckung in Familiensachen* Rn 21 f. Die spätere Vollstreckung des verhängten Ordnungsgeldes erfolgt von Amts wegen gemäß §§ 1 Abs. 1 Nr. 3, 6 Abs. 2 JBeitrO.

2. Vollstreckung nach den Vorschriften der ZPO

37 Für die Vollstreckung von Familienstreitsachen und für die in §§ 95–96 a FamFG genannten Vollstreckungsmaßnahmen in FG-Familiensachen verweist das FamFG auf die Vollstreckungsvorschriften der ZPO (§ 120 Abs. 1 bzw § 95 Abs. 1 FamFG), soweit sich aus dem FamFG nichts Abweichendes ergibt. Daher sind auch die **besonderen Zwangsvollstreckungsvoraussetzungen der ZPO** zu beachten:

a) **Zustellung** des Titels mit qualifizierter Vollstreckungsklausel, § 750 Abs. 2 ZPO: Wenn die Voraussetzungen des § 750 Abs. 2 ZPO vorliegen, hauptsächlich in den hier relevanten Fällen der Rechtsnachfolge (§ 727 ZPO) oder bei bedingten Ansprüchen (§ 726 ZPO), muss die vollstreckbare Ausfertigung des Titels zugestellt werden.

b) Nachweis der **Sicherheitsleistung**, § 751 Abs. 2 ZPO: Soweit eine Vollstreckung nur gegen Sicherheitsleistung begonnen oder fortgesetzt werden kann, darf die Vollstreckung nur dann durchgeführt werden, wenn die Sicherheitsleistung durch öffentliche Urkunde nachgewiesen ist und eine Abschrift dieser Urkunde bereits zugestellt ist oder gleichzeitig mit der Vollstreckung zugestellt wird. Problematisch und strittig ist, ob eine Einstellung der Vollstreckung gegen Sicherheitsleistung oder die Anordnung, dass die Vollstreckung einstweilen nur gegen Sicherheitsleistung zulässig ist, im Rahmen der Vollstreckung in Familiensachen möglich ist (s. → *Einstellung und Beschränkung der Vollstreckung* Rn 13, 20, 32 f). Soweit dies für möglich erachtet wird, ist § 751 Abs. 2 ZPO als besondere Vollstreckungsvoraussetzung zu beachten.

c) **Zug-um-Zug-Leistung**, § 756 ZPO: Hängt die Vollstreckung von einer Zug um Zug zu bewirkenden Leistung des Gläubigers ab, ist § 756 ZPO zu beachten.

d) **Sicherungsvollstreckung**: Die Sicherungsvollstreckung gemäß §§ 750 Abs. 3, 720 a ZPO findet in Fällen Anwendung, in denen die Vollstreckbarkeit von einer Sicherheitsleistung des Gläubigers abhängig ist. Das FamFG geht aber im Regelfall von einer Vollstreckung ohne Sicherheitsleistung aus. Die Sicherungsvollstreckung kommt daher nur in besonderen Fallgestaltungen in Betracht (s. → *Sicherungsvollstreckung* Rn 3 f).

e) **Wartefrist**: Die Wartefrist des § 798 ZPO ist insbesondere bei der Vollstreckung notarieller Urkunden praxisrelevant. Die Zustellung darf als Ausnahme zu § 750 Abs. 1 ZPO erst beginnen, wenn der „Schuldtitel", also die vollstreckbare Ausfertigung der Urkunde, mindestens zwei Wochen vorher zugestellt ist. Die Vorschrift ist für die Vollstreckung in Familienstreitsachen und in sonstigen Familiensachen, die gemäß §§ 95 ff FamFG vollstreckt werden, kraft Verweisung anwendbar (vgl § 95 Abs. 1 FamFG). In den übrigen Fällen wird sich eine Vollstreckung aus einer notariellen Urkunde wohl nicht ergeben.

264. Vor- und Nacherbschaft

Schwarz

I. Substanzerhalt über Generationen 1   III. Gestaltungsmittel der Vor-/Nacherbschaft 12
II. Rechtsstellung des Nacherben 7

I. Substanzerhalt über Generationen

1   Die Vor- und Nacherbschaft ist ein **Gestaltungsmittel** (NK-BGB/Gierl § 2100 BGB Rn 3), um die Substanz des Nachlasses über Generationen zu erhalten. Nach § 2100 BGB kann der Erblasser einen Erben in der Weise einsetzen, dass dieser erst Erbe wird (Nacherbe), wenn zunächst ein anderer vor ihm Erbe geworden ist (Vorerbe).

2   Mit dem **Vorerbfall** bestehen dann zwei voneinander getrennte Vermögensmassen: das Eigenvermögen des Vorerben und das vom Erblasser stammende Vermögen. Gemäß § 2130 Abs. 1 BGB hat der Vorerbe die Pflicht, die Erbschaft ordnungsgemäß zu verwalten. Er hat die gewöhnlichen Erhaltungskosten (Versicherungen, Grundsteuer) zu tragen (§ 2124 Abs. 1 BGB). Außerordentliche Lasten, zB Vermächtnis oder Auflagen, Pflichtteilslasten, Erbschaftsteuer, kann er aus der Erbschaft bestreiten (§§ 2124 Abs. 2, 2126 BGB). Die Nutzungen aus der Erbmasse gebühren dem Vorerben (BGH 13.7.1983 – IV a ZR 15/82, NJW 1983, 2875). Erfüllt der Vorerbe seine Verpflichtung zu ordnungsgemäßer Verwaltung nicht, so kann er sich dem Nacherben gegenüber schadensersatzpflichtig machen.

3   Da der Vorerbe bis zum Eintritt des Nacherbfalls Vollerbe ist, kann er gemäß § 2112 BGB über die zur Erbschaft gehörenden Gegenstände verfügen. Zum **Schutze des Nacherben** unterliegt er allerdings gewissen **Beschränkungen**. Er kann zB keine Verfügungen über Grundstücke vornehmen (§ 2113 BGB). Gleiches gilt nach § 2113 Abs. 2 BGB für unentgeltliche Verfügungen. Im Widerspruch dazu erfolgte Verfügungen sind allerdings erst bei Eintritt des Nacherbfalls unwirksam, wenn sie das Recht des Nacherben vereiteln oder beeinträchtigen. Auf Verlangen des Nacherben hat der Vorerbe Wertpapiere zu hinterlegen und ein Verzeichnis über die Erbschaftsgegenstände aufzustellen (§§ 2116, 2121 BGB). § 2127 BGB gewährt dem Nacherben ein Auskunftsrecht gegenüber dem Vorerben über den Bestand der Erbschaft.

4   Zum Schutze des Nacherben wird gemäß § 51 GBO im **Grundbuch** in Abteilung II ein Nacherbenvermerk eingetragen (NK-BGB/Gierl § 2100 BGB Rn 42). Sollte der Vorerbe eine Verfügung tätigen, so wird sie nach Eintritt des Nacherbfalls, wenn sie den Nacherben beeinträchtigt, unwirksam. Das Grundbuch ist dann zu berichtigen (§ 894 BGB). Eine Beeinträchtigung des Nacherben tritt nicht ein, wenn dieser der Verfügung des Vorerben zugestimmt hat.

5   Nach § 2136 BGB kann der Vorerbe von bestimmten Beschränkungen und Verpflichtungen durch den Erblasser **befreit** werden. Eine Anordnung, wonach der Vorerbe berechtigt ist, über das Nachlassvermögen aus der Vorerbschaft nach seinem freien Ermessen bei Bedarf zu verfügen, ist als befreite Vorerbschaft zu verstehen (OLG Hamm 28.12.2010 – 15 Wx 454/10, FamRZ 2011, 1331). Vom Verbot unentgeltlicher Verfügungen ist eine Befreiung allerdings nicht möglich. Ebenso wenig u.a. von der Pflicht zur Vorlage eines Nachlassverzeichnisses (§ 2121 BGB) oder vom Surrogationsprinzip des § 2111 BGB.

6   Die Vor- und Nacherbschaft hat **keine erbschaftsteuerlichen Vorteile**. Der Vorerbe wird als normaler Erbe besteuert. Er kann allerdings die Erbschaftsteuer aus den Mitteln der Vorerbschaft entrichten (§ 2126 BGB). Der Nacherbe muss nach Eintritt des Nacherbfalls die Erbschaft dann erneut versteuern. Auf Antrag ist der Versteuerung das Verhältnis des Nacherben zum Erblasser zugrunde zu legen (§ 6 Abs. 2 S. 2 ErbStG).

II. Rechtsstellung des Nacherben

7   Mit dem Tod des Erblassers wird der Vorerbe Erbe. Zu einem späteren Zeitpunkt, dem Nacherbfall, kommt es dann zu einem weiteren Erbfall. Vorerben und Nacherben sind **beide Nachfolger ein und desselben**

Erblassers. Der Nacherbe erbt nicht vom Vorerben, sondern vom Erblasser (BGH 30.10.1951 – V Blw 61/50, BGHZ 3, 254). Mit dem Nacherbfall hat der Vorerbe den Nachlass an den Nacherben herauszugeben (§ 2130 BGB).

Regelmäßiger **Eintritt des Nacherbfalls** ist der Tod des Vorerben (§ 2106 Abs. 1 BGB), sofern der Erblasser keine anderweitige Anordnung getroffen hat (NK-BGB/Gierl § 2106 BGB Rn 1). Er kann auch einen anderen Zeitpunkt festlegen, zB den Nacherbfall an ein bestimmtes Ereignis knüpfen (zB Wiederverheiratung des Vorerben, Erreichen eines bestimmten Alters).   8

Der Nacherbe kann die Erbschaft vom Zeitpunkt des Erbfalls an **ausschlagen**, womit die Nacherbfolge gegenstandslos wird (§ 2142 Abs. 1 BGB). Hat der Erblasser keinen Ersatznacherben bestimmt, so bleibt die Erbschaft dann voll beim Vorerben. Nach § 2102 Abs. 1 BGB ist der Nacherbe im Übrigen im Zweifel auch als Ersatzerbe anzusehen.   9

Bereits mit dem Tod des Erblassers erwirbt der Nacherbe ein veräußerliches und vererbliches **Anwartschaftsrecht** (NK-BGB/Gierl § 2100 BGB Rn 60). Der Erblasser kann die Vererblichkeit und Veräußerlichkeit allerdings testamentarisch ausschließen.   10

Der Erblasser kann ausdrücklich einen **Ersatznacherben** bestimmen. Da das Verhältnis zwischen Ersatznacherbfolge und gesetzlicher Vermutung des § 2069 BGB streitig ist, empfiehlt sich vorsorglich die Klarstellung, dass gesetzliche Auslegungs-, Vermutungs- und Ergänzungsregelungen nicht gelten sollen.   11

III. Gestaltungsmittel der Vor-/Nacherbschaft

Der gestalterische Einsatz der Vor- und Nacherbfolge erfolgt im Familienbereich vor allem beim sogenannten Geschiedenentestament (s. → *Geschiedenentestament* Rn 6) sowie bei der Wiederverheiratungsklausel (s. → *Wiederverheiratungsklausel* Rn 2, 3).   12

265. Vorausempfang

Caspary

I. Voraussetzungen (§ 1380 Abs. 1 BGB) 1   III. Überhöhte Zuwendung 5
II. Rechtsfolge (§ 1380 Abs. 2 BGB) 2   IV. Wechselseitige Zuwendungen 6

I. Voraussetzungen (§ 1380 Abs. 1 BGB)

1 Die Anrechnung von Zuwendungen eines Ehegatten an den anderen Ehegatten auf den Anspruch auf Zugewinnausgleich richtet sich nach § 1380 BGB. Folgende Voraussetzungen müssen erfüllt sein:

- Zunächst muss eine **Zuwendung** zwischen Ehegatten vorliegen. Unerheblich ist, ob es sich um eine echte Schenkung oder, wie meist bei Ehegatten, um eine unbenannte Zuwendung handelt (BGH 20.12.2000 – XII ZR 237/98, FamRZ 2001, 413; OLG Karlsruhe 30.5.2003 – 5 UF 315/01, FamRZ 2004, 1033).

- Weiterhin muss es sich nach § 1380 Abs. 1 S. 1 BGB um eine Zuwendung **des ausgleichspflichtigen Ehegatten** handeln. Stammt die Zuwendung vom ausgleichsberechtigten Ehegatten, findet § 1380 BGB keine Anwendung (BGH 22.4.1982 – IX ZR 35/81, FamRZ 1982, 778).

- Schließlich muss die Zuwendung mit der Bestimmung erfolgt sein, dass sie **auf den Ausgleichsanspruch anzurechnen** ist. Ausdrücklich wird eine derartige Bestimmung in der Regel nicht abgegeben. Nach § 1380 Abs. 1 S. 2 BGB wird aber im Zweifel angenommen, dass die Zuwendung angerechnet werden soll, wenn sie den Wert von Gelegenheitsgeschenken übersteigt. Für das Gegenteil ist der Empfänger der Zuwendung beweispflichtig. Werden nach dem Scheitern der Ehe, aber vor Rechtshängigkeit der Scheidung, einzelne Vermögensgegenstände übertragen, soll damit auch stillschweigend bestimmt sein, dass der Wert auf die Ausgleichsforderung anzurechnen ist (BGH 20.12.2000 – XII ZR 237/98, FamRZ 2001, 413).

II. Rechtsfolge (§ 1380 Abs. 2 BGB)

2 Wie die Anrechnung durchzuführen ist, ergibt sich nur zum Teil aus § 1380 Abs. 2 BGB. Auszugehen ist vom Sinn und Zweck des § 1380 BGB. Mit der Vorschrift soll erreicht werden, dass der Empfänger der Zuwendung beim Zugewinn nicht besser dasteht als er ohne Zuwendung dastehen würde (Haußleiter/Schulz Kap. 1 Rn 519). Um dieses Ziel zu erreichen, ist wie folgt zu rechnen:

- Der Wert der Zuwendung ist dem Zugewinn des ausgleichspflichtigen Ehegatten hinzuzurechnen und vom Zugewinn des ausgleichsberechtigten Ehegatten abzuziehen. Anschließend wird die – fiktive – Ausgleichsforderung errechnet. Von dem sich ergebenden Betrag wird dann die Zuwendung wieder in Abzug gebracht (BGH 26.11.1981 – IX ZR 91/80, FamRZ 1982, 246; OLG Karlsruhe 30.5.2003 – 5 UF 315/01, FamRZ 2004, 1033).

- Der Wert der Zuwendung bestimmt sich nach § 1380 Abs. 2 S. 2 BGB nach dem Zeitpunkt der Zuwendung. Nach überwiegender Meinung ist der Wert zu indexieren (Haußleiter/Schulz Kap. 1 Rn 522; Palandt/Brudermüller § 1380 BGB Rn 19).

3 Ist der Wert der Zuwendung im Endvermögen des Empfängers **noch vorhanden**, kann auf die komplizierte Berechnung des § 1380 BGB verzichtet werden. Auf die Anrechnung nach § 1380 BGB kommt es nur an, wenn das Endvermögen des Empfängers niedriger als der Wert der Zuwendung ist (Haußleiter/Schulz Kap. 1 Rn 520). Das soll an einem Beispiel verdeutlicht werden:

4 **Beispiel:** Der Ehemann hat ein Anfangsvermögen von 60.000 EUR. Er schenkt seiner Frau 40.000 EUR. Sein Endvermögen beläuft sich auf 150.000 EUR. Die Ehefrau hat kein Anfangsvermögen. Ihr Endvermögen beträgt a) 60.000 EUR, b) 20.000 EUR.

Variante a): Der Zugewinn des Ehemanns beträgt 90.000 EUR. Rechnet man die Zuwendung hinzu, sind es 130.000 EUR. Der Zugewinn der Ehefrau beläuft sich auf 60.000 EUR. Zieht man die Zuwendung ab, sind es nur noch 20.000 EUR. Fiktiv wären also 55.000 EUR Zugewinnausgleich vom Ehemann zu zahlen

(130.000 – 20.000 = 110.000 : 2). Hierauf ist die Zuwendung in Höhe von 40.000 EUR anzurechnen, dh der Ehemann muss im Ergebnis 15.000 EUR an seine Frau zahlen.

Das gleiche Ergebnis erhält man, wenn man die Anrechnung weglässt. Der Zugewinn des Ehemanns beträgt dann 90.000 EUR und der Zugewinn der Ehefrau 60.000 EUR. Die Differenz beläuft sich auf 30.000 EUR. Der Ehemann muss hiervon die Hälfte, also wiederum 15.000 EUR, als Zugewinnausgleich an seine Frau zahlen.

Variante b): Anders sieht es bei der Variante b) aus. Rechnet man ohne Anrechnung, müsste der Ehemann 35.000 EUR Zugewinnausgleich an seine Frau zahlen (Zugewinn Ehemann 90.000 – Zugewinn Ehefrau 20.000 = 70.000 : 2).

Mit Anrechnung sind es dagegen nur 25.000 EUR. Der Zugewinn des Ehemanns unter Hinzurechnung der Zuwendung beträgt wiederum 130.000 EUR. Dagegen hat die Ehefrau in der Variante keinen Zugewinn erzielt, da es keinen negativen Zugewinn gibt (Endvermögen Ehefrau 20.000 – Zuwendung 40.000). Fiktiv müsste der Ehemann somit 65.000 EUR Zugewinnausgleich an seine Frau zahlen (130.000 EUR : 2). Abzuziehen ist die Zuwendung in Höhe von 40.000 EUR, so dass er im Ergebnis nur 25.000 EUR schuldet, mithin 10.000 EUR weniger als ohne Anrechnung.

Folgt man der Mindermeinung, nach der es trotz des entgegenstehenden Willens des Gesetzgebers einen negativen Zugewinn gibt, würde sich auch in der Variante b) die Anrechnung nicht auswirken. Nach dieser Meinung liefe § 1380 BGB leer (Braeuer FamRZ 2010, 1614; Kogel, Strategien beim Zugewinnausgleich, 3. Aufl. 2009, Rn 974 ff).

III. Überhöhte Zuwendung

Hat der Empfänger mehr bekommen als ihm an Zugewinnausgleich zusteht, ist § 1380 BGB nicht anzuwenden (BGH 26.11.1981 – IX ZR 91/80, FamRZ 1982, 246; OLG Frankfurt/M. 16.11.2005 – 6 UF 71/05, FamRZ 2006, 1543). Hat allerdings der Ehegatte, der die Zuwendung erbracht hat, einen höheren Zugewinn als der Empfänger erzielt, soll das nicht gelten, weil anderenfalls der zuwendende Ehegatte benachteiligt würde. Da er nur einen Teil der Zuwendung zurückerhält, ist außerdem zu überlegen, ob daneben noch ein Anspruch auf Rückabwicklung einer unbenannten Zuwendung besteht (für die Einzelheiten vgl Haußleiter/Schulz Kap. 1 Rn 526 ff).   5

IV. Wechselseitige Zuwendungen

Bei gegenseitigen Zuwendungen werden die indexierten Zuwendungen saldiert. Das Ergebnis wird dann in die Berechnung nach § 1380 BGB eingestellt. Zur Anwendung kommt § 1380 BGB in diesen Fällen also nur dann, wenn sich ein Saldo zugunsten des ausgleichspflichtigen Ehegatten ergibt (Palandt/Brudermüller § 1380 BGB Rn 14).   6

266. Vorbehaltsgut

Rakete-Dombek

I. Einführung	1	8. Form der Bestimmung	11
II. Entstehen des Vorbehaltsguts		9. Wirkung der Bestimmung des Dritten	12
(§ 1418 Abs. 2 BGB)	2	10. Entstehung kraft Surrogation	
1. Allgemeines	2	(§ 1418 Abs. 2 Nr. 3 BGB)	13
2. Entstehung kraft Ehevertrages		III. Umwandlung des Vorbehaltsguts	14
(§ 1418 Abs. 2 Nr. 1 BGB)	3	IV. Verwaltung des Vorbehaltsguts	
3. Entstehung kraft Bestimmung eines Dritten		(§ 1418 Abs. 3 BGB)	15
(§ 1418 Abs. 2 Nr. 2 BGB)	6	V. Eintragung in das Grundbuch	16
4. Letztwillige Verfügung	7	VI. Eintragung in das Güterrechtsregister	17
5. Unentgeltliche Zuwendung	8	VII. Verfahrenshinweise	18
6. Zeitpunkt der Erklärung	9	1. Beweislast	18
7. Dritter iSd § 1418 Abs. 2 Nr. 2 BGB	10	2. Zwangsvollstreckung in das Vorbehaltsgut	19

I. Einführung

1 Das Vorbehaltsgut des jeweiligen Ehegatten ist eine **eigenständige Vermögensmasse** und nach § 1418 BGB vom Gesamtgut ausgeschlossen. Es entsteht an bestimmten Gegenständen des betreffenden Ehegatten, jedoch nie an einem Bruchteil am Vermögen. Durch die ehevertragliche Bestimmung des Vorbehaltsgutes wird es jedem Ehegatten ermöglicht, bestimmte Vermögensgegenstände vom Gesamtgut auszusondern und so partiell eine strikte Gütertrennung zu verwirklichen (Langenfeld Kap. 2 Rn 304). Dadurch bewirkt er, dass die dem Vorbehaltsgut zuzuordnenden Gegenstände in seinem Alleineigentum verbleiben. Das Vorbehaltsgut bleibt dem betreffenden Ehegatten nach der Scheidung ungeschmälert erhalten. Möglich sind jedoch etwaige Ausgleichsansprüche nach §§ 1445, 1467 BGB.

II. Entstehen des Vorbehaltsguts (§ 1418 Abs. 2 BGB)

1. Allgemeines

2 Eine Legaldefinition enthält das Gesetz nicht. Aus dem **Umkehrschluss** der §§ 1416 Abs. 1, 1417 Abs. 1 BGB fallen jedoch diejenigen Vermögensgegenstände und -rechte in das Vorbehaltsgut, die weder dem Gesamt- noch dem Sondergut zuzuordnen sind. Nach der enumerativen Aufzählung des § 1418 Abs. 2 BGB (Mai BWNotZ 2003, 55, 59) kann das Vorbehaltsgut durch eine entsprechende Abrede im Ehevertrag (Nr. 1), durch Bestimmung eines Dritten (Nr. 2) oder kraft Surrogation (Nr. 3) begründet werden. Da es sich um eine Sondervorschrift handelt, ist sie nicht analogiefähig. Es gibt kein gesetzlich festgelegtes Vorbehaltsgut (BeckOK/Mayer § 1418 BGB Rn 2). Persönliche Gegenstände und Forderungen sowie Arbeitseinkommen und sonstige Einkünfte sind daher grundsätzlich dem Gesamtgut zugehörig, es sei denn, diese sind unübertragbar bzw unpfändbar (s. → *Sondergut* Rn 2). Soweit die Ehe durch den Tod eines der Ehegatten aufgelöst wird, erhöht sich der Erbteil des überlebenden Ehegatten weder nach § 1371 Abs. 1 BGB noch nach § 1931 Abs. 4 BGB.

2. Entstehung kraft Ehevertrages (§ 1418 Abs. 2 Nr. 1 BGB)

3 Einzelne Gegenstände eines Ehegatten können durch Ehevertrag (§ 1408 BGB) dem Vorbehaltsgut zugewiesen werden, wobei der Ausschluss vom Gesamtgut ausreichend ist (BeckOK/Mayer § 1418 BGB Rn 3). Erforderlich ist jedoch, dass das Vorbehaltsgut hinreichend bestimmt ist, um eine zweifelsfreie Zuordnung sicherzustellen.

4 Es genügt insoweit, wenn das Vorbehaltsgut durch den Erwerbsgrund (zB Schenkung durch einen Dritten oder Ehegatten) oder durch Bezugnahme auf einen konkreten **Sachinbegriff** (zB Wohnungseinrichtung) bezeichnet wird.

5 Zum Vorbehaltsgut können auch **künftige Vermögenswerte** erklärt werden (BeckOK/Mayer § 1418 BGB Rn 3). Die Ehegatten können darüber hinaus bestimmen, dass das gesamte bei Wirksamwerden des Ehevertrages vorhandene Vermögen eines oder beider Ehegatten vom Gesamtgut auszunehmen ist (BeckOK/

Mayer § 1418 BGB Rn 3). Ebenso kann der gesamte gegenwärtige und künftige Grundbesitz eines oder beider Ehegatten vom Gesamtgut ausgenommen und somit zum Vorbehaltsgut erklärt werden (BeckOK/ Mayer § 1418 BGB Rn 3). Auch Bedingungen und Befristungen sind wirksam (MüKo/Kanzleiter § 1418 BGB Rn 4). Ein vereinbarter Güterstand der Gütergemeinschaft und der zeitgleich erklärte Ausschluss von gegenwärtigem und künftigem Gesamtgut ist allerdings nichtig (BeckOK/Mayer § 1418 BGB Rn 3). Zu berücksichtigen ist bei der Begründung des Vorbehaltsgutes auch, dass diese nicht wegen Gläubigergefährdung zu weitgehend und damit sittenwidrig ist (§ 138 BGB). In einem solchen Falle bestünde für die Gläubiger des einen Ehegatten die Möglichkeit, die Erklärung zum Vorbehaltsgut nach § 4 Abs. 1 Anfechtungsgesetz anzufechten (Erman/Heckelmann § 1418 BGB Rn 2).

3. Entstehung kraft Bestimmung eines Dritten (§ 1418 Abs. 2 Nr. 2 BGB)

Bestimmt ein Dritter in einer letztwilligen Verfügung (1. Alt.) oder anlässlich einer unentgeltlichen Zuwendung unter Lebenden (2. Alt.), dass der zu übertragende Gegenstand dem **Alleineigentum** eines Ehegatten vorbehalten bleiben soll, ist dieser Vermögenswert dem Vorbehaltsgut zuzuordnen. Dem Dritten wird damit ermöglicht, einem Ehegatten individuelle Zuwendungen zu machen (Langenfeld Kap. 2 Rn 305). 6

4. Letztwillige Verfügung

Die Bestimmung des Dritten muss die **Formvorschriften** einer Verfügung von Todes wegen beachten (Erman/Heckelmann § 1418 BGB Rn 3). Inhaltlich wird es als ausreichend angesehen, wenn aus der Bestimmung deutlich wird, dass der Vermögenswert in das Alleineigentum des erbenden Ehegatten übergehen soll (Palandt/Brudermüller § 1418 BGB Rn 4). 7

5. Unentgeltliche Zuwendung

Unter den Begriff in § 1418 Abs. 2 Nr. 2 BGB fallen nicht nur Schenkungen (§ 516 BGB) und Ausstattungen (§ 1624 BGB), sondern auch diejenigen Zuwendungen, denen keine oder keine gleichwertigen Gegenleistungen gegenüberstehen (BeckOK/Mayer § 1418 BGB Rn 5), zB bei vorweggenommener Erbfolge. Dies gilt selbst dann, wenn die Gegenleistung von anderen Personen als dem begünstigten Ehegatten oder von dem anderen Ehegatten aus seinem Vorbehaltsgut erbracht wird (sog. subjektive Äquivalenz). Im Falle einer gemischten Schenkung unterfällt mangels Trennbarkeit die gesamte Schenkung dem Vorbehaltsgut, wodurch allerdings Ausgleichsansprüche zwischen den Vermögensmassen entstehen können (BeckOK/ Mayer § 1418 BGB Rn 5 mwN). 8

6. Zeitpunkt der Erklärung

Die Erklärung des Dritten, dass der zu übertragende Gegenstand in das Alleineigentum des beschenkten Ehegatten übergehen soll, muss spätestens **bei Vornahme der Zuwendung** erfolgen. Selbst wenn der andere Ehegatte zustimmen sollte, ist eine nachträgliche Bestimmung unwirksam. Eine Zuordnung zum Vorbehaltsgut ist dann nur über eine ehevertragliche Regelung möglich (BeckOK/Mayer § 1418 BGB Rn 5). 9

7. Dritter iSd § 1418 Abs. 2 Nr. 2 BGB

Da das jeweilige Vorbehaltsgut beider Ehegatten selbstständig ist, kann Dritter im Sinne des § 1418 Abs. 2 Nr. 2 BGB auch der andere Ehegatte sein. Eine ehevertragliche Regelung ist somit nicht erforderlich (Erman/Heckelmann § 1418 BGB Rn 2). 10

8. Form der Bestimmung

Bei der Bestimmung des Dritten handelt es sich um eine einseitige, empfangsbedürftige Willenserklärung, die selbst dann nicht formbedürftig ist, wenn die Zuwendung an sich der Einhaltung einer bestimmten Form bedarf (Palandt/Brudermüller § 1418 BGB Rn 4). Die Bestimmung kann somit auch konkludent erfolgen. 11

9. Wirkung der Bestimmung des Dritten

12 Die Bestimmung des Dritten hat **Verfügungswirkung**, so dass die Zuwendung sogar gegen den Willen der Ehegatten unmittelbar zum Vorbehaltsgut wird (BeckOK/Mayer § 1418 BGB Rn 7). Wollen die Ehegatten die Bestimmung des Dritten abändern, können sie ehevertraglich regeln, dass der dem Vorbehaltsgut unterfallende Gegenstand dem Gesamtgut zuzuordnen ist. Der Zuwendende kann jedoch den Verbleib im Vorbehaltsgut zur Bedingung der Zuwendung bzw das Ausscheiden aus dem Vorbehaltsgut zur Voraussetzung eines vertraglichen Rückforderungsanspruches machen (Langenfeld Kap. 2 Rn 305). Haben die Ehegatten die etwaige Entstehung von Vorbehaltsgut durch Zuwendungen Dritter ehevertraglich explizit ausgeschlossen, gehen solche Zuwendungen ins Leere, es sei denn, der Zuwendende hat die Zuwendungen nicht an den Verbleib im Vorbehaltsgut geknüpft (Langenfeld Kap. 2 Rn 305). Die Zuwendung käme in diesem Falle dem Gesamtgut zugute. Sollte die zugewendete Sache nur der Gattung nach bestimmt sein (zB bei einer Zuwendung von 100.000 EUR sollen nur 20.000 EUR dem Vorbehaltsgut der Ehefrau zukommen), greift die Verfügungswirkung nicht. Der betreffende Ehegatte hat dann nur einen zum Vorbehaltsgut gehörenden (schuldrechtlichen) Anspruch gegen die Gesamthand auf Übertragung der Summe aus dem ins Gesamtgut fallenden Vermögen in sein Vorbehaltsgut (NK-BGB/Völker § 1418 BGB Rn 9).

10. Entstehung kraft Surrogation (§ 1418 Abs. 2 Nr. 3 BGB)

13 § 1418 Abs. 2 Nr. 3 BGB bestimmt, dass sich der Ehegatte ein **Ersatzstück** für ein in sein Vorbehaltsgut fallendes Eigentum beschaffen und dieses frei verwalten kann (Palandt/Brudermüller § 1418 BGB Rn 5). Das Gesetz beschränkt allerdings die Surrogation auf bestimmte Tatbestände, die in Nr. 3 enumerativ aufgezählt werden. Zu den unter Nr. 3 1. Alt. gehörenden Surrogaten zählt der Erwerb aufgrund eines zum Vorbehaltsgut gehörenden Rechts, der auf Gesetz (Früchte, Zinsen, Zuwachs, Nutzungen nach § 100 BGB) oder Rechtsgeschäft (Miet- oder Pachteinnahmen) beruht. Hiervon ausgeschlossen ist allerdings der originäre Erwerb (Palandt/Brudermüller § 1418 BGB Rn 5). Unter Nr. 2 2. Alt. fällt der Ersatz für die Zerstörung, Beschädigung oder Entziehung eines Gegenstandes des Vorbehaltsgutes (zB Schadensersatzansprüche nach §§ 823 ff BGB, Versicherungsleistungen, Enteignungsentschädigung, Bereicherungsansprüche nach §§ 812 ff BGB). Als 3. Alt. nennt § 1418 Abs. 2 Nr. 3 BGB den Erwerb eines Ersatzstückes durch ein Rechtsgeschäft, wobei sich das Geschäft objektiv auf das Vorbehaltsgut beziehen und der Abschluss für das Vorbehaltsgut (subjektive Komponente) erfolgen muss (Palandt/Brudermüller § 1418 BGB Rn 5). Es ist insoweit ausreichend, dass sich die Absicht, für das Vorbehaltsgut handeln zu wollen, aus den Umständen ergibt. Der Vertragspartner muss nicht erkennen, dass sich das Rechtsgeschäft auf das Vorbehaltsgut bezieht (Langenfeld Kap. 2 Rn 306). Die zu erbringende Gegenleistung ist hingegen nicht zwingend aus dem Vorbehaltsgut zu erbringen (BeckOK/Mayer § 1418 BGB Rn 8; Langenfeld Kap. 2 Rn 306). Beispielhaft sind die Veräußerung von Gegenständen des Vorbehaltsguts, die Abtretung der zum Vorbehaltsgut gehörenden Forderungen oder der Erwerb mit Mitteln des Vorbehaltsgutes zu nennen.

III. Umwandlung des Vorbehaltsguts

14 Vorbehaltsgut kann entweder bei Vereinbarung der Gütergemeinschaft oder auch später begründet werden. Nach der Zuordnung zum Vorbehaltsgut kann es wieder in Gesamtgut umgewandelt werden. Hierfür ist ein ehevertraglicher Nachtrag erforderlich. In seinem Vollzug ist der einzelne Gegenstand nach den jeweiligen sachenrechtlichen Vorschriften (zB Grundstücke durch Auflassung und Eintragung) rechtsgeschäftlich von Vorbehaltsgut in Gesamtgut oder umgekehrt zu übertragen (weiterführend zur Umwandlung des Vorbehaltsguts in Sondergut und umgekehrt s. → *Sondergut* Rn 11 f, in Gesamtgut und umgekehrt s. → *Gesamtgut* Rn 5).

IV. Verwaltung des Vorbehaltsguts (§ 1418 Abs. 3 BGB)

15 Gemäß § 1418 Abs. 3 BGB verwaltet der betreffende Ehegatte sein Vorbehaltsgut selbstständig und auf eigene Rechnung, so dass ihm die Nutzungen zufallen, aber auch die Lasten des Vorbehaltsguts von ihm zu tragen sind.

Rakete-Dombek

V. Eintragung in das Grundbuch

In das Grundbuch ist die Eigenschaft als Vorbehaltsgut nicht eintragungsfähig (MüKo/Kanzleiter § 1418   **16**
BGB Rn 15).

VI. Eintragung in das Güterrechtsregister

Ein Ehegatte kann sich erst dann auf die Zugehörigkeit eines Gegenstandes zu seinem Vorbehaltsgut beru-   **17**
fen, wenn dieser im Güterrechtsregister als solcher eingetragen ist (vgl § 1418 Abs. 4 BGB iVm § 1412
BGB; (s. → *Gütergemeinschaft* Rn 9). Die Ehegatten sollten daher zur **Beweissicherung** die zum Vorbehaltsgut gehörenden Gegenstände auflisten und diese Aufstellung als Anlage zum Ehevertrag nehmen.

VII. Verfahrenshinweise

1. Beweislast

Will sich ein Ehegatte darauf berufen, dass ein Gegenstand seinem Vorbehaltsgut zuzuordnen ist, trägt er   **18**
hierfür die **Beweislast**, da die Zugehörigkeit zum Gesamtgut der vom Gesetz vorgesehene Regelfall ist.
Unklarheiten im Ehevertrag gehen zulasten des beweisbelasteten Ehegatten. Bloße Zweifel an der Zugehörigkeit zum Gesamtgut reichen für die Annahme von Vorbehaltsgut nicht aus (Laumen in: Baumgärtel/
Laumen/Prütting § 1416 BGB Rn 1).

2. Zwangsvollstreckung in das Vorbehaltsgut

Da der betreffende Ehegatte Alleineigentümer des dem Vorbehaltsgut zuzuweisenden Vermögensgegen-   **19**
standes ist, genügt nach § 739 ZPO ein Vollstreckungstitel gegen ihn allein (BeckOK/Mayer § 1418 BGB
Rn 9). Soweit es um den tatsächlichen Besitz geht, sind die tatsächlichen Verhältnisse maßgebend (zB Mitbesitz beider Ehegatten, Alleinbesitz des anderen Ehegatten), so dass über die Verweisung des § 739 Abs. 1
ZPO die Eigentumsvermutungen des § 1362 BGB einschlägig sind.

267. Vormundschaft

Hoffmann

I. Einführung... 1
II. Entstehen und Voraussetzungen einer Vor-
    mundschaft....................................... 3
III. Aufgaben eines Vormunds...................... 8
    1. Wahrnehmen der elterlichen Sorge.............. 8

2. Verhältnis zu den nicht sorgeberechtigten Eltern   9
3. Verhältnis zu Familiengericht und Jugendamt... 12
4. Folgen von Pflichtverletzungen................ 14
IV. Ende einer Vormundschaft..................... 23

I. Einführung

1   Eine Vormundschaft für ein Kind oder einen Jugendlichen (Mündel) wird erforderlich, wenn die Eltern weder in den die Person noch in den das Vermögen betreffenden Angelegenheiten des Kindes oder Jugendlichen zur elterlichen Sorge – zur rechtlichen Vertretung (s. → *Gesetzliche Vertretung Minderjähriger*), zu tatsächlichen Handlungen, zur Erziehung (s. → *Erziehung*) – befugt bzw verpflichtet sind (§ 1773 Abs. 1 BGB). Der Staat muss dem Kind oder Jugendlichen dann im Rahmen seiner öffentlich-rechtlichen Verpflichtung zur **Rechtsfürsorge** anstelle der Eltern eine andere Person an die Seite stellen, die Befugnisse zur Vertretung und zur Wahrnehmung der anderen Befugnisse und Pflichten aus der elterlichen Sorge besitzt. Da die Regelungen zur elterlichen Sorge selbst familienrechtliche und demnach zivilrechtliche Regelungen eines Rechtsverhältnisses zwischen Privaten sind, ist die Tätigkeit eines Vormunds – auch bei einer Vormundschaft des Jugendamts – dem Zivilrecht und nicht dem öffentlichen Recht zuzuordnen.

2   Der Gesetzgeber des BGB fasste das Wahrnehmen der Rechte und Pflichten aus der elterlichen Sorge auch bei Ausfall der Eltern als eine Familienangelegenheit auf. Ein Verein (§ 1791 a BGB) bzw das Jugendamt (§ 1791 b BGB) sind nach den Regelungen im BGB daher vom Familiengericht nur dann als Vormund auszuwählen, wenn keine geeignete **Einzelperson** vorhanden ist, die die Vormundschaft ehrenamtlich führen kann. In der Praxis dominiert die Vormundschaft durch das Jugendamt (**Amtsvormundschaft**). Als juristische Person bedient sich das Jugendamt bei der Führung einer Vormundschaft einer der dort tätigen Fachkräfte, auf die das Amt durch Verwaltungsakt delegiert wird (§ 55 Abs. 2 SGB VIII).

II. Entstehen und Voraussetzungen einer Vormundschaft

3   Die Gründe für das Bestehen eines Vertretungsbedürfnisses (§ 1773 Abs. 1 BGB; vgl insgesamt Oberloskamp/Hoffmann § 6 Rn 7 ff) sind vielfältig. Die Notwendigkeit einer Vertretung ergibt sich unmittelbar aus dem BGB, etwa beim

- Ruhen der elterlichen Sorge wegen **Geschäftsunfähigkeit** eines Elternteils (§ 1673 Abs. 1 BGB);
- Ruhen der elterlichen Sorge wegen **beschränkter Geschäftsfähigkeit** eines Elternteils, also bei einem minderjährigen Elternteil (§ 1673 Abs. 2 S. 1 BGB);
- Ruhen der elterlichen Sorge nach Erteilen der **Einwilligung** in eine **Adoption** (§ 1751 Abs. 1 S. 1 BGB).

4   In den ersten zwei genannten Konstellationen tritt eine **Vormundschaft** des Jugendamts **kraft Gesetzes** ein, wenn nicht vorgeburtlich ein Vormund – etwa ein Großelternteil – bestellt wurde (§ 1791 c Abs. 1 S. 1 BGB). Kein Vertretungsbedürfnis besteht, wenn der andere Elternteil zur Sorge berechtigt ist oder ihm die Sorge zu übertragen ist (§ 1678 BGB, OLG Bamberg 5.1.2011 – 2 UF 204/10, FamRZ 2011, 1072). Nach Erteilen einer Einwilligung in eine Adoption, also in der dritten Konstellation, tritt ebenfalls eine Vormundschaft des Jugendamts kraft Gesetzes ein, wenn nicht bereits vor dem Erteilen der Einwilligung eine Vormundschaft bestand oder der andere Elternteil die elterliche Sorge allein ausübt (§ 1751 c Abs. 1 S. 2 BGB). Eine Vormundschaft des Jugendamts kraft Gesetzes beginnt, sobald die Tatsachen vorliegen, die nach dem Gesetz die Entstehung herbeiführen.

Die **Notwendigkeit einer Vertretung** ergibt sich in Folge einer gerichtlichen Entscheidung etwa nach ei- 5
ner

- familiengerichtlichen Entscheidung, durch die den Eltern die **elterliche Sorge** vollständig **entzogen** wurde (§§ 1666 Abs. 3 Nr. 6, 1666 a BGB);
- familiengerichtlichen Entscheidung, in der festgestellt wurde, dass die elterliche Sorge aus **tatsächlichen Gründen** längere Zeit **nicht ausgeübt** werden kann und sie daher ruht (§ 1674 Abs. 1 BGB).

Ergibt sich die Notwendigkeit einer Vertretung in Folge einer familiengerichtlichen Entscheidung, hat das 6
Familiengericht parallel ein Verfahren zur **Anordnung** einer **Vormundschaft** und zur **Bestellung** eines
Vormunds einzuleiten. Beide Verfahren sind zu unterscheiden und jeweils Kindschaftssachen (§ 151 Nr. 4
FamFG). De lege lata fällt die Bestellung eines Vormunds ausschließlich in den Zuständigkeitsbereich des
Rechtspflegers (§ 3 Nr. 2 a RPflG). In der Praxis erfolgt die Bestellung vielfach durch den Familienrichter.
Dieser Verstoß gegen die funktionale Zuständigkeit ist für die Wirksamkeit der Bestellung unerheblich (§ 8
RPflG). Vor Wirksamwerden des Beschlusses über die Bestellung ist ein Vormund nicht zur Vertretung
befugt (§§ 40 f FamFG).

Andere Anlässe, die zu einem Vertretungsbedürfnis und zur Anordnung einer Vormundschaft und Bestel- 7
lung eines Vormunds durch das Familiengericht führen, sind beispielsweise der Tod beider Elternteile
(§ 1773 Abs. 1 BGB) oder die fehlende Kenntnis von der Person der Eltern bei einer anonymen Geburt
oder der Abgabe des Kindes in einer Babyklappe (§ 1773 Abs. 2 BGB).

III. Aufgaben eines Vormunds

1. Wahrnehmen der elterlichen Sorge

Die Aufgaben eines Vormunds umfassen alle Bestandteile der **Personen**- (s. → *Personensorge*) und **Ver-** 8
mögenssorge (s. → *Vermögenssorge;* § 1793 Abs. 1 BGB). Wie sorgeberechtigte Eltern hat ein Vormund
demnach auch die Pflicht und das Recht, das Kind zu pflegen, zu erziehen, zu beaufsichtigen und seinen
Aufenthalt zu bestimmen. Auch wenn ein Vormund häufiger als Eltern diesen Pflichten durch die Beauftragung Dritter und nicht höchstpersönlich nachkommen wird, ist ein **persönlicher Kontakt** zwischen ihm
und dem Kind oder Jugendlichen unerlässlich. Nach § 1793 Abs. 1 a BGB, § 55 Abs. 3 SGB VIII soll ein
Vormund den Mündel in der Regel einmal im Monat in dessen üblicher Umgebung aufsuchen, es sei denn,
im Einzelfall sind kürzere oder längere Besuchsabstände oder ein anderer Ort geboten (zur Reform vgl
Hoffmann FamRZ 2011, 249, 1185; Sünderhauf JAmt 2010, 405).

2. Verhältnis zu den nicht sorgeberechtigten Eltern

Obgleich ein Vormund allein zur elterlichen Sorge berechtigt ist, besteht generell eine auch rechtlich fun- 9
dierte Verpflichtung zur **Zusammenarbeit** mit den nicht (mehr) zur Sorge berechtigten **Eltern** des Mündels. So besitzen die Eltern regelmäßig weiterhin das Recht und die Pflicht zum Umgang mit ihrem Kind
(§ 1684 Abs. 1 BGB; s. → *Umgangsrecht*), und wird ein Umgang meist dem Kindeswohl dienen (§ 1626
Abs. 3 S. 1 BGB). Bezogen auf Einzelfallentscheidungen in wesentlichen Angelegenheiten wird sich vielfach eine Rücksprache empfehlen, insbesondere, wenn nicht auszuschließen ist, dass die Eltern die elterliche Sorge zu einem späteren Zeitpunkt zurückerhalten werden. Nicht (mehr) zur Sorge berechtigte Eltern
besitzen jedoch keinen Rechtsanspruch auf eine entsprechende Beteiligung durch den Vormund ihres Kindes. Denkbar ist, dass sie Aufsichtsmaßnahmen des Familiengerichts (s. Rn 13) anregen.

Nicht mehr sorgeberechtigte Eltern haben gegenüber dem Vormund bzw der Person, in deren Obhut sich 10
ihr Kind befindet, bei einem berechtigten Interesse einen **Anspruch auf Auskunft** über die persönlichen
Verhältnisse des Kindes (§ 1686 S. 1 BGB; s. → *Auskunft über die persönlichen Verhältnisse*). Besteht ein
Auskunftsanspruch, ist eine Übermittlung von Daten des Kindes bei einer Amtsvormundschaft erforderlich
im Sinne des § 68 Abs. 1 SGB VIII.

Bezogen auf die über den nicht zur Sorge berechtigten Elternteil in den Akten des Jugendamts als Amts- 11
vormund vorhandenen Daten gilt, dass sich das Ermessen der die Vormundschaft führenden Fachkraft im

Hinblick auf das Grundrecht auf informationelle Selbstbestimmung regelmäßig auf Null reduzieren wird, und von einem Rechtsanspruch des Elternteils auf Einblick in die über ihn in den Akten des Jugendamts als Amtsvormund vorhandenen Daten auszugehen ist, sofern nicht Rechte Dritter – und zu diesen Dritten zählt auch das Kind – durch die Information bzw Akteneinsicht beeinträchtigt werden. Berechtigte Interessen des Kindes können etwa entgegenstehen, wenn die Akten Angaben des Kindes über einen sexuellen Missbrauch durch die Eltern oder einen Elternteil enthalten.

3. Verhältnis zu Familiengericht und Jugendamt

12 Ein Vormund, auch ein Berufsvormund, hat einen Anspruch auf **Beratung** und **Unterstützung** sowohl durch das Jugendamt (§ 53 Abs. 2 SGB VIII) als auch durch das Familiengericht (§ 1837 Abs. 1 BGB; ausführlich Hoffmann JAmt 2011, 299). Gegenüber dem Jugendamt bezieht sich der Anspruch auf alle rechtlichen, erzieherischen und wirtschaftlichen Aspekte der Führung einer Vormundschaft. Das Familiengericht berät über Rechtsfragen.

13 Vormünder unterliegen einer **Aufsicht** des **Familiengerichts** (§ 1837 Abs. 2 S. 1 BGB; ausführlich Hoffmann JAmt 2011, 299). Zudem sind sie zur jährlichen Rechnungslegung und zu einem jährlichen Bericht über die persönlichen Verhältnisse des Mündels verpflichtet (§ 1840 BGB). Nach § 53 Abs. 3 SGB VIII hat auch das Jugendamt darauf zu achten, dass Vormünder ihren gesetzlichen Verpflichtungen nachkommen. Das Familiengericht kann zur Aufsicht über den Vormund ergänzend einen **Gegenvormund** bestellen, der neben dem Familiengericht und dem Jugendamt verpflichtet ist, darauf zu achten, dass der Vormund sein Amt pflichtgemäß führt (§§ 1792, 1799 BGB). Die ergänzende Aufsicht des Gegenvormunds bezieht sich insbesondere auf Angelegenheiten der Vermögens-, die des Jugendamts auf solche der Personensorge.

4. Folgen von Pflichtverletzungen

14 Handelt ein Vormund pflichtwidrig und setzt er sein Verhalten auch nach Belehrung durch das Familiengericht fort, hat das Familiengericht mit geeigneten **Ge-** und **Verboten** einzuschreiten (§ 1837 Abs. 2 S. 1 BGB), kann durch Festsetzen von Zwangsgeld zur Befolgung seiner Anordnungen anhalten (§ 1837 Abs. 3 S. 1 BGB) oder den Vormund entlassen (§ 1886 BGB; ausführlich Hoffmann JAmt 2011, 299).

15 Entsteht durch eine Pflichtverletzung ein **Schaden**, ist der Vormund dem **Mündel** für den Schaden verantwortlich (s. → *Haftung der gesetzlichen Vertreter*), wenn ihn ein Verschulden trifft (§ 1833 Abs. 1 S. 1 BGB vgl insgesamt Oberloskamp/Hoffmann § 4 Rn 19 ff). Daneben kann nach allgemeinen Regeln § 823 Abs. 1 BGB Anspruchsgrundlage eines Schadensersatzanspruchs sein. Wie sorgeberechtigten Eltern kommt einem Vormund eine Haftungserleichterung zu Gute, wenn er das Mündel für längere Zeit in seinen Haushalt aufgenommen hat (§§ 1793 Abs. 1 S. 3, 1664 BGB). Er hat dann nur für die Sorgfalt einzustehen, die er auch in eigenen Angelegenheiten anzuwenden pflegt.

16 Delegiert ein Vormund seine Aufgaben auf Dritte, ist Art und Umfang der Haftung davon abhängig, welche Aufgaben zur Ausübung übertragen wurden: Bei nicht delegierbaren, an sich durch einen Vormund höchstpersönlich wahrzunehmende Aufgaben, haftet ein Vormund bei einer Schädigung von Rechtsgütern des Mündels durch den Dritten nicht für das Verschulden des Dritten, sondern für eigenes Verschulden, nämlich für die unzulässige Delegation.

17 War die **Delegation** von Aufgaben **zulässig**, haftet der Vormund nach Maßgabe des § 278 BGB, da er sich des Dritten zur Erfüllung seiner Pflichten bedient. Nach § 278 BGB hat er demnach ein Verschulden des Dritten im gleichen Umfang wie eigenes Verschulden zu vertreten. Delegiert ein Vormund hingegen Tätigkeiten, die er selbst nicht vornehmen kann oder darf – beispielsweise Ärzten oder Rechtsanwälten vorbehaltene Tätigkeiten –, haftet er nach überwiegender Ansicht nur für die sorgfältige Auswahl, Information und Kontrolle des Dritten. Der Dritte selbst haftet nach allgemeinen Regeln gegenüber dem Kind oder Jugendlichen für jedes Verschulden.

18 Zwischen dem **Vormund** und dem **Dritten** bestehen in der Regel keine schuldrechtlichen Ansprüche, da der Vormund als gesetzlicher Vertreter im Namen des Kindes oder Jugendlichen, demnach „im fremden

Namen" handelt. Die Wirkungen des rechtsgeschäftlichen Handelns des Vormunds als gesetzlichem Vertreter treffen dann allein sein Mündel.

Ausnahmsweise bestehen **Ansprüche Dritter unmittelbar gegenüber einem Vormund**, nämlich wenn   19

– bei Vertragsschluss für den Dritten nicht erkennbar war, dass der Vormund für das Mündel, also in fremdem Namen, handeln wollte,
– wenn ein Vormund ein besonderes persönliches Vertrauen in Anspruch genommen oder ein unmittelbares Eigeninteresse an dem Vertrag hatte oder
– wenn ein Vormund nicht im Rahmen seiner Vertretungsmacht gehandelt hat.

Zudem kommt eine Haftung nach § 832 Abs. 1 BGB wegen **Verletzung von Aufsichtspflichten** in Betracht, wenn das Mündel einen Dritten widerrechtlich schädigt, denn Vormünder sind wie zur Personensorge berechtigte Eltern kraft Gesetzes zur Aufsicht über das Kind oder den Jugendlichen verpflichtet (§ 1631 Abs. 1 BGB). In Ausnahmefällen kann auch eine Haftung des Vormunds wegen Verletzung von Verkehrssicherungspflichten nach § 823 Abs. 1 BGB in Betracht kommen, nämlich dann, wenn sich das Mündel aufgrund seiner Persönlichkeitseigenschaften als eine potenzielle Gefahr für Rechtsgüter Dritter darstellt – etwa bei einer bekannten Neigung zum Zündeln.   20

Wurde das Jugendamt zum Vormund bestellt bzw ist es kraft Gesetzes Vormund geworden, haftet die mit der Wahrnehmung der Amtsvormundschaft betraute Fachkraft weder dem Mündel noch einem Dritten unmittelbar. Gegenüber dem Mündel oder Dritten haftet bei einer Pflichtverletzung durch die Fachkraft vielmehr allein das Jugendamt – bzw der öffentliche Träger der Jugendhilfe – im Rahmen der **Amtshaftung** (§ 839 BGB, Art. 34 S. 2 GG).   21

Ein Vormund bzw bei einer Vormundschaft des Jugendamts die Fachkraft, auf die das Amt delegiert wurde, besitzt aufgrund seines/ihres Rechts und seiner/ihrer Pflicht zur elterlichen Sorge wie zur Sorge berechtigte Eltern eine **strafrechtliche Garantenstellung** (§ 13 StGB) gegenüber dem Mündel (§§ 1793 Abs. 1, 1797, 1800, 1626 BGB). Ein Vormund kann sich daher auch strafbar machen, wenn sein Unterlassen und nicht sein Handeln zur Verwirklichung eines Straftatbestands führt (vgl insgesamt Oberloskamp/Hoffmann § 6 Rn 34 ff). Wie die elterliche Sorge so ist auch die auf ihr beruhende Garantenstellung nicht auf Dritte übertragbar. Mit der Beauftragung eines Dritten entstehen beim Dritten eine eigene Garantenstellung und selbstständige Garantenpflichten. Der Inhalt der Garantenpflichten des Vormunds verändert sich. Er hat zunächst die Pflicht zur sorgfältigen Auswahl und Information des Dritten, während der Aufgabenwahrnehmung dann zu dessen Kontrolle und Überwachung. Daneben kommt eine Strafbarkeit wegen Verletzens von Fürsorge- und Erziehungspflicht in Betracht (§ 171 StGB).   22

IV. Ende einer Vormundschaft

Eine Vormundschaft endet **kraft Gesetzes,** sobald ihr Anlass wegfällt (§ 1882 BGB). Das Familiengericht hat das Ende der Vormundschaft von Amts wegen deklaratorisch festzustellen. Teilweise entfällt der Anlass selbst nur durch familiengerichtliche Entscheidung. Das Ende der Vormundschaft für ein Mündel ist vom Ende der Führung der Vormundschaft durch einen bestimmten Vormund – etwa beim Wechsel von einer Amtsvormundschaft des Jugendamts zur Vormundschaft durch einen Einzelvormund – zu unterscheiden. Mit dem Ende der Führung der Vormundschaft durch einen bestimmten Vormund enden nur dessen Rechte und Pflichten, jedoch nicht die angeordnete Vormundschaft an sich.   23

Die Vormundschaft **endet** etwa mit/nach   24

– dem Tod des Mündels;
– dem Erreichen der Volljährigkeit durch das Mündel – auch dann, wenn dem nunmehr Volljährigen ein Betreuer zu bestellen ist (§§ 1896 Abs. 1, 1908 a BGB);
– (Wieder-)Erlangen der unbeschränkten Geschäftsfähigkeit (§ 1675 BGB);
– gerichtlicher Feststellung, dass der Grund des Ruhens für die tatsächliche Verhinderung in der Ausübung der elterlichen Sorge nicht mehr besteht (§ 1674 Abs. 2 BGB);

– gerichtlicher Rückübertragung der elterlichen Sorge (§ 1696 Abs. 2 BGB) bei vorherigem Entzug der elterlichen Sorge (§§ 1666, 1666 a BGB).

25 Nach Vollendung des 18. Lebensjahres hat das **vormalige Mündel** bei einer Amtsvormundschaft einen **Anspruch auf Information**, sofern nicht berechtigte Interessen Dritter entgegenstehen (§ 68 Abs. 3 S. 1 SGB VIII). Einem noch Minderjährigen, für den eine Vormundschaft bestand, können die über ihn gespeicherten Informationen bekannt gegeben werden, soweit er die erforderliche Einsichts- und Urteilsfähigkeit besitzt und berechtigte Interessen Dritter nicht entgegenstehen (§ 68 Abs. 3 S. 2 SGB VIII). Vor dem Hintergrund des Grundrechts auf informationelle Selbstbestimmung wird das Ermessen in der Regel nur bei einer Information auch des noch Minderjährigen ermessensfehlerfrei ausgeübt, sofern nicht Interessen Dritter entgegenstehen.

26 Hinsichtlich Akteneinsicht, Information und Weitergabe von Unterlagen eines Amtsvormunds an **Eltern**, die nach Ende einer Vormundschaft wieder Inhaber der elterlichen Sorge für ein ehemaliges Mündel sind, finden sich keine gesonderten Regelungen im SGB VIII. Grundsätzlich unterliegen Akteneinsicht und Information sowohl im Hinblick auf Daten des Kindes als auch auf Daten der Eltern auch nach dem Ende der Vormundschaft dem Erforderlichkeitsprinzip (§ 68 Abs. 1 SGB VIII), und ist das Grundrecht der Eltern auf informationelle Selbstbestimmung zu beachten. Eltern, die für ihr minderjähriges Kind wieder Sorgeberechtigte sind, können zudem einen Anspruch auf Herausgabe bestimmter Unterlagen, etwa von Unterhaltstiteln, aufgrund anderer Normen, insbesondere nach § 810 BGB haben. Bezogen auf persönliche Daten des Kindes ist zu beachten, dass bestimmte Daten dann, wenn das Kind im Hinblick auf sein Grundrecht auf informationelle Selbstbestimmung bereits selbst einsichts- und urteilsfähig ist, nur mit dessen Einwilligung an seine Eltern übermittelt werden dürfen.

27 Nach der Beendigung seines Amts hat der Vormund dem Mündel das verwaltete Vermögen herauszugeben, über die Verwaltung **Rechenschaft** abzulegen (§ 1890 S. 1 BGB) und seine **Schlussrechnung** dem Familiengericht einzureichen (§ 1892 Abs. 1 BGB). Die Erforderlichkeit des Einreichens einer Schlussrechnung entfällt, wenn während der Vormundschaft zu keinem Zeitpunkt Mündelvermögen zu verwalten war.

268. Vorpfändung

Grandel

I. Einführung 1
II. Anwendungsbereich der Vorpfändung 2
III. Voraussetzungen der Vorpfändung 3
IV. Durchführung der Vorpfändung 5
V. Wirkung der Vorpfändung 8
VI. Rechtsbehelfe und Kosten 13

I. Einführung

Die Vorpfändung ist kein staatlicher Hoheitsakt, sondern eine **private Vollstreckungsmaßnahme** des 1
Gläubigers. Sie kann eingesetzt werden, um zeitliche Verzögerungen bis zum Erlass des Pfändungsbeschlusses und seiner Zustellung zu überbrücken.

II. Anwendungsbereich der Vorpfändung

Die Vorpfändung soll **einen nachfolgenden Pfändungs- und Überweisungsbeschluss rangmäßig absi-** 2
chern. Daher kommt sie nur in den Fällen in Betracht, in denen ein Pfändungs- und Überweisungsbeschluss ergehen kann, also nur bei der Vollstreckung wegen Geldforderungen in Geldforderungen (§ 829
ZPO) und sonstige Rechte (§ 857 ZPO), auch bei Hypothekenforderungen (§ 830 ZPO) und Herausgabeansprüchen. Sie ist nicht möglich bei der Zwangsvollstreckung in das unbewegliche Vermögen (§ 865 ZPO)
und bei Pfändung indossabler Papiere (§ 831 ZPO), für die der Gerichtsvollzieher zuständig ist. Sie ist auch
im Rahmen einer Sicherungsvollstreckung möglich, ohne dass die im Titel angeordnete Sicherheitsleistung
vorher erbracht sein muss (OLG Rostock 21.3.2006 – 3 U 18/06, JurBüro 2006, 382).

III. Voraussetzungen der Vorpfändung

– Es muss ein **vollstreckbarer Schuldtitel wegen einer Geldforderung** bestehen. Es braucht weder eine 3
vollstreckbare Ausfertigung bereits erteilt, noch muss der Titel zugestellt sein (§ 802 a Abs. 2 Nr. 5
ZPO). Es müssen jedoch die besonderen Voraussetzungen für die Vollstreckung erfüllt sein, zB der Bedingungseintritt (§ 726 ZPO), Zug um Zug Leistung (§ 765 ZPO) oder Ablauf des Kalendertages (§ 751
Abs. 1 ZPO). Eine im Titel angeordnete Sicherheitsleistung muss nicht erbracht werden, soweit eine
Sicherungsvollstreckung (§ 720 a ZPO) möglich ist (s. → *Sicherungsvollstreckung*). Nach hM brauchen
auch die Wartefristen der §§ 750 Abs. 3, 798 ZPO nicht eingehalten werden (KG 19.12.1980 – 1 W
3074/80, MDR 1981, 412; LG Frankfurt/M. 8.9.1982 – 2/9 T 793/82, RPfleger 1983, 32).
– Der Gläubiger muss die zu pfändende **Forderung hinreichend bestimmt** bezeichnen, sonst geht die
Vorpfändung ins Leere (BGH 7.4.2005 – IX ZR 258/01, NJW-RR 2005, 1361). Künftige Forderungen
können von der Vorpfändung erfasst werden, wenn sie zur Zeit der Zustellung pfändbar sind. Wie bei
einem Pfändungs- und Überweisungsbeschluss muss aus der Vorpfändung dann erkennbar sein, dass
sie sich auf eine künftige Forderung erstreckt. **Künftige Forderungen** sind pfändbar, wenn zur Zeit der
Pfändung bereits ein Rechtsverhältnis zwischen Schuldner und Drittschuldner besteht, das eine hinreichende Konkretisierung des künftigen Anspruchs erlaubt (BGH 31.10.2003 – IXa ZB 200/03, NJW
2004, 369; HK-ZV/Bendtsen § 829 ZPO Rn 19).

Auch eine **aufschiebend bedingte Forderung** kann gepfändet werden. Ansprüche im Sinne des § 850 b 4
Abs. 1 ZPO oder des § 54 Abs. 2 SGB I können unter zusätzlichen Voraussetzungen gepfändet werden (erfolglose Vollstreckung und Billigkeitsprüfung). Es ist streitig, ob die Vorpfändung solcher bedingt pfändbaren Ansprüche zulässig ist, weil eine gerichtliche Anordnung der Pfändbarkeit fehlt (für die Pfändbarkeit
HK-ZV/Bendtsen § 845 ZPO Rn 10; aA Musielak/Becker § 845 ZPO Rn 2; Stöber, Forderungspfändung,
2010, Rn 1034).

IV. Durchführung der Vorpfändung

Zuständig ist der **Gläubiger**. Er kann die Benachrichtigung der bevorstehenden Pfändung entweder selbst 5
erstellen oder den Gerichtsvollzieher mit der Erstellung beauftragen. Der Gläubiger kann den Gerichtsvoll-

zieher auch beauftragen, er solle ihm nach § 806 a ZPO bekanntgewordene Forderungen vorläufig pfänden. Bei Anfertigung der Vorpfändungserklärung durch den Gerichtsvollzieher liegt hoheitliches Handeln vor. Daher muss er in diesem Fall auch die Voraussetzungen der Vorpfändung, das Vorliegen von Pfändungsverboten oder Beschränkungen von Amts wegen prüfen und die Vorpfändung gegebenenfalls ablehnen (Musielak/Becker § 845 ZPO Rn 3). Diese Prüfungspflicht besteht nicht, wenn der Gerichtsvollzieher nur die vom Gläubiger erstellte Benachrichtigung zustellt.

6 Die Vorpfändungserklärung muss **schriftlich** sein und zwingend **über den Gerichtsvollzieher** dem Drittschuldner und dem Schuldner **zugestellt** werden. Die Zustellung an den Schuldner im Ausland erfolgt durch Aufgabe zur Post (§ 845 Abs. 1 S. 3 ZPO). Die **Erklärung** muss beinhalten:

   – Angabe des vollstreckbaren Titels und der vollstreckten Forderung;
   – hinreichend bestimmte Bezeichnung der gepfändeten Forderung;
   – Benachrichtigung, dass die Pfändung bevorsteht;
   – Aufforderung an den Drittschuldner, nicht mehr an den Schuldner zu zahlen;
   – Aufforderung an den Schuldner, nicht mehr über die Forderung zu verfügen.

Mängel der Erklärung führen – von kleinen Ungenauigkeiten abgesehen – zu unheilbarer Nichtigkeit (Musielak/Becker § 845 ZPO Rn 3; MüKo-ZPO/Smid § 845 ZPO Rn 6).

7 Die **Zustellung an den Drittschuldner** erfolgt gemäß §§ 191 ff ZPO durch den Gerichtsvollzieher. Ist ein Drittschuldner nicht vorhanden, gilt § 857 Abs. 2 ZPO. Eine öffentliche Zustellung an den Drittschuldner widerspricht dem Zweck der Vorpfändung und scheidet daher aus (Musielak/Becker § 845 ZPO Rn 4). Die Vorpfändung muss auch dem Schuldner zugestellt werden. Ihm muss auch eine Abschrift der Urkunde über die Zustellung an den Drittschuldner zugestellt werden, damit er Kenntnis vom Beginn der Monatsfrist des § 845 Abs. 2 S. 1 ZPO hat (Musielak/Becker § 845 ZPO Rn 5; aA Zöller/Stöber § 845 ZPO Rn 3).

V. Wirkung der Vorpfändung

8 Die Vorpfändung **wird mit der Zustellung** an den Drittschuldner **wirksam**. Eine fehlerhafte oder fehlende Zustellung an den Schuldner ist ohne Bedeutung (entsprechend § 829 Abs. 3 ZPO). Die Vorpfändung hat die Wirkung einer bedingten Arrestpfändung (§ 930 ZPO), falls innerhalb der Monatsfrist des § 845 Abs. 2 ZPO ein Pfändungs- und Überweisungsbeschluss nachfolgt. Es entstehen Verstrickung und Pfändungspfandrecht mit dem Rang zum Zeitpunkt der Vorpfändung (§ 804 Abs. 3 ZPO). Eine Sicherungspfändung (§ 720 a ZPO) ist ausreichend. Der gerichtliche Pfändungsbeschluss muss wegen derselben Forderung ergehen, die der Vorpfändung zugrunde liegt. Ist die Forderungshöhe im Pfändungs- und Überweisungsbeschluss höher als in der Vorpfändung, erstreckt sich der Rangvorteil der Vorpfändung nur auf den Forderungsbetrag der Vorpfändung. Wegen des überschießenden Teils verbleibt es beim Rang im Zeitpunkt der Zustellung des Pfändungs- und Überweisungsbeschlusses (BGH 8.5.2001 – IX ZR 9/99, NJW 2001, 2976).

9 Der Gläubiger ist durch die Vorpfändung nicht geschützt, wenn die gepfändete Forderung nachträglich **unpfändbar** wird. Wird deswegen der Pfändungs- und Überweisungsbeschluss aufgehoben, entfällt auch die Vorpfändung (Musielak/Becker § 845 ZPO Rn 7).

10 Unschädlich ist es, wenn der Schuldner zwischen Vorpfändung und Zustellung des Pfändungs- und Überweisungsbeschlusses über die gepfändete Forderung widerrechtlich verfügt und die Pfändung ins Leere gehen würde, weil das Pfändungspfandrecht bereits entstanden ist (Musielak/Becker § 845 ZPO Rn 7).

11 Die **Monatsfrist** wird gemäß § 222 ZPO, § 187 BGB berechnet. Wird sie versäumt, wird die Vorpfändung rückwirkend wirkungslos. Leistet der Drittschuldner verfrüht, tut er es auf eigenes Risiko, da § 408 Abs. 2 BGB nicht anwendbar ist (LG Hildesheim 8.12.1987 – 3 O 393/87, NJW 1988, 1916).

12 Die Monatsfrist ist als gesetzliche Frist **nicht verlängerbar** (§ 224 Abs. 2 ZPO). Die Vorpfändung kann aber **beliebig oft wiederholt** werden. Die Rangwirkung gilt aber nur für die Vorpfändung, die innerhalb der Monatsfrist liegt (Thomas/Putzo/Seiler § 845 ZPO Rn 9). Die Vorpfändung schützt den Gläubiger nicht, wenn sie zwar früher als drei Monate vor der Insolvenzeröffnung des Schuldners ausgebracht wurde,

der Pfändungs- und Überweisungsbeschluss aber in die Frist des § 131 InsO fällt. Die Anfechtung richtet sich dann insgesamt nach § 131 InsO (BGH 23.3.2006 – IX ZR 116/03, NJW 2006, 1870). Die Vorpfändung verliert auch ihre Wirkung, wenn der Pfändungs- und Überweisungsbeschluss wegen der Eröffnung des Insolvenzverfahrens unzulässig wird (Cirullies, Vollstreckung in Familiensachen, 2009 Rn 232).

VI. Rechtsbehelfe und Kosten

Bei Verfahrensmängeln können Schuldner und Drittschuldner **Erinnerung** gemäß § 766 ZPO einlegen. Mit einem wirksamen und fristgerechten Pfändungs- und Überweisungsbeschluss entfällt grundsätzlich das Rechtsschutzinteresse einer Anfechtung der Vorpfändung. Ausnahmsweise besteht es aber fort, wenn der Rechtsbehelf auf die Beseitigung der Rangwirkung abzielt. 13

Die **Kosten** der Vorpfändung sind als Kosten der Zwangsvollstreckung gemäß § 788 ZPO erstattungsfähig, wenn sie notwendig waren, was im Einzelfall zu beurteilen ist. 14

269. Vorsorgevollmacht (auch als Teil einer Generalvollmacht)

Reetz

I. Begriff und Subsidiarität der Betreuung........	1	VII. Präventive Verwendungskontrolle..............	17
II. Volljähriger, geschäfts- bzw einwilligungsfähi-		VIII. Bezeichnung der Vollmachtsgegenstände	
ger Vollmachtgeber............................	5	(Benennungsgebot)............................	22
III. Ein Bevollmächtigter oder mehrere Bevollmäch-		1. Allgemeines................................	22
tigte...	7	2. Gesundheitliche Fürsorge und Selbstbestim-	
IV. Formfragen.....................................	10	mungsrecht...................................	23
V. Grundverhältnis (Innenverhältnisabrede).......	13	3. Vermögens- und sonstige Angelegenheiten.....	27
VI. Kontroll- oder Überwachungsbetreuung........	15	IX. Widerruf..	31

I. Begriff und Subsidiarität der Betreuung

1 Die Erteilung einer **Vorsorgevollmacht** (auch im Rahmen einer umfassenden Generalvollmacht) ist als Teil rechtsgeschäftlicher **Betreuungsvorsorge** Ausdruck des **Selbstbestimmungsrechts** und der **Subsidiarität der Betreuung** (§ 1896 Abs. 2 S. 2 BGB – vgl Perau MittRhNotK 1996, 285, 292; Dodegge FPR 2008, 591; Palandt/Götz § 1896 BGB Rn 12; Formulare: Kersten/Bühling/Kordel § 96 Rn 23 ff; Müller, Würzburger Nothdb., Rn 1 ff; Müller/Renner Rn 778 ff; Keilbach DNotZ 2004, 164 u. 751; Renner/Spanl Rpfleger 2007, 367; Münch/Renner, FamR in der Notar- und Gestaltungspraxis, § 16 Rn 1 ff; Wurm/Wagner/Zartmann/Dorsel, Rechtsformularbuch, 16. Aufl. 2011, Kap. 80 Rn 1 ff; Bergschneider/Winkler, Beck'sches Formularbuch Familienrecht, Form. S. V.1). Die Vorsorgevollmacht begründet zugleich den Ausnahmefall eines gesetzlich zugelassenen Vertreterhandelns in Aufgabenkreisen, die grundsätzlich höchstpersönlicher Natur (gesundheitliche Fürsorge, körperliche Unversehrtheit, Selbstbestimmung, Aufenthaltseinschränkung und -bestimmung) sind. Es handelt sich um die Vornahme rechtsgeschäftsähnlicher Erklärungen oder tatsächlicher Handlungen, bei denen weniger der rechtsgeschäftliche als der **natürliche Wille** maßgebend ist (BGH 28.6.1988 – VI ZR 288/87, Z 105, 45, 47 f). Berechtigt die Vollmacht auch zu Vertreterhandeln in typischerweise rechtsgeschäftlichen oder rechtsgeschäftsähnlichen Aufgabenkreisen, spricht die Praxis von einer „**General- und Vorsorgevollmacht**". Die **Erteilung der Vollmacht selbst** erfolgt regelmäßig als **Innenvollmacht**; einer Annahme durch den Bevollmächtigten bedarf es nicht.

2 Der **Grundsatz der Subsidiarität der Betreuung** gegenüber einer rechtsgeschäftlich erteilten Vollmacht greift indes nur, wenn der Umfang der Vollmacht nach Inhalt, Reichweite und Form (zB § 29 GBO, § 12 HGB, ggf § 311 b Abs. 1 BGB) ausreichend ist. Die Betreuung kann trotz bestehender Vollmachten erforderlich sein, wenn sich die wirksam erteilten Vollmachten widersprechen (vgl OLG München 5.6.2009 – 33 Wx 278, 279/08, NJW-RR 2009, 1599 Leitsatz 3). Zudem steht eine Vorsorgevollmacht der ggf erforderlichen Bestellung eines Betreuers auch dann nicht entgegen, wenn der **Bevollmächtigte ungeeignet** ist, die Angelegenheiten des Betroffenen zu besorgen, insbesondere wenn substantiiert und konkret zu befürchten ist, dass die Wahrnehmung der Interessen des Betroffenen durch den Bevollmächtigten eine konkrete Gefahr für dessen Wohl begründet (zB unredliche Vermögensverwendung, häusliche Verwahrlosung). Allerdings kann der Grundsatz der Subsidiarität nicht einfach deshalb beiseitegeschoben werden, weil ein Betreuer die Angelegenheiten des Vollmachtgebers vermeintlich oder sogar tatsächlich besser erledigen könnte (OLG Brandenburg 10.3.2005 – 11 Wx 3/05, NJW 2005, 1587). U.a. zur **Herstellung der Deckungsgleichheit der Aufgabenkreise** sind die Bestimmungen für den Betreuer auf den Bevollmächtigten „entsprechend" anzuwenden (vgl §§ 1901 a Abs. 5, 1901 b Abs. 3, 1904 Abs. 5, 1906 Abs. 5 BGB).

3 Im Rahmen einer Vorsorgevollmacht ist eine Vertretung in Angelegenheiten ausgeschlossen, die aufgrund gesetzlicher Anordnung oder der Sache nach nur durch den Vertretenen selbst, nämlich **höchstpersönlich** oder an seiner Stelle **nur durch einen gesetzlichen Vertreter** vorgenommen werden können. Betroffen sind Erklärungen nach §§ 1311, 1596 Abs. 4, 1600 a Abs. 1; 1626 c, 1750 Abs. 3; 1752; 1760 Abs. 5; 1901 a Abs. 1; 2064 (2254 iVm 2064); 2256 Abs. 2; 2274; 2282 Abs. 1; 2296 Abs. 1; 2347 Abs. 2; 2351 BGB; § 1 LPartG; Abgabe **eidesstattlicher Versicherungen** nach § 2356 Abs. 2 BGB zur Erteilung eines Erbscheins (aA wohl Zimmer ZEV 2013, 307, 310 mwN). Insbesondere bei den praxisrelevanten Fällen des **Pflichtteilsverzichts** (§ 2347 Abs. 2 BGB) als abstraktem erbrechtlichen Verfügungsgeschäfts unter

Lebenden auf den Todesfall ist die rechtsgeschäftliche Vertretung des Erblassers ausgeschlossen (zuletzt OLG Düsseldorf 21.6.2011 – 3 Wx 56/11, ZEV 2011, 529 m.Anm. Weidlich). Die Pflicht zur Abgabe **höchstpersönlicher Versicherungen** bei bestimmten Anmeldungen zum Handelsregister ergibt sich aus §§ 8 Abs. 2, Abs. 3, 39 Abs. 3, 57 Abs. 2, 67 Abs. 4 GmbHG, §§ 37 Abs. 2, 81 Abs. 3, 188 Abs. 2, 266 Abs. 3 AktG, § 16 Abs. 2 S. 1 UmwG. Keine Vertretung ist wohl möglich bei der Errichtung eines Pfändungsschutzkontos nach § 850 k ZPO; Zweifel bestehen bei der Abgabe der Steuererklärung durch einen Bevollmächtigten (Münch/Renner, FamR in der Notar- und Gestaltungspraxis, § 16 Rn 100 f mwN).

Keine Höchstpersönlichkeit gilt jedoch für die **Erbausschlagung** aufgrund einer Vorsorgevollmacht (ver-   4
wirrend OLG Zweibrücken 13.11.2007 – 3 W 198/07, DNotZ 2008, 384 mit zutr. und klarstellender Anm. von Müller; s. auch Schmidt ZNotP 2008, 301). Im Rahmen der wechselbezüglichen Bindung bei einem gemeinschaftlichen Testament soll allerdings nur der überlebende Ehegatte selbst zur Ausschlagung mit der in § 2271 Abs. 2 S. 1 BGB geregelten Wirkung berechtigt sein (MüKo/Musielak § 2271 BGB Rn 22; aA wohl Zimmer ZEV 2013, 307). Rechtsgeschäftliche und nicht nur gesetzliche Vertretung ist wiederum möglich bei der **Empfangnahme der Widerrufserklärung** (vgl § 131 Abs. 1 BGB) **bei einem gemeinschaftlichen Testament** für den geschäftsunfähigen Ehegatten (LG Leipzig 1.10.2009 – 4 T 549/08, ZErb 2009, 360; Keim ZEV 2010, 358, 359; Bamberger/Roth/Litzenburger § 2271 BGB Rn 14 c; Helms DNotZ 2003, 104, 106; Vollmer ZErb 2007, 135, 236; aA Damrau/Bittler ZErb 2004, 77). Auch die Erklärung des **Rücktritts vom Erbvertrag** nach § 2296 Abs. 2 BGB kann gegenüber einem Bevollmächtigten des Vertragspartners zulässigerweise erfolgen. Anders als der gesetzliche Vertreter (zB Betreuer) kann der Bevollmächtigte von den Beschränkungen des § 181 BGB befreit werden. Die **Anordnung der Ausgleichung** von Zuwendungen nach § 2050 Abs. 3 BGB muss ebenfalls nicht höchstpersönlich erfolgen (DNotI-Report 2011, 43).

II. Volljähriger, geschäfts- bzw einwilligungsfähiger Vollmachtgeber

Die Vorsorgevollmacht wird von einem volljährigen Vollmachtgeber für den Fall seiner **künftigen Ge-**   5
schäftsunfähigkeit oder Hilfsbedürftigkeit erteilt (Palandt/Götz § 1896 BGB Rn 4 ff). Im Erteilungszeitpunkt muss (zumindest partielle) Geschäftsfähigkeit gegeben sein. Für Einzelbereiche nichtvermögensrechtlicher Angelegenheiten, insbesondere für die Ermächtigung zur Einwilligung in medizinische oder freiheitsentziehende Maßnahmen, die typischerweise Gegenstand einer Patientenverfügung sind, reicht **natürliche Einsichts- und Steuerungsfähigkeit** („Einwilligungsfähigkeit") aus.

Bei einem Volljährigen ist die **Geschäftsfähigkeit als Regel zu unterstellen**; hiervon kann selbstverständ-   6
lich auch der Notar bei einer Vollmachtserteilung vor ihm ausgehen. Die Unwirksamkeit der Vollmachtserteilung kann nicht schematisch für den Fall angenommen werden, dass selbst nach sachverständiger Begutachtung die Geschäftsfähigkeit zum Erteilungszeitpunkt nicht positiv festgestellt werden kann und erhebliche Zweifel bestehen bleiben (so aber BayObLG 25.11.1993 – 3 Z BR 190/93, FamRZ 1994, 720; hiergegen zutreffend OLG München 5.6.2009 – 33 Wx 278, 279/08, NJW-RR 2009, 1599). Ausnahmsweise geschäftsunfähig (**§ 104 Nr. 2 BGB**) sind Volljährige, wenn sie an einer krankhaften Störung der Geistestätigkeit leiden; hierbei ist es gleichgültig, unter welchem medizinischen Begriff die Störung fällt. Die krankhafte Störung der Geistestätigkeit darf zudem nicht vorübergehender Natur sein; sie muss vielmehr **Dauerzustand** sein und die freie Willensbestimmung gerade **im Zeitpunkt der Vollmachtserteilung** ausschließen. Bloße **Willensschwäche** oder **leichte Beeinflussbarkeit** genügen gerade nicht, ebenso wenig das Unvermögen, die Tragweite der abgegebenen Willenserklärung zu erfassen (vgl BGH 19.10.1960 – V ZR 103/59, NJW 1961, 261; OLG München 5.6.2009 – 33 Wx 278, 279/08, NJW-RR 2009, 1599). Andererseits kann die übermäßig krankhafte Beherrschung durch den Willen anderer einen Fall des § 104 Nr. 2 BGB begründen (vgl OLG Düsseldorf 6.3.1998 – 7 U 210/95, FamRZ 1998, 1064). Überzogen ist es jedenfalls, wenn als Ausweis hinreichender kognitiver Fähigkeiten – im Sinne einer notwendigen Basis der Geschäftsfähigkeit – der Nachweis verlangt wird, dass der Vollmachtgeber im Zeitpunkt der Vollmachtserteilung tatsächlich jede Einzelheit der Urkunde bzw der hierauf bezogenen Erläuterungen des Notars verstanden haben muss. Hat der Vollmachtgeber bewusst und in freier Willensentschließung eine Vertrauensperson bevollmächtigt, kann jedenfalls eine hierauf bezogene **(partielle) Geschäftsfähigkeit** selbst dann zu

bejahen sein, wenn nicht auszuschließende leichtere kognitive Defizite zu Bedenken gegen die Wirksamkeit anderweitiger Willenserklärungen Anlass geben können (zusammenfassend OLG München 5.6.2009 – 33 Wx 278, 279/08, NJW-RR 2009, 1599 = DNotZ 2011, 43; aA Münch/Renner, FamR in der Notar- und Gestaltungspraxis, § 16 Rn 16). Allerdings ist § 105 Abs. 2 BGB zu beachten, insbesondere bei einer Vollmachterteilung durch einen Vollmachtgeber, der zwar nicht geschäftsunfähig ist, jedoch unter einer vorübergehenden Störung der Geistestätigkeit leidet. Ist ein **Notar** befasst, kann er die Beurkundung nur dann ablehnen, wenn für ihn aufgrund eigener Wahrnehmungen an der **(dauernden) Geschäftsunfähigkeit** oder der **vorübergehenden Störung der Geistestätigkeit** keine vernünftigen Zweifel bestehen (§ 11 Abs. 1 S. 1 BeurkG); hierzu kann er sich fachkundiger Hilfe (zB Stellungnahme des behandelnden Hausarztes) bedienen. Überzogen sind Forderungen, wonach der Notar selbst die kognitiven Fähigkeiten des Vollmachtgebers testen soll.

III. Ein Bevollmächtigter oder mehrere Bevollmächtigte

7   Die Vorsorgevollmacht kann **einem oder einer Mehrzahl von Bevollmächtigten** jeweils einzeln oder zur Gesamtvertretung erteilt werden; hierbei ist selbst eine weitergehende Differenzierung zwischen verschiedenen Vollmachtgegenständen bzw Wirkungsbereichen möglich. Es können auch verschiedene Bevollmächtigte für eindeutig unterscheidbare Wirkungskreise bestellt werden. Im Bereich der **Personensorge bzw den Tatbeständen nach §§ 1904, 1906 BGB** hat sich **Gesamtvertretung nicht bewährt**; es besteht die Gefahr der Handlungsblockade. Im Falle der Einzelvertretungsbefugnis mehrerer Bevollmächtigter kann eine Reihenfolge der Berechtigung angeordnet werden (zB Ehegatte vor Kindern); dies sollte jedoch nur im Wege einer klar auf das Innenverhältnis beschränkten Anweisung erfolgen. Die Berufung eines „Ersatzbevollmächtigten" kann nur für den Fall empfohlen werden, dass der „Hauptbevollmächtigte" verstirbt oder der Eintritt eines Ersatzfalls im Zweifel ähnlich eindeutig und schnell nachgewiesen werden kann. Zumeist beschreibt die „Ersatzbevollmächtigung" jedoch nur den Fall einer Reihenfolge der ansonsten uneingeschränkten Berechtigung, die über eindeutige Innenverhältnisabreden abgegrenzt werden sollte. Die Erteilung einer „**Überwachungsvollmacht**" zur Kontrolle eines (Haupt-)Vorsorgebevollmächtigten (Bühler FamRZ 2001, 1585, 1590; MüKo/Schwab § 1896 BGB Rn 245) ist u.a. zur Vermeidung einer Kontrollbetreuung möglich, aber praxisfern, weil sie zumeist dem spezifisch personenbezogenen Vertrauensverhältnis als Grundlage der primär erteilten Vorsorgevollmacht widerspricht. Umfasst die Vollmacht als Generalvollmacht den Vermögensbereich (oder den Unternehmensbereich des Vollmachtgebers), kann hierfür die Anordnung der Gesamtvertretung sinnvoll sein. Klarstellend sollte vermerkt werden, dass keiner von mehreren Einzelbevollmächtigten befugt ist, die Vollmacht eines anderen Bevollmächtigten zu widerrufen (OLG Karlsruhe 3.2.2010 – 19 U 124/09, FamRZ 2010, 1762; Palandt/Götz Einf. v. § 1896 BGB Rn 5). Bei Gesamtvertretung ist der Wegfall eines Gesamtvertreters zu regeln.

8   Umstritten ist, ob der Bevollmächtigte eine **Person nach §§ 1896 Abs. 2, 1897 Abs. 3 BGB** sein darf, also in keinem Abhängigkeitsverhältnis zu einer Anstalt, einem Heim oder einer sonstigen Einrichtung stehen darf, in der der Volljährige lebt (dafür: Palandt/Götz Einf. v. § 1896 BGB Rn 5, abw. noch die Vorauflagen; Münch/Renner, FamR in der Notar- und Gestaltungspraxis, § 16 Rn 36).

9   Die Mitwirkung naher Angehöriger als Vorsorgebevollmächtigte bei einem zum Tode führenden Behandlungsabbruch unter Beachtung des Patientenwillens führt nicht zur Verwirkung der Hinterbliebenenversorgung oder des Sterbegeldes (SozG Berlin 16.1.2012 – S 25 U 216/11, FamRZ 2012, 1176; Palandt/Götz § 1901 a BGB Rn 6).

IV. Formfragen

10 Grundsätzlich bedarf die Vorsorgevollmacht keiner besonderen Form. Soweit die Vollmacht, wie regelmäßig, zu Erklärungen und Maßnahmen iSd §§ 1904 Abs. 1 S. 1 u. Abs. 2 S. 2, 1906 Abs. 1, Abs. 3 u. Abs. 4 BGB ermächtigt, ist **zumindest Schriftform** (= Unterschriftsform oder notarielle Beglaubigung nach § 126 Abs. 1 BGB) **und ausdrückliche Benennung** (s. hierzu Rn 24 ff) erforderlich; das ergibt sich aus §§ 1904 Abs. 5 S. 2 bzw 1906 Abs. 5 S. 1 BGB. Von diesem **Form- und Benennungserfordernis** umfasst sind

demnach Bevollmächtigungen zur Einwilligung, zur Nichteinwilligung, zum Widerruf der Einwilligung oder zum Abbruch in Untersuchungen des Gesundheitszustandes, Heilbehandlungen oder ärztliche Eingriffe mit möglicherweise schwerwiegenden Folgen sowie zu Erklärungen im Hinblick auf freiheitsentziehende oder -beschränkende Maßnahmen (Unterbringung oder unterbringungsähnliche Maßnahmen) und neuerdings zu ärztlichen Zwangsbehandlungen in einer freiheitsentziehenden Unterbringungssituation (§ 1906 Abs. 3, Abs. 3 a BGB).

Zur Feststellung der Identität des Vollmachtgebers wird vielfach die notarielle Unterschriftsbeglaubigung 11 empfohlen. Vorzugswürdig ist die **notarielle Beurkundung** (vgl § 126 Abs. 4 BGB). Mit ihr ist die zweifelsfreie Wiedergabe des tatsächlich ermittelten Willens, die wichtige **Feststellung der Geschäftsfähigkeit** (§ 11 Abs. 1 BeurkG; s. auch Rn 6) des Vollmachtgebers, der höhere Beweis- und Aussagewert der notariellen Niederschrift, die Vermutungswirkung der Urheberschaft und nicht zuletzt die hohe Akzeptanz notarieller Vollmachten in der Praxis verbunden (zusammenfassend Münch/Renner, FamR in der Notar- und Gestaltungspraxis, § 16 Rn 19 ff). Auch die Formerfordernisse nach §§ 311 b Abs. 1, Abs. 3, 492 Abs. 4 S. 2 BGB, § 29 GBO, § 12 HGB (umfassende Vollmacht), die notariellen Belehrungspflichten sowie die Möglichkeit des **Herstellens von Ausfertigungen** für eine Mehrzahl von Bevollmächtigten, wie überhaupt die „Flexibilität" der Ausfertigungserteilung (§ 49 Abs. 5 BeurkG) sprechen für die Beurkundung (so auch Münch/Renner, FamR in der Notar- und Gestaltungspraxis, § 16 Rn 29; Müller, Würzburger Nothdb., Rn 36). Die bloße Unterschriftsbeglaubigung soll nach vereinzelt gebliebener Ansicht den Amtspflichten des Notars nicht mehr genügen (Langenfeld ZEV 2003, 449, 450).

Seit dem 1.7.2005 eröffnet § 6 Abs. 1 S. 1 BtBG der **Urkundsperson bei der Betreuungsbehörde** die 12 Möglichkeit, Unterschriften und Handzeichen auf Vorsorgevollmachten und Betreuungsverfügungen zu beglaubigen. Die Rechtsqualität solcher Beglaubigungen ist wegen des ausschließlichen Zusammenhangs zum Betreuungsrecht nach wie vor unklar; sie genügen dennoch als „öffentliche" Beglaubigungen den Anforderungen des § 29 GBO und des § 12 HGB und haben nicht mehr nur verfahrensrechtliche Qualität (vgl Münch/Renner, FamR in der Notar- und Gestaltungspraxis, § 16 Rn 30 f; ders. ZFE 2007, 128).

V. Grundverhältnis (Innenverhältnisabrede)

Anders als für den Betreuer (vgl §§ 1896 ff BGB), der der Aufsicht und einer Reihe von Genehmigungs- 13 vorbehalten durch das Betreuungsgericht unterliegt, ist das **Innenverhältnis** (= Grundverhältnis) zwischen Vollmachtgeber und Bevollmächtigtem nur sehr **rudimentär geregelt**. Regelungen finden sich insbesondere in §§ 1904 Abs. 5, 1906 Abs. 5, 1901 a Abs. 5, 1901 b Abs. 3 BGB. Dort sind allerdings sowohl das Außenverhältnis zwischen Bevollmächtigtem und Dritten als auch das Innenverhältnis zwischen Vollmachtgeber und Bevollmächtigtem angesprochen. Insgesamt bleibt daher die Ausgestaltung des Grundverhältnisses den rechtsgeschäftlichen Vereinbarungen (zB zum Auftragsverhältnis) vorbehalten und eine Regelung dringend erforderlich (ausführlich Sauer RNotZ 2009, 79; Kersten/Bühling/Kordel § 96 Rn 38 ff mwN). Eine **isolierte Vollmacht** – also ohne erkennbares Grundverhältnis –, die im Anwendungsbereich medizinischer Maßnahmen inhaltlich keinerlei Willensbildung des Vollmachtgebers/Patienten zu Behandlungsfragen erkennen lässt, kann jedenfalls keine Grundlage für einen **Behandlungsabbruch** sein. Allerdings kann der künftige Patient anordnen, dass der Vorsorgebevollmächtigte notwendige Entscheidungen nach bestem Wissen und Gewissen so zu treffen berechtigt ist, wie sie dann in der aktuellen Lebens- und Behandlungssituation seinem Wohl entsprechen (§ 1901 Abs. 2 S. 1 BGB); eine solche ausdrückliche **Delegation der Entscheidungsfindung** reicht als minimale Innenverhältnisabrede für die Entscheidung zu einen Behandlungsabbruch nach § 1901 a Abs. 2 BGB aus.

Zunehmend wird darauf hingewiesen, dass gerade der Notar die Frage des Grundverhältnisses ansprechen 14 und Regelungen empfehlen soll (vgl Müller, Würzburger Nothdb., Rn 50; nach Litzenburger NotBZ 2007, 1 ff ist dies zwingend erforderlich; ebenso Kropp FPR 2012, 9, 10; ausführlich Müller/Renner Rn 454 ff; Marschner, Beck'sches Formularbuch ErbR, S. 641 ff mit Vertragsformular). Ausführliche Regelungen empfehlen sich bei **Vorsorgevollmachten von Unternehmern**, die für den Fall des längerfristigen Ausfalls des Unternehmers durch Krankheit oder Unfall dienen (vgl Langenfeld ZEV 2005, 52; Langenfeld/

Günther, Grundstückszuwendungen, Kap. 9 Rn 61 ff; Reymann ZEV 2005, 457, 514; Reymann ZEV 2006, 12; Spiegelberger, Unternehmensnachfolge, Teil C Rn 136 ff; Carlé ErbStB 2008, 156). Zutreffend sind Warnungen, dass die Vollmachtsurkunde als solche nicht durch Innenverhältnisabreden „überfrachtet" werden sollte und zudem die Gefahr besteht, dass in die Vollmachtsurkunde aufgenommene Innenverhältnisabreden auf das Außenverhältnis „durchschlagen" (so Münch/Renner, FamR in der Notar- und Gestaltungspraxis, § 16 Rn 142). Innenverhältnisabreden können als Bestandteil des der Vollmachtserteilung zugrunde liegenden Rechtsgeschäfts auch außerhalb der eigentlichen Vollmachtsurkunde getroffen werden. Im Übrigen kann das Grundverhältnis Weisungen zu wichtigen Lebensbereichen wie Wohnung, Vermögen und zu höchstpersönlichen Umständen umfassen. Typische Regelungen zum Grundverhältnis betreffen die Errichtung als **transmortale Vollmacht**, die **Fortgeltung für den Fall der Betreuerbestellung**, den **Erstgebrauch der Vollmacht**, die **Rangfolge mehrerer Einzelbevollmächtigter** und ggf **Regelungen zum Widerruf** der Vollmacht durch einen von mehreren Bevollmächtigten. Aus dem im Zweifel anwendbaren Auftragsrecht bestehen für den Vollmachtgeber (und seine Erben) u.a. Auskunfts-, Herausgabe- und Schadenersatzansprüche. Der Bevollmächtigte kann regelmäßig Auslagenersatz und ggf Vergütung verlangen, wenn, wie bei nahen Familienangehörigen, keine bloße Gefälligkeit anzunehmen ist. Von Innenverhältnisweisungen kann nur unter sehr engen Voraussetzungen abgewichen werden (§ 665 BGB; vgl auch Winkler, Vorsorge-Verfügungen, S. 28 ff, 66).

VI. Kontroll- oder Überwachungsbetreuung

15 Es kann nach den Umständen des Einzelfalls geboten sein, zur Kontrolle eines oder mehrerer Bevollmächtigter eine **Kontroll- oder Überwachungsbetreuung** mit dem entsprechenden Aufgabenkreis anzuordnen (§ 1896 Abs. 3 BGB; vgl Mehler MittBayNot 2000, 16, 17). Eine solche Kontrollbetreuung kann sinnvoll sein, wenn der Vollmachtgeber aufgrund einer psychischen Krankheit oder einer körperlichen, geistigen oder seelischen Behinderung nicht mehr in der Lage ist, den Bevollmächtigten selbst zu überwachen, seine Rechte aus dem zugrunde liegenden Rechtsverhältnis geltend zu machen oder die erteilte Vollmacht ggf zu widerrufen (vgl BayObLG 11.5.2005 – 3Z BR 260/04, FGPrax 2005, 151, 152; BGH 13.4.2011 – XII ZB 584/10, FamRZ 2011, 964). Andererseits kann das Bedürfnis nach einer durch das Betreuungsgericht eingerichteten **Kontrollbetreuung** nicht allein damit begründet werden, dass der Vollmachtgeber selbst zur Kontrolle und Überwachung nicht mehr selbst in der Lage ist, schließlich werden genau für die einem solchen Gesundheitszustand zugrundeliegenden Grundleiden Vorsorgevollmachten erteilt. Es müssen demnach weitere Umstände hinzutreten, die die Kontrollbetreuung zwingend erforderlich machen (BGH 21.3.2012 – XII ZB 666/11, 2012, 871, MittBayNot 2012, 471). Ein **Vollmachtsmissbrauch** oder ein entsprechender Verdacht ist indes nicht zwingend erforderlich; es kann im Einzelfall auch eine die Interessen des Vollmachtgebers gefährdende, konkrete **Überforderung** oder ein **interessewidriges Handeln unterhalb der Missbrauchsschwelle** ausreichen (vgl BGH 30.3.2011 – XII ZB 537/10, FamRZ 2011, 1047; 1.8.2012 – XII ZB 438/11, MittBayNot 2012, 469). Die Notwendigkeit für die Einrichtung einer Kontrollbetreuung ergibt sich allerdings nicht einfach daraus, dass der Bevollmächtigte von den Beschränkungen des **§ 181 BGB** befreit ist. Die bloße Möglichkeit, dass es zwischen Vollmachtgeber und Bevollmächtigtem zu Interessenkonflikten kommen kann, genügt als solche zur Errichtung einer Kontrollbetreuung nicht (BGH 21.3.2012 – XII ZB 666/11, MittBayNot 2012, 471).

Die **Person des Kontrollbetreuers** kann durch eine integrierte oder gesonderte **Betreuungsverfügung** (s. → *Patientenverfügung* Rn 19) festgelegt werden. Der Vollmachtgeber kann auch anordnen, dass er die Einrichtung eines Kontrollbetreuers wünscht, wenn und sobald bei ihm Anzeichen für eine dauernde Geschäftsunfähigkeit indiziert sind. Ausschließen kann der Vollmachtgeber eine Kontrollbetreuung nicht (zutreffend Schwab FamRZ 2007, 584). Über die Möglichkeit und den Sinn einer Kontroll- und Überwachungsbetreuung hat der Notar zu belehren. Der Kontrollbetreuer kann bei Vorliegen eines wichtigen Grundes die Vollmacht widerrufen (DNotI-Report 2012, 113 f).

16 Zweckmäßigerweise sollte in der Vorsorgevollmacht zur Vermeidung von Konfliktsituationen festgelegt werden, ob der Bevollmächtigte zu **unentgeltlichen Vermögensverfügungen** berechtigt ist (Münch/

Renner, FamR in der Notar- und Gestaltungspraxis, § 16 Rn 83 mwN); dies kann das Bedürfnis nach Kontrollbetreuung mindern.

VII. Präventive Verwendungskontrolle

Im Mittelpunkt vieler Diskussionen der Vollmachgeber mit dem Notar steht die Frage, wann und unter 17
welchen Voraussetzungen die Vollmacht wirksam oder jedenfalls verwendbar werden soll. Dahinter steht
einerseits das Interesse des Vollmachtgebers, die eigenen Angelegenheiten solange allein bestimmen zu
wollen, wie dies gesundheitlich möglich ist, und andererseits die Befürchtung, schon vor Eintritt der Betreuungsbedürftigkeit von dem Bevollmächtigten „bevormundet" oder gar „entmündigt" zu werden.

Vielfach **unzweckmäßig** sind Regelungen zum Verwendungsausschluss oder zur bedingten Wirksamkeit
einer erteilten Vorsorgevollmacht (typische Probleme bedingter Vorsorgevollmachten bei Müller, Würzburger Nothdb., Rn 42 ff), wenn sie in das Außenverhältnis zu Dritten eingreifen. Ein Nachweis des Eintritts der **Geschäftsunfähigkeit** oder gar der **Betreuungsbedürftigkeit** des Vollmachtgebers **als
Verwendungs- oder Wirksamkeitsbedingung** kann zumeist nicht bzw nicht in der Form des § 29 GBO
oder § 12 HGB geführt werden (vgl etwa OLG Köln 10.4.2007 – 2 Wx 20/07, ZEV 2007, 592 m.Anm.
Müller; Zimmermann, Vorsorgevollmacht, Rn 62); der Erklärungsempfänger und Rechtsverkehr wird verunsichert. Eine solche Verwendungs- oder Wirksamkeitsbedingung im Außenverhältnis kann selbst das
Vertreterhandeln aufgrund einer postmortalen Vollmacht nach dem Tod des Vollmachtgebers verhindern
(vgl insoweit OLG Koblenz 8.3.2007 – 5 U 1153/06, ZEV 2007, 595 m.Anm. Müller). Im Einzelfall bestehen sogar Bedenken, ob eine derart erteilte Vollmacht den **Subsidiaritätsvoraussetzungen der Betreuung**
nach § 1896 Abs. 2 BGB genügt (vgl KG v. 19.11.2009 – 1 W 49/09).

Immer möglich und empfehlenswert sind **eindeutige Verwendungsanweisungen im Innenverhältnis,** 18
wobei deutlich zum Ausdruck gebracht werden sollte, dass **im Außenverhältnis eine unbedingt erteilte
Vollmacht** vorliegt (zusammenfassend Müller, Würzburger Nothdb., Rn 49 ff). Solche Innenverhältnisabreden umfassen typischerweise die Anweisung, von der ausgehändigten Vollmacht erst dann Gebrauch zu
machen, wenn der Vollmachtgeber durch Krankheit, Unfall oder Alter an der Besorgung seiner Angelegenheiten gehindert ist (zu Einzelheiten s. Rn 13 f).

Zur präventiven **Verwendungskontrolle einer beurkundeten Vorsorgevollmacht** gehören auch die Maß- 19
gaben der **Ausfertigungserteilung durch den Notar** (vgl § 51 Abs. 2 BeurkG). Der Vorsorgebevollmächtigte legitimiert sich im Verhältnis zu Dritten durch die ihm erteilte und ausgehändigte Ausfertigung, weshalb klare Anweisungen zur erstmaligen und zur Erteilung weiterer Ausfertigungen erforderlich sind. Insbesondere ist zu regeln, ob gerade der Bevollmächtigte selbst weitere Ausfertigungen verlangen kann
(Münch/Renner, FamR in der Notar- und Gestaltungspraxis, § 16 Rn 55 f). Der eine Vorsorgevollmacht beurkundende Notar sollte zudem in der Niederschrift die Vollmachtsausübung auf die Vorlage einer **auf den
Namen des Bevollmächtigten lautenden Ausfertigung** beschränken (vgl § 49 Abs. 1 S. 1 BeurkG). Dagegen ist von Anweisungen zur Aushändigung der Vollmachtsurkunde oder -ausfertigung unter bestimmten
äußeren Bedingungen nach den Feststellung des Notars abzuraten; solche **Aushändigungsabreden** oder
Ausfertigungssperren (Grundlage: § 51 Abs. 2 BeurkG) verlagern die typischen Nachweisprobleme eines
Verwendungsausschlusses oder Bedingungseintritts lediglich auf den Notar (ähnlich auch Kersten/Bühling/
Kordel § 96 Rn 61). Zunehmend wird die **auf den Bevollmächtigten ausgefertigte und unbedingt erteilte
(Innen-)Vollmacht** zunächst dem Vollmachtgeber ausgehändigt, damit dieser sie bei sich zuhause oder an
einem dritten Ort aufbewahrt, um sie unter von ihm bestimmten Voraussetzungen an den im Voraus unterrichteten Vollmachtgeber auszuhändigen (zurückhaltend Müller, Würzburger Nothdb., Rn 45 f). Bis dahin
kann dem Bevollmächtigten zu seiner Unterrichtung eine einfache Abschrift der Vollmacht übergeben werden.

Zum Bereich präventiver Verwendungskontrolle kann auch – für geeignete Vollmachtsgegenstände – die 20
auf den Einzelfall zugeschnittene Anordnung der **Gesamtvertretung** gehören.

21 Zur besseren Verfügbarkeit von Informationen über beurkundete, beglaubigte und sonstige Vorsorgevoll-machten und Patienten- bzw Betreuungsverfügungen führt die Bundesnotarkammer ein von ihr auf gesetz-licher Grundlage errichtetes, gebührenpflichtiges **„Zentrales Vorsorgeregister"** (§§ 78 a ff BNotO iVm der VRegV; s. www.bnotk.de; BNotK-Rundschreiben Nr. 10/2003 v. 13.2.2003; zusammenfassend: Kers-ten/Bühling/Kordel § 96 Rn 72 ff; Müller/Renner Rn 774 ff; Görk DNotZ 2005, 87). Die zweckmäßige Er-fassung und Übermittlung der Daten der Erklärenden, der Bevollmächtigten/vorgeschlagenen Betreuer und der Erklärungsinhalte (§ 78 a Abs. 1 S. 2, Abs. 3 BNotO) erfolgt nur mit Zustimmung der Beteiligten und ermöglichen einen elektronischen Zugriff durch das zuständige Betreuungsgericht oder dessen schriftliche Beauskunftung (§ 78 a Abs. 2 BNotO). Beurkundet der Notar eine Vorsorgevollmacht, soll er auf die Mög-lichkeit der Registrierung hinweisen (§ 20 a BeurkG). Beim Zentralen Vorsorgeregister kann die scheck-kartengroße ZVR-Card bezogen werden, auf der die Erteilung von Vorsorgeverfügungen vermerkt und die von dem Vollmachtgeber mitgeführt werden kann. Schließlich besteht nach § 1901 c BGB bei Einleitung eines Betreuungsverfahrens eine Ablieferungspflicht für verfahrensrelevante Schriftstücke; dies umfasst auch die Abschrift einer Vorsorgevollmacht.

VIII. Bezeichnung der Vollmachtsgegenstände (Benennungsgebot)

1. Allgemeines

22 Regelmäßig werden bei der Bezeichnung der Gegenstände einer Vorsorgevollmacht die Bereiche **„gesund-heitliche Fürsorge und Selbstbestimmungsrecht"** (auch als „Personensorge" oder „nichtvermögensrecht-liche Angelegenheiten" bezeichnet) und **„Vermögens- bzw vermögensähnliche Angelegenheiten"** unter-schieden. Anders als bei rein vermögensrechtlich ausgerichteten Vollmachten sind zentrale Vertretungsbe-reiche der gesundheitlichen Fürsorge und des Selbstbestimmungsrechts in einer Vorsorgevollmacht nach den §§ 1904 Abs. 5 S. 2, 1906 Abs. 5 S. 1 BGB ausdrücklich und gegenständlich zu bezeichnen (**Benen-nungsgebot** – vgl OLG Zweibrücken 29.4.2002 – 3 W 59/02, NotBZ 2003, 80; BVerfG 7.1.2009 – 1 BvL 2/05, FamRZ 2009, 945, 946 f; Müller DNotZ 1999, 107; DNotI-Report 2012, 158). Im Rahmen dieses Be-nennungsgebots reichen wiederum **bloße Verweise** auf die §§ 1904, 1906 BGB oder **abstrakte Bezeich-nungen** nicht aus (so bereits Keilbach FamRZ 2003, 969, 980; Müller/Renner Rn 378). Zunehmend und zur Vermeidung von Zweifelsfällen werden daher am Gesetzeswortlaut der §§ 1904 Sbs. 5 S. 2 iVm Abs. 1 S. 1 u. Abs. 2 bzw 1906 Abs. 1, Abs. 3 u. Abs. 4 BGB orientierte Texte in die Vollmachtsformulare über-nommen (vgl hierzu Palandt/Götz Einf. v. § 1896 BGB Rn 5). Eine solche, rechtlich nicht vorgeschriebene Art der Benennung verdeutlicht jedenfalls sowohl dem Vollmachtgeber und erst recht dem Bevollmächtig-ten die **Tragweite der Vollmachterteilung** (Müller DNotZ 1999, 107, 110); sie ist daher zu empfehlen. Dabei ist allerdings gerade im Bereich medizinischer Maßnahmen der Eindruck einer abschließenden Auf-zählung von Einzelmaßnahmen zu vermeiden.

2. Gesundheitliche Fürsorge und Selbstbestimmungsrecht

23 Zu den persönlichen Angelegenheiten des Vollmachtgebers aus dem Bereich der gesundheitlichen Fürsor-ge, die zwingend dem **Benennungsgebot nach § 1904 Abs. 5 S. 2 BGB** unterfallen, gehören im Einzelnen die grundsätzlich genehmigungspflichtigen Entscheidungen und Erklärungen zu ärztlichen Maßnahmen (vgl § 1904 Abs. 5 S. 2 iVm Abs. 1 S. 1 u. Abs. 2 BGB), nämlich zur:

– **Einwilligung** in Untersuchungen des Gesundheitszustands, in Heilbehandlungen (also auch die Verab-reichung von Medikamenten) oder ärztliche Eingriffe jeglicher Art, mit möglicherweise schwerwiegen-den Folgen, sowie

– **Nichteinwilligung** oder zum **Widerruf der Einwilligung** in Untersuchungen des Gesundheitszustands, in Heilbehandlungen oder ärztliche Eingriffe jeglicher Art, obwohl solche medizinisch angezeigt wären und aufgrund des Unterbleibens oder des Abbruchs solcher Maßnahmen möglicherweise schwerwie-gende Folgen eintreten können. Hierzu gehört auch die Entscheidung über einen **Behandlungsabbruch** oder die Einstellung lebenserhaltender oder lebensverlängernder Maßnahmen („Intensivmedizin"), un-abhängig von Art und Stadium der Erkrankung.

Zu den persönlichen Angelegenheiten des Vollmachtgebers aus dem Bereich des Selbstbestimmungsrechts,   24
die **zwingend dem Benennungsgebot nach § 1906 Abs. 5 S. 1 BGB** unterfallen, gehören im Einzelnen die
grundsätzlich genehmigungspflichtigen Entscheidungen und Erklärungen (**vgl** § 1906 Abs. 5 S. 1 iVm
Abs. 1, Abs. 3 u. Abs. 4 BGB) zur

- Entscheidung über die freiheitsentziehende Unterbringung,
- Einwilligung in die ärztliche Zwangsmaßnahme in Unterbringungssituationen (hierzu Müller ZEV
  2013, 304 mwN) sowie zur
- Einwilligung in freiheitsentziehende oder freiheitsbeschränkende Maßnahmen in unterbringungsähnlichen Situationen (zB das Anbringen von Bettgittern, das Fixieren mit mechanischen Mitteln, die Ver-
  abreichung sedierender oder betäubender Arzneimittel).

Sowohl durch das Bestimmungsgebot als auch durch die zwingenden betreuungsgerichtlichen Genehmi-
gungsvorbehalt (bei Zwangsbehandlungen nur Vorweggenehmigung) wird die körperliche Bewegungsfreiheit und die Entschließungsfreiheit zur Fortbewegung iS der Aufenthaltsfreiheit geschützt (BGH
11.10.2000 – XII ZB 69/00, Z 145, 297, 301 f „Zwangsmedikation"; 27.6.2012 – XII ZB 24/12,
MittBayNot 2013, 53 „Bettgitter, Beckengurt"; MüKo/Schwab § 1906 BGB Rn 39).

Ohne ausdrückliche Benennung berechtigt eine Vorsorgevollmacht im Aufgabenkreis „gesundheitliche   25
Fürsorge" regelmäßig auch zur **Kontrolle der behandelnden Ärzte** und des Pflegepersonals. Sie berechtigt den Bevollmächtigten, sich von den behandelnden Ärzten über die Art der Erkrankung, den Zustand
und die Prognose aufklären zu lassen, um seine Entscheidung über die Behandlung, einen Eingriff oder einen Behandlungsabbruch überhaupt erst zu ermöglichen. Vorsorglich kann eine ausdrückliche Entbindung
von der **ärztlichen Schweigepflicht** erfolgen, auch das ist jedoch nicht erforderlich. Das Gleiche gilt für
ausdrückliche Ermächtigungen zur Einsicht und Weitergabe von Krankenunterlagen und zur Geltendmachung von Besuchsrechten. Ebenfalls ohne ausdrückliche Benennung ist der Bevollmächtigte zur Kontrolle
darüber berechtigt, ob ein Heim, ein Hospiz oder das Krankenhaus oder eine ähnliche Einrichtung, die behandelnden Ärzte und das Pflegepersonal dem Vollmachtgeber eine angemessene ärztliche und pflegerische Betreuung zukommen lassen, die zugleich auch eine menschenwürdige Unterbringung umfasst. Hierbei handelt es sich im Übrigen um Fragen aus dem unverzichtbaren Bereich der Kontrolle der sog. **Basisversorgung** (kritisch Müller ZFE 2008, 50).

Die Vorsorgevollmacht im gesundheitlichen Bereich bezieht sich, ebenfalls ohne ausdrückliche Benen-   26
nung, auf die Kontrolle der Sterbebegleitung und die Leidhilfe, einschließlich der Vornahme palliativmedizinischer Maßnahmen, die das Risiko einer Lebensverkürzung nicht ausschließen. Gelegentlich wird die
Anwendung neuer, noch nicht zugelassener oder erprobter Medikamente oder Behandlungsmethoden ausdrücklich erwähnt, ebenso die erläuternde Aufzählung von Maßnahmen der Intensivtherapie; zu beiden
Fällen besteht indes keine zwingende Veranlassung. In die Vollmacht sollte aufgenommen werden, ob und
inwieweit in Fragen der gesundheitlichen Fürsorge und des Selbstbestimmungsrechts **Untervollmacht** erteilt werden kann.

3. Vermögens- und sonstige Angelegenheiten

Um die Vollmachtserteilung umfassend und eine (fremde) Betreuung möglichst nicht erforderlich werden   27
zu lassen, hat die Praxis die gegenständliche Benennung der Vollmachtsgegenstände auf typische Aufgabenkreise einer Betreuung außerhalb genehmigungspflichtiger Tatbestände der gesundheitlichen Fürsorge
und des Selbstbestimmungsrechts ausgedehnt. Hierher gehört vor allem die beispielhafte Aufzählung aus
dem Bereich der **gerichtlichen und außergerichtlichen Vertretung in allen Vermögens- oder vermö-
gensähnlichen Angelegenheiten** (= „General- und Vorsorgevollmacht"). Gemeint ist die rechtsgeschäftliche Vertretung bei Verpflichtungs- und Verfügungsgeschäften über Grundstücke, grundstücksgleiche
Rechte und Rechte an solchen Rechten sowie über jede Art sonstiger, zumeist beweglicher Vermögensgegenstände einschließlich des Geld- (Konto- und Depotvollmacht) und Bargeldvermögens. Hierbei ist zu beachten, dass **einschränkende Vertragsklauseln von Banken** (falls es solche überhaupt gibt), wonach
Vollmachten nur auf bankinternen Vordrucken und/oder direkt gegenüber Bankmitarbeitern wirksam erteilt

werden können, gegen § 309 Nr. 13 BGB verstoßen (vgl Tersteegen NJW 2007, 1717; zusammenfassend Münch/Renner, FamR in der Notar- und Gestaltungspraxis, § 16 Rn 78 ff). In Grundstücksangelegenheiten ist die umfassende Berechtigung zur Belastung zu berücksichtigen (vgl §§ 780, 781 BGB und §§ 794 Abs. 1 Nr. 5, 800 ZPO), sofern man sich nicht auf die Auslegung des Begriffs „Grundstücksangelegenheiten" verlassen will. Verkaufs- und Belastungsvollmachten sind mit der Befugnis zur Unterbevollmächtigung zu erteilen, um wiederum einem Käufer Belastungsvollmacht erteilen zu können. Gerade im Aufgabenkreis Vermögensangelegenheiten und vermögensähnliche Angelegenheiten ist die Befreiung des Bevollmächtigten von den Beschränkungen des **§ 181 BGB** regelungs- und benennungsbedürftig. Befindet sich in der Vollmacht keine ausdrückliche Befreiung von den Beschränkungen des § 181 BGB, bleibt die Vorschrift uneingeschränkt anwendbar. Auch die Befugnis zur Erteilung von **Untervollmachten** sollte eindeutig und ausdrücklich geregelt werden.

28 Zu den Vermögensangelegenheiten gehört schließlich auch die Vertretung in Renten-, Versicherungs-, Sozial- und Steuersachen.

29 Sinnvoll ist die ausdrückliche Erweiterung der Vollmacht zur Entgegennahme, zum Öffnen und Anhalten von **Postsendungen** und zur Vertretung gegenüber den Zustelldiensten sowie die Ermächtigung zu Entscheidungen im Rahmen von **Fernmelde- und Telekommunikationsangelegenheiten** (vgl § 1896 Abs. 4 BGB).

30 Gelegentlich finden sich auch Regelungen zu **Bestattungswünschen** oder – ggf im Zusammenwirken mit einer Patientenverfügung – zu Fragen der **Organ- und Gewebespende**. Die Änderung des Transplantationsgesetzes (BGBl. 2012, 1504) oder ein Organspendeausweis stehen solchen Regelungen nicht entgegen (vgl Münch/Renner, FamR in der Notar- und Gestaltungspraxis, § 16 Rn 201 f).

IX. Widerruf

31 Die Vorsorgevollmacht kann von dem geschäftsfähigen (ggf lediglich einwilligungsfähigen) Vollmachtgeber **jederzeit** ganz oder teilweise widerrufen werden (Bühler FamRZ 2001, 1585, 1589; Müller/Renner Rn 651 ff). Der Widerruf kann allerdings auch durch einen **Betreuer** auf der Grundlage gesetzlicher Vertretung erklärt werden, sofern dies vom Aufgabenkreis der Betreuung umfasst ist (zu Recht restriktiv KG 28.11.2006 – 1 W 446/05, FamRZ 2007, 1042). Auch und gerade der **Kontrollbetreuer** kann bei Vorliegen eines wichtigen Grundes die Vollmacht widerrufen (DNotI-Report 2012, 113 f). Der Widerruf kann hingegen nicht durch einen (ebenfalls einzelbevollmächtigten) Mitbevollmächtigten zulasten eines anderen Bevollmächtigten erfolgen, wenn und soweit sich aus der Vollmacht selbst nichts anderes ergibt (OLG Karlsruhe 3.2.2010 – 19 U 124/09, FamRZ 2010, 1762; Palandt/Götz Einf. v. § 1896 BGB Rn 5). Der Notar kann klarstellende Regelungen zur Widerrufsbefugnis durch Bevollmächtigte (und Betreuer) in die Urkunde aufnehmen.

270. Vorzeitiger Zugewinnausgleich

Knahn

I. Einführung	1	c) Verletzung wirtschaftlicher Verpflichtungen	
II. Vorzeitige Aufhebung der Zugewinngemein-		aus dem ehelichen Verhältnis	
schaft und vorzeitiger Zugewinnausgleich	3	(§ 1385 Nr. 3 BGB)	17
1. Voraussetzungen	3	aa) Schuldhaftes Handeln	18
a) Dreijährige Trennung, § 1385 Nr. 1 BGB	4	bb) Wirtschaftliche Verpflichtungen aus	
b) Verfügung über das Vermögen im Ganzen		dem ehelichen Verhältnis	19
und illoyale Vermögensverfügungen,		cc) Dauer	20
§ 1385 Nr. 2 BGB	5	dd) Negative Prognose	21
aa) Verfügung über das Vermögen im Gan-		d) Verweigerte Vermögensunterrichtung	
zen (§ 1365 BGB)	6	(§ 1385 Nr. 4 BGB)	22
bb) Illoyale Vermögensverfügung		2. Rechtsfolgen	23
(§ 1375 Abs. 2 BGB)	9	III. Prozessuales	26
(1) Unentgeltliche Zuwendung		1. Güterrechtssache gem. § 261 Abs. 1 FamFG	26
(§ 1375 Abs. 2 Nr. 1 BGB)	9	2. Zuständigkeit	28
(2) Vermögensverschwendung		a) International	28
(§ 1375 Abs. 2 Nr. 2 BGB)	12	b) Sachlich	29
(3) Handlungen in Benachteiligungsab-		c) Örtlich	31
sicht (§ 1375 Abs. 2 Nr. 3 BGB)	14	3. Darlegungs- und Beweislast	33
cc) Gefährdung der Erfüllung der Aus-		4. Einstweilige Anordnung und Arrest	34
gleichsforderung	16		

I. Einführung

Die §§ 1385 ff BGB wurden durch das Gesetz zur Änderung des Zugewinnausgleichs- und Vormund- **1** schaftsrechts vom 6.7.2009 (BGBl. I, 1696) mit Wirkung zum 1.9.2009 grundlegend umgestaltet (NK-BGB/Fischinger § 1386 BGB Rn 2 ff). § 1386 BGB normiert den reinen Gestaltungsantrag auf **vorzeitige Aufhebung der Zugewinngemeinschaft**, der von beiden Ehegatten geltend gemacht werden kann, während § 1385 BGB allein dem ausgleichsberechtigten Ehegatten einen kombinierten Gestaltungs- und Leistungsantrag auf **vorzeitigen Zugewinnausgleich** bei vorzeitiger Aufhebung der Zugewinngemeinschaft gewährt. Mit der Rechtskraft der stattgebenden Entscheidung über den Antrag tritt gem. § 1388 BGB Gütertrennung ein.

Durch die Regelungen der §§ 1385 ff BGB kann der ausgleichsverpflichtete Ehegatte mit einem Antrag auf **2** vorzeitige Aufhebung der Zugewinngemeinschaft sicherstellen, dass der andere Ehegatte ab Rechtshängigkeit nicht mehr am künftigen Vermögenszuwachs partizipiert. Der ausgleichsberechtigte Ehegatte hingegen kann seine Ausgleichsforderung vor Vermögensminderungen schützen. Die Rechtsfolgen des vorzeitigen Zugewinnausgleichs sind dabei rein zukunftsgerichtet. Für bereits eingetretene Folgen bei Gesamtvermögensgeschäften bieten die Regelungen der §§ 1365 ff BGB, gegenüber illoyalen Handlungen die §§ 1375 Abs. 2 ff BGB Schutz (s. → *Illoyale Vermögensverfügung und Ansprüche gegen Dritte* Rn 3 ff). Bei Verletzung wirtschaftlicher Verpflichtungen kommt das Leistungsverweigerungsrecht des § 1381 Abs. 2 BGB in Betracht (s. → *Grobe Unbilligkeit im Zugewinn* Rn 3 ff). Bei verweigerter Vermögensunterrichtung bietet nur der Auskunftsanspruch gem. § 1379 BGB in begrenztem Umfang Schutz (NK-BGB/Fischinger § 1381 BGB Rn 5).

II. Vorzeitige Aufhebung der Zugewinngemeinschaft und vorzeitiger Zugewinnausgleich

1. Voraussetzungen

Die vier Tatbestände des § 1385 BGB gelten für den vorzeitigen Zugewinnausgleich bei gleichzeitiger vor- **3** zeitiger Aufhebung der Zugewinngemeinschaft direkt, sowie für die alleinige vorzeitige Beendigung der Zugewinngemeinschaft über die Verweisung des § 1386 BGB. Die Tatbestände sind **abschließend** und **nicht analogiefähig** (NK-BGB/Fischinger § 1386 BGB Rn 1). Ein besonderes Rechtsschutzbedürfnis für den Antrag auf vorzeitige Aufhebung der Zugewinngemeinschaft ist nicht erforderlich, insbesondere steht der etwaige Wegfall des Schutzes durch § 1365 BGB einer vorzeitigen Aufhebung nicht entgegen (OLG München 15.2.2012 – 12 UF 1523/11, NJW 2012, 1373).

4 **a) Dreijährige Trennung, § 1385 Nr. 1 BGB.** Da nach dreijähriger Trennung (§ 1576 BGB) der Ehegatten gem. § 1566 Abs. 2 BGB unwiderlegbar vermutet wird, dass die Ehe gescheitert ist, kann ein Ehegatte die vorzeitige Aufhebung der Zugewinngemeinschaft verlangen, da somit durch den Antrag der Bestand der ehelichen Lebensgemeinschaft nicht mehr gefährdet werden kann. Die Trennung muss spätestens im Zeitpunkt der letzten mündlichen Verhandlung drei Jahre gedauert haben (NK-BGB/Fischinger § 1386 BGB Rn 7).

5 **b) Verfügung über das Vermögen im Ganzen und illoyale Vermögensverfügungen, § 1385 Nr. 2 BGB.** Der Tatbestand des § 1385 Nr. 2 BGB ist erfüllt, wenn Handlungen iSv § 1365 BGB oder § 1375 Abs. 2 BGB zu befürchten sind und dadurch eine **erhebliche Gefährdung** der Erfüllung der Ausgleichsforderung zu besorgen ist. Die Frage, wann eine solche Handlung zu befürchten ist, hat das Gericht im konkreten Einzelfall zu entscheiden. Es müssen Anhaltspunkte vorliegen, aus denen sich ergibt, dass der Vermögensverlust durch eine entsprechende Handlung bevorsteht (BT-Drucks. 16/10798, 19).

6 **aa) Verfügung über das Vermögen im Ganzen (§ 1365 BGB).** Ein Rechtsgeschäft über das Vermögen im Ganzen liegt vor, wenn das Gesamtvermögen als solches formal Geschäftsgegenstand ist. Nach der Einzeltheorie des Bundesgerichtshofs (BGH 12.1.1989 – V ZB 1/88, NJW 1989, 1609) fallen Geschäfte über Einzelgegenstände auch unter § 1365 BGB, wenn sie nahezu das **gesamte Vermögen** ausmachen (Palandt/Brudermüller § 1365 BGB Rn 3). Bei einem kleinen Vermögen liegt ein Rechtsgeschäft über das Vermögen im Ganzen vor, wenn weniger als 15 % des Vermögens verbleiben, bei einem großen Vermögen weniger als 10 % (NK-BGB/Fischinger § 1365 BGB Rn 7).

7 Nach der einschränkenden **subjektiven Theorie** (BGH 26.2.1965 – V ZR 227/62, NJW 1965, 606) findet § 1365 BGB bei der Verfügung über Einzelgegenstände nur dann Anwendung, wenn der Erwerber positiv weiß, dass es sich bei dem Gegenstand um fast das gesamte Vermögen handelt. Da die Verfügung im Rahmen der §§ 1385 f BGB nF noch nicht vorgenommen worden sein muss, sondern lediglich zu befürchten sein muss, dürfte die subjektive Theorie hier keine Anwendung finden.

8 Die Geltendmachung des § 1385 Nr. 2 BGB ist ausgeschlossen, wenn der Ehegatte der Verfügung zugestimmt hat oder aber die Zustimmung wirksam ersetzt wurde. Dies ergab sich früher direkt aus § 1386 Abs. 2 Nr. 1 BGB aF („ohne die erforderliche Zustimmung"). Aus den Gesetzesmaterialien ist nicht ersichtlich, dass der Gesetzgeber hier eine Änderung der Rechtslage beabsichtigte. Zudem würde es ein venire contra factum proprium (§ 242 BGB) darstellen, wenn der Ehegatte erst zustimmen und sodann ein Recht auf vorzeitigen Zugewinnausgleich geltend machen wollte (NK-BGB/Fischinger § 1386 BGB Rn 10).

9 **bb) Illoyale Vermögensverfügung (§ 1375 Abs. 2 BGB). (1) Unentgeltliche Zuwendung (§ 1375 Abs. 2 Nr. 1 BGB).** Eine unentgeltliche Zuwendung liegt insbesondere bei Schenkungen, Ausstattungen, Vermögensübertragungen unter vorweggenommener Erbfolge, Spenden sowie Stiftungen vor (Palandt/Brudermüller § 1375 BGB Rn 25). Die Zuwendung erfolgt dabei **unentgeltlich**, wenn der Vermögensminderung keine Gegenleistung gegenübersteht (BGH 9.4.1986 – IVb ZR 14/86, FamRZ 1986, 565). **Abfindungsklauseln in Gesellschaftsverträgen**, nach denen beim Ausscheiden eines Ehegattengesellschafters eine Abfindung teilweise oder vollumfänglich ausgeschlossen ist, sind eine unentgeltliche Verfügung zugunsten der Mitgesellschafter, wenn nur einzelne Gesellschafter sich ihr ohne rechtfertigenden Grund unterworfen haben (Palandt/Brudermüller § 1375 BGB Rn 25). Bei **gemischten Schenkungen** ist die Zuwendung nur teilweise unentgeltlich. Ist grundsätzlich eine Gegenleistung vereinbart, steht diese aber in einem groben Missverhältnis zur Leistung, spricht eine tatsächliche Vermutung für eine gemischte Schenkung (BGH 21.6.1972 – IV ZR 221/69, NJW 1972, 1709).

10 Die Erfüllung einer verjährten Forderung ist **nicht unentgeltlich** (MK/Koch § 1375 BGB Rn 23). Das Gleiche gilt für sog. unvollkommene Verbindlichkeiten wie **Spiel- oder Wettschulden**, § 762 BGB, für den

Erbverzicht und die Erb- oder Vermächtnisausschlagung des Ehegatten selbst und für die **Erfüllung von Nachlassverbindlichkeiten** eines überschuldeten Nachlasses (NK-BGB/Heiß § 1375 BGB Rn 23).

Unentgeltlichen Zuwendungen, mit denen einer **sittlichen Pflicht** oder einer auf den **Anstand zu nehmen-** **11** **den Rücksicht** entsprochen werden soll, unterliegen nicht § 1375 Abs. 2 Nr. 1 BGB. Da durch die Zuwendung auch der andere Ehegatte betroffen ist, ist eine Interessenabwägung erforderlich (Palandt/Brudermüller § 1375 BGB Rn 26). Eine sittliche Pflicht stellt die Aussteuer und Ausstattungen an Kinder dar, sowie die Unterstützung bedürftiger naher Verwandter ohne Unterhaltsanspruch, Spenden an karitative Einrichtungen und Errichtung gemeinnütziger Stiftungen (NK-BGB/Heiß § 1375 BGB Rn 26). Die Zuwendung an eine mit dem Ehegatten in nichtehelicher Lebensgemeinschaft lebende Frau kann ebenfalls einer sittlichen Pflicht entsprechen (Staudinger/Thiele § 1375 BGB Rn 26). Eine sittliche Pflicht besteht nicht zur Übertragung eines Vermögensgegenstandes an einen Abkömmling im Rahmen der vorweggenommene Erbfolge, auch wenn sie zum Erhalt von Familienvermögen im Generationengang erforderlich ist (Palandt/Brudermüller § 1375 BGB Rn 26).

(2) Vermögensverschwendung (§ 1375 Abs. 2 Nr. 2 BGB). Unter Vermögensverschwendung versteht **12** man Ausgaben, die **unnütz und im Verhältnis zum Vermögen übermäßig** sind (Palandt/Brudermüller § 1375 BGB Rn 27). Dabei reicht ein großzügiger Lebensstil oder ein Leben über die Verhältnisse alleine nicht aus (BGH 19.4.2000 – XII ZR 62/98, NJW 2000, 2347). Nach der hM sind rein wirtschaftliche Aspekte nicht allein entscheidend, auch psychische Ursachen und Motive wie Wut und Enttäuschung für das Walten des anderen Ehegatten sind mit einzubeziehen (Haußleiter/Schulz Kap. 1 Rn 74; aA Palandt/Brudermüller § 1375 BGB Rn 27).

Das Vorliegen einer Vermögensverschwendung wurde bejaht: Wahl der **getrennten Veranlagung** zur Ein- **13** kommensteuer (BGH 13.10.1976 – IV ZR 104/74, NJW 1977, 378), **Vernichtung von Geld** aus Wut oder Enttäuschung (OLG Rostock 19.1.1999 – 8 WF 295/98, FamRZ 2000, 228). Beim Glücksspiel wird es auf die Frage des konkreten Ausmaßes ankommen.

(3) Handlungen in Benachteiligungsabsicht (§ 1375 Abs. 2 Nr. 3 BGB). Darunter fallen Vermögensver- **14** fügungen sowie tatsächliche Handlungen (zB durch Beschädigung oder Zerstörung, BGH 9.4.1986 – IVb ZR 14/86, FamRZ 1986, 565), bei denen der **Wille, den anderen Ehegatten zu benachteiligen**, der leitende, wenn auch nicht notwendig der einzige, Beweggrund für die Vornahme der vermögensmindernden Handlung gewesen ist (BGH 19.4.2000 – XII ZR 62/98, NJW 2000, 2347). Der Ehegatte muss dabei mit **Absicht** (dolus directus) handeln (NK-BGB/Heiß § 1375 BGB Rn 30). Kenntnis der Benachteiligungsabsicht des Empfängers der Zuwendung wird nicht vorausgesetzt (HK-FamR/Häcker § 1375 BGB Rn 21). Nach der hM sind an die Darlegung der Benachteiligungsabsicht keine hohen Anforderungen zu stellen (HK-FamR/Häcker § 1375 BGB Rn 22).

Das Vorliegen einer Handlung in Benachteiligungsabsicht wurde im Falle des **Verbrennens von Bargeld** **15** aus Wut und Enttäuschung über den anderen Ehegatten bejaht (OLG Rostock 19.1.1999 – 8 WF 295/98, FamRZ 2000, 228). Bei Zerstörungen infolge eines Suizidversuchs fehlt es am leitenden Beweggrund, so dass eine Benachteiligungsabsicht verneint wurde (OLG Frankfurt 4.9.1984 – 1 UF 18/84, FamRZ 1984, 1097).

cc) Gefährdung der Erfüllung der Ausgleichsforderung. Durch eine entsprechende Handlung muss die **16** Gefährdung der Erfüllung der Ausgleichsforderung zu besorgen sein. Das ist der Fall, wenn der ausgleichspflichtige Ehegatte aufgrund der Vermögensminderungen seine Schulden einschließlich der Ausgleichsforderung nicht mehr begleichen kann (BT-Drucks. 16/10798, 20). Bei Verfügungen nach § 1365 BGB (s. Rn 6 ff) ist eine Gefährdung dann anzunehmen, wenn es unsicher ist, ob das Rechtsgeschäft vollständig rückgängig gemacht werden kann (NK-BGB/Fischinger § 1386 BGB Rn 12). In den Fällen des § 1375 Abs. 2 BGB reicht das Vorliegen einer Fortsetzungs- oder Wiederholungsgefahr aus.

c) Verletzung wirtschaftlicher Verpflichtungen aus dem ehelichen Verhältnis (§ 1385 **17** **Nr. 3 BGB).** Bei **schuldhafter und längere Zeit andauernder Nichterfüllung wirtschaftlicher Ver-**

pflichtungen, die sich aus dem ehelichen Verhältnis ergeben (vgl § 1381 Abs. 2 BGB; s. → *Grobe Unbilligkeit im Zugewinn* Rn 3 ff), ist der Tatbestand des § 1385 Nr. 3 BGB gegeben, wenn anzunehmen ist, dass sie auch in Zukunft nicht erfüllt werden.

18 **aa) Schuldhaftes Handeln.** Die Nichterfüllung wirtschaftlicher Verpflichtungen muss stets schuldhaft, also **vorsätzlich oder fahrlässig**, erfolgen. Maßstab für fahrlässiges Handeln ist dabei nicht § 276 Abs. 2 BGB, vielmehr gilt unter Ehegatten § 1359 BGB (NK-BGB/Fischinger § 1381 BGB Rn 6). Die Ehegatten haben danach bei der Erfüllung der sich aus dem ehelichen Verhältnis ergebenden Verpflichtungen einander nur für diejenige Sorgfalt einzustehen, die sie **in eigenen Angelegenheiten** anzuwenden pflegen. Dies stellt einen milderen Haftungsmaßstab dar, zu dessen Bestimmung auf die subjektive Veranlagung und das gewohnheitsmäßige Verhalten des Handelnden abzustellen ist (NK-BGB/Wellenhofer § 1359 BGB Rn 2). Die Ehegatten sind dabei aber gem. § 277 BGB jedenfalls nicht von grober Fahrlässigkeit befreit.

19 **bb) Wirtschaftliche Verpflichtungen aus dem ehelichen Verhältnis.** Darunter fallen die Pflicht zum Familienunterhalt gem. § 1360 BGB sowie zum Trennungsunterhalt gem. § 1361 BGB, die Pflicht zur Haushaltsführung gem. § 1356 Abs. 1 BGB (Palandt/Brudermüller § 1381 BGB Rn 14), die Pflicht zum Kindesunterhalt gegenüber gemeinsamen minderjährigen ehelichen Kindern (OLG Düsseldorf 21.1.1987 – 5 UF 101/86, FamRZ 1987, 821), die Mitarbeitspflicht in Beruf oder Geschäft, wenn eine solche durch eine entsprechende Vereinbarung begründet wurde, unter Umständen auch die Entgegennahme nicht geschuldeten Unterhalts (NK-BGB/Fischinger § 1381 BGB Rn 7). Auch die aus § 1353 BGB entspringenden vermögensrechtlichen Pflichten fallen unter § 1385 Nr. 3 BGB, zB die Schädigung durch Preisgabe von Geschäftsgeheimnissen (MüKo/Koch § 1381 BGB Rn 20).

20 **cc) Dauer.** Die Pflichtverletzung muss gem. § 1385 Nr. 3 BGB **längere Zeit** andauern. Die Dauer der Pflichtverletzung ist dabei im Verhältnis zur Dauer der Zugewinngemeinschaft und nicht zur Dauer des tatsächlichen Zusammenlebens zu sehen (BGH 9.7.1980 – IVb ZR 531/80, FamRZ HK-FamR/Häcker § 1381 BGB Rn 20; aA MüKo/Koch, § 1381 BGB Rn 16). Je länger die Zugewinngemeinschaft andauerte, desto höher sind die Anforderungen an die Zeitdauer der Pflichtverletzung zu stellen (Palandt/Brudermüller § 1381 BGB Rn 12).

21 **dd) Negative Prognose.** Es muss zu erwarten sein, dass die Verpflichtung auch in Zukunft nicht erfüllt werden wird. Es ist eine auf Tatsachen basierende Annahme erforderlich, dass die **Fortsetzung des Verhaltens wahrscheinlicher ist als dessen Änderung** (MüKo/Koch § 1386 BGB Rn 15). Daher reichen die Verfehlungen der Vergangenheit alleine nicht aus, auch nicht der Umstand, dass Trennungsunterhalt gerichtlich geltend gemacht werden musste. Im Rahmen der Prognose sind Umfang, Art, Dauer und Schwere bisheriger Pflichtverletzungen, Reaktionen auf bereits erfolgte Abmahnungen, Einsichtsfähigkeit und Bereitschaft zur Umkehr zu berücksichtigen. Die künftig zu erwartende Pflichtverletzung muss ebenfalls schuldhaft (s. Rn 18) sein (NK-BGB/Fischinger § 1386 BGB Rn 18).

22 **d) Verweigerte Vermögensunterrichtung (§ 1385 Nr. 4 BGB).** Nach Beendigung des Güterstandes haben beide Ehegatten gem. § 1379 BGB einen Anspruch auf wechselseitige Auskunftserteilung zum Wert und Bestand des jeweiligen Anfangs-, Trennungs- und Endvermögens. Während der bestehenden Ehe besteht eine allgemeine, wechselseitige Pflicht der Ehegatten aus § 1353 BGB, den anderen Ehegatten in groben Umrissen über den Bestand des eigenen Vermögens zu informieren (NK-BGB/Fischinger § 1386 BGB Rn 19). Der Tatbestand des § 1385 Nr. 4 BGB ist erfüllt, wenn ein Ehegatte sich beharrlich weigert, seiner **Unterrichtungspflicht** nachzukommen. Die Ehegatten schulden einander einen groben Überblick über die wesentlichen Vermögensbestandteile und deren Wert. Die Vorlage eines Verzeichnisses, weiterer Nachweise oder die Einsichtsgewährung in Geschäftsbücher ist nicht geschuldet (OLG Hamm 10.3.1999 – 6 UF 190/98, FamRZ 2000, 228). Eine beharrliche Weigerung liegt bei ernsthafter Erfüllungsverweigerung vor. Bei dreimaliger erfolgloser Aufforderung ist dies in der Regel zu bejahen (NK-BGB/Fischinger § 1386 BGB Rn 22). Die Unterrichtung muss bis zur Rechtshängigkeit des Antrags auf vorzeitigen Zugewinnausgleich unterblieben sein. Kommt der Antragsgegner seiner Pflicht nach Anhängigkeit aber noch vor Rechtshängigkeit nach, ist der Antrag unbegründet.

2. Rechtsfolgen

Mit der Rechtskraft (§ 113 Abs. 1 S. 2 FamFG, § 705 ZPO) der stattgebenden Entscheidung endet die Zuge- **23** winngemeinschaft und es tritt Gütertrennung ein, § 1388 BGB.

Gem. § 1378 Abs. 3 BGB hat dies gleichzeitig die **Entstehung der Ausgleichsforderung** zur Folge. Für **24** die Berechnung des Zugewinns und für die Höhe der Ausgleichsforderung tritt gem. § 1387 BGB an die Stelle der Beendigung des Güterstands iSv § 1375 Abs. 1 BGB der **Zeitpunkt der Erhebung des Antrags**. Gem. § 113 Abs. 1 S. 2 FamFG, § 253 Abs. 1 ZPO ist der Antrag mit Zustellung des ihn beinhaltenden Schriftsatzes erhoben. § 1387 BGB stellt daher wie § 1384 BGB auf den Zeitpunkt der **Rechtshängigkeit** des Antrags ab.

Ist sowohl ein Scheidungsantrag als auch ein Antrag gem. §§ 1385, 1386 BGB rechtshängig, kommt es auf **25** den Zeitpunkt der früheren Rechtshängigkeit an, auch wenn der spätere zum Beendigung des Güterstandes führt. Auf die Erfolgsaussicht des früheren Antrags kommt es außer im Falle des Rechtsmissbrauchs nicht an (Palandt/Brudermüller § 1384 BGB Rn 8).

III. Prozessuales

1. Güterrechtssache gem. § 261 Abs. 1 FamFG

Verfahren nach §§ 1385, 1386 BGB sind gem. § 261 Abs. 1 FamFG **Güterrechtssachen** und somit **Famili-** **26** **enstreitsachen** gem. § 112 Nr. 2 FamFG. Es gelten daher weitestgehend die Vorschriften der ZPO (§ 113 Abs. 1 FamFG). Gem. § 114 Abs. 1 FamFG herrscht **Anwaltszwang**. Verfahren nach §§ 1385, 1386 BGB sind **keine Folgesachen** gem. § 137 Abs. 2 FamFG, da ja gerade keine Entscheidung für den Fall der Scheidung getroffen werden soll.

Das Rechtsschutzbedürfnis fehlt nicht, wenn der Antragsgegner vorprozessual zur Aufhebung der Zuge- **27** winngemeinschaft, der Vereinbarung von Gütertrennung und dem Ausgleich des Zugewinns durch einen Ehevertrag bereit war (NK-BGB/Fischinger § 1386 BGB Rn 28). Die Rechtshängigkeit eines Scheidungsantrags beseitigt das Rechtsschutzinteresse für ein Verfahren auf vorzeitigen Zugewinnausgleich nicht (Palandt/Brudermüller § 1386 BGB Rn 12).

2. Zuständigkeit

a) International. Die internationale Zuständigkeit deutscher Gerichte ergibt sich mangels vorrangigen Eu- **28** roparechts bzw internationaler Verträge (§ 97 FamFG) gem. § 105 FamFG aus der örtlichen Zuständigkeit.

b) Sachlich. Ausschließlich zuständig für die Güterrechtssache als Familiensache (§ 111 Nr. 9 FamFG) **29** sind die **Amtsgerichte**, § 23 a Abs. 1 Nr. 1 GVG. Innerhalb der Amtsgerichte sind die Abteilungen für Familiensachen (§ 23 b GVG) zuständig. Es handelt sich hierbei um eine gesetzliche Regelung der Geschäftsverteilung und nicht um eine funktionale Zuständigkeit (HK-ZPO/Rathmann § 23 b GVG Rn 2; aA HK-FamFG/Fritsche § 169 FamFG Rn 3; BT-Drucks. 16/6308, 319).

Bei Zuständigkeitsfragen innerhalb des Amtsgerichts (zB zwischen Familiengericht und Zivilabteilung) **30** sind die Vorschriften des § 17 a GVG entsprechend anzuwenden (§ 17 a Abs. 6 GVG), dh das Familiengericht oder der Richter der Zivilabteilung, der sich für unzuständig erachtet, hat die Sache durch Beschluss an die jeweils andere Abteilung zu verweisen. Der Beschluss ist dann durch sofortige Beschwerde (§ 17 a Abs. 3 S. 3 GVG) anfechtbar.

c) Örtlich. Gem. § 262 Abs. 1 FamFG ist während der Anhängigkeit einer Ehesache das Gericht aus- **31** schließlich zuständig, bei dem die Ehesache im ersten Rechtszug anhängig ist oder war (Zuständigkeitskonzentration). In allen anderen Fällen gelten die örtlichen Zuständigkeitsbestimmungen der ZPO (§ 262 Abs. 2 FamFG).

Wird eine Ehesache zwischen den Beteiligten nach Anhängigkeit aber noch vor abschließender Entschei- **32** dung (BGH 7.3.2001 – XII ARZ 2/01, NJW 2001, 1499) des Verfahrens auf vorzeitigen Zugewinnausgleich im ersten Rechtszug rechtshängig, ist das Verfahren auf vorzeitigen Zugewinnausgleich von Amts wegen an das Gericht der Ehesache abzugeben, § 263 FamFG.

3. Darlegungs- und Beweislast

33 Der Ehegatte, der die vorzeitige Aufhebung des Güterstandes beantragt, trägt die Darlegungs- und Beweislast für die Tatbestandsmerkmale des § 1385 Nr. 1–4 BGB (s. → *Darlegungs- und Beweislast im Zugewinn* Rn 13). Eine Ausnahme besteht nur für das Merkmal „ohne ausreichenden Grund" in § 1385 Nr. 4 BGB, für das der Antragsgegner darlegungs- und beweispflichtig ist (NK-BGB/Fischinger § 1386 BGB Rn 31; aA Palandt/Brudermüller § 1386 BGB Rn 13).

4. Einstweilige Anordnung und Arrest

34 Der Erlass einer einstweiligen Anordnung gem. §§ 49 ff FamFG bezogen auf die vorzeitige Aufhebung der Zugewinngemeinschaft und auf den vorzeitigen Zugewinnausgleich ist wegen des Verbots der Vorwegnahme der Hauptsache nicht möglich (NK-BGB/Fischinger § 1386 BGB Rn 32). Zur Sicherung der Ausgleichsforderung kann aber gem. § 119 Abs. 2 FamFG, §§ 916 ff ZPO ein Arrest angeordnet werden.

271. Wechselmodell

Seebach

I. Allgemeines 1
II. Ausübung des Wechselmodells 5
  1. Inhalt 5
  2. Nestmodell 7
  3. Wechselmodell und Unterhalt 9
4. Wechselmodell und elterliche Sorge 13
III. Verfahren 16
  1. Möglichkeit der gerichtlichen Anordnung 16
  2. Vertretungsrecht 20
  3. Zuständigkeit 21

I. Allgemeines

Von einem sogenannten **Wechselmodell** im Hinblick auf die Betreuung und Ausübung der elterlichen Sor- **1**
ge (s. → *Elterliches Sorgerecht* Rn 10 ff) bei getrennt lebenden Eltern spricht man, wenn bei keinem der
Elternteile der **Schwerpunkt der Betreuung** des minderjährigen Kindes angesiedelt ist (Heiß in: Mandat-
FamR § 1601 Rn 50). Die tatsächliche Förderung und Fürsorge für das Kind wird von den Eltern **abwechselnd zu annähernd gleichen Teilen** wahrgenommen. So würde beispielsweise eine 2/3- zu 1/3-Verteilung
der Betreuungszeiten nicht ausreichen (NK-BGB/Zempel § 1713 BGB Rn 5).

Das Gegenmodell zum Wechselmodell stellt das „**Domizil- oder Residenzmodell**" dar (HK-FamR/Schmid **2**
§ 1687 BGB Rn 1). Hierbei hat das Kind seinen Aufenthalt und Lebensmittelpunkt bei dem Elternteil, der
das Kind überwiegend betreut (NK-BGB/Peschel-Gutzeit § 1687 BGB Rn 3).

Ein Wechselmodell liegt demzufolge dann nicht vor, wenn der Schwerpunkt der Betreuung bei einem **3**
hauptverantwortlichen Elternteil liegt und der andere Elternteil lediglich ein **erweitertes Umgangsrecht**
innehat (s. → *Umgangsrecht* Rn 31 ff).

Verfahrensrechtliche Probleme ergeben sich hinsichtlich der örtlichen Zuständigkeit im Hinblick auf den **4**
gewöhnlichen Aufenthalt des Kindes (s. Rn 21) sowie im Vertretungsrecht (NK-BGB/Kaiser § 1629 BGB
Rn 40 f; s. → *Gesetzliche Vertretung Minderjähriger* Rn 19, 20).

II. Ausübung des Wechselmodells

1. Inhalt

Bei Ausübung des Wechselmodells ist darauf zu achten, dass die **sozialen Bezüge des Kindes**, der Freun- **5**
deskreis sowie Vereinsaktivitäten, erhalten bleiben, so dass in der Regel ein Wechselmodell nur bei **räumlicher Nähe der Wohnorte** der Eltern in Frage kommt. Ein Schul- oder Kindergartenwechsel darf mit einem Wechselmodell gerade nicht einhergehen. Die Entscheidung für das Wechselmodell darf für das Kind
keine zusätzliche Belastung darstellen. In der Regel wird Voraussetzung sein, dass die Eltern hinsichtlich
der Erziehung ähnliche Vorstellungen und Verhaltensweisen haben und ein **kooperatives Verhalten der
Eltern** untereinander möglich ist (HK-FamR/Salzgeber Schwerpunktbeitrag 6 Rn 81).

Ferner darf die Entscheidung der Eltern für die Ausübung des Wechselmodells nicht getragen sein von der **6**
Befriedigung ihrer eigenen Interessen und Bedürfnisse. Einzig das **Kindeswohl** (§ 1697 a BGB) ist aus-
schlaggebendes Kriterium (s. → *Elterliches Sorgerecht* Rn 8). Häufig wird dieses Modell nur für einen
Übergangszeitraum in Frage kommen.

Der Vorteil des Wechselmodells kann jedoch durchaus darin liegen, dass in der Frage der Betreuung des
Kindes kein Elternteil als „Verlierer" hervorgeht. Dies kann zu einer Befriedung der Eltern untereinander
führen und auf diese Art und Weise auch dem Kindeswohl dienen.

2. Nestmodell

In diesem Zusammenhang taucht häufig die Begrifflichkeit des sogenannten „Nestmodells" auf (NK-BGB/ **7**
Peschel-Gutzeit § 1687 BGB Rn 3). Hierunter versteht man eine Ausgestaltung des Wechselmodells dergestalt, dass das Kind in einem Haushalt lebt, während die Eltern sich bei der Betreuung des minderjährigen

Kindes in diesem einen Haushalt abwechseln (NK-BGB/Peschel-Gutzeit § 1687 BGB Rn 3; Palandt/Götz § 1687 BGB Rn 2). Dieses Modell erscheint in der Ausübung problematisch, da die Privatsphäre der sich in der Betreuung innerhalb eines Haushalts abwechselnden Eltern kaum gewahrt werden kann.

8   In der Regel werden daher **drei Haushalte** erforderlich sein, so dass in dem „gemeinsamen" Haushalt lediglich die Betreuungsperson für das Kind wechselt, während daneben die Eltern jeweils noch einen gesonderten Hausstand inne haben. Ein solches Modell wird daher wohlhabenden Eltern vorbehalten bleiben (HK-FamR/Salzgeber Schwerpunktbeitrag 6 Rn 80).

3. Wechselmodell und Unterhalt

9   Bei überwiegender Betreuung durch einen Elternteil gilt die **Barunterhaltspflicht** des anderen Elternteils, auch bei Bestehen einer erweiterten Umgangsausübung. In Einzelfällen kann von der Düsseldorfer Tabelle abgewichen werden, wenn nennenswerte Ersparnisse auf Seiten des betreuenden Elternteils bestehen (s. → *Kindesunterhalt Minderjähriger* Rn 3).

Beim Vorliegen eines Wechselmodells nach obigen Kriterien stellt sich die Frage der Unterhaltsverpflichtung und der Barunterhaltspflicht des gerade nicht betreuenden Elternteils (Spangenberg FamFR 2010,125). Aus dem Wechselmodell ergibt sich eine **anteilige Barunterhaltspflicht** beider Elternteile (Heiß in: MandatFamR § 1606 BGB Rn 50 f).

10   Der Bedarf des Kindes wird aus dem zusammengerechneten Einkommen der Eltern ermittelt, die **Mehrkosten** (s. → *Mehrbedarf/Sonderbedarf beim Kindesunterhalt*) werden hinzugerechnet und sodann eine anteilige Haftung nach § 1606 Abs. 3 BGB durchgeführt (NK-BGB/Saathoff § 1606 BGB Rn 17).

11   Die **Vertretung des Kindes in Unterhaltsverfahren** richtet sich grundsätzlich nach § 1629 Abs. 2 S. 2 BGB (s. → *Gesetzliche Vertretung Minderjähriger* Rn 26). Hiernach vertritt der Elternteil, der das Kind in Obhut hat, dieses in Unterhaltsverfahren gegen den anderen Elternteil. Beim Wechselmodell sind dies jedoch gerade die Eltern zu gleichen Teilen (s. Rn 1; Palandt/Götz § 1629 BGB Rn 26).

12   Bei Innehaben der gemeinsamen elterlichen Sorge ist dem Kind bei Ausübung des Wechselmodells daher ein **Beistand bzw Ergänzungspfleger** gem. § 1909 BGB zu bestellen. Strittig ist, ob auch ein Verfahren bzw eine Entscheidung nach § 1628 BGB möglich ist (s. → *Meinungsverschiedenheiten der Sorgeberechtigten* Rn 9).

4. Wechselmodell und elterliche Sorge

13   Die Ausübung des Wechselmodells bei der Betreuung des Kindes hat nicht zwingend Einfluss auf die **Ausgestaltung** der elterlichen Sorge. In der Regel wird bei erheblichen Konflikten der getrennt lebenden Eltern ein Wechselmodell nicht möglich sein. Gegen diese Aussage spricht, dass durchaus auch bei streitenden Elternpaaren die Ausübung des Wechselmodells dem Kindeswohl am besten entsprechen kann. Allerdings wird von der gefestigten Rechtsprechung zur Ausübung der gemeinsamen elterlichen Sorge in der Regel eine **tragfähige soziale Beziehung** der Eltern sowie ein **Mindestmaß an Übereinstimmung** verlangt (BVerfG 30.6.2009 – 1 BVR 1868/08, FF 2009, 416). Eine etwaige Auflösung der grundsätzlich gemeinsamen elterlichen Sorge ist am Kriterium des Kindeswohls zu messen (Giers FamFR 2009, 28).

14   Eine erfolgreiche Ausübung des Wechselmodells wird jedoch in der Regel, allerdings nicht zwingend, für das Bestehen eines Mindestmaßes an Verständigungsmöglichkeiten der Eltern untereinander sprechen (NK-BGB/Kath-Zurhorst § 1610 BGB Rn 11).

15   Die gesetzliche Regelung des § 1687 BGB (s. → *Gesetzliche Vertretung Minderjähriger* Rn 19) hinsichtlich der Ausübung der elterlichen Sorge bei Getrenntleben ist zugeschnitten auf das Residenzmodell (s. Rn 2). Jedoch gilt § 1687 Abs. 1 S. 4 BGB auch bei Ausübung des Nestmodells (HK-FamR/Schmid § 1687 BGB Rn 1).

III. Verfahren

1. Möglichkeit der gerichtlichen Anordnung

Fraglich ist, ob das Wechselmodell im Rahmen eines gerichtlichen Verfahrens angeordnet werden kann. **16** Entspricht nach den Ausführungen des gerichtlich beauftragten Sachverständigen (s. → *Entzug des Sorgerechts* Rn 18) im kinderpsychologischen Gutachten das **Wechselmodell dem Kindeswohl**, so kann eine **Weigerung eines Elternteils** zur Ausübung dieses Wechselmodells zu einem Entzug des Aufenthaltsbestimmungsrechts führen (Schmid FamFR 2010, 212). Maßnahmen nach § 1666 BGB sind zu prüfen, da eine Weigerungshaltung der Eltern entgegen den gutachterlichen Ausführungen das Kindeswohl gefährden kann (s. → *Kindeswohlgefährdung*). Eine solche gerichtliche Entscheidung wird jedoch Ausnahmefällen vorbehalten bleiben.

Überwiegend wird die Ansicht vertreten, dass das Wechselmodell nur dann dem Kindeswohl entspricht, **17** wenn dieses Modell von den Eltern gewählt wird. **Gegen den Willen der Eltern** sei eine Anordnung daher nicht möglich (OLG Koblenz 12.1.2010 – 11 UF 251/09; FamFR 2010, 94; OLG Dresden 29.7.2011 – 21 UF 354/11; OLG Hamm 25.7.2011 – 8 UF 190/10). Dies gelte insbesondere, da eine konfliktfreie Kommunikation und Kooperation nicht gerichtlich erzwungen werden könne. Zwischen Umgangs- und Sorgerechtsstreit ist hierbei streng zu unterscheiden. Am Kriterium des Kindeswohls ist zu prüfen, ob die **Auflösung der gemeinsamen elterlichen Sorge** dem Kindeswohl entspricht. Sind sich die Eltern hinsichtlich der Ausübung des Wechselmodells und der damit einhergehenden Regelung über den Aufenthaltsort des Kindes nicht einig, so wird regelmäßig das Aufenthaltsbestimmungsrecht als Teil der elterlichen Sorge zu regeln sein. Können sich die Eltern nicht einigen, so wird das Aufenthaltsbestimmungsrecht in der Regel auf einen Elternteil zu übertragen sein (Maier in: FormFamR § 6 Rn 105). Eine Regelung dahin gehend, das Aufenthaltsbestimmungsrecht im Wechsel auf den jeweils betreuenden Elternteil zu übertragen, erscheint nicht praktikabel. Teilweise wird insoweit eine andere Ansicht vertreten, wenn der geäußerte Kindeswille eindeutig in Richtung Wechselmodell geht und dies auch dem Kindeswohl entspricht (KG 28.2.2012 – 18 UF 184/09).

Ist hingegen ein Umgangsverfahren anhängig, so sind sich die Beteiligten in der Regel über den Hauptaufenthaltsort des Kindes einig. Ob daneben ein **erweitertes Umgangsrecht** mit dem anderen Elternteil dem Kindeswohl entspricht, ist sodann Gegenstand des Umgangsverfahrens (s. → *Umgangsrecht* Rn 31 ff). Von einem echten Wechselmodell kann man dann gerade nicht sprechen (s. Rn 1). **18**

Im Ergebnis wird man mit der ständigen Rechtsprechung davon ausgehen müssen, dass **gegen den gemeinsamen Willen der Eltern** eines minderjährigen Kindes ein Wechselmodell **gerichtlich nicht angeordnet** werden kann (Altrogge FamFR 2010, 94; OLG Koblenz 12.1.2010 – 11 UF 251/09, FamFR 2010, 94). Dies entspricht letztlich auch der gesetzgeberischen Wertung, die sich aus dem Wortlaut des § 1687 Abs. 1 S. 2 BGB ergibt, wonach das Kind bei einem Elternteil seinen gewöhnlichen Aufenthalt hat. **19**

2. Vertretungsrecht

Verfahrensrechtliche Probleme ergeben sich bei Ausübung des Wechselmodells im **elterlichen Vertretungsrecht** (s. Rn 11). Die Bestellung eines **Ergänzungspflegers** im Verfahren wird regelmäßig notwendig sein (HK-FamR/Schmid § 1629 BGB Rn 4). Dies gilt insbesondere bei der Geltendmachung von Unterhaltsansprüchen (NK-BGB/Zempel § 1713 BGB Rn 6). **20**

3. Zuständigkeit

Die Zuständigkeit richtet sich grundsätzlich nach dem gewöhnlichen Aufenthalt des minderjährigen Kindes **21** (s. → *Gewöhnlicher Aufenthalt*). Insoweit ergibt sich bei Ausübung des Wechselmodells eine örtliche **Doppelzuständigkeit** (Maier in: FormFamR § 6 Rn 154; Grabow in: VerfFamR § 3 Rn 42).

272. Wertermittlungsanspruch

Caspary

1   Neben dem Anspruch auf Auskunft enthält **§ 1379 Abs. 1 S. 3 BGB** auch einen Anspruch auf Wertermittlung, der oft übersehen wird. Der Anspruch ist gesondert neben dem Anspruch auf Auskunft geltend zu machen (BGH 14.2.2007 – XII ZB 150/05, FamRZ 2007, 711). Er soll es dem anderen Ehegatten ermöglichen, die Höhe der Ausgleichsforderung zu bestimmen. Um die Wertangaben des verpflichteten Ehegatten prüfen zu können, sollte mit der Auskunft immer auch die Angabe der wertbildenden Faktoren verlangt werden, bei einem Grundstück also zB Art, Größe, Lage, Bebauung, Ertrag (vgl zu den Einzelheiten Kogel Rn 311).

2   Inhalt des Anspruchs ist die **Ermittlung und Angabe des Wertes sämtlicher Vermögensgegenstände und Verbindlichkeiten** durch den verpflichteten Ehegatten. Dieser muss gegebenenfalls Hilfskräfte einschalten und Auskünfte einholen, auch wenn dies Kosten verursacht (BGH 28.1.2009 – XII ZB 121/08, FamRZ 2009, 595). Er muss aber kein Sachverständigengutachten in Auftrag geben (BGH 28.1.2009 – XII ZB 121/08, FamRZ 2009, 595; BGH 14.2.2007 – XII ZB 150/05, FamRZ 2007, 711). Allerdings muss er die erforderlichen Unterlagen vorlegen, damit der berechtigte Ehegatte den Vermögensgegenstand gegebenenfalls selber bewerten kann, bei Unternehmen also zB die letzten fünf Jahresabschlüsse (BGH 14.2.2007 – XII ZB 150/05, FamRZ 2007, 711; 6.5.1982 – IX ZR 36/81, FamRZ 1982, 682). Zudem muss er seine Angaben auf Verlangen erläutern, damit der berechtigte Ehegatte entscheiden kann, ob er auf eigene Kosten ein Sachverständigengutachten einholen möchte (BGH 14.2.2007 – XII ZB 150/05, FamRZ 2007, 711; 24.7.2002 – XII ZB 31/02, FamRZ 2003, 597). Benötigt der berechtigte Ehegatte einen Sachverständigen, um die Auskunft des verpflichteten Ehegatten verstehen zu können, zählen die dafür anfallenden Kosten zu den Verfahrenskosten, die gegebenenfalls zu erstatten sind (OLG Frankfurt/M. 4.8.1999 – 3 WF 192/99, FamRZ 2000, 1513; OLG Karlsruhe 3.4.1998 – 2 WF 25/98, FamRZ 1999, 175).

3   Weigert sich der verpflichtete Ehegatte trotz eines entsprechenden gerichtlichen Beschlusses, die geschuldeten Wertangaben zu machen, kann der Anspruch nach § 887 ZPO iVm § 95 FamFG **vollstreckt** werden, indem sich der berechtigte Ehegatte vom Gericht ermächtigen lässt, auf Kosten des verpflichteten Ehegatten ein Sachverständigengutachten über den Wert einzuholen. Auf diesem Weg kann der berechtigte Ehegatte also unter Umständen erreichen, dass auf Kosten des verpflichteten Ehegatten ein Gutachten eingeholt wird (OLG Bamberg 5.8.1998 – 2 WF 80/98, FamRZ 1999, 312; Palandt/Brudermüller § 1379 BGB Rn 19; aA OLG Hamm 8.9.2009 – 2 WF 84/09, FamRZ 2010, 222: § 888 ZPO).

273. Wiederverheiratungsklauseln

Schwarz

I. Vorerbschaft/Nacherbschaft 2   III. Bindungswirkung 7
II. Alternative: Vermächtnislösung 4

In der Gestaltungspraxis soll mit den als „Wiederverheiratungsklauseln" bezeichneten Regelungsmodellen 1 für die Abkömmlinge eine **angemessene Nachlassbeteiligung im Falle der Wiederverheiratung** des überlebenden Ehepartners sichergestellt werden (NK-BGB/Müßig § 2271 BGB Rn 41). Denn Ehegatten haben häufig die Befürchtung, dass bei einer Wiederverheiratung des Überlebenden von ihnen die aus ihrer Ehe stammenden gemeinsamen Kinder benachteiligt werden. Vor allem mögliche Pflichtteilsrechte eines neuen Ehegatten bzw Kinder aus der neuen Ehe können den Vermögensübergang auf die gemeinsamen Kinder gefährden.

I. Vorerbschaft/Nacherbschaft

Bei dieser Gestaltung wird der überlebende Ehegatte zum Vollerben des Erstversterbenden, die Kinder 2 werden zu Schlusserben eingesetzt. Für den Fall der Wiederverheiratung des Längerlebenden ist diese Vollerbeneinsetzung **auflösend bedingt** (NK-BGB/Müßig § 2271 BGB Rn 42; Tanck in: FormErbR § 7 Rn 303). Der überlebende Ehegatte ist (auf die Wiederverheiratung) aufschiebend bedingter Vorerbe, die Abkömmlinge sind aufschiebend bedingte Nacherben (Palandt/Edenhofer § 2269 BGB Rn 17; BGH 6.11.1985 – IV a ZB 5/85, BGHZ 96, 198).

Selbst wenn der überlebende Ehegatte nicht wieder heiratet, gelten für ihn ab dem Tod des Erstversterben- 3 den gleichwohl die Beschränkungen als Vorerben (Palandt/Weidlich § 2269 BGB Rn 17). Regelmäßig ist der überlebende Ehegatte aber zumindest als befreiter Vorerbe nach § 2136 BGB anzusehen (BayObLG 22.6.1966 – 1 b ZR 12/66, OLGZ 1966, 227).

II. Alternative: Vermächtnislösung

Bei dieser Gestaltungsalternative ist und bleibt der überlebende Ehegatte unbedingter Vollerbe. Er wird al- 4 lerdings mit einem auf den Fall seiner **Wiederverheiratung aufschiebend bedingten Vermächtnis** (s. → *Vermächtnis*) zugunsten der gemeinsamen Abkömmlinge belastet (Tanck in: FormErbR § 7 Rn 307).

Um den überlebenden Ehegatten wirtschaftlich möglichst wenig zu beeinträchtigen, kann die Fälligkeit die- 5 ses Vermächtnisses hinausgeschoben werden, sogar bis zum Tod des überlebenden Ehegatten.

Was als Vermächtnis im Falle der Wiederverheiratung herauszugeben ist (Vermächtnisgegenstand), kann 6 unterschiedlich ausgestaltet werden. Es kann auf den im Zeitpunkt des Erbfalls vorhandenen Nachlassbestand oder den Nachlassbestand zum Zeitpunkt der Wiederverheiratung abgestellt werden. Am wenigsten beeinträchtigend für den überlebenden Ehegatten ist die Regelung, dass das Vermächtnis nur den bei Wiederverheiratung noch vorhandenen Nachlass des Erststerbenden umfasst.

III. Bindungswirkung

Der überlebende Ehegatte, der mit einer Wiederverheiratungsklausel belastet ist, kann beim Tod des Erst- 7 versterbenden die Erbschaft **ausschlagen** und so seinen **Pflichtteil** (s. → *Pflichtteilsrecht*) geltend machen (§ 2306 Abs. 1 BGB).

Hinweis: Schlägt er nicht aus, so hat er kein Pflichtteilsrecht, selbst wenn er bei späterem Eingreifen der Wiederverheiratungsklausel den gesamten Nachlass des Erstversterbenden verliert (Langenfeld, Testamentsgestaltung, 2010, Rn 348).

Für den Fall, dass die Wiederverheiratungsklausel greift, erfasst dies auch eine etwaige Bindung des Über- 8 lebenden an die eigene Verfügung auf seinen Tod. Streitig ist, ob lediglich die Bindung entfällt, nicht aber die Einsetzung der Schlusserben, oder ob die Einsetzung der Schlusserben insgesamt in Wegfall kommt und damit mangels neuer letztwilliger Verfügungen des Überlebenden die gesetzliche Erbfolge (s. → *Ehegattenerbrecht*, s. → *Verwandtenerbrecht*) eintritt (Langenfeld Rn 349; NK-BGB/Müßig § 2271 BGB Rn 43). Die testamentarische Regelung sollte dazu eine ausdrückliche Regelung enthalten (Langenfeld Rn 349).

274. Wohngeld

Conradis

I. Einführung...................................... 1
II. Anspruchsvoraussetzungen für das Wohngeld.. 3
  1. Bewilligungszeitraum........................ 3
  2. Höhe des Wohngeldes........................ 4
  3. Auswirkung einer Trennung von Ehegatten..... 6

4. Bedeutung von tatsächlichen Änderungen....... 9
III. Abzugsbeträge für Unterhaltsleistungen......... 11
IV. Berücksichtigung des Wohngeldes bei Unter-
  haltsansprüchen................................ 14

I. Einführung

Wohngeld wird zur wirtschaftlichen Sicherung angemessenen und familiengerechten Wohnens geleistet **1** (§ 1 WoGG). Für Mietwohnungen wird es als Wohngeld geleistet, für Eigentumswohnungen bzw selbst bewohnte Häuser als Lastenzuschuss (§ 10 WoGG). Empfänger von Leistungen nach dem SGB II, SGB XII, der Kriegsopferfürsorge und nach dem AsylbLG haben seit dem 1.1.2005 **keinen Anspruch** mehr auf Wohngeld. Für diese Personenkreise steht nun das Wohngeld (Mietzuschuss) nicht mehr als Einkommen zur Verfügung, so dass entsprechend höhere Leistungen von Alg II, Sozialgeld bzw Sozialhilfe erbracht werden müssen. Damit wird der Unterhaltsanspruch, der auf den Sozialleistungsträger übergehen kann, um diesen Betrag höher und es stellt sich bei Leistungen nach dem SGB II die Problematik, ob der Unterhaltspflichtige entsprechend weitergehend haftet (s. → *Übergang von Unterhaltsansprüchen* Rn 17).

Das WoGG ist zum Jahresende 2008 vollständig durch das Gesetz zur Neuregelung des Wohngeldrechts **2** vom 24.9.2008 (BGBl. I, 1856) und das Erste Gesetz zur Änderung des Wohngeldgesetzes vom 22.12.2008 (BGBl. I, 2963) **geändert worden**. Das alte WoGG wurde aufgehoben, das neue Recht trat überwiegend zum 1.1.2009 in Kraft. Neben einigen Vereinfachungen hat die Neuregelung häufig zu höheren Ansprüchen geführt. Die mit diesem Gesetz eingeführte Berücksichtigung von **Heizkosten** ist Ende 2010 entfallen.

II. Anspruchsvoraussetzungen für das Wohngeld

1. Bewilligungszeitraum

Wohngeld und Lastenzuschuss werden nur auf Antrag bewilligt (§ 22 Abs. 1 WoGG), dabei beginnt der **3** **Bewilligungszeitraum** am Ersten des Monats, in dem der Antrag gestellt wird (§ 25 Abs. 2 S. 1 WoGG). Ein Antrag kann zunächst formlos schriftlich gestellt werden, die amtlichen Vordrucke müssen dann nachgereicht werden. Wohngeld wird in der Regel **für zwölf Monate bewilligt**, § 25 Abs. 1 S. 1 WoGG. Allerdings kann der Bewilligungszeitraum verkürzt werden, wenn zu erwarten ist, dass die für die Leistung des Wohngeldes maßgeblichen Verhältnisse sich vor Ablauf von zwölf Monaten erheblich verändern. Ist zB der Unterhalt noch nicht geklärt und steht zu erwarten, dass alsbald eine Regelung erfolgt, ist es gerechtfertigt, zunächst nur für einige Monate Wohngeld zu bewilligen.

2. Höhe des Wohngeldes

Die Höhe des Wohngeldes hängt zum einen von der zu berücksichtigenden Miete oder Belastung ab, die **4** sich nach der Mietenstufe (die dem jeweiligen Mietenniveau zugeordnet ist) richtet, und zum anderen von der Anzahl der Haushaltsmitglieder (§ 4 WoGG) sowie von dem Gesamteinkommen. Hingegen spielt vorhandenes Vermögen keine Rolle. Allerdings kann ein Anspruch auf Wohngeld dann nicht bestehen, wenn die Inanspruchnahme missbräuchlich wäre, insbesondere wegen erheblichen Vermögens (§ 21 Nr. 3 WoGG). Als erhebliches Vermögen werden für das erste Haushaltsmitglied 60.000 EUR und für jedes weitere zu berücksichtigende Haushaltsmitglied 30.000 EUR angenommen.

Soweit das **Gesamteinkommen nicht ausreicht**, den Lebensunterhalt einschließlich Miete sicherzustellen, **5** wird in der Praxis Wohngeld häufig mit der Begründung abgelehnt, dass ein solch geringes Einkommen nicht glaubhaft sei und daher vermutet werden müsse, dass weitere Einkünfte verschwiegen werden. Als Maßstab wird der Bedarf nach dem SGB II bzw SGB XII zugrunde gelegt, also etwa 380 EUR zuzüglich

Regelbedarfe für Kinder zuzüglich Unterkunftskosten. Liegt das tatsächliche Einkommen wesentlich unter dieser Grenze, ist daher nachzuweisen, wie die fehlende Differenz aufgebracht wird. Als Möglichkeiten kommen in Betracht: das Aufbrauchen eigenen Vermögens oder Darlehensgewährung von Freunden (jeweils nicht als Einkommen bei der Berechnung des Wohngeldes anrechenbar) oder auch das Verzehren von Mahlzeiten bei Bekannten oder Verwandten.

3. Auswirkung einer Trennung von Ehegatten

6 Aufgrund einer Trennung von Ehegatten kann ein Anspruch auf Wohngeld entstehen oder auch ein bestehender Anspruch sich verändern, da sich die Anzahl der Haushaltsmitglieder sowie das zur Verfügung stehende Einkommen verändern. Zwar gehören auch vorübergehend abwesende Familienmitglieder zum Haushalt. Liegt jedoch ein dauerndes Getrenntleben vor, ist eine Berechnung nur im Hinblick auf die im Haushalt verbleibenden Familienmitglieder vorzunehmen. Ehegatten, die innerhalb der Wohnung – dauernd – getrennt leben, gehören nicht mehr zu diesem Personenkreis. Voraussetzung ist, dass tatsächlich ein getrenntes Wohnen vorliegt und die Inanspruchnahme nicht als missbräuchlich anzusehen ist, da dann nach § 21 Nr. 3 WoGG kein Anspruch besteht. Beide Ehegatten können im Fall des Getrenntlebens jeweils einen eigenen Antrag stellen.

7 Ein **Kind** gehört auch dann zum Haushalt, wenn es sich bei getrennt lebenden Ehegatten abwechselnd und regelmäßig aufhält und dort betreut wird. Damit ist möglich, dass das Kind beiden Haushalten zugeordnet wird, so dass jeweils eine günstigere Berechnung des Wohngeldes möglich ist. Zahlung von Kindesunterhalt wird beim empfangenden Haushalt als Einnahme des Kindes berücksichtigt, beim leistenden Elternteil ist ein Abzug nach § 18 WoGG möglich.

8 Bei der Berechnung des Wohngeldes wird das **Gesamteinkommen** der zum Haushalt rechnenden Familienmitglieder zugrunde gelegt (§§ 13 ff WoGG). Bei einer **Trennung** wird jedem Ehegatten nur das Einkommen zugerechnet, welches nun die in dem jeweiligen Haushalt lebenden Personen zusammen haben. Für den Unterhaltsberechtigten sind als Einkommen auch die Unterhaltszahlungen zu berücksichtigen, die vom getrennt lebenden Ehegatten gezahlt werden.

4. Bedeutung von tatsächlichen Änderungen

9 Ändern sich die Verhältnisse im Laufe des Bewilligungszeitraumes, wird eine Änderung nur vorgenommen, soweit dies in § 27 WoGG und § 28 WoGG vorgesehen ist (§ 28 Abs. 6 WoGG). Bei der Trennung von Ehegatten ergeben sich mithin folgende Konstellationen: **Zieht ein Ehegatte aus, der über Einkommen verfügt** und verringert sich dadurch das Gesamteinkommen der in der Wohnung verbliebenen Personen um mehr als 15 %, wird das Wohngeld auf Antrag neu bewilligt, wenn dies zu einer Erhöhung des Wohngeldes führt. **Zieht der Ehegatte aus**, der **kein Einkommen erzielt**, führt dies nach § 28 Abs. 2 WoGG zu einer Änderung. Auch hier ist der Auszug anzuzeigen und es erfolgt von Amts wegen eine Neuberechnung.

10 Nach § 28 WoGG führen bestimmte Änderungen zum **Wegfall des Wohngeldes**, ohne dass es hierzu eines Verwaltungsaktes bedarf. Es muss lediglich eine Unterrichtung erfolgen (§ 28 Abs. 5 WoGG). Der übliche Rechtschutz gegen belastende Verwaltungsakte ist daher nicht gegeben, es kommt höchstens eine Feststellungsklage in Betracht mit dem Ziel, festzustellen, dass kein Wegfalltatbestand vorliegt. Der Wegfall ist u.a. vorgeschrieben, wenn die Wohnung nicht mehr bewohnt oder das Wohngeld nicht mehr vollständig für die Miete verwendet wird (§ 28 Abs. 2 WoGG).

III. Abzugsbeträge für Unterhaltsleistungen

11 Für den Unterhaltspflichtigen **mindern Unterhaltsbeträge das anrechenbare Einkommen** nach Maßgabe des § 18 WoGG. Hierbei genügt das Bestehen einer gesetzlichen Unterhaltspflicht dem Grunde nach, es wird nicht geprüft, ob Bedürftigkeit des Unterhaltsberechtigten und Leistungsfähigkeit des Unterhaltspflichtigen bestehen. Auch Unterhaltszahlungen nach § 7 UVG an das Land stellen Aufwendungen zur Er-

füllung der gesetzlichen Unterhaltspflicht dar. Dasselbe muss auch gelten, soweit Unterhalt aufgrund übergegangener Unterhaltsansprüche nach dem SGB II oder SGB XII gezahlt wird.

Die Aufwendungen zur Erfüllung gesetzlicher Unterhaltsverpflichtungen können in **voller Höhe** abgesetzt 12 werden, wenn eine notariell beurkundete Unterhaltsvereinbarung oder ein **Unterhaltstitel** vorliegt. Andernfalls können nur höchstens die nachstehenden Pauschalen abgesetzt werden. Der Unterhaltspflichtige kann also durch Titulierung des Unterhalts höhere Absetzungen und damit höheres Wohngeld erreichen.

Liegt eine Urkunde oder ein Unterhaltstitel nicht vor, können **bis zu 6.000 EUR** für einen nicht zum Haus- 13 halt rechnenden geschiedenen oder dauernd getrennt lebenden Ehegatten abgesetzt werden. Für weitere gesetzliche Unterhaltspflichten kann für jede Person, die nicht zum Haushalt rechnet, der tatsächlich gezahlte Unterhalt bis zum Höchstbetrag von jeweils **3.000 EUR** abgesetzt werden.

IV. Berücksichtigung des Wohngeldes bei Unterhaltsansprüchen

Nach der Rechtsprechung des Bundesgerichtshofs (17.3.1982 – Ivb ZR 646/80, FamRZ 1982, 587, 589 f) 14 und nach den Leitlinien der Oberlandesgerichte wird Wohngeld grundsätzlich sowohl beim Unterhaltspflichtigen als auch beim Unterhaltsberechtigten als Einkommen berücksichtigt. Eingeschränkt wird dies allerdings mit der Bemerkung, dass keine Anrechnung erfolgt, soweit das Wohngeld lediglich **überhöhten Wohnbedarf** ausgleicht (so mit Ausnahme von Oldenburg alle Leitlinien der Oberlandesgerichte, jeweils Ziff. 2.3) oder zur Deckung übermäßiger Mietbelastung verwendet werden muss. Es wird dabei unterstellt, dass es die Funktion des Wohngeldes sei, überhöhten Wohnbedarf oder eine übermäßige Mietbelastung auszugleichen. Diese Annahme ist jedoch unzutreffend. Wohngeld wird nicht nur für „überhöhten" **Wohnbedarf** gezahlt, sondern auch bei Mieten in einem ganz normalen Bereich. Zumindest seit der Änderung des WoGG zum 1.1.2001 mit den dort enthaltenen Leistungsverbesserungen und nach der Neufassung zum 1.1.2009 ist davon auszugehen, dass das Wohngeld in der Regel den regelmäßigen, üblichen Wohnbedarf ausgleicht. Durch die Begrenzung des Wohngeldes auf Höchstbeträge nach § 11 WoGG ist zudem ausgeschlossen, dass überhöhte Wohnkosten berücksichtigt werden. Die Prämissen in den Leitlinien sind daher unzutreffend, soweit damit als Vergleichsmaßstab der allgemeine Wohnungsmarkt gemeint ist. In der Leitlinie des OLG Oldenburg (Ziff. 2.3) wird hingegen das Wohngeld einschränkungslos als Einkommen angerechnet. Diese Auffassung ist zutreffend, da es keinen Grund gibt, Wohngeld anders zu behandeln als sonstige (nicht subsidiäre) Sozialleistungen.

In der Rechtsprechung des Bundesgerichtshofs wird die Frage des überhöhten Wohnbedarfs daran gemes- 15 sen, ob der **Aufwand für die Unterkunft höher ist als der Anteil des Selbstbehaltes**, der in den Leitlinien enthalten ist. Ausgehend von einem Anteil der Unterkunftskosten im Selbstbehalt in Höhe von 360 EUR nach der Düsseldorfer Tabelle (Anmerkung 5) wird bei einer tatsächlichen Mietbelastung von 400 EUR ein Anteil von 40 EUR des Wohngeldes als Ausgleich für den überhöhten Wohnbedarf berechnet, so dass dieser Teil des Wohngeldes nicht berücksichtigt wird. Diese Lösung, die vom Bundesgerichtshof (19.2.2003 – XII ZR 67/00, FamRZ 2003, 860, 862) dargelegt worden ist, ist nicht nur problematisch, weil das Wohngeld nach anderen Grenzwerten berechnet wird, als es in der Düsseldorfer Tabelle vorgesehen ist, sondern auch deshalb, weil im Grenzbetrag der Düsseldorfer Tabelle die Heizkosten eingeschlossen sind, während das Wohngeld seit dem 1.1.2011 die Heizkosten nicht mehr berücksichtigt.

Wenn der Lösung des Bundesgerichtshofs gefolgt wird, bedeutet dies auch, dass immer dann, wenn die 16 Unterkunftskosten nicht höher sind als der Anteil im Selbstbehalt, das Wohngeld auf jeden Fall vollständig als Einkommen sowohl beim Unterhaltspflichtigen als auch beim Unterhaltsberechtigten berücksichtigt werden muss. Eine pauschale Vermutung, dass das Wohngeld durch erhöhte Wohnkosten quasi aufgezehrt wird, gibt es daher nicht (vgl Götsche FamRB 2010, 376, 378).

Zu erheblichen Berechnungsproblemen kann es kommen, weil sich durch die Berücksichtigung des Wohn- 17 geldes auch die Unterhaltspflichten verändern können. Beantragt zB eine getrennt lebende Ehefrau nach Auszug des Einkommen erzielenden Ehemannes Wohngeld und macht sie Unterhaltsansprüche geltend, so kann bei der Berechnung ihres Anspruchs – solange über den Wohngeldantrag noch nicht entschieden ist –

das Wohngeld nicht als Einkommen berücksichtigt werden. Wird später Wohngeld bewilligt, kann dies dazu führen, dass der Unterhaltsverpflichtete berechtigt ist, eine Abänderung zu verlangen, weil der **Unterhaltsberechtigten** nun ein höheres Einkommen zur Verfügung steht.

18 Noch schwieriger ist die Lage auf Seiten des **Unterhaltspflichtigen**: Da die Unterhaltsleistungen das anzurechnende Einkommen mindern, wobei die im Gesetz vorgesehenen Höchstbeträge überschritten werden können, wenn eine Titulierung erfolgt ist, kann dies zu einem nicht unerheblichen Wohngeldanspruch des Unterhaltspflichtigen führen, der damit ein höheres Einkommen zur Verfügung hat als bei der Unterhaltsbemessung zugrunde gelegt wurde. Dies wiederum kann ein Abänderungsverlangen der Unterhaltsberechtigten rechtfertigen.

19 Will man von Anfang an eine „richtige" Unterhaltsberechnung durchführen, muss versucht werden, die **Höhe des Wohngeldes** unter Berücksichtigung des voraussichtlich zu zahlenden Unterhalts zu ermitteln. Dies ist durch eine eigene Berechnung nur unter größten Schwierigkeiten möglich, da das Wohngeld gemäß § 19 Abs. 1 WoGG nach einer Formel mit fünf verschiedenen einzusetzenden Werten berechnet wird, die erst noch ermittelt werden müssen. Es bleibt daher nur die Möglichkeit, eine entsprechende **Auskunft von der Wohngeldbehörde** einzuholen. Sodann muss eine Kontrollberechnung vorgenommen werden unter Berücksichtigung der beiderseitig zu erwartenden Wohngeldansprüche. Da dieses Verfahren kompliziert und aufwendig ist, wird es in der Praxis, soweit bekannt, nicht durchgeführt. Auch wird in manchen Fällen die beiderseitige Berücksichtigung des Wohngeldes in etwa zu gleichen Ergebnissen führen. Da das Wohngeld jedoch auch von anderen Faktoren – insbesondere im Hinblick auf die Wohnung – abhängt, ist es möglich, dass das Wohngeld in dem einen Fall nur dem Unterhaltsberechtigten und in dem anderen Fall nur dem Unterhaltsverpflichteten zusteht und sich dadurch erhebliche Veränderungen ergeben können im Vergleich zur Nichtberücksichtigung des Wohngeldes.

20 Sofern bei der Berechnung des Unterhaltsanspruchs fiktives Erwerbseinkommen zu berücksichtigen ist, darf das tatsächlich bezogene Wohngeld nicht noch zusätzlich angerechnet werden, wenn bei Bezug des Einkommens kein – oder geringeres – Wohngeld zu bewilligen wäre (Götsche FamRB 2010, 376 mit Berechnungsbeispielen).

275. Wohnungszuweisung nach Scheidung

Kloster-Harz/Schönberger

I. Überlassungsanspruch nach § 1568 a BGB 1
1. Überblick 1
2. Überlassungsanspruch nach
   § 1568 a Abs. 1 BGB 2
3. Überlassungsanspruch nach
   § 1568 a Abs. 2 BGB 3
4. Dingliche Rechte 4
   a) Gleichwertige dingliche Rechte 4
   b) Konkurrierende dingliche Rechte 5
5. Unbillige Härte iSv § 1568 a Abs. 2 BGB 6
6. Entscheidungskriterien nach
   § 1568 a Abs. 2 BGB 7
7. Existenznot: Herabgesetzte Eingriffsschwelle .. 8
8. Befristung in Härtefällen 9
9. Miteigentum der Ehegatten an der Ehewohnung 10
10. Rechtsfolgen nach § 1568 a Abs. 3 BGB 11
    a) Mitteilung gegenüber dem Vermieter nach
       § 1568 a Abs. 3 Nr. 1 BGB 12
    b) Änderung des Mietvertrags mit Rechtskraft
       der Entscheidung nach
       § 1568 a Abs. 3 Nr. 2 BGB 13

c) Rechtsfolgen nach § 1568 a Abs. 3 BGB 14
d) Sonderkündigungsrecht des Vermieters 15
II. Dienst- und Werkwohnungen nach
    § 1568 a Abs. 4 BGB 16
1. Anwendungsbereich des § 1568 a Abs. 4 BGB . 17
2. Schwere Härte iSv § 1568 a Abs. 4 BGB 18
3. Beweislast nach § 1568 a Abs. 4 BGB 19
4. Befristung nach § 1568 a Abs. 4 BGB 20
III. Anspruch auf Begründung eines Mietverhältnis-
     ses nach § 1568 a Abs. 5 BGB 21
1. Überblick 21
2. Angemessene Befristung nach
   § 1568 a Abs. 5 S. 2 BGB 22
3. Angemessene Miete nach
   § 1568 a Abs. 5 S. 3 BGB 23
4. Ausgleichszahlung 24
IV. Ausschlussfrist nach § 1568 a Abs. 6 BGB 25
V. Verfahrensbeteiligung Dritter 26

I. Überlassungsanspruch nach § 1568 a BGB

1. Überblick

Die Vorschrift regelt die **endgültige Nutzung** sowie die Rechtsverhältnisse der Ehewohnung nach Rechts- 1
kraft der Scheidung. Sie regelt somit nicht nur die internen Nutzungsverhältnisse zwischen den Eheleuten,
sondern auch die **Rechtsverhältnisse an der Wohnung** gegenüber Dritten. Maßgebend ist insofern, ob es
eine Wohnung in fremdem Eigentum ist, mit oder ohne Mietverhältnis, ob es sich um eine Dienst- oder
Werkwohnung handelt, ob dingliche Rechte beider oder eines Ehegatten oder auch zusammen mit Dritten
an der Ehewohnung bestehen. Handelt es sich um eine Mietwohnung, ist § 1568 a Abs. 1 und 3 BGB einschlägig. Handelt es sich um eine Wohnung ohne Mietverhältnis, ist § 1568 a Abs. 5 BGB einschlägig. Bei
einer Dienst- oder Werkwohnung gilt § 1568 a Abs. 4 BGB. Sind an der Ehewohnung die Eheleute, einer
der Eheleute und auch ein Dritter dinglich berechtigt, kommt § 1568 a Abs. 2 BGB zur Anwendung.

Das Familiengericht entscheidet insofern nicht mehr wie bisher nach billigem Ermessen, sondern nach Anspruchsgrundlagen. Zwar ist – entgegen dem Regierungsentwurf vom 1.11.2007 (Götz/Brudermüller NJW
2008, 3025 ff) – die Billigkeit in § 1568 a BGB wieder zu berücksichtigen, jedoch nicht als alleiniger bzw
endgültiger Maßstab für die Entscheidung. Die Voraussetzungen für einen Überlassungsanspruch nach
§ 1568 a BGB entsprechen letztlich denen, die bei § 2 HausratsV herausgearbeitet wurden. Da an die **Lebensverhältnisse** der Ehegatten angeknüpft wird, ist sichergestellt, dass alle Umstände des Einzelfalls
durch das Familiengericht berücksichtigt werden können. Aufgrund der Ausgestaltung als Anspruchsgrundlage muss der Antragsgegner, der die Überlassung der Ehewohnung für sich beanspruchen möchte,
nicht nur einen Abweisungsantrag stellen, sondern vielmehr einen eigenen Antrag zur Überlassung der
Ehewohnung an sich stellen. Möchte keiner der Eheleute die Ehewohnung nach der Scheidung weiter bewohnen, scheidet ein Überlassungsverfahren aus. Ein gemeinsamer Mietvertrag muss in diesem Falle gemeinsam gekündigt werden. Wurde die Wohnung inzwischen anderweitig vermietet und von dem neuen
Mieter bezogen, ist kein Raum mehr für eine Regelung der Rechtsverhältnisse an der Ehewohnung. Anders
wäre es nur, wenn ein Scheingeschäft bzw Kollusion vorliegen würde. Die Regelung gilt für Ehegatten. Für
eingetragene Lebenspartnerschaften ist § 1568 a BGB nach § 17 LPartG entsprechend anzuwenden. Eine
entsprechende Anwendung auf nichteheliche Lebenspartnerschaften scheidet hingegen aus.

2. Überlassungsanspruch nach § 1568 a Abs. 1 BGB

2 Ein Ehegatte kann nach § 1568 a BGB nur verlangen, dass ihm der andere Ehegatte die Ehewohnung **anlässlich der Scheidung überlässt**, wenn er auf deren Nutzung unter Berücksichtigung des Wohls der im Haushalt lebenden Kinder und der Lebensverhältnisse der Ehegatten in stärkerem Maße angewiesen ist als der andere Ehegatte oder wenn die Überlassung aus anderen Gründen der Billigkeit entspricht. Als **Rechtsfolge** ist ausschließlich die **Begründung oder Fortführung des Mietverhältnisses** gegeben, was der Rechtssicherheit dient. Auf die Billigkeitsgründe ist insbesondere dann abzustellen, wenn keine Kinder vorhanden sind und auch die Lebensverhältnisse als solche nicht erkennen lassen, wer auf die Ehewohnung mehr angewiesen ist. Dabei sind **alle Umstände des Einzelfalls** zu berücksichtigen (OLG Schleswig 24.3.2010 – 15 UF 166/09, FamRZ 2010, 1985). Sind Kinder vorhanden, hat das **Wohl der Kinder** oberste Priorität. Zur Erhaltung des bisherigen Umfelds ist dem betreuenden Ehegatten in der Regel die Ehewohnung zuzuweisen (OLG Hamburg 14.3.1991 – 15 UF 157/89, FamRZ 1991, 1317; KG 8.11.1990 – 16 WF 5430/90, FamRZ 1991, 467; OLG Celle 25.6.1991 – 18 UF 12/91, FamRZ 1992, 465; OLG Schleswig 24.3.2010 – 15 UF 166/09, FamRZ 2010, 1985). Dem nicht betreuenden Elternteil ist unter Berücksichtigung der Verhältnisse des Wohnungsmarkts in der Regel ein Umzug zuzumuten. Unter den Lebensverhältnissen werden die gegenwärtigen Lebensbedingungen und die Beziehung der Eheleute zur Wohnung verstanden; Alter, Gesundheitszustand, Einkommens- und Vermögensverhältnisse spielen hier eine Rolle (KG 28.8.1987 – 17 UF 1644/87, FamRZ 1988, 182; OLG Schleswig 24.3.2010 – 15 UF 166/09, FamRZ 2010, 1985). Ausschlaggebend können in diesem Zusammenhang die vorhandenen Geschäftsräume in der Ehewohnung oder die Nähe zum Arbeitsplatz sein. Zwar spielen die Interessen Dritter an der Ehewohnung, wie beispielsweise Lebensgefährte des Ehegatten, keine Rolle. Dies gilt aber nicht, wenn ein naher pflegebedürftiger Angehöriger in die Ehewohnung aufgenommen wurde, um von dem Ehegatten gepflegt werden zu können. Für die Billigkeitsprüfung ist entscheidend, ob ein Ehegatte aus anderen Umständen ein besonderes und schützenswertes Interesse an der Ehewohnung hat. Dies wäre beispielsweise zu bejahen, wenn ein Ehegatte in der Ehewohnung aufgewachsen ist (KG 28.8.1987 – 17 UF 1644/87, FamRZ 1988, 182), sie selbst aus- und umgebaut oder eingerichtet hat. Die Ursachen der Eheauflösung spielen hingegen keine Rolle (KG 28.8.1987 – 17 UF 1644/87, FamRZ 1988, 182).

3. Überlassungsanspruch nach § 1568 a Abs. 2 BGB

3 § 1568 a BGB ersetzt § 3 HausratsV. Insofern können die dazu entwickelten Grundsätze und die Rechtsprechung übernommen werden. Ist einer der Ehegatten allein oder gemeinsam mit einem Dritten, beispielsweise Eltern, Geschwister etc. – nicht aber zusammen mit dem anderen Ehegatten – Eigentümer des Grundstücks, auf dem sich die Ehewohnung befindet, oder steht einem Ehegatten allein oder gemeinsam mit einem Dritten ein Nießbrauch, Erbbaurecht oder ein dingliches Wohnrecht (OLG Stuttgart 27.10.1969 – 18 UF 256/89, FamRZ 1990, 1260; OLG Bamberg 27.9.1995 – 7 UF 112/95, FamRZ 1996, 1085) an dem Grundstück zu, so kann der andere (nicht dinglich berechtigte) Ehegatte die Überlassung nur verlangen, wenn dies notwendig ist, **um eine unbillige Härte zu vermeiden**. Entsprechendes gilt für das Wohnungseigentum und das Dauerwohnrecht bzw Dauernutzungsrecht nach § 60 WEG. Es gilt hingegen nicht für schuldrechtliche (OLG Düsseldorf 6.8.1979 – 3 UF 108/79, FamRZ 1980, 171) oder genossenschaftliche (KG Berlin 17.7.1984 – 17 UF 1727/84, FamRZ 1984, 1242) Rechte. Das Familiengericht hat nach § 26 FamFG im Streitfall **vorab** die **Eigentumslage** zu klären. Dies kann bei Grundstücken und dinglichen Rechten an Grundstücken dem Grundbuch entnommen werden (OLG Düsseldorf 6.8.1979 – 3 UF 108/79, FamRZ 1980, 171). Hat der Eigentümer eine verbindliche Übertragungsverpflichtung erklärt, so wirkt diese wie Eigentum (OLG Köln 25.11.1991 – 10 UF 105/91, FamRZ 1992, 322).

4. Dingliche Rechte

4 **a) Gleichwertige dingliche Rechte.** Sofern ein dingliches Wohnrecht, sog. beschränkte persönliche Dienstbarkeit nach §§ 1090 bis 1092 BGB, vereinbart wurde, welches den Eigentümer der Ehewohnung von der Nutzung derselben nicht ausschließt, so sind die Rechte gleichwertig bzw es besteht kein Vorrang eines der Ehegatten. Insofern wird für die Entscheidung, welchem Ehegatten die Wohnung zu überlassen

ist, primär auf das Kriterium „**Wohl der im Haushalt lebenden Kinder**" (OLG Hamburg 14.3.1991 – 15 UF 157/89, FamRZ 1991, 1317; OLG Celle 25.6.1991 – 18 UF 12/91, FamRZ 1992, 465) und sekundär auf die „Lebensverhältnisse der Ehegatten" abzustellen sein. Das Kriterium „unbillige Härte" spielt dabei keine Rolle (noch anders: OLG Stuttgart 27.10.1989 – 18 UF 256/89, FamRZ 1990, 1260). Hat jedoch ein Ehegatte das Eigentum an der Ehewohnung bei der Teilungsversteigerung erworben, so scheidet eine nachträgliche Zuweisung der Ehewohnung an den anderen Ehegatten aus, weil § 180 Abs. 3 ZVG insoweit eine abschließende Spezialregelung enthält (OLG Hamm 9.6.1997 – 5 UF 56/97, FamRZ 1998, 181).

b) Konkurrierende dingliche Rechte. Stehen die Rechte der Ehegatten in Konkurrenz, wie Eigentum   5 nach §§ 903 ff BGB mit einem dinglichen Wohnrecht nach §§ 1090, 1093 BGB (OLG Naumburg 18.9.1997 – 3 UF 66/97, FamRZ 1998, 1529; BGH 8.5.1996 – XII ZR 254/94, FamRZ 1996, 931: nach dem Übergabevertrag waren die Eheleute „Gesamtberechtigte" iSv § 428 BGB) oder Eigentum mit Nießbrauch nach §§ 1030 ff BGB, dann entscheidet der **Rang der Rechte** untereinander. Dies ist zunächst als Vorfrage zu klären und daher entscheidungserheblich. Grundsätzlich hat das Eigentum iSv Art. 14 GG Vorrang vor den anderen Rechten, da es als verfassungsrechtlich gesicherte Rechtsposition privilegiert ist bzw die stärkere Rechtsposition beinhaltet, es sei denn, der konkrete Einzelfall spricht für eine andere Regelung, da gewichtige Gründe dies erfordern (aA OLG Stuttgart 27.10.1989 – 18 UF 256/89, FamRZ 1990, 1260). Dies wäre beispielsweise der Fall, wenn ein Dritter, der Eigentümer der Ehewohnung ist (typischerweise ein Verwandter), einem der Ehegatten die Ehewohnung ohne mietvertragliche Regelung zum unentgeltlichen Gebrauch überlassen hat. Wurde hingegen von dem Eigentümer der Ehewohnung dem anderen Ehegatten ein dingliches Recht mit Vorrang vor dem Eigentum bestellt, so hat dieses Recht Vorrang nach § 1568 a Abs. 2 BGB (OLG Stuttgart 27.10.1989 – 18 UF 156/89, FamRZ 1990, 1260; OLG Bamberg 27.9.1995 – 7 UF 112/95, FamRZ 1996, 1085). Damit ist das Konkurrenzverhältnis vertraglich geregelt. Das dingliche Recht des Nichteigentümers schließt den Eigentümer von dessen Nutzung aus bzw beeinträchtigt dessen Nutzungsrecht.

5. Unbillige Härte iSv § 1568 a Abs. 2 BGB

Ist ein Ehegatte nicht dinglich berechtigt bzw privilegiert iSv § 1568 a Abs. 2 BGB, so kann er die Überlas-   6 sung der Ehewohnung dennoch nach § 1568 a Abs. 2 BGB verlangen, sofern dies **notwendig** ist, um eine **unbillige Härte** zu vermeiden. Der Begriff „unbillige Härte" nach § 1568 a Abs. 2 BGB stimmt mit dem Begriff „unbillige Härte" nach § 1361 b BGB überein (Brudermüller FuR 1995, 237). An die Voraussetzungen für die Bejahung der unbilligen Härte sind strenge Anforderungen zu stellen, da in das Eigentum des einen Ehegatten, dessen Recht verfassungsrechtlich nach Art. 14 GG geschützt ist, eingegriffen werden soll. Somit muss die Zuweisung der Ehewohnung an den anderen Ehegatten dringend notwendig sein, um eine andernfalls eintretende unerträgliche Belastung abzuwenden, welche ihn außergewöhnlich beeinträchtigen würde (OLG Oldenburg 5.11.1996 – 15 WF 287/97, FamRZ 1998, 571; OLG Naumburg 2.8.2001 – 14 UF 85/01, FamRZ 2002, 672; OLG Hamm 20.8.2003 – 11 UF 84/03, FamRZ 2004, 888). Dies wäre beispielsweise anzunehmen, wenn der Ehegatte, der die Kinder betreut, für die Kinder und sich keine angemessene Wohnung finden würde; wenn die Kinderbetreuung durch den Umzug nicht mehr gesichert wäre; wenn sich der Arbeitsplatz des Selbstständigen und zugleich unterhaltspflichtigen Ehegatten in der Ehewohnung befindet und nicht verlegt werden kann (OLG Köln 14.12.1993 – 25 UF 204/93, FamRZ 1994, 632); wenn der Ehegatte aus beruflichen oder familiären Gründen auf die Ehewohnung dringend angewiesen ist. Die unbillige Härte ist aber nicht zu bejahen bei schlechterer Unterbringung in der neuen Wohnung oder bloßer umzugsbedingter Unbequemlichkeit (OLG München 2.1.1995 – 12 UF 1346/94, FamRZ 1995, 1205). Es genügt auch nicht, dass der Eigentümer bzw dinglich Berechtigte der Ehewohnung keinen oder nur einen zu geringen Unterhalt bezahlt und der andere Ehegatte rein aus finanziellen Gründen keine andere Wohnung finden kann (OLG München 2.1.1995 – 12 UF 1346/94, FamRZ 1995, 1205; OLG Hamm 20.8.2003 – 11 UF 84/03, FamRZ 2004, 888, aA Klein FuR 1997, 111). Des Weiteren genügt es nicht, dass der andere Ehegatte die Ehewohnung dringender braucht als der Eigentümer oder der sonst dinglich berechtigte Ehegatte. Wegen des Ausnahmecharakters der Regelung müssen vielmehr weitere **gewichtige**

Gründe aus dem persönlichen und/oder finanziellen Bereich der Eheleute hinzutreten (OLG Köln 25.9.1995 – 21 UF 6/95, FamRZ 1996, 492).

6. Entscheidungskriterien nach § 1568 a Abs. 2 BGB

7 Der Eingriff in das Eigentum oder sonstige dingliche Recht iSv § 1568 a Abs. 2 BGB und damit in ein verfassungsrechtlich geschütztes Recht, wie Wohnung nach Art. 13 GG (BayObLG 19.5.1999 – 3Z BR 38/99, FamRZ 1999, 1460) oder Eigentum nach Art. 14 GG, erfordert einen strengen Maßstab bei der Gesamtabwägung aller Umstände des Einzelfalls. Denn der Eingriff in das Eigentum soll ein Ausnahmefall bleiben. Der Gesetzgeber hat zwar die gesetzlich normierten Entscheidungskriterien „Wohl der im Haushalt lebenden Kinder" und (nachrangig) „Lebensverhältnisse der Ehegatten" vorgegeben, so dass diese primär maßgebend sind. Im Übrigen können aber weitere Kriterien zur Entscheidung herangezogen werden, wie die persönlichen Verhältnisse der Eheleute, die wirtschaftlichen Verhältnisse der Eheleute, die aktuellen Gegebenheiten auf dem örtlichen Wohnungsmarkt, der Umstand, dass der Nichteigentümer den Kauf oder Bau der Ehewohnung (mit)finanziert hat, oder der Umstand, dass ein betreuungsbedürftiger Angehöriger beim Nichteigentümer wohnt.

7. Existenznot: Herabgesetzte Eingriffsschwelle

8 Bei Existenznot des Nichteigentümers kann die Eingriffsschwelle der „unbilligen Härte" herabgesetzt werden. Existenznot kann angenommen werden, wenn der Eigentümer der Ehewohnung keinen oder keinen ausreichenden Unterhalt bezahlt und es insofern dem Nichteigentümer nicht möglich ist, eine angemessene Ersatzwohnung zu finden. Existenznot kann auch angenommen werden, wenn der Nichteigentümer durch die Untervermietung von Räumen der Ehewohnung bedarfsdeckende Einkünfte erzielen könnte (Brudermüller FuR 1995, 237; aA OLG München 2.1.1995 – 12 UF 1346/94, FamRZ 1995, 1205: Die Zuweisung der Ehewohnung soll nicht zu einer Art Naturalunterhalt führen, der die Unterhaltslücke schließt oder die Sicherung ansonsten gefährdeter Unterhaltsansprüche bezweckt). Ist der Wohnbedarf des Eigentümers der Ehewohnung und zugleich Unterhaltsschuldners gesichert, kann es insbesondere zum Wohl der minderjährigen Kinder geboten sein, den Nichteigentümer und die Kinder in der Ehewohnung zu belassen. Kann die Leistungsfähigkeit des Unterhaltsschuldners durch eine Wohnungszuweisung an den nicht dinglich berechtigten Ehegatten verbessert werden, soll die Zuweisung nur dann erfolgen, wenn letzterer auf die Einkünfte aus der Untervermietung dringend angewiesen ist und bei fiktiver Zurechnung zulasten des Unterhaltsschuldners es an der Vollstreckung scheitern würde. Zum Nachteil des nicht dinglich Berechtigten sollen für die Frage, ob eine unbillige Härte vorliegt, Gründe, die nach § 1579 BGB zum Ausschluss oder zur Begrenzung des Unterhalts entscheidend sind, bei der Ehewohnungszuweisung eine Rolle spielen (Gerhardt/von Heintschel-Heinegg/Klein/Klein, 7. Aufl., 8. Kap. Rn 358).

8. Befristung in Härtefällen

9 Das Gericht hat, zumal die Ehewohnung nur ausnahmsweise zur Benutzung zugewiesen werden darf, ein **zeitlich begrenztes Mietverhältnis zwischen den Eheleuten** zu begründen, analog § 1568 a Abs. 5 BGB, es sei denn, es ist eine übergreifende Unterhaltsregelung getroffen worden. Die Fristbemessung ist so zu gestalten, dass dem in der Ehewohnung verbleibenden Ehegatten ausreichend Zeit bleibt, eine andere zumutbare Wohnung zu finden (KG 12.11.1985 – 17 WF 5395/85, FamRZ 1986, 72; OLG Köln 25.9.1995 – 21 UF 6/95, FamRZ 1996, 492). Die Gegenleistung bzw Nutzungsvergütung bestimmt sich nach dem **ortsüblichen Mietzins**. Die verbrauchsunabhängigen Nebenkosten sind dabei nicht einzurechnen, sofern diese der in der Ehewohnung Verbleibende bezahlt. Die Nutzungsvergütung unter dem ortsüblichen Mietzins kann angemessen sein, wenn auch der Wohnbedarf gemeinsamer minderjähriger und unterhaltsberechtigter Kinder gedeckt wird (OLG Schleswig 19.10.1987 – 12 UF 292/86, FamRZ 1988, 722). Die Nutzungsvergütung kann sich aber auch an der Höhe der Belastungen der Ehewohnung ausrichten, sofern der verbleibende Ehegatte diese bisher wie ein Mieter bezahlt hat (OLG Frankfurt 3.12.1991 – 3 UF 11/91, FamRZ 1992, 677; OLG Celle 25.6.1991 – 18 UF 21/91, FamRZ 1992, 465). Nur in Ausnahmefällen ist dem dinglich berechtigten und weichenden Ehegatten keine Nutzungsvergütung zuzusprechen (OLG München

Kloster-Harz/Schönberger

10.8.1989 – 16 UF 781/89, FamRZ 1990, 530). Dies wäre der Fall, wenn er sein Wohnrecht nicht ausüben will und die wirtschaftliche Verwertung des Rechts bzw die Vermietung an Dritte nicht möglich ist (OLG Bamberg 27.9.1995 – 7 UF 112/95, FamRZ 1996, 1085).

9. Miteigentum der Ehegatten an der Ehewohnung

Der praktisch häufigste Fall des Miteigentums der Ehegatten an der Ehewohnung ist vom Gesetzgeber **10** nicht gesondert geregelt worden. In diesem Fall richtet sich der Überlassungsanspruch nicht nach § 1368 a Abs. 2 BGB, sondern nach § 1368 a Abs. 1 BGB. Der Ehegatte, der anlässlich der Scheidung auf die Nutzung der Ehewohnung unter Berücksichtigung des **Wohls der im Haushalt lebenden Kinder** (OLG Celle 25.6.1991 – 18 UF 12/91, FamRZ 1992, 465) und der Lebensverhältnisse der Ehegatten in stärkerem Maße als der andere Ehegatten angewiesen ist, kann die Überlassung verlangen. Entscheidend sind neben den benannten gesetzlichen Kriterien alle Umstände des Einzelfalls, welche im Rahmen einer **Interessenabwägung** zu berücksichtigen sind. Somit kann die Überlassung auch begründet sein, wenn dies aus anderen Gründen billig ist. Da auch in diesen Fällen eine dingliche Gestaltung an der Ehewohnung unzulässig ist, kann das Gericht nur eine **Benutzungsregelung** treffen. Sofern keine übergreifende Unterhaltsregelung getroffen wird und die Nutzung der Wohnung daher mit dem Wohnwert eingestellt bzw berücksichtigt wurde, wird nach § 1568 a Abs. 5 BGB analog ein Mietverhältnis zwischen den Miteigentümern begründet. Die Gegenleistung bzw Nutzungsentschädigung ist entsprechend dem Anteil des Miteigentums des ausziehenden Ehegatten nach dem ortsüblichen Mietzins zu bestimmen. Man spricht auch von der „Vergleichsmiete", bei öffentlich gefördertem Wohnraum von der „Kostenmiete". Vorbehalten bleibt eine Sonderregelung für den Wohnbedarf gemeinsamer minderjähriger Kinder (OLG Bremen 10.3.1995 – 4 UF 18/95, Streit 1995, 169). In diesem Falle kann einen Nutzungsvergütung unterhalb der marktüblichen Miete angemessen sein, da auch der Wohnbedarf gemeinsamer minderjähriger unterhaltsberechtigter Kinder gedeckt wird (OLG Schleswig 19.10.1987 – 12 UF 292/86, FamRZ 1988, 722). In keinem Fall kann die Nutzung doppelt berücksichtigt werden, einmal durch eine verbindliche Unterhaltsberechnung mit Ansatz des Wohnwertes und zum anderen durch die Festlegung einer Nutzungsvergütung (BGH 11.12.1985 – Ivb ZR 82/84, FamRZ 1986, 434). Die **Hauslasten** sind abzüglich der verbrauchsabhängigen Kosten entsprechend den Miteigentumsanteilen aufzuteilen (OLG Celle 25.6.1991 – 18 UF 12/91, FamRZ 1992, 465; OLG München 17.4.2007 – 2 UF 1607/06, FamRZ 2007, 1655; Wever FamRZ 2007, 1658 f; OLG Brandenburg 14.2.2008 – 13 W 4/08, FamRZ 2008, 1444; OLG Hamm 6.3.2008 – 2 Sdb (FamS) Zust. 6/08, FamRZ 2008, 1637). Dabei muss die **Höhe des Mietzinses** immer der Billigkeit entsprechen. Sind die Eheleute hälftige Miteigentümer, entspricht die Nutzungsvergütung der hälftigen Miete, sofern die Eheleute auch die Lasten – ausgenommen die verbrauchsabhängigen Nebenkosten – hälftig tragen (OLG Celle 25.6.1991 – 18 UF 12/91, FamRZ 1992, 465). Die Höhe der Nutzungsvergütung bzw Miete kann sich auch nach der Höhe der Gesamtbelastungen richten, sofern der in der Ehewohnung verbleibende Ehegatte diese bisher bezahlt hat und auch weiter bezahlen wird (OLG Frankfurt 3.12.1991 – 3 UF 111/91, FamRZ 1992, 677; OLG München 10.8.1989 – 16 UF 781/89, FamRZ 1990, 530; OLG Celle 25.6.1991 – 18 UF 12/91, FamRZ 1992, 465). Trägt der verbleibende Ehegatte die gesamten Lasten, ist deren Hälfte (bei hälftigem Miteigentum) von der (hälftigen) Nutzungsvergütung in Abzug zu bringen. Sind die Lasten höher als eine angemessene bzw fiktive Nutzungsvergütung, darf eine solche nicht angeordnet werden. In Ausnahmefällen kann der ausziehende Ehegatte keine Nutzungsvergütung beanspruchen, so zum Beispiel wenn er sein Wohnrecht nicht ausüben will und die wirtschaftliche Verwertung dieses Rechts – die Vermietung an einen Dritten – nicht möglich ist (OLG Bamberg 27.9.1995 – 7 UF 112/95, FamRZ 1996, 1085). Mit der Regelung der Rechtsverhältnisse an der Ehewohnung sind das Mietverhältnis und der Mietzins bzw die Nutzungsentschädigung von Amts wegen zu regeln. Dabei wird der weichende Ehegatte der Vermieter und der verbleibende Ehegatte der Mieter. Eine Befristung des Mietvertrags ist nicht erforderlich, da die Parteien jederzeit die Gemeinschaft auseinandersetzen können, notfalls mittels Teilungsversteigerung nach § 180 ZVG. In diesem Falle ist § 180 Abs. 3 ZVG lex specialis und eine nachträgliche Zuweisung der Ehewohnung an den anderen Ehegatten scheidet aus (OLG Hamm 9.6.1997 – 5 UF 56/97, FamRZ 1998, 181). Wird jedoch die Teilungsversteigerung nach den besonderen Umständen eines Falls wesentlich erschwert, und ist eine deutliche Verringerung des Meistgebots zu besorgen, ist eine zeitliche Begrenzung mittels Mietvertrags zu nur vorübergehendem Gebrauch zu begründen, oder einem Ehegatten die Ehewohnung zur alleinigen Nutzung ohne Mietvertrag zuzuweisen (zu den Schutzmöglichkeiten in der Teilungsversteigerung: Brudermüller FamRZ 1996, 1516 ff).

10. Rechtsfolgen nach § 1568 a Abs. 3 BGB

11 Die Rechtsfolge der Überlassung der Ehewohnung ist die **Begründung oder Fortführung eines Mietverhältnisses**. Die Änderung des Mietvertrags, die nach der Hausratsverordnung noch durch rechtsgestaltende Entscheidung des Familiengerichts nach § 5 Abs. 1 S. 1 HausratsV (OLG München 5.6.1991 – 2 UF 1550/89, FamRZ 1991, 1452; BVerfG 9.10.1991 – 1 BvR 1106/91, NJW 1992, 106) erfolgte, ist nach § 1568 a Abs. 3 Nr. 1 BGB verbunden mit dem Zugang einer Erklärung der Eheleute an den Vermieter oder nach § 1568 a Abs. 3 Nr. 2 BGB mit Rechtskraft der Überlassungsentscheidung nach § 1568 a Abs. 1 BGB wirksam. Die **Änderung des Mietvertrags** vollzieht sich sodann automatisch. Bei § 1568 a Abs. 3 Nr. 1 BGB wird die Mitteilung mit Zugang beim Vermieter nach § 130 Abs. 1 BGB wirksam. Dabei ist jedoch folgende Besonderheit zu beachten: Der Sachverhalt und die Interessenlage ist vergleichbar mit den Fällen, in denen ein Ehepartner verstirbt und der Gesetzgeber dem überlebenden Ehegatten ein Eintrittsrecht in den Mietvertrag nach § 563 BGB gewährt. Somit muss dem Vermieter auch ein **Sonderkündigungsrecht** entsprechend § 563 Abs. 4 BGB zustehen. § 1568 a Abs. 3 Nr. 2 BGB stellt auf die Endentscheidung iSv § 209 Abs. 2 S. 1 FamFG ab. Die formelle Rechtskraft tritt ein, wenn die Rechtsmittelfrist für sämtliche Beteiligten iSv § 204 FamFG ohne Einlegung eines Rechtsmittels verstrichen ist, alle Beteiligten auf Rechtsmittel verzichtet haben oder das Beschwerdegericht entschieden hat. Ist das Verfahren im Verbund anhängig, wird die Entscheidung nicht vor Rechtskraft der Ehescheidung rechtskräftig, § 148 FamFG.

12 **a) Mitteilung gegenüber dem Vermieter nach § 1568 a Abs. 3 Nr. 1 BGB.** Die Änderung des Mietvertrags – die Überlassung der Ehewohnung an einen Ehegatten – erfolgt mit **Zugang der Mitteilung der Ehegatten an den Vermieter** nach § 130 Abs. 1 BGB. Selbst wenn sich die Eheleute über die weitere Nutzung der Ehewohnung durch einen der Ehegatten einig sind und der Vermieter sich der Umgestaltung des Mietvertrages widersetzt, würde ein Ehewohnungszuweisungsantrag nach § 1568 a BGB an dem mangelnden Rechtsschutzbedürfnis scheitern (Schulz FPR 2010, 541 ff; Blank FPR 2010, 544 ff). Denn mit übereinstimmender Mitteilung der Eheleute an den Vermieter wird eine Mietvertragsänderung auch gegen den Willen des Vermieters durchgeführt. Ein Formerfordernis bezüglich der Mitteilung besteht nicht. Aus der Mitteilung muss sich ohne Zweifel ergeben, welcher Ehegatte die Wohnung künftig alleine bewohnen wird. Die Vertragsänderung tritt jedoch erst mit nachweisbarem Zugang dieser Erklärung bei dem Vermieter ein. Die Mitteilung nur eines Ehegatten genügt nicht. Die übereinstimmenden Erklärungen können jedoch auch zeitlich versetzt an den Vermieter zugehen; der Zugang der letzten Mitteilung bewirkt die Mietvertragsänderung zu diesem Zeitpunkt. Ist der Zugang der übereinstimmenden Mitteilungen bereits vor Rechtskraft der Ehescheidung erfolgt, tritt die Änderung des Mietvertrags erst mit Rechtskraft der Ehescheidung ein. Denn eine Mietvertragsänderung durch eine übereinstimmende Mitteilung der Ehegatten an den Vermieter iSv § 1568 a Abs. 3 Nr. 1 BGB ist für die Zeit der Trennung vom Gesetzgeber nicht vorgesehen (Götz/Brudermüller FamRZ 2009, 1261 ff). Entgegen dem Wortlaut der Vorschrift bedarf es zur Änderung des Mietvertrags **keiner Überlassungsverpflichtung des weichenden Ehegatten**. Denn § 1568 a Abs. 3 Nr. 1 BGB trifft nach der ratio legis gerade für diese Fälle zu, in welchen aufgrund Einigkeit der Eheleute über die weitere Nutzung der Ehewohnung ein Überlassungsverfahren ausscheidet. Da der weichende Ehegatte – auch bei Einigkeit der Eheleute – ein Interesse daran hat, aus dem Mietvertrag entlassen zu werden, ist streitig, welche Rechte er geltend machen kann. Entweder soll er einen Anspruch auf Zustimmung zur Kündigung haben (Götz/Brudermüller NJW 2008, 3025 ff) oder – als weniger einschneidendes Mittel für den in der Ehewohnung verbleibenden Ehegatten – einen Anspruch auf Zustimmung nach § 1568 a Abs. 3 Nr. 1 BGB (Götz/Brudermüller FamRZ 2009, 1261 ff). Dieser Anspruch ist als sonstige Familiensache vor dem Familiengericht geltend zu machen, § 226 Abs. 1 FamFG.

13 **b) Änderung des Mietvertrags mit Rechtskraft der Entscheidung nach § 1568 a Abs. 3 Nr. 2 BGB.** Mit Rechtskraft der Entscheidung über die Überlassung der Ehewohnung ändert sich der Mietvertrag **automatisch**. Es bedarf somit keines weiteren Antrags oder keiner weiteren rich-

terlichen Entscheidung (Formulierungsvorschläge für Anträge: Schulz FPR 2010, 541 ff). Die formelle Rechtskraft nach § 45 FamFG tritt ein, wenn die Rechtsmittelfrist für sämtliche Beteiligte iSv § 204 FamFG ohne Einlegung eines Rechtsmittels verstrichen ist (§ 63 FamFG), alle Beteiligten auf Rechtsmittel verzichtet haben oder das Beschwerdegericht entschieden hat. Ist das Verfahren im Verbund anhängig, wird die Entscheidung nicht vor Rechtskraft der Ehescheidung rechtskräftig, § 148 FamFG. Die Regelung gilt auch für Genossenschaftswohnungen. Eine nur das Innenverhältnis regelnde Lösung scheidet damit aus. Dem Vermieter steht das Recht der Kündigung nach § 563 Abs. 4 BGB zu, wenn der Ehegatte, dem die Überlassung zugesprochen wurde, nicht Mitglied der Genossenschaft ist. Die Nichtmitgliedschaft begründet einen in der Person liegenden Umstand für das Sonderkündigungsrecht nach § 563 Abs. 4 BGB. Bei Genossenschaftswohnungen ist somit weiterhin anzuraten, eine einvernehmliche Lösung zu finden. Trotz des Automatismus nach § 1568 a Abs. 3 Nr. 2 BGB wird es sich für das Familiengericht zur Verdeutlichung empfehlen, im Tenor eine deklaratorische Feststellung auszusprechen (mit Formulierungsvorschlag: Götz/Brudermüller FamRZ 2009, 1261 ff).

c) Rechtsfolgen nach § 1568 a Abs. 3 BGB. Zunächst ist zu differenzieren, mit wem der Mietvertrag ur- 14
sprünglich abgeschlossen war. Sind **beide Eheleute Mieter** des Mietvertrags, wird der Mietvertrag mit dem Ehegatten fortgeführt, welchem die Wohnung zur alleinigen Nutzung überlassen wurde. Der andere Ehegatte scheidet aus dem Mietvertrag aus. Das gilt auch, wenn ein Ehegatte erst später dem Mietvertrag als zweiter Mieter beigetreten ist. Dies entspricht der Rechtsfolge bei Versterben eines Mieters nach § 563 a BGB. Ist nur **ein Ehegatte Mieter** der Ehewohnung, kommt es darauf an, welcher Ehegatte ausziehen muss und welcher Ehegatte Mieter des Mietvertrags ist. Ist der Ehegatte Mieter der Wohnung, dem die Ehewohnung zur alleinigen Nutzung überlassen wird, bleibt der Mietvertrag unverändert aufrechterhalten. Ist der Ehegatte Mieter der Wohnung, welcher die Wohnung verlassen muss, so scheidet dieser aus dem Mietvertrag aus und der Ehegatte, dem die Ehewohnung überlassen wird, tritt an dessen Stelle zu **denselben Konditionen** in den Mietvertrag ein. In allen Fällen hat das Familiengericht keine Gestaltungsmöglichkeit bezüglich des Mietvertrags. Auch sind keine Anordnungen zur Sicherung der Ansprüche des Vermieters vorgesehen (Götz/Brudermüller NJW 2008, 3025 ff). Das Vermieterpfandrecht besteht jedoch gegenüber dem Ehegatten, der aus dem Mietvertrag ausgeschieden ist, für bereits entstandene Forderungen fort. Der neue Alleinmieter haftet für diese nur, wenn die Eheleute zuvor gemeinsame Mieter des Mietvertrags der Ehewohnung waren. Der nach § 1568 a Abs. 3 BGB geänderte Mietvertrag unterliegt den gesetzlichen Kündigungsregelungen. Insofern kann der Vermieter dem „neuen" Mieter bzw dem verbleibenden Ehegatten nur kündigen, wenn ein gesetzlicher Kündigungsgrund greift oder das Sonderkündigungsrecht nach § 1568 a Abs. 4 BGB gegeben ist.

d) Sonderkündigungsrecht des Vermieters. In beiden Fällen der Fortführung des Mietvertrags nach 15
§ 1568 a Abs. 3 Nr. 1 und 2 BGB steht dem Vermieter analog § 563 Abs. 4 BGB ein Sonderkündigungsrecht zu (Büte FPR 2010, 537 ff; Blank FPR 2010, 544 ff). Voraussetzung hierfür ist, dass **in der Person** bzw dem Ehegatten, der das Mietvertragsverhältnis fortführt, ein wichtiger Grund vorliegt (Hinz ZMR 2002, 640 ff). Nach hM entspricht der wichtige Grund des § 563 Abs. 4 BGB dem des § 553 Abs. 1 S. 2 BGB. Entscheidend kommt es dabei darauf an, ob dem Vermieter die Fortführung des Mietvertrags mit dem anderen (alleinigen) Ehegatten **zumutbar** ist. Ein wichtiger Grund in diesem Sinne ist beispielsweise anzunehmen, wenn der verbleibende Ehegatte den Hausfrieden stört, die Mietsache beschädigt, zwischen diesem und dem Vermieter eine persönliche Feindschaft besteht. Auch der anstößige Lebenswandel kann als wichtiger Grund gelten. Das Fehlen der Eigenschaft als Genosse bei einer Genossenschaftswohnung begründet in der Praxis häufig das Sonderkündigungsrecht. Bei Zahlungsunfähigkeit sind die öffentlichen Mittel, wie Wohngeld oder Sozialhilfe, sowie die bestehenden Unterhaltsansprüche zu berücksichtigen. Über das Bestehen eines Unterhaltsanspruchs hat das Mietgericht im Räumungsprozess inzident zu entscheiden. Dabei zeigt sich die Doppelgleisigkeit von Familien- und Mietrecht innerhalb des Überlassungsanspruchs nach § 1568 a BGB sehr deutlich (Götz/Brudermüller FamRZ 2009, 1261 ff). Der Vermieter kann innerhalb eines Monats von dem Sonderkündigungsrecht Gebrauch machen, § 563 Abs. 4 BGB analog. Die Frist beginnt mit Zugang der Erklärung nach § 1568 a Abs. 3 Nr. 1 BGB oder mit Kenntnis von der Rechtskraft der Überlassungsentscheidung des Familiengerichts nach § 1568 a Abs. 3 Nr. 2 BGB zu laufen.

Für die Kündigung gilt eine um drei Werktage verkürzte Dreimonatsfrist nach §§ 573 d Abs. 1 S. 1, 575 a Abs. 3 S. 1 BGB.

II. Dienst- und Werkwohnungen nach § 1568 a Abs. 4 BGB

16 Nach § 1568 a Abs. 4 BGB kann bei einer Ehewohnung, die aufgrund eines Dienst- oder Arbeitsverhältnisses überlassen wurde, die Begründung eines Mietverhältnisses vom nicht dienstverpflichteten Ehegatten nur verlangt werden, wenn der **Dienstherr einverstanden** ist oder dies **notwendig** ist, um eine **schwere Härte zu vermeiden**. § 1568 a Abs. 4 BGB entspricht dem Regelungsinhalt des früheren § 4 HausratsV. Da im Interesse der Rechtsklarheit als Rechtsfolge die Fortführung oder Begründung eines Mietvertrags gewollt ist, ist in diesen Fällen eine nur das Innenverhältnis der Eheleute regelnde Überlassung nach § 1568 a Abs. 1 BGB nicht ausreichend, so dass der Abschluss des Mietvertrags und die Überlassungsentscheidung nur nach den Voraussetzungen des § 1568 a Abs. 4 BGB erfolgen kann.

1. Anwendungsbereich des § 1568 a Abs. 4 BGB

17 Wohnungen aufgrund eines Dienst- oder Arbeitsverhältnisses iSv § 1568 a Abs. 4 BGB sind in der Regel **Dienstwohnungen** von Soldaten, Beamten oder Richtern, die aufgrund eines öffentlich-rechtlichen Nutzungsverhältnisses überlassen sind, **Werkmietwohnungen**, die mit Rücksicht auf das Bestehen eines Dienst- oder Arbeitsverhältnisses vermietet sind, § 565 b BGB, oder **Werkdienstwohnungen**, bei welchen die Überlassung der Wohnung das Entgelt bzw einen Teil des Entgelts für die Dienstleistungen darstellt, § 565 c BGB (Büte FPR 2010, 537 ff). Es ist nicht Voraussetzung, dass der Arbeitgeber oder Dienstherr Eigentümer oder der Vermieter der (Ehe-)Wohnung ist. Allerdings muss der Arbeitgeber oder Dienstherr mindestens ein Belegungsrecht haben und die Überlassung der Dienst- oder Werkwohnung im unmittelbaren Zusammenhang zum Dienst- oder Arbeitsverhältnis stehen. Die Entfernung der Dienst- oder Werkwohnung zum Arbeitsplatz spielt wiederum keine Rolle. Zum Zeitpunkt der richterlichen Entscheidung muss das Dienst- oder Arbeitsverhältnis noch bestehen, was aus der Formulierung „innehaben" herzuleiten ist. Besteht ein Dienst- oder Arbeitsverhältnis mit beiden Eheleuten, wie typischerweise beim Hausmeisterehepaar, haben die Interessen des Dritten Vorrang.

2. Schwere Härte iSv § 1568 a Abs. 4 BGB

18 Stimmt der Dienstherr bzw Arbeitgeber der Fortführung des Mietverhältnisses mit dem anderen Ehegatten nicht zu, so ist dem anderen Ehegatten die Wohnung nur zu überlassen, wenn dies zur **Vermeidung einer schweren Härte** notwendig ist. Das Gericht darf somit nicht nach billigem Ermessen entscheiden, da der Dritte grundsätzlich Vorrang hat (OLG Frankfurt 27.11.1991 – 3 UF 38/91, FamRZ 1992, 695), es sei denn, der Vermieter bzw Dritte ist selbst gesetzlich gebunden (OLG Hamm 27.10.1980 – 8 UF 497/80, FamRZ 1981, 183; aA AG Kerpen 11.12.1996 – 52 174/96, FamRZ 1997, 1344). In dem Kriterium „schwere Härte" sind die in der Rechtspraxis herausgearbeiteten besonderen Voraussetzungen für die Zuweisung an den Betriebsfremden erfasst. Die Entscheidung kann nur anhand der gesamten Umstände des Einzelfalls getroffen werden. Eine schwere Härte liegt somit vor, wenn die Belange des betriebsfremden Ehegatten oder die der Kinder deutlich schwerer wiegen als diejenigen des Vermieters bzw Dritten (OLG Frankfurt 28.10.1990 – 1 UF 89/90; 27.11.1991 – 3 UF 38/91, FamRZ 1992, 695) und wenn die Fortführung des Arbeits- bzw Dienstverhältnisses des betriebsangehörigen Ehegatten dadurch nicht unmöglich gemacht oder unzumutbar erschwert wird. Eine schwere Härte läge somit nicht vor, wenn dem Arbeitnehmer bzw Angestellten eine andere zumutbare Dienst- oder Werkwohnung überlassen werden kann. Entscheidende Bedeutung hat das **Wohl ehelicher Kinder** des Betriebsangehörigen. Diese können sich auch auf die Fürsorgepflicht des Arbeitgebers, die auch gegenüber den Kindern des Arbeitnehmers wirkt, berufen. So wurde beispielsweise zugunsten des betriebsfremden Ehegatten und den gemeinsamen drei Kindern im Grundschulalter entschieden, da die Beschaffung einer Ersatzwohnung örtlich und finanziell Probleme aufwarf (AG Ludwigshafen 13.1.1995 – 5 d F 304/94, FamRZ 1995, 558; 22.2.1995 – 5 a F 334/94, FamRZ 1995, 1207). Eine schwere Härte ist anzunehmen, wenn der betriebsfremde Ehegatte psychisch schwer krank ist und die mit dem Wegzug veranlasste Veränderung seiner Lebensumstände sich negativ auf den

Gesundheitszustand auswirken würde (AG Kerpen 11.12.1996 – 52 F 174/96, FamRZ 1997, 1344). Weiter ist eine schwere Härte zu bejahen, wenn die Wohnung für den betriebsfremden Ehegatten behindertengerecht aus- und umgebaut wurde. Bei Dienst- und Arbeitsverhältnissen mit beiden Eheleuten, beispielsweise Hausmeisterehepaar, ist die Wohnung demjenigen Ehegatten zuzusprechen, der das Arbeitsverhältnis fortsetzt. Wird das Arbeitsverhältnis von beiden Eheleuten fortgesetzt, hat das Familiengericht nach § 1568 a Abs. 1 BGB zu entscheiden.

3. Beweislast nach § 1568 a Abs. 4 BGB

Das Bestehen eines Dienst- oder Arbeitsverhältnisses sowie die Zweckbindung der Ehewohnung muss der 19 „betriebsinterne" Ehegatte beweisen, der sich darauf beruft. Der „betriebsfremde" Ehegatte hingegen muss das Vorliegen der schweren Härte bzw deren Umstände beweisen, sofern er sich auf diese Ausnahmeregel beruft.

4. Befristung nach § 1568 a Abs. 4 BGB

Wird die Dienst- oder Werkswohnung dem „betriebsfremden" Ehegatten entgegen dem Willen des Ver- 20 mieters bzw Dritten zugewiesen, erfordern der Grundsatz der Verhältnismäßigkeit sowie die im Zusammenhang der Zweckbindung besonders geschützten Interessen des Wohnungsgebers, die Ehewohnung nur befristet zuzuweisen (BayObLG 6.10.1969 – Breg. 2 Z 21/69, NJW 1970, 329). Denn das Eigentum darf nicht ohne hinreichenden Grund unbegrenzten Sozialbindungen nachstehen. Für die Dauer der Befristung ist entscheidungserheblich, innerhalb welchen Zeitraums eine zumutbare Ersatzwohnung gefunden werden kann. Eine längere Befristung, die beispielsweise einen Schulwechsel der Kinder vermeidet, kann nur ausgesprochen werden, sofern der Dritte bzw Arbeitgeber die Dienst- oder Werkswohnung nicht für andere Arbeitnehmer benötigt. Dem Dritten oder Vermieter ist für den Prozess daher anzuraten, eine erforderliche Befristung einzuwenden.

III. Anspruch auf Begründung eines Mietverhältnisses nach § 1568 a Abs. 5 BGB

1. Überblick

Besteht zwischen dem Ehegatten, dem die Ehewohnung überlassen wird, und dem Vermieter bzw der zur 21 Vermietung berechtigten Person kein Mietvertrag, so können beide die Begründung eines Mietverhältnisses zu den ortsüblichen Bedingungen verlangen, § 1568 a Abs. 5 S. 1 BGB. In der Regel sind das die Fälle, in denen einer der Ehegatten Alleineigentümer ist oder beide Eheleute Miteigentümer der Ehewohnung sind. Ebenfalls ist das der Fall, wenn der Ehegatte, der Alleinmieter war bzw ist, rechtswirksam gekündigt hat oder der Mietvertrag durch Mietaufhebungsvertrag beendet wurde und der andere Ehegatte die Ehewohnung noch bewohnt und diese noch nicht an einen Dritte weitervermietet wurde (Büte FPR 2010, 537 ff). Wurde die Wohnung jedoch vom Vermieter wirksam gekündigt, scheidet eine Neuvermietung nach § 1568 a Abs. 5 BGB bzw die Neubegründung eines Mietverhältnisses durch das Familiengericht grundsätzlich aus (Blank FPR 1997,119 ff). Der Anspruch auf Begründung eines Mietvertrags ist auch unabhängig von einem Überlassungsanspruch gegeben, also auch bei Bestehen einer einvernehmlichen Nutzungsregelung. Ein vorheriger Streit mit dem Vermieter schließt den Anspruch auf Begründung eines Mietverhältnisses nicht aus (KG 10.9.1996 – 17 UF 4372/96, NJWE-FER 1997, 121). Da § 1568 a Abs. 5 BGB Anspruchsgrundlage ist, wird ein Mietvertrag durch das Familiengericht aber nur begründet, wenn von dem **Vermieter oder nutzungsberechtigten Ehegatten** ein **Antrag** gestellt wird. Andernfalls bleibt es bei der Überlassungsentscheidung des Familiengerichts nach § 1568 a Abs. 1 oder Abs. 2 BGB, welche lediglich das Innenverhältnis unter den Ehegatten regelt. § 1568 a Abs. 5 BGB begründet damit sowohl für den Vermieter als dinglich Berechtigtem, als auch für den nutzungsberechtigten Ehegatten einen entsprechenden Anspruch. Jeder kann somit selbstständig tätig werden und einen Mietvertragsabschluss verlangen. Ein Mietvertrag kann auch **rückwirkend** auf den Zeitpunkt begründet werden, in welchem der bisherige Mietvertrag mit dem weichenden Ehegatte geendet hätte, um eine vertragslose Zwischenzeit zu umgehen (OLG München – 5.6.1991 UF 1550/89, FamRZ 1991, 1452). Dabei kann jedoch frühestens auf den Zugang des Verlangens auf Abschluss des Mietvertrags abgestellt werden. Anders als bei § 1568 a Abs. 3 BGB wird nach § 1568 a Abs. 5 BGB ein neuer Mietvertrag begründet, wobei im Rahmen der Interessenabwägung regelmäßig die Vertragsbedingungen des vorhergehenden Vertrags mit dem anderen Ehegatten dem neuen Vertrag mit dem nutzungsberechtigten Ehegatten zugrunde gelegt werden.

2. Angemessene Befristung nach § 1568 a Abs. 5 S. 2 BGB

22 Der Vermieter kann unter den Voraussetzungen des § 575 Abs. 1 BGB oder wenn die Begründung eines unbefristeten Mietverhältnisses unter Würdigung der berechtigten Interessen des Vermieters unbillig wäre, eine angemessene Befristung des Mietvertrags verlangen. Mit dieser Regelung berücksichtigt der Gesetzgeber die Veränderungen der Mietrechtsreform zum 1.9.2001, wonach u.a. in § 575 BGB festgeschrieben wurde, dass die Befristung des Mietvertrags nur bei bestimmten Befristungsgründen wegen schutzwürdiger Verwendungsabsichten des Vermieters erlaubt ist. Insofern ist das nachträgliche Fortsetzungsverlangen auf den Wegfall des Befristungsgrunds iSv § 575 BGB beschränkt. Mit der Möglichkeit der Befristung nach § 1568 a Abs. 5 S. 2 BGB soll ein **angemessener Interessenausgleich** zwischen den Beteiligten – das Interesse des berechtigten Ehegatten an dem Verbleib in der Wohnung und das Interesse des Vermieters an einer anderweitigen Verwendung oder Verwertung – erzielt werden (Büte FPR 2010, 537 ff). Liegen die Befristungsgründe des § 575 Abs. 1 BGB (Nr. 1 Eigennutzung, Nr. 2 Baumaßnahme, Nr. 3 Betriebsbedarf) vor, ist eine Befristung begründet, da der zur Vermietung verpflichtete Vermieter bzw Eigentümer nicht anders behandelt werden soll als jeder andere Vermieter. Wäre die unbefristete Vermietung unter Würdigung der berechtigten Interessen des Vermieters unbillig, ist eine Befristung nach § 1568 a Abs. 5 S. 2 BGB ebenfalls berechtigt. Damit soll zum einen den verfassungsrechtlichen Bedenken gegen den zur unbefristeten Vermietung verpflichteten Vermieter begegnet werden. Zum anderen soll die schutzwürdige Situation des verbleibenden Ehegatten berücksichtigt werden, für den eine sofortige Räumung unzumutbar sein kann. Insofern sind bei der Dauer der Befristung die beiderseitigen Interessen der Beteiligten durch das Familiengericht angemessen zu gewichten. Dabei muss der Regelungsgehalt der einschlägigen Vorschriften des Mietrechts, wie beispielsweise §§ 575 Abs. 2, 3, 574 c BGB, einbezogen werden (Palandt/Brudermüller § 1568 a BGB Rn 22).

3. Angemessene Miete nach § 1568 a Abs. 5 S. 3 BGB

23 Der Vermieter kann von dem verbleibenden Ehegatten eine angemessene Miete verlangen, sofern sie sich nicht über die Höhe des Mietzinses einigen. In diesem Falle ist die Miete von Amts wegen festzusetzen (OLG München 10.8.1989 – 16 UF 781/89, FamRZ 1990, 530). Dabei hat sich das Familiengericht nicht mehr an der Billigkeit, sondern an der **ortsüblichen Vergleichsmiete** iSv § 2 MHG zu orientieren. Das Gericht kann jedoch im Einzelfall von der Vergleichsmiete abweichen, wenn dies aufgrund nachwirkender ehelicher Solidarität wegen der besonderen Umstände, wie der Betreuung gemeinschaftlicher Kinder, billig erscheint. Entsprechend könnte dies auch angenommen werden, wenn der **Wohnbedarf gemeinsamer minderjähriger unterhaltsberechtigter Kinder** zu erfüllen ist. Voraussetzung hierfür ist, dass der Vermieter und Unterhaltsschuldner dieselbe Person ist. Dies gilt jedoch nicht, wenn der Vermieter und Unterhaltsschuldner hingegen den vollen Kindesunterhalt zahlt, da im Tabellenunterhalt bereits der Wohnkostenanteil eingeschlossen ist. Wurde der Wohnwert bereits bei der Berechnung des Unterhalts berücksichtigt, besteht dennoch ein Anspruch auf Festsetzung der angemessenen Miete nach § 1568 a Abs. 5 S. 3 BGB. In diesem Falle kann dem Anspruch auf Bezahlung des Mietzinses jedoch ein Zurückbehaltungsrecht nach § 273 BGB entgegengehalten werden (Palandt/Brudermüller § 1568 a BGB Rn 21).

4. Ausgleichszahlung

24 Bei der Ehewohnungszuweisung nach § 1568 a BGB ist eine zusätzliche Ausgleichszahlung – neben der Mietzinszahlung nach § 1568 a Abs. 5 S. 3 BGB – nicht vorgesehen, anders hingegen die Regelung des § 1568 b Abs. 3 BGB für die Überlassung von Haushaltsgegenständen. Diese ist jedoch für das Ehewohnungszuweisungsverfahren oder sonstige Verfahren nicht analogiefähig (Brudermüller FamRZ 1989, 7 ff; OLG Hamburg 26.6.1987 – 12 WF 72/87, FamRZ 26.6.1987; OLG Köln 14.1.1993 – 25 WF 192/92,

Kloster-Harz/Schönberger

FamRZ 1993, 1462; aA AG Duisburg-Hamborn 20.11.2001 – 19 F 149/01, FamRZ 2002, 1715; aA OLG Stuttgart 25.7.2011 – 7 W 41/11 u. 7 AR 6/11, FamRZ 2012, 33 u. 1302 ff).

IV. Ausschlussfrist nach § 1568 a Abs. 6 BGB

In den Fällen des Abs. 3 und Abs. 5 des § 1568 a BGB erlischt der Anspruch auf Eintritt in ein Mietverhält-   **25** nis oder auf seine Begründung **ein Jahr nach Rechtskraft der Endentscheidung in der Scheidungssache**, wenn er nicht vorher rechtshängig gemacht worden ist. Der Vermieter soll innerhalb eines Jahr wissen, welcher der Ehegatten künftig Mietvertragspartei ist. Dies gilt umso mehr, als der Anspruch auf Eintritt in ein Mietverhältnis oder auf Begründung eines Mietverhältnisses nicht fristgebunden ist. Mit Ablauf der Jahresfrist ist der Anspruch daher ausgeschlossen. Obwohl der Wortlaut des § 1568 a Abs. 6 BGB die Dienst- und Werkwohnungen nicht erfasst, soll die Vorschrift nach der ratio legis bzw Schutzfunktion zugunsten des Vermieters entsprechend gelten (Palandt/Brudermüller § 1568 a BGB Rn 24; Gerhardt/von Heintschel-Heinegg/Klein/Klein 8. Kap. Rn 418). Die entsprechende Anpassung für Dienst- und Werkwohnungen dürfte übersehen worden sein, zumal der Anspruch erst nachträglich auf Empfehlung des Rechtsausschusses des Bundestags aufgenommen worden ist (Palandt/Brudermüller § 1568 a BGB Rn 24). Nach dem Wortlaut der Regelung ist der Überlassungsanspruch nach § 1568 a Abs. 1, 2 BGB ebenfalls von der Jahresfrist des § 1568 a Abs. 6 BGB nicht erfasst. Da der Gesetzgeber jedoch die Mietvertragsänderung an die Überlassung der Ehewohnung gekoppelt hat, muss angenommen werden, dass der Anspruch auf Überlassung der Ehewohnung ebenfalls mit Ablauf der Jahresfrist ausgeschlossen ist (Palandt/Brudermüller § 1568 a BGB Rn 25). Wegen der vorbenannten Koppelung ist zudem davon auszugehen, dass auch der Anspruch auf Überlassung nach § 1568 a Abs. 1 BGB nicht mehr gegen den Willen eines dritten Beteiligten geltend gemacht werden kann (Gerhardt/von Heintschel-Heinegg/Klein/Klein 8. Kap. Rn 419).

V. Verfahrensbeteiligung Dritter

Dritte sind nach der Neuregelung der Rechtsverhältnisse an der Ehewohnung seit dem 1.9.2009 nurmehr in   **26** bestimmten Ausnahmefällen an einem entsprechenden Verfahren zu beteiligen. Bei den endgültigen Regelungen nach § 1568 a BGB sind die **Ausnahmefälle in § 1568 a Abs. 2, 4, 5 BGB** zu beachten. Nach § 1568 a Abs. 2 BGB kann der nicht privilegierte Ehegatte die Wohnungszuweisung nur fordern, wenn dies notwendig ist, um eine unbillige Härte zu vermeiden. Denn dem Überlassungsanspruch des Ehegatten stehen Rechte Dritter an dem Grundstück, auf dem sich die Ehewohnung befindet, gegenüber, wie Eigentum, Wohnungseigentum, Nießbrauch, Erbbaurecht (OLG Oldenburg 5.11.1996 – 15 W 287/97, FamRZ 1998, 571), dingliches Wohnrecht (OLG Stuttgart 27.10.1989 – 18 UF 256/89, FamRZ 1990, 1260; OLG Bamberg 27.9.1995 – 7 UF 112/95) und Dauerwohnrecht. Konkurrieren das Eigentum des einen Ehegatten und das dingliche Wohnrecht des anderen Ehegatten, ist der Maßstab streitig (für § 1568 a Abs. 1 BGB: OLG Naumburg 18.9.1997 – 3 UF 66/97; für § 1568 a Abs. 2 BGB: OLG Stuttgart 27.10.1989 – 18 UF 256/89, FamRZ 1990, 1260). Nach **§ 1568 a Abs. 4 BGB** kann bei Ehewohnungen, die aufgrund eines Arbeitsoder Dienstverhältnisses überlassen wurden, die Begründung eines Mietverhältnisses vom nicht dienstpflichtigen Ehegatten nur verlangt werden, wenn der Dienstherr sein Einverständnis erteilt oder dies notwendig ist, um eine schwere Härte zu vermeiden. **§ 1568 a Abs. 5 BGB** begründet Rechte eines Dritten, wenn kein Mietverhältnis über die Ehewohnung gegeben ist. Dem Dritten bzw Vermieter soll ein korrespondierender Anspruch auf Begründung eines Mietverhältnisses gewährt werden. Er kann somit – neben dem Ehegatten, dem die Nutzung der Ehewohnung einzuräumen ist – selbst aktiv werden und den Abschluss des Mietvertrags einfordern. Hierdurch wird ein Streit über die Rechtsgrundlage eines Mietzinses bzw Nutzungsentgelts vermieden, sofern der Ehegatte, dem die Wohnung überlassen wurde, nicht auch die Begründung des Mietvertrags verlangt (Gerhardt/von Heintschel-Heinegg/Klein/Klein 8. Kap. Rn 202). Der Dritte bzw Vermieter kann auch eine angemessene Befristung beanspruchen, wobei die Interessen am Verbleib in der Wohnung gegenüber den Interessen an einer anderweitigen Nutzung der Wohnung abzuwägen sind. Ebenso kann der Vermieter bzw Dritte einen angemessenen Mietzins bzw die ortsübliche Miete beanspruchen.

276. Wohnungszuweisung nach Trennung

Kloster-Harz/Schönberger

I. Ehewohnung	1	2. Billigkeit	17
1. Verlust des Charakters als Ehewohnung	2	3. Nutzung fremden Eigentums	18
2. Trennung	3	4. Aufgedrängte Alleinnutzung	19
3. Trennungsabsicht	4	5. Leistungsfähigkeit	20
II. Überlassungsanspruch nach § 1361 b BGB und		6. Kinderbetreuung	21
nach § 1568 a BGB	5	7. Zeitpunkt	22
1. Überlassungsanspruch wegen unbilliger Härte		8. Höhe der Nutzungsvergütung	23
nach § 1361 b Abs. 1 S. 1 BGB	6	9. Nutzen und Lasten	24
a) Unbillige Härte	7	**VI. Ausgleichszahlungen**	25
b) Härtefall	8	**VII. Unwiderlegliche Vermutung**	26
c) Kindeswohl	9	**VIII. Verfahrensbeteiligung Dritter**	27
d) Verschulden	10	**IX. Kostenbelastung Dritter**	28
e) Dingliche Rechtsposition	11	**X. Darlegungs- und Beweislast für**	
f) Interessenabwägung	12	**§ 1361 b Abs. 1 und 2 BGB**	29
2. Überlassungsanspruch bei Gewalt nach		**XI. Konkurrenzverhältnisse**	30
§ 1361 b Abs. 2 BGB	13	1. § 1361 b BGB und §§ 743 ff BGB	30
III. Schutzanordnungen	14	2. § 1361 b BGB und § 2 GewSchG	31
IV. Verbotene Eigenmacht	15	**XII. Verfahren bei § 1361 b BGB**	32
V. Nutzungsvergütung	16	**XIII. Streitwert**	33
1. Überblick	16		

I. Ehewohnung

1 Unter Ehewohnung iSv §§ 1361 b, 1568 a BGB werden alle Räume verstanden, die die Eheleute zum gemeinsamen Wohnen überwiegend nutzen, genutzt haben bzw die für die Nutzung bestimmt waren, unabhängig von Eigentums-, Besitz- oder Mietverhältnissen (zum Begriff der Ehewohnung: Kloster-Harz FPR 2000, 191; Weber-Monecke FPR 2010, 555 ff; Garbe-von Kuczkowski in: VerfFamR § 6 Rn 3). Entscheidend ist die tatsächliche **Widmung** der Räume als Ehewohnung (OLG München 21.11.2006 – 17 U 4619/06, FamRZ 2007,836). Zur Ehewohnung gehören auch **Nebenräume**, wie Keller, Speicher, Garage und Garten sowie Sport- und Fitnessräume (OLG Thüringen 21.1.2004 – 1 UF 505/03, FamRZ 2004, 877). Hingegen zählen die **beruflich oder gewerblich** genutzten Räume eines Ehepartners der Ehewohnung, wie zB Ingenieurbüro, Anwaltspraxis etc. nicht dazu. Selbst das Gartenhäuschen kann als Ehewohnung qualifiziert werden (BGH 21.3.1990 – XII ARZ 11/90, FamRZ 1990, 987). Bei Schaustellern, Zirkusleuten uÄ kann auch der Wohnwagen die Ehewohnung darstellen, sofern dieser den überwiegenden Mittelpunkt des ehelichen Zusammenlebens darstellte (Palandt/Brudermüller 2011, § 1361 b BGB Rn 6; Gerhardt/von Heintschel-Heinegg/Klein/Klein 8. Kap. Rn 186). Entscheidungserheblich wird daher sein, ob die Wohnmöglichkeit (einer) der Lebensmittelpunkte der Eheleute war oder ob sie nur hobbyweise von einem der Ehepartner benutzt worden ist. Streitig hingegen ist, ob **Ferienwohnungen**, Wochenendhäuser, Lauben sowie Zweitwohnungen als Ehewohnung anzusehen sind (bejaht: BGH 21.3.1990 – XII ARZ 11/90, FamRZ 1990, 987; OLG Naumburg 7.9.2004 – 3 WF 137/04, FamRZ 2005, 1269, sofern für die Laube eine Befugnis zu Wohnzwecken gegeben ist; verneint: KG 14.7.1986 – 18 W 2991/86, FamRZ 1986, 1010; OLG München 28.12.1993 – 2 UF 1299/93, FamRZ 1994, 1331; OLG Bamberg 25.10.2000 – 7 UF 180/00, FamRZ 2001, 1316). Bei vermögenden Eheleuten wird kaum auf das Kriterium „gemeinsamer Lebensmittelpunkt" abgestellt werden können. Insofern muss es hier auf die jeweilige Ausgestaltung der Ehe im Einzelfall ankommen.

1. Verlust des Charakters als Ehewohnung

2 Eine Wohnung verliert erst dann den Charakter als Ehewohnung, wenn das Mietverhältnis beendet ist (KG Berlin 6.8.1992 – 18 UF 3863/92, NJW-RR 1993, 132), sich die Eheleute unzweifelhaft und endgültig über das weitere Schicksal der Ehewohnung einigen konnten (OLG Karlsruhe 13.10.1998 – 2 WF 97/98, FamRZ 1999, 1087; OLG Franfurt/M. 26.8.2003 – 3 UF 112/03, FamRZ 2004, 875; OLG Köln 10.3.2005 – 14 UF 11/05, FamRZ 2005, 1993) oder wenn die Rechtsverhältnisse der geschiedenen Ehegatten an der

Ehewohnung rechtskräftig nach § 1568 a BGB beschlossen wurden (OLG Karlsruhe 13.10.1998 – 2 WF 97/98, FamRZ 1999, 1087). Die Eheleute können sich dergestalt einigen, dass die Immobilie verkauft werden soll oder einer der Ehegatten diese alleine weiter bewohnen soll (KG Berlin 6.8.1992 – 18 UF 3863/92, NJW-RR 1993, 132). Entscheidungserheblich ist insofern die tatsächliche Widmung der Räume (OLG München 22.11.2006 – 17 UF 4619/06, FamRZ 2007, 836). Der Auszug eines Ehegatten wegen Spannungen ändert daher zunächst nichts an der Widmung als Ehewohnung. Die vorläufige gerichtliche Regelung nach § 1361 b BGB ändert auch nichts an der Qualifizierung „Ehewohnung", auch nicht nach Rechtskraft der Ehescheidung (OLG München 10.6.1986 – 4 UF 18/86, FamRZ 1986, 1019). Auch die Vermutungsregelung des § 1361 b Abs. 4 BGB hat keinen Einfluss auf den Charakter „Ehewohnung", selbst wenn die Frist von sechs Monaten verstrichen sein sollte und der weichende Ehegatte keine Rückkehrabsicht angekündigt hat.

2. Trennung

Die Ehegatten leben getrennt, wenn zwischen ihnen **keine häusliche Gemeinschaft** mehr besteht **und** ein Ehegatte sie erkennbar **nicht wiederherstellen will**, weil er die eheliche Gemeinschaft ablehnt. Die häusliche Gemeinschaft besteht auch dann nicht mehr, wenn die Ehegatten innerhalb der ehelichen Wohnung getrennt leben (so die Legaldefinition in § 1567 Abs. 1 BGB). Die Trennung in diesem Sinne setzt das Aufheben der häuslichen Gemeinschaft sowie den Trennungswillen voraus. Eine Trennung innerhalb der Ehewohnung ist gegeben, wenn eine „echte" Trennung „von Tisch und Bett" vorgenommen wurde. Das heißt, die verbleibenden Gemeinsamkeiten müssen in einer Gesamtbetrachtung als unwesentlich für das eheliche Zusammenleben angesehen werden. Die Gründe der Trennung spielen grundsätzlich keine Rolle.

3. Trennungsabsicht

Eine Trennungsabsicht ist gegeben, wenn ein Ehegatte die eheliche Lebensgemeinschaft ablehnt und die häusliche Gemeinschaft aufgeben will. Eine ausdrückliche Erklärung ist nicht erforderlich. Die Trennungsabsicht kann daher auch durch konkludente Handlungen manifestiert werden (anschaulich: Durchsägen des Ehebetts).

II. Überlassungsanspruch nach § 1361 b BGB und nach § 1568 a BGB

Leben die Ehegatten innerhalb der Ehewohnung oder räumlich getrennt oder möchte einer der Eheleute getrennt leben, so kann er unter den Voraussetzungen des § 1361 b BGB – für die Zeit der Trennung – oder nach § 1568 a BGB – für die Zeit nach Rechtskraft der Ehescheidung – den **Überlassungsanspruch** beim zuständigen Familiengericht geltend machen. Die Ehewohnung wird dem Antragsteller für die Zeit der Trennung nach § 1361 b BGB zugewiesen, wenn hierdurch eine unbillige Härte vermieden wird. Die Ehewohnung wird dem Antragsteller nach Rechtskraft der Scheidung nach § 1568 a BGB zugewiesen, wenn er auf deren Nutzung unter Berücksichtigung des Wohls der im Haushalt lebenden Kinder und der Lebensverhältnisse der Eheleute in stärkerem Maße angewiesen ist als der andere Ehegatte oder die Überlassung aus anderen Gründen der Billigkeit entspricht.

1. Überlassungsanspruch wegen unbilliger Härte nach § 1361 b Abs. 1 S. 1 BGB

Auf **Antrag** kann ein Ehegatte von dem anderen für die Zeit der Trennung (vorübergehende Regelung) verlangen, dass dieser ihm die Ehewohnung oder einen Teil hiervon zur alleinigen Nutzung überlässt, sofern diese bereits getrennt leben oder die Trennungsabsicht gegeben ist und wenn diese Zuweisung unter Berücksichtigung der Belange des anderen Ehegatten notwendig ist, um eine **unbillige Härte** zu vermeiden. Kann keine unbillige Härte bejaht werden, muss derjenige Ehegatte, der die Trennung wünscht, die Ehewohnung selbst verlassen. Im Rahmen der **Interessenabwägung** müssen alle Umstände des Einzelfalls berücksichtigt werden.

a) Unbillige Härte. Die „unbillige Härte" iSv § 1361 b Abs. 1 S. 1 BGB stellt einen **unbestimmten Rechtsbegriff** dar (Garbe-von Kuczkowski in: VerfFamR § 6 Rn 6). Durch den Begriffswechsel (Weber-

Monecke FPR 2010, 555 ff) zum 1.1.2002 von „schwerer Härte" zu „unbilliger Härte" ist es jedoch gelungen, die Schwelle für die Anwendung der Vorschrift herabzusenken und somit ein rasches Einschreiten des Familiengerichts zugunsten des „misshandelten" Ehegatten und/oder der in Hausgemeinschaft wohnenden Kinder zu gewährleisten. Eine Legaldefinition gibt es wegen der unterschiedlich gearteten Lebenssachverhalte nicht, so dass der Begriff entsprechend jedem Einzelfall auszufüllen ist. Insofern hat es der Gesetzgeber auch unterlassen, einen Härtekatalog in das Gesetz aufzunehmen. Es bedarf daher immer einer **umfassenden Würdigung** des Einzelfalls und seiner gesamten Umstände, unter persönlichen und wirtschaftlichen Gesichtspunkten. Ausdrückliche Benennung finden jedoch die wohl häufigsten und bedeutendsten Härtefälle, die immer den Tatbestand der „unbilligen Härte" begründen, nämlich die **Beeinträchtigung des Kindeswohls** nach § 1361 b BGB sowie die **tätliche und angedrohte Gewalt** nach § 1361 b Abs. 2 S. 2 BGB.

8   **b) Härtefall.** Ein solcher Härtefall iSv § 1361 b Abs. 1 S. 1 BGB ist gegeben, wenn durch grob rücksichtsloses Verhalten, exzessives Fehlverhalten oder durch erhebliche Belästigungen – verbal oder tätlich – das gemeinsame Wohnen unerträglich ist, beispielsweise der eine Ehegatte den anderen körperlich misshandelt, beleidigt, missachtet, herabsetzt (OLG Karlsruhe 26.2.1991 – 16 WF 251/90, FamRZ 1991, 1440; OLG Brandenburg 24.1.1996 – 9 WF 8/96, FamRZ 1996, 743; OLG München 25.9.1995 – 16 WF 819/95, FamRZ 1996, 730). Das angespannte Verhältnis unter den Eheleuten muss den einen Ehegatten subjektiv derart belasten, dass die häusliche Gemeinschaft gestört ist und dem belasteten Ehegatten auch bei objektiver Betrachtung nicht zugemutet werden kann, die häusliche Gemeinschaft fortzuführen bzw wiederaufzunehmen (OLG München 23.6.1997 – 12 WF 857/97, FuR 1997, 279). Unannehmlichkeiten und Belästigungen hingegen, welche im Zusammenhang mit der Trennung der Eheleute üblicherweise auftreten, stellen keinen Härtefall iSv § 1361 Abs. 1 S. 1 BGB dar (OLG Hamburg 23.8.1992 2 WF 51/92 H, FamRZ 1993, 190). **Gewalt indiziert Härtefälle.** Dabei kann jede Gewaltform den Härtefall begründen, zB massiv unbeherrschtes und unberechenbares Verhalten, massiv rücksichtsloses Verhalten (OLG Naumburg 27.7.2005 – 3 UF 108/05, FamRZ 2006, 1207), Ausfälle bzw Tätlichkeiten unter Alkohol- und/oder Drogeneinfluss (OLG Frankfurt/M. 19.4.1993 – 4 WF 6/93, FamRZ 1993, 1343; OLG Celle 12.12.1991 – 18 WF 196/91, FamRZ 1992, 676), Randalieren und Lärmen, insbesondere bei Nacht, Suizidversuche oder deren Ankündigungen, Verwahrlosung durch mangelnde Hygiene, Sachbeschädigungen (Haußleiter/Schulz FPR 1998, 33 ff).

9   **c) Kindeswohl.** Für die Entscheidung, ob einem Ehegatten nach § 1361 b BGB oder § 1568 a BGB die Ehewohnung anlässlich der Trennung oder Scheidung zugesprochen wird, ist primär das Kindeswohl (§ 1361 b Abs. 1 S. 2 BGB oder § 1568 Abs. 1 S. 1 BGB) zu berücksichtigen (OLG Brandenburg 10.6.2010 – 9 UF 142/09, FamRZ 2011, 118; 8.7.2010 – 9 WF 40/10, FamRZ 2010, 1983). Die Bedürfnisse der gemeinsamen sowie nicht gemeinsamen Kinder (KG 8.11.1990 – 16 WF 5430/90, FamRZ 1991, 467; OLG Schleswig 22.3.1991 – 8 UF 250/90, FamRZ 1991, 1301) an einer beständigen, geordneten, ruhigen und möglichst entspannten Familiensituation, auch unter Beachtung der Organisationsform der Kinderbetreuung (OLG Frankfurt/M. 19.4.1993 – 4 WF 6/93, FamRZ 1993, 1343), haben **Vorrang**. Um dem durch Trennung und Scheidung belasteten Kind seine bisherige Umgebung zu belassen, erst recht wenn der weichende Ehegatte anderweitig wohnen kann (OLG Celle 10.11.2005 – 10 UF 268/05, FamRZ 2006, 1143), ist in zweifelhaften Fällen zugunsten des Kindeswohles zu entscheiden (OLG Bamberg 18.10.1995 – 2 UF 198/94, FamRZ 1995, 560; KG 8.11.1990 – 16 WF 5430/90, FamRZ 1991, 467; OLG Schleswig 22.3.1991 – 8 UF 150/90, FamRZ 1991, 1301). Dabei reicht eine Gefährdung des Kindeswohls aus (OLG Frankfurt/M. 1.6.1995 – 3 UF 75/95, FamRZ 1996, 289), um die Ehewohnung dem betreuenden Elternteil zuzuweisen, da bis zu einer Verletzung des Kindeswohls nicht zugewartet werden soll. Der Auszug des betreuenden Elternteils mit den drei gemeinsamen schulpflichtigen Kindern aus dem gemeinschaftlichen Haus in eine 500 m entfernte Wohnung stellt hingegen keine unbillige Härte dar, auch wenn damit eine Verringerung der Wohnfläche verbunden ist (OLG Köln 17.3.2010 – 27 UF 28/10, FamRZ 2011, 372), so dass der Antrag auf Wohnungszuweisung als unbegründet abgelehnt wurde. Bereits häufige verbale Auseinandersetzungen und Spannungen zwischen den Eheleuten können sich negativ auf die Persönlichkeitsentwicklung der Kinder auswirken (AG Tempelhof-Kreuzberg 5.9.2002 – 142 F 3248/02, FamRZ 2003, 532).

d) Verschulden. Keine Rolle spielen grundsätzlich der Umstand und die Motive der Trennung der Eheleu- 10
te bzw die Gründe für das Scheitern der Ehe. Dies beruht auf dem **Grundsatz der verschuldensunabhängigen Scheidung** und deren Folgen. Nur wenn das Kindeswohl nicht zu betrachten ist, kann in Extremfällen unter dem Gesichtspunkt der groben Unbilligkeit das Verschulden eines Ehegatten Berücksichtigung
finden. Dies kann beispielsweise der Fall sein, wenn ein exzessives Fehlverhalten eines Ehegatten außergewöhnlich schwer ins Gewicht fällt (so zumindest wird argumentiert im Zusammenhang mit der Hausratsaufteilung: KG 28.8.1987 – 17 UF 1644/87, FamRZ 1988, 182; AG Weilburg 15.2.1991 – 2 F 351/86). Die
Wohnungszuweisung nach § 1361 b BGB setzt hingegen nicht voraus, dass ausschließlich oder schwer-
punktmäßig die Ursache der unerträglichen Zustände von dem anderen Ehegatten ausgeht (OLG Thüringen
13.5.1996 – UF 60/96, FamRZ 1997, 559).

e) Dingliche Rechtsposition. Dingliche Rechtspositionen sind bei der Wohnungszuweisung nach § 1361 b 11
Abs. 1 S. 3 BGB besonders zu berücksichtigen (OLG Köln 14.12.1993 – 25 UF 204/93, FamRZ 1994,
632). Hierunter fallen **Alleineigentum, Miteigentum** (unter den Eheleuten und mit Dritten, wie Eltern,
Schwiegereltern, Geschwister etc.), Nießbrauchsrecht, Erbbaurecht, Wohnungseigentum als solches, Dauerwohnrecht, dingliches Wohnrecht u.a. (siehe auch § 2 Abs. 1, 2 S. 1, 4 GewSchG). Dies ist regelmäßig
der Fall, wenn das Kindeswohl nicht betroffen ist und die Ursachen der Spannungen zwischen den Eheleuten nicht eindeutig einem der Ehegatten zugeordnet werden können. Denn das dingliche Recht tritt immer
hinter dem Interesse des minderjährigen Kindes zurück, § 1361 b Abs. 1 S. 2 BGB (OLG Nürnberg
4.3.1997 – 7 UF 564/97, EzFamR aktuell 1997, 200). Entsprechendes gilt, wenn in der Ehewohnung nahe
Angehörige gepflegt werden (OLG Nürnberg 4.3.1997 – 7 UF 564/97, EzFamR aktuell 1997, 200). Nur
wenn die unbillige Härte offensichtlich auf einseitiges Fehlverhalten des dinglich berechtigten Ehegatten
zurückzuführen ist, ist auf das dingliche Recht nicht entscheidend abzustellen. Nach dem **Grundsatz der
Verhältnismäßigkeit** soll die ausnahmsweise zugesprochene Nutzung des dinglich Berechtigten **befristet**
werden, wenn ein Ende des Getrenntlebens nicht absehbar ist (Gerhardt/von Heintschel-Heinegg/Klein/
Klein 8. Kap. Rn 272).

f) Interessenabwägung. Nach § 1361 b Abs. 1 S. 1 BGB hat die Entscheidung des Gerichts die **Belange** 12
beider Eheleute zu berücksichtigen. Insofern ist eine **Gesamtabwägung** aller wesentlichen Umstände jedes Einzelfalls vorzunehmen. Hierher zählen die aktuellen Lebensbedingungen der Ehegatten, ihre jeweilige Beziehung zur Ehewohnung und das Verhältnis der Ehegatten zueinander. Im Einzelnen können das der
Gesundheitszustand (OLG Thüringen 30.5.1996 – UF 60/96, FamRZ 1997, 559) und das Alter der Ehegatten sein, ihre Einkommens- und Vermögensverhältnisse (KG 20.8.1987 – 17 UF 1644/87, FamRZ 1988,
182), der Umstand, dass einer der Ehegatten die Ehewohnung bereits vor der Eheschließung bewohnt hat
und uU erhebliche Eigenleistungen zum Auf- und Ausbau der Ehewohnung erbracht hat (KG 20.8.1987 –
17 UF 1644/87, FamRZ 1988, 182), das Verhalten eines Ehegatten gegenüber dem anderen zur Durchsetzung vermeintlicher Rechte, wie beispielsweise verbotene Eigenmacht (OLG Hamm 19.1.1996 – 5 WF
1/96) oder Zwang oder der Verstoß gegen gerichtlich getroffene oder verbindlich vereinbarte Regelungen
zur Nutzungsaufteilung der Ehewohnung (OLG Braunschweig 18.10.1995 – 2 UF 111/95, NJW-RR 1996,
578).

2. Überlassungsanspruch bei Gewalt nach § 1361 b Abs. 2 BGB

Auf Antrag kann dem Ehegatten, gegen den Gewalt durch den anderen Ehegatten ausgeübt wurde, die ge- 13
samte Wohnung zur alleinigen Nutzung nach § 1361 b Abs. 2 S. 1 BGB für die Zeit der Trennung (**vorübergehende Regelung**) zugewiesen werden. Die **sog. Gewaltschutzregelung** des § 1361 b Abs. 2 BGB
beinhaltet eine besondere Regelung für Gewalttaten. Sie knüpft an die allgemeinen Gewaltschutzregelun-
gen an (Weber-Monecke FPR 2010, 555 ff). Unter Gewalttaten in diesem Sinne werden die vorsätzlichen
und widerrechtlichen Verletzungen an Körper, Gesundheit oder Freiheit nach § 1 Abs. 1 GewSchG sowie
die widerrechtlichen Drohungen mit Gewalt, dh Drohungen mit einer Körperverletzung oder Bedrohung
des Lebens des anderen Ehegatten nach § 1 Abs. 2 GewSchG verstanden. In diesen Gewaltfällen wird die
Ehewohnung dem Opfer grundsätzlich alleine zugewiesen, § 1361 b Abs. 2 S. 1 BGB. Eine Nutzungsaufteilung der Ehewohnung kann in Gewaltfällen daher nur ausnahmsweise in Betracht kommen. Es entspricht

der allgemeinen Lebenserfahrung, dass die bloße Aufteilung der Ehewohnung einen Nährboden für weitere Konflikte zwischen den Eheleuten schaffen würde. Der Gedanke des Opferschutzes rechtfertigt daher die alleinige Zuweisung der Ehewohnung an das Opfer (Gerhardt/von Heintschel-Heinegg/Klein/Klein 8. Kap. Rn 273). Gewalt iSv § 1 GewSchG ist weit auszulegen. Man versteht darunter die körperliche direkte und indirekte Gewalt sowie die psychische direkte und indirekte Gewalt gegen einen Dritten. Gewalt kann sich aber auch darstellen in Erniedrigungen, Anbrüllen, Mundtotmachen, Psychoterror über Fernkommunikationsmittel, häuslichem Vandalismus, verbunden mit dem Zerstören und Beschädigen von Sachen (Brudermüller FamRZ 2003, 1705, 1708). Letztlich kommt es entscheidungserheblich darauf an, wie der betroffene Ehegatte die Form der Gewalt empfindet bzw sich subjektiv belastet fühlt und ob ihm objektiv die Aufrechterhaltung der häuslichen Gemeinschaft nicht mehr zugemutet werden kann. Da nach der Begehung einer Gewalttat mit weiteren Gewalttaten zu rechnen ist, schreibt die **Vermutungsregelung des § 1361 b Abs. 2 S. 2 BGB** fest, dass der Täter darzulegen und beweisen hat, dass weitere Gewalt nicht zu besorgen ist (OLG Stuttgart 27.11.2003 – 18 WF 190/03, FamRZ 2004, 876; 12.9.2006 – 18 WF 176/06, FamRZ 2007, 829; Brudermüller FamRZ 2003, 1705, 1708). Die Vorschrift regelt somit die **Umkehr der Beweislast**. An die Widerlegung der Vermutung werden jedoch hohe Anforderungen gestellt (OLG Stuttgart 27.11.2003 – 18 WF 190/03, FamRZ 2004, 876; 12.9.2006 – 18 WF 176/06, FamRZ 2007, 829). So genügt beispielsweise nicht das Angebot, eine (strafbewehrte) Unterlassungserklärung abzugeben (OLG Stuttgart 12.9.2006 – 18 WF 176/06, FamRZ 2007, 829). Die Beweisführung soll jedoch durch einmalige „Ausrutscher" im Zusammenhang der Trennung, durch Zeitablauf oder Nichtvorhandensein jeglicher diesbezüglicher Anhaltspunkte erleichtert werden (Gerhardt/von Heintschel-Heinegg/Klein/Klein 8. Kap. Rn 276). Unabhängig von der Beweislastumkehr ist dem Opfer dennoch die gesamte Wohnung zur alleinigen Nutzung zu überlassen, wenn ihm wegen der Schwere der Tat ein häusliches Zusammenleben nicht zumutbar ist, § 1361 b Abs. 2 S. 2 BGB. Hierunter fallen Taten wie Vergewaltigungen, Totschlagsversuch, schwere Körperverletzungen (Palandt/Brudermüller § 1361 b BGB Rn 16).

III. Schutzanordnungen

14 § 1361 b Abs. 3 S. 1 BGB schreibt für den aus der Ehewohnung verwiesenen Ehegatten ein **Wohlverhaltensgebot** fest: Er hat alles zu unterlassen, was geeignet ist, die Ausübung des Nutzungsrechts des in der Ehewohnung Verbliebenen zu erschweren oder zu vereiteln. Nach § 209 Abs. 1 FamFG darf das Familiengericht daher Anordnungen unter Beachtung des Verhältnismäßigkeitsgrundsatzes zum Schutz des in der Wohnung Verbliebenen treffen (Weber-Monecke FPR 2010, 555 ff). Üblicherweise sind das **Betretungsverbote** (OLG Köln 12.9.2002 – 14 WF 171/02, FamRZ 2003, 319; OLG Stuttgart 27.11.2003 – 18 WF 190/03, FamRZ 2004, 876), **Näherungsverbote** (OLG Köln 12.9.2002 – 14 WF 171/02, FamRZ 2003, 319; OLG Stuttgart 27.11.2003 – 18 WF 190/03, FamRZ 2004, 876), Kontaktverbote (OLG Köln 12.9.2002 – 14 WF 171/02, FamRZ 2003, 319; OLG Stuttgart 27.11.2003 – 18 WF 190/03, FamRZ 2004, 876), **Gebot der Aushändigung von Garagen-, Wohnungs-, Zweitschlüssel**. Auch kann das Familiengericht gegenüber dem weichenden Ehegatten, der Alleinmieter der Ehewohnung ist, ein **Kündigungsverbot** aussprechen. Andernfalls könnte der weichende Ehegatte die Ehewohnungszuweisung des Familiengerichts zugunsten des verbleibenden Ehegatten umgehen. Kündigt er dennoch, ist dies „nur" gegenüber dem Ehegatten unwirksam, §§ 135, 136 BGB (Schneider FamRZ 2006, 10 f; Brudermüller FamRZ 2003, 1705 ff). Der Gesetzgeber will und kann den verbleibenden Ehegatten jedoch nicht vor einem Veräußerungsverbot des scheidenden Alleineigentümers schützen (Brudermüller FamRZ 2003, 1705 ff; Finger FuR 2006, 241 ff; OLG Celle 2.5.2011 – 10 WF 133/11, FamRZ 2012, 32 f). Das Familiengericht kann aber ein **Mietverhältnis** – eventuell auch zeitlich befristet – **anordnen**. Der verbleibende Ehegatte kann sich bei Veräußerung auf die Kündigungsschutzrechte aus dem Mietverhältnis nach §§ 564 b, 571, 580 BGB berufen. Unter Berücksichtigung von § 1365 BGB – ist die Ehewohnung als Vermögen als Ganzes zu qualifizieren – könnte der verbleibende Ehegatte ein Veräußerungsverbot bei dem zuständigen Familiengericht mittels einstweiliger Anordnung erwirken und durch Eintrag ins Grundbuch sichern lassen (Brudermüller FamRZ 2003, 1705 ff). Fraglich ist, ob sich aus dem Wohlverhaltensverbot ein Anspruch auf Einstellung der Teilversteigerung und ein gerichtliches Verbot der Teilungsversteigerung herleiten lassen (Palandt/Brudermüller § 1361 b BGB Rn 17).

IV. Verbotene Eigenmacht

Ein Ehegatte, der während der Trennung von dem anderen Ehegatten aus der Ehewohnung ausgesperrt 15
wurde, kann die Wiedereinräumung des Besitzes zum Zweck des Getrenntlebens innerhalb der Ehewohnung analog § 1361 b BGB einfordern, sofern die sonstigen Voraussetzungen der Regelung gegeben sind.
Dabei ist der Regelungsgehalt des possessorischen Besitzschutzes mit einzubeziehen (OLG Karlsruhe
25.4.2000 – 2 UF 195/99, FamRZ 2001, 760; AG Neustadt a. Rbge. 16.11.2004 – 34 F 116/04 WH,
FamRZ 2005, 1253; siehe zur extensiven Auslegung des possessorischen Besitzschutzes: Menter FamRZ
1997, 76 ff). Die besonderen familienrechtlichen Normen verdrängen die allgemeinen Vorschriften, wobei
bei § 1361 b BGB zu unterscheiden ist, ob der ausgesperrte Ehegatte sich trennen will oder nicht. Möchte
der ausgesperrte Ehegatte **ohne Trennungsabsicht** wieder in die Wohnung zurück, muss er auf der Grundlage von § 861 BGB die Wiedereinräumung des Mitbesitzes an der Ehewohnung einfordern. Nur wenn der
sog. Aussperrer einwenden würde, dass er die verbotene Eigenmacht **zum Zwecke des Getrenntlebens**
ausübte, ist das Verfahren auf der Grundlage von § 1361 b BGB (fort) zu führen. Wurde hingegen der Ehegatte während der Trennungszeit aus der Ehewohnung ausgesperrt, so kann er auf der Anspruchsgrundlage
von § 1361 b BGB die Wiedereinräumung des (Mit-)Besitzes an der Ehewohnung zum Zwecke des Getrenntlebens in der Ehewohnung einfordern. Der Regelungsgehalt des possessorischen Besitzschutzes wird
dabei einbezogen (OLG Karlsruhe 25.4.2000 – 2 UF 195/99, FamRZ 2001, 760). Der ursprünglich ausgesperrte Ehegatte kommt damit auch in den Genuss der Schutz- und Unterlassungsanordnungen nach
§ 1361 b Abs. 3 S. 1 BGB.

V. Nutzungsvergütung

1. Überblick

Nach § 1361 b Abs. 3 S. 2 BGB wird dem aus der Ehewohnung ausziehenden Ehegatten ein Anspruch auf 16
Nutzungsvergütung gegen den verbleibenden Ehegatten eingeräumt, soweit dies der **Billigkeit** entspricht.
Die Nutzungsvergütung dient als Entschädigung für den Verlust des Rechts auf Mitbesitz an der Ehewohnung für die Zeit der Trennung. Das Recht auf Mitbesitz an der Ehewohnung – unabhängig von
Eigentums-, Besitz- oder Mietverhältnissen (OLG Thüringen 25.2.2008 – 11 SA 1/08, FamRZ 2008, 1934)
– wiederum rührt aus dem Wesen der Ehe iSv § 1353 BGB. Der Anspruch auf Nutzungsvergütung besteht
nach neuestem Recht sowohl **bei richterlicher Entscheidung** auf Zuweisung der Ehewohnung nach
§ 1361 b BGB an einen Ehegatten als auch bei **freiwilliger Überlassung** der Nutzung (OLG Frankfurt/M.
1.11.2010 – 5 UF 300/10, FamRZ 2011, 373; OLG Thüringen 25.2.2008 – 11 SA 1/08, FamRZ 2008,
1934; KG 13.12.2007 – 2 AR 60/07, FamRZ 2008, 1933). Ist jedoch bereits im Zusammenhang mit der
außergerichtlichen oder gerichtlichen Unterhaltsregelung auf Trennungsunterhalt der sog. Wohnwert berücksichtigt worden, hat diese **Unterhaltsregelung Vorrang** (BGH 11.12.1995 – Ivb ZR 82/84, FamRZ
1986, 434; 29.6.1994 – XII ZR 79/93, FamRZ 1994, 1100; Huber FamRZ 2000, 129, 131, mwN; OLG
Naumburg 23.4.2009 – 8 U 17/08, FamRZ 2009, 2090). Darüber hinaus kommt im Regelfall die Zahlung
einer Nutzungsvergütung nicht mehr in Betracht. Bei der Unterhaltsbemessung wird ein sog. **angemessener Wohnwert** (s. → *Wohnwert*) angesetzt, der damit eine Regelung über den Nutzungswert der Ehewohnung einschließt (BGH 11.12.1985 – IVb ZR 83/84, 1986, 436; 13.11.1996 – XII ZR 125/95, FamRZ
1997, 484). Nur im Einzelfall kann es der Billigkeit entsprechen, noch einen zusätzlichen Betrag auf Nutzungsvergütung zuzusprechen (OLG Köln 26.2.2004 – 4 UF 19/04, FamRZ 2005, 639). Die Nutzungsvergütung ist erst ab dem Zeitpunkt fällig, mit welchem sie geltend gemacht wird, weil dem in der Wohnung
verbleibenden Ehegatten Gelegenheit gegeben werden muss, sich auf das Zahlungsverlangen einzustellen
(OLG München 21.10.1998 – 12 UF 1438/98, FamRZ 1999, 1270; OLG Köln 9.11.1998 – 13 W 55/98,
FamRZ 1999, 1272; OLG Braunschweig 17.11.1995 – 2 UF 51/95, FamRZ 1996, 548; aA Staudinger/
Hübner/Voppel § 1361 b BGB Rn 41; Erbarth FamRZ 1998, 1007 ff).

2. Billigkeit

Ein Nutzungsentgelt kann nur verlangt werden, wenn dies der Billigkeit entspricht (OLG Hamm 1.7.2010 – 17
II-3 UF 222/09, FamRZ 2011, 481). Dabei ist es unerheblich, ob der Anspruch auf § 1361 b BGB oder

§ 745 Abs. 2 BGB gestützt wird. Für die **Billigkeitsentscheidung** sind die gesamten Umstände des jeweiligen Einzelfalls zu berücksichtigen (OLG Frankfurt/M. 1.11.2010 – 5 UF 300/10, FamRZ 2011, 373; OLG Schleswig 19.10.1987 – 12 UF 292/86, FamRZ 1988, 722). Im Einzelnen: der Mietwert der Ehewohnung, die Lebensverhältnisse der Ehegatten (OLG München 10.8.1989 – 16 UF 781/89, FamRZ 1990, 530), die wirtschaftlichen Verhältnisse der Ehegatten, wie insbesondere die Belastungen der Ehewohnung und der diesbezügliche Schuldner bzw der Zahlende (OLG Saarbrücken 7.7.2010 – 9 U 536/09-5, FamRZ 2010, 1981), die bisherige Lebensführung, der tatsächliche Wohnbedarf und die hierfür vorhandenen Mittel (OLG Frankfurt/M. 3.12.1991 – 3 UF 111/91, FamRZ 1992, 677; OLG München 10.8.1989 16 UF 781/89, FamRZ 1990, 530), das Vorhandensein von Kindern (OLG Köln 23.6.1992 – 4 UF 21/92, FamRZ 1993, 562; OLG Celle 25.6.1991 – 18 UF 12/91, FamRZ 1992, 456), die Veranlassung der Wohnungszuweisung durch das störende Verhalten des anderen Ehegatten. Bei einem treuwidrig widersprüchlichen Verhalten, bei dem Nutzungsvergütung verlangt wird und zugleich dem in der Ehewohnung verbleibenden Ehegatten die Nutzung des im Miteigentum stehenden Ferienhauses verweigert wird, ist es nicht unbillig, dem weichenden Ehegatten kein Nutzungsentgelt für die Ehewohnung zuzusprechen (OLG Frankfurt/M. 1.11.2010 – 5 UF 300/10, FamRZ 2011, 373). Wegen des Vorrangs der Leistungsklage ist ein Feststellungsinteresse für die Feststellung, dass die Zahlung einer Nutzungsentschädigung der Billigkeit entspricht, nicht gegeben. Wird die Nutzungsentschädigung hingegen nur für einen Monat – und nicht die gesamte Nutzungsdauer – begehrt, ist ein Feststellungsinteresse des Antragsgegners an der Feststellung, dass eine Vergütungspflicht der Billigkeit nicht entspricht, gegeben (Palandt/Brudermüller § 1361 b BGB Rn 21; aA OLG Düsseldorf 16.12.1987 – 4 WF 252/87, FamRZ 1988, 410).

3. Nutzung fremden Eigentums

18 Die Nutzung des Alleineigentums des anderen Ehegatten – ob durch gerichtliche Regelung oder freiwillige Überlassung – berechtigt nicht automatisch zur Geltendmachung der Nutzungsentschädigung. Vielmehr muss die Nutzungsentschädigung der **Billigkeit** entsprechen. Die Nutzungsentschädigung entspricht „stets" dann der Billigkeit, wenn der ausziehende Ehegatte alleine oder mit Dritten an der Ehewohnung **dinglich berechtigt** ist (OLG Köln 7.10.1991 – 26 W 14/91, FamRZ 1992, 440; OLG Naumburg 18.9.1997 – 3 UF 66/97, FamRZ 1998, 1529; BGH 11.12.1985 – Ivb ZR 83/84, FamRZ 1986, 436; OLG Hamm 20.1.1989 – 5 UF 433/88, FamRZ 1989, 739; OLG München 26.7.2007 – 16 UF 1164/07, FamRZ 2008, 695). Haben die Eheleute die Ehewohnung, an welcher nur einer der Ehegatten Alleineigentum hält, aufgeteilt, dann kann der Alleineigentümer grundsätzlich von dem anderen Ehegatten auch eine Nutzungsentschädigung fordern. Hieran ändert auch der Umstand der eventuellen freiwilligen Einräumung nichts. Die in etwa gleichwertige Wohnungsaufteilung berechtigt hingegen nicht zur Geltendmachung der Nutzungsentschädigung, da kein schwerer Eingriff in das Eigentum gegeben ist (OLG Brandenburg 14.2.2008 – 10 UF 97/07, FamRZ 2009, 1931).

4. Aufgedrängte Alleinnutzung

19 Wurde dem in der Ehewohnung verbleibenden Ehegatten die Alleinnutzung aufgedrängt und ist er finanziell nicht in der Lage, den Gegenwert der aufgedrängten Alleinnutzung zu tragen bzw wäre er gezwungen auszuziehen, um sich dieser finanziellen Belastung zu entledigen, so kann bis Ablauf des ersten Trennungsjahres oder sogar bis zur Scheidung die **Nutzungsvergütung ausgeschlossen** sein (OLG Hamm 6.3.1996 – 33 U 59/95, FamRZ 1996, 1476; OLG Dresden 22.10.1999 – 10 UF 360/99, FamRZ 2000, 1104). Im Einzelfall kann eine **Herabsetzung** der Vergütung der Billigkeit entsprechen (BGH 11.12.1985 – Ivb ZR 83/84, FamRZ 1986, 436; OLG Hamm 6.3.1996 – 33 U 59/95, FamRZ 1996, 1476).

5. Leistungsfähigkeit

20 Die Frage der Billigkeit einer Nutzungsvergütung hängt entscheidend von der Leistungsfähigkeit des in der Ehewohnung verbleibenden Ehegatten ab. Neben dem tatsächlichen Wohnbedarf sind daher die finanziellen Verhältnisse der Ehegatten entscheidungserheblich (Brudermüller FamRZ 1989, 7, 11). Aber nicht in jedem Falle kann bei Leistungsunfähigkeit des bleibenden Ehegatten per se Unbilligkeit angenommen wer-

den, genauso wenig kann bei guten Vermögensverhältnissen des in der Ehewohnung Verbleibenden automatisch Billigkeit angenommen werden (OLG Köln 23.6.1992 – 4 UF 21/92, FamRZ 1993, 562). Bei Leistungsunfähigkeit des in der Ehewohnung verbliebenen Ehegatten kann daher bis zum Ablauf des ersten Trennungsjahres oder sogar bis zur Scheidung die Nutzungsvergütung ausgeschlossen sein bzw eine **Herabsetzung** der Vergütung der Billigkeit entsprechen (s. Rn 19).

6. Kinderbetreuung

Für die Frage der Billigkeit spielt der Umstand der Versorgung gemeinsamer Kinder eine **entscheidungs-** 21 **erhebliche Rolle**. Kann der in der Ehewohnung verbliebene Ehegatte wegen der Betreuung kleiner Kinder nicht erwerbstätig sein oder ist er mangels Unterhaltszahlungen nicht leistungsfähig, so entspricht die Nutzungsvergütung nicht der Billigkeit (OLG Köln 16.12.1996 – 14 UF 275/96, FamRZ 1997, 943). Unbilligkeit ist auch gegeben, wenn der in der Ehewohnung verbliebene Ehegatte in dem von ihm bewohnten Teil der Ehewohnung das gemeinsame Kind betreut hat, während wenn der ausgezogene Ehegatte über außergewöhnlich hohe finanzielle Mittel verfügt und die Trennung von ihm veranlasst wurde (OLG Brandenburg 14.2.2008 – 10 UF 97/06, FamRZ 2008. 1931). Ein bereits 14-jähriges Kind muss jedoch nicht unbedingt bis zum Abschluss der Schulzeit bzw Volljährigkeit in der Ehewohnung, die im Eigentum des scheidenden Gatten steht, verbleiben (OLG Köln 1.8.2008 – 4 UF 74/08, OLGR 2009, 170). Nutzt ein Ehegatte mit den gemeinsamen Kindern mehrere Jahre nach der Trennung die Ehewohnung, die im Alleineigentum des anderen Ehegatten steht, kann eine Nutzungsvergütung in Höhe des objektiven Wohnwerts jedenfalls dann gerechtfertigt sein, wenn der Alleineigentümer in beengten wirtschaftlichen Verhältnissen lebt (OLG Bremen 31.3.2010 – 4 WF 32/10, FamRZ 2010, 1980).

7. Zeitpunkt

Mit der Trennung ist die Nutzung der Ehewohnung neu zu regeln. Hierunter fällt auch die Regelung einer 22 eventuellen Nutzungsentschädigung, die der verbleibende Ehegatte an den scheidenden Ehegatten zu leisten hat. Die Nutzungsvergütung wird jedoch nicht automatisch durch den Verbleib des einen Ehegatten in der Wohnung fällig (OLG Dresden 22.10.1999 – 10 UF 360/99, FamRZ 2000, 1104), sondern muss ausdrücklich und eindeutig mittels **Zahlungsaufforderung** beansprucht werden (OLG München 21.10.1998 – 12 UF 1438/98, FamRZ 1999, 1270; OLG Köln 9.11.1998 – 13 W 55/98, FamRZ 1999, 1272). Entsprechend dem Rechtsgedanken des § 1613 BGB (Vertrauensgrundsatz) muss sich der in der Ehewohnung verbleibende Ehegatte rechtzeitig auf die Nutzungsvergütung einstellen können, so dass diese erst mit Zahlungsaufforderung für die Zukunft bzw nicht rückwirkend beansprucht werden kann (OLG Köln 7.10.1991 – 26 W 14/91, FamRZ 1992, 440; OLG Braunschweig 17.11.1995 – 2 UF 51/95, FamRZ 1996, 548; OLG München 21.10.1998 – 12 UF 1438/98, FamRZ 1999, 1270; OLG Brandenburg 12.3.2001 – 9 U 7/00, FamRZ 2001, 1713; Erbath FamRZ 1998, 1007, 1009 ff; Wever FamRZ 2008, 1484, 1485). Dabei genügt die reine Zahlungsaufforderung ohne nähere Begründung nicht (Gerhardt/von Heintschel-Heinegg/Klein/ Klein 8. Kap. Rn 320). Aus Gründen der Billigkeit muss dem in der Ehewohnung verbleibenden Ehegatten nach Zugang der Zahlungsaufforderung eine **Überlegungszeit** bzw **Überlegungsfrist** eingeräumt werden, in welcher er sich zu entscheiden hat, ob er die Ehewohnung für die geforderte Nutzungsvergütung weiter bewohnen oder stattdessen ausziehen möchte (OLG München 17.4.2007 – 2 UF 1607/06, FamRZ 2007, 1655; Wever FamRZ 2008, 1484, 1485).

8. Höhe der Nutzungsvergütung

Die Höhe der Nutzungsvergütung richtet sich generell nach der höchstrichterlichen Rechtsprechung zur 23 Bemessung des **Wohnvorteils** für den Unterhalt (s. → *Wohnwert* Rn 4 ff). Heranzuziehen ist grundsätzlich der **objektive Mietwert** der Ehewohnung (OLG Frankfurt/M. 3.12.1991 – 3 UF 111/91, FamRZ 1992, 677; OLG Düsseldorf 2.11.1998 – 9 UF 64/98, FamRZ 1999, 1271). Es ist daher zu prüfen, welcher ortsübliche Mietzins für eine vergleichbare Wohnung auf dem freien Wohnungsmarkt erzielt werden könnte (OLG Braunschweig 17.11.1995 – 2 UF 51/95, FamRZ 1996, 548; OLG Düsseldorf 2.11.1998 – 9 UF 64/98, FamRZ 1999, 1271). Bei einer preisgebundenen Wohnung orientiert sich die Höhe der Nutzungsvergütung an der entsprechenden Kostenmiete (BGH 13.4.1994 – XII ZR 3/93, FamRZ 1994, 822). Bei Miteigentum bestimmt sich die Höhe der Nutzungsvergütung regelmäßig nach dem anteiligen (je nach den Eigentumsverhältnissen) Mietwert (OLG Köln 9.11.1998 – 13 WF 55/98). Dieser ist um die Belastung im Verhältnis der Eigentumsanteile und die verbrauchsunabhängigen Nebenkosten zu bereinigen, sofern diese der allein nutzende Ehegatte bezahlt (OLG Köln 9.11.1998 – 13 WF 55/98; OLG Düsseldorf 24.5.2005 – I-24 U 198/04, FamRZ 2006, 209). Entsprechendes gilt im Übrigen auch bei Alleineigentum des Ausziehenden (OLG Düsseldorf 2.11.1998 – 9 UF 64/98, FamRZ 1999, 1271). Während der Trennung bis zur rechtskräftigen Scheidung bzw bis zur Auseinandersetzung des Eigentums kann die Höhe der Nutzungsvergütung aus Gründen der Billigkeit und dem Grundsatz der ehelichen Solidarität **geringer** sein als der objektive Mietzins bzw die ortsübliche Miete. Regelmäßig wird es daher meist im ersten Trennungsjahr – insbesondere bei aufgedrängter Alleinnutzung und schlechten wirtschaftlichen Verhältnissen – angemessen sein, die Nutzungsvergütung zu reduzieren (OLG Köln 9.11.1998 – 13 W 55/98, FamRZ 1999, 1272). Insofern orientiert sich die Nutzungsvergütung an dem angemessenen Wohnwert im Sinne des Unterhaltsrechts bzw der ersparten Aufwendung für eine anderweitig angemessene Wohnung, die andernfalls angemietet werden müsste (BGH 11.12.1985 – Ivb ZR 83/84, FamRZ 1986, 436; OLG Hamm 6.3.1996 – 33 U 59/95; OLG Brandenburg 21.7.2002 – 9 W 7/02, FamRZ 2003, 378). Bei einer **Mietwohnung** hingegen kann der in der Ehewohnung verbleibende Ehegatte mit Mietzins und Nebenkosten belastet werden, auch wenn er nicht der formelle Mieter des Mietvertrags ist. Er kann jedoch höchstens zu dem objektiven Mietzins bzw ortsüblichen Mietzins für eine vergleichbare Wohnung auf dem freien Wohnungsmarkt herangezogen werden (OLG Frankfurt/M. 3.12.1991 – 3 UF 111/91, FamRZ 1992, 677). Bei öffentlich gefördertem Wohnraum hat der verbleibende Ehegatte die Kostenmiete zu bezahlen, bereinigt um die verbrauchsabhängigen Kosten, sofern er diese selbst trägt. Auch in diesem Fall kann eine Reduzierung auf den sog. angemessenen Wohnwert bzw auf die angemessene Nutzungsvergütung in Betracht kommen, beispielsweise im ersten Trennungsjahr, bei aufgedrängter Alleinnutzung. Bei engen wirtschaftlichen Verhältnissen orientiert sie sich an dem tatsächlichen Wohnbedarf und hierfür vorhandenen Mitteln sowie der bisherigen Lebensführung der Ehegatten (OLG Köln 3.6.1998 – 27 UF 28/98, NJWE-FER 1999, 29).

9. Nutzen und Lasten

24 Bei der Bestimmung der Höhe der Nutzungsvergütung sind die mit der Ehewohnung verbundenen finanziellen **Lasten** zu berücksichtigen, es sei denn, sie werden üblicherweise auf den Mieter abgewälzt (OLG Düsseldorf 2.11.1998 – 9 U 64/98, FamRZ 1999, 1271; OLG Düsseldorf 3.9.2007 – II-7 UF 87/07, FamRZ 2008, 895; Wever FamRZ 265, 266). Streitig ist jedoch, welche Kosten und Lasten des Grundstücks bei der Berechnung der Nutzungsvergütung anzurechnen sind. Im Zusammenhang mit der Berechnung des Wohnvorteils hat der BGH festgeschrieben, dass die **verbrauchsunabhängigen** Grundstückskosten wie Grundsteuer, Gebäudeversicherung und Reparaturkosten von beiden Miteigentümern zu tragen und daher einzubeziehen sind. Die **verbrauchsabhängigen** Kosten wie Strom, Heizung, Gas, Müllabfuhr, (Ab-)Wasser, Kaminfeger sind alleine von dem die gemeinsame Immobilie nutzenden Ehegatten zu bezahlen (BGH 20.10.1999 – XII ZR 297/97, FamRZ 2000, 351). Nach anderer Ansicht wird vertreten, dass eine Unterscheidung zwischen den verbrauchsabhängigen und verbrauchsunabhängigen Nebenkosten gar nicht mehr erforderlich ist, da die meisten sog. eigentümerbezogenen Aufwendungen zwischenzeitlich praktisch umfassend auf den Mieter abgewälzt werden können (Gerhardt/von Heintschel-Heinegg/Klein/Klein 8. Kap. Rn 327). Zahlt der in der Ehewohnung verbleibende Ehegatte die Lasten und entsprechen diese der Höhe nach dem Wohnwert (OLG Frankfurt/M. 3.12.1991 – 3 UF 111/91, FamRZ 1992, 677), so kann keine oder nurmehr eine verminderte Nutzungsvergütung gefordert werden (BGH 13.1.1993 – XII ZR 212/90, FamRZ 1993, 676; OLG Düsseldorf 2.11.1998 – 9 U 64/98, FamRZ 1999, 1271; OLG Köln 9.11.1998 – 13 W 55/98, FamRZ 1999, 1272). Anstelle der Geltendmachung von Nutzungsvergütung kann der in der Ehewohnung verbleibende Ehegatte von dem anderen Ehegatten verpflichtet werden, zur Rückführung der Hauskredite beizutragen, unabhängig von den Eigentumsverhältnissen (OLG Celle 25.6.1991 – 18 UF 12/91, FamRZ 1992, 465). Trägt der in der Ehewohnung verbleibende Ehegatte die Belastungen „praktisch wie Miete", so orientiert sich die Höhe der Nutzungsvergütung an der Höhe dieser Belastungen. Fordert der in der Ehewohnung verbleibende Miteigentümer von dem ausziehenden Miteigentümer einen Gesamt-

schuldnerausgleich, so kann Letzterer mit der Nutzungsvergütung aufrechnen (OLG Bremen 18.1.2005 – 4 W 33/04, OLGR 2005, 315). Trägt hingegen der scheidende Ehegatte die Lasten, erhöht sich die Nutzungsvergütung um den Erstattungsanspruch auf (anteilige) Lastentragung. Die umfassende Darlegungs- und Beweislast trifft den Anspruchsteller der Nutzungsvergütung (OLG Brandenburg 21.6.2001 – 9 UF 17/00, FPR 2002, 14). Wird die Höhe der Nutzungsvergütung von Ausgleichsforderungen des in der Ehewohnung verbliebenen Ehegatten beeinflusst, dann kann die Vorgreiflichkeit der Entscheidung über die Ausgleichsforderung zu bejahen sein (OLG Köln 18.2.2002 – 14 WF 17/02, FamRZ 2002, 396).

VI. Ausgleichszahlungen

§ 1361 b Abs. 3 S. 2 BGB bietet für sonstige Ausgleichszahlungen bzw Abstandszahlungen keine Anspruchsgrundlage (OLG Hamburg 26.6.1987 – 12 WF 72/87, FamRZ 1988, 80). Unter Abstandszahlungen wird im Mietpreisrecht eine **Geldleistung** verstanden, die der Nachmieter oder neue Mieter als Gegenleistung dafür erbringt, dass der Vormieter oder alte Mieter von dem Gebrauch der Wohnung „Abstand" nimmt. Die Abstandszahlung kann auch als Entschädigung für Leistungen des alten Mieters gedacht sein, die dieser seinerzeit zur Erlangung der Mietwohnung oder zu deren Herrichtung aufgewandt hat oder die ihm durch den Auszug aus der Wohnung entstehen. Unter Berücksichtigung des unterschiedlichen Rechtscharakters von Ausgleichszahlungen, einerseits Nutzungsvergütung und andererseits Abstandsgeld, ist eine grundsätzliche, nach Fallgruppen differenzierte Betrachtung notwendig. Ziel ist es herauszuarbeiten, dass zwar der Anspruch auf Nutzungsvergütung als Ausgleich für den Verlust von Gebrauchsvorteilen neuerdings in § 1361 b Abs. 2 BGB (früher in der Hausratsverordnung) wurzelt, dass aber der Anspruch auf einen Ausgleich nach Art einer Abstandszahlung nach heutigem Verständnis nicht (mehr) aus § 1361 b BGB (früher Hausratsverordnung) hergeleitet werden kann (Brudermüller FamRZ 1989, 7, 8; Finger FuR 2006, 241 ff). **25**

VII. Unwiderlegliche Vermutung

Die Neuregelung der unwiderleglichen Vermutung nach § 1631 b Abs. 4 BGB soll zur Rechtssicherheit beitragen. Ist nach der Trennung der Ehegatten im Sinne des § 1567 Abs. 1 BGB (oder zeitgleich mit der Trennung) ein Ehegatte (freiwillig) aus der Ehewohnung ausgezogen und hat er binnen sechs Monaten nach seinem Auszug keine ernstliche Rückkehrabsicht bekundet, so wird unwiderlich vermutet, dass er dem in der Ehewohnung verbliebenen Ehegatten das alleinige Nutzungsrecht überlassen hat. Die Regelung soll somit für die Trennungszeit klare Verhältnisse über die Nutzung an der Ehewohnung schaffen. Streitig ist, ob die Frist beginnt mit dem Auszug nach der Trennung (Palandt/Brudermüller § 1361 b BGB Rn 25) oder erst mit Eintritt der Härtegründe nach § 1361 b Abs. 1 S. 1 BGB, wenn diese erstmals nach Trennung der Ehegatten vorliegen (Gerhardt/von Heintschel-Heinegg/Klein/Klein 8. Kap. Rn 335; **einschränkend jedoch:** OLG Hamburg 18.11.2002 – 12 UF 119/02, OLGR Hamburg 2003, 272). Es bedarf einer ernsthaften Rückkehrabsicht, dh bloße Interessenwahrnehmungen oder sog. Vorratserklärungen sind nicht ausreichend (Palandt/Brudermüller § 1361 b BGB Rn 25; Gerhardt/von Heintschel-Heinegg/Klein/Klein 8. Kap. Rn 334). Diese Erklärung bedarfentgegen § 2 Abs. 3 Nr. 2 GewSchG keiner besonderen Form. Zu Beweiszwecken empfiehlt sich jedoch die Schriftform (Gerhardt/von Heintschel-Heinegg/Klein/Klein 8. Kap. Rn 337). Es kommt nicht darauf an, aus welchem Grund der weichende Ehegatte ausgezogen ist, auch bedarf es nicht des Willens des Ausziehenden, dem Verbleibenden die Wohnung zu überlassen. Auszug iSv § 1361 b Abs. 4 BGB kann aber erst angenommen werden, wenn der Ehegatte einen neuen Lebensmittelpunkt begründet hat. Dies ist nicht anzunehmen, wenn der ausziehende Ehegatte zur vorläufigen Entspannung in eine **sog. Notlösung** einzieht und im Wesentlichen seine persönliche Habe in der Ehewohnung belässt (OLG Koblenz 13.2.2006 – 7 WF 102/06, FamRZ 2006, 1207). **26**

VIII. Verfahrensbeteiligung Dritter

Dritte sind nach der Neuregelung der Rechtsverhältnisse an der Ehewohnung seit dem 1.9.2009 nurmehr in bestimmten Ausnahmefällen an einem entsprechenden Verfahren zu beteiligen. Da es sich nach § 1361 b BGB nur um eine vorläufige Regelung handelt, sind Dritte **nicht zu beteiligen**, insbesondere auch nicht der **27**

Vermieter, § 204 Abs. 1 FamFG. Leben hingegen auch minderjährige Kinder in der Ehewohnung, ist auf Antrag das **Jugendamt** anzuhören, § 204 Abs. 2 FamFG.

IX. Kostenbelastung Dritter

28 Da die Dritten in der Regel nicht ohne ihre Veranlassung am Verfahren beteiligt werden, können sie grundsätzlich auch nicht (auch nicht teilweise) an den Gerichtskosten beteiligt werden (OLG Hamburg 17.1.1994 – 2 WF 136/93, FamRZ 1994, 716). Sind die Dritten hingegen die Veranlasser des Verfahrens oder hat deren Verhalten – ohne zu Erfolg zu führen – weitere Kosten ausgelöst, können den Dritten die Verfahrenskosten und außergerichtlichen Kosten der Ehegatten ganz oder teilweise nach billigem Ermessen auferlegt werden (OLG München 11.3.2008 – 26 WF 837/08, FamRZ 2008, 1640).

X. Darlegungs- und Beweislast für § 1361 b Abs. 1 und 2 BGB

29 Der **Antragsteller**, der die Zuweisung der Ehewohnung (ganz oder teilweise) für sich beantragt, trägt die Darlegungs- und Beweislast für die Voraussetzungen des geltend gemachten Anspruchs. Hieran ändert auch der **Amtsermittlungsgrundsatz** nach § 26 FamFG nichts. Dieser findet in dem Verfahren Anwendung. Für Umstände im Rahmen der Interessenabwägung hingegen hat derjenige Ehegatte die Darlegungs- und Beweislast, der die jeweiligen Tatumstände behauptet. Beruft sich ein Ehegatte auf **unbillige Härte**, muss er die behaupteten Gründe nach Ort, Zeit, näheren Umständen und konkreten Folgen detailliert darlegen (OLG Karlsruhe 26.2.1991 – 16 WF 251/90, FamRZ 1991, 1440; OLG Köln 14.12.1993 – 25 UF 240/93, FamRZ 1994, 632; OLG Brandenburg 24.1.1996 – 9 WF 8/96, FamRZ 1996, 743). Hilfreich kann eine ärztliche Dokumentation sein. Der bloße Vortrag, „wiederholt bedroht, misshandelt und vergewaltigt" worden zu sein, ist nicht ausreichend, da jegliche Einzelheiten zu Zeit und Ort fehlen (OLG Düsseldorf 14.3.1988 – 4 UF 38/88, FamRZ 1988, 1058). Entsprechend ist der Sachvortrag nicht ausreichend, die Antragstellerin sei von dem Antragsgegner „ständig beschimpft oder bedroht" worden (OLG Karlsruhe 26.2.1991 – 16 WF 251/90, FamRZ 1991, 1440), der Antragsgegner würde „bei jeder Begegnung Bedrohungen und Beschimpfungen ausstoßen", oder die Antragstellerin habe während der Ehe „mehrfach Gewalt, insbesondere auch Demütigungen erfahren" (OLG Brandenburg 24.1.1996 – 9 WF 8/96, FamRZ 1996, 743; OLG Hamm 20.1.1989 – 5 UF 433/88, FamRZ 1989, 739; OLG Köln 14.12.1993 – 25 UF 240/93, FamRZ 1994, 632). Im Rahmen der **einstweiligen Anordnungen** bzw summarischer Verfahren nach §§ 49 ff FamFG genügt hingegen die überwiegende Wahrscheinlichkeit unter Bezugnahme der Glaubhaftmachungen, dass sich ein Sachverhalt wie dargelegt zugetragen hat (OLG Stuttgart 12.9.2006 – 18 WF 176/06, FamRZ 2007, 829).

XI. Konkurrenzverhältnisse

1. § 1361 b BGB und §§ 743 ff BGB

30 Sofern beide Eheleute Miteigentum an der Ehewohnung halten, konkurrieren bezüglich Nutzungsvergütung bzw -entgelt der familienrechtliche Anspruch nach § 1361 b Abs. 3 S. 2 BGB und der gemeinschaftsrechtliche Anspruch nach § 745 Abs. 2 BGB (zur grundsätzlichen Anwendbarkeit des § 745 Abs. 2 BGB bei Miteigentum der Eheleute an der Ehewohnung: BGH 13.4.1994 – XII ZR 3/93, FamRZ 1994, 822; 8.5.1996 – XII ZR 254/94, FamRZ 1996, 931; 15.2.2006 – XII ZR 202/03, FamRZ 2006, 930; Mitbenutzungsrecht in Form einer beschränkten persönlichen Dienstbarkeit: BGH 4.8.2010 – XII ZR 14/09, FamRZ 2010, 1630). Der Vorrang der Regelungen war und ist streitig. Bis zum 1.9.2009 hatte dieser Streit auch praktische Bedeutung, da für die Anwendbarkeit des § 1361 b Abs. 3 S. 2 BGB das Familiengericht zuständig war und die Grundsätze der freiwilligen Gerichtsbarkeit galten. Auf der Grundlage des Anspruchs nach § 745 Abs. 2 BGB hingegen war die Leistungsklage bei den Zivilgerichten nach den Grundsätzen der ZPO einzureichen (OLG Düsseldorf 7.1.1987 – 15 W 129/86, FamRZ 1987, 705; OLG Hamm 7.12.1988 – 8 U 135/88, FamRZ 1989, 740; OLG Köln 9.2.1994 – 11 U 176/93, FamRZ 1994, 962; OLG Celle 9.6.1992 – 11 W 8/92, FamRZ 1993, 71). Mit der Einführung des § 266 FamFG zum 1.9.2009, wonach für sonstige Familiensachen iSv § 266 ebenfalls das **Familiengericht** zuständig ist, hat der Streit an Bedeutung verloren. Die

Auseinandersetzungen nach § 745 Abs. 2 BGB sind **sonstige Familiensachen** nach § 266 Abs. 1 Nr. 3 FamFG, so dass auch hierfür das Familiengericht zuständig ist. Im Falle der gerichtlichen Anordnung der Überlassung der Ehewohnung an den Antragsteller bzw Ehegatten nach § 1361 b Abs. 1, 2 BGB gilt für die Nutzungsvergütung die Sonderregelung des § 1361 b Abs. 3 S. 2 BGB. Zieht ein Ehegatte hingegen freiwillig aus der Ehewohnung aus, ist streitig, welche Regelung Anwendung finden soll. So hat der BGH eine Nutzungsvergütung unter Ehegatten bzw Miteigentümern nur als Folge der Neuregelung der Verwaltung und Nutzung durch Beschluss nach § 745 Abs. 2 BGB für möglich gehalten. Die hM hingegen vertritt die Rechtsansicht, dass für die Zeit der Trennung (OLG Brandenburg 14.2.2008 – 13 W 4/08, FamRZ 2008, 1444) bis zur Rechtskraft der Scheidung § 1361 Abs. 3 S. 2 BGB lex specialis ist (OLG Dresden 10.5.2005 – 21 ARf/05, NJW 2005, 3151; OLG Thüringen 22.11.2005 – 2 W 597/05, FamRZ 2006, 868; 25.2.2008 – 11 SA 1/08, FamRZ 2008, 1934; OLG Brandenburg 7.6.2006 – 9 AR 3/06, FamRZ 2006, 1392; OLG München 17.4.2007 – 2 UF 1607/06, FamRZ 2007, 1655; KG 13.12.2007 – 2 AR 60/07, FamRZ 2008, 1933; OLG Hamm 27.2.2008 – 33 U 29/07, FamRZ 2008, 1639; 27.2.2008 – I-33 U 29/07, FamRZ 2008, 1935; Finger FuR 2006, 241 ff; Müller FF 2002, 43 ff; aA Wever FamRZ 2003, 565, ff; Wever FF 2005, 23 ff; OLG Hamm 1.7.2010 – II-3 UF 222/09, FamRZ 2011, 481). Jedoch können bei Streitigkeiten von Miteigentümern zur Auslegung des § 1361 b Abs. 3 S. 2 BGB die Billigkeitserwägungen der Rechtsprechung des Bundesgerichtshofs „für eine Neuregelung und Nutzung der Ehewohnung nach § 745 Abs. 2 BGB" (BGH 11.12.1985 – IVb ZR 82/84, FamRZ 1986, 434; 29.9.1993 – XII ZR 43/92, FamRZ 1994, 98; 13.4.1994 –XII ZR 3/93, FamRZ 1994, 822; 8.5.1996 – XII ZR 254/94, FamRZ 1996, 931) ergänzend herangezogen werden. Denn für jede Neuregelung ist Voraussetzung, dass die erstrebte Verwaltung und Benutzung dem Interesse aller Miteigentümer nach billigem Ermessen entspricht (Gerhardt/von Heintschel-Heinegg/Klein/Klein 8. Kap. Rn 311).

2. § 1361 b BGB und § 2 GewSchG

§ 1361 b BGB und § 2 GewSchG stehen bei angedrohter oder geübter Gewalt in Konkurrenz (Weinreich **31** FuR 2007, 145 ff). Nach § 2 GewSchG kann das Opfer – auch Ehegatte – im Falle einer vorsätzlichen Verletzung von Körper und Gesundheit oder Freiheit die ausschließliche Nutzung der Wohnung verlangen, die aber nach § 2 Abs. 2 GewSchG zwingend zu befristen ist. Wurde ein auf Dauer angelegter gemeinsamer Haushalt geführt und fand „nur" eine Bedrohung iSv § 1 Abs. 2 S. 1 Nr. 1 GewSchG statt, wird die Wohnung nur überlassen, wenn eine **unbillige Härte** zu vermeiden ist, § 2 Abs. 6 GewSchG (OLG Naumburg 8.10.2002 – 8 WF 194/02, FPR 2003, 376). Leben Ehegatten daher noch nicht getrennt oder haben sie noch keine Trennungsabsichten, können sie sich auf § 2 GewSchG berufen. Leben hingegen die Ehegatten bereits getrennt oder will sich einer der Ehegatten trennen (Trennungsabsicht) und liegen die sonstigen Voraussetzungen vor, so ist § 1361 b BGB lex specialis gegenüber § 2 GewSchG. Schutzmaßnahmen nach dem GewSchG können und sollen jedoch eine Wohnungszuweisung des Familiengerichts – gleich ob während der Trennung nach § 1361 b BGB oder nach Rechtskraft der Ehescheidung nach § 1568 a BGB – ergänzen. So schreibt § 3 Abs. 2 GewSchG fest, dass das GewSchG weitergehende Ansprüche des Opfers wegen einer Gewalttat nicht berührt. Nach §§ 111, 210 ff FamFG sind nunmehr die Familiengerichte für alle Gewaltschutzfälle seit dem 1.9.2009 zuständig (Büte FuR 2009, 121 ff). Bei den sog. Altfällen (Einleitung vor dem 1.9.2009) war das Familiengericht nur dann zuständig, wenn die Beteiligten einen auf Dauer angelegten gemeinsamen Haushalt führten oder innerhalb von sechs Monaten vor der Antragstellung geführt haben (§§ 23 a Nr. 7, 23 b Abs. 1 S. 2 Nr. 8 a GVG aF; §§ 620 Nr. 9, 621 Abs. 1 Nr. 13 ZPO aF).

XII. Verfahren bei § 1361 b BGB

Da es sich nur um eine vorläufige Regelung handelt, werden Dritte nicht beteiligt, auch nicht der Vermie- **32** ter, § 204 Abs. 1 FamFG. Leben **Kinder im Haushalt**, ist das **Jugendamt** auf seinen Antrag hin zu beteiligen, §§ 204 Abs. 2, 205 Abs. 1 FamFG. Zudem soll das Gericht in diesem Falle das Jugendamt auch anhören, § 205 Abs. 1 FamFG. Insofern soll auch in der Antragsschrift angegeben werden, ob Kinder in der Ehewohnung wohnen, § 203 Abs. 3 FamFG. Zweck der Anhörung des Jugendamts ist die Ermittlung des Sachverhalts auf die nach § 1361 b Abs. 1 S. 2 BGB zu berücksichtigenden Belange der Kinder. Die Sollvorschrift des § 205 Abs. 1 FamFG ermöglicht dem Familiengericht in begründeten Einzelfällen ein Absehen von der Anhörung, beispielsweise wenn der Antrag offensichtlich unbegründet wäre. Unterbleibt die Anhörung im Rahmen der einstweiligen Anordnung wegen Gefahr in Verzug, ist diese nach § 205 Abs. 1 S. 2 FamFG unverzüglich nachzuholen.

Im Rahmen der **einstweiligen Anordnung**, § 51 FamFG, hat der Antragsteller den Anordnungsgrund und Anordnungsanspruch darzulegen und glaubhaft zu machen. Bei einer späten Antragstellung kann ein Anordnungsanspruch zweifelhaft sein, zumal wenn der Antragsteller bereits vor der Antragstellung ausgezogen war, nicht wohnungslos ist und nicht dargelegt hat, dass er dringend auf die Ehewohnung angewiesen ist (OLG Köln 27.8.2010 – 4 WF 160/10, FamRZ 2011, 118).

Nach § 209 Abs. 1 FamFG soll das Gericht mit der Endentscheidung die Anordnungen treffen, die zu ihrer Durchführung erforderlich sind. Das sind in der Regel die Räumung der Wohnung und die Herausgabe an den obsiegenden Ehegatten. Da die Zuweisung als solche keinen Vollstreckungstitel schafft, ist die Festschreibung einer **Räumungsfrist** vorzunehmen (zur Vollstreckung nach dem FamFG: Giers FPR 2010, 564 ff). Es können Bedrohungs-, Misshandlungs- und Belästigungsverbote ausgesprochen werden (OLG Hamburg 24.7.1978 – 2 UF 164/78, FamRZ 78, 804; OLG Karlsruhe 28.11.1983 – 2 UF 1983, FamRZ 84, 184). Auch Betretungsverbote kommen in Betracht (OLG Brandenburg 24.4.2003 – 10 WF 49/03, FamRZ 2004, 477; OLG Köln 12.9.2002 – 14 WF 171/02, FamRZ 2003, 319). Auch kann einem Ehegatten aufgegeben werden, neu eingebaute Schlösser wieder zu entfernen oder den Haustürschlüssel herauszugeben. Die Anordnungen können auch gegenüber einem Dritten ergehen, beispielsweise gegenüber dem Lebensgefährten des in der Ehewohnung lebenden Ehegatten (Zöller/Lorenz § 209 FamFG Rn 6). Nach § 209 Abs. 2 S. 2 FamFG soll das Familiengericht die sofortige Wirksamkeit anordnen. Nach § 209 Abs. 3 FamFG kann auch die Zulässigkeit der Vollstreckung vor der Zustellung an den Antragsgegner mit der Folge angeordnet werden, dass die Wirksamkeit in dem Zeitpunkt eintritt, in dem die Entscheidung der Geschäftsstelle des Gerichts zur Bekanntmachung übergeben wird. Damit wurden die Vollstreckungsmöglichkeiten denen nach dem Gewaltschutzgesetz angepasst, die bereits vollstreckungsrechtlich privilegiert waren. Nach § 48 Abs. 1 FamFG kann die Entscheidung auf Antrag abgeändert werden, wenn sich die zugrunde liegende Sach- oder Rechtslage nachträglich wesentlich geändert hat. Hiernach kann auch eine Abänderung der Nutzungsvergütung beantragt werden.

XIII. Streitwert

33   Der Streitwert ist nach § 48 Abs. 1 FamGKG regelmäßig mit **3.000 EUR** festzusetzen. Im Einzelfall kann dieser nach § 48 Abs. 3 FamGKG höher oder niedriger festgesetzt werden. Dies ist beispielsweise bei einer weitaus teureren Wohnung bzw weitaus höherem monatlichen Mietzins denkbar. Bei der einstweiligen Anordnung ist nach § 41 FamGKG regelmäßig nur der halbe Wert, somit 1.500 EUR, anzusetzen (s.a. Niederl in: FormFamR § 10 Rn 63 mwN).

277. Wohnwert

Poppen

I. Grundsätze der Wohnwertanrechnung 1
II. Höhe des anrechenbaren Wohnwerts 4
  1. Ausgangspunkt 4
  2. Verwertungsobliegenheit als Abgrenzungskriterium 5
  3. Mangelfall 9
  4. Eigenheimzulage 10
  5. Nebenkosten 11

6. Zins- und Tilgungsleistungen 13
7. Realsplitting 17
III. Rechenweg 18
IV. Veräußerung der Immobilie 20
  1. Veräußerung an Dritte 20
  2. Übernahme durch einen Ehegatten 21
V. Berücksichtigung beim Kindesunterhalt 25

I. Grundsätze der Wohnwertanrechnung

Muss ein Unterhaltsberechtigter oder -verpflichteter für den von ihm genutzten Wohnraum keine Miete   **1** zahlen, ist dieses **mietfreie Wohnen** als vermögenswerter Vorteil bei einer Unterhaltsberechnung zu berücksichtigen. In den Unterhaltsleitlinien finden sich nach der einheitlichen Leitlinienstruktur Anmerkungen dazu unter Unterhaltsrechtliches Einkommen Nr. 5. Dabei ist es unerheblich, ob der Nutzende Allein- oder Miteigentümer der Immobilie, Nießbraucher oder Wohnrechtsberechtigter ist. Es spielt auch keine Rolle, woher die Mittel stammen, die für den Erwerb der Immobilie eingesetzt worden sind, sei es aus Erbschaft, Schmerzensgeldzahlung oder dem Zugewinnausgleich (BGH 22.10.1997 – XII ZR 12/96, NJW 1998, 753).

Eine Ausnahme gilt bei **freiwilligen Zuwendungen Dritter**, etwa der kostenlosen Zurverfügungstellung   **2** von Wohnraum durch Eltern für das eigene Kind nach der Trennung oder Scheidung. Gleiches gilt, wenn Eltern ihrem Kind Geld zum Erwerb einer Immobilie schenken (OLG Saarbrücken 29.4.1998 – 9 UF 42/97, FamRZ 1999, 396; Leitlinien, Unterhaltsrechtliches Einkommen, Nr. 8). Ein derart erlangter Wohnvorteil ist nicht zu berücksichtigen.

Keine freiwillige Zuwendung Dritter ist die Wohnungsgewährung durch einen Lebensgefährten (BGH   **3** 11.1.1995 – XII ZR 236/93, NJW 1995, 962). Besteht eine **Lebensgemeinschaft**, spielt es keine Rolle, ob der neue Partner den Unterhaltpflichtigen entlasten will. Auch wenn der **neue Ehegatte** den Pflichtigen in seine Immobilie aufnimmt, ist der Wohnvorteil zu berücksichtigen, weil das mietfreie Wohnen durch den neuen Ehegatten im Rahmen seiner Pflicht zur Leistung des Familienunterhalts nach § 1360 a BGB gewährt wird (BGH 6.2.2008 – XII ZR 14/06, NJW 2008, 1663), mithin aufgrund einer gesetzlichen Verpflichtung.

II. Höhe des anrechenbaren Wohnwerts

1. Ausgangspunkt

Bei der Bemessung des Wohnvorteils ist grundsätzlich der **objektive Marktmietwert** zu berücksichtigen   **4** (BGH 1.10.2008 – XII ZR 62/07, NJW 2009, 145). Zu ermitteln ist die Kaltmiete für eine nach Größe, Beschaffenheit, Zuschnitt, Lage, Verkehrsanbindung usw vergleichbare Wohnung. Die Höhe dieses Mietwertes kann das Gericht nach § 113 FamFG, § 287 ZPO schätzen (BGH 16.4.2008 – XII ZR 107/06, NJW 2008, 2581). Etwas anderes gilt für den Elternunterhalt. Beim Elternunterhalt ist immer nur der unter den gegebenen Verhältnissen ersparte Mietzins anzurechnen (BGH 19.3.2003 – XII ZR 123/00, NJW 2003, 2306).

2. Verwertungsobliegenheit als Abgrenzungskriterium

Solange **keine Obliegenheit zur anderweitigen Verwertung** der Immobilie besteht, ist bei der Bemes-   **5** sung des Ehegattenunterhalts nicht der objektive Marktmietwert, sondern ein nach Billigkeitserwägungen zu bestimmender **angemessener Betrag** als Wohnwert anzusetzen. Damit soll dem Gesichtspunkt Rechnung getragen werden, dass durch den Auszug eines Ehepartners oder des Ehepartners und der Kinder die früher eheangemessene Wohnung nunmehr zu groß ist und nicht mehr in vollem Umfang genutzt wird

(BGH 5.3.2008 – XII ZR 22/06, NJW 2008, 1946). Dem in der Wohnung verbleibenden Ehegatten soll dieses „**tote Kapital**" bei der Unterhaltsbemessung nicht zugerechnet werden, solange keine Verwertungsobliegenheit besteht. Maßstab für die Bemessung des Wohnwertes ist in dieser Zeit der Aufwand, den der das Objekt nutzende Ehegatte bei der Anmietung einer Wohnung auf dem freien Wohnungsmarkt hätte. Anhaltspunkt für die Schätzung können die Mietkosten des Ehepartners sein, der ausgezogen ist (BGH 22.4.1998 – XII ZR 161/96, NJW 1998, 2821). Dabei ist ggf der Mietanteil für Kinder abzusetzen.

6 Eine **Obliegenheit zur Verwertung** der Immobilie, sei es durch Verkauf bzw vollständige oder teilweise Vermietung an Dritte, besteht, sobald feststeht, dass die Ehe endgültig gescheitert ist (BGH 5.3.2008 – XII ZR 22/06, NJW 2008, 1946). Da das **Trennungsjahr** dazu dienen soll, dass die Ehegatten sich darüber im Klaren werden, ob sie die Ehe möglicherweise nicht doch noch fortsetzen wollen, besteht während des Trennungsjahrs grundsätzlich keine Verwertungsobliegenheit, damit nicht der äußere Rahmen für die Wiederherstellung der ehelichen Lebensgemeinschaft zerstört wird (BGH 20.10.1999 – XII ZR 297/97, NJW 2000, 284).

7 Das ändert sich jedenfalls ab **Rechtshängigkeit eines Scheidungsantrags**. Haben sich die Ehegatten bereits vor Rechtshängigkeit des Scheidungsantrags durch eine **Scheidungsfolgenvereinbarung** in vermögensrechtlicher Hinsicht endgültig auseinandergesetzt, wird damit das endgültige Scheitern der Ehe auch schon vorher dokumentiert (BGH 5.3.2008 – XII ZR 22/06, NJW 2008, 1946). Indiz für das endgültige Scheitern der Ehe ist ferner die Aufnahme eines **neuen Lebensgefährten** in die Wohnung; durch die Mitnutzung der Wohnung durch den neuen Lebensgefährten entfällt zudem die Rechtfertigung für die Reduzierung des Wohnvorteils, dass die Wohnung nur teilweise genutzt wird (OLG Koblenz 10.12.2002 – 9 UF 785/01, NJW 2003, 1816).

8 Allerdings ist nicht mit **Rechtskraft der Ehescheidung** automatisch der objektive Mietwert zu berücksichtigen. Sind die Eheleute etwa darüber einig, dass eine Immobilie nicht verwertet werden soll, solange die gemeinsamen Kinder die Schule besuchen, bleibt es für diese Zeit bei der Zurechnung eines angemessenen Mietwertes (BGH 5.4.2000 – ZR 96/98, NJW 2000, 2349). Gleiches kann bei Unverkäuflichkeit oder Unvermietbarkeit des Objektes gelten (Wendl/Dose/Gerhardt § 1 Rn 481).

3. Mangelfall

9 Im unterhaltsrechtlichen Mangelfall ist im Rahmen einer **Angemessenheitskontrolle** zu überprüfen, ob der nach den vorstehenden Kriterien anzurechnende Mietwert dem in den Selbstbehaltssätzen pauschal berücksichtigten Mietvorteil entspricht. In dem Selbstbehaltssatz gegenüber Ehegatten von 1.100 EUR nach der Düsseldorfer Tabelle ist ein Ansatz für die Warmmiete von bis zu 400 EUR enthalten, beim notwendigen Selbstbehalt eines Berufstätigen gegenüber minderjährigen unverheirateten Kindern von 1.000 EUR sind 360 EUR Warmmiete berücksichtigt. Liegt der tatsächliche Mietaufwand unter diesen Beträgen, kann der Selbstbehalt vermindert werden (BGH 9.1.2008 – XII ZR 170/05, NJW 2008, 1373 für den Minderjährigenunterhalt; anders beim Elternunterhalt: BGH 25.6.2003 – XII ZR 63/00, NJW-RR 2004, 217), liegt der Aufwand unvermeidbar darüber, ist der Selbstbehalt zu erhöhen.

4. Eigenheimzulage

10 Zu den anrechenbaren Einkünften zählt auch die Eigenheimzulage, die nach dem zwischen 1996 und 2005 geltenden Eigenheimzulagengesetz gewährt werden konnte (OLG München 20.7.1998 – 12 WF 885/98, FamRZ 1999, 251). Eigenheimzulagen werden im Steuerbescheid nicht vermerkt, obwohl sie von der Finanzverwaltung ausgezahlt werden. Ihre Höhe wird durch einen gesonderten Bescheid festgesetzt, wobei sich durch den Auszug eines Ehegatten und/oder der Kinder die Höhe der Eigenheimzulage in aller Regel ändert.

5. Nebenkosten

11 Der Wohnwert ist dann als Einkommen anzurechnen, wenn der die Immobilie Bewohnende preiswerter lebt als ein Mieter. Von dem nach den oben in Rn 5 ff aufgezeigten Kriterien ermittelten Wohnwert sind

daher die mit der Wohnungsnutzung unumgänglich verbundenen Kosten abzusetzen, soweit sie nicht ein Mieter auch zu tragen hätte. Deshalb können sämtliche **verbrauchsabhängigen und verbrauchsunabhängigen Nebenkosten** nicht berücksichtigt werden, die gemäß § 556 Abs. 1 BGB, §§ 1, 2 BetrKV auf einen Mieter umlegbar sind (BGH 27.5.2009 – XII ZR 78/08, NJW 2009, 2523). Abzugsfähig sind deshalb bei Wohnungseigentum allein die Verwalterkosten und Kontoführungsgebühren sowie allgemein bei Immobilien notwendige Instandhaltungsaufwendungen. Höhere Instandhaltungskosten sind auf mehrere Jahre zu verteilen (Wendl/Dose/Gerhardt § 1 Rn 502).

Trägt der unterhaltspflichtige Ehegatte dem Mietwert nicht gegenzurechnende Nebenkosten, stellt deren   12
Zahlung **Naturalunterhalt** dar, der von einem sich rechnerisch ergebenden Barunterhalt abzusetzen ist (OLG Düsseldorf 24.5.1996 – 6 UF 221/95, NJW-RR 1997, 385).

6. Zins- und Tilgungsleistungen

Bei Zins- und Tilgungsleistungen ist zu differenzieren. Steht die Immobilie im **Miteigentum** der Ehegat-   13
ten, sind sämtliche Zins- und Tilgungsleistungen immer zu berücksichtigen. Die mit der Tilgung einhergehende Vermögensbildung kommt wegen des Miteigentums der Ehegatten unabhängig davon, ob es sich um Trennungs- oder nachehelichen Ehegatten- bzw Kindesunterhalt handelt, beiden Ehegatten zugute. Soweit Zins- und Tilgungsleistungen bei der Unterhaltsberechnung berücksichtigt worden sind, scheidet daneben ein **Gesamtschuldnerausgleich** aus (s. → *Zins- und Tilgungsleistungen* Rn 3; s. → *Gesamtschuldnerausgleich und Unterhalt* Rn 3 ff).

Steht die Immobilie im **Alleineigentum** eines Ehegatten, sind Tilgungsleistungen bei Ehepartnern, die im   14
gesetzlichen Güterstand leben, ab Zustellung eines Scheidungsantrags nicht mehr zu berücksichtigen. Nach der Zustellung des Scheidungsantrags partizipiert der Nichteigentümer an der durch die Tilgung einhergehenden Vermögensbildung nicht mehr über den **Zugewinnausgleich** (BGH 5.3.2008 – XII ZR 22/06, NJW 2008, 1946). Setzen die Ehegatten sich vor Zustellung des Scheidungsantrages schon endgültig über die Immobilie auseinander, entfällt ab Eingreifen dieser Regelung eine Berücksichtigung der Tilgungsleistungen (BGH 5.3.2008 – XII ZR 22/06, NJW 2008, 1946). Haben die Eheleute **Gütertrennung** vereinbart, entfällt die Berücksichtigungsfähigkeit der Tilgungsleistungen mit der Trennung. Kein Ehegatte soll die **einseitige Vermögensbildung** des anderen Ehegatten durch die Berücksichtigung von Tilgungsleistungen beim Unterhalt mitfinanzieren (s. → *Zins- und Tilgungsleistungen* Rn 6).

Als Tilgung sind dabei auch Zahlungen in eine **Lebensversicherung** anzusehen, deren Ablaufleistung bei   15
Fälligkeit an den Darlehensgeber abgetreten ist (Wendl/Dose/Gerhardt § 1 Rn 512). Grundsätzlich nicht zu berücksichtigende Tilgungsleistungen können allerdings nach den Grundsätzen der **privaten Altersvorsorge** jedenfalls teilweise berücksichtigt werden (s. → *Private Altersvorsorge* Rn 3 ff).

Ergibt sich nach den vorstehenden Kriterien bei der Saldierung von Mietwert und Lasten eine **Unterde-**   16
ckung, ist dieser Betrag bei der Unterhaltsbemessung zu berücksichtigen (BGH 28.2.2007 – XII ZR 95/04, NJW-RR 2007, 1448).

7. Realsplitting

Die Zurverfügungstellung von Wohnraum ist, wenn sie Unterhaltscharakter hat, im Wege des begrenzten   17
Realsplittings nach § 10 Abs. 1 Ziffer 1 EStG berücksichtigungsfähig (s. → *Realsplitting/Nachteilsausgleich* Rn 3). Nutzt der Unterhaltsberechtigte die Miteigentumshälfte des Unterhaltspflichtigen an einer Immobilie und wird diese Nutzung bei der Ehegattenunterhaltsberechnung berücksichtigt, kann der halbe Mietwert bei einem steuerlich begrenzten Realsplitting abgesetzt werden. Absetzbar sind ferner die Zins- und Tilgungsleistungen für den Anteil des Unterhaltsberechtigten an gemeinschaftlichen Darlehen und etwaige als Naturalunterhalt verrechnete vom Unterhaltspflichtigen gezahlte Nebenkosten (BFH 12.4.2000 – IX R 127/96, NJW 2000, 3735).

III. Rechenweg

18 Bei der Unterhaltsberechnung ist zu berücksichtigen, dass bei der Einbeziehung der Vor- und Nachteile der Immobiliennutzung diese Rechengröße nicht um einen **Erwerbstätigenbonus** vermindert wird (BGH 12.7.1989 – IVb ZR 66/88, NJW 1989, 2809; s. → *Erwerbstätigenbonus* Rn 2). Von daher dürfen die Vor- und Nachteile der Immobiliennutzung nicht in eine Differenzunterhaltsberechnung einbezogen werden. Während grundsätzlich der Erwerbstätigenbonus von dem um alle Belastungen bereinigten Nettoeinkommen abgesetzt wird (BGH 16.4.1997 – XII ZR 233/95, NJW 1997, 1919), sind Belastungen, die mit einer Immobiliennutzung zusammenhängen, allein im Zusammenhang mit den entsprechenden Vorteilen zu berücksichtigen. Das Erwerbseinkommen ist daher um die nicht mit der Immobilie zusammenhängenden berücksichtigungsfähigen Belastungen zu bereinigen. Von diesem bereinigten Einkommen ist der Erwerbstätigenbonus abzusetzen. Daneben sind die Vor- und Nachteile der Immobiliennutzung gegenüberzustellen und der Saldo ist den Ehegatten hälftig zuzurechnen. Nur so wird der **Gesamtschuldnerausgleich** (s. → *Gesamtschuldnerausgleich und Unterhalt* Rn 3 ff) in der gehörigen Form durchgeführt und eine ungekürzte Einbeziehung der **Nutzungsentschädigungsansprüche** in die Unterhaltsregelung erreicht (s. → *Nutzungsentschädigung und Unterhalt* Rn 4). Nach einem Teil der Rechtsprechung soll dann, wenn die Vor- und Nachteile der Immobiliennutzung nicht hälftig, sondern in einer durch den Erwerbstätigenbonus verfälschten Form ausgeglichen worden sind, gleichwohl ein weitergehender Ausgleich der Gesamtschuld ausscheiden (OLG Koblenz 10.3.2010 – 1 U 392/09, FamRZ 2010, 1901; anders: OLG Köln 10.2.1990 – 2 W 58/90, FamRZ 1991, 1192).

19 Mieteinkünfte und zurechenbare Nutzungsvorteile zählen nicht zur Bemessungsgrundlage für die Berechnung des Anspruchs auf **Altersvorsorgeunterhalt** (BGH 20.10.1999 – XII ZR 297/97, NJW 2000, 284). Da es sich bei diesen Einkünften um die Nutzung eines bleibenden Vermögens handelt, muss insoweit keine Altersvorsorge betrieben werden (s. → *Altersvorsorgeunterhalt* Rn 9).

IV. Veräußerung der Immobilie

1. Veräußerung an Dritte

20 Wird die Immobilie veräußert, treten nach der Rechtsprechung des Bundesgerichtshofs an die Stelle der in der Ehe vorhanden gewesenen Wohnvorteile als **Surrogat** etwaige Zinseinnahmen aus der Anlage des Veräußerungserlöses (BGH 5.3.2008 – XII ZR 22/06, NJW 2008, 1946). Diese Zinseinnahmen sind auch dann in die Unterhaltsberechnung einzustellen, wenn die ehelichen Lebensverhältnisse durch einen negativen Saldo aus Wohnvorteilen und mit der Immobilie im Zusammenhang stehenden Lasten geprägt waren (BGH 13.6.2001 – XII ZR 343/99, NJW 2001, 2259). Endet die Verpflichtung zur Zahlung von Hauslasten mit regulärer Rückführung des Kredits, erhöhen die **frei werdenden Mittel** den **Unterhaltsbedarf** (OLG Köln 21.6.2011 – 4 UF 13/11, FamRZ 2012, 235).

2. Übernahme durch einen Ehegatten

21 Übernimmt ein Ehegatte die Miteigentumshälfte des anderen Ehegatten, so kann der übernehmende Ehegatte dem ihm nunmehr vollständig zuzurechnenden Mietwert nicht nur die für die übernommenen Belastungen zu zahlenden Zinsen, sondern auch die Zinsen gegenrechnen, die für die Auszahlung des weichenden Ehegatten **neu begründeten Belastungen** zu zahlen sind (BGH 1.10.2008 – XII ZR 62/07, NJW 2009, 145). Das gilt allerdings nur bis zur Höhe des anrechenbaren Mietwertes.

22 Auf Seiten des sein Miteigentum aufgebenden Ehegatten werden die Zinsen aus dem ausgezahlten Betrag berücksichtigt (BGH 1.12.2004 – XII ZR 75/02, NJW 2005, 2077). Setzt dieser Ehegatte seinen Hauserlös unter weiter gehender Verschuldung für die Anschaffung einer neuen Immobilie ein, so dass kein anrechenbarer Zinsertrag verbleibt, ist zu prüfen, inwieweit die **Anschaffung einer neuen Immobilie** im Widerspruch zu der Obliegenheit steht, eigenes Vermögen so ertragreich wie möglich zu nutzen (BGH 1.10.2008 – XII ZR 62/07, NJW 2009, 145; s. → *Fiktive Einkünfte* Rn 5).

Zu Tilgungszahlungen nach der Auseinandersetzung gilt, dass diese grundsätzlich nicht mehr berücksich-   23
tigt werden können, es sei denn, es handelt sich um Aufwendungen zur **privaten Altersvorsorge** im zulässigen Rahmen (BGH 5.3.2008 – XII ZR 22/06, NJW 2008, 1946; s. → *Private Altersvorsorge* Rn 3 ff).

Wird bei der Übernahme der Immobilie durch einen Ehegatten auch der **Zugewinn** ausgeglichen, so dass   24
den Ehegatten wertmäßige unterschiedliche Beträge zufließen, ändert das an den vorstehenden Grundsätzen
nichts. Auch Zinsen aus dem Zugewinnausgleichsbetrag sind nach der Rechtsprechung des Bundesgerichtshofs Surrogat zu bereits in der Ehe vorhandenen Vermögenserträgen (BGH 5.3.2008 – XII ZR 22/06,
NJW 2008, 1946).

V. Berücksichtigung beim Kindesunterhalt

Lebt einer der Ehegatten mit gemeinsamen **minderjährigen Kindern** in der Immobilie, erfolgt die Ver-   25
rechnung der Vor- und Nachteile der Immobilie allein bei dem Ehegatten (BGH 31.10.2012 – XII ZR
30/10, FamRZ 2013, 191). Nur bei dieser Verrechnung werden Gesamtschuldnerausgleich und Ansprüche
auf Nutzungsentschädigung in die Unterhaltsberechnung integriert; die Verrechnung muss zwischen den
Gesamtschuldnern und Gläubiger und Schuldner des Nutzungsentschädigungsanspruchs erfolgen (s. →
Nutzungsentschädigung und Unterhalt Rn 4 f; s. → *Gesamtschuldnerausgleich und Unterhalt* Rn 4). Dass
im Barunterhalt nach der Düsseldorfer Tabelle ein anteiliger Betrag für den Wohnbedarf des minderjährigen Kindes enthalten ist, steht dem nicht entgegen. Insoweit entspricht diese Verrechnung der Situation,
dass der betreuende Elternteil eine Wohnung von einem Dritten anmietet. Auch dann berühren diese Kosten die Höhe des Kindesunterhalts nicht (BGH 18.12.1991 – XII ZR 2/91, NJW 1992, 1044). Gleiches gilt
für **volljährige Kinder** (OLG Hamm 12.5.1999 – 5 UF 321/98, FamRZ 2000, 957).

Der Kindesunterhalt wird allein dann gekürzt, wenn das Kind **eine in seinem Eigentum stehende Woh-**   26
nung bewohnt. Bei minderjährigen Kindern erfolgt in der Regel eine Kürzung des Tabellensatzes nach der
Düsseldorfer Tabelle um 20 %, bei volljährigen Kindern um den im Bedarfssatz von 670 EUR enthaltenen
Anteil für Mietaufwendungen von rund 280 EUR (Wendl/Dose/Gerhard § 1 Rn 576).

278. Zins- und Tilgungsleistungen

Poppen

I. Grundsatz 1
II. Tilgungsleistungen 2
  1. Gemeinsame Vermögensbildung 2

2. Einseitige Vermögensbildung 5
3. Vernünftiger Tilgungsplan 8

I. Grundsatz

1 Sind bei der Ermittlung des Bedarfs des Unterhaltsberechtigten, der Leistungsfähigkeit des Unterhaltspflichtigen oder bei der Bestimmung der für den Ehegattenunterhalt maßgeblichen ehelichen Lebensverhältnisse Verbindlichkeiten zu berücksichtigen, sind immer die **Zinsleistungen** abzusetzen. Bei den **Tilgungen** ist zu differenzieren. Auch diese sind grundsätzlich zu berücksichtigen (BGH 28.3.2007 – XII ZR 21/05, NJW 2007, 1974). Sowohl die Mittel für die Zinszahlungen als auch für die Tilgungsleistungen standen und stehen für den Unterhalt nicht zur Verfügung. Eine Ausnahme gilt zum Teil für Verbindlichkeiten, die zum **Zweck der Vermögensbildung** eingegangen worden sind.

II. Tilgungsleistungen

1. Gemeinsame Vermögensbildung

2 Sofern es sich um Kredite handelt, deren Abtrag zu einer Vermögensbildung führt, ist zu prüfen, ob die Vermögensbildung beiden oder nur einem Beteiligten des Unterhaltsrechtsverhältnisses zugute kommt (BGH 5.3.2008 – XII ZR 22/06, NJW 2008, 1946).

3 Tilgungen auf Kredite, deren Abtrag eine gemeinschaftliche Vermögensbildung bewirkt, sind grundsätzlich vom Einkommen des Zahlenden abzuziehen. Dies gilt insbesondere für Kredite, die Ehegatten einvernehmlich in der Ehe aufgenommen haben und die etwa der Finanzierung einer im gemeinsamen Eigentum stehenden Immobilie dienen. Die durch diese Tilgung bewirkte Vermögensmehrung kommt nach der Trennung und auch nach Rechtskraft der Ehescheidung beiden zugute und ist daher von beiden bei der Unterhaltsbemessung mitzutragen (BGH 5.3.2008 – XII ZR 22/06, NJW 2008, 1946). Durch die Berücksichtigung von Tilgungsleistungen für gemeinschaftliche Verbindlichkeiten im Rahmen der Unterhaltsbemessung wird zugleich der **Gesamtschuldnerausgleich** nach § 426 BGB bewirkt (s. → *Gesamtschuldnerausgleich und Unterhalt* Rn 3 ff).

4 Soweit aus anderweitigem gemeinsamen Vermögen Kredite vorzeitig getilgt werden, ist die Tilgung nicht fiktiv fortzuschreiben. Diese **Vermögensumschichtung** kommt beiden Ehegatten zugute (BGH 22.4.1998 – XII ZR 161/96, NJW 1998, 2821). **Fallen die Verbindlichkeiten weg**, erhöht sich damit der Bedarf nach den ehelichen Lebensverhältnissen. Das gilt auch, soweit das Auslaufen des Kredits nach Rechtskraft der Ehescheidung liegt. Diese **Erhöhung des Bedarfs** ist in der Ehe angelegt und daher bei der Unterhaltsbemessung zu berücksichtigen (BGH 20.7.1990 – XII ZR 73/89, NJW 1990, 2886). Daran ändert sich durch die Entscheidung des Bundesverfassungsgerichts zur Verfassungswidrigkeit der Rechtsprechung zur Dreiteilung nichts (BVerfG 25.1.2011 – 1 BvR 918/10 NJW 2011, 836), weil auch nach dieser Entscheidung aus Sicht der Rechtskraft der Ehescheidung vorhersehbare Veränderungen zu berücksichtigen sind (BGH 7.12.2011 – XII ZR 151/09, NJW 2012, 384).

2. Einseitige Vermögensbildung

5 Soweit Tilgungen zu einer einseitigen Vermögensbildung führen, sind sie grundsätzlich unbeachtlich. Unterhaltspflichten gehen einer Vermögensbildung vor. Die Tilgungsleistungen können, wenn die Voraussetzungen vorliegen, in den dafür vorgesehenen Grenzen jedoch als **private Altersvorsorge** berücksichtigt werden (BGH 5.3.2008 – XII ZR 22/06, NJW 2008, 1946; s. → *Private Altersvorsorge* Rn 3 ff).

6 Fälle der einseitigen Vermögensbildung sind etwa Zahlungen auf Kredite, die im Zusammenhang mit einer im **Alleineigentum eines Ehegatten** stehenden Immobilie aufgenommen worden sind. Leben die Ehegat-

ten im **gesetzlichen Güterstand**, partizipiert der andere Ehegatte nur noch bis zur **Zustellung des Scheidungsantrags** an der durch die Tilgung einhergehenden Vermögensbildung. Tilgungsleistungen können daher nur bis zu dieser Zustellung berücksichtigt werden (BGH 28.3.2007 – XII ZR 21/05, NJW 2007, 1974). Leben die Ehegatten im **Güterstand der Gütertrennung**, entfällt die Teilhabe an der Vermögensbildung schon mit der Trennung, so dass Tilgungsleistungen auch von diesem Zeitpunkt an nicht mehr berücksichtigt werden können (Wendl/Dose/Gerhardt § 1 Rn 1092; s. → *Wohnwert* Rn 14).

Übernimmt ein Ehegatte im Rahmen der **Vermögensauseinandersetzung** eine ursprünglich gemeinschaftliche Immobilie zu Alleineigentum, entfällt mit der Übernahme die Gemeinschaftlichkeit der Vermögensbildung. Von diesem Zeitpunkt an sind die Tilgungsleistungen nicht mehr berücksichtigungsfähig, soweit sie über den Betrag der zulässigen privaten Altersvorsorge hinausgehen (BGH 5.3.2008 – XII ZR 22/06, NJW 2008, 1946; s. → *Private Altersvorsorge* Rn 2 ff). 7

3. Vernünftiger Tilgungsplan

Soweit Tilgungen zu berücksichtigen sind, ist gerade beim Verwandtenunterhalt und insbesondere beim 8
Kindesunterhalt zu prüfen, ob nicht zur Herbeiführung oder Verbesserung der unterhaltsrechtlichen Leistungsfähigkeit **Tilgungsleistungen zu strecken** sind. Dies gilt auch für den Fall, dass Ehegatten während der Ehe besonders hohe Tilgungen vereinbart haben, für Tilgungsleistungen nach der Trennung (BGH 25.1.1984 – IVb ZR 51/82, NJW 1984, 1537). Umgekehrt ist einem Unterhaltspflichtigen, auch wenn Kredite in der Ehezeit überhaupt nicht getilgt worden sind, nach der Trennung eine **angemessene Tilgung** zuzubilligen (BGH 7.4.1982 – IVb ZR 681/80, NJW 1982, 1641). Ist ein Unterhaltspflichtiger aufgrund berücksichtigungsfähiger Verbindlichkeiten zur zur Zahlung des Mindestunterhalts minderjähriger Kinder leistungsunfähig, kann die Obliegenheit bestehen, ein **Verbraucherinsolvenzverfahren** einzuleiten (s. → *Obliegenheit zur Verbraucherinsolvenz* Rn 4 ff).

279. Zinsen im Versorgungsausgleich

Hoenes

I. Einführung..................................... 1
II. Zinseffekt bei verspäteter Umsetzung einer
    externen Teilung............................... 2
III. Zinseffekt bei der Berechnung des Ehezeitan-
    teils... 4

IV. Zinseffekt eines Systemwechsels bei einer exter-
    nen Teilung.................................... 6
V. Zinseffekt bei einer Beitragserstattung......... 7

I. Einführung

1 Bei einem Versorgungsausgleich nach neuem Recht spielen **Zinsen** an verschiedenen Stellen eine große Rolle. Damit das Prinzip der Halbteilung gewahrt bleibt, ist eine angemessene Berücksichtigung des Zinseffekts unerlässlich.

II. Zinseffekt bei verspäteter Umsetzung einer externen Teilung

2 Der Ausgleichswert ist unter neuem Recht häufig kein Rentenbetrag mehr, sondern eine Größe, deren Wert von dem Stichtag abhängt, auf den sie berechnet wird (**Stichtagsgröße**). In diesen Fällen entspricht der Ausgleichswert nur zu dem Stichtag, auf den er berechnet wird, also nur zum Ende der Ehezeit, dem Wert des halben Ehezeitanteils. Zu einem anderen Zeitpunkt, also zB bei Umsetzung des Versorgungsausgleichs, ist dies nicht mehr der Fall. Dies gilt für alle Ausgleichswerte, die durch Abzinsung künftiger Zahlungen auf den Bewertungsstichtag ermittelt werden, wie zB bei einem **Deckungskapital**, einem **Übertragungswert nach § 4 Abs. 5 BetrAVG** oder einem **(versicherungsmathematischen) Barwert**. Wird ein so ermittelter Ausgleichswert im Rahmen einer **externen Teilung** zu einem späteren Stichtag auf einen externen Versorgungsträger übertragen, ist der Wert regelmäßig zu niedrig, es sei denn, dass zwischenzeitlich ein Versorgungsfall eingetreten ist und aus dem Anrecht Leistungen erbracht wurden. Dies liegt hauptsächlich daran, dass der Zeitpunkt für die künftigen Zahlungen zwischenzeitlich näher gerückt ist und die Abzinsung nicht mehr über einen so langen Zeitraum erfolgen müsste. Dieser Effekt kann ausgeglichen werden, indem man die Abzinsung für die Zeit zwischen dem Bewertungsstichtag (Ende der Ehezeit) und dem Zeitpunkt der Zahlung (Umsetzung der Teilung) rückgängig macht. Hierzu wäre der Ausgleichswert bis zum Zeitpunkt der Zahlung mit dem **Rechnungszins**, der der **Berechnung des Ausgleichswertes** zugrunde lag, zu verzinsen. Solange noch kein Versorgungsfall eingetreten ist und das Ende der Ehezeit nicht länger als ein paar Jahre zurückliegt, erhält man so einen sehr guten Näherungswert für den Wert des zu übertragenden Anteils zum Umsetzungsstichtag. Liegt das Ende der Ehezeit lange zurück, wie es zB bei einem Abänderungsverfahren nach § 51 VersAusglG häufig der Fall ist, spielen neben dem Zinseffekt auch Wertänderungen aufgrund der Biometrie eine nicht zu vernachlässigende Rolle. Dieser Effekt resultiert daraus, dass künftige Zahlungen nicht nur abgezinst, sondern auch mit der Wahrscheinlichkeit ihrer Inanspruchnahme gewichtet werden. Hierbei wird für jedes Jahr die Sterbewahrscheinlichkeit und eventuell zusätzlich die Invalidisierungswahrscheinlichkeit berücksichtigt. Stirbt zB der Berechtigte nicht in diesem Jahr, ändert sich allein dadurch der Ausgleichswert. Dieser Effekt ist umso größer, je länger der betrachtete Zeitraum ist. Der Bundesgerichtshof hat in seinem Beschluss vom 7.9.2011 (XII ZB 546/10, FamFR 2011, 514) diesen Tatsachen teilweise Rechnung getragen, indem er entschieden hat, dass bei einer externen Teilung, wenn noch keine Leistungen aus dem Anrecht erbracht wurden, die Wertänderungen nach der Ehezeit, soweit sie auf der **Verzinsung** des Ausgleichswertes bis zur Rechtskraft der Entscheidung beruhen, zu berücksichtigen sind und als Ausgleichswert nach § 14 Abs. 4 VersAusglG nicht der auf das Ende der Ehezeit berechnete Ausgleichswert maßgeblich ist, sondern dass dieser Wert bis zur **Rechtskraft der Entscheidung** mit dem **Rechnungszins** zu verzinsen ist. Nicht berücksichtigt werden sollen hingegen die Änderungen aufgrund der Biometrie. Auch eine Verzinsung im Zeitraum zwischen der Rechtskraft bis zur Umsetzung der Teilung ist nach dem genannten Beschluss nicht vorzunehmen. Wenn bereits Leistungen aus dem Anrecht erbracht wurden, ist dieser Tatsache ebenfalls Rechnung zu tragen. Wie in diesen Fällen genau zu verfahren ist, lässt sich dem Beschluss nicht entnehmen. Die Auswirkungen dieser Leistungen hängt stark davon

ab, wie lange und in welcher Höhe im Einzelfall bereits Zahlungen geleistet wurden. Entsprechend muss auch die Berücksichtigung der erbrachten Leistungen auf den jeweiligen Einzelfall abgestimmt sein.

Auch bei den Leistungen, die bei der Zielversorgung erworben werden, spielt der Zinseffekt häufig eine **3** Rolle. Ob und ggf wie stark dieser zum Tragen kommt, hängt von der Finanzierungsform der Zielversorgung ab. Bei **kapitalgedeckten Versorgungssystemen** wird für die Leistung im Alter Kapital verzinslich angesammelt. Da mit einem Beitrag umso mehr Zinsen erwirtschaftet werden können, je früher er gezahlt wird, erhält man in der Regel für einen bestimmten Beitrag eine umso höhere Leistung, je früher die Beitragszahlung erfolgt. Die Höhe der Rente, die mit einem Ausgleichswert aus einer externen Teilung finanziert werden kann, hängt daher bei kapitalgedeckten Versorgungssystemen von dem Kapitalbetrag ab, den die Zielversorgung als Beitrag erhält, und von dem Zeitpunkt ab, zu dem die Beitragszahlung erfolgt. Dies gilt für **private Rentenversicherungen, Vorsorgeprodukte nach dem Altersvorsorgeverträge-Zertifizierungsgesetz**, die **Versorgungsausgleichskasse** sowie die **Direktversicherungen** und versicherungsförmige **Pensionskassen- und Pensionsfondszusagen**, also die meisten Zielversorgungen, die bei einer externen Teilung in Betracht kommen. Ist der Rechnungszins bei dem zu teilenden Anrecht höher als die Verzinsung der Zielversorgung, kann durch die Verzinsung des Ausgleichswertes uU in der Zielversorgung sogar eine höhere Rente erworben werden, als wenn die Teilung bereits zum Ende der Ehezeit erfolgt wäre. Mit Sicherheit lässt sich dies jedoch nicht sagen, da neben der Verzinsung auch andere Veränderungen bei der Zielversorgung zum Tragen kommen. Wenn als Zielversorgung die **gesetzliche Rentenversicherung** gewählt wird (s. → *Externe Teilung* Rn 3), wirken sich die Veränderungen nach Ende der Ehezeit ebenfalls auf die Höhe der Rente aus, die der Ausgleichsberechtigte aus einem Anrecht erhält. In der gesetzlichen Rentenversicherung werden Beiträge aus einer externen Teilung in der Regel so behandelt, als wären sie zum Ende der Ehezeit entrichtet worden (§ 76 Abs. 4 S. 2 SGB VI). An die Stelle des Endes der Ehezeit tritt in Fällen, in denen der Versorgungsausgleich nicht Folgesache im Sinne von § 137 Abs. 2 S. 1 Nr. 1 FamFG ist, oder im Abänderungsverfahren der Eingang des Antrags auf Durchführung oder auf Abänderung beim Familiengericht; in Fällen der Aussetzung der Zeitpunkt der Wiederaufnahme (§ 76 Abs. 4 S. 3 SGB VI). Ist nach der Entscheidung des Familiengerichts der Kapitalbetrag zu verzinsen, tritt an die Stelle des Ehezeitendes bzw des Eingangs des Antrags auf Durchführung oder Abänderung oder des Zeitpunkts der Wiederaufnahme der Zeitpunkt, bis zu dem der Ausgleichswert nach der Entscheidung des Familiengerichts zu verzinsen ist (§ 76 Abs. 4 S. 3 SGB VI). Ob die Verzinsung für den Ausgleichsberechtigten vorteilhaft ist, hängt davon ab, wie hoch der Rechnungszins ist und wie sich der aktuelle Rentenwert zwischenzeitlich entwickelt hat. Bei den derzeitigen geringen Steigerungen des aktuellen Rentenwerts kann in den meisten Fällen für den Ausgleichsberechtigten ein höheres Anrecht begründet werden, wenn das Gericht eine Verzinsung des Ausgleichswertes anordnet (s. → *Externe Teilung* Rn 3).

III. Zinseffekt bei der Berechnung des Ehezeitanteils

Zinsen spielen auch bei der Berechnung von **Ehezeitanteilen** wirtschaftlich eine große Rolle. Wurden Teile **4** eines Anrechts bereits vor der Ehezeit erworben, so hängt die Höhe des Ehezeitanteils unter Umständen sehr maßgeblich davon ab, ob die während der Ehezeit auf diesen Teil des Anrechts angefallenen Zinsen dem Ehezeitanteil zugerechnet werden oder nicht. Da dies, je nach Art des Anrechts, unterschiedlich gehandhabt wird, ergeben sich in der Praxis gravierende **systematische Unterschiede** bei der **Ermittlung der Ehezeitanteile**. Bei den meisten Versorgungssystemen wird der Ehezeitanteil so berechnet, dass er nur den Anteil des Anrechts beinhaltet, der während der Ehezeit durch Beiträge oder Arbeit erworben wurde, und zwar unabhängig davon, ob er durch unmittelbare Bewertung nach § 39 VersAusglG oder zeitratierliche Bewertung nach § 40 VersAusglG ermittelt wird. Der Anteil des Anrechts, der vor der Ehe erworben wurde, verbleibt in diesen Fällen in voller Höhe dem Ausgleichspflichtigen, einschließlich der Werterhöhungen während der Ehezeit. Der entscheidende Anteil dieser Werterhöhungen beruht bei vielen Anrechten auf dem Zinseffekt (s. Rn 5).

Die Versicherungswirtschaft hat einen gänzlich anderen Ansatz gewählt. Der Gesamtverband der Deut- **5** schen Versicherungswirtschaft e.V. (GDV) hat eine unverbindliche Musterteilungsordnung herausgegeben, die zumindest von einem Großteil der Versicherungsunternehmen als Grundlage für die eigenen Teilungsordnungen herangezogen wird. Der Ehezeitanteil wird hiernach als **Differenz des Deckungskapitals** zu Beginn und Ende der Ehezeit ermittelt. Damit umfasst der Ehezeitanteil auch die während der Ehezeit anfallenden Zinsen für den vor der Ehe erworbenen Anteil des Anrechts. Eine Ausnahme bilden Anrechte aus versicherungsförmigen Durchführungswegen der betrieblichen Altersversorgung, bei denen das dem Anrecht zugrunde liegende Beschäftigungsverhältnis zu Beginn der Ehezeit bereits beendet war (s. → *Ehezeitanteil* Rn 4). Um in diesen Fällen den Regelungen des § 45 VersAusglG gerecht zu werden, nach dem auf die unverfallbare Anwartschaft abzustellen ist, wird in diesen Fällen anders gerechnet. Die Zinsen auf den vor der Ehe erworbenen Anteil werden in diesen Fällen nicht der Ehezeit zugerechnet. Die Behandlung der Zinsen kann einen großen Einfluss auf die Höhe des Ehezeitanteils haben. Haben die Eheleute Anrechte, die diesbezüglich unterschiedlich behandelt werden, kann dies insgesamt zu einem sehr unausgewogenen Ergebnis führen.

Beispiel: Jeder der Ehegatten hatte zu Beginn der Ehe ein Anrecht mit einem Deckungskapital von 10.000 EUR. Bei Ehegatte A handelt es sich bei dem Anrecht um eine private Lebensversicherung, die ehezeitlichen Zinsen für die 10.000 EUR sind daher im Ehezeitanteil enthalten. Ehegatte B hat ein Anrecht, bei dem die Verzinsung des vor der Ehezeit erworbenen Anrechts nicht in den Ehezeitanteil einfließt, zB eine Direktversicherung aus einem bereits beendeten Arbeitsverhältnis. Für beide Anrechte wurden in der Ehezeit keine Beiträge mehr entrichtet. Zum Ende der Ehezeit ist das Deckungskapital jeweils auf 20.000 EUR angewachsen; der Ehezeitanteil des Anrechts von Ehegatte A beträgt 10.000 EUR (Deckungskapital zum Ende der Ehezeit – Deckungskapital zu Beginn der Ehezeit), der Ausgleichswert ist hiervon die Hälfte, also 5.000 EUR. Ehezeitanteil und Ausgleichswert des Anrechts von Ehegatte B sind jeweils 0 EUR, da das volle Anrecht bereits vor der Ehe unverfallbar war. Nach der Teilung hat Ehegatte A somit Anrechte mit einem Deckungskapital von insgesamt 20.000 EUR – 5.000 EUR + 0 EUR = 15.000 EUR; Ehegatte B hingegen von 20.000 EUR – 0 EUR + 5.000 EUR = 25.000 EUR). Der Wertunterschied der Anteile der beiden Eheleute nach der Teilung beruht alleine auf der unterschiedlichen Behandlung der in der Ehezeit angefallenen Zinsen.

IV. Zinseffekt eines Systemwechsels bei einer externen Teilung

6 Der Berechnung von Ausgleichswerten und korrespondierenden Kapitalwerten liegt der für das jeweilige Versorgungssystem **maßgebliche Rechnungszins** zugrunde. Die Unterschiede in den Zinssätzen sind enorm. Bei einem Anrecht der betrieblichen Altersversorgung in Form einer Direktzusage beträgt der Rechnungszins derzeit zB etwa 5 %, während der Garantiezins einer Lebensversicherung mit Vertragsabschluss seit 2012 1,75 % nicht übersteigen darf. Während der Rechnungszins bei einer internen Teilung nur eine untergeordnete Rolle spielt, wirkt er sich bei einer externen Teilung gravierend aus. Hier hat er auch eine große praktische Relevanz, denn ein hoher Rechnungszins findet insbesondere bei Anrechten der betrieblichen Altersversorgung in Form einer Direktzusage oder Unterstützungskassenzusage Anwendung, also genau bei den Anrechten, bei denen nach § 17 VersAusglG auch bei großen Anrechten eine externe Teilung zulässig ist (in 2013 bis zu einem Ausgleichswert von 69.600 EUR). Wird ein solches Anrecht auf eine Zielversorgung übertragen, bei der sich das Kapital niedriger verzinst, hat dies eine niedrigere Versorgungsleistung zur Folge. Da es keine Zielversorgung gibt, die eine Verzinsung in der Größenordnung von 5% garantiert, führt eine externe Teilung von Direktzusagen und Unterstützungskassenzusagen zwangsläufig dazu, dass die garantierte Rente aus der Zielversorgung sehr viel niedriger ist als die Rente des auszugleichenden Anrechts. Allerdings ist zu beachten, dass der (feste) Rechnungszins, mit dem zB eine Direktzusage kalkuliert wird, nicht mit einem Garantiezins vergleichbar ist. Ein Garantiezins stellt nur die Untergrenze der möglichen Verzinsung dar. Die tatsächliche Verzinsung kann deutlich höher sein. Dadurch erhöhen sich auch die Leistungen, denn in die garantierte Rente ist nur der Garantiezins eingerechnet. Welches System später tatsächlich die höheren Leistungen erbringt, lässt sich daher gar nicht vorhersehen. Allerdings sind in absehbarer Zeit bei versicherungsförmigen Versorgungen keine Überschüsse zu erwarten, die einen Ausgleich des hohen Zinsunterschieds erwarten lassen. Hinzu kommt, dass bei diesen Zielversorgungen aus dem Ausgleichswert auch die künftigen Verwaltungskosten des Anrechts und möglicherweise auch Abschlusskosten finanziert werden müssen. Es ist daher derzeit sehr unwahrscheinlich, dass sich bei

Hoenes

einer externen Teilung bei diesen Zielversorgungen annähernd die Renten erzielen lassen, wie bei einer internen Teilung, bei der eine Verzinsung des Ausgleichswertes mit dem Rechnungszins garantiert wird und alle Verwaltungskosten vom Versorgungsträger getragen werden. Wird die gesetzliche Rentenversicherung als Zielversorgung gewählt, spielen Zinsen zwar keine Rolle, aus der Höhe des Umrechnungsfaktors ergibt sich jedoch ein vergleichbarer Effekt.

V. Zinseffekt bei einer Beitragserstattung

Bei einer **Abänderung des öffentlich-rechtlichen Versorgungsausgleichs** nach § 51 VersAusglG werden 7
Beitragszahlungen, die bei einem öffentlich-rechtlichen Versorgungsausgleich nach altem Recht zur Begründung von Anrechten zugunsten der ausgleichsberechtigten Person erfolgt waren, nach § 52 Abs. 3 VersAusglG unter Anrechnung der gewährten Leistungen zurückgezahlt. Da die gezahlten Beiträge erheblich sein können und die Zahlung schon lange zurückliegen kann, kann es für die Wirtschaftlichkeit einer Abänderung von Bedeutung sein, ob die gezahlten Beiträge mit einer angemessenen Verzinsung erstattet werden oder nicht. Ein Anspruch auf Verzinsung mit 4% jährlich ergibt sich möglicherweise aus § 44 SGB I. Vorsorglich sollte jedoch rechtzeitig abgeklärt werden, ob eine Verzinsung gewährt wird, für welchen Zeitraum und ob ggf auch Zinseszinsen gewährt werden.

Auch bei einer **Anpassung wegen Todes der ausgleichsberechtigten Person** werden gezahlte Beiträge 8
zurückerstattet (§ 37 Abs. 1 S. 2 VersAusglG). Hier ist in Bezug auf die Wirtschaftlichkeit jedoch eine gänzlich andere Situation gegeben, denn der Ausgleichspflichtige erhält sein im Versorgungsausgleich übertragenes Anrecht zurück. Der eventuelle Verzicht auf eine Verzinsung geleisteter Beiträge ist im Vergleich zu dem Vorteil, den die Regelung des § 37 Abs. 1 S. 2 VersAusglG insgesamt bedeutet, minimal.

280. Zugewinngemeinschaft

Caspary

I. Einführung	1	e) Zugewinn	9
II. Zugewinngemeinschaft während intakter Ehe	2	f) Vorausempfänge	10
III. Beendigung der Zugewinngemeinschaft	3	g) Grobe Unbilligkeit	11
1. Scheidung, Aufhebung der Ehe, vorzeitiger Zugewinnausgleich, Vertrag	4	h) Stundung, Übertragung von Vermögenswerten	12
a) Anfangsvermögen	5	i) Vorzeitiger Zugewinnausgleich	13
b) Endvermögen	6	j) Anspruch gegen Dritte	14
c) Illoyale Verfügungen	7	2. Tod eines Ehegatten	15
d) Auskunfts- und Belegansprüche	8	IV. Vor -und Nachteile der Zugewinngemeinschaft	17

I. Einführung

1 Die Zugewinngemeinschaft ist geregelt in §§ 1361–1390 BGB. Sie ist der **gesetzliche Güterstand**, der immer gilt, wenn die Eheleute nicht durch einen formbedürftigen Ehevertrag (§§ 1408 ff BGB) einen der beiden Wahlgüterstände gewählt, also Gütergemeinschaft (s. → *Gütergemeinschaft*) oder Gütertrennung (s. → *Gütertrennung*) vereinbart haben. Neben der Wahl eines anderen Güterstandes kann die Zugewinngemeinschaft auch durch einen Ehevertrag (s. → *Vereinbarungen zum Güterrecht*) in vielfältiger Hinsicht modifiziert werden. Es gibt kaum Grenzen, da die meisten Regelungen dispositiv sind (vgl hierzu die verschiedenen Handbücher wie zB Münch, Ehebezogene Rechtsgeschäfte, 3. Aufl. 2011 oder Langenfeld, Handbuch der Eheverträge und Scheidungsvereinbarungen, 6. Aufl. 2011).

Der gesetzliche Güterstand der Zugewinngemeinschaft zeichnet sich dadurch aus, dass gemäß § 1363 Abs. 2 Hs 1 BGB **jeder Ehegatte sein Vermögen behält**. Auch Vermögen, das ein Ehegatte nach Eheschließung erwirbt, wird gemäß § 1363 Abs. 2 Hs 2 BGB kein gemeinschaftliches Vermögen. Für Verbindlichkeiten des anderen Ehegatten gibt es keine Haftung. Die Vermögensmassen bleiben also strikt getrennt. Entgegen dem Begriff „Gemeinschaft" leben die Eheleute somit im Grunde in Gütertrennung, wobei im Unterschied zum gesetzlichen Güterstand der Gütertrennung bei Scheitern der Ehe ein **finanzieller Ausgleich** des während der Ehe erzielten Vermögenszuwachses in Form des Zugewinnausgleichs erfolgt (Haußleiter/Schulz, 5. Aufl., Kap.1, Rn 10).

Eheleute zeigen sich häufig überrascht, wenn man ihnen das Wesen der Zugewinngemeinschaft erklärt, glauben sie doch nicht selten, aufgrund der Hochzeit gehöre ihnen alles gemeinsam oder es stünde ihnen doch zumindest ein Anspruch auf hälftige Beteiligung hinsichtlich jedes einzelnen Vermögenswertes zu. Es ist nicht immer leicht ihnen zu erklären, dass es weder während der Ehe noch im Falle ihres Scheiterns eine dingliche Beteiligung am Vermögen des anderen gibt, sondern lediglich einen **schuldrechtlichen Zahlungsanspruch**, eine entsprechende Vermögensmehrung vorausgesetzt.

Gleichwohl hat sich die Zugewinngemeinschaft bewährt, wie sich schon daran zeigt, dass es seit ihrer Einführung durch das Gleichberechtigungsgesetz vom 15.6.1957 (BGBl. I S. 609) kaum **Reformen** gab. Die letzten Änderungen erfolgten durch das Gesetz zur Änderung des Zugewinnausgleichs- und Vormundschaftsrechts vom 6.7.2009 (BGBl. I, 1696). Auch diese Reform stellt aber nicht das Wesen der Zugewinngemeinschaft in Frage, sondern beschränkt sich auf die Reformierung einzelner, als ungerecht empfundener Aspekte, nämlich:

- Anspruch auf Auskunft über das Anfangsvermögen
- Anspruch auf Auskunft über das Trennungsvermögen
- Anspruch auf Vorlage von Belegen
- Einführung negativen Anfangs- und Endvermögens
- Schutz vor Manipulationen: Änderungen der §§ 1378 Abs. 2, 1384 BGB
- Verbesserung des vorläufigen Rechtsschutzes
- Verbesserungen der Ersatzansprüche gegen Dritte (§ 1390 BGB)
- Streichung des § 1370 BGB (Ersatz von Haushaltsgegenständen)

Seit 1.5.2013 gibt es außerdem im Verhältnis zu Frankreich einen gemeinsamen Güterstand der **Wahl-Zugewinngemeinschaft**, der im Wesentlichen der deutschen Zugewinngemeinschaft nachgebildet ist (Braeuer FF 2010, 113; Klippstein FPR 2010, 510).

II. Zugewinngemeinschaft während intakter Ehe

Während bestehender Ehe verwaltet nach § 1364 BGB jeder Ehegatte sein Vermögen **selbstständig**. Eine   **2** Vertretungsbefugnis für den anderen Ehegatten besteht nur bei Geschäften zur Deckung des Lebensbedarfs iSv § 1357 BGB oder wenn sich die Ehegatten ausdrücklich wechselseitig bevollmächtigen. Es gibt keine Verpflichtung, das Vermögen zu erhalten, zB um einen etwaigen Anspruch des anderen Ehegatten im Falle der Scheidung erfüllen zu können (Palandt/Brudermüller § 1364 BGB Rn 2). Eine Beschränkung der Befugnis, sein Vermögen selbst zu verwalten, kann sich nur aus den §§ 1365–1369 BGB ergeben.

Nach § 1365 BGB kann sich ein Ehegatte nur mit Einwilligung des anderen Ehegatten verpflichten, über sein **Vermögen im Ganzen** zu verfügen. Die Zustimmung kann durch das Familiengericht ersetzt werden, sofern das Rechtsgeschäft den Grundsätzen einer ordnungsgemäßen Vermögensverwaltung entspricht und die Zustimmung ohne ausreichenden Grund verweigert wird (§ 1365 Abs. 2 BGB). Eine Verfügung über das Vermögen im Ganzen liegt auch vor, wenn der Gegenstand, über den verfügt wird, nahezu das ganze Vermögen ausmacht. Liegt keine Einwilligung vor, ist das Rechtsgeschäft schwebend unwirksam, bis entweder die Genehmigung nach § 1366 BGB erteilt oder die Zustimmung durch das Familiengericht ersetzt wird.

Allerdings enthält § 1365 BGB das **ungeschriebene Tatbestandsmerkmal der positiven Kenntnis des Dritten**. Der Vertragspartner muss also wissen, dass das Rechtsgeschäft das ganze oder nahezu ganze Vermögen betrifft (Palandt/Brudermüller § 1365 BGB Rn 9). Häufig ist das nicht der Fall, so dass der Schutz des § 1365 BGB, nämlich die Sicherung der Existenz der Familie und eines etwaigen Anspruchs auf Zugewinnausgleich, nicht greift. Noch häufiger wird nicht über das Vermögen im Ganzen verfügt, sondern das Vermögen sukzessive verbraucht. Dagegen gibt es keinen Schutz. Allenfalls kann in extremen Fällen ein Antrag auf vorzeitigen Zugewinnausgleich nach § 1385 BGB gestellt werden, sofern die Voraussetzungen vorliegen.

Außer bei Verfügungen über das Vermögen im Ganzen benötigt ein Ehegatte auch bei Verfügungen über ihm gehörende **Haushaltsgegenstände** nach § 1369 BGB die Zustimmung des anderen Ehegatten. Wird die Zustimmung verweigert, kann das Familiengericht auch in diesem Fall die Zustimmung nach § 1369 Abs. 2 BGB ersetzen. Die Vorschrift dient allerdings weniger der Sicherung eines zukünftigen Anspruchs auf Zugewinnausgleich als der Sicherung der Substanz des ehelichen Haushalts.

Mit Ausnahme der beiden vorgenannten Verfügungsbeschränkungen und den Fällen des vorzeitigen Zugewinnausgleichs (§ 1385 BGB; s. → *Vorzeitiger Zugewinnausgleich*) können Ehegatten mit ihrem Vermögen somit während bestehender Ehe tun was sie wollen, dh einen wirksamen **Schutz** oder eine Sicherung des Zugewinnausgleichsanspruchs des anderen Ehegatten gibt es nur in einem sehr eingeschränkten Umfang.

III. Beendigung der Zugewinngemeinschaft

Der Güterstand der Zugewinngemeinschaft endet entweder durch rechtskräftige Scheidung, Aufhebung der   **3** Ehe, Durchführung des vorzeitigen Zugewinnausgleichs (§ 1388 BGB), Vertrag (§ 1414 BGB) oder durch den Tod eines der Ehegatten. In allen Fällen entsteht mit der Beendigung des Güterstandes der **Anspruch auf Zugewinnausgleich**, wobei zwischen dem güterrechtlichen Zugewinnausgleich (§§ 1371–1390 BGB) und dem erbrechtlichen Zugewinnausgleich (§ 1371 Abs. 1 BGB) zu unterscheiden ist.

1. Scheidung, Aufhebung der Ehe, vorzeitiger Zugewinnausgleich, Vertrag

Beim **güterrechtlichen Zugewinnausgleich** wird nicht das Vermögen oder einzelne Vermögensgegenstände, sondern gemäß § 1363 Abs. 2 S. 2 BGB iVm §§ 1373 ff BGB lediglich der während der Ehe erworbene   **4**

Zugewinn ausgeglichen, also der **Vermögenszuwachs**, der gemäß § 1373 BGB der Differenz zwischen Anfangs- und Endvermögen entspricht. Auszugleichen ist nach § 1378 Abs. 1 BGB die Hälfte der Differenz zwischen dem höheren Zugewinn des einen und dem niedrigeren Zugewinn des anderen Ehegatten. Der Anspruch ist immer auf eine **Geldzahlung** gerichtet. Unerheblich ist, woher die Mittel stammen, mit denen die Ehegatten ihren Zugewinn erwirtschaftet haben. Die einzelnen Bestandteile des Vermögens sind bloße Rechnungsposten, dh es werden alle Vermögenswerte entsprechend den §§ 1374, 1375 BGB **saldiert**.

5 **a) Anfangsvermögen.** Anfangsvermögen (s. → *Anfangsvermögen*) ist nach § 1374 Abs. 1 BGB das Vermögen, das einem Ehegatten beim Eintritt des Güterstandes, also am Tag der Hochzeit, gehört. Verbindlichkeiten sind in Abzug zu bringen. Im Unterschied zur Rechtslage vor der Reform vom 6.7.2009 kann das Anfangsvermögen nach § 1374 Abs. 3 BGB auch negativ sein mit der Folge, dass der Zugewinn entsprechend höher ausfällt.

Schenkungen, Erbschaften und Ausstattungen sollen nicht über den Zugewinn ausgeglichen werden. Sie sind daher nach § 1374 Abs. 2 BGB als sogenanntes **privilegiertes Vermögen** (s. → *Zuwendungen Dritter im Zugewinnausgleich*; s. → *Anfangsvermögen* Rn 7 ff) dem Anfangsvermögen hinzuzurechnen.

Das Anfangsvermögen ist zu **indexieren**, um die allein durch die Geldentwertung eingetretene Vermögensmehrung aus dem Zugewinnausgleich auszuscheiden. Bei privilegiertem Vermögen iSv § 1374 Abs. 2 BGB ist jeweils bezogen auf den Tag der Erbschaft, Schenkung oder Erhalt der Ausstattung zu indexieren (s. → *Verbraucherpreisindex*; s. → *Anfangsvermögen* Rn 22 ff).

6 **b) Endvermögen.** Endvermögen (s. → *Endvermögen*) ist nach § 1375 Abs. 1 BGB das Vermögen, das einem Ehegatten bei Beendigung des Güterstandes gehört. Verbindlichkeiten sind wiederum in Abzug zu bringen. Auch das Endvermögen kann seit dem 6.7.2009 negativ sein (vgl § 1375 Abs. 1 S. 2 BGB). Einen Zugewinnausgleich gibt es dann allerdings nicht, da nach wie vor die Höhe der Ausgleichsforderung grundsätzlich auf den Wert des Vermögens begrenzt ist, das bei Fälligkeit der Ausgleichsforderung, also bei Beendigung des Güterstandes, vorhanden ist (§ 1378 Abs. 2 S. 1 BGB).

Zu beachten ist, dass nach § 1384 BGB für den Fall der Scheidung bzw nach § 1387 für den Fall des vorzeitigen Zugewinnausgleichs nach §§ 1385, 1386 BGB für die Berechnung des Zugewinns und für die Höhe der Ausgleichsforderung an die Stelle der Beendigung des Güterstandes der Zeitpunkt der Zustellung des Scheidungsantrags bzw des Antrags auf vorzeitigen Zugewinnausgleich tritt. Das bedeutet zunächst, dass **Stichtag** für die Berechnung des Endvermögens nicht der Tag der Beendigung des Güterstandes ist, sondern der Tag, an dem der Antrag auf (vorzeitigen) Zugewinnausgleich **rechtshängig** wurde. Aus § 1384 BGB folgt aber auch und vor allem, dass die Begrenzung der Ausgleichsforderung nach § 1378 Abs. 2 S. 1 BGB sich entgegen dem Wortlaut dieser Vorschrift nicht auf das vorhandene positive Vermögen bei Beendigung des Güterstandes, sondern auf das vorhandene positive Vermögen bei Eintritt der Rechtshängigkeit bezieht (s. → *Endvermögen* Rn 2).

Die Erweiterung der Vorschrift um die Höhe der Ausgleichsforderung wurde mit dem Reformgesetz vom 6.7.2009 eingefügt und sollte den bis dahin möglichen **Manipulationen** zwischen Rechtshängigkeit und Rechtskraft durch böswillige Verminderung des Vermögens entgegen wirken (Palandt/Brudermüller § 1384 BGB Rn 1). Die Entwicklung des Vermögens des ausgleichspflichtigen Ehegatten nach Rechtshängigkeit hat seitdem keine Auswirkungen mehr auf die Höhe der Ausgleichsforderung und zwar auch dann, wenn die Verminderung des Vermögens nicht vorwerfbar ist, zB bei Kursverlusten an der Börse. Nach hM kommt in diesen Fällen auch keine Korrektur über den Einwand der groben Unbilligkeit nach § 1381 BGB in Betracht (Palandt/Brudermüller § 1384 BGB Rn 1).

7 **c) Illoyale Verfügungen.** Nimmt ein Ehegatte nach Eintritt des Güterstandes illoyale Verfügungen (s. → *Illoyale Verfügungen und Ansprüche gegen Dritte* Rn 3 ff; s. → *Endvermögen* Rn 3 ff) iSv § 1375 Abs. 2 BGB vor, wird der Wert der Verfügung nach § 1375 Abs. 2 S. 1 BGB seinem Endvermögen hinzugerechnet. Ebenso erhöht sich seit der Reform vom 6.7.2009 die Begrenzung der Ausgleichsforderung nach

§ 1378 Abs. 2 S. 2 BGB um den Wert der illoyalen Verfügung. In diesen Fällen ist es also ausnahmsweise denkbar, dass ein Zugewinnausgleichsanspruch besteht, obwohl das noch vorhandene positive Vermögen geringer als der Anspruch auf Zugewinnausgleich ist. Die Hinzurechnung entfällt nach § 1378 Abs. 3 BGB, wenn seit der illoyalen Verfügung mehr als zehn Jahre vergangen sind oder der andere Ehegatte mit der Verfügung einverstanden war.

Wichtig ist in diesem Zusammenhang, dass nach § 1375 Abs. 2 S. 2 BGB **vermutet** wird, dass illoyal verfügt wurde, wenn das Endvermögen eines Ehegatten niedriger ist als das Vermögen, das dieser Ehegatte am Tag der Trennung hatte. Auch diese Vorschrift ist neu und soll dazu dienen, illoyalen Verfügungen in der Krise entgegenzuwirken. Die Vorschrift greift allerdings nur, wenn sich das Vermögen vermindert hat, wobei es genügt, wenn der Vermögensträger den Verlust einzelner Vermögensgegenstände erklärt. Es müssen nicht die gesamten Einnahmen und Ausgaben dargelegt werden. Hat sich dagegen nur die Zusammensetzung des Vermögens verändert, liegt aber keine Vermögensverringerung vor, können illoyale Vermögensverfügungen nur über § 1375 Abs. 2 S. 1 BGB erfasst werden (Palandt/Brudermüller § 1375 BGB Rn 34).

d) Auskunfts- und Belegansprüche. Zur Ermittlung des Vermögens am Anfang und am Ende der Ehe   8
sowie am Tag der Trennung stehen jedem Ehegatten nach § 1379 BGB Auskunfts- und Belegansprüche (s.
→ *Belegvorlage im Zugewinn*) zu. § 1379 BGB enthält insgesamt drei Ansprüche, und zwar auf Auskunft (§ 1379 Abs. 1 S. 1 BGB), auf Wertermittlung (§ 1379 Abs. 1 S. 3 BGB) und auf Vorlage von Belegen (§ 1379 Abs. 2 BGB). Seit der Reform vom 6.7.2009 muss nicht nur Auskunft über das Endvermögen, sondern auch über das Anfangs- und Trennungsvermögen erteilt werden. Auch über einen etwaigen privilegierten Erwerb (§ 1374 Abs. 2 BGB) sowie über illoyale Vermögensverfügungen iSv § 1375 Abs. 2 BGB muss Auskunft erteilt werden. Dies wird aus der Formulierung „soweit es für die Berechnung des Anfangs- und Endvermögens erforderlich ist" gefolgert. Geschuldet ist die Vorlage eines geordneten und übersichtlichen **Verzeichnisses** iSv § 260 BGB. Die Auskunft muss nicht unterschrieben sein (BGH FamRZ 2008, 600). Die wertbildenden Faktoren sind anzugeben (BGH FamRZ 1982, 682).

Die Auskunft kann verlangt werden, sobald der Güterstand beendet ist oder die Scheidung, ein Antrag auf Aufhebung der Ehe, die Durchführung des vorzeitigen Zugewinnausgleichs oder auf vorzeitige Aufhebung der Zugewinngemeinschaft rechtshängig ist. Der Anspruch auf Auskunft über das **Trennungsvermögen** kann nach § 1379 Abs. 2 BGB auch schon nach der Trennung geltend gemacht werden. Problematisch ist insoweit oft, dass der Tag der Trennung nicht festgestellt werden kann, da eine Trennung in der Regel prozesshaft verläuft. Können sich die Eheleute in solchen Fällen nicht auf einen Tag einigen, kann es sein, dass der Auskunftsanspruch letztlich ins Leere geht, weil der Auskunftsgläubiger das Trennungsdatum nicht beweisen kann. Ein Antrag auf Feststellung des Trennungszeitpunktes wäre unzulässig, da er nicht auf die Feststellung eines Rechtsverhältnisses gerichtet ist (Palandt/Brudermüller § 1379 BGB Rn 23).

e) Zugewinn. Wurde mithilfe der Auskunftsansprüche das Anfangs- und Endvermögen, gegebenenfalls   9
auch das Trennungsvermögen, ermittelt, kann der Anspruch auf Zugewinnausgleich berechnet werden. Nach § 1373 BGB ist Zugewinn der Betrag, um den das Endvermögen eines Ehegatten das Anfangsvermögen übersteigt, wobei im Unterschied zum Anfangs- und Endvermögen der Zugewinn niemals negativ sein kann (Palandt/Brudermüller § 1373 BGB Rn 4; aA Braeuer FamRZ 2010, 1614). Ein Ausgleichsanspruch besteht, wenn der Zugewinn der Ehegatten unterschiedlich hoch ist. Der Anspruch beläuft sich in diesem Fall nach § 1378 Abs. 1 BGB auf die Hälfte des den Zugewinn des anderen Ehegatten übersteigenden Betrages.

Zu beachten ist, dass die Bewertung der einzelnen dem Anfangs- und Endvermögen zuzurechnenden Vermögensgegenstände streng nach dem **Stichtagsprinzip** iSv § 1376 BGB erfolgt.

f) Vorausempfänge. Gab es Vorausempfänge (s. → *Vorausempfang*) iSv § 1380 BGB, müssen diese auf   10
die Ausgleichsforderung angerechnet werden.

11 **g) Grobe Unbilligkeit.** Besteht ein Anspruch auf Zugewinnausgleich, kann diesem nur in extremen Ausnahmefällen der Einwand der groben Unbilligkeit (s. → *Grobe Unbilligkeit im Zugewinn*) nach § 1381
BGB entgegengehalten werden. Die Anforderungen sind deutlich höher als beim Unterhalt, aber auch höher als beim Versorgungsausgleich. Nur wenn die Durchführung des Zugewinnausgleichs dem Gerechtigkeitsempfinden in unerträglicher Weise widerspricht, kann eine Berufung auf § 1381 BGB Erfolg versprechend sein, wobei allerdings Unzuträglichkeiten, die sich aus dem strengen Stichtagssystem als solchem
ergeben, grundsätzlich nicht geeignet sind, die grobe Unbilligkeit zu bejahen, wie zB im Falle des nicht
vorwerfbaren Vermögensverlustes zwischen Rechtshängigkeit und Rechtskraft der Scheidung. Es müssen
immer weitere und besondere Umstände des Einzelfalls hinzukommen (vgl Palandt/Brudermüller § 1372
BGB Rn 10 ff).

12 **h) Stundung, Übertragung von Vermögenswerten.** Um Härten, die durch die Durchführung des Zugewinnausgleichs entstehen können, zu begegnen, sieht das Gesetz neben dem Einwand der groben Unbilligkeit noch die Möglichkeit der Stundung (s. → *Stundungseinrede*) der Ausgleichsforderung nach § 1382
BGB für den Schuldner oder der Übertragung von Vermögensgegenständen nach § 1383 BGB für den
Gläubiger vor. Beide Vorschriften spielen in der Praxis allerdings kaum eine Rolle.

13 **i) Vorzeitiger Zugewinnausgleich.** Zu denken ist schließlich immer auch an die Möglichkeit des vorzeitigen Zugewinnausgleichs bzw der **vorzeitigen Aufhebung der Zugewinngemeinschaft** nach §§ 1385 ff
BGB (s. → *Vorzeitiger Zugewinnausgleich*). Durch die Reform vom 6.7.2009 wurden die Voraussetzungen
für einen vorzeitigen Zugewinnausgleich gelockert. Außerdem kann im Unterschied zu früher nun zeitgleich mit der vorzeitigen Aufhebung der Zugewinngemeinschaft auch auf Auskunft und Zahlung geklagt
werden, sofern die Voraussetzungen für einen vorzeitigen Zugewinnausgleich vorliegen. Der Berechtigte
kann also wählen, ob er nur die vorzeitige Aufhebung der Zugewinngemeinschaft verlangt mit der Folge,
dass Gütertrennung eintritt (§ 1388 BGB), oder ob er außerdem auch gleich auf Auskunft und Zahlung
klagt. Aber auch der Pflichtige kann seit der Reform die vorzeitige Aufhebung der Zugewinngemeinschaft
verlangen und sich dadurch zB gegen schädigende Handlungen des Berechtigten wehren.

Voraussetzung ist allerdings immer, dass einer der Fälle des § 1385 BGB vorliegt.

Bezüglich der zweiten Fallgruppe des § 1385 Nr. 2 BGB (s. → *Vorzeitiger Zugewinnausgleich* Rn 5 ff) ist
zu beachten, dass seit der Reform vom 6.7.2009 die **Befürchtung** ausreicht, dass der andere Ehegatte über
sein Vermögen im Ganzen oder illoyal iSv § 1375 Abs. 2 BGB verfügen wird. Es muss also nicht mehr,
wie früher, abgewartet werden, bis die schädigende Handlung erfolgt ist.

Praktisch bedeutsam ist auch die vierte Fallgruppe (s. → *Vorzeitiger Zugewinnausgleich* Rn 22), da durch
ein entsprechendes **Auskunftsverlangen**, dem häufig nicht nachgekommen wird, die Voraussetzungen für
einen vorzeitigen Zugewinnausgleich mitunter geschaffen werden können. Gemeint ist in § 1385 Nr. 4
BGB die aus § 242 BGB folgende Pflicht, den anderen Ehegatten auch während der Ehe auf Verlangen
zumindest in groben Zügen über den Vermögensbestand zu informieren. Aber auch die Nichterfüllung des
Anspruchs auf Auskunft über das Trennungsvermögen soll unter § 1385 Nr. 4 BGB fallen (Palandt/Bruder-
müller § 1386 BGB Rn 8; aA Koch FamRZ 2010, 1205). Die Nichterfüllung des Anspruchs auf Auskunft
über das Anfangs- und Endvermögen kann dagegen nicht zu einem vorzeitigen Zugewinnausgleich führen
(OLG Bamberg FamRZ 2009, 1906; OLG Frankfurt FamRZ 2010, 563).

14 **j) Anspruch gegen Dritte.** Ist es dem Ausgleichspflichtigen gelungen, Vermögen zur Seite zu schaffen,
kann schließlich auch § 1390 BGB helfen (s. → *Illoyale Vermögensverfügungen und Ansprüche gegen
Dritte* Rn 22 ff). Zwar wird seit der Reform der Wert illoyaler Verfügungen dem Endvermögen hinzugerechnet. Das hilft dem Berechtigten aber dann nicht weiter, wenn der Pflichtige kein Vermögen mehr hat,
von dem er den Zugewinnausgleich zahlen bzw in das der Berechtigte vollstrecken könnte. Soweit die Voraussetzungen von § 1390 BGB vorliegen, kann in solchen Fällen unter Umständen auch gegen den **Dritten**
vorgegangen werden, der die unentgeltliche oder illoyale Zuwendung erhalten hat. In der Praxis kommt die
Vorschrift sehr selten zum Einsatz, was sicher auch daran liegt, dass der Berechtigte wenig Neigung haben

wird, nach einem Zugewinnausgleichsverfahren, das ihm nichts gebracht hat, nun noch ein weiteres Verfahren mit ungewissem Ausgang gegen den Dritten zu führen.

2. Tod eines Ehegatten

Neben dem güterrechtlichen Zugewinnausgleich gibt es auch den **erbrechtlichen Zugewinnausgleich** des   15
§ 1371 Abs. 1 BGB, der immer dann greift, wenn der Güterstand der Zugewinngemeinschaft durch den Tod eines Ehegatten beendet worden ist und der überlebende Ehegatte gesetzlicher Erbe wird. Ist der überlebende Ehegatte dagegen weder gesetzlicher noch testamentarischer Erbe und erhält er auch kein Vermächtnis, wird nach § 1371 Abs. 2 BGB der Zugewinnausgleich gemäß den §§ 1373–1383, 1390 BGB güterrechtlich durchgeführt. Ist der überlebende Ehegatte testamentarischer Erbe oder Vermächtnisnehmer, gibt es weder einen erbrechtlichen noch einen güterrechtlichen Zugewinnausgleich, sondern es gilt die letztwillige Verfügung.

Der erbrechtliche Zugewinnausgleich wird nach § 1371 Abs. 1 BGB dadurch verwirklicht, dass der **gesetzliche Erbteil** des überlebenden Ehegatten um ein **Viertel erhöht** wird, und zwar unabhängig davon, ob der verstorbene Ehegatte überhaupt einen Zugewinn erwirtschaftet hat. Die Erhöhung findet auch dann statt, wenn der überlebende Ehegatte bei Durchführung des Zugewinnausgleichs ausgleichspflichtig wäre. Im Unterschied zum güterrechtlichen Zugewinnausgleich wird der überlebende Ehegatte also dinglich am Vermögen des verstorbenen Ehegatten beteiligt.

Die Lösung hat für sich, dass sie **einfach** ist und auf eine womöglich umständliche oder gar nicht mehr   16
mögliche Ermittlung des Anfangs- und Endvermögens verzichtet. Allerdings kann sie insbesondere Kinder aus anderen Verbindungen **benachteiligen**. Hinzu kommt, dass bei Überschreitung der Freigrenzen von derzeit 500.000 EUR nach § 5 Abs. 1 S. 1 ErbStG das Viertel nur in dem Umfang steuerbefreit ist, wie sich beim güterrechtlichen Ausgleich ein Anspruch auf Zugewinnausgleich ergeben hätte. Jedenfalls in diesen Fällen muss also fiktiv doch der Zugewinnausgleich berechnet werden, um die **Erbschaftsteuer** ermitteln zu können.

Schlägt der Erbe die **Erbschaft aus**, kann er nach § 1371 Abs. 3 BGB neben dem Zugewinnausgleich gleichwohl den kleinen Pflichtteil verlangen, es sei denn, er hat vertraglich auf sein gesetzliches Erbrecht oder Pflichtteilsrecht verzichtet. Der überlebende Ehegatte kann also zwischen der erbrechtlichen Lösung bzw der Erbeinsetzung und der güterrechtlichen Lösung zuzüglich kleinem Pflichtteil wählen. Dagegen kann er sich nicht durch einen Verzicht auf den Zugewinnausgleich den großen Pflichtteil verschaffen (Palandt/Brudermüller § 1371 BGB Rn 15).

IV. Vor -und Nachteile der Zugewinngemeinschaft

Die Zugewinngemeinschaft hat als Vorteil sicher für sich, dass es sich um ein **einfaches** und **klares**   17
Rechtsinstitut handelt und der Anspruch, von Bewertungsfragen einmal abgesehen, relativ sicher berechenbar ist. Soweit der während der Ehe erwirtschaftete Zugewinn tatsächlich auf einer gemeinsamen Lebensleistung der Eheleute beruht, mag der Anspruch auch der Sache nach gerechtfertigt sein. Anders kann es natürlich aussehen, wenn dies im Einzelfall nicht der Fall ist. Allerdings besteht dann immer die Möglichkeit, die Zugewinngemeinschaft ehevertraglich auszuschließen oder zu modifizieren, also den eigenen Bedürfnissen anzupassen.

Nachteilig ist, zumindest aus Sicht des **ausgleichsberechtigten Ehegatten**, dass die Zugewinngemeinschaft nur einen schuldrechtlichen Ausgleichsanspruch bei Scheitern der Ehe gewährt, nicht aber eine dingliche Beteiligung am Vermögen des anderen Ehegatten. Die **Rechtsstellung** des ausgleichsberechtigten Ehegatten ist daher eher **schwach**.

Dagegen stellen die beiden am häufigsten für die Vereinbarung von Gütertrennung vorgebrachten Gründe, nämlich keine **Haftung** für Verbindlichkeiten des anderen Ehegatten und Schutz des Vermögens vor dem Zugriff von **Gläubigern**, keine Nachteile der Zugewinngemeinschaft dar, sondern beruhen auf einem unzutreffenden, gleichwohl weit verbreiteten Verständnis der Zugewinngemeinschaft.

281. Zuwendungen Dritter im Zugewinn

Knahn

I. Einführung.................................... 1   III. Rückabwicklung............................... 8
II. Privilegiertes Anfangsvermögen,
    § 1374 Abs. 2 BGB............................ 3

I. Einführung

1   Zuwendungen Dritter sind bei der Aufstellung der Vermögensbilanz grundsätzlich im Anfangs- und Endvermögen eines Ehegatten zu berücksichtigen, soweit sich der Vermögenswert zum Stichtag in ihrem Vermögen befindet. Wurde der Vermögenswert während des Güterstandes zugewendet, kann es sich um einen privilegierten Hinzuerwerb handeln, der dem Anfangsvermögen hinzuzurechnen ist (s. Rn 3 ff). Besonderheiten ergeben sich hierbei im Falle einer Schenkung durch die (Schwieger-)Eltern und durch sonstige nahe Verwandte (s. Rn 4 ff).

2   Abzugrenzen sind solche Zuwendungen Dritter von **Zuwendungen unter Ehegatten** selbst (s. → *Unbenannte Zuwendungen*). Ehegatten wenden sich während der Ehe häufig Vermögenswerte zu, ohne dabei rechtliche Verpflichtungen in Form einer Gegenleistung ausdrücklich zu vereinbaren. Dem liegt meist die unausgesprochene Erwartung zugrunde, den Zuwendungsgegenstand im Rahmen der ehelichen Lebensgemeinschaft mit nutzen zu können. Bei diesen Zuwendungen handelt es sich nicht um echte Schenkungen gem. § 516 BGB sondern um **unbenannte Zuwendungen** (auch ehebedingte oder ehebezogene Zuwendungen), ein Rechtsgeschäftstyp, der durch den Bundesgerichtshof in Rechtsfortbildung geschaffen wurde (BGH 26.11.1981 – IX ZR 91/80, NJW 1982, 1093).

II. Privilegiertes Anfangsvermögen, § 1374 Abs. 2 BGB

3   Vermögenswerte, die ein Ehegatte nach Eintritt des Güterstandes von Todes wegen oder mit Rücksicht auf ein künftiges Erbrecht, durch Schenkung oder als Ausstattung erwirbt (**privilegierter Erwerb**), werden in Ausnahme zum Stichtagprinzip gem. § 1374 Abs. 2 BGB dem Anfangsvermögen hinzugerechnet (s. → *Anfangsvermögen* Rn 7 ff). Zweck dieser Ausnahmeregelung ist es, dass Vermögenswerte, die in keinem Zusammenhang mit der Ehe stehen und an denen der andere Ehegatte keinen Anteil hat, dem Zugewinnausgleich entzogen werden sollen (Palandt/Brudermüller § 1374 BGB Rn 6).

4   **Schenkungen der Eltern** an das eigene Kind unterliegen der Privilegierung des § 1374 Abs. 2 BGB und sind dem Anfangsvermögen hinzuzurechnen, es sei denn, es liegt kein echter Schenkungswille vor (NK-BGB/Heiß § 1374 BGB Rn 45).

5   **Schenkungen der Schwiegereltern** an den Ehegatten wurden früher als unbenannte Zuwendungen (s. → *Unbenannte Zuwendungen* Rn 3) behandelt, da sie **um der Ehe willen** und zur Verwirklichung und Ausgestaltung, Erhaltung oder Sicherung der ehelichen Lebensgemeinschaft getätigt worden sind, und die Schwiegereltern die Erwartung hegten, dass die eheliche Lebensgemeinschaft Bestand haben und das eigene Kind innerhalb dieser Gemeinschaft am Vermögenswert und dessen Früchten weiter teilhaben wird (BGH 4.2.1998 – XII ZR 160/96, NJW 1998, 2600). Die Zuwendungen der Schwiegereltern fielen daher regelmäßig nicht unter die Privilegierung des § 1374 Abs. 2 BGB und mussten somit im Zugewinn ausgeglichen werden (NK-BGB/Heiß § 1374 BGB Rn 45), es sei denn es hatte sich tatsächlich um eine echte Schenkung gehandelt (BGH 19.1.1999 – X ZR 60/97, NJW 1999, 1623).

Mit seiner Entscheidung vom 3.2.2010 (BGH 3.2.2010 – XII ZR 189/06, NJW 2010, 2202) hat der BGH seine bisherige Rechtsprechung aufgegeben und Zuwendungen der Schwiegereltern, die um der Ehe ihres Kindes Willen an das (künftige) Schwiegerkind erfolgen, als **Schenkung im Sinne von § 516 Abs. 1 BGB** qualifiziert. Sie können somit unter die Privilegierung des § 1374 Abs. 2 BGB subsumiert werden. Die Schenkung erhöht somit nicht mehr den Zugewinn des Schwiegerkindes (HK-FamR/Häcker § 1374 BGB Rn 16).

In das Anfangs- und Endvermögen des beschenkten Schwiegerkindes ist der Rückforderungsanspruch der Schwiegereltern (s. Rn 8) als Passivposten jeweils mit dem gleichen Wert einzustellen. Er kann daher regelmäßig vollständig unberücksichtigt bleiben (BGH aaO; BGH 21.7.2010 – XII ZR 180/09, NJW 2010, 2884).

Diese neuen Grundsätze müssen auch für **Zuwendungen der Großeltern** an den Ehegatten des Enkels und Zuwendungen anderer naher Angehöriger gelten, da auch sie außerhalb der ehelichen Lebensgemeinschaft stehen und nicht in die Wirtschafts- und Risikogemeinschaft der Eheleute einbezogen sind. Ihre Zuwendungen erfolgen daher gleich wie bei den Schwiegereltern insbesondere in Ansehung des eigenen Enkelkindes. 6

Jeder Ehegatte trägt für den Bestand und den Wert seines Anfangsvermögens und somit auch für den privilegierten Erwerb gem. § 1374 Abs. 2 BGB die Darlegungs- und Beweislast (s. → *Darlegungs- und Beweislast im Zugewinn* Rn 3 ff). 7

III. Rückabwicklung

Grundsätzlich sind unbenannte Zuwendungen unter Ehegatten güterrechtlich auszugleichen (s. → *Unbenannte Zuwendungen* Rn 13 ff). Dasselbe galt daher für unbenannte Zuwendungen der Eltern. Ein Rückgewähranspruch nach § 313 BGB war daher nur denkbar, wenn das Ergebnis des güterrechtlichen Ausgleichs **schlechthin unangemessen ist und unzumutbar und unbillig** erschien, wobei die Unangemessenheit und Unzumutbarkeit an den Belangen des mit dem Zuwendenden verwandten Ehegatten zu messen war. Regelmäßig lagen aber keine besonderen Umstände vor, wenn das eigene Kind über den Zugewinnausgleich teilweise etwas von dem Zugewandten erhält und damit ein angemessener Teil des Zugewandten wieder in das Vermögen der Schwiegerfamilie zurückfloss (OLG Brandenburg 23.4.2008 – 13 U 52/07, FamRZ 2009, 117). Kam ausnahmsweise ein Anspruch aus § 313 BGB in Betracht, war in der Regel die dingliche Rechtssituation hinzunehmen und die **Rückabwicklung gegen einen Ausgleich in Geld** zumutbar (s. → *Unbenannte Zuwendungen* Rn 14). 8

Nach der geänderten Rechtsprechung des BGH stellen Schwiegerelternzuwendungen echte Schenkungen im Sinne von § 516 Abs. 1 BGB dar, deren Geschäftsgrundlage regelmäßig die auch für das Schwiegerkind erkennbare Erwartung ist, die Ehe werde Bestand haben und die Schenkung werde auch dem eigenen Kind auf Dauer zugutekommen. Die Schwiegereltern können daher ihre Zuwendung nach den Grundsätzen über den **Wegfall der Geschäftsgrundlage** (§ 313 BGB) vom Schwiegerkind zurückfordern (BGH 3.2.2010 – XII ZR 189/06, NJW 2010, 2202). Denkbar ist nach dem BGH nun auch eine Rückforderung aus Bereicherungsrecht wegen Zweckverfehlung (§ 812 Abs. 1 S. 1 Alt. 2 BGB). Eine Zweckabrede, welche positive Kenntnis von der Zweckvorstellung des anderen Teils voraussetzt, wird aber nur schwer feststellbar sein (BGH aaO).

282. Zwangsheirat

Knahn

I. Einführung	1
II. Gesetzeslage bis zum 30.6.2011	2
1. Begriff	2
2. Verbot	3
a) Strafrechtliche Folgen	4
b) Zivilrechtliche Folgen	5

III. Gesetzeslage seit 1.7.2011	6
1. Eigenständiges Rückkehrrecht	7
2. Straftatbestand Zwangsheirat	8
3. Verlängerung der Antragsfrist zur Aufhebung	
der Ehe	9
4. Stellungnahme des Bundesrates	10

I. Einführung

1 Die Bundesregierung ging in ihrem Gesetzentwurf zur Bekämpfung der Zwangsheirat und zum besseren Schutz der Opfer von Zwangsheirat sowie zur Änderung weiterer aufenthalts- und asylrechtlicher Vorschriften vom 13.1.2011 davon aus, dass Zwangsheirat auch in Deutschland ein ernst zu nehmendes Problem sei, welches in den letzten Jahren verstärkt in den Blickpunkt der Öffentlichkeit gerückt sei (BT-Drucks. 17/4401, 1). Berichte von in Deutschland lebenden Migrantinnen, die zwangsverheiratet wurden, zeigen, dass das Thema Zwangsheirat ein Problem mit stark zunehmender Brisanz darstellt. Der Bundesrat war der Auffassung, dass es weder aus patriarchalisch-traditionellen noch aus vermeintlich religiösen Gründen akzeptabel sei, dass Zwangsverheiratungen in Deutschland stattfänden (BT-Drucks. 17/1213, 1). Über das Ausmaß der Zwangsheirat in Deutschland gibt es keine gesicherten Daten. Eine im Jahr 2003 durchgeführte Erhebung des Berliner Senats bei über 50 Jugend- und Beratungseinrichtungen ergab, dass diese Einrichtungen im Jahr 2002 von ca. 220 Frauen als Opfer von Zwangsverheiratungen aufgesucht wurden. Die Dunkelziffer dürfte beträchtlich sein (BT-Drucks. 17/4401, 8).

Insbesondere unter **islamischen Migranten**, die an entsprechenden traditionellen Überlieferungen festhalten, ist die arrangierte Ehe und mit ihr verbunden auch die Zwangsehe in Deutschland üblich. Dabei beruht das Phänomen der Zwangsverheiratung in den vom Islam geprägten Kulturen nicht unbedingt auf einer religiösen Überlieferung, sondern ist eher Folge einer kulturellen Tradition, die in ländlich geprägten Regionen in erster Linie der materiellen Existenzsicherung der Familie diente (Strobl/Lobermeier in: Zwangsverheiratungen in Deutschland, Forschungsreihe des Bundesministerium für Familie, Senioren, Frauen und Jugend (Hrsg.) Band 1, April 2007, S. 24).

II. Gesetzeslage bis zum 30.6.2011

1. Begriff

2 Die Zwangsheirat oder Zwangsehe ist insbesondere von der sog. arrangierten Ehe begrifflich abzugrenzen. Bei der Zwangsheirat wird mindestens einer der Ehepartner durch physischen oder psychischen Zwang zur Ehe genötigt, wohingegen die arrangierte Ehe das Einverständnis beider Ehepartner voraussetzt.

2. Verbot

3 Die Zwangsheirat ist in Deutschland verboten. Art. 6 Abs. 1 GG gewährleistet die Eheschließungsfreiheit (BVerfG 4.5.1971 – 1 BvR 636/68, NJW 1971, 2121). Daneben anerkennen und garantieren sowohl die Allgemeine Erklärung der Menschenrechte (Art. 16 UN-Menschenrechtscharta) als auch die Europäische Konvention zum Schutz der Menschenrechte und Grundfreiheiten (Art. 12 EMRK) das Recht auf freie Eheschließung und selbstbestimmte Partnerwahl.

4 **a) Strafrechtliche Folgen.** Seit dem 19.2.2005 war die Zwangsheirat durch das 37. Strafrechtsänderungsgesetz (BGBl. I 2005, 240) ausdrücklich **ein Regelbeispiel für einen besonders schweren Fall der Nötigung** gemäß § 240 Abs. 4 Nr. 1 Alt. 2 StGB und wurde deshalb mit einer Freiheitsstrafe von sechs Monaten bis zu fünf Jahren bestraft.

5 **b) Zivilrechtliche Folgen.** Eine Ehe kann gem. § 1314 Abs. 2 Nr. 4 BGB aufgehoben werden, wenn ein Ehegatte zur Eingehung der Ehe **widerrechtlich durch Drohung** (§ 123 BGB) bestimmt worden ist (s. →

Eheaufhebung Rn 30). Die Drohung kann dabei auch von Dritten ausgehen, etwa den eigenen Eltern oder den Eltern des Ehegatten (NK-BGB/Finger § 1314 BGB Rn 25). Antragsberechtigt ist gem. § 1316 Abs. 1 Nr. 2 BGB nur der bedrohte Ehegatte. Der Antrag muss innerhalb eines Jahres ab Beendigung der Zwangslage gestellt werden, § 1317 Abs. 1 BGB. Die Aufhebung der Ehe ist ausgeschlossen, wenn der bedrohte Ehegatte nach Aufhören der Zwangslage zum Ausdruck gebracht hat, dass er an der Ehe festhalten will, § 1315 Abs. 1 Nr. 4 BGB (**Bestätigung**). Die Bestätigung ist der nach außen zu erkennen gegebene Wille des bedrohten Ehegatten, die Ehe trotz der zugrundeliegenden Drohung fortsetzen zu wollen (Palandt/ Brudermüller § 1315 BGB Rn 3). Dafür soll einmaliger Geschlechtsverkehr bereits ausreichend sein (OLG Köln 29.8.2002 – 14 WF 120/02, FPR 2003, 26).

III. Gesetzeslage seit 1.7.2011

Um den Schutz der Betroffenen und die Bekämpfung der Zwangsheirat neben den bereits bestehenden gesetzlichen Regelungen zu verstärken und das Bewusstsein der Öffentlichkeit für das Unrecht, das in jeder Zwangsheirat liegt, zu schärfen, hat der Bundestag das Gesetz zur Bekämpfung der Zwangsheirat und zum besseren Schutz der Opfer von Zwangsheirat sowie zur Änderung weiterer aufenthalts- und asylrechtlicher Vorschriften (BT-Drucks. 17/4401) beschlossen. Es ist am 1.7.2011 in Kraft getreten (BGBl. I 2011, 1266). **6**

1. Eigenständiges Rückkehrrecht

Das Gesetz normiert ein eigenständiges **Wiederkehrrecht** für ausländische Opfer von Zwangsehen, die von der Rückkehr nach Deutschland abgehalten werden. Migrantinnen ohne deutsche Staatsangehörigkeit, die nach einer Zwangsheirat gegen ihren Willen im Ausland bleiben müssen, verloren ihren Aufenthaltstitel, wenn sie nicht innerhalb von sechs Monaten wieder nach Deutschland einreisten (§ 37 Abs. 1 AufenthG aF). Zwar war in § 37 Abs. 2 AufenthG aF bereits ein Recht auf Wiederkehr zur Vermeidung einer besonderen Härte geregelt. Voraussetzung ist aber der Nachweis, dass der Lebensunterhalt in Deutschland gesichert ist, woran die Erteilung eines Aufenthaltstitels nicht selten scheitern kann (BT-Drucks. 17/4401, 8). **7**

§ 37 Abs. 2 a AufenthG nF

¹Von den in Absatz 1 Satz 1 Nummer 1 bis 3 bezeichneten Voraussetzungen kann abgewichen werden, wenn der Ausländer rechtswidrig mit Gewalt oder Drohung mit einem empfindlichen Übel zur Eingehung der Ehe genötigt und von der Rückkehr nach Deutschland abgehalten wurde, er den Antrag auf Erteilung einer Aufenthaltserlaubnis innerhalb von drei Monaten nach Wegfall der Zwangslage, spätestens jedoch vor Ablauf von fünf Jahren seit der Ausreise stellt, und gewährleistet erscheint, dass er sich auf Grund seiner bisherigen Ausbildung und Lebensverhältnisse in die Lebensverhältnisse der Bundesrepublik Deutschland einfügen kann. ²Erfüllt der Ausländer die Voraussetzungen des Absatzes 1 Satz 1 Nummer 1, soll ihm eine Aufenthaltserlaubnis erteilt werden, wenn er rechtswidrig mit Gewalt oder Drohung mit einem empfindlichen Übel zur Eingehung der Ehe genötigt und von der Rückkehr nach Deutschland abgehalten wurde und er den Antrag auf Erteilung einer Aufenthaltserlaubnis innerhalb von drei Monaten nach Wegfall der Zwangslage, spätestens jedoch vor Ablauf von zehn Jahren seit der Ausreise, stellt. 3Absatz 2 bleibt unberührt.

2. Straftatbestand Zwangsheirat

Daneben wurde ein **eigenständiger Straftatbestand** gegen Zwangsheirat im Strafgesetzbuch geschaffen: **8**

§ 237 StGB nF Zwangsheirat

(1)Wer einen Menschen rechtswidrig mit Gewalt oder durch Drohung mit einem empfindlichen Übel zur Eingehung der Ehe nötigt, wird mit Freiheitsstrafe von sechs Monaten bis zu fünf Jahren bestraft. Rechtswidrig ist die Tat, wenn die Anwendung der Gewalt oder die Androhung des Übels zu dem angestrebten Zweck als verwerflich anzusehen ist.

(2) Ebenso wird bestraft, wer zur Begehung einer Tat nach Absatz 1 den Menschen durch Gewalt, Drohung mit einem empfindlichen Übel oder durch List in ein Gebiet außerhalb des räumlichen Geltungsbe-

reichs dieses Gesetzes verbringt oder veranlasst, sich dorthin zu begeben, oder davon abhält, von dort zurückzukehren.

(3) Der Versuch ist strafbar.

(4) In minder schweren Fällen ist die Strafe Freiheitsstrafe bis zu drei Jahren oder Geldstrafe.

3. Verlängerung der Antragsfrist zur Aufhebung der Ehe

9   Die Antragsfrist zur Aufhebung der Ehe in § 1317 Abs. 1 S. 1 BGB ist von einem auf drei Jahre verlängert worden.

4. Stellungnahme des Bundesrates

10   Der Bundesrat hat in seiner Stellungnahme zum Gesetzentwurf (BT-Drucks. 17/4401, 17) eine Änderung des EGBGB vorgeschlagen, mit der die Anerkennung von sogenannten „Handschuh-Ehen" und von Ehen, die von deutschen Staatsangehörigen im Ausland oder von in Deutschland lebenden Ausländern eingegangen wurden, bei denen ein Ehegatte das 16. Lebensjahr noch nicht vollendet hat, ausgeschlossen werden soll. Unter Handschuh-Ehen werden Ehen verstanden, die **bei Abwesenheit eines oder beider Ehegatten geschlossen** werden, was in manchen islamisch geprägten Staaten erlaubt ist (zB Libanon, Pakistan). Meist werden männliche volljährige Verwandte einer weiblichen Minderjährigen bevollmächtigt, die Eingehung der Ehe zu erklären. Die Bundesregierung verweist hierzu auf Art. 6 EGBGB (ordre public). Ausländisches Recht findet dann keine Anwendung, wenn die ausländischen Normen mit den Grundsätzen des deutschen Rechts, wozu insbesondere die Grundrechte gehören, offensichtlich nicht vereinbar sind (BT-Drucks. 17/4401, 20). Eine entsprechende Regelung wurde daher nicht in das Gesetz aufgenommen.

Knahn

Stichwortverzeichnis

Die fetten Zahlen bezeichnen die Ordnungszahlen des jeweiligen Stichworts, die mageren Zahlen die Randnummern.

Abänderung *siehe* Änderung von Entscheidungen in Kindschaftssachen; *siehe* Unterhaltsabänderung

Abänderung des Versorgungsausgleichs *siehe* Abänderungsverfahren im Versorgungsausgleich

Abänderung einer ausländischen Entscheidung
– Anerkennung **37** 44
– internationale Zuständigkeit **37** 44
– Kollisionsrecht **37** 45

Abänderung eines Unterhaltstitels **38** 52 f

Abänderung sonstiger Entscheidung
– Abtretung von Versorgungsausgleichsansprüchen **1** 46
– Gerichtsgebühren **1** 52
– Hinterbliebenenversorgung **1** 46
– Kosten **1** 51
– Rechtsanwaltsvergütung **1** 52
– Rechtsmittel **1** 50
– Streitwert **1** 52
– Verfahren **1** 48 ff
– Zuständigkeit **1** 49

Abänderungsverfahren
– Annexkorrektur **223** 22
– nach Zurückweisung eines Abänderungsantrags **223** 23

Abänderungsverfahren im Versorgungsausgleich **1** 1 ff
– abänderungsfähige Rechte **1** 8 ff
– Abänderung sonstiger Entscheidungen **1** 46 ff
– Abänderung von Vereinbarungen **1** 53 ff
– Abtretung von Versorgungsausgleichsansprüchen **1** 46
– Amtsermittlung **1** 32
– Änderungstatbestand **1** 18
– Antrag **1** 29 ff
– Auskunft **1** 33
– Bagatellfall **1** 19 ff
– Beamtenverhältnis **1** 27
– betriebliche Altersversorgung **1** 10
– Durchbrechung der Rechtskraft **1** 13
– Ehegatte **1** 24
– Fehlverhalten **1** 27
– Gerichtsgebühr **1** 41 f
– Geringfügigkeit **1** 7
– Härtefall **1** 27
– Hinterbliebenenversorgung **1** 46
– Hinterbliebener **1** 24
– isolierte Entscheidung **1** 6
– Kosten **1** 37
– Lebensversicherung **1** 10
– Mehrerwerb **1** 2
– Nachversicherung **1** 15
– Rechtsänderung **1** 12
– Rechtsanwaltsvergütung **1** 43 ff
– Rechtskraft **1** 3, 34
– Rechtsmittel **1** 38 f
– Schadenersatz **1** 17
– schuldrechtlicher Versorgungsausgleich **1** 17, 26, 46
– Straftat **1** 27
– Streitwert **1** 40
– Tod eines Beteiligten **1** 35 f
– Unbilligkeit **1** 7
– unrichtige Entscheidung **1** 17
– Unverfallbarkeit **1** 15
– Verbundentscheidung **1** 6
– verschwiegenes Anrecht **1** 17
– Versorgungsträger **1** 24
– Wartezeit **1** 16, 22 f
– Wesentlichkeitsgrenze **1** 21
– Wiederaufnahmeverfahren **1** 17

Abänderung von Unterhaltstiteln **223** 1 ff
– Abänderungsantrag **223** 29
– Anerkenntnis **223** 19
– Annexkorrektur **223** 18
– bei vereinbartem Vorbehalt nach § 1578 b BGB **223** 39
– Berücksichtigung von Alttatsachen **223** 30
– Beweislast **223** 32
– Bindungswirkung früherer Entscheidung **223** 31
– Bindungswirkung von Urkunden **223** 46
– fehlende Geschäftsgrundlage **223** 36
– Grenze bei Nichtabänderbarkeit **223** 37 ff
– Gründe **223** 11
– im Vorverfahren „vergessener" Vorsorgeunterhalt **223** 30
– Kindesunterhalt **223** 49
– nach Einkommensfiktion **223** 14 f
– nach erfolglosem Abänderungsverfahren **223** 13

– nach Fiktion wegen Verletzung der Erwerbsobliegenheit   **223** 15
– Nachholung des Beschränkungseinwandes
    223 30
– nach mutwilliger Aufgabe der Arbeitsstelle
    223 14
– nach vorheriger gerichtlicher Abänderung
    223 35
– Opfergrenze   **223** 37
– Präklusion   **223** 12, 21 ff
– Rechtsprechungsänderung   **223** 24
– Rückforderung überzahlten Unterhalts   **223** 6
– rückwirkende Änderung   **191** 13
– Täuschung im Vorverfahren   **223** 20
– Titulierung eines Teilbetrags   **223** 3
– treuwidrige Berufung auf Verzicht   **223** 37
– Umdeutung des Antrags   **223** 4
– Urkunde   **223** 33 ff, 41
– Vergleich   **223** 33 ff, 36 f, 44
– Versäumnisbeschluss   **223** 16 f
– Vorhersehbarkeit der Änderung im Vorverfahren   **223** 20
– Vorwirkung früherer Anschlussbeschwerde
    223 28
– wesentliche Änderung   **223** 9 f, 29
– Zeitgrenze   **223** 25 f
– zu geringe frühere Titulierung   **223** 5
– zu geringer Unterhalt im Vorverfahren
    223 30
Abänderung von Vereinbarungen   **1** 54 ff
– Ausschluss des Versorgungsausgleichs   **1** 54
– Ehevertrag   **1** 56
– Scheidungsfolgenvereinbarung   **1** 56
– Verfahren   **1** 55
ABC der Vermögenswerte   **2** 1 ff
Abfindung   **2** 1 ff, **84** 25 ff
– Doppelverwertungsverbot   **65** 3 ff
– Kompensation Einkommensausfall   **2** 2 f
– Vereinbarung   **2** 4
– Vermögen   **2** 3
Abfindung im Versorgungsausgleich
– Berechnung   **3** 3
– Besteuerung der Abfindungszahlung   **3** 8 ff
– Leistungsphase   **3** 5
– Teilhabe an Hinterbliebenenversorgung   **3** 7 ff
– Wertänderungen nach der Ehe   **3** 3
– Zeitwert   **3** 3
– Zielversorgung   **3** 1, 9 f
– Zumutbarkeit   **3** 2
– zweckgebundene   **3** 1
Abschreibung   **84** 64 ff

Abschreibungsgesellschaft   **2** 5
Absetzung für Abnutzung   **84** 64 ff
Abstammungsgutachten   **4** 1 ff
– andrologisches Gutachten   **4** 6
– Anfechtung der Vaterschaft   **13** 8
– anthropologisches Gutachten   **4** 6
– Beweisbeschluss   **4** 8
– Beweissicherung   **4** 15
– biostatistische Auswertung   **4** 4
– Blutgruppengutachten   **4** 5
– DNA-Gutachten   **4** 5
– Duldungspflicht   **4** 11 ff, **105** 29 ff, **260** 29
– Durchführung der Begutachtung   **4** 2 ff
– Einsicht   **105** 35
– einstweilige Anordnung   **4** 15
– Erforderlichkeit   **4** 12
– Erörterungstermin   **4** 8
– förmliche Beweisaufnahme   **4** 8 ff
– Geeignetheit   **4** 12
– Gendiagnostikgesetz   **4** 2
– heimlicher Vaterschaftstest   **4** 10
– HLA-Gutachten   **4** 5
– Ordnungsmittel   **4** 14
– Privatgutachten   **4** 9
– Rechtsschutz   **4** 8
– Richtlinien   **4** 3
– Tragezeitgutachten   **4** 6
– unmittelbarer Zwang   **4** 14
– Verbalisierung   **4** 4
– Vollstreckung   **260** 29
– Wahrscheinlichkeitswert   **4** 4
– Weigerung der Probeentnahme   **4** 13
– whole genome sequencing   **4** 7
– Zumutbarkeit   **4** 12
– Zwischenstreit   **4** 13
Abstammungsprinzip   **4** 1, **21** 3, **163** 1, 3
Abstammungsrecht
– Abstammungsgutachten   **4** 1 ff; *siehe auch*
    dort
– Abstammungsverfahren   **11** 32, **160** 10
– Abstammungsvermutung   **5** 1 ff
– Anerkennung der Vaterschaft   **11** 1 ff
– Anfechtung der Vaterschaft   **13** 1 ff
– Feststellung der Vaterschaft   **105** 1 ff
– heimlicher Vaterschaftstest   **4** 10
– Kenntnis der Abstammung   **137** 1 ff
– Mutterschaft   **60** 1 ff, **163** 1 ff
– Scheinvaterregress   **197** 1 ff
Abstammungssachen   **102** 4
– Kostenentscheidung   **148** 32
– örtliche Zuständigkeit   **102** 55

– Verfahrensbeistand **246** 26
Abstammungsvermutung **5** 1 ff
– Anfechtungsverfahren **5** 5 ff
– Beiwohnung **5** 8
– Darlegungs- und Beweislast **5** 2 ff
– eingeschränkte Amtsermittlung **5** 4
– einstweilige Anordnung auf Unterhalt **5** 10 ff
– Feststellungsverfahren **5** 7
– künstliche Insemination **5** 8
– Mehrverkehr **5** 9
– Vorrang/Nachrang der Vaterschaftsvermutung **5** 2
Abtrennung
– abgetrennte Verfahren **195** 72
– Ehewohnungssache **195** 56
– Güterrechtsfolgesache **195** 69 f
– Güterrechtssache **195** 57 f
– Härtegründe **195** 63
– Haushaltssache **195** 56
– Kindschaftsfolgesache **195** 55
– Kindschaftssache **195** 59 f
– Rechtsbehelf **195** 71
– Rücknahme des Scheidungsantrags **195** 73 ff
– Unterhaltssache **195** 54 ff
– unzumutbare Härte **195** 64 ff
– Verfahrensdauer **195** 62 f
– Versorgungsausgleich **195** 49 ff
– Verzögerung **195** 61 ff
Abzweigung von Sozialleistungen **6** 1 ff
Adoption
– Erbrecht **257** 10 ff
– Ersatzmutter **163** 13
– Kinder eines Lebenspartners **83** 41 f
– Ruhen des Sorgerechts **192** 2
Adoptionssachen **102** 5
– örtliche Zuständigkeit **102** 57
– Verfahrensbeistand **246** 27
Aktien **2** 6 ff
– Aktienoption **2** 128 ff
– Bewertung im Zugewinn **59** 39
– Börsencrash **2** 7
– Eigentum **2** 8
Alkoholabhängigkeit **40** 50, **47** 18, 20
Alkoholmissbrauch **128** 8
Altehen **36** 23
Altenteil **152** 1 ff
Altersphasenmodell
– Betreuungsunterhalt **55** 3 f, 12, 22, **62** 23
– Vereinbarungen zum nachehelichen Unterhalt **240** 29 ff
Altersruhegeld **7** 9 f, **84** 103

Altersteilzeit **7** 10, **89** 40
Altersunterhalt **7** 1 ff
– altersbedingtes Fehlen einer angemessenen Beschäftigung **7** 11
– Altersteilzeit **7** 10, **89** 40
– Anschlussunterhalt **7** 3
– Befristung und/oder Herabsetzung nach § 1578b BGB **7** 18
– Darlegungs- und Beweislast **7** 23 f
– ehebedingte Nachteile **7** 20
– eheliche Solidarität **7** 1
– Einkommen des Berechtigten **7** 15
– Einkommen des Pflichtigen **7** 13
– Einsatzzeitpunkte **7** 4
– Regelaltersgrenze **7** 5
– Rentennachzahlung **7** 15
– substanziiertes Bestreiten **7** 24
– überobligationsmäßig erzielte Einkünfte **7** 6
– unterhaltsrechtliche Bedürftigkeit aufgrund des Versorgungsausgleichs **7** 22
– Versorgungsausgleich **7** 20
– Versorgungslücke mangels Vorsorgeunterhaltszahlung **7** 22
– Verstoß gegen Erwerbsobliegenheit **7** 17
– Vertrauenstatbestand durch uneingeschränkte Unterhaltszahlung **7** 17
– vorgezogenes Altersruhegeld bei Frauen **7** 9
– Vorruhestand **7** 10
– Wegfall der Erwerbsobliegenheit unterhalb der Regelaltersgrenze **7** 7
– zinsloses Darlehen bis zur Rentenzahlung **7** 15
– zweckwidrige Verwendung des Altersvorsorgeunterhalts **7** 17
Altersversorgung
– Doppelverwertung **2** 10 ff
– Lebensversicherung **2** 12 f
– Risikoschutz im Versorgungsausgleich **189** 1 ff
Altersvorsorge *siehe* Private Altersvorsorge
Altersvorsorgeaufwendung **84** 38
Altersvorsorgeunterhalt **8** 1 ff
– Anspruchszeitraum **8** 5
– Antrag **8** 17
– Aussicht auf Erbschaft **8** 9
– Berechnung **8** 14, 15
– Bindung **8** 17
– Differenz- oder Additionsmethode **7** 15 f
– Einkünfte aus geringfügiger Erwerbstätigkeit **8** 10
– fiktives Arbeitsentgelt **8** 12

– Maßstab **8** 8
– Nachforderung **8** 18
– Nachrangigkeit **8** 16
– nichtehelicher Elternteil **225** 20 ff
– private Altersvorsorge **185** 2 f
– sekundäre Altersvorsorge **8** 13
– Teil des Gesamtunterhalts **8** 4
– überobligationsmäßige Erwerbstätigkeit **8** 9
– Versorgungsentgelt **8** 12
– Verzug **8** 16
– Wohnwert **277** 19
– Zahlungsempfänger **8** 16
– zweckwidrige Verwendung **7** 17, **8** 16
Alttatsachen im Abänderungsverfahren **223** 30
Amtsermittlungsgrundsatz
– Aufenthaltsbestimmung **17** 9
– Beweislast Abstammungsvermutung **5** 3, 4
– eingeschränkte Amtsermittlung **5** 4
– Feststellungslast **9** 25
– Gewaltschutz **117** 36
– Haushaltssachen **23** 15, **24** 14
– internationales Familienrecht **134** 10
– Nichtstreitverfahren **102** 112, 117
– Umgangsrecht **219** 129 ff, 142 ff, 150 ff
– Unterbringung **109** 9, 12
Amtsvormundschaft **267** 3, 21
Änderung/Wegfall der Geschäftsgrundlage
  10 1 ff, 26 ff
– Änderung der Verhältnisse **10** 3, 8
– Änderung Gesetzgebung **10** 10
– Änderung Rechtsprechung **10** 10
– Anerkenntnisbeschluss **10** 13
– Anschlussbeschwerde **10** 17
– Begrenzung nach § 1578b BGB **10** 11
– Beschwerdeverfahren **10** 17
– Bindungswirkung **10** 20
– Darlegungs- und Beweislast **10** 22, 29 ff
– einseitige Verpflichtungserklärung **10** 27
– Einstellung der Zwangsvollstreckung **10** 24
– einstweiliges Anordnungsverfahren **10** 9
– Entreicherungseinwand **10** 23
– Erfüllung **10** 5
– erneute Abänderung **10** 25 ff
– Fiktion **10** 14
– Herabsetzung **10** 19
– hilfsweise Verbindung **10** 7
– Krankenunterhalt **10** 11
– Präklusionen **10** 16 ff
– Rechtshängigkeit des Abänderungsantrags
  10 18
– rückwirkende Änderung § 238 FamFG **10** 18

– Unterhaltsleitlinien **10** 21
– Versäumnisbeschluss **10** 13
– verschärfte Haftung **10** 23 ff
– Verwirkungsgründe **10** 6
– Vollstreckungsgegenantrag **10** 3 ff
– Wesentlichkeitsschwelle **10** 15
– Zeitschranke **10** 18 ff
– zins- und tilgungsfreies Darlehen **10** 23
– Zuwendungen Dritter im Zugewinn **281** 8
– § 238 FamFG **10** 9 ff
Änderung von Entscheidungen in Kindschafts-
  sachen **9** 1 ff
– alleinige elterliche Sorge **9** 13
– andere Bezugspersonen **9** 14
– Änderung der Rechtsprechung **9** 19
– Änderungsverfahren **9** 3, 5, 20
– Antrag **9** 21 ff
– Antrag eines Elternteils **9** 22
– anwaltliche Vertretung **9** 23
– Beschwerde **9** 34
– Bestandskraft **9** 3
– einstweilige Anordnung **9** 31 f
– Elternwunsch/Kindeswunsch **9** 17
– Ermessen des Gerichts **9** 18
– fehlerhafte Entscheidung **9** 4
– gemeinsame elterliche Sorge **9** 13
– Gerichtsgebühr **9** 38
– Gesetzesänderung **9** 19
– Hauptsacheentscheidung **9** 28 ff
– Kindeswille **9** 6
– Kindeswohlprinzip **9** 1
– Kindeswohlprüfung **9** 1, 11 ff
– Kosten **9** 33
– nachhaltig berührende Gründe **9** 16
– nicht miteinander verheiratete Eltern **9** 7
– Rechtsanwaltsvergütung **9** 39 ff
– Rechtskraft **9** 4
– Rechtsmittel **9** 34 f
– Ruhen der elterlichen Sorge **9** 11
– Sorgerechtseinigung **9** 9
– Sorgerechtsentzug **9** 13
– Stabilität und Kontinuität **9** 16
– Streitwert **9** 36 f
– tatsächliche Verhinderung **9** 11
– Tod eines Elternteils **9** 12
– Überprüfungsintervall **9** 29
– Vergleich **9** 8 f
– von Amts wegen **9** 24
– Wiederherstellung gemeinsamer elterlicher
  Sorge **9** 12
– Zuständigkeit **9** 20

Anerkennung der Vaterschaft **11** 1 ff
- Abstammungsverfahren **11** 32
- Anerkennungserklärung **11** 5
- Benachrichtigungspflicht **11** 23
- gesetzliche Vertretung **11** 13 ff
- Heilung von Mängeln **11** 31
- Höchstpersönlichkeit **11** 12
- öffentliche Beurkundung **11** 19 ff
- Rechtsfolgen **11** 24 ff
- scheidungsakzessorischer Statuswechsel **11** 11
- Sperrwirkung **11** 2 ff
- Unwirksamkeit **11** 29 ff
- Widerruf **11** 26 ff
- Zustimmungen **11** 6 ff
Anerkennung und Vollstreckung ausländischer Entscheidungen **37** 34 ff, **134** 4
- einstweilige Maßnahmen **37** 40
- Güterrecht **36** 34
- internationale Zuständigkeit **37** 33
- Kindschaftssachen **37** 30 ff, 41 ff
- KSÜ-Vertragsstaat **37** 41
- MSA-Vertragsstaat **37** 41
- nationales Recht **37** 43
- Ordnungsmittel **37** 40
- SorgeRÜ-Vertragsstaat **37** 42
- USA **37** 43
Anfangsvermögen **12** 1 ff, **280** 5
- Anwartschaft **12** 4
- Ausstattung **12** 16
- Darlegungs- und Beweislast **12** 28, **63** 3 ff
- Dauerschuldverhältnis **12** 6
- ehebedingte Zuwendung **12** 14
- eheneutraler Erwerb **12** 10
- Einkünfte **12** 9
- Erwerb mit Rücksicht auf ein künftiges Erb- recht **12** 12
- Erwerb von Todes wegen **12** 11
- Forderung **12** 4
- gemischte Schenkung **12** 13
- Haushaltsgegenstand **12** 5
- Hinzurechnungen **12** 7 ff
- Indexierung **12** 22 ff
- Inflation **12** 22
- Kapitallebensversicherung **12** 5
- Leibgeding **12** 17
- Nacherbschaft **12** 18 ff
- negativer privilegierter Erwerb **12** 8
- negatives Anfangsvermögen **12** 20 ff
- Nießbrauch **12** 17
- Rentenanwartschaft **12** 5

- Schenkung **12** 13 ff, **281** 3 ff
- Stichtagprinzip **12** 3
- Übergangsvorschrift **12** 21
- Umrechnungsformel indiziertes Anfangsver- mögen **12** 24
- Umrechnungsformel indiziertes privilegiertes Anfangsvermögen **12** 25
- unbenannte Zuwendung **12** 14, **220** 11
- Verbindlichkeit **12** 6
- Verbraucherpreisindex **12** 23 ff
- Vermögensverzeichnis **12** 28
- Vermögenswerte **12** 4
- Vertragsfreiheit **12** 27
- Verzeichnis über das Anfangsvermögen **57** 2
- vorweggenommene Erbfolge **12** 12
- Wohnrecht **12** 17
Anfechtung der Vaterschaft
- Abstammungsgutachten **4** 1 ff, **13** 8; *siehe auch dort*
- Abstammungsprinzip **13** 1
- Abstammungssache **13** 10
- Anfangsverdacht **13** 35 ff
- Anfechtungsberechtigte **13** 23 ff
- Anfechtungsverfahren **13** 10 ff
- Antrag **13** 34 ff
- Ausschluss der Vaterschaft **13** 8
- Ausschluss der Vertretungsmacht **13** 16
- Begründetheit **13** 4 ff
- Beistandschaft **13** 17
- Beschwerdeverfahren **13** 51
- Beteiligte **13** 12 ff
- Ergänzungspfleger **13** 16
- Form der Anfechtung **13** 29 ff
- Frist **13** 40 ff
- gesetzliche Vertretung **13** 30
- heimliches Abstammungsgutachten **13** 37
- höchstpersönliche Erklärung **13** 29
- Inhalt des Beschlusstenors **13** 50
- internationale Zuständigkeit **13** 19
- Inter-omnes-Wirkung **13** 48
- Kosten **13** 54
- materielle Rechtskraft **13** 49
- neuer Fristbeginn **13** 47
- örtliche Zuständigkeit **13** 22
- sachliche Zuständigkeit **13** 20
- Samenspende **13** 25
- Scheinvaterschaft **13** 3
- sozial-familiäre Beziehung **13** 5
- Übergangsvorschrift **13** 11
- Vaterschaft des Anfechtenden **13** 9
- Verfahrensbeistand **13** 18

– Verfahrensfähigkeit **13** 14 ff
– Verfahrenskostenhilfe **13** 55
– Verfahrenswert **13** 53
– Wiederaufnahme **13** 52
– Wirksamkeit des Beschlusses **13** 48
– Wirkung des Beschlusses **13** 48 ff
– Zulässigkeit **13** 19 ff
Anfechtungsgesetz *siehe* Gläubigeranfechtung
Anknüpfungsleiter *siehe* Kegelsche Leiter
Anlage U *siehe* Realsplitting/Nachteilsausgleich
Anlageverzeichnis **84** 47
Annexkorrektur **223** 22
Anpassung nach Rechtskraft **228** 1 ff
– Aussetzung der Kürzung **228** 3 ff
– Pensionistenprivileg **228** 1 ff
– Regelsicherungssysteme **228** 1 ff
– Unterhaltsanspruch **228** 3 ff
Anpassung wegen Todes
– Beitragsrückerstattung **279** 8
Anrechte im Versorgungsausgleich **256** 4 ff
– Anrecht im Sinne des Betriebsrentengesetzes
  256 9 ff
– ausländische **33** 1 ff, **256** 11 ff
– Beamtenversorgung **256** 5 ff
– berufsständische Versorgung **256** 5 ff
– betriebliche Altersversorgung **256** 5 ff
– gesetzliche Rentenversicherung **256** 5 ff
– Kapitalzahlung **256** 6
– Mindestbeschäftigungszeit **256** 7 ff
– Mindestversicherungszeit **256** 7 ff
– private Alters- und Invaliditätsvorsorge
  256 5 ff
– Unternehmerzusagen **256** 9 ff
– Wartezeit **256** 7 ff
Anschlussunterhalt **15** 1 ff
– Altersunterhalt **7** 3
– Aufstockungsunterhalt **21** 5
– Bedarfssicherung aus Vermögen **15** 6
– Einsatzzeitpunkte **15** 1
– Ermittlung des Bedarfs nach den Einzeltatbe-
  ständen **15** 9
– geänderte Rechtsprechung **15** 7
– Krankheitsunterhalt **151** 3
– mangelnde Leistungsfähigkeit **15** 2
– nachhaltige Bedarfssicherung **15** 4
– Teilanschlussunterhalt **15** 9
– Vereinbarungen **15** 8, **240** 36 ff
Ansparabschreibungen (§ 7g EStG)
– Leistungsfähigkeit **154** 20

Ansprüche gegen Dritte bei illoyalen Vermögens-
verfügungen **130** 22 ff
– Begrenzung der Ausgleichsforderung **130** 27
– Benachteiligungsabsicht **130** 25, 31
– Bereicherungsrecht **130** 34
– Gesamtschuld **130** 28, 34
– Kredit **130** 30
– Nichtunterbrechung der Verjährungsfrist
  130 30
– Rechtsfolge **130** 34 ff
– sittliche Pflicht **130** 24
– unentgeltliche Zuwendung **130** 23
– Verjährung **130** 36
– Versäumnisurteil **130** 30
– Wertersatz **130** 34
Antiquitäten
– Abgrenzung Zugewinnausgleich **2** 15
– Haushaltsgegenstand **2** 15 ff
– Veräußerungswert **2** 17
Anwaltszwang **102** 119 ff
– Aufhebung der Ehe **67** 53
– Beschwerde **51** 46
– Ehe- und Folgesachen **51** 46, 52
– Familienstreitverfahren **51** 46, 52
– Gütergemeinschaft **18** 17, **26** 16
– Kindschaftssachen im Scheidungsverbund
  195 29
– Rechtsbeschwerde **51** 123
– Scheinvaterregress **197** 11
– Verfahrenskostenhilfe **247** 7 ff
– vorzeitiger Zugewinnausgleich **270** 26
– Wiedereinsetzung in den vorigen Stand **51** 55
Anwartschaftsrecht als Vermögenswert **2** 18
Apotheke **2** 55
Arbeitseinkommen als Vermögenswert
– Doppelverwertung **2** 19
Arbeitslosengeld **16** 1 ff
Arbeitslosengeld II **84** 107
Arbeitsplatzverlust **84** 16
Arbeitsverpflichtung *siehe* Erwerbsobliegenheit
Architekturbüro **2** 54
Arrest **86** 6
Arztpraxis **2** 56
Aufenthalt *siehe* Gewöhnlicher Aufenthalt
Aufenthaltsbestimmung bei Minderjährigen
  17 1 ff, **174** 14
– allein sorgeberechtigte Kindesmutter **17** 5
– Aufenthaltswechsel ins Ausland **17** 12
– getrennt lebende Eltern **17** 8
– Grenzen **17** 3
– Kindesentführung **141** 1 ff

– Kindeswohl **17** 9 f
– Meinungsverschiedenheit bei Sorgeberechtigten **160** 18
– nichteheliche Väter **17** 15
– Pflegeperson **17** 7
– Umgang mit Dritten **17** 2
– Umgangspflegschaft **17** 14
– Umzug eines Elternteils **17** 11 ff
– Unterbringung Minderjähriger **17** 4
– Verfahren **17** 16 ff
– Vergleich/Vereinbarung **17** 17
– Wechselmodell **17** 18
– Wohnort **17** 1 ff, **174** 14
Aufhebung der Ehe **68** 13
Aufhebung der Lebenspartnerschaft **67** 47 f
Aufhebung der Zugewinngemeinschaft
– Aufhebung des Verbundes **195** 23
Aufhebung des Verlöbnisses **252** 9 ff
Aufhebungsverfahren
– Darlegungs- und Beweislast **64** 9
Aufhebung und Abänderung einer einstweiligen Anordnung **86** 42 ff
– Gebühren **86** 54 ff
– Zuständigkeit **86** 43, 48 ff
Auflage im Erbrecht **19** 1 ff
Aufrechnung **20** 1 ff
– Aufrechnung gegen Unterhaltsforderungen **20** 2 f
– Aufrechnung mit Unterhaltsansprüchen **20** 1
– Aufrechnungserklärung **20** 6
– Aufrechnungsverbot **20** 7
– Existenzminimum **20** 5
– gesetzliche Unterhaltsansprüche **20** 2 f
– Pfändungsfreigrenze **20** 5
– Rückforderung überzahlten Unterhalts **20** 8
– Saldierung von Unterhaltsansprüchen **20** 8
– vertragliche Unterhaltsansprüche **20** 4
– Vollstreckungsgericht **20** 5
Aufstockungsunterhalt **21** 1 ff
– angemessene Erwerbstätigkeit **21** 3
– Anschlussunterhalt **21** 5
– Bedarf nach den ehelichen Lebensverhältnissen **21** 13
– Bedürftigkeit bei Wegfall des Kindesunterhalts **21** 8
– Bedürftigkeit durch Abzug des Kindesunterhalts beim Berechtigten **21** 10
– Befristung/Herabsetzung **21** 15 ff
– Befristung/Herabsetzung bei fehlender Berufsausbildung **21** 22

– Befristung/Herabsetzung bei Fehlen ehebedingter Nachteile **21** 25
– Befristung/Herabsetzung bei langer Ehedauer **21** 25
– Befristung nach § 1578b BGB **21** 14
– Begrenzungseinwand **21** 28, 29
– Beweislast bei retrospektiver Prognose **21** 33
– Billigkeitskriterien nach § 1578b BGB **21** 16 ff
– Darlegungs-/Beweislast **21** 27
– ehebedingte Nachteile **21** 1, 19
– eheliche Solidarität **21** 2
– Einsatzzeitpunkte **21** 6, 12
– Höhe **21** 13
– Lebensstandardgarantie **21** 2
– sekundäre Darlegungslast **21** 32
– substanziiertes Bestreiten **21** 28, 32
– Vereinbarungen **240** 14 ff, 37 ff
– voller Bedarf **21** 3
Aufteilung der Steuerschuld **22** 1 ff
– Antragserfordernisse **22** 13 ff
– Aufteilungsbescheid **22** 18, 19 ff
– Formen und Inhalte **22** 13 ff
– Fristen **22** 16
– Grundsätze der Aufteilung **22** 10 ff
– Rechtsbehelfe **22** 28
– Sonderfall Vermögensverschiebungen **22** 26
– Steuerbescheide als vollstreckbare Verwaltungsakte **22** 9
– steuerliche Voraussetzungen **22** 9 ff
– Steuerschuldverhältnis **22** 2 ff
– Veranlagungswechsel **22** 27
– Wirkungen der Aufteilung **22** 24 ff
– Zuständigkeit **22** 17
Aufteilung von Haushaltssachen bei Scheidung **23** 1 ff
– Ausgleichszahlung **23** 7 ff
– Auskunftsanspruch nach § 1568b BGB **23** 12 f
– Gerichtsermittlungspflicht **23** 16
– Gesamtbestand **23** 5
– Halbteilungsprinzip **23** 9
– Überlassungs- und Übereignungsanspruch **23** 3 f
– Verfahren **23** 15 f
– Verkehrswert **23** 8
– verweigerte Abholung **23** 11
– Verwirkung **23** 14
– Zuweisungsanspruch **23** 6

Aufteilung von Haushaltssachen bei Trennung **24** 1 ff
- abgesonderter Haushalt **24** 4
- Auskunftsanspruch nach § 1361a BGB **24** 10
- Benötigen **24** 5
- Billigkeit **24** 6
- Gebrauchsüberlassungsanspruch **24** 3
- gemeinsame Haushaltsgegenstände **24** 7
- Gerichtsermittlungspflicht **24** 14
- Herausgabeanspruch **24** 2
- Nutzungsvergütung **24** 8
- Streitwert **24** 13
- verbotene Eigenmacht **24** 9
- Verfahren nach § 1361a BGB **24** 12 ff
- Verjährung **24** 11
- Zuständigkeit **24** 12
AUG **38** 55
Ausbildungsförderung **43** 1 ff
Ausbildungsunterhalt **25** 1 ff
- Abänderung **25** 13
- angemessene Erwerbstätigkeit **25** 2
- Anrechnung von Einkommen **25** 11
- Ausbildungsmehrbedarf **25** 10
- BAföG **25** 12
- Befristung **25** 8, 9
- Darlegungs-/Beweislast **25** 13
- ehebedingte Nachteile **25** 2, 6
- Fortbildung **25** 7
- Herabsetzung **25** 8
- Höhe **25** 8
- Obliegenheit zur Weiterbildung **25** 4
- ohne ehebedingte Nachteile **25** 3
- staatliche Ausbildungsförderung **25** 12
- Umschulung **25** 7
- Verzögerung des Beginns der Ausbildung **25** 6
- Zweitausbildung **25** 6
Auseinandersetzung der Gütergemeinschaft **26** 1 ff, 13 ff
- Auseinandersetzungsvereinbarung **26** 13 ff, 17
- Ausübung der Übernahmerechte **26** 23 ff
- Berichtigung der Gesamtgutsverbindlichkeiten **26** 22 ff
- Durchführung der Auseinandersetzung **26** 18 ff
- Feststellung der Teilungsmasse, Verteilung **26** 35
- Feststellung und Bewertung der Ersatzansprüche für das Eingebrachte, Ererbte und Geschenkte **26** 29 ff

- Feststellung und Tilgung von Gesamtgutsverbindlichkeiten **26** 22
- gerichtliche Durchsetzung der Auseinandersetzung **26** 16 f
- Praxishinweise **26** 36 ff
- Steuerrecht **26** 36
- übersehene Vermögensgegenstände **26** 37
- Veräußerung der Gegenstände, für die kein Übernahmerecht besteht und die nicht teilbar sind **26** 34
- Vermögensverzeichnis **26** 19 ff
Auseinandersetzungsplan **27** 1 ff
Ausgleichsansprüche nach der Scheidung **199** 1 ff
- Abfindung **199** 4
- Hinterbliebenenversorgung **199** 5
- schuldrechtlicher Ausgleich **199** 1 ff
- Vereinbarung **199** 5
- Zielversorgung **199** 4
Ausgleichsreife **28** 1 ff
- abzuschmelzende Anrechte **28** 6 ff
- ausländischer, zwischenstaatlicher oder überstaatlicher Versorgungsträger **28** 8
- Besitzstände **28** 4 ff
- betriebliche Altersversorgung **28** 2
- endgehaltsabhängige Versorgung **28** 4 ff
- fehlende **28** 1 ff, **256** 13
- Gesamtversorgung **28** 3 ff
- schuldrechtlicher Ausgleich **28** 10 ff
- schwankende Bemessungsgröße **28** 5 ff
- Unbilligkeit **28** 9 ff
- Unwirtschaftlichkeit **28** 7 ff
Ausgleichsrente **61** 6 ff
Ausgleichswert **29** 1 ff
- gering **256** 13
- Vereinbarungen zum Versorgungsausgleich **241** 56
Auskunft **31** 1 ff; *siehe* Auskunft über die persönlichen Verhältnisse des Kindes
- Belege **31** 14 ff
- Bestimmung von Haftungsanteilen **31** 2
- eidesstattliche Versicherung **81** 1 ff
- Einkommen **84** 19
- Einkommen des neuen Ehegatten **31** 16
- Elternunterhalt **89** 72
- Entbehrlichkeit der Auskunft **31** 3 ff
- erneute Auskunft **31** 12 ff
- Form der Auskunft **31** 11
- illoyale Vermögensverfügung **130** 15
- Inhalt der Auskunft **31** 8 ff
- konkrete Bedarfsermittlung **31** 3

- Mindestunterhalt **31** 6
- Pflicht zur ungefragten Auskunft **31** 19 ff
- Rechtsmittelbeschwer **31** 5
- Selbstständiger **31** 9
- Sperrfrist **31** 12
- systematische Zusammenstellung **31** 8
- Unterhaltsverzicht **31** 4
- Verwirkung **31** 7
- zum Vermögen **31** 10
- §§ 235, 236 FamFG **31** 22

Auskunftspflichten im Versorgungsausgleich **32** 1 ff
- Ehezeitanteil **32** 4
- Formulare **32** 3 ff
- Mitwirkungshandlungen **32** 3 ff
- Überprüfung der mathematischen Werte **32** 6 ff
- Verfahrensbeteiligte **32** 1 ff, 9

Auskunft über die persönlichen Verhältnisse des Kindes **30** 1 ff
- abgebrochene Umgangskontakte **30** 15
- berechtigtes Interesse **30** 6
- biologischer Vater **30** 5
- Ergänzungspfleger **30** 16
- Häufigkeit der Auskunftserteilung **30** 14
- höchstpersönlicher Anspruch **30** 4
- Inhalt der Auskunft **30** 10
- Kindesvermögen **30** 11
- Kindeswohl **30** 13
- Obhutspersonen **30** 4
- regelmäßiger Umgang **30** 7
- schulische Angelegenheiten **30** 8
- Surrogat zum Umgangsrecht **30** 2
- Umgangskontakte **30** 9
- Wohnanschrift **30** 12

Ausländerrecht **64** 10, **76** 21, **78** 29
- Abschiebung/Ausweisung **72** 27
- Aufenthaltserlaubnis **72** 27
- Aufenthaltsrecht **196** 11
- Ehegattennachzug **72** 27
- Familiennachzug **196** 10
- Kinder/Staatsangehörigkeit **196** 11

Ausländische Anrechte **33** 1 ff, **256** 11 ff

Ausländische Unterhaltstitel **34** 1 ff, 18 ff
- Brüssel I-VO **34** 27
- EuGVVO **34** 27
- EuMVVO **34** 30
- EuUntVO **34** 18 ff
- EuVTVO **34** 29
- Günstigkeitsprinzip **34** 6

- Haager Übereinkommen über die Anerkennung und Vollstreckung von Entscheidungen auf dem Gebiet der Unterhaltspflicht für Kinder **34** 35
- Haager Übereinkommen über die Anerkennung und Vollstreckung von Unterhaltsentscheidungen **34** 33
- Luganer Übereinkommen **34** 31
- Vollstreckbarerklärung ausländischer gerichtlicher Entscheidungen **34** 9 ff
- Vorrang des Konventionsrechts **34** 4
- Vorrang von Rechtsnormen der Europäischen Gemeinschaft **34** 5

Auslandsbezug bei Ehesachen **35** 1 ff; *siehe auch* Scheidungsverfahren bei Auslandsberührung
- common law **35** 9
- deutsches Verfahrensrecht **35** 26
- domicile **35** 9
- Flüchtlinge **35** 12
- Haftung des Anwalts **35** 71
- innerstaatliches Kollisionsrecht **35** 56
- interlokales Recht **35** 56
- internationale Zuständigkeit **35** 2 ff
- lex fori **35** 40
- Mehrrechtsstaaten **35** 56
- nationales Zuständigkeitsrecht **35** 17 ff
- Nationalität/Staatsangehörigkeit **35** 52
- ordre public **35** 48 ff
- Privatscheidung **35** 69 ff
- Qualifikation **35** 68
- Rechtshängigkeit im Ausland **35** 21 ff
- Rechtswahl **35** 34 ff
- Rückverweisung **35** 54 f
- Sachnormverweisung **35** 55
- selbstständige Anknüpfung **35** 59
- Staatenlose, Flüchtlinge, Asylberechtigte **35** 45
- Verfahren **35** 2 ff
- Vollzug der Scheidung **35** 67 ff
- Vorfrage der Ehe **35** 59 f

Auslandsbezug bei Güterrechtssachen **36** 1 ff; *siehe auch* Güterrechtsstatut
- Grundsatz der Einheitlichkeit des Güterrechtsstatuts **36** 13
- Grundsatz der Unwandelbarkeit des Güterrechtsstatuts **36** 12

Auslandsbezug bei Kindschaftssachen **37** 1 ff
- Abänderung einer Entscheidung **37**
- Anerkennung **37** 30 ff
- Brüssel IIa-VO **37** 2 ff; *siehe auch dort*

– Informationsmittel 37 47
– internationale Zuständigkeit 37 2 ff
– Kollisionsrecht 37 23 ff
– nationales Zuständigkeitsrecht 37 20
– Rechtshängigkeit 37 21 f
– Verfahren 37 2 ff
– Vollstreckung 37 34 ff
– Zusammenarbeit der zentralen Behörden
  37 39
Auslandsbezug bei Scheidungssachen siehe
  Auslandsbezug bei Ehesachen; siehe Auslands-
  scheidung
Auslandsbezug bei Unterhaltssachen 38 1 ff;
  siehe auch EuUntVO
– Abänderung Unterhaltstitel 38 52 f
– Heimatrecht 38 46
– Indexierung 38 48
– internationale Zuständigkeit 38 2 ff
– Internetadressen 38 56
– Kollisionsrecht 38 23 ff
– privilegierte Unterhaltsgläubiger 38 43 ff
– Quotenunterhalt 38 48
– Rechtswahl 38 34 ff
– Unterhaltsbemessung 38 48 ff
– Verbrauchergeldparität 38 49
Auslandsbezug im Ehevertrag 236 1 ff
Auslandsscheidung 39 1 ff
– Anerkennung 39 1
– Anerkennungs- und Versagungsgründe
  39 23 ff
– außerhalb der EU 39 48 ff
– Bindungswirkung 39 36
– Dänemark 39 6, 52
– Einlassen 39 28
– Einverständnis 39 29
– EU-Staat 39 5 ff
– fakultatives Feststellungsverfahren 39 16 ff
– Feststellungslast 39 14
– Gebühren 39 45
– Kosten 39 35
– ordre public 39 24
– Personenstandsbuch 39 11
– Prioritätsprinzip 39 33
– Prüfungsmaßstab 39 20 ff
– Rechtsanwaltsvergütung 39 46 f
– Rechtsbeschwerde 39 41
– Rechtsmittel 39 37 ff
– schriftliches Verfahren 39 34
– Schutz des Antragsgegners 39 25 ff
– sonstige Entscheidungen, Unterhalt 39 10
– Standesamt 39 11

– Streitwert 39 42 ff
– Territorialprinzip 39 3
– Unvereinbarkeit 39 31 f
– Verfahrensbedürfnis 39 16 f
– Vorfrage 39 13
– Zuständigkeit 39 18
– Zustellung 39 25 f
Auslandsunterhaltsgesetz 38 55
Auslandszulagen 84 23
Auslösungen 84 23
Ausschluss des Umgangsrechts 40 1 ff
– Adoption 40 1
– Einzelfälle 40 10 ff
– Elternkonflikt 40 10 ff
– Entfremdung 40 47 ff
– Gefährdung des Kindeswohls 40 6
– gesetzliche Regelung 40 4 ff
– Inhaftierung 40 55
– Kindesentführung 40 39
– Körperverletzung 40 22 ff
– Krankheit 40 50 ff
– Loyalitätskonflikt 40 47 ff
– Obhutswechsel 40 40 ff
– sexueller Missbrauch 40 32 ff
– Verfahrenshinweise 40 56 ff
– Verhältnismäßigkeitsgrundsatz 40 8 ff
– Vollzug früherer Entscheidungen 40 4
– Wille des Kindes 40 14 ff
Außergewöhnliche Belastungen 41 1 ff
– besondere Fälle 41 8 ff
– Pauschbeträge für behinderte Menschen, Hin-
  terbliebene und Pflegepersonen 41 30 ff
– Umgangskosten 216 21 f, 219 165
Ausstattung 42 1
Aussteuer 42 1

BAföG 43 1 ff
– Ausbildungsunterhalt 25 12
– Bildungsdarlehen 43 17
– Datenabgleich 43 6
– Einkommen 43 7 f, 84 104
– Elterneinkommen 43 9 ff
– Höhe 43 2
– Kindesunterhalt Volljähriger 144 30
– Unterhaltsanspruch 43 15
– Vermögen 43 4 ff
– Vorausleistung 43 12
Bankkonten 2 21
Bargeld 2 22
Basisunterhalt
– Betreuungsunterhalt 55 10
Bausparvertrag 2 23

Beamtenpension
- Besteuerung **207** 3
Bedarfsermittlung
- abgeleiteter Unterhaltsanspruch **44** 36 ff
- Altersvorsorgeunterhalt **8** 14 f, **44** 6 ff
- angemessener Lebensbedarf **44** 33
- berücksichtigungswürdige Schulden **44** 25 ff
- eheliche Lebensverhältnisse **44** 2
- Elementarunterhalt **44** 3
- Elternunterhalt **89** 9 ff
- freiwillige Zuwendungen Dritter **44** 18
- Haushaltstätigkeit für einen neuen Partner **44** 22 ff
- Karrieresprung **44** 19
- Krankenvorsorgeunterhalt **44** 4, **150** 10 f
- Lebensstellung des Bedürftigen **44** 53
- Maß des Unterhalts **44** 1
- Mehrbedarf **44** 40 ff
- mehrere Bedürftige **159** 14 ff
- Mindestbedarf **44** 22, 57
- Sachbezüge des Arbeitgebers **44** 17
- Sonderbedarf **44** 10, 45 ff
- trennungsbedingter Mehrbedarf **44** 9
- Trennungsunterhalt **214** 3 ff
- Verbindlichkeiten im Unterhalt **233** 1 ff
- Wechselmodell **44** 47
- Wohnvorteil **44** 11 ff
Bedarfsgemeinschaft **45** 1 ff
- Einkommen **45** 6 ff
- Partner **45** 5
Bedingte Rechte **2** 153
Bedürftigkeit
- Anrechnung eigener Einkünfte **46** 27
- Anrechnung von Einkünften **46** 3
- Bezug zum Sozialrecht **46** 1 ff, 28 ff
- Einkünfte aus überobligatorischer Tätigkeit **46** 16 ff
- Elternunterhalt **89** 12 ff
- fiktive Einkünfte **46** 13
- freiwillige Zuwendungen Dritter **46** 15
- Haushaltstätigkeit für neuen Partner **46** 14
- Kindesunterhalt Minderjähriger **143** 12 ff
- Kindesunterhalt Volljähriger **144** 27 ff
- mutwillige Herbeiführung der Bedürftigkeit **46** 18 ff
- Obliegenheit zur Vermögensumschichtung **46** 8 ff
- überobligatorische Tätigkeit **46** 31
- Vermögensverlust **46** 12
- Vermögensverwertung **46** 10 ff, 32, 35

Befristung/Herabsetzung nach § 1578b BGB **226** 1 ff
- Altersunterhalt **7** 18
- Änderung/Wegfall der Geschäftsgrundlage **10** 11, 19
- Aufstockungsunterhalt **21** 14 f
- Bedarfsbemessung **226** 14 ff
- Betreuungsunterhalt **55** 37
- Darlegungs- und Beweislast **226** 28 ff
- ehebedingte Nachteile **226** 10 ff
- Erwerbslosigkeitsunterhalt **97** 30
- Krankheitsunterhalt **151** 20 ff
- Überprüfung der Billigkeitsabwägung in der Rechtsbeschwerdeinstanz **7** 19
Befristungseinwand
- Präklusion **223** 22
Begleiteter Umgang **47** 1 ff
- (unzulässige) Teilentscheidung **47** 37
- Abänderungsverfahren **47** 42
- Anpassung **47** 42
- Aufgabe des Jugendamtes **47** 33 ff
- Einzelfälle **47** 10 ff
- Fallgruppen **47** 6 ff
- gerichtliche Umgangsregelung **245** 17
- Kindesentführung **47** 14 ff
- Kindeswohlgefährdung **47** 6
- Konkretheitsgebot **47** 36
- Körperverletzung **47** 16 f
- Kosten **216** 20
- Modalitäten **47** 33 ff
- Nichtregelung des Umgangs **47** 40
- sexueller Missbrauch **47** 11 ff
- Umgangsanbahnung **47** 27 ff
- Verfahrensbeistand **47** 43
- Verfahrenshinweise **47** 36 ff
- Verhältnismäßigkeitsgrundsatz **47** 6
- Verwaltungsgericht **47** 44
- vollstreckbar **47** 38
- vollziehbar **47** 38
Begleitname **74** 12 f
Behinderte
- Ehefähigkeit **68** 11
Beiname **74** 13
Beistandschaft **48** 1 ff
- Akteneinsicht **48** 16 ff
- Antrag **48** 2
- Antragsbefugnis **48** 3 ff
- Aufgaben des Beistands **48** 12 f
- Ende **48** 14 ff
- Feststellung der Vaterschaft **48** 1, 12, **105** 10

– Geltendmachung von Kindesunterhalt
  48 1, 13
Beitragsrückerstattung **279** 7 ff
– Abänderung **279** 7
– Anpassung wegen Todes der ausgleichsberech-
  tigten Person **279** 8
Belege **31** 14, **84** 21
Belegvorlage im Zugewinn **49** 1 ff, **280** 8
– Anfangsvermögen **49** 3
– Bestimmtheit **49** 10
– Bilanzen **49** 8
– Dokumente **49** 6
– Einnahme-/Überschussrechnung **49** 8
– Endvermögen **49** 3
– Erstellung der Belege **49** 9
– Gesellschaftsvertrag **49** 8
– gesonderte Geltendmachung **49** 10
– Gewinn- und Verlustrechnung **49** 8
– grobe Unbilligkeit **49** 5
– Hausgrundstück **49** 8
– Jahresabschluss **49** 8
– Kaufvertrag **49** 7
– Kontoauszüge **49** 7
– Kopie **49** 9
– Kreditvertrag **49** 7
– Lebensversicherung **49** 8
– Original **49** 9
– Trennungsvermögen **49** 4
– Übergangsvorschrift **49** 2
– Überprüfbarkeit der Auskunft **49** 6
– Übersetzung **49** 9
– Zwangsvollstreckung **49** 10
Berufsbedingte Aufwendungen **50** 1 ff, **84** 39 ff
– Abgrenzung zu den privaten Lebenshaltungs-
  kosten **50** 1
– Angemessenheitskontrolle **50** 10
– Anschaffungskredit **50** 8
– Arbeitszimmer **50** 13
– Beiträge zu Berufsverbänden **50** 14
– eigener Pkw **50** 7
– Erwerbstätigenbonus **50** 5
– Fachliteratur **50** 15
– Fahrtkosten **50** 6 ff
– Fortbildungskosten **50** 15
– Kinderbetreuungskosten **50** 11 f
– konkrete Darlegung **50** 4
– Kürzung des Erwerbstätigenbonus **50** 5
– öffentliche Verkehrsmittel **50** 6
– Pauschalabzug **50** 3
– Steuerberatungskosten **50** 16
Beschädigtenrente **61** 3

Beschleunigungsgebot
– Umgangsrecht **219** 142 ff
Beschneidung **40** 28, 30, **47** 17, **146** 30 ff
Beschränkt abzugsfähige Sonderausgaben, die
  keine Vorsorgeaufwendungen sind
– Aufwendungen für eigenen Berufsausbildung
  202 31 f
– Kinderbetreuungskosten **202** 33 ff
– Unterhaltsleistungen **202** 30
– Zuwendungen **202** 39 f
Beschränkt abzugsfähige Sonderausgaben als
  Vorsorgeaufwendungen
– Altersvorsorgeaufwendungen **202** 23 f
– sonstige Vorsorgeaufwendungen **202** 25 ff
– zusätzliche Altersvorsorgebeiträge/Riester-
  Rente **202** 29
Beschwerde
– Abänderung/Aufhebung der Entscheidung
  51 90
– Abhängigkeit vom Hauptrechtsmittel **51** 69
– Abhilfebefugnis **51** 77 ff
– Abweisung des Scheidungsantrages **51** 96,
  102 ff
– andere Familiensachen **51** 18
– Anschlussbeschwerde **51** 58 ff, 64, 67, 105 ff
– Anwaltszwang **51** 42, 46
– Begründetheitsprüfung **51** 89 ff
– Begründung **51** 92
– Bekanntgabe der Erstentscheidung **51** 43
– Belehrung über Rechtsmittel **51** 41
– beschränkt Geschäftsfähige **51** 48
– Beschwer **51** 61
– Beschwerdebegründung **51** 55 f
– Beschwerdeberechtigung **51** 23 f, 63
– Beschwerdeberechtigung Minderjähriger
  51 29
– Beschwerdeberechtigung von Behörden
  51 28
– Beschwerdeentscheidung **51** 87 ff
– Beschwerdefrist **51** 37
– Beschwerdewert **51** 30, 35
– Beteiligte **51** 44
– Ehe- und Familienstreitsachen **51** 18, 52
– Einlegung **51** 45
– Einspruch **51** 100
– einstweilige Anordnung **51** 83 ff, **86** 55 ff
– einstweilige Einstellung der Vollstreckung
  51 85, 86
– einstweiliger Rechtsschutz **51** 80
– Endentscheidungen **51** 22

– End- und Teilversäumnisentscheidungen
  51 100
– Entscheidungsmöglichkeiten des Beschwerde-
  gerichts **51** 90
– Erlass der Entscheidung **51** 43
– Erledigung der Hauptsache **51** 21
– Europäischer Gerichtshof **51** 70
– fehlerhafte Belehrung **51** 41
– Form **51** 52
– formelle Beschwer **51** 26 f
– Frist **51** 37, 40, 44, 65
– Geschäftsfähigkeit **51** 48
– Inhalt der Beschwerdeschrift **51** 52
– IntFamRVG **51** 54
– isolierte Anfechtbarkeit Kostenentscheidung
  51 34
– Kostenentscheidung **51** 19
– materielle Beschwer **51** 25
– nichtvermögensrechtliche Angelegenheiten
  51 31
– Niederschrift der Geschäftsstelle **51** 52
– Rechtsschutzbedürfnis **51** 62
– Rücknahme der Beschwerde **51** 75
– Rücknahme des Scheidungsantrags **51** 108
– Sachentscheidungen im Scheidungsverbund
  51 101
– Scheidungsausspruch durch das Familienge-
  richt **51** 101
– Scheidungsverbundverfahren **51** 90
– selbstständige Beschwerde **51** 59
– selbstständige einstweilige Anordnung **51** 84
– Statthaftigkeit der Beschwerde **51** 18
– Teilversäumnisentscheidungen **51** 99
– unselbstständige einstweilige Anordnung
  51 83
– Untätigkeitsbeschwerde **51** 70 ff
– unterbliebene Beteiligung **51** 44
– unterbliebene Rechtsbehelfsbelehrung **51** 41
– Verbundverfahren **51** 95
– Verfahren **51** 1 ff, 76 ff
– Verfahrensbeginn beim Beschwerdegericht
  51 81
– Verfahrenseffektivität **51** 82
– Verfahrensfähigkeit **51** 47
– Verfahrenskostenhilfe **51** 51
– verkürzte Frist **51** 38
– verlängerte Frist **51** 39
– vermögensrechtliche Angelegenheiten **51** 32
– Versäumnisentscheidungen **51** 98
– Versorgungsausgleichssachen **51** 33
– Verzicht auf Beschwerde **51** 74

– Verzicht auf die unselbstständige Anschlussbe-
  schwerde **51** 68
– weitere sonstige Familiensachen **51** 53
– Zulässigkeitsprüfung **51** 88
– Zulassung der Beschwerde **51** 36
– Zulassung der Rechtsbeschwerde **51** 94
– Zulassungsbeschwerde **51** 35
– Zurückweisung **51** 90
– Zuständigkeit des Beschwerdegerichts **51** 87
– Zweck der unselbstständigen Anschlussbe-
  schwerde **51** 60
– Zwischen- und Nebenentscheidungen **51** 18
Besteuerung im Versorgungsausgleich
– Abfindung schuldrechtliche Ausgleichsrente
  207 10
– Basisversorgung **207** 4
– Beamtenpension **207** 3
– berufsständische Versorgungen **207** 4
– Direktversicherung **207** 5
– Direktzusage **207** 3
– gesetzliche Rentenversicherung **207** 4
– Kranken- und Pflegeversicherung **207** 11
– landwirtschaftliche Alterskasse **207** 4
– Leibrenten **207** 6
– Leistungsphase **207** 7
– Pensionsfonds **207** 5
– Pensionskasse **207** 5
– private Rentenversicherung **207** 6
– schuldrechtliche Ausgleichsrente **207** 9
– Unterstützungskassenzusage **207** 3
– zum Zeitpunkt der Teilung **207** 7 ff
Betagte Verbindlichkeiten **51** 167
Beteiligte **53** 1 ff
– Anfechtung der Vaterschaft **13** 12 ff
– Begriff **53** 2
– Beteiligtenfähigkeit **53** 14
– Ergänzungspfleger **53** 33
– Feststellung der Vaterschaft **105** 5 ff
– Hinzuziehung **53** 13
– Jugendamt **53** 11
– Kostenentscheidung **148** 34
– Pflegefamilie **177** 21 ff
– Prozessstandschaft **186** 1 ff
– Verbleibensanordnung **234** 16 ff
– Verfahren betreffend Minderjährigenunterhalt
  53 22
– Verfahrensbeistand **53** 34
– Verfahrensfähigkeit **53** 17, 19
Betreuung durch Dritte
– Betreuungsunterhalt **55** 35; *siehe auch dort*
– freiwillige Leistung **55** 35

Betreuungsunterhalt **55** 1 ff
– Altersphasenmodell **55** 3, 12
– angemessene Erwerbstätigkeit **55** 32
– Basisunterhalt **55** 10
– Befristung **55** 37
– Beschränkung **55** 37
– besondere Betreuungsbedürftigkeit **55** 17
– Betreuung durch Dritte **55** 35
– Betreuung in Ferien- und Krankheitszeiten **55** 19
– Betreuungsaufwand **55** 33
– Betreuungsbedürftigkeit des Kindes **55** 17
– Billigkeitsunterhalt **55** 11
– Darlegungs- und Beweislast **55** 40
– Doppelbelastung durch Betreuung und Erwerbstätigkeit **55** 29
– Einsatzzeitpunkte **55** 6
– Einschränkung der Erwerbsobliegenheit **55** 8
– elternbezogene Gründe **55** 26 f
– Erwerbsobliegenheit **55** 23, **98** 23 ff; *siehe auch dort*
– Erwerbsobliegenheit nach Billigkeitsgrundsätzen **55** 11
– fiktives Einkommen des Betreuenden **55** 41
– Fremdbetreuung **55** 13, 14 f
– Ganztagsgrundschule **55** 35
– gemeinsame eheliche Kinder **55** 7
– gestufter Übergang **55** 12
– gestufter Übergang zur Vollerwerbstätigkeit **55** 21
– Herabsetzung **55** 37
– keine Erwerbsobliegenheit **55** 10
– kindbezogene Gründe **55** 12
– Kindergartenbeitrag **55** 34
– nacheheliche Solidarität **55** 2
– pauschaler Betreuungsaufwand **55** 36
– tatsächliche gesellschaftliche Verhältnisse **55** 22
– Teilbetreuung durch den anderen Elternteil **55** 16
– überobligationsmäßige Erwerbstätigkeit **55** 8, 10, 31
– Vereinbarungen **240** 17 ff, 33 ff
– Vollerwerbsobliegenheit **55** 20
– vollständiger bzw teilweiser Wegfall der Erwerbsobliegenheit **55** 1
Betriebliche Altersversorgung **56** 1 ff, **101** 2, **256** 5 ff
– arbeitgeberfinanzierte Zusage **56** 2 ff
– arbeitnehmerfinanzierte Zusage **56** 2 ff
– Auskunftsformular **56** 3 ff

– Beschlussformel **256** 20 ff
– Besitzstand **56** 2 ff
– Bewertungsmethoden im Zugewinn **59** 27
– Deferred Compensation **56** 1 ff
– Direktversicherung **56** 1 ff
– Direktzusage **56** 1 ff
– Durchführungswege **56** 1 ff
– Ehezeitanteil **56** 6, **80** 2 ff
– interne Teilung **135** 6
– korrespondierender Kapitalwert **56** 8 ff, **147** 8 ff
– maßgebliche Bezugsgröße **56** 5, 7 ff
– Pensionsfonds **56** 1 ff
– Pensionskasse **56** 1 ff
– Teilrechte **56** 4 ff
– Unterstützungskassenzusage **56** 1 ff
– unverfallbare Anwartschaft **56** 5 ff
– Wertermittlung **56** 5 ff
Betriebswirtschaftliche Auswertungen **84** 50
Beweislast
– Betreuungsunterhalt **55** 40
– Einkommen des Berechtigten **166** 32
– nachehelicher Unterhalt **166** 27
– Verbindlichkeiten der Eheleute **166** 34
– Verbindlichkeiten des Pflichtigen **166** 33
– zusätzliches Einkommen des Pflichtigen **166** 31
Beweissicherung im Zugewinn **57** 1 ff
– Belegvorlage **57** 2
– Rechtsanwaltsgebühr **57** 11
– Schiedsgutachtenvertrag **57** 2
– selbstständiges Beweisverfahren **57** 3 ff
– Streitwert **57** 10
– Verzeichnis über das Anfangsvermögen **57** 2
Bewerbungsbemühungen **58** 1 ff
– Erwerbsobliegenheit **98** 19; *siehe auch dort*
Bewertungsmethoden im Zugewinn **59** 1 ff
– Abfindungsklauseln in Gesellschaftsverträgen **59** 21
– Abzinsung **59** 32
– Aktien **59** 39
– Anwartschaften **59** 32
– Architekturbüro **59** 23
– Arztpraxis **59** 23
– Bäckerei **59** 23
– betriebliche Altersvorsorge **59** 27
– Bewertungszeitpunkt **59** 2 ff
– Bibliotheken **59** 34
– Direktversicherung **59** 27
– Einzelstücke **59** 34
– Einzelunternehmen **59** 16

- Ertragswert **59** 5
- Firmenwert **59** 7
- freiberufliche Praxen **59** 22 ff
- Geldforderungen **59** 31
- Geschäftswert **59** 7
- geschlossener Immobilienfond **59** 33
- Goodwill **59** 7
- Handelsvertretung **59** 23
- ideeller Wert **59** 7
- illoyale Vermögensverfügung **59** 3
- Immobilien **59** 24 ff
- Indexierung **59** 2
- Inflation **59** 2
- Kunst **59** 34
- land- und forstwirtschaftliche Betriebe **59** 10 ff
- Leasingvertrag **59** 35
- Lebensversicherung **59** 26 ff
- Leibgeding **59** 37
- Liquidationswert **59** 9
- Materialwert **59** 34
- modifiziertes Ertragswertverfahren **59** 22
- Nennwert **59** 31
- Nießbrauch **59** 36 ff
- Personengesellschaft **59** 20
- Pkw **59** 38
- Rechtsanwaltskanzlei **59** 23
- Reproduktionswert **59** 6
- Restwert **59** 35
- Sachwert **59** 6
- Sammlungen **59** 34
- Schmuck **59** 34
- Steuerberaterkanzlei **59** 23
- Stichtagsprinzip **59** 4
- Substanzwert **59** 6
- Tierarztpraxis **59** 23
- Unternehmen **59** 16 ff
- Unternehmensbeteiligung **59** 19 ff
- Unternehmerlohn **59** 7
- Veräußerungswert **59** 8
- Verbindlichkeiten **59** 31
- Verkehrswert **59** 8
- Vermessungsbüro **59** 23
- Versicherungsagentur **59** 23
- Wertpapiere **59** 39
- Wiederbeschaffungswert **59** 6
- Wohnrecht **59** 36 ff
- Zahnarztpraxis **59** 23
- zahntechnisches Labor **59** 23
- Zerschlagungswert **59** 9

Bewertung von Unternehmen **2** 173, **59** 16 ff, **232** 1 ff
BGB-Gesellschaft *siehe* Ehegatteninnengesellschaft
Bilanz **84** 44 ff
Bilder **2** 24, **59** 34
Billigkeitskriterien nach § 1578b BGB **21** 16 ff
- ehebedingter Nachteil **21** 16
- Ehedauer **21** 16
- Kindesbelange **21** 16
- phasenverschobene Ehe **21** 16
- Vermögenszuwendungen in der Ehe **21** 16
- Vertrauensschutz **21** 16
Billigkeitsunterhalt **60** 1 ff
- Abwägungskriterien **60** 5
- Darlegungs- und Beweislast **60** 7
- Dauer **60** 6
- Fallgruppen **60** 3
- grobe Unbilligkeit **60** 4
- Höhe **60** 6
- schwerwiegende Gründe **60** 3
- Subsidiarität **60** 2
- Vertrauenstatbestand **60** 2
Biologischer Vater **30** 5; *siehe auch* Leiblicher Vater
Bremer Tabelle **8** 14
Brüssel IIa-Verordnung **134** 6
- Anknüpfungszeitpunkt **35** 8
- Anwendungsbereich **35** 2
- Ausschließlichkeit **35** 14
- Aussetzung des Verfahrens **35** 21
- Bundesamt für Justiz **37** 39
- Dänemark **35** 2
- domicile **35** 8, 9
- Drittstaatenbezug **35** 3, **37** 6
- Ehescheidung **35** 2
- Europäisches Justizielles Netz **37** 39
- Feststellung des Bestehens/Nichtbestehens der Ehe **35** 2
- Folgesachen **35** 5
- Geltungsbereich **37** 7
- Gerichtsstandsvereinbarungen **35** 4
- gewöhnlicher Aufenthalt **35** 8
- gleichgeschlechtliche Ehe **35** 2
- Grundsatz der perpetuatio fori **35** 7
- Heimatstaat **35** 9
- innerstaatliche Durchsetzung **37** 39 f
- Internationales Familienrechtsverfahrensgesetz **37** 39 f
- internationale Zuständigkeit **35** 2 ff, **37** 2 ff
- Kindesentführung **37** 12, **141** 14

– Kindschaftssachen **37** 2
– loi universelle **35** 3
– räumlicher Anwendungsbereich **37** 2
– Sorgerecht **37** 7
– Staatsangehörigkeit **35** 8, **37** 8
– Trennung **35** 2
– Umgangsrecht **37** 7
– Umwandlung eines Antrags **35** 13
– Ungültigkeitserklärung der Ehe **35** 2
– Vereinigtes Königreich, Irland **35** 8
– Verfahrensrecht **35** 2 ff
– Verhältnis zu anderen Übereinkommen **37** 2
– zeitlicher Anwendungsbereich **37** 2
– Zusammenarbeit der zentralen Behörden
  37 39
– Zuständigkeit **35** 4, 6, 10
– Zuständigkeitsregelungen **37** 8 ff
Bruttowert einer Versorgung **256** 24
Bundesversorgungsgesetz **61** 1 ff
Bürgschaften **2** 25

common law-Staaten **36** 15
– domicile **35** 9

Darlegungs- und Beweislast
– Änderung/Wegfall der Geschäftsgrundlage
  10 22, 29 ff
– Einkommen **84** 18
– familienrechtlicher Ausgleichsanspruch **103** 7
– Getrenntleben **116** 16
– Härtefallscheidung **128** 6
– Verwirkung **221** 4
Darlegungs- und Beweislast beim Unterhalt
– Abänderung von Unterhaltstiteln **223** 32
– Altersunterhalt **7** 23 f
– Aufstockungsunterhalt **21** 27
– Ausbildungsunterhalt **25** 13
– Betreuungsunterhalt **55** 40
– Bewerbungsbemühungen **58** 10
– Billigkeitsunterhalt **60** 7
– nachehelicher Unterhalt **166** 33 f
– Negativtatsachen **62** 3
– sekundäre Beweislast **62** 4 ff, 18, 22
– Umkehr der Beweislast **62** 2
– Unterhaltsbegrenzung **226** 28 ff
– Verbindlichkeiten im Unterhalt **233** 16
Darlegungs- und Beweislast im Zugewinn
  63 1 ff
– Anfangsvermögen **12** 28, **63** 3 ff
– Beibringungsgrundsatz **63** 1
– Benachteiligungsabsicht **63** 8
– Beweislastumkehr **63** 5, 9

– Endvermögen **63** 6 ff
– grobe Unbilligkeit **63** 12, **121** 19
– illoyale Vermögensverfügung **63** 7 ff,
  130 15 ff
– land- und forstwirtschaftlicher Betrieb **63** 14
– negatives Anfangsvermögen **63** 4
– objektive Beweislast **63** 1
– positives Anfangsvermögen **63** 3
– subjektive Beweislast **63** 1
– unbenannte Zuwendung **63** 15, **220** 15
– Verzeichnis über das Anfangsvermögen **63** 5
– Vorausempfang **63** 11
– vorzeitige Aufhebung der Zugewinngemeinschaft **63** 13
– vorzeitiger Zugewinnausgleich **63** 13, **270** 33
– Zuwendungen Dritter im Zugewinn **281** 7
Darlehen **2** 26, **122** 25; *siehe auch* Verbindlichkeiten im Unterhalt; *siehe auch* Zins- und Til-
  gungsleistungen
Dauerschuldverhältnis **2** 27
Deutsch-französischer Wahl-Güterstand **280** 1
Deutsch-französisches Abkommen **36** 5
Deutsch-iranisches Niederlassungsabkommen
  35 30, **36** 6
– Kollisionsrecht **37** 27, **38** 24
Direktzusage **56** 4
– Besteuerung **207** 3
– Versorgungsausgleich **101** 6
domicile **35** 8 f
– common law-Staaten **35** 9
Doppelehe **64** 1 ff
– aufhebbare Ehe **64** 5
– aufhebungsberechtigt **64** 8
– Auflösung der Doppelehe **64** 8
– Bestätigung **64** 6
– Eheaufhebung **67** 10 ff
– Eheverbot **64** 2
– Einehe **64** 2
– eingliedriger Name **64** 13
– Erstehe **64** 4
– gutgläubiger Ehegatte **64** 7
– Heilung **64** 6
– internationales Privatrecht **64** 11 ff
– maßgeblicher Zeitpunkt **64** 3
– Straftat **64** 2
– Verwaltungsbehörde **64** 8
– Vorehe **64** 13 f
– Zugewinnausgleich **121** 11
– zweiseitiges Verbot **64** 2
– Zweitehe **64** 3

Doppelname
- Reihenfolge der Namen **74** 12 f
- Widerruf **74** 13
Doppelverwertungsverbot **65** 1 ff
- Aktienoptionen **65** 13
- arbeitsrechtliche Abfindung **65** 3 ff
- fällige Unterhaltsforderungen **65** 9
- freiberufliche Praxis **65** 5
- private Altersvorsorge **65** 7
- Steuererstattungsansprüche **65** 11
- Steuerschulden **65** 11
- thesaurierender Fonds **65** 12
- Tilgungsleistungen **65** 7
- Verbindlichkeiten **65** 6 ff
- Verbindlichkeiten im Unterhalt **233** 15
- Vermögensnutzung **65** 2
- Vermögensstamm **65** 2
- Zinseinnahmen **65** 12 ff
- Zinsen **65** 6
Dreiteilungsmethode **166** 16; *siehe* Mehrere Bedürftige (Drittelmethode)
Drittelmethode *siehe* Mehrere Bedürftige (Drittelmethode)
Drittwiderspruchsantrag **85** 37
Drogenabhängigkeit **47** 18, 20
Durchsetzung von Umgangsregelungen **66** 1 ff
- Abänderungsverfahren **66** 23
- Angemessenheit einer Maßnahme **66** 4
- Anhörung **66** 21 f
- Belehrung **66** 14 f
- Beratung **66** 9, 27
- Billigung **66** 7
- Entfremdung **66** 2
- Erkenntnisverfahren **66** 3, 22
- gesetzliche Regelung **66** 4 ff
- Kindeswohl **66** 1
- Kontaktabbruch **66** 2
- Maßnahmen im Ausgangsverfahren **66** 5 ff
- Ordnungsmittel **66** 15 ff
- Schutzmaßnahmen **66** 4
- Streitschlichtung **66** 3
- Vermittlungsverfahren **66** 25 ff
- Vollstreckung **66** 14 ff
- Wohlverhaltenspflicht **66** 8, 12 f

Ehe *siehe* Doppelehe; *siehe* Ehefähigkeit; *siehe* Ehehindernis; *siehe* Eheverbot; *siehe* Eheliche Lebensgemeinschaft; *siehe* Ehename; *siehe* Eheschließung im Ausland; *siehe* Eheschließung im Inland; *siehe* Eheschließung mit Ausländern; *siehe* Haftung der Ehegatten; *siehe* Scheinehe; *siehe* Schlüsselgewalt

Eheähnliche Lebensgemeinschaft **169** 1 ff, **221** 10 ff; *siehe auch* Nichteheliche Lebensgemeinschaft
Eheaufhebung **67** 1 ff
- Antrag **67** 51 ff
- arglistige Täuschung **67** 25 ff
- Aufhebung der Lebenspartnerschaft **67** 47 f
- Aufhebungsgründe **67** 2 ff
- Auswirkung auf Ehewohnung und Hausrat **67** 43
- Auswirkung auf Erbrecht **67** 44 ff
- Auswirkung auf Unterhalt **67** 38 ff
- Auswirkung auf Zugewinn- und Versorgungsausgleich **67** 41 f
- Bewusstlosigkeit **67** 20 ff
- Bigamie **67** 10 ff
- Ehemündigkeit **67** 3 ff
- Formfehler **67** 17 ff
- Gebühren **67** 63 ff
- Geschäftsunfähigkeit **67** 7 ff
- Irrtum **67** 23 f
- Kosten **67** 57 f
- nacheheliche Unterhalt **166** 23
- Rechtsfolgen **67** 37 ff
- Rechtsmittel **67** 59 f
- Scheinehe **67** 33 ff
- Streitwert **67** 61 f
- Verfahren **67** 49 ff
- Verwandtenehe **67** 14 ff
- widerrechtliche Drohung **67** 30 ff
- Zuständigkeit **67** 50
Ehebedingte Nachteile **21** 16, **164** 2 ff, **226** 28 ff
- Altersunterhalt **7** 2
- Altersvorsorgeunterhalt **8** 3
- Arbeitsplatzwechsel **21** 16
- Aufstockungsunterhalt **21** 7, 19 ff
- Darlegungs- und Beweislast **7** 23 ff, **62** 18, **226** 28 ff
- Erwerbslosigkeitsunterhalt **97** 2
- retrospektive Prognose **21** 20
- vertraglicher Ausgleich **241** 31
Ehebedingte Zuwendungen **220** 1 ff; *siehe auch* Unbenannte Zuwendung
Ehebruch **128** 8
Ehedauer
- bei Billigkeitsabwägung nach § 1578b BGB **21** 16
Ehefähigkeit **68** 1 ff
Ehefähigkeitszeugnis **78** 13 ff; *siehe auch* Eheschließung mit Ausländern
- ausländisches Recht **78** 15

– Ausstellungsbehörde **78** 20
– Befreiung **78** 22 ff
– Bindung **78** 18 f
– Ehehindernis **78** 14
– Eheverbote **78** 24
– Eilbedürftigkeit der Eheschließung **78** 23
– Ermessensentscheidung **78** 24
– Geltungsdauer **78** 21
– Heimatrecht **78** 17
– hinkende Ehe **78** 13
– Inhalt **78** 17
– Legalisation **78** 18, 20
– Münchener CIEC-Übereinkommen **78** 20
– OLG-Präsident **78** 22 ff
– Personenkreis **78** 15
– Rechtsmittel **78** 28
– Standesbeamter **78** 18 f
– Verfahren **78** 26 ff
– Voraussetzungen der Eheschließung **78** 13
– Wirkung **78** 18 f
– zwingendes Recht **78** 14
Ehegattenerbrecht **69** 1 ff
– erbrechtliche Lösung **69** 1 ff
– gesetzlicher Güterstand **69** 1 ff
– güterrechtliche Lösung **69** 1 ff
– Gütertrennung **69** 1 ff
– neue Bundesländer **69** 1 ff
– Pflichtteilsrecht **69** 10 ff
– Scheidungsantrag **69** 10 ff
– Scheitern der Ehe **69** 10 ff
– Verfügung von Todes wegen **69** 10 ff
– Zugewinnausgleich **69** 10 ff
Ehegatteninnengesellschaft **2** 28 ff, **70** 1 ff
– Analogie **70** 5
– Anfangsvermögen **2** 31
– Ausgleichsanspruch **70** 4 ff
– Beteiligung **70** 6
– Familiengericht **70** 10
– Fiktion **70** 3
– Formel BGH **70** 2
– GbR **70** 1
– gemeinsamer Vermögenswert **2** 28
– Gesellschaftsrecht **70** 3, 5
– Gesellschaftswert **70** 7
– Güterstand: Einfluss **70** 9
– Gütertrennung **2** 29
– Innengesellschaft **70** 6
– internationales Familienrecht **36** 29
– konkludente Ehegatteninnengesellschaft **70** 3
– Quote **70** 7
– Risikogemeinschaft **70** 8

– Schuldrecht **70** 5
– sonstige Familiensache **70** 10
– Überschuldung **2** 32
– unbenannte Zuwendung **220** 8 ff
– Verfahren **70** 10
– Verjährung **70** 10
– Verlust **70** 8
– voreheliche Ehegatteninnengesellschaft **2** 33
– Wertzuwachs nach Stichtag **2** 34
– Zugewinngemeinschaft **2** 29
– Zweck **70** 1
Ehegattensplitting
– Leistungsfähigkeit **154** 16 ff
Ehegattenunterhalt *siehe* Nachehelicher Unterhalt
EheGVVO *siehe* Brüssel IIa-VO; *siehe* Brüssel IIa-VO
Ehehindernis **71** 2
Eheliche Lebensgemeinschaft **72** 1 ff
– Abschiebung **72** 27
– Angehöriger **72** 26
– Aufenthaltserlaubnis **72** 27
– Aufgabenteilung **72** 13
– Auftragsverhältnis **72** 19
– Ausgleichspflicht **72** 19
– Auskunfts-/Zeugnisverweigerungsrecht **72** 25
– Auskunftspflicht **72** 20
– Auslegungsrichtlinie **72** 6
– Beistandspflicht **72** 14
– Bürgschaft **72** 17
– Ehebruch **72** 11
– Ehegattennachzug **72** 27
– Ehepflichten **72** 9 ff
– Ehewirkungsstatut **72** 28 ff
– Ehewohnung/Mitbesitz **72** 10 f
– Familienplanung **72** 12
– Familienunterhalt **72** 20
– Generalklausel **72** 6
– Geschäfts-/Verfahrensfähigkeit der Ehegatten **72** 2
– Geschlechtsgemeinschaft **72** 11
– Getrenntleben **72** 9
– Gleichberechtigung **72** 13
– Haushaltsführung **72** 13
– häusliche Gemeinschaft **72** 9
– Hausrat/Mitbesitz **72** 10
– Hemmung **72** 23
– Herstellung **72** 22
– Innenverhältnis **72** 19
– Krankenversicherung **72** 14
– Krankheit **72** 14

- Mindestinhalt der Ehe **72** 8 ff
- nacheheliche Solidarität **72** 18
- Pflichtverletzung **72** 21
- Rücksichtnahmepflicht **72** 15
- Rücktrittsrecht **72** 5
- Schadensersatzanspruch **72** 21
- Selbstbestimmungsrecht **72** 12
- Solidaritätspflicht **72** 16
- staatlicher Schutz **72** 4
- streitige Familiensache **72** 22
- Teilungsversteigerung **72** 17
- Treuepflicht **72** 11
- Verantwortungsgemeinschaft **72** 7
- Vereinbarungen **72** 5
- Verjährung **72** 23
- vermögensrechtliche Pflichten **72** 17 f
- Vertretungsrecht **72** 2
- Vollstreckungsverbot **72** 22
- Wesen der Ehe **72** 8 ff
Eheliche Lebensverhältnisse
- Abfindung **65** 3
- Deckung des Lebensbedarfs **73** 7
- Grundsatz der Eigenverantwortung **73** 1
- Karrieresprung **73** 9 ff
- Lebensstandardgarantie **73** 1
- mehrere Bedürftige **73** 6
- objektiver Maßstab **73** 1
- Stichtagsprinzip **73** 2
- Surrogatsrechtsprechung **73** 3
- wandelbare eheliche Lebensverhältnisse **73** 4
Ehemündigkeit
- aufhebbare Ehe **68** 14
- Kinderehen **68** 14
- Standesbeamter **68** 2
- Volljährigkeit **68** 2
- Zeitpunkt **68** 2
Ehename **74** 1 ff
- adliger Name **74** 8
- Anfechtung **74** 6
- Angleichung des Ehenamens **74** 28
- Bedingung/Befristung **74** 5
- Begleitname **74** 12 f
- Bestimmung **74** 7 ff
- Doppelname **74** 12 f
- Ehenamensstatut **74** 22
- Eheregister **74** 20
- ehevertragliche Abrede **74** 19
- erheirateter Name **74** 9
- Erklärung **74** 5
- Familienname **74** 2
- Fortführung des Ehenamens **74** 18 f

- Frist **74** 5
- Geburtsname **74** 8
- gemeinsamer Familienname **74** 2
- Gestaltungsmöglichkeiten **74** 4 ff
- kein gemeinsamer Doppelname **74** 10
- Kinder **74** 16
- Korrektur der Namenswahl **74** 6
- Mehrfachname **74** 12
- Mehrfamilienname **74** 12
- mehrgliedriger Name **74** 10
- Namenszusatz **74** 9
- öffentliche Beglaubigung **74** 5
- Scheidung **74** 16 f
- Sittenwidrigkeit **74** 19
- Sollvorschrift **74** 3
- Standesbeamter **74** 5
- tatsächlich geführter Name **74** 9
- Vereinbarungen zur Namensführung **244** 1 ff
- Verwitwung **74** 16 f
- Wahlrecht **74** 7
Ehenamensstatut **74** 22
- effektive Staatsangehörigkeit **74** 22
- gemischt-nationale Ehe **74** 23
- Heimatrecht **74** 22
- lex fori **74** 22
- Mehrstaater **74** 22
- Namensführung nach der Scheidung **74** 29 f
- Personalstatut **74** 22
- Rückverweisung (renvoi) **74** 22
- Schreibweise des Namens **74** 22
- Wahlrecht **74** 23
Eheprägende Verbindlichkeiten **84** 110
Ehesachen **102** 116
- örtliche Zuständigkeit **102** 32
Ehescheidung **75** 1 ff
- Aussöhnungsbereitschaft **75** 11
- drei Jahre Trennungszeit **75** 13
- Ehegattenschutz **75** 19 ff
- ein Jahr Trennungszeit **75** 7 ff
- einvernehmliche Scheidung **75** 7 ff
- Erbrecht **75** 10
- Getrenntleben **75** 6
- Grundtatbestand **75** 2 ff
- Haft **75** 4
- Härtefallscheidung **75** 14
- Härteklausel **75** 15 ff
- häusliche Gemeinschaft **75** 4
- Kinderschutz **75** 16 ff
- Lebensgemeinschaft **75** 3 f
- Pflegeheim **75** 4
- Scheitern der Ehe **75** 2 f, 7

– schwere Erkrankung **75** 21
– Suizid **75** 17
– verfrühter Scheidungsantrag **148** 15
– Versöhnungsbereitschaft **75** 6
– Wiederherstellung der ehelichen Lebensgemeinschaft **75** 11
– Zerrüttung **75** 4 ff
Eheschließung im Ausland **76** 1 ff
– alternative Anknüpfung **76** 4
– Anwendungsbereich **76** 11 ff
– Aufgebot **76** 11
– Ausländerrecht **76** 21
– Ehefähigkeitszeugnis für Deutsche **76** 17
– Eheregister **76** 16
– Eheschließungserklärung **76** 11
– Eheschließungsort **76** 5
– Eheschließungsstatut **76** 2
– Form **76** 3 ff, 11, 13
– Geschäftsrecht (Geschäftsstatut) **76** 5
– Grundsatz des milderen Rechts **76** 13
– Handschuhehe **76** 12
– Heiratslizenz **76** 11
– kirchliche Trauung/religiöser Ritus **76** 8
– Nachbarstaat **76** 20
– Nachweis der Eheschließung **76** 18
– Ortsrecht (Ortsstatut) **76** 5
– Recht des Flaggenstaates **76** 15
– Recht des Registrierungsstaates **76** 15
– Rechtsmissbrauch **76** 14
– Rückverweisung (renvoi) **76** 6
– sachliche Voraussetzungen der Eheschließung **76** 2
– Sachnormverweisung **76** 6
– staatlicher Schutz **76** 21
– Staatsverträge **76** 3
– Trauungsorgan **76** 11
– Vertretung bei der Eheschließungserklärung **76** 11
– Vorfrage der Ehe **76** 10
– Vorteile der Registrierung **76** 19
– Zeugen **76** 11
Eheschließung im Inland **77** 1 ff
– Anwendung deutschen Rechts **77** 14 ff
– Anwesenheit **77** 2
– Aufenthaltserlaubnis **77** 14
– Aufgebot **77** 10
– Ausländer **77** 14 ff
– Ehefähigkeit **77** 5
– Ehehindernisse **77** 5
– Eheregister **77** 6
– Eheschließungswillen **77** 8

– Eheschließung vor ermächtigten Personen **77** 16 f
– Eheverbote **77** 5
– Ehezeit **77** 5, 12
– familienrechtlicher Vertrag **77** 3
– Form **77** 2 ff
– formungültige Ehe **77** 8 f
– Geschlechtsverschiedenheit **77** 1
– Handschuhehe **77** 2
– Heiratsbuch **77** 7
– hinkende Ehe **77** 14
– kirchliche (Voraus-)Trauung **77** 11
– Konsenserklärung **77** 2 f
– Nichtehe **77** 14
– persönliche Erklärung **77** 2
– Rechtswahl **77** 13
– Scheinehe **77** 4
– Standesbeamter **77** 4 ff
– Trauung **77** 7
– Voraussetzungen der Eheschließung **77** 5
– Zeugen **77** 7
Eheschließung mit Ausländern **78** 1 ff
– Ausländerrecht **78** 29
– CIEC-Übereinkommen **78** 1
– deutsch-iranisches Niederlassungsabkommen **78** 1
– Eheschließungsstatut **78** 3, 7 ff; *siehe auch dort*
– Haager Eheschließungsabkommen **78** 1
– Konsularverträge **78** 1
– Vereinbarungen mit Auslandsbezug **236** 1 ff
Eheschließungsfreiheit **78** 10, **282** 3
Eheschließungsstatut
– Altersgrenze **78** 12
– Anwendungsbereich **78** 7 ff
– Asylberechtigte **78** 5
– Aufhebbarkeit **78** 8
– Bedingung/Befristung **78** 8
– Doppel-/Mehrstaater **78** 5
– effektive Staatsangehörigkeit **78** 5
– Ehefähigkeit **78** 8
– Ehehindernisse **78** 8
– Ehemündigkeit **78** 8
– Eheschließungserklärung **78** 8
– Eheschließungsfreiheit **78** 10
– Eheverbote **78** 8
– Flüchtlinge **78** 5
– Gesamtverweisung **78** 6
– Geschlechtsverschiedenheit **78** 8
– Grundsatz des ärgeren Rechts **78** 9
– Heilung **78** 8 f

– Heimatrecht **78** 3 ff
– lex fori **78** 7
– Mehrehe **78** 8 f
– Minderjährige **78** 8
– ordre public **78** 12
– Personalstatut **78** 3
– Qualifikation **78** 7
– Rückverweisung (renvoi) **78** 6
– Staatenlose **78** 5
– Stellvertretung im Willen **78** 8
– unwandelbar **78** 4
– Voraussetzungen der Eheschließung **78** 3
– Vorrang des Heimatrechts **78** 3 ff
– Zeitpunkt **78** 3
– Zustimmungserfordernisse **78** 8
– Zwangsheirat **78** 12
Ehestörer
– Anspruchsgegner **79** 3
– Eigentümer bzw Vermieter **79** 15 ff
– Lebensgefährte **79** 1 ff
– Regelungen aus dem Besitzrecht **79** 6 ff, 14, 17
– Regelungen aus dem Mietrecht **79** 5, 13, 16
– Regelungen nach dem Eherecht **79** 9 ff, 15
– verbliebener Ehegatte **79** 9 ff
– Verfahrensbeteiligung des Lebensgefährten bzw Dritten **79** 4
Eheverbot **71** 1 ff
– Adoption **71** 8 ff
– Auflösung der eheverbotswidrigen Ehe **71** 12 f
– Doppelehe **71** 3
– Inzestehe **71** 4 ff
Ehevertrag *siehe* Vereinbarungen zum Kindes-unterhalt; *siehe* Vereinbarungen zum nacheheli-chen Unterhalt; *siehe* Vereinbarungen zum Versorgungsausgleich; *siehe* Vereinbarungen zum elterlichen Sorge- und Umgangsrecht; *siehe* Vereinbarungen zur Namensführung; *siehe* Vereinbarungen zum Güterstand; *siehe* Vereinbarungen mit Auslandsbezug
– Begrenzung, Befristung und Abänderung von Vereinbarungen **240** 47 ff
– Gütergemeinschaft **238** 50 ff
– Güterstand **238** 1 ff
– Gütertrennung **238** 40 ff
– Inhalts-/Ausübungskontrolle **131** 1 ff
– Kernbereichslehre **131** 1 ff
– ungleiche Verhandlungsposition **131** 4
– Unterhalt **131** 14 ff
– Vereinbarungen mit Auslandsbezug **236** 1 ff

– Vereinbarungen zum elterlichen Sorge- und Umgangsrecht **237** 1 ff
– Vereinbarungen zum Kindesunterhalt **239** 1 ff
– Vereinbarungen zum nachehelichen Unterhalt **240** 1 ff
– Vereinbarungen zum Versorgungsausgleich **131** 23 ff, **241** 1 ff
– Vereinbarungen zur eheähnlichen Lebensge-meinschaft **242** 1 ff
– Vereinbarungen zur eingetragenen Lebenspart-nerschaft **243** 1 ff
– Vereinbarungen zur Namensführung **244** 1 ff
– Wirksamkeitskontrolle **131** 3 ff, 24
– Zugewinnausgleich **131** 26 ff
– Zugewinngemeinschaft **238** 3 ff
EheVO II *siehe* Brüssel IIa-VO
Ehewirkungen **72** 1 ff; *siehe auch* Eheliche Le-bensgemeinschaft; *siehe auch* Schlüsselgewalt
Ehewirkungsstatut
– Abstammungsstatut **72** 29
– Adoptionsstatut **72** 29
– allgemeine Wirkungen der Ehe **72** 28 ff
– Anknüpfung an das Ehewirkungsstatut **72** 29
– Anknüpfungsleiter **72** 30 ff
– Anwendungsbereich **72** 37 f
– Asylberechtigte **72** 31
– Auskunftpflicht **72** 38
– Entscheidungs- und Eingriffsrechte **72** 38
– Flüchtlinge **72** 31
– Gesamtverweisung **72** 32
– gewöhnlicher Aufenthalt **72** 31 ff
– Heimatrecht **72** 30
– Herstellung der ehelichen Lebensgemeinschaft **72** 38
– Kegelsche Leiter **72** 30
– Morgengabe **72** 38
– Personalstatut **72** 31
– Rechtsgeschäfte unter Ehegatten **72** 38
– Rechtswahl **72** 34 ff
– Rückverweisung (renvoi) **72** 32
– Scheidungsstatut **72** 33 f
– Staatenlose **72** 31
– Staatsangehörigkeit **72** 31
– Vereinbarungen mit Auslandsbezug **236** 7
– Vorfrage der Ehe **72** 29
– wandelbar **72** 33
Ehewohnungs- und Haushaltssachen **102** 6; *siehe* Wohnungszuweisung nach Scheidung; *siehe* Wohnungszuweisung nach Trennung
– Abtrennung **195** 56
– Getrenntleben **116** 8, 18

– örtliche Zuständigkeit **102** 60
– Scheidungsverbund **195** 15 f
– Streitwert **195** 97
Ehezeitanteil **80** 1 ff, **256** 2 ff
– betriebliche Altersversorgung **56** 6, **80** 2 ff
– Bewertung nach billigem Ermessen **80** 1 ff
– Bewertung nach Billigkeit **80** 11 ff
– gesetzliche Rentenversicherung **80** 2 ff
– Lebensversicherung **279** 5
– maßgebliche Bezugsgröße **80** 1 ff
– öffentlich-rechtliches Dienstverhältnis **80** 2 ff
– Privatversicherung **80** 2 ff
– unmittelbare Bewertung **32** 4, **80** 1 ff, 9 ff
– zeitratierliche Bewertung **32** 4, **80** 1 ff, 10 ff
– Zinsen **279** 4 ff
Eidesstattliche Versicherung **81** 1 ff
Eidesstattliche Versicherung in der Zwangsvoll-
    streckung **82** 1 ff
– Auskunftsverpflichtung des Schuldners bei
    Pfändungs-/Überweisungsbeschluss **82** 29 ff
– eidesstattliche Vermögensauskunft zur Voll-
    streckung von Geldforderungen **82** 4 ff
– Ergänzung **82** 19
– Haftanordnung **82** 44 ff
– Herausgabe eines Kindes **82** 40 ff
– Herausgabe von Sachen **82** 33 ff
– Inhalt **82** 14 ff
– Kombiauftrag **82** 28 ff
– Rechtsbehelfe **82** 13
– Rechtsschutzbedürfnis **82** 10
– Reform **82** 2
– Sicherungsvollstreckung **82** 8
– sofortige Abnahme **82** 28 ff
– Verfahren **82** 11 ff
– verfahrensleitende Anordnungen im
    FG-Verfahren **82** 36 ff
– Vermögensauskunft **82** 2 ff
– Versicherung an Eides statt **82** 20
– Verweigerung **82** 18
– Vollstreckung nach FamFG **82** 35 ff
– wiederholte eidesstattliche Versicherung
    82 21 ff
Eigenheimzulage
– Wohnwert **277** 10
Eigentumswohnung **2** 35
Eingetragene Lebenspartnerschaft **83** 1 ff
– Adoption **83** 41 f
– Aufhebung **83** 52 ff
– Begründung **83** 6 ff
– Einstehens- und Verantwortungsgemeinschaft
    83 12

– Erbrecht **83** 42 ff
– Güterstand **83** 24 ff
– Hausratsverteilung **83** 59
– Kinder eines Lebenspartners **83** 33 ff
– kleines Sorgerecht **83** 34 ff
– Krankenversicherung **83** 51
– Lebenspartnerschutzklausel **83** 58
– nachpartnerschaftlicher Unterhalt **83** 22
– Namensrecht **83** 13
– Partnerschaftsvertrag **83** 26 f, **243** 1 ff
– Pflegeversicherung **83** 51
– Schlüsselgewalt **83** 30
– Steuerrecht **83** 48 ff
– Taschengeld **83** 17
– Trennungszeit **83** 54
– Unterhalt **83** 15 ff
– Unterhalt bei Getrenntleben **83** 18
– Verfahrenskostenvorschuss **83** 17
– Verlöbnis **83** 10
– Vermögensauseinandersetzung **83** 29 ff
– Vermögensverwertung **83** 20
– Versorgungsausgleich **83** 62
– Verwandtschaftsverhältnisse **258** 27 ff
– Vorsorgeunterhalt wegen Krankheit/Alter
    83 21
– Wirkungen **83** 11 ff
– Wohnungszuweisung **83** 59 ff
Einkommensermittlung **84** 1 ff
– Abschreibung **84** 64 ff
– Absetzung für Abnutzung **84** 64 ff
– Altersvorsorge **84** 38
– Anlageverzeichnis **84** 47
– berufsbedingte Aufwendungen **84** 39 ff
– betriebswirtschaftliche Auswertungen **84** 50
– Bilanz **84** 44 ff
– Darlegungs- und Beweislast **84** 18
– Einkommen im steuerrechtlichen Sinne **84** 2
– Einkommensfeststellung **84** 18 ff
– Einkünfte aus Kapitalvermögen **84** 82 ff
– Einkünfte aus Land- und Forstwirtschaft
    84 76 ff
– Einkünfte aus nicht selbstständiger Tätigkeit
    84 22 ff; *siehe auch dort*
– Einkünfte aus selbstständiger Arbeit und Ge-
    werbebetrieb **84** 42; *siehe auch dort*
– Einkünfte aus Vermietung und Verpachtung
    84 88 ff; *siehe auch dort*
– Einnahme-/Überschussrechnung **84** 49
– fiktive Einkünfte **84** 14
– Firmenfahrzeug **84** 29
– freiwillige Zuwendungen Dritter **84** 4 ff

– Gewinn- und Verlustrechnung **84** 48
– GmbH **84** 58 ff
– Grundsicherung **122** 32 ff
– Kranken- und Pflegeversicherung **84** 36 ff
– Mehrjahresschnitt **84** 51 ff
– Nebentätigkeit **84** 13
– nichteheliche Lebensgemeinschaft **84** 7
– Pensionen und Renten **84** 97 ff
– Privatentnahmen **84** 54 ff
– Sachbezüge **84** 28
– Schulden und andere Belastungen **84** 109 ff
– Schüler- und Studentenjob **84** 13
– Schwarzeinnahmen **84** 3
– sozialstaatliche Zuwendungen **84** 104 ff
– Steuerabzüge und Steuererstattungen **84** 30 ff
– Steuerfreibetrag **84** 31 ff
– Steuerklassen **84** 33 ff
– überobligatorische Tätigkeit **84** 9 ff
– unzumutbare Tätigkeit **84** 9 ff
– Vorsorgeaufwendungen **84** 36 ff
Einkünfte aus Kapitalvermögen **84** 82 ff
– Abgeltungssteuer **84** 86
– Herkunft des Kapitals **84** 84
– Umschichtungsobliegenheit **84** 83
Einkünfte aus Land- und Forstwirtschaft
84 76 ff
– Eigenverbrauch **84** 77
– Vermögensverwertungobliegenheit **84** 80
Einkünfte aus nicht selbstständiger Tätigkeit
– regelmäßige Barbezüge **84** 23
– unregelmäßige oder einmalige Barbezüge
84 24 ff
Einkünfte aus selbstständiger Arbeit und Gewer-
bebetrieb **84** 42
– Abschreibungen **84** 64
– Absetzung für Abnutzung **84** 64
– berufsbedingte Aufwendungen **84** 74 ff
– Erwerbstätigenbonus **84** 74 ff
– Kranken- und Altersvorsorge **84** 71 ff
– Mehrjahresschnitt **84** 51 ff
– Privatentnahmen **84** 54 ff
– Steuerabzüge **84** 69 f
Einkünfte aus Vermietung und Verpachtung
84 88 ff
– Abschreibungen **84** 91
– Erhaltungsaufwendungen **84** 90
– Instandhaltungsrücklage **84** 90
– Wohnvorteil **84** 93 ff
– Zins- und Tilgungsleistungen **84** 92
Einnahme-/Überschussrechnung **84** 49
– Belegvorlage im Zugewinn **49** 8

Einsatzzeitpunkte
– Altersunterhalt **7** 4
– Anschlussunterhalt **15** 1
– Aufstockungsunterhalt **21** 6, 12
– Betreuungsunterhalt **55** 6
– Krankheitsunterhalt **151** 4
Einstellung und Beschränkung der Vollstreckung
85 1 ff
– Abänderungsverfahren Unterhalt **85** 15 ff
– Anfechtbarkeit **85** 12, 14, 22, 35
– Beschränkung **85** 10
– Beschwerdegericht **85** 13, 23 ff, 28
– Drittwiderspruchsantrag **85** 37
– Einstellung **85** 10
– Erfolgsaussichten des Rechtsmittels **85** 24
– Familienstreitsachen **85** 4 ff
– FG-Familiensachen **85** 25 ff, 29 ff
– Herausgabe von Personen **85** 26 f
– negativer Feststellungsantrag **85** 15
– nicht zu ersetzender Nachteil **85** 7 ff, 13 ff
– Sicherheitsleistung **85** 11, 20, 23, 32
– Versäumnisbeschluss **85** 13
Einstweilige Anordnung **86** 1 ff
– Abänderung **51** 15
– Anhängigkeit beim Beschwerdegericht **86** 15
– Anhängigkeit der Hauptsache **86** 13 ff
– Anordnungsanspruch **86** 35
– Anordnungsgrund **86** 36 f
– Aufhebung **51** 15
– Aufhebung und Abänderung **86** 42 ff
– Außerkrafttreten **51** 15
– Beschwerde **86** 55 ff
– Beschwerdefrist **86** 68
– Eilzuständigkeit **86** 23 ff
– elterliche Sorge **51** 15, **86** 62
– erneute Entscheidung des Gerichts **51** 17
– freiheitsentziehende Maßnahme **51** 16
– freiheitsentziehende Unterbringung **86** 67
– Gebühren **86** 70 ff
– Genehmigung einer Unterbringung **51** 16
– Gewaltschutz **51** 15, **86** 65
– Grundsatz der Unanfechtbarkeit **86** 55 ff
– Hauptsacheverfahren **86** 8 ff, 13 ff, 29
– Herausgabe eines Kindes **51** 15, **86** 63, **142** 7
– Inhalt **86** 38 ff
– isolierte Anfechtbarkeit **51** 17
– isoliertes Verfahren **51** 15
– Kosten **86** 70 ff
– mündliche Erörterung **51** 15
– Rechtsbehelfe **86** 55 ff
– Regelungsanordnung **86** 38

- Rückforderung überzahlten Unterhalts **191** 8 f
- selbstständiges Verfahren **51** 15
- Sicherungsanordnung **86** 38
- Statthaftigkeit der Beschwerde **86** 59 ff
- Umgangsrecht **219** 149
- Unabhängigkeit vom Hauptsacheverfahren **86** 8 ff
- Unanfechtbarkeit **51** 15
- Unterbringung **51** 16
- Verbleibensanordnung **51** 15
- Verfahrenskostenvorschuss **86** 18 ff, 30 ff
- Verhältnis zu Arrest **86** 6 Arrest
- Verhältnis zum Hauptsacheverfahren **86** 77 ff
- vorzeitiger Zugewinnausgleich **270** 34
- Zuständigkeit **86** 12 ff, 28 ff
- Zuweisung der Ehewohnung **86** 66

Einstweilige Maßnahmen
- internationale Zuständigkeit **37** 18
- IntFamRVG **37** 40
- Vollstreckung **37** 40

Einstweiliger Rechtsschutz
- internationale Zuständigkeit **38** 17

Elterliches Sorgerecht **87** 1 ff
- Alleinsorge der Kindesmutter **87** 16
- Alleinsorge des nichtehelichen Vaters **87** 18, **204** 3
- Alter des Kindes **87** 30
- Änderung von Entscheidungen **9** 1
- Angelegenheiten des täglichen Lebens **87** 14
- Aufenthaltsbestimmung bei Minderjährigen **17** 1 ff
- Auskunft über die persönlichen Verhältnisse des Kindes **30** 1 ff
- Ausübung der elterlichen Sorge **87** 5 ff
- Beratung und Mediation **87** 24
- Beschleunigungsgebot **87** 26
- Beschwerde gegen einstweilige Anordnung **86** 62
- Einvernehmen der Eltern **87** 6, 23
- Elternvereinbarungen **87** 25, **90** 1 ff, **237** 1 ff
- Entzug des Sorgerechts **92** 1 ff; *siehe auch dort*
- Erziehung **100** 1 ff
- gesetzliche Vertretung Minderjähriger **115** 1 ff
- getrennt lebende Eltern **87** 10
- Haftung der gesetzlichen Vertreter **127** 1 ff
- Information des Kindes **87** 33
- Kinderschutzübereinkommen **139** 1 ff
- Kindesanhörung **87** 29
- Kindesentführung **141** 1 ff
- Kindesherausgabe **142** 1 ff
- Kindeswohlgefährdung **145** 1 ff
- Kindeswohlprinzip **87** 8 f
- Meinungsverschiedenheit bei Sorgeberechtigten **87** 7, **160** 1 ff
- Namensbestimmung **168** 1 ff
- nichteheliche Lebensgemeinschaft **169** 15
- nichteheliche Väter **87** 15 ff
- Pflegefamilie **177** 1 ff
- Regelung des § 1626a BGB **87** 17
- Ruhen **192** 1 ff
- Sachverständigengutachten **87** 35
- Scheidungsverbund **87** 27, **195** 26
- Sorgeerklärung **204** 1 ff
- Sorgerechtsübertragung **87** 11
- Stellung des Jugendamts **87** 28
- Tod eines Elternteils **87** 20 f
- Verbleibensanordnung **234** 1 ff
- Verfahrensbeistand **87** 31 ff
- Vermögenssorge **254** 1 ff
- vertragliche Übertragung des Sorgerechts **237** 14
- Wächteramt **87** 4
- Wechselmodell **271** 1 ff

Elternbezogene Gründe
- Betreuungsunterhalt **55** 26
- Doppelbelastung durch Betreuung und Erwerbstätigkeit **55** 29
- Vertrauensschutz **55** 27

Elterngeld **84** 106, **88** 1 ff
- Berechnung **88** 3 ff
- Dauer **88** 14 f
- Mehrlingsgeburten **88** 6
- selbstständige Tätigkeit **88** 9
- Sockelbetrag **88** 16
- Sozialleistungen **88** 13
- Unterhalt **88** 17 ff

Elternkonflikt
- Ausschluss des Umgangsrechts **40** 10 ff
- begleiteter Umgang **47** 22 ff

Elternunterhalt **89** 1 ff
- Altersvorsorge **89** 35 ff
- Auskunftsansprüche **89** 72
- Bedarfsermittlung **89** 9 ff
- Bedürftigkeit **89** 12 ff
- Berechnungsmethoden **89** 57 ff
- Einkommensbereinigung **89** 34 ff
- Erwerbsobliegenheit **98** 7, 14
- Geschwisterhaftung **89** 69
- Grundsicherung **89** 17 f
- Leistungsfähigkeit **89** 51 ff

– Pflegewohngeld **89** 19
– Schonvermögen **154** 37 ff
– Selbstbehalt **89** 54 ff
– Verbindlichkeiten **89** 49, **233** 23
– Vermögenseinsatz **154** 36 ff
– Verwirkung **89** 70
– vorrangige Unterhaltsansprüche **89** 46
Elternvereinbarungen **90** 1 ff
– Abänderbarkeit und Bindungswirkung **90** 11
– Absprachen **90** 1 ff
– Ausgestaltung des Sorgerechts **90** 3
– Kindeswohlgefährdung **90** 12
– religiöse Erziehung **90** 5
– Sorgeerklärungen **90** 9
– Umgangsrecht **90** 6
– Verfahren nach § 1671 BGB **90** 8
– Vergleich **90** 2
– vermögensrechtliche Angelegenheiten **90** 4
– Vollmachterteilung **90** 7
– Vollstreckbarkeit **90** 10
Endvermögen **91** 1 ff, **280** 6
– Benachteiligung(sabsicht) **91** 7
– Darlegungs- und Beweislast **63** 6 ff
– Hinzurechnung zum Endvermögen **91** 3 ff
– illoyale Vermögensverfügung **91** 3, **130** 12 ff
– maßgeblicher Stichtag **91** 2
– negatives Endvermögen **91** 1
– Pflicht- und Anstandsschenkung **91** 5
– Rechtshängigkeit **91** 2
– sittliche Pflicht **91** 5
– Stichtag **91** 2
– Unentgeltlichkeit **91** 5
– Vermögensminderung **91** 4
– Verschwendung **91** 6
– Wertermittlung **91** 1
– Zugewinn **91** 1
Enkelunterhalt
– Vermögenseinsatz **154** 36
Entfremdung **40** 47 ff
Entreicherungseinwand
– Änderung/Wegfall der Geschäftsgrundlage **10** 23
– Beweiserleichterung **191** 4
– Rückforderung überzahlten Unterhalts **191** 3 ff
Entzug des Sorgerechts **92** 1 ff
– Auflösung gemeinsamer elterlicher Sorge **92** 23
– Beschwerderecht der Großeltern **92** 22
– Beteiligung des nicht sorgeberechtigten Elternteils **92** 25

– einstweilige Anordnung **92** 19
– Elternrecht **92** 1 ff
– Ergänzungspflegschaft **92** 5
– Familienbindung **92** 28
– Kindesanhörung **92** 17
– Kindeswohl **92** 8 f, 15
– Kooperation der Eltern **92** 14
– Mitwirkung bei Begutachtung **92** 20
– Prüfungsaufbau **92** 13
– Rückführung **92** 28
– Sachverständigengutachten **92** 18 ff
– Schwangerschaft **92** 10
– Überprüfung gerichtlicher Entscheidungen **92** 27
– Übertragung auf Dritte **92** 21
– Übertragung nach § 1671 BGB **92** 11
– ultima ratio **92** 12
– umfassende Sachaufklärung **92** 3
– Umgangspflegschaft **92** 7
– Verfahren **92** 16 ff
– Verfahrensbeistand und Ergänzungspfleger **92** 24
– Verwandte als Pfleger **92** 6
– Vormundschaft **92** 4
– Wächteramt **92** 2
Erbenhaftung **93** 1 ff
Erbrecht
– Adoption **257** 10 ff
– Auflage **19** 1 ff
– des nichtehelichen Kindes **257** 23 ff
– Ehegattenerbrecht **69** 1 ff
– Erbenhaftung **93** 1 ff
– Erbvertrag **94** 1 ff
– Erbverzicht **95** 1 ff
– gemeinschaftliches Testament **110** 1 ff
– Geschiedenentestament **114** 1 ff
– gesetzliches Erbrecht des Staates **257** 9
– Grad- oder Gradualsystem **257** 8
– Ordnungs- oder Parentelsystem **257** 2 ff
– Patchworkfamilie **172** 1 ff
– Pflichtteilsrecht **181** 1 ff
– Pflichtteilsstrafklausel **182** 1 ff
– Pflichtteilsverzicht **183** 1 ff
– Repräsentationsprinzip **257** 7
– Stamm- bzw Linienprinzip **257** 4 ff
– Teilungsanordnung **211** 1 ff
– Testierfähigkeit **249** 8 ff
– Verfügung von Todes wegen **249** 1 ff
– Verlobte **252** 28
– Vermächtnis **253** 1 ff
– Verwandtenerbrecht **257** 1 ff

– Vor-/Nacherbschaft **264** 1 ff
– Vorausvermächtnis **211** 6 ff
Erbschaft **2** 36 ff
– Erberwartung **2** 37
– Erbvertrag **2** 38
– Erbverzicht **2** 39
– Nacherbschaft **2** 41
– privilegiertes Vermögen **2** 36
– Vorerbschaft **2** 40
Erbvertrag **94** 1 ff, **249** 7 ff; *siehe* Verfügung von Todes wegen
– Anfechtung **94** 16
– Arten von Verfügungen **94** 10 ff
– Aufhebung **94** 16
– Beurkundung **94** 7 ff
– Bindungswirkung **94** 2 ff, **249** 7
– Erbverzicht **95** 1 ff
– Form **94** 7 ff
– Rechtsgeschäft unter Lebenden **94** 13 ff
– Rücktritt **94** 16
– Stellung des Vertragserben **94** 15
– Stellvertretung **94** 6
– Testierfähigkeit **94** 5
– Vermächtnis **253** 1 ff
– Verwahrung **94** 9
Erbverzicht **95** 1 ff
– Auswirkung auf Unterhalt im Erbfall **165** 19 f
– familiengerichtliche Genehmigung **95** 3
– notarielle Beurkundung **95** 2
– Pflichtteilsrecht **95** 5
– Pflichtteilsverzicht **183** 1 ff
– Vertretung **95** 2
Ergänzungspfleger **53** 33
– Feststellung der Vaterschaft **105** 9
– religiöse Erziehung **100** 13
Erhaltungsaufwendungen **84** 90
Errungenschaftsgemeinschaft **124** 17
– Vereinbarungen zum Güterstand **238** 58
Ersatzhaftung **96** 1 ff
– Ausfallhaftung **96** 1
– originäre Ersatzhaftung **96** 1, 3 ff
– Rückgriffsmöglichkeit **96** 1
– subsidiäre Ersatzhaftung **96** 1, 11 ff
Ersatzmutterschaft **163** 10 ff
– Adoption **163** 13
– Sittenwidrigkeit **163** 12
– Verbot **163** 11
Erstausstattung **122** 22
Erwerbsbemühungen *siehe* Bewerbungsbemühungen

Erwerbslosigkeitsunterhalt **97** 1 ff
– angemessene Erwerbstätigkeit **97** 10, 13 ff
– Anschlussunterhalt **97** 8
– Arbeitsplatzrisiko **97** 1
– Ausbildungsobliegenheit **97** 22
– Befristung/Herabsetzung **97** 32
– Befristung und/oder Herabsetzung nach § 1578b BGB **97** 30
– Beweislast **97** 31
– Darlegungslast **97** 31
– ehebedingte Nachteile **97** 2
– eheliche Solidarität **97** 3
– Eigenverantwortung **97** 12
– Einsatzzeitpunkte **97** 7 ff
– Erwerbsbemühungen **97** 23 ff
– sekundäre Darlegungslast **97** 32
– substanziiertes Bestreiten **97** 32
– Teilerwerbsobliegenheit **97** 4
– Verlust nachhaltig gesicherter Erwerbstätigkeit **97** 27
Erwerbsobliegenheit **55** 20 f, **98** 1 ff
– Betreuungsunterhalt **55** 8
– Einkommensfiktion **98** 1
– Elternunterhalt **98** 7, 14
– fiktive Einkünfte **107** 1 ff
– Hausmann-Rechtsprechung **98** 9 ff, 13
– Kindesunterhalt Minderjähriger **98** 8 ff, **143** 18 ff
– Kindesunterhalt Volljähriger **98** 12 ff
– minderjähriges Kind **98** 3 ff
– nachehelicher Unterhalt **98** 22 ff, **166** 4
– nichtehelicher Elternteil **225** 6 ff
– reale Erwerbsmöglichkeit **107** 13
– tatsächliche gesellschaftliche Verhältnisse **55** 22
– Trennungsunterhalt **98** 15 ff, **214** 20 ff
– überobligationsmäßige **55** 8, 10
– überobligationsmäßige Erwerbstätigkeit **240** 30 ff
– Verwandtenunterhalt **98** 3 ff
– volljähriges Kind **98** 5 ff
Erwerbstätigenbonus
– Arbeitsanreiz **99** 1
– Bemessung und Höhe **99** 4 ff
– berufsbedingte Aufwendungen **50** 5
– Einkünfte aus selbstständiger Arbeit und Gewerbebetrieb **84** 74 ff
– Wohnwert **277** 18
Erwerbstätigkeit **240** 30 ff
– Altersunterhalt **7** 6
– Altersvorsorgeunterhalt **8** 10

– angemessene **55** 32, **97** 10 ff, 13 ff
– überobligationsmäßige **7** 6, **55** 31, **84** 9 ff
– unzumutbare Tätigkeit **84** 9 ff
Erwerbsunfähigkeit
– Krankheitsunterhalt **151** 1
– mutwillige Verursachung **151** 13
Erziehung **100** 1 ff
– elterliche Personensorge **100** 1 ff
– Erziehungsaufgabe durch Dritte **100** 3
– Erziehungshilfe durch das Gericht **100** 11
– Erziehungsmittel **100** 2
– Gewaltverbot **100** 2, 4
– Jugendhilfemaßnahmen **100** 5
– Jugendstrafrecht **100** 7
– religiöse Erziehung **100** 8
– staatlicher Erziehungsauftrag **100** 9
Erziehungseignung
– Übertragung auf einen Elternteil **100** 12
Erziehungsrente **188** 12
EuEheVO *siehe* Brüssel IIa-VO
EuGVVO **38** 2
Europäisches justizielles Netz für Zivil- und Handelssachen **35** 58
Europäisches Sorgerechtsübereinkommen
– Kindesentführung **141** 13
Europäisches Umgangsübereinkommen **37** 46
EuUntVO *siehe auch* Ausländische Unterhaltstitel
– Abänderbarkeit eines Titels **38** 53
– Abänderungsklage **38** 8
– Annexzuständigkeiten **38** 10 f
– Anwendungsbereich **38** 2
– Aufenthaltszuständigkeit **38** 16
– einstweilige Maßnahmen **38** 17
– Gerichtsstandsvereinbarungen **38** 14 f
– gewöhnlicher Aufenthalt des Beklagten **38** 6
– gewöhnlicher Aufenthalt des Klägers **38** 7 f
– gleichgeschlechtliche Partnerschaft **38** 4
– internationale Zuständigkeit **38** 2 ff
– Notzuständigkeit **38** 16
– Regressunterhaltsklagen **38** 4
– rügelose Einlassung **38** 16
– Unterhaltssachen **38** 2
– Verhältnis zu anderen Übereinkommen **38** 18 f
– Verhältnis zu EuGVVO **38** 2
– vertragliche Unterhaltsansprüche **38** 4
– Wahlrecht **38** 7 f
– Widerklage **38** 8
– Zuständigkeit **38** 5 ff

Externe Teilung **56** 4, **101** 1 ff, **256** 1 ff, 14
– Beamtenversorgung **101** 2
– betriebliche Altersversorgung **101** 2, 6
– Direktzusage **101** 6
– öffentlich-rechtliches Dienst- oder Amtsverhältnis **101** 5
– Unterstützungskassenzusage **101** 6
– Vereinbarung **101** 2, **135** 2 ff, **241** 47 ff
– Wahlrecht **101** 3 f
– Zielversorgung **101** 1 ff, 3 ff, 7, **256** 14, **279** 3
– Zinsen **279** 2 ff

Fahrtkosten *siehe* Berufsbedingte Aufwendungen
Familie **258** 1
– EMRK **258** 1
– Grundgesetz **258** 1
– Grundrechtecharta **258** 1
Familiengerichtliches Verfahren **102** 1 ff
– Abänderungsantrag **102** 79, 87
– Abgabe an ein anderes Familiengericht **102** 45
– Abgabe an ein anderes Gericht **102** 70
– Abstammungssachen **102** 4
– Abstammungssachen, örtliche Zuständigkeit **102** 55
– Adoptionssachen **102** 5
– Adoptionssachen, örtliche Zuständigkeit **102** 57
– Anerkennungs- und Vollstreckungssachen, örtliche Zuständigkeit **102** 99
– Anwaltszwang **102** 119 ff, 122
– Aufhebung und Abänderung einer einstweiligen Anordnung **86** 42 ff
– Beteiligte **53** 1 ff
– Ehesachen **102** 2
– Ehesachen, örtliche Zuständigkeit **102** 32
– Ehesachen, Verfahrensprinzipien **102** 116
– Ehewohnungs- und Haushaltssachen **102** 6
– Ehewohnungs- und Haushaltssachen, örtliche Zuständigkeit **102** 60
– einstweiliger Rechtsschutz **86** 1 ff
– familienrechtlicher Ausgleichsanspruch **103** 6 ff
– Familienstreitsachen **102** 108 ff
– Familienstreitsachen, Verfahrensprinzipien **102** 115
– gesetzliche Prozessstandschaft **53** 23, **186** 1 ff
– Gewaltschutzsachen **102** 7
– Gewaltschutzsachen, örtliche Zuständigkeit **102** 62
– Güterrechtssachen **102** 12

– Güterrechtssachen, örtliche Zuständigkeit **102** 94
– Hauptsacheverfahren **86** 8 ff, 13 ff, 29
– Kenntnis der Abstammung **137** 9
– Kindesherausgabe **142** 6 ff
– Kindschaftssachen **102** 3
– Kindschaftssachen, örtliche Zuständigkeit **102** 39
– Kostenentscheidung **148** 1 ff
– Lebenspartnerschaftssachen **102** 21
– Lebenspartnerschaftssachen, örtliche Zuständigkeit **102** 96
– nichteheliche Lebensgemeinschaft **102** 15, 23
– Nichtstreitverfahren **102** 108
– Nichtstreitverfahren, Verfahrensprinzipien **102** 117
– Personenstandssachen **102** 22
– Rechtsbehelfe gegen einstweilige Anordnung **86** 55 ff
– Rechtsbehelfsbelehrung **102** 154
– sonstige Familiensachen **102** 14
– sonstige Familiensachen, örtliche Zuständigkeit **102** 95
– Übergangsrecht **102** 24
– Unterhaltssachen **102** 9
– Unterhaltssachen, örtliche Zuständigkeit **102** 71
– Verbleibensanordnung **234** 16 ff
– Verfahrensbeistand **246** 1 ff
– Verfahrenskostenhilfe **247** 1 ff
– Verfahrenskostenvorschuss **102** 136
– Versorgungsausgleich **102** 8
– Versorgungsausgleich, örtliche Zuständigkeit **102** 64
– Versorgungsausgleich, Übergangsrecht **102** 27
– Vollstreckung familiengerichtlicher Entscheidungen **260** 1 ff
– Vollstreckungsgegenantrag **102** 79, 88
– Zuständigkeitskonflikte **102** 139
Familienheim
– Teilungsversteigerung **212** 1 ff
Familienleistungsausgleich **216** 22, **219** 165
Familienpflegezeitgesetz **179** 6
Familienrechtlicher Ausgleichsanspruch **103** 1 ff
– Antragsänderung **103** 6
– Aufrechnung **103** 5
– Baraufwendungen **103** 4
– Darlegungslast **103** 7
– Eintritt der Volljährigkeit **103** 1
– Neufestsetzung der Unterhaltsanteile **103** 4

– Obhutswechsel **103** 1
– Verjährung **103** 5
– Verpflichtung des Barunterhaltsverpflichteten **103** 2
Familienrechtlicher Kooperationsvertrag **220** 10
Familienstreitsachen **102** 108, 115
Familienunterhalt **104** 1 ff
Familienzuschläge **84** 23
– Leistungsfähigkeit **154** 16
Feststellung der Vaterschaft **105** 1 ff
– Abstammungssache **105** 4
– Antragsberechtigte **105** 16
– Ausschluss der Vollstreckung **105** 34
– Aussetzen des Verfahrens **105** 32
– Begründetheit **105** 3
– Beistandschaft **105** 10
– Beschwerdeverfahren **105** 20
– Beteiligte **105** 5 ff
– Duldung der Probeentnahme **105** 29, 33 f
– Einwilligung in genetische Untersuchung **105** 29
– Ergänzungspfleger **105** 9
– formelle Verfahrensvoraussetzungen **105** 12 ff
– heimliches Abstammungsgutachten **13** 37
– internationale Zuständigkeit **105** 12
– Inter-omnes-Wirkung **105** 19
– inzidente Vaterschaftsfeststellung **197** 4
– Klärung der Abstammung ohne Statuswirkung **105** 28 ff
– Kosten **105** 23
– materielle Verfahrensvoraussetzungen **105** 2 ff
– negatives Feststellungsverfahren **105** 26 ff
– örtliche Zuständigkeit **105** 15
– Rechtsanwaltsgebühren **105** 24
– Rechtsausübungssperre **105** 36
– sachliche Zuständigkeit **105** 13
– Sperrwirkung **105** 18
– Übergangsvorschrift **105** 4
– Unterhaltsverfahren **105** 36
– Verfahren **105** 4 ff
– Verfahren bei verweigerter Einwilligung **105** 30 ff
– Verfahrensbeistand **105** 11
– Verfahrensfähigkeit **105** 7 Ff, 31
– Verfahrenskostenhilfe **105** 25
– Verfahrenswert **105** 22
– Vertretungsmacht der Eltern **105** 9, 31
– Vollstreckung der Duldungsanordnung **105** 33

– Wiederaufnahme des Verfahrens   **105** 21
– Wirksamkeit des Beschlusses   **105** 19
– Wirkung des Beschlusses   **105** 19
Feststellung des Bestehens oder Nichtbestehens
  einer Ehe   **106** 1 ff
– Anerkennung der Entscheidung   **106** 22
– Anerkennungsfeststellungsverfahren   **106** 26
– Auflösung der Ehe   **106** 13
– ausländische Entscheidungen   **106** 20 ff
– Aussetzen des Verfahrens   **106** 23
– Eheschließung   **106** 10
– Feststellungsinteresse   **106** 17
– Verfahrensbeteiligte   **106** 3
– Verfahrensgegenstand   **106** 9 ff
– zuständige Verwaltungsbehörde   **106** 3
Feststellungslast
– Kindschaftssachen   **9** 25
Fiktive Einkünfte   **84** 14, **107** 1 ff
– Dauer der Fiktion   **107** 15
– Erwerbsobliegenheit   **98** 1
– Höhe der fiktiven Einkünfte   **107** 14
– Leistungsfähigkeit   **154** 21
– Obliegenheitspflichtverletzung   **107** 1 ff
– reale Erwerbsmöglichkeit   **107** 13
– Steuerfreibetrag   **107** 3
– Steuerklasse   **107** 3
– Trennungsunterhalt   **214** 35
– Vermögensanlageobliegenheit   **107** 5
– Vermögenseinziehung   **107** 4
– Vermögensnutzungsobliegenheit   **107** 4 ff
– Vermögensumschichtungsobliegenheit   **107** 5
– Vermögensverwertungsobliegenheit   **107** 6 ff
Firmenwagen   **84** 29
– Leistungsfähigkeit   **154** 18
Fliegerzulage   **84** 23
Flüchtlinge   **36** 25
Forderungen als Vermögenswert   **2** 43
Fortgesetzte Gütergemeinschaft   **108** 1 ff
– Abkömmlinge   **108** 1
– Alleinverwaltung   **108** 4
– Beendigung   **108** 6
– Regelungssystematik   **108** 2
– überlebender Ehegatte   **108** 1
– Vermögensmassen   **108** 3
– Verwaltung   **108** 4
– Vor- und Nachteile   **108** 5
Forum shopping   **134** 4
Freiberuflerpraxis   **2** 44 ff
– Abfindungsklauseln   **2** 53
– Bewertung   **2** 46
– Doppelverwertungsverbot   **2** 44 f, **65** 5

– Ertragswert   **2** 48
– Goodwill   **2** 44, 45, 48 ff
– ideeller Wert   **2** 48 ff
– individueller Unternehmerlohn   **2** 49 f
– Kapitalisierung   **2** 52
– latente Steuerlast   **2** 51
– Sachwert   **2** 47
– Substanzwert   **2** 44, 47
– Vereinbarungen   **2** 53
Freiheitsentziehende Unterbringung von Minder-
  jährigen   **109** 1 ff
– Abgabe des Verfahrens   **109** 13
– analoge Anwendung   **109** 6
– Anwendungsbereich   **109** 3
– Beschwerde gegen einstweilige Anordnung
  109 17
– Beteiligte   **109** 14
– fehlende Genehmigung   **109** 16
– gerichtliche Kontrollmaßnahme   **109** 2
– geschlossene Einrichtung   **109** 4
– Kindesanhörung   **109** 11 f
– Kindeswohl   **109** 7
– Krankheitsbilder   **109** 5
– Sachverständigengutachten   **109** 10
– Verbot mit Erlaubnisvorbehalt   **109** 1 ff
– Verfahrensbeistand   **109** 15
– Verhältnismäßigkeit   **109** 8
– Zuständigkeit und Amtsermittlung   **109** 9
Freiwillige Zuwendungen Dritter
– Bedarfsermittlung   **44** 18
– Bedürftigkeit   **46** 15
– Betreuungsunterhalt   **55** 15
– Einkommensermittlung   **84** 4 ff
– Wohnwert   **277** 2
Fremdbetreuung
– Betreuungsunterhalt   **55** 13 ff

Gebäudeabschreibungen   **84** 91
Geburtsname
– Adoption   **74** 14
Gegenseitige Ansprüche beim Zugewinnausgleich
  2 61 ff
Geldwerte Vorteile
– Leistungsfähigkeit   **154** 18
Gemeinschaftliches Testament   **110** 1 ff, **249** 4 ff
– Bindungswirkung   **110** 2, 4
– Einheitsprinzip   **110** 5 ff
– Form   **110** 3
– Gestaltungsmöglichkeiten   **110** 7 ff
– Pflichtteilsrecht   **110** 5 ff
– Trennungsprinzip   **110** 8
– Vor- und Nacherbschaft   **110** 8

– Wechselbezüglichkeit 110 2, 249 4 ff
– Widerruf 249 4 ff
Gerichtsstandsvereinbarung
– EuUntVO 38 14 f
– Rechtswahl 38 42
– Schriftform 38 15
– Unterhalt 38 14 f
Geringfügigkeit
– Versorgungsausgleich 111 1 ff
Geringwertige Wirtschaftsgüter 84 67
Gesamtgut 112 1 ff
– Auskunftsanspruch 112 21
– Ausnahmen von der Haftung 112 30
– Eintragung im Grundbuch/Schiffsregister/
  Handelsregister 112 7 ff
– Entstehung 112 2 ff
– Haftung 112 31 ff
– Haftung der Ehegatten im Innenverhältnis
  112 31
– Haftung des Verwalters 112 24
– Haftung für Gesamtgutsverbindlichkeiten
  112 28 ff
– Haftung für Unterhaltsverpflichtungen 112 29
– Nichteinigung über Verwaltungsmaßnahmen
  112 22
– Notverwaltungsrecht des nicht verwaltenden
  Ehegatten 112 20
– Parteifähigkeit bei Gütergemeinschaft 112 32
– Prozessfähigkeit bei Gütergemeinschaft
  112 33 f
– Schadensersatzanspruch gegen den Verwalter
  112 26
– Umfang 112 4
– Umwandlung 112 5 ff
– Verfahrenshinweise 112 32 ff
– Vermögenserwerb 112 3
– Verwaltung des Gesamtguts 112 11 ff
– Zwangsvollstreckung 112 38 ff
Gesamtschuld 2 69 ff
– anderweitige Bestimmung 2 72
– doppelte Berücksichtigung 2 74
– doppelte Inanspruchnahme 2 73
– Innenverhältnis 2 70 ff
– Leistungsfähigkeit 2 72
– Quote 2 72
Gesamtschuldnerausgleich
– Ehegattenunterhalt 113 4 ff
– Kindesunterhalt 113 4 ff, 5 ff
– konkludente Vereinbarung 113 6
– Nutzungsentschädigung/Unterhalt 170 3
– Trennung 113 2

– und Unterhalt 113 1 ff, 233 14
– Verwirkung 113 7
– Wohnwert 277 13, 18
– Zins- und Tilgungsleistungen 278 3
Gesamtverweisung 36 15
Geschäftsfähigkeit
– Ehefähigkeit 68 11 ff
– Ehegeschäftsfähigkeit 68 11
– Standesbeamter 68 12
Geschiedenenrente
– Unfallversicherung 222 2 ff
Geschiedenentestament 114 1 ff
– elterliche Sorge bei Minderjährigen 114 3 f
– Entziehung der Verwaltungsbefugnis 114 4 f
– Herausgabevermächtnis 114 6
– mittelbare Nachlassteilhabe 114 6
– Vor-/Nacherbschaft 114 6, 264 1 ff, 12
Geschiedenenwitwenrente 61 14
Geschlechtszugehörigkeit 213 1 f
Gesetzliche Vertretung Minderjähriger 115 1 ff
– Abschluss Ehevertrag für minderjähriges Kind
  115 22
– Abstammungsverfahren 115 27
– Alleinsorge eines Elternteils 115 8
– Anerkennung der Vaterschaft 11 13 Ff
– Ausschluss der Vertretung 115 5
– Beschränkungen 115 21
– Entziehung der Vertretungsmacht 115 29
– Familienpflege 177 7
– familienrechtliche Genehmigung 115 6
– Gesamtvertretung 115 7
– getrennt lebende Eltern 115 19
– Haftung der Vertreter 127 1 ff
– Interessenkollision 53 32
– Jugendamt als Beistand 115 24
– Kindeswohl 115 17
– Meinungsverschiedenheiten 115 20
– offene/verdeckte Stellvertretung 115 11
– Patchworkfamilie 115 15
– Pflegeeltern 115 16, 18
– Ruhen der elterlichen Sorge 115 9
– verheiratete minderjährige Kinder 115 4
– vertragliche Vertretungsvereinbarung 237 21
– Vertretung im Verfahren 115 23
– Volljährigkeit des Kindes 115 13
– Vollmachterteilung 115 2
– Weigerung der Eltern 115 12
– Willenserklärungen 115 10
– Wirkung im Außenverhältnis 115 1 ff
– Zeugnisverweigerungsrecht 115 28

Gesetz über den ehelichen Güterstand von Vertriebenen und Flüchtlingen **36** 25
Getrennte Veranlagung *siehe* Steuerveranlagung
Getrenntleben **116** 1 ff
– Beginn **116** 2
– Beweislastumkehr **116** 21
– Bindung an gewählte Veranlagung **116** 27
– Darlegungs- und Beweislast **116** 16
– Ehescheidung **75** 6
– Ehewohnung **116** 8, 18, **276** 1 ff
– Einzelveranlagung **116** 27
– gemeinsames Konto **116** 9
– Gesamtgläubigerschaft **116** 26
– Gesamtschuldnerschaft **116** 25
– Güterrecht **116** 20 ff
– Gutglaubensschutz **198** 16
– Haushaltsführung **116** 4
– Haushaltsgegenstände **116** 18, **129** 1 ff
– Haushaltskosten **116** 9
– häusliche Gemeinschaft **116** 3 ff
– Miteigentum Ehewohnung **116** 24, **276** 18
– objektiv **116** 4 ff
– Rechtsfolgen **116** 17 ff
– Registrierung **116** 2
– Ruhen der Schlüsselgewalt **198** 16
– Scheidungsvoraussetzung **116** 17
– Schlafzimmer **116** 8
– Schlüsselgewalt **116** 19
– Sorgerecht **116** 23
– Steuerrecht **116** 27 f
– steuerrechtliche Aspekte **255** 9 ff
– subjektiv **116** 10 ff
– Unterhalt **116** 18, **214** 1 ff
– Versöhnungsversuch **116** 13 ff
– vorzeitiger Zugewinnausgleich **116** 22
– Wirtschaftsgemeinschaft **116** 9
– Zusammenveranlagung **116** 27
Gewaltfreie Erziehung **100** 4, 10
Gewaltschutz **117** 1 ff
– Anhörungs- und Mitteilungspflichten **117** 37
– Anspruch auf Wohnungsüberlassung **117** 15 ff
– Anwendungsbereich des GewSchG **117** 32
– auf Dauer angelegter gemeinsamer Haushalt **117** 18
– Ausschluss des Anspruchs auf Wohnungsüberlassung **117** 21 ff
– Befristung **117** 10
– Beschwerde gegen einstweilige Anordnung **86** 65
– Betretungsverbot **117** 4
– eingeschränkte Verantwortlichkeit des Täters **117** 14
– erweitertes Näherungsverbot **117** 6
– Gewalt **117** 16 f
– Go-Order nach § 1666a BGB **120** 1 ff
– Grundsatz der Verhältnismäßigkeit **117** 12
– Härteklausel nach § 2 Abs. 3 Nr. 3 GewSchG **117** 24
– Konkurrenzen des GewSchG **117** 33
– Kontakt- und Belästigungsverbot **117** 7
– Näherungsverbot **117** 5
– Nutzungsvergütung **117** 31
– örtliche Zuständigkeit **102** 62
– Rechtsfolgen bei Wohnungsüberlassung **117** 25 ff
– Schutzanordnungen **117** 2 ff, 11
– Schutzanordnungen bei angedrohter Gewalt **117** 9
– Strafbarkeit **117** 34
– Überlassungsdauer **117** 19 f
– Unterlassungsanordnungen **117** 30
– Verbot des Zusammentreffens **117** 8
– Verfahren **102** 7, **117** 35 f
– Vollstreckung **260** 32
– Wahrnehmung berechtigter Interessen **117** 13
– Zwangsvollstreckung **117** 38
Gewinn- und Verlustrechnung **84** 48
– Belegvorlage im Zugewinn **49** 8
Gewöhnlicher Aufenthalt **36** 9 f, **118** 1 ff
– Anknüpfung **35** 40, **36** 9
– Aufenthaltswechsel **118** 12
– Aufenthaltswille **118** 22
– Begriff **35** 44, **36** 10, **37** 10, **118** 8
– Brüssel IIa-VO **35** 8
– Flüchtlinge/Staatenlose **35** 11
– Frauenhaus **118** 15
– gemeinschaftsrechtliche Bestimmung **35** 11
– im Sinne der Brüssel IIa-VO **35** 11
– im Sinne der Rom III-VO **35** 42, 44
– im Sinne des HUntProt **38** 31
– internationale Zuständigkeit **35** 8, **37** 8 ff, **38** 6 ff
– Kinderschutzübereinkommen **139** 21
– Kollisionsrecht **37** 25 f, **38** 29 ff
– mehrfacher **118** 28
– Minderjährige **118** 7
– Mindestdauer **35** 11, **118** 12
– nach EuUntVO **38** 10
– objektive Anknüpfung **35** 39 ff
– perpetuatio fori **37** 9
– Rechtswahl **35** 35, **36** 18, **38** 37

– Säugling 37 10
– Scheidung in einem Staat außerhalb der EU
  39 60 f
– schlichter Aufenthalt 35 11
– soziale Bindungen 118 18
– Unterhaltsstatus 38 29
– Wechsel des gewöhnlichen Aufenthalts
  37 11 f
Gläubigeranfechtung 119 1 ff
– Akzessorietät 119 3
– Anfechtungsankündigung 119 42 f
– Anfechtungsberechtigte 119 4 ff
– Anfechtungseinrede 119 40 f
– Beweislast 119 29
– Einwendungen des Schuldners 119 10
– entgeltliche Verträge 119 19 ff
– Fristen 119 37 f
– inkongruente Deckung 119 17
– Klageantrag 119 39
– Prozessuales 119 45
– Rechtshandlungen des Erben 119 31 ff
– unentgeltliche Leistungen 119 24 ff
– Vornahme der Rechtshandlung 119 44
– vorsätzliche Benachteiligung 119 12 ff
– Zug-um-Zug-Forderungen 119 7
Gleichgeschlechtliche Partnerschaften 38 27,
  221 15
– EuUntVO 38 4
Gleichwertige Anrechte im Versorgungsausgleich
  256 13
GmbH 84 58 ff
Goodwill 2 48 ff, 59 7
Go-Order nach § 1666a BGB 120 1 ff
– betroffene Personen 120 5
– Dauer 120 7
– Gefährdung des Kindeswohls 120 3
– Maßnahmen 120 6
– persönlicher Anwendungsbereich 120 2
– Verfahren 120 9
– Verhältnismäßigkeit 120 8
– Wohnungsmaßnahmen zum Schutz des Kindes
  vor Gewalt 120 4 ff
Grobe Unbilligkeit im Zugewinn 121 1 ff,
  280 11
– Alkoholmissbrauch 121 10
– Auskunftsanspruch 121 20
– Ausschluss 121 13
– Begrenzung 121 13
– Darlegungs- und Beweislast 121 19
– Dauer der Pflichtverletzung 121 6
– Doppelehe 121 11

– Drohung 121 10
– Ehebruch 121 9 f
– eheliche Verpflichtungen 121 5
– Einrede 121 16
– Entgegennahme nicht geschuldeten Unterhalts
  121 5
– Geschlechtskrankheit 121 10
– grobe Fahrlässigkeit 121 4
– kein Beitrag zum Vermögenserwerb 121 11
– körperliche Misshandlung 121 10
– kurze Ehedauer 121 11
– lange Trennungszeit 121 12
– Nichterfüllung wirtschaftlicher Verpflichtun-
  gen 121 3 ff
– persönliches Fehlverhalten 121 8 ff
– Pflicht zum Unterhalt 121 5
– Pflicht zur Haushaltsführung 121 5
– Pflicht zur Mitarbeit im Beruf oder Geschäft
  121 5
– Rechtsfolge 121 13
– schuldhaftes Handeln 121 4
– Stundungseinrede 121 14
– Tötung des Ehegatten 121 9
– unverschuldeter Vermögensverlust 121 11
– Verhältnis zu § 242 BGB 121 15, 17
– Vermögensmehrung 121 7
– Verwaltung eigenen Vermögens 121 7
– Verwirkung 121 15
– Verzicht 121 18
– zu viel bezahlter Unterhalt 121 11
Grundrente 61 4 f
Grundsicherung 84 106
– Alleinerziehende 122 9 f
– Altersvorsorge 122 41
– Arbeitspflicht 122 45 ff
– Arbeitsuchende 122 1 ff
– Eigenheim 122 42
– Einkommen 122 32 ff
– Erstausstattung 122 21 f
– Kaution 122 20
– Kindergeld 122 38
– Klassenfahrt 122 24
– Umzugskosten 122 19
– Unterhalt 122 36 f, 123 16 ff
– Unterkunftskosten 122 12 ff
– Vermögen 122 39 ff
– Warmwasserbereitung 122 11
Grundsicherung bei Erwerbsminderung 123 1 ff
Grundsicherung im Alter 123 1 ff
Grundstück 2 75 ff
– Bauwert 2 82 ff

– Belastungen 2 87
– Bewertung 2 78 ff
– Bodenwert 2 82 f
– Ertragswert 2 85 f
– Rückfallklausel 2 88 ff
– Sachverständiger 2 78 ff
– Sachwert 2 82 ff
– Schiedsvereinbarung 2 78
– Spekulationssteuer 2 76
– Vergleichswert 2 81
– wahrer Wert 2 75
– Wertermittlungsverordnung 2 80
– Wiedervereinigung 2 91 f
– wirklicher Wert 2 78
Günstigkeitsprinzip 105 2
Gütergemeinschaft 124 1 ff
– Alleinverfügungsbefugnisse, Notverwaltungs-
   recht 26 8
– Alleinverwaltung 124 6, 8
– Aufhebungsanspruch 18 1 ff
– Aufhebungsgründe 18 33 ff
– Aufhebungsklage bei gemeinschaftlicher Ver-
   waltung der Ehegatten, § 1469 BGB 18 32 ff
– Aufhebungsklage des nicht verwaltenden Ehe-
   gatten, § 1447 BGB 18 3 ff
– Aufhebungsklage des Verwalters, § 1449 BGB
   18 27 ff
– Aufrechnungsbeschränkung 124 12
– Auseinandersetzung der Gütergemeinschaft
   26 1 ff
– Auseinandersetzung des Gesamtgutes
   26 13 ff
– Auseinandersetzungsplan 27 1 ff
– Auseinandersetzungsvereinbarung 26 13 ff,
   17
– Auskunftsanspruch 112 21
– Beendigung der Gütergemeinschaft 26 1 f,
   124 18
– Begründung 124 1
– Berichtigung der Gesamtgutsverbindlichkeiten
   26 22 ff
– Beweislast 18 24
– Durchführung der Auseinandersetzung
   26 18 ff
– Ehevertrag 124 1
– Eintragung des Sonderguts 203 13 ff
– Eintragung im Grundbuch/Schiffsregister/
   Handelsregister 112 7 ff, 266 16
– Eintragung ins Güterrechtsregister 26 3,
   124 9
– Errungenschaftsgemeinschaft 124 17
– Feststellung der Teilungsmasse, Verteilung
   26 35
– Feststellung und Bewertung von Ersatzansprü-
   chen 26 29 ff
– gemeinschaftliche Verwaltung 26 6 ff,
   124 6 f
– gerichtliche Durchsetzung der Auseinander-
   setzung 26 16 f
– Gesamtgut 112 1 ff, 124 3, 6 ff
– Gesamtgutsverbindlichkeiten 124 11
– Gesamthandsgemeinschaft 26 4, 124 5
– Haftung des Verwalters 112 24, 26
– Haftung für Gesamtgutsverbindlichkeiten
   112 28 ff
– Haftungsgemeinschaft 124 11
– Höhe des Ersatzanspruchs 26 33
– Insolvenzverfahren 124 15
– Konkurrenzen 26 12
– Liquidationsgemeinschaft 26 4 f
– Mitwirkungspflicht 26 7
– Nichteinigung über Verwaltungsmaßnahmen
   112 22
– Parteifähigkeit 112 32
– Pfändbarkeit des Anteils am Gesamtgut 26 5
– Praxishinweise 26 36 ff
– Prozessfähigkeit 112 33 f
– Rechtsfolgen 124 5
– Rechtsschutzbedürfnis 18 22
– Schadensersatzanspruch 26 9
– Schuldnerschutz 26 11
– Schutz gutgläubiger Dritter 18 44
– Sondergut 124 3, 10
– Steuerrecht 26 36
– Stichtag 26 20
– Surrogation 26 10
– Übernahmerechte 26 23 ff
– Umfang des Gesamtguts 112 4
– Umwandlung des Gesamtguts 112 5 ff
– Umwandlung des Vorbehaltsguts 266 14
– Unrichtigkeit des Grundbuchs 124 13
– Veräußerung von Gegenständen 26 34
– Vereinbarungen 238 50 ff
– Verfahrensfragen 18 17 ff, 31, 112 32 ff
– Verfahrenswert 18 26
– Verfügungsbefugnis 124 10
– Vermittlungsverfahren 26 15
– Vermögensbewertung 26 21
– Vermögensverzeichnis 26 19
– Verwaltung des Gesamtguts 112 11 ff
– Verwaltung des Gesamtguts durch beide Ehe-
   gatten 112 17 ff

– Verwaltung des Vorbehaltsguts **266** 15
– Vorbehaltsgut **124** 3, 10, **266** 1 ff
– vorläufiger Rechtsschutz **18** 23
– Vor- und Nachteile **124** 16
– Zuständigkeit **18** 17
– Zwangsvollstreckung **112** 38 ff, **124** 14,
266 19
– § 1447 Nr. 1, 1. Alt. BGB – Unfähigkeit zur
Verwaltung **18** 6 f
– § 1447 Nr. 1, 2. Alt. BGB – Missbrauch des
Verwaltungsrechts **18** 8 ff
– § 1447 Nr. 1 BGB – Unfähigkeit des Verwalters oder Missbrauch des Verwaltungsrechts
18 5 ff
– § 1447 Nr. 2 BGB – Gefährdung des Unterhalts
18 11 f
– § 1447 Nr. 3 BGB – Überschuldung des Gesamtguts **18** 14 f
– § 1447 Nr. 4 BGB – Verwalter unter Betreuung
18 16
– § 1469 Nr. 1 BGB – eigenmächtige Verwaltungshandlungen **18** 34
– § 1469 Nr. 2 BGB – beharrliche Weigerung zur
Mitwirkung an der Gesamtgutsverwaltung
18 35
– § 1469 Nr. 3 BGB – Gefährdung der Verletzung einer Unterhaltspflicht **18** 36
– § 1469 Nr. 4 BGB – Überschuldung des Gesamtguts **18** 37
– § 1469 Nr. 5 BGB – Betreuung des anderen
Ehegatten mit Gütergemeinschaftsbezug
18 38
Güterrecht
– Anfangsvermögen **12** 1 ff
– Güterstandsschaukel **69** 24 ff
– Teilungsversteigerung **212** 1 ff
– Vereinbarungen **238** 1 ff
Güterrechtssachen **102** 12
– örtliche Zuständigkeit **102** 94
– Streitwert **195** 103 ff
Güterrechtsstatut **36** 7 ff
– Altehen **36** 23
– Anerkennung **36** 34
– Anknüpfungsleiter **36** 8 ff
– Anknüpfungszeitpunkt **36** 7
– Anwendungsbereich **36** 26 ff
– ausländisches Immobilienvermögen **36** 14
– common law-Staaten **36** 15
– deutsche Vertriebene **36** 25
– effektive Staatsangehörigkeit **36** 8
– eheähnliche Gemeinschaft **36** 32

– Ehewirkungsstatut **36** 7 f
– Einheitlichkeit des Güterrechtsstatuts **36** 13
– engste Verbindung mit einer Rechtsordnung
36 11
– Erbrecht **36** 30 f
– Flüchtlinge **36** 8
– gewöhnlicher Aufenthalt **36** 9 f
– gleichgeschlechtliche Lebenspartnerschaft
36 32
– Güterrechtsspaltung **36** 14
– Heimatrecht **36** 8
– Heimatrecht des Ehemanns **36** 23
– jurisdiction **36** 15
– lex rei sitae **36** 14
– neue Bundesländer **36** 24
– Rechtswahl **36** 16 ff
– Rückverweisung **36** 15
– Staatsangehörigkeit **36** 8
– Unwandelbarkeit des Güterrechtsstatuts **36** 12
– Verjährung **36** 30
– Vollstreckung **36** 34
– Vorrang der deutschen Staatsangehörigkeit
36 8
– Vorrang des Einzelstatuts **36** 14
– § 220 Abs. 3 EGBGB **36** 23
Güterregister **198** 15
Güterstandsschaukel **69** 24 ff
Gütertrennung **125** 1 ff
– Aufhebung **125** 8
– Beendigung **125** 8
– Ehevertrag **125** 1, **238** 40 ff
– einseitige Vermögensbildung **278** 6
– gemeinsame Verflechtungen **125** 6
– Kernbereichslehre **125** 2
– Nachteile **125** 7, **238** 42
– Pflichten **125** 5
– Regelung und Wirkungen **125** 4
– rückwirkende Aufhebung **125** 8
– sachgerecht? **125** 3
– Steuern **69** 24 ff, **125** 8
– Wahlgüterstand **125** 1

Haager Kinderschutzübereinkommen **37** 23 ff;
siehe Kinderschutzübereinkommen
– internationale Zuständigkeit **37** 3 f
Haager Minderjährigenschutzabkommen **37** 26
– internationale Zuständigkeit **37** 3 f
– Türkei **37** 4
Haager Übereinkommen vom 23.11.2007 über die
internationale Geltendmachung der Unterhaltsansprüche von Kinder und anderen Familienangehörigen **38** 54

Haager Übereinkommen von 1973 **38** 23
Haager Unterhaltsprotokoll **38** 23 ff
– Anwendungsbereich **38** 23
– Drittstaaten **38** 28
– Ehegattenunterhalt **38** 30, 47
– Geltungsbereich **38** 27
– gleichgeschlechtliche Gemeinschaften **38** 27
– Grundsatzanknüpfung **38** 29 f
– Kollisionsrecht **38** 23 ff
– privilegierte Unterhaltsgläubiger **38** 43 ff
– Rechtswahl **38** 34 ff
– universelle Anwendung **38** 28
– Verhältnis zu anderen Übereinkommen
  38 25 f
Haager Unterhalts- und Vollstreckungsüberein-
kommen vom 2.10.1973 **38** 54
Haftung der Ehegatten **126** 1 ff
Haftung der gesetzlichen Vertreter **127** 1 ff
– Anspruchsgrundlage **127** 12
– Aufsichtspflichtverletzung **127** 6
– Beistand und Rücksicht **127** 14
– Beschränkungen **127** 10
– Beweislast **127** 17
– Deliktshaftung **127** 8
– Eltern-Kind-Verhältnis **127** 4
– Ergänzungspfleger **127** 18
– familienrechtliches Sonderschuldverhältnis
  127 13
– Geldanlagen **127** 16
– Gesamtschuldner **127** 2
– Haftung gegenüber Dritten **127** 3
– Haftungsmaßstab **127** 5 ff, 11
– Haftungsprivilegierung **127** 1 ff
– Schmerzensgeld **127** 15
– Straßenverkehr **127** 7
– Verfahren **127** 17 ff
Haftungsprivileg
– Abdingbarkeit **126** 11
– Anwendungsbereich **126** 3 ff
– Auflösung der Ehe **126** 7
– Außenverhältnis **126** 8
– Beweislast **126** 12
– Deliktsansprüche **126** 5
– eheliche Lebensgemeinschaft **126** 3
– Getrenntleben **126** 6
– grobe Fahrlässigkeit **126** 10
– Haftungsausschluss **126** 11
– häuslicher Bereich **126** 5
– Kinder **126** 9
– Rechtsfolgen **126** 10
– Regressansprüche **126** 8

– sportliche Aktivitäten **126** 5
– Straßenverkehr **126** 5
– Umfang der Sorgfaltspflicht **126** 2
– Vereinbarungen zwischen Ehegatten **126** 4
Halbteilungsgrundsatz **159** 1, 6, 14, 20, **161** 6
Handelsvertreter **2** 93
Handschuhehe **76** 12, **77** 2, **282** 10
Handwerksbetrieb **2** 57
Härtefallscheidung **128** 1 ff
– Alkoholmissbrauch **128** 8
– Bedrohung **128** 8
– Beleidigung **128** 8
– Darlegungs- und Beweislast **128** 6
– Ehebruch **128** 8
– Eheverfehlung **128** 8
– Fehlverhalten **128** 4
– Gewalt **128** 8
– Homosexualität **128** 8
– Misshandlung **128** 8
– Prostitution **128** 8
– psychische Erkrankung **128** 8
– Rechtsschutzbedürfnis **128** 7
– scheidungsunwilliger Ehegatte **128** 4
– Schwangerschaft **128** 8
– Unterhaltsverweigerung **128** 8
– unzumutbare Härte **128** 3 ff
Härteklausel **75** 16 ff
– Ehegattenschutzklausel **75** 19 ff
– Kinderschutzklausel **75** 16 ff
– schwere Erkrankung **75** 21
– Suizid **75** 17
Hauptsacheverfahren **86** 8 ff, 13 ff, 29
Haushaltsgegenstände **2** 94 ff, **129** 1 ff
– Abgrenzung **129** 10
– Abgrenzung zum Vermögen **129** 14
– Abtrennung **195** 56
– Alleineigentum **129** 17
– Antiquitäten **129** 6
– bewegliche Sachen **129** 2
– Eigentumslage **129** 15 ff
– Einbaumöbel **129** 9
– gemischte Nutzung **129** 11
– keine Haushaltsgegenstände **129** 5
– Miteigentumsvermutung **129** 16
– nichteheliche Lebensgemeinschaft **169** 163
– Pkw **129** 7
– Rechte an den Haushaltsgegenständen **129** 12
– Rechte Dritter **129** 18
– Scheidungsverbund **195** 15 f
– Schenkungen **129** 19
– Surrogate **129** 13

– Tiere 129 4
– Vorräte 129 3
– Wohnwagen/Wohnmobile 129 8
Häusliche Gemeinschaft 72 9 f
Hausmann-Rechtsprechung 190 1 ff; *siehe auch* Rollenwechsel
– Erwerbsobliegenheit 98 9 ff
– Leistungsfähigkeit 154 47
Hausratsaufteilung *siehe* Aufteilung von Haushaltssachen bei Scheidung; *siehe* Aufteilung von Haushaltssachen bei Trennung
Heimatrecht
– Altehen 36 23
– Anknüpfung 36 8
– Anknüpfungsleiter 36 8
– Doppelstaatler 35 45
– effektive Staatsangehörigkeit 35 52
– Mehrrechtsstaaten 35 56
– Mehrstaatler 35 56
– Praxishinweise 36 22
– Rechtswahl 36 18
– Staatenlose, Flüchtlinge, Asylberechtigte 35 45
– Teilrechtsordnung 35 56
– Vorrang der deutschen Staatsangehörigkeit 35 52
Heimlicher Vaterschaftstest 4 10, 13 37
Herabsetzung *siehe* Befristung/Herabsetzung nach § 1578b BGB
Herabsetzungseinwand
– Präklusion 223 22
Hilfen zur Erziehung
– Annexleistungen 153 17
– Anspruch 153 32
– Dauerleistung 153 35 f
– Hilfeplanung 153 16
– Kostenbeteiligung 153 18
– Leistungen der Jugendhilfe 153 14 ff
– Wunsch- und Wahlrecht 153 33 f
Hinkende Ehe 71 14, 77 14 f, 78 13
– Scheidung 35 62
HKÜ 139 3 ff
Hochzeitsgeschenk 2 97
HUntProt *siehe* Haager Unterhaltsprotokoll
Illoyale Vermögensverfügung 130 1 ff
– Abfindungsklausel in Gesellschaftsverträgen 130 5, 270 9
– Analogie 130 4
– Ansprüche gegen Dritte 130 1 ff, 22 ff, 280 14
– Auskunftsanspruch 130 15

– Aussteuer 130 7, 270 11
– Begrenzung der Ausgleichsforderung 130 14
– Benachteiligungsabsicht 130 10 ff, 16, 270 14 ff
– Beweislastumkehr 130 17, 280 7
– Bewertungsmethoden im Zugewinn 59 3
– Darlegungs- und Beweislast 63 7 ff, 130 15 ff
– Einverständnis 130 13
– Erbverzicht 130 6, 270 10
– Erfüllung einer verjährten Forderung 130 6, 270 10
– Erfüllung von Nachlassverbindlichkeiten 130 6, 270 10
– Frist 130 13
– gemischte Schenkung 130 5, 270 9
– getrennte Veranlagung 130 9, 270 13
– Glücksspiel 130 9, 270 13
– Hinzurechnung zum Endvermögen 130 12 ff, 280 7
– Indexierung 130 19 ff
– Inflation 130 19
– Rechtsfolge 130 12 ff
– sittliche Pflicht 130 7, 270 11
– Spenden 130 7, 270 11
– Spielschulden 130 6, 270 10
– Trennungsvermögen 130 17
– Umrechnungsformel 130 21
– unentgeltliche Zuwendung 130 5 ff, 270 9
– Unterhaltsanspruch 130 7, 270 11
– Verbraucherpreisindex 130 20
– Vermögensminderung 130 3
– Vermögensverschwendung 130 8 ff, 270 12 ff
– Vernichtung von Geld 130 9, 11, 270 13, 15
– vorweggenommene Erbfolge 130 7, 270 11
– vorzeitiger Zugewinnausgleich 270 9
– Wettschulden 130 6, 270 10
Immobilien
– Teilungsversteigerung 169 128
Inflationsausgleich *siehe* Verbraucherpreisindex
Informationelle Selbstbestimmung
– Recht auf Kenntnis der Abstammung 137 1 ff
Inhalts-/Ausübungskontrolle 131 1 ff
– Aufstockungsunterhalt 131 21
– Ausgleichsregelungen 131 31
– Ausübungskontrolle 131 10 ff, 29
– Betreuungsunterhalt 131 14
– gelebter Ehetypus – geplanter Ehetypus 131 10
– Inhaltskontrolle 131 1
– Kernbereichslehre 131 1 ff, 12 ff
– Rechtsfolgen 131 8

– subjektive Unterlegenheit **131** 5
– ungleiche Verhandlungsposition **131** 4
– Unterhalt **131** 14 ff
– Unterhalt wegen Alters-, Kranken- bzw Pflege-
  vorsorge **131** 22
– Unterhalt wegen Alters und Krankheit
  131 15 ff
– Unterhalt wegen Erwerbslosigkeit **131** 19 ff
– Versorgungsausgleich **131** 23 ff, **241** 8, 11
– Vertragsanpassung **131** 12
– Wirksamkeitskontrolle **131** 3 ff, 24
– Zugewinnausgleich **131** 26 ff
Inobhutnahme **132** 1 ff
– auf Bitten des Kindes **132** 6 ff
– Datenschutz **132** 13
– dringende Gefahr **132** 6 ff
– Ende **132** 39
– Familiengericht **132** 20 f
– Freiheitsentziehung **132** 34
– Fürsorge **132** 25
– gegen den Willen der Sorge-/Erziehungsbe-
  rechtigten **132** 9 f, 31 f
– Jugendamt **132** 2 ff, 12 ff, 25, **153** 7
– Kosten **132** 38
– sorgerechtliche Befugnisse **132** 26 f
– Umgangsanbahnung **47** 29
– Unterbringung **132** 23 ff
– Unterrichtung des Sorgeberechtigten
  132 28 ff
– Verwaltungsakt **132** 17 ff
– Verwaltungsgericht **132** 20
– Voraussetzungen **132** 5, 12
– Wegnahme **132** 24
– Widerspruch **132** 22
In-Prinzip **84** 30
Insolvenzverfahren bei natürlichen Personen
  133 1 ff, **171** 1 ff
– bei Ansprüchen auf nachehelichen Unterhalt
  171 9 ff
– beim Elternunterhalt **171** 13
– beim Volljährigenunterhalt **171** 13
– bei Trennungsunterhalt **171** 9 ff
– bei Unterhaltsansprüchen minderjähriger Kinder **171** 4 ff
– bei Unterhaltsansprüchen privilegierter Volljähriger **171** 4 ff
– bei Unterhaltsansprüchen von Lebenspartnern
  171 9 ff
– Leistungsfähigkeit **154** 43
– Restschuldbefreiung **133** 16 ff
– Rückschlagsperre **133** 4 ff

– Unterhaltsansprüche **133** 9 ff
– Verbindlichkeiten im Unterhalt **233** 19
– Verbraucherinsolvenz **133** 20 ff
– Vollstreckungsverbot **133** 7 f
– Vorsatztat **133** 17
– Zins- und Tilgungsleistungen **278** 8
Instandhaltungsrücklagen **84** 90
Internationales Familienrecht **134** 1 ff
– Abänderung von Entscheidungen **37** 44 f
– allgemeine Wirkungen der Ehe **198** 21
– Altehen **36** 25
– Amtsermittlung **134** 10
– Anerkennung der Vorehe **64** 4
– Anerkennung und Vollstreckung ausländischer
  Entscheidungen **37** 30 ff, **134** 4
– Ausländer/ausländischer Ehegatte **64** 11,
  68 14
– Ausländer/ausländischer Verlobter **71** 14 f
– Ausländerehe **77** 14 ff
– ausländisches Recht/Auskunft **134** 11
– Auslandsberührung **198** 21 f
– bigamische Ehe **71** 15
– Brüssel IIa-VO **35** 2 ff, **37** 2 ff, **134** 6
– Bundesverwaltungsamt **77** 16
– common law-Staaten **36** 15
– EGBGB **37** 28 f
– EG-Verordnungen **134** 5
– Ehename **74** 21 ff
– Ehesachen **35** 1 ff; *siehe auch* Auslandsbezug
  bei Ehesachen
– Eheschließungsstatut **252** 32
– Eheschließung vor ermächtigten Personen
  77 16 f
– Ehewirkungsstatut **36** 7, **198** 21
– einseitiges/zweiseitiges Eheverbot **71** 14
– engste Verbindung mit einer Rechtsordnung
  36 11 f
– Entscheidungszuständigkeit **134** 1
– EU-Recht **134** 5 ff
– Europäisches Sorgerechtsübereinkommen
  37 42
– Europäisches Übereinkommen betr. Auskünfte
  134 11
– Europäisches Umfangsübereinkommen **37** 46
– EuUntVO **38** 2 ff
– Flüchtlinge **36** 8
– Form der Eheschließung **77** 14 f
– forum shopping **134** 4
– Gemeinschaftsrecht **134** 8
– gewöhnlicher Aufenthalt **36** 9 f
– Grundsatz des ärgeren Rechts **71** 15

– Güterrechtssachen **36** 1 ff, 4 ff; *siehe auch* Güterrechtsstatut
– Haager Kinderschutzübereinkommen **37** 23 ff
– Haager Minderjährigenschutzabkommen **37** 26
– Haftung der Ehegatten **126** 13
– Heilung der eheverbotswidrigen Ehe **71** 15
– Heilung einer formungültigen Ehe **77** 14
– Heimatrecht **36** 7 f, **64** 12, **68** 14, **71** 14 f
– hinkende Ehe **71** 14, **77** 14 f
– HUntProt **38** 23 ff
– Informationsmittel **37** 47
– Inlandsehe – Inlandsform **77** 14 f
– internationale Zuständigkeit **134** 4
– Internetadressen **134** 12
– jurisdiction **36** 15
– Kindschaftssachen **37** 1 ff
– Kollisionsrecht **134** 1 f
– neue Bundesländer **36** 24
– Nichtehe **77** 14
– öffentliche Ordnung (ordre public) **64** 15
– Personalstatut **36** 8
– Praxishinweise **36** 20 f
– Rechtsquellen **134** 2
– Rechtswahl **36** 16 ff
– Rom III-VO **35** 28 ff, **134** 7
– Rückverweisung **36** 15
– Scheidungsverfahren **35** 2 ff
– Scheinehe **196** 13
– Schlüsselgewalt **198** 1 ff
– Schutz Dritter **36** 33
– Staatenlose **36** 8
– Statutenwechsel **77** 14
– Unterhaltssachen **38** 1 ff; *siehe auch* Auslandsbezug bei Unterhaltssachen
– Verhältnis der Rechtsquellen **134** 2 f
– Verkehrsunfälle im Ausland **126** 13
– Verlöbnis **252** 32 ff
– Verweisung **134** 1
– Vollstreckbarkeit des Eheversprechens **252** 26
– Vollstreckung **37** 34 ff
– vollstreckungsfähig **134** 4
– Vorehe **64** 13 f
– Vorrang des Einzelstatuts **36** 14
Internationales Privatrecht *siehe* Verweisungsrecht
Internationales Verfahrensrecht *siehe* Auslandsbezug bei …
– Anknüpfungszeitpunkt **35** 8 ff
– Anpassung des inländischen Rechts **35** 68

– Brüssel IIa-VO **35** 2 ff
– EG-VO **35** 2
– lex fori **35** 26
– Vorrang des gewöhnlichen Aufenthalts **35** 8 ff
Internationale Zuständigkeit **35** 2 ff, **134** 4 ff
– Amtsermittlung **35** 4, **134** 9
– Anerkennung **37** 33
– Anerkennungsprognose **35** 22 f
– Anfechtung der Entscheidung über die internationale Zuständigkeit **35** 14 f
– Anhängigkeit **35** 21 ff
– Annexzuständigkeit **37** 13, **38** 11 f
– Anrufung eines Gerichts **35** 21
– Aufenthaltszuständigkeiten **38** 6 ff
– Auffangzuständigkeit **38** 16
– ausschließlicher Charakter **35** 14
– bei fehlender Anhängigkeit einer Ehesache **36** 3
– Brüssel IIa-VO **35** 2 ff, **37** 2 ff
– deutsche Staatsangehörigkeit **35** 14, 18
– domicile **35** 9
– durch rügelose Einlassung **38** 16
– Ehesachen **35** 2 ff, **37** 13, **38** 11
– einstweilige Maßnahmen **37** 18, **38** 17
– Entscheidungszuständigkeit **134** 1
– EU-Recht **36** 1
– EuUntVO **38** 2 ff
– Flüchtlinge **35** 12
– Folgesachen **35** 19
– forum conveniens **37** 17
– forum shopping **38** 13, **134** 4
– Gegenantrag **35** 13 f
– Gerichtsstandsvereinbarungen **35** 4, **38** 14
– gewöhnlicher Aufenthalt **35** 8
– gleichgeschlechtliche Lebenspartnerschaften **35** 3
– Grundsatz der perpetuatio fori **35** 7
– günstigstes Forum **35** 20
– Haager Kinderschutzübereinkommen **37** 3 ff
– Haager Minderjährigenschutzabkommen **37** 3 f
– isoliertes Sorgerechtsverfahren **37** 14
– Luganer Übereinkommen **38** 19
– nationales Recht **35** 17 ff, **36** 2 f, **37** 20, **38** 20
– Notzuständigkeit **38** 16
– örtliche Zuständigkeit **35** 4, **36** 2
– Personenstandsverfahren **38** 11
– Pflicht des Anwalts **35** 20
– Rechtshängigkeit **35** 21 ff
– Restzuständigkeit **37** 16

- Rüge   35 4
- sachliche Zuständigkeit   35 4
- Scheidungsverbund   35 19
- Scheidungsverfahren   35 1 ff
- schlichter Aufenthalt   37 15
- Staatenlose   35 12
- Staatsangehörigkeit   35 9
- Trennungsunterhalt   38 11
- Umwandlung eines Antrags   35 13
- Verbundzuständigkeit   36 2
- Verfahren in Bezug auf die Elternverantwortung   38 12
- vorrangiges Recht   36 1
- Wahlrecht   38 7 f
- Zuständigkeitsvereinbarungen   37 13 f
Interne Teilung   135 1 ff, 256 1 ff, 14
- Ausnahmen   135 2 ff
- betriebliche Altersversorgung   135 6
- eigenständiges Anrecht   135 3 ff
- gleichwertige Teilhabe   135 3 ff
- Risikoschutz   135 3 ff
- Teilungskosten   135 7 f
- Vorrang   135 1 ff
Invalidität
- Risikoabsicherung   189 1 ff

Jastrowsche Klausel   182 1 ff
Jugendamt
- Allgemeiner Sozialer Dienst   136 7
- Aufgaben   136 5 ff, 153 1 ff
- begleiteter Umgang   47 33 ff
- Beurkundung   153 7
- Familiengericht   136 10
- Inobhutnahme   132 2 ff, 12 ff, 153 7
- Leistungen   153 6
- Mitwirkung im familiengerichtlichen Verfahren   153 7
- Schutzauftrag   153 3, 29 ff
- Umgangspflegschaft   217 18
- Umgangspflicht   218 10, 30
- Verwaltung   136 6 f
- verwaltungsgerichtliche Kontrolle   153 44
- vollstreckbare Urkunde   153 7
- Wächteramt   153 3, 29 ff
- wirtschaftliche Jugendhilfe   136 8
Jugendhilfe
- Leistungen   153 1 ff
- Pflegegeld   178 13 ff
- Träger   136 3
Jugendhilfeausschuss   136 4 f

Kapitalabfindung   224 1 ff; *siehe auch* Abfindung im Versorgungsausgleich; *siehe auch* Unterhaltsabfindung
Kapitalwert nach § 4 Abs. 5 BetrAVG   56 5
Kapitalzusagen
- ausländische, zwischenstaatliche und überstaatliche Anrechte   256 11 ff
- Unternehmerzusagen   256 9 ff
Karrieresprung   73 9 ff, 159 4, 227 7
- Bedarfsermittlung   44 19
Kaufvertrag   2 98
Kaution   2 99
Kenntnis der Abstammung   137 1 ff
- allgemeines Persönlichkeitsrecht   137 2 ff
- anonyme Sexauktion   137 8
- Auskunftsansprüche   137 4 ff
- familiengerichtliches Verfahren   137 9
- heterologe Insemination   137 4
- informationelle Selbstbestimmung   137 4
- Recht auf Kenntnis der Abstammung   137 1 ff, 219 104 ff
- statusunabhängiges Abstammungsklärungsverfahren   137 3
Kinderbetreuungskosten
- berufsbedingte Aufwendungen   50 11 f
Kinderfreibetrag
- Pflegefamilie   177 25
Kindergartenbeitrag   158 15
- Betreuungsaufwand   55 34
Kindergeld   84 107, 138 1 ff
- Abzweigung   6 9 ff
- Grundsicherung   122 38
- Höhe   138 6
- Rückforderung   138 18
- Trennung   138 8 ff
- volljährige Kinder   138 14 ff
- Weiterleitungserlass   138 13
Kinderschutzübereinkommen   139 1 ff, 21
- Abgabe des Verfahrens   139 10
- Anerkennung und Vollstreckung (KSÜ)   139 17
- Anerkennung und Vollstreckung (MSA)   139 27
- Anhängigkeit der Ehesache   139 11
- anwendbares Recht (KSÜ)   139 13 ff
- anwendbares Recht (MSA)   139 26
- Anwendungsbereich (KSÜ)   139 6
- Anwendungsbereich (MSA)   139 20
- Dringlichkeit   139 12, 24
- Flüchtlinge   139 9
- Geltungsbereich (KSÜ)   139 4

– Geltungsbereich (MSA) **139** 19
– gesetzliches Gewaltverhältnis **139** 22
– gewöhnlicher Aufenthalt **139** 7 ff
– Haager Kinderschutzübereinkommen **139** 3 ff
– Haager Minderjährigenschutzabkommen **139** 18 ff
– Heimatzuständigkeit **139** 23
– lex fori **139** 13
– ordre public **139** 16
– Sachnormverweisung **139** 15
– Übernahme des Verfahrens **139** 10
– unbekannter gewöhnlicher Aufenthalt **139** 9
– Vertragsstaaten (KSÜ) **139** 3
– Vertragsstaaten (MSA) **139** 18
– Zuständigkeit (KSÜ) **139** 7 ff
– Zuständigkeit (MSA) **139** 21
Kinderzuschlag **140** 1 ff
– Höhe **140** 3
– Unterhalt **140** 5 f
Kindesentführung **141** 1 ff
– Amtsermittlungsgrundsatz (HKÜ) **141** 9
– Anordnung sofortiger Rückführung aus dem Ausland **142** 9
– Antrag (HKÜ) **141** 4
– Anwendungsbereich (HKÜ) **141** 3
– Ausländer **40** 13
– Ausschluss der Rückführung (HKÜ) **141** 7 ff
– Ausschluss des Umgangsrechts **40** 39
– außerhalb der Vertragsstaaten **141** 15
– begleiteter Umgang **47** 14 ff
– Brüssel IIa-Verordnung **141** 14
– drohende **47** 14
– Einleben in Umgebung (HKÜ) **141** 10
– Europäisches Sorgerechtsübereinkommen **141** 13
– geplante Entführung **40** 39
– Grenzsperre **47** 14
– Haager Übereinkommen **141** 2 ff
– internationale Übereinkommen **141** 2 ff
– Kindesherausgabe **142** 9
– Kindeswohl **141** 7
– konkrete Gefahr **40** 39
– ordre public **141** 11
– Rückgabeanordnung **141** 6
– Rückgabewidersetzen des Kindes (HKÜ) **141** 9
– Strafbarkeit **141** 17
– Verbindungsrichter im EJN **141** 16
– Verhalten des Umgangsberechtigten **47** 15
– Vertragsstaaten **141** 12
– widerrechtliches Verbringen **141** 3

– Widerrechtlichkeitsbescheinigung (HKÜ) **141** 5
– zentrale Behörde **141** 4
Kindesherausgabe **142** 1 ff
– Anordnung sofortiger Rückführung aus dem Ausland **142** 9
– Anspruchsberechtigte **142** 2
– Anspruchsgegner **142** 3
– Einigung über Aufenthalt **142** 5
– einstweilige Anordnung **142** 7
– familiengerichtliches Verfahren **142** 6 ff
– gemeinsame elterliche Sorge **142** 2, 3
– Herausgabeanspruch **142** 2 ff
– Kindesentführung **142** 9
– Kindeswohl **142** 5
– psychische Beeinflussung **142** 4
– Rechtfertigungsgrund **142** 5
– Strafbarkeit des Vorenthaltens **142** 10
– Verbleibensanordnung **142** 5
– Vollstreckung **142** 8
– Vorenthalten **142** 4
– Widerrechtlichkeit **142** 5
– Wirksamwerden **142** 8
Kindesunterhalt Minderjähriger **143** 1 ff
– Abänderung **223** 49
– anderer leistungsfähiger Verwandter **143** 22
– Barunterhaltpflicht des betreuenden Elternteils **154** 51
– Bedarfsbestimmung **143** 2 ff
– Bedarfskontrollbetrag **143** 16
– Bedürftigkeit **143** 12 ff
– Erwerbsobliegenheit **98** 3 ff, 8 ff, **143** 18 ff
– Haftungsanteile beider Eltern **154** 55
– Insolvenzverfahren **154** 43
– Leistungsfähigkeit **143** 15 ff
– Nebentätigkeit des Pflichtigen **154** 41
– Vereinbarungen zum Kindesunterhalt **239** 1 ff, 18 ff
– Vermögenseinsatz **143** 17
– Wechselmodell **143** 6 f
– Wohnwert **277** 25 ff
Kindesunterhalt Volljähriger **144** 1 ff
– Ausbildungsvergütung **144** 29
– Auslandsstudium **144** 17 f
– BAföG **144** 30
– Bedarf **144** 21 ff
– Bedürftigkeit **144** 27 ff
– Erwerbsobliegenheit **98** 5 ff, 12 ff
– freiwilliges soziales Jahr **144** 20
– Studiengebühren **144** 26
– Vereinbarungen zum Kindesunterhalt **239** 30

– Verfahrenskostenvorschuss **144** 34
– Wechsel des Studienorts **144** 19
– Wohnwert **277** 25 ff
Kindeswille
– Ablehnung des Umgangskontaktes **40** 19
– aktive Förderung der Umgangskontakte **40** 18
– ältere Kinder **40** 19
– Ausschluss des Umgangsrechts **40** 14 ff
– brieflicher Kontakt **40** 21
– Entwicklung der kindlichen Persönlichkeit
  40 15 f
– Geschenke **40** 21
– kein Vorrang **40** 14
– Selbstbestimmung **40** 15 f
– Widerstand gegen Umgang **40** 17
– Wohlverhaltensklausel/-gebot **40** 18 f
Kindeswohlgefährdung **47** 22 ff, **92** 9 ff,
  145 1 ff
– Abgrenzungen **145** 2
– Änderung von Entscheidungen in Kindschafts-
  sachen **9** 1, 11 ff
– Aufenthaltsbestimmung **17** 3, 6, 11 f
– Ausländerkinder **145** 18
– begleiteter Umgang **47** 6, 12
– Entzug des Sorgerechts **92** 9 ff
– Erörterungstermin **145** 27
– freiheitsentziehende Unterbringung **109** 2, 7,
  145 13
– Gefährdungsbegriff **145** 8
– Herausnahme aus Pflegefamilie **145** 21
– Inobhutnahme **132** 1 ff, **145** 5
– jugendliche Straftäter **145** 20
– Kindesmisshandlung **145** 9
– Kontaktverbote **145** 26
– körperliche Eingriffe bei Minderjährigen
  146 17; *siehe auch dort*
– Medikation Minderjähriger **145** 15
– medizinische Versorgung **145** 13
– Mutter-Kind-Einrichtung **145** 24
– öffentliche Hilfen **145** 23, **153** 29
– Patchworkfamilie **145** 17
– Pflegefamilie **17** 6 ff, **177** 18 ff
– Pflegschaft **180** 4
– Prostitution **145** 19
– Psychotherapie **145** 25
– Schulverweigerung **145** 12
– Schwangerschaftsabbruch **145** 14
– sexueller Missbrauch **145** 10
– soziale Herkunft **145** 7
– Umgangsprobleme **40** 46, **145** 11
– Umgangsregelung **47** 6, 12, **145** 3

– ungeborenes Kind **145** 4
– Unvermögen zur Gefahrenabwehr **145** 6
– Verbleibensanordnung **234** 8 ff, 15
– Vereinbarungen **90** 12
– Verfahrensbeistand **145** 28
– Verhältnismäßigkeit **145** 22
– Vernachlässigung **145** 16
– Wächteramt **145** 1 ff
Kindschaftssachen **102** 3
– Abtrennung **195** 59 f
– Änderung von Entscheidungen *siehe dort*
– Auslandsbezug *siehe* Auslandsbezug bei
  Kindschaftssachen
– Kostenentscheidung **148** 31
– örtliche Zuständigkeit **102** 39
– Scheidungsverbund **195** 26 ff
– Streitwert **9** 36, **195** 95 f
– Verfahrensbeistand **246** 23
Kollisionsrecht **36** 4 ff
– anwendbares Recht **37** 23 ff
– Art. 15 EGBGB **36** 6
– Art. 21 EGBGB **37** 28 f
– common law-Staaten **36** 15
– deutsch-französisches Abkommen **36** 5
– deutsch-iranisches Niederlassungsabkommen
  36 6, **37** 27, **38** 24
– EU-Recht **37** 23
– gewöhnlicher Aufenthalt **37** 25
– Haager Übereinkommen von 1973 **38** 23
– Heimatrecht des Ehemannes **36** 23
– HUntProt **38** 23 ff
– Kindschaftsstatut **37** 23 ff
– KSÜ **37** 24 f
– lex fori **37** 24
– MSA **37** 26
– nationales Recht **36** 7 ff
– neue Bundesländer **36** 24
– privilegierte Unterhaltsgläubiger **38** 43 ff
– Rechtswahl **38** 34 ff
– Regelanknüpfung **38** 29 ff
– Rom IVa-VO **36** 4
– Rom I-VO **36** 4
– Übergangsregelung **36** 23
Kommunions-/Konfirmationskosten **158** 16
Konkreter Bedarf *siehe* Sättigungsgrenze/
  konkrete Einzelbedarfsberechnung
Konto **2** 21
Kontroll-/Überwachungsbetreuung
– Vorsorgevollmacht **269** 15

Körperliche Eingriffe bei Minderjährigen **146** 1 ff
- Alleinentscheidungsbefugnis des Minderjährigen **146** 14
- ärztlicher Behandlungsvertrag **146** 35 ff
- ärztlicher Heileingriff **146** 1 ff
- Behandlungsabbruch **146** 19
- Beschneidung **146** 30 ff
- Einsichtsfähigkeit **146** 2
- einstweilige Anordnung **146** 18
- Einvernehmen Kind/Eltern **146** 12
- Einwilligung der Eltern **146** 6
- Einwilligung der Schwangeren **146** 27
- Einwilligung in Behandlungsvertrag **146** 37
- Einwilligungsfähigkeit **146** 5, 23
- einwilligungsunfähiger Minderjähriger **146** 26
- Ergänzungspfleger **146** 40
- erhebliche Erkrankungen **146** 8
- Information und Unterrichtung der Eltern **146** 39
- Kindeswohlgefährdung **146** 17
- medizinische Zwangsbehandlung **146** 13
- mutmaßliche Einwilligung **146** 21
- Recht auf körperliche Unversehrtheit **146** 15
- Routineeingriffe **146** 7
- Schwangerschaftsabbruch **146** 22, 29
- Sterilisation **146** 34
- Unterbringung Minderjähriger **146** 9
- Verfahrenshinweise **146** 41
- Vermögenssorge und Personensorge **146** 4
- verweigerte Zustimmung der Eltern **146** 10
- verweigerte Zustimmung zu Schwangerschaftsabbruch **146** 20
- Veto-Recht des Kindes **146** 11
Körper- und Gesundheitsschäden **84** 108
Körperverletzung **40** 22 ff, **47** 16 f
- Ankündigung **40** 29
- Beschneidung **40** 28, 30, **47** 17
- Gefahrengrad **40** 29
- Gefahr weiterer Misshandlung **47** 16
- Gewalt **40** 25
- Herkunftsfamilie **40** 30
- Kindesmisshandlung **40** 23
- Misshandlung des anderen Elternteils **40** 24
- psychische Belastung **40** 25
Korrespondierender Kapitalwert **147** 1 ff
- beamtenähnliche Versorgung **147** 6 ff
- Beamtenversorgung **147** 6 ff
- Beitrag **147** 3 ff
- berufsständische Versorgung **147** 7 ff

- betriebliche Altersversorgung **56** 8 ff, **147** 8 ff
- gesetzliche Rentenversicherung **147** 5
- Hilfsgröße **147** 2 ff
- Vereinbarungen zum Versorgungsausgleich **241** 32, 52 ff
- versicherungsmathematischer Barwert **147** 9 ff
Kostenentscheidung
- Absehen von **148** 27
- Abstammungssachen **148** 32
- Anfechtung der Vaterschaft **13** 54
- Ausnahmen vom Grundsatz der Kostenaufhebung **148** 4 ff
- bei Abweisung oder Rücknahme des Scheidungsbegehrens **148** 10 ff
- bei Drittbeteiligung **148** 7 ff
- bei Erledigung **148** 14
- Beteiligte **148** 34
- familiengerichtliches Verfahren **148** 1 ff
- Familienstreitsachen **148** 21 f
- Feststellung der Vaterschaft **105** 23
- Grundsatz der Kostenaufhebung **148** 2 ff
- isolierte Anfechtung **148** 39 ff
- Kindschaftssachen **148** 31
- Nichtstreitverfahren **148** 24 ff
- Scheidungsverfahren **148** 2 ff
- Umgangspflegschaft **217** 21 f
- Unterhaltssachen **148** 22 ff
- verfrühter Scheidungsantrag **148** 15
Kraftfahrzeug *siehe* Pkw
Kranken- und Pflegeversicherung **84** 36 f, **207** 11
Krankenversicherung **149** 1 ff
- Familienversicherung **149** 1 ff
- Kinder **149** 16 f
- private Krankenversicherung **149** 13
- Scheidung **149** 7 ff
- Versicherungspflicht **149** 14 f
- Weiterversicherung **149** 7 ff
Krankenvorsorgeunterhalt **150** 1 ff
- Antrag **150** 13
- Berechnung **150** 10 f
- einstufige Berechnung **150** 11
- Familienversicherung **150** 4
- fiktives Einkommen **150** 6
- Gleichrangigkeit mit Elementarunterhalt **150** 12
- Höhe **150** 9
- Krankenversicherung **150** 6 f, 9 f
- nachehelicher Unterhalt **150** 2

– Nachforderung **150** 14
– nichtehelicher Elternteil **225** 19
– Trennungsunterhalt **150** 2
– Verzug **150** 12
– Vorrangigkeit gegenüber Altersvorsorgeunterhalt **150** 12
– Wegfall des Beihilfeanspruchs **150** 8
– Zahlungsempfänger **150** 12
– zweckwidrige Verwendung **150** 12
– zweistufige Berechnung **150** 10
Krankheit **40** 50 ff, **47** 18 ff
– AIDS **47** 19
– Alkoholabhängigkeit **47** 18, 20
– ansteckende Krankheit **47** 19
– Begriff **151** 11
– Depressionen **151** 14
– Drogenabhängigkeit **47** 18, 20
– psychische Erkrankung **47** 18 ff
Krankheitsunterhalt **151** 1 ff
– Anschlussunterhalt **151** 3
– Befristung/Herabsetzung nach § 1578b BGB **151** 20 ff
– Darlegungs- und Beweislast **151** 17 f
– Depressionen **151** 14
– Einsatzzeitpunkte **151** 4
– Erkrankung vor nachhaltiger Sicherung des Unterhalts **151** 6
– Erwerbsunfähigkeit **151** 1
– krankheitsbedingtes Fehlen einer Erwerbschance **151** 1
– Krankheitsbegriff **151** 11
– latente Erkrankung **151** 8
– mutwillige Verursachung der Erwerbsunfähigkeit **151** 13
– nacheheliche Solidarität **151** 2
– Obliegenheit zur Heilbehandlung **151** 13
– Sachverständigengutachten **151** 18
– Suchterkrankungen **151** 12
– Teilerwerbsfähigkeit **151** 16
– Unterhaltsneurosen **151** 14
– Ursächlichkeit der Erkrankung **151** 15
– Verschlimmerung der Erkrankung **151** 9
– Wegfall der Erwerbsobliegenheit **151** 1
Kriegsopferversorgung **61** 2 ff
KSÜ *siehe* Haager Kinderschutzübereinkommen
Kuckuckskind **221** 27
Kunstgegenstände **2** 100 f
Kurze Ehedauer
– Unterhaltsrecht **221** 8 f
– Versorgungsausgleich **256** 2
– vertraglicher Unterhaltsverzicht **240** 9

– Zugewinnausgleich **121** 11
Land- und forstwirtschaftlicher Betrieb **2** 102 ff, **59** 10 ff
– Ertragswert **2** 102 ff
– Substanzwert **2** 102
Latente Steuerlast **2** 51, 148 f
Laufende Versorgung **256** 4 ff
Leasingvertrag **2** 107 ff
Lebenspartnerschaftssachen **102** 21
– örtliche Zuständigkeit **102** 96
Lebenspartnerschaftsvertrag **243** 1 ff, 8 ff
Lebensstandardgarantie **164** 1 ff, 6 ff
Lebensversicherung **2** 110 ff
– Abänderungsverfahren im Versorgungsausgleich **1** 10
– Abgrenzung Versorgungsausgleich **2** 110
– Anfangsvermögen **12** 5
– Belegvorlage im Zugewinn **49** 8
– Bezugsrecht **2** 115 f
– Fortführungswert **2** 117
– gespaltenes Bezugsrecht **2** 116
– Kreditsicherheit **2** 118
– Pflichtteilsrecht **181** 40
– Rückkaufswert **2** 117
– Steuern **2** 119
– Tilgungsersatz **2** 118
– Wahlrecht **2** 113 f
Leibgeding **152** 1 ff
Leiblicher Vater **219** 101 ff, **258** 21 f
– geschütztes Rechtsgut **219** 104
– Kenntnis der Abstammung **137** 1 ff, **219** 106
– Kindeswohl **219** 110
– Neuregelung **219** 112 ff
– rechtlicher Vater **219** 112 ff, **258** 21 f
– sozial-familiäre Beziehung **219** 4, 80, 102 ff, 108
– streitige Vaterschaft **219** 111
– Zugang zum Elternrecht **219** 101
Leibrente **152** 15 ff
– Kapitalisierung **152** 16 ff
– Versorgungsausgleich **152** 18
Leihmutter **163** 10
Leistungen der Jugendhilfe **153** 6
– Beratung **153** 10 ff
– Hilfen zur Erziehung **153** 14 ff, 32 ff
– Kostenbeteiligung **153** 40 ff
– Mitwirkung im familiengerichtlichen Verfahren **153** 19 ff
– Nachrang **153** 8 ff
– Selbstbeschaffung **153** 37 ff
– Trennung und Scheidung **153** 10 ff

– Umgangsbegleitung **153** 11
– Umgangspflegschaft **153** 12
– Vorrang **153** 8 ff
– Wunsch- und Wahlrecht **153** 33 f
Leistungsfähigkeit **84** 113, **154** 1 ff
– anderer unterhaltspflichtiger Verwandter (§ 1603 Abs. 2 S. 3 BGB) **154** 51
– angemessener Selbstbehalt **154** 3
– Ansparabschreibungen (§ 7g EStG) **154** 20
– Barunterhaltspflicht des betreuenden Elternteils **154** 51
– billiger Selbstbehalt **154** 3
– Einkommen des Pflichtigen **154** 13
– Elternunterhalt **89** 51 ff
– Familienzuschläge **154** 16
– fiktive Einkünfte **154** 21
– Firmenwagen **154** 18
– geldwerte Vorteile **154** 18
– Haftungsanteile beider Eltern **154** 55
– Halbteilungsgrundsatz **154** 1
– Hausmann-Rechtsprechung **154** 47
– Insolvenzverfahren **154** 43
– Investitionsabzugsbeträge (§ 7g EStG) **154** 20
– Kindesunterhalt Minderjähriger **143** 15 ff
– Kosten für Hausratsbeschaffung **154** 25
– Mangelfall **154** 11
– mehrere Bedürftige (Nachfolge der „Drittelmethode") **154** 59, **159** 18 ff
– mietfreies Wohnen **154** 18
– Nebentätigkeit **154** 15, 41
– notwendiger Selbstbehalt **154** 3
– Personalrabatt **154** 18
– Rangfolge **154** 12
– Regelaltersgrenze **154** 15
– Sachbezüge **154** 18
– Schonvermögen **154** 30
– Selbstbehalte **154** 2 ff
– Splittingvorteil **154** 17
– Steuervorteile **154** 16 ff
– Taschengeld **154** 13
– Trennungsunterhalt **214** 38 ff
– überobligationsmäßig erzieltes Einkommen **154** 14
– Überstunden **154** 15
– Umgangskosten **154** 24
– Unterhaltsansprüche Dritter **154** 26
– Verbindlichkeiten im Unterhalt **154** 22, **233** 1
– Verbrauch der Vermögenssubstanz **154** 27
– Vermögenseinkünfte **154** 27
– Vermögenseinsatz beim Kindesunterhalt **154** 33 ff

– Vermögenseinsatz beim Unterhalt nach § 1615l BGB **154** 39
Leistungsunfähigkeit *siehe* Mangelfall und Selbstbehalt
lex fori
– Anerkennungszuständigkeit **35** 61
– internationale Zuständigkeit **35** 26
– Kinderschutzübereinkommen **139** 13
– objektive Anknüpfung **35** 40
– privilegierte Unterhaltsgläubiger **38** 44
– Qualifikation **35** 68, **36** 27
– Rechtswahl **35** 36, **38** 35
– Verfahrensrecht **35** 26
lex rei sitae **36** 14
– Einzelstatut **36** 14
– Rechtswahl **36** 18
Lineare Abschreibung **84** 66
Lohnsteuerklassen **155** 3 ff
– Einteilungen **155** 3 f
– Faktorverfahren **155** 5 ff
– Lohnsteuerkarte/elektronisches System Elster Lohn II **155** 19 f
– Lohnsteuertabellen **155** 12 ff
Lohnsteuertabellen
– Auswirkungen **155** 14
– Differenzierungen **155** 13
Lottogewinn **2** 123
Luganer Übereinkommen **38** 19

Mahnung
– bzgl. Unterhaltszahlungen **259** 2 ff
– vor Fälligkeit **259** 5
Mangelfall und Selbstbehalt **154** 11
– angemessener Selbstbehalt **156** 3 ff
– Anpassung des Selbstbehalts **156** 7 ff
– eheangemessener Selbstbehalt **156** 6
– Einkommenskorrektur **156** 12 ff
– mehrere Unterhaltsberechtigte **156** 15 ff
– mehrstufige Mangelverteilung **154** 13
– notwendiger Selbstbehalt **156** 2
– private Altersvorsorge **185** 4
– Rangfolge **156** 9 ff
– Sicherung des Existenzminimums **156** 1
– Wohnwert **277** 9
Maßgebliche Bezugsgröße
– Beamtenversorgung **80** 5 ff
– betriebliche Altersversorgung **80** 4 ff
– gesetzliche Rentenversicherung **80** 5 ff
– Versicherungen **80** 6 ff
Mehrarbeitsvergütung **84** 23
Mehrbedarf
– Pensionen und Renten **84** 101

Mehrbedarf/Sonderbedarf beim Ehegattenunterhalt
- ausbildungsbedingter Mehrbedarf **157** 4
- krankheits- und altersbedingter Mehrbedarf **157** 3
- trennungsbedingter Mehrbedarf **157** 5
- Verfahrenskostenvorschuss **157** 8 ff
Mehrbedarf/Sonderbedarf beim Kindesunterhalt **158** 1 ff
- Behandlungskosten **158** 12
- Computer **158** 18
- Fahrtkosten **158** 11
- Internatskosten **158** 8 f
- Kindergartenbeiträge **158** 15
- Klassenfahrt **158** 6
- Kommunionskosten **158** 16
- Konfirmationskosten **158** 16
- Nachhilfekosten **158** 10
- Säuglingserstausstattung **158** 13
- Schüleraustausch **158** 7
- Studiengebühren **158** 14
- Tiere **158** 17
Mehrbedarfszuschläge **122** 7 ff
Mehrere Bedürftige (Drittelmethode) **159** 1 ff
- Bedarfsermittlung **159** 14 ff
- Grundsatz der Halbteilung **159** 1, 6, 14, 20
- Karrieresprung **159** 4
- Korrekturfälle **159** 24 ff
- Leistungsfähigkeit **159** 18 ff
- Rangfolge **159** 5 ff, 19 ff
- Stichtagsprinzip **159** 2, 4, 8
- Surrogatsrechsprechung **159** 3
- Synergieeffekte **159** 4, 6
- wandelbare eheliche Lebensverhältnisse **159** 1, 9, 11, **233** 3
Mehrrechtsstaaten **35** 56
Meinungsverschiedenheit bei Sorgeberechtigten **87** 7, **160** 1 ff
- Abstammungsverfahren **160** 10
- Angelegenheit von erheblicher Bedeutung **160** 3
- Antragserfordernis **160** 4
- Aufenthaltsbestimmungsrecht **160** 18
- Auflagen und Beschränkungen **160** 7
- Ausschluss des Umgangsrechts **40** 10
- Ausweispapiere **160** 15
- Betreuungssituation **160** 19
- EU-Ausland **160** 13
- Kindergartenwechsel **160** 17
- Kindesanhörung und Verfahrensbeistand **160** 9
- Kindeswohlgefährdung **47** 22 ff
- Kindeswohlprinzip **160** 6
- konkrete Angelegenheit **160** 2
- Reisewarnung **160** 14
- religiöse Erziehung **160** 11
- Schulwechsel **160** 17, 21
- Ummeldung des Kindes **160** 20
- Umzug **160** 16
- Urlaubsreisen **160** 12
Mietfreies Wohnen
- Leistungsfähigkeit **154** 18
Mietwert *siehe* Wohnwert
Minderjähriges Kind *siehe* Kindesunterhalt Minderjähriger; *siehe* Aufenthaltsbestimmung bei Minderjährigen; *siehe* Freiheitsentziehende Unterbringung von Minderjährigen; *siehe* Gesetzliche Vertretung Minderjähriger; *siehe* Haftung der gesetzlichen Vertreter; *siehe* Körperliche Eingriffe bei Minderjährigen (; *siehe* Namensbestimmung bei Minderjährigen
- Aufenthaltsbestimmung **17** 1 ff
- Aufhebung einer Ehe **68** 13
- Befreiung vom Alterserfordernis **68** 3 f
- Ehemündigkeit **67** 3 ff
- Einwilligung des gesetzlichen Vertreters in Eheschließung **68** 5 ff
- freiheitsentziehende Unterbringung **109** 1 ff
- Genehmigung der Ehe **68** 13
- gesetzliche Prozessstandschaft **186** 1 ff
- gesetzliche Vertretung **115** 1 ff
- gewöhnlicher Aufenthalt **118** 1 ff
- Haftung der gesetzlichen Vertreter **127** 1 ff
- Kinderehen **68** 3
- Kindeswohlgefährdung **145** 1 ff
- körperliche Eingriffe **146** 1 ff
- Namensbestimmung **168** 1 ff
- Personensorge für minderjährigen Elternteil **174** 18 ff
- Personensorge für verheiratete Minderjährige **174** 6
- Ruhen des Sorgerechts **192** 1 ff
- verheiratete Minderjährige **174** 18 ff
- Vermögenssorge **254** 1 ff
- vertragliche Vertretungsvereinbarung **237** 21
- Widerspruch gegen Ehe **68** 6 ff
Mindestbedarf **161** 1 ff, **226** 18, **239** 9, 14
- Betreuungsunterhalt **44** 57
- Darlegungslast **103** 7
- Drittelmethode **159** 22
- Ehegattenunterhalt **44** 32, **166** 12, 18, **225** 17
- Elternunterhalt **89** 9

– Ersparnis des Zusammenlebens **161** 7 ff
– Existenzminimum **161** 1 ff
– Kinderfreibetrag **162** 1
– Kindergeldanrechnung **162** 3 ff
– notwendiger Selbstbehalt **161** 5
– Trennungsunterhalt **214** 4
– Vermögenseinsatz **154** 33
Mindestunterhalt
– Mangelfall **162** 6
Miteigentum **2** 124
– Überschuldung **2** 125
MSA **139** 18 ff; *siehe auch* Haager Minderjähri-
  genschutzabkommen
Mutterschaft **163** 1 ff, **258** 3
– Abstammungsverfahren **163** 6 ff
– Anerkennung **163** 9
– Beurkundung der Anerkennung **163** 9
– Ende **258** 19 f
– Ersatzmutterschaft **163** 10 ff
– genetische Abstammung **163** 4, **258** 4
– gesetzliche Regelung **163** 3 ff
– gespaltene Mutterschaft **163** 3, 7
– Kindesraub **163** 8
– Kindesunterschiebung **163** 8
– Kindesverwechslung **163** 8
– kraft Adoption **258** 6 ff
– Lebenspartnerin **258** 27 f
– Leihmutter **163** 10
– rechtliche Mutterschaft **258** 3
– Scheinmutterschaft **163** 6
– Übergangsvorschrift **163** 5
– übernommene Mutterschaft **163** 10
– zivilrechtliche Folgen **258** 9 ff
Mutterschaftsgeld **88** 12

Nachehelicher Unterhalt **166** 1 ff
– Anschlussunterhalt **166** 6
– Anspruchskette **166** 6
– Bedürftigkeit **166** 13
– Begrenzung aus Billigkeitsgründen **166** 19
– bei Eheaufhebung **166** 23
– Berechnungsmethoden **166** 12
– Billigkeitsabwägung nach § 1581 BGB
  166 15
– Darlegungs- und Beweislast **166** 27
– Darlegungs- und Beweislast für Verbindlich-
  keiten **166** 33 f
– Differenzierung bei mehreren Unterhaltstatbe-
  ständen **166** 8
– Drittelmethode **159** 1 ff, **166** 16
– Eigenverantwortung **166** 3
– Einsatz des Vermögensstamms **166** 13 f

– Erhöhung des Mindestselbstbehalts **166** 18
– Erwerbsobliegenheit **98** 22 ff
– Folgesache **166** 24 f
– Geltendmachung **166** 24
– Gesamtschuldnerausgleich und Unterhalt
  113 1 ff
– Haager Unterhaltsprotokoll **38** 47
– Herabsetzung des Mindestselbstbehalts
  166 17
– Höhe des Anspruchs **166** 11
– isoliertes Verfahren **166** 24
– Leistungsfähigkeit **166** 14
– Leistungsfähigkeit bei mehreren Ehefrauen
  154 59
– Mindestbedarf **166** 12
– Mindestselbstbehalt **166** 15
– Nutzungsentschädigung **170** 5
– Pflicht zum substanziierten Bestreiten **166** 28
– Prüfungsfolge **166** 22
– Teilbetrag **166** 26
– trennungsbedingter Mehrbedarf **166** 12
– Unterhalt im Erbfall **165** 1 ff
– Verbindlichkeiten im Unterhalt **233** 2 ff
– Vereinbarungen **240** 1 ff
– Vermögenseinsatz **154** 28 ff
– Verwirkung mangels zeitnaher Geltendma-
  chung **166** 20 f
Nacheheliche Solidarität **164** 1 ff, **166** 3 f
– besonderer Vertrauenstatbestand **164** 6
– Betreuungsunterhalt **55** 2
– Dauer der Ehe **164** 5
– ehebedingte Nachteile **21** 14, **164** 2 ff
– Ehewirkungen **72** 18
– Grundsatz der Eigenverantwortung **164** 1,
  166 3
– Krankheitsunterhalt **151** 2
– Lebensstandardgarantie **21** 2 ff, **44** 2, **73** 1,
  164 1 ff, 6 ff
– wirtschaftliche Verflechtung **164** 7
Nachversicherung
– Ausscheiden aus dem Beamtenverhältnis **1** 15
Name *siehe* Ehename
Namensänderung **167** 1 ff, **168** 3, 22
– Adoption **167** 6, 16 f
– Ehenamen **167** 11
– Einbenennung **167** 12 ff
– Geburtsname **167** 19 ff
– Namensänderungsgesetz **167** 7, 19 ff
– Pflegefamilie **167** 21, **168** 25
– Vorname **167** 6 f
Namensanpassung **74** 28

Namensbestimmung bei Minderjährigen
167 2 ff, **168** 1 ff
- Adoption **168** 26
- Alleinsorge **168** 16
- Anfechtung der Vaterschaft **168** 21
- Bindungswirkung **168** 14
- Doppelname **167** 4 f
- Doppelzuständigkeit **168** 28
- Ergänzungspfleger **168** 29
- Erklärungen vor Geburt **168** 18
- Familienname **168** 2, 5, 12, 15
- gemeinsames Sorgerecht **168** 13
- höchstpersönliches Rechtsgeschäft **168** 17
- kein gemeinsamer Ehename **168** 7
- Lebenspartnerschaftsname **168** 9
- nach Geburt des Kindes **168** 6
- Nachholung der Namensbestimmung **168** 23
- nachträgliches gemeinsames Sorgerecht
168 20
- Namensänderung **168** 3, 22
- Namenskontinuität **168** 19
- Pflegefamilie **168** 25
- Scheidung der Eltern **168** 11
- Stieffamilie **168** 24
- unechter Doppelname **168** 8
- Uneinigkeit der Eltern **168** 30
- Verfahren mit Auslandsberührung **168** 27
- Vorname des Kindes **167** 2 f, **168** 4
- zusammengesetzter Doppelname **168** 10
Namensführung **74** 28
Nebenkosten
- Wohnwert **277** 11 ff
Nebentätigkeit **84** 13
- Leistungsfähigkeit **154** 15
- Leistungsfähigkeit beim Kindesunterhalt
154 41
- Vergütung **84** 23
Negatives Anfangsvermögen **12** 20 ff
- Darlegungs- und Beweislast **63** 4
Nettowert einer Versorgung **256** 24
Neuerungen durch FGG-Reform
- Amtsgericht **51** 4
- Anhörungen **51** 8
- Aufhebung/Abänderung von Titeln **51** 4
- Bundesgerichtshof **51** 4
- dritte Instanz **51** 7
- Eingang des Antrages **51** 4
- FamFG **51** 3
- Familiensachen **51** 3
- FGG-Reformgesetz **51** 3
- Freiheitsentziehungssachen **51** 8

- großes Familiengericht **51** 4
- Landgericht **51** 8
- Oberlandesgericht **51** 4
- rechtliches Gehör **51** 8
- Rechtsbehelfsystem **51** 4
- Rechtsmittelweg **51** 4
- sachliche Zuständigkeit **51** 7
- Titel **51** 4
- ZPO **51** 4
- zweite Instanz **51** 7
New Yorker UN-Übereinkommen **38** 54
Nichteheliche Lebensgemeinschaft **169** 1 ff;
siehe auch Vereinbarungen zur eheähnlichen
Lebensgemeinschaft
- Abrechnungs- und Verrechnungsverbot
169 180
- Alleinmieter **169** 148
- Alleinschulden **169** 184
- Arbeitsleistungen **169** 39, 52
- Arbeitsvertrag **169** 57 ff
- Aufnahme in die Wohnung **169** 149
- Aufrechnungs- und Verrechnungsverbot
169 152
- Auftrag **169** 64
- Aufwendungsersatz **169** 67
- Auseinandersetzung gemeinsamen Vermögens
169 127
- Ausgleichsansprüche **169** 124 ff
- Bereicherungsrecht **169** 196
- Dienstvertrag **169** 57 ff
- Eigentümergemeinschaft **169** 130 ff
- Einkommensermittlung **84** 7
- Einwendungen **169** 112
- Einzelkonten **169** 173 ff
- erbrechtliche Stellung nichtehelicher Kinder
169 17 ff
- Geliebtentestament **169** 199
- gemeinschaftsbezogene Zuwendung **169** 42,
48
- Gemeinschaftskonten **169** 167 ff
- Gesamtschulden **169** 179
- Gesellschaftsrecht **169** 74 ff
- Gewahrsam **169** 208
- gleichberechtigte Mitarbeit **169** 90
- Haushaltsgegenstände **169** 163
- Immobilien **169** 128 ff
- Immobilienerwerb **169** 82 ff
- Kaufvertrag **169** 155
- Kfz **169** 66, 151 ff
- Kontovollmacht **169** 173
- Lebenspartnerinnengesellschaft **169** 76 ff

– Leistung ohne rechtlichen Grund **169** 110
– Mietergemeinschaft **169** 141 ff
– Nutzungsentschädigung **169** 138, 159
– Partnerschaftsvertrag **242** 1 ff
– Pfändungsfreigrenzen **169** 205
– Prozess-/Verfahrenskostenhilfe **169** 210
– Räumungstitel **169** 139
– Rückgewähr von Leistungen **169** 23 ff, 92
– Scheitern der Lebensgemeinschaft **169** 7 ff
– Schenkungen **169** 42 ff
– Schenkungswiderruf **169** 47
– Schulden **169** 178 ff
– Sorgerecht **169** 15
– Teilungsversteigerung **169** 128
– Tod des Zuwendungsempfängers **169** 200
– Tod eines Lebensgefährten **169** 185 ff
– Umgangsrecht **169** 16
– ungerechtfertigte Bereicherung **169** 99 ff
– Unterhalt **169** 6 ff
– Vereinbarungen **242** 1 ff
– Verfahren **102** 15, 23
– Verjährung **169** 204
– Vermögensauseinandersetzung **169** 127 ff
– vertragliche Unterhaltsansprüche **169** 9
– Wegfall der Geschäftsgrundlage **169** 115 ff, 197
– Wohnungsschlüssel **169** 136
– Zeugnisverweigerungsrecht **169** 209
– Zuständigkeit **102** 23, **169** 202 f
– Zustellung **169** 207
– Zweckabrede **169** 104
Nichtehelicher Elternteil *siehe* Unterhalt des nichtehelichen Elternteils
Nichteheliches Kind
– Auskunftsanspruch im Unterhaltsrecht **31** 2
– Betreuungsunterhalt **154** 39, **225** 1 ff
– Erbrecht **169** 17 ff, **257** 23 ff
Nießbrauch **152** 13 f
– Bewertungsmethoden im Zugewinn **59** 36 ff
– gleitender Vermögenserwerb **152** 9 ff, 13
Notariat als Vermögenswert **2** 60
Notwendiger Selbstbehalt **154** 3, **156** 2, **161** 5
Nutzungsentschädigung
– Begründung eines Mietverhältnisses **170** 1, 5
– Gesamtschuldnerausgleich **170** 3
– Höhe **170** 2 ff
– Marktmietwert **170** 2
– nachehelicher Unterhalt **170** 5
– nichteheliche Lebensgemeinschaft **169** 138, 159
– Teilungsversteigerung **170** 5

– Trennungsunterhalt **170** 4
– und Unterhalt **170** 1 ff
– Verrechnung beim Unterhalt **170** 4 ff
– Wohnwert **277** 18

Obhut **102** 75
– Wechselmodell **102** 78
Obhutswechsel **40** 40 ff
– familienrechtlicher Ausgleichsanspruch **103** 1 ff
Obliegenheit zur Erwerbstätigkeit *siehe* Erwerbsobliegenheit
Öffentliche Ordnung *siehe* ordre public
Opfergrenze
– bei nicht abänderbarer Unterhaltsvereinbarung **223** 37
Optionsrecht **2** 128 ff
– Abgrenzung Unterhalt **2** 129
– Bewertung **2** 130
ordre public **35** 47 ff, **38** 41
– Eheschließungsfreiheit **35** 48
– Gleichberechtigung **35** 48
– Kinderschutzübereinkommen **139** 16
– lex fori **35** 48
– Privatscheidung **35** 69
– Vorbehaltsklausel **35** 49 f
Originäre Ersatzhaftung **96** 3 ff
– Anspruchshöhe **96** 6
– anteilige Haftung **96** 5
– Bedürftigkeit **96** 7
– Darlegungs- und Beweislast **96** 10
– Leistungsfähigkeit **96** 8
– Leistungsunfähigkeit **96** 3
– Verzug **96** 9
– vorrangig Unterhaltsverpflichtete **96** 4

Patchworkfamilie
– Erbrecht **172** 1 ff
– gesetzliche Vertretung Minderjähriger **115** 15
– Kindeswohlgefährdung **145** 17
– Pflichtteilsstrafklausel **172** 8
– Pflichtteilsverzichtvertrag **172** 7
– Quotenvermächtnisse **172** 7
– Sorgeerklärung **204** 13
– Vererben des Vermögens nur an die eigenen einseitigen Kinder **172** 2 ff
– vermögensrechtliche Gleichstellung aller Kinder **172** 4 ff
Patientenverfügung **173** 1 ff
– ärztliche Vorab-Mitwirkung **173** 8
– Behandlungsangebot **173** 2
– Betreuungsgericht **173** 15

– betreuungsgerichtliche Genehmigung **173** 13 ff
– Definition **173** 1
– Form **173** 4
– Fortgeltungsklauseln **173** 7
– Höchstpersönlichkeit der Errichtung **173** 4
– Konsenslösung **173** 13
– Minderjährige **173** 4
– Registrierung im Vorsorgeregister **173** 1
– Reichweitenbeschränkung **173** 2
– Sterbehilfe **173** 3
– Umsetzung durch Bevollmächtigten **173** 11
– Verhältnis zur Vorsorgevollmacht **173** 4
– Widerruf **173** 6, 11
– wirklicher Wille **173** 5
Pauschbeträge für behinderte Menschen, Hinterbliebene und Pflegepersonen **41** 31 ff
Pelze **2** 136
Pensionen und Renten **84** 97 ff
– Mehrbedarf **84** 101
– Nebeneinkünfte **84** 102, 103
– Rentennachzahlungen **84** 99 ff
Pensionistenprivileg **14** 1 ff, **228** 1 ff
Perpetuatio fori **37** 9
Personalstatut *siehe* Heimatrecht
Personensorge **174** 1 ff
– Aufenthaltsbestimmung **174** 14
– Aufenthaltsbestimmung bei Minderjährigen **17** 1 ff
– Aufsicht **174** 13
– Ausbildung und Beruf **174** 15
– Erziehung **174** 12
– Fähigkeiten des Kindes **174** 16
– Fehlentscheidungen der Eltern **174** 17
– Herausgabeanspruch **174** 21
– Inhaber **174** 5 ff
– Jugendhilfemaßnahmen **174** 10
– Jugendstrafrecht **174** 9
– minderjähriger Elternteil **174** 6
– persönliche Angelegenheiten des Kindes **174** 19
– Pflege **174** 11
– Pflegefamilie **177** 7
– Regelungsgehalt **174** 20
– staatlicher Eingriff **174** 3
– staatlicher Erziehungsauftrag **174** 8
– tatsächliche Personensorge **174** 6
– Übertragung **174** 2, 7
– Umgangsbestimmung **174** 21
– Verfahren **174** 22 ff
– Verfahrensbeistand **246** 23

– verheiratete Minderjährige **174** 18 ff
– Vormundschaft **174** 4
Personenstand **102** 22, **175** 1 ff
Personenstandsregister **175** 2 ff
– Angaben **175** 8
– Anzeigepflicht **175** 6 ff
– Auskunft **175** 14
– Berichtigung **175** 17 f
– Eheregister **175** 2
– Einsicht **175** 14
– Erklärung **175** 8
– Folgebeurkundung **175** 3, 12
– Geburtenregister **175** 2
– Konfession **175** 7 ff
– Lebenspartnerschaftsregister **175** 2
– Religionsgemeinschaft **175** 15
– Standesamt **175** 5
– Sterberegister **175** 2
Personenstandssachen **102** 22
Personenstandsurkunde **175** 12 f
Persönliche Verhältnisse des Kindes *siehe* Auskunft über die persönlichen Verhältnisse des Kindes
Pfändungsschutz *siehe* Einstellung und Beschränkung der Vollstreckung; *siehe* Pfändungsschutzkonto
Pfändungsschutzkonto **176** 1 ff
– Abwicklung der Pfändung **176** 15 ff
– Anordnung der Unpfändbarkeit **176** 18 ff
– Erhöhung des Sockelbetrages **176** 10 ff
– mehrere P-Konten **176** 5
– pfändungsfreier Betrag **176** 7 ff
– Sockelbetrag **176** 8 f
– Sozialleistungen **176** 17
Pflegefamilie **177** 1 ff
– Anhörung von Pflegepersonen **177** 22
– Bereitschaftspflege **177** 3
– Beschwerdebefugnis von Pflegepersonen **177** 23
– Beteiligung im familiengerichtlichen Verfahren **177** 21 ff
– Dauer des Pflegeverhältnisses **177** 14
– elterliche Sorge **177** 6 ff
– Entscheidungen in Angelegenheiten des täglichen Lebens **177** 7, 10 ff
– Erlaubnispflicht **177** 3
– faktisches Pflegeverhältnis **177** 4
– Familienpflege **177** 2 ff
– Geltendmachung und Verwaltung von Arbeitsverdienst, Unterhalts- und Sozialleistungen **177** 8

– Herausnahme aus Pflegefamilie wegen Kindes-
  wohlgefährdung **145** 21
– Kinderfreibetrag **177** 25
– Kindergeld **177** 25
– Kinderzuschlag **177** 25
– Kindeswohl **177** 18 ff
– Namensänderung **167** 21
– Namensbestimmung **168** 25
– Notvertretungsbefugnis **177** 9
– Personensorge **177** 7
– Pflegeverhältnis faktischer Art **177** 13, 19,
  20, 24
– steuerliche Auswirkung **177** 25
– Tagespflege **177** 3
– Übertragung von Teilen der elterlichen Sorge
  177 12 ff
– Umgangsrecht **177** 20
– Verbleibensanordnung **177** 6, 19, **234** 5
– Vollmacht **177** 7
– Vollzeitpflege **177** 3, 6
Pflegegeld **84** 106, **178** 1 ff, **179** 2 ff
– Jugendhilfe **178** 13 ff
– Pflegeversicherung **178** 3 ff
– Sozialhilfe **178** 12
– Unfallversicherung **178** 10
– Unterhalt **178** 3 ff
Pflegeversicherung **179** 1 ff
Pflegevorsorgeunterhalt **179** 7 ff
Pflegezeitgesetz **179** 5
Pflegschaft
– Amtspflegschaft **180** 2
– Anlass **180** 3 ff
– Anordnung **180** 5
– Aufgaben des Pflegers **180** 6 ff
– Bestellung **180** 4 f
– Ende **180** 10 f
Pflichtteil als Vermögenswert **2** 42
Pflichtteilsrecht **181** 1 ff
– Abschmelzungslösung **181** 43 ff
– Anrechnung **181** 24 ff, 28 ff
– Ausgleichung **181** 31 ff
– Berechnung **181** 6 ff
– Beschränkungen und Beschwerungen
  181 15 ff
– ErbVerjRÄndG **181** 20 f
– Erbverzicht **95** 5
– Frist **181** 43 ff
– gemeinschaftliches Testament **110** 5 ff
– Jastrowsche Klausel **182** 1 ff
– Kürzungsrecht des Erben bei Vermächtnis
  181 47 ff

– Lebensversicherung **181** 40
– Nachlasswert **181** 10 ff
– Niederstwertprinzip **181** 39
– Pflichtteilsberechtigte **181** 3, 9
– Pflichtteilsergänzungsanspruch **181** 22, 37 ff
– Pflichtteilslast **181** 47 ff
– Pflichtteilsquote **181** 8 ff
– Pflichtteilsstrafklausel **182** 1 ff
– Pflichtteilsverzicht **183** 1 ff
– Schuldner des Pflichtteilsanspruchs **181** 4
– Schutz des Pflichtteilsberechtigten **181** 12 ff
– Wertermittlung **181** 38 f
– Wohnrecht **181** 40
– Zehnjahresfrist **181** 43 ff
– Zusatzpflichtteil **181** 13
– Zuwendung eines Vermächtnisses **181** 22
P-Konto *siehe* Pfändungsschutzkonto
Pkw **184** 1 ff
– Auseinandersetzung bei nichtehelicher Lebens-
  gemeinschaft **169** 151 ff
– berufsbedingte Aufwendungen **50** 7 ff
– Bewertung **184** 5
– Bewertung im Zugewinn **59** 38
– Eigentum **184** 2
– Haushaltsgegenstand **129** 12, **184** 3
– Nutzung **184** 1
– Rückgewähr **169** 66
– Vereinbarung **184** 5
– Zuweisung **184** 1
Präklusion
– Änderung/Wegfall der Geschäftsgrundlage
  10 16 ff
– Annexkorrektur **223** 22
– Anschlussbeschwerde **223** 25
– Befristung nach § 1578 b BGB **223** 22
– Befristungseinwand **223** 21
– Begrenzungseinwand nach § 1578b BGB
  21 29
– bei Abänderung **223** 12
– Herabsetzung nach § 1578 b BGB **223** 22
– Herabsetzungseinwand **223** 22
– nach Zurückweisung eines Abänderungsantrags
  223 23
– Rechtsprechungsänderung **223** 24
– Versäumnisentscheidung **223** 25
– vertragliche Vereinbarung **240** 48
– Vorbehalt nach § 1578 b BGB **223** 22
– Zeitgrenze **223** 25
Private Altersvorsorge **185** 1 ff
– Abgrenzung Zugewinnausgleich **2** 11
– Altersvorsorgeunterhalt **185** 2

– Art **185** 6
– Beitragsbemessungsgrenze **185** 2
– Doppelverwertungsverbot **65** 7
– fiktive Aufwendungen **185** 6
– Höhe **185** 3
– Lebensversicherung als Vermögenswert
  2 12 f
– Mangelfall **185** 4
– Regelaltersgrenze **185** 1
– selbstständig Tätige **185** 5
– Wohnwert **277** 15, 22
Private Krankenversicherung **44** 4, 41, **84** 36,
  143 10, **149** 13
Privatentnahmen **84** 54
Privatscheidung
– Anerkennung **35** 70
– Rom III-VO **35** 70
Privilegiertes Vermögen **280** 5
Prorogation *siehe* Gerichtsstandsvereinbarung
Prozessbetrug **221** 18
Prozessführungsbefugnis **53** 22 f, **186** 1, 9, 19
Prozesskostenhilfe **247** 5 ff
Prozesskostenvorschuss **248** 1
Prozessstandschaft **53** 23, **186** 1 ff, **218** 28
Psychische Krankheit **40** 50 ff

Rangfolge **159** 5 ff, 19 ff
– Elternunterhalt **89** 46
– Kindesunterhalt **156** 9 ff
– Leistungsfähigkeit **154** 12
– Vollstreckung von Unterhaltsansprüchen
  261 17 ff
Reale Erwerbsmöglichkeit
– fiktive Einkünfte **107** 13
Realsplitting/Nachteilsausgleich **187** 1 ff
– Anteil an der Steuerersparnis **187** 45
– Antrag **187** 6
– Aufrechnung **187** 42
– Auskunft **187** 20
– Auslegung der Freistellungserklärung
  187 28 f
– fiktive Berechnung **187** 23 f
– Gegenstandswerte **187** 53
– Gerichtsbarkeit **187** 51 f
– Höhe der Abzugsbeträge **187** 12 ff
– Informationspflicht **187** 18 f
– Inhalt und Form der Freistellungserklärung
  187 25 ff
– Korrespondenzprinzip **187** 15
– Nachteilsausgleich **187** 30 ff
– Obliegenheit **187** 22
– Pflicht zur Zustimmung **187** 16 f

– Schadenersatz **187** 46 ff
– tabellarische Bestimmung **187** 21
– Unterhaltsleistungen **187** 3 ff
– Verjährung **187** 49 f
– Wohnwert **277** 17
– Zurückbehaltungsrecht **187** 43 f
– Zustimmung des Unterhaltsgläubigers
  187 7 ff
Rechnungszins **279** 6
Rechtlicher Vater **219** 112 ff
Rechtsanwaltskanzlei als Vermögenswert **2** 58
Rechtsbehelfsbelehrung **102** 154
Rechtshängigkeit im Ausland
– Amtsprüfung **35** 24
– Anrufung des Gerichts **35** 21
– Aussetzung des Verfahrens **35** 22, 24
– deutsches Verfahrensrecht **35** 23
– europäische Rechtshängigkeit **35** 21
– Hinweis des Gerichts **35** 24
– Identität des Streitgegenstandes **35** 21
– maßgeblicher Zeitpunkt **35** 21
– Prioritätsprinzip **35** 21
– Prozesshindernis **35** 24
– Rechtshängigkeit außerhalb der EU **35** 23
– Trennungsverfahren **35** 22
– Verfahrenskostenhilfeantrag **35** 21
– Versöhnungsverfahren **35** 22
Rechtsmittel **51** 1 ff; *siehe auch* Beschwerde
– einstweilige Anordnung **86** 55 ff
Rechtswahl **35** 34 ff, **36** 16 ff, **72** 34 ff
– Anerkennung **38** 42
– Ehename **74** 24 ff
– Ehewirkungsstatut **36** 17
– einzelner Verfahren **38** 35 f
– Form **35** 37 f, **36** 19, **72** 36
– gerichtliche Protokollierung **35** 38
– Gerichtsstandsvereinbarung **38** 42
– HUntProt **38** 34 ff
– lex fori **35** 36
– mittelbare **36** 17
– Namensführung nach der Scheidung **74** 29 f
– Namenswahl **74** 26
– Praxishinweise **36** 20 f
– Rom III-VO **35** 34 ff
– Sachnormverweisung **35** 55, **72** 34 ff
– Scheidungsstatut **35** 34 ff
– Statutenwechsel **74** 28
– unmittelbare **36** 18
– Unterhaltsverfahren **38** 37 ff
– wählbare Rechte **35** 35 f
– Zeitpunkt **35** 36

Regelaltersgrenze
– Altersunterhalt 7 5
– Leistungsfähigkeit 154 15
Regelbedarf 122 4 ff
Rentennachzahlungen 84 99 ff
Rentenversicherung 188 1 ff
– Erziehungsrente 188 12
– Geschiedenen-Witwenrente 188 11
– Hinterbliebenenrente 188 9 f
– Wartezeit 188 5
Rentnerprivileg 14 1 ff, 228 1 ff
Renvoi 36 15
Risikoabsicherung Alter 189 1 ff
Rollenwechsel 190 1 ff
– Ermittlung der Leistungsfähigkeit 190 7 ff
– frühere Erwerbstätigkeit 190 4
– gerechtfertigte/ungerechtfertigte Haushaltsfüh-
  rung 190 7 f
– Kontrollberechnung 190 11
– Nebentätigkeit 190 8 f
– Obliegenheit zum Nebenerwerb 190 8 ff
– Taschengeld 190 10
– Überprüfungskriterien 190 3 ff
Rom III-VO 134 7; siehe auch Scheidungsstatut
– Anknüpfungsleiter 35 39 ff
– Anrufung des Gerichts 35 31 ff, 43
– Anwendungsbereich 35 29 ff
– Auskünfte 35 58
– ausländisches Recht 35 46
– Charta der Grundrechte der Europäischen
  Union 35 48
– Drittstaaten 35 33
– effektive Staatsangehörigkeit 35 52
– Ehebegriff 35 51
– Eheschließungsfreiheit 35 48
– Entschädigungs-/Schadensersatzplicht 35 66
– gewöhnlicher Aufenthalt 35 42 ff
– hinkende Ehe 35 50
– Inhaltskontrolle 35 48
– Internetadresse 35 58
– Kollisionsrecht 35 28 ff
– mehrfache Staatsangehörigkeit 35 52 f
– Mehrrechtsstaaten 35 56 f
– objektive Anknüpfung 35 36
– ordre public 35 48 ff
– Privatautonomie 35 34
– Privatscheidung 35 69 f
– Rechtswahl 35 34 ff, 39 ff
– Rück- und Weiterverweisung 35 54
– Sachnormverweisung 35 55
– Scheidungsunterhalt 35 63
– Staatenlose, Flüchtlinge, Asylberechtigte
  35 45
– Umwandlungsstatut 35 47
– Ungültigkeitserklärung 35 32
– universelle Anwendung 35 33
– Unscheidbarkeit der Ehe 35 62
– Verhältnis zu anderen Übereinkommen 35 30
– Versorgungsausgleich 35 64, 236 24 ff
– Vollzug der Scheidung 35 67 f
– Vorfrage des Bestehens der Ehe 35 59 ff
Rom IVa-VO 36 4
Rom I-VO 36 1
Rückforderung überzahlten Unterhalts 191 1 ff,
  223 6
– Änderungsverfahren 191 12, 13
– Antrag zur Hauptsache 191 10
– Aufrechnung 20 8
– Ausgleichsanspruch 191 18
– Beweiserleichterung 191 4
– Darlehensangebot 191 7
– deliktische Schadenersatzansprüche
  191 15, 16
– Entreicherungseinwand 191 3, 4
– freiwillige Mehrleistungen 191 1
– Hauptsachetitel 191 12 ff
– Rechtsnatur der einstweiligen Anordnung
  191 8, 9
– Rentennachzahlungen 191 17, 18
– Rückforderung nach Bereicherungsrecht
  191 2 ff
– Rückforderungsansprüche in Sonderfällen
  191 17 ff
– rückwirkende Änderung 191 13
– überzahlter Unterhalt 223 6
– Unterhaltszahlungen ohne Bestehen eines Ti-
  tels 191 1
– Verfahrenskostenvorschuss 191 19
– vollstreckungsrechtliche Schadenersatzansprü-
  che 191 11
– Zahlungen aufgrund einer einstweiligen Anord-
  nung 191 8 f
Rückgewähr von Leistungen
– Abrechnungs- und Verrechnungsverbot
  169 40, 63
– angemessene Vergütung 169 62
– Arbeitsleistungen 169 39
– Arbeitsvertrag 169 57 ff
– Aufbau eines Unternehmens 169 82 ff
– Aufrechnungs- und Verrechnungsverbot
  169 72, 81 ff, 100
– Aufwendungsersatz 169 64, 67

– Auseinandersetzungsguthaben **169** 92
– Bürgschaft **169** 67
– Dienstvertrag **169** 57 ff
– Einwendungen **169** 112
– Gefälligkeiten **169** 54
– gemeinschaftsbezogene Arbeitsleistungen **169** 52
– gemeinschaftsbezogene Zuwendung **169** 42, 48
– Geschäftsbesorgung **169** 64
– Gesellschaftsrecht **169** 74 ff
– gleichberechtigte Mitarbeit **169** 90
– Haushaltsführung **169** 40
– Immobilienerwerb **169** 82 ff
– Kfz **169** 66, 151
– konkrete Zweckabrede **169** 104
– Lebenspartnerinnengesellschaft **169** 76 ff
– Miete **169** 49
– nichteheliche Lebensgemeinschaft **169** 23 ff
– ohne rechtlichen Grund **169** 110
– Rentenversicherungsbeiträge **169** 61
– Schenkungen **169** 42 ff
– Schenkungswiderruf **169** 47
– ungerechtfertigte Bereicherung **169** 99 ff
– Wegfall der Geschäftsgrundlage **169** 115 ff
– Zweckverfehlung **169** 104 ff
Rücktritt **252** 9 ff
Rückverweisung **36** 15; *siehe auch* Renvoi
Ruhen des Sorgerechts **192** 1 ff
– Adoption **192** 2, **267** 3
– Auslandsaufenthalt **192** 13
– Ausübungshindernis **192** 16
– Betreuung und psychische Erkrankung **192** 5
– deklaratorischer Beschluss **192** 6
– einstweilige Anordnung **192** 19
– Geschäftsunfähigkeit **192** 4
– Hinderung der Ausübung **192** 1 ff
– körperliche und geistige Erkrankung **192** 14
– minderjähriger Elternteil **192** 10, **267** 3
– nicht verheiratete Kindesmutter **192** 3
– Ruhen aus rechtlichen Gründen **192** 4 ff
– Ruhen aus tatsächlichen Gründen **192** 11 ff
– Ruhensanordnung **192** 18
– unbekannter Aufenthalt **192** 15
– Verfahren **192** 17
– Vormund **192** 8, **267** 3
– Wirkung und Tod eines Elternteils **192** 7

Sachbezüge
– Leistungsfähigkeit **154** 18
Sachnormverweisung
– Rechtswahl **72** 34 ff

Sach- und Pflegeleistungen **152** 19
Samenspende
– Anfechtung der Vaterschaft **13** 25
Sammlungen als Vermögenswert **2** 133
Sättigungsgrenze/konkrete Einzelbedarfsberechnung
– keine Teilhabe am Luxus **193** 10
– objektiver Maßstab **193** 1
– relative Sättigungsgrenze **240** 46 ff
– Substantiierungspflicht **193** 5
Säuglingserstausstattung **158** 13
Scheidung in einem Staat außerhalb der EU **39** 50 ff
– Amtsermittlungsgrundsatz **39** 81
– Anerkennungsverfahren **39** 50 ff
– Antragsberechtigung **39** 62
– anwaltliche Vertretung **39** 64
– Bindungswirkung **39** 86
– deutsche Staatsangehörigkeit **39** 54
– Feststellung der Anerkennung/Nichtanerkennung **39** 63
– Gebühren **39** 95 f
– gewöhnlicher Aufenthalt **39** 60 f
– gleiche Staatsangehörigkeit **39** 53
– internationale Zuständigkeit **39** 65 ff
– Mehrstaater **39** 55
– ordre public **39** 78 ff
– Prüfungsmaßstab **39** 65 ff
– rechtliches Gehör **39** 68 ff
– Rechtsanwaltsvergütung **39** 97 ff
– Rechtsbeschwerde **39** 91
– Rechtsmittel **39** 87 ff
– Standesbeamter **39** 62
– Streitwert **39** 92 ff
– Unvereinbarkeit **39** 73 ff
– Verfahrensgrundrecht **39** 79
– Versäumnisentscheidung **39** 69
– Verwaltungsverfahren **39** 83 ff
– Wirksamkeit **39** 85
– Zuständigkeit **39** 57 ff
Scheidungskosten **194** 1 ff
– Änderung der Rechtsprechung **194** 9
– mittelbare Kosten **194** 5 f
– unmittelbare Kosten **194** 2 ff
– Verfahrenskostenvorschuss **194** 7 f
Scheidungsstatut *siehe auch* Rom III-VO
– Anknüpfungsleiter **35** 39 ff
– Anknüpfungszeitpunkt **35** 43
– Anrufung des Gerichts **35** 43
– effektive Staatsangehörigkeit **35** 52 f
– einfacher Aufenthalt **35** 45

– Geltungsbereich 35 62 ff
– gewöhnlicher Aufenthalt 35 44
– Heimatrecht 35 40
– interreligiöses Recht 35 56
– lex fori 35 40
– Mehrrechtsstaaten 35 56
– Mehrstaatler 35 52
– Morgengabe 35 63
– ordre public 35 48 ff
– Privatscheidung 35 70
– Rechtswahl 35 34 ff
– religiöses Recht 35 56
– renvoi 35 54
– Rom III-VO 35 28 ff
– Scheidungsvoraussetzungen 35 62
– Staatenlose, Flüchtlinge, Asylberechtigte
  35 45
– Staatsangehörigkeit 35 40
– Teilrechtsordnungen 35 56
– Trennung von Tisch und Bett 35 22
– Unterhaltsstatut 35 63
– Unwandelbarkeit des Scheidungsstatuts 35 43
– Versorgungsausgleich 35 64
– Vollzug 35 67 f
– Vorbehaltsklausel 35 48 ff
Scheidungsverbund 195 1 ff
– Abtrennung 195 49 ff
– Antrag 195 33 ff
– Anwaltszwang 195 41
– Aufhebung der Ehe 195 3 f
– Aufhebung der Zugewinngemeinschaft
  195 20 ff
– Aufhebungsklage 195 19
– Auflösung des Verbundes 195 48 ff
– ausländisches Scheidungsrecht 195 5
– Aussöhnungsgebühr 195 108
– Beschwerde 195 81 ff
– Ehewohnung 195 15 f
– Entscheidungsreife 195 38
– Feststellungsverfahren 195 3
– Folgesachen 195 6 ff
– Fristberechnung 195 38
– Fristwahrung 195 40
– gemeinsame Kinder 195 26
– Gerichtsgebühren 195 104 f
– Gütergemeinschaft 195 18
– Güterrecht 195 17 ff
– Haushaltssachen 195 15 f
– Herausgabe des Kindes 195 26
– Jugendamt 195 31
– Kindesunterhalt 195 11

– Kindschaftssachen 195 26 ff
– Kosten 195 44 ff
– kurze Ehe 195 7
– Ladungsfrist 195 38 f
– nachehelicher Unterhalt 195 11 ff
– Rechtsanwaltsvergütung 195 106 ff
– Rechtsbeschwerde 195 85
– Rechtsmittel 195 81 ff
– rechtzeitige Ladung 195 39
– rechtzeitiger Antrag 195 33 ff
– Rückwärtsfrist 195 38
– Sorgerecht 195 26
– Streitwert 195 86 ff
– Stufenklage 195 13
– Stundungsantrag 195 18
– Terminsgebühr 195 77 ff
– Trennungsunterhalt 195 12
– Umgang 195 27 f
– Unterhalt volljähriger Kinder 195 11
– Verfahrenskostenhilfe 195 40 ff, 77 ff
– Verfahrensstandschaft 195 11
– Verfahrensstraffung 195 35
– Verhandlungstermin 195 39
– Versorgungsausgleich 195 7 ff
– verspäteter Antrag 195 35 f
– vorzeitiger Zugewinnausgleich 195 20 ff
– wechselseitige Unterhaltsanträge 195 11
– Wirksamwerden 195 42 f
– Zugewinngemeinschaft 195 18
Scheidungsvereinbarung siehe Vereinbarungen
  zum Kindesunterhalt; siehe Vereinbarungen
  zum nachehelichen Unterhalt; siehe Vereinbarungen zum Versorgungsausgleich; siehe Vereinbarungen zum elterlichen Sorge- und Umgangsrecht; siehe Vereinbarungen zur Namensführung; siehe Vereinbarungen zum Güterstand; siehe Vereinbarungen mit Auslandsbezug
Scheidungsverfahren bei Auslandsberührung
  siehe auch Auslandsbezug bei Ehesachen; siehe
  auch Scheidungsstatut; siehe auch Rom III-VO
– Anerkennungsfähigkeit 35 68
– Anpassung des inländischen Verfahrensrechts
  35 68
– ausländische Scheidungsvorschrift 35 68
– Aussetzung des Verfahrens 35 61
– Brüssel IIa-VO 35 2 ff
– Gestaltungsbeschluss 35 67
– Haftung des Anwalts 35 71
– internationale Zuständigkeit 35 2 ff
– Kollisionsrecht 35 28 ff

– lex fori **35** 26
– ordre public **35** 48 ff
– Privatscheidung **35** 69 ff
– Rechtshängigkeit im Ausland **35** 21 ff
– Rom III-VO **35** 28 ff
– Rom II-VO **35** 2 ff
– Schuldausspruch **35** 68
– Unwandelbarkeit des Scheidungsstatuts **35** 43
– Verfahrensrecht **35** 2 ff, 26
– Versöhnungsverfahren **35** 22
– Vollzug der Scheidung **35** 67 f
Scheinehe **196** 1 ff
– Aufenthaltserlaubnis **196** 11
– aufhebbare Ehe **196** 7
– Auflösung **196** 8
– Ausländerehe **196** 10 f
– Eheaufhebung **67** 33 ff
– Ehehindernis **196** 2
– enge Auslegung **196** 5
– fehlender Wille **196** 2 ff
– Getrenntleben **196** 8
– Heilung **196** 7
– Indizien **196** 6
– Missbrauch der Ehe **196** 2
– Namensehe **196** 1
– nternationales Familienrecht **196** 13 f
– Offenkundigkeit **196** 2
– Prozess-/Verfahrenskostenhilfe **196** 9
– Staatsangehörigkeitsehe **196** 11
– Standesbeamter **196** 2
– Versorgungsehe **196** 12
– Zweckehe **196** 10
Scheinvaterregress **197** 1 ff
– Ansprüche gegen Mutter und Kind **197** 10
– Anwaltszwang **197** 11
– Auskunftsanspruch **197** 8
– Bedarfsbemessung **197** 7
– Benachteiligungsverbot **197** 9
– Einkommensverhältnisse **197** 7
– Ersatzanspruch **197** 2 ff
– Ersatzhaftung **96** 13
– Familienstreitsache **197** 11
– internationale Zuständigkeit **197** 12
– inzidente Vaterschaftsfeststellung **197** 4
– Naturalleistungen **197** 7
– örtliche Zuständigkeit **197** 14
– Rechtsanwaltskosten **197** 7
– rückwirkende Geltendmachung **197** 5
– sachliche Zuständigkeit **197** 13
– Sperrwirkung der Vaterschaft **197** 3
– Umfang des Forderungsübergang **197** 7

– Vaterschaftsanfechtungskosten **197** 7
– Verfahren **197** 11 ff
– Zuständigkeit **197** 12 ff
Schenkung **220** 5
– als Vermögenswert **2** 134
– Pflicht- und Anstandsschenkung **91** 1
– Rückgewähr **169** 42 ff, **220** 5
– unbenannte Zuwendung **220** 1 ff
– vertragliche Rückgewährung **242** 25
– Vorausempfang **265** 1
Schlichter Aufenthalt
– internationale Zuständigkeit **35** 11
Schlüsselgewalt **198** 1 ff
– Abdingbarkeit **198** 17
– Ausschluss und Beschränkung **198** 13 ff
– Außenverhältnis **198** 7 ff
– dingliche Wirkung **198** 8
– Doppelverdienerehe **198** 1
– gemeinsamer Hausstand **198** 3
– Gesamtgläubiger **198** 9
– Gesamtschuldner **198** 10
– Geschäfte zur angemessenen Deckung des
  Lebensbedarfs **198** 2, 4 ff
– Getrenntleben **198** 16
– Gläubigerschutz **198** 7
– Güterregister **198** 15
– Gutglaubensschutz **198** 16
– Hausfrauenehe **198** 1
– Innenverhältnis **198** 11
– minderjähriger Ehegatte **198** 12
– Rechtsfolgen **198** 7 ff
– Ruhen der Schlüsselgewalt **198** 16
– sonstige Familiensachen **198** 18
– Verfahren **198** 18 ff
– Zuverdienstehe **198** 1
Schmerzensgeld **2** 135
Schmuck **2** 136
Schuldrechtliche Ausgleichsrente **199** 3 ff
Schuldrechtlicher Versorgungsausgleich **3** 1,
  199 1 ff, **256** 13 ff; *siehe auch* Schuldrechtliche
  Ausgleichsrente
– Abänderungsverfahren **1** 26, 46
– steuerrechtliche Aspekte **202** 15 ff
– Vereinbarungen **241** 26
Schüler- und Studentenjob **84** 13
Schwägerschaft **258** 2
Schwangerschaft **128** 8
Schwarzeinnahmen
– Einkommensermittlung **84** 3
Schwiegerelternzuwendung **281** 5 ff

Selbstbehalt *siehe* Mangelfall und Selbstbehalt
– angemessener Selbstbehalt **156** 3 ff
– Anpassung **156** 7 ff
– beim Ehegattenunterhalt **154** 5 ff
– Elternunterhalt **89** 54 ff
– Erhöhung **154** 6
– Herabsetzung **154** 8
– nichtehelicher Elternteil **225** 28
– Nichterwerbstätigkeit **154** 10
– notwendiger Selbstbehalt **156** 2
– Synergieeffekte **154** 8
– Wohnkosten **154** 9
Selbstmahnung **259** 11 f
Selbstständiger
– berufsbedingte Aufwendungen **50** 2
– Einkünfte **84** 51 ff
– private Altersvorsorge **185** 5
Selbstständiges Beweisverfahren **57** 3 ff
Sexueller Missbrauch **40** 32 ff, **47** 11 ff
– Anhaltspunkte **47** 11
– Empathievermögen **40** 36
– Entfremdung **47** 11
– Ermittlungsverfahren **40** 33, **47** 11
– Hemmschwelle **40** 35 f
– Kindeswohlgefährdung **145** 10
– pädophile Neigungen **40** 35, 37
– psychische Stabilität **40** 36
– Schutzbedürfnis **47** 11
– seelische Belastung **47** 12
– Tatverdacht **40** 33
– Therapiebereitschaft **40** 36
– Triebstärke **40** 36
– Vertrauensverhältnis **47** 13
– voller Tatnachweis **40** 34
– Wiederholungsgefahr **47** 12
Sicherheitsleistung **85** 11, 20, 23, 32
Sicherungsvollstreckung **200** 1 ff
Sittenwidrigkeit *siehe* Inhalts-/Ausübungskontrolle
Sofortige Beschwerde
– Verfahrenskostenhilfe **247** 15
– Vollstreckung **260** 9, 43
Sofortige Wirksamkeit **201** 1 ff
– Anfechtbarkeit **201** 13
– Beschränkung der Vollstreckung **201** 10
– einstweilige Anordnung **201** 6
– Ermessen **201** 7 f
– Formulierungsbeispiele **201** 15 f
– Übersicht **201** 4
– Unterhaltsbeschlüsse **201** 9
Sonderabschreibungen **84** 68

Sonderausgabenabzug **202** 1 ff
– beschränkt abzugsfähige Sonderausgaben, die keine Vorsorgeaufwendungen sind **202** 30 ff
– beschränkt abzugsfähige Sonderausgaben als Vorsorgeaufwendungen **202** 23 ff
– unbeschränkt abzugsfähige Sonderausgaben **202** 8 ff
Sonderbedarf beim Ehegattenunterhalt *siehe* Mehrbedarf/Sonderbedarf beim Ehegattenunterhalt
Sondergut **203** 1 ff
– aufgrund vertraglicher Unübertragbarkeit **203** 3
– Eintragung **203** 13 ff
– kraft Gesetzes **203** 2
– Surrogate **203** 8
– Umfang **203** 2 ff, 4
– Umwandlung **203** 9 ff
– Verwaltung **203** 5 ff
Sorgeerklärung **204** 1 ff
– Disposition der Eltern **204** 2
– Elternvereinbarung **204** 7, **237** 1 ff
– Inhaber der elterlichen Sorge **204** 4 f
– Inhalt der Sorgeerklärung **204** 8 ff
– Kind **204** 10
– Neuregelung **204** 3 ff
– nichtehelicher Vater **204** 14
– nicht miteinander verheiratete Eltern **204** 3 ff
– Patchworkfamilie **204** 13
– Rechtsfolgen **204** 12 ff
– Stiefelternteil **204** 13
– Wirksamkeit **204** 6, 9
– Zustimmung des Kindes **204** 11
Sorgerecht *siehe* Elterliches Sorgerecht; *siehe* Entzug des Sorgerechts; *siehe* Meinungsverschiedenheit bei Sorgeberechtigten; *siehe* Ruhen des Sorgerechts; *siehe* Sorgeerklärung
Sozial-familiäre Beziehung
– Anfechtung der Vaterschaft **13** 5
– Umgangsrecht **219** 80 f, 94, 102 ff, 108
Sozialhilfe **84** 107, **205** 1 ff
– Einkommen **205** 4 f
– Pflegegeld **178** 12
– Umgangskosten **216** 25 ff, **219** 166 f
– Umgangsrecht **219** 166 f
– Vermögen **205** 6 ff
Sozialleistungen *siehe* Grundsicherung; *siehe* Kindergeld; *siehe* Sozialhilfe; *siehe* Unterhaltsvorschuss; *siehe* Wohngeld
Spätaussiedler **36** 25

Splittingvorteil
- Leistungsfähigkeit **154** 17
- neue Ehe **84** 34
Staatsangehörigkeit
- mehrfache **35** 52 ff
Staatsangehörigkeitsrecht *siehe* Heimatrecht
Standesamt **175** 5 ff
- gerichtliche Anweisung **175** 11
- Personenstandsregister **175** 5 ff
- Zweifelsvorlage **175** 10
Steuerberaterpraxis als Vermögenswert **2** 59
Steuerberatungskosten **50** 16
Steuerfreibetrag **84** 31 f, **206** 1 ff
- fiktive Einkünfte **107** 3
- Freibeträge bei der Erbschaft-/Schenkungsteuer **206** 28 ff
- Grundfreibetrag **216** 24
- Pflegefamilie **177** 25
Steuerfreibetrag bei der Einkommensteuer
- Altersentlastungsbetrag **206** 7 ff
- Entlastungsbetrag für Alleinerziehende **206** 11 ff
- Freibetrag für den Betreuungs- und Erziehungs- oder Ausbildungsbedarf **206** 22
- Freibetrag zur Berücksichtigung eines Sonderbedarfs bei volljährigen Kindern in Berufsausbildung **206** 23 ff
- Grundfreibetrag **206** 26 f
- Kinderfreibetrag **206** 15 ff
- Versorgungsfreibetrag **206** 3 ff
- Wechselmodell **206** 13
Steuerklasse **84** 33 ff; *siehe auch* Lohnsteuerklassen
- Arbeitslosengeld **16** 7 ff
- fiktive Einkünfte **107** 3
Steuern **2** 137 ff
- Doppelberücksichtigung **2** 138
- Einkommensteuer **2** 140 ff
- Fälligkeit **2** 140
- im Versorgungsausgleich **207** 1 ff
- Kirchensteuer **2** 140 ff
- latente Steuern **2** 148 f
- selbstgenutzte Immobilie **2** 145
- Spekulationssteuer **2** 144 ff
- Steuerprivileg des gesetzlichen Güterstandes **69** 19 ff
- Umsatzsteuer **2** 143
- Verlöbnis **252** 31
- Vorauszahlung **2** 141

Steuernachzahlung/-erstattung **208** 1 ff
- Aufteilung im Familienrecht **22** 1 ff, **208** 20 ff
- Aufteilung im Steuerrecht **208** 2 ff
- Doppelverwertungsverbot **65** 11
Steuerschuld *siehe* Aufteilung der Steuerschuld; *siehe* Steuerveranlagung
Steuerschuldverhältnis
- Aufteilung der Steuerschuld **22** 8
- Einkommensteuer **22** 2
- Ermittlung der festzusetzenden Einkommensteuer **22** 4
- Ermittlung des zu versteuernden Einkommens **22** 3
- Gesamtschuldnerschaft bei Zusammenveranlagung **22** 7
- Steuerbescheid **22** 6
- Vorauszahlungen **22** 5
Steuersparmodell **84** 30
Steuerveranlagung **209** 1 ff
- Änderungen mit dem Steuervereinfachungsgesetz 2011 **209** 40 ff
- Differenzierungen **209** 4 ff
- familienrechtliche Aspekte **209** 47 ff
Stichtagsprinzip **159** 2, 4, 8
Stille Reserve **84** 65
Straftaten gegen den Unterhaltspflichtigen **221** 17 f
Streitwert
- Abänderungsverfahren im Versorgungsausgleich **1** 40
- Auslandsscheidung **39** 42 ff
- Ehesache **195** 88 ff
- Ehewohnungs- und Haushaltssachen **195** 97
- Einkommensverhältnisse **195** 90
- Güterrechtssachen **195** 103 ff
- Höchstwert **195** 94
- Kindergeld **195** 90
- Kindschaftssachen **195** 95 f
- Mindestwert **195** 94
- Scheidung in einem Staat außerhalb der EU **39** 92 ff
- selbstständiges Beweisverfahren im Zugewinn **57** 10
- Transferleistungen **195** 90
- Unterhaltssachen **195** 102
- Verbundverfahren **195** 86 ff
- Vermögen **195** 91
- Versorgungsausgleich **195** 98 ff
- vertragliche Unterhaltsansprüche **195** 102
Studiengebühren **158** 14

Stundung **210** 1 f
– Interessenabwägung **210** 1
– isolierter Antrag **210** 2
Stundungseinrede **121** 14, **280** 12
Subsidiäre Ersatzhaftung
– Anspruchsübergang **96** 12
– Ausfallhaftung **96** 11
– Darlegungs- und Beweislast **96** 14
– Rückgriffsmöglichkeit **96** 12
– Scheinvaterregress **96** 13
Substanzwert
– Goodwill **2** 170
Suchterkrankungen
– Krankheitsunterhalt **151** 12
– Unterhaltsrecht **221** 20
Synergieeffekte **154** 8

Taschengeld
– Leistungsfähigkeit **154** 13
Teilungsanordnung **211** 1 ff
Teilungskosten **135** 7 f
Teilungsversteigerung **212** 1 ff
– Antrag **212** 2
– Ausnahmevorschrift **212** 12
– Ehescheidung **212** 4
– Einstellung des Versteigerungsverfahrens **212** 11 ff
– Einwilligung **212** 7
– Fehlen eines ausreichenden Grundes **212** 10
– Härtefall **212** 12
– Hindernisse **212** 3
– nichteheliche Lebensgemeinschaft **169** 128
– Nutzungsentschädigung/Unterhalt **170** 5
– Rechtsbehelfe **212** 11
– Rechtsfolgen **212** 6
– Schuldnerschutz **212** 12
– Verfügungsbeschränkung **212** 3
– Vermögen **212** 5
– Versteigerungsverfahren **212** 2 ff, 13
– Verstoß gegen § 1365 Abs. 1 BGB **212** 6
– Verweigerung **212** 9
– Wertermittlung **212** 5
– Wirtschaftlichkeit **212** 1
– Zugewinngemeinschaft **212** 4
– Zustimmung **212** 3
– Zustimmungsersetzung **212** 7
– Zwangsvollstreckung **212** 12
Testament **249** 2 ff; *siehe auch* Verfügung von Todes wegen
Testierfähigkeit **249** 8 ff
Träger der Jugendhilfe **136** 3

Transsexualität **213** 1 ff
– Änderung des Vornamens **213** 3 ff
– Feststellen der Geschlechtszugehörigkeit **213** 7 ff
– Vaterschaft **213** 6, 10
Trennungsunterhalt **214** 1 ff
– Altersvorsorge **214** 12 ff
– Bedarf **214** 3 ff
– Bedürftigkeit **214** 18 ff
– Erwerbsobliegenheit **98** 15 ff, **214** 20 ff
– fiktive Einkünfte **214** 35
– Gesamtschuldnerausgleich und Unterhalt **113** 1 ff
– Halbteilungsgrundsatz **214** 5
– Haushaltsführung für neuen Partner **214** 36
– konkrete Bedarfsbemessung **214** 6
– Kranken- und Pflegevorsorge **214** 8 ff
– Leistungsfähigkeit **214** 38 ff
– Mindestbedarf **214** 4
– Nutzungsentschädigung **170** 4
– Scheidungsverbund **195** 12
– trennungsbedingte Aufwendungen **233** 8
– Unterhaltsverzicht **230** 3
– Vermögenseinsatz **214** 37
– Versöhnung **214** 2
Trennungsvereinbarung *siehe* Vereinbarungen zum Kindesunterhalt; *siehe* Vereinbarungen zum nachehelichen Unterhalt; *siehe* Vereinbarungen zum Versorgungsausgleich; *siehe* Vereinbarungen zum elterlichen Sorge- und Umgangsrecht; *siehe* Vereinbarungen zur Namensführung; *siehe* Vereinbarungen mit Auslandsbezug
Trinkgelder **84** 23

Übergangsregelung *siehe* Altehen
Übergang von Unterhaltsansprüchen **215** 1 ff
– im Sozialhilferecht **205** 9
– Rückübertragung **215** 15 ff
– Streitgenossen **215** 12
– Unterhaltsvorschuss **215** 15
– volljährige Kinder **215** 5 ff
– Vollstreckung **215** 18 ff
Überobligationsmäßige Erwerbstätigkeit
– Betreuungsunterhalt **55** 8, 10
– Regelung im Ehevertrag **240** 30
Überstunden **154** 15
Überstundenentgelte **84** 23
Umfang des Umgangs
– ausgefallene Besuche **219** 42
– Briefkontakt **219** 26, 43 ff
– Dauer des Umgangs **219** 31 f

– Einschulung **219** 41
– Einvernehmen **219** 19
– E-Mail **219** 26
– Entfremdung **219** 34
– Essenszeiten **219** 45
– Fax **219** 26
– Feiertage **219** 39 f
– Ferienaufenthalte **219** 38
– feste Regelung **219** 34 f
– freie Gestaltung **219** 35
– Geburtstag **219** 41
– Gefährdung des Kindeswohls **219** 50
– gerichtliche Entscheidung **219** 19
– Geschenke **219** 26, 39, 44
– Geschwister **219** 48
– Häufigkeit des Umgangs **219** 31
– Kleinkind **219** 33
– Kommunikationsformen **219** 26
– Kommunion **219** 41
– Konfirmation **219** 41
– Kontaktabbruch **219** 49
– Kontaktaufnahme **219** 47
– Mittagsschlaf **219** 33
– Ort des Umgangs **219** 30
– Pflegefamilie **219** 49
– Schlafenszeiten **219** 33, 45
– Schulfeste **219** 41
– SMS **219** 26, 47
– Stillzeiten **219** 33
– Telefonieren **219** 26, 44 f
– Übernachtungsumgang **219** 36 f
– Umgangsverweigerung **219** 35
– Wohl des Kindes **219** 29, 49
Umgang   *siehe* Ausschluss des Umgangsrechts;
    siehe Begleiteter Umgang; *siehe* Durchsetzung
    von Umgangsregelungen; *siehe* Umgangskos-
    ten; *siehe* Umgangspflegschaft; *siehe* Um-
    gangspflicht; *siehe* Umgangsrecht; *siehe* Verei-
    telung des Umgangsrechts
Umgangsanbahnung   **47** 27 ff
– Aufbau einer Bindung   **47** 28
– Entfremdung   **47** 28
– Familienzusammenführung   **47** 29
– Inobhutnahme   **47** 29
– Kontaktabbruch   **47** 27 ff
– Loyalitätskonflikt   **47** 32
– Pflegeeltern   **47** 31
– vorübergehende Maßnahme   **47** 29
– zeitliche Begrenzung   **47** 30
Umgangsbegleitung
– Leistungen der Jugendhilfe   **153** 11

Umgangskosten   **45** 10 f, **216** 1 ff, **219** 53, 56
– außergewöhnliche Belastungen   **216** 21 f
– Bedarf   **216** 25
– Beteiligung des anderen   **216** 3, 11, 15, 17 f
– eigenes Zimmer   **216** 5
– Eintrittsgeld   **216** 1, 4
– Elternpflicht   **216** 1
– Entlastung   **216** 2, 7 f, 12, 14
– Erstattungsanspruch   **216** 2
– Fahrtkosten   **216** 1, 4, 12, 15, 19, 25
– faktische Vereitelung des Umgangsrechts
    216 14
– Ferienwohnung   **216** 6
– Flugkosten   **216** 26
– Hotelzimmer   **216** 6
– Leistungsfähigkeit   **154** 24
– Mitwirkungshandlungen   **216** 2
– Reisekosten   **216** 24
– Sozialhilfe   **216** 25 ff
– steuerliche Berücksichtigung   **216** 21 ff
– Übernachtungskosten   **216** 6, 19, 26
– Umgangspflegschaft   **216** 20, **217** 21 f
– Unterkunftskosten   **216** 1
– Unternehmungen   **216** 1, 4
– unterschiedliche Wohnorte   **216** 14
– Vereinbarungen zu den Umgangskosten
    237 31
– Verfahrenskosten   **216** 23, **219** 157 ff
– Verpflegungskosten   **216** 1, 4
Umgangspflegschaft   **217** 1 ff
– Aufenthaltsbestimmung bei Minderjährigen
    17 14, **217** 11
– Aufgaben des Umgangspflegers   **217** 10
– Beeinflussung des Kindes   **217** 5, 9
– Befristung   **217** 16 f
– Durchsetzung von Umgangskontakten   **217** 4
– Entscheidungsbefugnis   **217** 14
– Herausgabe des Kindes   **217** 11
– Jugendamt   **217** 18
– Kindeswohlgefährdung   **217** 7
– Kosten   **216** 20, **217** 21 f
– Leistungen der Jugendhilfe   **153** 12
– Person des Umgangspflegers   **217** 18 f
– Rechte des Umgangspflegers   **217** 10 ff
– Rechtsfolgen   **217** 10 ff
– Störungen   **217** 7
– Umgangsrecht der Eltern   **217** 8
– Vereitelung   **217** 8
– Verfahrenshinweise   **217** 23 ff
– Verhältnismäßigkeit   **217** 20
– Verschulden   **217** 6

– Widerstand 217 5, 12
– Wohlverhaltenspflicht 217 3
– Zerstrittenheit der Eltern 217 19
Umgangspflicht 218 1 ff
– Anordnung 218 12 f, 20
– Ausschluss der Vollstreckbarkeit 218 16, 33
– Ausschluss der Vollstreckung 218 23
– Beratung 218 10 f
– Durchsetzung der Umgangspflicht 218 3, 18 f
– Durchsetzung des Umgangsrechts 218 17, 22
– Elternpflicht 218 11
– Entscheidungsrecht 218 29
– Erziehungspflicht 218 13
– erzwungener Umgang 218 11, 17, 20
– Gefährdung des Kindeswohls 218 18
– Grundrecht 218 2, 6 f, 23
– höchstpersönlich 218 9, 28
– Jugendamt 218 10, 30
– Kindeswohl 218 17 ff
– Maßstab 218 18, 24 f
– Prozessstandschaft 218 28
– Rechte des Kindes 218 5
– Signalwirkung 218 5, 16, 23
– Umgangsanordnung 218 12
– Umgangsbeschluss 218 16
– Verfahrenshinweise 218 28 ff
– Vermittlungsverfahren 218 32
– Vertretung des Kindes 218 29
– Verweigerung (von Umgang) 218 11, 13 f, 19, 22
– Vollstreckung 218 33
– Wille des Kindes 218 26
Umgangsrecht 219 1 ff, 146 f
– Adoption 219 14, 89 ff
– Amtsermittlung 219 128 ff, 140
– andere Bezugspersonen 219 80 ff
– Änderung von Entscheidungen 9 1
– Angelegenheit von erheblicher Bedeutung 219 97
– Anhörung 219 37, 131 ff, 139
– Aufenthaltsbestimmung 219 18
– Ausschluss 219 77 f
– Beschleunigungsgebot 219 142 ff
– Beschränkung 219 77 f
– Beteiligte 219 30, 68, 77, 100, 124 ff, 130, 139 f, 144 ff
– Beweisaufnahme 219 140 f
– Bezugspersonen 219 5, 32, 80 ff, 103, 156
– Bringen 219 51 ff
– Dauer des Umgangs 219 31 f
– Durchsetzung 66 1 ff

– einstweiliger Rechtsschutz 219 149
– Einvernehmen 219 19
– enge Bezugspersonen 219 87 ff
– enge Verwandte 219 82 ff
– Entscheidung des täglichen Lebens 219 97
– ernsthaftes Interesse 219 118 ff
– Erörterungstermin 219 144
– Erschwerung des Umgangs 219 142
– Fahrt/Flug 219 52, 54
– faktischer Umgangsausschluss 219 145
– Frist 219 140
– Geburtstag 219 41
– genetische Mutterschaft 258 9 ff
– genetische Vaterschaft 258 19 f
– gerichtliche Entscheidung 219 16, 20, 22, 73, 77, 97, 245 15 Ff
– Gerichtsgebühren 219 160
– Geschwister 219 48
– Häufigkeit des Umgangs 219 31 f
– Herausgabe des Kindes 219 18
– Herstellung von Einvernehmen 219 140
– Holen 219 51 ff
– Inhalt des Umgangs 219 26 ff
– Kosten 45 10 f
– Lebenspartner 258 29
– leibliche Eltern 219 14, 89, 91, 107 f
– leiblicher Vater 219 3 f, 14, 80, 88, 101 ff, 112 ff; siehe auch Leiblicher Vater
– Mitwirkung 219 51, 53 ff
– Modalitäten des Umgangs 219 51 ff
– nichteheliche Lebensgemeinschaft 169 16
– Ort des Umgangs 219 30
– Persönlichkeitsrecht 219 141
– Pflegefamilie 177 20
– Pflicht zum Umgang 219 21
– Recht der Eltern 219 13 ff
– Recht des Kindes 219 10 ff
– Rechtsanwaltsvergütung 219 161
– Regelungen durch Familiengericht 219 73 ff, 245 15 ff
– Sachverständigengutachten 219 140
– Schwere des Eingriffs 219 131
– sozial-familiäre Beziehung 219 4
– Sozialhilfe 219 166 f
– Steuerrecht 219 165
– Übergabe des Kindes 219 54
– Übernachtungsbesuche 219 36 f
– Umfang des Umgangs 219 19, 26 ff, 73, 77 f, 99 f
– Umgang Kind-Eltern 219 7 ff

– Umgangspflegschaft **217** 1 ff, **219** 77; *siehe auch dort*
– Umgangsregelungen **66** 1 ff; *siehe auch* Durchsetzung von Umgangsregelungen
– UN-Kinderrechtskonvention **219** 2
– Untätigkeitsbeschwerde **219** 143
– Vereinbarungen zum Umgangsrecht **237** 26 ff
– Vereitelung **245** 1 ff
– Verfahrensbeistand **219** 125 f, 136 ff
– Verfahrenshinweise **219** 123 ff
– Verfahrenskostenhilfe **219** 150 ff
– Verfahrenswert **219** 157 ff
– Vergleich **219** 146 ff, 156
– Vermittlungsverfahren **219** 156
– Verwandtschaft **219** 14, 30, 80, 82 ff, 107
– Vollstreckung **219** 79, 146 ff
– Vollstreckung einer Umgangsregelung **260** 18 ff
– Wechselmodell **219** 24, 78
– Wegzug **219** 53, 56
– Wille des Kindes **219** 133
– Wohl des Kindes **219** 56
– Wohlverhaltensklausel **219** 28, 53, 57 ff, 100
– Zuständigkeit **219** 123 f
– Zweck des Umgangs **219** 22 ff
Umgangsregelungen **66** 1 ff; *siehe auch* Durchsetzung von Umgangsregelungen
– begleiteter Umgang **66** 13
– einstweiliger Rechtsschutz **66** 6
– Gerichtsbeschluss **66** 5
– Mitwirkungshandlungen **66** 11
– Psychotherapie **66** 9
– Umgangspflegschaft **66** 13
– Unterlassungsverfügungen **66** 12
– Vereinbarung **66** 5
– Vergleich **66** 5, 7
– Verhaltensauflagen **66** 10, 13
– Vollstreckung **66** 5 f, 14 ff
– Wohlverhaltenspflicht **66** 8, 12 f
Unbenannte Zuwendung **220** 1 ff
– Abgrenzung **220** 4 ff
– Anfangsvermögen **12** 14
– Anrechnung als Vorausempfang **220** 12
– Ausgleich in Geld **220** 14
– Begriff **220** 3 ff
– Darlegungs- und Beweislast **63** 15, **220** 15
– Darlehen **220** 6
– ehebezogene Arbeitsleistungen **220** 10
– Ehegatteninnengesellschaft **220** 8 ff
– familienrechtlicher Kooperationsvertrag **220** 10

– Gläubigeranfechtung **119** 26 ff
– Indiz **220** 4
– notarielle Urkunde **220** 4
– privilegiertes Anfangsvermögen **220** 11
– Rückabwicklung **220** 13 ff
– Rückgabe **220** 14
– Schenkung **220** 5
– Schwiegerelternzuwendung **281** 5 ff
– subjektive Unentgeltlichkeit **220** 3
– Treuhandverhältnisse **220** 7
– Vorausempfang **265** 1
– Zweckrichtung **220** 5
Unbeschränkt abzugsfähige Sonderausgaben
– Kirchensteuer **202** 21 f
– schuldrechtlicher Versorgungsausgleich **202** 15 ff
– Vermögensübertragungen gegen Versorgungsleistungen **202** 8 ff
Unbilligkeit (Verwirkung) **221** 1 ff
– Anspruch auf Haushaltsgegenstand **23** 14
– Darlegungs- und Beweislast **221** 4
– keine Ersatzhaftung **96** 2
– nach Titulierung des Anspruchs **10** 6
– Rechtsfolgen **221** 5 f
– Vernachlässigung der Unterhaltspflicht **89** 71
– Verwirkung des Elternunterhalts **89** 70 ff
– Verwirkung des Unterhalts eines nichtehelichen Elternteils **225** 30
– Verwirkung rückständigen Unterhalts **166** 20, **223** 27
– Zugewinnausgleichsanspruch **121** 15
Unfallversicherung **222** 1 ff
Universelle Anwendung *siehe* loi universelle
Unsichere Rechte **2** 150 ff
Unterbringung *siehe* Freiheitsentziehende Unterbringung von Minderjährigen
Unterhalt **2** 156
– Doppelverwertung **2** 159
– eingetragene Lebenspartnerschaft **83** 15 ff
– Unterhaltsrückstand **2** 157
Unterhalt des nichtehelichen Elternteils **225** 1 ff
– Altersvorsorgeunterhalt **225** 20 ff
– Bedarfsbestimmung **225** 13 ff
– Befristung **225** 35
– elternbezogene Gründe **225** 7 f
– Elterngeld **225** 25
– Erwerbsobliegenheit **225** 6 ff
– Kranken- und Pflegevorsorgeunterhalt **225** 19
– Selbstbehalt **225** 28
– SGB II-Leistungen **225** 26
– Verwirkung **225** 30 ff

– Verzug **225** 34

Unterhalt für die Vergangenheit *siehe* Unterhaltsrückstand

Unterhalt im Erbfall **165** 1 ff
– Bedürftigkeit **165** 6 ff
– Ehegattentrennungsunterhalt **165** 1 ff
– Erbverzicht **165** 19 f
– familienrechtliche Unterhaltspflicht **165** 4
– Fortbestand des Anspruchs **165** 5 ff
– geschiedene Ehegatten **165** 1
– gesetzliche Unterhaltsansprüche **165** 3
– Haftungsbeschränkung **165** 10 f
– Höchstbetrag **165** 18
– Kindesunterhalt **165** 1
– Leistungsfähigkeit **165** 9
– Nachlassverbindlichkeiten **165** 16
– pflichtteilserheblicher Nachlass **165** 15 ff
– Pflichtteilsquote **165** 12 ff
– Pflichtteilsverzicht **165** 19 f
– Unterhaltsbeschränkung **165** 8 ff
– Unterhaltstatbestände **165** 7 ff
– Vertragsgestaltung **165** 19 ff

Unterhalt minderjähriger Kinder **143** 1 ff; *siehe auch* Kindesunterhalt Minderjähriger

Unterhalt nach Trennung *siehe* Trennungsunterhalt

Unterhaltsabänderung **223** 1 ff

Unterhaltsabfindung **224** 1 ff

Unterhaltsanspruch *siehe* Bedürftigkeit

Unterhaltsansprüche Dritter **154** 26

Unterhaltsbedarf *siehe* Bedarfsermittlung

Unterhaltsberechnung
– Additionsmethode **227** 1
– Altersvorsorgeunterhalt **227** 4
– Karrieresprung **227** 7
– konkrete Bedarfsberechnung **227** 2
– Unterhalt nach § 1615l BGB **227** 6
– Verfahrenskostenvorschuss **227** 5
– Wohnwertberechnung **227** 3

Unterhaltskette **15** 1; *siehe auch* Anschlussunterhalt
– Altersunterhalt **7** 3
– Krankheitsunterhalt **151** 3

Unterhaltsprivileg **228** 1 ff

Unterhaltsregress *siehe* Übergang von Unterhaltsansprüchen

Unterhaltsrelevantes Einkommen *siehe* Einkommensermittlung

Unterhaltsrückstand **229** 1 ff

Unterhaltssachen **102** 9
– Abtrennung **195** 54 ff

– mit Auslandsberührung *siehe* Auslandsbezug bei Unterhaltssachen
– örtliche Zuständigkeit **102** 71
– Streitwert **195** 102

Unterhaltsstatus
– Auskunftsanspruch **38** 51
– Verfahrenskostenvorschuss **38** 51

Unterhaltstitel, ausländische *siehe* Ausländische Unterhaltstitel

Unterhaltsvereinbarung
– Kindesunterhalt **239** 1 ff
– nachehelicher Unterhalt **240** 1 ff
– spätere Befristung **223** 38 f
– spätere Herabsetzung **223** 38 f
– Vorbehalt nach § 1578 b BGB **223** 39

Unterhaltsverordnung *siehe* Ausländische Unterhaltstitel

Unterhaltsverzicht **230** 1 ff
– beim nachehelichen Unterhalt **230** 11 ff
– beim Trennungsunterhalt **230** 3
– für den Fall des Todes **165** 22 f
– im Verwandtenunterhalt **230** 2 ff
– Kindesunterhalt **239** 5, 28
– Treuwidrigkeit **223** 37

Unterhaltsvorschuss **231** 1 ff
– Alleinerziehung **231** 3 ff
– Höhe **231** 6 f
– Rückforderung **231** 17
– Wechselmodell **231** 10

Unterhalt volljähriger Kinder **144** 1 ff

Unterhalt wegen Alters *siehe* Altersunterhalt

Unterkunftskosten
– Wohnfläche **122** 15
– Wohnvorteil *siehe dort*
– Wohnwert *siehe dort*

Unternehmen **2** 160 ff
– Abfindungsklausel **2** 177 ff
– Beteiligung **2** 175 ff
– Ertragswert **2** 162 ff, **232** 3
– Goodwill **2** 166, **232** 5
– Kapitalisierung **2** 165

Unternehmensbewertung
– Bewertungsmethoden **232** 1, 2 ff
– Doppelverwertungsverbot **232** 5
– ideeller Wert **2** 166, **232** 5
– IDW S 1 **232** 4
– latente Steuerlast **232** 9
– Liquidationswert **2** 171 ff, **232** 7
– Markt **232** 4
– Sachwert **232** 6
– Stichtagswert **232** 8

– Substanzwert   2 168 ff, 232 6
– Tatrichter   232 1
– Veräußerungswert   232 8
– wahrer Wert   232 1
– Wertkorrektur   232 8
Unterstützungskassenzusage   56 4
– Besteuerung   207 3
Urheberrecht   2 180
Urkunde, Abänderung   223 41

Vaterschaft   *siehe* Abstammungsgutachten; *siehe* Abstammungsvermutungen; *siehe* Anerkennung der Vaterschaft; *siehe* Anfechtung der Vaterschaft; *siehe* Feststellung der Vaterschaft; *siehe* Leiblicher Vater
– Anfechtung   258 25 f
– Ende   258 19 f
– genetische Vaterschaft   219 112 ff, 258 21 f
– kraft Adoption   258 6 ff
– rechtliche Vaterschaft   219 112 ff, 258 5
– zivilrechtliche Folgen   258 9 ff
Verbindlichkeiten   *siehe* Betagte Verbindlichkeiten im Zugewinn
Verbindlichkeiten im Unterhalt   233 1 ff
– Bedarfsermittlung   84 110 ff, 233 1 ff
– Bedürftigkeit/Leistungsfähigkeit   84 114, 233 1
– Darlegungs- und Beweislast   233 16
– Doppelverwertungsverbot   233 15
– Ehegattenunterhalt   233 2 ff
– Elternunterhalt   233 23
– Gesamtschuldnerausgleich   233 14
– Konsumkredit   233 5
– Kosten des Umgangs   233 22
– Kredite bis zur Trennung   84 110, 233 4 ff
– Kredite nach Trennung   84 111, 113, 233 7 ff
– trennungsbedingte Aufwendungen   233 8
– Unterhalt minderjähriger Kinder   233 18 ff
– Verbraucherinsolvenz   233 19
– Verfahrenskosten   233 9
– vernünftiger Tilgungsplan   233 13
– Verwandtenunterhalt   233 17 ff
– vorwerfbare Einkommensminderung   233 2
– wandelbare eheliche Lebensverhältnisse   233 2
– Zins- und Tilgungsleistungen   233 11 ff
Verbindlichkeiten im Zugewinn   2 181 f
– Anfangsvermögen   12 6
– Leistungsfähigkeit   154 22 f
Verbindungsrichter   141 16
Verbleibensanordnung
– Abgrenzung zu § 1666 BGB   234 4

– Anhörung   234 16 ff
– Beteiligung im familiengerichtlichen Verfahren   234 16 ff
– Dauer des Pflegeverhältnisses   234 6
– Elternrechte   234 8
– faktisches Pflegeverhältnis familienähnlicher Art   234 5
– Familienpflege   234 5
– gemeinsamer Haushalt   234 13
– Herausgabe des Kindes   234 1
– Herausgabeverlangen   234 7, 14
– Kindeswohlgefährdung   234 8 ff, 15
– praktische Konkordanz   234 11
– Rechtsschutzbedürfnis   234 7, 14
– verfassungsrechtliche Vorgaben   234 8 ff, 15
– Widerrechtlichkeit des Vorenthaltens   234 2
– zugunsten einer Bezugsperson   234 12 ff
– zugunsten einer Pflegeperson   234 3 ff
Verbraucherinsolvenz   *siehe* Insolvenzverfahren bei natürlichen Personen; *siehe* Obliegenheit zur Verbraucherinsolvenz
Verbraucherpreisindex   235 1 ff
– Anfangsvermögen   12 23 Ff
– Baukostenindex   235 2
– illoyale Vermögensverfügung   130 20
– Jahresindex   235 1
– Monatsindex   235 1
– negatives Anfangsvermögen   235 5
– neue Bundesländer   235 4
– privilegiertes Vermögen   235 6
– verkettete Indices   235 3 f
Vereinbarungen mit Auslandsbezug   236 1 ff
– Belegenheitsort   236 19
– Doppelstaater   236 18
– effektive Staatsangehörigkeit   236 8
– Ehewirkungsstatut   236 1, 7, 23 ff
– keine Belehrungspflichten   236 15
– letzte gemeinsame Staatsangehörigkeit   236 7
– Recht des Lageorts   236 19
– Rom III-VO   236 24 ff
– Scheidungsstatut   236 2, 23 ff
– Unterhalt mit Auslandsberührung   236 32
– Unterhaltsstatut   236 2
– Unwandelbarkeit des Güterstatuts   236 9
– Versorgungsausgleichsstatut   236 2
Vereinbarungen zum elterlichen Sorge- und Umgangsrecht   237 1 ff
– Alleinentscheidungsrecht in Angelegenheiten des täglichen Lebens   237 5
– alleiniges Sorgerecht eines Elternteils   237 7

– Angelegenheiten von erheblicher Bedeutung für das Kind **237** 13
– Betreuungsmodell **237** 15
– Gegenleistungen (Sorgerecht) **237** 19
– Gegenleistungen (Umgangsrecht) **237** 27
– inhaltliche Ausgestaltung der elterlichen Sorge **237** 10
– Kosten des Umgangs **237** 31
– partielle Alleinsorge **237** 17
– partielle gemeinsame elterliche Sorge **237** 17
– rechtsgeschäftliche Vertretung des Kindes **237** 2
– Residenz- oder Eingliederungsmodell **237** 15
– Scheidungsfolgenvereinbarung **237** 12
– Sorgeerklärung **237** 4, 8
– Übertragung des Sorgerechts **237** 14
– Umgangsrecht **237** 26 ff
– Umgangs- und Auskunftsrecht **237** 3
– Vereinbarungen zur elterlichen Sorge **237** 2
– Vertragsstrafen (Sorgerecht) **237** 19
– Vertragsstrafen (Umgangsrecht) **237** 27
– Vertretung des minderjährigen Kindes **237** 21
– Wechsel- oder Pendelmodell **237** 15
Vereinbarungen zum Güterstand **238** 1 ff
– Alleinverdienerehe **238** 10
– Aufwendungen **238** 22
– Auseinandersetzung des Gesamtguts **238** 57
– Ausgleich durch Sachleistungen **238** 29
– Ausschluss des lebzeitigen Zugewinnausgleichs **238** 15
– Berechnung des Zugewinnausgleichs **238** 21
– erbrechtliche Lösung **238** 7
– Errungenschaftsgemeinschaft **238** 58
– Fahrnisgemeinschaft **238** 58
– Festlegen eines Höchstbetrages **238** 26
– Freiberuflerehe **238** 10
– Gesamtgut **238** 51
– Gesamtgutsverbindlichkeiten **238** 52
– Getrenntlebensvereinbarung **238** 46
– Gütergemeinschaft **238** 50 ff
– güterrechtliche Lösung **238** 7
– Güterrechtsregister **238** 54
– Güterstandsschaukel **238** 34
– Güterstandswechsel **238** 15
– Güterstandswechsel und Pflichtteilsrecht **238** 39
– Gütertrennung **238** 40 ff
– Herausnahme eines Vermögensgegenstands aus dem Zugewinnausgleich **238** 22
– Herausnahme von Wertsteigerungen **238** 25
– Inhaltskontrolle **238** 11

– Nebengüterrecht **238** 43
– negatives Endvermögen **238** 3
– periodischer Zugewinnausgleich **238** 30
– Pflichtteil des überlebenden Ehegatten **238** 45
– Reduzierung von Pflichtteilsansprüchen **238** 55
– rückwirkende Vereinbarung der Zugewinngemeinschaft **238** 31
– selbstständige Vermögensverwaltung **238** 6
– Sondergut **238** 51
– Stichtagsprinzip **238** 3
– Stundung der Zugewinnausgleichsforderung **238** 29
– Typenzwang der Güterstände **238** 12
– Übernahmerecht **238** 57
– überschuldeter Ehegatte **238** 45
– Umkehrfalle **238** 22
– Vereinbarungen über die Ausgleichsquote **238** 27
– Vereinbarung von Ausgleichsleistungen **238** 19
– Verkaufserlös **238** 22
– Vermögens-Diskrepanzehe **238** 10
– Vermögensverzeichnis **238** 24
– Vorbehaltsgut **238** 51
– voreheliche Wertschöpfungen **238** 25
– Zugewinngemeinschaft **238** 3 ff
Vereinbarungen zum Kindesunterhalt **239** 1 ff
– Abänderbarkeit unterhaltsrechtlicher Titel **239** 22
– Auskunftsverlangen **239** 24 ff
– Barunterhalt **239** 1
– Bedarf des Kindes **239** 8 ff
– Berechnungsgrundlagen **239** 13 ff
– Betreuungskosten des Kindes **239** 11
– Beurkundungsbedürftigkeit **239** 2
– dynamisierter Unterhalt **239** 18 ff
– Freistellungsvereinbarung **239** 29
– Kindergeld **239** 15 f
– Mehrbedarf des Kindes **239** 9
– minderjährige/volljährige Kinder **239** 4
– Mindestunterhalt **239** 14 ff
– Naturalunterhalt – Barunterhalt **239** 6
– nicht privilegierte Volljährige **239** 34
– obhutsberechtigter Elternteil **239** 7
– Pflicht zur unaufgeforderten Information **239** 25
– privilegierte Volljährige **239** 31
– Sonderbedarf des Kindes **239** 12
– statischer Betrag **239** 23
– Vertrag zugunsten Dritter **239** 26

– Verzicht **239** 28
– Verzichtsverbot **239** 5
– volljähriges Kind **239** 30
– Vollstreckungsunterwerfung **239** 21 ff
– Zahlbetrag **239** 15 f
Vereinbarungen zum nachehelichen Unterhalt
240 1 ff
– Altersphasenmodell **240** 29 ff
– auflösend bedingter Verzicht **240** 7 ff
– Basisunterhalt **240** 19 ff
– Bedingungsautomatik **240** 8 ff
– Befristung des Betreuungsunterhalts **240** 31 ff
– Begrenzung, Befristung und Abänderung von
Vereinbarungen **240** 47 ff
– einheitlicher Betreuungsunterhalt **240** 10 ff
– elterliches Betreuungsmodell **240** 23
– elternbezogene Verlängerungsmöglichkeiten
240 20 ff
– Kernbereichsvorbehalt **240** 9 ff
– kindbezogener, verlängerter Betreuungsunterhalt **240** 28 ff
– Kindeswohladäquanz **240** 22 ff
– kindgerechte Betreuungsmöglichkeiten
240 21 ff
– modifizierende Vereinbarungen **240** 6 ff
– Übergangsfrist und Vertrauenstatbestand
240 49 ff
– überobligationsmäßige Erwerbstätigkeit
240 30 ff
– Unterhaltsverzicht **240** 2 ff
– Vereinbarungsfreiheit **240** 1 ff
– Vereinbarung von Höchstbeträgen **240** 15 ff
– Verzichtsausnahmen und Vorbehalte
240 11 ff
Vereinbarungen zum Versorgungsausgleich
241 1 ff
– Abänderung der Ausgleichsquote **241** 33
– Abänderung des Ausgleichszeitraumes
241 34
– Ausgleich ehebedingter Nachteile **241** 31
– Ausgleichsberechtigter **241** 22
– Ausgleichswert **241** 56
– Ausschluss der Abänderung **241** 59
– Ausschluss gegen Gegenleistungen **241** 23
– Beamtenversorgung **241** 38
– Bedingungen, Befristungen, Rücktrittsvorbe-
halte **241** 39 ff
– Bindung des Familiengerichts **241** 8
– externe Teilung **241** 47 ff
– Inhaltskontrolle **241** 8, 11
– Kernbereichslehre **241** 12

– korrespondierender Kapitalwert
241 32, 52 ff, 56
– kurze Ehedauer **241** 28
– Lebenspartnerschaft **241** 1
– Saldierungsvereinbarungen **241** 18
– schuldrechtlicher Versorgungsausgleich
241 26
– Totalausschluss des Wertausgleichs **241** 12
– Unternehmerehe, Ehe von Selbstständigen,
Vermögensdifferenz-Ehen **241** 21 ff
– Verrechnungsvereinbarung **241** 38
– Werbungskosten **241** 24
Vereinbarungen zur eheähnlichen Lebensgemein-
schaft **242** 1 ff
– Anwendung gesellschaftsrechtlicher Auseinan-
dersetzungsregeln **242** 27
– Auseinandersetzung **242** 24 ff
– Bereicherungsausgleich **242** 31
– Betreuungsverfügungen **242** 39
– dingliches Wohnungsrecht **242** 9
– Eintrittsrecht in den Mietvertrag **242** 10
– Geburtsname des Kindes **242** 17
– Haftung für Verbindlichkeiten des Lebenspart-
ners **242** 36
– Innengesellschaft **242** 26
– Partnerschaftsvertrag der Nichtverheirateten
242 5
– Patientenverfügungen **242** 39
– private Kapitallebensversicherung **242** 8
– räumlich-gegenständlicher Bereich der Lebens-
führung **242** 10
– Schenkungswiderruf **242** 25
– Sorgeerklärung **242** 15
– Unzumutbarkeit der eingetretenen Eigentums-
verhältnisse **242** 35
– Vermögenszuordnung **242** 13
– vertragsmäßig getroffene Verfügungen
242 22
– Vorsorgevollmachten für den Lebenspartner
242 38
– Wegfall der Geschäftsgrundlage **242** 35
– Zweckfortfall **242** 31
– Zwecksetzung (§ 705 BGB) **242** 28
– § 2293 BGB **242** 22
Vereinbarungen zur eingetragenen Lebenspartner-
schaft **243** 1 ff
– Adoption **243** 19
– Aufhebung Lebenspartnerschaft **243** 32 ff
– Auslandsberührung **243** 37
– Ausübungskontrolle **243** 11
– Bedingung, Zeitbestimmung **243** 7

– Begründungsvoraussetzungen 243 2 ff
– Eheverbot 243 5
– Einstehens- und Verantwortungsgemeinschaft 243 1
– Einzeladoption 243 19
– Entpartnerung 243 31 ff
– Erbrecht 243 21 ff
– Form 243 9
– gemeinsame Wohnung 243 32
– Geschäftsfähigkeit 243 4
– Getrenntleben 243 26 ff
– Güterrecht 243 12
– Haftungsmaßstab 243 13
– Haushaltsgegenstände 243 30, 32
– kleines Sorgerecht 243 17
– laufender Unterhalt 243 14
– Lebenspartnerschaftsname 243 15 ff
– nachpartnerschaftlicher Unterhalt 243 11, 33 ff
– Partnerschaft auf Lebenszeit 243 1
– Staatsangehörigkeit 243 3 ff
– statusbegründender Vertrag 243 1
– Stiefkindadoption 243 20
– Typen von Lebenspartnerschaften 243 10
– Umgangsrecht 243 18
– Vermögensstand 243 6
– Versorgungsausgleich 243 11, 32
– Verzicht auf nachpartnerschaftlichen Unterhalt 243 35
– Wirksamkeitskontrolle 243 11
– Wohnungszuweisung 243 30
Vereinbarungen zur Namensführung 244 1 ff
– Beendigung der Ehe 244 13
– Doppelname 244 5 ff, 11
– Ehename 244 2 ff
– erheirateter Name 244 9
– Geburtsname 244 6
– Namenswahlrecht 244 10, 13 f
– Namenszusatz 244 12
– Persönlichkeitsrecht 244 10
– Untersagung der Fortführung des Ehenamens 244 15
Vereinbarung zum Anschlussunterhalt 240 36 ff
Vereitelung des Umgangsrechts 245 1 ff
– Bedürfnis des Kindes 245 12
– Beeinträchtigung der Umgangskontakte 245 8
– Beratung 245 18
– Beschleunigung 245 41
– Einvernehmen 245 4, 28
– Elternrecht 245 2 f
– Entfremdung 245 21

– Erscheinungsformen 245 6 ff
– finanzielle Sanktionen 245 30 ff
– gerichtliche Umgangsregelung 245 15 Ff
– Grundrechte 245 4, 20
– Kindeswohl 245 4, 17, 25, 34 ff, 37
– Kindeswohlgefährdung 245 19, 34
– Kostenaufwand 245 8
– Psychotherapie 245 20
– Rechtsfolgen 245 13 ff
– Sanktionen 245 12 Ff, 26, 35, 40
– schuldhafte Zuwiderhandlung 245 25, 31
– seelische Belastungen 245 14, 37, 39
– Sorgerecht 245 3, 19, 36, 40, 43
– sorgerechtliche Maßnahmen 245 34 ff
– Umgangsverweigerung 245 1, 10, 19, 21 ff, 26, 28, 34, 41, 43
– Verfahrenshinweise 245 41 ff
– Vergleich 245 28
– Verhältnismäßigkeitsgrundsatz 245 13
– Vermittlungsverfahren 245 27 ff
– Vollstreckungsmaßnahmen 245 22 ff
– Wohlverhaltenspflicht 245 5, 10, 14 ff
Verfahrensbeistand 53 34, 219 138 f, 246 1 ff
– (nicht) gesetzlicher Vertreter 219 125, 139
– Absehen von der Bestellung 246 28 ff
– Abstammungssachen 246 26
– Adoptionsverfahren 246 27
– Anfechtung der Vaterschaft 13 18
– Anwesenheit bei Anhörung 219 136
– Aufgaben 246 12 ff
– Auswahl 246 2
– Befugnisse 246 20 f
– Bestellung 246 3 ff
– Ende der Bestellung 246 7 f
– Feststellung der Vaterschaft 105 11
– Interessenvertreter 219 125, 138
– Kindeswohlgefährdung 145 28
– Kindschaftssachen 246 23
– Kostenauferlegung 246 10
– Rechtsmittel 219 139
– Sorgerechtsverfahren 87 31 ff
– Verfahrensbeteiligter 219 126
– Vergütung 246 32 ff
Verfahrensbeteiligte siehe Beteiligte
Verfahrensfähigkeit 53 17, 19
– Ehesachen 53 20
– Feststellung der Vaterschaft 105 31
– Nichtstreitverfahren 53 24
Verfahrenskostenhilfe 219 150 ff, 247 1 ff
– Anfechtung der Vaterschaft 13 55
– Anwaltszwang 247 7

– Beiordnung eines Rechtsanwalts **247** 7 ff
– Feststellung der Vaterschaft **105** 25
– Grundsatz der Waffengleichheit **247** 11
– nichteheliche Lebensgemeinschaft **169** 210
– Rechtsbehelfe **247** 15
– Scheidungsverbund **195** 77 ff
– Schwierigkeit der Sach- und Rechtslage **247** 9 ff
– Terminsgebühr **195** 77 ff
– Unterschiede zur Prozesskostenhilfe **247** 5 ff
– Verweisung auf ZPO **247** 3
Verfahrenskostenvorschuss **102** 136, **248** 1 ff
– für minderjähriges Kind **248** 24
– für volljähriges Kind **248** 25
– Rückforderung **248** 26 f
– Rückforderung überzahlten Unterhalts **191** 19
– unter Ehegatten **248** 3 ff
– unter Lebenspartnern **248** 3 ff
Verfahrenswert **91** 1 ff
– Abtrennung von Folgesachen **195** 87
– Anfechtung der Vaterschaft **13** 53
– Ehesachen **195** 88
– Ehewohnungs- und Haushaltssachen **195** 97
– Feststellung der Vaterschaft **105** 22
– Folgesachen **195** 95 ff
– Gütergemeinschaft **18** 26
– Güterrechtssachen **195** 103
– Kindschaftssachen als Folgesachen **195** 95 f
– Unterhaltssachen **195** 102
– Versorgungsausgleichssachen **195** 98
Verfestigte Lebensgemeinschaft
– Unterhaltsrecht **221** 10 ff
– Wiederaufleben des Unterhaltsanspruchs **221** 16
Verfrühter Scheidungsantrag **148** 15
Verfügung von Todes wegen **249** 1 ff
– Auflage **19** 1 ff
– Bestimmung des Erben **249** 13 ff
– Bestimmung durch Dritte **249** 15 ff
– gemeinschaftliches Testament **110** 1 ff, **249** 4 ff
– Geschiedenentestament **114** 1 ff
– höchstpersönliches Rechtsgeschäft **249** 13 ff
– Testierfähigkeit **249** 8 ff
– Vermächtnis **253** 1 ff
– Vor-/Nacherbschaft **264** 1 ff
Verjährung **250** 1 ff
– Hemmung **169** 204, **250** 2
– nichteheliche Lebensgemeinschaft **169** 204
– Realsplitting/Nachteilsausgleich **187** 49 f
– Übergangsvorschrift **250** 3

– Unterhaltsansprüche **251** 1 ff
Verjährung von Unterhaltsansprüchen
– außergerichtliche Vergleichsverhandlungen **251** 3
– Beginn **251** 1
– bei bestehender Ehe **251** 7
– bei Vorliegen eines Titels **251** 2
– Ende der Hemmung **251** 6
– Hemmung **251** 3 ff
– Neubeginn **251** 11
Verleumdung des Unterhaltsschuldners **221** 17
Verlöbnis **252** 1 ff
– Angehöriger **252** 30
– Aufhebung **252** 9 ff
– Aufwendungen **252** 9 ff
– Bindung **252** 7
– Brautgeld **252** 20
– Eheschließungsfreiheit **252** 7
– eingetragene Lebenspartnerschaft **83** 10
– familienrechtlicher Vertrag **252** 1
– Form **252** 3
– Nichtigkeit **252** 6
– Rücktritt **252** 9
– Schadensersatz **252** 9 ff
– Sittenwidrigkeit **252** 5
– Unklagbarkeit **252** 7
– Unterhalt **252** 8
– Verfahren **252** 25 ff
– Verjährung **252** 23
– Vertretung **252** 4
– Zeugnisverweigerungsrecht **252** 29 f
Vermächtnis **253** 1 ff
– Arten **253** 7
– Ausschlagung **253** 3
Vermögen im Ganzen **270** 5 ff, **280** 2
– Einzeltheorie **270** 6
– Ersetzung der Zustimmung zur Verfügung **270** 8
– subjektive Theorie **270** 7
– Zustimmung zur Verfügung **270** 8
Vermögensauskunft **82** 2 ff
Vermögenseinsatz
– Elternunterhalt **154** 36
– fiktive Einkünfte **107** 6
– Kindesunterhalt **154** 33 ff
– landwirtschaftlicher Betrieb **84** 80
– Leistungsfähigkeit **154** 27 ff
– Nutzungsentschädigung/Unterhalt **170** 4
– Unbilligkeit **154** 30
– Wohnwert **277** 5 ff

Vermögenssorge 254 1 ff
– Beschränkungen 254 4, 11
– Betreuung der Eltern 254 22
– betriebswirtschaftliche Grundsätze 254 17
– Ende 254 3
– Erbfall 254 7
– Gefährdung des Kindesvermögens 254 13
– Genehmigung durch Familiengericht 254 8
– gesetzliche Vertretung 254 26
– Indizwirkung Gefährdung 254 18
– Inhalt 254 5
– Insichgeschäft 254 12
– Kindeswohl 254 2
– Maßnahmen gegen Dritte 254 24
– Nichtbefolgung gerichtlicher Anordnungen 254 20
– Schutzobjekt 254 14
– Sicherheitsleistungen 254 15
– Taschengeldparagraf 254 9
– unterlassene Vermögensvermehrung 254 19
– Verfahren 254 25 ff
– Vermögensverfall der Eltern 254 21
– Vertretung des Kindes 254 6
Vermögensverwertungsobliegenheit
– fiktive Einkünfte 107 6
Vermögenswerte siehe ABC der Vermögens-
  werte
Versäumnisbeschluss
– Abänderung 223 16 f
Versöhnung 75 6, 255 1 ff
– familienrechtliche Aspekte 255 3 ff
– steuerrechtliche Aspekte 255 9 ff
– Trennungsunterhalt 214 2
Versöhnungsversuch 116 13 f
– Aussetzungsantrag 116 14
– Dauer 116 14
– Scheitern 116 14
Versorgungsanwartschaft 256 4 ff
Versorgungsausgleich
– Abänderung siehe Abänderungsverfahren im
  Versorgungsausgleich
– Abfindung 3 1 ff
– Abtrennung 195 49 ff
– abzuschmelzende Anrechte 28 6 ff
– Altersabsicherung 189 9 f
– Anpassung bei Tod 14 1 ff
– Anpassung nach Rechtskraft 14 1 ff, 228 1 ff;
  siehe auch dort
– Anpassung nach Tod des Ausgleichsberechtig-
  ten 14 6 ff
– anpassungsfähige Anrechte 14 2 ff

– Anpassung wegen besonderer Altersgrenze
  14 1 ff
– Anpassung wegen Unterhalt 14 1 ff
– Anrechte 33 1 ff, 256 1 ff; siehe auch dort
– Anrechte gleicher Art 111 3 ff
– Ausgleichsansprüche nach der Scheidung
  256 1 ff
– Ausgleichsreife 28 1 ff; siehe auch dort
– Ausgleichswert 29 1 ff, 111 1 ff; siehe auch
  dort
– Ausgleichswert bei externer Teilung 29 5 ff
– Auskunftsansprüche 32 1 ff
– ausländische Anrechte 33 1 ff
– automatisierte Auskünfte 32 3 ff
– Beamtenversorgung 101 2, 6
– Beschlussformel 256 17 ff
– Besteuerung 207 1 ff
– betriebliche Altersversorgung 28 2, 56 1 ff,
  80 2 ff, 101 2, 135 6; siehe auch dort
– Bruttowert 207 1 ff
– Direktzusage 56 1 ff, 101 6
– Ehezeitanteil 32 4, 56 6, 80 1 ff, 256 2 ff
– eingetragene Lebenspartnerschaft 83 62
– externe Teilung 56 4, 101 1 ff, 256 1 ff
– Formulare 32 3 ff
– Geringfügigkeit 111 1 ff
– grobe Unbilligkeit 256 16
– Halbteilung 256 2 ff
– interne Teilung 135 1 ff, 256 1 ff
– Invalidität 14 3 ff, 189 3 ff
– Kapitalwert nach § 4 Abs. 5 BetrAVG 56 5
– korrespondierender Kapitalwert 56 8 ff,
  147 1 ff, 241 52 ff; siehe auch dort
– kurze Ehezeit 256 2 ff
– Lebenspartnerschaft 256 1 ff
– maßgebliche Bezugsgröße 80 1 ff
– Mitwirkungshandlungen 32 3 ff
– öffentlich-rechtliches Dienst- oder Amtsver-
  hältnis 101 5
– örtliche Zuständigkeit 102 64
– Pensionsfonds 56 1 ff
– Pensionskasse 56 1 ff
– Rechtswahl 236 29 ff
– Regelsicherungssysteme 14 1 ff
– Rentnerprivileg 14 1 ff
– Risikoschutz 135 3 ff, 256 3 ff
– Rom III-VO 35 64, 236 24 ff
– Scheidungsverbund 195 7 ff
– schuldrechtlicher Ausgleich 3 1, 28 10 ff,
  199 1 ff
– Sozialabgaben 207 1 ff

- Streitwert **195** 98 ff
- Todesfallabsicherung **189** 8
- Übergangsrecht **102** 27
- Überprüfung der mathematischen Werte **32** 6 ff
- überstaatliche Anrechte **33** 1 ff
- unmittelbare Bewertung **80** 1 ff, 9 ff
- Unterhaltsprivileg **228** 1 ff
- Unterstützungskassenzusage **101** 6
- Vereinbarungen **241** 1 ff, **256** 3 ff
- Vereinbarungen mit Auslandsbezug **236** 23 ff
- Wahlrecht **101** 3 f
- Wertunterschied **111** 1 ff
- Wertveränderungen **256** 3 ff
- zeitratierliche Bewertung **80** 1 ff, 10 ff
- Zielversorgung **101** 1 ff, 3 ff, 7
- Zinsen **279** 1 ff
- zwischenstaatliche Anrechte **33** 1 ff
Versorgungsfall **189** 1 ff, **256** 4 ff
Vertrauensschutz bei Billigkeitsabwägung nach § 1578b BGB **21** 16
Vertriebene **36** 25
Verwandtenerbrecht **257** 1 ff
Verwandtenunterhalt
- Erwerbsobliegenheit **98** 3 ff
- Verbindlichkeiten im Unterhalt **233** 17 ff
Verwandtschaft **258** 2 ff
- Anfechtung **258** 25 f
- elterliche Sorge **258** 10
- Geschwister-Verhältnis **258** 17
- Großeltern-Enkel-Verhältnis **258** 15 f
- Mutterschaft **258** 3 f; *siehe auch dort*
- Schwägerschaft **258** 2
- Umgangsrecht **258** 23 f
- Vaterschaft **258** 5 ff; *siehe auch dort*; *siehe auch* Leiblicher Vater
Verweisung
- Gesamtverweisung **35** 54
- renvoi **35** 54
- Rückverweisung **35** 54
- Sachnormverweisung **35** 55
- Weiterrückverweisung **35** 54
Verweisungsrecht *siehe* Kollisionsrecht
Verwirkung *siehe* Unbilligkeit (Verwirkung)
- mangels zeitnaher Geltendmachung **166** 20 f
Verzinsung *siehe* Zinsen im Versorgungsausgleich
Verzug mit Unterhaltszahlungen **259** 1 ff
Volljährigkeit
- familienrechtlicher Ausgleichsanspruch **103** 1 ff

- Prozessstandschaft **186** 18
- Unterhalt Volljähriger **144** 1 ff; *siehe auch* Kindesunterhalt Volljähriger
Vollstreckung familiengerichtlicher Entscheidungen **219** 148, **260** 1 ff
- Abgabe einer Willenserklärung **260** 29
- Beginn der Vollstreckbarkeit **260** 5
- Belegvorlage im Zugewinn **49** 10
- Duldung einer Probeentnahme zur DNS-Analyse **4** 11 ff, **105** 29 ff, **260** 29
- Ehe- und Familienstreitsachen **260** 35 ff
- Ehewohnungssache **260** 32
- Endentscheidung **260** 3, 35
- Erzwingung von Duldung/Unterlassung **260** 29
- Geldforderung **260** 29
- Gewaltanwendung **260** 28
- Gewaltschutz **260** 32
- Herausgabe einer Sache **260** 29
- Herausgabe von Personen **142** 1 ff, 8 ff, **260** 12 ff
- Nichtstreitverfahren **260** 2 ff
- Ordnungsgeld/Ordnungshaft **260** 25 ff
- Rückforderung überzahlten Unterhalts **191** 1 ff
- sofortige Beschwerde **260** 9, 43
- Umgangsregelung **66** 14 ff, **260** 18 ff
- Verbleibensanordnung **234** 1
- Verfahren **260** 7 ff
- verfahrensleitende Anordnung **260** 33, 42
- Vollstreckungsgegenantrag **102** 79, 88
- Vollstreckungstitel **260** 3 f
- Vornahme einer Handlung **260** 29
- Wirksamkeit der Entscheidung **260** 5 ff, 36 ff
- Zuständigkeit **260** 31
- Zustellung des Titels **260** 8
Vollstreckung ohne Sicherheitsleistung *siehe* Sicherungsvollstreckung
Vollstreckungsgegenantrag **85** 18, **102** 11, 79 ff, 88
- Abgrenzung zur Abänderung **223** 8
- Änderung/Wegfall der Geschäftsgrundlage **10** 2 ff
- Gesamtgut **112** 38
- Prozessstandschaft **186** 19
Vollstreckungsrechtliche Schadenersatzansprüche
- Hauptsachetitel **191** 14
Vollstreckungsstandschaft **186** 7
Vollstreckungstitel **260** 3 f, **262** 1 ff
- Beginn der Vollstreckbarkeit **260** 5
- bei Umgangsregelung **260** 18 ff

– Endentscheidungen 262 4
– Formulierungsmuster 262 16 ff
– gerichtlich gebilligter Vergleich 262 8
– Kostenfestsetzungsbeschlüsse 262 6
– Rechtsmittel 262 22
– Rückforderung überzahlten Unterhalts 191 1 ff, 12 ff
– Titel gem. § 794 ZPO 262 9 ff
– verfahrensleitende Anordnungen 262 13 ff
– Zustellung 260 8
Vollstreckungsvoraussetzungen 263 1 ff
– besondere Vollstreckungsvoraussetzungen 263 31 ff
– Familienstreitsachen 263 15 ff
– FG-Familiensachen 263 12 ff
– gerichtlicher Hinweis bei Ordnungsmitteln 263 32 ff
– Mängel der Zustellung 263 20
– Vollstreckbarkeit 263 7 ff
– Vollstreckungsklausel 263 23 ff
– Vollstreckungstitel 263 5 ff; siehe auch dort
– Zustellung des Titels 263 10 ff
Vollstreckung von Umgangsregelungen
– Abänderungsverfahren 66 14 ff
Vollstreckung von Unterhaltsansprüchen 261 1 ff
– Pfändungsgrenzen 261 7 ff
– Pfändung sonstiger Einkünfte 261 21 ff
– Rangfolge der Unterhaltsberechtigten 261 17 ff
– Unterhaltsrückstände 261 15
– Vorauspfändung 261 5 f
– Vorratspfändung 261 2 f
Vor-/Nacherbschaft 264 1 ff
– als Vermögenswert 2 40 f
– Anwartschaftsrecht 264 10
– außerordentliche Lasten 264 2
– Befreiung 264 5
– Eigenvermögen 264 2
– Eintritt des Nacherbfalls 264 8
– Ersatznacherben 264 11
– gewöhnliche Erhaltungskosten 264 2
– Nacherbenvermerk 264 4
– ordnungsgemäße Verwaltung 264 2
– unentgeltliche Verfügungen 264 5
Vorausempfang 265 1 ff, 280 10
– Anrechnung 265 2 ff
– Schenkung 265 1
– überhöhte Zuwendung 265 5
– unbenannte Zuwendung 265 1
– wechselseitige Zuwendung 265 6

Vorausvermächtnis 211 6 ff
Vorbehaltsgut 266 1 ff
– Beweislast 266 18
– Dritter iSd § 1418 Abs. 2 Nr. 2 BGB 266 10
– Eintragung in das Grundbuch 266 16
– Eintragung in das Güterrechtsregister 266 17
– Entstehen des Vorbehaltsguts 266 2 ff
– Entstehung kraft Bestimmung eines Dritten 266 6 ff
– Entstehung kraft Ehevertrages 266 4 f
– Entstehung kraft Surrogation 266 13
– Form der Bestimmung 266 11
– letztwillige Verfügung 266 7
– Umwandlung des Vorbehaltsguts 266 14
– unentgeltliche Zuwendung 266 8
– Verfahrenshinweise 266 18
– Verwaltung des Vorbehaltsguts 266 15
– Wirkung der Bestimmung des Dritten 266 12
– Zeitpunkt der Erklärung 266 9
– Zwangsvollstreckung in das Vorbehaltsgut 266 19
Voreheliche Ehegatteninnengesellschaft 2 33
Vorfrage
– Auflösung der Ehe 35 59
– ausländisches Scheidungsurteil 35 61
– Aussetzung des Verfahrens 35 61
– Begriff 35 59, 36 26
– Scheidung einer Vorehe 35 61
– selbstständige Anknüpfung 35 59, 36 26
– Vorehe 35 59, 36 26
– Vorfrage des Bestehens einer Ehe 36 26
Vormund
– Aufgaben 267 8 ff
– Aufsicht 267 12 f
– Bestellung 267 6
– Delegation von Aufgaben 267 17 f
– Garantenstellung 267 22
– persönlicher Kontakt 267 8
– Pflichtverletzung 267 14 ff
– Schlussrechnung 267 27
Vormundschaft
– Akteneinsicht 267 26
– Anlass 267 3 ff
– Anordnung 267 6
– Ende 267 23 ff
– kraft Gesetzes 267 3 f
– Personensorge 174 4
– Ruhen der elterlichen Sorge 267 3
Vorpfändung 268 1 ff
– Durchführung 268 5 ff
– Inhalt der Pfändungserklärung 268 6

– Monatsfrist **268** 8
– Rechtsbehelfe **268** 13
– Wirkung **268** 8 ff
Vorruhestand **7** 10, **89** 40
– Erwerbsobliegenheit **98** 20
Vorsorgevollmacht
– als transmortale Vollmacht **269** 14
– Ausfertigungserteilung durch Notar **269** 19
– Außenverhältnis **269** 18
– Benennungsgebot **269** 22 ff
– Definition **269** 1
– des Unternehmers **269** 14
– Erbausschlagung **269** 4
– Form **269** 10 f
– geeignete Person **269** 2
– geschäfts- und einwilligungsfähiger Vollmacht-
geber **269** 5 f
– gesundheitliche Fürsorge **269** 22 ff
– Grundverhältnis **269** 13
– höchstpersönliche Rechtsgeschäfte **269** 3 f
– Innenverhältnisabrede **269** 13
– Innenverhältnisanweisung **269** 18
– isolierte Vollmacht **269** 13
– Kontroll- oder Überwachungsbetreuung
269 15
– mehrere Bevollmächtigte **269** 7
– Missbrauch **269** 15
– notarielle Beurkundung **269** 10 f
– Pflichtteilsverzicht **269** 3
– Post- und Telekommunikationsangelegenheiten
269 29
– Rücktritt vom Erbvertrag **269** 4
– Subsidiaritätsgrundsatz **269** 1 f
– Überwachungsvollmacht **269** 7
– Umsetzung der Patientenverfügung **173** 11
– Untervollmacht **269** 27
– Verhältnis zur Patientenverfügung **173** 4
– Vermögens- und vermögensähnliche Angele-
genheiten **269** 22, 27
– Verwendungskontrolle **269** 17
– Vollmachtsgegenstände **269** 22
– Widerruf **269** 31
– Widerrufserklärung bei gemeinschaftlichem
Testament **269** 4
– zentrales Vorsorgeregister **269** 21
Vorzeitiger Zugewinnausgleich **270** 1 ff, **280** 13
– Analogie **270** 3
– Anwaltszwang **270** 26
– Arrest **270** 34
– Aufhebung des Verbundes **195** 21
– Ausschluss **270** 8

– Darlegungs- und Beweislast **270** 33
– Dauer der Pflichtverletzung **270** 20
– dreijährige Trennung **270** 4
– einstweilige Anordnung **270** 34
– Eintritt der Gütertrennung **270** 23
– Entgegennahme nicht geschuldeten Unterhalts
270 19
– Entstehung der Ausgleichsforderung **270** 24
– Fahrlässigkeitsmaßstab **270** 18
– Familienstreitsache **270** 26
– Folgesache **270** 26
– Gefährdung der Ausgleichsforderung **270** 16
– Güterrechtssache **270** 26
– illoyale Vermögensverfügung **270** 9
– negative Prognose **270** 21
– Pflicht zum Familienunterhalt **270** 19
– Pflicht zum Kindesunterhalt **270** 19
– Pflicht zum Trennungsunterhalt **270** 19
– Pflicht zur Mitarbeit **270** 19
– Rechtsfolgen **270** 23 ff
– Rechtsschutzbedürfnis **270** 27
– schuldhaftes Handeln **270** 18
– Sorgfaltspflicht **270** 18
– Verfügung über Vermögen im Ganzen
270 5 ff
– Verletzung wirtschaftlicher Verpflichtungen
270 17 ff
– verweigerte Vermögensunterrichtung **270** 22
– Vorsatz **270** 18
– Zuständigkeit **270** 28 ff

Wahl-Zugewinngemeinschaft **280** 1
Wandelbare eheliche Lebensverhältnisse **73** 4,
6, **159** 1, 9, 11
– Verbindlichkeiten im Unterhalt **233** 2 f
Wechselmodell (beim Sorgerecht) **271** 1 ff
– anteilige Haftung **271** 10
– Aufenthaltsbestimmung bei Minderjährigen
17 18
– Ausübung des Wechselmodells **271** 5
– Beistand im Unterhaltsverfahren **271** 12
– Doppelzuständigkeit **271** 21
– elterliche Sorge **271** 13
– Ergänzungspfleger **271** 20
– erweitertes Umgangsrecht **271** 3
– gegen den Willen der Eltern **271** 19
– gerichtliche Anordnung **271** 16
– Haushalte der Eltern **271** 8
– Kindeswohl **271** 6
– Nestmodell **271** 7
– Regelung des § 1687 BGB **271** 15
– Residenzmodell, Domizilmodell **271** 2

– Schwerpunkt der Betreuung   271 1 ff
– Steuerfreibetrag   206 13
– Umgangsrecht   219 24
– Umgangsverfahren   271 18
– Unterhalt   271 9
– Unterhaltsvorschuss   231 10
– Verständigungsmöglichkeiten   271 14
– vertragliche Vereinbarung   237 15
– Vertretung im Unterhaltsverfahren   102 78,
   271 11
– Weigerung der Eltern   271 17
Weiterrückverweisung   siehe Renvoi
Wertausgleich bei Scheidung   256 13 ff
Wertausgleich nach Scheidung   256 15, 30
– Beschlussformel   256 22 ff
Wertermittlung betriebliche Altersversorgung
   56 5 ff
Wertermittlung Zugewinn   272 1 ff
– Kosten   272 2
– Sachverständigengutachten   272 2
– Vollstreckung   272 3
– wertbildende Faktoren   272 1
Wertpapiere   2 6 ff
– Börsencrash   2 7
– Eigentum   2 8
Wesentlichkeitsgrenze
– Abänderung von Unterhaltstiteln   223 10
– Vereinbarung   241 60
– Versorgungsausgleich   1 20 f, 241 60
Wiederaufnahme des Verfahrens
– Anfechtung der Vaterschaft   13 52
– Feststellung der Vaterschaft   105 21
Wiederverheiratungsklauseln   273 1 ff
– Bindungswirkung   273 7 f
– Vermächtnislösung   273 4 ff
– Vorerbschaft/Nacherbschaft   264 1 ff, 12,
   273 1 ff
Wirkungen der Ehe   72 1 ff
Witwenrente   61 11, 222 5
Wohlverhaltensklausel
– Umgangsrecht   219 57 ff
Wohngeld   84 105, 274 1 ff
– Höhe   274 4 f
– Lastenzuschuss   274 3
– Trennung   274 6 ff
– Unterhalt   274 11 ff
– Unterhaltstitel   274 12
Wohnrecht   59 36 f, 152 5 ff
– Elternunterhalt   89 15
– gleitender Vermögenserwerb   59 37
– Pflegerisiko   152 7

– Pflichtteilsrecht   181 40
– Vereinbarung   242 10
– Vermarktungsmangel   152 8
– Wohnungszuweisung   275 3 ff, 276 1 ff
– Wohnvorteil   84 93
– Wohnwert   277 1 ff
Wohnungsüberlassung zum Gewaltschutz
   117 1 ff, 15 ff
Wohnungszuweisung nach Scheidung   275 1 ff
– Änderung des Mietvertrages mit Rechtskraft
   der Entscheidung   275 13 ff
– angemessene Befristung   275 22
– angemessene Miete   275 23
– Anspruch auf Begründung eines Mietverhält-
   nisses   275 21 ff
– Anwendungsbereich   275 17
– Ausgleichszahlung   275 24
– Ausschlussfrist   275 25
– Befristung   275 9, 20
– Beweislast   275 19
– Dienst- und Werkwohnungen   275 16
– dingliche Rechte   275 4 f
– Entscheidungskriterien   275 7
– Existenznot: herabgesetzte Eingriffschwelle
   275 8
– Miteigentum an der Ehewohnung   275 10
– Mitteilung gegenüber dem Vermieter   275 12
– Rechtsfolgen   275 11 ff
– schwere Härte   275 18
– Sonderkündigungsrecht des Vermieters
   275 15
– Überlassungsanspruch   275 1 ff
– unbillige Härte   275 6
– Verfahrensbeteiligung Dritter   275 26
– Vollstreckung   260 32
Wohnungszuweisung nach Trennung   276 1 ff
– aufgedrängte Alleinnutzung   276 19
– Ausgleichszahlungen   276 25
– Billigkeit   276 17
– Darlegungs- und Beweislast   276 29
– dingliche Rechtsposition   276 11
– Ehewohnung   276 1 ff
– Härtefall   276 8
– Höhe der Nutzungsvergütung   276 23
– Interessenabwägung   276 12
– Kinderbetreuung   276 21
– Kindeswohl   276 9
– Konkurrenzverhältnisse   276 30 f
– Kostenbelastung Dritter   276 28
– Leistungsfähigkeit   276 20
– Nutzen und Lasten   276 24

– Nutzungsvergütung   **276** 16 ff
– Schutzanordnungen   **276** 14
– Streitwert   **276** 33
– Trennung   **276** 3 f
– Überlassungsanspruch   **276** 5 ff
– Überlassungsanspruch bei Gewalt   **276** 13
– unbillige Härte   **276** 6 ff
– unwiderlegliche Vermutung   **276** 26
– verbotene Eigenmacht   **276** 15
– Verfahren   **276** 32
– Verfahrensbeteiligung Dritter   **276** 27
– Verschulden   **276** 10
– Zeitpunkt   **276** 22
Wohnvorteil   **84** 93 ff
– angemessener Wohnwert   **89** 30
– Bedarfsermittlung   **44** 11 ff
– Bedürftigkeit   **46** 5
– Elternunterhalt   **89** 30
– Mietwert   **46** 30, **84** 96, **89** 30, **276** 23, **277** 4
– nichteheliche Lebensgemeinschaft   **84** 95
– Wohnungszuweisung   **276** 23
Wohnwert   **277** 1 ff
– Altersvorsorgeunterhalt   **89** 66, **277** 19
– Anschaffung neue Immobilie   **277** 22
– Berücksichtigung bei Ehegattenunterhalt   **170** 5, **193** 5, **227** 3
– Berücksichtigung beim Kindesunterhalt   **277** 25 ff
– Doppelverwertungsverbot   **65** 2
– Eigenheimzulage   **277** 10
– Erwerbstätigenbonus   **277** 18
– freiwillige Zuwendungen Dritter   **277** 2
– Gesamtschuldnerausgleich   **277** 13, 18
– Lebensgemeinschaft   **277** 3
– Mangelfall   **277** 9
– Naturalunterhalt   **277** 12
– Nebenkosten   **277** 11
– neuer Ehegatte   **277** 3
– Nutzungsentschädigung   **277** 18
– objektiver Marktmietwert   **44** 12, **46** 5, **84** 96, **277** 4 ff
– private Altersvorsorge   **277** 15, 23
– Realsplitting   **277** 17
– Rechtshängigkeit des Scheidungsantrags   **44** 11 f, **277** 7, 12
– Rechtskraft der Ehescheidung   **277** 8
– totes Kapital   **277** 5
– Übernahme durch einen Ehegatten   **277** 21
– Veräußerung an Dritte   **277** 20
– Verwertungsobliegenheit   **277** 5 ff
– Wohnungszuweisung   **276** 16, 23

– Zins- und Tilgungsleistungen   **277** 13 ff
Zentrale Behörde   **37** 39
Zerrüttung   **75** 4 ff
Zeugnisverweigerungsrecht
– Schwägerschaft   **258** 2
– Sexualdelikt   **115** 28
– Verlobte   **252** 29 f
Zielversorgung   **256** 14
Zins- und Tilgungsleistungen   **278** 1 ff
– Doppelverwertungsverbot   **65** 6
– einseitige Vermögensbildung   **278** 5 ff
– gemeinsame Vermögensbildung   **278** 2
– Gesamtschuldnerausgleich   **278** 3
– private Altersvorsorge   **278** 5
– Tilgungen   **278** 2 ff
– Tilgungsstreckung   **278** 8
– Verbraucherinsolvenz   **278** 8
– Vermögensauseinandersetzung   **278** 7
– Vermögensumschichtung   **278** 4
– Versorgungsausgleich   **279** 1 ff
– Wohnwert   **277** 13 ff
– Zinsen   **278** 2
Zugewinn
– Bewertungsmethoden   **59** 1 ff
– grobe Unbilligkeit   **121** 1 ff
– illoyale Vermögensverfügung und Ansprüche gegen Dritte   **130** 1 ff
– unbenannte Zuwendung   **220** 1 ff
– vorzeitiger Zugewinnausgleich   **270** 1 ff
– Zuwendungen Dritter im Zugewinn   **281** 1 ff
Zugewinnausgleich   **280** 1 ff
– Anfangsvermögen   **12** 1 ff, **280** 5
– Anspruch gegen Dritte   **280** 14
– Auskunftsanspruch   **280** 8
– Beleganspruch   **280** 8
– Belegvorlage   **49** 1 ff
– Beweissicherung   **57** 1 ff
– Darlegungs- und Beweislast   **63** 1 ff
– Ehegattenerbrecht   **69** 10 ff
– Endvermögen   **280** 6
– erbrechtlich   **280** 15
– grobe Unbilligkeit   **280** 11
– illoyale Verfügungen   **280** 7, 14
– privilegiertes Vermögen   **280** 5
– rückwirkende Vereinbarung   **238** 31
– Stundungseinrede   **238** 29, **280** 12
– Vermögenswerte   **2** 1 ff
– Vorausempfang   **280** 10
– vorzeitiger Zugewinnausgleich   **280** 13; *siehe auch dort*
– Zugewinn   **280** 4 ff, 9

Zugewinngemeinschaft 280 1 ff
– ABC der Vermögenswerte 2 1 ff
– Anfangsvermögen 280 5
– Aufhebung der Zugewinngemeinschaft
  195 20 ff
– Auskunftsanspruch 280 8
– Beendigung 280 3 ff
– Beleganspruch 280 8
– Benachteiligung(sabsicht) 91 7
– Ehegatteninnengesellschaft 2 29
– Endvermögen 91 1 ff, 280 6
– Güterstandsschaukel 69 24 ff
– Haftung Verbindlichkeiten 280 1
– Hinzurechnung zum Endvermögen 91 3 ff
– illoyale Vermögensverfügungen
  91 3, 280 7, 14
– negatives Endvermögen 91 1
– Pflicht- und Anstandsschenkung 91 5
– Reformen 280 1
– rückwirkende Vereinbarung 238 31
– Scheidungsverbund 195 18
– Steuerprivileg 69 19 ff
– Stichtag Endvermögen 91 2
– Tod eines Ehegatten 280 15
– Vereinbarungen 238 3 ff
– Verfügung Haushaltsgegenstand 280 2
– Vermögen im Ganzen 280 2
– Vermögensminderung 91 4
– Vermögenswerte 2 1 ff
– Vorausempfang 280 10
– Vor- und Nachteile 280 17
– vorzeitiger Zugewinnausgleich 195 20 ff;
  siehe auch dort
– Wertermittlung 91 1

– Zugewinn 91 1, 280 4 ff, 9
Zusammenveranlagung siehe Steuerveranlagung
Zuständigkeitsvereinbarungen
– Eheverfahren 37 13
– isoliertes Sorgerechtsverfahren 37 14
Zuviel bezahlter Unterhalt siehe Rückforderung
  überzahlten Unterhalts
Zuwendungen Dritter im Zugewinn 281 1 ff
– Ausgleich in Geld 281 8
– Ausstattung 281 3
– Darlegungs- und Beweislast 281 7
– privilegiertes Anfangsvermögen 281 3 ff
– Rückabwicklung 281 8
– Schenkung 281 3
– Schenkung der Eltern 281 4
– Schenkung der Großeltern 281 6
– Schenkung der Schwiegereltern 281 5
– Schenkung naher Angehöriger 281 6
– Verfügung von Todes wegen 281 3
– Wegfall der Geschäftsgrundlage 281 8
– Zuwendungen unter Ehegatten 281 2
Zuwendungsverzicht
– Abkömmlinge des Verzichtenden 95 7 f
– notarielle Beurkundung 95 6
Zwangsheirat 282 1 ff
– arrangierte Ehe 282 2
– Aufhebung der Ehe 282 5
– Begriff 282 2
– besonders schwerer Fall der Nötigung 282 4
– Gesetzesreform 282 6 ff
– Straftatbestand 282 8
– Verbot 282 3 ff
– Wiederkehrrecht 282 7